文白对照

二十四史新译

三國志

一

主编　楼宇烈
执行主编　梁光玉　萧祥剑
〔西晋〕陈寿　撰　谦德书院　译

团结出版社

图书在版编目（CIP）数据

三国志 / (西晋) 陈寿著；谦德书院译 . -- 北京：
团结出版社，2024.12
ISBN 978-7-5234-0579-6

Ⅰ . ①三… Ⅱ . ①陈… ②谦… Ⅲ . ①《三国志》-
译文 Ⅳ . ① K236.042

中国国家版本馆 CIP 数据核字 (2023) 第 208362 号

责任编辑：梁光玉
封面设计：肖宇岐

出　版：团结出版社
（北京市东城区东皇城根南街 84 号 邮编：100006）
电　话：（010）65228880 65244790
网　址：http://www.tjpress.com
E-mail：zb65244790@vip.163.com
经　销：全国新华书店
印　装：天宇万达印刷有限公司

开　本：145mm × 210mm　32 开
印　张：53.75　字　数：1135 千字
版　次：2024 年 12 月 第 1 版　印　次：2024 年 12 月 第 1 次印刷

书　号：978-7-5234-0579-6
定　价：238.00 元（全二册）

《二十四史新译》编辑出版委员会

《三国志》翻译小组：

吴江波　李秀桂　郑宏峰

《二十四史新译》推荐序

一个中国人，一定要认识和了解中国的历史文化，才能够称得上是一个真正意义上的中国人。

我们中华民族，自古以来就是一个重视历史的民族。远在上古时期，我们的先祖就建立起了史官制度，所谓“左史记言，右史记事，事为《春秋》，言为《尚书》”，将历史的经验教训作为借鉴，以继往开来。清代学者章实斋先生更是提出了“六经皆史”的说法。由此可见，历史在中华文化中有着何等重要的地位。

《二十四史》是我国古代二十四部史书典籍的总称，由《史记》《汉书》《后汉书》《三国志》《晋书》《宋书》《南齐书》《梁书》《陈书》《魏书》《北齐书》《周书》《隋书》《南史》《北史》《旧唐书》《新唐书》《旧五代史》《新五代史》《宋史》《辽史》《金史》《元史》《明史》组成。这些史书统一使用了本纪、列传的纪传体形式编写，并先后由各朝代官方史官编撰或是得到朝廷认可，因此被称为“正史”。

《二十四史》系统载录了中华民族从始祖黄帝起始一直到清兵入关、明朝灭亡（1644）期间上下四千多年的中国历史，共计约三千二百余卷，四千余万字，涵盖了我国古代社会政治、经济、军

事、思想、文化、艺术、天文、地理、科技、宗教、道德、民俗等各方面的内容，是一部记载中华民族的起源和发展脉络的重要典籍。这么规模宏大的历史书写，在世界历史长河和各国文明史上，都是绝无仅有的，它不仅是我们中华民族的巨大文化财富，更是人类共同文化遗产中的瑰宝。

这份延续四千多年而没有中断的历史财富，首先得益于我们中国文字的独特性，汉字作为一种表意文字，虽然有从甲骨文到金文、小篆、隶书、楷书的演进过程，但是基本没有太大的变化，是世界上迄今为止使用时间最长的文字。汉字不断发展，后来不仅是以音来表意，还以形来表意，所以能够打通古今，贯通南北，一直传承下来，今人依旧可以读懂古人的文字。而且，中国古人采用文言文作为书面表达的载体，这种超越时空的语言表达形式，让中国古人的文章不仅简洁、精练、优美，而且几千年后的人依旧能够读懂。中华文化在语言文字上的这两大特色，是历代典籍能够延续传承至今的重要基石，也是《二十四史》得以没有中断、不断传承的根本因素。

除了语言文字的独特性，中华文化还有两大重要的人文精神传统，就是“以天为则”和“以史为鉴”。遍览历朝史实，我们不难发现，历史演进的循环规律，体现的正是天道的自然规律。因此，学习历史对于我们认识天道，懂得人道是极为重要的。在中国历史上，每个朝代政权相对稳定以后，首要的事情就是修订礼乐，其次就是修前朝历史，这是中国历代的一个传统，体现的就是“以史为鉴”的精神。正是因为这一精神传统，才让我们拥有了世界上最系统、最完备的历史著作，才让我们的文明得以延续传

承至今。

中国古人的历史书写，不是简单的史实记录，而是思想的传承，其要旨正如司马迁在《报任安书》中所说：“究天人之际，通古今之变，成一家之言。”这段话体现的不仅是司马迁撰写《史记》的初衷，也堪称是每一部史书编撰者所希望达到的标准。《二十四史》中的每部史书，虽然不能说都达到了司马迁《史记》的同等水平，但其精神和初衷都是相通和一致的，而且也都是同类史籍中成就最高和最优秀的，因此才得以历代流传，最终得到官方认可，成为钦定的“国史”。

《二十四史》是我们中华民族的集体家国记忆，它以浩瀚的篇幅、严谨的编纂、深邃的思想，承载着中华民族历史文化的精髓。然而，由于其文言文的表述方式，对当代许多普通读者来说，想要阅读这些史籍，往往存在阅读理解上的障碍。因此，将《二十四史》翻译成白话文，让每个国人都能够读懂国史，对于我们今天传承和弘扬中华优秀传统文化具有重要意义。

团结出版社和谦德书院的全体同仁，秉承“为往圣继绝学”的恢弘大愿，一直致力于古籍的注译和普及工作。在编撰完成《群书治要续编》这一重大文化工程之后，又耗费巨大人力物力，首次采用简体字的形式将《二十四史》进行文白对照翻译，前后历时近十年，终于完成《二十四史新译》这一规模浩大的国史今译工程，可以说是一件功在当代、利在子孙的文化盛事。

《二十四史新译》不仅是对史籍原文的精准翻译，更是对我国历史的一次深入解读和文化传承。在翻译过程中，译者们秉持着严谨的态度，力求在保持原文内涵的基础上，用通俗易懂的白

话文，再现古人的历史书写，这样的翻译工作，既需要深厚的古文功底和历史学识，又需要对现代汉语能够娴熟运用，其难度可想而知。

《二十四史新译》的价值，我想首先应该体现在其对历史的普及与传播上。历史是一个民族的集体记忆，是一个民族文化的根脉。然而，由于文言文的晦涩难懂，许多人对《二十四史》望而却步，无法领略其精彩魅力。《二十四史新译》的问世，则可使更多的人能够轻松阅读，并由此深入了解我们的国史。这对于增强国人的历史修养、人文素养、文化自信，凝聚民族精神都有巨大的推动作用。

对于文史学者来说，《二十四史新译》则提供了更为便捷的阅读材料，更可为其深入研究历史提供新的思路和启示。

我们今天处在一个信息化、全球化的时代，文化的交流与传播显得尤为重要。《二十四史新译》的出版，也是中华文化走向世界、与世界文化交流互鉴的重要载体。

需要说明的是，这么庞大的一项史籍今译工程，无论是策划组织者和实施者，都需要巨大的耐心和勇气。而且，这项工作要想做到完全没有错漏和缺憾，是十分困难的事情。因此，我要对《二十四史新译》全体译者和编辑们表示由衷的敬意和感谢。同时，我也希望广大读者能够珍惜这部大书，认真阅读、深入思考，从前人历史中汲取经验和智慧，为中华民族的文化复兴和祖国强盛奉献自己的力量。

一个民族的历史是一个民族安身立命的基础，《二十四史》是我们中华民族最宏大的历史书写，是我们全体中华儿女的家国

记忆和精神家园。“如果不从源远流长的历史连续性来认识中国，就不可能理解古代中国，也不可能理解现代中国，更不可能理解未来中国。”因此，阅读和学习《二十四史》，不仅是我们认识古代中国的文化窗口，还是我们建设今日中国的智慧源泉，更是我们走向未来中国的精神指引。

《二十四史新译》的问世，为我们今天传承与弘扬中华优秀传统文化注入了新的活力。“以史为镜，可以知兴替”，将历史作为一面镜子，从历史中汲取兴衰存亡的经验教训，对于我们个人的修身处事和国家的治理发展都有着重要的意义。

过去，读书人要拥有一部《二十四史》极为不易。今天，随着经济的发展和科技的进步，一个单位，甚至一个中等收入的家庭要备置一套《二十四史》并不是一件难事。但是，能够抽出时间来阅读这部大书，则是一件很不容易的事情。《二十四史新译》令国史易读，为大众读史提供了最大程度的方便，希望它的出版，能够给全社会带来一个阅读国史的新高潮。让我们大家都能够从历史中汲取智慧，共同书写中华民族更加辉煌灿烂的篇章！

《二十四史新译》出版在即，谨以此序，献上最诚挚的祝贺与最美好的祝愿！

楼宇烈

二〇二四年（岁次甲辰）五月

《二十四史新译》总序

《书》云："学古入官，议事以制，政乃不迷。"《易》曰："君子以多识前言往行，以畜其德。"近代史家亦有言：凡一国之国民，当对其一国之历史略有所知，且当存之以温情与敬意也。故知史书乃为学者之不可不读也。

古之著录，首列经史。经书者，诠大道之理体；史书者，载日用之事迹。经为阳，史属阴；经显理，史纪事。故有"柔日读经，刚日读史"之说也。然理事无碍，性相一如，故经史本为一也。其于学焉，则经史并重而互参，则能知体晓用，通权达变，识时识势，知进知退，穷则守志抱一，达则觉世牖民，成通达经史学问之大人君子。

《二十四史》乃吾国历代官方钦定正史之总称。自司马迁作《史记》，创纪表书传之体，后世班固继之而著《汉书》，自此历代史官皆循此体而修史，以纪一朝之史实，垂信后世，为之殷鉴，以遗子孙。虽国祚兴废，朝代更迭，然修史之传统未尝有变。迨至有清一代，《二十四史》终成，蔚为大观，举世罕见。

此《二十四史》，实乃吾国先民活动之总迹，历朝兴衰成败之全录，各代典章制度之大成，百代人物传记之荟萃。举凡帝王

将相、儒林宗师、高僧名道、隐士逸民、孝子贤妇、侠客豪杰，乃至佞臣酷吏、奇人异士，其事迹足以示劝惩、昭法戒者，无不载于简牍，以垂后世。故而历代治乱安危之原故，政事是非善恶之利害，帝王英明昏庸之能否，群臣忠贤奸佞之情实，诸朝典章制度之得失，士林学术思想之流变，科技文明发展之进程，人事因果吉凶之征验，俱可备览而察焉。故史书之用，实可辅益经书而垂训世人，令人追慕前贤而进德修业，知晓世路艰难而谨慎其事，明察善恶昭彰而朝乾夕惕，取法前车之鉴而改弦易辙，熟谙时势之几而或出或处，通达古今之变而谋虑深远。是谓善读史者，可识古而知今，鉴往而察来焉。

余与谦德众同仁多年矢志于古籍今译工作，以期为往圣继绝学，赓续中华文脉，弘扬中华道统。余尝因撰《群书治要续编》而遍览诸史，见其卷帙浩繁，文言艰涩，实令普通读者望而却步。往昔前辈虽有语译之创举，然无单行之分史，故而难以普及大众。为此，余乃发愿组织学人编撰《二十四史》之文白对照本，因异于前译，故取名曰《二十四史新译》，欲令吾国之正史普罗大众皆能读也。自公元二零一六年（岁次丙申）语译《史记》始，迄今不觉已近十度春秋，其间备历艰辛，遇多磨砺，然蒙中华历代古圣先贤之护佑，受司马子长、班孟坚等历代史官之精神鼓舞，得多位前辈、师长之指引提携，此《二十四史新译》终得陆续问世。今抚卷展览，感慨良多。

惟此《二十四史》洋洋数千万字，语译后则逾亿字，余等虽集众人之力，精诚恭敬从事，且有前人成果之参考，得科技手段之助益，然囿于语译者精力、能力各异，其行文、精审亦有良否，校

雠工作则更繁巨，故差错则亦在所难免。故此首刊之本，实为请教诸方家之初梓，祈望仁者校正，使其日臻完善。果此《二十四史新译》行世，能令读者于史海泛舟，拾碎金屑玉，得读史之裨益，进而迈入正史之门，对吾国史心生敬意与温情，于吾国固有文化生大信解，则吾与诸仁者所费之心力，功不唐捐也。

古时刊修国史，皆国家费巨资、集众贤方能成就之鸿业。今逢中华民族复兴之伟大时代，国力日增，文化日盛，斯有此《二十四史新译》之问世，岂非史家千年难遇之美事，民族文化复兴之祯祥哉！是书即将陆续刊行，故略述编撰之旨趣与缘起，以为总序。

萧祥剑

二〇二四年（岁次甲辰）六月于谦德山房

出版前言

《三国志》是一部记载魏、蜀、吴三国鼎立时期的纪传体国别史，共65卷，其中《魏书》（又称《魏志》）30卷，《蜀书》（又称《蜀志》）15卷，《吴书》（又称《吴志》）20卷，为陈寿所撰。记述了汉献帝建安元年（196）曹操执政至吴末帝孙皓天纪四年（280）吴国灭亡共85年的史事。《三国志》上承《史记》《汉书》，与之并驾齐驱。“丘明既没，班、马迭兴，奋鸿笔于西京，骋直辞于东观。自斯以降，分明竟爽，可以继明先典，陈寿得之乎！”（《晋书·陈寿传论》）后人将其与《史记》《汉书》《后汉书》合称“前四史”，成为纪传体史书的典范之作，是古代官方钦定的“二十四史”之一。

陈寿（233—297），字承祚，巴西安汉（今四川南充）人，终年65岁。少年好学，师从同郡史学家谯周研习《尚书》、《春秋》三传，尤其精通《史记》《汉书》。《华阳国志》称其“聪警敏识，属文富艳丽”。在蜀汉后主时期为卫将军主簿、东观秘书郎、散骑侍郎与黄门侍郎等。自宦官黄皓弄权以后，洁身自爱的陈寿就遭排斥。“宦人黄皓专弄威权，大臣皆曲意附之，寿独不为之屈，由是屡被谴黜。”（《晋书·陈寿传》）入晋后，经同学

罗宪、司空张华等人举荐，陈寿出任佐著作郎，兼巴西郡中正，官至治书侍御史。后因丁母忧去职，于元康七年（297）病逝。其生平事迹详见《晋书》本传和《华阳国志·陈寿传》。除《三国志》外，陈寿还著有《古国志》《益都耆旧传》《官司论》《释讳》《广国论》等。

太康元年（280），西晋灭亡孙吴，历经将近百年战乱、分裂国家又重归统一。正好对这一段历史作一总结，于是陈寿参考吴、魏各国史书，裒辑蜀汉史料，花费将近十年，最终撰成“魏、吴、蜀三《书》六十五卷，号《三国志》”。

《三国志》尊曹魏为正统，是因为此时陈寿为晋臣，西晋承接曹魏而得天下，因此实际上尊魏就是尊晋，在《四库全书总目提要·史部·三国志》解释道：“其书以魏为正统，至习凿齿作《汉晋春秋》始立异议。自朱子以来，无不是凿齿而非寿。然以理而论，寿之谬万万无辞；以势而论，则凿齿帝汉顺而易，寿欲帝汉逆而难。盖凿齿时晋已南渡，其事有类乎蜀，为偏安者争正统，此孚于当代之论者也。寿则身为晋武之臣，而晋武承魏之统，伪魏是伪晋矣。其能行于当代哉？此犹宋太祖篡立近于魏，而北汉、南唐迹近于蜀，故北宋诸儒皆有所避而不伪魏。高宗以后，偏安江左，近于蜀，而中原魏地全入于金，故南宋诸儒乃纷纷起而帝蜀。此皆当论其世，未可以一格绳也。”这个评论非常中肯的。《三国志》对魏国君主称为“帝”，其配偶称为“皇后”；对蜀汉君主称为“主”，其配偶称为“后”；对吴国君主仅孙权称为“主”，其他直呼其名，其配偶称为“夫人”。这里贯彻了陈寿的观念和感情。是因为陈寿是作为亡蜀之臣仕晋，在故国和新朝、过去和现在之间

抉择，无疑是一个挑战，司马迁作《史记》和班固作《汉书》从未遇到这样问题。清代王鸣盛在《十七史商榷》说：“计蜀亡之岁，寿年已三十有一，旧君故国之思，最为真切，具见篇中，可一一寻绎而得之。”单从书名来看，陈寿实际上是把魏、蜀、吴三国视为平行的政权，没有故意抬高曹魏而贬低蜀汉、孙吴。蜀、吴两国君主虽名为“传”但实为“纪”。这样的安排，使全书体例协调，既能显示出以魏为尊、为正统的基调，又能显示出三国鼎立的历史格局。更可贵者，陈寿尊重历史，将魏、蜀、吴三志并列，以示鼎足之势。这种体例，为后世打开了一扇法门，如唐代修《北史》《南史》，元代修《宋史》《辽史》《金史》，又如高丽国《三国史记》，将新罗、高句丽、百济并列。等等。

但是，陈寿对魏晋诸事多有回护，清代赵翼在《廿二史札记·三国志多回护》中说：“自陈寿作《魏本纪》，多所回护，凡两朝革易之际，进爵封国，赐剑履，加九锡，以及禅位，有诏有策，竟成一定书法。以后宋、齐、梁、陈诸《书》悉奉为成式，直以为作史之法固应如是。”

即使如此，总体瑕不掩瑜，陈寿去取史料时，公正直书，严谨慎重，“剪裁斟酌”，“下笔不苟”，被称为信史，久负盛名，其贡献不可忽视、不可磨灭。《诸葛亮传》最能体现这一点。马谡失街亭，被诸葛亮所杀，陈寿之父为马谡参军，也被牵连受了髡刑。陈寿却对诸葛亮推崇备至，对待关于诸葛亮的史料上，当取则取，当舍则舍，不溢美，不隐恶，力求恰如其分。

《三国志》叙事纲目清晰，文笔简洁，全书不仅记叙了关系全局的大事，如黄巾之乱、董卓之乱、群雄纷争、官渡之战、隆中

对策、赤壁之战、夷陵之战、魏晋交替等，勾勒出三国历史的脉络。又在细微之处落笔，如关羽刮骨疗毒、张飞当阳桥拦曹军等，都生动形象、栩栩如生。以至于刘熙载《艺概》盛赞："每下一字一句极有斤两，虽迁、固亦当心折。"

《三国志》虽然只有纪、传而无表、志，但是已具备纪传体的主要部分。因写得很出色，深受后世赞许。刘勰《文心雕龙》说："及魏代三雄，纪传互出。……唯陈寿三志，文质辨洽，荀、张比之于迁、固，非妄誉也。"

有人认为《三国志》记事简略、疏漏之弊端，陈寿去世后一百三十余年，于是南朝刘宋文帝命裴松之为《三国志》作注。裴松之（372-451），字世期，祖籍河东闻喜县（山西文喜县）人。终年80岁。晋时为殿中将军、州主簿，入宋为历任太子洗马、永嘉太守、国子博士等。

《三国志》最早以《魏志》《吴志》《蜀志》三书单独流传，直至北宋咸平六年（1003）三书才合为一书。自问世以来，颇受赞誉，裴松之称为"近史之嘉史"，《晋书》称陈寿"有良史之才"。甚至，时人夏侯湛见陈寿之作，便将所撰毁弃，表示不再续作。张华对《三国志》十分赞赏，曾直言："当以《晋书》相付（陈寿）。"

本书以张元济《百衲本二十四史》之《三国志》（下文简称百衲本《三国志》）为底本，参校殿本、卢弼《集解》本、中华本等版本，并汲取和吸收最新的研究成果，以及对其中的古字进行了查证，选用了可识的字体。

本书原文据百衲本《三国志》，不录裴松之注，并且依据文意进行分段。为了使和《史记》《汉书》《后汉书》目录格式统一，

故采用金陵书局清同治六年(1867)版正文标题，并做稍微的调整。本书白话文翻译基本上是直译，但一些地方不拘泥原字原句的对译，而是在忠于著者原意和行文风格的前提下予以意译，甚至会加上若干句子贯通上下文。同时，本书采取现今通用规范形式进行简体横排，并用左页原文、右页译文的形式(即文白对照)。对原文中通假字或有古今字差别者，则一仍其字，而在译文则用相应的今字。

本书分为两册，第一册为卷一至卷二十八，第二册为卷二十九至卷六十五。

由于译者水平有限，本书中难免存在错误和疏漏，欢迎广大读者不吝赐教，给予斧正。

目　录

第一册

卷一—卷二十八

卷一　魏书一

武帝纪第一

太祖武皇帝，沛国谯人也，姓曹，讳操，字孟德，汉相国参之后。桓帝世，曹腾为中常侍大长秋，封费亭侯。养子嵩嗣，官至太尉，莫能审其生出本末。嵩生太祖。

太祖少机警，有权数，而任侠放荡，不治行业，故世人未之奇也；惟梁国桥玄、南阳何颙异焉。玄谓太祖曰："天下将乱，非命世之才不能济也，能安之者，其在君乎！"年二十，举孝廉为郎，除洛阳北部尉，迁顿丘令，征拜议郎。

光和末，黄巾起。拜骑都尉，讨颍川贼。迁为济南相，国有十余县，长吏多阿附贵戚，赃污狼藉，于是奏免其八；禁断淫祀，奸宄逃窜，郡界肃然。久之，征还为东郡太守；不就，称疾归乡里。

顷之，冀州刺史王芬、南阳许攸、沛国周旌等连结豪杰，谋废灵帝，立合肥侯，以告太祖，太祖拒之。芬等遂败。

金城边章、韩遂杀刺史郡守以叛，众十余万，天下骚动。征太祖为典军校尉。会灵帝崩，太子即位，太后临朝。大将军何进与袁绍谋诛宦官，太后不听。进乃召董卓，欲以胁太后，卓未至而进见杀。卓到，废帝为弘农王而立献帝，京都大乱。卓表太祖为骁骑校尉，欲与计事。太祖乃变易姓名，间行东归。出关，过中牟，为亭长

太祖武皇帝，是沛国谯县人，姓曹名操，字孟德，西汉相国曹参的后代。汉桓帝时，曹腾任中常侍大长秋，被封为费亭侯。曹腾去世后，养子曹嵩继承了他的爵位，官做到太尉，但没有人知道曹嵩出生前后的情况。曹嵩生太祖曹操。

太祖从小机灵聪明，很有谋略、权术，但任性仗义、放荡不羁，不重视品德修养和学业的研习，所以人们并不觉得他有什么过人之处；只有梁国人桥玄、南阳人何颙认为他不同寻常。桥玄对太祖说："天下将大乱，不是一代英才是不能够扭转局面的，能够安定天下的，应当是你了！"太祖二十岁时，被推荐为孝廉做了郎官，后来被任命为洛阳北部尉，升迁顿丘县令，又受朝廷征召做了议郎。

光和末年，黄巾军起义。太祖被任命为骑都尉，讨伐颍川的贼寇。后升迁为济南相，济南管辖的十几个县，当地的官吏大多是依附皇亲国戚，贪赃枉法，声名狼藉，于是太祖奏请朝廷，罢免了其中八个人的官职；并禁止滥设祭祀活动，违法作乱的人都逃走了，济南辖区从此安定下来。不久，太祖又被朝廷征召，任命为东郡太守；他没去赴任，告病回乡。

不久，冀州刺史王芬、南阳人许攸、沛国人周旌等串联并勾结当地豪强，图谋废黜灵帝，立合肥侯为新帝，他们把这件事告诉了太祖，希望太祖能加入，太祖拒绝了他们。王芬等人以失败告终。

金城郡人边章、韩遂杀害刺史起兵叛乱，聚集了十多万人，天下骚动不安。朝廷征召太祖为典军校尉。恰逢灵帝驾崩，太子即位，何太后临朝主政。大将军何进与袁绍谋划诛杀宦官，何太后不同意。何进便召集董卓进京，想以此来胁迫何太后同意，董卓还没到何进就被杀了。董卓到达京城，废除少帝为弘农王而另立献帝，京城大乱。董卓上表推荐太祖为骁骑校尉，想和他共同商议大事。太祖便改名

所疑，执诣县，邑中或窃识之，为请得解。卓遂杀太后及弘农王。太祖至陈留，散家财，合义兵，将以诛卓。冬十二月，始起兵于己吾，是岁中平六年也。

初平元年春正月，后将军袁术、冀州牧韩馥、豫州刺史孔伷、兖州刺史刘岱、河内太守王匡、勃海太守袁绍、陈留太守张邈、东郡太守桥瑁、山阳太守袁遗、济北相鲍信同时俱起兵，众各数万，推绍为盟主。太祖行奋武将军。

二月，卓闻兵起，乃徙天子都长安。卓留屯洛阳，遂焚宫室。是时绍屯河内，邈、岱、瑁、遗屯酸枣，术屯南阳，伷屯颍川，馥在邺。卓兵强，绍等莫敢先进。太祖曰：“举义兵以诛暴乱，大众已合，诸君何疑？向使董卓闻山东兵起，倚王室之重，据二周之险，东向以临天下；虽以无道行之，犹足为患。今焚烧宫室，劫迁天子，海内震动，不知所归，此天亡之时也。一战而天下定矣，不可失也。”遂引兵西，将据成皋。邈遣将卫兹分兵随太祖。到荥阳汴水，遇卓将徐荣，与战不利，士卒死伤甚多。太祖为流矢所中，所乘马被创，从弟洪以马与太祖，得夜遁去。荣见太祖所将兵少，力战尽日，谓酸枣未易攻也，亦引兵还。

太祖到酸枣，诸军兵十余万，日置酒高会，不图进取。太祖责让之，因为谋曰：“诸君听吾计，使勃海引河内之众临孟津，酸枣诸将守成皋，据敖仓，塞轘辕、太谷，全制其险；使袁将军率南阳之军军丹、析，入武关，以震三辅：皆高垒深壁，勿与战，益为疑兵，

换姓，从小路向东逃回家乡。出了虎牢关，路过中牟县时，被亭长所怀疑，将他捉送到县里，县中有人暗中认出了他，为他求情才得以释放。董卓于是杀掉何太后和弘农王。太祖到了陈留郡，分散家财，聚集义兵，准备以此诛讨董卓。冬天十二月，开始在己吾县起兵，这一年是汉灵帝中平六年。

献帝初平元年春天正月，后将军袁术、冀州牧韩馥、豫州刺史孔伷、兖州刺史刘岱、河内郡太守王匡、勃海郡太守袁绍、陈留郡太守张邈、东郡太守桥瑁、山阳郡太守袁遗、济北国相鲍信纷纷起兵，各自领兵数万，推举袁绍为盟主。太祖以代理奋武将军的身份而入盟。

二月，董卓听说袁绍等人起兵，便把献帝迁徙到新都长安。董卓留在京都洛阳屯驻，就焚烧了宫室。当时袁绍军屯驻在河内郡，张邈、刘岱、桥瑁、袁遗军屯驻在酸枣县，袁术军屯驻在南阳郡，孔伷军屯驻在颍川郡，韩馥军屯驻在邺城。董卓兵强，袁绍等人没有敢率先进军的。太祖说："起义兵来诛讨暴乱，大军已经会合，诸位还迟疑什么？假使董卓听说崤山以东诸侯起兵的消息，就会凭借着朝廷的威势，据拥二周之地的险要地形，向东以控制天下；尽管董卓的行为不合道义，也足以成为祸患。现在董卓焚烧宫室，劫持迁徙天子，海内为之震动，不知道该归附谁，这正是上天要灭亡董卓的好时机。只需一战天下就可安定，这个机会不可失去。"于是领兵西进，准备占据成皋。张邈派遣将军卫兹分出一部分兵马跟随太祖。太祖抵达荥阳汴水时，遇到了董卓部将徐荣，与之交战失利，士兵死伤很多。太祖被乱箭射中，所乘的马也受了伤，太祖的堂弟曹洪把自己的马让给了太祖，太祖才得以乘夜色逃走。徐荣见太祖所率领的兵将很少，双方又奋战了一整天，他认为酸枣县不容易攻下，也就领兵回去了。

太祖回到酸枣县，各路义军已经有十多万人，将领们每天摆酒设宴，不考虑进军大事。太祖责备他们，因此跟他们谋划说："请诸位听从我的计划，让勃海太守袁绍带领河内的军队进攻孟津，驻守酸枣的各将领防守成皋，占据敖仓，封锁轘辕、太谷两关口，完全控制这里的险要地势；让袁术将军率领南阳的军队进驻丹、析两地，挺近武关，

示天下形势，以顺诛逆，可立定也。今兵以义动，持疑而不进，失天下之望，窃为诸君耻之！”邈等不能用。

太祖兵少，乃与夏侯惇等诣扬州募兵，刺史陈温、丹杨太守周昕与兵四千余人。还到龙亢，士卒多叛。至铚、建平，复收兵得千余人，进屯河内。

刘岱与桥瑁相恶，岱杀瑁，以王肱领东郡太守。

袁绍与韩馥谋立幽州牧刘虞为帝，太祖拒之。绍又尝得一玉印，于太祖坐中举向其肘，太祖由是笑而恶焉。

二年春，绍、馥遂立虞为帝，虞终不敢当。

夏四月，卓还长安。

秋七月，袁绍胁韩馥，取冀州。

黑山贼于毒、白绕、眭固等十余万众略魏郡、东郡，王肱不能御，太祖引兵入东郡，击白绕于濮阳，破之。袁绍因表太祖为东郡太守，治东武阳。

三年春，太祖军顿丘，毒等攻东武阳。太祖乃引兵西入山，攻毒等本屯。毒闻之，弃武阳还。太祖要击眭固，又击匈奴於夫罗于内黄，皆大破之。

夏四月，司徒王允与吕布共杀卓，卓将李傕、郭汜等杀允攻布，布败，东出武关。傕等擅朝政。

青州黄巾众百万入兖州，杀任城相郑遂，转入东平。刘岱欲击之，鲍信谏曰：“今贼众百万，百姓皆震恐，士卒无斗志，不可敌也。

来震慑关中：各路义军都高筑营垒，深挖壕沟，暂不与董卓交战，多虚设兵阵来迷惑对方，表明天下群起而讨伐董卓，用正义之师来讨伐叛逆，天下很快就可以平定。现在我们已经高举义旗，行动迟疑而不敢进攻，会令天下人失望，我私下里为诸位感到羞耻！”张邈等人并没有采纳太祖的计策。

太祖兵少，就和夏侯惇等人到扬州招募军队，扬州刺史陈温、丹杨太守周昕给了他四千多名士兵。回到龙亢县时，新招募的士兵大多数都逃跑了。太祖到铚县和建平县，又招募了一千多名士兵，进军驻扎在河内郡。

兖州刺史刘岱与东郡太守桥瑁反目，刘岱杀掉桥瑁，让王肱兼任东郡太守。

袁绍与韩馥计划立幽州牧刘虞为帝，太祖不同意。袁绍曾经得到一枚玉印，当与太祖坐在一起的时候向太祖炫耀，太祖因此嘲笑并厌恶他。

初平二年春天，袁绍、韩馥还是拥立刘虞为帝，刘虞始终不敢承当。

夏天四月，董卓回到长安。

秋天七月，袁绍胁迫韩馥，取得了冀州。

黑山叛军于毒、白绕、眭固等率十多万人攻掠魏郡、东郡，王肱抵御不住，太祖领兵进入东郡，在濮阳进击白绕，将其打败。袁绍因此上表太祖为东郡太守，治所在东武阳县。

初平三年春天，太祖进军顿丘县，于毒等人攻打东武阳县。太祖便领兵向西进入深山，攻打于毒等人的大本营。于毒听说后，放弃攻打东武阳回军。太祖截击眭固，其后又在内黄县进击匈奴首领於夫罗，这些人全都被太祖打败了。

夏天四月，司徒王允与吕布一起杀掉董卓。董卓部将李傕、郭汜等杀害王允攻打吕布，吕布兵败，向东逃出武关。李傕等人专擅朝政。

青州黄巾军一百多万人进入兖州，杀死任城国相郑遂，转入东平。刺史刘岱想要发兵征讨，鲍信劝阻说：“现在黄巾军人众百万，百

观贼众群辈相随，军无辎重，唯以钞略为资，今不若畜士众之力，先为固守。彼欲战不得，攻又不能，其势必离散，后选精锐，据其要害，击之可破也。”岱不从，遂与战，果为所杀。信乃与州吏万潜等至东郡迎太祖领兖州牧。遂进兵击黄巾于寿张东。信力战斗死，仅而破之。购求信丧不得，众乃刻木如信形状，祭而哭焉。追黄巾至济北。乞降。冬，受降卒三十余万，男女百余万口，收其精锐者，号为青州兵。

袁术与绍有隙，术求援于公孙瓒，瓒使刘备屯高唐，单经屯平原，陶谦屯发干，以逼绍。太祖与绍会击，皆破之。

四年春，军鄄城。荆州牧刘表断术粮道，术引军入陈留，屯封丘，黑山余贼及於夫罗等佐之。术使将刘详屯匡亭。太祖击详，术救之，与战，大破之。术退保封丘，遂围之，未合，术走襄邑，追到太寿，决渠水灌城。走宁陵，又追之，走九江。夏，太祖还军定陶。

下邳阙宣聚众数千人，自称天子；徐州牧陶谦与共举兵，取泰山华、费，略任城。秋，太祖征陶谦，下十余城，谦守城不敢出。

是岁，孙策受袁术使渡江，数年间遂有江东。

兴平元年春，太祖自徐州还。初，太祖父嵩，去官后还谯，董卓之乱，避难琅琊，为陶谦所害，故太祖志在复仇东伐。夏，使荀彧、程昱守鄄城，复征陶谦，拔五城，遂略地至东海。还过郯，谦将曹豹与刘备屯郯东，要太祖。太祖击破之，遂攻拔襄贲，所过多所残戮。

姓惊恐，士兵没有斗志，是打不过他们的。我看贼兵和家属成群结伙地相随，军队也没有粮草物资，只靠抢掠为生，如今不如养精蓄锐，暂且防守。敌欲战不得，攻又不能，他们势必离散；之后挑选精锐部队，占据要害之地，发动进攻，就可以把他击溃。”刘岱不听，便与黄巾军作战，果然被黄巾军所杀。鲍信就和州吏万潜等到东郡迎接太祖代理兖州牧。因此，大军到寿张县东攻打黄巾军。鲍信力战而死，这才勉强把黄巾军击败。太祖悬赏寻求鲍信的尸体，没有找到，于是大家雕刻木头有如鲍信的形状，祭奠他时人们都哭了。接着追击黄巾军到济北。黄巾军请求投降。冬天，接受降兵三十多万，男女百余万口，择取其中的精锐之士，号称青州兵。

袁术与袁绍关系出现裂痕，袁术向公孙瓒求援，公孙瓒派刘备屯驻高唐，单经驻扎在平原县，陶谦驻扎在发干县，以此来逼迫袁绍。太祖与袁绍合力进击，把袁术军全部打败。

初平四年春天，太祖进军鄄城县。荆州牧刘表截断袁术粮道，袁术退军进入陈留郡，驻扎在封丘县，黑山军的残部和匈奴首领於夫罗等人帮助袁术。袁术派部将刘详屯驻匡亭。太祖进攻刘详，袁术来救援，太祖与袁术军交战，大胜敌军。袁术退保封丘，太祖便包围袁术，包围圈还没形成，袁术便逃到了襄邑县，太祖军追到太寿，挖开渠水淹城。袁术又逃到宁陵县，太祖仍追击袁术，袁术便到达九江郡。夏天，太祖撤军回到定陶县。

下邳人阙宣聚集了几千人，自称天子；徐州牧陶谦与阙宣共同起兵，攻取了泰山郡华县、费县，又攻取任城。秋天，太祖征讨陶谦，攻下十多座城池，陶谦守城不敢出战。

这一年，孙策受袁术派遣渡过长江，几年之间便据有了江东。

兴平元年春天，太祖从徐州返回。当初，太祖的父亲曹嵩，卸任以后回到谯县，董卓作乱的时候，他到琅琊避难，被陶谦杀害，所以太祖立志要东征复仇。夏天，太祖派荀彧、程昱驻守鄄城，自己再次出兵讨伐陶谦，攻下了五座城池，一直打到了东海郡地界。回军经过郯县时，陶谦部将曹豹和刘备驻扎在郯县东面，截击太祖。太祖打败了他们，接着攻克了襄贲，经过的地方大多遭到破坏和屠杀。

会张邈与陈宫叛迎吕布，郡县皆应。荀彧、程昱保鄄城，范、东阿二县固守，太祖乃引军还。布到，攻鄄城不能下，西屯濮阳。太祖曰："布一旦得一州，不能据东平，断亢父、泰山之道，乘险要我，而乃屯濮阳，吾知其无能为也。"遂进军攻之。布出兵战，先以骑犯青州兵。青州兵奔，太祖阵乱，驰突火出，坠马，烧左手掌。司马楼异扶太祖上马，遂引去。未至营止，诸将未与太祖相见，皆怖。太祖乃自力劳军，令军中促为攻具，进复攻之，与布相守百余日。蝗虫起，百姓大饿，布粮食亦尽，各引去。

秋九月，太祖还鄄城。布到乘氏，为其县人李进所破，东屯山阳。于是绍使人说太祖，欲连和。太祖新失兖州，军食尽，将许之。程昱止太祖，太祖从之。冬十月，太祖至东阿。

是岁谷一斛五十余万钱，人相食，乃罢吏兵新募者。陶谦死，刘备代之。

二年春，袭定陶。济阴太守吴资保南城，未拔。会吕布至，又击破之。夏，布将薛兰、李封屯钜野，太祖攻之，布救兰，兰败，布走，遂斩兰等。布复从东缗与陈宫将万余人来战，时太祖兵少，设伏，纵奇兵击，大破之。布夜走，太祖复攻，拔定陶，分兵平诸县。布东奔刘备，张邈从布，使其弟超将家属保雍丘。秋八月，围雍丘。冬十月，天子拜太祖兖州牧。十二月，雍丘溃，超自杀，夷邈三族。邈诣袁术请救，为其众所杀，兖州平，遂东略陈地。

是岁，长安乱，天子东迁，败于曹阳，渡河幸安邑。

正在这时，张邈和陈宫叛变，迎接吕布进入兖州。各郡县纷纷响应。只有荀彧和程昱保卫鄄城，范、东阿两县坚守，太祖于是领军撤回。吕布率军赶到，攻不下鄄城，就驻扎在西面的濮阳。太祖说：“吕布突然轻易地得到了一个州，却没有去占据东平，切断亢父、泰山的通道，凭借险要地形来截击我，反而驻扎在濮阳，我断定他不会有什么作为。”就进军攻打吕布。吕布出兵迎战，先用骑兵冲击青州兵。青州兵败逃，太祖的军阵大乱，从火中往外突奔而出，太祖从马上坠落，烧伤了左手掌。司马楼异搀扶太祖上了马，才得以撤出。他们还没有返回营寨时，将领们没有看见太祖，都很惊慌。太祖就勉强撑着去慰劳将士，并命令部队火速赶造攻城器具，再次攻打吕布，曹军与吕布对峙了百余日。这时蝗虫泛滥，老百姓十分饥饿，吕布的军粮也吃完了，双方各自退兵。

秋天九月，太祖回到鄄城。吕布到达乘氏县，被他的同县人李进打败，便往东驻扎在山阳县。这时，袁绍派人来游说太祖，想与他结盟。太祖新近失去兖州，军中粮食也吃尽了，准备答应袁绍。程昱劝阻，太祖听从了他的意见。冬天十月，太祖到了东阿县。

这一年谷物一斛值五十多万钱，出现了人吃人的现象，太祖便解散了一批新招募的官吏和士兵。陶谦去世，刘备接替了他做了徐州牧。

兴平二年春天，太祖袭击定陶。济阴太守吴资守定陶南城，没有能攻下。这时吕布兵到，太祖又打败了他。夏天，吕布的部将薛兰、李封驻扎在钜野，太祖攻钜野，吕布救薛兰，薛兰战败，吕布逃走，于是太祖杀死薛兰等人。吕布又从东缗与陈宫率领万余人来战，当时太祖兵少，便设下埋伏，出奇兵攻击，把吕布军打得大败。吕布夜里逃跑，太祖再次进攻，攻下定陶，并分兵平定各县。吕布往东投奔刘备，张邈带领家属跟随吕布，让他弟弟张超率领家眷驻守雍丘。秋天八月，太祖包围雍丘。冬天十月，汉献帝任命太祖为兖州牧。十二月，雍丘被攻破，张超自杀，太祖杀了张邈三族。张邈去向袁术求救，被部下杀死，兖州平定后，太祖就于是进一步东攻打陈国一带。

这一年，长安大乱，汉献帝东迁，护卫军在曹阳战败，渡过黄河

建安元年春正月，太祖军临武平，袁术所置陈相袁嗣降。

太祖将迎天子，诸将或疑，荀彧、程昱劝之，乃遣曹洪将兵西迎，卫将军董承与袁术将苌奴拒险，洪不得进。

汝南、颍川黄巾何仪、刘辟、黄邵、何曼等，众各数万，初应袁术，又附孙坚。二月，太祖进军讨破之，斩辟、邵等，仪及其众皆降。天子拜太祖建德将军，夏六月，迁镇东将军，封费亭侯。秋七月，杨奉、韩暹以天子还洛阳，奉别屯梁。太祖遂至洛阳，卫京都，暹遁走。天子假太祖节钺，录尚书事。洛阳残破，董昭等劝太祖都许。九月，车驾出轘辕而东，以太祖为大将军，封武平侯。自天子西迁，朝廷日乱，至是宗庙社稷制度始立。

天子之东也，奉自梁欲要之，不及。冬十月，公征奉，奉南奔袁术，遂攻其梁屯，拔之。于是以袁绍为太尉，绍耻班在公下，不肯受。公乃固辞，以大将军让绍。天子拜公司空，行车骑将军。是岁用枣祗、韩浩等议，始兴屯田。

吕布袭刘备，取下邳。备来奔。程昱说公曰："观刘备有雄才而甚得众心，终不为人下，不如早图之。"公曰："方今收英雄时也，杀一人而失天下之心，不可。"

张济自关中走南阳。济死，从子绣领其众。二年春正月，公到宛，张绣降，既而悔之，复反。公与战，军败，为流矢所中，长子昂、弟子安民遇害。公乃引兵还舞阴，绣将骑来钞，公击破之。绣奔穰，

到达安邑县。

建安元年春天正月，太祖大军到达武平县，袁术任命的陈国国相袁嗣投降。

太祖打算去迎接汉献帝，部将们有的心中怀疑这个举措，荀彧、程昱却极力鼓励此事，太祖便派遣曹洪率兵向西迎接献帝，汉朝的卫将军董承与袁术部将苌奴凭借险要地形阻挡，曹洪不能前进。

汝南、颍川二郡的黄巾军何仪、刘辟、黄邵、何曼等人，各自拥有数万兵众，开始响应袁术，后又依附孙坚。二月，太祖进军并打败了他们，斩杀了刘辟、黄邵等人，何仪及其部众全都投降。汉献帝拜太祖为建德将军，夏六月，升迁为镇东将军，封爵费亭侯。秋七月，杨奉、韩暹护卫汉献帝回到洛阳，杨奉单独驻扎在梁县，太祖便到达洛阳，护卫京都，韩暹逃走。献帝授给太祖节杖和黄钺，让他总管尚书台的事务。由于洛阳残破，董昭等人劝说太祖把都城移往许县。九月，献帝的车队出轘辕关向东，任命太祖为大将军，封爵武平侯。自从献帝西迁，朝政一天比一天混乱，至此，祭祀宗庙、土神和谷神的制度才得以重新设立。

献帝迁都许县的时候，杨奉打算从梁县出兵半路上加以堵截，但没有赶上。冬天十月，曹公征讨杨奉，杨奉南逃投奔袁术，曹公就攻打杨奉在梁县的营寨，攻破了。这时候献帝任命袁绍为太尉，袁绍认为太尉之职在大将军之下，等级比曹公低是一种耻辱，不肯接受。曹公就坚决辞去大将军职位，把它让给袁绍。献帝改任太祖为司空，兼任车骑将军。这一年，曹公采纳了枣祗、韩浩等人的建议，开始实行屯田制。

吕布袭击刘备，夺取了下邳。刘备来投奔曹公。程昱劝诫曹公说：“我看刘备有雄才大略，而且深得民心，不会久居人下，不如趁早除掉他。”曹公说：“现在正是招纳英雄的时候，为杀一个人而失去天下人的心，不可以。”

张济从关中逃到南阳。张济死后，他的侄儿张绣统领他的军队。建安二年春天正月，曹公到达宛城，张绣投降，但不久就后悔了，再次发动反叛。曹公与他交战，曹军战败，曹公被流箭射中，长子

与刘表合。公谓诸将曰：“吾降张绣等，失不便取其质，以至于此，吾知所以败。诸卿观之，自今已后不复败矣。”遂还许。

袁术欲称帝于淮南，使人告吕布。布收其使，上其书。术怒，攻布，为布所破。秋九月，术侵陈，公东征之。术闻公自来，弃军走，留其将桥蕤、李丰、梁纲、乐就；公到，击破蕤等，皆斩之。术走渡淮。公还许。

公之自舞阴还也，南阳章陵诸县复叛为绣，公遣曹洪击之，不利，还屯叶，数为绣、表所侵。冬十一月，公自南征，至宛。表将邓济据湖阳。攻拔之，生擒济，湖阳降。攻舞阴，下之。

三年春正月，公还许，初置军师祭酒。三月，公围张绣于穰。夏五月，刘表遣兵救绣，以绝军后。公将引还，绣兵来追，公军不得进，连营稍前。公与荀彧书曰：“贼来追吾，虽日行数里，吾策之，到安众，破绣必矣。”到安众，绣与表兵合守险，公军前后受敌。公乃夜凿险为地道，悉过辎重，设奇兵。会明，贼谓公为遁也，悉军来追。乃纵奇兵步骑夹攻，大破之。秋七月，公还许。荀彧问公：“前以策贼必破，何也？”公曰：“虏遏吾归师，而与吾死地战，吾是以知胜矣。”

吕布复为袁术使高顺攻刘备，公遣夏侯惇救之，不利。备为顺所败。九月，公东征布。冬十月，屠彭城，获其相侯谐。进至下邳，

曹昂、侄子曹安民遇难。曹公领兵退回舞阴，张绣率领骑兵来追击，被曹公打败。张绣逃到穰县，与刘表合兵。曹公对将领们说："我接受张绣投降，却犯了没有立即扣押他们人质的错误，才弄到这种地步，我已明白了失败的原因。诸位看着吧，从今以后我不会再失败了。"于是返回了许都。

袁术想在淮南称帝，派人告诉吕布。但吕布扣留了他的使者，并把他的来信呈献给了朝廷。袁术很愤怒，攻打吕布，被吕布打败。秋天九月，袁术进犯陈县，曹公东征袁术。袁术听说曹公亲自前来，丢下军队逃跑了，留下部将桥蕤、李丰、梁纲、乐就进行抵御；曹公到达后，打败了桥蕤等人，将他们全部斩杀。袁术逃过淮河。曹公返回许都。

曹公从舞阴返回后，南阳、章陵等县再次反叛归附了张绣，曹公派曹洪前去征讨，曹洪战败，退兵驻守叶县，经常遭到张绣、刘表的攻击。冬天十一月，曹公亲自南征，抵达宛城。刘表部将邓济据守湖阳。曹公攻下湖阳，活捉了邓济，湖阳投降。接着进攻舞阴，也攻下了。

建安三年春天正月，曹公回到许都，开始设置军师祭酒的官职。三月，曹公在穰县围攻张绣。夏五月，刘表派兵救援张绣，且截断了曹公大军的后路。曹公将要撤军，张绣军队前来追赶，曹公军队无法前进，只得把各军营连在一起慢慢前行。曹公给荀彧写信说："敌人前来追赶我，我军虽然一天才走几里地，但我预料，一到安众县，就一定能够打败张绣。"到达安众县后，张绣与刘表合兵守险，曹公军队前后受敌。曹公便深夜在险要地方开凿地道，把军用物资全都运过去，然后设下伏兵。到天明的时候，敌人认为曹公逃跑了，出动全部兵力追赶。曹公便出动埋伏的步骑兵夹攻，大败张绣、刘表。秋七月，曹公回到许都。荀彧问曹公："公先前预料敌人必被打败，为什么呢？"曹公说："贼寇阻遏我的军队，而与我们处于绝地的军队作战，我因此知道会取胜的。"

吕布又帮助袁术派高顺攻打刘备，曹公派遣夏侯惇救援他，曹军失利。刘备被高顺打败。九月，曹公东征吕布。冬十月，屠戮彭城，

布自将骑逆击。大破之，获其骁将成廉。追至城下，布恐，欲降。陈宫等沮其计，求救于术，劝布出战，战又败，乃还固守，攻之不下。时公连战，士卒罢，欲还，用荀攸、郭嘉计，遂决泗、沂水以灌城。月余，布将宋宪、魏续等执陈宫，举城降，生禽布、宫，皆杀之。太山臧霸、孙观、吴敦、尹礼、昌豨各聚众。布之破刘备也，霸等悉从布。布败，获霸等，公厚纳待，遂割青、徐二州附于海以委焉，分琅邪、东海、北海为城阳、利城、昌虑郡。

初，公为兖州，以东平毕谌为别驾。张邈之叛也，邈劫谌母弟妻子；公谢遣之，曰："卿老母在彼，可去。"谌顿首无二心，公嘉之，为之流涕。既出，遂亡归。及布破，谌生得，众为谌惧，公曰："夫人孝于其亲者，岂不亦忠于君乎！吾所求也。"以为鲁相。

四年春二月，公还至昌邑。张杨将杨丑杀杨，眭固又杀丑，以其众属袁绍，屯射犬。夏四月，进军临河，使史涣、曹仁渡河击之。固使杨故长史薛洪、河内太守缪尚留守，自将兵北迎绍求救，与涣、仁相遇犬城。交战，大破之，斩固。公遂济河，围射犬。洪、尚率众降，封为列侯，还军敖仓。以魏种为河内太守，属以河北事。

初，公举种孝廉。兖州叛，公曰："唯魏种且不弃孤也。"及闻种走，公怒曰："种不南走越、北走胡，不置汝也！"既下射犬，生禽种，公曰："唯其才也！"释其缚而用之。

是时袁绍既并公孙瓒，兼四州之地，众十余万，将进军攻许。

擒获了彭城国相侯谐。曹公进军到下邳，吕布亲自率骑兵迎击。曹公大破吕布，擒获吕布骁将成廉。曹军乘胜追到城下，吕布害怕，想投降。陈宫等人阻止了吕布的打算，又向袁术求救，劝吕布出战，吕布出战又失败，便回城固守，曹公攻打不下。当时曹公连连作战，士卒疲惫，就打算撤军，便采用荀攸、郭嘉的计策，掘开泗水、沂水来淹没城池。一个多月后，吕布部将宋宪、魏续等人捉住陈宫，献城投降，曹公活捉了吕布、陈宫，把二人全都杀掉。太山人臧霸、孙观、吴敦、尹礼、昌豨各自聚集兵众。吕布攻破刘备以后，臧霸等人全都归从了吕布。吕布被打败，曹公擒获了臧霸等人，接纳并厚待了臧霸等人，就分割出青州、徐州二州的滨海地区交给臧霸等人管理，又分出琅琊、东海、北海等郡国的土地置城阳、利城、昌虑三郡。

起初，曹公担任兖州牧，以东平人毕谌为别驾。张邈叛乱时，曾劫持毕谌的母亲、弟弟、妻子和子女；曹操惋惜地解去毕谌职务而且派遣他去投奔张邈，说："你的老母亲在那里，你应该去。"毕谌当时叩首表示绝对没有二心，曹公赞叹毕谌，为他感动流泪。毕谌走后，就没有回来。后来吕布兵败，毕谌被曹公生擒，大家都为毕谌担心恐惧，曹公说："人如果能孝顺双亲，岂不是也必然能忠诚于君主！这正是我所需要的人。"仍然任命毕谌为鲁相。

建安四年春天二月，曹公回到昌邑县。张杨的部将杨丑杀了张杨，眭固又杀了杨丑，率众归顺了袁绍，屯驻在射犬。夏天四月，曹公进军黄河边，派史涣、曹仁渡河攻击眭固。眭固派张杨的旧长史薛洪、河内太守缪尚留守，自己率兵北迎袁绍求救，与史涣、曹仁相遇在犬城。双方交战，曹军大败敌军，斩了眭固。曹公便渡过黄河，包围射犬。薛洪、缪尚带领众将士投降，被封为列侯，曹军返回敖仓。任魏种为河内太守，把黄河以北事务交托给他。

起初，曹公举荐魏种为孝廉。兖州反叛，曹公说："唯有魏种是不会背叛我的。"等到了听闻魏种逃跑，曹公发怒说："除非魏种南跑到越地、北跑到胡地，否则我不会放过他！"曹军攻下射犬，生擒了魏种后，曹公说："只因他有才！"解除了他的绳缚而任用他。

这个时候袁绍已经吞并了公孙瓒，兼并了青州、冀州、幽州、并

诸将以为不可敌，公曰："吾知绍之为人，志大而智小，色厉而胆薄，忌克而少威，兵多而分画不明，将骄而政令不一，土地虽广，粮食虽丰，适足以为吾奉也。"秋八月，公进军黎阳，使臧霸等入青州破齐、北海、东安，留于禁屯河上。九月，公还许，分兵守官渡。冬十一月，张绣率众降，封列侯。十二月，公军官渡。

袁术自败于陈，稍困，袁谭自青州遣迎之。术欲从下邳北过，公遣刘备、朱灵要之。会术病死。程昱、郭嘉闻公遣备，言于公曰："刘备不可纵。"公悔，追之不及。备之未东也，阴与董承等谋反，至下邳，遂杀徐州刺史车胄，举兵屯沛。遣刘岱、王忠击之，不克。

庐江太守刘勋率众降，封为列侯。

五年春正月，董承等谋泄，皆伏诛。公将自东征备，诸将皆曰："与公争天下者，袁绍也。今绍方来而弃之东，绍乘人后，若何？"公曰："夫刘备，人杰也，今不击，必为后患。袁绍虽有大志，而见事迟，必不动也。"郭嘉亦劝公，遂东击备，破之，生擒其将夏侯博。备走奔绍，获其妻子。备将关羽屯下邳，复进攻之，羽降。昌豨叛为备，又攻破之。公还官渡，绍卒不出。

二月，绍遣郭图、淳于琼、颜良攻东郡太守刘延于白马，绍引兵至黎阳，将渡河。夏四月，公北救延。荀攸说公曰："今兵少不敌，分其势乃可。公到延津，若将渡兵向其后者，绍必西应之，然后轻兵袭白马，掩其不备，颜良可擒也。"公从之。绍闻兵渡，即分兵

州四州之地，拥兵十余万，准备进攻许都。众将都认为袁绍势大难以抵挡，曹公说：“我了解袁绍的为人，他志大才疏，色厉内荏，妒忌刻薄而缺乏威信，兵多而指挥混乱，将领骄横而政令不一，他的土地虽然广阔，粮食虽然丰足，正好可以奉献给我。”秋八月，曹公进军黎阳，派臧霸等人进入青州攻占齐国、北海、东安，留下于禁屯兵黄河边上。九月，曹公返回许都，分兵把守官渡。冬天十一月，张绣率众投降，被封为列侯。十二月，曹公进军官渡。

袁术自从在陈国被打败以后，处境日益困窘，袁谭从青州派人迎接他。袁术打算经下邳北上，曹公派刘备、朱灵进行截击。正好在这时袁术病死了。程昱、郭嘉听说曹公派刘备出征，对曹公说：“可不能放刘备出去。”曹公后悔了，派人去追赶刘备，却没有追上。在刘备还没东去的时候，曾经暗中和董承等人商议反曹，到达下邳后，刘备就杀了徐州刺史车胄，率军驻扎在沛县。曹公派遣刘岱、王忠攻打刘备，未能取胜。

庐江太守刘勋率领部下前来归顺，被封为列侯。

建安五年春天正月，董承等人的反叛阴谋败露，全部被处死。曹公准备亲自东征刘备，将领们都劝阻说：“和您争夺天下的是袁绍。现在袁绍正要前来进攻我们，而您却撇开他东征刘备，要是袁绍乘机袭击我们的后路，怎么办？”曹公说：“刘备是人中豪杰，现在不攻打他，一定会成为后患。袁绍虽然有远大的志向，但遇事优柔寡断，一定不会出兵。”郭嘉也支持曹公的看法，于是曹公东征刘备，将他打败，活捉了他的部将夏侯博。刘备前去投奔袁绍，曹公俘获了他的妻儿。刘备的部将关羽驻军下邳，曹公乘胜进攻，关羽投降。昌豨先前叛变，投靠了刘备，曹公也进军打败了他。直到曹公回到官渡，袁绍始终没有出兵。

二月，袁绍派遣郭图、淳于琼、颜良进攻驻扎在白马的东郡太守刘延，袁绍率兵抵达黎阳，准备渡过黄河。夏天四月，曹公北上援救刘延。荀攸劝曹公说：“现在我们兵力少，难以抵挡袁军，必须分散他的兵力才可取胜。您到延津后，做出像要渡河袭击其后方的样子，袁绍必定会分兵向西应战，然后，您率军轻装疾进，袭击白马，攻其

西应之。公乃引军兼行趣白马，未至十余里，良大惊，来逆战。使张辽、关羽前登，击破，斩良。遂解白马围，徙其民，循河而西。绍于是渡河追公军，至延津南。公勒兵驻营南阪下，使登垒望之，曰：“可五六百骑。”有顷，复白：“骑稍多，步兵不可胜数。”公曰：“勿复白。”乃令骑解鞍放马。是时，白马辎重就道。诸将以为敌骑多，不如还保营。荀攸曰：“此所以饵敌，如何去之！”绍骑将文丑与刘备将五六千骑前后至。诸将复白：“可上马。”公曰：“未也。”有顷，骑至稍多，或分趣辎重。公曰：“可矣。”乃皆上马。时骑不满六百，遂纵兵击，大破之，斩丑。良、丑皆绍名将也，再战，悉禽，绍军大震。公还军官渡。绍进保阳武。关羽亡归刘备。

八月，绍连营稍前，依沙塠为屯，东西数十里。公亦分营与相当，合战不利。时公兵不满万，伤者十二三。绍复进临官渡，起土山地道。公亦于内作之，以相应。绍射营中，矢如雨下，行者皆蒙楯，众大惧，时公粮少，与荀彧书，议欲还许。彧以为：“绍悉众聚官渡，欲与公决胜败。公以至弱当至强，若不能制，必为所乘，是天下之大机也。且绍，布衣之雄耳，能聚人而不能用。夫以公之神武明哲而辅以大顺，何向而不济！”公从之。

孙策闻公与绍相持，乃谋袭许，未发，为刺客所杀。

不备，就可击败颜良。”曹公采纳了他的意见。袁绍听说曹军渡河，果然立即派兵往西去应战。曹公就率军日夜兼程奔向白马，离白马还有十多里时，颜良才得信，大为吃惊，慌忙前来迎战。曹公派张辽、关羽出阵，打败袁军，斩杀颜良。于是解了白马之围，曹公将当地百姓沿黄河向西迁徙。此时，袁绍渡过黄河追赶太祖，到达延津南面。太祖部署军队在南面的山坡扎营，派人登上营垒观察敌情，瞭望的人报告：“大约有五六百骑兵。”过了一会儿，又报告：“骑兵逐渐增多，步兵多得数不清。”太祖说：“不用再报了。”命令骑兵解下马鞍放开战马。这时，从白马缴获的军用物资已经上路。众将领认为敌人多骑兵，不如把物资撤回充实军营。荀攸说：“这样是诱敌上钩，怎么能撤呢！”袁绍的将领文丑和刘备率领五六千骑兵先后到达。众将又说：“可以上马迎敌了。”太祖说：“还不行。”又过了一会儿，袁军骑兵多了起来，有一部分奔向路上的物资。太祖说：“可以出站了。”于是曹军全部上马。当时曹军骑兵不足六百，就出兵发起攻击，大破袁军，杀了文丑。颜良、文丑都是袁绍的名将，两次交战，全被擒杀，袁军感到十分震惊。太祖撤回官渡。袁绍守卫阳武。关羽逃回到刘备那里。

八月，袁绍大军前后连营步步推进，靠着沙堆扎营，东西相连长达几十里。太祖设下营垒应击袁军，交战失利。当时太祖的总兵力不足万人，受伤的人又占了十之二三。袁绍大军逼近官渡，堆土成山挖出地道。太祖也在营垒内筑土山挖地道来应战。袁绍的箭像雨点似的落在曹营，营内行走都得用盾牌掩蔽，大家都很恐惧，此时曹军军粮匮乏，太祖给荀彧写信，打算撤回许都。荀彧回信说：“袁绍的全部兵力都聚集在官渡，想和您决战。您用极弱的兵力对抗强敌，如果不能战胜，就会被他乘胜追击，这可是关系到争夺天下成败的重要时机啊。况且袁绍只是凡人之中的豪杰，能招揽贤才却不会使用。凭借您的英武，再加上以天子的名义讨伐叛逆，一定会所向披靡、战无不胜！”太祖听从了他的建议。

孙策听说曹公与袁绍两军对峙在官渡，就密谋袭击许都，结果还没有出兵，就被刺客杀死了。

汝南降贼刘辟等叛应绍，略许下。绍使刘备助辟，公使曹仁击破之。备走，遂破辟屯。

袁绍运谷车数千乘至，公用荀攸计，遣徐晃、史涣邀击，大破之，尽烧其车。公与绍相拒连月，虽比战斩将，然众少粮尽，士卒疲乏，公谓运者曰：“却十五日为汝破绍，不复劳汝矣。”冬十月，绍遣车运谷，使淳于琼等五人将兵万余人送之，宿绍营北四十里。绍谋臣许攸贪财，绍不能足，来奔，因说公击琼等。左右疑之，荀攸、贾诩劝公。公乃留曹洪守，自将步骑五千人夜往，会明至。琼等望见公兵少，出陈门外。公急击之，琼退保营，遂攻之。绍遣骑救琼。左右或言“贼骑稍近，请分兵拒之”。公怒曰：“贼在背后，乃白！”士卒皆殊死战，大破琼等，皆斩之。绍初闻公之击琼，谓长子谭曰：“就彼攻琼等，吾攻拔其营，彼固无所归矣！”乃使张郃、高览攻曹洪。郃等闻琼破，遂来降。绍众大溃，绍及谭弃军走，渡河。追之不及，尽收其辎重图书珍宝，虏其众。公收绍书中，得许下及军中人书，皆焚之。冀州诸郡多举城邑降者。

初，桓帝时有黄星见于楚、宋之分，辽东殷馗善天文，言后五十岁当有真人起于梁、沛之间，其锋不可当。至是凡五十年，而公破绍，天下莫敌矣。

六年夏四月，扬兵河上，击绍仓亭军，破之。绍归，复收散卒，攻定诸叛郡县。九月，公还许。绍之未破也，使刘备略汝南，汝南贼

汝南投降的贼寇刘辟等人发动叛变，响应袁绍，在许都城外抢掠。袁绍派刘备去支援刘辟，曹公派出曹仁将其打败。刘备逃跑，曹军攻克了刘辟的营寨。

袁绍数千辆运粮谷的车辆来到，曹公使用荀攸的计策，派遣徐晃、史涣前去截击，大破敌军，将粮车全部烧毁。曹公与袁绍相持了数月，虽然连连交战斩杀敌将，然而兵少粮尽，士兵疲惫困乏，曹公对运送物资的人说："再过十五天我就为你们打败袁绍，不再使你们劳累了。"冬十月，袁绍派遣车辆运粮谷，派淳于琼等五人领一万多兵众护送粮车，住宿在袁绍大营北面四十里的地方。袁绍的谋臣许攸贪财，袁绍不能满足他，许攸就来投奔曹公，劝说曹公进击淳于琼等人。左右都怀疑许攸，荀攸、贾诩却劝曹公听从许攸的计策。曹公便留曹洪守卫大营，亲自率领步骑兵五千人乘黑夜出发，天亮时到达。淳于琼等人看见曹公兵少，就在大门外布阵迎战。曹公下令冲击，淳于琼退回到营内固守，曹军展开围攻。袁绍派骑兵救援淳于琼。曹公左右的人中有人说："敌人骑兵越来越近了，请分兵迎敌。"曹公大怒说："等敌人到了背后再来报告！"曹军士兵都进行殊死奋战，把淳于琼等打得大败，并将其斩杀。袁绍刚得到曹公攻打淳于琼的消息，对大儿子袁谭说："趁他攻打淳于琼之机，我们去攻占他的大本营，他就无处可归了！"便派张郃、高览进攻曹洪。张郃等人听说淳于琼被打败，就投降了曹公。袁军一败涂地，袁绍和袁谭弃军逃跑，仓皇渡过黄河。曹军追赶不及，缴获了他们的全部辎重物资、图书册籍及珍宝，俘虏了他的部众。曹公在缴获的袁绍的书信中，发现了许都官员和军队中的人写给袁绍的信件，全部都烧掉不予追究。冀州各郡见状，纷纷献出城邑投降。

起初，桓帝时有黄星出现在楚、宋两国故地的分野，辽东人殷馗精于天文，预言过五十年应当有真人出现在梁国和沛国之间，他的锋芒不可阻挡。到这时候共五十年，而曹公打败袁绍，天下无敌。

建安六年夏天四月，曹公在黄河边炫耀武力，进击袁绍仓亭驻军，打败了他。袁绍回到冀州，重新收集散兵，攻打并平定了那些叛

共都等应之。遣蔡扬击都，不利，为都所破。公南征备。备闻公自行，走奔刘表，都等皆散。

七年春正月，公军谯，令曰："吾起义兵，为天下除暴乱。旧土人民，死丧略尽，国中终日行，不见所识，使吾凄怆伤怀。其举义兵已来，将士绝无后者，求其亲戚以后之，授土田，官给耕牛，置学师以教之。为存者立庙，使祀其先人，魂而有灵，吾百年之后何恨哉！"遂至浚仪，治睢阳渠，遣使以太牢祀桥玄。进军官渡。

绍自军破后，发病呕血，夏五月死。小子尚代，谭自号车骑将军，屯黎阳。秋九月，公征之，连战。谭、尚数败退，固守。

八年春三月，攻其郭，乃出战，击，大破之，谭、尚夜遁。夏四月，进军邺。五月还许，留贾信屯黎阳。

己酉，令曰："《司马法》'将军死绥'，故赵括之母，乞不坐括。是古之将者，军破于外，而家受罪于内也。自命将征行，但赏功而不罚罪，非国典也。其令诸将出征，败军者抵罪，失利者免官爵。"

秋七月，令曰："丧乱已来，十有五年，后生者不见仁义礼让之风，吾甚伤之。其令郡国各修文学，县满五百户置校官，选其乡之俊造而教学之，庶几先王之道不废，而有以益于天下。"

八月，公征刘表，军西平。公之去邺而南也，谭、尚争冀州，谭

变的郡县。九月，曹公回到许都。袁绍没被打败的时候，派刘备攻略汝南郡，汝南郡的反贼共都等人都响应他。曹公派遣蔡扬攻打共都，失利，被共都打败。曹公南征刘备。刘备听说曹公亲自来伐，逃奔刘表，共都等人也全都逃散。

建安七年春天正月，曹公率军到达谯县，下令说："我兴起义军，为天下扫除暴乱。故乡的人民，死得几乎都没有了，在境内行走一天，见不到一个认识的人，这使我悲痛伤心。现在我下令，自我兴起义军以来，将士们断绝了后代的，可以寻找将士的亲戚来继承其后，并授给田地，国家给予耕牛，设立学校请老师来教这些人。替幸存的人修立祠庙，使这些人能祭祀先人，如果死者有灵魂，我百年之后还有什么遗憾呢！"于是到了浚仪县，修治睢阳渠，派人用牛、羊、猪三牲的礼仪祭祀桥玄。然后又领兵前往官渡。

袁绍自从兵败后，发病吐血，夏五月死去。他的小儿子袁尚接替了袁绍的权位，大儿子袁谭自称车骑将军，屯驻在黎阳。秋九月，曹公征伐袁军，接连战斗。袁谭、袁尚多次战败，退回城中固守。

建安八年春天三月，曹公攻打黎阳的外城，袁谭、袁尚出城迎战，曹军进击，大败袁军，袁谭、袁尚乘夜逃走。夏天四月，曹公进军邺城。五月回到许都，留下贾信屯驻在黎阳。

五月己酉日，曹公下令说："《司马法》中有'将军败退要处死'的说法，所以赵括的母亲请求赵王不要让自己受赵括打败仗的连累。这说明古代的将军，如果在外面打了败仗，将军的家人就会牵连在内受到惩罚。自从我受命为将领兵出征以来，只奖赏有功的而不惩罚有罪的，这不符合国家制度。现在我宣布将领们出征，军队被打垮的将领抵罪，作战失利的免除官职爵位。"

秋天七月，曹公下令说："自从国家动乱以来，已经十五年了，年轻人没有见过仁义礼让的好风气，我很担心。现在，我下令各郡国都要开办文化学业，有五百户以上的县设置校官，选择乡中杰出的青年加以教诲，这样大概能让先王的大道不至于废绝，而对天下一定有好处。"

八月，曹公征讨刘表，驻军西平县。当曹公离开邺县南征之后，

为尚所败，走保平原。尚攻之急，谭遣辛毗乞降请救。诸将皆疑，荀攸劝公许之，公乃引军还。冬十月，到黎阳，为子整与谭结婚。尚闻公北，乃释平原还邺。东平吕旷、吕翔叛尚，屯阳平，率其众降，封为列侯。

九年春正月，济河，遏淇水入白沟以通粮道。二月，尚复攻谭，留苏由、审配守邺。公进军到洹水，由降。既至，攻邺，为土山、地道。武安长尹楷屯毛城，通上党粮道。夏四月，留曹洪攻邺，公自将击楷，破之而还。尚将沮鹄守邯郸，又击拔之。易阳令韩范、涉长梁岐举县降，赐爵关内侯。五月，毁土山、地道，作围堑，决漳水灌城；城中饿死者过半。秋七月，尚还救邺，诸将皆以为“此归师，人自为战，不如避之”。公曰：“尚从大道来，当避之；若循西山来者，此成禽耳。”尚果循西山来，临滏水为营。夜遣兵犯围，公逆击破走之，遂围其营。未合，尚惧，遣故豫州刺史阴夔及陈琳乞降，公不许，为围益急。尚夜遁，保祁山，追击之。其将马延、张顗等临陈降，众大溃，尚走中山。尽获其辎重，得尚印绶节钺，使尚降人示其家，城中崩沮。八月，审配兄子荣夜开所守城东门内兵。配逆战，败，生禽配，斩之，邺定。公临祀绍墓，哭之流涕；慰劳绍妻，还其家人宝物，赐杂缯絮，廪食之。

初，绍与公共起兵，绍问公曰：“若事不辑，则方面何所可据？”公曰：“足下意以为何如？”绍曰：“吾南据河，北阻燕、代，兼戎狄之众，南向以争天下，庶可以济乎？”公曰：“吾任天下之智力，

袁谭、袁尚争夺冀州，袁谭被袁尚打败，跑回平原郡据守。袁尚加紧进攻，袁谭派遣辛毗前来请降并请求援救。诸将都怀疑袁谭，而荀攸劝曹公答应他，于是曹公又率军回来。冬天十月，到达黎阳，为儿子曹整娶了袁谭的女儿。袁尚听说曹公北进，于是就放弃对平原的进攻而回到邺城。东平人吕旷、吕翔反叛袁尚，屯军阳平，率领部下来投降，被封为列侯。

建安九年春天正月，曹军渡过黄河，拦截淇水进入白沟以通粮道。二月，袁尚又进攻袁谭，留苏由、审配守邺城。曹公进军到洹水，苏由投降。待大军到达，就攻打邺城，垒土山，挖地道。袁尚所任命的武安县长尹楷驻扎在毛城，守护上党至邺的粮道。夏天四月，曹公留曹洪攻邺，亲自带兵攻打尹楷，击溃尹楷之后方才回师。袁尚的部将沮鹄守邯郸，曹公又进攻沮鹄，攻克邯郸。袁尚所任易阳县令韩范、涉县长梁岐各率本县投降，赐爵关内侯。五月，平毁土山地道，挖掘围城壕沟，决开漳水灌邺城；城里人饿死过半。七月，袁尚回兵救邺，众将都认为“这是归来的军队，人人都会奋力死战，不如避开它。”曹公说：“袁尚要是从大路来，应当退避；如果他沿着西山来，那就只能是活捉他。”袁尚果然沿西山来，靠近滏水扎营。夜里派兵进犯曹公围城的部队，曹公迎击，把他打得大败而逃，进而包围他的军营。还没有合围，袁尚害怕，派前豫州刺史阴夔和陈琳来请降，曹公不许，包围越发加紧。袁尚乘夜晚逃走，据守祁山，曹军追击。袁尚部将马延、张顗等临阵投降，袁军大溃，袁尚逃往中山。曹军缴获了他的全部军用物资，并且得到袁尚的官印、绶带、符节、黄钺，又让使袁尚部下来降的人拿回去给其家属看，于是城中人心涣散。八月，审配的兄长子审荣晚上打开他所把守的城东门，把曹公的兵放进城。审配迎战失败，被生擒斩首，邺城平定。曹公亲临袁绍墓前进行祭奠，哀哭流泪；又慰劳袁绍的妻室，把宝物还给他的家人，并赐给各种缯帛丝絮，由官府供给他们口粮。

起初，袁绍与曹公共同起兵，袁绍问曹公说：“如果起事不能成功，那么有什么地方可以据守呢？”曹公说：“足下认为哪里可以呢？”袁绍说：“我南据黄河，北靠燕、代之地，兼有戎狄之众，向南

以道御之，无所不可。”

九月，令曰：“河北罹袁氏之难，其令无出今年租赋！”重豪强兼并之法，百姓喜悦。天子以公领冀州牧，公让还兖州。

公之围邺也，谭略取甘陵、安平、勃海、河间。尚败，还中山。谭攻之，尚奔故安，遂并其众。公遗谭书，责以负约，与之绝婚，女还，然后进军。谭惧，拔平原，走保南皮。十二月，公入平原，略定诸县。

十年春正月，攻谭，破之，斩谭，诛其妻子，冀州平。下令曰：“其与袁氏同恶者，与之更始。”令民不得复私仇，禁厚葬，皆一之于法。是月，袁熙大将焦触、张南等叛攻熙、尚，熙、尚奔三郡乌丸。触等举其县降，封为列侯。初讨谭时，民亡椎冰，令不得降。顷之，亡民有诣门首者，公谓曰：“听汝则违令，杀汝则诛首，归深自藏，无为吏所获。”民垂泣而去；后竟捕得。

夏四月，黑山贼张燕率其众十余万降，封为列侯。故安赵犊、霍奴等杀幽州刺史、涿郡太守。三郡乌丸攻鲜于辅于犷平。秋八月，公征之，斩犊等，乃渡潞河救犷平，乌丸奔走出塞。

九月，令曰：“阿党比周，先圣所疾也。闻冀州俗，父子异部，更相毁誉。昔直不疑无兄，世人谓之盗嫂；第五伯鱼三娶孤女，谓之挝妇翁；王凤擅权，谷永比之申伯；王商忠议，张匡谓之左道：此皆以白为黑，欺天罔君者也。吾欲整齐风俗，四者不除，吾以为

去争夺天下，也许能成功吧？”曹公说：“我任用天下有智慧和有勇力的人，用道义来管理他们，到哪儿都能成功。”

九月，曹公下令说：“黄河以北的地区遭受了袁氏带来的灾难，现在命令这个地区不用缴纳今年的田租赋税！”他又颁布了加重惩治豪强兼并土地的法令，百姓们对此感到非常高兴。献帝命曹公兼任冀州牧，曹公便辞去了兖州牧的官职。

曹公包围邺城的时候，袁谭掠取了甘陵、安平、勃海、河间。袁尚战败，返回中山。袁谭攻打他，袁尚就逃奔到故安，袁谭就吞并了他的部众。曹公写信给袁谭，责备他负约，与他断绝婚姻，把袁谭的女儿送还，然后进军。袁谭恐惧，撤离平原，退守南皮。十二月，曹公进入平原，攻取平定了各县。

建安十年春天正月，太祖出兵攻打袁谭，将其打败，杀了袁谭及其妻儿，冀州平定。太祖下令说：“与袁氏一起作恶的人，给他们改过自新的机会。”又命令百姓不得报私仇，禁止厚葬，一切按法制办事。该月，袁熙手下的大将焦触、张南等人叛变，并攻打袁熙、袁尚，袁熙、袁尚投奔三郡乌丸族。焦触等人献城投降，被封为列侯。当初讨伐袁谭时，不愿承担凿冰通航劳役的人都跑了，太祖下令不得接受他们的投降。不久，逃跑的人有的前来自首，太祖对他们说：“若接受你们自首，不法办就违反了法令，若杀了你们就杀了自首的人，你们好好躲藏起来吧，不要被官兵抓住。”逃跑的人流着眼泪离开；后来终究被抓。

夏天四月，黑山贼寇张燕率十多万人投降，被封为列侯。故安人赵犊、霍奴等人杀了幽州刺史和涿郡太守。三郡乌丸族在犷平一带攻打鲜于辅。秋天八月，太祖出兵征讨赵犊等人，将其杀死，渡潞河救犷平，乌丸族逃往塞外。

九月，太祖下令：“结党营私是古代圣人所痛恨的。听说冀州有一种风俗，即使是父子也各结一帮，互相诽谤。从前，有个叫直不疑的人没有哥哥，有人却说他和嫂子私通；第五伯鱼三次娶的都是孤女，却有人说他殴打岳父；王凤独揽大权，谷永却把他比作忠于周王室的申伯；王商忠诚公正，张匡却说他搞旁门左道：这些都是颠倒是非、欺

羞。”冬十月，公还邺。

初，袁绍以甥高幹领并州牧，公之拔邺，幹降，遂以为刺史。幹闻公讨乌丸，乃以州叛，执上党太守，举兵守壶关口。遣乐进、李典击之，幹还守壶关城。十一年春正月，公征幹。幹闻之，乃留其别将守城，走入匈奴，求救于单于，单于不受。公围壶关三月，拔之。幹遂走荆州，上洛都尉王琰捕斩之。

秋八月，公东征海贼管承，至淳于，遣乐进、李典击破之，承走入海岛。割东海之襄贲、郯、戚以益琅邪，省昌虑郡。

三郡乌丸承天下乱，破幽州，略有汉民合十余万户。袁绍皆立其酋豪为单于，以家人子为己女，妻焉。辽西单于蹋顿尤强，为绍所厚，故尚兄弟归之，数入塞为害。公将征之，凿渠，自呼沲入泒水，名平虏渠；又从泃河口凿入潞河，名泉州渠，以通海。

十二年春二月，公自淳于还邺。丁酉，令曰：“吾起义兵诛暴乱，于今十九年，所征必克，岂吾功哉？乃贤士大夫之力也。天下虽未悉定，吾当要与贤士大夫共定之；而专飨其劳，吾何以安焉！其促定功行封。”于是大封功臣二十余人，皆为列侯，其余各以次受封，及复死事之孤，轻重各有差。

将北征三郡乌丸，诸将皆曰：“袁尚，亡虏耳，夷狄贪而无亲，岂能为尚用？今深入征之，刘备必说刘表以袭许。万一为变，事不可悔。”惟郭嘉策表必不能任备，劝公行。夏五月，至无终。秋七月，大水，傍海道不通，田畴请为乡导，公从之。引军出卢龙塞，塞

天骗君的例子。我要整治社会风气，这些恶俗不除掉是十分耻辱的。”冬天十月，太祖返回邺城。

起初，袁绍任用他的外甥高幹为并州牧，曹公攻下邺城后，高幹投降，曹公仍让他任并州刺史。高幹听说曹公讨伐乌丸，就在并州发动了叛乱，劫持上党太守，发兵守卫壶关口。曹公派乐进、李典进击，高幹退守壶关城。建安十一年春天正月，曹公亲自征讨高幹。高幹听到消息后，留下其他将领守城，自己跑到匈奴那儿，向单于求救，但单于没有答应。曹军围城三个月，攻下了壶关。高幹想逃往荆州，在路上被上洛都尉王琰抓获并斩杀。

秋天八月，曹公东征海盗管承，抵达淳于，派乐进、李典进军击败了管承，管承逃到了海岛。曹公把原来东海郡的襄贲、郯、戚三县划归琅琊郡，撤销了昌虑郡。

三郡乌丸乘天下大乱时，攻破幽州，掳掠了十多万户汉族百姓。袁绍曾经把他们的部落首领都立为单于，将族人的女儿认作自己的女儿嫁给他们为妻。其中辽西单于蹋顿势力尤其强大，受到过袁绍的厚待，所以袁尚兄弟投奔了他，他们多次进入边塞扰乱破坏。曹公准备出兵征伐，先开凿河渠以便运输粮草，从呼沲河通到泒水，命名为平虏渠；又从沟河口凿渠连通潞水，起名泉州渠，通往大海。

建安十二年春天二月，曹公从淳于回到邺城。丁酉日，曹公下令说：“从我起兵诛除暴乱，到现在已经十九年了，每次征讨的对象都能平定，难道这是我个人的功劳吗？都是由于贤能的士大夫们的力量啊。天下现在虽然还没有完全平定，我必定会和各位贤能的士大夫一起平定它；但独自享有这些功劳，我怎么能心安理得呢！现在要赶快论定大家的功劳，进行封赏。”于是大封功臣，有二十多人封为列侯，其余的人也按功劳大小依次受封，还免除了死难将士后代的赋役，其轻重多少各有一定的等级。

曹公将要北上征讨三郡乌丸，众将都说：“袁尚不过是个四处逃亡的敌人而已，少数民族的人贪婪而不看重亲情，怎么会替袁尚出力呢？如今深入其境征讨他们，刘备必定劝说刘表乘机袭击许都。万一局势有变化，后悔都晚了。”只有郭嘉预料刘表一定不能信任刘

外道绝不通，乃堑山堙谷五百余里，经白檀，历平冈，涉鲜卑庭，东指柳城。未至二百里，虏乃知之。尚、熙与蹋顿、辽西单于楼班、右北平单于能臣抵之等将数万骑逆军。八月，登白狼山，卒与虏遇，众甚盛。公车重在后，被甲者少，左右皆惧。公登高，望虏陈不整，乃纵兵击之，使张辽为先锋，虏众大崩，斩蹋顿及名王已下，胡、汉降者二十余万口。辽东单于速仆丸及辽西、北平诸豪，弃其种人，与尚、熙奔辽东，众尚有数千骑。

初，辽东太守公孙康恃远不服。及公破乌丸，或说公遂征之，尚兄弟可擒也。公曰："吾方使康斩送尚、熙首，不烦兵矣。"九月，公引兵自柳城还，康即斩尚、熙及速仆丸等，传其首。诸将或问："公还而康斩送尚、熙，何也？"公曰："彼素畏尚等，吾急之则并力，缓之则自相图，其势然也。"十一月至易水，代郡乌丸行单于普富卢、上郡乌丸行单于那楼将其名王来贺。

十三年春正月，公还邺，作玄武池以肄舟师。汉罢三公官，置丞相、御史大夫。夏六月，以公为丞相。

秋七月，公南征刘表。八月，表卒，其子琮代，屯襄阳，刘备屯樊。九月，公到新野，琮遂降，备走夏口。公进军江陵，下令荆州吏民，与之更始。乃论荆州服从之功，侯者十五人，以刘表大将文聘为江夏太守，使统本兵，引用荆州名士韩嵩、邓义等。益州牧刘璋

备，劝曹公北征。夏五月，大军到达无终县。秋七月，发大水，靠海地区的道路不能通行，田畴请求充当向导，曹公接受了。田畴带领大军出了卢龙塞，塞外的道路断绝不通，军队挖山填谷行进五百多里，经过白檀县、平冈县，穿过鲜卑单于的驻地，向东直奔柳城县。离柳城县不到二百里时，敌人得知消息。袁尚、袁熙与蹋顿、辽西单于楼班、右北平单于能臣抵之等人率领数万骑兵迎战。八月，曹公大军登上白狼山，突然与敌人相遇，敌人众多。曹公军运送军用物资的重车在后面，前锋部队身穿甲胄的士兵不多，左右的人都很害怕。曹公登上高处，看到敌人阵容不整，便令大军进攻敌军，又派遣张辽为先锋，率先主动冲击敌阵，敌军崩溃，曹军斩杀了蹋顿和乌丸族有名首领以下多人，胡、汉两族前来投降的有二十多万人。辽东属国的乌丸族单于速仆丸及辽西、右北平乌丸的众位首领，丢下他本部落的人，与袁尚、袁熙逃奔辽东郡，身边只有几千骑兵。

起初，辽东太守公孙康自恃地处偏远，不服从管辖。等到曹公打败了乌丸，有人劝曹公立即征伐公孙康，那样就可以活捉袁氏兄弟。曹公说："我正要叫公孙康砍下袁尚、袁熙的脑袋送来，不劳烦用兵了。"九月，曹公带兵从柳城返回，公孙康随即斩了袁尚、袁熙、速仆丸等人，把首级送到曹公军中。有将领问："主公回兵，而公孙康却砍下他们的脑袋送来，这是为什么呢？"曹公说："公孙康害怕袁尚等人，我们攻打太急，他们就会合力对付我们，暂缓进攻，他们就将自相残杀，这是必然会发生的事情。"十一月，曹公到达易水岸边，代郡乌丸的代理单于普富卢、上郡乌丸的代理单于那楼带领本族的著名首领赶来拜贺。

建安十三年春天正月，曹操回到邺城，并建造玄武池用以操练水师。汉朝廷撤销三公官职，设置丞相和御史大夫。夏六月，任曹操为丞相。

秋天七月，曹操派兵向南方征讨刘表。八月，刘表死，刘表之子刘琮担任荆州牧，驻军在襄阳，刘备驻军在樊城。九月，曹公率兵到达新野，刘琮投降，刘备退守夏口。曹公进军江陵，下令重新安置荆州官民。于是论功行赏荆州服从之人的功劳，封侯的有十五人，任命刘

始受征役，遣兵给军。十二月，孙权为备攻合肥。公自江陵征备，至巴丘，遣张憙救合肥。权闻憙至，乃走。公至赤壁，与备战，不利。于是大疫，吏士多死者，乃引军还。备遂有荆州江南诸郡。

十四年春三月，军至谯，作轻舟，治水军。秋七月，自涡入淮，出肥水，军合肥。辛未，令曰："自顷已来，军数征行，或遇疫气，吏士死亡不归，家室怨旷，百姓流离，而仁者岂乐之哉？不得已也。其令死者家无基业不能自存者，县官勿绝廪，长吏存恤抚循，以称吾意。"置扬州郡县长吏，开芍陂屯田。十二月，军还谯。

十五年春，下令曰："自古受命及中兴之君，曷尝不得贤人君子与之共治天下者乎！及其得贤也，曾不出闾巷，岂幸相遇哉？上之人不求之耳。今天下尚未定，此特求贤之急时也。'孟公绰为赵、魏老则优，不可以为滕、薛大夫'。若必廉士而后可用，则齐桓其何以霸世！今天下得无有被褐怀玉而钓于渭滨者乎？又得无盗嫂受金而未遇无知者乎？二三子其佐我明扬仄陋，唯才是举，吾得而用之。"冬，作铜雀台。

十六年春正月，天子命公世子丕为五官中郎将，置官属，为丞相副。太原商曜等以大陵叛，遣夏侯渊、徐晃围破之。张鲁据汉中，三月，遣钟繇讨之。公使渊等出河东与繇会。

是时关中诸将疑繇欲自袭，马超遂与韩遂、杨秋、李堪、成宜等叛。遣曹仁讨之。超等屯潼关，公敕诸将："关西兵精悍，坚壁

表大将文聘为江夏太守，让他统领当地士兵，被人引荐的荆州名士韩嵩、邓义等人也受到重用。益州牧刘璋开始受命征召士卒，派遣将士补充军队。十二月，孙权为帮助刘备而进攻合肥。曹公从江陵进兵征讨刘备，到巴丘，派张憙领兵去救合肥。孙权听说张憙到来，便退兵了。曹公兵到赤壁，与刘备交战不利。这时军中疫病大为流行，很多兵将病死，曹公只好率军回去，刘备于是据有了荆州和江南各郡。

建安十四年春天三月，军队到达谯县，建造轻舟，训练水军。秋七月，从涡水进入淮水，从肥水上岸，驻兵合肥。辛未这天，曹公下令说："近年以来，军队多次出征，有时还遇上瘟疫，兵士死亡不能回家，妻子失去丈夫，百姓流离失所，有仁爱之心的人难道喜欢这样吗？这是不得已啊。现命令死者家中没有产业不能维生的，官府不得停发口粮，地方长官要加以抚恤慰问，这才称我的心意。"设置扬州各郡县的长官，兴办芍陂地区的屯田。十二月，军队回到谯县。

建安十五年春天，太祖下令说："自古以来，受天命开国或者中兴的君主，哪个不是在贤人的帮助下共同治理天下的呢！而君主得到的贤人，大都是深居简出，难道是侥幸碰上的吗？是当政的人去搜求的。现在，天下尚未平定，正是格外需要贤才的时候。'孟公绰做赵、魏两家的家臣是绰绰有余的，却不能胜任滕、薛这样的小国的官员职位。'如果一定得是廉洁的人才可任用，那么齐桓公怎能称霸！现在难道没有像吕尚那样身穿布衣、才华超群、在渭水边垂钓的人吗？难道没有像陈平那样蒙受盗嫂受金之恶名，还没有遇到能赏识其才能的人吗？诸位要帮助我发现那些出身卑微的贤人，只要有才能就举荐出来，使我能够任用他们。"冬天，修建了铜雀台。

建安十六年春天正月，汉献帝任命太祖的儿子曹丕做五官中郎将，并且设置官属，担当丞相的副手。太原人商曜等据守大陵发动叛乱，太祖派大将夏侯渊、徐晃率兵包围并击败了他们。张鲁称雄汉中，三月，太祖遣钟繇讨伐张鲁。并且命夏侯渊等人从河东出发与钟繇会合。

这时，关中很多将领都怀疑钟繇，并想袭击他们，于是马超和韩遂、杨秋、李堪、成宜等人联合反叛。太祖派遣大将曹仁出兵讨

勿与战。”秋七月，公西征，与超等夹关而军。公急持之，而潜遣徐晃、朱灵等夜渡蒲阪津，据河西为营。公自潼关北渡，未济，超赴船急战。校尉丁斐因放牛马以饵贼，贼乱取牛马，公乃得渡，循河为甬道而南。贼退，拒渭口，公乃多设疑兵，潜以舟载兵入渭，为浮桥，夜，分兵结营于渭南。贼夜攻营，伏兵击破之。超等屯渭南，遣信求割河以西请和，公不许。九月，进军渡渭。超等数挑战，又不许；固请割地，求送任子，公用贾诩计，伪许之。韩遂请与公相见，公与遂父同岁孝廉，又与遂同时侪辈，于是交马语移时，不及军事，但说京都旧故，拊手欢笑。既罢，超等问遂："公何言？"遂曰："无所言也。"超等疑之。他日，公又与遂书，多所点窜，如遂改定者；超等愈疑遂。公乃与克日会战，先以轻兵挑之，战良久，乃纵虎骑夹击，大破之，斩成宜、李堪等。遂、超等走凉州，杨秋奔安定，关中平。诸将或问公曰："初，贼守潼关，渭北道缺，不从河东击冯翊而反守潼关，引日而后北渡，何也？"公曰："贼守潼关，若吾入河东，贼必引守诸津，则西河未可渡，吾故盛兵向潼关；贼悉众南守，西河之备虚，故二将得擅取西河；然后引军北渡，贼不能与吾争西河者，以有二将之军也。连车树栅，为甬道而南，既为不可胜，且以示弱。渡渭为坚垒，虏至不出，所以骄之也；故贼不为营垒而求割地。吾顺言许之，所以从其意，使自安而不为备，因畜士卒之力，一旦击之，所谓疾雷不及掩耳，兵之变化，固非一道也。"始，贼每一部到，公辄有喜色。贼破之后，诸将问其故。公答曰："关中长远，若贼各依险阻，征之，不一二年不可定也。今皆来集，其众虽多，莫相归服，军无适主，一举可灭，为功差易，吾是以喜。"

伐他们。马超等人坚守潼关，太祖告诫诸将：“关西士兵精锐强悍，你们坚守营盘不要与他们交战。”秋七月，太祖率军西征，在潼关外驻扎，太祖正面紧逼牵制马超等人，秘密遣徐晃、朱灵等人夜渡蒲阪津，占据黄河西岸。太祖北渡黄河，还没来得及渡过，马超赶来攻打曹军渡船。校尉丁斐趁机放出牛马，引诱贼军，贼军忙着抢夺牛马，太祖才得以安全渡河，沿黄河构筑通道向南推进。贼军后撤，拒守渭口，太祖设置疑兵多处，暗地用船运兵进入渭水，架设浮桥，夜间，分派军队在渭水南岸安营扎寨，贼军趁着夜色攻打曹营，埋伏的曹军将他们击退。马超等人驻守渭水南岸，派人送信请求割让黄河以西来讲和，太祖不答应。九月，太祖渡过渭水。马超等人多次前来挑衅，太祖不予理睬；马超等人请求割让土地，并且送其儿子做人质，太祖采用贾诩的计谋，假装答应他们。韩遂请求与太祖见面，太祖与韩遂的父亲同年被举荐为孝廉，又与韩遂年龄相当，于是两人见面，他们马靠马地交谈了很久，不涉及军事，只是谈一些故友旧事，两人拍手欢笑。见面以后，马超等人问韩遂：“曹操说了些什么？”韩遂答道：“没有说什么。”马超等人起了疑心。又一天，太祖又给韩遂写了一封信，信上多处涂改，好像是韩遂自己改动的；马超等人更加怀疑。太祖与马超等人约定日期会战，先派出轻装部队，交战很久，再出动骑兵两面夹攻，将关中军击败，杀了成宜、李堪等人。韩遂、马超等人逃往凉州，杨秋逃到安定，关中平定。众将有人问太祖：“起初，贼军据守潼关，渭水北岸守备空虚，我们不从河东攻打冯翊反而威逼潼关，拖延一段时间后北渡黄河，这是为什么呢？”太祖说：“贼军据守潼关，如果我们进入河东，贼军一定会调兵防守各渡口，那么我们就无法渡过西河了，所以我故意派大军威逼潼关；贼军集中兵力防守南面，西河守备空虚，所以徐晃、朱灵能够夺取西河；然后我军北渡黄河，贼军不能与我们争夺西河，就是因为已经有二位将领的军队。我们军车连结，树立栅栏，构筑通道向南延伸，既形成了我军不可战胜的条件，又可以造成我军兵力薄弱的假象，迷惑敌人。过渭水后筑营垒，敌军来了我们不出战，是为了使敌人产生骄傲情绪；所以贼军不筑营垒而请求割让土地。我顺势答应了他们的

冬十月，军自长安北征杨秋，围安定。秋降，复其爵位，使留抚其民人。十二月，自安定还，留夏侯渊屯长安。

十七年春正月，公还邺。天子命公赞拜不名，入朝不趋，剑履上殿，如萧何故事。马超余众梁兴等屯蓝田，使夏侯渊击平之。割河内之荡阴、朝歌、林虑，东郡之卫国、顿丘、东武阳、发干，钜鹿之廮陶、曲周、南和，广平之任城，赵之襄国、邯郸、易阳以益魏郡。

冬十月，公征孙权。

十八年春正月，进军濡须口，攻破权江西营，获权都督公孙阳，乃引军还。诏书并十四州，复为九州。夏四月，至邺。

五月丙申，天子使御史大夫郗虑持节策命公为魏公曰：朕以不德，少遭愍凶，越在西土，迁于唐、卫。当此之时，若缀旒然，宗庙乏祀，社稷无位；群凶觊觎，分裂诸夏，率土之民，朕无获焉，即我高祖之命将坠于地。朕用夙兴假寐，震悼于厥心，曰“惟祖惟父，股肱先正，其孰能恤朕躬”？乃诱天衷，诞育丞相，保乂我皇家，弘济于艰难，朕实赖之。今将授君典礼，其敬听朕命。

请求，顺从他们的心意，是为了使他们安心而不做防备，我们乘机积蓄兵力，以迅雷不及掩耳之势发起进攻，用兵之道在于变化，本来就不止一种方法。”最初的时候，每有一支部队到来，加入贼军的行列，太祖就面露笑容。贼军溃败以后，众将问其中的缘由。太祖答道：“关中辽阔偏远，如果贼军各自据险固守，要征讨他们，没有一两年的时间是不能平定的。现在都聚集到了一起，兵马虽然多，但谁也不服谁，军中没有主帅，一举歼灭他们，成功较容易，我因此感到高兴。”

冬天十月，曹军从长安出发向北征讨杨秋，包围了安定。杨秋投降后，曹公又恢复了杨秋的爵位，让他留在那里安抚民众。十二月，曹公从安定返回，留夏侯渊驻守长安。

建安十七年春天正月，曹公回到邺城。汉献帝命令特准在曹公去拜见皇帝的时候，司仪官只称他的官职，不称名字，进来拜见皇帝时不用小步快走，还可以穿着靴、佩着剑上殿，遵照汉初萧何的先例。马超的余部梁兴等驻扎在蓝田，曹公派夏侯渊前去征讨，平定了他们。划出河内郡的荡阴、朝歌、林虑，东郡的卫国、顿丘、东武阳、发干，钜鹿郡的廮陶、曲周、南和，广平郡的任城，赵郡的襄国、邯郸、易阳并入魏郡，扩大魏郡的管辖范围。

冬天十月，曹公征讨孙权。

建安十八年春天正月，曹公进军濡须口，攻破了孙权设在长江以西的营寨，俘获了孙权的都督公孙阳，然后率军撤回北方。献帝下诏合并全国的十四个州，恢复为九州。夏天四月，曹公到达邺城。

五月丙申日，汉献帝派遣御史大夫郗虑手持符节册封曹公为魏公，并说：我由于德行浅薄，从小就遭受祸难，被劫持到西京长安，后又逃到古代的唐国、卫国一带。那个时候，我好像连结在旗帜上的飘带一样飘忽不定。宗庙没有人去祭祀，社稷没有地方安置。大批恶徒觊觎皇位，都想篡夺政权，分裂了天下。全国所有百姓，我都无权管理，高祖开创的基业眼看就要颠覆崩溃。我因此日夜不能安息，内心非常哀痛，默念说：“我的祖辈父辈，先朝的辅佐大臣啊，谁能怜悯我呢？”这样才感动上天，诞生了丞相，保护我们皇室的平

昔者董卓初兴国难，群后释位以谋王室，君则摄进，首启戎行，此君之忠于本朝也。后及黄巾反易天常，侵我三州，延及平民，君又翦之以宁东夏，此又君之功也。韩暹、杨奉专用威命，君则致讨，克黜其难，遂迁许都，造我京畿，设官兆祀，不失旧物，天地鬼神于是获乂，此又君之功也。袁术僭逆，肆于淮南，慑惮君灵，用丕显谋，蕲阳之役，桥蕤授首，棱威南迈，术以陨溃，此又君之功也。回戈东征，吕布就戮，乘辕将返，张杨殂毙，眭固伏罪，张绣稽服，此又君之功也。袁绍逆乱天常，谋危社稷，凭恃其众，称兵内侮，当此之时，王师寡弱，天下寒心，莫有固志，君执大节，精贯白日，奋其武怒，运其神策，致届官渡，大歼丑类，俾我国家拯于危坠，此又君之功也。济师洪河，拓定四州，袁谭、高幹，咸枭其首，海盗奔迸，黑山顺轨，此又君之功也。乌丸三种，崇乱二世，袁尚因之，逼据塞北，束马县车，一征而灭，此又君之功也。刘表背诞，不供贡职，王师首路，威风先逝，百城八郡，交臂屈膝，此又君之功也。马超、成宜，同恶相济，滨据河、潼，求逞所欲，殄之渭南，献馘万计，遂定边境，抚和戎狄，此又君之功也。鲜卑、丁零，重译而至，箄于、白屋，请吏率职，此又君之功也。君有定天下之功，重之以明德，班叙海内，宣美风俗，旁施勤教，恤慎刑狱，吏无苛政，民无怀慝；敦崇帝族，表继绝世，旧德前功，罔不咸秩；虽伊尹格于皇天，周公光于四海，方之蔑如也。

安，把我们从危难困苦的环境中拯救出来，使我有了依靠。现在为您举行册命典礼，望您敬听朕的命令。

之前，董卓刚一发动叛乱，各地的诸侯都离开自己管辖的地方来保卫王室，是您督促他们进军，首先向敌军攻击，这是您忠心于本朝的功绩。后来黄巾军违背天意，侵占了我们三个州，连平民百姓都受到危害，您把他们消灭，平定了东方，这又是您的功劳。韩暹和杨奉专权，您前去讨伐，消除了祸害，接着迁都到许昌，修建了京城，设置了百官，恢复宗庙祭祀，旧日的制度没有丧失，天地鬼神都得到安宁，这又是您的功劳。袁术伪称皇帝叛乱，在淮南横行霸道，但他也惧怕您的威严，您施展高妙的谋略，在蕲阳的交战中，杀死了桥蕤，趁着军队向南进军，把袁术的军队打败，这又是您的功劳。回师东征，把吕布捕获处死，大军将要返回时，又把张杨消灭，眭固认罪被诛，张绣叩头降服，这都是您的功劳。袁绍叛乱，淆乱天道，阴谋危害社稷，他凭借自己兵马众多，发动军队挑起内战。在这个时候，国家的军队力量薄弱，天下的人民都感到失望恐惧，没有坚定的意志，您坚守大节，您的精诚使上天也显示出征兆，振奋您的勇武气魄，运用您的神妙计策，到达官渡，歼灭大量敌人，从危难中拯救了我的国家，这又是您的功劳。带领军队渡过大河，平定了四州，袁谭、高幹等人都被您斩首，海盗逃窜，黑山贼寇投降，这又是您的功劳。乌丸三支部族，两代人都在扰乱边疆，袁尚利用他们，占据塞北，您整顿军队，不费吹灰之力，一举歼灭了他们，这又是您的功劳。刘表荒谬昏乱，背叛朝廷，不交纳租赋，您率军队上路出征，刘表就丧失了威风，八个郡的上百座城池纷纷投降，这又是您的功劳。马超、成宜狼狈为奸，占据了黄河、潼关一带，企图实现他们的妄想，您在渭南消灭了他们，杀死的敌人数以万计，从此平定了边境，安抚了戎狄部族，这又是您的功劳。鲜卑、丁零这些部族，靠多次辗转来到京城朝贡。箄于、白屋这些民族，称臣纳贡。请求朝廷派遣官吏去治理，这又是您的功劳。您有平定天下的功绩，再加上高尚的德行，整顿了全国的秩序，推行良好的社会风俗，普遍认真地施行教育，体恤下情，谨慎处理刑事案件，官吏们不使用苛刻的政令，百姓们没有欺诈、狡

朕闻先王并建明德，胙之以土，分之以民，崇其宠章，备其礼物，所以藩卫王室，左右厥世也。其在周成，管、蔡不静，惩难念功，乃使邵康公赐齐太公履，东至于海，西至于河，南至于穆陵，北至于无棣，五侯九伯，实得征之，世祚太师，以表东海；爰及襄王，亦有楚人不供王职，又命晋文登为侯伯，锡以二辂、虎贲、鈇钺、秬鬯、弓矢，大启南阳，世做盟主。故周室之不坏，繄二国是赖。今君称丕显德，明保朕躬，奉答天命，导扬弘烈，绥爰九域，莫不率俾，功高于伊、周，而赏卑于齐、晋，朕甚恧焉。朕以眇眇之身，托于兆民之上，永思厥艰，若涉渊水，非君攸济，朕无任焉。今以冀州之河东、河内、魏郡、赵国、中山、常山、钜鹿、安平、甘陵、平原凡十郡，封君为魏公。锡君玄土，苴以白茅，爰契尔龟，用建冢社。昔在周室，毕公、毛公入为卿佐，周、邵师保出为二伯，外内之任，君实宜之。其以丞相领冀州牧如故。又加君九锡，其敬听朕命。以君经纬礼律，为民轨仪，使安职业，无或迁志，是用锡君大辂、戎辂各一，玄牡二驷。君劝分务本，穑人昏作，粟帛滞积，大业惟兴，是用锡君衮冕之服，赤舄副焉。君敦尚谦让，俾民兴行，少长有礼，上下咸和，是用锡君轩县之乐，六佾之舞。君翼宣风化，爰发四方，远人革面，华夏充实，是用锡君朱户以居。君研其明哲，思帝所难，官才任贤，群善必举，是用锡君纳陛以登。君秉国之钧，正色处中，纤毫之恶，靡不抑退，是用锡君虎贲之士三百人。君纠虔天刑，章厥有罪，犯关干纪，莫不诛殛，是用锡君鈇钺各一。君龙骧虎视，旁眺八维，掩讨逆节，折冲四海，是用锡君彤弓一，彤矢百，玈弓十，玈矢千。君以温恭为基，孝友为德，明允笃诚，感于朕思，是用锡君秬

猾之心；您真诚地尊敬和优待皇室亲族，上表让绝后的王族有人继承，对过去的功臣和有道德的人，全都给予官职任用；即便是伊尹的功德感动了上天，周公的政绩照耀了四海之内，但和您相比都不如啊！

我听说以前的帝王都给德行崇高的人封爵，赐给他们土地，分给他们人民，给他们极高的荣誉，为他们备齐礼仪制度用品，用他们来保卫王室，辅佐君王治理天下。在周成王时，管叔、蔡叔叛乱，平定祸乱后评定功臣，就派邵康公赐给齐太公鞋履，向东到海边，向西到黄河，向南到穆陵，向北到无棣，其中的五侯九伯、齐太公都可以去征讨；周成王让他世代担任太师，在东海边立表宣扬他的功绩；到了周襄王的时候，楚国不履行对周王的义务，不纳贡，周王就任用晋文公为诸侯的盟主，赐给他两辆大车、护卫的勇士、斧钺、米酒与弓箭，让他在南阳大量开拓土地，世代做诸侯的盟主。周王室之所以没有衰灭，全靠了这两个国家。现在您有崇高的品行，全心保卫我，顺应天意，做出伟大的功绩，使九州安宁，百姓循规蹈矩，您的功劳比伊尹、周公还要高，而得到的奖赏却比齐太公、晋文公少，对此我感到很惭愧。我这个渺小的人，位居亿万人民之上，经常想到执政的艰难，就如身临深渊、足履薄冰一样，没有您的帮助，我就无法胜任了。现在把冀州的河东、河内、魏郡、赵国、中山、常山、钜鹿、安平、甘陵、平原一共十个郡赐给您，封您为魏公。赐给您黑色的土壤，包上白色茅草，您可以去刻灼龟占卜，选地建立魏国的宗庙社稷。过去在周朝，毕公、毛公到朝廷来做辅佐大臣，周公、邵公以太师太保的身份到外地做方伯，朝廷内外的重任，您都适合担当。您还可以像以前一样以丞相的官职兼任冀州牧。又给您加赐九锡，您敬听我的命令。因为您安排制定了礼仪和法律，让它们成为人民的规范准则，使人民安于自己的职业，没有人三心二意，所以我赐给您一辆君王的大车、一辆兵车、八匹黑马。您劝说百姓们守住本分，发展农业，农民努力耕作，粮食布帛有了大量的储存，国家兴旺发达，因此赐给您衮冕礼服，配上红色的厚底鞋。您真诚地提倡谦让，让人民仿效实行，年轻人和老年人都很有礼貌，上下之间都非常和睦，因此赐

卣一卣，珪瓒副焉。魏国置丞相已下群卿百寮，皆如汉初诸侯王之制。往钦哉，敬服朕命！简恤尔众，时亮庶功，用终尔显德，对扬我高祖之休命！

秋七月，始建魏社稷宗庙。天子聘公三女为贵人，少者待年于国。九月，作金虎台，凿渠引漳水入白沟以通河。冬十月，分魏郡为东西部，置都尉。十一月，初置尚书、侍中、六卿。

马超在汉阳，复因羌、胡为害，氐王千万叛应超，屯兴国。使夏侯渊讨之。

十九年春正月，始耕籍田。南安赵衢、汉阳尹奉等讨超，枭其妻子，超奔汉中。韩遂徙金城，入氐王千万部，率羌、胡万余骑与夏侯渊战，击，大破之，遂走西平。渊与诸将攻兴国，屠之。省安东、永阳郡。

安定太守毌丘兴将之官，公戒之曰："羌、胡欲与中国通，自当

给您成套的乐器，六队舞人演出的舞乐。您推广宣传风化，让四方都传扬，远方的人们洗心革面，中原地区富裕充实，因此赐给您的居室是红色大门。您研究贤王的智慧，为帝王分担难事，给有才能的人官职，任用贤人，所有的优秀人才都得到推荐，因此赐给您从殿檐下的阶梯上殿的荣誉。您掌握国家的权柄，庄严地处在公正的地位，哪怕有一丝一毫的邪恶，也不会不予以斥退及抑制，因此赐给您三百名护卫勇士。您认真地监察朝廷的刑罚，揭露那些有罪的人，违犯国家法律的人没有不受到诛杀的，因此赐给您斧、钺各一件。您像龙马一样奔驰，像猛虎一样环视，旁观八方，征讨叛臣逆贼，击败四海之内的敌人，因此赐给您一张红色的弓、一百枝红色的箭、十张黑色的弓、一千支黑色的箭。您以温恭为基本，把孝敬父母、友爱兄弟作为美德，聪明、守信、真诚、忠实，这使我非常感动，因此赐给您芬芳的美酒一坛，配上玉制的酒勺。魏国可以设置丞相以下的各级官员，和汉代初年诸侯王的官属制度一样，您去魏国吧。要恭敬地听从我的命令！选拔和抚慰您的部下，经常建立功勋，来完善您的崇高品德，回报并颂扬我们高祖皇帝的美好遗命。

秋天七月，开始建立魏国的土神、谷神祭坛和宗庙。汉献帝迎娶魏公的三个女儿并封为贵人，小女儿留在魏国等待成年再完婚。九月，曹公建造金虎台，开凿河渠引漳河水进入白沟以通连黄河。冬天十月，把魏郡分为东西两部分，设置都尉进行管理。十一月，魏国首次设置尚书、侍中、六卿的官职。

马超在汉阳郡县，又凭借羌人和胡人的力量作乱，氐人王千万叛变响应马超，屯驻在兴国。魏公派夏侯渊去讨伐。

建安十九年春天正月，曹公第一次举行籍田亲耕仪式。南安郡赵衢、汉阳郡尹奉等人率兵讨伐马超，杀害了他的妻子儿女，马超逃往汉中。韩遂迁到金城，进入氐族王千万的部落中，率领羌胡一万多骑兵与夏侯渊交战，夏侯渊出击，大破韩军，韩遂逃往西平郡。夏侯渊与众将一同进攻兴国，攻克后大举屠城。朝廷撤销了安江、永阳二郡。

安定太守毌丘兴即将赴任，太祖告诫他说：“羌人、胡人如果要

遣人来，慎勿遣人往。善人难得，必将教羌、胡妄有所请求，因欲以自利；不从便为失异俗意，从之则无益事。”兴至，遣校尉范陵至羌中，陵果教羌，使自请为属国都尉。公曰：“吾预知当尔，非圣也，但更事多耳。”

三月，天子使魏公位在诸侯王上，改授金玺、赤绂、远游冠。

秋七月，公征孙权。

初，陇西宋建自称河首平汉王，聚众枹罕，改元，置百官，三十余年。遣夏侯渊自兴国讨之。冬十月，屠枹罕，斩建，凉州平。

公自合肥还。

十一月，汉皇后伏氏坐昔与父故屯骑校尉完书，云帝以董承被诛怨恨公，辞甚丑恶，发闻，后废黜死，兄弟皆伏法。

十二月，公至孟津。天子命公置旄头，宫殿设钟虡。乙未，令曰：“夫有行之士未必能进取，进取之士未必能有行也。陈平岂笃行，苏秦岂守信邪？而陈平定汉业，苏秦济弱燕。由此言之，士有偏短，庸可废乎！有司明思此义，则士无遗滞，官无废业矣。”又曰：“夫刑，百姓之命也，而军中典狱者或非其人，而任以三军死生之事，吾甚惧之。其选明达法理者，使持典刑。”于是置理曹掾属。

二十年春正月，天子立公中女为皇后。省云中、定襄、五原、朔方郡，郡置一县领其民，合以为新兴郡。

三月，公西征张鲁，至陈仓，将自武都入氐；氐人塞道，先遣张郃、朱灵等攻破之。夏四月，公自陈仓以出散关，至河池。氐王窦茂

和中原交往，应该要他们派人来，我们千万不要派人去。好人很难找，不好的人一定会教唆羌人、胡人提出非分的要求，以便从中谋利；我们不答应他们就会感到失望；答应的话对我们又没有好处。”毌丘兴到了安定郡，派校尉范陵到羌人那里，范陵果然教唆羌人，让他们请求由自己担任属国都尉。太祖说：“我料到会这样，不是因为我高明，只是经历的事多点罢了。”

三月，汉献帝把魏公曹操的地位列在诸侯王以上，改授给他金印、红色的绶带和远游冠。

秋天七月，魏公征讨孙权。

起初，陇西人宋建自称为河首平汉王，在枹罕县聚集兵马，改换年号，设置百官，已经有三十多年了。魏公派遣夏侯渊从兴国去讨伐他。冬天十月，曹军攻陷屠枹罕城，杀死了宋建，平定了凉州。

魏公从合肥回到邺城。

十一月，皇后伏氏因曾给她的父亲伏完写信，信中说皇帝因为董承被杀而怨恨魏公，言辞恶毒，被处死，其兄弟也未幸免。

十二月，魏公到达孟津。设置警卫先锋骑兵，在宫殿中设置钟虡乐器。十二月十九日，太祖下令说：“有德行的人不一定进取，进取的人不一定有德行。陈平难道有德行吗？苏秦恪守信义吗？但陈平奠定了汉朝基业，苏秦扶助了弱小的燕国。由此可见，有才能的人即使有缺点，也不能弃之不用啊！官员们要好好考虑这个问题，有才能的人就不会被遗漏，官府也就没有被废弃的政事了。”又说：“刑法，关系到黎民的性命，但军中主管刑狱的人有的不称职，把事关三军将士生死的大事交给他们，我十分不放心。要选用精通法律、明晓事理的人掌管刑法。”因此，专门设置了管理刑罚的理曹掾属。

建安二十年春天正月，天子立魏公的次女为皇后。废除云中、定襄、五原、朔方四郡，每郡改置为一县以管辖当地民户，并将这四县合起来设立新兴郡。

三月，魏公向西征讨张鲁，到了陈仓，想从武都郡进入氐人地区。氐人堵塞道路，因此先派张郃、朱灵等打败氐人。夏四月，魏公

众万余人，恃险不服，五月，公攻屠之。西平、金城诸将麹演、蒋石等共斩送韩遂首。秋七月，公至阳平。张鲁使弟卫与将杨昂等据阳平关，横山筑城十余里，攻之不能拔，乃引军还。贼见大军退，其守备解散。公乃密遣解𢢼、高祚等乘险夜袭，大破之，斩其将杨任，进攻卫，卫等夜遁，鲁溃奔巴中。公军入南郑，尽得鲁府库珍宝。巴、汉皆降。复汉宁郡为汉中；分汉中之安阳、西城为西城郡，置太守；分锡、上庸郡，置都尉。

八月，孙权围合肥，张辽、李典击破之。

九月，巴七姓夷王朴胡、賨邑侯杜濩举巴夷、賨民来附，于是分巴郡，以胡为巴东太守，濩为巴西太守，皆封列侯。天子命公承制封拜诸侯守相。

冬十月，始置名号侯至五大夫，与旧列侯、关内侯凡六等，以赏军功。

十一月，鲁自巴中将其余众降。封鲁及五子皆为列侯。刘备袭刘璋，取益州，遂据巴中；遣张郃击之。

十二月，公自南郑还，留夏侯渊屯汉中。

二十一年春二月，公还邺。三月壬寅，公亲耕籍田。夏五月，天子进公爵为魏王。代郡乌丸行单于普富卢与其侯王来朝。天子命王女为公主，食汤沐邑。秋七月，匈奴南单于呼厨泉将其名王来朝，待以客礼，遂留魏，使右贤王去卑监其国。八月，以大理钟繇为相国。

冬十月，治兵，遂征孙权，十一月至谯。

二十二年春正月，王军居巢，二月，进军屯江西郝谿。权在濡须口筑城拒守，遂逼攻之，权退走。三月，王引军还，留夏侯惇、曹

从陈仓出大散关，到达河池县。氐王窦茂部众万余人，仗恃险阻而不顺从。五月，魏公进攻并屠戮窦茂部。西平郡、金城郡的将领麴演、蒋石等共同杀了韩遂，并送来他的首级。秋七月，魏公到阳平。张鲁派他的弟弟张卫和部将杨昂等据守阳平关，依山筑城，横亘十余里，魏公军进攻未能攻下，因此率军撤回。敌人见大军后退，解除守备。魏公就秘密派遣解慓、高祚等凭借险要的地势进行夜袭，大破张鲁军，杀了他的部将杨任，进攻张卫，张卫等乘夜逃遁，张鲁溃败，逃奔巴中。魏公军进入南郑，缴获了张鲁的全部府库珍宝。巴郡、汉宁郡都来投降。将汉宁郡恢复为汉中郡；分汉中郡的安阳、西城两县立西城郡，设置太守；又分锡、上庸二县为上庸郡，设置都尉。

八月，孙权围攻合肥，张辽、李典击败了吴军。

九月，巴人七姓夷王朴胡、賨邑侯杜濩率领巴夷、賨民前来归附，于是分巴郡为二郡，用朴胡做巴东太守，杜濩做巴西太守，都封为列侯。天子命令魏公代表皇帝封立或任命诸侯、太守、国相。

冬天十月，魏公开始设置名号侯至五大夫四等爵，与原有的列侯、关内侯共六等，以奖励军功。

十一月，张鲁自巴中率领余众归降，于是魏公封张鲁和他的五个儿子都为列侯。刘备袭击刘璋，夺取益州，从而占据巴中，魏公派张郃前去攻打。

十二月，魏公从南郑返回，留夏侯渊驻守汉中。

建安二十一年春天二月，太祖回到邺城。三月壬寅日，太祖亲自耕籍田。夏五月，汉献帝封太祖为魏王。代郡乌丸的代理单于普富卢和他部下的侯王前来朝贺。汉献帝封魏王的女儿为公主，赏赐给汤沐邑。秋天七月，匈奴南单于呼厨泉率其侯王前来朝贺，魏王以礼相待，将其留在魏国，命右贤王去卑代理匈奴的国事。八月，魏王任命大理钟繇为魏国相国。

冬天十月，魏王训练军队，征讨孙权，十一月至谯县。

建安二十二年春天正月，魏王的军队驻扎在居巢，二月，又进军驻扎在长江西岸的郝谿。孙权在濡须口筑城防守，魏军步步逼攻，孙

仁、张辽等屯居巢。

夏四月，天子命王设天子旌旗，出入称警跸。五月，作泮宫。六月，以军师华歆为御史大夫。冬十月，天子命王冕十有二旒，乘金根车，驾六马，设五时副车，以五官中郎将丕为魏太子。

刘备遣张飞、马超、吴兰等屯下辩；遣曹洪拒之。

二十三年春正月，汉太医令吉本与少府耿纪、司直韦晃等反，攻许，烧丞相长史王必营，必与颍川典农中郎将严匡讨斩之。

曹洪破吴兰，斩其将任夔等。三月，张飞、马超走汉中，阴平氐强端斩吴兰，传其首。

夏四月，代郡、上谷乌丸无臣氐等叛，遣鄢陵侯彰讨破之。

六月，令曰："古之葬者，必居瘠薄之地。其规西门豹祠西原上为寿陵，因高为基，不封不树。《周礼》冢人掌公墓之地，凡诸侯居左右以前，卿大夫居后，汉制亦谓之陪陵。其公卿大臣列将有功者，宜陪寿陵，其广为兆域，使足相容。"

秋七月，治兵，遂西征刘备，九月，至长安。

冬十月，宛守将侯音等反，执南阳太守，劫略吏民，保宛。初，曹仁讨关羽，屯樊城，是月使仁围宛。

二十四年春正月，仁屠宛，斩音。

夏侯渊与刘备战于阳平，为备所杀。三月，王自长安出斜谷，军遮要以临汉中，遂至阳平。备因险拒守。

权撤退。三月，魏王率军回到邺城，留下夏侯惇、曹仁、张辽等驻守居巢。

夏天四月，汉献帝同意魏王使用天子专用的旌旗，出入时和天子一样，用警卫清道戒严。五月，魏王修建泮宫。六月，任命军师华歆为魏国的御史大夫。冬天十月，汉献帝允许魏王戴皇帝使用的悬垂十二条玉串的头冠，乘坐金根车，套六马拉车，并设置帝王外出时才享用的五时副车，立五官中郎将曹丕为魏国的太子。

刘备派张飞、马超、吴兰等人驻兵下辩；魏王派曹洪前去拒敌。

建安二十三年春天正月，汉太医令吉本与少府耿纪、司直韦晃等人密谋造反，进攻许都，烧了丞相长史王必的军营，王必与颍川典农中郎将严匡讨伐。斩杀了他们。

曹洪攻破吴兰，斩杀了他的将领任夔等人。三月，张飞、马超逃回汉中，阴平郡氐人强端斩杀吴兰，用驿车送来他的头颅。

夏天四月，代郡、上谷郡的乌丸首领无臣氐等人反叛，魏王派遣鄢陵侯曹彰打败了他们。

六月，魏王下令说："古代埋葬人，一定要选择贫瘠的土地。我把西门豹祠西边的高地作为我的陵园，利用它自然的高度作为墓基，墓穴上不堆土也不种树。《周礼》上说冢人负责管理贵族的公共墓地，诸侯死后埋在皇帝左右的前面，大夫埋在后面，汉代制度也称为陪陵。凡公卿大臣列将有功劳的，死后应该在我的陵园陪葬，要加大陵园的地域范围，使它足以容纳他们。"

秋天七月，魏王训练军队，然后向西征讨刘备，九月，到达长安。

冬天十月，宛城守将侯音等人造反，抓住南阳太守，劫持官吏和百姓，据守宛城。当初，曹仁征讨关羽，驻扎在樊城，当月派曹仁包围宛城。

建安二十四年春天正月，曹仁血洗宛城，斩杀侯音。

夏侯渊与刘备大战于阳平，被刘备杀死。三月，魏王从长安经斜谷出兵，派出先头部队扼守险要之处逼攻汉中，随后率军到达阳平。

夏五月，引军还长安。

秋七月，以夫人卞氏为王后。遣于禁助曹仁击关羽。八月，汉水溢，灌禁军，军没，羽获禁，遂围仁。使徐晃救之。

九月，相国钟繇坐西曹掾魏讽反免。

冬十月，军还洛阳。孙权遣使上书，以讨关羽自效。王自洛阳南征羽，未至，晃攻羽，破之，羽走，仁围解。王军摩陂。

二十五年春正月，至洛阳。权击斩羽，传其首。

庚子，王崩于洛阳，年六十六。遗令曰："天下尚未安定，未得遵古也。葬毕，皆除服。其将兵屯戍者，皆不得离屯部。有司各率乃职。敛以时服，无藏金玉珍宝。"谥曰武王。二月丁卯，葬高陵。

评曰：汉末，天下大乱，雄豪并起，而袁绍虎视四州，强盛莫敌。太祖运筹演谋，鞭挞宇内，揽申、商之法术，该韩、白之奇策，官方授材，各因其器，矫情任算，不念旧恶，终能总御皇机，克成洪业者，惟其明略最优也。抑可谓非常之人，超世之杰矣。

刘备依仗险要地势抵抗。

夏天五月，魏王带兵回长安。

秋天七月，魏王册封夫人卞氏为王后。魏王派遣于禁帮助曹仁攻打关羽。八月，汉水暴涨泛滥，淹了于禁军营，于禁全军覆灭，关羽活捉于禁，随即包围了曹仁。魏王派徐晃去救援。

九月，魏相国钟繇因牵连西曹掾魏讽谋反一事被免职。

冬天十月，魏王大军回到洛阳。孙权派使者送来书信，表示自愿讨伐关羽，以此报效魏王。魏王从洛阳出发南征关羽，大军还没到，徐晃先期击败关羽，关羽逃走，曹仁得以解围。魏王驻军摩陂。

建安二十五年春天正月，魏王到达洛阳。孙权袭击并杀了关羽，将其首级传送过来。

庚子日，魏王在洛阳逝世，享年六十六岁。遗令说："天下还没有安定，还不能遵照古礼办丧事。等安葬完毕，都脱去丧服。带兵驻防的将领，都不准离开部队。各级官吏要坚守本职。以我平时所穿的衣服入殓，不要埋藏金玉珍宝。"谥号叫武王。二月丁卯日，葬于高陵。

评论说：汉朝末年，天下大乱，英雄豪杰同时兴起，袁绍虎视眈眈，占据四州，强盛无敌。魏太祖运用谋略，用武力征讨四方，采纳申不害、商鞅的治国方法，通晓韩信、白起用兵的奇谋良策。按照每个人不同的才能授予不同的官职，发挥他们各自的特长。克制感情，讲求策略，不计私仇，最终能够总揽朝廷大权，完成建国大业，这都是因为他具有非常卓越的聪明谋略。他可以称得上是个非凡的人物、盖世的豪杰。

卷二　魏书二

文帝纪第二

文皇帝讳丕，字子桓，武帝太子也。中平四年冬，生于谯。建安十六年，为五官中郎将、副丞相。二十二年，立为魏太子。太祖崩，嗣位为丞相、魏王。尊王后曰王太后。改建安二十五年为延康元年。

元年二月壬戌，以大中大夫贾诩为太尉，御史大夫华歆为相国，大理王朗为御史大夫。置散骑常侍、侍郎各四人，其宦人为官者不得过诸署令；为金策著令，藏之石室。

初，汉熹平五年，黄龙见谯，光禄大夫桥玄问太史令单飏："此何祥也？"飏曰："其国后当有王者兴，不及五十年，亦当复见。天事恒象，此其应也。"内黄殷登默而记之。至四十五年，登尚在。三月，黄龙见谯，登闻之曰："单飏之言，其验兹乎！"

己卯，以前将军夏侯惇为大将军。濊貊、扶余单于、焉耆、于阗王皆各遣使奉献。

夏四月丁巳，饶安县言白雉见。庚午，大将军夏侯惇薨。

五月戊寅，天子命王追尊皇祖太尉曰太王，夫人丁氏曰太王后，封王子叡为武德侯。是月，冯翊山贼郑甘、王照率众降，皆封列侯。

酒泉黄华、张掖张进等各执太守以叛。金城太守苏则讨进，斩之。华降。

文帝曹丕，字子桓，是武帝曹操的太子。灵帝中平四年冬天，出生在谯县。建安十六年，任五官中郎将、副丞相。建安二十二年，立为魏国太子。太祖去世后，继位为丞相、魏王。尊奉王后为王太后。改建安二十五年为延康元年。

延康元年二月十六日，任命太中大夫贾诩为太尉，御史大夫华歆为相国，大理王朗为御史大夫。设置散骑常侍、侍郎各四人，规定宦官的官位不能超过少府下属各署的令；把诏书制成金册，收藏在石室中。

起初，东汉熹平五年，黄龙出现在谯县，光禄大夫桥玄问太史令单飏："这是什么吉祥征兆？"单飏说："那个地方以后会有帝王兴起，不到五十年，黄龙会再次出现。上天所安排的事总会有具体的现象在人间预示，这就是一个证明。"当时内黄县人殷登暗自把这件事记录下来。四十五年以后，殷登还健在。三月，黄龙又出现在谯县，殷登听说后说："单飏的话，要在这时应验了吧！"

初三日，魏王任命前将军夏侯惇为大将军。濊貊、扶余单于、焉耆、于阗国王都各自派遣使节前来朝贡。

夏天四月十二日，饶安县报告说有白色野鸡出现。二十五日，大将军夏侯惇去世。

五月初三日，天子下诏命魏王追尊祖父太尉曹嵩为太王，曹嵩的夫人丁氏为王太后，封魏王之子曹叡为武德侯。当月，冯翊山区的叛乱者郑甘、王照率领部众投降，都被封为列侯。

酒泉郡黄华、张掖郡张进等人各自拘捕了本郡的太守造反，金城郡太守苏则讨伐张进，将他斩首。黄华投降。

六月辛亥，治兵于东郊，庚午，遂南征。

秋七月庚辰，令曰："轩辕有明台之议，放勋有衢室之问，皆所以广询于下也。百官有司，其务以职尽规谏，将率陈军法，朝士明制度，牧守申政事，缙绅考六艺，吾将兼览焉。"

孙权遣使奉献。蜀将孟达率众降。武都氐王杨仆率种人内附，居汉阳郡。、

甲午，军次于谯，大飨六军及谯父老百姓于邑东。八月，石邑县言凤凰集。

冬十月癸卯，令曰："诸将征伐，士卒死亡者或未收敛，吾甚哀之；其告郡国给槥椟殡敛，送致其家，官为设祭。"丙午，行至曲蠡。

汉帝以众望在魏，乃召群公卿士，告祠高庙。使兼御史大夫张音持节奉玺绶禅位，册曰："咨尔魏王：昔者帝尧禅位于虞舜，舜亦以命禹，天命不于常，惟归有德。汉道陵迟，世失其序，降及朕躬，大乱兹昏，群凶肆逆，宇内颠覆。赖武王神武，拯兹难于四方，惟清区夏，以保绥我宗庙，岂予一人获乂，俾九服实受其赐。今王钦承前绪，光于乃德，恢文武之大业，昭尔考之弘烈。皇灵降瑞，人神告征，诞惟亮采，师锡朕命，佥曰尔度克协于虞舜，用率我唐典，敬逊尔位。於戏！天之历数在尔躬，允执其中，天禄永终；君其祗顺大礼，飨兹万国，以肃承天命。乃为坛于繁阳。庚午，王升坛即阼，百官陪位。事讫，降坛，视燎成礼而反。改延康为黄初，大赦。

六月初七日，魏王（曹丕）在邺城东郊训练军队，庚午，率大军南征。

秋天七月初六日，魏王下令说：“轩辕黄帝曾经设立有议政的明台，唐尧也曾设立有问政的衢室，这都是用来广泛征求下面的意见。各级官员，一定要根据本职情况尽量给我提出规劝，将领要陈说军队法规，朝廷大臣要阐明政治制度，地方州牧和郡太守要报告行政事务，为官的读书人要从儒家的六经中考求治国之道，我将广为阅览。”

孙权派遣使者前来进贡。刘备的部将孟达率领人马投降。武都郡的氐族首领杨仆率领本部落的人进入内地归附朝廷，被安置在汉阳郡。

二十日，魏王统率大军抵达故乡谯县，在东郊为随行军队及谯县的父老乡亲举行盛宴。八月，石邑县上书报告说有凤凰聚集。

冬天十月初一日，魏王下令说：“诸位将领在进行征伐时，战死的士兵有的还没有被埋葬，这件事使我非常伤心；命令各郡、国预备棺材，把战死士兵装殓，送回他的家中，由官府为他安排祭礼。”初四，魏王率军抵达曲蠡。

汉献帝因为大家都希望魏王称帝，就召集公卿百官，在汉高祖庙举行祭祀，禀告列祖列宗。派遣兼任御史大夫的张音手持符节，拿着皇帝的玉玺、绶带，将皇位禅让给魏王，册封说：“啊，魏王：以前帝尧把皇位禅让给虞舜，虞舜也同样禅让给大禹，上天不把皇位交给固定的人，一定要由有德行的人统治。汉朝的统治已经衰败很久了，天下失去了应有的秩序，传位到我身上时，天下大乱，凶暴的人横行不法，汉朝的统治已经颠覆崩溃。幸亏魏武王神明英武，四方奔波，把天下从危难中拯救出来，平定中原，保护了我宗庙的安定，这难道只是让我一个人获益了吗？全天下的百姓都得感激魏武王的厚赐。现在魏王继承了父亲的事业，德行显赫，恢复了文治武功的事业，继续施展父亲的宏图大计。皇天有灵，降下祥瑞，人与神都显示了应有的征兆，诞生了像您这样才能出众的人，让我认清了自己的使

黄初元年十一月癸酉，以河内之山阳邑万户奉汉帝为山阳公，行汉正朔，以天子之礼郊祭，上书不称臣，京都有事于太庙，致胙；封公之四子为列侯。追尊皇祖太王曰太皇帝，考武王曰武皇帝，尊王太后曰皇太后。赐男子爵人一级，为父后及孝悌力田人二级。以汉诸侯王为崇德侯，列侯为关中侯。以颍阴之繁阳亭为繁昌县，封爵增位各有差。改相国为司徒，御史大夫为司空，奉常为太常，郎中令为光禄勋，大理为廷尉，大农为大司农。郡国县邑，多所改易。更授匈奴南单于呼厨泉魏玺绶，赐青盖车、乘舆、宝剑、玉玦。十二月，初营洛阳宫，戊午幸洛阳。

是岁，长水校尉戴陵谏不宜数行弋猎，帝大怒；陵减死罪一等。

二年春正月，郊祀天地、明堂。甲戌，校猎至原陵，遣使者以太牢祠汉世祖。乙亥，朝日于东郊。初令郡国口满十万者，岁察孝廉一人；其有秀异，无拘户口。辛巳，分三公户邑，封子弟各一人为列侯。壬午，复颍川郡一年田租。改许县为许昌县。以魏郡东部为阳平郡，西部为广平郡。

诏曰：“昔仲尼资大圣之才，怀帝王之器，当衰周之末，无受命

命。众人都说您的气度能与虞舜相媲美，我遵循唐尧的典故，恭敬地把皇位禅让给您。呜呼！天命已经转移到您身上，运用得当，上天的福禄就会永远延续下去；您应恭敬地接受大礼，领受万国的朝拜，来顺承天命。”于是在繁阳修筑举行仪式的祭坛。庚午日，魏王登坛接受了皇帝之位，文武百官都参加了他的即位仪式。仪式结束后，魏王下坛，参加完燃火祭祀天地的礼仪后返回宫殿。将年号延康改为黄初，并大赦天下。

黄初元年十一月癸酉日，文帝册封汉献帝刘协做山阳公，把河内郡山阳县的一万户百姓的居地给他做封地，在他的封地内依然使用汉朝的历法，山阳公可按汉天子原有的礼仪举行郊祭，给魏帝上书也不必自称臣。天子在京都太庙祭祀时，送给山阳公祭肉；文帝还封山阳公的四个儿子为列侯。文帝将祖父太王曹嵩追尊为太皇帝，父亲武王曹操称为武皇帝，尊奉母亲王太后称皇太后。赐天下的男人每人晋升爵位一级，做父亲的以及孝敬父母、尊敬兄长和努力耕田的，每人晋升爵位二级。文帝还将汉朝封的诸侯王改为崇德侯，列侯改为关中侯。将颍阴的繁阳亭改为繁昌县，朝中大臣分别受到了增加爵位和提升官职的赏赐。文帝还改相国为司徒，御史大夫为司空，奉常为太常，郎中令为光禄勋，大理为廷尉，大农为大司农。文帝对很多郡国县邑的名称有所改动。重新授予匈奴南单于呼厨泉魏国的印玺、绶带，并赐给他青盖车、乘舆、宝剑和玉玦。十二月，文帝下令开始营建洛阳宫，戊午日他到达洛阳。

这一年，长水校尉戴陵规劝文帝不应该经常出外射猎，文帝大怒；戴陵被判处轻于死刑一等的刑罚。

黄初二年春天正月，祭祀天地、明堂。初三日，到原陵打猎，派使者用太牢祭祀汉世祖。初四，在东郊朝拜太阳。初次下令郡县人口超过十万的，每年举荐孝廉一人；如果有特别优异的，不受户口限制。初十日，划分三公的食邑，封三公的子弟各一人为列侯。十一日，免颍川郡一年的田租。改称许县为许昌县。划出魏郡东部为阳平郡，魏郡西部为广平郡。

下诏说：“以前仲尼凭借大圣的才能，胸怀帝王的气度，在衰

之运，在鲁、卫之朝，教化乎洙、泗之上，凄凄焉，遑遑焉，欲屈己以存道，贬身以救世。于时王公终莫能用之，乃退考五代之礼，修素王之事，因鲁史而制《春秋》，就太师而正《雅》《颂》，俾千载之后，莫不宗其文以述作，仰其圣以成谋，咨！可谓命世之大圣，亿载之师表者也。遭天下大乱，百祀堕坏，旧居之庙，毁而不修，褒成之后，绝而莫继，阙里不闻讲颂之声，四时不睹蒸尝之位，斯岂所谓崇礼报功，盛德百世必祀者哉！其以议郎孔羡为宗圣侯，邑百户，奉孔子祀。”令鲁郡修起旧庙，置百户吏卒以守卫之，又于其外广为室屋以居学者。

三月，加辽东太守公孙恭为车骑将军。初复五铢钱。夏四月，以车骑将军曹仁为大将军。五月，郑甘复叛，遣曹仁讨斩之。六月庚子，初祀五岳四渎，咸秩群祀。丁卯，夫人甄氏卒。戊辰晦，日有食之，有司奏免太尉，诏曰：“灾异之作，以谴元首，而归过股肱，岂禹、汤罪己之义乎？其令百官各虔厥职，后有天地之眚，勿复劾三公。”

秋八月，孙权遣使奉章，并遣于禁等还。丁巳，使太常邢贞持节拜权为大将军，封吴王，加九锡。冬十月，授杨彪光禄大夫。以谷贵，罢五铢钱。己卯，以大将军曹仁为大司马。十二月，行东巡。是岁筑陵云台。

三年春正月丙寅朔，日有蚀之。庚午，行幸许昌宫。诏曰：“今之计、孝，古之贡士也；十室之邑，必有忠信，若限年然后取士，是

败周朝的末年，没有承受天命的机会，在鲁国、卫国的朝廷，在洙水、泗水一带进行教化，悲伤凄凉，惊慌不安，想委屈自己来保存正道，贬低自己来拯救当世。当时的诸侯王公终究不能任用他，孔子便退隐考察五代的礼仪，编修上古帝王的事迹，根据鲁史而制定《春秋》，依据教乐官长而订正《雅》《颂》，使得千年之后，没有不依据他的文章来著述的，没有不仰仗他的圣才来成就大谋划的，啊！孔子真可谓顺应天命而生的大圣人，亿万年的师表啊！遭逢天下大乱，百祀毁坏，孔子旧居的祠庙，毁坏了没有修葺，褒成侯的后人，断绝了没有人继承，阙里听不见讲学朗诵的声音，四季看不到祭祀的神位，这样岂是所谓的尊崇礼仪、酬报有功，有盛德的人百世都必被祭祀呢！现在任命议郎孔羡为宗圣侯，赐予食邑一百户，敬奉孔子的祭祀。”下令鲁郡修葺孔庙，设置百户官兵来守卫，又在庙外广建房屋给学生居住。

三月，辽东太守公孙恭被文帝册封为车骑将军。这个月，魏国各地开始恢复使用五铢钱。夏天四月，文帝册封车骑将军曹仁做了大将军。五月，郑甘又一次造反，文帝派曹仁率兵讨伐，郑甘兵败被杀。六月初一，文帝首次祭祀泰山、华山、衡山、恒山、嵩山五岳和长江、黄河、淮河、济水四渎，并依次规定了各种祭祀的规格。六月二十八，文帝夫人甄氏去世。二十九日是月末，出现日食，官员奏请应该罢免太尉，文帝下诏书说：“上天降下灾异，是为了警示君主，人们却把过错归到辅臣身上，这难道符合夏禹、商汤的责己之道吗？如今朕下令文武百官各自敬守职责，日后如再有天地灾异现象发生，不要再弹劾三公了。”

秋天八月，孙权派使者呈递奏章，并遣送于禁等人回到魏国。十九日，文帝派遣太常邢贞持符节授任孙权为大将军，封为吴王，加九锡。冬天十月，杨彪被授予光禄大夫的官职。因为粮食价格昂贵，五铢钱被停止使用。己卯日，文帝任命大将军曹仁为大司马。十二月，文帝到东方巡视。这一年修筑了陵云台。

黄初三年春天正月初一日，出现日食现象。初五日，文帝亲自到许昌宫。下诏说：“现在的考评官吏、推荐孝廉，相当于古代的贡士；

吕尚、周晋不显于前世也。其令郡国所选，勿拘老幼；儒通经术，吏达文法，到皆试用。有司纠故不以实者。”

二月，鄯善、龟兹、于阗王各遣使奉献，诏曰：“西戎即叙，氐、羌来王，《诗》《书》美之。顷者西域外夷并款塞内附，其遣使者抚劳之。”是后西域遂通，置戊己校尉。

三月乙丑，立齐公叡为平原王，帝弟鄢陵公彰等十一人皆为王。初制封王之庶子为乡公，嗣王之庶子为亭侯，公之庶子为亭伯。甲戌，立皇子霖为河东王。甲午，行幸襄邑。夏四月戊申，立鄄城侯植为鄄城王。癸亥，行还许昌宫。五月，以荆、扬、江表八郡为荆州，孙权领牧故也；荆州江北诸郡为郢州。

闰月，孙权破刘备于夷陵。初，帝闻备兵东下，与权交战，树栅连营七百余里，谓群臣曰：“备不晓兵，岂有七百里营可以拒敌者乎！‘苞原隰险阻而为军者为敌所擒’，此兵忌也。孙权上事今至矣。”后七日，破备书到。

秋七月，冀州大蝗，民饥，使尚书杜畿持节开仓廪以振之。八月，蜀大将黄权率众降。

九月甲午，诏曰：“夫妇人与政，乱之本也。自今以后，群臣不得奏事太后，后族之家不得当辅政之任，又不得横受茅土之爵；以此诏传后世，若有背违，天下共诛之。”庚子，立皇后郭氏。赐天下男子爵人二级；鳏寡笃癃及贫不能自存者赐谷。

只有十户的小邑，也一定有忠信的人，如果限定年龄然后再选拔能任事的人，那么姜子牙、周公子晋就无法在前世显名了。并下令郡国所选拔的人才，不论年老年少；儒生只要通晓经学，官吏只要通晓法令条文，到后都可以试用。主管官员要检举以前那些弄虚作假的人。”

二月，鄯善、龟兹、于阗王让使者到魏国进贡，文帝下诏说：“西戎安定顺从，氐、羌前来拜见中原君主，《诗》《书》都曾赞美他们。近来西域各部族一起来归附，要派遣使者前去安抚慰劳他们。”从此以后，西域得以与中原往来，并设置了戊己校尉。

三月初一日，宣布册封齐公曹叡为平原王，文帝的弟弟鄢陵公曹彰等皇族近亲十一人也都被封王。当初规定始封王的庶子为乡公，继承父亲王爵的庶子是亭侯，皇族公爵庶子为亭伯。初十日，册封皇子曹霖为河东王。三十日，文帝巡察到达襄邑县。夏天四月十四日，封鄄城侯曹植为鄄城王。二十九日，文帝巡察回到许昌皇宫。五月，以荆、扬二州在长江以南的八个郡为荆州，这是由于占据着这八个郡的孙权兼任了荆州牧的缘故；荆州在长江以北的各郡改为郢州。

闰六月，孙权在夷陵打败了刘备的蜀军。起初，曹丕听说刘备统领军队东下，与孙权交战，建立营寨有七百余里，就告诉大臣们说：“刘备不懂得军事，哪里有七百里连营可以进攻敌人的！‘在大片低洼和险要地区驻扎军队的，很容易被敌人擒获’，这是兵法中的大忌。孙权报捷的奏书就要到了。”过了七天，孙权击败刘备的奏书果然送到。

秋天七月，冀州蝗灾很严重，百姓饥荒，朝廷派尚书杜畿持符节打开官府粮库赈济饥民。八月，蜀军大将黄权率领部下投降魏国。

九月初三日，文帝下诏说：“妇人干预朝政，是祸乱的根源。从此之后，大臣们不能向太后奏报政事，外戚不能担任辅政的职务，也不能无故接受封爵；要把这个诏书传给后世，如果有人违背，天下共诛之。”初九月，立郭氏为皇后。赐天下男子每人晋爵二级；对鳏、寡、病重有残疾以及贫困无法生活的人赐给粮食。

冬十月甲子，表首阳山东为寿陵，作终制曰：“礼，国君即位为椑，存不忘亡也。昔尧葬穀林，通树之，禹葬会稽，农不易亩，故葬于山林，则合乎山林。封树之制，非上古也，吾无取焉。寿陵因山为体，无为封树，无立寝殿，造园邑，通神道。夫葬也者，藏也，欲人之不得见也。骨无痛痒之知，冢非栖神之宅，礼不墓祭，欲存亡之不黩也，为棺椁足以朽骨，衣衾足以朽肉而已。故吾营此丘墟不食之地，欲使易代之后不知其处。无施苇炭，无藏金银铜铁，一以瓦器，合古涂车、刍灵之义。棺但漆际会三过，饭含无以珠玉，无施珠襦玉匣，诸愚俗所为也。季孙以玙璠敛，孔子历级而救之，譬之暴骸中原。宋公厚葬，君子谓华元、乐莒不臣，以为弃君于恶。汉文帝之不发，霸陵无求也；光武之掘，原陵封树也。霸陵之完，功在释之；原陵之掘，罪在明帝。是释之忠以利君，明帝爱以害亲也。忠臣孝子，宜思仲尼、丘明、释之之言，鉴华元、乐莒、明帝之戒，存于所以安君定亲，使魂灵万载无危，斯则贤圣之忠孝矣。自古及今，未有不亡之国，亦无不掘之墓也。丧乱以来，汉氏诸陵无不发掘，至乃烧取玉匣金缕，骸骨并尽，是焚如之刑，岂不重痛哉！祸由乎厚葬封树。‘桑、霍为我戒’，不亦明乎？

冬天十月初三日，文帝在首阳山东面给自己提前修建陵墓，发布了有关丧礼制度的文告说：“按照礼制，国君即位以后，就应该制作棺材，表示活着的时候不忘记死亡。从前尧葬在谷林，周围都是茂盛的树木，禹葬在会稽，农夫不用迁移田地。因为埋葬在山林中，就能与山林合为一体。聚土造坟，植树作为标记，不是上古的制度，我不采用。我的陵墓要依仗山势修建，不准堆土做成高丘和在四面种植树木，也不要修建寝殿、园林和神道。死后安葬就是为了把尸体埋藏起来，不让别人看见。尸骨没有痛痒的感觉，坟墓也不是神灵存身的地方，礼制规定不到墓上祭祀，是想让生者亡者都不受污辱。制作的棺材可以装下尸骨，衣服能够遮掩尸体就可以了。所以我选择在这不长庄稼的地方建造坟墓，想让后代人找不到我葬在哪里。不要放置防腐的苇草木炭，也不用金银铜铁，随葬品全部使用陶器，这样才符合古代用涂彩的泥车、茅草扎成的人马殉葬的规定。棺材只在应该油漆的时候漆刷三遍，死后口中不必含有珠玉，也不要穿珍珠做的衣服，将尸体放在玉制的匣子中，这些都是愚蠢的俗人才做的事。季孙氏用美玉丧殓，孔子赶忙登上台阶前去劝阻，说这样做就像要把尸骨暴露在荒原中一样。华元、乐莒为宋文公厚葬，有识的君子说他们没有尽到做臣子的职责，是眼看君主犯错。汉文帝的陵墓没有被人挖掘，是因为霸陵中没有什么东西让人贪图；光武帝坟被发掘，是因为原陵堆土造坟，四周种树的缘故。霸陵得以保全，功劳在于张释之；原陵被掘毁，要怪罪明帝。张释之的忠心利于君主，而明帝的爱心却害了自己的亲人。忠心的臣子和孝顺的儿子应该多想想孔仲尼、左丘明、张释之的话，以华元、乐莒、明帝为前车之鉴，心中想着怎样做才能使得君主亲人尸骨安定、魂灵永远不受危害，这就是圣贤的忠和孝了。从古到今，没有不灭亡的国家，也没有不被发掘的坟墓。自从祸乱发生以来，汉朝历代皇帝的陵墓没有不被发掘的，甚至放火焚烧，来拿取玉匣器、金缕衣，使得骸骨也一同化为灰烬。这犹如在遭受被焚烧的刑罚一样，难道不令人哀痛吗？祸害的根源就在于厚葬和种树作为标志。前人说‘要以桑弘羊和霍禹因骄奢而招祸为戒’，不是很明显的道理吗？

其皇后及贵人以下，不随王之国者，有终没皆葬涧西，前又以表其处矣。盖舜葬苍梧，二妃不从，延陵葬子，远在嬴、博，魂而有灵，无不之也，一涧之间，不足为远。若违今诏，妄有所变改造施，吾为戮尸地下，戮而重戮，死而重死。臣子为蔑死君父，不忠不孝，使死者有知，将不福汝。其以此诏藏之宗庙，副在尚书、秘书、三府。”

是月，孙权复叛。复郢州为荆州。帝自许昌南征，诸军兵并进，权临江拒守。十一月辛丑，行幸宛。庚申晦，日有食之。是岁，穿灵芝池。

四年春正月，诏曰：“丧乱以来，兵革未戢，天下之人，互相残杀。今海内初定，敢有私复仇者皆族之。”筑南巡台于宛。三月丙申，行自宛还洛阳宫。癸卯，月犯心中央大星。丁未，大司马曹仁薨。是月大疫。

夏五月，有鹈鹕鸟集灵芝池，诏曰：“此诗人所谓污泽也。《曹诗》‘刺恭公远君子而近小人，今岂有贤智之士处于下位乎？否则斯鸟何为而至？其博举天下俊德茂才、独行君子，以答曹人之刺。”

六月甲戌，任城王彰薨于京都。甲申，太尉贾诩薨。太白昼见。是月大雨，伊、洛溢流，杀人民，坏庐宅。秋八月丁卯，以廷尉钟繇为太尉。辛未，校猎于荥阳，遂东巡。论征孙权功，诸将已下进爵增户各有差。九月甲辰，行幸许昌宫。

五年春正月，初令谋反大逆乃得相告，其余皆勿听治；敢妄相告，以其罪罪之。三月，行自许昌还洛阳宫。夏四月，立太学，制五经课试之法，置《春秋穀梁》博士。五月，有司以公卿朝朔望日，因

“皇后以及贵人之下的妃嫔，凡是不跟随自己的儿子到王国去的，死了以后都葬在涧西，以前我已经划定那里作为墓地了。舜帝安葬在苍梧，两个妃子都没有和他葬在一起；延陵季子把儿子远远埋葬在嬴县、博县之间。魂魄如果有灵验，没有不能去的地方，一涧之隔，并不很远；如果谁违背我现在的诏令，我在地下就会被戮尸，戮后还会再戮，死了一遍还要再死一遍；为臣下、儿子的人要是那样做，就是轻视已死去的君王、父亲，是不忠不孝，假如死者灵魂有知，将不会保佑你们。希望把这个诏书保存在宗庙中，副本存在尚书、秘书和三府之中。”

这个月，孙权又一次反叛。恢复郢州为荆州。文帝从许昌出发南征，众军一起前进，孙权临江拒守。十一月十一日，文帝巡行到了宛城。三十日，阴暗不明，出现日食。这年，开通灵芝池。

黄初四年春天正月，下诏说：“动乱以来，兵战没有停止，天下的人，互相残杀。现在海内初定，有胆敢私自报仇的都处以灭族。”在宛城修筑南巡台。三月初八日，文帝从宛城返回洛阳宫。十五日，月亮侵犯心宿中央的大星。十九日，大司马曹仁去世。这月发生大疫病。

夏天五月，有鹈鹕鸟聚集在灵芝池，文帝下诏说：“这是诗人所说的污泽鸟。《曹风》诗‘讽刺曹恭公疏远君子而亲近小人’，现在难道有贤智的人处于下位吗？否则这鸟为何到这里呢？现在要广泛推荐天下才德卓越的人才、独行不随俗的君子，以回答曹人的讽刺。”

六月十七日，任城王曹彰在京都去世。二十七日，太尉贾诩去世。太白星在白昼出现。这月下大雨，伊水、洛水满溢，淹死百姓，冲坏家宅。秋天八月十一日，任用廷尉钟繇为太尉。十五日，文帝在荥阳打猎，东巡。评判征讨孙权的功劳，众将以下晋升爵位增加食邑各有等差。九月十九日，文帝到达许昌宫。

黄初五年春天正月，文帝第一次下令只有犯有谋反等大逆罪过的，才允许互相揭发举报，其余的小罪都不受理，胆敢任意诬告的，按诬告罪惩罚诬告者。三月，文帝从许昌巡视返回洛阳宫。夏四月，

奏疑事，听断大政，论辨得失。秋七月，行东巡，幸许昌宫。八月，为水军，亲御龙舟，循蔡、颍，浮淮，幸寿春。扬州界将吏士民，犯五岁刑已下，皆原除之。九月，遂至广陵，赦青、徐二州，改易诸将守。冬十月乙卯，太白昼见。行还许昌宫。十一月庚寅，以冀州饥，遣使者开仓廪振之。戊申晦，日有食之。

十二月，诏曰："先王制礼，所以昭孝事祖，大则郊社，其次宗庙，三辰五行，名山大川，非此族也，不在祀典。叔世衰乱，崇信巫史，至乃宫殿之内，户牖之间，无不沃酹，甚矣其惑也。自今，其敢设非祀之祭，巫祝之言，皆以执左道论，著于令典。"是岁穿天渊池。

六年春二月，遣使者循行许昌以东尽沛郡，问民所疾苦，贫者振贷之。三月，行幸召陵，通讨虏渠。乙巳，还许昌宫。并州刺史梁习讨鲜卑轲比能，大破之。辛未，帝为舟师东征。五月戊申，幸谯。壬戌，荧惑入太微。

六月，利成郡兵蔡方等以郡反，杀太守徐质。遣屯骑校尉任福、步兵校尉段昭与青州刺史讨平之；其见胁略及亡命者，皆赦其罪。

秋七月，立皇子鉴为东武阳王。八月，帝遂以舟师自谯循涡入淮，从陆道幸徐。九月，筑东巡台。冬十月，行幸广陵故城，临江观兵，戎卒十余万，旌旗数百里。是岁大寒，水道冰，舟不得入江，乃引还。十一月，东武阳王鉴薨。十二月，行自谯过梁，遣使以太牢祀故汉太尉桥玄。

文帝下令设立太学，制定五经考试的办法，设置《春秋穀梁》博士。五月，有关部门制定规程，公卿大臣在每月初一、十五朝见皇帝，趁机上奏有疑难的政事，听取决断国家的大政，研究辩论政事的得失。秋七月，文帝向东巡视，到达许昌宫。八月，文帝下令建水军，他亲自登上龙舟，顺着蔡河、颍水，经过淮河，到达寿春。扬州境内不论官吏还是百姓，凡是犯罪处五年徒刑以下的，都被赦免。九月，文帝巡行到广陵，赦免青州、徐州的犯人，调换各将领、太守。冬十月初六，这天白天天空出现太白星。文帝返回许昌宫。十一月十一日，冀州发生饥荒，文帝派使者打开粮仓救济饥民。二十九日，出现日食。

十二月，文帝下诏书说："之前的君王制定礼仪，目的是显明孝道、侍奉祖先，最重要的是到郊外祭祀天地，然后是祭祀宗庙，日、月、星三辰和水、火、木、金、土五行，名山大川，都不属于这一类，不在祭祀的礼仪之内。在衰乱时期，人们尊崇信仰巫史，以至于宫殿之内，门窗之间，无处不洒酒祭祀，这样的做法太糊涂愚蠢了。从现在起，有胆敢设立不合礼仪的祭祀，听信巫祝的话，一律按照歪门邪道论处，把这些写入法令典章中。"这一年文帝下令开掘天渊池。

黄初六年春天二月，文帝派使者视察许昌以东地区一直到沛郡，了解百姓的疾苦，对穷人进行赈济。三月，文帝出行来到召陵县，开通讨虏渠。二十八日，回到许昌宫。并州刺史梁习讨伐鲜卑族首领轲比能，将他打得大败。闰三月二十四日，文帝组织水军东征孙权。五月初二日，文帝率军到达谯县。十四日，火星进入太微垣星区。

六月，利成郡的士兵蔡方等人发生叛变，杀害太守徐质占领该郡。朝廷派遣屯骑校尉任福、步兵校尉段昭与青州刺史一起平定了叛乱；那些被胁迫参加叛乱和畏罪逃亡的士兵，都被赦免了罪行。

秋天七月，册封皇子曹鉴为东武阳王。八月，文帝和水军从谯县沿着涡水进入淮河，又从陆路到达徐州。九月，修筑东巡台。冬十月，到达广陵故城。在长江边上检阅军队，显示武力，兵众十多万人，旌旗延伸数百里。这一年特别寒冷，河道结冰，战船不能进入长江，于是率军退回。十一月，东武阳王曹鉴去世。十二月，文帝从谯县经过梁国，派遣使者用三牲太牢礼祭祀已故的汉太尉桥玄。

七年春正月，将幸许昌，许昌城南门无故自崩，帝心恶之，遂不入。壬子，行还洛阳宫。三月，筑九华台。夏五月丙辰，帝疾笃，召中军大将军曹真、镇军大将军陈群、征东大将军曹休、抚军大将军司马宣王，并受遗诏辅嗣主。遣后宫淑媛、昭仪已下归其家。丁巳，帝崩于嘉福殿，时年四十。六月戊寅，葬首阳陵。自殡及葬，皆以终制从事。

初，帝好文学，以著述为务，自所勒成垂百篇。又使诸儒撰集经传，随类相从，凡千余篇，号曰《皇览》。

评曰：文帝天资文藻，下笔成章，博闻强识，才艺兼该；若加之旷大之度，励以公平之诚，迈志存道，克广德心，则古之贤主，何远之有哉！

黄初七年春天正月，文帝即将到达许昌时，许昌城的南门不知为何崩塌，文帝心里很不愉快，就不进许昌城。初十日，回到洛阳宫。三月，修筑九华台。夏五月十六日，文帝病重，召中军大将军曹真、镇军大将军陈群、征东大将军曹休、抚军大将军司马懿，同受遗诏辅佐继位的皇帝。遣散后宫淑媛、昭仪以下的妃子回家。十七日，文帝在嘉福殿去世，终年四十岁。六月初九日，埋葬在首阳陵。从殡殓到入葬，全都按照他的遗嘱办理。

起初，文帝喜欢文学，专心从事著述，写成作品将近一百篇。又让众多的儒生们从经传中搜集资料，分类排列，共一千多篇，定名为《皇览》。

评论说：文帝先天具备文采，提笔就能写成文章，学识广博，记忆力强，才艺兼备；如果再加上更宽宏的度量，用公平的诚心勉励自己，立志高远，留心正道，广施仁德，那么和古代的贤明君主相比，差距就不远了！

卷三　魏书三

明帝纪第三

明皇帝讳叡，字元仲，文帝太子也。生而太祖爱之，常令在左右。年十五，封武德侯，黄初二年为齐公，三年为平原王。以其母诛，故未建为嗣。七年夏五月，帝病笃，乃立为皇太子。丁巳，即皇帝位，大赦。尊皇太后曰太皇太后，皇后曰皇太后。诸臣封爵各有差。癸未，追谥母甄夫人曰文昭皇后。壬辰，立皇弟蕤为阳平王。

八月，孙权攻江夏郡，太守文聘坚守。朝议欲发兵救之，帝曰："权习水战，所以敢下船陆攻者，几掩不备也。今已与聘相持，夫攻守势倍，终不敢久也。"先时遣治书侍御史荀禹慰劳边方，禹到，于江夏发所经县兵及所从步骑千人乘山举火，权退走。

辛巳，立皇子冏为清河王。吴将诸葛瑾、张霸等寇襄阳，抚军大将军司马宣王讨破之，斩霸，征东大将军曹休又破其别将于寻阳。论功行赏各有差。冬十月，清河王冏薨。十二月，以太尉钟繇为太傅，征东大将军曹休为大司马，中军大将军曹真为大将军，司徒华歆为太尉，司空王朗为司徒，镇军大将军陈群为司空，抚军大将军司马宣王为骠骑大将军。

太和元年春正月，郊祀武皇帝以配天，宗祀文皇帝于明堂以配上帝。分江夏南部，置江夏南部都尉。西平麹英反，杀临羌令、西都长，遣将军郝昭、鹿磐讨斩之。二月辛未，帝耕于籍田。辛巳，立

明皇帝名叡，字元仲，是魏文帝曹丕的太子。他一生下来就深受太祖的宠爱，常常被太祖带在身边。十五岁被册封为武德侯，文帝黄初二年升为齐王，第二年进封平原王。由于生母甄皇后被赐死的缘故，他一直未被册立为太子。黄初七年夏天五月十六日，文帝病危，才正式立他为太子。十七日文帝驾崩，曹叡即皇帝位，大赦天下，尊皇太后为太皇太后，文帝郭皇后为皇太后。朝中公卿大臣晋爵加俸各有等级。六月十四日，追谥生母甄夫人为文昭皇后。二十三日，封弟曹蕤为阳平王。

八月，孙权攻打江夏郡，太守文聘坚守城池。朝中大臣商议发兵救援文聘，明帝说："孙权的军队善于水战，这次他们所以敢离开战船转到陆地上作战，不过是想趁我们不备打一个措手不及。可眼下文聘已和他们形成相持之势，进攻要以成倍的力量，所以他不敢相持太久的。"在此之前，明帝曾派遣治书侍御史荀禹慰劳戍边将士，荀禹便在所经江夏诸县召集兵马及随从卫士共得步骑兵千余人，荀禹指挥军队借山势举火虚张声势，孙权率兵退走。

十二日，册封皇子曹冏为清河王。东吴将领诸葛瑾、张霸等领兵侵犯襄阳，抚军大将军司马懿打败了他们，斩杀了张霸，征东大将军曹休又在寻阳打败了东吴另外一支军队。明帝论功行赏，各自给予奖励。冬天十月，清河王曹冏去世。十二月，任命太尉钟繇为太傅，征东大将军曹休为大司马，中军大将军曹真为大将军，司徒华歆为太尉，司空王朗为司徒，镇军大将军陈群为司空，抚军大将军司马懿为骠骑大将军。

太和元年春天正月，明帝在京郊祭祀武皇帝与天配享，在明堂祭祀文皇帝与上帝配享。划出江夏郡南部，设置江夏南部都尉。西平郡麴英反叛，杀死临羌县令、西都县县长，朝廷派遣将军郝昭、鹿

文昭皇后寝庙于邺。丁亥，朝日于东郊。夏四月乙亥，行五铢钱。甲申，初营宗庙。秋八月，夕月于西郊。冬十月丙寅，治兵于东郊。焉耆王遣子入侍。十一月，立皇后毛氏。赐天下男子爵人二级，鳏寡孤独不能自存者赐谷。十二月，封后父毛嘉为列侯。新城太守孟达反，诏骠骑将军司马宣王讨之。

二年春正月，宣王攻破新城，斩达，传其首。分新城之上庸、武陵、巫县为上庸郡，锡县为锡郡。

蜀大将诸葛亮寇边，天水、南安、安定三郡吏民叛应亮。遣大将军曹真都督关右，并进兵。右将军张郃击亮于街亭，大破之。亮败走，三郡平。丁未，行幸长安。夏四月丁酉，还洛阳宫。赦系囚非殊死以下。乙巳，论讨亮功，封爵增邑各有差。五月，大旱。六月，诏曰："尊儒贵学，王教之本也。自顷儒官或非其人，将何以宣明圣道？其高选博士，才任侍中、常侍者。申敕郡国，贡士以经学为先。"秋九月，曹休率诸军至皖，与吴将陆议战于石亭，败绩。乙酉，立皇子穆为繁阳王。庚子，大司马曹休薨。冬十月，诏公卿近臣举良将各一人。十一月，司徒王朗薨。十二月，诸葛亮围陈仓，曹真遣将军费曜等拒之。辽东太守公孙恭兄子渊，劫夺恭位，遂以渊领辽东太守。

三年夏四月，元城王礼薨。六月癸卯，繁阳王穆薨。戊申，追尊高祖大长秋曰高皇帝，夫人吴氏曰高皇后。

秋七月，诏曰："礼，王后无嗣，择建支子以继大宗，则当纂正统而奉公义，何得复顾私亲哉！汉宣继昭帝后，加悼考以皇号；哀

磐讨伐并杀了他。二月初五日，明帝在籍田耕种。十五日，在邺城修建文昭皇后的寝庙。二十一日，在东郊祭祀太阳。夏天四月初十，发行使用五铢钱。十九日，开始营建宗庙。秋八月，在西郊祭祀月亮。冬天十月初四日，在东郊训练军队。西域焉耆王送自己的儿子入朝侍奉。十一月，立毛氏为皇后。赏赐天下男子爵位每人二级，对鳏寡孤独不能自己谋生的赐给粮食。十二月，封皇后的父亲毛嘉为列侯。新城太守孟达反叛魏国，明帝下诏命令骠骑将军司马宣王去讨伐他。

太和二年春天正月，司马宣王攻占新城郡，斩杀了孟达，把他的头传送到京都。划分新城郡的上庸、武陵、巫县为上庸郡，改锡县为锡郡。

蜀汉大将诸葛亮攻打边境，天水、南安、安定三郡官吏和百姓背叛魏国响应诸葛亮。朝廷派大将军曹真督统关右各路军马，一起进兵。右将军张郃在街亭进攻诸葛亮，大破蜀军。诸葛亮败走，三郡平定。二月十七日，明帝到达长安。夏四月初八日，明帝回到洛阳宫。赦免被囚禁的不是死罪的犯人。十六日，评定讨伐诸葛亮的战功，封官晋爵，扩大封地各有差别。五月，大旱。六月，明帝下诏说："尊儒学，重教育，是实行王教的根本。近来，负责儒学教育的官员有的不称职，这样怎么能宣扬光大圣人之道？要用高标准选拔博士，他们的才能要能胜任侍中、常侍的职务。告诫各个郡国，向朝廷举荐人才要以是否通经学为首要标准。"秋九月，曹休率各路军到达皖县，与吴将陆议在石亭大战，被打败。二十九日，封皇子曹穆为繁阳王。十月十四日，大司马曹休去世。冬十月，下诏公卿和近臣每人举荐一名优秀的将领。十一月，司徒王朗去世。十二月，诸葛亮围攻陈仓，曹真派遣将军费曜等进行抵御。辽东太守公孙恭的侄子公孙渊，篡夺了公孙恭的职位，于是，朝廷任命公孙渊兼任辽东太守。

太和三年夏天四月，元城王曹礼去世。六月癸卯，繁阳王曹穆去世。戊申日，追加大长秋的高祖曹腾为高皇帝，曹腾的夫人吴氏为高皇后。

秋天七月，明帝下诏说："按礼制，王后没有子嗣，择庶子来继承大宗，但是必须继承正统，尊奉公义，怎么能再顾念原来的亲人

帝以外藩援立，而董宏等称引亡秦，惑误时朝，既尊恭皇，立庙京都，又宠藩妾，使比长信，叙昭穆于前殿，并四位于东宫，僭差无度，人神弗祐，而非罪师丹忠正之谏，用致丁、傅焚如之祸。自是之后，相踵行之。昔鲁文逆祀，罪由夏父；宋国非度，讥在华元。其令公卿有司，深以前世行事为戒。后嗣万一有由诸侯入奉大统，则当明为人后之义；敢为佞邪导谀时君，妄建非正之号以干正统，谓考为皇，称妣为后，则股肱大臣，诛之无赦。其书之金策，藏之宗庙，著于令典。”

冬十月，改平望观曰听讼观。帝常言“狱者，天下之性命也”，每断大狱，常幸观临听之。

初，洛阳宗庙未成，神主在邺庙。十一月，庙始成。使太常韩暨持节迎高皇帝、太皇帝、武帝、文帝神主于邺，十二月己丑至，奉安神主于庙。

癸卯，大月氏王波调遣使奉献，以调为亲魏大月氏王。

四年春二月壬午，诏曰：“世之质文，随教而变。兵乱以来，经学废绝，后生进趣，不由典谟。岂训导未洽，将进用者不以德显乎？其郎吏学通一经，才任牧民，博士课试，擢其高第者，亟用；其浮华不务道本者，皆罢退之。”戊子，诏太傅三公：以文帝《典论》刻石，立于庙门之外。癸巳，以大将军曹真为大司马，骠骑将军司马宣

呢！宣帝继承昭帝皇位之后，为死去的生父加了皇号；哀帝以藩王的身份被立为帝王，而董宏等人却引用了亡秦的例子，迷惑误导当时的朝廷，让哀帝既尊自己的生父为恭皇，又为他在京城建立宗庙，还加宠于那些姬妾，使她们与皇太后、太皇太后的地位等同。在宗庙中把自己的生父列入昭穆次序，又在后宫设立了四位皇太后，把皇家礼制破坏无遗，使得人神共怒，师丹忠言直谏反而受到惩处，哀帝后来遭到坟墓被挖掘、尸体被焚烧的灾祸。从此之后，类似情况的帝王纷纷仿效哀帝的做法。当年鲁文公颠倒祭祀祖先的秩序，是由于听信了夏父的话；宋国君主超越规格厚葬，世人都批评执政的华元。现命令公卿和有关部门，一定要以前事为戒。今后万一出现由诸侯王继承帝位的情况，务必让他明白作为皇位继承人的大义；如果敢于用邪道引诱和阿谀当时的君主，妄自建立不应当的尊号来扰乱皇室正统，尊新君的父亲为皇、母亲为后，那么朝廷的辅政大臣应该诛杀他，绝不能宽恕。将这道诏书写在金册上，收藏在宗庙内，并载进国家的法典中。”

冬天十月，把平望观改称为听讼观。明帝经常说“断案，是关系到天下人性命的大事”，每当审定重大的案子，他经常亲自到听讼观旁听。

起初，洛阳的宗庙还没建成，先君的神位都供奉在邺城的宗庙里。十一月，洛阳的宗庙才建成。明帝派太常韩暨持符节到邺城迎取高皇帝、太皇帝、武帝、文帝的神主牌位，十二月初十到达洛阳，把神位安放在宗庙里。

癸卯日，大月氏王波调派使者前来进奉贡品，明帝任命波调为亲魏大月氏王。

太和四年春天二月初四日，明帝下诏说：“社会的质朴和浮华，是随着政教而改变的。兵乱以后，经学废弛，年轻后生的进取，不再通过学习经典。难道不是训练教导不恰当、进用的官吏不因德行显著的缘故吗？从现在开始，郎官小吏要能学通一经，具有管治百姓的才能，要由博士主试，选取成绩优异的人，优先录用；那些浮华不务本业的，都要罢退。”二月初十日，下诏给太傅三公：把文帝的《典

王为大将军，辽东太守公孙渊为车骑将军。夏四月，太傅钟繇薨。六月戊子，太皇太后崩。丙申，省上庸郡。秋七月，武宣卞后祔葬于高陵。诏大司马曹真、大将军司马宣王伐蜀。八月辛巳，行东巡，遣使者以特牛祠中岳。乙未，幸许昌宫。九月，大雨，伊、洛、河、汉水溢，诏真等班师。冬十月乙卯，行还洛阳宫。庚申，令："罪非殊死听赎各有差。"十一月，太白犯岁星。十二月辛未，改葬文昭甄后于朝阳陵。丙寅，诏公卿举贤良。

五年春正月，帝耕于籍田。三月，大司马曹真薨。诸葛亮寇天水，诏大将军司马宣王拒之。自去冬十月至此月不雨，辛巳，大雩。夏四月，鲜卑附义王轲比能率其种人及丁零大人兒禅诣幽州贡名马。复置护匈奴中郎将。秋七月丙子，以亮退走，封爵增位各有差。乙酉，皇子殷生，大赦。

八月，诏曰："古者诸侯朝聘，所以敦睦亲亲协和万国也。先帝著令，不欲使诸王在京都者，谓幼主在位，母后摄政，防微以渐，关诸盛衰也。朕惟不见诸王十有二载，悠悠之怀，能不兴思！其令诸王及宗室公侯各将適子一人朝。后有少主、母后在宫者，自如先帝令，申明著于令。"冬十一月乙酉，月犯轩辕大星。戊戌晦，日有蚀之。十二月甲辰，月犯镇星。戊午，太尉华歆薨。

六年春二月，诏曰："古之帝王，封建诸侯，所以藩屏王室也。《诗》不云乎，'怀德维宁，宗子维城'。秦、汉继周，或强或弱，俱失厥中。大魏创业，诸王开国，随时之宜，未有定制，非所以永为后法也。其改封诸侯王，皆以郡为国。"三月癸酉，行东巡，所过存问

论》刻在石头上，石碑立在庙门外面。十五日，任大将军曹真为大司马，骠骑将军司马宣王为大将军，辽东太守公孙渊为车骑将军。夏四月，太傅钟繇去世。六月十一日，太皇太后去世。十九日，取消上庸郡。秋七月，把武宣卞后合葬在高陵。下诏让大司马曹真和大将军司马宣王讨伐蜀国。八月初五日，明帝东巡，派遣使者用公牛祭祀中岳嵩山。十九日，明帝到达许昌宫。九月，下大雨，伊水、洛水、黄河、汉水泛滥，明帝下诏曹真等人班师回朝。冬天十月十一日，明帝返回洛阳宫。十六日，明帝下令："罪名不是死罪的，可以按等级交纳赎金赎罪。"十一月，太白金星侵犯岁星。十二月二十一日，改葬文昭甄后到朝阳陵。二十三日，下诏让公卿举荐贤良之士。

太和五年春天正月，明帝亲自耕籍田。三月，大司马曹真去世。诸葛亮派兵侵犯天水郡，明帝下诏让大将军司马懿领兵迎战。从去年冬天到太和五年三月一直没有下雨，初九日，朝廷举行祭祀求雨。夏四月，鲜卑族附义王轲比能率领本部落族人以及丁零族首领兒禅到幽州贡献骏马。朝廷重新设置护匈奴中郎将。秋七月初六日，因为诸葛亮退兵，晋爵加官各有差别。十五日，皇子曹殷出生，大赦天下。

八月，明帝下诏说："古代诸侯都是定期朝见天子，这是用来和睦亲戚团结诸侯的。先皇帝明确下令，不让诸位亲王留在京都的原因，是考虑到幼主在位，由母后代为执政，这是需要防微杜渐的，否则会影响到国运的盛衰。朕回想与诸位亲王分别已经十二年，怎能不令人思念！现在请诸位宗室亲王、公侯，各自带一个嫡子进京朝见。如果以后出现幼主即位而母后在宫中代为执政的情况，那时再按先皇帝的指令办，要把这一申明写进法令中。"冬十一月十七日，月亮接触到轩辕座的大星。三十日，发生日食。十二月初六日，月亮接触到土星。二十日，太尉华歆去世。

太和六年春天二月，明帝下诏说："古代帝王册封诸侯，是为了作为王室的屏障。《诗经》不是说吗，'实施德政来安定国家，宗子就像城墙一样是国家的屏障'。秦朝、汉朝继承了周代的统治后，对诸侯王权力的规定有时太强，有时太弱，都不够妥当。我大魏王朝创业以来，诸侯王的封国制度，都是因时制宜，没有固定的制度，不能

高年鳏寡孤独，赐谷帛。乙亥，月犯轩辕大星。夏四月壬寅，行幸许昌宫。甲子，初进新果于庙。五月，皇子殷薨，追封谥安平哀王。秋七月，以卫尉董昭为司徒。九月，行幸摩陂，治许昌宫，起景福、承光殿。冬十月，殄夷将军田豫帅众讨吴将周贺于成山，杀贺。十一月丙寅，太白昼见。有星孛于翼，近太微上将星。庚寅，陈思王植薨。十二月，行还许昌宫。

青龙元年春正月甲申，青龙见郏之摩陂井中。二月丁酉，幸摩陂观龙，于是改年；改摩陂为龙陂，赐男子爵人二级，鳏寡孤独无出今年租赋。三月甲子，诏公卿举贤良笃行之士各一人。夏五月壬申，诏祀故大将军夏侯惇、大司马曹仁、车骑将军程昱于太祖庙庭。戊寅，北海王蕤薨。闰月庚寅朔，日有蚀之。丁酉，改封宗室女非诸王女皆为邑主。诏诸郡国山川不在祠典者勿祠。六月，洛阳宫鞠室灾。

保塞鲜卑大人步度根与叛鲜卑大人轲比能私通，并州刺史毕轨表，辄出军以外威比能，内镇步度根。帝省表曰："步度根以为比能所诱，有自疑心。今轨出军，适使二部惊合为一，何所威镇乎？"促敕轨，以出军者慎勿越塞过句注也。比诏书到，轨以进军屯阴馆，遣将军苏尚、董弼追鲜卑。比能遣子将千余骑迎步度根部落，与尚、弼相遇，战于楼烦，二将败没。步度根部落皆叛出塞，与比能合寇边。遣骁骑将军秦朗将中军讨之，虏乃走漠北。

秋九月，安定保塞匈奴大人胡薄居姿职等叛，司马宣王遣将军

为后世确立永久的法规。现在改封诸侯王，每个封国统辖一个郡的范围。”三月初七日，明帝巡视东方，沿途慰问年老者、鳏夫、寡妇和孤独没有依靠的人，赐给他们谷物和布帛。四月初一，明帝到达许昌宫。二十三日，开始向祠庙进献时鲜水果。五月，皇子曹殷去世，追封谥号为安平哀王。秋天七月，任命卫尉董昭为司徒。九月，明帝到达摩陂，修建许昌宫，新建了景福、承光二殿。冬天十月，殄夷将军田豫率部在成山征讨吴国将领周贺，杀死了周贺。十一月初四，太白金星白天出现。彗星在翼宿发出强烈的光，接近太微垣的上将星。十一月二十八日，陈思王曹植去世。十二月，明帝回到许昌宫。

青龙元年春天正月二十三日，在郏县摩陂的水井里出现青龙。二月初六日，明帝到摩陂去观看青龙，在那里把年号太和改为青龙，将摩陂改为龙陂；赐给天下的男子每人爵位二级，鳏夫、寡妇和孤独无靠的人免除当年田租赋税。三月初三日，明帝下诏让公卿每人举荐道德高尚、品行淳厚的人各一名。夏天五月十二日，明帝下诏在太祖曹操的祠庙，配享祭祀去世的大将军夏侯惇、大司马曹仁、车骑将军程昱。十八日，北海王曹蕤去世。闰五月初一日，将宗室中不是诸侯王女儿的女子都封为邑主。下诏各郡国，凡是没有列入典籍祭祀范围的山川，都不要进行祭祀。六月，洛阳宫中的鞠室发生了火灾。

保卫边塞的鲜卑首领步度根和已经造反的鲜卑首领轲比能悄悄地勾结，并州刺史毕轨上表，说他即将出兵，对外威胁轲比能，对内震慑步度根。明帝阅览毕轨的上表后说：“步度根由于被轲比能诱惑，心里还有些疑惧。如今毕轨出兵，正好使这两部分人因受惊而合为一部，哪里谈得上什么威镇？”立即命令毕轨，已经派出去的军队千万不要越过边界上的句注山。诏书到时，毕轨已率军屯驻在阴馆，并派遣将军苏尚、董弼追击鲜卑。轲比能派遣儿子率领一千多骑兵迎接步度根部落，与苏尚、董弼相遇，在楼烦进行战斗，苏、董二将战死。步度根部落全部都叛离逃出边境，与轲比能部落合在一起进犯边塞。朝廷派遣骁骑将军秦朗率领中军讨伐，鲜卑人便都逃到大漠北面去了。

秋天九月，安定郡守护边塞的匈奴部族胡薄居姿职等人叛乱，

胡遵等追讨，破降之。

冬十月，步度根部落大人戴胡、阿狼泥等诣并州降，朗引军还。

十二月，公孙渊斩送孙权所遣使张弥、许晏首，以渊为大司马乐浪公。

二年春二月乙未，太白犯荧惑。癸酉，诏曰："鞭作官刑，所以纠慢怠也，而顷多以无辜死。其减鞭杖之制，著于令。"三月庚寅，山阳公薨，帝素服发哀，遣使持节典护丧事。己酉，大赦。夏四月，大疫。崇华殿灾。丙寅，诏有司以太牢告祠文帝庙。追谥山阳公为汉孝献皇帝，葬以汉礼。

是月，诸葛亮出斜谷，屯渭南，司马宣王率诸军拒之。诏宣王："但坚壁拒守以挫其锋，彼进不得志，退无与战，久停则粮尽，虏略无所获，则必走矣。走而追之，以逸待劳，全胜之道也。"

五月，太白昼见。孙权入居巢湖口，向合肥新城，又遣将陆议、孙韶各将万余人入淮、沔。六月，征东将军满宠进军拒之。宠欲拔新城守，致贼寿春。帝不听，曰："昔汉光武遣兵县据略阳，终以破隗嚣，先帝东置合肥，南守襄阳，西固祁山，贼来辄破于三城之下者，地有所必争也。纵权攻新城，必不能拔。敕诸将坚守，吾将自往征之，比至，恐权走也。"秋七月壬寅，帝亲御龙舟东征，权攻新城，将军张颖等拒守力战，帝军未至数百里，权遁走，议、韶等亦退。群臣以为大将军方与诸葛亮相持未解，车驾可西幸长安。帝曰："权走，亮胆破，大将军以制之，吾无忧矣。"遂进军幸寿春，录诸将功，封赏各有差。八月己未，大曜兵，飨六军，遣使者持节犒劳合

司马宣王派将军胡遵等人追击讨伐，战胜了他们，并使他们投降。

冬天十月，步度根的部落首领戴胡、阿狼泥等人到并州投降，秦朗率军返回。

十二月，公孙渊杀了孙权派遣的使者张弥、许晏，并砍下他们的首级，送到洛阳。明帝任命公孙渊为大司马、乐浪公。

青龙二年春天二月初十日，太白星运行到火星附近。十八日，明帝发布命令说："鞭打作为官刑，目的是纠正轻忽怠慢的行为，但最近有很多人被无辜鞭打致死。现下令减轻鞭杖刑罚的制度，记录在法令上。"三月初六，山阳公去世，明帝穿上丧服为刘协发丧，并派遣使者持符节办理丧事。二十五日，大赦天下。夏四月，有大瘟疫流行。崇华殿发生火灾。十二日，明帝下诏书命令有关官员用太牢的规格祭祀文帝庙。追赐山阳公刘协谥号为汉孝献皇帝，按汉朝的礼制安葬。

这月，诸葛亮通过斜谷，驻兵在渭南，司马宣王带领各军抵抗他。明帝下诏书给司马宣王："只要坚守防御来挫败敌军的锐气，他们前进达不到目的，后退又没人和他们交战，长期滞留粮草就会耗尽，四处抢掠也抢不到什么东西，就一定会退兵了。退兵时我们再追击他们，以逸待劳，这是稳获全胜的策略。"

五月，太白金星在白天出现。孙权进入居巢湖口，向合肥新城进军，又派将领陆议、孙韶每人带一万余人进入淮河、沔水。六月，征东将军满宠进军抵抗。满宠想撤掉新城的防守，把敌人骗到寿春，明帝不同意，说："从前汉光武帝派兵据守略阳，最终以此打败隗嚣，先帝在东面围困合肥，在南面防守襄阳，在西面巩固祁山，敌人到来总是败于这三城之下的原因，是因这三地是必争之地。纵使孙权攻打新城，必然不能攻下。下令诸将坚守，我将亲自前往征讨，等我到了，恐怕孙权已经逃走了。"秋天七月十九日，明帝亲自乘龙舟东征，孙权攻打新城，将军张颖等人拒守力战，明帝军未到几百里，孙权就逃跑了，陆议、孙韶等人亦撤退了。群臣认为大将军刚与诸葛亮相持未分胜负，明帝车驾可以西到长安。明帝说："孙权逃了，诸葛亮被吓

肥、寿春诸军。辛巳，行还许昌宫。

司马宣王与亮相持，连围积日，亮数挑战，宣王坚垒不应。会亮卒，其军退还。

冬十月乙丑，月犯镇星及轩辕。戊寅，月犯太白。十一月，京都地震，从东南来，隐隐有声，摇动屋瓦。十二月，诏有司删定大辟，减死罪。

三年春正月戊子，以大将军司马宣王为太尉。己亥，复置朔方郡。京都大疫。丁巳，皇太后崩。乙亥，陨石于寿光县。三月庚寅，葬文德郭后，营陵于首阳陵涧西，如终制。

是时，大治洛阳宫，起昭阳、太极殿，筑总章观。百姓失农时，直臣杨阜、高堂隆等各数切谏，虽不能听，常优容之。

秋七月，洛阳崇华殿灾。八月庚午，立皇子芳为齐王，询为秦王，丁巳，行还洛阳宫。命有司复崇华，改名九龙殿。冬十月己酉，中山王衮薨。壬申，太白昼见。十一月丁酉，行幸许昌宫。

四年春二月，太白复昼见，月犯太白，又犯轩辕一星，入太微而出。夏四月，置崇文观，征善属文者以充之。五月乙卯，司徒董昭薨。丁巳，肃慎氏献楛矢。

六月壬申，诏曰："有虞氏画象而民弗犯，周人刑错而不用。朕从百王之末，追望上世之风，邈乎何相去之远？法令滋章，犯者弥多，刑罚愈众，而奸不可止。往者按大辟之条，多所蠲除，思济生民之命，此朕之至意也。而郡国蔽狱，一岁之中尚过数百，岂朕训导不醇，俾民轻罪，将苛法犹存，为之陷阱乎？有司其议狱缓死，务从

破胆，大将军以此制敌，我无忧了。”于是明帝进军到寿春，记录诸将的功劳，封赏各有等差。八月初七日，大阅兵，犒赏六军，派遣使者持符节慰劳合肥、寿春诸军。二十九日，明帝返回许昌宫。

司马懿与诸葛亮僵持，一直围攻了多日，诸葛亮挑战了很多次，司马懿坚守营垒不予回应。正在这时诸葛亮去世，蜀军撤退了回去。

冬天十月十四日，月亮和土星及轩辕星相接触。这时候，月亮侵犯太白星。十一月，京城洛阳地震，从东南方向传来隐隐之声，震动了屋顶的瓦片。十二月，明帝下诏命令有关官员删定死刑的条例，以减少判处死刑的人。

青龙三年春天正月初八日，任命大将军司马懿为太尉。十九日，重新设置朔方郡。京城瘟疫盛行。二月初八日，皇太后郭氏去世。二十六日，有陨石落在寿光县。三月十一日，安葬文德郭皇后，在首阳陵涧西营建陵墓，完全按照曹丕生前颁布的文告办理。

当时，由于大规模修建洛阳宫，建造昭阳殿、太极殿和总章观。百姓错过了农时，耿直的大臣杨阜、高堂隆等多次恳切地进谏，明帝虽然没能听从他们的谏言，但常常宽容他们。

秋天七月，洛阳崇华殿发生火灾。八月二十四日，封皇子曹芳为齐王，曹询为秦王，十一日，明帝返回洛阳宫。命令有关官员修复崇华殿，改名九龙殿。冬天十月初三日，中山王曹衮去世。二十六日，太白星在白天出现。十一月二十二日，明帝到达许昌宫。

青龙四年春天二月，太白星又在白昼出现，月犯金星，又接触到轩辕星座中一星，入太微星而出。夏四月，明帝诏令设置崇文观，征召天下善写文章的人进观。五月十三日，司徒董昭病逝。十五日，北方肃慎国进献用楛木制成的弓箭。

六月初一日，明帝下诏说：“以前，有虞氏在罪犯的衣服上画上五刑的图像表示惩罚，百姓也就不犯法，周朝时因为没有人触犯法律，刑法搁置不用。朕在百王之后，仰慕前世的民风，今天怎么差距这么远呢？法令规则越多，犯法的人也越多，刑罚日趋广泛，却还是不能制止奸恶。起初，将审查判处死刑的法令条文减除了很多条，我本来是想以此拯救百姓的生命。但各郡国处死的人，每年还是要超

宽简，及乞恩者，或辞未出而狱以报断，非所以究理尽情也。其令廷尉及天下狱官，诸有死罪具狱以定，非谋反及手杀人，亟语其亲治，有乞恩者，使与奏当文书俱上，朕将思所以全之。其布告天下，使明朕意。”

秋七月，高句骊王宫斩送孙权使胡卫等首，诣幽州。甲寅，太白犯轩辕大星。冬十月己卯，行还洛阳宫。甲申，有星孛于大辰，乙酉，又孛于东方。十一月己亥，彗星见，犯宦者天纪星。十二月癸巳，司空陈群薨。乙未，行幸许昌宫。

景初元年春正月壬辰，山茌县言黄龙见。于是有司奏，以为魏得地统，宜以建丑之月为正。三月，定历改年为孟夏四月。服色尚黄，牺牲用白，戎事乘黑首白马。建大赤之旂，朝会建大白之旗。改太和历曰景初历。其春夏秋冬孟仲季月虽与正岁不同，至于郊祀、迎气、礿祠、蒸尝、巡狩、蒐田、分至启闭、班宣时令、中气早晚、敬授民事，皆以正岁斗建为历数之序。

五月己巳，行还洛阳宫。己丑，大赦。六月戊申，京都地震。己亥，以尚书令陈矫为司徒，尚书右仆射卫臻为司空。丁未，分魏兴之魏阳、锡郡之安富、上庸为上庸郡。省锡郡，以锡县属魏兴郡。

有司奏：武皇帝拨乱反正，为魏太祖，乐用武始之舞。文皇帝应天受命，为魏高祖，乐用咸熙之舞。帝制作兴治，为魏烈祖，乐用章斌之舞。三祖之庙，万世不毁。其余四庙，亲尽迭毁，如周后稷、文、武庙祧之制。

过数百人，难道是我训导不够，使百姓轻易犯法，还是法令严苛，已经成为百姓的陷阱？有关部门在审理死刑案时，要以宽大为本，乞求恩典来赦免的情况，有的还没有及时申诉，但已经判决，这不是追究法理、尽人情的做法。现在，我命令廷尉以及天下的司法官员，凡是犯死罪，已经判定的，只要不是谋反和亲手杀人的，都要立即告诉他的亲属，有乞求宽大处理的，让他们将申诉和奏报判决的文书一起呈送上来，我将考虑如何宽免。现在布告天下，使百姓都能知道朕的心意。”

秋天七月，高句骊国王宫斩杀了孙权的使臣胡卫等人，并且把首级送到幽州。十三日，金星犯扰轩辕星座的大星。冬十月初十日，明帝回到洛阳宫。十五日，大辰星旁出现光芒四射的彗星，十六日，东方又出现光芒四射的彗星。十月三十日，出现彗星，犯扰宦者天纪星。十二月二十四日，司空陈群去世。二十六日，明帝到许昌宫。

景初元年春天正月二十四日，山茌县向上级报告说有黄龙出现。于是有关部门上奏，认为魏朝得地统，应该把夏历十二月改为正月。三月，定历法改年号，把三月改为孟夏四月。服饰的颜色以黄为贵，祭祀的牺牲用白色，有战事时乘黑头白马。用纯赤色的旗帜，朝会时用纯白色的旗帜。改太和历为景初历。新历法的春夏秋冬各个月份上虽然与夏历不同，至于郊祀、迎气、礿祠、蒸尝、巡狩、蒐田、春分秋分、冬至夏至、立春立夏、立秋立冬、颁布时令、节气的早晚、指挥农事活动等，都以夏历的建寅之月为历法的顺序。

五月初二日，明帝从许昌宫返驾洛阳宫。二十二日，天下实行大赦。六月十二日，洛阳发生地震。七月初三日，尚书令陈矫出任司徒，尚书仆射卫臻为司空。十一日，从魏兴郡中分出魏阳，锡郡中分出安富、上庸，新设上庸郡。同时撤销锡郡，把锡县划归魏兴郡。

有关官员上奏说：武皇帝在乱世的时候拨乱反正，是为魏太祖，理应采用《武始》之舞为祭祀乐舞。文皇帝应天受命，是魏高祖，理应采用《咸熙》之舞为祭祀乐舞。如今圣上继承先帝大业，使国家得以大治，是魏烈祖，祭祀当采用《章斌》这一乐舞。三祖之庙，将永远存留万世不毁。其余四庙，则随着后世历代新君的不断登基

秋七月丁卯，司徒陈矫薨。孙权遣将朱然等二万人围江夏郡，荆州刺史胡质等击之，然退走。初，权遣使浮海与高句骊通，欲袭辽东。遣幽州刺史毌丘俭率诸军及鲜卑、乌丸屯辽东南界，玺书征公孙渊。渊发兵反，俭进军讨之，会连雨十日，辽水大涨，诏俭引军还。右北平乌丸单于寇娄敦、辽西乌丸都督王护留等居辽东，率部众随俭内附。己卯，诏辽东将吏士民为渊所胁略不得降者，一切赦之。辛卯，太白昼见。渊自俭还，遂自立为燕王，置百官，称绍汉元年。

诏青、兖、幽、冀四州大作海船。九月，冀、兖、徐、豫四州民遇水，遣侍御史循行没溺死亡及失财产者，在所开仓振救之。庚辰，皇后毛氏卒。冬十月丁未，月犯荧惑。癸丑，葬悼毛后于愍陵。乙卯，营洛阳南委粟山为圜丘。十二月壬子冬至，始祀。丁巳，分襄阳临沮、宜城、旍阳、邔四县，置襄阳南部都尉。己未，有司奏文昭皇后立庙京都。分襄阳郡之鄀叶县属义阳郡。

二年春正月，诏太尉司马宣王帅众讨辽东。

二月癸卯，以大中大夫韩暨为司徒。癸丑，月犯心距星，又犯心中央大星。夏四月庚子，司徒韩暨薨。壬寅，分沛国萧、相、竹邑、符离、蕲、铚、龙亢、山桑、洨、虹十县为汝阴郡。宋县、陈郡苦县皆属谯郡。以沛、杼秋、公丘、彭城丰国、广戚，并五县为沛王国。庚戌，大赦。五月乙亥，月犯心距星，又犯中央大星。六月，省渔阳郡之

嗣位而陆续变更，其礼制与周朝后稷、文王、武王的庙祧制度完全相同。

秋天七月初二日，司徒陈矫去世。孙权派将军朱然等带领两万人围攻江夏郡，荆州刺史胡质等迎战，朱然撤退。开始时，孙权派使者走海路到高句骊国进行联络，想袭击辽东。明帝派幽州刺史毌丘俭率领各路军队以及鲜卑、乌丸的军队驻扎在辽东南界，又下诏征公孙渊入朝。公孙渊起兵反叛，毌丘俭进军讨伐，正好碰上大雨连续十天不停，辽河水大涨，明帝下诏令毌丘俭率军撤退。右北平的乌丸单于寇娄敦、辽西的乌丸都督王护留等居住在辽东，他们带领部属随毌丘俭内迁依附魏国。十四日，明帝下诏辽东的将领、官吏、士人及百姓，凡是因为受到公孙渊胁迫而不能投降的，全部赦免。二十六日，太白星在白天出现。公孙渊自从毌丘俭退兵后，就自封为燕王，设置朝臣百官，并称这年为绍汉元年。

明帝下诏令青州、兖州、幽州、冀州制造了大量的海船。九月，冀州、兖州、徐州、豫州发生水灾，明帝派侍御史到灾区巡查被淹死以及由于水灾丧失钱财的人，所到之处都打开官仓放粮进行赈济。十六日，毛皇后去世。冬十月十三日，月亮和火星接触。冬天十月十九日，为毛皇后举行葬礼并安葬在愍陵。二十一日，在洛阳以南的委粟山营造用来祭天的圜丘。十二月十九日冬至，开始在那举行祭祀。二十四日，从襄阳郡分出临沮、宜城、旍阳、邔四县，设置襄阳南部都尉管理当地军政。二十六日，有关部门奏请在京师为明帝生母文昭皇后建立祠庙。从襄阳郡中分出鄀叶县划归义阳郡。

景初二年春天正月，明帝下诏命令太尉司马懿统率大军征讨辽东的公孙渊。

二月十一日，任命大中大夫韩暨为司徒。二十四日，月亮触犯中心巨星，又触犯中间大星。夏天四月初九日，司徒韩暨去世。十一日，划出沛国的萧、相、竹邑、符离、蕲、铚、龙亢、山桑、洨、虹十县设置汝阴郡。宋县和原属陈郡的苦县划归谯郡。以沛、杼秋、公丘和彭城郡的丰国、广戚五县合成沛王国。十九日，大赦天下。五月十五日，月犯心距星，又犯中央大星。六月，撤销渔阳郡的狐奴县，重新设置安

狐奴县，复置安乐县。

秋八月，烧当羌王芒中、注诣等叛，凉州刺史率诸郡攻讨，斩注诣首。癸丑，有彗星见张宿。

丙寅，司马宣王围公孙渊于襄平，大破之，传渊首于京都，海东诸郡平。冬十一月，录讨渊功，太尉宣王以下增邑封爵各有差。初，帝议遣宣王讨渊，发卒四万人。议臣皆以为四万兵多，役费难供。帝曰："四千里征伐，虽云用奇，亦当任力，不当稍计役费。"遂以四万人行。及宣王至辽东，霖雨不得时攻，群臣或以为渊未可卒破，宜诏宣王还。帝曰："司马懿临危制变，擒渊可计日待也。"卒皆如所策。

壬午，以司空卫臻为司徒，司隶校尉崔林为司空。闰月，月犯心中央大星。十二月乙丑，帝寝疾不豫。辛巳，立皇后。赐天下男子爵人二级，鳏寡孤独谷。以燕王宇为大将军，甲申免，以武卫将军曹爽代之。

初，青龙三年中，寿春农民妻自言为天神所下，命为登女，当营卫帝室，蠲邪纳福。饮人以水，及以洗疮，或多愈者。于是立馆后宫，下诏称扬，甚见优宠。及帝疾，饮水无验，于是杀焉。

三年春正月丁亥，太尉宣王还至河内，帝驿马召到，引入卧内，执其手谓曰："吾疾甚，以后事属君，君其与爽辅少子。吾得见君，无所恨！"宣王顿首流涕。即日，帝崩于嘉福殿，时年三十六。癸丑，葬高平陵。

评曰：明帝沉毅断识，任心而行，盖有君人之至概焉。于时百姓凋弊，四海分崩，不先聿修显祖，阐拓洪基，而遽追秦皇、汉武，宫馆是营，格之远猷，其殆疾乎！

乐县。

秋天八月，烧当羌王芒中、注诣等人发生叛乱，凉州刺史率诸郡攻打讨伐，斩了注诣的首级。二十四日，有彗星在张宿出现。

九月初七日，司马宣王在襄平围攻公孙渊，大败了公孙渊的军队，把公孙渊的首级送到京都，海东诸郡平定。冬天十一月，记下了讨伐公孙渊的功劳，太尉宣王以下的增加食邑封赏爵位各有等差。起初，明帝商议派遣司马宣王讨伐公孙渊，发兵四万人。群臣都认为四万兵太多，役费难以供给。明帝说："四千里路途的征伐，虽说用奇兵，也应当有军力，不该太计较役费。"于是就发兵四万人。及至司马宣王到了辽东，遇到连日大雨不能适时攻打，群臣有的认为公孙渊不能很快被打败，应该诏令司马宣王回来。明帝说："司马懿临危会随机应变，捉拿公孙渊计日可待。"果然都如他所计算的那样。

二十四日，任命司空卫臻为司徒，司隶校尉崔林为司空。闰十一月，月亮侵犯到心宿中央大星。十二月初八日，明帝卧病。二十四日，册立皇后。赐天下男子每人爵位二级，赐给鳏寡孤独的人粮食。任命燕王曹宇为大将军，二十七日免职，以武卫将军曹爽代替。

起初，青龙三年，寿春有个农民的妻子说自己是天神下凡，名字叫登女，应该护卫帝室，驱邪接福。她用神水让人喝，又用神水给人洗毒疮，有很多人都被治好了。于是明帝为她在后宫建立馆舍，下诏赞扬，对她特别优待宠爱。等到明帝生病的时候，喝她的神水没有效果，就把她杀了。

景初三年春天正月初一日，太尉司马懿回到河内。明帝用驿马将他召回，带到卧室内，握着他的手说："我病得很严重，把后事托付给您，望您与曹爽共同辅佐我的小儿子。我能见到您，就没有什么遗憾了！"司马懿叩头流泪。当天，明帝在嘉福殿去世，终年三十六岁。二十七日，安葬在高平陵。

评论说：曹叡沉着、刚毅、果断有胆识，能坚持自己的主张，有君王的宏大气概。当时百姓贫困，天下分崩离析，但他不首先去光大祖先的功德，开拓宏伟的基业，却急于追仿秦始皇、汉武帝的做法，

大规模营造宫殿馆阁，用具有远大抱负的标准来衡量，恐怕是他的不足吧！

卷四　魏书四

三少帝纪第四

齐王讳芳，字兰卿。明帝无子，养王及秦王询；宫省事秘，莫有知其所由来者。青龙三年，立为齐王。景初三年正月丁亥朔，帝病甚，乃立为皇太子。是日，即皇帝位，大赦。尊皇后曰皇太后。大将军曹爽、太尉司马宣王辅政。诏曰："朕以眇身，继承鸿业，茕茕在疚，靡所控告。大将军、太尉奉受末命，夹辅朕躬，司徒、司空、冢宰、元辅总率百僚，以宁社稷，其与群卿大夫勉勖乃心，称朕意焉。诸所兴作宫室之役，皆以遗诏罢之。官奴婢六十以上，免为良人。"二月，西域重译献火浣布，诏大将军、太尉临试以示百寮。

丁丑，诏曰："太尉体道正直，尽忠三世，南擒孟达，西破蜀虏，东灭公孙渊，功盖海内。昔周成建保傅之官，近汉显宗崇宠邓禹，所以优隆隽乂，必有尊也。其以太尉为太傅，持节统兵都督诸军事如故。"三月，以征东将军满宠为太尉。夏六月，以辽东东沓县吏民渡海居齐郡界，以故纵城为新沓县以居徙民。秋七月，上始亲临朝，听公卿奏事。八月，大赦。冬十月，以镇南将军黄权为车骑将军。

十二月，诏曰："烈祖明皇帝以正月弃背天下，臣子永惟忌日之哀，其复用夏正；虽违先帝通三统之义，斯亦礼制所由变改也。又夏正于数为得天正，其以建寅之月为正始元年正月，以建丑月为后十二月。"

齐王名芳，字兰卿。明帝没有儿子，于是抱养齐王曹芳和秦王曹询；宫禁中的事情都很机密，没有人知道这两个人的来历。青龙三年，曹芳被立为齐王。景初三年正月初一，明帝病重，才立曹芳为皇太子。当天，曹芳即帝位，发布大赦令。尊皇后为皇太后。大将军曹爽、太尉宣王司马懿辅政。曹芳下诏说："朕以渺小之身，继承宏大的基业，孤独且沉浸在丧事的悲痛中，没有地方倾诉。大将军、太尉接受先帝的遗命，辅佐在朕的左右，司徒、司空、冢宰、元辅统率朝廷百官，使国家得到安宁，诸君要和公卿大夫们勉励自己的意志，以使朕满意。那些正在兴建的宫殿工程，全都按照先帝遗诏停止。官府中六十岁以上的奴婢，放她们出去为良人。"二月，西域地区派译使进献火浣布，曹芳下诏让大将军、太尉亲自演示给百官看。

二月二十一日，曹芳下诏说："太尉坚守正直之道，给本朝三代君主尽忠，南擒孟达，西破蜀军，东灭公孙渊，功勋海内第一。以前周成王建立太保太傅这样的官职，近代的汉明帝很宠爱邓禹，是因为要优待才能出众的人，必然要给予尊崇的职位。现在任命太尉司马懿为太傅，仍像以前那样持符节统率都督诸军事。"三月，曹芳任命征东将军满宠为太尉。夏天六月，因为辽东郡新沓县的官吏民众渡海居住到齐郡界内，魏国把原来的纵城改为新沓县来安置迁徙的民众。秋天七月，皇帝开始亲自临朝，听取公卿百官上奏政事。八月，宣布大赦。冬天十月，曹芳任命镇南将军黄权为车骑将军。

十二月，皇帝下诏说："烈祖明皇帝在正月放弃天下而离开，作为臣子要永远记着先皇忌日的哀痛，现在恢复使用夏历；这虽然违背先帝通行三统的意思，然而，这是由于礼制的原因所决定的。还有夏历在历数上与天时季节的变化正相符，现改为以夏历的正月为正始元年正月，以夏历的十二月为后十二月。"

正始元年春二月乙丑，加侍中中书监刘放、侍中中书令孙资为左右光禄大夫。丙戌，以辽东汶、北丰县民流徙渡海，规齐郡之西安、临菑、昌国县界为新汶、南丰县，以居流民。

自去冬十二月至此月不雨。丙寅，诏令狱官亟平冤枉，理出轻微；群公卿士谠言嘉谋，各悉乃心。夏四月，车骑将军黄权薨。秋七月，诏曰："《易》称损上益下，节以制度，不伤财，不害民。方今百姓不足而御府多作金银杂物，将奚以为？今出黄金银物百五十种，千八百余斤，销冶以供军用。"八月，车驾巡省洛阳界秋稼，赐高年力田各有差。

二年春二月，帝初通《论语》，使太常以太牢祭孔子于辟雍，以颜渊配。

夏五月，吴将朱然等围襄阳之樊城，太傅司马宣王率众拒之。六月辛丑，退，己卯，以征东将军王凌为车骑将军。冬十二月，南安郡地震。

三年春正月，东平王徽薨。三月，太尉满宠薨。秋七月甲申，南安郡地震。乙酉，以领军将军蒋济为太尉。冬十二月，魏郡地震。

四年春正月，帝加元服，赐群臣各有差。夏四月乙卯，立皇后甄氏，大赦。五月朔，日有食之，既。秋七月，诏祀故大司马曹真、曹休、征南大将军夏侯尚、太常桓阶、司空陈群、太傅钟繇、车骑将军张郃、左将军徐晃、前将军张辽、右将军乐进、太尉华歆、司徒王朗、骠骑将军曹洪、征西将军夏侯渊、后将军朱灵、文聘、执金吾臧霸、破虏将军李典、立义将军庞德、武猛校尉典韦于太祖庙庭。冬十二月，倭国女王俾弥呼遣使奉献。

正始元年春天二月初五日，皇帝加封侍中中书监刘放、侍中中书令孙资为左右光禄大夫。初六日，由于辽东郡的汶、北丰两县百姓大规模渡海迁徙，所以魏国又划出齐郡的西安、临菑、昌国三个县设置新汶、南丰县，让迁徙来的流民定居。

自去年冬天十二月到这个月一直没有下雨。三月十七日，皇帝下诏令各地司法官员马上平反冤案，清理并且释放犯轻罪的人；公卿群臣有什么高见和谋略，各自尽管提出来。夏天四月，车骑将军黄权去世。秋天七月，少帝曹芳下诏说："《易经》说'损上益下'，用制度进行调节，不白白耗费资财，不伤害百姓。现在百姓贫困，不得温饱，而宫中却大量用金银制作杂物，要它们来干什么呢？现在拿出用黄金白银做成的用品一百五十种，共一千八百多斤，全部销毁重新冶炼，来供给军用。"八月，少帝曹芳视察洛阳一带秋天的庄稼，对于老年与努力种田的人给予不同程度的赏赐。

正始二年春天二月，皇帝开始学习研读《论语》，派遣太常带着牛、羊、猪三牲到太学辟雍祭祀孔子，以颜渊配祭。

夏天五月，孙吴将领朱然等攻打襄阳的樊城，太傅宣王司马懿率军队抵御。六月二十九日，吴军撤退，闰月初七日，少年任命征东将军王凌为车骑将军。冬天十二月，南安郡发生地震。

正始三年春天正月，东平王曹徽去世。三月，太尉满宠去世。秋七月十八日，南安郡发生地震。十九日，任命领军将军蒋济为太尉。冬十二月，魏郡发生地震。

正始四年春天正月，皇帝举行冠礼，赏赐群臣都不同。夏四月二十日，把甄氏立为皇后，发布大赦令。五月初一日，发生日食，太阳全被吞没。秋七月，皇帝下诏在太祖庙中祭祀已故的大司马曹真、曹休、征南大将军夏侯尚、太常桓阶、司空陈群、太傅钟繇、车骑将军张郃、左将军徐晃、前将军张辽、右将军乐进、太尉华歆、司徒王朗、骠骑将军曹洪、征西将军夏侯渊、后将军朱灵、文聘、执金吾臧霸、破虏将军李典、立义将军庞德、武猛校尉典韦。冬十二月，日本国女王俾弥呼派遣使臣进贡奉献。

五年春二月，诏大将军曹爽率众征蜀。夏四月朔，日有蚀之。五月癸巳，讲《尚书》经通，使太常以太牢祀孔子于辟雍，以颜渊配；赐太傅、大将军及侍讲者各有差。丙午，大将军曹爽引军还。秋八月，秦王询薨。九月，鲜卑内附，置辽东属国，立昌黎县以居之。冬十一月癸卯，诏祀故尚书令荀攸于太祖庙庭。己酉，复秦国为京兆郡。十二月，司空崔林薨。

六年春二月丁卯，南安郡地震。丙子，以骠骑将军赵俨为司空；夏六月，俨薨。八月丁卯，以太常高柔为司空。癸巳，以左光禄大夫刘放为骠骑将军，右光禄大夫孙资为卫将军。冬十一月，祫祭太祖庙，始祀前所论佐命臣二十一人。十二月辛亥，诏故司徒王朗所作《易传》，令学者得以课试。乙亥，诏曰："明日大会群臣，其令太傅乘舆上殿。"

七年春二月，幽州刺史毌丘俭讨高句骊，夏五月，讨濊貊，皆破之。韩那奚等数十国各率种落降。秋八月戊申，诏曰："属到市观见所斥卖官奴婢，年皆七十，或癃疾残病，所谓天民之穷者也。且官以其力竭而复鬻之，进退无谓，其悉遣为良民。若有不能自存者，郡县振给之。"

己酉，诏曰："吾乃当以十九日亲祠，而昨出已见治道，得雨当复更治，徒弃功夫。每念百姓力少役多，夙夜存心。道路但当期于通利，闻乃挝捶老小，务崇修饰，疲困流离，以至哀叹，吾岂安乘此而行，致馨德于宗庙邪？自今已后，明申敕之。"冬十二月，讲《礼记》通，使太常以太牢祀孔子于辟雍，以颜渊配。

八年春二月朔，日有蚀之。夏五月，分河东之汾北十县为平

正始五年春天二月，下诏命令大将军曹爽率领军队征伐蜀国。夏天四月初一，出现日食。五月初八日，曹芳讲《尚书》的寓意，命令太常用太牢礼在辟雍祭祀孔子，以颜渊配享；赏赐太傅、大将军及侍讲的人各有差别。二十一日，大将军曹爽率军返回。秋天八月，秦王曹询去世。九月，鲜卑来归附，设置辽东属国，建立昌黎县给他们居住。冬天十一月，下诏在曹操庙庭祭祀已故尚书令荀攸。二十七日，恢复秦国为京兆郡。十二月，司空崔林去世。

正始六年春天二月十七日，南安郡发生地震。二十六日，任命骠骑将军赵俨为司空；夏天六月，赵俨去世。八月十九日，任命太常高柔为司空。九月十六日，任命左光禄大夫刘放为骠骑将军，右光禄大夫孙资为卫将军。冬天十一月，在太祖庙合祭祖先神主，开始祭祀前已经评定了祭祀的二十一位辅佐大臣。十二月初五日，下诏把已经去世的司徒王朗所撰《易传》作为学习《易》学的人必须考核的内容。二十九日，下诏说："明天大会群臣，太傅司马懿可乘车上殿。"

正始七年春天二月，幽州刺史毌丘俭讨伐高句骊，夏天五月，又出征濊貊，两次出征都打败敌军。韩那奚等数十国各率其部族投降。秋八月六日，皇帝下诏说："我派人到市上看到官府所辞退而出卖的奴婢，年纪都在七十岁上下，其中就有病弱残废者，正是通常所说百姓中的穷困者。而官府却以他们年老力衰而卖掉，使他们进退无路，现在把这些人一律遣送回去为良民，对其中已失去生活能力的，由郡县负责救济他们。"

初七日，皇帝下诏书说："我应该在十九日亲自去祭祀祖先，昨天出去看见在修整道路，如果遇到下雨又要重新修筑，白白地浪费了工夫。每当想到百姓劳力少徭役多，我日夜都把这事放在心上。道路只要畅通便利就好，听说官吏为此鞭打了老少民工，一味重视修饰，百姓疲劳困苦，以致哀叹不已，我怎能安心沿着这条路乘车而走，向宗庙敬献美好的德行呢？从今以后，要公开明确我的意思。"冬十二月，讲述《礼记》，少帝派遣太常用三牲在辟雍祭祀孔子，以颜渊配享。

正始八年春天二月初一日，发生日食。夏五月，魏国朝廷分出河

阳郡。

秋七月，尚书何晏奏曰：“善为国者必先治其身，治其身者慎其所习。所习正则其身正，其身正则不令而行；所习不正则其身不正，其身不正则虽令不从。是故为人君者，所与游必择正人，所观览必察正象，放郑声而弗听，远佞人而弗近，然后邪心不生而正道可弘也。季末闇主，不知损益，斥远君子，引近小人，忠良疏远，便辟亵狎，乱生近昵，譬之社鼠；考其昏明，所积以然，故圣贤谆谆以为至虑。舜戒禹曰‘邻哉邻哉’，言慎所近也。周公戒成王曰‘其朋其朋’，言慎所与也。《书》云：‘一人有庆，兆民赖之。’可自今以后，御幸式乾殿及游豫后园，皆大臣侍从，因从容戏宴，兼省文书，询谋政事，讲论经义，为万世法。”

冬十二月，散骑常侍谏议大夫孔乂奏曰：“礼，天子之宫，有斲砻之制，无朱丹之饰，宜循礼复古。今天下已平，君臣之分明，陛下但当不懈于位，平公正之心，审赏罚以使之。可绝后园习骑乘马，出必御辇乘车，天下之福，臣子之愿也。”晏、乂咸因阙以进规谏。

九年春二月，卫将军中书令孙资，癸巳，骠骑将军中书监刘放，三月甲午，司徒卫臻，各逊位，以侯就第，位特进。四月，以司空高柔为司徒；光禄大夫徐邈为司空，固辞不受。秋九月，以车骑将军

东郡汾水以北十县为平阳郡。

秋天七月，尚书何晏上奏说："善于治理国家的人一定要先修治自身，善于修治自身的人要慎重地对待他可能习染的东西。所习染的东西是正当的，那么他自身就会公正，自身公正那么没有法令的约束也会择善而行。所习染的东西是不正当的，那么他自身就不会公正，自身不公正则明明知道法令禁止仍然要肆意妄为。所以作为君主的人，与人交往必须要选择有德行的正人君子，所观看的必须是合乎礼法的东西，抛弃奢靡的郑声不要去听，疏远奸邪的人不去亲近，这样就不会产生邪念而一心弘扬正道了。末代昏庸的帝王，不知道应该如何做，排斥和疏远君子，宠幸小人，疏远忠良，崇信阿谀奉承的人。祸乱往往从他们亲近的人中产生，这种帝王身边仗势作恶的人，就好像托身土地庙的老鼠；帝王昏庸还是圣明，都是慢慢积累起来的。所以圣贤总是谆谆教诲后人，认为这是最应该考虑的。舜告诫禹大说'邻哉邻哉'，是说要谨慎选择所接近的臣子。周公告诫成王说'其朋其朋'，是说要慎重选择交往的友人。《尚书》中说'为君王者一人做了好事，天下百姓都赖以享受好处'。恳请从今以后，陛下亲临式乾殿或到后园游乐的时候，都由大臣陪同侍奉。以便在游乐宴饮的同时，审阅文书奏章，商议朝政大事，探讨经书大义。可以把这确定为世世代代效法的准则。"

冬天十二月，散骑常侍、谏议大夫孔乂上奏说："按照礼制，天子的宫室，屋椽要加以雕饰、磨平，但是没有用朱红色涂饰的。应该遵循礼制，恢复古代的制度。现在天下已经平定，君臣的地位分明，陛下只要不松懈自己的职责，用公正之心，审慎地行使赏罚的权力来使用臣下。可以不必再在后园学习骑马，外出时一定要乘坐车辇，这是天下的福分，也是我们臣子的愿望。"何晏、孔乂都是针对曹芳的不足来进行规劝的。

正始九年春天二月，卫将军中书令孙资。三十日，骠骑将军中书监刘放；三月初一日，司徒卫臻，各自退位，以侯爵的身份回家，授以特进之位。四月，任命司空高柔为司徒；任命光禄大夫徐邈为司空，徐邈坚决推辞不接受。秋九月，任命车骑将军王凌为司空。冬十月，

王淩为司空。冬十月，大风发屋折树。

嘉平元年春正月甲午，车驾谒高平陵。太傅司马宣王奏免大将军曹爽、爽弟中领军羲、武卫将军训、散骑常侍彦官，以侯就第。戊戌，有司奏收黄门张当付廷尉，考实其辞，爽与谋不轨。又尚书丁谧、邓飏、何晏、司隶校尉毕轨、荆州刺史李胜、大司农桓范皆与爽通奸谋，夷三族。语在《爽传》。丙午，大赦。丁未，以太傅司马宣王为丞相，固让乃止。

夏四月乙丑，改年。丙子，太尉蒋济薨。冬十二月辛卯，以司空王淩为太尉。庚子，以司隶校尉孙礼为司空。

二年夏五月，以征西将军郭淮为车骑将军。冬十月，以特进孙资为骠骑将军。十一月，司空孙礼薨。十二月甲辰，东海王霖薨。乙未，征南将军王昶渡江，掩攻吴，破之。

三年春正月，荆州刺史王基、新城太守州泰攻吴，破之，降者数千口。二月，置南郡之夷陵县以居降附。三月，以尚书令司马孚为司空。四月甲申，以征南将军王昶为征南大将军。壬辰，大赦。丙午，闻太尉王淩谋废帝，立楚王彪；太傅司马宣王东征淩。五月甲寅，淩自杀。六月，彪赐死。秋七月壬戌，皇后甄氏崩。辛未，以司空司马孚为太尉。戊寅，太傅司马宣王薨，以卫将军司马景王为抚军大将军，录尚书事。乙未，葬怀甄后于太清陵。庚子，骠骑将军孙资薨。十一月，有司奏诸功臣应飨食于太祖庙者，更以官为次，太傅司马宣王功高爵尊，最在上。十二月，以光禄勋郑冲为司空。

四年春正月癸卯，以抚军大将军司马景王为大将军。二月，立皇后张氏，大赦。夏五月，鱼二，见于武库屋上。冬十一月，诏征南大将军王昶、征东将军胡遵、镇南将军毌丘俭等征吴。十二月，吴

大风掀翻屋顶，吹折树木。

嘉平元年春天正月初六日，皇帝临幸高平陵。太傅司马懿上奏罢免大将军曹爽、曹爽的弟弟中领军曹羲、武卫将军曹训、散骑常侍曹彦的官职，以侯爵身份回家。初十日，有关官员上奏逮捕黄门张当交付廷尉，查实他的口供，确认曹爽和他图谋不轨。还有尚书丁谧、邓飏、何晏、司隶校尉毕轨、荆州刺史李胜、大司农桓范都与曹爽勾结谋反，被处死，诛灭三族。这件事被记载在《曹爽传》里。十八日，实行大赦。十九日，任命太傅司马懿为丞相，司马懿坚决辞让，方才作罢。

夏天四月初八日，改年号。十九日，太尉蒋济去世。冬天十二月初九日，任司空王凌为太尉。十八日，任命司隶校尉孙礼为司空。

嘉平二年夏天五月，任命征西将军郭淮为车骑将军。冬天十月，任命特进孙资为骠骑将军。十一月，司空孙礼去世。十二月二十七日，东海王曹霖去世。十八日，征南将军王昶渡过长江，突然向吴军发起攻击，将吴军打败。

嘉平三年春天正月，荆州刺史王基、新城太守州泰攻打吴军，打败了吴军，敌军投降的有几千人。二月，设置南郡夷陵县让降附者居住。三月，任命尚书令司马孚为司空。四月初九日，任命征南将军王昶为征南大将军。十七日，发布大赦令。五月初二日，听说太尉王凌谋划废黜皇帝，另立楚王曹彪为帝；太傅司马懿东征王凌。五月初十日，王凌自杀。六月，赐曹彪死。秋七月十九日，皇后甄氏去世。二十八日，任司空司马孚为太尉。八月初五日，太傅宣王司马懿去世，任命卫将军景王司马师为抚军大将军，录尚书事。二十二日，把甄皇后安葬在太清陵。二十七日，骠骑将军孙资去世。十一月，有关部门上奏，应当在太祖庙中飨食的功臣，重新根据职位的高低排顺序，已故太傅宣王司马懿功高位尊，在最上。十二月，任光禄勋郑冲为司空。

嘉平四年春天正月初二日，任命抚军大将军司马师为大将军。二月，册立张皇后，大赦天下。夏天五月，有两条鱼在京师兵器仓库的屋顶上被发现。冬天十一月，派遣征南大将军王昶、征东将军胡遵、

大将军诸葛恪拒战，大破众军于东关。不利而还。

五年夏四月，大赦。五月，吴太傅诸葛恪围合肥新城，诏太尉司马孚拒之。秋七月，恪退还。

八月，诏曰："故中郎西平郭脩，砥节厉行，秉心不回。乃者蜀将姜维寇钞脩郡，为所执略。往岁伪大将军费祎驱率群众，阴图窥窬，道经汉寿，请会众宾，脩于广坐之中手刃击祎，勇过聂政，功逾介子，可谓杀身成仁，释生取义者矣。夫追加褒宠，所以表扬忠义；祚及后胤，所以奖劝将来。其追封脩为长乐乡侯，食邑千户，谥曰威侯；子袭爵，加拜奉车都尉赐银千鉼，绢千匹，以光宠存亡，永垂来世焉。"

自帝即位至于是岁，郡国县道多所置省，俄或还复，不可胜纪。

六年春二月己丑，镇东将军毌丘俭上言："昔诸葛恪围合肥新城，城中遣士刘整出围传消息，为贼所得，考问所传，语整曰：'诸葛公欲活汝，汝可具服。'整骂曰：'死狗，此何言也！我当必死为魏国鬼，不苟求活，逐汝去也。欲杀我者，便速杀之。'终无他辞。又遣士郑像出城传消息，或以语恪，恪遣马骑寻围迹索，得像还。四五人靮头面缚，将绕城表，敕语像，使大呼，言'大军已还洛，不如早降'。像不从其言，更大呼城中曰：'大军近在围外，壮士努力！'贼以刀築其口，使不得言，像遂大呼，令城中闻知。整、像为兵，能守义执节，子弟宜有差异。"诏曰："夫显爵所以褒元功，重赏所以宠烈士。整、像召募通使，越蹈重围，冒突白刃，轻身守信，不幸见获，抗节弥厉，扬六军之大势，安城守之惧心，临难不顾，毕志传命。昔解杨执楚，有陨无贰，齐路中大夫以死成命，方之整、像，

镇南将军毌丘俭等征讨吴国。十二月，吴国大将军诸葛恪率军迎战，在东关大败各路军队，魏军失败撤退。

嘉平五年夏天四月，大赦天下。五月，吴国太傅诸葛恪围攻合肥新城，少帝曹芳下诏令太尉司马孚迎战。秋天七月，诸葛恪撤兵。

八月，少帝曹芳下诏说："已经去世的中郎西平人郭脩，节操高尚，行为可嘉，保持忠心，坚贞不屈。以前蜀国将领姜维进犯西平郡，郭脩被蜀军俘虏。去年，蜀国大将军费祎率领兵马，阴谋侵犯我国边境。路经汉寿的时候，大宴宾客，郭脩在大庭广众之中，亲手刺死费祎。他的勇敢超过了聂政，功绩高过了傅介子。真可以说是杀身成仁、舍生取义的壮士。为他追加荣誉，是为了表扬忠诚正义的行为；赐福给他的后人，是为了鼓励后来的人仿效。现追封郭脩为长乐乡侯，享受一千户的赋税，赐谥号威侯；由他的儿子继承爵位，另外加封他为奉车都尉，赐白银一千鉼，绢帛一千匹，以此来作为死者和生者的荣耀，并使郭脩的行为永远流传后世。"

从曹芳即帝位到这一年，有很多的郡国县道被撤销或新增，不久又恢复原样，事例太多不能全记下来。

嘉平六年春天二月初一日，镇东将军毌丘俭上书说："当初诸葛恪围困合肥新城的时候，城中派遣士兵刘整突围传递消息，被敌人抓住，拷问他所传的消息，吴国人对刘整说：'诸葛将军想饶你不死，你要彻底交代。'刘整大骂道：'死狗，说的什么话！我死为魏国的鬼，绝对不会苟安偷生，按你的要求做。要杀就杀。'刘整始终没说别的话。城中又派遣士兵郑像出城传递消息，有人告诉了诸葛恪。诸葛恪派遣骑兵寻找搜索，把郑像抓住并且带回。四五个士兵用马缰绳拴住郑像的头，带着他在城外绕，并让他对城内喊话，说'救援大军已撤回洛阳，不如早早投降'。郑像不但没有听他们的话，反而对城中大喊，说：'救援大军近在城外，壮士们努力呀！'敌人用刀戳打他的嘴，使他不能说话，郑像便大喊大叫，让城中听见。刘整、郑像身为士兵，能坚守大义保持节操，他们的子弟应当受到封赏。"皇帝下诏说："显贵的爵位用来褒奖大功，重赏用来尊崇烈士。刘整、郑像

所不能加。今追赐整、像爵关中侯，各除士名，使子袭爵，如部曲将死事科。”

庚戌，中书令李丰与皇后父光禄大夫张缉等谋废易大臣，以太常夏侯玄为大将军。事觉，诸所连及者皆伏诛。辛亥，大赦。三月，废皇后张氏。夏四月，立皇后王氏，大赦。五月，封后父奉车都尉王夔为广明乡侯、光禄大夫，位特进，妻田氏为宣阳乡君。秋九月，大将军司马景王将谋废帝，以闻皇太后。甲戌，太后令曰：“皇帝芳春秋已长，不亲万机，耽淫内宠，沉漫女德，日延倡优，纵其丑谑；迎六宫家人留止内房，毁人伦之叙，乱男女之节；恭孝日亏，悖慠滋甚，不可以承天绪，奉宗庙。使兼太尉高柔奉策，用一元大武告于宗庙，遣芳归藩于齐，以避皇位。”是日迁居别宫，年二十三。使者持节送卫，营齐王宫于河内之重门，制度皆如藩国之礼。

丁丑，令曰：“东海王霖，高祖文皇帝之子。霖之诸子，与国至亲，高贵乡公髦有大成之量，其以为明皇帝嗣。”

高贵乡公讳髦，字彦士，文帝孙，东海定王霖子也。正始五年，封郯县高贵乡公。少好学，夙成。齐王废，公卿议迎立公。十月己丑，公至于玄武馆，群臣奏请舍前殿，公以先帝旧处，避止西厢；群臣又请以法驾迎，公不听。庚寅，公入于洛阳，群臣迎拜西掖门南，公下舆将答拜，傧者请曰：“仪不拜。”公曰：“吾人臣也。”遂答拜。至止车门下舆。左右曰：“旧乘舆入。”公曰：“吾被皇太后

是招募来传递消息的，跨越重围，冒敌刀剑，不惜生命，坚守信义，不幸被捕，刚正的气节越发昂扬，宣扬朝廷军队的强大威势，安定守城士兵的恐惧心理，不顾危难，完成传达消息的使命。过去解杨被楚军俘获，宁死也不说叛逆的话，齐国的路中大夫用生命来完成使命，与刘整、郑像相比，也没有超过他们。现在追赐刘整、郑像关中侯的爵位，从军籍名册上除名，让他们的儿子承袭爵位，对他们的待遇应像阵亡的部将一样。”

二十二日，中书令李丰和皇后的父亲光禄大夫张缉等人暗地里谋划废除改换执政大臣，让太常夏侯玄做大将军。事情泄露，与此事有关联的人都被处死。二十三日，实行大赦。三月，废黜皇后张氏。夏天四月，立王氏为皇后，实行大赦。五月，封皇后的父亲奉车都尉王夔为广明乡侯、光禄大夫，赐位特进，封王夔的妻子田氏为宣阳乡君。秋天九月，大将军司马师想要废掉曹芳，上告皇太后。十九日，太后下令说：“皇帝曹芳已经成年，不亲理国家大事，却沉溺姬妾之中，迷恋女色，每天让倡优歌舞，恣意戏谑，丑态百出；把后宫的家人留住在内房，败坏了人伦次序，搞乱了男女礼节；恭敬孝顺的品德逐渐减少，狂乱傲慢的行为越加厉害，不可以继承帝业，奉祀宗庙。派遣兼太尉高柔持策书，用礼牛告祭宗庙，遣送曹芳回封地齐国，以让出皇帝之位。”当天，曹芳迁到其他的宫室居住，时年二十三岁。使节持符节护送出宫，在河内郡的重门营建齐王宫，礼制与诸侯国一样。

二十二日，郭太后下令说：“东海王曹霖，是高祖文皇帝的儿子。曹霖的儿子们，与皇族关系十分密切，高贵乡公曹髦能成就帝王之业，让他作为明皇帝的继承人。”

高贵乡公名曹髦，字彦士，文帝的孙子，是东海定王曹霖的儿子。正始五年，分封爵位郯县高贵乡公。从小喜欢学习，早年就有成人的智慧。齐王曹芳被废后，公卿商议迎立高贵乡公。十月初四日，高贵乡公到达玄武馆，群臣上奏请他住在前殿。高贵乡公认为那是先帝住过的地方，就回避到西厢房；群臣又请求用皇帝的礼仪专车进城，高贵乡公不允。初五日，高贵乡公进入洛阳，群臣在西掖门跪拜迎接他。他要下车拜答，礼宾司仪说：“按照礼仪不必回拜。”高贵乡公

征，未知所为！”遂步至太极东堂，见于太后。其日即皇帝位于太极前殿，百僚陪位者欣欣焉。诏曰：“昔三祖神武圣德，应天受祚。齐王嗣位，肆行非度，颠覆厥德。皇太后深惟社稷之重，延纳宰辅之谋，用替厥位，集大命于余一人。以眇眇之身，托于王公之上，夙夜祗畏，惧不能嗣守祖宗之大训，恢中兴之弘业，战战兢兢，如临于谷。今群公卿士股肱之辅，四方征镇宣力之佐，皆积德累功，忠勤帝室；庶凭先祖先父有德之臣，左右小子，用保乂皇家，俾朕蒙闇，垂拱而治。盖闻人君之道，德厚侔天地，润泽施四海，先之以慈爱，示之以好恶，然后教化行于上，兆民听于下。朕虽不德，昧于大道，思与宇内共臻兹路。《书》不云乎：‘安民则惠，黎民怀之。’”大赦，改元。减乘舆服御、后宫用度，及罢尚方御府百工技巧靡丽无益之物。

正元元年冬十月壬辰，遣侍中持节分适四方，观风俗，劳士民，察冤枉失职者。癸巳，假大将军司马景王黄钺，入朝不趋，奏事不名，剑履上殿。戊戌，黄龙见于邺井中。甲辰，命有司论废立定策之功，封爵、增邑、进位、班赐各有差。

二年春正月乙丑，镇东将军毌丘俭、扬州刺史文钦反。戊寅，大将军司马景王征之。癸未，车骑将军郭淮薨。闰月己亥，破钦于乐嘉。钦遁走，遂奔吴。甲辰，安风津都尉斩俭，传首京都。壬子，复特赦淮南士民诸为俭、钦所诖误者。以镇南将军诸葛诞为镇东大

说："我也是臣子呀。"便下车答拜。到止车门下车要步行。左右侍从说："按照以往的制度皇帝不下车。"高贵乡公说："皇太后征召我，还不知道要干什么。"就步行到达太极殿东堂，参见太后。当天便在太极前殿登上皇帝位，参加仪式的百官们无不欣慰和喜悦。皇帝下诏说："过去太祖、高祖、烈祖建有非凡的武功和圣明的美德，应天受命。齐王即位，任意胡为无视法度，败坏道德。皇太后深知江山社稷的重要，采纳辅臣的意见，撤换了他的皇位，把重大的责任交给了我。我这微小的人，居于王公之上，日夜敬畏，害怕不能恪守祖宗的重大训诫，光大中兴的大事业，战战兢兢，像站在深渊边上一样。现在在朝廷辅佐的公卿大臣，在地方镇守的得力将领，全都积累了功德，忠于王朝；我希望先祖先父的有德之臣辅佐我，来保护安定大魏皇室，使我这个蒙昧无知的人，能够垂衣拱手治理天下。我听说做君主的，应该具有天地一般高尚、深厚的美德，使所有的人都得到恩惠；给他们慈爱，告诉他们什么是对什么是错。这样就会上使朝廷实行教化，下使百姓俯首听命。我虽然没有什么美德，不懂得治国大道，但却想和天下人一起达到这样的目标。《尚书》说：'使百姓安定就是恩惠，百姓就会怀念。'"随后实行大赦，改换年号。减少所用车辆、服饰和后宫的开销，停止尚方府工匠生产那些华丽精巧却没有用处的东西。

正元元年冬天十月初七日，派遣侍中持符节分别奔赴四方，观察各地的风俗，慰问士人百姓，审察平民遭受冤枉、官吏玩忽职守的情况。初八日，赐给大将军司马师黄钺，入朝可以不必快步走，上奏也不必称名，可以佩剑穿鞋上殿。十三日，黄龙在邺城的井中出现。十九日，命令有关官员评定参与废立之事人的功劳，并对他们分封爵位、增加食邑、提升官职、奖赐各不相同。

正元二年春天正月十二日，镇东将军毌丘俭、扬州刺史文钦造反。二十五日，大将军司马师征讨他们。三十日，车骑将军郭淮去世。闰正月十六日，司马师在乐嘉县打败文钦。文钦逃走，投奔吴国。二十一日，安风津都尉斩杀毌丘俭，把他的首级送到京都洛阳。二十九日，又特赦那些被毌丘俭、文钦欺骗的淮南士人和老百姓。任

将军。司马景王薨于许昌。二月丁巳，以卫将军司马文王为大将军，录尚书事。

甲子，吴大将孙峻等众号十万至寿春，诸葛诞拒击破之，斩吴左将军刘赞，献捷于京都。三月，立皇后卞氏，大赦。夏四月甲寅，封后父卞隆为列侯。甲戌，以征南大将军王昶为骠骑将军。秋七月，以征东大将军胡遵为卫将军，镇东大将军诸葛诞为征东大将军。

八月辛亥，蜀大将军姜维寇狄道，雍州刺史王经与战洮西，经大败，还保狄道城。辛未，以长水校尉邓艾行安西将军，与征西将军陈泰并力拒维。戊辰，复遣太尉司马孚为后继。九月庚子，讲《尚书》业终，赐执经亲授者司空郑冲、侍中郑小同等各有差。甲辰，姜维退还。冬十月，诏曰："朕以寡德，不能式遏寇虐，乃令蜀贼陆梁边陲。洮西之战，至取负败，将士死亡，计以千数，或没命战场，冤魂不反，或牵掣虏手，流离异域，吾深痛愍，为之悼心。其令所在郡典农及安抚夷二护军各部大吏慰恤其门户，无差赋役一年；其力战死事者，皆如旧科，勿有所漏。"

十一月甲午，以陇右四郡及金城连年受敌，或亡叛投贼，其亲戚留在本土者不安，皆特赦之。癸丑，诏曰："往者洮西之战，将吏士民或临陈战亡，或沉溺洮水，骸骨不收，弃于原野，吾常痛之。其告征西、安西将军，各令部人于战处及水次钩求尸丧，收敛藏埋，以慰存亡。"

甘露元年春正月辛丑，青龙见轵县井中。乙巳，沛王林薨。

命镇南将军诸葛诞为镇东大将军。司马师在许昌去世。二月初五日，任命卫将军司马昭为大将军，总领尚书政事。

十二日，吴国大将孙峻等号称率领十万人到达寿春，诸葛诞迎击并且打败了他们，斩杀了吴国左将军刘赞，将俘虏和战利品进献京都。三月，立卞氏为皇后，实行大赦。夏四月初三日，册封皇后的父亲卞隆为列侯。二十三日，任命征南大将军王昶为骠骑将军。秋七月，任命征东大将军胡遵为卫将军，镇东大将军诸葛诞为征东大将军。

八月初二日，蜀国大将军姜维攻打狄道县，雍州刺史王经与姜维在洮西战斗，王经被打败，退保狄道城。十二日，朝廷以长水校尉邓艾代理安西将军，与征西将军陈泰合力迎战姜维。十九日，朝廷又派遣太尉司马孚率军做邓艾、陈泰的后援。九月二十一日，为皇帝讲授《尚书》结束后，皇帝赏赐手持经书亲自教授的司空郑冲、侍中郑小同等各有差别。二十五日，姜维退军。冬十月，皇帝下诏说："朕因为缺少德泽，不能够遏制敌寇肆虐，才致使蜀贼在边境猖狂。洮西之战，招致失败，将士死亡，计以千数，有的死亡在战场，冤魂不返，有的被敌人俘虏，流离在异地，我深感悲痛，为死亡的将士悼念伤心。现在命令这些阵亡和被俘将士家乡所在的郡太守、典农官，以及安夷护军、抚夷护军，各自派遣重要官员慰问抚恤死亡将士的家属，免除赋役一年；对于努力作战而阵亡的，全都按照从前的规定进行抚恤，不能有所遗漏。"

十一月十六日，因为陇右四郡及金城等地连年受到侵扰，很多人叛逃到西蜀，留在本乡的家人和亲戚出现恐惧不安的情况，特下诏对这些人一律给予特赦。十二月初五日，皇帝又下诏说："前不久的洮西之战，我方将吏士民有的战死沙场，有的溺死于洮水，尸骨无人收敛，暴露在荒野之中，我常常为此事心中难过。特告征西、安西两将军，令部下到战场旧地及河道中寻找阵亡者尸骨，收敛安葬，以慰生者和死者。"

甘露元年春天正月二十四日，轵县的水井中出现了青龙。二十八日，沛王曹林去世。

夏四月庚戌，赐大将军司马文王衮冕之服，赤舄副焉。

丙辰，帝幸太学，问诸儒曰："圣人幽赞神明，仰观俯察，始作八卦，后圣重之为六十四，立爻以极数，凡斯大义，罔有不备，而夏有《连山》，殷有《归藏》，周曰《周易》，《易》之书，其故何也？"《易》博士淳于俊对曰："包羲因燧皇之图而制八卦，神农演之为六十四，黄帝、尧、舜通其变，三代随时，质文各繇其事。故《易》者，变易也，名曰《连山》，似山出内云气，连天地也；《归藏》者，万事莫不归藏于其中也。"帝又曰："若使包羲因燧皇而作《易》，孔子何以不云燧人氏没包羲氏作乎？"俊不能答。帝又问曰："孔子作彖、象，郑玄作注，虽圣贤不同，其所释经义一也。今彖、象不与经文相连，而注连之，何也？"俊对曰："郑玄合彖、象于经者，欲使学者寻省易了也。"帝曰："若郑玄合之，于学诚便，则孔子曷为不合以了学者乎？"俊对曰："孔子恐其与文王相乱，是以不合，此圣人以不合为谦。"帝曰："若圣人以不合为谦，则郑玄何独不谦邪？"俊对曰："古义弘深，圣问奥远，非臣所能详尽。"

帝又问曰："《系辞》云'黄帝、尧、舜垂衣裳而天下治'，此包羲、神农之世为无衣裳。但圣人化天下，何殊异尔邪？"俊对曰："三皇之时，人寡而禽兽众，故取其羽皮而天下用足，及至黄帝，

夏天四月初四，赐给大将军司马昭穿戴绣龙的礼服和冠冕，配上红色的礼鞋。

初十日，皇帝来到太学，问各位儒生说：“圣人深明幽深的神明之道，抬头看天象，俯察地理，开始制作八卦，后来的圣贤进而发展成六十四卦，又创立爻辞来穷尽事物的道理，凡是天地人间的事物，没有不包罗在内的，但这部书夏代称作《连山》，殷代称作《归藏》，周代又叫《周易》，《易经》这部书在各代名称不同，这是怎么回事？”《易经》博士淳于俊回答说：“包羲氏依据燧皇的图而创立八卦，神农氏将其发展为六十四卦，黄帝、尧、舜分别进行了变通，三代根据时代的变化而变更，文辞有时质朴，有时华美。之所以称作‘易’，意思就是变易，把它叫作《连山》，是形容它好像大山出纳云气，连接天地；把它叫作《归藏》，意思是说天下万事莫不归藏在其中。”皇帝又说：“如果说是包羲氏根据燧皇的图而制作了《易经》，那孔子为什么不说燧人氏死后，包羲氏作《易经》呢？”淳于俊答不出来。皇帝又问：“孔子为《易经》作了彖辞、象辞，郑玄为《易经》作了注，虽然他们的圣明贤能有高低之分，但是对《易经》经义的解释是相同的。现在孔子的彖辞、象辞不和《易经》的正文连在一起，而是与郑玄的注连为一体，这是什么原因？”淳于俊回答说：“郑玄把彖辞、象辞和自己的注合在一起，是想让学者在翻阅时比较省力。”皇帝说：“如果郑玄把彖辞、象辞和自己的注合起来，的确能使学习更为方便，那孔子为什么不把彖辞、象辞和《易经》正文合在一起呢？”淳于俊回答说：“孔子担心他的解释与文王所做的解释混淆起来，所以没有合起来，这是圣人因为谦虚而不合在一起。”皇帝说：“如果说圣人认为不将自己的解释与前人的合在一起是谦虚，郑玄为什么独独不谦虚呢？”淳于俊回答说：“古典经义宏大博深，圣上您所问的又如此深奥玄远，不是臣下我所能解释清楚的。”

皇帝又问：“《系辞》说‘黄帝、尧、舜垂衣裳而天下治’，这是因为包羲、神农的时代还没有出现衣裳。但是圣人教化天下，为什么差别这么大呢？”淳于俊回答说：“三皇的时代，世上人少而禽兽多，所以取用鸟的羽毛和兽皮就足够人们穿用了。到了黄帝时代，变得人多

人众而禽兽寡，是以作为衣裳以济时变也。”帝又问：“乾为天，而复为金，为玉，为老马，与细物并邪？”俊对曰：“圣人取象，或远或近，近取诸物，远则天地。”

讲《易》毕，复命讲《尚书》。帝问曰：“郑玄曰‘稽古同天，言尧同于天也’。王肃云‘尧顺考古道而行之’。二义不同，何者为是？”博士庾峻对曰：“先儒所执，各有乖异，臣不足以定之。然《洪范》称‘三人占，从二人之言’。贾、马及肃皆以为‘顺考古道’。以《洪范》言之，肃义为长。”帝曰：“仲尼言‘唯天为大，唯尧则之’，尧之大美，在乎则天，顺考古道，非其至也。今发篇开义以明圣德，而舍其大，更称其细，岂作者之意邪？”峻对曰：“臣奉遵师说，未喻大义，至于折中，裁之圣思。”次及四岳举鲧，帝又问曰：“夫大人者，与天地合其德，与日月合其明，思无不周，明无不照，今王肃云‘尧意不能明鲧，是以试用’。如此，圣人之明有所未尽邪？”峻对曰：“虽圣人之弘，犹有所未尽，故禹曰‘知人则哲，惟帝难之’。然卒能改授圣贤，缉熙庶绩，亦所以成圣也。”帝曰：“夫有始有卒，其唯圣人。若不能始，何以为圣？其言‘惟帝难之’，然卒能改授，盖谓知人。圣人所难，非不尽之言也。经云：‘知人则哲，能官人。’若尧疑鲧，试之九年，官人失叙，何得谓之圣哲？”峻对曰：“臣窃观经传，圣人行事不能无失，是以尧失之四凶，周公失之二叔，仲尼失之宰予。”帝曰：“尧之任鲧，九载无成，汩陈五行，民用昏垫。至于仲尼失之宰予，言行之间，轻重不同也。至于周公、管、蔡之事，亦《尚书》所载，皆博士所当通也。”峻对曰：“此皆先贤所疑，非臣寡见所能究论。”次及“有鳏在下曰虞舜”，帝问曰：“当尧之时，洪水为害，四凶在朝，宜速登贤圣济斯民之时也。舜年在既立，圣德光明，而久不进用，何也？”峻对曰：“尧咨嗟求贤，欲逊己位，岳曰‘否德忝帝位’。尧复使岳扬举仄陋，然后荐舜。荐舜之本，实

而禽兽少，所以制作衣裳来适应时代的变化。”皇帝又问：“乾代表天，但又代表金，代表玉，代表老马，这不是与细微的东西相提并论了吗？”淳于俊回答说：“圣人用意象进行比喻时，有的远，有的近。近的取法眼前的各种东西，远的则取法天地。”

讲完《周易》之后，又下令讲《尚书》。皇帝问道：“郑玄说‘稽古同天，意思是尧的功业和天一样高。’王肃说‘唐尧能够考察古代的正道并且实行之。’两种解释意思不同，哪个对呢？”博士庾峻回答：“先儒所持观点，不尽相同，为臣不能决定对错。但《洪范》说‘三个人占卜的结果，就相信其中两个相同的’。贾逵、马融以及王肃都解释为‘考察古代的正道’。按照《洪范》所说，王肃的解释应该更好些。”皇帝说：“孔子说‘只有天为最大，只有尧能效法它，尧的美德伟大，他能够效法上天，顺考古代的正道，这并不是他最伟大的美德。现在舍弃他最伟大的，却称颂他次要的，这是作者的本意吗？”庾峻回答说：“为臣是遵循师教所说，未能明了其中含义，至于正确的解释，还要依圣上的理解定夺。”讨论到四岳推举鲧的事情，皇帝又问道：“伟大的人物，应该是与天地齐德，日月同光，思考问题没有不周密的，明察秋毫几乎没有毫厘之差，如今王肃说：‘尧由于不了解鲧，所以要对他加以试用。’这样说来，圣人也有不英明的地方了？”庾峻回答：“虽说圣人英明，非常人可比，但他们也有自己的局限，所以禹说：‘善识人者即是哲人，但对帝王来说这仍是一件难事’。然而尧帝最终改正了自己用人的失误，将自己的帝位传授给了圣贤，各种事业都重新发展起来，所以他不愧为圣人。”皇帝又问：“善始善终，称之为圣人。如果连个好的开始都没有，又怎么能称之为圣贤呢？禹说‘识人一事对帝王来说确是一件难事’，然而尧帝最终做到了，也算得上是识人了。所谓圣人所难，其实并非指圣人有不完备之处。经上说：‘知人者为圣哲，能任人以贤’。若尧对鲧的才德本来就有认识，仍然试用九年之久，致使即位选择大失章法，这又怎能称得上是圣哲呢？”庾峻回答：“臣读经，发现圣人处事并不是没有一点失误。如尧帝信用四凶。周公失误于管叔、蔡叔，孔子更错误地对待宰予。”皇帝说：“尧任用鲧治水，九年没有取得成效，反而

由于尧，此盖圣人欲尽众心也。”帝曰：“尧既闻舜而不登用，又时忠臣亦不进达，乃使岳扬仄陋而后荐举，非急于用圣恤民之谓也。”峻对曰：“非臣愚见所能逮及。”

于是复命讲《礼记》。帝问曰：“‘太上立德，其次务施报’。为治何由而教化各异，皆修何政而能致于立德，施而不报乎？”博士马照对曰：“太上立德，谓三皇五帝之世以德化民，其次报施，谓三王之世以礼为治也。”帝曰：“二者致化薄厚不同，将主有优劣邪？时使之然乎？”照对曰：“诚由时有朴文，故化有薄厚也。”

五月，邺及上洛并言甘露降。夏六月丙午，改元为甘露。乙丑，青龙见元城县界井中。秋七月己卯，卫将军胡遵薨。

癸未，安西将军邓艾大破蜀大将姜维于上邽。诏曰：“兵未极武，丑虏摧破，斩首获生，动以万计，自顷战克，无如此者。今遣使者犒赐将士，大会临飨，饮宴终日，称朕意焉。”

弄乱了五行之序，同时搞得民不聊生。至于仲尼于宰予，失之于言而非失之于行，与尧用鲧的失误有着根本的区别。说到周公和管、蔡之间的复杂关系，是《尚书》中的记载，作为博士应该知道得很清楚才对！”庾峻说：“这些事情连先贤们都说不清楚，臣下孤陋寡闻，就更难以细究其中的是非曲直了。”接下来又谈到“有鳏在下曰虞舜”这句话。皇上问：“在尧那个时代，天下洪水为害，又有四凶在朝为虐，急需选拔贤明的圣主来解民于倒悬。舜当时已经到自立之时，德行昭明却长期得不到重用，这又是什么原因呢？”庾峻回答：“尧帝也曾咨询四岳以征求贤者，想禅让自己的帝位。四岳告诉他，如果挑选一个仁德不足的人就会辱没帝位祸及百姓。尧又让他们向他举荐那些贫贱无名的贤士，这才举荐了舜。所以说舜被四岳推举，主要原因还在于尧。尧这样做也是为了让天下的人都满意啊！”皇上又问：“尧既然已经听说了舜的贤名而不提拔，同时对一些忠臣也未见重用，最后还是让四岳向他举荐，这好像不是急于选用圣贤治理天下以解救受难百姓的说法？”庾峻说：“这就不是微臣愚见所能解释的问题了。”

因此皇帝又下令讲《礼记》。皇帝问道：“‘远古时代非常注重道德，后代要求施予和报答。’实施怎样的教化而使社会的道德风尚各不相同，都采取什么样的政治才能使社会注重道德，给予施予而不图回报呢？”博士马照回答：“远古时代注重道德，是说三皇五帝时代用道德教化民众；其次施报，是说以后的夏、商、周三王时代用礼仪治理社会。”皇帝说：“两个时代所造成的社会风尚薄厚不同，是因为君主有优有劣，还是因为时代的发展使风尚成为这样呢？”马照回答：“确实是因为时代发展有质朴和修饰的区别，所以道德风尚有浅薄和醇厚的不同。”

五月，邺城及上洛县都说有甘露降。夏六月初一日，改年号为甘露。二十日，有青龙出现在元城县境内的井中。秋七月初五日，卫将军胡遵去世。

初九日，安西将军邓艾在上邽大败蜀国的大将姜维，皇帝下诏说：“我们的军队还没充分发挥极大的威力，敌人就被摧毁攻破，斩杀俘获，动辄以万计，近来军事上的胜利，从来没有像这次的巨大。

八月庚午，命大将军司马文王加号大都督，奏事不名，假黄钺。癸酉，以太尉司马孚为太傅。九月，以司徒高柔为太尉。冬十月，以司空郑冲为司徒，尚书左仆射卢毓为司空。

二年春二月，青龙见温县井中。三月，司空卢毓薨。

夏四月癸卯，诏曰："玄菟郡高显县吏民反叛，长郑熙为贼所杀。民王简负担熙丧，晨夜星行，远致本州，忠节可嘉。其特拜简为忠义都尉，以旌殊行。"

甲子，以征东大将军诸葛诞为司空。

五月辛未，帝幸辟雍，会命群臣赋诗。侍中和逌、尚书陈骞等作诗稽留，有司奏免官。诏曰："吾以暗昧，爱好文雅，广延诗赋，以知得失，而乃尔纷纭，良用反仄。其原逌等。主者宜敕自今以后，群臣皆当玩习古义，修明经典，称朕意焉。"

乙亥，诸葛诞不就征，发兵反，杀扬州刺史乐綝。丙子，赦淮南将吏士民为诞所诖误者。丁丑，诏曰："诸葛诞造为凶乱，荡覆扬州。昔黥布逆叛，汉祖亲戎，隗嚣违戾，光武西伐，及烈祖明皇帝躬征吴、蜀，皆所以奋扬赫斯，震耀威武也。今宜皇太后与朕暂共临戎，速定丑虏，时宁东夏。"己卯，诏曰："诸葛诞造构逆乱，迫胁忠义，平寇将军临渭亭侯庞会、骑督偏将军路蕃，各将左右，斩门突出，忠壮勇烈，所宜嘉异。其进会爵乡侯，蕃封亭侯。"

六月乙巳，诏："吴使持节都督夏口诸军事镇军将军沙羡侯孙壹，贼之枝属，位为上将，畏天知命，深鉴祸福，翻然举众，远归大

现在派遣使者犒劳赏赐将士，举行盛大宴会，让大家宴饮一天，以符合朕的意愿。”

八月二十六日，任命大将军司马昭加授大都督封号，奏报政事的时候不称姓名，并赐给黄钺。二十九日，任命太尉司马孚为太傅。九月，任命司徒高柔为太尉。冬十月，任命司空郑冲为司徒，尚书左仆射卢毓为司空。

甘露二年春天二月，有青龙出现在温县井中。三月，司空卢毓去世。

夏天四月初三日，皇帝下诏书说：“玄菟郡高显县的官吏百姓发生叛变，县长郑熙被杀害。平民王简背着郑熙的遗体，日夜兼程，运送到本州，忠义节操值得嘉奖。现特别授王简以忠义都尉的官职，来表彰他突出的行为。”

二十四日，任命征东大将军诸葛诞为司空。

五月初一日，曹髦亲自到达辟雍，会集群臣让大家赋诗。侍中和逌、尚书陈骞等因为作诗迟缓，有关官员上奏请求免去他们的官职。皇帝下诏书说：“我愚昧不聪明，尚且爱好艺文礼乐，广引诗赋，予明得失，现在反而招致了很多非议，我深感不安。要原谅和逌等人。从今以后，群臣都应玩味研习古文精义，明白理解经典深意，以符合我的意愿。”

初五日，诸葛诞不服从朝廷征召，带兵造反，杀死了扬州刺史乐綝。初六日，朝廷赦免淮南地区被诸葛诞所胁迫的将士、官吏、士大夫和百姓。初七日，皇帝下诏说：“诸葛诞犯上作乱，使扬州动荡，凶暴一时。从前，黥布反叛，汉高祖刘邦亲自讨伐，隗嚣违抗朝廷，光武帝刘秀西征，本朝烈祖明皇帝曹叡也曾亲征吴、蜀，都是为了奋扬军威，维护朝廷的尊严。如今，皇太后与我应当亲自征讨，迅速平定反叛，使东部安定。”初九日，下诏说：“诸葛诞造反叛逆，胁迫忠义，平寇将军临渭亭侯庞会、骑督、偏将军路蕃等，各自率领部下，冲出扬州，复归朝廷，忠勇壮烈之举，应当予以嘉奖。现在，晋封庞会为乡侯，路蕃为亭侯。”

六月初六日，皇帝下诏说：“孙吴的使者持节都督夏口诸军事镇军将军沙羡侯孙壹，是孙吴宗室，并且是高级将领，畏天知命，深知

国，虽微子去殷，乐毅遁燕，无以加之。其以壹为侍中车骑将军、假节、交州牧、吴侯，开府辟召仪同三司，依古侯伯八命之礼，衮冕赤舄，事从丰厚。”

甲子，诏曰：“今车驾驻项，大将军恭行天罚，前临淮浦。昔相国大司马征讨，皆与尚书俱行，今宜如旧。”乃令散骑常侍裴秀、给事黄门侍郎钟会咸与大将军俱行。秋八月，诏曰：“昔燕刺王谋反，韩谊等谏而死，汉朝显登其子。诸葛诞创造凶乱，主簿宣隆、部曲督秦絜秉节守义，临事固争，为诞所杀，所谓无比干之亲而受其戮者。其以隆、絜子为骑都尉，加以赠赐，光示远近，以殊忠义。”

九月，大赦。冬十二月，吴大将全端、全怿等率众降。

三年春二月，大将军司马文王陷寿春城，斩诸葛诞。三月，诏曰：“古者克敌，收其尸以为京观，所以惩昏逆而章武功也。汉孝武元鼎中，改桐乡为闻喜，新乡为获嘉，以著南越之亡。大将军亲总六戎，营据丘头，内夷群凶，外殄寇虏，功济兆民，声振四海。克敌之地，宜有令名，其改丘头为武丘，明以武平乱，后世不忘，亦京观二邑之义也。”

夏五月，命大将军司马文王为相国，封晋公，食邑八郡，加之九锡，文王前后九让乃止。

六月丙子，诏曰：“昔南阳郡山贼扰攘，欲劫质故太守东里衮，功曹应余独身捍衮，遂免于难。余颠沛殒毙，杀身济君。其下司徒，署余孙伦吏，使蒙伏节之报。”

祸福，毅然率领部下，投奔我朝，即使微子离开殷商，乐毅逃离燕国，也都比不上孙壹的行为。现在，任命孙壹为侍中车骑将军、假节、交州牧、吴侯，开府辟召仪同三司，依照古代侯伯八命之礼，赐给公爵的礼服礼帽和红色鞋子，诸事都按特殊的标准办理。”

二十五日，皇帝下诏说：“现在朕和皇太后的御驾驻扎在项县，大将军亲自执行天罚，前往淮河。从前相国和大司马出兵征讨，他们都带着尚书行台一起出征，现在也应按照旧法。”便令散骑常侍裴秀、给事黄门侍郎钟会随大将军司马昭前行。秋八月，又下诏说：“过去燕刺王谋反，韩谊等人劝谏被杀害，汉朝重用他的儿子。诸葛诞制造叛乱，主簿宣隆、部曲督秦絜坚持节操恪守忠义，坚决劝阻，被诸葛诞所杀，虽说是没有像比干与商纣那样的亲戚关系却和比干似的被杀。现在任命宣隆、秦絜的儿子为骑都尉，给予馈赠赏赐，向远近之人显示光荣，以表彰他们的忠义。”

九月，发布大赦令。冬天十二月，孙吴大将全端、全怿等率领部众投降。

甘露三年春天二月，大将军司马昭攻取了寿春，杀死了诸葛诞。三月，皇帝下诏说：“古代的军队打了胜仗，都要把敌军的尸首堆积起来，封土起冢，叫作京观，目的是为了惩罚叛逆并且彰显国家的武功。西汉武帝元鼎年间改桐乡为闻喜县，新乡为获嘉县，都是为了纪念攻克南越。大将军亲自率领六军，驻扎在丘头，对内征伐叛乱的反贼，对外抵御敌国的进犯，拯救了广大百姓，名声震动天下。克敌取胜的地方应该有好的名称。现在将丘头改名为武丘，表明是用武力平定的叛乱，让后代永不忘记。这也是京观和汉朝更改两地名称的原意。”

夏天五月，任命大将军司马昭为相国，封晋公，享受八个郡的赋税，加赐九锡。司马昭前后一共辞让了九次，皇帝才收回成命。

六月十三日，皇帝下诏说：“以前南阳郡有强盗作乱，打算劫持原太守东里衮做人质。功曹应余独自挺身而出保护太守，才使东里衮幸免于难。应余在颠沛流离之中，因为掩护长官而身亡。现命令司徒处置此事，安排应余的孙子应伦为官，来回报应余坚持节义的

辛卯，大论淮南之功，封爵行赏各有差。

秋八月甲戌，以骠骑将军王昶为司空。丙寅，诏曰："夫养老兴教，三代所以树风化垂不朽也，必有三老、五更以崇至敬，乞言纳诲，著在惇史，然后六合承流，下观而化。宜妙简德行，以充其选。关内侯王祥，履仁秉义，雅志淳固。关内侯郑小同，温恭孝友，帅礼不忒。其以祥为三老，小同为五更。"车驾亲率群司，躬行古礼焉。

是岁，青龙、黄龙仍见顿丘、冠军、阳夏县界井中。

四年春正月，黄龙二，见宁陵县界井中。夏六月，司空王昶薨。秋七月，陈留王峻薨。冬十月丙寅，分新城郡，复置上庸郡。十一月癸卯，车骑将军孙壹为婢所杀。

五年春正月朔，日有蚀之。夏四月，诏有司率遵前命，复进大将军司马文王位为相国，封晋公，加九锡。

五月己丑，高贵乡公卒，年二十。皇太后令曰："吾以不德，遭家不造。昔援立东海王子髦，以为明帝嗣，见其好书疏文章，冀可成济，而情性暴戾，日月滋甚。吾数呵责，遂更忿恚，造作丑逆不道之言以诬谤吾，遂隔绝两宫。其所言道，不可忍听，非天地所覆载。吾即密有令语大将军，不可以奉宗庙，恐颠覆社稷，死无面目以见先帝。大将军以其尚幼，谓当改心为善，殷勤执据。而此儿忿戾，所行益甚，举弩遥射吾宫，祝当令中吾项，箭亲堕吾前。吾语大将军，不可不废之，前后数十。此儿具闻，自知罪重，便图为弑逆。赂遗吾左右人，令因吾服药，密行鸩毒，重相设计。事已觉露，直欲因际会举兵入西宫杀吾，出取大将军。呼侍中王沈、散骑常侍王业、尚书

行为。”

二十八日，大规模评定征讨淮南的功劳，封爵赏赐各有差别。

秋天八月十二日，任命骠骑将军王昶为司空。九月初四日，皇帝下诏说：“供养老人振兴教化，这是三代之所以能够建立良好的社会风尚并且永垂不朽的原因，我朝必须也要设立三老、五更来表示对老年人的无比敬意，向老年人请求治国的道理，接受老年人安邦的教诲，把老年人的教诲记录下来，然后天下百姓才会接受影响，受到上面的感化。应该选择有德行的老人，充当三老五更。关内侯王祥，履行仁德，坚持大义，志向淳厚坚定。关内侯郑小同，温和恭敬，孝顺友爱，尊礼不误。任命王祥为三老，郑小同为五更。”皇帝乘坐车驾亲自率领官员，施行古代的礼仪。

这一年，青龙、黄龙在顿丘县、冠军县、阳夏县的井中频繁出现。

甘露四年春天正月，两条黄龙，出现在宁陵县境内的井里。夏六月，司空王昶去世。秋七月，陈留王曹峻去世。冬十月十四日，把新城郡分开，又设置上庸郡。十一月十八日，车骑将军孙壹被婢女杀死。

甘露五年春天正月初一日，发生日食。夏四月，皇帝下诏给有关官吏按照以前的命令，再次晋升大将军司马文王为相国，封晋公，加赐九锡。

五月十三日，高贵乡公曹髦被杀，这一年他才二十岁。皇太后下令说：“我因为仁德不够，所以家中多次遭遇不幸。当初我推荐了东海王曹霖的儿子曹髦，让他来继承明帝的嗣位，见他爱好书疏文章，以为他会有所作为，没想到他性情暴戾，一天比一天厉害。我多次责备他，他由此对我心怀怨恨，散布种种卑鄙恶劣的谣言来攻击我，并且不再与我来往。至于他所攻击我的一些话，简直让人无法听下去，为天地所不容。我曾密令大将军说，曹髦不堪奉祀宗庙，恐怕会使社稷颠覆，使我无颜见先帝于九泉之下。大将军觉得他年纪尚轻，认为他会改过从善，并一再坚持自己的意见。谁知此儿越发放肆无礼，竟持弓箭遥射我的住处，祈祷一箭射中我的喉咙，那箭矢就落在我的面前。我只好告诉大将军，不可不废掉，前后说了不下数十次。此

王经，出怀中黄素诏示之，言今日便当施行。吾之危殆，过于累卵。吾老寡，岂复多惜余命邪？但伤先帝遗意不遂，社稷颠覆为痛耳。赖宗庙之灵，沈、业即驰语大将军，得先严警，而此儿便将左右出云龙门，雷战鼓，躬自拔刃，与左右杂卫共入兵陈间，为前锋所害。此儿既行悖逆不道，而又自陷大祸，重令吾悼心不可言。昔汉昌邑王以罪废为庶人，此儿亦宜以民礼葬之，当令内外咸知此儿所行。又尚书王经，凶逆无状，其收经及家属皆诣廷尉。”

庚寅，太傅孚、文王、太尉柔、司徒冲稽首言：“伏见中令，故高贵乡公悖逆不道，自陷大祸，依汉昌邑王罪废故事，以民礼葬。臣等备位，不能匡救祸乱，式遏奸逆，奉令震悚，肝心悼栗。《春秋》之义，王者无外，而书‘襄王出居于郑’，不能事母，故绝之于位也。今高贵乡公肆行不轨，几危社稷，自取倾覆，人神所绝，葬以民礼，诚当旧典。然臣等伏惟殿下仁慈过隆，虽存大义，犹垂哀矜。臣等之心实有不忍，以为可加恩以王礼葬之。”太后从之。

使使持节、行中护军、中垒将军司马炎北迎常道乡公璜嗣明帝后。辛卯，群公奏太后曰：“殿下圣德光隆，宁济六合，而犹称令，与藩国同。请自今殿下令书，皆称诏制，如先代故事。”

儿都知道这些，他自知罪重，企图杀掉我。他买通我身边的人，让他们借我服药之机，伺机投毒将我杀害，并设计了种种方案。事情败露后，他又想找机会拥兵闯入西宫杀死我，再去伤害大将军。他招来侍中王沈、散骑常侍王业、尚书王经，掏出黄素诏书出示给他们，让他们马上就去执行。我处境危险，恰如覆巢下的累卵。我本是个年老守寡的人，难道还会吝惜自己这条残命？只是伤心先帝遗志未得实现，江山社稷即将倾覆。幸赖祖宗在天之灵保佑，王沈、王业两人把曹髦的阴谋马上报告了大将军，得以提前戒备。而这小子还是带领身边的士兵冲出皇宫云龙门，亲自擂鼓举刀，指挥左右的卫士及其他随从与大将军的军队交锋，结果被前锋杀死。此儿既行大逆不道之事，又致使自己惹祸丧身，这使我越发伤心以至难以述说。过去昌邑王因有罪废为庶人，眼下此儿也应以平民的身份下葬，并让朝廷内外都知道这小子的所作所为。另有尚书王经，也是罪恶累累的逆臣，着令将他和他的家人全部逮捕交付廷尉治罪。”

初八日，太傅司马孚、大将军司马昭、太尉高柔、司徒郑冲一起叩头上奏说：“我们看到了皇太后的命令，说已去世的高贵乡公皇帝悖逆不道，自己惹祸上身，按照汉朝昌邑王由于犯罪被废的先例，用百姓的礼仪来埋葬他。我们身居大臣之位，不能匡救祸乱，遏制悖逆的行为，接到命令之后内心惶恐，非常哀痛悔恨。按照《春秋》的体例，为王的人将整个天下作为自己的家，但又写道‘襄王离开家，居住在郑’，这是因为他不能侍奉自己的母亲，所以没有沿用天子的体例来书写他。现在高贵乡公肆意妄为，几乎危害了国家社稷，自取灭亡，为人与神所不容，按照百姓的丧礼来安葬他，确实符合旧有的制度。但是臣等考虑到太后您非常仁慈，虽然心中考虑到大义，但还是为他的死感到哀痛怜悯。臣等实在于心不忍，认为可以加恩用对待藩王的丧礼来安葬他。”太后同意了他们的请求。

皇太后派遣使者持节、行中护军、中垒将军司马炎去北方迎接常道乡公曹璜做明帝的继承人。辛卯日，群臣上奏太后说：“太后您圣德广大，使得四方安宁，但下达的文书仍只叫作令，与藩国王侯相同。恳请从今以后，太后下达的文书命令全部改称为诏，像前代的旧例

癸卯，大将军固让相国、晋公、九锡之宠。太后诏曰："夫有功不隐，《周易》大义，成人之美，古贤所尚，今听所执，出表示外，以章公之谦光焉。"

戊申，大将军文王上言："高贵乡公率将从驾人兵，拔刃鸣金鼓向臣所止；惧兵刃相接，即敕将士不得有所伤害，违令以军法从事。骑督成倅弟太子舍人济，横入兵陈伤公，遂至殒命；辄收济行军法。臣闻人臣之节，有死无二，事上之义，不敢逃难。前者变故卒至，祸同发机，诚欲委身守死，唯命所裁，然惟本谋乃欲上危皇太后，倾覆宗庙。臣忝当大任，义在安国，惧虽身死，罪责弥重。欲遵伊、周之权，以安社稷之难。即骆驿申敕，不得迫近辇舆，而济遽入陈间，以致大变。哀怛痛恨，五内摧裂，不知何地可以陨坠？科律大逆无道，父母妻子同产皆斩。济凶戾悖逆，干国乱纪，罪不容诛。辄敕侍御史收济家属，付廷尉，结正其罪。"太后诏曰："夫五刑之罪，莫大于不孝。夫人有子不孝，尚告治之，此儿岂复成人主邪？吾妇人不达大义，以谓济不得便为大逆也。然大将军志意恳切，发言恻怆，故听如所奏。当班下远近，使知本末也。"

六月癸丑，诏曰："古者人君之为名字，难犯而易讳。今常道乡公讳字甚难避，其朝臣博议改易，列奏。"

陈留王讳奂，字景明，武帝孙，燕王宇子也。甘露三年，封安次县常道乡公。高贵乡公卒，公卿议迎立公。六月甲寅，入于洛阳，

一样。”

二十一日，大将军司马昭极力推辞赐给他的相国职位、晋公封号和授予九锡的恩宠。皇太后下诏说：“有了功劳不隐瞒，是《周易》的根本原则，成人之美，也是古代圣贤们所推崇的，现接受大将军的意见，将他的奏章明示天下，来彰显他的谦虚美德。”

二十六日，大将军司马昭上书说：“高贵乡公带领随从和兵士，带着刀击鼓冲向我的住所；我怕交锋伤人，即命令将士不得伤害他们，违反命令者以军法从事。骑督成倅的弟弟太子舍人成济，冲入兵阵当中伤害高贵乡公，以至于他丧命；我擅自决定逮捕成济实行军法。臣听说为臣的气节，面临危险的时候只有死，没有其他选择，侍奉君主的大义，我不敢逃避。此前这场变故发生突然，就像引发弓弩的机关一样，我确实应当献身死节，听从命运的裁决，然而，想到曹髦的本意是要对皇太后造成危害，颠覆宗庙社稷。臣当大任，使国家安定才是大义所在，虽然死亡可怕，但是失职的罪责更重。所以我想遵照伊尹、周公权宜之计的办法，来平定面临的危难。当即不断地发出指令，任何人不准伤害高贵乡公。可是成济却突然冲入阵中，才致使发生重大变故。悲痛恐惧后悔，使我五脏俱裂，不知道在什么地方可以撞死？大逆不道的按照律法，父母妻子儿女同胞兄弟姐妹都要斩首。成济凶残暴逆，触犯国法破坏法纪，罪不容诛。所以我擅自下令侍御史逮捕成济的家属，交付廷尉，结案判决他们的罪行。”皇太后下诏说：“五刑所惩处的罪行之中，没有比不孝更大的。百姓有不孝顺的儿子，可以告发官府惩治他，而曹髦又如何算是君主呢？我是妇道人家不懂得大道理，认为成济不能算作大逆不道。然而大将军的态度非常恳切，言辞悲怆，所以我依从了上奏。应当把他的奏章发给远近之人，使他们知道事情的全貌。”

六月初一日，皇太后发布诏书说：“古代君主起名字，都是取那些难以冒犯且容易避讳的字。而今常道乡公的名字很难避讳，请朝臣们讨论更改，上奏。”

陈留王名奂，字景明，是武帝曹操的孙儿，燕王曹宇的儿子。甘露三年，封为安次县常道乡公。高贵乡公曹髦去世，公卿商议迎立他

见皇太后，是日即皇帝位于太极前殿，大赦，改年，赐民爵及谷帛各有差。

景元元年夏六月丙辰，进大将军司马文王位为相国，封晋公，增封二郡，并前满十，加九锡之礼，一如前诏；诸群从子弟，其未有侯者皆封亭侯，赐钱千万，帛万匹，文王固让乃止。己未，故汉献帝夫人节薨。帝临于华林园，使使持节追谥夫人为献穆皇后。及葬，车服制度皆如汉氏故事。癸亥，以尚书右仆射王观为司空，冬十月，观薨。

十一月，燕王上表贺冬至，称臣。诏曰："古之王者，或有所不臣，王将宜依此义。表不称臣乎！又当为报。夫后大宗者，降其私亲，况所继者重邪！若便同之臣妾，亦情所未安。其皆依礼典处当，务尽其宜。"有司奏，以为"礼莫崇于尊祖，制莫大于正典。陛下稽德期运，抚临万国，绍大宗之重，隆三祖之基。伏惟燕王体尊戚属，正位藩服，躬秉虔肃，率蹈恭德以先万国；其于正典，阐济大顺，所不得制。圣朝诚宜崇以非常之制，奉以不臣之礼。臣等平议以为燕王章表，可听如旧式。中诏所施，或存好问，准之义类，则'燕觌之敬'也。可少顺圣敬，加崇仪称，示不敢斥，宜曰'皇帝敬问大王侍御'。至于制书，国之正典，朝廷所以辨章公制，宣昭轨仪于天下者也。宜循法，故曰'制诏燕王'。凡诏命、制书、奏事、上书诸称燕王者，可皆上平。其非宗庙助祭之事，皆不得称王名。奏事、上书、文书及吏民皆不得触王讳，以彰殊礼，加于群后。上遵王典尊祖之制，俯顺圣敬烝烝之心，二者不愆，礼实宜之，可普告施行"。

为皇帝。六月初二日，曹奂到达洛阳，拜见皇太后，当天在太极殿前厅即皇帝位，大赦天下，改年号为景元，赏赐百姓的爵位和粮食、布帛各有差别。

景元元年夏天六月初四日，追加升迁大将军司马昭做了相国，封晋公，增加两郡的封地，加上以前的共为十郡，奖给九锡的特殊礼器，与之前的诏书完全一样；他的亲族和他们的儿子们，凡是没有封侯的都封为亭侯。另外，又赏赐钱一千万，布帛一万匹。司马昭坚决辞让，事情又被搁置下来。初七日，已经死去的汉献帝的夫人曹节去世，皇帝在华林园悼念死者，派使者持节杖追谥曹节为献穆皇后，下葬时的车辆服饰制度都按汉朝的旧制办理。十一日，以尚书右仆射王观为司空，冬天十月，王观去世。

十一月，燕王曹宇上书皇帝祝贺冬至，并且宣布臣服。皇帝下诏说："古代的诸侯王，有的不被作为臣子看待，燕王也应该照这种情况办。上表不用称臣了。我要回复，文书中就不好称呼了。继承大统的人，要把亲生父母放到次一等的位置，更何况我呢！但是，如果就这样把生父视同臣僚，又使我心中有所不安。要按照礼典商定办法，使之处理得最为适宜妥当。"有关官员上奏说"礼仪当中没有比尊崇祖先更高的，制度中没有比正式典章更大的。陛下具备君主的德行应运而登帝位，统治万国，继承大统，振兴三祖的基业。我们觉得燕王论亲缘关系是皇帝的尊长，论地位是正式藩王，自持虔敬严肃的态度，遵守履行恭顺的礼仪，为万国做出榜样；对于正式的典章来说，能够开创完成符合礼仪的顺序，这是不能制止他的原因。但是另一方面确实应当有特别的尊敬燕王的办法，不用对臣僚的礼仪对待他。臣等斟酌商议认为燕王所上奏章，可以允许按照旧制上表称臣。皇帝下达诏书，有时表示良好问候的时候，用同类的事例来比较，像《礼记》所说的是'亲属宴会上相敬之礼'了，可以稍微表示皇帝的敬意，在称呼上有所提高，以此表示不敢直呼其名，可以说'皇帝敬问大王侍御'。皇帝下达的诏书，那是国家正式的典章，是朝廷用来辨明制度的，是向天下昭示法则的，当遵照正法，所以要用'制诏燕王'之句。凡是诏命、制书、奏事、上书中提到燕王的地方，应提

十二月甲申，黄龙见华阴县井中。甲午，以司隶校尉王祥为司空。

二年夏五月朔，日有食之。秋七月，乐浪外夷韩、濊貊各率其属来朝贡。八月戊寅，赵王幹薨。甲寅，复命大将军晋爵晋公，加位相国，备礼崇锡，一如前诏；又固辞乃止。

三年春二月，青龙见于轵县井中。夏四月，辽东郡言肃慎国遣使重译入贡。献其国弓三十张，长三尺五寸，楛矢长一尺八寸，石砮三百枚，皮骨铁杂铠二十领，貂皮四百枚。冬十月，蜀大将姜维寇洮阳，镇西将军邓艾拒之。破维于侯和，维遁走。是岁，诏祀故军祭酒郭嘉于太祖庙庭。

四年春二月，复命大将军进位爵赐一如前诏，又固辞乃止。

夏五月，诏曰："蜀，蕞尔小国，土狭民寡，而姜维虐用其众，曾无废志；往岁破败之后，犹复耕种沓中，刻剥众羌，劳役无已，民不堪命。夫兼弱攻昧，武之善经，致人而不致于人，兵家之上略。蜀所恃赖，唯维而已，因其远离巢窟，用力为易。今使征西将军邓艾督帅诸军，趣甘松、沓中以罗取维，雍州刺史诸葛绪督诸军趣武都、高楼，首尾蹴讨。若擒维，便当东西并进，扫灭巴蜀也。"又命镇西将军钟会由骆谷伐蜀。

到下行的顶端。不是宗庙助祭之类的事情，都不能称燕王的名字；奏事、上书、文书以及官民都不能触犯燕王的名讳，以表明特殊的礼节，突出燕王崇高的地位。这样，既遵循王朝典章规定的尊崇祖先制度，又顺应了皇上深厚的孝心，二者不矛盾，在礼仪上确实妥当，可以普告实行。”

十二月十三日，黄龙出现在华阴县的井里。二十三日，升任司隶校尉王祥为司空。

景元二年夏天五月初一日，天空出现日食。秋七月，乐浪郡外族的韩、濊貊各自带领他们的从属前来朝贡。八月初三日，赵王曹幹去世。九月初九日，又下令晋升大将军为晋公，加封相国之位，准备了崇高的九锡之礼，一切都像以前下达的命令一样；司马昭又坚决辞让才没有实行。

景元三年春天二月，青龙出现在轵县的井中。夏四月，辽东郡报告说，肃慎国派遣译使前来进贡。进献当地所产的良弓三十张，每张长达三尺五寸，楛木制成的利箭若干，箭长一尺八寸，石制的弩机三百件，皮、骨、铁制成的铠甲二十领，貂皮四百张。冬十月，蜀军大将姜维进犯洮阳，征西将军邓艾前往迎战，在侯和击破蜀军，姜维率军逃走。同年，皇帝下诏在太祖的神庙中配祭已故的军祭酒郭嘉。

景元四年春天二月，又像以前的诏书一样下令大将军司马昭晋升官位爵位以及赏赐，又因为大将军坚决推辞而没落实。

夏天五月，皇帝下诏说：“蜀汉，这个小小的国家，土地狭小，人口稀少，而姜维却暴虐地驱使百姓，从来没有停止的意思；往年被打败以后，还在沓中耕种屯田，盘剥压榨羌人，使羌人劳役无休止，百姓已经不能活命。兼并势力弱小者，进攻政治昏庸者，这是兵书上所赞赏的原则，调动敌人而不被敌人调动，这是用兵的上等策略。蜀汉所依赖的人，只有姜维而已，趁着姜维远离大本营，就能轻易打败蜀国。现在派征西将军邓艾督率各军，急速赶往甘松、沓中活捉姜维，派雍州刺史诸葛绪督统各军急速奔武都、高楼，与邓艾首尾夹击。如果捉住姜维，就可以东西一齐推进，扫灭巴蜀。”又命令镇西将军钟会从骆谷道征伐蜀国。

秋九月，太尉高柔薨。冬十月甲寅，复命大将军进位爵赐一如前诏。癸卯，立皇后卞氏，十一月，大赦。

自邓艾、钟会率众伐蜀，所至辄克。是月，蜀主刘禅诣艾降，巴蜀皆平。十二月庚戌，以司徒郑冲为太保。壬子，分益州为梁州。癸丑，特赦益州士民，复除租赋之半五年。

乙卯，以征西将军邓艾为太尉，镇西将军钟会为司徒。皇太后崩。

咸熙元年春正月壬戌，槛车征邓艾。甲子，行幸长安。壬申，使使者以璧币祀华山。是月，钟会反于蜀，为众所讨；邓艾亦见杀。二月辛卯，特赦诸在益土者。庚申，葬明元郭后。三月丁丑，以司空王祥为太尉，征北将军何曾为司徒，尚书左仆射荀顗为司空。己卯，进晋公爵为王，封十郡，并前二十。丁亥，封刘禅为安乐公。夏五月庚申，相国晋王奏复五等爵。甲戌，改年。癸未，追命舞阳宣文侯为晋宣王，舞阳忠武侯为晋景王。六月，镇西将军卫瓘上雍州兵于成都县获璧玉印各一，印文似“成信”字。依周成王归禾之义，宣示百官，藏于相国府。

初，自平蜀之后，吴寇屯逼永安，遣荆、豫诸军掎角赴救。七月，贼皆遁退。八月庚寅，命中抚军司马炎副贰相国事，以同鲁公拜后之义。

癸巳，诏曰：“前逆臣钟会构造反乱，聚集征行将士，劫以兵威。始吐奸谋，发言桀逆，逼胁众人，皆使下议，仓卒之际，莫不惊慑。相国左司马夏侯和、骑士曹属朱抚时使在成都，中领军司马贾辅、郎中羊琇各参会军事；和、琇、抚皆抗节不挠，拒会凶言，临危

秋天九月，太尉高柔去世。冬天十月二十二日，又像之前的诏书一样下令大将军晋升官爵和赏赐。十一日，立卞氏为皇后，十一月，大赦天下。

自从邓艾、钟会率领兵众伐蜀以来，所到的地方全被攻克。这一月，蜀国君主刘禅到邓艾之处投降，巴蜀被平定。十二月十九日，任命司徒郑冲为太保。二十一日，分出益州一部分地方设立梁州。二十二日，对益州士民实行特赦，五年之内免除他们的一半租赋。

二十四日，任命征西将军邓艾为太尉，镇西将军钟会为司徒。皇太后去世。

咸熙元年春天正月初一日，下诏发布命令用囚车押送邓艾回京城。初三日，皇帝到长安巡视。十一日，派遣使者持玉璧绢帛祭祀华山山神。这月钟会在蜀地反叛，被其他将领讨灭；邓艾也被杀死。二月初一，朝廷特赦益州境内的人。三十日，礼葬明元郭皇后。三月十七日，任命司空王祥为太尉，征北将军何曾为司徒，尚书左仆射荀顗为司空。十九日，皇帝加封大将军、晋公司马昭为晋王，增加食邑十郡，连同之前所有共二十郡。二十七日，封前蜀主刘禅为安乐公。夏天五月初一，相国、晋王司马昭奏请恢复五等爵位制度。十五日，改年号景元为咸熙。二十四日，皇帝追封舞阳宣文侯司马懿为晋宣王，舞阳忠武侯司马师为晋景王。六月，镇西将军卫瓘的部下在成都县得到玉璧玉印各一块，印文好像是“成信”二字。依照古代周成王馈赠嘉禾与周公的事例，将此二玉宣示朝廷百官，然后收藏在相国府。

起初在平定蜀国之后，吴国军队进逼永安，皇帝派遣荆州、豫州的各路军队赶往救援，形成掎角之势互相策应。七月，吴军全部撤退。八月初三日，任命中抚军司马炎协助相国处理政事，效仿以前封伯禽为鲁公之后的原则。

初六日，皇帝下诏说：“之前叛逆的臣子钟会在蜀地图谋不轨，聚集征伐蜀国的将士，先用武力进行威胁，然后才告知大家他的阴谋，言语凶狠忤逆，逼迫众人表达意见。在突发事变面前，众人无不惊慌失措。当时相国左司马夏侯和、骑士曹属朱抚正出使成都，中领

不顾，词指正烈。辅语散将王起，说‘会奸逆凶暴，欲尽杀将士’，又云‘相国已率三十万众西行讨会’，欲以称张形势，感激众心。起出，以辅言宣语诸军，遂使将士益怀奋励。宜加显宠，以彰忠义。其进和、辅爵为乡侯，琇、抚爵关内侯。起宣传辅言，告令将士，所宜赏异。其以起为部曲将。”

癸卯，以卫将军司马望为骠骑将军。九月戊午，以中抚军司马炎为抚军大将军。

辛未，诏曰：“吴贼政刑暴虐，赋敛无极。孙休遣使邓句，敕交阯太守锁送其民，发以为兵。吴将吕兴因民心愤怒，又承王师平定巴蜀，即纠合豪杰，诛除句等。驱逐太守长吏，抚和吏民，以待国命。九真、日南郡闻兴去逆即顺，亦齐心响应，与兴协同。兴移书日南州郡，开示大计，兵临合浦，告以祸福；遣都尉唐谱等诣进乘县，因南中都督护军霍弋上表自陈。又交阯将吏各上表，言‘兴创造事业，大小承命。郡有山寇，入连诸郡，惧其计异，各有携贰。权时之宜，以兴为督交阯诸军事、上大将军、定安县侯，乞赐褒奖，以慰边荒’。乃心款诚，形于辞旨。昔仪父朝鲁，《春秋》所美；窦融归汉，待以殊礼。今国威远震，抚怀六合，方包举殊裔，混一四表。兴首向王化，举众稽服，万里驰义，请吏帅职，宜加宠遇，崇其爵位。既使兴等怀忠感悦，远人闻之，必皆竞劝。其以兴为使持节、都督交州诸军事、南中大将军，封定安县侯，得以便宜从事，先行后上。”策命未至，兴为下人所杀。

军司马贾辅、郎中羊琇受命参谋钟会的军事活动。夏侯和、羊琇、朱抚都坚守节义而不屈服，拒绝了钟会的恶言威胁，临危不惧，言辞激烈。贾辅告诉散将王起，说‘钟会奸险凶暴，准备将不听指挥的将士全部杀死’，又说‘相国已经率领三十万大军前来讨伐钟会’，想向将士表明形势，来激励他们反抗。王起出去将贾辅的话告诉了各路军队，使得将士更加振奋。应该给予他们恩宠，来表彰忠义的行为。现在封夏侯和、贾辅为乡侯，羊琇、朱抚为关内侯。王起将贾辅的话传递给将士，也应给予奖励。任命王起为部曲将。”

十六日，让卫将军司马望做了骠骑将军。九月初一，任命中抚军司马炎为抚军大将军。

十四日，皇帝下诏说：“吴贼政治刑法残暴，无休止地聚敛财富。孙休遣使臣邓句，到交州命令太守用锁链绑缚百姓，充当士兵。吴将吕兴利用民心愤怒的机会，借助我军平定巴蜀的声威，联合豪杰，诛杀了邓句等一些人。赶走了太守县令，安抚官员百姓，等待我朝的命令。九真、日南等郡听说吕兴背离孙吴归顺我朝，也同声响应，与吕兴联合。吕兴发文给日南的州郡，向他们指明长远的前途所在，又出兵到合浦，告诉他们利害祸福；派遣都尉唐谱等人到进乘县，通过南中都督护军霍弋上书朝廷表示忠心。交阯郡的官兵纷纷上表，说‘吕兴起大事，上下官员皆听命于他。交阯郡山贼，与各郡勾结，害怕有不测发生，使大家产生异心。考虑到当时的情况，任命吕兴为都督交阯诸军事、上大将军、安定县侯，祈求朝廷给他褒奖，以安定边远地区的人心’。他们诚恳的心情，在言辞中充分表现出来。过去邾仪父朝见鲁国君主，被《春秋》所称美；窦融归降汉光武帝，被给予优厚的待遇。如今我朝威名远震，安抚天下，正应包容边远地区，以统一四方。吕兴首先归顺朝廷教化，带领部众叩降，不远万里前来归附。请求作为国家官吏并且尽其职责，应当给予特殊优待，提高他的爵位。使吕兴等人怀有忠心感到高兴，使边远的人听说后，必定勉励争先。现在任吕兴为使持节、都督交州诸军事、南中大将军，封定安县侯，可以根据情况自行决定处理事务，先实行后上报。”策命还没到，吕兴就被手下的人杀害。

冬十月丁亥，诏曰："昔圣帝明王，静乱济世，保大定功，文武殊涂，勋烈同归。是故或舞干戚以训不庭，或陈师旅以威暴慢。至于爱民全国，康惠庶类，必先修文教，示之轨仪，不得已然后用兵，此盛德之所同也。往者季汉分崩，九土颠覆，刘备、孙权乘间作祸。三祖绥宁中夏，日不暇给，遂使遗寇僭逆历世。幸赖宗庙威灵，宰辅忠武，爰发四方，拓定庸、蜀，役不浃时，一征而克。自顷江表衰弊，政刑荒暗，巴、汉平定，孤危无援，交、荆、扬、越，靡然向风。今交阯伪将吕兴已帅三郡，万里归命；武陵邑侯相严等纠合五县，请为臣妾；豫章庐陵山民举众叛吴，以助北将军为号。又孙休病死，主帅改易，国内乖违，人各有心。伪将施绩，贼之名臣，怀疑自猜，深见忌恶。众叛亲离，莫有固志，自古及今，未有亡征若此之甚。若六军震曜，南临江、汉，吴会之域必扶老携幼以迎王师，必然之理也。然兴动大众，犹有劳费，宜告喻威德，开示仁信，使知顺附和同之利。相国参军事徐绍、水曹掾孙彧，昔在寿春，并见虏获。绍本伪南陵督，才质开壮；彧，孙权支属，忠良见事。其遣绍南还，以彧为副，宣扬国命，告喻吴人，诸所示语，皆以事实，若其觉悟，不损征伐之计，盖庙胜长算，自古之道也。其以绍兼散骑常侍，加奉车都尉，封都亭侯；彧兼给事黄门侍郎，赐爵关内侯。绍等所赐妾及男女家人在此者，悉听自随，以明国恩，不必使还，以开广大信。"

丙午，命抚军大将军新昌乡侯炎为晋世子。是岁，罢屯田官以均政役，诸典农皆为太守，都尉皆为令长；劝募蜀人能内移者，给禀

冬天十月初一日，皇帝下诏说：“过去的圣明帝王，平定战乱，拯救天下苍生，保有天下，建立功绩，虽然有文武不同途径，但所建立的业绩都是相同的。所以有的舞动盾牌和长斧来警告那些不服从统治的人，有的展示军队威猛来威慑粗暴怠惰的人。爱护百姓保全国家，给百姓以安宁，一定要先进行文化教育，告诉他们法规制度，不得已才用兵，这是盛德君主们的共同做法。过去汉朝末期分崩离析，九州颠覆，刘备、孙权乘机兴起祸乱。太祖、高祖、烈祖为了安定中原，忙得无一刻闲暇，所以使得吴蜀代代僭越称帝。幸好有祖宗之威灵，大臣的忠诚和才干，征集四方精兵，平定庸、蜀，不足三月而胜。近来孙吴衰败昏暗，刑罚荒废，蜀汉灭后，孤立无援，交、荆、扬、越等地，望风披靡。如今交阯郡吴将吕兴已带领三个郡，不远万里前来投降；武陵邑侯相严等人合五县，请求做我朝的臣民；豫章、庐陵二个郡的山民也起来背叛东吴，首领自号为助北将军。还有孙休病死，主帅变更，国内分离，各怀心事。施绩是孙吴的名臣，也受到怀疑和忌恨。国内众叛亲离，人人都失去了坚定的意志，从古到今，没有像这样严重的亡国征兆。如果我大军扬威，南下长江、汉水，孙吴境内的民众一定会扶老携幼迎接我们，然而兴师以远，就要有劳力和费用，应当向他们宣示我朝之威德，明仁爱之信义，使其知道归顺降服的好处。相国参军事徐绍、水曹掾孙彧，过去在寿春，都是被我们俘获的孙吴官员。徐绍本来担任南陵督，才能卓越，气宇不凡；孙彧，是孙权的宗族成员，忠良之人能看清事理。现在派遣徐绍回到孙吴，以孙彧为他的副手，宣布国家的命令，告谕吴人，所说的话，都有事实根据，如果他们察觉到我们的意图，也不会危害我们的征讨计划，因为事先在朝廷制定好克敌制胜的谋略，是自古以来的用兵之道。现在任命徐绍兼散骑常侍，加授奉车都尉，封都亭侯；孙彧兼给事黄门侍郎，赐爵关内侯。赐给徐绍的小妾及其在这里的家人，全都可以随他走，以表明国家的恩典，也不用再回来，以显示朝廷的大信。”

二十日，皇帝下诏命令抚军大将军新昌乡侯司马炎做了晋王世子。这一年，朝廷撤销各地的屯田设置，免去田官改任相应的职务，原任典农

二年，复除二十岁。安弥、福禄县各言嘉禾生。

二年春二月甲辰，朐腮县获灵龟以献，归之于相国府。庚戌，以虎贲张脩昔于成都驰马至诸营言钟会反逆，以至没身，赐脩弟倚爵关内侯。夏四月，南深泽县言甘露降。吴遣使纪陟、弘璆请和。

五月，诏曰："相国晋王诞敷神虑，光被四海；震耀武功，则威盖殊荒；流风迈化，则旁洽无外。愍恤江表，务存济育，戢武崇仁，示以威德。文告所加，承风向慕，遣使纳献，以明委顺，方宝纤珍，欢以效意。而王谦让之至，一皆簿送，非所以慰副初附，从其款愿也。孙晧诸所献致，其皆还送，归之于王，以协古义。"王固辞乃止。又命晋王冕十有二旒，建天子旌旗，出警入跸，乘金根车、六马，备五时副车，置旄头云罕，乐舞八佾，设钟虡宫县。进王妃为王后，世子为太子，王子、王女、王孙，爵命之号如旧仪。癸未，大赦。秋八月辛卯，相国晋王薨。壬辰，晋太子炎绍封袭位，总摄百揆，备物典册，一皆如前。是月，襄武县言有大人见，长三丈余，迹长三尺二寸，白发，著黄单衣，黄巾，拄杖，呼民王始语云："今当太平。"九月乙未，大赦。戊午，司徒何曾为晋丞相。癸亥，以骠骑将军司马望为司徒，征东大将军石苞为骠骑将军，征南大将军陈骞为车骑将军。乙亥，葬晋文王。闰月庚辰，康居、大宛献名马，归于相国府，以显怀万国致远之勋。

十二月壬戌，天禄永终，历数在晋。诏群公卿士具仪设坛于南

都改任太守，诸典农都尉皆为县令、县长；又在蜀地劝募民众移民，迁往内地，由官府供给两年的生活用粮，并在二十年内不征赋税。安弥、福禄等县都上报有嘉禾生长于田中。

咸熙二年春二月十九日，朐䏰县以灵龟进献朝廷，然后收归于相国府。二十五日，天子追念虎贲张脩昔日在成都驰马至诸军营报告钟会谋反的消息，以至为此献身的事，特赐张脩的弟弟张倚为关内侯。夏四月，南深泽县上报天降甘露。东吴遣特使纪陟、弘璆来请和。

五月，皇帝下发诏书说：“相国晋王充分发挥超人的智慧，光辉照耀四海；显示武功，则威震边远地区；传播良好的社会风尚和教化，则普遍润泽没有例外。怜悯抚恤东吴百姓，一心要拯救养育东吴百姓，不用武力崇尚仁德，向东吴百姓显示威信和美德。晋王文告所发布的地方，人们都望风倾慕，孙吴派遣使臣贡献，来表明自己的归顺之心，地方的宝物和精细的丝织品，都欢欢喜喜地送来表示心意。而晋王却非常谦让，把这些全都登记造册然后送到宫中，然而这不是用来抚慰刚刚降附的人心的做法。现在把孙晧所贡献的东西，全都送回，归还给晋王，以符合古代的事例。”晋王坚决推辞，皇帝才没有那样做。又诏命晋王的冠冕可以有十二串玉珠，使用天子旌旗，出入警戒清道，乘坐金根车、六匹马驾驶，配备五时副车，设置旄头云罕仪仗，使用八佾乐舞，演奏的时候在四面都悬挂编钟。晋升王妃为王后，世子为太子，王子、王女、王孙等爵号的称呼都按过去的礼仪。三十日，宣布大赦。秋八月初九日，相国晋王去世。初十日，晋王太子司马炎承袭封爵继位，总领百官，各种物品和有关文件，全都依照以前的规格。这个月，襄武县报告说有巨人出现，三丈多高，脚印长三尺二寸，白发，穿黄单衣，戴黄头巾，拄手杖，叫着百姓王始的名字说：“现在天下要太平了。”九月初四日，发布大赦令。初七日，任命司徒何曾为晋国的丞相。十二日，任命骠骑将军司马望为司徒，征东大将军石苞为骠骑将军，征南大将军陈骞为车骑将军。二十四日，埋葬晋文王司马昭。闰十一月，康居、大宛等国贡献名马，放养在相府之中，以彰显晋王安抚万国使远人来朝的功勋。

十二月十三日，上天赐给曹魏的禄位永远没有了，帝王相继的顺序

郊，使使者奉皇帝玺绶册，禅位于晋嗣王，如汉魏故事。甲子，使使者奉策。遂改次于金墉城，而终馆于邺，时年二十。

评曰：古者以天下为公，唯贤是与。后代世位，立子以適；若適嗣不继，则宜取旁亲明德。若汉之文、宣者，斯不易之常准也。明帝既不能然，情系私爱，抚养婴孩，传以大器，托付不专，必参枝族。终于曹爽诛夷，齐王替位。高贵公才慧夙成，好问尚辞，盖亦文帝之风流也；然轻躁忿肆，自蹈大祸。陈留王恭己南面，宰辅统政，仰遵前式，揖让而禅，遂飨封大国，作宾于晋，比之山阳，班宠有加焉。

轮到了晋王。皇帝下诏让群公百官准备仪式并在南郊开设祭坛，派使者给晋王送去皇帝的御玺绶带和诏书，让位给晋王来继承，就像过去汉帝让位给曹魏的旧事一样。十五日，曹奂派使者送上策书，随后就改住在金墉城，后来终身住在邺城，退位时年二十岁。

评论说：古代的君主以天下为公，将皇位让给贤能的人来继承。后代世系，由嫡长子继承王位；如果没有嫡子来继承，就在旁系亲属中选择有德行的人。汉代的文帝、宣帝都是如此，这是不能改变的传位原则。明帝不能做到，而是以私爱为重，抱养婴儿来传与皇位，托付辅攻大臣又不专一，一定要加上宗室旁支。终于使曹爽被诛杀，齐王曹芳被废。高贵乡公聪明好学，大器早成，勤学好问，崇尚文辞，大体上有文帝曹丕的风度；然而他处事不够沉着，肆意行动，终于自酿大祸。陈留王曹奂不问政事，朝政交给宰辅处理，又仿效汉献帝禅位给曹丕的先例，禅位给晋，他因此被封为大国之王，成为晋的宾客，比起仅被封为山阳公的汉献帝来，所得到的宠信与赏赐要多得多。

卷五　魏书五

后妃传第五

《易》称“男正位乎外，女正位乎内；男女正，天地之大义也”。古先哲王，莫不明后妃之制，顺天地之德，故二妃嫔妫，虞道克隆；任、姒配姬，周室用熙，废兴存亡，恒此之由。《春秋说》云天子十二女，诸侯九女，考之情理，不易之典也。而末世奢纵，肆其侈欲，至使男女怨旷，感动和气，惟色是崇，不本淑懿，故风教陵迟而大纲毁泯，岂不惜哉！呜呼，有国有家者，其可以永鉴矣！

汉制，帝祖母曰太皇太后，帝母曰皇太后，帝妃曰皇后，其余内官十有四等。魏因汉法，母后之号，皆如旧制，自夫人以下，世有增损。太祖建国，始命王后，其下五等：有夫人，有昭仪，有倢伃，有容华，有美人。文帝增贵嫔、淑媛、修容、顺成、良人。明帝增淑妃、昭华、修仪；除顺成官。太和中始复命夫人，登其位于淑妃之上。自夫人以下爵凡十二等：贵嫔、夫人，位次皇后，爵无所视；淑妃位视相国，爵比诸侯王；淑媛位视御史大夫，爵比县公；昭仪比县侯；昭华比乡侯；修容比亭侯；修仪比关内侯；倢伃视中二千石；容华视真二千石；美人视比二千石；良人视千石。

《周易》这本书中说“男在外主政，女在内主家；男女各正其位，天下就会安定”。古代的先哲圣王，没有不明确建立后妃制度的，顺应天地的道德，所以尧的两个女儿在妫水之滨出嫁，虞舜的事业才能够兴旺；太任、太姒嫁给姬姓的男子，周朝因此而兴盛。一个政权的兴废存亡，总是和后妃们有紧密的联系。《春秋说》记载天子有十二个妻妾，诸侯有九个妻妾，考察其中的情理，这是永远不可改变的制度。然而末世王朝的君主生活奢侈，放纵情欲，造成男女长期分离不结合，使天地阴阳和谐的气氛动荡不安，末世王朝的君主选择后妃时只注重容貌，不以善良高尚为根本标准，所以使社会风气衰败，维系社会的基本准则毁灭，难道不令人痛惜吗！唉，有国有家的人，要永远以此作为借鉴呀！

汉代的制度，皇帝的祖母称作太皇太后，皇帝的母亲称作皇太后，皇帝的正妻称作皇后，其余的妃嫔又分为十四个等级。大魏承袭汉代制度，太皇太后、皇太后、皇后等称号，都依旧制不改，但是自夫人以下的等级各个时期却都有所增减。太祖建立魏国的时候，开始设立王后，王后以下的妃嫔又分为夫人、昭仪、倢伃、容华、美人五等。文帝时增加了贵嫔、淑媛、修容、顺成、良人这五种妃嫔。明帝时取消了妃嫔中顺成这一种，但是又增加了淑妃、昭华和修仪这三种。太和年间明帝又恢复了设置夫人，把夫人列于淑妃之前。至此，魏王朝的妃嫔自夫人以下共有十二等：贵嫔、夫人，地位仅次于皇后，没有与之相当的爵位；淑妃地位相当于相国，爵位和诸侯王一样；淑媛地位相当于御史大夫，爵位和县公相同；昭仪爵位和县侯相同；昭华爵位和乡侯相同；修容爵位和亭侯相同；修仪爵位和关内侯相同；倢伃的地位相当于中二千石一级的官员；容华的地位相当于真二千石一级的官员；美人的地位相当于比二千石一级的官员；

武宣卞皇后，琅琊开阳人，文帝母也。本倡家，年二十，太祖于谯纳后为妾。后随太祖至洛。及董卓为乱，太祖微服东出避难。袁术传太祖凶问，时太祖左右至洛者皆欲归，后止之曰："曹君吉凶未可知，今日还家，明日若在，何面目复相见也？正使祸至，共死何苦！"遂从后言。太祖闻而善之。建安初，丁夫人废，遂以后为继室。诸子无母者，太祖皆令后养之。文帝为太子，左右长御贺后曰："将军拜太子，天下莫不欢喜，后当倾府藏赏赐。"后曰："王自以丕年大，故用为嗣，我但当以免无教导之过为幸耳，亦何为当重赐遗乎！"长御还，具以语太祖。太祖悦曰："怒不变容，喜不失节，故是最为难。"

二十四年，拜为王后，策曰："夫人卞氏，抚养诸子，有母仪之德。今进位王后，太子诸侯陪位，群卿上寿，减国内死罪一等。"二十五年，太祖崩，文帝即王位，尊后曰王太后，及践阼，尊后曰皇太后，称永寿宫。明帝即位，尊太后曰太皇太后。

黄初中，文帝欲追封太后父母，尚书陈群奏曰："陛下以圣德应运受命，创业革制，当永为后式。案典籍之文，无妇人分土命爵之制。在礼典，妇因夫爵。秦违古法，汉氏因之，非先王之令典也。"帝曰："此议是也，其勿施行。以作著诏下藏之台阁，永为后式。"至太和四年春，明帝乃追谥太后祖父广曰开阳恭侯，父远曰敬侯，祖母周封阳都君及敬侯夫人，皆赠印绶。其年五月，后崩。七月，合葬高陵。

良人的地位相当于千石一级的官员。

武宣卞皇后，琅琊郡开阳县人，她是文帝的母亲。卞皇后出身艺人家庭，二十岁时，太祖在谯县纳她为妾。后来武宣卞皇后随太祖到了洛阳。董卓作乱的时候，太祖身穿便服东出避难。后来，袁术传来太祖的死讯，当时随太祖到洛阳的一些随从都想回去，卞后制止说："曹君是凶是吉，还不知道，现在我们回去，如果曹君还活着，还有什么脸面再相见呢？即使真的有大祸到来，和他一同死去又有什么可怕的呢！"大家听从了卞后的话。太祖听说后觉得卞后很好。建安初年，原配丁夫人被废，以卞后为继室。儿子中有些没了母亲的，太祖都要卞后来抚养他们。文帝被立为太子的时候，左右女官都向卞后祝贺说："将军被立为太子，天下人都欢喜，王后应当把府库的财宝都拿出来进行赏赐。"卞后说："魏王只因曹丕年纪最大，所以决定他做继承人，我只应该庆幸自己没有了教导无方的过失，有什么理由去重赏呢！"女官回来，把这些话详细告诉了太祖。太祖听了很高兴地说："一个人生气时不改神色，高兴时不失去节度，这是最难得的。"

建安二十四年，太祖下书封卞后为王后，书中说："卞氏夫人，尽心抚养儿子们，有做天下母亲们表率的德行。现在特进位为王后，太子、诸侯陪同，众官也纷纷表示祝颂，减免死刑犯人的罪刑一等。"二十五年，太祖去世，文帝继承王位，尊卞后为王太后，到文帝当了皇帝以后，尊卞后为皇太后，太后的宫室称永寿宫。明帝继承皇位以后，尊卞后为太皇太后。

黄初年间，文帝想追封卞太后的父母，尚书陈群上奏皇帝说："陛下因为有圣德而应运做了皇帝，现在正是创新业、革旧制的时候，当永远成为后世奉行的榜样。考察典籍条文，还没有妇女分封受爵的制度。礼仪典规，妇女只能享受丈夫爵位的待遇。秦朝违背古代法规，汉代又沿袭了下来，但这不是上古先王的好制度。"文帝说："这个建议很对，这件事就不要施行了。把今天的奏议记录下来，写成诏令藏在尚书台，永远为后世遵守。"直到太和四年春天，明帝才追谥卞太后的祖父卞广为开阳恭侯，父亲卞远为敬侯，祖母周

初，太后弟秉，以功封都乡侯；黄初七年进封开阳侯，邑千二百户，为昭烈将军。秉薨，子兰嗣。少有才学，为奉车都尉、游击将军，加散骑常侍。兰薨，子晖嗣。又分秉爵，封兰弟琳为列侯，官至步兵校尉。兰子隆女为高贵乡公皇后，隆以后父为光禄大夫，位特进，封睢阳乡侯，妻王为显阳乡君。追封隆前妻刘为顺阳乡君，后亲母故也。琳女又为陈留王皇后，时琳已没，封琳妻刘为广阳乡君。

文昭甄皇后，中山无极人，明帝母，汉太保甄邯后也。世吏二千石。父逸，上蔡令。后三岁失父。后天下兵乱，加以饥馑，百姓皆卖金银珠玉宝物，时后家大有储谷，颇以买之。后年十余岁，白母曰："今世乱而多买宝物，匹夫无罪，怀璧为罪。又左右皆饥乏，不如以谷振给亲族邻里，广为恩惠也。"举家称善，即从后言。

建安中，袁绍为中子熙纳之。熙出为幽州，后留养姑。及冀州平，文帝纳后于邺，有宠，生明帝及东乡公主。延康元年正月，文帝即王位。六月，南征，后留邺。黄初元年十月，帝践阼。践阼之后，山阳公奉二女以嫔于魏，郭后、李、阴贵人并爱幸。后愈失意，有怨言。帝大怒，二年六月，遣使赐死，葬于邺。

明帝即位，有司奏请追谥。使司空王朗持节奉策以太牢告祠于陵，又别立寝庙。太和元年三月，以中山魏昌之安城乡户千，追封逸，谥曰敬侯；適孙像袭爵。四月，初营宗庙，掘地得玉玺，方一寸九分，其文曰"天子羡思慈亲"，明帝为之改容，以太牢告庙。又尝

氏被封为阳都君以及敬侯夫人，都颁赐了官印绶带。这年五月，卞后去世。七月，与太祖合葬于高陵。

当初，卞太后的弟弟卞秉因为有功而被封作都乡侯；黄初七年又晋封为开阳侯，食邑一千二百户，任昭烈将军。卞秉去世后，儿子卞兰继承爵位。卞兰年少有才学，任奉车都尉、游击将军，又加官散骑常侍。卞兰死后，儿子卞晖继承爵位，又分出卞秉的爵禄，另封卞兰的弟弟卞琳为列侯，官至步兵校尉。卞兰的儿子卞隆的女儿是高贵乡公曹髦的皇后，卞隆以皇后父亲的身份被任为光禄大夫，位列特进，被封为睢阳乡侯，妻子王氏被封为显阳乡君。并追封卞隆前妻刘氏为顺阳乡君，因为她是皇后母亲的缘故。卞琳的女儿又为陈留王的皇后，当时卞琳已经去世，就封卞琳的妻子刘氏为广阳乡君。

文昭甄皇后，她是中山国无极县人，明帝的母亲，汉太保甄邯的后代，世代任郡国首相一类的官职。她的父亲甄逸，任上蔡县令。文昭皇后三岁时失去父亲。后来天下兵荒马乱，百姓们全都出卖金银珠宝，当时甄后家储藏了很多谷物，用谷物买了宝物。当时甄后才十几岁，对母亲说："当今世道混乱，我们却买了很多宝物，匹夫无罪，怀璧才是罪。何况我们周围的百姓全都饥饿乏粮，不如用粮谷救济亲族邻里，广施恩惠。"全家都称好，当即听从了她的话。

建安年间，袁绍为次子袁熙娶了甄氏作为夫人。袁熙出京城做了幽州刺史，甄氏留下来侍奉婆婆。冀州被平定后，文帝在邺城纳甄氏为妇，受到宠爱，生明帝和东乡公主。延康元年正月，文帝登上王位。文帝南征，甄后留在邺城。黄初元年十月，文帝登帝位。登位之后，山阳公刘协把两个女儿嫁给魏帝，与郭后、李贵人、阴贵人一起受到宠爱，甄后非常失意，有怨恨之言。文帝大怒，黄初二年六月，派遣使臣将甄后赐死，埋葬在邺域。

明帝即位后，有部门上奏请求追谥甄后。明帝派司空王朗持符节、捧着文书，用牛、羊、猪三牲作祭品到甄后的陵墓祭祀，又另外为甄后修建了寝庙。太和元年三月，明帝把中山国魏昌县安城乡的一千户，追封给甄后的父亲甄逸，加谥号为敬侯；让甄逸的嫡孙甄像承袭爵位。四月，开始营建宗庙，挖地时得到一枚玉玺，一寸九分

梦见后，于是差次舅氏亲疏高下，叙用各有差，赏赐累钜万；以像为虎贲中郎将。是月，后母薨，帝制缌服临丧，百僚陪位。四年十一月，以后旧陵庳下，使像兼太尉，持节诣邺，昭告后土。十二月，改葬朝阳陵。像还，迁散骑常侍。青龙二年春，追谥后兄俨曰安城乡穆侯。夏，吴贼寇扬州，以像为伏波将军，持节监诸将东征。还，复为射声校尉。三年薨，追赠卫将军，改封魏昌县，谥曰贞侯；子畅嗣。又封畅弟温、韡、艳皆为列侯。四年，改逸、俨本封皆曰魏昌侯，谥因故。封俨世妇刘为东乡君，又追封逸世妇张为安喜君。

景初元年夏，有司议定七庙。冬，又奏曰："盖帝王之兴，既有受命之君，又有圣妃协于神灵，然后克昌厥世，以成王业焉。昔高辛氏卜其四妃之子皆有天下，而帝挚、陶唐、商、周代兴。周人上推后稷，以配皇天。追述王初，本之姜嫄，特立宫庙，世世享尝。《周礼》所谓'奏夷则，歌中吕，舞《大濩》，以享先妣'者也。诗人颂之曰：'厥初生民，时维姜嫄。'言王化之本，生民所由。又曰：'閟宫有侐，实实枚枚，赫赫姜嫄，其德不回。'《诗》《礼》所称姬宗之盛，其美如此。大魏期运，继于有虞，然崇弘帝道，三世弥隆，庙祧之数，实与周同。今武宣皇后、文德皇后各配无穷之祚，至于文昭皇后膺天灵符，诞育明圣，功济生民，德盈宇宙；开诸后嗣，乃道化之所兴也。寝庙特祀，亦姜嫄之宫也，而未著不毁之制，惧论功报德之义，万世或阙焉，非所以昭孝示后世也。文昭庙宜世世享祀奏乐，与祖庙同，永著不毁之典，以播圣善之风。"于是与七庙议并勒金策，藏之金匮。

见方，上边的文字是“天子羡思慈亲”，明帝见后大为悲伤，用牛、羊、猪三牲作为祭品到宗庙中祭祀祷告。又曾经在梦中见到甄后，因此区分舅舅家族成员的亲疏长幼，加以任用各有差等，赏赐累计达一万；又任甄像为虎贲中郎将。这一月，甄后的母亲去世，明帝身穿丧服亲自出席葬礼，文武百官相陪。太和四年十一月，因为甄后的陵墓过于低矮，派甄像兼太尉，持符节到邺城，祭告土神。十二月，将甄后改葬在朝阳陵。甄像回来以后，升迁为散骑常侍。青龙二年春天，明帝追加甄后兄甄俨谥号为安城乡穆侯。夏天，吴贼侵犯扬州，任甄像为伏波将军，持节监督各军东征。回来后，又任命为射声校尉。青龙三年甄像去世，追赠卫将军，改封在魏昌县，谥号为贞侯；由儿子甄畅承袭爵位。又封甄畅弟弟甄温、甄韡、甄艳为列侯。青龙四年，改变甄逸、甄俨本来的封号全都为魏昌侯，谥号依旧。封甄俨的夫人刘氏为东乡君，又追封甄逸的夫人张氏为安喜君。

景初元年夏天，有关官员共同商量制定了七庙制度。冬天，他们又上奏说：“帝王之兴起，既有承受天命的君主，又有圣明的后妃秉神灵之意来辅助，然后才能世代昌盛，成就王业。过去高辛氏占卜他四个妃子的儿子都会拥有天下，果然后来的帝挚、唐尧、商朝、周朝一代代兴起。周人上推后稷为他们的始祖，用后稷来配享皇天。追述后稷的出生，姜嫄是本源，特意为她建立宗庙，世代祭祀。就像《周礼》中所说的‘奏夷则乐，唱中吕之曲，跳《大濩》之舞，用以祭祀先妣’《诗经》歌颂姜嫄说：‘最早生育周人的，就是姜嫄。’这是在说周王朝基业的本源，民众的由来。又说：‘姜嫄的神庙清静，建筑宏伟精细，显赫的姜嫄，美德是那样纯正。’《诗经》《周礼》所称颂的周朝祖先的伟大，是那样的美好。我大魏顺天应运，继承虞舜的大业，在弘扬帝王功德方面，太祖、高祖、烈祖三代均享有特别隆重的待遇，在庙祧的数量上，实际与周朝相同。如今武宣卞皇后、文德郭皇后都各自配享武帝、文帝永久的祭祀，而文昭甄皇后，接受上天神圣的旨意，生育了圣明的君主，具有拯救民众的功劳，充满天地的美德；使皇族得到繁衍，是道德和教化兴起的根本。虽然为她特建的神庙，如同姜嫄的閟宫，却未明确列入万世不毁的行列，害怕后

帝思念舅氏不已。畅尚幼，景初末，以畅为射声校尉，加散骑常侍，又特为起大第，车驾亲自临之。又于其后园为像母起观庙，名其里曰渭阳里，以追思母氏也。嘉平三年正月，畅薨，追赠车骑将军，谥曰恭侯；子绍嗣。太和六年，明帝爱女淑薨，追封谥淑为平原懿公主，为之立庙。取后亡从孙黄与合葬，追封黄列侯。以夫人郭氏从弟悳为之后，承甄氏姓，封悳为平原侯，袭公主爵。青龙中，又封后从兄子毅及像弟三人，皆为列侯。毅数上疏陈时政，官至越骑校尉。嘉平中，复封畅子二人为列侯。后兄俨孙女为齐王皇后，后父已没，封后母为广乐乡君。

文德郭皇后，安平广宗人也。祖世长吏。后少而父永奇之曰："此乃吾女中王也。"遂以女王为字。早失二亲，丧乱流离，没在铜鞮侯家。太祖为魏公时，得入东宫。后有智数，时时有所献纳。文帝定为嗣，后有谋焉。太子即王位，后为夫人，及践阼，为贵嫔。甄后之死，由后之宠也。黄初三年，将登后位，文帝欲立为后，中郎栈潜上疏曰："在昔帝王之治天下，不惟外辅，亦有内助，治乱所由，盛衰从之。故西陵配黄，英娥降妫，并以贤明，流芳上世。桀奔南巢，祸阶末喜；纣以炮烙，怡悦妲己。是以圣哲慎立元妃，必取先代世族之家，择其令淑以统六宫，虔奉宗庙，阴教聿修。《易》曰：'家道正而天下定。'由内及外，先王之令典也。《春秋》书宗人衅夏云，无以妾为夫人之礼。齐桓誓命于葵丘，亦曰'无以妾为妻'。今后宫嬖宠，常亚乘舆。若因爱登后，使贱人暴贵，臣恐后世下陵上替，开

代议论陛下报答母后的功德时，会认为不能充分显示孝心。因此，文昭甄皇后的神庙应代代享受祭祀音乐，和祖庙相同，写进永远不被迁毁的法令，以传扬圣上的仁善风范。”因此明帝便下令把这个奏议与有关七庙的奏议一起铸在金属板上，藏入金匮之中。

明帝十分想念舅舅家族的人。甄畅年纪尚小，景初末年，让甄畅做了射声校尉，并加封了散骑常侍的官衔，特别为他建造高大宽敞的住宅，明帝还亲自到他那里。又在后园为甄像母亲建起了神庙，并把他所住的里弄命名为渭阳里，借以来追念母氏。嘉平三年正月，甄畅去世，明帝追封为车骑将军，议定的谥号叫恭侯；儿子甄绍继承父亲的爵位。太和六年，明帝的爱女曹淑死去，追封谥号为平原懿公主，并为她立庙。将甄后死去的侄孙甄黄同她合葬在一起，追封甄黄为列侯。又以夫人郭氏的堂弟郭悳做他的后代，改姓甄氏，册封郭悳为平原侯，承袭公主的爵位。青龙年间，又封甄后堂兄的儿子甄毅和甄像的三个弟弟为列侯。甄毅多次上书陈述时政，官至越骑校尉。嘉平年间，又封甄畅的两个儿子为列侯。甄后哥哥甄俨的孙女是齐王皇后，她的父亲已死，封她的母亲为广乐乡君。

文德郭皇后，为安平郡广宗县人。祖先世代为官。郭后小时候，她的父亲郭永就认为她不一般，他说：“这是个女中之王呀。”便给她取字为女王。郭后很早就失去双亲，在动乱中流浪，后沦落在铜鞮侯家。太祖为魏公时，选进太子曹丕的宫中。郭后有智谋，经常进献被曹丕所愿意采纳的建议。曹丕被定为继承人，郭后是出了主意的。曹丕继承王位以后，郭后被立为夫人，曹丕登帝位以后，又封为贵嫔。甄后的死，就是由于郭后受到宠爱的缘故。黄初三年，要确立皇后，文帝想立郭后为皇后，中郎栈潜上疏说：“古时候帝王治理天下，不仅有外臣的辅弼，也有内宫后妃的帮助，后妃是导致稳定和动乱的根源，国家盛衰也因此受影响。所以西陵氏之女嫁给黄帝，娥皇女英嫁给虞舜，皆源于她们的贤明，上古时有美名。夏桀失败逃到南巢，有这样的祸患是因为宠爱妹喜；商纣王用炮烙之刑，是为了取悦妲己。所以圣王明君在立嫡妻的时候非常谨慎，一定要在祖先世代为官的高门之女中，选择善良贤惠者统领后宫，侍奉宗庙。《周易》

张非度，乱自上起也。”文帝不从，遂立为皇后。

后早丧兄弟，以从兄表继永后，拜奉车都尉。后外亲刘斐与他国为婚。后闻之，敕曰：“诸亲戚嫁娶，自当与乡里门户匹敌者，不得因势强与他方人婚也。”后姊子孟武还乡里，求小妻，后止之。遂敕诸家曰：“今世妇女少，当配将士，不得因缘取以为妾也。宜各自慎，无为罚首。”

五年，帝东征，后留许昌永始台。时霖雨百余日，城楼多坏，有司奏请移止。后曰：“昔楚昭王出游，贞姜留渐台。江水至，使者迎而无符，不去，卒没。今帝在远，吾幸未有是患，而便移止，奈何？”群臣莫敢复言。六年，帝东征吴，至广陵，后留谯宫。时表留宿卫，欲遏水取鱼。后曰：“水当通运漕，又少材木，奴客不在目前，当复私取官竹木作梁遏。今奉车所不足者，岂鱼乎？”

明帝即位，尊后为皇太后，称永安宫。太和四年，诏封表安阳亭侯，又进爵乡侯，增邑并前五百户，迁中垒将军。以表子详为骑都尉。其年，帝追谥太后父永为安阳乡敬侯，母董为都乡君。迁表昭德将军，加金紫，位特进；表第二子训为骑都尉。及孟武母卒，欲厚葬，起祠堂。太后止之曰：“自丧乱以来，坟墓无不发掘，皆由厚葬

说：‘家道正，天下定。’由此推及，这是先王总结的好经验。《春秋》记载宗人衅夏说，没有以小妾为夫人的礼仪。齐桓公在葵丘与诸侯盟誓，也说‘不要以妾为妻’。如今后宫得到宠幸的嫔妃，待遇优隆。如果因受宠而登皇后之位，使其突然高贵，臣怕以后会发生下欺上、上凌弱，妃妾的势力无节度扩张的局面，动乱就要从上边发生了。”文帝不听，便立郭氏为皇后。

郭后很早就没有了兄弟，文帝就让郭后的堂兄郭表作为郭后父亲郭永的继承人，让他做了奉车都尉。郭后的娘家亲戚刘斐与外郡的人家联姻。郭后听说后，告诫他们说：“各位亲戚的嫁女娶妇，应当找本乡门户相当的人家，不可凭借权势强迫其他地方的人结亲。”郭后姐姐的儿子孟武回到家乡想找个小妾，郭后制止了这事。告诫各家亲属说：“当今之世妇女较少，应当配给前方的将士，不得借故娶为小妾。大家都要各自谨慎，不要成为被惩罚的祸首。”

黄初五年，文帝向东征讨吴国，郭后留在许昌永始台。当时连绵大雨下了一百多天，许昌的城楼多处损坏，有关官员奏请郭后换一下居住的地方。郭后说：“古时楚昭王外出巡游，妃子贞姜留在渐台。江水泛滥，去迎接她的使者没带符节，贞姜不肯离开，最后被洪水吞没。现今皇帝远在他方，我幸而还没有遇到贞姜遇到的灾难，却要随便迁换住地，这怎么可以呢？”大臣们都不敢再提挪移之事。黄初六年，文帝到广陵去征讨吴国，郭后留在谯县的行宫里。当时郭表亦留下担任宿卫，他想筑坝拦水捕鱼。郭后说：“河道应当畅通无阻以保证漕运，眼下又缺少木料，而你的奴仆、门客又不在，免不了要私下使用官府的竹木和人力去建造堤坝。如今你奉车都尉所缺少的，难道就是鱼吗？”

明帝即位后，尊奉郭皇后为皇太后，郭后的宫室叫作永安宫。太和四年，明帝下诏册封郭表为安阳亭侯，不久又晋爵为乡侯，增加食邑连同以前所有共五百户，不久迁升为中垒将军。其子郭详也被任命为骑都尉。这一年，明帝追谥皇太后的父亲郭永为安阳乡敬侯，母亲董氏为都乡君。升任郭表为昭德将军，赐金章紫绶，特进职位；郭表的次子郭训也被任命为骑都尉。后来孟武的母亲病故，明帝想予以

也；首阳陵可以为法。”青龙三年春，后崩于许昌。以终制营陵，三月庚寅，葬首阳陵西。帝进表爵为观津侯，增邑五百，并前千户。迁详为驸马都尉。四年，追改封永为观津敬侯，世妇董为堂阳君。追封谥后兄浮为梁里亭戴侯，都为武城亭孝侯，成为新乐亭定侯，皆使使者奉策，祠以太牢。表薨，子详嗣，又分表爵封详弟述为列侯。详薨，子钊嗣。

明悼毛皇后，河内人也。黄初中，以选入东宫，明帝时为平原王，进御有宠，出入与同舆辇。及即帝位，以为贵嫔。太和元年，立为皇后。后父嘉，拜骑都尉，后弟曾，郎中。

初，明帝为王，始纳河内虞氏为妃，帝即位，虞氏不得立为后，太皇卞太后慰勉焉。虞氏曰：“曹氏自好立贱，未有能以义举者也。然后职内事，君听外政，其道相由而成，苟不能以善始，未有能令终者也。殆必由此亡国丧祀矣！”虞氏遂绌还邺宫。进嘉为奉车都尉，曾骑都尉，宠赐隆渥。顷之，封嘉博平乡侯，迁光禄大夫，曾驸马都尉。嘉本典虞车工，卒暴富贵。明帝令朝臣会其家饮宴，其容止举动甚蚩騃。语辄自谓“侯身”，时人以为笑。后又加嘉位特进，曾迁散骑侍郎。青龙三年，嘉薨，追赠光禄大夫，改封安国侯，增邑五百，并前千户，谥曰节侯。四年，追封后母夏为野王君。

帝之幸郭元后也，后爱宠日弛。景初元年，帝游后园，召才人以上曲宴极乐。元后曰“宜延皇后”，帝弗许。乃禁左右，使不得宣。后知之。明日，帝见后，后曰：“昨日游宴北园，乐乎？”帝以左右泄

厚葬，为她建祠。皇太后制止道："自天下大乱以来，许多陵墓都遭到盗掘，其原因大都因为厚葬；如今安葬亡人应以文帝首阳陵的薄葬为准则。"青龙三年春天，皇太后驾崩于许昌。朝廷按遗诏的丧葬制度为她营建陵墓，三月十一日，安葬在首阳陵的西侧。明帝晋封郭表为观津侯，增加食邑五百户，连同以前所有共千户。又提升郭详为驸马都尉。青龙四年，明帝发布诏令，改封皇太后的父亲郭永为观津敬侯，母亲董氏为堂阳君。追封皇太后的哥哥郭浮为梁里亭戴侯，郭都为武城亭孝侯，郭成为新乐亭定侯，分别派出使节奉朝廷追谥典册，以太牢之礼祭祀。郭表死后，长子郭详继承了爵位，又分郭表的食邑封其三子郭述为列侯。郭详逝世，其子郭钊继承了爵位。

明悼毛皇后，是河内人。黄初年间，被选进东宫，明帝那时候是平原王，对毛皇后非常宠爱，出入都和她一起乘坐舆辇。明帝即位后，升她为贵嫔。太和元年，被立为皇后。毛皇后的父亲毛嘉，官拜骑都尉，皇后的弟弟毛曾任郎中。

起初，明帝为平原王时，娶河内郡的虞氏为妻，明帝即位后，虞氏没有被立为皇后，太皇太后卞氏去安慰她。虞氏说："曹氏一向喜欢立卑贱的人为皇后，没有因符合德义标准而被立的。皇后主管后宫，君主管国家朝政，二者相辅相成。如果不能善始善终，恐怕要因此亡国，断绝宗庙祭祀！"虞氏因此语便被废黜送到邺宫。明帝晋升毛嘉为奉车都尉，毛曾为骑都尉，对他们赏赐非常优厚。不久，封毛嘉为平乡侯，升迁为光禄大夫，毛曾为驸马都尉。毛嘉本来是典虞都尉统辖制造车辆的工匠，突然富贵起来了。明帝令群臣在毛嘉家饮宴聚会，毛嘉的举止令人可笑。说话就自称"侯身"，人们将此事引为笑谈。后来又升毛嘉为特进，至散骑侍郎。青龙三年毛嘉去世，追赠为光禄大夫，改封安国侯，增加封邑五百户，与前面所封共一千户，谥号为节侯。青龙四年，追封毛后的母亲夏氏为野王君。

明帝后来又喜欢郭夫人，毛皇后受到的恩宠日渐淡漠。景初元年，明帝到皇宫的后花园宴饮游玩，召集后宫才人以上的妃嫔参加，极为欢乐。郭夫人对明帝说："该把皇后请来。"明帝不同意，并且向左右随从下令，不准他们走漏消息给毛后。但毛皇后还是得知了此

之，所杀十余人。赐后死，然犹加谥，葬愍陵。迁曾散骑常侍，后徙为羽林虎贲中郎将、原武典农。

明元郭皇后，西平人也，世河右大族。黄初中，本郡反叛，遂没入宫。明帝即位，甚见爱幸，拜为夫人。叔父立为骑都尉，从父芝为虎贲中郎将。帝疾困，遂立为皇后。齐王即位，尊后为皇太后，称永宁宫。追封谥太后父满为西都定侯，以立子建绍其爵。封太后母杜为郃阳君。芝迁散骑常侍、长水校尉，立，宣德将军，皆封列侯。建兄悳，出养甄氏。悳及建俱为镇护将军，皆封列侯，并掌宿卫。值三主幼弱，宰辅统政，与夺大事，皆先咨启于太后而后施行。毌丘俭、钟会等作乱，咸假其命而以为辞焉。景元四年十二月崩，五年二月，葬高平陵西。

评曰：魏后妃之家，虽云富贵，未有若衰汉乘非其据，宰割朝政者也。鉴往易轨，于斯为美。追观陈群之议，栈潜之论，适足以为百王之规典，垂宪范乎后叶矣。

事，第二天，明帝和毛后见面时，毛后问："陛下昨天晏游后园，玩得开心吗？"明帝以为是左右侍从泄露了消息，下令处死了十几名随侍的人。又赐死了毛皇后，不过在她死后仍给她加了谥号，并安葬在愍陵，又提升毛曾为散骑常侍，后转任羽林中郎将、虎贲中郎将、原武典农校尉。

明元郭皇后，是西平郡人，她们家世代都是河右地区的大族。黄初年间，西平郡发生叛乱，她因此被收入皇宫中。明帝即位后，郭氏特别受宠爱，被册封为夫人。她的叔父郭立被任命为骑都尉，从父郭芝任虎贲中郎将。明帝病重时，便立郭氏为皇后。齐王曹芳即位，尊郭后为皇太后，宫室称为永宁宫。追封郭太后的父亲郭满为西都定侯，让郭立的儿子郭建继承郭满的封爵。封太后的母亲杜氏为郃阳君。郭芝升迁为散骑常侍、长水校尉，郭立为宣德将军，全部都封为列侯。郭建的哥哥郭德，出离本宗为甄氏的继承人。郭德和郭建全都为镇护将军，封为列侯，并掌管宫廷值宿守卫。当时正好赶上三少帝年幼暗弱，宰辅大臣执政，任命罢免官员，全都先要禀报咨询太后然后执行。毌丘俭、钟会等人发动叛乱，全都假借太后的名义发布讨伐檄文。景元四年十二月郭太后去世，五年二月，被埋葬在高平陵西。

评论说：魏一代后妃之家，虽然几乎都荣华富贵，但却从未像东汉末年那样，凭借势力，趁机把持朝政。如果以历史作为借鉴来改变不合理的制度，应该说魏王朝在这个方面还是很出色的。回顾文帝时期陈群的建议，栈潜的进奏，足以成为百代君主的规章典制，流传于后世。

卷六　魏书六

董二袁刘传第六

董卓字仲颖，陇西临洮人也。少好侠，尝游羌中，尽与诸豪帅相结。后归耕于野，而豪帅有来从之者，卓与俱还，杀耕牛与相宴乐。诸豪帅感其意，归相敛，得杂畜千余头以赠卓。汉桓帝末，以六郡良家子为羽林郎。卓有才武，旅力少比，双带两鞬，左右驰射。为军司马，从中郎将张奂征并州有功，拜郎中，赐缣九千匹，卓悉以分与吏士。迁广武令，蜀郡北部都尉，西域戊己校尉，免。征拜并州刺史、河东太守，迁中郎将，讨黄巾，军败抵罪。韩遂等起凉州，复为中郎将，西拒遂。于望垣硖北，为羌、胡数万人所围，粮食乏绝。卓伪欲捕鱼，堰其还道当所渡水为池，使水渟满数十里，默从堰下过其军而决堰。比羌、胡闻知追逐，水已深，不得渡。时六军上陇西，五军败绩，卓独全众而还，屯住扶风。拜前将军，封斄乡侯，征为并州牧。

灵帝崩，少帝即位。大将军何进与司隶校尉袁绍谋诛诸阉官，太后不从。进乃召卓使将兵诣京师，并密令上书曰："中常侍张让等窃幸乘宠，浊乱海内。昔赵鞅兴晋阳之甲，以逐君侧之恶。臣辄鸣钟鼓如洛阳，即讨让等。"欲以胁迫太后。卓未至，进败。中常侍段珪等劫帝走小平津，卓遂将其众迎帝于北芒，还宫。时进弟车骑将军苗为进众所杀，进、苗部曲无所属，皆诣卓。卓又使吕布杀执金吾丁原，并其众，故京都兵权唯在卓。

董卓字仲颖，陇西临洮人。从小热爱武功，曾经到羌人聚集的地方游玩，与他们所有的首领全都相识。后来回乡耕种，羌人首领来看望他，董卓和他们一起回到家里，把耕牛杀掉请他们一起宴饮享乐。羌族首领们被他的诚意感动，回去之后搜获各种牲畜一千多头送给董卓。汉桓帝末年，董卓以六郡良家子弟身份被选拔为羽林郎。董卓有武艺，力大无人可比，携带双弓，能在飞驰的马背上左右开弓。因此被任命为中郎将张奂的军司马，跟随征讨并州有功，拜为郎中，赐给九千匹缣，董卓把这些赏赐全都分给了手下的官兵。后又被升迁为广武县令，蜀郡北部都尉，在西域戊己校尉职上被免职。不久又被任命为并州刺史，河东郡太守，升迁为中郎将，讨伐黄巾军，因为战败被撤职。韩遂等人在凉州起兵，董卓又被任命为中郎将，西征韩遂。在望垣硖北面，被羌、胡数万人包围，粮食都吃完了。董卓假借要捕鱼，在其撤军要渡过的河上筑坝截流，将数十里河道的水全都蓄满。董卓率军悄然自坝下通过，然后决开堤坝。等到羌、胡人马知道追来，河水已深，没法渡过了。当时有六支军队出兵陇西，五支军队打了败仗，只有董卓一支军队完好无损地回来，屯驻在扶风郡。朝廷拜其为前将军，封斄乡侯，又调任并州牧。

汉灵帝刘宏死，少帝刘辩即位。大将军何进和司隶校尉袁绍打算悄悄地诛除宦官，被何太后否决了。何进于是召董卓带领兵众到京城，并秘密地指示董卓给朝廷上书说："中常侍张让等人窃取并倚仗皇帝的宠爱，把天下搞得浊乱不堪。过去赵鞅在晋阳起兵，以驱逐君主旁边的恶人。臣鸣钟击鼓领兵到洛阳，就是为了讨伐张让等人。"何进的目的是想胁迫太后同意自己的计划。董卓还没有到达京城，何进便败亡了。中常侍段珪等人劫持少帝逃到小平津，董卓便率领兵众在北芒山迎接少帝，返回宫中。当时何进的弟弟车骑将军何苗被何进

先是，进遣骑都尉太山鲍信所在募兵，适至，信谓绍曰：“卓拥强兵，有异志，今不早图，将为所制；及其初至疲劳，袭之可擒也。”绍畏卓，不敢发，信遂还乡里。

于是以久不雨，策免司空刘弘而卓代之，俄迁太尉，假节钺虎贲。遂废帝为弘农王。寻又杀王及何太后。立灵帝少子陈留王，是为献帝。卓迁相国，封郿侯，赞拜不名，剑履上殿；又封卓母为池阳君，置家令、丞。卓既率精兵来，适值帝室大乱，得专废立，据有武库甲兵，国家珍宝，威震天下。卓性残忍不仁，遂以严刑胁众，睚眦之隙必报，人不自保。尝遣军到阳城。时适二月社，民各在其社下，悉就断其男子头，驾其车牛，载其妇女财物，以所断头系车辕轴，连轸而还洛，云攻贼大获，称万岁。入开阳城门，焚烧其头，以妇女与甲兵为婢妾。至于奸乱宫人公主。其凶逆如此。

初，卓信任尚书周毖、城门校尉伍琼等，用其所举韩馥、刘岱、张咨、孔伷、张邈等出宰州郡。而馥等至官，皆合兵将以讨卓。卓闻之，以为毖、琼等通情卖己，皆斩之。

河内太守王匡，遣泰山兵屯河阳津，将以图卓。卓遣疑兵若将于平阴渡者，潜遣锐众从小平北渡，绕击其后，大破之津北，死者

的部众所杀，何进、何苗的部众没有了首领，全都到了董卓那里。董卓又指使吕布杀了执金吾丁原，吞并了他的部众，因此京都的兵权都掌握在董卓一人手里。

在此之前，何进派遣骑都尉泰山人鲍信到鲍信的家乡各地招募兵马，正好到达洛阳，鲍信对袁绍说："董卓拥有强兵，有异图，现在不早点除掉董卓，日后就要被董卓所控制；趁着董卓刚到加之军队疲劳，进袭董卓就可将其擒获。"袁绍畏惧董卓，不敢行动，鲍信于是回到乡里。

那之后因为许久不下雨，皇帝下令免除司空刘弘的职务而让董卓代之，不久又升为太尉，赐给符节、斧钺和虎贲卫士。董卓废黜少帝为弘农王。随即又杀掉弘农王和何太后。立灵帝的小儿子陈留王为帝，这就是汉献帝。献帝将董卓升迁为相国，封爵郿侯，朝见天子时不称其名，可以穿鞋佩剑进入宫殿；董卓又让朝廷封他的母亲为池阳君，并且设置了家令、家丞。董卓率精兵来到以后，正遇朝廷大乱，所以能够独断废立，控制了武库和羽林军，占有了国家珍宝，威震天下。他生性残暴不仁，常常用酷刑来威慑百官，一点小仇怨都要报复，朝中人人害怕自身难保。他曾派军队到阳城。正赶上二月民间祭祀土神，百姓们都在社坛下祭祀，董卓的士兵们冲上去就砍下所有男子的头颅，驾驶着百姓的牛车，装载着妇女和财物，把砍下的头颅系在车辕和车轴上，一辆接着一辆地回到洛阳，说是进攻贼寇所获，并高呼万岁。进入开阳城门后，焚烧掉所带回的头颅，把妇女分散给士兵做婢妾。董卓甚至入宫奸淫宫女和公主。他就是这样凶残暴逆。

起初，董卓信赖尚书周毖、城门校尉伍琼等人，并让他们推荐的韩馥、刘岱、孔伷、张咨、张邈等人出任州郡长官。然而韩馥等人到任后，又都联合起来讨伐董卓。董卓听说后，认为周毖、伍琼等人串通韩馥出卖自己，把他们全杀了。

河内太守王匡派到泰山郡的军队就驻扎在河阳县境内的黄河渡口，准备讨伐董卓；董卓派疑兵做出准备在平阴渡河的样子，暗地里派遣精锐部队从小平津渡河到达北岸，绕到王匡军队的背后进行袭

略尽。卓以山东豪杰并起，恐惧不宁。初平元年二月，乃徙天子都长安。焚烧洛阳宫室，悉发掘陵墓，取宝物。

卓至西京，为太师，号曰尚父。乘青盖金华车，爪画两轓，时人号曰“竿摩车”。卓弟旻为左将军，封鄠侯；兄子璜为侍中中军校尉典兵；宗族内外并列朝廷。公卿见卓，谒拜车下，卓不为礼。召呼三台尚书以下自诣卓府启事。筑郿坞，高与长安城埒，积谷为三十年储。云事成，雄据天下，不成，守此足以毕老。尝至郿行坞，公卿已下祖道于横门外。卓豫施帐幔饮，诱降北地反者数百人。于坐中先断其舌，或斩手足，或凿眼，或镬煮之。未死，偃转杯案间，会者皆战栗亡失匕箸，而卓饮食自若。太史望气，言当有大臣戮死者。故太尉张温时为卫尉，素不善卓。卓心怨之，因天有变，欲以塞咎，使人言温与袁术交关，遂笞杀之。法令苛酷，爱憎淫刑，更相被诬，冤死者千数。百姓嗷嗷，道路以目。悉椎破铜人、钟虡，及坏五铢钱。更铸为小钱，大五分，无文章，肉好无轮郭，不磨鑢。于是货轻而物贵，谷一斛至数十万。自是后钱货不行。

三年四月，司徒王允、尚书仆射士孙瑞、卓将吕布共谋诛卓。是时，天子有疾新愈，大会未央殿。布使同郡骑都尉李肃等，将亲兵十余人，伪著卫士服守掖门。布怀诏书。卓至，肃等格卓。卓惊

击，在河阳津北面战胜了王匡，王匡几乎全军覆没。董卓因为东方的诸侯纷纷起兵讨伐自己，恐惧不安。初平元年二月，他胁迫献帝迁都长安，出发前焚烧了洛阳的宫殿官府，并挖掘历代皇帝陵寝和公卿及以下官员的墓地，搜罗珍宝。

董卓到长安后，被任命为太师，尊称为尚父。董卓坐的车是有青盖的金华车，车厢两边都有彩绘，当时的人称它为“竿摩车”。董卓的弟弟董旻被任命为左将军，封为鄠侯；他哥哥的儿子董璜担任侍中中军校尉掌管兵权，董氏家族及其亲属都在朝廷为官。公卿大夫见到董卓，都要自报姓名拜在车下，董卓也不回礼，还招呼三台尚书以下的官员亲自到他府中禀告政事。他又在自己的封地郡县修筑私人城池郿坞，城墙与长安城一样高，里面储藏的粮食足够三十年用。董卓扬言说如果大事成功，就雄踞天下，如果不成，守着廊坊也完全可以度过余生。他曾经到郿坞巡视，公卿以下的官员都在横门外为他送行。董卓预先设置了帐篷酒席，押解来在北地郡诱降的反叛者几百人，在宴会上先割掉他们的舌头，有的斩掉手脚，有的挖掉眼睛，有的用大锅煮，没有死的，跌倒在座席中间挣扎哀号。参与宴会的人都胆战心惊，筷子和汤勺都掉了，而董卓却像平常一样饮食自如。太史观察天象，说会有大臣被杀。原来的太尉张温当时担任卫尉，和董卓关系一直都不好，董卓心里很怨恨他，就借助天象有灾变为理由，想用他来替罪塞责，派人诬告张温和袁术相互勾结，把他活活鞭打致死。董卓施行的法令严厉残酷，又凭借自己的好恶滥用刑罚，被治罪的人互相诬告，冤死的人数以千计。百姓苦不堪言，路上遇到只敢用眼睛打招呼。董卓把所有铜人、钟鼓乐器全部砸碎，并废弃了五铢钱，另外铸造小钱，每枚值五分，上面没有文字和花纹，钱边缘没有轮廓，也不打磨。因此造成了货币贬值，物价飞涨，一斛谷子要卖到几十万钱，从此以后货币便不通行了。

初平三年四月，司徒王允、尚书仆射士孙瑞、董卓手下大将吕布一起密谋诛杀董卓。那时，献帝患病刚刚好，在未央宫大会群臣。吕布让同郡的骑都尉李肃等人，率领自己的亲兵十几人，穿上卫士的衣服假装守卫掖门。吕布怀里藏着诛杀董卓的诏书。等董卓一到，李肃

呼："布所在？"布曰"有诏"，遂杀卓，夷三族。主簿田景前趋卓尸，布又杀之；凡所杀三人，余莫敢动。长安士庶咸相庆贺，诸阿附卓者皆下狱死。

初，卓女婿中郎将牛辅典兵别屯陕，分遣校尉李傕、郭汜、张济略陈留、颍川诸县。卓死，吕布使李肃至陕，欲以诏命诛辅。辅等逆与肃战，肃败走弘农，布诛肃。其后辅营兵有夜叛出者，营中惊，辅以为皆叛，乃取金宝，独与素所厚支胡赤儿等五六人相随，逾城北渡河，赤儿等利其金宝，斩首送长安。

比傕等还，辅已败。众无所依，欲各散归。既无赦书，而闻长安中欲尽诛凉州人，忧恐不知所为。用贾诩策，遂将其众而西，所在收兵，比至长安，众十余万，与卓故部曲樊稠、李蒙、王方等合围长安城。十日城陷，与布战城中，布败走。傕等放兵略长安老少，杀之悉尽，死者狼藉。诛杀卓者，尸王允于市。葬卓于郿，大风暴雨震卓墓，水流入藏，漂其棺椁。傕为车骑将军、池阳侯，领司隶校尉、假节。汜为后将军、美阳侯。稠为右将军、万年侯。傕、汜、稠擅朝政。济为骠骑将军、平阳侯，屯弘农。

是岁，韩遂、马腾等降，率众诣长安。以遂为镇西将军，遣还凉州，腾征西将军，屯郿。侍中马宇与谏议大夫种邵、左中郎将刘范等谋，欲使腾袭长安，已为内应，以诛傕等。腾引兵至长平观，宇等谋泄，出奔槐里。稠击腾，腾败走，还凉州；又攻槐里，宇等皆

等人就上前用兵器袭击他。董卓惊慌失措，大叫道："吕布在哪里？"吕布说："皇帝有诏书在此。"于是杀掉了董卓，并且将其三族以内的人全部杀掉。主簿田景上前扑向董卓的尸体，吕布就又杀掉了田景；一共杀了三个人，董卓的手下没有人再敢有所行动了。长安的士人百姓都互相庆贺董卓被杀的事情，那些讨好且依附董卓的人都被抓进牢狱处死了。

当初，董卓的女婿中郎将牛辅带领军队驻扎在陕县，分别派校尉李傕、郭汜、张济劫掠陈留、颍川各县。董卓死后，吕布派李肃到陕县，打算以皇帝的名义杀牛辅。牛辅等人不服，迎战李肃，李肃大败逃走到弘农，吕布杀了李肃。后来牛辅营中的士兵有趁夜叛逃的，兵营中慌乱不安。牛辅以为士兵都叛变了，就带上金银珠宝，单独同素来友好的支胡赤儿等五六个人一起逃走，穿越城北渡过黄河后，支胡赤儿等人贪其金银珠宝，便杀了牛辅将其首级送到长安。

等到李傕等人回来的时候，牛辅已经被打败。部众没有了统领，他们想自散回家。可是当时既没有赦免令，又听说长安城中要杀尽凉州人，所以都感到忧恐不知该怎么办。后来贾诩出了一条计策，便向西杀向长安，中途又招收了许多兵士，到长安时，已有部众十多万人，与董卓以前的部将樊稠、李蒙、王方等人合围长安城。十日后城破，与吕布在城中大战，吕布兵败逃走。李傕等人纵兵大掠城中百姓，几乎将他们杀尽，死尸遍地。又追杀杀害董卓的人，把王允的尸体陈放于街市。当把董卓运放在郿县，欲埋葬时，突然狂风暴雨大作，雷声震动董卓墓地，大水把董卓的棺椁冲出。李傕担任车骑将军，封池阳侯，兼任司隶校尉、假节。郭汜为后将军，封爵美阳侯。樊稠为右将军，封万年侯。李傕、郭汜、樊稠专擅朝政。张济任骠骑将军，封平阳侯，屯驻在弘农。

这一年，韩遂、马腾等人投降，并且率领部众到长安。朝廷任命韩遂为镇西将军，并且派遣韩遂回到凉州，任马腾为征西将军，屯驻在郡县。侍中马宇与谏议大夫种邵、左中郎将刘范等人密谋，打算让马腾袭击长安，自己做内应，来诛杀李傕等人，待马腾领兵到达长平观，马宇等人的密谋泄露，出逃到槐里县。樊稠进击马腾，马腾败

死。时三辅民尚数十万户，傕等放兵劫略，攻剽城邑，人民饥困，二年间相啖食略尽。

诸将争权，遂杀稠，并其众。汜与傕转相疑，战斗长安中。傕质天子于营，烧宫殿城门，略官寺，尽收乘舆服御物置其家。傕使公卿诣汜请和，汜皆执之。相攻击连月，死者万数。

傕将杨奉与傕军吏宋果等谋杀傕，事泄，遂将兵叛傕。傕众叛，稍衰弱。张济自陕和解之，天子乃得出。至新丰、霸陵间。郭汜复欲胁天子还都郿。天子奔奉营，奉击汜破之。汜走南山，奉及将军董承以天子还洛阳。傕、汜悔遣天子，复相与和，追及天子于弘农之曹阳。奉急招河东故白波帅韩暹、胡才、李乐等合，与傕、汜大战。奉兵败，傕等纵兵杀公卿百官，略宫人入弘农。天子走陕，北渡河，失辎重，步行，唯皇后、贵人从，至大阳，止人家屋中。奉、暹等遂以天子都安邑，御乘牛车。太尉杨彪、太仆韩融近臣从者十余人。以暹为征东、才为征西、乐征北将军，并与奉、承持政。遣融至弘农，与傕、汜等连和，还所略宫人公卿百官，及乘舆车马数乘。是时蝗虫起，岁旱无谷，从官食枣菜。诸将不能相率，上下乱，粮食尽。奉、暹、承乃以天子还洛阳。出箕关，下轵道，张杨以食迎道路，拜大司马。语在《杨传》。天子入洛阳，宫室烧尽，街陌荒芜，百官披荆棘，依丘墙间。州郡各拥兵自卫，莫有至者。饥穷稍甚，尚书郎以下，自出樵采，或饥死墙壁间。

走，回到凉州；樊稠又进攻槐里，马宇等人全都被杀死。当时三辅地区还有民户几十万，李傕等人放兵劫掠，攻打城邑，人民饥饿困苦，两年之间，人吃人几乎使人迹断绝。

董卓的部将们争权夺利，李傕等人就杀掉了樊稠，吞并了樊稠的部众。郭汜与李傕又互相产生猜疑，在长安城中战斗。李傕把天子作为人质放在营中，烧毁宫殿城门，并且攻占了略官寺，把那里的车马衣服及皇帝的用品全都抢回家。李傕派公卿到郭汜那里去请求和解，郭汜把李傕派去的公卿全都扣押。两个人一连几个月互相攻击，死亡的人数以万计。

李傕的部将杨奉与李傕的军吏宋果等人密谋要杀掉李傕，事情败露以后，便率众叛离李傕。李傕的势力渐渐衰弱。张济自陕县来给两个人调和，献帝才得以脱身，来到新丰、霸陵二县之间。郭汜又想胁迫献帝回郿县定都。献帝跑到杨奉营中，杨奉进击郭汜把他打败。郭汜逃到南山，杨奉和将军董承送献帝回洛阳。李傕、郭汜后悔放回献帝，彼此又和好，在弘农郡的曹阳县追上了献帝。杨奉急忙召唤河东过去的白波军将领韩暹、胡才、李乐等前来会合，与李傕、郭汜大战。杨奉兵败，李傕等纵容兵士杀害百官，抢走献帝的宫女进入弘农郡。献帝逃到陕县，向北渡过黄河，辎重车马全部丢失，只好步行，身边只有皇后和贵人随从，到大阳县，住在百姓家里。杨奉、韩暹等人便请献帝在安邑定都。皇帝乘牛车，身边只有太尉杨彪、太仆韩融等近臣十多人。献帝任韩暹为征东将军、胡才为征西将军、李乐为征北将军，与杨奉、董承一起掌握朝政。又派韩融到弘农，与李傕、郭汜等人讲和，李傕、郭汜归还了掠夺的宫人、百官及乘舆车马数辆。这时蝗虫大起，由于气候干旱导致庄家欠收，皇帝随从的官员们只能吃青枣野菜。将领们也统管不了军队，一片混乱。杨奉、韩暹、董承便护送献帝回洛阳。出箕关，沿着轵县而下，张杨带着粮食在路边迎接，献帝任他为大司马。这件事被记载在《张杨传》里。献帝进入洛阳，洛阳的宫殿全被烧光，街道荒芜，百官们只好拨开草丛，在断壁残垣间栖身。州郡长官各自拥兵，没人前来洛阳。饥饿和困窘日益严重，尚书郎以下的官员，只好亲自去采摘野果野菜，有的

太祖乃迎天子都许。暹、奉不能奉王法，各出奔，寇徐、扬间，为刘备所杀。董承从太祖岁余，诛。建安二年，遣谒者仆射裴茂率关西诸将诛傕，夷三族。汜为其将五习所袭，死于郿。济饥饿，至南阳寇略，为穰人所杀，从子绣摄其众。才、乐留河东，才为怨家所杀，乐病死。遂、腾自还凉州，更相寇。后腾入为卫尉，子超领其部曲。十六年，超与关中诸将及遂等反，太祖征破之。语在《武纪》。遂奔金城，为其将所杀。超据汉阳，腾坐夷三族。赵衢等举义兵讨超，超走汉中从张鲁，后奔刘备，死于蜀。

袁绍字本初，汝南汝阳人也。高祖父安，为汉司徒。自安以下四世居三公位，由是势倾天下。绍有姿貌威容，能折节下士，士多附之，太祖少与交焉。以大将军掾为侍御史，稍迁中军校尉，至司隶。

灵帝崩，太后兄大将军何进与绍谋诛诸阉官，太后不从。乃召董卓，欲以胁太后。常侍、黄门闻之，皆诣进谢，唯所错置。时绍劝进便可于此决之，至于再三，而进不许。令绍使洛阳方略武吏，检司诸宦者。又令绍弟虎贲中郎将术选温厚虎贲二百人，当入禁中，代持兵黄门陛守门户。中常侍段珪等矫太后命，召进入议，遂杀之，宫中乱。术将虎贲烧南宫嘉德殿青琐门，欲以迫出珪等。珪等不出，劫帝及帝弟陈留王走小平津。绍既斩宦者所署司隶校尉许相，遂勒兵捕诸阉人，无少长皆杀之。或有无须而误死者，至自发露形体而后得免。宦者或有行善自守而犹见及。其滥如此。死者二千余人。急追珪等，珪等悉赴河死。帝得还宫。

就饿死在街边墙脚下。

因此太祖迎接献帝在许昌建都。韩暹、杨奉不遵守王法，率兵逃跑，在徐州、扬州一带侵扰掳掠，后来被刘备杀掉了。董承跟随太祖一年多，之后也被杀。建安二年，朝廷派谒者仆射裴茂带领关西诸将诛杀了李傕，灭了他的三族。郭汜被其部将五习袭击，死在郿县。张济因缺乏粮食，到南阳一带抢劫，被穰人杀死，他的侄子张绣统领了他的队伍。胡才、李乐留在河东郡，胡才被仇家杀死，李乐病亡。韩遂、马腾回到凉州后，不久又互相攻击。后来马腾入朝当了卫尉，儿子马超统领了他的部队。建安十六年，马超与关中诸将以及韩遂等人造反，太祖出兵征讨平定了他们。这事被记载在《武帝纪》中。韩遂逃到金城，被他的部将杀死。马超占据汉阳，马腾受到牵连而被灭三族。赵衢等兴军讨伐马超，马超逃到汉中归附张鲁，后来又投奔了刘备，最后死在了蜀地。

袁绍字本初，是汝南汝阳人。他的高祖父袁安，担任汉司徒。自袁安以下四代人都居三公之位，势力震动天下。袁绍外貌英俊而威严，并且能够降低自己，尊重士人，很多士人都依附他，曹操也在少年时代就与他交往。袁绍从入大将军的属官升任侍御史，逐渐升到中军校尉，一直到司隶校尉。

灵帝死后，大将军何进与袁绍密谋诛除宦官，何太后不同意。何进就召集董卓进京，想用这个方法来威逼太后。中常侍、黄门等宦官听说后，都到何进处谢罪，表示愿意由他处置。袁绍劝何进趁机解决宦官问题，劝了两三次，何进都没有听从，何进只是命袁绍让洛阳县派一些有谋略且配备了卫士的监察人员监视宦官；又令表绍堂弟、虎贲中郎将袁术选拔温和忠厚的虎贲二百人，入宫当值，代替手持兵器的宦官站在殿阶上把守宫门。中常侍段珪等假借皇太后的命令，召何进进宫议事，乘机杀掉了何进，宫中大乱。袁术率虎贲军焚烧了南宫嘉德殿的青琐门，想以此逼使段珪等人出来。段珪等人不出来，并劫持少帝及陈留王逃到小平津。袁绍斩杀了宦官任命的司隶校尉许相后，又指挥士兵搜捕宦官，无论老少全都杀掉。有的人因为没有胡须而被误作宦官杀死，以至于有的人不得不脱掉衣服露出形体

董卓呼绍，议欲废帝，立陈留王。是时绍叔父隗为太傅，绍伪许之，曰："此大事，出当与太傅议。"卓曰："刘氏种不足复遗。"绍不应，横刀长揖而去。绍既出，遂亡奔冀州。侍中周毖、城门校尉伍琼、议郎何颙等，皆名士也，卓信之。而阴为绍，乃说卓曰："夫废立大事，非常人所及。绍不达大体，恐惧故出奔，非有他志也。今购之急，势必为变。袁氏树恩四世，门生故吏遍于天下。若收豪杰以聚徒众，英雄因之而起，则山东非公之有也。不如赦之，拜一郡守，则绍喜于免罪，必无患矣。"卓以为然，乃拜绍勃海太守，封邟乡侯。

绍遂以勃海起兵，将以诛卓。语在《武纪》。绍自号车骑将军，主盟，与冀州牧韩馥立幽州牧刘虞为帝，遣使奉章诣虞，虞不敢受。后馥军安平，为公孙瓒所败。瓒遂引兵入冀州，以讨卓为名，内欲袭馥。馥怀不自安。会卓西入关，绍还军延津。因馥惶遽，使陈留高幹、颍川荀谌等说馥曰："公孙瓒乘胜来向南，而诸郡应之。袁车骑引军东向，此其意不可知，窃为将军危之。"馥曰："为之奈何？"谌曰："公孙提燕、代之卒，其锋不可当。袁氏一时之杰，必不为将军下。夫冀州，天下之重资也。若两雄并力，兵交于城下，危亡可立而待也。夫袁氏，将军之旧，且同盟也。当今为将军计，莫若举冀州以让袁氏。袁氏得冀州，则瓒不能与之争，必厚德将军。冀州入于亲交，是将军有让贤之名，而身安于泰山也。愿将军勿疑！"馥素恇怯，因然其计。馥长史耿武、别驾闵纯、治中李历谏馥曰："冀州

才得以幸免。宦官中那些行善守法的人也被殃及，袁绍就是这样滥杀，被杀死的有两千多人。袁绍又率兵急追段珪等人，段珪等人跳黄河自杀了。少帝才得以回到皇宫。

董卓把袁绍召去，商议把少帝废掉，另外立陈留王为帝。当时，袁绍的叔叔袁隗任太傅，袁绍假装答应董卓，说："这是大事，我回去还得与太傅商量一下。"董卓说："刘姓的后代不值得再保存了。"袁绍不再搭腔，把佩刀横过来，深深作了个揖出去了。袁绍出宫以后，就逃往了冀州。侍中周毖、城门校尉伍琼、议郎何颙等人都是知名人士，受到董卓的信任，暗中却替袁绍出力。他们劝董卓说："废立皇帝这种大事，不是平常人所能理解的。袁绍不识大体，得罪了您以后，心里害怕而出逃，并没有别的想法。如今急着悬赏捉拿他，势必会促使他反叛。袁氏家族连续四世建立恩德，门生、故吏遍布天下，假使袁绍收罗豪杰，招买兵马，各地的英雄就会乘机举兵，那样的话，崤山以东地区就很难控制了。不如赦免袁绍，任命他做个郡守，袁绍因为得到免罪而高兴，就肯定不会成为您的祸患了。"董卓认为有道理，于是任命袁绍为勃海太守，封为邟乡侯。

袁绍因此以勃海郡为基地起兵，准备杀了董卓，这事记载在《武帝纪》中。袁绍自称车骑将军，主持讨伐董卓的联盟。他与冀州牧韩馥共同立幽州牧刘虞为帝，派遣使者带着劝刘虞即位的奏章去见刘虞，但是刘虞不敢接受。后来，韩馥的军队驻扎在安平，被公孙瓒打败。公孙瓒领兵进入冀州，名义上打着讨伐董卓的旗号，私下却打算袭击韩馥，夺取冀州。韩馥心里非常担心。正好这时董卓挟持献帝西入函谷关，袁绍率军回到延津。袁绍因为韩馥担心公孙瓒，就派陈留人高干、颍川人荀谌等劝韩馥说："公孙瓒乘胜挥师南下，各郡纷纷响应。袁绍又率军向东进发，也不知他有什么意图，我们暗地里都替将军担心。"韩馥说："那该怎么办呢？"荀谌说："公孙瓒统率燕、代两地的精锐军队，势不可当。袁绍是当代的人中豪杰，肯定不会屈居将军您之下。您占据的冀州是物产丰富的争夺要地，袁绍如果与公孙瓒合力夺取冀州，将军立刻就会陷入危亡的困境。袁绍是将军的旧交，又曾与您结盟共同讨伐董卓。现在我们替将军考虑，

虽鄙，带甲百万，谷支十年。袁绍孤客穷车，仰我鼻息，譬如婴儿在股掌之上，绝其哺乳，立可饿杀。奈何乃欲以州与之？”馥曰：“吾，袁氏故吏，且才不如本初。度德而让，古人所贵，诸君独何病焉！”从事赵浮、程奂请以兵拒之，馥又不听。乃让绍，绍遂领冀州牧。

从事沮授说绍曰：“将军弱冠登朝，则播名海内；值废立之际，则忠义奋发；单骑出奔，则董卓怀怖；济河而北，则勃海稽首。振一郡之卒，撮冀州之众，威震河朔，名重天下。虽黄巾猾乱，黑山跋扈，举军东向，则青州可定；还讨黑山，则张燕可灭；回众北首，则公孙必丧；震胁戎狄，则匈奴必从。横大河之北，合四州之地，收英雄之才，拥百万之众，迎大驾于西京，复宗庙于洛邑。号令天下，以讨未复。以此争锋，谁能敌之？比及数年，此功不难。”绍喜曰：“此吾心也。”即表授为监军、奋威将军。卓遣执金吾胡母班、将作大匠吴脩赍诏书喻绍，绍使河内太守王匡杀之。卓闻绍得关东，乃悉诛绍宗族太傅隗等。当是时，豪侠多附绍，皆思为之报。州郡蜂起，莫不假其名。馥怀惧，从绍索去，往依张邈。后绍遣使诣邈，有所计议，与邈耳语。馥在座上，谓见图构，无何起至溷自杀。

不如把冀州让给袁绍。袁绍得到冀州，而公孙瓒无力与他争夺，必然感谢您的厚德。这样冀州落入亲密朋友手中，将军也有了让贤的美名，人身安全则比泰山还要安稳。希望将军不要迟疑。”韩馥一向胆小怕事，认为荀谌的说法很有道理。韩馥的长史耿武、别驾闵纯、治中李历都劝谏韩馥说：“冀州虽然偏远，但是有披甲的百万将士，粮食也足以维持十年。而袁绍的军队势单力薄，还要仰仗我们的鼻息，就好像是一个怀抱中的婴儿，要是不让他喝到乳汁，就立即会饿死他。为什么要把冀州让给他呢？”韩馥说：“我是袁绍的老部下，才能也不如他。因为自己不够贤能而让位，这是连古人都夸赞的品质，诸位又为什么要这么担忧呢？”从事赵浮、程奂又请求发兵抵抗袁绍，韩馥也不同意。就把冀州让给了袁绍，袁绍因此做了冀州牧。

从事沮授劝诫袁绍说：“将军年轻的时候在朝廷做官，扬名于海内；当年董卓废少帝、立献帝的时候，您又发扬忠义；只身跑出京城，董卓因此感到恐怖；您渡过黄河向北而去，勃海的豪杰低头下拜。振举的军队虽然只有勃海一郡，但是很快掌握了冀州的人马，河北都为您的声威所震动，名声重于天下。即使黄巾狡诈作乱，黑山军强横野蛮，只要将军带兵东征，就可以平定青州的黄巾；然后回军再讨伐黑山，就可以灭掉张燕；之后部队掉转头向北进军，公孙瓒就只有死路一条；以强大的军威震撼威胁戎狄，匈奴就必会服从。横扫黄河以北地区，将四州的土地合并在一起，聚集英雄豪杰，统领百万大军，在西京迎接皇帝，恢复洛阳宗庙，向全国发号施令，讨伐还没有归附朝廷的州郡，以这样的力量争雄天下，又有谁能是您的对手呢？用不了几年，就能平定天下，建立大功不难。”袁绍高兴地说：“这就是我的想法啊。”随既推荐沮授担任监军、奋威将军。董卓派遣执金吾胡毋班、将作大匠吴脩带了皇帝的命令劝导袁绍，河内太守王匡在袁绍的指使下杀了他们。董卓听说关东地区被袁绍所得到，就把袁绍家族的太傅袁隗等人都杀死了。这个时候，豪杰侠士大都依附袁绍，都想替他报仇，州郡蜂起，没有不假借他的名义的。韩馥心里害怕，就向袁绍提出要求离去，前往投靠张邈。后来袁绍派使者到张邈那里，有事商议，使者和张邈附耳密语。在座位上的韩馥看见这

初，天子之立非绍意，及在河东，绍遣颍川郭图使焉。图还说绍迎天子都邺，绍不从。会太祖迎天子都许，收河南地，关中皆附。绍悔，欲令太祖徙天子都鄄城以自密近，太祖拒之。天子以绍为太尉，转为大将军，封邺侯，绍让侯不受。顷之。击破瓒于易京，并其众。出长子谭为青州，沮授谏绍："必为祸始。"绍不听，曰："孤欲令诸儿各据一州也。"又以中子熙为幽州，甥高幹为并州。众数十万，以审配、逢纪统军事，田丰、荀谌、许攸为谋主，颜良、文丑为将率，简精卒十万，骑万匹，将攻许。

先是，太祖遣刘备诣徐州拒袁术。术死，备杀刺史车胄，引军屯沛。绍遣骑佐之。太祖遣刘岱、王忠击之，不克。建安五年，太祖自东征备。田丰说绍袭太祖后，绍辞以子疾，不许。丰举杖击地曰："夫遭难遇之机，而以婴儿之病失其会，惜哉！"太祖至，击破备；备奔绍。

绍进军黎阳，遣颜良攻刘延于白马。沮授又谏绍："良性促狭，虽骁勇不可独任。"绍不听。太祖救延，与良战，破斩良。绍渡河，壁延津南，使刘备、文丑挑战。太祖击破之，斩丑，再战，禽绍大将。绍军大震。太祖还官渡。沮授又曰："北兵数众而果劲不及南，南谷虚少而货财不及北；南利在于急战，北利在于缓搏。宜徐持久，旷以日月。"绍不从。连营稍前，逼官渡，合战。太祖军不利，复壁。绍为高橹，起土山，射营中。营中皆蒙楯，众大惧。太祖乃为发石车，击绍楼，皆破，绍众号曰霹雳车。绍为地道，欲袭太祖营。太祖辄于内为长堑以拒之，又遣奇兵袭击绍运车，大破之，尽焚其谷。太祖与绍相持日久，百姓疲乏，多叛应绍，军食乏。会绍遣淳于

一情景，以为自己要被谋害，没有多久就起身到厕所自杀了。

当初，立献帝不是袁绍的本来的意思。献帝在河东郡的时候，袁绍派颍川人郭图作为使者前去朝见。郭图回来后劝袁绍把献帝迎到邺城建都，袁绍没有听从。正好这时太祖把献帝迎到许县建立都城，收复了黄河以南的地区，关中诸侯全都降服。袁绍后悔没接受郭图的意见，想让太祖把献帝迁到鄄城建都，以便自己有机会接触献帝，太祖拒绝了。献帝任袁绍为太尉，转为大将军，封邺侯，袁绍辞侯爵不受。不久，袁绍在易京打败了公孙瓒，吞并了公孙瓒的兵众。袁绍派长子袁谭出任青州刺史，沮授劝阻说："这样必定会引发祸乱。"袁绍不听，说："我想让每个儿子都据有一个州。"又任命次子袁熙为幽州刺史，外甥高幹为并州刺史。袁绍此时拥有几十万人马，以审配、逢纪统领军事，田丰、荀谌、许攸为主要谋士，颜良、文丑为将领，挑选十万精兵，万匹战马，准备进攻许县。

在此之前，太祖曾经派遣刘备到徐州抵挡袁术。袁术死了以后，刘备杀死了徐州刺史车胄，领兵屯驻在沛县。袁绍派遣骑兵帮助刘备。太祖派刘岱、王忠进攻刘备，不能取胜。建安五年，太祖亲自东征刘备。田丰劝袁绍袭击太祖后方，袁绍以儿子有病为由，没有答应。田丰用手杖敲击地面说："碰到这样难得的机会，却因为婴儿的病而失掉了，可惜呀！"太祖到了沛县，大败刘备；刘备投奔袁绍。

袁绍进军到黎阳，派遣颜良在白马这个地方攻打刘延。沮授又进谏袁绍说："颜良性格气量狭小，虽然骁勇但不能够独自担当大任。"袁绍不听从。太祖救援刘延，与颜良交战，打败并斩杀了颜良。袁绍渡河，在延津南面扎营，让刘备、文丑去挑战。太祖打败了他们，斩杀了文丑，再次交战，活捉了袁绍的大将。袁绍军中大为震动。太祖返回官渡。沮授又说："北兵数量众多，但果敢勇猛不及南兵，南兵粮食少而且物资不及北兵；南兵利在急速决战，北兵利在缓慢搏斗。应该慢慢打持久战，拖长对峙的时间。"袁绍不听从沮授建议。连营稍为前进，逼近官渡，交战，太祖军队不利，再次坚壁驻扎。袁绍建造了高大的楼橹，堆起土山，射箭到曹营中，曹营中都用盾牌遮挡，士兵非常恐惧。太祖于是制作发石车，打击袁绍的楼橹，

琼等将兵万余人北迎运车，沮授说绍："可遣将蒋奇别为支军于表，以断曹公之钞。"绍复不从。琼宿乌巢，去绍军四十里。太祖乃留曹洪守，自将步骑五千，候夜潜往攻琼。绍遣骑救之，败走。破琼等，悉斩之。太祖还，未至营。绍将高览、张郃等率其众降。绍众大溃，绍与谭单骑退渡河。余众伪降，尽坑之。沮授不及绍渡，为人所执。诣太祖，太祖厚待之。后谋还袁氏，见杀。

初，绍之南也，田丰说绍曰："曹公善用兵，变化无方。众虽少，未可轻也，不如以久持之。将军据山河之固，拥四州之众，外结英雄，内修农战；然后简其精锐，分为奇兵，乘虚迭出，以扰河南，救右则击其左，救左则击其右，使敌疲于奔命，民不得安业；我未劳而彼已困，不及二年，可坐克也。今释庙胜之策，而决成败于一战，若不如志，悔无及也。"绍不从。丰恳谏，绍怒甚，以为沮众，械系之。绍军既败，或谓丰曰："君必见重。"丰曰："若军有利，吾必全；今军败，吾其死矣。"绍还，谓左右曰："吾不用田丰言，果为所笑。"遂杀之。绍外宽雅，有局度，忧喜不形于色，而内多忌害，皆此类也。

都打毁了，袁绍的士兵称其为“霹雳车”。袁绍挖掘地道，想要袭击太祖兵营。太祖就在营内挖长壕沟来拒敌，又派遣奇兵袭击袁绍的运粮车，大败袁军，焚毁了全部粮食。太祖与袁绍两军对峙旷日持久，百姓疲乏，很多人叛变响应袁绍，曹军军粮缺乏。遇上袁绍派遣淳于琼等人率兵一万余人往北迎接运粮车，沮授劝袁绍说：“可以派遣将领蒋奇另外带一支军队在外围，以此阻断曹公的抢劫。”袁绍又不听从。淳于琼留宿在乌巢，离开袁绍军队四十里。太祖便留曹洪守营，自己率步骑兵五千人等候夜晚来临就偷偷前往攻打淳于琼。袁绍派遣骑兵救援，援兵败逃。曹军打败了淳于琼等人，全部斩杀了他们。太祖返回，还没有到兵营，袁绍的将领高览、张郃等人就率其兵众投降。袁绍的军队大溃败，袁绍与袁谭仅带少数亲随撤退渡河。余下的兵众假意投降，结果全部被坑杀。沮授来不及和袁绍一起渡河，被人捉到，押去见太祖，太祖厚待了他。后来沮授密谋回到袁氏那里，被杀害了。

当初，袁绍南下的时候，田丰劝告袁绍说：“曹操善于用兵，变化多端。他的部队虽少，却不能低估他，不如跟他作持久战的打算。将军现在据有险固的山河，拥有四州众多的兵卒，对外结交各地英雄，对内修明农事战备；然后挑选军队中最精锐的，士兵分别组成奇诡莫测的部伍，趁着对方出现的空隙出兵，扰击黄河以南的地区，他要救右边，我们就袭击他的左边，他想救左边，我们就袭击他的右边，使敌人疲于奔命，他辖区内的人民也不得安居乐业；这样，我们还没消耗力气，而对方早已疲困不堪，不需要等到两年，就可以轻易地把他们克服。现在舍弃坐在庙堂内策划便可稳操胜券的谋略，而以一次战役来决定成败，万一不能如愿，那就后悔莫及了。”袁绍不肯听从，田丰恳切力谏，袁绍大怒，认为他在涣散军心，而把田丰囚禁起来。等到袁绍兵败，有人向田丰说：“您一定要被重用了。”田丰说：“要是出师有利，我可以保全性命；现在战败，我一定活不成了。”袁绍回来后，对左右的人说：“我没有听田丰的话而失败，现在一定会被他嘲笑。”就把田丰杀掉了。袁绍外表上看来宽容儒雅，气度不凡，真正的忧愁和喜悦从不表现在脸上，内心却充满了猜忌嫉害，像

冀州城邑多叛，绍复击定之。自军败后发病，七年，忧死。

绍爱少子尚，貌美，欲以为后而未显。审配、逢纪与辛评、郭图争权，配、纪与尚比，评、图与谭比。众以谭长，欲立之。配等恐谭立而评等为己害，缘绍素意，乃奉尚代绍位。谭至，不得立，自号车骑将军。由是谭、尚有隙。太祖北征谭、尚。谭军黎阳，尚少与谭兵，而使逢纪从谭。谭求益兵，配等议不与。谭怒，杀纪。太祖渡河攻谭，谭告急于尚。尚欲分兵益谭，恐谭遂夺其众。乃使审配守邺，尚自将兵助谭，与太祖相拒于黎阳。自九月至二月，大战城下，谭、尚败退，入城守。太祖将围之，乃夜遁。追至邺，收其麦，拔阴安，引军还许。太祖南征荆州，军至西平。谭、尚遂举兵相攻，谭败奔平原。尚攻之急，谭遣辛毗诣太祖请救。太祖乃还救谭，十月至黎阳。尚闻太祖北，释平原还邺。其将吕旷、吕翔叛尚归太祖，谭复阴刻将军印假旷、翔。太祖知谭诈，与结婚以安之，乃引军还。尚使审配、苏由守邺，复攻谭平原。太祖进军将攻邺，到洹水，去邺五十里。由欲为内应，谋泄，与配战城中，败，出奔太祖。太祖遂进攻之，为地道，配亦于内作堑以当之。配将冯礼开突门，内太祖兵三百余人。配觉之，从城上以大石击突中栅门，栅门闭，入者皆没。太祖遂围之，为堑，周四十里，初令浅，示若可越。配望而笑之，不出争利。太祖一夜掘之，广深二丈，决漳水以灌之。自五月至八月，城中饿死者过半。尚闻邺急，将兵万余人还救之。依西山来，东至阳平亭，去邺十七里，临滏水，举火以示城中，城中亦举火相应。配出兵城北，欲与尚对决围。太祖逆击之，败还，尚亦破走，依曲漳为营，太祖遂围之。未合，尚惧，遣阴夔、陈琳乞降，不听。尚还走滥口，进复围之急，其将马延等临陈降。众大溃，尚奔中山。尽收其辎重，得尚印绶、节钺及衣物，以示其家，城中崩沮。配兄子荣守东

田丰的被杀，就是一个很好的例子。

冀州城邑大多开始背叛袁绍，袁绍又派兵把这些地方都平定了。自从军队战败后袁绍就生了病，建安七年，忧郁而死。

袁绍喜欢小儿子袁尚，因为袁尚容貌俊美，袁绍想把他作为自己的继承人，但是没有公开宣布。审配、逢纪与辛评、郭图争权，审配、逢纪与袁尚交好，辛评、郭图与袁谭结党。很多人认为袁谭年长，想立他为主。审配等人怕立袁谭之后辛评等人祸害自己，便根据袁绍一向的意愿，推举袁尚接替了袁绍的位置。袁谭在冀州，没有成为继承人，便自称车骑将军。从此，袁谭、袁尚兄弟间就产生了矛盾。曹操北征袁谭、袁尚。袁谭屯军在黎阳，袁尚只给袁谭很少的兵马，并且还让逢纪在袁谭身边监视他。袁谭要求增加兵马，审配等人建议不给。袁谭非常愤怒，杀了逢纪。曹操渡过黄河进攻袁谭，袁谭向袁尚告急。袁尚想分出一些兵马救援，又害怕袁谭把这些兵据为己有不再归还。便让审配守邺城，袁尚亲自率兵援助袁谭，与曹操在黎阳对峙。从九月到第二年二月，双方在黎阳城下展开大战，袁谭、袁尚战败，退入城中坚守。曹操准备围城，袁谭、袁尚趁夜色逃跑了。曹军追到邺城，收割了邺城已经成熟的麦子，又攻下了阴安，然后撤军回到许县。曹操南下征讨荆州，行军到了西平。这时袁谭、袁尚互相攻击，袁谭败逃到平原郡。袁尚进攻非常紧急，袁谭就派辛毗去向曹操求救。曹操就带兵救援袁谭，十月到达黎阳。袁尚听说曹操北进，就退回邺城。他的部将吕旷、吕翔叛变投降了曹操，袁谭私下刻制了将军的官印送给吕旷、吕翔。曹操不信任袁谭，就以和他结为儿女亲家为名来稳住他，然后就领兵回去了。袁尚让审配、苏由镇守邺城，再次进攻袁谭据守的平原。曹军准备攻打邺城，到达洹水，距邺城五十里。苏由降曹预做内应，计谋泄露后就和审配在城中交战，败后逃出，投奔了曹操。曹操就挖地道攻城，审配也在城内挖壕沟来抵挡。审配的部将冯礼偷开城下的小门，放进了三百多名曹兵。审配发觉了，从城头上用大石击中了栅门，栅门关闭，进入的曹兵都被杀死了。曹操把邺城围困起来，挖掘堑壕，有四十里长，开始时挖得很浅，看起来好像一步就能越过去。审配感到好笑，并不出城争夺。一

门，夜开门内太祖兵，与配战城中，生禽配。配声气壮烈，终无挠辞，见者莫不叹息。遂斩之。高幹以并州降，复以幹为刺史。

太祖之围邺也。谭略取甘陵、安平、勃海、河间，攻尚于中山。尚走故安从熙，谭悉收其众。太祖将讨之，谭乃拔平原，并南皮，自屯龙凑。十二月，太祖军其门，谭不出，夜遁奔南皮，临清河而屯。十年正月，攻拔之，斩谭及图等。熙、尚为其将焦触、张南所攻，奔辽西乌丸。触自号幽州刺史，驱率诸郡太守令长，背袁向曹，陈兵数万，杀白马盟。令曰："违命者斩！"众莫敢语，各以次歃。至别驾韩珩，曰："吾受袁公父子厚恩，今其破亡，智不能救，勇不能死，于义阙矣；若乃北面于曹氏，所弗能为也。"一坐为珩失色。触曰："夫兴大事，当立大义，事之济否，不待一人，可卒珩志，以励事君。"高幹叛，执上党太守，举兵守壶口关。遣乐进、李黄击之，未拔。十一年，太祖征幹。幹乃留其将夏昭、邓升守城，自诣匈奴单于求救，不得，独与数骑亡，欲南奔荆州，上洛都尉捕斩之。十二年，太祖至辽西击乌丸。尚、熙与乌丸逆军战，败走奔辽东，公孙康诱斩之，送其首。太祖高韩珩节，屡辟不至，卒于家。

夜之间，曹兵把壕沟的宽、深各挖到二丈，决开漳水灌入沟中。从五月围困到八月，城里饿死的人超过一半。袁尚听说邺城危急，率领一万多士兵赶回救援。沿着西山行军，进到阳平亭，离邺城十七里的时候，隔着滏水燃起火来向城中报信，城里也燃火呼应。审配从北门出击，打算和袁尚内外夹击突破包围。曹操迎战审配，把他打败，袁尚也战败逃跑，靠曲漳扎营，曹操就把他包围起来。还没有合围，袁尚就害怕了，派阴夔、陈琳祈求投降，曹操没有接受。袁尚退到滥口，曹操又把他围困起来，袁尚的部将马延等人临阵投降。袁军溃散，袁尚逃到中山。曹操缴获了他的全部物资，搜缴了袁尚的印信、符节、斧钺以及衣物，把这些东西拿给他家人去看，邺城守军丧失了斗志，再也守不住了。审配的侄子审荣防守东门，在夜里偷偷地开城放进曹兵，曹军与审配在城中交战，擒获了审配。审配意气壮烈，一直没有屈服，见到的人无不叹息。曹操把他杀了。高幹献出并州投降了曹操，曹操仍让高幹担任并州刺史。

曹操包围邺城的时候，袁谭趁这个机会攻下了甘陵、安平、勃海、河间等地，又在中山攻打袁尚。袁尚逃到故安县依仗袁熙，袁谭把袁尚的部众全都收拢。曹操要讨伐袁谭，袁谭就占领平原，合并了南皮的军队，驻扎在龙凑。十二月，曹军进到袁谭大营门外，袁谭闭门不出；夜里逃奔南皮，依清河扎下大营。建安十年正月，曹军攻克了袁谭大营，杀了袁谭和郭图等人。袁熙、袁尚被他们的将领焦触、张南攻，逃奔到辽西乌丸。焦触自称幽州刺史，强迫各郡太守、县令、县长背袁向曹，排起了数万军队，杀白马盟誓，并下令说："违命不加盟者斩！"众人没有敢说话的，全都按照顺序歃血盟誓。轮到别驾韩珩的时候，韩珩说："我承受袁公父子厚恩，如今他们破败逃亡，我没有救他的智谋，没有以死相殉的勇气，在道义上是欠缺的；如果再让我向曹氏称臣，这是我不能做的事情。"在座的人都替他害怕，吓得变了脸色。焦触说："凡做大事，当立大义，事情成功与否，不在乎一个人的态度，可以成全韩珩的志向，来激励那些侍奉君主的人。"高幹叛变，抓捕了上党郡太守，出兵把守壶口关。曹操派乐进、李典征讨他们，没有取胜。建安十一年，曹操亲征高幹。高幹留将领夏昭、

袁术字公路，司空逢子，绍之从弟也。以侠气闻。举孝廉，除郎中，历职内外，后为折冲校尉、虎贲中郎将。董卓之将废帝，以术为后将军；术亦畏卓之祸，出奔南阳。会长沙太守孙坚杀南阳太守张咨，术得据其郡。南阳户口数百万，而术奢淫肆欲，征敛无度，百姓苦之。既与绍有隙，又与刘表不平而北连公孙瓒；绍与瓒不和而南连刘表。其兄弟携贰，舍近交远如此。

引军入陈留。太祖与绍合击，大破术军。术以余众奔九江，杀扬州刺史陈温，领其州。以张勋、桥蕤等为大将军。李傕入长安，欲结术为援。以术为左将军，封阳翟侯，假节，遣太傅马日磾因循行拜授。术夺日磾节，拘留不遣。

时沛相下邳陈珪，故太尉球弟子也。术与珪俱公族子孙，少共交游。书与珪曰："昔秦失其政，天下群雄争而取之，兼智勇者卒受其归。今世事纷扰，复有瓦解之势矣，诚英乂有为之时也。与足下旧交，岂肯左右之乎？若集大事，子实为吾心膂。"珪中子应时在下邳，术并胁质应，图必致珪。珪答书曰："昔秦末世，肆暴恣情，虐流天下，毒被生民，下不堪命，故遂土崩。今虽季世，未有亡秦苛暴之乱也。曹将军神武应期，兴复典刑；将拨平凶慝，清定海内，信有征矣。以为足下当勠力同心，匡翼汉室，而阴谋不轨，以身试祸，岂不痛哉！若迷而知反，尚可以免。吾备旧知，故陈至情，虽逆于耳，骨肉之惠也。欲吾营私阿附，有犯死不能也。"

邓升守城，自己到匈奴单于处请求援救，没有成功；独自与几名骑兵逃跑，想南奔荆州，被上洛县都尉逮捕斩杀。建安十二年，曹操到辽西郡攻击乌丸，袁尚、袁熙与乌丸迎战曹军，兵败后逃到辽东郡，被公孙康斩杀，把首级送给曹操。曹操非常钦佩韩珩的气节，多次征召他，韩珩都不出来，后在家中去世。

袁术字公路，是司空袁逢的儿子，袁绍的堂弟，因为任侠讲义气而闻名，被推举为孝廉，官拜郎中。他先后担任了中央、地方的许多官职，最后做到折冲校尉、虎贲中郎将。董卓准备废掉少帝的时候，任命袁术为后将军；袁术也害怕董卓作乱而祸及自身，逃出京师，到了南阳。当时正好长沙太守孙坚杀了南阳太守张咨，袁术得以占有南阳郡。南阳的居民有几百万，袁术骄奢荒淫，滥收租税，百姓困苦不堪。袁术既与袁绍有矛盾，又与刘表不和，而同北方的公孙瓒结成同盟。袁绍则与公孙瓒不和，而与南边的刘表结盟。他们兄弟两条心，舍弃近邻而去远方结交，竟到了这样的程度。

袁术率军进入陈留，曹操与袁绍联合起来袭击他，打败了袁术。袁术带领余部逃到九江，杀掉扬州刺史陈温，占领了扬州，任命张勋、桥蕤等人为大将军。李傕进入长安后，想结交袁术做他的外援，任命袁术为左将军，封阳翟侯，授予符节，派太傅马日磾借巡视的名义去袁术那里任命授爵。袁术夺了马日磾的符节，扣留他不让他回去。

当时沛相下邳人陈珪，是已经去世太尉陈球弟弟的儿子。袁术与陈珪都是三公家族的子孙，少年时代就互相交往，袁术给陈珪写信说："当初秦朝失去政权，天下群雄争相夺取，智勇兼备的人最终取得天下。如今政局混乱，天下又有瓦解的趋势，这正是英雄豪杰大有作为的时候。我和足下您是旧交，难道您不肯帮助我吗？如果我要干成大事，足下的确是我亲信得力的人。"陈珪的二儿子陈应当时在下邳，袁术同时威胁并把陈应作为人质，想着一定要陈珪投靠自己。陈珪给袁术回信说："过去秦朝末世，皇帝暴虐放纵，天下人受其虐待，百姓受其荼毒，下面不堪忍受，所以秦朝才土崩瓦解。如今虽然也是末世，但是没有秦朝苛政暴虐所引起的动乱。曹将军武略超群应天受命，正在恢复过去的典章刑律，将要扫平凶恶之人，使海内

兴平二年冬，天子败于曹阳。术会群下谓曰："今刘氏微弱，海内鼎沸。吾家四世公辅，百姓所归，欲应天顺民，于诸君意如何？"众莫敢对。主簿阎象进曰："昔周自后稷至于文王，积德累功，三分天下有其二，犹服事殷。明公虽奕世克昌，未若有周之盛。汉室虽微，未若殷纣之暴也。"术嘿然不悦。用河内张炯之符命，遂僭号。以九江太守为淮南尹。置公卿，祠南北郊。荒侈滋甚，后宫数百皆服绮縠，余粱肉，而士卒冻馁，江淮间空尽，人民相食。术前为吕布所破，后为太祖所败，奔其部曲雷薄、陈兰于灊山。复为所拒，忧惧不知所出。将归帝号于绍，欲至青州从袁谭，发病道死。妻子依术故吏庐江太守刘勋，孙策破勋，复见收视。术女入孙权宫，子耀拜郎中，耀女又配于权子奋。

刘表字景升，山阳高平人也。少知名，号八俊。长八尺余，姿貌甚伟。以大将军掾为北军中侯。灵帝崩，代王睿为荆州刺史。是时山东兵起，表亦合兵军襄阳。袁术之在南阳也，与孙坚合从，欲袭夺表州，使坚攻表。坚为流矢所中死，军败，术遂不能胜表。李傕、郭汜入长安，欲连表为援，乃以表为镇南将军、荆州牧，封成武

清平安定，的确是有征兆可以证明的。我以为足下会和曹将军同心努力，匡扶汉室，然而足下却图谋不轨，以身试祸，岂不令人痛心！如果足下迷途知返，还可以免祸。我暂且还在足下的老朋友中充数，所以和足下讲最知心的话，虽然不中听，但是这是至亲的人才能给足下的忠告。要让我为了私利而依附足下，我是宁死也不会如此的。”

兴平二年冬天，天子的军队在曹阳被打败了。袁术召集部下说：“如今刘室已经衰弱，海内人心鼎沸，我们袁家四代都是汉朝的公卿辅晨，更是百姓们心愿的归向。我想要配合天意顺应民心，不晓得各位的意见如何？”大家都沉默不敢应对。只有主簿阎象向前进谏说：“从前的周代，自从后稷到文王，不知积累了多少的道德功绩，在三分的天下中才占有其中的两分，尚且还归顺殷。明公虽然世代昌明，可还没有当年周文王的兴盛吧？汉室虽然衰微，可还不至于像殷纣的残暴吧？”袁术听了默不作声，心里却非常不高兴。于是用了河内张炯的符命，擅自僭称名号；另外任命九江太守为淮南尹；设立公卿，在城南设宗庙祭祖，城北设置郊坛祭天。袁术极尽荒淫奢靡之能事，一方面是后宫里几百名妇女都穿戴绮丽的绸缎，每天有吃不完的肥肉美食；一方面却是士卒挨饿受冻。长江、淮河一带成为空地，百姓互相吃人。袁术先是被吕布攻破，后来又被曹操打败，便逃奔到灊山他的部下雷薄、陈兰那儿去，又被他们拒绝。袁术忧愁害怕，不知道该往哪里去才好。后来，他想要将帝号送给袁绍，自己则打算到青州去依靠袁谭，却因为疾病死在半路。袁术的妻子儿女依附他以前的部下庐江太守刘勋。后来，孙策打败刘勋，袁术的妻子儿女又被孙策收留了。袁术的女儿嫁到了孙权宫中，儿子袁耀则官拜郎中，袁耀的女儿又婚配给孙权的儿子孙奋。

刘表，字景升，是山阳郡高平县人。年少时就很有名气，被称为八俊之一。身高八尺有余，身材魁梧、姿容伟岸。凭借大将军属官的身份被任命为北军中侯。汉灵帝驾崩，他取代王睿成为荆州刺史。这个时候山东发生兵变，刘表也集合兵士驻扎于襄阳。袁术在南阳时，与孙坚联合，想袭击并夺取刘表的荆州，让孙坚攻打刘表。结果孙坚被流箭射中而死，军队战败，袁术因此无法打败刘表。李傕、郭

侯，假节。天子都许，表虽遣使贡献，然北与袁绍相结。治中邓羲谏表，表不听，羲辞疾而退，终表之世。张济引兵入荆州界，攻穰城，为流矢所中死。荆州官属皆贺，表曰："济以穷来，主人无礼，至于交锋，此非牧意，牧受吊，不受贺也。"使人纳其众；众闻之喜，遂服从。长沙太守张羡叛表，表围之连年不下。羡病死，长沙复立其子怿，表遂攻并怿。南收零、桂，北据汉川，地方数千里，带甲十余万。

太祖与袁绍方相持于官渡。绍遣人求助，表许之而不至，亦不佐太祖。欲保江汉间，观天下变。从事中郎韩嵩、别驾刘先说表曰："豪杰并争，两雄相持，天下之重，在于将军。将军若欲有为，起乘其弊可也；若不然，固将择所从。将军拥十万之众，安坐而观望。夫见贤而不能助，请和而不得，此两怨必集于将军，将军不得中立矣。夫以曹公之明哲，天下贤俊皆归之，其势必举袁绍。然后称兵以向江汉，恐将军不能御也。故为将军计者，不若举州以附曹公，曹公必重德将军；长享福祚，垂之后嗣，此万全之策也。"表大将蒯越亦劝表，表狐疑，乃遣嵩诣太祖以观虚实。嵩还，深陈太祖威德，说表遣子入质。表疑嵩反为太祖说，大怒，欲杀嵩；考杀随嵩行者，知嵩无他意，乃止。表虽外貌儒雅，而心多疑忌，皆此类也。

汜进入长安，想联合刘表得其援助，就把刘表任命为镇南将军、荆州牧，加封成武侯，授予符节。天子建都于许，刘表虽派了使者进贡，却依旧和北边的袁绍相勾结。治中邓羲为此事向刘表进谏，刘表没有听取，邓羲就以有病为理由辞官而退，直到刘表去世。张济率兵进入荆州境内，攻打穰城，被流箭射中而死。荆州官员全来道贺，刘表说："张济因为处境困窘才来，主人没有尽到礼节，以至于交战，这不是我的本意，我只接受哀悼，不接受祝贺。"刘表还派人收纳了张济的部下；张济的兵士听说后很高兴，于是归顺了刘表。长沙太守张羡背叛了刘表，刘表围攻他，但是好多年都未攻下。张羡病逝后，他的儿子张怿又被拥立。刘表就攻打并吞并了张怿的部众，向南功取了零陵、桂阳，向北占领了汉川，所辖地界不下千里，旗下军队也十万有余。

曹操同袁绍的军队在官渡对峙，袁绍派遣军队来求援。刘表答应了袁绍的要求，却没有派兵去袭击曹操后方。他也不帮助曹操，想保全长江汉水一带地区，观望天下局势的变化。从事中郎韩嵩、别驾刘先劝刘表说："现在豪杰相争，袁绍、曹操两雄相持，天下的重心在于将军。如果您想有所作为，可以乘他们斗得两败俱伤的时候起兵；如果没有那个意思，就应当选择所应归附的对象。怎么能拥兵十万，坐观成败呢。遇到贤能的人而不能相助，请求两方面和解也不可能。双方的怨恨必定都集中到您身上，您恐怕就不能中立了。凭借曹操的雄才大略，天下贤才俊杰又都愿意归附于他，势必战胜袁绍，然后他再进军长江、汉水一带，恐怕将军您抵御不住。如今您最好的办法，不如率荆州归附曹操，曹操一定会感激将军，将军就可以长期享受富贵的生活，并传给后代，这是万全之策。"刘表的大将蒯越也劝刘表这样做，刘表犹豫不决，就派韩嵩前往曹操之处打探虚实。韩嵩从许都返回后，大力赞扬朝廷和曹操的恩德，劝刘表把儿子送到朝廷做人质。刘表怀疑韩嵩已成为曹操的说客，大怒，准备处死韩嵩。他用重刑拷问跟随韩嵩出使的官员，有的被拷打致死，终于知道韩嵩没有背叛自己的意思，才没有杀韩嵩。刘表虽然外貌儒雅，但是内心多疑猜忌，在许多事情的处理上都是这样。

刘备奔表，表厚待之，然不能用。建安十三年，太祖征表，未至，表病死。

初，表及妻爱少子琮，欲以为后，而蔡瑁、张允为之支党，乃出长子琦为江夏太守，众遂奉琮为嗣。琦与琮遂为仇隙。越、嵩及东曹掾傅巽等说琮归太祖，琮曰："今与诸君据全楚之地，守先君之业，以观天下，何为不可乎？"巽对曰："逆顺有大体，强弱有定势。以人臣而拒人主，逆也；以新造之楚而御国家，其势弗当也；以刘备而敌曹公，又弗当也。三者皆短，欲以抗王兵之锋，必亡之道也。将军自料何与刘备？"琮曰："吾不若也。"巽曰："诚以刘备不足御曹公乎，则虽保楚之地，不足以自存也；诚以刘备足御曹公乎，则备不为将军下也。愿将军勿疑。"太祖军到襄阳，琮举州降。备走奔夏口。

太祖以琮为青州刺史、封列侯。蒯越等侯者十五人。越为光禄勋；嵩，大鸿胪；羲，侍中；先，尚书令；其余多至大官。

评曰：董卓狼戾贼忍，暴虐不仁；自书契已来，殆未之有也。袁术奢淫放肆，荣不终己，自取之也。袁绍、刘表，咸有威容、器观，知名当世。表跨蹈汉南，绍鹰扬河朔，然皆外宽内忌，好谋无决；有才而不能用，闻善而不能纳；废嫡立庶，舍礼崇爱。至于后嗣颠蹶，社稷倾覆，非不幸也。昔项羽背范增之谋，以丧其王业；绍之杀田丰，乃甚于羽远矣！

刘备投奔刘表，刘表对他厚礼相待，却不予重用。建安十三年，曹操讨伐刘表。曹军还没到荆州，刘表就病死了。

起初，刘表及妻子喜爱他们的幼子刘琮，想让他成为继承人，蔡瑁、张允等人是刘琮支党，便让长子刘琦外任江夏太守，众人尊奉刘琮继承了刘表的地位。刘琦和刘琮因此结下仇怨。蒯越、韩嵩以及东曹掾傅巽等人劝刘琮依附曹操，刘琮说："现今我与诸位据有整个楚地，守着先父留下的基业，观天下之变，有什么不行呢？"傅巽回答说："叛逆和忠顺应符合大体，力量强弱的程度受一定因素的制约。身为人臣而抗拒人主，就是逆；以新据不久的荆州来抗拒朝廷，是不能抵挡大势的；以刘备和曹操对抗，也不是对手。三方面我们都处劣势，用它来对抗朝廷的大兵，是必亡之路。将军与刘备相比怎样？"刘琮说："我不如他。"傅巽说："如果刘备不能抵御曹公，那么即使据有楚国故地，也不能保全自己；如果认为刘备可以抵御曹公，那么刘备也不会甘心居将军之下。希望将军不要再迟疑了。"曹操大军到达襄阳，刘琮献荆州投降。刘备逃奔夏口。

曹操让刘琮做了青州刺史，封列侯。蒯越等被封列侯的有十五人。蒯越为光禄勋；韩嵩任大鸿胪；邓羲任侍中；刘先任尚书令；其余的人大多也都升了官。

评论说：董卓凶狠残忍，暴虐不仁；自从有文字记载以来，几乎是没有的。袁术奢侈荒淫，放纵不羁，兴旺景象不到死时就结束，这是咎由自取。袁绍、刘表，全都生得威严，有风度，在世间很有名气。刘表占据了汉水以南，袁绍也在河朔地区大展雄才，然而二人都是外表宽容，内心猜忌，喜好谋略而不能决断；有人才而不能用，听到好计谋而不能采纳；废除嫡长子而立庶子，舍弃礼法只讲情爱。以至于后代困顿挫折，社稷覆灭，这不是意外的不幸。过去项羽不用范增的计谋，因此丧失了王霸之业；袁绍杀害田丰，所犯的错误要比项羽严重多了！

卷七　魏书七

吕布张邈臧洪传第七

吕布字奉先，五原郡九原人也，以骁武给并州。刺史丁原为骑都尉，屯河内，以布为主簿，大见亲待。灵帝崩，原将兵诣洛阳。与何进谋诛诸黄门，拜执金吾。进败，董卓入京都，将为乱，欲杀原，并其兵众。卓以布见信于原，诱布令杀原。布斩原首诣卓，卓以布为骑都尉，甚爱信之，誓为父子。

布便弓马，膂力过人，号为飞将。稍迁至中郎将，封都亭侯。卓自以遇人无礼，恐人谋己，行止常以布自卫。然卓性刚而褊，忿不思难，尝小失意，拔手戟掷布。布拳捷避之，为卓顾谢，卓意亦解。由是阴怨卓。卓常使布守中阁，布与卓侍婢私通，恐事发觉，心不自安。

先是，司徒王允以布州里壮健，厚接纳之。后布诣允，陈卓几见杀状。时允与仆射士孙瑞密谋诛卓，是以告布使为内应。布曰：“奈如父子何！”允曰：“君自姓吕，本非骨肉。今忧死不暇，何谓父子？”布遂许之，手刃刺卓。语在《卓传》。允以布为奋武将军，假节，仪比三司，进封温侯，共秉朝政。布自杀卓后，畏恶凉州人，凉州人皆怨。由是李傕等遂相结还攻长安城。布不能拒，傕等遂入长安。卓死后六旬，布亦败。将数百骑出武关，欲诣袁术。

布自以杀卓为术报仇，欲以德之。术恶其反覆，拒而不受。北

吕布字奉先，是五原郡九原县人。因为骁勇有武艺在并州当差。刺史丁原任骑都尉后，在河内驻兵，任吕布为主簿。丁原很是亲近和厚待吕布。灵帝死后，丁原带兵到洛阳，被任命为执金吾，和何进策划杀掉宦官。何进失败，董卓进入京城，准备制造动乱，想杀死丁原，吞并他的队伍。董卓因为吕布受丁原的信任不敢妄动，就诱使吕布让他杀掉丁原。吕布斩下丁原的头去见董卓，董卓任命吕布担任骑都尉，十分宠爱信任他，两人立誓认为父子。

吕布骑马射箭技艺娴熟，体力超人，号称飞将军。后来他逐渐升到中郎将，封都亭侯。董卓感到自己对人无礼，害怕有人来谋害自己，所以出入都让吕布护卫。然而董卓性情刚猛狭隘，怒起不计后果，曾因小小不满，以手戟掷刺吕布。吕布因为身手敏捷躲避过去，又向董卓道歉，董卓的怒气才消解。因此吕布心中暗暗怨恨董卓。董卓经常让吕布守卫内室小门，吕布与董卓的奴婢私通，又怕被发觉，因此心中不安。

在此之前，司徒王允因为吕布是同乡又勇健，就用厚礼待他。后来吕布到王允处，述说自己几乎被董卓刺杀的事。当时王允和仆射士孙瑞正密谋诛杀董卓，所以把计划告诉了吕布，让他做内应。吕布说："可我们就像父子一样啊！"王允说："您本姓吕，与他根本没有血缘关系。如今您担心被他杀死还来不及，何谈亲如父子？"吕布就答应了，并亲手刺死董卓。这件事记载在《董卓传》。王允任吕布为奋武将军，授符节，仪同三司，进封温侯，共同主持朝政。吕布自从杀死董卓后，害怕厌恶凉州人，凉州人也都恨他，因此李傕等人便联合反攻长安。吕布不能抵挡，李傕等人就进入了长安。董卓死后的六十天，吕布也被打败，带领几百骑兵逃出武关，想去投奔袁术。

吕布自以为杀了董卓也是替袁术报了大仇，袁术肯定会感激他。

诣袁绍，绍与布击张燕于常山。燕精兵万余，骑数千。布有良马曰赤兔。常与其亲近成廉、魏越等陷锋突陈，遂破燕军。而求益兵众，将士钞掠，绍患忌之。布觉其意，从绍求去。绍恐还为己害，遣壮士夜掩杀布，不获。事露，布走河内，与张杨合。绍令众追之，皆畏布，莫敢逼近者。

张邈字孟卓，东平寿张人也。少以侠闻，振穷救急，倾家无爱，士多归之。太祖、袁绍皆与邈友。辟公府，以高第拜骑都尉，迁陈留太守。董卓之乱，太祖与邈首举义兵。汴水之战，邈遣卫兹将兵随太祖。袁绍既为盟主，有骄矜色，邈正议责绍。绍使太祖杀邈，太祖不听。责绍曰："孟卓，亲友也，是非当容之。今天下未定，不宜自相危也。"邈知之，益德太祖。太祖之征陶谦，敕家曰："我若不还，往依孟卓。"后还，见邈，垂泣相对。其亲如此。

吕布之舍袁绍从张杨也，过邈临别，把手共誓。绍闻之，大恨。邈畏太祖终为绍击己也，心不自安。兴平元年，太祖复征谦。邈弟超，与太祖将陈宫、从事中郎许汜、王楷共谋叛太祖。宫说邈曰："今雄杰并起，天下分崩。君以千里之众，当四战之地，抚剑顾眄，亦足以为人豪，而反制于人，不以鄙乎！今州军东征，其处空虚，吕布壮士，善战无前，若权迎之，共牧兖州。观天下形势，俟时事之变通，此亦纵横之一时也。"邈从之。太祖初使宫将兵留屯东郡，遂以其众东迎布为兖州牧，据濮阳。郡县皆应，唯鄄城、东阿、范为太祖守。太祖引军还，与布战于濮阳。太祖军不利，相持百余日。是时岁旱、虫蝗、少谷，百姓相食，布东屯山阳。二年间，太祖乃尽复收诸城，击破布于钜野。布东奔刘备。邈从布，留超将家属屯雍丘。

然而袁术却恼恨他反复无常，拒不接纳他。吕布又向北投奔袁绍。袁绍与吕布一起在常山攻打张燕。张燕有精兵一万多，骑兵数千。吕布有一匹名为赤兔的好马。他经常与手下亲信成廉、魏越等人冲锋陷阵，终于打败了张燕的兵马。吕布要求增加自己的士兵，然而他的将士又到处掳掠，袁绍对他很担心顾忌。吕布觉察到袁绍的心思，向袁绍要求离去。袁绍害怕他反会成为自己以后的大患，便派壮士乘夜去暗杀吕布，却没有成功，事败，吕布投奔河内，与张杨联合。袁绍派兵去追他，追兵们都害怕吕布，只是虚张声势没有人敢逼近他。

张邈字孟卓，是东平郡寿张县人，年轻的时候以侠义闻名，救济穷困之人，倾家荡产也不吝惜，很多士人都依附他。曹操、袁绍都和张邈友好。后被辟为三公的下属，以上等考绩任骑都尉，后来升迁为陈留郡太守。董卓作乱，曹操与张邈首起义兵讨伐。汴水之战中，张邈派卫兹率兵随从曹操。袁绍担任讨董联盟盟主，露出高傲自负的神色，张邈义正词严地责备他。袁绍让曹操杀张邈，曹操不听。责备袁绍说："孟卓是我们的亲友，有不对的地方应当宽容他。如今天下未定，不应自相残杀呀。"张邈知道后，更加感激曹操。曹操东征陶谦，对家人说："我如果不回来，你们就去投奔孟卓。"后来曹操回来，见到张邈，二人相对而泣。他们的关系就是这样亲密。

吕布离开袁绍依附张杨，到张邈处和他告别，两个人手拉手立下誓言。袁绍听说以后，非常愤恨。张邈担心曹操最终会替袁绍攻击自己，心中惶惶不安。兴平元年，曹操再征陶谦。张邈弟张超，与曹将陈宫、从事中郎许汜、王楷一起密谋背叛曹操。陈宫劝张邈说："如今豪杰们一起起兵，天下分崩离析。您拥有土地数千里和数万民众，处在四方必争之地，抚剑环顾，足以成为人杰，却反受制于人，不是太没出息了吗！如今曹军东征，后方空虚，吕布英勇善战，所向无敌，如果把他请来，共同管理兖州。坐观天下形势，等待时局的变化，这样也能称雄一时呀。"张邈听从了他的话。曹操当初让陈宫领兵屯在东郡，陈宫便率领他的部众向东迎接吕布为兖州牧，占领了濮阳县。兖州的各个郡县全都响应吕布，只有鄄城、东阿、范县为曹操据守。曹操领军回来，与吕布在濮阳大战，曹军失利，却仍相持了

太祖攻围数月，屠之，斩超及其家。邈诣袁术请救未至，自为其兵所杀。

备东击术，布袭取下邳，备还归布。布遣备屯小沛。布自称徐州刺史。术遣将纪灵等步骑三万攻备，备求救于布。布诸将谓布曰：“将军常欲杀备，今可假手于术。”布曰：“不然。术若破备，则北连太山诸将，吾为在术围中，不得不救也。”便严步兵千、骑二百，驰往赴备。灵等闻布至，皆敛兵不敢复攻。布于沛西南一里安屯，遣铃下请灵等，灵等亦请布共饮食。布谓灵等曰：“玄德，布弟也。弟为诸君所困，故来救之。布性不喜合斗，但喜解斗耳。”布令门候于营门中举一只戟，布言：“诸君观布射戟小支，一发中者诸君当解去，不中可留决斗。”布举弓射戟，正中小支。诸将皆惊，言“将军天威也”！明日复欢会，然后各罢。

术欲结布为援。乃为子索布女，布许之。术遣使韩胤以僭号议告布，并求迎妇。沛相陈珪恐术、布成婚，则徐、扬合从，将为国难。于是往说布曰：“曹公奉迎天子，辅赞国政，威灵命世，将征四海。将军宜与协同策谋，图太山之安。今与术结婚，受天下不义之名，必有累卵之危。”布亦怨术初不己受也，女已在涂，追还绝婚，械送韩胤，枭首许市。珪欲使子登诣太祖，布不肯遣。会使者至，拜布左将军。布大喜，即听登往，并令奉章谢恩。登见太祖，因陈布勇而无计，轻于去就，宜早图之。太祖曰：“布，狼子野心，诚难久养，

一百多天。当时大旱、蝗灾、庄稼歉收，百姓们人吃人，吕布向东驻扎在山阳郡。经过两年的时间，曹操收复了兖州全部城郡，在钜野打败了吕布。吕布向东投奔刘备。张邈随从吕布，留下张超和家属屯驻雍丘。曹操围攻雍丘几个月，破城后屠城，杀了张超及其全家。张邈到袁术那里请求救援，还没到就被部下所杀。

刘备东征袁术，吕布乘机偷袭并且夺取了下邳，刘备回来以后只得归附吕布。吕布让刘备驻扎在小沛。吕布自称徐州刺史。袁术派将军纪灵等率步、骑兵三万进攻刘备，刘备向吕布求救。吕布的手下将领对吕布说："将军一直想杀了刘备，这次可以借助袁术之手来除掉他。"吕布说："不能这样。袁术如果打败刘备，就可以向北联络泰山一带的各位将领，我将陷入袁术的包围之中，不能不救刘备。"吕布于是调集了一千步兵、二百骑兵，急速赶赴刘备那里。纪灵等人听说吕布前来，都收兵回营，停止了攻打。吕布在沛县西南一里处安营，派遣侍卫去请纪灵等人，纪灵等也派人来请吕布一起宴饮。吕布对纪灵等人说："刘备是我的弟弟。他被你们围困了，所以我来救他。我生来不喜欢和别人打斗，只喜欢化解别人的争斗。"吕布命令守门的士兵在营门口竖立起一支战戟，吕布说："你们看我射戟头旁边的戟支，如果射中了，你们就各自罢兵，如果射不中，你们可以留下厮杀。"吕布举起弓来射戟，正中戟支。纪灵等人全都大吃一惊，说："将军真是天赋神威！"第二天，吕布又与纪灵等设酒欢宴，然后各自班师。

袁术为联合吕布互相援助。要求娶吕布的女儿做儿媳，吕布答应了。袁术派使者韩胤把自己即位称号之事告诉吕布，并求娶吕布的女儿。沛国相陈珪怕袁术、吕布结成亲家，徐州、扬州就会联合起来，将成为国家的灾难。于是因此见吕布说："曹操奉迎皇上，辅助国家，威武英明举世闻名，征讨天下。将军该和他共同策划，使天下像泰山那么安稳。现在如果跟袁术结亲，天下人都说您不义，那危险就像堆起来的鸡蛋一样了。"吕布本来就怨袁术当初不收容自己，虽然女儿已上了路，仍然派人追回，和袁术断绝婚姻关系，并且扣留了韩胤，送到许昌斩首。陈珪要让他儿子陈登去见曹操，吕布不许。朝廷

非卿莫能究其情也。”即增珪秩中二千石，拜登广陵太守。临别，太祖执登手曰：“东方之事，便以相付。”令登阴合部众以为内应。

始，布因登求徐州牧，登还，布怒，拔戟斫几曰：“卿父劝吾协同曹公，绝婚公路；今吾所求无一获，而卿父子并显重，为卿所卖耳！卿为吾言，其说云何？”登不为动容，徐喻之曰：“登见曹公言：‘待将军譬如养虎，当饱其肉，不饱则将噬人。’公曰：‘不如卿言也。譬如养鹰，饥则为用，饱则扬去。’其言如此。”布意乃解。

术怒，与韩暹、杨奉等连势，遣大将张勋攻布。布谓珪曰：“今致术军，卿之由也，为之奈何？”珪曰：“暹、奉与术，卒合之军耳，策谋不素定，不能相维持。子登策之，比之连鸡，势不俱栖，可解离也。”布用珪策，遣人说暹、奉，使与己并力共击术军，军资所有，悉许暹、奉。于是暹、奉从之，勋大破败。

建安三年，布复叛为术，遣高顺攻刘备于沛，破之。太祖遣夏侯惇救备，为顺所败。太祖自征布，至其城下，遗布书，为陈祸福。布欲降，陈宫等自以负罪深，沮其计。布遣人求救于术，自将千余骑出战，败走，还保城，不敢出。术亦不能救。布虽骁猛，然无谋而多猜忌，不能制御其党，但信诸将。诸将各异意自疑，故每战多败。太祖堑围之三月，上下离心，其将侯成、宋宪、魏续缚陈宫，将其众

派使臣来，任用吕布做左将军。吕布大喜，马上答应陈登前往许昌，并且让陈登向皇上谢恩。陈登见了曹操，对他说吕布是个有勇而无谋、没有主见的人，该早一点解决他。曹操说："吕布野心很大，像一只狼，不能长久蓄养，不是你说，我还不知细情呢！"曹操马上提高陈珪的俸禄为中二千石，并且任陈登为广陵太守。陈登临别时，曹操握着他的手说："东方的事，都交给你们了。"并命陈登暗中集结部队作为内应。

当初，吕布派遣陈登去见曹公为自己求取徐州牧，陈登回来，吕布发怒，拔戟砍案几说："你父亲劝我协同曹公，断绝与袁术的亲事；现在我所要求的一无所获，而你们父子却都得到了重用，我被你出卖了！你给我说说，曹公是怎样说的？"陈登没有因此而动容，慢慢地说："我见到曹公就说：'对待将军就像养老虎，应当让它吃饱肉，不饱就会吃人。'曹公说：'不是像你说的那样。是像养鹰，饥饿则为我所用，吃饱则飞扬而去了。'他就是这样说的。"吕布的怒意才消。

袁术因为吕布悔婚而大怒，和韩暹、杨奉等人联合，派遣大将张勋攻打吕布。吕布对陈珪说："现今招致袁术军队前来攻打，是因为你的缘故，我们应该怎么办呢？"陈珪说："韩暹、杨奉与袁术，乌合之众而已，计策不是预先制定的，不会维持太久。我的儿子陈登估计，他们就像捆在一起的鸡，势必不能一起栖息，可以离间他们。"吕布采用陈珪的计策，派人劝韩暹、杨奉，让他们与自己合力共同抗击袁术军队，获得的所有军资，答应全部归韩暹、杨奉所有。因此韩暹、杨奉同意和吕布联合，大败张勋。

建安三年，吕布又叛变改为支持袁术，派遣高顺进攻屯驻小沛的刘备，并攻破了刘备。太祖派遣夏侯惇救援刘备，又被高顺打败。太祖亲自征讨吕布，兵临下邳城下，又给吕布写了一封信，向吕布陈说利害。吕布想要投降，陈宫等人自以为身负重罪，阻挠吕布投降。吕布派人向袁术求救，自己又率领一千多骑兵出战，战败，逃回城内自保，不敢出战。袁术也不能来救。吕布虽然骁勇，但他没有谋略而且多猜忌，不能驾驭部下，只是对部下诸将言听计从。诸将也各怀心思

降。布与其麾下登白门楼。兵围急，乃下降。遂生缚布，布曰："缚太急，小缓之。"太祖曰："缚虎不得不急也。"布请曰："明公所患不过于布，今已服矣，天下不足忧。明公将步，令布将骑，则天下不足定也。"太祖有疑色。刘备进曰："明公不见布之事丁建阳及董太师乎！"太祖颔之。布因指备曰："是儿最叵信者。"于是缢杀布。布与宫、顺等皆枭首送许，然后葬之。

太祖之禽宫也，问宫欲活老母及女不，宫对曰："宫闻孝治天下者不绝人之亲，仁施四海者不乏人之祀，老母在公，不在宫也。"太祖召养其母终其身，嫁其女。

陈登者，字元龙，在广陵有威名。又掎角吕布有功，加伏波将军，年三十九卒。后许汜与刘备并在荆州牧刘表坐，表与备共论天下人。汜曰："陈元龙湖海之士，豪气不除。"备谓表曰："许君论是非？"表曰："欲言非，此君为善士，不宜虚言；欲言是，元龙名重天下。"备问汜："君言豪，宁有事邪？"汜曰："昔遭乱过下邳，见元龙。元龙无客主之意，久不相与语，自上大床卧，使客卧下床。"备曰："君有国士之名，今天下大乱，帝主失所，望君忧国忘家，有救世之意，而君求田问舍，言无可采，是元龙所讳也，何缘当与君语？如小人，欲卧百尺楼上，卧君于地，何但上下床之间邪？"表大笑。备因言曰："若元龙文武胆志，当求之于古耳，造次难得比也。"

臧洪字子源，广陵射阳人也。父旻，历匈奴中郎将、中山、太

互不信任，所以每次打仗多以失败告终。太祖挖堑壕围困了下邳三个月，吕布军队上下离心，部将侯成、宋宪、魏续等人绑缚陈宫，率众投降。吕布和部下登上白门楼。曹军围攻急，吕布便下城投降。曹军便把吕布捆绑起来，吕布说："捆得太紧了，稍微松一点。"太祖说："绑虎不能不紧呀。"吕布对太祖说："明公所担心的不过是吕布，如今我已经降服了，天下没有什么可担心的了。明公率领步兵，让吕布率领骑兵，天下就不难平定。"太祖脸上出现了犹豫的神色。刘备进言说："明公没看见吕布是怎样对待丁建阳和董太师的吗。"太祖微微点头赞同。吕布就冲着刘备说："这个家伙最不可信。"因此太祖下令勒死了吕布。吕布与陈宫、高顺等人的首级全都被砍下送到许县，然后将他们埋葬。

曹操活捉陈宫后，问他想不想留老母及子女一条生路，陈宫说："我听说以孝治天下的人不会杀死别人的父母，施仁爱于四海的人不会灭绝别人的后代，老母的死活在您而不在我。"曹操把陈宫的母亲接来供养终身，又把陈宫的女儿许配给了好人家。

陈登，字元龙，在广陵郡有威望。因为牵制吕布有功，太祖加封他做了伏波将军，三十九岁时去世。后来许汜和刘备在荆州牧刘表处，一起评论天下人物。许汜说："陈元龙是湖海之士，粗豪之气不改。"刘备对刘表说："许君的评论对还是不对呢？"刘表说："如果说不对，许君是个好人，评论不应该是虚言；如果说对，陈元龙又是名重天下之人。"刘备问许汜："您说他傲慢，可有事实？"许汜说："当年我避乱路过下邳，见到元龙。他没有主人待客的情意，长时间不和我说话，自己在大床躺下，让客人睡在小床上。"刘备说："您有国士名声，如今天下大乱，君主流离失所，他希望您忧国忘家，有拯救社会的志向，而您却买田盖屋，没有什么有用的言论，这些都是元龙所厌恶的，他为什么要和您说话呢？要是我，就睡在百尺高楼之上，让您睡在地下，岂止上下床而已呢？"刘表听了大笑。刘备说："元龙的文武才能、胆略志向，只有在古代贤人的身上才能找到，在当今人物中很难找到能和他相比的人。"

臧洪，字子源，广陵郡射阳县人。他的父亲臧旻历任匈奴中郎

原太守，所在有名。洪体貌魁梧，有异于人，举孝廉为郎。时选三署郎以补县长；瑯邪赵昱为莒长，东莱刘繇下邑长，东海王朗菑丘长，洪即丘长。灵帝末，弃官还家，太守张超请洪为功曹。

董卓杀帝，图危社稷。洪说超曰：“明府历世受恩，兄弟并据大郡。今王室将危，贼臣未枭，此诚天下义烈报恩效命之秋也。今郡境尚全，吏民殷富，若动枹鼓，可得二万人，以此诛除国贼，为天下倡先，义之大者也。”超然其言，与洪西至陈留，见兄邈计事。邈亦素有心，会于酸枣。邈谓超曰：“闻弟为郡守，政教威恩，不由己出，动任臧洪，洪者何人？”超曰：“洪才略智数优超，超甚爱之，海内奇士也。”邈即引见洪，与语大异之。致之于刘兖州公山、孔豫州公绪，皆与洪亲善。乃设坛场，方共盟誓，诸州郡更相让，莫敢当，咸共推洪。洪乃升坛操槃歃血而盟曰：“汉室不幸，皇纲失统，贼臣董卓乘衅纵害，祸加至尊，虐流百姓，大惧沦丧社稷，翦覆四海。兖州刺史岱、豫州刺史伷、陈留太守邈、东郡太守瑁、广陵太守超等，纠合义兵，并赴国难。凡我同盟，齐心勠力，以致臣节，殒首丧元，必无二志。有渝此盟，俾坠其命，无克遗育。皇天后土，祖宗明灵，实皆鉴之！”洪辞气慷慨，涕泣横下。闻其言者，虽卒伍厮养，莫不激扬，人思致节。顷之，诸军莫适先进，而食尽众散。

超遣洪诣大司马刘虞谋，值公孙瓒之难，至河间，遇幽、冀二州交兵，使命不达。而袁绍见洪，又奇重之，与结分合好。会青州刺

将、中山和太原太守,所到之处都很有声望。臧洪身体魁梧,相貌端庄,与常人不同,他被推举为孝廉做了郎官,当时选拔三署郎来增补县长,琅琊人赵昱做了莒县县长,东莱人刘繇做了下邑县长,东海人王朗做了菑丘县长,臧洪做了即丘县长。汉灵帝末年,臧洪弃官回乡,太守张超请臧洪做功曹。

董卓杀害了年少的皇帝,意图独占国家。臧洪对张超说:“太守您世受恩典,兄弟都担任大郡的郡守。如今皇室面临危机,乱臣贼子未除,这正是天下的忠义壮烈之士效命朝廷之时。现在您治理下的郡境完好,民士众多而富有。如果招募军队,可得两万人,用这支军队诛除国贼,为天下人做出表率,这是最大的道义呀。”张超认为他说得对,就和臧洪到西面的陈留,与哥哥张邈商议举义大事。张邈也有这个心意,他们在酸枣县相会。张邈对张超说:“我听说你任郡守,赏罚教令,都不是由自己发出,动辄就交给臧洪去办,臧洪是什么人啊?”张超说:“臧洪才干胆略心计皆比我强,我特别喜欢他,是个海内奇人呀!”张邈立即请见臧洪,谈话以后大为惊奇。便把他引见给兖州刺史刘岱、豫州刺史孔伷,他们都和臧洪关系亲密友善。于是便筑起坛场盟誓,各州郡长官互相推让,没有人敢当盟主,大家一致推举臧洪。臧洪登上誓坛,端起血盘,把血抹在嘴上盟誓说:“汉朝不幸,秩序失控,贼子董卓乘机作乱,害死了皇帝,危害天下百姓,我们非常担心国家因此灭亡,天下从此大乱。兖州刺史刘岱、豫州刺史孔伷、陈留太守张邈、东郡太守桥瑁、广陵太守张超等,集义兵,赴国难。凡盟誓之人,要齐心协力,竭尽臣子气节,即使掉头,也不能有二心。有违盟誓的,让他立即丧命,断子绝孙。皇天后土,祖宗神灵,都请加以审查!”臧洪言辞慷慨,气势激昂,涕泪横流,听到这番话的,即使是普通士兵和杂役,没有一个人不激奋昂扬,人人都想为国尽忠,但没过多久,各路军马谁也不敢冲在前面,粮食吃光后都散去了。

张超派遣臧洪去见大司马刘虞一同策划,正遇公孙瓒进攻,到了河间,碰上幽、冀二州的军队交战,使命不能传达。袁绍见到臧洪,特别器重他,和他结成好友。正在这时青州刺史焦和死去,袁绍

史焦和卒，绍使洪领青州以抚其众。洪在州二年，群盗奔走。绍叹其能，徙为东郡太守，治东武阳。

太祖围张超于雍丘，超言：“唯恃臧洪，当来救吾。”众人以为袁、曹方睦，而洪为绍所表用，必不败好招祸，远来赴此。超曰：“子源，天下义士，终不背本者，但恐见禁制，不相及逮耳。”洪闻之，果徒跣号泣，并勒所领兵；又从绍请兵马，求欲救超，而绍终不听许。超遂族灭。洪由是怨绍，绝不与通。绍兴兵围之，历年不下。绍令洪邑人陈琳书与洪，喻以祸福，责以恩义。洪答曰：

隔阔相思，发于寤寐。幸相去步武之间耳，而以趣舍异规，不得相见，其为怆悢，可为心哉！前日不遗，比辱雅贶，述叙祸福，公私切至。所以不即奉答者，既学薄才钝，不足塞诘；亦以吾子携负侧室，息肩主人，家在东州，仆为仇敌。以是事人，虽披中情，堕肝胆，犹身疏有罪，言甘见怪，方首尾不救，何能恤人？且以子之才，穷该典籍，岂将暗于大道，不达余趣哉？然犹复云云者，仆以是知足下之言，信不由衷，将以救祸也。必欲算计长短，辩谘是非；是非之论，言满天下，陈之更不明，不言无所损。又言伤告绝之义，非吾所忍行也，是以捐弃纸笔，一无所答。亦冀遥忖其心，知其计定，不复渝变也。重获来命，援引古今，纷纭六纸，虽欲不言，焉得已哉！

要臧洪兼任青州刺史以抚民心。臧洪在青州两年，盗匪绝迹。袁绍叹服其才能，改任他为东郡太守，治所在东武阳。

曹操派遣军队在雍丘把张超包围，张超说："我所倚仗的力量只有臧洪了，他一定会来救我。"众人都认为袁绍、曹操关系正好，而臧洪是被袁绍上表任用的，一定不会与袁绍断交，远来救援。张超说："子源，天下名士也，不会背叛根本，只是怕他被袁绍限制，不能到达。"臧洪听说张超被围，连鞋都来不及穿，光脚跑着召集部下，又向袁绍请求兵马，想救张超，而袁绍始终不答应。于是，张超遭到灭族之灾。臧洪因此怨恨袁绍，和他断绝关系。袁绍起兵围攻臧洪，一年多都没有攻下。袁绍命臧洪的同乡陈琳给臧洪写信，向他讲明利害，并用忘恩负义的话责备他。臧洪回答说：

因为久别而产生思念，不论是醒着还是睡着都会产生。幸好彼此之间离得很近，只是因为志向不同，不能相见，这种悲伤，难道可以忍受吗！前些时候承蒙您不遗弃，一再地雅赠书信，叙述利害，公私两方面的道理都讲尽了。之所以没有立即回复，既因为自己学薄才钝，不能够回答您的责问；也因为您携带家眷小妾，留在袁绍那里，家在东边的徐州，我又是袁绍的仇敌。带着这些不利的条件侍奉袁绍，即使献出内心的真实感情，取出自己的肝胆，还是会怕和袁绍不亲密将会得罪袁绍，对袁绍说好话又可能引起袁绍的反感，您自己都进退维谷难以两全，怎么能照顾他人？况且以您的才能，读遍了典籍，怎么会不明白大道理，不知道我的志趣呢！然而您还是说了信中的这些话，我因此知道您所说的这些，确实不是由心发出的，只是用来解救自己使自己免于灾祸呀。如果一定要计较长短、明辨是非，那么是非之论，天下人都已经做出回答，说也不可能说得更明白，不说倒是没有什么损伤。再加上让我说出伤害断绝友情的话，不是我能够忍心去做的，所以丢弃了纸笔，没有回复。也希望您能远远地忖度我的心，知道我的计议已定，不会改变。再一次得到您的来信，信中援引古今的道理，洋洋洒洒写了六张纸，尽管我原来不想回答，但是怎么能够控制得了呢！

仆小人也。本因行役，寇窃大州，恩深分厚，宁乐今日自还接刃！每登城勒兵，望主人之旗鼓，感故友之周旋，抚弦搦矢，不觉流涕之覆面也。何者？自以辅佐主人，无以为悔。主人相接，过绝等伦。当受任之初，自谓究竟大事，共尊王室。岂悟天子不悦，本州见侵，郡将遘牖里之厄，陈留克创兵之谋，谋计栖迟，丧忠孝之名，杖策携背，亏交友之分。揆此二者，与其不得已，丧忠孝之名与亏交友之道，轻重殊涂，亲疏异画。故便收泪告绝。若使主人少垂故人，住者侧席，去者克己，不汲汲于离友，信刑戮以自辅，则仆抗季札之志，不为今日之战矣。何以效之？昔张景明亲登坛喢血，奉辞奔走，卒使韩牧让印，主人得地；然后但以拜章朝主，赐爵获传之故，旋时之间，不蒙观过之贷，而受夷灭之祸。吕奉先讨卓来奔，请兵不获，告去何罪？复见斫刺，滨于死亡。刘子璜奉使逾时，辞不获命，畏威怀亲，以诈求归，可谓有志忠孝，无损霸道者也；然辄僵毙麾下，不蒙亏除。仆虽不敏，又素不能原始见终，睹微知著，窃度主人之心，岂谓三子宜死，罚当刑中哉？实且欲一统山东，增兵讨仇，惧战士狐疑，无以沮劝，故抑废王命以崇承制，慕义者蒙荣，待放者被戮，此乃主人之利，非游士之愿也。故仆鉴戒前人，困穷死战。仆虽下愚，亦尝闻君子之言矣。此实非吾心也，乃主人招焉。凡吾所以背弃国民，用命此城者，正以君子之违，不适敌国故也。是以获罪主人，见攻逾时，而足下更引此义以为吾规，无乃辞同趋异，非君子所为休戚者哉！

吾闻之也，义不背亲，忠不违君。故东宗本州以为亲援，中扶郡将以安社稷；一举二得以徼忠孝，何以为非？而足下欲使吾轻本

在下是个无用的人，我只是奉命出来，凑巧竟掌管了大州，受人大恩，岂愿今天这样刀枪相对呢？每逢上城巡阅，看见主人的旗鼓，想想旧友们交往的情形，摸一摸手边武器，不觉已涕泪满面了。为什么呢？自从辅佐主人，没有做过后悔的事。主人对待我，比待别人都好。当初一受任，自以为成就了大事，可以共尊王室。谁想到皇上不喜欢，本州被侵犯，郡将张超在牖里遭难，由于我思虑迟钝，才丧失了忠孝之名。持策上马告辞，证明我不会交朋友。想想丧失忠孝和对不起朋友这两件事，轻重不同，关系远近也不同，只有收泪告别朋友。如果主人也顾念一点老面子，对来客收容，对离去的只责备自己，不要过分记念老友，不要过分相信刑罚，那么小仆也可学季札的退让，停止今天的战争了。有什么证明吗？从前张景明亲自登盟坛宣誓，侍奉奔走，最终韩馥让出了州牧印，让主人得到了地盘；然后，仅仅因为上表给皇上而获得爵位和传见之赏赐的缘故，很快就不原谅他的过失，遭到杀身之祸。吕布讨伐董卓后投奔来，请兵不许而打算离去，这有罪吗？又受了惩罚，几乎死掉。刘子璜奉命出去，过了时限，请求回来又没有得到命令，又害怕又想家，说谎使诈才得以回来，真是有志于忠孝，对霸道并没有影响；可是结果却被处死在军门，得不到宽赦。小仆虽然不聪明，又不能在开始的时候顾虑到结果，由小事忖度大事，私自揣测主人的意思，是说上面那三人都该死，惩罚他们都得当吗？他的真实意图是打算统一山东，加兵讨伐仇人，只怕士兵疑心，不能阻挡，所以宁可压制王命，提高自己地位。慕义的人得到光荣，等待放逐的人被杀，这对主人有利，却不是游说之士的愿望。因而小仆以前人为诫，虽然困难，也要死战到底。虽然我是个愚不可及的人，却也曾听过君子的教诲。这确实不是我的本意，而是主人逼迫的。我之所以背弃国家、民众，把命运与孤城连在一起，是因为恪守君子出来，不投奔敌国的原因。所以得罪了主人，长时间的受到围攻。您用这种道理来规劝我，又怕结论相反，这不是一个君子所应做的休戚与共的事吧？

我听说，讲究义气不应背弃双亲，谈论忠诚不应违抗君主，所以我将本州作为亲人的根基，支持中郡的将军以保卫国家社稷，一举

破家，均君主人。主人之于我也，年为吾兄，分为笃友，道乖告去，以安君亲，可谓顺矣。若子之言，则包胥宜致命于伍员，不当号哭于秦庭矣。苟区区于攘患，不知言乖乎道理矣。足下或者见城围不解，救兵未至，感婚姻之义，惟平生之好；以屈节而苟生，胜守义而倾覆也。昔晏婴不降志于白刃，南史不曲笔以求生，故身著图象，名垂后世。况仆据金城之固，驱士民之力，散三年之畜，以为一年之资，匡困补乏，以悦天下，何图筑室反耕哉！但惧秋风扬尘，伯珪马首南向，张杨、飞燕，膂力作难，北鄙将告倒县之急，股肱奏乞归之诚耳。主人当鉴我曹辈，反旌退师，治兵邺垣，何宜久辱盛怒，暴威于吾城下哉？足下讥吾恃黑山以为救，独不念黄巾之合从邪！加飞燕之属悉以受王命矣。昔高祖取彭越于钜野，光武创基兆于绿林，卒能龙飞中兴，以成帝业。苟可辅主兴化，夫何嫌哉！况仆亲奉玺书，与之从事。

行矣孔璋！足下徼利于境外，臧洪授命于君亲；吾子托身于盟主，臧洪策名于长安。子谓余身死而名灭，仆亦笑子生死而无闻焉，悲哉！本同而末离，努力努力，夫复何言！

绍见洪书，知无降意，增兵急攻。城中粮谷以尽，外无强救，洪自度必不免，呼吏士谓曰："袁氏无道，所图不轨，且不救洪郡将。洪于大义，不得不死，念诸君无事空与此祸！可先城未败，将妻子出。"将吏士民皆垂泣曰："明府与袁氏本无怨隙，今为本朝郡将之故，自致残困，吏民何忍当舍明府去也！"初尚掘鼠煮筋角，后无可复食者。主簿启内厨米三斗，请中分稍以为糜粥。洪叹曰："独食此

而得忠孝之名声，这有什么不对呢？而您却想让我轻弃忠孝之根本、破毁家园，和您一同听命于主人。主人对我来说，在年龄上是我的兄长，情分上是我的好友。因为见识不同而分离，去安定君主和双亲，可以说是名正言顺。如果按照您的说法，那么包胥就该为伍子胥卖命，而不应到秦庭去哭救了。如果只想避祸，岂不知这话已经违背道理了。您也许见到城池被围而无法解除，救兵迟迟没有来到，念及您与我有亲戚的情义，看在平生友好的情分上，认为屈节生存，比坚守大义而灭亡好得多。从前晏婴面对刀刃而不改己志，南史不以篡改史实来换取活命，因此他们被画成图像，名声流传于世。何况我据有坚固的城池，凭借将士民众的力量，三年积蓄做一年之费用，救助困难，补助缺乏，使天下人欣慰；哪怕主人就地建营、士兵种田从而长期围困呢？我只担心秋天将至，公孙瓒就要出兵南方，张杨和张燕再一起发难，北疆将会告燃眉之急，他的心腹也会表示要求退兵回家。主人应当考察我的为人，掉头撤退兵马，加强邺城的警戒，怎么能大发怒气，在我城下耀武扬威呢？您讥讽我依仗黑山军的援救，为什么唯独不想自己和黄巾军的联合呢！张燕所部已经接受王命归顺朝廷了。从前汉高祖在钜野收编了彭越部众，光武帝靠绿林军开创了基业，最终登上皇座，成就帝业。如果能辅佐皇上以兴大业，这有什么妨碍呢！何况亲捧皇帝的诏书，与之合作。

别了，孔璋！您在外乡谋利，我臧洪则听命于君主、双亲；您托身于袁绍，我则效忠于朝廷。您说我会身死名灭，我也笑您死活都会默默无闻，悲哀啊！我们本来志同道合，最后却分道扬镳，各自努力吧，没什么可说的了！

袁绍见到臧洪的信，知道他没有投降的意思，便增加兵力加紧攻城。城中粮食已经耗尽，城外又无强兵救援，臧洪知道走投无路。召集将士说："袁绍无道，图谋不轨，且对我的上司见死不救。臧洪为大义，不得不死，而你们却无必要承受灾难。现城池未破，带领妻儿出城吧！"官兵百姓都流着泪说："您和袁绍并没有仇怨，如今却因为是朝廷太守的缘故，招致残害和围困，我们怎忍心离您而去呢！"开始城里人还能挖老鼠、煮筋角吃，到后来什么都没有了。主

何为！”使作薄粥，众分歠之，杀其爱妾以食将士。将士咸流涕，无能仰视者。男女七八千人相枕而死，莫有离叛。

城陷，绍生执洪。绍素亲洪，盛施帏幔，大会诸将见洪，谓曰：“臧洪，何相负若此！今日服未？”洪据地瞋目曰：“诸袁事汉，四世五公，可谓受恩。今王室衰弱，无扶翼之意，欲因际会，希冀非望，多杀忠良以立奸威。洪亲见呼张陈留为兄，则洪府君亦宜为弟，同共戮力，为国除害，何为拥众观人屠灭！惜洪力劣，不能推刃为天下报仇，何谓服乎！”绍本爱洪，意欲令屈服，原之；见洪辞切，知终不为己用，乃杀之。洪邑人陈容少为书生，亲慕洪，随洪为东郡丞；城未败，洪遣出。绍令在坐，见洪当死，起谓绍曰：“将军举大事，欲为天下除暴，而专先诛忠义，岂合天意！臧洪发举为郡将，奈何杀之？”绍惭，左右使人牵出，谓曰：“汝非臧洪俦，空复尔为？”容顾曰：“夫仁义岂有常，蹈之则君子，背之则小人。今日宁与臧洪同日而死，不与将军同日而生！”复见杀。在绍坐者无不叹息，窃相谓曰：“如何一日杀二烈士！”先是，洪遣司马二人出，求救于吕布；比还，城已陷，皆赴敌死。

评曰：吕布有虓虎之勇，而无英奇之略，轻狡反覆，唯利是视。自古及今，未有若此不夷灭也。昔汉光武谬于庞萌，近魏太祖亦蔽于张邈。知人则哲，唯帝难之，信矣！陈登、臧洪并有雄气壮节，登降年夙陨，功业未遂；洪以兵弱敌强，烈志不立，惜哉！

簿说橱内还有三斗米，想要分成几份熬粥给臧洪。臧洪叹气说："我独自喝有什么用！"便下令熬成稀粥，给大家分着喝，又杀掉了自己的爱妾让将士们吃。将士们都泪流满面，没有人能抬起头来。城中男女七八千人全都死在一起，没有人背叛逃离。

城破之后，袁绍活捉了臧洪。袁绍与臧洪一向亲善，用帷幔隆重布置厅堂，召集众将一起见臧洪，说："臧洪，你为何这样负心？今天服了吗？"臧洪站在地上瞪着眼睛说："袁家侍奉汉朝，四代中五人担任三公之职，可以说是世受皇恩。如今皇室衰弱，不但没有辅佐之意，反而乘机，企求非分，杀害忠良，立己之威。我亲见你称张邈为兄，那么张超就是弟，本当共同努力，为国除害，为什么却拥强兵而眼看着他被人所灭！可惜我力量弱小，不能杀了你为天下人报仇，怎能服你！"袁绍本爱臧洪，想让他屈服，并且宽恕他；见到臧洪言辞如此激烈，知道他终不会为己所用，便把他杀了。臧洪的同乡陈容年轻时是个书生，仰慕臧洪，随臧洪任东郡丞；城未破的时候，臧洪派他出城。袁绍让他也在座，眼见臧洪被处死，陈容起身对袁绍说："将军做大事，要为天下除暴，却先杀忠义之士，这不合天意！臧洪为郡守而反抗，为什么要杀他？"袁绍面有愧色，左右的人把他拉出去，说："你不是臧洪的同党，白白送死干什么？"陈容回过头说："实现仁义，并没有常规，遵循是君子，违背是小人。今天我宁与臧洪同日死，也不与将军同日生。"其后陈容也被杀了。座席上的人无不叹息，悄然互议说："怎能一天杀死二位有志之士呢！"此前，臧洪派两个司马出城，向吕布求救；等到他们回来，城已经被攻破，二人全都冲入敌阵战死。

评论说：吕布如咆哮的老虎一样勇猛，却没有神奇的谋略，轻率狡猾，反复无常，唯利是图。从古至今，像这种人是没有不灭亡的。从前汉光武帝没有看准庞萌，近代魏太祖也受张邈的蒙蔽。善于了解人才是智者，连帝王都感到困难，的确如此啊！陈登、臧洪都有英雄气概和高尚节操，陈登英年早逝，没能建功立业；臧洪敌强己弱，壮志未酬，真是可惜呀！

卷八　魏书八

二公孙陶四张传第八

公孙瓒字伯珪，辽西令支人也。为郡门下书佐。有姿仪，大音声。侯太守器之，以女妻焉，遣诣涿郡卢植读经。后复为郡吏。刘太守坐事征诣廷尉，瓒为御车，身执徒养。及刘徙日南，瓒具米肉，于北芒上祭先人。举觞祝曰："昔为人子，今为人臣，当诣日南。日南瘴气，或恐不还，与先人辞于此。"再拜慷慨而起，时见者莫不歔欷。刘道得赦还。瓒以孝廉为郎，除辽东属国长史。尝从数十骑出行塞，见鲜卑数百骑，瓒乃退入空亭中，约其从骑曰："今不冲之，则死尽矣。"瓒乃自持矛，两头施刃，驰出刺胡。杀伤数十人，亦亡其从骑半，遂得免。鲜卑惩艾，后不敢复入塞。迁为涿令。光和中，凉州贼起。发幽州突骑三千人，假瓒都督行事传，使将之。军到蓟中，渔阳张纯诱辽西乌丸丘力居等叛，劫略蓟中，自号将军，略吏民攻右北平、辽西属国诸城，所至残破。瓒将所领，追讨纯等有功，迁骑都尉。属国乌丸贪至王率种人诣瓒降。迁中郎将，封都亭侯，进屯属国，与胡相攻击五六年。丘力居等钞略青、徐、幽、翼，四州被其害，瓒不能御。

朝议以宗正东海刘伯安既有德义，昔为幽州刺史，恩信流著，戎狄附之，若使镇抚，可不劳众而定，乃以刘虞为幽州牧。虞到，遣使至胡中，告以利害，责使送纯首。丘力居等闻虞至，喜，各遣译自

公孙瓒字伯珪，是辽西令支人。他做了辽西郡门下书佐。姿貌魁美，仪表堂堂，声音洪亮，侯太守十分看好他，把女儿嫁给了他，还派他到涿郡卢植那里学习儒家经典。后来又担任郡吏。刘太守因囚犯出了事被招到廷尉受审，公孙瓒为他驾车，亲自充任杂役。当刘太守被判流徙日南郡的时候，公孙瓒带着米肉等祭品，在北芒山祭祀祖先，举杯祷告说："过去我是家里的儿子，如今是上司的属臣。日南多瘴气，或许就回不来了，所以与祖先在此辞别。"再次拜礼后，慨然站起。当时看见这个情景，没有人不叹息的。刘太守中途遇赦。公孙瓒因为举孝廉而任郎官，又被任命为辽东属国长史。他曾经带着几十个骑兵巡视边塞，与鲜卑几百名骑兵相遇。公孙瓒就退到空亭中，和他的骑兵们商议说："现在不进行冲击，我们都会被杀死。"公孙瓒手持长矛，两头装上利刃，骑马冲出刺杀鲜卑骑兵，杀伤几十人，自己人伤亡过半，终于得以脱身。鲜卑人受到惩戒，便不敢再进入边塞了。后来公孙瓒升任为涿县县令。光和年间，凉州贼人起兵，朝廷征幽州突击骑兵三千人，授给公孙瓒行使都督权力的信符，率领骑兵前往。行到蓟县的时候，渔阳人张纯引诱辽西郡乌丸丘力居等人反叛，在蓟县地区攻城略地，自称将军，又强迫当地官民进攻右北平和辽西属国的各个城池，所到之处摧残破坏。公孙瓒率部下，追剿张纯等人有功，被升迁为骑都尉。辽西属国乌丸贪至王率族人至公孙瓒处投降。公孙瓒又升为中郎将，封爵都亭侯，屯驻在辽东属国，和胡人互相攻打了五六年。丘力居等在青、徐、幽、冀侵扰抢掠，四州遍遭其害，公孙瓒也无法抵挡。

朝廷议论认为宗正东海人刘虞既有道义，之前又担任过幽州刺史，恩德信义广泛而卓著，戎狄愿意归附他，如果派他前去镇抚，可以不兴师动众而得到安定，于是任命刘虞为幽州牧。刘虞到任后，

归。瓒害虞有功，乃阴使人徼杀胡使。胡知其情，间行诣虞。虞上罢诸屯兵，但留瓒将步骑万人屯右北平。纯乃弃妻子，逃入鲜卑，为其客王政所杀，送首诣虞。封政为列侯。虞以功即拜太尉，封襄贲侯。会董卓至洛阳，迁虞大司马，瓒奋武将军，封蓟侯。

关东义兵起，卓遂劫帝西迁。征虞为太傅，道路隔塞，信命不得至。袁绍、韩馥议，以为少帝制于奸臣，天下无所归心。虞，宗室知名，民之望也，遂推虞为帝。遣使诣虞，虞终不肯受。绍等复劝虞领尚书事，承制封拜，虞又不听，然犹与绍等连和。虞子和为侍中，在长安。天子思东归，使和伪逃卓，潜出武关诣虞，令将兵来迎。和道经袁术，为说天子意。术利虞为援，留和不遣，许兵至俱西，令和为书与虞。虞得和书，乃遣数千骑诣和。瓒知术有异志，不欲遣兵，止虞，虞不可。瓒惧术闻而怨之，亦遣其从弟越将千骑诣术以自结，而阴教术执和，夺其兵。由是虞、瓒益有隙。和逃术来北，复为绍所留。

是时，术遣孙坚屯阳城拒卓，绍使周昂夺其处。术遣越与坚攻昂，不胜，越为流矢所中死。瓒怒曰："余弟死，祸起于绍。"遂出军屯磐河，将以报绍。绍惧，以所佩勃海太守印绶授瓒从弟范，遣之郡，欲以结援。范遂以勃海兵助瓒，破青、徐黄巾，兵益盛，进军

派使臣到鲜卑部落去，向他们晓以利害关系，责令他们交出张纯的人头。丘力居等听说刘虞来到幽州，都很高兴，分别派使者来晋见刘虞，主动归降。公孙瓒嫉妒刘虞有功，暗中派人截杀鲜卑使者。鲜卑人得知这个情况，就走小路去拜见刘虞。刘虞上奏撤回各路驻军，只留下公孙瓒率领步、骑兵一万人，驻扎在右北平。张纯便抛弃妻子儿女，逃到鲜卑人居住区，被他的门客王政所杀，首级献给了刘虞。王政被封为列侯。刘虞因为有功被任命为太尉，封襄贲侯。正好这时董卓来到洛阳，他又提升刘虞为大司马，公孙瓒为奋武将军，封为蓟侯。

关东义军起来征讨董卓后，董卓胁迫献帝西迁，征召刘虞任太傅，由于道路被阻断，命令未能送到。袁绍、韩馥商议，认为献帝被奸臣控制，天下人不知该听命于谁。刘虞是皇族中的知名人物，是百姓归心的对象，就力挺推立刘虞做皇帝。他们派遣使者去见刘虞，刘虞始终不肯接受。袁绍等人又劝刘虞权领尚书事，按照汉制承受爵位和官职，刘虞又没有答应，但他还是和袁绍等人保持联系。刘虞的儿子刘和任侍中，住在长安。天子想返回洛阳，让刘和伪装逃出董卓的控制，偷偷出武关去见刘虞，让他带兵来迎接自己。刘和路过袁术处，向他说明了献帝的意思。袁术企图利用刘虞为自己的外援，便扣留了刘和，答应在刘虞的军队到达以后一起向西开拔，让刘和写信给刘虞告知这件事。刘虞接到信以后，便派数千名骑兵去见刘和。公孙瓒知道袁术素来有称帝的野心，不想派兵，就劝阻刘虞，刘虞不听。公孙瓒害怕袁术知道此事后会怨恨自己，也派堂弟公孙越率领一千名骑兵去见袁术，主动和袁术结交，而暗中挑唆袁术扣留刘和，夺取刘虞派去的队伍。因此刘虞与公孙瓒之间的仇怨更大了。刘和从袁术处逃了出来，在北上的途中又被袁绍扣留。

当时，袁术派遣孙坚屯驻在阳城反抗董卓，袁绍派周昂攻取了孙坚屯驻的地方。袁术派遣公孙越与孙坚攻打周昂，没有获得胜利，公孙越被流箭射中而死。公孙瓒大怒说："我堂弟的死，灾祸由袁绍而起。"就出兵屯驻在磐河，准备报复袁绍。袁绍害怕了，把他佩带的勃海郡太守的印绶给了公孙瓒的堂弟公孙范，派公孙范到该

界桥。以严纲为冀州，田楷为青州，单经为兖州，置诸郡县。绍军广川，令将麹义先登与瓒战，生禽纲。瓒军败走勃海，与范俱还蓟，于大城东南筑小城，与虞相近，稍相恨望。

虞惧瓒为变，遂举兵袭瓒。虞为瓒所败，出奔居庸。瓒攻拔居庸，生获虞，执虞还蓟。会卓死，天子遣使者段训增虞邑，督六州；瓒迁前将军，封易侯。瓒诬虞欲称尊号，胁训斩虞。瓒上训为幽州刺史。瓒遂骄矜，记过忘善，多所贼害。虞从事渔阳鲜于辅、齐周、骑都尉鲜于银等，率州兵欲报瓒。以燕国阎柔素有恩信，共推柔为乌丸司马。柔招诱乌丸、鲜卑，得胡、汉数万人，与瓒所置渔阳太守邹丹战于潞北，大破之，斩丹。袁绍又遣麹义及虞子和，将兵与辅合击瓒。瓒军数败，乃走还易京固守。为围堑十重，于堑里筑京，皆高五六丈，为楼其上；中堑为京，特高十丈，自居焉，积谷三百万斛。瓒曰："昔谓天下事可指麾而定，今日视之，非我所决。不如休兵，力田畜谷。兵法，百楼不攻。今吾楼橹千重，食尽此谷，足知天下之事矣。"欲以此弊绍。绍遣将攻之，连年不能拔。建安四年，绍悉军围之。瓒遣子求救于黑山贼，复欲自将突骑直出，傍西南山，拥黑山之众，陆梁冀州，横断绍后。长史关靖说瓒曰："今将军将士，皆已土崩瓦解，其所以能相守持者，顾恋其居处老小，以将军为主耳。将军坚守旷日，袁绍要当自退；自退之后，四方之众必复可合也。若将军今舍之而去，军无镇重，易京之危，可立待也。将军失本，孤在草野，何所成邪！"瓒遂止不出。救至，欲内外击绍。遣人与子书，刻期兵至，举火为应。绍候者得其书，如期举火。瓒以为救兵至，遂出欲战。绍设伏击，大破之，复还守。绍为地道，突坏其

郡，想借此与公孙瓒结好。公孙范便以勃海郡的兵众帮助公孙瓒，打败了青州、徐州的黄巾军，公孙瓒的势力就更加强盛，又向前推进到了界桥。公孙瓒任命严纲做冀州刺史，田楷为青州刺史，单经为兖州刺史，在各地设置郡县。袁绍屯军广川县，命令部将麹义打先锋和公孙瓒交战，活捉了严纲。公孙瓒军败后逃到勃海郡，和公孙范一起回到蓟县，在蓟县大城东南修筑小城，与刘虞所在的地方离得很近，两个人都怨恨地望着对方。

刘虞害怕公孙瓒作乱，便派遣军队攻击公孙瓒。刘虞被公孙瓒打败，逃亡到了居庸关。公孙瓒攻占并活捉了刘虞，将刘虞押回蓟城。那时正赶上董卓死了，献帝派使者段训来增加刘虞的食邑，命他总督六州军事；公孙瓒升任为前将军，封易侯。公孙瓒诬陷刘虞想做皇帝，胁迫段训杀了刘虞。并向献帝推举段训任幽州刺史。公孙瓒从此便骄傲蛮横起来，只记别人的过失而忘掉别人的好处，被他陷害的人非常多。刘虞的从事渔阳人鲜于辅、齐周、骑都尉鲜于银等，率幽州兵马要报复公孙瓒。燕人阎柔素有德信，他们共同推举阎柔担任乌丸司马。阎柔召诱乌丸、鲜卑等少数民族，一共得到胡、汉几万人，同公孙瓒任命的渔阳太守邹丹在潞北大战，大败邹丹军，并斩了邹丹。袁绍又派麹义和刘虞的儿子刘和，带兵和鲜于辅联合进攻公孙瓒。公孙瓒多次失败，就逃回易县坚守。在易县四周挖了十道壕沟，在沟里兴筑高大土丘，每个土丘都有五六丈高，在土丘上又盖起高楼；位于中间壕沟里的土丘最高，有十丈，公孙瓒自己住里面，积存粮食三百万斛。他说："过去以为天下很容易就可平定，但今天看来，天下事不是我能够解决的，不如休兵，种田蓄粮。兵书上说，百尺高楼是不能攻打的。现在我的防御高台有千尺之高，等到吃完了里面的粮食，就完全可以看清天下的形势了。"他想用这种方法把袁绍拖垮。袁绍派部队攻打高楼，连续几年都不能攻克。建安四年，袁绍率军又包围了公孙瓒。公孙瓒派遣儿子向黑山军求援，又想亲自带突击骑兵直接冲出去，沿着西南山，率领黑山的军队，在冀州继续抵抗，拦腰截断袁绍的退路。长史关靖劝公孙瓒说："现在将军的兵马，已土崩瓦解，之所以还能够坚守，是因为眷恋一家老小，要依

楼，稍至中京。瓒自知必败，尽杀其妻子，乃自杀。

鲜于辅将其众奉王命。以辅为建忠将军，督幽州六郡。太祖与袁绍相拒于官渡，阎柔遣使诣太祖受事，迁护乌丸校尉。而辅身诣太祖，拜左度辽将军，封亭侯，遣还镇抚本州。太祖破南皮，柔将部曲及鲜卑献名马以奉军。从征三郡乌丸，以功封关内侯。辅亦率其众从。文帝践阼，拜辅虎牙将军，柔度辽将军，皆进封县侯，位特进。

陶谦字恭祖，丹杨人。少好学，为诸生，仕州郡，举茂才，除卢令，迁幽州刺史，征拜议郎，参车骑将军张温军事，西讨韩遂。会徐州黄巾起，以谦为徐州刺史，击黄巾，破走之。董卓之乱，州郡起兵，天子都长安，四方断绝。谦遣使间行致贡献，迁安东将军、徐州牧，封溧阳侯。是时，徐州百姓殷盛，谷米丰赡，流民多归之。而谦背道任情：广陵太守琅玡赵昱，徐方名士也，以忠直见疏；曹宏等，谗慝小人也，谦亲任之。刑政失和，良善多被其害，由是渐乱。下邳阙宣自称天子，谦初与合从寇钞，后遂杀宣，并其众。

靠将军做主心骨罢了。将军不动而拖延时日，袁绍自当撤退；他退兵以后，四方分散的队伍一定可以再聚合起来。如将军今日舍他们而去，军队没有主帅，易京的危机，就在眼前了啊！将军失去根本，孤身在外，如何能有成就！”公孙瓒听了以后便打消念头不再突围。想待黑山救兵到后，准备内外夹攻袁绍。公孙瓒派人送信给他的儿子，限定援兵到达的日期，以点火作为信号。袁绍得到了这封信，按期点火。公孙瓒以为救兵到了，便出城会战。袁绍设置埋伏，大败其军，公孙瓒再回城防守。袁军挖掘地道，以突袭的手段摧毁了城楼，逐渐推进到中间的高丘。公孙瓒自己知道必然失败，杀了妻子儿女，就自杀而死了。

鲜于辅率领他属下的军队接受王命。朝廷让鲜于辅做了建忠将军，统领幽州六郡。太祖曹操和袁绍在官渡相持，阎柔派遣使者前往太祖处接受调命，太祖因此升任阎柔为乌丸校尉。鲜于辅则亲自前去拜谒太祖，授拜左度辽将军，封亭侯，派回去安抚本州。太祖攻破南皮，阎柔率领部下军队归附太祖，并且把鲜卑人所进献的名马，供给军用，接着又出征三郡乌丸，因有功劳封关内侯。鲜于辅也统领他自己属下的军队跟随太祖。文帝曹丕登基，封鲜于辅为虎牙将军，阎柔为度辽将军，都晋封为县侯，被赐位三公之下的特进荣衔。

陶谦字恭祖，丹杨人。年轻时爱好学习，做了儒生，在州郡做官，被举荐为茂才，任命为卢县县令，后来迁升为幽州刺史，又被朝廷征召为议郎，参议车骑将军张温的军事，西去讨伐韩遂。正好这个时候徐州黄巾军起兵，于是任命陶谦为徐州刺史，进攻黄巾军。陶谦打败黄巾军，将他们赶出了徐州。董卓作乱的时候，各州郡起兵征讨，天子迁都长安，同外界断绝了联系，陶谦派使者从小路去向天子进贡，被提升为安东将军、徐州牧，封溧阳侯。当时徐州百姓富足，粮食非常充足，很多流民拥向那里。但陶谦违背道义，肆意妄为。广陵太守琅琊人赵昱是徐州的名士，因为忠言直谏而被疏远；曹宏等是谄媚邪恶的小人，陶谦却亲近信任他们。陶谦对司法和政务管理得都不好，善良的人大多遭到迫害，因此徐州局势逐渐混乱。下邳人阙宣自称天子，陶谦起初和他联手抢劫，后来又杀死阙宣，收编了他的部队。

初平四年，太祖征谦，攻拔十余城，至彭城大战。谦兵败走，死者万数，泗水为之不流。谦退守郯。太祖以粮少引军还。兴平元年，复东征，略定琅邪、东海诸县。谦恐，欲走归丹杨。会张邈叛迎吕布，太祖还击布，是岁，谦病死。

张杨字稚叔，云中人也。以武勇给并州，为武猛从事。灵帝末，天下乱。帝以所宠小黄门蹇硕为西园上军校尉，军京都，欲以御四方，征天下豪杰以为偏裨。太祖及袁绍等皆为校尉，属之。并州刺史丁原遣杨将兵诣硕，为假司马。灵帝崩，硕为何进所杀。杨复为进所遣，归本州募兵，得千余人，因留上党，击山贼。进败，董卓作乱。杨遂以所将攻上党太守于壶关，不下，略诸县，众至数千人。山东兵起，欲诛卓。袁绍至河内，杨与绍合，复与匈奴单于於夫罗屯漳水。单于欲叛，绍、杨不从。单于执杨与俱去，绍使将麴义追击于邺南，破之。单于执杨至黎阳，攻破度辽将军耿祉军，众复振。卓以杨为建义将军、河内太守。天子之在河东，杨将兵至安邑，拜安国将军，封晋阳侯。杨欲迎天子还洛，诸将不听；杨还野王。建安元年，杨奉、董承、韩暹挟天子还旧京，粮乏。杨以粮迎道路，遂至洛阳。谓诸将曰："天子当与天下共之，幸有公卿大臣，杨当捍外难，何事京都？"遂还野王。即拜为大司马。杨素与吕布善。太祖之围布，杨欲救之，不能。乃出兵东市，遥为之势。其将杨丑，杀杨以应太祖。杨将眭固杀丑，将其众，欲北合袁绍。太祖遣史涣邀击，破之于犬城，斩固，尽收其众也。

初平四年，曹操派兵讨伐陶谦，攻取了十几座城池。他抵达彭城后，与陶谦展开大战。陶谦战败逃走，战死的人数以万计，泗水河都被尸体堵塞了。陶谦退守郯城，曹操也因粮食缺乏而领兵撤退了。兴平元年，曹操再次东征，攻占了琅琊、东海各县。陶谦害怕，想退回丹杨。正在这时，张邈背叛曹操，迎接吕布进入兖州，曹操因此回师攻打吕布。这一年，陶谦病死。

张杨字稚叔，是云中郡人。因为勇猛且有计谋为并州府效力，被任命做了武猛从事。灵帝末年，天下大乱，灵帝任命受宠信的小黄门蹇硕为西园上军校尉，驻扎在京都，想以此控制四方，并征召天下的豪杰任偏将和裨将。太祖及袁绍等人全都任校尉，受蹇硕统辖。并州刺史丁原派遣张杨率领兵马到蹇硕处，担任代理司马。灵帝死后，蹇硕被何进所杀。张杨又被何进派遣，回并州招募军队，得到一千多人，便留在上党郡，进击山中的反贼。何进失败后，董卓作乱。张杨就率领所统辖的军队在壶关攻打上党太守，没有攻下，便抢掠各县，部众发展到数千人。山东兴起义兵，准备诛讨董卓。袁绍到河内郡，张杨与袁绍联合，又与匈奴单于於夫罗屯驻在漳水一带。匈奴单于想反叛，袁绍、张杨不答应。单于劫持张杨一起走，袁绍派部将麴义追击单于到邺城南面，将他打败。单于劫持张杨到黎阳县，击溃度辽将军耿祉，队伍重新振作起来。董卓任张杨为建义将军、河内太守。献帝在河东郡的时候，张杨率兵到达安邑，被拜为安国将军，封晋阳侯。张杨想迎接献帝回洛阳，诸将不答应；张杨回到野王县。建安元年，杨奉、董承、韩暹护卫献帝回旧京洛阳，粮食匮乏。张杨带着粮食在路上迎接，因此回到了洛阳。张杨对诸将说："天子应当是天下人共有的天子，朝内幸好有公卿大臣辅助，张杨应当抵御外敌入侵，何必要留在京城里面呢？"于是回到了野王县。随即被拜为大司马。张杨一向和吕布关系很好。太祖围攻吕布的时候，张杨想去救援，未能去成。便出兵驻守在东市，从远处做吕布的声援。张杨部将杨丑，杀张杨响应太祖。张杨部将眭固又杀杨丑，率领杨丑的部众，想北上联兵袁绍。太祖派遣史涣截杀，在犬城将眭固打败，斩杀了眭固，收编了眭固的全部部众。

公孙度字升济，本辽东襄平人也。度父延，避吏居玄菟，任度为郡吏。时玄菟太守公孙琙，子豹，年十八岁，早死。度少时名豹，又与琙子同年，琙见而亲爱之，遣就师学，为取妻。后举有道，除尚书郎，稍迁冀州刺史，以谣言免。同郡徐荣为董卓中郎将，荐度为辽东太守。度起玄菟小吏，为辽东郡所轻。先时，属国公孙昭守襄平令，召度子康为伍长。度到官，收昭，笞杀于襄平市。郡中名豪大姓田韶等宿遇无恩，皆以法诛，所夷灭百余家，郡中震栗。东伐高句骊，西击乌丸，威行海外。初平元年，度知中国扰攘，语所亲吏柳毅、阳仪等曰："汉祚将绝，当与诸卿图王耳。"时襄平延里社生大石，长丈余，下有三小石为之足。或谓度曰："此汉宣帝冠石之祥，而里名与先君同。社主土地，明当有土地，而三公为辅也。"度益喜。故河内太守李敏，郡中知名，恶度所为，恐为所害，乃将家属入于海。度大怒，掘其父冢，剖棺焚尸，诛其宗族。分辽东郡为辽西中辽郡，置太守。越海收东莱诸县，置营州刺史。自立为辽东侯、平州牧，追封父延为建义侯。立汉二祖庙，承制设坛墠于襄平城南，郊祀天地，籍田，治兵，乘鸾路，九旒，旄头羽骑。太祖表度为武威将军，封永宁乡侯，度曰："我王辽东，何永宁也！"藏印绶武库。度死，子康嗣位，以永宁乡侯封弟恭。是岁建安九年也。

十二年，太祖征三郡乌丸，屠柳城。袁尚等奔辽东，康斩送尚首。语在《武纪》。封康襄平侯，拜左将军。康死，子晃、渊等皆小，

公孙度字升济，辽东襄平人。他的父亲公孙延，因逃避做小吏而躲避在玄菟郡，公孙度被任为玄菟郡吏。当时玄菟郡太守公孙琙，他的儿子公孙豹，十八岁时就早死了。公孙度小时名豹，又和公孙琙的儿子同岁，所以公孙琙一见到他就十分喜欢，派他随老师学习，为他娶妻。后来公孙度被举为有道，任命为尚书郎，渐渐升到冀州刺史，因为民间的谣言对他不利而被免。公孙度同郡人徐荣任董卓的中郎将，举荐公孙度为辽东太守。公孙度起家于玄菟郡小吏，被辽东人所轻视。先前，辽东属国人公孙昭代理襄平县县令，曾经征召公孙度的儿子公孙康为伍长。公孙度到任以后，就逮捕了公孙昭，在襄平的集市上用棍棒把他打死。辽东郡中的名豪大姓田韶等人过去对公孙度不好，都被以犯法的名义处死，所诛灭的家族有一百多家，郡中震恐。公孙度又东伐高句骊，西击乌丸，声震海外。初平元年，公孙度见中原地区争战不断，对亲信下属柳毅、阳仪等人说："汉朝的气要断运将绝，我和你们应当共谋称王。"当时襄平延里的社坛旁长出大石头，长一丈多，下面有三块小石头做它的脚。有人对公孙度说："这和汉宣帝冠石的祥瑞之兆是一样的，这儿的里名与您先君的名字又是一样的。社是土地的象征，说明您当有土地，由三公做您的辅佐。"公孙度听了更加高兴。旧时的河内郡太守李敏，是郡中名人，厌恶公孙度的所为，害怕被他所害，便带家眷渡海迁居。公孙度大怒，挖掘了李敏父亲的坟墓，劈棺焚尸，又诛杀了他的族人。分辽东郡为辽西、中辽两郡，设置太守。又渡海攻占东莱郡的各县，设置营州刺史。公孙度自立为辽东侯、平州牧，追封其父公孙延为建义侯。又建立汉高祖刘邦和世祖刘秀的神庙，自称受天子之命在襄平城南祭祀天地。他还亲自耕籍田，检阅军队，乘坐天子专用的礼仪车，戴九旒皇冠，配备皇帝专用的仪仗。曹操上表任公孙度做武威将军，封爵永宁乡侯。公孙度说："我要做辽东王，要永宁侯有什么用！"把朝廷给的印绶收进武库。公孙度死，他的儿子公孙康即位，把永宁乡侯的爵位转封给弟弟公孙恭。这一年是建安九年。

建安十二年，曹操带兵征讨三郡乌丸，血洗了柳城。袁尚等人逃到辽东，公孙康斩了袁尚的头献给了曹操。这件事记在《武帝纪》中。

众立恭为辽东太守。文帝践阼，遣使即拜恭为车骑将军、假节，封平郭侯；追赠康大司马。

初，恭病阴消为阉人，劣弱不能治国。太和二年，渊胁夺恭位。明帝即拜渊扬烈将军、辽东太守。渊遣使南通孙权，往来赂遗。权遣使张弥、许晏等，赍金玉珍宝，立渊为燕王。渊亦恐权远不可恃，且贪货物，诱致其使，悉斩送弥、晏等首。明帝于是拜渊大司马，封乐浪公，持节、领郡如故。使者至，渊设甲兵为军陈，出见使者，又数对国中宾客出恶言。景初元年，乃遣幽州刺史毌丘俭等赍玺书征渊。渊遂发兵，逆于辽隧，与俭等战。俭等不利而还。渊遂自立为燕王，置百官有司。遣使者持节，假鲜卑单于玺；封拜边民，诱呼鲜卑，侵扰北方。二年春，遣太尉司马宣王征渊。六月，军至辽东。渊遣将军卑衍、杨祚等步骑数万屯辽隧，围堑二十余里。宣王军至，令衍逆战。宣王遣将军胡遵等击破之。宣王令军穿围，引兵东南向，而急东北，即趋襄平。衍等恐襄平无守，夜走。诸军进至首山，渊复遣衍等迎军殊死战。复击，大破之，遂进军造城下，为围堑。会霖雨三十余日，辽水暴长，运船自辽口径至城下。雨霁，起土山、修橹，为发石连弩射城中。渊窘急，粮尽，人相食，死者甚多。将军杨祚等降。八月丙寅夜，大流星长数十丈，从首山东北坠襄平城东南。壬午，渊众溃，与其子修将数百骑突围东南走。大兵急击之，当流星所坠处，斩渊父子。城破，斩相国以下首级以千数，传渊首洛阳，辽东、带方、乐浪、玄菟悉平。

朝廷封公孙康为襄平侯，任命为左将军。公孙康死后，他的儿子晃、渊等年纪都还小，大家便拥戴公孙恭为辽东太守。曹丕即位以后，遣使者任公孙恭为车骑将军，授以符节，封平郭侯；追赠公孙康为大司马。

当初，公孙恭因为生殖器萎缩，成为阉人，身体非常衰弱不能治理他管辖的领地。太和二年，公孙渊强行夺取公孙恭的位置。明帝即任命公孙渊为扬烈将军、辽东太守。公孙渊派使节南下与孙权通好，彼此往来互有馈赠。孙权派使臣张弥、许晏等人。带珠宝来到辽东，立公孙渊为燕王。公孙渊又害怕孙权离自己太远不能依靠，但又贪图他的礼物，便引诱孙吴的使者上岸，将张弥、许晏等斩杀，首级送给了曹魏朝廷。明帝又拜公孙渊为大司马，封乐浪公，持节、仍兼任辽东太守。朝廷使者到来，公孙渊让士兵们披甲列阵，然后出来见使者，又多次对宾客们恶语相向。景初元年，朝廷派遣幽州刺史毌丘俭等人持玺书征召公孙渊入京。公孙渊便出动兵力，在辽隧迎战毌丘俭。毌丘俭失败撤回。公孙渊便自立为燕王，设置百官与有关机构；又派遣使者手持符节，授予鲜卑单于印玺，对边境官民封官赐爵，引诱鲜卑族人，侵扰北方边境。景初二年春天，明帝派遣太尉司马懿征讨公孙渊。六月，大军到达辽东。公孙渊派将军卑衍、杨祚等人率领步骑兵数万驻扎辽遂，在营寨外挖掘堑壕二十多里长。司马懿军到，公孙渊令卑衍迎战。司马懿派将军胡遵等击破卑衍。司马懿令军士破围堑，向东南方向进击，又突然转而指向东北，直扑襄平。卑衍等人害怕襄平失守，连夜撤回。曹魏大军到首山，公孙渊又派遣卑衍等人殊死迎战。魏军再次出击，大破卑衍后，便进军抵达襄平城下，挖掘堑壕施行包围。碰巧当时大雨下了三十多天，辽水暴涨，魏军运输船自辽口直达城下。大雨停后，魏军堆起土山、高楼，用发石车、连弩射击城中。公孙渊窘急无路。粮食吃完了，就吃人，死的人非常多。将军杨祚等投降。八月初七日夜晚，有一颗光芒长达数十丈的流星，从首山东北向襄平东南坠落。二十三日，公孙渊兵溃，和儿子公孙修率百骑突围向东南逃走。司马懿令大军急行追击他们，就在流星坠落的地方斩杀了公孙渊父子。襄平城被攻陷后，斩杀相国以

初，渊家数有怪，犬冠帻绛衣上屋，炊有小儿蒸死甑中。襄平北市生肉，长围各数尺，有头目口喙，无手足而动摇。占曰："有形不成，有体无声，其国灭亡。"始度以中平六年据辽东，至渊三世，凡五十年而灭。

张燕，常山真定人也，本姓褚。黄巾起，燕合聚少年为群盗，在山泽间转攻。还真定，众万余人。博陵张牛角亦起众，自号将兵从事，与燕合。燕推牛角为帅，俱攻瘿陶。牛角为飞矢所中，被创且死。令众奉燕，告曰："必以燕为帅。"牛角死，众奉燕，故改姓张。燕剽捍捷速过人，故军中号曰飞燕。其后人众寖广，常山、赵郡、中山、上党、河内诸山谷皆相通，其小帅孙轻、王当等，各以部众从燕，众至百万，号曰黑山。灵帝不能征，河北诸郡被其害。燕遣人至京都乞降，拜燕平难中郎将。是后，董卓迁天子于长安。天下兵数起，燕遂以其众与豪杰相结。袁绍与公孙瓒争冀州，燕遣将杜长等助瓒，与绍战，为绍所败，人众稍散。太祖将定冀州，燕遣使求佐王师，拜平北将军；率众诣邺，封安国亭侯，邑五百户。燕薨，子方嗣。方薨，子融嗣。

张绣，武威祖厉人，骠骑将军济族子也。边章、韩遂为乱凉州，金城麴胜袭杀祖厉长刘隽。绣为县吏，间伺杀胜，郡内义之。遂招合少年，为邑中豪杰。董卓败，济与李傕等击吕布，为卓报仇。语在《卓传》。绣随济，以军功稍迁至建忠将军，封宣威侯。济屯弘农，士卒饥饿，南攻穰，为流矢所中死。绣领其众，屯宛，与刘表合。太祖南征，军淯水，绣等举众降。太祖纳济妻，绣恨之。太祖闻

下的人员数以千计，把公孙渊的头送到洛阳，辽东、带方、乐浪、玄菟四郡相继平定了。

当初，公孙渊家里多次发生怪事，狗戴上头巾穿着红衣蹿上屋；做饭的时候小孩在饭甑里被蒸死。襄平北市上生出一块肉，长宽各几尺，有脑袋、眼睛、嘴巴，没有手脚却能动。卜者占筮说："有形状而不完全，有躯体而不能发声，这个国家必然灭亡。"公孙度在中平六年占据辽东，到公孙渊传了三代，五十年而灭。

张燕，常山真定人，本姓褚。黄巾军起义时，张燕聚集一群少年为强盗，在山水间辗转攻抢掠夺，回到真定县时，已有部众一万多人。博陵郡人张牛角也聚众起兵，自称"将兵从事"，与张燕合在一起。张燕推举张牛角为帅，一起进攻陶县。张牛角被飞箭射中，受重伤将死，让他的部众拥戴张燕，说："一定要以他为主帅。"张牛角死后，众人拥护张燕，所以张燕改姓张。张燕勇猛强悍，敏捷超过常人，所以军中称他为飞燕。后来张燕兵众逐渐多起来，常山、赵郡、中山、上党、河内等郡的山区都互相联络，小帅孙轻、王当等人，都率领部众依附张燕，张燕的部众达到百万，号称黑山军。灵帝无法讨平他们，河北诸郡遍受其害。张燕派人到京都乞求投降，朝廷拜张燕为平难中郎将。这以后，董卓迁献帝到长安，各州郡纷纷起兵，张燕便率领部下与各地豪杰联络。袁绍与公孙瓒争夺冀州，张燕派部将杜长等人协助公孙瓒，与袁绍争战，被袁绍打败，部众渐散。曹操要平定冀州，张燕派遣使臣请求参战，被任为平北将军；张燕率领部众到达邺城，被封为安国亭侯，封邑五百户。张燕死后，儿子张方承袭爵位。张方死后，他的儿子张融承袭爵位。

张绣，是武威郡祖厉人，是骠骑将军张济的堂侄。边章、韩遂在凉州叛乱，金城人麴胜偷袭杀了祖厉县长刘隽。张绣时任县吏，暗中找机会杀了麴胜，郡里的人认为他做了一件好事。于是他就募集了一批年轻人，成为乡里的豪杰。董卓失败以后，张济和李傕等人进攻吕布，替董卓报仇。这件事在《董卓传》中另有记载。张绣跟着张济，凭军功逐步升为建忠将军，封爵宣威侯。张济驻军弘农郡，因为士兵缺粮，便向南攻打穰城，被流箭射中身死。张绣统领了他的部众，驻

其不悦，密有杀绣之计。计漏，绣掩袭太祖。太祖军败，二子没。绣还保穰，太祖比年攻之，不克。太祖拒袁绍于官渡，绣从贾诩计，复以众降。语在《诩传》。绣至，太祖执其手，与欢晏，为子均取绣女，拜扬武将军。官渡之役，绣力战有功，迁破羌将军。从破袁谭于南皮，复增邑凡二千户，是时天下户口减耗，十裁一在，诸将封未有满千户者，而绣特多。从征乌丸于柳城，未至，薨，谥曰定侯。子泉嗣，坐与魏讽谋反诛，国除。

张鲁字公祺，沛国丰人也。祖父陵，客蜀，学道鹄鸣山中，造作道书以惑百姓，从受道者出五斗米，故世号米贼。陵死，子衡行其道。衡死，鲁复行之。益州牧刘焉以鲁为督义司马，与别部司马张脩将兵击汉中太守苏固，鲁遂袭脩杀之，夺其众。焉死，子璋代立，以鲁不顺，尽杀鲁母家室。鲁遂据汉中，以鬼道教民，自号“师君”。其来学道者，初皆名“鬼卒”。受本道已信，号“祭酒”。各领部众，多者为治头大祭酒。皆教以诚信不欺诈，有病自首其过，大都与黄巾相似。诸祭酒皆作义舍，如今之亭传。又置义米肉，县于义舍，行路者量腹取足；若过多，鬼道辄病之。犯法者，三原，然后乃行刑。不置长吏，皆以祭酒为治，民夷便乐之。

雄踞巴、汉垂三十年。汉末，力不能征，遂就宠鲁为镇民中郎将，领汉宁太守，通贡献而已。民有地中得玉印者，群下欲尊鲁为汉

扎在宛城，和刘表联合。曹操南征，驻军在清水，张绣等人率军投降。曹操占有了张济的妻子，张绣为此非常恨他。曹操听说他不满，就暗中定下了杀害张绣的计划。由于计划泄露，张绣乘其不备突袭曹操。曹操兵败，两个儿子战死。张绣回军坚守穰城，曹操连年攻打，都没能够攻下。曹操和袁绍在官渡对峙时，张绣采纳了贾诩的计谋，再次率部队投降曹操。这件事在《贾诩传》中另有记载。张绣到时，曹操握着他的手，高兴地和他宴饮，还为儿子曹均迎娶张绣的女儿为妻，任张绣为扬武将军。官渡之战中，张绣奋勇作战有功，升为破羌将军。后又追随曹操在南皮打败袁谭，再次增封食邑共二千户。这个时候天下人口大幅度减少，十户仅存一家，各将领的封邑没有满一千户的，而张绣的封户数量特别多。后跟随曹操到柳城征伐乌丸，还未到达就去世了，加谥号为定侯。儿子张泉继承爵位，因参与魏讽谋反案被杀，封地也被取消。

张鲁字公祺，是沛国丰县人。祖父张陵，客居四川，在鹄鸣山中学道，编造道书来蛊惑百姓，跟随他学道的人都要出五斗米，所以世人称他们为“米贼”。张陵死后，儿子张衡继续奉行五斗米道，张衡死了以后，张鲁又奉行五斗米道。益州牧刘焉任命张鲁为督义司马，与别部司马张脩率军进攻汉中太守苏固，张鲁趁机袭击并杀死了张脩，收编了他的军队。刘焉死后，他的儿子刘璋继任益州牧。刘璋认为张鲁不顺从，杀了张鲁母亲全家。张鲁于是占据汉中，用他的鬼道教化百姓，自称“师君”。那些前来学道的人，最初都叫“鬼卒”。接受该教而不再怀疑以后，称为“祭酒”。每位祭酒统领一支队伍，兵马多的称为治头大祭酒。张鲁教人诚实守信、不要欺诈，有病时坦陈自己的过失，在很多方面与黄巾军类似。各位祭酒都修建有义舍，如同现在的驿站。又设置义米、义肉，悬挂在义舍里面，过路的人根据自己的饭量吃饱，如果吃得过多，鬼神就会让他得病。对于犯法的教民，前三次予以原谅，然后才使用刑罚。不设置官吏，一切都由祭酒来管理，百姓与夷人都感到很方便并愿意接受他的管治。

张鲁雄踞巴郡、汉中大概有三十年。汉朝末年，朝廷无力进行讨伐，就只好安抚，任命张鲁为镇民中郎将，兼汉宁太守。张鲁对待

宁王。鲁功曹巴西阎圃谏鲁曰：“汉川之民，户出十万，财富土沃，四面险固；上匡天子，则为桓、文，次及窦融，不失富贵。今承制署置，势足斩断，不烦于王。愿且不称，勿为祸先。”鲁从之。韩遂、马超之乱，关西民从子午谷奔之者数万家。

建安二十年，太祖乃自散关出武都征之，至阳平关。鲁欲举汉中降，其弟卫不肯，率众数万人拒关坚守。太祖攻破之，遂入蜀。鲁闻阳平已陷，将稽颡归降。圃又曰：“今以迫往，功必轻；不如依杜濩赴朴胡相拒，然后委质，功必多。”于是乃奔南山入巴中。左右欲悉烧宝货仓库，鲁曰：“本欲归命国家，而意未达。今之走，避锐锋，非有恶意。宝货仓库，国家之有。”遂封藏而去。太祖入南郑，甚嘉之。又以鲁本有善意，遣人慰喻。鲁尽将家出，太祖逆拜鲁镇南将军，待以客礼，封阆中侯，邑万户。封鲁五子及阎圃等皆为列侯。为子彭祖取鲁女。鲁薨，谥之曰原侯。子富嗣。

评曰：公孙瓒保京，坐待夷灭。度残暴而不节，渊仍业以载凶，只足覆其族也。陶谦昏乱而忧死，张杨授首于臣下，皆拥据州郡。曾匹夫之不若，固无可论者也。燕、绣、鲁舍群盗，列功臣，去危亡，保宗祀，则于彼为愈焉。

朝廷只不过进贡当地的土特产而已。有一个老百姓从地里掘出一颗玉印，张鲁的部下准备尊奉张鲁为汉宁王。张鲁的功曹巴西人阎圃劝阻张鲁说："汉川的百姓有十万户，土地肥沃，物产丰富，四面地势险要，有利于进行固守。对上辅佐天子，则有望建成齐桓公、晋文公那样的功业；其次也可以像窦融一样割据一方，不失富贵。现在奉皇帝之命设置百官，凡事都能自己发号施令，根本不必用王的称号。希望您暂且不称王，不要惹祸上身。"张鲁听从了阎圃的意见。韩遂、马超作乱时，关西百姓从子午谷前来汉中投奔的有几万户。

建安二十年，曹操从散关出武都攻打张鲁，一直到了阳平关。张鲁想交出汉中投降，其弟张卫不肯，率领数万人凭借阳平关拒守。曹操攻破阳平关，张卫逃入蜀中。张鲁听说阳平关已经失守，他准备投降。阎圃又说："因为迫不得已而投降，功劳必轻；不如依从杜濩的建议到朴胡那里抵抗一下，然后投降，这样功劳必重。"因此张鲁便奔向南山进入巴中。左右的人想把宝货仓库全部烧掉，张鲁说："我本来想投降朝廷，意愿还未实现。如今是避兵锋而逃走，没有恶意。宝库应当归国家所有。"便把仓库封好离去。曹操进入南郑，对张鲁的行为特别赞许。又因为张鲁本来就有归降之意，就派人对他进行慰问劝说。张鲁带领全家出来投降，曹操亲自迎接，任他为镇南将军，用客礼对待他，封爵阆中侯，封邑一万户。又封张鲁的五个儿子以及阎圃等人都为列侯。为儿子彭祖娶张鲁的女儿为妻。张鲁去世以后，加谥号为原侯。他的儿子张富承袭爵位。

评论说：公孙瓒据守保易京，坐等被消灭。公孙度残暴而没有节制，公孙渊用继承的基业来实现自己的凶恶，都只能使自己的宗族灭亡。陶谦昏乱忧郁而死，张杨被部下割下首级，二人都曾占据州郡，下场却连一般人都不如，没什么值得评论的。张燕、张绣、张鲁放弃了群盗生涯，进入功臣之列，离开了危险和灭亡，保全了祖宗的祭祀，比那些人要好多了。

卷九　魏书九

诸夏侯曹传第九

夏侯惇字元让，沛国谯人，夏侯婴之后也。年十四，就师学，人有辱其师者，惇杀之，由是以烈气闻。太祖初起，惇常为裨将，从征伐。太祖行奋武将军，以惇为司马，别屯白马，迁折冲校尉，领东郡太守。太祖征陶谦，留惇守濮阳。张邈叛迎吕布，太祖家在鄄城，惇轻军往赴，适与布会，交战。布退还，遂入濮阳，袭得惇军辎重。遣将伪降，共执持惇，责以宝货，惇军中震恐。惇将韩浩乃勒兵屯惇营门，召军吏诸将，皆案甲当部不得动，诸营乃定。遂诣惇所，叱持质者曰："汝等凶逆，乃敢执劫大将军，复欲望生邪！且吾受命讨贼，宁能以一将军之故，而纵汝乎？"因涕泣谓惇曰："当奈国法何！"促召兵击持质者。持质者惶遽叩头，言"我但欲乞资用去耳"！浩数责，皆斩之。惇既免，太祖闻之，谓浩曰："卿此可为万世法。"乃著令，自今已后有持质者，皆当并击，勿顾质。由是劫质者遂绝。

太祖自徐州还，惇从征吕布，为流矢所中，伤左目。复领陈留、济阴太守，加建武将军，封高安乡侯。时大旱，蝗虫起，惇乃断太寿水作陂，身自负土，率将士劝种稻，民赖其利。转领河南尹。太祖平河北，为大将军后拒。邺破，迁伏波将军，领尹如故，使得以便宜从事，不拘科制。建安十二年，录惇前后功，增封邑千八百户，并

夏侯惇字元让，是沛国谯县人，夏侯婴的后代。十四岁的时候，跟随老师学习，当时有人侮辱他的老师，夏侯惇因愤怒而杀了他，因此以刚正勇敢而闻名。曹操起兵时，夏侯惇以副将身份，跟随征伐。后来曹操兼任奋武将军，便以夏侯惇做司马，领军单独驻扎在白马，并且升为折冲校尉，兼任东郡太守。曹操征伐陶谦，留夏侯惇驻守濮阳。张邈背叛曹操并迎接吕布，当时曹操家在鄄城，因此夏侯惇就率领部队轻装赶去保护，和吕布遭遇，便同他交战。吕布退回，随即占领了濮阳，袭取了夏侯惇部的军资，又派遣将领假投降，内外配合，扣押了夏侯惇，逼迫他交出财物，夏侯惇的部队十分惊慌。这时夏侯惇的部将韩浩便部署队伍守候在夏侯惇的营门口，召集官兵将领和其他守备人员等，按兵坚守岗位，不许妄动，各兵营才安定下来。来到夏侯惇关押的地方，叱责劫持人质的人说："你们这些凶恶悖逆的人，竟敢劫持扣押大将军，不想活命了吗？况且我受命讨伐反贼，怎能因为一位将军的缘故而纵容你们呢？"又哭着对夏侯惇说："为了国法我没别的办法了"。韩浩又紧急召集士兵攻击劫持人质的人。这些人非常恐惧，急忙叩头说："我们只是想搞点物品就离开。"韩浩反复训斥后，将他们都杀掉了。夏侯惇已经被赦免，太祖听说了此事后，对韩浩说："您这种行为可为千秋万世所效法。"就制定条令："规定从今以后如再有劫持人质的，当一概打击，不必顾虑人质。"因此劫持人质的事情便再没发生。

曹操从徐州归来，夏侯惇又跟随讨伐吕布，被箭矢击中左眼。后又任陈留、济阴等郡太守，加授建武将军，封爵高安乡侯。时逢大旱，蝗虫四起，夏侯惇便截断太寿河水修成塘堰，并亲自背土，鼓励将士种稻，百姓得到了好处。后来夏侯惇转任河南尹。曹操平定河北，夏侯惇为大军断后。攻克邺县以后，升迁为伏波将军，依旧兼任河南尹，

前二千五百户。二十一年，从征孙权还，使惇都督二十六军，留居巢。赐伎乐名倡，令曰："魏绛以和戎之功，犹受金石之乐，况将军乎！"二十四年，太祖军于摩陂，召惇常与同载，特见亲重，出入卧内，诸将莫得比也。拜前将军，督诸军还寿春，徙屯召陵。文帝即王位，拜惇大将军，数月薨。

惇虽在军旅，亲迎师受业。性清俭，有余财辄以分施，不足资之于官，不治产业。谥曰忠侯。子充嗣。帝追思惇功，欲使子孙毕侯。分惇邑千户，赐惇七子二孙爵皆关内侯。惇弟廉及子楙素自封列侯。初，太祖以女妻楙，即清河公主也。楙历位侍中尚书、安西镇东将军，假节。充薨，子廙嗣。廙薨，子劭嗣。

韩浩者，河内人。沛国史涣与浩俱以忠勇显。浩至中护军，涣至中领军，皆掌禁兵，封列侯。

夏侯渊字妙才，惇族弟也。太祖居家，曾有县官事，渊代引重罪，太祖营救之，得免。太祖起兵，以别部司马、骑都尉从，迁陈留、颍川太守。及与袁绍战于官渡，行督军校尉。绍破，使督兖、豫、徐州军粮；时军食少，渊传馈相继，军以复振。昌豨反，遣于禁击之，未拔；复遣渊与禁并力，遂击豨，降其十余屯，豨诣禁降。渊还，拜典军校尉。济南、乐安黄巾徐和、司马俱等攻城，杀长吏。渊将泰山、齐、平原郡兵击，大破之，斩和；平诸县，收其粮谷以给军士。十四年，以渊为行领军。太祖征孙权还，使渊督诸将击庐江叛者雷绪，绪破，又行征西护军，督徐晃击太原贼，攻下二十余屯，斩

并特别允许他随机而制，自行处理公务。建安十二年，依据夏侯惇前后所立功劳，增加封邑一千八百户，与前面所封共二千五百户。建安二十一年，跟随曹操征讨孙权，曹操返回后，让夏侯惇都督二十六军，留居巢县。赐给他乐人歌伎舞女，下令说："魏绛因主张与少数民族和睦有功，还被授予乐器，何况将军你呢！"建安二十四年，曹操在摩陂驻军时，经常让夏侯惇与他同乘一辆车，特别看重他；可以自由出入曹操的卧室，诸将无人相比。后来任前将军，督领各路军回到寿春，又转屯召陵。文帝曹丕即位后，任夏侯惇为大将军，几个月以后便去世了。

夏侯惇虽身在军营之中，却亲自迎接老师，接受教育。他生性清廉节俭，有多余的财物就分发给下面，用度不够就靠官府资助，自己从不置办家产。谥号为忠侯。他的儿子夏侯充继承了他的爵位。文帝追念夏侯惇的功劳，让他的子孙全都封侯，从夏侯惇的食邑中分出一千户，赐给夏侯惇的七个儿子两个孙子，爵位都是关内侯。夏侯惇的弟弟夏侯廉以及夏侯惇的儿子夏侯楙原来就凭借自己的功劳被封为列侯。当初，曹操把女儿嫁给夏侯楙，就是清河公主。夏侯楙历任侍中尚书、安西镇东将军，被授予符节。夏侯充去世以后，其子夏侯廙继承了他的爵位。夏侯廙去世，其子夏侯劭成为了继承人。

韩浩，是河内人。沛国人史涣和韩浩都以忠勇闻名。韩浩官至中护军，史涣官至中领军，都执掌禁军，被封为列侯。

夏侯渊字妙才，是夏侯惇同一宗族的兄弟。太祖当年住在家里的时候，曾吃官司；夏侯渊代他受过，太祖去营救他，才得以免罪。太祖起兵，即任夏侯渊为别部司马、骑都尉，跟随太祖，升迁为陈留太守，又转为颍川太守。到和袁绍在官渡作战时，兼任为督军校尉。袁绍的军队被攻破后，太祖就派他督领兖州、豫州、徐州的军粮；当时军中粮食非常缺乏，夏侯渊即刻用骑兵传送粮食，使得粮食不断，军队才得以复振。后来昌豨造反，太祖派于禁去镇压，没有攻拔下来。便再次派遣夏侯渊和于禁合力征讨，最后击败了昌豨，使得昌豨的十多个屯全都归降，昌豨也前往向于禁投降。夏侯渊带兵回来后，拜为典军校尉。济南、乐安的黄巾贼徐和、司马俱等人率兵攻城，杀

贼帅商曜，屠其城。从征韩遂等，战于渭南。又督朱灵平隃麋、汧氐。与太祖会安定，降杨秋。

十七年，太祖乃还邺，以渊行护军将军，督朱灵、路招等屯长安。击破南山贼刘雄，降其众。围遂、超余党梁兴于鄠，拔之，斩兴，封博昌亭侯。马超围凉州刺史韦康于冀，渊救康，未到，康败。去冀二百余里，超来逆战，军不利。汧氐反，渊引军还。十九年，赵衢、尹奉等谋讨超，姜叙起兵卤城以应之。衢等谲说超，使出击叙，于后尽杀超妻子。超奔汉中，还围祁山。叙等急求救，诸将议者欲须太祖节度。渊曰："公在邺，反覆四千里，比报，叙等必败，非救急也。"遂行，使张郃督步骑五千在前，从陈仓狭道入，渊自督粮在后。郃至渭水上，超将氐羌数千逆郃。未战，超走，郃进军收超军器械。渊到，诸县皆已降。韩遂在显亲，渊欲袭取之，遂走。渊收遂军粮，追至略阳城，去遂二十余里，诸将欲攻之，或言当攻兴国氐。渊以为遂兵精，兴国城固，攻不可卒拔，不如击长离诸羌。长离诸羌多在遂军，必归救其家。若舍羌独守则孤，救长离则官兵得与野战，可必虏也。渊乃留督将守辎重，轻兵步骑到长离，攻烧羌屯，斩获甚众。诸羌在遂军者，各还种落。遂果救长离，与渊军对陈。诸将见遂众，恶之，欲结营作堑乃与战。渊曰："我转斗千里，今复作营堑，则士众罢弊，不可久。贼虽众，易与耳。"乃鼓之，大破遂军，得其旌麾。还略阳，进军围兴国。氐王千万逃奔马超，余众降。转击高平屠各，皆散走，收其粮谷牛马。乃假渊节。

害长吏。夏侯渊率领泰山、齐、平原郡的军队出击，一举斩杀了徐和，平定了各县，收缴了他们的粮食。建安十四年，以夏侯渊为代领军。太祖征讨孙权回来以后，即派遣夏侯渊率领众将追击庐江一带的反叛者雷绪，雷绪兵败。接着夏侯渊又代征西护军，统率徐晃出击太原一带的贼兵，攻下了他们二十多个屯兵点，斩杀了贼兵的主帅商曜，屠灭了他所守的城镇。之后又追随太祖征伐韩遂等人，在渭南一带作战。又督导朱灵平定了隃糜和汧氐族。和太祖在安定会合，迫使杨秋投降。

建安十七年，太祖回到邺城，让夏侯渊代为做了护军将军，督统朱灵、路招等人屯驻长安，击败南山的叛贼刘雄，收降了刘雄的部众。又在鄠县围攻韩遂、马超的余党梁兴，攻克了县城，斩杀了梁兴，被封为博昌亭侯。马超在冀县包围了凉州刺史韦康，夏侯渊营救他，还没到，韦康就已兵败。离冀县二百多里的时候，马超前来迎战，夏侯渊军失利。这时，汧氐人反叛，夏侯渊领军撤回。建安十九年，赵衢、尹奉等人密谋讨伐马超，姜叙在卤城起兵响应。赵衢等人心怀诡诈，规劝马超，让马超出击姜叙，却在后面把马超的妻子儿女全部杀尽。马超直奔汉中，又回军包围祁山。姜叙等人在危急中求救，诸将中有人建议必须等待太祖的命令。夏侯渊说："曹公在邺城，使者往返要四千里，等到批复回来，姜叙等必定早被打败，这不是救急的办法。"便决定进行救援，派张郃督统五千步骑兵在前面，从陈仓狭道进入，夏侯渊亲自在后指挥运粮。张郃到达渭水边，马超率领数千氐、羌兵迎战张郃。还没有交战，马超就逃走了，张郃进军收缴了马超军中的器械。夏侯渊到达的时候，各县已经全都投降。韩遂驻扎在显亲县，夏侯渊将要袭击攻取韩遂，韩遂逃走。夏侯渊缴获了韩遂的军粮，追到了略阳城，离韩遂二十多里，将领们要进攻韩遂，也有人说应当进攻兴国氐人。夏侯渊认为韩遂兵力精良，兴国城又坚固，进攻不可能马上攻下，不如攻打长离的各部羌人。长离的各部羌人有很多在韩遂的军队中，如果攻打长离，羌人一定会去救援家乡。韩遂如果让羌人回去，自己独自守城力量就会孤单；如果韩遂去救长离，我军就可在野外同韩遂作战，一定能够俘获韩遂。因此夏侯

初，枹罕宋建因凉州乱，自号河首平汉王。太祖使渊帅诸将讨建。渊至，围枹罕，月余拔之，斩建及所置丞相已下。渊别遣张郃等平河关，渡河入小湟中。河西诸羌尽降，陇右平。太祖下令曰："宋建造为乱逆三十余年，渊一举灭之，虎步关右，所向无前。仲尼有言：'吾与尔不如也。'"二十一年，增封三百户，并前八百户。还击武都氐羌下辩，收氐谷十余万斛。

太祖西征张鲁，渊等将凉州诸将侯王已下，与太祖会休亭。太祖每引见羌、胡，以渊畏之。会鲁降，汉中平，以渊行都护将军，督张郃、徐晃等平巴郡。太祖还邺，留渊守汉中，即拜渊征西将军。二十三年，刘备军阳平关，渊率诸将拒之，相守连年。二十四年正月，备夜烧围鹿角。渊使张郃护东围，自将轻兵护南围。备挑郃战，郃军不利。渊分所将兵半助郃，为备所袭，渊遂战死。谥曰愍侯。

初，渊虽数战胜，太祖常戒曰："为将当有怯弱时，不可但恃勇也。将当以勇为本，行之以智计；但知任勇，一匹夫敌耳。"

渊便留下督将看守军用物资，他亲自率轻步骑兵到达长离，进攻焚烧羌人的村落，杀死俘获了很多羌人。在韩遂军中的羌人，各自赶回自己的部落。韩遂果然率军救援长离，和夏侯渊军对阵。众将见韩遂兵多，有些害怕，想扎下营垒，挖好战壕，再与之作战。夏侯渊说：“我军转战千里，现在再扎营挖堑，兵众就会疲惫，不能持久。敌兵虽然多，却容易对付。”便击鼓进攻，大破韩遂军队，缴获了韩遂的指挥旗帜，然后回兵略阳，进军包围兴国。氐王千万逃奔马超，余下的部众投降。夏侯渊又转而进攻高平地区的屠各族人，屠各族人全都逃走，夏侯渊缴获了屠各族人的粮食牛马。朝廷授予夏侯渊假节。

起初，枹罕人宋建趁凉州发生叛乱，称自己是河首平汉王。曹操派夏侯渊带领一些将领征讨宋建。夏侯渊到达后，围攻枹罕达一个多月，攻克宋建及他任命的丞相以下官员。夏侯渊又派张郃等去平定河关，他们渡过黄河进入小湟中，河西的羌族部落全部归降，陇山以西地区得到平定。曹操下令说：“宋建叛乱已经三十多年，夏侯渊一举便消灭了他，像猛虎一样纵横关右，所向无敌；正如孔子所说的：‘你我都不如他啊。’”建安二十一年，增加夏侯渊食邑三百户，加上以前所封共八百户。夏侯渊回师，在下辩攻打武都的氐人与羌人，缴获了氐人粮谷十多万斛。

曹操向西征讨张鲁，夏侯渊率领凉州的将领、侯王及官员，与曹操在休亭会师。曹操每次接见羌人、胡人，都用夏侯渊作陪来威慑他们。恰逢张鲁归降，曹操便任命夏侯渊代理都护将军，率领张郃、徐晃等平定巴郡。曹操返回邺城，留夏侯渊守卫汉中，随即任命其为征西将军。建安二十三年，刘备进军阳平关，夏侯渊带领各位将领前去抵抗，双方相持了一年多。建安二十四年正月，刘备乘夜派兵焚烧魏军用来围营的鹿角树障。夏侯渊派张郃领兵保护营东的围栏，自己率领轻兵保护营南的围栏。刘备向张郃发动攻击，张郃失利。夏侯渊分出一半兵力去援助张郃，自己却遭到刘备袭击，夏侯渊战死。赐予的谥号为愍侯。

当初，夏侯渊虽然屡战屡胜，曹操却经常告诫他说：“作为将领，也应有胆怯的时候，不能单凭勇猛。将领应当以勇为本，但又要

渊妻，太祖内妹。长子衡，尚太祖弟海阳哀侯女，恩宠特隆。衡袭爵，转封安宁亭侯。黄初中，赐中子霸，太和中，赐霸四弟，爵皆关内侯。霸，正始中为讨蜀护军右将军，进封博昌亭侯，素为曹爽所厚。闻爽诛，自疑，亡入蜀。以渊旧勋赦霸子，徙乐浪郡。霸弟威，官至兖州刺史。威弟惠，乐安太守。惠弟和，河南尹。衡薨，子绩嗣，为虎贲中郎将。绩薨。子褒嗣。

曹仁字子孝，太祖从弟也。少好弓马弋猎。后豪杰并起，仁亦阴结少年，得千余人。周旅淮、泗之间，遂从太祖为别部司马，行厉锋校尉。太祖之破袁术，仁所斩获颇多。从征徐州，仁常督骑，为军前锋。别攻陶谦将吕由，破之，还与大军合彭城，大破谦军。从攻费、华、即墨、开阳，谦遣别将救诸县，仁以骑击破之。太祖征吕布，仁别攻句阳，拔之，生获布将刘何。太祖平黄巾，迎天子都许，仁数有功，拜广阳太守。太祖器其勇略，不使之郡，以议郎督骑。太祖征张绣，仁别徇旁县，虏其男女三千余人。太祖军还，为绣所追，军不利，士卒丧气，仁率厉将士甚奋，太祖壮之，遂破绣。

太祖与袁绍久相持于官渡，绍遣刘备徇濦彊诸县，多举众应之。自许以南，吏民不安，太祖以为忧。仁曰："南方以大军方有目前急，其势不能相救，刘备以强兵临之，其背叛固宜也。备新将绍兵，未能得其用，击之可破也。"太祖善其言，遂使将骑击备，破走

有智慧和计谋；只有勇猛，一名莽汉就能对付他。”

夏侯渊的妻子，是太祖的妻子的妹妹。长子夏侯衡，迎娶了太祖弟弟海阳哀侯的女儿，因而恩信宠爱更加隆重兴盛。夏侯衡承袭父亲的爵位，后转封为安宁亭侯。文帝黄初年间，赐给夏侯渊的中子夏侯霸爵位，到了太和年间，又赐予夏侯霸四个弟弟爵位，都是关内侯。夏侯霸，在正始年间任讨蜀护军、右将军，晋封为博昌亭侯，素来深受曹爽的厚待。后来听到曹爽被杀，自己怕被连累，逃入蜀中。朝廷因为顾念夏侯渊从前的勋业而赦免了夏侯霸的儿子，把他流放到乐浪郡。夏侯霸的弟弟夏侯威，官至兖州刺史。夏侯威的弟弟夏侯惠，官至乐安太守。夏侯惠的弟弟夏侯和，官至河南尹。夏侯衡死了以后，他的儿子夏侯绩继承了爵位，官至虎贲中郎将。夏侯绩死。他的儿子夏侯褒继承了爵位。

曹仁，字子孝，是太祖的堂弟。他年少时喜好骑马拉弓打猎。后来豪杰并起，曹仁也暗中聚集少年，聚得一千余人，游历在淮水、泗水之间，其后便跟从太祖任别部司马，代理厉锋校尉。太祖打败了袁术，曹仁所斩获的士兵颇多。跟从太祖征伐徐州，曹仁常常率领骑兵，作为军队的前锋。另外，攻打陶谦的将领吕由，打败了他。返回与大军会师彭城，大败了陶谦的军队。后来攻打费县、华县、即墨县、开阳县，陶谦派别将救援诸县，曹仁带骑兵击败了他。太祖征伐吕布时，曹仁另外去攻打句阳，攻下了城池，生擒了吕布的将领刘何。太祖平定黄巾军，迎接天子建都许昌。曹仁数次立功，被任命为广阳太守。太祖器重他的勇武谋略，不让他到郡里就任，曹仁以议郎的身份统率骑兵。太祖征伐张绣时，曹仁另外去攻打旁边的县，掳得男女三千多人。太祖军队返回时，被张绣所追击，军队失利，士气低落，曹仁激励将士振奋，太祖赞叹他的豪壮，因此就打败了张绣。

曹操与袁绍在官渡长久对峙，袁绍派刘备隐蔽攻打㶏彊等县，各县纷纷起兵响应刘备。许县以南，官员百姓很不安心，曹操为此而忧虑。曹仁说：“因我军目前形势紧急，许县以南，势必不能出兵救援，又加上刘备强兵压境，因此诸县背叛我们是可以理解的。刘备刚刚率领袁绍的部队，未必能指挥得了他们，派兵攻打他是可以取胜

之，仁尽复收诸叛县而还。绍遣别将韩荀钞断西道，仁击荀于鸡洛山，大破之。由是绍不敢复分兵出。复与史涣等钞绍运车，烧其粮谷。

河北既定，从围壶关。太祖令曰："城拔，皆坑之。"连月不下。仁言于太祖曰："围城必示之活门，所以开其生路也。今公告之必死，将人自为守。且城固而粮多，攻之则士卒伤，守之则引日久；今顿兵坚城之下，以攻必死之虏，非良计也。"太祖从之，城降。于是录仁前后功，封都亭侯。

从平荆州，以仁行征南将军，留屯江陵，拒吴将周瑜。瑜将数万众来攻，前锋数千人始至，仁登城望之，乃募得三百人，遣部曲将牛金逆与挑战。贼多，金众少，遂为所围。长史陈矫俱在城上，望见金等垂没，左右皆失色。仁意气奋怒甚，谓左右取马来，矫等共援持之。谓仁曰："贼众盛，不可当也。假使弃数百人何苦，而将军以身赴之！"仁不应，遂被甲上马，将其麾下壮士数十骑出城。去贼百余步，迫沟；矫等以为仁当住沟上，为金形势也。仁径渡沟直前，冲入贼围，金等乃得解。余众未尽出，仁复直还突之，拔出金兵，亡其数人，贼众乃退。矫等初见仁出，皆惧，及见仁还，乃叹曰："将军真天人也！"三军服其勇。太祖益壮之，转封安平亭侯。

太祖讨马超，以仁行安西将军，督诸将拒潼关，破超渭南。苏伯、田银反，以仁行骁骑将军，都督七军讨银等，破之。复以仁行征南将军，假节，屯樊，镇荆州。侯音以宛叛，略傍县众数千人，仁率

的。”曹操认为他说的对，便派他率领骑兵进击刘备。刘备被打跑，曹仁收复了全部叛县凯旋。袁绍又另外派将领韩荀截断敌方西边的道路，曹仁在鸡洛山攻打韩荀，大败敌人。因此袁绍不敢再分兵出来。曹仁又与史涣等人劫掠袁绍的运粮车，焚烧他的粮食。

河北平定以后，又随曹操包围攻打壶关。曹操下令说：“攻取城池以后，把城里的人都埋掉。”结果连月攻不下来。曹仁对曹操说：“围攻城池必定要留下一个门不攻，为的是给里面的人留一条生路。如今公开宣告他们必死，他们就会人人顽强抵抗。壶关城坚固，粮食储备充足，进攻士卒会伤亡很大，围困则旷日持久；现在我们把军队部署在坚固的城池之下，攻打抱定必死之心来守城的敌人，这不是好办法。”曹操听从了他的话，城里人投降了。战后评定曹仁前后所立功劳，封他为都亭侯。

曹仁跟随曹操平定荆州，曹操让曹仁代理征南将军，军队驻扎在江陵县，抵抗孙吴将领周瑜。周瑜率数万人前来攻打，前锋数千人到达城下。曹仁登上城楼，招集三百人，派部将牛金带领前往应战。敌兵多，牛金兵少，很快就被包围。当时长史陈矫等都在城上，看见牛金等人即将覆没，都大惊失色。曹仁怒气冲冲，让左右牵马来，陈矫等人一起拦住他，说：“敌人众多，不可抵挡。就算损失了这几百人算得了什么，将军何必亲自赴敌！”曹仁不理睬，披甲上马，率领他部下几十名壮士骑马冲出城。离敌人一百多步的时候，临近一条河沟，陈矫等人都以为曹仁会停在河沟边，为牛金壮声势罢了。不料曹仁直冲过河沟，闯入包围圈中，牛金等人才得脱离危险。当发现还有人没出来的时候，曹仁又冲回去，救出牛金所领的士兵，又杀死了几个敌人，敌人才退走。陈矫等人开始见曹仁出城的时候，全部都很恐惧，认为完了，等见到曹仁回来，才赞叹说：“将军真是神人啊！”三军将士都佩服他的勇敢。曹操更觉得他气概威猛，转封他为安平亭侯。

曹操征讨马超的时候，任曹仁为安西将军，带领各位将领拒守潼关，在渭河南岸大破了马超。苏伯、田银发动反叛，又任曹仁代理骁骑将军，都督七路兵马讨伐田银等人，大获全胜。后来曹操又让曹

诸军攻破音，斩其首，还屯樊，即拜征南将军。

关羽攻樊，时汉水暴溢，于禁等七军皆没，禁降羽。仁人马数千人守城，城不没者数板。羽乘船临城，围数重，外内断绝，粮食欲尽，救兵不至。仁激厉将士，示以必死，将士感之皆无二。徐晃救至，水亦稍减，晃从外击羽，仁得溃围出，羽退走。

仁少时不修行检，及长为将，严整奉法令，常置科于左右，案以从事。鄢陵侯彰北征乌丸，文帝在东宫，为书戒彰曰："为将奉法，不当如征南邪！"及即王位，拜仁车骑将军，都督荆、扬、益州诸军事，进封陈侯，增邑二千，并前三千五百户。追赐仁父炽谥曰陈穆侯，置守冢十家。后召还屯宛。孙权遣将陈邵据襄阳，诏仁讨之。仁与徐晃攻破邵，遂入襄阳，使将军高迁等徙汉南附化民于汉北，文帝遣使即拜仁大将军。又诏仁移屯临颍，迁大司马，复督诸军据乌江，还屯合肥。黄初四年薨，谥曰忠侯。子泰嗣，官至镇东将军，假节，转封甯陵侯。泰薨，子初嗣。又分封泰弟楷、范，皆为列侯，而牛金官至后将军。

仁弟纯，初以议郎参司空军事，督虎豹骑从围南皮。袁谭出战，士卒多死。太祖欲缓之，纯曰："今千里蹈敌，进不能克，退必丧威；且县师深入，难以持久。彼胜而骄，我败而惧，以惧敌骄，必

仁代理征南将军，授予符节，有权诛杀军中违令将士，驻扎在樊城，镇守荆州。侯音占据宛城反叛，劫掠了附近郡县的几千百姓，曹仁率军打败侯音，斩下了他的首级，又回师驻扎樊城，曹操随即任命曹仁为征南将军。

关羽进攻樊城，当时汉水突然上涨，于禁等带领的七路军队都被洪水淹没，于禁投降了关羽。曹仁带领几千人马守城，城墙只差几层木板的高度而侥幸没有被洪水淹没。关羽乘船来到城外，将樊城围了好几层，隔断了曹军城内与城外的联系。城内粮食将要吃完，而救兵却不见到来。曹仁激励将士，表示了誓死守城的决心，将士被他的精神感动，都没有二心。徐晃的援军赶到的时候，城外的水势也稍有减退。徐晃从外围攻打关羽，曹仁得以突围而出，关羽领兵退走。

曹仁年少的时候不知道约束自己的行为举止，等到了年长身为将领，却能做到行为严整而奉公守法，常把教条法令携带在身边，一律按法来行事。当时鄢陵侯曹彰向北征讨乌丸，文帝是太子居东宫，即写信告诫曹彰说："身为大将的人奉公守法，不应像征南将军曹仁吗！"等到文帝即王位，拜曹仁为车骑将军，督领荆、扬、益三州的军事，晋封为侯，增加二千的封邑，合并以前的共有三千五百户。而且为曹仁的父亲曹炽追赐谥号陈穆侯，设置有十户人家为他守坟冢。后来又把曹仁征召回来驻军在宛城。孙权派遣大将陈邵据有襄阳。文帝立即下诏书命曹仁出兵征讨。曹仁和徐晃攻破了陈邵的军队，于是进军襄阳，又派遣将军高迁等人把汉水以南归附的百姓迁徙到汉北，文帝派遣使者即刻升拜曹仁为大将军。随后又诏命曹仁移兵驻守临颍，升迁为大司马。又督领各路军据守乌江，后来又回来屯守在合肥。黄初四年，曹仁去世，谥号忠侯。他的儿子曹泰继承了爵位，官至镇东将军、假节，转封为甯陵侯。曹泰死后，他的儿子曹初继承了爵位又分别封曹泰的弟弟曹楷、曹范为列侯，而牛金的官职也做到了后将军。

曹仁的弟弟曹纯，刚刚开始的时候以议郎身份参司空军事，指挥虎豹骑兵队随太祖围攻南皮。袁谭出来迎战，曹军士兵死亡很多。太祖想暂缓进攻，曹纯说："现在我军不远千里，前进不能攻克，后退

可克也。”太祖善其言，遂急攻之，谭败。纯麾下骑斩谭首。及北征三郡，纯部骑获单于蹋顿。以前后功封高陵亭侯，邑三百户。从征荆州，追刘备于长坂，获其二女辎重，收其散卒。进降江陵，从还谯。建安十五年薨。文帝即位，追谥曰威侯。子演嗣，官至领军将军，正元中进封平乐乡侯。演薨，子亮嗣。

曹洪字子廉，太祖从弟也。太祖起义兵讨董卓，至荥阳。为卓将徐荣所败。太祖失马，贼追甚急，洪下，以马授太祖，太祖辞让，洪曰：“天下可无洪，不可无君。”遂步从到汴水，水深不得渡。洪循水得船，与太祖俱济，还奔谯。扬州刺史陈温素与洪善，洪将家兵千余人，就温募兵，得庐江上甲二千人，东到丹杨复得数千人，与太祖会龙亢。太祖征徐州，张邈举兖州叛迎吕布。时大饥荒，洪将兵在前，先据东平、范，聚粮谷以继军。太祖讨邈、布于濮阳，布破走，遂据东阿，转击济阴、山阳、中牟、阳武、京、密十余县，皆拔之。以前后功拜鹰扬校尉，迁扬武中郎将。天子都许，拜洪谏议大夫。别征刘表，破表别将于舞阳、阴叶、堵阳、博望，有功，迁厉锋将军，封国明亭侯。累从征伐，拜都护将军。文帝即位，为卫将军，迁骠骑将军，进封野王侯，益邑千户，并前二千一百户，位特进；后徙封都阳侯。

始，洪家富而性吝啬，文帝少时假求不称，常恨之，遂以舍客犯法，下狱当死。群臣并救莫能得。卞太后谓郭后曰：“令曹洪今日死，吾明日敕帝废后矣。”于是泣涕屡请，乃得免官削爵土。洪先帝

必定丧失军威；况且孤军深入，难以持久。袁谭取胜而骄傲，我军兵败而戒惧，用有戒惧之心的军队打击有骄傲之心的军队，一定能够战胜。”太祖认为曹纯说得很对，便加紧了对袁谭的进攻，袁谭果然失败。曹纯部下的骑兵斩下了袁谭的首级。跟随太祖北征三郡乌丸时，曹纯的骑兵擒获了乌丸单于蹋顿。根据曹纯前后所立功劳封曹纯为高陵亭侯，封邑三百户。后来随从太祖征讨荆州，在长坂追上刘备，俘获了刘备的两个女儿和军用物资，收容了刘备的散兵。又进军迫使江陵投降，随从太祖回到谯县。建安十五年曹纯去世。文帝曹丕继帝位以后，追加谥号为威侯。儿子曹演承袭了爵位，官做到了领军将军。正元年间晋封为平乐乡侯。曹演去世，儿子曹亮承袭爵位。

曹洪字子廉，是曹操的堂弟。曹操派遣军队讨伐董卓，在荥阳的时候，被董卓将领徐荣打败。曹操失去了战马，后面敌人追得很急，曹洪从马上下来，把自己的马给了曹操。曹操推辞不骑，曹洪说：“天下可以没有我曹洪，但不能没有您。”便步行跟随曹操到达汴水。河水很深不能渡过，曹洪顺河找到一条船，和曹操一起渡过了汴水，逃回谯县。扬州刺史陈温一向与曹洪交好，曹洪带一千多家兵到陈温那里去招募兵马，招募到庐江善战甲士两千人，向东到丹杨郡又得到数千人，在龙亢和曹操会合。曹操征讨徐州时，张邈献兖州叛曹迎接吕布。当时发生大荒，曹洪领兵在前，先占据东平、范两个县，收集粮食接济大队。曹操在濮阳讨伐张邈、吕布，吕布败逃，曹洪占据了东阿县，转而攻取了济阴、山阳、中牟、阳武、京、密等十多个县。太祖根据曹洪前后所立功劳任他为鹰扬校尉，又升迁为扬武中郎将。汉献帝在许县定都，任曹洪为谏议大夫。后来曹洪又征伐刘表，在舞阳、阴叶、堵阳、博望等地打败了刘表的其他将领，立了军功，升迁为厉锋将军，封爵国明亭侯。曹洪数次随曹操征伐，被任命为都护将军。文帝曹丕即位，任他为卫将军，又升迁为骠骑将军，晋封野王侯，增加封邑一千户，与以前所封共二千一百户，赐特进之位；后改封为都阳侯。

当初，曹洪家境富裕且又生性吝啬，曹丕年轻的时候向他借东西多不如愿，因此心怀忌恨。后来借曹洪门客犯法之机，把他送进大牢准备处死。群臣都来相救，但是没能成功。卞太后对文帝的皇后

功臣，时人多为觖望。明帝即位，拜后将军，更封乐城侯，邑千户，位特进，复拜骠骑将军。太和六年薨，谥曰恭侯。子馥，嗣侯。初，太祖分洪户封子震列侯。洪族父瑜，修慎笃敬，官至卫将军，封列侯。

曹休字文烈，太祖族子也。天下乱，宗族各散去乡里。休年十余岁，丧父，独与一客担丧假葬，携将老母，渡江至吴。以太祖举义兵，易姓名转至荆州，间行北归，见太祖。太祖谓左右曰："此吾家千里驹也。"使与文帝同止，见待如子。

常从征伐，使领虎豹骑宿卫。刘备遣将吴兰屯下辩，太祖遣曹洪征之，以休为骑都尉，参洪军事。太祖谓休曰："汝虽参军，其实帅也。"洪闻此令，亦委事于休。备遣张飞屯固山，欲断军后。众议狐疑，休曰："贼实断道者，当伏兵潜行。今乃先张声势，此其不能也。宜及其未集，促击兰，兰破则飞自走矣。"洪从之，进兵击兰，大破之，飞果走。太祖拔汉中诸军还长安，拜休中领军。

文帝即王位，为领军将军，录前后功，封东阳亭侯。夏侯惇薨，以休为镇南将军，假节都督诸军事。车驾临送，上乃下舆执手而别。孙权遣将屯历阳，休到，击破之，又别遣兵渡江，烧贼芜湖营数千家。迁征东将军，领扬州刺史，进封安阳乡侯。帝征孙权，以休为征东大将军，假黄钺，督张辽等及诸州郡二十余军。击权大将吕

郭氏说："曹洪如被处死，我明天就令皇帝废除皇后。"于是，郭皇后哭着屡屡为曹洪求情，曹洪才得以受到免官削爵的处罚。曹洪是先帝的功臣，有许多人为此感到失望和不满。明帝曹叡即位，任命曹洪为后将军，转封乐城侯，封邑千户，赐特进之位，再一次被任为骠骑将军。明帝太和六年曹洪去世，谥号为恭侯。儿子曹馥，承袭侯位。当初，曹操把曹洪的封户拿出来一部分封曹洪的儿子曹震为列侯。曹洪的族父曹瑜，做事谨慎，对人恭敬，官至卫将军，封列侯。

曹休字文烈，是曹操同族的侄子。汉末天下大乱的时候，曹氏族人分别散乡逃走。曹休十多岁的时候，他的父亲去世。他自己与一位门客抬着棺材暂时把父亲埋葬了，然后带着老母亲，渡江来到了吴地。因为曹操举义兵，曹休就是改名换姓辗转到达荆州，接着从小路回到北方，见到了曹操。曹操对身边的人说："这是我们家的千里马啊！"让他与后来的文帝曹丕一同起卧居止，对待他就像自己的儿子一样。

曹休经常跟随曹操出兵打仗，曹操让他带领虎豹骑兵并且负责宿卫。刘备派将军吴兰驻扎在下辩，曹操派曹洪前去征讨，任曹休为骑都尉，参议曹洪的军事，曹操对曹休说："你的职务虽然是参军，其实也是这支部队的统帅。"曹洪听了曹操这话后，也把军机大事委托给曹休处理。刘备派张飞驻扎在固山，想切断曹军后路，众人商议对策时瞻前顾后，曹休说："敌人如果真想切断我军后路，应当暗中伏兵悄悄进行。现在首先虚张声势，说明他们没有能力这么做。应当在他们还没有集结时，赶快痛击吴兰，把吴兰击败，张飞也就会不战自退。"曹洪听从了曹休的建议，进攻并击败了吴兰，张飞果然撤兵。曹操攻下汉中后，各路军队返回长安，曹休被任命为中领军。

曹丕坐上魏王的位置后，任曹休为领军将军，总计曹休前后的功劳，封他做了东阳亭侯，夏侯惇去世后，任曹休为镇南将军，授予符节，都督各路军队的军事。曹丕亲自替他送行，离开的时候还下车与曹休握手道别。孙权派将领驻扎在历阳，曹休到达后，进军击败了吴军，又派遣另外一些人马渡过长江，烧掉了吴国在芜湖的几千座兵营。后来他升迁为征东将军，兼任扬州刺史，晋封为安阳乡侯。文帝

范等于洞浦，破之。拜扬州牧。

明帝即位，进封长平侯。吴将审悳屯皖，休击破之，斩悳首，吴将韩综、翟丹等前后率众诣休降。增邑四百，并前二千五百户，迁大司马，都督扬州如故。

太和二年，帝为二道征吴，遣司马宣王从汉水下，休督诸军向寻阳。贼将伪降，休深入，战不利，退还宿石亭。军夜惊，士卒乱，弃甲兵辎重甚多。休上书谢罪，帝遣屯骑校尉杨暨慰谕，礼赐益隆。休因此痈发背薨，谥曰壮侯。子肇嗣。

肇有当世才度，为散骑常侍、屯骑校尉。明帝寝疾，方与燕王宇等属以后事。帝意寻变，诏肇以侯归第。正始中薨，追赠卫将军。子兴嗣。初，文帝分休户三百封肇弟纂为列侯，后为殄吴将军，薨，追赠前将军。

曹真字子丹，太祖族子也。太祖起兵，真父邵募徒众，为州郡所杀。太祖哀真少孤，收养与诸子同，使与文帝共止。常猎，为虎所逐，顾射虎，应声而倒。太祖壮其鸷勇，使将虎豹骑。讨灵丘贼，拔之，封灵寿亭侯。以偏将军将兵击刘备别将于下辩，破之，拜中坚将军。从至长安，领中领军。是时，夏侯渊没于阳平，太祖忧之。以真为征蜀护军，督徐晃等破刘备别将高详于阳平。太祖自至汉中，拔出诸军，使真至武都迎曹洪等还屯陈仓。文帝即王位，以真为镇西将军，假节都督雍、凉州诸军事。录前后功，进封东乡侯。张进等反于酒泉，真遣费曜讨破之，斩进等。黄初三年还京都，以真为上军大将军，都督中外诸军事，假节钺。与夏侯尚等征孙权，击牛

征讨孙权时，任曹休为征东大将军，授手他象征皇权的黄钺，统率张辽等将领及各州郡的二十多路军队，在洞浦进攻孙权大将吕范等人，打败了他们取胜后被任命为扬州牧。

明帝即位，晋封曹休为长平侯。吴将审悳驻扎在皖城，曹休进攻打败他，斩了审悳的首级，吴将韩综、翟丹等先后率部队到曹休那里投降。文帝因此增加给他食邑四百户，加上以前的共计二千五百户，升任大司马统领扬州事务。

太和二年，明帝兵分两路征伐吴国，派遣司马懿沿汉水而下，曹休统率各军进军寻阳。敌将假装要投降。曹休领兵深入敌境，作战失利，退回石亭宿营。夜里营房中发生骚动，士兵一片混乱，丢掉了很多盔甲兵器和辎重。曹休上书请罪，明帝派屯骑校尉杨暨前去慰问，给予的礼遇和赏赐比从前更加优厚。曹休因此愧悔交加，后背发痈而去世，谥号为壮侯。儿子曹肇承袭爵位。

曹肇有治世的才能，他就被任命为散骑常侍、屯骑校尉。明帝病重起不来床，对燕王曹宇和曹肇等人嘱托后事。但明帝不久又改变了主意，竟然命令曹肇以侯爵身份回家。正始年间曹肇去世，追封为卫将军。儿子曹兴接位。以前，曹丕拿出曹休的食邑三百户分封给曹肇的弟弟曹纂为列侯，后来曹纂担任了殄吴将军，死后，追封为前将军。

曹真字子丹，是曹操的同族侄子。曹操起兵后，曹真的父亲曹邵招募兵马，被本州官员所杀。曹操怜悯曹真从小是孤儿，就把他收养和他的儿子们同等待遇，让他和曹丕住在一起。有一次随曹操出去打猎，被一头猛虎追赶，曹真转身射虎，老虎被射中而倒下了。曹操喜欢他的骁勇，让他率领虎豹骑兵，到灵丘县讨伐反叛，攻克了灵丘县，被封为灵寿亭侯。以偏将军的职务在下辩进击刘备的兵马，并将他们打败，后被任为中坚将军。随曹操到长安后，兼任中领军将军。夏侯渊在阳平关阵亡，曹操很是担忧。任曹真为征蜀护军，指挥徐晃等人在阳平关打败刘备的将领高详。曹操亲到汉中，带领全军撤退，又派曹真到武都迎接曹洪等人回到陈仓县屯驻。曹丕即王位以后，任曹真为镇西将军，持符节都督雍、凉州诸军事。以其前后所立功劳，

渚屯，破之。转拜中军大将军，加给事中。七年，文帝寝疾，真与陈群、司马宣王等受遗诏辅政。明帝即位，进封邵陵侯，迁大将军。

诸葛亮围祁山，南安、天水、安定三郡反应亮。帝遣真督诸军军郿，遣张郃击亮将马谡，大破之。安定民杨条等略吏民保月支城，真进军围之。条谓其众曰："大将军自来，吾愿早降耳。"遂自缚出。三郡皆平。真以亮惩于祁山，后出必从陈仓，乃使将军郝昭、王生守陈仓，治其城。明年春，亮果围陈仓，已有备而不能克。增邑，并前二千九百户。四年，朝洛阳，迁大司马，赐剑履上殿，入朝不趋。真以"蜀连出侵边境，宜遂伐之，数道并入，可大克也"。帝从其计。真当发西讨，帝亲临送。真以八月发长安，从子午道南入。司马宣王泝汉水，当会南郑。诸军或从斜谷道，或从武威入。会大霖雨三十余日，或栈道断绝，诏真还军。

真少与宗人曹遵、乡人朱赞并事太祖。遵、赞早亡，真愍之，乞分所食邑封遵、赞子。诏曰："大司马有叔向抚孤之仁，笃晏平久要之分。君子成人之美，听分真邑赐遵、赞子爵关内侯，各百户。"真每征行，与将士同劳苦，军赏不足，辄以家财班赐，士卒皆愿为用。真病还洛阳，帝自幸其第省疾。真薨，谥曰元侯。子爽嗣。帝追思真功，诏曰："大司马蹈履忠节，佐命二祖，内不恃亲戚之宠，外不骄白屋之士，可谓能持盈守位，劳谦其德者也。其悉封真五子羲、训、则、彦、皑皆为列侯。"初，文帝分真邑二百户，封真弟彬为列侯。

爵封东乡侯。张进等人在酒泉发生叛乱，曹真派费曜讨伐，斩杀了他们。黄初三年回到京都，曹丕任曹真为上军大将军，都督中外诸军事，授予节钺。曹真与夏侯尚等人征讨孙权，攻打吴军牛渚的营寨，攻克了它。转任中军大将军，加授给事中职务。黄初七年，文帝卧病在床，曹真与陈群、司马懿等人在床前接受遗诏辅佐朝政。曹叡即帝位，晋封曹真邵陵侯，升迁为大将军。

诸葛亮围攻祁山的时候，南安、天水、安定三郡反叛来响应诸葛亮。明帝派曹真带领各军驻扎在郿县，派遣张郃攻击诸葛亮的将领马谡，大败马谡。安定郡的百姓杨条等人挟持了官民据守月支城，曹真进军包围了他们。杨条对他的部众说："大将军亲自前来，我愿意早日出降。"就自己缚着自己出城，三郡都得以平定。曹真认为诸葛亮失利于祁山，日后必然从陈仓出兵。于是就派将军郝昭、王生驻守陈仓，修整城池。第二年春天，诸葛亮果然围攻陈仓，魏军已有准备，诸葛亮不能攻克。明帝增加曹真的食邑，算上之前的共有二千九百户。太和四年，曹真到洛阳朝拜，升任大司马，明帝赐他佩剑着鞋上殿，入朝不需小步快走。曹真认为"蜀国连连出兵侵扰边境，应该讨伐蜀国，数路大军一起进攻，可以大胜"。明帝听从了他的计策。曹真要出发西征时，明帝亲自来送别。曹真八月从长安出发，从子午道向南进军。司马宣王沿汉水进军，准备在南郑会师。各军有的从斜谷取道，有的从武威进入。正好赶上大雨连下了三十多日，有的栈道断绝了，明帝下诏曹真退兵。

曹真年轻的时候和同宗族人曹遵、同乡人朱赞一起追随曹操。曹遵、朱赞很早的时候就死了，曹真特别哀怜他们，请求从自己的封邑中分出一部分给曹遵、朱赞的儿子。明帝下诏说："大司马曹真具有抚恤已经去世朋友的儿子那样的仁慈之心，笃守着晏婴虽穷困也终不忘老友的处事原则。准许分出曹真的封邑赐给曹遵、朱赞的儿子关内侯的爵位，封邑各一百户。"曹真每次出征，总是与将士们同甘共苦，军中赏赐不够，他就把家财拿出来分发，士卒们都愿意为他效力。

后来曹真有病回到洛阳，明帝亲自到他的家中看望。曹真去世，加谥号为元侯。儿子曹爽承袭了爵位。明帝追念曹真的功绩，下诏说："大

爽字昭伯，少以宗室谨重，明帝在东宫，甚亲爱之。及即位，为散骑侍郎，累迁城门校尉，加散骑常侍，转武卫将军，宠待有殊。帝寝疾，乃引爽入卧内，拜大将军，假节钺，都督中外诸军事，录尚书事，与太尉司马宣王并受遗诏辅少主。明帝崩，齐王即位，加爽侍中，改封武安侯，邑万二千户，赐剑履上殿，入朝不趋，赞拜不名。丁谧画策，使爽白天子，发诏转宣王为太傅，外以名号尊之，内欲令尚书奏事，先来由己，得制其轻重也。爽弟羲为中领军，训武卫将军，彦散骑常侍侍讲，其余诸弟，皆以列侯侍从、出入禁闼，贵宠莫盛焉。南阳何晏、邓飏、李胜、沛国丁谧、东平毕轨咸有声名，进趣于时，明帝以其浮华，皆抑黜之；及爽秉政，乃复进叙，任为腹心。飏等欲令爽立威名于天下，劝使伐蜀，爽从其言，宣王止之不能禁。正始五年，爽乃西至长安，大发卒六七万人，从骆谷入。是时，关中及氐、羌转输不能供，牛马骡驴多死，民夷号泣道路。入谷行数百里，贼因山为固，兵不得进。爽参军杨伟为爽陈形势，宜急还，不然将败。飏与伟争于爽前，伟曰："飏、胜将败国家事，可斩也。"爽不悦，乃引军还。

初，爽以宣王年德并高，恒父事之，不敢专行。及晏等进用，

司马一生忠诚果敢，节操骄人，辅佐先祖两代皇帝，在朝廷内不因自己是皇亲而傲慢，在朝廷外不轻视怠慢卑下的平民，可以说具有满而不溢、居高位有功劳仍然谦虚的品德呀！现在封曹真的五个儿子曹羲、曹训、曹则、曹彦、曹皑都为列侯。”当初，文帝曹丕曾分出曹真二百户封邑，封曹真的弟弟曹彬为列侯。

曹爽字昭伯，年轻的时候就因为是皇室成员而谨慎稳重，处事小心，明帝曹叡还是太子的时候，就特别喜欢亲近他。明帝即位后，任命曹爽做了散骑侍郎，逐渐升迁到城门校尉，加授散骑常侍，又转为武卫将军，受到特殊的恩宠。明帝重病，便把曹爽召到卧室，任他为大将军，持节钺，都督中外诸军事，总管尚书台事务，与太尉司马懿一起接受遗诏辅佐幼主。明帝死后，齐王曹芳即位，加授曹爽侍中的职务，改封为武安侯，封邑一万二千户，允许他佩剑穿鞋进入宫殿，朝见天子不必小步快走，礼官不直呼其名。丁谧为他出谋划策，让他报告曹芳，发诏把司马懿的职位转为太傅。表面上给他以尊贵的名号，实际是让尚书台上奏政事时，先要经过曹爽，这样，朝廷事务的控制权就由曹爽掌握了。曹爽的弟弟曹羲任中领军将军，曹训担任武卫将军，曹彦任散骑常侍侍讲，其余的几个弟弟，全都以列侯的身份侍从皇帝，自由地出入皇宫禁地。他们地位尊贵，荣宠优厚，没有人能比得上。南阳人何晏、邓飏、李胜、沛国人丁谧、东平人毕轨名声都很大，他们急于进身取位，明帝认为他们互相吹捧，结党营私，把他们全都罢黜出朝；到曹爽掌握大权时，便又把他们提拔起来，作为自己的心腹任用。邓飏等人想让曹爽在全国建立威名，劝他讨伐蜀汉，曹爽听从了他们的话，司马懿也阻止不了。正始五年，曹爽西进到达长安，调拨了六七万兵马，从骆谷进入蜀汉辖地。当时，关中地区和氐、羌居住区的物资运输都接济不上，牲畜死亡很多，沿途百姓怨声载道。曹军进入骆谷走了几百里，蜀军依山固守，军队无法前进。参军杨伟为曹爽分析形势，认为应当迅速撤军，不然将会大败。邓飏与杨伟发生了争执，杨伟说：“邓飏、李胜会败坏军国大事，当斩。”曹爽很不高兴，便撤军回来。

当初，曹爽因为司马懿德高望重，总是像对待父亲那样敬重，并

咸共推戴，说爽以权重不宜委之于人。乃以晏、飏、谧为尚书，晏典选举，轨司隶校尉，胜河南尹，诸事希复由宣王。宣王遂称疾避爽。晏等专政，共分割洛阳、野王典农部桑田数百顷，及坏汤沐地以为产业，承势窃取官物，因缘求欲州郡。有司望风，莫敢忤旨。晏等与廷尉卢毓素有不平，因毓吏微过，深文致毓法，使主者先收毓印绶，然后奏闻。其作威如此。爽饮食车服，拟于乘舆；尚方珍玩，充牣其家；妻妾盈后庭，又私取先帝才人七八人，及将吏、师工、鼓吹、良家子女三十三人，皆以为伎乐。诈作诏书，发才人五十七人送邺台，使先帝倢伃教习为伎。擅取太乐乐器，武库禁兵。作窟室，绮疏四周，数与晏等会其中，纵酒作乐。羲深以为大忧，数谏止之。又著书三篇，陈骄淫盈溢之致祸败，辞旨甚切，不敢斥爽，托戒诸弟以示爽。爽知其为己发也，甚不悦。羲或时以谏喻不纳，涕泣而起。宣王密为之备。九年冬，李胜出为荆州刺史，往诣宣王。宣王称疾困笃，示以羸形。胜不能觉，谓之信然。

十年正月，车驾朝高平陵，爽兄弟皆从。宣王部勒兵马，先据武库，遂出屯洛水浮桥。奏爽曰："臣昔从辽东还，先帝诏陛下、秦王及臣升御床，把臣臂，深以后事为念。臣言'二祖亦属臣以后事，此自陛下所见，无所忧苦，万一有不如意，臣当以死奉明诏'。黄门令董箕等，才人侍疾者，皆所闻知。今大将军爽背弃顾命，败乱国典，内则僭拟，外专威权；破坏诸营，尽据禁兵，群官要职，皆置所

向他请教，不敢独断。等到他任用何晏等人的时候，他们都劝说曹爽不能把大权交付他人。曹爽便任何晏、邓飏、丁谧等人为尚书，何晏主持官员选拔，毕轨为司隶校尉，李胜为河南尹，很多政事不再通过司马懿。司马懿就称病回家避开曹爽。何晏等人专权，共同分割洛阳、野王由典农中郎将所管理的桑田数百顷，又把皇族公主的封地瓜分变为私产，又借权势窃取公家财物，向各州郡的地方官员进行勒索。有关的官员完全顺从他们，没有人敢违背他们的意思。何晏等人与廷尉卢毓素来不合，借着卢毓手下的官员犯点小错，就严厉地引用法律条文把卢毓法办，又命令主办官员收缴了卢毓的印绶，然后才上奏皇帝。他们就是这样肆无忌惮。曹爽的饮食、车马、服饰，都按照皇帝的规格；尚方署所制造的御用珍宝和观赏品，在他的家里比比皆是。后庭中蓄满了妻妾，又私自占有了先帝的七八个宫女，强占了将吏、工匠、吹鼓手和良民百姓的子女三十三人，作为歌乐演奏人。又假作诏书，征调五十七名宫女送往邺城过去的王宫，让先帝的嫔妃把她们训练成音乐舞蹈的表演者。又擅自拿走太乐署的乐器、武库中的兵器。他还建造了地下室，四周用精美的丝织品装饰，多次与何晏等人在里面欢聚，饮酒作乐。曹羲对曹爽的作为深感不安，多次劝阻。又写了三篇文章，陈述骄奢淫逸会招致灾祸的道理，词深意切，但是不敢直接指责曹爽，假借告诫各个弟弟而拿给曹爽看。曹爽知道这是为自己而写的，很不高兴。曹羲有时因为劝谏不被采纳，而哭着离开。司马懿暗地里准备对付他。正始九年冬，李胜被任命为荆州刺史，到司马懿那里去告别。司马懿称自己的病情严重，并装出一副羸弱的样子。李胜没有察觉，认为真是这样。

正始十年正月，皇帝离开京城前往高平陵祭祀明帝，曹爽兄弟几人全都随从。宣王司马懿部署指挥兵马，先夺取了中央武器库，然后领兵出来驻扎在洛水浮桥边。宣王上奏弹劾曹爽说：“当初为臣从辽东回来，先帝下诏让陛下、秦王和臣来到床边上，拉着臣的手臂，为身后的大事感到担忧。为臣说‘太祖、高祖也曾把后事托付给臣，这是陛下亲眼所见，不要担忧，万一发生意外，臣当以死来执行陛下的命令’。当时黄门令董箕等人，还有旁边侍奉皇帝养病的宫女，全

亲；殿中宿卫，历世旧人皆复斥出，欲置新人以树私计；根据槃互，纵恣日甚。外既如此，又以黄门张当为都监，专共交关，看察至尊，候伺神器，离间二宫，伤害骨肉。天下汹汹，人怀危惧，陛下但为寄坐，岂得久安！此非先帝诏陛下及臣升御床之本意也。臣虽朽迈，敢忘往言？昔赵高极意，秦氏以灭；吕、霍早断，汉祚永世。此乃陛下之大鉴，臣受命之时也。太尉臣济、尚书令臣孚等，皆以爽为有无君之心，兄弟不宜典兵宿卫，奏永宁宫。皇太后令敕臣如奏施行。臣辄敕主者及黄门令罢爽、羲、训吏兵，以侯就第，不得逗留以稽车驾；敢有稽留，便以军法从事。臣辄力疾将兵屯洛水浮桥，伺察非常。”

爽得宣王奏事，不通，迫窘不知所为。大司农沛国桓范闻兵起，不应太后召，矫诏开平昌门，拔取剑戟，略将门候，南奔爽。宣王知，曰：“范画策，爽必不能用范计。”范说爽使车驾幸许昌，招外兵。爽兄弟犹豫未决，范重谓羲曰：“当今日，卿门户求贫贱复可得乎？且匹夫持质一人，尚欲望活，今卿与天子相随，令于天下，谁敢不应者？”羲犹不能纳。侍中许允、尚书陈泰说爽，使早自归罪。爽于是遣允、泰诣宣王，归罪请死，乃通宣王奏事。遂免爽兄弟，以侯还第。

初，张当私以所择才人张、何等与爽。疑其有奸，收当治罪。

都听到了臣的话。如今大将军曹爽背叛了先帝的嘱托，败坏扰乱国家典章，对内超越本分，对外专权；破坏军营编制，把禁卫军完全控制在自己手里，各个重要职务，全都安排自己的亲信担任；宫殿中的宿值守卫、历代的旧人全都被排斥出去，用新人来为自己个人的目的服务；曹爽的势力盘根错节，恣意放纵，一天比一天厉害。不仅对外如此，对内又用宦官张当为都监，和张当勾结串通，专门监视陛下，企图篡夺皇位，还在皇太后与陛下之间挑拨离间，破坏母子之间的骨肉关系。天下骚动，人人自危，陛下仅仅成了摆设，国家怎么能够长治久安！这不是当初先帝召见陛下以及为臣来到御床边上的本意呀。为臣虽然老朽年迈，但是怎么敢忘记当时的承诺呢？过去赵高野心极度扩张，秦朝因此灭亡；吕氏、霍氏的势力被及早铲除，汉朝的江山才得以长久。这正是陛下最好的借鉴，也是臣受命行动的时候啊。太尉蒋济、尚书令司马孚等人，全都认为曹爽有无视君主的野心，兄弟不适于统领军队宿值守卫皇宫，为此向永宁宫皇太后进奏，皇太后下令让臣按照奏章上的请求行事。臣就命令主管官员和黄门令罢免曹爽、曹羲、曹训的官兵，以列侯的身份回家，不得延误时间，使陛下在外面久留；如果敢逗留抗命，就以军法处置。为臣强力支撑病体，率军屯驻在洛水浮桥边，密切监视着有无意外情况发生。”

曹爽得到司马宣王的奏事表，不通报，深感困难不知该做什么。大司农沛国人桓范听说兵变，不响应太后的召见，并且伪造诏令打开了平昌门，拔取了剑戟，杀向了将门候，向南跑到曹爽那里。司马懿得知后说：“桓范出计策，曹爽必然不能采用桓范的计策。”桓范劝曹爽让皇帝车驾去许昌，招募外兵。曹爽兄弟犹豫未决，桓范又对曹羲说：“时至今日，您一家想当贫贱百姓还可以吗？况且匹夫挟持一个人质，尚且想要活下来。现在您与天子相随，号令天下，谁敢不响应？”曹羲仍然不能采纳。侍中许允、尚书陈泰劝曹爽，让他早日亲自回去请罪。曹爽于是派遣许允、陈泰去见司马懿，回去认罪请死，并向皇帝通报司马懿的奏表。皇帝就罢免了曹爽兄弟的职位，以侯爵的身份返回府第。

当初，张当私底下把他选择的才人张氏、何氏等一些人进献给

当陈爽与晏等阴谋反逆，并先习兵，须三月中欲发，于是收晏等下狱。会公卿朝臣廷议，以为“《春秋》之义，‘君亲无将，将而必诛’。爽以支属，世蒙殊宠，亲受先帝握手遗诏，托以天下，而包藏祸心，蔑弃顾命，乃与晏、飏及当等谋图神器，范党同罪人，皆为大逆不道”。于是收爽、羲、训、晏、飏、谧、轨、胜、范、当等，皆伏诛，夷三族。嘉平中，绍功臣世，封真族孙熙为新昌亭侯，邑三百户，以奉真后。

晏，何进孙也。母尹氏，为太祖夫人。晏长于宫省，又尚公主，少以才秀知名，好老庄言，作《道德论》及诸文赋著述凡数十篇。

夏侯尚字伯仁，渊从子也。文帝与之亲友。太祖定冀州，尚为军司马，将骑从征伐，后为五官将文学。魏国初建，迁黄门侍郎。代郡胡叛，遣鄢陵侯彰征讨之，以尚参彰军事。定代地，还。太祖崩于洛阳，尚持节，奉梓宫还邺。并录前功，封平陵亭侯，拜散骑常侍，迁中领军。文帝践阼，更封平陵乡侯，迁征南将军，领荆州刺史，假节都督南方诸军事。尚奏：“刘备别军在上庸，山道险难，彼不我虞，若以奇兵潜行，出其不意，则独克之势也。”遂勒诸军击破上庸，平三郡九县，迁征南大将军。孙权虽称藩，尚益修攻讨之备，权后果有贰心。黄初三年，车驾幸宛，使尚率诸军与曹真共围江陵。权将诸葛瑾与尚军对江，瑾渡入江中渚，而分水军于江中。尚夜多持油船，将步骑万余人，于下流潜渡，攻瑾诸军，夹江烧其舟船，水陆并攻，破之。城未拔，会大疫，诏敕尚引诸军还。益封六百户，并前千九百户，假钺，进为牧。荆州残荒，外接蛮夷，而与吴阻汉水为境，旧民多居江南。尚自上庸通道，西行七百余里，山民蛮夷多服从者，五六年间，降附数千家。五年，徙封昌陵乡侯。尚有爱

曹爽。因此他被怀疑与曹爽有阴谋，就抓了张当问罪。张当揭发曹爽和何晏等人阴谋造反，共同训练军队，到三月中旬就要发兵，于是逮捕了何晏等人并关进牢里。皇帝召集公卿大臣在朝廷商议，认为“《春秋》的道理是‘对于君亲不能萌生叛逆之念，否则定当诛杀’。曹爽以皇亲旁系资格，世代受恩，得先帝握手嘱托后事的遗诏，把国家大事托付于他。而他却包藏祸心，蔑弃遗命，与何晏、邓飏及张当等人阴谋篡位，桓范与罪犯同党，均属大逆不道”。因此逮捕了曹爽、曹羲、曹训、何晏、邓飏、丁谧、毕轨、李胜、桓范、张当等处死，诛灭三族。嘉平年间，为了延续功臣的后嗣，封曹真侄孙曹熙为新昌亭侯，食邑三百户，以接续曹真后代。

何晏，是何进的孙子。他的母亲尹氏，是太祖的妻子。何晏在宫廷里长大，又娶了皇帝的女儿，年轻的时候因文采出众而闻名，喜好老庄之学，著有《道德论》及各种文章辞赋共几十篇。

夏侯尚字伯仁，夏侯渊的侄子。曹丕和他关系很好。曹操平定冀州的时候，夏侯尚为军司马，率领骑兵随曹操征伐，后任五官将的文学。魏国初建时，夏侯尚升任黄门侍郎。代郡反叛，朝廷派鄢陵侯曹彰征讨，以夏侯尚任参军，平定代郡后回来。曹操在洛阳去世，夏侯尚持节，护送曹操灵柩回到邺城。根据夏侯尚前后所立功劳，封平陵亭侯，拜任散骑常侍，迁为中领军将军。曹丕登上帝位，改封他为平陵乡侯，升迁为征南将军，兼任荆州刺史，持符节都督南方诸军事。夏侯尚上奏说：“刘备的一部分军队驻扎在上庸，山高路险，他们不会防备我们去攻打。如果我们派出奇兵悄悄前往，出其不意，一定能够攻克。”于是指挥各路军马一举攻破上庸，平定了三郡九县，被升为征南大将军。孙权虽对曹魏称臣，夏侯尚却暗中加紧做着讨伐他的准备，孙权后来果然反叛。黄初三年，文帝到宛县，派夏侯尚率各路军与曹真共同进攻江陵。孙权部将诸葛瑾和夏侯尚军隔江对峙，诸葛瑾率军进驻江中的洲岛，把水军部署在江中。夏侯尚让士兵在夜里抬着很多小船，带着一万多名步骑兵，在下游悄悄地渡江，突然进攻诸葛瑾军。焚烧船只，水陆齐攻，大破孙吴军。江陵城还没有攻下，突然发生了瘟疫，文帝下诏让夏侯尚撤军。加封夏侯尚封邑六百户，

妾嬖幸，宠夺適室；適室，曹氏女也，故文帝遣人绞杀之。尚悲感，发病恍惚；既葬埋妾，不胜思见，复出视之。文帝闻而恚之曰："杜袭之轻薄尚，良有以也。"然以旧臣，恩宠不衰。六年，尚疾笃，还京都，帝数临幸，执手涕泣。尚薨，谥曰悼侯。子玄嗣。又分尚户三百，赐尚弟子奉爵关内侯。

玄字太初。少知名，弱冠为散骑黄门侍郎。尝进见，与皇后弟毛曾并坐，玄耻之，不悦形之于色。明帝恨之，左迁为羽林监。正始初，曹爽辅政。玄，爽之姑子也。累迁散骑常侍、中护军。

太傅司马宣王问以时事，玄议以为："夫官才用人，国之柄也。故铨衡专于台阁，上之分也，孝行存乎闾巷，优劣任之乡人，下之叙也。夫欲清教审选，在明其分叙，不使相涉而已。何者？上过其分，则恐所由之不本，而干势驰骛之路开；下逾其叙，则恐天爵之外通，而机权之门多矣。夫天爵下通，是庶人议柄也；机权多门，是纷乱之原也。自州郡中正品度官才之来，有年载矣。缅缅纷纷，未闻整齐，岂非分叙参错，各失其要之所由哉！若令中正但考行伦辈，伦辈当行均，斯可官矣。何者？夫孝行著于家门，岂不忠恪于在官乎？仁恕称于九族，岂不达于为政乎？义断行于乡党，岂不堪于事任乎？三者之类，取于中正，虽不处其官名，斯任官可知矣。行有大小，比有高下，则所任之流，亦涣然明别矣。奚必使中正干铨衡

与前封合并共一千九百户，授予黄钺，晋升为州牧。荆州残破荒凉，和少数民族接壤，又与吴国以汉水为界，以前那里的百姓大都迁到江南去了。夏侯尚从上庸打开通道，向西行进七百多里，山里很多人都表示服从，五六年间，有数千家归附。黄初五年，改封昌陵乡侯。夏侯尚很宠爱一个小妾，超过了正妻。正妻是曹氏皇族的女儿，所以文帝派人将这个小妾绞杀。夏侯尚十分悲伤，每日精神恍惚。把小妾埋葬以后，又忍不住想见她，就把她挖出来看。文帝听说后愤恨地说："杜袭看不起夏侯尚，确实是有原因的。"然而，因为他是旧臣，所以对他仍然很好。黄初六年，夏侯尚病重，回到京都，曹丕多次去看他，拉着他的手流泪。夏侯尚去世，加谥号为悼侯。儿子夏侯玄承袭爵位。文帝又分出夏侯尚封邑的三百户，赐夏侯尚的侄子夏侯奉关内侯的爵位。

夏侯玄字太初，年轻的时候就很有名声，二十岁时任散骑黄门侍郎。曾经觐见皇帝，被安排与皇后的弟弟毛曾坐在一起。因为毛曾出身卑贱，夏侯玄深以为耻，很不高兴。明帝忌恨他，就把他降为羽林监。正始初年，曹爽辅政。夏侯玄是曹爽姑姑的儿子，之后又不断升迁为散骑常侍、中护军。

太傅司马懿向他咨询政事，夏侯玄发表议论说："依照才能授予官职，这是国家的权力。所以尚书台就是专管官员的挑选和衡量的部门，这是朝廷所具有的职责，人才孝顺的品行表现在所居住的街巷中，他的优劣由同乡的人来给予评价，这是地方上的事。要想使教化清明，择人得当，关键在于分清朝廷和地方的权力，不要使他们互相干扰。为什么呢？如果朝廷不遵守它的职责，恐怕会使进入仕途的人不走品行培养的这条根本途径，致使就会使巴结权势、投机钻营的大门打开；如果地方上超越了权力，就会使朝廷的官职与地方发生联系，朝廷的权力就会分散。如果让朝廷的官职和地方发生联系，平民百姓就会随便议论国家的政权；朝廷权力的分散，也是政治纷乱的根源。自从州郡设中正品评人才并衡量人才所应得到的官职以来，已经好几年了，但是却出现了纷乱不堪、标准不统一不公平的局面，这难道不是朝廷的职责和地方权力混淆交错、两方面都

之机于下，而执机柄者有所委仗于上，上下交侵，以生纷错哉？且台阁临下，考功校否，众职之属，各有官长，旦夕相考，莫究于此；闾阎之议，以意裁处，而使匠宰失位，众人驱骇，欲风俗清静，其可得乎？天台县远，众所绝意。所得至者，更在侧近，孰不修饰以要所求？所求有路，则修已家门者，已不如自达于乡党矣。自达乡党者，已不如自求之于州邦矣。苟开之有路，而患其饰真离本。虽复严责中正，督以刑罚，犹无益也。岂若使各帅其分，官长则各以其属能否献之台阁，台阁则据官长能否之第，参以乡闾德行之次，拟其伦比，勿使偏颇。中正则唯考其行迹，别其高下，审定辈类，勿使升降。台阁总之，如其所简，或有参错，则其责负自在有司。官长所第，中正辈拟，比随次率而用之，如其不称，责负在外。然则内外相参，得失有所，互相形检，孰能相饰？斯则人心定，而事理得，庶可以静风俗而审官才矣。”又以为：“古之建官，所以济育群生，统理民物也，故为之君长以司牧之。司牧之主，欲一而专，一则官任定而上下安，专则职业修而事不烦。夫事简业修，上下相安而不治者，未之有也。先王建万国，虽其详未可得而究，然分疆画界，各守土境，则非重累羁绊之体也。下考殷、周五等之叙，徒有小大贵贱之差，亦无君官臣民而有二统互相牵制者也。夫官统不一，则职业不修；职业不修，则事何得而简？事之不简，则民何得而静？民之不静，则邪恶并兴，而奸伪滋长矣。先王达其如此，故专其职司而一其统业。始自秦世，不师圣道，私以御职，奸以待下；惧宰官之不修，立监牧以董之，畏督监之容曲，设司察以纠之；宰牧相累，监察相司，人怀异心，上下殊务。汉承其绪，莫能匡改。魏室之隆，日不暇及，五等之典，虽难卒复，可粗立仪准以一治制。今之长吏，皆君吏民，横重以郡守，累以刺史。若郡所摄，唯在大较，则与州同，无为再重。宜省郡守，但任刺史；刺史职存则监察不废，郡吏万数，还亲农业，以省烦费，丰财殖谷，一也。大县之才，皆堪郡守，是非之讼，每生

没有把握好自己的职权范围所造成的吗？如果让中正负责人才的品行考察，再加以分类，只要恰当、公正，就可以作为授官的依据了。为什么呢？如果一个人的孝顺品德受到家庭的称赞，他一旦当了官怎么会不尽忠职守呢？如果一个人的仁爱宽恕被族人所赞赏，他一旦做了官怎么会不善于行使职权呢？如果一个人的义举和决断在乡里表现突出，他一旦当了官怎么能不称职呢？这三种人的考察分类，都决定于中正，虽然没有标明具体该授什么官职，但是这样的人可以授予官职是毫无疑问的。品行有优劣，比较的顺序有高低，应当授予官职的等级，也就一目了然了。何必要使地方官属的中正侵犯国家选择衡量官员的权力，而让执掌权力的国家机构委托倚仗地方中正来选任官员、使上下交错而生出混乱呢？况且尚书台治理下面的各级官署，考察官员的功劳，核准他们的过失，这些工作各自都有专门的官员负责。尽管他们都在忙碌，对此也不能彻底明白；何况中正对人才优劣的评价，只是以中正个人的意见来做结论，以至于国家掌管选择权衡人才的大臣丧失了这方面的权力，大家混作一团，要使风气清静，能够做到吗？朝廷的尚书台高高在上，众人难以与它拉上关系。所能够靠上关系的，就是身旁的中正，谁又不粉饰自己来谋取所需呢？既然有这样一条简捷的门路，那么在家里培养自己品行的，就不如使用手段在乡里出名的。使用手段在乡里出名的，就不如直接去托请州郡的中正了。担忧他们弄虚作假，脱离根本，只要开后门有门路就是再严格要求中正奉公守法，甚至用刑罚去监督他们，也是没有什么用处的。还不如使他们各自遵守本分，各级府衙的长官各自考察下属的才能，把结果上报尚书台，尚书台根据这些考察出来的结果，同时参考乡里对他品行评定的结果，再拟定出相应的类别，不使之发生偏颇。中正则只负责考察人才的行为，区别他的高下，审定等级，不使他偏高或偏低。尚书台汇总以上所有人的资料，在选择时如果出现问题，那么尚书台的有关官员就应该负责。长官的考核，中正的排比，考察他们的高下再按照顺序加以任用。如果所任用的人不称职，责任过失就由尚书台以外的长官和中正来负责。这样内外配合，得失有依，相互对比检查，谁还能弄虚作假？这样就能够使人心安定、条理

意异，顺从则安，直己则争。夫和羹之美，在于合异，上下之益，在能相济，顺从乃安，此琴瑟一声也，荡而除之，则官省事简，二也。又干郡之吏，职监诸县，营护党亲，乡邑旧故，如有不副，而因公掣顿，民之困弊，咎生于此，若皆并合，则乱原自塞，三也。今承衰弊，民人凋落，贤才鲜少，任事者寡，郡县良吏，往往非一，郡受县成，其剧在下，而吏之上选，郡当先足，此为亲民之吏，专得底下，吏者民命，而常顽鄙，今如并之，吏多选清良者造职，大化宣流，民物获宁，四也。制使万户之县，名之郡守，五千以上，名之都尉，千户以下，令长如故，自长以上，考课迁用，转以能升，所牧亦增，此进才效功之叙也，若经制一定，则官才有次，治功齐明，五也。若省郡守，县皆径达，事不拥隔，官无留滞，三代之风，虽未可必，简一之化，庶几可致，便民省费，在于此矣。”又以为：“文质之更用，犹四时之迭兴也。王者体天理物，必因弊而济通之，时弥质则文之以礼，时泰侈则救之以质。今承百王之末，秦汉余流，世俗弥文，宜大改之以易民望。今科制自公、列侯以下，位从大将军以上，皆得服绫锦、罗绮、纨素、金银饰镂之物，自是以下，杂彩之服，通于贱人。虽上下等级，各示有差，然朝臣之制，已得侔至尊矣，玄黄之采，已得通于下矣。欲使市不鬻华丽之色，商不通难得之货，工不作雕刻之物，不可得也。是故宜大理其本，准度古法，文质之宜，取其中则，以为礼度。车舆服章，皆从质朴，禁除末俗华丽之事，使干朝之家，有位之室，不复有锦绮之饰，无兼采之服，纤巧之物。自上以下，至于朴素之差，示有等级而已，勿使过一二之觉。若夫功德之赐，上恩所特加，皆表之有司，然后服用之。夫上之化下，犹风之靡草。朴素之教兴于本朝，则弥侈之心自消于下矣。”

分明，让风气清正，审官授职的局面就有希望了。”他又认为：“古代设置官职，是用来拯救教育、统率治理民众的，上司和长官应该去管理他们。上司和长官是统一和专职的，统一才会官位确定，上下相安无事，专职才能就能尽职尽责而精简不繁。事物精简，公事完成，上下相安却没有治理好天下的事，这是从来没有过的。以前的君主建立许多邦国，虽然其中的详情难以弄清，然而在小国之间分化疆界，各守疆土，这是重复和错乱的体制。往上考察殷商、姬周所建的五等爵位制度，也只有大小高低的差别，没有君臣官民行使两套行政系统相互牵制的现象。置官的系统不统一，公务就很难办好，公务办不好，事情怎么能得到精简？事情得不到精简，百姓怎么能够安定呢？老百姓不能安定，邪恶就会兴起，奸邪就会滋长。古代的君主深知这些道理，所以使官职专门系统、统一。从秦朝开始，就不遵从先圣的办法，从私利出发驾驭臣僚，用奸诈的手段对待臣下；害怕治理百姓的官员不办事，就专门设立监督官员去监督他们。又怕督监的官员贪赃枉法，又设置纠察官员来督监；行政官员和监察官员互相重复，监察官员和督察官员互相监视，人人自危，上下做事怎么能够一致呢。汉朝承袭了秦朝的制度，没有什么改变。大魏兴起，时间紧、事情多，顾不上解决这个问题，五等爵位制度，虽然难以很快恢复，但是可以大体建立一个标准来统一行政体制。现在的县令县长，都直接治理下属官员和百姓，却又重复设置了郡守一级，上面还有刺史。如果郡一级的管理，只是把握大政方针，那么他就与州一级的管理一样，不必再重设。应当省去郡守一级的官员，只保留州刺史；刺史的职位存在，则监察的功能就不会取消。郡衙门中数以万计的官员，都回乡去从事农耕，可以节省繁杂的行政费用，使财富增加、粮食增产，这是第一个好处。担任大县县令的人，几乎都有担任郡守的才干，所以在郡和县之间，有关诉讼案的是非判断，常常意见不一致，同意自己的意见就安然无事，否则就争执不休。厨师能够做出鲜美的肉汤，在于融合了不同的调味品；上下级之间要想得到和谐，就应该相辅相成，才能安定，这就像琴瑟合鸣时声调要一致一样。把郡太守省去，就会使官员减少、事情简单，这是第二个好处。在郡政

府中的重要官员，有监督下属各县的职权，他们会庇护同乡、亲属和朋友，如果有不满，就借机在公事上牵制阻挠，老百姓的困苦无助，原因就在于此。如果加以并省，祸乱的根源就会被堵塞，这是第三个好处。如今我们继汉衰之后，民众人口锐减，贤能人才不多，能够胜任官职的人就更少，郡里和县里能干的官吏是不均衡的。郡太守只是接受县令县长已经办好的公事，繁重的工作在下面。而官员中的上等人才，都首先满足州郡的需要；直接管理百姓的官员，只能由下等人才充任，他们直接操纵着百姓的命运，却大多数是顽固而没教养的人，如果并省郡一级机构，就能选出优秀的大量人才去直接管理百姓，有巨大效果的教化就会遍布全国，民众就会获得安宁，这是第四个好处。建立制度，万户以上的县，县令改称为郡太守，五千户以上的县，县令称作都尉，一千户以下的县，仍然称为县令县长，县长以上的官吏，经过考核后再提拔任用，根据才能任用官职的大小，同时所管理的人民数量也会增加，这才是进用人才、考察政绩的顺序。这样的制度一旦制定出来，使用人才、任命官职就会秩序井然，政治的成效也会显著，这是第五个好处。如果省去郡守这一级，县级能够直接上达朝廷，公务不会受到阻碍，官员办事也不敢拖拉，夏、商、周三代的清明风气，虽然不一定可以完全实现，但是行政统一的局面，还是有希望实现的，有利于民众而节省国家费用，就在于此。'”夏侯玄还认为：“华丽和质朴交替运用，就像春、夏、秋、冬四季的更替，君主效法上天的规律治理国家，必须要根据当时的弊病加以补救和变通，时代的风俗过于质朴就用礼仪来修饰，时代的风俗过于奢华就用质朴来弥补。如今我们处在从前百代帝王之末，秦汉两朝浮华风气影响下来，社会民风过于奢侈，应该加强改变来转化民众的喜好。如今朝廷规定自三公、列侯以下，官位在从大将军之上的，都可以穿绫锦、罗绮、纨素等材质的衣服，佩带金银雕刻的装饰，而从大将军以下的官员，以至于小民，都可以穿各种颜色的衣服。虽然等级分明，显示出差别，但是大臣的衣服装饰，差不多可以和皇帝相比了，玄黄两种颜色，下面的小民也能使用。要想市场不卖色彩华丽的商品，让商人不买卖难得的珍稀宝物，工匠不做精雕细刻的

宣王报书曰:“审官择人,除重官,改服制,皆大善。礼乡闾本行,朝廷考事,大指如所示。而中间一相承习,卒不能改。秦时无刺史,但有郡守长吏。汉家虽有刺史,奉六条而已,故刺史称传车,其吏言从事,居无常治,吏不成臣,其后转更为官司耳。昔贾谊亦患服制,汉文虽身服弋绨,犹不能使上下如意。恐此三事,当待贤能然后了耳。”玄又书曰:“汉文虽身衣弋绨,而不革正法度,内外有僭拟之服,宠臣受无限之赐,由是观之,似指立在身之名,非笃齐治制之意也。今公侯命世作宰,追踪上古,将隆至治,抑末正本,若制定于上,则化行于众矣。夫当宜改之时,留殷勤之心,令发之日,下之应也犹响寻声耳,犹垂谦谦,曰‘待贤能’,此伊周不正殷姬之典也。窃未喻焉。”

顷之,为征西将军,假节都督雍、凉州诸军事。与曹爽共兴骆谷之役,时人讥之。爽诛,征玄为大鸿胪,数年徙太常。玄以爽抑绌,内不得意。中书令李丰虽宿为大将军司马景王所亲待,然私心

工艺品，都是不可能的。所以要花大力气来治理，以古法为准则，文采和质朴取一个适中的比例，作为礼仪的标准。乘坐的车辆和服装上的花纹图案，都要俭朴，禁止和剔除衰落时期不良风俗所崇尚的华丽之物，使效力于朝廷的家庭，只享有爵位的门第，不再有绫罗之类的衣物，也不再拥有多种颜色的服装和精巧的工艺品，从上到下，只要表示出等级就可以了，不要超过一分二分的程度。对功劳德行的赏赐、圣上特别恩赐的物品，都要向有司衙门报告以后，再穿戴使用。上面对下面的教育感化，就像风吹小草一样容易。只要朝廷实行朴素教育，下面的奢侈之风自然就会消除。”

司马懿回信说：“您说的任用官员，选拔人才，撤销重复的官职，改变服装制度，这些都非常好。古代的礼制规定，乡里考察人的品行，朝廷考察政绩，大体就像你所说的。后来承袭并习惯了现在的制度，不能一下子改变。秦朝时没有刺史，只有郡太守、县长、县令。汉代虽有刺史，但只是奉行诏书的六条规定进行监察而已，所以刺史又称传车，下属称为从事，处理公务没有固定的治所，属下的官吏也不是他的臣僚。以后刺史才逐渐形成了正式的部门。当初贾谊也曾担心服制问题，汉文帝虽然身穿粗厚的黑袍来显示节俭，也未能使上下仿效。这三件事恐怕只能等待贤人出现才能办好。”夏侯玄又写信说：“汉文帝虽然身穿黑色粗绢衣服，但是不从根本上变革法规，宫廷内外都有人穿超越身份可以和皇帝比拟的衣服；宠臣的赏赐没有限制。由此看来，似乎只想为自己博取名声，没有认真整顿制度的想法。如今您秉承天命，荣膺执政大臣，应当效法古代，建立最理想的政治制度，抑制不良风气，以正根本。如果上面制度清明，下面就会受到感化。只要您有足够的热忱，政令颁发，下面一定会像回响跟随发声一样。可是您还是表现出谦虚的样子，‘等待贤能’。这就好像伊尹、周公不纠正殷朝、周朝不合时宜的典章制度一样。我自己对此感到困惑不解。”

不久，夏侯玄被任命做了征西将军，授予他假节，都督雍、凉州诸军事。与曹爽共同发起骆谷之役，这受到当时人们的讥评。曹爽被杀，朝廷征召夏侯玄入朝担任大鸿胪，几年后转任太常。夏侯玄由于

在玄，遂结皇后父光禄大夫张缉，谋欲以玄辅政。丰既内握权柄，子尚公主，又与缉俱冯翊人，故缉信之。丰阴令弟兖州刺史翼求入朝，欲使将兵入，并力起。会翼求朝，不听。嘉平六年二月，当拜贵人。丰等欲因御临轩，诸门有陛兵，诛大将军，以玄代之，以缉为骠骑将军。丰密语黄门监苏铄、永宁署令乐敦、冗从仆射刘贤等曰："卿诸人居内，多有不法，大将军严毅，累以为言，张当可以为诫。"铄等皆许以从命。大将军微闻其谋，请丰相见，丰不知而往，即杀之。事下有司，收玄、缉、铄、敦、贤等送廷尉。廷尉钟毓奏："丰等谋迫胁至尊，擅诛冢宰，大逆无道，请论如法。"于是会公卿朝臣廷尉议，咸以为"丰等各受殊宠，典综机密，缉承外戚椒房之尊，玄备世臣，并居列位，而包藏祸心，构图凶逆，交关阉竖，授以奸计，畏惮天威，不敢显谋，乃欲要君胁上，肆其诈虐，谋诛良辅，擅相建立，将以倾覆京室，颠危社稷。毓所正皆如科律，报毓施行"。诏书："齐长公主，先帝遗爱，原其三子死命。"于是丰、玄、缉、敦、贤等皆夷三族，其余亲属徙乐浪郡。玄格量弘济，临斩东市，颜色不变，举动自若，时年四十六。正元中，绍功臣世，封尚从孙本为昌陵亭侯，邑三百户，以奉尚后。

初，中领军高阳许允与丰、玄亲善。先是有诈作尺一诏书，以玄为大将军，允为太尉，共录尚书事。有何人天未明乘马以诏版付允

曹爽的缘故受到压抑和贬黜，心中不满意。中书令李丰虽一向被大将军景王司马师所亲信厚待，然而内心却偏向夏侯玄，于是就勾结皇后的父亲光禄大夫张缉，图谋想让夏侯玄辅政。李丰既掌握了朝内大权，儿子又娶公主为妻，又和张缉都是冯翊人，所以张缉听信于李丰。李丰暗地里让弟弟兖州刺史李翼请求入朝，想让李翼带兵进京，一起起事。正好这时李翼请求入朝，没被允许。嘉平六年二月，皇帝要封贵人，李丰等人想借皇帝到正殿前的露台参加册封仪式的时机，在宫内设置伏兵，诛杀大将军司马师，以夏侯玄代替司马师的职务，以张缉为骠骑将军。李丰秘密地对黄门监苏铄、永宁署令乐敦、冗从仆射刘贤等人说："卿等在宫内，不法的事做了很多，大将军严厉刚毅，多次说要惩治卿等，张当的下场可以作卿等的鉴诫。"苏铄等人全都答应听从李丰的指挥。大将军司马师暗地里得知了李丰等人的计划，请李丰相见，李丰毫无防备前往，当即就被杀了。司马师把这件事交给主管部门追查，逮捕了夏侯玄、张缉、苏铄、乐敦、刘贤等人送到廷尉那里。廷尉钟毓上奏说："李丰等人图谋胁迫皇帝，擅自杀害执政大臣，大逆不道，请依法判决。"因此，朝廷召集公卿朝臣廷尉合议，朝臣全都认为"李丰等人全都受到特殊恩宠，掌管机密，张缉身受皇亲的尊宠，夏侯玄世代为朝廷大臣，都是身居高位，却包藏祸心，密谋逞凶造反，勾结宦官，授以奸计，又畏惧天子的威严，不敢公开密谋，就想要挟皇上，蓄意作乱，图谋杀害优秀的辅政大臣，擅自互相委任，将要颠覆皇室，危害国家社稷。钟毓给李丰等人所定的罪名完全符合法律条文，皇帝批复钟毓按律执行"。皇帝下诏说："齐长公主，是先帝遗留下来的爱女，宽恕齐长公主的三个儿子免于处死。"于是，李丰、夏侯玄、张缉、乐敦、刘贤等人全都处死并且诛灭了三族，其他的亲属流放到乐浪郡。夏侯玄风度气量博大宏达，在东市被斩杀的时候，面不变色，举止如常，当时年龄四十六岁。正元年间，朝廷为断绝了后代的功臣安排继承人，封夏侯尚的重孙夏侯本为昌陵亭侯，封邑三百户，直接继承为夏侯尚的后代。

当初，中领军高阳人许允和李丰、夏侯玄关系亲密友好。在此之前有人伪造了一尺一寸大的诏书，任命夏侯玄为大将军，许允为太尉，

门吏，曰“有诏”，因便驰走。允即投书烧之，不以开呈司马景王。后丰等事觉，徙允为镇北将军，假节督河北诸军事。未发，以放散官物，收付廷尉，徙乐浪，道死。

清河王经亦与允俱称冀州名士。甘露中为尚书，坐高贵乡公事诛。始经为郡守，经母谓经曰：“汝田家子，今仕至二千石，物太过不祥，可以止矣。”经不能从，历二州刺史，司隶校尉，终以致败。允友人同郡崔赞，亦尝以处世太盛戒允云。

评曰：夏侯、曹氏，世为婚姻，故惇、渊、仁、洪、休、尚、真等并以亲旧肺腑，贵重于时，左右勋业，咸有效劳。爽德薄位尊，沉溺盈溢，此固《大易》所著，道家所忌也。玄以规格局度，世称其名，然与曹爽中外缱绻；荣位如斯，曾未闻匡弼其非，援致良才。举兹以论，焉能免之乎！

共同总领尚书的事务。不知道是什么人在天没亮的时候就骑着马把诏书交给许允的看门人，说“有诏书”，接着就飞快地骑着马跑了。许允立刻把所谓的诏书扔进火里烧了，不把它交给司马景王。后来李丰等人的事被发觉，调任许允为镇北将军，授给符节统领黄河以北各军事。还没有出发，就被以挥霍公家财物的罪名，逮捕交付廷尉，流放到乐浪郡，后来他在半路上死去。

清河人王经也和许允一样都是冀州的知名人士。甘露年间担任尚书，因为受到高贵乡公一案的牵连而被杀。起初王经担任郡守，王经的母亲对王经说：“你是农家的儿子，现在官做到能够领二千石的俸禄了，得到的东西太过分了，不吉祥，可以到此为止了。”王经不能够接受，历任二州刺史，司隶校尉，终于导致失败。许允的友人同郡人崔赞，也曾经以处世不要太盛的话劝诫过许允。

评论说：夏侯、曹氏两家世代通婚，所以夏侯惇、夏侯渊、曹仁、曹洪、曹休、夏侯尚、曹真等人，皆因友好的亲戚关系显贵一时。他们辅佐朝廷，护卫国家，都有功劳。曹爽品德不佳却地位尊贵，沉溺享乐又自满骄傲，这是《周易》上已经指明了的，是道家所忌讳的祸患。夏侯玄的风度和气量，受到世人的赞扬，虽然他和曹爽是情深谊厚的表兄弟，有这样的名誉和地位，却没听说过他指正曹爽的过失，举荐过优秀人才。就此而论，他不能免祸也就在情理之中了！

卷十　魏书十

荀彧荀攸贾诩传第十

荀彧字文若，颍川颍阴人也。祖父淑，字季和，朗陵令。当汉顺、桓之间，知名当世。有子八人，号曰八龙。彧父绲，济南相。叔父爽，司空。

彧年少时，南阳何颙异之，曰："王佐才也。"永汉元年，举孝廉，拜守宫令。董卓之乱，求出补吏。除亢父令，遂弃官归，谓父老曰："颍川，四战之地也，天下有变，常为兵冲，宜亟去之，无久留。"乡人多怀土犹豫，会冀州牧同郡韩馥遣骑迎之，莫有随者，彧独将宗族至冀州。而袁绍已夺馥位，待彧以上宾之礼。彧弟谌及同郡辛评、郭图，皆为绍所任。彧度绍终不能成大事，时太祖为奋武将军，在东郡，初平二年，彧去绍从太祖。太祖大悦曰："吾之子房也。"以为司马，时年二十九。是时，董卓威陵天下，太祖以问彧，彧曰："卓暴虐已甚，必以乱终，无能为也。"卓遣李傕等出关东，所过虏略，至颍川、陈留而还。乡人留者多见杀略。明年，太祖领兖州牧，后为镇东将军，彧常以司马从。兴平元年，太祖征陶谦，任彧留事。会张邈、陈宫以兖州反，潜迎吕布。布既至，邈乃使刘翊告彧曰："吕将军来助曹使君击陶谦，宜亟供其军食。"众疑惑。彧知邈为乱，即勒兵设备，驰召东郡太守夏侯惇，而兖州诸城皆应布矣。时太祖悉军攻谦，留守兵少，而督将大吏多与邈、宫通谋。惇至，其夜诛谋叛者数十人，众乃定。豫州刺史郭贡帅众数万来至城下，或言与吕布同谋，众甚惧。贡求见彧，彧将往。惇等曰："君，一州镇也，往必危，不可。"彧曰："贡与邈等，分非素结也，今来速，计必未定；及其未定说之，纵不为用，可使中立，若先疑之，彼将怒而成计。"贡见彧无惧意，谓鄄城未易攻，遂引兵去。又与程昱计，使说

荀彧字文若，是颍川郡颍阴县人。他的祖父荀淑，字季和，曾任朗陵县令。在汉顺帝、桓帝期间，颇有名气。荀淑有八个儿子，号称“八龙”。荀彧的父亲荀绲，任济南国相。荀彧的叔父荀爽，任司空。

荀彧年轻的时候，南阳人何颙就认为他和其他人不一样，评价他说：“这是个可以辅佐帝王的人才呀！”献帝永汉元年，荀彧被推举为孝廉，担任守宫令。董卓作乱的时候，荀彧要求出任地方官，被任命为亢父县令，于是他弃官回乡，对乡亲父老们说：“颍川是个容易四面受敌的地方，每当天下发生动乱，常常成为必争之地，应马上离开这里，不能久留。”乡里许多人因眷恋本土，犹豫不决。这时担任冀州牧的颍川郡人韩馥派骑兵来迎接荀彧，但没有多少人愿意和荀彧一起去，荀彧只好带领宗族到冀州。到达冀州时，袁绍已取代了韩馥的职位，用上宾之礼接待荀彧。荀彧弟荀谌及同郡人辛评、郭图，都受到袁绍的委任。荀彧预料到袁绍最终难成大事。曹操时任奋武将军，驻扎东郡。初平二年，荀彧便离开袁绍投奔了他。曹操非常高兴地说：“你就是我的谋士张良啊！”以荀彧为司马，其时荀彧二十九岁。当时董卓淫威天下，曹操以此问荀彧，荀彧说：“董卓残酷暴虐，必因作乱而亡，无可作为。”董卓派李傕等人出关东，所过之处全都遭到抢掠，直到颍川、陈留才返回。荀彧留在颍川的乡人多被杀掠。第二年，曹操兼任兖州牧，后为镇东将军，荀彧以司马之职随从。献帝兴平元年，曹操征讨陶谦，委任荀彧主持留守。这时张邈、陈宫在兖州反叛，暗迎吕布。吕布到达以后，张邈便派刘翊告诉荀彧说：“吕将军前来帮助曹使君攻打陶谦，你们应当赶快供给他军粮辎重。”大家都很疑惑。荀彧知道张邈已经叛变，马上指挥士兵设防，并飞马召东郡太守夏侯惇回军援助，这时兖州许多地方都响应吕布。当时曹操正在全力攻打陶谦，留守兵少，而督官们又大多与张邈、陈

范、东阿，卒全三城，以待太祖。太祖自徐州还击布濮阳，布东走。二年夏，太祖军乘氏，大饥，人相食。

陶谦死，太祖欲遂取徐州，还乃定布。彧曰："昔高祖保关中，光武据河内，皆深根固本以制天下，进足以胜敌，退足以坚守，故虽有困败而终济大业。将军本以兖州首事，平山东之难，百姓无不归心悦服。且河、济，天下之要地也，今虽残坏，犹易以自保，是亦将军之关中、河内也，不可以不先定。今以破李封、薛兰，若分兵东击陈宫，宫必不敢西顾，以其间勒兵收熟麦，约食畜谷，一举而布可破也。破布，然后南结扬州，共讨袁术，以临淮、泗。若舍布而东，多留兵则不足用，少留兵则民皆保城，不得樵采。布乘虚寇暴，民心益危，唯鄄城、范、卫可全，其余非己之有，是无兖州也。若徐州不定，将军当安所归乎？且陶谦虽死，徐州未易亡也。彼惩往年之败，将惧而结亲，相为表里。今东方皆以收麦，必坚壁清野以待将军，将军攻之不拔，略之无获，不出十日，则十万之众未战而自困耳。前讨徐州，威罚实行，其子弟念父兄之耻，必人自为守，无降心，就能破之，尚不可有也。夫事固有弃此取彼者，以大易小可也，以安易危可也，权一时之势，不患本之不固可也。今三者莫利，愿将军熟虑之。"太祖乃止。大收麦，复与布战，分兵平诸县。布败走，兖州遂平。

宫勾结。夏侯惇到后，当夜便诛杀了几十个图谋反叛的人，局面才安定下来。豫州刺史郭贡率几万兵马来到城下，有人说郭贡与吕布是同谋，众人非常恐慌。郭贡要求面见荀彧，荀彧准备前往。夏侯惇等人说："您是一州的镇守之人，此去必有危险，不能去。"荀彧说："郭贡与张邈等人，二人平素没有交往，如今来得这样快，主意一定没有打定。趁此时机去劝说他，即使他不为我所用，亦可使之中立，如果我们先怀疑他，他就会恼怒而与张邈联合。"荀彧见到郭贡，郭贡见他毫无惧意，认为鄄城不易攻下，便带兵走了。荀彧又和程昱商议，派他去劝说范、东阿两个县。终于保全了这三座城，等待曹操回来。曹操从徐州回军在濮阳打败吕布，吕布向东逃走。初平二年夏天，太祖驻军乘氏县，当时发生了大饥荒，出现了人吃人的现象。

陶谦死了以后，太祖想趁机夺取徐州，回来再平定吕布。荀彧建议说："以前高祖保卫关中，光武据守河内，都是深固根本以威制天下，前进可以战胜敌兵，后退可以坚守阵地，所以虽然有困顿破败的时候，而终于完成了大业。将军本来由兖州开始起事，平定了山东的劫难，所有百姓都诚心前来归附。而且黄河、济水一带，是天下险要的地区，如今虽然被摧残破坏，仍然很容易用以自卫，也就等于将军的关中、河内，不能不先平定这一带。目前已经平定了李封、薛兰，如果再分派军队往东攻击陈宫，陈宫一定不敢向西回顾，可以利用空隙的时候派兵收割成熟了的麦子，节约粮食，积蓄谷米，接下来就可一举而攻破吕布。攻破了吕布之后，继续向南方结合扬州兵，共同来讨伐袁术，从而靠近淮河、泗水。如果舍弃攻打吕布的时机而往东进兵，兵留多了，其他地区的兵力就不够用，兵留少了，那么百姓都忙着保卫城镇，没有时间到城外去采柴草。吕布便会乘虚来进犯，人心势必更加危乱，那时只可保全鄄城、范县、卫县，其他地方都保不住，那么，也就等于失去了兖州。如果不平定徐州，将军你将以什么地方做根据地呢？况且陶谦虽然死了，徐州的兵力也并不容易消灭。他们将会以往年的失败作为惩戒，心中惧怕便相互结合亲好，内外呼应。现在东方都已经收割了麦子，一定会坚壁清野等待你进攻，你攻进去没有粮食，攻城打不下来，劫掠又毫无所获，不到十天，那么，十多万的

建安元年，太祖击破黄巾。汉献帝自河东还洛阳。太祖议奉迎都许，或以山东未平，韩暹、杨奉新将天子到洛阳，北连张杨，未可卒制。彧劝太祖曰："昔晋文纳周襄王而诸侯景从，高祖东伐为义帝缟素而天下归心。自天子播越，将军首唱义兵，徒以山东扰乱，未能远赴关右，然犹分遣将帅，蒙险通使，虽御难于外，乃心无不在王室，是将军匡天下之素志也。今车驾旋轸，东京榛芜，义士有存本之思，百姓感旧而增哀。诚因此时，奉主上以从民望，大顺也；秉至公以服雄杰，大略也；扶弘义以致英俊，大德也。天下虽有逆节，必不能为累，明矣。韩暹、杨奉其敢为害！若不时定，四方生心，后虽虑之，无及。"太祖遂至洛阳，奉迎天子都许。天子拜太祖大将军，进彧为汉侍中，守尚书令。常居中持重，太祖虽征伐在外，军国事皆与彧筹焉。太祖问彧："谁能代卿为我谋者？"彧言"荀攸、钟繇"。先是，彧言策谋士，进戏志才。志才卒，又进郭嘉。太祖以彧为知人，诸所进达皆称职，唯严象为扬州，韦康为凉州，后败亡。

军队还没作战就要先自困而死了。以前攻讨徐州的时候，对徐州表现的军威和刑罚过重，他们的子弟想到当时父兄所蒙受的耻辱，一定会人人各自坚守阵地，不会有求降归服的心，就是能把徐州攻破，仍然不可能占据这个地方。凡事原本就有得有失，以大的来换取小的是可以的，以安全来换取危险也可以，完全要权衡当时的形势，就不必忧患根本的不稳固了。如今三方面看来都对我们都不利，希望将军深思熟虑为要。”太祖就停止攻打徐州的计划，按照荀彧的建议大举收割了麦子，再和吕布作战，分兵平定了各个县城。吕布兵败逃走，兖州因而平定。

建安元年，曹操战胜了黄巾军。汉献帝从河东回到洛阳，曹操商议奉迎献帝定都许县。有人认为崤山函谷的东面尚未平定，韩暹、杨奉刚把献帝送到洛阳，北面与张杨联合，不能很快制服他们。荀彧劝曹操说：“从前晋文公接周襄王而诸侯如影随形地跟从，高祖刘邦东伐项羽时为义帝穿丧服而天下归心。自从天子流亡，将军首先兴起义兵，只是因为山东一带纷扰战乱，没能远赴长安保驾，然而还是分派将帅冒险与朝廷联系，虽然在外面抵御乱贼，心中却无时不思念王室，这是将军匡扶天下的夙愿啊。如今天子虽然回到洛阳，那里却是一片荒芜，义士有保护朝廷的想法，百姓感怀旧日而对今日更加悲伤。果然真能趁此拥戴主上来顺从民众的愿望，这是合乎潮流的；秉持最大的公心使天下豪杰归服，这是大谋略；匡扶大义来招收天下英杰，这是大德行。天下虽然有不服从的人，必定不能成为大患，这是很明显的。韩暹、杨奉怎么敢作乱为害！如果不及时决定，万一等到其他的人生出此心，再来考虑这些，恐怕就来不及了。”曹操于是到洛阳，把献帝迎到许县。献帝任命曹操为大将军，升荀彧为汉朝侍中，代理尚书令，经常居朝承担重任。曹操虽然在外征伐，但军国大事都与荀彧一起筹划。曹操问荀彧：“谁能代替您为我谋划呢？”荀彧说“荀攸、钟繇”。在此之前，荀彧谈到谋士，曾举荐戏志才。戏志才死了以后，又举荐郭嘉。曹操认为荀彧善于识人，他所举荐的人才都很称职，只有扬州刺史严象、凉州刺史韦康，后来是战败被杀的。

自太祖之迎天子也，袁绍内怀不服。绍既并河朔，天下畏其强。太祖方东忧吕布，南拒张绣，而绣败太祖军于宛。绍益骄，与太祖书，其辞悖慢。太祖大怒，出入动静变于常，众皆谓以失利于张绣故也。钟繇以问彧，彧曰："公之聪明，必不追咎往事，殆有他虑。"则见太祖问之，太祖乃以绍书示彧，曰："今将讨不义，而力不敌，何如？"彧曰："古之成败者，诚有其才，虽弱必强，苟非其人，虽强易弱，刘、项之存亡，足以观矣。今与公争天下者，唯袁绍尔。绍貌外宽而内忌，任人而疑其心，公明达不拘，唯才所宜，此度胜也。绍迟重少决，失在后机，公能断大事，应变无方，此谋胜也。绍御军宽缓，法令不立，士卒虽众，其实难用，公法令既明，赏罚必行，士卒虽寡，皆争致死，此武胜也。绍凭世资，从容饰智，以收名誉，故士之寡能好问者多归之，公以至仁待人，推诚心不为虚美，行己谨俭，而与有功者无所吝惜，故天下忠正效实之士咸愿为用，此德胜也。夫以四胜辅天子，扶义征伐，谁敢不从？绍之强其何能为！"太祖悦。彧曰："不先取吕布，河北亦未易图也。"太祖曰："然。吾所惑者，又恐绍侵扰关中，乱羌、胡，南诱蜀汉，是我独以兖、豫抗天下六分之五也。为将奈何？"彧曰："关中将帅以十数，莫能相一，唯韩遂、马超最强。彼见山东方争，必各拥众自保。今若抚以恩德，遣使连和，相持虽不能久安，比公安定山东，足以不动。钟繇可属以西事。则公无忧矣。"

自从太祖迎接天子之后，袁绍心里不服。袁绍已经兼并了北方，天下人都畏惧他的强盛。太祖正东忧吕布，南拒张绣，而张绣在宛县打败了太祖的军队。这一来，袁绍更加骄傲，给太祖写信，言辞无理而傲慢。太祖大怒，出入的举动不同于平常，众人都说是因为失利于张绣的缘故。钟繇为这事问荀彧，荀彧说："曹公是个聪明人，必不追究往事，恐怕有其他忧虑。"于是去见太祖，询问缘由，太祖便将袁绍的信给荀彧看，说："我现在想要讨伐不义，而力量敌不过他，怎么办？"荀彧说："古来争胜败的人，真有才能的，纵使起初弱小，也必将强盛，如果是无能的人，即使起初强大，也容易弱小。从汉高祖与项羽的存亡，就足以看出这一点。现今同您争天下的人，只有袁绍罢了。袁绍这人貌似宽容然而内心忌恨别人，任人而又疑其心，而您明白豁达，不拘小节，用人唯才，这说明您在度量方面胜过袁绍。袁绍处事迟缓，优柔寡断，往往错过时机，造成失败，而您能决断大事，随机应变，不守成规，这说明您在谋略方面胜过袁绍。袁绍治军不严，法令不行，士卒虽然多，其实难用，而您法令严明，信赏必罚，士卒虽少，都争先效死，这说明您在用兵方面胜过袁绍。袁绍凭借世代门第，装模作样地玩弄小聪明，以博取名誉，因此士人中缺乏才能而喜好虚名的人很多都归附于他，而您以仁爱之心待人，以诚相见，不求虚誉，对待自己谨慎节俭，而赏赐有功的人却无所吝惜，因此天下忠诚正直、有真才实能的人士都愿意为您所用，这说明您在品德方面胜过袁绍。用以上四个方面的优势辅佐天子，扶持正义，讨伐罪臣，谁敢不从？袁绍虽强，又有何用！"太祖听了很高兴。荀彧又说："不先打败吕布，河北也还是不容易谋取。"太祖说："对。我所感到疑惑的是，又恐怕袁绍侵扰关中，联合羌人、胡人为乱，再向南勾结占据巴蜀、汉中的刘璋。这一来，我独自以兖、豫二州对抗全国的六分之五的土地和人口。你说该怎么办？"荀彧说："关中将帅数以十计，没人能统一起来，只有韩遂、马超最强。他们见山东正在征战，必定各自拥兵自保。现在如果用恩德安抚他们，派遣使者与他们讲和，维持友好，即使不能长久安定，但在您平定山东之前，足以使他们中立不动。关西的事情可以交给钟繇，这样您就可以高枕无忧了。"

三年，太祖既破张绣，东禽吕布，定徐州，遂与袁绍相拒。孔融谓彧曰："绍地广兵强；田丰、许攸，智计之士也，为之谋；审配、逢纪，尽忠之臣也，任其事；颜良、文丑，勇冠三军，统其兵：殆难克乎！"彧曰："绍兵虽多而法不整。田丰刚而犯上，许攸贪而不治。审配专而无谋，逢纪果而自用，此二人留知后事，若攸家犯其法，必不能纵也，不纵，攸必为变。颜良、文丑，一夫之勇耳，可一战而擒也。"五年，与绍连战。太祖保官渡，绍围之。太祖军粮方尽，书与彧，议欲还许以引绍。彧曰："今军食虽少，未若楚、汉在荥阳、成皋间也。是时刘、项莫肯先退，先退者势屈也。公以十分居一之众，画地而守之，扼其喉而不得进，已半年矣。情见势竭，必将有变，此用奇之时，不可失也。"太祖乃住。遂以奇兵袭绍别屯，斩其将淳于琼等，绍退走。审配以许攸家不法，收其妻子，攸怒叛绍；颜良、文丑临阵授首；田丰以谏见诛：皆如彧所策。

六年，太祖就谷东平之安民，粮少，不足与河北相支，欲因绍新破，以其间击讨刘表。彧曰："今绍败，其众离心，宜乘其困，遂定之；而背兖、豫，远师江、汉，若绍收其余烬，承虚以出人后，则公事去矣。"太祖复次于河上。绍病死。太祖渡河，击绍子谭、尚，而高幹、郭援侵略河东，关右震动，钟繇帅马腾等击破之。语在《繇传》。八年，太祖录彧前后功，表封彧为万岁亭侯。九年，太祖拔邺，领冀州牧。或说太祖"宜复古置九州，则冀州所制者广大，天下服矣"。太祖将从之，彧言曰："若是，则冀州当得河东、冯翊、扶风、西河、幽、并之地，所夺者众。前日公破袁尚，禽审配，海内震

建安三年，太祖打败张绣以后，向东擒杀吕布，平定徐州，于是就和袁绍对抗。孔融对荀彧说："袁绍地广兵强，田丰、许攸，都是智谋之士，为袁绍出谋划策；审配、逢纪，都是尽忠之臣，在为袁绍做事；颜良、文丑，勇冠三军，为袁绍统领军队：恐怕很难打败袁绍啊！"荀彧说："袁绍兵马虽多却法令不严整。田丰性格刚愎而冒犯上司，许攸贪婪而不检点。审配专权而没有谋略，逢纪独断专行而刚愎自用，这两个人留在袁绍后方主持事务，如果许攸家有人犯了法，必定不能宽容，得不到宽容，许攸必定反叛。颜良、文丑，只不过是匹夫之勇，可一战而擒获二人。"建安五年，曹操与袁绍连连交战。太祖固守官渡，袁绍围攻太祖。太祖军粮即将吃完，给荀彧写信，商议想回许都来引诱袁绍军深入。荀彧说："现在我军粮食虽少，但不像刘邦和项羽在荥阳、成皋间相持那样的情况。当时刘邦、项羽没有人肯先退，因为先退的一方必定陷于被动。现在曹公用仅是敌人十分之一的兵力，划地固守，扼住敌人的咽喉使之不能前进，已经坚持了半年。袁绍军气势衰竭的情况已经出现，局势必将有所变化，这正是使用奇谋的时候，万不可失去机会。"太祖就放弃了还许都的打算。于是出奇兵袭击袁绍大本营以外的驻地，斩杀其将淳于琼等人，袁绍退走。审配因为许攸家人不守法度，逮捕了许攸的妻子儿女，许攸一怒之下叛离袁绍；颜良、文丑在战斗中被杀；田丰因为劝谏触怒袁绍而被杀。一切都像荀彧预料的那样。

建安六年，太祖到附近东平郡的安民县筹划粮草，粮食很少，不足够和河北敌军相持，因此就想趁袁绍新败，乘间隙攻击讨伐刘表。荀彧说："现今袁绍刚败，他的部众不同心，应该趁他疲困之际去平定他；如果背离兖州、豫州，远征长江、汉水一带，让袁绍收整余烬，乘虚出兵我后方，则您的大事就远去了。"太祖便再次驻扎在黄河边。袁绍病死。太祖渡过黄河，攻击袁绍的儿子袁谭、袁尚，而高幹、郭援侵略河东，关西震动，钟繇率马腾等人打败了他们。这事记载在《钟繇传》里。建安八年，太祖追记荀彧前后的功劳，上表请封荀彧为万岁亭侯。建安九年，太祖攻下邺城，领任冀州牧。有人劝说太祖"应再次设置古代的九州，这样冀州所管辖的地方就广大了，

骇，必人人自恐不得保其土地，守其兵众也；今使分属冀州，将皆动心。且人多说关右诸将以闭关之计；今闻此，以为必以次见夺。一旦生变，虽有守善者，转相胁为非，则袁尚得宽其死，而袁谭怀贰，刘表遂保江、汉之间，天下未易图也。愿公急引兵先定河北，然后修复旧京，南临荆州，责贡之不入，则天下咸知公意。人人自安。天下大定，乃议古制，此社稷长久之利也。”太祖遂寝九州议。

是时荀攸常为谋主。彧兄衍以监军校尉守邺，都督河北事。太祖之征袁尚也，高幹密遣兵谋袭邺，衍逆觉，尽诛之，以功封列侯。太祖以女妻彧长子恽，后称安阳公主。彧及攸并贵重，皆谦冲节俭，禄赐散之宗族知旧，家无余财。十二年，复增彧邑千户，合二千户。

太祖将伐刘表，问彧策安出，彧曰：“今华夏已平，南土知困矣。可显出宛、叶而间行轻进，以掩其不意。”太祖遂行。会表病死，太祖直趋宛、叶如彧计，表子琮以州逆降。

十七年，董昭等谓太祖宜进爵国公，九锡备物，以彰殊勋，密以谘彧。彧以为太祖本兴义兵以匡朝宁国，秉忠贞之诚，守退让之实；君子爱人以德，不宜如此。太祖由是心不能平。会征孙权，表请彧劳军于谯，因辄留彧，以侍中光禄大夫持节，参丞相军事。太祖军至濡须，彧疾留寿春，以忧薨，时年五十。谥曰敬侯。明年，太祖

天下就顺服了”。太祖准备听从，荀彧说道：“如果这样做，则冀州应当得到河东、冯翊、扶风、西河、幽州、并州的土地，夺取的土地很多。之前您打败了袁尚，擒拿了审配，海内都震骇。一定人人自危，怕不能保全自己的土地、保全自己的兵众；现今使这些地方分属冀州，将会令他们都有其他的想法。而且很多人劝关西诸将闭关自守；现在他们听到这个消息，会认为他们的领地必定会按次序被攻夺。一旦生变，即使有守善的人，也会因为胁逼转为干坏事，让袁尚得以宽缓他的死亡，而使袁谭怀有二心，刘表就保住了江汉之地，天下就不容易图谋了。希望您急速带兵先平定河北，然后修复旧京都，向南逼近荆州，谴责荆州不纳贡，则天下都知道您的意思，人人自安。天下大定，再商议恢复古制，这是社稷长久的利益啊！”太祖便搁置了恢复九州的讨论。

当时荀攸一直是曹操的主要谋士。荀彧的哥哥荀衍出任监军校尉驻守邺城，总督河北事宜。曹操征讨袁尚的时候，高幹暗地里派兵图谋袭击邺城，荀衍事先就发觉了，把偷袭者全都诛杀，因此被封为列侯。曹操把女儿嫁给荀彧的长子荀恽，后称安阳公主。荀彧和荀攸的地位都很尊贵显要，但他们都谦虚节俭，所得到的俸禄、赏赐全都分给宗族好友，家里并没有多余的财产。建安十二年，又给荀彧增加了一千户，加上以前所封共二千户。

曹操准备讨伐刘表，并且请教荀彧采用什么计策好，荀彧说：“如今中原地区已经平定，南方已经知道他的处境困难了。丞相可以明里出兵宛、叶二县，但暗中从小路轻装前进，出其不意地对刘表进行攻击。”曹操于是出兵。正在这时刘表却病死，曹操率军按照荀彧的计策直取宛、叶二县，刘表的儿子刘琮便献出荆州投降了。

建安十七年，董昭等人认为曹操应该进爵位为国公，应得到九锡的赏赐，用以表彰他特殊的功勋，他们就此事秘密请示荀彧。荀彧认为曹操兴起义兵的本意是为了匡扶朝廷、安定国家，怀着忠贞的诚心，保持谦让的品质；君子爱一个人表现在品德的培养上，所以不应该这样做。曹操因此心中对荀彧不满。正好这时在征讨孙权，曹操便上表请荀彧到谯县慰劳军队，趁机擅自把他留下了，让他以侍中

遂为魏公矣。

子恽，嗣侯，官至虎贲中郎将。初，文帝与平原侯植并有拟论，文帝曲礼事彧。及彧卒，恽又与植善，而与夏侯尚不穆，文帝深恨恽。恽早卒，子甝、霬，以外甥故犹宠待。恽弟俣，御史中丞，俣弟诜，大将军从事中郎，皆知名，早卒。诜弟顗，咸熙中为司空。恽子甝嗣，为散骑常侍，进爵广阳乡侯，年三十薨。子頵嗣。霬官至中领军，薨，谥曰贞侯，追赠骠骑将军。子恺嗣。霬妻，司马景王、文王之妹也，二王皆与亲善。咸熙中，开建五等，霬以著勋前朝，改封恺南顿子。

荀攸字公达，彧从子也。祖父昙，广陵太守。攸少孤。及昙卒，故吏张权求守昙墓。攸年十三，疑之，谓叔父衢曰："此吏有非常之色，殆将有奸！"衢寤，乃推问，果杀人亡命。由是异之。何进秉政，征海内名士攸等二十余人。攸到，拜黄门侍郎。董卓之乱，关东兵起，卓徙都长安。攸与议郎郑泰、何颙、侍中种辑、越骑校尉伍琼等谋曰："董卓无道，甚于桀纣，天下皆怨之，虽资强兵，实一匹夫耳。今直刺杀之以谢百姓，然后据崤、函，辅王命，以号令天下，此桓文之举也。"事垂就而觉，收颙、攸系狱，颙忧惧自杀，攸言语饮食自若，会卓死得免。弃官归，复辟公府，举高第，迁任城相，不行。攸以蜀汉险固，人民殷盛，乃求为蜀郡太守，道绝不得至，驻荆州。

光禄大夫的身份持节，参改军事。曹操进军到濡须，荀彧因病留在寿春，因内心忧郁病死了，当时年龄五十岁。他被追封为敬侯。第二年，曹操便成为了魏公。

荀彧的儿子荀恽，继位侯爵，官职做到虎贲中郎将。那时候，文帝和平原侯曹植同时都有被立为太子的拟议事项，文帝曲礼侍奉荀彧。等到荀彧死后，荀恽又和曹植私交友好，而和夏侯尚不和，文帝因而深切憎恨荀恽。荀恽早死，儿子荀甝、荀霬因为是文帝的外甥，仍然受到宠幸。荀恽的弟弟荀俣，官做到御史中丞；荀俣的弟弟荀诜，官做到大将军从事中郎，在当时都很有名，但都早死。荀诜的弟弟荀顗，在咸熙年间任司空。荀恽的儿子荀甝，继父位为散骑常侍，晋封爵位为广阳乡侯，年三十岁死。儿子荀頵嗣位。荀霬的官职做到中领军，死后谥号为贞侯，追赠骠骑将军。他的儿子荀恺嗣位。荀霬的妻子，是司马师和司马昭的妹妹，二王都和他非常亲近友善。咸熙年间，开始设立五等爵位，荀霬因在前朝有大功勋，改封他的儿子荀恺为南顿子爵。

荀攸字公达，是荀彧的侄子。他的祖父荀昙，曾经担任广陵太守。荀攸年少的时候就死了父亲。后来祖父也去世了，有位旧吏张权自己要求看守荀昙的坟墓。当时荀攸才十三岁，就觉得很可疑，告诉他叔父荀衢说："这位小吏面有特殊的容色，大概是犯了法吧！"荀衢醒悟，就详细地审问他，果然是个杀了人的亡命之徒，从此对荀攸就另眼看待。何进执政，征用了海内有名人士荀攸等二十多人。荀攸到后，任黄门侍郎。董卓作乱，关东起兵讨伐董卓，董卓迁都长安。当时荀攸和议郎郑泰、何颙、侍中种辑、越骑校尉伍琼等人商量说："董卓无道，更甚于当年的夏桀、商纣，天下人都怨恨他，他虽然表面上拥有强大的兵力，实际上只是个匹夫而已。如今应该直接把他刺杀，来向天下百姓谢罪，然后以崤山、函谷关为据点，辅佐君王，号召天下，这也就是当年齐桓公、晋文公一举而霸天下的作为了。"事情已经快要成功了，却被发觉，董卓便收捕了何颙、荀攸，拘囚在牢狱中。何颙忧惧而自杀身死，荀攸言语饮食自如，正好遇上董卓败亡而被赦免。便抛弃了官位回归故里，又被荐用到公府中，被选举高第，升迁

太祖迎天子都许，遗攸书曰："方今天下大乱，智士劳心之时也，而顾观变蜀汉，不已久乎！"于是征攸为汝南太守，入为尚书。太祖素闻攸名，与语大悦，谓荀彧、钟繇曰："公达，非常人也，吾得与之计事，天下当何忧哉！"以为军师。建安三年，从征张绣。攸言于太祖曰："绣与刘表相恃为强，然绣以游军仰食于表，表不能供也，势必离。不如缓军以待之，可诱而致也；若急之，其势必相救。"太祖不从，遂进军之穰，与战。绣急，表果救之。军不利。太祖谓攸曰："不用君言至是。"乃设奇兵复战，大破之。

是岁，太祖自宛征吕布，至下邳，布败退固守，攻之不拔，连战，士卒疲，太祖欲还。攸与郭嘉说曰："吕布勇而无谋，今三战皆北，其锐气衰矣。三军以将为主，主衰则军无奋意。夫陈宫有智而迟，今及布气之未复，宫谋之未定，进急攻之，布可拔也。"乃引沂、泗灌城，城溃，生禽布。

后从救刘延于白马，攸画策斩颜良。语在《武纪》。太祖拔白马还，遣辎重循河而西。袁绍渡河追，卒与太祖遇。诸将皆恐，说太祖还保营，攸曰："此所以禽敌，奈何去之！"太祖目攸而笑。遂以辎重饵贼，贼竞奔之，陈乱。乃纵步骑击，大破之，斩其骑将文丑，太祖遂与绍相拒于官渡。军食方尽，攸言于太祖曰："绍运车旦暮至，其将韩荀锐而轻敌，击可破也。"太祖曰："谁可使？"攸曰："徐晃可。"乃遣晃及史涣邀击破走之，烧其辎重。会许攸来降，

为任城相，却没有就任。荀攸因为蜀汉险要稳固，百姓殷实丰盛，因而求任蜀郡太守，却因为道路中断无法到达，因此留驻在荆州。

太祖迎接献帝定都许县，然后给荀攸写信说："现在天下大乱，正是智谋的人发挥智慧的时候，而君却在等待蜀郡、汉中郡的时局变化，不是等待得太久了吗？"因此，征召任命荀攸为汝南郡太守，又入朝任尚书。太祖素来就知道荀攸的大名，与荀攸谈话以后非常高兴，对荀彧、钟繇说："公达，不是一般的人呀，我能够与荀攸一起谋划大事，平定天下还有什么可忧虑的！"任荀攸为军师。建安三年，荀攸随从太祖征讨张绣。荀攸对太祖说："张绣与刘表互相依赖力量才强大，然而张绣是流动军队，依赖于刘表的粮食供应，一旦刘表不能供给，张绣部队势必离散。不如暂缓进军等待张绣部队离散，可以把张绣招诱来归附；如果急着攻打张绣部队，刘表的军队将会救援。"太祖没有听从荀攸的建议，就进军到达穰县，与张绣战。张绣危急，刘表果然来救。曹军失利。太祖对荀攸说："我不听您的计策才招致这个结果。"又设置奇兵再战，大破张绣。

这一年，太祖从宛县征伐吕布，到达下邳的时候，吕布败退固守，太祖攻打不下来。由于连连作战，士兵们都疲倦了，太祖打算撤兵。荀攸和郭嘉劝阻说："吕布有勇无谋，如今三次战役全都失败，吕布的锐气已经衰退了。三军以大将为主宰，主宰锐气一衰，军队也就没有斗志了。至于陈宫虽有智谋却动作迟缓，现在应趁着吕布的锐气没有恢复，陈宫的计谋没有确定，加紧攻打吕布，吕布就可以被拿下了。"太祖便引沂水、泗水淹城，城内守军溃败，吕布被生擒。

后来荀攸跟随曹操到白马援救刘延。荀攸设计杀死了颜良。这件事在《武帝纪》中有所记载。曹操攻下白马回来，派遣运送物资的车队沿黄河向西撤退。袁绍得知后渡河追赶，与曹操相遇。将领们恐慌不已，都劝说曹操后撤以守卫军营，荀攸说："这些车辆正是用来捉拿敌人的，怎么能弃之不顾呢？"曹操看着荀攸会心一笑。于是用物资车辆来引诱袁军，袁军哄抢物资车辆，阵列大乱。曹操就出动步兵骑兵迎头痛击，大败袁军，斩杀袁军骑兵将领文丑。曹操于是回头驻守，和袁绍在官渡相互对峙。军粮快要吃完的时候，荀攸向曹操

言绍遣淳于琼等将万余兵迎运粮，将骄卒惰，可要击也。众皆疑，唯攸与贾诩劝太祖。太祖乃留攸及曹洪守。太祖自将攻破之，尽斩琼等。绍将张郃、高览烧攻橹降，绍遂弃军走。郃之来，洪疑不敢受，攸谓洪曰："郃计不用，怒而来，君何疑？"乃受之。

七年，从讨袁谭、尚于黎阳。明年，太祖方征刘表，谭、尚争冀州。谭遣辛毗乞降请救，太祖将许之，以问群下。群下多以为表强，宜先平之，谭、尚不足忧也。攸曰："天下方有事，而刘表坐保江、汉之间，其无四方志可知矣。袁氏据四州之地，带甲十万，绍以宽厚得众，借使二子和睦以守其成业，则天下之难未息也。今兄弟遘恶，此势不两全。若有所并则力专，力专则难图也。及其乱而取之，天下定矣，此时不可失也。"太祖曰："善。"乃许谭和亲，遂还击破尚。其后谭叛，从斩谭于南皮。冀州平，太祖表封攸曰："军师荀攸，自初佐臣，无征不从，前后克敌，皆攸之谋也。"于是封陵树亭侯。十二年，下令大论功行封，太祖曰："忠正密谋，抚宁内外，文若是也。公达其次也。"增邑四百，并前七百户，转为中军师。魏国初建，为尚书令。

攸深密有智防，自从太祖征伐，常谋谟帷幄，时人及子弟莫知

进言说：“袁绍的粮草车队很快就要到达，押车的将领韩莫悍勇但却轻敌，派兵偷袭就可以攻克。”曹操说：“派谁去能胜任呢？”荀攸说：“徐晃可以。”于是，派徐晃和史涣率军半路截击，把袁军打得败退逃跑，烧掉了他们押运的物资车辆。正赶上许攸前来归降，说袁绍派遣淳于琼等率一万多士兵运送粮草，这些将领骄傲、士卒懈怠，可以半路截击。大家都感到怀疑，只有荀攸和贾诩力劝曹操采纳许攸的建议。曹操便留下荀攸和曹洪守卫军营。他亲率军队打败运粮的敌人，杀掉淳于琼等人。袁绍的将领张郃、高览烧毁了攻敌的前哨堡垒前来投降，袁绍只得弃军而逃。张郃等人前来投降，曹洪心中怀有疑惧，不敢接纳，荀攸对曹洪说：“张郃是因为计策未被袁绍采纳，恼怒不已才来投降，您怀疑什么呢？”曹洪才接纳了他们。

建安七年，荀攸随曹操来到黎阳讨伐袁谭、袁尚。第二年，正当曹操征伐刘表的时候，袁谭、袁尚争夺冀州，袁谭派辛毗向曹操乞降，并请求曹操的救援。曹操打算应许，询问部下关于此事的意见。部将大多认为刘表强大，应该先平定刘表，袁谭、袁尚不足为患。荀攸说：“天下正是纷乱多变的时候，刘表却安坐守护长江、汉水之地，可见他没有攻夺天下的雄心。袁氏曾经占据四州的地盘，拥军十万之多。袁绍宽厚所以赢得人心，假如他的两个儿子和睦相处，保住袁绍的基业，那么天下的苦难将不能止息了。如今他们兄弟结下怨仇，这使他们势不两立。如果其中一方被兼并，他们的力量就会统一起来，力量统一就很难对付了。趁他们内乱的时候一举攻取，天下就可以平定了，这个时机不可丧失。”曹操说：“好。”就答应同袁谭结亲，回军击败了袁尚，后来袁谭反叛，荀攸随曹操斩杀袁谭于南皮。冀州平定后，曹操上表请封荀攸说：“军师荀攸，自当初辅佐臣下起，没有一次征战不跟随，臣先后打败强敌，都是荀攸的计谋。”于是朝廷封荀攸为陵树亭侯。建安十二年，朝廷下令大肆论功行赏，曹操说：“忠心正直，周密谋划，安抚内外的是文若，其次是公达。”便给荀攸增加食邑四百户，加上以前的共七百户，改任他为中军师。曹操刚建立魏国的时候，任命荀攸为尚书令。

荀攸沉稳老练，有预防意外的智谋，自跟随曹操南征北战的时

其所言。太祖每称曰："公达外愚内智，外怯内勇，外弱内强，不伐善，无施劳，智可及，愚不可及，虽颜子、甯武不能过也。"文帝在东宫，太祖谓曰："荀公达，人之师表也，汝当尽礼敬之。"攸曾病，世子问病，独拜床下，其见尊异如此。攸与钟繇善，繇言："我每有所行，反覆思惟，自谓无以易；以咨公达，辄复过人意。"公达前后凡画奇策十二，唯繇知之。繇撰集未就，会薨，故世不得尽闻也。攸从征孙权，道薨。太祖言则流涕。

长子缉，有攸风，早没。次子適嗣，无子，绝。黄初中，绍封攸孙彪为陵树亭侯，邑三百户，后转封丘阳亭侯。正始中，追谥攸曰敬侯。

贾诩字文和，武威姑臧人也。少时人莫知，唯汉阳阎忠异之，谓诩有良、平之奇。察孝廉为郎，疾病去官，西还至汧，道遇叛氐，同行数十人皆为所执。诩曰："我段公外孙也，汝别埋我，我家必厚赎之。"时太尉段颎，昔久为边将，威震西土，故诩假以惧氐。氐果不敢害，与盟而送之，其余悉死。诩实非段甥，权以济事，咸此类也。

董卓之入洛阳，诩以太尉掾为平津都尉，迁讨虏校尉。卓婿中郎将牛辅屯陕，诩在辅军。卓败，辅又死，众恐惧，校尉李傕、郭汜、张济等欲解散，间行归乡里。诩曰："闻长安中议欲尽诛凉州

候起，常常能够运筹帷幄，当时的人以及他的子弟都不知道他说了些什么。曹操常常称赞他说："公达虽然外表愚钝怯懦，但是内在却充满了智慧与勇敢，他从不夸耀自己的好处，不表白自己的功劳。他的聪明别人可以达到，但他外表的愚钝别人做不到，即使是颜回、甯武子也不能超过他。"曹丕还是太子的时候，曹操就对他说："荀公达，可以做老师，你应当用最高的礼节敬重他。"有一次，荀攸生病，曹丕前去问候，独自在床下跪拜，荀攸就是这样被超乎寻常的尊敬。荀攸与钟繇关系很好，钟繇说："我每次要有所行动的时候，总要反复考虑，自认为无可改动，然后拿去咨询公达，他的看法总是高过我。"荀攸前后共筹划奇计妙策共十二条，这件事只有钟繇知道。钟繇想把这些奇计妙策编成一本书，还没有完成就去世了，所以谁也不知道它的全部内容。荀攸随从曹操征伐孙权，途中去世。曹操一提起他就伤心流泪。

荀攸的长子荀缉虽然有荀攸的风范，但很早就去世了。次子荀適承袭了他的爵位，荀適没有儿子，承袭因此断绝。黄初年间，续封荀攸的孙子荀彪为陵树亭侯，封邑三百户，后又封为丘阳亭侯。正始年间，追封荀攸为敬侯。

贾诩字文和，是武威郡姑臧县人。年轻时很多人都不看好他，只有汉阳人阎忠认为他和别人不一样，说贾诩有张良、陈平的奇异才能。他被推荐为孝廉，担任郎官之后，因病辞职，西行回乡时来到汧县，在路上遇到叛乱的氐族人，与他同行的几十人都被抓去。贾诩说："我是段公的外孙，你们把我另外关起来，我家一定会用重金来赎的。"当时的太尉段颎，过去曾担任边关守将，威震西方，所以贾诩借他来恐吓氐族人。氐人果然不敢伤害贾诩，还和他结拜为兄弟并送他回家，但是其他人都被杀死了。其实贾诩不是段颎的外孙，他常采用随机应变的方法来解决事情。

董卓进入洛阳，贾诩以太尉掾的身份出任平津都尉，后来又升迁为讨虏校尉。董卓的女婿中郎将牛辅驻扎在陕县，贾诩就在牛辅军中。董卓失败以后，牛辅也死了，众人恐惧，校尉李傕、郭汜、张济等人想解散队伍，从小路返回乡里。贾诩说："我听说在长安人们议

人，而诸君弃众单行，即一亭长能束君矣。不如率众而西，所在收兵，以攻长安，为董公报仇，幸而事济，奉国家以征天下，若不济，走未后也。”众以为然。傕乃西攻长安。语在《卓传》。后诩为左冯翊，傕等欲以功侯之，诩曰：“此救命之计，何功之有！”固辞不受。又以为尚书仆射，诩曰：“尚书仆射，官之师长，天下所望，诩名不素重，非所以服人也。纵诩昧于荣利，奈国朝何！”乃更拜诩尚书，典选举，多所匡济，傕等亲而惮之。会母丧去官，拜光禄大夫。傕、汜等斗长安中，傕复请诩为宣义将军。傕等和，出天子，祐护大臣，诩有力焉。天子既出，诩上还印绶。是时将军段煨屯华阴，与诩同郡，遂去傕托煨。诩素知名，为煨军所望。煨内恐其见夺，而外奉诩礼甚备，诩愈不自安。

张绣在南阳，诩阴结绣，绣遣人迎诩。诩将行，或谓诩曰：“煨待君厚矣，君安去之？”诩曰：“煨性多疑，有忌诩意，礼虽厚，不可恃，久将为所图。我去必喜，又望吾结大援于外，必厚吾妻子。绣无谋主，亦愿得诩，则家与身必俱全矣。”诩遂往，绣执子孙礼，煨果善视其家。诩说绣与刘表连和。太祖比征之，一朝引军退，绣自追之。诩谓绣曰：“不可追也，追必败。”绣不从，进兵交战，大败而还。诩谓绣曰：“促更追之，更战必胜。”绣谢曰：“不用公言，以至于此。今已败，奈何复追？”诩曰：“兵势有变，亟往必利。”绣信之，遂收散卒赴追，大战，果以胜还。问诩曰：“绣以精兵追退军，而公曰必败；退以败卒击胜兵，而公曰必克。悉如公言，何其反而皆验也？”诩曰：“此易知耳。将军虽善用兵，非曹公敌也。军虽新退，

论要把西凉人都杀光，而你们若独自行动，一个亭长就能把你们逮住。不如率领将士向西，沿途招兵买马，进攻长安，为董公报仇，如果有幸把事情办成功，就挟天子以令诸侯，如果事情不能成功，再走也不晚。”众人认为他说得对。李傕便向西进攻长安。这件事记载在《董卓传》中。后来贾诩担任左冯翊，李傕等人想因为他的功劳封他为列侯，贾诩说：“那不过是救命的办法，有什么功劳可言！”坚决推辞不接受。李傕等人又要任命他为尚书仆射，贾诩说：“尚书仆射是众官的师长，被天下人所瞩望，我并不是早就有名望的人，不可能使人心服。即使我没有把名利看得很重，但是对国家朝廷，又有什么好处呢！”朝廷便改任贾诩为尚书，主持官员的选拔任用，做了许多扶持救助朝廷的事情，李傕等人对他既亲近又害怕。贾诩母亲去世了，他辞官为母亲守孝，回朝以后被任为光禄大夫。李傕、郭汜在长安城中争斗，李傕又请贾诩　　任为宣义将军。后来李傕郭汜等人和解，放出天子，保护大臣，这些事都有贾诩的功劳。天子被放出之后，贾诩交还官印辞职。当时将军段煨屯驻在华阴县，段煨与贾诩是同乡，贾诩便离开李傕投靠段煨。贾诩本来就很有名气，他受到段煨军中将士的敬服。段煨害怕他取代自己的地位，表面上对贾诩礼遇特别周到，贾诩更加感到不安。

张绣在南阳的时候，贾诩暗中和他结交，张绣派人迎接贾诩。贾诩准备起程时，有人对贾诩说：“段煨待你不薄，你为什么要离他而去呢？”贾诩说：“段煨生性多疑，猜忌我，礼遇虽优，但是不能作为依靠，时间长了一定会遭他暗算。我离开，他一定会很高兴，还会希望我在外为他结交强大的外援，他定会厚待我的妻儿，张绣身边没有谋士，也希望我去。这样一来，我的家室和我自身都能保全了。”于是贾诩就去了张绣那里，张绣以晚辈之礼节来接待他。段煨果然很优待他的家室。贾诩劝张绣与刘表联合。曹操不断地攻打张绣，一天早上突然撤兵，张绣亲自去追击。贾诩对张绣说：“不能追击，追击一定会打败仗。”张绣不听，带兵与曹操交战，结果失败而回。贾诩对张绣说：“赶快再去追击，一定可以获胜。”张绣谢绝说：“先前没有听您的话，以至于到了这个地步，怎么能再去追击呢？”贾诩说：“局

曹公必自断后；追兵虽精，将既不敌，彼士亦锐，故知必败。曹公攻将军无失策，力未尽而退，必国内有故；已破将军，必轻军速进，纵留诸将断后，诸将虽勇，亦非将军敌，故虽用败兵而战必胜也。”绣乃服。是后，太祖拒袁绍于官渡，绍遣人招绣，并与诩书结援。绣欲许之，诩显于绣坐上谓绍使曰：“归谢袁本初，兄弟不能相容，而能容天下国士乎？”绣惊惧曰：“何至于此！”窃谓诩曰：“若此，当何归？”诩曰：“不如从曹公。”绣曰：“袁强曹弱，又与曹为仇，从之如何？”诩曰：“此乃所以宜从也。夫曹公奉天子以令天下，其宜从一也。绍强盛，我以少众从之，必不以我为重。曹公众弱，其得我必喜，其宜从二也。夫有霸王之志者，固将释私怨，以明德于四海，其宜从三也。愿将军无疑！”绣从之，率众归太祖。太祖见之，喜，执诩手曰：“使我信重于天下者，子也。”表诩为执金吾，封都亭侯，迁冀州牧。冀州未平，留参司空军事。袁绍围太祖于官渡，太祖粮方尽，问诩计焉出，诩曰：“公明胜绍，勇胜绍，用人胜绍，决机胜绍，有此四胜而半年不定者，但顾万全故也。必决其机，须臾可定也。”太祖曰：“善。”乃并兵出，围击绍三十余里营，破之。绍军大溃，河北平。太祖领冀州牧，徙诩为太中大夫。建安十三年，太祖破荆州，欲顺江东下。诩谏曰：“明公昔破袁氏，今收汉南，威名远著，军势既大；若乘旧楚之饶，以飨吏士，抚安百姓，使安土乐业，则可不劳众而江东稽服矣。”太祖不从，军遂无利。太祖后与韩遂、马超战于渭南，超等索割地以和，并求任子。诩以为可伪许之。又问诩计策，诩曰：“离之而已。”太祖曰：“解。”一承用诩谋。语在《武纪》。卒破遂、超，诩本谋也。

势有了变化，赶快追上去定能取胜。”张绣听信了贾诩的话，马上组织溃散的部队前去追击，一场大战，果然得胜而回。张绣问贾诩：“我用精兵追击撤退的敌军，您却说一定失败；后来用败兵追击获胜的敌军，您却说定会取胜。结果完全应验，为什么如此反常呢？”贾诩说：“这很容易理解。将军您虽然善于用兵，但不是曹操的对手。敌军虽刚刚撤退，曹操一定会亲自断后；您的追兵虽然精良，但将领既不是对方的敌手，曹军的士气也很旺盛，所以知道您一定会失败。曹操并没有失误之处，兵力还没有耗尽却突然撤退，一定是国内有了变故；他已经打败了您，必定会轻装快速回军，即使留下几位将领断后，那些人虽然勇猛，也不是将军您的对手，所以即使用败兵去追击也定能获胜。”张绣这才信服。后来曹操在官渡抗拒袁绍，袁绍派人招揽张绣，并写信给贾诩要求结盟。张绣想答应袁绍，贾诩在张绣的座席上直接对袁绍的使者说：“请回去向本初转达我们的歉意，他连兄弟都容不下，难道能容纳天下的人物吗？”张绣惊恐地说：“怎么能这样说话！”张绣私下对贾诩说：“现在这样，该去归附谁呢？”贾诩说：“不如归顺曹操。”张绣说：“袁绍强大而曹操弱小，我又和曹操有仇，为什么要归顺他呢？”贾诩说：“这正是应该归附他的原因。曹操奉天子的名义来号令天下，这是应当归顺他的原因之一。袁绍势力强盛，我们用这样少的兵众归附他，一定不会看重我们。曹操兵力弱小，得到我们必然高兴，这是应该归顺他的第二个原因。大凡有称霸天下志向的人，一定会放弃个人恩怨，来向天下显示恩德，这是应该归附他的第三个原因。希望将军不要犹疑！”张绣听从了贾诩的话，率众归附了曹操。曹操见到他们，非常高兴，拉着贾诩的手说：“让我的信誉受到天下人看重的人，就是您啊！”上表奏请任命贾诩为执金吾，封为都亭侯，升迁冀州牧。由于冀州还没有被平定，就留下贾诩参司空军事。袁绍在官渡包围了曹军，曹操的军粮将要吃完，向贾诩问计，贾诩说：“您的明智胜过袁绍，勇武胜过袁绍，用人胜过袁绍，果断地把握时机胜过袁绍，有这四点优势而半年没有平定袁绍，是考虑万无一失的原因。必须要看准时机果断出击，很快就会将其平定。”曹操说：“好。”就集中全部兵力出击，袭击了袁

是时，文帝为五官将，而临菑侯植才名方盛，各有党与，有夺宗之议。文帝使人问诩自固之术，诩曰："愿将军恢崇德度，躬素士之业，朝夕孜孜，不违子道。如此而已。"文帝从之，深自砥砺。太祖又尝屏除左右问诩，诩嘿然不对。太祖曰："与卿言而不答，何也？"诩曰："属适有所思，故不即对耳。"太祖曰："何思？"诩曰："思袁本初、刘景升父子也。"太祖大笑，于是太子遂定。诩自以非太祖旧臣，而策谋深长，惧见猜疑，阖门自守，退无私交，男女嫁娶，不结高门，天下之论智计者归之。

文帝即位，以诩为太尉，进爵魏寿乡侯，增邑三百，并前八百户。又分邑二百，封小子访为列侯。以长子穆为驸马都尉。帝问诩曰："吾欲伐不从命以一天下，吴、蜀何先？"对曰："攻取者先兵权，建本者尚德化。陛下应期受禅，抚临率土，若绥之以文德而俟其变，则平之不难矣。吴、蜀虽蕞尔小国，依阻山水，刘备有雄才，诸葛亮善治国，孙权识虚实，陆议见兵势，据险守要，泛舟江湖，皆难卒谋也。用兵之道，先胜后战，量敌论将，故举无遗策。臣窃料

绍三十多里长的营地，打败了他。袁军大败，黄河以北地区被平定。曹操兼任冀州牧，改任贾诩为太中大夫。建安十三年，曹操攻破荆州，想顺江流而东下。贾诩劝谏说："明公过去打败袁氏，现在又收复汉水以南地区，威名远扬，军事力量已经很强大；如果利用荆州的富饶，赏赐官兵，安抚百姓，使他们安居乐业，就可以不劳师动众使江东臣服了。"曹操不听，结果进军失败。曹操后来与韩遂、马超在渭水南交战，马超等人请求割地讲和，并以儿子做人质。贾诩认为可以假装答应他。曹操又问计贾诩，贾诩说："可以离间他们。"曹操说："我懂了。"完全采用了贾诩的计谋。这件事记载在《武帝纪》中。最终打败韩遂、马超，贾诩是最初的谋划者。

这时候，文帝任五官中郎将，而临菑侯曹植才华名气正是显著的时候，各自拥有自己的党羽，时有曹植会取代文帝继承宗位的说法。文帝派人去请教贾诩巩固自己地位的方法，贾诩说："希望将军您恢宏崇德气度，亲自像寒士那样学习，早晚孜孜不倦，不违背作为人子的道理。这样就可以了。"文帝听从了他的话，努力砥砺自我。太祖又曾经屏退了身边的人问贾诩，贾诩默然不回答。太祖说："和您说话，您不回答，这是为什么呢？"贾诩说："刚才正好在思考，所以没有立即回答。"太祖说："思考什么呢？"贾诩说："想到袁本初、刘景升父子。"太祖大笑，因此太子就定下来了。贾诩自己认为不是太祖的旧臣，而谋划的都是深远大计，害怕被猜疑，就闭门自守，退隐没有私交，儿女娶嫁，也不攀附高门，天下人讨论谁是计谋之士都认为是贾诩。

曹丕登上帝位，任贾诩为太尉，晋爵为魏寿乡侯，增加封邑三百户，和以前所封加在一起一共八百户。又分出封邑二百户，封给贾诩的小儿子贾访为列侯。任命贾诩的长子贾穆为驸马都尉。文帝曹丕问贾诩说："我想讨伐不服从政令的人来统一天下，吴国、蜀国先打哪一个？"贾诩回答说："致力于攻取敌国的人把武力放在首位，创建大业的人崇尚道德教化。陛下顺应天命接受禅让，抚慰天下，如果用文教道德来安抚他们，等待他们变化，那么平定这些地方就不难。吴、蜀虽然是小国，但是他们依靠山水险阻，刘备有雄才大略，诸葛亮善

群臣，无备、权对，虽以天威临之，未见万全之势也。昔舜舞干戚而有苗服，臣以为当今宜先文后武。”文帝不纳。后兴江陵之役，士卒多死。诩年七十七，薨，谥曰肃侯。子穆嗣，历位郡守。穆薨，子模嗣。

评曰：荀彧清秀通雅，有王佐之风，然机鉴先识，未能充其志也。荀攸、贾诩，庶乎算无遗策，经达权变，其良、平之亚欤！

于治国，孙权能识别敌我虚实，陆议会观察军事形势，他们依据险阻要塞，扼守长江大湖，都难以一下子谋取。用兵的原则，是先创造取胜的条件然后再战，衡量敌人的力量再选合适的将领，所以行动起来就不会失算。我私下里估量朝臣将领中，没有人是刘备、孙权的对手，即使以天子的威势逼压对方，也看不到万无一失的趋势。过去虞舜舞动盾牌和长斧，苗人就臣服，我认为当今应该先修文德后用武力。”曹丕不听。后来发动江陵战役，将士伤亡非常多。贾诩七十七岁时去世，谥号为肃侯。儿子贾穆承袭爵位，做过郡太守。贾穆去世，儿子贾模承袭爵位。

评论说：“荀彧人品清高，杰出不俗，通达儒雅，有帝王辅臣的风范，然而他对人对事的洞察和预见能力，因未能结合他的志向，所以没能充分实现。荀攸、贾诩，几乎没有失误的时候，灵活应变，仅次于张良、陈平啊！”

卷十一　魏书十一

袁张凉国田王邴管传第十一

袁涣字曜卿，陈郡扶乐人也。父滂，为汉司徒。当时诸公子多越法度，而涣清静，举动必以礼。郡命为功曹，郡中奸吏皆自引去。后辟公府，举高第，迁侍御史。除谯令，不就。刘备之为豫州，举涣茂才。后避地江、淮间，为袁术所命。术每有所咨访，涣常正议，术不能抗，然敬之不敢不礼也。顷之，吕布击术于阜陵，涣往从之，遂复为布所拘留。布初与刘备和亲，后离隙。布欲使涣作书詈辱备，涣不可，再三强之，不许。布大怒，以兵胁涣曰："为之则生，不为则死。"涣颜色不变，笑而应之曰："涣闻唯德可以辱人，不闻以骂。使彼固君子邪，且不耻将军之言，彼诚小人邪，将复将军之意，则辱在此不在于彼。且涣他日之事刘将军，犹今日之事将军也，如一旦去此，复骂将军，可乎？"布惭而止。

布诛，涣得归太祖。涣言曰："夫兵者，凶器也，不得已而用之。鼓之以道德，征之以仁义，兼抚其民而除其害。夫然，故可与之死而可与之生。自大乱以来十数年矣，民之欲安，甚于倒悬，然而暴乱未息者，何也？意者政失其道欤！涣闻明君善于救世，故世乱则齐之以义，时伪则镇之以朴；世异事变，治国不同，不可不察也。夫制度损益，此古今之不必同者也。若夫兼爱天下而反之于正，虽以武平乱而济之以德，诚百王不易之道也。公明哲超世，古之所以

袁涣字曜卿，是陈郡扶乐县人。他的父亲袁滂，曾任汉司徒。当时的王公大臣的子弟很多人都不遵守法度，而袁涣却恬淡清静，举止遵循礼法。郡守任命他为功曹，郡里奸猾有恶行的吏员都因害怕自行引退。后来袁涣被公府征召进京，考核名列优等，升为侍御史，授予谯县县令，袁涣不愿赴任。刘备任豫州牧的时候，曾举荐袁涣为茂才。后来到江、淮之间避乱，被袁术所任用。每次袁术有所询问，袁涣总是义正词严地阐明道理，袁术无法辩驳他，然而又敬重他，不敢不以礼相待。不久，吕布在阜陵攻击袁术，袁涣随袁术前去，就又被吕布所强留。吕布起初与刘备和好，后来发生矛盾又分开。吕布让袁涣写信辱骂刘备，袁涣不肯，吕布再三强迫，他仍然不肯。吕布大怒，拔出刀来威胁袁涣说："写就让你活命，不写就死。"袁涣面不改色，笑着回答说："我听说只有高尚的品德可以使别人感到羞惭，没听说用谩骂可使人感到羞辱的。如果刘备本来就是一个君子，对将军的辱骂会不屑一顾，如果刘备确实是个小人，就会回骂将军，这样的话受羞辱的是你而不是他。况且我过去侍奉刘将军就像现在为将军效力一样，如果有一天我离开这里，就反过来骂将军，可以吗？"吕布听了自感惭愧，就不再逼他了。

吕布被杀以后，袁涣得以归附太祖。袁涣说："用兵的事情，属于凶器，不得已的时候才用。用道德来宣扬教化，用仁义来征伐，加上安抚民众为民众除害。如果这样做了，才可以和民众同生共死。自从天下大乱以来已经有十多年了，百姓希望安定，比被倒吊起来的人渴望解救还迫切，然而暴乱还是不能止息，为什么？大概是政治失去了正道吧！袁涣听说贤明的君主善于救世，所以世道乱了就用大义来规范，世风虚伪就用质朴来克制；世道不同，事势变易，治国的方法也应当不同，这是不能不明白的。制度的损益，古代和现在是不一定

得其民者，公既勤之矣，今之所以失其民者，公既戒之矣，海内赖公，得免于危亡之祸，然而民未知义，其惟公所以训之，则天下幸甚！”太祖深纳焉。拜为沛南部都尉。

是时新募民开屯田，民不乐，多逃亡。涣白太祖曰：“夫民安土重迁，不可卒变，易以顺行，难以逆动，宜顺其意，乐之者乃取，不欲者勿强。”太祖从之，百姓大悦。迁为梁相。涣每敕诸县：“务存鳏寡高年，表异孝子贞妇。常谈曰‘世治则礼详，世乱则礼简’，全在斟酌之间耳。方今虽扰攘，难以礼化，然在吾所以为之。”为政崇教训，恕思而后行，外温柔而内能断。以病去官，百姓思之。后征为谏议大夫、丞相军祭酒。前后得赐甚多，皆散尽之，家无所储，终不问产业，乏则取之于人，不为皦察之行，然时人服其清。

魏国初建，为郎中令，行御史大夫事。涣言于太祖曰：“今天下大难已除，文武并用，长久之道也。以为可大收篇籍，明先圣之教，以易民视听，使海内斐然向风，则远人不服可以文德来之。”太祖善其言。时有传刘备死者，群臣皆贺；涣以尝为备举吏，独不贺。居官数年卒，太祖为之流涕，赐谷二千斛，一教“以太仓谷千斛赐郎中令之家”，一教“以垣下谷千斛与曜卿家”，外不解其意。教曰：“以太仓谷者，官法也；以垣下谷者，亲旧也。”又帝闻涣昔拒吕布之事，问涣从弟敏：“涣勇怯何如？”敏对曰：“涣貌似和柔，然其

相同的。如果怀着对天下广施仁爱之心去拨乱反正，即使以武力平定动乱也要能用道德来救济于人，这是百代不变的道理。曹公的明哲超出世人，古时候那些用来获得民心的措施，曹公已经尽力实行了，今天那些失去民心的教训，曹公也全都戒除了，天下依仗曹公，得以免除了危亡的灾祸，然而民众还不知道道义，希望曹公用道义来教诲民众，那就是天下的大幸了！”太祖完全接受了袁涣的建议。袁涣被任命为沛郡的南部都尉。

这个时候曹操刚开始招募百姓实行屯田，百姓都很不乐意，有很多人逃亡。袁涣向曹操报告说：“百姓安于故土不肯轻易迁移，短时间内很难使他们改变。顺从他们的心愿做事就容易，违逆他们的心愿做事就困难。应当顺着他们的心愿，愿意参加屯田的就接收，不愿意的也不勉强。”曹操采纳了这个建议，百姓也非常高兴。袁涣被升迁为梁国相。袁涣常常告诫下属各县说：“一定要照顾好鳏寡孤独的高龄老人，表彰孝子和贞妇。常言说‘世道安宁礼仪就周详，世道混乱礼仪就粗略’，这个分寸全在于自己把握。如今虽然动荡纷乱，难以用礼义教化，但是也要看我们怎么做。”袁涣在任上崇尚教育训导，用宽厚之心思考之后再行动，外表温柔而内心决断，后来因病辞官，百姓都非常思念他。后被任为谏议大夫、丞相军祭酒，先后得到很多赏赐，他全都分送给别人，家里没有什么积蓄，也始终不过问置办产业的事，钱物缺乏就到别人那里去取，从不故意标榜自己的品行，然而当时的人都钦佩他的清廉。

魏国刚刚建立时，袁涣任郎中令，代理御史大夫的事务。袁涣对曹操说：“现如今天下的大灾难已经消除，文德武功应同时并举，这是长治久安的做法。我以为可以收集文献典籍，弘扬先圣的教诲，来改变百姓的视听，使国内民众接受教化、风气良好，如果偏远地方的人不服也可以用文治德化使他们归心。”曹操非常赞赏他的建议。这时有人传说刘备死了，群臣们都纷纷庆贺，唯独袁涣因为自己曾经被刘备推举做官，所以不表示庆贺。袁涣在任几年后去世，曹操为此而悲伤，赐给他家粮食二千斛，写了两条手令，一条命令说，“把京都太仓的粮食一千斛赐给郎中令家”，另一条命令说，“把官署小仓

临大节，处危难，虽贲育不过也。”涣子侃，亦清粹闲素，有父风，历位郡守尚书。

初，涣从弟霸，公恪有功干，魏初为大司农，及同郡何夔并知名于时。而霸子亮，夔子曾，与侃复齐声友善。亮贞固有学行，疾何晏、邓飏等，著论以讥切之，位至河南尹、尚书。霸弟徽，以儒素称。遭天下乱，避难交州。司徒辟，不至。徽弟敏，有武艺而好水功，官至河堤谒者。

张范字公仪，河内修武人也。祖父歆，为汉司徒。父延，为太尉。太傅袁隗欲以女妻范，范辞不受。性恬静乐道，忽于荣利，征命无所就。弟承字公先，亦知名，以方正征，拜议郎，迁伊阙都尉。董卓作乱，承欲合徒众与天下共诛卓。承弟昭时为议郎，适从长安来，谓承曰：“今欲诛卓，众寡不敌，且起一朝之谋，战阡陌之民，士不素抚，兵不练习，难以成功。卓阻兵而无义，固不能久；不若择所归附，待时而动，然后可以如志。”承然之，乃解印绶间行归家，与范避地扬州。袁术备礼招请，范称疾不往，术不强屈也。遣承与相见，术问曰：“昔周室陵迟，则有桓、文之霸；秦失其政，汉接而用之。今孤以土地之广，士民之众，欲徼福齐桓，拟迹高祖，何如？”承对曰：“在德不在强。夫能用德以同天下之欲，虽由匹夫之资，而兴霸王之功，不足为难。若苟僭拟，干时而动，众之所弃，谁能兴之？”术不悦。是时，太祖将征冀州，术复问曰：“今曹公欲以弊兵数千，敌十万之众，可谓不量力矣！子以为何如？”承乃曰：“汉

的粮食一千斛赐给曜卿家”。外人不解何意，曹操说：“赐给太仓的粮食，是依照官府的法度；赐给官仓的粮食，是因为我与他有亲旧关系。”魏文帝听说袁涣曾经拒绝吕布威逼的事，问袁涣的堂弟袁敏：“袁涣胆大还是胆小？”袁敏回答说：“袁涣外貌好像温和柔顺，然而在关键时刻、危难之中，即使是古代的勇士孟贲、夏育也无法和他相比。”袁涣的儿子袁侃，也清净自守、性情恬淡，颇有父亲的遗风，曾经历任郡守、尚书之职。

起初，袁涣的堂弟袁霸，恪尽公职很有办事才能，魏初任大司农，和同郡人何夔在当时都很有名。袁霸的儿子袁亮、何夔的儿子何曾，与袁侃又同样有名气，也很要好。袁亮正直，有学问，品行好，痛恨何晏、邓飏等人，还写文章对他们进行谴责，官做到河南尹、尚书。袁霸的弟弟袁徽，以儒雅清白著称。当时天下大乱，他到交州避难。司徒任命他为下属，他也不去。袁徽的弟弟袁敏，有武艺，又喜欢水利，官做到河堤谒者。

张范，字公仪，是河内郡修武县人。他的祖父张歆，曾任汉朝司徒。父亲张延，任太尉。太傅袁隗想把他的女儿嫁给张范，张范辞谢不接受。张范性情恬淡，崇尚道义，淡泊名利，征召任命都不接受。他的弟弟张承，字公先，也很有名气，因为善良正直被征召，任议郎，其后升迁为伊阙都尉。董卓作乱，张承想召集天下豪杰共同诛杀董卓。张承的弟弟张昭当时任议郎，正好从长安来，对张承说：“如今想诛杀董卓，敌众我寡，力量不足，况且临时谋划策略，使用刚从田间召集来的农民作战，士兵没经过训练不熟悉战争，恐怕难以成功。董卓仗强兵不守道义，不可能长久；不如选择一个可以归附的地方，等待时机再行动，这样才能实现我们的愿望。”张承认为他说的很对，便丢下官印从小路回到家乡，与张范到扬州躲避战乱。袁术带着礼物前去召请张范，张范称病不出，袁术没有办法强迫他屈从。张范派张承去见袁术，袁术问道：“过去周王室衰颓，产生了齐桓公、晋文公那样的霸主；秦朝失去天下，有汉朝接替。如今我有这样广大的土地，这么多的士兵和百姓，想谋求齐桓公那样的福分，追随汉高祖的足迹，你看怎么样？”张承说：“这种事在于德行不在

德虽衰，天命未改，今曹公挟天子以令天下，虽敌百万之众可也。”术作色不怿，承去之。

太祖平冀州，遣使迎范。范以疾留彭城，遣承诣太祖，太祖表以为谏议大夫。范子陵及承子戬为山东贼所得，范直诣贼请二子，贼以陵还范。范谢曰：“诸君相还儿厚矣。夫人情虽爱其子，然吾怜戬之小，请以陵易之。”贼义其言，悉以还范。太祖自荆州还，范得见于陈，以为议郎，参丞相军事，甚见敬重。太祖征伐，常令范及邴原留，与世子居守。太祖谓文帝：“举动必谘此二人。”世子执子孙礼。救恤穷乏，家无所余，中外孤寡皆归焉。赠遗无所逆，亦终不用，及去，皆以还之。建安十七年卒。魏国初建，承以丞相参军祭酒领赵郡太守，政化大行。太祖将西征，征承参军事，至长安，病卒。

凉茂字伯方，山阳昌邑人也。少好学，论议常据经典，以处是非。太祖辟为司空掾，举高第，补侍御史。时泰山多盗贼，以茂为泰山太守，旬月之间，襁负而至者千余家。转为乐浪太守。公孙度在辽东，擅留茂，不遣之官，然茂终不为屈。度谓茂及诸将曰：“闻曹公远征，邺无守备，今吾欲以步卒三万，骑万匹，直指邺，谁能御

于强大。如果能用德行来使天下人的愿望统一，即使只有平民的资历，要兴建霸业，也不难。如果超越本分，违背时势，就会被众人所抛弃，怎么还能兴旺呢？”袁术听了非常不高兴。当时，曹操将征讨冀州，袁术又问张承：“现在曹公想用他几千疲敝的士兵，和十万大兵对抗，是自不量力呀！你以为会怎样？”张承说：“汉朝国运虽然衰颓，但它秉承的天命还没改变，如今曹公扶持天子号令天下，即使与百万兵众对抗也是可行的。”袁术勃然变色，很不高兴，张承便离开了。

曹操平定了冀州之后，派使者前去迎接张范。张范因为有病留在彭城，派张承去见曹操，曹操便上表朝廷任命张承为谏议大夫。张范的儿子张陵与张承的儿子张戬被山东的强盗扣为人质，张范直接去强盗那里请求放还两个孩子，强盗把张陵还给张范。张范对强盗说：“你们把儿子还给我，这恩德非常深厚。虽说疼爱自己的儿子是人之常情，但是我却可怜张戬还小，请允许我用张陵来换张戬。”强盗觉得他很讲义气，便把两个孩子都还给了张范。曹操从荆州回来，张范在陈县拜见曹操，曹操任命他为议郎、参丞相军事，对他很敬重。曹操外出征伐，常常让张范、邴原和世子曹丕一起留守。曹操对曹丕说：“无论做什么事一定要征求他们的意见。”曹丕像对长辈一样敬重张范和邴原。张范常常救济穷困的人，家里并没有多余的财物，远近的孤儿寡母都从心里感激他。别人送他的礼物他都接受，但是一直没有动用，等到离开时全都归还给人家。建安十七年张范去世。魏国建立初年，张承以丞相参军祭酒的身份兼任赵郡太守，很有政绩。曹操将要西征，征召张承参与军事，张承到了长安，因病去世。

凉茂字伯方，是山阳郡昌邑县人。小时候就很好学，发议论常常引经据典，用经典来判定是非。太祖任命凉茂做了司空掾，考核成绩优等，补侍御史。当时泰山郡盗贼很多，朝廷任凉茂为泰山郡太守，个把月之内，几千家人口背负着婴儿前来归附。其后转任为乐浪郡太守。公孙度在辽东郡，擅自扣留下凉茂，不让凉茂赴任，然而凉茂始终没有屈服。公孙度对凉茂及诸将说：“听说曹公远征，邺城

之？”诸将皆曰：“然。”又顾谓茂曰：“于君意何如？”茂答曰：“比者海内大乱，社稷将倾，将军拥十万之众，安坐而观成败，夫为人臣者，固若是邪！曹公忧国家之危败，愍百姓之苦毒，率义兵为天下诛残贼，功高而德广，可谓无二矣。以海内初定，民始安集，故未责将军之罪耳！而将军乃欲称兵西向，则存亡之效，不崇朝而决。将军其勉之！”诸将闻茂言，皆震动。良久。度曰：“凉君言是也。”后征还为魏郡太守、甘陵相，所在有绩。文帝为五官将，茂以选为长史，迁左军师。魏国初建，迁尚书仆射，后为中尉奉常。文帝在东宫，茂复为太子太傅，甚见敬礼。卒官。

国渊字子尼，乐安盖人也。师事郑玄。后与邴原、管宁等避乱辽东。既还旧土，太祖辟为司空掾属，每于公朝论议，常直言正色，退无私焉。太祖欲广置屯田，使渊典其事。渊屡陈损益，相土处民，计民置吏，明功课之法，五年中仓廪丰实，百姓竞劝乐业。太祖征关中，以渊为居府长史，统留事。田银、苏伯反河间，银等既破，后有余党，皆应伏法。渊以为非首恶，请不行刑。太祖从之，赖渊得生者千余人。破贼文书，旧以一为十，及渊上首级，如其实数。太祖问其故，渊曰：“夫征讨外寇，多其斩获之数者，欲以大武功，且示民听也。河间在封域之内，银等叛逆，虽克捷有功，渊窃耻之。”太祖大悦，迁魏郡太守。

时有投书诽谤者，太祖疾之，欲必知其主。渊请留其本书，而

没有守备，现在我想用三万步兵、一万骑兵，直指邺城，谁能抵挡？”诸将都说：“将军说得对。”公孙度又看着凉茂说：“您以为如何？”凉茂回答说：“近来海内大乱，国家将要倾覆，将军统领十万之众，安然稳坐观望成败，作为人臣，难道就该这样吗！曹公担忧国家的危亡覆败，怜悯百姓的痛苦，率领正义之师为天下诛除残暴的叛贼，功高而德广，可以说没有第二个人。只不过因为国家刚刚平定，百姓刚刚得到安宁，所以没有追究将军的罪责罢了！然而将军还想举兵西向，那么生存与灭亡的结果，不到一个早晨就可以决定。将军好自为之吧！”众将闻听凉茂的话，全都受到震动。过了许久，公孙度才说：“凉君的话是对的。”后来凉茂被征还升迁为魏郡太守、甘陵国相，所在任上都有政绩。文帝为五官将，凉茂被选为长史，升迁为左军师。魏国刚刚建立，又升迁为尚书仆射，后又任中尉奉常。文帝还是东宫太子的时候，凉茂又任太子太傅，受到特别的尊敬和礼遇。后来死在任上。

国渊字子尼，是乐安郡盖县人。曾经拜郑玄为师。后来和邴原、管宁等人到辽东郡躲避战乱。回到家乡后，曹操任命国渊为司空掾属，每当在司空府上议论政事时，他常常是正色直言，回到家里后却没有什么私人交往。曹操想广开屯田，派国渊主持。国渊屡多次提出屯田的得失，测量土地，安置屯田民众，计算百姓数量设置屯田官吏，明确官方与屯田民之间收入的分成办法。五年之中仓库就存满了粮食，百姓之间相互勉励，乐于从事屯田。曹操征讨关中时，让国渊担任居府长史，统管留守事宜。田银、苏伯在河间反叛，被打败后，还有余党，全都是应该处死的。国渊认为他们不是首恶，请求不要执行死刑。曹操听从了，因为国渊建议而活命的有一千多人。以往写报捷文书，都是以一为十，而国渊上报战功的时候，毫无虚假。曹操问是为什么？国渊说：“征讨敌人，多报斩杀和俘虏敌人的数量，是为了扩大战功，有意让老百姓听。河间国在您治理的冀州境内，田银等人反叛，虽战胜他有功，我私下却为之感到遗憾。”曹操非常高兴，升任他为魏郡太守。

这时有人写匿名信进行诽谤，曹操对这件事很痛恨，想要查明

不宣露。其书多引《二京赋》，渊敕功曹曰：“此郡既大，今在都辇，而少学问者。其简开解年少，欲遣就师。”功曹差三人，临遣引见，训以“所学未及，《二京赋》，博物之书也，世人忽略，少有其师，可求能读者从受之。”又密喻旨。旬日得能读者，遂往受业。吏因请使作笺，比方其书，与投书人同手。收摄案问，具得情理。迁太仆。居列卿位，布衣蔬食，禄赐散之旧故宗族，以恭俭自守，卒官。

田畴字子泰，右北平无终人也。好读书，善击剑。初平元年，义兵起，董卓迁帝于长安。幽州牧刘虞叹曰：“贼臣作乱，朝廷播荡，四海俄然，莫有固志。身备宗室遗老，不得自同于众。今欲奉使展效臣节，安得不辱命之士乎？”众议咸曰：“田畴虽年少，多称其奇。”畴时年二十二矣。虞乃备礼请与相见，大悦之，遂署为从事，具其车骑。将行，畴曰：“今道路阻绝，寇虏纵横，称官奉使，为众所指名。愿以私行，期于得达而已。”虞从之。畴乃归，自选其家客与年少之勇壮慕从者二十骑俱往。虞自出祖而遣之。既取道，畴乃更上西关，出塞，傍北山，直趣朔方，循间径去，遂至长安致命。诏拜骑都尉。畴以为天子方蒙尘未安，不可以荷佩荣宠，固辞不受。朝廷高其义。三府并辟，皆不就。得报，驰还，未至，虞已为公孙瓒所害。畴至，谒祭虞墓，陈发章表，哭泣而去。瓒闻之大怒，购求获畴，谓曰：“汝何自哭刘虞墓，而不送章报于我也？”畴答曰：“汉室衰穨，人怀异心，唯刘公不失忠节。章报所言，于将军未美，恐非所

写信的人。国渊请求留下这封信不要向外透露。这封匿名信中多处引用《二京赋》，国渊就命令郡里的功曹说："我们这个郡本来就大，现在又是都城，但是有学问的人不多。请挑选一些聪明懂事的年轻人，送他们去拜师学习。"功曹找来了三个人，临走前国渊接见他们，并训导他们说："你们的学问还不到家。《二京赋》是一本博记事物的书，但是很多人都不重视它，很少有这方面的老师，你们可以寻找能够读懂这本书的人，拜他为师，向他学习。"然后又秘密地告诉他们事情的原委和他的真正意图。过了十天果然找到了能读懂《二京赋》的人，于是他们就前去学习。衙吏乘机请学生让这人写一张便条，然后再把便条的笔迹与匿名信相比较，发现与匿名信是同一笔迹。于是就将这人逮捕详加审问，终于弄清了事情的全部情况。国渊升为太仆，居于九卿的地位，但是他平日仍穿布衣，粗茶淡饭，俸禄赏赐都分给朋友和宗族的人，自己却过着恭谨节俭的生活，最后死在了任上。

田畴字子泰，是右北平郡无终县人。他很喜欢读书，并且擅长剑术。初平元年，关东起义兵，董卓把献帝迁往长安。幽州牧刘虞叹息说："贼臣叛乱，皇帝流离失所，国内形势不稳，谁也没有坚定的信心。我身为皇族遗老，不能和其他人一样。现在我想派使者到朝廷说明我效忠的愿望，怎样才能找到不辱使命的人呢？"众人都建议说："田畴虽然年轻，但很多人都称赞他是个奇才。"田畴这个时候才二十二岁。于是刘虞准备好礼物派人请田畴引他相见，刘虞非常喜欢他，任命他为从事史，并给他准备了车马。将要出发的时候，田畴说："如今道路阻断，贼寇横行，公然打出奉命使臣的旗号，太容易惹人注意了。我希望以私人身份前行，只为能够平安达到目的。"刘虞依从了他。田畴回到家里，亲自挑选他的家客和年轻的勇壮，愿意随从他的有二十人。刘虞亲自为他饯行。上路后，田畴便改道，西上居庸关，出塞之后，靠近阴山，直奔朔方郡，顺着小路前行，最后到达长安终于完成了使命。朝廷下诏任田畴为骑都尉。田畴认为天子正在流亡，还没有安定，自己不能接受这样的尊荣宠幸，坚辞不受。朝廷对他的明义之举评价很高。三公府同时聘任他，他都不去。得到

乐闻，故不进也。且将军方举大事以求所欲，既灭无罪之君，又仇守义之臣，诚行此事，则燕、赵之士将皆蹈东海而死耳，岂忍有从将军者乎！”瓒壮其对，释不诛也。拘之军下，禁其故人莫得与通。或说瓒曰：“田畴义士，君弗能礼，而又囚之，恐失众心。”瓒乃纵遣畴。

畴得北归，率举宗族他附从数百人，扫地而盟曰：“君仇不报，吾不可以立于世！”遂入徐无山中，营深险平敞地而居，躬耕以养父母。百姓归之，数年间至五千余家。畴谓其父老曰：“诸君不以畴不肖，远来相就。众成都邑，而莫相统一，恐非久安之道，愿推择其贤长者以为之主。”皆曰：“善。”同佥推畴。畴曰：“今来在此，非苟安而已，将图大事，复怨雪耻。窃恐未得其志，而轻薄之徒自相侵侮，偷快一时，无深计远虑。畴有愚计，愿与诸君共施之，可乎？”皆曰：“可。”畴乃为约束相杀伤、犯盗、诤讼之法，法重者至死，其次抵罪，二十余条。又制为婚姻嫁娶之礼，兴举学校讲授之业，班行其众，众皆便之，至道不拾遗。北边翕然服其威信，乌丸、鲜卑并各遣译使致贡遗，畴悉抚纳，令不为寇。袁绍数遣使招命，又即授将军印，因安辑所统，畴皆拒不受。绍死，其子尚又辟焉，畴终不行。

朝廷的回复以后，田畴又飞马返回，还没有到达，刘虞已经被公孙瓒所害。田畴拜祭了刘虞墓，打开朝廷的回复文书放在刘虞墓前，痛哭之后离开。公孙瓒听说后大怒，悬赏捉住了田畴，对他说："你为什么亲自到刘虞墓去哭拜，而不是把朝廷的回复文书送给我？"田畴回答说："汉朝衰颓，人人怀有异心，只有刘公不失忠诚。朝廷复文所说的，对将军不是什么美言，也不是您愿意听的，所以没有进献给您。况且将军正兴办大事来追求您想要的东西，既杀害了无罪的上司，又要加害守义的下属，果真这样的话，燕、赵的义士将会全部投东海而死，又怎么会有跟随将军您的人呢！"公孙瓒认为田畴的回答理直气壮就没有加害他，他把田畴拘留在营中，禁止他的朋友与他沟通。有人劝公孙瓒说："田畴是个忠义之士，您不能以礼相待，反而把他囚禁起来，恐怕会失掉人心啊！"公孙瓒便释放了田畴。

田畴回到家以后，带领宗族以及依附他的几百人，打扫干净地面，共同盟誓说："州官的仇不报，我们就没脸活在世上！"于是进入徐无山中，在幽深险要的山中寻得一块平坦开阔的地方定居下来，亲自耕作来奉养家小。老百姓都来归附他，几年之间就有了五千多户。田畴对父老长辈说："各位不嫌弃田畴没有出息，远道前来投奔，现在人口众多，已经形成了部落，但是没有人统一管理，恐怕不是长久之计，希望大家推选一位贤明而德高的人来当头领。"大家都说："好。"并且一致推举田畴为首。田畴说："今天我们来到这里，并非为了苟且偷安，而是要图谋大事，报仇雪耻。我担心我们的目的还没有达到，一些信念不坚的人就自相侵凌欺侮，只贪图眼前一时的快乐，没有长远的打算。我有一个办法，愿意与大家一起遵行，可以吗？"大家都说："行。"田畴为他们制定限制互相杀伤、偷盗、争讼的法规，最重的判死刑，其他的都根据情节轻重来定罪，共二十多条。又制定了婚姻嫁娶的礼仪，并兴办教育，把制定的规章制度向整个部落推行。田畴所管辖的地方民风淳朴、路不拾遗。北方边境居民对他都很佩服信任，乌丸、鲜卑各派使者前来纳贡送礼，田畴都加以安抚接纳，并且叮嘱他们不要来侵扰边境。袁绍多次派遣使者前来招抚他做官，还授给他将军的官印，想乘势收编田畴所统领的

畴常忿乌丸昔多贼杀其郡冠盖，有欲讨之意而力未能。建安十二年，太祖北征乌丸，未至，先遣使辟畴，又命田豫喻指。畴戒其门下趣治严。门人谓曰：“昔袁公慕君，礼命五至，君义不屈；今曹公使一来而君若恐弗及者，何也？”畴笑而应之曰：“此非君所识也。”遂随使者到军，署司空户曹掾，引见谘议。明日出令曰：“田子泰非吾所宜吏者。”即举茂才，拜为蓚令，不之官，随军次无终。时方夏水雨，而滨海洿下，泞滞不通，虏亦遮守蹊要，军不得进。太祖患之，以问畴。畴曰：“此道，秋夏每常有水，浅不通车马，深不载舟船，为难久矣。旧北平郡治在平冈，道出卢龙，达于柳城；自建武以来，陷坏断绝，垂二百载，而尚有微径可从。今虏将以大军当由无终，不得进而退，懈弛无备。若嘿回军，从卢龙口越白檀之险，出空虚之地，路近而便，掩其不备，蹋顿之首可不战而禽也。”太祖曰：“善。”乃引军还，而署大木表于水侧路旁曰：“方今暑夏，道路不通，且俟秋冬，乃复进军。”虏候骑见之，诚以为大军去也。太祖令畴将其众为乡导，上徐无山，出卢龙，历平冈，登白狼堆，去柳城二百余里，虏乃惊觉。单于身自临陈，太祖与交战，遂大斩获，追奔逐北，至柳城。军还入塞，论功行封，封畴亭侯，邑五百户。畴自以始为居难，率众遁逃，志义不立，反以为利，非本意也，固让。太祖知其至心，许而不夺。

部众，田畴都拒不接受。袁绍死了以后，他的儿子袁尚又来招抚田畴做官，田畴始终不去。

田畴经常愤恨乌丸过去杀了很多本郡的士大夫，想讨伐乌丸但是却有心无力。建安十二年，曹操北上讨伐乌丸，还没到达，就先派遣使者任命田畴为下属，又命田豫前来说明自己的心意。田畴命手下的人赶快整理行装。手下的人问："当初袁公仰慕您，派使者礼聘五次，您都不答应；现在曹公的使臣只来一次您就生怕来不及归附，这是为什么？"田畴笑着说："这不是你所能够明白的。"便随使者到了曹操军中，被任命为司空户曹掾，曹操召见并向他咨询。第二天曹操发布命令说："田子泰不是我应当任命为下属的人。"当即举荐为茂才，任命他为蓨县县令，田畴并没有前去上任，而是随大军驻扎在无终县。当时正值夏天雨季，沿海地区地势低洼，道路泥泞难行，敌人又把守险地，大军没法前进。曹操很忧虑，问田畴怎么办。田畴说："这条路，每到秋夏两季便常常积水，说它积水浅又不能通行车马，说它积水深又不能承载船只，这种情况已经很久了。旧北平郡的治所在平冈县，从那里出卢龙塞可以直通柳城；自建武年间以来，这条道路被破坏不能通行将近二百年了，然而还有小路可以通行。如今敌人认为我军因道路不通而撤退，一定会放松戒备。如果我们悄悄地调整进军方向，从卢龙口越过白檀险关，从敌人防守薄弱的地方走出，道路又近又方便，出其不意发动攻击，蹋顿的头颅就可以不战而砍下来。"曹操说："好。"就率领军队撤回，又在路旁的水边立起一个大木牌上面写着："现在是暑热夏季，道路不能通行，暂且等到秋冬季节，再行进军。"敌人的侦察骑兵见了，以为曹操大军真的离开了。曹操就令田畴为向导带领大军，翻过徐无山，出卢龙塞，经平冈县，登上白狼堆，离柳城还有二百多里时，敌人才发觉。乌丸单于亲自出战，曹操和他交战，大获全胜，一直追到柳城。大军返回进入塞内，论功行赏，封田畴为亭侯，封邑五百户。田畴自认为当初自己是因为有难，才率领众人逃入深山，报仇的愿望还没实现，反而因此获取利禄，这不是自己的本意，所以坚决推辞。曹操深知他的心意，所以没有强迫他接受。

辽东斩送袁尚首，令“三军敢有哭之者斩”。畴以尝为尚所辟，乃往吊祭。太祖亦不问。畴尽将其家属及宗人三百余家居邺。太祖赐畴车马谷帛，皆散之宗族知旧。从征荆州还，太祖追念畴功殊美，恨前听畴之让，曰：“是成一人之志，而亏王法大制也。”于是乃复以前爵封畴。畴上疏陈诚，以死自誓。太祖不听，欲引拜之，至于数四，终不受。有司劾畴狷介违道，苟立小节，宜免官加刑。太祖重其事，依违者久之。乃下世子及大臣博议，世子以畴同于子文辞禄，申胥逃赏，宜勿夺以优其节。尚书令荀彧、司隶校尉钟繇亦以为可听。太祖犹欲侯之。畴素与夏侯惇善，太祖语惇曰：“且往以情喻之，自从君所言，无告吾意也。”惇就畴宿，如太祖所戒。畴揣知其指，不复发言。惇临去，乃拊畴背曰：“田君，主意殷勤，曾不能顾乎！”畴答曰：“是何言之过也！畴，负义逃窜之人耳，蒙恩全活，为幸多矣。岂可卖卢龙之塞，以易赏禄哉？纵国私畴，畴独不愧于心乎？将军雅知畴者，犹复如此，若必不得已，请愿效死刎首于前。”言未卒，涕泣横流。惇具答太祖。太祖喟然知不可屈，乃拜为议郎。年四十六卒。子又早死。文帝践阼，高畴德义，赐畴从孙续爵关内侯，以奉其嗣。

王修字叔治，北海营陵人也。年七岁丧母。母以社日亡，来岁邻里社，修感念母，哀甚。邻里闻之，为之罢社。年二十，游学南阳，

辽东公孙康砍了袁尚的首级送过来，太祖下令“三军中有人胆敢为袁尚哀哭的人便斩首”。田畴因为曾经被袁尚所任命，便前往吊唁祭奠。太祖对此也不问罪。田畴率领家眷亲属及族人三百多户全部迁到邺县居住。太祖赏赐给田畴车马谷帛，田畴全都分送给宗族和朋友。随从太祖征讨荆州回来，太祖追念田畴的大功，后悔上次听从了田畴的辞让，说：“这是成全了一个人的志向，而损害了朝廷的法令制度啊！”因此，就又把上次的爵位封给田畴。田畴上书陈述自己的诚意，誓死不愿接受。太祖不听，想把田畴请出来授予官职，再三再四，田畴始终不接受。有关部门弹劾田畴洁身自好，违背正道，只知道固守小节，应该免去田畴的官职处以刑罚。太祖认为这件事很重要，犹豫了很长时间也定不下来。便把这件事交给世子和大臣们广泛议论，世子认为田畴的行为和过去楚国的令尹子文推辞荣禄，吴国的申包胥逃避封赏相同，不应该强迫田畴以成全田畴的节操。尚书令荀彧、司隶校尉钟繇也认为可以依从田畴的意愿。然而太祖还是想给田畴封侯。田畴素来与夏侯惇关系很好，太祖对夏侯惇说：“你先到田畴那里用你们的情谊劝说，任你怎么说都行，只是不要告诉田畴是我的意思。”夏侯惇到田畴那里住宿，所言如同太祖告诫的那样。田畴揣测到了夏侯惇的意图，不再说话。夏侯惇临走的时候，抚摸着田畴的后背说：“田君，主上的情意这么诚恳周到，您都不考虑一下吗！”田畴回答说：“这话说得多么过分！田畴，是个负信义逃避困难之人，蒙朝廷恩典能够全身活命，就是万幸了。怎能够出卖卢龙要塞，来换取封赏俸禄呢？即使国家特别照顾田畴，田畴能问心无愧吗？将军是一向了解田畴的，还说这样的话，如果非要如此，我请求在将军面前自刎明志。”话还没说完，就已经涕泪横流了。夏侯惇把这些话全都告诉了太祖。太祖喟然感叹，知道田畴不可屈服，就任命田畴为议郎。田畴四十六岁时去世。他的儿子又死得早。文帝登位，高度评价田畴的德行信义，赐给田畴从孙田续关内侯的爵位，来充当田畴的继承人。

王修字叔治，是北海郡营陵县人。在他七岁的时候母亲去世，他的母亲是在祭土地神的那天亡故的。到了第二年社日祭祀的时

止张奉舍。奉举家得疾病，无相视者，修亲隐恤之，病愈乃去。初平中，北海相孔融召以为主簿，守高密令。高密孙氏素豪侠，人客数犯法。民有相劫者，贼入孙氏，吏不能执。修将吏民围之，孙氏拒守，吏民畏惮不敢近。修令吏民："敢有不攻者与同罪。"孙氏惧，乃出贼。由是豪强慑服。举孝廉，修让邴原，融不听。时天下乱，遂不行。顷之，郡中有反者。修闻融有难，夜往奔融。贼初发，融谓左右曰："能冒难来，唯王修耳！"言终而修至。复署功曹。时胶东多贼寇，复令修守胶东令。胶东人公沙卢宗强，自为营堑，不肯应发调。修独将数骑径入其门，斩卢兄弟，公沙氏惊愕莫敢动。修抚慰其余，由是寇少止。融每有难，修虽休归在家，无不至。融常赖修以免。

袁谭在青州，辟脩为治中从事，别驾刘献数毁短脩。后献以事当死，脩理之，得免。时人益以此多焉。袁绍又辟脩除即墨令，后复为谭别驾。绍死，谭、尚有隙。尚攻谭，谭军败，脩率吏民往救谭。谭喜曰："成吾军者，王别驾也。"谭之败，刘询起兵漯阴，诸城皆应。谭叹息曰："今举州背叛，岂孤之不德邪！"脩曰："东莱太守管统虽在海表，此人不反，必来。"后十余日，统果弃其妻子来赴谭，妻子为贼所杀，谭更以统为乐安太守。谭复欲攻尚，脩谏曰："兄弟还相攻击，是败亡之道也。"谭不悦，然知其志节。后又问脩："计安出？"脩曰："夫兄弟者，左右手也。譬人将斗而断其右

候，王修触景生情，想起母亲，非常伤感。邻里们知道后，就停止了庆典活动。二十岁那年，王修到南阳求学，借住在张奉家。张奉全家得病，没有谁与之来往，王修亲自照顾他们，直到他们全家的病都好了才离去。初平年间，北海太守孔融招聘他担任主簿，代理高密县令。高密的孙家一向豪横霸道，他家族里的人和门客多有犯法的行为。百姓遭到抢劫，强盗逃进孙家，官吏都不敢去抓。王修率领官吏和百姓包围了孙家，孙家抗拒不从，官吏百姓都害怕得不敢靠近。王修命令官吏百姓："谁敢不进攻就和孙家同样治罪。"孙家人才真的害怕了，就把盗贼交了出来。由此县里的豪强都畏惧王修，不得不服从。王修被孔融举荐为孝廉后，要把它让给邴原，孔融没有同意。当时天下纷乱，举孝廉的事情也就搁下了。不久，郡中有人叛乱，王修听说孔融有危险，就连夜赶到孔融那里。反贼刚刚动手，孔融对左右的人说："能不顾危难而来帮助我的，只有王修！"话刚说完，王修就到了，孔融再次任命王修为功曹。这个时候胶东贼寇猖獗，孔融又命令王修代理胶东县令。胶东人公沙卢宗族强盛有很多人马，又构筑营垒壕沟，不肯承担官府的徭役，不缴纳赋税。王修自带几名随从骑马直接走进公沙卢家，杀了公沙卢兄弟。公沙家的人都吓呆了，不敢轻举妄动。王修安抚劝慰了其余的人，从此以后，贼寇有所收敛。孔融每次有难，王修即使在家休息，也都赶去。孔融常依靠王修得以免遭厄运。

袁谭在青州的时候，任命王修为治中从事，别驾刘献好几次诬陷王修。后来刘献因出事当判死罪，王修为他申诉，才免得一死。当时的人因为此事更加称赞王修。袁绍又任命王修为即墨县令，后来又做了袁谭手下的别驾。袁绍死了以后，袁谭、袁尚关系破裂。袁尚进攻袁谭，袁谭兵败，王修率众前往救援袁谭。袁谭高兴地说："保全我军队的人，是王别驾啊！"袁谭失败，刘询在漯阴县起兵，各城都响应他。袁谭叹息说："现在整个州都背叛了我，难道是因为我没有仁德吗！"王修说："东莱郡太守管统虽然远在海边，但是这个人不会反叛，一定会来。"十几天以后，管统果然别妻离子来救援袁谭，妻子儿女却被叛贼所杀，袁谭改任管统为乐安郡太守。袁谭又想攻打

手，而曰‘我必胜’，若是者可乎？夫弃兄弟而不亲，天下其谁亲之！属有谗人，固将交斗其间，以求一朝之利，愿明使君塞耳勿听也。若斩佞臣数人，复相亲睦，以御四方，可以横行天下。”谭不听，遂与尚相攻击，请救于太祖。太祖既破冀州，谭又叛。太祖遂引军攻谭于南皮。脩时运粮在乐安，闻谭急，将所领兵及诸从事数十人往赴谭。至高密，闻谭死，下马号哭曰：“无君焉归？”遂诣太祖，乞收葬谭尸。太祖欲观脩意，默然不应。脩复曰：“受袁氏厚恩，若得收敛谭尸，然后就戮，无所恨。”太祖嘉其义，听之。以脩为督军粮，还乐安。谭之破，诸城皆服，唯管统以乐安不从命。太祖命脩取统首，脩以统亡国之忠臣，因解其缚，使诣太祖。太祖悦而赦之。袁氏政宽，在职势者多畜聚。太祖破邺，籍没审配等家财物赀以万数。及破南皮，阅脩家，谷不满十斛，有书数百卷。太祖叹曰：“士不妄有名。”乃礼辟为司空掾，行司金中郎将，迁魏郡太守。为治，抑强扶弱，明赏罚，百姓称之。魏国既建，为大司农郎中令。太祖议行肉刑，脩以为时未可行，太祖采其议。徙为奉尚。其后严才反，与其徒属数十人攻掖门。脩闻变，召车马未至，便将官属步至宫门。太祖在铜雀台望见之，曰：“彼来者必王叔治也。”相国钟繇谓脩：“旧，京城有变，九卿各居其府。”脩曰：“食其禄，焉避其难？居府虽旧，非赴难之义。”顷之，病卒官。子忠，官至东莱太守、散骑常侍。初，脩识高柔于弱冠，异王基于幼童，终皆远至，世称其知人。

袁尚，王修劝谏说："亲兄弟互相攻打，这是败亡的道路啊！"袁谭听了非常不高兴，但是理解他的志向。后来袁谭又问王修："有什么计策？"王修说："兄弟，就像左右手。譬如人在打斗前先折断自己的右手，却说'我一定能胜'，有这样的吗？抛弃亲兄弟而不亲近他，天下人还有谁可以亲近呢！下属中遇有挑拨是非，就是在你们兄弟相斗以求眼前利益的人，望您塞耳勿听。如果能斩杀奸邪谄媚之人，恢复兄弟间的和睦亲情，以抵御四方之敌，就可以雄霸天下了。"袁谭没有听从。仍然与袁尚相攻，又向曹操求救。曹操攻破冀州后，袁谭又叛变了。曹操就率军队在南皮攻打袁谭。王修当时在乐安运送粮草，听说袁谭危急，便率部下兵马和从事几十人前往救援。到达高密时，听说袁谭已经死了，下马大哭说："上司没了，我将回到哪里去？"便来到曹操那里，乞求收葬袁谭的尸体。曹操想看看王修的诚意，默不作声。王修说："我蒙受袁氏大恩，如能够收敛袁谭的尸体，然后去死，也不会有遗憾了。"曹操嘉许他的义气，答应了他。又让王修担任督运军粮的官，回到乐安。袁谭被攻破的时候，各城全都降服，只有管统据守乐安不服。曹操让王修去取管统首级，王修认为管统是亡国忠臣，便为他松绑，让他去见曹操。曹操高兴地赦免了他。袁氏政令不严，手下有权势的人大多都积蓄财物。曹操攻破邺城，没收审配等人的家财数以万计。等到攻破南皮，检查王修家的时候，谷物还不满十斛，书籍却有百卷。曹操感叹说："王修的名声不是随便得来的。"就以礼辟王修为司空掾，代理司金中郎将，又升任为魏郡太守。王修在任施政，抑强扶弱，赏罚分明，百姓都拥护他。魏国建立以后，王修任大司农郎中令。曹操与人商议实行肉刑，王修认为时机未到不能施行，曹操采纳了他的建议。改任他为奉常。后来严才反叛，与其党羽数十人攻打掖门。王修听说了，不等通告到来，就率领官属步行到了宫门。曹操在铜雀台远望，说："那个赶来的人一定是王叔治。"相国钟繇对王修说："过去，京城发生变乱的时候，九卿是守在自己官府中的。"王修说："吃国家俸禄，怎能避国家危难？守在自己的官府中，虽是旧制，但是不合赴国难之大义。"不久，他病死在任上。儿子王忠，官做到了东莱郡太守、散骑常侍。当初，王修在高柔

邴原字根矩，北海朱虚人也。少与管宁俱以操尚称，州府辟命皆不就。黄巾起，原将家属入海，住郁洲山中。时孔融为北海相，举原有道。原以黄巾方盛，遂至辽东，与同郡刘政俱有勇略雄气。辽东太守公孙度畏恶欲杀之，尽收捕其家，政得脱。度告诸县："敢有藏政者与同罪。"政窘急，往投原，原匿之月余，时东莱太史慈当归，原因以政付之。既而谓度曰："将军前日欲杀刘政，以其为己害。今政已去，君之害岂不除哉！"度曰："然。"原曰："君之畏政者，以其有智也。今政已免，智将用矣，尚奚拘政之家？不若赦之，无重怨。"度乃出之。原又资送政家，皆得归故郡。原在辽东，一年中往归原居者数百家，游学之士，教授之声，不绝。

后得归，太祖辟为司空掾。原女早亡，时太祖爱子仓舒亦没，太祖欲求合葬，原辞曰："合葬，非礼也。原之所以自容于明公，公之所以待原者，以能守训典而不易也。若听明公之命，则是凡庸也，明公焉以为哉？"太祖乃止，徙署丞相征事。崔琰为东曹掾，记让曰："征事邴原、议郎张范，皆秉德纯懿，志行忠方，清静足以厉俗，贞固足以干事，所谓龙翰凤翼，国之重宝。举而用之，不仁者远。"代凉茂为五官将长史，闭门自守，非公事不出。太祖征吴，原从行，卒。

是后大鸿胪钜鹿张泰、河南尹扶风庞迪以清贤称，永宁太仆

二十岁时就认为他有才干，王基还是少年时就看出他不同于他人，后来这两个人都成了大器，当时世人因此称赞王修慧眼识人。

邴原字根矩，是北海朱虚县人。他年轻的时候和管宁都以节操高尚著称，州府任命都不接受。黄巾军起，邴原带家人逃入海中，住在郁洲岛的山中。孔融时任北海国相，举荐邴原为有道。邴原因黄巾军势力正盛，就到辽东郡。同郡人刘政勇谋兼备，有英雄气概。辽东太守公孙度畏惧憎恶刘政，想把他杀掉，就逮捕了他的全家，刘政却逃脱了。公孙度遍告各县："敢有藏匿刘政者与其同罪。"刘政危急，前往投奔邴原，邴原把他藏匿了一个多月。这时，东莱郡人太史慈要回家乡，邴原就把刘政托付给他带走。然后对公孙度说："将军日前要杀刘政，认为他要危害您。如今刘政已经远离，就解除了对您的危害！"公孙度说："是这样。"邴原说："您之所以厌恶刘政，是因为他有智谋。现在刘政走了，他的智谋将到别处发挥，为什么还要关押他的家属呢？不如放了他们，以免结怨过深。"公孙度就把刘政的家属放了。邴原又出资送走刘政家属，使他们都得以回到故乡。邴原在辽东郡，一年中有数百家前往归附他，游学的士人，教授讲学的声音，不绝于耳。

后来邴原回到家乡，曹操任命他为司空掾。邴原的女儿很早就死去了，这时候曹操的爱子仓舒也死了，曹操求邴原将他们俩合葬，邴原辞谢说："这样的合葬不合乎礼仪。我之所以自愿投靠您，您也之所以能以礼待我，是因为我能恪守典则古训而不改初衷。如果依从了您的意愿，我就变成了庸俗之辈，您认为呢？"曹操就打消了主意，调任邴原代理丞相征事。崔琰担任东曹掾，他在记载贤臣时写道："征事邴原、议郎张范，都具有纯正美好的德行，志向方正行为忠诚，清廉淡泊足以为世人之典范，坚贞果断足以成大事，他们是人们所说的龙的羽毛、凤的翅膀他们是国之重宝。选拔并且重用他们，那些无仁义之人就会远远地躲开。"邴原代替凉茂任五官中郎将长史，常闭门谢客，无事不出门。曹操南征东吴，邴原随行，在途中去世。

此后，大鸿胪钜鹿人张泰、河南尹扶风人庞迪、永宁太仆东郡

东郡张阁以简质闻。

管宁字幼安，北海朱虚人也。年十六丧父，中表愍其孤贫，咸共赠赗，悉辞不受，称财以送终。长八尺，美须眉。与平原华歆、同县邴原相友，俱游学于异国，并敬善陈仲弓。天下大乱，闻公孙度令行于海外，遂与原及平原王烈等至于辽东。度虚馆以候之。既往见度，乃庐于山谷。时避难者多居郡南，而宁居北，示无迁志，后渐来从之。太祖为司空，辟宁，度子康绝命不宣。

王烈者，字彦方，于时名闻在原、宁之右。辞公孙度长史，商贾自秽。太祖命为丞相掾征事，未至，卒于海表。

中国少安，客人皆还，唯宁晏然若将终焉。黄初四年，诏公卿举独行君子，司徒华歆荐宁。文帝即位，征宁，遂将家属浮海还郡，公孙恭送之南郊，加赠服物。自宁之东也，度、康、恭前后所资遗，皆受而藏诸。既已西渡，尽封还之。诏以宁为太中大夫，固辞不受。明帝即位，太尉华歆逊位让宁，遂下诏曰："太中大夫管宁，耽怀道德，服膺六艺，清虚足以侔古，廉白可以当世。曩遭王道衰缺，浮海遁居，大魏受命，则襁负而至，斯盖应龙潜升之道，圣贤用舍之义。而黄初以来，征命屡下，每辄辞疾，拒违不至。岂朝廷之政，与生殊趣，将安乐山林，往而不能反乎！夫以姬公之圣，而耇德不降，则鸣鸟弗闻。以秦穆之贤，犹思询乎黄发。况朕寡德，曷能不愿闻道于子大夫哉！今以宁为光禄勋。礼有大伦，君臣之道，不可废也。望必速至，称朕意焉。"

人张阁均以清廉贤明、简朴质实著称于世。

管宁，字幼安，是北海郡朱虚县人。他十六岁时丧父，表亲同情他孤贫，都赠送他一些丧事的物品，管宁一概辞谢不接受，衡量自己的财力来办丧事。管宁身长八尺，须眉俊美。他和平原人华歆、同县邴原相友善。他们曾一起游学他郡，也同对陈仲弓敬重。当时天下大乱，管宁听说公孙度威令普行辽东，就和邴原、平原人王烈等人前往，公孙度设馆招待他们。见过公孙度以后，管宁就在山谷中盖起草庐居住。当时避难的人多数住在郡南，而管宁住在郡北，表示不迁移的意志，稍后渐渐有人跟着他住郡北。曹操为司空时，召请管宁，公孙度的儿子公孙康暗藏这道命令而不宣布。

王烈，字彦方，那时，他的声名在邴原、管宁之上。他辞退了担任公孙度长史的职务，从事商业，来使自己隐处下层社会。曹操任命他为丞相掾征事，还未到任，就死在海外了。

中原地区稍微安定之后，逃难到辽东的人都回到了故乡，只有管宁没有动身，好像要老死在这里一样。黄初四年，朝廷诏令公卿大臣为国家举荐操行高尚的人，司徒华歆就将管宁举荐了上去。文帝即位之后，立刻征召管宁，管宁就携其家眷渡海回到故乡，公孙恭亲自送他到了城南郊，并赠送给他许多衣服、财物。自管宁至辽东以后，公孙度、公孙康、公孙恭都先后赠送给管宁许多财物，当时他都接受，并把它们收藏起来。西渡回乡的时候，管宁将那些赠送的财物全部封好，归还给他们。魏文帝下诏委任管宁为太中大夫，他坚决推辞不肯接受。明帝即位以后，太尉华歆主动要求让位给管宁，因此明帝下达诏书说："太中大夫管宁，胸怀高尚的道德，熟习六艺，清静虚心足可以与古代高士相媲美，其清正廉洁足可以为朝廷谋事。过去遭遇了王朝衰微和暴乱，越海隐居，眼下大魏承天命，你就携儿带女回归故乡，这大概是印证了应龙藏匿、飞升的本领，圣贤选择时机做官、归隐的道理。可是自从黄初年间以来，朝廷的任命诏令多次下达，你每次都称病推辞，不肯接受任命。难道是朝廷政事与你志趣不合，你更愿意在山林中安逸享乐，一去不复返吗！以周姬公的圣明，年事已高，

又诏青州刺史曰："宁抱道怀贞，潜翳海隅，比下征书，违命不至，盘桓利居，高尚其事。虽有素履幽人之贞，而失考父兹恭之义，使朕虚心引领历年，其何谓邪？徒欲怀安，必肆其志，不惟古人亦有翻然改节以隆斯民乎！日逝月除，时方已过，澡身浴德，将以曷为？仲尼有言：'吾非斯人之徒与而谁与哉！'其命别驾从事郡丞掾，奉诏以礼发遣宁诣行在所，给安车、吏从、茵蓐、道上厨食，上道先奏。"

宁称草莽臣上疏曰："臣海滨孤微，罢农无伍，禄运幸厚。横蒙陛下纂承洪绪，德侔三皇，化溢有唐。久荷渥泽，积祀一纪，不能仰答陛下恩养之福。沈委笃痾，寝疾弥留，逋违臣隶颠倒之节，夙宵战怖，无地自厝。臣元年十一月被公车司马令所下州郡，八月甲申诏书征臣，更赐安车、衣被、茵蓐，以礼发遣，光宠并臻，优命屡至，怔营竦息，悼心失图。思自陈闻，申展愚情，而明诏抑割，不令稍修章表，是以郁滞，迄于今日。诚谓乾覆，恩有纪极，不意灵润，弥以隆赫。奉今年二月被州郡所下三年十二月辛酉诏书，重赐安车、衣服，别驾从事与郡功曹以礼发遣，又特被玺书，以臣为光禄勋，躬秉劳谦，引喻周、秦，损上益下。受诏之日，精魄飞散，靡所投死。臣重自省揆，德非园、绮而蒙安车之荣，功无窦融而蒙玺封之宠，窠棁驽下，荷栋梁之任，垂没之命，获九棘之位，惧有朱博

胸怀道德的人不出来做官，凤凰的鸣叫声再美也听不到。以秦穆公的贤德，还想着向白发老人征询。何况像我这样缺少德行的人呢，怎么能不希望从您那里听到治理国家的道理呢！现任命你为光禄勋。礼仪有至高无上的原则，君臣之间的关系准则不可废弃。希望您迅速前来，满足我的心愿。”

明帝又下诏书给青州刺史说：“管宁坚守道德，心怀贞节，隐居海边，朝廷接连几次下达诏书来征召他，他都不肯应召，徘徊乡间，贪恋闲情野趣，以为这样很高尚。虽然这样有隐士清白质朴的操守，却失掉了孝顺父亲恭敬地接受君主任命的风范，使我虚心等待、引颈期盼这么多年，这到底是为什么呢？只想着自己安然清闲，一定要满足自己的意愿，同时是否也应该想想古人也有很快改变自己节操，以求为民谋福的例子呢！日月流转，时光飞逝，洁身自好、修养品德，是用来干什么的呢？孔子说过：‘我不跟这样的人交往又跟谁交往呢！’现命令青州的别驾从事，北海郡的郡丞、郡掾，奉诏按礼节送管宁到京城宫中，路上供给他安车、随从、坐垫、膳食，上路之前要先行禀报。”

管宁称自己是草莽臣，上疏道：“我只不过是海边一个孤单而微贱的人，不从事农耕劳作，也没有人和我为伍，却享受着丰厚的俸禄。又幸运地遇上陛下您继承大业，陛下德行可与三皇相媲美，教化超越唐尧。长久以来我承受着陛下您的恩惠，就算是穷尽我一生为陛下祈福，也不能报答陛下对我的厚恩。我身染重病，久治不愈，违背了君臣之间不能颠倒的关系准则，日夜惊恐，无地自容。我在青龙元年十一月接到了公车司马令下达给州郡的文书，八月二十六日朝廷下达诏书征召我，又将安车、衣被、坐垫按礼节发送给我，光荣与宠幸一起到来，优裕的任命多次下达，这让我惊恐紧张，不知所措。我想清楚地表达自己的心情，申诉我的情况，可是朝廷下诏明确禁止我再上表推辞，想说的话在心里憋着，十分压抑，直到今天。我本以为陛下您的恩泽应该有终点，没想到您的恩泽更加丰厚。接到今年二月由州郡转发的青龙三年十二月十六日的诏书，陛下再次赏赐给我安车、衣服、褥垫，要求别驾从事和郡功曹按礼节发送我，又特地给我

鼓妖之眚。又年疾日侵，有加无损，不任扶舆进路以塞元责，望慕闾阖，徘徊阙庭，谨拜章陈情，乞蒙哀省，抑恩听放，无令骸骨填于衢路。”

自黄初至于青龙，征命相仍，常以八月赐牛酒。诏书问青州刺史程喜：“宁为守节高乎，审老疾尪顿邪？”喜上言：“宁有族人管贡为州吏，举宁邻比，臣常使经营消息。贡说：‘宁常著皂帽、布襦袴、布裙，随时单复，出入闺庭，能自任杖，不须扶持。四时祠祭，辄自力强，改加衣服，著絮巾，故在辽东所有白布单衣，亲荐馔馈，跪拜成礼。宁少而丧母，不识形象，常特加觞，泫然流涕。又居宅离水七八十步，夏时诣水中澡洒手足，窥于园圃。’臣揆宁前后辞让之意，独自以生长潜逸，耆艾智衰，是以栖迟，每执谦退。此宁志行所欲必全，不为守高。”

正始二年，太仆陶丘一、永宁卫尉孟观、侍中孙邕、中书侍郎王基荐宁曰：

臣闻龙凤隐耀，应德而臻，明哲潜遁，俟时而动。是以鸑鷟鸣岐，周道隆兴，四皓为佐，汉帝用康。伏见太中大夫管宁，应二仪之中和，总九德之纯懿，含章素质，冰絜渊清，玄虚澹泊，与道逍遥；

下达诏书，任命我为光禄勋，并且陛下亲自谦和地劝喻，援引周、秦二代的事例，有损陛下的龙威而恩宠我。接到诏书的时候，我震惊得魂飞魄散，只恨无处寻死。我反复思量，论德行我不如东园公、绮里季，却得到了安车的赏赐，论功劳我不及窦融，却蒙受玺封的恩宠，我本才能低下，却要担负起栋梁的重任，行将入土的人却获得了九卿的荣耀，恐怕会有朱博那样的灾祸。加上我的疾病日益严重，有增无减，不能乘车上路来担当大任。我内心里对皇宫十分仰慕，现在徘徊在自己的院落里，呈上表章陈述实情，乞求陛下哀怜，收回恩泽将我放归故乡，不要让我的尸骨埋葬在进京的路上。”

从文帝黄初年间到明帝青龙年间，朝廷下达征召管宁的诏令接连不断，并且经常在八月赏赐给他牛酒。明帝下诏书问青州刺史程喜：“管宁的行为是坚守自己的节操以彰显清高呢，还是确实年老多病身体衰弱呢？”程喜上奏：“管宁有个族人名叫管贡，在州里担任小吏，他与管宁是邻居，我经常派他去打听消息。管贡说：‘管宁经常戴着黑色帽子、穿着布衣，随着季节的改变而更换单衣或添加衣服，出入家门，能够拄着拐杖走路，不需要别人的搀持。一年四季的祭祀，他总是自己尽量参加，换上衣服，头戴粗布包巾，穿上过去在辽东时就有的白布单衣，亲自献上祭品，跪拜行礼。管宁很小的时候就没有了母亲，不记得母亲的容貌，祭祀时常常特意为母亲敬上一杯酒，伤心流泪。并且他的住宅离水边只有七八十步远，夏天他常常到水里清洗手脚，还常到园圃中散步观看，为臣猜测管宁之所以会前后辞让，是因为他想过隐逸的生活，并且他又上了年纪，智力衰退，因此想留在家乡，坚决辞让朝廷的征召，这是管宁想要保全自己的志向操行，并不是故意要彰显自己的清高。”

正始二年，太仆陶丘一、永宁宫卫尉孟观、侍中孙邕、中书侍郎王基一并推荐管宁上奏说：

臣听说龙和凤隐藏它们的光彩，遇到有德的君主才会显露，聪明贤达的人隐居不仕，是等待时机。因此，鸾凤鸣叫于岐山上，周朝国运就兴隆昌盛，四皓出山辅佐，汉朝天下才得以康宁。臣等看到，太

娱心黄老，游志六艺，升堂入室，究其阃奥，韬古今于胸怀，包道德之机要。中平之际，黄巾陆梁，华夏倾荡，王纲弛顿。遂避时难，乘桴越海，羁旅辽东三十余年。在乾之姤，匿景藏光，嘉遁养浩，韬韫儒墨，潜化傍流，畅于殊俗。

黄初四年，高祖文皇帝畴谘群公，思求隽乂，故司徒华歆举宁应选，公车特征。振翼遐裔，翻然来翔。行遇屯厄，遭罹疾病，即拜太中大夫。烈祖明皇帝嘉美其德，登为光禄勋。宁疾弥留，未能进道。今宁旧疾已瘳，行年八十，志无衰倦。环堵筚门，偃息穷巷，饭鬻糊口，并日而食，吟咏《诗》《书》，不改其乐。困而能通，遭难必济，经危蹈险，不易其节，金声玉色，久而弥彰。揆其终始，殆天所祚，当赞大魏，辅亮雍熙。衮职有阙，群下属望。昔高宗刻象，营求贤哲，周文启龟，以卜良佐。况宁前朝所表，名德已著，而久栖迟，未时引致，非所以奉遵明训，继成前志也。陛下践阼，纂承洪绪。圣敬日跻，超越周成。每发德音，动谘师傅。若继二祖招贤故典，宾礼俊迈，以广缉熙，济济之化，侔于前代。

宁清高恬泊，拟迹前轨，德行卓绝，海内无偶。历观前世玉帛所命，申公、枚乘、周党、樊英之俦，测其渊源，览其清浊，未有厉俗独行若宁者也。诚宜束帛加璧，备礼征聘，仍授几杖，延登东序，敷陈坟素，坐而论道，上正璇玑，协和皇极，下阜群生，彝伦攸叙，

中大夫管宁，体现了天地阴阳的中正和谐，具有九种操行的精华，品德既光彩又朴实，像冰一样洁白，像溪水一样清澈。内心清静谦虚，淡泊寡欲，与天道同游；乐于黄、老之术，游心于儒家六艺，登堂入室，造诣精深，究明其深妙之理；胸怀古今韬略，总括了道德的核心之意。中平年间，黄巾军猖獗，中原动荡不安，朝政废弛衰败。管宁躲避战乱，乘船渡海，旅居辽东三十多年。像“乾”之“姤”卦那样，藏匿起身形和光彩，乐于隐遁，养浩然正气，深知儒、墨二家学说，贯通九流之旁支，通晓异国他乡的风俗。

黄初四年，高祖文皇帝向群臣咨询，想征求贤能的人，当时的司徒华歆举荐管宁应该当选，用公车特别征召，管宁在边远地区很快动身前来。途中遭遇厄运，身患疾病，于是朝廷派使者前往任命管宁为太中大夫。烈祖明皇帝赞美管宁的德行，晋升管宁为光禄勋。管宁因病重留居，没有能够上路。如今管宁旧病已痊愈，年龄也八十岁了，志向毫不衰倦。居处鄙室柴门，止息在穷陋的街巷，以粥饭糊口，两天吃一天的口粮，但是却吟咏《诗经》《尚书》，不改其乐。能够通过困厄，渡过了难关，不改变管宁的节操，竟像金属的声音和玉器的颜色，时间越久越明亮清晰。考察这个过程，恐怕是上天的赐福，让管宁来辅助我魏朝，使天下太平。现在三公的职位空缺，众人关心。昔日殷高宗刻画人的形象，来寻求贤哲辅助，周文王用龟甲占卜，来选择良臣辅佐。何况管宁是前朝所表彰的人，名声德行著称于世，却长久停留在家，没有及时请来，这不是遵奉先人的明训，继承前人的意志呀。陛下即位，继承宏大的基业。圣明的德泽日益增进，超过了周成王。每每发布施加德泽的圣旨，都向太师、太傅咨询。如果继承太祖、高祖招引贤才的旧例，尊敬礼遇优秀杰出的人才，来光大事业，那么兴盛的教化就会超过前代。

管宁操行高尚，淡泊宁静，是效法前人的楷模，他的德行超群卓越，天下无双。观察历代朝廷礼聘的贤才，比如申公、枚乘、周党、樊英等，查看他们学识的深浅，观测他们品行的优劣，没有谁能像管宁那样激励世俗，节操高尚独特的。确定应准备好丝帛、玉璧，礼聘征召，并且赏赐给他凭几、拐杖，请他登上太学的讲席，讲解古

必有可观，光益大化。若宁固执匪石，守志箕山，追迹洪崖，参踪巢、许。斯亦圣朝同符唐、虞，优贤扬历，垂声千载。虽出处殊涂，俯仰异体，至于兴治美俗，其揆一也。

于是特具安车蒲轮，束帛加璧聘焉。会宁卒，时年八十四。拜子邈郎中，后为博士。初，宁妻先卒，知故劝更娶，宁曰："每省曾子、王骏之言，意常嘉之，岂自遭之而违本心哉？"

时钜鹿张臶，字子明，颍川胡昭，字孔明，亦养志不仕。臶少游太学，学兼内外，后归乡里。袁绍前后辟命，不应，移居上党。并州牧高幹表除乐平令，不就，徙遁常山，门徒且数百人，迁居任县。太祖为丞相，辟，不诣。太和中，诏求隐学之士能消灾复异者，郡累上臶，发遣，老病不行。广平太守卢毓到官三日，纲纪白承前致版谒臶。毓教曰："张先生所谓上不事天子，下不友诸侯者也。此岂版谒所可光饰哉！"但遣主簿奉书致羊酒之礼。青龙四年辛亥诏书："张掖郡玄川溢涌，激波奋荡，宝石负图，状像灵龟，宅于川西，嶷然磐峙，仓质素章，麟凤龙马，焕炳成形，文字告命，粲然著明。"太史令高堂隆上言："古皇圣帝所未尝蒙，实有魏之祯命，东序之世宝。"事颁天下。任令于绰连赍以问臶，臶密谓绰曰："夫神以知来，不追已往，祯祥先见而后废兴从之。汉已久亡，魏已得之，何所追兴征祥乎！此石，当今之变异而将来之祯瑞也。"正始元年，戴鵀之鸟，巢臶门阴。臶告门人曰："夫戴鵀阳鸟，而巢门阴，此凶祥也。"乃援琴歌咏，作诗二篇，旬日而卒，时年一百五岁。是岁，广平太守王肃至官，教下县曰："前在京都，闻张子明，来至问之，会其

代的圣贤经典，谈论治国之道，上可匡正朝廷，协调天子的治国方略，下可使百姓安居乐业，使伦常关系规范有序，这样一来，一定会有好的效果，使国家教化得以发扬光大。如果管宁坚守志节，一心归隐，追随洪崖，效仿巢父、许由。那也可以说明我朝圣明与唐尧、虞舜不相上下，优待贤良并显扬其功绩，贤朝美名将会万古流芳。虽然出仕和隐逸两者途径不同，表现也不一样，但对于治理国家、美化风俗的作用却是一样的。

因此朝廷备好安车，用蒲草包上车轮，备全礼品来礼聘管宁。正好碰上管宁去世，享年八十四岁。朝廷任命管宁的儿子管邈为郎中，后担任博士。当初，管宁之妻先行辞世，其老友规劝他再娶，管宁说："每次读到曾子、王骏不肯续弦的话，我心里非常赞许他们的说法，自己遇到这样的事怎能违背本意呢？"

钜鹿郡张臶，字子明，颍川郡人胡昭，字孔明，他们都是在家养志不愿出来做官的人。张臶年轻的时候到太学学习，内典外典都很精通，后来回到乡里。袁绍多次任命他，他都不应，后来迁居到上党郡居住。并州牧高幹上表任命他为乐平县令，张臶不应，又迁徙到常山郡，门徒有几百人，后又迁居任县。曹操为丞相的时候，征召他也不到。太和年间，明帝下诏征求有学问而且能够消除灾难和特异现象的隐居者。州郡多次推荐张臶，他因为有病而没去成。广平郡太守卢毓到任三天，主簿请求按照惯例给张臶送名片去拜访他。卢毓说："张先生是人们所说的那种上不侍奉天子、下不与诸侯结交的人。岂能因送名片去拜访就使他感到增光呢！"只是派主簿给张臶送去书信和羊酒为礼。青龙四年，明帝下诏说："张掖郡有暗河涌出，波涛冲出了带有图形的神石，形状如灵龟，立于河川西边，高高地耸立着，青蓝色的质地白色的花纹，有麟凤龙马图案，清晰鲜明，还有昭示天命的文字，字迹清楚。"太史令高堂隆上书说："这宝物是古代圣帝都未尝遇到的，实在是大魏的吉祥命运、东序的罕见之宝。"此事被公布之后，任县县令于绰把诏书与石头上的文字一起拿去给张臶看，张臶私密地对于绰说："神明只预示未来，不追究以往，吉凶的征兆先出现，然后国家兴废才接着发生。汉朝早就灭亡了，大魏也已经得到

已亡，致痛惜之。此君笃学隐居，不与时竞，以道乐身。昔绛县老人屈在泥涂，赵孟升之，诸侯用睦。愍其耄勤好道，而不蒙荣宠，书到，遣吏劳问其家，显题门户，务加殊异，以慰既往，以劝将来。”

胡昭始避地冀州，亦辞袁绍之命，遁还乡里。太祖为司空丞相，频加礼辟。昭往应命，既至，自陈一介野生，无军国之用，归诚求去。太祖曰：“人各有志，出处异趣，勉卒雅尚，义不相屈。”昭乃转居陆浑山中，躬耕乐道，以经籍自娱。闾里敬而爱之。建安二十三年，陆浑长张固被书调丁夫，当给汉中。百姓恶惮远役，并怀扰扰。民孙狼等因兴兵杀县主簿，作为叛乱，县邑残破。固率将十余吏卒，依昭住止，招集遗民，安复社稷。狼等遂南附关羽。羽授印给兵，还为寇贼，到陆浑南长乐亭，自相约誓，言：“胡居士贤者也，一不得犯其部落。”一川赖昭，咸无怵惕。天下安辑，徙宅宜阳。正始中，骠骑将军赵俨、尚书黄休、郭彝、散骑常侍荀顗、钟毓、太仆庾嶷、弘农太守何桢等递荐昭曰：“天真高絜，老而弥笃。玄虚静素，有夷、皓之节。宜蒙征命，以励风俗。”至嘉平二年，公车特征，会卒，年八十九。拜子纂郎中。初，昭善史书，与钟繇、邯郸淳、卫顗、韦诞并有名，尺牍之迹，动见模楷焉。

了天下，哪里还用得着事后再显示征兆呢！此石是现在变异的征兆，而预示今后的祥瑞啊！”正始元年，有戴鵀鸟在张䜣家门后筑巢。张䜣告诉门人说：“戴鵀属于阳鸟，却把窝搭在门后，这是凶兆啊！”就拿出琴来唱歌吟咏，作诗二篇，十多天后就去世了，终年一百零五岁。这一年，广平郡太守王肃到任，给县里下指示说：“我在京都的时候，即以耳闻张子明大名，来到后才知，他已然亡故，深感痛惜。此公专心学问，隐居不仕，不与时人竞争，用道义愉悦自身。从前绛县老人被迫做挖土修城的苦役，赵孟却提拔了他，诸侯因此而和睦。我怜惜张子明年老而勤勉于道，却没有蒙受到宠幸。文书到达以后，要派遣官员慰问其家眷，在门口显要处题字表彰，务必给予特别照顾，以慰其亡灵，也劝勉后人。”

胡昭当初逃避战乱到了冀州，后因推辞袁绍的征召，逃回故乡。曹操任司空丞相时，多次礼聘胡昭，胡昭才应召前往。到了曹操那里，自称是乡野书生，于军国大事毫无用处，真诚地请求离去。曹操说：“人各有志，出隐志趣不同，我不勉强你很快改变高雅的志向，从道义上我不强迫你做不愿做的事。”于是，胡昭耕读于陆浑山中，安贫乐道，以研经释典为娱。邻里对他爱戴有加。建安二十三年，陆浑县长张固依照公文要征调壮丁到汉中。百姓不愿意到远方服役，心情混乱而躁动不安。乡民孙狼等人乘机发动叛乱，杀了主簿，县城被毁，张固带着十几名官吏兵丁，前去依靠胡昭安身。又招集剩余百姓，维护秩序恢复安定。孙狼等人就南下依附关羽，关羽授予孙狼官印，并且拨给他部分士兵。孙狼回陆浑县当了盗贼，在县城南长乐亭订约发誓，说：“胡居士是贤人，谁也不准侵犯他居住的地方。”这一带的老百姓都因胡昭而不再担惊受怕。安定以后，胡昭移居宜阳县。正始年间，骠骑将军赵俨，尚书黄休、郭彝，散骑常侍荀顗、钟毓，太仆庾嶷，弘农太守何桢等人相继举荐胡昭说：“胡昭本性高洁，出于自然，年老而愈虔诚，淡泊清风，有伯夷和南人四皓的节操，应当受到朝廷征召，以激励社会风俗。”到了嘉平二年，朝廷派公车特地前去征召，此时胡昭去世，享年八十九岁。于是任他的儿子胡纂为郎中。当初，胡昭善于隶书，与钟繇、邯郸淳、卫顗、韦诞都很有名，他所写的

评曰：袁涣、邴原、张范躬履清蹈，进退以道，盖是贡禹、两龚之匹。凉茂、国渊亦其次也。张承名行亚范，可谓能弟矣。田畴抗节，王修忠贞，足以矫俗；管宁渊雅高尚，确然不拔；张臶、胡昭阖门守静，不营当世：故并录焉。

书信手迹常被人当作模仿的范本。

评论说：袁涣、邴原、张范亲履清高之道，进退都遵循道义，和贡禹、龚胜、龚舍相仿佛，仅次于凉茂、国渊。张承的名声行为亦如张范，不愧是他的弟弟。田畴节操高尚，王修忠诚坚贞，足以为世俗之楷模；管宁深沉文雅高尚，坚定不移；张臶、胡昭闭门守静，不在世上钻营。所以，把他们一并记录在此。

卷十二　魏书十二

崔毛徐何邢鲍司马传第十二

崔琰字季珪，清河东武城人也。少朴讷，好击剑，尚武事。年二十三，乡移为正，始感激，读《论语》《韩诗》。至年二十九，乃结公孙方等就郑玄受学。学未期，徐州黄巾贼攻破北海，玄与门人到不其山避难。时谷籴县乏，玄罢谢诸生。琰既受遣，而寇盗充斥，西道不通。于是周旋青、徐、兖、豫之郊，东下寿春，南望江、湖。自去家四年乃归，以琴书自娱。

大将军袁绍闻而辟之。时士卒横暴，掘发丘陇，琰谏曰："昔孙卿有言：'士不素教，甲兵不利，虽汤武不能以战胜。'今道路暴骨，民未见德，宜敕郡县掩骼埋胔，示憯怛之爱，追文王之仁。"绍以为骑都尉。后绍治兵黎阳，次于延津，琰复谏曰："天子在许，民望助顺，不如守境述职，以宁区宇。"绍不听，遂败于官渡。及绍卒，二子交争，争欲得琰。琰称疾固辞，由是获罪，幽于囹圄，赖阴夔、陈琳营救得免。

太祖破袁氏，领冀州牧，辟琰为别驾从事，谓琰曰："昨案户籍，可得三十万众，故为大州也。"琰对曰："今天下分崩，九州幅裂，二袁兄弟亲寻干戈，冀方蒸庶暴骨原野。未闻王师仁声先路，存问风俗，救其涂炭，而校计甲兵，唯此为先，斯岂鄙州士女所望于明公哉！"太祖改容谢之。于时宾客皆伏失色。

崔琰字季珪，是清河郡东武城县人。他小的时候性格朴实，语言迟钝，喜欢击剑，喜爱武功。二十三岁那年，由乡兵转为正卒，才由感慨而发奋，研读《论语》《韩诗》。到了二十九岁时，他与公孙方等人结交，到郑玄门下学习。尚未满一年，徐州的黄巾军攻破了北海，郑玄与其弟子到不其山躲避兵难。由于粮谷十分匮乏，郑玄只好辞退弟子停止授学。崔琰看见到处都是盗寇，西去的道路不通，于是在青、徐、兖、豫四州郊野徘徊，东到寿春，向南也几乎到达长江、洞庭湖一带。从离开家算起，四年之后才返回，自此以弹琴读书自娱。

大将军袁绍听说崔琰后征辟他。当时士兵暴虐无度，挖坟掘墓，崔琰劝谏说："过去荀子曾经说过：'士兵平素不约束训练，铠甲兵器不坚固锋利，即使是汤、周也不能靠这样的军队取胜。'如今平地上尸骨暴露，百姓还没有看到德政。应当命令各郡县掩埋尸骨，以示您哀痛死者的爱心，效法周文王的仁慈。"袁绍任崔琰为骑都尉。后来袁军在黎阳训练士兵，驻扎在延津渡口。崔琰又劝谏说："天子在许县，百姓支持顺从朝廷的一方，我们为何不坚守辖境向天子进贡述职，来安定地方呢！"袁绍不听，最终在官渡失败。袁绍死后，他的两个儿子互相争斗，都想得到崔琰的帮助。崔琰以有病为由坚决推辞，因此获罪，被关进监狱，后靠阴夔、陈琳的营救才得以免祸。

曹操击败袁氏以后，兼任冀州牧，征召崔琰为别驾从事，得意地对崔琰说："昨天统计户籍，冀州有三十万人，所以是个大州啊！"崔琰回答说："目前天下分崩，九州离析，袁谭、袁尚兄弟相互争战，冀州百姓曝尸荒野。还没有听说王师的仁声先到，来慰问百姓的状况，拯救人民的苦难，倒先看到统计多少武器人口，这难道是冀州百姓对您的期望吗！"曹操立刻改变得意之色，向崔琰谢罪。这时其他宾客也都吓得变色低头。

太祖征并州，留琰傅文帝于邺。世子仍出田猎，变易服乘，志在驱逐。琰书谏曰："盖闻盘于游田，《书》之所戒，鲁隐观鱼，《春秋》讥之，此周、孔之格言，二经之明义。殷鉴夏后，《诗》称不远，子卯不乐，《礼》以为忌。此又近者之得失，不可不深察也。袁族富强，公子宽放，盘游滋侈，义声不闻，哲人君子，俄有色斯之志，熊罴壮士，堕于吞噬之用，固所以拥徒百万，跨有河朔，无所容足也。今邦国殄瘁，惠康未洽，士女企踵，所思者德。况公亲御戎马，上下劳惨，世子宜遵大路，慎以行正，思经国之高略，内鉴近戒，外扬远节，深惟储副，以身为宝。而猥袭虞旅之贱服，忽驰骛而陵险，志雉兔之小娱，忘社稷之为重，斯诚有识所以恻心也。唯世子燔翳捐褶，以塞众望，不令老臣获罪于天。"世子报曰："昨奉嘉命，惠示雅数，欲使燔翳捐褶。翳已坏矣，褶亦去焉。后有此比，蒙复诲诸。"

太祖为丞相，琰复为东西曹掾属征事。初授东曹时，教曰："君有伯夷之风，史鱼之直，贪夫慕名而清，壮士尚称而厉，斯可以率时者已。故授东曹，往践厥职。"魏国初建，拜尚书。时未立太子，临菑侯植有才而爱。太祖狐疑，以函令密访于外。唯琰露板答曰："盖闻《春秋》之义，立子以长，加五官将仁孝聪明，宜承正统。琰以死守之。"植，琰之兄女婿也。太祖贵其公亮，喟然叹息，迁中尉。

琰声姿高畅，眉目疏朗，须长四尺，甚有威重，朝士瞻望，而太

曹操征讨并州的时候，崔琰作为曹丕的师傅留在邺城。曹丕喜欢外出打猎，换了服装车辆，只想着逐猎驱兽。于是崔琰上书劝谏说："热衷游乐打猎，是《尚书》所禁戒的，鲁隐公观鱼，受到《春秋》讥讽，这是周公、孔子的格言，经典中已经明确大义。殷商以夏朝的教训为鉴，《诗经》说为时不远，碰到甲子、乙卯的日子不能行乐，《礼记》上认为这是忌讳的日子，也是近人的教训，应深刻省察啊！袁氏家族富裕强大，他的儿子耽于游乐，对符合大义的言论充耳不闻，贤明的君子马上就有察其言、观其色而离去的想法；勇猛的壮士成为袁氏兄弟互相吞并的牺牲品。所以，袁氏虽然拥有百万之众，据有河北广袤土地，最后却弄得无处容身。现在国家贫弱，还未康宁，百姓都踮足以待渴望德政。况且你父亲亲自率兵马，驰骋辛劳，您作为世子应恪守正道，慎行其事，思考治国之策，对内以近事为戒，对外以先哲节操为鉴，深思魏公继承者的重任，珍爱自己。而您却忘记身份穿上猎官的服装，在险山峻地纵马驰骋，寄情于猎鸟射兔的小娱乐，将社稷之重抛却一边，这实在让人痛心。望世子烧掉猎具，丢掉猎装骑服，不辜负魏王厚望，不要使老臣我得罪苍天。"曹丕回答说："昨天知道了您的好意，告知我深刻的道理。现在弓矢猎装已经毁弃，以后再有这样的事发生，仍然希望得到您的教诲。"

太祖出任丞相，崔琰又任东西曹掾属征事。刚任命崔琰为东曹的时候，太祖下令说："君有伯夷的风范、史鱼的刚直，贪婪的人因仰慕君的大名而变得清廉，壮士因崇拜君的声誉而勉励自己，这可以做时代的表率了。所以授给君东曹的职务，您前去上任吧！"魏国刚刚建立的时候，拜任崔琰为尚书。当时还没立太子，临淄侯曹植因有才而受到宠爱。太祖犹豫不决，用密封的信函征求外面官员们的意见。只有崔琰用不封口的文书公开答复说："我听说《春秋》上的原则，要立年长的儿子为继承人，再加上五官将仁孝聪明，应当继承正统。崔琰将以死来坚持这个观点。"曹植是崔琰哥哥的女婿。太祖赞赏崔琰的公正坦荡，喟然叹息，晋升崔琰为中尉。

崔琰体态魁伟，声音洪亮，眉疏目朗，须长四尺，仪态威严，朝

祖亦敬惮焉。琰尝荐钜鹿杨训，虽才好不足，而清贞守道，太祖即礼辟之。后太祖为魏王，训发表称赞功伐，褒述盛德。时人或笑训希世浮伪，谓琰为失所举。琰从训取表草视之，与训书曰：“省表，事佳耳！时乎时乎，会当有变时。”琰本意讥论者好谴呵而不寻情理也。有白琰此书傲世怨谤者，太祖怒曰：“谚言‘生女耳’，‘耳’非佳语。‘会当有变时’，意指不逊。”于是罚琰为徒隶，使人视之，辞色不挠。太祖令曰：“琰虽见刑，而通宾客，门若市人，对宾客虬须直视，若有所瞋。”遂赐琰死。

始琰与司马朗善，晋宣王方壮，琰谓朗曰：“子之弟，聪哲明允，刚断英跱，殆非子之所及也。”朗以为不然，而琰每秉此论。琰从弟林，少无名望，虽姻族犹多轻之，而琰常曰：“此所谓大器晚成者也，终必远至。”涿郡孙礼、卢毓始入军府，琰又名之曰：“孙疏亮亢烈，刚简能断，卢清警明理，百炼不消，皆公才也。”后林、礼、毓咸至鼎辅。及琰友人公孙方、宋阶早卒，琰抚其遗孤，恩若己子。其鉴识笃义，类皆如此。

初，太祖性忌，有所不堪者，鲁国孔融、南阳许攸、娄圭，皆以恃旧不虔见诛。而琰最为世所痛惜，至今冤之。

毛玠字孝先，陈留平丘人也。少为县吏，以清公称。将避乱荆州，未至，闻刘表政令不明，遂往鲁阳。太祖临兖州，辟为治中从事。玠语太祖曰：“今天下分崩，国主迁移，生民废业，饥馑流亡，公家无经岁之储，百姓无安固之志，难以持久。今袁绍、刘表，虽士民

廷中的人很是敬仰他，曹操对他也非常敬畏。崔琰曾推荐过钜鹿人杨训，杨训这人虽才能不足，却清廉贞洁，遵守正道，曹操便按礼仪征召了杨训。后来曹操当了魏王，杨训上表称赞功绩，夸述曹操盛德。当时就有人讥笑杨训迎合献媚，认为崔琰举荐人不当。崔琰从杨训那里取来表文的底稿看后，就写信给杨训说："读表文，是事情做得好罢了！时代啊，总是在变化的啊！"崔琰的本意是抨击那些批评者好谴责而不循情理。有人却说崔琰这是傲视世人、胸怀怨恨，曹操大怒说："谚语说'生女耳'，'耳'不是个好词。'会有变的时候'，意思是指非常不恭顺。"便罚崔琰为囚徒，派人监督他做苦工，崔琰一点也没有屈服。曹操下令说："崔琰虽然被判刑，却与宾客来往，门庭若市，在宾客面前放浪形骸，好像有所怨怼。"因此下令赐崔琰死。

当初崔琰和司马朗关系很好，司马懿正当壮年，崔琰对司马朗说："你弟弟聪敏明哲，刚毅果断，才德优异，日后定能超过你。"司马朗不这样认为，崔琰却总坚持自己的看法。崔琰弟崔林，年轻时没有名望，亲戚们也大多轻视他，崔琰却说："崔林大器晚成，最终必定大有作为。"涿郡的孙礼、卢毓刚进入魏王军府，崔琰又称赞他们说："孙礼诚信耿直，刚毅果断，卢毓清醒机警，深明事理，不屈不挠，都是可做三公的人。"后来崔林、孙礼、卢毓三人都官至宰辅。崔琰的朋友公孙方、宋阶死得早，崔琰抚养他们留下的孤儿，像对待自己的子女一样恩爱。他的明鉴卓识，笃于情义，大都像这个样子。

当初，曹操性情忌刻，有一些所不能容忍的人，如鲁国的孔融、南阳的许攸、娄圭，都因自己是曹操的故旧而言语不敬被杀。而崔琰之死最被世人痛惜，至今还为他感到冤屈。

毛玠字孝先，是陈留郡平丘县人。年轻的时候任县政府的办事官员，凭借清廉公正著称于世。后来要到荆州避乱，还没有到荆州，听说刘表政令不严明，便前往鲁阳县。太祖主持兖州政务，任命毛玠为治中从事。毛玠对太祖说："现在天下分崩，君主流亡，民众无法安定从事耕作，饥饿流亡，官府没有维持一年的储备，百姓没有安定的

众强，皆无经远之虑，未有树基建本者也。夫兵义者胜，守位以财，宜奉天子以令不臣，修耕植，畜军资，如此则霸主之业可成也。”太祖敬纳其言，转幕府功曹。

太祖为司空丞相，玠尝为东曹掾，与崔琰并典选举。其所举用，皆清正之士，虽于时有盛名而行不由本者，终莫得进。务以俭率人，由是天下之士莫不以廉节自励，虽贵宠之臣，舆服不敢过度。太祖叹曰：“用人如此，使天下人自治，吾复何为哉！”文帝为五官将，亲自诣玠，属所亲眷。玠答曰：“老臣以能守职，幸得免戾，今所说人非迁次，是以不敢奉命。”大军还邺，议所并省。玠请谒不行，时人惮之，咸欲省东曹。乃共白曰：“旧西曹为上，东曹为次，宜省东曹。”太祖知其情，令曰：“日出于东，月盛于东，凡人言方，亦复先东，何以省东曹？”遂省西曹。初，太祖平柳城，班所获器物，特以素屏风素冯几赐玠，曰：“君有古人之风，故赐君古人之服。”玠居显位，常布衣蔬食，抚育孤兄子甚笃，赏赐以振施贫族，家无所余。迁右军师。魏国初建，为尚书仆射，复典选举。时太子未定，而临菑侯植有宠，玠密谏曰：“近者袁绍以嫡庶不分，覆宗灭国。废立大事，非所宜闻。”后群僚会，玠起更衣，太祖目指曰：“此古所谓国之司直，我之周昌也。”

心思，这种情况是难以支撑很久的。如今袁绍、刘表，虽然兵民众多力量强盛，但是二人都没有长远的考虑，没有进行基础建设树立根本的工作。用兵要符合道义才能取胜，保守地位需要有财力的支持，应当拥戴天子以号令那些不臣服的人，发展农业，积蓄军资，这样霸王之业就可以建成了。”太祖恭敬地采纳了毛玠的建议，改任毛玠为将军幕府中的功曹。

太祖担任司空、丞相的时候，毛玠曾经做东曹掾，和崔琰一起主管选举。他所举用的都是清廉正直的人士，那些尽管在当时有盛名，但是行为虚浮、不务根本的人，始终没能得到提拔任用。他力求用俭朴的作风引导人们，因此全国的士人无不以清廉的节操来勉励自己，即使是地位高贵、受到宠信的大臣，车子、衣服也不敢超过制度。太祖叹息说：“用这样的人，让天下人自己治理自己，我还有什么可做的呢！”魏文帝做五官中郎将时，曾亲自去见毛玠，托他任用自己所亲信的人。毛玠回答说：“老臣因为能够恪守职责，才幸而得以免于获罪。现在您所说的人不符合升迁的次第，所以我不敢奉命。”曹操大军回邺以后，讨论省并官府。当时很多人由于曾经向毛玠请托为官都被他拒绝，很害怕他，因此都想要废除东曹，就一起禀告太祖说：“按照旧制，西曹为上，东曹为次，应该撤销东曹。”太祖知道其中实情，下令说：“日出于东方，月明于东方，凡人说到方位，也是先说东方，为什么要去掉东曹？”结果去掉了西曹。起初，太祖平定柳城，将缴获的器物赏赐群臣，特意以素屏风和素凭几赐给毛玠，说：“您有古人的作风，所以赐给你古人的用具。”毛玠居于显要的官位，但是经常穿布衣吃素菜，抚育哥哥的孤儿情意深厚，所得的赏赐都用来救济贫困的族人，家里没有剩余的财物。后来升任右军师。魏国建立之初，做尚书仆射，再次掌管选举。当时太子还没有确定，而临菑侯曹植受到太祖宠爱，毛玠秘密劝告太祖说：“今日袁绍因为嫡庶不分，导致破家亡国。废立太子是件大事，您想要废嫡子丕而立临菑侯植，这是我不愿意听到的事。”后来有一次群僚聚会，毛玠起身上厕所，太祖用眼睛指着他说：“这人正是古人所说的‘国之司直’，也是我的周昌啊！”

崔琰既死，玠内不悦。后有白玠者："出见黥面反者，其妻子没为官奴婢，玠言曰'使天不雨者盖此也'。"太祖大怒，收玠付狱。大理钟繇诘玠曰："自古圣帝明王，罪及妻子。《书》云：'左不共左，右不共右，予则孥戮女。'司寇之职，男子入于罪隶，女子入于舂稿。汉律，罪人妻子没为奴婢，黥面。汉法所行黥墨之刑，存于古典。今真奴婢祖先有罪，虽历百世，犹有黥面供官，一以宽良民之命，二以宥并罪之辜。此何以负于神明之意，而当致旱？案典谋，急恒寒若，舒恒燠若，宽则亢阳，所以为旱。玠之吐言，以为宽邪，以为急也？急当阴霖，何以反旱？成汤圣世，野无生草，周宣令主，旱魃为虐。亢旱以来，积三十年，归咎黥面，为相值不？卫人伐邢，师兴而雨，罪恶无征，何以应天？玠讥谤之言，流于下民，不悦之声，上闻圣听。玠之吐言，势不独语，时见黥面，凡为几人？黥面奴婢，所识知邪？何缘得见，对之叹言？时以语谁？见答云何？以何日月？于何处所？事已发露，不得隐欺，具以状对。"玠曰："臣闻萧生缢死，困于石显；贾子放外，谗在绛、灌；白起赐剑于杜邮；晁错致诛于东市；伍员绝命于吴都：斯数子者，或妒其前，或害其后。臣垂龆执简，累勤取官，职在机近，人事所窜。属臣以私，无势不绝，语臣以冤，无细不理。人情淫利，为法所禁，法禁于利，势能害之。青蝇横生，为臣作谤，谤臣之人，势不在他。昔王叔、陈生争正王廷，宣子平理，命举其契，是非有宜，曲直有所，《春秋》嘉焉，是以书之。臣不言此，无有时、人。说臣此言，必有征要。乞蒙宣子之辨，而求王叔之对。若臣以曲闻，即刑之日，方之安驷之赠；赐剑之来，比之重赏之惠。谨以状对。"时桓阶、和洽进言救玠。玠遂免黜，卒于家。太祖赐棺器钱帛，拜子机郎中。

崔琰被赐死之后，毛玠心中不高兴。后来有人检举毛玠，说：“毛玠看见因反叛而被黥面的人，这些人的妻子儿女被贬入官衙做奴婢。毛玠说：‘上天不下雨，大概就是因为这个缘故吧。’”曹操大怒，将毛玠逮捕下狱。大理钟繇责问毛玠，说：“自古圣明帝王的律令，都是一人有罪，连及妻子儿女。《尚书》说：‘若车左的人不恭行左方的命令，车右的人不恭行右方的命令，我就杀了你们的妻子儿女。司寇的职责是，男子有罪入为奴隶，女子有罪就罚入官府舂米、做箭杆。汉朝的律令，罪人的妻子儿女收为奴婢，并且黥面。汉法所执行的黥墨之刑，是符合古代法典的。现在奴婢的祖先有罪，虽然经过百代，还有黥面供官衙差使的，一则是为宽恕百姓的生命，再则是原谅他们同罪的过失。这又怎么违背了神明的旨意，而要引起旱灾？按照典籍的说法，政治苛急则气候常寒冷，舒和则常温暖，宽缓则阳光炽烈，所以引起干旱。你的话，是认为政令宽缓呢？还是苛急？若苛急，应当阴雨，为什么反而干旱？成王、商汤的时代是个盛世，然而郊野寸草不生，周宣王是位英明的君主，却干旱肆虐。自从干旱以来，已经有三十年，而归咎于黥面的刑罚，这合理吗？卫人讨伐，军队一出动就下雨，罪恶本无征兆，如何与天相应呢？毛玠你那些讥讽毁谤的言论，已经在百姓中流传，不满怨恨的声音，也已被圣上听闻。因此，你的话，必然不是单独说的。当时看到黥面的人有多少？认不认得那些黥面的奴婢？怎么能看见他们，而对他们感叹？当时对谁说？别人怎么回答？在什么时候？什么地点说的这些话？事情已经暴露了，你不得隐瞒欺骗，据实招供。”毛玠说：“臣听说，萧望自缢身死，是因为被石显陷害；贾谊流放长沙，是因为绛侯周勃、灌婴进谗言；因为杜邮，白起被赐剑自刎；在东市，晁错被诛杀；在吴都，伍员被迫自杀。这几位先人，有的当面受人嫉妒，有的背后遭人陷害。臣自幼读书，辛辛苦苦取得官位，职掌机要，人事安排都在此处。如果请办私事，不论其权势如何，一概拒绝，如果诉说冤屈，不论事情大小，一定仔细处理。任何人枉法贪利，都是法律所禁止的；法律禁止这种事，有权有势的人却能妨害法律。诡邪的人到处诽谤我，诽谤我的人，必定不是他人。春秋时代，王叔、陈生两人在周王的朝廷争夺

徐奕字季才，东莞人也。避难江东，孙策礼命之。奕改姓名，微服还本郡。太祖为司空，辟为掾属，从西征马超。超破，军还。时关中新服，未甚安，留奕为丞相长史，镇抚西京，西京称其威信。转为雍州刺史，复还为东曹属。丁仪等见宠于时，并害之，而奕终不为动。出为魏郡太守。太祖征孙权，徙为留府长史，谓奕曰："君之忠亮，古人不过也，然微太严。昔西门豹佩韦以自缓，夫能以柔弱制刚强者，望之于君也。今使君统留事，孤无复还顾之忧也。"魏国既建，为尚书，复典选举，迁尚书令。

太祖征汉中，魏讽等谋反，中尉杨俊左迁。太祖叹曰："讽所以敢生乱心，以吾爪牙之臣无遏奸防谋者故也。安得如诸葛丰者，使代俊乎！"桓阶曰："徐奕其人也。"太祖乃以奕为中尉，手令曰："昔楚有子玉，文公为之侧席而坐；汲黯在朝，淮南为之折谋。《诗》称'邦之司直'，君之谓与！"在职数月，疾笃乞退，拜谏议大夫，卒。

何夔字叔龙，陈郡阳夏人也。曾祖父熙，汉安帝时官至车骑将军。夔幼丧父，与母兄居，以孝友称。长八尺三寸，容貌矜严。避乱淮南。后袁术至寿春，辟之，夔不应，然遂为术所留。久之，术

权利，由晋国的范宣子评理，他命双方对质，结果是非曲直判断得很恰当，《春秋》称赞这件事，所以记载下来。臣不谈在何时、有何人。说臣曾经作此言，必须要有证据。请求您要像宣子那样明辨，找出王叔那样诽谤的人来对质。如果我果真理亏，受刑那天，就好比是赠我安适的马匹；赐剑自杀，就好比是对我的重赏。谨以实情对答。”这时桓阶、和洽出来说话，营救毛玠。毛玠终被罢官，死于家中。曹操赐他棺木、钱帛，任他的儿子毛机为郎中。

徐奕字季才，是东莞人。他到江东避难，得到孙策的礼聘。徐奕改换姓名，穿着民服逃回家乡。曹操任司空，任命徐奕为掾属，随曹操西征马超。败马超后，大军撤回。当时关中刚刚归服，还没完全安定下来，曹操便把徐奕留下来任丞相长史，镇守安抚长安，长安人都称颂他的威信。之后转任雍州刺史，后又回朝廷任东曹掾属。当时丁仪等人很受宠信，一起诽谤他，而徐奕始终没有屈服。后来又出任魏郡太守。曹操征讨孙权，任徐奕为留府长史，对他说：“您的忠诚坦荡，直追古人，但有些过于严厉。过去西门豹佩软皮带以提醒自己不要太急，以柔克刚，这是我对您的期望。如今您统管留守大事，我没有后顾之忧了。”魏国建立后，徐奕任尚书，又主持官员选举，升迁为尚书令。

曹操征讨汉中，魏讽等人发生叛乱，中尉杨俊因为这件事被降职。曹操叹息说：“魏讽之所以敢生叛逆之心，是因为大臣们没有能遏制阴谋的人。上哪儿能找到像诸葛丰那样的人，以替代杨俊呢！”桓阶说：“徐奕就是这样的人呀！”曹操便任徐奕为中尉，发手令说：“过去楚国有子玉，晋文公因此担忧的难以正坐；汲黯在朝中，淮南王就不敢谋反。《诗经》说‘主持国家正道的人’，应该说的就是您吧！”徐奕在职几个月后，因病重请求退职，被任为谏议大夫，不久去世。

何夔字叔龙，是陈郡阳夏人。他的曾祖父何熙，在汉安帝时任车骑将军。何夔幼年丧父，与母亲、哥哥一起生活，以孝顺父母、友爱兄弟为人称道。何夔身高八尺三寸，容貌庄重严肃。曾到淮南避乱。后来袁术到寿春，征召他，何夔没有答应，但还是被袁术留下。

与桥蕤俱攻围蕲阳，蕲阳为太祖固守。术以夔彼郡人，欲胁令说蕲阳。夔谓术谋臣李业曰：“昔柳下惠闻伐国之谋而有忧色，曰‘吾闻伐国不问仁人，斯言何为至于我哉’！”遂遁匿灊山。术知夔终不为己用，乃止。术从兄山阳太守遗母，夔从姑也，是以虽恨夔而不加害。

建安二年，夔将还乡里，度术必急追，乃间行得免，明年到本郡。顷之，太祖辟为司空掾属。时有传袁术军乱者，太祖问夔曰：“君以为信不？”夔对曰：“天之所助者顺，人之所助者信。术无信顺之实，而望天人之助，此不可以得志于天下。夫失道之主，亲戚叛之，而况于左右乎！以夔观之，其乱必矣。”太祖曰：“为国失贤则亡。君不为术所用；乱，不亦宜乎！”太祖性严，掾属公事，往往加杖；夔常畜毒药，誓死无辱，是以终不见及。出为城父令。迁长广太守。郡滨山海，黄巾未平，豪杰多背叛，袁谭就加以官位。长广县人管承，徒众三千余家，为寇害。议者欲举兵攻之。夔曰：“承等非生而乐乱也，习于乱，不能自还，未被德教，故不知反善。今兵迫之急，彼恐夷灭，必并力战。攻之既未易拔，虽胜，必伤吏民。不如徐喻以恩德，使容自悔，可不烦兵而定。”乃遣郡丞黄珍往，为陈成败，承等皆请服。夔遣吏成弘领校尉，长广县丞等郊迎奉牛酒，诣郡。牟平贼从钱，众亦数千，夔率郡兵与张辽共讨定之。东牟人王营，众三千余家，胁昌阳县为乱。夔遣吏王钦等，授以计略，使离散之。旬月皆平定。

不久，袁术与桥蕤都去攻围蕲阳，蕲阳被曹操牢牢守卫。袁术因何夔是蕲阳郡人，想胁迫他去劝降蕲阳守军。何夔对袁术的谋臣李业说："过去柳下惠听说鲁君想要讨伐齐国的谋划后而面带忧虑的神色，说：'我听说攻伐别国的事不应向仁者询问，这话为什么要和我说'！"于是出逃，躲藏在灊山。袁术知道何夔最终不会为自己所用，才不再追逼。袁术的堂兄山阳太守袁遗的母亲，是何夔的堂姑，虽然袁术很恼恨何夔，但却未加害于他。

建安二年，何夔准备回乡，他估计袁术一定会来追赶，就走小道逃避了追捕，第二年回到郡里。不久，曹操征辟何夔为司空掾属。当时有传闻说袁术的部队发生了内乱，曹操问何夔说："你信不信？"何夔回答说："上天要帮助的是顺应民心的人，人们要帮助的是取信于民的人，袁术没有信用、顺民的行为，却企望得到上天和百姓的帮助，这是不可能实现的。失去道义的君主，连亲戚都要背叛他，更何况周围的人呢！依我看，他的部队发生内乱是必然的。"曹操说："治理国家却失去了贤能之人就会致使国家灭亡。你不被袁术所重用，他的内部发生叛乱是理所当然的。"曹操执法甚严，在掾属任职的官员往往受到杖责，何夔常常备好毒药，宁死不受污辱，但是最终没有受到责罚。后来，出任城父县令，升为长广太守。这个郡依山傍海，黄巾军还没有平定，当地的豪强大多与他们都有联系，袁谭就给他们加封官职，希望以此来转化他们的心。长广县人管承有部众三千多家，抢劫掳掠，危害地方。有人提出派兵去攻打管承。何夔说："管承等人不是天生就喜欢作乱的，因为没有受到德教，而不能自拔，还不知道改邪归正。如果军队逼得太急，他们唯恐被剿灭，一定会拼命抵抗。就不易取胜，即便取胜，也会伤害很多官吏百姓。不如慢慢地用德义开导，使他们逐渐醒悟，不用兴师动众就能平定他们。"于是，就派郡丞黄珍前去，给他们讲明利害得失，管承等人全都请求归降。何夔派县吏成弘兼任校尉长。县丞等人带着牛、酒到郊外迎接管承等人的到来。牟平的贼寇从钱手下有几千人马，何夔率领郡中的部队和张辽一起讨伐并且平定了他们。东牟人王营有部众三千多家，胁迫昌阳县作乱。何夔派官吏王钦等人，以计谋使王营的都众分崩溃

是时太祖始制新科下州郡，又收租税绵绢。夔以郡初立，近以师旅之后，不可卒绳以法，乃上言曰："自丧乱已来，民人失所，今虽小安，然服教日浅。所下新科，皆以明罚敕法，齐一大化也。所领六县，疆域初定，加以饥馑，若一切齐以科禁，恐或有不从教者。有不从教者不得不诛，则非观民设教随时之意也。先王辨九服之赋以殊远近，制三典之刑以平治乱，愚以为此郡宜依远域新邦之典，其民间小事，使长吏临时随宜，上不背正法，下以顺百姓之心。比及三年，民安其业，然后齐之以法，则无所不至矣。"太祖从其言。征还，参丞相军事。海贼郭祖寇暴乐安、济南界，州郡苦之。太祖以夔前在长广有威信，拜乐安太守。到官数月，诸城悉平。

入为丞相东曹掾。夔言于太祖曰："自军兴以来，制度草创，用人未详其本，是以各引其类，时忘道德。夔闻以贤制爵，则民慎德；以庸制禄，则民兴功。以为自今所用，必先核之乡闾，使长幼顺叙，无相逾越。显忠直之赏，明公实之报，则贤不肖之分，居然别矣。又可修保举故不以实之令，使有司别受其负。在朝之臣，时受教与曹并选者，各任其责。上以观朝臣之节，下以塞争竞之源，以督群下，以率万民，如是则天下幸甚。"太祖称善。魏国既建，拜尚书仆射。文帝为太子，以凉茂为太傅，夔为少傅；特命二傅与尚书东曹并选太子诸侯官属。茂卒，以夔代茂。每月朔，太傅入见太子，太子正法服而礼焉；他日无会仪。夔迁太仆，太子欲与辞，宿戒供，夔无往意；乃与书请之，夔以国有常制，遂不往。其履正如此，然于节俭之世，最为豪汰。文帝践阼，封成阳亭侯，邑三百户。疾病，屡

散，不到一月就都平定了。

此时曹操制定新的法令并且颁发到各州、郡，而且征收租税丝绵织品。何夔认为各郡刚从离乱中恢复建制，屡遭兵火，不宜仓促间便以法令约束。于是上书说："自离乱以来，百姓流离失所，现虽初步安定，但教化时间尚短。此次所颁之新条令，是靠严厉刑罚整顿秩序，以统一教化。长广郡辖六县，疆域初定，加之灾荒肆虐，如一切皆用法令统一，恐有人不服政教，就不得不诛杀这些人，那样就不是观民风而设教化来顺天时了。先代圣王以距王畿之远近而辨'九服'，征收九种不同的赋税，制定轻、中、重三类不同程度的刑典以平治乱。我认为，长广郡应依循离王畿较远之地域和新邦轻典来对待小的纠纷，就让负责管理的官吏临时采取措施处理。这样对上既不违正大法典，对下又顺遂了百姓的心意。三年之后，民众安居乐业，然后再施予统一的法律，就可以通行了。"曹操采纳了何夔的意见。何夔后被召回，参谋丞相府军事。海贼郭祖作乱于乐安、济南地界，州郡官吏百姓深受其害。曹操因何夔以前在长广郡很有威信，任命他为乐安太守。何夔到任几个月后，各县城均被平定。

何夔任丞相东曹掾。他给曹操进言说："自从您起兵以来，制度开始建立，用人时未能详察其本质，所以人们各自引荐同类，忽略了对道德的考察。我听说依据人的贤能给予爵位，百姓就重视道德；依据功劳与俸禄，百姓就乐于立功。我认为从现在开始所用之人，应先在其家乡进行考核，使长幼有序，不相互逾越。公开奖励忠正之人，给予奉公诚实的人以报酬，这样就能使贤能与不贤之人很容易区分，又可以制定惩治举荐人才弄虚作假的法令，使有关官员也同时承担责任。在朝的大臣，与东曹共同选任官员的时候，也能各负其责。这样既可以观朝臣之节操，在下堵塞追名逐利之根源，借以监督下级，统率民众，若能如此就是天下人的幸事。"曹操认为这个建议非常好。魏国建立以后，任何夔为尚书仆射。曹丕为太子的时候，以凉茂为太子太傅，何夔为太子少傅；特许二人与尚书东曹一起选拔辅佐太子的官属。凉茂去世，曹操以何夔代替凉茂太子太傅的职务。每月初一日，太傅入宫见太子，太子端端正正穿好礼服向太傅行礼；平常

乞逊位。诏报曰："盖礼贤亲旧，帝王之常务也。以亲则君有辅弼之勋焉，以贤则君有醇固之茂焉。夫有阴德者必有阳报，今君疾虽未瘳，神明听之矣。君其即安，以顺朕意。"薨，谥曰靖侯。子曾嗣，咸熙中为司徒。

邢颙字子昂，河间鄚人也。举孝廉，司徒辟，皆不就。易姓字，适右北平，从田畴游。积五年，而太祖定冀州。颙谓畴曰："黄巾起来二十余年，海内鼎沸，百姓流离。今闻曹公法令严。民厌乱矣，乱极则平。请以身先。"遂装还乡里。田畴曰："邢颙，民之先觉也。"乃见太祖，求为乡导以克柳城。

太祖辟颙为冀州从事，时人称之曰："德行堂堂邢子昂。"除广宗长，以故将丧弃官。有司举正，太祖曰："颙笃于旧君，有一致之节。"勿问也。更辟司空掾，除行唐令，劝民农桑，风化大行。入为丞相门下督，迁左冯翊，病，去官。是时，太祖诸子高选官属，令曰："侯家吏，宜得渊深法度如邢颙辈。"遂以为平原侯植家丞。颙防闲以礼，无所屈挠，由是不合。庶子刘桢书谏植曰："家丞邢颙，北土之彦，少秉高节，玄静澹泊，言少理多，真雅士也。桢诚不足同贯斯人，并列左右。而桢礼遇殊特，颙反疏简，私惧观者将谓君侯习近不肖，礼贤不足，采庶子之春华，忘家丞之秋实。为上招谤，其罪不小，以此反侧。"后参丞相军事，转东曹掾。初，太子未定，而临菑侯植有宠，丁仪等并赞翼其美。太祖问颙，颙对曰："以庶代宗，先世之戒也。愿殿下深重察之！"太祖识其意，后遂以为太子少

则没有这样的相会礼仪。何夔升迁为太仆，太子曹丕想和他谈话，头一天晚上就备下酒菜，何夔没有前往；太子就写信请他前来，何夔认为国家有相关制度就没有去。他就是这样遵守正道。然而，在当时节俭的风气中，何夔又最为豪奢。曹丕登上帝位后，封何夔为成阳亭侯，封邑三百户。由于疾病，何夔多次辞位。文帝下诏回复说："礼遇贤能亲近故旧，是帝王常做的事。从亲近的角度说您有辅助的功劳，从贤能的角度说您有纯真的美德。；有阴德的人必有阳报，如今您的病虽然没有痊愈，但是神明对您的所有功德全部都知道。请您安心养病，以顺遂我的心愿。"何夔去世后，加谥号为靖侯。儿子何曾承袭了爵位，咸熙年间任司徒。

邢颙字子昂，是河间郡鄚县人。有人举荐他为孝廉，司徒征召他，他都不接受。并且改名换姓来到右北平，与田畴交游。过了五年，曹操平定了冀州，邢颙对田畴说："黄巾军兴起已有二十多年，国内动乱，百姓离所。听说曹公法令严明，百姓又厌恶战乱，乱极必会转向安定，请让我先去投奔他。"就整装回到故乡。田畴说："邢颙是百姓中的先知先觉者。"邢颙去见曹操，请求担任向导去夺取柳城。

曹操征召邢颙为冀州从事，时人称赞他说："邢子昂品行端正。"被任命为广宗县长，因旧主死而弃官不做。官署举报纠察这事，曹操说："邢颙对旧友情深谊厚，始终保持一贯的节操。"没有追究。改征为司空掾，任命他为行唐县令，他勉励百姓从事农桑，风俗教化遍行于世。后来邢颙入京，任丞相府门下督，迁任左冯翊，因病辞职。这时，曹操的几个儿子都高标准征求官属，下令说："侯爵家的官吏，应得到法度严谨如邢颙那样的人。"于是邢颙就成了平原侯曹植的家丞。邢颙严守礼仪防禁曹植，一点不妥协，因此二人关系始终若即若离。时任曹植庶子的刘桢写信劝谏曹植说："家丞邢颙，北方俊彦之士，少时即秉持高节，沉稳干练，淡泊寡欲，是真雅士。我不足以和他并列于您的左右。但是我的礼遇特殊，邢颙反被简慢，我私下里担心旁观的人会说您对贤者礼遇不够，一心顾念了像春华一样的庶子而忘却了像秋实一般的家丞。为你招来指责，因此辗转不能自安。"后来邢颙参丞相军事，转任东曹掾。当初，太子尚未确定，临

傅，迁太傅。文帝践阼，为侍中尚书仆射，赐爵关内侯，出为司隶校尉，徙太常。黄初四年薨。子友嗣。

鲍勋字叔业，泰山平阳人也，汉司隶校尉鲍宣九世孙。宣后嗣有从上党徙泰山者，遂家焉。勋父信，灵帝时为骑都尉，大将军何进遣东募兵。后为济北相，协规太祖，身以遇害。语在《董卓传》《武帝纪》。建安十七年，太祖追录信功，表封勋兄邵新都亭侯。辟勋丞相掾。

二十二年，立太子，以勋为中庶子。徙黄门侍郎，出为魏郡西部都尉。太子郭夫人弟为曲周县吏，断盗官布，法应弃市。太祖时在谯，太子留邺，数手书为之请罪。勋不敢擅纵，具列上。勋前在东宫，守正不挠，太子固不能悦，及重此事，恚望滋甚。会郡界休兵有失期者，密敕中尉奏免勋官。久之，拜侍御史。延康元年，太祖崩，太子即王位，勋以驸马都尉兼侍中。

文帝受禅，勋每陈："今之所急，唯在军农，宽惠百姓。台榭苑囿，宜以为后。"文帝将出游猎，勋停车上疏曰："臣闻五帝三王，靡不明本立教，以孝治天下。陛下仁圣恻隐，有同古烈。臣冀当继踪前代，令万世可则也。如何在谅闇之中，修驰骋之事乎！臣冒死以闻，唯陛下察焉。"帝手毁其表而竟行猎，中道顿息，问侍臣曰："猎之为乐，何如八音也？"侍中刘晔对曰："猎胜于乐。"勋抗辞曰："夫乐，上通神明，下和人理，隆治致化，万邦咸乂。移风易俗，莫善于乐。况猎，暴华盖于原野，伤生育之至理，栉风沐雨，不以时隙哉？昔鲁隐观渔于棠，《春秋》讥之。虽陛下以为务，愚臣所不愿

菑侯曹植受到宠爱，丁仪等人一同赞颂帮助他。曹操以这件事询问邢颙，邢颙回答说："以庶代嫡，前代的例子要引以为戒。望殿下慎重考虑！"曹操懂得他的心意，后来就任命邢颙为太子少傅，又升为太傅。文帝即位后，邢颙任侍中尚书仆射，爵封关内侯，出任司隶校尉，调升太常。邢颙在黄初四年去世，儿子邢友继承了他的爵位。

鲍勋字叔业，是泰山郡平阳县人，是汉朝司隶校尉鲍宣的第九代孙。鲍宣的后代有人从上党迁徙到泰山，之后便在那里安了家。鲍勋的父亲鲍信，汉灵帝时任都尉，大将军何进派他到东方募兵。后任济北国相，协助曹操，受伤阵亡。这件事记载在《董卓传》《武帝纪》中。建安十七年，曹操追录鲍信的功劳，上表封鲍勋的哥哥鲍邵为新都亭侯。任命鲍勋为丞相掾。

建安二十二年，曹操立曹丕为太子，任命鲍勋为中庶子。调任黄门侍郎，出任魏郡西部都尉。太子郭夫人的弟弟是曲周县小吏，因偷盗官家布匹被判刑，根据法律应处死示众。曹操当时在谯县，曹丕留守邺城，几次亲自写信为他承担罪责。鲍勋不敢擅自释放，把情况详细向上禀报。鲍勋以前在东宫的时候，严守正直而不屈于权势，曹丕本来就不喜欢，又加上这件事，怨恨之心更重。正好遇上郡界休整的士兵中有超过期限不归队的，就密令中尉奏请罢免了鲍勋的官职。过了很久，任命鲍勋为侍御史。延康元年，曹操去世，曹丕继承了王位，鲍勋以驸马都尉的身份兼任侍中。

文帝接受禅让登上帝位以后，鲍勋常常跟他说："当今的急务，就在于军事和农业，给百姓实惠。楼台亭榭园林的建设，应该放在后面。"文帝将要外出打猎，鲍勋拦住车子上奏说："臣听说五帝三王，没有不明确根本树立教化的，以孝道治理天下。陛下仁慈圣明具有恻隐之心，同古代的明君一样。臣希望陛下应当效法前代圣王，给后代树立榜样。怎么能在居丧守孝期间，去做打猎这样的事呢！臣冒着死罪进言，希望陛下深思。"文帝亲手撕碎鲍勋的奏章竟自出猎，中途休息时，问身旁的侍臣说："打猎的快乐，与听音乐相比怎么样？"侍中刘晔回答："打猎的快乐胜于听音乐。"鲍勋驳斥说："音乐，上可以通神明，下可以调和人际关系，使政治兴隆教化大行，万邦安

也。”因奏：“刘晔佞谀不忠，阿顺陛下过戏之言。昔梁丘据取媚于遄台，晔之谓也。请有司议罪以清皇朝。”帝怒作色，罢还，即出勋为右中郎将。

黄初四年，尚书令陈群、仆射司马宣王并举勋为宫正，宫正即御史中丞也。帝不得已而用之，百僚严惮，罔不肃然。六年秋，帝欲征吴，群臣大议，勋面谏曰：“王师屡征而未有所克者，盖以吴、蜀唇齿相依，凭阻山水，有难拔之势故也。往年龙舟飘荡，隔在南岸，圣躬蹈危，臣下破胆。此时宗庙几至倾覆，为百世之戒。今又劳兵袭远，日费千金，中国虚耗，令黠虏玩威，臣窃以为不可。”帝益忿之，左迁勋为治书执法。

帝从寿春还，屯陈留郡界。太守孙邕见，出过勋。时营垒未成，但立标埒，邕邪行不从正道，军营令史刘曜欲推之，勋以堑垒未成，解止不举。大军还洛阳，曜有罪，勋奏绌遣，而曜密表勋私解邕事。诏曰：“勋指鹿作马，收付廷尉。”廷尉法议：“正刑五岁。”三官驳：“依律罚金二斤。”帝大怒曰：“勋无活分，而汝等敢纵之！收三官已下付刺奸，当令十鼠同穴。”太尉钟繇、司徒华歆、镇军大将军陈群、侍中辛毗、尚书卫臻、守廷尉高柔等并表“勋父信有功于太祖”，求请勋罪。帝不许，遂诛勋。勋内行既修，廉而能施，死之日，家无余财。后二旬，文帝亦崩，莫不为勋叹恨。

定。移风易俗，没有比音乐更好的了。何况打猎，要在原野中暴露帝王的贵体，损伤生长繁育的天理，栉风沐雨，怎么能不按照四时有间隙地进行呢？过去鲁隐公在棠地观看捕鱼，《春秋》对这件事进行批评。虽然陛下把打猎作为急务，但是是臣不愿意看到的。”因此就上奏说：“刘晔奸猾谄媚不忠，阿谀顺承陛下有过分玩笑的话。过去梁丘据在遄台向齐侯献媚，刘晔就是这样的人。请有关部门议定刘晔的罪名以使皇朝清静。”文帝气得脸色大变，停止打猎回朝，立即让鲍勋出任右中郎将。

黄初四年，尚书令陈群、仆射司马懿共同举荐鲍勋任宫正，也就是御史中丞。曹丕没有办法不得不任用他，公卿百官都很敬畏他，没有谁敢不庄重严肃。黄初六年秋天，曹丕想讨伐吴国，群臣广议，鲍勋当面进谏说：“大军屡征而未能取胜，其原因是因为吴、蜀两国唇齿相依，依山水之险，而难以攻克的缘故。当年龙舟被阻于大江南岸漂荡，圣上处于危险之中其险境让臣心惊胆战。那时宗庙几乎要倾覆了，这件事应当作为世代之教训。现在又要劳军远袭，每天耗费逾千两，使国库空虚，如今狡猾的敌人正在逞威耀，臣认为现在不能讨伐吴国。”曹丕更加恼恨鲍勋，将他降职为治书执法。

文帝从寿春回来之后，驻扎在陈留郡。太守孙邕晋见，要经过鲍勋的营地。当时营垒还没建成，只是立好了标志，孙邕斜穿营地而没走正门，军营令史刘曜要追究他的罪责，鲍勋认为营垒还没建成，不让他举报。大军回到洛阳以后，刘曜有罪，鲍勋上奏要求将他废黜遣送回家，刘曜则秘密上表揭发鲍勋私下为孙邕讲情的事情。文帝下诏说：“鲍勋指鹿为马，将他逮捕交付廷尉处置。”廷尉依法：“判处五年徒刑。”廷尉三官驳回说：“依照律令只应判处罚金二斤。”文帝愤怒地说：“鲍勋没有活命的道理，而你们竟敢宽纵他！逮捕三官以下的人员交付刺奸处置，要把他们一起处死。”太尉钟繇、司徒华歆、镇军大将军陈群、侍中辛毗、尚书卫臻、守廷尉高柔等一起上表说“鲍勋的父亲鲍信对太祖有功”，请求赦免鲍勋的死罪。文帝不准，便杀了鲍勋。鲍勋品德修养很好，廉洁而能施于人，死的时候，家里没有多余的财物。鲍勋死后二十天，文帝也去世了，当

司马芝字子华，河内温人也。少为书生，避乱荆州，于鲁阳山遇贼，同行者皆弃老弱走，芝独坐守老母。贼至，以刃临芝，芝叩头曰：“母老，唯在诸君！”贼曰：“此孝子也，杀之不义。”遂得免害，以鹿车推载母，居南方十余年，躬耕守节。

太祖平荆州，以芝为菅长。时天下草创，多不奉法。郡主簿刘节，旧族豪侠，宾客千余家，出为盗贼，入乱吏治。顷之，芝差节客王同等为兵，掾史据白：“节家前后未尝给繇，若至时藏匿，必为留负。”芝不听，与节书曰：“君为大宗，加股肱郡，而宾客每不与役，既众庶怨望，或流声上闻。今调同等为兵，幸时发遣。”兵已集郡，而节藏同等，因令督邮以军兴诡责县，县掾史穷困，乞代同行。芝乃驰檄济南，具陈节罪。太守郝光素敬信芝，即以节代同行，青州号芝“以郡主簿为兵”。迁广平令。征虏将军刘勋，贵宠骄豪，又芝故郡将，宾客子弟在界数犯法。勋与芝书，不著姓名，而多所属托，芝不报其书，一皆如法。后勋以不轨诛，交关者皆获罪，而芝以见称。

迁大理正。有盗官练置都厕上者，吏疑女工，收以付狱。芝曰：“夫刑罪之失，失在苛暴。今赃物先得而后讯其辞，若不胜掠，或至诬服。诬服之情，不可以折狱。且简而易从，大人之化也。不失有罪，庸世之治耳。今宥所疑，以隆易从之义，不亦可乎！”太祖从其议。历甘陵、沛、阳平太守，所在有绩。黄初中，入为河南尹，抑强扶弱，私请不行。会内官欲以事托芝，不敢发言，因芝妻伯父董昭。昭

时没有人不为鲍勋感到叹息遗憾。

司马芝字子华，是河内郡温县人。他年少时是一个读书人，后到荆州避乱。在鲁阳山遇到盗贼，同行的人都扔下老弱跑掉，只有司马芝坐守老母。盗贼来到面前，把刀架在司马芝的脖子上，司马芝叩头说："母亲年老，请各位手下留情！"盗贼说："这是孝子，杀他不义。"因此免遭杀戮，用独轮车推载着老母而去。司马芝在南方住了十多年，读书耕种，坚守节操。

曹操平定荆州，任用司马芝为菅县县长。当时天下草创，很多人不守法。郡主簿刘节，出身巨族，宾客有一千多家，成为盗贼，扰乱郡内吏治。不久，司马芝差遣刘节的门客王同等人服役，掾史据情禀报说："刘节家从来没有出过徭役，如果到期他把王同等人藏匿起来，必定会留下负担。"司马芝不听从，写信给刘节说："您是巨族大宗，又是郡守的辅佐，但您的宾客都不肯服役，这已使众百姓怨恨失望，有可能会让上面知道。现在派王同等人服兵役，希望您能按时派出他们。"新兵已经在郡里集中，刘节却真的藏起了王同等人，司马艺于是令督邮用战时法令假装责求县府。县掾史没有办法，只得请求代替王同等人上路。司马芝派人飞马向济南呈报檄文，详细陈述了刘节的罪行。太守郝光素来敬信于他，立即让刘节代替王同服役，青州人称司马芝"让郡主簿当兵"。司马芝升任广平县令。征虏将军刘勋，恃宠骄横，又因为是司马芝故乡河内郡的大将，他的宾客子弟也多次犯法。刘勋给司马芝寄信，不署姓名，却常常有事请求嘱托，司马芝对此不予回复，全都依法办理。后来刘勋以图谋不轨的罪被诛杀，和他有关系的人都获了罪，而司马芝则以有见识被人称道。

司马芝升迁为大理正。有人偷了官府的丝绢藏在厕所里，官吏怀疑是个女工干的，就把她逮捕入狱。司马芝说："惩治犯罪的失误，在于暴虐。现在先得到赃物以审讯取得口供，犯人常常经不住拷打，有可能导致屈招。这是不可以作为断狱根据的。况且法律简明而易于遵守，是明君的教化原则。不放过有罪的人，是中等的世道所采用的方法。现在我们宽恕被怀疑的人，以便建立简明而易遵守的原则，也是可行的！"曹操听从了他的建议。司马芝历任甘陵、沛、阳

犹惮芝，不为通。芝为教与群下曰："盖君能设教，不能使吏必不犯也。吏能犯教，而不能使君必不闻也。夫设教而犯，君之劣也；犯教而闻，吏之祸也。君劣于上，吏祸于下，此政事所以不理也。可不各勉之哉！"于是下吏莫不自励。门下循行尝疑门干盗簪，干辞不符，曹执为狱。芝教曰："凡物有相似而难分者，自非离娄，鲜能不惑。就其实然，循行何忍重惜一簪，轻伤同类乎！其寝勿问。"

明帝即位，赐爵关内侯。顷之，特进曹洪乳母当，与临汾公主侍者共事无涧神系狱。卞太后遣黄门诣府传令，芝不通，辄敕洛阳狱考竟，而上疏曰："诸应死罪者，皆当先表须报。前制书禁绝淫祀以正风俗，今当等所犯妖刑，辞语始定，黄门吴达诣臣，传太皇太后令。臣不敢通，惧有救护，速闻圣听，若不得已，以垂宿留。由事不早竟，是臣之罪，是以冒犯常科，辄敕县考竟，擅行刑戮，伏须诛罚。"帝手报曰："省表，明卿至心，欲奉诏书，以权行事，是也。此乃卿奉诏之意，何谢之有？后黄门复往，慎勿通也。"芝居官十一年，数议科条所不便者。其在公卿间，直道而行。会诸王来朝，与京都人交通，坐免。

后为大司农。先是诸典农各部吏民，末作治生，以要利入。芝奏曰："王者之治，崇本抑末，务农重谷。《王制》：'无三年之储，国非其国也。'《管子·区言》以积谷为急。方今二虏未灭，师旅不息，国家之要，惟在谷帛。武皇帝特开屯田之官，专以农桑为业。建

平等郡的太守，在任职的地方都有政绩。黄初年间，入朝为河南尹，抑强扶弱，对私人请托不予理睬。有一次，宫中的妃子想要请托司马芝办事，又不敢直接向他说，便通过司马芝妻子的伯父董昭来传达意思。董昭也惧怕司马芝，不敢通话。司马芝对下属们说："上司能规定教令，却不能使下属不去违反；下属能犯法令，不能使上司无所闻。规定教令而下属不遵，是上司无能；违反了被上司发觉，是下属的祸患。上司无能，下属遭祸，这是政事不能治理的原因。各位努力吧！"因此他的下属们没有人不自我勉励。门下巡视人员曾经怀疑门卫偷盗自己的发簪，门卫不承认，有司将他逮捕下狱。司马芝说："凡是事物有相比的地方，如果不具有离娄的眼光，就会被迷惑。就这件事而言，巡视人员只看重一只簪子，把伤害同僚看得很轻！这件事压下来不要追究了。"

明帝即位的时候，赐封司马芝为关内侯。没过多久，曹洪的乳母当氏和临汾公主侍者因共同奉祀无涧山神被拘捕入狱。卞太后派太监到司马芝府中传达懿旨，司马芝不让他进门通报，立即命洛阳狱吏将被拘者拷问致死，上疏说："各种死罪的情况，都应事先上奏以待回报。先前朝廷下书明确禁绝淫祀以纠正风俗如今，现当氏等人触犯了有关刑法，供词刚确定，黄门吴达就来到这里，传达太皇太后的命令。臣不敢让他通报，恐有人为她们求情，速报圣上得知。此事如不早结，就是我的罪过。所以冒犯常规，擅自执行刑罚，臣等待皇上降罪。"明帝手书答复说："看了奏表，明白了你的忠心，遵奉诏书，权宜行事，是对的。这是奉接诏书的本意，哪里用得着请罪？以后黄门再去你处，仍然禁止他们通报。"司马芝任大理正官十一年，处理了几个法规所不便处理的案子。在公卿之间，他秉持原则行事。适逢诸王来京朝见，和京都人交往串通，司马芝获罪被免职。

司马芝后来担任大司农。在此之前各典农官属下的官员，大多数靠经商来获取利益。司马芝上奏说："王道治政，推崇农耕而抑制工商，使百姓致力于农事。《王制》上说：'没有三年的储备，国家不成国。'《管子·区言》就把积蓄粮食看作是当务之急。如今吴、蜀尚未被平定，军队得不到休息，国家大事，是谷物和布匹。武皇帝特意

安中，天下仓廪充实，百姓殷足。自黄初以来，听诸典农治生，各为部下之计，诚非国家大体所宜也。夫王者以海内为家，故传曰：‘百姓不足，君谁与足！’富足之由，在于不失天时而尽地力。今商旅所求，虽有加倍之显利，然于一统之计，已有不赀之损，不如垦田益一亩之收也。夫农民之事田，自正月耕种，耘锄条桑，耕熯种麦，获刈筑场，十月乃毕。治廪系桥，运输租赋，除道理梁，墐涂室屋，以是终岁，无日不为农事也。今诸典农，各言‘留者为行者宗田计，课其力，势不得不尔。不有所废，则当素有余力。’臣愚以为不宜复以商事杂乱，专以农桑为务，于国计为便。”明帝从之。每上官有所召问，常先见掾史，为断其意故，教其所以答塞之状，皆如所度。芝性亮直，不矜廉隅。与宾客谈论，有不可意，使面折其短，退无异言。卒于官，家无余财，自魏迄今为河南尹者莫及芝。

芝亡，子岐嗣，从河南丞转廷尉正，迁陈留相。梁郡有系囚，多所连及，数岁不决。诏书徙狱于岐属县，县请豫治牢具。岐曰：“今囚有数十，既巧诈难符，且已倦楚毒，其情易见。岂当复久处囹圄邪！”及囚至，诘之，皆莫敢匿诈，一朝决竟，遂超为廷尉。是时大将军爽专权，尚书何晏、邓飏等为之辅翼。南阳圭泰尝以言迕指，考系廷尉。飏讯狱，将致泰重刑。岐数飏曰：“夫枢机大臣，王室之佐，既不能辅化成德，齐美古人，而乃肆其私忿，枉论无辜。使百姓危心，非此焉在？”飏于是惭怒而退。岐终恐久获罪，以疾去官。居家未期而卒，年三十五。子肇嗣。

设屯田官吏，专职发展农桑。建安年间，天下仓廪充实，百姓富庶。自黄初以来，各典农官自谋生计，这不是国家大计所应用的办法。王者以天下为家，所以《论语》上说：‘百姓不富，国君与谁富足呢！’富足的途径，在于不丧失天时而充分发挥地力。现在商贾所求，虽有丰厚利润，但是对国之大计，已经产生了不可估量的损失，与多开一亩地的收入无法相比。农民从正月开始耕种，除草修桑耕地种麦，到十月才收割打场。接着修缮仓库，加固桥梁，运粮交租，平整道路，粉刷房屋，这样一年到头，没有一天不为农事而操劳。现在的典农官吏说什么‘留下的人为外出经商者管理农田，依能力的大小，不得不这样做。要使两处都不废弃，应当有大余力才行。’我认为，不该再用商业来干扰农业，而应该专心从事农桑，这于国更为有利。”明帝听取了他的意见。每逢上官有所召问，司马芝常先召见属下掾史，替他们判断上级的意图，教他们怎样回答的具体办法，结果都和他所预料的一样。司马芝正直不骄，廉洁方正。和宾客谈论，有不同意的地方就当面批评，背后从不说别的闲话。司马芝死在任上，家里没有多余的钱财，从魏朝到现在历任河南尹的人没有一个比得上司马芝的。

司马芝去世以后，他的儿子司马岐承袭了爵位，从河南丞转任廷尉正，后来又升迁为陈留国相。梁郡有关在狱中的囚犯，牵连面广，几年也不能结案。皇帝下诏书要求把这些案件转到司马岐所在的县处理，县里请求预先准备牢具。司马岐说：“如今囚犯有好几十，囚犯既难以串通供词作假，又加上已经被拷打够了，真实的案情容易发现。还用得着再让囚犯长时间关在监狱中吗！”等到囚犯来了，司马岐审问囚犯，没有人敢隐瞒欺诈，一下子就把案子判完了，朝廷便提拔司马岐为廷尉。当时大将军曹爽专权，尚书何晏、邓飏等人都是他的党羽。南阳人圭泰曾因言论违反了曹爽的意旨，被送入廷尉审讯。邓飏到监狱审问，要对圭泰动用重刑。司马岐多次对邓飏说：“中枢机要大臣，是王室的辅佐，既不能辅助教化培养道德，与古人比美，却要发泄私愤，使无辜的人受冤屈。使百姓心中感到恐慌的，不是因为这个原因又是因为什么呢？”邓飏因此又羞又恼地离去。司马岐怕时间长了会被邓飏等人陷害，便称病离职。在家不到一年就去世了，终年三十五岁。儿子司马肇承袭了爵位。

评曰：徐奕、何夔、邢颙贵尚峻厉，为世名人。毛玠清公素履，司马芝忠亮不倾，庶乎不吐刚茹柔。崔琰高格最优，鲍勋秉正无亏，而皆不免其身，惜哉！《大雅》贵“既明且哲”，《虞书》尚“直而能温”，自非兼才，畴克备诸！

评论说：徐奕、何夔、邢颙尊贵而冷峻严厉，是当世的名人。毛玠清廉公正，司马芝忠贞坦荡，从不欺软怕硬。崔琰品格高尚无双，鲍勋正义无私，但都没有避免杀身之祸，可惜呀！《诗经·大雅》以“既明白事理又适应形势”为贵，《虞书》推崇“刚直而又温和”，对于这些如果不是品格完备的人才，有谁能够具备呢！

卷十三　魏书十三

钟繇华歆王朗传第十三

钟繇字元常，颍川长社人也。尝与族父瑜俱至洛阳，道遇相者，曰："此童有贵相，然当厄于水，努力慎之！"行未十里，度桥，马惊，堕水几死。瑜以相者言中，益贵繇，而供给资费，使得专学。举孝廉，除尚书郎、阳陵令，以疾去。辟三府，为廷尉正、黄门侍郎。是时，汉帝在西京，李傕、郭汜等乱长安中，与关东断绝。太祖领兖州牧，始遣使上书。傕、汜等以为"关东欲自立天子，今曹操虽有使命，非其至实"，议留太祖使，拒绝其意。繇说傕、汜等曰："方今英雄并起，各矫命专制，唯曹兖州乃心王室，而逆其忠款，非所以副将来之望也。"傕、汜等用繇言，厚加答报，由是太祖使命遂得通。太祖既数听荀彧之称繇，又闻其说傕、汜，益虚心。后傕胁天子，繇与尚书郎韩斌同策谋。天子得出长安，繇有力焉。拜御史中丞，迁侍中尚书仆射，并录前功封东武亭侯。

时关中诸将马腾、韩遂等，各拥强兵相与争。太祖方有事山东，以关右为忧。乃表繇以侍中守司隶校尉，持节督关中诸军，委之以后事，特使不拘科制。繇至长安，移书腾、遂等，为陈祸福，腾、遂各遣子入侍。太祖在官渡，与袁绍相持，繇送马二千余匹给军。太祖与繇书曰："得所送马，甚应其急。关右平定，朝廷无西顾之忧，足下之勋也。昔萧何镇守关中，足食成军，亦适当尔。"其后

钟繇，字元常，是颍川郡长社县人。钟繇小时候和同族的一位叔父钟瑜一起去洛阳，路上遇到一个相面的人，那人说："这个孩子有贵人相，但注定要在水上遭遇危险，要小心避免啊！"钟繇走了没有十里，过桥时马惊了，掉下河去差点淹死。钟瑜因为相面的人说得准，更加看重钟繇，就供给资费，让他专心学习。钟繇后被举荐为孝廉，任尚书郎、阳陵县令，因病离职。又被三公府任命为下属，改任廷尉正、黄门侍郎。其时，汉献帝在长安，李傕、郭汜等人在长安城中作乱，与关东断绝联系。曹操兼任兖州牧后，开始派遣使者进贡上书。李傕、郭汜等人认为，"关东早想要自行拥立天子，现在曹操虽然派使者来，却不是真的"，商量扣留太祖的使者，拒绝他的上贡。钟繇劝李傕、郭汜等人说："现今英雄并起，很多人都假称奉皇帝的命令而独断专行，只有曹兖州心系王室，如果拒绝他的诚意，就断绝了那些准备前来向天子致意的人的希望。"李傕、郭汜等人采用了钟繇的建议，对曹操给予优厚的回报，曹操从此得与朝廷通使。曹操已经几次听荀彧称赞钟繇，得知他对李傕、郭汜的劝说，更加深了对他的好感。后来李傕胁迫献帝，钟繇和尚书郎韩斌一同策划，献帝得以离开长安，钟繇是出了力的。后来被任命为御史中丞，升任侍中、尚书仆射，还根据他的功劳封为东武亭侯。

当时关中诸将马腾、韩遂等人，各自拥强兵相争。太祖在山东正有战事，忧虑关西。于是就上表举荐钟繇以侍中的身份暂任司隶校尉，持符节统领关中各军，把后方事务委托给他，特别让他不受拘于科范条例。钟繇到了长安，写信给马腾、韩遂等人，为他们陈述祸福，马腾、韩遂准备送子入朝侍奉。太祖在官渡，和袁绍军队相持，钟繇送战马二千余匹供给军队。太祖写信给钟繇说道："获得你所送的马，很应急。关西平定以后，朝廷就没有西顾之忧了，这是足下

匈奴单于作乱平阳，繇帅诸军围之，未拔；而袁尚所置河东太守郭援到河东，众甚盛。诸将议欲释之去，繇曰："袁氏方强，援之来，关中阴与之通，所以未悉叛者，顾吾威名故耳。若弃而去，示之以弱，所在之民，谁非寇仇？纵吾欲归，其得至乎！此为未战先自败也。且援刚愎好胜，必易吾军，若渡汾为营，及其未济击之，可大克也。"张既说马腾会击援，腾遣子超将精兵逆之。援至，果轻渡汾，众止之，不从。济水未半，击，大破之，斩援，降单于。语在《既传》。其后河东卫固作乱，与张晟、张琰及高幹等并为寇，繇又率诸将讨破之。自天子西迁，洛阳人民单尽，繇徙关中民，又招纳亡叛以充之，数年间民户稍实。太祖征关中，得以为资，表繇为前军师。

魏国初建，为大理，迁相国。文帝在东宫，赐繇五熟釜，为之铭曰："于赫有魏，作汉藩辅。厥相惟钟，实干心膂。靖恭夙夜，匪遑安处。百寮师师，楷兹度矩。"数年，坐西曹掾魏讽谋反，策罢就第。文帝即王位，复为大理。及践阼，改为廷尉，进封崇高乡侯。迁太尉，转封平阳乡侯。时司徒华歆、司空王朗，并先世名臣。文帝罢朝，谓左右曰："此三公者，乃一代之伟人也，后世殆难继矣！"明帝即位，进封定陵侯，增邑五百，并前千八百户，迁太傅。繇有膝疾，拜起不便。时华歆亦以高年疾病，朝见皆使载舆车，虎贲舁上殿就坐。是后三公有疾，遂以为故事。

初，太祖下令，使平议死刑可宫割者。繇以为"古之肉刑，更历

的功勋。从前萧何镇守关中，供应粮草给军队，你就像萧何一样。”其后匈奴单于在平阳作乱，钟繇率诸军围攻匈奴，未攻下；而袁尚所设置的河东太守郭援到了河东，兵众非常多。诸将商议想放弃平阳离开，钟繇说：“袁氏正强大，郭援之所以到来，是由于关中暗中与他沟通，之所以没有全部叛逆，是顾忌到我的威名而已。如果我们放弃平阳离去，以弱示人，那么，那里的民众，谁不是我们的仇敌？纵使我想回去，还回得去吗！这是未交战就自己先失败。况且郭援刚愎好胜，必定轻视我军，如果郭援渡过汾水扎营，我军趁他们未渡过河之前攻击，就可以克敌。”张既劝马腾会师攻击郭援，马腾派儿子马超率精兵迎战。郭援到了，果然轻率渡过汾水，众人阻止，他不听从。渡河未到一半，钟繇的军队攻击郭军，大败郭军，斩了郭援，降服了单于。详细记载在《张既传》里。其后河东的卫固作乱，卫固与张晟、张琰及高幹等人一起为寇，钟繇又率领诸将讨伐打败了他们。自从天子西迁，洛阳的百姓减少殆尽，钟繇迁徙关中的百姓去洛阳，又招纳逃亡的人来充数，数年间民众的户口才略微充实。太祖征伐关中，得以作为资本，上表举荐钟繇为前军师。

魏国刚刚建立时，钟繇担任大理，后来被提升为相国。文帝做太子的时候，曾经赏赐给钟繇五熟釜，为他作铭文说：“于赫有魏国，是汉朝的藩屏辅佐。相国繇是国家的栋梁啊，日夜为国家操劳，不能安心睡觉，百官应该向您学习，您是他们的楷模啊！”几年之后，钟繇受到西曹掾魏讽谋反这件事的牵连，被罢官回家了。当魏文帝登上了王位，又任命他做大理。等到文帝登上了皇位，改任为廷尉，晋封为崇高乡侯。后来升为太尉，转封为平阳乡侯。这时候司徒华歆、司空王朗都是前朝的名臣。文帝罢朝后，对身边的人说：“这三公啊，是一代伟人啊，后代是难以继承了！”等到明帝即位以后，晋封钟繇为定陵侯，增加食邑五百户，连同以前的一共是一千八百户，升他做太傅。钟繇的膝盖有疾病，跪拜不方便。这时华歆也因为年龄大了有疾病，每次朝见，明帝都明令手下用车拉着他们，由虎贲卫士抬着上殿就坐。这以后，三公有病，就以此作为惯例。

当初，曹操下令，让朝臣们评议判处死刑的人可否改判为宫刑。

圣人，宜复施行，以代死刑”。议者以为非悦民之道，遂寝。及文帝临飨群臣，诏谓“大理欲复肉刑，此诚圣王之法。公卿当善共议”。议未定，会有军事，复寝。太和中，繇上疏曰：“大魏受命，继踪虞、夏。孝文革法，不合古道。先帝圣德，固天所纵，坟典之业，一以贯之。是以继世，仍发明诏，思复古刑，为一代法。连有军事，遂未施行。陛下远追二祖遗意，惜斩趾可以禁恶，恨入死之无辜，使明习律令，与群臣共议。出本当右趾而入大辟者，复行此刑。《书》云：‘皇帝清问下民，鳏寡有辞于苗。’此言尧当除蚩尤、有苗之刑，先审问于下民之有辞者也。若今蔽狱之时，讯问三槐、九棘、群吏、万民，使如孝景之令，其当弃市，欲斩右趾者许之。其黥、劓、左趾、宫刑者，自如孝文，易以髡、笞。能有奸者，率年二十至四五十，虽斩其足，犹任生育。今天下人少于孝文之世，下计所全，岁三千人。张苍除肉刑，所杀岁以万计。臣欲复肉刑，岁生三千人。子贡问能济民可谓仁乎？子曰：‘何事于仁，必也圣乎，尧、舜其犹病诸！’又曰：‘仁远乎哉？我欲仁，斯仁至矣。’若诚行之，斯民永济。”书奏，诏曰：“太傅学优才高，留心政事，又于刑理深远。此大事，公卿群僚善共平议。”司徒王朗议，以为“繇欲轻减大辟之条，以增益刖刑之数，此即起偃为竖，化尸为人矣。然臣之愚，犹有未合微异之意。夫五刑之属，著在科律，自有减死一等之法，不死即为减。施行已久，不待远假斧凿于彼肉刑，然后有罪次也。前世仁者，不忍肉刑之惨酷，是以废而不用。不用已来，历年数百。今复行之，恐所减之文未彰于万民之目，而肉刑之问已宣于寇雠之耳，非所以来远人也。今可按繇所欲轻之死罪，使减死之髡、刖。嫌其轻者，可倍其居作之岁数。内有以生易死不訾之恩，外无以刖易钛骇耳之声”。议者百余人，与朗同者多。帝以吴、蜀未平，且寝。

钟繇认为："古代的肉刑，曾经历过许多圣人名主，应该恢复施行，以此来代替死刑。"其他评议的人认为这不是顺应民心的好办法，于是被搁置。到文帝酒宴飨群臣时，下诏说。"应该恢复肉刑，这确是圣王之法，公卿们应当好好商议一下。"还没有商定，赶上战事，此事又被搁置。明帝太和年间，钟繇上书说："魏受天命，追述舜禹之道。汉孝文帝废除旧法，不合古道。先帝有圣德，所以为上天所赐；籍载功业，一直贯穿下来。所以，继世之君主，才接连发出明诏，要恢复古时的肉刑，作为国家的法规。由于战事连连，就没有施行。陛下追念武帝、文皇二祖的遗愿，认为斩趾之刑可以断绝恶行，遗憾没有死罪的人被处死，让明习法律的人，和群臣共议此事。放出那些本当施行肉刑却被投入死牢的人。《尚书》说：'上帝问下情，鳏寡无辜小民对有苗氏有埋怨之词。'是说帝尧在废除蚩尤、有苗的酷刑时，先到下民中对有苗之刑不满的人那里去查问。就像现在断案有疑问，去问讯公卿、群吏和民众一样，使情形如汉孝景帝诏令中所说本已处死罪的如愿意被斩右趾以充死罪，就允许他。原该治以黥、劓、左趾、宫刑等刑的人，应当像汉孝文帝分别以髡刑、笞刑代替。犯奸淫罪之人，年龄大约在二十到四五十岁之间，即使斩掉了他们的脚，但是仍然可以生育。现今人口少于汉孝文帝时，我计算所能全活的，每年有三千人。汉代张苍废除肉刑，但是每年所杀之人以万计。臣要恢复肉刑，每年可多活三千人。子贡曾问孔子，救助百姓是仁吗？孔子说：'不仅仅是仁，那是圣德，尧舜或许都难以做到呢！'孔子又说：'仁，离我们远吗？只要想行仁，这个仁也就来了。'如果真的能实行肉刑，百姓们就得救了。"钟繇的表章上奏以后，明帝下诏说："太傅学识渊博，才华出众，留心政事，对刑法理解深远。这是大事，公卿们再共同评议。"司徒王朗认为："钟繇要以减少死刑的条文，增加刖刑的条文，是要使本应躺着的人站起来，把死尸变成活人。然而，臣仍有些与他稍有差异的想法。墨、劓、刖、宫、大辟五刑，明著在律法之中，其中本来就有减死一等的规定，当死不死就是减刑。此种办法施行已久，不必假手斧钺实行肉刑，然后罪罚才有等次。上世仁者，因肉刑酷烈，才废而不用。数百年已经过去了，现在再重新施行，

太和四年，繇薨。帝素服临吊，谥曰成侯。子毓嗣。初，文帝分毓户邑，封繇弟演及子劭、孙豫列侯。

毓字稚叔。年十四为散骑侍郎，机捷谈笑，有父风。太和初，蜀相诸葛亮围祁山，明帝欲西征，毓上疏曰："夫策贵庙胜，功尚帷幄，不下殿堂之上，而决胜千里之外。车驾宜镇守中土，以为四方威势之援。今大军西征，虽有百倍之威，于关中之费，所损非一。且盛暑行师，诗人所重，实非至尊动轫之时也。"迁黄门侍郎。时大兴洛阳宫室，车驾便幸许昌，天下当朝正许昌。许昌逼狭，于城南以毡为殿，备设鱼龙曼延，民罢劳役。毓谏，以为"水旱不时，帑藏空虚，凡此之类，可须丰年"。又上"宜复关内开荒地，使民肆力于农"。事遂施行。正始中，为散骑常侍。大将军曹爽盛夏兴军伐蜀，蜀拒守，军不得进。爽方欲增兵，毓与书曰："窃以为庙胜之策，不临矢石；王者之兵，有征无战。诚以干戚可以服有苗，退舍足以纳原寇，不必纵吴汉于江关，骋韩信于井陉也。见可而进，知难而退，盖自古之政。惟公侯详之！"爽无功而还。后以失爽意，徙侍中，出为魏郡太守。爽既诛，入为御史中丞、侍中廷尉。听君父已没，臣子得为理谤，及士为侯，其妻不复配嫁，毓所创也。

恐怕减刑条文百姓还没看明白，这个消息就已经传到敌国了，这可不是笼络远人的做法。我认为把所要减轻的死罪，改为髡、刖之刑。如果觉得太轻了，还可以将服苦役的年限增加一倍。这样，内有以生换死无可比拟的仁德，外无改刖足为剁脚趾之刑的恶名。”当时参加评议的有一百多人，大多数人和王朗意见相同。明帝因吴、蜀尚未平定，这件事又被搁置起来。

太和四年的时候，钟繇去世。明帝穿着素服前去吊唁，并且封谥号为成侯。钟繇的儿子钟毓继承爵位。当初，魏文帝曹丕从钟繇的食邑中分出一部分给了钟毓，封钟繇的弟弟钟演以及其子钟劭、其孙钟豫为列侯。

钟毓字稚叔。十四岁就担任散骑侍郎，他机敏善谈，有他父亲钟繇的风度。太和初年，蜀国丞相诸葛亮围攻祁山，明帝要亲自西征，钟毓上疏说：“谋划在庙堂，战功也以运筹于帷幄之中为上，不用亲身征讨，以决胜负。皇帝应镇守中原，为四方军事之后援。大军西征，即便有百倍的威力，对于关中的损失仍然不小。现在是盛暑季节，以前诗人把它看得很重，至尊车驾不宜行动。”明帝迁升钟毓为黄门侍郎。当时洛阳营造宫殿，工程浩大，明帝就到了许昌，全国官员都到许昌来朝见。许昌地方狭窄，于是就在城南铺上毛毡，上演鱼龙肇、鳌江分壕乐，百姓疲于劳役。钟毓进谏说“现在水旱无常，国库空虚，现在所行之事，应当待丰收年时再去进行”。又上书说：“应当恢复在关内垦荒的措施，使百姓致力于农耕。”所奏之事都得以施行。正始年间，钟毓任散骑常侍。大将军曹爽在盛夏时征讨蜀国，蜀国拒守，魏军不能前进。曹爽正准备增加兵力，钟毓给他写信说：“我认为朝廷的决胜策略，不应该冒箭石之危险；王者之兵，应只征讨而不交战。舜舞干戚征服有苗，晋文公后退三十里便降服楚国，而不必像吴汉那样直入江关，像韩信那样奔战井陉。见机而进，知难而退，是古来征战之正道。望公侯仔细考虑！”最后曹爽无功而返。因为钟毓不合曹爽心意，被调离，出任魏郡太守。曹爽被杀后，钟毓又入京担任御史中丞、侍中廷尉。听到君父已经死了，臣下可以出面辩诬，士人有了侯位，妻子不得再嫁，所有这些规定都是钟毓所设。

正元中，毌丘俭、文钦反，毓持节至扬、豫州班行赦令，告谕士民，还为尚书。诸葛诞反，大将军司马文王议自诣寿春讨诞。会吴大将孙壹率众降，或以为“吴新有衅，必不能复出军。东兵已多，可须后问”。毓以为“夫论事料敌，当以己度人。今诞举淮南之地以与吴国，孙壹所率，口不至千，兵不过三百。吴之所失，盖为无几。若寿春之围未解，而吴国之内转安，未可必其不出也。”大将军曰：“善。”遂将毓行。淮南既平，为青州刺史，加后将军，迁都督徐州诸军事，假节，又转都督荆州。景元四年薨，追赠车骑将军，谥曰惠侯。子骏嗣。毓弟会，自有传。

华歆字子鱼，平原高唐人也。高唐为齐名都，衣冠无不游行市里。歆为吏，休沐出府，则归家阖门。议论持平，终不毁伤人。同郡陶丘洪亦知名，自以明见过歆。时王芬与豪杰谋废灵帝。语在《武纪》。芬阴呼歆、洪共定计，洪欲行，歆止之曰：“夫废立大事，伊、霍之所难。芬性疏而不武，此必无成，而祸将及族。子其无往！”洪从歆言而止。后芬果败，洪乃服。举孝廉，除郎中，病，去官。灵帝崩，何进辅政，征河南郑泰、颍川荀攸及歆等。歆到，为尚书郎。董卓迁天子长安，歆求出为下邽令，病不行，遂从蓝田至南阳。时袁术在穰，留歆。歆说术使进军讨卓，术不能用。歆欲弃去，会天子使太傅马日磾安集关东，日磾辟歆为掾。东至徐州，诏即拜歆豫章太守，以为政清静不烦，吏民感而爱之。孙策略地江东，歆知策善用兵，乃幅巾奉迎。策以其长者，待以上宾之礼。后策死。太祖在官渡，表天子征歆。孙权欲不遣，歆谓权曰：“将军奉王命，始交好曹公，分义未固，使仆得为将军效心，岂不有益乎？今空留仆，是为养无用之物，非将军之良计也。”权悦，乃遣歆。宾客旧人送之者千

正元年间，毋丘俭、文钦叛乱，钟毓持符节到扬州、豫州颁布并且执行赦免令，他告诉那里的官民，回来的时候可以担任尚书。诸葛诞造反，大将军司马文王商量着亲自前往寿春讨伐诸葛诞。正巧吴国的大将孙壹带领着部下归降，有的人认为“吴国现在出现了新的矛盾，肯定不会再出兵了。我们东面的军队已经足够多了，可以以后再打算”。钟毓却认为，“处理事情猜测敌人，一定要根据自己的情况去估计敌人的情况。现在诸葛诞把淮南的地方都给了吴国，孙壹手下，只有不到三百兵力和一千口人。吴国等于没有任何损失。要是寿春的围困还不能解除，吴国的内乱被平息了，他们没准会出兵的。”大将军说：“确实如此。”于是按照钟毓说的办。淮南被平定以后，钟毓担任青州刺史，加封为后将军，提升为都督徐州诸军事，持皇帝符节，又转任荆州都督。景元四年去世，追赠他做车骑将军，谥号为惠侯。他的儿子钟骏继承爵位。钟毓的弟弟钟会，自己有传。

华歆字子鱼，是平原高唐人。高唐是齐地名城，士大夫几乎都到街市上去游玩。华歆任县吏时，歇息时出府，就回家闭门读书。华歆谈论问题很公平，从不无中生有地伤害别人。同郡的陶丘洪也很有名望，自认为见解高明超过华歆。当时王芬正和地方豪强密谋废掉汉灵帝。事记在《武帝纪》中。王芬暗中邀约华歆、陶丘洪共谋此事，陶丘洪想去，华歆阻止他说：“废立皇帝事关重大，就是伊尹、霍光也感到为难。王芬性情粗鲁又不勇烈，一定不会成功，还会带来灾难累及家族。你千万别去！”陶丘洪听了华歆的话没有去。后来王芬果然失败，陶丘洪这才佩服华歆。华歆被推举为孝廉，担任郎中，因病离职。灵帝去世，何进辅助朝政，征召河南郑泰、颍川荀攸和华歆等人。华歆到京，担任尚书郎。董卓把天子迁往长安，华歆请求出京担任下邽令，因病没有去，就从蓝田来到南阳。当时袁术在穰县，款留华歆。华歆劝袁术进军讨伐董卓，袁术没有同意。华歆想要离开，碰上皇帝派太博马日磾在关东招集民士，马日磾征召华歆为属官。华歆来到徐州，皇帝任命他为豫章太守，认为华歆处事冷静公允，官吏和百姓都很拥戴他。孙策占据江东，华歆知道孙策善于用兵，连帽子都没戴，缠着头巾去迎接孙策。孙策因为华歆年长，用上宾之礼接

余人，赠遗数百金。歆皆无所拒，密各题识，至临去，悉聚诸物，谓诸宾客曰："本无拒诸君之心，而所受遂多。念单车远行，将以怀璧为罪，愿宾客为之计。"众乃各留所赠，而服其德。

歆至，拜议郎，参司空军事，入为尚书，转侍中，代荀彧为尚书令。太祖征孙权，表歆为军师。魏国既建，为御史大夫。文帝即王位，拜相国，封安乐乡侯。及践阼，改为司徒。歆素清贫，禄赐以振施亲戚故人，家无担石之储。公卿尝并赐没入生口，唯歆出而嫁之。帝叹息，下诏曰："司徒，国之俊老，所与和阴阳理庶事也。今大官重膳，而司徒蔬食，甚无谓也。"特赐御衣，及为其妻子男女皆作衣服。三府议："举孝廉，本以德行，不复限以试经。"歆以为"丧乱以来，六籍堕废，当务存立，以崇王道。夫制法者，所以经盛衰。今听孝廉不以经试，恐学业遂从此而废。若有秀异，可特征用。患于无其人，何患不得哉？"帝从其言。

黄初中，诏公卿举独行君子，歆举管宁，帝以安车征之。明帝即位，进封博平侯，增邑五百户，并前千三百户，转拜太尉。歆称病乞退，让位于宁。帝不许。临当大会，乃遣散骑常侍缪袭奉诏喻指曰："朕新莅庶事，一日万几，惧听断之不明。赖有德之臣，左右

待了他。后来孙策死了。曹操在官渡，上表请求天子征召华歆。孙权不想放他去，华歆对孙权说：“将军您奉行王命，才与曹公交好，情分未浓，我能为将军效力，不是很有好处吗？现在留下我，是白养着无用的东西，这不是好的计策啊！”孙权高兴地送走了华歆。一千多友人为华歆送行，赠送他几百两金子。华歆都收下了，并一一留下记号，临走的时候，把所收的礼品都收集在一起，对众宾客说：“我不是拒绝各位的好意，但是财物太多了。想我独自远行，匹夫无罪，怀璧其罪，望朋友们为我着想。”大家都取回了本来送给华歆的东西，很钦佩华歆的美德。

华歆到了朝廷以后，被任命为议郎，参与司空军事，并且担任尚书的职务，后来转任侍中，代替荀彧担任尚书令。曹操征讨孙权的时候，上表委任华歆为军师。魏国建立后，任命华歆为御史大夫。文帝即王位以后，任命华歆为相国，加封安乐乡侯。文帝即帝位后，改任华歆为司徒。华歆一向过着清贫的生活，所得到的俸禄和奖赏都用来接济亲友，家里甚至连一石粮食的储存都没有。各位公卿曾经一起被赏赐给官府没收来的奴婢，只有华歆自己将被赏赐给的女婢全放出去嫁了人。文帝十分感叹，下诏书说：“司徒，是三公元老之一，参与调和处理各种事务。现在的高官都享受着丰盛的膳食，而司徒却吃粗茶淡饭，这实在是没有必要。”特赏赐给华歆御衣，并且为其妻儿都做了衣服。三公官府提议：“根据德行举荐孝廉，不用再测试经书。”华歆认为：自丧乱以来，六经荒废，应当尽力保存这些经典精华，用来尊崇王道。制定法令，是为了整治衰败。如果放任举荐孝廉不考察六经，学业恐怕就会因此而荒废。如果有特别优异的人才，可以采取特别的办法另行征用。只怕是没有这样的人，还怕得不到吗？”文帝听从了他的建议。

黄初年间，文帝下诏令公卿举荐有独特品行的君子，华歆举荐管宁，文帝就用安车去征召管宁。明帝即位以后，晋封华歆为博平侯，增加食邑五百户，合并从前封的共一千三百户，转任华歆为太尉。华歆称病乞求辞官，要把自己的官位让给管宁。明帝没有答应。将要举行朝堂大会的时候，明帝派遣散骑常侍缪袭奉诏晓谕华歆说：

朕躬，而君屡以疾辞位。夫量主择君，不居其朝，委荣弃禄，不究其位，古人固有之矣，顾以为周公、伊尹则不然。絜身徇节，常人为之，不望之于君。君其力疾就会，以惠予一人。将立席几筵，命百官总已，以须君到，朕然后御坐。”又诏袭：“须歆必起，乃还。”歆不得已，乃起。

太和中，遣曹真从子午道伐蜀，车驾东幸许昌。歆上疏曰：“兵乱以来，过逾二纪。大魏承天受命，陛下以圣德当成康之隆，宜弘一代之治，绍三王之迹。虽有二贼负险延命，苟圣化日跻，远人怀德，将襁负而至。夫兵不得已而用之，故戢而时动。臣诚愿陛下先留心于治道，以征伐为后事。且千里运粮，非用兵之利；越险深入，无独克之功。如闻今年征役，颇失农桑之业。为国者以民为基，民以衣食为本。使中国无饥寒之患，百姓无离土之心，则天下幸甚，二贼之衅，可坐而待也。臣备位宰相，老病日笃，犬马之命将尽，恐不复奉望銮盖，不敢不竭臣子之怀，唯陛下裁察！”帝报曰：“君深虑国计，朕甚嘉之。贼凭恃山川，二祖劳于前世，犹不克平，朕岂敢自多，谓必灭之哉！诸将以为不一探取，无由自弊，是以观兵以窥其衅。若天时未至，周武还师，乃前事之鉴，朕敬不忘所戒。”时秋大雨，诏真引军还。太和五年，歆薨，谥曰敬侯。子表嗣。初，文帝分歆户邑，封歆弟缉列侯。表，咸熙中为尚书。

王朗字景兴，东海郯人也。以通经，拜郎中，除菑丘长。师太尉杨赐，赐薨，弃官行服。举孝廉，辟公府，不应。徐州刺史陶谦察

“朕刚刚亲政处理诸事，日理万机，常常担心听政断事不明。要依靠有德的大臣，在身边辅助朕，然而君却屡次以病辞让官位。考察和选择君主，不在君主的朝中任职，抛弃荣禄，不计较自己的官位，古人中本来是有这样做的，但是朕认为对周公、伊尹这样的人来说就不能这样。洁身全节，是常人所做的事，但朕却不希望君这样。君就勉力到会，以此加惠朕一个人吧！朕将站立在几席旁，命令百官全体站立，以等待君到来，然后朕才就座。”又诏令缪袭说：“要等华歆一定起身前来，才能回来。”华歆不得已，才起身赴会。

太和年间，明帝派遣曹真从子午道进军讨伐蜀国，自己则东进许昌。华歆上书说：“自战乱以来，已经二十多年。大魏秉承天意接续帝位，以陛下的圣德，当像周成王、周康王那样治世，以宏大政治，继三王之圣迹。吴、蜀两国依险阻抗，但如果我大魏圣德兴盛，远方的人必会扶老携幼前来归附。派大军征伐，不得已才用，要把它暂时收藏起来，必要的时候再使用。望陛下专心于圣道，把征伐放在后面。况且千里运粮，本就不利。冒险进入敌境，未必有打败敌人的必胜把握。臣听说今年百姓因徭役，农耕已经受影响了。君主应以百姓为根本，衣食则是百姓生活的根本。能使我大魏没有饥寒的忧患，百姓们没有离乡背井的想法，就是天下之大幸，吴、蜀内乱，可以坐等他们分裂。臣居宰相高位，但是年迈多病，病情日笃，命将耗尽，恐不能再侍奉陛下了。臣不敢不忠怀，望陛下明察！”明帝回复说：“您为了国家的长远大计考虑，我非常赞赏您。吴、蜀恃山川之阻，武帝、文皇二祖也曾屡次征伐，尚且未能平定，朕不敢自夸，能一定消灭他们。不过众将认为如果不进攻，它不会无故自灭，所以才出兵以示军威，或许可有破绽可寻。如时机未到，像周武王出兵再还师，也是可以借鉴的前事。我没有忘记您所告诫的话。”当时正逢秋雨绵绵，明帝诏令曹真退军。太和五年，华歆去世，谥号叫敬侯。他的儿子华表继承爵位。当初，文帝分出华歆的食邑，封华歆的弟弟华缉为列侯。华表，在咸熙年间任尚书。

王朗字景兴，是东海郡人。因为对经学十分熟悉，被授予郎中一职，并且被任命为菑丘县长。太尉杨赐是他的老师，杨赐去世，他辞

朗茂才。时汉帝在长安，关东兵起，朗为谦治中，与别驾赵昱等说谦曰："《春秋》之义，求诸侯莫如勤王。今天子越在西京，宜遣使奉承王命。"谦乃遣昱奉章至长安。天子嘉其意，拜谦安东将军。以昱为广陵太守，朗会稽太守。孙策渡江略地。朗功曹虞翻以为力不能拒，不如避之。朗自以身为汉吏，宜保城邑，遂举兵与策战，败绩，浮海至东冶。策又追击，大破之。朗乃诣策。策以朗儒雅，诘让而不害。虽流移穷困，朝不谋夕，而收恤亲旧，分多割少，行义甚著。

太祖表征之，朗自曲阿展转江海，积年乃至。拜谏议大夫，参司空军事。魏国初建，以军祭酒领魏郡太守，迁少府、奉常、大理。务在宽恕，罪疑从轻。钟繇明察当法，俱以治狱见称。

文帝即王位，迁御史大夫，封安陵亭侯。上疏劝育民省刑曰："兵起已来三十余年，四海荡覆，万国殄瘁。赖先王芟除寇贼，扶育孤弱，遂令华夏复有纲纪。鸠集兆民，于兹魏土，使封鄙之内，鸡鸣狗吠，达于四境，蒸庶欣欣，喜遇升平。今远方之寇未宾，兵戎之役未息，诚令复除足以怀远人，良宰足以宣德泽，阡陌咸修，四民殷炽，必复过于曩时而富于平日矣。《易》称敕法，《书》著祥刑，一人有庆，兆民赖之，慎法狱之谓也。昔曹相国以狱市为寄，路温舒疾治狱之吏。夫治狱者得其情，则无冤死之囚；丁壮者得尽地力，则无饥馑之民；穷老者得仰食仓廪，则无馁饿之殍；嫁娶以时，则男女无怨旷之恨；胎养必全，则孕者无自伤之哀；新生必复，则孩者无不育之累；壮而后役，则幼者无离家之思；二毛不戎，则老者无

官守孝。被推荐为孝廉，为三公府征召，没有应征。王朗被徐州刺史陶谦察举为茂才。当时汉献帝在长安，关东发生战事，王朗担任陶谦的治中，与别驾赵昱等人劝陶谦说："按《春秋》的义理，想当诸侯不如为帝王尽力。现在天子在遥远的西京，应当派遣使者前去接受帝王的命令。"陶谦就派遣赵昱拿着奏章前往长安。他们的意愿为天子所嘉许，陶谦被任命为安东将军。任用赵昱为广陵太守，王朗为会稽太守。孙策渡过长江占据地盘，王朗的功曹虞翻认为他们的力量不能抵抗孙策，不如避开他。王朗认为自己是汉朝的官吏，保卫城邑是他的责任，于是带兵和孙策作战，被打败，渡海到了东冶。孙策继续追击，大败王朗。王朗就到了孙策那里。王朗被孙策视作博学的儒士，责备他但是没有加害于他。王朗虽然流离穷困，朝不保夕，可是他收容、抚恤亲朋故旧，分给别人的财务要比自己获得的多，他的操行与道义为人们所称道。

太祖上表征召王朗，王朗从曲阿县辗转江河湖泊，一共花了一年时间才到达。他被任命为谏议大夫，参与司空府的军事谋划。魏国初建的时候，王朗以军祭酒身份兼任魏郡太守，后升任少府、奉常、大理。尽力宽恕办案，从轻处置那些难以决断的案情。钟繇明察当时的法令，他们都以治理诉讼案件著称。

文帝即王位，提升王朗担任御史大夫，并且封他做安陵亭侯。王朗上奏劝谏文帝要养育百姓，减轻刑罚。他说："自从战事发生已经快三十余年了，全国各地动荡不安，各个诸侯国都遭受苦难。依靠先王清除贼寇，抚育孤寡老弱，使国家有了法度。把百姓聚集到魏国的土地上，让我们的疆域之内，鸡鸣狗叫的声音传到四方去，百姓生活快快乐乐，都很高兴赶上了好年代。现在远方的贼寇还没有被平定，战争还没有停止，应该下令免除赋税和徭役，这样就能让远方的人信服，想归顺我们，有才德的官员能够宣扬您的恩德，把农田都修治好，使百姓生活富裕，士农工商富裕兴旺。《易经》上提倡整顿法令，《尚书》提倡用适当的刑罚，天子一个人做了好事，那么，全民就会得到幸福，这就是说要谨慎恰当地实行法律。从前曹相国把断案交给了后来的继承人，路温舒痛恨管理刑狱的官吏。执法的人能

顿伏之患。医药以疗其疾，宽繇以乐其业，威罚以抑其强，恩仁以济其弱，赈贷以赡其乏。十年之后，既笄者必盈巷。二十年之后，胜兵者必满野矣。”

及文帝践阼，改为司空，进封乐平乡侯。时帝颇出游猎，或昏夜还宫。朗上疏曰：“夫帝王之居，外则饰周卫，内则重禁门，将行则设兵而后出幄，称警而后践墀，张弧而后登舆，清道而后奉引，遮列而后转毂，静室而后息驾，皆所以显至尊，务戒慎，垂法教也。近日车驾出临捕虎，日昃而行，及昏而反，违警跸之常法，非万乘之至慎也。”帝报曰：“览表，虽魏绛称虞箴以讽晋悼，相如陈猛兽以戒汉武，未足以喻。方今二寇未殄，将帅远征，故时入原野以习戎备。至于夜还之戒，已诏有司施行。”

初，建安末，孙权始遣使称藩，而与刘备交兵。诏议“当兴师与吴并取蜀不？”朗议曰：“天子之军，重于华、岱，诚宜坐曜天威，不动若山。假使权亲与蜀贼相持，搏战旷日，智均力敌，兵不速决，当须军兴以成其势者，然后宜选持重之将，承寇贼之要，相时而后动，择地而后行，一举更无余事。今权之师未动，则助吴之军无为

够知道真实的情况，就不会有冤死在狱中的人了；那些年轻身壮的人，要是能使出自己的力气，就不会有挨饿的人了；要是那些老人能够得到粮仓供应的粮食，就不会有饿死的人了；嫁娶能够及时的话，就不会有男子娶不到媳妇和女子找不到婆家的怨恨了；要是胎儿得到健全的保养，孕妇就不会有自己伤痛的悲哀了；新生的孩子要是能够得到好的养育，就没有养育不好孩子的忧患了；先让他们长大成人了之后再让他们服役，就不会有少年时就离开家的思念了；头发白了的老人不服兵役，老人就没有困顿摔倒的忧虑了。要是得了病能够及时就医，放宽徭役让百姓能够安居乐业，用严厉的刑罚来惩罚强暴，对弱小的施加恩惠，当他们困乏的时候救济他们。这样做十年之后，成年的妇女一定满大街都有。二十年之后，能够服兵役的人一定会充满原野的。”

等到文帝即帝位，改任王朗为司空，晋封为乐平乡侯。那时候文帝非常喜欢出外游猎，有时黄昏或者夜晚才回宫。王朗上疏说：“帝王居住之处，在外则有警卫，在内侧有几重禁门，将要出行则预设卫兵然后才步出帷幄，设置好警卫才踏上台阶，警卫拉开弓弦然后才登上车舆，清除道路然后才引导车驾，掩护队列然后才转动车轮，清理宫室然后才息驾，这都是用以显示帝王的至尊地位，务必警戒谨慎，留下可以效法的典范。近日陛下的车驾出外捕虎，太阳偏西出行，等到黄昏才返回，这有违警卫的常法，并非万乘之尊应有的谨慎。”文帝回复说：“看了你的奏表，即使是魏绛引用虞官的箴言来劝晋悼公，相如陈述猛兽之害来告诫汉武帝，都未足以来比喻。现今吴蜀两国尚未平定，将领率军远征，故而有时进入原野来练习军备。至于夜晚回来的警戒，已经下诏有关部门施行。”

当初，建安末年的时候，孙权开始派遣使者以属国自称，来和刘备交战。皇帝下诏让众臣僚商议，“是否出兵和吴国共同攻打蜀国？”王朗说：“天子的军队，重于华山、泰山，应坐耀天子之威严，山一样不动不摇。如吴、蜀相持日久，力智匹敌，征战不能很快结束而必须出兵的话，应以稳重可靠且能征惯战的将领，选择时机、地利之势，然后出动，一战就要成功不留遗漏。现在，东吴兵马还没

先征。且雨水方盛，非行军动众之时。”帝纳其计。黄初中，鹈鹕集灵芝池，诏公卿举独行君子。朗荐光禄大夫杨彪，且称疾，让位于彪。帝乃为彪置吏卒，位次三公。诏曰：“朕求贤于君而未得，君乃翻然称疾，非徒不得贤，更开失贤之路，增玉铉之倾。无乃‘居其室，出其言不善’，见违于君子乎！君其勿有后辞。”朗乃起。

孙权欲遣子登入侍，不至。是时车驾徙许昌，大兴屯田，欲举军东征。朗上疏曰：“昔南越守善，婴齐入侍，遂为冢嗣，还君其国。康居骄黠，情不副辞，都护奏议以为宜遣侍子，以黜无礼。且吴濞之祸，萌于子入，隗嚣之叛，亦不顾子。往者闻权有遣子之言而未至，今六军戒严，臣恐舆人未畅圣旨，当谓国家愠于登之逋留，是以为之兴师。设师行而登乃至，则为所动者至大，所致者至细，犹未足以为庆。设其傲狠，殊无入志，惧彼舆论之未畅者，并怀伊邑。臣愚以为宜敕别征诸将，各明奉禁令，以慎守所部。外曜烈威，内广耕稼，使泊然若山，澹然若渊，势不可动，计不可测。”是时，帝以成军遂行，权子不至，车驾临江而还。

明帝即位，进封兰陵侯，增邑五百，并前千二百户。使至邺省文昭皇后陵，见百姓或有不足。是时方营修宫室，朗上疏曰：“陛下即位已来，恩诏屡布，百姓万民莫不欣欣。臣顷奉使北行，往反道路，闻众徭役，其可得蠲除省减者甚多。愿陛下重留日昃之听，以计制寇。昔大禹将欲拯天下之大患，故乃先卑其宫室，俭其衣食，用能尽有九州，弼成五服。勾践欲广其御儿之疆，馘夫差于姑苏，故亦约其身以及家，俭其家以施国，用能囊括五湖，席卷三江，取威

有行动，我们的部队就不要先行出征。且此时雨多，都不是兴兵之时。”皇帝采纳了他的意见。文帝黄初年间，鹈鹕飞聚灵芝池，皇帝下诏让公卿大臣推举志行高洁的人。王朗推荐光禄大夫杨彪，上奏说自己有病，把职位让给杨彪。皇帝就为杨彪设置了属吏和士卒，位比三公。文帝下诏说：“朕向你求贤未得，你却说自己有病，朕非但没有得到贤人，还要失去贤人，丧失重臣。是朕在宫中说过不好的话，违背了你的心愿吗！你不要再推辞了。”王朗就继续在官位上。

孙权想要派儿子孙登入朝为侍臣。还没有到，文帝就已经移居许昌，大兴屯田，要东征孙权。王朗上疏说：“从前南越奉行善举，派遣太子婴齐入侍汉朝，成就了他一代君主的霸业。康居弄虚作假，阳奉阴违，都护郭舜上奏，认为应当把他入朝做侍臣的儿子遣送回去，以回应他的无礼。当初吴王刘濞的灾祸，就源于他的儿子入侍汉廷；隗嚣反叛，也没有顾虑他的儿子隗恂会被杀掉。早就听说孙权要送儿子来朝，但是却不见到来。现在六军整备，臣恐有人不明白您的旨意，之所以出兵是恼恨孙登拖延入朝。如果兵马出动而孙登突然来到，其所引发的事情就大了，而原因却极小，没有任何值得庆贺的理由。假如他傲慢无理，根本就没有侍朝的意思，那些没有弄懂圣旨的议论，会有同样的抑郁和怨怼。臣认为应命令各路出征的将领，明确各自奉行的禁令，认真掌控所率领的部队。对外炫耀声威，在内则积极从事耕稼，让将士们如山安稳，如潭平静，威势不可动摇，计谋不可预测。”此时文帝因为已经集结好兵马，就出征了。孙权的儿子还没有来到，文帝到了长江边返回。

明帝即位以后，晋封王朗为兰陵侯，并且增加食邑五百户，合并以前封的共一千二百户。明帝派遣王朗到邺城巡视文昭皇后的陵墓，在那里见到百姓们有的还不富足。这时正在营建宫室，王朗上书说：“陛下即位以来，施恩的诏书屡屡颁布，百姓没有不感到欢欣鼓舞的。臣前不久奉命北行，往返于道路，听到还有很多的徭役，其中可以免除省减的很多。希望陛下能常常保留废寝忘食勤于政事的行为，以谋划制伏敌寇。从前大禹将要拯救天下最大的忧患，故而先使自己住的宫室卑矮低小，节俭衣食用品，所以大禹能把九州尽数

中国，定霸华夏。汉之文、景亦欲恢弘祖业，增崇洪绪，故能割意于百金之台，昭俭于弋绨之服，内减太官而不受贡献，外省徭赋而务农桑，用能号称升平，几致刑错。孝武之所以能奋其军势，拓其外境，诚因祖考畜积素足，故能遂成大功。霍去病，中才之将，犹以匈奴未灭，不治第宅。明恤远者略近，事外者简内。自汉之初及其中兴，皆于金革略寝之后，然后凤阙猥闶，德阳并起。今当建始之前足用列朝会，崇华之后足用序内官，华林、天渊足用展游宴，若且先成阊阖之象魏，使足用列远人之朝贡者，修城池，使足用绝逾越，成国险，其余一切，且须丰年。一以勤耕农为务，习戎备为事，则国无怨旷，户口滋息，民充兵强，而寇戎不宾，缉熙不足，未之有也。”转为司徒。

时屡失皇子，而后宫就馆者少，朗上疏曰：“昔周文十五而有武王，遂享十子之祚，以广诸姬之胤。武王既老而生成王，成王是以鲜于兄弟。此二王者，各树圣德，无以相过，比其子孙之祚，则不相如。盖生育有早晚，所产有众寡也。陛下既德祚兼彼二圣，春秋高于姬文育武之时矣，而子发未举于椒兰之奥房，藩王未繁于掖庭之众室。以成王为喻，虽未为晚，取譬伯邑，则不为夙。《周礼》六宫内官百二十人，而诸经常说，咸以十二为限，至于秦汉之末，或以千百为数矣。然虽弥猥，而就时于吉馆者或甚鲜，明‘百斯男’之本，诚在于一意，不但在于务广也。老臣慺慺，愿国家同祚于轩

拥有，将天下分为五服。勾践想要扩大御儿一带的疆界，把吴王夫差斩首在姑苏，故而也节俭自身和家人，把节俭出来的财富用于国家，所以勾践能囊括五湖，席卷三江，在中原建立威势，奠定在华夏的霸主地位。汉朝的文帝、景帝也想要增进世代流传的帝业，故而能抛弃建造百金露台的主意，用身穿弋绨这样粗糙的衣服来显示节俭，对内减少太官用度而不接受臣下的贡献，对外减税赋而大力发展农桑，所以文帝、景帝为帝的时候能号称升平之世，刑罚几乎被闲置了起来。汉孝武皇帝之所以能奋扬军队的威势，拓展疆界，实在是因为孝武帝的祖父和父亲蓄积充足，所以才能成就大功。霍去病，是中等才略的将领，尚且能够因为匈奴未灭，不肯建造个人的府第。这都说明顾及久远大业的人会忽略眼前的微利，有事业于外部的人会对内部比较简朴。自从汉朝初年至其中兴，都是在战事大体停息以后，然后再让凤阙龙楼交叠环绕，德阳诸殿一时并起。而现在建始殿之前足可用来布列朝会，崇华殿之后足可用来排列内官，华林园、天渊池足可以用来游玩宴饮。如果暂且先建成阊阖的观阙，使排列朝贡远人的场地足够使用，修筑城池，使城池足以用来阻绝敌军的逾越，建成保卫国家的防御险地，其余的一切，且等到丰年时再说。如果一心以勤耕力农为急务，以演习武备为要事，国中就不会有长期分离的夫妻，人口也会滋生繁衍，百姓充足兵势强盛，而寇贼羌戎还不宾服，光辉仍然不能普照，那是不会有的。”其后王朗转任为司徒。

那时候皇帝的儿子一个接一个地死掉，而宫中与皇帝同居的妃嫔却很少。王朗上疏说：“周文王十五岁生武王，才享有十个儿子的福祚，增加了姬姓的后代。周武王年老后才生了周成王，因此成王兄弟少。两位周王，各树大德，难分轩轾，但是说到享有子孙的福祚，则大不相同。大概和他们生育子女早晚和多少有关，陛下德行福祚遥追周朝二圣，年龄高于文王诞育武王之时，而您却没有像姬发一样的儿子，藩王们也生得不多。以周成王的出生做比喻，虽然还不算晚，但是如果与文王生伯邑考相比，就不早了。《周礼》规定六宫宫人为一百二十人，而其他经典的说法，都以十二人为限，到秦汉末年，就数以千百计了。纵使姬妾很多，而及时育子的却极少，多生男儿的根

辕之五五，而未及周文之二五，用为伊邑。且少小常苦被褥泰温，泰温则不能便柔肤弱体，是以难可防护，而易用感慨。若常令少小之缊袍，不至于甚厚，则必咸保金石之性，而比寿于南山矣。”帝报曰：“夫忠至者辞笃，爱重者言深。君既劳思虑，又手笔将顺，三复德音，欣然无量。朕继嗣未立，以为君忧，钦纳至言，思闻良规。”朗著《易》《春秋》《孝经》《周官》传，奏议论记，咸传于世。太和二年薨，谥曰成侯。子肃嗣。初，文帝分朗户邑，封一子列侯，朗乞封兄子详。

肃字子雍。年十八，从宋忠读《太玄》，而更为之解。黄初中，为散骑黄门侍郎。太和三年，拜散骑常侍。四年，大司马曹真征蜀，肃上疏曰：“前志有之，‘千里馈粮，士有饥色，樵苏后爨，师不宿饱’，此谓平涂之行军者也。又况于深入阻险，凿路而前，则其为劳必相百也。今又加之以霖雨，山坂峻滑，众逼而不展，粮县而难继，实行军者之大忌也。闻曹真发已逾月而行裁半谷，治道功夫，战士悉作。是贼偏得以逸而待劳，乃兵家之所惮也。言之前代，则武王伐纣，出关而复还；论之近事，则武、文征权，临江而不济。岂非所谓顺天知时，通于权变者哉！兆民知圣上以水雨艰剧之故，休而息之，后日有衅，乘而用之，则所谓‘悦以犯难，民忘其死者’矣。”于是遂罢。又上疏：“宜遵旧礼，为大臣发哀，荐果宗庙。”事皆施行。又上疏陈政本曰：“除无事之位，损不急之禄，止浮食之费，并从容之官；使官必有职，职任其事，事必受禄，禄代其耕，乃往古之常式，当今之所宜也。官寡而禄厚，则公家之费鲜，进仕之志劝。各展才力，莫相倚仗。敷奏以言，明试以功，能之与否，简在帝心。是以唐、虞之设官分职，申命公卿，各以其事，然后惟龙为纳言，犹今尚书也，以出内帝命而已。夏、殷不可得而详。《甘誓》曰‘六事

本原因，在于心意合一，不在于贪多务广。臣多么希望国家有像轩辕黄守生育二十五个儿子那样的福祚啊，可是现在还不及周文王生育十个儿子，臣因此担忧被褥太保暖，就不适宜于幼儿柔嫩的肌肤，也很难让他不生病。如丝袍不至于太厚，就有可能使他的体魄如金石般坚强，而寿比南山。”明帝答复说：“爱卿言辞恳切，爱心深厚，是您的忠诚所至。您殚精竭虑书写奏章，述有德之言，以成善事，我非常欣喜。太子还没有确立，您为此而忧虑，我恭敬地接受您的至诚之言和善意的规劝。”王朗著有《易》《春秋》《孝经》《周官》诸传，他的奏议及其它的文章，都流传于世。太和二年王朗去世，谥号为成侯。他的儿子王肃继承爵位。当初，文帝分王朗封邑，准备封他的一个儿子为列侯，王朗请求封给他哥哥的儿子王详。

王肃字子雍，十八岁那年，跟随宋忠学《太玄经》，并为这本书重新作了注解。黄初年间，王肃任散骑黄门侍郎。太和三年，被任命为散骑常侍。太和四年，大司马曹真率军征蜀，王肃上书说：“《前汉书》说，‘千里运军粮，士兵就面有饥色，做饭时再临时打柴，也不会常有饱饭吃’，这是指在坦途行军的情境。对于那些需要逢山开路、遇水搭桥的军队来说，付出的辛苦还要多出数百倍。现在连月大雨，士兵拥挤在陡滑的山路上无法前进，粮食运输又难以为继，这实在是行军者大忌。曹真将军率军出发已经一月有余，所走的路只有子午谷路程的一半，几乎所有的将士都在开凿修路。蜀军则以逸待劳，这是最堪忧的事。前代，武王伐纣，出关又返回；近事，武、文二帝南征孙权，兵临长江却不渡过，这是顺应天意晓时务，通权变的例证。百姓知道圣上是因为雨大难行，才让大军退回休息，待日后机会成熟的时候，再遣军出征，这就应了‘让百姓高兴后再去作战，他们就会舍生忘死’这句话。”因此征蜀兵马撤回。王肃又上疏说：“应遵循旧制，为已经去世的大臣发丧，向宗庙进贡果品。”这些事都得以施行。王肃又上书陈述为政一事：“现在，应该除去虚设的职位，减免不急需的俸禄。立即停止不劳而食者的费用，合并无所事事的官员。是官员就要有职守，有职守就要承担事务，承担事务就享受俸禄，以此来代替他们在农田中的耕作，此古之常式，也是当今所应施行的

之人’，明六卿亦典事者也。《周官》则备矣，五日视朝，公卿大夫并进，而司士辨其位焉。其《记》曰：‘坐而论道，谓之王公；作而行之，谓之士大夫。’及汉之初，依拟前代，公卿皆亲以事升朝。故高祖躬追反走之周昌，武帝遥可奉奏之汲黯，宣帝使公卿五日一朝，成帝始置尚书五人。自是陵迟，朝礼遂阙。可复五日视朝之仪，使公卿尚书各以事进。废礼复兴，光宣圣绪，诚所谓名美而实厚者也。”

青龙中，山阳公薨，汉主也。肃上疏曰：“昔唐禅虞，虞禅夏，皆终三年之丧，然后践天子之尊。是以帝号无亏，君礼犹存。今山阳公承顺天命，允答民望，进禅大魏，退处宾位。公之奉魏，不敢不尽节。魏之待公，优崇而不臣。既至其薨，榇敛之制，舆徒之饰，皆同之于王者，是故远近归仁，以为盛美。且汉总帝皇之号，号曰皇帝。有别称帝，无别称皇，则皇是其差轻者也。故当高祖之时，土无二王，其父见在而使称皇，明非二王之嫌也。况今以赠终，可使称皇以配其谥。”明帝不从，使称皇，乃追谥曰汉孝献皇帝。

后肃以常侍领秘书监，兼崇文观祭酒。景初间，宫室盛兴，民

制度。官位少，其他的官员俸禄就提高了，费用就会减少，仕人为官的意愿也能得到鼓励。他们就会展示才能，便消除了相互攀比的现象。用口头陈奏的政绩，考察他们的实际功效，贤能与否，都存于帝王心中。尧、舜的设官分职，是向公卿们申明职责的任命，只委派龙一人为纳言官，就像今日的尚书，专掌传达皇帝的诏命一样。夏、商设官分职的情况已经不清楚。《尚书·甘誓》说‘六事之人’，这是说六卿也是掌管职事的人。《周官》的记载则详备得多：天子五日一朝，临朝时公卿大夫一同进入朝堂，由司士来排定位置。《考工记》说：‘坐论治理国家大事，称为天子、诸侯；起来执行政令的，称为士大夫。’等到汉初，仍仿前代旧制，公卿们都自带政事入朝。所以汉高祖可以亲自追回复返的周昌，汉武帝远准汲黯的奏章。汉宣帝诏令公卿们五日一朝，汉成帝才开始设置尚书五人。此后，五日一朝的制度废弃，于是短缺了天子升朝的礼仪。现在，应当恢复古代五日一朝的制度，让公卿们以掌司职奏报。使废弛已久的礼制得以复兴，大魏的帝王圣业得以发扬光大，这就是人们所说的名声美好、效果显著的事情啊！”

青龙年间，山阳公去世了，山阳公也就是汉献帝。王肃上疏说：“以前的唐尧把君位禅让给虞，虞又禅让给夏启，都是守完了三年的丧，然后才登上了天子的位置。因此帝号没有改变，原先的君主的礼仪制度还是存在的。现在山阳公承接上天的命令，顺应百姓的愿望把王位禅让给大魏，自己退处在宾客的位置上。山阳公现在侍奉魏国，魏国国君对待山阳公，也还是非常尊崇您不称臣。他逝世以后葬殓的礼节、灵车的装饰，都是按照帝王的标准，因此远近的人都很归顺仁德，他们都认为这是很美好的事情。并且汉朝拥有帝号和皇号，叫作皇帝。这和称呼帝与单独称呼皇是有区别的，因为皇的帝级比帝轻一些。因此汉高祖的时候，国土上就没有两个帝王，要是父亲还在的话，就只称皇，主要是为了避免两个帝王的误会。况且山阳公现在是寿终正寝了，就可以称为皇来和他的谥号相配。”明帝还是没有采纳，不想让山阳公称皇，就追赠他谥号为汉孝献皇帝。

后来王肃以常侍的身份兼任秘书监，同时还做了崇文观祭酒。

失农业，期信不敦，刑杀仓卒。肃上疏曰：“大魏承百王之极，生民无几，干戈未戢，诚宜息民而惠之以安静遐迩之时也。夫务畜积而息疲民，在于省徭役而勤稼穑。今宫室未就，功业未讫，运漕调发，转相供奉。是以丁夫疲于力作，农者离其南亩，种谷者寡，食谷者众，旧谷既没，新谷莫继。斯则有国之大患，而非备豫之长策也。今见作者三四万人，九龙可以安圣体，其内足以列六宫，显阳之殿，又向将毕，惟泰极已前，功夫尚大，方向盛寒，疾疢或作。诚愿陛下发德音，下明诏，深愍役夫之疲劳，厚矜兆民之不赡，取常食廪之士，非急要者之用，选其丁壮，择留万人，使一期而更之，咸知息代有日，则莫不悦以即事，劳而不怨矣。计一岁有三百六十万夫，亦不为少。当一岁成者，听且三年。分遣其余，使皆即农，无穷之计也。仓有溢粟，民有余力：以此兴功，何功不立？以此行化，何化不成？夫信之于民，国家大宝也。仲尼曰：‘自古皆有死，民非信不立。’夫区区之晋国，微微之重耳，欲用其民，先示以信，是故原虽将降，顾信而归，用能一战而霸，于今见称。前车驾当幸洛阳，发民为营，有司命以营成而罢。既成，又利其功力，不以时遣。有司徒营其目前之利，不顾经国之体。臣愚以为自今以后，倘复使民，宜明其令，使必如期。若有事以次，宁复更发，无或失信。凡陛下临时之所行刑，皆有罪之吏，宜死之人也。然众庶不知，谓为仓卒。故愿陛下下之于吏而暴其罪。钧其死也，无使污于宫掖而为远近所疑。且人命至重，难生易杀，气绝而不续者也，是以圣贤重之。孟轲称杀一无辜以取天下，仁者不为也。汉时有犯跸惊乘舆马者，廷尉张释之奏使罚金，文帝怪其轻，而释之曰：‘方其时，上使诛之则已。今下廷尉。廷尉，天下之平也，一倾之，天下用法皆为轻重，民安所措其手足？’臣以为大失其义，非忠臣所宜陈也。廷尉者，天子之吏也，犹不可以失平，而天子之身，反可以惑谬乎？斯重于为己，而轻于为君，不忠之甚也。周公曰：‘天子无戏言；言则史书之，工诵之，

景初年间，朝廷大举建造宫室，百姓不能安心从事农业生产，服役期限也没有固定时间，刑罚也太过随意。王肃上书说：“大魏承帝业于危难，幸存百姓很少，战乱又久久没有能休止。应以安稳的环境让百姓休养生息，以蓄积财物，减免徭役，让百姓致力于农桑。现在，宫室建筑没有完工，霸业未成，漕运频发，转运供给。以至于壮丁疲于劳役，农民也被迫离开田地，种粮的人少，吃粮的人多，仓廪已经没有陈粮，新粮却接续不上。这是国家的大患，不是早备之良策啊！现今服劳役的有三四万人，九龙宫可使陛下安居也足以置列六宫妃嫔，显阳殿又即将竣工，唯有泰极殿所余工程甚大。时节已近严冬，可能会有疾病，在役夫中流行。臣望陛下发仁德，赐明诏，怜悯民夫，同情百姓，只留下职责重要的士兵，不是要务的劳役，选择强壮的，留一万人，干完一年再更换。他们得知可以被人替换，就会很乐意去做事，也不会有怨言。这样，每年都有三百六十万个役夫在做工，数量也不算少了。原来一年就完工的工程，缓为三年完成。让其余的役夫都回家务农，来消除贫困。这样，仓里就会有充足的粮食，百姓就会有剩余的劳力。用这种办法，什么样的功业建立不了呢？什么样的教化推行不成呢？取信于民，是国之大宝啊！孔子说：‘自古以来没有谁能免死，如果百姓失去了信心，国家是立不起来的。’区区晋国，小小重耳，使用百姓，还要先示信用，所以原国已经投降，但是重耳仍将军队后退一舍之地，以守信用故而可以用一场战争确立，成就一方霸主的地位，被人称颂。前些时候陛下要巡幸洛阳，官吏征发百姓修建行营，当时允诺建成行营后，百姓即可返回。可是，行营建成以后，没有让他们走。官员只求眼前利益，忘却了治国根本。臣以为，今后倘若再使用民役，应申明官府，必须如期遣返。宁可再征调其他百姓做别的事，也不要失信于民。凡陛下临时要判处死刑的人，都是有罪该死的人。可是百姓并不知详情，会说陛下草菅人命。故而，臣望陛下对要判死刑的罪吏公开他们的罪行，不要让他们玷污了朝廷德政，而被人所怀疑。杀了他们容易，可让他们活过来难，气断了无法再续，所以，古代圣贤都重视它。孟轲曾说，如果杀一个无辜的人以取天下，仁德之人也绝不能做。汉代时有冒犯警跸惊了皇辇的人，

士称之。’言犹不戏，而况行之乎？故释之之言不可不察，周公之戒不可不法也。”又陈“诸鸟兽无用之物，而有刍谷人徒之费，皆可蠲除”。

帝尝问曰：“汉桓帝时，白马令李云上书言：‘帝者，谛也。是帝欲不谛。’当何得不死？”肃对曰：“但为言失逆顺之节。原其本意，皆欲尽心，念存补国。且帝者之威，过于雷霆，杀一匹夫，无异蝼蚁。宽而宥之，可以示容受切言，广德宇于天下。故臣以为杀之未必为是也。”帝又问：“司马迁以受刑之故，内怀隐切，著《史记》非贬孝武，令人切齿。”对曰：“司马迁记事，不虚美，不隐恶。刘向、扬雄服其善叙事，有良史之才，谓之实录。汉武帝闻其述《史记》，取孝景及己本纪览之，于是大怒，削而投之。于今此两纪有录无书。后遭李陵事，遂下迁蚕室。此为隐切在孝武，而不在于史迁也。”

正始元年，出为广平太守。公事征还，拜议郎。顷之，为侍中，迁太常。时大将军曹爽专权，任用何晏、邓飏等。肃与太尉蒋济、司农桓范论及时政，肃正色曰：“此辈即弘恭、石显之属，复称说邪！”爽闻之，戒何晏等曰：“当共慎之！公卿已比诸君前世恶人矣。”坐宗庙事免。后为光禄勋。时有二鱼长尺，集于武库之屋，有司以为吉祥。肃曰：“鱼生于渊而亢于屋，介鳞之物失其所也。边将

廷尉张释之判他交纳罚金，汉文帝嫌张释之判得太轻，释之说：'当犯事的时候，皇上让人杀了他也就算了。现在将他交付廷尉，廷尉执法如一，如果妄断，百姓怎么安放自己的手足呢？'臣以为张释之此话有失臣子道义，不是忠臣所奏。廷尉是天子的官吏，尚且不能失去统一的标准，难道天子就可以随意杀人吗？张释之是看重自己，却轻视君主。他对君主并不忠诚。周公说道：'天子不说玩笑话。他所说的话史官就要记录下来，乐工就要朗诵起来，士人就要称颂起来。'说话尚且不能儿戏，何况是做事呢？故而对张释之的话不可不察，对周公的告诫也不可不遵奉。"王肃又陈奏说："诸般鸟兽等玩乐的东西，还要在它们身上花费草料粮食人力，都可以摒弃。"

明帝曾经问道："汉桓帝时，白马县令李云上书说：'帝的意思就是谛细察。现在是皇帝不想要细察了。'有办法让李云免死吗？"王肃回答说："李云没有掌握好君臣说话的尺度。就其本意而言，是要尽己之力，弥补残缺。帝王之威，逾过雷霆，杀死一个匹夫，和踩死一只蚂蚁没什么两样。但是宽容李云那样的人，可以使帝王容言纳论的胸襟得以明示，把德行推到全国。臣认为杀掉李云未必是正确的。"明帝又询问说："司马迁因受宫刑，内怀怨恨，以《史记》指责汉武帝，令人痛恨他。"王肃回答说："司马迁记事，不虚伪，不滥溢，不隐恶。刘向、扬雄都佩服他善于记事，有优秀史官的才能，认为那是如实记录。汉武帝听说他在写作《史记》，就索取汉景帝和他自己的本纪阅览，看后大怒，削去字迹后把它丢掉。所以这两篇本纪只有目录，没有文字。司马迁后来因为李陵事件，竟被下蚕室处以宫刑。可见，深怨是在汉武帝心中，而不在司马迁。"

正始元年，王肃出京担任广平太守。后来又应召回朝，任议郎。不久，改任侍中，升为太常。当时大将军曹爽专权，任用何晏、邓飏等人。王肃和太尉蒋济、司农桓范一同谈论时政，王肃严肃地说："这些人和弘恭、石显同类，还值得称道吗！"曹爽听说以后，告诫何晏等人说："你们都应谨慎！公卿大夫已经把你们比作前代的恶人了。"后来因祭祀宗庙有误，王肃被免职。之后又任光禄勋。当时有两条一尺长的鱼，跃上武器库的房顶，很多人都认为是吉祥。王肃说："鱼

其殆有弃甲之变乎？”其后果有东关之败，徙为河南尹。嘉平六年，持节兼太常，奉法驾，迎高贵乡公于元城。是岁，白气经天，大将军司马景王问肃其故，肃答曰：“此蚩尤之旗也，东南其有乱乎？君若修己以安百姓，则天下乐安者归德，唱乱者先亡矣。”明年春，镇东将军毌丘俭、扬州刺史文钦反，景王谓肃曰：“霍光感夏侯胜之言，始重儒学之士，良有以也。安国宁主，其术焉在？”肃曰：“昔关羽率荆州之众，降于禁于汉滨，遂有北向争天下之志。后孙权袭取其将士家属，羽士众一旦瓦解。今淮南将士父母妻子皆在内州，但急往御卫，使不得前，必有关羽土崩之势矣。”景王从之，遂破俭、钦。后迁中领军，加散骑常侍，增邑三百，并前二千二百户。甘露元年薨，门生缞绖者以百数。追赠卫将军，谥曰景侯。子恽嗣。恽薨，无子，国绝。景元四年，封肃子恂为兰陵侯。咸熙中，开建五等，以肃著勋前朝，改封恂为丞子。

初，肃善贾、马之学，而不好郑氏，采会同异，为《尚书》《诗》《论语》《三礼》《左氏》解，及撰定父朗所作《易传》，皆列于学官。其所论驳朝廷典制、郊祀、宗庙、丧纪、轻重，凡百余篇，时乐安孙叔然，受学郑玄之门，人称东州大儒。征为秘书监，不就。肃集圣证论以讥短玄，叔然驳而释之，及作《周易》《春秋例》《毛诗》《礼记》《春秋三传》《国语》《尔雅》诸注，又著书十余篇。自魏初征士燉煌周生烈，明帝时大司农弘农董遇等，亦历注经传，颇传于世。

应生活在水里，现在却在高房上，这是有甲鳞的动物失去了它们赖以生存的地方。戍边将领要发生丢盔弃甲的事故。”后来魏军果然在东关被吴国打败。王肃又调任河南尹。嘉平六年，持符节兼任太常，护送御用车驾在元城迎接高贵乡公。这一年，有一股白气经过天空，大将军司马昭向王肃询问这一现象的原因，王肃回答说：“这是蚩尤的旗帜，东南方将出现叛乱。您如果以身来安抚百姓，那么天下就会安定而归服德化，叛首就会灭亡。”第二年春天，镇东将军毌丘俭、扬州刺史文钦发生叛乱。司马昭对王肃说：“霍光有感于夏侯胜的话，开始尊重读书人，的确是有原因的。安邦定国，使君主与百姓得享安宁，这有什么办法吗？”王肃说：“过去关羽在汉水打败于禁，蜀国已经有争夺天下的想法。后来，孙权又掳去他将士的家属，关羽的部队就溃散了。现在，淮南将士的父母、妻子都在内地，因此要立即派兵去抵抗，阻挡他们前进，就一定会出现土崩瓦解的局面，就像关羽部队那样。”司马昭用了王肃的计策，终于打败了毌丘俭和文钦。后来，王肃被升为中领军，加封散骑常侍，增加食邑三百户，加上以前的共计二千二百户。甘露元年王肃去世，为他送葬的门生有好几百人。朝廷追赠他为卫将军，谥号为景侯。他的儿子王恽继承爵位。王恽去世，因为无子而撤销封国。景元四年，封王肃的另一个儿子王恂为兰陵侯。咸熙年间，开始建立五等爵位，因为王肃在前朝颇建功勋，改封王恂为丞县的子爵。

起初，王肃通晓大儒贾逵、马融的学说，不喜欢郑玄之说，他融汇儒家各学派之长，为《尚书》《诗经》《论语》《三礼》《春秋左氏传》等作注解，又编定父亲王朗所作的《易传》，这些著作都被列为国学的参考书。他所阐述、论证有关朝廷典章制度中的祭祀天地、皇祖以及丧服区别等问题的文章，一共有一百多篇。乐安国人孙叔然，曾经在郑玄门下学习过，人称为东州大儒。朝廷征召他为秘书监，他没有上任。王肃编纂《圣证论》讥讽和贬低郑玄，孙叔然进行了反驳和解释，他后来为《周易》《春秋例》《毛诗》《礼记》《春秋三传》《国语》《尔雅》等数种经书作解，又著书十多篇。再者，魏初就受到朝廷征召而没有做官的敦煌郡人周生烈、明帝时的大司农弘农郡人

评曰：钟繇开达理干，华歆清纯德素，王朗文博富赡，诚皆一时之俊伟也。魏氏初祚，肇登三司，盛矣夫！王肃亮直多闻，能析薪哉！

董遇等，也都为经传作了注解，在当时广为流传。

评论说：钟繇开朗豁达，华歆为人清正纯朴，非常有仁德的修养，王朗的文才很渊博，很有才学，他们都是一个时代的伟大的人物。魏国刚刚建立的时候，他们都已经登上了三公的位置了，真是显盛一时啊！王肃这个人非常忠诚正直，而且见多识广，非常擅长分析事理！

卷十四　魏书十四

程郭董刘蒋刘传第十四

程昱字仲德，东郡东阿人也。长八尺三寸，美须髯。黄巾起，县丞王度反应之，烧仓库。县令逾城走，吏民负老幼东奔渠丘山。昱使人侦视度，度等得空城不能守，出城西五六里止屯。昱谓县中大姓薛房等曰：“今度等得城郭不能居，其势可知。此不过欲虏掠财物，非有坚甲利兵攻守之志也。今何不相率还城而守之？且城高厚，多谷米，今若还求令，共坚守，度必不能久，攻可破也。”房等以为然。吏民不肯从，曰：“贼在西，但有东耳。”昱谓房等：“愚民不可计事。”乃密遣数骑举幡于东山上，令房等望见，大呼言“贼已至”，便下山趣城，吏民奔走随之，求得县令，遂共城守。度等来攻城，不能下，欲去。昱率吏民开城门急击之，度等破走。东阿由此得全。

初平中，兖州刺史刘岱辟昱，昱不应。是时岱与袁绍、公孙瓒和亲，绍令妻子居岱所，瓒亦遣从事范方将骑助岱。后绍与瓒有隙。瓒击破绍军，乃遣使语岱，令遣绍妻子，使与绍绝。别敕范方：“若岱不遣绍家，将骑还。吾定绍，将加兵于岱。”岱议连日不决，别驾王彧白岱：“程昱有谋，能断大事。”岱乃召见昱，问计，昱曰：“若弃绍近援而求瓒远助，此假人于越以救溺子之说也。夫公孙瓒，非袁绍之敌也。今虽坏绍军，然终为绍所禽。夫趣一朝之权而不虑远计，将军终败。”岱从之。范方将其骑归，未至，瓒大为绍所破。岱表昱为骑都尉，昱辞以疾。

程昱字仲德，东郡东阿县人。身高八尺三寸，有漂亮的胡须。黄巾军起义，东阿县丞王度反叛朝廷响应黄巾军，烧毁仓库。县令跳城墙逃走，许多百姓都逃到了东面的渠丘山。程昱派人打探到王度没有据守空城，而是在距城五六里的地方屯驻。程昱对县中的大姓薛房等人说：“从王度等人无力据守城郭的情形来看，他不过是想掠劫财富，并没有用兵攻城守地的打算。我们可以让吏民回城防守。城墙高厚，粮食充足，如果找回县令，由他带领守城，王度用不了多长时间一定失败。”薛房等人认为程昱说得很对。但是，有些人不肯回城，他们说：“贼人在西面，我们只能向东。”程昱对薛房等人说：“无法和愚昧的百姓商议大事。”便秘密派遣几名骑兵在东山上举起旗帜，让薛房等人看见，又大声喊“贼寇来了”，东面山上的人就下山急跑回县城，吏民们都也随之跟回，找到县令，一起坚守城池。王度等人又来攻城，不能攻克，就想离开。程昱率领吏民打开城门迅速出击，王度等人大败而逃。东阿县因此得以保全。

初平年间，兖州刺史刘岱发出公文征召程昱，程昱没有去。此时刘岱正与袁绍、公孙瓒亲近，袁绍让妻儿居住在刘岱处，公孙瓒也派从事范方率骑兵帮助刘岱。后来，袁绍与公孙瓒产生了仇怨，公孙瓒初次击败袁军后，便派遣使节让刘岱把袁绍的妻儿送回去，并与袁绍断绝交往。公孙瓒又对范方说：“如刘岱不遣还袁绍的家眷，你就率骑兵回来。待我平定袁绍以后，就调遣大军直逼刘岱。”刘岱与下属议论这件事多日不能决断。别驾王彧对刘岱说：“程昱有谋略，能决断大事，还是找他问问吧！”于是，刘岱就召见了程昱，向他求计。程昱说：“现在，如果放弃了袁绍的近援而祈求公孙瓒的远助，就像到遥远的越国去求告别人来拯救眼前溺水的孩子一样可笑。公孙瓒绝不是袁绍的对手。现在他只能小胜袁军，最终还是要

刘岱为黄巾所杀。太祖临兖州，辟昱。昱将行，其乡人谓曰："何前后之相背也！"昱笑而不应。太祖与语，说之，以昱守寿张令。太祖征徐州，使昱与荀彧留守鄄城。张邈等叛迎吕布，郡县响应，唯鄄城、范、东阿不动。布军降者，言陈宫欲自将兵取东阿，又使氾嶷取范，吏民皆恐。彧谓昱曰："今兖州反，唯有此三城。宫等以重兵临之，非有以深结其心，三城必动。君，民之望也，归而说之，殆可！"昱乃归，过范，说其令靳允曰："闻吕布执君母弟妻子，孝子诚不可为心！今天下大乱，英雄并起，必有命世，能息天下之乱者，此智者所详择也。得主者昌，失主者亡。陈宫叛迎吕布而百城皆应，似能有为，然以君观之，布何如人哉！夫布，粗中少亲，刚而无礼，匹夫之雄耳。宫等以势假合，不能相君也。兵虽众，终必无成。曹使君智略不世出，殆天所授！君必固范，我守东阿，则田单之功可立也。孰与违忠从恶而母子俱亡乎？唯君详虑之！"允流涕曰："不敢有二心。"时氾嶷已在县，允乃见嶷，伏兵刺杀之，归勒兵守。昱又遣别骑绝仓亭津，陈宫至，不得渡。昱至东阿，东阿令枣祗已率厉吏民，拒城坚守。又兖州从事薛悌与昱协谋，卒完三城，以待太祖。太祖还，执昱手曰："微子之力，吾无所归矣。"乃表昱为东平相，屯范。

被袁绍所败。趋一时之利，只求权宜之计，最终一定会失败。”刘岱听从了程昱的劝告。范方便率骑兵回去，还没回到公孙瓒处，公孙瓒已经被袁绍击溃。因此，刘岱表荐程昱为骑都尉。程昱以有病为由辞退了表荐。

刘岱被黄巾军杀害。太祖统管兖州，征召程昱做官。程昱就要出发的时候，乡里人对程昱说：“你前后的行为为什么相反呢！”程昱笑而不答。太祖与程昱谈了话，非常喜欢他，任命程昱代理寿张县令。太祖征讨徐州，让程昱和荀彧留守鄄城。张邈等人叛离太祖接应吕布，郡中各县全都响应，只有鄄城、范县、东阿县不动摇。吕布军中前来投降的人，说陈宫将要亲自率兵攻取东阿县，又派氾嶷攻取范县，官民非常恐慌。荀彧对程昱说：“现在兖州郡县大都反叛，只有这三个城没有反叛。陈宫等人用重兵前去攻打，如果不能想办法来稳定人心，三城必将动摇。你是当地特别有民望的人，如果回到家乡去说服三城百姓，一定可以成功！”程昱就回到家乡，路过范县的时候，对那里的县令靳允说：“听说吕布抓住了你的母亲、弟弟、妻子、儿女，孝子的心里真是不可忍受！如今天下大乱，各路英雄全都起兵，其中一定会有命世的英才，能够平息天下大乱的人，是智者所仔细选择的。选择英明之人追随便可获得成功，失去了英明之人就难逃失败灭亡的命运。陈宫反叛，接应吕布，而百城全都响应，好像是能有作为，然而依你看来，吕布是什么样的人呢！吕布，内心粗疏而少有亲近者，刚猛而不讲礼义，只不过是个匹夫英雄罢了。陈宫是形势所迫，暂时和吕布合作，不会真正地把吕布作为君主的。陈宫等人兵虽然多，最终必然成不了大事。曹使君的智慧谋略人间少有，大概是上天所授予的。你一定要坚守范县，我坚守东阿，我们就可以立下像田单那样的功劳了。具有田单那样的功劳，和违背忠义随从凶恶而使母子都死亡相比哪个好呢？希望你仔细考虑呀！”靳允流着泪说：“我不敢对曹使君有二心。”这时氾嶷已经在县里，靳允就召见了氾嶷，设伏并将他刺杀，回去指挥士兵守城。程昱又派遣另一支骑兵堵住仓亭渡口，陈宫到达以后，不能渡过黄河。程昱到东阿，东阿县令枣祗已经率领并且鼓励官民，据城坚守。再加上兖州从事薛悌与程

太祖与吕布战于濮阳，数不利。蝗虫起，乃各引去。于是袁绍使人说太祖连和，欲使太祖遣家居邺。太祖新失兖州，军食尽，将许之。时昱使适还，引见，因言曰：“窃闻将军欲遣家，与袁绍连和，诚有之乎？”太祖曰：“然。”昱曰：“意者将军殆临事而惧，不然何虑之不深也！夫袁绍据燕、赵之地，有并天下之心，而智不能济也。将军自度能为之下乎？将军以龙虎之威，可为韩、彭之事邪？今兖州虽残，尚有三城。能战之士，不下万人。以将军之神武，与文若、昱等，收而用之，霸王之业可成也。愿将军更虑之！”太祖乃止。

天子都许，以昱为尚书。兖州尚未安集，复以昱为东中郎将，领济阴太守，都督兖州事。刘备失徐州，来归太祖。昱说太祖杀备，太祖不听。语在《武纪》。后又遣备至徐州要击袁术，昱与郭嘉说太祖曰：“公前日不图备，昱等诚不及也。今借之以兵，必有异心。”太祖悔，追之不及。会术病死，备至徐州，遂杀车胄，举兵背太祖。顷之，昱迁振威将军。袁绍在黎阳，将南渡。时昱有七百兵守鄄城，太祖闻之，使人告昱，欲益二千兵。昱不肯，曰：“袁绍拥十万众，自以所向无前，今见昱兵少，必轻易，不来攻。若益昱兵，过则不可不攻，攻之必克，徒两损其势。愿公无疑！”太祖从之。绍闻昱兵少，果不往。太祖谓贾诩曰：“程昱之胆，过于贲、育。”昱收山泽亡命，得精兵数千人，乃引军与太祖会黎阳，讨袁谭、袁尚。谭、尚破走，拜昱奋武将军，封安国亭侯。太祖征荆州，刘备奔吴。论者以为孙权必杀备，昱料之曰：“孙权新在位，未为海内所惮。曹公无敌于天下，初举荆州，威震江表，权虽有谋，不能独当也。刘备有英名，关

昱共同谋划，终于使三城得以保全，等待太祖。太祖回来以后，拉住程昱的手说：“没有你出力，我就无处可归了。”就上表任程昱为东平相，屯驻在范县。

曹操与吕布在濮阳战斗，战斗多次都失败了。正在这时发生蝗灾，双方各自带兵返回去。袁绍派人劝说曹操与自己联合，让曹操把家眷送到邺城居住。曹操刚失去了兖州，粮食已尽，准备答应。这时程昱出使正好回来，程昱对曹操说：“我听说将军要送走家眷，与袁绍联合，真有这事吗？”曹操说：“有。”程昱说：“我认为将军是因危难临头而恐惧，否则，考虑问题不会如此短浅。袁绍据有燕、赵之地，有吞并天下的野心，但是此人刚愎而无谋，将军怎能屈尊，做他的下属呢？将军有龙虎之威，怎么能做韩信彭越所做的事呢！兖州虽然已经失去，尚有三城存在，兵士也不下万人。凭将军的武略与文若及我等，再集余众，兴霸大事可成。望将军深思！”曹操于是就放弃了原来的打算。

汉献帝迁都许昌，让程昱做尚书。当时兖州还没有安定，又让程昱做了东中郎将，兼任济阴太守，统管兖州。刘备失利，丢了徐州，前来投奔曹操。程昱劝说曹操杀了刘备，曹操没有听从。此事记在《武帝纪》中。后来，曹操派刘备到徐州去截击袁术，程昱与郭嘉向曹操说：“您以前不想除掉刘备，宽宏气度无人可及。但是现在调兵给他，他定有二心。”曹操猛然醒悟，马上派人追赶，却没有赶上。正赶上袁术病死，刘备夜袭徐州杀了刺史车胄，正式反叛曹操。不久，程昱升任振威将军。袁绍在黎阳准备渡河南侵，当时，程昱手下只有七百名士兵镇守鄄城。曹操听到消息以后，打算增兵二千助他守城。程昱不肯接受，说：“袁绍拥有十万大军，自恃强大，见到我的兵少，必然不放在心上而不来进攻。如果给我增兵防守，他一定会进攻，鄄城就会被他攻下，我们的损失就会很严重。希望您不要有所顾虑。”曹操听从了他的建议。袁绍听说程昱的兵很少，果然没有去进攻。曹操对贾诩说：“程昱的胆量，超过了古代的勇士孟贲和夏育。”程昱收编了山泽中的流寇，得到几千精兵。就领兵到黎阳与曹操会师，征讨袁谭、袁尚，二袁战败逃走。曹操任命程昱为奋武将军，封

羽、张飞皆万人敌也，权必资之以御我。难解势分，备资以成，又不可得而杀也。”权果多与备兵，以御太祖。是后中夏渐平，太祖拊昱背曰：“兖州之败，不用君言，吾何以至此？”宗人奉牛酒大会，昱曰：“知足不辱，吾可以退矣。”乃自表归兵，阖门不出。

昱性刚戾，与人多迕。人有告昱谋反，太祖赐待益厚。魏国既建，为卫尉，与中尉邢贞争威仪，免。文帝践阼，复为卫尉，进封安乡侯，增邑三百户，并前八百户。分封少子延及孙晓列侯。方欲以为公，会薨，帝为流涕，追赠车骑将军，谥曰肃侯。子武嗣。武薨，子克嗣。克薨，子良嗣。

晓，嘉平中为黄门侍郎。时校事放横，晓上疏曰：“《周礼》云：‘设官分职，以为民极。’《春秋传》曰：‘天有十日，人有十等。’愚不得临贤，贱不得临贵。于是并建圣哲，树之风声明试以功，九载考绩。各修厥业，思不出位。故栾书欲拯晋侯，其子不听；死人横于街路，邴吉不问。上不责非职之功，下不务分外之赏，吏无兼统之势，民无二事之役，斯诚为国要道，治乱所由也。远览典志，近观秦汉，虽官名改易，职司不同，至于崇上抑下，显允明例，其致一也。初无校事之官干与庶政者也。昔武皇帝大业草创，众官未备，而军旅勤苦，民心不安，乃有小罪，不可不察，故置校事，取其一切耳，然检御有方，不至纵恣也。此霸世之权宜，非帝王之正典。其后渐蒙见任，复为疾病，转相因仍，莫正其本。遂令上察宫庙，下摄

安国亭侯。曹操征讨荆州，刘备投奔吴国。曹操的谋士和其他将领大多数人认为孙权肯定会杀掉刘备，程昱推测说："孙权新掌大权，海内英雄并不畏惧于他。曹公无敌于天下，夺荆州临吴越，威震江南，孙权即使有谋略，也不能独自抵挡。刘备一向有英名，关羽、张飞皆万人敌，孙权一定会与他联合来抵抗我们。等到危机解除，孙、刘势必分离，刘备得一臂之助而养成羽翼，孙权绝杀不了他。"果然，孙权给刘备许多兵马，来抵抗曹操。后来，中原地区逐渐平定，曹操拍着程昱的背说："兖州失败的时候，如果不是听了你的话，我不会有今天的成功啊！"程昱的族人带着牛酒来庆贺，程昱说："知足就不会受辱，我可以引退了。"于是，上书交还兵权，闭门不出。

程昱性情刚直，与人相交从来没有什么避讳。有人告程昱叛乱，曹操也不解释，对他的赏赐和待遇反而更加丰厚。魏国建立，程昱任卫尉，因与中尉邢贞争仪仗和随从，被免职。曹丕即位后，复官为卫尉，晋封为安乡侯，增加封邑三百户，连同以前的共八百户。又分封程昱的小儿子程延及孙子程晓为列侯。正要封程昱为公的时候，他却去世了。文帝伤心不已，追赠程昱为车骑将军，谥号肃侯。他的儿子程武继承爵位。程武去世，儿子程克继承了爵位。程克去世，儿子程良继承了爵位。

程晓，在嘉平年间做了黄门侍郎。有校事官残忍凶狠没有法度，程晓上疏说："《周礼》说：'设官分职，作为百姓的准则。'《春秋左传》说：'天上有十日，人间有十等。'愚人不得统治贤人，贱人不得统治贵人。同建良好的道德风尚，对官吏的政绩进行严明的考察。这样，人们都专注于自己的职业，也不会产生超越自己本位的想法。栾书想救晋厉公，他的儿子认为不妥；死尸横陈大街，邴吉视而不见。君主对臣子不要求过分的功劳，臣不祈求分外的奖赏，官吏没有统管的权力，百姓没有两种以上的劳役，所有这些都是治国的重要原则，也是国家安定或动乱的重要原因啊！远览古代典籍，近看秦、汉王朝，虽然官名和职责范围不同，但是尊崇君权，抑制臣子的职责范围，其根本原则是一致的。校事官没有权力参与或干预政务。从前魏武皇帝草创大业的时候，职配还不完整，而且将士劳苦，百姓也未

众司，官无局业，职无分限，随意任情，唯心所适。法造于笔端，不依科诏；狱成于门下，不顾覆讯。其选官属，以谨慎为粗疏，以謥詷为贤能。其治事，以刻暴为公严，以循理为怯弱。外则托天威以为声势，内则聚群奸以为腹心。大臣耻与分势，含忍而不言，小人畏其锋芒，郁结而无告。至使尹模公于目下肆其奸慝；罪恶之著，行路皆知，纤恶之过，积年不闻。既非《周礼》设官之意，又非《春秋》十等之义也。今外有公卿将校总统诸署，内有侍中尚书综理万机，司隶校尉督察京辇，御史中丞董摄宫殿，皆高选贤才以充其职，申明科诏以督其违。若此诸贤犹不足任，校事小吏，益不可信。若此诸贤各思尽忠，校事区区，亦复无益。若更高选国士以为校事，则是中丞司隶重增一官耳。若如旧选，尹模之奸今复发矣。进退推算，无所用之。昔桑弘羊为汉求利，卜式以为独烹弘羊，天乃可雨。若使政治得失必感天地，臣恐水旱之灾，未必非校事之由也。曹恭公远君子，近小人，《国风》托以为刺。卫献公舍大臣，与小臣谋，定姜谓之有罪。纵令校事有益于国，以礼义言之，尚伤大臣之心，况奸回暴露，而复不罢，是衮阙不补，迷而不返也。”于是遂罢校事官。晓迁汝南太守，年四十余薨。

郭嘉字奉孝，颍川阳翟人也。初，北见袁绍，谓绍谋臣辛评、郭图曰：“夫智者审于量主，故百举百全而功名可立也。袁公徒欲效周公之下士，而未知用人之机。多端寡要，好谋无决，欲与共济天下

安定，如官吏有小罪，不能及时省察，所以置校事一职，也仅是权宜之计。但是，由于制御有方，因而没有恣意混乱的局面出现。这只是称霸时期的暂行办法，并不是朝廷的正式法典。后来，又增加了对校事官的信任，也成了干预朝政的弊政所在，辗转因袭，无人校正，下统各个官府，终于使校事官职权膨胀，上察宫殿宗庙全凭主观意愿行事。法规在他们的笔下产生，根本不依据国家法令；所有官司就在门下结案，从不复审。他们选用官员，把粗疏草率当成果断，把虚妄夸张当成贤能。管理政务，把暴虐视为严明，把循理视为怯弱。对外，他们以皇帝的名义来标榜自己；对内，纠集奸佞小人为心腹。众大臣耻于与他们争夺权势，隐忍着愤怒不说，百姓们畏惧他们的蛮横无理而欲诉无门。以至于让尹模这样的人公开在天子眼下大行其恶；他们所犯的罪恶和过错许多年不为天子所知。这既不符合《周礼》设官之意，也不是《春秋》所说的十等的大义。如今朝廷外有文武大臣总管各个官署，内有侍中尚书总理各种事务，司隶校尉督察京城地区，御史中丞统管宫殿，全都是由高标准选拔的贤才来担任，又以制度法令和皇帝诏命对他们进行监督。如果对这些贤才还不能胜任，校事一职就更不可信任。贤才尽忠，校事也就毫无用处。如果用贤才来任校事，那么，御史中丞、司隶校尉那样的官员中就重复设置了。如果放任校事再继续下去，那么，类似尹模那样的邪恶行为就会重新出现。臣进退各方面仔细考虑，校事一职根本没有用处。当年桑弘羊一直为汉朝谋利，而卜式却主张只有杀了桑弘羊，上天才能降雨。如果以政治上的得失看天地感应，那么，现在的水旱之灾，未必不是因校事官们引起的。过去，曹恭公疏远君子，亲近小人，《诗经·国风》借物以讽刺。卫献公不用大臣而与小臣商议，定姜说他有罪。即使校事一职对国家有利，从礼义上说，也伤了大臣们的心，更何况他们奸邪横暴，如果再不罢免这是君主的过失呀！”于是朝廷便取消了校事官这一职务。程晓升迁为汝南郡太守，四十多岁时去世。

郭嘉字奉孝，是颍川郡阳翟县人。年轻的时候，他北上去拜见袁绍，对袁绍的谋臣辛评、郭图说：“良臣择主而仕，所以凡事皆能成功。袁公虽仿效周公礼贤下士，却不懂得用人的谋略；想法虽多却

大难，定霸王之业，难矣！”于是遂去之。先是时，颍川戏志才，筹画士也，太祖甚器之。早卒。太祖与荀彧书曰：“自志才亡后，莫可与计事者。汝、颍固多奇士，谁可以继之？”彧荐嘉。召见，论天下事。太祖曰：“使孤成大业者，必此人也。”嘉出，亦喜曰：“真吾主也。”表为司空军祭酒。

征吕布，三战破之，布退固守。时士卒疲倦，太祖欲引军还，嘉说太祖急攻之，遂禽布。语在《荀攸传》。

孙策转斗千里，尽有江东，闻太祖与袁绍相持于官渡，将渡江北袭许。众闻皆惧，嘉料之曰：“策新并江东，所诛皆英豪雄杰，能得人死力者也。然策轻而无备，虽有百万之众，无异于独行中原也。若刺客伏起，一人之敌耳。以吾观之，必死于匹夫之手。”策临江未济，果为许贡客所杀。

从破袁绍，绍死，又从讨谭、尚于黎阳，连战数克。诸将欲乘胜遂攻之，嘉曰：“袁绍爱此二子，莫适立也。有郭图、逢纪为之谋臣，必交斗其间，还相离也。急之则相持，缓之而后争心生。不如南向荆州若征刘表者，以待其变；变成而后击之，可一举定也。”太祖曰：“善。”乃南征。军至西平，谭、尚果争冀州。谭为尚军所败，走保平原，遣辛毗乞降。太祖还救之，遂从定邺。又从攻谭于南皮，冀州平。封嘉洧阳亭侯。

太祖将征袁尚及三郡乌丸，诸下多惧刘表使刘备袭许以讨太

无法实施，考虑事情全面却不能抓住要害。喜谋算却不能决断。要同他共救天下危难而成就大业，太难了！”于是，就离开了袁绍。此前，颍川的戏志才也是一个颇有谋略之人，很受曹操器重，可惜他很早就去世了。曹操给荀彧写信说：“自戏志才死后，无人可与我商议大事啊。汝南、颍川一带奇异之士很多，你看谁可以接替他呢？”荀彧就推荐了郭嘉。曹操和郭嘉见面后，一起讨论天下大事。曹操说：“助我成大业者，奉孝也。”郭嘉退出以后，也高兴地说：“这才是我真正的主人。”于是，曹操上表奏请朝廷任命郭嘉为司空军祭酒。

曹操征讨吕布，只打了三仗就击败了他。吕布只得逃回城中固守。当时曹军士卒已很疲惫，曹操便想退军。郭嘉劝说曹操一定要继续攻击，因此擒获了吕布。此事记录在《荀攸传》中。

孙策转战几千里，江东诸州郡很快就被他全部攻取。当听说曹操与袁绍正在官渡相持，孙策就想渡江突袭许昌。曹军众人闻听以后都很恐惧，只有郭嘉沉稳冷静地说：“孙策刚刚兼并了江东，被他所诛杀的大都是英雄豪杰，都是能得到别人出死力相助的人。然而，孙策轻率刚猛而不防备，虽然有兵众百万，也和他个人独行中原没什么区别。如果有刺客突起行刺，他就成了一个人的对手了。在我看来，他必定要死在匹夫之手。”孙策兵临长江，还未及渡过，就被许贡的门客暗杀。

郭嘉随从曹操大破袁绍，袁绍死，又随从曹操在黎阳征讨袁谭、袁尚，连战连胜。将领们都想乘胜进攻，郭嘉说：“袁绍很爱这两个儿子，却不能确定立长子做继承人。郭图、逢纪分别做他们的谋臣，一定会使他们互相争斗。如果我们进攻急迫，他们就会互相支持，我们暂缓攻打，他们之间就会争斗起来。不如南向荆州，虚做出征刘表之态，待二袁之间关系发生变化，我们再攻打他们，可一举平定。”曹操说：“好。”便挥军南征。大军到达西平县，袁谭、袁尚果然为争夺冀州争斗起来。袁谭被袁尚打败，逃到平原县，派辛毗到曹营请求投降。曹操乘势回军救援袁谭，平定了邺城。郭嘉又随从曹操在南皮县进攻袁谭，平定了冀州。封郭嘉为洧阳亭侯。

太祖准备去征讨袁尚和三郡乌丸，部下里很多人担心刘表会派

祖，嘉曰："公虽威震天下，胡恃其远，必不设备。因其无备，卒然击之，可破灭也。且袁绍有恩于民夷，而尚兄弟生存。今四州之民，徒以威附，德施未加，舍而南征，尚因乌丸之资，招其死主之臣，胡人一动，民夷俱应，以生蹋顿之心，成觊觎之计，恐青、冀非己之有也。表，坐谈客耳，自知才不足以御备，重任之则恐不能制，轻任之则备不为用，虽虚国远征，公无忧矣。"太祖遂行。至易，嘉言曰："兵贵神速。今千里袭人，辎重多，难以趣利，且彼闻之，必为备；不如留辎重，轻兵兼道以出，掩其不意。"太祖乃密出卢龙塞，直指单于庭。虏卒闻太祖至，惶怖合战。大破之，斩蹋顿及名王已下。尚及兄熙走辽东。

嘉深通有算略，达于事情。太祖曰："唯奉孝为能知孤意。"年三十八，自柳城还，疾笃，太祖问疾者交错。及薨，临其丧，哀甚，谓荀攸等曰："诸君年皆孤辈也，唯奉孝最少。天下事竟，欲以后事属之，而中年夭折，命也夫！"乃表曰："军祭酒郭嘉，自从征伐，十有一年。每有大议，临敌制变。臣策未决，嘉辄成之。平定天下，谋功为高。不幸短命，事业未终。追思嘉勋，实不可忘。可增邑八百户，并前千户。"谥曰贞侯。子奕嗣。

后太祖征荆州还，于巴丘遇疾疫，烧船，叹曰："郭奉孝在，不使孤至此。"初，陈群非嘉不治行检，数廷诉嘉，嘉意自若。太祖愈

遣刘备袭击许县以征讨曹操。郭嘉说:“明公您虽然威震天下,但胡人仗着地处僻远,必定不作防备。趁他们没有防备,我军突袭,使可以打败他们。况且袁绍对百姓和夷人有恩,而袁尚兄弟还在。现在青、冀、幽、并四州的百姓,只是震慑于我们的威势才归附,还没有受到我们的恩惠。如果舍弃这四州而南征,袁尚就会凭借乌丸的资助,招纳为其拼死效命的人。胡人一动,汉胡百姓一起响应,就会使蹋顿产生入侵边境的野心,产生非分的企图,到时恐怕青州、冀州就不是我们所有的了。刘表是个空谈家而已,自知才能不足以驾驭刘备,重用刘备则担心不能控制他,不重用刘备则刘备不会为他所用,所以即使我们全军远征,明公您也不用担忧。”太祖就率军出发。到了易县,郭嘉说:“兵贵神速。现在行军千里攻击敌人,辎重多,难以迅速得到有利时机,况且敌人听到消息,一定会有所防备;不如留下辎重,轻装兼程进发,攻打他一个出其不意。”太祖于是悄悄通过卢龙塞,直指单于所在地。敌人听说太祖来了,惶恐间仓促应战。曹军大败敌军,斩了蹋顿以及名王以下许多将领。袁尚及其兄袁熙逃到了辽东。

郭嘉沉稳练达,谋略超过常人,通晓人情世故。太祖说:“只有郭奉孝能够猜透我的心思。”郭嘉三十八岁时,从柳城回来。他病得很重,太祖派去探望他的人络绎不绝。郭嘉去世后,太祖亲自为他吊丧,非常悲伤,并对荀攸等人说:“你们诸位都是我这一辈的人,只有郭嘉最年轻。我本来想,在统一天下之后把后面治国的大事交托给他,没想到他这么早就去世了,这真是命啊!”于是上表朝廷:“军祭酒郭嘉,跟从我征战,已经有十一年了。每次有大事要商议,面临危难的境地需要制定应敌之策的时候,我还没有想出来,他就已经想周全了。在平定天下的大业中,他出谋划策的功劳是很大的。但是他不幸早逝,事业没有完成。追思郭嘉的功勋,实在不能忘记。应该给他增加食邑八百户,连同以前赏赐的一共一千户。”郭嘉的谥号为贞侯,他的儿子郭奕继承他的爵位。

后来太祖征讨荆州返回时,在巴丘遇上瘟疫,只得焚烧了船只,他叹息说:“如果郭奉孝在,不会使我落到这个地步。”起初,陈

益重之，然以群能持正，亦悦焉。奕为太子文学，早薨。子深嗣。深薨，子猎嗣。

董昭字公仁，济阴定陶人也。举孝廉，除廮陶长、柏人令，袁绍以为参军事。绍逆公孙瓒于界桥，钜鹿太守李邵及郡冠盖，以瓒兵强，皆欲属瓒。绍闻之，使昭领钜鹿。问："御以何术？"对曰："一人之微，不能消众谋，欲诱致其心，唱与同议，及得其情，乃当权以制之耳。计在临时，未可得言。"时郡右姓孙伉等数十人专为谋主，惊动吏民。昭至郡，伪作绍檄告郡云："得贼罗候安平张吉辞，当攻钜鹿，贼故孝廉孙伉等为应，檄到收行军法，恶止其身，妻子勿坐。"昭案檄告令，皆即斩之。一郡惶恐，乃以次安慰，遂皆平集。事讫白绍，绍称善。会魏郡太守栗攀为兵所害，绍以昭领魏郡太守。时郡界大乱，贼以万数，遣使往来，交易市买。昭厚待之，因用为间，乘虚掩讨，辄大克破。二日之中，羽檄三至。

昭弟访，在张邈军中。邈与绍有隙，绍受谗将致罪于昭。昭欲诣汉献帝，至河内，为张杨所留。因杨上还印绶，拜骑都尉。时太祖领兖州，遣使诣杨，欲令假涂西至长安，杨不听。昭说杨曰："袁、曹虽为一家，势不久群。曹今虽弱，然实天下之英雄也，当故结之。况今有缘，宜通其上事，并表荐之；若事有成，永为深分。"杨于是通太祖上事，表荐太祖。昭为太祖作书与长安诸将李傕、郭汜等，各随轻重致殷勤。杨亦遣使诣太祖。太祖遗杨犬马金帛，遂与西方往来。天子在安邑，昭从河内往，诏拜议郎。

群批评郭嘉行为不检点，数次当场指责郭嘉。郭嘉神情自若。太祖因此更加器重他，但是因为陈群能够公正行事，也很高兴。郭奕被任命为太子文学，年纪轻轻就去世了。他的儿子郭深继承其爵位。郭深去世以后，他的儿子郭猎继承其爵位。

董昭字公仁，济阴郡定陶县人。曾经被举荐为孝廉，做了廮陶县县长、柏人县县令，袁绍任用他为参军事。袁绍在界桥和公孙瓒迎战，钜鹿太守李邵和郡吏认为公孙瓒兵力强盛，都想归附他。袁绍听说以后，让董昭兼任钜鹿太守，并问他："你有办法驾驭他们吗？"董昭回答说："凭我一人微力，无法消弭众人的预谋，我想假作应和的样子，得到实情，然后再以计对之。计策只能临机而动，现在没法预先谈论。"当时郡里的大姓孙伉等数十人是主要的谋划者，煽动官吏和百姓。董昭到钜鹿，伪造了一份袁绍的檄文通告全郡说："得到公孙瓒挥马安平、张吉的供词，他们准备进攻钜鹿，由他们以前的孝廉孙伉等人为内应，檄文到日，即将孙伉等人逮捕入狱。只惩治他们本人，不能连坐妻儿。"随即董昭将孙伉等人斩首。全郡人惊恐慌乱，董昭逐一予以安慰，百姓们于是安定下来。事情结束后向袁绍禀报，袁绍十分赞许。时逢魏郡太守栗攀被乱兵所杀，袁绍就让董昭兼任魏郡太守。当时魏郡边境混乱，贼人数以万计，双方派遣使者往来沟通，或者买卖贸易。董昭厚待使者，并找机会在他们中行离间计，乘他们内部空虚时发兵征讨，大破贼军。两天之中，告捷文书三次传来。

董昭的弟弟董访，在张邈的军队里。张邈与袁绍关系不好，袁绍受谗言蛊惑要惩罚董昭。董昭就逃离袁营到献帝那里去，到河内时，被张杨扣押。由于张杨把袁绍所给印绶上交朝廷，因此被任为骑都尉。当时曹操兼任兖州刺史，派使者去见张杨，想向他借路西到长安，张杨不答应。董昭劝张杨说："袁绍、曹操现在虽然合为一处，但是势必不会长久。现在曹操力量虽弱，但他是天下的英雄，应当有意和他结交。如今机会来了，应当借路给他，并向朝廷上表举荐他。如若事成，您就和他结下深厚的交情了。"张杨因此为曹操向朝廷上事提供便利，并上表举荐曹操。董昭为曹操写信给长安诸将李傕、郭

建安元年，太祖定黄巾于许，遣使诣河东。会天子还洛阳，韩暹、杨奉、董承及杨各违戾不和。昭以奉兵马最强而少党援，作太祖书与奉曰："吾与将军闻名慕义，便推赤心。今将军拔万乘之艰难，反之旧都，翼佐之功，超世无畴，何其休哉！方今群凶猾夏，四海未宁，神器至重，事在维辅；必须众贤以清王轨，诚非一人所能独建。心腹四支，实相恃赖，一物不备，则有阙焉。将军当为内主，吾为外援。今吾有粮，将军有兵，有无相通，足以相济，死生契阔，相与共之。"奉得书喜悦，语诸将军曰："兖州诸军近在许耳，有兵有粮，国家所当依仰也。"遂共表太祖为镇东将军，袭父爵费亭侯；昭迁符节令。

太祖朝天子于洛阳，引昭并坐，问曰："今孤来此，当施何计？"昭曰："将军兴义兵以诛暴乱，入朝天子，辅翼王室，此五伯之功也。此下诸将，人殊意异，未必服从，今留匡弼，事势不便，惟有移驾幸许耳。然朝廷播越，新还旧京，远近跂望，冀一朝获安。今复徙驾，不厌众心。夫行非常之事，乃有非常之功，愿将军算其多者。"太祖曰："此孤本志也。杨奉近在梁耳，闻其兵精，得无为孤累乎？"昭曰："奉少党援，将独委质。镇东、费亭之事，皆奉所定，又闻书命申束，足以见信。宜时遣使厚遗答谢，以安其意。说'京都无粮，欲车驾暂幸鲁阳，鲁阳近许，转运稍易，可无县乏之忧'。奉为人勇而寡虑，必不见疑，比使往来，足以定计。奉何能为累！"太祖曰："善。"即遣使诣奉。徙大驾至许。奉由是失望，与韩暹等到定陵钞暴。太祖不应，密往攻其梁营，降诛即定。奉、暹失众，东降袁术。三年，昭迁河南尹。时张杨为其将杨醜所杀，杨长史

汜等人，根据他们地位的不同分别表示情意。张杨也派遣使臣到曹操那里。曹操送给张杨犬马金帛，从此和西部有了往来。献帝在安邑，董昭从河内郡赶往献帝那里，献帝下诏任他为议郎。

建安元年，曹操在许昌平定了黄巾军，派遣使臣到河东去。当时天子正好回到洛阳，韩暹、杨奉、董承及张杨相互间意见对立而不和。董昭见杨奉兵马最强却缺少帮手，就以曹操的名义写信给杨奉，说："我对将军早已倾慕，所以推心置腹，坦诚相见。现在，将军您将天子从艰难中解救出来，归还旧都，此功劳无人能比，多么了不起啊！现今群凶并起，国家不宁，天子至重，关键在于维护和辅佐；应该依靠众多贤士来重建王朝秩序，这不是一个人就可以独力承担的。心腹与四肢互相依赖，缺一不可。将军您在京城主持大局，我做外援。我有军粮，您有军队，我们互通有无，互相接济，当患难与共。"杨奉接到信以后十分高兴，对各位将军说："兖州的军队近在许昌，他们兵精粮足，朝廷应当依仗他们。"于是众人一同上表推举曹操为镇东将军，继承他父亲的爵位为费亭侯；董昭迁任符节令。

曹操在洛阳朝见皇帝，拉董昭一块儿坐下，问他说："我现在来这里，该怎么办才好？"董昭说："将军带领义兵讨伐暴乱，辅佐王室，这是像五霸一样的功绩。这里的将领们，各有主张，未必会服从你。现在您留在这里辅佐朝廷，看来形势不利，只有把天子迁移许昌。但朝廷流离日久，刚回旧都，所有人都企盼能安定下来。如果再次移驾，又会引发不满。应做非常之事，建非常之功业。希望将军权衡得失，采用利多弊少的办法。"曹操说："这正合我意。杨奉近在梁县，他兵强马壮，该不会碍我的事吧？"董昭说："杨奉缺少外援，孤掌难鸣。你任镇东将军、承袭费亭侯，都是由杨奉促成，他又看到了你信中的申饬，完全能够取得他的信任。应当经常派人送礼答谢，以安其心，并且告诉他：'京都粮食短缺，想让皇帝暂时临幸鲁阳。鲁阳邻近许昌，运输便利，可免粮食匮乏之忧。'杨奉虽勇猛却无谋略，定不会疑心，等到使者回来就足以定下迁都之事。杨奉不会碍事。"曹操说："好。"就马上派使者去见杨奉。曹操把皇帝迁到许昌，杨奉很失望，于是就同韩暹等人去定陵劫掠。曹操不予理会，率兵偷袭杨

薛洪，河内太守缪尚城守待绍救。太祖令昭单身入城，告喻洪、尚等，即日举众降。以昭为冀州牧。

太祖令刘备拒袁术，昭曰："备勇而志大，关羽、张飞为之羽翼，恐备之心未可得论也！"太祖曰："吾已许之矣。"备到下邳，杀徐州刺史车胄，反。太祖自征备，徙昭为徐州牧。袁绍遣将颜良攻东郡，又徙昭为魏郡太守，从讨良。良死后，进围邺城。袁绍同族春卿为魏郡太守，在城中，其父元长在扬州，太祖遣人迎之。昭书与春卿曰："盖闻孝者不背亲以要利，仁者不忘君以徇私，志士不探乱以徼幸，智者不诡道以自危。足下大君，昔避内难，南游百越，非疏骨肉，乐彼吴会，智者深识，独或宜然。曹公愍其守志清恪，离群寡俦，故特遣使江东，或迎或送，今将至矣。就令足下处偏平之地，依德义之主，居有泰山之固，身为乔松之偶，以义言之，犹宜背彼向此，舍民趣父也。且邾仪父始与隐公盟，鲁人嘉之，而不书爵，然则王所未命，爵尊不成，《春秋》之义也。况足下今日之所托者乃危乱之国，所受者乃矫诬之命乎？苟不逞之与群，而厥父之不恤，不可以言孝。忘祖宗所居之本朝，安非正之奸职，难可以言忠。忠孝并替，难以言智。又足下昔日为曹公所礼辟，夫戚族人而疏所生，内所寓而外王室，怀邪禄而叛知己，远福祚而近危亡，弃明义而收大耻，不亦可惜邪！若能翻然易节，奉帝养父，委身曹公，忠孝不坠，荣名彰矣。宜深留计，早决良图。"邺既定，以昭为谏议大夫。后袁尚依乌丸蹋顿，太祖将征之。患军粮难致，凿平虏、泉州二渠入海通运，昭所建也。太祖表封千秋亭侯，转拜司空军祭酒。

奉在梁地的军队，并迅速平定了骚乱。杨奉、韩暹失去部众，便往东投奔袁术。建安三年，董昭升任河南尹。当时张杨被他的部将杨醜所杀，张杨的长史薛洪、河内太守缪尚据城坚守，等待袁绍的救援。曹操派董昭只身入城去劝说，薛洪、缪尚等人当天就率众投降。董昭被任命为冀州牧。

曹操命刘备半路进攻袁术，董昭说："刘备志向远大，又有关羽、张飞辅佐，他的心思很难预料啊！"曹操说："我已经答应他了。"刘备到下邳后，杀掉徐州刺史车胄，反叛了。曹操亲自征讨刘备，改任董昭为徐州牧。袁绍派将军颜良攻打东郡，曹操又改任董昭为魏郡太守，随大军讨伐颜良。颜良死了以后，曹操围攻邺城。袁绍的同族人袁春卿任魏郡太守，曹操派人把他的父亲袁元长从扬州接来。董昭写信给袁春卿说："孝顺之人不背离双亲去谋利，忠义之人不弃主去徇私，有志之士不参与动乱以求万一，明智之人不背离正道而陷危地。您的父亲，当初为避乱，南到扬州，他绝不愿意远离亲情，以吴地为乐土，见识深远，才是明智之举。曹公赞赏他志向清高，况且孤身在外，所以，特遣使臣到江东，将您父亲接送到这里。即使您所居之处偏僻安静，依靠仁德之人，守地如山稳固，寿命像仙人长久，然而从道义而言，亦应舍袁绍而顺曹公，弃外人而投父亲。春秋时邾仪父和鲁隐公会盟，鲁人称赞他，却在史书中不书写他的爵位，可见，如果王室没有任命，爵位之尊便不能实现，就是《春秋》中的大义。今天您托身于危乱之际，接受的是假天子之名的虚妄任命。如果您与那些邪恶之人为伍，您的父亲就得不到体恤，这样就不能说是一个孝顺之人。祖宗在汉，却承非正统的伪职，就不能说是一个忠贞之人。忠孝全都废弃，更难说是智。再有，您过去被曹公礼遇，现在却亲袁绍而远生父，以托身之地为近，以朝廷为远，贪恋利禄而叛离知己，远离福祉而接近危亡，抛弃大义而留下耻辱，不是太可惜了吗！您如果能幡然改节，尊奉皇帝，赡养父亲，归顺曹公，就能够忠孝不废，荣名彰显。希望您深思早做打算。"邺城平定后，曹操任董昭为谏议大夫。后来袁尚投靠乌丸，曹操要征讨他，又担心粮草难以为继，就开凿平虏、泉州两条河渠入海中连接水道，这个主意

后昭建议:“宜修古建封五等。”太祖曰:“建设五等者,圣人也,又非人臣所制,吾何以堪之?”昭曰:“自古以来,人臣匡世,未有今日之功。有今日之功,未有久处人臣之势者也。今明公耻有惭德而未尽善,乐保名节而无大责,德美过于伊、周,此至德之所极也。然太甲、成王未必可遭,今民难化,甚于殷、周,处大臣之势,使人以大事疑己,诚不可不重虑也。明公虽迈威德,明法术,而不定其基,为万世计,犹未至也。定基之本,在地与人,宜稍建立,以自藩卫。明公忠节颖露,天威在颜,耿弇床下之言,朱英无妄之论,不得过耳。昭受恩非凡,不敢不陈。”后太祖遂受魏公、魏王之号,皆昭所创。

及关羽围曹仁于樊,孙权遣使辞以“遣兵西上,欲掩取羽江陵、公安累重。羽失二城,必自奔走,樊军之围,不救自解。乞密不漏,令羽有备”。太祖诘群臣,群臣咸言宜当密之。昭曰:“军事尚权,期于合宜。宜应权以密,而内露之。羽闻权上,若还自护,围则速解,便获其利。可使两贼相对衔持,坐待其弊。秘而不露,使权得志,非计之上。又,围中将吏不知有救,计粮怖惧,倘有他意,为难不小。露之为便。且羽为人强梁,自恃二城守固,必不速退。”太祖曰:“善。”即敕救将徐晃以权书射著围里及羽屯中,围里闻之,志气百倍。羽果犹豫。权军至,得其二城,羽乃破败。

就是董昭提出的。曹操上表封董昭为千秋亭侯，又转任他为司空军祭酒。

后来，董昭建议说："应该重新恢复古制，建公、侯、伯、子、男五等爵位。"曹操说："建五等爵位的人，是圣人，不是为人臣子者所能自己控制的。您让我这么做，我怎么当得起呢？"董昭说："自古以来，为人臣匡扶君主的，没有谁建有您这么大的功勋。有大功勋的，也没有谁像您这样久处臣位位高权重的。可明公还认为自己德行不够，还没有达到尽善尽美的境界。您只想保全自己的名节，远离重大的罪责，您品德的高尚已超过伊尹、周公，是古今贤臣中的极顶。就是商太甲、周成王这样的圣主，也非常难遇到，如今民众难以教化的程度，比殷、周时还要严重，您虽在大臣位上，但是让人有功高震主之嫌，这实在应慎重考虑啊！明公虽仁德有威，深明权术，但是如果不早定基业、为子孙万世考虑，势必有患。而奠定基业的根本，就在于土地和百姓。以愚之见，明公应在这两点上有所建树，以便藩卫自己。明公忠诚的节操充分显露，锋锐骄人，强劲之威，总在面上。耿弇当年在床下对汉光武帝说的话，朱英昔日对春申君讲的'天妄'之论，用来说您也是不过分的。董昭受明公大恩非比寻常，所以，不揣冒昧倾心而诉。"后来曹操就接受了魏公和魏王的名号，这些都出自董昭的建议。

关羽将曹仁围困在樊城，孙权派遣使者告诉曹操说："我想出兵西上，突袭关羽，江陵、公安两地十分重要，关羽失掉这两座城池，一定会奔逃，樊城重围必能自解。请您保密，以免关羽有备。"曹操询问大臣们该如何对待，众人都说应替他保密。董昭说："军中之事注重权变，要合乎时宜。当表面答应孙权保密的要求，暗中泄露出去。关羽听此消息，必退兵自保，樊城之围可解，我们得益，还可以使孙权、关羽相互残杀，我们则作壁上观，收渔人之利。如果不泄露消息，让孙权之谋得逞，不是上策也。另外，樊城将士不知外有救兵，粮草短缺，恐惧情绪必然产生，危难也将随之而来，所以，泄密对我们有利。况且关羽剽悍勇猛，自认江陵、公安防守坚固，一定不会马上退兵。"曹操同意了董昭的建议。随即，命令前去救助曹仁的大将

文帝即王位，拜昭将作大匠。及践阼，迁大鸿胪，进封右乡侯。二年，分邑百户，赐昭弟访爵关内侯，徙昭为侍中。三年，征东大将军曹休临江在洞浦口，自表："愿将锐卒虎步江南，因敌取资，事必克捷；若其无臣，不须为念。"帝恐休便渡江，驿马诏止。时昭侍侧，因曰："窃见陛下有忧色，独以休济江故乎？今者渡江，人情所难，就休有此志，势不独行，当须诸将。臧霸等既富且贵，无复他望，但欲终其天年，保守禄祚而已，何肯乘危自投死地，以求徼幸？苟霸等不进，休意自沮。臣恐陛下虽有敕渡之诏，犹必沉吟，未便从命也。"是后无几，暴风吹贼船，悉诣休等营下，斩首获生，贼遂迸散。诏敕诸军促渡。军未时进，贼救船遂至。

大驾幸宛，征南大将军夏侯尚等攻江陵，未拔。时江水浅狭，尚欲乘船将步骑入渚中安屯，作浮桥，南北往来，议者多以为城必可拔。昭上疏曰："武皇帝智勇过人，而用兵畏敌，不敢轻之若此也。夫兵好进恶退，常然之数。平地无险，犹尚艰难，就当深入，还道宜利，兵有进退，不可如意。今屯渚中，至深也；浮桥而济，至危也；一道而行，至狭也：三者兵家所忌，而今行之。贼频攻桥，误有漏失，渚中精锐，非魏之有，将转化为吴矣。臣私戚之，忘寝与食，而议者怡然不以为忧，岂不惑哉！加江水向长，一旦暴增，何以防御？就不破贼，尚当自完。奈何乘危，不以为惧？事将危矣，惟陛下察之！"帝悟昭言，即诏尚等促出。贼两头并前，官兵一道引去，不时得泄，将军石建、高迁仅得自免。军出旬日，江水暴长。帝曰：

徐晃把孙权的来信射到城里和关羽的营中，樊城的曹军知道了这个消息，斗志倍增，关羽果然犹疑不定。孙权夺得江陵、公安二城，关羽就遭惨败。

曹丕即魏王位，任命董昭为将作大匠。到曹丕登帝位时，又升迁他做了大鸿胪，加封右乡侯。黄初二年，从董昭的封邑中分出一百户，赐昭弟董访爵为关内侯，改任董昭为侍中。黄初三年，征东大将军曹休驻兵在洞浦口，上表说："臣愿率精兵直捣江南，以敌物资供给自己，事情必能成功；如果我不幸战死，望陛下不必挂念。"文帝担心曹休很快渡江，派驿马下诏阻止他。当时董昭在文帝身边，便问："臣看见陛下面有忧色，是为曹休渡江之事吗？现在渡江，很多人都认为非常难，即便曹休有心，也不能独自进行，须有其他将领协助。臧霸等人有财有势，只是想颐养天年，保住官禄而已，绝不会冒着危险到可能会死亡的地方寻求万一的成功。如臧霸等人不出兵，曹休就会打消此念。臣担心即使陛下让他渡江，他也会犹豫，不会马上出兵。"后不久，大风吹散东吴的船队，都漂流到曹休等人的水寨中。曹军斩杀活捉吴兵无数，其余四散逃脱了。文帝下令让各路兵马立即渡江。还没有进军，敌人的救兵便到了。

文帝巡幸宛城，征南大将军夏侯尚等人率军攻打江陵，没有能够取下。由于江水水浅狭小，夏侯尚想要乘船带步骑部众入江中沙洲安营屯驻，修建浮桥以连接南北。许多人认为假如这样江陵必能攻克。董昭上疏说："太祖武皇帝智勇过人，但用兵时非常谨慎，绝不轻忽大意。用兵喜进而恶退，这自然在常理之中。平地上没有险阻，用兵进退仍还有不少艰难。即使应当深入，回撤的道路也必须比较便利。兵家进退有序，不可能以人的意愿而转移。如今屯兵小洲，四周环水，用兵过深；军队只能渡过浮桥才能得到接济，这是最危险的；进出唯浮桥一条路，这是最狭窄的。这三条，均犯兵家大忌，而今天却都施行。如果贼兵不断地攻击浮桥，浮桥一旦失守，江洲上的精锐士卒，就不再归我大魏所有，而将为吴军所获。臣为此忧愁，睡觉和吃饭都忘了，而有些人却怡然自得，不以为忧，这怎么能不让人困惑呢！现在江水不断增长，若遇洪水暴增，又怎样来防御呢？即使

“君论此事，何其审也！正使张、陈当之，何以复加。”五年，徙封成都乡侯，拜太常。其年，徙光禄大夫、给事中。从大驾东征，七年还，拜太仆。明帝即位，进爵乐平侯，邑千户，转卫尉。分邑百户，赐一子爵关内侯。

太和四年，行司徒事，六年，拜真。昭上疏陈末流之弊曰：“凡有天下者，莫不贵尚敦朴忠信之士，深疾虚伪不真之人者，以其毁教乱治，败俗伤化也。近魏讽则伏诛建安之末，曹伟则斩戮黄初之始。伏惟前后圣诏，深疾浮伪，欲以破散邪党，常用切齿；而执法之吏皆畏其权势，莫能纠擿，毁坏风俗，侵欲滋甚。窃见当今年少，不复以学问为本，专更以交游为业；国士不以孝悌清修为首，乃以趋势游利为先。合党连群，互相褒叹，以毁訾为罚戮，用党誉为爵赏，附己者则叹之盈言，不附者则为作瑕衅。至乃相谓‘今世何忧不度邪，但求人道不勤，罗之不博耳；又何患其不知己矣，但当吞之以药而柔调耳’。又闻或有使奴客名作在职家人，冒之出入，往来禁奥，交通书疏，有所探问。凡此诸事，皆法之所不取，刑之所不赦，虽讽、伟之罪，无以加也。”帝于是发切诏，斥免诸葛诞、邓飏等。昭年八十一薨，谥曰定侯。子胄嗣。胄历位郡守、九卿。

不破贼寇，也应保全自己呀。遇此危险，却不防御，令人害怕。险情就要出现了，只有靠陛下尽快察觉它。”文帝领悟了董昭的话，当即诏令夏侯尚等人赶紧从江渚中退出。恰好吴兵正从两边夹击，魏军像潮水一样从浮桥撤退。可是无法马上退尽。石建、高迁所部士卒未能退出，仅两人得脱。大军刚从江洲撤出十来天，江水就暴涨了。文帝说：“董君议论此事，说得对呀！就是张良、陈平遇上此事，也不会说得如此恰当。”黄初五年，董昭徙封为成都乡侯，拜为太常。那年，又徙任光禄大夫、给事中，随从文帝大驾东征。黄初七年师还，董昭又被拜为太仆。曹叡即位以后，晋封董昭爵位为乐平侯，食邑千户，转任为卫尉。朝廷又从董昭食邑中分出百户，赐封董昭的一个儿子爵号为关内侯。

太和四年，董昭掌管司徒职事，太和六年，正式任命他做了司徒。董昭上书述说浮华风气的弊端说：“凡是占据天下的人，没有不崇尚纯朴忠信之士，深恨虚伪不真之人的，因为虚伪之人会破坏教化，扰乱政治，伤风败俗。近年就有魏讽在建安末年被诛杀，曹伟在黄初初年受斩戮的事。臣深思圣上前后所发的诏旨，深恨浮华虚伪，想要击破解散那些邪恶朋党，常常因为邪恶奸党的存在而切齿痛恨；然而执法的官吏们全都畏惧邪恶奸党的权势，没有人能够对邪恶奸党揭发纠举，因此伤风败俗，越来越严重。臣私下里看到当今一些年轻人，不再以学问为根本，专门以交游为本业；国士不以孝顺友爱清廉修身为第一，反而把追求势力放在首要地位。拉帮结党，互相吹捧，把诋毁作为刑罚杀戮，把吹捧视为封爵和赏赐，对依附自己的人赞不绝口，对不依附的人则故意找碴儿挑错。甚至于互相议论说：‘这一生何必担心日子不好过，只看自己人情交际是否频繁，网罗的朋友是否广泛就行；又何愁别人不知道自己呢？只要是用笼络的手段搞好关系就行。’又听说还有人让家奴门客冒充自己的贴身家丁，出入禁地，传带书信，打听消息。上面说的这些事，都是国法不许、刑法不赦的行为，即使是魏讽、曹伟那样的罪恶，也不能超过。”明帝因此发出措辞严厉的诏书，训斥罢免了诸葛诞、邓飏等人。董昭八十一岁时去世，加谥号为定侯。他的儿子董胄承袭了爵位。董胄历

刘晔字子扬，淮南成悳人，汉光武子阜陵王延后也。父普，母脩，产涣及晔。涣九岁，晔七岁，而母病困。临终，戒涣、晔以普之侍人，有谄害之性。“身死之后，惧必乱家。汝长大能除之，则吾无恨矣。”晔年十三，谓兄涣曰：“亡母之言，可以行矣。”涣曰：“那可尔！”晔即入室杀侍者，径出拜墓。舍内大惊，白普。普怒，遣人追晔。晔还拜谢曰：“亡母顾命之言，敢受不请擅行之罚。”普心异之，遂不责也。汝南许劭名知人，避地扬州，称晔有佐世之才。

扬士多轻侠狡桀，有郑宝、张多、许乾之属，各拥部曲。宝最骁果，才力过人，一方所惮。欲驱略百姓越赴江表，以晔高族名人，欲强逼晔使唱导此谋。晔时年二十余，心内忧之，而未有缘。会太祖遣使诣州，有所案问。晔往见，为论事势，要将与归，驻止数日。宝果从数百人赍牛酒来候使，晔令家僮将其众坐中门外，为设酒饭；与宝于内宴饮。密勒健儿，令因行觞而斫宝。宝性不甘酒，视候甚明，觞者不敢发。晔因自引取佩刀斫杀宝，斩其首以令其军，云：“曹公有令，敢有动者，与宝同罪。”众皆惊怖，走还营。营有督将精兵数千，惧其为乱，晔即乘宝马，将家僮数人，诣宝营门，呼其渠帅，喻以祸福，皆叩头开门内晔。晔抚慰安怀，咸悉悦服，推晔为主。晔睹汉室渐微，已为支属，不欲拥兵；遂委其部曲与庐江太守刘勋。勋怪其故，晔曰：“宝无法制，其众素以钞略为利，仆宿无资，而整齐之，必怀怨难久，故相与耳。”时勋兵强于江、淮之间。孙策恶之，遣使卑辞厚币，以书说勋曰：“上缭宗民，数欺下国，忿之有年矣。击之，路不便，愿因大国伐之。上缭甚实，得之可以富

任郡守、九卿等官。

刘晔字子扬，是淮南成悳人，东汉光武帝刘秀的儿子阜陵王刘延的后代。他父亲刘普、母亲脩氏有刘涣和刘晔两个儿子。在刘涣九岁、刘晔七岁时，他们的母亲就有病了。临终时，母亲告诫刘涣、刘晔兄弟说："你们父亲的侍婢，经常陷害人，我死之后，她必然要祸乱我们家。你们长大后能替我除掉她，我就没什么遗恨了。"刘晔十三岁那年，对兄长刘涣说："亡母遗言，现在可以施行了。"刘涣忙说："哪里可以这样呢！"刘晔不听，当即进入内室杀了那个侍婢，径直走出家门祭拜母亲的坟墓去了。家人惊慌，急忙告诉了刘普。刘普非常愤怒，立即派人去追赶刘晔。刘晔却自行回家告拜说："我执行的是亡母临终遗命，现在我接受父亲对我不先请示就擅行诛杀的一切惩罚。"刘普听了他这番陈词，感到惊异，就没有责罚他。汝南许劭以知人著名，他避难来到扬州，称赞刘晔有辅佐世主的英才。

扬州豪强中有很多轻生重义，狡猾凶暴之人，比如郑宝、张多、许乾等人，每人都有兵马，因为郑宝最为骁勇，猛力过人，当地人都怕他。郑宝想迁移百姓到江南去，因为刘晔是当地大族中的名人，就想强迫刘晔出面推动此事。当时刘晔才二十来岁，心中虽忧虑，却没有机会除掉郑宝。正好曹操派使者来扬州查询有关事宜。刘晔去见使者，为他分析本州形势，并邀使者回家同住。郑宝果然带着几百人带着牛酒前来迎接问候使者，刘晔命家人安排郑宝的部下坐在中门以外，设置酒饭款待；自己和郑宝在内厅宴饮，又密令壮士趁酣酒的机会刺杀郑宝。可郑宝生性不喜饮酒，室内动静看得很清楚，醉酒的人不敢动手。刘晔便自己抽出佩刀杀死郑宝，割下首级号令郑宝的部下说："曹公有令，胆敢反抗者，与郑宝同罪。"郑宝的部下都惊恐万状，逃回营寨。营里还有督将精兵数千人，刘晔害怕他们作乱，当即骑上郑宝的马，带上几名家人，来到营门前，叫出其他首领，陈明利害。这些人都下跪叩头，打开寨门让刘晔进去。刘晔安抚他们，众人都心悦诚服，共同推举刘晔为首领。刘晔已见汉室衰微，作为汉室皇族，不想拥有兵马，便把部属托付给庐江太守刘勋。刘勋非常奇怪，询问原因，刘晔说："郑宝目无纲纪，他的部下一向靠劫掠为生，我向

国，请出兵为外援。”勋信之，又得策珠宝、葛越，喜悦。外内尽贺，而晔独否。勋问其故，对曰：“上缭虽小，城坚池深，攻难守易，不可旬日而举，则兵疲于外，而国内虚。策乘虚而袭我，则后不能独守。是将军进屈于敌，退无所归。若军必出，祸今至矣。”勋不从。兴兵伐上缭，策果袭其后。勋穷踧，遂奔太祖。

太祖至寿春，时庐江界有山贼陈策，众数万人，临险而守。先时遣偏将致诛，莫能禽克。太祖问群下，可伐与不？咸云：“山峻高而溪谷深隘，守易攻难；又无之不足为损，得之不足为益。”晔曰：“策等小竖，因乱赴险，遂相依为强耳，非有爵命威信相伏也。往者偏将资轻，而中国未夷，故策敢据险以守。今天下略定，后伏先诛。夫畏死趋赏，愚知所同，故广武君为韩信画策，谓其威名足以先声后实而服邻国也。岂况明公之德，东征西怨，先开赏募，大兵临之，令宣之日，军门启而虏自溃矣。”太祖笑曰：“卿言近之！”遂遣猛将在前，大军在后，至则克策，如晔所度。太祖还，辟晔为司空仓曹掾。

太祖征张鲁，转晔为主簿。既至汉中，山峻难登，军食颇乏。太祖曰：“此妖妄之国耳，何能为有无？吾军少食，不如速还。”便自引归，令晔督后诸军，使以次出。晔策鲁可克，加粮道不继，虽出，军犹不能皆全，驰白太祖：“不如致攻。”遂进兵，多出弩以射

来没有什么地位，如果对他们约束严紧，他们必心怀怨恨，维持秩序难以持久，所以我把他们交给你。”当时刘勋的兵力在江、淮一带比较强大，孙策很不满，但仍派使者带着措辞恭谦的信件和厚重的礼物去见刘勋，信上说：“上缭土著，征伐已有多年，攻打它，路远不便，希望借助大国的兵力去讨伐他们。上缭十分殷实，占了它可以富国，请你出兵做我的外援。”刘勋相信了，又得到孙策赠送的珠宝、葛布，十分高兴。很多人都来祝贺他。只有刘晔没有祝贺他。刘勋问刘晔什么原因，刘晔回答说：“上缭虽小，但城坚壕深，易守难攻，不能短期内就攻克，时间一长，兵马就会疲劳，国内也日渐空虚。孙策乘虚来攻，后方就无法坚守。如果这样，将军进则被敌挫败，退却没有归处。如果一定要出兵，灾祸必然临头。”刘勋不听，发兵征伐上缭，孙策果然袭击其后方。刘勋走投无路，就投奔了曹操。

曹操到达寿春县时，庐江境内的山贼陈策，手里掌握几万兵众，占据险地据守。曹操从前曾派遣副将前去攻打，没有攻打下来。曹操询问部下，可讨伐否？部下说：“那里山势险峻，山谷窄深，易防难攻；而且没有它也造不成我们的损失，得到它也不能带来好处。”刘晔说：“陈策小儿，趁动乱而赴险地，依险地而成豪梁，不是因为爵位和威信使人信服。过去派去的副将资望勇力不够，中原又未平定，所以，陈策敢于凭险据守。现在天下初定，可以先征讨后降服。大凡有惧死求赏之心，智愚都是一样的。因此，广武君为韩信筹谋，说韩信的威名足以先用声威再用兵马而使邻国服从。更何况明公仁德，已布天下，虽东征而西望大军，应公开以赏招降，再大军威逼，诏令宣告之日，陈策军营就会大门四开而贼兵自溃。”曹操笑着说：“您说得很对！”随即派遣猛将在前先行，大军殿后，到那里就收服了陈策，就像刘晔所预料的那样。曹操回去以后，任命刘晔为司空仓曹掾。

曹操征讨张鲁，任命刘晔为主簿。到了汉中以后，由于山势险峻很难攀登，军粮又非常缺乏。曹操说：“这是邪教盛行的地方，有它没它都没什么用。我军缺粮，不如撤还。”便自己动身先退，命刘晔督统后军按顺序撤出。刘晔料定张鲁可以攻破，即使撤出，军粮接济不上，兵马也会有所损失。就飞马报告曹操：“不如进攻张鲁。”于

其营。鲁奔走，汉中遂平。晔进曰："明公以步卒五千，将诛董卓，北破袁绍，南征刘表，九州百郡，十并其八，威震天下，势慑海外。今举汉中，蜀人望风，破胆失守，推此而前，蜀可传檄而定。刘备，人杰也，有度而迟，得蜀日浅，蜀人未恃也。今破汉中，蜀人震恐，其势自倾。以公之神明，因其倾而压之，无不克也。若小缓之，诸葛亮明于治而为相，关羽、张飞勇冠三军而为将，蜀民既定，据险守要，则不可犯矣。今不取，必为后忧。"太祖不从，大军遂还。晔自汉中还，为行军长史，兼领军。延康元年，蜀将孟达率众降。达有容止才观，文帝甚器爱之，使达为新城太守，加散骑常侍。晔以为"达有苟得之心，而恃才好术，必不能感恩怀义。新城与吴、蜀接连，若有变态，为国生患"。文帝竟不易，后达终于叛败。

黄初元年，以晔为侍中，赐爵关内侯。诏问群臣令料刘备当为关羽出报吴不。众议咸云："蜀，小国耳，名将唯羽。羽死军破，国内忧惧，无缘复出。"晔独曰："蜀虽狭弱，而备之谋欲以威武自强，势必用众以示其有余。且关羽与备，义为君臣，恩犹父子；羽死不能为兴军报敌，于终始之分不足。"后备果出兵击吴。吴悉国应之，而遣使称藩。朝臣皆贺，独晔曰："吴绝在江、汉之表，无内臣之心久矣。陛下虽齐德有虞，然丑虏之性，未有所感。因难求臣，必难信也。彼必外迫内困，然后发此使耳，可因其穷，袭而取之。夫一日纵敌，数世之患，不可不察也。"备军败退，吴礼敬转废，帝欲兴众伐之，晔以为"彼新得志，上下齐心，而阻带江湖，必难仓卒"。帝不听。五年，幸广陵泗口，命荆、扬州诸军并进。会群臣，问："权当自来不？"咸曰："陛下亲征，权恐怖，必举国而应。又不敢以大众委

是曹操下令进兵，调集众弓弩手射击张鲁的军营。张鲁逃走，汉中便平定了。刘晔进言说："明公当初率五千步兵，讨伐董卓，北破袁绍，南征刘表，全国百郡，已经占据了十分之八处，威震天下，扬名海外。如今攻克汉中，蜀人听到这个消息，不敢拒守，我们再乘胜进击，蜀地可轻易平定。刘备乃人中豪杰，有计谋却行动迟疑，虽然占据了蜀地，但是时间尚短，蜀人还没有完全依附于他。如今我们攻破汉中，蜀人震动，自己就会瓦解。以您的神武英名，利用他们分崩离析的状况再施加压力，没有不能攻克的。如果稍一迟缓，诸葛亮明于治国而担任丞相，关羽、张飞勇冠三军而任大将，蜀地百姓就能安定，如据险守之，就不能攻破他们了。现在不取蜀地，日后必为后患。"曹操没有听从刘晔的进言，大军便撤回了。从汉中回来以后，刘晔为行军长史，兼任领军。延康元年，蜀汉将领孟达率众投降。孟达有容貌，举止有风度，文帝特别器重宠爱他，任命他为新城郡太守，加散骑常侍。刘晔认为"孟达心思乖戾，倚仗有才能，喜欢玩弄手段，一定不能对文帝感恩有忠心。新城郡与吴、蜀连接，一旦有变，必将成为国家的祸患"。文帝没有改变，后来孟达果然叛变后失败。

黄初元年，任刘晔为侍中，并且赐封关内侯。曹丕下诏，让众臣一起来讨论刘备是否会出兵攻吴替关羽报仇。大家都认为："蜀是小国，名将只有关羽，关羽已经死了，军力削弱，国内惊恐不安，不会出兵。"只有刘晔说："蜀国虽地狭兵弱，但刘备必以炫武来证明自己的强大，一定会大举用兵。而且关羽和刘备名分上是君臣，实际上却情如兄弟。必然会为关羽之死而发兵报仇，以显示他们生死与共的结义之情。"其后刘备果然出兵攻吴。吴倾全国之力抵抗，并派使者向魏称臣。朝廷上下都为此庆贺，只有刘晔说："吴国远在江、汉之外，一向没有臣服之心。陛下虽然德比虞舜，但是他们没有被感化。现因有难而来称臣，让人怀疑。必定是外有蜀军压迫，内有困难，才派遣使者来，我们可趁此之机发兵攻克它。一天放纵敌人，几世都会成为祸患，陛下当明察。"蜀军败退后，吴国不再敬魏国。曹丕要举兵讨伐。刘晔认为："东吴刚刚击败蜀军，士气正盛，且有江湖阻隔，肯定难以取胜。"曹丕不听。黄初五年，曹丕亲率大军到广陵泗口，命

之臣下，必自将而来。”晔曰：“彼谓陛下欲以万乘之重牵己，而超越江湖者在于别将，必勒兵待事，未有进退也。”大驾停住积日，权果不至，帝乃旋师。云：“卿策之是也。当念为吾灭二贼，不可但知其情而已。”

明帝即位，进爵东亭侯，邑三百户。诏曰：“尊严祖考，所以崇孝表行也；追本敬始，所以笃教流化也。是以成汤、文、武，实造商、周，《诗》《书》之义，追尊稷、契，歌颂有娀、姜嫄之事，明盛德之源流，受命所由兴也。自我魏室之承天序，既发迹于高皇、太皇帝，而功隆于武皇、文皇帝。至于高皇之父处士君，潜修德让，行动神明，斯乃乾坤所福飨，光灵所从来也。而精神幽远，号称罔记，非所谓崇孝重本也。其令公卿已下，会议号谥。”晔议曰：“圣帝孝孙之欲褒崇先祖，诚无量已。然亲疏之数，远近之降，盖有礼纪，所以割断私情，克成公法，为万世式也。周王所以上祖后稷者，以其佐唐有功，名在祀典故也。至于汉氏之初，追谥之义，不过其父。上比周室，则大魏发迹自高皇始；下论汉氏，则追谥之礼不及其祖。此诚往代之成法，当今之明义也。陛下孝思中发，诚无已已，然君举必书，所以慎于礼制也。以为追尊之义，宜齐高皇而已。”尚书卫臻与晔议同，事遂施行。辽东太守公孙渊夺叔父位，擅自立，遣使表状。晔以为公孙氏汉时所用，遂世官相承，水则由海，陆则阻山，外连胡夷，绝远难制，而世权日久。今若不诛，后必生患。若怀贰阻兵，然后致诛，于事难。不如因其新立，有党有仇，先其不意，以兵临之，开设赏募，可不劳师而定也。后渊竟反。

令荆州、扬州诸军齐头并进。他召集群臣问道：“孙权会亲自来吗？”大家都说：“陛下亲征，孙权一定惊恐，必然会倾全国兵力来迎战，他又不敢把大军委托给其他将领，肯定会亲自率军前来。”刘晔说：“孙权认为陛下是以天子之尊来牵制自己，跨江征战是将领的事。他一定会整备兵马以观事态，不会轻易进退。”曹丕等待多日，孙权果然没来，于是退兵。他对刘晔说：“你的推测是正确的。应当为我考虑如何消灭吴、蜀二贼，仅仅了解敌情还不行。”

明帝即位以后，把刘晔晋爵为东亭侯。明帝下诏说：“尊崇祖宗，目的是为了彰显孝顺的行为；重视根本，目的是为了推广教育。成汤、周文王、周武王，是商、周的实际缔造者，《诗经》《尚书》上追尊稷、契，赞颂有娀、姜嫄，是为了阐明明主盛德的源流和秉承天命的由来。我大魏顺承上天的安排，从高皇帝、太皇帝开始到武皇帝、文皇帝始兴隆。高皇帝的父亲处士君，默默修养谦让的美德，感动上天神明，这是天地赐福的开始。虽然他的精神深邃，都没有尊崇的称号，这不是崇尚孝顺、重视根本。现在，命令公卿以下的官员，会商他的谥号。”刘晔建议说：“圣上褒奖先祖，这是非常大的好事。然而亲疏关系，是有礼制规定的。礼制不徇私情，是万世所遵循的原则。周王之所以以后稷为始祖，是因为他有辅佐唐尧的功绩，这是他的名字列入祭祀典章的缘故。到汉初，追谥祖先，也只追到父亲一辈。向上与周朝相比，大魏始于高皇帝；向下以汉朝而论，追谥制度也不涉及祖父。这是过去的成法，当今明确的事例呀。陛下孝念发自内心，没有止境，但是，君主的所有言行都会被记录下来，目的是要重视礼制，谨慎行事。臣以为追尊祖先谥号，应当以高皇帝为限。”尚书卫臻的意见和刘晔一样，因此这件事就按照刘晔所建议的施行。辽东太守公孙渊篡夺了叔父的位置，自立为王，派使臣前来报告。刘晔认为，公孙氏是汉朝所任用的官员，世代承袭，到辽东从水路要渡海，走陆路要翻山，至今地处偏远难以钳制，所以，公孙氏世袭权位得以延续至今。如果不对他进行诛讨，日后一定会生出祸患。如果等他反叛抗拒，再事征讨，就难办了。应乘他刚刚自立，出其不意，出兵进击，再悬赏招募勇士，一举可平定公孙氏。后来公孙渊果然

晔在朝，略不交接时人。或问其故，晔答曰："魏室即阼尚新，智者知命，俗或未咸。仆在汉为支叶，于魏备腹心，寡偶少徒，于宜未失也。"太和六年，以疾拜太中大夫。有间，为大鸿胪，在位二年逊位，复为太中大夫，薨。谥曰景侯。子嗣。少子陶，亦高才而薄行，官至平原太守。

蒋济字子通，楚国平阿人也。仕郡计吏、州别驾。建安十三年，孙权率众围合肥。时大军征荆州，遇疾疫，唯遣将军张喜单将千骑，过领汝南兵以解围，颇复疾疫。济乃密白刺史伪得喜书，云步骑四万已到雩娄，遣主簿迎喜。三部使赍书语城中守将，一部得入城，二部为贼所得。权信之，遽烧围走，城用得全。明年使于谯，太祖问济曰："昔孤与袁本初对官渡，徙燕、白马民，民不得走，贼亦不敢钞。今欲徙淮南民，何如？"济对曰："是时兵弱贼强，不徙必失之。自破袁绍，北拔柳城，南向江、汉，荆州交臂，威震天下，民无他志。然百姓怀土，实不乐徙，惧必不安。"太祖不从，而江、淮间十余万众，皆惊走吴。后济使诣邺，太祖迎见大笑曰："本但欲使避贼，乃更驱尽之。"拜济丹阳太守。大军南征还，以温恢为扬州刺史，济为别驾。令曰："季子为臣，吴宜有君。今君还州，吾无忧矣。"民有诬告济为谋叛主率者，太祖闻之，指前令与左将军于禁、沛相封仁等曰："蒋济宁有此事！有此事，吾为不知人也。此必愚民乐乱，妄引之耳。"促理出之。辟为丞相主簿西曹属。令曰："舜举皋陶，不仁者远；臧否得中，望于贤属矣。"关羽围樊、襄阳。太祖以汉帝在许，近贼，欲徙都。司马宣王及济说太祖曰："于禁等为水所没，非战攻之失，于国家大计未足有损。刘备、孙权，外亲内疏，关羽得志，权必不愿也。可遣人劝蹑其后，许割江南以封权，

反叛。

刘晔在朝中的时候，从来不和当时的名人交往。有人就问他原因，刘晔说："魏王刚刚登基，很多事有赖于新人，聪明的人知道命运，凡俗之人也许还没有都明白。我在汉朝为宗室亲族，在魏室又备受宠信。像我这样身份特殊的人，友寡朋稀，肯定是利大于弊的。"太和六年，刘晔因为有病，被拜为闲职太中大夫。不久，又升为大鸿胪。在职二年，就逊位，仍为太中大夫。时间不长，就逝世了。朝廷赐谥号景侯，爵位由他的儿子寓继承。刘晔的少子刘陶，才学很高，而品行却很轻薄，官职曾做到平原太守。

蒋济字子通，是楚国平阿县人。他曾做过郡计吏、州别驾。建安十三年，孙权率领大军围攻合肥。当时，曹操正征讨荆州，遇上了瘟疫，只派将军张喜独自率领一千骑兵，让他再集结起汝南郡的兵力去解合肥之围。不料，张喜的兵马也染上了瘟疫。蒋济暗中建议刺史，假装接到了张喜的书信，说有四万步骑兵已抵雩娄，又派主簿去迎接。张喜便三次派人带书信去告知城中守将，只有一次入了城，另两次被吴军截获。孙权相信了，马上烧毁围城营寨撤走，合肥得以保全。第二年，蒋济出使谯县，曹操问他："以前我和袁绍在官渡相持，想迁徙燕地及白马县的百姓，百姓没有走，袁军也不敢抢掠。现在，我想迁移淮南的百姓，你看怎么样？"蒋济回答说："那时您弱敌强，不迁移百姓就会失去他们。从打败袁绍开始，北克柳城，南向江、汉，兵陈荆州，威震天下，人心向我，况且百姓留恋故土，实在不愿迁移，那样，他们会因为惊恐而逃离。"曹操不听。因此，江、淮间十余万人，逃奔去了吴国。后来蒋济出使邺城，曹操见了他大笑，说："我只想让百姓躲避吴军抢掠，没想到反而把他们全逼到那边去了。"之后曹操任命蒋济为丹阳太守。大军南征回师，任温恢为扬州刺史，蒋济为别驾。曹操下令说："吴季札让国为臣，吴国仍然应有君主。现在你回扬州，我就没有什么可担忧的了。"有人诬告蒋济是谋反的主谋，曹操听说以后，指着上次的命令对左将军于禁、沛相封仁等人说："蒋济会干这种事吗？如果他真的干了，那就说明我没有识人的能力啊。这是有人要搞混乱，嫁祸于人罢了。"要求马上查清

则樊围自解。”太祖如其言。权闻之，即引兵西袭公安、江陵。羽遂见禽。

文帝即王位，转为相国长史。及践阼，出为东中郎将。济请留，诏曰：“高祖歌曰‘安得猛士守四方’！天下未宁，要须良臣以镇边境。如其无事，乃还鸣玉，未为后也。”济上万机论，帝善之。入为散骑常侍。时有诏，诏征南将军夏侯尚曰：“卿腹心重将，特当任使。恩施足死，惠爱可怀。作威作福，杀人活人。”尚以示济。济既至，帝问曰：“卿所闻见天下风教何如？”济对曰：“未有他善，但见亡国之语耳。”帝忿然作色而问其故，济具以答，因曰：“夫‘作威作福’，《书》之明诫。‘天子无戏言’，古人所慎。惟陛下察之！”于是帝意解，遣追取前诏。黄初三年，与大司马曹仁征吴，济别袭羡谿。仁欲攻濡须洲中，济曰：“贼据西岸，列船上流，而兵入洲中，是为自内地狱，危亡之道也。”仁不从，果败。仁薨，复以济为东中郎将，代领其兵。诏曰：“卿兼资文武，志节慷慨，常有超越江湖吞吴会之志，故复授将率之任。”顷之，征为尚书。车驾幸广陵，济表水道难通，又上《三州论》以讽帝。帝不从，于是战船数千皆滞不得行。议者欲就留兵屯田，济以为东近湖，北临淮，若水盛时，贼易为寇，不可安屯。帝从之，车驾即发。还到精湖，水稍尽，尽留船付济。船本历适数百里中，济更凿地作四五道，蹴船令聚；豫作土豚遏断湖水，皆引后船，一时开遏入淮中，帝还洛阳，谓济曰：“事不可不晓。吾前决谓分半烧船于山阳池中，卿于后致之，略与吾俱至谯。又每

此事，任蒋济为丞相主簿西曹属。命令说：“虞舜任用皋陶，不仁之人远远避开；品评选拔人才不出偏差，就需要你们这些贤明的部属了。”关羽围攻樊城、襄阳，曹操因汉献帝在许昌，临敌太近，打算迁都。司马懿和蒋济劝曹操说：“于禁等人因水遭擒，不是作战的失误，对国家大计没有带来太大的损失。刘备与孙权表面联合，实际是貌合神离，关羽虽然大胜，孙权一定不满意。我们派人去劝孙权偷袭关羽后方，并且允诺把江南封给他，这样樊城危机自然会解除。”曹操按计行事。孙权听从了曹操的劝说，带兵西袭公安、江陵。关羽最终被吴军擒获。

曹丕登上魏王位后，蒋济转任做了相国长史。等到文帝登基即帝位以后，又让蒋济出京任东中郎将。蒋济请求留京任职，文帝说：“当年汉高祖曾作歌说：‘安得猛士兮守四方！’现今天下远没有安宁，须用贤良大臣去镇守边境。如果那里没有什么事了，我就让您车马的玉珂再响，调您回京，也还不晚呀！”不久，蒋济写了一篇《万机论》上呈，魏文帝很是喜爱。就宣他入京，为散骑常侍。魏文帝下诏对征南将军夏侯尚说：“卿是我的心腹重将，所以对你特别地任用。对你的恩德，可以让你去死。对你的宠爱，也值得你记住。天子威重九重，作威作福，既能杀人，也能救人。”夏侯尚把诏书拿给蒋济看了。蒋济到达京城以后，文帝问他说：“卿路上所闻所见如何呀？”蒋济回答说：“没什么好的见闻，只听见几句亡国之语罢了。”文帝愤怒地询问原因，蒋济告知事情的原委，说：“‘作威作福’，是《尚书》中非常明白的告诫。‘天子无戏言’，是古人慎重对人对事的原则。望陛下深思。”因此，文帝怒气消解，派人追回了发给夏侯尚的诏书。黄初三年，与大司马曹仁征伐孙吴，蒋济另外领兵袭击羡谿。曹仁打算进攻濡须水中的洲地，蒋济说：“吴兵已经在西岸据守，列好战船，如果我们开进洲中，必陷入危地。”曹仁不听，果然失败。曹仁去世，朝廷又任蒋济为东中郎将，代领曹仁的兵马。文帝下诏说：“您兼具文武之才，志气豪迈，常怀跨江湖、吞吴会的志向，所以，再次授给您将帅之任。”不久，又任命他为尚书。文帝要到广陵，蒋济上表说水路难于通行，又作《三州论》来劝告。文帝不听，结果几千艘战船全

得所陈，实入吾意。自今讨贼计画，善思论之。”

明帝即位，赐爵关内侯。大司马曹休帅军向皖，济表以为“深入虏地，与权精兵对，而朱然等在上流，乘休后，臣未见其利也”。军至皖，吴出兵安陵，济又上疏曰：“今贼示形于西，必欲并兵图东，宜急诏诸军往救之。”会休军已败，尽弃器仗辎重退还。吴欲塞夹石，遇救兵至，是以官军得不没。迁为中护军。时中书监、令号为专任，济上疏曰：“大臣太重者国危，左右太亲者身蔽，古之至戒也。往者大臣秉事，外内扇动。陛下卓然自览万机，莫不祗肃。夫大臣非不忠也，然威权在下，则众心慢上，势之常也。陛下既已察之于大臣，愿无忘于左右。左右忠正远虑，未必贤于大臣，至于便辟取合，或能工之。今外所言，辄云中书，虽使恭慎不敢外交，但有此名，犹惑世俗。况实握事要，日在目前，傥因疲倦之间有所割制，众臣见其能推移于事，即亦因时而向之。一有此端，因当内设自完，以此众语，私招所交，为之内援。若此，臧否毁誉，必有所兴，功负赏罚，必有所易；直道而上者或壅，曲附左右者反达。因微而入，缘形而出，意所狎信，不复猜觉。此宜圣智所当早闻，外以经意，则形际自见。或恐朝臣畏言不合而受左右之怨，莫适以闻。臣窃亮陛下潜神默思，公听并观，若事有未尽于理而物有未周于用，将改曲易

都搁浅在水中不能行进。有人建议就此留下军队进行屯田，蒋济认为此地东与大湖靠近，北临淮河，水大的时候，易受侵犯，不能安营。文帝听从了蒋济的建议，当即撤回。回到精湖的时候，水就渐渐地没有了，文帝把所有的船只都留下来交给蒋济处理。战船原本疏密不一、参差不齐地排列在几百里的水道上，蒋济命令再开凿四五道水沟，推着把船聚集在一起，用准备好的土袋截断湖水，把水全部引向后面的船，然后挖开堤坝，把船推入淮河中。文帝回到洛阳，对蒋济说："事理不可不知。我原来准备在山阳池烧掉一半船只，您现在再把船只全都带回来，几乎和我一同到达谯县。再有，我每次得到您所陈述的意见，很符合我的心意。以后凡是有关讨伐敌人的计划，您都要很好地为我筹谋。"

曹叡即位以后，赐蒋济关内侯。大司马曹休率领兵马向皖地进击，蒋济上表说："我军深入敌方，和孙权以逸待劳的士兵相抗衡，而且吴将朱然等人又在我军后方寻找时机，我实在看不到出兵的好处。"魏军到达皖地，吴国出兵安陵。蒋济又上疏说："现在孙吴兵马有向西行动的迹象，定是想合兵进攻东面，应当急调兵马前去迎接。"此时，曹休已经被打败，丢下兵器辎重后退。吴军正准备封堵夹石，魏军援兵到了，曹休的军队才没有被覆没。蒋济升任中护军。当时，中书监刘放、中书令孙资独擅大权，蒋济上疏说："大臣权力过重，朝廷就有危险，君主过于亲近身边的人，就会受到蒙蔽，这是古来最重要的告诫。过去，已经有过大臣执掌大事而引得内外不宁的情况。陛下圣明地处理政务，群臣无不钦敬。不是大臣不忠诚，如威望权力在大臣手中，朝廷内外就会轻慢皇上。陛下既然已明了大臣专权之事，更希望不要忘记明察身边之人。他们的远见卓识未必胜过大臣，但是谄媚逢迎确是专长。现在中书名声很盛，虽然可以使他们不敢轻易结交外界，但既然有了名声，就能迷惑人。更何况他们掌握着机要实权，倘若他们乘陛下一时疏忽而擅自决定某些事，众臣以为他们能影响或者改变皇上的决定，便会对他们趋炎附势，就会私结交情，引为内助。如果这样，任意贬誉之风气必然产生，功过赏罚就会不当。循正途而仕的人没有受到重视，谄媚之人却显赫起来，他

调，远与黄、唐角功，近昭武、文之迹，岂近习而已哉！然人君犹不可悉天下事以适已明，当有所付。三官任一臣，非周公旦之忠，又非管夷吾之公，则有弄机败官之弊。当今柱石之士虽少，至于行称一州，智效一官，忠信竭命，各奉其职，可并驱策，不使圣明之朝有专吏之名也。”诏曰：“夫骨鲠之臣，人主之所仗也。济才兼文武，服勤尽节，每军国大事，辄有奏议，忠诚奋发，吾甚壮之。”就迁为护军将军，加散骑常侍。

景初中，外勤征役，内务宫室，怨旷者多，而年谷饥俭。济上疏曰：“陛下方当恢崇前绪，光济遗业，诚未得高枕而治也。今虽有十二州，至于民数，不过汉时一大郡。二贼未诛，宿兵边陲，且耕且战，怨旷积年。宗庙宫室，百事草创，农桑者少，衣食者多，今其所急，唯当息耗百姓，不至甚弊。弊攰之民，倘有水旱，百万之众，不为国用。凡使民必须农隙，不夺其时。夫欲大兴功之君，先料其民力而燠休之。勾践养胎以待用，昭王恤病以雪仇，故能以弱燕服强齐，羸越灭劲吴。今二敌不攻不灭，不事即侵，当身不除，百世之责也。以陛下圣明神武之略，舍其缓者，专心讨贼，臣以为无难矣。又欢娱之耽，害于精爽；神太用则竭，形太劳则弊。愿大简贤妙，足以充‘百斯男’者。其冗散未齿，且悉分出，务在清静。”诏曰：“微护军，吾弗闻斯言也。”

们借机入朝为官，攀缘权势而出人头地，君主亲近信任他们，从没有怀疑。圣明的君主早应该留心注意，就会发现他们的劣迹。许多大臣害怕得罪陛下身边之人，上表见解便分外小心。臣相信陛下冷静而睿智，对不合理的事情必能改弦易辙。以陛下的仁德智慧远可比黄帝、唐尧，近可以彰明武帝、文帝的伟业，绝非是囿于世俗的庸主！但是，再聪明的君主也不可能一个人看清天下所有的事，应该有所托付。一个大臣身兼数职，如他既无周公的忠诚，又无管仲的公正，必然会产生弄权渎职的现象。当今国家柱石之才虽然不多，但是品行能合州官的要求，智慧能胜任一官的职责，这样的人还是能够恪守其职供朝廷使用。这样，就可免除圣明王朝有独断专行之官的污名了。”皇帝下诏说：“正直的大臣，是君主的臂助。蒋济兼文武之才，恪守节操，每有大事，均能奏议，其忠正之心，我十分赞赏。”便升蒋济为护军将军，加授散骑常侍荣衔。

景初年间，由于征伐、徭役和大兴宫殿，怨男旷女有很多，又赶上连年歉收，粮谷缺乏。蒋济上疏说：“陛下，现在正是弘扬前王德政、光大先帝伟业的时候。如果陛下还不能完成统一四海，那么，也就达不到垂衣而治。如今大魏虽然已经有十二州，而人口的总数，却连汉朝时的一个大郡都没有超过。吴、蜀二贼尚未诛灭，军队久戍边陲，一边耕田，一边作战。男女分离，旷怨多年。建造宗庙宫室等各种事务，都才刚刚开始。致力于农桑的人少，穿衣、吃饭的人却越来越多。现在的急务之处，是停息对百姓的人力、物力的消耗，使他们不至于太贫穷。百姓本来就已经贫苦、疲惫，倘若再遇水旱灾年，虽聚百万之众，也不能为国家所用。要役使百姓，应当在农事闲暇之余，不要抢占农忙时节。凡是想大兴土木、兵革等大事的君主，应预先想到民力的多寡与强弱，要不断地给予温暖和休憩的时间。越王勾践抚养幼儿，用以等待他们成年后使用，燕昭王体恤病民，用以稳固人心，以雪耻前仇。所以衰小的越国能荡平雄劲的吴国，弱小的燕国能征服强大的齐国。吴、蜀二国，不会自己灭亡，你不征讨他们，他们就要来侵犯你。现在如果不能彻底铲除他们，日后定会成为我大魏百世的祸患。以陛下的雄才大略，应把修建宫室等不急之事，先暂

齐王即位，徙为领军将军，晋爵昌陵亭侯，迁太尉。初，侍中高堂隆论郊祀事，以魏为舜后，推舜配天。济以为舜本姓妫，其苗曰田，非曹之先，著文以追诘隆。是时，曹爽专政，丁谧、邓飏等轻改法度。会有日蚀变，诏群臣问其得失，济上疏曰："昔大舜佐治，戒在比周；周公辅政，慎于其朋；齐侯问灾，晏婴对以布惠；鲁君问异，臧孙答以缓役。应天塞变，乃实人事。今二贼未灭，将士暴露已数十年，男女怨旷，百姓贫苦。夫为国法度，惟命世大才，乃能张其纲维以垂于后，岂中下之吏所宜改易哉？终无益于治，适足伤民，望宜使文武之臣各守其职，率以清平，则和气祥瑞可感而致也。"以随太傅司马宣王屯洛水浮桥，诛曹爽等，进封都乡侯，邑七百户。济上疏曰："臣忝宠上司，而爽敢包藏祸心，此臣之无任也。太傅奋独断之策，陛下明其忠节，罪人伏诛，社稷之福也。夫封宠庆赏，必加有功。今论谋则臣不先知，语战则非臣所率，而上失其制，下受其弊。臣备宰司，民所具瞻，诚恐冒赏之渐自此而兴，推让之风由此而废。"固辞，不许。是岁薨，谥曰景侯。子秀嗣。秀薨，子凯嗣。咸熙中，开建五等，以济著勋前朝，改封凯为下蔡子。

刘放字子弃，涿郡人，汉广阳顺王子西乡侯宏后也。历郡纲纪，举孝廉。遭世大乱，时渔阳王松据其土，放往依之。太祖克冀州，放说松曰："往者董卓作逆，英雄并起，阻兵擅命，人自封殖，

缓放后，专事讨伐吴、蜀二贼。臣以为，若能这样，平定他们也就为期不远了。此外，陛下不应该沉迷男欢女娱，精力用得太过，就会枯竭；身形劳累太过了，就会羸弱。希望陛下简选后宫美女，把能够为陛下生养'百斯男'的佳丽留下，将那些闲散而应婚配和年龄幼小的女子，分遣出宫，以求得清静。"魏明帝诏答说："只有蒋护军，才能对我说这番良言啊。"

齐王曹芳即位以后，蒋济调任领军将军，并且晋封昌陵亭侯，升为太尉。当初，侍中高堂隆谈论郊祀之事，认为魏是舜的后裔，祭天时让舜配享。蒋济认为舜本姓妫，后代姓田，并非曹氏祖先，于是，写文章追问高堂隆。这时，曹爽专政，丁谧、邓飏等人随意篡改法度。恰有日食出现，曹芳问众大臣日食现象有何得失，蒋济上疏说："大舜治国，以结党营私为戒；周公辅政，对于任命故旧亲朋小心谨慎；齐景公问灾情，晏子说当广施恩德；鲁僖公施问灵异，臧孙说应减缓劳役。顺应天意以防灾变，其实质在于人事。现今吴蜀二国尚未剿灭，将士们征战十年，男怨女旷，百姓劳苦。为国订法，唯治世贤才方可以胜任，普通官吏岂能随意改动？于国无益之举，足以使民众受到损伤，陛下如能让文武大臣恪尽职守，遵循清平之道，吉瑞自然会感应而至。"蒋济因随司马懿在洛水浮桥驻军、诛杀曹爽等，晋封为都乡侯，食邑七百户。蒋济上疏说："臣下愧对被圣上宠任，授职太尉，而曹爽竟敢蔑视皇权，是臣失职。若非太傅果断，陛下信任于他，使罪人受惩，国家之福，封赏应该施予有功之人。论谋划，臣不能先知，论战功，士兵不是臣所统率。分封制度不能违背，否则就会有弊端出现。臣任宰相，言行都为众人瞩目，臣担心冒领封赏的行为从我这里开始，而谦让的风气就会自此废弃。"因此，坚决辞让，没有被允许。蒋济在当年去世，谥号为景侯。他的儿子蒋秀继承爵位。蒋秀去世，儿子蒋凯继承爵位。咸熙年间，开设五等爵位，因蒋济在前朝功勋卓著，改封蒋凯为下蔡子。

刘放字子弃，是涿郡人，是汉广阳顺王的儿子西乡侯刘宏的后代。曾经担任郡主簿，举孝廉。当时正赶上大乱，渔阳郡人王松占据了本郡，刘放投靠了他。曹操攻克冀州，刘放劝王松说："以前董卓

惟曹公能拔拯危乱，翼戴天子，奉辞伐罪，所向必克。以二袁之强，守则淮南冰消，战则官渡大败；乘胜席卷，将清河朔，威刑既合，大势以见。速至者渐福，后服者先亡，此乃不俟终日驰骛之时也。昔黥布弃南面之尊，仗剑归汉，诚识废兴之理，审去就之分也。将军宜投身委命，厚自结纳。”松然之。会太祖讨袁谭于南皮，以书招松，松举雍奴、泉州、安次以附之。放为松答太祖书，其文甚丽。太祖既善之，又闻其说，由是遂辟放。建安十年，与松俱至。太祖大悦，谓放曰：“昔班彪依窦融而有河西之功，今一何相似也！”乃以放参司空军事，历主簿记室，出为郃阳、祋祤、赞令。

魏国既建，与太原孙资俱为秘书郎。先是，资亦历县令，参丞相军事。文帝即位，放、资转为左右丞。数月，放徙为令。黄初初，改秘书为中书，以放为监，资为令，各加给事中；放赐爵关内侯，资为关中侯，遂掌机密。三年，放进爵魏寿亭侯，资关内侯。明帝即位，尤见宠任，同加散骑常侍；进放爵西乡侯，资乐阳亭侯。太和末，吴遣将周贺浮海诣辽东，招诱公孙渊。帝欲邀讨之，朝议多以为不可。惟资决行策，果大破之，进爵左乡侯。放善为书檄，三祖诏命有所招喻，多放所为。青龙初，孙权与诸葛亮连和，欲俱出为寇。边候得权书，放乃改易其辞，往往换其本文而傅合之，与征东将军满宠，若欲归化，封以示亮。亮腾与吴大将步骘等，骘等以见权。权惧亮自疑，深自解说。是岁，俱加侍中、光禄大夫。景初二年，辽东平定，以参谋之功，各进爵，封本县，放方城侯，资中都侯。

作乱，各路英雄纷纷起兵，拥兵割据，只有曹公拯救危乱，辅佐天子，奉命征讨四方，所向披靡。像袁绍、袁术那样强大的势力，均已在淮南和官渡被打败；曹公乘胜肃清河朔，把权刑合为一体，天下形势已十分明显。识时务者均已得福，逆此趋势者大多被消灭。现在我们应立即行动，归附曹公。过去黥布放弃称王归降汉朝，是看清了兴亡趋势，明白了依附和背离的区别。将军应投靠曹公，呈上丰厚的礼物。”王松认为刘放说得对。曹操此时正在南皮讨伐袁谭，写信招降王松，王松便献出雍奴、泉州、安次等县归附了曹操。刘放为王松写了给曹操的回信，文采非常华美。曹操既喜欢这封信，又听说他劝王松投降的话，便任命他为下属。建安十年，刘放和王松一起到了曹操那里。曹操非常高兴，对刘放说：“过去班彪归附窦融而建立了河西的功业，今天您的行为和他是多么相似啊！”于是刘放为参司空军事，后历任主簿、记室，又出任郃阳、祋祤、赞三县县令。

魏国建立后，刘放和太原人孙资同时为秘书郎。在此之前，孙资也曾任过县令、参丞相军事。曹丕即帝位后，刘放、孙资转任左、右丞。几个月后，刘放升任秘书令。黄初初年，改秘书为中书，让刘放任中书监，孙资为中书令，各加授给事中的官衔；刘放被赐关内侯的爵位，孙资赐关中侯，共管机密。黄初三年，刘放晋爵为魏寿亭侯，孙资为关内侯。曹叡即位后，更加宠信二人，同时被升为散骑常侍，晋封刘放西乡侯的爵位，孙资为乐阳亭侯。太和末年，吴国派将军周贺渡海到辽东去招降公孙渊。曹叡打算在中途截击，朝臣聚议都认为这样做没有把握。只有孙资果断地支持曹叡，果然大破吴军，于是孙资又晋封为左乡侯。刘放善写书信、檄文，曹操、曹丕、曹叡的许多诏书中的告谕文字，大多出自刘放的手笔。青龙初年，吴蜀联合，准备出兵伐魏。探马截获孙权给诸葛亮的信，刘放便更改其中的词句，换掉原文；把信弄成是写给征东将军满宠的样子，好像孙权打算归顺魏国，然后把信封好送给诸葛亮。诸葛亮把信誊抄给吴国大将军步骘等人，步骘等把信转呈给孙权。孙权担心诸葛亮误解自己就又写信说明此事。这一年，刘放、孙资同时被加授为侍中、光禄大夫。景初二年，辽东被平定，刘、孙二人都因为参与谋划有功，而又晋封爵位，封

其年，帝寝疾，欲以燕王宇为大将军，及领军将军夏侯献、武卫将军曹爽、屯骑校尉曹肇、骁骑将军秦朗共辅政。宇性恭良，陈诚固辞。帝引见放、资，入卧内，问曰："燕王正尔为？"放、资对曰："燕王实自知不堪大任故耳。"帝曰："曹爽可代宇不？"放、资因赞成之。又深陈宜速召太尉司马宣王，以纲维皇室。帝纳其言，即以黄纸授放作诏。放、资既出，帝意复变，诏止宣王勿使来。寻更见放、资曰："我自召太尉，而曹肇等反使吾止之，几败吾事！"命更为诏，帝独召爽与放、资俱受诏命，遂免宇、献、肇、朗官。太尉亦至，登床受诏，然后帝崩。齐王即位，以旅、资决定大谋，增邑三百，放并前千一百，资千户；封爱子一人亭侯，次子骑都尉，余子皆郎中。正始元年，更加放左光禄大夫，资右光禄大夫，金印紫绶，仪同三司。六年，放转骠骑，资卫将军，领监、令如故。七年，复封子一人亭侯，各年老逊位，以列侯朝朔望，位特进。曹爽诛后，复以资为侍中，领中书令。嘉平二年，放薨，谥曰敬侯。子正嗣。资复逊位归第，就拜骠骑将军，转侍中，特进如故。三年薨，谥曰贞侯。子宏嗣。

放才计优资，而自修不如也。放、资既善承顺主上，又未尝显言得失，抑辛毗而助王思，以是获讥于世。然时因群臣谏诤，扶赞其义，并时密陈损益，不专导谀言云。及咸熙中，开建五等，以放、资著勋前朝，改封正方城子，宏离石子。

评曰：程昱、郭嘉、董昭、刘晔、蒋济才策谋略，世之奇士，虽

给本县之地，刘放为方城侯，孙资为中都侯。

这一年，明帝病重，想任命燕王曹宇担任大将军，和领军将军夏侯献、武卫将军曹爽、屯骑校尉曹肇、骁骑将军秦朗等人共同辅佐朝政。曹宇性情恭良，极力推辞。明帝在卧室内召见刘放、孙资，问："燕王为何如此？"刘放、孙资回答说："燕王知道自己不能担此重任。"明帝问："曹爽可以吗？"刘放、孙资随即表示赞成。又竭力陈述应当马上召回太尉司马懿，以维护朝廷和皇室。明帝采纳了他们的意见，当即让刘放书写诏书。刘放、孙资刚出去，明帝又改变了想法，下诏不让司马懿回京。不久又召见刘放、孙资说："我要召回太尉，而曹肇等人从中阻挠回来，险些误了大事！"命令他们再写诏书，只召见曹爽、刘放、孙资等一起接受诏命，罢免了曹宇、夏侯献、曹肇、秦朗等人的官职。司马懿也回到朝中，在明帝床前受命。明帝去世。齐王曹芳即位，因为刘放、孙资参与决定大事，增加刘放封邑三百户，加上以前所封共一千一百户，孙资封邑达到一千户；又各封他们的爱子一人为亭侯，次子为骑都尉，其余的儿子全都为郎中。正始元年，加刘放官职左光禄大夫，孙资右光禄大夫，授金印紫绶，仪制与三公相同。正始六年，刘放转为骠骑将军，孙资为卫将军，仍然像以前那样兼任中书监、中书令。正始七年，又封他们的儿子各一人为亭侯。刘放、孙资年老退位，只以列侯身份初一和十五日朝见皇帝，加特进之位。曹爽被杀以后，又任孙资为侍中，兼中书令。嘉平二年，刘放去世，谥号敬侯。儿子刘正承袭爵位。孙资又退位回家，朝廷派使者到家中拜他为骠骑将军，转任侍中，仍加特进之位。嘉平三年，孙资去世，谥号为贞侯。儿子孙宏承袭爵位。

刘放的才谋比孙资要高一些，但是修养却不如孙资。刘放、孙资都善于奉承君主，又没有过多语失。但他们二人抵制辛毗帮助王思，让世人讥讽。然而，他们也常在群臣谏诤中，支持部分人的观点，并密述国事的得失。据说，也不是全都用阿谀的言语诱导君主。咸熙年中，建五等爵制度，因为刘放、孙资在前朝的功勋，而封刘正为方城子，孙宏为离石子。

评论说：程昱、郭嘉、董昭、刘晔、蒋济五人以才华、谋略论，当

清治德业，殊于荀攸，而筹画所料，是其伦也。刘放文翰，孙资勤慎，并管喉舌，权闻当时，雅亮非体，是故讥谀之声，每过其实矣。

可说是世之奇士，虽然他们的清正与仁德，与荀攸有别，但谋划的方面，却和荀攸相同。刘放文辞华美，孙资勤劳谨慎，二人同为君王之喉舌，威重闻名当时，虽雅清不足，但对二人的讥讽和阿谀的评价，还是不免有言过其实之嫌。

卷十五　魏书十五

刘司马梁张温贾传第十五

刘馥字元颖，沛国相人也。避乱扬州，建安初，说袁术将戚寄、秦翊，使率众与俱诣太祖。太祖悦之，司徒辟为掾。后孙策所置庐江太守李述攻杀扬州刺史严象，庐江梅乾、雷绪、陈兰等聚众数万在江、淮间，郡县残破。太祖方有袁绍之难，谓馥可任以东南之事，遂表为扬州刺史。

馥既受命，单马造合肥空城，建立州治，南怀绪等，皆安集之，贡献相继。数年中恩化大行，百姓乐其政，流民越江山而归者以万数。于是聚诸生，立学校，广屯田，兴治芍陂及茄陂、七门、吴塘诸堨以溉稻田，官民有畜。又高为城垒，多积木石，编作草苫数千万枚，益贮鱼膏数千斛，为战守备。

建安十三年卒。孙权率十万众攻围合肥城百余日，时天连雨，城欲崩，于是以苫蓑覆之，夜然脂照城外，视贼所作而为备，贼以破走。扬州士民益追思之，以为虽董安于之守晋阳，不能过也。及陂塘之利，至今为用。

馥子靖，黄初中从黄门侍郎迁庐江太守，诏曰："卿父昔为彼州，今卿复据此郡，可谓克负荷者也。"转在河内，迁尚书，赐爵关内侯，出为河南尹。散骑常侍应璩书与靖曰："入作纳言，出临京任。富民之术，日引月长。藩落高峻，绝穿窬之心。五种别出，远水火之

刘馥字元颖，是沛郡相县人，因为避乱来到扬州。建安初年，他前去劝说袁术部将戚寄、秦翊，使他们率部众和自己一同投奔曹操。曹操对他很赏识，从司徒府召为掾吏。后来，孙策设置的庐江太守李述率兵攻打扬州，杀死了扬州刺史严象。庐江的梅乾、雷绪、陈兰等人聚集起几万人马，于江淮一带劫掠，州县因此残破不堪。当时曹操与袁绍相持，无暇顾此，便将管理东南政事交付刘馥，上表朝廷任命刘馥为扬州刺史。

刘馥受命以后，独自一个人来到合肥，设立州治。又安抚雷绪等人，使他们都得到安顿，贡献来的物品接连不断。几年内，刘馥大力推行仁惠教化，众百姓都欢迎他的政令，原来离乡在外数以万计的人也都翻山过江来归顺他。刘馥又聚集儒士，设立学校，扩大屯田，发动民众治理芍陂以及茹陂、七门、吴塘等许多拦水的堤坝，以灌溉农田，使官吏和民众的生活都有改善。刘馥又动员民众修建高墙以加强防守的能力。又囤积了许多木材石料，用茅草编织了几千万张苫盖，增加几千斛的粮食储备，作为战时防守的用品。

建安十三年，刘馥去世。孙权率领十万大军围攻合肥长达一百多天。当时连降大雨，城墙都要坍塌了。士兵和百姓用草苫蓑席紧密覆盖，夜间点燃鱼脂灯照亮城外，以观察敌方的动向并及时采取防御措施。吴军终因损失严重无功而返。扬州的官吏、百姓对刘馥更加怀念，认为刘馥的守御策略比春秋时期守晋国的董安于还要出色。他所倡导和带领兴修的水利设施，至今还在发挥作用。

刘馥的儿子叫刘靖，黄初年间他从黄门侍郎升迁到庐江太守，文帝下诏说：“您的父亲曾经在那里任刺史，现在您又去那里任郡守，这个重任你可以担当得起。”又转任河内太守，升迁为尚书，赐爵关内侯，出任河南尹。散骑常侍应璩给刘靖写信说：“您入朝任尚书，

灾。农器必具，无失时之阙。蚕麦有苫备之用，无雨湿之虞。封符指期，无流连之吏。鳏寡孤独，蒙廪振之实。加之以明擿幽微，重之以秉宪不挠；有司供承王命，百里垂拱仰办。虽昔赵、张、三王之治，未足以方也。”靖为政类如此。初虽如碎密，终于百姓便之，有馥遗风。母丧去官，后为大司农卫尉，进封广陆亭侯，邑三百户。上疏陈儒训之本曰：“夫学者，治乱之轨仪，圣人之大教也。自黄初以来，崇立太学二十余年，而寡有成者，盖由博士选轻，诸生避役，高门子弟，耻非其伦，故无学者。虽有其名而无其人，虽设其教而无其功。宜高选博士，取行为人表，经任人师者，掌教国子。依遵古法，使二千石以上子孙，年从十五，皆入太学。明制黜陟荣辱之路，其经明行修者，则进之以崇德；荒教废业者，则退之以惩恶；举善而教不能则劝，浮华交游，不禁自息矣。阐弘大化，以绥未宾；六合承风，远人来格。此圣人之教，致治之本也。”后迁镇北将军，假节都督河北诸军事。靖以为“经常之大法，莫善于守防，使民夷有别”。遂开拓边守，屯据险要。又修广戾陵渠大堨，水灌溉蓟南北；三更种稻，边民利之。嘉平六年薨，追赠征北将军，进封建成乡侯，谥曰景侯。子熙嗣。

司马朗字伯达，河内温人也。九岁，人有道其父字者，朗曰：“慢人亲者，不敬其亲者也。”客谢之。十二，试经为童子郎，监试者以其身体壮大，疑朗匿年，劾问。朗曰：“朗之内外，累世长大，朗虽稚弱，无仰高之风，损年以求早成，非志所为也。”监试者异之。后关东兵起，故冀州刺史李邵家居野王，近山险，欲徙居温。

出朝任河南尹。您长年累月为朝廷出力使百姓富足。屏障修得高大险峻，绝了盗贼偷盗的念头。分别种植五谷，远离了水旱之灾。农具齐备，不误农时。养蚕种麦有备用的草席，不被雨水冲淋。公函上加好封缄，限期送达没有流连在外的官吏。。鳏寡孤独，都得到赈济。执法公正，对朝廷的指派，从不拖欠。凡此种种，即使是赵广汉、张敞、王尊、王章、王骏等人也不能和您相比。”刘靖的政绩就是这样。开始时看好像有些细碎烦琐，但是最终看到的是百姓满意，颇有父亲刘馥的遗风。他因为母亲去世离职，后来任大司农卫尉，晋封广陆亭侯，封邑三百户。刘靖上疏阐述儒家教育的根本，说：“学习，是对治乱有影响的规范，是圣人最重要的教诲。自黄初以来，设立太学已二十多年了，却很少有成就。究其原因就在于博士的选择标准低下，儒生是为逃避徭役而来就读，高门大族的子弟，瞧不起太学生，所以，不愿意到太学学习。使得太学名存实亡。应该用高标准来选择可为人师表的博士，教导官僚子弟，让二千石以上官员十五岁的子孙入太学学习。明确奖惩制度，对通晓经典、修养良好的，就进用他们以推崇美德；对荒废教育和学业的，则贬退他们以惩罚恶行。这样，就可抑制住浮华不实、结党营私的风气。以弘扬儒家教化，来安抚还没有归附的人，天下人都承蒙教化，自然前来归顺，这是大治的根本。”后来，刘靖升迁做了镇北将军，授予符节，统领河北诸军事。刘靖认为“国家要平安，只有守卫边防屯兵，让汉族和少数民族分开”。因此，他开拓边防，在险要的地方屯兵。又修整扩大戾陵渠的大堰，引水灌溉蓟县南北的农田，可以种植三茬稻谷，边疆百姓受益。嘉平六年，刘靖去世，朝廷追赠他为征北将军，晋封建成乡侯，加谥号为景侯。儿子刘熙承袭了爵位。

司马朗字伯达，是河内温县人。九岁的时候，有人直呼他父亲的名字，司马朗说：“轻慢别人父母的人，就是不尊敬他自己的父母。”宾客惊讶地向他道歉。十二岁时，司马朗考试经学成为童子郎，监考的人见司马朗身材高大，怀疑他隐瞒了实际年龄，就责问他。司马朗说：“我家族历代人都长得身高体壮，我虽年幼，却没有向上攀附的习气，少报年龄而求得早有成就，我绝不做这样的事情。”监考的人

朗谓邵曰："唇齿之喻，岂唯虞、虢，温与野王即是也；今去彼而居此，是为避朝亡之期耳。且君，国人之望也，今寇未至而先徙，带山之县必骇，是摇动民之心而开奸宄之原也，窃为郡内忧之。"邵不从。边山之民果乱，内徙，或为寇钞。

是时董卓迁天子都长安，卓因留洛阳。朗父防为治书御史，当徙西，以四方云扰，乃遣朗将家属还本县。或有告朗欲逃亡者，执以诣卓，卓谓朗曰："卿与吾亡儿同岁，几大相负！"朗因曰："明公以高世之德，遭阳九之会，清除群秽，广举贤士，此诚虚心垂虑，将兴至治也。威德以隆，功业以著，而兵难日起，州郡鼎沸，郊境之内，民不安业，捐弃居产，流亡藏窜，虽四关设禁，重加刑戮，犹不绝息，此朗之所以于邑也。愿明公监观往事，少加三思，即荣名并于日月，伊、周不足侔也。"卓曰："吾亦悟之，卿言有意！"

朗知卓必亡，恐见留，即散财物以赂遗卓用事者，求归乡里。到谓父老曰："董卓悖逆，为天下所仇，此忠臣义士奋发之时也。郡与京都境壤相接，洛东有成皋，北界大河，天下兴义兵者若未得进，其势必停于此。此乃四分五裂战争之地，难以自安，不如及道路尚通，举宗东到黎阳。黎阳有营兵，赵威孙乡里旧婚，为监营谒者，统兵马，足以为主。若后有变，徐复观望未晚也。"父老恋旧，莫有从者，惟同县赵咨，将家属俱与朗往焉。后数月，关东诸州郡起兵，众数十万，皆集荥阳及河内。诸将不能相一，纵兵钞掠，民人死者且半。久之，关东兵散，太祖与吕布相持于濮阳，朗乃将家还

都认为他很奇特。后来关东兵马起事，原冀州刺史李邵家住在野王，害怕有危险，打算迁居到温县。司马朗就对李邵说："唇齿相依的比喻，并不只是指虞国和虢国，温县与野王也是这样。现在您离开那里住到温县，只是躲开了早晨灭亡的期限。郡国百姓都寄希望于您，如今敌寇还没到来您就先迁移家眷，必然引起环山而居的各县百姓的骚乱，这样的结果是动摇了民心，我为郡内的安危担心。"李邵不听劝告。沿山而居的百姓果然慌乱，纷纷向内地迁徙，有的人还趁乱抢劫。

这个时候董卓强迫皇帝迁都长安，自己却留在都城洛阳。司马朗的父亲司马防官居治书御史，理应随皇帝同往长安，由于到处混乱，就让司马朗带家眷先回家乡。于是，有人举报司马朗要逃跑，抓他去见董卓。董卓说："你和我死去的儿子同岁，可是却辜负了我。"司马朗回答说："明公的远古圣贤之德，在这混乱时期，为国除凶，招纳贤士，真可说是处心积虑，使国家得到治理。您的威德因此更高，功勋也因此更加卓著。但是，战乱越来越重，各州郡人心惶惶，京城内的百姓也都抛弃居室产业而流亡藏匿。尽管四城设卡，用杀戮惩罚逃亡的人，还是禁止不住百姓的逃离。这就是我要回家乡的原因，希望明公洞察，稍加深思，那样您的荣誉功名就会与日月同辉，您的功绩即使伊尹、周公也难以相比。"董卓说："我也想到了这些，您的话很对！"

司马朗知道董卓一定会灭亡，恐怕被董卓羁留，于是就散发财物来贿赂董卓手下有权力的官吏，请求回到家乡。司马朗回到家乡后，对父老说："董卓大逆不道，被天下人所仇恨，这正是忠臣义士奋起立功的时候。河内郡与京城连壤接境，洛阳的东面有成皋县，北面有黄河，天下征讨董卓的各路军队如果进展不利，势必会停留在这里。这是一个四分五裂的战争之地，很难自保，不如趁着现在路还畅通，把整个宗族东迁到黎阳县。黎阳县有营兵，赵威孙是同乡，又和本乡有姻亲关系，现在任营兵的长官，统率兵马，足以成为乡邻的主人。今后如果形势有什么变化，到那里慢慢地观察也不算晚。"父老们依恋旧土，没有人跟随司马朗去，只有同县人赵咨带领家属与司马

温。时岁大饥，人相食，朗收恤宗族，教训诸弟，不为衰世解业。

年二十二，太祖辟为司空掾属，除成皋令，以病去，复为堂阳长。其治务宽惠，不行鞭杖，而民不犯禁。先时，民有徙充都内者，后县调当作船，徙民恐其不办，乃相率私还助之，其见爱如此。迁元城令，入为丞相主簿。朗以为天下土崩之势，由秦灭五等之制，而郡国无搜狩习战之备故也。今虽五等未可复行，可令州郡并置兵，外备四夷，内威不轨，于策为长。又以为宜复井田。往者以民各有累世之业，难中夺之，是以至今。今承大乱之后，民人分散，土业无主，皆为公田，宜及此时复之。议虽未施行，然州郡领兵，朗本意也。迁兖州刺史，政化大行，百姓称之。虽在军旅，常粗衣恶食，俭以率下。雅好人伦典籍，乡人李觌等盛得名誉，朗常显贬下之；后觌等败，时人服焉。钟繇、王粲著论云："非圣人不能致太平。"朗以为"伊、颜之徒虽非圣人，使得数世相承，太平可致"。建安二十二年，与夏侯惇、臧霸等征吴。到居巢，军士大疫，朗躬巡视，致医药。遇疾卒，时年四十七。遗命布衣幅巾，敛以时服，州人追思之。明帝即位，封朗子遗昌武亭侯，邑百户。朗弟孚又以子望继朗后。遗薨，望子洪嗣。

朗一起前往黎阳。几个月以后，关东各州郡纷纷起兵，多达几十万，全都集中在荥阳和河内。不能统一，放纵士兵抢掠百姓，百姓死了将近一半。过了很久以后，关东兵才四散而去，太祖与吕布在濮阳相持，司马朗才率领家人回到温县。当时发生了大饥荒，人吃人，司马朗收养抚恤宗族，教育自己的弟弟们，没有因为世道衰败而放弃了学业。

司马朗二十二岁的时候，曹操任命他为司空掾属，又转任他为成皋县令，因为生病离职，后又任堂阳县长。他为官宽厚仁慈，从不用鞭杖等刑罚，百姓也极少有犯法的。此前，成皋县民有迁徙到京城的，后来，县里受到朝廷指派制造战船，迁徙的老百姓怕司马朗不能如期完成，便又返回来帮助造船，司马朗就是这样被百姓爱戴。后改任元城县令，又升迁为丞相主簿。司马朗认为，天下之所以分崩离析，是由于五等爵制度被废除以后，各郡国没有做好打仗准备的缘故。而今虽然五等爵制度不可能再实行，但可以让州郡都设立军队，对外防备入侵者，对内威慑那些图谋不轨的人，这是长远之计。还应该恢复井田制度。以往百姓几乎都有自己世代相承的土地，患难之际被夺去，所以没有实行井田制度至今。天下大乱以后，百姓四处逃散，土地无人经管，都成为公田，应该趁这个机会恢复井田制。他的建议虽然没有完全实行，但州郡领兵制度，却是司马朗的本意。又迁为兖州刺史，教化得到全面推行，百姓们都称赞他。司马朗虽然身在军旅，却粗食布衣，很是俭朴。他很喜欢评价人物优劣的典籍，同乡人李觌等人很有名声，司马朗常公开批评他们的行为。后来李觌等人身败，人们都佩服司马朗的见识。钟繇、王粲写文章认为："非圣人不足使天下太平。"司马朗认为"伊尹、颜渊等虽然不是圣人，但是如果连续几代出现这样的人，天下也会太平"。建安二十二年，司马朗与夏侯惇、臧霸等人一起征讨孙吴。到居巢县时，发生了传染病，他亲自巡视军营，给兵士送药。不幸染上疾病去世，时年四十七岁。遗命给自己穿布衣戴头巾穿普通衣服装殓，兖州百姓都怀念他。明帝即位以后，封司马朗的儿子司马遗为昌武亭侯，封邑一百户。司马朗的弟弟司马孚又把自己的儿子司马望过继给司马朗。司马遗去世，司马望的儿子司马洪承袭爵位。

初朗所与俱徙赵咨，官至太常，为世好士。

梁习字子虞，陈郡柘人也，为郡纲纪。太祖为司空，辟召为漳长，累转乘氏、海西、下邳令，所在有治名。还为西曹令史，迁为属。并土新附，习以别部司马领并州刺史。时承高幹荒乱之余，胡狄在界，张雄跋扈，吏民亡叛，入其部落；兵家拥众，作为寇害，更相扇动，往往棋跱。习到官，诱谕招纳，皆礼召其豪右，稍稍荐举，使诣幕府；豪右已尽，乃次发诸丁强以为义从；又因大军出征，分请以为勇力。吏兵已去之后，稍移其家，前后送邺，凡数万口；其不从命者，兴兵致讨，斩首千数，降附者万计。单于恭顺，名王稽颡，部曲服事供职，同于编户。边境肃清，百姓布野，勤劝农桑，令行禁止。贡达名士，咸显于世，语在《常林传》。太祖嘉之，赐爵关内侯，更拜为真。长老称咏，以为自所闻识，刺史未有及习者。建安十八年，州并属冀州，更拜议郎、西部都督从事，统属冀州，总故部曲。又使于上党取大材供邺宫室。习表置屯田都尉二人，领客六百夫，于道次耕种菽粟，以给人牛之费。后单于入侍，西北无虞，习之绩也。文帝践阼，复置并州，复为刺史，进封申门亭侯，邑百户；政治常为天下最。太和二年，征拜大司农。习在州二十余年，而居处贫穷，无方面珍物，明帝异之，礼赐甚厚。四年，薨，子施嗣。

初，济阴王思与习俱为西曹令史。思因直日白事，失太祖指。太祖大怒，教召主者，将加重辟。时思近出，习代往对，已被收执矣，思乃驰还，自陈己罪，罪应受死。太祖叹习之不言，思之识分，

当初和司马朗一起迁徙到黎阳的同县人赵咨，官至太常，是个很杰出的人才。

梁习字子虞，是陈郡柘县人，任过郡国主簿。曹操担任司空时，征召为漳县长，又担任乘氏、海西、下邳县令，所在之处皆有善名。后入朝任西曹令史，升迁西曹属。建安十一年，并州刚刚归附，梁习以别部司马的身份兼任并州刺史。当时，因高幹作乱的影响，南匈奴部落就在并州边界劫掠民财，官吏百姓有的逃跑加入到匈奴部落。州中豪强也组织兵马，危害乡里，和官府对抗。梁习到任以后，以劝谕、招抚的策略，对于那些豪强大户都以礼召请，并稍加荐举，让他们进入幕府担任官职。豪强大户得到安置以后，又征发他们的部下，随大军出征，并请求统兵将领让他们充当勇士。官吏和兵士走后，梁习又把他们的家眷迁往邺县，达好几万人。对那些抗命不遵的，梁习派兵讨伐，杀死一千多人，上万人归顺。南匈奴单于恭敬地服从了梁习，各部落酋长民众也都听从梁习的调拨，和入籍百姓一样。边境自此清平，百姓都安于故土。梁习经常鼓励农桑，令行禁止。州里的儒生、名士经梁习推荐，都得到了朝廷的任用，此事记载在《常林传》中。曹操赐梁习关内侯，正式任命他为并州刺史。州中父老称颂梁习的行为，认为，从来没有哪一任刺史能够赶得上梁习。建安十八年，并州并属冀州，曹操任命梁习为议郎、西部都督从事，总揽冀州事务，统领原来的部下。又出使上党，督运高大木材供修建邺城宫殿。梁习上表请求设置两名屯田都尉，带了六百个民夫，在大道边种植粮食，来满足来往人畜的需要。后来，单于入朝称臣，西北边境没有了忧患，都是梁习的功劳。曹丕即位，重新设置并州，梁习又担任了刺史，晋封申门亭侯，食邑百户。他治理的地方总是全国最好的。太和二年，担任大司农。梁习在并州任刺史二十多年，生活十分简朴，家里没有一点当地的珍贵财物，魏明帝感觉很诧异，对他很尊重，赏赐优厚。太和四年，梁习逝世，儿子梁施承袭爵位。

当初，济阴人王思和梁习一同担任西曹令史。一次，王思上报西曹公务，却遗漏了曹操的指示。曹操很生气，命令把主事的人叫来，施以重刑。当时王思外出还没走远，梁习替他前往应对，被拘入狱。

曰："何意吾军中有二义士乎！"后同时擢为刺史，思领豫州。思亦能吏，然苛碎无大体，官至九卿，封列侯。

张既字德容，冯翊高陵人也。年十六，为郡小吏。后历右职，举孝廉，不行。太祖为司空，辟，未至，举茂才，除新丰令，治为三辅第一。袁尚拒太祖于黎阳，遣所置河东太守郭援，并州刺史高幹及匈奴单于取平阳，发使西与关中诸将合从。司隶校尉钟繇遣既说将军马腾等，既为言利害，腾等从之。腾遣子超将兵万余人，与繇会击幹、援，大破之，斩援首。幹及单于皆降。其后幹复举并州反。河内张晟众万余人无所属，寇崤、渑间，河东卫固、弘农张琰各起兵以应之。太祖以既为议郎，参繇军事，使西征诸将马腾等，皆引兵会击晟等，破之。斩琰、固首，幹奔荆州。封既武始亭侯。太祖将征荆州，而腾等分据关中。太祖复遣既喻腾等，令释部曲求还。腾已许之而更犹豫，既恐为变，乃移诸县促储偫，二千石郊迎。腾不得已，发东。太祖表腾为卫尉，子超为将军，统其众。后超反，既从太祖破超于华阴，西定关右。以既为京兆尹，招怀流民，兴复县邑，百姓怀之。魏国既建，为尚书，出为雍州刺史。太祖谓既曰："还君本州，可谓衣绣昼行矣。"从征张鲁，别从散关入讨叛氐，收其麦以给军食。鲁降，既说太祖拔汉中民数万户以实长安及三辅。其后与曹洪破吴兰于下辩，又与夏侯渊讨宋建，别攻临洮、狄道，平之。是时，太祖徙民以充河北，陇西、天水、南安民相恐动，扰扰不安，既假三郡人为将吏者休课，使治屋宅，作水碓，民心遂安。太祖将拔汉中守，恐刘备北取武都氐以逼关中，问既。既曰："可劝使北出就谷以避贼，前至者厚其宠赏，则先者知利，后必慕之。"太祖从其策，乃自到汉中引出诸军，令既之武都，徙氐五万余落出居扶风、

王思听说以后飞马赶回，向曹操陈述事情的经过，认为自己才该处死。曹操感叹梁习不为自己申辩一句，而王思又非常明理，就说："没想到在我的军中还有这样两个操行高尚的人！"后来，两个人同时被升为刺史，王思兼领豫州。王思也是个能干的官吏，但是他办事苛求细节，忽视重点，为官至九卿，封为列侯。

张既字德容，是冯翊郡高陵县人。十六岁的时候任郡小吏。后来才被重用，推举为孝廉，但是没去京城。曹操任司空，征召他，他也没去，举茂才，任新丰县令，治绩为三辅第一。袁尚在黎阳与曹操对抗，派遣所任命的河东太守郭援、并州刺史高幹以及匈奴单于攻取平阳县，又向西与关中联合。司隶校尉钟繇派张既劝说马腾等人，马腾听从了张既的话，派马超率兵马一万多人，和钟繇共同进击高幹、郭援，大破其军，斩杀了郭援，高幹与单于投降。后来，高幹又在并州反叛。河内郡人张晟所率领的一万多人不归附任何人，在崤山、渑县一带抢掠，河东人卫固、弘农人张琰各自起兵响应他。曹操任命张既为议郎，参钟繇军事，派他入关中征召马腾合击张晟等人，打败并斩杀了张琰、卫固，只有高幹逃往荆州。朝廷封张既为武始亭侯。曹操要征讨荆州，而马腾仍然占据关中。曹操又派张既去劝说马腾为等人，放弃兵马入朝任职。马腾答应了，之后又犹豫起来。张既害怕他改变主意，便给沿途各县发下文书，催促他们准备犒劳马腾，并出城迎接。马腾不得已，就东行入京。曹操上表任马腾卫尉，马超为将军，统率马腾的部众。后来马超反叛，张既跟随曹操在华阴打败马超，向西平定了关右。朝廷任张既为京兆尹。张既安抚流民，恢复秩序，百姓都感怀于他。魏国建立以后，张既任尚书，又出为雍州刺史。曹操对张既说："您到家乡所在的州任职，可说是衣锦还乡了。"后随曹操讨伐张鲁，又率军入散关讨伐叛变的氐人，收割麦子供给军用。张鲁投降，张既劝曹操迁徙汉中数万户百姓补充长安以及三辅地区。其后与曹洪在下辩打败吴兰，又和夏侯渊讨伐宋建，攻打临洮、狄道等县，平定了那里。当时，由于迁徙百姓，陇西、天水、南安等郡的百姓惶恐不安。张既给这三个郡在军中担任将吏的人放假，让他们修建房屋，制作水碓，民心才安定下来。曹操准备撤回驻

天水界。

是时，武威颜俊、张掖和鸾、酒泉黄华、西平麹演等并举郡反，自号将军，更相攻击。俊遣使送母及子诣太祖为质，求助。太祖问既，既曰："俊等外假国威，内生傲悖，计定势足，后即反耳。今方事定蜀，且宜两存而斗之，犹卞庄子之刺虎，坐收其毙也。"太祖曰："善。"岁余，鸾遂杀俊，武威王秘又杀鸾。是时不置凉州，自三辅拒西域，皆属雍州。文帝即王位，初置凉州，以安定太守邹岐为刺史。张掖张进执郡守举兵拒岐，黄华、麹演各逐故太守，举兵以应之。既进兵为护羌校尉苏则声势，故则得以有功。既晋爵都乡侯。凉州卢水胡伊健妓妾、治元多等反，河西大扰。帝忧之，曰："非既莫能安凉州。"乃召邹岐，以既代之。诏曰："昔贾复请击郾贼，光武笑曰：'执金吾击郾，吾复何忧？'卿谋略过人，今则其时。以便宜从事，勿复先请。"遣护军夏侯儒、将军费曜等继其后。既至金城，欲渡河，诸将守以为"兵少道险，未可深入"。既曰："道虽险，非井陉之隘，夷狄乌合，无左车之计，今武威危急，赴之宜速。"遂渡河。贼七千余骑逆拒军于鹯阴口，既扬声军由鹯阴，乃潜由且次出至武威。胡以为神，引还显美。既已据武威，曜乃至，儒等犹未达。既劳赐将士，欲进军击胡。诸将皆曰："士卒疲倦，虏众气锐，难与争锋。"既曰："今军无见粮，当因敌为资。若虏见兵合，退依深山，追之则道险穷饿，兵还则出候寇钞。如此，兵不得解，所谓'一日纵敌，患在数世'也。"遂前军显美。胡骑数千，因大风欲放火烧营，将士皆恐。既夜藏精卒三千人为伏，使参军成公英督千余骑挑战，敕使阳退。胡果争奔之，因发伏截其后，首尾进击，大破之，

守汉中的兵马，又怕刘备乘机进攻武都氐人，进逼关中，问张既怎么办。张既说：“可以劝说武都的氐人北上以避贼寇，先到的人厚加赏赐，先到者得到好处，后面的人一定会效法他们。”曹操采纳了张既的建议，亲到汉中撤出各军。张既到武都，迁徙那里的氐人五万多户居扶风、天水境内。

当时，武威郡人颜俊、张掖郡人和鸾、酒泉郡人黄华、西平郡人麹演等人都据郡反叛，自称为将军，又互相攻击。颜俊派遣使臣把母亲和儿子送到太祖那里为人质，请求帮助。太祖问张既，张既说：“颜俊等人对外凭借国家的权威，内心却傲慢不顺，计划周全、势力壮大以后，就会反叛。如今我们正在忙于平定蜀地，应当让颜俊及其对手都存在，相互斗杀，就像卞庄子杀虎，坐等颜俊及其对手毙命。”太祖说：“对。”一年多以后，和鸾便杀颜俊，武威人王秘又杀了和鸾。当时魏国没有设置凉州，从三辅地区到西域，全都隶属雍州。文帝继魏王位时，开始设置凉州，以安定郡太守邹岐为凉州刺史。张掖郡人张进抓住郡守，起兵抗拒邹岐，黄华、麹演也各自驱逐旧太守，起兵响应张进。张既进兵，作为护羌校尉苏则的声援，所以苏则才能够进击张进立功。张既被晋爵都乡侯。凉州卢水胡人伊健妓妾、治元多等反叛，河西地区被严重扰乱。文帝对此非常担心，说：“除了张既没有人能安定凉州。”便召回邹岐，让张既代替。文帝下诏说：“过去贾复请求进击郾县敌人，光武帝笑着说：‘执金吾进击郾县，我还有什么可担心的？’卿谋略过人，现在正是施展的时候。可以见机行事采取行动，不需要事先请示。”又派遣护军夏侯儒、将军费曜等领兵作为后续部队。张既到金城以后，准备渡过黄河，诸位将领们认为“兵少道险，不可深入”。张既说：“道路虽然险要，但是并不像井陉口那样狭隘，夷人、狄人是一群乌合之众，并没有像李左车那样的计谋。如今武威危急，应该急速前往。”于是就渡过黄河。敌人有七千多骑兵在鹯阴口迎战张既军队，张既公开说要从鹯阴县进军，却悄悄地从且次县出兵到武威。胡人以为是神兵天降，退回到显美县。张既占领武威以后，费曜才到达，而夏侯儒等还没到。张既慰劳赏赐将士，准备进军打击胡人。诸将都说：“士兵已经疲倦，敌人

斩首获生以万数。帝甚悦，诏曰："卿逾河历险，以劳击逸，以寡胜众，功过南仲，勤逾吉甫。此勋非但破胡，乃永宁河右，使吾长无西顾之念矣。"徙封西乡侯，增邑二百，并前四百户。

酒泉苏衡反，与羌豪邻戴及丁令胡万余骑攻边县。既与夏侯儒击破之，衡及邻戴等皆降。遂上疏请与儒治左城，筑鄣塞，置烽侯、邸阁以备胡。西羌恐，率众二万余落降。其后西平麹光等杀其郡守，诸将欲击之，既曰："唯光等造反，郡人未必悉同。若便以军临之，吏民羌胡必谓国家不别是非，更使皆相持著，此为虎傅翼也。光等欲以羌胡为援，今先使羌胡钞击，重其赏募，所虏获者皆以畀之。外沮其势，内杂其交，必不战而定。"乃檄告谕诸羌，为光等所诖误者原之；能斩贼帅送首者当加封赏。于是光部党斩送光首，其余咸安堵如故。

既临二州十余年，政惠著闻，其所礼辟扶风庞延、天水杨阜、安定胡遵、酒泉庞淯、燉煌张恭、周生烈等，终皆有名位。黄初四年薨。诏曰："昔荀桓子立勋翟土，晋侯赏以千室之邑；冯异输力汉朝，光武封其二子。故凉州刺史张既，能容民畜众，使群羌归土，可谓国之良臣。不幸薨陨，朕甚愍之，其赐小子翁归爵关内侯。"明帝

士气正旺，很难和敌人一争高下。”张既说：“如今我军没有现成的军粮，应当用敌人的物资自给。如果敌人发现我们合兵，退进深山，到那个时候，我们追击则道路险要，士兵饥饿，撤军则敌人又出来抢掠。如果这样，战事就没办法结束，正如人们所说的，‘一旦放跑了敌人，就会危及几代’。”因此进军到显美县。胡人数千骑兵，趁大风想放火焚烧军营，张既军中的将士全部都很恐慌。张既深夜埋伏三千精兵，派参军成公英率一千多骑兵挑战，让成公英假装败退。胡人果然争着追击，魏军的伏兵出来截断了胡人的后路，两头夹击，大破敌军，斩杀生擒敌人数以万计。文帝特别高兴，下诏说：“卿此番过黄河，历险境，以劳击逸，以寡胜众，功劳超过了南仲，辛勤超过了伊吉甫。这个功劳不仅仅是打败了卢水胡人，而且在于使河右地区永远安宁，让我长久不用担心西面的局势了。”改封张既为西乡侯，增加封邑二百户，加上前面所封共四百户。

酒泉人苏衡叛变，与羌族首领邻戴以及丁令胡率一万多骑兵攻打邻县。张既和夏侯儒出兵打败了他们，苏衡和邻戴等全都投降。张既上书请求和夏侯儒共同修复左城，设置烽侯、仓库，以防止再受胡人侵袭。西羌人害怕了，率领二万多户前来投降。后来西平郡人麴光等杀害了郡守，众将想攻击他，张既说：“只有麴光等人造反，百姓未必都和他一样。如果轻易出兵，必然会使百姓反感，说朝廷不分孰是孰非，迫使他们联合，这是为虎添翼呀。麴光等想以羌人为援，我们就让羌人去进攻他，允以重赏，所俘获的人也都送给他们。内外夹击，破坏他们的联合，便可不战而使那里平定。”于是，张既发布檄文告谕羌人，原谅被麴光所蛊惑的，把敌统帅首级送来的给予封赏。因此麴光手下人斩杀麴光送来首级，其余的全都安居不动。

张既统治雍、凉十多年，凭借治政宽厚仁德而为人称颂。他按照礼制调用的扶风人庞延、天水人杨阜、安定人胡遵、酒泉人庞淯、墩煌人张恭和周生烈等人，都得到名号和地位。黄初四年张既去世。诏书说：“过去荀桓子在翟土建立功勋，晋侯将一千户的城邑赏赐他；冯异为汉朝尽力，光武帝加封他的两个儿子。原凉州刺史张既，宽待百姓，养育民众，使众羌安心本土，可以称得上是国之

即位，追谥曰肃侯。子缉嗣。

缉以中书郎稍迁东莞太守。嘉平中，女为皇后，征拜光禄大夫，位特进，封妻向为安城乡君。缉与中书令李丰同谋，诛。语在《夏侯玄传》。

温恢字曼基，太原祁人也。父恕，为涿郡太守，卒。恢年十五，送丧还归乡里，内足于财。恢曰："世方乱，安以富为？"一朝尽散，振施宗族。州里高之，比之郇越。举孝廉，为廪丘长，鄢陵、广川令，彭城、鲁相，所在见称。入为丞相主簿，出为扬州刺史。太祖曰："甚欲使卿在亲近，顾以为不如此州事大。故《书》云：'股肱良哉！庶事康哉！'得无当得蒋济为治中邪？"时济见为丹杨太守，乃遣济还州。又语张辽、乐进等曰："扬州刺史晓达军事，动静与共咨议。"

建安二十四年，孙权攻合肥，是时诸州皆屯戍。恢谓兖州刺史裴潜曰："此间虽有贼，不足忧，而畏征南方有变。今水生而子孝县军，无有远备。关羽骁锐，乘利而进，必将为患。"于是有樊城之事。诏书召潜及豫州刺史吕贡等，潜等缓之。恢密语潜曰："此必襄阳之急欲赴之也。所以不为急会者，不欲惊动远众。一二日必有密书促卿进道，张辽等又将被召。辽等素知王意，后召前至，卿受其责矣！"潜受其言，置辎重，更为轻装速发，果被促令。辽等寻各见召，如恢所策。

文帝践阼，以恢为侍中，出为魏郡太守。数年，迁凉州刺史，持节领护羌校尉。道病卒，时年四十五。诏曰："恢有柱石之质，服事

良臣。他不幸去世，朕备感伤心，赐予他的小儿子张翁归关内侯爵位。”曹叡即位以后，又追加谥号为肃侯。张既的儿子张缉继承了爵位。

张缉从中书郎渐升为东莞太守。嘉平年间，他的女儿被封为皇后，曹叡召他入朝封任光禄大夫，封特进，封他的妻子为安城乡君。后来张缉和中书令李丰共同谋反被杀。事情记载在《夏侯玄传》中。

温恢字曼基，是太原祁县人。他的父亲温恕，曾任涿郡太守，去世。温恢十五岁的时候，扶柩回乡，发现家里积蓄了不少资财。温恢说：“世道正乱，要这么多家财有什么用？”他便散尽家财救济本族的人。州里认为他的做法高尚，把他与西汉郇越相比。后来温恢被举为孝廉，前后担任廪丘县长，鄢陵、广川县令，彭城、鲁国的国相，任职的地方都有好评。入朝任丞相主簿，继而又出任扬州刺史。曹操对他说：“我很想留您在身边，但是扬州事重。《尚书》说：‘股肱臣良，诸事安宁。’让蒋济任治中辅助您吧。”当时蒋济是丹杨太守。曹操就派遣蒋济返回扬州。曹操对张辽、乐进等人说：“扬州刺史温恢通晓兵法，凡事都要和他商议。”

建安二十四年，孙权进攻合肥，各州郡同时派兵屯守边境。温恢对兖州刺史裴潜说：“虽然有敌人，但是不必担忧，现在怕的是征讨南方不利。如今江水暴涨，曹子孝孤军深入，没有远征的准备。关羽勇猛善战，如果乘胜前来，必将给我们带来灾难。”诏书征召裴潜和豫州刺史吕贡等人，裴潜等还没有启程，温恢密告裴潜说：“一定是襄阳危急，应去那里。之所以没有紧急会合其原因就是不想惊动远方的百姓，引起不必要的恐慌。一两天之内一定有秘密书信催促您上路，张辽等人也将被征召。张辽等一向了解曹公的用意，如果他后来被征召而先行到达，您就得受责罚！”裴潜接受了温恢的意见，留下辎重，轻装出发，果然接到催促令。张辽等不久也被征召，正像温恢事先估计的那样。

曹丕登上皇位，让温恢做了侍中，又出为魏郡太守。几年以后，升迁凉州刺史，持节领护羌校尉。中途病逝，时年四十五岁。文帝下诏

先帝，功勤明著。及为朕执事，忠于王室，故授之以万里之任，任之以一方之事。如何不遂，吾甚愍之！”赐恢子生爵关内侯。生早卒，爵绝。

恢卒后，汝南孟建为凉州刺史，有治名，官至征东将军。

贾逵字梁道，河东襄陵人也。自为儿童，戏弄常设部伍，祖父习异之，曰：“汝大必为将率。”口授兵法数万言。初为郡吏，守绛邑长。郭援之攻河东，所经城邑皆下，逵坚守，援攻之不拔，乃召单于并军急攻之。城将溃，绛父老与援要，不害逵。绛人既溃，援闻逵名，欲使为将，以兵劫之，逵不动。左右引逵使叩头，逵叱之曰：“安有国家长吏为贼叩头！”援怒，将斩之。绛吏民闻将杀逵，皆乘城呼曰：“负要杀我贤君，宁俱死耳！”左右义逵，多为请，遂得免。初，逵过皮氏，曰：“争地先据者胜。”及围急，知不免，乃使人间行送印绶归郡，且曰“急据皮氏”。援既并绛众，将进兵。逵恐其先得皮氏，乃以他计疑援谋人祝奥，援由是留七日。郡从逵言，故得无败。

后举茂才，除渑池令。高幹之反，张琰将举兵以应之。逵不知其谋，往见琰。闻变起，欲还，恐见执，乃为琰画计，如与同谋者，琰信之。时县寄治蠡城，城堑不固，逵从琰求兵修城。诸欲为乱者皆不隐其谋，故逵得尽诛之。遂修城拒琰。琰败，逵以丧祖父去官，司徒辟为掾，以议郎参司隶军事。太祖征马超，至弘农，曰“此西道之要”，以逵领弘农太守。召见计事，大悦之，谓左右曰：“使天下二千石悉如贾逵，吾何忧？”其后发兵，逵疑屯田都尉藏亡民。都尉

说："温恢乃朝廷栋梁，侍奉先帝，功勋卓著。后来为朕执事，因其忠于王室，故授他以万里之任。可为何天不遂人愿，悲伤啊！"赐温恢的儿子温生关内侯爵位。温生死得早，爵位断绝。

温恢去世后，汝南郡人孟建任凉州刺史，名声颇佳，官至征东将军。

贾逵字梁道，是河东襄陵人。在他小时候，经常玩设置军队的游戏，他的祖父贾习认为他很奇特，说："你长大以后一定会成为将帅。"便向贾逵口授几万字的兵法。贾逵最早任郡吏，代理绛邑县长。郭援攻打河东，所经过的城邑都被攻克，贾逵却坚守城邑，郭援不能攻下，就召聚单于联合攻城。城快要被攻破的时候，绛邑的父老与郭援约定，不能杀害贾逵。绛邑人逃散后，郭援打算让贾逵做将军，并用武器威胁他，贾逵却一动不动。郭援手下人拉着贾逵让他叩头，贾逵大声呵斥道："哪有国家县官向敌人叩头的！"郭援非常气恼，要杀死贾逵。绛邑的官吏百姓听说要杀贾逵，都登上城墙大声呼喊说："你们违背约定杀死县长，我们宁可一同去死！"郭援手下的人也都认为贾逵气节可嘉，大多替他求情，贾逵才免于一死。当初，贾逵经过皮氏县时说："攻城略地必先得到人心才算胜利。"到郭援围城急迫的时候，贾逵知道自己难以脱身，就派人暗地出城把印绶送回河东说："赶快占领皮氏。"郭援兼并绛邑的部众后，又要出兵。贾逵唯恐他抢先攻占皮氏，就用计策迷惑替郭援谋划的人祝奥，郭援因此滞留了七天。郡中人听从了贾逵的话，因此才没有失败。

之后，贾逵被举为茂才，被任命做了渑池县令。高幹发动叛乱，弘农郡的张琰要举兵响应。贾逵不知道张琰的阴谋，去见他。到达以后，听说叛乱已成定局，想回去，又怕被张琰扣留，就替张琰出谋策划，张琰相信了他。当时渑池县寄治于蠡城，城外的壕堑很不坚固，贾逵向张琰借兵准备修城。贾逵都清楚那些要谋反叛乱的人，所以，贾逵才能够把他们一网打尽。张琰败亡以后，贾逵因为祖父去世辞官，后来被司徒征召为掾吏，以议郎身份参与司隶军事。曹操征讨马超，到达弘农郡，说："这里是西行的要冲。"任命贾逵为弘农太

自以不属郡，言语不顺。逵怒，收之，数以罪，挝折脚，坐免。然太祖心善逵，以为丞相主簿。太祖征刘备，先遣逵至斜谷观形势。道逢水衡，载囚人数十车，逵以军事急，辄竟重者一人，皆放其余。太祖善之，拜谏议大夫，与夏侯尚并掌军计。太祖崩洛阳，逵典丧事。时鄢陵侯彰行越骑将军，从长安来赴，问逵先王玺绶所在。逵正色曰："太子在邺，国有储副。先王玺绶，非君侯所宜问也。"遂奉梓宫还邺。

文帝即王位，以邺县户数万在都下，多不法，乃以逵为邺令。月余，迁魏郡太守。大军出征，复为丞相主簿祭酒。逵尝坐人为罪，王曰："叔向犹十世宥之，况逵功德亲在其身乎？"从至黎阳，津渡者乱行，逵斩之，乃整。至谯，以逵为豫州刺史。是时天下初复，州郡多不摄。逵曰："州本以御史出监诸郡，以六条诏书察长吏二千石已下，故其状皆言严能鹰扬有督察之才，不言安静宽仁有恺悌之德也。今长吏慢法，盗贼公行，州知而不纠，天下复何取正乎？"兵曹从事受前刺史假，逵到官数月，乃还；考竟其二千石以下阿纵不如法者，皆举奏免之。帝曰："逵真刺史矣。"布告天下，当以豫州为法。赐爵关内侯。

州南与吴接，逵明斥候，缮甲兵，为守战之备，贼不敢犯。外修军旅，内治民事，遏鄢、汝，造新陂，又断山溜长溪水，造小弋阳

守，并和他一起商议国事，曹操十分满意，对左右的人说：“如果所有食禄二千石的官吏都能像贾逵这样，我还担忧什么呢？”后来，大军进发，贾逵怀疑屯田都尉藏匿逃亡的百姓，都尉不服管制，又出言不逊。贾逵大怒，把他扣押起来，数说他的罪行，打折了他的脚。结果贾逵因罪被免官。但是曹操心里还是喜欢他，召他入京城授予丞相主簿之职。曹操征讨刘备，先派遣贾逵去斜谷观察地形。路遇水衡押解几十车犯人，贾逵认为此时正是用人的时候，就让水衡只把一名重犯押走，其余的全放了。曹操更赏识贾逵，任命他为谏议大夫，与夏侯尚共掌军机。曹操在洛阳逝世，贾逵主管丧事，这时，鄢陵侯曹彰率兵从长安赶来奔丧，问贾逵先王印绶存放的地方。贾逵严肃地说：“太子在邺县，国家已经有了储君，先王的玺绶，不是您应当问的。”就护送曹操灵柩回到邺县。

曹丕登上皇位后，认为邺县有几万户百姓在京城，有很多不遵守法度的人，就让贾逵做了邺县县令。一个多月后，又晋升他做了魏郡太守。兵马出征时，又任丞相主簿祭酒。贾逵因受他人牵连而有罪，曹丕说：“叔向尚且传到十代还得到宽宥，何况贾逵的功业和德行就在他自己身上呢？”贾逵随曹丕到达黎阳，很多想要渡河的人混乱地争抢船只，贾逵杀了那些人，这才恢复了秩序。到了谯县，曹丕任命贾逵为豫州刺史。此时天下刚定，多数州郡法纪不严。贾逵说：“设置州府本来是要任用御史来监察各部的，按照六条诏书的规定督察二千石以下的官员，但是他们上报的时候都是说州官严厉有御史的才能，从不说有仁爱平和的美德。由于官吏们不遵法令，所以盗贼才肆无忌惮，州里知情却不管束，天下人又怎么知道什么才是正确的行为标准呢？”兵曹从事由从前的刺史批准休假，贾逵到任几个月以后他才回来。贾逵追究那些二千石以下徇私枉法的人，把他们一一列罪弹劾，奏请免掉他们的官职。曹丕说：“贾逵是真正的刺史。”于是布告天下人，应该以豫州作为标准行事。贾逵被赐爵关内侯。

豫州的南边与东吴相接，贾逵放出探马，制造军械，做好防御和进攻的准备，东吴一直不敢进犯。贾逵一方面休整兵马，一方面治理民事，阻截了鄢水和汝水，修建了陂塘，又截断山中的溪流，建造

陂，又通运渠二百余里，所谓贾侯渠者也。黄初中，与诸将并征吴，破吕范于洞浦，进封阳里亭侯，加建威将军。明帝即位，增邑二百户，并前四百户。时孙权在东关，当豫州南，去江四百余里。每出兵为寇，辄西从江夏，东从卢江。国家征伐，亦由淮、沔。是时州军在项，汝南、弋阳诸郡，守境而已。权无北方之虞，东西有急，并军相救，故常少败。逵以为宜开直道临江，若权自守，则二方无救；若二方无救，则东关可取。乃移屯潦口，陈攻取之计，帝善之。

吴将张婴、王崇率众降。太和二年，帝使逵督前将军满宠、东莞太守胡质等四军，从西阳直向东关，曹休从皖，司马宣王从江陵。逵至五将山，休更表贼有请降者，求深入应之。诏宣王驻军，逵东与休合进。逵度贼无东关之备，必并军于皖；休深入与贼战，必败。乃部署诸将，水陆并进，行二百里，得生贼，言休战败，权遣兵断夹石。诸将不知所出，或欲待后军。逵曰："休兵败于外，路绝于内，进不能战，退不得还，安危之机，不及终日。贼以军无后继，故至此；今疾进，出其不意，此所谓先人以夺其心也，贼见吾兵必走。若待后军，贼已断险，兵虽多何益！"乃兼道进军，多设旗鼓为疑兵，贼见逵军，遂退。逵据夹石，以兵粮给休，休军乃振。初，逵与休不善。黄初中，文帝欲假逵节，休曰："逵性刚，素侮易诸将，不可为督。"帝乃止。及夹石之败，微逵，休军几无救也。

会病笃，谓左右曰："受国厚恩，恨不斩孙权以下见先帝。丧

了小弋阳陂，疏通运渠二百多里，也就是后人所说的贾侯渠。黄初年间，贾逵与其他将领一起征伐孙吴，在洞浦打败吕范，晋封阳里亭侯，加建威将军。明帝即位以后，为贾逵增加封邑二百户，加上前面所封共四百户。当时孙权在东关，豫州之南，距离长江四百多里。每次出兵，都是西从江夏，东从庐江进犯。魏国征伐孙吴，也总是从淮、沔两个方向。豫州军在项县汝南、弋阳各郡驻扎，只是守住本境从没有参与出征。孙权没有北面的顾虑，如东西面吃紧，便合军相救，所以很少失败。贾逵认为应开辟一条直通江边的路，如果孙权坐守，东西两边就得不到救援；如果东西两方得不到救援，那么东关就可以攻取。便把豫州兵马移到潦口屯驻，又向明帝陈述攻取孙吴的计策，明帝认为很好。

吴将张婴、王崇率部下向魏国投降。太和二年，明帝让贾逵总督前将军满宠、东莞太守胡质等四路兵马从西阳直向东关进军，曹休从安徽、司马懿从江陵同时进兵征伐吴国。贾逵到达五将山，曹休再次上表说吴军又有请求投降的，要求深入吴境接应。明帝下诏，命令司马懿就地驻扎，贾逵向东同曹休会师共同进发。贾逵料定吴军既已失去了东关，一定会在皖县聚集防守，曹休如果深入敌境，一定会失败。便调遣兵将，水陆齐进，走了二百里，捉到一名俘虏，说曹休打了败仗，孙权派兵截断了夹石。魏军不知道出山的道路，想等待援军的到来。贾逵说："曹休兵败夹石，退路被断。进不能战，退又退不回来。正是生死存亡的时候，一天都不能等待。敌人认为曹休一定没有后援，所以才如此公然部署。现在我们迅速出击，出其不意，先动于敌必可挫敌锐气。吴军发现我军一定会逃跑。如果等待后面的援军，天险就都被敌人抢占，兵将再多也没用了。"于是，昼夜兼程，并多装旗帜，击鼓而进。吴军发现贾逵的兵马，果然撤走。贾逵占据夹石，送补给曹休，曹休的人马才又振作起来。当初，贾逵与曹休不和。黄初年间，曹丕打算授符节予贾逵，曹休说："贾逵性情刚烈，轻慢诸将，不能让他担任都督。"文帝就打消了原来的想法。但是夹石之败，要不是贾逵，曹休几乎就要全军覆没了。

贾逵生了大病，他对左右说："我接受国家的大恩，只恨没有杀

事一不得有所修作。”薨，谥曰肃侯。子充嗣。豫州吏民追思之，为刻石立祠。青龙中，帝东征，乘辇入逵祠，诏曰：“昨过项，见贾逵碑像，念之怆然。古人有言，患名之不立，不患年之不长。逵存有忠勋，没而见思，可谓死而不朽者矣。其布告天下，以劝将来。”充，咸熙中为中护军。

评曰：自汉季以来，刺史总统诸郡，赋政于外，非若曩时司察之而已。太祖创基，迄终魏业，此皆其流称誉有名实者也。咸精达事机，威恩兼著，故能肃齐万里，见述于后也。

死孙权以再见先帝于地下。后事一概从俭，不得铺张。”贾逵去世，谥号肃侯。他的儿子贾充继承了爵位。豫州的官员和百姓思念贾逵，为他刻碑、立祠堂。青龙年间，曹叡东征路过豫州，乘车进入贾逵祠堂，下诏书说：“昨天路过项县，看见贾逵的石碑、石像，因为思念他而悲痛不已。古人说，恐名声不立，怕年寿不永。贾逵功勋留于王室，死了以后仍然不被人们忘记，称得上是死而不朽的人。现布告天下，以鼓励将来的人们。”贾充，在咸熙年间担任中护军。

评论说：从汉末以来，刺史就成为一州各郡的总管，在地方上具有行政权力，不像过去那样只有监察地方官员的权力。太祖开创基业，一直到曹魏的终结，本卷记述的这些人都有声誉流传而且名实相符。这些人全都能洞察事物的关键，恩威并用，所以能够治理好万里辖域，被后人所称道。

卷十六　魏书十六

任苏杜郑仓传第十六

任峻字伯达，河南中牟人也。汉末扰乱，关东皆震。中牟令杨原愁恐，欲弃官走。峻说原曰："董卓首乱，天下莫不侧目，然而未有先发者，非无其心也，势未敢耳。明府若能唱之，必有和者。"原曰："为之奈何？"峻曰："今关东有十余县，能胜兵者不减万人，若权行河南尹事，总而用之，无不济矣。"原从其计，以峻为主簿。峻乃为原表行尹事，使诸县坚守，遂发兵。会太祖起关东，入中牟界，众不知所从，峻独与同郡张奋议，举郡以归太祖。峻又别收宗族及宾客家兵数百人，愿从太祖。太祖大悦，表峻为骑都尉，妻以从妹，甚见亲信。太祖每征伐，峻常居守以给军。是时岁饥旱，军食不足，羽林监颍川枣祗建置屯田，太祖以峻为典农中郎将，募百姓屯田于许下，得谷百万斛，郡国列置田官，数年中所在积粟，仓廪皆满。官渡之战，太祖使峻典军器粮运。贼数寇钞绝粮道，乃使千乘为一部，十道方行，为复陈以营卫之，贼不敢近。军国之饶，起于枣祗而成于峻。太祖以峻功高，乃表封为都亭侯，邑三百户，迁长水校尉。

峻宽厚有度而见事理，每有所陈，太祖多善之。于饥荒之际，收恤朋友孤遗，中外贫宗，周急继乏，信义见称。建安九年薨，太祖流涕者久之。子先嗣。先薨，无子，国除。文帝追录功臣，谥峻曰成侯。复以峻中子览为关内侯。

任峻，字伯达，是河南郡中牟县人。汉末天下大乱，关东形势动荡不安，中牟县令杨原非常恐惧，打算弃官逃走。任峻劝他说："董卓作乱，天下人都怨恨他，可至今还不见有人起兵讨伐他，您如果站出来号召天下，一定会有人响应。"杨原问："具体应该怎么办呢？"任峻说："关东有十多个县，加起来能聚集上万人马，您以河南尹的名望，把他们集中起来调遣，没有办不成的事。"杨原听从了任峻的计策，任命他为主簿。任峻便替杨原发布自代河南尹的文告，让各县坚守自己的辖地，并且发兵征讨董卓。这个时候曹操也在关东起兵，进入中牟县，许多人不知道该跟着谁，只有任峻与同郡的张奋，率领河南郡的人支持曹操。任峻又召集宗族、门客及家兵几百人，跟随曹操作战。曹操非常高兴，上表请求任命任峻为骑都尉，并且将自己的堂妹嫁给他，对他十分信任。曹操每次出征，经常让任峻在后方运送粮草。由于连年干旱，粮草缺乏，任羽林监的颍川郡人枣祗建议推行屯田制，曹操就任任峻为典农中郎将，招募百姓在许县一带屯田，获百万斛粮食，此后各郡都纷纷效仿，几年间各屯田区的储备粮食堆满了仓库。官渡之战，太祖命任峻掌管军械和粮食运输，袁军几次偷袭粮道。任峻便以一千辆粮车为一部，列成十路方队，又布置环形阵式在外层护卫粮车，袁军不敢靠近。军队之所以粮食充足，功劳起于枣祗而成于任峻。因为任峻功高，曹操上表请封他为都亭侯，封邑三百户，又升任长水校尉。

任峻对待他人宽厚有度量，通晓事理，每次提出意见，曹操总是很满意。发生饥荒的年份，他收养抚恤朋友死后留下的妻子儿女，周济贫困的亲戚，人们都称赞他为人义气有信用。建安九年，任峻去世，曹操很长时间悲伤不已。他的儿子任先继承了爵位，任先没有儿子，死后，封地撤销。后来魏文帝追谥任峻为成侯，又赐封任峻

苏则字文师，扶风武功人也。少以学行闻，举孝廉茂才，辟公府，皆不就。起家为酒泉太守，转安定、武都，所在有威名。太祖征张鲁，过其郡，见则悦之，使为军导。鲁破，则绥定下辩诸氐，通河西道，徙为金城太守。是时丧乱之后，吏民流散饥穷，户口损耗，则抚循之甚谨。外招怀羌胡，得其牛羊，以养贫老。与民分粮而食，旬月之间，流民皆归，得数千家。乃明为禁令，有干犯者辄戮，其从教者必赏。亲自教民耕种，其岁大丰收，由是归附者日多。李越以陇西反，则率羌胡围越，越即请服。太祖崩，西平麹演叛，称护羌校尉。则勒兵讨之。演恐，乞降。文帝以其功，加则护羌校尉，赐爵关内侯。

后演复结旁郡为乱，张掖张进执太守杜通，酒泉黄华不受太守辛机，进、华皆自称太守以应之。又武威三种胡并寇钞，道路断绝。武威太守毌丘兴告急于则。时雍、凉诸豪皆驱略羌胡以从进等，郡人咸以为进不可当。又将军郝昭、魏平先是各屯守金城，亦受诏不得西度。则乃见郡中大吏及昭等与羌豪帅谋曰："今贼虽盛，然皆新合，或有胁从，未必同心；因衅击之，善恶必离，离而归我，我增而彼损矣。既获益众之实，且有倍气之势，率以进讨，破之必矣。若待大军，旷日持久，善人无归，必合于恶，善恶既合，势难卒离。虽有诏命，违而合权，专之可也。"于是昭等从之，乃发兵救武威，降其三种胡，与兴击进于张掖。演闻之，将步骑三千迎则，辞来助军，而实欲为变。则诱与相见，因斩之，出以徇军，其党皆散走。则遂与诸军围张掖，破之，斩进及其支党，众皆降。演军败，华惧，出所执乞降，河西平。乃还金城。进封都亭侯，邑三百户。

的次子任览为关内侯。

苏则，字文师，是扶风郡武功县人。年轻时就以学问操行闻名乡里，被举荐为孝廉和茂才，三公任命他为下属，他都没有接受。后来出仕，初次做官就担任酒泉郡太守，又调任安定郡、武都郡太守，在这些地方他都有威严的名声。曹操讨伐张鲁，经过苏则辖郡，对他很欣赏，让他任前导。曹操打败张鲁后，苏则安抚下辩县的各氐族部落，打通了河西走廊，转任金城太守。当时战乱稍平，百姓流离失所，户口锐减，苏则安抚照顾流民百姓。与羌人结纳，得到他们的牛羊，用来赡养贫困老弱的人。他和百姓平分口粮，一个多月以后，流民陆续都回来了，一共有几千家。于是苏则宣布禁令若干，谁违犯就杀谁，对听从教化的一定奖励。他亲自教百姓耕种，当年就获得了大丰收，从那以后，前来归附的人越来越多。陇西郡李越发动叛乱。苏则率领羌族军包围了他，李越投降。曹操去世，西平郡的麹演造反，自称护羌校尉。苏则指挥士兵讨伐，麹演害怕投降。魏文帝因为苏则的功劳，任命他兼任护羌校尉，赐关内侯。

之后，麹演又勾结附近的郡反叛，张掖郡的张进扣留了太守杜通，酒泉郡的黄华不让新任太守辛机入境。张进和黄华都自称太守响应麹演，加之武威郡的三个少数民族也趁势掳掠，河西道路再度断绝。太守毌丘兴向苏则求援，当时雍、凉的豪强大族都强迫羌人追随张进等，金城郡的人也认为张进势力强大。此前，将军郝昭、魏平在金城驻守，又接到不许西进的诏书。苏则召集郡中的重要官员和郝昭等人同羌族首领商议，说："敌人的势力虽然强盛，但是都是乌合之众，许多人是被迫参加的，一定不能同心合力。应利用他们的矛盾进行打击，好人和、坏人必定会分离，好的分离出来归顺我军，我军数量增加而敌人的数量便会减少，我军气势定会壮大。时机一到，再出动讨敌，一定会将他们打败。如果坐等大军支援，时日一久，好人找不到归宿，就要和坏人同流合污，善恶搅在一块，就很难把他们分开了。现在虽然有朝廷不许西进的诏命，然而制先机以便宜，我们可以自行决定。"郝昭等人听从了苏则的建议，发兵去救武威，迫使作乱的少数族人投降。苏则和毌丘兴率军在张掖攻击张进，麹演得

征拜侍中，与董昭同僚。昭尝枕则膝卧，则推下之，曰：“苏则之膝，非佞人之枕也。”初，则及临菑侯植闻魏氏代汉，皆发服悲哭，文帝闻植如此，而不闻则也。帝在洛阳，尝从容言曰：“吾应天受禅，而闻有哭者，何也？”则谓为见问，须髯悉张，欲正论以对。侍中傅巽掐则曰：“不谓卿也。”于是乃止。文帝问则曰：“前破酒泉、张掖，西域通使，燉煌献径寸大珠，可复求市益得不？”则对曰：“若陛下化洽中国，德流沙漠，即不求自至，求而得之，不足贵也。”帝默然。后则从行猎，槎桎拔，失鹿，帝大怒，踞胡床拔刀，悉收督吏，将斩之。则稽首曰：“臣闻古之圣王不以禽兽害人，今陛下方隆唐尧之化，而以猎戏多杀群吏，愚臣以为不可。敢以死请！”帝曰：“卿，直臣也。”遂皆赦之。然以此见惮。黄初四年，左迁东平相。未至，道病薨，谥曰刚侯。子怡嗣。怡薨，无子，弟愉袭封。愉，咸熙中为尚书。

杜畿字伯侯，京兆杜陵人也。少孤，继母苦之，以孝闻。年二十，为郡功曹，守郑县令。县囚系数百人，畿亲临狱，裁其轻重，

到消息，率领步、骑兵三千人来迎接苏则，表面上说是前来援助，暗地里却打算发动突然袭击。苏则假意约他来见面，趁机将他斩首，其余党羽四散逃走。苏则与各路人马包围了张掖，杀死了张进和他的党羽，其他人全部投降。黄华听说麹演被打败，感到很恐惧，交出了他所扣押的人质投降，河西一带又被平定。苏则回到金城，晋爵为都亭侯，食邑三百户。

朝廷征召苏则入朝，命苏则做了侍中，与董昭为同事。董昭曾经把头枕在苏则的膝上睡觉，苏则把董昭的头推下去，说："苏则的膝盖，不是佞人的枕头。"当初，苏则和临菑侯曹植听说曹魏将要取代汉室，都穿上丧服悲愤地痛哭，文帝只听说曹植这样做，却没有听到苏则也曾这样做。文帝在洛阳，曾经随便地问群臣说："我上应天命接受汉室禅让，却听说有人为此痛哭，这是为什么？"苏则以为自己被文帝问到，须髯都竖立了起来，想用正当的观点答对。侍中傅巽对苏则说："这不是说你。"苏则因此才没有作声。文帝问苏则说："前些时候击败酒泉、张掖的叛军以后，西域的使节得以来朝，敦煌献来了直径一寸的大珍珠，现在还能够在集市上买到吗？"苏则回答说："如果陛下以圣道教化治理中国，仁德流布于沙漠，大珍珠不用寻求自己就来了，经过寻求而得到的宝物，并不珍贵。"文帝听了默然无语。后来苏则随从魏文帝行围射猎，因为围困鹿的树杈被拔出了一个缺口，鹿走失，文帝非常愤怒，坐在胡床上拔出佩剑，把掌管围猎的官吏全部抓起来，要杀掉。苏则对魏文帝下跪叩拜说："臣听说古代的圣王不因为禽兽而伤害人，现在陛下正要兴盛唐尧的教化，真因为打猎围戏这样的小事杀害这么多的官吏，愚臣以为不可以。臣敢以死来请求陛下宽恕他们！"魏文帝回答说："卿，真是忠直的臣子呀！"就将这些人全部赦免。然而苏则也因此而使魏文帝有些忌惮自己。黄初四年，苏则被降职为东平相，还没有到任，在道上得病去世，谥号为刚侯。儿子苏怡继承爵位。苏怡去世，没有儿子，弟弟苏愉继承爵位。苏愉，咸熙年间任职尚书。

杜畿，字伯侯，是京兆杜陵县人。小时候父亲病死，继母又虐待他，而他却以孝顺出名。二十岁时在郡中任功曹，又代理郑县县令。

尽决遣之，虽未悉当，郡中奇其年少而有大意也。举孝廉，除汉中府丞。会天下乱，遂弃官客荆州，建安中乃还。荀彧进之太祖，太祖以畿为司空司直，迁护羌校尉，使持节，领西平太守。

太祖既定河北，而高幹举并州反。时河东太守王邑被征，河东人卫固、范先外以请邑为名，而内实与幹通谋。太祖谓荀彧曰：“关西诸将，恃险与马，征必为乱。张晟寇殽、渑间，南通刘表，固等因之，吾恐其为害深。河东被山带河，四邻多变，当今天下之要地也。君为我举萧何、寇恂以镇之。”彧曰：“杜畿其人也。”于是追拜畿为河东太守。固等使兵数千人绝陕津，畿至不得渡。太祖遣夏侯惇讨之，未至。或谓畿曰：“宜须大兵。”畿曰：“河东有三万户，非皆欲为乱也。今兵迫之急，欲为善者无主，必惧而听于固。固等势专，必以死战。讨之不胜，四邻应之，天下之变未息也；讨之而胜，是残一郡之民也。且固等未显绝王命，外以请故君为名，必不害新君。吾单车直往，出其不意。固为人多计而无断，必伪受吾。吾得居郡一月，以计縻之，足矣。”遂诡道从郖津度。范先欲杀畿以威众。且观畿去就，于门下斩杀主簿已下三十余人，畿举动自若。于是固曰：“杀之无损，徒有恶名；且制之在我。”遂奉之。畿谓卫固、范先曰：“卫、范，河东之望也，吾仰成而已。然君臣有定义，成败同之，大事当共平议。”以固为都督，行丞事，领功曹；将校吏兵三千余人，皆范先督之。固等喜，虽阳事畿，不以为意，固欲大发兵，畿患之，说固曰：“夫欲为非常之事，不可动众心。今大发兵，众必扰，不如徐以赀募兵。”固以为然，从之，遂为赀调发，数十日乃定，诸将贪多应募而少遣兵。又入喻固等曰：“人情顾家，诸将掾史，可分遣休息，急缓召之不难。”固等恶逆众心，又从之。于是善人在外，阴

县衙关押了几百囚犯，杜畿亲自审问，依据犯人罪行的轻重，全部判决后遣送执行。虽然不是都判决得很恰当，但是郡中的人见他这样年轻却对重大问题很有主见都感到惊奇。后来被举荐为孝廉，担任汉中郡丞。此时天下大乱，他弃官客居荆州，建安年间才回到故乡。荀彧把他推荐给曹操，曹操任命他为司空府司直，升任护羌校尉，持节，兼任西平郡太守。

曹操平定了河北，高幹在并州发动叛乱。河东太守王邑被朝廷征召，河东人卫固、范先表面上上表请求答应王邑留任，背地里却同高幹勾结。曹操对荀彧说："关西将领凭借险地和骑兵，如果征伐他们定会引起大的混乱。张晟在崤山、渑县间烧杀抢掠，又与刘表联络，卫固等人也借张晟之力起事，我担心会有更严重的危害出现。河东郡依山傍河，邻郡又总是发生变乱，是当今的战略要地。请您为我推荐像萧何、寇恂那样的人去镇守河东。"荀彧说："杜畿就是合适的人选。"因此，曹操派人追赶正在前往西平郡上任的杜畿，改派到河东郡。卫固派了几千人马截断陕津，杜畿没有渡过黄河。曹操派夏侯惇征讨卫固，兵还没有到。有人对杜畿说："应该等大兵到来再走。"杜畿说："河东三万户人家，不是人人都想叛乱。如今大兵压境，他们必定恐慌，想做好事也找不到带头人，会因惧怕而投靠卫固，卫固力量集中，必然要拼死抵抗，四周邻郡也会响应他。我们讨伐就更加难以取胜，变乱就不能平息。即使我们战胜了他，也要使一郡的百姓受害。况且卫固等人还没有公开抗拒朝廷，表面上仍然以请留任太守为名，不会加害于新太守。我单身前去，卫固虽然计谋多却不能决断，一定会假装接受我。我只要一个月，就能设计困住他。"于是，杜畿表面上说从另外的路走而暗地里从郖津北渡黄河。范先想杀杜畿以威慑部下，更想观察一下杜畿的反应，便在郡府门前连续杀了郡主簿以下官吏三十多人，杜畿目睹惨状却假作无事。卫固说："杀了他也没用，反而给咱们添上恶名，况且他完全控制在我们手中。"就承认杜畿为本郡的太守。杜畿对卫固、范先说："你们是河东的希望，我只能仰仗你们完成我的心愿。但是上下之间规矩已定，成败祸福共同承担，遇到大事应共同商议。"于是，下令任命

为己援；恶人分散，各还其家，则众离矣。会白骑攻东垣，高幹入濩泽，上党诸县杀长吏，弘农执郡守，固等密调兵未至。畿知诸县附己，因出，单将数十骑，赴张辟拒守，吏民多举城助畿者，比数十日，得四千余人，固等与幹、晟共攻畿，不下，略诸县，无所得。会大兵至，幹、晟败，固等伏诛，其余党与皆赦之，使复其居业。

是时天下郡县皆残破，河东最先定，少耗减。畿治之，崇宽惠，与民无为。民尝辞讼，有相告者，畿亲见为陈大义，遣令归谛思之，若意有所不尽，更来诣府。乡邑父老自相责怒曰："有君如此，奈何不从其教？"自是少有辞讼。班下属县，举孝子、贞妇、顺孙，复其繇役，随时慰勉之。渐课民畜牸牛、草马，下逮鸡豚犬豕，皆有章程。百姓勤农，家家丰实。畿乃曰："民富矣，不可不教也。"于是冬月修戎讲武，又开学宫，亲自执经教授，郡中化之。

韩遂、马超之叛也，弘农、冯翊多举县邑以应之。河东虽与贼

卫固为都督，代理郡丞，又兼任功曹。将军、校尉、吏员、士兵三千多人，都归范先统管。卫固等人非常高兴，虽然表面上假装服从杜畿，心里却不把他当回事。卫固要大举征兵，杜畿非常担忧，劝卫固说："要成大事，就不能动摇民心。如果现在大规模征兵，百姓就会骚乱不安，不如慢慢用钱财来招募人马。"卫固认为他说得很对，就悬赏来招募，拖了几十天才准备好。而下面的将领都多领钱财而少招兵丁，从中贪污。杜畿又劝告卫固说："人们都顾恋家眷，可以让他们分批回家休息，有紧急情况再召集回来也不难。"卫固等人也害怕违背人心，又听从了杜畿的劝告。这样一来，不愿意谋反的好人留在外边，暗地里支持杜畿；而坏人各自回家，卫固的势力就分散了。碰上义军首领张白骑的兵马攻打东垣县，高幹也进入濩泽县，上党郡各县杀死县官，弘农郡扣押了郡太守，卫固等人也想乘机公开反叛，密令调兵而兵马却集中不起来。杜畿知道周围各县都支持自己，就借机出城，自带几十名骑兵到一处坚固的壁垒固守，官吏百姓得知后都全力帮助杜畿，仅仅几十天就聚集了四千多人。卫固等人与高幹、张晟联合起来攻打杜畿的壁垒，却久攻不破。抢掠附近县城，又一无所得。这时朝廷大兵到达，高幹、张晟都被打败，卫固等人被砍头。杜畿赦免了其他的余党，让他们回到过去的住所。

当时许多郡县都残破不全，河东郡最先平定，所以损失较小。杜畿治理河东，以刑法宽敞的政策让百姓休养生息。有人曾打官司而相互告发，杜畿亲自为双方讲明道理，让他们回去仔细想一想，如果觉得不妥，可以再来郡府上诉。乡亲们都责备打官司的人："有这么好的太守，你们为什么不听他的教诲？"从那以后，就很少再有打官司的了。杜畿向下属各县颁布法令，要求推选孝顺子孙、贞洁妇女，中选的人都可以免除徭役，而且由官府出面慰问勉励。又敦促百姓饲养母牛、母马，以及鸡、猪、狗，都有具体的章程。由于百姓勤劳地耕作，家家户户都丰衣足食。杜畿说："百姓富足了，就应该进行教育。"因此他就在冬天训练军队，又开设学校，亲自讲授儒家经典，郡中风气越来越好。

韩遂、马超发动叛乱的时候，弘农、冯翊的很多县都起兵响应。

接，民无异心。太祖西征至蒲阪，与贼夹渭为军，军食一仰河东。及贼破，余畜二十余万斛。太祖下令曰：“河东太守杜畿，孔子所谓‘禹，吾无间然矣’。增秩中二千石。”太祖征汉中，遣五千人运，运者自率勉曰：“人生有一死，不可负我府君。”终无一人逃亡，其得人心如此。魏国既建，以畿为尚书。事平，更有令曰：“昔萧何定关中，寇恂平河内，卿有其功，间将授卿以纳言之职；顾念河东吾股肱郡，充实之所，足以制天下，故且烦卿卧镇之。”畿在河东十六年，常为天下最。

文帝即王位，赐爵关内侯，征为尚书。及践阼，进封丰乐亭侯，邑百户，守司隶校尉。帝征吴，以畿为尚书仆射，统留事。其后帝幸许昌，畿复居守。受诏作御楼船，于陶河试船，遇风没。帝为之流涕，诏曰：“昔冥勤其官而水死，稷勤百谷而山死。故尚书仆射杜畿，于孟津试船，遂至覆没，忠之至也。朕甚愍焉。”追赠太仆，谥曰戴侯。子恕嗣。

恕字务伯，太和中为散骑黄门侍郎。恕推诚以质，不治饰，少无名誉。及在朝，不结交援，专心向公。每政有得失，常引纲维以正言，于是侍中辛毗等器重之。

时公卿以下大议损益，恕以为“古之刺史，奉宣六条，以清静为名，威风著称，今可勿令领兵，以专民事”。俄而镇北将军吕昭又领冀州，乃上疏曰：

帝王之道，莫尚乎安民；安民之术，在于丰财。丰财者，务本而节用也。方今二贼未灭，戎车亟驾，此自熊虎之士展力之秋也。然

只有河东郡虽与西凉相连，百姓却没有发动叛乱。曹操西征到达蒲阪，与敌隔渭河相对峙，粮草完全依赖河东郡供给。马超被打败，郡中储备的粮食还剩二十多万斛。曹操说："河东太守杜畿，完全可以用孔子所说的'禹，完美得使我对他没有任何批评'这句话来形容。把他的俸禄增加到中二千石。"后来曹操讨伐汉中，调遣河中郡的五千民夫运送粮草。这些人互相勉励说："人总不免一死，可不能辜负了我们的好太守。"始终没有一个人逃跑，杜畿就是这样得人心。魏国建立以后，杜畿为尚书。任命文书刚通过审议，曹操又写信给杜畿说："萧何定关中，寇恂定河内，您也有他们那样的功劳。最近将授予您尚书的职位，但是又想到河东郡是可以起支柱作用的要地，储备充实，有了它就可以控制全国。所以还需要您在那里坐镇。"杜畿在河东十六年，他的政绩总是全国最好的。

曹丕即魏王位，赏赐杜畿做了关内侯，任命他为尚书。曹丕称帝以后，晋封杜畿为丰乐亭侯，食邑百户，代理司隶校尉。曹丕亲征吴国，任命杜畿为尚书仆射，在京城处理留守事宜。后来文帝去许昌，仍命杜畿留守。杜畿奉命制造御用楼船，在陶河试航，遭遇大风沉没而死。文帝为他的死而流泪，下诏说："从前冥治水而死在水里，后稷播谷而死在山上。已故的尚书仆射杜畿，在孟津试航，结果沉没，这是非常忠诚的表现，朕痛惜他。"追赠杜畿太仆的官衔，谥号为戴侯，他的儿子杜恕继承了爵位。

杜恕，字务伯，他在太和年间任散骑侍郎、黄门侍郎。他为人质朴真诚，从不虚假掩饰自己，所以没什么名声。到了朝中，也不拉帮结派，而是勤勉做事。每当政令有误，他总是引用统治国家的准则发表正直的言论，因此，很受侍中辛毗等人的器重。

当时，自公卿以下的官员都在议论朝廷制度的问题，杜恕觉得"古代的刺史，奉行和宣示六条诏令，以清静、威严受到赞赏，现在应收回刺史的兵权，以便专心管民"。不久，镇北将军吕昭又兼任冀州刺史，杜恕上奏说：

帝王的道义，安民最为重要；安民的方法，在于增加国家的财富。而要增加财富，必加强农耕并节简支出。现吴、蜀二贼未灭，征

缙绅之儒，横加荣慕，扼腕抗论，以孙、吴为首，州郡牧守，咸共忽恤民之术，修将率之事。农桑之民，竞干戈之业，不可谓务本。帑藏岁虚而制度岁广，民力岁衰而赋役岁兴，不可谓节用。今大魏奄有十二州之地，而承丧乱之弊，计其户口不如往昔一州之民，然而二方僭逆，北虏未宾，三边遘难，绕天略帀；所以统一州之民，经营九州之地，其为艰难，譬策羸马以取道里，岂可不加意爱惜其力哉？以武皇帝之节俭，府藏充实，犹不能十州拥兵；郡且二十也。今荆、扬、青、徐、幽、并、雍、凉缘边诸州皆有兵矣，其所恃内充府库外制四夷者，惟兖、豫、司、冀而已。臣前以州郡典兵，则专心军功，不勤民事，宜别置将守，以尽治理之务；而陛下复以冀州宠秩吕昭。冀州户口最多，田多垦辟，又有桑枣之饶，国家征求之府，诚不当复任以兵事也。若以北方当须镇守，自可专置大将以镇安之。计所置吏士之费，与兼官无异。然昭于人才尚复易；中朝苟乏人，兼才者势不独多。以此推之，知国家以人择官，不为官择人也。官得其人，则政平讼理；政平故民富实，讼理故囹圄空虚。陛下践阼，天下断狱百数十人，岁岁增多，至五百余人矣。民不益多，法不益峻。以此推之，非政教陵迟，牧守不称之明效欤？往年牛死，通率天下十能损二；麦不半收，秋种未下。若二贼游魂于疆埸，飞刍挽粟，千里不及。究此之术，岂在强兵乎？武士劲卒愈多，愈多愈病耳。夫天下犹人之体，腹心充实，四支虽病，终无大患；今兖、豫、司、冀亦天下之腹心也。是以愚臣慺慺，实愿四州之牧守，独修务本之业，以堪四支之重。然孤论难持，犯欲难成，众怨难积，疑似难分，故累载不为明主所察。凡言此者，类皆疏贱；疏贱之言，实未易听。若使善策必出于亲贵，亲贵固不犯四难以求忠爱，此古今之所常患也。

伐时有发生，此正是勇武人奋斗之时。但是，其中以儒学见长的文臣，竟也羡慕起建立功勋的战将，握住手腕激动得高声议论，认为孙武、吴起是第一流人物。州、郡政吏，也把安抚百姓放置一旁，而把精力花在充当将帅上。种地养蚕的百姓，争着进行打仗的准备，这些行为不能称为致力于根本。国库逐年空虚而重叠的官属每年都有增加；民力连年衰弱而赋役却连年增多，这不能说是在节省支出。现在，魏国虽然拥有十个州的土地，但由于动乱，十州的户口加起来还不如过去一州的多，吴、蜀均称帝与我们分庭抗礼，北方的鲜卑族也没有臣服，南、西、北三面也都有敌对势力，我们几乎处在一个包围圈中，用只有过去一个州的人力，而想要统治广袤的地域，这之中的艰难，就如同赶着一匹瘦马走远路，能不特别爱惜它的力量吗？当初武皇帝是何等的节俭，仓廪中是何等的充实，也没有让所有的州、郡都拥有自己的兵马。而现在的荆州、扬州、青州、徐州、幽州、并州、雍州、凉州都有军卒了，只有兖州、豫州、司州、冀州，能够用来给国家提供粮食物资而控制四方。我以前曾说过，州郡的长官如果兼领军队，就只会在建立军功上用心，而不关心民生疾苦。应该安排专人带领兵马，让州郡长官尽心治理地方。但是由于陛下喜欢吕昭而让他兼任冀州刺史。冀州人口最多，田地大多已经开垦耕种，并且种植了桑果，是重要的粮食产地，实在不该让冀州再承担军备之事。如果北方需要派兵镇守，也应当委派专门的将军去冀州，其所需费用，与州长官兼任军职时的费用也差不多。何况吕昭并非特别优秀，就是要设军政两兼的官员，也应在朝中选派；即使朝中缺乏这样的人才，也不必一定要挑选吕昭不可。由此可知陛下是因人设官，而不是因为职位选人。如果官吏都是称职的人，那么秩序就会稳定，百姓就会富足；诉讼也会得到审理，监狱就没有太多的囚犯。陛下即位之时，全国每年判决的死刑犯只有一百多人，而现在每年已经达到五百多人。百姓没有增加很多，法律也没有更严苛。死刑犯的增多，只能说明是教化的衰落，是州郡长官的不称职。去年耕牛大量死亡，全国约十头牛里就有两头死去。麦子只收获上五成，而秋天的种子还没有播下；如果吴、蜀再来进犯，我们即使鞭打牛马搬运粮草，千里之遥也无法企

时又大议考课之制，以考内外众官。恕以为用不尽其人，虽才且无益，所存非所务，所务非世要。上疏曰：

《书》称“明试以功，三考黜陟”，诚帝王之盛制。使有能者当其官，有功者受其禄，譬犹乌获之举千钧，良、乐之选骥足也。虽历六代而考绩之法不著，关七圣而课试之文不垂。臣诚以为其法可粗依，其详难备举故也。语曰：“世有乱人而无乱法。”若使法可专任，则唐、虞可不须稷、契之佐，殷、周无贵伊、吕之辅矣。今奏考功者，陈周、汉之法为，缀京房之本旨，可谓明考课之要矣。于以崇揖让之风，兴济济之治，臣以为未尽善也。其欲使州郡考士，必由四科，皆有事效，然后察举，试辟公府，为亲民长吏，转以功次补郡守者，或就增秩赐爵，此最考课之急务也。臣以为便当显其身，用其言，使具为课州郡之法，法具施行，立必信之赏，施必行之罚。至于公卿及内职大臣，亦当俱以其职考课之也。

及。治国的方略，难道就是加强兵力吗？就现今的情况而言，兵马越多越容易发生事故。国家就如同人的身体，心腹充实了，四肢即使生了病，也不会有大的妨害。兖州、豫州、司州、冀州就是国家的心腹，臣恳切地希望四州的刺史官吏鼓励百姓，加紧农桑，来供国家所需。我一个人的提议因为众人的不满而没有实现，多年来也没有被陛下所理解。臣地位低下，所以所提建议不被重视也不容易被采纳。如果好的建议是从尊贵的大臣口里说出来，陛下必然会采纳，而这正是古往今来常见的政治弊病啊！

在那时又对官吏的考核广泛地议论，所有的内外官吏都要考核。杜恕认为，用人如果不能让他充分发挥自己的才能，那么即便制定了考核制度也没有多大用处，目前的考核制度不符合官吏应达到的要求，面对官吏的要求又不符合社会需要。亟待解决的问题没有去解决。于是他又上疏说：

《尚书》中说："要认真考察官吏的成绩，通过三次考察后，黜退成绩差的，提拔成绩好的。"看成是帝王英明的创建。让有才德的人做官，有功的人受禄，就像乌获力举千钧，王良、伯乐识别千里马一样让人心悦诚服。虽然历经唐、虞、夏、商、周、汉六代而考核制度仍不明确，不完善。历经了唐尧、虞舜、夏禹、商汤、周文王、周武王、周公七位圣人而考核的规章却没有流传下来。我认为这是因为考核是粗略的，条款却难以完备的缘故。俗话说："世有作乱之人无作乱之法。"要是治理国家只依靠法规的话，尧、舜也就用不着稷、契的辅助，商、周也就不会重视伊尹、吕望的帮助了。现在，臣上奏请求实施考核，陈述周、汉两朝的有关说法和做法，继承京房制定考课法的原则，可以说是懂得考核制度的要点了。但是对于推崇礼让的风尚和建立美好的秩序，臣以为还没有达到尽善的程度。不过，官员上奏中提到州郡考察人才时，应从品德、学问、处理公文、管理才干四方面衡量，要有具体的事例效果才举荐，并由三公府先试用，再担任县令、县长，之后按照政绩和年资升任官职，特殊的可以就地增加品级、赐予爵位，这才是当前考核官吏中最为紧要之事。臣以为应立即表彰提出上述建议的官员，采纳他们的意见，并且详细制定

古之三公，坐而论道，内职大臣，纳言补阙，无善不纪，无过不举。且天下至大，万机至众，诚非一明所能遍照。故君为元首，臣作股肱，明其一体相须而成也。是以古人称廊庙之材，非一木之支；帝王之业，非一士之略。由是言之，焉有大臣守职辨课可以致雍熙者哉！且布衣之交，犹有务信誓而蹈水火，感知己而披肝胆，徇声名而立节义者；况于束带立朝，致位卿相，所务者非特匹夫之信，所感者非徒知己之惠，所徇者岂声名而已乎！

诸蒙宠禄受重任者，不徒欲举明主于唐、虞之上而已；身亦欲厕稷、契之列。是以古人不患于念治之心不尽，患于自任之意不足，此诚人主使之然也。唐、虞之君，委任稷、契、夔、龙而责成功，及其罪也，殛鲧而放四凶。今大臣亲奉明诏，给事目下，其有夙夜在公，恪勤特立，当官不挠贵势，执平不阿所私，危言危行以处朝廷者，自明主所察也。若尸禄以为高，拱默以为智，当官苟在于免负，立朝不忘于容身，洁行逊言以处朝廷者，亦明主所察也。诚使容身保位，无放退之辜，而尽节在公，抱见疑之势，公义不修而私议成俗，虽仲尼为谋，犹不能尽一才，又况于世俗之人乎！今之学者，师商、韩而上法术，竞以儒家为迂阔，不周世用，此最风俗之流弊，创业者之所致慎也。

后考课竟不行。

乐安廉昭以才能拔擢，颇好言事。恕上疏极谏曰：

伏见尚书郎廉昭奏左丞曹璠以罚当关不依诏，坐判问。又云“诸当坐者别奏”。尚书令陈矫自奏不敢辞罚，亦不敢以处重为恭，意至恳恻。臣窃悯然为朝廷惜之！夫圣人不择世而兴，不易民

出考核州郡官员的措施。制度一旦付诸实施，有功的一定奖赏，有过的一定处罚。就是公卿和皇帝身边的侍臣，也应根据实际操行进行考核。

古代三公，坐论大政方针，侍从大臣进献建议，君主的善事没有一条不记录，君主的过失没有一条不指出。国家太大了，事务太多了，仅靠一个人的光明不能照亮所有的地方。所以皇帝被称为头，臣僚被称为体，他们是相辅相成的关系。古人云：朝之殿堂，非一木所撑；王之功业，亦非独谋所成。为臣者不能只弄清考核条文就以为是在尽本分，天下太平了。百姓之间交往，尚且看重为信义赴汤蹈火，有因为知己而披肝沥胆操行高尚的人，何况是朝廷卿相，所追求所感动的不仅仅是这样的信义、恩惠和有名声的那些大臣呢！

朝中重臣，不只是想把君主推到尧、舜的位置，自己也想与稷、契平行。因此，古人对朝政不是特别关注，担心的是受信任的程度，而这与君主的关系是很密切的。尧、舜任用稷、契、夔、龙要求他们办事公允，而当官员犯了罪，便处死鲧也放逐了四凶。现在大臣们受诏在天子脚下行事，有的人早晚都忙于公务，勤恳超过常人，不向权贵屈服，不徇私情，是正直的臣子，陛下您对他们都非常清楚。但是有些人却只拿俸禄不干事还自以为清高，遇事从不发表意见，一心想着逃避责任，明哲保身，谨小慎微，陛下自然也都很清楚。如果只让那些为保职位的臣子在朝做官，而让那些为朝廷尽忠的臣子受委屈，正义得不到伸张，那么，即使请孔子出来谋划，也不可能让一个人充分展示自己的才能，更何况那些普通人呢！现在的学者，以商鞅、韩非为师而崇尚法律，指责儒家学说不适合现代，这是不良风气中最坏的弊病，望陛下谨慎对待。

后来考核官吏的制度还是没有得到施行。

乐安国的廉昭因有才能被提拔，非常喜欢发表意见，杜恕上疏规劝说：

我看到尚书郎廉昭的奏折，上面说尚书左丞曹璠在惩罚吏员时没有向上报告，因此被判定有罪，又说“其他有关人员应当判罪的另外上奏”。尚书令陈矫自己上奏说不敢逃避处罚，也不敢为自己辩

而治，然而生必有贤智之佐者，盖进之以道，率之以礼故也。古之帝王之所以能辅世长民者，莫不远得百姓之欢心，近尽群臣之智力。诚使今朝任职之臣皆天下之选，而不能尽其力，不可谓能使人；若非天下之选，亦不可谓能官人。陛下忧劳万机，或亲灯火，而庶事不康，刑禁日弛，岂非股肱不称之明效欤？原其所由，非独臣有不尽忠，亦主有不能使。百里奚愚于虞而智于秦，豫让苟容中行而著节智伯，斯则古人之明验矣。今臣言一朝皆不忠，是诬一朝也；然其事类，可推而得。陛下感帑藏之不充实，而军事未息，至乃断四时之赋衣，薄御府之私谷，帅由圣意，举朝称明，与闻政事密勿大臣，宁有恳恳忧此者乎？

骑都尉王才，幸乐人孟思所为不法，振动京都，而其罪状发于小吏，公卿大臣初无一言。自陛下践阼以来，司隶校尉、御史中丞宁有举纲维以督奸宄，使朝廷肃然者邪？若陛下以为今世无良才，朝廷乏贤佐，岂可追望稷、契之遐踪，坐待来世之俊乂乎！今之所谓贤者，尽有大官而享厚禄矣，然而奉上之节未立，向公之心不一者，委任之责不专，而俗多忌讳故也。臣以为忠臣不必亲，亲臣不必忠。何者？以其居无嫌之地而事得自尽也。今有疏者毁人不实其所毁，而必曰私报所憎，誉人不实其所誉，而必曰私爱所亲，左右或因之以进憎爱之说。非独毁誉有之，政事损益，亦皆有嫌。陛下当思所以阐广朝臣之心，笃厉有道之节，使之自同古人，望与竹帛耳。反使如廉昭者扰乱其间，臣惧大臣遂将容身保位，坐观得失，为来世戒也！

诉，情辞十分恳切。臣深为朝廷惋惜！圣人自己不能挑选时代，治理天下也不能挑选人民，但圣人出现必有贤能之人辅佐，原因在于用道义为标准选择，用礼仪为规范来统领。古代能治国育民的帝王，都能得到百姓的欢心、群臣尽心竭力。如果现任官员都是从全国选拔出来的优秀人才，却不能让他们充分发挥力量的话，那就不能算会用人；如果他们不是全国推选出来的优秀人才的话，那就算不上会选拔人。陛下日理万机，夜以继日，然仍诸事盘结，法令废弛，这难道不是因为辅政大臣不称职而造成的吗？其原因不仅是臣子有不尽忠的作为，君主也有不善用人的缺点。百里奚在虞国时愚钝，而在秦国就表现出很高的智慧，豫让在中行氏手下表现平庸，而在智伯手下就能展示非凡的才华，这是古人显著的例证。现在说满朝臣僚都不忠，是诬蔑满朝的人，但是其中事理，可以推求得到。陛下感慨库存不充，征战不息，以至于停止赏赐臣子四季的衣服，减少宫廷的口粮供给，满朝文武都称赞陛下英明。但当今参与政事机密的大臣，又有几人像您一样忧心国事的呢？

骑都尉王才，宠爱乐师孟思，干了许多非法的事，京城为之震动，而他的罪状却是一个小吏发现的，公卿大臣连一句批评的话也没说过。自陛下即位以来，司隶校尉、御史中丞没有谁依法纪监察官员使朝廷秩序得到整肃的。若陛下认为没有良才，朝廷缺乏贤明的辅佐，难道可以空追稷、契，坐等优秀人才出世吗！现在所谓之贤者，均居高位而享厚禄，于辅佐君主之大节未立，为朝廷办事心意不专，原因就在于委任给他们的职责不确定，而习惯上又有很多忌讳的缘故。我认为，忠臣不一定和君主非常亲热，而与君主非常亲热的臣子不一定就有忠心。为何呢？忠臣做事尽心尽力，无愧于天啊。现在如果有一位不受陛下宠爱的臣子批评他人而情况不真实，有人就会说他是报私仇；如果他赞扬他人而情况也不真实，人们就会说他有偏爱，也包括您身边的人。褒贬人有这种现象，国策的增加和减少，也有相似的地方。陛下应考虑怎样开阔朝臣们的胸襟，鼓励高尚的节操，让他们以古代的贤者作为榜样，以名留青史。而现在，却让廉昭这种人独霸朝纲，臣担心从此以后大臣们都设法保全自己而观望朝政得

昔周公戒鲁侯曰“无使大臣怨乎不以”，不言贤愚，明皆当世用也。尧数舜之功，称去四凶，不言大小，有罪则去也。今者朝臣不自以为不能，以陛下为不任也；不自以为不智，以陛下为不问也。陛下何不遵周公之所以用，大舜之所以去？使侍中、尚书坐则侍帷幄，行则从华辇，亲对诏问，所陈必达，则群臣之行，能否皆可得而知；忠能者进，暗劣者退，谁敢依违而不自尽？以陛下之圣明，亲与群臣论议政事，使群臣人得自尽，人自以为亲，人思所以报，贤愚能否，在陛下之所用。以此治事，何事不办？以此建功，何功不成？每有军事，诏书常曰：“谁当忧此者邪？吾当自忧耳。”近诏又曰：“忧公忘私者必不然，但先公后私即自办也。”伏读明诏，乃知圣思究尽下情，然亦怪陛下不治其本而忧其末也。人之能否，实有本性，虽臣亦以为朝臣不尽称职也。明主之用人也，使能者不敢遗其力，而不能者不得处非其任。选举非其人，未必为有罪也；举朝共容非其人，乃为怪耳。陛下知其不尽力也，而代之忧其职，知其不能也，而教之治其事，岂徒主劳而臣逸哉？虽圣贤并世，终不能以此为治也。

陛下又患台阁禁令之不密，人事请属之不绝，听伊尹作迎客出入之制，选司徒更恶吏以守寺门，威禁由之，实未得为禁之本也。昔汉安帝时，少府窦嘉辟廷尉郭躬无罪之兄子，犹见举奏，章劾纷纷。近司隶校尉孔羡辟大将军狂悖之弟，而有司嘿尔，望风希指，甚于受属。选举不以实，人事之大者也。嘉有亲戚之宠，躬非社稷重臣，犹尚如此；以今况古，陛下自不督必行之罚以绝阿党之原耳。

失,而成为后世之笑柄!

从前周公谆谆告诫儿子伯禽说:“不要让大臣埋怨不受重用。”他没有说大臣中还要分出贤愚高下,说明所有人都可以发挥作用,只是位置不同,尧赞舜之功绩,称赞他能除去四恶人,尧没有说四恶人的罪恶大小,意思是只要有罪就该除掉。现在朝臣并不认为自己没有才能,只是认为陛下没有信任他们;不认为自己没有智谋,而是陛下不向他们咨询。陛下何不遵循周公用人、大舜处罚人的标准呢?让侍中、尚书侍奉在您的旁边,当面回答您的询问,这样,臣子的品行,能力的高低您就能够知道;忠诚有才能的人就进用,昏庸无能的人就屏退,那么,谁还敢办事敷衍而不尽力呢?陛下和群臣论政,使群臣都能尽心竭力,人人都自认为是亲信,都想报答陛下。贤明和愚钝,全在于陛下的知人善任。这样来治理国家,还有什么事办不好呢?还有什么功业建不成呢?每当有紧急军情,陛下常说:“谁会为这担忧呢?只有我自己担忧罢了。”最近的诏书又说:“公而忘私不一定做得到,只要能先公后私也就办好事情了。”拜读陛下的诏书,知道陛下完全清楚下边的情况,但是还是对陛下不从根本上解决而只担忧那些枝节问题感到不解。人之贤愚,受天赋制约,即使是臣也认为朝臣并不都称职。英明的君主,应该使能干的人不敢留有余力,不能干的人不给他不该担任的职务。推选上来的人不合格,不一定就是犯罪,而满朝都容忍不称职的人,岂非怪事!陛下明知臣僚不尽力,却替臣僚担忧他们做不好分内的事,知道臣僚没有能力,却勉强教导他如何处理公务,这难道是君主劳碌而臣子安逸的简单问题吗?即使是圣贤再世,也不能这样来治理国家呀!

陛下又担心尚书台禁令不严,人情现象制止不住,因此才让辅政大臣遵循伊尹制定了尚书台的会客制度,又更换恶吏重新选用司徒守卫尚书台大门,可这并不是禁绝不正之风的关键。汉安帝的时候,少府窦嘉任命廷尉郭躬清白的侄子为下属,还被人举报,弹劾的奏章纷纷递上。而最近司隶校尉孔羡任用大将军司马懿行为不端的弟弟为下属,官员们对这件事却一言不发,这件事表现更为恶劣。选拔人才弄虚作假,是人事中最大的问题。窦嘉是皇亲国戚,所以受

伊尹之制，与恶吏守门，非治世之具也。使臣之言少蒙察纳，何患于奸不削灭，而养若昭等乎！

夫纠擿奸宄，忠事也，然而世憎小人行之者，以其不顾道理而苟求容进也。若陛下不复考其终始，必以违众忤世为奉公，密行白人为尽节，焉有通人大才而更不能为此邪？诚顾道理而弗为耳。使天下皆背道而趋利，则人主之所最病者，陛下将何乐焉，胡不绝其萌乎！夫先意承旨以求容美，率皆天下浅薄无行义者，其意务在于适人主之心而已，非欲治天下安百姓也。陛下何不试变业而示之，彼岂执其所守以违圣意哉？夫人臣得人主之心，安业也；处尊显之官，荣事也；食千钟之禄，厚实也。人臣虽愚，未有不乐此而喜干迕者也，迫于道，自强耳。诚以为陛下当怜而佑之，少委任焉，如何反录昭等倾侧之意，而忽若人者乎？今者外有伺隙之寇，内有贫旷之民，陛下当大计天下之损益，政事之得失，诚不可以怠也。

恕在朝八年，其论议亢直，皆此类也。

出为弘农太守，数岁转赵相，以疾去官。起家为河东太守，岁余，迁淮北都督护军，复以疾去。恕所在，务存大体而已，其树惠爱，益得百姓欢心，不及于畿。顷之，拜御史中丞。恕在朝廷，以不得当世之和，故屡在外任。复出为幽州刺史，加建威将军，使持节，护乌丸校尉。时征北将军程喜屯蓟，尚书袁侃等戒恕曰：“程申伯处先帝之世，倾田国让于青州。足下今俱杖节，使共屯一城，宜深有以待之。”而恕不以为意。至官未期，有鲜卑大人儿，不由关塞，

皇帝宠爱，他任命的郭躬又不是社稷重臣，可最终还是受到了弹劾；和古代相比，是陛下自己没有督行法纪来杜绝结党营私的根源。辅政大臣制定会客制度，让凶吏守门，并不是治理天下的措施。假使臣的话能被您稍微采纳，奸党就能铲除，又怎么会豢养像廉昭这样的人啊！

纠察举报奸恶之人，是忠诚的体现。然而许多人都讨厌做这种事，因为他们的目的只是想以不正当的手段谋求自己的利益。倘若陛下不去询问事情的整个过程，就很容易把违背人心抵触社会当作奉公的行为，把背地告发他人当作尽忠，未必通达情理的人就不会干这样的事，只是因为遵守做人的原则而不肯那样干罢了。如果天下人都违背道义而去争名逐利，那才应该是君主最担忧的啊！陛下应将这些切断于萌芽之中。整日设法揣摩君主心意然后迎合以求取悦君主的人，是世上最浅薄无聊、最不讲信义之辈，他们心里想的只是如何得到君主的欢心，而不是想怎样治理天下来安定百姓。陛下试一试他们，就能看他们是否会坚持自己原来的立场了。臣子得到君主欢心，是安全的事；担任显要的官职，是光荣的事；享受厚禄，是实惠的事情。即使再愚蠢的臣僚，也不会不喜欢这些去冒犯君主，而冒犯君主的人，是迫于道义，才强制自己这样做的。臣希望陛下怜惜和保护他们，并且加以信任。却怎么能听信廉昭等人有意陷害而置那些忠良之臣于不顾呢？现今外有伺机而动的敌寇，内有贫困不满的百姓，陛下应好好考虑国政得失，实在不可以懈怠。

杜恕在朝八年，他的言论刚正不阿，就像上面所记载的那样。

杜恕出任弘农郡太守，之后转任赵国相，因生病离职。再度起用为河东太守，一年后，担任淮北都督护军，再次因病辞官。在任职的地方，治政着眼于大的方面，但是在恩惠仁爱和得到百姓爱戴的程度上，却比不上他的父亲杜畿。不久，朝廷任命他为御史中丞。杜恕在朝廷，因为和当权的大臣不睦，所以屡次出外任职。后来担任幽州刺史，加建威将军，持节杖，兼任护乌丸校尉。当时，征北将军程喜在蓟县驻扎，尚书袁侃等人告诫杜恕说："程喜在先帝的时候，曾在青州排挤田国让。现在您和他都持有节杖节制兵马，又驻扎在同一

径将数十骑诣州，州斩所从来小子一人，无表言上。喜于是劾奏恕，下廷尉，当死。以父畿勤事水死，免为庶人，徙章武郡，是岁嘉平元年。恕倜傥任意，而思不防患，终致此败。

初，恕从赵郡还，陈留阮武亦从清河太守征，俱自薄廷尉。谓恕曰："相观才性可以由公道而持之不厉，器能可以处大官而求之不顺，才学可以述古今而志之不一，此所谓有其才而无其用。今向闲暇，可试潜思，成一家言。"在章武，遂著《体论》八篇。又著《兴性论》一篇，盖兴于为己也。四年，卒于徙所。

甘露二年，河东乐详年九十余，上书讼畿之遗绩，朝廷感焉。诏封恕子预为丰乐亭侯，邑百户。

恕奏议论驳皆可观，掇其切世大事著于篇。

郑浑字文公，河南开封人也。高祖父众，众父兴，皆为名儒。浑兄泰，与荀攸等谋诛董卓，为扬州刺史，卒。浑将泰小子袤避难淮南，袁术宾礼甚厚。浑知术必败。时华歆为豫章太守，素与泰善，浑乃渡江投歆。太祖闻其笃行，召为掾，复迁下蔡长、邵陵令。天下未定，民皆剽轻，不念产殖；其生子无以相活，率皆不举。浑所在夺其渔猎之具，课使耕桑，又兼开稻田，重去子之法。民初畏罪，后稍丰给，无不举赡；所育男女，多以郑为字。辟为丞相掾属，迁左冯翊。

时梁兴等略吏民五千余家为寇钞，诸县不能御，皆恐惧，寄治

座城，应小心应对。”但他并不为意，到任不满一月，有一个鲜卑族首领的儿子，带领几十名骑兵，没有经过边境上的关卡就擅自来到州治蓟县，州衙处死了其中一名随从，没有上报，因此，程喜上奏弹劾杜恕，杜恕被捕入狱，依照法规应当处死。因为他父亲杜畿勤于国事又以身殉职，得以减刑，削职为民，流放到章武郡，这一年是嘉平元年。杜恕为人豪放不羁，没有防人之心，终于招致灾祸。

当初杜恕从赵郡回到京城，陈留郡的阮武也由清河郡太守之职被召入朝，两人同时被叫到廷尉公堂对证，见面之后阮武对杜恕说：“您的品德以遵循公正为道，但是还不够严格；您的能力可以担任重要官职，但是仕途之路很不顺利；您的才学贯通古今，但才能却没有发挥作用。如今您空闲来了，应该深思一下，并写出自己的独到见解来。”在章武，杜恕撰写了《体论》八篇，《兴性论》一篇，都是有感于自己的遭遇而写的。嘉平四年，他死于流放地。

甘露二年，河东郡九十多岁的乐详，上书申诉杜畿留下的功绩，朝廷很是感动，下诏封杜恕的儿子杜预为丰乐亭侯，食邑一百户。

杜恕的奏议论辩等文章都值得认真读一下，这里选取其中切合时政大事的几篇记载在他的传记中。

郑浑，字文公，是河南开封县人。他的曾祖父叫郑众，郑众的父亲叫郑兴，都是当时著名的儒学家。郑浑的哥哥郑泰，曾和荀攸等人谋划诛杀董卓，在扬州刺史任上去世。郑浑带着郑泰的小儿子郑袤到淮南避难，袁术对他非常尊重。但是，郑浑知道袁术不会成功，当时华歆任豫章太守，与郑泰是很好的朋友，郑浑就渡过长江去投靠华歆。曹操听说他忠厚诚实，召他担任下属，又升任下蔡县长、邵陵县令。天下还没有平定，百姓强悍不受管束，不想从事农桑，那些生了儿女没法养活的，就把婴儿丢弃。郑浑每到一个地方任职，就没收当地人的渔猎工具，督促他们种地养蚕，开辟水田种稻，又加重对弃婴者的处罚。开始百姓害怕犯法不敢怀孩子，生活逐渐富裕以后，就再没有不想怀孕和不养育婴儿的现象了。生下来的男女婴儿，很多都取“郑”字为名字。后来郑浑被任命为丞相府下属，又升任左冯翊。

在那时梁兴等人控制了左冯翊五千多户百姓，逼迫百姓跟随他

郡下。议者悉以为当移就险，浑曰：“兴等破散，窜在山阻。虽有随者，率胁从耳。今当广开降路，宣喻恩信。而保险自守，此示弱也。”乃聚敛吏民，治城郭，为守御之备。遂发民逐贼，明赏罚，与要誓，其所得获，十以七赏。百姓大悦，皆愿捕贼，多得妇女、财物。贼之失妻子者，皆还求降。浑责其得他妇女，然后还其妻子，于是转相寇盗，党与离散。又遣吏民有恩信者，分布山谷告喻，出者相继，乃使诸县长吏各还本治以安集之。兴等惧，将余众聚鄜城。太祖使夏侯渊就助郡击之，浑率吏民前登，斩兴及其支党。又贼靳富等，胁将夏阳长、邵陵令并其吏民入硙山，浑复讨击破富等，获二县长吏，将其所略还。及赵青龙者，杀左内史程休，浑闻，遣壮士就枭其首。前后归附四千余家，由是山贼皆平，民安产业。转为上党太守。

太祖征汉中，以浑为京兆尹。浑以百姓新集，为制移居之法，使兼复者与单轻者相伍，温信者与孤老为比，勤稼穑，明禁令，以发奸者。由是民安于农，而盗贼止息。及大军入汉中，运转军粮为最。又遣民田汉中，无逃亡者。太祖益嘉之，复入为丞相掾。文帝即位，为侍御史，加驸马都尉，迁阳平、沛郡二太守。郡界下湿，患水涝，百姓饥乏。浑于萧、相二县界，兴陂遏，开稻田。郡人皆以为不便，浑曰：“地势洿下，宜溉灌，终有鱼稻经久之利，此丰民之本也。”遂躬率吏民，兴立功夫，一冬间皆成。比年大收，顷亩岁增，租入倍常，民赖其利，刻石颂之，号曰郑陂。转为山阳、魏郡太守，其治放此。又以郡下百姓，苦乏材木，乃课树榆为篱，并益树五果；榆皆

们烧杀抢掠，周围各县无力抵抗，非常害怕，县令都把自己的官署迁移到郡治所在的临近县城。很多人认为应把郡治迁到更险要的地方。郑浑说："梁兴等都是被击溃的散兵游勇，流窜在附近的山区，虽然人马很多，但是大多数都是被迫跟随他的。现在应当大力宣传朝廷的德信，鼓励被迫的人来投降。要是跑到险要地形防守，那是向敌人示弱啊。"于是他就召集吏民，修筑城墙做好防御的准备。又发动民众追捕流寇，明确赏罚制度：凡是百姓缴获的财物，七成奖给本人。老百姓都非常高兴，很愿意捕捉贼寇。结果，贼寇中失去妻子儿女的，都回来请求投降。郑浑责令他们去捉获同伙的妇女，然后再还给他们自己的妻子。这样一来，梁兴的部队内部开始互相抢夺，其党羽也分散瓦解。郑浑又派遣有威信的吏民到山中去劝告，出山投降的人接连不断。郑浑让各县令都回到原来管辖的县，安抚和召集回来投诚的百姓。梁兴等人害怕了，率余众聚集在鄜城。曹操派夏侯渊率军协助郑浑进击，郑浑带领下属和民众打头阵，杀死梁兴及其同党。另有贼寇靳富等人，挟持夏阳县长、邵陵县令和很多官吏百姓进入硙山，郑浑再次带兵围剿，击败靳富，解救出两县长官和被劫持的百姓回到家乡。又有一个叫赵青龙的人，杀死左内史程休，郑浑就派遣壮士砍下了赵青龙的头。前后归附郑浑的百姓达到四千多家，从此山贼都被扫平，地方稳定了，郑浑转任上党太守。

太祖征讨汉中时，让郑浑做了京兆尹。郑浑因为百姓们刚刚聚集起来安居，为百姓们制定了有关移家迁居的制度，让家族人口众多与家族人口很少的家庭相邻居住，让温和诚信的人与孤寡老人做邻居，让百姓们勤于农耕，又严明法令，以便发现奸恶之人。从此以后百姓安心务农，而盗贼也止息不见了。等到大军进入汉中以后，军粮的运输供应以郑浑所领的京兆承担的最多。郑浑又发遣京兆的百姓到汉中去屯田，没有人逃亡。太祖更加赞赏郑浑，又调郑浑入朝出任丞相掾。文帝即魏王位的时候，郑浑出任侍御史，加官驸马都尉，升任阳平、沛郡二郡的太守。这两个郡地势下洼潮湿，水涝为患，百姓们饥饿困乏。郑浑就在萧、相二县地界上兴建堤坝蓄水，开垦稻田。郡中的人都认为这样做不便利，郑浑说："此处地势低洼，正适宜引

成藩，五果丰实。入魏郡界，村落齐整如一，民得财足用饶。明帝闻之，下诏称述，布告天下。迁将作大匠。浑清素在公，妻子不免于饥寒。及卒，以子崇为郎中。

仓慈字孝仁，淮南人也。始为郡吏。建安中，太祖开募屯田于淮南，以慈为绥集都尉。黄初末，为长安令，清约有方，吏民畏而爱之。太和中，迁燉煌太守。郡在西陲，以丧乱隔绝，旷无太守二十岁，大姓雄张，遂以为俗。前太守尹奉等，循故而已，无所匡革。慈到，抑挫权右，抚恤贫羸，甚得其理。旧大族田地有余，而小民无立锥之土；慈皆随口割赋，稍稍使毕其本直。先是属城狱讼众猥，县不能决，多集治下；慈躬往省阅，料简轻重，自非殊死，但鞭杖遣之，一岁决刑曾不满十人。又常日西域杂胡欲来贡献，而诸豪族多逆断绝；既与贸迁，欺诈侮易，多不得分明。胡常怨望，慈皆劳之，欲诣洛者，为封过所，欲从郡还者，官为平取，辄以府见物与共交市，使吏民护送道路，由是民夷翕然称其德惠。数年卒官，吏民悲感如丧亲戚，图画其形，思其遗像。及西域诸胡闻慈死，悉共会聚于戊己校尉及长吏治下发哀，或有以刀画面，以明血诚，又为立祠，遥共祠之。

水灌溉，这样做终究会有养鱼种稻长久的利益，这是使百姓富裕的根本。”于是亲自率领官民，开始兴建水利工程，用了一个冬天的时间全部建成。第二年，大获丰收，生产的粮稻逐年增加，交纳的租税是常年的两倍，百姓依赖郑浑大获其利，撰文刻石歌颂郑浑，把那个水利工程取名叫作郑陂。郑浑转任山阳、魏郡太守，在那里的治理也是一样的。郑浑又因为郡内百姓缺乏木材生活不方便，于是督令百姓栽植榆树作篱笆，而且再增加种植五种果树。后来家家榆树都长成了高高的篱笆墙，五种果树都果实丰硕。进入到魏郡地界，村落整齐如一，百姓家家都是财产丰足，物用富裕。明帝闻听说以后，下诏予以表扬，布告天下。升任郑浑为将作大匠。郑浑为官清廉朴素，一心为公，妻儿们常常不免于饥寒。等到郑浑去世以后，朝廷任用郑浑的儿子郑崇为郎中。

仓慈，字孝仁，是淮南郡人。他开始被任命为本郡小吏。建安年间，曹操在淮南屯田，让仓慈做了绥集都尉。黄初末年，任长安县令，仓慈为官清简又有威严，吏员百姓既怕他，又爱戴他。太和年间，仓慈升任敦煌太守。敦煌在西部边陲，由于动乱和内地隔绝，已有二十年没有委派太守了。当地的豪强大族霸道嚣张，百姓贫苦已成为习俗。前任太守尹奉等人，依照惯例敷衍了事，从来不匡正加以改变。仓慈到任以后，抑制豪强大族，抚恤贫弱百姓，很符合做官之道。豪强大族田地都有剩余，而很多百姓却没有土地。仓慈按人口多少把大族的田地划出一部分给百姓，让他们逐步偿还田地所值的价钱。起初，下属县里的案件又多又杂，县里不能决断，就都推到郡城。仓慈亲自审阅案卷，除了重刑犯之外，其余犯人都处以鞭杖的刑罚然后释放。一年当中判决死刑的还不到十个人。以往西域少数族人要到京城进贡，郡中的豪强总是阻挠不让通过；豪强们和这些少数族人进行贸易，也经常欺压对方，官吏们也不分辨是非少数族人一直不满，仓慈亲自安抚他们。有到京城去的，就为他们办好通行证，有从郡城交易后回国的，官府与他们公平交易，让官吏百姓沿途护送他们。从此，汉族与少数民族百姓都一致称赞仓慈的仁德。几年后他死在任上，吏民都像死了亲戚一样悲痛，画出他的肖像来怀念他。西

自太祖迄于咸熙，魏郡太守陈国吴瓘、清河太守乐安任燠、京兆太守济北颜斐、弘农太守太原令狐邵、济南相鲁国孔乂，或哀矜折狱，或推诚惠爱，或治身清白，或擿奸发伏，咸为良二千石。

评曰：任峻始兴义兵，以归太祖，辟土殖谷，仓庾盈溢，庸绩致矣。苏则威以平乱，既政事之良，又矫矫刚直，风烈足称。杜畿宽猛克济，惠以康民。郑浑、仓慈，恤理有方。抑皆魏代之名守乎！恕屡陈时政，经论治体，盖有可观焉。

域族人听到仓慈去世的消息，纷纷聚集到戊己校尉的官署和县城中致哀，有的人甚至用刀割破自己的脸，以鲜血表示心意，又为他建立祠堂祭祀。

从曹操时起到魏末的咸熙年间，魏郡太守有陈国的吴瓘，清河郡太守有乐安的任燠，京兆郡太守有济北的颜斐，弘农郡太守有太原的令狐邵，济南相有鲁国的孔乂，他们或是断案宽容，或是德泽恩惠，或是廉洁自律，或是不惧奸佞，都是郡太守当中的佼佼者。

评论说：任峻在始发义军讨伐董卓时就率部下归顺曹操，开荒种地，种植粮食，建立大功。苏则威仪八方，平定叛乱，是治政的良才，他的行为和政绩都很值得称颂。杜畿宽猛相济，于民有利。郑浑、仓慈，治理体恤百姓很有办法。他们应该都是魏朝有名的郡太守吧！杜恕屡次陈述时政，常议论政体问题，他们的言论颇值得一读。

卷十七　魏书十七

张乐于张徐传第十七

张辽字文远，雁门马邑人也。本聂壹之后，以避怨变姓。少为郡吏。汉末，并州刺史丁原以辽武力过人，召为从事，使将兵诣京都。何进遣诣河北募兵，得千余人。还，进败，以兵属董卓。卓败，以兵属吕布，迁骑都尉。布为李傕所败，从布东奔徐州，领鲁相，时年二十八。太祖破吕布于下邳，辽将其众降，拜中郎将，赐爵关内侯。数有战功，迁裨将军。袁绍破，别遣辽定鲁国诸县。与夏侯渊围昌豨于东海，数月粮尽，议引军还，辽谓渊曰："数日已来，每行诸围，豨辄属目视辽。又其射矢更稀，此必豨计犹豫，故不力战。辽欲挑与语，倘可诱也？"乃使谓豨曰："公有命，使辽传之。"豨果下与辽语，辽为说"太祖神武，方以德怀四方，先附者受大赏"。豨乃许降。辽遂单身上三公山，入豨家，拜妻子。豨欢喜，随诣太祖。太祖遣豨还，责辽曰："此非大将法也。"辽谢曰："以明公威信著于四海，辽奉圣旨，豨必不敢害故也。"从讨袁谭、袁尚于黎阳，有功，行中坚将军。从攻尚于邺，尚坚守不下。太祖还许，使辽与乐进拔阴安，徙其民河南。复从攻邺，邺破，辽别徇赵国、常山，招降缘山诸贼及黑山孙轻等。从攻袁谭，谭破，别将徇海滨，破辽东贼柳毅等。还邺，太祖自出迎辽，引共载，以辽为荡寇将军。复别击荆州，定江夏诸县，还屯临颍，封都亭侯。从征袁尚于柳城，卒与虏遇，辽劝太祖战，气甚奋，太祖壮之，自以所持麾授辽。遂击，大破之，斩单于蹋顿。

张辽字文远，是雁门马邑人。开始是聂壹的后代，因躲避仇家才改变姓氏。年轻时当郡吏。东汉末年，并州刺史丁原因张辽勇武过人，征召他担任兵曹从事，命他领兵去京都。何进派他到河北招募士兵，招到了一千多人。回来的时候，何进已经被杀，张辽便带兵跟随了董卓。董卓失败，又带兵归属吕布，吕布升他为骑都尉。吕布被李傕打败，张辽随吕布逃到徐州，兼任鲁国相，时年二十八岁。曹操在下邳打败吕布，张辽投降，被任命为中郎将，赐关内侯。因为战功显著，升为裨将军。袁绍兵败，曹操派张辽另率兵马平定鲁国各县。张辽同夏侯渊在东海围攻昌豨，几个月之后粮草用尽，众将商议撤军，张辽对夏侯渊说："多天来，我每次到阵前观察，昌豨都紧紧盯着我。我还看到，他们射的箭一天比一天少，这是昌豨心中犹豫不定，所以没有全力应战。我想用话语去劝说他，或许可以让他归降。"张辽于是派人对昌豨说："曹公有令，派张辽前来传达给您。"昌豨果然下来和张辽交谈。张辽劝他说："曹公神明英武，德安四方，先归顺的人必会得到重赏。"昌豨就答应投降。张辽只身上了三公山，来到昌豨家，拜见他的家小。昌豨非常高兴，随张辽去见曹操。曹操让昌豨回去，责备张辽道："这不是大将应用的做法。"张辽道歉并解释说："我是靠您的威信，说是奉您的旨意行事，昌豨必定不敢加害于我。"张辽又跟随曹操到黎阳征讨袁谭、袁尚，立下战功，代行中坚将军职。跟随曹操在邺城攻打袁尚，没有攻下。曹操回到许昌，派张辽和乐进攻下阴安，迁百姓到河南。张辽随曹操再次攻打邺城，另外率军攻下赵国、常山，招降沿山一带的各路贼寇和黑山孙轻等人。又追随曹操击败袁谭，另率军攻占海滨，击溃辽东柳毅等人。回邺城后，曹操亲自出城迎接张辽，牵着他的手共乘一辆车，任命张辽为荡寇将军。张辽又率军攻打荆州，平定江夏等县返回后驻扎于临颍，被

时荆州未定，复遣辽屯长社。临发，军中有谋反者，夜惊乱起火，一军尽扰。辽谓左右曰："勿动。是不一营尽反，必有造变者，欲以动乱人耳。"乃令军中，其不反者安坐。辽将亲兵数十人，中陈而立。有顷定，即得首谋者杀之。陈兰、梅成以氐六县叛，太祖遣于禁、臧霸等讨成，辽督张郃、牛盖等讨兰。成伪降禁，禁还。成遂将其众就兰，转入灊山。灊中有天柱山，高峻二十余里，道险狭，步径裁通，兰等壁其上。辽欲进，诸将曰："兵少道险，难用深入。"辽曰："此所谓一与一，勇者得前耳。"遂进到山下安营，攻之，斩兰、成首，尽虏其众。太祖论诸将功，曰："登天山，履峻险，以取兰、成，荡寇功也。"增邑，假节。

太祖既征孙权还，使辽与乐进、李典等将七千余人屯合肥。太祖征张鲁，教与护军薛悌，署函边曰"贼至乃发"。俄而权率十万众围合肥，乃共发教，教曰："若孙权至者，张、李将军出战；乐将军守，护军勿得与战。"诸将皆疑。辽曰："公远征在外，比救至，彼破我必矣。是以教指及其未合逆击之，折其盛势，以安众心，然后可守也。成败之机，在此一战，诸君何疑？"李典亦与辽同。于是辽夜募敢从之士，得八百人，椎牛飨将士，明日大战。平旦，辽被甲持戟，先登陷陈，杀数十人，斩二将，大呼自名，冲垒入，至权麾下。权大惊，众不知所为，走登高冢，以长戟自守。辽叱权下战，权不敢动，望见辽所将众少，乃聚围辽数重。辽左右麾围，直前急击，围开，辽将麾下数十人得出，余众号呼曰："将军弃我乎！"辽复还突围，拔

封为都亭侯。随曹操征讨柳城的袁尚，中途突遇胡兵，张辽劝曹操应战，士气十分振奋，曹操大加鼓励，将令旗授予张辽。张辽率军出击，大破胡兵，斩了单于蹋顿。

在那时荆州还没有平定，曹操派张辽在长社驻军。临出发时，军营中有图谋造反的，乘夜放火呼叫，全军都被扰乱。张辽对左右卫士说："不要动。绝不是全营都反叛了，只是少数人在制造混乱，想以此扰乱军心。"因此，传令军中，不想造反的都安静地坐下，张辽带着几十个亲兵，站在大营中间。不一会儿，各营都安定下来，就抓到了带头谋反的人，将其处死。陈兰、梅成煽动六安县的氐人叛变，曹操派于禁、臧霸等领兵征讨梅成，命令张辽率张郃、牛盖等人征讨陈兰。梅成佯装投降，于禁便撤军了。梅成就同陈兰合兵一处，转入灊山。灊山中有天柱峰，高耸陡峭，达二十多里，山道狭窄崎岖，宽度仅容一人通过，陈兰等在上面筑起营垒。张辽想要进军，众将都说："兵少路险，难以深入。"张辽说："这正是一对一拼搏的时候，谁勇猛谁就能占得先机。"于是就逼近到山下安营，随即发起攻击，将陈兰、梅成斩首，其余部众全部成了俘虏。曹操论众将功劳时说："登天柱，历险境，打败陈兰、梅成，此荡寇将军之功。"增加张辽食邑，持节。

太祖征讨孙权后，命令张辽与乐进、李典等人率七千余人驻军合肥。太祖向西征讨张鲁，把密令给护军薛悌，在信封外写着"敌人来到才能启封"。不久，孙权率十万人围攻合肥，于是大家拆开信封，令上说："如果孙权到，张辽、李典二将军迎战，护军薛悌不许参战。"众将都因敌军势盛而疑虑。张辽说："曹公远征在外，如等待救援来的话，孙权一定已经打败我们了，因此密令指出，趁敌人尚未完全包围我们时，迎战他们，挫其锐气，以安众心，然后可以坚守。成败之机在这一战，各位何必犯疑呢？"李典的意见也与张辽一样。因此，张辽连夜征募有胆量跟从他的士兵，招得八百人，杀牛来慰劳将士，明日大战。第二天天亮，张辽披甲执戟，带头冲锋陷阵，杀了敌兵数十人，斩杀了两名敌将，大喊着自己的名字，冲入敌营，直达孙权麾下。孙权大惊，众人都不知道该怎么办，跑着登上高土山，以长

出余众。权人马皆披靡，无敢当者。自旦战至日中，吴人夺气，还修守备，众心乃安，诸将咸服。权守合肥十余日，城不可拔，乃引退。辽率诸军追击，几复获权。太祖大壮辽，拜征东将军。建安二十一年，太祖复征孙权，到合肥，循行辽战处，叹息者良久。乃增辽兵，多留诸军，徙屯居巢。

关羽围曹仁于樊，会权称藩，召辽及诸军悉还救仁。辽未至，徐晃已破关羽，仁围解。辽与太祖会摩陂。辽军至，太祖乘辇出劳之，还屯陈郡。文帝即王位，转前将军。分封兄汎及一子列侯。孙权复叛，遣辽还屯合肥，进辽爵都乡侯。给辽母舆车，及兵马送辽家诣屯，敕辽母至，导从出迎。所督诸军将吏皆罗拜道侧，观者荣之。文帝践阼，封晋阳侯，增邑千户，并前二千六百户。

黄初二年，辽朝洛阳宫，文帝引辽会建始殿，亲问破吴意状。帝叹息顾左右曰："此亦古之召虎也。"为起第舍，又特为辽母作殿，以辽所从破吴军应募步卒，皆为虎贲。孙权复称藩。辽还屯雍丘，得疾。帝遣侍中刘晔将太医视疾，虎贲问消息，道路相属。疾未瘳，帝迎辽就行在所，车驾亲临，执其手，赐以御衣，太官日送御食。疾小差，还屯。孙权复叛，帝遣辽乘舟，与曹休至海陵，临江。权甚惮焉，敕诸将："张辽虽病，不可当也，慎之！"是岁，辽与诸将破权将吕范。辽病笃，遂薨于江都。帝为流涕，谥曰刚侯。子虎嗣。六年，帝追念辽、典在合肥之功，诏曰："合肥之役，辽、典以步卒

戟自卫。张辽大叫孙权下来决战，孙权不敢动，望见张辽所率领的兵少，就聚兵包围了张辽几重。张辽左右突围，又猛冲向前攻击，包围被冲开，张辽率领麾下数十人得以冲出，其他的士兵大喊道："将军扔下我们了吗！"张辽又返回，救出其余的士兵。孙权的人马全都溃败，没有敢抵挡的。自早上交战到中午，吴兵士气低落，张辽返回修护防守工事，众人的心才安定下来，众将都很佩服。孙权围守合肥十多日，城池攻不下来，就率兵撤退。张辽率众军追击，几乎捉获孙权。太祖对张辽大加赞赏，任命他为征东将军。建安二十一年，太祖又出征孙权，到了合肥，巡视之前张辽与孙权交战之处，叹息了很久。就增加了张辽的士兵，多留军队，移驻居巢。

关羽在樊城围攻曹仁时，正赶上孙权向魏称臣，太祖下诏张辽和众军回来搭救曹仁。张辽还未到达，徐晃就已打败关羽，解除了曹仁的围困。张辽和太祖在摩陂会合。张辽大军赶到时，太祖乘车出来迎接，并且慰劳他们。张辽回来驻守陈郡。文帝继魏王位，转任张辽为前将军。封他的哥哥张汎和一个儿子为列侯。孙权又反叛，文帝派张辽回合肥驻守，并晋升他做了都乡侯。文帝还将宫中使用的车子赐给张辽的母亲，又派军队把他的家人护送到驻地，并下诏：张辽母亲到达时，仪仗队要出来迎接。张辽的部下将士都在道旁下拜，围观的人都认为张辽非常荣耀。文帝即帝位以后，封张辽为晋阳侯，增加食邑一千户，加上以前的封赏共二千六百户。

黄初二年，张辽到洛阳宫上朝，参见文帝。文帝在建始殿召见张辽，询问他当年打败吴军的具体情形。文帝听后感叹地回头对左右说："这也是古代召虎那样的勇将啊！"他下令为张辽修建府邸，又特意为他的母亲修建房屋，当年跟随张辽打败吴军的兵士，都任作虎贲郎。孙权又一次向魏国称臣。张辽返回驻地雍丘，生了病。文帝派侍中刘晔带太医前来看望张辽，询问他病情的虎贲郎很多，在路上络绎不绝。病未好，文帝迎接张辽到自己的行宫，亲自看望，握着他的手，赐给他自己的衣服。，主管御膳的太官每天给他送去皇帝吃的饭菜。病稍有好转，张辽就回到了自己的驻地。孙权再一次叛变。文帝派张辽和曹休乘船到达海陵，在长江岸边驻扎。孙权非常

八百，破贼十万，自古用兵，未之有也。使贼至今夺气，可谓国之爪牙矣。其分辽、典邑各百户，赐一子爵关内侯。”虎为偏将军，薨。子统嗣。

乐进字文谦，阳平卫国人也。容貌短小，以胆烈从太祖，为帐下吏。遣还本郡募兵，得千余人，还为军假司马、陷陈都尉。从击吕布于濮阳，张超于雍丘，桥蕤于苦，皆先登有功，封广昌亭侯。从征张绣于安众，围吕布于下邳，破，别将击眭固于射犬，攻刘备于沛，皆破之，拜讨寇校尉。渡河攻获嘉，还，从击袁绍于官渡，力战，斩绍将淳于琼。从击谭、尚于黎阳，斩其大将严敬，行游击将军。别击黄巾，破之，定乐安郡。从围邺，邺定，从击袁谭于南皮，先登，入谭东门。谭败，别攻雍奴，破之。建安十一年，太祖表汉帝，称进及于禁、张辽曰：“武力既弘，计略周备，质忠性一，守执节义，每临战攻，常为督率，奋强突固，无坚不陷，自援枹鼓，手不知倦。又遣别征，统御师旅，抚众则和，奉令无犯，当敌制决，靡有遗失。论功纪用，宜各显宠。”于是禁为虎威；进，折冲；辽，荡寇将军。

进别征高幹，从北道入上党，回出其后。幹等还守壶关，连战斩首。干坚守未下，会太祖自征之，乃拔。太祖征管承，军淳于，遣进与李典击之。承破走，逃入海岛，海滨平。荆州未服，遣屯阳翟。

害怕张辽，告诫众将说："张辽虽然有病，但是依然勇不可当，一定要小心。"这一年，张辽和众将打败孙权的将领吕范。张辽病重，死于江都。文帝为他流下泪来，追封谥号为刚侯。儿子张虎承袭爵位。黄初六年，曹丕追念张辽、李典在合肥的功绩，下诏说："合肥之战，张辽、李典只率步兵八百人，就击败东吴十万人马，自古用兵，从不曾有过。此战令贼寇至今丧胆。可说是国家东征西讨的能将啊！从张辽、李典食邑中各分出一百户，赐他们各自一个儿子为关内侯。"张虎担任偏将军，去世后。张虎的儿子张统继承爵位。

乐进字文谦，是阳平郡卫国县人。乐进身材瘦小，因为勇猛果断跟随太祖，为帐下吏。太祖派遣乐进回本郡招募士兵，得到一千多人，回来后出任军假司马、陷陈都尉。跟随太祖在濮阳攻打吕布，在雍丘攻打张超，在苦县攻打桥蕤，都能率先攻入敌阵，立下战功，封广昌亭侯。跟随太祖在安众征讨张绣，在下邳围攻吕布，打败了张绣、吕布，另外率军在射犬攻打眭固，在沛县攻打刘备，都打败敌军取得胜利，被任命为讨寇校尉。乐进渡过黄河攻打获嘉，回师后跟随曹操在官渡攻打袁绍，奋勇作战，斩杀了袁绍大将淳于琼。后又跟随太祖在黎阳攻打袁谭、袁尚，斩杀敌方的大将严敬，代理游击将军。又另外率军攻打黄巾军，大败黄巾军，平定乐安郡。跟随太祖围攻邺城，邺城平定以后，跟随太祖在南皮攻打袁谭，率先冲陷敌阵，攻入南皮城东门。袁谭失败之后，乐进又另外率军攻打雍奴，击败敌军。建安十一年，太祖上表汉献帝，称赞乐进和于禁、张辽说："这三人不仅武艺高强，谋略周备，而且忠心耿耿，信守节义，每当临战攻击敌人，常为督率，奋勇向前，无坚不摧，亲擂战鼓，手不知疲倦。又派三人单独率兵征伐，统率军队，抚慰将士有方，遵守命令不违军纪，临敌果断，军务处置没有差错。论功叙用，应当使三人分别受到恩宠，出任显要的职务。"因此，于禁出任虎威将军，乐进出任折冲将军，张辽出任荡寇将军。

乐进率军讨伐高幹，从北路进入上党，迂回至敌军后方。高幹撤军守护壶关，乐于连续作战，杀伤许多敌兵。高幹坚守壶关，未能攻破。曹操亲自率兵前来，才攻下。曹操征讨管承，驻军淳于，派乐

后从平荆州，留屯襄阳，击关羽、苏非等，皆走之，南郡诸县山谷蛮夷诣进降。又讨刘备临沮长杜普、旌阳长梁大，皆大破之。后从征孙权，假进节。太祖还，留进与张辽、李典屯合肥，增邑五百，并前凡千二百户。以进数有功，分五百户，封一子列侯；进迁右将军。建安二十三年薨，谥曰威侯。子綝嗣。綝果毅有父风，官至扬州刺史。诸葛诞反，掩袭杀綝，诏悼惜之，追赠卫尉，谥曰愍侯。子肇嗣。

于禁字文则，泰山钜平人也。黄巾起，鲍信招合徒众，禁附从焉。及太祖领兖州，禁与其党俱诣为都伯，属将军王朗。朗异之，荐禁才任大将军。太祖召见与语，拜军司马，使将兵诣徐州，攻广威，拔之，拜陷陈都尉。从讨吕布于濮阳，别破布二营于城南，又别将破高雅于须昌。从攻寿张、定陶、离狐，围张超于雍丘，皆拔之。从征黄巾刘辟、黄邵等，屯版梁，邵等夜袭太祖营，禁帅麾下击破之，斩邵等，尽降其众。迁平虏校尉。从围桥蕤于苦，斩蕤等四将。从至宛，降张绣。绣复叛，太祖与战不利，军败，还舞阴。是时军乱，各间行求太祖，禁独勒所将数百人，且战且引，虽有死伤不相离。虏追稍缓，禁徐整行队，鸣鼓而还。未至太祖所，道见十余人被创裸走，禁问其故，曰："为青州兵所劫。"初，黄巾降，号青州兵，太祖宽之，故敢因缘为略。禁怒，令其众曰："青州兵同属曹公，而还为贼乎！"乃讨之，数之以罪。青州兵遽走诣太祖自诉。禁既至，先立营垒，不时谒太祖。或谓禁："青州兵已诉君矣，宜促诣公辨之。"禁曰："今贼在后，追至无时，不先为备，何以待敌？且公聪明，谮诉何缘！"徐凿堑安营讫，乃入谒，具陈其状。太祖悦，谓禁曰："淯水之难，吾其急也，将军在乱能整，讨暴坚垒，有不可动之

进和李典进攻。管承抵挡不住逃进海岛，海滨一带得以平定。当时荆州还没有平定，曹操派乐进屯兵阳翟。从此以后，乐进随曹操平定荆州，留驻襄阳，进攻关羽、苏非等人，南郡各山谷中蛮夷部落都到乐进那里投降。乐进又奉命讨伐刘备治下的临沮县杜普、旌阳县梁大，都打败了他们。乐进跟随曹操征讨孙权，被授节杖。曹操回京以后，留乐进、张辽和李典驻军合肥，增加乐进食邑五百户，连同以前的共一千二百户。因为乐进多次立功，特意分其食邑五百户，封他的一个儿子为列侯。乐进升任右将军，建安二十三年去世，谥号威侯。他的儿子乐綝袭爵。乐綝勇敢刚毅，有父亲的遗风，官至扬州刺史。诸葛诞谋反，突袭乐綝，杀死了他。朝廷下诏深表哀悼，追赠卫尉，谥号愍侯。乐綝的儿子乐肇承袭了爵位。

于禁字文则，是泰山钜平县人。黄巾军起兵造反，鲍信聚集徒众，于禁参加了他的队伍。曹操担任兖州牧时，于禁与众人都去投奔，担任队长，在将军王朗的治下。王朗对于禁的才能感到很惊异，就推荐他，认为他的才能可任大将军。曹操召见他谈话，很欣喜地任命他为军中司马，派他率兵马到徐州，攻打广威。攻破广威以后，曹操任命他为陷陈都尉。于禁随曹操到濮阳征讨吕布，单独率兵在城南攻破了吕布的两支人马，又在须昌打败了高雅。跟随曹操攻打寿张、定陶、离狐，在雍丘围攻张超，全都攻克。又随曹操讨伐黄巾军刘辟、黄邵，屯驻版梁。黄邵等乘夜偷袭曹营，于禁率部下迎击，杀死了黄邵等，使敌军全部投降。升任平虏校尉。随曹操在苦县包围桥蕤，斩桥蕤等四名敌将。又随曹操进军宛县，张绣投降。后来张绣反叛，曹操败退回舞阴。当时魏军混乱，各队人马都擅自行动回到曹操处，只有于禁率领几百名部下的士兵，且战且退，虽然有负伤战死的也没有离散。追势稍缓，于禁从容整编队伍，敲着战鼓回营。还没有到曹操驻地，途中看到十多个狼狈不堪的伤兵，正在逃跑，于禁问其缘故，逃兵回答说：“被青州兵抢劫。”当初黄巾军投降的时候，号称青州兵，曹操对他们很宽容，所以敢乘机抢掠。于禁大怒，发布命令说：“青州兵也属曹公统辖，还胆敢继续为贼吗！”于是就领兵声讨他们，列举他们的罪过。青州兵当即跑到曹操那儿去告状。于禁到

节，虽古名将，何以加之！”于是录禁前后功，封益寿亭侯。复从攻张绣于穰，禽吕布于下邳，别与史涣、曹仁攻眭固于射犬，破斩之。

太祖初征袁绍，绍兵盛，禁愿为先登。太祖壮之，乃遣步卒二千人，使禁将，守延津以拒绍，太祖引军还官渡。刘备以徐州叛，太祖东征之。绍攻禁，禁坚守，绍不能拔。复与乐进等将步骑五千，击绍别营，从延津西南缘河至汲、获嘉二县，焚烧保聚三十余屯，斩首获生各数千，降绍将何茂、王摩等二十余人。太祖复使禁别将屯原武，击绍别营于杜氏津，破之。迁裨将军，后从还官渡。太祖与绍连营，起土山相对。绍射营中，士卒多死伤，军中惧。禁督守土山，力战，气益奋。绍破，迁偏将军。冀州平。昌豨复叛，遣禁征之。禁急进攻豨；豨与禁有旧，诣禁降。诸将皆以为豨已降，当送诣太祖，禁曰："诸君不知公常令乎！围而后降者不赦。夫奉法行令，事上之节也。豨虽旧友，禁可失节乎！"自临与豨决，陨涕而斩之。是时太祖军淳于，闻而叹曰："豨降不诣吾而归禁，岂非命耶！"益重禁。东海平，拜禁虎威将军。后与臧霸等攻梅成，张辽、张郃等讨陈兰。禁到，成举众三千余人降。既降复叛，其众奔兰。辽等与兰相持，军食少，禁运粮前后相属，辽遂斩兰、成。增邑二百户，并前千二百户。是时，禁与张辽、乐进、张郃、徐晃俱为名将，太祖每征伐，咸递行为军锋，还为后拒；而禁持军严整，得贼财物，无所私入，由是赏赐特重。然以法御下，不甚得士众心。太祖常恨朱灵，欲

达后，先设立营寨，没有直接去见曹操。有人劝他说："青州兵已经告你的状了，应当赶快去曹公那里说明。"于禁说："现在敌兵还在后面，不一定什么时候就会追来，不事先做好防备，怎么能抵抗敌人呢？而且曹公明智，诬告又有什么用呢！"等到壕沟营垒都已经建好，于禁才去拜见曹操。把事情经过讲述以后，曹操高兴地对于禁说："清水大败，我非常着急，将军在混乱中能够约束兵马，教训暴徒，坚固营垒，有不可动摇的节操，你已经超过了古代名将！"因此根据于禁前后战功，封益寿亭侯。于禁又跟随曹操在穰县攻打张绣，在下邳抓获吕布，又另外和史涣、曹仁率军在射犬攻打眭固，打败并且斩杀了他。

曹操当初征讨袁绍时，袁绍兵力很强盛，许多人都担心，于禁却愿意担当先锋。曹操赞赏他的勇气，让于禁带领步兵两千人，守护延津以对抗袁军，曹操则率军退回官渡。刘备占据徐州反叛，曹操出兵东征。袁绍乘机进攻于禁，于禁坚守，袁绍屡攻不下。于禁又和乐进等率步、骑兵五千，攻击袁绍的其他营寨，从延津西南沿黄河至汲县、获嘉，连烧袁军营垒三十余处，斩首、俘获袁兵数千人，降服袁绍部将何茂、王摩等二十余人。曹操又派于禁另率军屯驻原武，进攻袁绍在杜氏津的另一营寨，将其摧毁。于禁被升为裨将军，跟随曹操回到官渡。曹操和袁绍相距不远，都垒起土山对峙。袁军向曹营射箭，士兵死伤非常多，军心恐慌。于禁督守土山，奋力作战，士气才振奋起来。打败袁绍后，于禁升任偏将军。平定冀州以后，昌豨又反叛，曹操派于禁去征讨。于禁率兵马进攻昌豨，昌豨与于禁原本有交情，就前去见于禁投降。众将领都认为应该把昌豨送交曹操。于禁说："各位难道忘了曹公的命令吗！被包围以后再投降的人不能赦免。奉行法令，是为将者应有的气节。昌豨虽然是我的旧友，我又怎能为此失节！"便与昌豨诀别，流着泪将他杀了。这时曹操驻军淳于，听说此事后叹息道："昌豨投降不来找我却去找于禁，这难道不是命运吗！"因此更加器重于禁。平定东海以后，曹操任于禁为虎威将军。后来同臧霸等将攻打梅成，张辽、张郃等讨伐陈兰。于禁军到，梅成率部三千余人投降。没多久又反叛投靠陈兰。张辽与陈兰对峙，粮草缺

夺其营。以禁有威重，遣禁将数十骑，赍令书，径诣灵营夺其军，灵及其部众莫敢动；乃以灵为禁部下督，众皆震服，其见惮如此。迁左将军，假节钺，分邑五百户，封一子列侯。

建安二十四年，太祖在长安，使曹仁讨关羽于樊，又遣禁助仁。秋，大霖雨，汉水溢，平地水数丈，禁等七军皆没。禁与诸将登高望水，无所回避，羽乘大船就攻禁等，禁遂降，惟庞悳不屈节而死。太祖闻之，哀叹者久之，曰："吾知禁三十年，何意临危处难，反不如庞悳邪！"会孙权禽羽，获其众，禁复在吴。文帝践阼，权称藩，遣禁还。帝引见禁，须发皓白，形容憔悴，泣涕顿首。帝慰谕以荀林父、孟明视故事，拜为安远将军。欲遣使吴，先令北诣邺谒高陵。帝使豫于陵屋画关羽战克、庞悳愤怒、禁降服之状。禁见，惭恚发病薨。子圭嗣封益寿亭侯。谥禁曰厉侯。

张郃字儁乂，河间鄚人也。汉末应募讨黄巾，为军司马，属韩馥。馥败，以兵归袁绍。绍以郃为校尉，使拒公孙瓒。瓒破，郃功多，迁宁国中郎将。太祖与袁绍相拒于官渡，绍遣将淳于琼等督运屯乌巢，太祖自将急击之。郃说绍曰："曹公兵精，往必破琼等；琼等破，则将军事去矣，宜急引兵救之。"郭图曰："郃计非也。不如攻其本营，势必还，此为不救而自解也。"郃曰："曹公营固，攻之必不拔，若琼等见禽，吾属尽为虏矣。"绍但遣轻骑救琼，而以重兵攻

少，于禁不断地运粮供给张辽，张辽这才打败并斩杀了陈兰、梅成。曹操增加于禁二百户食邑，加上以前的共一千二百户。此时，于禁和张辽、乐进、张郃、徐晃都已经是声名显赫的大将，曹操每次出征，都交替任命他们为先锋，回军的时候则担任后卫；又因于禁治军严整，缴获财物从不私自占有，得到的赏赐特别多。虽然于禁统率部下严明，却不十分得士兵的心。曹操平素厌恶朱灵，想削夺他的兵权。鉴于于禁的威望，便派于禁率数十名骑兵，带着命令，到朱灵军营夺了他的兵权，朱灵及其部下谁也不敢乱动。曹操就命令朱灵为于禁部将，大家都十分慑服，于禁使人畏惧到如此地步。其后升左将军，假节钺，曹操分出他的食邑五百户，封他一个儿子为列侯。

建安二十四年，曹操住在长安，派遣曹仁到樊城讨伐关羽，让于禁协助曹仁。秋天，连降大雨，汉水泛滥，平地水深数丈，于禁等七军都被水淹没。于禁和众将登上高处观察，没有地方可以躲避，关羽乘大船攻击于禁等人，于禁投降，只有庞悳不肯投降而战死。曹操听说以后，哀叹了很久，说："我了解于禁三十年，怎么也没想到他反倒不如庞悳啊！"后来孙权抓获关羽，获得了他的部众，于禁又到了吴国。曹丕称帝，孙权称臣，把于禁送回魏国。曹丕召见于禁，他须发皆白，容貌憔悴，流泪磕头。曹丕用古人荀林父、孟明视的事安慰他，又任命他为安远将军。准备派遣他出使吴国，先让他去邺城拜谒高陵。曹丕预先让人在陵屋画上关羽战庞悳、于禁投降的图形。于禁看后，羞恨不已，发病去世。他的儿子于圭继承爵位。文帝赐于禁谥号厉侯。

张郃，字儁乂，是河间郡鄚县人。东汉末年响应征募征讨黄巾军，做了军司马，隶属于韩馥部下，韩馥兵败，他率军归附袁绍。袁绍任他为校尉，派他抵挡公孙瓒。张郃打败了公孙瓒，因战功卓越，被任为宁国中郎将。太祖曹操和袁绍在官渡对决，袁统派将领淳于琼等人驻扎在乌巢，监管粮食运送。太祖亲自带领军队猛攻乌巢。张郃向袁绍建议："曹公兵力精锐，定将淳于琼打败；如果淳于琼等人被打败，将军您的事业就付诸东流了，应当赶紧带兵去救援淳于琼他们。"郭图说："张郃的计策不好。我们不如攻打曹公的大本营，曹军

太祖营，不能下。太祖果破琼等，绍军溃。图惭，又更谮郃曰：“郃快军败，出言不逊。”郃惧，乃归太祖。

太祖得郃甚喜，谓曰：“昔子胥不早寤，自使身危，岂若微子去殷、韩信归汉邪？”拜郃偏将军，封都亭侯。授以众，从攻邺，拔之。又从击袁谭于渤海，别将军围雍奴，大破之。从讨柳城，与张辽俱为军锋，以功迁平狄将军。别征东莱，讨管承，又与张辽讨陈兰、梅成等，破之。从破马超、韩遂于渭南。围安定，降杨秋。与夏侯渊讨鄜贼梁兴及武都氐。又破马超，平宋建。太祖征张鲁，先遣郃督诸军讨兴和氐王窦茂。太祖从散关入汉中，又先遣郃督步卒五千于前通路。至阳平，鲁降，太祖还，留郃与夏侯渊等守汉中，拒刘备。郃别督诸军，降巴东、巴西二郡，徙其民于汉中。进军宕渠，为备将张飞所拒，引还南郑。拜荡寇将军。刘备屯阳平，郃屯广石。备以精卒万余，分为十部，夜急攻郃。郃率亲兵搏战，备不能克。其后备于走马谷烧都围，渊救火，从他道与备相遇，交战，短兵接刃。渊遂没，郃还阳平。当是时，新失元帅，恐为备所乘，三军皆失色。渊司马郭淮乃令众曰：“张将军，国家名将，刘备所惮；今日事急，非张将军不能安也。”遂推郃为军主。郃，勒兵安陈，诸将皆受郃节度，众心乃定。太祖在长安，遣使假郃节。太祖遂自至汉中，刘备保高山不敢战。太祖乃引出汉中诸军，郃还屯陈仓。

势必退兵解救，这样乌巢自然就解围了。”张郃说：“曹公的营垒坚固，如果去攻打，一定不能攻下。如果淳于琼人被擒，我们这些人也将会成为俘虏。”袁绍只派小股骑兵去救淳于琼，而率领重兵攻打太祖军营，不能攻下。太祖果然打败了淳于琼等人，袁绍的军队溃败逃散。郭图感到惭愧，因此进一步诬陷张郃说：“张郃对我军战败感到高兴，出言不逊。”张郃非常害怕，担心被袁绍治罪，于是就逃跑，归顺了太祖。

太祖得到张郃很开心，对张郃说：“从前伍子胥没有早点省悟，结果使自己身处危境，他怎比得上微子离开商纣、韩信归附汉王的智慧呢？”太祖授张郃为偏将军，封他为都亭侯，给他兵力，跟随大军去攻打邺城，取得成功。他又随太祖到渤海攻打袁谭，并带领军队围攻雍奴，大败他们。张郃跟随太祖征讨柳城，和张辽一同做部队先锋，因为战功显赫，被升任为平狄将军。他又带兵出征东莱郡，讨伐管承，又和张辽一起讨伐陈兰、梅成等人，将他们打败。张郃跟随太祖在渭南打败马超、韩遂。率军围攻安定，使杨秋归降。他和夏侯渊一同讨伐鄜县盗贼梁兴和武都郡的氐人。又打败马超，铲平宋建的势力。太祖征讨张鲁，先遣张郃监督众军去讨伐兴和氐人首领窦茂。太祖由散关进入汉中，又先派张郃监督五千步兵在前面开路。到达阳平县以后，张鲁投降，太祖退兵返回，留下张郃和夏侯渊等驻守汉中，抵抗刘备。张郃又统领各军，占领巴东、巴西，迁徙两郡的百姓到汉中。他进军宕渠，受到张飞拦截，于是返回南郑。张郃被任命为荡寇将军。刘备在阳平驻扎，张郃在广石驻兵。刘备派一万多精兵，分成十队，夜间发起猛攻。张郃率亲兵迎战，刘备不能取胜。此后刘备在走马谷放火烧曹军的营寨，夏侯渊赶出城在救火的道上和刘备相遇，双方短兵相接。夏侯渊战死，张郃只好退守阳平。这时，曹军刚刚失去主帅，担心被刘备追击，所有部将都惊慌失色。夏侯渊的司马郭淮于是传令军中说：“张将军是我方的名将，连刘备都很畏惧他；眼下形势危急，除了张将军，没人能安定军心。”因此推举张郃为军中主帅。张郃就任以后，整顿军队，安营扎寨，众将都接受他的调度，士兵情绪才安定下来。当时太祖在长安，派遣使者赐予张郃任命的

文帝即主位，以郃为左将军，进爵都乡侯。及践阼，进封鄚侯。诏郃与曹真讨安定卢水胡及东羌，召郃与真并朝许宫，遣南与夏侯尚击江陵。郃别督诸军渡江，取洲上屯坞。明帝即位，遣南屯荆州，与司马宣王击孙权别将刘阿等，追至祁口，交战，破之。诸葛亮出祁山。加郃位特进，遣督诸军，拒亮将马谡于街亭。谡依阻南山，不下据城。郃绝其汲道，击，大破之。南安、天水、安定郡反应亮，郃皆破平之。诏曰："贼亮以巴蜀之众，当虓虎之师。将军被坚执锐，所向克定，朕甚嘉之。益邑千户，并前四千三百户。"司马宣王治水军于荆州，欲顺沔入江伐吴，诏郃督关中诸军往受节度。至荆州，会冬水浅，大船不得行，乃还屯方城。诸葛亮复出，急攻陈仓，帝驿马召郃到京都。帝自幸河南城，置酒送郃，遣南北军士三万及分遣武卫、虎贲使卫郃，因问郃曰："迟将军到，亮得无已得陈仓乎！"郃知亮县军无谷，不能久攻，对曰："比臣未到，亮已走矣；屈指计亮粮不至十日。"郃晨夜进至南郑，亮退。诏郃还京都，拜征西车骑将军。

郃识变数，善处营陈，料战势地形，无不如计，自诸葛亮皆惮之。郃虽武将而爱乐儒士，尝荐同乡卑湛经明行修，诏曰："昔祭遵为将，奏置五经大夫，居军中，与诸生雅歌投壶。今将军外勒戎旅，内存国朝。朕嘉将军之意，今擢湛为博士。"

符节。后来，太祖亲自来到汉中，刘备在高山上死守，不敢出来迎战。太祖就将军队撤出汉中，派张郃回师驻守陈仓。

文帝即王位，让张郃做了左将军，并晋升他为都乡侯。等到文帝即帝位时，加封他鄚侯。下诏令张郃和曹真讨伐安定卢水胡和东羌，叫张郃和曹真一同到许宫朝见，派遣他们往南与夏侯尚一同攻打江陵。张郃另外统领诸军渡过长江，夺取江洲营垒。明帝即位以后，派张郃南下驻守荆州，和司马宣王攻打孙权手下别将刘阿等人。追击到祁口，双方交战，张郃将刘阿打败。诸葛亮出兵祁山。明帝提升张郃的官位为特进，命他监督各军，在街亭抵御诸葛亮的大将马谡。马谡在南山上扎营，不下山来占据城堡驻守。张郃截断马谡的水道，发起攻击，大败马谡。南安、天水、安定三郡都反叛来响应诸葛亮，张郃一一平定了这些叛乱的郡县。明帝下诏说："贼人诸葛亮率领巴蜀兵士，阻挡张将军猛虎一般的军队。将军身披铠甲、手执利器，锋芒所指，全都攻克平定，朕非常赞赏你。给你增加食邑一千户，算上以前的封赏共四千三百户。"司马宣王在荆州训练水军，打算顺着沔江进入长江去讨伐吴国。明帝诏令张郃统领关中各军去荆州接受司马宣王的调度。到了荆州，遇上冬天水浅，大船不能航行，便撤军驻扎在方城。诸葛亮再次出征，猛攻陈仓，明帝派驿马召张郃回京师。明帝亲自到河南城，设置酒宴为张郃送行，派遣南北军士三万人及部分武卫、虎贲保护张郃。明帝问张郃说："等将军到达，诸葛亮会不会已经攻下陈仓？"张郃知道诸葛亮孤军深入境内，没有粮草后援，不能持久作战，就回答说："臣等还没有到，诸葛亮就已经退兵了；屈指计算诸葛亮的粮食还不够十天吃的。"张郃日夜兼程进军南郑，诸葛亮退走。明帝诏令张郃返回京都，授予他征西车骑将军的官职。

张郃熟习战术，善于安营布阵，预测战况地形都很准确，诸葛亮以下的蜀将都很害怕他。张郃虽然为武将，却爱儒士，曾推荐通晓儒经行为端正的同乡卑湛，明帝下诏说："从前祭遵为将帅的时候，奏请设置五经大夫，在军中常和儒生作雅歌投壶之戏。现在将军虽在外统领兵马，却惦记朝廷大事。我赞赏将军的美意，现在提拔卑湛为博士。"

诸葛亮复出祁山，诏郃督诸将西至略阳，亮还保祁山，郃追至木门，与亮军交战，飞矢中郃右膝，薨，谥曰壮侯。子雄嗣。郃前后征伐有功，明帝分郃户，封郃四子列侯。赐小子爵关内侯。

徐晃字公明，河东杨人也。为郡吏，从车骑将军杨奉讨贼有功，拜骑都尉。李傕、郭汜之乱长安也，晃说奉，令与天子还洛阳，奉从其计。天子渡河至安邑，封晃都亭侯。及到洛阳，韩暹、董承日争斗，晃说奉令归太祖；奉欲从之，后悔。太祖讨奉于梁，晃遂归太祖。

太祖授晃兵，使击卷、卷音墟权反。原武贼，破之，拜裨将军。从征吕布，别降布将赵庶、李邹等。与史涣斩眭固于河内。从破刘备，又从被颜良，拔白马，进至延津，破文丑，拜偏将军。与曹洪击㶏彊贼祝臂，破之，又与史涣击袁绍运车于故市，功最多，封都亭侯。太祖既围邺，破邯郸，易阳令韩范伪以城降而拒守，太祖遣晃攻之。晃至，飞矢城中，为陈成败。范悔，晃辄降之。既而言于太祖曰："二袁未破，诸城未下者倾耳而听，今日灭易阳，明日皆以死守，恐河北无定时也。愿公降易阳以示诸城，则莫不望风。"太祖善之。别讨毛城，设伏兵掩击，破三屯。从破袁谭于南皮，讨平原叛贼，克之。从征蹋顿，拜横野将军。从征荆州，别屯樊，讨中庐、临沮、宜城贼。又与满宠讨关羽于汉津，与曹仁击周瑜于江陵。十五年，讨太原反者，围大陵，拔之，斩贼帅商曜。韩遂、马超等反关右，遣晃屯汾阴以抚河东，赐牛酒，令上先人墓。太祖至潼关，恐不得渡，召问晃。晃曰："公盛兵于此，而贼不复别守蒲坂，知其无谋也。今假臣精兵渡蒲坂津，为军先置，以截其里，贼可擒也。"太祖曰："善。"使晃以步骑四千人渡津。作堑栅未成，贼梁兴夜将步骑五千余人攻晃，晃击走之，太祖军得渡。遂破超等，使晃与夏侯渊

诸葛亮再一次出师祁山。明帝诏令张郃带领诸将西到略阳，诸葛亮退守祁山，张郃追到木门，和诸葛亮军交战，流箭射中张郃的右膝，去世，谥号壮侯。儿子张雄继承爵位。张郃前后征伐立下许多战功，明帝从张郃食邑中分出部分，封张郃四个儿子为列侯。赐他的小儿子为关内侯。

徐晃字公明，是河东郡杨县人。在他做郡吏时，跟随车骑将军杨奉征讨贼寇有功，授骑都尉。李傕、郭汜乱长安时，徐晃劝说杨奉，让他和汉献帝退到洛阳，杨奉听从了他的建议。汉献帝渡过黄河到安邑后，封徐晃为都亭侯。到了洛阳，韩暹、董承每天争斗，徐晃劝杨奉归顺曹操，杨奉开始听从了他的建议，后来又反悔了。曹操到梁县讨伐杨奉，徐晃归顺了曹操。

曹操派徐晃攻打卷县、原武的贼寇，徐晃大获全胜，曹操升他任裨将军。徐晃随曹操征讨吕布，徐晃单独逼降吕布的部将赵庶、李邹等人。又同史涣在河内郡斩了眭固，接着又随曹操大破刘备。随后打败颜良，攻取白马城，进军到延津，大败袁绍手下另一名大将文丑，任偏将军。徐晃又和曹洪一起击败㶏彊的贼军祝臂，同史涣在故市截获袁绍粮车，功劳最多，晋封都亭侯。曹操围攻邺城，攻破邯郸，易阳县令韩范佯装献城却又负隅顽抗，曹操命徐晃进攻。徐晃来到易阳，向城中射箭传书，陈说利害，韩范悔悟要投降徐晃。徐晃对曹操说："袁谭、袁绍还没有灭，那些没有被攻取的城池都在见风使舵，现在要是用武力平灭易阳，其他城就会拼死抗拒，那样河北就没有平定的日子了。希望您允许易阳投降，其余各城就都会效仿。"曹操认为非常好。徐晃又单独率兵突袭毛城，攻占了三屯。徐晃跟随曹操在南皮击败袁谭，平定平原诸郡的叛乱。跟随曹操征讨乌丸单于蹋顿，被任命为横野将军。随曹操征讨荆州，另率一军屯驻樊城，讨伐中庐、临沮、宜城的叛军。又与满宠在汉津与关羽争战，与曹仁在江陵进攻周瑜。建安十五年，徐晃率领军队讨伐太原叛军，攻克大陵，杀了叛军统帅商曜。韩遂、马超等人在关中反叛，曹操派遣徐晃屯驻汾阴以安抚河东，又赐给他牛酒，让他到祖先坟上扫墓。曹操率兵到潼关，担心没办法渡过黄河，向徐晃询问有什么办法，徐

平隃麋、汧诸氐，与太祖会安定。太祖还邺，使晃与夏侯渊平鄜、夏阳余贼，斩梁兴，降三千余户。从征张鲁。别遣晃讨攻椟、仇夷诸山氐，皆降之。迁平寇将军。解将军张顺围。击贼陈福等三十余屯，皆破之。

太祖还邺，留晃与夏侯渊拒刘备于阳平。备遣陈式等十余营绝马鸣阁道，晃别征破之，贼自投山谷，多死者。太祖闻，甚喜，假晃节，令曰："此阁道，汉中之险要咽喉也。刘备欲断绝外内，以取汉中。将军一举，克夺贼计，善之善者也。"太祖遂自至阳平，引出汉中诸军。复遣晃助曹仁讨关羽，屯宛。会汉水暴溢，于禁等没。羽围仁于樊，又围将军吕常于襄阳。晃所将多新卒，以羽难与争锋，遂前至阳陵陂屯。太祖复还，遣将军徐商、吕建等诣晃，令曰："须兵马集至，乃俱前。"贼屯偃城。晃到，诡道作都堑，示欲截其后，贼烧屯走。晃得偃城，两面连营，稍前，去贼围三丈所。未攻，太祖前后遣殷署、朱盖等凡十二营诣晃。贼围头有屯，又别屯四冢。晃扬声当攻围头屯，而密攻四冢。羽见四冢欲坏，自将步骑五千出战，晃击之，退走，遂追陷与俱入围，破之，或自投沔水死。太祖令曰："贼围堑鹿角十重，将军致战全胜，遂陷贼围，多斩首虏。吾用兵三十余年，及所闻古之善用兵者，未有长驱径入敌围者也。且樊、襄阳之在围，过于莒、即墨，将军之功，逾孙武、穰苴。"晃振旅还摩陂，太祖迎晃七里，置酒大会。太祖举卮酒劝晃，且劳之曰："全樊、襄阳，将军之功也。"时诸军皆集，太祖案行诸营，士卒咸离陈

晃说:“您统率重兵准备进击,贼兵却不增派兵马驻守蒲坂,可知他们没有谋略。请让我统率精兵为先锋,渡过蒲坂津,从敌后截击,贼兵就可以擒获。”曹操说:“好。”曹操派徐晃率领步骑兵四千人渡过蒲坂津。徐晃的将士挖战壕设栅栏安营还没有完成,敌军梁兴乘黑夜率步骑兵五千多人进攻徐晃,徐晃打退他们,曹军渡过黄河,打败马超。曹操派徐晃和夏侯渊平定隃糜、汧县的氐人,在安定与曹操会师。曹操回到邺城,又派遣徐晃和夏侯渊平定鄜县、夏阳等地的残余叛军,斩杀梁兴,招降叛众三千多户。徐晃跟随曹操征讨张鲁。他又另外率兵马攻打椟县、仇夷山中的氐人,将他们全部招降。升任平寇将军。徐晃又率军为将军张顺解围,攻破叛军陈福等人三十多个堡垒。

太祖回师邺城,留下徐晃与夏侯渊在阳平对抗刘备。刘备派遣陈式等十余营士兵截断马鸣阁道,徐晃独自带领兵击败陈式部,敌兵被迫跳下山涧,死者众多。太祖听说后极为高兴,授予徐晃假节的权位,下令说:“这个阁道是汉中的咽喉要地。刘备想占据阁道切断内外联系,以夺取汉中。将军一举粉碎了敌人的计划,这是好上加好的事情。”太祖就亲自到阳平,接应撤出汉中诸军。又派遣徐晃帮助曹仁讨伐关羽,屯驻宛县。恰好遇到汉水暴涨,于禁等军被水淹没。关羽在樊县围攻曹仁,又在襄阳围攻将军吕常。徐晃所率领的大多是新兵,难以与关羽争锋,就前进至阳陵陂屯驻。太祖又率军返回,派遣将军徐商、吕建等人来见徐晃,下令说:“等到我军兵马全部到齐以后,才可以一起进攻。”敌兵屯驻偃城。徐晃到偃城后,假装要修建一条大沟堑,显示出要断截敌军后路的态势,敌军见状,烧掉营垒撤走。徐晃占领偃城以后,营垒左右相连,慢慢前进,在离敌人包围圈三丈远的地方扎下营寨。还没有发动进攻时,太祖先后派遣殷署、朱盖等共十二个营的兵力来与徐晃会合。敌军在围头有驻军,另外在四冢也驻有军队。徐晃扬言说要攻打围头的驻军,却暗地里进军袭击四冢。关羽看到四冢要被攻破,亲自率步骑兵五千人出来与徐晃交战,徐晃进击,关羽兵败逃走。徐晃因此乘胜追击,和关羽一起进入包围圈内,终于打败敌人,有的敌人无路可逃,跳入沔水被淹死。

观，而晃军营整齐，将士驻陈不动。太祖叹曰："徐将军可谓有周亚夫之风矣。"

文帝即王位，以晃为右将军，进封逯乡侯。及践阼，进封杨侯。与夏侯尚讨刘备于上庸，破之。以晃镇阳平，徙封阳平侯。明帝即位，拒吴将诸葛瑾于襄阳。增邑二百，并前三千一百户。病笃，遗令敛以时服。

性俭约畏慎，将军常远斥候，先为不可胜，然后战，追奔争利，士不暇食。常叹曰："古人患不遭明君，今幸遇之，当以功自效，何用私誉为！"终不广交援。太和元年薨，谥曰壮侯。子盖嗣。盖薨，子霸嗣。明帝分晃户，封晃子孙二人列侯。

初，清河朱灵为袁绍将。太祖之征陶谦，绍使灵督三营助太祖，战有功。绍所遣诸将各罢归，灵曰："灵观人多矣，无若曹公者，此乃真明主也。今已遇，复何之？"遂留不去。所将士卒慕之，皆随灵留。灵后遂为好将，名亚晃等，至后将军，封高唐亭侯。

评曰：太祖建兹武功，而时之良将，五子为先。于禁最号毅重，然弗克其终。张郃以巧变为称，乐进以骁果显名，而鉴其行事，未

太祖下令说："敌军围城的战壕防御工事有十重。将军进军，大获全胜，终于攻破敌人的包围，斩杀许多敌人首级。我用兵三十多年，以及所听说的古代擅长用兵的人，没有敢长驱直入冲进敌人包围圈的。况且樊县、襄阳被围困的程度比当年莒县、即墨还要严重，将军的功劳，超过了古代名将孙武、司马穰苴。"徐晃整顿部队还师回到摩陂，太祖在城外七里处迎接徐晃，设置酒宴大会众将。太祖举杯向徐晃劝酒，并且慰劳徐晃说："保全樊县、襄阳，是将军的功劳啊！"当时各军都集合在这里，太祖巡视各营，其他营的士兵都离开队列观看太祖，只有徐晃军营整齐，将士站在队列里一动不动。太祖赞叹说："徐将军可以说是有汉代名将周亚夫的风范啊！"

曹丕即王位，命徐晃做了右将军，加封逯乡侯。曹丕称帝，徐晃进封杨侯，与夏侯尚在上庸打败了刘备。曹丕让徐晃镇守阳平，改封阳平侯。曹叡即位后，徐晃在襄阳抵御吴将诸葛瑾。增封食邑二百户，加上以前封的共三千一百户。徐晃病重，遗嘱令家人按当时普通的衣服来装殓。

徐晃生性节俭谨慎，带领军队出征常远派探马，以观敌情，先做不能取胜的打算，再与敌交战，一旦态势有利就追击逃敌，有时士兵连吃饭的时间都没有。他常感叹说："古人担忧遇不上贤明的君主，现在我幸运地遇上了，当立功以报效，个人名利不必追求！"他从不结交朋党。徐晃在太和元年去世，谥号壮侯。他的儿子徐盖继承爵位。徐盖去世，他的儿子徐霸继承爵位。魏明帝从徐晃食邑中分出一部分，封徐晃的子孙二人为列侯。

当初，清河人朱灵在袁绍手下。曹操征讨陶谦的时候，袁绍派朱灵统领三营将士援助曹操，作战有功。后来，袁绍派来的将士都返回，朱灵说："我见过的人多了，曹公才是真正贤明的君主啊。现在我已经遇上了，还去哪里呢？"就留下来没有回到袁绍那里。他手下的士兵拥戴他，也都追随他留了下来。朱灵后来终成良将，名声仅次于徐晃等人，官至后将军，封高唐亭侯。

评论说：太祖建立如此辉煌的大业，其良将以这五位为最。于禁坚毅稳重，却没能全始全终。张郃机智巧变勇猛，乐进以骁勇果

副所闻。或注记有遗漏，未如张辽、徐晃之备详也。

敢显名，但是对照他们的行事，与所听到的不太相符，可能是在收录记载时有所遗漏，不如张辽、徐晃二人的详备吧！

卷十八　魏书十八

二李臧文吕许典二庞阎传第十八

李典字曼成，山阳钜野人也。典从父乾，有雄气，合宾客数千家在乘氏。初平中，以众随太祖，破黄巾于寿张，又从击袁术，征徐州。吕布之乱，太祖遣乾还乘氏，慰劳诸县。布别驾薛兰、治中李封招乾，欲俱叛，乾不听，遂杀乾。太祖使乾子整将乾兵，与诸将击兰、封。兰、封破，从平兖州诸县有功，稍迁青州刺史。整卒，典徙颍阴令，为中郎将，将整军，迁离狐太守。

时太祖与袁绍相拒官渡，典率宗族及部曲输谷帛供军。绍破，以典为裨将军，屯安民。太祖击谭、尚于黎阳，使典与程昱等以船运军粮。会尚遣魏郡太守高蕃将兵屯河上，绝水道，太祖敕典、昱："若船不得过，下从陆道。"典与诸将议曰："蕃军少甲而恃水，有懈怠之心，击之必克。军不内御；苟利国家，专之可也，宜亟击之。"昱亦以为然。遂北渡河，攻蕃，破之，水道得通。刘表使刘备北侵，至叶，太祖遣典从夏侯惇拒之。备一旦烧屯去，惇率诸军追击之，典曰："贼无故退，疑必有伏。南道狭窄，草木深，不可追也。"惇不听，与于禁追之，典留守。惇等果入贼伏里，战不利，典往救，备望见救至，乃散退。从围邺，邺定，与乐进围高幹于壶关，击管承于长广，皆破之。迁捕虏将军，封都亭侯。典宗族部曲三千余家，居乘氏，自请愿徙诣魏郡。太祖笑曰："卿欲慕耿纯邪？"典谢曰："典驽怯功微，而爵宠过厚，诚宜举宗陈力；加以征伐未息，宜实郊遂之内，以制四方，非慕纯也。"遂徙部曲宗族万三千余口居邺。太祖

李典字曼成，是山阳钜野人。李典的叔父李乾，威武雄壮，聚集宾客数千家住在乘氏。初平中，李典带领大家随曹操在寿张打败黄巾军，又跟随曹操攻击袁术，征讨徐州。吕布叛乱后，曹操派李乾回乘氏，安抚各县。吕布的别驾薛兰、治中李封联络李乾，想一起反叛曹操，李乾不从，于是薛兰、李封就将李乾杀了。曹操派李乾的儿子李整统率李乾的兵马和其他将士一起攻打薛兰、李封。薛兰、李封被打败以后，李整跟随太祖平定兖州各县，立有战功，官至青州刺史。李整死了以后，李典转任颍阴令，兼任中郎将，统领李整的部众，升迁为离狐太守。

当时太祖和袁绍在官渡对峙，李典带领宗族及部下运输粮食布匹供应大军。袁绍失败后，太祖任命李典为裨将军，在安民城驻兵。太祖在黎阳攻打袁谭、袁尚，命李典和程昱等人用船运送军粮。正好赶上袁尚派遣魏郡太守高蕃领兵驻扎在黄河边，断绝水道，太祖命令李典、程昱："如果船只不能通过，就下改从陆路走。"李典和众将商议说："高蕃的将士缺少铠甲，只是凭着黄河水险，有懈怠之心，攻击高蕃一定能取胜。军队的行动不能由后方决定，如果对国家有利，自己决断也可以，应当赶快进攻敌人。"程昱也认为李典的意见很正确。于是李典北渡黄河进攻高蕃，打败了高蕃，水路得以畅通。刘表命令刘备率军北犯，到达叶县，太祖派遣李典跟随夏侯惇抵御刘备。一天清晨，刘备突然烧掉军营撤走，夏侯惇统率诸军追击，李典说："敌人无故退走，我怀疑敌人一定设有埋伏。南边的道路狭窄，草木茂密，不能追击。"夏侯惇不听李典的劝告，和于禁去追赶刘备，李典留守军营。夏侯惇等人果然中了刘备的埋伏，交战失利，李典率军前往救援，刘备看见救兵到了，才率军分散撤退。李典跟随太祖围攻邺县，邺县平定以后，与乐进在壶关围攻高

嘉之，迁破虏将军。与张辽、乐进屯合肥，孙权率众围之，辽欲奉教出战。进、典、辽皆素不睦，辽恐其不从，典慨然曰："此国家大事，顾君计何如耳，吾可以私憾而忘公义乎！"乃率众与辽破走权。增邑百户，并前三百户。

典好学问，贵儒雅，不与诸将争功。敬贤士大夫，恂恂若不及，军中称其长者。年三十六薨，子祯嗣。文帝践阼，追念合肥之功，增祯邑百户，赐典一子爵关内侯，邑百户；谥典曰愍侯。

李通字文达，江夏平春人也。以侠闻于江、汝之间。与其郡人陈恭共起兵于朗陵，众多归之。时有周直者，众二千余家，与恭、通外和内违。通欲图杀直而恭难之。通知恭无断，乃独定策，与直克会，酒酣杀直。众人大扰，通率恭诛其党帅，尽并其营。后恭妻弟陈郃，杀恭而据其众。通攻破郃军，斩郃首以祭恭墓。又生禽黄巾大帅吴霸而降其属。遭岁大饥，通倾家振施，与士分糟糠，皆争为用，由是盗贼不敢犯。

建安初，通举众诣太祖于许。拜通振威中郎将，屯汝南西界。太祖讨张绣，刘表遣兵以助绣，太祖军不利。通将兵夜诣太祖，太

干，在长广攻击管承，都打败了敌军。升任捕虏将军，封都亭侯。李典的宗族和私人武装三千多家，住在乘氏，李典自己请求把这些人迁徙到魏郡。太祖笑着说：“你想仿效耿纯吗？”李典辞谢说：“李典怯懦无能，功劳微小，而爵位宠幸过于优厚，实在应该率领整个宗族来报效；加上现在征伐之事还没有止息，应当充实京畿地区，来控制四方，不是仿效耿纯。”李典就迁徙部下宗族一万三千多人到邺县居住。太祖对李典很是赞赏，将其升职为破虏将军。李典和张辽、乐进驻守合肥，孙权率兵包围合肥，张辽想遵照太祖的指示出城迎战。乐进、李典、张辽平常都不是很和睦，张辽担心乐进、李典二人不跟从自己出战，李典慨然说：“这是国家大事，只看你的计策怎么样，我怎么会因为私怨而不顾公义呢！”因此，李典率领将士和张辽击败孙权，迫使其退军。太祖给李典增加食邑百户，加上以前封的共三百户。

李典好学问，尚儒雅，从来不与众将争功夺利。他尊敬贤良的士大夫，谦恭谨慎唯恐失礼，军中诸将士称他为长者。他三十六岁去世，其子李祯继承爵位。曹丕称帝，追念李典的战功，增封李祯食邑百户，赐予李典一个儿子关内侯的爵位，食邑百户，赐予李典谥号愍侯。

李通字文达，是江夏平春人。李通因为侠义尚仁在长江、汝水一带出名。与同郡人陈恭在朗陵起兵造反，很多人都来归附他。当时有个叫周直的，部下有两千多户人家，与陈恭、李通面和而实疏，李通想要杀掉周直，但陈恭感到为难。李通知道陈恭没有决断，便独自定计，与周直约定日期聚会，趁酒酣的时候杀了周直，众人大乱，李通带领陈恭诛杀周直部属中的首领，并吞并了他的人马，后来陈恭的妻弟陈郃，杀死陈恭并且占有了他的部众。李通击败陈郃，斩下陈郃的人头来祭奠陈恭，又活捉了黄巾军大头目吴霸并且招降了他的部属。当时正赶上大饥荒，李通倾其家产救济灾民，和部下同食糠菜，大家都争着为他效力。从那以后，盗贼不敢来犯。

建安初年，李通带领部众到许昌投奔曹操。曹操任命他为振威中郎将，驻军汝南西界。曹操讨伐张绣，刘表派兵帮助张绣，曹军没

祖得以复战，通为先登，大破绣军。拜裨将军，封建功侯。分汝南二县，以通为阳安都尉。通妻伯父犯法，朗陵长赵俨收治，致之大辟。是时杀生之柄，决于牧守，通妻子号泣以请其命。通曰：“方与曹公戮力，义不以私废公。”嘉俨执宪不阿，与为亲交。太祖与袁绍相拒于官渡。绍遣使拜通征南将军，刘表亦阴招之，通皆拒焉。通亲戚部曲流涕曰：“今孤危独守，以失大援，亡可立而待也，不如亟从绍。”通按剑以叱之曰：“曹公明哲，必定天下。绍虽强盛，而任使无方，终为之虏耳。吾以死不贰。”即斩绍使，送印绶诣太祖。又击郡贼瞿恭、江宫、沈成等，皆破残其众，送其首。遂定淮、汝之地。改封都亭侯，拜汝南太守。时贼张赤等五千余家聚桃山，通攻破之。刘备与周瑜围曹仁于江陵，别遣关羽绝北道。通率众击之，下马拔鹿角入围，且战且前，以迎仁军，勇冠诸将。通道得病薨，时年四十二。追增邑二百户，并前四百户。文帝践阼，谥曰刚侯。诏曰：“昔袁绍之难，自许、蔡以南，人怀异心。通秉义不顾，使携贰率服，朕甚嘉之。不幸早薨，子基虽已袭爵，未足酬其庸勋。基兄绪，前屯樊城，又有功。世笃其劳，其以基为奉义中郎将，绪平虏中郎将，以宠异焉。”

臧霸字宣高，泰山华人也。父戒，为县狱掾，据法不听太守欲所私杀。太守大怒，令收戒诣府，时送者百余人。霸年十八，将客数十人径于费西山中要夺之，送者莫敢动，因与父俱亡命东海，由是以勇壮闻。黄巾起，霸从陶谦击破之，拜骑都尉。遂收兵于徐州，与孙观、吴敦、尹礼等并聚众，霸为帅，屯于开阳。太祖之讨吕布也，

有取得胜利。李通连夜率兵来见曹操，曹操得以再次出战。李通首先攻入敌阵，大败张绣，被任命为裨将军，授封为建功侯。曹操从汝南郡分出两个县，任命李通为阳安都尉，管理两个县。李通妻子的伯父犯法，郎陵县长赵俨将他抓起来处以死刑。当时生杀大权由州牧、郡守掌握，李通妻子儿女哭泣着请求李通饶恕他伯父。李通说："我正和曹公努力成就大业，从道义上讲不能以私废公。"他赞赏赵俨秉公执法，还与他结为朋友。曹操与袁绍在官渡相持，袁绍派使者任命李通为征南将军，刘表也暗中招纳李通，李通都拒绝了。李通的亲属和部下流着泪说："现在您力孤势单，已经失去有力的援助，被消灭只是早晚的事，不如趁势归顺袁绍。"李通按剑斥责他们说："曹公明智，一定会扫清天下。袁绍虽然强盛，但是他任人不当，终究要被曹公战败。我即使死也不会有二心。"当即杀了袁绍的使者，派人把印绶送给曹操。又进攻郡里的反叛者瞿恭、江宫、沈成等人，打败他们，将他们的首级送给曹操。于是淮河、汝水平定。曹操改封李通为都亭侯，被任命为汝南太守。叛军张赤等五千余家聚集在桃山，李通率兵马剿灭他们。刘备与周瑜把曹仁围困在江陵，又派关羽又断绝北面的通道。李通率军进击，下马拔升鹿角，攻入敌军包围圈，救出曹仁在诸将中最为勇敢。李通在路上得病去世，时年四十二岁。朝廷追增他食邑二百户，加上以前封的共四百户。曹丕称帝，赐李通谥号刚侯，下诏说："从前袁绍作乱，自许、蔡以南，人人怀有异心。李通以道义为本，使心怀二心的人纷纷归服，我非常赞赏他。他不幸早逝，他的儿子李基虽然已经继承了爵位，但是还不足以酬报他的功勋。李基的哥哥李绪，以前驻扎樊城，又立有战功。现在任命李基为奉义中郎将，李绪为平虏中郎将。以显示朝廷对他们的恩宠优待异于常人。"

臧霸字宣高，是泰山华县人。臧霸的父亲臧戒任县狱掾时，太守想要报私仇杀人，臧戒依照法律坚决不同意。太守大怒，下令逮捕臧戒并送到郡府，当时被押送的有一百多人。臧霸这年十八岁，带着宾客数十人抄近路在费城西面的山中拦截囚队抢夺他的父亲。押送的人没有一个敢动，因此他和父亲一起逃亡到东海郡，臧霸也以勇壮而闻名。黄巾军起事，臧霸跟随陶谦打败了他们，被任为骑都尉。

霸等将兵助布。既禽布，霸自匿。太祖募索得霸，见而悦之，使霸招吴敦、尹礼、孙观、观兄康等，皆诣太祖。太祖以霸为琅琊相，敦利城、礼东莞、观北海、康城阳太守，割青、徐二州，委之于霸。太祖之在兖州，以徐翕、毛晖为将。兖州乱，翕、晖皆叛。后兖州定，翕、晖亡命投霸。太祖语刘备，令语霸送二人首。霸谓备曰："霸所以能自立者，以不为此也。霸受公生全之恩，不敢违命。然王霸之君可以义告，愿将军为之辞。"备以霸言白太祖，太祖叹息，谓霸曰："此古人之事而君能行之，孤之愿也。"乃皆以翕、晖为郡守。时太祖方与袁绍相拒，而霸数以精兵入青州，故太祖得专事绍，不以东方为念。太祖破袁谭于南皮，霸等会贺。霸因求遣子弟及诸将父兄家属诣邺，太祖曰："诸君忠孝，岂复在是！昔萧何遣子弟入侍，而高祖不拒，耿纯焚室舆榇以从，而光武不逆，吾将何以易之哉！"东州扰攘，霸等执义征暴，清定海岱，功莫大焉，皆封列侯。霸为都亭侯，加威虏将军。又与于禁讨昌豨，与夏侯渊讨黄巾余贼徐和等，有功，迁徐州刺史。沛国武周为下邳令，霸敬异周，身诣令舍。部从事謥詷不法，周得其罪，便收考竟，霸益以善周。从讨孙权，先登，再入巢湖，攻居巢，破之。张辽之讨陈兰，霸别遣至皖，讨吴将韩当，使权不得救兰。当遣兵逆霸，霸与战于逢龙，当复遣兵邀霸于夹石，与战破之，还屯舒。权遣数万人乘船屯舒口，分兵救兰，闻霸军在舒，遁还。霸夜追之，比明，行百余里，邀贼前后击之。贼窘急，不得上船，赴水者甚众。由是贼不得救兰，辽遂破之。霸从讨孙权于濡须口，与张辽为前锋，行遇霖雨，大军先及，水遂长，贼船稍进，将士皆不安。辽欲去，霸止之曰："公明于利钝，宁肯捐吾等邪？"明日果有令。辽至，以语太祖。太祖善之，拜扬威将军，假节。后权乞降，太祖还，留霸与夏侯惇等屯居巢。

臧霸到徐州招兵，和孙观、吴敦、尹礼等人一起聚集人马，臧霸为首领，屯驻开阳。曹操征讨吕布时，臧霸等带兵帮助吕布。吕布被擒之后，臧霸躲了起来。曹操悬赏找到了臧霸，见面后非常欣赏他，又让臧霸招来吴敦、尹礼、孙观、孙观的哥哥孙康等人。曹操任命臧霸为琅琊相，吴敦为利城太守，尹礼为东莞太守，孙观为北海太守，孙康为城阳太守，划出青、徐二州，委托给臧霸管理。曹操驻扎在兖州的时候，以徐翕、毛晖为将。兖州发生动乱，徐翕、毛晖都反叛。后来兖州平定，徐翕、毛晖逃奔臧霸。曹操让刘备转告臧霸送来徐翕、毛晖二人的首级。臧霸对刘备说："我之所以能够自立，就是因为不做这种事。曹公对我有救命之恩，不敢违背他的命令。然而成就王霸大业的君主，可以用合乎道义的话来告求他，望将军代我向曹公说明。"刘备便把臧霸的话回告曹操，曹操很感叹，对臧霸说："以前古人做到的事你也能做，这正是我的愿望啊！"便重新任命徐翕、毛晖为郡守。当时曹操正和袁绍相持，臧霸几次率精兵进入青州，所以曹操才能专心对付袁绍，而没有东顾之忧。曹操在南皮打败袁谭以后，臧霸等人到曹操那里聚会。臧霸便请求让自己和众将家眷都到邺县来，曹操说："诸位忠孝可嘉，难道非用这种做法吗！从前萧何派子弟入京侍奉皇帝，汉高祖没有拒绝，耿纯烧掉房舍带着棺材追随光武帝，光武帝也没有阻拦，我还能怎么办呢！"后来青州发生暴乱，臧霸等出兵征讨叛军，平定了海滨泰山一带，因为有功都被封为列侯。臧霸进封都亭侯，加封威虏将军。臧霸和于禁讨伐昌豨，与夏侯渊讨伐黄巾军余部徐和等，立有战功，升任徐州刺史。沛国人武周任下邳县令，臧霸很尊敬他，亲自到县府去拜访。徐州的部从事不遵守法纪，武周掌握他的罪行后，将他依法处死，臧霸更加敬重武周。后来，臧霸跟随曹操征讨孙权，总是冲在前面。又进军巢湖，攻打居巢，打败了吴军。张辽征剿陈兰的时候，臧霸率兵讨伐皖县的吴将韩当，使孙权不能援救陈兰。韩当派兵在逢龙与臧霸大战，又派兵在夹石口迎击臧霸，都被臧霸打败，臧霸回军屯驻舒县。东吴数万兵马乘船屯扎舒口，分兵援救陈兰，听说臧霸在舒县，就退了回去。臧霸乘夜追击，追到了天亮行军一百多里，派军队前后夹击使吴军腹背受敌，慌乱不

文帝即王位，迁镇东将军，进爵武安乡侯，都督青州诸军事。及践阼，进封开阳侯，徙封良成侯。与曹休讨吴贼，破吕范于洞浦，征为执金吾，位特进。每有军事，帝常咨访焉。明帝即位，增邑五百，并前三年五百户。薨，谥曰威侯。子艾嗣。艾官至青州刺史、少府。艾薨，谥曰恭侯。子权嗣。霸前后有功，封子三人列侯，赐一人爵关内侯。

而孙观亦至青州刺史，假节，从太祖讨孙权，战被创，薨。子毓嗣，亦至青州刺史。

文聘字仲业，南阳宛人也，为刘表大将，使御北方。表死，其子琮立。太祖征荆州，琮举州降，呼聘欲与俱，聘曰："聘不能全州，当待罪而已。"太祖济汉，聘乃诣太祖，太祖问曰："来何迟邪？"聘曰："先日不能辅弼刘荆州以奉国家，荆州虽没，常愿据守汉川，保全土境，生不负于孤弱，死无愧于地下，而计不得已，以至于此。实怀悲惭，无颜早见耳。"遂欷歔流涕。太祖为之怆然，曰："仲业，卿真忠臣也。"厚礼待之。授聘兵，使与曹纯追讨刘备于长阪。太祖先定荆州，江夏与吴接，民心不安，乃以聘为江夏太守，使典北兵，委以边事，赐爵关内侯。与乐进讨关羽于寻口，有功，进封延寿亭侯，加讨逆将军。又攻羽重辎于汉津，烧其船于荆城。文帝践阼，进爵长安乡侯，假节。与夏侯尚围江陵，使聘别屯沔口，止石梵，自当一队，御贼有功，迁后将军，封新野侯。孙权以五万众自围聘于

已，又上不了船，很多人落入水中。吴军援助陈兰没有成功，张辽得以击溃了陈兰的军队。此后，臧霸又随曹操在濡须口与孙权交战，他与张辽任先锋，半路遇到大雨，水势渐涨，敌船渐渐靠近，曹军将士都很不安。张辽想撤退，臧霸阻止他说："曹公明察利弊，他怎么会抛弃我们？"第二天，果然接到了命令。回去后张辽把臧霸的话对曹操说了，曹操很赞赏，任命臧霸为扬威将军，授予符节。孙权称臣，曹操留下臧霸和夏侯惇屯驻居巢，自己率军回去了。

曹丕即王位，晋升臧霸做了镇东将军，加封爵他为武安乡侯，总领青州军事。曹丕即帝位，又进封他为开阳侯，转封良成侯。和曹休讨伐吴国，在洞浦打败吕范，应召进京任执金吾，加特进。每遇军情，文帝常向臧霸咨询。明帝即位，增封臧霸食邑五百户，加上以前封的共三千五百户。臧霸去世以后，谥号威侯。他的儿子臧艾继侯位。臧艾官至青州刺史、少府。臧艾死，谥号为恭侯。儿子臧权继侯位。臧霸前后立功，三个儿子都被封为列侯，赐一个儿子爵为关内侯。

孙观也官至青州刺史，假节，随曹操讨伐孙权，与东吴交战受伤，随后去世。他的儿子孙毓继承爵位，也官至青州刺史。

文聘字仲业，是南阳宛县人，原来是刘表手下大将，被派出守御北方。刘表死后，儿子刘琮继任青州刺史。曹操讨伐荆州，刘琮率众投降，叫文聘一起去，文聘说："我不能保全荆州，应在家待罪。"曹操渡过汉水，文聘才来投奔。曹操问他："你为什么来得这样晚？"文聘说："我先前不能辅助刘表为国家出力，刘荆州虽然去世，但是我还是想固守汉川，守卫荆州，生不负刘氏孤儿，死不愧于地下旧主。但是势迫至此，实在惭愧，有何脸面早来相见！"说完，他流泪不止。曹操也为之感动，说："仲业，真是忠臣啊。"以重礼待之，拨给他军队，让他同曹纯一起追击刘备到长阪。曹操安定了荆州，江夏郡与东吴相连，民心不稳，就任命文聘任江夏太守，统领北方兵马，把边境事宜都托付给他，赐爵关内侯。文聘与乐进军至寻口讨伐关羽，立有战功，晋封为延寿亭侯，加官讨逆将军。又在汉津截击关羽的运粮车队，在荆城毁了关羽的战船。曹丕即帝位以后，进封文聘为长安乡

石阳，甚急。聘坚守不动，权住二十余日乃解去。聘追击破之。增邑五百户，并前千九百户。

聘在江夏数十年，有威恩，名震敌国，贼不敢侵。分聘户邑封聘子岱为列侯，又赐聘从子厚爵关内侯。聘薨，谥曰壮侯。岱又先亡，聘养子休嗣。卒，子武嗣。

嘉平中，谯郡桓禺为江夏太守，清俭有威惠，名亚于聘。

吕虔字子恪，任城人也。太祖在兖州，闻虔有胆策，以为从事，将家兵守湖陆。襄贲校尉杜松部民炅母等作乱，与昌豨通。太祖以虔代松。虔到，招诱炅母渠率及同恶数十人，赐酒食。简壮士伏其侧，虔察炅母等皆醉，使伏兵尽格杀之。抚其余众，群贼乃平。太祖以虔领泰山太守。郡接山海，世乱，闻民人多藏窜。袁绍所置中郎将郭祖、公孙犊等数十辈，保山为寇，百姓苦之。虔将家兵到郡，开恩信，祖等党属皆降服，诸山中亡匿者尽出安土业。简其强者补战士，泰山由是遂有精兵，冠名州郡。济南黄巾徐和等，所在劫长吏，攻城邑。虔引兵与夏侯渊会击之，前后数十战，斩首获生数千人。太祖使督青州诸郡兵以讨东莱群贼李条等，有功。太祖令曰："夫有其志，必成其事，盖烈士之所徇也。卿在郡以来，禽奸讨暴，百姓获安，躬蹈矢石，所征辄克。昔寇恂立名于汝、颍，耿弇建策于青、兖，古今一也。"举茂才，加骑都尉，典郡如故。虔在泰山十数年，甚有威惠。文帝即王位，加裨将军，封益寿亭侯，迁徐州刺史，加威虏将军。请琅邪王祥为别驾，民事一以委之，世多其能任贤。讨利城叛贼，斩获有功。明帝即位，徙封万年亭侯，增邑二百，并前

侯，授予他符节。文聘与夏侯尚围攻江陵，曹丕命文聘另率一队人马在沔口屯驻，据守石梵。因为抵御吴军有功，升任后将军，封新野侯。孙权亲率五万军马在石阳城攻打文聘，围攻甚急，文聘坚守不动。孙权围了二十多天，退兵而去，文聘随后追击吴军。文帝增加文聘食邑五百户，连同以前的共一千九百户。

文聘在江夏驻守数十年，他非常有威信，爱护百姓，名震敌国，东吴不敢侵犯。文帝从文聘食邑中分出一部分封文聘的儿子文岱为列侯，又赐爵文聘的侄子文厚为关内侯。文聘去世，谥号壮侯。文岱又早死，文聘的养子文休继侯位。文休去世，他的儿子文武继侯位。

嘉平年间，谯郡桓禺任江夏太守，清廉仁爱，很有威信，名声仅次于文聘。

吕虔字子恪，是任城县人。曹操在兖州时，听说吕虔胆识谋略过人，就任命他做了从事，让他带领家兵守卫湖陆。襄贲校尉杜松的部民炅母等人作乱，和昌豨勾结。曹操让吕虔代替杜松的职务。吕虔到任，设宴招待炅母和他共同叛乱的几十个人，给他们酒肉。吕虔又挑选强健的士兵埋伏在府衙旁边，炅母等人都喝醉了，伏兵冲出来将他们全部杀掉。吕虔又安抚余众，叛乱得以平定。曹操让吕虔兼任泰山太守。泰山郡依山连海，世道乱了以后，很多百姓都隐藏起来。袁绍设置的中郎将郭祖、公孙犊等数十个人，踞山为寇，百姓深受其苦。吕虔带家兵到达泰山，以恩德和威信，使郭祖等全都降服，藏匿在山中的百姓也都出来重新开始生活。吕虔又挑选百姓之中强壮的补充兵营，使泰山郡拥有精兵，在州郡中很是有名。济南黄巾军徐和等人到处劫杀地方官吏，攻占城池。吕虔领兵与夏侯渊一同攻打他们，前后数十战，斩首俘获数千人。曹操又派吕虔率青州各郡兵马讨伐东莱郡贼寇李条等人，立有战功。曹操下令说："志者事成，是为功业而献身的勇士所希望的。你在泰山郡任职以来，亲自冒着箭石，擒拿奸凶，讨伐强暴，使得百姓获得安宁。从前寇恂在汝南、颍川成名，耿弇在青州、兖州献策，古今都有一样的贤才啊！"就举荐吕虔为茂才，授骑都尉衔，仍然掌管泰山郡。吕虔在泰山郡十多年，很有威信。

六百户。虔薨，子翻嗣。翻薨，子桂嗣。

许褚字仲康，谯国谯人也。长八尺余，腰大十围，容貌雄毅，勇力绝人。汉末，聚少年及宗族数千家，共坚壁以御寇。时汝南葛陂贼万余人攻褚壁，褚众少不敌，力战疲极。兵矢尽，乃令壁中男女，聚治石如杅斗者置四隅。褚飞石掷之，所值皆摧碎。贼不敢进。粮乏，伪与贼和，以牛与贼易食，贼来取牛，牛辄奔还。褚乃出陈前，一手逆曳牛尾，行百余步。贼众惊，遂不敢取牛而走。由是淮、汝、陈、梁间，闻皆畏惮之。

太祖徇淮、汝，褚以众归太祖。太祖见而壮之曰："此吾樊哙也。"即日拜都尉，引入宿卫。诸从褚侠客，皆以为虎士。从征张绣，先登，斩首万计，迁校尉。从讨袁绍于官渡。时常从士徐他等谋为逆，以褚常侍左右，惮之不敢发。伺褚休下日，他等怀刀入。褚至下舍心动，即还侍。他等不知，入帐见褚，大惊愕。他色变，褚觉之，即击杀他等。太祖益亲信之，出入同行，不离左右。从围邺，力战有功，赐爵关内侯。从讨韩遂、马超于潼关。太祖将北渡，临济河，先渡兵，独与褚及虎士百余人留南岸断后。超将步骑万余人，来奔太祖军，矢下如雨。褚白太祖，贼来多，今兵渡已尽，宜去，乃扶太祖上船。贼战急，军争济，船重欲没。褚斩攀船者，左手举马鞍蔽太祖。船工为流矢所中死，褚右手并溯船，仅乃得渡。是日，微褚几危。其后太祖与遂、超等单马会语，左右皆不得从，唯将褚。超负

曹丕即王位，加授吕虔为裨将军，封为益寿亭侯，后又升为徐州刺史，加授威虏将军。吕虔请琅琊人王祥担任别驾，把民事政务全部委托给他，世人都称赞他任能用贤。吕虔又讨伐利城的叛贼，因而有功。曹叡即位，改封吕虔为万年亭侯，增加食邑二百户，加上以前的共六百户。吕虔去世，他的儿子吕翻继承了爵位。吕翻去世，吕翻的儿子吕桂继承了爵位。

许褚字仲康，是谯郡谯县人。身高八尺多，腰阔十围，相貌雄壮，勇猛强壮，异于常人。汉朝末年，许褚聚集年轻人及本族几千家，坚壁清野抵抗贼寇。汝南、葛陂有强盗一万多人来进攻许褚的壁垒。许褚人少抵敌不住，疲劳乏力，弩箭也用光了，就让堡垒中的男女老少，把石头堆成盂斗一样放在堡垒四面。许褚捡起石头向敌人扔去，凡是碰上的都被砸倒，骨头碎裂。贼人不敢向前。堡垒内缺少粮食，许褚假装和敌人讲和，用牛和贼人换粮食，贼人来取牛，牛都掉头跑回去。许褚走出阵前，一手拽住牛尾，行走一百多步。贼人惊恐，连牛也不敢要就撤走了。从此淮水、汝水、陈、梁一带的人，听到许褚的名都很害怕。

曹操占据淮水、汝南，许褚带领部众归附曹操。曹操一见到许褚便确定他是壮士，说："这是我的樊哙啊！"曹操任命他做了都尉，让他在身边警卫。跟随许褚一起来的人，曹操都用他们当虎贲卫士。许褚跟从曹操征讨张绣，他率先冲阵，斩敌数以万计，被升为校尉。又跟随曹操在官渡讨伐袁绍。当时经常跟在曹操身边的谋士徐他等人阴谋叛变想杀害曹操，因许褚时常侍卫在曹操身边而不敢动手。徐他等趁许褚休息的时候，怀藏利刃进入曹操营帐。许褚回到住处，突然心里不安，马上回到曹操大帐。徐他等人不知道，进了营帐后见到许褚，惊愕得脸色大变，许褚察觉到他们目的不善，立即拔刀杀了徐他等人。曹操更加亲信许褚，出入都带他同行，从不离身边。许褚跟从曹操围攻邺城，立有功劳，被赐爵关内侯。又随曹操到潼关讨伐韩遂、马超。曹操率军北渡黄河，过河的时候，让士兵先上船，自己与许褚及一百多虎贲军在南岸断后。马超带步骑兵一万多人，向曹操兵马冲来，箭矢如雨。许褚报告曹操，说敌人来得非常多，现在大队

其力，阴欲前突太祖，素闻褚勇，疑从骑是褚。乃问太祖曰：“公有虎侯者安在？”太祖顾指褚，褚瞋目眄之。超不敢动，乃各罢。后数日会战，大破超等，褚身斩首级，迁武卫中郎将。武卫之号，自此始也。军中以褚力如虎而痴，故号曰虎痴；是以超问虎侯，至今天下称焉，皆谓其姓名也。

褚性谨慎奉法，质重少言。曹仁自荆州来朝谒，太祖未出，入与褚相见于殿外。仁呼褚入便坐语，褚曰：“王将出。”便还入殿，仁意恨之。或以责褚曰：“征南宗室重臣，降意呼君，君何故辞？”褚曰：“彼虽亲重，外藩也。褚备内臣，众谈足矣，入室何私乎？”太祖闻，愈爱待之，迁中坚将军。太祖崩，褚号泣欧血。文帝践祚，进封万岁亭侯，迁武卫将军，都督中军宿卫禁兵，甚亲近焉。初，褚所蒋为虎士者从征伐，太祖以为皆壮士也，同日拜为将，其后以功为将军封侯者数十人，都尉、校尉百余人，皆剑客也。明帝即位，进封牟乡侯，邑七百户，赐子爵一人关内侯。褚薨，谥曰壮侯。子仪嗣。褚兄定，亦以军功为振威将军，都督徼道虎贲。太和中，帝思褚忠孝，下诏褒赞，复赐褚子孙二人爵关内侯。仪为钟会所杀。泰始初，子综嗣。

典韦，陈留己吾人也。形貌魁梧，膂力过人，有志节任侠。襄邑

人马已全部渡过河去，我们该离开了，便扶着曹操上船。马超追杀得很急，曹兵争相过河。船因为超载要沉没，许褚右手挥刀砍杀攀上船的士兵，左手举着马鞍为曹操挡住敌人射来的箭矢。船工被流箭射中，许褚就用右手撑船，才勉强渡过。如果没有许褚，曹操就危险了。从此以后，曹操和韩遂、马超等单马会谈，只带许褚一个人。马超恃勇，想偷偷向前突袭曹操。以前听说许褚勇猛，怀疑随从曹操的就是许褚。马超就问曹操："曹公手下称作虎侯的人在哪儿？"曹操回头用手指指许褚，许褚圆睁双目，怒视马超。马超没敢妄动，就各自回营。几天以后，双方交战，曹操大败马超。许褚亲手杀死了许多敌人，升任武卫中郎将。武卫的称号，就是从这时开始的。军中因为许褚力壮如虎又憨痴，所以都叫他虎痴；因而马超有"虎侯"之问，至今天下都这样称呼他，还认为这是他的姓名。

许褚生性谨慎守法，不爱说话，朴实憨厚。曹仁从荆州入朝拜见太祖，太祖还没出来，曹仁进来在殿外碰到许褚。曹仁招呼许褚进厢房坐下谈谈，许褚说："魏王就要出来了。"说完就回头进入大殿，曹仁非常恼怒。有的人因此事责备许褚说："征南将军是曹公的宗室重臣，屈尊与你打招呼交谈，你为什么推辞？"许褚说："将军虽然亲近贵重，终究是外臣。许褚备位内臣，有事当众谈就可以了，进到房间里有什么私事吗？"太祖听说此事后，更加喜爱厚待许褚，升任许褚为中坚将军。太祖去世以后，许褚痛哭流涕，口吐鲜血。文帝称帝，晋封许褚为万岁亭侯，升任武卫将军，都督中军宿卫禁兵，非常亲近许褚。当初，许褚所统领的做虎士的人跟随太祖征伐，太祖认为这些人都是壮士，同一天任命这些人为将军，此后因功任命为将军封侯的有数十人，做都尉、校尉的有一百余人，都是剑客。明帝即帝位以后，晋封许褚为牟乡侯，食邑七百户，赐许褚一个儿子关内侯爵位。许褚去世，谥号为壮侯。许褚儿子许仪继承爵位。许褚的哥哥许定，也因为军功出任振威将军，都督徼道虎贲。太和年间，明帝思念许褚的忠孝，下诏褒奖，又赐许褚的子孙二人关内侯的爵位。许仪后来被钟会杀害。泰始初年，许仪的儿子许综继承爵位。

典韦，是陈留己吾县人。体力过人，身材魁梧，有志向操行，好

刘氏与睢阳李永为仇，韦为报之。永故富春长，备卫甚谨。韦乘车载鸡酒，伪为候者，门开，怀匕首入杀永，并杀其妻，徐出，取车上刀戟，步去。永居近市，一市尽骇。追者数百，莫敢近。行四五里，遇其伴，转战得脱。由是为豪杰所识。初平中，张邈举义兵，韦为士，属司马赵宠。牙门旗长大，人莫能胜，韦一手建之，宠异其才力。后属夏侯惇，数斩首有功，拜司马。太祖讨吕布于濮阳。布有别屯在濮阳西四五十里，太祖夜袭，比明破之。未及还，会布救兵至，三面掉战。时布身自搏战，自旦至日昳数十合，相持急。太祖募陷陈，韦先占，将应募者数十人，皆重衣两铠，弃楯，但持长矛撩戟。时西面又急，韦进当之，贼弓弩乱发，矢至如雨，韦不视，谓等人曰："虏来十步，乃白之。"等人曰："十步矣。"又曰："五步乃白。"等人惧，疾言"虏至矣"！韦手持十余戟，大呼起，所抵无不应手倒者。布众退。会日暮，太祖乃得引去。拜韦都尉，引置左右，将亲兵数百人，常绕大帐。韦既壮武，其所将皆选卒，每战斗，常先登陷陈。迁为校尉。性忠至谨重，常昼立侍终日，夜宿帐左右，稀归私寝。好酒食，饮啖兼人，每赐食于前，大饮长歠，左右相属，数人益乃供，太祖壮之。韦好持大双戟与长刀等，军中为之语曰："帐下壮士有典君，提一双戟八十斤。"

太祖征荆州，至宛，张绣迎降。太祖甚悦，延绣及其将帅，置酒高会。太祖行酒，韦持大斧立后，刃径尺，太祖所至之前，韦辄举斧目之。竟酒，绣及其将帅莫敢仰视。后十余日，绣反，袭太祖营，太祖出战不利，轻骑引去。韦战于门中，贼不得入。兵遂散从他门并

侠义。襄邑刘氏和睢阳李永结仇，典韦为刘氏报仇。李永曾任富春县长，家中戒备森严。典韦车载鸡、酒，假装是来拜访的人，院门打开后，用匕首杀了李永，又杀了他的妻子，然后慢慢出来，取出车上的双戟，步行离去。李永的居住地靠近街市，全市的人都很害怕，有数百人追赶他，但没有人敢靠近。走了四五里路，典韦的伙伴来接应他，边战边退才得以逃身。典韦从此被豪杰所了解。初平年间，张邈起兵，典韦归司马赵宠统领。因为牙门旗十分高大，没有人能拿得动，典韦一只手就把大旗竖了起来，赵宠惊异他的力量。后来归夏侯惇统领，屡立战功，任命为官司马。曹操在濮阳讨伐吕布，吕布有一支人马驻扎在濮阳西四五十里处，曹操率兵夜间去偷袭，天亮的时候击败了敌军。还没有来得及撤回，就遭遇到吕布的救兵，三面围攻曹操的兵马。吕布亲身搏战，从早到午双方交战数十次，非常激烈。曹操招募敢冲锋陷阵的士卒，典韦抢先报名，率领应募的几十个人，穿着双层铠甲，丢下盾牌，只手持长矛大戟。此时西面危急，典韦率兵抵挡敌人，只见弓弩乱发，箭下如雨，典韦对身边的士兵说："敌距十步再告诉我。"士兵说："十步了。"又命令说："距五步再告诉我。"士兵们都着急地喊："敌人到了！"典韦手持十几支戟，大吼一声，飞戟刺敌，敌人应手而倒。吕布退回。正好天色已晚，曹操便领兵撤离。曹操任命典韦为都尉，跟随自己左右，率领亲兵数百人，经常环绕大帐巡逻。典韦不仅自己雄壮威武，他所统领的士兵也都是经过特别挑选的，每次战斗，都冲锋在前。都晋升为校尉。典韦忠诚稳重，常常白天站着侍卫一天，晚上还睡在大帐附近，很少回到住处。喜欢喝酒吃肉，酒量饭量是常人的一倍。每次曹操赏赐饮食放在面前，看他吃喝，左右人也都匀给他酒菜，要几个人给他才够吃，曹操很欣赏他的豪放。典韦喜欢持大双戟与长刀，军中歌谣说："帐下壮士有典君，提一双戟八十斤。"

曹操讨伐荆州，到达宛城，张绣归顺投降。曹操很是高兴，设宴款待他及其他将领，曹操依次敬酒，典韦手持大斧侍立在后，斧刃长达一尺，曹操每到一个人面前敬酒，典韦就举着大斧注视对方。直到酒宴结束，张绣和他的将领没有一人敢抬头看一眼。十多天以后，张绣反叛，偷袭曹营。曹操迎战失利，骑马奔逃。典韦在营门前阻

入。时韦校尚有十余人，皆殊死战，无不一当十。贼前后全稍多，韦以长戟左右击之，一叉入，辄十余矛摧。左右死伤者略尽。韦被数十创，短兵接战，贼前搏之。韦双挟两贼击杀之，余贼不敢前。韦复前突贼，杀数人，创重发，瞋目大骂而死。贼乃敢前，取其头，传观之，覆军就视其躯。太祖退住舞阴，闻韦死，为流涕，募间取其丧，亲自临哭之，遣归葬襄邑，拜子满为郎中。车驾每过，常祠以中牢。太祖思韦，拜满为司马，引自近。文帝即王位，以满为都尉，赐爵关内侯。

庞悳字令明，南安狟道人也。少为郡吏州从事。初平中，从马腾击反羌叛氐，数有功，稍迁至校尉。建安中，太祖讨袁谭、尚于黎阳，谭遣郭援、高幹等略取河东，太祖使锺繇率关中诸将讨之。悳随腾子超拒援、幹于平阳，悳为军锋，进攻援、幹，大破之，亲斩援首。拜中郎将，封都亭侯。后张白骑叛于弘农，悳复随腾征之，破白骑于两殽间。每战，常陷陈却敌，勇冠腾军。后腾征为卫尉，悳留属超。太祖破超于渭南，悳随超亡入汉阳，保冀城。后复随超奔汉中，从张鲁。太祖定汉中，悳随众降。太祖素闻其骁勇，拜立义将军，封关门亭侯，邑三百户。

侯音、卫开等以宛叛，德将所领与曹仁共攻拔宛，斩音、开，遂南屯樊，讨关羽。樊下诸将以德兄在汉中，颇疑之。德常曰："我受国恩，义在效死。我欲身自击羽。今年我不杀羽，羽当杀我。"后亲与羽交战，射羽中额。时德常乘白马，羽军谓之白马将军，皆惮之。仁使德屯樊北十里，会天霖雨十余日，汉水暴溢，樊下平地

去，张绣士兵无法进入，就分散着从其他营门攻了进去。当时典韦手下有十几个人，都拼命死战，无不以一当十。赶到的敌兵越来越多，典韦长戟舞动，一戟下去，敌人就有十多支矛被折断。手下的人差不多死伤殆尽，典韦也身受数十处创伤，却仍然和敌搏斗而不退。典韦左右两腋各挟死一个敌兵，其余的都吓得不敢上前。典韦又冲入敌群，杀死数人，最终因为创伤迸发，瞪眼大骂而死。敌兵这才敢上前，砍下他的头相互传看，消灭了其他曹兵之后又去观看他的尸体。曹操退到舞阴，听说典韦战死，而泪流满面，悬赏募人偷偷取回他的尸体，亲自到灵前哭吊，派人将灵柩送回原籍襄邑安葬，任用典韦的儿子典满为郎中。曹操的车驾每次路过襄邑，都用猪羊祭祀他。曹操思念典韦，任命典满为司马，安排在自己身旁。曹丕即王位，任命典满为都尉，赐爵关内侯。

庞悳字令明，是南安狟道县人。少时曾经做了郡吏、州从事。初平年间，庞悳跟随马腾击败羌、氐叛军，屡立战功，逐渐升到校尉。建安年间，曹操在黎阳讨伐袁谭、袁尚。袁谭派郭援、高幹等一些人去夺占河东，曹操命钟繇率关中诸将讨伐他们。庞悳随马腾的儿子马超在平阳迎战郭援、高幹，庞悳任先锋，进攻郭援、高幹，大败敌军，亲手斩杀了郭援。升中郎将，封都亭侯。后来，张白骑在弘农郡反叛，庞悳再次随马腾出征，在两殽山之间击败张白骑。每次出战，庞悳总是攻敌在前，击退敌人，在马腾军中最为勇猛。后来马腾被征召做了卫尉，庞悳归马超统领。曹操在渭南打败马超，庞悳随马超逃入汉阳，据冀城自保。后来，又随马超逃奔汉中，跟随张鲁。曹操平定汉中，庞悳跟随众人一起投降。曹操早就听说庞悳骁勇，任命他为立义将军，封关门亭侯，食邑三百户。

侯音、卫开等人据宛县反叛，庞悳率部下和曹仁一起进攻宛县，杀死了侯音、卫开，又驻军樊城，征战关羽。樊城众将因庞悳的堂兄在蜀国效力，很有些猜疑。庞悳说："我深受曹公之恩，义在为国捐躯。我要亲自击杀关羽。今年不是我杀他，就是关羽杀我。"后来和关羽交战，箭射关羽的额头。当时庞悳常骑白马，关羽军中称他为白马将军，都非常畏惧他。曹仁派庞悳驻扎在樊城北十里处，正赶

五六丈，德与诸将避水上堤。羽乘船攻之，以大船四面射堤上。德被甲持弓，箭不虚发。将军董衡、部曲将董超等欲降，德皆收斩之。自平旦力战至日过中，羽攻益急，矢尽，短兵接战。德谓督将成何曰：“吾闻良将不怯死以苟免，烈士不毁节以求生，今日，我死日也。”战益怒，气愈壮，而水浸盛，吏士皆降。德与麾下将一人，五伯二人，弯弓傅矢，乘小船欲还仁营。水盛船覆，失弓矢，独抱船覆水中，为羽所得，立而不跪。羽谓曰：“卿兄在汉中，我欲以卿为将，不早降何为？”德骂羽曰：“竖子，何谓降也！魏王带甲百万，威振天下。汝刘备庸才耳，岂能敌邪！我宁为国家鬼，不为贼将也。”遂为羽所杀。太祖闻而悲之，为之流涕，封其二子为列侯。文帝即王位，乃遣使就德墓赐谥，策曰：“昔先轸丧元，王蠋绝脰，陨身徇节，前代美之。惟侯戎昭果毅，蹈难成名，声溢当时，义高在昔，寡人愍焉，谥曰壮侯。”又赐子会等四人爵关内侯，邑各百户。会勇烈有父风，官至中卫将军，封列侯。

庞淯字子异，酒泉表氏人也。初以凉州从事守破羌长，会武威太守张猛反，杀刺史邯郸商，猛令曰：“敢有临商丧，死不赦。”淯闻之，弃官，昼夜奔走，号哭丧所讫，诣猛门，衷匕首，欲因见以杀猛。猛知其义士，敕遣不杀，由是以忠烈闻。太守徐揖请为主簿。后郡人黄昂反，围城。淯弃妻子，夜逾城出围，告急于张掖、燉煌二郡。初疑未肯发兵，淯欲伏剑，二郡感其义，遂为兴兵。军未至而郡城邑已陷，揖死。淯乃收敛揖丧，送还本郡，行服三年乃还。太祖闻之，辟为掾属。文帝践阼，拜驸马都尉，迁西海太守，赐爵关内侯。后征拜中散大夫，薨。子曾嗣。

上大雨连降十多天，汉水暴涨，平地水深五六丈，庞悳与众将登上堤坝避水。关羽乘船进攻，用大船四面包围向堤上射箭。庞悳披甲持弓，箭不虚发。将军董衡、部曲将董超等人想要投降，庞悳把他们都杀掉。从天亮力战过午，关羽的进攻越来越猛，庞悳军箭矢用尽。庞悳对督将成何说："我听说良将在死亡面前绝不苟生，有气节的人不自毁节操而求生，今天就是我死的日子。"于是作战更加勇猛，气势更加雄壮，而水势也越来越大，将士们都投降了。庞悳和麾下将领一人、五伯二人，乘小船准备回到曹仁大营。因水小船被掀翻，弓矢尽失，庞悳独自抱着船淹没在水中被关羽抓到。庞悳立而不跪。关羽对他说："你兄长在汉中，我想让你做将军，你为什么不早投降？"庞悳骂关羽说："小子，什么叫投降！魏王带兵百万，威震天下。刘备只是庸才罢了，怎么能和我们为敌！我宁做国家的鬼，也不做贼军的将。"因此，被关羽杀掉。曹操听说后很是悲痛，为他流泪，封他的两个儿子为列侯。曹丕即王位后，派使者到庞悳墓前赐给他谥号，策书说："从前先轸丢掉脑袋，王蠋绞断头颈，他们为全节而不惜性命，受到前代和后人的赞美。您的勇敢坚毅，赴汤蹈火，已经声誉远扬，道义超过了前贤，我深感痛惜，赐予你谥号为壮侯。"又赐给庞悳的儿子庞会等四人为关内侯，食邑各一百户。庞会勇猛刚烈，有其父的遗风，官至中尉将军，封为列侯。

庞淯字子异，是酒泉表氏县人。当初以凉州从事代理破羌县长，正赶上当时武威太守张猛反叛，杀了凉州刺史邯郸商，张猛下达命令说："敢为邯郸商吊丧者，一概处死。"庞淯听说了，弃官兼程而走，大哭着拜祭邯郸商，之后，怀揣匕首来到张猛门前，想乘见面时刺杀他。张猛知他是义士，下令放他走了。从此以后庞淯以忠烈闻名凉州内外。酒泉太守徐揖请他任主簿。后来酒泉人黄昂造反，围攻郡城，庞淯抛妻别子乘夜越城逃出，向张掖、敦煌两郡告急。两郡的太守犹豫着不肯发兵，庞淯便拔剑要自杀，两郡太守被他的义气感动，发兵救援。援军未到酒泉已攻破，徐揖被害。庞淯就收敛徐揖的遗体，送回他的老家安葬，为他守丧三年。曹操听说后，征召他为掾属。曹丕登上帝位，任命他为驸马都尉，又调任西海郡太守，赐封关

初，淯外祖父赵安为同县李寿所杀，淯舅兄弟三人同时病死，寿家喜。淯母娥自伤父仇不报，乃帏车袖剑，白日刺寿于都亭前，讫，徐诣县，颜色不变，曰："父仇已报，请受戮。"禄福长尹嘉解印绶纵娥，娥不肯去，遂强载还家。会赦得免，州郡叹贵，刊石表闾。

阎温字伯俭，天水西城人也。以凉州别驾守上邽令。马超走奔上邽，郡人任养等举众迎之。温止之，不能禁，乃驰还州。超复围州所治冀城甚急，州乃遣温密出，告急于夏侯渊。贼围数重，温夜从水中潜出。明日，贼见其迹，遣人追遮之，于显亲界得温，执还诣超。超解其缚，谓曰："今成败可见，足下为孤城请救而执于人手，义何所施？若从吾言，反谓城中，东方无救，此转祸为福之计也。不然，今为戮矣。"温伪许之，超乃载温诣城下。温向城大呼曰："大军不过三日至，勉之！"城中皆泣，称万岁。超怒数之曰："足下不为命计邪？"温不应。时超攻城久不下，故徐诱温，冀其改意。复谓温曰："城中故人，有欲与吾同者不？"温又不应。遂切责之，温曰："夫事君有死无贰，而卿乃欲令长者出不义之言，吾岂苟生者乎？"超遂杀之。

先是，河右扰乱，隔绝不通，燉煌太守马艾卒官，府又无丞。功曹张恭素有学行，郡人推行长史事，恩信甚著，乃遣子就东诣太祖，请太守。时酒泉黄华、张掖张进各据其郡，欲与恭并势。就至酒泉，为华所拘执，劫以白刃。就终不回，私与恭疏曰："大人率厉燉煌，忠义显然，岂以就在困厄之中而替之哉？昔乐羊食子，李通覆

内侯，后来拜为中散大夫。逝世，儿子庞曾承袭爵位。

起初，庞淯的外祖父赵安被同县人李寿杀了，庞淯的三个舅舅也一同病死，李寿家非常开心。庞淯的母亲赵娥伤心父仇未报，便乘着带篷的车子，袖中藏着利剑，白天在都亭前刺杀了李寿，然后从容地来到县衙，面不改色地说："父仇已报，请求受刑。"禄福县长尹嘉宁肯弃官也要放她逃走，赵娥不走，尹嘉就强行把她拉到车里送回家。正赶上大赦得以免刑，州郡的人都赞叹她的义烈品质，刻石立碑以表彰她的孝行和她的家庭。

阎温字伯俭，是天水西城县人。以凉州别驾代理上邽县令。马超逃亡到了上邽，郡民任养等人带领众人迎接他。阎温想阻止他们，但没有做到，就骑马驰还凉州治所冀城。马超又围攻冀城，攻势猛烈，凉州刺史派阎温偷偷出城，向夏侯渊求救。包围圈有好几层，阎温乘夜从水道中潜水出城。第二天，马超的巡哨发现了他的行踪，就追赶拦截，在显亲县界抓到了他，押送回来见马超。马超亲自解开他的绑绳，说："现在成败已经成定局，您为孤城请救兵却被抓住，还向哪里去施行道义？听我的话去对城里说，救兵不会来了，这是您自救的办法。不这样做，必然被杀。"阎温假意答应了，马超就用车拉着阎温来到城下。阎温向城中大声喊道："大军不过三天就到了，要坚守啊！"城里人都感动得哭了，高呼万岁。马超恼怒地说："你真的不想活了？"阎温不答。马超因为很长时间攻城不下，所以想让阎温投降，就又对阎温说："城里的旧友，有没有想跟随我的？"阎温还不回答。马超就又严厉地斥责他，阎温说："侍奉君主的人，即使死了也不能有二心，而你却想让我这个做县令的说出不义的话做出不仁的事，我绝不贪生怕死！"马超便杀了他。

在此之前，黄河以西纷扰混乱，交通阻断，和朝廷没有联系，敦煌太守马艾死在任上，郡府中又没有郡丞。功曹张恭学识品行一向被众人称赞，郡里人都推举他代行长史的职务，恩德信誉很得人心。他派儿子张就去见曹操，请求派一位太守。当时酒泉人黄华、张掖人张进各自占据本郡，想与张恭联合割据一方。张就到了酒泉，被黄华截留，又用刀威逼他。张就始终没有回去，暗地里写信给张恭说："父亲管理

家，经国之臣，宁怀妻孥邪？今大军垂至，但当促兵以掎之耳；愿不以下流之爱，使就有恨于黄壤也。”恭即遣从弟华攻酒泉沙头、乾齐二县。恭又连兵寻继华后，以为首尾之援。别遣铁骑二百，迎吏官属，东缘酒泉北塞，径出张掖北河，逢迎太守尹奉。于是张进须黄华之助；华欲救进，西顾恭兵，恐急击其后，遂诣金城太守苏则降。就竟平安。奉得之官。黄初二年，下诏褒扬，赐恭爵关内侯，拜西域戊己校尉。数岁征还，将授以侍臣之位，而以子就代焉。恭至燉煌，固辞疾笃。太和中卒，赠执金吾。就后为金城太守，父子著称于西州。

评曰：李典贵尚儒雅，义忘私隙，美矣。李通、臧霸、文聘、吕虔镇卫州郡，并著威惠。许褚、典韦折冲左右，抑亦汉之樊哙也。庞悳授命叱敌，有周苛之节。庞淯不惮伏剑，而诚感邻国。阎温向城大呼，齐解、路之烈焉。

敦煌，忠义昭著，怎么能因为我处在危险之中而改变操行呢？从前乐羊喝儿子的肉煮成的羹，李通不惜全家覆没，为国效力的大臣，怎可顾及妻子儿女？如今大军马上到了，应督促兵士抵御敌人；希望您不要因对儿子的爱怜，而使我遗恨九泉。”张恭立即派堂弟张华进攻酒泉郡的沙头、乾齐二县。张恭又亲自率兵作为张华的后续部队，使之首尾相援。又另外派遣二百名铁骑，沿酒泉北部和张掖北面的河流，去迎候太守尹奉。此时，张进正等着黄华的援助；黄华虽想救张进，又担心张恭突袭自己的后方，就到金城太守苏则那儿投降。张就平安返回。尹奉上任。黄初二年，朝廷下诏嘉奖，赐张恭关内侯的爵位，任命他为西域戊己校尉。几年之后应召还朝，并且让他在朝廷为官，由他的儿子张就代替他的职务。张恭到达敦煌，因为病情严重就推辞了。太和年间张恭去世，朝廷追赠他执金吾职衔。张就后来担任金城太守，父子二人在西州都很有名。

评论说：李典崇尚儒雅，因为公义而不计较私怨，品行真是美好！李通、臧霸、文聘、吕虔镇守州郡，都很有威信。许褚、典韦在曹操左右制敌取胜，这和汉代的樊哙是一样的吧！庞悳不顾性命斥责敌人，有汉代周苛的节操。庞淯不畏惧敌人伏剑自刎，用他的真诚感动了邻郡。阎温在敌人押解之下向城内大呼，可以与晋之解扬、齐之路中大夫的忠烈相媲美啊！

卷十九　魏书十九

任城陈萧王传第十九

任城威王彰，字子文。少善射御，膂力过人，手格猛兽，不避险阻。数从征伐，志意慷慨。太祖尝抑之曰："汝不念读书慕圣道，而好乘汗马击剑，此一夫之用，何足贵也！"课彰读《诗》《书》，彰请左右曰："丈夫一为卫、霍，将十万骑驰沙漠，驱戎狄，立功建号耳，何能作博士邪？"太祖尝问诸子所好，使各言其志。彰曰："好为将。"太祖曰："为将奈何？"对曰："被坚执锐，临难不顾，为士卒先；赏必行，罚必信。"太祖大笑。建安二十一年，封鄢陵侯。

二十三年，代郡乌丸反，以彰为北中郎将，行骁骑将军。临发，太祖戒彰曰："居家为父子，受事为君臣，动以王法从事，尔其戒之！"彰北征，入涿郡界，叛胡数千骑卒至。时兵马未集，唯有步卒千人，骑数百匹。用田豫计，固守要隙，虏乃退散。彰追之，身自搏战，射胡骑，应弦而倒者前后相属。战过半日，彰铠中数箭，意气益厉，乘胜逐北，至于桑乾，去代二百余里。长史诸将皆以为新涉远，士马疲顿，又受节度，不得过代，不可深进，违令轻敌。彰曰："率师而行，唯利所在，何节度乎？胡走未远，追之必破。从令纵敌，非良将也。"遂上马，令军中："后出者斩。"一日一夜与虏相及，击，大破之，斩首获生以千数。彰乃倍常科大赐将士，将士无不悦喜。时鲜卑大人轲比能将数万骑观望强弱，见彰力战，所向皆破，乃请服。北方悉平。时太祖在长安，召彰诣行在所。彰自代过邺，太子谓彰曰："卿新有功，今西见上，宜勿自伐，应对常若不足者。"彰到，如太子言，归功诸将。太祖喜，持彰须曰："黄须儿竟大奇也！"

任城威王曹彰，字子文。年少时就擅长驾车、驭马、射箭，体力凶猛超过常人，能赤手与猛兽搏斗，不避危险。多次跟随曹操出征，意气激昂。曹操曾批评他说："你不读书，不明白圣人的道理，只喜欢骑马舞剑，此匹夫之用，不值得骄傲！"督促曹彰研读《诗经》《尚书》，曹彰对身边的人说："大丈夫应该像卫青、霍去病那样，率领十万大军驰骋沙场，驱逐戎狄，博取功名，怎么能去做只通一经的博士呢？"曹操曾询问儿子们的爱好，让他们各谈自己的志向。曹彰说："我喜欢当将军。"曹操说："你怎样去当将军呢？"曹彰答道："披甲执兵，临危不惧，身先士卒，有功必赏，有罪必罚。"曹操大笑。建安二十一年，封他为鄢陵侯。

建安二十三年，代郡乌丸发动叛乱，曹操让曹彰做北中郎将，兼任骁骑将军带兵出征。临出发时，曹操告诫曹彰："在家里我们是父子，接受国命就是君臣，都得按王法办事，你要小心谨慎呀！"曹彰北征进入涿郡境内，叛军几千骑兵突然攻到。此时曹军尚未集结，只有步兵一千人，战马几百匹。曹彰用田豫计，坚守拒敌。叛军退走。曹彰追击，亲自与敌搏斗，箭射敌骑，应声而倒的连成一串。战斗持续了大半天，曹彰的铠甲中了几箭，精神反而更加威猛，乘胜追赶逃敌，一直到桑乾河，距代郡有二百多里。众将都认为兵马刚刚远道而来，人马困乏，不宜再追。又有指令不得越过代郡，深入敌境。曹彰说："大将率军出征，只看有利与否，怎能盲目接受遥控呢？敌人还没有跑远，追上去就能消灭他们。为执行命令而放纵敌人，绝不是良将。"于是就上马，命令部队："落后者斩！"经过一天一夜追上了敌军，大获全胜，斩首及俘获敌兵数以千计。曹彰超常加倍地犒赏将士，众将士都很高兴。当时，鲜卑族首领轲比能率几万人马观望双方强弱，看到曹彰勇猛无敌，所向披靡，就请求归服。北方便都平定了。

太祖东还，以彰行越骑将军，留长安。太祖至洛阳，得疾，驿召彰，未至，太祖崩。文帝即王位，彰与诸侯就国。诏曰：“先王之道，庸勋亲亲，并建母弟，开国承家，故能藩屏大宗，御侮厌难。彰前受命北伐，清定朔土，厥功茂焉。增邑五千，并前万户。”黄初二年，进爵为公。三年，立为任城王。四年，朝京都，疾薨于邸，谥曰威。至葬，赐銮辂、龙旗，虎贲百人，如汉东平王故事。子楷嗣，徙封中牟。五年，改封任城县。太和六年，复改封任城国，食五县二千五百户。青龙三年，楷坐私遣官属诣中尚方作禁物，削县二千户。正始七年，徙封济南，三千户。正元、景元初，连增邑，凡四千四百户。

陈思王植字子建。年十岁余，诵读《诗》《论》及辞赋数十万言，善属文。太祖尝视其文，谓植曰：“汝倩人邪？”植跪曰：“言出为论，下笔成章，顾当面试，奈何倩人？”时邺铜雀台新成，太祖悉将诸子登台，使各为赋。植援笔立成，可观，太祖甚异之。性简易，不治威仪。舆马服饰，不尚华丽。每进见难问，应声而对，特见宠爱。建安十六年，封平原侯。十九年，徙封临菑侯。太祖征孙权，使植留守邺，戒之曰：“吾昔为顿丘令，年二十三。思此时所行，无悔于今。今汝年亦二十三矣，可不勉与！”植既以才见异，而丁仪、丁廙、杨脩等为之羽翼。太祖狐疑，几为太子者数矣。而植任性而行，不自彫励，饮酒不节。文帝御之以术，矫情自饰，宫人左右，并为之说，故遂定为嗣。二十二年，增植邑五千，并前万户。植尝乘车行驰

曹操召曹彰来长安相见。曹彰从代郡经过邺城，太子对曹彰说："你刚刚立了功，现在去面见父王，切不可骄傲自夸，回答问题要谦虚一点。"曹彰到了长安，按照太子所说，把功劳都归于众将。曹操高兴地捋着曹彰的胡子说："黄须儿居然大出我的意料啊！"

太祖东征归来，让曹彰代理越骑将军，留守长安。太祖到了洛阳，得了疾病，快马传召曹彰，曹彰还没赶到，太祖就驾崩了。文帝即王位，曹彰与其他诸侯都回到自己的属地。文帝下诏说："先王之道，重用功臣亲护亲属，并封赏同母兄弟，建立诸侯国承继家业，所以能保护长房，抵御外侮克服祸难。曹彰之前受命北伐，平定北土，功劳非常大。增赐食邑五千，算上之前的共一万户。"黄初二年，曹彰被晋封为公爵。黄初三年，他被封任城王。黄初四年，曹彰到京都朝见，在官邸病死，谥号为威。到安葬的时候，赐给御车、龙旗，用一百名虎贲卫士护送，就像汉朝东平王的先例那样。曹彰的儿子曹楷继承爵位，改封为中牟。黄初五年，改封任城县。太和六年，又改封任城国，食邑包括五个县的二千五百户。青龙三年，曹楷因为私自派属官到皇宫的尚方署制作禁物，而被削去食邑两千户。正始七年，改封济南，食邑三千户。正元与景元初年，接连增加食邑，共有食邑四千四百户。

陈思王曹植字子建。十岁多时，他就能背诵并且讲解《诗经》《论语》和辞赋几十万字，擅长作文章。曹操有一次看了他写的文章，对曹植说："你是请人代作的吧？"曹植跪下说："我可以出口成论，下笔成文，父亲可当面考试，怎么是请人代作的呢？"邺城铜雀台建成的时候，曹操带着几个儿子登上铜雀台，让他们各自作赋。曹植挥笔而就，文采可观。曹操非常惊异他的才华。曹植性情随和，不拘小节，不注意举止装束，车马服饰也不尚华丽。每次觐见，曹操提出难题，都能应声而答，因此特别受到宠爱。建安十六年，封平原侯。建安十九年，改封临菑侯。曹操征伐孙权时，让曹植留守邺县，告诫他说："我从前做顿丘县令时，二十三岁。回想当时做的事，到今天也没有可后悔的。现在你也二十三岁了，要努力啊！"曹植因才华受到曹操的宠爱，丁仪、丁廙、杨修等人成为他的友党，曹操为此犹豫，好几

道中，开司马门出。太祖大怒，公车令坐死。由是重诸侯科禁，而植宠日衰。太祖既虑终始之变，以杨脩颇有才策，而又袁氏之甥也，于是以罪诛脩。植益内不自安。二十四年，曹仁为关羽所围。太祖以植为南中郎将，行征虏将军，欲遣救仁，呼有所敕戒。植醉不能受命，于是悔而罢之。

文帝即王位，诛丁仪、丁廙并其男口。植与诸侯并就国。黄初二年，监国谒者灌均希指，奏“植醉酒悖慢，劫胁使者”。有司请治罪，帝以太后故，贬爵安乡侯。其年改封鄄城侯。三年，立为鄄城王，邑二千五百户。

四年，徙封雍丘王。其年，朝京都。上疏曰：

臣自抱衅归藩，刻肌刻骨，追思罪戾，昼分而食，夜分而寝。诚以天罔不可重离，圣恩难可再恃。窃感《相鼠》之篇，无礼遄死之义，形影相吊，五情愧赧。以罪弃生，则违古贤“夕改”之劝，忍活苟全，则犯诗人“胡颜”之讥。伏惟陛下德象天地，恩隆父母，施畅春风，泽如时雨。是以不别荆棘者，庆云之惠也；七子均养者，尸鸠之仁也；舍罪责功者，明君之举也；矜愚爱能者，慈父之恩也：是以愚臣徘徊于恩泽而不能自弃者也。

次都想立曹植为太子。然而，曹植做事率性而为，不注意言行，饮酒无制。曹丕则善于掩藏真情笼络人心，宫人和左右侍臣都为他说话，最终被立为太子。建安二十二年，曹操增封曹植食邑五千户，加上以前封的共一万户。曹植曾乘车在驰道上行驶，开司马门出宫。曹操得知后大怒，主管宫门的公车令因此被处死。曹操从此加重了限制诸侯的法令，对曹植的宠爱也渐渐淡了。曹操很忧虑王位更替的变故。因主簿杨修与曹植交好，有才干有谋略，是袁氏的外甥，便假借罪名杀了杨修。曹植内心非常惶恐。建安二十四年，曹仁被关羽围困。曹操任命曹植为南中郎将，代理征虏将军，准备派他去救曹仁，便唤他进宫要有所训诫。曹植因饮酒大醉，无法受命。曹操很是恼怒，就罢去曹植新任的官职，没让他带兵出征。

曹丕即王位后，杀了丁仪、丁廙和他们家中的男子。曹植和诸侯都回到自己的封国。黄初二年，监国谒者灌均暗承曹丕的意旨，举奏“曹植酒后叛逆傲慢，要挟使者”。主管官吏请求治曹植的罪。文帝因为太后的缘故，贬他为安乡侯。同年改封鄄城侯。三年，封鄄城王，邑二千五百户。

黄初四年，曹植被改封做了雍丘王。这一年，他到京城朝见文帝。曹植上疏说：

臣自从戴罪返回藩国，感受十分深刻，并且认真追悔反思自己的罪过，白天到日中才吃饭，晚上至夜半才入眠。确实因为国家的法度不可一再违犯，君上的恩德难以屡次依赖。我私下里思索《相鼠》的诗篇中不守礼法何不早早死去的道理，形影相吊，内心十分羞愧。我如果因罪而自绝，就违背了古代贤人“早上有错要在晚上就改正”的劝诫。如果忍辱负重苟且偷生，又触犯了诗人“有何脸面活下去”的讥讽。我埋首思考陛下的仁德如天地般博大，恩情如父母般深厚，仁慈如春风般畅行，恩泽如及时雨般润泽万物。因此可见，不将无用的荆棘与其他草木区别对待，这是祥云的恩惠；对七个孩子平等抚养，这是布谷鸟的仁爱；赦免罪过责令立功，这是贤明君王的举动；怜惜愚笨者，爱护聪明者，这是慈父的恩情：所以愚臣在陛下的恩泽中徘徊不已，不能自弃生命。

前奉诏书，臣等绝朝，心离志绝，自分黄耇无复执珪之望。不图圣诏猥垂齿召，至止之日，驰心辇毂。僻处西馆，未奉阙廷，踊跃之怀，瞻望反仄。谨拜表献诗二篇，其辞曰："於穆显考，时惟武皇，受命于天，宁济四方。朱旗所拂，九土披攘，玄化滂流，荒服来王。超商越周，与唐比踪。笃生我皇，奕世载聪，武则肃烈，文则时雍，受禅炎汉，临君万邦。万邦既化，率由旧则；广命懿亲，以藩王国。帝曰尔侯，君兹青土，奄有海滨，方周于鲁，车服有辉，旗章有叙，济济隽乂，我弼我辅。伊予小子，恃宠骄盈，举挂时网，动乱国经。作藩作屏，先轨是堕，傲我皇使，犯我朝仪。国有典刑，我削我绌，将置于理，元凶是率。明明天子，时笃同类，不忍我刑，暴之朝肆，违彼执宪，哀予小子。改封兖邑，于河之滨，股肱弗置，有君无臣，荒淫之阙，谁弼予身？茕茕仆夫，于彼冀方，嗟予小子，乃罹斯殃。赫赫天子，恩不遗物，冠我玄冕，要我朱绂。朱绂光大，使我荣华，剖符授玉，王爵是加。仰齿金玺，俯执圣策，皇恩过隆，祇承怵惕。咨我小子，顽凶是婴，逝惭陵墓，存愧阙廷。匪敢傲德，实恩是恃，威灵改加，足以没齿。昊天罔极，性命不图，常惧颠沛，抱罪黄垆。愿蒙矢石，建旗东岳，庶立豪氂，微功自赎。危躯授命，知足免戾，甘赴江、湘，奋戈吴、越。天启其衷，得会京畿，迟奉圣颜，如渴如饥。心之云慕，怆矣其悲，天高听卑，皇肯照微！"又曰："肃承明诏，应会皇都，星陈夙驾，秣马脂车。命彼掌徒，肃我征旅，朝发鸾台，夕宿兰渚。芒芒原隰，祁祁士女，经彼公田，乐我稷黍。爰有樛木，重阴匪息；虽有糇粮，饥不遑食。望城不过，面邑匪游，仆夫警策，平路是由。玄驷蔼蔼，扬镳漂沫；流风翼衡，轻云承盖。涉涧之滨，缘山之隈，遵彼河浒，黄阪是阶。西济关谷，或降或升；騑骖倦路，再寝再兴。将朝圣皇，匪敢晏宁；弭节长骛，指日遄征。前驱举燧，后乘抗旌；轮不辍运，鸾无废声。爰暨帝室，税此西墉；嘉诏未赐，朝觐莫从。仰瞻城阈，俯惟阙廷；长怀永慕，忧心如酲。"

之前接到诏书，臣等被禁止上朝去拜见君主，臣心灰意冷，自己觉得直到老年都再也不会有执珪上朝的机会了。不料诏书下达，圣上征召我们入京朝见。接到诏书的那天，我就心驰神往，渴望早日与陛下相见。如今我住在偏僻的西馆，未能到宫内侍奉陛下，心中急切不已，抬头仰望宫廷，辗转不安，难以入眠。在此谨呈奏章并献诗二首，诗的内容如下："完美光荣的父亲，就是那武皇，他接受上天的使命，安定拯济四方。红旗所到的地方，九州纷纷归降，道德教化流布天下，边远之地也前来归顺。他的业绩超出商朝与周朝，可以和唐尧的功德齐名。我皇天生敦厚纯正，世代聪颖，武功能肃清各方危害，文才能令天下安定，接受汉帝的禅让，统辖了四海八荒。天下得到教化，都遵循古代的典章制度；广泛封命亲族属臣，来护卫王国。皇帝说封我为侯，统辖青州境内，拥有海滨地区，就像周朝分封的鲁一样。车马朝服闪耀，印花旌旗列队，人才济济，来做我的辅弼。但是我倚仗皇恩宠信，骄傲自大，举动触犯纲纪，破坏先王法律，违背国家礼仪。国家有明确的刑律，将我削职罢黜，打算送我入狱，作为元凶对待。圣明的天子，出于胞兄深情，不忍心对我行刑，将我暴尸朝市，因此改变了执法官的判决，哀怜我，将我改封到兖州的鄄城，在那黄河岸边，没有设置辅弼的属官，有封君臣下。我犯了放荡不羁的过失，还有谁来辅佐我呢？孤独的仆人，留在冀州的邺城。可叹我遭受这样的灾祸。光辉显赫的天子，恩泽万物无一遗漏，给我戴上玄冕，系上朱绂。朱绂光彩散放，使我荣耀显达，剖开符节授予玉圭，加赐我王位。我仰首来接受金玺，俯身去捧着策书。皇帝的恩惠浩荡无边，我恭敬地接受而又心怀谨慎。可叹我罪恶缠身，冥顽不化，死了愧对先帝的陵墓，活着愧对陛下和朝廷。我不敢轻视陛下的恩德，实在是仰仗陛下的厚待，威严的陛下对我改封加爵，已经足以使我难忘终生。苍天广阔无边，寿命不可强求，我经常害怕死去，会戴罪埋入黄土。我愿意冒着生命危险，在东岳竖起我军的大旗，希望建立哪怕丝毫的功劳，来赎回自己的罪过。即使身临危境也要献出生命，只要能因此免罪我就知足了。我甘愿奔赴长江、湘水，在吴、越一带征战驰骋。皇上您敞开胸怀，让我们来京城朝见。我等待拜见侍

帝嘉其辞义，优诏答勉之。

六年，帝东征，还过雍丘，幸植宫，增户五百。太和元年，徙封浚仪。二年，复还雍丘。植常自愤怨，抱利器而无所施，上疏求自试曰：

臣闻士之生世，入则事父，出则事君；事父尚于荣亲，事君贵于兴国。故慈父不能爱无益之子，仁君不能畜无用之臣。夫论德而授官者，成功之君也；量能而受爵者，毕命之臣也。故君无虚授，臣无虚受；虚授谓之谬举，虚受谓之尸禄，《诗》之"素餐"所由作也。昔二虢不辞两国之任，其德厚也；旦、奭不让燕、鲁之封，其功大也。今臣蒙国重恩，三世于今矣。正值陛下升平之际，沐浴圣泽，

奉陛下，心中惦念，如饥似渴。心中非常思慕，悲伤不已。上天崇高无比，还能倾听人间的事情。皇帝的恩泽，必定肯眷顾卑微的我！”又说：“我恭敬庄严地接受皇帝的诏命，前来京城朝会。我星夜备好行装，清晨就驾车出发，将马喂饱，给车轴涂上油脂。命令随行侍从主管，告诫出行的队伍，早晨从鸾台出发，晚上在兰渚歇息。茫茫的原野上，有众多的男女百姓，经过开垦的公田，我高兴地看到庄稼都生长茂盛。遇见虬曲的大树，也不敢在浓密的树荫下歇息；虽然带有干粮，饿了也没工夫去吃。看见城镇不进去享受，面对村寨也不观光游览。车夫挥动长鞭，在平坦的大路上催马疾驰。四驾车的黑马体壮气盛，昂首飞跑，直到累得口吐白沫，疾风在车前的横木上拂过，轻云在车上的伞盖边联结。车过山涧水边，沿着曲折的山路奔驰，顺着河岸的走向，爬上了黄土坡。向西穿越关口山谷，有时下坡有时上；驾车的马儿疲劳不已，几次倒地又几次爬起。因为将要去朝见圣明的皇上，所以不敢安闲漫游；驾着车子，催马奔驰，数着时间快速行进。队伍的前车举起火把，后车飘着旌旗；车轮不停地滚动，车铃不停地叮当响。等到到了京城，住在京城的西部；皇上的诏书还没有下达，我没办法前去朝见。我抬头仰望城门，低头思念皇上。我长久地怀念，不尽地思慕，心中忧闷，酒醉般昏沉。”

文帝赞赏他的文辞和情义，下诏好言答复他，并给予勉励。

黄初六年，文帝东征吴国，回来的时候路过雍丘。驾幸曹植的王宫，增封食邑五百户。太和元年，改封浚仪。太和二年，又重新回雍丘。曹植常常感慨抱怨，徒负才学而无处施展，上疏请求明帝任用他，说：

臣听说士人在世，居家侍奉父亲，出门侍奉君主；侍奉父亲最崇尚的是光耀亲属，侍奉君主贵在使国家昌盛。所以慈父不会疼爱没有出息的儿子，仁君不会任用无用的大臣。据德行授予官位，是成就大业之君主；量才能而受爵是承使命之臣。所以，君主不无故授官，大臣不无功受爵；无德而授官位是荒谬之举，无功而受爵为白领俸禄。《诗经·伐檀》就是为尸位素餐之人而作的。从前周文王的弟弟虢仲、虢叔不辞两国的任命，是因为德行敦厚；周公旦、召公奭不谦让

潜润德教，可谓厚幸矣。而窃位东藩，爵在上列，身被轻煖，口厌百味，目极华靡，耳倦丝竹者，爵重禄厚之所致也。退念古之受爵禄者，有异于此，皆以功勤济国，辅主惠民。今臣无德可述，无功可纪，若此终年无益国朝，将挂风人“彼其”之讥。是以上惭玄冕，俯愧朱绂。

方今天下一统，九州晏如，而顾西有违命之蜀，东有不臣之吴，使边境未得脱甲，谋士未得高枕者，诚欲混同宇内以致太和也。故启灭有扈而夏功昭，成克商、奄而周德著。今陛下以圣明统世，将欲卒文、武之功，继成、康之隆，简贤授能，以方叔、召虎之臣镇御四境，为国爪牙者，可谓当矣。然而高鸟未挂于轻缴，渊鱼未县于钓饵者，恐钓射之术或未尽也。昔耿弇不俟光武，亟击张步，言不以贼遗于君父。故车右伏剑于鸣毂，雍门刎首于齐境，若此二士，岂恶生而尚死哉？诚忿其慢主而陵君也。夫君之宠臣，欲以除患兴利；臣之事君，必以杀身靖乱，以功报主也。昔贾谊弱冠，求试属国，请系单于之颈而制其命；终军以妙年使越，欲得长缨缨其王，羁致北阙。此二臣，岂好为夸主而耀世哉？志或郁结，欲逞其才力，输能于明君也。昔汉武为霍去病治第，辞曰：“匈奴未灭，臣无以家为！”夫忧国忘家，捐躯济难，忠臣之志也。今臣居外，非不厚也，而寝不安席，食不遑味者，伏以二方未克为念。

伏见先武皇帝武臣宿将，年耆即世者有闻矣。虽贤不乏世，宿将旧卒，犹习战陈，窃不自量，志在效命，庶立毛发之功，以报所受之恩。若使陛下出不世之诏，效臣锥刀之用，使得西属大将军，当

燕鲁的封国，是因为他们的功劳大。现在，臣承家之大恩，已经经历三代君主。时值太平盛世，沐浴皇上恩泽，浸润德义教化，可谓是十分幸运。臣无德而处东藩，爵列上等，身穿绢帛，吃腻百味，看遍了华丽之物，听倦了丝竹之乐，此皆爵重禄厚所成。回想古代爵禄之人，与我不同，都因为功大于国有益，辅君爱民所致。臣无德行可称，无功劳可记，如果就这样死去，不但与国无益，还要受采风人对在位的大夫不配穿其官服的讥刺。臣上惭王冠，下愧朱绂。

现在天下虽然九州和睦，但西边有抗王命之蜀国，东有不肯臣服之吴国。戍边将士还不能脱卸甲胄，谋士们也还不能高枕无忧，确实要统一天下以达太平。过去启灭有扈氏而夏朝武功昭彰，武王克商灭奄，周之威德才得以显著。今陛下以圣贤之道治理天下，完成文王、武王那样的功业，重现成王、康王的鼎盛，用方叔、召虎那样的臣子镇守四方，可以说是再恰当不过。然而，高飞的鸟没有挂在箭绳上，渊中的鱼还没有悬在钓竿上，其原因大概是钓、射之技还没有精湛。耿弇不待光武帝到来，就迅速攻击张步，是为了不把贼寇留给君父。正因如此，从前齐王的车右卫士因左轮鸣响而伏剑自刎，雍门狄因越兵妃齐而自杀。难道这两个人厌生喜死吗？其实是对怠慢、凌驾于君主之上的行为深恶痛绝。大凡君主宠爱臣下，就是要用他们兴利除弊；臣子侍奉君主，一定要以身赴难，报答君主。过去，贾谊二十岁时请求试用自己为属国之官，要捆住匈奴单于的脖子让他臣服；终军以少年出使南越，要用长缨捆缚南越王，将他献给朝廷。这两个臣子难道是向君主夸口、向世人炫耀吗？是因为他们的志向没有施展，想要向明君表现自己的能力。从前汉武帝要为霍去病建造府邸，霍去病推辞说："匈奴还没有消灭，何以为家！"忧国忘家，捐躯赴难，本来就是忠臣的志向。臣身居封国，皇恩优厚，而臣寝食不安的原因，就是挂念吴、蜀两国尚未消灭啊！

臣俯伏看见先武皇帝时的武臣宿将，因为年老去世的时候有所闻。虽然社会上不缺乏贤才，宿将老兵还熟习战斗，但臣私下不自量力，志在为国效命，希望立下微不足道的一点儿功劳，来报答所受到的恩德。如果陛下颁下非凡的诏书，让臣用锥般的微小本领来效力，

一校之队，若东属大司马，统偏舟之任，必乘危蹈险，骋舟奋骊，突刃触锋，为士卒先。虽未能禽权馘亮，庶将虏其雄率，歼其丑类，必效须臾之捷，以灭终身之愧，使名挂史笔，事列朝策。虽身分蜀境，首县吴阙，犹生之年也。如微才弗试，没世无闻，徒荣其躯而丰其体，生无益于事，死无损于数，虚荷上位而忝重禄，禽息鸟视，终于白首，此徒圈牢之养物，非臣之所志也。流闻东军失备，师徒小衄，辍食弃餐，奋袂攘衽，抚剑东顾，而心已驰于吴会矣。

臣昔从先武皇帝南极赤岸，东临沧海，西望玉门，北出玄塞，伏见所以行军用兵之势，可谓神妙矣。故兵者不可豫言，临难而制变者也。志欲自效于明时，立功于圣世。每览史籍，观古忠臣义士，出一朝之命，以徇国家之难，身虽屠裂，而功铭著于鼎钟，名称垂于竹帛，未尝不拊心而叹息也。臣闻明主使臣，不废有罪。故奔北败军之将用，秦、鲁以成其功；绝缨盗马之臣赦，楚、赵以济其难。臣窃感先帝早崩，威王弃世，臣独何人，以堪长久！常恐先朝露，填沟壑，坟土未干，而身名并灭。臣闻骐骥长鸣，则伯乐照其能；卢狗悲号，则韩国知其才。是以效之齐、楚之路，以逞千里之任；试之狡兔之捷，以验搏噬之用。今臣志狗马之微功，窃自惟度，终无伯乐、韩国之举，是以于邑而窃自痛者也。

使臣向西归属大将军曹真的统辖，率领一队士兵，或者向东归属大司马曹休的统辖，另外率一支水军，臣一定不避艰险，乘船骑马，冲锋陷阵，身先士卒。即使不能擒获孙权、斩杀诸葛亮，希望能俘虏敌人的大将，歼灭众敌群丑，一定要取得一时的胜利，来消除臣终身的羞愧，使臣的名字载入史册，事迹列在朝廷封赏的策书上。即使身首分裂在蜀境，头颅悬挂在吴国的宫门上，但是臣却像活着一样。如果臣这微薄才能不能一试，一辈子无声无息，只是身享荣华养肥身体，活着对国家政事没有用处，死了对国家也没有损失，虚居高位而空食厚禄，犹如笼里养的禽鸟，养尊处优直至老年，这只是圈牢里豢养的动物，不是臣的志向。传闻东边军队疏于防备，将士们受了点小挫折，臣听到这个消息，推开饭碗弃食而起，挽起袖子，撩起衣襟，按着宝剑向东方凝视，而心早就已经飞到吴郡、会稽郡了。

臣以前跟随已经去世的武皇帝出征，向南征战走到赤岸，向东到达沧海，西去望见玉门关，向北出玄塞关，看到武皇帝指挥行军用兵的方法，可以说是变幻莫测。所以用兵这种事情是没法预言的，在遇到危急情况时要随机应变。我立志要在治政清明的明君时代建功效命，报答国家。每次阅读史书，看到古代的忠臣义士，抛弃自己短暂的生命，为国家的危难而牺牲自己的生命，身体即使被屠杀肢解，但是功勋铭刻在鼎钟上，名字记载在竹帛上，我一直抚胸叹息。我听说贤明的君主任用臣子的时候，不会废弃有罪的人。所以秦国战败逃走的孟明视、鲁国的曹沫等将军仍被国君任命为将帅，秦国、鲁国便靠他们得以成就了功业；扯断帽缨、盗走御马的臣民被赦免，楚国、赵国就依赖他们得以渡过了难关。臣暗自感伤先帝去世过早，任城威王曹彰也离开了人世，唯独臣这种无用之人，竟然能活得如此长久！我常常担心突然死去像朝露般消失，埋进沟壑，坟上的新土还没有干，名字就和躯体一同消失了。我听说千里马长嘶，伯乐就察知了它的才能；黑狗悲伤地吠叫，韩国就了解它的才干了。因此让马在通往齐国、楚国的遥远征途上效力，来显示它奔驰千里的能力；让黑狗去对付敏捷的狡兔，以此来证明它扑咬的本领。现在我立志像千里马和黑狗一样立下微薄的功劳，但是我暗自思量，始终没有伯乐、韩

夫临博而企竦，闻乐而窃抃者，或有赏音而识道也。昔毛遂，赵之陪隶，犹假锥囊之喻，以寤主立功，何况巍巍大魏多士之朝，而无慷慨死难之臣乎！夫自衒自媒者，士女之丑行也。干时求进者，道家之明忌也。而臣敢陈闻于陛下者，诚与国分形同气，忧患共之者也。冀以尘雾之微补益山海，荧烛末光增辉日月，是以敢冒其丑而献其忠。

三年，徙封东阿。五年，复上疏求存问亲戚，因致其意曰：

臣闻天称其高者，以无不覆；地称其广者，以无不载；日月称其明者，以无不照；江海称其大者，以无不容。故孔子曰："大哉尧之为君！惟天为大，惟尧则之。"夫天德之于万物，可谓弘广矣。盖尧之为教，先亲后疏，自近及远。其《传》曰："克明峻德，以亲九族；九族既睦，平章百姓。"及周之文王亦崇厥化，其《诗》曰："刑于寡妻，至于兄弟，以御于家邦。"是以雍雍穆穆，风人咏之。昔周公吊管、蔡之不咸，广封懿亲以藩屏王室，《传》曰："周之宗盟，异姓为后。"诚骨肉之恩爽而不离，亲亲之义实在敦固，未有义而后其君，仁而遗其亲者也。

伏惟陛下资帝唐钦明之德，体文王翼翼之仁，惠洽椒房，恩昭九族，群后百寮，番休递上，执政不废于公朝，下情得展于私室，亲理之路通，庆吊之情展，诚可谓恕己治人，推惠施恩者矣。至于臣者，人道绝绪，禁锢明时，臣窃自伤也。不敢过望交气类，修人事，叙人伦。近且婚媾不通，兄弟乖绝，吉凶之问塞，庆吊之礼废，恩

国那样的人为我举荐，因此在封邑抑郁不平，悲伤不已。

看到博戏就踮起脚来观看，听到音乐就暗暗打起拍子的人，当中或许有能够欣赏音乐、熟知博道的人。以前，毛遂是赵国一个陪送的奴隶，还能借锥处囊中的譬喻，以此来打动平原君，建立功勋，更何况巍巍大魏，这样一个人才济济的朝廷上，难道就没有意气激昂愿意为国献身的人吗！自己炫耀自己，或者给自己做媒，都是男女的可耻行为。迎合时势获取升迁，是道家的大忌。可是臣冒昧地向陛下陈述这些，实在是因为我和国家虽然形体不一，但是呼吸相通、患难与共。希望能以微小的尘露填充山海，以萤火虫和蜡烛的弱光增添日月的光辉，因此我才胆敢冒着蒙受丑恶名声而奉献忠心。

太和三年，曾植的封地改到了东阿县。太和五年，曹植又上疏请求回家探访亲戚，为此表达他的意思，说：

臣听说天之所以称作高，是因为没有不被它覆盖的；地之所以称作广，是因为没有不被它承载的；日月称作光明，是因为没有不被它照耀的；江海称作浩大，是因为没有不被它容纳的。所以孔子说：“伟大啊，尧为君主！只有天最高最大，只有尧能效法。”天给予万物之恩德，宏大广阔。尧树立教化，由亲而疏，由近而远。《传》说：“尧彰明贤德，亲近九族；九族和睦，再品评百土。”到周文王的时候，也推崇这样的教化。《诗经》说：“以嫡妻做出示范，影响到兄弟，推广到治理家国。”因为和睦融洽，诗人才歌颂他们。从前周公痛心管叔、蔡叔的不和便广泛分封宗亲，以屏卫王室。《传》说：“周代诸侯朝见，异姓的人排在后面。”实是因骨肉情深，即使对犯有过错的也不分离，不尊敬君主的人是无义之人，而仁爱的君主是不会遗弃自己的亲戚的。

陛下天生拥有尧的明察之德，效仿周文王的谨慎之仁，恩泽波及后妃，惠爱九族，列侯百官轮流入值，使朝政不废、亲族间正常交往的道路畅通，遇有喜丧可以互表情意，这样就能广施恩惠了。臣与亲族没有往来，孤独得只能暗自悲伤。近来甚至与亲戚音讯不通，婚丧嫁娶的慰问礼节也废弃了，亲人之间的疏远连陌生人都不如，彼此隔膜的程度像相距遥远的胡越一样。臣为礼制所缚，永远没有

纪之违，甚于路人，隔阂之异，殊于胡越。今臣以一切之制，永无朝觐之望，至于注心皇极，结情紫闼，神明知之矣。然天实为之，谓之何哉！退唯诸王常有戚戚具尔之心，愿陛下沛然垂诏，使诸国庆问，四节得展，以叙骨肉之欢恩，全怡怡之笃义。妃妾之家，膏沐之遗，岁得再通，齐义于贵宗，等惠于百司，如此，则古人之所叹，风雅之所咏，复存于圣世矣。

臣伏自惟省，无锥刀之用。及观陛下之所拔授，若以臣为异姓，窃自料度，不后于朝士矣。若得辞远游，戴武弁，解朱组，佩青绂，驸马、奉车，趣得一号，安宅京室，执鞭珥笔，出从华盖，入侍辇毂，承答圣问，拾遗左右，乃臣丹诚之至愿，不离于梦想者也。远慕《鹿鸣》君臣之宴，中咏《常棣》匪他之诫，下思《伐木》友生之义，终怀《蓼莪》罔极之哀；每四节之会，块然独处，左右惟仆隶，所对惟妻子，高谈无所与陈，发义无所与展，未尝不闻乐而拊心，临觞而叹息也。臣伏以为犬马之诚不能动人，譬人之诚不能动天。崩城、陨霜，臣初信之，以臣心况，徒虚语耳。若葵藿之倾叶太阳，虽不为之回光，然向之者诚也。窃自比于葵藿，若降天地之施，垂三光之明者，实在陛下。

臣闻《文子》曰："不为福始，不为祸先。"今之否隔，友于同忧，而臣独倡言者，窃不愿于圣世使有不蒙施之物。有不蒙施之物，必有惨毒之怀，故《柏舟》有"天只"之怨，《谷风》有"弃予"之叹。故伊尹耻其君不为尧舜，孟子曰："不以舜之所以事尧事其君者，不敬其君者也。"臣之愚蔽，固非虞、伊，至于欲使陛下崇光被时雍之美，宣缉熙章明之德者，是臣慺慺之诚，窃所独守，实怀鹤立企伫之心。敢复陈闻者，冀陛下倘发天聪而垂神听也。

朝见陛下的可能了，而内心对陛下眷恋，神明知道。然而这是皇上安排的，还有什么可说的呢！臣常想，各诸王兄弟也都有休戚相关的心情，希望陛下迅即下诏，让诸侯国间互祝问候的礼仪能在各节日顺利进行，以成全兄弟间和睦融洽的深厚情谊。妃子之家互赠油脂，一年可以有两次，与贵戚、百官获得同等的恩惠。这样，古人所赞叹的《诗》中所歌颂的情形，就重现于当今盛世了。

臣暗中思量，自己连刀锥那样的一点用途都没有。看到陛下任命官员，如果我是异姓之人，也不比朝廷上的官员差。如果臣能够脱掉王冠，戴上武官的帽子，佩上朝官的青绂，驸马都尉、奉车都尉两个官职，能得其一，居王室，执马鞭，帽插笔，进出门都侍奉在皇上左右，承答圣问，拾遗补阙，这些才是臣梦寐以求的事情。臣仰慕《鹿鸣》的君臣同宴，常颂《常棣》诗中所说兄弟不是外人的告诫，思念《伐木》诗中宴请故旧的道义，常怀有《蓼莪》诗中报答父母无限恩德而臣却无从报答的哀伤。每逢四时聚会的时候，臣左右只有仆人和妻子儿女，谈论没有对象，阐明义理没有知音，听到音乐、举起酒杯就抚胸叹息。臣认为犬马的真诚不能打动人，就如同人的真诚不能感动上天一样。城墙崩塌、夏日降霜的故事，臣当初还相信，但是以臣现在的心境来看，那只是假话罢了。就像葵花倾身对太阳，虽然太阳并非有意照耀葵花，但葵花朝着太阳却是一片真诚。臣把自己比作葵花，如果能承接天地的恩惠，日、月、星辰的光辉，这些的确为陛下所赐啊！

臣见到《文子》上说道："不做首先取得幸福的人，也不做首先招致祸患的人。"现在各个诸侯彼此隔绝，兄弟们都同样伤心，而只有臣首先说出来，是不愿意在圣明时代存在没有蒙受陛下恩惠的人。没有蒙受恩惠的人，必定有深切怨愤的情怀。所以《柏舟》中有"天呀，为什么如此不相信我"的怨愤之词，《谷风》中有"如今天下已经安乐，你却遗弃了我"的感叹之语。所以伊尹为他的君主不是尧舜而感到耻辱。《孟子》中说："不像舜侍奉尧那样来侍奉自己君主的人，就是不尊敬君主的人。"臣愚钝不明白，本来就不是虞舜、伊尹那样

诏报曰："盖教化所由，各有隆弊，非皆善始而恶终也，事使之然。故夫忠厚仁极草木，则《行苇》之诗作；恩泽衰薄，不亲九族，则《角弓》之章刺。今令诸国兄弟，情理简怠，妃妾之家，膏沐疏略，朕纵不能敦而睦之，王援古喻义备悉矣，何言精诚不足以感通哉？夫明贵贱，崇亲亲，礼贤良，顺少长，国之纲纪，本无禁固诸国通问之诏也，矫枉过正，下吏惧谴，以至于此耳。已敕有司，如王所诉。"

植复上疏陈审举之义，曰：

臣闻天地协气而万物生，君臣合德而庶政成；五帝之世非皆智，三季之末非皆愚，用与不用，知与不知也。既时有举贤之名，而无得贤之实，必各援其类而进矣。谚曰："相门有相，将门有将。"夫相者，文德昭者也；将者，武功烈者也。文德昭，则可以匡国朝，致雍熙，稷、契、夔、龙是也；武功烈，则所以征不庭，威四夷，南仲、方叔是矣。昔伊尹之为媵臣，至贱也，吕尚之处屠钓，至陋也，及其见举于汤武、周文，诚道合志同，玄谟神通，岂复假近习之荐，因左右之介哉。《书》曰："有不世之君，必能用不世之臣；用不世之臣，必能立不世之功。"殷周二王是矣。若夫龌龊近步，遵常守故，安足为陛下言哉？故阴阳不和，三光不畅，官旷无人，庶政不整者，三司之责也。疆场骚动，方隅内侵，没军丧众，干戈不息者，边将之忧也。岂可虚荷国宠而不称其任哉？故任益隆者负益重，位益高者责益深，《书》称"无旷庶官，《诗》有"职思其忧"，此其义也。

的人，至于想要使陛下树立起普照盛世的丰功伟绩，显示出光明辉煌的美德，这是我的一片赤诚之心。臣私下独自守护的，确实是仙鹤一般独立翘首企盼的心情。臣所以敢再次向您陈述，是希望陛下可能会听一听它。

明帝下达诏书回答说："教化之所以有兴隆和衰弊出现，并非是由好而变坏的，而是事势使它成了那样子。所以忠厚施之于草木，就有了《行苇》的赞美；恩衰义薄，不亲九族，就有了《角弓》的讥刺。现在各诸侯国兄弟之间情义淡漠了，妃妾家庭间脂膏的互赠也减少了，我虽然不能使他们亲近和睦，而你援引古训的道理也够全面了，为什么还说不够精诚呢？判明贵贱等级，崇尚亲族和睦，优待贤良之士，理顺长少关系，是国家的根本秩序和法则，我从没有过禁止各封国之间互通问候的诏令。由于矫枉过正，官吏害怕被处罚，所以才形成今天这个样子。现已着令有关部门，遵照你的意见去办。"

曹植又上疏陈述慎重选拔官吏的道理，说：

臣听说天地和谐，万物才能蓬勃生长；君臣同心协力，各项政事才能步步成功。五帝时代不都是聪明的人，三代的末世不都是愚笨的人，关键在于用与不用，了解与不了解。既然世上只有举荐贤才之名，而没有任用贤才之实，那大臣们一定是各自援引自己的同类进身任职。谚语说："宰相门下出宰相，将军门下出将军。"宰相是深明礼乐教化的人，将军是武功超群的人。深明礼乐教化，就可以辅佐朝政，带来和乐升平之世，稷、契、夔、龙就是这样的宰相。武功显赫，就可以征伐不向朝廷称臣的人，威震四夷，南仲、方叔就是这样的将军。从前伊尹在做陪嫁的臣仆的时候，是最卑贱的，吕尚在做屠夫和渔翁时，是最鄙陋的人，等到二人被商汤、周文王任用，实在是因为他们彼此志同道合，深远的谋略互相神通，难道还要凭亲信近臣的举荐，通过左右随从的介绍吗！《尚书》说："非凡的君主，一定能任用非凡的大臣；任用非凡的大臣，一定能建立非凡的功业。"商汤、周文王就是这样的君主。至于那些心胸狭窄、拘谨浅陋、墨守成规的人，怎么值得对陛下说呢？所以阴阳不合，日、月、星三光不明亮，官位空缺无人，各项政务不得治理，是三公的责任。边疆骚乱，境内被

陛下体天真之淑圣，登神机以继统，冀闻康哉之謌，偃武行文之美。而数年以来，水旱不时，民困衣食，师徒之发，岁岁增调，加东有覆败之军，西有殪没之将，至使蚌蛤浮翔于淮、泗，鼲鼬讙哗于林木。臣每念之，未尝不辍食而挥餐，临觞而搤腕矣。昔汉文发代，疑朝有变，宋昌曰："内有朱虚、东牟之亲，外有齐、楚、淮南、琅玡，此则磐石之宗，愿王勿疑。"臣伏惟陛下远览姬文二虢之援，中虑周成召、毕之辅，下存宋昌磐石之固。昔骐骥之于吴阪，可谓困矣，及其伯乐相之，孙邮御之，形体不劳而坐取千里。盖伯乐善御马，明君善御臣；伯乐驰千里，明君致太平；诚任贤使能之明效也。若朝司惟良，万机内理，武将行师，方难克弭。陛下可得雍容都城，何事劳动銮驾，暴露于边境哉？

臣闻"羊质虎皮，见草则悦，见豺则战，忘其皮之虎也"。今置将不良，有似于此。故语曰："患为之者不知，知之者不得为也。"昔乐毅奔赵，心不忘燕；廉颇在楚，思为赵将。臣生乎乱，长乎军，又数承教于武皇帝，伏见行师用兵之要，不必取孙、吴而暗与之合。窃揆之于心，常愿得一奉朝觐，排金门，蹈玉陛，列有职之臣，赐须臾之间，使臣得一散所怀，摅舒蕴积，死不恨矣。

被鸿胪所下发士息书，期会甚急。又闻豹尾已建，戎轩鹜驾，

侵，军队失败，士兵战死，战事不能止息，是边将的忧患。难道可以白白受到国家恩宠而不认真履行职责吗？所以承担的职事越高的人，所担负的责任越重，位置越显重的人，对他们的要求就越高。《尚书》说“不要让不称职的人旷废了庶政要职”，《诗经》说“还要常常想到自己的忧患”，就是这个道理。

陛下拥有美德，登上帝位，继承大统，希望天下出现安定康宁的秩序，战争停止而文教修明。但这几年来，水旱灾害经常发生，百姓缺衣少食，赋税徭役每年都有增加，征讨吴国失败，讨伐蜀国丧失军队，致使吴贼在淮、泗横行，蜀寇在山林肆虐。臣每想到这些，就放箸不食，扼腕叹息。汉文帝由代国去京城继承帝位，怀疑朝廷里有变故发生，宋昌说：“京城中有朱虚侯刘章、东牟侯刘兴居等亲属，外面有齐王、楚王、淮南王、琅琊王等诸侯，这些都是像磐石般忠诚的宗亲，大王不要迟疑。”臣希望陛下远看周文王有虢仲、虢叔的援助，再想想周成王有召公奭、毕公高的辅佐，最后把宋昌关于宗族坚如磐石的话记在心里。据说千里马在吴地山坡拉盐车，可以说是困窘已极，直到伯乐发现它，孙邮驾驭而日行千里。伯乐善于相马，明君善于使用臣子；伯乐驭马能驰骋千里，明君用人能使天下兴盛；这就是任用贤能的成效。如果大臣贤良，处理政事有条不紊，武将统兵各方战乱及时平定，陛下就从容地安坐都城，又哪来的御驾亲征而饱受风尘之苦呢？

臣听说“山羊即使披着虎皮，但见到青草就高兴，看见豺狼就害怕，忘了它披着虎皮”。现在设置的将官大多没有能力，就像羊披着虎皮。俗话说：“就怕做这些事的人不了解情况，了解情况的人不做这样的事。”从前乐毅逃奔赵国，心不忘燕国；廉颇客居楚国，却仍怀念做赵的将帅。臣生逢乱世，长在军旅之中，屡受武皇帝教诲，故私下认为用兵的关键，不必照搬孙吴的做法，只要合乎兵法就行。臣常常渴望能接到陛下允许我朝觐的诏书，排金马门，踩宫殿玉阶，位列任职的大臣之中，哪怕赐臣短暂的时间，使臣能施展抱负，死亦无憾了。

接到鸿胪下达的征发士族子弟的文书，期限很紧急。又听说皇

陛下将复劳玉躬，扰挂神思。臣诚竦息，不遑宁处。愿得策马执鞭，首当尘露，撮风后之奇，接孙、吴之要，追慕卜商起予左右，效命先驱，毕命轮毂，虽无大益，冀有小补。然天高听远，情不上通，徒独望青云而拊心，仰高天而叹息耳。屈平曰：“国有骥而不知乘，焉皇皇而更索！”昔管、蔡放诛，周、召作弼；叔鱼陷刑，叔向匡国。三监之衅，臣自当之；二南之辅，求必不远。华宗贵族，藩王之中，必有应斯举者。故《传》曰：“无周公之亲，不得行周公之事。”唯陛下少留意焉。

近者汉氏广建藩王，丰则连城数十，约则餐食祖祭而已，未若姬周之树国，五等之品制也。若扶苏之谏始皇，淳于越之难周青臣，可谓知时变矣。夫能使天下倾耳注目者，当权者是矣，故谋能移主，威能慑下。豪右执政，不在亲戚；权之所在，虽疏必重，势之所去，虽亲必轻，盖取齐者田族，非吕宗也。分晋者赵、魏，非姬姓也。唯陛下察之。苟吉专其位，凶离其患者，异姓之臣也。欲国之安，祈家之贵，存共其荣，没同其祸者，公族之臣也。今反公族疏而异姓亲，臣窃惑焉。

臣闻孟子曰：“君子穷则独善其身，达则兼善天下。”今臣与陛下践冰履炭，登山浮涧，寒温燥湿，高下共之，岂得离陛下哉？不胜愤懑，拜表陈情。若有不合，乞且藏之书府，不便灭弃，臣死之后，事或可思。若有豪厘少挂圣意者，乞出之朝堂，使夫博古之士，纠臣表之不合义者。如是，则臣愿足矣。

帝的车驾已备好，兵车很快调集，陛下又将使玉体操劳，精神烦扰。臣实在惶恐不安，不能静下心来。希望能够驱马执鞭，最先踏上征途，借鉴风后的奇计妙策，把握孙武、吴起的精髓，追慕卜商领会陛下的意图，充当先锋拼命效力，为陛下献出生命。虽然没有大的收获，也希望有小的补益。然而上天高旷能听到远方，臣的心情却不能上达陛下，只能面对青天白云而捶胸，仰望高天而叹息。屈平说："国内有骏马却不知道乘坐，还急急忙忙地上别处寻求。"昔日管叔、蔡叔或被流放，或被诛杀，周公、召公做辅弼的大臣；过去晋国大夫叔鱼被陷刑狱，他的哥哥叔向仍然判他有罪，是为了匡扶国家。管叔、蔡叔、霍叔的罪过，由臣自己来承担；周公、召公一样的辅弼，一定会在不远的地方寻到。皇亲贵族和诸侯藩王中，一定会有这样合适的人选。所以《传》上说："没有周公那样的亲族，就不能做周公所做的事情。"希望陛下稍稍留意这一点。

汉代大举分封藩王，大的藩王拥有数十座城池，小的则只够祭祀祖宗，不像周代建立公、侯、伯、子、男五爵之制。像扶苏力劝始皇，淳于越驳斥周青臣，他们可说是了解时势的变化。能使天下倾耳注目的，是掌握权力的人，所以，他们的谋略能改变君主的旨意，威严能震慑群臣。执掌朝政，不在于是不是宗亲，即使没有宗亲关系地位也一定重要，权力失去，即使是宗亲地位也一定非常轻。所以，取代齐国的是田氏而不是吕尚的同宗，分裂晋国的是赵氏、魏氏，而不是周王室的姬姓。望陛下明察。看到有利可图就把持官位，看到处境险恶就丢弃官位而远离的，一定是异姓大臣。希望国家安定，祈求家族尊贵，无论荣辱都一起承担的，一定是同宗大臣。现在却是皇族被疏远而异姓大臣得到亲近，臣深感不解。

我听说孟子说过："君子困厄之时应当修身善性，显贵之时就要改善天下人的处境。"现在我和陛下踏冰、踩火，登山涉涧，无论寒暖都在一起，怎能离开陛下呢？臣心中郁闷，难以承受，拜送奏章以述隐情。如果有不妥请暂收书府，不要毁掉，我死了之后，也许还可供追思。如有丝毫触犯圣意，请公示于朝堂，让学问渊博的大臣们，指摘出不合大义的地方。倘能如此，臣愿足矣。

帝辄优文答报。

其年冬，诏诸王朝六年正月。其二月，以陈四县封植为陈王，邑三千五百户。植每欲求别见独谈，论及时政，幸冀试用，终不能得。既还，怅然绝望。时法制，待藩国既自峻迫，寮属皆贾竖下才，兵人给其残老，大数不过二百人。又植以前过，事事复减半，十一年中而三徙都，常汲汲无欢，遂发疾薨，时年四十一。遗令薄葬。以小子志，保家之主也，欲立之。初，植登鱼山，临东阿，喟然有终焉之心，遂营为墓。子志嗣，徙封济北王。景初中诏曰："陈思王昔虽有过失，既克己慎行，以补前阙，且自少至终，篇籍不离于手，诚难能也。其收黄初中诸奏植罪状，公卿已下议尚书、秘书、中书三府、大鸿胪者皆削除之。撰录植前后所著赋颂诗铭杂论凡百余篇，副藏内外。"志累增邑，并前九百九十户。

萧怀王熊，早薨。黄初二年追封谥萧怀公。太和三年，又追封爵为王。青龙二年，子哀王炳嗣，食邑二千五百户。六年薨，无子，国除。

评曰：任城武艺壮猛，有将领之气。陈思文才富艳，足以自通后叶，然不能克让远防，终致携隙。《传》曰"楚则失之矣，而齐亦未为得也"，其此之谓欤！

明帝下诏用好言抚慰他。

这一年冬天，明帝诏令诸王于太和六年正月在京师朝见。当年二月，将陈县等四县封曹植为陈王，食邑三千五百户。曹植一直想要单独拜见皇上，谈论当时的政事，希望能被任用，但他的愿望始终没有实现。回来后，心情沮丧，感到绝望。当时的法令，对诸侯王已十分刻薄，属吏都是商贩一类的庸俗之辈，兵士配给一些老弱伤残的人，数量不过二百人。曹植因为以前的过错，所有这些都要减半。十一年里，三次迁徙封地。常年抑郁寡欢，终于得病去世，时年四十一岁，嘱令家人薄葬。他认为小儿子曹志志趣不俗，立他为继承人。当初，曹植爬上鱼山，俯视东阿，感叹间突然有了在此终老的想法，于是，就在这儿营建坟墓。儿子曹志继承王位，改封济北王。景初年间，朝廷下诏书说："陈思王以前虽然有过失，但后来约束自己，行事小心，且书不离手，实属难能可贵。现在收回黄初年间那些弹劾曹植的奏章，公卿以下在尚书、秘书、中书三府、大鸿胪府有关文件一律毁掉，编辑曹植所著赋、颂、诗、铭、杂论一百余篇，抄正副本，收藏在宫内外。"又给曹志又增封食邑，加上以前封的共九百九十户。

萧怀王曹熊，很早就去世了。黄初二年加封谥号为萧怀公。太和三年，又追封爵位为王。青龙二年，他的儿子哀王曹炳继承王位，食邑二千五百户。青龙六年去世，他没有儿子，封国取消。

评论说：任城王艺高刚直，雄壮威猛，有大将气概。陈思王文才富丽，足以传至后世，然而他不能防患，终于招致嫌怨。《传》说"楚国失去了，齐国也没有得到"，说的可能就是这类事吧！

卷二十　魏书二十

武文世王公传第二十

武皇帝二十五男：卞皇后生文皇帝、任城威王彰、陈思王植、萧怀王熊，刘夫人生丰愍王昂、相殇王铄，环夫人生邓哀王冲、彭城王据、燕王宇，杜夫人生沛穆王林、中山恭王衮，秦夫人生济阳怀王玹、陈留恭王峻，尹夫人生范阳闵王矩，王昭仪生赵王幹，孙姬生临邑殇公子上、楚王彪、刚殇公子勤，李姬生穀城殇公子乘、郿戴公子整、灵殇公子京，周姬生樊安公均，刘姬生广宗殇公子棘，宋姬生东平灵王徽，赵姬生乐陵王茂。

丰愍王昂字子脩。弱冠举孝廉。随太祖南征，为张绣所害。无子。黄初二年追封，谥曰丰悼公。三年，以樊安公均子琬奉昂后，封中都公。其年徙封长子公。五年，追加昂号曰丰悼王。太和三年改昂谥曰愍王。嘉平六年，以琬袭昂爵为丰王。正元、景元中，累增邑，并前二千七百户。琬薨，谥曰恭王。子廉嗣。

相殇王铄，早薨，太和三年追封谥。青龙元年，子愍王潜嗣，其年薨。二年，子怀王偃嗣，邑二千五百户，四年薨。无子，国除。正元二年，以乐陵王茂子阳都乡公竦继铄后。

邓哀王冲字仓舒。少聪察岐嶷，生五六岁，智意所及，有若成人之智。时孙权曾致巨象，太祖欲知其斤重，访之群下，咸莫能出其理。冲曰："置象大船之上，而刻其水痕所至，称物以载之，则校可知矣。"太祖大悦，即施行焉。时军国多事，用刑严重。太祖马鞍在库，而为鼠所啮，库吏惧必死，议欲面缚首罪，犹惧不免。冲

武皇帝一共有二十五个儿子：卞皇后生文皇帝、任城威王曹彰、陈思王曹植、萧怀王曹熊，刘夫人生丰愍王曹昂、相殇王曹铄，环夫人生邓哀王曹冲、彭城王曹据、燕王曹宇，杜夫人生沛穆王曹林、中山恭王曹衮，秦夫人生济阳怀王曹玹、陈留恭王曹峻，尹夫人生范阳闵王曹矩，王昭仪生赵王曹幹，孙姬生临邑殇公子曹上、楚王曹彪、刚殇公子曹勤，李姬生穀城殇公子曹乘、郿戴公子曹整、灵殇公子曹京，周姬生樊安公曹均，刘姬生广宗殇公子曹棘，宋姬生东平灵王曹徽，赵姬生乐陵王曹茂。

丰愍王曹昂字子脩。二十岁时人们举荐他做了孝廉。随曹操南征，张绣在宛城将他杀害。没有儿子。黄初二年追封为公，加谥号丰悼公。黄初三年，以樊安公曹均的儿子曹琬为曹昂的后嗣，封中都公，当年又改封为长子公。黄初五年，追加曹昂封号为丰悼王。太和三年，改曹昂谥号为愍王。嘉平六年，让曹琬承袭了曹昂的爵位为丰王。正元、景元年间，皇帝多次给曹琬增加封邑，加上以前所封共有二千七百户。曹琬去世，加谥号为恭王。其子曹廉继承爵位。

相殇王曹铄很早就去世了，太和三年追封谥号。青龙元年，他儿子愍王曹潜继承王位，当年就去世了。青龙二年，曹潜的儿子怀王曹偃继承王位，食邑二千五百户，青龙四年去世。他没有子嗣，封国被撤销。正元二年，让乐陵王曹茂的儿子阳都乡公曹竦过继曹铄为后嗣。

邓哀王曹冲字仓舒，从小就聪慧，五六岁时，智力就像成年人那样机敏。孙权送来大象，曹操想知道它的重量，群臣中没有人能想出办法。曹冲说："把大象放在船上，在水痕所至的船舷上刻出记号，然后在船上放置达到水痕同样地方的东西，计算东西的重量就可以知道了。"曹操非常高兴，用这个办法就知道了大象的重量。那时候

谓曰：“待三日中，然后自归。”冲于是以刀穿单衣，如鼠啮者，谬为失意，貌有愁色。太祖问之，冲对曰：“世俗以为鼠啮衣者，其主不吉。今单衣见啮，是以忧戚。”太祖曰：“此妄言耳，无所苦也。”俄而库吏以啮鞍闻，太祖笑曰：“儿衣在侧，尚啮，况鞍县柱乎？”一无所问。冲仁爱识达，皆此类也。凡应罪戮，而为冲微所辨理，赖以济宥者，前后数十。太祖数对群臣称述，有欲传后意。年十三，建安十三年疾病，太祖亲为请命。及亡，哀甚。文帝宽喻太祖，太祖曰：“此我之不幸，而汝曹之幸也。”言则流涕，为聘甄氏亡女与合葬，赠骑都尉印绶，命宛侯据子琮奉冲后。二十二年，封琮为邓侯。黄初二年，追赠谥冲曰邓哀侯，又追加号为公。三年，进琮爵，徙封冠军公。四年，徙封己氏公。太和五年，加冲号曰邓哀王。景初元年，琮坐于中尚方作禁物，削户三百，贬爵为都乡侯。三年，复为己氏公。正始七年，转封平阳公。景初、正元、景元中，累增邑，并前千九百户。

彭城王据，建安十六年封范阳侯。二十二年，徙封宛侯。黄初二年，进爵为公。三年，为章陵王，其年徙封义阳。文帝以南方下湿，又以环太妃彭城人，徙封彭城。又徙封济阴。五年，诏曰：“先王建国，随时而制。汉祖增秦所置郡，至光武以天下损耗，并省郡县。以今比之，益不及焉。其改封诸王，皆为县王。”据改封定陶县。太和六年，改封诸王，皆以郡为国，据复封彭城。景初元年，据坐私遣人诣中尚方作禁物，削县二千户。三年，复所削户邑。正元、

军国大事繁多，刑罚严厉。曹操的马鞍放在库中，被老鼠咬坏，管库的官吏怕被处死，就商量着绑上自己向曹操自首认罪，仍怕不能免死。曹冲对他们说："你们三天后再去自首。"曹冲就用刀戳破自己的单衣，就像被老鼠咬了一样，面带愁色，假装不高兴的样子。曹操问曹冲怎么了，曹冲回答说："百姓认为被老鼠咬了衣服，衣服的主人就不吉祥。现在我的单衣被老鼠咬破了，所以担心。"曹操说："这些说法没有根据，没有什么可担心的。"过一会儿，库吏就把老鼠咬马鞍的事报告曹操，曹操笑着说："我儿的衣服就在身边，尚且被咬，何况马鞍挂在柱子上呢？"就没有追查。曹冲的仁爱心地，见识通达，都是这样。获罪应该被杀的，通过曹冲委婉含蓄表达而获得宽宥的，前后有几十个人。曹操多次对群臣称赞曹冲，有把王位传给他的意思。建安十三年，曹冲十三岁，得病，曹操亲自为他祈祷神灵为他延长生命，后来，曹冲去世，曹操特别悲痛。曹丕劝慰，曹操说："这是我的不幸，而是你们的幸事啊！"一说到曹冲，曹操就流泪，又为曹冲聘娶甄氏死亡的女儿与之合葬，追赠骑都尉的印绶，命宛侯曹据的儿子曹琮为曹冲的后人。建安二十二年，封曹琮为邓侯。黄初二年，追赠曹冲谥号为邓哀侯，又追加封爵为公。黄初三年，晋升曹琮的封爵，转封为冠军公。黄初四年，转封为己氏公。太和五年，加曹冲封号为邓哀王。景初元年，曹琮因在中尚方制作禁物而获罪，被削夺封户三百，贬爵为都乡侯。景初三年，又恢复为己氏公。正始七年，转封平阳公。景初、正元、景元年间，皇帝多次增加曹琮的封邑，加上以前所封共一千九百户。

彭城王曹据，建安十六年被封了范阳侯。建安二十二年，升职为宛侯。黄初二年晋升为公爵。黄初三年，晋升为章陵王，同年迁移封地到义阳。文帝由于南方潮湿，又因曹据的母亲环太妃是彭城人，迁移曹据的封地到彭城。后又迁移到济阴。黄初五年，文帝下诏书说："前代帝王立国，随时势变化而设建制。汉高祖增加了秦朝所置郡的数量，汉光武帝因国家损耗过多而合并减少了郡县。现在就更没有那时多了。还是将各王都改封为县王。"曹据改封定陶县。太和六年，改封各王，都以郡为封国，曹据恢复封号为彭城王。景初元年，

景元中累增邑，并前四千六百户。

燕王宇字彭祖。建安十六年，封都乡侯。二十二年，改封鲁阳侯。黄初二年，进爵为公。三年，为下邳王。五年，改封单父县。太和六年，改封燕王。明帝少与宇同止，常爱异之。及即位，宠赐与诸王殊。青龙三年，征入朝。景初元年，还邺。二年夏，复征诣京都。冬十二月，明帝疾笃，拜宇为大将军，属以后事。受署四日，宇深固让；帝意亦变，遂免宇官。三年夏，还邺。景初、正元、景元中，累增邑，并前五千五百户。常道乡公奂，宇之子，入继大宗。

沛穆王林，建安十六年封饶阳侯。二十二年，徙封谯。黄初二年，进爵为公。三年，为谯王。五年，改封谯县。七年，徙封鄄城。太和六年，改封沛。景初、正元、景元中，累增邑，并前四千七百户。林薨，子纬嗣。

中山恭王衮，建安二十一年封平乡侯。少好学，年十余岁能属文。每读书，文学左右常恐以精力为病，数谏止之，然性所乐，不能废也。二十二年，徙封东乡侯，其年又改封赞侯。黄初二年，进爵为公，官属皆贺，衮曰："夫生深宫之中，不知稼穑之艰难，多骄逸之失。诸贤既庆其休，宜辅其阙。"每兄弟游娱，衮独覃思经典。文学防辅相与言曰："受诏察公举错，有过当奏，及有善，亦宜以闻，不可匿其美也。"遂共表称陈衮美。衮闻之，大惊惧，责让文学曰："修身自守，常人之行耳，而诸君乃以上闻，是适所以增其负累也。且如有善，何患不闻，而遽共如是，是非益我者。"其戒慎如此。三

曹据因私自派人到中尚方制作违禁器物获罪，削减封邑两千户。景初三年，恢复了所削减的封邑。正元、景元年间皇帝屡次为曹据增加封邑，连同以前的共四千六百户。

燕王曹宇字彭祖。建安十六年，被封为了都乡侯。建安二十二年，改封他做了鲁阳侯。文帝黄初二年，晋封爵位为公。黄初三年，又做了下邳王。黄初五年，改封地在单父县。明帝太和六年，改封为燕王。明帝从小与曹宇共同居住，非常喜爱曹宇。等到即帝位以后，对曹宇的宠爱和赏赐优于其他诸王。青龙三年，被征入朝。景初元年，曹宇回到邺县。景初二年夏天，又被征到京都。冬天十二月，明帝病情加重，拜曹宇为大将军，把后事托付给曹宇。接受任命四天，由于曹宇坚决辞谢不接受，明帝也改变了主意，于是将曹宇免官。景初三年夏天，曹宇回到邺县。景初、正元、景元年间，曹宇多次被增加封邑，加上以前所封，共五千五百户。常道乡公曹奂，是曹宇的儿子，进宫做了皇位继承人。

沛穆王曹林，建安十六年被封为饶阳侯。建安二十二年，改曹林封地在谯郡。文帝黄初二年，晋封其爵位为公。黄初三年，做了谯王。黄初五年，改曹林封地在谯县。黄初七年，改曹林封地在鄄城。明帝太和六年，改曹林封地在沛县。景初、正元、景元年间，皇帝多次增加曹林的封邑，加上以前所封共四千七百户。曹林死后，儿子曹纬继承爵位。

中山恭王曹衮于建安二十一年被被封为平乡侯。小时候很爱学习，十多岁便能写文章。每次读书，侍从们常常担心他精力消耗过多而致病，多次劝谏他不要那么努力，但他生性喜欢读书，从来没有停止过。建安二十二年，改封东乡侯，同年又改封为赞侯，黄初二年，进封为公爵属官都向他祝贺，曹衮说：“我生长在深宫禁院，不知耕种收获的不容易，多有骄横放逸的过失。希望各位贤者庆贺这美事之后，还应该帮助我改正缺点。”每当兄弟们游玩娱乐时，曹衮都独自沉思在典籍之中。陪他们学习的人一起商量说：“我们接受皇上的诏命观察衮公的言行举止，有过错应当上奏，有善行也应报告皇上，不能掩没他的美德。”于是，一起上表称述曹衮的美德。曹衮知道后，

年，为北海王。其年，黄龙见邺西漳水，衮上书赞颂。诏赐黄金十斤，诏曰："昔唐叔归禾，东平献颂，斯皆骨肉赞美，以彰懿亲。王研精坟典，耽味道真，文雅焕炳，朕甚嘉之。王其克慎明德，以终令闻。"四年，改封赞王。七年，徙封濮阳。太和二年就国，尚约俭，教敕妃妾纺绩织纴，习为家人之事。五年冬，入朝。六年，改封中山。

初，衮来朝，犯京都禁。青龙元年，有司奏衮。诏曰："王素敬慎，邂逅至此，其以议亲之典议之。"有司固执。诏削县二，户七百五十。衮忧惧，戒敕官属愈谨。帝嘉其意，二年，复所削县。三年秋，衮得疾病，诏遣太医视疾，殿中、虎贲赍手诏、赐珍膳相属，又遣太妃、沛王林并就省疾。衮疾困，敕令官属曰："吾寡德忝宠，大命将尽。吾既好俭，而圣朝著终诰之制，为天下法。吾气绝之日，自殡及葬，务奉诏书。昔卫大夫蘧瑗葬濮阳，吾望其墓，常想其遗风，愿托贤灵以弊发齿，营吾兆域，必往从之。《礼》：男子不卒妇人之手。亟以时成东堂。"堂成，名之曰遂志之堂，舆疾往居之。又令世子曰："汝幼少，未闻义方，早为人君，但知乐，不知苦；不知苦，必将以骄奢为失也。接大臣，务以礼。虽非大臣，老者犹宜答拜。事兄以敬，恤弟以慈。兄弟有不良之行，当造膝谏之；谏之不从，流涕喻之；喻之不改，乃白其母。若犹不改，当以奏闻，并辞国土。与其守宠罹祸，不若贫贱全身也。此亦谓大罪恶耳，其微过细故，当掩覆之。嗟尔小子，慎修乃身，奉圣朝以忠贞，事太妃以孝敬。闺闱之内，奉令于太妃；阃阈之外，受教于沛王。无怠乃心，以

很是恐慌，责问同他一起学习的人说："修养品德自我完善，这是很多人应有的操行，而你们却奏闻皇上，这于我无益，反而增加了我的负担啊。如有善行，何必害怕别人不知道，你们这样不是对我有所帮助。"他就是这样的小心谨慎。黄初三年，封为北海王。同样是在这一年，黄龙出现在邺城西的漳水里，曹衮上书赞颂。曹丕下诏赐给他黄金十斤，诏书说："从前唐叔馈送嘉禾，东平王刘苍敬献《光武受命中兴颂》，这都是皇家骨肉之间诚挚的赞美，以表彰皇家亲情。你研究古代典籍，沉浸于大义真理之中，文章典雅、辞采斐然，我很是欣赏。希望你能谨守大德，始终保持美好的名声。"黄初四年，改封为赞王。黄初七年，改封地在濮阳县。太和二年，曹衮前往自己的封国，他崇尚节俭，教育妃妾们纺纱织布，练习做家务事。太和五年冬，曹衮觐见皇上。太和六年，改封曹衮到中山国。

起初，曹衮入朝时，触犯了京都禁令。青龙元年，有关部门奏劾曹衮。明帝下诏说："北海王一向恭敬谨慎，偶然犯禁，应用评议皇亲犯罪的条文规定处理这件事。"有关部门坚持意见，明帝下诏削夺曹衮两个县，共七百五十户。曹衮告诫约束下属更加谨慎。明帝对他的表现很是赞赏，青龙二年，恢复被削夺的县。青龙三年秋天，曹衮得了疾病，明帝派太医为他看病；带着皇帝手诏和赏赐的珍馐膳食前去探望殿中虎贲。明帝又让太妃杜氏、沛王曹林一起去探望曹衮。曹衮病重，饬令属官说："我缺少美德，有愧于皇帝宠爱，寿命将尽。我生性俭朴，朝廷又有清明的治丧制度，为天下之法。我去世之后，从殡殓到下葬，一定要遵奉诏书。过去卫国大夫蘧瑗埋葬在濮阳，我看到他的坟墓，常想象他遗留的风范，希望借托他的贤灵来遮蔽我的遗骸，我的坟墓，要建在他的坟墓旁。《礼记》说：'男子不应死在妇女之手。'抓紧为我建东堂。"东堂建成后，取名为"遂志之堂"，曹衮抱病前去居住。他又命令长子说："你年纪尚小，还不懂道理规矩，这么早就做别人的主子，只知道享乐，不知道艰苦；不知艰苦，就一定会有骄横、奢侈的过失。接见大臣，要以礼相待。即使不是大臣，对老年人也应该答拜。侍奉兄长、体恤弟弟要恭敬慈爱。兄弟如有不良行为，应当面规劝；规劝不听，当流着泪开导他；开导仍不改正，

慰予灵。”其年薨。诏沛王林留讫葬，使大鸿胪持节典护丧事，宗正吊祭，赠赗甚厚。凡所著文章二万余言，才不及陈思王而好与之侔。子孚嗣。景初、正元，景元中，累增邑，并前三千四百户。

济阳怀王玹，建安十六年封西乡侯。早薨，无子。二十年，以沛王林子赞袭玹爵邑，早薨，无子。文帝复以赞弟壹绍玹后。黄初二年，改封济阳侯。四年，进爵为公。太和四年，追进玹爵，谥曰怀公。六年，又进号曰怀王，追谥赞曰西乡哀侯。壹薨，谥曰悼公。子恒嗣。景初、正元、景元中，累增邑，并前千九百户。

陈留恭王峻字子安，建安二十一年封郿侯。二十二年，徙封襄邑。黄初二年，进爵为公。三年，为陈留王。五年，改封襄邑县。太和六年，又封陈留。甘露四年薨。子澳嗣。景初、正元、景元中，累增邑，并前四千七百户。

范阳闵王矩，早薨，无子。建安二十二年，以樊安公均子敏奉矩后，封临晋侯。黄初三年，追封谥矩为范阳闵公。五年，改封敏范阳王。七年，徙封句阳，太和六年，追进矩号曰范阳闵王，改封敏琅玡王。景初、正元、景元中，累增邑，并前三千四百户。敏薨，谥曰原王。子焜嗣。

赵王幹，建安二十年封高平亭侯。二十二年，徙封赖亭侯。其年改封弘农侯。黄初二年，进爵，徙封燕公。三年，为河间王。五

就去告诉他的母亲。如果还不改正，就应禀告皇上，辞退他的封国。与其守着皇上的恩宠而遭罹难，不如过贫贱的生活而保身。这说的是大罪，至于那些不值一提的小错就掩藏起来。你呀，要谨慎修身，忠心朝廷，用孝顺恭敬之心侍奉太妃。在内，要听从太妃的懿旨；在外，要接受沛王的教诲。不要泯灭你们的心志，以慰我在天之灵。”这一年，曹衮去世。明帝下诏沛王曹林协助办理丧事，派大鸿胪符节主持，派宗正官吊唁、祭祀，馈赠了许多殉葬之物。曹衮所写的文章有两万多字，他的文才虽不如陈思王曹植，却喜欢和曹植进行比较。儿子曹孚继承了爵位。景初、正元、景元年间，皇帝几次增加食邑，连同以前所封的共三千四百户。

济阳怀王曹玹，建安十六年被封为西乡侯。很早就去世了，没有儿子。建安二十年，朝廷以沛王曹林之子曹赞继承曹玹的爵位和封邑，曹赞很早就去世了，没有儿子。文帝又以曹赞之弟曹壹为曹玹之后。黄初二年，改封曹壹为济阳侯。黄初四年，晋封为公。太和四年，追加曹玹爵位，谥号为怀公。太和六年，又进为怀王，追加曹赞谥号为西乡哀侯。曹壹死，谥号悼公。其子曹恒继承爵位。景初、正元、景元年间，皇帝多次为他增加其封邑，加上以前所封共一千九百户。

陈留恭王曹峻字子安，建安二十一年封郿侯。建安二十二年，把封地改为襄邑。黄初二年，晋爵为公。黄初三年，做了陈留王。黄初五年，改封地为襄邑县。太和六年，又封陈留。高贵乡公甘露四年曹峻死。其子曹澳继承爵位。景初、正元、景元年间，皇帝多次为他增加封邑，加上以前所封共四千七百户。

范阳闵王曹矩，早逝，没有儿子。建安二十二年，让樊安公曹均的儿子曹敏继曹矩为后，册封他做了临晋侯。黄初三年追谥曹矩为范阳闵公。黄初五年，改封曹敏为范阳王。黄初七年，迁封地为句阳。太和六年，追封曹矩谥号为范阳闵王，改封曹敏为琅琊王。景初、正元、景元年间，皇帝屡次为曹敏增加封邑，连同以前的共三千四百户。曹敏去世，谥号原王。儿子曹焜继承了爵位。

赵王曹幹，建安二十年被封为高平亭侯。建安二十二年，改封他做了赖亭侯，同年又改封为弘农侯。黄初二年，晋爵做了燕公。黄初三

年，改封乐城县。七年，徙封钜鹿。太和六年，改封赵王。幹母有宠于太祖。及文帝为嗣，幹母有力。文帝临崩，有遗诏，是以明帝常加恩意。青龙二年，私通宾客，为有司所奏，赐幹玺书诫诲之，曰："《易》称'开国承家，小人勿用'，《诗》著'大车惟尘'之诫。自太祖受命创业，深睹治乱之源，鉴存亡之机，初封诸侯，训以恭慎之至言，辅以天下之端士，常称马援之遗诫，重诸侯宾客交通之禁，乃使与犯妖恶同，夫岂以此薄骨肉哉？徒欲使子弟无过失之愆，士民无伤害之悔耳。高祖践阼，祗慎万机，申著诸侯不朝之令。朕感诗人《常棣》之作，嘉《采菽》之义，亦缘诏文曰'若有诏得诣京都'，故命诸王以朝聘之礼。而楚、中山并犯交通之禁，赵宗、戴捷咸伏其辜。近东平王复使属官殴寿张吏，有司举奏，朕裁削县。今有司以曹纂、王乔等因九族时节，集会王家，或非其时，皆违禁防。朕惟王幼少有恭顺之素，加受先帝顾命，欲崇恩礼，延乎后嗣，况近在王之身乎？且自非圣人，孰能无过？已诏有司宥王之失。古人有言：'戒慎乎其所不睹，恐惧乎其所弗闻，莫见乎隐，莫显乎微，故君子慎其独焉。'叔父兹率先圣之典，以纂乃先帝之遗命，战战兢兢，靖恭厥位，称朕意焉。"景初、正元、景元中，累增邑，并前五千户。

临邑殇公子上，早薨。太和五年，追封谥。无后。

楚王彪字朱虎。建安二十一年，封寿春侯。黄初二年，晋爵，徙封汝阳公。三年，封弋阳王。其年徙封吴王。五年，改封寿春县。七年，徙封白马。太和五年冬，朝京都。六年，改封楚。初，彪来朝，犯

年，封为河间王。黄初五年，改封到乐城县。黄初七年，改封到钜鹿。太和六年，改封为赵王。曹幹的母亲受宠于曹操。曹操定曹丕为继承人时，曹幹的母亲出了力。曹丕临死时，留有遗诏，因此明帝对曹幹时常给予关照。青龙二年，曹幹因与宾客私自结交，被有司奏劾，明帝赐曹幹玺书告诫他说："《周易》称'开国承家，小人勿用'，《诗经》也有'大车惟尘'的告诫。自太祖秉天命开创大业、察治乱之根本、明存亡之关键、始封诸侯之时，用谨慎、至理之言对他们加以训诫，以正直之士辅助他们，常引用马援对侄子和部下的告诫，严禁诸侯宾客间私下交往，以至于把这种行为与罪恶等同。这难道会使骨肉亲情淡薄吗？这是让曹氏子弟们不犯错误，士民不受到伤害。高祖即位后，慎重地处理国之大事，颁布了诸侯不得私自入朝的命令。我有感于诗人作《常棣》诗篇，赞叹《采菽》的主旨，也遵循诏书所说'有诏才得进京'的规定，所以命令诸侯王们行朝觐之礼。而楚王、中山王都触犯了不得私自交往的禁令，赵宗、戴捷也因此而伏法。此前东平王让属官殴打寿张县的属吏，有司举报此事，我也只是处以削减封县作为处罚。如今有司认为曹纂、王乔借宗室聚会之机在赵王家聚会违背了禁令，我想您自幼就一直孝顺，再加上有先帝遗命，想对您恩宠优待，并延及到您的后人，又怎么可能只加宠于你自身呢？人非圣贤。孰能无过？我已下诏有司宽宥您的过失。古人说：'对看不见的东西要有所警惕，对听不到的东西要有所畏惧，没有什么事情能一直隐藏而不显现，也没有什么东西细小得看不见，所以君子独处也极为谨慎。'请叔父您遵循先世圣人的教诲，承先帝遗命，恭敬保守你的王位，以称我心意。"景初、正元、景元年间，皇帝多次给曹幹增加封邑，连同以前的共五千户。

临邑殇公子曹上，很早就去世了。太和五年，追加封爵谥号，没有留下后代。

楚王曹彪字朱虎，建安二十一年，被封为了寿春侯。黄初二年，改封他为汝阳公。黄初三年，封弋阳王。当年又改封吴王。黄初五年，改封地为寿春县。黄初七年，改封地为白马县。太和五年冬，入京朝觐。太和六年，改封楚。当初，曹彪入京朝觐，触犯禁令，青龙元年，

禁，青龙元年，为有司所奏，诏削县三，户千五百。二年，大赦，复所削县。景初三年，增户五百，并前三千户。嘉平元年，兖州刺史令狐愚与太尉王凌谋迎彪都许昌。语在《凌传》。乃遣傅及侍御史就国案验，收治诸相连及者。廷尉请征彪治罪。于是依汉燕王旦故事，使兼廷尉大鸿胪持节赐彪玺书切责之，使自图焉。彪乃自杀。妃及诸子皆免为庶人，徙平原。彪之官属以下及监国谒者，坐知情无辅导之义，皆伏诛。国除为淮南郡。正元元年诏曰：“故楚王彪，背国附奸，身死嗣替，虽自取之，犹哀矜焉。夫含垢藏疾，亲亲之道也，其封彪世子嘉为常山真定王。”景元元年，增邑，并前二千五百户。

刚殇公子勤，早薨。太和五年追封谥。无后。

穀城殇公子乘，早薨。太和五年追封谥。无后。

郿戴公子整，奉从叔父郎中绍后。建安二十二年，封郿侯。二十三年薨，无子。黄初二年追进爵，谥曰戴公。以彭城王据子范奉整后。三年，封平氏侯。四年，徙封成武。太和三年，进爵为公。青龙三年薨。谥曰悼公。无后。四年，诏以范弟东安乡公阐为郿公，奉整后。正元、景元中，累增邑，并前千八百户。

灵殇公子京，早薨。太和五年追封谥。无后。

樊安公均，奉叔父蓟恭公彬后。建安二十二年，封樊侯。二十四年薨。子抗嗣。黄初二年，追进公爵，谥曰安公。三年，徙封抗蓟公。四年，徙封屯留公。景初元年薨，谥曰定公。子谌嗣。景初、正元、景元中，累增邑，并前千九百户。

被有司奏劾，明帝下诏削夺曹彪封地三县、一千五百户。青龙二年，大赦，恢复了曹彪被削夺的县。景初三年，增加其封户五百，加上以前所封共三千户。嘉平元年，兖州刺史令狐愚与太尉王凌图谋迎立曹彪定都许昌。此事记载在《王凌传》中。朝廷派遣侍御史到曹彪封国核实，逮捕惩治与此事有关联的人。廷尉请求招曹彪进京治罪。于是依照西汉燕王刘旦之事，派廷尉、大鸿胪持节赐曹彪玺书严厉谴责他。曹彪便自杀了。曹彪妃及诸子被贬为庶人，迁徙到平原郡。曹彪的官属及监国谒者，因犯有知情而不辅正之罪，把他们都处死。将其国除为淮南郡。正元元年皇帝下诏说："已故楚王曹彪，背叛国家，依附奸人，自己死亡，继承人被废，虽是自取其咎，实是可怜可哀。容忍他人的过失，是爱护亲人的原则，封曹彪世子曹嘉为常山真定王。"景元元年，皇帝增加曹嘉的封邑，加上以前所封共二千五百户。

刚殇公子曹勤，早早就去世了。太和五年追加封爵谥号。没有后代。

穀城殇公子曹乘，早早就去世了。太和五年追加封爵谥号。没有后代。

郿戴公子曹整，绍继堂叔父郎中曹绍为其后代。建安二十二年，被封为郿侯。建安二十三年去世。没有子嗣。黄初二年追加晋升爵位，谥号叫作戴公。以彭城王曹据之子曹范绍继曹整为曹整后代。黄初三年，封平氏侯。黄初四年，改曹范封地为成武县。明帝太和三年，晋封曹范爵位为公。青龙三年曹范死。加曹范谥号为悼公。没有后代。青龙四年，下诏以曹范弟弟东安乡公曹阐为郿公，绍继曹整后代。正元、景元年间，多次增加其封邑，加上以前所封共一千八百户。

灵殇公子曹京，早死。太和五年追加封爵谥号。没有后代。

樊安公曹均，绍继叔父蓟恭公曹彬做了后代。建安二十二年，被封为了樊侯。建安二十四年曹均去世。儿子曹抗继承爵位。黄初二年，追进公爵，谥号为安公。黄初三年，改封曹抗为蓟公。黄初四年，改封为屯留公。明帝景初元年曹抗去世，谥号为定公。其子曹谌继承爵位。景初、正元、景元年间，皇帝多次增加其封邑，加上以前所封共一千九百户。

广宗殇公子棘，早薨。太和五年追封谥。无后。

东平灵王徽，奉叔父朗陵哀侯玉后。建安二十二年，封历城侯。黄初二年，进爵为公。三年，为庐江王。四年，徙封寿张王。五年，改封寿张县。太和六年，改封东平。青龙二年，徽使官属挝寿张县吏，为有司所奏。诏削县一，户五百。其年复所削县。正始三年薨。子翕嗣。景初、正元、景元中，累增邑，并前三千四百户。

乐陵王茂，建安二十二年封万岁亭侯。二十三年，改封平舆侯。黄初三年，进爵，徙封乘氏公。七年，徙封中丘。茂性傲佷，少无宠于太祖。及文帝世，又独不王。太和元年，徙封聊城公，其年为王。诏曰："昔象之为虐至甚，而大舜犹侯之有庳。近汉氏淮南、阜陵，皆为乱臣逆子，而犹或及身而复国，或至子而锡土。有虞建之于上古，汉文、明、章行之乎前代，斯皆敦叙亲亲之厚义也。聊城公茂少不闲礼教，长不务善道。先帝以为古之立诸侯也，皆命贤者，故姬姓有未必侯者，是以独不王茂。太皇太后数以为言。如闻茂顷来少知悔昔之非，欲修善将来。君子与其进，不保其往也。今封茂为聊城王，以慰太皇太后下流之念。"六年，改封曲阳王。正始三年，东平灵王薨，茂称嗌痛，不肯发哀，居处出入自若。有司奏除国土，诏削县一，户五百。五年，徙封乐陵，诏以茂租奉少，诸子多，复所削户，又增户七百。嘉平、正元、景元中，累增邑，并前五千户。

文皇帝九男：甄氏皇后生明帝，李贵人生赞哀王协，潘淑媛生北海悼王蕤，朱淑媛生东武阳怀王鉴，仇昭仪生东海定王霖，徐姬

广宗殇公子曹棘，早死。太和五年追加封爵谥号。没有后代。

东平灵王曹徽，绍继叔父朗陵哀侯曹玉的后代。建安二十二年，封他做了历城侯。黄初二年，晋爵为公。黄初三年，为庐江王。黄初四年，改封寿张王。黄初五年，改曹徽封地为寿张县。明帝太和六年，改曹徽封地为东平郡。青龙二年，曹徽让手下殴打寿张县吏，被有关部门奏劾。明帝下诏削夺曹徽封地一个县，五百户。当年又恢复其被削夺的县。齐王正始三年曹徽去世。其子曹翕继承爵位。景初、正元、景元年间，皇帝多次增加其封邑，加上以前所封共三千四百户。

乐陵王曹茂，建安二十二年封他做了万岁亭侯。建安二十三年，改封平舆侯。文帝黄初三年，晋升爵位，改封乘氏公。黄初七年，改曹茂封地为中丘。曹茂性格傲慢凶横，从小不被太祖宠爱。到文帝在位的时候，又只有曹茂没有封王。明帝太和元年，改封曹茂为聊城公，当年又封为王。明帝下诏说："过去象这个人残暴到了极点，而大舜还把这个人封在有庳为侯。近代西汉淮南王、东汉阜陵王，都是乱臣逆子，而这些人有的在活着的时候就被恢复封国，有的到儿子时被赐予土地。这种做法在上古虞舜时就创建了，又被前代汉文帝、明帝、章帝继续实行，这都是先帝重视亲情和睦的深情厚谊呀！聊城公曹茂自幼不懂礼教，长大后不走正道。先帝认为古代封立诸侯，所任命的都是贤者，所以周朝姬姓的皇亲也不一定都封侯，因此唯独不封曹茂为王。太皇太后多次说到了这件事。据说曹茂近来稍微知道悔改过去的错误了，想在以后修身向善。君子嘉许一个人今天的进步，不死死盯住其过去的错误。如今封曹茂为聊城王，以安慰太皇太后对子孙的顾念。"太和六年，改封曹茂为曲阳王。齐王正始三年，东平灵王曹徽死，曹茂说自己咽喉痛，不肯哭泣，起居出入跟没事一样。有关部门上奏要求除去曹茂的国土，朝廷下诏削夺曹茂封地一县，户五百。正始五年，改曹茂封地为乐陵，又下诏以曹茂封地租赋俸禄少，子女多，恢复其被削夺之户，又增加七百户。嘉平、正元、景元年间，皇帝多次增加其封邑，加上以前所封共五千户。

文皇帝九个儿子他们分别是：甄皇后生明帝曹叡，李贵人生赞哀王曹协，潘淑媛生北海悼王曹蕤，朱淑媛生东武阳怀王曹鉴，仇昭

生元城哀王礼，苏姬生邯郸怀王邕，张姬生清河悼王贡，宋姬生广平哀王俨。

赞哀王协，早薨。太和五年追封谥曰经殇公。青龙二年，更追改号谥。三年，子殇王寻嗣。景初三年，增户五百，并前三千户。正始九年薨。无子。国除。

北海悼王蕤，黄初七年，明帝即位，立为阳平县王。太和六年，改封北海。青龙元年薨。二年，以琅玡王子赞奉蕤后，封昌乡公。景初二年，立为饶安王。正始七年，徙封文安。正元、景元中，累增邑，并前三千五百户。

东武阳怀王鉴，黄初六年立。其年薨。青龙三年赐谥。无子。国除。

东海定王霖，黄初三年立为河东王。六年，改封馆陶县。明帝即位，以先帝遗意，爱宠霖异于诸国。而霖性粗暴，闺门之内，婢妾之间，多所残害。太和六年，改封东海。嘉平元年薨。子启嗣。景初、正元、景元中，累增邑，并前六千二百户。高贵乡公髦，霖之子也，入继大宗。

元城哀王礼，黄初二年封秦公，以京兆郡为国。三年，改为京兆王。六年，改封元城王。太和三年薨。五年，以任城王楷子悌嗣礼后。六年，改封梁王。景初、正元、景元中，累增邑，并前四千五百户。

邯郸怀王邕，黄初二年封淮南公，以九江郡为国。三年，进为淮南王。四年，改封陈。六年，改封邯郸。太和三年薨。五年，以任城王楷子温嗣邕后。六年，改封鲁阳。景初、正元、景元中，累增邑，并前四千四百户。

仪生东海定王曹霖，徐姬生元城哀王曹礼，苏姬生邯郸怀王曹邕，张姬生清河悼王曹贡，宋姬生广平哀王曹俨。

赞哀王曹协，早早地就去世了。太和五年追加封爵谥号为经殇公。青龙二年，又追改谥号。青龙三年，其子殇王曹寻继承爵位。景初三年，增加封户五百，加上以前所封共三千户。正始九年曹寻死。没有儿子，封国废除。

北海悼王曹蕤，黄初七年，明帝即位，立他做了阳平县王。太和六年，改封北海王。青龙元年死。青龙二年，以琅琊王之子曹赞绍继曹蕤后代，封昌乡公。景初二年，立为饶安王。正始七年，改封地为文安。正元、景元年间，皇帝多次增加他的封邑，加上以前所封共三千五百户。

东武阳怀王曹鉴，黄初六年立。当年就去世了。青龙三年赐谥号。没有子嗣，封国废除。

东海定王曹霖，黄初三年封他作为河东王。黄初六年，改封地为馆陶县。明帝登上皇位，因先帝有遗愿，所以对曹霖的爱宠与其他诸王不同。而曹霖性情粗暴，家中婢妾们多被其残杀。太和六年，改封地为东海郡。嘉平元年去世。其子曹启继承爵位。景初、正元、景元年间，皇帝多次增加他的封邑，加上以前所封共六千二百户。高贵乡公曹髦，是曹霖的儿子，入宫为皇位继承人。

元城哀王曹礼，黄初二年封为秦公，把京兆郡作为封国。黄初三年，改为京兆王。黄初六年，改封元城王。太和三年去世。太和五年，以任城王曹楷之子曹悌继承曹礼后代。太和六年改封曹悌为梁王。景初、正元、景元年间，皇帝多次增加他的封邑，加上以前所封共四千五百户。

邯郸怀王曹邕，黄初二年封为淮南公，把九江郡作为他的封国。黄初三年，晋爵为淮南王。黄初四年，改封地为陈郡。黄初六年，改封地为邯郸县。太和三年曹邕死。太和五年，以任城王曹楷之子曹温继承曹邕的后代。太和六年，改封地为鲁阳县。景初、正元、景元年间，皇帝多次增加曹温的封邑，加上以前所封共四千四百户。

清河悼王贡，黄初三年封。四年薨。无子。国除。

广平哀王俨，黄初三年封。四年薨。无子。国除。

评曰：魏氏王公，既徒有国土之名，而无社稷之实，又禁防壅隔，同于囹圄；位号靡定，大小岁易；骨肉之恩乖，常棣之义废。为法之弊，一至于此乎！

清河悼王曹贡，黄初三年封。黄初四年死。没有子嗣。封国废除。

广平哀王曹俨，黄初三年封。黄初四年死。没有子嗣。封国废除。

评论说：魏朝的王公，只名义上有封地，而实际上并不拥有国家，加之朝廷用各种禁令予以防范，使他们如在牢狱之中；爵位、封号也不固定，时大时小，年年改变；骨肉之间感情不和，违背了《诗经·常棣》篇中称颂的兄弟之情。魏国定法立制的弊病，竟然到了这种地步！

卷二十一　魏书二十一

王卫二刘傅传第二十一

王粲字仲宣，山阳高平人也。曾祖父龚，祖父畅，皆为汉三公。父谦，为大将军何进长史。进以谦名公之胄，欲与为婚，见其二子，使择焉。谦弗许。以疾免，卒于家。

献帝西迁，粲徙长安，左中郎将蔡邕见而奇之。时邕才学显著，贵重朝廷，常车骑填巷，宾客盈坐。闻粲在门，倒屣迎之。粲至，年既幼弱，容状短小，一坐尽惊。邕曰："此王公孙也，有异才，吾不如也。吾家书籍文章，尽当与之。"年十七，司徒辟，诏除黄门侍郎，以西京扰乱，皆不就。乃之荆州依刘表。表以粲貌寝而体弱通侻，不甚重也。表卒。粲劝表子琮，令归太祖。太祖辟为丞相掾，赐爵关内侯。太祖置酒汉滨，粲奉觞贺曰："方今袁绍起河北，仗大众，志兼天下，然好贤而不能用，故奇士去之。刘表雍容荆楚，坐观时变，自以为西伯可规。士之避乱荆州者，皆海内之俊杰也；表不知所任，故国危而无辅。明公定冀州之日，下车即缮其甲卒，收其豪杰而用之，以横行天下；及平江、汉，引其贤俊而置之列位，使海内回心，望风而愿治，文武并用，英雄毕力，此三王之举也。"后迁军谋祭酒。魏国既建，拜侍中。博物多识，问无不对。时旧仪废弛，兴造制度，粲恒典之。

王粲字仲宣，山阳高平县人。曾祖父是王龚，祖父是王畅，他们都是官居汉代的三公之职。父亲王谦，是大将军何进的长史。何进把持朝政时因为王谦是著名三公的后裔，便想要和他联姻，把自己的两个女儿叫出来给王谦看，任他挑一个。王谦没答应。因病免官，死在家中。

献帝西迁，王粲移居到长安。右中郎将蔡邕一见王粲，就觉得他不同一般。当时蔡邕的才学已名满天下，举朝敬重，他家门前经常是车来人往，客厅也经常是宾客满堂。有一天，蔡邕听说王粲在门口求见，急忙出去迎接，连鞋子都穿倒了也顾不得正过来。王粲年纪不大，身材又矮，一进门满屋的人都很吃惊。蔡邕说："这位就是司空王畅的孙子王粲，满腹才华，我比不上他。我家里收藏的书籍典章，应当全部送给他。"王粲十七岁时，受司徒推荐，朝廷征召他为黄门侍郎。那时候长安混乱，王粲未曾赴任。后来去荆州投奔刘表。刘表见王粲其貌不扬，身体孱弱，又不拘小节，很是看不起他。刘表死后，王粲力劝刘表的儿子刘琮归附曹操。曹操任他为丞相掾，赐爵关内侯。一次，曹操在汉水边设宴款待百官，王粲举杯祝贺说："如今袁绍崛起河北，兵多将广，其志在夺取天下，但他有贤才却不能任用，因此豪杰之士纷纷离他而去。刘表坐镇荆楚，静观时势变化，常以西伯周文王自喻。那些避乱到荆州来的贤士，都是海内俊杰，可刘表却不信任他们，结果在危难之际无人辅佐。明公平定冀州时，一下车就忙着整顿冀州的军队，招集当地的豪杰各尽其用。到平定了江、汉，又征召这一带的贤才，给他们适当的官职。因此天下归心，望风归附，英雄尽力，这些都是夏、商、周三代开国之君才能做到的事啊！"后来，王粲升迁为军师祭酒。魏国建立后，任侍中。他博学多识，总能做到有问必答。当时由于旧的礼仪制度废弛，需重新制定，

初，粲与人共行，读道边碑，人问曰："卿能闇诵乎？"曰："能。"因使背而诵之，不失一字。观人围棋，局坏，粲为覆之。棋者不信，以帊盖局，使更以他局为之。用相比校，不误一道。其强记默识如此。性善算，作算术，略尽其理。善属文，举笔便成，无所改定，时人常以为宿构；然正复精意覃思，亦不能加也。著诗、赋、论、议垂六十篇。建安二十一年，从征吴。二十二年春，道病卒，时年四十一。粲二子，为魏讽所引，诛。后绝。

始文帝为五官将，及平原侯植皆好文学。粲与北海徐幹字伟长、广陵陈琳字孔璋、陈留阮瑀字元瑜、汝南应玚字德琏、东平刘桢字公幹并见友善。

幹为司空军谋祭酒掾属，五官将文学。

琳前为何进主簿。进欲诛诸宦官，太后不听，进乃召四方猛将，并使引兵向京城，欲以劫恐太后。琳谏进曰："《易》称'即鹿无虞'。谚有'掩目捕雀'。夫微物尚不可欺以得志，况国之大事，其可以诈立乎？今将军总皇威，握兵要，龙骧虎步，高下在心；以此行事，无异于鼓洪炉以燎毛发。但当速发雷霆，行权立断，违经合道，天人顺之；而反释其利器，更征于他。大兵合聚，强者为雄，所谓倒持干戈，授人以柄；功必不成，只为乱阶。"进不纳其言，竟以取祸。琳避难冀州，袁绍使典文章。袁氏败，琳归太祖。太祖谓曰："卿昔为本初移书，但可罪状孤而已，恶恶止其身，何乃上及父祖邪？"琳谢罪，太祖爱其才而不咎。

常由王粲主持建立。

起初，王粲和别人同行，阅读路边的石碑，同行的人问他："您能背诵下来吗？"王粲说："能。"那人就让他转过身去背诵，结果没漏掉一个字。有一次观看别人下棋，棋局乱了，王粲为他们恢复成原来的样子。下棋的人不相信，用巾帕盖住棋面，让他用另一副棋摆出棋局，两个进行比较，一个子也没错。他强记默识就是这么好。王粲擅长计算，推理演算得很周密。撰写文章，一挥而就，没有需要修正的，当时有人常认为是他事先构思好的，但别人即使精心思考，反复推敲，也没有比他写得更好。著有诗、赋、论、议近六十篇。建安二十一年，随曹操征讨吴国。建安二十二年春天，在路上得病去世，时年四十一岁。王粲有两个儿子，因魏讽的案子牵连，被杀。没有什么后代。

当初，魏文帝曹丕做五官中郎将时，和平原侯曹植都爱好文学。王粲与北海徐幹字伟长、广陵陈琳字孔璋、陈留阮瑀字元瑜、汝南应玚字德琏、东平刘桢字公幹，都是曹丕、曹植的好朋友。

徐幹曾任司空军谋祭酒、掾属、五官中郎将文学等官职。

陈琳先前做何进的主簿。何进打算诛杀宦官，何太后不允许他这么做，何进便征召四方猛将，并叫他们带兵开向京城，想以此要挟太后。陈琳劝谏何进说："《易经》称'猎鹿而无猎人指引，空入山林'，谚语也有'掩目捕雀'的话。捕猎鹿与雀这样的小东西尚且不能用自欺的方法达到目的，况且是国家大事，怎么可以用欺诈的方式来完成呢？现在将军总揽皇帝的权威，掌握军队的枢要，龙腾虎步，随心所欲，凭借这样的条件而行事，诛除宦官，无异于鼓洪炉以烧毛发，轻而易举。不过要以迅雷不及掩耳之势，当机立断，虽是非常行动，然而合乎正道，顺天应人。您不这样做，反而放下自己手中的利器，求助于人。到时大兵会合，强者称雄，所谓倒持干戈，授人以柄，功必不成，反招祸乱。"何进没有接受他的意见，终于因此遭到杀身之祸。后来陈琳避难到冀州，袁绍叫他负责起草文章。袁绍失败后，陈琳归顺太祖。太祖对他说："你过去替袁绍起草声讨我的檄

瑀少受学于蔡邕。建安中都护曹洪欲使掌书记，瑀终不为屈。太祖并以琳、瑀为司空军谋祭酒，管记室，军国书檄，多琳、瑀所作也。琳徙门下督，瑀为仓曹掾属。

玚、桢各被太祖辟为丞相掾属。玚转为平原侯庶子，后为五官将文学。桢以不敬被刑，刑竟署吏。咸著文赋数十篇。

瑀以十七年卒。幹、琳、玚、桢二十二年卒。文帝书与元城令吴质曰："昔年疾疫，亲故多离其灾，徐、陈、应、刘，一时俱逝。观古今文人，类不护细行，鲜能以名节自立。而伟长独怀文抱质，恬淡寡欲，有箕山之志，可谓彬彬君子矣。著《中论》二十余篇，辞义典雅，足传于后。德琏常斐然有述作意，其才学足以著书，美志不遂，良可痛惜！孔璋章表殊健，微为繁富，公幹有逸气，但未遒耳。元瑜书记翩翩，致足乐也。仲宣独自善于辞赋，惜其体弱，不起其文；至于所善，古人无以远过也。昔伯牙绝弦于钟期，仲尼覆醢于子路，痛知音之难遇，伤门人之莫逮也。诸子但为未及古人，自一时之俊也。"

自颍川邯郸淳、繁钦、陈留路粹、沛国丁仪、丁廙、弘农杨修、河内荀纬等，亦有文采，而不在此七人之例。

玚弟璩，璩子贞，咸以文章显。璩官至侍中。贞咸熙中参相国军事。

瑀子籍，才藻艳逸，而倜傥放荡，行己寡欲，以庄周为模则。

文，只列举我的罪状就可以了。古人说‘恨恶人只恨他本人’，为什么你竟骂到我的父亲、祖父呢？”陈琳谢罪，太祖爱他的才华，所以没有追究。

阮瑀年轻时曾经在蔡邕门下学习。建安年间，都护曹洪想让阮瑀做自己的掌管文书，阮瑀始终不肯答应。太祖后来命陈琳、阮瑀一起担任司空军谋祭酒，掌管记室。涉及军国的书檄文告等，大多是陈琳、阮瑀撰写的。后来陈琳改任门下督，阮瑀出任仓曹掾属。

应玚、刘桢都被太祖征召，出任丞相掾属。应玚转任平原侯庶子，后来任五官将文学。刘桢因为不敬之罪被判刑，刑期满后又被任用为署吏。二人都撰文赋数十篇。

阮瑀在建安十七年去世。徐幹、陈琳、应玚、刘桢四人在建安二十二年去世。皇上写信给元城县令吴质说：“去年瘟疫流行，亲戚故旧多遭受其祸。徐幹、陈琳、应玚、刘桢，一时都去世了。观察古今的文人，大多不拘小节，很少有能以名誉节操而自立的。唯独徐伟长既有文才又有品德，恬淡寡欲，有箕山隐居不仕的志向，可以说是彬彬君子了。他撰著《中论》二十余篇，辞义典雅，足以流传后世。应德琏很有文采，常有撰写著作的愿望，才学也足以著书立说，但应德琏的美好愿望没能实现，令人非常痛惜！陈孔璋善作章表，文笔强健，但稍微有些烦琐。刘公幹的文章秀丽，但刚劲有力不够。阮元瑜的书信报告写得很优美，读这样的书信报告是一种享受。王仲宣独擅长辞赋，可惜身体衰弱，撑不起文章的气势；至于王仲宣作的那些好文章，古人也不比王仲宣强很多。从前伯牙为钟子期断绝琴弦，孔仲尼为子路倒掉肉酱，是因为这些人痛惜知音难遇，伤感门徒没人能赶得上啊！这几位虽然赶不上古人，但自是一代的俊杰啊。”

那时候颍川人邯郸淳、繁钦，陈留人路粹，沛国人丁仪、丁廙，弘农人杨修，河内人荀纬等，也都很有文采，但不在这七人之中。

应玚的弟弟应璩，应璩的儿子应贞，都以文章著名。应璩官至侍中。应贞在咸熙年间任参相国军事。

阮瑀的儿子阮籍，富有才华，风流潇洒，不拘小节，为人恬淡寡

官至步兵校尉。

时又有谯郡嵇康，文辞壮丽，好言老、庄，而尚奇任侠。至景元中，坐事诛。

景初中，下邳桓威出自孤微，年十八而著《浑舆经》，依道以见意。从齐国门下书佐、司徒署吏，后为安成令。

吴质，济阴人，以文才为文帝所善，官至振威将军，假节都督河北诸军事，封列侯。

卫觊字伯儒，河东安邑人也。少夙成，以才学称。太祖辟为司空掾属，除茂陵令、尚书郎。太祖征袁绍，而刘表为绍援，关中诸将又中立。益州牧刘璋与表有隙，觊以治书侍御史使益州，令璋下兵以缀表军。至长安，道路不通，觊不得进，遂留镇关中。时四方大有还民，关中诸将多引为部曲，觊书与荀彧曰："关中膏腴之地，顷遭荒乱，人民流入荆州者十万余家，闻本土安宁，皆企望思归。而归者无以自业，诸将各竞招怀，以为部曲。郡县贫弱，不能与争，兵家遂强。一旦变动，必有后忧。夫盐，国之大宝也，自乱来散放，宜如旧置使者监卖，以其直益市犁牛。若有归民，以供给之。勤耕积粟，以丰殖关中。远民闻之，必日夜竞还，又使司隶校尉留治关中以为之主，则诸将日削，官民日盛，此强本弱敌之利也。"彧以白太祖。太祖从之，始遣谒者仆射监盐官，司隶校尉治弘农。关中服从，乃白召觊还，稍迁尚书。魏国既建，拜侍中，与王粲并典制度。文帝即王位，徙为尚书。顷之，还汉朝为侍郎，劝赞禅代之义，为文诰之诏。文帝践阼，复为尚书，封阳吉亭侯。

欲，以庄周为榜样。官至步兵校尉。

还有谯郡人嵇康，文辞雄壮华彩艳丽，喜欢称道老庄，又喜仗义行侠。景元年间，因罪被杀。

景初年间，出身卑微的下邳人桓威，十八岁时著《浑舆经》，用道家思想表达自己的主张，初任齐国门下书佐、司徒属吏，后来任安成县令。

吴质，济阴人，因才学出众受到文帝的欣赏，官至振威将军，持节总领河北军事，封列侯。

卫觊字伯儒，是河东安邑县人。小时候时就以才能、学识为人们知晓。曹操招聘他做了司空府属官，其后让他做了茂陵县令、尚书郎。曹操征讨袁绍，刘表声援袁绍，关中各将领拥兵观望。益州牧刘璋与刘表有矛盾，卫觊以治书侍御史的身份出使益州，要刘璋出兵以牵制刘表的人马。到了长安，因道路不通，卫觊就驻留在关中。那时候各地有许多流民返回关中，关中将领大多把他们招去做部属，卫觊写信给荀彧说："关中土地肥沃，不久前遭战乱袭扰，有十万多家居民逃到荆州，现在听说家乡已经安定，都日夜盼望回到家乡。但回来的人无业谋生，众将领争相招募他们收为部属。郡县官府资金缺乏，没有能力与他们相争，众将领的力量就更强了。一旦发生变故，必定会造成后患。食盐是国家的重要物资，自动乱以来就失去管理，应该恢复到以前那样设置官员监管出售，用售盐的钱购买农具、耕牛，供给回乡的百姓使用，让他们努力耕种，积蓄粮食，使关中富庶起来。远方的乡民听说了，一定会日夜兼程地赶回乡里，再派司隶校尉治理关中，这样就会逐渐削弱各将领的力量，官府百姓一天天强大，这是增强根本、削弱敌人的好办法。"荀彧告诉了曹操。曹操就派遣谒者仆射监督盐务，由司隶校尉主办农事。关中平定后，曹操奏报朝廷召回卫觊，不久升为尚书。曹操当上魏王后，任命他为侍中，与王粲一起主持制定典章制度。曹丕继王位后，任他为尚书。不久，又到皇帝身边任侍郎。他劝汉献帝将皇位让给曹魏，并一再阐明禅让的意义，又替献帝撰写禅位诏书。曹丕即位后，再次任命卫觊为尚

明帝即位，进封闉乡侯，三百户。觊奏曰："九章之律，自古所传，断定刑罪，其意微妙。百里长吏，皆宜知律。刑法者，国家之所贵重，而私议之所轻贱；狱吏者，百姓之所县命，而选用者之所卑下。王政之弊，未必不由此也。请置律博士，转相教授。"事遂施行。时百姓凋匮而役务方殷，觊上疏曰："夫变情厉性，强所不能，人臣言之既不易，人主受之又艰难。且人之所乐者富贵显荣也，所恶者贫贱死亡也，然此四者，君上之所制也，君爱之则富贵显荣，君恶之则贫贱死亡；顺指者爱所由来，逆意者恶所从至也。故人臣皆争顺指而避逆意，非破家为国，杀身成君者，谁能犯颜色，触忌讳，建一言，开一说哉？陛下留意察之，则臣下之情可见矣。今议者多好悦耳，其言政治则比陛下于尧舜，其言征伐则比二虏于狸鼠。臣以为不然。昔汉文之时，诸侯强大，贾谊累息以为至危。况今四海之内，分而为三，群士陈力，各为其主。其来降者，未肯言舍邪就正，咸称迫于困急，是与六国分治，无以为异也。当今千里无烟，遗民困苦，陛下不善留意，将遂凋弊不可复振。礼，天子之器必有金玉之饰，饮食之肴必有八珍之味，至于凶荒，则彻膳降服。然则奢俭之节，必视世之丰约也。武皇帝之时，后宫食不过一肉，衣不用锦绣，茵蓐不缘饰，器物无丹漆，用能平定天下，遗福子孙。此皆陛下之所亲览也。当今之务，宜君臣上下，并用筹策，计校府库，量入为出。深思勾践滋民之术，由恐不及，而尚方所造金银之物，渐更增广，工役不辍，侈靡日崇，帑藏日竭。昔汉武信求神仙之道，谓当得云表之露以餐玉屑，故立仙掌以承高露。陛下通明，每所非笑。汉武有求于露，而由尚见非，陛下无求于露而空设之；不益于好而糜费功夫，诚皆圣虑所宜裁制也。"觊历汉、魏，时献忠言，率如此。

书，让他做了阳吉亭侯。

曹叡登上皇位，晋封卫觊为閺乡侯，食三百户的俸禄。卫觊上奏说：“九章，是从古代流传下来的律法，审罪判刑，意义微妙。掌管一县的县令长，都应当了解律法。刑法，对国家来说是非常重要的，但有的人都把它看得很轻贱；狱吏，掌握着百姓的生死，但选用狱吏的官吏却瞧不起他们，认为很卑下。政治弊端的出现，未必不是因为这些。请求朝廷设置法律博士并教授法律。”明帝采纳了他的建议，于是这件事得到施行。当时，百姓的生活十分困苦，还要不断地服劳役。卫觊上疏说：“改变常理，强迫他人去做不能做的事情，对臣子来说已不容易，想让君主采纳意见就更难了。况且人们追求的是荣华富贵，厌恶的是贫贱死亡，但是，这四种境况都是由君主来决定的。君主喜爱谁谁就会富贵通达，厌恶谁谁就会贫贱乃至死亡；顺从君主的旨意就能赢得君主的欢心，违背君主的意志就会遭到君主的厌恶。因此，多数做臣子的都争着顺君旨而从不违君意。只有那些不怕破家杀身的忠臣良将，敢顶撞君主，提不同意见，发一家之言。请陛下留心观察，您就可以看得很清楚。现在发议论的都爱说悦耳的话，说起治国教化，就把陛下比作尧舜，说起征战杀伐，就把吴蜀比作狸鼠。臣不认为这样。过去汉文帝时，诸侯强大，贾谊尚且恐惧得呼吸急促，认为到了最危急的时候。何况现在三国鼎立，群臣尽力各为其主。那些来归降的，谁都不愿说是弃邪归正，而说是迫于无奈。这和当初六国分治有什么区别呢？放眼远方千里之内一片荒芜，百姓困苦不堪，若长此以往，国家就会更败落而不可复振。礼制规定，天子所用器具一定要有金玉的装饰，饮食也一定要有八珍等佳味。但现在是战乱之时，就应该降低规格，要根据国家的富裕贫困状况进行调节。武皇帝时，后宫吃饭不超过一种肉菜，衣服不用锦绣制作，褥垫不加修饰，器物不涂丹漆，因此才使天下平定，子孙延福。这都是陛下亲眼所见。当务之急，应君臣一齐想办法，核校府库积蓄，量入为出，借鉴勾践增长人口的办法，这样还唯恐不及，但尚方所制造的金银器物，却越来越多，徭役没有止息，侈靡之风日益盛行，国库储蓄日益见少。从前汉武帝追求神仙之道，认为露水和玉屑

受诏典著作，又为《魏官仪》，凡所撰述数十篇。好古文、鸟篆、隶草，无所不善。建安末，尚书右丞河南潘勖，黄初时，散骑常侍河内王象，亦与觊并以文章显。觊薨，谥曰敬侯。子瓘嗣。瓘咸熙中为镇西将军。

刘廙字恭嗣，南阳安众人也。年十岁，戏于讲堂上，颍川司马德操拊其头曰："孺子，孺子，'黄中通理'，宁自知不？"廙兄望之，有名于世，荆州牧刘表辟为从事。而其友二人，皆以谗毁，为表所诛。望之又以正谏不合，投传告归。廙谓望之曰："赵杀鸣、犊，仲尼回轮。今兄既不能法柳下惠和光同尘于内，则宜模范蠡迁化于外。坐而自绝于时，殆不可也！"望之不从，寻复见害。廙惧，奔扬州，遂归太祖。太祖辟为丞相掾属，转五官将文学。文帝器之，命廙通草书。廙答书曰："初以尊卑有逾，礼之常分也。是以贪守区区之节，不敢修草。必如严命，诚知劳谦之素，不贵殊异若彼之高，而惇白屋如斯之好，苟使郭隗不轻于燕，九九不忽于齐，乐毅自至，霸业以隆。亏匹夫之节，成巍巍之美，虽愚不敏，何敢以辞？"魏国初建，为黄门侍郎。

太祖在长安，欲亲征蜀，廙上疏曰："圣人不以智轻俗，王者不以人废言。故能成功于千载者，必以近察远，智周于独断者，不耻于下问，亦欲博采必尽于众也。且韦弦非能言之物，而圣贤引以自匡。臣才智闇浅，愿自比于韦弦。昔乐毅能以弱燕破大齐，而不能以

一起食用便可长生，所以建造仙人手掌以承接云露。陛下博识明达，常讥笑于他。汉武帝求长生，尚且遭到嘲笑，而陛下不求云露却空设承露台，实为无益。陛下应考虑制止。”卫觊历汉魏两朝，常进献忠言，大多都像这样。

卫觊受诏令掌管文书，又写了《魏官仪》，撰写文章数十篇。他喜欢古文、鸟篆、隶书、草书，样样精通。建安末年任尚书右丞的河南人潘勖，黄初时任散骑常侍的河内人王象，也都和卫觊一样因文章著名。卫觊去世，谥号敬侯。儿子卫瓘继承侯位。卫瓘在咸熙年间任镇西将军。

刘廙字恭嗣，南阳安众县人。在他十岁时，在讲堂上嬉闹玩耍，颍川人司马德操拍着他的头说：“小子，‘应当培养美好的品德而通达事理’，难道你不知道吗？”刘廙的哥哥刘望之，很有名声，刘表征召他为从事，而他的两个朋友，都因受人诬陷被刘表杀掉。刘望之又因忠言劝谏不合刘表心意，弃官回乡。刘廙对哥哥说：“赵简子杀了铎鸣、犊犨，孔子听说后就掉转车轮不去赵国见他。现在，哥哥既然不能像柳下惠和光同尘那样保护自己，也应像范蠡那样应变避祸。您只安坐家中，恐怕不行吧！”刘望之不听劝告，没过多久被杀害了。刘廙害怕，逃到扬州归附了曹操。曹操任刘廙为丞相掾属，又转任五官将文学。曹丕看中他，让他用草书写文书奏章。刘廙写信回答说：“当初因尊卑有别，不敢随便以草书承览。现在听到您的命令，确实知道您谦虚的本意，以如此高贵的身份，重视我这样的贫贱之士。要使郭隗不被燕国轻视，献九九之术的人不被齐国忽略，乐毅这样的人才自然会来到，霸业也得以兴盛。抛开我个人的节操，成就您崇高的美德，我就是再愚昧不明事理，又怎敢推辞呢？”魏国刚建立时，刘廙任黄门侍郎。

太祖在长安，准备亲自率领军队征伐蜀国，刘廙上书说：“圣人不因自己富于智慧而轻视世俗的观点，王者不因建议者的身份而废弃建议。所以能建立千载功业的，一定是从近处就能观察到远处，智谋比独断专行的人周密，不以向不如自己的人提问为耻，也是想最大限度地听取众人的意见。况且熟皮琴弦是不会说话的东西，但

轻兵定即墨者，夫自为计者虽弱必固，欲自溃者虽强必败也。自殿下起军以来，三十余年，敌无不破，强无不服。今以海内之兵，百胜之威，而孙权负险于吴，刘备不宾于蜀。夫夷狄之臣，不当冀州之卒，权、备之籍，不比袁绍之业，然本初以亡，而二寇未捷，非弱于今而智武于昔也。斯自为计者，与欲自溃者异势耳。故文王伐崇，三驾不下，归而修德，然后服之。秦为诸侯，所征必服，及兼天下，东向称帝，匹夫大呼而社稷用隳。是力毙于外，而不恤民于内也。臣恐边寇非六国之敌，而世不乏才，土崩之势，此不可不察也。天下有重得，有重失：势可得而我勤之，此重得也；势不可得而我勤之，此重失也。于今之计，莫若料四方之险，择要害之处而守之，选天下之甲卒，随方面而岁更焉。殿下可高枕于广夏，潜思于治国；广农桑，事从节约，修之旬年，则国富民安矣。”太祖遂进前而报廙曰：“非但君当知臣，臣亦当知君。今欲使吾坐行西伯之德，恐非其人也。”

魏讽反，廙弟伟为讽所引，当相坐诛。太祖令曰：“叔向不坐弟虎，古之制也。”特原不问，徙署丞相仓曹属。廙上疏谢曰：“臣罪应倾宗，祸应覆族。遭乾坤之灵，值时来之运，扬汤止沸，使不燋烂；起烟于寒灰之上，生华于已枯之木。物不答施于天地，子不谢生于父母，可以死效，难用笔陈。”廙著书数十篇，及与丁仪共论刑

圣贤用熟皮琴弦匡正自己。臣才智浅陋，愿意把自己比作熟皮琴弦。从前乐毅能以弱小的燕国打败强大的齐国，却不能以轻兵平定即墨的原因，是因为如果自己好好筹划，虽然力量弱小也一定能稳固，想要自取溃败，虽然力量强大也一定会失败。自从您起兵以来，已经过了三十多年了，敌人没有不被打败的，强者没有不屈服的。现在凭借着全国的兵力、百战百胜的威势，然而孙权还在吴地依仗天险进行顽抗，刘备还在蜀地不肯归顺称臣。孙权、刘备统领的夷狄之众，抵不过袁绍冀州的士兵，孙权、刘备凭借的实力，也无法和袁绍的基业进行比较，但袁绍被消灭了，而吴、蜀却未被战胜，这不是因为您现在庸懦而过去智勇。这是自己好好筹划，与想自我毁坏这两种做法形势不同的缘故。所以周文王讨伐崇国，三次亲征都未能攻克，回师修行德政，然后才得以征服。秦国还是诸侯时，打仗没有不胜利的，等到兼并了天下，东向称帝，一个百姓大喊一声秦朝就覆亡了。这是对外用兵耗尽了国力，而对内又不能体恤百姓所造成的。臣担心边界的敌人非秦时六国的敌人可比，而且世上不乏人才，对土崩瓦解的形势，这是不能不明察的事情。天下有重要的得利，也有严重的失策：形势可以得到而我也努力争取得到，这是重要的得利；形势不能得到而我要拼命争取得到，这是严重的失策。于今之计，不如估量四方边境的险要，选择要害的地方派军队镇守，挑选天下的士兵，根据各方面的形势需要而每年更换。殿下可以在高屋广厦之下高枕无忧，潜心思考治国方略，扩大农桑生产，做事务行节约，这样实行十年，就会国富民安了。”太祖还是挥军前进并回复刘廙说：“不仅仅是君主应当了解臣子，臣子也应当明白君主。现在你想让我坐着施行周文王的德政，恐怕我不是这种人。”

魏讽发动叛乱，刘廙之弟刘伟受到牵连，刘廙也遭到连坐。曹操下令说：“叔向不受其弟羊舌虎犯法的牵连，这是古制。”特别赦免了刘廙，改任他为丞相府仓曹的属官。刘廙上疏感谢说：“我的罪名当株连全家、祸及宗族。幸亏有天地保佑，赶上好运，扬汤止沸，使我不至于焦烂，如死灰复燃，枯木逢春。万物无法答谢天地的施予，儿子无法感谢父母的生养之恩，我却可以牺牲性命报答您，笔墨

礼，皆传于世。文帝即王位，为侍中，赐爵关内侯。黄初二年卒。无子。帝以弟子阜嗣。

刘劭字孔才，广平邯郸人也。建安中，为计吏，诣许。太史上言："正旦当日蚀。"劭时在尚书令荀彧所，坐者数十人，或云当废朝，或云宜却会。劭曰："梓慎、裨灶，古之良史，犹占水火，错失天时。《礼记》曰诸侯旅见天子，及门不得终礼者四，日蚀在一。然则圣人垂制，不为变异豫废朝礼者，或灾消异伏，或推术谬误也。"彧善其言。敕朝会如旧，日亦不蚀。

御史大夫郗虑辟劭，会虑免，拜太子舍人，迁秘书郎。黄初中，为尚书郎、散骑侍郎。受诏集五经群书，以类相从，作《皇览》。明帝即位，出为陈留太守，敦崇教化，百姓称之。征拜骑都尉，与议郎庾嶷、荀诜等定科令，作《新律》十八篇，著《律略论》。迁散骑常侍。时闻公孙渊受孙权燕王之号，议者欲留渊计吏，遣兵讨之。劭以为"昔袁尚兄弟归渊父康，康斩送其首，是渊先世之效忠也。又所闻虚实，未可审知。古者要荒未服，修德而不征，重劳民也。宜加宽贷，使有以自新"。后渊果斩送权使张弥等首。劭尝作《赵都赋》，明帝美之，诏劭作《许都》《洛都赋》。时外兴军旅，内营宫室，劭作二赋，皆讽谏焉。

青龙中，吴围合肥，时东方吏士皆分休，征东将军满宠表请中军兵，并召休将士，须集击之。劭议以为"贼众新至，心专气锐。宠

难以描述我的心情。”刘廙著书数十篇，和丁仪一起论述刑法礼仪的典籍，都流传于世。曹丕即魏王位，他出任侍中，赐爵关内侯。黄初二年去世，没有儿子。文帝让刘廙弟弟的儿子刘阜做刘廙的后嗣。

刘劭字孔才，是广平邯郸县人。建安年间任上计吏，来到许昌。太史报告说：“正月初一会发生日食。”当时刘劭正在尚书令荀彧的府上，在座的有几十个人，众人议论纷纷，有的说这一天不应当上朝，有的说诸侯百官元日朝见皇帝的典礼应当停止。刘劭说：“虽然梓慎、裨灶是古代优秀的太史官，但还是在占卜水火之灾时弄错了天时。《礼记》说，诸侯一同朝见天子，到了门口都不能完毕礼仪的情况有四种，日食只是其中之一。然而圣人留下的礼制，并不完全因天有变异而预先废除朝仪，有时灾异消除了，有时是由于推算错误。”荀彧认为他说得有道理，下令朝会大典依旧举行，那天没有发生日食。

御史大夫郗虑征召刘劭入朝做官，却恰好赶上郗虑被免职，朝廷就任命刘劭做了太子舍人，晋升为秘书郎。黄初年间，刘劭任尚书郎、散骑侍郎。受诏搜集五经群书，进行分类，撰著《皇览》。曹叡即帝位，刘劭出任陈留太守，推崇教化，受到百姓的称颂。朝廷召他还京，任命他为骑都尉，和议郎庾嶷、荀诜等人制定法令，作《新律》十八篇，撰著《律略论》。升任散骑常侍。此时朝廷听说公孙渊接受了孙权给他的燕王封号，有人主张扣留公孙渊的计吏，并派兵讨伐他。刘劭认为“从前袁尚兄弟逃奔公孙康，公孙康把他们的首级送来，这是公孙渊的先辈对魏国效忠。传闻是否真实，还没搞清楚。古代的时候，如果有远方的人不服从，就修德政而不征伐他们，重视劳役百姓的事情。应当不追究公孙渊，给他改过的机会”。后来，公孙渊果然砍下孙权使者张弥等人的首级送来。刘劭曾作《赵都赋》，明帝很看好，诏令刘劭作《许都赋》《洛都赋》。当时明帝对外不断兴兵征伐，又大举修建宫室，刘劭作这两篇赋，进行委婉含蓄的劝谏。

青龙年间，吴军围攻合肥，而东面的将士又在轮流休假。征东将军满宠上表请求派遣中军的将士前来救援，并召回休假的将士，

以少人自战其地，若便进击，不必能制。宠求待兵，未有所失也。以为可先遣步兵五千，精骑三千，军前发，扬声进道，震曜形势。骑到合肥，疏其行队，多其旌鼓，曜兵城下，引出贼后，拟其归路，要其粮道。贼闻大军来，骑断其后，必震怖遁走，不战自破贼矣。”帝从之。兵比至合肥，贼果退还。

时诏书博求众贤。散骑侍郎夏侯惠荐劭曰：“伏见常侍刘劭，深忠笃思，体周于数，凡所错综，源流弘远，是以群才大小，咸取所同而斟酌焉。故性实之士服其平和良正，清静之人慕其玄虚退让，文学之士嘉其推步详密，法理之士明其分数精比，意思之士知其沈深笃固，文章之士爱其著论属辞，制度之士贵其化略较要，策谋之士赞其明思通微，凡此诸论，皆取适己所长而举其支流者也。臣数听其清谈，览其笃论，渐渍历年，服膺弥久，实为朝廷奇其器量。以为若此人者，宜辅翼机事，纳谋帏幄，当与国道俱隆，非世俗所常有也。惟陛下垂优游之听，使劭承清闲之欢，得自尽于前，则德音上通，辉耀日新矣。”

景初中，受诏作《都官考课》。劭上疏曰：“百官考课，王政之大较，然而历代弗务，是以治典阙而未补，能否混而相蒙。陛下以上圣之宏略，愍王纲之弛颓，神虑内鉴，明诏外发。臣奉恩旷然，得以启矇，辄作都官考课七十二条，又作《说略》一篇。臣学寡识浅，诚不足以宣畅圣旨，著定典制。”又以为宜制礼作乐，以移风俗，著《乐论》十四篇，事成未上。会明帝崩，不施行。正始中，执经讲学，赐爵关内侯。凡所撰述，《法论》《人物志》之类百余篇。卒，追

集大军迎击敌人。刘劭认为："敌人刚到达合肥，气势正盛，如果现在集兵进击，不一定能制住敌人。满宠请求援兵，这是正确的。我认为，先派遣步兵五千，精锐骑兵三千去救援，出发时，故意放出大军进发的风声，以迷惑吴军。骑兵到达后，排成稀疏队列，多设旗帜战鼓，壮大声势，另派人马绕到敌人背后，截断他们的粮道。敌人听说大军来了，骑兵断了他们的后路，一定会迅速退走，不用交战就可打破敌军的围困。"明帝听从了他的建议。魏军一到合肥，吴军果然撤走了。

那时候皇帝下诏广求贤才。散骑侍郎夏侯惠特别推荐刘劭说："我看常侍刘劭，忠诚敦厚，办事合乎礼仪，所说之事，都有依据可查，对各种人才的评价，都能找出相同之处进行比较，正因如此，诚实的人佩服他的平和端正，淡泊的人敬慕他的清雅谦让，博学之士推许他的议论翔实，有深度的人钦佩他思维缜密，文才出众的人喜爱他的文章辞采，通晓法律的人推崇他的治略精要，有智谋的人赞赏他的谋划精妙。总观这些评论，都是取自己所擅长的和他的某些才能相比较的结果。我曾经多次倾听他的见解，阅读他的著述，佩服的感觉随时间的推移而越加深长，他实在是国家难得的人才啊！臣认为，像他这样的人应该协助处理军国大事，运筹帷幄，与国之命运一同兴隆。他不是世俗中常有的人才。恳请陛下抬爱，使刘劭能得到您的欢心和信赖，让他所有的才华都展现在您的面前，那样，您的耳边就会有贤德的声音响起，国家在您的光辉照耀下也会日趋辉煌。"

景初年间，刘劭受诏制定《都官考课》。他上疏说："考核百官，是王政的要务，然而历代都不认真实行，所以有关治理的典籍缺少一门，贤愚混杂难以分清。陛下以圣明之心，担忧国家法纪废弛，自己一边思考审视，一边发布制定考课制度的诏书。臣终于启蒙发聩，依陛下之旨制定了《都官考课》七十二条，又写《说略》一篇。臣学浅识薄，不足以表达圣意。"刘劭又认为应该制定礼制、创作雅乐，以此来移风易俗，又写了《乐论》十四篇，尚未完成呈上，明帝逝世。没有实施。正始年间，讲授经学，皇帝封他做了关内侯。他所撰写的

赠光禄勋。子琳嗣。

劭同时东海缪袭亦有才学，多所述叙，官至尚书、光禄勋。

袭友人山阳仲长统，汉末为尚书郎，早卒。著《昌言》，词佳可观省。

散骑常侍陈留苏林、光禄大夫京兆韦诞、乐安太守谯国夏侯惠、陈郡太守任城孙该、郎中令河东杜挚等亦著文赋，颇传于世。

傅嘏字兰石，北地泥阳人，傅介子之后也。伯父巽，黄初中为侍中尚书。嘏弱冠知名，司空陈群辟为掾。时散骑常侍刘劭作考课法，事下三府。嘏难劭论曰："盖闻帝制宏深，圣道奥远，苟非其才，则道不虚行，神而明之，存乎其人。暨乎王略亏颓而旷载罔缀，微言既没，六籍泯玷。何则？道弘致远而众才莫晞也，案劭考课论，虽欲寻前代黜陟之文，然其制度略以阙亡。礼之存者，惟有周典，外建侯伯，藩屏九服，内立列司，筦齐六职，土有恒贡，官有定则，百揆均任，四民殊业，故考绩可理而黜陟易通也。大魏继百王之末，承秦、汉之烈，制度之流，靡所修采。自建安以来，至于青龙，神武拨乱，肇基皇祚，扫除凶逆，芟夷遗寇，旍旗卷舒，日不暇给。及经邦治戎，权法并用，百官群司，军国通任，随时之宜，以应政机。以古施今，事杂义殊，难得而通也。所以然者，制宜经远，或不切近，法应时务，不足垂后。夫建官均职，清理民物，所以立本也；循名考实，纠励成规，所以治末也。本纲未举而造制未呈，国略不崇而考课是先，惧不足以料贤愚之分，精幽明之理也。昔先王之择才，必本行于州闾，讲道于庠序，行具而谓之贤，道修则谓之能。乡老献贤能于王，王拜受之，举其贤者，出使长之，科其能者，入使治之，此先王收才之义也。方今九州之民，爰及京城，未有六乡之

《法论》《人物志》等共一百多篇。去世后追赠为光禄勋。儿子刘琳继承了位爵。

与刘劭同时的东海人缪袭也有才学，著述很多，做官到尚书、光禄勋。

缪袭的朋友山阳人仲长统，东汉末年任尚书郎，去世比较早。他撰写的《昌言》，文笔优美，值得一读。

散骑常侍陈留人苏林、光禄大夫京兆人韦诞、乐安太守谯国人夏侯惠、陈郡太守任城人孙该、郎中令河东人杜挚等人也都有文章、辞赋在世上流传。

傅嘏字兰石，北地泥阳县人，是汉代傅介子的后代。他的伯父名字叫傅巽，黄初年间是侍中尚书。傅嘏二十岁时就很有威望，司空陈群征召他为掾属。当时，散骑常侍刘劭正制定考课法，并送达三公府讨论。傅嘏责难刘劭的考课论说："听说帝王的制度宏大精深，圣人之道奥妙深远，不得其人不明其道，所以，圣人之道不能凭空推行，体明圣道，在于其心而已。到了王制毁坏，圣道无人记载以后，精微的言论已无人再说，六籍也都消失或玷污。这是为什么呢？是因为众人无法去探索圣道的博大精深。刘劭的考课论，虽是在寻求前代考核任免百官的制度，但这些体制都已亡佚，只有周代的典章制度保存下来。在王畿以外建立诸侯，屏卫王朝，在内设立百官，管理六个方面的政事，封地要向朝廷缴纳固定的贡赋，官吏要遵守一定的法度，百官各司其职，士农工商各得其业，这样，百官的考核和任免也才能够顺利做到。大魏继百代之末，承秦、汉之功业，在制度上实在无处学习和借鉴。从建安年间至青龙年间，武皇帝扫除叛逆奠定帝业，征伐不断，日理万机。及至后来治理军国，权法一起使用，百官都要兼理军政事务，根据情况随时制定法令，以应对国家政事的需要。古制今施，意义不同，不切合现在的需要。故而法令符合当时的需要，却不都能够传之后世。设置百官，分担职责，治理百姓政务，是用来建立国家根本的；根据法令考核实际，鼓励执行已形成的制度，是治理的旁枝末节。在根本还没有建立，法令也没有确定，国

举，其选才之职，专任吏部。案品状则实才未必当，任薄伐则德行未为叙，如此则殿最之课，未尽人才。述综王度，敷赞国式，体深义广，难得而详也。”

正始初，除尚书郎，迁黄门侍郎。时曹爽秉政，何晏为吏部尚书，嘏谓爽弟羲曰：“何平叔外静而内銛巧，好利，不念务本。吾恐必先惑子兄弟，仁人将远，而朝政废矣。”晏等遂与嘏不平，因微事以免嘏官。起家拜荥阳太守，不行。太傅司马宣王请为从事中郎。曹爽诛，为河南尹，迁尚书。嘏常以为“秦始罢侯置守，设官分职，不与古同。汉、魏因循，以至于今。然儒生学士，咸欲错综以三代之礼，礼弘致远，不应时务，事与制违，名实未附，故历代而不至于治者，盖由是也。欲大改定官制，依古正本，今遇帝室多难，未能革易”。

时论者议欲自伐吴，三征献策各不同。诏以访嘏，嘏对曰：“昔夫差陵齐胜晋，威行中国，终祸姑苏；齐闵兼土拓境，辟地千里，身蹈颠覆。有始不必善终，古之明效也。孙权自破关羽并荆州之后，志盈欲满，凶宄以极，是以宣文侯深建宏图大举之策。今权以死，托孤于诸葛恪。若矫权苛暴，蠲其虐政，民免酷烈，偷安新惠，外内齐虑，有同舟之惧，虽不能终自保完，犹足以延期挺命于深江之外矣。而议者或欲泛舟径济，横行江表；或欲四道并进，攻其

家的大政方针还没有得到尊崇而先实行官吏考核，恐怕很难判定贤愚，精辨善恶。以前先王选贤，必须在州里选择品行端正的人，让他们在学堂讲学，品行具备就叫作贤，道德修明就叫作能。乡老向先王举荐贤能，先王下拜接受他们的推荐，选择其中的贤者到地方去任长官，再选择其中的能者，任朝官治理百政，这是先王收罗人才的方法。现在进京任职的人，都没有六乡的举荐，选拔人才的权力，都掌握在吏部手中。考察行为品德的实际才能未必都合适，任用了有功的人，选拔官吏就不能以德行为根据，那么，如此考察治绩好坏的制度就不能使人才得到充分任用。综述王制，论议国法，内容实在深广而意义深奥，确实难以体会完全。”

正始初年，皇帝任命傅嘏做尚书郎，后来又改任黄门侍郎。那时候曹爽执政，何晏担任吏部尚书，傅嘏对曹爽的弟弟曹羲说：“何平叔外表温和而内心尖刻，贪图私利，从不着眼于大局。我担心他会先迷惑你的兄长，有仁德的人将被疏远，朝政也要败坏了。”何晏因此对傅嘏不满，以小事为借口免去了傅嘏的官职。之后又召他出任荥阳太守，他没有去。司马懿聘请他任从事中郎。曹爽被诛后，傅嘏任河南尹，升为尚书。他认为，“秦代始废诸侯置郡守，设官吏分别职务，与古代不同。汉、魏沿袭了秦制，直到现在。可有些儒生、学士还想综合夏、商、周的礼制，尽管那些东西博大宏远，但不适应当前的制度与事实，名义与实际不相符合，所以历代不能达到太平盛世，原因就是墨守成规。要想大规模改定官制，必须依古代情况以正根本，但现在皇室乖违，还不能进行改革”。

那时候有人请求朝廷派遣自己出兵征讨吴国，朝中的将军们也都提出不同的用兵策略。皇帝下诏问傅嘏，傅嘏回答说：“从前夫差战胜齐、晋，但最终败亡于姑苏；齐闵王兼并土地拓展国土，扩大了一千里，但最终国破身亡。古代的鉴戒告诉我们，有好的开端不一定会有好的结局。孙权自从打败关羽兼并荆州以后，志得意满，所以，宣文侯司马懿提出了宏图远略之策。现在孙权死了，由诸葛恪辅助太子朝政。如果他们改变孙权过去的做法，废除残虐的制度，百姓不再遭受迫害，在荆州施行新策略，上下同心，同舟共济，虽最终不能

城垒；或欲大佃疆埸，观衅而动：诚皆取贼之常计也。然自治兵以来，出入三载，非掩袭之军也。贼之为寇，几六十年矣，君臣伪立，吉凶共患，又丧其元帅，上下忧危，设令列船津要，坚城据险，横行之计，其殆难捷。惟进军大佃，最差完牢。兵出民表，寇钞不犯；坐食积谷，不烦运士；乘衅讨袭，无远劳费：此军之急务也。昔樊哙愿以十万之众，横行匈奴，季布面折其短。今欲越长江，涉虏庭，亦向时之喻也。未若明法练士，错计于全胜之地，振长策以御敌之余烬，斯必然之数也。”后吴大将诸葛恪新破东关，乘胜扬声欲向青、徐，朝廷将为之备。嘏议以为“淮海非贼轻行之路，又昔孙权遣兵入海，漂浪沉溺，略无孑遗，恪岂敢倾根竭本，寄命洪流，以徼乾没乎？恪不过遣偏率小将素习水军者，乘海溯淮，示动青、徐，恪自并兵来向淮南耳”。后恪果图新城，不克而归。

嘏常论才性同异，钟会集而论之。嘉平末，赐爵关内侯。高贵乡公即尊位，进封武乡亭侯。正元二年春，毌丘俭、文钦作乱。或以司马景王不宜自行，可遣太尉孚往，惟嘏及王肃劝之。景王遂行。以嘏守尚书仆射，俱东。俭、钦破败，嘏有谋焉。及景王薨，嘏与司马文王径还洛阳，文王遂以辅政。语在《钟会传》。会由是有自矜色，嘏戒之曰：“子志大其量，而勋业难为也，可不慎哉！”嘏以功进封阳乡侯，增邑六百户，并前千二百户。是岁薨，时年四十七，追赠太常，谥曰元侯。子祗嗣。咸熙中开建五等，以嘏著勋前朝，改封祗泾原子。

评曰：昔文帝、陈王以公子之尊，博好文采，同声相应，才士并

保全，但还可以在江东残喘一段时间。现在的大臣有的要直渡长江，横扫江东；有的要兵分四路，同时攻打吴国的城垒；有的要在边境大举屯田，以待时机：这些确实都是取敌之常略。但是，自治兵已有三年，证明我们军力尚有不足。吴国与我们对立将近六十年了，他们伪立君臣，患难与共，新君即位以后，他们更是时时防备，在重要渡口排列战船，凭险坚守。因此像渡长江那样的计划，是很难实行的。只有在边境上大举屯垦等待时机，或有可能。兵马戍卫在外，吴军无法得到百姓的财物；粮食积存有余，不必后方长途运送；乘机出击，这才是军事上的当务之急。从前樊哙想带十万大军征伐匈奴，季布当面指出他的不足。现在有人想越过长江，入险境，攻敌巢穴，这和樊哙想做的事是一样的。不如严明法令，操练士兵，制定完备的计划以抵御敌兵。”后来，吴国大将诸葛恪攻破东关，宣称要杀向青、徐二州，魏国匆忙备战。傅嘏认为：“敌军不敢轻易渡过淮海而且以前孙权兵船入海遇浪沉没，没有几人幸存，诸葛恪又怎么敢这样以图侥幸呢？诸葛恪不过是以小部分人马佯装由海路至淮水，做样子给青、徐的守军看，他极有可能进攻淮南。”其后诸葛恪果然带兵攻打新城，没有攻克，便撤退了。

傅嘏常说世人才能和品性的异同，钟会综合他的观点做了叙述。嘉平末年，傅嘏被赐爵关内侯。高贵乡公即帝位后，晋封傅嘏为武乡亭侯。正元二年春天，毌丘俭、文钦反叛。有人认为景王司马师不宜亲自征讨，派遣太尉司马孚率兵就可以了，只有傅嘏和王肃主张他亲征。于是，司马师亲自率军，任命傅嘏为代理尚书仆射，随自己一起东征。毌丘俭、文钦被打败，傅嘏有谋划之功。司马师去世，傅嘏和文王司马昭直接回到洛阳，司马昭辅佐朝政。事情记录在《钟会传》中。钟会有居功自得之色，傅嘏劝他说：“虽然您的志向大于气量，但功业难成，怎能不谨慎！”傅嘏因功晋封阳乡侯，增加食邑六百户，加上以前封的共一千二百户。他在这一年去世，时年四十七岁，追赠太常，谥号元侯。他的儿子傅祗继承爵位。咸熙年间设立五等爵位制，因傅嘏在前朝屡立功勋，改封傅祗为泾原子。

评论说：从前魏文帝、陈思王以公子的尊贵身份，通晓并且爱

出，惟粲等六人最见名目。而粲特处常伯之官，兴一代之制，然其冲虚德宇，未若徐幹之粹也。卫觊亦以多识典故，相时王之式。刘劭该览学籍，文质周洽。刘廙以清鉴著，傅嘏用才达显云。

好文学辞藻，同声相应，有文才的士人一时并出，只有王粲等六人名气最大。特别是王粲出任侍中一职，兴建一代制度，但王粲的淡泊和气度，不如徐幹那么纯粹。卫觊也因熟习旧时的典章制度，辅佐文帝完成接受禅让称帝的仪式。刘劭博览群书，文采和品行都很出众。刘廙以卓识明察著称，傅嘏因多才多艺显达。

卷二十二　魏书二十二

桓二陈徐卫卢传第二十二

桓阶字伯绪，长沙临湘人也。仕郡功曹。太守孙坚举阶孝廉，除尚书郎。父丧还乡里。会坚击刘表战死，阶冒难诣表乞坚丧，表义而与之。后太祖与袁绍相拒于官渡，表举州以应绍。阶说其太守张羡曰："夫举事而不本于义，未有不败者也。故齐桓率诸侯以尊周，晋文逐叔带以纳王。今袁氏反此，而刘牧应之，取祸之道也。明府必欲立功明义，全福远祸，不宜与之同也。"羡曰："然则何向而可？"阶曰："曹公虽弱，仗义而起，救朝廷之危，奉王命而讨有罪，孰敢不服？今若举四郡保三江以待其来，而为之内应，不亦可乎！"羡曰："善。"乃举长沙及旁三郡以拒表，遣使诣太祖。太祖大悦。会绍与太祖连战，军未得南。而表急攻羡，羡病死。城陷，阶遂自匿。久之，刘表辟为从事祭酒，欲妻以妻妹蔡氏。阶自陈已结婚，拒而不受，因辞疾告退。

太祖定荆州，闻其为张羡谋也，异之，辟为丞相掾主簿，迁赵郡太守。魏国初建，为虎贲中郎将侍中。时太子未定，而临菑侯植有宠。阶数陈文帝德优齿长，宜为储副，公规密谏，前后恳至。又毛玠、徐奕以刚蹇少党，而为西曹掾丁仪所不善，仪屡言其短，赖阶左右以自全保。其将顺匡救，多此类也。迁尚书，典选举。曹仁为关羽所围，太祖遣徐晃救之，不解。太祖欲自南征，以问群下。群下

桓阶字伯绪，长沙临湘县人。起初担任郡功曹。太守孙坚荐举桓阶做孝廉，桓阶任命为尚书郎。桓阶父亲去世，他回家乡奔丧。这时孙坚因攻击刘表战死，桓阶冒着危险去见刘表，乞求归还孙坚的尸体，并要为他安葬。刘表被他的义气感动，就将孙坚的尸体给了他。后来曹操与袁绍在官渡对峙，刘表在荆州响应袁绍。桓阶劝说长沙太守张羡说："举大事而不遵循道义，没有不失败的。所以，齐桓公统率诸侯是为了尊奉周王，晋文公驱逐叔带是为了迎接周王。现在袁绍与曹公对峙，而刘表响应他，我看这是自取祸患。您如果想立下功劳，保全家族，远离灾祸，就不要加入他们。"张羡说："那么我依靠谁才行呢？"桓阶说："虽然曹公现在势力较弱，但他仗义起兵，解救朝廷危难，奉皇命讨伐有罪之人，日后一定可以成功。现在您率四郡之地保住三江等待他的到来，并做他的内应，您看这样行吗？"张羡说："好！"张羡于是率领长沙和其他三郡的兵马抗拒刘表，并派使者去见曹操。曹操非常高兴。恰逢袁绍和曹操接连发生争战，曹操军队不能南进。这时候，刘表也加紧攻打张羡，张羡病死，长沙城遂被攻破，桓阶便躲了起来。又过了很长时间，刘表任命他为从事祭酒，并想把妻妹嫁给他。桓阶说自己已有妻子，拒绝了，并乘机托病辞去了官职。

曹操平定荆州后，从别人那里听说桓阶曾替张羡谋划，觉得他很有主见，征召他为丞相掾主簿，又晋升他担任赵郡太守。魏国刚建立时，桓阶担任虎贲中郎将、侍中。当时太子未定，临菑侯曹植正受宠爱。桓阶却多次向曹操说曹丕品德优良，且又是长子当立为太子。此后桓阶或公开规劝，或私下进谏，态度都很恳切。毛玠、徐奕由于刚烈正直、少有党羽，为西曹掾丁仪所嫉妒。屡次暴露他们的隐私，全靠桓阶在旁帮助才得以保全。桓阶扶持善良，补救别人过失，大多

皆谓:“王不亟行,今败矣。”阶独曰:“大王以仁等为足以料事势不也?”曰:“能。”“大王恐二人遗力邪?”曰:“不。”“然则何为自往?”曰:“吾恐虏众多,而晃等势不便耳。”阶曰:“今仁等处重围之中而守死无贰者,诚以大王远为之势也。夫居万死之地,必有死争之心;内怀死争,外有强救,大王案六军以示余力,何忧于败而欲自往?”太祖善其言,驻军于摩陂。贼遂退。

文帝践阼,迁尚书令,封高乡亭侯,加侍中。阶疾病,帝自临省,渭曰:“吾方托六尺之孤,寄天下之命于卿。勉之!”徙封安乐乡侯,邑六百户,又赐阶三子爵关内侯。祐以嗣子不封,病卒,又追赠关内侯。后阶疾笃,遣使者即拜太常,薨,帝为之流涕,谥曰贞侯。子嘉嗣。以阶弟纂为散骑侍郎,赐爵关内侯。嘉尚升迁亭公主,会嘉平中,以乐安太守与吴战于东关,军败,没,谥曰壮侯。子翊嗣。

陈群字长文,颍川许昌人也。祖父寔,父纪,叔父谌,皆有盛名。群为儿时,寔常奇异之,谓宗人父老曰:“此儿必兴吾宗。”鲁国孔融高才倨傲,年在纪、群之间,先与纪友,后与群交,更为纪拜,由是显名。刘备临豫州,辟群为别驾。时陶谦病死,徐州迎备,备欲往,群说备曰:“袁术尚强,今东,必与之争。吕布若袭将军之后,将军虽得徐州,事必无成。”备遂东,与袁术战。布果袭下邳,遣兵助术,大破备军,备恨不用群言。举茂才,除柘令,不行,随纪避难徐州。属吕布破,太祖辟群为司空西曹掾属。时有荐乐安王模、下邳周逵者,太祖辟之。群封还教,以为模、逵秽德,终必败,

如此。之后升任尚书，负责选举。曹仁被关羽围困，曹操派徐晃前去援救，仍无法解围。曹操想亲自南征，征求群臣的意见。很多人都说："丞相应赶快去，不然就失败了。"唯独桓阶说："丞相认为曹仁等人能预料形势的变化吗？"曹操说："能。"桓阶说"丞相担心曹仁、徐晃二人不肯尽力吗？"曹操说："不担心。"桓阶说："那么为什么还要亲自去呢？"曹操说："我只是担心蜀兵众多，徐晃等会处于不利的境遇。"桓阶说："现在曹仁等人身处重围却能坚守而无二心，是因为丞相在远方形成声援形势的缘故。身处死境，必有拼死争斗的决心；有拼死争斗的决心和有力的救兵，加上丞相稳住朝廷兵马以表示力量有余，何必担心他们失败而要亲自前往呢？"曹操认为他说得对，便把兵马驻扎在摩陂。之后蜀兵就撤退了。

曹丕称帝后，桓阶做了尚书令，文帝加封他为高乡亭侯，加官侍中。桓阶生病，文帝亲去探望，对他说："我想要把年少的孤儿和朝廷的重任委托给您。您要努力啊！"之后改封他为安乐乡侯，食邑六百户，又赐爵桓阶三个儿子为关内侯。桓祐是桓阶的嫡长子，没被封侯就病死了，又追赠他为关内侯。后来桓阶病重，文帝派使者当面任命桓阶为太常。桓阶去世，文帝为他流泪，谥号贞侯。他的儿子桓嘉继承爵位。文帝任命桓阶的弟弟桓纂为散骑侍郎，赐爵关内侯。桓嘉娶升迁亭公主为妻，嘉平年间，他担任乐安太守时与吴国在东关交战，兵败战死，谥号壮侯。他的儿子桓翊继承爵位。

陈群字长文，是颍川许昌县人。祖父叫陈寔，父亲叫陈纪，叔父叫陈谌，在当时都很有名。陈群还小的时候，陈寔就认为他与众不同，对宗族父老说："这孩子必将兴盛我们的宗族。"鲁国的孔融才学很高却待人傲慢，年龄在陈纪、陈群之间，先与陈纪为友，后与陈群结交，便改视陈纪为长辈，陈群因此名声显扬。刘备在豫州任刺史时，聘召陈群为别驾。徐州牧陶谦病死，徐州官吏迎请刘备主持徐州政事，刘备准备前往，陈群劝刘备说："袁术现在很强大，您现在东去，一定会和他发生争战。吕布也会乘机袭击您的后方，您即便得到徐州，也必定不会成功。"刘备没听还是向东进发，和袁术进行战斗。吕布果然袭击下邳，并派兵相助袁术，刘备大败。刘备这才后悔

太祖不听。后模、逵皆坐奸宄诛，太祖以谢群。群荐广陵陈矫、丹阳戴乾，太祖皆用之。后吴人叛，乾忠义死难，矫遂为名臣，世以群为知人。除萧、赞、长平令，父卒去官。后以司徒掾举高第，为治书侍御史，转参丞相军事。魏国既建，迁为御史中丞。

时太祖议复肉刑，令曰："安得通理君子达于古今者，使平斯事乎！昔陈鸿胪以为死刑有可加于仁恩者，正谓此也。御史中丞能申其父之论乎？"群对曰："臣父纪以为汉除肉刑而增加笞，本兴仁恻而死者更众，所谓名轻而实重者也。名轻则易犯，实重则伤民。《书》曰：'惟敬五刑，以成三德。'《易》著劓、刖、灭趾之法。所以辅政助教，惩恶息杀也。且杀人偿死，合于古制；至于伤人，或残毁其体而裁翦毛发，非其理也。若用古刑，使淫者下蚕室，盗者刖其足，则永无淫放穿窬之奸矣。夫三千之属，虽未可悉复，若斯数者，时之所患，宜先施用。汉律所杀殊死之罪，仁所不及也，其余逮死者，可以刑杀。如此，则所刑之与所生足以相贸矣。今以笞死之法易不杀之刑，是重人支体而轻人躯命也。"时钟繇与群议同，王朗及议者多以为未可行。太祖深善繇、群言，以军事未罢，顾众议，故且寝。

群转为侍中，领丞相东西曹掾。在朝无适无莫，雅杖名义，不以非道假人。文帝在东宫，深敬器焉，待以交友之礼，常叹曰："自吾有回，门人日以亲。"及即王位，封群昌武亭侯，徙为尚书。制九

没有听取陈群的意见。陈群被荐举为茂才，被任命为柘县令，他没有去上任，跟着父亲陈纪到徐州避难。当时正值吕布战败，曹操征召陈群任司空西曹掾属。当时还有人推荐乐安人王模、下邳人周逵，曹操要征召他们。陈群封还曹操征召王模、周逵的命令，认为他二人道德败坏，最终会因犯罪败亡，曹操没有听从。后来，王模、周逵都因作奸犯科被处死，于是曹操向陈群道歉。陈群推荐广陵人陈矫、丹阳人戴乾，曹操都任用了他们。后来东吴反叛，戴乾战死，陈矫成为名臣。世人都认为陈群善于识别人才，他先后被任命为萧县、赞县、长平县令，因父亲去世离开职位，后来任司徒掾时因政绩优等，任治书侍御史，转任参丞相军事。魏国建立后，升任御史中丞。

当时曹操与群臣商量恢复肉刑，说："怎样才能让通达古今事理的君子来评判这件事呢？从前陈鸿胪认为死刑犯中有可以施恩免死的，御史中丞能阐明你父亲的观点吗？"陈群回答说："臣父认为，汉代废除肉刑而增加笞刑，是出于仁爱之心，但是实际上死的人反而更多了，这就是所谓的名轻实重啊。名义上的减轻使百姓因不经意而轻易犯法，事实上的加重又伤害了百姓。《尚书》说：'只有慎施五刑，才能成就三德。'《易经》记载的削鼻、砍足、削趾等刑罚，是用来辅佐王政、帮助教化、惩罚罪恶的。更何况杀人偿命，与古制相合；至于伤害人体，剪掉头发，就不合乎道理。施行古刑，把淫荡之人下蚕室，施宫刑，砍掉盗窃犯的脚，就轻易不会有淫荡、翻墙偷窃的罪行发生。三千条刑律，虽然不能全部恢复，但像这几条，是最有威慑力的，应当首先施行，汉律规定罪大恶极的人必须处死，皇上也不能赦免，其他不够死刑的罪可施以肉刑。只有这样，被处死的和活下来的人就大致相当了。现在用容易置人于死地的笞刑替代肉刑，是重视肢体而轻视生命。"钟繇与陈群的意见相同，但王朗和其他人则认为不能恢复肉刑。曹操非常赞赏钟繇、陈群的建议。由于战争还没有止息，考虑到大多数人的意见，这件事就搁置下来了。

陈群转任为侍中，兼任丞相东西曹掾。在朝廷里，他对任何事都没有偏见，也从不做违背道义、假公济私的事。曹丕为太子时，就非常尊敬他并引以为友。常感叹地把他比作颜回，说："陈群如颜

品官人之法，群所建也。及践阼，迁尚书仆射，加侍中，徙尚书令，晋爵颍乡侯。帝征孙权，至广陵，使群领中领军。帝还，假节，都督水军。还许昌，以群为镇军大将军，领中护军，录尚书事。帝寝疾，群与曹真、司马宣王等并受遗诏辅政。明帝即位，进封颍阴侯，增邑五百，并前千三百户，与征东大将军曹休、中军大将军曹真、抚军大将军司马宣王并开府。顷之，为司空，故录尚书事。

是时，帝初莅政，群上疏曰："《诗》称'仪刑文王，万邦作孚'；又曰'刑于寡妻，至于兄弟，以御于家邦'。道自近始，而化洽于天下。自丧乱已来，干戈未戢，百姓不识王教之本，惧其陵迟已甚。陛下当盛魏之隆，荷二祖之业，天下想望至治，唯有以崇德布化，惠恤黎庶，则兆民幸甚。夫臣下雷同，是非相蔽，国之大患也。若不和睦则有雠党，有雠党则毁誉无端，毁誉无端则真伪失实，不可不深防备，有以绝其源流。"太和中，曹真表欲数道伐蜀，从斜谷入。群以为"太祖昔到阳平攻张鲁，多收豆麦以益军粮，鲁未下而食犹乏。今既无所因，且斜谷阻险，难以进退，转运必见钞截，多留兵守要，则损战士，不可不熟虑也"。帝从群议。真复表从子午道。群又陈其不便，并言军事用度之计。诏以群议下真，真据之遂行。会霖雨积日，群又以为宜诏真还，帝从之。

后皇女淑薨，追封谥平原懿公主。群上疏曰："长短有命，存

回，我自从有了他，许多人都日益亲近我了。”曹丕即王位后，封陈群为昌武亭侯，改任尚书。九品官人法令，也是由陈群提议起草而制定的。曹丕即皇帝位，升陈群为尚书仆射，加官侍中改任尚书令，升爵位为颍乡侯。文帝讨伐孙权，驾临广陵，派陈群兼任中领军。退兵时，让陈群持节，总领水军。回到许昌，任命陈群为镇军大将军，兼任中护军，录尚书事。文帝病危，陈群和曹真、司马懿等人一起受诏辅佐朝政。曹叡即帝位，晋封陈群为颍阴侯，增封食邑五百户，加上以前封的共一千三百户，与征东大将军曹休、中军大将军曹真、抚军大将军司马懿一样可以开府置吏。没过多久，任司空，仍录尚书事。

当时，明帝刚刚执政，陈群上疏说：“《诗经》称‘只要好好效法周文王，天下诸国就会信服’；又说‘给嫡妻做出示范，就能影响到各位弟兄，以推广来治理家国’。从近处开始建立道德，就能改变天下风气。自从天下大乱以来，战争一直不断，百姓不知道帝王教化的根本，恐怕教化已经衰败得太严重了。陛下正当魏国的昌盛局面，担负着武皇帝、文皇帝二祖的基业，天下人都向往美好安定的政治局面，希望陛下崇尚道德推行教化，体恤百姓，那天下的百姓就太幸运了。大臣们相互随声附和，是非不分，这是国家的大患。但是如果大臣们不和睦就会结成仇党，有仇党，诋毁赞誉就会没有根据，诋毁赞誉没有根据就会真假失实，这不能不深加防备，以用来断绝其源流。”太和年间，曹真上表，想数路并进讨伐蜀国，从斜谷道进攻蜀国。陈群认为“太祖从前到阳平关攻打张鲁，多收豆子麦子以补充军粮，但张鲁还没攻下，粮食就不够吃了。现在不仅粮食无所凭借，而且斜谷道地势非常险要，进退都很困难，运输粮草也一定会受到敌人的劫持，多留士兵把守险要之处，就会减少作战的士兵，不能不深思熟虑”。明帝听从了陈群的建议。曹真又上表请求从子午道进攻蜀国。陈群又陈说此法的不便之处，并提出了解决军队开支用度的办法。明帝下令把陈群的建议交给曹真，曹真便按照陈群的建议去做，然后大军才出发。正好赶上连日大雨不断，陈群又认为应当诏令曹真回师，明帝听从了陈群的建议。

明帝的女儿曹淑去世，追封谥号为平原懿公主。陈群上疏说：

亡有分。故圣人制礼。或抑或致，以求厥中。防墓有不修之俭，嬴、博有不归之魂。夫大人动合天地，垂之无穷，又大德不逾闲，动为师表故也。八岁下殇，礼所不备，况未期月，而以成人礼送之，加为制服，举朝素衣，朝夕哭临，自古已来，未有此比。而乃复自往视陵，亲临祖载。愿陛下抑割无益有损之事，但悉听群臣送葬，乞车驾不行，此万国之至望也。闻车驾欲幸摩陂，实到许昌，二宫上下，皆悉俱东，举朝大小，莫不惊怪。或言欲以避衰。或言欲于便处移殿舍，或不知何故。臣以为吉凶有命，祸福由人，移徙求安，则亦无益。若必当移避，缮治金墉城西宫，及孟津别宫，皆可权时分止。可无举宫暴露野次，废损盛节蚕农之要。又贼地闻之，以为大衰。加所烦费，不可计量。且吉士贤人，当盛衰，处安危，秉道信命，非徒其家以宁，乡邑从其风化，无恐惧之心。况乃帝王万国之主，静则天下安，动则天下扰；行止动静，岂可轻脱哉？”帝不听。

青龙中，营治宫室，百姓失农时。群上疏曰：“禹承唐、虞之盛，犹卑宫室而恶衣服，况今丧乱之后，人民至少，比汉文、景之时，不过一大郡。加边境有事，将士劳苦，若有水旱之患，国家之深忧也。且吴、蜀未灭，社稷不安。宜及其未动，讲武劝农，有以待之。今舍此急而先宫室，臣惧百姓遂困，将何以应敌？昔刘备自成都至白水，多作传舍，兴费人役，太祖知其疲民也。今中国劳力，亦吴、蜀之所愿。此安危之机也，惟陛下虑之。”帝答曰：“王者宫室，亦宜并立。灭贼之后，但当罢守耳，岂可复兴役邪？是故君之职，萧

“人的寿命长短、生死都有定数。因此，圣人制定礼法，在情感和仪制上要有所区别，以求恰当合适。孔子父母的坟墓在防，不加修整，非常简陋。延陵季子的儿子葬在嬴、博之间，没有回乡归葬。圣人的言行举止都合乎天地正道，流传后世；有大德的人做事不越礼法，均可为人师表。八岁的孩子死了为下殇，都不备办礼仪，更何况公主还未满一月，就以成人之礼为她送葬，加封丧服，朝廷上下都穿素衣，自古以来，这样的事情从没有过。而且陛下还要亲去视察陵墓、参加车载灵柩、行祖祭之礼的仪式，这更是不妥。望陛下不要去参加葬礼，收回成命，只让大臣去送葬就可以了，这是天下最大的愿望。听说陛下名义上驾临摩陂，实际是要去许昌，太后及宫中上下人等，都一起东行，满朝文武，都感到惊讶。有的说您想要东行避灾，有的说您打算找个合适的地方迁移宫殿，更多的是根本猜不出其中的原因。臣觉得，吉凶有命，祸福由人，即使迁徙求安，也不见得会有什么益处。如果一定要躲避，就修缮一下金墉城的西宫，或是孟津的别宫，都是可以居住的。这样，也可免除两宫上下露宿荒野、耽误百姓春耕的弊端。再说，如果吴、蜀听到这个消息，必认为是帝宫遭遇大祸，加上移徙所费，实不可胜算。善士贤人面对盛衰安危，秉执道义，笃信天命，决不以搬迁其家以求安宁。更何况，您一动周围的人就会受到影响而产生恐惧心理。陛下乃万乘之尊，您稳定天下就会安宁，您躁动天下就会纷乱，您的行、止、动、静，怎能轻率呢？”明帝不听。

青龙年间，为营造宫殿，百姓耽误了农业生产。陈群上疏说：“大禹继尧、舜盛世以后，还住简陋的宫室，穿一般的衣服。何况现在战乱刚刚过去，人口锐减，和汉文帝、汉景帝时期相比，几个州郡还赶不上那时的一个大郡。边境时常有战事发生，将士劳苦，如果再发生水旱灾害，国家将面临巨大的忧患。而且吴、蜀还没有被消灭，国家还不安定。应当趁现在还很平稳之时，就操演人马，鼓励农耕，做好准备以对付吴蜀的进攻。现在放弃这些而先修建宫室，臣担心百姓因此贫困，将来靠什么去打击敌人呢？从前刘备从成都到白水建了很多驿站，耗费人力，太祖说他是劳民伤财。现在我们耗费人力

何之大略也。”群又曰：“昔汉祖唯与项羽争天下，羽已灭，宫室烧焚，是以萧何建武库、太仓，皆是要急，然犹非其壮丽。今二虏未平，诚不宜与古同也。夫人之所欲，莫不有辞，况乃天王，莫之敢违。前欲坏武库，谓不可不坏也；后欲置之，谓不可不置也。若必作之，固非臣下辞言所屈；若少留神，卓然回意，亦非臣下之所及也。汉明帝欲起德阳殿，钟离意谏，即用其言，后乃复作之；殿成，谓群臣曰：‘钟离尚书在，不得成此殿也。’夫王者岂惮一臣，盖为百姓也。今臣曾不能少凝圣听，不及意远矣。”帝于是有所减省。

初，太祖时，刘廙坐弟与魏讽谋反，当诛。群言之太祖，太祖曰：“廙，名臣也，吾亦欲赦之。”乃复位。廙深德群，群曰：“夫议刑为国，非为私也；且自明主之意，吾何知焉？”其弘博不伐，皆此类也。青龙四年薨，谥曰靖侯。子泰嗣。帝追思群功德，分群户邑，封一子列侯。

泰字玄伯。青龙中，除散骑侍郎。正始中，徙游击将军，为并州刺史，加振威将军，使持节，护匈奴中郎将，怀柔夷民，甚有威惠。京邑贵人多寄宝货，因泰市奴婢，泰皆挂之于壁，不发其封，及征为尚书，悉以还之。嘉平初，代郭淮为雍州刺史，加奋威将军。蜀大将军姜维率众依麹山筑二城，使牙门将句安、李歆等守之，聚羌胡质任等寇逼诸郡。征西将军郭淮与泰谋所以御之，泰曰：“麹城虽固，去蜀险远，当须运粮。羌夷患维劳役，必未肯附。今围而取之，可不

财力，正是吴、蜀所希望的。这是国家安危的关键，请陛下明察。”明帝回答说：“成就王业与修造宫室，并不相悖。消灭敌国之后，边防撤掉就行了，怎么还能再兴徭役？因此您的职责，与萧何大致相同。”陈群又说：“从前汉高祖只与项羽一人争天下，项羽败亡后，阿房宫就被焚毁了。萧何建造武库、太仓，当时都是紧要之事，但汉高祖还是批评他修得过于华丽。现在，吴、蜀二国未灭，实不应与古代相比。普通人想要得到一种东西，还要找借口，何况那是天子，谁敢违抗呢？先前想要拆毁武库，说不可不拆；后来又要再建造武库，又说不可不建。如果一定要营造宫室，本非臣三言两语所能说服；让皇上幡然转意，也不是臣力所能及的。汉明帝想建德阳殿，钟离意劝阻，汉明帝采纳了他的意见。后来又重修建德阳殿，建成后对群臣说：‘钟离尚书还在的话，就不可能建成此殿。’帝王为什么会怕一个臣子，那是为百姓着想啊！现在臣不能使陛下稍微倾听一些意见，实在比钟离意差得远了。”明帝因此稍稍有所减省。

曹操时，刘廙因弟弟受魏讽谋反而遭到连坐，按理应该处死。陈群为刘廙向曹操求情，曹操说：“刘廙是名臣，本来与他无关，我也想赦免他。”于是恢复了刘廙的官职。刘廙非常感激陈群，陈群说：“评议刑罚的轻重是为了国家，不是为了私情，而且，这是丞相的本意，我没做什么。”他宽宏大量，不张扬自己的善行，都像这些事一样。青龙四年陈郡去世，谥号靖侯。他的儿子陈泰继承爵位。明帝追忆陈群的功德，从陈群封邑中分出一部分，封他另一个儿子为列侯。

陈泰字玄伯。青龙年间，皇帝任命他做了散骑侍郎。正始年间，改任他为游击将军，任并州刺史，加振威将军，手拿符节，担任护匈奴中郎将，以仁德安抚匈奴百姓，很有威信。京师的一些达官贵人托人给他捎来宝物，想让他帮助购买奴婢，陈泰把这些东西都挂在墙上，连书信都不启封。到应召回京任尚书时，又将原物还给了他们。嘉平初年，陈泰代替郭淮任雍州刺史，加奋威将军。西蜀大将姜维率军依麹山修筑了两座城池，派牙门将句安、李歆等据守，并聚集起羌胡人众，进犯魏国州郡。征西将军郭淮就和陈泰商量如何抵御，陈

血刃而拔其城；虽其有救，山道阻险，非行兵之地也。”淮从泰计，使泰率讨蜀护军徐质、南安太守邓艾等进兵围之，断其运道及城外流水。安等挑战，不许，将士困窘，分粮聚雪以稽日月。维果来救，出自牛头山，与泰相对。泰曰：“兵法贵在不战而屈人。今绝牛头，维无反道，则我之禽也。”敕诸军各坚垒勿与战，遣使白淮，欲自南渡白水，循水而东，使淮趣牛头，截其还路，可并取维，不惟安等而已。淮善其策，进率诸军军洮水。维惧，遁走，安等孤县，遂皆降。

淮薨，泰代为征西将军，假节都督雍、凉诸军事。后年，雍州刺史王经白泰，云姜维、夏侯霸欲三道向祁山、石营、金城，求进兵为翅，使凉州军至枹罕，讨蜀护军向祁山。泰量贼势终不能三道，且兵势恶分，凉州未宜越境，报经：“审其定问，知所趣向，须东西势合乃进。”时维等将数万人至枹罕，趣狄道。泰敕经进屯狄道，须军到，乃规取之。泰进军陈仓。会经所统诸军于故关与贼战不利，经辄渡洮。泰以经不坚据狄道，必有他变，并遣五营在前，泰率诸军继之。经已与维战，大败，以万余人还保狄道城，余皆奔散。维乘胜围狄道。泰军上邽，分兵守要，晨夜进前。邓艾、胡奋、王秘亦到，即与艾、秘等分为三军，进到陇西。艾等以为“王经精卒破衄于西，贼众大盛，乘胜之兵既不可当，而将军以乌合之卒，继败军之后，将士失气，陇右倾荡。古人有言：‘蝮蛇螫手，壮士解其腕。’《孙子》曰：‘兵有所不击，地有所不守。’盖小有所失而大有所全

泰说："麹城虽然坚固，但是远离西蜀，道路险峻，只能靠运输供给粮食。羌胡人不甘心为姜维服劳役，必定心志不一。现在只要围住这两座城池，时间一久就可唾手而得。虽然西蜀可能发来救兵，但山道险阻，不是用兵之地。"郭淮采纳了陈泰的计策，让陈泰率领讨蜀护军徐质、南安太守邓艾等进兵围住麹城，切断蜀军粮道和城外水源。句安等人挑战，也不允许应战。城里蜀军日渐困窘，一个人的口粮要分几个人用，把融化的积雪当水饮用，以等待救援。姜维果然亲自领兵前来，出牛头山后和陈泰两军相对。陈泰说："兵法云，不战而屈人之兵，现在我们只要切断牛头山的通道，使姜维没有了退路，就能把他擒获。"于是，下令全军各自坚守营寨不许出战，又派使者通知郭淮，说自己打算南渡白水沿河向东，请郭淮带兵赶赴牛头山，截断姜维的归路。这样就不仅仅只攻取麹山的句安、李歆，连姜维也可能一并围歼。郭淮连称此计巧妙，马上率军出动，一直进发到洮水附近，扎下了营寨。姜维见救城无望，赶紧退兵。句安、李歆等孤立无援，都投降了。

郭淮去世，陈泰担任征西将军，持符节统领雍、凉州军务。第三年，雍州刺史王经禀报说，姜维、夏侯霸分三路向祁山、石营、金城进犯，请求让他进军为翅，凉州军到枹罕，讨蜀护军向祁山进兵。陈泰估计蜀军的兵力不可能兵分三路，而且用兵作战最忌讳兵力分散，凉州军又不宜越境进攻，他对王经说："要打探蜀军的确切消息，明确他们进军的方向，等我们东西两边的人马会合后才能进兵。"这个时候姜维等人已率领几万人马到达枹罕，正向狄道而来。陈泰下令王经进驻狄道，等待大军到达，再商议进攻的办法。陈泰进驻陈仓。王经所率各军在故关与蜀军作战失利，王经便渡过洮水。陈泰得知王经没有坚守狄道，定有变故发生，于是，同时派遣五营兵力先行，陈泰率各军随后出发。王经已被姜维战败，只剩一万多人退保狄道城，其余的士兵都溃散了。姜维乘胜围攻狄道。陈泰驻军上邽，分兵把守要害，而后日夜兼程向前推进。邓艾、胡奋、王秘也赶到，陈泰与邓艾、王秘等人兵分三路进入陇西。邓艾等人认为"王经的兵马在西线战败，蜀军士气正盛，将军率乌合之众，随败军之

故也。今陇右之害，过于蝮蛇，狄道之地，非徒不守之谓。姜维之兵，是所辟之锋。不如割险自保，观衅待弊，然后进救，此计之得者也。”泰曰：“姜维提轻兵深入，正欲与我争锋原野，求一战之利。王经当高壁深垒，挫其锐气。今乃与战，使贼得计，走破王经，封之狄道。若维以战克之威，进兵东向，据栎阳积谷之实，放兵收降，招纳羌、胡，东争关、陇，传檄四郡，此我之所恶也。而维以乘胜之兵，挫峻城之下，锐气之卒，屈力致命，攻守势殊，客主不同。兵书云‘修橹轒辒，三月乃成，拒堙三月而后已’。诚非轻军远入，维之诡谋仓卒所办。县军远侨，粮谷不继，是我速进破贼之时也，所谓疾雷不及掩耳，自然之势也。洮水带其表，维等在其内，今乘高据势，临其项领，不战必走。寇不可纵，围不可久，君等何言如此？”遂进军度高城岭，潜行，夜至狄道东南高山上，多举烽火，鸣鼓角。狄道城中将士见救者至，皆愤踊。维始谓官救兵当须众集乃发，而卒闻已至，谓有奇变宿谋，上下震惧。自军之发陇西也，以山道深险，贼必设伏。泰诡从南道，维果三日施伏。定军潜行，卒出其南，维乃缘山突至，泰与交战，维退还。凉州军从金城南至沃干阪。泰与经共密期，当共向其还路，维等闻之，遂遁，城中将士得出。经叹曰：“粮不至旬，向不应机，举城屠裂，覆丧一州矣。泰慰劳将士，前后遣还，更差军守，并治城垒，还屯上邽。”

后，将士们已灰心丧气，此败已震动陇右。古人说：‘蝮蛇螫手，壮士断腕。’《孙子兵法》上也说：‘有可以不攻击的敌军，有可以不防守的地方。’这是舍车保帅的原因。现在陇右的灾难，比蝮蛇咬手还严重，狄道也已经成为不仅仅是守不守的问题。姜维军锋芒正盛，我们应该暂时避开。不如据险坚守，待敌疲惫之时，再进军救援，当是上策。”陈泰说：“姜维率轻兵深入，急于想和我们在平野上较量，以求迅速取得胜利。王经本应坚固壁垒，不与交战，以挫其锐气。现在却战败，使敌计策得逞，被困狄道。如果姜维乘大胜之势向东进军，占据大量存粮的栎阳，招降溃散的士卒，抚纳羌、胡人众，和我们争夺关、陇，再发布檄文向西郡诱降，这是我们最不愿看到的事。若姜维率得胜士兵，在高城坚垒下攻击受挫，我将士拼力死战，攻守形势必然转换。兵书上说‘制造大盾牌和攻城用的辒车，需要三个月的时间才能完成，建造土山则需要更长的时间’。姜维以轻军深入，仓促间无法办到。蜀军孤军深入，粮草一定接济不上，这是我们以迅雷不及掩耳之势迅速进攻的大好时机，必能取得胜利。洮水在狄道之南，姜维在洮水以北，我们占据了有利地形，扼其咽喉，不用出兵就能让蜀军败走。敌人不能放纵，围困必不能太久。你们为什么要这样说呢？”于是，魏军越过高城岭，悄悄行军，夜里来到狄道东南面的高山上，多举烽火，擂起战鼓，吹起号角。狄道城中的魏军将士看见救兵到了，个个精神振奋。姜维原以为魏国救兵要等到完全集合好后才能进发，现在突然见到魏国援兵已到，认为一定是魏军事先定好的计策，顿时慌乱起来。魏军从陇西出发时，因山道艰险，预料蜀军一定会设下埋伏。于是，陈泰假装要从南道进军，姜维果然连续三天设下伏兵。陈泰军悄悄前进，忽然出现在狄道南面。姜维沿山突击魏军，陈泰与他交战，姜维退回蜀地。这时，凉州兵马已从金城关赶到沃干阪。陈泰和王经秘密约定日期，一同攻击姜维返回的通道。姜维得知这个消息后，慌忙逃走，狄道城解围。王经慨叹道：“我军所余粮食已不足十日，如果救兵再不到，全城定会遭到屠戮，一州也都会丢失了！”陈泰慰劳将士，各路援军也陆续返回。陈泰派人驻守险要关隘，加紧整修城垒，然后才撤军屯留上邽。”

初，泰闻经见围，以州军将士素皆一心，加得保城，非维所能卒倾。表上进军晨夜速到还。众议以经奔北，城不足自固，维若断凉州之道，兼四郡民夷，据关、陇之险，敢能没经军而屠陇右。宜须大兵四集，乃致攻讨。大将军司马文王曰："昔诸葛亮常有此志，卒亦不能。事大谋远，非维所任也。且城非仓卒所拔，而粮少为急，征西速救，得上策矣。"泰每以一方有事，辄以虚声扰动天下，故希简白上事，驿书不过六百里。司马文王语荀顗曰："玄伯沈勇能断，荷方伯之重，救将陷之城，而不求益兵，又希简上事，必能办贼故也。都督大将，不当尔邪！"

后征泰为尚书右仆射，典选举，加侍中光禄大夫。吴大将孙峻出淮、泗。以泰为镇军将军，假节都督淮北诸军事，诏徐州监军已下受泰节度。峻退，军还，转为左仆射。诸葛诞作乱寿春，司马文王率六军军丘头，泰总署行台。司马景王、文王皆与泰亲友，及沛国武陔亦与泰善。文王问陔曰："玄伯何如其父司空也？"陔曰："通雅博畅，能以天下声教为己任者，不如也；明统简至，立功立事，过之。"泰前后以功增邑二千六百户，赐子弟一人亭侯，二人关内侯。景元元年薨，追赠司空，谥曰穆侯。子恂嗣。恂薨，无嗣。弟温绍封。咸熙中开建五等，以泰著勋前朝，改封温为慎子。

陈矫字季弼，广陵东阳人也。避乱江东及东城，辞孙策、袁术之命，还本郡。太守陈登请为功曹，使矫诣许，谓曰："许下论议，待吾不足；足下相为观察，还以见诲。"矫还曰："闻远近之论，颇

起初，陈泰听说王经被包围了，认为雍州将士平时都很齐心协力，拼命也要保住城池，姜维不可能很快就能攻破。于是，他将情况上报朝廷后昼夜进军，救援了王经之围后回来。朝臣认为王经战败，狄道城不能固守，姜维若截断凉州与内地的联系，兼并四郡的汉胡百姓，占据关、陇的险要之处，完全有可能消灭王经而屠杀陇右。应从四方调集兵马，然后才能讨伐。大将军司马昭说："以前诸葛亮常有这个想法，但最终也没有能够实现。此事非比寻常，不是姜维所能办到的。再说狄道城也不是一下子就能攻破，倒是城中粮草缺少才是当务之急，征西将军迅速前去救援，这是上策。"陈泰认为，一个地方有事，用不着就大张旗鼓地扰动天下，所以他很少将一些不太重要的事上报，通过驿站传递公文也不超过六百里。司马昭对荀顗说："陈玄伯沉着果断，担负镇守一方的重任，救援即将陷落的城池，而不要求增补兵力，又很少将事情上报，定是有把握处置突发事件。担任都督、大将的人，难道不应当这样吗！"

之后朝廷征召陈泰任尚书右仆射，掌管选举官吏，加侍中光禄大夫。吴国大将孙峻出兵淮、泗地区。朝廷以陈泰为镇南将军，持节都督淮北军事，诏令徐州监军以下都接受陈泰的调遣。孙峻退兵后，陈泰也退兵，转任左仆射。诸葛诞在寿春谋反，司马昭率六军驻扎丘头，陈泰总领随行的尚书台。景王司马师、文王司马昭都和陈泰亲近友善，沛国武陔也和陈泰交好。司马昭问武陔说："陈玄伯和他父亲司空陈群相比怎么样？"武陔说："通达儒雅，渊博明畅，能以朝廷教化为己任方面，陈玄伯不如他父亲；深识体制，笃行简易，立功成事方面，比他父亲强。"陈泰前后因功增加食邑两千六百户，朝廷赐他的子弟一人为亭侯，二人为关内侯。景元元年陈泰去世，追赠司空，谥号穆侯。他的儿子陈恂继承爵位，没有留下后嗣。他的弟弟陈温接续爵位。咸熙年间建立五等爵制，因陈泰在前朝功勋卓著，改封陈温为慎子。

陈矫字季弼，是广陵郡东阳县人。当年为躲避战乱，陈矫先后到江东和东城，推掉孙策和袁术的征召，回到本郡。广陵太守陈登请陈矫出任功曹，并派遣陈矫到许县公干，对陈矫说："许县人的议

谓明府骄而自矜。”登曰：“夫闺门雍穆，有德有行，吾敬陈元方兄弟；渊清玉洁，有礼有法，吾敬华子鱼；清修疾恶，有识有义，吾敬赵元达；博闻强记，奇逸卓荦，吾敬孔文举；雄姿杰出，有王霸之略，吾敬刘玄德：所敬如此，何骄之有！余子琐琐，亦焉足录哉？”登雅意如此，而深敬友矫。

郡为孙权所围于匡奇，登令矫求救于太祖。矫说太祖曰：“鄙郡虽小，形便之国也！若蒙救援，使为外藩，则吴人剉谋，徐方永安，武声远震，仁爱滂流，未从之国，望风景附，崇德养威，此王业也。”太祖奇矫，欲留之。矫辞曰：“本国倒悬，本奔走告急，纵无申胥之效，敢忘弘演之义乎？”太祖乃遣赴救。吴军既退，登多设间伏，勒兵追奔，大破之。

太祖辟矫为司空掾属，除相令，征南长史，彭城、乐陵太守，魏郡西部都尉。曲周民父病，以牛祷，县结正弃市。矫曰：“此孝子也。”表赦之。迁魏郡太守。时系囚千数，至有历年。矫以为周有三典之制，汉约三章之法，今惜轻重之理，而忽久系之患，可谓谬矣。悉自览罪状，一时论决。大军东征，入为丞相长史。军还，复为魏郡，转西曹属。从征汉中，还为尚书。行前未到邺，太祖崩洛阳，群臣拘常，以为太子即位，当须诏命。矫曰：“王薨于外，天下惶惧。太子宜割哀即位，以系远近之望。且又爱子在侧，彼此生变，则社稷危矣。”即具官备礼，一日皆办。明旦，以王后令，策太子即位，大赦荡然。文帝曰：“陈季弼临大节，明略过人，信一时之俊杰也。”帝即践阼，转署吏部，封高陵亭侯，迁尚书令。明帝即位，晋爵东乡

论，有批评我的，足下替我留意观察一下，回来以后我再向您请教。”陈矫回来后说：“我听了远近不少人的议论，都说明府骄傲自大。”陈登说：“闺门清整和睦，德行兼备，我佩服陈元方兄弟；冰清玉洁，循礼守法，我敬佩华子鱼；清修操守，疾恶如仇，有识有义，我敬佩赵元达；博学强记，卓尔不群，我敬佩孔文举；雄才大略，有建立王霸之业的谋略，我敬佩刘玄德。我这样敬佩这些人，还有什么骄傲自大！剩下的人絮絮叨叨，也值得去信？”陈登素来的为人确实是这样志趣高雅，但他非常尊敬友善陈矫。

孙权在广陵匡奇围困陈登时，陈登令陈矫去向太祖求救。陈矫劝说太祖，说：“广陵郡地方虽小，但却是利于用兵的要地，如果能得到援救，将成为明公的外藩，吴国人的阴谋就能挫败，徐州可以永远安定，明公威武之声远震，仁爱传播四方，尚未归服明公的郡县，就会望风来归附。推崇仁德，积累威严，这是王霸之业。”太祖很惊奇陈矫的才智，想留下陈矫。陈矫推辞说：“我的家乡正处于危难之中，本来是来告急求援的，我纵然没有楚国申包胥搬取救兵的本领，又怎敢忘记卫国弘演舍身救国的义举呢？”太祖便派兵赴匡奇救援。吴军撤退时，陈登在小路上设下很多埋伏，统率军队追击，大败吴国军队。

曹操征召陈矫为司空掾属，又任命他做了相县令，而且先后任征南将军长史、彭城太守、乐陵太守、魏郡西部都尉等职。曲周有个百姓的父亲生病了，违令杀牛为父亲祈福，县官依法判他死罪。陈矫说：“这是个孝子呀！”上表请求赦免了他。之后陈矫升任魏郡太守。当时魏郡关押的囚犯有一千多人，甚至有些关押多年还没有判决。陈矫认为，周代有三套刑法以分轻重，汉代有约法三章，而现在只重视判罪的轻重，却忽视了长期关押的弊病，这是错误的。他亲审案卷，时间不长就全部判决结案。魏军东征时，陈矫入京任丞相长史。大军还师，又任魏郡太守，转任丞相西曹属。随曹操讨伐汉中，回来后任尚书。曹操还师刚到洛阳就去世了。朝臣依常规认为，曹丕即王位应有朝廷诏命。陈矫说：“丞相在外逝世，天下惶恐，太子应节哀，尽快即王位，以定人心。况且丞相宠爱的儿子就在旁边，一旦发生争夺

侯，邑六百户。车驾尝卒至尚书门，矫跪问帝曰："陛下欲何之？"帝曰："欲案行文书耳。"矫曰："此自臣职分，非陛下所宜临也。若臣不称其职，则请就黜退。陛下宜还。"帝惭，回车而反。其亮直如此。加侍中光禄大夫，迁司徒。景初元年薨，谥曰贞侯。

子本嗣，历位郡守、九卿。所在操纲领，举大体，能使群下自尽。有统御之才，不亲小事，不读法律而得廷尉之称，优于司马岐等，精练文理。迁镇北将军，假节都督河北诸军事。薨，子粲嗣。本弟骞，咸熙中为车骑将军。

初，矫为郡功曹，使过泰山。泰山太守东郡薛悌异之，结为亲友。戏谓矫曰："以郡吏而交二千石，邻国君屈从陪臣游，不亦可乎！"悌后为魏郡及尚书令，皆承代矫云。

徐宣字宝坚，广陵海西人也。避乱江东，又辞孙策之命，还本郡。与陈矫并为纲纪，二人齐名而私好不协，然俱见器于太守陈登，与登并心于太祖。海西、淮浦二县民作乱，都尉卫弥、令梁习夜奔宣家，密送免之。太祖遣督军扈质来讨贼，以兵少不进。宣潜见责之，示以形势，质乃进破贼。太祖辟为司空掾属，除东缗、发干令，迁齐郡太守，入为门下督，从到寿春。会马超作乱，大军西征，太祖见官属曰："今当远征，而此方未定，以为后忧，宜得清公大德以镇统之。"乃以宣为左护军，留统诸军。还，为丞相东曹掾，出为魏郡太守。太祖崩洛阳，群臣入殿中发哀。或言可易诸城守，用谯、

王位的变故，国家就危险了。”陈矫立即召集百官，备办登位仪礼，仅用了一天就筹办好了。第二天清早，以王后命令的名义，让曹丕即魏王位，大赦天下。曹丕说：“陈季弼每临大事，见识过人，确实是一代俊杰。”曹丕称帝后，陈矫转任吏部尚书，封高陵亭侯，升任尚书令。曹叡即帝位，晋封陈矫为东乡侯，食邑六百户。有一次，明帝突然来到尚书台门前，陈矫跪问明帝：“陛下要去哪里？”明帝说：“想察看一下尚书台的文书。”陈矫说：“这是臣的职责，不是陛下做的事。如果臣不称职，就请陛下立即罢免我。陛下请回吧！”明帝惭愧无言，掉转车头回去了。他的坦诚率直大都像这事一样。后又加官侍中光禄大夫，迁任司徒。景初元年陈矫去世，谥号贞侯。

儿子陈本继承爵位，历任郡守、九卿。在他当职期间，都能以大局为重，善于使部下尽职尽责，很有统领众官的才能，对琐碎小事从不亲自过问。他不太懂法律，却任职廷尉，比司马岐等还优秀，而且精通文理。陈本后升任镇北将军，持符节都督黄河以北诸军事务。陈本死后，儿子陈粲承继爵位。陈本的弟弟陈骞，咸熙年间任车骑将军。

起初，陈矫任郡功曹时，出使路过泰山郡。泰山太守东郡人薛悌很钦佩他的才能，与之结为密友。他曾开玩笑地对陈矫说：“您以郡吏的身份与郡太守结交，就像邻国的君主屈尊与陪臣游玩，不也挺好吗！”但薛悌后来任魏郡太守和尚书令，却都是接替陈矫的职位。

徐宣字宝坚，是广陵海西县人。因为避乱到江东，他没有答应孙策的任命又回到本郡。后来与陈矫一同担任郡府纲纪，二人虽然名声一样但私交不好，都被太守陈登所器重，又都一心向着曹操。海西、淮浦二县有人叛乱，都尉卫弥、县令梁习连夜逃到徐宣家里，徐宣将他们秘密送走才免遭于难。曹操派督军扈质前来讨伐乱贼，因为兵少而不敢向前。徐宣密见扈质并责备他，和他一起分析形势，就这样，扈质进军打败了乱贼。曹操征召徐宣为司空府掾属，先后任命他为东缗和发干县县令，又升为齐郡太守，后仍调回司空府担任门下督，跟随曹操到寿春。马超起兵，魏军西征马超，曹操召见属官说：“现在，我要率兵远征，可这里还未平定，我很忧虑，要选一个清

沛人。宣厉声曰："今者远近一统，人怀效节，何必谯、沛，而沮宿卫者心。"文帝闻曰："所谓社稷之臣也。"帝既践阼，为御史中丞，赐爵关内侯，徙城门校尉，旬月迁司隶校尉，转散骑常侍。从至广陵，六军乘舟，风浪暴起，帝船回倒，宣病在后，陵波而前，群僚莫先至者。帝壮之，迁尚书。

明帝即位，封津阳亭侯，邑二百户。中领军桓范荐宣曰："臣闻帝王用人，度世授才，争夺之时，以策略为先，分定之后，以忠义为首。故晋文行舅犯之计而赏雍季之言，高祖用陈平之智而托后于周勃也。窃见尚书徐宣，体忠厚之行，秉直亮之性；清雅特立，不拘世俗；确然难动，有社稷之节；历位州郡，所在称职。今仆射缺，宣行掌后事；腹心任重，莫宜宣者。"帝遂以宣为左仆射，后加侍中光禄大夫。车驾幸许昌，总统留事。帝还，主者奏呈文书。诏曰："吾省与仆射何异？"竟不视。尚方令坐猥见考竟，宣上疏陈威刑大过，又谏作宫殿穷尽民力，帝皆手诏嘉纳。宣曰："七十有县车之礼，今已六十八，可以去矣。"乃固辞疾逊位，帝终不许。青龙四年薨，遗令布衣疏巾，敛以时服。诏曰："宣体履至实，直内方外，历在三朝，公亮正色，有托孤寄命之节，可谓柱石臣也。常欲倚以台辅，未及登之，惜乎大命不永！其追赠车骑将军，葬如公礼。"谥曰贞侯。子钦嗣。

卫臻字公振，陈留襄邑人也。父兹，有大节，不应三公之辟。

廉公正有大德的人在这里统军镇守。”于是，任命徐宣为左护军，留下来统领诸军。曹操还师后，徐宣被任命为丞相东曹掾，出任魏郡太守。曹操在洛阳去世，群臣进殿吊唁致哀。有人提出应该更换各郡县的长官，改用曹操的同乡谯人和沛人。徐宣严厉地说：“国家要统一，人人怀着报效家国的忠心，难道只有谯人和沛人可以重用吗？这样做会使宿卫将必然寒心。”曹丕听了徐宣的话，说：“这才是真正的社稷之臣呀！”曹丕称帝，徐宣出任御史中丞，赐爵关内侯，改任城门校尉，一个月后升任司隶校尉，又转任散骑常侍。徐宣随文帝到广陵，六军乘船前进，突遇风浪，文帝乘的船被刮得掉转了船头，徐宣破浪前进，第一个先到。文帝赞赏他的勇敢，升任他做了尚书。

曹叡登上帝位，册封徐宣为津阳亭侯，食邑二百户。中领军桓范举荐徐宣的时候说：“臣听说帝王任用人才，是根据时势的变化而用。争夺天下之时，以策略的高下为标准，国家安定之后，以是否忠于朝廷为要求。所以，晋文公采纳舅犯的计策却赞赏雍季的言论，汉高祖用陈平之谋却将后事托付于周勃。臣觉得，尚书徐宣品行高尚，正直忠厚，不流于世俗，具有辅佐朝廷的才能和节操；曾担任过州郡的职务，所到之处都很得人心。现在仆射空缺，徐宣有能力掌管仆射的事务；仆射是君主的腹心，职责重要，徐宣是最合适的人选。”于是，明帝任命徐宣为尚书左仆射，后又加官侍中、光禄大夫。明帝到许昌，徐宣总管京师留守事务。明帝回京，主管官员向他奏呈文书。明帝说：“我审阅与徐仆射审阅都是一样的。”没有看文书。尚方令因滥造器物被拷打致死，徐宣上疏陈说刑法过于严酷，又上疏劝阻兴建宫殿，以免耗费民力。明帝都亲手书写诏书，欣然接受。徐宣说：“礼法有七十岁离官去职的规定，我已六十八岁，可以离开了。”于是，托病辞官，明帝一直没有答应。徐宣在青龙四年去世，遗嘱让家人用与当时时令相应的普通衣服装殓。明帝下诏说：“徐宣诚实正直，表里如一，历任三朝，公正清廉，有托孤辅臣的节操，是国家难得的柱石之臣。刚想让他任三公宰辅之职，可惜他命不长！追赠他做了车骑将军，按公爵的礼节安葬。”谥号贞侯。他的儿子徐钦继承爵位。

卫臻字公振，是陈留襄邑县人。他的父亲卫兹，气节高尚，曾经

太祖之初至陈留，兹曰："平天下者，必此人也。"太祖亦异之，数诣兹议大事。从讨董卓，战于荥阳而卒。太祖每涉郡境，辄遣使祠焉。夏侯惇为陈留太守，举臻计吏，命妇出宴，臻以为"末世之俗，非礼之正"。惇怒，执臻，既而赦之。后为汉黄门侍郎。东郡朱越谋反，引臻。太祖令曰："孤与卿君同共举事，加钦令问。始闻越言，固自不信。及得荀令君书，具亮忠诚。"会奉诏命，聘贵人于魏，因表留臻参丞相军事。追录臻父旧勋，赐爵关内侯，转为户曹掾。文帝即王位，为散骑常侍。及践阼，封安国亭侯。时群臣并颂魏德，多抑损前朝。臻独明禅授之义，称扬汉美。帝数目臻曰："天下之珍，当与山阳共之。"迁尚书，转侍中吏部尚书。帝幸广陵，行中领军，从。征东大将军曹休表得降贼辞，"孙权已在濡须口"。臻曰："权恃长江，未敢抗衡，此必畏怖伪辞耳。"考核降者，果守将诈所作也。

明帝即位，进封康乡侯，后转为右仆射，典选举如前，加侍中。中护军蒋济遗臻书曰："汉祖遇亡虏为上将，周武拔渔父为太师；布衣厮养，可登王公，何必守文，试而后用？"臻答曰："古人遗智慧而任度量，须考绩而加黜陟；今子同牧野于成、康，喻断蛇于文、景，好不经之举，开拔奇之津，将使天下驰骋而起矣。"诸葛亮寇天水，臻奏："宜遣奇兵入散关，绝其粮道。"乃以臻为征蜀将军，假节督诸军事，到长安，亮退。还，复职，加光禄大夫。是时，帝方隆意于殿舍，臻数切谏。及殿中监擅收兰台令史，臻奏案之。诏曰："殿舍不成，吾所留心，卿推之何？"臻上疏曰："古制侵官之法，非恶其勤事也，诚以所益者小，所堕者大也。臣每察校事，类皆

拒绝三公的征召。曹操初到陈留，卫兹就说："平天下者，一定是此人。"曹操也觉得卫兹不同一般，几次与他商议大事。后来，卫兹随曹操讨伐董卓，战死在荥阳。曹操每次路过陈留，都派使者去祭扫他的坟墓。夏侯惇任陈留太守时，举荐卫臻担任计吏。夏侯惇偕夫人出席宴会，卫臻认为此举不合正礼，是末世才有的败俗行为。夏侯惇大怒，把他抓了起来，不久又把他放了。后来，卫臻任汉朝的黄门侍郎。东郡朱越反叛，供认卫臻是同谋之一。曹操说："我和你父亲共同起事，又钦佩你的才能和名声。听了朱越的供述，我就不相信。看了荀令君的书信，就像看到了你的忠诚。"此时，卫臻接到朝廷诏书，命他到魏国为汉献帝迎接贵人，曹操乘机上表，请留卫臻任参丞相军事，又追奖卫臻父亲过去的功勋，赐卫臻关内侯的爵位，转任丞相户曹掾。曹丕即魏王位后，卫臻任散骑常侍。曹丕称帝，封卫臻为安国亭侯。当时许多朝臣都称颂魏国的功德，而过多地贬低前朝。只有卫臻申明汉献帝禅让帝位的美德。文帝几次看着卫臻说："天下的珍宝，我将和禅让帝位的山阳公一起享有。"卫臻升任尚书，转任侍中、吏部尚书。文帝驾临广陵，卫臻代理中领军跟随，征东大将军曹休上表，说得到吴国归降人的口供，"孙权已到濡须口"。卫臻说："孙权凭借长江天险，尚且不敢和我们抗衡，这一定是有些人因为害怕而编造的假话。"仔细拷问来降的人，果然是守将捏造的。

曹叡登上帝位，晋封卫臻为康乡侯，后来转任尚书右仆射，掌管选举，加官侍中。中护军蒋济给卫臻写信说："汉高祖任用曾逃跑的人为上将，周武王选择渔父为太师；平民都可以做王公，您何必要试过后才任用呢？"卫臻回答说："古人不是靠智慧而是依据考察才能来选拔官吏，也必须是在考核政绩后才决定官职的升降。现在您用牧野之战时的周武王与成王、康王相比，用仗剑斩蛇的汉高祖与后来的文帝、景帝相喻，开启选拔奇才的大门，必将引起天下的纷争呀！"诸葛亮进攻天水，卫臻上奏说："应派奇兵入散关，切断敌人的粮道。"明帝就任命卫臻为征蜀将军，持符节总督诸军。兵马刚到长安，诸葛亮便退兵了。卫臻恢复原职，加光禄大夫。当时，明帝正大修宫殿，卫臻曾多次规劝。殿中监擅自拘留兰台令史，卫臻又上奏弹

如此，惧群司将遂越职，以至陵迟矣。”亮又出斜谷，征南上：“朱然等军已过荆城。”臻曰：“然，吴之骁将，必下从权，且为势以缀征南耳。”权果召然入居巢，进攻合肥。帝欲自东征，臻曰：“权外示应亮，内实观望。且合肥城固，不足为虑。车驾可无亲征，以省六军之费。”帝到寻阳而权竟退。

幽州刺史毌丘俭上疏曰：“陛下即位已来，未有可书。吴、蜀恃险，未可卒平，聊可以此方无用之士克定辽东。”臻曰：“俭所陈皆战国细术，非王者之事也。吴频岁称兵，寇乱边境，而犹案甲养士，未果寻致讨者，诚以百姓疲劳故也。且渊生长海表，相承三世，外抚戎夷，内修战射，而俭欲以偏军长驱，朝至夕卷，知其妄矣。”俭行军遂不利。

臻迁为司空，徙司徒。正始中，进爵长垣侯，邑千户，封一子列侯。初，太祖久不立太子，而方奇贵临菑侯。丁仪等为之羽翼，劝臻自结，臻以大义拒之。及文帝即位，东海王霖有宠，帝问臻：“平原侯何如？”臻称明德美而终不言。曹爽辅政，使夏侯玄宣指，欲引臻入守尚书令，及为弟求婚，皆不许。固乞逊位。诏曰：“昔干木偃息，义压强秦；留侯颐神，不忘楚事。谠言嘉谋，望不吝焉。”赐宅一区，位特进，秩如三司。薨，追赠太尉，谥曰敬侯。子烈嗣。咸熙中为光禄勋。

卢毓字子家，涿郡涿人也。父植，有名于世。毓十岁而孤，遇本州乱，二兄死难。当袁绍、公孙瓒交兵，幽冀饥荒，养寡嫂孤兄

劾。明帝说：“宫殿没有盖成，是我时刻关注的问题。拘扣令史不是我应关心的事。”卫臻上疏说：“古制有关处理官员侵权的法规，并不是限制他们的权力，而是因为这样做利小弊大。臣见校事官多是如此，担心将来各职司会逐渐越职，致使整个制度混乱而衰落。”诸葛亮又兵出斜谷，征南将军上表说：“东吴朱然等人也兵出荆城。”卫臻说：“朱然是东吴的一员骁将，这次一定是听孙权之命出兵做个样子，牵制征南将军罢了。”果然，孙权召朱然进驻居巢，攻打合肥。明帝打算亲征，卫臻说：“孙权表面上响应诸葛亮，其实并非一心。况且合肥城池坚固，不是轻易攻得下的。陛下可不必亲征，可节省六军的费用。”明帝没有听从，待到寻阳时，孙权就退兵了。

幽州刺史毌丘俭上疏说：“陛下登基以来，还没树立功德。吴、蜀凭仗天然的险势，也不能很快平定，暂时可用幽州闲兵去平定辽东。”卫臻说：“毌丘俭的策略是战国时常用的小术，不是帝王做的事。吴国连年侵扰边境，我大魏之所以屯兵不动的原因，实是因百姓过于疲劳的缘故。公孙渊长在海边，已袭三代，招抚戎夷，操练兵马，实力不可小觑。毌丘俭想以偏军一仗就平定那里，狂妄得让人担忧。”毌丘俭进军辽东，没能取胜。

卫臻升任司空，后来改任司徒。正始年间，晋爵长垣侯，食邑千户，他的一个儿子被封为列侯。当年，曹操很长时间不立太子，并且非常宠爱临菑侯曹植。丁仪等为曹植党羽，劝卫臻结交曹植，卫臻没有答应。曹丕即位，东海王曹霖受宠，文帝问卫臻：“平原侯怎么样？”卫臻称赞他德行美好，而这些言论以前卫臻从未对别人提起过。曹爽辅政，派夏侯玄转达，想让卫臻任尚书令，并为他弟弟求婚，卫臻都没有答应。他要求辞官，明帝下诏说：“从前段干木隐居，都以道义压服了强大的秦国；留侯张良养病在家，仍不忘楚汉争战之事。您无论何时，只要有正直的言论和好的计策，都请告诉我。”赐给卫臻住宅一座，特进如三公。卫臻去世，追赠为太尉，谥号敬侯。他的儿子卫烈继承爵位，咸熙年间任职光禄勋。

卢毓字子家，是涿郡涿县人。他的父亲卢植，在当时非常有名声。卢毓十岁的时候就成了孤儿，遇上动乱，他的两个哥哥死于本州

子，以学行见称。文帝为五官将，召毓署门下贼曹。崔琰举为冀州主簿。时天下草创，多逋逃，故重士亡法，罪及妻子。亡士妻白等，始适夫家数日，未与夫相见，大理奏弃市。毓驳之曰："夫女子之情，以接见而恩生，成妇而义重。故《诗》云'未见君子，我心伤悲；亦既见止，我心则夷'。又《礼》'未庙见之妇而死，归葬女氏之党，以未成妇也'。今白等生有未见之悲，死有非妇之痛，而吏议欲肆之大辟，则若同牢合卺之后，罪何所加？且《记》曰'附从轻'，言附人之罪，以轻者为比也。又《书》云'与其杀不辜，宁失不经'，恐过重也。苟以白等皆受礼聘，已入门庭，刑之为可，杀之为重。"太祖曰："毓执之是也。又引经典有意，使孤叹息。"由是为丞相法曹议令史，转西曹议令史。

魏国既建，为吏部郎。文帝践阼，徙黄门侍郎，出为济阴相，梁、谯尧二郡太守。帝以谯旧乡，故大徙民充之，以为屯田。而谯土地墝瘠，百姓穷困，毓愍之，上表徙民于梁国就沃衍，失帝意。虽听毓所表，心犹恨之，遂左迁毓，使将徙民为睢阳典农校尉。毓心在利民，躬自临视，择居美田，百姓赖之。迁安平、广平太守，所在有惠化。

青龙二年，入为侍中。先是，散骑常侍刘劭受诏定律，未就。毓上论古今科律之意，以为法宜一正，不宜有两端，使奸吏得容情。及侍中高堂隆数以宫室事切谏，帝不悦，毓进曰："臣闻君明则臣直，古之圣王恐不闻其过，故有敢谏之鼓。近臣尽规，此乃臣等

战乱之中。袁绍和公孙瓒交战时，幽州、冀州发生饥荒，卢毓抚养着寡嫂和侄儿，因学识和品行受到称颂。曹丕为五官将时，召卢毓任门下贼曹之职。崔琰举荐他为冀州主簿。那时候魏国正值初创，很多人都逃亡了。为了控制士兵，就加重了对逃亡士兵的惩罚，还要连及妻子。有一个逃兵的妻子名白，刚嫁到夫家没几天，还未能和丈夫相见，审案官大理就要判她弃市的死罪。卢毓驳斥说："大凡女子之情，是和丈夫相处才产生恩爱和情义的。《诗经》上说'未见君子，我心伤悲；亦既见止，我心则夷'。《礼记》上有'未庙见之妇而死，归葬女氏之党，以未成妇也'之句。今白氏生有未曾和丈夫见面的悲哀，死有未成妇人的痛苦，都还要把她处以极刑，真要如此的话，如她已和丈夫行合卺之礼，又当给她加什么罪呢？况且《礼记》上还有句话叫'附从轻'，说的是依附于他人的罪责，以轻刑为好。《尚书》上也说：'与其杀不辜，宁失不经'，恐怕对白氏的判罚过重。如果因为白氏已经嫁进了丈夫的家门，最多判她几年刑，处死实在是太严酷了。"曹操说："此话有理。卢毓不仅引经据典阐述自己的意见，而且情意真切让我感叹不已。"卢毓任丞相法曹议令史，后转任西曹议令史。

魏国建立后，卢毓担任吏部郎。曹丕登上皇帝位后，改任黄门侍郎，济阴相，之后又出任梁、谯二郡太守。文帝因为谯郡是自己的故乡，所以大量迁徙百姓充实那里，并实行屯田。但谯郡土地贫瘠，百姓生活困苦，卢毓非常怜悯他们，上表请求迁徙百姓到土地肥沃的梁国去。文帝虽然听从了他的建议，但心里很不高兴，于是降了卢毓的职，让他管理迁徙的百姓，任睢阳典农校尉。卢毓一心为民，亲去视察，为百姓挑选肥沃的土地居住生产，百姓都很拥戴他。后升任安平、广平太守。卢毓无论在哪里做官，都对百姓施行德政。

青龙二年，卢毓入朝担任侍中。此前，散骑常侍刘劭受诏制定律法，还没有完成。卢毓上疏论述古今律法的宗旨，认为法律只应有一种正确的解释，不宜有两种不同的定义，使奸吏有隙可乘，卖放私情。侍中高堂隆因修建宫室一事屡次劝谏明帝，明帝很不高兴，卢毓就进言说："臣听说'君明则臣直'，古代圣明的君主唯恐听不到臣子

所以不及隆。隆诸生，名为狂直，陛下宜容之。”在职三年，多所驳争。诏曰：“官人秩才，圣帝所难，必须良佐，进可替否。侍中毓禀性贞固，心平体正，可谓明试有功，不懈于位者也。其以毓为吏部尚书。”使毓自选代，曰：“得如卿者乃可。”毓举常侍郑冲，帝曰：“文和，吾自知之，更举吾所未闻者。”乃举阮武、孙邕，帝于是用邕。

前此诸葛诞、邓飏等驰名誉，有四聪、八达之诮，帝疾之。时举中书郎，诏曰：“得其人与否，在卢生耳。选举莫取有名，名如画地作饼，不可啖也。”毓对曰：“名不足以致异人，而可以得常士。常士畏教慕善，然后有名，非所当疾也。愚臣既不足以识异人，又主者正以循名案常为职，但当有以验其后。故古者敷奏以言，明试以功。今考绩之法废，而以毁誉相进退，故真伪浑杂，虚实相蒙。”帝纳其言，即诏作考课法。会司徒缺，毓举处士管宁，帝不能用。更问其次，毓对曰：“敦笃至行，则太中大夫韩暨；亮直清方，则司隶校尉崔林；贞固纯粹，则太常常林。”帝乃用暨。毓于人及选举，先举性行，而后言才。黄门李丰尝以问毓，毓曰：“才所以为善也，故大才成大善，小才成小善。今称之有才而不能为善，是才不中器也。”丰等服其言。

齐王即位，赐爵关内侯。时曹爽秉权，将树其党，徙毓仆射，以侍中何晏代毓。顷之，出毓为廷尉，司隶毕轨又枉奏免官。众论多讼之，乃以毓为光禄勋。爽等见收，太傅司马宣王使毓行司隶校

指出自己过错的言辞，而设立了‘敢谏鼓’。在尽力规劝君主这方面，臣等不如高堂隆啊。高堂隆是个儒生，大家都认为他直率，陛下应宽容他。”卢毓任侍中三年，多次和明帝辩驳、争论。明帝下诏说：“量才而用，因才予授，不是所有的君主都能做到的事，必须要有好的佐臣，才能保证官员适时地升降或替换。侍中卢毓，禀性忠贞，心怀宽广坦荡，是一个不懈于位的有功之臣。因此任命卢毓为吏部尚书。”又让卢毓挑选一个合适的人接替自己原来的职务，说：“必须像你一样才行。”卢毓推荐散骑常侍郑冲。明帝说：“郑文和，我了解他了，请再推荐我没有听说过的人。”卢毓又推荐了阮武、孙邕，于是任用了孙邕。

之前诸葛诞、邓飏等人追逐名誉，当时有“四聪”“八达”的嘲讽，明帝对这件事很反感。这时要荐举能胜任中书郎职务的人，明帝下诏说：“能否得到合适的人选，就取决于卢先生了。选拔人才不要只看取有名的人，名声如同在地上画饼，安能食用？”卢毓回答说：“依靠名声选拔不能得到奇才，却可以得到一般的人才。这样的人服从政令、素有善行，后有名声，陛下对此不应有所反感。愚臣主管的是以名声考察一般人才的职责，负责检验其任职后是否适合职务的要求。因此，古代要让臣下自己陈述治理的情况，然后凭政绩来检查。现在考绩之法已经废弃，是根据名声的好坏来决定官吏的升降，所以真假难辨。”明帝采纳了他的意见，下诏制定考察官吏的办法。司徒的职位空缺，卢毓推举处士管宁，明帝没有任用。又问还有谁可任用，卢毓回答说：“为人忠厚品行高尚有太中大夫韩暨；正直清廉有司隶校尉崔林；性情坚贞纯正有太常常林。”明帝任用韩暨。卢毓选举用人，首先看他的品行，然后才论及才干。黄门李丰曾经问卢毓为何如此，卢毓说：“才干是用来做善事的，所以大才干成就大善事，小才干只成就小善事。现在，许多被称为有才干的人却不做善事，这样的才干要他何用。”李丰等人佩服他的见解。

曹芳即位以后，赐爵卢毓为关内侯。当时曹爽掌权，他想笼络和形成自己的党羽，于是就调卢毓为仆射，以侍中何晏代替卢毓原来的职务。不久，又让卢毓任廷尉，司隶毕轨又妄加罪名陷害卢毓，卢毓

尉，治其狱。复为吏部尚书，加奉车都尉，封高乐亭侯，转为仆射，故典选举，加光禄大夫。高贵乡公即位，进封大梁乡侯。封一子亭侯。毌丘俭作乱，大将军司马景王出征，毓纲纪后事，加侍中。正元三年，疾病，逊位。迁为司空，固推骠骑将军王昶、光禄大夫王观、司隶校尉王祥。诏使使者即授印绶，进爵封容城侯，邑二千三百户。甘露二年薨，谥曰成侯。孙藩嗣。毓子钦、珽，咸熙中钦为尚书，珽泰山太守。

评曰：桓阶识睹成败，才周当世。陈群动仗名义，有清流雅望；泰弘济简至，允克堂构矣。魏世事统台阁，重内轻外，故八座尚书，即古六卿之任也。陈、徐、卫、卢，久居斯位，矫、宣刚断骨鲠，臻、毓规鉴清理，咸不忝厥职云。

被免官。许多大臣为他鸣不平，于是，任卢毓为光禄勋。曹爽等被捕后，宣王司马懿任卢毓代理司隶校尉，审理曹爽的案子。后又任吏部尚书，加奉车都尉，封高乐亭侯，转任仆射，仍掌选举，加光禄大夫。曹髦即位后，进封卢毓为大梁乡侯。封卢毓的一个儿子为亭侯。毌丘俭发动叛乱，大将军司马师率兵出征，卢毓总领朝中事务，加侍中。正元三年，卢毓患病，辞去官位。朝廷又升迁他为司空，他坚持推荐骠骑将军王昶、光禄大夫王观、司隶校尉王祥来任此职。皇帝下诏派使者当面授印，并进升为容城侯，食邑二千三百户。甘露二年去世，谥号成侯。他的孙子卢藩继承爵位。卢毓的儿子有卢钦、卢珽，咸熙年间，卢钦任尚书，卢珽任泰山太守。

评论说：桓阶明识成败的道理，才冠当世。陈群言行恪守道义，有很高的声望；陈泰宽宏大度，为官清简有古人风范。魏朝的政事归尚书台统管，重内轻外，所谓八座尚书，就是古代的六卿。陈矫、徐宣、卫臻、卢毓等人长期居于这个位置，陈矫、徐宣果断方直，卫臻、卢毓的规谏之言足以借鉴，都没有愧对自己的职务啊！

卷二十三　魏书二十三

和常杨杜赵裴传第二十三

和洽字阳士，汝南西平人也。举孝廉，大将军辟，皆不就。袁绍在冀州，遣使迎汝南士大夫。洽独以“冀州土平民强，英桀所利，四战之地。本初乘资，虽能强大，然雄豪方起，全未可必也。荆州刘表无他远志，爱人乐士，土地险阻，山夷民弱，易依倚也”。遂与亲旧俱南从表，表以上客待之。洽曰：“所以不从本初，辟争地也。昏世之主，不可黩近，久而阽危，必有谗慝间其中者。”遂南度武陵。

太祖定荆州，辟为丞相掾属。时毛玠、崔琰并以忠清干事，其选用先尚俭节。洽言曰：“天下大器，在位与人，不可以一节检也。俭素过中，自以处身则可，以此节格物，所失或多。今朝廷之议，吏有著新衣、乘好车者，谓之不清；长吏过营，形容不饰，衣裘敝坏者，谓之廉洁。至令士大夫故污辱其衣，藏其舆服；朝府大吏，或自挈壶餐以入官寺。夫立教观俗，贵处中庸，为可继也。今崇一概难堪之行以检殊涂，勉而为之，必有疲瘁。古之大教，务在通人情而已。凡激诡之行，则容隐伪矣。”

太祖克张鲁，洽陈便宜以时拔军徙民，可省置守之责。太祖未纳，其后竟徙民弃汉中。出为郎中令。文帝践阼，为光禄勋，封安城亭侯。明帝即位，进封西陵乡侯，邑二百户。

和洽字阳士，是汝南西平县人。被举为孝廉，大将军府征召他为属吏，但是他都没有去。袁绍在冀州的时候，派人去迎请汝南的士大夫。只有和洽认为："冀州的土地平坦，百姓强悍，是兵家必争之地，容易受到四面的攻击。袁绍凭借祖上留下来的人力和财势，虽然看起来很强大，但现在英雄并起，袁绍未必能保住冀州。荆州刘表没有什么远大的志向，但他喜欢儒士，那里地势险要，少数民族都很贫穷，可以作为依靠。"于是和亲友一起南下荆州，去追随刘表，刘表用上宾礼接待了他。和洽说："我之所以不追随袁本初，是为了避开兵家必争的是非之地。但对昏庸的君主也不能过于接近，时间一久，必有危险发生，因为一定会有人进谗言离间。"又南下武陵。

曹操平定了荆州，下令征召和洽出任丞相掾属。当时毛玠、崔琰都凭借忠诚清廉主持政事，他们选用官吏首先看重节俭的人。和洽对他们说："国家最重要是官位和任职的人，如只用节俭作为考察人的标准，就会有失偏颇。把节俭用作处世之道还可以，但用节俭推究一切事物，就可能失去很多的东西。现在朝廷上议论，穿新衣坐好车说他不清廉；官员不修边幅，衣衫破烂，就说他廉洁。以至于士大夫们都故意弄脏自己的衣服，把标明自己等级的车子、衣冠都收藏起来；朝廷和相府的官员，自己带着菜饭到府衙办公。建立教化的标准和良好的社会风气，贵在适中，这样才能延续下去。现在推崇一个使人都难以接受的行为来要求不同的人，虽然勉强可以推行下去，必然会产生害处。古代最重要的教化，在于努力做到人情通畅。凡是过激而离奇的做法，就容易掩盖假象。"

太祖打败张鲁后，和洽提出应及时转移军队迁徙人民，可减少设置守备费用。太祖没有采纳。后来竟然移民而放弃汉中郡。后来和洽调出担任郎中令。文帝登位后，和洽担任光禄勋，封为安城亭侯。

魏国既建，为侍中。后有白毛玠谤毁太祖，太祖见近臣，怒甚。洽陈玠素行有本，求案实其事。罢朝，太祖令曰："今言事者白玠不但谤吾也，乃复为崔琰觖望。此损君臣恩义，妄为死友怨叹，殆不可忍也。昔萧、曹与高祖并起微贱，致功立勋。高祖每在屈笮，二相恭顺，臣道益彰，所以祚及后世也。和侍中比求实之，所以不听，欲重参之耳。"洽对曰："如言事者言，玠罪过深重，非天地所覆载。臣非敢曲理玠以枉大伦也，以玠出群吏之中，特见拔擢，显在首职，历年荷宠，刚直忠公，为众所惮，不宜有此。然人情难保，要宜考核，两验其实。今圣恩垂含垢之仁，不忍致之于理，更使曲直之分不明，疑自近始。"太祖曰："所以不考，欲两全玠及言事者耳。"洽对曰："玠信有谤上之言，当肆之市朝；若玠无此，言事者加诬大臣以误主听；二者不加检核，臣窃不安。"太祖曰："方有军事，安可受人言便考之邪？狐射姑刺阳处父于朝，此为君之诫也。"

太和中，散骑常侍高堂隆奏："时风不至，而有休废之气，必有司不勤职事以失天常也。"诏书谦虚引咎，博谘异同。洽以为"民稀耕少，浮食者多。国以民为本，民以谷为命。故废一时之农，则失育命之本。是以先王务蠲烦费，以专耕农。自春夏以来，民穷于役，农业有废，百姓嚣然，时风不至，未必不由此也。消复之术，莫大于节俭。太祖建立洪业，奉师徒之费，供军赏之用，吏士丰于资食，仓府衍于谷帛，由不饰无用之宫，绝浮华之费。方今之要，固在息省劳烦

明帝即位后，晋封为西陵乡侯食邑二百户。

魏国建立以后，和洽出任侍中。后来有人举报毛玠诽谤太祖，太祖召见近臣的时候，非常生气。和洽陈述叙说毛玠素来行为端正，请求查实此事。罢朝后，太祖下令说："现在检举人禀告说毛玠不但诽谤我，而且还为崔琰抱怨。这损伤了君臣的情义，妄自为自己去世的好朋友怨叹，这恐怕无法容忍。从前萧何、曹参与汉高祖都起于微贱，二人在创立汉的基业中建立了功勋。汉高祖后来每次在处境窘迫时，萧何、曹参二丞相反而更加恭敬汉高祖，更加遵守做臣子的礼节，所以二人的福分一直延续到后代。和侍中最近要求我查证此事，我没有听从和洽的原因，是想慎重对待这件事。"和洽回答说："如果真像检举人说的那样，毛玠罪恶深重，就天地难容。臣不敢曲意为毛玠辩白以破坏君臣大伦。只是因为毛玠出自群吏，又特别受到明公的提拔，现在处于众官首位，历年来深受恩宠，毛玠刚正不阿，忠心为公，素来被群臣畏惧，应该不会做出这种事来。但人情难以保证，关键是应当进行审查，两边对质查出真相。现在明公出于仁爱之心而容忍了污垢，不忍将毛玠交与司法官员，更会使曲直不分，疑虑将从明公的身边开始。"太祖说："我之所以不审查这件事的原因，是想让毛玠和检举人都得到保全。"和洽回答说："毛玠如果真的说了诽谤明公的话，就应当在街市上斩首示众；如果毛玠没做这件事，就是检举人诬陷大臣迷惑人主；两方面都不加审核，臣私下里深感不安。"太祖说："现在正有战事，怎么可以听了人家的话就来审查呢？狐射姑在朝廷上刺杀了阳处父，这是做君主应当注意的。"

太和年间，散骑常侍高堂隆上奏："本该有风的时节但是却没有风，只有衰败之气，一定是官吏荒废政事而引起的天道失调。"明帝下诏书把过错归到自己身上，又广泛咨询朝臣对朝政的意见。和洽认为"魏国人口本来就稀少，而从事农耕的人就更少，游手好闲、不劳而获的人很多。国家以人民为根本，人民以粮食为生命。所以，农耕荒废了一个季节，就会失去养命之本。因此先王力求免除繁杂费用，专门发展农业。今年春夏以来，百姓疲于徭役，穷困不堪，农田荒废，百姓怨声四起，时风不来，未必不是由此引起的。消除天灾，恢

之役，损除他余之务，以为军戎之储。三边守御，宜在备豫。料贼虚实，蓄士养众，算庙胜之策，明攻取之谋，详询众庶以求厥中。若谋不素定，轻弱小敌，军人数举，举而无庸，所谓‘悦武无震’，古人之诫也。”

转为太常，清贫守约，至卖田宅以自给。明帝闻之，加赐谷帛。薨，谥曰简侯。子离嗣。离弟逌，才爽开济，官至廷尉、吏部尚书。

洽同郡许混者，许劭子也。清醇有鉴识，明帝时为尚书。

常林字伯槐，河内温人也。年七岁，有父党造门，问林：“伯先在否？汝何不拜！”林曰：“虽当下客，临子字父，何拜之有？”于是咸共嘉之。太守王匡起兵讨董卓，遣诸生于属县微伺吏民罪负，便收之，考责钱谷赎罪，稽迟则夷灭宗族，以崇威严。林叔父挝客，为诸生所白，匡怒收治，举宗惶怖，不知所责多少，惧系者不救。林往见匡同县胡母彪曰：“王府君以文武高才，临吾鄙郡。鄙郡表里山河，土广民殷，又多贤能，惟所择用。今主上幼冲，贼臣虎据，华夏震栗，雄才奋用之秋也。若欲诛天下之贼，扶王室之微，智者望风，应之若响，克乱在和，何征不捷。苟无恩德，任失其人，覆亡将至，何暇匡翼朝廷，崇立功名乎？君其藏之！”因说叔父见拘之意。彪即书责匡，匡原林叔父。林乃避地上党，耕种山阿。当时旱蝗，林独丰收，尽呼比邻，升斗分之。依故河间太守陈延壁。陈、冯二姓，旧族冠冕。张杨利其妇女，贪其资货。林率其宗族，为之策谋。见围六十余日，卒全堡壁。

复时风的办法，节俭最为重要。太祖初建大事，供给兵马和军赏的费用以及将士的粮食供应都很丰富，仓库里的粮谷布匹储存很多，这是太祖不装饰宫殿、断绝浮华而节省下来的。现在应停止繁杂的劳役，减少多余的事务，以补充军队物资。边疆也应预做守御准备。探测敌人虚实，养兵蓄锐，制定好克敌制胜的策略，广泛征求意见以求稳妥。如不预先制定好策略，轻视弱小的敌人，盲目发兵，不但劳而无功，也应了‘喜武力却不能制胜’的古人的告诫。”

和洽转任太常，他清贫俭朴，有的时候要靠变卖田产房宅维持生活。明帝听说这件事以后，加赐给他谷子和绢帛。和洽死后，谥号简侯。他的儿子和离继承爵位。和离的弟弟和逌，很有才干，也有所建树，官至廷尉和吏部尚书。

和洽同郡人许混，是许劭的儿子。高洁淳朴，有见识，明帝时任尚书。

常林字伯槐，是河内温县人。他七岁时，有位父亲的朋友登门造访常林：“伯先常林之父在吗？你怎么不拜见我！”常林回答说：“虽然我应当向您下拜，但是你当着儿子的面就直称他父亲的名字，我能拜您吗？”因此人们都赞誉他。河内太守王匡起兵讨伐董卓，派人到属下各县暗中查访，如发现有罪过的，无论官民都逮捕起来，然后索取钱谷用来赎罪，稍有拖延就杀他全族，以此来提高自己的威严。常林的叔父拷打佃户，被王匡的门生告发，王匡就逮捕了常林的叔父处罪，全族的人都很惊恐，不知要被索取多少钱财，又怕被关押的人无法解救。常林去拜见王匡的同县人胡毋彪，说：“太守以文武高才，治理鄗县。鄗县依山靠河，土地广阔，人民殷富，又有许多贤士能人，听凭他选择录用。当今皇上尚小，叛臣割据一方称雄，举国震惊，这正是英豪大展雄图之时。消灭乱贼，重扶王室，贤能之人就会望风而来，群起响应。讨平乱贼首要的是上下一心，这样，有什么征战不能取胜呢。如果缺恩少德，用人不当，覆灭就会在眼前，哪还能去匡扶朝廷，建立功业呢？请您认真考虑这一点！”又乘机说出叔父被捕的事情。胡毋彪当即写信责备王匡，王匡便放了常林的叔父。于是，常林避乱到了上党，在高山深处耕种隐居。那时候，又发生了旱

并州刺史高幹表为骑都尉，林辞不受。后刺史梁习荐州界名士林及杨俊、王凌、王象、荀纬，太祖皆以为县长。林宰南和，治化有成，超迁博陵太守、幽州刺史，所在有绩。文帝为五官将，林为功曹。太祖西征，田银、苏伯反，幽、冀扇动。文帝欲亲自讨之，林曰："昔忝博陵，又在幽州，贼之形势，可料度也。北方吏民，乐安厌乱，服化已久，守善者多。银、伯犬羊相聚，智小谋大，不能为害。方今大军在远，外有强敌，将军为天下之镇也，轻动远举，虽克不武。"文帝从之，遣将往伐，应时克灭。

出为平原太守、魏郡东部都尉，入为丞相东曹属。魏国既建，拜尚书。文帝践阼，迁少府，封乐阳亭侯，转大司农。明帝即位，进封高阳乡侯，徙光禄勋太常。晋宣王以林乡邑耆德，每为之拜。或谓林曰："司马公贵重，君宜止之。"林曰："司马公自欲敦长幼之叙，为后生之法。贵非吾之所畏，拜非吾之所制也。"言者踧踖而退。时论以林节操清峻，欲致之公辅，而林遂称疾笃。拜光禄大夫。年八十三，薨，追赠骠骑将军，葬如公礼，谥曰贞侯。子旹嗣，为泰山太守，坐法诛。旹弟静绍封。

杨俊字季才，河内获嘉人也。受学陈留边让，让器异之。俊以兵乱方起，而河内处四达之衢，必为战场，乃扶持老弱诣京、密山

灾和蝗灾，只有常林的庄稼获得了丰收。他把邻居们都叫来，把粮食分给了大家。他依附在原河间太守陈延的坞堡里。这个坞堡里有陈、冯两户，都是大姓官宦人家。张杨看中了陈、冯两家的女子，又贪图两家的财产，率兵来攻。常林率领自己的宗族，为陈、冯两家谋划出力，坞堡虽被围六十多天，最终还是得到了保全。

并州刺史高幹上疏举荐常林为骑都尉，常林推辞不受。后来刺史梁习又举荐本州名士常林以及杨俊、王凌、王象、荀纬等人，曹操都任命他们为县长。常林任南和县令，因治绩教化突出，先后提升为博陵太守、幽州刺史，所在之处，政绩斐然。曹丕任五官中郎将时，常林为属下功曹。曹操西征，田银、苏伯乘机反叛，幽州、冀州动荡不安。曹丕要亲自带兵去讨伐他们，常林说："我以前在博陵，又到了幽州，我可以判断敌人的形势。北方的官民喜安定而厌恶动乱，朝廷的教化已推行好久了，百姓们都安分守己，田银、苏伯如犬羊相聚，是乌合之众，野心很大却都是一勇之夫，无谋略而言，不会酿成大患。现在，我大军远征在外，将军坐镇京师威慑天下，如轻率远征怕有强敌偷袭，再说，即使战胜了也不算勇武。"文帝听从了他的意见，另派将领前去讨伐，很快就消灭了叛贼。

常林出任平原太守、魏郡东部都尉，之后又入京为丞相东曹属。魏国建立后，他担任尚书。曹丕即皇帝位后，升任少府，封乐阳亭侯，转任大司农。曹叡即位后，晋封高阳乡侯，转任光禄勋太常。司马懿因常林年老德高，每次见到他都下拜问候。有人对常林说："司马公地位尊贵，您应当不让他行礼。"常林说："司马公亲身力行长幼有序的礼制，为后辈人做榜样。虽然他地位尊贵但我不畏惧，下拜我不制止。"说这话的人惭愧地走了。大臣都认为常林节操高尚，想让他任公辅，但常林却声称年老体弱。授光禄大夫。八十三岁去世，追赠骠骑将军，按公的规格举行葬礼，谥号贞侯，儿子常旹承继爵位，任泰山太守，后来犯法被杀。常旹的弟弟常静继承了封号。

杨俊，字季才，是河内获嘉县人。曾经是陈留人边让的弟子，边让认为他不同凡响，于是很是器重他。杨俊见当时兵荒马乱，河内郡又处于交通要道，迟早会成为争夺之地。便带着家眷来到京、密附

间，同行者百余家。俊振济贫乏，通共有无。宗族知故为人所略作奴仆者凡六家，俊皆倾财赎之。司马宣王年十六七，与俊相遇，俊曰："此非常之人也。"又司马朗早有声名，其族兄芝，众未之知，惟俊言曰："芝虽夙望不及朗，实理但有优耳。"俊转避地并州。本郡王象，少孤特，为人仆隶，年十七八，见使牧羊而私读书，因被箠楚。俊嘉其才质，即赎象著家，聘娶立屋，然后与别。

太祖除俊曲梁长，入为丞相掾属，举茂才，安陵令，迁南阳太守。宣德教，立学校，吏民称之。徙为征南军师。魏国既建，迁中尉。太祖征汉中，魏讽反于邺，俊自劾诣行在所。俊以身方罪免，笺辞太子。太子不悦，曰："杨中尉便去，何太高远邪！"遂被书左迁平原太守。文帝践阼，复在南阳。时王象为散骑常侍，荐俊曰："伏见南阳太守杨俊，秉纯粹之茂质，履忠肃之弘量，体仁足以育物，笃实足以动众，克长后进，惠训不倦，外宽内直，仁而有断。自初弹冠，所历垂化，再守南阳，恩德流著，殊邻异党，襁负而至。今境守清静，无所展其智能，宜还本朝，宣力辇毂，熙帝之载。"

俊自少及长，以人伦自任。同郡审固、陈留卫恂本皆出自兵伍，俊资拔奖致，咸作佳士；后固历位郡守，恂御史、县令，其明鉴行义多此类也。初，临菑侯与俊善，太祖适嗣未定，密访群司。俊虽并论文帝、临菑才分所长，不适有所据当，然称临菑犹美，文帝常以恨之。黄初三年，车驾至宛，以市不丰乐，发怒收俊。尚书仆射司马宣王、常侍王象、荀纬请俊，叩头流血，帝不许。俊曰："吾知罪矣。"遂自杀。众冤痛之。

近的大山里，同去的共有一百多家。杨俊热心帮助贫困人家，不断救济他们。宗族和朋友中有六户人家被掠去做奴仆，杨俊拿出家财把他们赎回。司马朗十六七岁时，和杨俊相遇，杨俊说："这人绝非平常之人。"司马朗很早就有了名声，但对他的族兄司马芝，都不太了解。只有杨俊说道："司马芝虽然声望不如司马朗，实际上可能更优秀。"后来杨俊到并州避乱。郡里有个王象，小时候孤单贫穷，给人家当仆役，十七八岁时，主人让他放羊他却偷偷地读书，而遭到主人鞭打。杨俊赞赏他的志气，当即把他赎出来带回家中，为他娶妻成家，然后才和他分别。

曹操任命杨俊为曲梁县长，之后入京任丞相掾属，后来被举荐为茂才，担任安陵县令，又升任南阳太守。他在南阳宣扬教化，开办学校，官吏百姓都非常称颂他。后来改任征南军师。魏国建立后，升任中尉。曹操征伐汉中，魏讽在邺县谋反，杨俊认为自己有责任，就到曹操营中请罪。被赦免，所以写信向太子辞职。曹丕不高兴地说："杨中尉说走就走，未免有些不近情理吧！"就这样，将杨俊贬为平原太守。曹丕称帝，杨俊又任南阳太守。当时王象任散骑常侍，推荐杨俊说："臣见杨俊有优秀品质，忠诚谨慎气度不凡，实行仁爱足以感动众人，敦促后进，诲人不倦，宽和而又正直，仁慈却不失果断。自任职以来，都卓有成效，两次任南阳太守，广施恩德，相邻地方的百姓都背着孩子来投奔他。现在境内安定，不能埋没他的才能，应该调他回京，在陛下跟前效力，以光大帝业。"

杨俊从少年到成年，一直都非常喜欢品评人物。同郡人审固、陈留人卫恂都出身军营，经过杨俊的提拔，都成为优秀的人才；审固历任郡守，卫恂也历任御史和县令。杨俊明鉴识人，大多如此。当初，临菑侯曹植和杨俊的关系很友好。曹操尚未确定太子时，曾为此秘密地询问各职司府署。杨俊说曹丕和曹植各有所长，评价他们应公允客观，但话语间对曹植的优点似乎说得更多一些，曹丕因此对他有所怨恨。黄初三年，曹丕到宛城，以市面不热闹、百姓不安乐为由大发雷霆，把杨俊收监下狱。尚书仆射司马懿，常侍王象、荀纬都为杨俊求情，以致叩头流出血来，曹丕还是没有答应。杨俊说："我已经知罪

杜袭字子绪，颍川定陵人也。曾祖父安，祖父根，著名前世。袭避乱荆州，刘表待以宾礼。同郡繁钦数见奇于表，袭喻之曰："吾所以与子俱来者，徒欲龙蟠幽薮，待时凤翔。岂谓刘牧当为拨乱之主，而规长者委身哉？子若见能不已，非吾徒也。吾其与子绝矣！"钦慨然曰："请敬受命。"袭遂南适长沙。

建安初，太祖迎天子都许。袭逃还乡里，太祖以为西鄂长。县滨南境，寇贼纵横。时长吏皆敛民保城郭，不得农业。野荒民困，仓庾空虚。袭自知恩结于民，乃遣老弱各分散就田业，留丁强备守，吏民欢悦。会荆州出步骑万人来攻城，袭乃悉召县吏民任拒守者五十余人，与之要誓。其亲戚在外欲自营护者，恣听遣出；皆叩头愿致死。于是身执矢石，率与戮力。吏民感恩，咸为用命。临陈斩数百级，而袭众死者三十余人，其余十八人尽被创，贼得入城。袭帅伤痍吏民决围得出，死丧略尽，而无反背者。遂收散民，徙至摩陂营，吏民慕而从之如归。

司隶钟繇表拜议郎参军事。荀彧又荐袭，太祖以为丞相军祭酒。魏国既建，为侍中，与王粲、和洽并用。粲强识博闻，故太祖游观出入，多得骖乘，至其见敬不及洽、袭。袭尝独见，至于夜半。粲性躁竞，起坐曰："不知公对杜袭道何等也？"洽笑答曰："天下事岂有尽邪？卿昼侍可矣，悒悒于此，欲兼之乎！"后袭领丞相长史，随太祖到汉中讨张鲁。太祖还，拜袭驸马都尉，留督汉中军事。绥怀开导，百姓自乐出徙洛、邺者，八万余口。夏侯渊为刘备所没，军

了。”就自杀了。众人都为他的死感到冤屈和悲痛。

杜袭字子绪，是颍川定陵县人。他的曾祖父杜安，祖父杜根，在前朝都非常有名声。杜袭到荆州避乱，刘表按宾客礼仪接待了他。同郡人繁钦表现很出色。几次使刘表惊奇他的才能。杜袭告诫繁钦说：“我和你来到这儿，像龙潜伏一样只想等待时机大展宏图。难道说你认为刘表是匡扶社稷、消除战乱的君主，让长者委身于他吗？你如果再表现自己，就不是我的朋友了。我就要和你断绝关系！”繁钦毅然说：“我一定接受您的教诲。”杜袭南下到长沙。

建安初年，曹操迎接天子迁都许昌。杜袭逃回了家乡，曹操任命他担任西鄂县长。西鄂接近南边，经常有敌寇骚扰。当时，西鄂的长官就把百姓都动员起来守城，致使农耕误时，田园荒芜，百姓穷困，仓廪空虚。杜袭知道要为老百姓多做些好事，才能体现朝廷的恩德。于是，让年老体弱的百姓分散到城外去耕种田地，留下青壮年守城。官员和百姓们都很高兴。不久荆州有一万多步骑来攻城，杜袭就把守城的官民五十多人全召集在一起，和他们立盟起誓，又允许这些人的亲戚中如有要求出城自保的可以出去。五十多人全都跪下磕头，表示要拼死守住县城。因此，杜袭亲自拿着弓箭和石头，率领众人奋力杀敌。百姓们感激他的恩惠，都拼力死战。杀敌数百人，杜袭的部下死了三十多人，其余十八人也都受了伤，敌人最终攻下县城。杜袭率领受伤的百姓突围，虽然部下伤亡殆尽，但没有一个人背叛他。杜袭又聚拢分散的百姓，到摩陂安下营寨，百姓敬仰他，像回家一样纷纷归附。

司隶钟繇上表推荐他，杜袭被授予官议郎参军事。荀彧又推荐杜袭，曹操任命他做了丞相军祭酒。魏国建立后，任侍中，和王粲、和洽都受到重用。王粲知识渊博，典籍掌故都很熟悉，所以曹操每次出游，多让他陪着，但对他则不如对和洽、杜袭那样敬重。杜袭曾经单独去见曹操，有时到半夜才出来。王粲性情急躁，从座位上站起来说：“不知曹公对杜袭说了些什么？”和洽笑着说：“天下的事岂能都知道？你白天服侍曹公就行了，何必为此郁郁不乐？你想替代他吗？”后来杜袭兼任丞相长史，随曹操到汉中讨伐张鲁。曹操回师时，

丧元帅，将士失色。袭与张郃、郭淮纠摄诸军事，权宜以郃为督，以一众心，三军遂定。太祖东还，当选留府长史，镇守长安，主者所选多不当，太祖令曰："释骐骥而不乘，焉皇皇而更索？"遂以袭为留府长史，驻关中。

时将军许攸拥部曲，不附太祖而有慢言。太祖大怒，先欲伐之。群臣多谏："可招怀攸，共讨强敌。"太祖横刀于膝，作色不听。袭入欲谏，太祖逆谓之曰："吾计以定，卿勿复言。"袭曰："若殿下计是邪，臣方助殿下成之；若殿下计非邪，虽成宜改之。殿下逆臣，令勿言之，何待下之不阐乎？"太祖曰："许攸慢吾，如何可置乎？"袭曰："殿下谓许攸何如人邪？"太祖曰："凡人也。"袭曰："夫惟贤知贤，惟圣知圣，凡人安能知非凡人邪？方今豺狼当路而狐狸是先，人将谓殿下避强攻弱，进不为勇，退不为仁。臣闻千钧之弩不为鼷鼠发机，万石之钟不以莛撞起音，今区区之许攸，何足以劳神武哉？"太祖曰："善。"遂厚抚攸，攸即归服。时夏侯尚昵于太子，情好至密。袭谓尚非益友，不足殊待，以闻太祖。文帝初甚不悦，后乃追思。语在《尚传》。其柔而不犯，皆此类也。

文帝即王位，赐爵关内侯。及践阼，为督军粮御史，封武平亭侯，更为督军粮执法，入为尚书。明帝即位，进封平阳乡侯。诸葛亮出秦川，大将军曹真督诸军拒亮，徙袭为大将军军师，分邑百户赐兄基爵关内侯。真薨，司马宣王代之，袭复为军师，增邑三百，并前五百五十户。以疾征还，拜太中大夫。薨，追赠少府。谥曰定侯。子

授杜袭为驸马都尉，留下总领汉中军事。他以仁德安抚开导百姓，百姓们自愿迁徙到洛阳和邺城的有八万多人。夏侯渊被刘备杀害，兵马失去统领，将士们都很恐慌。杜袭和张郃、郭淮联合主持诸军事务，让张郃暂任统帅，就这样，三军安定下来。曹操要回许昌，选择留府长史，主事者推荐的人曹操都不满意，说："放着千里马不用，还四处寻找什么呢？"就让杜袭任留府长史，驻守关中。

当时将军许攸坐拥手下将士，不归附太祖并且出言不逊。太祖非常生气，准备先讨伐许攸。群臣大多劝谏说："可以招抚许攸，共同讨伐强敌。"太祖把刀横在膝上，绷着脸不肯听从。杜袭进来想上前劝谏，太祖迎着他说："我的主意已定，卿不要再说了。"杜袭说："如果殿下的主意对，臣当然帮助殿下做成此事；如果殿下的主意不对，虽然定了也应该改变。殿下迎着臣，让臣不要说话，为何不等手下的人把话说完呢？"太祖说："许攸怠慢我，我怎么能饶了许攸呢？"杜袭说："殿下认为许攸是个什么样的人？"太祖说："是个平凡的人。"杜袭说："只有贤人才能知道贤人，只有圣人才能明白圣人，平凡的人怎能知道非凡的人呢？现在豺狼当路却要先去消灭狐狸，人们将会说殿下避强攻弱，进兵不算勇敢，退兵也不算仁爱。臣听说千钧的弓弩不对鼷鼠扣动扳机，万石的钟不用胡草秆来撞出音来，现在小小的许攸，怎么值得烦劳神明威武的陛下呢？"太祖说："好。"便着意安抚许攸，许攸立即降服。当时夏侯尚亲近太子曹丕，关系极为密切。杜袭认为夏侯尚不是什么好朋友，不值得用特殊的礼节来对待，并告诉太祖知道。文帝起初非常不开心，后来才追念杜袭的好处。这件事记载在《夏侯尚传》中。杜袭处事柔和又不顶撞君主，都像这件事情一样。

曹丕登上王位后，赐爵关杜袭为内侯。即皇帝位后，又任杜袭为督军粮御史，封武平亭侯，又任督军粮执法，进京任尚书。曹叡登上皇位，进封平阳乡侯。诸葛亮出兵秦川，大将军曹真督率各军抵抗诸葛亮，改任杜袭为大将军军师，从封邑中分出一百户赐给他哥哥杜基，赐爵关内侯。曹真去世后，宣王司马懿代替了曹真的职务，杜袭又任军师，增封食邑三百户，加上以前封的共五百五十户。因病征召

会嗣。

赵俨字伯然，颍川阳翟人也。避乱荆州，与杜袭、繁钦通财同计，合为一家。太祖始迎献帝都许，俨谓钦曰：“曹镇东应期命世，必能匡济华夏，吾知归矣。”建安二年，年二十七，遂扶持老弱诣太祖，太祖以俨为朗陵长。县多豪猾，无所畏忌。俨取其尤甚者，收缚案验，皆得死罪。俨既囚之，乃表府解放，自是威恩并著。时袁绍举兵南侵，遣使招诱豫州诸郡，诸郡多受其命。惟阳安郡不动，而都尉李通急录户调。俨见通曰：“方今天下未集，诸郡并叛，怀附者复收其绵绢，小人乐乱，能无遗恨！且远近多虞，不可不详也。”通曰：“绍与大将军相持甚急，左右郡县背叛乃尔。若绵绢不调送，观听者必谓我顾望，有所须待也。”俨曰：“诚亦如君虑；然当权其轻重，小缓调，当为君释此患。”乃书与荀彧曰：“今阳安郡当送绵绢，道路艰阻，必致寇害。百姓困穷，邻城并叛，易用倾荡，乃一方安危之机也。且此郡人执守忠节，在险不贰。微善必赏，则为义者劝。善为国者，藏之于民。以为国家宜垂慰抚，所敛绵绢，皆俾还之。”彧报曰：“辄白曹公，公文下郡，绵绢悉以还民。”上下欢喜，郡内遂安。

入为司空掾属主簿。时于禁屯颍阴，乐进屯阳翟，张辽屯长社，诸将任气，多共不协；使俨并参三军，每事训喻，遂相亲睦。太祖征荆州，以俨领章陵太守，徙都督护军，护于禁、张辽、张郃、朱灵、李典、路招、冯楷七军。复为丞相主簿，迁扶风太守。太祖徙出

回京，官拜太中大夫。他死后，追赠少府，谥号定侯。儿子杜会继承了爵位。

赵俨字伯然，是颍川阳翟县人。他避乱到荆州，和杜袭、繁钦三家合为一家，钱财并在一起使用。曹操刚迎接献帝定都许昌时，赵俨对繁钦说："镇东曹将军顺应时势，定能匡复社稷，平定叛军，我找到自己的归宿了。"建安二年，二十七岁的赵俨就扶老携幼去投奔曹操，曹操任命赵俨为朗陵县长。朗陵有很多不法豪强，胡作非为无所顾忌。赵俨查出其中最凶恶的，逮捕刑办，打入死牢。又上书州府，请予宽恕，从此他的威严和恩德同时闻名。袁绍南侵，派遣使者诱降豫州各郡，当时有许多郡县都响应袁绍，只有阳安郡无动于衷，而该郡的都尉李通却急于登记每户应征的赋税。赵俨去见李通说："现在天下很不安定，各郡都背叛朝廷，对那些感恩来归附的人又要征收他们的绵绢，乘机作乱的小人们，一定会挑起事端！而且本郡周围令人忧虑的事已经够多了，不能不仔细考虑啊！"李通说："袁绍与曹公交战正紧，附近郡县又背叛朝廷，如果绵绢不能及时调送，就会有人以为我们在观望成败，故意在等待时机。"赵俨说："确实像您顾虑的那样。但也应权衡轻重，暂缓征调，我能够为您解除这一忧虑。"赵俨就写信给荀彧说："阳安郡应当运送给朝廷绵绢，但道路艰险，担心会遭到敌人的劫掠。现在百姓穷困，邻近的郡县都背叛了，豫州很容易全部溃乱，保证一方安危才是关键。而且阳安人坚守忠义，身处险境也没有二心。善行不分大小一定都应得到奖赏，才能勉励人们的忠义心怀。善于治理国家的人，藏财富于民。我认为国家应当对百姓进行抚慰，把征收的绵绢，都送还给他们。"荀彧回信说："我将你的意见已禀告给曹公，公文已颁发各郡，绵绢全部发还给百姓。"于是，阳安郡上下欢喜，郡内也安定下来了。

后来赵俨入朝担任司空掾属主簿。当时于禁屯驻颍阴，乐进屯驻阳翟，张辽屯驻长社，将军之间各行其是，经常不能协调一致，因此，曹操派赵俨同时担任这三个地方的参军，每每开导劝谕，终于使三位将军渐渐亲近和睦起来。曹操征讨荆州，派赵俨兼任章陵太守，又调任都督护军，监领于禁、张辽、张郃、朱灵、李典、路招、冯楷

故韩遂、马超等兵五千余人，使平难将军殷署等督领，以俨为关中护军，尽统诸军。羌虏数来寇害，俨率署等追到新平，大破之。屯田客吕并自称将军，聚党据陈仓，俨复率署等攻之，贼即破灭。

时被书差千二百兵往助汉中守，署督送之。行者卒与室家别，皆有忧色。署发后一日，俨虑其有变，乃自追至斜谷口，人人慰劳，又深戒署。还宿雍州刺史张既舍。署军复前四十里，兵果叛乱，未知署吉凶。而俨自随步骑百五十人，皆与叛者同部曲，或婚姻，得此问，各惊，被甲持兵，不复自安。俨欲还，既等以为“今本营党已扰乱，一身赴之无益，可须定问。”俨曰：“虽疑本营与叛者同谋，要当闻行者变，乃发之。又有欲善不能自定，宜及犹豫，促抚宁之。且为之元帅，既不能安辑，身受祸难，命也。”遂去。行三十里止，放马息，尽呼所从人，喻以成败，慰励恳切。皆慷慨曰：“死生当随护军，不敢有二。”前到诸营，各召料简诸奸结叛者八百余人，散在原野，惟取其造谋魁率治之，余一不问。郡县所收送，皆放遣，乃即相率还降。俨密白：“宜遣将诣大营，请旧兵镇守关中。”太祖遣将军刘柱将二千人，当须到乃发遣，而事露，诸营大骇，不可安喻。俨谓诸将曰：“旧兵既少，东兵未到，是以诸营图为邪谋。若或成变，为难不测。因其狐疑，当令早决。”遂宣言当差留新兵之温厚者千人镇守关中，其余悉遣东。便见主者，内诸营兵名籍，案累重，立差别之。留者意定，与俨同心。其当去者亦不敢动，俨一日尽遣上道，因使所留千人，分布罗落之。东兵寻至，乃复胁喻，并徙千人，令相及共东，凡所全致二万余口。

七路人马。后又任丞相主簿，调任扶风太守。曹操把原来在韩遂、马超手下的五千多人调出，派平难将军殷署等督领，任命赵俨为关中护军，统帅各部。其间，羌人多次骚扰，赵俨率殷署等直追到新平，大破羌兵。有个被招募来屯田的外地农民吕并自称将军，纠集人众攻占了陈仓，赵俨又率领殷署等剿灭了他们。

当时赵俨接到命令要调遣一千二百名士兵助守汉中，由殷署督送。出发的士兵突然要和家人分别，大家都面有忧色。殷署率兵出发后一天，赵俨担心他们在路上会发生变故，就亲自带人追到斜谷，对士兵好言劝慰，又再三告诫殷署注意戒备。回来时留宿在雍州刺史张既家里。殷署率队又行进了四十里，果然发生兵变，也不知殷署怎么样了。赵俨带领的一百五十名步、骑兵，与叛军都同属一营，有的还互通婚姻。他们知道这个消息后，个个紧张，都穿上甲胄手执兵刃，面露忧恐之色。赵俨想再回去查看殷署的情况，张既等人认为“现在叛乱已经发生，单身赶去没什么用处，不如等待消息。”赵俨说：“对本营士兵和叛兵是否同谋只是怀疑，关键是听到出征士兵叛乱的消息后，他们才这样。还有一些并不想叛乱的人，正在犹豫，趁这个时候，应当赶快去安抚他们。身为将帅，如不能稳住部下，那遭受杀身之祸，也是命该如此。”于是出发。赵俨率部下行三十里后停下，放马休息，他把兵士都招呼过来，对他们讲明利害，并诚恳地抚慰勉励他们，士兵们都慷慨激昂地说：“我们愿和护军同生死，不敢有二心。”赵俨到达营地，聚集属下核查统计，合谋叛乱的共有八百多人，都逃散到旷野上去了。赵俨只将反叛的头目抓起来治罪，其余的一律不问，其他郡县抓获送来的叛兵，也全都释放，于是叛兵相继回来投降。赵俨向曹操秘密禀告：“应当派遣将领到大营去，用原来的兵镇守关中。”曹操便派将军刘柱带领两千人前来，并让他们一到营地就把原来的士兵送往汉中。不料事情暴露，各营士兵又惊又怕，混乱得连安抚都没有作用。赵俨对众将说：“咱们这里朝廷的旧兵本来就少，东面的兵马又还没到，眼下各营几乎都躁动不安，如再酿成叛乱，后果难以预料。应乘他们犹豫不决时，及早解决。”就当众宣布要留下一千名温良厚道的新兵镇守关中，其余全部派去东方。

关羽围征南将军曹仁于樊。俨以议郎参仁军事南行，与平寇将军徐晃俱前。既到，羽围仁遂坚，余救兵未到。晃所督不足解围，而诸将呵责晃促救。俨谓诸将曰：“今贼围素固，水潦犹盛。我徒卒单少，而仁隔绝不得同力，此举适所以弊内外耳。当今不若前军逼围，遣谍通仁，使知外救，以励将士。计北军不过十日，尚足坚守。然后表里俱发，破贼必矣。如有缓救之戮，余为诸军当之。”诸将皆喜，便作地道，箭飞书与仁，消息数通，北军亦至，并势大战。羽军既退，舟船犹据沔水，襄阳隔绝不通，而孙权袭取羽辎重，羽闻之，即走南还。仁会诸将议，咸曰：“今因羽危惧，必可追禽也。”俨曰：“权邀羽连兵之难，欲掩制其后，顾羽还救，恐我承其两疲，故顺辞求效，乘衅因变，以观利钝耳。今羽已孤迸，更宜存之以为权害。若深入追北，权则改虞于彼，将生患于我矣。王必以此为深虑。”仁乃解严。太祖闻羽走，恐诸将追之，果疾敕仁，如俨所策。

文帝即王位，为侍中。顷之，拜驸马都尉，领河东太守，典农中郎将。黄初三年，赐爵关内侯。孙权寇边，征东大将军曹休统五州军御之，征俨为军师。权众退，军还，封宜土亭侯，转为度支中郎将，迁尚书。从征吴，到广陵，复留为征东军师。明帝即位，进封都

赵俨立即召见有关官员，把各营士兵的花名册按家属财产重新分类，加以区别对待。留下来的士兵安心了，都听从赵俨的指挥。那些要离开的也不敢轻举妄动，赵俨在一天之内便把他们全部送走，又将留下来的一千多人，分散到各营加以控制。十天后朝廷援兵赶来，赵俨才又把留下来的一千士兵都送往汉中，一共送回两万余人。

关羽将曹仁围困在樊城。赵俨凭借议郎的身份和平寇将军徐晃一起前往救援。到樊城以后，见关羽对曹仁的包围更紧，后续救兵还没有到，徐晃的兵马不足以解围，但诸将纷纷要求徐晃赶快救援。赵俨对诸将说："蜀兵的包围本来就很坚固，水势又很大。我们的兵力太少，曹仁又无法和我们通消息，不能内外夹攻，如果贸然进兵，只能遭受挫败。当今之计不如让前锋接近包围，派遣士卒通知曹仁，让他知道有救兵到来，以激励将士。估计北面的援军不过十天就会到达，城内还能坚守得住。然后内外一起发动攻击，里应外合，一定会打败关羽。如果救援迟缓，丞相怪罪，我愿替诸将承担。"众将都很高兴，便挖地道，把信用箭射给曹仁，通过几次消息后，北边的援军也赶到了，里外合力大战。关羽军撤退，但蜀军的战船仍封锁着沔水，和襄阳的联系也被切断。这时，孙权袭取了关羽的辎重，关羽听说后，立即回军南撤。曹仁召集众将商议，众将都说："趁关羽紧急后撤之时，发兵追击，一定能把他擒获。"赵俨说："孙权趁关羽与我军交战，想偷袭他的后方，可又顾虑关羽回军救援，还怕我们趁他们疲惫之机攻击他们。因此，他才主动地请求攻打关羽为我效力，实际是想利用机会，从中渔利。现在关羽已成孤军，应当保留他以为孙权后患，如果再深入追击关羽，孙权就会转而防备我们，那样我们就会被动。请将军深思。"于是，曹仁解除了战争状态。曹操听说关羽撤走，恐怕众将去追击，果然紧急下命令给曹仁，和赵俨的预测一样。

曹丕即王位以后，赵俨担任侍中。不久，他又被任命为驸马都尉，兼任河东太守、典农中郎将。黄初三年，赐爵关内侯。孙权侵犯边境，征东大将军曹休统领五州郡的兵马抵御，征召赵俨为军师。孙权退兵，大军返回，赵俨被封为宜土亭侯，调任度支中郎将，升尚书。后赵俨随曹丕征伐东吴，到广陵后，留任征东将军军师。曹叡登上皇位，

乡侯，邑六百户，监荆州诸军事，假节。会疾，不行，复为尚书，出监豫州诸军事，转大司马军师，入为大司农。齐王即位，以俨监雍、凉诸军事，假节，转征蜀将军，又迁征西将军，都督雍、凉。正始四年，老疾求还，征为骠骑将军，迁司空。薨，谥曰穆侯。子亭嗣。初，俨与同郡辛毗、陈群、杜袭并知名，号曰辛、陈、杜、赵云。

裴潜字文行，河东闻喜人也。避乱荆州，刘表待以宾礼。潜私谓所亲王粲、司马芝曰："刘牧非霸王之才，乃欲西伯自处，其败无日矣。"遂南适长沙。太祖定荆州，以潜参丞相军事，出历三县令，入为仓曹属。太祖问潜曰："卿前与刘备俱在荆州，卿以备才略何如？"潜曰："使居中国，能乱人而不能为治也。若乘间守险，足以为一方主。"

时代郡大乱，以潜为代郡太守。乌丸王及其大人，凡三人，各自称单于，专制郡事。前太守莫能治正，太祖欲授潜精兵以镇讨之。潜辞曰："代郡户口殷众，士马控弦，动有万数。单于自知放横日久，内不自安。今多将兵往，必惧而拒境，少将则不见惮。宜以计谋图之，不可以兵威迫也。"遂单车之郡。单于惊喜。潜抚之以静。单于以下脱帽稽颡，悉还前后所掠妇女、器械、财物。潜案诛郡中大吏与单于为表里者郝温、郭端等十余人，北边大震，百姓归心。在代三年，还为丞相理曹掾，太祖褒称治代之功，潜曰："潜于百姓虽宽，于诸胡为峻。今计者必以潜为理过严，而事加宽惠；彼素骄恣，过宽必弛，既弛又将摄之以法，此讼争所由生也。以势料之，代必复叛。"于是太祖深悔还潜之速。后数十日，三单于反问至，乃遣鄢陵侯彰为骁骑将军征之。

晋封为都乡侯，食邑六百户，监领荆州各军事，授符节。赵俨因病而未能成行，仍任尚书，出京监督豫州各郡军事。后转任大司马军师，入朝任大司农。曹芳即位，命赵俨监督雍、凉各郡军事，授符节转任征蜀将军，又调任征西将军，都督雍、凉各军。正始四年，赵俨因年老多病请求回京。于是，入朝任骠骑将军，升任司空。去世，谥号穆侯。他的儿子赵亭继承爵位。起初，赵俨和同郡人辛毗、陈群、杜袭都很出名，号称辛、陈、杜、赵。

裴潜，字文行，是河东闻喜县人。因为避乱来到荆州，刘表待以上宾之礼。裴潜对他亲近的王粲、司马芝说："刘荆州不是霸王之才，却想以周文王自居，他是不会成功的。"裴潜于是到长沙。曹操平定荆州，任命裴潜为丞相参军，后出京连任三县县令，又回京任丞相府仓曹属。曹操问他："以前你和刘备在荆州相识，你认为刘备的才略怎么样？"裴潜说："如果让他执掌中原，必会生乱不能治理好。如果让他居险而据，则足以成为一方霸主。"

当时代郡混乱，曹操任命裴潜做代郡太守。乌丸王和大人三人，自称单于，干涉代郡政事。前任太守不能管治，曹操想授裴潜以精兵镇抚他们，裴潜推辞说："代郡人口众多，能征善射之人，数以万计，单于自知横行日久，内心自是不安。现在，带兵去讨伐，他们一定因恐惧而聚合抗拒，少带兵去，就不会惊动他们，应用计谋战胜他们，不可用武力威逼。"于是裴潜一个人单车来到代郡，单于又惊又喜。裴潜以好言劝慰他们，单于以下都摘帽跪下叩头，把抢掠的妇女、器械和财物全部归还。裴潜又追查处死了和单于勾结的郡吏郝温、郭端等十余人。北边地区受到震动，百姓都真心拥戴他。他在代郡三年，回京任丞相理曹掾，曹操称赞他治理代郡的功劳，裴潜说："我对百姓宽和，但对胡人是严厉的。现在的太守认为我治理过严故而对胡人施加恩惠。那些胡人平素就骄纵放满，对他们太宽，他们一定会更加放纵，所以用刑法来慑服，这就是争斗所发生的原因。我预料，代郡一定会再次叛乱。"曹操很后悔召回裴潜。过了几十天，代郡三个单于叛乱，曹操派鄢陵侯曹彰任骁骑将军领兵前去讨伐。

潜出为沛国相，迁兖州刺史。太祖次摩陂，叹其军陈齐整，特加赏赐。文帝践阼，入为散骑常侍。出为魏郡、颍川典农中郎将，奏通贡举，比之郡国，由是农官进仕路泰。迁荆州刺史，赐爵关内侯。明帝即位，入为尚书。出为河南尹，转太尉军师、大司农，封清阳亭侯，邑二百户。入为尚书令，奏正分职，料简名实，出事使断官府者百五十余条。丧父去官，拜光禄大夫。正始五年薨，追赠太常，谥曰贞侯。子秀嗣。遗令俭葬，墓中惟置一坐，瓦器数枚，其余一无所设。秀，咸熙中为尚书仆射。

评曰：和洽清和干理，常林素业纯固，杨俊人伦行义，杜袭温粹识统，赵俨刚毅有度，裴潜平恒贞干，皆一世之美士也。至林能不系心于三司，以大夫告老，美矣哉！

此后，裴潜出京担任沛国相，升任兖州刺史。曹操在摩陂驻兵的时候，对裴潜军阵严谨赞叹不已，特加赏赐。曹丕即帝位以后，裴潜入朝任散骑常侍，又出任魏郡、颍川郡的典农中郎将，上奏陈述意见和推荐人才，相当于郡守与国相，从此，农官的仕途逐渐宽通起来。后调任荆州刺史，赐爵关内侯。曹叡即位，裴潜入朝任尚书。之后出任河南尹，转任太尉军师、大司农，封清阳亭侯，食邑二百户。后又入朝任尚书令，陈述职位与权力的责任并予以纠正，出京处理事务准确恰当，判断官府事件的条文一百五十多条。裴潜因父亲去世辞官守孝，又授光禄大夫。正始五年裴潜去世，追赠为太常，谥号贞侯。儿子裴秀承继了爵位。裴潜临死留下遗言，办丧事要节俭，墓中只准备一个座位，几件瓦器，其余一概不得设置。咸熙年间，裴秀任尚书仆射。

评论说：和洽清平有才，办事公允，常林淳朴专一，常守清素之业，杨俊善评人物，行仁义之事，杜袭温和厚重，深明大义，赵俨刚毅正直，为政宽严有度，裴潜精明干练，行事有毅力恒心，他们都是一代杰士。尤以常林放弃三公职位，只以大夫身份告老，更值得赞美！

卷二十四　魏书二十四

韩崔高孙王传第二十四

韩暨字公至，南阳堵阳人也。同县豪右陈茂，谮暨父兄，几至大辟。暨阳不以为言，庸赁积资，阴结死士，遂追呼寻禽茂，以首祭父墓，由是显名。举孝廉，司空辟，皆不就。乃变名姓，隐居避乱鲁阳山中。山民合党，欲行寇掠。暨散家财以供牛酒，请其渠帅，为陈安危。山民化之，终不为害。避袁术命召，徙居山都之山。荆州牧刘表礼辟，遂遁逃，南居孱陵界，所在见敬爱，而表深恨之。暨惧，应命，除宜城长。

太祖平荆州，辟为丞相士曹属。后迁乐陵太守，徙监冶谒者。旧时冶，作马排，每一熟石用马百匹；更作人排，又费功力；暨乃因长流为水排，计其利益，三倍于前。在职七年，器用充实。制书褒叹，就加司金都尉，班亚九卿。文帝践阼，封宜城亭侯。黄初七年，迁太常，进封南乡亭侯，邑二百户。

时新都洛阳，制度未备，而宗庙主祏皆在邺都。暨奏请迎邺四庙神主，建立洛阳庙，四时蒸尝，亲奉粢盛。崇明正礼，废去淫祀，多所匡正。在官八年，以疾逊位。景初二年春，诏曰："太中大夫韩暨，澡身浴德，志节高洁，年逾八十，守道弥固，可谓纯笃，老而益劭者也。其以暨为司徒。"夏四月薨，遗令敛以时服，葬为土藏。谥曰恭侯。子肇嗣。肇薨，子邦嗣。

韩暨字公至，是南阳堵阳县人。同县的豪强大户陈茂，诬告韩暨的父亲和哥哥，韩暨也差一点被处死刑。韩暨表面上不动声色，只是给人帮工来积累资财，暗中结交不怕死的勇士，寻机会追踪擒杀了陈茂，把他的首级拿到父亲的墓前祭奠，因此韩暨就出了名。后被荐举为孝廉，司空征聘，他都没有去。改名换姓，隐居在鲁阳县的山中。一些山民结伙成党，当盗贼进行抢劫。韩暨就拿出家财供给他们牛酒，并请他们的首领来，说明利害。山民受到感化，终于没有成为一方的祸害。韩暨为躲避袁绍的征召，又迁居到山都县的山中。刘表以礼征召他，他又暗暗逃走，南迁孱陵县。韩暨所在之处都受到人们的敬重，而刘表却很恨他。韩暨害怕，只得接受刘表的命令，任宜城县长。

曹操平定荆州以后，征召他做丞相士曹属。后来，被选任为乐陵太守，又转任监冶谒者。过去冶铁都用马排做动力，每冶炼一炉铁需要用一百匹马；用人排，又耗费人力；经过考察韩暨利用水流做排，用水排创造的价值是以前的三倍。他任职七年，所有器具都很充实。曹操下制书褒奖他，加封他的司金都尉，地位仅次于九卿。曹丕即皇帝位后，封他为宜城亭侯。黄初七年升任大常，晋封为南乡亭侯，封邑二百户。

当时魏国刚开始在洛阳建都的时候，法令礼仪还不完备，但是宗庙和祖先牌位，都还在邺城。韩暨上奏请求迎接邺城四庙中的先祖神主，建立洛阳庙，以便四季祭祀。为了辨明正统礼仪，废除不合礼制的祭祀，韩暨提出了很多修改的措施。在职八年，因病退职。景初二年春天，明帝下诏说：“太中大夫韩暨，志节高尚操守纯洁，年过八十，执守道义更加坚定，可说是老成敦厚，自励自强。授予他司徒职位。”夏四月韩暨去世，遗嘱入殓时只穿当时的衣服，土掩即可。

崔林字德儒，清河东武城人也。少时晚成，宗族莫知，惟从兄琰异之。太祖定冀州，召除邬长，贫无车马，单步之官。太祖征壶关，问长吏德政最者，并州刺史张陟以林对，于是擢为冀州主簿，徙署别驾、丞相掾属。魏国既建，稍迁御史中丞。

文帝践阼，拜尚书，出为幽州刺史。北中郎将吴质统河北军事，涿郡太守王雄谓林别驾曰："吴中郎将，上所亲重，国之贵臣也。仗节统事，州郡莫不奉笺致敬，而崔使君初不与相闻。若以边塞不修斩卿，使君宁能护卿邪？"别驾具以白林，林曰："刺史视去此州如脱屣，宁当相累邪？此州与胡虏接，宜镇之以静，扰之则动其逆心，特为国家生北顾忧，以此为寄。"在官一期，寇窃寝息；犹以不事上司，左迁河间太守，清论多为林怨也。

迁大鸿胪。龟兹王遣侍子来朝，朝廷嘉其远至，褒赏其王甚厚。余国各遣子来朝，间使连属，林恐所遣或非真的，权取疏属贾胡，因通使命，利得印绶，而道路护送，所损滋多。劳所养之民，资无益之事，为夷狄所笑，此曩时之所患也。乃移书燉煌喻指，并录前世待遇诸国丰约故事，使有恒常。明帝即位，赐爵关内侯，转光禄勋、司隶校尉。属郡皆罢非法除过员吏。林为政推诚，简存大体，是以去后每辄见思。

散骑常侍刘劭作《考课论》，制下百僚。林议曰："案《周官》考课，其文备矣，自康王以下，遂以陵迟，此即考课之法存乎其人

谥号恭侯。儿子韩肇承继爵位。韩肇去世，儿子韩邦继承爵位。

崔林字德儒，是清河东武城人。他年轻时毫不出众，同族人都不了解他，只有堂兄崔琰认为他和别人不同。曹操平定冀州，征召他任邬县县长，他穷得没有车马代步，就步行去上任。曹操征讨壶关，询问哪位官员最有德政，并州刺史张陟推举崔林，于是提拔崔林为冀州主簿，又任代理别驾、丞相掾属。魏国建立后，逐渐升为御史中丞。

曹丕即帝位，任命崔林为尚书，后来出京担任幽州刺史。当时，北中郎将吴质负责黄河以北的军事，涿郡太守王雄对崔林的别驾说："吴中郎将，是皇上亲近看重的人。他持节统军，各州郡都给他写信致敬，只有崔使君不和他来往。如果他以边塞未能治理好的罪名杀您，崔使君保护得了您吗？"别驾把这些话都告诉了崔林，崔林说："我把丢掉幽州刺史这个职位看得像脱鞋一样，难道还会连累您么？幽州与少数民族相接，应当用平和的方法来治理，过分的强硬措施就会激发他们叛逆的心理，为国家造成北边的忧患，我把这件事托付给您了。"崔林在任上一年，州内平静无事，却因为不敬奉上司，被降职成了河间太守，许多人都为崔林抱不平。

后来崔林升为大鸿胪。龟兹王派遣他的儿子前来朝见，朝廷为了奖励他从远方而来，赏赐给龟兹王很丰厚的礼物。其他各国见此情景也都派了王子来觐见，一时间使者接连不断。崔林怀疑他们派来的人中有不是真的，只是假借比较远的亲属中经商的胡人，来通使命，以图获得封赏的好处。而魏国一路上还要派人护送，花费多不说，还烦劳自己的百姓，去做没有实际意义的事，空被夷狄所讥笑，这也是过去曾经发生而为之苦恼的事。崔林就发说明文书到敦煌，并抄录前朝接待各国使节和赏赐丰厚或简省的旧例，使接待外宾的礼节有了固定的标准。曹叡即位，封崔林为关内侯，改任为光禄勋、司隶校尉。他属下的各郡都免掉非正式任命的官吏。崔林治政以诚，简明而坚持原则，所以，离任后常被百姓思念。

散骑常侍刘劭作《考课论》，明帝下达诏令给各级官吏。崔林上疏说："《周官》中关于检验官吏成绩的条文已经非常完备，自周

也。及汉之季，其失岂在乎佐吏之职不密哉？方今军旅，或猥或卒，备之以科条，申之以内外，增减无常，固难一矣。且万目不张举其纲，众毛不整振其领。皋陶仕虞，伊尹臣殷，不仁者远。五帝三王未必如一，而各以治乱。《易》曰：‘易简，而天下之理得矣。’太祖随宜设辟，以遗来今，不患不法古也。以为今之制度，不为疏阔，惟在守一勿失而已。若朝臣能任仲山甫之重，式是百辟，则孰敢不肃？”

景初元年，司徒、司空并缺，散骑侍郎孟康荐林曰：“夫宰相者，天下之所瞻效，诚宜得秉忠履正本德仗义之士，足为海内所师表者。窃见司隶校尉崔林，禀自然之正性，体高雅之弘量。论其所长以比古人，忠直不回则史鱼之俦，清俭守约则季文之匹也。牧守州郡，所在而治，及为外司，万里肃齐，诚台辅之妙器，衮职之良才也。”后年遂为司空，封安阳亭侯，邑六百户。三公封列侯，自林始也。顷之，又进封安阳乡侯。

鲁相上言：“汉旧立孔子庙，褒成侯岁时奉祠，辟雍行礼，必祭先师，王家出谷，春秋祭祀。今宗圣侯奉嗣，未有命祭之礼，宜给牲牢，长吏奉祀，尊为贵神。”制三府议，博士傅祗以《春秋》传言立在祀典，则孔子是也。宗圣适足继绝世，章盛德耳。至于显立言，崇明德，则宜如鲁相所上。林议以为“宗圣侯亦以王命祀，不为未有命也。周武王封黄帝、尧、舜之后，及立三恪，禹、汤之世，不列于时，复特命他官祭也。今周公已上，达于三皇，忽焉不祀，而其礼经亦存其言。今独祀孔子者，以世近故也。以大夫之后，特受无疆之祀，礼过古帝，义逾汤、武，可谓崇明报德矣，无复重祀于非族也。”

康王以后才逐渐衰落，这说明考绩的方法不在考绩本身，而在于执行的人。汉末考核官员失败的原因并不是因为官吏的组织法规不健全而招致的。现在，战争频繁又突然重申法令条规，但又增减无常，难以一致。万目不张，应举其纲，众毛不整，应抖其领。皋陶当舜的刑官，伊尹在殷为臣，不仁义的人都远远地避开。三皇五帝的方略未必一致，但各人都凭借它得到天下大治。《易经》上说：'平易简单，天下的道理就能得到。'太祖根据需要制定的法规，现在还在使用，也不怕别人说不效法古人。我认为，如今的制度，不是不周，只要一致执行不发生差错就行。如果朝臣都能像仲山甫那样承担重任，为百官做出好模范，那么谁能不恪尽职守呢？"

景初元年，司徒、司空的职位都空缺，散骑侍郎孟康就推荐崔林说："宰相被天下人敬仰仿效，应当选用忠心正直、有德仗义并且足以成为海内师表的人担当。臣见司隶校尉崔林，禀受了天地自然的正气，为人正派，有气质、有气度，拿他与古人相比，忠心秉正、意志坚定和史鱼相同，清廉淳朴则和季文子一样。掌管州郡，他无论在哪里，都得到治理。崔林担任大鸿胪后，万里边疆清肃安稳，确实是担任台辅的好人选，出任三公的杰出人才。"第三年，崔林担任司空，封安阳亭侯，食邑六百户。三公封列侯，是从崔林开始的。没过多久，又晋封为安阳乡侯。

鲁国相上奏说："以前汉代设立孔庙，是由孔子后裔褒成侯每年按时节敬奉供品祭祀，太学举行典礼，也一定祭祀先师孔子，所有费用均由王室支出且每年春秋祭奠。现在宗圣侯虽然继承封爵，却没有规定祭祀的礼仪。应供给祭祀的牲口，由地方长官奉祀，尊奉孔子为贵神。"皇帝令三公府商议，博士傅祗上表认为，根据《春秋传》中说在祭祀的典制中，孔子是应该祭祀的。宗圣侯正应该继承已断绝的世祀，来彰明大德。至于光大孔子学说，推崇孔子美德，则应该像鲁国相所说的那样去做。崔林发表意见认为："宗圣侯是遵照朝廷诏令祭祀孔子的，不能说没有受命举行祭祀的仪式。周武王封黄帝、唐尧、虞舜的后代，设立三恪，到了夏、商时期，三恪没有了，只派其他官员去祭祀。如今自周公以上，直到三皇，都没有祭祀，然

明帝又分林邑，封一子列侯。正始五年薨，谥曰孝侯。子述嗣。

高柔字文惠，陈留圉人也。父靖，为蜀郡都尉。柔留乡里，谓邑中曰：“今者英雄并起，陈留四战之地也。曹将军虽据兖州，本有四方之图，未得安坐守也。而张府君先得志于陈留，吾恐变乘间作也，欲与诸君避之。”众人皆以张邈与太祖善，柔又年少，不然其言。柔从兄幹，袁绍甥也，在河北呼柔，柔举宗从之。会靖卒于西州，时道路艰涩，兵寇纵横，而柔冒艰险诣蜀迎丧，辛苦荼毒，无所不尝，三年乃还。

太祖平袁氏，以柔为菅长。县中素闻其名，奸吏数人，皆自引去。柔教曰：“昔邴吉临政，吏尝有非，犹尚容之。况此诸吏，于吾未有失乎！其召复之。”咸还，皆自励，咸为佳吏。高幹既降，顷之以并州叛。柔自归太祖，太祖欲因事诛之，以为刺奸令史；处法允当，狱无留滞，辟为丞相仓曹属。太祖欲遣钟繇等讨张鲁，柔谏，以为今猥遣大兵，西有韩遂、马超，谓为己举，将相扇动作逆，宜先招集三辅，三辅苟平，汉中可传檄而定也。繇入关，遂、超等果反。

魏国初建，为尚书郎。转拜丞相理曹掾，令曰：“夫治定之化，以礼为首。拨乱之政，以刑为先。是以舜流四凶族，皋陶作士。汉祖除秦苛法，萧何定律。掾清识平当，明于宪典，勉恤之哉！”鼓吹宋

而礼经中还记载着他们的言论。现在唯独祭祀孔子，是因为他所处的时代离我们最近。孔子享受了没有止境的祭祀，礼仪上超过了古代的君主，也超过了商汤王、周武王，既然已经报答了他的恩德，也就无须再由官府重复祭祀孔子了。”

明帝又分出崔林的食邑，封崔林的一个儿子为列侯。正始五年，崔林去世，谥号孝侯。儿子崔述承继爵位。

高柔字文惠，是陈留圉县人。他的父亲高靖，任蜀郡都尉。高柔在家乡对同乡人说：“当今英雄并起，陈留郡容易受四方之敌。曹将军占据兖州，但不会就此坐守，一统天下才是他的意愿。然而太守张邈抢先占领了陈留郡，灾变恐怕就要来了，我想与各位一起出去躲避。”众人都认为张邈与曹操关系很好，高柔又年轻，就没把他的话当回事。高柔的堂兄高幹，是袁绍的外甥，驻守在黄河以北，召高柔前去，高柔带着族人跟从了他。此时商柔的父亲高靖在蜀郡去世，由于道路难行，战乱四起，高柔冒着艰险到蜀郡迎丧，历尽磨难，三年后才归来。

曹操打败袁绍后，任高柔为菅县县长。县里人以前就听到过高柔的名声，几个不法奸吏，都逃走了。高柔说：“以前邴吉任职时，对曾犯过错的官吏还很宽容，何况这几个属吏在我手下并没有犯过错！就让他们回来官复原职。”于是属吏都回来了，向高柔表示不会再犯法了，后来都成为很好的吏员。高幹投降以后，不久又在并州发动叛乱。高柔自己逃走投奔了曹操，曹操正想借故杀他，就让他任刺奸令史。高柔执法公允，从没有滞留不办的案件，曹操赞赏他并转变了态度，任命他为丞相仓曹属。曹操打算派钟繇等人讨伐张鲁，高柔认为，现在派遣大军，就会让西面的韩遂、马超误解，认为是冲着他们去的，很可能引发叛乱。应当先安抚三辅，三辅稳定了，发一封檄书给汉中就会平定。曹操不听，钟繇入关，韩遂、马超等人果然发动叛乱。

魏国刚建立时，高柔任尚书郎，转任丞相理曹掾。曹操为此下指令说：“政治安定后的教化，以礼制为首。乱后求治，以刑法为要。因此，舜流放四凶，任皋陶掌管刑法。汉高祖废除秦朝苛暴的法律，让

金等在合肥亡逃。旧法，军征士亡，考竟其妻子。太祖患犹不息，更重其刑。金有母妻及二弟皆给官，主者奏尽杀之。柔启曰："士卒亡军，诚在可疾，然窃闻其中时有悔者。愚谓乃宜贷其妻子，一可使贼中不信，二可使诱其还心。正如前科，固已绝其意望，而猥复重之，柔恐自今在军之士，见一人亡逃，诛将及己，亦且相随而走，不可复得杀也。此重刑非所以止亡，乃所以益走耳。"太祖曰："善。"即止不杀金母、弟，蒙活者甚众。

迁为颍川太守，复还为法曹掾。时置校事卢洪、赵达等，使察群下，柔谏曰："设官分职，各有所司。今置校事，既非居上信下之旨。又达等数以憎爱擅作威福，宜检治之。"太祖曰："卿知达等，恐不如吾也。要能刺举而辨众事，使贤人君子为之，则不能也。昔叔孙通用群盗，良有以也。"达等后奸利发，太祖杀之以谢于柔。

文帝践阼，以柔为治书侍御史，赐爵关内侯，转加治书执法。民间数有诽谤妖言，帝疾之，有妖言辄杀，而赏告者。柔上疏曰："今妖言者必戮，告之者辄赏。既使过误无反善之路，又将开凶狡之群相诬罔之渐，诚非所以息奸省讼，缉熙治道也。昔周公作诰，称殷之祖宗，咸不顾小人之怨。在汉太宗，亦除妖言诽谤之令。臣愚以为宜除妖谤赏告之法，以降天父养物之仁。"帝不即从，而相诬告者滋甚。帝乃下诏："敢以诽谤相告者，以所告者罪罪之。"于是遂绝。校事刘慈等，自黄初初数年之间，举吏民奸罪以万数，柔皆请惩虚实；其余小小挂法者，不过罚金。四年，迁为廷尉。

萧何制定新律。理曹掾高柔见识高超，精通法典。希望你再努力！”担任军中鼓吹的士兵宋金等人在合肥逃跑。按照以前的法律规定，士兵逃跑，妻子儿女就要全部处死。曹操担心这样还不能制止逃兵，便要再加重惩罚。宋金母亲妻子及两个弟弟都在为官府服役，主事官员上奏要把他们全部杀掉。高柔上书说：“士兵逃离，确实让人痛恨，然而，我又听说在逃跑的士兵中也有悔改的。我认为，应当宽恕他们的亲人，这样不仅使他们所逃往的敌国不相信他们，也能使他们产生回来自首的想法。依照旧法，就已经断绝了他们归来的念头，如再加重惩罚，恐怕今后在军中的士兵，见一个人逃走，怕连累自己，也会相随逃走。这说明重刑不但不能制止逃亡，而且还助长了逃跑。”曹操说：“对。”当即下令赦免宋金的母亲、弟弟，因此得以活命的人很多。

高柔担任颍川太守，后来又回任法曹掾。当时置校事卢洪、赵达等人，曹操让他们探察百官的言行。高柔劝谏说：“设立官职，让官员各掌其事。现在设置校事，不符合朝廷应信任臣子的宗旨。赵达等人监察百官多次凭自己的意志表达喜恶，不应再任用他们。”曹操说：“你了解赵达等人，恐怕不如我。让他们刺探举报能辨明许多情况，让贤良君子去做这种事，是不行的。从前叔孙通利用强盗做事，也是有他的原因的。”之后，赵达等人为恶不仁，牟取暴利，就被曹操杀了，并向高柔表示歉意。

曹丕登基以后，任命高柔为治书侍御史，赐封关内侯，后来又调任治书执法。有一段时间民间屡有诽谤朝廷的谣言出现，文帝十分痛恨，抓住传播谣言的人就地斩杀，并奖赏告发的人。高柔上疏说：“见到传谣言的就杀，告发的人就奖赏，这不但使有过失的人没有改正的机会，也将为凶狡之徒诬陷别人提供方便，这不是除奸、减讼的治国之道。过去周公作《无逸》，称颂殷代的祖先，而不计较平民的怨言。汉文帝时，也废除了追查诽谤的法令。臣以为，应废除奖赏告发者的法令，施予上天养育百姓的仁德。”文帝没有接受。再后来，诬告之气越来越重，文帝才下诏：“再有诽谤他人者，即以他所告发的罪名来惩治他。”因此，诬告之风渐绝。校事刘慈等人，在黄

魏初，三公无事，又希与朝政。柔上疏曰："天地以四时成功，元首以辅弼兴治；成汤仗阿衡之佐，文、武凭旦、望之力，逮至汉初，萧、曹之俦并以元勋代作心膂，此皆明王圣主任臣于上，贤相良辅股肱于下也。今公辅之臣，皆国之栋梁，民所具瞻，而置之三事，不使知政，遂各偃息养高，鲜有进纳，诚非朝廷崇用大臣之义，大臣献可替否之谓也。古者刑政有疑，辄议于槐棘之下。自今之后，朝有疑议及刑狱大事，宜数以咨访三公。三公朝朔望之日，又可特延入，讲论得失，博尽事情，庶有裨起天听，弘益大化。"帝嘉纳焉。

帝以宿嫌，欲枉法诛治书执法鲍勋，而柔固执不从诏命。帝怒甚，遂召柔诣台；遣使者承指至廷尉考竟勋，勋死乃遣柔还寺。

明帝即位，封柔延寿亭侯。时博士执经，柔上疏曰："臣闻遵道重学，圣人洪训；褒文崇儒，帝者明义。昔汉末陵迟，礼乐崩坏，雄战虎争，以战陈为务，遂使儒林之群，幽隐而不显。太祖初兴，愍其如此，在于拨乱之际，并使郡县立教学之官。高祖即位，遂阐其业，兴复辟雍，州立课试，于是天下之士，复闻庠序之教，亲俎豆之礼焉。陛下临政，允迪睿哲，敷弘大猷，光济先轨，虽夏启之承基，周成之继业，诚无以加也。然今博士皆经明行修，一国清选，而使迁除限不过长，惧非所以崇显儒术，帅励怠惰也。孔子称'举善而教不能则劝'，故楚礼申公，学士锐精，汉隆卓茂，搢绅竞慕。臣以为博士者，道之渊薮，六艺所宗，宜随学行优劣，待以不次之位。敦崇道教，以劝学者，于化为弘。"帝纳之。

初初期，检举有罪的官吏百姓数以万计，高柔都请求调查证实后再分类惩处；其余小犯法令的，只处以罚金。黄初四年，高柔升为廷尉。

魏朝建立之初，三公又都很少参与朝政。高柔上疏说："天地有四季才能生成万物，皇帝依靠大臣的辅助才能治理兴隆；殷汤王依靠阿衡伊尹的辅佐，周文王和周武王凭周公和吕望的帮助成就大业，汉初，萧何、曹参等人也都以功臣身份成为皇帝的倚重，这些都是圣明的君主信任臣下，臣子为股肱的例证。现在的三公及辅佐之臣，均是国之栋梁，民之瞩目，却把他们置于赋闲，致使他们悄然保养清高，极少进言献策，这不是朝廷尊重大臣，亦非大臣进献建议、兴旺国家的做法。古有疑难，官员们常聚集槐、棘树下进行讨论。此后，朝廷有疑难问题及刑罚大事，应咨询三公。每月初一、十五上朝时，把他们一起请来，议论朝政得失，广泛征询他们的意见。希望通过这些有助于陛下听取政事，弘扬教化。"文帝赞同并接受了他的建议。

文帝因为过去的旧怨，想不按照法律诛杀治书执法鲍勋，但是高柔却坚持不听从诏命。文帝非常恼怒，便召高柔到尚书台；又派遣使者秉承旨意到廷尉把鲍勋拷问杀死，鲍勋死后才让高柔回到廷尉府。

魏明帝即位以后，封高柔为延寿亭侯。当时由博士讲授儒家经学，高柔上疏说："臣听说遵从道义，重视学问，是圣人的伟大教训；褒扬文化，重视儒家，是帝王明确的义务。汉朝末年政治衰颓，礼崩乐坏，群雄征战，以战争为首要任务，就使得儒生学士被埋没隐藏，不受重视。太祖在兴起的时候，痛心于此，在拨乱反正之际，让各地郡县都设立教学官员。高祖文帝即位，进一步弘扬这个事业，兴建恢复太学，每州都建立考试儒生的制度，因此天下的儒生学士，又能听到学校的教书声，又能亲自参加学校的祭祀礼仪了。陛下亲政，用圣明的智慧，推行和发展宏大的教育计划，把先辈的事业发扬光大，即使是夏启、周成王继承先王基业，也不能超过陛下。然而现在博士虽然全都是精通经学，修养品德，是国内的优秀人才，但博士升迁官职却不能超过县长一级，这恐怕不是用来尊崇和显扬儒

后大兴殿舍，百姓劳役；广采众女，充盈后宫；后宫皇子连夭，继嗣未育。柔上疏曰："二虏狡猾，潜自讲肄，谋动干戈，未图束手；宜畜养将士，缮治甲兵，以逸待之。而顷兴造殿舍，上下劳扰；若使吴、蜀知人虚实，通谋并势，复俱送死，甚不易也。昔汉文惜十家之资，不营小台之娱；去病虑匈奴之害，不遑治第之事。况今所损者非惟百金之费，所忧者非徒北狄之患乎？可粗成见所营立，以充朝宴之仪。乞罢作者，使得就农。二方平定，复可徐兴。昔轩辕以二十五子，传祚弥远；周室以姬国四十，历年滋多。陛下聪达，穷理尽性，而顷皇子连多夭逝，熊罴之祥又未感应。群下之心，莫不悒戚。周礼，天子后妃以下百二十人，嫔嫱之仪，既以盛矣。窃闻后庭之数，或复过之，圣嗣不昌，殆能由此。臣愚以为可妙简淑媛，以备内官之数，其余尽遣还家。且以育精养神，专静为宝。如此，则螽斯之征，可庶而致矣。"帝报曰："知卿忠允，乃心王室，辄克昌言；他复以闻。"

时猎法甚峻。宜阳典农刘龟窃于禁内射兔，其功曹张京诣校事言之。帝匿京名，收龟付狱。柔表请告者名，帝大怒曰："刘龟当死，乃敢猎吾禁地。送龟廷尉，廷尉便当考掠，何复请告者主名，

术，鞭策和激励怠惰学者的好办法。孔子说‘提拔优秀人才、教育能力差的人，那么大家都会受到鼓励，’所以楚国礼待申公，国内的学者都锐意钻研学问，汉朝提拔卓茂，士大夫们争相羡慕。臣以为博士，是道义的蕴藏者，儒家经学传播的根本，应该根据博士学问品性的优劣，不拘常规来安排职位。尊崇儒家教育，用以勉励学者，对教化将会有巨大的作用。”魏明帝采纳了高柔的建议。

后来，明帝征发百姓服劳役来兴建宫室；然后又在全国挑选淑女，充实后宫。当时后宫妃子生下的皇子连连夭折，明帝还没有子嗣。高柔上疏说：“吴、蜀两国都在悄悄地操演人马，图谋吞并我们；如果不想束手就擒，就应该蓄兵来抵御，制造武器，以备战时之用。但最近陛下兴役建造宫殿，百姓被劳役捆束，如果吴、蜀两国得知这种情况，就会联合起来攻打我们，而我们要打败他们却很不易。从前，汉文帝舍不得耗费十家的财产建造露台；霍去病忧虑匈奴为害，不修建府邸。可现在耗费的何止百金？忧虑的又何止匈奴？如非要建造，可以简略建成现在正在修建的宫殿，满足朝廷礼仪需要就可以了。请陛下停止百姓的劳役，让他们回去专心从事农耕。待平定吴、蜀之后，再建造宫殿也不迟。轩辕黄帝有二十五个儿子，所以继嗣延续久远；周朝有四十多个同姓诸侯国，所以享有八百年的天下。陛下圣明，对事物认识透彻，皇子接连夭折，要诞育皇子的吉兆却没有出现。我们做臣子的无不感到抑郁悲伤。按照周礼，天子的后妃以下有一百二十人，现在已经够多了。可臣听说现在后宫妃嫔的数量，已超过了周朝礼仪的规定，臣想圣上的后代不昌盛，可能与这有关。我以为，可以仔细选择固定数目的贤淑妃子，其余的全部遣送回家。以使您保持旺盛的精神，以生养皇子。如果能够如此，多生儿女的征兆，或许就会出现了。”明帝说：“我知道你是为了王室的昌盛，我要用您正直的话来克制自己；其他的事也希望能听到您的意见。”

当时禁止打猎的法律很严厉。宜阳县典农中郎将刘龟私自在皇家禁苑里射兔，功曹张京到校事那里告发了他。曹叡没有透露张京的名字，直接命人逮捕了刘龟。高柔上表请问明帝告发者的姓名，曹叡怒说：“刘龟该死，他竟敢在皇室禁苑中打猎，廷尉应当拷问，为什

吾岂妄收龟邪？”柔曰：“廷尉，天下之平也，安得以至尊喜怒而毁法乎？”重复为奏，辞指深切。帝意寤，乃下京名。即还讯，各当其罪。

时制，吏遭大丧者，百日后皆给役。有司徒吏解弘遭父丧，后有军事，受敕当行，以疾病为辞。诏怒曰：“汝非曾、闵，何言毁邪？”促收考竟。柔见弘信甚羸劣，奏陈其事，宜加宽贷。帝乃诏曰：“孝哉弘也！其原之。”

初，公孙渊兄晃，为叔父恭任内侍，先渊未反，数陈其变。及渊谋逆，帝不忍市斩，欲就狱杀之。柔上疏曰：“《书》称‘用罪伐厥死，用德彰厥善’，此王制之明典也。晃及妻子，叛逆之类，诚应枭县，勿使遗育。而臣窃闻晃先数自归，陈渊祸萌，虽为凶族，原心可恕。夫仲尼亮司马牛之忧，祁奚明叔向之过，在昔之美义也。臣以为晃信有言，宜贷其死；苟自无言，便当市斩。今进不赦其命，退不彰其罪，闭著囹圄，使自引分，四方观国，或疑此举也。”帝不听，竟遣使赍金屑饮晃及其妻子，赐以棺、衣，殡敛于宅。

是时，杀禁地鹿者身死，财产没官，有能觉告者厚加赏赐。柔上疏曰：“圣王之御世，莫不以广农为务，俭用为资。夫农广则谷积，用俭则财畜，畜财积谷而有忧患之虞者，未之有也。古者，一夫不耕，或为之饥；一妇不织，或为之寒。中间已来，百姓供给众役，亲田者既减，加顷复有猎禁，群鹿犯暴，残食生苗，处处为害，所伤不赀。民虽障防，力不能御。至如荥阳左右，周数百里，岁略不收，

么要说出告发者的姓名呢？我不会随便逮捕刘龟的。”高柔说：“廷尉是天下公正的法官，怎么能以皇上的喜怒而破坏法律呢？”又重新上奏，言辞恳切，用义深刻。明帝也醒悟了，就告诉了高柔告发者张京的名字。高柔立即进行审理，按罪判处。

当时规定，官吏遇到丧事，一百天之后都要回衙署。司徒府吏员解弘遇上父亲去世，不久，兵马有行动，命他前去，他却以生病为由推辞。明帝愤怒地说：“你又不是曾参和闵子骞那样的孝子，为什么拿哀痛过度而身体有病当借口呢？”就命令廷尉将解弘拷打致死。高柔见解弘身体很虚弱，确实有病，就上表说明，认为应宽恕他。就这样，明帝下诏说：“解弘确是孝子啊，赦免他吧！”

起初，公孙渊的哥哥公孙晃，被叔父公孙恭送到京城做人质。在公孙渊没反叛以前，公孙晃曾经多次向朝廷陈述公孙渊会反叛。公孙渊反叛后，明帝不忍心在街市上处死公孙晃，想让他悄悄地死在狱中。高柔上疏说：“《尚书》说‘宣布罪行并惩治应当处死的人，宣布德行并表彰做了好事的人’，这是帝王制度中明确的规定。公孙晃和他的妻子儿女虽与反叛者是同族，应当斩首，但臣听说公孙晃先前多次表以忠诚，陈说公孙渊将要反叛的征兆，因此，根据表现是可以宽恕的。孔子开释司马牛的忧愁，祁奚曾解救叔向的生命，这些都传为美谈。臣以为，公孙晃如果确实有揭发公孙渊的言论，就应该宽恕他；如果没有，则应当斩首。如今既不赦免他的死罪，又不公布他的罪行，而是在监狱中让他自杀，远近的人知道了，就会有人对此产生疑惑。”明帝没有听从，还是派人带着金粉让公孙晃及其妻子儿女吞下自杀，尔后赐棺木、衣服，葬在公孙晃的住宅中。

当时法令规定，猎杀皇帝禁地里的鹿就要被处死，财产没收充公，而且知情举报的人可以得到丰厚的赏赐。高柔上疏说：“圣主统治天下，都以扩大农耕为要务，以节约开支为正本。农业扩大了就可以多积蓄粮谷，开支节约了就可以积蓄财物，积蓄了财物和粮食的国家自古以来就没有忧患。在古代，一个男子不耕田，就要有人挨饿，一个妇女不织布，就要有人没衣服穿。自陛下统御天下以来，百姓们要担负繁重的劳役，进行农耕的人本来就少，又加上有禁止打猎的法

元元之命，实可矜伤。方今天下生财者甚少，而麋鹿之损者甚多。卒有兵戎之役，凶年之灾，将无以待之。惟陛下览先圣之所念，愍稼穑之艰难，宽放民间，使得捕鹿，遂除其禁，则众庶久济，莫不悦豫矣。”

顷之，护军营士窦礼近出不还。营以为亡，表言逐捕，没其妻盈及男女为官奴婢。盈连至州府，称冤自讼，莫有省者。乃辞诣廷尉。柔问曰：“汝何以知夫不亡？”盈垂泣对曰：“夫少单特，养一老妪为母，事甚恭谨，又哀儿女，抚视不离，非是轻狡不顾室家者也。”柔重问曰：“汝夫不与人有怨仇乎？”对曰：“夫良善，与人无仇。”又曰：“汝夫不与人交钱财乎？”对曰：“尝出钱与同营士焦子文，求不得。”时子文适坐小事系狱，柔乃见子文，问所坐。言次，曰：“汝颇曾举人钱不？”子文曰：“自以单贫，初不敢举人钱物也。”柔察子文色动，遂曰：“汝昔举窦礼钱，何言不邪？”子文怪知事露，应对不次。柔曰：“汝已杀礼，便宜早服。”子文于是叩头，具首杀礼本末，埋藏处所。柔便遣吏卒，承子文辞往掘礼，即得其尸。诏书复盈母子为平民。班下天下，以礼为戒。

在官二十三年，转为太常，旬日迁司空，后徙司徒。太傅司马宣王奏免曹爽，皇太后诏召柔假节行大将军事，据爽营。太傅谓柔曰：“君为周勃矣。”爽诛，进封万岁乡侯。高贵乡公即位，进封安国侯，转为太尉。常道乡公即位，增邑并前四千，前后封二子亭侯。景元四年，年九十薨，谥曰元侯。孙浑嗣。咸熙中，开建五等，以柔等著勋前朝，改封浑昌陆子。

令，鹿群四处乱窜，糟蹋庄稼，造成的损失不计其数。百姓虽然设栅栏防范，但作用有限，很难有效地防范。尤其荥阳周围数百里，耕种一年几乎所剩无几，百姓的生活，实在可怜。现在财富生产的很少，而麋鹿损害的却很多。万一突发战争，或遇上灾年，将没有办法去应付。望陛下以前代圣明君主所挂念的事务为念，哀怜务农的艰难，宽容百姓，解除禁令允许他们抓捕麋鹿，这样百姓就会得到长久的好处而十分欢喜。”

不久，护军营士兵窦礼出营之后没有回来。军营将领都以为他逃走了，上表要追捕他，还要收押他的妻子盈和儿女为官家的奴婢。盈到州府喊冤申诉，但是没人过问。最后告到廷尉，高柔问：“你怎么知道你丈夫不会逃跑？”盈流泪回答说：“我丈夫小时孤单，奉养一个老太太为母亲，侍奉非常恭敬谨慎怜爱儿女，从不曾远离，他不是不顾家室的登徒子。”高柔又问道：“你丈夫与别人有怨仇吗？”回答说：“我丈夫很善良，与别人没有怨仇。”又问道：“你丈夫与别人在钱财上有来往吗？”回答说：“他曾经借钱给同营军士焦子文，让他还，他没有还。”此时焦子文正好因犯小罪坐牢，就这样，高柔去见焦子文，调查他所犯的罪行。言谈中，高柔问道：“你向他人借过钱吗？”焦子文说：“我因为自幼孤独贫困，从不敢向人借钱物。”高柔看到了焦子文脸色的变化，就说：“你借过窦礼的钱，怎么说没借过呢？”焦子文很惊奇，以为事情败露，说话语无伦次。高柔说：“你杀了窦礼，就应该早早认罪。”焦子文叩头请罪，坦白交代了杀害窦礼的经过，以及埋藏尸体的地方。高柔便派吏卒衙役，按焦子文所说的地点，寻找到了窦礼的尸体。明帝下诏恢复盈母子为平民，又向全国发布告，以处理窦礼的事件为借鉴。

高柔任职二十三年，调任太常，十天之后又升为司空，后来又任司徒。太傅司马懿奏请罢免曹爽，皇太后下诏召高柔授予符节代大将军之职，进驻曹爽军营。司马懿对高柔说：“你就是周勃了。”曹爽被杀后，晋封高柔为万岁乡侯。曹髦即帝位，进封高柔为安国侯，任太尉。曹奂即帝位，增加高柔食邑，加上以前的共计四千户，封他的两个儿子为亭侯。景元四年，高柔九十岁时去世，谥号元侯。他的孙子高浑继承了爵位。咸熙年间，设立五等爵位，因为高柔等人在前朝功勋

孙礼字德达，涿郡容城人也。太祖平幽州，召为司空军谋掾。初丧乱时，礼与母相失，同郡马台求得礼母，礼推家财尽以与台。台后坐法当死，礼私导令逾狱，自首，既而曰："臣无逃亡之义。"径诣刺奸主簿温恢。恢嘉之，具白太祖，各减死一等。

后除河间郡丞，稍迁荥阳都尉。鲁中贼数百人，保固险阻，为民作害；乃徙礼为鲁相。礼至官，出俸谷，发吏民，募首级，招纳降附，使还为间，应时平泰。历山阳、平原、平昌、琅玡太守。从大司马曹休征吴于夹石，礼谏以为不可深入，不从而败。迁阳平太守，入为尚书。

明帝方修宫室，而节气不和，天下少谷。礼固争罢役，诏曰："敬纳谠言，促遣民作。"时李惠监作，复奏留一月，有所成讫。礼径至作所，不复重奏，称诏罢民，帝奇其意而不责也。

帝猎于大石山，虎趋乘舆，礼便投鞭下马，欲奋剑斫虎，诏令礼上马。明帝临崩之时，以曹爽为大将军，宜得良佐，于床下受遗诏，拜礼大将军长史，加散骑常侍。礼亮直不挠，爽弗便也，以为扬州刺史，加伏波将军，赐爵关内侯。吴大将全琮帅数万众来侵寇，时州兵休使，在者无几。礼躬勒卫兵御之，战于芍陂，自旦及暮，将士死伤过半。礼犯蹈白刃，马被数创，手秉枹鼓，奋不顾身，贼众乃退。诏书慰劳，赐绢七百匹。礼为死事者设祀哭临，哀号发心，皆以绢付亡者家，无以入身。

卓著，改封高浑为昌陆子。

孙礼字德达，是涿郡容城县人。曹操平定幽州以后，征召孙礼为司空军谋掾。天下大乱的时候，孔礼与母亲走散，同郡人马台找到了孙礼的母亲，孙礼便把家财全都给了马台。后来，马台犯法应当被处死，孙礼私下让他越狱逃走，后又说："做臣民的不应逃跑。"便来到刺奸主簿温恢处投案陈说罪行。温恢赞许他们的行为，并如实向曹操汇报，各减死罪一等。

后来，孙礼担任河间郡丞，渐渐升至荥阳都尉。鲁山中有土匪数百名，凭险固守，劫掠百姓。于是，朝廷任孙礼为鲁国相。孙礼上任后，拿出自己作为俸禄的谷子，分发给属吏和百姓，招募他们去杀强盗，又让已投降过来的土匪回去做内应，约定时间，里应外合平定了匪患。又先后历任山阳、平原、平昌、琅琊太守。跟随大司马曹休到夹石征伐吴国，孙礼劝谏曹休不能孤军深入，曹休不听，以致失败。升阳平太守，进京任尚书。

明帝开始大修宫殿，但是这时，由于天时不正，导致全国粮食歉收。孙礼坚决地要求停止兴建宫殿的劳役，明帝下诏说："我采纳您正直的进言，马上遣散劳作的民工。"当时李惠是监工，他上奏要求把民工再留一个月，部分建筑就可以完成了。孙礼径直来到建筑工地，自作主张地宣布皇帝诏书，遣散了民工。明帝深感意外，但没有责备他。

明帝在大石山狩猎的时候，有只老虎奔向明帝的车子，孙礼下马扔鞭，挥剑想斩杀老虎，明帝让他上马。明帝临死时，任命曹爽为大将军，又让曹爽在床边接受遗诏，任命孙礼为大将军长史，加散骑常侍。孙礼为人磊落坦诚，正直不屈，曹爽认为让他来辅佐自己多有不便，就让孙礼改任扬州刺史，加伏波将军，封关内侯。东吴大将全琮率领几万军队侵犯魏郡，此时正值州兵休假，留下来的没有多少人。孙礼亲率卫兵抵御，在芍陂与吴军交战，从早到晚，将士死伤过半。孙礼不顾安危，冲杀在刀丛剑林中，战马多处受伤，他依然手执战鼓，率兵击退兵敌。皇上下诏慰劳，赐绢七百匹。孙礼为死亡将士举行祭祀，悲痛号哭，把绢全都分给战死将士的家人，自己一匹也没

征拜少府，出为荆州刺史，迁冀州牧。太傅司马宣王谓礼曰：“今清河、平原争界八年，更二刺史，靡能决之；虞、芮待文王而了，宜善令分明。”礼曰：“讼者据墟墓为验，听者以先老为正，而老者不可加以榎楚，又墟墓或迁就高敞，或徙避仇雠。如今所闻，虽皋陶犹将为难。若欲使必也无讼，当以烈祖初封平原时图决之。何必推古问故，以益辞讼？昔成王以桐叶戏叔虞，周公便以封之。今图藏在天府，便可于坐上断也，岂待到州乎？”宣王曰：“是也。当别下图。”礼到，案图宜属平原。而曹爽信清河言，下书云：“图不可用，当参异同。”礼上疏曰：“管仲霸者之佐，其器又小，犹能夺伯氏骈邑，使没齿无怨言。臣受牧伯之任，奉圣朝明图，验地著之界，界实以王翁河为限；而鄃以马丹候为验，诈以鸣犊河为界。假虚讼诉，疑误台阁。窃闻众口铄金，浮石沈木，三人成市虎，慈母投其杼。今二郡争界八年，一朝决之者，缘有解书图画，可得寻案擿校也。平原在两河，向东上，其间有爵堤，爵堤在高唐西南，所争地在高唐西北，相去二十余里。可谓长叹息流涕者也。案解与图奏而鄃不受诏，此臣软弱不胜其任，臣亦何颜尸禄素餐。辄束带著履，驾车待放。”爽见礼奏，大怒。劾礼怨望，结刑五岁。在家期年，众人多以为言，除城门校尉。

时匈奴王刘靖部众强盛，而鲜卑数寇边，乃以礼为并州刺史，加振武将军，使持节，护匈奴中郎将。往见太傅司马宣王，有忿色而

有留下。

孙礼奉诏回京担任少府，又出任荆州刺史，后来任冀州刺史。太傅司马懿对孙礼说："清河、平原两郡为了边界已经争夺八年，换了两任刺史，都没有解决。虞、芮二国国君争田要等待周文王才了断，你要好好地劝他们分清边界。"孙礼说："争讼的双方凭墓葬为证据，听讼的则以为过世的老人所说的是正确的，而对过世的人又不可能去拷问。有的墓葬迁移到高敞的地方，有的因躲避仇人而迁走。如用现在所听到的来判断，即使皋陶也会感到很困难。要让这一争执不再存在，就要根据烈祖明皇帝当初为平原王时所绘地图来决断。何必推求古代的情形和询问老年人，使这场争执加剧呢？过去成王用桐树叶与叔虞开玩笑，周公就把唐地封给了叔虞。如今，地图就收藏在皇家的馆室中，有了它我们坐在这里就可以决断了，何必要等我到了冀州才去解决呢？"司马懿说："你说的对。我会把地图送到冀州。"孙礼到任后，按照地图，争议的地方当属平原郡。曹爽却相信清河郡的话，下文书说："此图不可用，应重新考虑。"孙礼上疏说："管仲只是霸主的辅佐，气量比较小，但还能剥夺伯氏的封地，使伯氏终身没有怨言。臣接受冀州牧的任命，依据圣朝明晰的地图，勘验两郡标界，此以王翁河划分；而清河郡的鄃县却以马丹候为凭据，谎称以鸣犊河为界，使台阁产生疑误。众口铄金，会不辨真假，浮石沉木，则是非颠倒，三人成虎，可以混淆视听，慈母扔掉织布梭，说明传闻可以动摇原来的信心。如今平原、清河八年争界，之所以一下就得到解决，是因为有能解释分析的证书和有可供判断的地图。平原郡在两河地带，上流与平原间有爵堤，爵堤在高唐西南，而二郡所争之地却在高唐西北，相距二十多里。根据证书与地图的判断而鄃县仍不受诏，是我太软弱了，无颜再占据官位享受俸禄。我已经束好腰带，穿上鞋子，驾好车等待免官。"曹爽看了孙礼的奏表，大怒，弹劾孙礼对上司心怀不满，判刑五年。孙礼在家一年，很多人为他上言说好话，推举他，于是他又被任命为城门校尉。

当时匈奴王刘靖兵马强盛，而鲜卑人又多次侵犯边境，皇帝命孙礼任并州刺史，加振武将军，持节，任护匈奴中郎将。他去拜见太

无言。宣王曰："卿得并州，少邪？恚理分界失分乎？今当远别，何不欢也！"礼曰："何明公言之乖细也！礼虽不德，岂以官位往事为意邪？本谓明公齐踪伊、吕，匡辅魏室，上报明帝之托，下建万世之勋。今社稷将危，天下凶凶，此礼之所以不悦也。"因涕泣横流。宣王曰："且止，忍不可忍。"爽诛后，入为司隶校尉，凡临七郡五州，皆有威信。迁司空，封大利亭侯，邑一百户。礼与卢毓同郡时辈，而情好不睦。为人虽互有长短，然名位略齐云。嘉平二年薨，谥曰景侯。孙元嗣。

王观字伟台，东郡廪丘人也。少孤贫励志，太祖召为丞相文学掾，出为高唐、阳泉、酂、任令，所在称治。文帝践阼，入为尚书郎、廷尉监，出为南阳、涿郡太守。涿北接鲜卑，数有寇盗，观令边民十家已上，屯居，筑京候。时或有不愿者，观乃假遣朝吏，使归助子弟，不与期会，但敕事讫各还。于是吏民相率不督自劝，旬日之中，一时俱成。守御有备，寇钞以息。明帝即位，下诏书使郡县条为剧、中、平者。主者欲言郡为中平，观教曰："此郡滨近外虏，数有寇害，云何不为剧邪？"主者曰："若郡为外剧，恐于明府有任子。"观曰："夫君者，所以为民也。今郡在外剧，则于役条当有降差。岂可为太守之私而负一郡之民乎？"遂言为外剧郡，后送任子诣邺。时观但有一子而又幼弱。其公心如此。观治身清素，帅下以俭，僚属承风，莫不自励。

明帝幸许昌，召观为治书侍御史，典行台狱。时多有仓卒喜怒，而观不阿意顺指。太尉司马宣王请观为从事中郎，迁为尚书，

傅司马懿，满面怒容又不说话。司马懿说：“你得到并州，还嫌少吗？是因为划分郡界受到不公正待遇而不满吗？现在就要远征了，为什么这样不高兴！”孙礼说：“明公此话谬矣！我孙礼虽然无德无能，但岂会对官位和以往之事在意？本以为明公追随伊尹、吕尚，辅佐皇室，上报明帝嘱托，下建万世之功勋。可现在却是国有危难，朝廷上下骚动不安，实在让人忧心啊！”说着泪流满面。司马懿说：“不要说了，先忍着吧！”曹爽被杀后，孙礼进京任司隶校尉，在他统领的七郡五州中，都很有威信。其后升任司空，封大利亭侯，食邑一百户。孙礼和卢毓同是涿郡人，年龄差不多，但两人关系却不好。虽然为人互有长短，但名声官位大致相当。嘉平二年孙礼去世，谥号景侯。孙子孙元继承了爵位。

王观字伟台，是东郡廪丘县人。他年轻的时候虽孤苦贫穷，但是却能勤勉奋进。曹操征召他为丞相文学掾，先后出任高唐、阳泉、酂、任诸县县令，所管辖的地方都有很好的治绩。曹丕登基后，入朝任尚书郎、廷尉监，出任南阳、涿郡太守。涿郡北与鲜卑相连，屡遭贼寇骚扰。王观命边境居民十家以上屯居一处，在高处修建瞭望哨所。当时有的人不愿意去做，王观就借派朝廷官员之机，让他们回去帮助各自子弟，不规定期限，只要把该做的事情做完就回去。就这样，吏卒和百姓，互相鼓励，不用监督，只十几天就全部完成了。防御有了准备，遭受掠夺的事也就再没发生。曹叡即位，下诏书要各郡、县按繁难、中等、平治三个等级分条上报。主事官想把涿郡列为中或平，王观说：“涿郡靠近边境，经常有敌人侵犯，为什么不能列为繁难呢？”主办官说：“如果把涿郡划为边郡，恐怕您的儿子就要送到京城做人质。”王观说：“当官就是要为百姓。把涿郡划为边郡，百姓的劳役种类就会降低。我怎能为一己之私而有负一郡百姓呢？”便上言涿郡为边郡，之后，王观把儿子送到邺城为人质。当时，王观只有一个儿子而且小时候身体比较弱。他就是这样公正无私。王观一生清廉俭朴，为下属做出表率，下属受他的影响，都勤勉自强。

明帝到了许昌，征召王观为治书侍御史，主管尚书台的案件审理。当时明帝常常喜怒无常，而王观却不阿谀奉承。太尉宣王司马懿

出为河南尹，徙少府。大将军曹爽使材官张达斫家屋材，及诸私用之物，观闻知，皆录夺以没官。少府统三尚方御府内藏玩弄之宝，爽等奢放，多有干求，惮观守法，乃徙为太仆。司马宣王诛爽，使观行中领军，据爽弟羲营，赐爵关内侯，复为尚书，加驸马都尉。高贵乡公即位，封中乡亭侯。顷之，加光禄大夫，转为右仆射。常道乡公即位，进封阳乡侯，增邑千户，并前二千五百户。迁司空，固辞，不许，遣使即第拜授。就官数日，上送印绶，辄自舆归里舍。薨于家，遗令藏足容棺，不设明器，不封不树。谥曰肃侯。子悝嗣。咸熙中，开建五等，以观著勋前朝，改封悝胶东子。

评曰：韩暨处以静居行化，出以任职流称；崔林简朴知能；高柔明于法理；孙礼刚断伉厉；王观清劲贞白：咸克致公辅。及暨年过八十，起家就列；柔保官二十年，元老终位；比之徐邈、常林，于兹为疚矣。

请王观担任从事中郎，后又升迁为尚书，出任河南尹，改任少府。大将军曹爽派材官张达为自己砍伐建造房屋的木材，又制作许多其他的私人用品，王观听说后，把用品全都没收。少府掌管中左右三尚方官署以及御府珍藏的供玩赏的珍宝，曹爽等人奢侈放纵，好几次想求得这些珍宝，畏惧王观守法严格，便改任王观为太仆。司马懿诛杀曹爽以后，让王观代理中领军将军，占据曹爽弟弟曹羲的营垒，赐给王观关内侯的爵位，又让王观出任尚书，加驸马都尉。高贵乡公曹髦即位，封王观为中乡亭侯。没过多长时间，又加光禄大夫官职，转为右仆射。常道乡公曹奂即位，晋封王观为阳乡侯，增加封邑一千户，与以前所封加在一起共二千五百户。又升任司空，王观坚决推辞，朝廷不允许，派遣使臣到王观家中授予官职。王观几天后，就把印绶交还给上面，自己坐着车回家了。他在家中去世，遗命墓室只要容下棺材就可以了，不用器物陪葬，墓穴上不起坟不种树。朝廷给王观加谥号为肃侯。儿子王悝承袭爵位。咸熙年间，设置了立五等爵位，因为王现在前朝功勋卓著，改封王悝为胶东子。

评论说：韩暨在家时用静心安居施行教化，做官后因政绩凸显而留下好名声；崔林清廉俭朴，有见识才能；高柔精通法律，善于审理案件；孙礼刚正、倔强、严厉、有威仪；王观刚劲、正直、清白坦诚：他们都因此而做到三公的职位。韩暨年过八十，重新出来做官；高柔身居廷尉二十多年，以元老的身份终于任上；与之相比，徐邈、常林在对待官禄上，两人应当感到惭愧。

卷二十五　魏书二十五

辛毗杨阜高堂隆传第二十五

辛毗字佐治，颍川阳翟人也。其先建武中，自陇西东迁。毗随兄评从袁绍。太祖为司空，辟毗，毗不得应命。及袁尚攻兄谭于平原，谭使毗诣太祖求和。太祖将征荆州，次于西平。毗见太祖致谭意，太祖大悦。后数日，更欲先平荆州，使谭、尚自相弊。他日置酒，毗望太祖色，知有变，以语郭嘉。嘉白太祖，太祖谓毗曰："谭可信？尚必可克不？"毗对曰："明公无问信与诈也，直当论其势耳。袁氏本兄弟相伐，非谓他人能间其间，乃谓天下可定于己也。今一旦求救于明公，此可知也。显甫见显思困而不能取，此力竭也。兵革败于外，谋臣诛于内，兄弟谗阋，国分为二；连年战伐，而介胄生虮虱，加以旱蝗，饥馑并臻，国无囷仓，行无裹粮，天灾应于上，人事困于下，民无愚智，皆知土崩瓦解，此乃天亡尚之时也。兵法称有石城汤池带甲百万而无粟者，不能守也。今往攻邺，尚不还救，即不能自守。还救，即谭踵其后。以明公之威，应困穷之敌，击疲弊之寇，无异迅风之振秋叶矣。天以袁尚与明公，明公不取而伐荆州。荆州丰乐，国未有衅。仲虺有言：'取乱侮亡。'方今二袁不务远略而内相图，可谓乱矣；居者无食，行者无粮，可谓亡矣。朝不谋夕，民命靡继，而不绥之，欲待他年；他年或登，又自知亡而改修厥德，失所以用兵之要矣。今因其请救而抚之，利莫大焉。且四方之寇，莫大于河北；河北平，则六军盛而天下震。"太祖曰："善。"乃许谭平，次于黎阳。明年攻邺，克之，表毗为议郎。

辛毗，字佐治，是颍川阳翟县人。他的祖先于光武帝建武年间从陇西迁徙过来。辛毗和哥哥辛评追随袁绍。曹操任司空，征聘辛毗，辛毗不从。到袁尚在平原进攻袁谭之时，袁谭派辛毗到曹操处求援。曹操正要征讨荆州，兵马驻扎在西平。辛毗见到曹操，曹操十分高兴。不久，曹操又改变主意决定还是先平定荆州，让袁谭、袁尚自相残杀。几天后，曹操设宴，辛毗观察曹操脸色，知道有了变化，就把心里的疑问告诉了郭嘉。郭嘉又转告给曹操，曹操问辛毗："袁谭可信吗？他能打败袁尚吗？"辛毗回答说："我们不必讨论信与诈的问题，只论其形势就够了。袁氏兄弟相互攻打，从不想他人可以乘虚而入，只认为天下可由他们自己定夺。而今袁谭向您求救，其势已见竭。袁尚明知袁谭如困兽犹斗，却不能攻取，说明袁尚也已精疲力竭。互相杀伐，兄弟火并，领地各占一半。因为连年征战，士兵的铠甲里生了虱子，又遇上旱灾和蝗灾，国库没有一点储备，行军打仗，士兵身上也无干粮，真是上有天灾，下有人祸。无论是智者还是愚者，都知道他们会彻底失败。这是天亡袁氏啊！兵法说，没有粮食，即使有坚固的城堡和精良的武装，也无法坚守，现在若攻打邺城，袁尚就要回师援救，如果回师援救，而袁谭又随后穷追。以丞相的声威，迎击困疲之敌，如秋风扫落叶一样。上天把消灭袁尚的机会交给您，您不利用时机却要攻打荆州，荆州物产丰富百姓安稳，坚固得没有空子可钻。仲虺说过：'攻取乱亡之地。'而今二袁不做长远考虑却自相图谋，百姓没有粮食储存，打仗的人没有粮食可带，很快就要灭亡了。袁氏统治下的百姓生命无法保障，现在您不去安抚他们，却要等到来年；来年如果收成好，袁氏觉察到灭亡就要来临而改行德政，丞相就失去了用兵的机会。如今借此机会安抚那里的百姓，可取得最大的利益。更何况如今的敌对势力，没有比河北袁氏再大

久之，太祖遣都护曹洪平下辩，使毗与曹休参之，令曰：“昔高祖贪财好色，而良、平匡其过失。今佐治、文烈忧不轻矣。”军还，为丞相长史。

文帝践阼，迁侍中，赐爵关内侯。时议改正朔。毗以魏氏遵舜、禹之统，应天顺民；至于汤、武，以战伐定天下，乃改正朔。孔子曰“行夏之时”，《左氏传》曰“夏数为得天正”，何必期于相反。帝善而从之。

帝欲徙冀州士家十万户实河南。时连蝗民饥，群司以为不可，而帝意甚盛。毗与朝臣俱求见，帝知其欲谏，作色以见之，皆莫敢言。毗曰：“陛下欲徙士家，其计安出？”帝曰：“卿谓我徙之非邪？”毗曰：“诚以为非也。”帝曰：“吾不与卿共议也。”毗曰：“陛下不以臣不肖，置之左右，厕之谋议之官，安得不与臣议邪！臣所言非私也，乃社稷之虑也，安得怒臣！”帝不答，起入内；毗随而引其裾，帝遂奋衣不还，良久乃出，曰：“佐治，卿持我何太急邪？”毗曰：“今徙，既失民心，又无以食也。”帝遂徙其半。尝从帝射雉，帝曰：“射雉乐哉！”毗曰：“于陛下甚乐，而于群下甚苦。”帝默然，后遂为之稀出。

上军大将军曹真征朱然于江陵，毗行军师。还，封广平亭侯。帝欲大兴军征吴，毗谏曰：“吴、楚之民，险而难御，道隆后服，道

的了；河北平定了，明公的军力就会大大增强而震慑天下。”曹操说：“很好。”便接受了袁谭的请求，兵马开到黎阳。第二年攻克邺城，上表任辛毗为议郎。

之后，曹操派都护将军曹洪去平定下辩县，让辛毗和曹休随军参谋，并且下令说：“从前汉高祖贪财好色，张良、陈平曾指正他的过失。今天辛佐治、曹文烈要操心的事不轻啊！”曹洪军返回后，辛毗被任命为丞相长史。

曹丕即位，辛毗升迁做了侍中，赐爵关内侯。当时正在讨论改换历法。辛毗认为，魏朝遵舜、禹禅让的传统，应天顺民；商汤王、周武王以武力平定天下，才改变历法。孔子说“要使用夏朝的历法”，《左传》说“夏朝的历法符合上天的运行状况”，何必非得让历法与前朝不同呢？文帝认为很对，便听从了。

文帝当时曾想把冀州的军属十万户迁来以充实河南这个地方。当时百姓连年遭受蝗虫灾害，饥饿贫苦，朝臣们都认为不能迁民来河南，但是曹丕的决心很大。辛毗和大臣们一起要求皇上接见。文帝知道他们是想要规劝迁民的事，就满面怒色地出来召见大臣们，大臣们都噤若寒蝉不敢讲话了。辛毗说：“陛下您想把河北的军属迁移到河南，您的计划是什么样的呢？”文帝说：“难道这件事不合理吗？”辛毗说：“我觉得它确实不合常理。”文帝说：“我不想和你们商议这件事。”辛毗说：“陛下不认为我才能低下，让我服侍在您的左右，承担了出谋议论的责任，我怎么能袖手旁观不和您讨论呢！我的话不是出于私利，而是为了国家的利益，您怎么能向臣下发怒呢！”文帝不回答，起身回宫去了。辛毗紧跟着他，拉住他的衣襟。文帝便扔掉外衣，头也不回走进内室，过了很长时间才出来，对辛毗说：“佐治，你是不是把我逼得太急了？”辛毗说：“现在迁徙民户，既失去民心，又不能供给他们粮食。”文帝便迁徙了原来的一半。辛毗曾随文帝猎射野鸡，文帝说：“射野鸡真是快乐！”辛毗说：“这对陛下来说是快乐，对臣下却是劳苦。”文帝没有说话，以后便很少外出射猎了。

上军大将军曹真讨伐驻扎在江陵的朱然，辛毗代理军师的职务。回来以后，被封为广平亭侯。文帝想大规模调集军队征伐孙吴，

洿先叛，自古患之，非徒今也。今陛下祚有海内，夫不宾者，其能久乎？昔尉佗称帝，子阳僭号，历年未几，或臣或诛。何则，违逆之道不久全，而大德无所不服也。方今天下新定，土广民稀。夫庙算而后出军，犹临事而惧，况今庙算有阙而欲用之，臣诚未见其利也。先帝屡起锐师，临江而旋。今六军不增于故，而复循之，此未易也。今日之计，莫若修范蠡之养民，法管仲之寄政，则充国之屯田，明仲尼之怀远；十年之中，强壮未老，童龀胜战，兆民知义，将士思奋，然后用之，则役不再举矣。”帝曰：“如卿意，更当以虏遗子孙邪？”毗对曰：“昔周文王以纣遗武王，唯知时也。苟时未可，容得已乎！”帝竟伐吴，至江而还。

明帝即位，进封颍乡侯，邑三百户。时中书监刘放、令孙资见信于主，制断时政，大臣莫不交好，而毗不与往来。毗子敞谏曰：“今刘、孙用事，众皆影附，大人宜小降意，和光同尘；不然必有谤言。”毗正色曰：“主上虽未称聪明，不为闇劣。吾之立身，自有本末。就与刘、孙不平，不过令吾不作三公而已，何危害之有？焉有大丈夫欲为公而毁其高节者邪？”冗从仆射毕轨表言：“尚书仆射王思精勤旧吏，忠亮计略不如辛毗，毗宜代思。”帝以访放、资，放、资对曰：“陛下用思者，诚欲取其效力，不贵虚名也。毗实亮直，然性刚而专，圣虑所当深察也。”遂不用。出为卫尉。

辛毗劝谏说："吴、楚故地的居民，凶恶而难以控制，政治兴隆时这些居民最后服从，政治衰败时这些居民最先反叛，自古以来就令人忧患，并非现在才是这样。如今陛下享有天下，那些不服从的人，还能长久吗？当初尉佗称帝，公孙述冒充天子，没过几年，有的臣服，有的被杀。为什么呢，就是因为违逆的道路是不能长久保全的，而伟大的品德是无所不服的。现在天下刚刚平定，土地广阔民众稀少。在朝廷中制定好了策略然后出兵，尚且在出兵的时候还有所担心，况且现在还没有必胜的把握就想用兵，臣确实看不出有什么好处。先帝几次兴起精兵南征，到了长江边上都撤了回来。如今军队数量不比以前多，而又依照以前的办法行事，结果是不会有什么改变的。今天的打算，不如实行从前范蠡养育人民的策略，模仿管仲为加强军事实力披上行政外衣的办法，效法赵充国推广屯田，明确按照孔子的话安抚远方的人；这样坚持十年，强壮的人还没老，儿童已经能够从事战斗，全国的百姓懂得了道义，全军的将士思念奋勇杀敌，然后再用兵，就可以一举成功了。"文帝说："按照卿的意思，要把敌人留给子孙去解决吗？"辛毗回答："过去周文王把商纣王留给武王去解决，因为周文王看清了时势。如果时势不允许，能够实现目的吗！"文帝还是出兵攻打吴国，进军到了长江边后撤回。

明帝即位，封辛毗为颍乡侯，食邑三百户。当时中书监刘放、中书令孙资很得明帝宠信，专断朝政。许多大臣都想办法和他们二人接近，只有辛毗不与他们往来。辛毗的儿子辛敞劝说道："现在刘放、孙资当权，人们像影子一样依附他们，父亲您应该稍微圆通一下，不然会出现诽谤您的言论。"辛毗很严肃地说："皇上不是很聪明，但也不是昏庸之主。我立身处世，自有原则。不和刘放、孙资来往的最大弊端，只能是让我不做三公罢了，还有其他的危害吗？。大丈夫不能因想做三公就毁掉高尚的节操！"冗从仆射毕轨上表说："尚书仆射王思是勤恳的老资格官员，但坦荡与谋略不如辛毗，辛毗应替代王思的职位。"明帝询问刘放、孙资，他们回答说："陛下任用王思，是想发挥他实干的才能，不是重视虚名。辛毗确实坦荡正直，然而性情倔强，望陛下深思。"明帝便没有任用辛毗。辛毗出任卫尉。

帝方修殿舍，百姓劳役，毗上疏曰："窃闻诸葛亮讲武治兵，而孙权市马辽东，量其意指，似欲相左右。备豫不虞，古之善政，而今者宫室大兴，加连年谷麦不收。《诗》云：'民亦劳止，迄可小康，惠此中国，以绥四方。'唯陛下为社稷计。"帝报曰："二虏未灭而治宫室，直谏者立名之时也。夫王者之都，当及民劳兼办，使后世无所复增，是萧何为汉规摹之略也。今卿为魏重臣，亦宜解其大归。"帝又欲平北芒，令于其上作台观，则见孟津。毗谏曰："天地之性，高高下下，今而反之，既非其理；加以损费人功，民不堪役。且若九河盈溢，洪水为害，而丘陵皆夷，将何以御之？"帝乃止。

青龙二年，诸葛亮率众出渭南。先是，大将军司马宣王数请与亮战，明帝终不听。是岁恐不能禁，乃以毗为大将军军师，使持节；六军皆肃，准毗节度，莫敢犯违。亮卒，复还为卫尉。薨，谥曰肃侯。子敞嗣，咸熙中，为河内太守。

杨阜字义山，天水冀人也。以州从事为牧韦端使诣许，拜安定长史。阜还，关右诸将问袁、曹胜败孰在，阜曰："袁公宽而不断，好谋而少决；不断则无威，少决则失后事，今虽强，终不能成大业。曹公有雄才远略，决机无疑，法一而兵精，能用度外之人，所任各尽其力，必能济大事者也。"长史非其好，遂去官。而端征为太仆，其子康代为刺史，辟阜为别驾。察孝廉，辟丞相府，州表留参军事。

马超之战败渭南也，走保诸戎。太祖追至安定，而苏伯反河间，将引军东还。阜时奉使，言于太祖曰："超有信、布之勇，甚得羌、胡心，西州畏之。若大军还，不严为之备，陇上诸郡非国家之有

皇帝大修宫殿，百姓劳役沉重而且又耽误了农耕。辛毗上疏说：“臣听说诸葛亮在排演阵法，训练士卒，孙权在辽东购买战马，推测他们的意图，很可能是要相互联合，向我们进攻。预先防备突发事件，是古代的好策略，而现在您却大修宫殿，粮食连年歉收。《诗经》说：‘百姓已非常劳苦，应爱护百姓，使他们安康，以安抚天下。’愿陛下多为国家着想。”明帝回答说：“吴、蜀尚未消灭，兴伐土木，正可给敢于直谏的人以建立功名的机会。帝王之都，应让百姓共同修筑，免得后世再劳民伤财，这也是萧何为汉朝国都规划的基本策略。你是朝中重臣，应当明白这个道理。”明帝又想削平北芒山，在上面建造高台，以望孟津。辛毗上谏说：“天地品性，该高则高，该低则低，而今却反行其道，既不合天理，又劳民伤财，百姓苦不堪言。再者，如河流洪水泛滥，山陵都夷为平地，还怎么防御呢？”明帝这才罢手。

青龙二年，诸葛亮出兵征讨渭南。此前，大将军司马懿曾多次请求和诸葛亮作战。明帝始终不答应。此时已不能制止了，就派辛毗持节为大将军军师，魏国兵士全都听从辛毗的指挥调动，没有人敢违抗他的命令。诸葛亮死后，辛毗再次回来做卫尉。辛毗死后，赠谥号肃侯。儿子辛敞承继爵位。咸熙年间，辛敞被任命为河内太守。

杨阜字义山，是天水冀县人。以州从事的身份替州刺史韦端出使许昌，被任命为安定郡长史。杨阜回来以后，关西众将领问他袁绍与曹操谁胜谁败，杨阜说：“袁绍外宽而内忌，多谋而少断。太宽容就没有威信，少决断就会失去机会。现在虽然看似强大，终不成大业。曹操雄才伟略，果敢决断，政令统一，兵马精良，能破格用人，所任用之人都能各尽其力，定能成就大事。”他对长史这个职位不感兴趣，于是，辞官而去。韦端被任为太仆，他的儿子韦康代替他任刺史，征召杨阜任别驾。后杨阜被举为孝廉，要征召到丞相府去任职。州里上表请留下他任参军。

马超在渭南战败，逃到边塞胡人那里。曹操率军追到安定，然而苏伯又在河间叛变，曹操要率领军队东还。此时，杨阜作为使节正在曹营，对曹操说：“马超有韩信、黥布的勇猛，极得羌、胡等族人的

也。”太祖善之，而军还仓卒，为备不周。超率诸戎渠帅以击陇上郡县，陇上郡县皆应之，惟冀城奉州郡以固守。超尽兼陇右之众，而张鲁又遣大将杨昂以助之，凡万余人，攻城。阜率国士大夫及宗族子弟胜兵者千余人，使从弟岳于城上作偃月营，与超接战，自正月至八月拒守而救兵不至。州遣别驾阎温循水潜出求救，为超所杀，于是刺史、太守失色，始有降超之计。阜流涕谏曰："阜等率父兄子弟以义相励，有死无二；田单之守，不固于此也。弃垂成之功，陷不义之名，阜以死守之。”遂号哭。刺史、太守卒遣人请和，开城门迎超。超入，拘岳于冀，使杨昂杀刺史、太守。

阜内有报超之志，而未得其便。顷之，阜以丧妻求葬假。阜外兄姜叙屯历城。阜少长叙家，见叙母及叙，说前在冀中时事，歔欷悲甚。叙曰："何为乃尔？”阜曰："守城不能完，君亡不能死，亦何面目以视息于天下！马超背父叛君，虐杀州将，岂独阜之忧责，一州士大夫皆蒙其耻。君拥兵专制而无讨贼心，此赵盾所以书弑君也。超强而无义，多衅易图耳。”叙母慨然，敕叙从阜计。计定，外与乡人姜隐、赵昂、尹奉、姚琼、孔信、武都人李俊、王灵结谋，定讨超约，使从弟谟至冀语岳，并结安定梁宽、南安赵衢、庞恭等。约誓既明，十七年九月，与叙起兵于卤城。超闻阜等兵起，自将出。而衢、宽等解岳，闭冀城门，讨超妻子。超袭历城，得叙母。叙母骂之曰："汝背父之逆子，杀君之桀贼，天地岂久容汝，而不早死，敢以面目视人乎！”超怒，杀之。阜与超战，身被五创，宗族昆弟死者七人。超遂南奔张鲁。

拥戴，西境的人都敬畏他。如果大军回师，不做严密的防守，恐怕陇上诸郡就不再是国家所有了。”曹操深表赞同。然而，曹军仓促撤离，没来得及做更周密的部署，马超就率各部胡人攻击陇上诸郡县，各郡县都纷纷响应，只有冀城在固守。马超集陇右兵马与张鲁所派大将杨昂约万余人一起攻城。杨阜率郡吏和宗族子弟中能上阵的有千人，又让堂弟杨岳在城上修筑偃月营，与马超交战，从正月至八月一直坚守而救兵也没来。州府派别驾从事阎温顺着城边的河水潜游出去搬救兵，被马超抓住杀了。刺史和太守们吓得脸色都变了，暗中串联开始有了投降马超的想法。杨阜流着泪劝道：“我杨阜与家乡父老兄弟以忠义互勉，至死没有二心，即使田单的即墨，也不能比冀城更坚固。放弃了就要落下不义的恶名，请誓死坚守。”说完大哭了起来。刺史和太守还是派人请和，开城门迎接马超。马超进城后，把杨岳拘捕，又让杨昂杀死州刺史和郡太守。

杨阜始终怀着报复马超的想法，却一直没有找到合适的机会。不久，杨阜的妻子死了，杨阜请求给假安葬妻子。杨阜的表兄姜叙领兵驻在历城，杨阜小时候在姜家长大。见到姜叙的母亲和姜叙时，就说起前不久在冀城发生的事，叹息流泪，十分伤感。姜叙说：“为什么这样难过呢？”杨阜说：“我没有使城池保住，上司死了又不能随他们一起去死，有何脸面生存于世！马超弃父叛朝，残害州刺史，这不光是我，也是全凉州士大夫的耻辱。您镇守一方却没有讨逆之心，这就是晋国史官认为是赵盾谋杀了君主的原因。马超虽强但没有道义，他内部不合不难对付。”姜叙的母亲感慨地要求姜叙听从杨阜的计策。计策定下来后，又到外面与同乡人姜隐、赵昂、尹奉、姚琼、孔信，武都县人李俊、王灵等一同商议，约定讨伐马超的日期，姜叙又派堂弟姜谟到冀城告诉杨岳，并联络安定郡人梁宽、南安郡人赵衢、庞恭等人。明确了讨伐的日期和誓言，建安十七年九月，杨阜与姜叙在卤城起兵。马超听说杨阜等人发兵，亲自率兵出战。梁宽、赵衢等人乘机解救了杨岳，关闭了冀县城门，又杀了马超的妻子儿女。马超袭击历城，抓住了姜叙的母亲。姜母骂他说：“你这抛弃父亲的逆子，杀害长官的恶贼，天地不会容你，你还不早死，有何脸面见

陇右平定，太祖封讨超之功，侯者十一人，赐阜爵关内侯。阜让曰：“阜君存无扞难之功，君亡无死节之效，于义当绌，于法当诛；超又不死，无宜苟荷爵禄。”太祖报曰：“君与群贤共建大功，西土之人以为美谈。子贡辞赏，仲尼谓之止善。君其剖心以顺国命。姜叙之母，劝叙早发，明智乃尔，虽杨敞之妻盖不过此。贤哉，贤哉！良史记录，必不坠于地矣。”

太祖征汉中，以阜为益州刺史。还，拜金城太守，未发，转武都太守。郡滨蜀汉，阜请依龚遂故事，安之而已。会刘备遣张飞、马超等从沮道趣下辩，而氐雷定等七部万余落反应之。太祖遣都护曹洪御超等，超等退还。洪置酒大会，令女倡著罗縠之衣，蹋鼓，一坐皆笑。阜厉声责洪曰：“男女之别，国之大节，何有于广坐之中裸女人形体！虽桀、纣之乱，不甚于此。”遂奋衣辞出。洪立罢女乐，请阜还坐，肃然惮焉。

及刘备取汉中以逼下辩，太祖以武都孤远，欲移之，恐吏民恋土。阜威信素著，前后徙民、氐，使居京兆、扶风、天水界者万余户，徙郡小槐里，百姓襁负而随之。为政举大纲而已，下不忍欺也。文帝问侍中刘晔等：“武都太守何如人也？”皆称阜有公辅之节。未及用，会帝崩。在郡十余年，征拜城门校尉。

阜常见明帝着绣帽，被缥绫半褎，阜问帝曰：“此于礼何法服也？”帝默然不答，自是不法服不以见阜。

人！”马超大怒，杀了姜叙的母亲。杨阜与马超作战，身上五处受伤，同族中的兄弟死了七人。马超南逃，归降张鲁。

陇右平定，曹操封赏讨伐马超的功臣，封侯的共有十一人，赐封杨阜为关内侯。杨阜辞让说：“我没有能保护好州君性命，也没有尽节，从道义上来说我应该被贬退，法律上讲我也应负罪加刑；况且马超又没死，我不该接受爵禄。”曹操说：“您与群贤共建大功，西部百姓至今传为美谈。子贡辞让封赏，孔子认为不妥。您尽心报国，其志可嘉，姜母劝姜叙起兵，实是明大义之举，即使杨敞的妻子也不过如此。贤能可贵啊！史官将记录于史书，历史是不会忘记你们的。”

曹操征讨汉中，以杨阜为益州刺史。回来以后，让他担任金城郡太守，还没赴任，又转任武都郡太守。武都与蜀汉临界，杨阜请求按照过去龚遂治理勃海的办法，以安定百姓为要。此时正赶上刘备遣张飞、马超等人从沮道进攻下辩，氐人雷定等七部一万多家反叛响应。曹操派都护曹洪抵御马超，马超撤退。曹洪摆酒宴庆贺，令女艺人穿轻而透明的丝衣，边跳舞边用脚踢鼓，在座的人都尽情欢笑。杨阜严厉地指责曹洪说：“男女有别，是有关风化的大事，为什么在大庭广众之下裸露女人的形体！就是夏桀、商纣的淫乱之举，也没像现在这样。”猛甩衣袖告辞而去。曹洪立即停止了女艺人的表演，请杨阜回到座上并道歉，对他非常恭敬。

刘备攻取汉中，进逼下辩。曹操考虑到武都孤立且远在边陲，想让民众迁移到内地，可又担心当地官兵眷恋故土。杨阜以他的威望和信誉，顺利地迁徙汉、氐人一万多户，安置在京兆、扶风、天水等界内，郡治移到小槐里，百姓扶老携幼随行。杨阜做太守只抓大事，下面的人也不忍心在小事上欺骗他。文帝问侍中刘晔等人：“武都太守是个怎样的人？”刘晔等都一致称赞杨阜是担任三公之职的人才。还没有来得及任用，文帝去世了。杨阜在郡十几年，才被召任为城门校尉。

杨阜看到明帝戴着绣花的帽子，披着青白色花绫的半袖衣，就问明帝：“这在礼法中叫什么服装呢？”明帝无法回答。自此以后，明

迁将作大匠。时初治宫室，发美女以充后庭，数出入弋猎。秋，大雨震电，多杀鸟雀。阜上疏曰："臣闻明主在上，群下尽辞。尧、舜圣德，求非索谏；大禹勤功，务卑宫室；成汤遭旱，归咎责己；周文刑于寡妻，以御家邦；汉文躬行节俭，身衣弋绨：此皆能昭令问，贻厥孙谋者也。伏惟陛下奉武皇帝开拓之大业，守文皇帝克终之元绪，诚宜思齐往古圣贤之善治，总观季世放荡之恶政。所谓善治者，务俭约、重民力也；所谓恶政者，从心恣欲，触情而发也。惟陛下稽古世代之初所以明赫，及季世所以衰弱至于泯灭，近览汉末之变，足以动心诫惧矣。曩使桓、灵不废高祖之法，文、景之恭俭，太祖虽有神武，于何所施其能邪？而陛下何由处斯尊哉？今吴、蜀未定，军旅在外，愿陛下动则三思，虑而后行，重慎出入，以往鉴来，言之若轻，成败甚重。顷者天雨，又多卒暴，雷电非常，至杀鸟雀。天地神明，以王者为子也，政有不当，则见灾谴。克己内讼，圣人所记。惟陛下虑患无形之外，慎萌纤微之初，法汉孝文出惠帝美人，令得自嫁；顷所调送小女，远闻不令，宜为后图。诸所缮治，务从约节。《书》曰：'九族既睦，协和万国。'事思厥宜，以从中道，精心计谋，省息费用。吴、蜀以定，尔乃上安下乐，九亲熙熙。如此以往，祖考心欢，尧舜其犹病诸。今宜开大信于天下，以安众庶，以示远人。"时雍丘王植怨于不齿，藩国至亲，法禁峻密，故阜又陈九族之义焉。诏报曰："间得密表，先陈往古明王圣主，以讽闇政，切至之辞，款诚笃实。退思补过，将顺匡救，备至悉矣。览思苦言，吾甚嘉之。"

帝都是穿礼法规定的服装出来见杨阜。

杨阜升任将作大匠。明帝大兴土木，广选美女充实后宫，还经常出宫到禁苑中巡猎。秋天，大雨雷电，伤了很多鸟雀。杨阜上疏说："圣主在位，群臣敢直言不讳。尧、舜都是明主，他们还公开地让群臣批评劝谏；大禹功高业显，而所居宫室却很窄小；成汤王遇上旱灾，归罪于自己；周文王先让自己的妻子树立榜样，然后才进而治理国家；汉文帝崇尚节俭，身着粗布衣服。前代帝王之所以这样，都是能够听取好的建议，为后代子孙着想。臣望陛下在承继武皇帝伟业的同时，再恪守文皇帝全始全终的传统，向古圣先贤的善政看齐，摒弃末代亡国的恶政。所谓善政，就是崇尚节俭，看重民力；人们说的恶政，就是任意放纵，无所顾忌。希望陛下能考察古代各朝刚建立时显赫的原因，推究末世衰弱以至灭亡的缘故；近看汉末天下混乱之由，就足以使人心生警惕！如果汉桓帝和灵帝不废弃汉高祖制定的法度，不丢掉汉文帝、景帝的俭朴的美德，我大魏太祖又怎能施展他的神明英武呢？陛下又怎能高居九五之尊呢？现在，吴、蜀两国还没有平定，兵马常年在外，有什么举措都要考虑成熟后再行动，以旧事为鉴，慎之又慎，这对国家的兴衰成败至关重要。近来天降大雨，又多次突发霹雳闪电，以至打死鸟雀。天地神明，把人间帝王当作儿子，如果施政不当，就会以灾害谴责。约束自己，检查自责，是圣人的训教。希望陛下在问题还没有完全暴露以前就预先考虑到，谨慎对待刚出现的事物，效法汉文帝，遣散惠帝妃嫔让她们另嫁他人的做法。近来从民间征调美女入宫，已对远方造成不利的影响，要另外再打算。皇宫修缮的各项工程，务必遵循节俭的原则。《尚书》说：'家庭和睦，国家才和谐。'皇族的事务要符合中庸之道，要精心谋划，节省费用。只有平定吴、蜀，才会和谐愉快，逝去的祖父、父亲才会高兴，因为尧、舜也难以全部做到这些。如今，应向天下显示信用，以安抚国内民众，也让远方的人都能看到。"当时雍丘王曹植一直怀有不满，朝廷又使用严厉的法规监视宗室亲王，所以，杨阜又在上疏中陈述了皇族问题。明帝回复说："看了您的密封奏疏，以古代的明君圣主来批评昏暗的朝政，恳切的言辞，忠诚而实在。对于如何弥补过失，

后迁少府。是时大司马曹真伐蜀，遇雨不进。阜上疏曰：“昔文王有赤乌之符，而犹日昃不暇食；武王白鱼入舟，君臣变色。而动得吉瑞，犹尚忧惧，况有灾异而不战竦者哉？今吴、蜀未平，而天屡降变，陛下宜深有以专精应答，侧席而坐，思示远以德，绥迩以俭。间者诸军始进，便有天雨之患，稽阂山险，以积日矣。转运之劳，担负之苦，所费以多，若有不继，必违本图。《传》曰：‘见可而进，知难而退，军之善政也。’徒使六军困于山谷之间，进无所略，退又不得，非主兵之道也。武王还师，殷卒以亡，知天期也。今年凶民饥，宜发明诏损膳减服，技巧珍玩之物，皆可罢之。昔邵信臣为少府于无事之世，而奏罢浮食；今者军用不足，益宜节度。”帝即召诸军还。

后诏大议政治之不便于民者，阜议以为：“致治在于任贤，兴国在于务农。若舍贤而任所私，此忘治之甚者也。广开宫馆，高为台榭，以妨民务，此害农之甚者也。百工不敦其器，而竞作奇巧，以合上欲，此伤本之甚者也。孔子曰：‘苛政甚于猛虎。’今守功文俗之吏，为政不通治体，苟好烦苛，此乱民之甚者也。当今之急，宜去四甚，并诏公卿郡国，举贤良方正敦朴之士而选用之，此亦求贤之一端也。”

阜又上疏欲省宫人诸不见幸者，乃召御府吏问后宫人数。吏守旧令，对曰：“禁密，不得宣露。”阜怒，杖吏一百，数之曰：“国家不与九卿为密，反与小吏为密乎？”帝闻而愈敬惮阜。

也说得很全面。虽然听着不好听，却是忠言，我非常赞赏。”

后来，又升杨阜为少府。当时大司马曹真征伐蜀国，正好遇上连雨天，兵马没有办法前进。杨阜上表说：“过去周文王有红色乌鸦的符箓，还忙得太阳西斜了都没有工夫吃饭；武王伐纣时，白鱼跳进船里，君王和大臣都为此变了脸色而忧疑。兵马进行中得到了吉祥的征兆，尚且还要小心谨慎，何况有了灾难变异怎能不让人恐惧呢？现在吴、蜀没有平定，老天却多次降下异灾。陛下，您应该专注恭敬地回答上天，坐侧席想，怎样把德行昭示给远方，以节俭的行为使近处安定。曹真兵马刚开始进军，就天降大雨，被困于崇山之中。几天来，转运粮草非常艰难，费用特别多。万一粮食无法后继，就难免前功尽弃。《左传》说：‘见可而进，知难而退，军之善政也。’现在大军困于山谷，进退两难，这不是用兵之理。武王见白鱼跳船而还师，殷商最终还是被灭掉，因天意如此。现在年成歉收，百姓疾苦，应发布告示，减少宫廷中衣食的花销，免掉珍玩之物。从前邵信臣在天下太平时任少府，但还是上奏请示停止浮食之政；如今兵马用度不足，更应节俭。”明帝下诏让各路大军班师。

之后，明帝下诏广议朝政中对百姓不利的地方，杨阜认为：“朝政清明在于任用贤能，振兴国家在于致力农耕。如果放弃贤人不用而任用自己所宠爱的人，这就是最严重的败坏朝政。建立宫殿，修筑高台，妨碍了百姓生产，这就是最大的破坏农耕；工匠们不去制造生产用的器具，而争着去做奇巧的玩赏品，这是最严重的伤害根本。孔子说：‘苛政猛于虎。’一些墨守成规的官吏，不懂体制，无原则地喜好苛刻，这是最严重的虐待民众。当务之急，应当去除这四个最严重，并下诏给公卿百官以及各郡国太守，让他们举荐贤良、方正、忠诚的人才供朝廷选用，这也是征求贤才的一个方法。”

杨阜还想上疏要裁减那些没被皇帝召用过的宫女，就把御府的官吏招来询问后宫宫女的人数。御府官吏遵循以往的规定，回答说：“这是宫禁中的秘密，不便泄露。”杨阜怒打了御府官吏一百杖，斥责他说：“国家大事不和九卿一同保密，倒和你这个小吏一同保密吗？”明帝听了以后，更加敬畏杨阜。

帝爱女淑，未期而夭，帝痛之甚，追封平原公主，立庙洛阳，葬于南陵。将自临送，阜上疏曰："文皇帝、武宣皇后崩，陛下皆不送葬，所以重社稷、备不虞也。何至孩抱之赤子而可送葬也哉？"帝不从。

帝既新作许宫，又营洛阳宫殿观阁。阜上疏曰："尧尚茅茨而万国安其居，禹卑宫室而天下乐其业；及至殷、周，或堂崇三尺，度以九筵耳。古之圣帝明王，未有极宫室之高丽以彫弊百姓之财力者也。桀作璇室、象廊，纣为倾宫、鹿台，以丧其社稷，楚灵以筑章华而身受其祸；秦始皇作阿房而殃及其子，天下叛之，二世而灭。夫不度万民之力，以从耳目之欲，未有不亡者也。陛下当以尧、舜、禹、汤、文、武为法则，夏桀、殷纣、楚灵、秦皇为深诫。高高在上，实监后德。慎守天位，以承祖考，巍巍大业，犹恐失之。不夙夜敬止，允恭恤民，而乃自暇自逸，惟宫台是侈是饰，必有颠覆危亡之祸。《易》曰：'丰其屋，蔀其家，窥其户，阒其无人。'王者以天下为家。言丰屋之祸，至于家无人也。方今二虏合从，谋危宗庙，十万之军，东西奔赴，边境无一日之娱；农夫废业，民有饥色。陛下不以是为忧，而营作宫室，无有已时。使国亡而臣可以独存，臣又不言也；君作元首，臣为股肱，存亡一体，得失同之。《孝经》曰：'天子有争臣七人，虽无道不失其天下。'臣虽驽怯，敢忘争臣之义？言不切至，不足以感寤陛下。陛下不察臣言，恐皇祖烈考之祚，将坠于地。使臣身死有补万一，则死之日，犹生之年也。谨叩棺沐浴，伏俟重诛。"奏御，天子感其忠言，手笔诏答。每朝廷会议，阜常侃然以天下为己任。数谏争，不听，乃屡乞逊位，未许。会卒，家无余财。孙豹嗣。

公主曹淑，不到一周岁就夭折了，明帝非常伤心，追封她为平原公主，在洛阳为她建庙，把她安葬在南陵，还准备亲自参加送葬。杨阜上疏说："文皇帝和武宣皇后驾崩，陛下都没有为他们送葬，这是因为天下为重，以防不测之事发生。现在为什么却要为婴儿送葬呢？"明帝没有听从。

明帝在修建完许昌行宫以后，又营造洛阳的宫殿。杨阜上疏说："尧住茅屋而天下人安居，禹建造简陋的住所而天下人乐业；到了殷商、周两朝的殿基高不过三尺，室内的宽度也不过摆下九张九尺见方的竹席。古代的圣主，没有使用百姓的财力让自己的宫殿高大华丽的。夏桀造璇室、象廊，商纣建造高耸入云的宫殿、鹿台，都因为这丧失了天下，楚灵王修筑章华台而葬身火海；秦始皇修阿房宫传到二世就灭亡了。无休止地使用民力，以满足无休止的欲望，没有不灭亡的。陛下当以尧、舜、禹、汤、周文王、周武王为榜样，以桀、纣、楚灵王、秦始皇为借鉴。天虽高，却时时处处观察着人间帝王的操守德行。谨守帝位，承祖父和父亲大业，还仍应担心有失王业。您还没有达到日夜恭谨，完全将百姓的事放在首位的地步，只想把宫殿楼阁修建得豪华奢侈，那么覆没的祸患就会随之而来。《周易》说：'房屋建得高大，房顶盖着厚草，从门缝往里看，里面却阒无一人。'王者以天下为家。如只把自己的房屋修建得高大所带来的祸患，就是家里不见人影。现如今吴、蜀正在联合，图谋危害国家，我大魏十万兵马，东奔西杀，边境上没一天安静的日子；农田荒废，百姓面带饥色。陛下不忧此事，却接连营造宫殿，没有休止。假若国家灭亡而臣却独活，臣就不会说这些话；然而，君主是头颅，臣子是四肢，存亡在一起。《孝经》说：'天子有直言进谏的七个臣子，即使他无道也不会失去天下。'为臣虽才能低劣，却不敢忘直言进谏的责任；话说得不恳切直率，陛下就不能有所感悟。望陛下思考为臣的忠言，使先王创下的基业，不至于垮塌在地上。如为臣的死能对此事有万分之一的补救，那么处死为臣之日，就是臣再生之时。我已谨备好棺材，沐浴身体，跪下来等待陛下的诛旨。"明帝看过后，被他的忠诚感动，亲笔书诏答复。朝廷每有大臣聚议，杨阜常侃侃而谈，以天下事为己任。后

高堂隆字升平，泰山平阳人，鲁高堂生后也。少为诸生，泰山太守薛悌命为督邮。郡督军与悌争论，名悌而呵之。隆按剑叱督军曰："昔鲁定见侮，仲尼历阶；赵弹秦筝，相如进缶。临臣名君，义之所讨也。"督军失色，悌惊起止之。后去吏，避地济南。

建安十八年，太祖召为丞相军议掾，后为历城侯徽文学，转为相。徽遭太祖丧，不哀，反游猎驰骋；隆以义正谏，甚得辅导之节。黄初中，为堂阳长，以选为平原王傅。王即尊位，是为明帝。以隆为给事中、博士、驸马都尉。帝初践阼，群臣或以为宜飨会，隆曰："唐、虞有遏密之哀，高宗有不言之思，是以至德雍熙，光于四海。"以为不宜为会，帝敬纳之。迁陈留太守。犊民酉牧，年七十余，有至行，举为计曹掾；帝嘉之，特除郎中以显焉。征隆为散骑常侍，赐爵关内侯。

青龙中，大治殿舍，西取长安大钟。隆上疏曰："昔周景王不仪刑文、武之明德，忽公旦之圣制，既铸大钱，又作大钟，单穆公谏而弗听，泠州鸠对而弗从，遂迷不反，周德以衰，良史记焉，以为永鉴。然今之小人，好说秦、汉之奢靡以荡圣心，求取亡国不度之器，劳役费损，以伤德政，非所以兴礼乐之和，保神明之休也。"是日，帝幸上方，隆与卞兰从。帝以隆表授兰，使难隆曰："兴衰在政，乐何为也？化之不明，岂钟之罪？"隆曰："夫礼乐者，为治之大本也。故箫韶九成，凤皇来仪，雷鼓六变，天神以降，政是以平，刑是以错，和之至也。新声发响，商辛以陨，大钟既铸，周景以弊，存亡

又多次谏诤，明帝不接受，便多次请求让位归乡，又不被批准。不久后杨阜去世，家中没有多余的财产。孙子杨豹承袭爵位。

高堂隆字升平，泰山平阳县人，是鲁国人高堂生的后裔。小时候为儒生，泰山郡太守薛悌任他为督邮。郡督军与薛悌因为一些事发生争议，直呼薛悌的名字来呵斥他。高堂隆按剑斥责督军说："从前鲁定公被侮辱，孔子两次登上台阶慨然陈辞；赵王被迫弹奏秦筝，蔺相如送上瓦缶让秦王击缶。直呼长官的名字，按礼法应受到惩治。"督军吓得变了脸色，薛悌也慌忙站起止住高堂隆。后来，高堂隆辞去吏职，到济南避难。

建安十八年，曹操让他做了丞相军议掾，后任历城侯曹徽的文学，转为历城国相。曹操逝世，曹徽不但不哀悼，反而四处游猎。高堂隆严厉劝谏，尽到了辅佐侯王的职责。黄初年间，任堂阳长，后为平原王曹叡太傅，曹叡登上皇位，任命高堂隆为给事中、博士、驸马都尉。明帝刚登基，群臣认为应大摆筵宴以示庆贺。高堂隆说："尧、舜逝世，百姓悲哀得三年禁绝音乐，殷高宗思虑兴复殷室，三年不言政事，因此德行深厚，能光照四海。"高堂隆认为不宜大摆筵宴。明帝采纳了他的意见。升迁做了陈留郡太守。有一个放牛的人叫酉牧，七十多岁，有高尚的品行，高堂隆推举他为计曹掾；明帝赞赏高堂隆的做法，特地任命酉牧为郎中以示表彰。任高堂隆为散骑常侍，赐爵关内侯。

青龙年间，明帝大量建造宫殿，还把西面旧京长安的大钟运来。高堂隆上疏说："过去周景王不效法文王、武王的美德，把周公定下的神圣制度放一边，既铸大钱，又铸大钟，单穆公劝谏周景王也不听，泠州鸠阻止周景王也不从，迷途不知返，周朝政治因此衰败，优秀的史官把这些记载下来，作为永远的鉴戒。然而现在的小人，喜欢鼓吹秦、汉的奢侈靡费来打动陛下的心，还要取得大钟这种使国家灭亡而不合制度的器物，劳民伤财，败坏德政，这不是振兴和谐的礼仪音乐，尊敬美好的神灵所应采取的做法。"这一天，明帝到上方署，高堂隆与卞兰随从。明帝把高堂隆的表章交给卞兰，让卞兰责问高堂隆说："国家的兴衰在于政治，音乐能起什么作用？教化不昌明，

之机，恒由斯作，安在废兴之不阶也？君举必书，古之道也，作而不法，何以示后？圣王乐闻其阙，故有箴规之道；忠臣愿竭其节，故有匪躬之义也。”帝称善。

迁侍中，犹领太史令。崇华殿灾，诏问隆：“此何咎？于礼，宁有祈禳之义乎？”隆对曰：“夫灾变之发，皆所以明教诫也，惟率礼修德，可以胜之。《易传》曰：‘上不俭，下不节，孽火烧其室。’又曰：‘君高其台，天火为灾。’此人君苟饰宫室，不知百姓空竭，故天应之以旱，火从高殿起也。上天降鉴，故谴告陛下；陛下宜增崇人道，以答天意。昔太戊有桑榖生于朝，武丁有雊雉登于鼎，皆闻灾恐惧，侧身修德，三年之后，远夷朝贡，故号曰中宗、高宗。此则前代之明鉴也。今案旧占，灾火之发，皆以台榭宫室为诫。然今宫室之所以充广者，实由宫人猥多之故。宜简择留其淑懿，如周之制，罢省其余。此则祖己之所以训高宗，高宗之所以享远号也。”诏问隆：“吾闻汉武帝时，柏梁灾，而大起宫殿以厌之，其义云何？”隆对曰：“臣闻《西京》‘柏梁既灾，越巫陈方，建章是经，以厌火祥’。乃夷越之巫所为，非圣贤之明训也。《五行志》曰：‘柏梁灾，其后有江充巫蛊卫太子事。’如志之言，越巫建章无所厌也。孔子曰：‘灾者修类应行，精祲相感，以戒人君。’是以圣主睹灾责躬，退而修德，以消复之。今宜罢散民役。宫室之制，务从约节，内足以待风雨，外足以讲礼仪。清埽所灾之处，不敢于此有所立作，萐莆、嘉禾必生此地，以报陛下虔恭之德。岂可疲民之力，竭民之财！实非所

难道是大钟的罪过吗？”高堂隆说：“礼乐，是国家政治的根本。所以，虞舜制定的《箫韶》音乐加以变化演奏了九遍；凤凰就成双成对地飞舞，祭祀的雷鼓节奏变化敲击六遍，天神就会降临，政治因有音乐而安定，刑法因有音乐而放置一边不用，从而到达最和谐的状态。新的靡靡之音一演奏，商纣因为这而走向灭亡，大钟铸成之后，周景王的统治就走向衰败，存亡的关键，都因此而产生，怎能说政治兴废与音乐没有关系呢？君主的一举一动都要被记载下来，这是古代创立的规矩，定下了规矩而不遵守，将给后人做出什么榜样？圣明的君王乐意听到别人指出过失，所以会有告诫和劝谏之道；忠臣愿意尽全力表现节操，所以有奋不顾身的表现。”明帝认为他说得很好。

高堂隆升官做了侍中，兼任太史令。崇华殿被火烧毁了，明帝问高堂隆：“这是什么过错造成的？在礼法上，有什么可以免灾的方法吗？”高堂隆回答说：“凡是灾祸变异的发生，都是为了表明上天的教诲和告诫。只有遵循道德礼义，修养品德，才能避免灾祸的发生。《易传》中说：‘上不节俭，下不节制，突降的火灾烧毁他们的房屋。’又说：‘君王把楼台修得高了，天上的火就会降下。’君主任意修饰宫殿，不顾百姓贫困，所以天降干旱，火从高高的宫殿上烧起。上天垂鉴，是把天的责备告诉陛下，陛下应着意尊崇人间正道，以仁德来报答天的意志。太戊时有桑树和谷子从朝廷中长出来，武丁时有鸣叫的野鸡登上大鼎，他们都是见到异变后心生愧惧，身坐侧位，修养道德，过了三年之后，远方的夷族来朝拜进贡，所以，被称作中宗、高宗。这就是前代明显的事例。现在查阅过去的占卜记录，火灾的发生，都是对大修宫殿楼台的警告。其实现在要扩建宫殿，是因为宫女太多。应该对宫女进行选择，留下贤淑美丽的宫妃，按照周代的制度，人数也不超过一百二十人，剩下的遣散她们回家。这就是祖己劝诫武丁、武丁之所以享有长久美名的原因。”明帝又问高堂隆：“我听说汉武帝时，柏梁台发生火灾，而他用修建宫殿来制止灾祸，这又怎么解释呢？”高堂隆说：“《西京赋》写道‘柏梁台发生火灾，越人巫师陈说方术，因此才兴建更宏伟的建章宫以克制火灾’。这是越人巫师的主意，不是圣贤的训导。《五行志》说：‘柏梁台火灾

以致符瑞而怀远人也。”帝遂复崇华殿，时郡国有九龙见，故改曰九龙殿。

陵霄阙始构，有鹊巢其上，帝以问隆，对曰：“《诗》云‘维鹊有巢，维鸠居之’。今兴宫室，起陵霄阙，而鹊巢之，此宫室未成身不得居之象也。天意若曰，宫室未成，将有他姓制御之，斯乃上天之戒也。夫天道无亲，惟与善人，不可不深防，不可不深虑。夏、商之季，皆继体也，不钦承上天之明命，惟谗谄是从，废德适欲，故其亡也忽焉。太戊、武丁，睹灾竦惧，祗承天戒，故其兴也勃焉。今若休罢百役，俭以足用，增崇德政，动遵帝则，除普天之所患，兴兆民之所利，三王可四，五帝可六，岂惟殷宗转祸为福而已哉！臣备腹心，苟可以繁祉圣躬，安存社稷，臣虽灰身破族，犹生之年也。岂惮忤逆之灾，而令陛下不闻至言乎？”于是帝改容动色。

是岁，有星孛于大辰。隆上疏曰：“凡帝王徙都立邑，皆先定天地社稷之位，敬恭以奉之。将营宫室，则宗庙为先，厩库为次，居室为后。今圜丘、方泽、南北郊、明堂、社稷，神位未定，宗庙之制又未如礼，而崇饰居室，士民失业。外人咸云宫人之用，与兴戎军国之费，所尽略齐。民不堪命，皆有怨怒。《书》曰‘天聪明自我民聪明，天明畏自我民明威’，舆人作颂，则向以五福，民怒吁嗟，则威以六

以后，发生江充诬告太子使用妖术欲伤害武帝的祸事。’按照《五行志》所说，修建章宫并没有起作用。孔子说：‘灾异按类与人们的行为相对应，人神相感，用以鉴戒君主。’因此，古之圣贤见灾异发生就躬身自省，修养道德。如今应停止民役，宫室规格也应力从俭约，只要能遮风避雨、够举行礼仪就行。清理好灾祸发生的地方，不在这里再建造宫殿，嘉禾就会从这里生长，用来图报陛下诚敬上天的品德。又怎么能使百姓疲劳，国库空竭呢！这确定不是能招致吉祥、抚慰远方的做法啊。”明帝还是修复崇华殿，当时郡国奏称出现了九条龙，又改名为九龙殿。

陵霄阙刚刚建成，就有喜鹊在上边筑巢。明帝问高堂隆这是什么预示，高堂隆回答说：“《诗经》说：‘鹊巢鸠占。’现在建起了陵霄阙，却让喜鹊筑了巢，这是宫殿即使已建成，自己也不能住进去的预示啊！天意大概是想说：宫室没有建成，就会有其他姓氏的人来管理它了，这就是上天的警戒吧。天的大法是不偏袒任何人，只把王权授予有德之人，对此应该提防，仔细考虑。夏、商末年，都是即位的国君不敬奉上天的告诫，听信谗言，不修德政，满足私欲，所以，他们很快灭亡。太戊、武丁看到灾祸就惊惧担忧，所以，他们的事业就兴盛起来。现在，如果停止百姓的劳役，节约用度，继续施行德政，举止言行遵循帝王的规则，剔除对百姓有害的事，兴建对万民有利的事情，那么，人们所称颂的三皇就会有第四个，五帝可以有第六个，由弱而强的难道只是殷商的祖先吗！臣为朝廷之信臣，若能为陛下增添福祉，安定国家，即使身灭，也和活着一样。怎么会因害怕顶撞圣上而使陛下听不到最应该听到的话呢？”明帝听了，神色凝重。

这一年，彗星出现在心宿所在的方位。高堂隆上疏说：“凡是帝王迁都或新建立京城，首先要确定祭祀天地、谷神和土神的位置，要恭敬地对待他们。首先建宗庙，然后建仓廪，宫室放在最后。现在天、地、明堂、社稷的祭祀位置还没有确定，宗庙的制度又不合礼制，却抢先修建自己的宫室，使百姓疲于劳役，无法从事农耕生产。臣听说后宫妃嫔的费用和调动兵马所用几乎相等。百姓已不能承受，还有了怨怒之气。《尚书》说‘上天以百姓的视听为视听，以百姓的愿望

极，言天之赏罚，随民言，顺民心也。是以临政务在安民为先，然后稽古之化，格于上下，自古及今，未尝不然也。夫采椽卑宫，唐、虞、大禹之所以垂皇风也；玉台琼室，夏癸、商辛之所以犯昊天也。今之宫室，实违礼度，乃更建立九龙，华饰过前。天彗章灼，始起于房心，犯帝坐而干紫微，此乃皇天子爱陛下，是以发教戒之象，始卒皆于尊位，殷勤郑重，欲必觉寤陛下；斯乃慈父恳切之训，宜崇孝子祗耸之礼，以率先天下，以昭示后昆，不宜有忽，以重天怒。"

时军国多事，用法深重。隆上疏曰："夫拓迹垂统，必俟圣明，辅世匡治，亦须良佐，用能庶绩其凝而品物康乂也。夫移风易俗，宣明道化，使四表同风，回首面内，德教光熙，九服慕义，固非俗吏之所能也。今有司务纠刑书，不本大道，是以刑用而不措，俗弊而不敦。宜崇礼乐，班叙明堂，修三雍、大射、养老，营建郊庙，尊儒士，举逸民，表章制度，改正朔，易服色，布恺悌，尚俭素，然后备礼封禅，归功天地，使雅颂之声盈于六合，缉熙之化混于后嗣。斯盖至治之美事，不朽之贵业也。然九域之内，可揖让而治，尚何忧哉！不正其本而救其末，譬犹棼丝，非政理也。可命群公卿士通儒，造具其事，以为典式。"隆又以为改正朔，易服色，殊徽号，异器械，自古帝王所以神明其政，变民耳目，故三春称王，明三统也。于是敷演旧章，奏而改焉。帝从其议，改青龙五年春三月为景初元年孟夏四月，服色尚黄，牺牲用白，从地正也。

为愿望’。君主得到百姓的拥戴，上天就让他享受五种福分，老百姓都怨恨君主，上天就用六大不幸惩罚他，这就是要求君主听随民众的话，顺民众的心。因此，要使国家安全，就要把安民放在第一位，再仿照古代进行教化，才能感动上天和百姓，古今都是这样。用不高大的柞树作屋椽建造低矮的宫室，这是尧、舜、禹能留下美好风范的原因；修建华贵的玉台琼室，这是桀、纣触怒上天的原因。现在的宫室和重建的九龙殿不但违背了礼制，华丽的装饰也超过了以前，天上出现的彗星先在房、心宿之间，后来靠近帝座侵入紫微垣，这是天帝对陛下的慈爱，因此显示景象给您教导和告诫，彗星运行的起点和终点都在尊贵的位置上，天意殷切，是想使陛下觉悟；这是慈父的训示，您应该用孝子的恭敬礼节，为天下做出表率，以昭示后代子孙，均不可有忽视的表现，以免加重上天的愤怒。”

那时候军国大事经常会有变故发生，因而使用的刑法过于严厉。高堂隆上疏说：“开创帝业，建立世代相传的践祚，一定要有圣君明主出现。辅助朝政，纠正治理的错误之处，也需要优秀的王佐人才，因为他们能把各种繁杂事务处理好而使百姓安定，那种彰明道德，使四境之内遵循同一种教化，之后又都回向朝廷，使德行教化越发光大，九种地域的民族都羡慕中央的道义，这本来就不是一般的官吏所能做的。现在，刑事断案都以刑名书籍为准，不遵循大的道义，所以，刑法滥用，风俗败坏。应该推崇礼乐，在明堂上明确地分出尊卑等级，修建三雍，推行大射、养老等礼制，建造郊庙，尊重儒士，选举隐逸名人，制定礼仪，修改正朔，重订服色，提倡孝顺友爱，崇尚节俭，然后实行封禅大典，把功劳归于天地，让雅颂之乐遍传天地之间，让光明的教化流传于子孙后世，这才是不朽的盛事！因此，四海之内不必用武，就可垂衣而治，还有什么可忧虑的呢！不正本求源，只关注细枝末节，只能是一团乱丝。应让朝廷官员和知识渊博的儒生制定法规，以此作为国家规范。”高堂隆还觉得，修改正朔，规定服色，改换徽号，变动器具，这是自古以来的帝王为新人耳目而改弦易辙的基本方法。所以，要在三春称王，以显明天、地、人三统不同的历法制度。又论述旧的规章制度的弊端，上奏改变。明帝听从他

迁光禄勋。帝愈增崇宫殿，雕饰观阁，凿太行之石英，采榖城之文石，起景阳山于芳林之园，建昭阳殿于太极之北，铸作黄龙凤皇奇伟之兽，饰金墉、陵云台、陵霄阙。百役繁兴，作者万数，公卿以下至于学生，莫不展力，帝乃躬自掘土以率之。而辽东不朝。悼皇后崩。天作淫雨，冀州水出，漂没民物。隆上疏切谏曰：

盖“天地之大德曰生，圣人之大宝曰位；何以守位？曰仁；何以聚人？曰财”。然则士民者，乃国家之镇也；谷帛者，乃士民之命也。谷帛非造化不育，非人力不成。是以帝耕以劝农，后桑以成服，所以昭事上帝，告虔报施也。昔在伊唐，世值阳九厄运之会，洪水滔天，使鲧治之，绩用不成，乃举文命，随山刊木，前后历年二十二载。灾眚之甚，莫过于彼，力役之兴，莫久于此，尧、舜君臣，南面而已。禹敷九州，庶士庸勋，各有等差，君子小人，物有服章。今无若时之急，而使公卿大夫并与厮徒共供事役，闻之四夷，非嘉声也，垂之竹帛，非令名也。是以有国有家者，近取诸身，远取诸物，妪煦养育，故称“恺悌君子，民之父母”。今上下劳役，疾病凶荒，耕稼者寡，饥馑荐臻，无以卒岁；宜加愍恤，以救其困。

臣观在昔书籍所载，天人之际，未有不应也。是以古先哲王，畏上天之明命，循阴阳之逆顺，矜矜业业，惟恐有违。然后治道用兴，德与神符，灾异既发，惧而修政，未有不延期流祚者也。爰及末叶，暗君荒主，不崇先王之令轨，不纳正士之直言，以遂其情志，恬忽变戒，未有不寻践祸难，至于颠覆者也。

的建议，将青龙五年春三月改为景初元年孟夏四月，朝服改为黄色，宗庙祭品尚白，按地正建丑，以农历十二月为正月。

高堂隆升迁光禄勋。明帝更大规模地修建宫殿，从太行山开采好石料，将带有漂亮花纹的石头运回榖城，在芳林园起景阳山，在太极殿北建造昭阳殿，铸造了黄龙凤凰等神奇鸟兽，装饰金墉、陵云台、陵霄阙。所有工程一齐开工，民役数以万计，公卿以下的官员至太学学生，没有不出力的，明帝也亲自挖土以做表率。此时，辽东公孙渊反叛。毛皇后自杀。大雨不停，冀州发大水，淹没了百姓和房屋。高堂隆上疏恳切地劝谏说：

"天地的恩德是让万物生长，君主的宝物是帝位。用什么来守住帝位？是仁；用什么来聚集民众？是财。"那么，士人民众就是国家的基础，粮食布帛就是士人民众的命脉。没有天地的化育粮食就不能生产，没有人才国家就没有基础。因此，帝王要亲自耕种来鼓励农桑，皇后亲自采桑，来促进织布制衣，这是明奉上帝，报答上天恩德的做法。唐尧之时，阳九数穷，厄运四起，洪水泛滥，鲧去治水，不见成效，于是，又推举大禹，劈山砍树疏通浚道，历经二十二年。灾异之严重，不逾此时，而百姓劳作之辛苦的年月，也没有比这更长的，而尧、舜，却只是南面而坐发号施令而已。大禹治水，设置九州，吏民功臣各有不同的等级，君子小人，各有服饰。现在并没有大禹时那样危急，却动员了公卿与民众一起大兴土木之事，不好的名声已传到了四边邻国。如果载入史册，更不会流芳千古。因此，有国有家之人，近取诸身，远取诸物，温馨养育，所以说"圣贤君子，民之父母"。如今上下劳作，疾病流行，农耕人少，饥饿灾荒齐全，许多人连年关都难以熬过。陛下应抚恤下民，以解救他们的困苦。

我观览书籍的记述，上天和人间之间，没有不发生感应的。所以古代明智的帝王，畏惧上天降下的命令，遵循阴阳的顺逆秩序，兢兢业业，唯恐有所违背。这样，国运才由此兴起，道德与神灵相符合，若有灾害或反常的现象出现，马上就会感应到恐惧而加以改进，使王朝的寿命长久延续。每到末代，昏庸荒淫的君主，从不尊崇先王制定的好规矩，不采纳直臣的中正之言，恣意妄为，毫不在意上天

天道既著，请以人道论之。夫六情五性，同在于人，嗜欲廉贞，各居其一。及其动也，交争于心。欲强质弱，则纵滥不禁；精诚不制，则放溢无极。夫情之所在，非好则美，而美好之集，非人力不成，非谷帛不立。情苟无极，则人不堪其劳，物不充其求。劳求并至，将起祸乱。故不割情，无以相供。仲尼云："人无远虑，必有近忧。"由此观之，礼义之制，非苟拘分，将以远害而兴治也。

今吴、蜀二贼，非徒白地小虏、聚邑之寇，乃据险乘流，跨有士众，僭号称帝，欲与中国争衡。今若有人来告，权、禅并修德政，复履清俭，轻省租赋，不治玩好，动咨耆贤，事遵礼度。陛下闻之，岂不惕然恶其如此，以为难卒讨灭，而为国忧乎？若使告者曰，彼二贼并为无道，崇侈无度，役其士民，重其征赋，下不堪命，吁嗟日甚。陛下闻之，岂不勃然忿其困我无辜之民，而欲速加之诛，其次，岂不幸彼疲弊而取之不难乎？苟如此，则可易心而度，事义之数亦不远矣。

且秦始皇不筑道德之基，而筑阿房之宫，不忧萧墙之变，而修长城之役。当其君臣为此计也，亦欲立万世之业，使子孙长有天下，岂意一朝匹夫大呼，而天下倾覆哉？故臣以为使先代之君知其所行必将至于败，则弗为之矣。是以亡国之主自谓不亡，然后至于亡；贤圣之君自谓将亡，然后至于不亡。昔汉文帝称为贤主，躬行约俭，惠下养民，而贾谊方之，以为天下倒悬，可为痛哭者一，可为流涕者二，可为长叹息者三。况今天下凋弊，民无儋石之储，国无终年之畜，外有强敌，六军暴边，内兴土功，州郡骚动，若有寇警，则臣惧版筑之士不能投命虏庭矣。

发出的告诫，以至于步步走向灾难，最后丧失天下。

天道很显然，陛下，请允许我再用人生的道理讲一下。有六种感情、五种本性，对每个人而言都共同存在的，满足欲望和廉洁正直，人只能在二者中选占一种。如这两种情性都动了起来，在心中争斗，欲望越强烈，本质就越软弱，进而就会因纵欲而沉溺于嗜好中不能自禁，坚强的信心不能去制止，就会放任而无止境。人的欲望所追求的，既好又美，而美好的事物，没有人力不能成功，没有谷帛不能建立。但是，欲望如果没有止境，民众就会忍受不了劳苦，物品也不能满足要求，劳苦和索求一同产生，祸乱就会发生。所以，不割断欲望，就不能满足供给。孔子说："人无远虑，必有近忧。"从这里看，礼制不只是拘于等级划分，还要用它远离危害而提倡治理啊！

如今吴、蜀两国，绝不是地小人寡的小贼，他们占据天险，拥众兵，各自称帝，都想吞没我大魏。如果有人来说，孙权、刘备都在修养道德，减省租赋，不沉湎于玩乐，行动就询问年老德高的人，办事则遵守礼法。陛下，您能够不警惕、不厌恶他们所做的这些，而认为很难剿灭，不把这作为国家的忧患吗？如果说，孙权、刘备邪恶无道，奢侈无度，劳民伤财，横征暴敛，日甚一日。陛下您难道不会勃然奋起，讨伐逆贼，解救百姓吗？敌人疲弊征伐就容易，从这个角度来思考，道理就更明确了。

秦始皇不建筑道德的根基，却修建阿房宫，不担忧宫墙内的变化，却去修筑长城。那时候他们君臣的设想，也是要建立万世的基业，让他的子孙无限占有天下。哪里想到有一天一个百姓大喊一声，就天下颠覆，皇朝灭亡了呢？所以，臣认为，如果前代君王知道他的行为最终会导致灭亡，他还会去做吗？所以，亡国之君都自认为不会亡，最后还是灭亡；圣明的君主警惕灭亡，才发展到不灭亡。汉文帝之所以被称为贤明的君主，是因为他亲自奉行简朴节约，给百姓以恩惠，而由贾谊衡量起来，还是认为当时天下处于倒悬状态，可以为它痛哭的事有一件，为它流泪的事有二件，为它长叹的事有三件。何况，现在天下还很贫穷，百姓家中没有一石粮的储蓄，国家没有可以供养

又，将吏奉禄，稍见折减，方之于昔，五分居一；诸受休者又绝廪赐，不应输者今皆出半：此为官入兼多于旧，其所出与参少于昔。而度支经用，更每不足，牛肉小赋，前后相继。反而推之，凡此诸费，必有所在。且夫禄赐谷帛，人主所以惠养吏民而为之司命者也，若今有废，是夺其命矣。既得之而又失之，此生怨之府也。《周礼》，大府掌九赋之财，以给九式之用，入有其分，出有其所，不相干乘而用各足。各足之后，乃以式贡之余，供王玩好。又上用财，必考于司会。今陛下所与共坐廊庙治天下者，非三司九列，则台阁近臣，皆腹心造膝，宜在无讳。若见丰省而不敢以告，从命奔走，惟恐不胜，是则具臣，非鲠辅也。昔李斯教秦二世曰："为人主而不恣睢，命之曰天下桎梏。"二世用之，秦国以覆，斯亦灭族。是以史迁议其不正谏，而为世诫。

书奏，帝览焉，谓中书监、令曰："观隆此奏，使朕惧哉！"隆疾笃，口占上疏曰：

曾子有疾，孟敬子问之。曾子曰："鸟之将死，其鸣也哀；人之将死，其言也善。"臣寝疾病，有增无损，常惧奄忽，忠款不昭。臣之丹诚，岂惟曾子，愿陛下少垂省览！涣然改往事之过谬，勃然兴来事之渊塞，使神人向应，殊方慕义，四灵效珍，玉衡曜精，则三王可迈，五帝可越，非徒继体守文而已也。

臣常疾世主莫不思绍尧、舜、汤、武之治，而蹈踵桀、纣、幽、

一年的粮食，外有强敌，朝廷不断地派士兵在边境作战，国内则还大兴土木，各州、郡都躁动不安，如果敌人来侵犯，臣担心服劳役的人就都要投降敌人以保全性命了。

又有，将领和官吏的薪水俸禄，也削减到过去的五分之一；对已退养的官员又停止了粮食的供给，原来不用缴纳的赋税，现在也让他们交纳一半。这说明，官府的收入比过去增加一倍，支出的比过去少了三分之一。但是，从已规划计算的开支看，又常常不够，像牛肉这样的小赋税，都接连不断地催讨。那么，各种增加的费用，用到哪去了呢？俸禄和赏赐的谷物布帛，是君主让吏民活命的东西，如果废除了，等于是要他们的命。已经得到的东西又失掉，这也是产生怨恨的根源。《周礼》规定，大府掌管的各种赋税，是用来各种开销的，财物的收入有一定的尺度，支出也有相应的用途。这样，各项用度才会充足，才能把多余的贡赋部分供君主个人支配。然而，皇上使用财物，也要由司会考核。现在和陛下在朝廷治理天下的人，不是三司九列，就是台阁近臣，如果他们看见财物的增减而不敢指明，一味随声附和，只担心官位不保，这是滥竽充数，不是直臣。从前李斯曾对秦二世说："皇帝不敢为所欲为，天下就像监狱一样。"二世遵循此言，结果亡国，李斯也遭灭族之祸。司马迁认为，李斯不能正直劝谏，所以，特别提出来告诫后世。

明帝看了高堂隆的上疏，对中书监、中书令说："高堂隆的奏疏，使我感到恐惧呀！"高堂隆病重，在病床上口述上疏说：

曾子有病的时候，孟敬子去探望他。曾子说："鸟之将死，其鸣也哀；人之将死，其言也善。"臣之病只会加重不会减轻，所以担心会突然死去，却来不及昭示自己的忠诚。臣之赤诚，不只是曾子所说的"其言也善"，望陛下稍加留意。如果陛下能纠正以往的过失，认真考虑长远之事，使神灵和民众都赞赏，远方的人也都心向朝廷，各种珍禽灵物就会出现，天上的吉星也会放光，则三皇可以超越，五帝可以胜出，就不仅仅是继承先辈基业、守住祖宗成法了。

臣常伤痛所有的君主没有不想承袭尧、舜、商汤、武王的圣明

厉之迹，莫不蚩笑季世惑乱亡国之主，而不登践虞、夏、殷、周之轨。悲夫！以若所为，求若所致，犹缘木求鱼，煎水作冰，其不可得，明矣。寻观三代之有天下也，圣贤相承，历载数百，尺土莫非其有，一民莫非其臣，万国咸宁，九有有截；鹿台之金，巨桥之粟，无所用之，仍旧南面，夫何为哉！然癸、辛之徒，恃其旅力，知足以拒谏，才足以饰非，谄谀是尚，台观是崇，淫乐是好，倡优是说，作靡靡之乐，安濮上之音。上天不蠲，眷然回顾，宗国为墟，下夷于隶，纣县白旗，桀放鸣条；天子之尊，汤、武有之，岂伊异人，皆明王之胄也。且当六国之时，天下殷炽，秦既兼之，不修圣道，乃构阿房之宫，筑长城之守，矜夸中国，威服百蛮，天下震竦，道路以目；自谓本枝百叶，永垂洪晖，岂寤二世而灭，社稷崩圮哉？近汉孝武乘文、景之福，外攘夷狄，内兴宫殿，十余年间，天下嚣然。乃信越巫，怼天迁怒，起建章之宫，千门万户，卒致江充妖蛊之变，至于宫室乖离，父子相残，殃咎之毒，祸流数世。

臣观黄初之际，天兆其戒，异类之鸟，育长燕巢，口爪胸赤，此魏室之大异也，宜防鹰扬之臣于萧墙之内。可选诸王，使君国典兵，往往棋跱，镇抚皇畿，翼亮帝室。昔周之东迁，晋、郑是依，汉吕之乱，实赖朱虚，斯盖前代之明鉴。夫皇天无亲，惟德是辅。民咏德政，则延期过历，下有怨叹，掇录授能。由此观之，天下之天下，非独陛下之天下也。臣百疾所钟，气力稍微，辄自舆出，归还里舍，若遂沈沦，魂而有知，结草以报。

诏曰：“生廉追伯夷，直过史鱼，执心坚白，謇謇匪躬，如何微疾未除，退身里舍？昔邴吉以阴德，疾除而延寿；贡禹以守节，疾笃而济愈。生其强饭专精以自持。”隆卒，遗令薄葬，敛以时服。

治理，实际上，却走上了桀、纣、周幽王、周厉王的老路，没有谁不嘲笑末代昏聩的亡国之君，却谁也不走舜、禹、商汤、文王的正道。可悲啊！用这样的作为，求理想目的，无异于缘木求鱼、烧水制冰。看夏、商、周三代治御天下，圣贤君主层出不穷，每个朝代都经历几百年，土地是他们的，臣民也是他们的，各地安宁，上下一致，九州整齐划一；露台存储着黄金，巨桥积存着粮食，君主稳安其位，这该是多么好的时候啊！然而夏桀、商纣自恃力量，拒绝劝谏，掩饰过错，喜欢阿谀奉承，推崇修建亭阁楼台，沉溺在淫乐之中，宠爱歌唱的艺人，安于柔媚之音。但是，上天没有宽恕，而是让他们的宗庙变成了废墟，夏桀从鸣条逃亡，商纣挂起了白旗，天子的尊位，被商汤、周武王据有，难道说夏桀、殷纣是他们本王族的外人吗？他们都是圣君明主的后代啊！战国时期，天下富足，秦朝兼并天下后，却不奉行圣人之道，建造阿房宫，又建长城，企图用威力镇服外族，百姓只能在道路上侧目而示；秦始皇自以为会百代相传，哪里会想到第二代就灭亡了。近代汉武帝，享受文帝、景帝的福分，平定外族，大修宫殿，十多年间，天下就混乱不安。又相信越人巫师的妖言，建起有千门万户的建章宫，结果导致江充诬告太子、宫室背离，父子相残的灾祸，一直影响了后世几代人。

臣见黄初年间，天象已垂鉴戒，有怪禽在燕窝里长大，口爪及胸部都是赤红色，这是魏室要有异变的预示。应提防朝廷出现暗藏野心之人。可挑选诸王，让他们掌管国事和兵权，辅佐王室。周平王东迁，依靠晋、郑，吕后做乱，朱虚侯刘章予以平定，这都是前代可以借鉴的经验教训。上天公正无私，只与有德之人相亲。百姓歌咏德政，国运就会长久，如果怨声载道，上天就要重新选择有才能的人来统治天下。从这里可以知道，所谓天下，绝不是陛下一人的天下，而是天下人的天下。臣身患疾病，气力在逐渐微弱，让自己被人抬着，回到家中。如果死去，魂灵有知的话也将结草衔环，报答陛下。

明帝下诏说："先生廉洁赶得上伯夷，耿直超过了史鱼，心地坚贞，忠正无私，为何因一点小病未愈，就要退位返乡呢？邴吉因积有阴德，而消除了疾病益寿延年；贡禹因保持节操，重病得愈。望先生

初，太和中，中护军蒋济上疏曰“宜遵古封禅”。诏曰：“闻济斯言，使吾汗出流足。”事寝历岁，后遂议修之，使隆撰其礼仪。帝闻隆没，叹息曰：“天不欲成吾事，高堂生舍我亡也。”子琛嗣爵。

始，景初中，帝以苏林、秦静等并老，恐无能传业者。乃诏曰：“昔先圣既没，而其遗言余教，著于六艺。六艺之文，礼又为急，弗可斯须离者也。末俗背本，所由来久。故闵子讥原伯之不学，荀卿丑秦世之坑儒，儒学既废，则风化曷由兴哉？方今宿生巨儒，并各年高，教训之道，孰为其继？昔伏生将老，汉文帝嗣以晁错；《穀梁》寡畴，宣帝承以十郎。其科郎吏高才解经义者三十人，从光禄勋隆、散骑常侍林、博士静，分受四经三礼，主者具为设课试之法。夏侯胜有言：‘士病不明经术，经术苟明，其取青紫如俯拾地芥耳。’今学者有能究极经道，则爵禄荣宠，不期而至。可不勉哉！”数年，隆等皆卒，学者遂废。

初，任城栈潜，太祖世历县令，尝督守邺城。时文帝为太子，耽乐田猎，晨出夜还。潜谏曰：“王公设险以固其国，都城禁卫，用戒不虞。《大雅》云：‘宗子维城，无俾城坏。’又曰：‘犹之未远，是用大谏。’若逸于游田，晨出昏归，以一日从禽之娱，而忘无垠之衅，愚窃惑之。”太子不悦，然自后游出差简。黄初中，文帝将立郭贵嫔为皇后，潜上疏谏，语在《后妃传》。明帝时，众役并兴，戚属疏斥，潜上疏曰：“天生蒸民而树之君，所以覆焘群生，熙育兆庶，故方制四海匪为天子，裂土分疆匪为诸侯也。始自三皇，爰暨唐、虞，咸以

多多进餐，专心保养自己。”高堂隆死，留下遗嘱要求薄葬，用平时穿的衣服收殓。

起初，在太和年间，中护军蒋济上奏章说“应遵照古制去封禅”。诏书回答说：“听到这些话，让我浑身大汗。”这件事又搁置了好几年。后来，朝廷商量依古制封禅，准备让高堂隆撰写封禅的礼制。明帝听到高堂隆死的消息后，叹息道：“上天不想让我办成这件事，先生扔下我去了。”高堂隆的儿子高堂琛承继了爵位。

景初年间，明帝考虑到苏林、秦静等人都已年老，担心没有人能再传承儒学，便下诏说：“孔圣人去世后，他的言论和教诲，留在了六经之中。而六经又以礼仪的内容最为重要，时刻都不能离开它。末世衰风背离根本，正应了闵子讽刺原伯不谈学问，荀子厌恶秦代的焚书坑儒，儒学废止了，教化还怎么振兴呢？如今先生和学者，都已年老，教导后生的事，由谁来继承？过去伏生老了，汉文帝以晁错继承；蔡千秋对《穀梁传》的研究无人能比，宣帝选十名郎官跟他学习。朕命，从郎官中选出有高才、了解经义的三十人，随从光禄勋高堂隆、散骑常侍苏林、博士秦静，分别向他们学习《周易》《尚书》《诗经》《春秋》四部经典和《周礼》《仪礼》《礼记》三部礼仪著作，主办官要详制考试办法。夏侯胜曾经说过：‘读书人就怕不精通儒学，儒学一旦精通了，取得官位就像弯腰拔取地上的小草一样容易。’如学者有能精通经学的，爵位俸禄就会突然来到身边。要努力啊！”几年之后，高堂隆等人都去世了，学习的事也就荒置了。

起初，任城人栈潜，在曹操的时候任过县令，曾督守邺城。那时候曹丕还是太子，喜爱打猎，每天早出晚归。栈潜上疏劝诫说：“在险要处设防来巩固国家抵御外寇，都城的禁卫，是用来防止意外事件发生的。《大雅》中说：‘国君的嫡子就像是城墙，别让城墙受破坏。’又说：‘执政无远见，极力劝君王。’您如果一味喜欢游猎，早出晚归，为了得到追禽逐兽的快乐，而忘记还有无穷的危害，臣实在不解。”曹丕听了虽然不高兴，但此后游猎的次数却减少了。黄初年间，文帝准备立郭贵妃为皇后，栈潜上疏劝谏，奏疏记录在《后妃传》中。曹叡执政时，大量征发劳役，使得皇室亲情也都疏远了。栈潜

博济加于天下，醇德以洽，黎元赖之。三王既微，降逮于汉，治日益少，丧乱弘多，自时厥后，亦罔克乂。太祖浚哲神武，芟除暴乱，克复王纲，以开帝业。文帝受天明命，廓恢皇基，践阼七载，每事未遑。陛下圣德，纂承洪绪，宜崇晏晏，与民休息。而方隅匪宁，征夫远戍，有事海外，县旌万里，六军骚动，水陆转运，百姓舍业，日费千金。大兴殿舍，功作万计，徂来之松，刊山穷谷，怪石碔砆，浮于河、淮，都圻之内，尽为甸服，当供稿秸铚粟之调，而为苑囿择禽之府，盛林莽之秽，丰鹿兔之薮；伤害农功，地繁茨棘，灾疫流行，民物大溃，上减和气，嘉禾不植。臣闻文王作丰，经始勿亟，百姓子来，不日而成。灵沼、灵囿，与民共之。今宫观崇侈，彫镂极妙，忘有虞之总期，思殷辛之琼室，禁地千里，举足投网，丽拟阿房，役百乾谿，臣恐民力彫尽，下不堪命也。昔秦据淆函以制六合，自以德高三皇，功兼五帝，欲号谥至万叶，而二世颠覆，愿为黔首，由枝干既扤，本实先拔也。盖圣王之御世也，克明俊德，庸勋亲亲；俊乂在官，则功业可隆，亲亲显用，则安危同忧；深根固本，并为干翼，虽历盛衰，内外有辅。昔成王幼冲，未能莅政，周、吕、召、毕，并在左右；今既无卫侯、康叔之监，分陕所任，又非旦、奭。东宫未建，天下无副。愿陛下留心关塞，永保无极，则海内幸甚。”后为燕中尉，辞疾不就，卒。

上疏说："天下有众多的百姓，上天又为他们立了君主，目的是让君主庇护众生。所以，统御四海不仅是为了天子，裂土分封不仅是为了诸侯。从三皇到尧、舜，都对天下人广加拯救，施以深厚的德泽，百姓们也都依赖他们。自从夏、商、周到汉代，天下太平的日子少，动乱的时候多，没有能够得到完全治理。太祖以博大的智慧、非凡的才能，铲除暴乱，恢复秩序，开创了魏国的基业。文帝受于天命，承继大统，在位七年，因为时间紧急，并没有把每件事都做好。陛下圣德，继承伟业，当以温和的态度施政，给百姓以休养生息的时间。如今东西两方都不安宁，将士远征达海外辽东，跋涉万里，运输艰难，百姓荒芜了田地，一天的军费支出超过千金。如今，陛下又大建宫殿，耗费的人工以万计，铲平山岩后徂来山生长的松木才从深谷里运出来；罕见的优质石料，从黄河、淮河送到京城。京城和京城以外的州郡，都要为皇家提供物资，而且还要抛荒良田让它生长林木，以便皇家放养鹿、兔等动物成为养殖飞禽的园林。农业被伤损，地上长满荆棘，灾害不断发生，疾病流行，民众大量死亡，和谐之气大减，地里也不再生长禾苗了。臣听说周文王在丰地建立都城，当时就下令不要太急，然而，百姓们全都自动赶来，没用多少日子工程就完成了。所修建的灵沼、灵囿，也与百姓共同享受。现在，宫殿高大，雕刻装饰极尽华丽，不记得虞舜兴建礼堂的简朴，却想着纣王琼室的奢侈，又划定了方圆千里的禁区，百姓在里面走一步都是犯法，华丽的程度比得上阿房宫，使用的民力是楚灵王建章华台的百倍，臣担心民力就要耗尽，百姓也就要活不下去了。从前秦国以殽、函险阻据有天下，秦始皇自以为德比三皇，功盖五帝，想把帝位传到万世，没想到却只两代就覆灭了，秦二世想去当一个百姓也不能够。这都是因为枝干动摇，树根已先被拔出来了。圣明的君主治理天下，能尊重有德之人，任用亲人建立功业；有才德的人担任官职，事业就可以兴隆；亲属被提拔重用，他们就可以和朝廷同忧共欢；深固根本，亲属均为支柱和辅佐，无论盛衰兴亡，内外都有人帮助。周成王年幼登基，尚未亲政，周公、吕尚、召公、毕公，都辅助于他；现在既没有卫侯、康叔那样监视和防备危险地域的亲属，在重地镇守的要员，也不是像周公、召公

评曰：辛毗、杨阜，刚亮公直，正谏匪躬，亚乎汲黯之高风焉。高堂隆学业修明，志在匡君，因变陈戒，发于恳诚，忠矣哉！及至必改正朔，俾魏祖虞，所谓意过其通者欤！

那样的宗室至亲。太子没有确立，天下没有仁者的君主。希望陛下留心国事，让大魏永远地传承下去，那就是国家的幸运了。”后来，任栈潜为燕国中尉，他以有病为由推辞不受，没过多久就去世了。

评论说：辛毗、杨阜刚直忠诚，犯颜直谏不顾个人安危，高风亮节仅次于汲黯。高堂隆学问渊博，直言正君，利用异常现象对君主告诫，内心诚恳，确是忠臣！至于他坚持要改换历法，推断虞舜是魏朝远祖，这是以臆测代替了精通的学问！

卷二十六　魏书二十六

满田牵郭传第二十六

满宠字伯宁，山阳昌邑人也。年十八，为郡督邮。时郡内李朔等各拥部曲，害于平民，太守使宠纠焉。朔等请罪，不复钞略。守高平令。县人张苞为郡督邮，贪秽受取，干乱吏政。宠因其来在传舍，率吏卒出收之，诘责所犯，即日考竟，遂弃官归。

太祖临兖州，辟为从事。及为大将军，辟署西曹属，为许令。时曹洪宗室亲贵，有宾客在界，数犯法，宠收治之。洪书报宠，宠不听。洪白太祖，太祖召许主者。宠知将欲原，乃速杀之。太祖喜曰："当事不当尔邪？"故太尉杨彪收付县狱，尚书令荀彧、少府孔融等并属宠："但当受辞，勿加考掠。"宠一无所报，考讯如法。数日，求见太祖，言之曰："杨彪考讯无他辞语。当杀者宜先彰其罪；此人有名海内，若罪不明，必大失民望，窃为明公惜之。"太祖即日赦出彪。初，彧、融闻考掠彪，皆怒，及因此得了，更善宠。

时袁绍盛于河朔，而汝南绍之本郡，门生宾客布在诸县，拥兵拒守。太祖忧之，以宠为汝南太守。宠募其服从者五百人，率攻下二十余壁，诱其未降渠帅，于坐上杀十余人，一时皆平。得户二万，兵二千人，令就田业。

满宠，字伯宁，是山阳昌邑县人。十八岁时，任郡督邮。那时候郡里的李朔等人，拥有私兵，危害百姓，太守派满宠去抚慰他们。李朔等人向官府认罪，不再去掠夺百姓。满宠代理高平县令。后来，郡督邮高平县人张苞，贪污贿赂，扰乱了吏政。满宠趁他住在县驿馆中时，率属吏和士兵把他抓了起来，审问他犯的罪恶，当天就审问完毕，便弃官回家了。

曹操任兖州牧时，招聘他做了从事。后来，曹操为大将军，又聘他暂代西曹属官，任许县县令。曹洪是曹操的亲戚，地位显贵，可他的门客在许县境内却多次犯法，满宠把这个门客抓起来治罪。曹洪写信向满宠求情，满宠不予理睬。曹洪就把这件事告诉了曹操，曹操召见许县办案的官吏。满宠知道曹操要赦免这个罪犯，就立即把他杀了。曹操高兴地说："处理事情就应该这样啊！"前太尉杨彪被逮捕交付许县监狱审讯，尚书令荀彧、少府孔融等人都嘱咐满宠说："对杨彪只能听取他的供词，不能用刑拷打。"满宠不答复他们，照旧依法审问。几天后，满宠求见曹操，说："经过拷问，杨彪没有交代出什么犯罪事实。要杀一个人首先应当公布他的罪行；这个人在海内很有名气，如果罪证不确定就被处死，定会大失民心，我为您感到惋惜。"曹操便立刻把杨彪释放了。当初，荀彧、孔融听说满宠拷问杨彪，都很生气，等到听说因杨彪被拷问此事得以了结，便对满宠赞赏有加了。

那时候，袁绍在河北势力很强大，袁绍的家乡在汝南，门生宾客分布在各个县，都拥兵占领固守。曹操对此很担忧，便委任满宠为汝南郡太守。满宠招募了五百多个服从自己的人，率领他们攻下二十多个壁垒，又引诱还没有投降的头目，在宴席上杀死十多个人，汝南郡很快平定了。得到百姓两万多户，士兵两千多人，满宠命令他们都从事

建安十三年，从太祖征荆州。大军还，留宠行奋威将军，屯当阳。孙权数扰东陲，复召宠还为汝南太守，赐爵关内侯。关羽围襄阳，宠助征南将军曹仁屯樊城拒之，而左将军于禁等军以霖雨水长为羽所没。羽急攻樊城，樊城得水，往往崩坏，众皆失色。或谓仁曰："今日之危，非力所支。可及羽围未合，乘轻船夜走，虽失城，尚可全身。"宠曰："山水速疾，冀其不久。闻羽遣别将已在郏下，自许以南，百姓扰扰，羽所以不敢遂进者，恐吾军掎其后耳。今若遁去，洪河以南，非复国家有也；君宜待之。"仁曰："善。"宠乃沈白马，与军人盟誓。会徐晃等救至，宠力战有功，羽遂退。进封安昌亭侯。文帝即王位，迁扬武将军。破吴于江陵有功，更拜伏波将军，屯新野。大军南征，到精湖，宠帅诸军在前，与贼隔水相对。宠敕诸将曰："今夕风甚猛，贼必来烧军，宜为其备。"诸军皆警。夜半，贼果遣十部伏夜来烧，宠掩击破之，进封南乡侯。黄初三年，假宠节钺。五年，拜前将军。明帝即位，进封昌邑侯。太和二年，领豫州刺史。三年春，降人称吴大严，扬声欲诣江北猎，孙权欲自出。宠度其必袭西阳而为之备，权闻之，退还。秋，使曹休从庐江南入合肥，令宠向夏口。宠上疏曰："曹休虽明果而希用兵，今所从道，背湖旁江，易进难退，此兵之洼地也。若入无彊口，宜深为之备。"宠表未报，休遂深入。贼果从无彊口断夹石，要休还路。休战不利，退走。会朱灵等从后来断道，与贼相遇。贼惊走，休军乃得还。是岁休薨，宠以前将军代都督扬州诸军事。汝南兵民恋慕，大小相率，奔随道路，不可禁止。护军表上，欲杀其为首者。诏使宠将亲兵千人自随，其余一无所问。四年，拜宠征东将军。其冬，孙权扬声欲至合肥，宠表召兖、豫诸军，皆集。贼寻退还，被诏罢兵。宠以为今贼大举而还，非本意也，此必欲伪退以罢吾兵，而倒还乘虚，掩不备也，表不罢兵。后十余日，权果更来，到合肥城，不克而还。其明年，吴将孙

农耕生产。

建安十三年，满宠随曹操讨伐荆州。兵马返回后，留下满宠代理奋威将军，驻军当阳。孙权多次出兵袭扰东部边界，曹操又召回满宠任汝南太守，赐爵关内侯。关羽围攻襄阳，满宠协助征南将军曹仁驻扎樊城抵御关羽；左将军于禁等人的兵马则因久雨涨水而被关羽擒灭。关羽加紧进攻樊城，樊城因受洪水冲击，城墙时有崩塌，大家都惊恐不定。有人对曹仁说："眼下的局势，不是我们能控制得住的。我们可以趁关羽的包围圈还没有形成，应该乘轻便小船在夜里撤走，虽然丢了城池，但还能保全众人的性命。"满宠说："山水来得快去得也快，估计不会持久。听说关羽已另派将领率军到达郏下，许县以南的百姓都惊恐不安，关羽之所以没有马上实施进攻，是担心我军牵制他的后方。假如我们现在逃跑，洪河以南就不再是朝廷的地方了，您应该等待时机。"曹仁说："对啊！"因此，满宠将一匹白马沉进水里，与将士们立盟发誓。恰好徐晃等人的救兵赶到，满宠奋力冲杀，立下战功，关羽退走了。满宠晋封为安昌亭侯。曹丕登上王位，升迁满宠为扬武将军。因为在江陵打败吴军，升他为伏波将军，屯兵新野。大军南征东吴到精湖，满宠率军在前，与敌隔水相对。满宠命令手下将领说："今夜风很急，东吴人马定会来放火烧营，应做好准备。"各路军都提高了警惕。半夜，果然有十来部敌兵来烧军营，满宠率兵突然出击打败了他们，晋封为南乡侯。黄初三年，皇帝授满宠符节和斧钺。黄初五年，任命满宠为前将军。曹叡即位，晋封满宠昌邑侯。太和二年，兼任豫州刺史。太和三年春天，来投降的人说，东吴正在紧急备战，传言孙权要亲自出征，要进攻长江以北。满宠估计吴兵要袭击西阳，于是也加紧备战，孙权闻讯退兵。秋天，曹休从庐江郡南进兵合肥，满宠进驻夏口。满宠上疏说："曹休虽然聪明果敢，但是很少率兵打仗。现所行路线，背后是巢湖，旁边是长江，已入易进难退的洼地。大军如果进入了无疆口，应该特别加以防范。"满宠的上疏还没有通报，曹休已深入到无疆口。东吴兵马果然在无疆口断了去夹石的路，又截住曹休的退路。曹休苦战不利，步步退却，正遇朱灵等从后面将敌拦住，吴兵逃走，曹休退还。这一年曹休

布遣人诣扬州求降，辞云："道远不能自致，乞兵见迎。"刺史王凌腾布书，请兵马迎之。宠以为必诈，不与兵，而为凌作报书曰："知识邪正，欲避祸就顺，去暴归道，甚相嘉尚。今欲遣兵相迎，然计兵少则不足相卫，多则事必远闻。且先密计以成本志，临时节度其宜。"宠会被书当入朝，敕留府长史："若凌欲往迎，勿与兵也。"凌于后索兵不得，乃单遣一督将步骑七百人往迎之。布夜掩击，督将进走，死伤过半。初，宠与凌共事不平，凌支党毁宠疲老悖谬，故明帝召之。既至，体气康强，见而遣还。宠屡表求留，诏报曰："昔廉颇强食，马援据鞍，今君未老而自谓已老，何与廉、马之相背邪？其思安边境，惠此中国。"

明年，吴将陆逊向庐江，论者以为宜速赴之。宠曰："庐江虽小，将劲兵精，守则经时。又贼舍船二百里来，后尾空县，尚欲诱致，今宜听其遂进，但恐走不可及耳。"整军趋杨宜口。贼闻大兵东下，即夜遁。时权岁有来计。青龙元年，宠上疏曰："合肥城南临江湖，北远寿春，贼攻围之，得据水为势；官兵救之，当先破贼大辈，然后围乃得解。贼往甚易，而兵往救之甚难，宜移城内之兵，

去世，满宠以前将军身份代理都督扬州诸军事。汝南士民都仰慕和留恋满宠，扶老携幼，要随满宠一起走，不能禁止。护军上表要求捕杀首领。明帝让满宠带一千亲兵相随，其余的都不要过问。太和四年，满宠为征东将军。这年冬天，孙权扬言要进军合肥，满宠上表请求召集兖州、豫州各军，两州兵力云集后，吴军又很快退兵了，朝廷让满宠遣散集结的兵马。满宠认为，现在东吴撤军，不是真实的目的，一定是以假退兵诱使我遣散人马，然后乘虚攻击，就上表不遣散各军。十多天后，孙权果然又到了合肥城，没有取胜，带着军队撤离。第二年，吴将孙布派人到扬州请求投降，说："因路远不能亲来，请派兵马接迎。"扬州刺史王凌把孙布的信送给满宠，想派兵马去接迎。满宠认为此人必有诈，就替王凌给孙布写回信，说："你能认清邪正，想脱离灾祸前来归顺回到正道，特别值得赞许。我很想派兵接迎，但考虑到如果派的兵少就无法护卫，派的兵多，又怕走漏消息。因此，暂先密议怎样才能成全你的志向，随机采取适当的措施。"正在这时，满宠接到要他入朝的诏书，临走时命令留府长史说："如果王凌要前去接迎孙布，不要给他兵马。"后来王凌便单独派遣一个部将率七百步骑兵前去接迎。半夜，孙布突袭曹军，部将逃走，七百人死伤过半。起初，满宠与王凌处事不和，王凌的同伙便诋毁满宠年老智衰、行事荒唐，因此，明帝召他入朝。满宠入朝后，明帝见他身体非常强壮，就又让他回去。满宠多次上表请求留下，明帝下诏说："过去廉颇勉力吃饭，马援上马环顾，都为了证明自己不老。现在你以衰老为由，怎么与廉颇、马援相反呢？你要想着安定边境，为国家谋利益呀！"

第二年，吴国将领陆逊向庐江郡进兵，很多官员以为，应该马上去救援。满宠说："庐江虽狭小，但将领强悍、兵马精良，还能坚守。再说敌军弃船跋涉二百里路赶来，后方必然空虚，我想诱引他们再深入一些。现在让他们顺利推进，不要吓跑了，我军就追不上他们了。"于是，整顿兵马直趋杨宜口。吴军听说魏军东下，就连夜逃走了。那时候，孙权每年都有前来进攻的打算。青龙元年，满宠上疏说："合肥南近长江、巢湖，北又远离寿春，敌军围攻合肥，必依水上优

其西三十里，有奇险可依，更立城以固守，此为引贼平地而犄其归路，于计为便。”护军将军蒋济议，以为：“既示天下以弱，且望贼烟火而坏城，此为未攻而自拔。一至于此，劫略无限，必以淮北为守。”帝未许。宠重表曰：“孙子言，兵者，诡道也。故能而示之以弱不能，骄之以利，示之以慑。此为形实不必相应也。又曰‘善动敌者形之’。今贼未至而移城却内，此所谓形而诱之也。引贼远水，择利而动，举得于外，则福生于内矣。”尚书赵咨以宠策为长，诏遂报听。其年，权自出，欲围新城，以其远水，积二十日不敢下船。宠谓诸将曰：“权得吾移城，必于其众中有自大之言，今大举来欲要一切之功，虽不敢至，必当上岸耀兵以示有余。”乃潜遣步骑六千，伏肥城隐处以待之。权果上岸耀兵，宠伏军卒起击之，斩首数百，或有赴水死者。明年，权自将号十万，至合肥新城。宠驰往赴，募壮士数十人，折松为炬，灌以麻油，从上风放火，烧贼攻具，射杀权弟子孙泰。贼于是引退。三年春，权遣兵数千家佃于江北。至八月，宠以为田向收熟，男女布野，其屯卫兵去城远者数百里，可掩击也。遣长史督三军循江东下，摧破诸屯，焚烧谷物而还。诏美之，因以所获尽为将士赏。

景初二年，以宠年老征还，迁为太尉。宠不治产业，家无余财。诏曰：“君典兵在外，专心忧公，有行父、祭遵之风。赐田十顷，谷五百斛，钱二十万，以明清忠俭约之节焉。”宠前后增邑，凡九千六百户，封子孙二人亭侯。正始三年薨，谥曰景侯。子伟嗣。伟以格度知名，官至卫尉。

势；我军若救援，应先破其主力，之后才能解围。敌包围我军甚易，而我救援则难，应转移城内的兵力向西三十里，那里有险可依，再修新城来加强防守，这是将敌军引到地面上来而断其退路的上计。”护军将军蒋济则以为：“此法是向敌军示弱，而且见敌烟火就毁坏自己的城池，这是敌军未进攻就自己打败了自己，那将是纵敌掠夺。我军须以淮北作基地。”明帝没有赞同满宠的建议。满宠又上表说：“孙子说，兵者，诡异也。以有力而故意示弱，使敌骄傲、麻痹，认为我们受到震慑。这就是说表面与实际不必相符。孙子又说‘善动敌者形之’。在敌来到之时就转移城内守军，这是以假象诱敌。诱敌远水，择机而制，这是在朝廷外得胜，在朝廷内得福的举措呀。”尚书赵咨认为满宠的计策很好，明帝便批准了满宠的计策。这一年，孙权亲自领兵，想围攻合肥新城，因新城远离水路，所以，在水上停留了二十天不敢下船。满宠对诸将说：“孙权得知我迁城的消息，必定在众人中自吹大话，现在大举出兵本想一下子获得成功，虽然不敢直抵新城，但也会上岸炫耀一下武力。”便暗中派遣六千步骑兵，在合肥旧城的隐蔽处埋伏待敌。孙权果然上岸炫耀兵力，满宠的伏兵突然发起攻击，杀敌数百，有的敌人落水淹死。第二年，孙权亲自率兵号称十万，来到合肥新城。满宠飞驰救援，招募了几十名壮士，折下松枝做成火炬，又灌上麻油，顺风放火，烧掉了敌人的攻城器具，射死孙权的侄子孙泰。孙权于是退兵。青龙三年春天，孙权派兵数千家在江北屯田。到八月，满宠认为田里的庄稼将成熟收割，男女老少遍布田野，而屯田的卫兵离城远的有几百里，可以突然袭击他。满宠便派遣长史督率三军顺江东下，摧毁吴军各屯兵据点，焚烧了谷物而归。皇帝下诏赞扬他，满宠又将所获的物资全部给将士作为奖赏。

景初二年，因为满宠年老，朝廷征召他回京城做官，升任太尉。满宠不经营产业，家里没有多余的财产。明帝下诏说：“您在外统领兵马，专心为公，有中行父和祭遵那样高尚的风格。赏赐给您田地十顷，谷子五百斛，钱二十万，以表明您具有清白、忠诚、俭朴的节操。”满宠前后几次被增加封邑，一共有九千六百户。又有两个儿孙被封为亭侯。满宠在正始三年去世，赠谥号景侯。他的儿子满伟继承了

田豫字国让，渔阳雍奴人也。刘备之奔公孙瓒也，豫时年少，自托于备，备甚奇之。备为豫州刺史，豫以母老求归，备涕泣与别，曰：“恨不与君共成大事也。”

公孙瓒使豫守东州令，瓒将王门叛瓒，为袁绍将万余人来攻。众惧欲降。豫登城谓门曰：“卿为公孙所厚而去，意有所不得已也；今还作贼，乃知卿乱人耳。夫挈瓶之智，守不假器，吾既受之矣；何不急攻乎？”门惭而退。瓒虽知豫有权谋而不能任也。瓒败而鲜于辅为国人所推，行太守事，素善豫，以为长史。时雄杰并起，辅莫知所从。豫谓辅曰：“终能定天下者，必曹氏也。宜速归命，无后祸期。”辅从其计，用受封宠。太祖召豫为丞相军谋掾，除颍阴、朗陵令，迁弋阳太守，所在有治。

鄢陵侯彰征代郡，以豫为相。军次易北，虏伏骑击之，军人扰乱，莫知所为。豫因地形，回车结圜陈，弓弩持满于内，疑兵塞其隙。胡不能进，散去。追击，大破之，遂前平代，皆豫策也。

迁南阳太守。先时，郡人侯音反，众数千人在山中为群盗，大为郡患。前太守收其党与五百余人，表奏皆当死。豫悉见诸系囚，慰谕，开其自新之路，一时破械遣之。诸囚皆叩头，愿自效，即相告语，群贼一朝解散，郡内清静。具以状上，太祖善之。

文帝初，北狄强盛，侵扰边塞，乃使豫持节护乌丸校尉，牵

爵位。满伟以遵守法度闻名，官至卫尉。

田豫，字国让，是渔阳雍奴人。刘备投奔公孙瓒时，田豫还很年轻，就自己投靠刘备。刘备认为他很不得了。刘备任豫州刺史，田豫因母亲年老请求回家。刘备流着泪与他分别，说："很遗憾，不能和你共创大业了。"

公孙瓒让田豫暂理东州县令，公孙瓒的部将王门发动叛乱，代替袁绍率一万多人去进攻。众人害怕想要投降。田豫登上城楼对王门说："你被公孙公所厚待却离他而去，我还以为你有迫不得已的原因；如今却做了贼，才知你是个乱臣。只具有提瓶取水这样小智的人，尚且知道守住瓶子不借给别人，我已接守城的任务了，你为什么不猛攻呢？"王门羞惭而退。公孙瓒虽然知道田豫有谋略却不能任用他。公孙瓒败亡而鲜于辅被国人所推举，代理渔阳郡太守，他一向对田豫很好，任田豫为长史。当时群豪并起，鲜于辅不知道该依附谁。田豫对鲜于辅说："最后能平定天下的人，一定是曹公。您应该马上归附他，以免灾祸的来临。"鲜于辅听从了田豫的意见，因此受到曹操的封赏和宠信。曹操征召田豫为丞相军谋掾，又任命他为颍阴县令、朗陵县令，升迁为弋阳郡太守，所到之处都有政绩。

鄢陵侯曹彰征伐代郡，任命用田豫为代相。军队到达易北，敌人埋伏的骑兵袭击他们，士兵们骚乱不安，不知道该怎么办。田豫利用地形，把车连结成圆阵，让士兵拉开弓弩在里边守卫，用机动的士兵堵住阵营的空隙。胡人不能攻进去，就退走了。田豫派兵追击，把他们打得大败，便向前平定了代郡。这都是田豫的计策。

田豫调任南阳太守。在这之间，南阳郡人侯音发动叛乱，聚集了几千人在山中做强盗，成为南阳郡的一大祸害。前任太守抓捕了侯音的党羽五百多人，上奏应全部处死。田豫去看这些囚犯，对他们安慰开导，并指明改过自新的道路，当场打开镣铐全都释放了他们。囚犯们都叩头谢恩，表示愿意效力，立刻把事情相互转告山中其他的强盗，这群盗贼马上都解散了，郡内从此清静安宁了。田豫将这些情况具文上奏，曹操大为赞赏。

文帝初年，北方狄族十分强盛，常常侵犯边境，于是，文帝派遣

招、解儁并护鲜卑。自高柳以东，濊貊以西，鲜卑数十部，比能、弥加、素利割地统御，各有分界；乃共要誓，皆不得以马与中国市。豫以戎狄为一，非中国之利，乃先搆离之，使自为仇敌，互相攻伐。素利违盟，出马千匹与官，为比能所攻，求救于豫。豫恐遂相兼并，为害滋深，宜救善讨恶，示信众狄。单将锐卒，深入虏庭，胡人众多，钞军前后，断截归路。豫乃进军，去虏十余里结屯营，多聚牛马粪然之，从他道引去。胡见烟火不绝，以为尚在，去，行数十里乃知之。追豫到马城，围之十重，豫密严，使司马建旌旗，鸣鼓吹，将步骑从南门出，胡人皆属目往赴之。豫将精锐自北门出，鼓噪而起，两头俱发，出虏不意，虏众散乱，皆弃弓马步走，追讨二十余里，僵尸蔽地。又乌丸王骨进桀黠不恭，豫因出塞案行，单将麾下百余骑入进部。进逆拜，遂使左右斩进，显其罪恶以令众。众皆怖慑不敢动，便以进弟代进。自是胡人破胆，威震沙漠。山贼高艾，众数千人，寇钞，为幽、冀害，豫诱使鲜卑素利部斩艾，传首京都。封豫长乐亭侯。为校尉九年，其御夷狄，恒摧抑兼并，乖散强猾。凡逋亡奸宄，为胡作计不利官者，豫皆构刺搅离，使凶邪之谋不遂，聚居之类不安。事业未究，而幽州刺史王雄支党欲令雄领乌丸校尉，毁豫乱边，为国生事。遂转豫为汝南太守，加殄夷将军。

太和末，公孙渊以辽东叛，帝欲征之而难其人，中领军杨暨举豫应选。乃使豫以本官督青州诸军，假节，往讨之。会吴贼遣使与渊相结，帝以贼众多，又以渡海，诏豫使罢军。豫度贼船垂还，岁晚

田豫手持符节任护乌丸校尉，牵招、解儁同时担任护鲜卑校尉。自从高柳以东、濊貊以西，鲜卑有几十个部落，比能、弥加、素利各据一方，他们就共同盟誓，不得用马和中原进行贸易。田豫认为，鲜卑各部落合在一起对中原不利，于是，设计离间，让他们之间产生仇恨，进而互相进攻。素利首先违背誓约，出售一千匹马给官府，为此，比能进攻素利，素利向田豫求救。田豫担心他们相互兼并，为害更甚，应当讨伐首恶，鼓励行善之人，以信义昭示少数民族。便率领精锐部卒，深入狄区，因为胡人众多，田豫被前后包围，截断了退路。田豫不为所动继续进军，离敌十里结成营寨，收集了许多牛马粪，燃起烟火，自己则率兵从旁路撤走。敌人见烟火不息，以为田豫还在，等田豫他们走了几十里以后才发现。他们在马城追上田豫，包了十重，田豫在城中严密地做好准备，让司马举起战旗，奏起军乐，率步骑兵从南门出来，敌人全都被吸引到南门。而田豫则率领精锐从北门冲出，杀声四起，两头夹击，敌人意想不到，顿时溃不成军，丢兵弃马地都逃走了，田豫追杀了二十多里，敌尸遍野。乌丸族首领骨进为人奸猾且对朝廷不恭，田豫借出塞巡视之机，独自率领百余骑兵进入骨进部落。骨进跪拜迎接，田豫命手下将其斩首，并公布了罪状，对他的部众下达了不许乱动的命令。众人全都吓得不敢乱动，田豫便让骨进的弟弟代替了骨进的职位。从这以后胡人非常害怕，田豫之名威震大漠。山寇高艾有几千人马，常常抢掠烧杀，是幽州和冀州的一大祸害。田豫诱使鲜卑族素利的部属斩杀了高艾，将其首级传送京城。田豫被封为长乐亭侯。田豫任护乌丸校尉九年，对乌丸鲜卑部落，经常采用挫败、控制、兼并等手段，离散强大狡猾的部落。凡是那些为胡人谋利而对朝廷构成威胁的人，田豫都能设计，使其阴谋破灭，并让他们感到不安。很多事情还未做完，幽州刺史王雄的党羽想让王雄兼领乌丸校尉，上奏诋毁田豫，在边境无事生非。就这样，田豫调任汝南太守，加封殄夷将军。

太和末年，公孙渊占领了辽东发动叛乱，明帝想讨伐他又一时找不到适当的人，中领军杨暨推荐田豫应选。于是明帝让田豫以汝南太守的身份督领青州各军，假节，前往征讨。在这时，东吴派使节与公

风急，必畏漂浪，东随无岸，当赴成山。成山无藏船之处，辄便循海，案行地势，及诸山岛，徼截险要，列兵屯守。自入成山，登汉武之观。贼还，果遇恶风，船皆触山沉没，波荡著岸，无所逃窜，尽虏其众。初，诸将皆笑于空地待贼，及贼破，竞欲与谋，求入海钩取浪船。豫惧穷虏死战，皆不听。初，豫以太守督青州，青州刺史程喜内怀不服，军事之际，多相违错。喜知帝宝爱明珠，乃密上："豫虽有战功而禁令宽弛，所得器仗珠金甚多，放散皆不纳官。"由是功不见列。

后孙权号十万众攻新城，征东将军满宠欲率诸军救之。豫曰："贼悉众大举，非徒投射小利，欲质新城以致大军耳。宜听使攻城，挫其锐气，不当与争锋也。城不可拔，众必罢怠；罢怠然后击之，可大克也。若贼见计，必不攻城，势将自走。若便进兵，适入其计。又大军相向，当使难知，不当使自画也。"豫辄上状，天子从之。会贼遁走。后吴复来寇，豫往拒之，贼即退。诸军夜惊，云："贼复来！"豫卧不起，令众"敢动者斩"。有顷，竟无贼。

景初末，增邑三百，并前五百户。正始初，迁使持节护匈奴中郎将，加振威将军，领并州刺史。外胡闻其威名，相率来献。州界宁肃，百姓怀之。征为卫尉。屡乞逊位，太傅司马宣王以为豫克壮，书喻未听。豫书答曰："年过七十而以居位，譬犹钟鸣漏尽而夜行不

孙渊勾结，明帝考虑到敌军众多，征讨的兵马又要渡海，便下令田豫停兵待命。田豫估计东吴的船只很快就要返回，冬天的海风很急，他们一定害怕风浪，东面无岸可靠，一定会开往成山。成山没有隐匿船只的地方，就这样，田豫便沿着海岸察看地形，走遍了各个山头、岛屿，在险要的地方布置士兵防守。他自己来到成山，登上汉武帝修筑的高台。吴人返回时，果然遇到大风，船都触礁沉没，吴兵被海浪冲到岸上，无处可逃，都成了俘虏。开始，田豫手下众将全都笑他在空地待敌，等到敌人被击败后，又都争相出谋，请求下海去夺取敌人的船只。田豫担心那些无路可走的敌人会拼死抵抗，全都没有接受。当初，田豫以汝南郡太守身份都督青州各路军时，青州刺史程喜心中不服，在实施军事行动时，常和田豫对着来。程喜知道明帝喜爱明珠，便秘密上奏说："田豫虽有战功但军纪不严，缴获的武器珠宝金银非常多，却都分散在部下手中没有上交朝廷。"因此，田豫的战功没有得到朝廷奖励。

后来孙权号称十万大军大举进攻合肥新城，征东将军满宠打算派遣各军去援救。田豫说："贼兵全部出动大举进犯，不是想投机占点小便宜，而是想把赌注压在新城以引诱我们的大队人马。我们应该让他们去攻城，必能挫败他们的锐气，不应与他们急争高下。攻不下城来，吴军必然疲乏，等他们懈怠之后再攻击他们，就能大胜。如果贼兵看穿我们的计谋，必定不会攻城而自行退走。假如我们现在就进军，正好中了他们的计。再者大军所向，应使敌人难以捉摸，不应自己限制自己。"田豫又向朝廷上奏，明帝采纳了他的意见。此时，敌军悄悄退走。之后吴军又来进犯，田豫前去抵御，敌军马上退兵。夜里，各军士兵被惊醒，说："敌人又来了！"田豫躺在床上不起身，命令兵众说："敢乱动者斩首"。过了一会儿，没有发现敌情。

景初末年，朝廷增加田豫食邑三百户，加上以前的一共是五百户。正始初年，晋升田豫为使持节护匈奴中郎将，加封振威将军，兼任并州刺史。塞外匈奴等族都听过田豫的威名，相继前来进贡。州郡内秩序良好，百姓十分怀念他。后朝廷召田豫为卫尉。他屡次祈求逊位，太傅司马懿认为田豫精力尚壮，下书告知他朝廷不许。田豫又写

休，是罪人也。”遂固称疾笃。拜太中大夫，食卿禄。年八十二薨。子彭祖嗣。

豫清俭约素，赏赐皆散之将士。每胡、狄私遗，悉簿藏官，不入家；家常贫匮。虽殊类，咸高豫节。嘉平六年，下诏褒扬，赐其家钱谷。语在《徐邈传》。

牵招字子经，安平观津人也。年十余岁，诣同县乐隐受学。后隐为车骑将军何苗长史，招随卒业。值京都乱，苗、隐见害，招俱与隐门生史路等触蹈锋刃，共殡敛隐尸，送丧还归。道遇寇钞，路等皆悉散走。贼欲斫棺取钉，招垂泪请赦。贼义之，乃释而去。由此显名。

冀州牧袁绍辟为督军从事，兼领乌丸突骑。绍舍人犯令，招先斩乃白，绍奇其意而不见罪也。绍卒，又事绍子尚。建安九年，太祖围邺。尚遣招至上党，督致军粮。未还，尚破走，到中山。时尚外兄高幹为并州刺史，招以并州左有恒山之险，右有大河之固，带甲五万，北阻强胡，劝幹迎尚，并力观变。幹既不能，而阴欲害招。招闻之，间行而去，道隔不得追尚，遂东诣太祖。太祖领冀州，辟为从事。

太祖将讨袁谭，而柳城乌丸欲出骑助谭。太祖以招尝领乌丸，遣诣柳城。到，值峭王严，以五千骑当遣诣谭。又辽东太守公孙康自称平州牧，遣使韩忠赍单于印绶往假峭王。峭王大会群长，忠亦在坐。峭王问招：“昔袁公言受天子之命，假我为单于；今曹公复言

信给司马懿说："我已年过七十却还占据官位，就好像在深夜钟鸣漏尽之时仍行走不停一样，是有罪的。"于是，坚决说自己有病。朝廷征拜田豫为太中大夫，俸禄与九卿相同。田豫八十二岁去世。儿子田彭祖承继爵位。

田豫清廉朴素，所得赏赐全都分给士兵。每当北方少数民族私下送他礼物时，他都登记后收藏在官府，从不放在家中；家里生活常常贫穷匮乏。即使是少数民族的百姓，也都钦佩田豫高尚的节操。嘉平六年，朝廷下诏褒扬田豫，赐他家金钱谷物。这件事记载在《徐邈传》中。

牵招字子经，安平郡观津人。十几岁时，拜同县人乐隐为师，学习儒学。后来，乐隐做车骑将军何苗的长史，牵招一直跟着乐隐把学业完成。正好遭遇京城大乱，何苗、乐隐都被杀害，牵招和乐隐门生史路等人一起迎着锋利的刀剑，去收殓乐隐的尸体，并送灵柩回乡。路上遇到强盗抢掠，史路等人都分散逃走了。贼人想把棺材砍碎拿走钉子，牵招哭着请求他们手下留情，不要损坏棺材。贼人们被他的义气所打动，就放他走了。从这儿开始，牵招的名气开始显赫起来。

冀州牧袁绍征召牵招为督军从事，兼领乌丸突骑。袁绍的家人违犯法令，牵招先斩后奏。袁绍很欣赏他办事果断也没有追究。袁绍去世后，牵招又追随袁绍的儿子袁尚。建安九年，曹操包围邺城。袁尚派牵招到上党督送军粮，还未回来，袁尚已败逃中山。那时候，袁尚表兄高幹任并州刺史，牵招认为，并州左有恒山之险，右有大河可守，又拥兵五万，北有强大的胡兵，他劝高幹接袁尚过来，联合起来观察时势变化。高幹才能低下，还想暗中害死牵招。牵招知情后，悄悄逃走，因为离袁尚太远，于是，向东投奔曹操。曹操兼任冀州牧，征召牵招为从事。

曹操打算征讨袁谭，但柳城乌丸部族却想带领骑兵帮助袁谭。因为牵招曾经统领过乌丸人，曹操就派遣他到柳城去。牵招到了柳城，正赶上乌丸部落峭王在整顿兵马，准备把五千骑兵派给袁谭。与此同时，辽东太守公孙康自称平州刺史，派使者韩忠带着单于的印绶授予峭王。峭王大会各部酋长，韩忠也在座，峭王问牵招："过去

当更白天子，假我真单于；辽东复持印绶来。如此，谁当为正？”招答曰：“昔袁公承制，得有所拜假；中间违错，天子命曹公代之，言当白天子，更假真单于，是也。辽东下郡，何得擅称拜假也？”忠曰：“我辽东在沧海之东，拥兵百万，又有扶余、濊貊之用；当今之势，强者为右，曹操独何得为是也？”招呵忠曰：“曹公允恭明哲，翼戴天子，伐叛柔服，宁静四海，汝君臣顽嚚，今恃险远，背违王命，欲擅拜假，侮弄神器，方当屠戮，何敢慢易咎毁大人？”便捉忠头顿筑，拔刀欲斩之。峭王惊怖，徒跣抱招，以救请忠，左右失色。招乃还坐，为峭王等说成败之效，祸福所归。皆下席跪伏，敬受敕教，便辞辽东之使，罢所严骑。

太祖灭谭于南皮，署招军谋掾，从讨乌丸。至柳城，拜护乌丸校尉。还邺，辽东送袁尚首，县在马市，招睹之悲感，设祭头下。太祖义之，举为茂才。从平汉中，太祖还，留招为中护军。事罢，还邺，拜平虏校尉，将兵督青、徐州郡诸军事，击东莱贼，斩其渠率，东土宁静。

文帝践阼，拜招使持节护鲜卑校尉，屯昌平。是时，边民流散山泽，又亡叛在鲜卑中者，处有千数。招广布恩信，招诱降附。建义中郎将公孙集等，率将部曲，咸各归命；使还本郡。又怀来鲜卑素利、弥加等十余万落，皆令款塞。

大军欲征吴，召招还，至，值军罢，拜右中郎将，出为雁门太守。郡在边陲，虽有候望之备，而寇钞不断。招既教民战陈，又表复乌丸五百余家租调，使备鞍马，远遣侦候。虏每犯塞，勒兵逆击，来

袁绍说受天子之命，任我为单于；现在，曹公又说要重新禀报天子，任我为真单于；辽东又送来印绶。像这样，究竟谁是真的呢？”牵招回答说：“过去，袁公秉承皇上的旨意，他有任命权；之后中间有过错出现，天子命曹公代替他并说要禀告天子，再授予真单于称号，这是对的。辽东只是朝廷的一个郡，有什么权力擅自授命呢？”韩忠说：“我们辽东在大海以东，拥有百万大军，又有扶余、濊貊等国支援；现在的形势，强者为尊，曹操凭什么说只有他才是正确的呢？”牵招斥责韩忠说：“曹公允恭明哲，辅佐天子，征叛抚顺，故四海安宁，你们辽东君臣上下顽劣嚣张，今又倚仗地处险远，违背王命，还想擅自封官拜职，侮辱皇权，正应处死，怎敢侮辱轻视曹公？”便抓住韩忠的头往地上撞，拔刀就要杀了他。峭王又惊又怕，光着脚抱住牵招，请求放过韩忠，左右也吓得变了脸色。牵招便回到座位上，向峭王等人陈说成败及祸福归属，众人都离席跪下，恭敬地接受他的教诲，峭王也辞退了辽东使臣，遣散了准备援助袁谭的骑兵。

曹操在南皮灭了袁谭，任命牵招代理军谋掾，随从征讨乌丸。到柳城，任命签招为护乌丸校尉。曹操回到邺城，辽东送来袁尚的首级，悬挂在马市。牵招见状，悲感交集，在首级下设坛祭奠。曹操被牵招的义气所感动，举荐他为茂才。之后牵招随曹操平定汉中。曹操返回，留牵招任中护军。汉中平定，曹操回到邺城，任牵招为平虏校尉，率兵总督青、徐二州诸军事，击败东莱叛兵，杀死首领，东部平静。

曹丕继帝位，任命牵招持节护卫鲜卑校尉，屯兵昌平。当时，边地居民大多流散在山间河谷，还有逃入鲜卑部落的，各处有一千多人。牵招发布告示，劝说人们回归故地。建义中郎将公孙集等率部下归附，牵招让他们回到本郡。牵招又安抚鲜卑素利、弥加等十余万家，命他们与中原友好往来。

魏国大军准备讨伐吴国，召牵招回去，到达时恰逢停止出兵，被任命为右中郎将，出任雁门太守。雁门郡在边疆，虽然有防守瞭望的措施，但敌人的抢掠仍不断出现。牵招既训练百姓结阵作战，又上奏免除五百多家乌丸人的租税，让他们备好鞍马，到远处去侦察。

辄摧破，于是吏民胆气日锐，荒野无虞。又搆间离散，使虏更相猜疑。鲜卑大人步度根、泄归泥等与轲比能为隙，将部落三万余家诣郡附塞。敕令还击比能，杀比能弟苴罗侯，及叛乌丸归义侯王同、王寄等，大结怨雠。是以招自出，率将归泥等讨比能于云中故郡，大破之。招通河西鲜卑附头等十余万家，缮治陉北故上馆城，置屯戍以镇内外，夷虏大小，莫不归心，诸叛亡虽亲戚不敢藏匿，咸悉收送。于是野居晏闭，寇贼静息。招乃简选有才识者，诣太学受业，还相授教，数年中庠序大兴。郡所治广武，井水咸苦，民皆担辇远汲流水，往返七里。招准望地势，因山陵之宜，凿原开渠，注水城内，民赖其益。

明帝即位，赐爵关内侯。太和二年，护乌丸校尉田豫出塞，为轲比能所围于故马邑城，移招求救。招即整勒兵马，欲赴救豫。并州以常宪禁招，招以为节将见围，不可拘于吏议，自表辄行。又并驰布羽檄，称陈形势，云当西北掩取虏家，然后东行，会诛虏身。檄到，豫军踊跃。又遗一通于虏蹊要，虏即恐怖，种类离散。军到故平城，便皆溃走。比能复大合骑来，到故平州塞北。招潜行扑讨，大斩首级。招以蜀虏诸葛亮数出，而比能狡猾，能相交通，表为防备，议者以为县远，未之信也。会亮时在祁山，果遣使连结比能。比能至故北地石城，与相首尾。帝乃诏招，使从便宜讨之。时比能已还漠南，招与刺史毕轨议曰："胡虏迁徙无常。若劳师远追，则迟速不相及。若欲潜袭，则山溪艰险，资粮转运，难以密办。可使守新兴、雁门二牙门，出屯陉北，外以镇抚，内令兵田，储畜资粮，秋冬马肥，州郡兵合，乘衅征讨，计必全克。"未及施行，会病卒。招在郡十二

敌人每次进犯关塞，牵招都整顿兵马迎击，来犯之敌都被打败，因此，吏民的胆气越来越壮，即使在荒野也不担心了。牵招又设计离间胡人，让他们自相怀疑。鲜卑大人步度根、泄归泥等人和轲比能有矛盾，率本部落三万多家到雁门郡归附塞内。牵招奉命让他们回去攻击比能，步度根，泄归泥等人杀死了比能的弟弟苴罗侯和背叛的乌丸归义侯王同、王寄等人，结下了深深的仇怨。因为这样，牵招亲自出兵，率领泄归泥等人到云中旧郡去征讨比能，把他打败。牵招和河西鲜卑附头等十几万家，共同整修陉北的上馆故城并驻扎在这里，以镇守边塞内外，少数民族不论大小，全都心悦诚服，那些叛逃的人即使是亲戚也不敢藏匿，都把他们送交官府。于是，居住在野外的百姓感到像关上门一样安宁，盗贼也销声匿迹了。牵招又挑选有才能见识的人，送到太学学习，回来再教授别人，没过几年时间学校就兴旺起来。郡治所在地广武，井水又咸又苦，老百姓都肩挑车运到远地打水，来回有七里路。牵招观测地形，依山势开凿河渠，引水入城，老百姓都得到了好处。

明帝即位，赐爵牵招为关内侯。太和二年，护乌丸校尉田豫到国外，被轲比能包围在过去的马邑城，发公文向牵招求救。牵招马上整顿部署兵马，想去救援田豫。并州府根据通常的法规禁止牵招出兵，牵招认为持有节杖的将军被敌人包围，不能受官吏议论的拘束，上表朝廷后自行出兵。又驰马发布羽檄，宣传形势，说要从西北袭取敌人家属，然后东行，诛杀轲比能。公文一到，田豫军心大振。又在敌人必经的交通要道放了一份檄文，敌人立刻产生了恐惧之心，纷纷离散。牵招大军到达原来的平城，敌人便都溃散。轲比能又纠集了骑兵杀回来，到达原来的平州边塞北边。牵招秘密行军发起突袭，斩下许多敌人的首级。牵招认为蜀汉诸葛亮多次出兵，而轲比能又很狡猾，有可能互相勾结，上表请求朝廷戒备，议论的人都以为对方相距太远，不相信牵招的话。正好赶上诸葛亮这时在祁山，果然派遣使臣与轲比能联络。轲比能到达原来的北地石城，与诸葛亮军队首尾呼应。明帝给牵招下诏，让牵招根据情况出兵讨伐轲比能。当时轲比能已经回到大漠南，牵招和并州刺史毕轨商议说：“胡虏迁徙不

年，威风远振。其治边之称，次于田豫，百姓追思之。而渔阳傅容在雁门有名绩，继招后，在辽东又有事功云。

招子嘉嗣。次子弘，亦猛毅有招风，以陇西太守随邓艾伐蜀有功，咸熙中为振威护军。嘉与晋司徒李胤同母，早卒。

郭淮字伯济，太原阳曲人也。建安中举孝廉，除平原府丞。文帝为五官将，召淮署为门下贼曹，转为丞相兵曹议令史，从征汉中。太祖还，留征西将军夏侯渊拒刘备，以淮为渊司马。渊与备战，淮时有疾不出。渊遇害，军中扰扰，淮收散卒，推荡寇将军张郃为军主，诸营乃定。其明日，备欲渡汉水来攻。诸将议众寡不敌，备便乘胜，欲依水为陈以拒之。淮曰："此示弱而不足挫敌，非算也。不如远水为陈，引而致之，半济而后击，备可破也。"既陈，备疑不渡，淮遂坚守，示无还心。以状闻，太祖善之，假郃节，复以淮为司马。文帝即王位，赐爵关内侯，转为镇西长史。又行征羌护军，护左将军张郃、冠军将军杨秋讨山贼郑甘、卢水叛胡，皆破平之。关中始定，民得安业。

黄初元年，奉使贺文帝践阼，而道路得疾，故计远近为稽留。及群臣欢会，帝正色责之曰："昔禹会诸侯于涂山，防风后至，便行大戮。今溥天同庆而卿最留迟，何也？"淮对曰："臣闻五帝先教，导民以德，夏后政衰，始用刑辟。今臣遭唐虞之世，是以自知免于

定，如果派兵远追，则胡虏跑得快不容易追上。假如要偷袭，则山水阻隔，物资和粮食的运输，也难以秘密进行。可以让守卫新兴、雁门二郡的牙门将，驻扎在陉山以北，对外镇抚敌人，对内实行军屯，储蓄物资粮食，等到秋冬季马匹肥壮的时候，集中州郡的兵力，乘机进攻，必获全胜。”牵招的计策还没来得及实行，就病逝了。牵招在雁门郡任职十二年，威名远扬。招牵治理边境的名声，仅次于田豫，百姓们都追念牵招。而渔阳郡的傅容在雁门也有名声政绩，任职在牵招之后，在辽东郡也建立了功勋。

牵招的儿子牵嘉承袭了爵位。他的第二个儿子牵弘，也勇猛刚毅，有牵招的风范，以陇西太守的身份随邓艾征伐蜀汉有功，在咸熙年间任振威护军。牵嘉与晋朝司徒李胤同母，死得很早。

郭淮字伯济，是太原阳曲县人。建安年间被举荐做了孝廉，被授予平原郡府丞之职。曹丕任五官中郎将时，调他任门下贼曹属官，又改任丞相府兵曹议令史，跟随曹操征讨汉中。曹操返回时，留下征西将军夏侯渊抵御刘备，郭淮任夏侯渊司马。夏侯渊和刘备交战时，郭淮正生病没有出征。夏侯渊阵亡，军中惶恐不安，郭淮召集散兵，推举荡寇将军张郃为军中主帅，各营才安定下来。第二天，刘备准备渡汉水来攻。将领们认为寡不敌众，刘备也将会乘胜追击，打算在汉水边布阵抵御。郭淮说：“这是向敌示弱而不能挫败他们，不是好办法。不如远离汉水列阵，他们渡过一半时进行攻击，才能击败刘备。”阵摆好后，刘备犹豫不敢贸然渡江，郭淮便坚守以示不退的决心。又上疏向曹操报告，曹操很赞同，授张郃假节，仍让郭淮任司马。曹丕做了魏王后，赐他关内侯的爵位，转任镇西将军长史。又兼任征羌护军，协助左将军张郃、冠军将军杨秋讨伐山贼郑甘和卢水一带叛乱的胡人，都击败平定了他们。自此，关中安定，百姓得以安宁地从事农业。

黄初元年，文帝登上皇位，郭淮奉命出使朝贺，在途中得了重病，所以错过了时间。群臣聚集时，皇帝声色俱厉，责备说：“过去大禹在涂山聚集诸侯时，防风来迟，禹就将他杀了。现在普天同庆而你延期到达，是何缘故？”郭淮回答说：“臣听说五帝用道德来教化引导百姓，夏后时朝纲不振，方才开始使用刑法。现在我正遇上唐尧、

防风之诛也。”帝悦之，擢领雍州刺史，封射阳亭侯，五年为真。安定羌大帅辟蹏反，讨破降之。每羌、胡来降，淮辄先使人推问其亲理，男女多少，年岁长幼；及见，一二知其款曲，讯问周至，咸称神明。

太和二年，蜀相诸葛亮出祁山，遣将军马谡至街亭，高详屯列柳城。张郃击谡，淮攻详营，皆破之。又破陇西名羌唐蹏于枹罕，加建威将军。五年，蜀出卤城。是时，陇右无谷，议欲关中大运，淮以威恩抚循羌、胡，家使出谷，平其输调，军食用足，转扬武将军。青龙二年，诸葛亮出斜谷，并田于兰坑。是时司马宣王屯渭南；淮策亮必争北原，宜先据之，议者多谓不然。淮曰：“若亮跨渭登原，连兵北山，隔绝陇道，摇荡民、夷，此非国之利也。”宣王善之，淮遂屯北原。堑垒未成，蜀兵大至，淮逆击之。后数日，亮盛兵西行，诸将皆谓欲攻西围，淮独以为此见形于西，欲使官兵重应之，必攻阳遂耳。其夜果攻阳遂，有备不得上。

正始元年，蜀将姜维出陇西。淮遂进军，追至彊中，维退，遂讨羌迷当等，按抚柔氐三千余落，拔徙以实关中。迁左将军。凉州休屠胡梁元碧等，率种落二千余家附雍州。淮奏请使居安定之高平，为民保障，其后因置西州都尉。转拜前将军，领州如故。

五年，夏侯玄伐蜀，淮督诸军为前锋。淮度势不利，辄拔军出，

虞舜那样的盛世，因此知道自己不会得到防风那样的刑杀。”文帝很是高兴，便提升他兼任雍州刺史，封为射阳亭侯，五年后正式任命他为雍州刺史。曾安定羌的大将辟蹏如今反叛，郭淮前去征讨，将其打败，并使之归降。每当羌人、胡人前来归附，郭淮总是先派人了解他们的亲戚关系，家中人口多少，年纪大小；到见面时，能逐一知道他们的详细情况，问起来周到详尽，别人都称赞他神明。

太和二年，蜀相诸葛亮向祁山进军，派遣将军马谡驻守街亭，高详留守柳城。张郃进攻马谡，郭淮进攻高详，打败了他们。郭淮又在枹罕打败了著名的羌族首领唐蹏，朝廷加授他为建威将军。太和五年，蜀国攻打卤城。这时候，陇右没有粮食，众将商议从关中运粮，郭淮恩威并重，让羌人、胡人每家都捐献口粮，与运输征调的粮食相当，便魏军军粮充足，郭淮被转任为扬武将军。青龙二年，诸葛亮出兵斜谷，并在兰坑开荒屯田。此时司马宣王在渭南驻守；郭淮预计诸葛亮必想争夺北原，认为应该先将北原占据，别人都不这样认为。郭淮说：“如果诸葛亮跨过渭水占据北原，将势力延伸到北山，截断我军与陇右的通路，使老百姓和夷人动荡不定，这对国家不利。”司马宣王认为他的意见正确，就派郭淮驻兵北原。壕沟堡垒还未修好，蜀国大军便已抵达，但遭郭淮迎头痛击。几天之后，诸葛亮率大军向西进发。将领都认为他们是想去攻打西围，只有郭淮认为这是假装向西，想让魏军用重兵向西对付他们，然后他们一定掉头攻打阳遂。这天夜里蜀军果然来攻打阳遂，魏军早有防备，所以没有攻打下来。

正始元年，蜀将姜维率军出征陇西。郭淮便进军追赶，到彊中一带，姜维撤退。郭淮就去讨伐羌人迷当等，巡行安抚氐人部落三千多个，将他们迁移来关中，以充实民力。朝廷升任郭淮为左将军。凉州休屠胡人梁元碧等，带领部落二千多家投靠雍州。郭淮向朝廷递交奏章，请求拨给安定郡的高平作他们的居住地，让他们作为护卫当地百姓的屏障。后来由此设置了西州都尉。郭淮转任前将军，兼任雍州刺史，跟从前一样。

正始五年，夏侯玄征讨蜀国，郭淮督率各路军马担任前锋。因为

故不大败。还假淮节。八年，陇西、南安、金城、西平诸羌饿何、烧戈、伐同、蛾遮塞等相结叛乱，攻围城邑，南招蜀兵，凉州名胡治无戴复叛应之。讨蜀护军夏侯霸督诸军屯为翅。淮军始到狄道，议者佥谓宜先讨定枹罕，内平恶羌，外折贼谋。淮策维必来攻霸，遂入沨中，转南迎霸。维果攻为翅，会淮军适至，维遁退。进讨叛羌，斩饿何、烧戈，降服者万余落。九年，遮塞等屯河关、白土故城，据河拒军。淮见形上流，密于下渡兵据白土城，击，大破之。治无戴围武威，家属留在西海。淮进军趋西海，欲掩取其累重，会无戴折还，与战于龙夷之北，破走之。令居恶虏在石头山之西，当大道止，断绝王使。淮还过讨，大破之。姜维出石营，从彊川，乃西迎治无戴，留阴平太守廖化于成重山筑城，敛破羌保质。淮欲分兵取之。诸将以维众西接强胡，化以据险，分军两持，兵势转弱，进不制维，退不拔化，非计也，不如合而俱西，及胡、蜀未接，绝其内外，此伐交之兵也。淮曰："今往取化，出贼不意，维必狼顾。比维自致，足以定化，且使维疲于奔命。兵不远西，而胡交自离，此一举而两全之策也。"乃别遣夏侯霸等追维于沓中，淮自率诸军就攻化等。维果驰还救化，皆如淮计。进封都乡侯。

嘉平元年，迁征西将军，都督雍、凉诸军事。是岁，与雍州刺史陈泰协策，降蜀牙门将句安等于翅上。二年，诏曰："昔汉川之役，几至倾覆。淮临危济难，功书王府。在关右三十余军，外征寇虏，

他估计形势不利，就自行引兵撤退，因此未遭到太大的失败。郭淮回京城后，授予假节。正始八年，陇西、南安、金城、西平等地的羌族首领饿何、烧戈、伐同、蛾遮塞等部落联合起来叛乱，围攻城邑，并向南招引蜀军，同时，凉州胡人著名的首领治无戴也叛变来响应他们。讨蜀护军夏侯霸督领各军驻扎为翅。郭淮军刚抵狄道，议论的人都认为应该先平定枹罕，这样，在内平定凶恶的羌人，对外可以挫败蜀军的计谋。郭淮估计姜维一定会来进攻夏侯霸，便进军沨中，转到南面去接应夏侯霸。姜维果然进攻为翅，恰好郭淮的兵马来到，姜维只得撤退。郭淮又讨伐叛乱的羌人，斩饿何、烧戈，投降归服的有一万多个村落。正始九年，蛾遮塞等人屯兵河关、白土城旧址，依托黄河抗拒郭淮。郭淮假装要从上游渡河，暗中却从下游渡河突占白土城，发兵大破蛾遮塞军。治无戴围攻武威，家属留在西海。郭淮军直趋西海，打算夺取治无戴的家眷和辎重，正赶上治无戴带兵返回，双方会战于龙夷以北，郭淮打败了他们。令居县的恶贼屯兵在石头山以西，拦阻在大道上，隔绝了朝廷使者的往来。郭淮回军讨伐，打败了他们。蜀将姜维自石营出兵，过羌川，向西迎接治无戴，留阴平太守廖化在成重山筑城堡，收拢被击败逃散的羌兵，保护蜀军将士的家眷。郭淮想要分兵攻取。诸将都认为姜维西与强胡相连，廖化又据险要之地，如果兵分两路，兵力就会转弱，前进无法制服姜维，后退又无法攻克廖化，不是取胜之计，不如合兵力在一起向西进攻，乘蜀军还没与胡族相连，就断绝他们的联系，这才是消灭外援的用兵策略。郭淮说："如今前往攻取廖化，是出敌不意，姜维定有后顾之虑。等到姜维前来救援的时候，我军早已平定了廖化，又能使姜维疲于奔命。军马不必向西远征，蜀军与胡族的联合也就自然离开，这是一举两全之策呀！"于是，另外派夏侯霸等朝沓中方向追击姜维，郭淮亲率各军攻打廖化。姜维果然赶回营救，都像郭淮所预料的那样。皇帝晋封郭淮为都乡侯。

嘉平元年，晋升郭淮做了征西将军，统领雍州、凉州诸军事。这一年，与雍州刺史陈泰共同策划，在翅上迫降蜀牙门将句安等人。嘉平二年，皇帝下诏说："以前在汉川战役中，几乎全军覆没。郭淮临危济

内绥民夷。比岁以来，摧破廖化，禽虏句安，功绩显著，朕甚嘉之。今以淮为车骑将军、仪同三司，持节、都督如故。”进封阳曲侯，邑凡二千七百八十户，分三百户，封一子亭侯。正元二年薨，追赠大将军，谥曰贞侯。子统嗣。统官至荆州刺史，薨。子正嗣。咸熙中，开建五等，以淮著勋前朝，改封汾阳子。

评曰：满宠立志刚毅，勇而有谋。田豫居身清白，规略明练。牵招秉义壮烈，威绩显著。郭淮方策精详，垂问秦、雍。而豫位止小州，招终于郡守，未尽其用也。

难，记功在册。郭淮在关右三十多年，外征敌寇，内抚黎民。近年来，又连续打败廖化，生擒句安，功绩显著，我特别赞赏他。现任命郭淮为车骑将军、仪同三司，持节、都督军事照旧。”郭淮晋封为阳曲侯，食邑二千七百八十户，分出三百户，封一个儿子为亭侯。正元二年，逝世，追赠为大将军。谥号贞侯。儿子郭统承继爵位。郭统官至荆州刺史。去世后，儿子郭正承爵。咸熙年间，设立五等爵，因为郭淮在前朝屡建功勋，改封郭正为汾阳子。

评论说：满宠立志刚毅，勇而有谋。田豫为官清廉，经略谋划均英明练达。牵招遵守道义，为人壮烈，声威和治绩显著。郭淮谋略精详，名声传遍秦、雍。而田豫的官位只是小州刺史，牵招也做到郡守，实在没有充分发挥出他们的作用。

卷二十七　魏书二十七

徐胡二王传第二十七

徐邈字景山，燕国蓟人也。太祖平河朔，召为丞相军谋掾，试守奉高令，入为东曹议令史。魏国初建，为尚书郎。时科禁酒，而邈私饮至于沈醉。校事赵达问以曹事，邈曰：“中圣人。”达白之太祖，太祖甚怒。度辽将军鲜于辅进曰：“平日醉客谓酒清者为圣人，浊者为贤人，邈性修慎，偶醉言耳。”竟坐得免刑。后领陇西太守，转为南安。文帝践阼，历谯相，平阳、安平太守，颍川典农中郎将，所在著称，赐爵关内侯。车驾幸许昌，问邈曰：“颇复中圣人不？”邈对曰：“昔子反毙于穀阳，御叔罚于饮酒，臣嗜同二子，不能自惩，时复中之。然宿瘤以丑见传，而臣以醉见识。”帝大笑，顾左右曰：“名不虚立。”迁抚军大将军军师。

明帝以凉州绝远，南接蜀寇，以邈为凉州刺史，使持节领护羌校尉。至，值诸葛亮出祁山，陇右三郡反，邈辄遣参军及金城太守等击南安贼，破之。河右少雨，常苦乏谷，邈上修武威、酒泉盐池以收虏谷，又广开水田，募贫民佃之，家家丰足，仓库盈溢。乃支度州界军用之余，以市金帛犬马，通供中国之费。以渐收敛民间私仗，藏之府库。然后率以仁义，立学明训，禁厚葬，断淫祀，进善黜恶，风化大行，百姓归心焉。西域流通，荒戎入贡，皆邈勋也。讨叛羌柯吾有功，封都亭侯，邑三百户，加建威将军。邈与羌、胡从事，不问小过；若犯大罪，先告部帅，使知，应死者乃斩以徇，是以信服畏威。赏赐皆散与将士，无入家者，妻子衣食不充；天子闻而嘉之，随时供给其家。弹邪绳枉，州界肃清。

徐邈字景山，是燕国蓟县人。曹操平定河北，让徐邈做了丞相军谋掾，试任奉高县令，之后调任东曹议令史。魏国初建，徐邈任尚书郎。当时法令禁酒，但徐邈常私饮以至大醉。校事赵达询问政事，徐邈回答说："中圣人。"赵达把这话禀报曹操，曹操大怒。度辽将军鲜于辅劝说曹操道："平常喝醉酒的人称清酒为圣人，浊酒为贤人，徐邈性情谨慎，这只是一时的醉话罢了。"由此免于刑罚。徐邈后兼任陇西太守，又调任南安太守。曹丕即位，徐邈历任谯相，平阳、安平太守，颍川典农中郎将，所在之处，都留下了好名声，被赐封关内侯。文帝巡视许昌，问徐邈说："还经常中圣人吗？"徐邈回答说："从前子反因为喝酒在縠阳自杀，御叔饮酒被罚以重赋，臣的嗜好与二人相同，不能自禁，因而时常饮酒。宿瘤因长得丑而被载入史册，我则因醉酒而被皇上记得。"文帝大笑，对身边的人说："果然名不虚立。"调任徐邈为抚军大将军军师。

明帝因凉州地处边远，南边与蜀国相连，便让徐邈任凉州刺史，让他持节担任护羌校尉。徐邈到任时，正值诸葛亮出祁山，陇西三郡发动叛乱，徐邈马上派参军和金城太守等攻击南安反贼，打败了他们。河西少雨，常为粮食缺乏而苦恼，徐邈在北面的武威、酒泉修建盐池，来换取胡人的谷物，又广开水田，招募贫民来租种，使家家富足，仓库里都装满了粮食。就拿出全州内剩余的军费，买黄金、丝绸、名犬、好马，供中原朝廷使用。他又逐渐收缴民间私人武器，收藏在官府的武库中，之后，用仁义引导民众，建立学校，阐明圣人的教诲，禁止厚葬，废除不合章法的祭祀，选拔善良，罢黜恶徒，良好的风气得以风行，老百姓都一心向着他。西域与中原沟通后，远方的少数民族纷纷前来进贡，这都是徐邈的功劳。徐邈因讨伐叛乱的羌人柯吾有功，封爵都亭侯，食邑三百户，加授建威将军。徐邈与羌、胡共事，

正始元年，还为大司农。迁为司隶校尉，百寮敬惮之。公事去官。后为光禄大夫，数岁即拜司空，邈叹曰："三公论道之官，无其人则缺，岂可以老病忝之哉？"遂固辞不受。嘉平元年，年七十八，以大夫薨于家，用公礼葬，谥曰穆侯。子武嗣。六年，朝廷追思清节之士，诏曰："夫显贤表德，圣王所重；举善而教，仲尼所美。故司空徐邈、征东将军胡质、卫尉田豫皆服职前朝，历事四世，出统戎马，入赞庶政，忠清在公，忧国忘私，不营产业，身没之后，家无余财，朕甚嘉之。其赐邈等家谷二千斛，钱三十万，布告天下。"邈同郡韩观曼游，有鉴识器干，与邈齐名，而在孙礼、卢毓先，为豫州刺史，甚有治功，卒官。卢钦著书，称邈曰："徐公志高行洁，才博气猛。其施之也，高而不狷，洁而不介，博而守约，猛而能宽。圣人以清为难，而徐公之所易也。"或问钦："徐公当武帝之时，人以为通，自在凉州及还京师，人以为介，何也？"钦答曰："往者毛孝先、崔季珪等用事，贵清素之士，于时皆变易车服以求名高，而徐公不改其常，故人以为通。比来天下奢靡，转相仿效，而徐公雅尚自若，不与俗同，故前日之通，乃今日之介也。是世人之无常，而徐公之有常也。"

胡质字文德，楚国寿春人也。少与蒋济、朱绩俱知名于江、淮间，仕州郡。蒋济为别驾，使见太祖。太祖问曰："胡通达，长者也，宁有子孙不？"济曰："有子曰质，规模大略不及于父，至于精良综

不计较他们的小错；如犯了大罪，就先告知他们部落的首领，让他们知道后，把该处死的人斩首示众，所以羌、胡人对他都很信服敬畏。他得到的赏赐都分给将士，从没有拿回家的，自己的妻子儿女吃穿都不足，天子知道后嘉奖他，按时供给他家用。他镇压邪恶惩治犯罪，所辖州县清静无事，秩序井然。

正始元年，徐邈回到京城做了大司农，之后升为司隶校尉，百官也都敬畏他。他因公事免官。后为光禄大夫，几年后，升为司空。徐邈感叹说："三公是备皇帝顾问的官员，没有合适的人就应该空缺，怎么能让我这病老之人担任呢？"于是，坚持辞让。嘉平元年，徐邈七十八岁，以光禄大夫之职死在家中，按三公礼葬，谥号穆侯。儿子徐武承继爵位。嘉平六年，朝廷追思清节之士，下诏说："显示贤能，表彰品德，是圣王历来就重视的；推举善人，引导后学，是孔子赞美的。已经去世的司空徐邈、征东将军胡质、卫尉田豫都在前朝任职，历任四代，出外统兵，入朝则处理政务，忠心为公，忧国忘私，不营家产，身死之后，家无余财，我特别赞赏他们。赐给徐邈等人每家粮食二千斛，钱三十万，布告天下。"徐邈同郡人韩观字曼游，有器识才干，与徐邈齐名，而在孙礼、卢毓之先，为豫州刺史，治政有功，死在官任上。卢钦著书，称赞徐邈说："徐公志高行洁，富有才能，气势刚猛。做人清高而不固执，廉洁而不孤傲，有才能而不炫耀，刚猛却能宽容他人。圣人认为，做人要达到清高的境界很难，而在徐公那里是很容易的事。"有人问卢钦："徐公在武帝时，人们认为他通达，自打当了凉州刺史和回京任职后，有人认为他孤傲了，这是为什么？"卢钦说："过去毛孝先、崔季珪等人主事，推崇清廉朴素的人，那时候人都改换车辆和服饰以追求好名声，而徐公却不改以往，因此，人们认为他通达。近来天下讲究奢靡，竞相效仿，而徐公仍然如此，不与俗同，所以以前的通达，就变成了现在的孤傲了。这是世人的变化无常，而徐公是始终不变的。"

胡质，字文德，是楚国寿春人。年少时和蒋济、朱绩在江、淮间都很有名，并在州、郡中做官。蒋济为别驾，被派做使节去见曹操。曹操问他："胡通达，长者也，难道没有子孙吗？"蒋济说："有个儿子

事过之。”太祖即召质为顿丘令。县民郭政通于从妹，杀其夫程他，郡吏冯谅系狱为证。政与妹皆耐掠隐抵，谅不胜痛，自诬，当反其罪。质至官，察其情色，更详其事，检验具服。

入为丞相东曹议令史，州请为治中。将军张辽与其护军武周有隙。辽见刺史温恢求请质，质辞以疾。辽出谓质曰：“仆委意于君，何以相辜如此？”质曰：“古人之交也，取多知其不贪，奔北知其不怯，闻流言而不信，故可终也。武伯南身为雅士，往者将军称之不容于口，今以睚眦之恨，乃成嫌隙。况质才薄，岂能终好？是以不愿也。”辽感言，复与周平。

太祖辟为丞相属。黄初中，徙吏部郎，为常山太守，迁任东莞。士卢显为人所杀，质曰：“此士无雠而有少妻，所以死乎！”悉见其比居年少，书吏李若见问而色动，遂穷诘情状。若即自首，罪人斯得。每军功赏赐，皆散之于众，无入家者。在郡九年，吏民便安，将士用命。

迁荆州刺史，加振威将军，赐爵关内侯。吴大将朱然围樊城，质轻军赴之。议者皆以为贼盛不可迫，质曰：“樊城卑下，兵少，故当进军为之外援；不然，危矣。”遂勒兵临围，城中乃安。迁征东将军，假节都督青、徐诸军事。广农积谷，有兼年之储，置东征台，且佃且守。又通渠诸郡，利舟楫，严设备以待敌。海边无事。

叫胡质，规划大方略不如其父，而精明并善于综合事理，却超过了他的父亲。”曹操就召请胡质为顿丘令。县民郭政和堂妹私通，杀死了堂妹的丈夫程他，郡里的吏员冯谅作为证人，也被关进监狱。郭政和他的堂妹都扛住拷打，隐瞒抵赖。冯谅受不住刑伤疼痛，自己说是诬告，应该反坐。胡质到了任上，观察他的神情，又更详细地查问这件案子，判定郭政有罪，经过检查验证，罪犯全都认罪伏法。

胡质入朝任丞相府东曹议令史，扬州刺史请求把胡质调去担任治中。将军张辽和他的护军武周有矛盾。张辽去见刺史温恢请求调胡质去取代武周，胡质以有病为由推辞不去。张辽出来对胡质说：“我有意于你，为什么要这样辜负我的好心呢？”胡质回答说：“古人交往，对方索取的虽多却知道他不是贪婪，临阵逃跑知道他不是因为胆怯，听到流言蜚语而不信，所以双方的友谊就能长久。武伯南是才德俱佳之人，过去将军您对他赞不绝口，现在却为一点小的怨恨，就成了对头。况且胡质我才能浅薄，怎能与您很好地长久相处呢？所以我不愿做护军。”张辽很有感触，就与武周重新和好。

曹操任胡质为丞相属官。黄初年间，改任吏部郎，升任常山郡太守，之后改任东莞郡太守。士兵卢显被人所杀，胡质说：“此人没有仇人，只有个年轻的妻子，可能与他被杀有关！”便把与卢显相邻居住的年轻人全都叫来，有个在官府抄写文书的小吏李若见到胡质后神色异常，胡质便进一步询问。李若随即交代了罪行，罪人便被抓住。每当胡质受到军功赏赐，都分给众人，从不带回家去。胡质在东莞郡任职九年，官民安定，将士效命。

胡质晋升做了荆州刺史，加封振威将军，赐封为关内侯。东吴大将朱然围困樊城，胡质率轻兵赶去援救。很多人认为，敌众而势盛，不能迫近交战，胡质说：“樊城地势低下，兵力又少，所以当进军给予外援，不然，樊城就危险了。”于是，率兵赶赴樊城外围，城中士兵得以安定。胡质升任征东将军，持符节都督青、徐诸军事，大量地种植粮食，有够吃两年的储备。修筑东征台，一面耕种，一面派兵守卫，又与其他郡以渠道相通，准备船只，严阵以待来敌。沿海一带平静无战事。

性沉实内察，不以其节检物，所在见思。嘉平二年薨，家无余财，惟有赐衣书箧而已。军师以闻，追进封阳陵亭侯，邑百户，谥曰贞侯。子威嗣。六年，诏书褒述质清行，赐其家钱谷。语在《徐邈传》。威，咸熙中官至徐州刺史，有殊绩，历三郡守，所在有名。卒于安定。

王昶字文舒，太原晋阳人也。少与同郡王凌俱知名。凌年长，昶兄事之。文帝在东宫，昶为太子文学，迁中庶子。文帝践阼，徙散骑侍郎，为洛阳典农。时都畿树木成林，昶斫开荒莱，勤劝百姓，垦田特多。迁兖州刺史。明帝即位，加扬烈将军，赐爵关内侯。昶虽在外任，心存朝廷，以为魏承秦、汉之弊，法制苛碎，不大釐改国典以准先王之风，而望治化复兴，不可得也。乃著《治论》，略依古制而合于时务者二十余篇，又著《兵书》十余篇，言奇正之用，青龙中奏之。

其为兄子及子作名字，皆依谦实，以见其意，故兄子默字处静，沈字处道，其子浑字玄冲，深字道冲。遂书戒之曰：

夫人为子之道，莫大于宝身全行，以显父母。此三者人知其善，而或危身破家，陷于灭亡之祸者，何也？由所祖习非其道也。夫孝敬仁义，百行之首，行之而立，身之本也。孝敬则宗族安之，仁义则乡党重之，此行成于内，名著于外者矣。人若不笃于至行，而背本逐末，以陷浮华焉，以成朋党焉；浮华则有虚伪之累，朋党则有彼此之患。此二者之戒，昭然著明，而循覆车滋众，逐末弥甚，皆由惑当时之誉，昧目前之利故也。夫富贵声名，人情所乐，而君子或得而

胡质性情稳笃而明察，不以自己的行为去要求别的人和事，他所在之地都怀念他。嘉平二年胡质去世，家中没有多余的财物，只有皇帝赏赐给他的衣服和书匣而已。军师把这些情况报告朝廷，朝廷追封他阳陵亭侯，食邑百户，赠谥号贞侯。他的儿子胡威承继爵位。嘉平六年，朝廷下诏书褒奖胡质的清白操行，赐给他家钱粮。这件事记录在《徐邈传》间。胡威，在咸熙年中，官至徐州刺史，政绩突出，曾历任三个郡的太守，所在之处都有名望。后来在安定郡去世。

王昶字文舒，是太原晋阳县人。年轻时和同郡人王凌都很出名。王凌年长，王昶把他当兄长一样看待。曹丕还是太子时，王昶任太子文学官，又任中庶子。曹丕即位，改任他为散骑侍郎，又调任洛阳典农官。当时京郊一带树木成林，王昶砍树开荒，劝勉百姓努力耕种，开垦的农田特别多。后任兖州刺史。明帝即位后，加授王昶为扬烈将军，赐爵关内侯。王昶虽在外地做官，心里却想着朝廷大事，他认为，魏朝沿袭秦、汉弊政，法制苛刻琐碎，不大力改进国家典制以符合先王遗风，而希望朝政和社会风气复兴，是不可能的，于是，就写了《治论》一书，大体依古制又合乎实务的文章有二十多篇，又著《兵书》十多篇，阐述了“奇正”这一用兵策略的具体运用，在青龙年间上奏给朝廷。

王昶为哥哥的儿子和自己的儿子取名字时，都以谦虚和诚实为寓意，来表达自己的志趣，因此，他给哥哥的儿子取名王默字处静，王沈字处道，自己的儿子王浑字玄冲，王深字道冲。又写信告诫他们说：

为子的道理，没有比珍爱身体、培养好的品行，让父母享受荣誉更重要的。这三件事人人都知道好，而有的人却身死家破，陷入灭亡的灾祸中，这是为什么？是因为他们所学的不是正道。孝敬仁义，为百行之首，实行了就能站得住，这是立身之本。行孝敬，则家族安定，行仁义，就会受到乡亲们的尊重，就是说修养好了自身的品德，名声就会传到外面去。人若不修来品德，而背本求末，就会陷入到互相吹捧、拉帮结党之中；相互吹捧就会虚伪，拉帮结党就会亲疏有别。此二者之戒，显而易见，然仍有很多人蹈袭覆辙，更加逐末，这

不处，何也？恶不由其道耳。患人知进而不知退，知欲而不知足，故有困辱之累，悔吝之咎。语曰：“如不知足，则失所欲。”故知足之足常足矣。览往事之成败，察将来之吉凶，未有干名要利，欲而不厌，而能保世持家，永全福禄者也。欲使汝曹立身行己，遵儒者之教，履道家之言，故以玄默冲虚为名，欲使汝曹顾名思义，不敢违越也。古者盘杅有铭，几杖有诫，俯仰察焉，用无过行；况在己名，可不戒之哉！夫物速成则疾亡，晚就则善终。朝华之草，夕而零落；松柏之茂，隆寒不衰。是以大雅君子恶速成，戒阙党也。若范匄对秦客而武子击之，折其委笄，恶其掩人也。夫人有善鲜不自伐，有能者寡不自矜，伐则掩人，矜则陵人。掩人者人亦掩之，陵人者人亦陵之。故三郤为戮于晋，王叔负罪于周，不惟矜善自伐好争之咎乎？故君子不自称，非以让人，恶其盖人也。夫能屈以为伸，让以为得，弱以为强，鲜不遂矣。夫毁誉，爱恶之原而祸福之机也，是以圣人慎之。孔子曰：“吾之于人，谁毁谁誉；如有所誉，必有所试。”又曰：“子贡方人。赐也贤乎哉，我则不暇。”以圣人之德，犹尚如此，况庸庸之徒而轻毁誉哉？

昔伏波将军马援戒其兄子，言：“闻人之恶，当如闻父母之名；耳可得而闻，口不可得而言也。”斯戒至矣。人或毁己，当退而求之于身。若己有可毁之行，则彼言当矣；若己无可毁之行，则彼言妄矣。当则无怨于彼，妄则无害于身，又何反报焉？且闻人毁己而忿

都是因被一时的赞誉而迷惑，被眼前的利益弄昏了头脑的缘故。富贵和名声，谁都喜欢，而君子有时得到了却并不安然处之，这是为什么？是厌恶它来路不正。担心人们知进不知退，知道需求而不知满足，所以有窘困受辱之累和悔恨之祸。俗话说："不知满足，得到的也会失去。"所以，知足者常得满足。看往事之成败，察将来之吉凶，从没有追名逐利，贪得无厌而能保持家世不衰，永享福禄的。望你们立身行事，要遵从儒家教诲，实践道家思想，所以，用玄默、冲虚等字做你们的名字，是让你们顾名思义，不要违背它。古代盘盂上铸有铭文，几案和手杖上刻有诫训，无论低头还是抬头都能看见，所以才不会有越轨的行为；更何况已成为自己的名字，能不时时警戒吗！大凡事物成长得快，衰亡也快，成就得晚，结果就好。早晨开的花，晚上就凋落了；而松柏茂盛，即使严冬也不枯萎。所以，大雅君子不喜速成，孔子在阙里也曾因此劝诫过。从前范匄在秦国客人前过于狂妄，被他的祖父武子打断发簪，是因为恼恨范匄掩盖了别人的才能。有优点的人很少有不自夸的，有才能的人很少有不自傲的，自夸就会掩盖别人的优点，自傲就会凌驾于别人之上，掩盖别人，别人也会掩盖他，凌驾于人，别人也不把他放在眼里。所以，晋国杀死三郤而百姓无动于衷；王叔争强好胜，竟有罪于周朝，这不正是他们自以为比别人强、自夸自傲、咎由自取的结果吗？所以，君子不称赞自己，并非是礼让他人，而是讨厌这样做贬低了别人。以屈为伸，以让为得，以弱当强，只有这样，才会万事顺遂。毁人声誉，是为害的根源，是招致灾难的机缘。所以圣人特别谨慎。孔子说："我对于别人，少誉少毁。如有赞誉，一定要有根据。"又说："子贡爱讥评别人。他难道够贤能啊，我却没这闲工夫。"像孔子这样的圣人，尚且如此，更何况像我们这些平庸之人怎能轻易就能毁誉别人呢？

从前，伏波将军马援劝告他的侄子说："听到别人的过错，应当像听到父母的名字一样；耳朵可以听见，嘴巴却不能说出来。"这训诫太恳切了。如人诋毁自己，就应当退而反省自身。倘若自己确有该受指责的行为，那么，他所说的就是对的；如果自己没有该受指责的行为，那么，他所说的就是虚妄的。说的正确就不要怨恨别人，说得

者，恶丑声之加人也，人报者滋甚，不如默而自修己也。谚曰："救寒莫如重裘，止谤莫如自修。"斯言信矣。若与是非之士，凶险之人，近犹不可，况与对校乎？其害深矣。夫虚伪之人，言不根道，行不顾言，其为浮浅较可识别；而世人惑焉，犹不检之以言行也。近济阴魏讽、山阳曹伟皆以倾邪败没，荧惑当世，挟持奸慝，驱动后生。虽刑于鈇钺，大为炯戒，然所污染，固以众矣。可不慎与！

若夫山林之士，夷、叔之伦，甘长饥于首阳，安赴火于绵山，虽可以激贪励俗，然圣人不可为，吾亦不愿也。今汝先人世有冠冕，惟仁义为名，守慎为称，孝悌于闺门，务学于师友。吾与时人从事，虽出处不同，然各有所取。颍川郭伯益，好尚通达，敏而有知。其为人弘旷不足，轻贵有余；得其人重之如山，不得其人忽之如草。吾以所知亲之昵之，不愿儿子为之。北海徐伟长，不治名高，不求苟得，澹然自守，惟道是务。其有所是非，则托古人以见其意，当时无所褒贬。吾敬之重之，愿儿子师之。东平刘公幹，博学有高才，诚节有大意，然性行不均，少所拘忌，得失足以相补。吾爱之重之，不愿儿子慕之。乐安任昭先，淳粹履道，内敏外恕，推逊恭让，处不避洿，怯而义勇，在朝忘身。吾友之善之，愿儿子遵之。若引而伸之，触类而长之，汝其庶几举一隅耳。及其用财先九族，其施舍务周急，其出入存故老，其论议贵无贬，其进仕尚忠节，其取人务实道，其处世戒骄淫，其贫贱慎无戚，其进退念合宜，其行事加九思，如此而已。吾复何忧哉？

不正确对自己也没什么害处，又何必反过来报复他呢？况且听到别人诋毁自己就愤怒的人，就会以更狠毒的语言回敬他，别人的报复也会更加厉害，都不如默默地修养自己。谚语说：“御寒莫如厚重的裘皮，要想制止别人诽谤的最好办法是修炼自己的品德。”这话太正确了。若与那些搬弄是非或凶狠险毒的人靠近，尚且不可，更何况与他们面对面地争论是非呢？这样做的危害太深了。虚伪之人，言不循道义，行不合己言，其肤浅行为是很容易识别的，但世人被他们迷惑，是因为不比较他们的言行。近来，济阴郡人魏讽、山阳郡人曹伟皆因邪恶而被处死，他们迷惑世人，心怀奸邪，煽动年轻人。虽然被杀，为世人之警戒，但他们污染了风气，影响了很多人。怎么能不谨慎呢！

至于那山林隐逸之士，像伯夷、叔齐一类的人物，甘心长期在首阳山忍饥挨饿，安然地在緜山让火烧死，虽可以激贪励俗，但圣人不可以这样做，就是我也不愿意这样做。现在，你们的先辈世代有人做官，是靠仁义出名，以谨慎而被人称誉；在家中孝敬父母友爱兄弟，于师友中努力学习。我与同代人往来共事，尽管显落各异，但都各有得益。颍川人郭伯益，崇尚通达，敏而好学，但为人宽宏不足，计较却有余；他认为谁有德就把谁看得如山一样重，认为谁无德就把谁看得如草一样轻。我因为明白，所以亲近他，但不希望你们效仿他。北海人徐伟长，不追求显赫的名声，不攫取不正当所得，淡泊自守，追求正道。如决断是非之事，也都假托古人的话来表示，从不直接进行评判。我敬重他，也希望你们效仿他。东平人刘公幹，博学才高，节操忠诚，志向远大，但他性情和品行不端正，少有约束和顾忌，优、缺点正好相抵。我喜欢他而且看重他，但你们不要敬慕他。乐安人任昭先，淳朴而遵行道义，聪敏而对人宽恕，谦逊忍让，处身不畏避困苦，表面看好像胆怯实际是义勇兼备，身在朝廷公而忘私。我与他友善，希望你们以他为榜样。假如对这些你们能由此及彼，触类旁通，就可以举一反三了。分财产的时候要先考虑家族其他人，施舍助人务求救急，进出家内外问候年长老人，发表议论注意不贬损他人，出仕为官崇尚忠节，结交朋友务实正道，立身处世力戒骄奢淫

青龙四年，诏“欲得有才智文章，谋虑渊深，料远若近，视昧而察，筹不虚运，策弗徒发，端一小心，清修密静，乾乾不解，志尚在公者，无限年齿，勿拘贵贱，卿校已上各举一人”。太尉司马宣王以昶应选。正始中，转在徐州，封武观亭侯，迁征南将军，假节都督荆、豫诸军事。昶以为国有常众，战无常胜；地有常险，守无常势。今屯宛，去襄阳三百余里，诸军散屯，船在宣池，有急不足相赴，乃表徙治新野，习水军于二州，广农垦殖，仓谷盈积。

嘉平初，太傅司马宣王既诛曹爽，乃奏博问大臣得失。昶陈治略五事：其一，欲崇道笃学，抑绝浮华，使国子入太学而修庠序；其二，欲用考试，考试犹准绳也，未有舍准绳而意正曲直，废黜陟而空论能否也；其三，欲令居官者久于其职，有治绩则就增位赐爵；其四，欲约官实禄，励以廉耻，不使与百姓争利；其五，欲绝侈靡，务崇节俭，令衣服有章，上下有叙，储谷畜帛，反民于朴。诏书褒赞。因使撰百官考课事，昶以为唐虞虽有黜陟之文，而考课之法不垂。周制冢宰之职，大计群吏之治而诛赏，又无校比之制。由此言之，圣主明于任贤，略举黜陟之体，以委达官之长，而总其统纪，故能否可得而知也。其大指如此。

二年，昶奏：“孙权流放良臣，適庶分争，可乘衅而制吴、蜀；白帝、夷陵之间，黔、巫、秭归、房陵皆在江北，民夷与新城郡接，可袭取也。”乃遣新城太守州泰袭巫、秭归、房陵，荆州刺史王基

逸，身处贫贱也绝不悲苦，进身退避要合乎时宜，办理事情要深思熟虑，若能这样也就行了。我还有什么可担忧的呢?

青龙四年，皇帝下诏书说："要想求得有才智、擅文章、深谋远虑、预测远方事而能明察、计算不虚、策略不白白运用、行端品正而小心谨慎、德行安美、自强不懈、志向是为公家效力的人，不拘贵贱，自九卿和校尉以上的官员各推举一人。"太尉司马宣王推举王昶应选。正始年中，王昶改任在徐州，封武观亭侯，升征南将军，假节都督荆、豫诸军事。王昶觉得，国家有常备的兵众，争战却没有经常获胜的；地势有长久的险要，防守却没有经常的优势。如今，魏军驻屯宛城，距襄阳三百多里，各支军队分散屯田，船又都在宣池，有了急事来不及赶到。就上奏请求迁移治所到新野，在荆、豫二州教练水军，推广农业，垦田种地，仓库里的粮食都堆积满了。

嘉平初年，太傅司马懿诛杀了曹爽，向大臣质问治政好坏。王昶陈述了五条方法：第一，崇尚道统，专心学业，抑制浮华，让学生们入太学，修建学校；第二，设立有标准的考试制度，没有舍弃标准就能衡量曲直的，对官吏的迁、降仅凭主观判断是否有才能也是空洞的；第三，让为官者任一个职务的时间长些，有政绩的就升官赐爵；第四，省减官员数量、增加他们的实际收入，以廉耻约束，不让他们和百姓争利；第五，杜绝奢侈，务崇节俭，使官员服饰有别，上下有序，储粮备棉，促使人们返璞归真。皇帝下诏褒扬王昶。又让王昶修撰百官考试的制度，王昶认为，尧、舜时虽有升、降官吏的公文，但如何考核的方法却没有流传下来。周朝虽有冢宰职位的制度，根据郡吏的政绩给予赏罚，但又没有如何比较的标准。从这方面来说，圣主懂得如何任用贤人，并提出任贤黜劣的总体办法，让宰相负责具体实施，只掌总纲，所以对官员是否贤能就大概了解了。王昶的主要意思大致就是这样。

嘉平二年，王昶上奏说："孙权流放良臣，使得吴国嫡庶争权，可乘他内部不和而制服吴、蜀；从白帝城、夷陵之间到黔、巫、秭归、房陵都在江北，那里的汉夷百姓和我新城郡百姓来往密切，可袭击攻取。"就这样，朝廷就派新城太守州泰袭击巫县、秭归、房陵，

诣夷陵，昶诣江陵，两岸引竹絙为桥，渡水击之。贼奔南岸，凿七道并来攻。于是昶使积弩同时俱发，贼大将施绩夜遁入江陵城，追斩数百级。昶欲引致平地与合战，乃先遣五军案大道发还，使贼望见以喜之，以所获铠马甲首，驰环城以怒之，设伏兵以待之。绩果追军，与战，克之。绩遁走，斩其将钟离茂、许旻，收其甲首旗鼓珍宝器仗，振旅而还。王基、州泰皆有功。于是迁昶征南大将军、仪同三司，进封京陵侯。毌丘俭、文钦作乱，引兵拒俭、钦有功，封二子亭侯、关内侯，进位骠骑将军。诸葛诞反，昶据夹石以逼江陵，持施绩、全熙使不得东。诞既诛，诏曰："昔孙膑佐赵，直凑大梁。西兵骤进，亦所以成东征之势也。"增邑千户，并前四千七百户，迁司空，持节、都督如故。甘露四年薨，谥曰穆侯。子浑嗣，咸熙中为越骑校尉。

王基字伯舆，东莱曲城人也。少孤，与叔父翁居。翁抚养甚笃，基亦以孝称。年十七，郡召为吏，非其好也，遂去，入琅玡界游学。黄初中，察孝廉，除郎中。是时青土初定，刺史王凌特表请基为别驾，后召为秘书郎，凌复请还。顷之，司徒王朗辟基，凌不遣。朗书劾州曰："凡家臣之良，则升于公辅，公臣之良，则入于王职，是故古者侯伯有贡士之礼。今州取宿卫之臣，留秘阁之吏，所希闻也。"凌犹不遣。凌流称青土，盖亦由基协和之辅也。大将军司马宣王辟基，未至，擢为中书侍郎。

派荆州刺史王基，攻打夷陵，王昶攻打江陵，他在两岸架起粗大的竹索做桥梁，兵马渡河攻击吴军，敌兵逃往南岸，开通了七条通道一起来攻打魏军。因此，王昶让连弩齐发，敌大将施绩连夜逃入江陵城，魏军追斩敌首级数百。王昶想把敌人引到平地与他们交战，就先让五路大军沿大路回撤，使敌人看见而高兴，又另外派骑兵拿着缴获的战利品，循环奔驰在江陵城四周给敌人看以激怒他们，暗中却埋下伏兵等待时机。施绩果然追击曹军，王昶与之交战，大败了他们。施绩逃走，曹军斩杀了吴将钟离茂、许旻，缴获了敌人铠甲、旌旗、战鼓、珍宝、兵器等战利品，得胜而归。王基、州泰也都立有战功。因此，朝廷升迁王昶为征南大将军，仪同三司，晋封京陵侯。毌丘俭、文钦反叛，王昶率兵抵抗有功，朝廷封他的两个儿子为亭侯、关内侯，升任王昶为骠骑将军。诸葛诞发动叛乱，王昶据夹石进逼江陵，牵制吴将施绩、全熙使他们不能东进救援，诸葛诞被杀。皇帝下诏说："以往孙膑救援赵国，设计让齐军直驱大梁。如今王基率军由西推进，也成就了东征胜利的局势。"增加王昶封邑一千户，与以前所封加在一起共四千七百户，又升迁他为司空，仍旧持节、都督各军。甘露四年王昶去世，加谥号穆侯。儿子王浑承袭爵位，在咸熙年间任越骑校尉。

王基字伯舆，是东莱曲城县人。小的时候成为孤儿，和叔父王翁生活在一起，王翁抚养他十分尽心尽力，王基也因孝敬叔父而被人称赞。十七岁时，郡里招聘他为小吏，王基的兴趣爱好不在这方面，就辞去职务到琅琊郡寻师求学。黄初年间，被荐举为孝廉，任为郎中。当时青州一带刚刚平定，刺史王凌特地上奏朝廷请求任命王基担任他的别驾，后来，朝廷召王基进京任秘书郎，王凌又请求让王基回青州任职。没过多久，司徒王朗征召王基，王浚不放他走。王朗上书弹劾王凌说："凡家臣中的优秀人才，要送给公卿宰辅，公卿宰辅属下的优秀人才，则入侍给皇上为天子朝臣，因此，古代诸侯有进贡人才的礼仪。如今州里却获取宿卫朝廷的官员，强留秘阁官吏，这是很少听说的事呀。"王凌仍然不放王基。王凌美名流传青州，与王基的协助和辅佐有关。大将军司马懿征召王基，还没到任，朝廷又

明帝盛修宫室，百姓劳瘁。基上疏曰："臣闻古人以水喻民，曰'水所以载舟，亦所以覆舟'。故在民上者，不可以不戒惧。夫民逸则虑易，苦则思难，是以先王居之以约俭，俾不至于生患。昔颜渊云东野子之御，马力尽矣而求进不已，是以知其将败。今事役劳苦，男女离旷，愿陛下深察东野之弊，留意舟水之喻，息奔驷于未尽，节力役于未困。昔汉有天下，至孝文时唯有同姓诸侯，而贾谊忧之曰：'置火积薪之下而寝其上，因谓之安也。'今寇贼未殄，猛将拥兵，检之则无以应敌，久之则难以遗后，当盛明之世，不务以除患，若子孙不竞，社稷之忧也。使贾谊复起，必深切于曩时矣。"

散骑常侍王肃著诸经传解及论定朝仪，改易郑玄旧说，而基据持玄义，常与抗衡。迁安平太守，公事去官。大将军曹爽请为从事中郎，出为安丰太守。郡接吴寇，为政清严有威惠，明设防备，敌不敢犯。加讨寇将军。吴尝大发众集建业，扬声欲入攻扬州，刺史诸葛诞使基策之。基曰："昔孙权再至合肥，一至江夏，其后全琮出庐江，朱然寇襄阳，皆无功而还。今陆逊等已死，而权年老，内无贤嗣，中无谋主。权自出则惧内衅卒起，痈疽发溃；遣将则旧将已尽，新将未信。此不过欲补定支党，还自保护耳。"后权竟不能出。时曹爽专柄，风化陵迟，基著《时要论》以切世事。以疾征还，起家为河南尹，未拜，爽伏诛，基尝为爽官属，随例罢。

其年为尚书，出为荆州刺史，加扬烈将军，随征南王昶击吴。

提升他为中书侍郎。

明帝大修宫室，百姓劳苦，王基上疏说："臣听说古人把百姓比作水，说：'水所以载舟，亦所以覆舟。'因而，万民之上的天子不能不随时戒惧。百姓安逸，一切事情就会顺利，如果困顿，就会作难。因此，先王的居处很简朴，是为了防止祸患发生。从前颜渊见东野子驾驭马匹，马已用尽气力而东野子仍驱赶不止，所以，颜渊知道他就要出事。如今劳役繁重，男旷女怨，望陛下深思东野子之弊，留意舟、水之喻，让那些还没有力竭的马匹休息一下，让还未困极致的百姓省减劳役。之前汉代秦拥有天下，到汉文帝时，只有同姓的诸侯，为此，贾谊忧虑说：'火在柴上已经点燃，还有人躺在上边睡觉，这能说是安全吗？'如今敌人还未消灭，猛将拥兵，若约束他们就无以应敌，长久下去则帝位难以传续。当此盛明之世，不致力于消除祸患，倘若子孙再不争气，国家就危险了。如果让贾谊再生，也一定要发表比过去更深刻的感慨了。"

散骑常侍王肃为各部儒家经典撰写解释以及评论朝廷礼仪，改变郑玄的旧理论，而王基则坚持郑玄的观点，常与王肃争论。之后王基出任安平太守，因公事离职。大将军曹爽请他任从事中郎，出为安丰太守。安丰郡与东吴毗邻，王基政清行严，恩威并用，明设防备，东吴不敢侵犯。朝廷加封他为讨寇将军。东吴在建业大规模集结兵马，扬言要攻打扬州，刺史诸葛诞问计于王基。王基说："过去孙权两次进攻合肥，一次进攻江夏，随后吴国将领全琮出兵庐江，朱然进犯襄阳，都无功而返。现在陆逊等人已死，孙权又已年老，内无优秀的继承人，朝中又没有主事的谋臣。孙权若亲自出兵则担忧国内突发变故，如毒疮一样迸发而崩溃；若派将领出兵则老将已经没有了，新将又不能信任。这次不过是要取得一些局部的好处，回去自保而已。"之后，孙权终究没有出兵。当时曹爽专权，风气衰败，王基撰写《时要论》来评论世事。因有病被调回京，又在家中被任为河南尹，还没有正式就职，曹爽就被杀害了，王基因曾为曹爽属官，依例被免职。

同年王基被任命为尚书，出了京城为荆州刺史，加封扬烈将军，

基别袭步协于夷陵，协闭门自守。基示以攻形，而实分兵取雄父邸阁，收米三十余万斛，虏安北将军谭正，纳降数千口。于是移其降民，置夷陵县。赐爵关内侯。基又表城上昶，徙江夏治之，以逼夏口，由是贼不敢轻越江。明制度，整军农，兼修学校，南方称之。时朝廷议欲伐吴，诏基量进趣之宜。基对曰："夫兵动而无功，则威名折于外，财用穷于内，故必全而后用也。若不资通川聚粮水战之备，则虽积兵江内，无必渡之势矣。今江陵有沮、漳二水，溉灌膏腴之田以千数。安陆左右，陂池沃衍。若水陆并农，以实军资，然后引兵诣江陵、夷陵，分据夏口，顺沮、漳，资水浮谷而下。贼知官兵有经久之势，则拒天诛者意沮，而向王化者益固。然后率合蛮夷以攻其内，精卒劲兵以讨其外，则夏口以上必拔，而江外之郡不守。如此，吴、蜀之交绝，交绝而吴禽矣。不然，兵出之利，未可必矣。"于是遂止。

司马景王新统政，基书戒之曰："天下至广，万机至猥，诚不可不矜矜业业，坐而待旦也。夫志正则众邪不生，心静则众事不躁，思虑审定则教令不烦，亲用忠良则远近协服。故知和远在身，定众在心。许允、傅嘏、袁侃、崔赞皆一时正士，有直质而无流心，可与同政事者也。"景王纳其言。

高贵乡公即尊位，进封常乐亭侯。毌丘俭、文钦作乱，以基为行监军、假节，统许昌军，适与景王会于许昌。景王曰："君筹俭等何如？"基曰："淮南之逆，非吏民思乱也，俭等诳胁迫惧，畏目下

随征南将军王昶进攻吴国。王基另外出兵到夷陵袭击吴将步协。步协闭城固守。王基以佯攻样子给他看，实际上却分兵夺取了雄父的粮仓，得米三十多万斛，俘虏了安北将军谭正，收降了几千人。于是，把这些投降的平民迁移，并设置夷陵县。朝廷赐爵王基为关内侯。王基又写信给王昶，建议把州治所迁至江夏，以逼近夏口，自此吴兵不敢轻易渡江。王基又申明制度，整顿军队和农村，兼修学校，南方百姓都称赞他。当时朝廷计议要征伐吴国，下诏让王基考虑适当的进攻计划。王基说："出兵而不能取胜，对外威名受损，对内耗费钱粮，因此，必须考虑周全后方能用兵。如果不以通畅的水路聚草屯粮做好水战的准备，那么，虽然魏国在江北屯兵，也很难保证一定能渡过长江。如今，江陵有沮、漳两河灌溉千亩民田。安陆一带，也有池塘和大片沃土。假如水、陆军都在这里屯田，积累充足的军用物资，然后出兵江陵、夷陵，再分兵占据夏口，沿沮、漳水路，用船载着粮食顺流而下。敌人得知我军有久战之势，那么，抗伐之人则斗志沮丧，有心投降的人就会更加坚定。然后，联合吴境内少数民族由其内部攻击，我精锐兵卒征讨于外，则夏口以西定被攻克，长江以南的各郡也无法固守。如果能这样，吴、蜀就会绝交，一旦绝交，孙吴就会束手就擒。不这样做，出兵是否有利，则很难断定。"于是，魏国就停止出兵了。

景王司马师才执掌朝政，王基上书告诫司马师说："天下极大，政事极多，君主确实不能不兢兢业业，日夜操劳。志向端正，各种邪念就不会滋生，内心平静，处理各种事务就不会急躁，深思熟虑，政令就不会繁杂，亲近任用忠良，远近的人就会一致服从。因此，人们知道使远方的人归顺关键在于自身，要使民众安定的关键在于用心。许允、傅嘏、袁侃、崔赞都是当今的正派人士，有正直的品质而没有多变的内心，您可以和这些人一起处理政事。"司马师采纳了王基的意见。

高贵乡公即皇帝位，晋封王基做了常乐亭侯。毌丘俭、文钦反叛，朝廷任命王基为行监军，持符节，统领许昌兵马，恰好与司马师在许昌会合。司马师问王基："您看毌丘俭等人将会怎样？"王基说：

之戮，是以尚群聚耳。若大兵临逼，必土崩瓦解，俭、钦之首，不终朝而县于军门矣。”景王曰：“善。”乃令基居军前。议者咸以俭、钦慓悍，难与争锋。诏基停驻。基以为：“俭等举军足以深入，而久不进者，是其诈伪已露，众心疑沮也。今不张示威形以副民望，而停军高垒，有似畏懦，非用兵之势也。若或虏略民人，又州郡兵家为贼所得者，更怀离心；俭等所迫胁者，自顾罪重，不敢复还，此为错兵无用之地，而成奸宄之源。吴寇因之，则淮南非国家之有，谯、沛、汝、豫危而不安，此计之大失也。军宜速进据南顿，南顿有大邸阁，计足军人四十日粮。保坚城，因积谷，先人有夺人之心，此平贼之要也。”基屡请，乃听进据㶏水。既至，复言曰：“兵闻拙速，未睹工迟之久。方今外有强寇，内有叛臣，若不时决，则事之深浅未可测也。议者多欲将军持重。将军持重是也，停军不进非也。持重非不行之谓也，进而不可犯耳。今据坚城，保壁垒，以积实资虏，县运军粮，甚非计也。”景王欲须诸军集到，犹尚未许。基曰：“将在军，君令有所不受。彼得则利，我得亦利，是谓争城，南顿是也。”遂辄进据南顿，俭等从项亦争欲往，发十余里，闻基先到，复还保项。时兖州刺史邓艾屯乐嘉，俭使文钦将兵袭艾。基知其势分，进兵逼项，俭众遂败。钦等已平，迁镇南将军，都督豫州诸军事，领豫州刺史，进封安乐乡侯。上疏求分户二百，赐叔父子乔爵关内侯，以报叔父拊育之德。有诏特听。

"淮南叛乱，不是当地吏民想作乱，是受到毌丘俭的胁迫，怕眼前被杀，所以不得不暂随大流罢了。若大兵压境，必土崩瓦解。毌丘俭、文钦的首级不久就会悬挂在辕门上。"司马师说："说得好。"就这样，派王基为先锋。很多人认为毌丘俭、文钦勇猛，难与争锋。朝廷下诏让王基停军驻扎。王基认为："毌丘俭等人完全可以驱兵直入，但他们迟迟未动，说明虚伪狡诈的计谋已露，部众心有所疑。我们此时不声张威势以副民望，反而停军筑垒，无异于显示我们的怯懦，此非用兵之道。假如叛军抢掠百姓，其中又有我方士兵家属被虏获，那些士兵就会有离心。为毌丘俭所威胁的人，觉得自己罪孽深重，不敢逃回来，这就把大军置于无用的境地，反倒成为叛贼为非作歹的根源。那时吴兵再乘机进犯，那么，淮南将不是朝廷所有，谯、沛、汝、豫等地也将会动荡不安，这是策略上的大失误。我军应迅速进据南顿，南顿有很大的物资仓库，有足够我军吃四十天的食粮。有坚固的城池，利用积存的粮食，先一步夺敌之心，这是平定叛乱的关键。"王基多次陈请，才被允许进军占据㶏水水路。到了之后，他又向司马师进言说："只听说用兵宁拙而求速胜，从未见过因求巧而久拖不决的。眼下外有强敌，内有乱臣贼子，如果不马上解决，事情发展的顺逆就很难预料了。发议论的人大多想要将军行事慎重。将军慎重是对的，但停军不前就不对了。慎重并非不行动，而是不让敌人有可乘之机。如今，大军据守坚城、保有壁垒，让储存的物资去资助敌人，自己却要远道运粮，这实在不是办法呀！"司马师想待各军聚集后再前进，所以还是犹豫未定。王基说："将在外，君令有所不受。敌人得到对敌有利，我们得到对我们有利，此即争城之说，南顿就是这样一个地方。"便自主进据南顿，毌丘俭等出项县也想争夺南顿，走了十多里后，听说王基先到，就又回保项县。当时兖州刺史邓艾屯驻乐嘉，毌丘俭派文钦率兵袭击邓艾。王基得知毌丘俭已分兵，便进逼项县，毌丘俭兵败。司马师平定了文钦等人的叛乱，王基升迁为镇南将军，都督豫州诸军事，兼任豫州刺史，晋封安乐乡侯。王基上疏请求分出自己二百户封邑，赐给叔父的儿子王乔爵为关内侯，以报答叔父的抚育之恩。朝廷下诏特予批准。

诸葛诞反，基以本官行镇东将军，都督扬、豫诸军事。时大军在项，以贼兵精，诏基敛军坚垒。基累启求进讨。会吴遣朱异来救诞，军于安城。基又被诏引诸军转据北山，基谓诸将曰：“今围垒转固，兵马向集，但当精修守备以待越逸，而更移兵守险，使得放纵，虽有智者不能善后矣。”遂守便宜上疏曰：“今与贼家对敌，当不动如山。若迁移依险，人心摇荡，于势大损。诸军并据深沟高垒，众心皆定，不可倾动，此御兵之要也。”书奏，报听。大将军司马文王进屯丘头，分部围守，各有所统。基督城东城南二十六军，文王敕军吏入镇南部界，一不得有所遣。城中食尽，昼夜攻垒，基辄拒击，破之。寿春既拔，文王与基书曰：“初议者云云，求移者甚众，时未临履，亦谓宜然。将军深算利害，独秉固志，上违诏命，下拒众议，终至制敌禽贼，虽古人所述，不是过也。”文王欲遣诸将轻兵深入，招迎唐咨等子弟，因衅有荡覆吴之势。基谏曰：“昔诸葛恪乘东关之胜，竭江表之兵，以围新城，城既不拔，而众死者太半。姜维因洮上之利，轻兵深入，粮饷不继，军覆上邽。夫大捷之后，上下轻敌，轻敌则虑难不深。今贼新败于外，又内患未弭，是其修备设虑之时也。且兵出逾年，人有归志，今俘馘十万，罪人斯得，自历代征伐，未有全兵独克如今之盛者也。武皇帝克袁绍于官渡，自以所获已多，不复追奔，惧挫威也。”文王乃止。以淮南初定，转基为征东将军，都督扬州诸军事，进封东武侯。基上疏固让，归功参佐，由是长史司马等七人皆侯。

诸葛诞发动叛乱，王基以本官代理镇东将军，都督扬、豫诸军事。那时候大军屯驻项城，因为贼军兵力精猛，诏书命王基集拢兵马坚守堡垒。王基多次请求进军讨伐。正遇上东吴派朱异来援救诸葛诞，军驻安城。王基又接到诏书，命令他率诸军转到北山据守。王基对众将领说："现在堡垒和围堑已然坚固，兵马又已聚集，只该精心守备，待敌逃时予以消灭，而朝廷却下诏要将军队移去险要防守，使敌得以逃跑，这样，即使智者也不会得到好的结果。"仍按照以前那样坚守，同时上奏章说："现在我军与敌对阵，当稳固如山。若移军依险，势必军心浮动，于作战形势损失太大。诸军都据守在深沟高垒之内，众心安定，不可轻移，这是统率士兵的要点啊！"书信送上后，朝廷批准了王基的建议。大将军司马昭进兵丘头，分部包围，各有所统。王基督领城东城南二十六军，司马昭下发军令说，兵马进入镇南将军的辖区，一概不准向他派遣任务。城中敌人的粮食吃完了，便昼夜攻打王基的营垒，王基都给予迎击，打败了他们。攻克寿春后，司马昭给王基写信说："当初人们议论纷纷，主张移兵者很多，当时我没在现场，也说应当如此。将军深算利害，独持己见，上违诏命，下拒众议，最终战胜了敌人，即使是古人所记述的战例，也超不过这个。"司马昭想派遣诸将率轻兵深入敌区，招迎唐咨等人的子弟，乘机形成荡平东吴之势。王基劝谏说："当初诸葛恪乘东关之胜，出动江东全部兵力，围攻合肥新城，城没攻克，兵众却死伤大半。姜维乘洮水之胜，派轻兵深入，结果粮草难以接继，在上邽全军覆没。这是因为大胜之后，上下都会轻敌，轻敌则会对困难考虑不周。如今敌人刚刚在外面打了败仗，内患又未平息，正是他们思虑专一、严加防备之时。况且我们出兵已逾一年，人人都盼着回家，现今俘获和杀死叛军十万，罪人也已抓获，历代的征讨，没有像现今这样以小的代价换来这样大的胜利的战例。武皇帝在官渡打败袁绍后，认为收获已经很大，不再追击，就是担心军威受挫呀。"司马昭便停止进兵。因为淮南刚刚平定，转任王基为征东将军，都督扬州诸军事，晋封东武侯。王基上疏坚决推让，归功于手下的参军、将佐，因此，他的长史、司马等七人都被封为列侯。

是岁，基母卒，诏秘其凶问，迎基父豹丧合葬洛阳，追赠豹北海太守。甘露四年，转为征南将军，都督荆州诸军事。常道乡公即尊位，增邑千户，并前五千七百户。前后封子二人亭侯、关内侯。

景元二年，襄阳太守表吴贼邓由等欲来归化，基被诏，当因此震荡江表。基疑其诈，驰驿陈状。且曰：“嘉平以来，累有内难，当今之务，在于镇安社稷，绥宁百姓，未宜动众以求外利。”文王报书曰：“凡处事者，多曲相从顺，鲜能确然共尽理实。诚感忠爱，每见规示，辄敬依来指。”后由等竟不降。

是岁基薨，追赠司空，谥曰景侯。子徽嗣，早卒。咸熙中，开建五等，以基著勋前朝，改封基孙廙，而以东武余邑赐一子爵关内侯。晋室践阼，下诏曰：“故司空王基既著德立勋，又治身清素，不营产业，久在重任，家无私积，可谓身没行显，足用励俗者也。其以奴婢二人赐其家。”

评曰：徐邈清尚弘通，胡质素业贞粹，王昶开济识度，王基学行坚白，皆掌统方任，垂称著绩。可谓国之良臣，时之彦士矣。

这一年，王基的母亲去世，皇帝下诏暂时不把消息告诉王基，把王基的父亲王豹的灵柩移到洛阳与王基的母亲合葬，追赠王豹为北海太守。甘露四年，转任王基为征南将军，都督荆州诸军事。常道乡公即帝位，增加王基封邑一千户，与前面所封加在一起共五千七百户。朝廷前后封王基的两个儿子为亭侯、关内侯。

景元二年，襄阳太守上表说孙吴人邓由等人想来投降，王基接到皇帝的诏书，让自己乘这个机会进攻东吴。王基怀疑孙吴有诈，派使者乘驿站快马进朝陈述情况。并且说："嘉平年间以来，大魏国内多次发生内难，现在所应全力从事的，是稳定国家，安抚百姓，不应该出动兵力谋取对外作战的胜利。"文王司马昭回信说："和我共事的人，大多都是曲意顺从，很少有人能够明确地向我充分说明道理和实情。我确实感到了君的忠诚和厚爱，常常得到君的规劝和指示，就恭敬地采纳君的意见。"后来邓由等人也没有前来投降。

这一年王基去世，朝廷追赠王基为司空，加谥号为景侯。他的儿子王徽承袭了爵位，死得很早。咸熙年间，建立五等爵位制度，因为王基在前朝功勋卓著，改封王基的孙子王廙，而把东武县其余的封邑赐给王基的另一个儿子，赐爵关内侯。晋朝建立后，皇帝下诏说："已故司空王基既立德立功，又修养自身，清廉高尚，不经营私人产业，久居重要职位，家中没有私人的财产，可以说是身死之品行显扬，足以激励风俗。赐给王基家两个奴婢。"

评论说：徐邈清高而通达，胡质事业清素，纯粹正直，王昶创业济世，能识大度，王基学识弘博，操行纯贞，他们都担负着镇守一方的重任，留下了被人称颂的著名功绩。可说是国之良臣，时之俊彦的人物。

卷二十八　魏书二十八

王毌丘诸葛邓钟传第二十八

王凌字彦云，太原祁人也。叔父允，为汉司徒，诛董卓。卓将李傕、郭汜等为卓报仇，入长安，杀允，尽害其家。凌及兄晨，时年皆少，逾城得脱，亡命归乡里。凌举孝廉，为发干长，稍迁至中山太守，所在有治，太祖辟为丞相掾属。

文帝践阼，拜散骑常侍，出为兖州刺史，与张辽等至广陵讨孙权。临江，夜大风，吴将吕范等船漂至北岸。凌与诸将逆击，捕斩首虏，获舟船，有功，封宜城亭侯，加建武将军，转在青州。是时海滨乘丧乱之后，法度未整。凌布政施教，赏善罚恶，甚有纲纪，百姓称之，不容于口。后从曹休征吴，与贼遇于夹石，休军失利，凌力战决围，休得免难。仍徙为扬、豫州刺史，咸得军民之欢心。始至豫州，旌先贤之后，求未显之士，各有条教，意义甚美。初，凌与司马朗、贾逵友善，及临兖、豫，继其名迹。正始初，为征东将军，假节都督扬州诸军事。二年，吴大将全琮数万众寇芍陂，凌率诸军逆讨，与贼争塘，力战连日，贼退走。进封南乡侯，邑千三百五十户。迁车骑将军、仪同三司。

是时，凌外甥令狐愚以才能为兖州刺史，屯平阿。舅甥并典兵，专淮南之重。凌就迁为司空。司马宣王既诛曹爽，进凌为太尉，假节钺。凌、愚密协计，谓齐王不任天位，楚王彪长而才，欲迎立彪都许昌。嘉平元年九月，愚遣将张式至白马，与彪相问往来。凌又遣舍人劳精诣洛阳，语子广。广言：“废立大事，勿为祸先。”其十一

王凌字彦云，是太原郡祁县人。他的叔父王允，为东汉司徒，诛杀了董卓。董卓的部将李傕、郭汜等人为董卓报仇，攻入长安，杀死王允，屠杀了其全家。王凌和他的哥哥王晨当时年纪都小，翻过城墙得以脱难，逃回乡里保命。王凌被举为孝廉，任发干县长。后又升迁为中山太守，所在任上有治绩，曹操任他为丞相掾属。

曹丕登上皇位，任命王凌为散骑常侍，出任兖州刺史，和张辽等人一起到广陵讨伐孙权。到达长江后，夜里突然狂风大作，吴将吕范等人的船只被吹到了北岸。王凌与众将迎击，杀了敌人的首领，缴获敌人船只，立下战功，被封为宜城亭侯，加封建武将军，又调任青州刺史。由于汉室衰亡，海滨等地秩序很乱。王凌布政施教，赏善罚恶，使当地纲纪井然，百姓无不交口称赞。之后跟随曹休征伐东吴，在夹石与敌军相遇，曹休军失利，王凌拼死突围，使曹休幸免于难。王凌又被调任扬州、豫州刺史，颇得军民欢心。刚刚到豫州时，就表彰先贤后代，征召没有出名的俊杰之士，各方面都有律条教化，影响极好。当初，王凌和司马朗、贾逵的关系友善，等他到兖州、豫州上任后，又承继和发扬了他们在任时的好名声。正始初年，任征东将军，持节都督扬州诸军事。正始二年，东吴大将全琮统率数万人进犯芍陂。王凌率诸军与之在芍陂展开争夺战，苦战几天，终使吴军退走。朝廷晋封王凌为南乡侯，食邑一千三百五十户，迁车骑将军、仪同三司。

此时，王凌的外甥令狐愚凭借自己的才能做了兖州刺史，屯驻在平阿。娘舅外甥一起统率兵马，专门负责镇守淮南的重任。不久，王凌就地升为司空。司马懿杀了曹爽后，晋升王凌为太尉，授节钺。王凌与令狐愚秘密商议，认为齐王曹芳不能胜任天子之位，楚王曹彪年长且有才干，想要迎立曹彪在许昌称帝。嘉平元年九月，令狐愚

月，愚复遣式诣彪，未还，会愚病死。二年，荧惑守南斗，凌谓：“斗中有星，当有暴贵者。”三年春，吴贼塞涂水。凌欲因此发，大严诸军，表求讨贼；诏报不听。凌阴谋滋甚，遣将军杨弘以废立事告兖州刺史黄华，华、弘连名以白太傅司马宣王。宣王将中军乘水道讨凌，先下赦凌罪，又将尚书广东，使为书喻凌，大军掩至百尺逼凌。凌自知势穷，乃乘船单出迎宣王，遣掾王彧谢罪，送印绶、节钺。军到丘头，凌面缚水次。宣王承诏遣主簿解缚反服，见凌，慰劳之，还印绶、节钺，遣步骑六百人送还京都。凌至项，饮药死。宣王遂至寿春。张式等皆自首，乃穷治其事。彪赐死，诸相连者悉夷三族。朝议咸以为《春秋》之义，齐崔杼、郑归生皆加追戮，陈尸斲棺，载在方策。凌、愚罪宜如旧典。乃发凌、愚冢，剖棺，暴尸于所近市三日，烧其印绶、朝服，亲土埋之。进弘、华爵为乡侯。广有志尚学行，死时年四十余。

毌丘俭字仲恭，河东闻喜人也。父兴，黄初中为武威太守，伐叛柔服，开通河右，名次金城太守苏则。讨贼张进及讨叛胡有功，封高阳乡侯。入为将作大匠。俭袭父爵，为平原侯文学。明帝即位，为尚书郎，迁羽林监。以东宫之旧，甚见亲待。出为洛阳典农。时取农民以治宫室，俭上疏曰：“臣愚以为天下所急除者二贼，所急务者衣食。诚使二贼不灭，士民饥冻，虽崇美宫室，犹无益也。”迁荆州刺史。

派遣将领张式到白马，与曹彪相互问候往来。王凌又派遣中书舍人劳精到洛阳，把这事告诉了儿子王广。王广说："废立皇帝事情重大，不要首先惹来祸患。"这年十一月，令狐愚又派张式去见曹彪，还没有回来，令狐愚病死。嘉平二年，火星移到南斗星旁，王凌说："斗宿中有别的星，当有凸显富贵的人出现。"嘉平三年春天，吴军堵塞涂水，王凌想借机发兵，便大力整军，上表请求讨伐敌人，皇帝下诏不同意。王凌更加快了阴谋的脚步，遣将军杨弘把废立皇帝之事告诉兖州刺史黄华，黄华、杨弘联名把事况报告太傅司马懿。司马懿率大军沿水路征讨王凌，先下令赦免王凌的罪，又带着尚书王广东行，让他写信劝谕王凌，大军迅速赶到百尺堰逼近王凌。王凌自知大势已去，便只身乘船迎接司马懿，又遣属官王彧前去谢罪，送还朝廷授予的印绶、节钺。司马懿大军到达丘头，王凌反绑双手，站在水边。司马懿承诏书派主簿解开王凌的绑缚，重新穿上官服，又接见王凌，抚慰他，并归还他的印绶、节钺，又派遣步骑兵六百人送王凌回京。到项县王凌服毒自杀。司马懿便到了寿春，张式等人全都自首，司马懿深入追查此事。曹彪被赐死，与此事有关联的全部被诛杀三族。朝臣议论觉得，依《春秋》大义，齐国崔杼、郑国归生都是被处死后追加刑戮，开棺暴尸，这是记载在典籍中的。王凌、令狐愚的罪应按古代法典处置。就这样，朝廷派人挖开王凌、令狐愚的坟墓，剖棺于就近的市上，暴尸三日，烧掉他们的印绶、朝服，将他们直接埋在土里。晋升杨弘、黄华的爵位为乡侯。王广有志向、学问和品行，死时四十多岁。

毌丘俭字仲恭，是河东闻喜县人。他的父亲毌丘兴，黄初年间担任武威太守，讨伐叛逆，安抚百姓，开通黄河以西地区，名望仅次于金城太守苏则。因讨伐盗贼张进及叛逆的胡人有功，被封为高阳乡侯。之后入朝为将作大匠。毌丘俭承继父爵，任平原侯曹叡的文学官。曹叡即位，任他为尚书郎，升羽林监。凭着与太子的旧谊，非常受皇帝的亲近厚待。又出任洛阳典农。那时候朝廷征调农民修建宫室，毌丘俭上疏说："臣愚见认为，天下之急务是剪除吴蜀二敌，急于处理的政务是百姓的衣食问题。假若两敌不剿灭，百姓忍冻挨饿。即

青龙中，帝图讨辽东，以俭有干策，徙为幽州刺史，加度辽将军，使持节，护乌丸校尉。率幽州诸军至襄平，屯辽隧。右北平乌丸单于寇娄敦、辽西乌丸都督率众王护留等，昔随袁尚奔辽东者，率众五千余人降。寇娄敦遣弟阿罗槃等诣阙朝贡，封其渠率二十余人为侯、王，赐舆马缯采各有差。公孙渊逆与俭战，不利，引还。明年，帝遣太尉司马宣王统中军及俭等众数万讨渊，定辽东。俭以功进封安邑侯，食邑三千九百户。

正始中，俭以高句骊数侵叛，督诸军步骑万人出玄菟，从诸道讨之。句骊王宫将步骑二万人，进军沸流水上，大战梁口，宫连破走。俭遂束马悬车，以登丸都，屠句骊所都，斩获首虏以千数。句骊沛者名得来，数谏宫，宫不从其言。得来叹曰："立见此地将生蓬蒿。"遂不食而死，举国贤之。俭令诸军不坏其墓，不伐其树，得其妻子，皆放遣之。宫单将妻子逃窜。俭引军还。六年，复征之，宫遂奔买沟。俭遣玄菟太守王颀追之，过沃沮千有余里，至肃慎氏南界，刻石纪功，刊丸都之山，铭不耐之城。诸所诛纳八千余口，论功受赏，侯者百余人。穿山溉灌，民赖其利。

迁左将军，假节监豫州诸军事，领豫州刺史，转为镇南将军。诸葛诞战于东关，不利，乃令诞、俭对换。诞为镇南，都督豫州。俭为镇东，都督扬州。吴太傅诸葛恪围合肥新城，俭与文钦御之，太尉司马孚督中军东解围，恪退还。

初，俭与夏侯玄、李丰等厚善。扬州刺史前将军文钦，曹爽之邑人也，骁果粗猛，数有战功，好增虏获，以徼宠赏，多不见许，怨

便有高大华丽的宫殿，又有什么益处呢。”其后被升为荆州刺史。

青龙年间，明帝企图讨伐辽东，因为毌丘俭有才干策略，转任做了幽州刺史，加封度辽将军官号，使持节，担任护乌丸校尉。毌丘俭率幽州诸军到达襄平，屯驻辽隧。右北平乌丸单于寇娄敦、辽西乌丸都督率众王护留等人，以及当初随袁尚投奔辽东的将领，率五千余众降附。寇娄敦派遣其弟阿罗槃等人进京朝贡，朝廷封乌丸首领二十多人为侯、王，赐给对方车马及丝织品多少不等。公孙渊迎战毌丘俭，毌丘俭失利，退回。第二年，明帝派遣太尉宣王司马懿统率朝廷军及毌丘俭军等数万大军讨伐公孙渊，平定辽东。毌丘俭因功晋封为安邑侯，食邑三千九百户。

正始年间，毌丘俭因为高句骊多次入侵叛乱，就督统步骑兵万人出玄菟郡，分几路讨伐他。高句骊王宫率部骑兵两万人，进军沸流水上游，两军在梁口大战，高句骊王宫接连败退而逃走。毌丘俭就命令士兵包裹马蹄，抬起车辆，进攻丸都，屠灭高句骊的都城，斩杀数千人。高句骊有个名叫得来的沛者之官，多次劝谏宫，宫并不听得来的话。得来叹息说：“马上就能看见此地变为废墟了。”就绝食而死。高句骊举国都认为得来是贤明之人。毌丘俭命令军队不得破坏得来的坟墓，不得砍伐其坟墓上的树木，俘获得来的妻子儿女，全部放掉。宫只身率妻子逃窜。毌丘俭率军返还。正始六年，毌丘俭再次征伐高句骊，宫就逃到买沟。毌丘俭派玄菟太守王颀追赶，越过沃沮国一千多里，到达肃慎国的南界，刻石纪功，先后在丸都山、不耐城刊刻石碑。所诛杀俘虏的人口有八千多人，论功受赏，封侯者达一百多人。又在所征之处开山修渠，引水灌溉，百姓深得其利。

毌丘俭升任左将军，持节杖，监督豫州诸军，兼任豫州刺史，后又转为镇南将军。诸葛诞于东关失利，朝廷命毌丘俭、诸葛诞对换职务。诸葛诞任镇南将军，督领豫州各军。毌丘俭为镇东将军，都督扬州各军。东吴太傅诸葛恪包围合肥新城，毌丘俭与文钦合力抵御。太尉司马孚统领京都兵马东下解围，诸葛恪撤军。

当初，毌丘俭和夏侯玄、李丰关系很好。扬州刺史前将军文钦与曹爽同乡，骁勇果敢，多次立战功，喜欢夸大缴获的战果，想获取朝

恨日甚。俭以计厚待钦，情好欢洽。钦亦感戴，投心无贰。正元二年正月，有彗星数十丈，西北竟天，起于吴、楚之分。俭、钦喜，以为己祥。遂矫太后诏，罪状大将军司马景王，移诸郡国，举兵反。迫胁淮南将守诸别屯者，及吏民大小，皆入寿春城，为坛于城西，歃血称兵为盟，分老弱守城，俭、钦自将五六万众渡淮，西至项。俭坚守，钦在外为游兵。

大将军统中外军讨之，别使诸葛诞督豫州诸军从安风津拟寿春，征东将军胡遵督青、徐诸军出于谯、宋之间，绝其归路。大将军屯汝阳，使监军王基督前锋诸军据南顿以待之。令诸军皆坚壁勿与战。俭、钦进不得斗，退恐寿春见袭，不得归，计穷不知所为。淮南将士，家皆在北，众心沮散，降者相属，惟淮南新附农民为之用。大将军遣兖州刺史邓艾督泰山诸军万余人至乐嘉，示弱以诱之，大将军寻自洙至。钦不知，果夜来欲袭艾等，会明，见大军兵马盛，乃引还。大将军纵骁骑追击，大破之，钦遁走。是日，俭闻钦战败，恐惧夜走，众溃。比至慎县，左右人兵稍弃俭去，俭独与小弟秀及孙重藏水边草中。安风津都尉部民张属就射杀俭，传首京都。属封侯。秀、重走入吴。将士诸为俭、钦所迫胁者，悉归降。

俭子甸为治书侍御史，先时知俭谋将发，私出将家属逃走新安灵山上。别攻下之，夷俭三族。

钦亡入吴，吴以钦为都护、假节、镇北大将军、幽州牧、谯侯。

廷更多的宠赏，但朝廷大多时候都不给，因此文钦的怨恨与日俱增。毌丘俭以计谋与文钦交好，两人关系融洽。文钦感恩戴德，忠心不二。正元二年正月，天上出现数十丈长的彗星，直贯西北天空，起于吴、楚分界处。毌丘俭、文钦十分高兴，认为这是自己吉祥的征兆，便假称皇太后的诏命，宣布大将军司马师的罪状，向诸郡国发布公文，起兵反叛。又胁迫戍守别屯的淮南将士以及大小吏民，都进入寿春城，在城西设坛，歃血结盟，分老弱兵留下守城，毌丘俭、文钦亲自率领五六万人渡淮河，西到项城。毌丘俭坚守城池，文钦在外机动。

司马师统领朝廷和各州郡的士兵讨伐毌丘俭，另外派诸葛诞督领豫州各军从安风津准备攻取寿春，征东将军胡遵督领青、徐二州各军从谯郡、宋国之间出击，截断毌、文的退路。大将军司马师驻扎汝阳，派监军王基督率前锋各军据守南顿严阵以待。命各军坚壁清野不与交战。毌丘俭、文钦进不能与朝廷军队作战，后撤又担心寿春被袭击，不能回去，无计可施亦不知如何是好。淮军将士的家乡都在北方，人心涣散，投降官军的人接连不断，只有淮南新归附的农民为他们效力。司马师派兖州刺史邓艾督领泰山郡各部一万多人到乐嘉，装出疲惫不堪的样子引诱叛军，自己则自汝阳赶到。文钦不知是计谋，果然乘夜想袭击邓艾，天亮时，见朝廷兵马甚多，便撤退了。司马师派骁勇骑兵追击，大破叛军，文钦逃走。当天，毌丘俭听说文钦战败，恐惧得连夜逃走，兵众溃散。到慎县时，身边的人逐渐地离开毌丘俭而去。毌丘俭只身与小弟毌秀以及孙子毌重藏在河边的草丛中。安风津都尉部民张属靠近射杀毌丘俭，将首级送到京城。张属被封为侯爵。毌秀、毌重逃到东吴。被毌丘俭、文钦所胁迫的将士，全都投降。

毌丘俭的儿子毌丘甸任治书侍御史，提前得知毌丘俭将要起兵造反，便自己出来带领家属逃到新安灵山上。朝廷另外出兵攻破，毌丘俭被诛杀三族。

文钦逃到东吴，东吴任其为都护、假节、镇北大将军、幽州牧，封谯侯。

诸葛诞字公休，琅邪阳都人，诸葛丰后也。初以尚书郎为荥阳令，入为吏部郎。人有所属托，辄显其言而承用之，后有当否，则公议其得失以为褒贬，自是群僚莫不慎其所举。累迁御史中丞尚书，与夏侯玄、邓飏等相善，收名朝廷，京都翕然。言事者以诞、飏等修浮华，合虚誉，渐不可长。明帝恶之，免诞官。会帝崩，正始初，玄等并在职。复以诞为御史中丞尚书，出为扬州刺史，加昭武将军。

王凌之阴谋也，太傅司马宣王潜军东伐，以诞为镇东将军、假节都督扬州诸军事，封山阳亭侯。诸葛恪兴东关，遣诞督诸军讨之，与战，不利。还，徙为镇南将军。

后毌丘俭、文钦反，遣使诣诞，招呼豫州士民。诞斩其使，露布天下，令知俭、钦凶逆。大将军司马景王东征，使诞督豫州诸军，渡安风津向寿春。俭、钦之破也，诞先至寿春。寿春中十余万口，闻俭、钦败，恐诛，悉破城门出，流迸山泽，或散走入吴。以诞久在淮南，乃复以为镇东大将军、仪同三司、都督扬州。吴大将孙峻、吕据、留赞等闻淮南乱，会文钦往，乃帅众将钦径至寿春；时诞诸军已至，城不可攻，乃走。诞遣将军蒋班追击之，斩赞，传首，收其印节。进封高平侯，邑三千五百户，转为征东大将军。

诞既与玄、飏等至亲，又王凌、毌丘俭累见夷灭，惧不自安，倾帑藏振施以结众心，厚养亲附及扬州轻侠者数千人为死士。甘露元年冬，吴贼欲向徐堨，计诞所督兵马足以待之，而复请十万众守寿春，又求临淮筑城以备寇，内欲保有淮南。朝廷微知诞有自疑心，以诞旧臣，欲入度之。二年五月，征为司空。诞被诏书，愈恐，

诸葛诞字公休，是琅琊阳都县人，诸葛丰的后裔。开始时以尚书郎的资格任荥阳令，后入京任吏部郎。别人请他推荐，他就公开请托人的话并接受他予以试用，是否适当，则由众人公开评议他们的得失来作为评价，从此，众官员无不慎重地对待自己的荐举。后来，诸葛诞又多次升迁至御史中丞、尚书，与夏侯玄、邓飏等人交好，在朝野内外取得了名声，京都人士都争相趋附他们。谏官们认为诸葛诞、邓飏等人虚夸浮华，追求名誉，应该有所抑制。明帝厌恶他们，罢免了诸葛诞的官职。明帝去世。正始初年，夏侯玄等人都在朝任职，仍用诸葛诞为御史中丞、尚书，后出任扬州刺史，加昭武将军。

王凌密谋废立皇帝，太傅司马懿暗动大军东下讨伐，任命诸葛诞为镇东将军，持节杖，都督扬州各军，封山阳亭侯。东吴大将诸葛恪围攻东关，朝廷派诸葛诞统领大军迎战，失利。退还后，改任镇南将军。

后来毌丘俭、文钦反叛，派使臣到诸葛诞处，想让他召集豫州军民参与反叛。诸葛诞斩杀使者，又向天下发布公告，揭露毌丘俭、文钦的叛逆罪行。大将军司马师东征，派诸葛诞都统豫州兵马，渡过安风津向寿春进发，毌丘俭、文钦被打败。诸葛诞先到寿春，寿春城中十万多人，听说毌丘俭、文钦兵败，恐怕被杀，全都打破城门而出，流散在山林大泽之中，有的逃到东吴。朝廷因诸葛诞久在淮南，于是，又任命他为镇东大将军、仪同三司，都督扬州。东吴大将孙峻、吕据、留赞等听说淮南已乱，正好文钦前往寿春，于是派文钦率诸将夺取寿春。此时诸葛诞已抵达寿春，文钦无法攻城，于是退走。诸葛诞派大将蒋班追击，杀死留赞，首级传送京城，又收其印节。诸葛诞被封为高平侯，食邑三千五百户，又转为征东大将军。

诸葛诞本来就与夏侯玄、邓飏等人关系亲密，又看到王凌、毌丘俭被诛灭，因而心中恐惧不安，就拿出所蓄钱财分散给部下以收买人心，又用优厚的待遇豢养投靠自己的人以及扬州轻生重义的豪侠几千人组成敢死营。甘露元年冬，吴军想攻打徐堨，朝廷估计，诸葛诞督领的兵马足够对付敌军，而诸葛诞却又请求朝廷再调十万人来防守寿春，又以在监近淮河之地修筑城池防备吴军为借口，一心要

遂反。召会诸将，自出攻扬州刺史乐綝，杀之。敛淮南及淮北郡县屯田口十余万官兵，扬州新附胜兵者四五万人，聚谷足一年食，闭城自守。遣长史吴纲将小子靓至吴请救。吴人大喜，遣将全怿、全端、唐咨、王祚等，率三万众，密与文钦俱来应诞。以诞为左都护、假节、大司徒、骠骑将军、青州牧、寿春侯。是时镇南将军王基始至，督诸军围寿春，未合。咨、钦等从城东北，因山乘险，得将其众突入城。

六月，车驾东征，至项。大将军司马文王督中外诸军二十六万众，临淮讨之。大将军屯丘头。使基及安东将军陈骞等四面合围，表里再重，堑垒甚峻。又使监军石苞督兖州刺史州泰等，简锐卒为游军，备外寇。钦等数出犯围，逆击走之。吴将朱异再以大众来迎诞等，渡黎浆水，泰等逆与战，每摧其锋。孙綝以异战不进，怒而杀之。城中食转少，外救不至，众无所恃。将军蒋班、焦彝，皆诞爪牙计事者也，弃诞，逾城自归大将军。大将军乃使反间，以奇变说全怿等，怿等率众数千人开门来出。城中震惧，不知所为。

三年正月，诞、钦、咨等大为攻具，昼夜五六日攻南围，欲决围而出。围上诸军，临高以发石车火箭逆烧破其攻具，弩矢及石雨下，死伤者蔽地，血流盈堑。复还入城，城内食转竭，降出者数万口。钦欲尽出北方人，省食，与吴人坚守，诞不听，由是争恨。钦素与诞有隙，徒以计合，事急愈相疑。钦见诞计事，诞遂杀钦。钦子鸯及虎将兵在小城中，闻钦死，勒兵驰赴之，众不为用。鸯、虎单走，逾城出，自归大将军。军吏请诛之，大将军令曰：“钦之罪不容诛，其子固应当戮，然鸯、虎以穷归命，且城未拔，杀之是坚其心也。”

保下淮南。朝廷对诸葛诞怀有疑虑之心略有察觉，因诸葛诞是前朝老臣，想把他调入朝廷后再进行观察。甘露二年五月，征他入朝为司空。诸葛诞接到诏书，很是恐慌，就发动叛乱了。他召集众将，亲自率兵攻打扬州刺史乐琳，并杀了他。征集淮南和淮北各郡县屯田的十多万官兵和扬州新归附的能作战的四五万人，又积聚了足够吃一年的粮谷，闭城自守。同时，又派遣长史吴纲带领小儿子诸葛靓到东吴求援。东吴大喜，即派大将全怿、全端、唐咨、王祚等人，率兵众三万，与文钦一起秘密接应诸葛诞。吴国任诸葛诞为左都护、假节、大司徒、骠骑将军、青州牧、寿春侯。那时候，镇南将军王基刚到，正指挥各军包围寿春，包围圈还没形成，唐咨、文钦等从寿春城东北，凭借山势，带兵冲入城中。

六月，皇帝御驾东征，到达项地。大将军司马昭率领二十六万大军，亲临淮河征讨，屯兵于丘头，派王基和安东将军陈骞等四面围攻，将城围了两重，挖堑壕、筑堡垒。又派监军石苞、兖州刺史州泰等人，以精兵为机动，防备东吴兵马进攻。文钦等几次想冲出包围，都被击退。吴将朱异又派重兵来接应诸葛诞，渡过黎浆水，州泰等人在此迎战，每次都挫败了他们的进攻。孙权因朱异出师不利，一怒杀了朱异。城中粮食渐少，外援又不到，已成孤军。将军蒋班、焦彝，都是诸葛诞的亲信部下，这时也丢弃了诸葛诞，翻越城墙向司马昭投降。司马昭又使反间计，劝说全怿等人率数千人打开城门投降。城中震恐，慌乱得不知所措。

甘露三年正月，诸葛诞、文钦、唐咨等大量制造进攻的器械，连续五六天不分昼夜向南强攻，想由此突围而出。魏军从高处用发石车发射石块和火箭烧毁城中的器械，石块和弩箭像雨点一样落下，城中都是死伤的人，血满堑壕。诸葛诞等人只得又退进城去死守，城内粮食就要吃光了，前后有数万人出城投降。文钦想把北方士卒全都驱赶出去，以节省粮食，与吴人一起坚守。诸葛诞不同意，因此两人产生争执，相互怨恨。文钦与诸葛诞素来不和，只不过聚合在一起只是事态所迫，一有分歧就更不信任对方。文钦去见诸葛诞商议军情，诸葛诞却趁机杀掉文钦。文钦的儿子文鸯、文虎领兵驻扎在小城中，听说

乃赦鸯、虎，使将兵数百骑驰巡城，呼语城内云：“文钦之子犹不见杀，其余何惧？”表鸯、虎为将军，各赐爵关内侯。城内喜且扰，又日饥困，诞、咨等智力穷。大将军乃自临围，四面进兵，同时鼓噪登城，城内无敢动者。诞窘急，单乘马，将其麾下突小城门出。大将军司马胡奋部兵逆击，斩诞，传首，夷三族。诞麾下数百人，坐不降见斩，皆曰：“为诸葛公死，不恨。”其得人心如此。唐咨、王祚及诸裨将皆面缚降，吴兵万众，器仗军实山积。

初围寿春，议者多欲急攻之，大将军以为：“城固而众多，攻之必力屈，若有外寇，表里受敌，此危道也。今三叛相聚于孤城之中，天其或者将使同就戮，吾当以全策縻之，可坐而制也。”诞以二年五月反，三年二月破灭。六军按甲，深沟高垒，而诞自困，竟不烦攻而克。及破寿春，议者又以为淮南仍为叛逆，吴兵室家在江南，不可纵，宜悉坑之。大将军以为古之用兵，全国为上，戮其元恶而已。吴兵就得亡还，适可以示中国之弘耳。一无所杀，分布三河近郡以安处之。

唐咨本利城人。黄初中，利城郡反，杀太守徐箕，推咨为主。文帝遣诸军讨破之，咨走入海，遂亡至吴，官至左将军，封侯、持节。诞、钦屠戮，咨亦生禽，三叛皆获，天下快焉。拜咨安远将军，

父亲被杀，便挥军赶去报仇，可他们的部下却不肯效力。就这样，文鸯、文虎独自逃走，投奔司马昭。军中的执法官要处死他们。司马昭说：“文钦之罪即使诛杀也不能抵偿，其子本当斩首，但文鸯、文虎因走投无路而来归降，且寿春城还未攻下，杀了他们会使叛军更加顽抗到底。”于是，赦免了文鸯、文虎，让他们带数百骑兵绕城池奔走，向城里喊话，说：“文钦的儿子都未被杀，其余的人更没什么可怕的！”司马昭上表奏封文鸯、文虎为将军，分别赐爵关内侯。城内的人惊喜而动，加之一天比一天饥饿窘困，诸葛诞、唐咨等人也智穷力竭。司马昭亲自来到外围，指挥士兵从四面进攻，同时，击鼓呐喊登城，城内人都放弃了抵抗。诸葛诞因窘迫而急，单身匹马带领帐下兵丁冲出小城门想逃。大将军司马胡奋率兵迎击，斩杀了诸葛诞，首级传送到京师，灭其三族。诸葛诞帐下数百人都因不投降而被杀，他们都说：“为诸葛公而死，无遗憾。”诸葛诞确实很得人心。唐咨、王祚以及各副将都自缚而降，吴兵有一万多人投降，兵器等军用物资堆积如山。

当初大军包围寿春的时候，有很多人都建议快速强攻。司马昭却认为：“寿春城池坚固且守军众多，强攻伤亡一定很大，如果再有外援夹击，腹背受敌，是非常危险的。如今诸葛诞、文钦、唐咨聚在孤城之中，就好像上天要让他们一起接受死刑，我当以万全之策束缚他们，安坐而制伏叛贼。”诸葛诞于甘露二年五月反叛，三年二月败亡。大军按兵不动，挖深沟、筑高垒，诸葛诞困守孤城，不用强攻而自破。攻破寿春后，又有人认为淮南多次出现反叛，被俘虏的一万多东吴士兵家在江南，不能放过他们，应该都活埋。大将军司马昭认为，古来用兵之道，征服整个敌国为上策，杀死首罪之人就行了。东吴士兵有能逃回江南去的，也正好向东吴显示中原的宽大。最后一个也没杀，把他们分别安置在河东、河内、河南三郡附近居住。

唐咨本是利城郡人，文帝黄初年间，利城郡反叛，杀死太守徐箕，推举唐咨为首领。文帝派各军征讨攻破了他们，唐咨逃到海上，后又逃到吴国，官至左将军，封侯爵、持符节。诸葛诞、文钦被杀，唐咨被活捉，三个叛逆被一网打尽，天下人心大快。朝廷封唐咨为安远

其余裨将咸假号位，吴众悦服。江东感之，皆不诛其家。其淮南将吏士民诸为诞所胁略者，惟诛其首逆，余皆赦之，听鸯、虎收敛钦丧，给其车牛，致葬旧墓。

邓艾字士载，义阳棘阳人也。少孤，太祖破荆州，徙汝南，为农民养犊。年十二，随母至颍川，读故太丘长陈寔碑文，言“文为世范，行为士则”，艾遂自名范，字士则。后宗族有与同者，故改焉。为都尉学士，以口吃，不得作干佐。为稻田守丛草吏。同郡吏父怜其家贫，资给甚厚，艾初不称谢。每见高山大泽，辄规度指画军营处所，时人多笑焉。后为典农纲纪，上计吏，因使见太尉司马宣王。宣王奇之，辟之为掾，迁尚书郎。

时欲广田畜谷，为灭贼资，使艾行陈、项已东至寿春。艾以为“田良水少，不足以尽地利，宜开河渠，可以引水浇溉，大积军粮，又通运漕之道”。乃著《济河论》以喻其指。又以为“昔破黄巾，因为屯田，积谷于许都以制四方。今三隅已定，事在淮南，每大军征举，运兵过半，功费巨亿，以为大役。陈、蔡之间，土下田良，可省许昌左右诸稻田，并水东下。令淮北屯二万人，淮南三万人，十二分休，常有四万人，且田且守。水丰常收三倍于西，计除众费，岁完五百万斛以为军资。六七年间，可积三千万斛于淮上，此则十万之众五年食也。以此乘吴，无往而不克矣。”宣王善之，事皆施行。正始二年，乃开广漕渠，每东南有事，大军兴众，泛舟而下，达于江、淮，资食有储而无水害，艾所建也。

将军，其余的副将也都有临时性的称号和官位，吴人都心悦诚服。东吴为此也深受震动，都不诛杀降魏吴人的家属。那些被诸葛诞胁迫的淮南将领、官士百姓，只诛杀其中叛逆为首的人，其余的都赦免了。并允许文鸯、文虎收殓了文钦的尸体，朝廷提供牛车，拉到祖坟安葬。

邓艾字士载，是义阳郡棘阳县人。他从小就成了孤儿，太祖攻破荆州后便流徙到汝南，给当地的农民放牛。十二岁的时候，邓艾随母亲来到颍川，在那里读到太丘长陈寔的碑文，其中有“文为世范，行为士则”的话，邓艾就给自己取名叫范，字士则。后因宗族中已有叫这个名字的，所以就改了。邓艾开始时任都尉学士，由于口吃，不适宜做官府的办事员，只能做看守稻田中稻草堆的小吏。同郡一个官吏的父亲可怜他家贫穷，常常资助他，邓艾起初也不致谢。当他看到高山大湖的时候，总是规划考虑在哪里安排军营，别人常常嘲笑他。后来他担任典农纲纪、上计吏，因出使朝廷，得以结识太尉司马懿。司马懿认为邓艾不同一般，便任命他为府中下属，又升任尚书郎。

当时朝廷打算扩大耕地以积蓄粮谷，为消灭敌人做物资储备，派遣邓艾巡视陈县、项县以东至寿春的地区。邓艾认为那里“土质优良而水少，不能够充分利用土地的效益，应该开凿河渠，这样便可以引水浇灌，既可以大积军粮，又可以开通水运之道”。写了《济河论》来说明自己的意图。又认为：“从前太祖击破黄巾军以后，实行屯田制度，在许都囤积粮食用来制御天下。如今东、北、西三方已经平定，重大战事都在淮南，每逢大军征伐，一半以上的兵力用来运输粮草，耗费巨大，成为很大的劳役。而陈县、上蔡县之间，土地低平肥沃，应该减少许昌周围的稻田，把那里用的河水集中起来引到东边。下令在淮河北屯兵两万人，淮河南屯兵三万人，按十分之二的比例轮休，经常保持四万人，一边种地一边戍守。收成好时，产量将是许都地区的三倍。扣除各种费用，每年可以收五百万斛粮食作为军用物资。六七年的时间，就可以在两淮地区积蓄三千万斛粮食，足够十万兵众吃五年。以此攻吴，则无往而不胜。”司马懿认为这个建议很好，全都照此施行。正始二年，便开始挖掘和拓宽漕渠，每当东南有事发生，大

出参征西军事，迁南安太守。嘉平元年，与征西将军郭淮拒蜀偏将军姜维。维退，淮因西击羌。艾曰："贼去未远，或能复还，宜分诸军以备不虞。"于是留艾屯白水北。三日，维遣廖化自白水南向艾结营。艾谓诸将曰："维今卒还，吾军人少，法当来渡而不作桥。此维使化持吾，令不得还。维必自东袭取洮城。"洮城在水北，去艾屯六十里。艾即夜潜军径到，维果来渡，而艾先至据城，得以不败。赐爵关内侯，加讨寇将军，后迁城阳太守。

是时并州右贤王刘豹并为一部，艾上言曰："戎狄兽心，不以义亲，强则侵暴，弱则内附，故周宣有玁狁之寇，汉祖有平城之围。每匈奴一盛，为前代重患。自单于在外，莫能牵制长卑。诱而致之，使来入侍。由是羌夷失统，合散无主。以单于在内，万里顺轨。今单于之尊日疏，外土之威浸重，则胡虏不可不深备也。闻刘豹部有叛胡，可因叛割为二国，以分其势。去卑功显前朝，而子不继业，宜加其子显号，使居雁门。离国弱寇，追录旧勋，此御边长计也。"又陈："羌胡与民同处者，宜以渐出之，使居民表崇廉耻之教，塞奸宄之路。"大将军司马景王新辅政，多纳用焉。迁汝南太守，至则寻求昔所厚己吏父，久已死，遣吏祭之，重遗其母，举其子与计吏。艾所在，荒野开辟，军民并丰。

军出动，乘船而下，就可以到达江、淮地区，使军粮有储备又免去了水患，这些都是出自邓艾的建议。

邓艾出任征西将军参军，又升任为南安太守。嘉平元年，和征西将军郭淮一道抵御蜀国的偏将姜维。姜维撤退，郭淮乘机向西去攻打羌人。邓艾说："蜀国贼敌离开这里还不远，或许还会回来，我们应该分兵把守，以防万一。"于是郭淮留邓艾驻军白水北面。三天后，姜维派廖化从白水南岸面对邓艾的驻地驻扎下来。邓艾对将领们说："姜维现在突然返回，我军人少，按常理说他们应当渡河，而不是架桥。这是他们的计谋，姜维派廖化来牵制我，使我们不能返回。因此姜维一定会从东面袭击洮城。"洮城在洮水以北，距离邓艾军营六十里。邓艾当夜秘密行军赶到洮城，姜维果然渡河夺城。但是邓艾已抢先到达并占据了洮城，才没有战败。朝廷赐给邓艾关内侯的爵位，加授讨寇将军的官衔，后来升任他为城阳太守。

此时，并州右贤王刘豹把匈奴各族合并为一部，邓艾上书说："戎狄的兽心，是不能用礼义来使他们亲附的，他们强大就侵凌施暴，弱小就依顺归附，故而周宣王时有玁狁的寇患，汉高祖时有在平城的被围。每当匈奴强盛，就成为前代的重大祸患。自从单于在塞外，没有人能牵制他们的大小各级。引诱招致他们，使他们前来入朝侍奉。从此羌夷失去统一，聚散无主。因为单于在内陆，所以万里之地都遵守法度。现今单于的尊贵地位日益缩小，塞外的威信却日益增加，那么我们对胡虏就不能不着重防备了。听闻刘豹部下有叛乱的胡人，可趁他们叛乱把他们分割为两国，分散他们的威势。去卑在前朝功劳显著，但儿子不能继承他的功业，应该给他的儿子加封显赫的名号，使他居住在雁门。分离敌国削弱敌寇，追录旧日的功勋，这是守御边塞的长久之计啊。"又陈述说："羌人胡人与汉人同居一地的，应该慢慢将他们分离出来，把他们分在居民户口之外，对他们进行礼义廉耻的教化，杜塞他们作奸犯科的道路。"大将军司马景王刚刚辅政，采纳了邓艾很多的意见。改任邓艾为汝南太守，邓艾一到任，就寻求从前所厚待过自己的那个官吏的父亲，那人已经去世很久了，邓艾就派官吏去祭祀他，送了很多礼物给那官吏的母亲，举荐他的儿

诸葛恪围合肥新城，不克，退归。艾言景王曰："孙权已没，大臣未附，吴名宗大族，皆有部曲，阻兵仗势，足以建命。恪新秉国政，而内无其主，不念抚恤上下以立根基，竞于外事，虐用其民，悉国之众，顿于坚城，死者万数，载祸而归，此恪获罪之日也。昔子胥、吴起、商鞅、乐毅皆见任时君，主没而败。况恪才非四贤，而不虑不患，其亡可待也。"恪归，果见诛。

迁兖州刺史，加振威将军。上言曰："国之所急，惟农与战，国富则兵强，兵强则战胜。然农者，胜之本也。孔子曰'足食足兵'，食在兵前也。上无设爵之劝，则下无财畜之功。今使考绩之赏，在于积粟富民，则交游之路绝，浮华之原塞矣。"

高贵乡公即尊位，进封方城亭侯。毌丘俭作乱，遣健步赍书，欲疑惑大众，艾斩之，兼道进军，先趣乐嘉城，作浮桥。司马景王至，遂据之。文钦以后大军破败于城下，艾追之至丘头。钦奔吴。吴大将军孙峻等号十万众，将渡江，镇东将军诸葛诞遣艾据肥阳，艾以与贼势相远，非要害之地，辄移屯附亭，遣泰山太守诸葛绪等于黎浆拒战，遂走之。其年征拜长水校尉。以破钦等功，进封方城乡侯，行安西将军。解雍州刺史王经围于狄道，姜维退驻钟提，乃以艾为安西将军，假节、领护东羌校尉。议者多以为维力已竭，未能更出。艾曰："洮西之败，非小失也；破军杀将，仓廪空虚，百姓流离，几于危亡。今以策言之，彼有乘胜之势，我有虚弱之实，一也。彼上下相习，五兵犀利，我将易兵新，器杖未复，二也。彼以船行，

子做了计吏。邓艾所在之处，开辟荒野，军民都富足起来。

吴国将领诸葛恪包围了合肥新城，但是没能攻下，于是退兵。邓艾向司马景王进言说：“孙权已经死了，群臣无首，没有人衷心拥护孙亮。吴国的名宗大族都有自己的私兵，他们凭借武力依仗权势，足以违抗朝中的命令。诸葛恪刚刚执掌国家政权，却不把新君孙亮放在眼里，不考虑扎稳自己的根基，而抢先发动对外的战事，残暴地驱使百姓，出动全国的军备，驻守在坚固的城池下，战死的人数以万计，他只能带着灾祸返回吴国，这就是诸葛恪获罪的日子。以前伍子胥、吴起、商鞅、乐毅都受到当时君主的宠信，君主一死他们就败亡了。何况诸葛恪的才能远逊于这四位贤人，却不考虑自己的忧患，他的灭亡指日可待。”诸葛恪返回吴国后，果然被杀害了。

邓艾升任兖州刺史，又被加授为振威将军。他上奏章说：“国家的当务之急，是发展农业和加强战备。国富则兵强，兵强方能取得战争的胜利。然而重视农业生产的发展，是胜利的根本。孔子说‘充足粮食，充足军备’，把粮食放在军备的前面。如果朝廷不设置爵位的鼓励措施，那么下面的百姓就不会有积蓄财富的成效。现今如果把考核官员政绩的奖赏，重点放在囤积粮食、使百姓富足上面，那么结交游说权贵的路子就断绝了，浮华不实的风气就杜绝了。”

高贵乡公即位，晋封邓艾为方城亭侯。毌丘俭叛乱，派手下的人带书信见邓艾，想煽动他一起起事，邓艾斩杀其使，兼程讨伐，抢先赶到乐嘉城，建造浮桥。司马师率军赶到，占据了乐嘉城。文钦因为后到乐嘉，所以在城下就被打败，邓艾追击文钦至丘头。文钦投奔东吴，东吴将军孙峻等号称十万兵众，准备渡江，镇东将军诸葛诞遣邓艾据守肥阳，邓艾认为肥阳距敌很远，又非要害，便自行移到附亭驻扎，派遣泰山太守诸葛绪等在黎浆阻击吴军，将之打退。这一年，朝廷征拜邓艾为长水校尉。又因邓艾破文钦之功，晋封他为方城乡侯，代理安西将军。雍州刺史王经被困于狄道，邓艾前往解围。西蜀大将姜维退守钟提，朝廷任命邓艾为安西将军，持符节，兼任护东羌校尉。当时议事的人认为，姜维力已用完，不会再出击了。邓艾说：“洮西我军失败，不是小的失利，军心涣散，仓库空虚，百姓流离失所，几

吾以陆军，劳逸不同，三也。狄道、陇西、南安、祁山，各当有守，彼专为一，我分为四，四也。从南安、陇西，因食羌谷，若趣祁山，熟麦千顷，为之县饵，五也。贼有黠数，其来必矣。”顷之，维果向祁山，闻艾已有备，乃回从董亭趣南安，艾据武城山以相持。维与艾争险，不克，其夜，渡渭东行，缘山趣上邽，艾与战于段谷，大破之。甘露元年诏曰：“逆贼姜维连年狡黠，民夷骚动，西土不宁。艾筹画有方，忠勇奋发，斩将十数，馘首千计；国威震于巴、蜀，武声扬于江、岷。今以艾为镇西将军、都督陇右诸军事，进封邓侯。分五百户封子忠为亭侯。”二年，拒姜维于长城，维退还。迁征西将军，前后增邑凡六千六百户。景元三年，又破维于侯和，维却保沓中。四年秋，诏诸军征蜀，大将军司马文王皆指授节度，使艾与维相缀连；雍州刺史诸葛绪要维，令不得归。艾遣天水太守王颀等直攻维营，陇西太守牵弘等邀其前，金城太守杨欣等诣甘松。维闻钟会诸军已入汉中，引退还。欣等追蹑于彊川口，大战，维败走。闻雍州已塞道，屯桥头，从孔函谷入北道，欲出雍州后。诸葛绪闻之，却还三十里。维入北道三十余里，闻绪军却，寻还，从桥头过，绪趣截维，较一日不及。维遂东引，还守剑阁。钟会攻维未能克。艾上言：“今贼摧折，宜遂乘之，从阴平由邪径经汉德阳亭趣涪，出剑阁西百里，去成都三百余里，奇兵冲其腹心。剑阁之守必还赴涪，则会方轨而进；剑阁之军不还，则应涪之兵寡矣。军志有之曰：‘攻其无备，出其不意。’今掩其空虚，破之必矣。”

乎一败涂地。今以兵法论之，敌有乘胜追击之势，而我方则虚弱不堪，此一也；敌军上下呼应彼此了解，兵器锐利，而我方则将领更换，士兵大多为新增的，器械陈旧，此二也；敌军乘船行进，我们是陆地行走，劳逸不同，此三也；狄道、陇西、南安、祁山这四个地方均应守备，蜀军可以集中攻打我们一处，而我们却要分成四部，此四也；敌军进攻南安、陇西，可以征调羌人的粮食，如进军祁山，则那里千顷麦子已经成熟，可补给军粮，此五也。姜维狡诈有谋，一定会再来攻打。”没过多久，姜维果然进军祁山，听说邓艾已有防备，便回军由董亭进攻南安，邓艾据守武城山与之对峙。姜维与邓艾争夺险要之地，不能攻克，当夜渡过渭水向东，沿山路直逼上邽，邓艾与他在段谷交战，大破蜀军。甘露元年，皇帝下诏说："反贼姜维连年入侵，边境各族骚动，西地难于安宁。邓艾筹划有方，忠诚勇敢，斩敌将数十，杀敌兵数千，国威震动巴、蜀，武力显扬在长江、岷江。现任命邓艾为镇西将军、都督陇右诸军事，晋封为邓侯。分五百户封其子邓忠为亭侯。”甘露二年，邓艾又在长城地区抵御姜维，姜维退还，邓艾升任征西将军，前后封邑增加到六千六百户。景元三年，在侯和又破姜维。姜维退沓中固守。景元四年秋天，朝廷下令各路军伐蜀，由大将军司马昭总督，派邓艾牵制姜维，雍州刺史诸葛绪断其后路。邓艾派天水太守王颀等直冲姜维兵营，陇西太守牵弘等在前面截击，金城太守杨欣等进兵甘松。姜维听说钟会诸军已进汉中，便率兵退走。杨欣等追至彊川口，姜维败逃。姜维听说雍州刺史诸葛绪已截断道路，屯兵桥头，于是，姜维从孔函谷向北，想绕到诸葛绪兵马后面逃出。诸葛绪闻讯，退回三十里。姜维进入北道三十余里，听说诸葛绪已退出桥头，马上引军折回，从桥头通过，诸葛绪急忙赶奔桥头拦截，却迟了一天，姜维向东逃走，回蜀驻守剑阁。钟会进攻姜维，没能取胜。邓艾上书说："现在敌兵已折锋芒，应乘胜追击。从阴平沿小路，经汉德阳亭，赴涪县，出剑阁西，距成都只有三百多里，可说是奇兵入敌腹心。这样，剑阁守敌必然回赴涪县增援，钟会就可以长驱直入，如剑阁守敌不回师，守在涪县的敌兵就一定不多。兵法上说：'攻其无备，出其不意。'如今，攻敌空虚之处，一定可以击破。"

冬十月，艾自阴平道行无人之地七百余里，凿山通道，造作桥阁。山高谷深，至为艰险，又粮运将匮，频于危殆。艾以毡自裹，推转而下。将士皆攀木缘崖，鱼贯而进。先登至江由，蜀守将马邈降。蜀卫将军诸葛瞻自涪还绵竹，列陈待艾。艾遣子惠唐亭侯忠等出其右，司马师纂等出其左。忠、纂战不利，并退还，曰："贼未可击。"艾怒曰："存亡之分，在此一举，何不可之有？"乃叱忠、纂等，将斩之。忠、纂驰还更战，大破之，斩瞻及尚书张遵等首，进军到雒。刘禅遣使奉皇帝玺绶，为笺诣艾请降。

艾至成都，禅率太子诸王及群臣六十余人面缚舆榇诣军门，艾执节解缚焚榇，受而宥之。检御将士，无所虏略，绥纳降附，使复旧业，蜀人称焉。辄依邓禹故事，承制拜禅行骠骑将军，太子奉车、诸王驸马都尉。蜀群司各随高下拜为王官，或领艾官属。以师纂领益州刺史，陇西太守牵弘等领蜀中诸郡。使于绵竹筑台以为京观，用彰战功。士卒死事者，皆与蜀兵同共埋藏。艾深自矜伐，谓蜀士大夫曰："诸君赖遭某，故得有今日耳。若遇吴汉之徒，已殄灭矣。"又曰："姜维自一时雄儿也，与某相值，故穷耳。"有识者笑之。

十二月，诏曰："艾曜威奋武，深入虏庭，斩将搴旗，枭其鲸鲵，使僭号之主，稽首系颈，历世逋诛，一朝而平。兵不逾时，战不终日，云彻席卷，荡定巴蜀。虽白起破强楚，韩信克劲赵，吴汉禽子

冬天十月，邓艾从阴平小路进军，在没有人烟的山中走了七百多里，一路上凿山开道，架设栈道桥梁。山高谷深，很是艰险，加上军粮将要用尽，全军濒临灭亡的危机。邓艾用毛毡包住自己的身体，从山上滚落下来。将士们都攀援树木，贴着山崖，一个接一个向前行进。邓艾军前锋到达江由，蜀国的驻将马邈投降。蜀国的卫将军诸葛瞻从涪县返回绵竹，布置军队准备迎击邓艾。邓艾派遣他的儿子惠唐亭侯邓忠等人进攻蜀军右翼，司马师纂等人向蜀军的左翼进攻。邓忠、师纂二人相继失利，都退了回来，说："敌人不可以攻击。"邓艾大怒，说："生死存亡，在此一举，还有什么不可以的？"大声怒斥邓忠、师纂等人，要将他们斩首。邓忠、师纂急忙领军返回迎战，再与蜀军交战，最后大破蜀军，临阵斩杀了诸葛瞻和蜀国尚书张遵等人，向雒县进军。蜀国君主刘禅派遣使者献上皇帝印绶，写来书信请求向邓艾投降。

邓艾到达成都后，刘禅率领太子、诸王及群臣六十多人反绑了自己，抬着棺材，来到邓艾的军营门前。邓艾手持符节，解开刘禅的绳索，烧掉棺材，接受他的投降并宽恕了他。邓艾检查约束将士，士兵没有抢掠，安抚收纳降附的人，让他们恢复旧业，蜀人都对他大加赞赏。邓艾依照汉代邓禹的先例，承制任命刘禅为代理车骑将军，太子为奉车都尉，诸王为驸马都尉。蜀国官员都根据各自职位的高低被任命为魏国官员，有的兼任邓艾的属官。让师纂兼任益州刺史，陇西太守牵弘等人兼任蜀地各郡太守。让人在绵竹修建高台，称为京观，用来表彰战功。魏国的阵亡士卒，都和蜀国的战死士卒一同埋葬。邓艾很自负地对蜀国士大夫说："诸位幸好是遇到我，才能到现在的地步。假如是遇到吴汉那样的人，你们早就被杀光了。"他又说："姜维固然是一时的英雄，但遇到了我，因此陷入困境。"有见识的人都讥笑他。

十二月，皇帝下诏说："邓艾扬耀武力显扬威风，深入敌寇腹地，杀死敌将，而且拔除敌旗，斩杀凶暴的敌人将领，使伪称帝王的人脖子上套着绳索，磕头投降，使逃亡几代的罪人，一个早上就平定了。他用兵没有超过一个季度，战斗没超过一整天，军队相接不超过

阳，亚夫灭七国，计功论美，不足比勋也。其以艾为太尉，增邑二万户，封子二人亭侯，各食邑千户。”艾言司马文王曰：“兵有先声而后实者，今因平蜀之势以乘吴，吴人震恐，席卷之时也。然大举之后，将士疲劳，不可便用，且徐缓之；留陇右兵二万人，蜀兵二万人，煮盐兴冶，为军农要用，并作舟船，豫顺流之事，然后发使告以利害，吴必归化，可不征而定也。今宜厚刘禅以致孙休，安士民以来远人，若便送禅于京都，吴以为流徙，则于向化之心不劝。宜权停留，须来年秋冬，比尔吴亦足平。以为可封禅为扶风王，锡其资财，供其左右。郡有董卓坞，为之宫舍。爵其子为公侯，食郡内县，以显归命之宠。开广陵、城阳以待吴人，则畏威怀德，望风而从矣。”

文王使监军卫瓘喻艾：“事当须报，不宜辄行。”艾重言曰：“衔命征行，奉指授之策，元恶既服；至于承制拜假，以安初附，谓合权宜。今蜀举众归命，地尽南海，东接吴会，宜早镇定。若待国命，往复道途，延引日月。《春秋》之义，大夫出疆，有可以安社稷，利国家，专之可也。今吴未宾，势与蜀连，不可拘常以失事机。兵法，进不求名，退不避罪，艾虽无古人之节，终不自嫌以损于国也。”钟会、胡烈、师纂等皆白艾所作悖逆，变衅以结。诏书槛车征艾。

一个时辰，就像席卷残云一样，轻而易举地扫荡平定了巴、蜀。即使是白起攻破强大的楚国，韩信攻克强劲的赵国，吴汉活捉益州割据的公孙述，周亚夫平定七国之乱，计算功绩，评定美德，都比不上邓艾的功勋。现在任命邓艾为太尉，增加食邑二万户，分封其二子为亭侯，每人食邑一千户。”邓艾向司马文王上书说：“用兵打仗，有先声夺人再采取行动的，现在借平定蜀国的声势去征伐吴国，吴国人肯定震惊恐惧。这正是席卷吴国的大好时机。然而大规模地用兵作战之后，将士疲累，不能立即再战，所以先延缓一段时间，我们在蜀国留下陇右的军队二万人、蜀国的降兵二万人，煮盐炼铁，作为军队和农业的急需之用，同时建造舟船，预先做好顺流而下攻打吴国的准备，然后派遣使者到吴国陈述利害，吴国一定会归顺投降，这样就可以不经征战而平定吴国了。如今应该优待刘禅以劝降孙休，安抚蜀地的民众让远方的人前来归顺。假如当下把刘禅押送到京都，吴国人会以为我们流放了他，起不到鼓励他们归顺投降的作用。我们应该暂时把刘禅留下来，让他居住在蜀地，等到明年秋冬，那时吴国也足以平定了，到那时再做安置。我认为可以封刘禅为扶风王，赐给他财物，供他和他左右的人使用。扶风郡有董卓坞，可以作为刘禅的宫室。封他的儿子为公侯，把扶风郡里的县作为其子的食邑，以显示我们对归降者的恩宠。并且我建议设广陵、城阳为王国，作为吴国归顺后的封赏，这样，吴国就会畏惧朝廷的雄威，感念朝廷的恩德，顺应形势而归顺了。”

司马文王派监军卫瓘告诉邓艾说：“凡事应当等待朝廷答复，不应擅自行动。”邓艾再次上书说：“我受命出征，奉行朝廷的指示，首恶已经降伏；至于秉承皇帝旨意，授予一些临时性官职来安定刚刚归附的蜀人的心，我认为是合乎时势的权宜之策。现在蜀国全部官民都已归顺，南到南海，东接吴会，我们应当及早平定。如果等待朝廷的命令，道路往返，必将延误时间。《春秋》中曾说过，大夫离开了边境，对能够安社稷、利国家的事情，是可以擅自做出决断的。现在吴国还没有归顺，势必会与蜀国的某些人相勾连，我们不能恪守常规而失去有利时机。兵书上说，进取不是为了追求个人功名，退让也不

艾父子既囚，钟会至成都，先送艾，然后作乱。会已死，艾本营将士追出艾槛车，迎还。瓘遣田续等讨艾，遇于绵竹西，斩之。子忠与艾俱死。余子在洛阳者悉诛，徙艾妻子及孙于西域。

初，艾当伐蜀，梦坐山上而有流水，以问殄虏护军爰邵。邵曰："按《易》卦，山上有水曰《蹇》。《蹇》繇曰：'《蹇》利西南，不利东北。'孔子曰：'《蹇》利西南，往有功也；不利东北，其道穷也。'往必克蜀，殆不还乎！"艾怃然不乐。

泰始元年，晋室践阼，诏曰："昔太尉王凌谋废齐王，而王竟不足以守位。征西将军邓艾，矜功失节，实应大辟。然被书之日，罢遣人众，束手受罪，比于求生遂为恶者，诚复不同。今大赦得还，若无子孙者听使立后，令祭祀不绝。"三年，议郎段灼上疏理艾曰："艾心怀至忠而荷反逆之名，平定巴蜀而受夷灭之诛，臣窃悼之。惜哉，言艾之反也！艾性刚急，轻犯雅俗，不能协同朋类，故莫肯理之。臣敢言艾不反之状。昔姜维有断陇右之志，艾修治备守，积谷强兵。值岁凶旱，艾为区种，身被乌衣，手执耒耜，以率将士。上下相感，莫不尽力。艾持节守边，所统万数，而不难仆虏之劳，士民之役，非执节忠勤，孰能若此？故落门、段谷之战，以少击多，摧破强贼。先帝知其可任，委艾庙胜，授以长策。艾受命忘身，束马悬车，自投死地，勇气陵云，士众乘势，使刘禅君臣面缚，叉手屈膝。艾功名以成，当书之竹帛，传祚万世。七十老公，反欲何求！艾诚恃养育之恩，心不自疑，矫命承制，权安社稷；虽违常科，有合古义，原心

是为了逃避个人的罪责。我邓艾虽然没有古人那样的节操，但终究不会因为自己避嫌而使国家蒙受损失。”钟会、胡烈、师纂等人都上报说邓艾的所作所为是抗命叛逆，叛乱的迹象已经很明显了。朝廷于是下诏将邓艾用囚车押解回京。

邓艾父子被囚禁以后，钟会到了成都，他先送走邓艾，然后反叛。钟会死后，邓艾本营的将士追上押送他的囚车，将他迎回。卫瓘派田续等截击邓艾，在绵竹县西与之相遇，将邓艾杀死。邓艾的儿子邓忠也同时被杀。其余在洛阳的儿子都全部被杀，他的妻子及孙子被流放到西城县。

当初，邓艾受命讨伐蜀国的时候，梦到坐在山上而山上有流水，邓艾让殄虏护军爰邵解梦。爰邵说：“《易》卦中，山上有水叫作《蹇》。《蹇》卦的占辞说：‘《蹇》利西南，不利东北。’孔子说：‘《蹇》利于西南，往有功也；不利东北，其道穷也。’你此去定能攻下蜀国，但是恐怕回不来了！”邓艾听了怅然不乐。

泰始元年，西晋建立，武帝下诏说：“当初太尉王凌企图废掉齐王曹芳，而齐王最终也没能守住皇位。征西将军邓艾，居功自傲，丧失臣节，实在该杀。然而，他接到诏书后，遣散部众，甘愿领罪，比起那些为生存而反叛的人，确实不一样。现在，他们的家属可以赦回，没有子孙的，可自己选立继承人，以使祭祀不断。”泰始三年，议郎段灼上疏为邓艾申诉说：“邓艾本有忠心却背上叛逆的罪名，平定巴蜀有功却被诛杀，臣私下为之哀叹。可惜呀，说邓艾要反叛！邓艾性情刚烈急躁，容易犯上，与同僚不融洽，所以，没人替他说话。臣斗胆陈请邓艾不是反叛的理由。从前，姜维意图截断陇右，对此，邓艾在任认真做好防备，积蓄粮谷，加强兵力。遇有大旱，邓艾实行区种法，身穿黑衣，手持农具，为将士做表率。因此，上行下效，无不尽力。邓艾受命戍守边境，统率万人，却仍像奴仆、百姓一样的劳役，若无忠勤节操，怎么能这样？因此，落门、段谷之战，邓艾以少击多，战胜强敌。先帝知他可担重任，所以，每次战前都让他为朝廷制定好克敌制胜的策略，并让他纵马亲征。邓艾不顾自身安危，束马悬车，勇气凌云，将士乘势猛进，使刘禅君臣束手就擒，屈膝而降。邓艾功名

定罪，本在可论。钟会忌艾威名，搆成其事。忠而受诛，信而见疑，头县马市，诸子并斩，见之者垂泣，闻之者叹息。陛下龙兴，阐弘大度，释诸嫌忌，受诛之家，不拘叙用。昔秦民怜白起之无罪，吴人伤子胥之冤酷，皆为立祠。今天下民人为艾悼心痛恨，亦犹是也。臣以为艾身首分离，捐弃草土，宜收尸丧，还其田宅。以平蜀之功，绍封其孙，使阖棺定谥，死无余恨。赦冤魂于黄泉，收信义于后世，葬一人而天下慕其行，埋一魂而天下归其义，所为者寡而悦者众矣。”九年，诏曰：“艾有功勋，受罪不逃刑，而子孙为民隶，朕常愍之。其以嫡孙朗为郎中。”

艾在西时，修治障塞，筑起城坞。泰始中，羌虏大叛，频杀刺史，凉州道断。吏民安全者，皆保艾所筑坞焉。

艾州里时辈南阳州泰，亦好立功业，善用兵，官至征虏将军、假节都督江南诸军事。景元二年薨，追赠卫将军，谥曰壮侯。

钟会字士季，颍川长社人，太傅繇小子也。少敏惠夙成。中护军蒋济著论，谓“观其眸子，足以知人。”会年五岁，繇遣见济，济甚异之，曰：“非常人也。”及壮，有才数技艺，而博学精练名理，以夜续昼，由是获声誉。正始中，以为秘书郎，迁尚书中书侍郎。高贵乡公即尊位，赐爵关内侯。

毌丘俭作乱，大将军司马景王东征，会从，典知秘事，卫将军司马文王为大军后继。景王薨于许昌，文王总统六军，会谋谟帷

已成，当将其书写于竹帛之上，使福分传承万代。他年已七十，谋反又能得到什么呢！邓艾确是倚仗了君主的恩德，心不自疑，假传诏旨代表朝廷，以求暂安敌国；虽违朝廷常规，却合古义，追究他的用心而适当定罪，原来是可以商量的。而钟会却妒忌邓艾的威名，虚言定他谋反之事。邓艾忠而受诛，信而被疑，头悬马市示众，几个儿子全都被杀，看见的人流泪，听见的人叹息。陛下创立新朝，宽宏大度，应当消除猜忌，使遭受诛杀的人家不拘前嫌分别录用。从前秦朝百姓怜悯白起无罪被杀，吴国百姓痛惜伍子胥蒙冤之深，都为他们建立了祠庙。现在，天下百姓都为邓艾伤心痛恨，也像这种情况。臣认为，邓艾身首分离，被弃荒郊，应给他收尸发丧，归还田产。以其平蜀之功，继续册封他的子孙，盖棺时议定一个谥号，让他死无遗恨。赦免黄泉下冤魂的罪名，取信义于百世，葬一人而使天下人仰慕，埋一冤魂而使天下人归附朝廷仁义，做的事虽少而高兴的人很多。"泰始九年，皇帝下诏说："邓艾有功，蒙受罪名也不避刑，而他的子孙却成为平民奴仆，朕怜悯他们。现在任命他的嫡孙邓朗为郎中。"

邓艾在陇西的时候，修理整治障堡，修筑了小型城堡。泰始年间，羌人大举反叛，频繁杀死刺史，凉州的道路断绝。官民安全的，都有赖于邓艾所修筑的城堡。

邓艾州里的同辈南阳人州泰，也喜好建功立业。他善于用兵，官至征虏将军、持节统领江南各军事。景元二年去世，追赠为卫将军，谥号为壮侯。

钟会字士季，是颍川郡长社县人，太傅钟繇最小的儿子。从小就聪明早慧。中护军蒋济曾经发表议论说"看一个人的瞳仁，就知道这人是什么样的人。"五岁的时候，钟繇派钟会去见蒋济，蒋济感到特别惊异，说："这孩子不是一般人啊。"钟会长大后，多才多艺，知识广博又精通名理之学，夜以继日地读书，因此而获得声誉。正始年间，朝廷任命钟会为秘书郎，又升迁钟会为尚书、中书侍郎。高贵乡公即帝位，赐爵关内侯。

毌丘俭起兵叛乱，大将军景王司马师率军东征，钟会随从，负责处理机要文书，卫将军文王司马昭为大军后援。司马师死于许昌，司

幄。时中诏敕尚书傅嘏，以东南新定，权留卫将军屯许昌为内外之援，令嘏率诸军还。会与嘏谋，使嘏表上，辄与卫将军俱发，还到雒水南屯住。于是朝廷拜文王为大将军、辅政，会迁黄门侍郎，封东武亭侯，邑三百户。

甘露二年，征诸葛诞为司空，时会丧宁在家，策诞必不从命，驰白文王。文王以事已施行，不复追改。及诞反，车驾住项，文王至寿春，会复从行。

初，吴大将全琮，孙权之婚亲重臣也，琮子怿、孙静、从子端、翩、缉等，皆将兵来救诞。怿兄子辉、仪留建业，与其家内争讼，携其母，将部曲数十家渡江，自归文王。会建策，密为辉、仪作书，使辉、仪所亲信赍入城告怿等，说吴中怒怿等不能拔寿春，欲尽诛诸将家，故逃来归命。怿等恐惧，遂将所领开东城门出降，皆蒙封宠，城中由是乖离。寿春之破，会谋居多，亲待日隆，时人谓之子房。军还，迁为太仆，固辞不就。以中郎在大将军府管记室事，为腹心之任。以讨诸葛诞功，晋爵陈侯，屡让不受。诏曰："会典综军事，参同计策，料敌制胜，有谋谟之勋，而推宠固让，辞指款实，前后累重，志不可夺。夫成功不处，古人所重，其听会所执，以成其美。"迁司隶校尉。虽在外司，时政损益，当世与夺，无不综典。嵇康等见诛，皆会谋也。

文王以蜀大将姜维屡扰边陲，料蜀国小民疲，资力单竭，欲大举图蜀。惟会亦以为蜀可取，豫共筹度地形，考论事势。景元三年冬，以会为镇西将军、假节都督关中诸军事。文王敕青、徐、兖、

马昭总领各路军马，钟会在军府帐下出谋划策。当时天子从宫中发布诏书给尚书傅嘏，说由于东南刚刚平定，暂且留卫将军司马昭屯驻许昌以为朝廷的内外援助，令傅嘏率领各路军马还朝。钟会与傅嘏合谋，让傅嘏上表，又自作主张与司马昭一起出发，回到洛水南屯驻。为此朝廷拜司马昭为大将军，辅佐朝政。钟会升迁为黄门侍郎，封东武亭侯，食邑三百户。

甘露二年，朝廷征召诸葛诞为司空，当时，钟会母亲去世，钟会在家守孝，估计诸葛诞不会听从朝廷任命，便驰马禀告了司马昭。司马昭因为任命已下，所以不便再追回改变了。待到诸葛诞叛乱时，皇帝停驻在项城，司马昭到达寿春，钟会又随从同行。

起初，吴将全琮，是与孙权有姻亲关系的重臣，全琮儿子全怿、孙子全静、侄儿全端、全翩、全缉等都率兵来救援诸葛诞。全怿兄长的儿子全辉、全仪留在建业，与家人发生争执，就带着母亲，率家丁几十家渡过长江，归顺了司马昭。钟会出了一条计谋，密代全辉、全仪写了一封信，让全辉、全仪亲信的人带信进城告诉全怿等人，说吴国朝廷对全怿等没有攻下寿春十分恼怒，想把众将领的家属全部杀掉，所以逃走归顺了司马昭。全怿等人都很恐惧，就率部下打开管辖的东城门，出来投降。这些人都受到封赏。城中因此分离不和。魏军攻破寿春，钟会谋划最多，所以，越来越得到司马昭的宠信。当时人们叫他张良。大军回师后，钟会升为太仆，坚决辞让不就职。后以中郎官在大将军府任记室，为司马昭心腹。因讨伐诸葛诞有功，钟会被封为陈侯，反复辞让。皇帝下诏说："钟会参与军事，料敌制胜，有谋划的功绩，但不受封赏，言辞恳切，先后数次，志向不变。凡居功不傲的人，古来就受人尊重。现在就听从钟会的请求，成全他的美德。"钟会后升迁为司隶校尉。虽在外任职，但朝廷大小事，官吏任免等，钟会无不参与。嵇康等人被杀，都是钟会出的策略。

司马昭因为蜀将姜维多次侵扰西部边境，估计蜀地狭小，百姓大都疲惫，物力和人力将要枯竭，想大举出兵伐蜀。朝臣中只有钟会认为蜀国可以攻取，于是钟会与司马昭共同研究地形，分析事势。景元三年冬天，朝廷任命钟会为镇西将军，持节，都督关中诸军。司马昭

豫、荆、扬诸州，并使作船，又令唐咨作浮海大船，外为将伐吴者。四年秋，乃下诏使邓艾、诸葛绪各统诸军三万余人，艾趣甘松、沓中连缀维，绪趣武街、桥头绝维归路。会统十余万众，分从斜谷、骆谷入。先命牙门将许仪在前治道，会在后行，而桥穿，马足陷，于是斩仪。仪者，许褚之子，有功王室，犹不原贷。诸军闻之，莫不震竦。蜀令诸围皆不得战，退还汉、乐二城守。魏兴太守刘钦趣子午谷，诸军数道平行，至汉中。蜀监军王含守乐城，护军蒋斌守汉城，兵各五千。会使护军荀恺、前将军李辅各统万人，恺围汉城，辅围乐城。会径过，西出阳安口，遣人祭诸葛亮之墓。使护军胡烈等行前，攻破关城，得库藏积谷。姜维自沓中还，至阴平，合集士众，欲赴关城。未到，闻其已破，退趣白水，与蜀将张翼、廖化等合守剑阁拒会。

会移檄蜀将吏士民曰：

往者汉祚衰微，率土分崩，生民之命，几于泯灭。太祖武皇帝神武圣哲，拔乱反正，拯其将坠，造我区夏。高祖文皇帝应天顺民，受命践阼。烈祖明皇帝奕世重光，恢拓洪业。然江山之外，异政殊俗，率土齐民未蒙王化，此三祖所以顾怀遗恨也。今主上圣德钦明，绍隆前绪，宰辅忠肃明允，劬劳王室，布政垂惠而万邦协和，施德百蛮而肃慎致贡。悼彼巴蜀，独为匪民，愍此百姓，劳役未已。是以命授六师，龚行天罚，征西、雍州、镇西诸军，五道并进。古之行军，以仁为本，以义治之；王者之师，有征无战；故虞舜舞干戚而服有苗，周武有散财、发廪、表闾之义。今镇西奉辞衔命，摄统戎重，庶弘文告之训，以济元元之命，非欲穷武极战，以快一朝之政，故略陈安危之要，其敬听话言。

命令青州、徐州、兖州、豫州、荆州、扬州等郡建造战船，又命令唐咨建造航海用的大船，表面上装出要进攻东吴的样子。景元四年秋天，朝廷下诏，派邓艾、诸葛绪统领诸军三万多人，邓艾趋至甘松、沓中牵制姜维，诸葛绪进军武街、桥头切断姜维归路。钟会统领十多万人，分别由斜谷、骆谷入蜀境内。钟会先派牙门将许仪在前修路，自己率军在后。钟会骑马过桥时桥面开裂，马蹄被陷进去，就把许仪斩首。许仪是许褚的儿子，许褚有功于王室，尚且不能宽赦，其他诸军知道后，没有不震惊害怕的。蜀国命令各个城均不许出城迎战，因此撤回到汉城、乐城坚守。魏兴郡太守刘钦进军子午谷，各军几路并进，到达汉中。蜀国监军王含守卫乐城，护军蒋斌守卫汉城，各领兵五千。钟会派护军荀恺、前将军李辅各率万余兵马，荀恺围攻汉城，李辅围攻乐城。钟会率兵长驱直入，西出阳安口，派人祭扫诸葛亮的坟墓，同时，让护军胡烈等率军为先锋，攻破关城，获得仓库中的粮食。姜维从沓中撤回，行至阴平，集合兵力，想赶赴关城，还没有到达，听说关城已陷，于是，退向白水，与将领张翼、廖化联合守卫剑阁，抵御钟会。

钟会向蜀国兵民发布文告说：

以前汉朝皇室衰微，君位不振，整个国家分崩离析，人民的生命，几乎消灭殆尽。太祖武皇帝神武圣哲，拨乱反正，拯救了即将灭亡的汉朝，造就了我们华夏中原，并且高祖文皇帝上应天意下承民心，接受天命登上皇位。烈祖明皇帝继承先王的功德如世间重放光明，开疆拓土扩展帝王大业。然而除魏国现有江山以外，还有各自为政和习俗不同的地方，整个国家和所有百姓还没有完全接受天子的教化，这是太祖、高祖、烈祖三祖念念不忘、抱憾而死的原因。当今圣上具有崇高的美德、睿达的才智，继承发扬前人的功业。朝中的辅佐大臣忠诚恭敬、贤明公正，为王室辛勤操劳，皇上行仁政，予恩惠，使天下和睦融洽，对百蛮夷族施行德化，使肃慎国前来朝贡。可悲啊，巴蜀的人民，唯独你们不被当人看待，怜悯这里的百姓，劳役苦力无休无止。因此授命六军，恭敬地奉行上天的意旨进行惩罚，征西将军、雍州刺史、镇西将军所属各军，五道并进。古代出兵征伐，

益州先主以命世英才，兴兵朔野，困踬冀、徐之郊，制命绍、布之手，太祖拯而济之，与隆大好。中更背违，弃同即异，诸葛孔明仍规秦川，姜伯约屡出陇右，劳动我边境，侵扰我氐、羌，方国家多故，未遑修九伐之征也。今边境乂清，方内无事，畜力待时，并兵一向，而巴蜀一州之众，分张守备，难以御天下之师。段谷、侯和沮伤之气，难以敌堂堂之陈。比年以来，曾无宁岁，征夫勤瘁，难以当子来之民。此皆诸贤所亲见也。蜀相壮见禽于秦，公孙述授首于汉，九州之险，是非一姓。此皆诸贤所备闻也。明者见危于无形，智者规祸于未萌，是以微子去商，长为周宾，陈平背项，立功于汉。岂晏安酖毒，怀禄而不变哉？今国朝隆天覆之恩，宰辅弘宽恕之德，先惠后诛，好生恶杀。往者吴将孙壹举众内附，位为上司，宠秩殊异。文钦、唐咨为国大害，叛主仇贼，还为戎首。咨困逼禽获，钦二子还降，皆将军、封侯；咨与闻国事。壹等穷蹙归命，犹加盛宠，况巴蜀贤知见机而作者哉！诚能深鉴成败，邈然高蹈，投迹微子之踪，错身陈平之轨，则福同古人，庆流来裔，百姓士民，安堵旧业，农不易亩，市不回肆，去累卵之危，就永安之福，岂不美与！若偷安旦夕，迷而不反，大兵一发，玉石皆碎，虽欲悔之，亦无及已。其详择利害，自求多福，各具宣布，咸使闻知。

以仁为根本，用大义来治理民众；天子的军队，只需征讨而不必争战就可获胜；所以虞舜手持盾和斧舞蹈就使有苗氏前来归服，周武王有广散钱财、发放粮食、表彰闾里的义举。现在镇西将军奉行皇上的意旨，率军前来，是希望光大皇上文告的训导力量，来拯救黎民百姓的性命，并不是想滥用武力、拼命奋战，来求得一朝快意，因此我简略地陈说一下安危存亡的重要性，希望你们聆听思考。

益州先主凭天生的英勇才干，兴兵朔野，被困在踬冀、徐州的郊外遭遇困迫和挫折，性命为袁绍和吕布掌控，太祖拯救帮助他，与他友善相交。可是刘备中途又背离太祖，抛弃同盟，走向敌对。诸葛孔明再三图谋攻占秦川，姜伯约屡次出兵进攻陇右，使我国边境一带动荡不安，使我国氐、羌部族受到侵扰，那时正值国家多灾多难，没有闲暇出征讨伐。如今边境安宁清静，国内太平稳定，我们积蓄力量等待时机，集中兵力向一个方向进攻。而巴蜀一州的军队，分散防守，难以抵御我国的军队。段谷、侯和之战蜀军士气受挫，难以对抗我方强大严整的军阵。这几年以来，蜀国就不曾有过安宁的岁月，征战的将士劳苦疲累，仍难阻挡百姓归附我朝廷，如子女奔向父母那样。这都是各位贤士亲眼所见的。古时候蜀相陈壮被秦国擒获，公孙述被汉朝斩首，九州之中的险要之地，不是某一姓的人能长期占有的。这都是各位贤士所熟知的。聪明者能看到尚未显露的危险，明达者能窥见尚未萌芽的祸患，因此微子离开了商朝，成为周朝的长期贵宾，陈平背弃了项羽，为汉朝立下赫赫战功。难道要贪于安逸自饮毒酒，留恋荣禄而不知顺应时势吗？现在大魏皇朝降下恩泽，如上天覆盖万物一般，辅佐大臣发扬宽恕仁慈的德化，先施予恩惠然后诛罚有罪之人，爱护生灵而厌恶杀戮。以前，吴国将领孙壹率众来归附我大魏，地位显贵，得到特殊的宠禄。文钦、唐咨是国中大害，背叛君主成为仇敌，但回归魏国后仍成为军中主将。唐咨在困窘中被擒获，文钦的两个儿子前来归降，都被授任将军，封为列侯；唐咨还参与国家政事。孙壹等人在走投无路时归顺，都给予极大的宠幸，更何况巴蜀贤德智者能看清形势适时而动呢！如果真能吸取历史成败得失的教训，脱离危境前行，追寻微子的踪迹，效法陈平的选择，那么

邓艾追姜维到阴平，简选精锐，欲从汉德阳入江由、左儋道诣绵竹，趣成都，与诸葛绪共行。绪以本受节度邀姜维，西行非本诏，遂进军前向白水，与会合。会遣将军田章等从剑阁西，径出江由。未至百里，章先破蜀伏兵三校，艾使章先登。遂长驱而前。会与绪军向剑阁，会欲专军势，密白绪畏懦不进，槛车征还。军悉属会，进攻剑阁，不克，引退，蜀军保险拒守。艾遂至绵竹，大战，斩诸葛瞻。维等闻瞻已破，率其众东入于巴。会乃进军至涪，遣胡烈、田续、庞会等追维。艾进军向成都，刘禅诣艾降，遣使敕维等令降于会。维至广汉郪县，令兵悉放器仗，送节传于胡烈，便从东道诣会降。会上言曰："贼姜维、张翼、廖化、董厥等逃死遁走，欲趣成都。臣辄遣司马夏侯咸、护军胡烈等，经从剑阁，出新都、大渡截其前，参军爰彭、将军句安等蹑其后，参军皇甫闿、将军王买等从涪南出冲其腹，臣据涪县为东西势援。维等所统步骑四五万人，擐甲厉兵，塞川填谷，数百里中首尾相继，凭恃其众，方轨而西。臣敕咸、闿等令分兵据势，广张罗罔，南杜走吴之道，西塞成都之路，北绝越逸之径，四面云集，首尾并进，蹊路断绝，走伏无地。臣又手书申喻，开示生路，群寇困逼，知命穷数尽，解甲投戈，面缚委质，印绶万数，资器山积。昔舜舞干戚，有苗自服；牧野之师，商旅倒戈：有征无战，帝王之盛业。全国为上，破国次之；全军为上，破军次之：用兵之令典。陛下圣德，侔踪前代，翼辅忠明，齐轨公旦，仁育群生，义征不譓，殊俗向化，无思不服，师不逾时，兵不血刃，万里

洪福等同于古人，吉庆流布于后代，百姓安心生活，仍操旧业，农民不必逃到别处耕种，商人仍拥有自己原有的店铺，走向长久安宁的幸福，难道不是美好的事情吗！假如贪图片刻的安逸，陷于迷误而不知回头，待大军出动，美玉和石头尽皆粉碎，到那时候即便后悔，也为时已晚。望各位在利益和危害之间审慎地选择，为自己寻求更多的幸福，希望各位广泛宣传，使大家都能知道朝廷的政策。

邓艾追赶姜维到了阴平，在这里挑选精锐的士兵，想从汉代的德阳亭进入江由、左儋道，到达绵竹，直趋成都，他让诸葛绪和自己同行。诸葛绪因只受命拦截姜维，朝廷诏命并没让自己向西进发，所以进军白水，与钟会会合。钟会派将军田章等人率军从剑阁西出江由。在距江由还有一百里处，田章率先攻破蜀国的伏兵三千人，邓艾命田章先进江由城，自己则挥军向前。钟会与诸葛绪两军向剑阁进发，钟会想独揽军权，便密告诸葛绪畏缩怯懦不敢前进，朝廷下令用囚车将诸葛绪押回京城。兵马就全归钟会统率，进攻剑阁，未能攻下，引军退回，蜀军据险坚守。邓艾军到达绵竹，与蜀军大战，斩杀蜀将诸葛瞻。姜维等人听说诸葛瞻战败，便率部众向东进入巴郡。钟会进军到涪县，派胡烈、田续、庞会等人追击姜维。邓艾向成都进军，刘禅到邓艾军营投降，并派使者命令姜维等人向钟会投降。姜维到达广汉郡郪县，命令士兵全部放下武器，把符印送交给胡烈，便从东路到钟会军营投降。钟会上书朝廷说："逆贼姜维、张翼、廖化、董厥等为避免灭亡而逃跑，想直接去成都。臣派司马夏侯咸、护军胡烈等过剑阁，穿新都、大渡赶在他的前面堵截，参军爰彭、将军句安等人在后紧追，参军皇甫闿、将军王买等从涪县南拦腰截击，我则占据涪县为东西两路增援。姜维等统领步、骑兵四五万人，身披坚甲、手执利器，堵塞河道和山谷数百里向西移兵。我命夏侯咸、皇甫闿等兵分几路占据有利地形，张开网罗，向南断其逃往吴地去路，向西堵住回成都的退路，向北阻断出逃的小路，使他无路可走。我又发布告示，指出其生还之路。敌知气数已尽，只得解甲投诚，收缴印绶上万，辎重粮草堆积如山。从前虞舜舞干戚而有苗氏臣服；武王伐纣，陈师牧野，商纣的军队都反戈攻打纣王。有征伐无争战，是帝王盛大

同风，九州共贯。臣辄奉宣诏命，导扬恩化，复其社稷，安其闾伍，舍其赋调，弛其征役，训之德礼以移其风，示之轨仪以易其俗，百姓欣欣，人怀逸豫，后来其苏，义无以过。”会于是禁检士众不得钞略，虚己诱纳，以接蜀之群司，与维情好欢甚。十二月诏曰：“会所向摧弊，前无强敌，缄制众城，罔罗迸逸。蜀之豪帅，面缚归命，谋无遗策，举无废功。凡所降诛，动以万计，全胜独克，有征无战。拓平西夏，方隅清晏。其以会为司徒，进封县侯，增邑万户。封子二人亭侯，邑各千户。”

会内有异志，因邓艾承制专事，密白艾有反状，于是诏书槛车征艾。司马文王惧艾或不从命，敕会并进军成都，监军卫瓘在会前行，以文王手笔令宣喻艾军，艾军皆释仗，遂收艾入槛车。会所惮惟艾，艾既禽而会寻至，独统大众，威震西土。自谓功名盖世，不可复为人下，加猛将锐卒皆在己手，遂谋反。欲使姜维等皆将蜀兵出斜谷，会自将大众随其后。既至长安，令骑士从陆道，步兵从水道顺流浮渭入河，以为五日可到孟津，与骑会洛阳，一旦天下可定也。会得文王书云：“恐邓艾或不就征，今遣中护军贾充将步骑万人径入斜谷，屯乐城，吾自将十万屯长安，相见在近。”会得书，惊呼所亲语之曰：“但取邓艾，相国知我能独办之；今来大重，必觉我异矣，便当速发。事成，可得天下；不成，退保蜀汉，不失作刘备也。我自淮南以来，画无遗策，四海所共知也。我欲持此安归乎！”会以五年正月十五日至，其明日，悉请护军、郡守、牙门骑督以上及蜀之故官，为太后发丧于蜀朝堂。矫太后遗诏，使会起兵废文王，皆班示坐上人，使下议讫，书版署置，更使所亲信代领诸军。所请群

的业绩。使敌国全部投降为上策，武力击破为下策；保有全军为上策，武力破军为下策：这是用兵的根本法则。此用兵之道。陛下圣德如前代圣王，宰辅忠心德如周公，恩泽哺育百姓，以正义讨伐不义，异俗之地也都向往仁德教化，无不心悦诚服。我军出师不超过预定的时间，兵不血刃，万里同风，九州齐心。臣奉诏宣扬王道，恢复秩序，安抚将士，免去他们的租赋和劳役，以道德法规易其风俗，百姓欢欣，人怀安乐。圣王来而下民复生，仁义无可比拟。”钟会下令禁止将士抢掠，依礼安抚蜀地官吏，与姜维保持很好的关系。十二月，朝廷下诏书说：“钟会的摧枯之势，所向无敌，控制各城，布下罗网。蜀国大将，束手归降。谋划缜密没有遗漏，所以战无不胜。敌军被歼或降之敌，数以万计，全胜而归，有征无战。平定安抚西蜀，四方边境太平。封钟会为司徒，晋封县侯，增邑万户。封他的两个儿子为亭侯，封邑各一千户。”

钟会心怀叛逆之志，邓艾因为秉承意旨有独断行事的权利，就密告邓艾有谋反的迹象，于是皇帝下诏用囚车押解邓艾入京。司马昭担心邓艾不服从皇命，下令钟会同时进军成都，监军卫瓘在钟会前面先行，用司马昭的亲笔令向邓艾的部众宣读告谕，邓艾的部卒都放下了武器，于是卫瓘收押邓艾关进囚车。钟会所忌惮的人只有邓艾，邓艾被擒钟会随即赶到，他独统各军，威震西蜀。他自己觉得功盖于世，不想再居人之下，加之猛将精兵都在自己手上，就密谋反叛。便想派姜维等人统领蜀军出兵斜谷，钟会自带大军紧随其后。大军到达长安后，就命骑兵走陆路，步兵由水路顺流而下经渭水进入黄河，大概五天可到孟津，与骑兵会师洛阳，一下子就可平定天下。钟会收到司马昭的信，说：“邓艾也许会不服从朝廷的征召，现在派中护军贾充率步、骑兵一万直入斜谷，屯驻乐城，我自带大军十万驻长安，马上就能和你相见了。”钟会见信，惊恐地叫来亲信说：“逮捕邓艾，相国知道我单独就能办理其他事宜；现在来了大量兵马，必是察觉我有异心了，应迅速发兵。这件事如果能够成功，可得天下；若不成功，可退守蜀汉，也不失为刘备那样的人物。我自淮南平叛以来，谋划从不失策，这是天下人都知道的。我想凭这样的才能到哪里去呢！”钟会

官，悉闭著益州诸曹屋中，城门宫门皆闭，严兵围守。会帐下督丘建本属胡烈，烈荐之文王，会请以自随，任爱之。建愍烈独坐，启会，使听内一亲兵出取饮食，诸牙门随例各内一人。烈绐语亲兵及疏与其子曰："丘建密说消息，会已作大坑，白棓数千，欲悉呼外兵入，人赐白帢，拜为散将，以次棓杀坑中。"诸牙门亲兵亦咸说此语，一夜传相告，皆遍。或谓会："可尽杀牙门骑督以上。"会犹豫未决。十八日日中，烈军兵与烈儿雷鼓出门，诸军兵不期皆鼓噪出，曾无督促之者，而争先赴城。时方给与姜维铠杖，白外有匈匈声，似失火，有顷，白兵走向城。会惊，谓维曰："兵来似欲作恶，当云何？"维曰："但当击之耳。"会遣兵悉杀所闭诸牙门郡守，内人共举机以柱门，兵斫门，不能破。斯须，门外倚梯登城，或烧城屋，蚁附乱进，矢下如雨，牙门、郡守各缘屋出，与其卒兵相得。姜维率会左右战，手杀五六人，众既格斩维，争赴杀会。会时年四十，将士死者数百人。

初，艾为太尉，会为司徒，皆持节、都督诸军如故，咸未受命而毙。会兄毓，以四年冬薨，会竟未知问。会兄子邕，随会与俱死。会所养兄子毅及峻、辿等下狱，当伏诛。司马文王表天子下诏曰："峻等祖父繇，三祖之世，极位台司，佐命立勋，飨食庙庭。

于景元五年正月十五日到成都，第二天，遍请护军、郡守、牙门、骑督以上的官员及蜀汉旧臣，在蜀汉朝堂上为郭太后发丧。假传太后遗诏，让钟会起兵废黜司马昭，并将遗诏给座上每个人看，让他们发表自己的意见。又在木板上写下任命书，委派亲信率领各军。被请来的那些官员，都被关在原蜀廷内各官属的房屋中，城门和皇宫门全部关闭，派兵严加看守。钟会的随从武官丘建，原是胡烈的下属，胡烈把他推荐给司马昭，钟会又请求让他跟随自己伐蜀，钟会很是信任喜爱他。丘建怜悯胡烈独坐斗室，就报告钟会，说服他同意派一名原来服侍胡烈的亲兵为胡烈送饭送水，其他的牙门将也随之配备了一名亲兵。胡烈编造谎话告诉亲兵，又写在纸上交给外面的儿子，说："丘建密告我说，钟会已挖好大坑，准备了几千根树棒，想把外面所有兵士都叫进来，每人送一顶丝帽，并授以散将的官衔，然后依次用棒打死埋在坑中。"其他牙门将的亲兵也传说此事，一夜之间全都传遍了。有人建议钟会："可尽杀牙门、骑督以上的人。"钟会犹豫不决。十八日中午，胡烈的部下与胡烈的儿子敲起军鼓冲出门来，其他军兵不约而同全击鼓喧嚣而出，并没有谁督促，都争先奔向宫城。那时候，钟会刚将铠甲和兵器给予姜维，有人报告说外面有喧嚷之声，像是失火了。过一会儿，又报告说是众兵向城中奔来。钟会大惊，对姜维说："这些兵来此，好像是要作乱，怎么办？"姜维说："只有反击了。"钟会便派兵去杀所关闭的牙门、郡守，里边的人一起举起几案顶住屋门，士兵用刀砍门，没有打破。过了片刻，城门外的兵树起梯子登上城墙，有的放火焚烧城楼，像蚂蚁一样涌进，箭如雨下。被关闭的牙门、郡守各从屋内出来，与自己的士兵会合。姜维率领钟会的侍从奋力迎战，手杀五六人。众兵先杀死姜维，然后又争抢着杀死钟会。钟会死时四十岁，死亡的将士有数百人。

平定蜀国后，大魏朝廷任命邓艾为太尉，钟会为司徒，都持节杖，依旧指挥各军，结果还没有正式就职就死于非命。钟会的哥哥钟毓，在景元四年死去，钟会竟然不知道消息。钟会的侄子钟邕，也与钟会一起被杀。钟会收养的侄子钟毅及另外两个侄子钟峻、钟辿也被下狱，应当处死。司马昭上奏后皇帝下诏说："钟峻等人的祖父

父毓，历职内外，干事有绩。昔楚思子文之治，不灭鬬氏之祀。晋录成宣之忠，用存赵氏之后。以会、邕之罪，而绝繇、毓之类，吾有愍然！峻、辿兄弟特原，有官爵者如故。惟毅及邕息伏法。”或曰，毓曾密启司马文王，言会挟术难保，不可专任，故宥峻等云。

初，文王欲遣会伐蜀，西曹属邵悌求见曰：“今遣钟会率十余万众伐蜀，愚谓会单身无重任，不若使余人行。”文王笑曰：“我宁当复不知此耶？蜀为天下作患，使民不得安息，我今伐之如指掌耳，而众人皆言蜀不可伐。夫人心豫怯则智勇并竭，智勇并竭而强使之，适为敌禽耳。惟钟会与人意同，今遣会伐蜀，必可灭蜀。灭蜀之后，就如卿所虑，当何所能一办耶？凡败军之将不可以语勇，亡国之大夫不可与图存，心胆以破故也。若蜀以破，遗民震恐，不足与图事；中国将士各自思归，不肯与同也。若作恶，祗自灭族耳。卿不须忧此，慎莫使人闻也。”及会白邓艾不轨，文王将西，悌复曰：“钟会所统，五六倍于邓艾，但可敕会取艾，不足自行。”文王曰：“卿忘前时所言邪，而更云可不须行乎？虽尔，此言不可宣也。我要自当以信义待人，但人不当负我，我岂可先人生心哉！近日贾护军问我，言：‘颇疑钟会不？’我答言：‘如今遣卿行，宁可复疑卿邪？’贾亦无以易我语也。我到长安，则自了矣。”军至长安，会果已死，咸如所策。

会尝论《易》无互体、才性同异。及会死后，于会家得书二十篇，名曰《道论》，而实刑名家也，其文似会。初，会弱冠与山阳王弼并知名。弼好论儒道，辞才逸辩，注《易》及《老子》，为尚书郎，年

钟繇，在太祖、高祖、烈祖三朝，位至三公，辅立魏朝而功勋卓著，并在皇室宗庙中享受祭祀。其父钟毓，历任宫内外职务，颇有政绩。从前楚国因怀念子文之治，而不灭绝他的子孙。晋国因铭记赵衰、赵盾的忠诚，也存留赵家之后。若因钟会、钟邕的罪行而断绝钟繇、钟毓后嗣，我有所不忍。可赦免钟峻、钟辿兄弟，有官爵的依旧不变。只有钟毅、钟邕的儿子应当处死。”有人说，钟毓曾秘密向司马昭报告，说钟会自恃权谋难保节操，不能委以重任，因此，朝廷才赦免了钟峻兄弟。

当初，司马昭想派钟会讨伐蜀，西曹属邵悌求见说：“现在派钟会率领十万大军伐蜀，我认为不能单独委钟会以重任，不如派其他人去。”司马昭笑着说：“我难道不懂这个道理吗？西蜀为天下灾难，百姓不宁。我今讨伐，易如反掌，而众人都说不能伐蜀。若心有胆怯，则智慧与英勇就会丧失，而勉强使之，则必为敌所擒。只有钟会与我想法一致，今派他伐蜀，定能灭蜀。平蜀之后，即便如你所虑，该如何办理呢？不与败军之将论勇，不与亡国大夫论救国，这是因为他们吓破了胆。如蜀国灭亡，活下来的人必惊恐万状，就不足以图谋复国了。而中原将士都思乡早回，不会愿意和钟会一起反叛。如果钟会作乱，只有自取灭亡。你不必为此担忧，但要保密。”等到钟会密告邓艾要反叛，司马昭要率兵西进，邵悌又说：“钟会的兵力比邓艾多五六倍，只需下令让钟会抓住邓艾就行，阁下不必亲自远征。”司马昭说：“你难道忘了以前说的话了吗？怎么又说我不能前行呢？尽管如此，这些话也还是不要泄露，我自当以信义待人，只要别人不辜负我。我怎能先对人生疑心呢！近日贾护军问我：‘您怀疑钟会吗？’我说：‘如果今天派你外出，难道又怀疑你吗？’贾充无语对我。我到长安，自然就明白了。”大军到了长安，钟会果然已死，完全如他所预料的那样。

钟会曾论述《周易》的卦形没有互体，又论述才能与品行的异同。钟会死后，在他家得到一部书有二十篇，名《道论》，实际是属于刑名家，以文风看很像是钟会所作。当初，钟会二十岁时与山阳人王弼都很出名。王弼好论儒、道学问，有高超的论辩之才，注释过《周易》

二十余卒。

评曰：王凌风节格尚，毌丘俭才识拔干，诸葛诞严毅威重，钟会精练策数，咸以显名，致兹荣任，而皆心大志迂，不虑祸难，变如发机，宗族涂地，岂不谬惑邪！邓艾矫然强壮，立功立事，然闇于防患，咎败旋至，岂远知乎诸葛恪而不能近自见，此盖古人所谓目论者也。

《老子》，任过尚书郎，二十多岁就去世了。

评论说：王凌节操高尚，毌丘俭才识过人，诸葛诞威严刚毅，钟会精于策略，他们都因此出名，荣任高官，然而他们都心高志大却不切实际，不虑祸患，结果突发变故，宗族涂地，这不是糊涂吗！邓艾志气昂扬，建立功业，但却不能防患于未然，很快就失败了，他能预料诸葛恪的结果，却看不见自己近处的危险，这大概就是古人所说的眼睛能看到毫毛却看不见自己的睫毛吧。

文白对照

二十四史新译

三國志

二

主编 楼宇烈

执行主编 梁光玉 萧祥剑

〔西晋〕陈寿 撰 谦德书院 译

团结出版社

图书在版编目（C I P）数据

三国志 /（西晋）陈寿著；谦德书院译. -- 北京：
团结出版社，2024.12
ISBN 978-7-5234-0579-6

Ⅰ. ①三… Ⅱ. ①陈… ②谦… Ⅲ. ①《三国志》-
译文 Ⅳ. ① K236.042

中国国家版本馆 CIP 数据核字 (2023) 第 208362 号

责任编辑：梁光玉
封面设计：肖宇岐

出　版：团结出版社
（北京市东城区东皇城根南街 84 号　邮编：100006）
电　话：（010）65228880　65244790
网　址：http://www.tjpress.com
E-mail：zb65244790@vip.163.com
经　销：全国新华书店
印　装：天宇万达印刷有限公司

开　本：145mm × 210mm　32 开
印　张：53.75　　字　数：1135 千字
版　次：2024 年 12 月　第 1 版　　印　次：2024 年 12 月　第 1 次印刷

书　号：978-7-5234-0579-6
定　价：238.00 元（全二册）

目　录

第二册

卷二十九—卷六十五

卷二十九　魏书二十九

方技传第二十九

华佗字元化，沛国谯人也，一名旉。游学徐土，兼通数经。沛相陈珪举孝廉，太尉黄琬辟，皆不就。晓养性之术，时人以为年且百岁而貌有壮容。又精方药，其疗疾，合汤不过数种，心解分剂，不复称量，煮熟便饮，语其节度，舍去辄愈。若当灸，不过一两处，每处不过七八壮，病亦应除。若当针，亦不过一两处，下针言“当引某许，若至，语人”。病者言“已到”，应便拔针，病亦行差。若病结积在内，针药所不能及，当须刳割者，便饮其麻沸散，须臾便如醉死无所知，因破取。病若在肠中，便断肠湔洗，缝腹膏摩，四五日差，不痛，人亦不自寤，一月之间，即平复矣。

故甘陵相夫人有娠六月，腹痛不安，佗视脉，曰：“胎已死矣。”使人手摸知所在，在左则男，在右则女。人云“在左”，于是为汤下之，果下男形，即愈。

县吏尹世苦四支烦，口中乾，不欲闻人声，小便不利。佗曰：“试作热食，得汗则愈；不汗，后三日死。”即作热食而不汗出，佗曰：“藏气已绝手内，当啼泣而绝。”果如佗言。

府吏兒寻、李延共止，俱头痛身热，所苦正同。佗曰：“寻当下之，延当发汗。”或难其异，佗曰：“寻外实，延内实，故治之宜殊。”即各与药，明旦并起。

华佗，字元化，他是沛国谯县人，又名旉。他年轻时在徐州一带游历求学，通晓数种经史典籍。沛国相陈珪举荐其为孝廉，太尉黄琬征辟，他不去。华佗精通养生之方，当时人以为他年龄已经将近一百岁，但容貌上看仍像青壮年。又精于医方用药，给人治疗疾病时，不过配制几味药物，对药物的分量心中有数，从不重复称量，煮熟了就让病人饮服，告诉病人服药的多少和注意事项，这样，药服完病就好了。如需艾灸，只选一两处穴位，每处不过灸七八次，病痛便消除了；如需扎针，也不过选一两处穴位，并告诉病人："针应当到达哪里，针若已到达，就告诉我。"病人说："已经到了。"随即拔针，病随之消除。若病人体内患病，扎针服药起不到效果，需动手术切除的，便让病人服下麻沸散，一会儿工夫病人就像醉了一样什么都不知道，于是，华佗就破腹取患。病患如在肠里，就开肠清洗，再将腹部缝合，敷上药膏，四五天后，伤口便痊愈了，不再疼痛，病人自己也没有感觉，一个月左右，伤口就会完全长好。

原甘陵相的夫人怀孕半年，腹部疼痛得厉害。华佗诊脉，说："胎儿已死。"又让人用手摸胎儿的位置，如在左是男胎，在右则是女胎。那人说"胎位在左"，于是，让孕妇吃打胎药，果然生下一男胎，夫人的病就好了。

县吏尹世苦于四肢疲劳，口中干渴，不愿听见人的声音，小便困难。华佗说："试着吃些热饭，如能出汗，病就好了；如不出汗，三天后就没救了。"尹世人赶紧做热食吃，仍不出汗，华佗说："元气已然耗尽，当哭泣而死。"其后果如华佗所料。

府吏兒寻、李延在一起住，都感到头痛身上发热，疼痛症状相同。华佗说："倪寻当催泻，李延应发汗。"有人质问他为什么治疗方法不同，华佗说："倪寻外实内虚，李延内实外虚，所以治疗时应有区别。"于

盐渎严昕与数人共候佗，适至，佗谓昕曰："君身中佳否？"昕曰："自如常。"佗曰："君有急病见于面，莫多饮酒。"坐毕归，行数里，昕卒头眩堕车，人扶将还，载归家，中宿死。

故督邮顿子献得病已差，诣佗视脉，曰："尚虚，未得复，勿为劳事，御内即死。临死，当吐舌数寸。"其妻闻其病除，从百余里来省之，止宿交接，中间三日发病，一如佗言。

督邮徐毅得病，佗往省之。毅谓佗曰："昨使医曹吏刘租针胃管讫，便苦咳嗽，欲卧不安。"佗曰："刺不得胃管，误中肝也，食当日减，五日不救。"遂如佗言。

东阳陈叔山小男二岁得疾，下利常先啼，日以羸困。问佗，佗曰："其母怀躯，阳气内养，乳中虚冷，儿得母寒，故令不时愈。"佗与四物女宛丸，十日即除。

彭城夫人夜之厕，虿螫其手，呻呼无赖。佗令温汤近热，渍手其中，卒可得寐，但旁人数为易汤，汤令暖之，其旦即愈。

军吏梅平得病，除名还家，家居广陵，未至二百里，止亲人舍。有顷，佗偶至主人许，主人令佗视平，佗谓平曰："君早见我，可不至此。今疾已结，促去可得与家相见，五日卒。"应时归，如佗所刻。

佗行道，见一人病咽塞，嗜食而不得下，家人车载欲往就医。佗闻其呻吟，驻车往视，语之曰："向来道边有卖饼家蒜齑大酢，

是，分别给他们服药，第二天，两人就好起来了。

盐渎县的严昕和几个人一起等候华佗，华佗刚刚到达，就对严昕说："你的身体哪里不舒服吗？"严昕说："和平时一样。"华佗说："从你的面色上看，你得了急病，不要多喝酒。"这些人坐了一会儿就回家，走了几里远，严昕突然感觉头晕并从车上掉了下来，大家扶着他回家，回到家中，第二天夜里就死了。

原督邮顿子献得病已经差不多好了，于是去了华佗那里请其诊脉，华佗说："您身体还很虚弱，没有完全恢复，不要太劳累，如果同房可能会发病而死。死之前，会吐着几寸长的舌头。"他的妻子听说他的病好了，从百余里远的地方过来探望他，当夜留下来同房。隔了三天顿子献病发身亡，情状和华佗说得一模一样。

督邮徐毅生病，华佗前去给他看病。徐毅对华佗说："昨天让医曹吏刘租针刺胃管之后，就咳得难受，想躺下也不得安宁。"华佗说："针没有刺到胃管，误刺中肝了，你的食量会一天天减少，五天后就没救了。"一切都像华佗说得那样。

东阳县陈叔山的小儿子两岁时得了大病，大小便前常常先啼哭，一天天瘦弱下来。询问华佗，华佗说："他母亲怀孕时阳气内敛，乳汁虚冷，孩子受了母亲的寒气，因此不能应时而愈。"华佗给他吃四物女宛丸，十天病就好了。

彭城的王夫人晚上上厕所，被蝎子蜇了手，痛得呻吟呼叫，没有办法。华佗让人把汤药烧热，让她将手浸在里面，她终于可以睡着了，并且让旁边的人为她多次更换热汤，用汤使她的手保持温暖，第二天早上王夫人的病就痊愈了。

军吏梅平得病，除去军籍回家，他家住在广陵郡，还有两百里路才到，留宿在亲戚家中。过了不久，华佗偶然来到了主人家，主人请华佗给梅平看病，华佗对梅平说："如果你早点见到我，就不会到这地步。现在疾病已经郁结，赶快回去还可以和家人相见，五天后就要死了。"梅平马上赶回去，一如华佗所预料的那样。

华佗走在路上，看见一个人得了咽喉阻塞的病，想吃东西但是又咽不下去，他的家人用车载着病人想去看医生。华佗听见病人的

从取三升饮之，病自当去。”即如佗言，立吐蛇一枚，悬车边，欲造佗。佗尚未还，小儿戏门前，逆见，自相谓曰：“似逢我公，车边病是也。”疾者前入坐，见佗北壁悬此蛇辈约以十数。

又有一郡守病，佗以为其人盛怒则差，乃多受其货而不加治，无何弃去，留书骂之。郡守果大怒，令人追捉杀佗。郡守子知之，属使勿逐。守瞋恚既甚，吐黑血数升而愈。

又有一士大夫不快，佗云：“君病深，当破腹取。然君寿亦不过十年，病不能杀君，忍病十岁，寿俱当尽，不足故自刳裂。”士大夫不耐痛痒，必欲除之。佗遂下手，所患寻差，十年竟死。

广陵太守陈登得病，胸中烦懑，面赤不食。佗脉之曰：“府君胃中有虫数升，欲成内疽，食腥物所为也。”即作汤二升，先服一升，斯须尽服之。食顷，吐出三升许虫，赤头皆动，半身是生鱼脍也，所苦便愈。佗曰：“此病后三期当发，遇良医乃可济救。”依期果发动，时佗不在，如言而死。

太祖闻而召佗，佗常在左右。太祖苦头风，每发，心乱目眩，佗针鬲，随手而差。

李将军妻病甚，呼佗视脉，曰：“伤娠而胎不去。”将军言：“闻实伤娠，胎已去矣。”佗曰：“案脉，胎未去也。”将军以为不然。佗舍去，妇稍小差。百余日复动，更呼佗，佗曰：“此脉故事有

呻吟声，停下车来前往探视，对病人说：“刚才我来的路边有个卖饼的人家，那里有蒜泥调和的酸醋，买三升喝下去，病自然就会好了。”病人依照华佗的话去做，立刻吐出一条蛇状的虫子，把它挂在车边，想到华佗家去致谢。当时华佗还没有回家，有小孩在门前玩耍，迎面看见来人，互相说：“这些人好像碰到了我家父亲，看车边挂的那种致病的东西就知道了。”病人进屋坐下，看见华佗家北面墙上挂着大约十条这样的蛇状虫子。

又有一个郡守得了病，华佗认为郡守的病只有经过极其愤怒才能治好，便收了郡守很多钱却不给郡守治病，不久又丢下郡守走了，并留下一封信谩骂郡守。郡守果然非常愤怒，令人追赶捉拿华佗并准备将华佗杀掉。郡守的儿子知道内情，让那些人不要追。郡守愤怒到极点，吐出几升黑血后病就好了。

又有一个当官的人感到不舒服，华佗说：“你的病在体内深处，当剖腹治痛。但你的寿命也超不过十年，这个病不能致命，忍病十年，君的寿命也就到头了，不值得特意剖腹治病。”那人忍耐不了病痛，一定要去除病患。华佗便动手为那人治病，病症很快消除，十年后这个人也死了。

广陵太守陈登得病，胸中烦闷，面色发红，不思饮食。华佗为陈登诊脉后说：“府君的胃中有几升虫子，将要结成肿毒，是生腥食物吃得太多造成的。”当即配制了药汤二升，先让陈登喝了一升，过一会儿又让陈登全都喝光。过了一顿饭的工夫，陈登吐出大约三升虫子，红头，躯体都会蠕动，有半截是切细的生鱼肉，病也马上痊愈。华佗说：“这个病三年后还会复发，遇到好医生才能解救。”三年后陈登果然发病，当时华佗不在，结果就像华佗所说不治而死。

太祖曹操听说华佗的医术后召见华佗，让他跟随在自己身边服侍。太祖苦于头风病，每次发病时，心乱眼花，华佗用针扎他的鬲间，手到病除。

李将军的妻子病得很严重，让华佗来诊断，华佗说：“夫人是因为怀孕后伤了胎但没有打胎。”将军说：“以前确实伤了胎，但是已经打胎了。”华佗说：“根据脉象，胎还没有打掉。”将军认为华佗说

胎。前当生两儿，一儿先出，血出甚多，后儿不及生。母不自觉，旁人亦不寤，不复迎，遂不得生。胎死，血脉不复归，必燥著母脊，故使多脊痛。今当与汤，并针一处，此死胎必出。”汤针既加，妇痛急如欲生者。佗曰：“此死胎久枯，不能自出，宜使人探之。”果得一死男，手足完具，色黑，长可尺所。

佗之绝技，凡此类也。然本作士人，以医见业，意常自悔，后太祖亲理，得病笃重，使佗专视。佗曰：“此近难济，恒事攻治，可延岁月。”佗久远家思归，因曰：“当得家书，方欲暂还耳。”到家，辞以妻病，数乞期不反，太祖累书呼，又敕郡县发遣。佗恃能厌食事，犹不上道。太祖大怒，使人往检。若妻信病，赐小豆四十斛，宽假限日；若其虚诈，便收送之。于是传付许狱，考验首服。荀彧请曰：“佗术实工，人命所悬，宜含宥之。”太祖曰：“不忧，天下当无此鼠辈耶？”遂考竟佗。佗临死，出一卷书与狱吏，曰：“此可以活人。”吏畏法不受，佗亦不强，索火烧之。佗死后，太祖头风未除。太祖曰：“佗能愈此。小人养吾病，欲以自重，然吾不杀此子，亦终当不为我断此根原耳。”及后爱子仓舒病困，太祖叹曰：“吾悔杀华佗，令此儿强死也。”

初，军吏李成苦咳嗽，昼夜不寤，时吐脓血，以问佗。佗言：“君病肠臃，咳之所吐，非从肺来也。与君散两钱，当吐二升余脓血讫，快自养，一月可小起，好自将爱，一年便健。十八岁当一小发，

的不对。华佗离开了，将军的妻子稍微有些好转。一百多天后病情又发作，再次找来华佗。华佗说：“这个脉象的惯例是有胎。前一次应当生两个孩子，一个孩子先出来了，出了太多血，后一个孩子来不及出来。母亲自己没察觉，旁边的人也不明白，没有帮忙再接生，因此没有生下来。胎儿死了，血脉不再通畅，一定会干枯贴在母亲脊背内部，所以您妻子经常感到后背疼痛。现在应该给她汤药，同时用针扎一处穴位，这个死胎一定能出来。”用完汤药和针灸后，将军的妻子痛得和要生孩子时一样。华佗说：“这个死胎已经干枯很长时间了，不能自己生下它，应当让人掏出来。”果然取出一个男胎，脚都齐全了，颜色发黑，大约有一尺左右。

华佗的绝妙医术，大多都是这样高明。但他本来是士人，而以医作为职业，心中常感到懊悔。后来太祖亲自处理国事，病得很严重，叫华佗专门为他医治。华佗说：“这种病一时很难治好，长期治疗，方可延迟岁月。”华佗长期离家，想要回去，因而对太祖说：“适才得到家书，想暂时回去。”到家后，借口妻子病了，多次请假不返。太祖几次写信叫他，又命令郡县官吏遣送他回来。华佗仗恃自己的技能，厌恶为人役使以求食，仍然不上路。太祖大怒，叫人前往调查核实。如果华佗妻子真的病了，便赐给他小豆四十斛，宽限假期；如果弄虚作假，便拘捕送回。因此华佗被用驿车押送到许都的监狱，经拷问，本人认罪。荀彧请求说：“华佗的医术的确很高明，事关人命，应该宽赦他。”太祖说：“别担忧，天下难道会没有这等鼠辈吗？”于是将他拷打，以至死于狱中。华佗临死时，拿出一卷书送给狱吏，说：“这本书可以救人。”狱吏怕犯法不敢接受，华佗也不勉强他，索火烧了。华佗死后，太祖头风还是没有好。太祖说：“华佗能治愈这种病。小人留下我的病，是想以此抬高自己，但如果我不杀这小子，他终究也不会为我断绝这病根的。”后来太祖爱子仓舒病危，太祖叹息说：“我后悔杀了华佗，使得这孩子枉死。”

当初，军官李成因为咳嗽不止，整天都昏昏沉沉的，还经常吐脓血，因此去问华佗。华佗说：“你是肠痈病，咳嗽时吐的脓血，不是从肺里来的。我给你两钱散剂，服下后吐出二升多脓血就会止住，

服此散，亦行复差。若不得此药，故当死。”复与两钱散。成得药，去五六岁，亲中人有病如成者，谓成曰：“卿今强健，我欲死，何忍无急去药，以待不祥？先持贷我，我差，为卿从华佗更索。”成与之，已故到谯，适值佗见收，匆匆不忍从求。后十八岁，成病竟发，无药可服，以至于死。

广陵吴普、彭城樊阿皆从佗学。普依准佗治，多所全济。佗语普曰：“人体欲得劳动，但不当使极尔。动摇则谷气得消，血脉流通，病不得生，譬犹户枢不朽是也。是以古之仙者为导引之事，熊颈鸱顾，引挽腰体，动诸关节，以求难老。吾有一术，名五禽之戏，一曰虎，二曰鹿，三曰熊，四曰猿，五曰鸟，亦以除疾，并利蹄足，以当导引。体中不快，起作一禽之戏，沾濡汗出，因上著粉，身体轻便，腹中欲食。”普施行之，年九十余，耳目聪明，齿牙完坚。阿善针术。凡医咸言背及胸藏之间不可妄针，针之不过四分，而阿针背入一二寸，巨阙胸藏针下五六寸，而病辄皆瘳。阿从佗求可服食益于人者，佗授以漆叶青黏散。漆叶屑一升，青黏屑十四两，以是为率，言久服去三虫，利五藏，轻体，使人头不白。阿从其言，寿百余岁。漆叶处所而有，青黏生于丰、沛、彭城及朝歌云。

杜夔字公良，河南人也。以知音为雅乐郎，中平五年，疾去官。州郡司徒礼辟，以世乱奔荆州。荆州牧刘表令与孟曜为汉主合雅乐，乐备，表欲庭观之，夔谏曰：“今将军号为天子合乐，而庭作之，无乃不可乎！”表纳其言而止。后表子琮降太祖，太祖以夔为

然后好好调养，一个月就可起床。但要小心保重，一年就会恢复健康。十八年后会小有复发，服用此药，就会好转的。如果没有这种药，就会有生命危险。”便又给李成两钱散剂。过了五六年，李成亲戚中有个人得了与他相同的病，对李成说：“你现在身体强壮，我快要死了，你能忍心收藏你的药，眼见我死去吗？先借给我，等我病好了，再为你到华佗那儿去要。”李成把药给了他。后因事到谯县，正值华佗被抓起来，仓促间不忍心追着华佗要药。十八年后，李成终又病发，无药可服，结果病死。

广陵人吴普、彭城人樊阿都曾随华佗学习医术。吴普参照华佗传授的方法给人诊治，病人大多痊愈。华佗对吴普说：“人需要活动，但不能过度疲劳。活动了，食物就能消化，血脉也得以流通，就不会生病，户枢不蠹就是这个道理。所以，古代先人做导引活动，模仿熊的脖子转动、鹰的回头顾视，伸曲腰肢，活动各个关节，以求延缓衰老。我有一种运动方法，叫作‘五禽戏’，一是虎戏，二是鹿戏，三是熊戏，四是猿戏，五是鸟戏，既能减少疾病，又能灵活腿脚，以此来做导引。如身上不舒服，就做一禽之戏，出一身汗，敷上一些粉，身体就会感到轻快，肚子里想吃东西。”吴普照这个方法去做，九十多岁，仍是耳聪目明，牙齿完好而坚固。樊阿善针术，一般行医的人都说背、胸之间不可随便下针，即使下针也不能超过四分深，而樊阿在背部扎针深达一两寸，在胸腹之间的巨阙穴扎进五六寸，病人都能痊愈。樊阿向华佗索求有益于身体健康的药物，华佗传授给他漆叶青黏散。用漆叶屑一升、青黏屑十四两的比例配制，长期服用能驱散体内的三种寄生虫，益于五脏，使人身轻体健、头发不白。樊阿照他的话去做，活到一百多岁。漆叶随处可见，青黏出产在丰县、沛县、彭城及朝歌等地。

杜夔字公良，他是河南郡人，因为通晓音律被任命为雅乐郎。汉灵帝中平五年，因病去职。州、郡司徒以礼招聘他，他因时世动乱而投奔荆州。荆州牧刘表命他和孟曜为朝廷排练雅乐，排练好后刘表想在厅堂上观看，杜夔劝他说：“将军以皇上名义排练雅乐，现在却要在自己的厅堂上演奏，这恐怕不妥吧！”刘表接受了劝谏，便停止了演奏。后

军谋祭酒，参太乐事，因令创制雅乐。

夔善钟律，聪思过人，丝竹八音，靡所不能，惟歌舞非所长。时散郎邓静、尹齐善咏雅乐，歌师尹胡能歌宗庙郊祀之曲，舞师冯肃、服养晓知先代诸舞，夔总统研精，远考诸经，近采故事，教习讲肄，备作乐器，绍复先代古乐，皆自夔始也。

黄初中，为太乐令、协律都尉。汉铸钟工柴玉巧有意思，形器之中，多所造作，亦为时贵人见知。夔令玉铸铜钟，其声均清浊多不如法，数毁改作。玉甚厌之，谓夔清浊任意，颇拒捍夔。夔、玉更相白于太祖，太祖取所铸钟，杂错更试，然后知夔为精而玉之妄也，于是罪玉及诸子，皆为养马士。文帝爱待玉，又尝令夔与左骥等于宾客之中吹笙鼓琴，夔有难色，由是帝意不悦。后因他事系夔，使骥等就学，夔自谓所习者雅，仕宦有本，意犹不满，遂黜免以卒。

弟子河南邵登、张泰、桑馥，各至太乐丞，下邳陈颃司律中郎将。自左延年等虽妙于音，咸善郑声，其好古存正莫及夔。

朱建平，沛国人也。善相术，于闾巷之间，效验非一。太祖为魏公，闻之，召为郎。文帝为五官将，坐上会客三十余人，文帝问己年寿，又令遍相众宾。建平曰："将军当寿八十，至四十时当有小厄，愿谨护之。"谓夏侯威曰："君四十九位为州牧，而当有厄，厄若得过，可年至七十，致位公辅。"谓应璩曰："君六十二位为常伯，而当

来，刘表的儿子刘琮投降了曹操，曹操任命杜夔为军谋祭酒，参与太乐署的事务，又命他创制雅乐。

杜夔善识钟律，聪颖过人，各种乐器都能演奏，只是不擅长歌舞。那时，散骑侍郎邓静、尹齐都善吟雅乐，歌师尹胡能演唱宗庙祭祀的歌曲，舞师冯肃、服养知晓前代的各种舞蹈，杜夔统管乐署，细心研究，远考前代经典，近采朝廷旧例，教习、讲授乐理知识，制作及完备各种乐器，继承和恢复前代及古代雅乐事业，都是从杜夔开始的。

文帝黄初年，杜夔做了太乐令、协律都尉。起初，汉朝的铸钟工匠柴玉心灵手巧，制作和创新了许多物品，为当时的高官显贵们所赏识。杜夔命柴玉铸造铜钟，但铜钟铸成后，声韵清浊多不符合音律，因此，杜夔屡次命柴玉熔毁重铸。但柴玉很不服气，说杜夔对声韵的清浊没有固定标准，随意而定，常常拒绝杜夔的指令。因此，杜夔与柴玉都向曹操告状，曹操让人把所铸的铜钟取来，交错排列后敲击比较声音，知道杜夔判断精确而柴玉判断谬误，便降罪柴玉和他的儿子们，让他们去兵营养马。文帝曹丕喜欢柴玉，又因曾经让杜夔和左延年等人在宾客中吹笙弹琴，杜夔面有难色，为此，曹丕不喜杜夔。后来，曹丕借别的事由把杜夔囚禁起来，让左延年等人到狱中跟杜夔学习音乐，杜夔认为，自己所做之事文雅，做官也很守本分，对得到这样的境遇很不满，结果被罢官而死。

杜夔的弟子有河南郡人邵登、张泰、桑馥，官职都做到了太乐丞，下邳人陈颃任司律中郎将。左延年等人虽然也精通音乐，但他们都只擅长通俗的音乐，在继承和保存古典正统音乐方面都不如杜夔。

朱建平，沛国人。擅长相面之术，在街巷中为人看相，有效验的事很多。曹操为魏公时，听说朱建平的名声，召他为郎官。曹丕为五官将时，曾经聚会宾客，在座宾客有三十多人，曹丕问朱建平自己的年寿，又让他给宾客看相。朱建平说："将军寿命当在八十，四十岁时候当有小难，望您好生保护自己。"朱建平又对夏侯威说："您四十九岁时可任州牧，但会有难，如能度过此劫，可活到七十岁，位至三公。"

有厄，先此一年，当独见一白狗，而旁人不见也。”谓曹彪曰：“君据藩国，至五十七当厄于兵，宜善防之。”

初，颍川荀攸、钟繇相与亲善。攸先亡，子幼。繇经纪其门户，欲嫁其妾。与人书曰：“吾与公达曾共使朱建平相，建平曰：‘荀君虽少，然当以后事付钟君。’吾时啁之曰：‘惟当嫁卿阿骛耳。’何意此子竟早陨没，戏言遂验乎！今欲嫁阿骛，使得善处。追思建平之妙，虽唐举、许负何以复加也！”

文帝黄初七年，年四十，病困，谓左右曰：“建平所言八十，谓昼夜也，吾其决矣。”顷之，果崩。夏侯威为兖州刺史，年四十九，十二月上旬得疾，念建平之言，自分必死，豫作遗令及送丧之备，咸使素办。至下旬转差，垂以平复。三十日日昃，请纪纲大吏设酒，曰：“吾所苦渐平，明日鸡鸣，年便五十，建平之戒，真必过矣。”威罢客之后，合瞑疾动，夜半遂卒。璩六十一为侍中，直省内，欻见白狗，问之众人，悉无见者。于是数聚会，并急游观田里，饮宴自娱，过期一年，六十三卒。曹彪封楚王，年五十七，坐与王凌通谋，赐死。凡说此辈，无不如言，不能具详，故粗记数事。惟相司空王昶、征北将军程喜、中领军王肃有蹉跌云。肃年六十二，疾笃，众医并以为不愈。肃夫人问以遗言，肃云：“建平相我逾七十，位至三公，今皆未也，将何虑乎！”而肃竟卒。

建平又善相马。文帝将出，取马外入，建平道遇之，语曰：“此马之相，今日死矣。”帝将乘马，马恶衣香，惊啮文帝膝，帝大怒，即

朱建平对应璩说："您六十二岁时任侍中，也会遇到灾难，此前一年，当独自看见一条白狗，而旁人都看不见。"朱建平对曹彪说："您是亲王，住在自己的封地，五十七岁时有被兵器损伤的灾祸，要好好地预防。"

起初，颍川的荀攸和钟繇关系亲密。荀攸先一步去世，孩子还很小。钟繇帮助料理家事，想把荀攸的妾嫁出去，给人写信说："我和荀攸曾经一起让朱建平相面，朱建平说：'荀攸虽然年少，但他将以后事托付钟君。'我当时开玩笑说：'只是把你的阿鹜嫁出去就是了。'没想到荀攸真的早死，当时的戏言竟应验了！现在想把阿鹜嫁出去，让她找个好人家。回想朱建平的神奇，令人惊叹，即使是古代相人名家唐举、许负也不能与他相比啊！"

黄初七年，曹丕四十岁，病势严重，曹丕对身边的人说："朱建平说我年寿八十，是将白天、黑夜合起来计算的，我要到寿了。"不久，曹丕果然去世。夏侯威四十九岁任兖州刺史，十二月上旬得病，他想起朱建平的话，自己已经预料到肯定会死，就预先写好遗嘱又置办丧事用品。到了当月下旬病情好转，几近康复。三十日太阳偏西时，请总管设宴说："我病已逐渐转好，明天鸡一叫就满五十岁了，朱建平的告诫肯定要过期了。"客人走后，夏侯威刚睡下就旧病复发，半夜就死了。应璩六十一岁时任侍中，有一天，在宫中当值，忽然看见一只白狗，问其他的人，都说没看见。于是，应璩频繁聚会亲友，忙着四处游玩，超过朱建平预言的寿命一年，六十三岁去世。曹彪被封为楚王，五十七岁那年，因与王凌合谋反叛，被赐死。凡朱建平所预言的，都已应验，不能一一列举，只能大概记几件事而已。只有给司空王昶、征北将军程喜、中领军王肃相面有出入。王肃年六十二岁时，病重，所有的医生都认为治不好。王肃夫人问王肃有何遗言，王肃说："朱建平相面说我能活过七十岁，官至三公，如今还未实现，不必忧虑。"但王肃还是死了。

朱建平还擅长相马。曹丕要外出，侍从牵马过来，在路上遇见朱建平，朱建平说："这匹马今天要死了。"曹丕刚要上马，马闻不惯他衣服上的香味而受惊，咬了曹丕的膝盖。曹丕大怒，马上就把它杀

便杀之。建平黄初中卒。

周宣字孔和，乐安人也。为郡吏。太守杨沛梦人曰："八月一日曹公当至，必与君杖，饮以药酒。"使宣占之。是时黄巾贼起，宣对曰："夫杖起弱者，药治人病，八月一日，贼必除灭。"至期，贼果破。

后东平刘桢梦蛇生四足，穴居门中，使宣占之，宣曰："此为国梦，非君家之事也。当杀女子而作贼者。"顷之，女贼郑、姜遂俱夷讨，以蛇女子之祥，足非蛇之所宜故也。

文帝问宣曰："吾梦殿屋两瓦堕地，化为双鸳鸯，此何谓也？"宣对曰："后宫当有暴死者。"帝曰："吾诈卿耳！"宣对曰："夫梦者意耳，苟以形言，便占吉凶。"言未毕，而黄门令奏宫人相杀。无几，帝复问曰："我昨夜梦青气自地属天。"宣对曰："天下当有贵女子冤死。"是时，帝已遣使赐甄后玺书，闻宣言而悔之，遣人追使者不及。帝复问曰："吾梦摩钱文，欲令灭而更愈明，此何谓邪？"宣怅然不对。帝重问之，宣对曰："此自陛下家事，虽意欲尔而太后不听，是以文欲灭而明耳。"时帝欲治弟植之罪，逼于太后，但加贬爵。以宣为中郎，属太史。

尝有问宣曰："吾昨夜梦见刍狗，其占何也？"宣答曰："君欲得美食耳！"有顷，出行，果遇丰膳。后又问宣曰："昨夜复梦见刍狗，何也？"宣曰："君欲堕车折脚，宜戒慎之。"顷之，果如宣言。后又问宣："昨夜复梦见刍狗，何也？"宣曰："君家欲失火，当善护之。"俄遂火起。语宣曰："前后三时，皆不梦也。聊试君耳，何以皆验邪？"宣对曰："此神灵动君使言，故与真梦无异也。"又问宣曰：

了。朱建平在黄初年间去世。

周宣，字孔和，乐安人，为郡吏。太守杨沛梦见有人对他说："八月一日曹公来，一定会给您仪仗，还会给你药酒喝。"杨沛叫周宣占梦。此时黄巾起义已开始。周宣说："仪仗，是为病弱之人预备的，药是为人治病的。八月一日，叛贼一定会被击败。"到了这一天，黄巾军果然被打败。

之后，东平的刘桢梦见一蛇生了四足，在门中打穴而居。便让周宣为他占梦，周宣说："这与国家有关，不是您的家事。当有女子做贼而被杀。"没过多久，女贼郑氏、姜氏都被诛杀。因为蛇是女子的征兆，蛇不应有脚。

文帝问周宣说："我梦见宫殿有两片屋瓦掉在地上，化为一对鸳鸯，这是什么征兆？"周宣回答说："后宫当有人突然死去。"曹丕说："我骗你呢！"周宣回答说："梦是心中的意念，如果具体说出来，就有相应的吉凶出现。"话没说完，黄门令奏报说有宫人互相杀害。过了不久，曹丕又问周宣："我昨夜梦见有一股青气从地面升到天上。"周宣回答说："天下会有一个高贵的女子含冤而死。"当时，曹丕已经派人赐给甄皇后盖有印玺的诏书，听到周宣的话后悔了，马上派人去追使者，但没有追上。曹丕又问周宣："我梦见磨砺钱上的文字，想让它们消失，然而，却越磨越清楚，这是什么意思？"周宣犹豫着不回答，曹丕一再追问，周宣才说："此陛下家事，虽然您想按自己的意愿办事，但太后不允许，所以，文字越磨越清楚。"当时，曹丕想治弟弟曹植之罪，但碍于皇太后的态度，因此，只对曹植贬爵。曹丕任周宣为中郎，从属太史令。

曾经有人问周宣说："我昨天夜里梦见一条祭祀时用草编的狗，这是什么征兆？"周宣回答说："你要得到美食了！"不久，那个人出门，果然遇到丰盛的美餐。后来那人又问周宣说："昨天夜里又梦见草编的狗了，又是什么征兆？"周宣说："你将要从车上摔下来折断脚，应该小心谨慎了。"没过多久，果然出现了像周宣所预言的情况。后来那人又问周宣："昨夜又梦见草编的狗了，又是什么征兆呢？"周宣说："你家要失火了，应该好好保护。"不一会儿果然起了火。那

“三梦刍狗而其占不同，何也？”宣曰：“刍狗者，祭神之物。故君始梦，当得饮食也。祭祀既讫，则刍狗为车所轹，故中梦当堕车折脚也。刍狗既车轹之后，必载以为樵，故后梦忧失火也。”宣之叙梦，凡此类也。十中八九，世以比建平之相矣。其余效故不次列。明帝末卒。

管辂字公明，平原人也。容貌粗丑，无威仪而嗜酒，饮食言戏，不择非类，故人多爱之而不敬也。

父为利漕，利漕民郭恩兄弟三人，皆得躄疾，使辂筮其所由。辂曰：“卦中有君本墓，墓中有女鬼，非君伯母，当叔母也。昔饥荒之世，当有利其数升米者，排著井中，啧啧有声，推一大石，下破其头，孤魂冤痛，自诉于天。”于是恩涕泣服罪。

广平刘奉林妇病困，已买棺器。时正月也，使辂占，曰：“命在八月辛卯日日中之时。”林谓必不然，而妇渐差，至秋发动，一如辂言。

辂往见安平太守王基，基令作卦，辂曰：“当有贱妇人，生一男儿，堕地便走入灶中死。又床上当有一大蛇衔笔，小大共视，须臾去之也。又乌来入室中，与燕共斗，燕死，乌去。有此三怪。”基大惊，问其吉凶。辂曰：“直客舍久远，魑魅魍魉为怪耳。儿生便走，非能自走，直宋无忌之妖将其入灶也。大蛇衔笔，直老书佐耳。乌与燕斗，直老铃下耳。今卦中见象而不见其凶，知非妖咎之征，自无所忧也。”后卒无患。

人对周宣说:“前后三次说的梦,全都不是真梦到的,只不过是我编出来要试试君的占梦术,为什么全都应验了呢?”周宣说:“这是神灵指使你这样说的,所以与真梦没有什么区别。”那个人又问:“我三次都说梦见草编的狗而所占卜的结果都不同,这是为什么?”周宣说:“草编的狗,是祭祀神灵的物品。你开始的梦,预兆你当得到祭祀剩余的食品。祭祀完毕以后草狗将被车所碾压,因此第二个梦预示你将从车上摔下来折断脚。草狗被车碾压之后,必将被带回去当柴烧,所以最后的梦预示你家有失火之忧。”周宣所占卜的梦,都和这样的事一样灵验。他所占卜的梦十有八九都说中了,世人拿周宣与朱建平的相面相比较。其他应验的事例不一一列举。魏明帝末年周宣去世。

管辂字公明,他是平原人,容貌粗陋,没有堂堂仪表,但是喜欢喝酒,谈吐诙谐,不论身份,因此人们大多喜爱他,但并不敬重他。

管辂的父亲为利漕令,利漕百姓郭恩兄弟三人,都是瘸腿,他就让管辂占卜其中的原因。管辂说:“卦中有您先人的坟墓,墓中有一女鬼,不是您伯母,就是您叔母。从前饥荒时期,有人为贪图几升米,把她推下井,井中啧啧有声,这人又推下一块大石头,砸破了她的头,冤魂含痛,向上天申诉。”郭恩痛哭流涕,俯首认罪。

广平郡人刘奉林的妻子病危,已经买好了棺木。那时候是正月,让管辂占卦,管辂说:“她的寿命要活到八月辛卯日的中午。”刘奉林不以为然。在此之后,他妻子的病却渐渐好了,直到秋天才复发,诚如管辂所说。

管辂去拜见安平太守王基,王基请他卜卦,管辂说:“根据卦象,应该有个地位低贱的女人,生下一男孩,一落地就走进灶中死去。床上会有一衔笔大蛇,大人小孩都看得到,不一会儿就不见了。又有一只乌鸦飞进屋里,与燕子争斗,燕子死而乌鸦飞去。如此三件怪事。”王基非常吃惊,问这些怪事主吉还是主凶。管辂说:“你所住这客舍年代久远,有精怪在兴妖。孩子生下来就走,并非自己能走,是火精宋无忌驱使他走入灶中。大蛇叼笔,是老书佐成精变化的。乌

时信都令家妇女惊恐，更互疾病，使辂筮之。辂曰：“君北堂西头，有两死男子，一男持矛，一男持弓箭，头在壁内，脚在壁外。持矛者主刺头，故头重痛不得举也。持弓箭者主射胸腹，故心中悬痛不得饮食也。昼则浮游，夜来病人，故使惊恐也。”于是掘徙骸骨，家中皆愈。

清河王经去官还家，辂与相见。经曰：“近有一怪，大不喜之，欲烦作卦。”卦成，辂曰：“爻吉，不为怪也。君夜在堂户前，有一流光如燕爵者，入君怀中，殷殷有声，内神不安，解衣彷徉，招呼妇人，觅索余光。”经大笑曰：“实如君言。”辂曰：“吉，迁官之征也，其应行至。”顷之，经为江夏太守。

辂又至郭恩家，有飞鸠来在梁头，鸣甚悲。辂曰：“当有老公从东方来，携豚一头，酒一壶。主人虽喜，当有小故。”明日果有客，如所占。恩使客节酒、戒肉、慎火，而射鸡作食，箭从树间激中数岁女子手，流血惊怖。

辂至安德令刘长仁家，有鸣鹊来在屋上，其声甚急。辂曰：“鹊言东北有妇昨杀夫，牵引西家人夫离娄，候不过日在虞渊之际，告者至矣。”到时，果有东北同伍民来告，邻妇手杀其夫，诈言西家人与夫有嫌，来杀我婿。

辂至列人典农王弘直许，看飘风高三尺余，从申上来，在庭中幢幢回转，息以复起，良久乃止。直以问辂，辂曰：“东方当有马吏

鸦与燕相斗，是老铃成精坠下。现卦上有象无凶，没有灾难，不必担心。”后来果然没有祸患。

信都县令家的女眷们没有原因地恐惧，相继得病，让管辂卜卦。管辂说：“您家北面堂屋西边地下，埋着两个死去的男子。一持长矛，一持弓箭，头在墙壁之内，脚在墙壁之外。持长矛的管刺头，所以妇女们头痛得抬不起来。持弓箭的主管射胸腹部，所以妇女们心中苦痛不能饮食。那两个鬼魂白日浮游，夜里作祟，所以你家中女眷们惊恐不安。”因此，信都县令叫人把那两具骸骨挖出来迁走，家中的妇女的病全都好了。

清河郡的王经离职归乡，管辂与他相见。王经说：“近来出现个怪事，使我很不高兴，麻烦您给我算上一卦。”管辂说：“爻呈吉象，不会作怪。您所说的怪事，是有一天夜里您在堂屋门前，突然有一道流光像燕子和麻雀一样，飞入您的怀里，还发出声音，您就心神不安，解开衣服走来走去，还叫来女眷，帮助寻找流光。”王经大笑说：“正是这样。”管辂说：“吉兆呀，是升官的预兆，很快就要应验了。”没过多久，王经就被任为江夏郡太守。

管辂在郭恩家里，有一只斑鸠飞落在梁上，叫声很悲切。管辂说：“有一位老人从东方来你家，带着一头小猪、一壶酒，主人虽然高兴，但会有小事故。”第二天客人果然来到，和管辂所说的一样。郭恩劝客人少喝酒，不要吃肉，小心火烛，然后射一只野鸡来做菜，箭射到树丛中反弹出来击在了一个只有几岁的小女孩的手上，女孩因出血而惊慌害怕。

管辂曾经到安德县令刘长仁家，有一只喜鹊落在屋顶上，叫声非常急切。管辂说：“喜鹊说东北方向有一个女人昨天杀了她的丈夫，会牵扯到西邻另一妇女的丈夫离娄，不到黄昏，告状的人就会来到。”临近黄昏时，果然东北方向有同村的人来告状，说邻家的妇女亲手杀死了丈夫，却诬赖西邻的妇女与她丈夫有仇，杀死她的丈夫。

管辂到列人县典农校尉王弘直那里不久，有一股三尺多高的旋风，从西南方刮来，在庭院中旋转不定，停息了又吹起来，过了好

至，恐父哭子，如何！”明日胶东吏到，直子果亡。直问其故，辂曰：“其日乙卯，则长子之候也。木落于申，斗建申，申破寅，死丧之候也。日加午而风发，则马之候也。离为文章，则吏之候也。申未为虎，虎为大人，则父之候也。”有雄雉飞来，登直内铃柱头，直大以不安，令辂作卦，辂曰：“到五月必迁。”时三月也，至期，直果为勃海太守。

馆陶令诸葛原迁新兴太守，辂往祖饯之，宾客并会。原自起取燕卵、蜂窠、鼅鼄著器中，使射覆。卦成，辂曰：“第一物，含气须变，依乎宇堂，雄雌以形，翅翼舒张，此燕卵也。第二物，家室倒悬，门户众多，藏精育毒，得秋乃化，此蜂窠也。第三物，觳觫长足，吐丝成罗，寻网求食，利在昏夜，此鼅鼄也。”举坐惊喜。

辂族兄孝国，居在斥丘，辂往从之，与二客会。客去后，辂谓孝国曰：“此二人天庭及口耳之间同有凶气，异变俱起，双魂无宅，流魂于海，骨归于家，少许时当并死也。”复数十日，二人饮酒醉，夜共载车，牛惊下道入漳河中，皆即溺死也。

当此之时，辂之邻里，外户不闭，无相偷窃者。清河太守华表，召辂为文学掾。安平赵孔曜荐辂于冀州刺史裴徽曰：“辂雅性宽大，与世无忌，仰观天文则同妙甘公、石申，俯览《周易》则齐思季主。今明使君方垂神幽薮，留精九皋，辂宜蒙阴和之应，得及羽仪之时。”徽于是辟为文学从事，引与相见，大善友之。徙部钜鹿，迁治中别驾。

初应州召，与弟季儒共载，至武城西，自卦吉凶，语儒云：“当在故城中见三狸，尔者乃显。”前到河西故城角，正见三狸共踞城

久才停止。王弘直以此询问管辂，管辂说：“将有骑马的吏员从东方来，恐怕父亲要哭儿子了，怎么办呢！”第二天，有胶东的吏员赶到，禀告王弘直儿子的死讯。王弘直询问其中缘故，管辂说：“这一天是乙卯日，长子的象征。木衰于西南方的申，北斗的斗柄指向申，申冲寅破，是死亡的征兆。太阳在午时而有旋风，午是马的征候。风起风息为离，代表文章，是吏员的征候。申未为虎，虎为大人，是父亲的征兆。”有一只雄野鸡飞来，停在王弘直办公地的柱头上，王弘直心中很是不安，请管辂占卦。管辂说：“到了五月你一定会升官。”当时是三月，等到五月，王弘直果然升为勃海太守。

馆陶县令诸葛原升迁为新兴太守，管辂前去和他饯别，宾客聚集在一起。诸葛原亲自取燕卵、蜂穴、蜘蛛放在器皿中，让管辂猜测。卜卦后，管辂说：“第一件物品，含精气以待变化，靠在房屋上，有雌雄形体，羽翼舒张，这是燕卵。第二件物品，家室倒悬，门户众多，藏精育毒，到秋天就转化，这是蜂穴。第三件物品，抖动长足，吐丝成网，结网寻食，在天黑时能多获利，这是蜘蛛。”举座惊喜。

管辂的族兄管孝国，住在斥丘县，管辂前去看望他，正好与两个客人相遇。客人走后，管辂对管孝国说：“此二人天庭及口耳之间都有凶气，变故将一起发生，他们的灵魂无处安定，魂流海外，尸骨归家，用不了多久会同时死去。”几十天后，二人饮酒大醉，夜里共同乘车，牛惊跑出了道路摔入漳河中，俩人当即全都淹死了。

当时，管辂的邻居，不关外门，没有偷东西的人。清河太守华表召管辂为文学掾。安平赵孔曜向冀州刺史裴徽推荐管辂说：“管辂性雅宽大，与世无怨，仰观天文可同甘公、石申相媲美，俯览《周易》，思维同美于司马季主。现在您留意隐士，在民间寻找贤人，管辂应该像阴顺从阳一样跟随您，得到受人尊重的机会。”因此裴徽就拜管辂为文学从事，与他相见，非常赞许管辂待他亲善友好。后来管辂迁移到钜鹿，升为治中、别驾。

起初响应州里的征召，管辂和弟弟季儒同车到武城西，自己算卦占卜吉凶，对弟说：“我们在城里会看见三只狸，那样，你就会显达。”他们刚到河西故城的墙脚，正好看见三只狸蹲在城边。二人

侧，兄弟并喜。正始九年举秀才。

十二月二十八日，吏部尚书何晏请之，邓飏在晏许。晏谓辂曰：“闻君著爻神妙，试为作一卦，知位当至三公不？”又问：“连梦见青蝇数十头，来在鼻上，驱之不肯去，有何意故？”辂曰：“夫飞鸮，天下贱鸟，及其在林食椹，则怀我好音，况辂心非草木，敢不尽忠？昔元、凯之弼重华，宣惠慈和，周公之翼成王，坐而待旦，故能流光六合，万国咸宁。此乃履道休应，非卜筮之所明也。今君侯位重山岳，势若雷电，而怀德者鲜，畏威者众，殆非小心翼翼多福之仁。又鼻者艮，此天中之山，高而不危，所以长守贵也。今青蝇臭恶，而集之焉。位峻者颠，轻豪者亡，不可不思害盈之数，盛衰之期。是故山在地中曰谦，雷在天上曰壮；谦则裒多益寡，壮则非礼不履。未有损己而不光大，行非而不伤败。愿君侯上追文王六爻之旨，下思尼父彖象之义，然后三公可决，青蝇可驱也。”飏曰：“此老生之常谭。”辂答曰：“夫老生者见不生，常谭者见不谭。”晏曰：“过岁更当相见。”辂还邑舍，具以此言语舅氏，舅氏责辂言太切至。辂曰：“与死人语，何所畏邪？”舅大怒，谓辂狂悖。岁朝，西北大风，尘埃蔽天，十余日，闻晏、飏皆诛，然后舅氏乃服。

始辂过魏郡太守钟毓，共论《易》义，辂因言“卜可知君生死之日”。毓使筮其生日月，如言无蹉跌。毓大愕然，曰：“君可畏也。死以付天，不以付君。”遂不复筮。毓问辂：“天下当太平否？”辂曰：“方今四九天飞，利见大人，神武升建，王道文明，何忧不平？”毓未解辂言，无几，曹爽等诛，乃觉寤云。

很是高兴。正始九年，季儒为秀才。

十二月二十八日，吏部尚书何晏请管辂做客，当时邓飏也在那里做客。何晏对管辂说："听说您卦爻神妙，请试卜一卦，看看我的官位会不会到三公？"又问："近日我几次梦见数十头苍蝇落在鼻子尖上，轰都轰不走，这是什么意思？"管辂说："飞鸮，天下之贱鸟，在树林中吃了桑椹，也会叫出好听的声音，况且我管辂心非草木，怎敢不对您竭尽忠心？从前有八元、八凯辅佐舜帝，对百姓慈善平和，周公辅佐成王，常为公事夜以继日，所以能光照天下，万国安宁。这都是履行正道的好报应，不是卜筮所能达到的结果。如今，您的位置重于山岳，威如雷电，但怀念您恩德的人少，害怕您威严的人多，这恐怕不是小心翼翼获得多福仁政的表现。鼻与《艮》卦相对，位如天中，只有高而不危，才能长久富贵。苍蝇喜欢恶臭，如今却集中在鼻子上。位高者易覆，轻浮强横者会灭亡，不能不考虑物极必反，物盛而衰的道理。所以，山在地下是《谦》卦，雷在天上是《壮》卦；谦，就是减多，增少，壮，就是不做非礼之事。没有损己利人而不壮大，为非作歹而不伤败的。望您上想文王演绎八卦的含义，下思孔子对卦象的解释，三公之位就可达到，苍蝇也可以驱走了。"邓飏说："你这是老生常谈。"管辂说："老生看见了不能生存的人，长谈者看见了不能再谈话的人。"何晏说："过了年我们再见面。"管辂回到城中住所，把说过的话都对舅舅说了，舅舅责备他说话太直率。管辂说："与死人讲话，有什么可怕的？"舅舅大怒，说管辂狂妄悖理。正月初一朝会，西北刮起大风，尘埃遮天，十多天之后，听说何晏、邓飏全都被杀，管辂的舅舅这才佩服管辂的神奇。

此前，管辂曾经去看望魏郡太守钟毓，与他共同讨论《易》理，管辂顺便说："占卜能预知您的生死之日。"钟毓让他卜算自己的出生日月，结果管辂说的完全正确。钟毓大为惊讶，说："您真令人可怕啊。我的死期交给上天去决定，不敢交给您了。"就不再占卜。钟毓问管辂："天下会太平吗？"管辂说："现在'四九'，龙飞上天，利于大人出现，神明英武的人执掌大权，仁义行于天下，何必担忧天下不太平呢？"钟毓没有理解管辂的话，不多久，曹爽等人被诛，钟毓才明白

平原太守刘邠取印囊及山鸡毛著器中，使筮。辂曰："内方外圆，五色成文，含宝守信，出则有章，此印囊也。高岳岩岩，有鸟朱身，羽翼玄黄，鸣不失晨，此山鸡毛也。"邠曰："此郡官舍，连有变怪，使人恐怖，其理何由？"辂曰："或因汉末之乱，兵马扰攘，军尸流血，污染丘山，故因昏夕，多有怪形也。明府道德高妙，自天祐之，愿安百禄，以光休宠。"

清河令徐季龙使人行猎，令辂筮其所得。辂曰："当获小兽，复非食禽，虽有爪牙，微而不强，虽有文章，蔚而不明，非虎非雉，其名曰狸。"猎人暮归，果如辂言。季龙取十三种物，著大箧中，使辂射。云："器中藉藉有十三种物。"先说鸡子，后道蚕蛹，遂一一名之，惟以梳为枇耳。

辂随军西行，过毌丘俭墓下，倚树哀吟，精神不乐。人问其故，辂曰："林木虽茂，无形可久；碑诔虽美，无后可守。玄武藏头，苍龙无足，白虎衔尸，朱雀悲哭，四危以备，法当灭族。不过二载，其应至矣。"卒如其言。后得休，过清河倪太守。时天旱，倪问辂雨期，辂曰："今夕当雨。"是日旸燥，昼无形似，府丞及令在座，咸谓不然。到鼓一中，星月皆没，风云并起，竟成快雨。于是倪盛修主人礼，共为欢乐。

正元二年，弟辰谓辂曰："大将军待君意厚，冀当富贵乎？"辂长叹曰："吾自知有分直耳，然天与我才明，不与我年寿，恐四十七八间，不见女嫁儿娶妇也。若得免此，欲作洛阳令，可使路不拾遗，枹鼓不鸣。但恐至太山治鬼，不得治生人，如何！"辰问其故，辂曰："吾额上无生骨，眼中无守精，鼻无梁柱，脚无天根，背无三甲，腹无三壬，此皆不寿之验。又吾本命在寅，加月食夜生，天有常数，不可得讳，但人不知耳。吾前后相当死者过百人，略无错

了其中的道理。

平原太守刘邠把印囊和山鸡毛放在容器里，让管辂卜筮。管辂说：“内方外圆，有五色花纹，里面的宝物表示信用，取出来就能盖上字样，这就是是印囊。高山险峻，有鸟红身，羽翼黄色，鸣叫在早晨，这是山鸡毛。”刘邠说：“郡府房舍，接连发生鬼怪之事，让人恐怖，是什么原因？”管辂说：“或许因汉末大乱，兵马纷纭，士兵尸体流血，污染山丘，因此，黄昏和晚上多有怪形出现。您道德高尚，自有天佑，愿您安享百福，以示朝廷美好的荣宠。”

清河县令徐季龙派人出去打猎，让管辂卜筮所获的猎物。管辂说：“只能获得小猎物，不是能吃的飞禽，虽有爪牙，但弱小而不强壮，皮毛虽有花纹，但不很分明，不是虎不是山鸡，是狐狸。”猎人晚上回来，果如管辂所筮。徐季龙拿出十三种物品，放在一个大箱子里，让管辂猜。管辂说：“箱子里乱糟糟放了十三样物品。”先说鸡蛋，再说蚕蛹，其他的东西也一一说出，只是把梳子说成了篦子。

管辂随军西行，经过毌丘俭的坟墓，倚树哀吟，情绪低沉。有人问他为什么这样，管辂说：“林木虽茂，但不会长久；碑文虽美，却没有后人看守。玄武藏头，苍龙无足，白虎衔尸，朱雀悲鸣，四危已备，法当灭族。不过二年，就会应验了。”后来果如其言。后来休假，管辂去看望清河倪太守。那时候天旱，太守问管辂什么时候有雨。管辂说：“今晚会下大雨。”当时，烈日炎炎，白天看不出有雨的迹象，府丞和清河县令都在座，都说根本不会下雨。到一更中时，星月被遮住，风云骤起，竟下起了大雨。因此，倪太守盛宴款待管辂，一起欢庆。

正元二年，他的弟弟管辰对管辂说：“大将军对您很好，您会富贵吗？”管辂叹说：“我自然知道大将军对我有情分，然而上天予我才智，却不让我长寿，恐怕我四十七八岁的时候，看不到女儿出嫁儿子娶妻了。如到时不死，我想当洛阳县令，可以把洛阳治理得路不拾遗、战鼓不响。但恐怕我要到泰山去治鬼，不能治理活人了，有什么办法呀！”管辰问他为什么，管辂说：“我额无生骨，眼中无神，鼻无梁骨，脚无天根，背部无三甲，腹部无三壬，这些都是寿命不长的征兆。我本命是寅年，又是在月食之夜出生，天命有定数，不能违背，

也。”是岁八月，为少府丞。明年二月卒，年四十八。

评曰：华佗之医诊，杜夔之声乐，朱建平之相术，周宣之相梦，管辂之术筮，诚皆玄妙之殊巧，非常之绝技矣。昔史迁著扁鹊、仓公、日者之传，所以广异闻而表奇事也。故存录云尔。

只是人们不知道罢了。我前后给当死的人看相超过百人，几乎没有差错呀。”这年八月，管辂任少府丞。第二年二月去世，终年四十八岁。

评论说：华佗的医术，杜夔的音乐，朱建平的相术，周宣的占梦术，管辂的卜筮术，确实都是玄妙特殊，不同寻常的绝技。过去司马迁为扁鹊、仓公、占侯卜筮的人作传记，以扩大异闻，记载奇事。所以这里也加以记述。

卷三十　魏书三十

乌丸鲜卑东夷传第三十

《书》载“蛮夷猾夏”，《诗》称“玁狁孔炽”，久矣其为中国患也。秦、汉以来，匈奴久为边害。孝武虽外事四夷，东平两越、朝鲜，西讨贰师、大宛，并邛苲、夜郎之道，然皆在荒服之外，不能为中国轻重。而匈奴最逼于诸夏，胡骑南侵则三边受敌，是以屡遣卫、霍之将，深入北伐，穷追单于，夺其饶衍之地。后遂保塞称藩，世以衰弱。建安中，呼厨泉南单于入朝，遂留内侍，使右贤王抚其国，而匈奴折节，过于汉旧。然乌丸、鲜卑稍更强盛，亦因汉末之乱，中国多事，不遑外讨，故得擅漠南之地，寇暴城邑，杀略人民，北边仍受其困。会袁绍兼河北，乃抚有三郡乌丸，宠其名王而收其精骑。其后尚、熙又逃于蹋顿。蹋顿又骁武，边长老皆比之冒顿，恃其阻远，敢受亡命，以雄百蛮。太祖潜师北伐，出其不意，一战而定之，夷狄慑服，威振朔土。遂引乌丸之众服从征讨，而边民得用安息。后鲜卑大人轲比能复制御群狄，尽收匈奴故地，自云中、五原以东抵辽水，皆为鲜卑庭。数犯塞寇边，幽、并苦之。田豫有马城之围，毕轨有陉北之败，青龙中，帝乃听王雄，遣剑客刺之。然后种落离散，互相侵伐，强者远遁，弱者请服。由是边陲差安，漠南少事，虽时颇钞盗，不能复相扇动矣。乌丸、鲜卑即古所谓东胡也。其习俗、前事，撰汉记者已录而载之矣。故但举汉末魏初以来，以备四夷之变云。

《尚书》里记载“蛮夷猾夏”，《诗经》说：“玁狁孔炽”，说明北方这些民族为祸中原已经很久了。自秦、汉以来，匈奴一直是边害。孝武帝虽然经略四方，向东平定南越、东越和朝鲜，向西讨伐贰师、大宛，并开辟邛苲、夜郎的通道。然而，这些民族地处边远，对中原不能产生重大影响。而匈奴距中原最近，若骑兵南侵就会使中原三面受敌，所以，武帝多次派遣卫青、霍去病这样的大将，深入北伐，追剿单于，夺取他富饶平坦的土地。以后，匈奴便称臣汉朝为边塞屏障，逐渐地开始衰弱。建安年间，呼厨泉南单于入京觐见，之后便留京为人质，让右贤王管理匈奴，匈奴族对中原的臣服程度，已经超过了过去的汉朝。但是，乌丸、鲜卑却渐渐地强盛起来，他们乘汉末大乱，中原王朝自顾不暇之机控制了大漠以南地区，攻城略地，杀害百姓，北部边境受到他们的袭扰。这时候，袁绍统一黄河以北的地区，并安抚三郡乌丸，给他们有名望的首领以优厚的待遇，又收编了乌丸精锐的骑兵。以后，袁尚、袁熙又逃到乌丸首领蹋顿那里，蹋顿十分骁勇，边境的长老们都把他比作匈奴单于冒顿。蹋顿依仗远离王室，才敢于接纳袁尚、袁熙，在边境各民族中称雄。魏太祖曹操以奇兵秘密北伐，只一战，就平定了蹋顿，各少数民族无不震恐。曹操又统领乌丸众兵平抚各地，边地居民得以安居。后来，鲜卑头领轲比能又控制各少数民族部落，占领匈奴全部旧地。自云中、五原以东直至辽河，都成了鲜卑人的领地。他们多次侵扰边境，幽、并二州受害尤甚。魏文帝初年，田豫曾有马城之围，毕轨有陉北之败。青龙年间，魏明帝听从王雄的建议，派勇士刺杀了轲比能。此后，鲜卑部落散乱，互相攻伐。稍强一点的远远逃离，势力弱的便投降朝廷。于是，边境渐趋安静，漠南也少有战事，虽然，还时有抢劫之事发生，但已无法聚众发动叛乱了。乌丸、鲜卑，古代称之为东胡，他们的习俗、

汉末，辽西乌丸大人丘力居，众五千余落，上谷乌丸大人难楼，众九千余落，各称王，而辽东属国乌丸大人苏仆延，众千余落，自称峭王，右北平乌丸大人乌延，众八百余落，自称汗鲁王，皆有计策勇健。中山太守张纯叛入丘力居众中，自号弥天安定王，为三郡乌丸元帅，寇略青、徐、幽、冀四州，杀略吏民。灵帝末，以刘虞为幽州牧，募胡斩纯首，北州乃定。后丘力居死，子楼班年小，从子蹋顿有武略，代立，总摄三王部，众皆从其教令。袁绍与公孙瓒连战不决，蹋顿遣使诣绍求和亲，助绍击瓒，破之。绍矫制赐蹋顿、峭王、汗鲁王印绶，皆以为单于。

后楼班大，峭王率其部众奉楼班为单于，蹋顿为王。然蹋顿多画计策。广阳阎柔，少没乌丸、鲜卑中，为其种所归信。柔乃因鲜卑众，杀乌丸校尉邢举代之，绍因宠慰以安北边。后袁尚败奔蹋顿，凭其势，复图冀州。会太祖平河北，柔帅鲜卑、乌丸归附，遂因以柔为校尉，犹持汉使节，治广宁如旧。建安十一年，太祖自征蹋顿于柳城，潜军诡道，未至百余里，虏乃觉。尚与蹋顿将众逆战于凡城，兵马甚盛。太祖登高望虏陈，抑军未进，观其小动，乃击破其众，临陈斩蹋顿首，死者被野。速附丸、楼班、乌延等走辽东，辽东悉斩，传送其首。其余遗迸皆降。及幽州、并州柔所统乌丸万余落，悉徙其族居中国，帅从其侯王大人种众与征伐。由是三郡乌丸为天下名骑。

鲜卑步度根既立，众稍衰弱，中兄扶罗韩亦别拥众数万为大人。建安中，太祖定幽州，步度根与轲比能等因乌丸校尉阎柔上贡献。后代郡乌丸能臣氐等叛，求属扶罗韩，扶罗韩将万余骑迎之。

历史，汉代史书已有详细记载，所以，这里只叙述汉末魏初以来的史事，以为史鉴，使周边少数民族盛衰过程的记载保持完备。

汉末，辽西乌丸大人丘力居，统领五千多个聚居点，上谷郡乌丸大人难楼，统领九千多个聚居点，各自称王，而辽东属国乌丸大人苏仆延，统领一千多个聚居点，自称峭王，右北平郡乌丸大人乌延，统领八百多个聚居点，自称汗鲁王，他们都有计谋并且勇武。中山郡太守张纯反叛进入丘力居部众中，自号弥天安定王，被推举为三郡乌丸元帅，侵略青、徐、幽、冀四州，掠杀官民。汉灵帝末年，任刘虞为幽州牧，招募胡人刺杀了张纯，幽州才安定下来。丘力居死后，儿子楼班年小，侄子蹋顿有武勇谋略，代替丘力居为王，总领三王部落，众人全都听从他的号令。袁绍与公孙瓒连连征战不能制伏，蹋顿遣使到袁绍处请求和亲，并助袁绍打败公孙瓒。袁绍假托皇帝旨意，赐给蹋顿、峭王、汗鲁王印绶，任他们都为单于。

后来楼班长大了，峭王率领部下上奏推举楼班为单于，蹋顿为王。然而还是依仗蹋顿出谋划策。广阳人阎柔，少时流落乌丸、鲜卑部落，很得当地人的信任和尊重。阎柔利用鲜卑部众，杀死乌丸校尉邢举取而代之。袁绍抚慰阎柔安定了北疆。之后，袁尚败逃投奔蹋顿，凭借其势力，又夺回冀州。此时曹操已平定黄河以北地区，阎柔率鲜卑、乌丸归附。曹操任命阎柔为校尉，仍持汉朝符节，依旧以广宁为治所。建安十一年，曹操亲自去柳城征讨蹋顿，悄然从荒僻小路进兵，距敌不到百余里时才被他们发觉。袁尚与蹋顿率部众在凡城迎战，兵势很盛。曹操站在高处瞭望敌阵，命兵马不动，待看到他们有些松懈时才进攻击败了他们，在战阵上斩下蹋顿首级，敌尸遍野。速附丸、楼班、乌延等人逃往辽东，辽东把他们都杀了，并将首级传送给曹操。其余残部全部投降。曹操将阎柔统辖的幽州、并州一百多聚落的乌丸部众，全部迁到中原居住，其他的侯王头领与部众一起随曹操征战。从此，三郡乌丸成为天下著名的骑兵。

鲜卑步度根即位，手下将士有所减少，他的兄长扶罗韩另外也拥有数万部众为大人。建安年间，曹操平定幽州，步度根和轲比能等通过乌丸校尉阎柔，向朝廷进贡。后来，代郡乌丸能臣氐等反叛，求归

到桑乾，氐等议，以为扶罗韩部威禁宽缓，恐不见济。更遣人呼轲比能。比能即将万余骑到，当共盟誓。比能便于会上杀扶罗韩，扶罗韩子泄归泥及部众悉属比能。比能自以杀归泥父，特又善遇之。步度根由是怨比能。文帝践阼，田豫为乌丸校尉，持节并护鲜卑，屯昌平。步度根遣使献马，帝拜为王。后数与轲比能更相攻击，步度根部众稍寡弱，将其众万余落保太原、雁门郡。步度根乃使人招呼泄归泥曰："汝父为比能所杀，不念报仇，反属怨家。今虽厚待汝，是欲杀汝计也。不如还我，我与汝是骨肉至亲，岂与仇等?"由是归泥将其部落逃归步度根，比能追之弗及。至黄初五年，步度根诣阙贡献，厚加赏赐，是后一心守边，不为寇害，而轲比能众遂强盛。明帝即位，务欲绥和戎狄，以息征伐，羁縻两部而已。至青龙元年，比能诱步度根深结和亲，于是步度根将泄归泥及部众悉保比能，寇钞并州，杀略吏民。帝遣骁骑将军秦朗征之，归泥叛比能，将其部众降，拜归义王，赐幢麾、曲盖、鼓吹，居并州如故。步度根为比能所杀。

轲比能本小种鲜卑，以勇健，断法平端，不贪财物，众推以为大人。部落近塞，自袁绍据河北，中国人多亡叛归之，教作兵器铠楯，颇学文字。故其勒御部众，拟则中国，出入弋猎，建立旌麾，以鼓节为进退。建安中，因阎柔上贡献。太祖西征关中，田银反河间，比能将三千余骑随柔击破银。后代郡乌丸反，比能复助为寇害，太祖以鄢陵侯彰为骁骑将军，北征，大破之。比能走出塞，后复通贡献。延康初，比能遣使献马，文帝亦立比能为附义王。黄初二年，比能出诸魏人在鲜卑者五百余家，还居代郡。明年，比能帅部落大人小子代郡乌丸修武卢等三千余骑，驱牛马七万余口交市，遣魏人千

扶罗韩。扶罗韩率万余骑兵前往迎接。到了桑干县，能臣氐等人商议认为，扶罗韩的部众军纪散漫，恐怕无法给予有力的援助。就这样，又派人给轲比能送信，轲比能马上派遣万余骑兵迎接，并与能臣氐立誓结盟。轲比能便在宴会上杀了扶罗韩，扶罗韩的儿子泄归泥及部众都归属了轲比能。轲比能想到自己杀了泄归泥的父亲，因此对泄归泥特别友善。步度根因此怨恨轲比能。曹丕即位后，任田豫为乌丸校尉，持节护卫鲜卑，屯兵昌平。步度根派人向朝廷献马，文帝任步度根为王。之后，步度根多次与轲比能互相征战，势力逐渐减弱，只得率部下万余人固守太原、雁门郡。步度根又派人对泄归泥说："你父亲被轲比能所杀，你不想报仇，反而依附于仇家。现在他们虽待你很好，其实是为了杀你而设的计谋。不如回到我这边来，你我是骨肉至亲，怎能像与仇敌一样？"因此，泄归泥带部众逃归步度根，轲比能没有追上。至黄初五年，步度根到朝廷献贡，得到优厚的赏赐，此后，他一心防边，不再以寇为害，而轲比能的部众都强盛起来。明帝登上皇位，力求安抚和好异族，停息征伐，对轲比能、步度根两部只是加以笼络控制而已。至青龙元年，轲比能引诱步度根与他和亲，于是步度根领泄归泥及其部众都倾向了轲比能，抢掠并州，抄杀吏民。明帝派骁骑将军秦朗征讨，泄归泥背叛了轲比能，率其部众投降大魏，被封为归义王，明帝赐他旗仪、曲盖、鼓吹，仍像过去一样留居在并州。步度根为轲比能所杀。

轲比能本来是小姓鲜卑，由于他勇敢强健，执法公平，不贪财物，众人便推举他为"大人"。他的部落接近边境，自从袁绍占据河北以后，中原有很多人叛逃到这些部落之中，教他们制造武器、铠甲、盾牌，并学习文字。所以，他统率部众，像中原一样，出入狩猎，也树起旗帜，以播鼓的节奏为进退的信号。建安年间，轲比能通过阎柔奉献贡品。曹操西征关中，田银在河间反叛，轲比能率三千多骑兵随阎柔打败了田银。之后，代郡乌丸反叛，轲比能又助反叛者侵害边境。曹操任鄢陵侯曹彰为骁骑将军，率兵北伐，把他打得大败。轲比能逃出边塞，后又恢复了贡献。延康初年，轲比能派使节前来献马，文帝又封轲比能为"附义王"。黄初二年，轲比能放回鲜卑中的汉人

余家居上谷。后与东部鲜卑大人素利及步度根三部争斗，更相攻击。田豫和合，使不得相侵。五年，比能复击素利，豫帅轻骑径进掎其后。比能使别小帅琐奴拒豫，豫进讨，破走之，由是怀贰。乃与辅国将军鲜于辅书曰：“夷狄不识文字，故校尉阎柔保我于天子。我与素利为仇，往年攻击之，而田校尉助素利。我临陈使琐奴往，闻使君来，即便引军退。步度根数数钞盗，又杀我弟，而诬我以钞盗。我夷狄虽不知礼义，兄弟子孙受天子印绶，牛马尚知美水草，况我有人心邪！将军当保明我于天子。”辅得书以闻，帝复使豫招纳安慰。比能众遂强盛，控弦十余万骑。每钞略得财物，均平分付，一决目前，终无所私，故得众死力，余部大人皆敬惮之，然犹未能及檀石槐也。

太和二年，豫遣译夏舍诣比能女婿郁筑鞬部，舍为鞬所杀。其秋，豫将西部鲜卑蒲头、泄归泥出塞讨郁筑鞬，大破之。还至马城，比能自将三万骑围豫七日。上谷太守阎志，柔之弟也，素为鲜卑所信。志往解喻，即解围去。后幽州刺史王雄并领校尉，抚以恩信。比能数款塞，诣州奉贡献。至青龙元年，比能诱纳步度根，使叛并州，与结和亲，自勒万骑迎其累重于陉北。并州刺史毕轨遣将军苏尚、董弼等击之，比能遣子将骑与尚等会战于楼烦，临陈害尚、弼。至三年中，雄遣勇士韩龙刺杀比能，更立其弟。

素利、弥加、厥机皆为大人，在辽西、右北平、渔阳塞外，道远初不为边患，然其种众多于比能。建安中，因阎柔上贡献，通市，太

五百多家，让他们回代郡居住。第二年，轲比能率部落头领和平民及代郡乌丸修武卢等三千多骑兵，驱赶七万多头牛马与中原交易，又放回汉人一千多家到上谷郡居住。后来与东部鲜卑大人素利及步度根三个部落争斗，相互攻击。田豫进行调和，不让他们互攻。黄初五年，轲比能又攻击素利，田豫率轻骑直接袭击轲比能的后方。轲比能派小首领琐奴抵御田豫，田豫进讨，把琐奴打跑，从这以后，轲比能便对朝廷怀有二心。轲比能给辅国将军鲜于辅的信说："夷狄人不识文字，所以，前任护乌丸校尉阎柔保荐我给天子。我与素利为仇，去年我攻打他，而田校尉却帮助素利。我临阵派琐奴前往抵御，听说使君来到，我马上领军撤退。步度根数次对我抢掠，又杀我弟，却反诬我抢掠。我夷狄人虽不懂礼义，但兄弟子孙都受天子印绶，牛马尚知水草鲜美，何况我还有人心呢！将军当代我向天子辩明情况。"鲜于辅见到书信后，上报朝廷，皇帝又派田豫招纳抚慰。轲比能的势力因此更强盛，统领十余万骑。每得财物都平均分配，当众处理完毕，从不私贪，因此，部下愿效死力。其余部落首领都很敬畏他。然而，他的势力仍未赶上檀石槐。

太和二年，田豫派遣译官夏舍到比能的女婿郁筑鞬的部落，夏舍被郁筑鞬杀害。这年秋天，田豫率西部鲜卑蒲头、泄归泥出塞讨伐郁筑鞬，把他打败了。田豫回到马城，轲比能亲自领三万骑兵把田豫围困了七天。上谷太守阎志，是阎柔的弟弟，素为鲜卑所信。阎志前往解释开导，轲比能即解围而去。之后，幽州刺史王雄兼领校尉，以恩信安抚轲比能。轲比能多次到塞上要求通好，并到州衙门进奉贡品。至青龙元年，比能诱拢步度根，唆使他背叛并州，与他缔结和亲，并亲率一万骑兵到陉北迎接步度根家人。并州刺史毕轨派遣将军苏尚、董弼等人攻击比能，比能派其子率骑兵与苏尚等在楼烦大战，在阵地上杀了苏尚、董弼。至太和三年间，王雄派勇士韩龙刺杀了比能，改立其弟为王。

素利、弥加、厥机都被推举为鲜卑大人，在辽西、右北平和渔阳塞外，因为距边塞路远还构不成危害，然而，他们的部众比轲比能多。建安年间，他们通过阎柔给朝廷进贡，与中原贸易，曹操上表全

祖皆表宠以为王。厥机死，又立其子沙末汗为亲汉王。延康初，又各遣使献马。文帝立素利、弥加为归义王。素利与比能更相攻击。太和二年，素利死。子小，以弟成律归为王，代摄其众。

《书》称“东渐于海，西被于流沙”。其九服之制，可得而言也。然荒域之外，重译而至，非足迹车轨所及，未有知其国俗殊方者也。自虞暨周，西戎有白环之献，东夷有肃慎之贡，皆旷世而至，其遐远也如此。及汉氏遣张骞使西域，穷河源，经历诸国，遂置都护以总领之，然后西域之事具存，故史官得详载焉。魏兴，西域虽不能尽至，其大国龟兹、于寘、康居、乌孙、疏勒、月氏、鄯善、车师之属，无岁不奉朝贡，略如汉氏故事。而公孙渊仍父祖三世有辽东，天子为其绝域，委以海外之事，遂隔断东夷，不得通于诸夏。景初中，大兴师旅，诛渊，又潜军浮海，收乐浪、带方之郡，而后海表谧然，东夷屈服。其后高句丽背叛，又遣偏师致讨，穷追极远，逾乌丸、骨都，过沃沮，践肃慎之庭，东临大海。长老说有异面之人，近日之所出，遂周观诸国，采其法俗，小大区别，各有名号，可得详纪。虽夷狄之邦，而俎豆之象存，中国失礼，求之四夷，犹信。故撰次其国，列其同异，以接前史之所未备焉。

夫馀在长城之北，去玄菟千里，南与高句丽，东与挹娄，西与鲜卑接，北有弱水，方可二千里。户八万，其民土著，有宫室、仓库、牢狱。多山陵、广泽，于东夷之域最平敞。土地宜五谷，不生五果。其人粗大，性强勇谨厚，不寇钞。国有君王，皆以六畜名官，有马加、牛加、猪加、狗加、大使、大使者、使者。邑落有豪民，名下户皆为奴仆。诸加别主四出，道大者主数千家，小者数百家。食饮皆用俎

都任命他们为王。厥机死，又立其子沙末汗为亲汉王。延康初年，他们又各遣使臣入朝贡献马匹。文帝封素利、弥加为归义王。素利与轲比能互相攻击。太和二年，素利死。儿子尚小，朝廷以其弟成律归为王，代为统领素利部落。

《尚书·禹贡》说“东渐于海，西被于流沙”，这九服的制度是可以说明的。但是荒域之外，要经过辗转翻越才能来到中国，并不是走路乘车就可到达的地方，那里的奇风异俗没有人知道。自唐虞到周代，西戎曾进献过白玉环，东夷肃慎也曾来朝贡，都是隔了好几代才来一次，地方遥远到了这种程度。到了汉代张骞出使西域，走到黄河的源头，历经许多国家，于是朝廷就设置西域都护来统一管理他们，然后，西域的事情留存下来，所以史官能予以详细记载。曹魏兴起，西域各国虽不能都来朝贡，但其中的大国如龟兹、于寘、康居、乌孙、疏勒、月氏、鄯善、车师等国每年都要朝贡，与汉代大体相近。公孙渊承继祖父三代统领辽东。朝廷认为其领地遥远，就这样，便将海外事务交由他管理，与东北部少数民族联系，不能和中原往来。景初年间，朝廷兴师，杀死公孙渊，收复乐浪、带方等郡，边地震恐，东北部少数民族也都臣服。之后，高句丽反叛。朝廷又派兵讨伐，穷追到极远的地方，越过乌丸、骨都，经沃沮，穿肃慎，东至海滨，老人说有相貌不同的人在靠近太阳的地方出现，于是遍观各国，采集各地风俗，大小加以区别，各有名号，可以详细记载。即使这是少数民族地区，但礼仪尚存，中原有些失传的礼仪，在边地寻求，还都可信。因此我编纂各国史实，标明异同，以接补前代史书记述不完备的地方。

夫馀在长城之北，距离玄菟郡有一千里。南与高句丽、东与挹娄、西与鲜卑接壤，北有弱水，方圆约两千里。有八万户，都是土生土长的本地人。有宫室、仓库、牢狱。多山岳、大湖，在东北部地区中夫馀的地形最为平坦、开阔。土地适合栽种五谷，不生长五果。夫馀人体形壮大，性情强悍勇猛且谨慎忠厚，不抢劫。国有君王，均用六畜之名为官名，有马加、牛加、猪加、狗加、大使、大使者、使者。部落有钱有势的人，名下管辖的是奴仆。各加的辅佐之人四处行走，管理

豆，会同、拜爵、洗爵，揖让升降。以殷正月祭天，国中大会，连日饮食歌舞，名曰迎鼓，于是时断刑狱，解囚徒。在国衣尚白，白布大袂，袍、裤，履革鞜。出国则尚缯绣锦罽，大人加狐狸、狖白、黑貂之裘，以金银饰帽。译人传辞，皆跪，手据地窃语。用刑严急，杀人者死，没其家人为奴婢。窃盗一责十二。男女淫，妇人妒，皆杀之。尤憎妒，已杀，尸之国南山上，至腐烂。女家欲得，输牛马乃与之。兄死妻嫂，与匈奴同俗。其国善养牲，出名马、赤玉、貂狖、美珠。珠大者如酸枣。以弓矢刀矛为兵，家家自有铠仗。国之耆老自说古之亡人。作城栅皆员，有似牢狱。行道昼夜无老幼皆歌，通日声不绝。有军事亦祭天，杀牛观蹄以占吉凶，蹄解者为凶，合者为吉。有敌，诸加自战，下户俱担粮饮食之。其死，夏月皆用冰。杀人殉葬，多者百数。厚葬，有椁无棺。

夫馀本属玄菟。汉末，公孙度雄张海东，威服外夷，夫馀王尉仇台更属辽东。时句丽、鲜卑强，度以夫馀在二虏之间，妻以宗女。尉仇台死，简位居立。无嫡子，有孽子麻余。位居死，诸加共立麻余。牛加兄子名位居，为大使，轻财善施，国人附之，岁岁遣使诣京都贡献。正始中，幽州刺史毌丘俭讨句丽，遣玄菟太守王颀诣夫馀，位居遣大加郊迎，供军粮。季父牛加有二心，位居杀季父父子，籍没财物，遣使簿敛送官。旧夫馀俗，水旱不调，五谷不熟，辄归咎于王，或言当易，或言当杀。麻余死，其子依虑年六岁，立以为王。汉时，夫馀王葬用玉匣，常豫以付玄菟郡，王死则迎取以葬。公孙渊伏诛，玄菟库犹有玉匣一具。今夫馀库有玉璧、珪、瓒数代之物，传世以为宝，耆老言先代之所赐也。其印文言“濊王之印”，国

范围大的有数千家，管理范围小的数百家。夫馀人饮食全用俎、豆，实行朝见君主、授予爵位、除去爵位、作揖礼让、升进降阶等礼仪。以商朝历法的正月祭天，其时国内举行盛大集会，连日吃喝歌舞，名叫“迎鼓”。在这个时候停止审讯犯人，释放囚徒。在国内，人们喜好白色衣服，穿白布做的大袖衣服、袍子、裤子，穿兽皮鞋。出国则穿锦绣服和毛织品，当官的穿上狐狸、白狖、黑貂皮做的裘皮衣，戴上用金银装饰的帽子。翻译转达意思时，都跪下来，两手撑地小声说话。刑罚极严，杀人者死，收其家人为奴婢。偷盗一件东西罚二十件。男女淫乱，女人嫉妒，全都处死。尤其憎恶妒妇，将她杀死后，尸体放在国南山上，直至腐烂。女家若想要回尸体，须向官方上交牛马。哥哥死了弟弟可以嫂为妻，这与匈奴习俗相同。这个国家善于蓄养牲畜，出名马、赤玉、貂狖、美珠。大的珍珠像酸枣那么大。以弓矢刀矛为兵器，家家有铠甲兵刃。国中的老人都自称是过去的逃亡者。城墙、围栅修成圆形，有点像牢狱。白天黑夜走在路上不论男女老少都唱着歌，整日歌声不断。有军事行动也先祭天，杀牛看牛蹄来占卜吉凶，蹄子分开为凶，合在一起为吉。有敌人时，各加亲自作战，下等的民户都供给他们饮食。人死之后，夏天都用冰冻起来。杀人殉葬，多的上百人。实行厚葬，有外棺而没有内棺。

夫馀原来隶属于玄菟郡。汉末的时候，公孙度向东扩张，威服境外各族。夫馀王尉仇台改归辽东。当时高句丽、鲜卑都非常强盛。公孙度考虑到夫馀处在这两个民族中间，就把本宗女嫁给尉仇台。尉仇台死后，简位居即位。没有嫡长子，有庶子叫麻余。简位居死后，众加共立麻余继位。牛加哥哥的儿子叫位居，是大使，轻财尚义，喜好施舍，国内的人都归附他，每年都派使节到京城献贡。正始年间，幽州刺史毌丘俭讨伐高句丽，派玄菟太守王颀到夫馀，位居派大加到郊外迎接，并供给军粮。叔父牛加有二心，位居杀了叔父父子，没收其财物，派人登记收集归公。旧时夫馀习俗，遇到水旱不调，五谷不熟，便归咎于王的过错，有的人说会更换掉，也有人说会杀掉。麻余死后，他的儿子依虑六岁，被立为王。汉朝时候，夫馀王的安葬使用玉匣，平时把玉匣交给玄菟郡，王死后便把玉匣迎取回去用于安葬。

有故城名濊城，盖本濊貊之地，而夫馀王其中，自谓“亡人”，抑有以也。

高句丽在辽东之东千里，南与朝鲜、濊貊，东与沃沮，北与夫馀接。都于丸都之下，方可二千里，户三万。多大山深谷，无原泽。随山谷以为居，食涧水。无良田，虽力佃作，不足以实口腹。其俗节食，好治宫室，于所居之左右立大屋，祭鬼神，又祀灵星、社稷。其人性凶急，喜寇钞。其国有王，其官有相加、对卢、沛者、古雏加、主簿、优台丞、使者、皂衣先人，尊卑各有等级。东夷旧语以为夫馀别种，言语诸事，多与夫馀同，其性气衣服有异。本有五族，有涓奴部、绝奴部、顺奴部、灌奴部、桂娄部。本涓奴部为王，稍微弱，今桂娄部代之。汉时赐鼓吹技人，常从玄菟郡受朝服衣帻，高句丽令主其名籍。后稍骄恣，不复诣郡，于东界筑小城，置朝服衣帻其中，岁时来取之，今胡犹名此城为帻沟溇。沟溇者，句丽名城也。其置官，有对卢则不置沛者，有沛者则不置对卢。王之宗族，其大加皆称古雏加。涓奴部本国主，今虽不为王，適统大人，得称古雏加，亦得立宗庙，祠灵星、社稷。绝奴部世与王婚，加古雏之号。诸大加亦自置使者、皂衣先人，名皆达于王，如卿大夫之家臣，会同坐起，不得与王家使者、皂衣先人同列。其国中大家不佃作，坐食者万余口，下户远担米粮鱼盐供给之。其民喜歌舞，国中邑落，暮夜男女群聚，相就歌戏。无大仓库，家家自有小仓，名之为桴京。其人洁清自喜，善藏酿。跪拜申一脚，与夫馀异，行步皆走。以十月祭天，国中大会，名曰东盟。其公会，衣服皆锦绣金银以自饰。大加主簿头著帻，如帻而无余，其小加著折风。形如弁。其国东有大穴，名隧穴，十月国中大会，迎隧神还于国东上祭之，置木隧于神坐。无牢狱，有罪

公孙渊被杀后，玄菟郡仓库中还有金缕玉衣一件。如今，夫馀国库中有玉璧、珪、瓒等相传数代的玉器，为传世之宝，老人说这是前代中原王朝所赐。国王印章的文字是“濊王之印”，国中有旧城名为濊城，因为夫馀本是濊貊的地域，而夫馀人在那里称王，自称是“流亡人”，还是有道理的。

高句丽在辽东以东约千里，南与朝鲜、濊貊，东与沃沮，北与夫馀接壤。在丸都山下立都，方圆两千里，有三万户。这个地方多大山深谷，没有平原和沼泽。当地人随山而居，饮山涧之水。没有好地，即使苦力耕作，也不能填饱肚子。其风俗好节食，喜欢盖房子，并在居室左右盖大屋，祭祀鬼神、灵星、土神和谷神。当地人性情凶猛急躁，喜欢抢掠。国有君王，官号有相加、对卢、沛者、古雏加、主簿、优台丞、使者、皂衣先人等，有尊卑等级。东夷过去说的是夫馀语的分支，所以，言语和其他风俗多与夫馀相同。但其性情、服饰与夫馀有别。原有五个部族，即涓奴部、绝奴部、顺奴部、灌奴部、桂娄部。原来是涓奴部称王，后来这个部族逐渐衰弱，如今由桂娄部取代。汉代时，朝廷赏赐这个部族的吹鼓艺人，常从玄菟郡得到朝服、衣帽。高句丽县令掌管他们的户口。之后，他们逐渐骄奢恣肆，不再到玄菟郡进贡，而是在东部边境筑起一个小城，把朝服等物放在里面，每年朝会时取用。今天当地人还称这个城叫帻沟溇。沟溇，是高句丽人对城的叫法。他们设置官吏的规则是，有对卢官，就不设沛者官，有沛者官就不设对卢官。国王的宗族，当大官的全称古雏加。涓奴部本为国王，现在虽不为王，但嫡系首领，可以称古雏加，也可立宗庙，祭祀灵星、土神和谷神。绝奴部世代与国王通婚，也可以称为古雏加。各大官也能自己设置使者、皂衣先人，但他们的名字都要报告给国王，大官的地位就像古代卿大夫的家臣一样，参加朝会站立和入座时，不能够与国王的使者、皂衣先人同列。国中大户不劳动，坐吃现成的人有一万多，下等户从远处送来米粮鱼盐供给他们。民众喜歌舞，国中的城邑村落，在夜幕降临时男女群聚，唱歌嬉戏。国中没有大仓库，每家自己有小仓库，名为桴京。人们喜欢清洁，善于酿酒。跪拜时伸一只脚。与夫馀不同，走起路来像小跑一样。在十月祭祀天神，国中大聚会，名为东盟。在国家聚会时，他们全都穿锦绣衣服

诸加评议，便杀之，没入妻子为奴婢。其俗作婚姻，言语已定，女家作小屋于大屋后，名婿屋，婿暮至女家户外，自名跪拜，乞得就女宿，如是者再三，女父母乃听使就小屋中宿，傍顿钱帛，至生子已长大，乃将妇归家。其俗淫。男女已嫁娶，便稍作送终之衣。厚葬，金银财币，尽于送死，积石为封，列种松柏。其马皆小，便登山。国人有气力，习战斗，沃沮、东濊皆属焉。又有小水貊。句丽作国，依大水而居，西安平县北有小水，南流入海，句丽别种依小水作国，因名之为小水貊，出好弓，所谓貊弓是也。

王莽初发高句丽兵以伐胡，不欲行，强迫遣之，皆亡出塞为寇盗。辽西大尹田谭追击之，为所杀。州郡县归咎于句丽侯騊，严尤奏言："貊人犯法，罪不起于騊，且宜安慰，今猥被之大罪，恐其遂反。"莽不听，诏尤击之。尤诱期句丽侯騊至而斩之，传送其首诣长安。莽大悦，布告天下，更名高句丽为下句丽。当此时为侯国，汉光武帝八年，高句丽王遣使朝贡，始见称王。

至殇、安之间，句丽王宫数寇辽东，更属玄菟。辽东太守蔡风、玄菟太守姚光以宫为二郡害，兴师伐之。宫诈降请和，二郡不进。宫密遣军攻玄菟，焚烧候城，入辽隧，杀吏民。后宫复犯辽东，蔡风轻将吏士追讨之，军败没。

宫死，子伯固立。顺、桓之间，复犯辽东，寇新安、居乡，又攻西安平，于道上杀带方令，略得乐浪太守妻子。灵帝建宁二年，玄菟太守耿临讨之，斩首虏数百级，伯固降，属辽东。熹平中，伯固乞属

用金银装饰。主簿以上的官包头巾，但后面没有下垂的部分。小加戴折风，形状像皮帽子。其国东有大山洞，名隧穴，十月国家大会时，迎隧神到本国东部祭祀，把隧神的木牌放在神座上。国中没有监狱，有罪的人经诸位大官评议，就可以杀掉，收罪人的妻子儿女为奴婢。其婚姻在口订以后，女家在大屋后面盖一间小屋，名婿屋，男方在晚上来到女家门外，跪地行礼自报姓名，请求和女子同宿，如此再三请求，女方父母才同意他在小屋住下，并在小屋旁放上银钱和布帛，待生下儿女并长大后，才带着媳妇孩子回家。其风俗淫荡。男女嫁娶后，便开始为自己做送终的衣服。崇尚厚葬，金银财币，都用于陪葬，堆石为坟，种上松柏。所有的马匹个头都很小，但是方便于登山。国人有气力，熟悉战斗，沃沮、东濊都归属它。国内又有一个部落叫小水貊。高句丽建国，依大河而居，西安平县北有小河，南流入海，高句丽的这个小部落在这条小河边建国，所以称为小水貊，出产好弓，就是人们通常说的貊弓。

王莽最初派遣高句丽兵讨伐胡人，高句丽不愿意出兵，王莽就强行派遣。于是，高句丽中很多人逃出塞外成为盗贼。辽西大尹田谭去追击，被人所杀。高句丽的州、郡、县都把罪归于句丽侯驹。严尤上奏说："貊人犯法，罪不起于句丽侯驹，当安抚他。今突定大罪，恐怕会逼反他。"王莽不听，下诏严尤攻击句丽侯驹。严尤诱使句丽侯驹约会，杀死了他，将首级传送到长安。王莽很高兴，布告全国，改名高句丽为下句丽。其时高句丽为侯国。汉光武帝八年，高句丽王派人向朝廷进贡，才开始正式称王。

至东汉殇帝、安帝年间，高句丽国王名字叫宫，他多次侵犯辽东，并连及玄菟郡。辽东太守蔡风、玄菟太守姚光因宫成为两郡之害，就派兵讨伐。宫假意投降求和，两郡兵马就没有前进。宫却秘密派兵进攻玄菟，焚烧候城县，又攻进辽隧，杀害吏民。后来，宫又侵犯辽东，蔡风轻率地带兵去追讨，结果全军覆没。

宫死后，他的儿子伯固即位。东汉顺帝、桓帝年间，伯固又进犯辽东，抢掠新安、居乡，又攻打西安平，中途杀了带方令，抢走乐浪太守的妻子。汉灵帝建宁二年，玄菟太守耿临出兵讨伐他，斩敌首级数百，伯固投降，归属辽东郡。熹平年间，伯固请求归属玄菟郡。公孙度

玄菟。公孙度之雄海东也，伯固遣大加优居、主簿然人等助度击富山贼，破之。

伯固死，有二子，长子拔奇，小子伊夷模。拔奇不肖，国人便共立伊夷模为王。自伯固时，数寇辽东，又受亡胡五百余家。建安中，公孙康出军击之，破其国，焚烧邑落。拔奇怨为兄而不得立，与涓奴加各将下户三万余口诣康降，还住沸流水。降胡亦叛伊夷模，伊夷模更作新国，今日所在是也。拔奇遂往辽东，有子留句丽国，今古雏加驳位居是也。其后复击玄菟，玄菟与辽东合击，大破之。

伊夷模无子，淫灌奴部，生子名位宫。伊夷模死，立以为王，今句丽王宫是也。其曾祖名宫，生能开目视，其国人恶之，及长大，果凶虐，数寇钞，国见残破。今王生堕地，亦能开目视人，句丽呼相似为位，似其祖，故名之为位宫。位宫有力勇，便鞍马，善猎射。景初二年，太尉司马宣王率众讨公孙渊，宫遣主簿大加将数千人助军。正始三年，宫寇西安平，其五年，为幽州刺史毌丘俭所破。语在《俭传》。

东沃沮在高句丽盖马大山之东，滨大海而居。其地形东北狭，西南长，可千里，北与挹娄、夫馀，南与濊貊接。户五千，无大君王，世世邑落，各有长帅。其言语与句丽大同，时时小异。汉初，燕亡人卫满王朝鲜，时沃沮皆属焉。汉武帝元封二年，伐朝鲜，杀满孙右渠，分其地为四郡，以沃沮城为玄菟郡。后为夷貊所侵，徙郡句丽西北，今所谓玄菟故府是也。沃沮还属乐浪。汉以土地广远，在单单大领之东，分置东部都尉，治不耐城，别主领东七县，时沃沮亦皆为县。汉建武六年，省边郡，都尉由此罢。其后皆以其县中渠帅为县侯，不耐、华丽、沃沮诸县皆为侯国。夷狄更相攻伐，唯不耐濊侯

称雄勃海以东时，伯固派遣大加优居、主簿然人等帮助公孙度攻击富山贼，把贼人打败了。

伯固死后，他有两个儿子，长子拔奇，小儿子伊夷模。拔奇不肖，国人便拥立伊夷模为王。自伯固时，高句丽就多次进犯辽东，又接受了逃亡到那里的少数民族五百多家。建安年间，公孙康出兵进击高句丽，破其国，焚烧城邑村落。拔奇怨恨因是长子而不能即位，与涓奴加各率下等户三万多人投降公孙康，回来后住在沸流水。投降的少数民族也叛变了伊夷模，伊夷模另立新国，就是今天高句丽所在的地方。拔奇便往辽东郡，有个儿子留在句丽国，就是现在担任古雏加的驳位居。之后，高句丽又侵犯玄菟郡，玄菟郡与辽东郡合击，大破高句丽。

伊夷模没有儿子，与灌奴部女人通奸，生子名位宫。伊夷模死后，位宫被立为王，就是今天的高句丽王位宫。其曾祖也叫宫，刚出生时就能睁眼四顾，当地人不喜欢他。宫长大后，果然凶狠暴虐，多次烧杀抢掠，国家渐遭破坏。如今的国王位宫出生时也能睁眼环顾。当地人把相似叫位，因为与其曾祖父相似，所以取名叫位宫。位宫力大勇猛，擅骑马射猎。景初二年，太尉司马懿率军讨伐公孙渊，位宫派主簿大加统领数千人助战。正始三年，位宫侵犯西安平县。正始五年，位宫被幽州刺史毌丘俭打败。此事记载在《毌丘俭传》中。

东沃沮在高句丽盖马大山东面，滨海而居。其地形东北狭小，西南长，方圆约有千余里。北与挹娄、夫馀相接，南部与濊貊相接。有五千余户，没有大君王，世代聚部落而居，各有首领。其语言与句丽大同小异。汉初，燕国逃亡的人卫满在朝鲜称王，当时沃沮归附于他。汉武帝元封二年，讨伐朝鲜，杀死卫满的孙子右渠，将其领地分为四郡，把沃沮城分为玄菟郡治所。之后，这里为夷貊侵略，于是迁郡治到高句丽西北，就是今天玄菟郡治旧府。沃沮又归属乐浪。汉朝认为这里地域辽阔，在单单大领之东，又分别设置了东部都尉，不耐城为治所，另统七个县，当时，沃沮也在其中。汉建武六年，减省边郡，由此废都尉。之后，各以县中首领为县侯。不耐、华丽、沃沮等县都是

至今犹置功曹、主簿诸曹，皆濊民作之。沃沮诸邑落渠帅，皆自称三老，则故县国之制也。国小，迫于大国之间，遂臣属句丽。句丽复置其中大人为使者，使相主领，又使大加统责其租税，貊布、鱼、盐、海中食物，千里担负致之，又送其美女以为婢妾，遇之如奴仆。

其土地肥美，背山向海，宜五谷，善田种。人性质直强勇，少牛马，便持矛步战。食饮居处，衣服礼节，有似句丽。其葬作大木椁，长十余丈，开一头作户。新死者皆假埋之，才使覆形，皮肉尽，乃取骨置椁中。举家皆共一椁，刻木如生形，随死者为数。又有瓦鬲，置米其中，编县之于椁户边。

毌丘俭讨句丽，句丽王宫奔沃沮，遂进师击之。沃沮邑落皆破之，斩获首虏三千余级，宫奔北沃沮。北沃沮一名置沟娄，去南沃沮八百余里。其俗南北皆同，与挹娄接。挹娄喜乘船寇钞，北沃沮畏之，夏月恒在山岩深穴中为守备，冬月冰冻，船道不通，乃下居村落。王颀别遣追讨宫，尽其东界。问其耆老“海东复有人不？”耆老言国人尝乘船捕鱼，遭风见吹数十日，东得一岛，上有人，言语不相晓，其俗常以七月取童女沉海。又言有一国亦在海中，纯女无男。又说得一布衣，从海中浮出，其身如中人衣，其两袖长三丈。又得一破船，随波出在海岸边，有一人项中复有面，生得之，与语不相通，不食而死。其域皆在沃沮东大海中。

挹娄在夫馀东北千余里，滨大海，南与北沃沮接，未知其北所极。其土地多山险。其人形似夫馀，言语不与夫馀、句丽同。有五谷、牛、马、麻布。人多勇力，无大君长，邑落各有大人。处山林之

侯国。夷狄部落互相攻讨，只有不耐濊侯至今仍设置功曹、主簿等官职，都由濊人担任。沃沮各城邑聚落的首领，都自称三老，这是效法过去汉朝乡官的名称。由于国小，迫于大国之威，就臣属于高句丽。高句丽又选择他们中的首领为使者，让他们统领各部落，又派大加统一向他们征取租税、貊布、鱼、盐、海产品，要从千里之外担来上缴，又送美女为婢妾，把沃沮人当奴隶对待。

这里土地肥美，背山向海，很适宜粮食生长，沃沮人善于耕种。这地方的人性耿强勇，缺少牛马，于是就持长矛作战。饮食起居，服饰礼节，相似于高句丽。安葬死者用大木椁椁，长十余丈，开一头作门户。刚死的人都暂时埋起来，只覆盖一层薄土，待尸首烂尽，再取骨架装置于椁椁中。全家共用一个椁，用木头刻成死者生前形象，与椁中死人数目相同。又有瓦鬲，装上大米，按顺序悬挂在椁椁的门户边上。

毌丘俭讨伐高句丽，句丽王位宫逃奔沃沮，毌丘俭就进军攻打。沃沮的城镇村落都被攻破，魏军斩杀俘虏了三千多人，位宫逃到北沃沮。北沃沮又名置沟娄，距南沃沮八百多里，但习俗南北都一样，与挹娄接壤。挹娄人喜欢驾船抢掠，北沃沮很畏惧他们，夏天常住在山岩深洞里防守戒备，冬天冰冻，水路不通，才下山回村居住。王颀另派一队兵马去追击位宫，直到北沃沮东界，问那里的老人“东海里面还有人吗？”老人说，他们国内有人乘船捕鱼，曾遭遇大风刮漂了几十天，到了东方的一个岛上，上面有人，语言不通，其风俗是常在七月把童女沉进海中；又说大海中还有一个国家，都是女人没有男人。又说曾见有一件布衣，由海中浮出，从腰身看是中等人的身长，两只袖子有三丈长。又说了，有一只破船，随着波浪出现在海岸边，有一人脖子上还有一张脸，活捉后，语言不通，绝食而死。这些地方都在沃沮东边的大海中。

挹娄在夫馀东北一千多里，濒临大海，南面与北沃沮相接，不知道它的北部到达什么地方。国中多险峻高山。人长得与夫馀人相似，语言与夫馀、高句丽不同。生长五谷，有牛、马，出产麻布。居民勇猛有力气，没有大首领，各个村落都有首领。生活在山林中，常常居

间，常穴居，大家深九梯，以多为好。土气寒，剧于夫馀。其俗好养猪，食其肉，衣其皮。冬以猪膏涂身，厚数分，以御风寒。夏则裸袒，以尺布隐其前后，以蔽形体。其人不洁，作溷在中央，人围其表居。其弓长四尺，力如弩，矢用楛，长尺八寸，青石为镞，古之肃慎氏之国也。善射，射人皆入目。矢施毒，人中皆死。出赤玉、好貂，今所谓挹娄貂是也。自汉已来，臣属夫馀，夫馀责其租赋重，以黄初中叛之。夫馀数伐之，其人众虽少，所在山险，邻国人畏其弓矢，卒不能服也。其国便乘船寇盗，邻国患之。东夷饮食类皆用俎豆，唯挹娄不，法俗最无纲纪也。

濊南与辰韩，北与高句丽、沃沮接，东穷大海，今朝鲜之东皆其地也。户二万。昔箕子既适朝鲜，作八条之教以教之，无门户之闭而民不为盗。其后四十余世，朝鲜侯准僭号称王。陈胜等起，天下叛秦，燕、齐、赵民避地朝鲜数万口。燕人卫满，魋结夷服，复来王之。汉武帝伐灭朝鲜，分其地为四郡。自是之后，胡、汉稍别。无大君长，自汉已来，其官有侯邑君、三老，统主下户。其耆老旧自谓与句丽同种。其人性愿悫，少嗜欲，有廉耻，不请匄。言语法俗大抵与句丽同，衣服有异。男女衣皆著曲领，男子系银花广数寸以为饰。自单单大山领以西属乐浪，自领以东七县，都尉主之，皆以濊为民。后省都尉，封其渠帅为侯，今不耐濊皆其种也。汉末更属句丽。其俗重山川，山川各有部分，不得妄相涉入。同姓不婚。多忌讳，疾病死亡辄捐弃旧宅，更作新居。有麻布，蚕桑作绵。晓候星宿，豫知年岁丰约。不以珠玉为宝。常用十月节祭天，昼夜饮酒歌舞，名之为舞天，又祭虎以为神。其邑落相侵犯，辄相罚责生口牛马，名之为责祸。杀人者偿死。少寇盗。作矛长三丈，或数人共持之，能步战。乐

住在洞穴里，大户人家的洞穴深度有九段阶梯，阶梯越多越荣贵。挹娄气候寒冷，胜过夫馀。其习俗好养猪，吃猪肉，穿猪皮制成的衣服。冬天把猪油膏涂在身上，厚度达几分，用来抵御风寒。夏天则裸露身体，用一尺布盖在前后遮住身体。不讲卫生清洁，把猪圈修建在中间，人围着猪圈居住。挹娄用的弓长四尺，劲力像弩一样，箭杆用楛木制成，长一尺八寸，用青石做箭头，这里就是古代肃慎氏的国土。国人善射，射人全都射眼睛。箭头涂上毒药，被射中的人全都死亡。出产赤玉、上好貂皮，就是现在所说的挹娄貂。汉朝以来，挹娄臣属于夫馀，夫馀向挹娄征收沉重的租赋，所以黄初年间挹娄叛离了夫馀。夫馀多次讨伐挹娄，挹娄人数虽少，但隐藏在险峻的山中，邻国人又害怕挹娄的弓箭，所以始终不能降服挹娄。挹娄人擅长乘船抢劫，邻国人深以为患。东北方的夷人饮食全都用俎豆之类的食具，只有挹娄不是这样，挹娄的法制习俗是最没有规矩的。

濊南与辰韩，北与高句丽、沃沮相接，东临大海，今天的朝鲜以东的地方都是它的领地。有人口二万户。从前，箕子到朝鲜后，做了八条章法来教化他们。此地夜不闭户但是却没有盗贼。从那以后四十余代，朝鲜侯准僭越称王。陈胜起义，天下叛秦，燕、齐、赵等地居民避难到朝鲜的有好几万人。燕人卫满，联合当地部落，在当地称王。汉武帝征伐消灭朝鲜，将其分为四郡。从此以后，汉人和少数民族逐渐有所区别。濊人没有大君主，自汉朝以来，官员有侯邑君、三老等名称，统治下户人家。其老者自称与高句丽是同族。人性老实忠厚，少贪欲，有廉耻，不向人乞求。语言法俗与高句丽大体相同，穿的衣服不一样。男女衣服都有曲领，男子把几寸大的银花缀在衣服上为装饰。自单单大山领以西属乐浪郡，自领以东七个县由东部都尉统辖，以濊族百姓为编民。后来，朝廷撤销都尉，封其首领为侯，今不耐濊皆其种族。汉末改属高句丽。他们的习俗重视山川，山川各有归属，不得随便进入。同姓人不通婚。忌讳很多，有人疾病死亡全都抛弃旧宅，重建新居。产麻布，用蚕桑做绵。懂得观察星象，预先知道收成好坏。不以珠玉为宝物。常在十月节祭天，昼夜饮酒歌舞，称为舞天，又祭虎为神。部落间发生争斗，总是用收取奴隶牛马作为惩

浪檀弓出其地。其海出班鱼皮，土地饶文豹，又出果下马，汉桓时献之。

正始六年，乐浪太守刘茂、带方太守弓遵以领东濊属句丽，兴师伐之，不耐侯等举邑降。其八年，诣阙朝贡，诏更拜不耐濊王。居处杂在民间，四时诣郡朝谒。二郡有军征赋调，供给役使，遇之如民。

韩在带方之南，东西以海为限，南与倭接，方可四千里。有三种，一曰马韩，二曰辰韩，三曰弁韩。辰韩者，古之辰国也。马韩在西。其民土著，种植，知蚕桑，作绵布。各有长帅，大者自名为臣智，其次为邑借，散在山海间，无城郭。有爰襄国、牟水国、桑外国、小石索国、大石索国、优休牟涿国、臣濆沽国、伯济国、速卢不斯国、日华国、古诞者国、古离国、怒蓝国、月支国、咨离牟卢国、素谓乾国、古爰国、莫卢国、卑离国、占离卑国、臣衅国、支侵国、狗卢国、卑弥国、监奚卑离国、古蒲国、致利鞠国、冉路国、儿林国、驷卢国、内卑离国、感奚国、万卢国、辟卑离国、臼斯乌旦国、一离国、不弥国、支半国、狗素国、捷卢国、牟卢卑离国、臣苏涂国、莫卢国、古腊国、临素半国、臣云新国、如来卑离国、楚山涂卑离国、一难国、狗奚国、不云国、不斯濆邪国、爰池国、乾马国、楚离国，凡五十余国。大国万余家，小国数千家，总十余万户。辰王治月支国。臣智或加优呼、臣云、遣支、报安、邪、踧支、濆臣离儿、不例拘、邪秦、支廉之号。其官有魏率善、邑君、归义侯、中郎将、都尉、伯长。

侯准既僭号称王，为燕亡人卫满所攻夺，将其左右宫人走入海，居韩地，自号韩王。其后绝灭，今韩人犹有奉其祭祀者。汉时属乐浪郡，四时朝谒。

罚，叫它责祸。杀人者偿命。少有强盗。矛长三丈，有的要用几个人共同使用，擅长步战。乐浪郡的檀弓出自这里。海里出班鱼皮，陆地上有带花纹的豹子，又出产果下马，汉桓帝时曾向朝廷进贡过。

正始六年，乐浪郡太守刘茂、带方郡太守弓遵因为领东濊归属句丽，于是兴师讨伐，不耐侯等全城投降。正始八年，不耐侯到朝廷朝贡，朝廷下诏改封为不耐濊王。混杂在民间居住，四时到郡署拜见太守。两郡调兵进行军事征伐，让他供给役使，待之如民。

韩在带方之南，东西两面都是大海，南与倭国拥接，方圆约四千里。有三个部族，一叫马韩，二叫辰韩，三叫弁韩。所谓辰韩，就是古代的辰国。马韩在西部。其居民都是土著，能耕种，懂蚕桑，会制绵布。各部落都有自己的首领，大的自称为“臣智”，小一点的自称“邑借”，散住在山海之间，没有城郭。有爰襄国、牟水国、桑外国、小石索国、大石索国、优休牟涿国、臣濆沽国、伯济国、速卢不斯国、日华国、古诞者国、古离国、怒蓝国、月支国、咨离牟卢国、素谓乾国、古爰国、莫卢国、卑离国、占离卑国、臣衅国、支侵国、狗卢国、卑弥国、监奚卑离国、古蒲国、致利鞠国、冉路国、儿林国、驷卢国、内卑离国、感奚国、万卢国、辟卑离国、臼斯乌旦国、一离国、不弥国、支半国、狗素国、捷卢国、牟卢卑离国、臣苏涂国、莫卢国、古腊国、临素半国、臣云新国、如来卑离国、楚山涂卑离国、一难国、狗奚国、不云国、不斯濆邪国、爰池国、乾马国、楚离国，共五十多国。大国有一万多户，小国几千家，总有十万多户。辰王的治所在月支国。臣智有时给予优待称为臣云、遣支、报安、邪、踧支、濆臣离儿、不例拘、邪秦、支廉的称号。其官职有魏率善、邑君、归义侯、中郎将、都尉、伯长。

侯准僭越称王后，濊国被燕国逃亡的人卫满所攻夺。卫满带着侯准的僚属、宫女跑到海上，住在韩地，自号“韩王”。其后绝灭，现在韩人还有奉拜祭祀的。汉时韩归属乐浪郡，四季都到东浪郡拜见郡守。

桓、灵之末，韩濊强盛，郡县不能制，民多流入韩国。建安中，公孙康分屯有县以南荒地为带方郡，遣公孙模、张敞等收集遗民，兴兵伐韩濊，旧民稍出，是后倭韩遂属带方。景初中，明帝密遣带方太守刘昕、乐浪太守鲜于嗣越海定二郡，诸韩国臣智加赐邑君印绶，其次与邑长。其俗好衣帻，下户诣郡朝谒，皆假衣帻，自服印绶衣帻千有余人。部从事吴林以乐浪本统韩国，分割辰韩八国以与乐浪，吏译转有异同，臣智激韩忿，攻带方郡崎离营。时太守弓遵、乐浪太守刘茂兴兵伐之，遵战死，二郡遂灭韩。

其俗少纲纪，国邑虽有主帅，邑落杂居，不能善相制御。无跪拜之礼。居处作草屋土室，形如冢，其户在上，举家共在中，无长幼男女之别。其葬有椁无棺，不知乘牛马，牛马尽于送死。以璎珠为财宝，或以缀衣为饰，或以悬颈垂耳，不以金银锦绣为珍。其人性强勇，魁头露紒，如炅兵，衣布袍，足履革蹻蹋。其国中有所为及官家使筑城郭，诸年少勇健者，皆凿脊皮，以大绳贯之，又以丈许木锸之，通日嚾呼作力，不以为痛，既以劝作，且以为健。常以五月下种讫，祭鬼神，群聚歌舞，饮酒昼夜无休。其舞，数十人俱起相随，踏地低昂，手足相应，节奏有似铎舞。十月农功毕，亦复如之。信鬼神，国邑各立一人主祭天神，名之天君。又诸国各有别邑，名之为苏涂。立大木，悬铃鼓，事鬼神。诸亡逃至其中，皆不还之，好作贼。其立苏涂之义，有似浮屠，而所行善恶有异。其北方近郡诸国差晓礼俗，其远处直如囚徒奴婢相聚。无他珍宝。禽兽草木略与中国同。出大栗，大如梨。又出细尾鸡，其尾皆长五尺余。其男子时时有文身。又有州胡在马韩之西海中大岛上，其人差短小，言语不与韩同，皆髡头如鲜卑，但衣韦，好养牛及猪。其衣有上无下，略如裸势。乘船往来，市买韩中。

汉桓帝、灵帝末年，韩濊日益强盛，郡县不能控制。中原百姓有很多流亡韩国的。建安年间，公孙康将屯有县以南的荒地划为带方郡，派公孙模、张敞等人收拢各地流民，起兵讨伐韩濊，原先流亡韩地的人逐渐离开回到汉郡。其后，倭、韩归属带方郡。景初年间，明帝密遣带方太守刘昕、乐浪太守鲜于嗣渡海平定二郡，韩国臣智被赐邑君印绶，其次赐予邑长。当地风俗好戴衣帽，下民到郡里拜谒，都讨取衣帽，自此，私穿朝服戴冠帽、自备印绶的有一千多人。部从事吴林认为，乐浪原来管辖韩国，现在将辰韩分成八个国家归属乐浪，译使转译与原意有出入，臣智激怒韩国，便攻带方郡崎离营。当时带方郡太守弓遵、乐浪郡太守刘茂起兵讨伐臣智，弓遵战死，二郡灭掉了韩国。

马韩的风俗缺乏约束，国家虽然有主帅，但各个邑落杂居，不能统一指挥管理。没有跪拜的礼仪。住房是草屋土室，形状像个坟头，门开在上方，全家都住在里面，没有长幼男女的区别。马韩的葬俗有外棺没内棺，不会骑乘牛马，牛马全都用来送葬。把珠玉视为宝物，有的点缀在衣服上做装饰，有的挂在脖子上或耳朵上，不以金银锦绣为珍贵物品。这些人生性强悍勇敢，头发盘成发髻露在外面，就像闪闪发亮的兵器，身穿布袍，脚穿兽皮鞋。每当国中有体力劳作或官府让百姓筑城墙，那些勇敢健壮的年轻人，全都割破脊背上的皮肤，用大绳子穿过去，又用一丈多长的木棍插在上面，整日地呐喊劳作，不感觉疼痛，既用来为自己鼓劲，又用这来表示强健。常在五月播种完毕，祭祀鬼神，聚在一起唱歌跳舞，昼夜饮酒不止。马韩的舞蹈，由几十个人随着一个人跳舞，脚踏地面低头扬头，手脚响应，节奏很像铎舞。十月份收割完毕，也这样庆贺。崇信鬼神，每个部落都有一个人主管祭祀天神，被人们称为天君。每个小国都另外有一个城邑。城邑中立有被称为苏涂的建筑。在苏涂中立大木柱，把铃鼓悬挂在上面，用这来侍奉鬼神。逃亡的人进入苏涂，都不回去，而是在一起做贼寇。立苏涂的意思，就像中原建立佛塔，但佛塔与苏涂，一个教人行善，一个助人作恶，很不相同。在北方靠近汉人边郡的几个小国，稍微知道一些礼仪，而其他在远方的人就像囚徒奴婢聚在一起。没有其

辰韩在马韩之东，其耆老传世，自言古之亡人避秦役来适韩国，马韩割其东界地与之。有城栅。其言语不与马韩同，名国为邦，弓为弧，贼为寇，行酒为行觞。相呼皆为徒，有似秦人，非但燕、齐之名物也。名乐浪人为阿残；东方人名我为阿，谓乐浪人本其残余人。今有名之为秦韩者。始有六国，稍分为十二国。

弁韩亦十二国，又有诸小别邑，各有渠帅，大者名臣智，其次有险侧，次有樊濊，次有杀奚，次有邑借。有已柢国、不斯国、弁辰弥离弥冻国、弁辰接涂国、勤耆国、难弥离弥冻国、弁辰古资弥冻国、弁辰古淳是国、冉奚国、弁辰半路国、弁辰乐奴国、军弥国、弁辰弥乌邪马国、如湛国、弁辰甘路国、户路国、州鲜国、马延国、弁辰狗邪国、弁辰走漕马国、弁辰安邪国、弁辰渎卢国、斯卢国、优由国。弁、辰韩合二十四国，大国四五千家，小国六七百家，总四五万户。其十二国属辰王。辰王常用马韩人作之，世世相继。辰王不得自立为王。土地肥美，宜种五谷及稻，晓蚕桑，作缣布，乘驾牛马。嫁娶礼俗，男女有别。以大鸟羽送死，其意欲使死者飞扬。国出铁，韩、濊、倭皆从取之。诸市买皆用铁，如中国用钱，又以供给二郡。俗喜歌舞饮酒。有瑟，其形似筑，弹之亦有音曲。儿生，便以石厌其头，欲其褊。今辰韩人皆褊头。男女近倭，亦文身。便步战，兵仗与马韩同。其俗，行者相逢，皆住让路。

弁韩与辰韩杂居，亦有城郭。衣服居处与辰韩同。言语法俗相

他的珍宝。禽兽草木与中原差不多。出产大栗子，像梨一样大。又出产细尾鸡，尾巴有五尺多长。男子常常有文身的情况。还有一个叫州胡的地方在马韩西面海中的大岛上，那里的人身材矮小，语言与马韩不同，都光着头就像鲜卑人一样，只穿皮衣，喜欢养牛和猪。那里人的衣服有上衣没有下衣，差不多像裸体一样。经常乘船往来，在韩国购买东西。

辰韩在马韩之东，他们的老年人向后人传授，自称是古代逃亡的人为了躲避秦朝徭役来到韩国，马韩分割其东部界地让他们居住。有城市栅栏。他们语言与马韩不同，叫“国”为“邦”，叫“弓”为“弧”，叫“贼”为“寇”，叫“行酒”为“行觞”。相互打招呼称对方为“徒”，与秦人相似，不是燕国、齐国事物的名称。称乐浪人为“阿残”，东方人说“我”为“阿”，是说乐浪人原本是他们的残余之人。现在有叫他们为“秦韩”的。开始有六国，逐渐分为十二国。

弁韩也有十二国，还有很多小的城邑，各有首领，大者称“臣智”，其次有“险侧”，再次有“樊濊”，还有“杀奚”“邑借”等名。有已柢国、不斯国、弁辰弥离弥冻国、弁辰接涂国、勤耆国、难弥离弥冻国、弁辰古资弥冻国、弁辰古淳是国、冉奚国、弁辰半路国、弁辰乐奴国、军弥国、弁辰弥乌邪马国、如湛国、弁辰甘路国、户路国、州鲜国、马延国、弁辰狗邪国、弁辰走漕马国、弁辰安邪国、弁辰渎卢国、斯卢国、优由国。弁韩、辰韩共有二十四国，大国四五千户，小国六七百户，总共四五万户。其中十二国属辰王统辖，辰王常由马韩人担任，世代相传。辰王不得自立为王。那里土地肥沃，适宜种植五谷和水稻，居民懂得种桑养蚕，制作缉布，乘驾牛马。婚嫁礼俗，男女有别。用大鸟的羽毛殉葬，意思是想让死去的人能飞升上天。国中出产铁，韩人、濊人、倭人都从这里采铁。各地市场上交易都用铁，就像中原用钱币一样，又以铁供给带方、乐浪郡。风俗喜歌舞饮酒。有乐器名“瑟”，形状如筑，弹奏起来也有音乐曲调。孩子生下后，就用石块压他的头，想使他头扁。现在的辰韩人都是扁头。其男女长相与倭人相近，也有文身的习俗。惯于步战，所用兵器与马韩相同。其风俗，行人在路上相遇，都会停下来给对方让路。

弁韩与辰韩杂居，也有城郭。衣服和居住都和辰韩相同。语言

似，祠祭鬼神有异，施灶皆在户西。其渎卢国与倭接界。十二国亦有王，其人形皆大。衣服洁清，长发。亦作广幅细布。法俗特严峻。

倭人在带方东南大海之中，依山岛为国邑。旧百余国，汉时有朝见者，今使译所通三十国。从郡至倭，循海岸水行，历韩国，乍南乍东，到其北岸狗邪韩国，七千余里，始度一海，千余里至对马国。其大官曰卑狗，副曰卑奴母离。所居绝岛，方可四百余里，土地山险，多深林，道路如禽鹿径。有千余户，无良田，食海物自活，乘船南北市籴。又南渡一海千余里，名曰瀚海，至一大国，官亦曰卑狗，副曰卑奴母离。方可三百里，多竹木丛林，有三千许家，差有田地，耕田犹不足食，亦南北市籴。又渡一海，千余里至末卢国，有四千余户，滨山海居，草木茂盛，行不见前人。好捕鱼鳆，水无深浅，皆沉没取之。东南陆行五百里，到伊都国，官曰尔支，副曰泄谟觚、柄渠觚。有千余户，世有王，皆统属女王国，郡使往来常所驻。东南至奴国百里，官曰兕马觚，副曰卑奴母离，有二万余户。东行至不弥国百里，官曰多模，副曰卑奴母离，有千余家。南至投马国，水行二十日，官曰弥弥，副曰弥弥那利，可五万余户。南至邪马壹国，女王之所都，水行十日，陆行一月。官有伊支马，次曰弥马升，次曰弥马获支，次曰奴佳鞮，可七万余户。自女王国以北，其户数道里可得略载，其余旁国远绝，不可得详。次有斯马国，次有已百支国，次有伊邪国，次有都支国，次有弥奴国，次有好古都国，次有不呼国，次有姐奴国，次有对苏国，次有苏奴国，次有呼邑国，次有华奴苏奴国，次有鬼国，次有为吾国，次有鬼奴国，次有邪马国，次有躬臣国，次有巴利国，次有支惟国，次有乌奴国，次有奴国，此女王境界所尽。其南有狗奴国，男子为王，其官有狗古智卑狗，不属女王。自郡至女王国万二千余里。

法律习俗相似，但只有祭祀鬼神与辰韩不同，灶台全都砌在房子的西边。其中的渎卢国与倭国相接。十二个国也有国王，国人都长得高大，衣服干净，留长发。也能织宽幅的细布。法律特别严厉。

倭人在带方郡东南的大海中，沿山岛建立城邑。过去有一百多国，汉朝时曾派人入朝觐见，现在和中国靠翻译有使者往来的有三十国。从带方郡去倭国，沿海岸航行，过韩国，一会儿向南、一会儿向东，就到了倭国北岸的狗邪韩国，有七千多里，这才过了一个海，再航行一千多里到对马国。他们的大官叫卑狗，副职叫卑奴母离。所居岛屿四面环海，方圆约四百多里，山岭险峻，有很多茂密的森林，道路狭窄如同野兽走的小道。有一千多户人家，没有良田，吃海物为生，乘船到南北其他国家购买粮食。又往南渡海一千多里，名叫瀚海，到达一个大国，官员也称卑狗，副手也称卑奴母离。方圆三百里，有很多竹木丛林，人口三千多家，略微有些田地，耕种还满足不了吃饭问题，也是到南北其他国家市场购买。再渡一海，走一千多里就到了末卢国，有人口四千多户，依山靠海而居，草木繁茂，走路时看不到前面的行人。喜欢捕鱼，不论水的深浅，都潜到水底去捉。沿陆路向东南走五百里就到了伊都国，大官称尔支，副手称泄谟觚、柄渠觚。人口有一千多户，世代有国王，全都统属于女王国，带方郡的使者往来经常住在这里。向东南走一百里就到了奴国，大官称兕马觚，副手称卑奴母离，人口有二万多户。往东行一百里就到不弥国，官叫多模，副职叫卑奴母离，有一千多户人家。往南到投马国，水路航行需二十天，官叫弥弥，副职叫弥弥那利，有人口五万多户。由此往南到邪马壹国，是女王都城所在，水路需十天，陆路走则要一个月。邪马壹国的官叫伊支马，次一等级叫弥马升，再次一等级叫弥马获支，又次叫奴佳鞮，人口约七万多户。从女王国往北，居民户数和路程大略可以记载，其余各国距离遥远，不知道它们的详情。依次为斯马国，百支国，伊邪国，都支国，弥奴国，好古都国，不呼国，姐奴国，对苏国，苏奴国，呼邑国，华奴苏奴国，鬼国，为吾国，鬼奴国，邪马国，躬臣国，巴利国，支惟国，乌奴国，奴国，到此就是女王辖地的尽头了。从这里再往南就是狗奴国，男子为国王，官有狗古智卑狗，不属女王管辖。

男子无大小皆黥面文身。自古以来，其使诣中国，皆自称大夫。夏后少康之子封于会稽，断发文身以避蛟龙之害。今倭水人好沈没捕鱼蛤，文身亦以厌大鱼水禽，后稍以为饰。诸国文身各异，或左或右，或大或小，尊卑有差。计其道里，当在会稽、东冶之东。其风俗不淫，男子皆露紒，以木绵招头。其衣横幅，但结束相连，略无缝。妇人被发屈紒，作衣如单被，穿其中央，贯头衣之。种禾稻、纻麻、蚕桑、缉绩，出细纻、缣绵。其地无牛马虎豹羊鹊。兵用矛、楯、木弓。木弓短下长上，竹箭或铁镞或骨镞，所有无与儋耳、朱崖同。倭地温暖，冬夏食生菜，皆徒跣。有屋室，父母兄弟卧息异处，以朱丹涂其身体，如中国用粉也。食饮用笾豆，手食。其死，有棺无椁，封土作冢。始死停丧十余日，当时不食肉，丧主哭泣，他人就歌舞饮酒。已葬，举家诣水中澡浴，以如练沐。其行来渡海诣中国，恒使一人，不梳头，不去虮虱，衣服垢污，不食肉，不近妇人，如丧人，名之为持衰。若行者吉善，共顾其生口财物；若有疾病，遭暴害，便欲杀之，谓其持衰不谨。出真珠、青玉。其山有丹，其木有柟、杼、豫樟、楺枥、投橿、乌号、枫香，其竹筱竿、桃支。有姜、桔、椒、蘘荷，不知以为滋味。有猕猴、黑雉。其俗举事行来，有所云为，辄灼骨而卜，以占吉凶，先告所卜，其辞如令龟法，视火坼占兆。其会同坐起，父子男女无别，人性嗜酒。见大人所敬，但搏手以当跪拜。其人寿考，或百年，或八九十年。其俗，国大人皆四五妇。下户或二三妇。妇人不淫，不妒忌。不盗窃，少诤讼。其犯法，轻者没其妻子，重者灭其门户。及宗族尊卑，各有差序，足相臣服。收租赋。有邸阁。国国有市，交易有无，使大倭监之。自女王国以北，特置一大率，检察诸国，诸国畏惮之。常治伊都国，于国中有如刺史。王遣使诣京都、带方郡、诸韩国，及郡使倭国，皆临津搜露，传送文书赐遗之物诣女王，不得差错。下户与大人相逢道路，逡巡入草；传辞

从带方郡到女王国共一万二千多里。

倭人男子不分大小都在脸上、身上刺有花纹。自古以来，凡是使节到中国，都自称大夫。夏朝的国王少康的儿子封在会稽，他剃去头发、在身上刺上花纹来躲避蛟龙的伤害。现在的倭人喜欢潜入水中捕捞鱼蛤，也在身上刺花纹用来吓走大鱼水兽，后来逐渐成为一种装饰。倭人文身各国均不相同，有大有小，尊卑不同，文身样式和部位也有所差异。按照到倭国的路程，其所在应在会稽、东冶的东面。倭人风俗不淫乱，男子露着发髻，只以木棉布扎头。穿腰裙，但联结而成，不缝制。妇女们披着头发弯挽发髻，制作衣服就像单被，在中间穿一个洞，套在头上穿。种植禾稻、苎麻，种桑养蚕、析麻搓线，生产细麻布、绢布和丝绵。倭地没有牛马虎豹羊鹊。兵器有矛、盾、木弓。木弓下短上长，箭头有竹箭头或铁箭头或骨箭头，所有这些都与儋耳、朱崖不同。倭地气候温暖，冬夏都吃生菜，光着脚，建有屋室，父母兄弟休息时不在一处。用朱丹涂抹身体，就像中国用粉一样。饮食用笾豆，以手抓食。安葬死人，有棺无椁，用土垒成坟头。从死开始停丧十余日，期间不吃肉，服丧的主人哭泣，别人则歌舞饮酒。葬毕，全家到水中洗澡，就像对熟绢加以冲洗一样。他们渡海来中国，常使一人不梳头，不清除虫卵虱子，衣服污秽，不吃肉，不近女人，如服丧的人一样，名为“持衰”。来的人若吉利平安，大家便用牲口、财物酬劳此人；若有疾病或突受灾害，就想杀他，认为他“持衰”不严。倭地出产珍珠、青玉，山上有丹砂，树木有柟、杼、豫樟、楺枥、投、乌号、枫香，竹子有筱竿、桃支；虽有姜、橘、椒、蘘荷，但不知道用来调味。有猕猴、黑雉。其习惯上有事要办，便烧骨占卜，推断吉凶，首先说出所卜何事，言辞就像用龟壳进行占卜，同时观察骨头炙裂的情况来占卜预兆。聚会时的坐立次序，没有父子男女区别，其人嗜好饮酒。见到大人，不过是用拍手来当跪拜以示尊敬。考察寿禄，有百岁，也有八九十岁。其风俗是，国中的大人都是四五个妻子，下户有的是两三个妻子。妇人不淫乱、不妒忌。人们不盗窃，很少有争讼之事发生。如果是犯法，轻的将其妻子儿女收没官家，重者则满门抄斩。至于宗族上下尊卑，也是各有等级差别，足以使人们服

说事，或蹲或跪，两手据地，为之恭敬。对应声曰噫，比如然诺。

其国本亦以男子为王，住七八十年，倭国乱，相攻伐历年，乃共立一女子为王，名曰卑弥呼，事鬼道，能惑众，年已长大，无夫婿，有男弟佐治国。自为王以来，少有见者。以婢千人自侍，唯有男子一人给饮食，传辞出入。居处宫室楼观，城栅严设，常有人持兵守卫。

女王国东渡海千余里，复有国，皆倭种。又有侏儒国在其南，人长三四尺，去女王四千余里。又有裸国、黑齿国复在其东南，船行一年可至。参问倭地，绝在海中洲岛之上，或绝或连，周旋可五千余里。

景初二年六月，倭女王遣大夫难升米等诣郡，求诣天子朝献，太守刘夏遣吏将送诣京都。其年十二月，诏书报倭女王曰："制诏亲魏倭王卑弥呼：带方太守刘夏遣使送汝大夫难升米、次使都市牛利奉汝所献男生口四人，女生口六人，班布二匹二丈，以到。汝所在逾远，乃遣使贡献，是汝之忠孝，我甚哀汝。今以汝为亲魏倭王，假金印紫绶，装封付带方太守假授汝。其绥抚种人，勉为孝顺。汝来使难升米、牛利涉远，道路勤劳，今以难升米为率善中郎将，牛利为率善校尉，假银印青绶，引见劳赐遣还。今以绛地交龙锦五匹、绛地绉粟罽十张、茜绛五十匹、绀青五十匹，答汝所献贡直。又特赐汝绀地句文锦三匹、细班华罽五张、白绢五十匹、金八两、

从。倭国收取租赋，建有囤积粮食和其他物资的仓库。各国都设有市场，交易有无，派大倭对市场进行监督。从女王国以北，特设一位大率，监察各国，诸国对大率都很畏惧。大率通常把治所设在伊都国，在这里他的职权有如刺史。女王派遣使者到京都、带方郡、韩国各地，或带方郡使者出使倭国，大率都要亲临津关查验，传送文书以及朝廷赐给女王的物品，不得有所差错。百姓与大人在路上相遇，就恭敬地退到路旁的草丛中；传达辞意讲述事情，或蹲或跪，两手抵地，表现得很是恭敬。应声为"噫"，相当于许诺的意思。

倭国本来是以男子为王，过了七八十年后，倭国发生混乱，各小国互相攻打了一年多，于是就共立一个女子为王，女子名叫卑弥呼，她信奉鬼道，能迷惑众人，年纪已经很大，没有丈夫，一个弟弟帮助她治理国事。自从当了国王以来，很少有人见到她。有一千名女仆侍奉她，只有一名男子供给她饮食，并进出通报传令。她的居处有宫室楼台，外有城墙栅栏严密设防，常有人手持兵器守卫。

从女王国向东航海一千多里，还有国家，都是倭种人。又有侏儒国在它南面，人身高三四尺，离女王国有四千多里。又有裸国、黑齿国还在它的东南，船行一年可以到达。考察倭人住地，远在海里的沙洲岛屿上，或四面隔绝、或相互连通，周围大约有五千多里。

景初二年六月，倭国女王派遣大夫难升米等人到带方郡来，请求到天子那里朝贡，太守刘夏派官员把他们送到京都。这年十二月，朝廷下诏书告知倭女王，说："诏示亲魏倭王卑弥呼：带方太守刘夏派使节送你的大夫难升米、副使都市牛利进奉你所献的男奴隶四人、女奴隶六人、班布二匹二丈，已经收到。你住的地方遥远，还派使臣贡献，这体现了你的忠孝，我特别爱怜你。现封你为亲魏倭王，授金印紫绶，装盒密封后交由带方郡太守刘夏颁授予你。你要爱抚国内百姓，努力效忠魏朝。你的使臣难升米、牛利远道而来不辞勤劳，现任命难升米为率善中郎将，牛利为率善校尉，授银印青绶，接见慰劳赏赐之后送他们回国。现在赐给你五匹深红色有交龙花纹的织锦、十张深红色带有皱纹图案的毛毯、五十匹茜绛色细绢、五十

五尺刀二口、铜镜百枚、真珠、铅丹各五十斤，皆装封付难升米、牛利还到录受。悉可以示汝国中人，使知国家哀汝，故郑重赐汝好物也。”

正始元年，太守弓遵遣建忠校尉梯儁等奉诏书印绶诣倭国，拜假倭王，并赍昭赐金、帛、锦罽、刀、镜、采物，倭王因使上表答谢恩诏。其四年，倭王复遣使大夫伊声耆、掖邪狗等八人，上献生口、倭锦、绛青缣、绵衣、帛布、丹木、𤝔、短弓矢。掖邪狗等壹拜率善中郎将印绶。其六年，诏赐倭难升米黄幢，付郡假授。其八年，太守王颀到官。倭女王卑弥呼与狗奴国男王卑弥弓呼素不和，遣倭载斯、乌越等诣郡说相攻击状。遣塞曹掾史张政等因赍诏书、黄幢，拜假难升米为檄告喻之。卑弥呼以死，大作冢，径百余步，徇葬者奴婢百余人。更立男王，国中不服，更相诛杀，当时杀千余人。复立卑弥呼宗女壹与，年十三为王，国中遂定。政等以檄告喻壹与，壹与遣倭大夫率善中郎将掖邪狗等二十人送政等还，因诣台，献上男女生口三十人，贡白珠五千，孔青大句珠二枚，异文杂锦二十匹。

评曰：《史》《汉》著朝鲜、两越，东京撰录西羌。魏世匈奴遂衰，更有乌丸、鲜卑，爰及东夷，使译时通，记述随事，岂常也哉！

匹绀青色细绢，作为对你所献贡品的酬报。再特别赏赐你带有钩状花纹的深红色锦缎三匹、带有细斑点花纹的毛毯五张、白绢五十匹、黄金八两、五尺长钢刀两口、铜镜百枚、珍珠、铅丹各五十斤，全都装封好交给难升米、牛利带给你照清单查收。完全可以向你的国人展示这些赏赐品，让他们知道朝廷对你的爱怜，所以，郑重地赐给你这么多好东西。”

正始元年，带方太守弓遵派建忠校尉梯儁等人带诏书和印绶来到倭国，授予倭王，并奉命赐给倭王黄金、丝绸、锦毯、刀、铜镜、旌旗服饰等物，倭王则请梯儁送上表章答谢皇帝的恩赐。正始四年，倭王又派大夫伊声耆、掖邪狗等八人贡献奴隶、倭锦、绛青缣、丝绵衣、绸布、红木、弣和短的弓箭。掖邪狗等人都被授予率善中郎将。正始六年，皇帝下诏赐给倭臣难升米黄伞盖，委派带方郡太守代授。正始八年，带方新太守王颀到任。倭国女王卑弥呼与狗奴国男王卑弥弓呼素来不和，她派遣载斯、乌越等人到带方郡诉说与狗奴国男王互相攻打的情况。王颀派遣塞曹掾史张政等人带诏书、黄幢，拜授难升米发布檄告晓谕女王和男王。这时卑弥呼已死，倭人修建了一个很大的坟墓，直径达一百多步，殉葬的奴婢有一百多人。倭国改立男王，但是倭人不服，互相争杀，当时就杀了一千多人。只得再立卑弥呼宗女壹与，她年纪十三岁就当了王，于是，国内安定下来。张政等人发布檄告晓谕壹与，壹与派倭国大夫率善中郎将掖邪狗等二十人送张政等人回到带方郡，又乘便到朝廷朝见，献上男女奴隶三十人，珍珠五千颗，孔青大句珠两枚，各种异色文彩的杂锦二十匹。

评论：《史记》《汉书》记载朝鲜、东越和南越的情况，《东观汉记》也记载了西羌的情况。到魏朝的时候匈奴便衰落了，又有乌丸、鲜卑兴起来了，东北部的夷族，也通过翻译和中原王朝时时交往。记载要随情况的变化而变，哪有一成不变的啊！

卷三十一　蜀书一

刘二牧传第一

刘焉字君郎，江夏竟陵人也，汉鲁恭王之后裔，章帝元和中徙封竟陵，支庶家焉。焉少仕州郡，以宗室拜中郎，后以师祝公丧去官。居阳城山，积学教授，举贤良方正，辟司徒府，历雒阳令、冀州刺史、南阳太守、宗正、太常。焉睹灵帝政治衰缺，王室多故，乃建议言："刺史、太守，货赂为官，割剥百姓，以致离叛。可选清名重臣以为牧伯，镇安方夏。"焉内求交阯牧，欲避世难。议未即行，侍中广汉董扶私谓焉曰："京师将乱，益州分野有天子气。"焉闻扶言，意更在益州。会益州刺史郤俭赋敛烦扰，谣言远闻，而并州杀刺史张壹，凉州杀刺史耿鄙，焉谋得施。出为监军使者，领益州牧，封阳城侯，当收俭治罪；扶亦求为蜀郡西部属国都尉，及太仓令巴西赵韪去官，俱随焉。

是时益州逆贼马相、赵祗等于绵竹县自号黄巾，合聚疲役之民，一二日中得数千人，先杀绵竹令李升，吏民翕集，合万余人，便前破雒县，攻益州杀俭，又到蜀郡、犍为，旬月之间，破坏三郡。相自称天子，众以万数。州从事贾龙领家兵数百人在犍为东界，摄敛吏民，得千余人，攻相等，数日破走，州界清静。龙乃选吏卒迎焉。焉徙治绵竹，抚纳离叛，务行宽惠，阴图异计。张鲁母始以鬼道，又有少容，常往来焉家，故焉遣鲁为督义司马，住汉中，断绝谷阁，杀害汉使。焉上书言米贼断道，不得复通，又托他事杀州中豪强王咸、李权等十余人，以立威刑。犍为太守任岐及贾龙由此反攻焉，焉击杀岐、龙。

刘焉字君郎，是江夏竟陵县人。他是汉鲁恭王的后裔，在章帝元和年间改封到竟陵，宗族旁支就在那里安家。刘焉年轻的时候曾在州郡任职，因宗室身份被任为中郎，后因老师祝恬去世离职。刘焉居阳城山，探究学问并教授学生，被举荐为孝廉，征聘到司徒府，历任洛阳令、冀州刺史、南阳太守、宗正、太常卿等职。刘焉目睹当时朝政衰败，王室多事，便建议皇帝说："刺史、太守，为官贪利，盘剥百姓，以致民众离叛。应选用清廉大臣任州郡长官，以安定全国。"刘焉暗中设法谋取交阯牧之职，想借此躲避世乱。他的建议没有能实行，任侍中的广汉人董扶私下对刘焉说："京都将要发生变乱，益州有天子气。"刘焉听了董扶的话后，便想改赴益州任职。正赶上益州刺史郤俭横征暴敛，百姓怨愤，远近皆闻，并州刺史张壹、凉州刺史耿鄙被当地百姓杀死，刘焉如愿出任监军，兼任益州牧，封阳城侯并准备将郤俭治罪；董扶也请求出任蜀郡西部属国都尉，正巧太仓令巴西人赵韪被免官，即随刘焉而去。

当时，益州叛贼马相、赵祇等人在绵竹自称黄巾军，聚集疲于劳役的百姓，一两天内就得到几千人，首先杀了绵竹县令李升，民吏聚集，一共一万多人。又攻破雒县，杀了益州刺史郤俭，又进攻到蜀郡、犍为，不到一个月的时间，三郡均遭破坏。马相自称天子，部众数以万计。州从事贾龙率领家兵数百人在犍为东界，召集吏民一千多人，进攻马相等人，只几天，就战胜并赶走他们，州内又恢复秩序。贾龙便选派手下迎接刘焉。刘焉将州治所迁移到绵竹县，抚慰招纳叛离民众，力行宽惠政策，暗中打算割据称雄。张鲁的母亲起初在绵竹地区传播五斗米道，又显得比较年轻，常常往来于刘焉家，所以刘焉任命张鲁为督义司马，前往汉中，切断栈道，杀害了朝廷的使者。刘焉向朝廷上书说"前往朝廷的道路被五斗米道的人阻断，无法再通"，

焉意渐盛，造作乘舆车具千余乘。荆州牧刘表表上焉有似子夏在西河疑圣人之论。时焉子范为左中郎将，诞治书御史，璋为奉车都尉，皆从献帝在长安，惟叔子别部司马瑁素随焉。献帝使璋晓谕焉，焉留璋不遣。时征西将军马腾屯郿而反，焉及范与腾通谋，引兵袭长安。范谋泄，奔槐里，腾败，退还凉州，范应时见杀，于是收诞行刑。议郎河南庞羲与焉通家，乃募将焉诸孙入蜀。时焉被天火烧城，车具荡尽，延及民家。焉徙治成都，既痛其子，又感祆灾，兴平元年，痈疽发背而卒。州大吏赵韪等贪璋温仁，共上璋为益州刺史，诏书因以为监军使者，领益州牧，以韪为征东中郎将，率众击刘表。

璋，字季玉，既袭焉位，而张鲁稍骄恣，不承顺璋，璋杀鲁母及弟，遂为仇敌。璋累遣庞羲等攻鲁，数为所破。鲁部曲多在巴西，故以羲为巴西太守，领兵御鲁。后羲与璋情好携隙，赵韪称兵内向，众散见杀，皆由璋明断少而外言入故也。璋闻曹公征荆州，已定汉中，遣河内阴溥致敬于曹公。加璋振威将军，兄瑁平寇将军。瑁狂疾物故。璋复遣别驾从事蜀郡张肃送叟兵三百人并杂御物于曹公，曹公拜肃为广汉太守。璋复遣别驾张松诣曹公，曹公时已定荆州，走先主，不复存录松，松以此怨。会曹公军不利于赤壁，兼以疫死。松还，疵毁曹公，劝璋自绝，因说璋曰："刘豫州，使君之肺腑，可与交通。"璋皆然之，遣法正连好先主，寻又令正及孟达送兵数千助先主守御，正遂还。后松复说璋曰："今州中诸将庞羲、李异等皆恃功骄豪，欲有外意，不得豫州，则敌攻其外，民攻其内，必败之道也。"璋又从之，遣法正请先主。璋主簿黄权陈其利害，从事

又以其他事为借口杀了益州豪强王咸、李权等十多人，来建立自己的威信。犍为郡太守任岐和贾龙因此又反攻刘焉，刘焉击杀了任岐与贾龙。

刘焉称霸之心日益强烈，于是制造御辇一千多辆。荆州牧刘表上奏说，刘焉有类似于子夏在西河自比圣人的言论。当时刘焉的儿子刘范担任左中郎将、刘诞任治书御史、刘璋任奉车都尉，都在献帝身边，只有叔子别部司马刘瑁一直跟随刘焉。献帝派刘璋去告诫刘焉，刘焉就留下刘璋不让他回京。当时，征西将军马腾在郿县举兵反叛，刘焉、刘范与马腾合谋，率兵袭击长安。刘范密谋泄露，逃到槐里，马腾战败，退回凉州。刘范随即被杀，朝廷又收捕刘诞处死。议郎河南人庞羲和刘焉是姻亲，就找到刘焉的孙子们，带着他们入蜀。这时，刘焉的城池遭天火焚烧，不仅车辆器物荡然无存，而且，大火又殃及四周民房。刘焉遂将治所迁往成都。他既痛心亲子被杀，又为天灾所惊，因为背疮发作于兴平元年死去。益州官员赵韪等人知刘璋温厚仁和，一同上表推荐刘璋为益州刺史。于是，朝廷下诏封刘璋为监军使者，兼任益州牧。以赵韪为征东中郎将，率军攻打刘表。

刘璋，字季玉，承袭刘焉的官位后，张鲁逐渐放纵，不服从刘璋，刘璋便杀了张鲁的母亲和弟弟，因此这二人成为仇敌。刘璋派遣庞羲等人多次攻打张鲁，都被张鲁打败。张鲁的部众大多是巴西郡人，刘璋便任庞羲为巴西郡太守，领兵抵御张鲁。后来，庞羲与刘璋不和，产生了矛盾，赵韪又举兵进攻刘璋，失败被杀，这都是由于刘璋缺乏见识，又偏听偏信的缘故。刘璋听说曹操征伐荆州，已经平定了汉水中部，便派遣河内人阴溥向曹操致敬。朝廷加封刘璋为振威将军，任命刘璋兄刘瑁为平寇将军。后来刘瑁得疯病死去。刘璋又派遣别驾从事蜀郡人张肃送三百名蜀兵和日用物品给曹操，曹操任命张肃为广汉太守。刘璋又派遣别驾张松去见曹操，此时曹操已平定荆州，赶走了刘备，就没有任用张松，因此，张松对曹操不满。那时正值曹军赤壁失利，加之又瘟疫流行，士兵死亡很多。张松回来后，不断发泄对曹操的不满，劝刘璋与曹操断绝关系，并进一步劝刘璋说："刘备与您同族，是您贴心可靠的人，可以和他交往。"刘璋认为他说得都对，派法正和刘备联系结交，不久，又派遣法正与孟达带数千

广汉王累自倒县于州门以谏，璋一无所纳，敕在所供奉先主，先主入境如归。先主至江州，北由垫江水诣涪，去成都三百六十里，是岁建安十六年也。璋率步骑三万余人，车乘帐幔，精光曜日，往就与会；先主所将将士，更相之适，欢饮百余日。璋资给先主，使讨张鲁，然后分别。

明年，先主至葭萌，还兵南向，所在皆克。十九年，进围成都数十日，城中尚有精兵三万人，谷帛支一年，吏民咸欲死战。璋言："父子在州二十余年，无恩德以加百姓。百姓攻战三年，肌膏草野者，以璋故也，何心能安！"遂开城出降，群下莫不流涕。先主迁璋于南郡公安，尽归其财物及故佩振威将军印绶。孙权杀关羽，取荆州，以璋为益州牧，驻秭归。璋卒，南中豪率雍闿据益郡反，附于吴。权复以璋子阐为益州刺史，处交、益界首。丞相诸葛亮平南土，阐还吴，为御史中丞。初，璋长子循妻，庞羲女也。先主定蜀，羲为左将军司马，璋时从羲启留循，先主以为奉车中郎将。是以璋二子之后，分在吴、蜀。

评曰：昔魏豹闻许负之言则纳薄姬于室，刘歆见图谶之文则名字改易，终于不免其身，而庆钟二主。此则神明不可虚要，天命不可妄冀，必然之验也。而刘焉闻董扶之辞则心存益土，听相者之言则求婚吴氏，遽造舆服，图窃神器，其惑甚矣。璋才非人雄，而据土乱世，负乘致寇，自然之理，其见夺取，非不幸也。

士兵帮助刘备防守，法正很快就回来了。后来，张松又劝刘璋说："如今州将中如庞羲、李异等都居功自傲，已经有离意，如果得不到刘备的帮助，倘若敌人从外面进攻，有人在内部叛乱，你一定会遭到失败。"刘璋又听从了张松的话，派法正去请刘备。主簿黄权力阻刘璋并陈说其弊，益州从事广汉人王累自己倒吊于州府的大门上来劝谏刘璋，刘璋全都不听，并下令，刘备所到之处当地都要供给粮草，使刘备进入益州就像回到自己家一样。刘备至达江州，又由垫江水到达涪县，距成都只有三百六十里，这时是建安十六年。刘璋率领步兵骑兵三万多人，车辆帐篷在阳光下闪耀，前往涪城迎接刘备，刘备手下将士，也与对方相互拜访，欢宴一百多天。刘璋给刘备很大的资助，让他去讨伐张鲁，然后与他分别。

第二年，刘备到达葭萌关，回师南下，所到的地方全被攻下。建安十九年，进兵包围成都几十天。成都城中还有精兵三万，粮食布帛可以维持一年，士吏百姓都愿死战到底。刘璋说："我父子在益州二十多年，没有恩德施与百姓，又作战三年，尸横遍野，都是因为我的缘故，这让我怎能安心！"因此，打开城门投降，臣属们没有不流泪的。刘备把刘璋迁到南郡的公安县，又将他的财物及以前佩用的振威将军印绶全都归还给他。孙权杀死关羽，夺取荆州，任命刘璋为益州牧，驻扎秭归。刘璋死了以后，益州南部的豪强首领雍闿占据益州叛乱，归附吴国。孙权又任命刘璋的儿子刘阐为益州刺史，住在交州与益州的交界处。诸葛亮平定南方，刘阐到吴国，担任御史中丞。当初，刘璋长子刘循娶的妻子是庞羲的女儿。刘备平定蜀地，任命庞羲为左将军司马，刘璋当时听从庞羲的意见留下刘循，刘备就任命刘循为奉车中郎将。因此，刘璋两个儿子的后代，分别留在吴国、蜀国。

评论：过去魏豹听了许负的话就娶了薄姬为小妾，刘歆看见图谶的文字就改了自己的名字，然而都免不了自身受害，而把福庆赋予了刘邦、刘秀二主。这说明神灵不会无缘无故地赐福，天命也不可以妄自希求，这是受到必然验证的真理。而刘焉听从了董扶的话就想去益州，听了看相者的话又为儿子刘瑁聘娶吴家的女儿，又制造了皇帝的礼仪专车，心生窃据帝位之意，也太糊涂了。刘璋没有英雄的才干，

却在乱世割据一方，身负沉重却要乘华丽的马车，招致强盗的抢劫是自然而然的事，刘璋的地盘被别人夺取，也并非刘璋的不幸。

卷三十二　蜀书二

先主传第二

先主姓刘，讳备，字玄德，涿郡涿县人，汉景帝子中山靖王胜之后也。胜子贞，元狩六年封涿县陆城亭侯，坐酎金失侯，因家焉。先主祖雄，父弘，世仕州郡。雄举孝廉，官至东郡范令。

先主少孤，与母贩履织席为业。舍东南角篱上有桑树生高五丈余，遥望见童童如小车盖，往来者皆怪此树非凡，或谓当出贵人。先主少时，与宗中诸小儿于树下戏，言："吾必当乘此羽葆盖车。"叔父子敬谓曰："汝勿妄语，灭吾门也！"年十五，母使行学，与同宗刘德然、辽西公孙瓒俱事故九江太守同郡卢植。德然父元起常资给先主，与德然等。元起妻曰："各自一家，何能常尔邪！"起曰："吾宗中有此儿，非常人也。"而瓒深与先主相友。瓒年长，先主以兄事之。先主不甚乐读书，喜狗马、音乐、美衣服。身长七尺五寸，垂手下膝，顾自见其耳。少语言，善下人，喜怒不形于色。好交结豪侠，年少争附之。中山大商张世平、苏双等赀累千金，贩马周旋于涿郡，见而异之，乃多与之金财。先主由是得用合徒众。

灵帝末，黄巾起，州郡各举义兵，先主率其属从校尉邹靖讨黄巾贼有功，除安喜尉。督邮以公事到县，先主求谒，不通，直入缚督

先主姓刘，名备，字玄德，涿郡涿县人，是汉景帝的儿子中山靖王刘胜的后裔。刘胜的儿子刘贞，元狩六年被封为涿县陆城亭侯，因为所献的祭金违反礼制，触犯律令被削去爵位，从此就在涿郡安家。先主刘备的祖父刘雄，父亲刘弘，世代都在州郡为官。刘雄被举荐为孝廉，担任过东郡范县县令。

先主年少丧父，和母亲以卖鞋织席维持生计。他家东南角篱笆上有株高五丈多的桑树，远远望去枝叶茂盛就像小车盖，过往的行人都对这棵树的不同寻常感到奇怪，有人说这家肯定出大贵之人。先主小时候，和同宗族的小孩子们在这棵树下玩耍，先主说："我一定要坐上那种配有羽毛装饰的车盖的车。"他的叔父子敬对他说："你不要胡言乱语，不然会遭灭门之灾的！"先主十五岁的时候，母亲让他外出学习，于是他和同宗族的刘德然、辽西人公孙瓒一起拜九江太守、同郡人卢植为师。刘德然的父亲刘元起经常资助先主，对待他就像对待自己儿子德然一样。元起的妻子说："我们和他们各为一家，哪能一直这样做啊！"元起说："我们宗族中的这个孩子，不是寻常人啊。"公孙瓒和先主的关系非常好，公孙瓒年龄稍大，先主把他当成兄长看待。先主不是很喜欢读书，反而喜欢好马良犬、音乐和漂亮衣服。他身高七尺五寸，双臂垂下来竟然超过了膝盖，他回过头来的时候可以看见自己的耳朵。他不太爱说话，但是待人很好，喜怒不表现在脸上。并且喜欢结交豪侠，年轻人争相投奔他。中山的大商人张世平、苏双等有数千金资产，在涿郡游走贩马，见到先主觉得他非寻常之人，就给了他许多钱财。先主用这些钱财招集起了一支队伍。

灵帝末年，黄巾军兴起，州郡纷纷起义兵协助朝廷镇压黄巾军，先主因为率领手下的人跟随校尉邹靖讨伐黄巾反贼有功，被任命为

邮，杖二百，解绶系其颈着马枊，五葬反。弃官亡命。顷之，大将军何进遣都尉毌丘毅诣丹杨募兵，先主与俱行，至下邳遇贼，力战有功，除为下密丞。复去官。后为高唐尉，迁为令。为贼所破，往奔中郎将公孙瓒，瓒表为别部司马，使与青州刺史田楷以拒冀州牧袁绍。数有战功，试守平原令，后领平原相。郡民刘平素轻先主，耻为之下，使客刺之。客不忍刺，语之而去。其得人心如此。

袁绍攻公孙瓒，先主与田楷东屯齐。曹公征徐州，徐州牧陶谦遣使告急于田楷，楷与先主俱救之。时先主自有兵千余人及幽州乌丸杂胡骑，又略得饥民数千人。既到，谦以丹杨兵四千益先主，先主遂去楷归谦。谦表先主为豫州刺史，屯小沛。谦病笃，谓别驾麋竺曰："非刘备不能安此州也。"谦死，竺率州人迎先主，先主未敢当。下邳陈登谓先主曰："今汉室陵迟，海内倾覆，立功立事，在于今日。彼州殷富，户口百万，欲屈使君抚临州事。"先主曰："袁公路近在寿春，此君四世五公，海内所归，君可以州与之。"登曰："公路骄豪，非治乱之主。今欲为使君合步骑十万，上可以匡主济民，成五霸之业，下可以割地守境，书功于竹帛。若使君不见听许，登亦未敢听使君也。"北海相孔融谓先主曰："袁公路岂忧国忘家者邪？冢中枯骨，何足介意。今日之事，百姓与能，天与不取，悔不可追。"先主遂领徐州。袁术来攻先主，先主拒之于盱眙、淮阴。曹公表先主为镇东将军，封宜城亭侯，是岁建安元年也。先主与术相持经月，吕布乘虚袭下邳。下邳守将曹豹反，间迎布。布虏先主妻子，先主转军海西。杨奉、韩暹寇徐、扬间，先主邀击，尽斩之。先主求和于吕布，布还其妻子。先主遣关羽守下邳。

安喜县尉。督邮因公事来到县中，先主请求拜见，被拒绝，先主径直闯入将督邮捆绑起来，杖责二百，又解下绶带套住督邮的脖子，拴在马桩上，然后弃官逃走。不久，大将军何进派都尉毌丘毅到丹杨募兵，先主和毌丘毅同行，走到下邳遇到黄巾军，先主力战有功，被任命为下密县丞。又离职。后任高唐县尉，又升迁为县令。高唐县县城被黄巾军攻破，先主奔往中郎将公孙瓒处，公孙瓒上表朝廷任先主为别部司马，让先主与青州刺史田楷一起抵御冀州牧袁绍。先主多次立有战功，暂时代理平原县令，后来又兼任平原相。郡民刘平一向轻视先主，对自己在先主之下感到耻辱，就派刺客刺杀先主。刺客不忍行刺，把这件事告诉先主后离开。先主就是这样得人心。

袁绍进攻公孙瓒，刘备和田楷向东驻扎在齐地。曹操攻打徐州，徐州牧陶谦派人向田楷求救，田楷和刘备一起去援救。当时刘备已经有一千多士兵，还有幽州乌丸各部族的骑兵，又招来几千饥民。到徐州后，陶谦把丹杨郡四千士兵增拨给刘备，于是，刘备离开田楷，归附了陶谦。陶谦上表请封刘备为豫州刺史，屯驻小沛。陶谦病危时，对别驾麋竺说："除了刘备，再没有人能安定徐州了。"陶谦死了以后，麋竺率本州绅民迎接刘备为徐州之主，刘备不敢接受。下邳人陈登劝告刘备说："如今汉室衰微，天下将覆，建功立业，就在今日。徐州殷实富裕，户有百万，望您屈尊主持州事。"刘备说："袁公路近在寿春，其家四代五公，人心归附，您尽可以将州事托付于他。"陈登说："袁公路傲慢自负，不是治世之才。如今我们想给您聚集十万步骑兵，若成功，上可辅佐皇帝，救济人民，成就五霸大业，下可以割据称雄，功垂青史。如果您不肯应允，我也就不敢再听从您的了。"北海国相孔融也劝说刘备道："袁公路难道是一个忧国忘家的人吗？他不过是坟墓中的一堆枯骨，实在不值一提。现在的形势是：百姓拥戴贤主，上天欲付您徐州，您若不接受，将来一定会后悔。"因此，刘备就接管了徐州。袁术派兵攻打徐州，刘备率军在盱眙、淮阴阻击。曹操上表举荐刘备为镇东将军，封宜城亭侯，这年是汉献帝建安元年。刘备和袁术相持月余，吕布乘虚袭击下邳，下邳守将曹豹反叛，暗中迎接吕布。吕布俘获刘备的妻子和儿子，刘备军驻

先主还小沛，复合兵得万余人。吕布恶之，自出兵攻先主，先主败走归曹公。曹公厚遇之，以为豫州牧。将至沛收散卒，给其军粮，益与兵使东击布。布遣高顺攻之，曹公遣夏侯惇往，不能救，为顺所败，复虏先主妻子送布。曹公自出东征，助先主围布于下邳，生禽布。先主复得妻子，从曹公还许。表先主为左将军，礼之愈重，出则同舆，坐则同席。袁术欲经徐州北就袁绍，曹公遣先主督朱灵、路招要击术。未至，术病死。

先主未出时，献帝舅车骑将军董承辞受帝衣带中密诏，当诛曹公。先主未发。是时曹公从容谓先主曰："今天下英雄，唯使君与操耳。本初之徒，不足数也。"先主方食，失匕箸。遂与承及长水校尉种辑、将军吴子兰、王子服等同谋。会见使，未发。事觉，承等皆伏诛。

先主据下邳。灵等还，先主乃杀徐州刺史车胄，留关羽守下邳，而身还小沛。东海昌霸反，郡县多叛曹公为先主，众数万人，遣孙乾与袁绍连和，曹公遣刘岱、王忠击之，不克。五年，曹公东征先主，先主败绩。曹公尽收其众，虏先主妻子，并禽关羽以归。

先主走青州。青州刺史袁谭，先主故茂才也，将步骑迎先主。先主随谭到平原，谭驰使白绍。绍遣将道路奉迎，身去邺二百里，与先主相见。驻月余日，所失亡士卒稍稍来集。曹公与袁绍相拒于官渡，汝南黄巾刘辟等叛曹公应绍。绍遣先主将兵与辟等略许下。关羽亡归先主。曹公遣曹仁将兵击先主，先主还绍军，阴欲离绍，

扎海西。杨奉、韩暹侵扰徐州、扬州一带，刘备率兵截击，将他们全都消灭。刘备向吕布请求和解，吕布放还他的妻子和儿子。刘备派关羽镇守下邳。

刘备回到小沛，又聚兵一万多人。吕布对这件事很不满，亲自出兵攻打刘备，刘备兵败，逃走归降于曹操。曹操厚待他，封他为豫州牧。刘备打算回沛县收集散兵，曹操给他军粮，又增兵让他向东进攻吕布。吕布派遣高顺拦截，曹操派夏侯惇前往救援，不能援救，反被高顺打败，高顺又俘获刘备的妻子儿女送到吕布处。曹操亲自带兵东征，把吕布包围在下邳，活捉了他。刘备又得回妻子儿女，跟随曹操回到许昌。曹公上表举荐刘备担任左将军，对他更加敬重，出同车，坐同席。袁术想经徐州北上投靠袁绍，曹操派刘备率朱灵、路招截击袁术。还没到，袁术就病死了。

刘备还没有出发的时候，汉献帝的岳父、车骑将军董承接受了献帝藏在衣带里的密令，想要诛杀曹操。刘备也参与此事，但是还没有行动。曹操在酒宴上对刘备说："当今天下英雄，唯有您与我。本初之流何足挂齿。"刘备心中一惊吓得掉了筷子。后来和董承还有长水校尉种辑、将军吴子兰、王子服等人一起谋划，正好碰到曹操被派遣出征袁术，后来事情败露，董承等人都被处死。

先主占据下邳。朱灵等回来以后，先主就杀了徐州刺史车胄，留关羽守卫下邳，自己则回到小沛。东海人昌霸反叛，很多郡县都背叛曹公而倒向先主，先主的士兵达到几万人，先主派孙乾与袁绍联合。曹公派刘岱、王忠去进攻先主，没能打胜。建安五年，曹公亲自东征先主，先主溃败。曹公接收了他的全部人马，俘虏了他的妻儿，并捉了关羽而回。

先主跑到青州，青州刺史袁谭是先主当豫州刺史的时候所举的茂才，带领步兵骑兵来迎接先主。先主跟随袁谭到平原，袁谭派人骑快马报告袁绍，袁绍派遣部将在路上迎接，并亲自走出邺城二百里与先主相见。先主在袁绍处住了一个多月，所失散的士卒逐渐前来会合。曹公与袁绍在官渡相持，汝南黄巾军刘辟等反叛曹公响应袁绍。袁绍派先主带兵与刘辟等攻扰许县附近。关羽逃回先主那里。曹

乃说绍南连荆州牧刘表。绍遣先主将本兵复至汝南，与贼龚都等合，众数千人。曹公遣蔡阳击之，为先主所杀。

曹公既破绍，自南击先主。先主遣麋竺、孙乾与刘表相闻，表自郊迎，以上宾礼待之，益其兵，使屯新野。荆州豪杰归先主者日益多，表疑其心，阴御之。使拒夏侯惇、于禁等于博望。久之，先主设伏兵，一旦自烧屯伪遁，惇等追之，为伏兵所破。

十二年，曹公北征乌丸，先主说表袭许，表不能用。曹公南征表，会表卒，子琮代立，遣使请降。先主屯樊，不知曹公卒至，至宛乃闻之，遂将其众去。过襄阳，诸葛亮说先主攻琮，荆州可有。先主曰："吾不忍也。"乃驻马呼琮，琮惧不能起。琮左右及荆州人多归先主。比到当阳，众十余万，辎重数千两，日行十余里，别遣关羽乘船数百艘，使会江陵。或谓先主曰："宜速行保江陵，今虽拥大众，被甲者少，若曹公兵至，何以拒之？"先主曰："夫济大事必以人为本，今人归吾，吾何忍弃去！"

曹公以江陵有军实，恐先主据之，乃释辎重，轻军到襄阳。闻先主已过，曹公将精骑五千急追之，一日一夜行三百余里，及于当阳之长坂。先主弃妻子，与诸葛亮、张飞、赵云等数十骑走，曹公大获其人众辎重。先主斜趋汉津，适与羽船会，得济沔，遇表长子江夏太守琦众万余人，与俱到夏口。先主遣诸葛亮自结于孙权，权遣周瑜、程普等水军数万，与先主并力，与曹公战于赤壁，大破之，焚

公派曹仁领兵攻打先主。先主把军队归还给袁绍，暗中想离开袁绍，因此劝说袁绍南连荆州牧刘表。袁绍派先主带领本部兵马再到汝南，和贼龚都等会合，有几千人马。曹公派蔡阳去攻打，蔡阳被先主杀死。

曹公打败袁绍以后，接着从南边攻击先主。先主派麋竺、孙乾与刘表取得联系，刘表亲自来到郊外相迎，以接待上宾的礼节接待他，还增补了他的兵马，让他驻军在新野。归附先主的荆州豪杰之士日益增多，刘表怀疑他的用心，暗中防备着他，派他到博望去抵御夏侯惇、于禁等人。相军相持许久，先主暗设伏兵，突然自己烧了营寨假装逃跑，夏侯惇等人追击他们，结果被伏兵打败。

建安十二年，曹公向北征讨乌丸。先主劝刘表袭击许县，刘表没有接受。曹公南下征讨刘表，正好赶上刘表去世，他的儿子刘琮继承了他的爵位，刘琮派出使者向曹公请降。先主这时驻扎在樊城，不知道曹公突然到来，到了宛城才听说这件事，于是立即带领众人离开了。经过襄阳的时候，诸葛亮劝先主攻打刘琮，以夺取荆州。先主却说："我不忍心呀。"于是骑在马上叫刘琮，刘琮害怕得站不起来，刘琮身边的人和大多数荆州人都归附了先主。等到先主到达当阳的时候，已经有了十多万之众的人马，装着辎重的车有数千辆，每天往前行进十多里，先主另外派关羽率领数百艘船从水道走，约定在江陵会合。有人建议先主说："应当快速前进保住江陵，现在虽然拥有这么多人马，但是有兵器能战斗的人却非常少，如果曹操的军队追来，我们怎么对抗呢？"先主说："那些能够成就大事的人必定以人为本，现在他们归附于我，我怎么忍心丢下他们不管呢！"

曹操因为江陵有军用物资，害怕被先主占据，因此丢下辎重，轻军赶到襄阳。听说先主已经过去，曹操率领精锐骑兵五千急速追赶，一日一夜行军三百多里，到当阳的长坂终于赶上。先主抛弃妻儿，与诸葛亮、张飞、赵云等几十人骑马逃跑，曹操缴获了他的大批士兵和物资。先主抄近路赶到汉津，正好与关羽的船队会合，得以渡过沔水，又遇上刘表长子江夏太守刘琦的部队万余人，一起到了夏口。先主派诸葛亮同孙权结好，孙权派周瑜、程普等率水军数万人，和先主

其舟船。先主与吴军水陆并进，追到南郡，时又疾疫，北军多死，曹公引归。

先主表琦为荆州刺史，又南征四郡。武陵太守金旋、长沙太守韩玄、桂阳太守赵范、零陵太守刘度皆降。庐江雷绪率部曲数万口稽颡。琦病死，群下推先主为荆州牧，治公安。权稍畏之，进妹固好。先主至京见权，绸缪恩纪。权遣使云欲共取蜀，或以为宜报听许，吴终不能越荆有蜀，蜀地可为己有。荆州主簿殷观进曰："若为吴先驱，进未能克蜀，退为吴所乘，即事去矣。今但可然赞其伐蜀，而自说新据诸郡，未可兴动，吴必不敢越我而独取蜀。如此进退之计，可以收吴、蜀之利。"先主从之，权果辍计。迁观为别驾从事。

十六年，益州牧刘璋遥闻曹公将遣钟繇等向汉中讨张鲁，内怀恐惧。别驾从事蜀郡张松说璋曰："曹公兵强无敌于天下，若因张鲁之资以取蜀土，谁能御之者乎？"璋曰："吾固忧之而未有计。"松曰："刘豫州，使君之宗室而曹公之深仇也，善用兵，若使之讨鲁，鲁必破。鲁破，则益州强，曹公虽来，无能为也。"璋然之，遣法正将四千人迎先主，前后赂遗以巨亿计。正因陈益州可取之策。先主留诸葛亮、关羽等据荆州，将步卒数万人入益州。至涪，璋自出迎，相见甚欢。张松令法正白先主，及谋臣庞统进说，便可于会所袭璋。先主曰："此大事也，不可仓卒。"璋推先主行大司马，领司隶校尉；先主亦推璋行镇西大将军，领益州牧。璋增先主兵，使击张鲁，又令督白水军。先主并军三万余人，车甲器械资货甚盛。是岁，璋还成都。先主北到葭萌，未即讨鲁，厚树恩德，以收众心。

合力同曹操在赤壁决战，大破曹军，焚烧了他的舟船。先主与吴军水陆同时进军，追到南郡。当时又发生了瘟疫，北军死亡非常多，曹操就退回北方了。

先主上表朝廷奏请刘琦为荆州刺史，又南征四郡。武陵太守金旋、长沙太守韩玄、桂阳太守赵范、零陵太守刘度都投降了。庐江雷绪率部属数万人跪拜先主。刘琦病死，他的下属共同推举先主为荆州牧，治所在公安。孙权有点畏惧先主，将妹妹嫁给先主以此来巩固友谊。先主到京口见孙权，情意殷切。孙权派使者说想共同夺取蜀地，有人认为应该答应，因为东吴始终不能越过荆州而占有蜀地，蜀地可以自己占有。荆州主簿殷观进言说："如果作为东吴的先驱部队，进兵如果不能攻下蜀地，退兵就会给东吴可乘之机，事情就麻烦了。现在只可赞成他们伐蜀，而说自己刚占据了众郡，不可兴师动众，东吴一定不敢越过我方而独自去夺取蜀地。这样的进退之计，可以坐收吴、蜀之利。"先主听从了，孙权果然搁置伐蜀。先主升殷观为别驾从事。

建安十六年，益州牧刘璋在远方听说曹操要派钟繇等人到汉中去讨伐张鲁，心中恐惧不安。别驾从事蜀郡人张松劝说刘璋："曹操的军队强大，无敌于天下，如果凭借张鲁的物资来夺取蜀郡土地，谁能抵挡他呢？"刘璋说："我一直为这件事担忧，但没有办法。"张松说："刘备是您的本家亲属，又和曹操有深仇，他善于用兵，如果让他去攻打张鲁，张鲁一定被打垮。张鲁被打垮以后，益州就强大了，曹操即使来攻也不能取胜。"刘璋认为他说得对，派遣法正率领四千人去迎接刘备，前前后后送给刘备的财物要用亿来计算。法正趁机向刘备陈述了赢取益州的策略。刘备留下诸葛亮、关羽等人据守荆州，自己率领几万名步兵进入益州。刘备到了涪城后，刘璋亲自出来迎接，见面的时候双方都非常高兴。张松让法正告诉刘备夺取益州，同时先主的谋臣庞统也进言劝说，他们都认为刘备当时就可以在会见的地方袭击刘璋。刘备说："这是大事，不能匆忙决定。"刘璋推举刘备代理大司马，兼任司隶校尉；刘备也推举刘璋代理镇西大将军，兼任益州牧。刘璋给刘备补充士兵，让他去攻打张鲁，又任命

明年，曹公征孙权，权呼先主自救。先主遣使告璋曰：“曹公征吴，吴忧危急。孙氏与孤本为唇齿，又乐进在青泥与关羽相拒，今不往救羽，进必大克，转侵州界，其忧有甚于鲁。鲁自守之贼，不足虑也。”乃从璋求万兵及资实，欲以东行，璋但许兵四千，其余皆给半。张松书与先主及法正曰：“今大事垂可立，如何释此去乎！”松兄广汉太守肃，惧祸逮己，白璋发其谋。于是璋收斩松，嫌隙始构矣。璋敕关戍诸将文书勿复关通先主。先主大怒，召璋白水军督杨怀，责以无礼，斩之。乃使黄忠、卓膺勒兵向璋。先主径至关中，质诸将并士卒妻子，引兵与忠、膺等进到涪，据其城。璋遣刘璝、冷苞、张任、邓贤等拒先主于涪，皆破败，退保绵竹。璋复遣李严督绵竹诸军，严率众降先主。先主军益强，分遣诸将平下属县，诸葛亮、张飞、赵云等将兵溯流定白帝、江州、江阳，惟关羽留镇荆州。先主进军围洛；时璋子循守城，被攻且一年。

十九年夏，雒城破，进围成都数十日，璋出降。蜀中殷盛丰乐，先主置酒大飨士卒，取蜀城中金银分赐将士，还其谷帛。先主复领益州牧，诸葛亮为股肱，法正为谋主，关羽、张飞、马超为爪牙，许靖、麋竺、简雍为宾友。及董和、黄权、李严等本璋之所授用也，吴壹、费观等又璋之婚亲也，彭羕又璋之所排摈也，刘巴者宿昔之所忌恨也，皆处之显任，尽其器能。有志之士，无不竞劝。

他统领白水的驻军。刘备会集的军队共三万多人，战车、甲胄、兵器和物资财物等十分充足。当年，刘璋回到成都。刘备向北到达葭萌，没有马上讨伐张鲁，却广布恩德，以此来收取军民之心。

第二年，曹公征讨孙权，孙权请求先主救援自己。先主派人告诉刘璋说："曹公征讨孙吴，孙吴忧患危急。孙氏和我是唇齿相依的关系，再加上乐进在青泥与关羽相持，如今不前去救援关羽，乐进一定大胜，得胜后转而侵扰益州边界，这种忧患超过了张鲁。张鲁是个自保自守的贼寇，不值得忧虑。"就向刘璋要求一万兵众及军用物资，打算向东进军。刘璋只给先主四千兵众，其余物资也全都只给一半。张松给先主和法正写信说："如今大事马上就要成功，怎么能够放下离开呢！"张松的哥哥广汉太守张肃，害怕祸患累及自己，向刘璋告发了张松的阴谋。因此刘璋将张松擒拿斩杀，和先主的矛盾开始形成了。刘璋下令戍守白水关的诸将，不要给先主发送文书与先主联络通信。先主大怒，召见刘璋的白水关军督杨怀，责备杨怀对自己无礼，将杨怀斩杀。又让黄忠、卓膺统兵杀向刘璋。先主直接进入白水关中，以守卫白水关的刘璋将士的妻子为人质，领兵与黄忠、卓膺等人进军至涪城，占领了此城。刘璋派遣刘璝、冷苞、张任、邓贤等将在涪县抵御先主，全都被打败，刘璋的军队退保绵竹。刘璋又派李严督统绵竹诸军，李严却率众投降了先主。先主的军力更加强大，分派诸将平定益州下属各县，诸葛亮、张飞、赵云等人也率兵沿长江逆流而上，平定了白帝、江州、江阳等地，只留下关羽镇守荆州。先主进军包围洛城，当时是刘璋的儿子刘循守城，洛城被围困了将近一年。

建安十九年夏天，洛城被攻破，先主进军围成都几十天，刘璋出城投降。蜀中殷实富足，物产丰盛，百姓生活快乐。先主摆设酒宴犒劳士卒，取蜀城中的金银分赐将士，而把粮谷绢帛还给蜀人。先主又兼任益州牧，以诸葛亮为助手，法正为主要谋士，关羽、张飞、马超为战将，许靖、麋竺、简雍为宾客之属。其他人如董和、黄权、李严等本是刘璋的官员，吴壹、费观等是刘璋的姻亲，彭羕是刘璋所排斥的人，刘巴则是刘璋过去所忌恨的人，先主都把他们安置在显耀

二十年，孙权以先主已得益州，使使报欲得荆州。先主言："须得凉州，当以荆州相与。"权忿之，乃遣吕蒙袭夺长沙、零陵、桂阳三郡。先主引兵五万下公安，令关羽入益阳。是岁，曹公定汉中，张鲁遁走巴西。先主闻之，与权连和，分荆州江夏、长沙、桂阳东属；南郡、零陵、武陵西属，引军还江州。遣黄权将兵迎张鲁，张鲁已降曹公。曹公使夏侯渊、张郃屯汉中，数数犯暴巴界。先主令张飞进兵宕渠，与郃等战于瓦口，破郃等，郃收兵还南郑。先主亦还成都。

二十三年，先主率诸将进兵汉中。分遣将军吴兰、雷铜等入武都，皆为曹公军所没。先主次于阳平关，与渊、郃等相拒。

二十四年春，自阳平南渡沔水，缘山稍前，于定军兴势作营。渊将兵来争其地。先主命黄忠乘高鼓噪攻之，大破渊军，斩渊及曹公所署益州刺史赵颙等。曹公自长安举众南征。先主遥策之曰："曹公虽来，无能为也，我必有汉川矣。"及曹公至，先主敛众拒险，终不交锋，积月不拔，亡者日多。夏，曹公果引军还，先主遂有汉中。遣刘封、孟达、李平等攻申耽于上庸。

秋，群下上先主为汉中王，表于汉帝曰："平西将军都亭侯臣马超、左将军长史领镇军将军臣许靖、营司马臣庞羲、议曹从事中郎军议中郎将臣射援、军师将军臣诸葛亮、荡寇将军汉寿亭侯臣关羽、征虏将军新亭侯臣张飞、征西将军臣黄忠、镇远将军臣赖恭、扬武将军臣法正、兴业将军臣李严等一百二十人上言曰：昔唐尧至圣而四凶在朝，周成仁贤而四国作难，高后称制而诸吕窃命，孝昭

的职位上，来充分发挥他们的才能。这样一来，有志之士无不争相勉励。

建安二十年，孙权因为先主已取得益州，就派遣使者告诉先主要索荆州。先主对孙权的使者说：“等我得了凉州，就会把荆州还给你。”孙权很气愤，便派吕蒙袭夺长沙、零陵、桂阳三郡。先主领兵五万下驻公安，命关羽入益阳。这一年，曹公平定汉中，张鲁逃跑到巴西。先主听说以后，与孙权连和，划分荆州：江夏、长沙、桂阳三郡属吴，南郡、零陵、武陵三郡属蜀。然后领军回江州。派遣黄权带兵迎接张鲁，而张鲁已投降曹公。夏侯渊、张郃屯兵汉中，屡屡侵略巴西郡界。先主令张飞进兵宕渠，和张郃等战于瓦口，张飞打败张郃等，张郃收兵回南郑。先主也回到成都。

建安二十三年，先主率领诸将进兵汉中。另外派将军吴兰、雷铜等入武都，结果都被曹公军消灭。先主进驻阳平关，与夏侯渊、张郃等相对抗。

建安二十四年春天，先主从阳平南渡过沔水，沿着山逐渐推进，依定军山山势扎营。夏侯渊带兵来争夺这个地方。先主命令黄忠登高擂鼓呐喊，发动进攻，大破夏侯渊的军队，杀死夏侯渊和曹操所任命的益州刺史赵颙等人。曹操从长安率大军南征。先主老早就预料说：“曹操即使来，也无能为力，我一定能占有汉中。”等到曹操来到，先主收缩军队凭险拒守，始终不与曹军交锋，曹操持续一两个月都不能攻下，士卒逃跑的一天比一天多。到了夏天，曹操果然领军返回，先主于是占有汉中。后来又派刘封、孟达、李平等到上庸进攻申耽。

秋天，先主部下官员们推举先主为汉中王，他们给汉献帝上奏章说：“平西将军都亭侯臣马超、左将军长史领镇军将军臣许靖、营司马臣庞羲、议曹从事中郎军议中郎将臣射援、军师将军臣诸葛亮、荡寇将军汉寿亭侯臣关羽、征虏将军新亭侯臣张飞、征西将军臣黄忠、镇远将军臣赖恭、扬武将军臣法正、兴业将军臣李严等一百二十人进言上奏：过去唐尧是至高的圣人，但是朝廷中有四凶，周成王仁义贤明，但属下有四国叛乱，汉高祖执掌朝政，而吕氏想窃取君权，孝昭

幼冲而上官逆谋，皆冯世宠，藉履国权，穷凶极乱，社稷几危。非大舜、周公、朱虚、博陆，则不能流放禽讨，安危定倾。伏惟陛下诞姿圣德，统理万邦，而遭厄运不造之艰。董卓首难，荡覆京畿，曹操阶祸，窃执天衡；皇后太子，鸩杀见害，剥乱天下，残毁民物。久令陛下蒙尘忧厄，幽处虚邑。人神无主，遏绝王命，厌昧皇极，欲盗神器。左将军领司隶校尉豫、荆、益三州牧宜城亭侯备，受朝爵秩，念在输力，以殉国难。睹其机兆，赫然愤发，与车骑将军董承同谋诛操，将安国家，克宁旧都。会承机事不密，令操游魂得遂长恶，残泯海内。臣等每惧王室大有阎乐之祸，小有定安之变，夙夜惴惴，战慄累息。昔在《虞书》，敦序九族，周监二代，封建同姓，《诗》著其义，历载长久。汉兴之初，割裂疆土，尊王子弟，是以卒折诸吕之难，而成太宗之基。臣等以备肺腑枝叶，宗子藩翰，心存国家，念在弭乱。自操破于汉中，海内英雄望风蚁附，而爵号不显，九锡未加，非所以镇卫社稷，光昭万世也。奉辞在外，礼命断绝。昔河西太守梁统等值汉中兴，限于山河，位同权均，不能相率，咸推窦融以为元帅，卒立效绩，摧破隗嚣。今社稷之难，急于陇、蜀，操外吞天下，内残群僚，朝廷有萧墙之危，而御侮未建，可为寒心。臣等辄依旧典，封备汉中王，拜大司马，董齐六军，纠合同盟，扫灭凶逆。以汉中、巴、蜀、广汉、犍为为国，所署置依汉初诸侯王故典。夫权宜之制，苟利社稷，专之可也。然后功成事立，臣等退伏矫罪，虽死无恨。”遂于沔阳设坛场，陈兵列众，群臣陪位，读奏讫，御王冠于先主。

帝年幼，上官桀便阴谋叛逆，他们全都是凭借世代受宠幸，利用掌握了国家大权，穷凶极恶地作乱，几乎颠覆国家社稷。不是大舜、周公、朱虚侯、博陆侯他们出面，征讨他们，就不能把凶徒们擒获、流放，使处于危难之中的国家安定。臣子们想到陛下天生有圣明的德行和帝王的姿容，统治天下万国，却遭厄运，受到无法救助的艰难。董卓首先发难，动摇颠覆了京都；曹操接着制造灾祸，窃取了国家权力；皇后、太子都被毒死和杀害，天下百姓受到剥削，遭受动乱，民间财力被破坏。陛下长久地蒙受流亡之苦，忧愁困苦，被软禁在空旷的城里。人民与神灵都没有了主人，帝王的命令被阻挡和断绝，曹操抑制和遮掩着皇帝的权力，要盗窃国家政权。左将军领司隶校尉、豫、荆、益三州牧、宜城亭侯刘备，接受了朝廷的官秩和爵位，想为国家尽力，献身于国难。他看到变化的征兆，在关键的时刻猛然奋起，和车骑将军董承一同谋划诛杀曹操，准备安定国家，使京城恢复旧日的安宁。但是董承对机要保密不严密，使曹操这个游魂得以继续作恶，残害海内志士。臣子们经常害怕王室大则遭到阎乐杀秦二世那样的灾祸，小则遭到王莽把皇帝废为定安公那样的政变，昼夜惴惴不安，浑身战栗，呼吸急促。过去《虞书》记载，天子的九族亲属要依照远近次序给予厚待。周朝鉴于夏、商两代的教训，给天子的同姓封地建国。《诗经》记载了它的意义，传诵了很多年。汉朝建立的初年，分割疆土，尊崇君王的子弟，因此最终挫败了吕氏的叛乱，而成就了刘氏的基业。臣子们认为刘备是帝王的后裔、刘氏同宗子弟，是国家的屏障。他一心为国担忧，想要平定暴乱。自从曹操在汉中被打败以后，国内各地的英雄纷纷投奔刘备，归附于他，但是他的爵位不够显赫，朝廷还没有封赐给他九锡，这不是用来镇守住国家社稷、光照万代的做法。臣等奉命在外，朝廷的礼仪和命令都被隔绝了。昔日河西太守梁统等人遇上汉朝中兴，被山河险阻隔断，众将们地位相同，权力均等，不能相互统率，就一致推举窦融做元帅，终于能建立功绩，打垮了隗嚣。现在国家遭到的危难，比光武帝时陇西、蜀郡被割据的形势更严重。曹操在外吞并天下，在朝内残害百官。朝廷有祸起萧墙的危险，但是抵御危难的宗室还没有被封王，实在是令人寒

先主上言汉帝曰："臣以具臣之才，荷上将之任，董督三军，奉辞于外，不能扫除寇难，靖匡王室，久使陛下圣教陵迟，六合之内，否而未泰，惟忧反侧，疢如疾首。曩者董卓造为乱阶，自是之后，群凶纵横，残剥海内。赖陛下圣德威灵，人神同应，或忠义奋讨，或上天降罚，暴逆并殪，以渐冰消。惟独曹操，久未枭除，侵擅国权，恣心极乱，臣昔与车骑将军董承图谋讨操，机事不密，承见陷害，臣播越失据，忠义不果。遂得使操穷凶极逆，主后戮杀，皇子鸩害。虽纠合同盟，念在奋力，懦弱不武，历年未效。常恐殒没，孤负国恩，寤寐永叹，夕惕若厉。今臣群僚以为在昔《虞书》敦叙九族，庶明励翼，五帝损益，此道不废。周监二代，并建诸姬，实赖晋、郑夹辅之福。高祖龙兴，尊王子弟，大启九国，卒斩诸吕，以安大宗。今操恶直丑正，实繁有徒，包藏祸心，篡盗已显。既宗室微弱，帝族无位，斟酌古式，依假权宜，上臣大司马汉中王。臣伏自三省，受国厚恩，荷任一方，陈力未效，所获已过，不宜复忝高位以重罪谤。群僚见逼，迫臣以义。臣退惟寇贼不枭，国难未已，宗庙倾危，社稷将坠，成臣忧责碎首之负。若应权通变，以宁靖圣朝，虽赴水火，所不得辞，敢虑常宜，以防后悔。辄顺众议，拜受印玺，以崇国威。仰惟爵号，位高宠厚，俯思报效，忧深责重，惊怖累息，如临于谷。尽力输诚，奖厉六师，率齐群义，应天顺时，扑讨凶逆，以宁社稷，以报万分。谨拜章因驿上还所假左将军、宜城亭侯印绶。"于是还治成

心，臣子们就依照先前的典章，推举刘备为汉中王，拜他为大司马，统率六军，纠集同盟者，扫除凶恶的叛逆。把汉中、巴、蜀、广汉、犍为等郡作为汉中王的封国，所设置的官署和官员都依照汉代初年诸侯王的旧典章。这是权宜之计，如果对国家有利，臣子们擅自专权也是可以的。等到以后功业成就，大事完成，臣子们退伏在地承受假借圣意的罪责，即使被处死也不会悔恨。”于是先主的下属就在沔阳设下祭坛和场地，排列军队和民众，大臣们陪同站立，读完奏章，给刘备戴上王冠。

刘备上奏汉献帝说：“我以备位充数的才能，担负上将的重任，统领三军，奉命在外，却没能除灭贼寇祸乱，扶保王室，长期让陛下的圣明教化衰微，天下大乱，不得安宁，我忧虑不安，辗转反侧，夜不能寐，痛心疾首。昔日董卓作乱，从那以后，恶人横行，祸害天下。仰仗陛下的圣明和神威，人神共助，或忠臣义士奋起讨伐，或上天降罪惩罚，残暴的叛贼被铲除，就像冰雪消融一样。只有曹操，很长时间没能除掉，他篡夺皇权，任意作乱。我曾经与车骑将军董承谋划诛灭曹操，因事情保密不严，董承被杀，我颠沛流离，想对朝廷尽忠却不能实现。因此使得曹操自能穷凶极恶，坏事做尽，皇后遭杀害，太子被毒死。我虽集结同盟，志在奋发努力，但是我禀性懦弱，不善武力，历经多年仍未成功。常常担心自己突然离世，而辜负了国家的恩德，我日夜叹息，如临危境，不敢懈怠。现在属下的官员们认为在从前的《虞书》上，记载了要以宽厚的态度次第对待同族和近亲，使他们贤明来辅佐您治理国家，五帝对此有所增删，但是其中的道理经久不衰。周朝依照夏、商的礼法，分封建立了各姬姓诸侯国，确实也依靠了晋、郑两国的辅佐。高祖创立汉朝，尊崇王室子弟，分封建立起了九个诸侯国，最终诛灭了诸吕，安定了汉朝皇室。眼下曹操憎恶正直的人，还有很多追随他的人包藏祸心，篡权窃国的迹象已经非常明显。加上王室衰弱，皇族中没有在位的重臣，反复考虑古代先例，按权宜之计，属下拥推我为大司马汉中王。我再三反省，受国家的大恩，担当一方重任，效力还没有见成果，所得到的已够多，不应再愧居高位而加重自己的罪责和非议。各大臣以大义逼迫我，我退而考

都。拔魏延为都督，镇汉中。时关羽攻曹公将曹仁，禽于禁于樊。俄而孙权袭杀羽，取荆州。

二十五年，魏文帝称尊号，改年曰黄初。或传闻汉帝见害，先主乃发丧制服，追谥曰孝愍皇帝。是后在所并言众瑞，日月相属，故议郎阳泉侯刘豹、青衣侯向举、偏将军张裔、黄权、大司马属殷纯、益州别驾从事赵莋、治中从事杨洪、从事祭酒何宗、议曹从事杜琼、劝学从事张爽、尹默、谯周等上言：

“臣闻《河图》《洛书》，五经谶、纬，孔子所甄，验应自远。谨案《洛书甄曜度》曰：‘赤三日德昌，九世会备，合为帝际。’《洛书宝号命》曰：‘天度帝道备称皇，以统握契，百成不败。’《洛书录运期》曰：‘九侯七杰争命民炊骸，道路籍籍履人头，谁使主者玄且来。’《孝经钩命决录》曰：‘帝三建九会备。’臣父群未亡时，言西南数有黄气，直立数丈，见来积年，时时有景云祥风，从璿玑下来应之，此为异瑞。又二十二年中，数有气如旗，从西竟东，中天而行，《图》《书》曰‘必有天子出其方’。加是年太白、荧惑、填星，常从岁星相追。近汉初兴，五星从岁星谋；岁星主义，汉位在西，义之上方，故汉法常以岁星候人主。当有圣主起于此州，以致中兴。时许帝尚存，故群下不敢漏言。顷者荧惑复追岁星，见在胃昴毕；昴毕为

虑叛贼未灭，国难未除，王室危在旦夕，国家即将败亡，我深忧自责但求以死报国。如果顺应需要而改变方法，能安定朝廷，即使赴汤蹈火也在所不辞，我怎敢按常规考虑，以防日后悔恨。因而擅自顺从了大家的要求，拜受了印玺，来提高国家威望。我抬头考虑自己的爵位和名号，身处高位所受的宠爱深厚；低头思索报效朝廷之事，忧虑很深，责任重大，惊恐不安，呼吸急促，如临深渊。我应该竭尽全力向朝廷贡献忠诚，勉励六军，统率各路义军，顺应天时，剿灭穷凶极恶的叛贼，安定国家，以报答陛下万分之一的恩德。谨呈奏章，派驿使送还原来所授予的左将军、宜城亭侯的印绶。”于是，先主将官署迁回成都。提拔魏延为都督，镇守汉中。当时关羽正在与曹操的将领曹仁交战，在樊城活捉了于禁。不久，孙权进攻并斩杀了关羽，夺取了荆州。

建安二十五年，曹丕登基做了皇帝，把年号改为黄初。有传闻说汉献帝已被杀害，刘备便发讣告并穿上丧服，追加献帝谥号为孝愍皇帝。此后，蜀中各地都报说有祥瑞出现，每日每月接连不断。所以，议郎阳泉侯刘豹、青衣侯向举、偏将军张裔、黄权、大司马属官殷纯、益州别驾从事赵莋、治中从事杨洪、从事祭酒何宗、议曹从事杜琼、劝学从事张爽、尹默、谯周等人上书说：

“臣听说《河图》《洛书》等五经之谶、纬，为孔子所选定，应验深远。依《洛书甄曜度》所说：‘三日德行昌盛，九世遇备，当称帝之际会。’《洛书宝号命》说：‘天虑帝王之道备，称皇，以握符契，永成不败。’《洛书录运期》上说：‘九侯七杰争命民炊骸，道路籍籍履人头，谁使主者玄且来。’《孝经钩命决录》说：‘天帝数见于备。’臣父去世前曾经说，西南数现黄气，直立数丈，出现了好几年，祥瑞的云气时从北斗星下来与黄气呼应，这不是寻常之吉兆。建安二十二年，又多次有瑞气像旗帜一样由西向东从天空中飘过，《图》《书》说‘将有天子在此地出现’。再加上那年太白、荧惑、填星常常随岁星移动。汉初时，五星随岁星，岁星主‘义’，义属西方，高祖皇帝凭借汉中夺取天下，汉中所处正是义之所属，因此，汉朝常以岁星之迹为占验皇帝的根据。现在，将有圣主出现在西方益州，使汉室中兴。当时，献

天纲，《经》曰‘帝星处之，众邪消亡’。圣讳豫睹，推揆期验，符合数至，若此非一。臣闻圣王先天而天不违，后天而奉天时，故应际而生，与神合契。愿大王应天顺民，速即洪业，以宁海内。”

太傅许靖、安汉将军糜竺、军师将军诸葛亮、太常赖恭、光禄勋黄柱、少府王谋等上言：“曹丕篡弑，湮灭汉室，窃据神器，劫迫忠良，酷烈无道。人鬼忿毒，咸思刘氏。今上无天子，海内惶惶，靡所式仰。群下前后上书者八百余人，咸称述符瑞，图、谶明征。间黄龙见武阳赤水，九日乃去。《孝经援神契》曰‘德至渊泉则黄龙见’，龙者，君之象也。《易》乾九五‘飞龙在天’，大王当龙升，登帝位也。又前关羽围樊、襄阳，襄阳男子张嘉、王休献玉玺，玺潜汉水，伏于渊泉，晖景烛耀，灵光彻天。夫汉者，高祖本所起定天下之国号也，大王袭先帝轨迹，亦兴于汉中也。今天子玉玺神光先见，玺出襄阳，汉水之末，明大王承其下流，授与大王以天子之位，瑞命符应，非人力所致。昔周有乌鱼之瑞，咸曰休哉。二祖受命，《图》《书》先著，以为征验。今上天告祥，郡儒英俊，并起《河》《洛》，孔子谶、记，咸悉具至。伏惟大王出自孝景皇帝中山靖王之胄，本支百世；乾祇降祚，圣姿硕茂，神武在躬，仁覆积德，爱人好士，是以四方归心焉。考省《灵图》，启发谶、纬，神明之表，名讳昭著。宜即帝位，以纂二祖，绍嗣昭穆，天下幸甚。臣等谨与博士许慈、议郎孟光，建立礼仪，择令辰，上尊号。”即皇帝位于成都武担之南。为文曰：“惟建安二十六年四月丙午，皇帝备敢用玄牡，昭告皇天上帝后土神祇：汉有天下，历数无疆。曩者王莽篡盗，光武皇帝震怒致诛，社稷复存。今曹操阻兵安忍，戮杀主后，滔天泯夏，罔顾天显。操子丕，载其凶逆，窃居神器。群臣将士以为社稷堕废，备

帝尚在许都，臣等不敢将此话说出来，荧惑又和岁星相聚，现于胃、昴、毕三星之间，昴毕为天体中枢，《星经》说‘帝星现此位，邪恶将灭’。您的名字已经在谶、纬中得到预见，推验日期，像这样人事与天降符命相合的现象已不止一次。臣听说圣主起于天象之前，而天命也不会违逆其意愿，起于天象之后来顺应天时，所以，顺天时以动，就能与神灵相合。望大王顺天应时，早登王位，以定天下。”

太傅许靖、安汉将军麋竺、军师将军诸葛亮、太常赖恭、光禄勋黄柱、少府王谋等人上奏章说：“曹丕杀死皇帝篡夺王位，灭掉汉室，窃取皇权，胁迫忠良之士，暴虐无道。人鬼共愤，思念刘氏。眼下上无天子，国内百姓人心不安，没有可信赖的人。群臣先后有八百多人上书，说天降符命祥瑞，纬图、谶语明显应验。近来，武阳县赤水中现黄龙，几天以后离去。《孝经援神契》说‘当品德达到很高的境界的时候才会有黄龙出现’，龙，是帝王的象征。《易经·乾》卦九五爻辞‘飞龙在天’，您将如龙腾飞，登上王位。另外，先前关羽围攻樊城、襄阳，襄阳男子张嘉、王休进献玉玺，玉玺掉入汉水，潜伏深水，光辉照耀，奇异的光彩一直通达天上。汉，是高祖当初起兵平定天下的时候确定的国号，您因循先帝，也在汉中兴起。如今天子玉玺的神光已经出现，玉玺出自襄阳的汉水下游，表明您是承继先帝的后代，将天子之位授予您，是祥瑞征兆和天降符命的应合，这不是人力所能达到的。过去周朝出现过赤乌、白鱼的祥瑞，天下的人都认为是好征兆。高祖和世祖受天命，在《河图》《洛书》中早已有记载，作为征兆应验的证明。现在上天呈现祥瑞，众儒者俊杰共同挖掘出《河图》《洛书》中的机密，还有孔子图谶著述中的秘示，所有征兆都具备了。您是孝景皇帝之子中山靖王的后裔，王室正宗，百代相传，天地降福，姿容奇伟，神明威武，恩德遍布天下，喜爱人才，结交贤士，因此天下人都倾心归附。考察《灵图》，阐释谶纬，神明的征兆中明载着您的名号。您应当登上王位，来继承二祖的帝业，延续宗庙位次，天下人都会非常荣幸。我们谨与博士许慈、议郎孟光，制定登基仪式，选择吉日，向您奉上尊号。”其后先主在成都武担山之南即位。撰写祭文说：“建安二十六年四月初六，皇帝刘备冒昧地献上黑色公牛为

宜修之，嗣武二祖，龚行天罚。备惟否德，惧忝帝位。询于庶民，外及蛮夷君长，佥曰‘天命不可以不答，祖业不可以久替，四海不可以无主’。率土式望，在备一人。备畏天明命，又惧汉阼将湮于地，谨择元日，与百僚登坛，受皇帝玺绶。修燔瘗，告类于天神，惟神飨祚于汉家，永绥四海！”

章武元年夏四月，大赦，改年。以诸葛亮为丞相，许靖为司徒。置百官，立宗庙，祫祭高皇帝以下。五月，立皇后吴氏，子禅为皇太子。六月，以子永为鲁王，理为梁王。车骑将军张飞为其左右所害。初，先主忿孙权之袭关羽，将东征，秋七月，遂帅诸军伐吴。孙权遣书请和，先主盛怒不许，吴将陆议、李异、刘阿等屯巫、秭归；将军吴班、冯习自巫攻破异等，军次秭归，武陵五谿蛮夷遣使请兵。

二年春正月，先主军还秭归，将军吴班、陈式水军屯夷陵，夹江东西岸。二月，先主自秭归率诸将进军，缘山截岭，于夷道猇亭驻营，自佷山通武陵，遣侍中马良安慰五谿蛮夷，咸相率响应。镇北将军黄权督江北诸军，与吴军相拒于夷陵道。夏六月，黄气见自秭归十余里中，广数十丈。后十余日，陆议大破先主军于猇亭，将军冯习、张南等皆没。先主自猇亭还秭归，收合离散兵，遂弃船舫，由步道还鱼复，改鱼复县曰永安。吴遣将军李异、刘阿等踵蹑先主军，屯驻南山。秋八月，收兵还巫。司徒许靖卒。冬十月，诏丞相亮营南北郊于成都。孙权闻先主住白帝，甚惧，遣使请和。先主许之，遣

祭品，向皇天上帝神灵昭告：汉统治天下，传世无穷。过去，王莽篡权，光武皇帝愤怒，将他诛灭，国家又得以延续。现在，曹操依仗武力残忍地杀害皇子皇后，祸害中原，罪恶滔天，无视上天昭告。曹操的儿子曹丕，继承其父的凶残暴虐，窃取皇权。群臣将士认为国家即将毁灭，刘备应站出来整治恢复，继承二祖的事业，代替上天执行惩罚。刘备德才鄙陋，担心有辱王位。征询天下百姓，以及外族部落首领，都回答说‘天命不可违，祖宗的大业不能长久废弃，国家不能无君主’。天下祈盼，在于刘备一人。刘备畏于上天明示的旨意，又怕汉朝皇统失落于地，谨选吉日，与百官登上祭坛，接受君王的印玺绶带。准备了祭祀天地的礼仪，将登基之事祭告天神，敬祈神明赐福汉室，保佑四海永远平安！”

章武元年夏天四月，先主大赦天下，更改年号。任命诸葛亮做丞相，许靖为司徒。商讨置百官，创建宗庙，合祭自汉高祖以下的列祖列宗。五月，立吴夫人为皇后，儿子刘禅为皇太子。六月，封儿子刘永为鲁王，刘理为梁王。车骑将军张飞被手下部将所杀。当初，先主对孙权袭杀关羽这件事愤愤不平，一直准备东征吴国，秋天七月，就亲自率领各路军马征伐东吴。孙权派遣使者致信请和，先主盛怒之下，不肯答应。吴将陆议、李异、刘阿等驻军巫县、秭归一带，蜀将吴班、冯习等在巫县击败李异等人，先主大军驻扎在秭归，武陵五溪地区的蛮族也派使者前来，请求先主出兵。

章武二年春天正月，先主率军回到秭归，大将吴班、陈式率水军驻扎夷陵，沿长江东西两岸安营扎寨。二月，先主自秭归率领众将进军，翻山越岭，进至夷道猇亭扎下营寨，又打通从佷山至武陵的道路。先主派侍中马良安抚五谿一带的蛮族，各部都相继起兵响应先主。镇北将军黄权督率江北各军，和吴军在夷陵道上相持。夏六月，秭归十余里外出现黄气，宽有几十丈。十多天后，吴将陆议在猇亭大破先主军，蜀将冯习、张南等人全部阵亡。先主从猇亭退还秭归，收集战斗中被打散的士卒，就丢弃船舰，由陆路撤回鱼复县，改鱼复县为永安县。吴国派遣将军李异、刘阿等尾追先主部队，进驻南山。秋八月，先主撤兵退还巫县。司徒许靖去世。冬十月，先主下诏命丞相

太中大夫宗玮报命。冬十二月，汉嘉太守黄元闻先主疾不豫，举兵拒守。

三年春二月，丞相亮自成都到永安。三月，黄元进兵攻临邛县。遣将军陈曶讨元，元军败，顺流下江，为其亲兵所缚，生致成都，斩之。先主病笃，托孤于丞相亮，尚书令李严为副。夏四月癸巳，先主殂于永安宫，时年六十三。

亮上言于后主曰："伏惟大行皇帝迈仁树德，覆焘无疆，昊天不吊，寝疾弥留，今月二十四日奄忽升遐，臣妾号咷，若丧考妣。乃顾遗诏，事惟大宗，动容损益；百僚发哀，满三日除服，到葬期复如礼；其郡国太守、相、都尉、县令长，三日便除服。臣亮亲受敕戒，震畏神灵，不敢有违。臣请宣下奉行。"五月，梓宫自永安还成都，谥曰昭烈皇帝。秋，八月，葬惠陵。

评曰：先主之弘毅宽厚，知人待士，盖有高祖之风，英雄之器焉。及其举国托孤于诸葛亮，而心神无贰，诚君臣之至公，古今之盛轨也。机权干略，不逮魏武，是以基宇亦狭。然折而不挠，终不为下者，抑揆彼之量必不容己，非唯竞利，且以避害云尔。

诸葛亮在成都营建郊祀天地的祭坛。孙权听说先主驻扎在白帝城，非常恐惧，派遣使者求和。先主答应了他的请求，派太中大夫宗玮前往吴国回访答复。冬天十二月，汉嘉太守黄元听说先主病重，起兵自守抗拒朝廷。

章武三年春天二月，丞相诸葛亮从成都到永安。后来，黄元进兵攻打临邛县。先主派将军陈曶讨伐黄元，黄元兵败，顺江而下，被他的亲兵捆绑，送到成都斩首。先主病危，托孤给丞相诸葛亮，尚书令李严为副。夏天四月癸巳日，先主逝世于永安宫，享年六十三岁。

诸葛亮上书后主说："刚去世的先帝勉力修行仁德，覆育无疆。上天不善，使他久病不愈，在本月二十四日猝然逝世，臣民号啕，如丧考妣。根据他的遗诏，丧事按太宗孝文皇帝的规定办，施行中允许做适当增损。朝廷百官举哀号哭，满三天就除去丧服，到了葬期再举哀如礼；各郡国太守、相、都尉、县令或县长，三天便除去丧服。臣亲自接受先帝敕令告诫，畏惧神灵，不敢有违。臣请求宣告臣下，照此执行。"五月，灵柩从永安运回成都，谥号为昭烈皇帝。秋天八月，葬于惠陵。

评语：先主意志坚强，心地宽厚，知人善任，虚心待士，非常有汉高祖的风范，颇具英雄的度量。当他把国家和遗孤托付给诸葛亮的时候，心志纯真毫无疑心，的确表现了君臣之间大公无私的关系，堪称古今的好榜样。他临机应变的才干谋略，比不上魏武帝，因此基业和国土也狭小。但是他百折不挠，始终不肯屈居于曹操之下，大概是估计魏武帝的气量必然容不下自己，这不仅是为了争夺利益，而且是以此避害吧。

卷三十三　蜀书三

后主传第三

后主讳禅，字公嗣，先主子也。建安二十四年，先主为汉中王，立为王太子。及即尊号，册曰：“惟章武元年五月辛巳，皇帝若曰：太子禅，朕遭汉运艰难，贼臣篡盗，社稷无主，格人群正，以天明命，朕继大统。今以禅为皇太子，以承宗庙，祗肃社稷。使使持节丞相亮授印绶，敬听师傅，行一物而三善皆得焉，可不勉与！”三年夏四月，先主殂于永安宫。五月，后主袭位于成都，时年十七。尊皇后曰皇太后。大赦，改元。是岁魏黄初四年也。

建兴元年夏，牂牁太守朱褒拥郡反。先是，益州郡有大姓雍闿反，流太守张裔于吴，据郡不宾，越巂夷王高定亦背叛。是岁，立皇后张氏。遣尚书郎邓芝固好于吴，吴王孙权与蜀和亲使聘，是岁通好。

二年春，务农殖谷，闭关息民。

三年春三月，丞相亮南征四郡，四郡皆平。改益州郡为建宁郡，分建宁、永昌郡为云南郡，又分建宁、牂牁为兴古郡。十二月，亮还成都。

四年春，都护李严自永安还住江州，筑大城。

五年春，丞相亮出屯汉中，营沔北阳平石马。

六年春，亮出攻祁山，不克。冬，复出散关，围陈仓，粮尽退。魏将王双率军追亮，亮与战，破之，斩双，还汉中。

后主名字叫禅，字公嗣，是先主刘备之子。建安二十四年，刘备做了汉中王，刘禅被立为王太子。等到刘备称皇帝尊号以后，册命称："章武元年五月辛巳，皇帝说：太子禅，朕遭遇到汉朝国运最艰难的时期，贼臣篡盗汉皇帝的权力，使国家社稷没有了主人，识天命者与诸位正直的大臣，把天命明示于我，我继承了帝位。现在以禅为皇太子，来承继王室宗庙，恭敬地侍奉社稷国家。遣使持节，由丞相诸葛亮授予皇太子印绶。太子要恭敬地听从丞相的教诲和帮助。太子做一事而得三善，怎么能不努力呢！"章武三年夏天四月，先主刘备在永安宫去世。五月，后主刘禅在成都继承皇位，当时才十七岁。刘禅尊称刘备的皇后为皇太后。大赦天下，改年号为建兴。这一年是魏黄初四年。

后主建兴元年夏天，牂牁郡太守朱褒据本郡占发动叛乱。在此之前，益州豪强世族雍闿反叛，将太守张裔放逐吴国，占据本郡，不服管辖。越嶲夷王高定也同时反叛。这年，后主册立张氏为皇后。派遣尚书郎邓芝出使吴国，巩固两国友好关系，吴主孙权与蜀国和睦，并派使臣回访，这年两国往来不断。

建兴二年春天，蜀国致力于发展农耕，闭关自守，让百姓休养生息。

建兴三年春天三月，丞相诸葛亮南征四郡，四郡全都平定了。改益州郡为建宁郡，分建宁郡、永昌郡一部设为云南郡，又分建宁郡、牂牁郡一部设为兴古郡。同年十二月，诸葛亮返回成都。

建兴四年春天，都护李严从永安回驻江州，修筑了一座大城。

建兴五年春天，丞相诸葛亮出兵屯驻汉中，在沔水北面修建了阳平关和石马城。

建兴六年春天，诸葛亮出兵祁山，没有能够攻克。冬天，出兵散关，包围陈仓县，因为粮尽退兵。魏将王双率兵追击诸葛亮，诸葛亮

七年春，亮遣陈式攻武都、阴平，遂克定二郡。冬，亮徙府营于南山下原上，筑汉、乐二城。是岁，孙权称帝，与蜀约盟，共交分天下。

八年秋，魏使司马懿由西城，张郃由子午，曹真由斜谷，欲攻汉中。丞相亮待之于城固、赤阪，大雨道绝，真等皆还。是岁，魏延破魏雍州刺史郭淮于阳谿。徙鲁王永为甘陵王，梁王理为安平王，皆以鲁、梁在吴分界故也。

九年春二月，亮复出军围祁山，始以木牛运。魏司马懿、张郃救祁山。夏六月，亮粮尽退军，郃追至青封，与亮交战，被箭死。秋八月，都护李平废徙梓潼郡。

十年，亮休士劝农于黄沙，作流马木牛毕，教兵讲武。

十一年冬，亮使诸军运米，集于斜谷口，治斜谷邸阁。是岁，南夷刘胄反，将军马忠破平之。

十二年春二月，亮由斜谷出，始以流马运。秋八月，亮卒于渭滨。征西大将军魏延与丞相长史杨仪争权不和，举兵相攻，延败走；斩延首，仪率诸军还成都。大赦。以左将军吴壹为车骑将军，假节督汉中。以丞相留府长史蒋琬为尚书令，总统国事。

十三年春正月，中军师杨仪废徙汉嘉郡。夏四月，进蒋琬位为大将军。

十四年夏四月，后主至湔，登观阪，看汶水之流，旬日还成都。徙武都氐王苻健及氐民四百余户于广都。

十五年夏六月，皇后张氏薨。

打败了王双军，斩了王双，退回汉中。

建兴七年春天，诸葛亮派遣陈式进攻武都、阴平，攻克、平定了这两个郡。冬天，诸葛亮将丞相府迁至终南山下的平原上，修筑了汉、乐二城。这一年，孙权称帝，与蜀国结盟，共同平分天下。

建兴八年秋天，魏国派司马懿从西城进发，张郃从子午道进发，曹真由斜谷进发，进攻汉中。丞相诸葛亮在城固、赤阪集结兵马迎战。正赶上天降大雨，道路不通，曹真等全部退回。这年，魏延在阳谿打败了魏国的雍州刺史郭淮。蜀国改封鲁王刘永为甘陵王、改封梁王刘理为安平王，这是由于鲁、梁二地在吴国界内的缘故。

建兴九年春天二月，诸葛亮再次出兵祁山，开始用木牛运送粮草。魏国司马懿、张郃率兵救援祁山。夏六月，因为粮食用尽，诸葛亮退兵回汉中。张郃追击，在青封与诸葛亮交战，中箭身亡。秋八月，都护李平严被罢免，流放到梓潼郡。

建兴十年，诸葛亮停止作战，在黄沙鼓励农耕并且制造出木牛流马，教练士兵，讲授军事。

建兴十一年冬天，诸葛亮让各军运粮集中在斜谷口，修建斜谷军库。这一年，南方夷人刘胄造反，将军马忠打败了他，平定了南方。

建兴十二年春天二月，诸葛亮从斜谷出兵，用木牛流马运输粮草。秋八月，诸葛亮在渭滨去世。征西大将军魏延和丞相长史杨仪二人争夺兵权，各自发兵相互攻击，魏延失败后逃走，马岱斩了魏延的首级。杨仪率各军回到成都。大赦天下。任命左将军吴壹为车骑将军，持符节，督察汉中。任命丞相留府长史蒋琬为尚书令，总管国家事务。

建兴十三年春天正月，中军师杨仪被免职流放到汉嘉郡。夏四月，朝廷进蒋琬为大将军。

建兴十四年夏天四月，后主来到湔山，登上观阪看汶水，十多天以后回到成都。迁徙武都氐王苻健和氐族百姓四百多户到广都县。

建兴十五年夏天六月，皇后张氏去世。

延熙元年春正月，立皇后张氏。大赦，改元。立子璿为太子，子瑶为安定王。冬十一月，大将军蒋琬出屯汉中。

二年春三月，进蒋琬位为大司马。

三年春，使越嶲太守张嶷平定越嶲郡。

四年冬十月，尚书令费祎至汉中，与蒋琬谘论事计，岁尽还。

五年春正月，监军姜维督偏军，自汉中还屯涪县。

六年冬十月，大司马蒋琬自汉中还，住涪。十一月，大赦。以尚书令费祎为大将军。

七年闰月，魏大将军曹爽、夏侯玄等向汉中，镇北大将军王平拒兴势围，大将军费祎督诸军往赴救，魏军退。夏四月，安平王理卒。秋九月，祎还成都。

八年秋八月，皇太后薨。十二月，大将军费祎至汉中，行围守。

九年夏六月，费祎还成都。秋，大赦。冬十一月，大司马蒋琬卒。

十年，凉州胡王白虎文、治无戴等率众降，卫将军姜维迎逆安抚，居之于繁县。是岁，汶山平康夷反，维往讨，破平之。

十一年夏五月，大将军费祎出屯汉中。秋，涪陵属国民夷反，车骑将军邓芝往讨，皆破平之。

十二年春正月，魏诛大将军曹爽等，右将军夏侯霸来降。夏四月，大赦。秋，卫将军姜维出攻雍州，不克而还。将军句安、李韶降魏。

十三年，姜维复出西平，不克而还。

延熙元年春天正月，后主另立张氏为皇后，实行大赦，更改年号。并立其子刘璿为皇太子，刘瑶为安定王。冬十一月，大将军蒋琬发兵汉中。

延熙二年春天三月，后主晋升蒋琬为大司马。

延熙三年春天，后主派遣越嶲太守张嶷平定越嶲郡。

延熙四年冬天十月，尚书令费祎至汉中，和蒋琬共同商讨政务，年底返回成都。

延熙五年春天正月，监军姜维统率偏军，由汉中返回，驻守涪县。

延熙六年冬天十月，大司马蒋琬从汉中返回，住在涪县。十一月，实行大赦。任命尚书令费祎为大将军。

延熙七年闰月，魏国大将曹爽、夏侯玄等人进军汉中，镇北大将军王平在兴势修筑营垒，抵御魏军的围攻，大将军费祎统领各路军马前来驰援，魏军撤退。夏四月，安平王刘理死。秋九月，费祎回到成都。

延熙八年秋天八月，皇太后去世。十二月，大将军费祎至汉中，巡视筑围营寨的防守状况。

延熙九年夏天六月，费祎回成都。秋天，又大赦天下。冬十一月，大司马蒋琬去世。

延熙十年，凉州胡人首领白虎文、治无戴等人率领部众降附蜀国，卫将军姜维迎接安抚部众，让部众居住在繁县。这一年，汶山平康的夷人反叛，姜维前往讨伐，打败并且平定了反叛者。

延熙十一年夏天五月，大将军费祎出兵屯驻汉中。秋天，涪陵属国的百姓和夷人反叛，车骑将军邓芝前往讨伐，把反叛者全都打败并平定。

延熙十二年春天正月，曹魏诛杀大将军曹爽等人，右将军夏侯霸前来投降。夏天四月，朝廷大赦。秋天，卫将军姜维出兵攻打雍州，没有能攻克而撤回。蜀国的将军句安、李韶投降曹魏。

延熙十三年，姜维再次出兵进攻西平，未能攻克而退回。

十四年夏，大将军费祎还成都。冬，复北驻汉寿。大赦。

十五年，吴王孙权薨。立子琮为西河王。

十六年春正月，大将军费祎为魏降人郭循所杀于汉寿。夏四月，卫将军姜维复率众围南安，不克而还。

十七年春正月，姜维还成都。大赦。夏六月，维复率众出陇西。冬，拔狄道、河关、临洮三县民，居于绵竹、繁县。

十八年春，姜维还成都。夏，复率诸军出狄道，与魏雍州刺史王经战于洮西，大破之。经退保狄道城，维却住钟题。

十九年春，进姜维位为大将军，督戎马，与镇西将军胡济期会上邽，济失誓不至。秋八月，维为魏大将军邓艾所破于上邽。维退军还成都。是岁，立子瓒为新平王。大赦。

二十年，闻魏大将军诸葛诞据寿春以叛，姜维复率众出骆谷，至芒水。是岁大赦。

景耀元年，姜维还成都。史官言景星见，于是大赦，改年。宦人黄皓始专政。吴大将军孙綝废其主亮，立琅邪王休。

二年夏六月，立子谌为北地王，恂为新兴王，虔为上党王。

三年秋九月，追谥故将军关羽、张飞、马超、庞统、黄忠。

四年春三月，追谥故将军赵云。冬十月，大赦。

五年春正月，西河王琮卒。是岁，姜维复率众出侯和，为邓艾所破，还住沓中。

延熙十四年夏天，大将军费祎回到成都。冬天，又向北驻扎在汉寿。朝廷大赦。

延熙十五年，吴王孙权去世。刘禅立他的儿子刘琮为西河王。

延熙十六年春天正月，大将军费祎在汉寿被投降蜀汉的曹魏人郭循杀害。夏天四月，卫将军姜维又率众围打南安，没有攻克而回。

延熙十七年春天正月，姜维回到成都。朝廷大赦。夏六月，姜维又率兵众攻打陇西。冬天，把狄道、河关、临洮三个县的百姓迁徙到绵竹、繁县居住。

延熙十八年春天，姜维回到成都。夏天，姜维又率领各路兵马从狄道出兵，和曹魏雍州刺史王经战于洮西，大败曹魏军。王经退保狄道城，姜维退到钟题驻扎。

延熙十九年春天，后主升姜维为大将军，统率蜀国兵马，和镇西将军胡济约定在上邽会师，胡济失约没有到达。秋八月，姜维在上邽被魏国大将军邓艾打败。姜维退军返回成都。这年，刘禅立他的儿子刘瓒为新平王。大赦天下。

延熙二十年，蜀国听说魏国大将军诸葛诞占据寿春反叛，姜维再次率众出兵骆谷，抵达芒水。这年后主实行大赦。

景耀元年，姜维返回成都。史官报告景星出现，大赦天下，改换年号。蜀国宦官黄皓开始专断朝政。吴国大将军孙綝废黜国君孙亮，改立琅琊王孙休为君。

景耀二年夏天六月，刘禅立儿子刘谌为北地王，刘恂为新兴王，刘虔为上党王。

景耀三年秋天九月，蜀国给已经死去的将军关羽、张飞、马超、庞统、黄忠追赠谥号。

景耀四年春天三月，给已故将军赵云追赠谥号。冬天十月，大赦天下。

景耀五年春天正月，西河王刘琮去世。这年，姜维再次率军出击侯和，被邓艾击败，撤军回沓中驻扎。

六年夏，魏大兴徒众，命征西将军邓艾、镇西将军钟会、雍州刺史诸葛绪数道并攻。于是遣左右车骑将军张翼、廖化、辅国大将军董厥等拒之。大赦。改元为炎兴。冬，邓艾破卫将军诸葛瞻于绵竹。用光禄大夫谯周策，降于艾，奉书曰："限分江、汉，遇值深远，阶缘蜀土，斗绝一隅，干运犯冒，渐苒历载，遂与京畿攸隔万里。每惟黄初中，文皇帝命虎牙将军鲜于辅，宣温密之诏，申三好之恩，开示门户，大义炳然，而否德暗弱，窃贪遗绪，俯仰累纪，未率大教。天威既震，人鬼归能之数，怖骇王师，神武所次，敢不革面，顺以从命！辄敕群帅投戈释甲，官府帑藏一无所毁。百姓布野，余粮栖亩，以俟后来之惠，全元元之命。伏惟大魏布德施化，宰辅伊、周，含覆藏疾。谨遣私署侍中张绍、光禄大夫谯周、驸马都尉邓良奉赍印绶，请命告诚，敬输忠款，存亡敕赐，惟所裁之。舆榇在近，不复缕陈。"是日，北地王谌伤国之亡，先杀妻子，次以自杀。绍、良与艾相遇于雒县。艾得书，大喜，即报书，遣绍、良先还。艾至城北，后主舆榇自缚，诣军垒门。艾解缚焚榇，延请相见。因承制拜后主为骠骑将军。诸围守悉被后主敕，然后降下。艾使后主止其故宫，身往造焉。资严未发，明年春正月，艾见收。钟会自涪至成都作乱。会既死，蜀中军众钞略，死丧狼藉，数日乃安集。

景耀六年夏天，曹魏大举发兵，命征西将军邓艾、镇西将军钟会、雍州刺史诸葛绪几路大军一起向蜀汉进军。于是朝廷派遣左车骑将军张翼、右车骑将军廖化、辅国大将军董厥等率兵抵御曹魏大军。后王发布大赦令。改年号为炎兴。冬天，邓艾在绵竹打败卫将军诸葛瞻。刘禅接受光禄大夫谯周的计策，向邓艾投降，献上降书说："因为被长江、汉水所阻隔，我正好处于边远地区，凭借着蜀国的土地，像在四面隔绝的米斗里一样在一个角落，触犯天运，渐渐地过了一年又一年，便与京城洛阳远隔万里。我经常想到黄初年间，文皇帝命虎牙将军鲜于辅，向我宣示温和亲密的诏命，申明和蜀汉友好的恩惠，明确地表示给予我出路，仁义鲜明清楚，而我无德无能，愚昧软弱，私下贪恋父亲留下来的帝位，苟且偷生连续多年，不能遵从伟大的教导。如今朝廷大军声威大震，人神都有向善的必然之理，敬畏朝廷大军的威严，朝廷大军所到之处，谁敢不洗心革面，服从命令！我自作主张指示部下放下武器，脱掉盔甲，把官家府库中的资财完整保护一点没有损坏。老百姓分布在田野，成熟的粮食留在地里，等待圣明的君主来施以恩惠，保全黎民百姓的生命。我跪在地上想着大魏布恩德施教化，执政大臣就像伊尹、周公，具有宽容有罪之人的胸襟。谨派遣私自任命的侍中张绍、光禄大夫谯周、驸马都尉邓良奉上带去的皇帝印玺和绶带，请求指示，报告诚意，恭恭敬敬献上忠心，我们蜀汉臣民生死的恩赐，由君裁决处置。我即将抬着棺材前来投降，所以不再一一陈述。"这一天，北地王刘谌因为亡国而万分悲伤，先杀掉妻子儿女，然后自杀。张绍、邓良与邓艾在洛县相遇。邓艾得到降书，非常高兴，立即回信，派张绍、邓良先回去。邓艾到达成都北郊，后主抬着棺材，绑上自己，来到邓艾军营的大门外。邓艾命人解开后主的绳索，烧掉棺材，将后主请进与邓艾相见。邓艾秉承朝廷旨意，拜后主为骠骑将军。各地凭借工事坚守的蜀军都接到后主的命令，然后投降。邓艾让后主仍住在自己过去的宫殿里，亲自前往拜访。后主收拾行装准备前往洛阳，还未动身，第二年的春正月，邓艾被擒。钟会从涪县来到成都作乱。钟会死了以后，蜀中的军人大肆抢劫，到处都有死尸，几天以后才平静下来。

后主举家东迁，既至洛阳，策命之曰："惟景元五年三月丁亥，皇帝临轩，使太常嘉命刘禅为安乐县公。於戏，其进听朕命！盖统天载物，以咸宁为大，光宅天下，以时雍为盛。故孕育群生者，君人之道也，乃顺承天者，坤元之义也。上下交畅，然后万物协和，庶类获乂。乃者汉氏失统，六合震扰。我太祖承运龙兴，弘济八极，是用应天顺民，抚有区夏。于时乃考因群杰虎争，九服不静，乘间阻远，保据庸蜀，遂使西隅殊封，方外壅隔。自是以来，干戈不戢，元元之民，不得保安其性，几将五纪。朕永惟祖考遗志，思在绥缉四海，率土同轨，故爰整六师，耀威梁、益。公恢崇德度，深秉大正，不惮屈身委质，以爱民全国为贵，降心回虑，应机豹变，履信思顺，以享左右无疆之休，岂不远欤！朕嘉与君公长飨显禄，用考咨前训，开国胙土，率遵旧典，锡兹玄牡，苴以白茅，永为魏藩辅，往钦哉！公其祗服朕命，克广德心，以终乃显烈。"食邑万户，赐绢万匹，奴婢百人，他物称是。子孙为三都尉封侯者五十余人。尚书令樊建、侍中张绍、光禄大夫谯周、秘书令郤正、殿中督张通并封列侯。公泰始七年薨于洛阳。

评曰：后主任贤相则为循理之君，惑阉竖则为昏暗之后，传曰"素丝无常，唯所染之"，信矣哉！礼，国君继体，逾年改元，而章

后主刘禅全家向东搬迁，他们到达洛阳后，魏元帝颁布册命：“景元五年三月丁亥这天，皇帝来到殿前，让太常任命刘禅做了安乐县公。呜呼，你上前来听从我的命令！统治天下、养育万物，最重要的是让天下安乐。占有天下，最昌盛的时候是恩德覆盖天下，以时世清平为美。因而让百姓万物繁衍成长，是治理国家、统治百姓的根本，顺承天意，是土地德行的本义。上天下地交会畅通，万物才会和谐融洽，众多物类都得到安定。过去，汉朝丧失了统治力，天下四方动荡纷争不断。我的太祖武皇帝继承了国运气数，犹如巨龙腾空般兴起，将天下民众从苦难中拯救出来，上合天意、下顺民心，占据中原。那时，你的父亲趁着各路英雄像猛虎一样逐鹿中原，各地都不平静，依仗蜀地地处偏远，地势险要，割据一方。于是，使得西部边角与中原成为不同的国家，边远地区与中原的交往受到阻隔。自那个时候以来，战争不断，黎民百姓不能保证他们自己有安定的生活，已经快六十年了。我一直谨记着祖父、父亲的遗愿，渴望安抚、平定四海，统一天下，因而就整顿起国家军队，在梁州、益州两地显示武力的威严。你的品德风度博大崇高，深刻地把握了大义原则，不怕委屈自己前来归顺，将爱护百姓、保全国土作为最重要的事，回心转意，顺应时机，改恶从善，遵循信义，心想归顺，让家人和臣子享受无尽的幸福，难道这不是长远的打算吗！我认为奖赏给你长久享用尊贵俸禄是合适的，因此查询考证前代的做法，设立国邑，封赠土地，全都依照旧的典制。赏赐给你黑色的公牛，用白色的茅草包上土块，你要永远作为魏国的藩国辅臣，去吧，要敬重啊！你要恭敬地遵从我的命令，扩大自己的仁德之心，使你显赫的功业保持到永远。”魏元帝赏赐给后主刘禅万户平民的租赋供他享用，赐给他丝绢一万匹，奴婢一百人，赏赐的其他物品也要和这些赏赐相匹配。后主的子孙当中有三人被封为都尉，五十多个被封侯。原蜀国尚书令樊建、侍中张绍、光禄大夫谯周、秘书令郤正、殿中督张通等全都被封为列侯。泰始七年，后主刘禅在洛阳去世。

评论说：后主任用贤相就成为循理的君主，被宦官迷惑就成为昏庸的君主，经传说“白丝没有固定的颜色，只看你用什么颜色去染

武之三年，则革称建兴，考之古义，体理为违。又国不置史，注记无官，是以行事多遗，灾异靡书。诸葛亮虽达于为政，凡此之类，犹有未周焉。然经载十二而年名不易，军旅屡兴而赦不妄下，不亦卓乎！自亮没后，兹制渐亏，优劣著矣。

它”，说得真对！按照礼法，国君继位，第二年才改年号，但是章武三年，就改称建兴，用古代的礼义考究，是有违常规的。而且，蜀国没有设置史官，没有官员负责注记大事，因此事情多有遗漏，灾异现象全没有记载。诸葛亮虽然为政明达，但像类似的事，也仍然有未够周详的。然而经历了十二年而没有改年号，屡次兴兵而没有妄下大赦，不也很卓越高明吗！自从诸葛亮去世以后，这些制度渐渐被破坏，优劣差异就明显了。

卷三十四　蜀书四

二主妃子传第四

先主甘皇后，沛人也。先主临豫州，住小沛，纳以为妾。先主数丧嫡室，常摄内事。随先主于荆州，产后主。值曹公军至，追及先主于当阳长阪，于时困逼，弃后及后主，赖赵云保护，得免于难。后卒，葬于南郡。章武二年，追谥皇思夫人，迁葬于蜀，未至而先主殂陨。丞相亮上言："皇思夫人履行修仁，淑慎其身。大行皇帝昔在上将，嫔妃作合，载育圣躬，大命不融。大行皇帝存时，笃义垂恩，念皇思夫人神柩在远飘飖，特遣使者奉迎。会大行皇帝崩，今皇思夫人神柩以到，又梓宫在道，园陵将成，安厝有期。臣辄与太常臣赖恭等议：《礼记》曰：'立爱自亲始，教民孝也；立敬自长始，教民顺也。'不忘其亲，所由生也。《春秋》之义，母以子贵。昔高皇帝追尊太上昭灵夫人为昭灵皇后，孝和皇帝改葬其母梁贵人，尊号曰恭怀皇后，孝愍皇帝亦改葬其母王夫人，尊号曰灵怀皇后。今皇思夫人宜有尊号，以慰寒泉之思，辄与恭等案谥法，宜曰昭烈皇后。《诗》曰：'谷则异室，死则同穴。'故昭烈皇后宜与大行皇帝合葬，臣请太尉告宗庙，布露天下，具礼仪别奏。"制曰可。

先主穆皇后，陈留人也。兄吴壹，少孤，壹父素与刘焉有旧，是以举家随焉入蜀。焉有异志，而闻善相者相后当大贵。焉时将子瑁自随，遂为瑁纳后。瑁死，后寡居。先主既定益州，而孙夫人还吴，群下劝先主聘后。先主疑与瑁同族，法正进曰："论其亲疏，何与晋文之于子圉乎？"于是纳后为夫人。建安二十四年，立为汉中

先主甘皇后，是沛县人。刘备到豫州，在小沛纳她为妾。刘备几次死去正妻，甘皇后常常管理家庭事务。后来跟随刘备到荆州，生下刘禅。恰逢曹军南下进攻，在当阳县长阪追上刘备，因情势危急，刘备抛下甘皇后与刘禅逃走，甘皇后与刘婵靠赵云保护，才幸免于难。后来，甘皇后去世葬在南郡。章武二年，被追谥为皇思夫人，准备迁移蜀地安葬，灵柩还没有运到，刘备就去世了。丞相诸葛亮上奏刘禅说："皇思夫人善良仁慈，谨慎自律，先帝为上将之时，与她婚配，诞育陛下，可惜夫人不幸早逝。先帝生前对她情深义重，思念夫人灵柩远在异地，派人前去迎取改葬。正赶上先帝去世，如今，皇思夫人灵柩已经运到，先帝梓棺也正在运回途中，陵地即将建成，安葬之日已经不远了。臣与太常赖恭等人商议：《礼记》说：'行仁爱应从父母开始，这是教百姓孝顺；尚恭敬从长子做起，这是教百姓恭顺。'不忘记父母，因为父母生下自己。《春秋》大义，母因子女而显贵。过去，高祖皇亲给他的母皇昭灵夫人追加尊号为昭灵皇后，孝和皇帝改葬母亲梁贵人，追加尊号为恭怀皇后，孝愍皇帝也改葬了母亲王夫人，加尊号为灵怀皇后。现在，皇思夫人也应追加尊号，以示对亡灵的思念。臣与赖恭等人查考谥法，宜追加谥号为昭烈皇后。《诗经》说：'生不同衾，死亦同穴。'所以昭烈皇后应该与先皇合葬，臣请求陛下派太尉到宗庙禀告先祖，然后向天下公布，具体的礼仪另外上奏。"后主刘禅表示同意。

先主穆皇后，陈留郡人。她哥哥名字叫吴壹，从小是孤儿，吴壹的父亲一向和刘焉有旧交，所以全家跟随刘焉到了西蜀。刘焉有称帝的野心，而且听善于相面的人说吴壹的妹妹以后将大贵。当时刘焉的儿子刘瑁正跟随着吴壹，便为刘瑁娶了吴壹的妹妹。刘瑁死后，吴壹的妹妹寡居。先主占领益州以后，孙夫人回了东吴，群臣劝先主纳娶

王后。章武元年夏五月，策曰：“朕承天命，奉至尊，临万国。今以后为皇后，遣使持节丞相亮授玺绶，承宗庙，母天下，皇后其敬之哉！”建兴元年五月，后主即位，尊后为皇太后，称长乐宫。壹官至车骑将军，封县侯。延熙八年，后薨，合葬惠陵。

后主敬哀皇后，车骑将军张飞长女也。章武元年，纳为太子妃，建兴元年，立为皇后。十五年薨，葬南陵。

后主张皇后，前后敬哀之妹也。建兴十五年，入为贵人。延熙元年春正月，策曰：“朕统承大业，君临天下，奉郊庙社稷。今以贵人为皇后，使行丞相事左将军向朗持节授玺绶。勉修中馈，恪肃禋祀，皇后其敬之哉！”咸熙元年，随后主迁于洛阳。

刘永字公寿，先主子，后主庶弟也。章武元年六月，使司徒靖立永为鲁王，策曰：“小子永，受兹青土。朕承天序，继统大业，遵修稽古，建尔国家，封于东土，奄有龟蒙，世为藩辅。呜呼，恭朕之诏！惟彼鲁邦，一变适道风化存焉。人之好德，世兹懿美。王其秉心率礼，绥尔士民，是飨是宜，其戒之哉！”建兴八年，改封为甘陵王。初，永憎宦人黄皓，皓既信任用事，谮构永于后主，后主稍疏外永，至不得朝见者十余年。咸熙元年，永东迁洛阳，拜奉车都尉，封为乡侯。

吴氏，先主因为与刘瑁同族而犹豫，法正进言说：“若论亲疏，怎么比得上晋文公娶亲侄子子圉的妻子呢？”于是先主便纳娶吴氏为夫人。建安二十四年，立吴氏为汉中王王后。章武元年夏天五月，先主下达册立文书说：“朕承天命，恭敬地接受至尊之位，统临万国。现在以王后为皇后，派遣使节持节丞相诸葛亮授给她皇后印绶，皇后要传承祖先的祭祀，做天下的母亲，可要恭敬地去做啊！”建兴元年五月，后主刘禅即位以后，尊皇后为皇太后，宫号为长乐宫。吴壹官做到了车骑将军，被封为县侯。延熙八年，皇后去世，与先主合葬在惠陵。

后主敬哀皇后是车骑将军张飞长女。章武元年，刘婵娶她为太子妃子。建兴元年，被立为皇后。建兴十五年去世，葬在南陵。

后主张皇后是敬哀皇后的妹妹。建兴十五年，入宫被封作贵人。延熙元年春天正月，后主册封她说：“朕承帝业，治理天下，主持天地宗庙祭祀。现在册封贵人为皇后，由代理丞相、左将军向朗持符节授予皇后印绶。希望皇后掌管好后宫的事务，恭谨地参与祭祀，皇后应该谨慎啊！”咸熙元年，张皇后随后主刘禅迁居洛阳。

刘永，字公寿，先主刘备的儿子，后主刘禅的异母弟弟。章武元年六月，司徒许靖承旨立刘永为鲁王，册书说：“小子刘永，接受青泥。朕秉承天命，继承大统，遵照古制，建立你的封国，把东边的土地及龟山、蒙山均分封给你，世代为捍卫朝廷的藩王。呜呼，你要恭敬地接受朕的诏命！想那古代的鲁国，孔子曾说只要有所改变就能合乎大道，因此，鲁地至今还保存着良好的风气。人们崇尚道德，世代都在为道德增美。你当秉持忠心，遵守礼仪，安抚你的吏民，祭祀祖先，要时刻告诫自己做好这些呀！”建兴八年，改封刘永为甘陵王。以前，刘永讨厌宦官黄皓，黄皓却被刘禅宠信。黄皓掌管朝政以后，向后主刘禅说刘永的坏话，挑拨刘永和后主的关系。后主便逐渐疏远刘永，把他视为外人。导致刘永十几年不能入朝参见刘禅。咸熙元年，刘永被迁东方，居住在洛阳，被魏国任为奉车都尉，封为乡侯。

刘理字奉孝，亦后主庶弟也，与永异母。章武元年六月，使司徒靖立理为梁王，策曰："小子理，朕统承汉序，祗顺天命，遵修典秩，建尔于东，为汉藩辅。惟彼梁土，畿甸之邦，民狎教化，易导以礼。往悉乃心，怀保黎庶，以永尔国，王其敬之哉！"建兴八年，改封理为安平王。延熙七年卒，谥曰悼王。子哀王胤嗣，十九年卒。子殇王承嗣，二十年卒。景耀四年诏曰："安平王，先帝所命。三世早夭，国嗣颓绝，朕用伤悼。其以武邑侯辑袭王位。"辑，理子也，咸熙元年，东迁洛阳，拜奉车都尉，封乡侯。

后主太子璿，字文衡。母王贵人，本敬哀张皇后侍人也。延熙元年正月策曰："在昔帝王，继体立嗣，副贰国统，古今常道。今以璿为皇太子，昭显祖宗之威命，使行丞相事左将军朗持节授印绶。其勉修茂质，祗恪道义，咨询典礼，敬友师傅，斟酌众善，翼成尔德，可不务修以自勖哉！"时年十五。景耀六年冬，蜀亡。咸熙元年正月，钟会作乱于成都，璿为乱兵所害。

评曰：易称有夫妇然后有父子，夫人伦之始，恩纪之隆，莫尚于此矣。是故纪录，以究一国之体焉。

刘理，字奉孝，后主异母弟，与刘永也不是一母所生。章武元年六月，刘备让司徒许靖立刘理为梁王，册命的文书说：“小子刘理，朕承继汉室，顺天应命，遵循典制，在东方建立你的国家，为汉室藩屏。梁国是京城近郊的邦国，百姓崇尚教化，易用礼义引导。你要竭尽心力，安抚黎民，以此来永久保有你的封国，你要谨慎啊！”建兴八年，改封刘理为安平王。延熙七年刘理去世，赐谥号为悼王。他的儿子哀王刘胤承继王爵，延熙十九年去世。刘胤的儿子殇王刘承继承王爵，延熙二十年去世。景耀四年后主下诏说：“安平王是先帝册命的。三代国王都过早地夭折，王国的继承人断绝了，朕为此而悲伤哀悼。今以武邑侯刘辑承袭安平王爵。”刘辑是刘理的儿子，咸熙元年东迁洛阳，被任为奉车都尉，封为乡侯。

后主刘禅的太子刘璿，字文衡。母亲是王贵人，本来是侍奉敬哀张皇后的宫女。延熙元年正月，刘禅策命说：“以往的帝王，确定继承人来承继帝业，以辅佐国家政务，此古今常存之制度。现立刘璿为皇太子，明示祖先的威荣与光耀。命代丞相、左将军向朗持符节授予你玺印和绶带。你要努力培养自己美好的品德，恭顺地遵奉道义，咨询典章礼仪，敬爱师傅，吸取众人之长以帮助自己形成美好的操行，要致力于自修自勉啊！”刘璿被立为太子的时候十五岁。景耀六年冬天，蜀汉灭亡。咸熙元年正月，钟会在成都作乱，刘璿被乱兵所害。

评论说：《周易》说，有夫妇然后有父子，可见，夫妇是人和人关系的开始，情感的浓厚，没有超过夫妇的了。所以记载，以便考察一国的体制。

卷三十五　蜀书五

诸葛亮传第五

诸葛亮字孔明，琅邪阳都人也。汉司隶校尉诸葛丰后也。父珪，字君贡，汉末为太山郡丞。亮早孤，从父玄为袁术所署豫章太守，玄将亮及亮弟均之官。会汉朝更选朱皓代玄。玄素与荆州牧刘表有旧，往依之。玄卒，亮躬畊陇亩，好为《梁父吟》。身长八尺，每自比于管仲、乐毅，时人莫之许也。惟博陵崔州平、颍川徐庶元直与亮友善，谓为信然。

时先主屯新野。徐庶见先主，先主器之，谓先主曰："诸葛孔明者，卧龙也，将军岂愿见之乎？"先主曰："君与俱来。"庶曰："此人可就见，不可屈致也。将军宜枉驾顾之。"由是先主遂诣亮，凡三往，乃见。因屏人曰："汉室倾颓，奸臣窃命，主上蒙尘。孤不度德量力，欲信大义于天下，而智术短浅，遂用猖獗，至于今日。然志犹未已，君谓计将安出？"亮答曰："自董卓已来，豪杰并起，跨州连郡者不可胜数。曹操比于袁绍，则名微而众寡，然操遂能克绍，以弱为强者，非惟天时，抑亦人谋也。今操已拥百万之众，挟天子而令诸侯，此诚不可与争锋。孙权据有江东，已历三世，国险而民附，贤能为之用，此可以为援而不可图也。荆州北据汉、沔，利尽南海，东连吴会，西通巴、蜀，此用武之国，而其主不能守，此殆天所以资将军，将军岂有意乎？益州险塞，沃野千里，天府之土，高祖因之以成帝业。刘璋暗弱，张鲁在北，民殷国富而不知存恤，智能之士思得明君。将军既帝室之胄，信义著于四海，总揽英雄，思贤如渴，若跨有荆、益，保其岩阻，西和诸戎，南抚夷越，外结好孙权，内修政理；天下有变，则命一上将将荆州之军以向宛、洛，将军身率益州之

诸葛亮，字孔明，琅邪阳都人，是汉朝司隶校尉诸葛丰的后代。父亲的名字叫诸葛珪，字君贡，汉末曾经做过泰山郡丞。诸葛亮早年丧父，叔父诸葛玄时任袁术的豫章太守，带着诸葛亮和其弟诸葛均一起去上任。正值朝廷另派朱皓去豫章。诸葛玄与荆州牧刘表有交情，便前去依附刘表。诸葛玄去世后，诸葛亮耕种垄上，喜欢诵《梁父吟》。他身高八尺，常以与管仲、乐毅相比，时人不以为然。只有博陵人崔州平、颍川人徐庶与诸葛亮很友好，认为此比不虚。

那时候先主屯驻在新野。徐庶来见先王，先主对徐庶很看重。徐庶对先主说："诸葛孔明，就是人称卧龙的人，将军是否愿意与诸葛孔明相见呢？"先主说："您和诸葛孔明一起来吧。"徐庶说："这个人只可以您去见，不能屈意让他前来。将军应当屈驾前往去见诸葛孔明。"因此先主便去诸葛亮那里，一共去了三次才见到诸葛亮。于是先主让左右的人退下，说："汉朝衰败，奸臣窃夺皇权，主上流亡在外。我不能正确估量自己的德行和能力，打算为天下人伸张大义，然而我的智慧谋略浅近不足，因而屡受挫折，到今天仍然是如此。但是我的志向并没有放弃和改变，您说该怎么办呢？"诸葛亮回答说："自从董卓作乱以来，群雄并起，跨州连郡称雄的人数不过来。曹操与袁绍相比，名气小而兵众少，然而曹操最终能打败袁绍，转弱为强的原因，不仅仅是因为天时，也是因为依靠人的谋略。如今曹操已经拥有百万兵众，挟持天子来号令诸侯，确实不能与曹操正面较量。孙权占据江东，已经经历了三位主人，辖区有长江天险，又有民众拥护，还有贤能之人为孙权效力，这可以作为自己的外援而不可企图吞并孙权。荆州北有汉水、沔水作为依凭，南可获得南海之利，东面与吴郡、会稽相连，西面与巴、蜀地区相通，这是一个运用武力的地方，而它的主人却没有能力守住它，这大概是上天用来帮助将军的，

众出于秦川，百姓孰敢不箪食壶浆以迎将军者乎？诚如是，则霸业可成，汉室可兴矣。”先主曰：“善！”于是与亮情好日密。关羽、张飞等不悦，先主解之曰：“孤之有孔明，犹鱼之有水也。愿诸君勿复言。”羽、飞乃止。

刘表长子琦，亦深器亮。表受后妻之言，爱少子琮，不悦于琦。琦每欲与亮谋自安之术，亮辄拒塞，未与处画。琦乃将亮游观后园，共上高楼，饮宴之间，令人去梯，因谓亮曰：“今日上不至天，下不至地，言出子口，入于吾耳，可以言未？”亮答曰：“君不见申生在内而危，重耳在外而安乎？”琦意感悟，阴规出计。会黄祖死，得出，遂为江夏太守。俄而表卒，琮闻曹公来征，遣使请降。先主在樊闻之，率其众南行，亮与徐庶并从，为曹公所追破，获庶母。庶辞先主而指其心曰：“本欲与将军共图王霸之业者，以此方寸之地也。今已失老母，方寸乱矣，无益于事，请从此别。”遂诣曹公。

先主至于夏口，亮曰：“事急矣，请奉命求救于孙将军。”时权拥军在柴桑，观望成败。亮说权曰：“海内大乱，将军起兵据有江

将军是不是对它有意呢？益州有四面高山阻塞，肥沃的土地广袤千里，有天府的美称，当年汉高祖依靠它成就帝业。它的主人刘璋昏庸软弱，张鲁又在北面进行威胁，益州人口众多、地方富庶而刘璋却不知道关心爱护，有智慧有才能的人都想得到英明的主人。将军既是汉朝皇室的后代，讲信义的名声四海皆知，招纳天下英雄，渴望得到贤士，如果跨有荆州、益州，凭借天然险阻保卫领土，西面和各少数民族和睦相处，南面安抚那里的少数民族，对外与孙权结好，对内改善政治；如果天下局势出现变化，就命令一位高级将领率领荆州的军队向宛县、洛阳进军，将军则亲自率领益州的兵众从秦川东出，老百姓谁敢不用竹篮盛着食物、用壶盛着酒水来迎接将军呢？如果确实出现像这样的局面，那么将军就可以完成霸业，汉朝也就可以复兴了。”先主说：“好啊！”因此先主和诸葛亮的友好情谊日益加深。关羽、张飞等因此不太高兴，先主解释说：“我有了孔明，就像鱼有了水。希望二位不要再说什么了。”关羽、张飞这才止住不快的情绪。

刘表的长子刘琦，也十分看重诸葛亮。刘表听信后妻之话语，喜欢小儿子刘琮，不喜欢刘琦。刘琦常向诸葛亮请教保全自己的办法，诸葛亮总是以家事外人不干涉为由予以拒绝。一次刘琦与诸葛亮游览后园，一同登上高楼，在商楼中间饮酒，刘琦让侍者将楼梯搬走，乘机对诸葛亮说：“现在上不着天，下不着地，话从您口说出，只进我耳，我可以向您求教了吧？”诸葛亮回答说：“你难道不知道申生在国内就危险，重耳逃亡在外就安全了吗？”刘琦心里顿时领悟，就时时暗中寻找外出的机会。遇上江夏太守黄祖战死，刘琦向刘表请求出任江夏太守。不久，刘表去世，刘琮听说曹操前来征讨，就派使者向曹操请降。刘备在樊城听到消息以后，率众向南走，诸葛亮与徐庶一同随从，被曹操追上打败，曹操俘获了徐庶的母亲。徐庶指着自己的心向刘备告辞说：“我本想凭心和将军共图王霸之业，如今却失去老母，我心已乱，已经无法给将军效力，就此请向将军告别。”于是徐庶到曹操那儿去了。

先主到了夏口，诸葛亮说：“现在情况十分危急了，拜托您派遣我去求救于孙将军。”那时候孙权统率军队驻扎在柴桑，观望成败。

东，刘豫州亦收众汉南，与曹操并争天下。今操芟夷大难，略已平矣，遂破荆州，威震四海。英雄无所用武，故豫州遁逃至此。将军量力而处之：若能以吴、越之众与中国抗衡，不如早与之绝；若不能当，何不案兵束甲，北面而事之！今将军外托服从之名，而内怀犹豫之计，事急而不断，祸至无日矣！”权曰：“苟如君言，刘豫州何不遂事之乎？”亮曰：“田横，齐之壮士耳，犹守义不辱，况刘豫州王室之胄，英才盖世，众士慕仰，若水之归海，若事之不济，此乃天也，安能复为之下乎！”权勃然曰：“吾不能举全吴之地，十万之众，受制于人。吾计决矣！非刘豫州莫可以当曹操者，然豫州新败之后，安能抗此难乎？”亮曰：“豫州军虽败于长阪，今战士还者及关羽水军精甲万人，刘琦合江夏战士亦不下万人。曹操之众，远来疲弊，闻追豫州，轻骑一日一夜行三百余里，此所谓‘强弩之末，势不能穿鲁缟’者也。故兵法忌之，曰‘必蹶上将军’。且北方之人，不习水战；又荆州之民附操者，逼兵势耳，非心服也。今将军诚能命猛将统兵数万，与豫州协规同力，破操军必矣。操军破，必北还，如此则荆、吴之势强，鼎足之形成矣。成败之机，在于今日。”权大悦，即遣周瑜、程普、鲁肃等水军三万，随亮诣先主，并力拒曹公。曹公败于赤壁，引军归邺。先主遂收江南，以亮为军师中郎将，使督零陵、桂阳、长沙三郡，调其赋税，以充军实。

建安十六年，益州牧刘璋遣法正迎先主，使击张鲁。亮与关羽镇荆州。先主自葭萌还攻璋，亮与张飞、赵云等率众溯江，分定郡

诸葛亮劝说孙权道："天下大乱，将军起兵占有江东，刘豫州也聚众于荆州，与曹操共争天下。现今曹操削除大敌，天下大致已经平定了，进而攻破荆州，威震四海。英雄无用武之地，所以刘豫州到达这里。请您衡量自己的力量然后做出处置：如果您能以吴、越的军队和曹操抗衡，不如早同他断绝关系；如果敌不过他，为何不放下武器，卷起铠甲，面北臣服于他！现在您表面假称服从于他，其实内心犹豫不决，事急而不决断，大祸就要临头了！"孙权说："如果真像您说的那样，刘豫州为什么不去效命于曹操呢？"诸葛亮说："田横，不过是齐国壮士罢了，尚且坚守节操，不甘屈辱，何况刘豫州是汉朝王室的后裔，英才盖世，众士仰慕，犹如水流归海。如果事情不能成功，这就是天意，怎么能再次屈服于曹操呢！"孙权激动地说："我不能拥有整个吴越之地，十万之众，还受人控制。我的主意已经打定了！除了刘豫州再没有可以抵挡曹操的人了，但是他最近刚刚失败，怎么能抵抗这个强敌？"诸葛亮说："刘豫州的军队虽然在长阪失败，现在回来的战士和关羽的水军，共有精锐的甲士万人，刘琦集合江夏战士也不下万人。曹操的人马，远来疲弊，听说为了追赶刘豫州，轻骑一天一夜跑了三百多里，这就是所说的'强弩之末，穿不透鲁国的白绢'。因此兵法是禁忌这样做的，说'让疲惫作为先锋必然使前军将领受挫败'。而且北方的人，不熟习水战；且荆州的百姓归附曹操，也只是迫于军威罢了，并不是心服。现在您如果能命令猛将统兵数万，与刘豫州协调作战计划，双方齐心合力，打败曹军是必然的。曹操兵败，必然退回北方，这样一来，荆州和东吴的力量就会变的强大，鼎足而三分天下的局势就形成了。成败的关键，在于今日。"孙权非常高兴，当即派周瑜、程普、鲁肃等率水军三万人，跟随诸葛亮去与先主会合，并力抵抗曹操。曹操被刘备和刘瑜大败于赤壁，带领军队返回了邺城。先主收取江南，任命诸葛亮为军师中郎将，派他督率零陵、桂阳、长沙三郡的军队，征调赋税，以补充军需。

建安十六年，益州牧刘璋派法正迎接先主，让他去进攻张鲁，诸葛亮与关羽镇守荆州。其后先主从葭萌关回攻刘璋，诸葛亮与张飞、赵云等率众溯江而上，分别攻下各郡县，与先主共围成都。成都

县，与先主共围成都。成都平，以亮为军师将军，署左将军府事。先主外出，亮常镇守成都，足食足兵。二十六年，群下劝先主称尊号，先主未许，亮说曰："昔吴汉、耿弇等初劝世祖即帝位，世祖辞让，前后数四，耿纯进言曰：'天下英雄喁喁，冀有所望。如不从议者，士大夫各归求主，无为从公也。'世祖感纯言深至，遂然诺之。今曹氏篡汉，天下无主，大王刘氏苗族，绍世而起，今即帝位，乃其宜也。士大夫随大王久勤苦者，亦欲望尺寸之功如纯言耳。"先主于是即帝位，策亮为丞相曰："朕遭家不造，奉承大统，兢兢业业，不敢康宁，思靖百姓，惧未能绥。於戏！丞相亮其悉朕意，无怠辅朕之阙，助宣重光，以照明天下，君其勖哉！"亮以丞相录尚书事，假节。张飞卒后，领司隶校尉。

章武三年春，先主于永安病笃，召亮于成都，属以后事，谓亮曰："君才十倍曹丕，必能安国，终定大事。若嗣子可辅，辅之；如其不才，君可自取。"亮涕泣曰："臣敢竭股肱之力，效忠贞之节，继之以死！"先主又为诏敕后主曰："汝与丞相从事，事之如父。"建兴元年，封亮武乡侯，开府治事。顷之，又领益州牧。政事无巨细，咸决于亮。南中诸郡，并皆叛乱，亮以新遭大丧，故未便加兵，且遣使聘吴，因结和亲，遂为与国。

三年春，亮率众南征，其秋悉平。军资所出，国以富饶，乃治戎讲武，以俟大举。五年，率诸军北驻汉中，临发，上疏曰：

先帝创业未半而中道崩殂，今天下三分，益州疲弊，此诚危急

平定后，先主任命诸葛亮为军师将军，署理左将军府事。先主外出，诸葛亮常常镇守成都，足食足兵。建安二十六年，僚属们劝谏先主称皇帝，先主没有同意。诸葛亮说："以前吴汉、耿弇等当初劝世祖即帝位，世祖推让，前后三四次。耿纯劝告世祖说：'天下英雄景仰并归附于您，是怀着攀龙附凤的希望。如果您不听从大家的意见，士大夫们就会各自回去另找主人，无须再追随您了。'世祖被耿纯深切诚挚的话所感动，就答应了。现今曹氏篡汉，天下无主，大王是刘氏后裔，继世而起，现在即帝位，是适宜的。士大夫跟随大王长期勤劳困苦，也是希望能像耿纯说的那样有尺寸的功劳。"先主于是即帝位，册命诸葛亮为丞相，册文说："朕遭遇国家不幸，继承大统，兢兢业业，不敢贪图安宁，想要安定百姓，犹恐天下不安。啊！丞相亮，希望你明白朕的心意，不要懈怠，来匡正朕的过失，帮助朕使日月重现光明，以照亮天下，您要努力啊！"诸葛亮以丞相总录尚书事，假节。张飞死了以后，又兼司隶校尉。

章武三年春天，先主在永安病得更严重了，从成都把诸葛亮征召过来，把后事托付给诸葛亮，对诸葛亮说："您的才能是曹丕的十倍，一定能够使国家安定，最终完成大业。如果我的儿子可以辅佐，就辅佐；如果不成才，君可以自行选取合适的人。"诸葛亮流着眼泪说："臣怎么敢不竭尽辅佐大臣的力量，用忠贞之节来报效，直至献出生命！"先主又作诏书训示后主说："你和丞相一起共事，要像对待父亲一样对待丞相。"建兴元年，后主刘禅封诸葛亮为武乡侯，设立丞相署处理国家事务。不久，又让诸葛亮兼任益州牧。政事不论大小，全都由诸葛亮决定。南中地区的各郡，全都发生了叛乱，诸葛亮因为先主刚刚去世，所以没有马上出兵，又派遣使臣出使孙吴，和孙吴结下友好亲善的关系，从此两国友好相处。

建兴三年春天，诸葛亮率军南征，秋天，平定了全部叛乱。军需物资都出自这些新平定的郡，没用国库支付，国家因此得以富强。于是，诸葛亮便整军讲武，以待发起大的出兵时机。建兴五年，诸葛亮率各军北上进驻汉中，出发前，给后主上奏疏说：

先帝创业未完便中途去世，现在天下三分，益州国力困乏，这确

存亡之秋也。然侍卫之臣不懈于内，忠志之士忘身于外者，盖追先帝之殊遇，欲报之于陛下也。诚宜开张圣听，以光先帝遗德，恢弘志士之气，不宜妄自菲薄，引喻失义，以塞忠谏之路也。宫中府中，俱为一体，陟罚臧否，不宜异同。若有作奸犯科及为忠善者，宜付有司论其刑赏，以昭陛下平明之理，不宜偏私，使内外异法也。侍中、侍郎郭攸之、费祎、董允等，此皆良实，志虑忠纯，是以先帝简拔以遗陛下。愚以为宫中之事，事无大小，悉以咨之，然后施行，必能裨补阙漏，有所广益。将军向宠，性行淑均，晓畅军事，试用于昔日，先帝称之曰能，是以众议举宠为督。愚以为营中之事，悉以咨之，必能使行陈和睦，优劣得所。亲贤臣，远小人，此先汉所以兴隆也；亲小人，远贤臣，此后汉所以倾颓也。先帝在时，每与臣论此事，未尝不叹息痛恨于桓、灵也。侍中、尚书、长史、参军，此悉贞良死节之臣，愿陛下亲之信之，则汉室之隆，可计日而待也。

臣本布衣，躬耕于南阳，苟全性命于乱世，不求闻达于诸侯。先帝不以臣卑鄙，猥自枉屈，三顾臣于草庐之中，谘臣以当世之事，由是感激，遂许先帝以驱驰。后值倾覆，受任于败军之际，奉命于危难之间，尔来二十有一年矣。先帝知臣谨慎，故临崩寄臣以大事也。受命以来，夙夜忧叹，恐托付不效，以伤先帝之明，故五月渡泸，深入不毛。今南方已定，兵甲已足，当奖率三军，北定中原，庶竭驽钝，攘除奸凶，兴复汉室，还于旧都。此臣所以报先帝，而忠陛下之职分也。

至于斟酌损益，进尽忠言，则攸之、祎、允之任也。愿陛下托臣以讨贼兴复之效；不效，则治臣之罪，以告先帝之灵。若无兴德之言，则责攸之、祎、允等之慢，以彰其咎。陛下亦宜自谋，以谘诹

实是危急存亡的关键时候。然而宫内侍奉陛下的臣僚不敢懈怠，宫外忠诚之士忘我效力，这是因为，他们感怀先帝殊遇，而在陛下身上予以报答。陛下应广开言路，听取意见，光大先帝遗德，振奋志士勇气，不应妄自菲薄，放纵失察，从而堵塞忠谏之路，皇帝的宫中和丞相府中都应一视同仁，提拔、处罚、表扬、批评不应有所不同。如有作奸犯科和忠善之人，都应交付有司决定惩罚或奖赏，以示陛下公平严明的治国之道，侍郎郭攸之、费祎、董允等人，都是贤良之辈，志向忠贞纯正，所以，先帝将他们选拔出来辅佐陛下，认为宫中事不论大小，都可以向他们咨询，然后实行，这样，一定能补漏救缺，有所得益。将军向宠，品行良正，通晓军事，过去曾经试用过，先帝也称赞他的才干，所以，大家商议推举他任中部督。臣认为，军中之事可向他咨询，一定能使部众和睦，而各得其所。亲贤臣，远小人，是前汉之所以兴盛的原因；近小人，远贤臣，是后汉之所以衰败的原因。先帝在世的时候，每与臣议论其事，无不为桓帝、灵帝叹息。侍中郭攸之、费祎，尚书令陈震，长史张裔，参军蒋琬，皆是忠诚坚贞、以死报国之臣，望陛下亲近信任他们，那么，汉室兴盛就指日可待了。

我本是一介草民，耕种于南阳，本想在乱世中苟全性命，不想在诸侯中扬名立万。先帝不嫌弃臣鄙陋，屈驾亲往，三顾茅庐，咨询臣天下大事，臣因此感激，愿为先帝奔走效劳。后来先帝军事失利，臣于兵败之时承当了重任，接受了命令，自那时到现在已二十一年了。先帝知臣做事谨慎，所以，在临终之时将兴汉大事托付于臣。臣自受命以来，殚精竭虑，唯恐所受之事做得不好，辜负了先帝的知人之明，所以在五月渡过泸水，深入不毛之地作战。如今，南方各郡已经平定，兵甲已准备充足，此时正是鼓励督帅将士，挥戈北上平定中原之时。或许能尽臣平庸之才能，铲除奸恶，兴复汉室，回都洛阳。这是臣报答先帝，并且向陛下效忠所应尽的职责。

至于权衡政事，进献忠言，那是郭攸之、费祎、董允等人的责任。希望陛下把讨伐逆贼兴复汉室之事托付于臣，如果毫无建树，就治臣的罪，以告慰先帝之灵。如果没有使陛下得到培养品德的言论，就责问郭攸之、费祎、董允等人的轻忽，使他们的过错公开。陛下也

善道，察纳雅言，深追先帝遗诏。臣不胜受恩感激。今当远离，临表涕零，不知所言。

遂行，屯于沔阳。

六年春，扬声由斜谷道取郿，使赵云、邓芝为疑军，据箕谷，魏大将军曹真举众拒之。亮身率诸军攻祁山，戎陈整齐，赏罚肃而号令明，南安、天水、安定三郡叛魏应亮，关中响震。魏明帝西镇长安，命张郃拒亮，亮使马谡督诸军在前，与郃战于街亭。谡违亮节度，举动失宜，大为郃所破。亮拔西县千余家，还于汉中，戮谡以谢众。上疏曰："臣以弱才，叨窃非据，亲秉旄钺以厉三军，不能训章明法，临事而惧，至有街亭违命之阙，箕谷不戒之失，咎皆在臣授任无方。臣明不知人，恤事多暗，《春秋》责帅，臣职是当。请自贬三等，以督厥咎。"于是以亮为右将军，行丞相事，所总统如前。

冬，亮复出散关，围陈仓，曹真拒之，亮粮尽而还。魏将王双率骑追亮，亮与战，破之，斩双。七年，亮遣陈式攻武都、阴平。魏雍州刺史郭淮率众欲击式，亮自出至建威，淮退还，遂平二郡。诏策亮曰："街亭之役，咎由马谡，而君引愆，深自贬抑，重违君意，听顺所守。前年耀师，馘斩王双；今岁爰征，郭淮遁走；降集氐、羌，兴复二郡，威镇凶暴，功勋显然。方今天下骚扰，元恶未枭，君受大任，干国之重，而久自挹损，非所以光扬洪烈矣。今复君丞相，君其勿辞。"

应该自己考虑，以便征询好的建议，采纳正直之言，以符合先帝遗诏。臣难抑深受大恩的激动之情，如今就要远离，对表章而泪流，不知该说些什么。

于是，诸葛亮率众出征，驻扎在沔阳。

建兴六年春天，诸葛亮扬言由斜谷道攻取郿县，派遣赵云、邓芝做疑兵，占据箕谷，魏国大将军曹真率军抵御。诸葛亮亲率各军攻取祁山，队伍整齐，赏罚严而号令明。南安、天水、安定三郡反叛魏国响应诸葛亮，关中震动。魏明帝亲自西镇长安，派张郃抵御诸葛亮。诸葛亮使马谡在前面统率各军，和张郃战于街亭。马谡违背诸葛亮的部署，行动不当，被张郃打得大败。诸葛亮撤出西县的一千多家人，回到汉中，杀了马谡向将士谢罪。上疏说："我以低劣的才能，窃据丞相的高位，亲执白旄黄钺以激励三军，却不能训示规章，申明法度，遇事不敢决断，以致有街亭违背指挥的错误，箕谷不做戒备的过失，过错都在于我任人不当。我缺乏知人之明，料事多有愚昧，根据《春秋》之义，兵败则责备主帅，因此我应该负主要责任。请让我自贬三级，以惩罚我的过失。"于是诸葛亮降为右将军，代行丞相职务，依旧总领政事。

冬天，诸葛亮又从散关出兵，包围了陈仓，曹真坚守抵挡，诸葛亮因为粮食用完而退兵。魏将王双率领骑兵追赶诸葛亮，诸葛亮和王双交战，杀死了王双。建兴七年，诸葛亮派陈式去攻打武都和阴平。魏国雍州刺史郭淮率领军队准备攻打陈式，诸葛亮亲自出兵打到建威，郭淮退了回去，蜀国平定了武都、阴平二郡。后主下诏书策封诸葛亮说："街亭一仗的过失在马谡，而您把责任归于自己，深刻地自责，降低自己的官职，我不愿意违背您的意愿，答应了您的要求，降职为代理丞相。去年您指挥军队，杀死了王双。今年去征讨魏国，郭淮败逃。您招降了氐族、羌族百姓，收复了武都、阴平二郡。您的威严震慑了凶恶的暴徒，功勋显赫。现在天下战乱不定，首恶还没有被处死，您承受重大的责任，肩负国家的重担，却长期自己压抑自己，这不利于发扬光大宏伟的统一功业。现在恢复您丞相的官职，请您不要推辞。"

九年，亮复出祁山，以木牛运，粮尽退军，与魏将张郃交战，射杀郃。十二年春，亮悉大众由斜谷出，以流马运，据武功五丈原，与司马宣王对于渭南。亮每患粮不继，使己志不申，是以分兵屯田，为久驻之基。耕者杂于渭滨居民之间，而百姓安堵，军无私焉。相持百余日。其年八月，亮疾病，卒于军，时年五十四。及军退，宣王案行其营垒处所，曰："天下奇才也！"

亮遗命葬汉中定军山，因山为坟，冢足容棺，敛以时服，不须器物。诏策曰："惟君体资文武，明睿笃诚，受遗托孤，匡辅朕躬，继绝兴微，志存靖乱；爰整六师，无岁不征，神武赫然，威镇八荒，将建殊功于季汉，参伊、周之巨勋。如何不吊，事临垂克，遘疾陨丧！朕用伤悼，肝心若裂。夫崇德序功，纪行命谥，所以光昭将来，刊载不朽。今使使持节左中郎将杜琼，赠君丞相武乡侯印绶，谥君为忠武侯。魂而有灵，嘉兹宠荣。呜呼哀哉！呜呼哀哉！"

初，亮自表后主曰："成都有桑八百株，薄田十五顷，子弟衣食，自有余饶。至于臣在外任，无别调度，随身衣食，悉仰于官，不别治生，以长尺寸。若臣死之日，不使内有余帛，外有赢财，以负陛下。"及卒，如其所言。

亮性长于巧思，损益连弩，木牛流马，皆出其意；推演兵法，作八陈图，咸得其要云。亮言教书奏多可观，别为一集。

景耀六年春，诏为亮立庙于沔阳。秋，魏镇西将军钟会征蜀，至汉川，祭亮之庙，令军士不得于亮墓所左右刍牧樵采。亮弟均，官至长水校尉。亮子瞻，嗣爵。

建兴九年，诸葛亮又一次出兵祁山，用木牛运输军需物资，粮尽退兵，后与魏将张郃交战，射杀张郃。建兴十二年春天，诸葛亮统率所有大军，由斜谷出兵，用流马运输，占据武功县五丈原，与司马懿在渭水之南对垒。诸葛亮经常担忧军粮供应不上，使自己统一的大志不能实现，因此分兵在驻地开荒屯田，为长期驻军打下基础。屯垦的蜀兵掺杂在渭水河滨的居民之间，而百姓安居，军队从来不骚扰居民以获取私利。就这样相持了一百多天。这年八月，诸葛亮病重，死在军中，时年五十四岁。蜀军退走之后，宣王仔细观察他安营筑垒的处所，说："诸葛亮真是天下奇才啊！"

根据诸葛亮的遗命，他被安葬在汉中定军山，凭借山修建坟墓，墓坑刚够容纳棺材，拿平时所穿的衣服入殓，不要陪葬器物。后主下诏说："君禀受文武的资性，明智诚实，接受托孤的遗诏，辅佐朕身，继承灭亡的汉室，振兴微弱的蜀国，一心在于平定祸乱。因此统率三军，无岁不征，武功赫赫，威震八方，将在汉末建立足以媲美伊尹、周公的巨大功勋。为何如此不幸，大事垂成，您却患病去世！我因此非常哀伤，肝心若裂。尊崇道德，叙录功勋，记述行迹，给予谥号，这是为了光照将来，记载不朽。现在派遣使持节左中郎将杜琼赠给您丞相、武乡侯印绶，追谥您为忠武侯。您的在天之灵，定会赞美这恩宠光荣。呜呼哀哉！呜呼哀哉！"

当初，诸葛亮自己上表给后主说："我在成都有桑树八百株、薄田十五顷，子弟衣食，自有富余。至于我在外任官，没有别的用度，随身衣食，都仰赖国家，不另外经营产业，以增加丝毫财富。等到我死的那一天，不使内有剩余的绢帛，外有盈余的钱财，以免辜负陛下。"他去世之后，果真如他所说的那样。

诸葛亮擅长巧思，改进连弩，制造木牛流马，都出自他的主意；推演兵法，作《八阵图》，都能掌握要领。诸葛亮的言论、教谕、书信、奏议，大多值得阅读，另外编作一集。

景耀六年春天，后主下诏在沔阳为诸葛亮建庙。秋天，魏国镇西将军钟会征伐蜀国，到了汉川，祭祀了诸葛亮庙，下令士兵不能在诸葛亮墓附近放牧樵采。诸葛亮的弟弟诸葛均，官至长水校尉。诸葛

诸葛氏集目录

右二十四篇，凡十万四千一百一十二字。

臣寿等言：臣前在著作郎，侍中领中书监济北侯臣荀勖、中书令关内侯臣和峤奏，使臣定故蜀丞相诸葛亮故事。亮毗佐危国，负阻不宾，然犹存录其言，耻善有遗，诚是大晋光明至德，泽被无疆，自古以来，未之有伦也。辄删除复重，随类相从，凡为二十四篇，篇名如右。

亮少有逸群之才，英霸之器，身长八尺，容貌甚伟，时人异焉。遭汉末扰乱，随叔父玄避难荆州，躬耕于野，不求闻达。时左将军刘备以亮有殊量，乃三顾亮于草庐之中；亮深谓备雄姿杰出，遂解带写诚，厚相结纳。及魏武帝南征荆州，刘琮举州委质，而备失势众寡，无立锥之地。亮时年二十七，乃建奇策，身使孙权，求援吴会。权既宿服仰备，又睹亮奇雅，甚敬重之，即遣兵三万人以助备。备得用与武帝交战，大破其军，乘胜克捷，江南悉平。后备又西取益州。益州既定，以亮为军师将军。备称尊号，拜亮为丞相，录尚书事。及备殂没，嗣子幼弱，事无巨细，亮皆专之。于是外连东

亮的儿子诸葛瞻继承了他的爵位。

诸葛氏集目录

开府作牧第一　权制第二　南征第三

北出第四　计算第五　训厉第六

综核上第七　综核下第八　杂言上第九

杂言下第十　贵和第十一　兵要第十二

传运第十三　与孙权书第十四　与诸葛瑾书第十五

与孟达书第十六　废李平第十七　法检上第十八

法检下第十九　科令上第二十　科令下第二十一

军令上第二十二　军令中第二十三　军令下第二十四

以上二十四篇，一共十万四千一百一十二字。

臣子陈寿等人奏言：我在从前任著作郎的时候，侍中领中书监济北侯荀勖、中书令关内侯和峤上奏，委派我整理已故的蜀国丞相诸葛亮的事迹。诸葛亮辅佐处于危境的蜀国，凭借险阻，不向魏国称臣。但是现在当朝仍然保存了他的言论，把遗漏有益的记载当作羞耻，这确实表明大晋王朝有至高的德行，光明正大，恩泽普及天下，自古以来，没有一个朝代可以与之相比。我就删掉重复的内容，把相同类型的文章排在一起，一共编成二十四篇，篇名如上所述。

诸葛亮年轻时就才华超群，气概英武，他身高八尺，相貌堂堂，时人均以为他不同凡响。因遭逢汉末天下大乱，诸葛亮随叔父诸葛玄到荆州避难，他耕于郊野，不想扬名。左将军刘备因诸葛亮才识超群，于是，三顾茅庐前去拜访；诸葛亮也深感刘备的雄才大略，便向刘备倾诉了自己的忠诚，和刘备深结于心，到了魏武帝曹操南下讨伐、刘琮献荆州投降时，刘备正处于艰难境地，势单力薄，无立足之处。当时，诸葛亮年仅二十七岁，他向刘备献奇谋，亲自去拜见孙权，向东吴求援。孙权很佩服刘备，又见诸葛亮谈吐不凡，对他很是敬重，当即派三万兵马去援助刘备。刘备借助东吴兵马，大败曹军，他又乘胜出击，接连打了很多胜仗，平定了长江沿岸的一些地区。后来，

吴，内平南越，立法施度，整理戎旅，工械技巧，物究其极，科教严明，赏罚必信，无恶不惩，无善不显，至于吏不容奸，人怀自厉，道不拾遗，强不侵弱，风化肃然也。

当此之时，亮之素志，进欲龙骧虎视，苞括四海，退欲跨陵边疆，震荡宇内。又自以为无身之日，则未有能蹈涉中原、抗衡上国者，是以用兵不戢，屡耀其武。然亮才，于治戎为长，奇谋为短，理民之干，优于将略。而所与对敌，或值人杰，加众寡不侔，攻守异体，故虽连年动众，未能有克。昔萧何荐韩信，管仲举王子城父，皆忖己之长，未能兼有故也。亮之器能政理，抑亦管、萧之亚匹也，而时之名将无城父、韩信，故使功业陵迟，大义不及邪？盖天命有归，不可以智力争也。

青龙二年春，亮帅众出武功，分兵屯田，为久驻之基。其秋病卒，黎庶追思，以为口实。至今梁、益之民，咨述亮者，言犹在耳，虽《甘棠》之咏召公，郑人之歌子产，无以远譬也。孟轲有云："以逸道使民，虽劳不怨；以生道杀人，虽死不忿。"信矣！论者或怪亮文彩不艳，而过于丁宁周至。臣愚以为咎繇大贤也，周公圣人也，考之《尚书》，咎繇之谟略而雅，周公之诰烦而悉。何则？咎繇与舜、禹共谈，周公与群下矢誓故也。亮所与言，尽众人凡士，故其文指不得及远也。然其声教遗言，皆经事综物，公诚之心，形于文墨，足以知其人之意理，而有补于当世。

刘备又向西夺取了益州。益州平定以后，诸葛亮被任为军师将军。刘备称帝，诸葛亮被拜为丞相，授权总督尚书台政务。刘备去世，继位的嫡子刘禅年少，才智平庸，所以政事无论大小，都由诸葛亮一人裁决。他外与东吴结盟，内平南中各郡，制定法度，整顿了军队，使木牛流马这一机械装置达到了极其精妙的程度。他法令严谨，赏罚有信，作恶者受惩，为善者被表彰，最终形成了官吏不敢奸诈虚伪、人人自律、路不拾遗、强不欺弱的局面，风俗教化肃然有序。

诸葛亮一直不变的志向是，进要像龙腾虎跃一样，傲视天下，退也要跨越边境，使海内震动。他担心自己一旦逝去，蜀国就没有进攻中原、与魏国抗衡的人才，所以他多次用兵炫耀武力。然而，诸葛亮虽擅长治军，但在运用谋略方面还是略有不足，治理民众的才干，强于统兵打仗的谋略。他所遇到的对手，大多是人中英杰，再加上人力的多寡不等，攻守双方所处地位不同，所以，虽然连年出兵，却不能有所成就。过去萧何举荐韩信，管仲举荐王子城父，都是估量自己的能力不能兼有文武之才的缘故。诸葛亮治国的才能，或许与管仲、萧何等同，但是因为当时蜀国没有像王子城父、韩信那样的名将，所以才使得功败垂成、这难道是大义不及吗？天下所归自有天命，不是凡人凭智力所能争取的。

魏明帝青龙二年春天，诸葛亮带领军队出武功，分开军队屯田，打下长期驻扎的基础。这年秋天病逝，百姓追念他，把他的事迹作为谈话的内容。直到今天，梁州、益州的百姓称赞追述诸葛亮的话语，还可以随处听到，即使是《甘棠》歌颂召公、郑国人赞扬子产，也无法与之相比。孟子曾说：“用使民安逸的方法使用民力，民众虽然劳苦而无怨言；用保民的方法诛杀罪犯，罪犯虽死而无怨恨。”的确是这样啊！有的评议者或许认为诸葛亮文采不华丽，而且过于叮嘱啰唆。愚臣以为，咎繇是大贤人，周公是大圣人，考察《尚书》，咎繇之言简略而雅正，周公告诫多而周全。为什么呢？因为，咎繇是与舜、禹一起商谈，周公是与属下臣民一起用誓言自我约束的缘故。由于诸葛亮所谈话的对象，多是平民百姓，所以他的辞意不能讲得过于深奥。但是他的教令和遗言，都是对事物认识综合的结论，其坦诚之

伏惟陛下迈踪古圣，荡然无忌，故虽敌国诽谤之言，咸肆其辞而无所革讳，所以明大通之道也。谨录写上诣著作。臣寿诚惶诚恐，顿首顿首，死罪死罪。泰始十年二月一日癸巳，平阳侯相臣陈寿上。

乔字伯松，亮兄瑾之第二子也，本字仲慎。与兄元逊俱有名于时，论者以为乔才不及兄，而性业过之。初，亮未有子，求乔为嗣，瑾启孙权遣乔来西，亮以乔为己適子，故易其字焉。拜为驸马都尉，随亮至汉中。年二十五，建兴六年卒。子攀，官至行护军翊武将军，亦早卒。诸葛恪见诛于吴，子孙皆尽，而亮自有胄裔，故攀还复为瑾后。

瞻字思远。建兴十二年，亮出武功，与兄瑾书曰："瞻今已八岁，聪慧可爱，嫌其早成，恐不为重器耳。"年十七，尚公主，拜骑都尉。其明年为羽林中郎将，屡迁射声校尉、侍中、尚书仆射，加军师将军。瞻工书画，强识念，蜀人追思亮，咸爱其才敏。每朝廷有一善政佳事，虽非瞻所建倡，百姓皆传相告曰："葛侯之所为也。"是以美声溢誉，有过其实。景耀四年，为行都护卫将军，与辅国大将军南乡侯董厥并平尚书事。六年冬，魏征西将军邓艾伐蜀，自阴平由景谷道旁入。瞻督诸军至涪停住，前锋破，退还，住绵竹。艾遣书诱瞻曰："若降者必表为琅邪王。"瞻怒，斩艾使。遂战，大败，临陈死，时年三十七。众皆离散，艾长驱至成都。瞻长子尚，与瞻俱没。次子京及攀子显等，咸熙元年内移河东。

心，都表露在文章里，从中足以了解他的思想和见解，对现在也是大有裨益的。

陛下学习古代圣贤，胸怀坦荡无所忌讳，所以即使是敌对国家诽谤的言论，也都任其文辞完全保留而不加修改隐讳，这样一来就是宣明宽宏通达的道理。臣恭谨地抄录了诸葛亮的著作上交著作机构。臣陈寿我非常惶恐不安，叩首再三，死罪死罪。泰始十年二月一日癸巳，平阳侯相臣陈寿拜上。

诸葛乔，字伯松，是诸葛亮兄长诸葛瑾的第二个儿子，本来字仲慎。他和哥哥诸葛元逊在那时候都很有名气，评论的人认为诸葛乔的才华不如他兄长，而性情品德却超过哥哥，当初，诸葛亮没有儿子，就向诸葛瑾请求让诸葛乔做继子，诸葛瑾禀报了孙权后送诸葛乔西行来到蜀国，诸葛亮把诸葛乔当作自己的长子，所以改了他的字为伯松。诸葛乔被任命为驸马都尉，跟随诸葛亮到了汉中。他年仅二十五岁，在建兴六年去世。他的儿子诸葛攀，官做到行护军翊武将军，也很早就去世了。诸葛恪在吴国被杀，子孙全都死光了，而诸葛亮自己有了后代，所以诸葛攀回到吴国又恢复为诸葛瑾的后代。

诸葛瞻，字思远。建兴十二年，诸葛亮从武功出去以后，给哥哥诸葛瑾写信说："诸葛瞻现在已经八岁了，聪明可爱，但我担心他过早成熟，恐怕不会成为国家的栋梁之材。"诸葛瞻十七岁的时候，娶了公主，被任命为骑都尉。第二年被任命为羽林中郎将，历任射声校尉、侍中、尚书仆射，加封军师将军。诸葛瞻工于书画，博识强记。蜀国人怀念诸葛亮，全都喜爱他的才华和聪敏。每当朝廷有了一项好的政策，办了好事，即使不是诸葛瞻所提倡的，百姓们也都传说："这是诸葛侯爷所做的。"因此诸葛瞻得到了美好的名声和赞誉，有些言过其实。景耀四年，诸葛瞻任行都护卫将军，和辅国大将军南乡侯董厥一起处理尚书事务。景耀六年冬天，魏国征西将军邓艾攻打蜀国，从阴平经过景谷道旁边进入蜀地。诸葛瞻统领各军到涪县停住，前锋部队被打败，退回来驻守绵竹。邓艾派人送信诱降诸葛瞻说："如果您投降，我一定上表封您做琅琊王。"诸葛瞻大怒，杀死了邓艾的信使。诸葛瞻于是和邓艾交战，大败，在战场上战死，当时他只有

董厥者，丞相亮时为府令史，亮称之曰：“董令史，良士也。吾每与之言，思慎宜适。”徙为主簿。亮卒后，稍迁至尚书仆射，代陈祗为尚书令，迁大将军，平台事，而义阳樊建代焉。延熙十四年，以校尉使吴，值孙权病笃，不自见建。权问诸葛恪曰：“樊建何如宗豫也？”恪对曰：“才识不及豫，而雅性过之。”后为侍中，守尚书令。自瞻、厥、建统事，姜维常征伐在外，宦人黄皓窃弄机柄，咸共将护，无能匡矫，然建特不与皓和好往来。蜀破之明年春，厥、建俱诣京都，同为相国参军，其秋并兼散骑常侍，使蜀慰劳。

评曰：诸葛亮之为相国也，抚百姓，示仪轨，约官职，从权制，开诚心，布公道；尽忠益时者虽仇必赏，犯法怠慢者虽亲必罚，服罪输情者虽重必释，游辞巧饰者虽轻必戮，善无微而不赏，恶无纤而不贬；庶事精练，物理其本，循名责实，虚伪不齿；终于邦域之内，咸畏而爱之，刑政虽峻而无怨者，以其用心平而劝戒明也。可谓识治之良才，管、萧之亚匹矣。然连年动众，未能成功，盖应变将略，非其所长欤！

三十七岁。蜀军士兵全都逃散了，邓艾长驱直入，到达成都。诸葛瞻的长子诸葛尚和诸葛瞻一起战死。他的二儿子诸葛京和诸葛攀的儿子诸葛显等人，都在咸熙元年迁移到了河东。

董厥，在丞相诸葛亮在世时做丞相府的令史。诸葛亮称赞他说：“董令史是优秀的人才。我每次和他谈话，都感到他考虑问题慎重合适。”诸葛亮升他做了主簿。诸葛亮去世后，董厥逐渐升到尚书仆射，代替陈祗做尚书令，升任大将军，处理尚书台的事务，后来由义阳人樊建代替他做了尚书令。延熙十四年，樊建以校尉的身份出使吴国，正好遇上孙权病重，不能亲自接见樊建，孙权问诸葛恪：“樊建比起宗豫来怎么样？”诸葛恪回答说：“樊建的才能见识不如宗豫，但是高雅的性情要超过他。”后来樊建任侍中、代理尚书令。自从诸葛瞻、董厥、樊建统管政事以来，姜维常常在外地征伐作战，宦官黄皓暗中玩弄权术，诸葛瞻等人全都维护黄皓，没有人能纠正他，然而只有樊建不和黄皓往来交好。蜀国被占领后的第二年春天，董厥、樊建全都到了京城拜见魏帝，两个人都被任命为相国参军，当年秋天一同兼任散骑常侍，出使蜀郡去慰劳百姓。

评论说：诸葛亮作为丞相，安抚百姓，建立礼仪法度，限定官员的职权，依从合宜的制度，袒露诚心，推行公道。对尽忠并且有益于时代的人，即使是仇敌也一定给予奖赏；对违犯法令，怠慢官府的人，即使是亲戚也一定处罚。对认罪并供出实情的犯人，即使是重罪也会宽释；对供词犹豫不定、巧言掩饰的犯人，即使是轻罪也一定处死。对做了好事的人，没有因为事情微小而不奖赏的；对作恶的人，没有因为坏事纤细而不贬斥的。诸葛亮对各项日常事务都精通，能抓住事务的根本，根据人的名声去核查他的实质，对虚伪的人不屑一顾。在蜀国境内，人民都敬畏他又热爱他，他施行的刑法政令虽然严峻，却没有人怨恨他，因为他能够平和而且明确地告诫大家。诸葛亮可以说是懂得如何治理国家的杰出人才，可以和管仲、萧何相提并论。然而他连年兴师动众出兵作战，却没有能取得成功，大概是随机应变与指挥战争的谋略等方面，不是他所擅长的缘故吧！

卷三十六　蜀书六

关张马黄赵传第六

关羽字云长，本字长生，河东解人也。亡命奔涿郡。先主于乡里合徒众，而羽与张飞为之御侮。先主为平原相，以羽、飞为别部司马，分统部曲。先主与二人寝则同床，恩若兄弟。而稠人广坐，侍立终日，随先主周旋，不避艰险。先主之袭杀徐州刺史车胄，使羽守下邳城，行太守事，而身还小沛。

建安五年，曹公东征，先主奔袁绍。曹公禽羽以归，拜为偏将军，礼之甚厚。绍遣大将颜良攻东郡太守刘延于白马，曹公使张辽及羽为先锋击之。羽望见良麾盖，策马刺良于万众之中，斩其首还，绍诸将莫能当者，遂解白马围。曹公即表封羽为汉寿亭侯。初，曹公壮羽为人，而察其心神无久留之意，谓张辽曰："卿试以情问之。"既而辽以问羽，羽叹曰："吾极知曹公待我厚，然吾受刘将军厚恩，誓以共死，不可背之。吾终不留，吾要当立效以报曹公乃去。"辽以羽言报曹公，曹公义之。及羽杀颜良，曹公知其必去，重加赏赐。羽尽封其所赐，拜书告辞，而奔先主于袁军。左右欲追之，曹公曰："彼各为其主，勿追也。"

从先主就刘表。表卒，曹公定荆州，先主自樊将南渡江，别遣羽乘船数百艘会江陵。曹公追至当阳长阪，先主斜趣汉津，适与羽船相值，共至夏口。孙权遣兵佐先主拒曹公，曹公引军退归。先主收江南诸郡，乃封拜元勋，以羽为襄阳太守、荡寇将军，驻江北。先主西定益州，拜羽董督荆州事。羽闻马超来降，旧非故人，羽书

关羽，字云长，本字长生，是河东解县人，逃亡到涿郡。刘备在乡里聚集兵力，关羽和张飞为他上阵抵御外侮。刘备当平原相时，关羽、张飞任别部司马，分别率领一部兵士。刘备与他二人同榻而眠，情如兄弟。而在广众之前，他二人则整天侍立于刘备左右，跟随刘备南征北战，从不避艰险。刘备袭杀徐州刺史车胄后，派关羽镇守下邳城，代理太守职务，自己回到小沛驻扎。

建安五年，曹操向东征战，刘备投奔袁绍。曹操活捉了关羽，让关羽做了偏将军，给他特别的礼遇，袁绍派大将颜良在白马进攻东郡太守刘延，曹操派张辽和关羽为先锋阻击颜良。关羽远远望见颜良的旗帜和伞盖，挥刀催马冲入万军之中斩了颜良的首级回来，袁将无人可以抵挡，从而解除了袁军对白马的围困。曹操立即上表封关羽为汉寿亭侯。起初，曹操认为关羽威武雄壮可堪大用，但是又观察他的神态和言行，看出他没有长留下来的意思，就对张辽说："您试着用私情了解一下他的想法。"于是，张辽来问关羽，关羽感叹地说："我深感曹公待我不薄，然而，我受刘将军大恩，誓同生死。我终究不会留在这里，但是一定要立功报效曹公后再走。"张辽把关羽的话告诉了曹操，曹操为关羽的义气而感叹。等到关羽斩杀颜良，曹操知道他要离开，就对他重加赏赐。关羽把所有赏赐品全都封存留下，写信告辞，然后投奔在袁军中的刘备去了，曹操的将军们想去追赶，曹操说："这是各为其主，不要追了。"

之后，关羽随刘备投奔刘表，刘表去世后，曹操平定了荆州。刘备从樊城欲南渡长江，让关羽统领数百艘船只走水路，约定在江陵会师。曹操在当阳县长阪赶上了刘备，刘备走小路逃到汉津渡，恰好和关羽的船队相遇，两军会合，一起到了夏口。孙权派兵协助刘备抗击曹操，曹军兵败，退回北方。刘备乘胜占领了江南各郡，然后，赏赐

与诸葛亮，问超人才可谁比类。亮知羽护前，乃答之曰：“孟起兼资文武，雄烈过人，一世之杰，黥、彭之徒，当与益德并驱争先，犹未及髯之绝伦逸群也。”羽美须髯，故亮谓之髯。羽省书大悦，以示宾客。

羽尝为流矢所中，贯其左臂，后创虽愈，每至阴雨，骨常疼痛，医曰：“矢镞有毒，毒入于骨，当破臂作创，刮骨去毒，然后此患乃除耳。”羽便伸臂令医劈之。时羽适请诸将饮食相对，臂血流离，盈于盘器，而羽割炙引酒，言笑自若。

二十四年，先主为汉中王，拜羽为前将军，假节钺。是岁，羽率众攻曹仁于樊。曹公遣于禁助仁。秋，大霖雨，汉水泛溢，禁所督七军皆没。禁降羽，羽又斩将军庞德。梁、郏、陆浑群盗或遥受羽印号，为之支党，羽威震华夏。曹公议徙许都以避其锐，司马宣王、蒋济以为关羽得志，孙权必不愿也。可遣人劝权蹑其后，许割江南以封权，则樊围自解。曹公从之。先是，权遣使为子索羽女，羽骂辱其使，不许婚，权大怒。又南郡太守麋芳在江陵，将军士仁屯公安，素皆嫌羽轻己。自羽之出军，芳、仁供给军资，不悉相救。羽言“还当治之”，芳、仁咸怀惧不安。于是权阴诱芳、仁，芳、仁使人迎权。而曹公遣徐晃救曹仁，羽不能克，引军退还。权已据江陵，尽虏羽士众妻子，羽军遂散。权遣将逆击羽，斩羽及子平于临沮。

有战功的将领，任关羽为襄阳太守、荡寇将军，领兵驻扎江北。刘备平定益州以后，授关羽督掌荆州事务之权。关羽听说马超来降，因为马超不是自己原来的旧友，便写信给诸葛亮，询问马超的才干与谁能相比。诸葛亮知关羽好强，便回信说："马超文武兼备，勇猛超过常人，是相当于英布、彭越一类的当代豪杰，可与张飞并驱高低，但比不上你美髯公的出类拔萃。"因为关羽有一口漂亮的胡须，所以，诸葛亮称他为"髯"。关羽看了回信非常高兴，传给宾客们看。

关羽曾经被毒箭射中，穿透左臂，后来，虽然伤口好了，但是每到阴雨天气，就常常骨痛，医生说："箭头有毒，毒已渗入骨内，应该割开左臂伤口，刮去骨上之毒，病痛才会消除。"关羽便伸出胳膊，让医生把伤口剖开。其时，关羽正请一些将领，一起吃喝，手臂上鲜血淋漓，把接血的盘子都装满了，而关羽仍然割肉喝酒，像平常一样谈笑自若。

建安二十四年，先主做了汉中王，让关羽做了前将军，授予符节黄钺。当年，关羽率领兵众在樊城攻打曹仁。曹公派遣于禁帮助曹仁。秋天，大雨不停，汉水泛滥，于禁所督统的七军全都被淹。于禁投降关羽，关羽又斩杀了曹魏将军庞德。梁、郏、陆浑三县的反叛势力中有的远远地接受了关羽所授的官印和官号，成为关羽的支持者，关羽的声威震动中原。曹公与众人商议把都城从许县迁走以避开关羽的锋芒，宣王司马懿、蒋济认为关羽得志，孙权一定不愿意。可派人鼓励孙权去偷袭关羽的后方，答应割出江南之地封给孙权，这样樊城之围自然就会解除。曹公接受了这个建议。在此以前，孙权曾经派遣使节为儿子求娶关羽的女儿，关羽辱骂来使，不答应婚事，孙权非常愤怒。另外南郡太守麋芳驻扎在江陵，将军士仁驻扎在公安，两人都一向对关羽轻视自己而感到不满意。自从关羽出兵以后，麋芳、士仁负责供给军粮物资，不能完全做到及时。关羽曾说"回来再整治汝等"，麋芳、士仁全都恐惧不安。于是孙权暗地里引诱麋芳、士仁投降，麋芳、士仁就派人接应孙权。而在这时曹公派徐晃救援曹仁，关羽不能攻克樊城，领兵撤退。这时孙权已经占据江陵，把关羽将士的妻子儿女全都俘虏，关羽的军队因此溃散。孙权派遣将军迎击关羽，

追谥羽曰壮缪侯。子兴嗣。兴字安国，少有令问，丞相诸葛亮深器异之。弱冠为侍中、中监军，数岁卒。子统嗣，尚公主，官至虎贲中郎将。卒，无子，以兴庶子彝续封。

张飞，字益德，涿郡人也，少与关羽俱事先主。羽年长数岁，飞兄事之。先主从曹公破吕布，随还许，曹公拜飞为中郎将。先主背曹公依袁绍、刘表。表卒，曹公入荆州，先主奔江南。曹公追之，一日一夜，及于当阳之长阪。先主闻曹公卒至，弃妻子走，使飞将二十骑拒后。飞据水断桥，瞋目横矛曰："身是张益德也，可来共决死！"敌皆无敢近者，故遂得免。先主既定江南，以飞为宜都太守、征虏将军，封新亭侯，后转在南郡。先主入益州，还攻刘璋，飞与诸葛亮等泝流而上，分定郡县。至江州，破璋将巴郡太守严颜，生获颜。飞呵颜曰："大军至，何以不降而敢拒战？"颜答曰："卿等无状，侵夺我州，我州但有断头将军，无有降将军也。"飞怒，令左右牵去斫头，颜色不变，曰："斫头便斫头，何为怒邪！"飞壮而释之，引为宾客。飞所过战克，与先主会于成都。益州既平，赐诸葛亮、法正、飞及关羽金各五百斤，银千斤，钱五千万，锦千匹，其余颁赐各有差，以飞领巴西太守。

曹公破张鲁，留夏侯渊、张郃守汉川。郃别督诸军下巴西，欲徙其民于汉中，进军宕渠、蒙头、盪石，与飞相拒五十余日。飞率精卒万余人，从他道邀郃军交战，山道迮狭，前后不得相救，飞遂破

在临沮把关羽及其儿子关平斩杀。

蜀国追谥关羽为壮缪侯。关羽的儿子关兴承袭了爵位。关兴，字安国，从小就有好名声，丞相诸葛亮非常器重关兴。关兴二十岁时出任侍中、中监军，几年以后去世。儿子关统继承爵位，娶公主为妻，官做到虎贲中郎将。关统死后无子，以关兴小妾生的儿子关彝继承爵位。

张飞字益德，是涿郡人，张飞年少的时候就和关羽在刘备手下从事。关羽比张飞大几岁，张飞把关羽当作兄长相待。刘备跟随曹操打败吕布后，一起返回许都，曹操任命张飞为中郎将。后来刘备离开曹操投奔袁绍、刘表。刘表死后，曹操进军荆州，刘备被迫向江南逃奔。曹操率兵追击，急行一日一夜，追到当阳县的长阪坡。刘备听说曹操突然赶来，扔下妻儿逃走，命令张飞率领二十名骑兵断后。张飞占据河岸，拆毁河桥，怒目圆睁，手执长矛，喊道："我是张益德，谁敢与我决一死战！"敌人没有敢上前决斗的，刘备因而得以逃脱。刘备平定江南后，任命张飞为宜都太守、征虏将军，封他为新亭侯，后来张飞又被调往南郡。刘备进入益州，北上抗击刘璋，张飞和诸葛亮等人沿长江逝流而上，分兵平定沿途各郡县。张飞到达江州，击败刘璋部将巴郡太守严颜，将他活捉。张飞怒斥严颜说："我大军来到，你为何不早早投降，竟敢领兵顽抗？"严颜说："你们无故兴兵，侵夺我益州，我益州只有断头的将军，没有投降的将军。"张飞大怒，命令手下将严颜拉出去斩首，严颜神色不变，说道："砍头就砍头，你发什么怒！"张飞敬佩严颜的勇气，下令把他放了，并将其引为上宾。张飞一路取胜，与刘备在成都会合。益州平定以后，刘备赏赐诸葛亮、法正、张飞和关羽每人黄金五百斤，白银一千斤，铜钱五千万，锦缎一千匹，其余将领也给予了数量不等的赏赐，同时任命张飞为巴西太守。

曹操击败张鲁，让夏侯渊、张郃留守汉川。张郃另外带领各路军马南下巴西，想将巴西百姓迁往汉中，张郃军攻下宕渠、蒙头、盪石，与张飞军对垒五十多天。张飞带领一万多精兵，从另一条路截击张郃。因山路狭窄，张郃军前后不能互救，张飞大败张郃军。张郃弃马

郃。郃弃马缘山，独与麾下十余人从间道退，引军还南郑，巴土获安。先主为汉中王，拜飞为右将军、假节。章武元年，迁车骑将军，领司隶校尉，进封西乡侯，策曰："朕承天序，嗣奉洪业，除残靖乱，未烛厥理。今寇虏作害，民被荼毒，思汉之士，延颈鹤望。朕用怛然，坐不安席，食不甘味，整军诰誓，将行天罚。以君忠毅，侔踪召虎，名宣遐迩，故特显命，高墉进爵，兼司于京。其诞将天威，柔服以德，伐叛以刑，称朕意焉。《诗》不云乎，'匪疚匪棘，王国来极。肇敏戎功，用锡尔祉'。可不勉欤！"

初，飞雄壮威猛，亚于关羽，魏谋臣程昱等咸称羽、飞万人之敌也。羽善待卒伍而骄于士大夫，飞爱敬君子而不恤小人。先主常戒之曰："卿刑杀既过差，又日鞭挝健儿，而令在左右，此取祸之道也。"飞犹不悛。先主伐吴，飞当率兵万人，自阆中会江州。临发，其帐下将张达、范疆杀飞，持其首，顺流而奔孙权。飞营都督表报先主，先主闻飞都督之有表也，曰："噫！飞死矣。"追谥飞曰桓侯。长子苞，早夭。次子绍嗣，官至侍中尚书仆射。苞子遵为尚书，随诸葛瞻于绵竹，与邓艾战，死。

马超字孟起，扶风茂陵人也。父腾，灵帝末与边章、韩遂等俱起事于西州。初平三年，遂、腾率众诣长安。汉朝以遂为镇西将军，遣还金城，腾为征西将军，遣屯郿。后腾袭长安，败走，退还凉州。司隶校尉钟繇镇关中，移书遂、腾，为陈祸福。腾遣超随繇讨郭援、高干于平阳，超将庞德亲斩援首。后腾与韩遂不和，求还京畿。于是征为卫尉，以超为偏将军，封都亭侯，领腾部曲。

登山，率部下十几人从小路逃走，撤回南郑，巴西获得安宁。刘备当上汉中王后，任张飞为右将军并赐予符节。章武元年，张飞升任车骑将军，兼司隶校尉，加封西乡侯，刘备下令说："我接续帝王世系，继承汉室大业，铲除残暴，平定叛乱，但还未使天下大治。眼下贼寇作乱，民不聊生，怀念汉朝的人，如鹤般引颈盼望。我因此感到悲伤，坐卧不安，食之无味。我要整顿军队，宣布誓词，秉承天意，讨伐贼寇。因为您比召虎更忠毅，闻名遐迩，所以特意颁布诏命，给您升官晋爵，兼管京城。望您能助长上天的威严，以德抚民，以刑伐逆，以符合我的心愿。《诗经》不是这样说吗：'不要侵害百姓、急于求成，一切行为都要以国家利益为准则。迅速敏捷地采取军事行动，就会赐福于你'。能不自勉吗！"

起初，张飞大胆作战威猛，仅次于关羽，魏国的谋臣程昱等都称赞关羽、张飞的勇力比得上一万人。关羽对待士兵很善良，但是对于士大夫却很傲慢，张飞喜爱敬重君子却不爱惜普通的军士。刘备常常告诫他说："你杀人就已经过分了，天天鞭打士兵，却又把他们放在身边，这样会引起祸患的。"张飞还是不改。刘备讨伐吴国的时候，张飞正带领士兵上万人，从阆中出发到江州与刘备会合。在出发之前，张飞帐下的将领张达、范疆把他杀了，拿着他的首级，顺着水流投奔孙权去了。张飞营里的都督上表报告了刘备这件事，刘备听说张飞的都督上了表文，叹息道："唉！张飞死了。"于是追加张飞的谥号为桓侯。张飞的长子张苞，很小的时候就死了。他的第二个儿子张绍继承父业，官职做到了侍中、尚书仆射。张苞的儿子张遵担任尚书，跟随着诸葛瞻到了绵竹，和邓艾交战的时候战死了。

马超，字孟起，是扶风郡茂陵县人。父亲名叫马腾，灵帝末年在西州与边章、韩遂等人一同起兵。初平三年，韩遂、马腾率领人马到达长安。韩遂被汉朝任命为镇西将军，派他返回金城，任马腾为征西将军，派他驻兵郿县。后来马腾袭击长安，失败以后逃跑，退回凉州。坐镇关中的司隶校尉钟繇，写信给韩遂、马腾，向他们陈述吉凶祸福。马腾派马超跟随钟繇到平阳讨伐郭援、高干，郭援的首级被马超的郡将庞德亲手割了下来。后来马腾和韩遂不和，要求返回京城。

超既统众，遂与韩遂合从，及杨秋、李堪、成宜等相结，进军至潼关。曹公与遂、超单马会语，超负其多力，阴欲突前捉曹公，曹公左右将许褚瞋目盻之，超乃不敢动。曹公用贾诩谋，离间超、遂，更相猜疑，军以大败。超走保诸戎，曹公追至安定，会北方有事，引军东还。杨阜说曹公曰："超有信、布之勇，甚得羌、胡心。若大军还，不严为其备，陇上诸郡非国家之有也。"超果率诸戎以击陇上郡县，陇上郡县皆应之，杀凉州刺史韦康，据冀城，有其众。超自称征西将军，领并州牧，督凉州军事。康故吏民杨阜、姜叙、梁宽、赵衢等，合谋击超。阜、叙起于卤城，超出攻之，不能下；宽、衢闭冀城门，超不得入。进退狼狈，乃奔汉中依张鲁。鲁不足与计事，内怀于邑，闻先主围刘璋于成都，密书请降。

先主遣人迎超，超将兵径到城下。城中震怖，璋即稽首，以超为平西将军，督临沮，因为前都亭侯。先主为汉中王，拜超为左将军，假节。章武元年，迁骠骑将军，领凉州牧，进封斄乡侯，策曰："朕以不德，获继至尊，奉承宗庙。曹操父子，世载其罪，朕用惨怛，疢如疾首。海内怨愤，归正反本，暨于氐、羌率服，獯鬻慕义。以君信著北土，威武并昭，是以委任授君，抗飏虓虎。兼董万里，求民之瘼。其明宣朝化，怀保远迩，肃慎赏罚，以笃汉祜，以对于天下。"二年卒，时年四十七。临没上疏曰："臣门宗二百余口，为孟德所诛略尽，惟有从弟岱，当为微宗血食之继，深托陛下，余无复言。"追谥超曰威侯，子承嗣。岱位至平北将军，进爵陈仓侯。超女配安平王理。

于是朝廷便征召马腾为卫尉，马超被任命为偏将军，封为都亭侯，统领马腾的私人武装。

马超统领这些军队，与韩遂联合，又联络杨秋、李堪、成宜等人，进军一直到了潼关。曹操单骑与韩遂、马超临阵交谈，马超依己力猛，暗中打算冲上去抓获曹操，曹操身边的将领许褚怒视着马超，马超没敢动手。曹操采纳了贾诩之计，离间韩遂和马超的关系，使他们相互猜疑，西凉兵因此大败。马超到西戎族部落安身，曹操一直追赶到安定。时值北方战事发生，曹操于就率军东归。杨阜劝曹操说："马超有韩信、英布的勇猛，很得羌、胡拥护。如果大军退回，这里没有了防备，那么，陇西各郡就不再是国家的地方了。"马超果然率领戎族各部攻打陇西，各郡都纷纷响应，马超杀死了凉州刺史韦康，占据冀城并夺得那里的全部人马。马超自称征西将军，兼任并州牧，总督凉州军事。韦康的老部下杨阜、姜叙、梁宽、赵衢等联合攻打马超。杨阜、姜叙在卤城起兵，马超出冀城进攻，没能取胜；梁宽、赵衢关闭了冀城城门，使得马超进退两难，就带兵投奔汉中去依附张鲁。马超后见张鲁不足以和他共谋大事，因此郁闷不乐，听说刘备在成都围攻刘璋，就秘密写信请求归降。

刘备派人迎接马超，马超带领兵众直到成都城下。成都城内为之震动，惶恐不安，刘璋当即投降。刘备以马超为平西将军，督统临沮之地的军队，继续以前都亭侯的爵位。先主为汉中王，拜马超为左将军，假节。章武元年，升迁为骠骑将军，兼任凉州牧，晋封为斄乡侯，下达任官文书说："朕没有德泽，得以继承帝位，侍奉宗庙祖先。曹操父子，两代都犯了大罪，朕因此而悲哀，痛苦得就像得了头痛病一样。海内的人们怨恨愤怒，盼望国家回归正道，恢复原貌，以至于氐、羌等少数民族前来归顺，北方少数民族也仰慕道义想来投奔。因为君讲信义在北方著名，威严武勇都非常显著，所以对君委任，使君能扬虎啸之雄威，兼督统凉州，了解民间疾苦。希望君公开宣扬朝廷教化，安抚保护远近的人民，慎重执行赏罚，以加深汉朝的福祉，回报天下人的希望。"章武二年马超去世，时年四十七岁。临死时上疏说："臣家族二百多口，几乎被曹孟德杀尽，只有堂弟马岱，还能接续

黄忠字汉升，南阳人也。荆州牧刘表以为中郎将，与表从子磐共守长沙攸县。及曹公克荆州，假行裨将军，仍就故任，统属长沙太守韩玄。先主南定诸郡，忠遂委质，随从入蜀。自葭萌受任，还攻刘璋，忠常先登陷陈，勇毅冠三军。益州既定，拜为讨虏将军。建安二十四年，于汉中定军山击夏侯渊。渊众甚精，忠推锋必进，劝率士卒，金鼓振天，欢声动谷，一战斩渊，渊军大败。迁征西将军。是岁，先主为汉中王，欲用忠为后将军，诸葛亮说先主曰："忠之名望，素非关、马之伦也，而今便令同列。马、张在近，亲见其功，尚可喻指；关遥闻之，恐必不悦，得无不可乎！"先主曰："吾自当解之。"遂与羽等齐位，赐爵关内侯。明年卒，追谥刚侯。子叙，早没，无后。

赵云字子龙，常山真定人也。本属公孙瓒，瓒遣先主为田楷拒袁绍，云遂随从，为先主主骑。及先主为曹公所追于当阳长阪，弃妻子南走，云身抱弱子，即后主也，保护甘夫人，即后主母也，皆得免难。迁为牙门将军。先主入蜀，云留荆州。

先主自葭萌还攻刘璋，召诸葛亮。亮率云与张飞等俱溯江西上，平定郡县。至江州，分遣云从外水上江阳，与亮会于成都。成都既定，以云为翊军将军。建兴元年，为中护军、征南将军，封永昌亭侯，迁镇东将军。五年，随诸葛亮驻汉中。明年，亮出军，扬声由斜谷道，曹真遣大众当之。亮令云与邓芝往拒，而身攻祁山。云、芝

臣衰微家族的祭祀，臣把马岱托付给陛下，其他的就没什么可说的了。”朝廷追谥马超为威侯，儿子马承继承了爵位。马岱官做到了平北将军，进爵位为陈仓侯。马超的女儿嫁给了安平王刘理。

黄忠，字汉升，是南阳郡人。荆州牧刘表任命他为中郎将，和刘表的侄子刘磐一起镇守长沙郡的攸县。曹公攻占荆州，让他代理裨将军的职务，仍然回到从前的驻地，归长沙郡太守韩玄统辖。先主刘备平定荆州的长江以南各郡，黄忠投降，随先主西上益州。在葭萌县接受先主命令，回头进攻刘璋，黄忠在战斗中常常担任先锋冲锋陷阵，勇冠三军。益州平定，他被任命为讨虏将军。建安二十四年，在汉中的定军山迎战夏侯渊。夏侯渊兵马精锐，但是黄忠勇往直前，身先士卒，战鼓声震天，喊杀声动地，一战即斩杀了夏侯渊，杀得对方大败而逃。黄忠因功升任征西将军。这一年，先主为汉中王，想任命黄忠为后将军，诸葛亮劝先主说：“黄忠的名望，素来比不上关羽、马超，而今立即与他们并列。马超、张飞在身边，亲自看到黄忠的功勋，还可以向他们说明用意；关羽远远听到，肯定会不高兴，恐怕是不行吧！”先主说：“我亲自向他解释好了。”于是黄忠就与关羽等人官位并列，先主又封他为关内侯。第二年黄忠去世，后来追谥为刚侯。他的儿子黄叙早死，没有后代。

赵云，字子龙，是常山真定人。原来是公孙瓒的部下，公孙瓒派刘备帮助田楷抵御袁绍，赵云随从，成为刘备的骑兵主管。等到刘备被曹操在当阳长阪追上的时候，刘备丢下妻子儿女向南逃走，赵云身抱阿斗，就是后主，保护着甘夫人，也就是后主的母亲，使他们全部免于灾难。其后赵云被升为牙门将军。刘备进入益州，赵云留在荆州。

刘备从葭萌回攻刘璋，召诸葛亮入蜀援助。诸葛亮率领赵云和张飞等人一起分兵西上，一路平定郡县，到江州时，派赵云由岷江而上至江阳，与诸葛亮在成都会合。成都平定后，任命赵云为翊军将军。建兴元年，赵云官至中护军、征南将军，被封为永昌亭侯，后又升为镇东将军。建兴五年，赵云跟随诸葛亮驻守汉中。第二年，诸葛亮出兵进攻魏国，扬言过斜谷道，曹真派大军在此抵挡。诸葛亮命赵云和

兵弱敌强，失利于箕谷，然敛众固守，不至大败。军退，贬为镇军将军。

七年卒，追谥顺平侯。

初，先主时，惟法正见谥；后主时，诸葛亮功德盖世，蒋琬、费祎荷国之重，亦见谥；陈祗宠待，特加殊奖，夏侯霸远来归国，故复得谥；于是关羽、张飞、马超、庞统、黄忠及云乃追谥，时论以为荣。云子统嗣，官至虎贲中郎，督行领军。次子广，牙门将，随姜维沓中，临陈战死。

评曰：关羽、张飞皆称万人之敌，为世虎臣。羽报效曹公，飞义释严颜，并有国士之风。然羽刚而自矜，飞暴而无恩，以短取败，理数之常也。马超阻戎负勇，以覆其族，惜哉！能因穷致泰，不犹愈乎！黄忠、赵云强挚壮猛，并作爪牙，其灌、滕之徒欤？

邓芝前去迎战，自己则率军进攻祁山。赵云、邓芝兵少而魏军强大，失利于箕谷，但他们集兵坚守，才不致大败。率军退回后，被降为镇军将军。

建兴七年，赵云去世，追加谥号为顺平侯。

起初，刘备在世的时候，只有法正一人被追谥。刘禅时，因为诸葛亮功德盖世，蒋琬、费祎也因曾担负全国军政重任，而受到追谥；陈祇深受刘禅宠信，死后也得到这一殊荣；夏侯霸从远方归服所以得到谥号；关羽、张飞、马超、庞统、黄忠和赵云都被加谥号，当时，议论的人都认为这是非常荣耀的事。赵云的儿子赵统承继爵位，官至虎贲中郎督，代理中领军职务。次子赵广，任牙门将，随姜维到沓中，临阵战死。

评论说：关羽、张飞都被称为万人之敌，是当世之虎将。关羽报恩曹操，张飞义释严颜，都有国士风范。然而，关羽刚愎自傲，张飞暴烈严酷，都因短处而遭罹难，此事之常理。马超与西部少数民族友好，倚仗自己的勇猛，而使家族覆灭，可惜呀！后来，他由于穷困而通达，不是比前两个人还强一些吗！黄忠、赵云刚强勇猛，充当战将，应该是与灌婴、夏侯婴是一样的人物吧？

卷三十七　蜀书七

庞统法正传第七

庞统字士元，襄阳人也。少时朴钝，未有识者。颍川司马徽清雅有知人鉴，统弱冠往见徽，徽采桑于树上，坐统在树下，共语自昼至夜。徽甚异之，称统当为南州士之冠冕，由是渐显。后郡命为功曹。性好人伦，勤于长养。每所称述，多过其才，时人怪而问之，统答曰："当今天下大乱，雅道陵迟，善人少而恶人多。方欲兴风俗，长道业，不美其谭即声名不足慕企，不足慕企而为善者少矣。今拔十失五，犹得其半，而可以崇迈世教，使有志者自励，不亦可乎？"吴将周瑜助先主取荆州，因领南郡太守。瑜卒，统送丧至吴，吴人多闻其名。及当西还，并会昌门，陆绩、顾劭、全琮皆往。统曰："陆子可谓驽马有逸足之力，顾子可谓驽牛能负重致远也。"谓全琮曰："卿好施慕名，有似汝南樊子昭。虽智力不多，亦一时之佳也。"绩、劭谓统曰："使天下太平，当与卿共料四海之士。"深与统相结而还。

先主领荆州，统以从事守耒阳令，在县不治，免官。吴将鲁肃遗先主书曰："庞士元非百里才也，使处治中、别驾之任，始当展其

庞统，字士元，是襄阳郡人。年轻的时候为人质朴，不露锋芒，没有人了解他的才能。颍川郡的司马徽，纯正高雅，有善于鉴别人品的才能。庞统二十岁左右时前去拜访司马徽，当时司马徽正在树上采桑叶，就让庞统坐在桑树下，两人从白天一直谈到晚上。司马徽对庞统的才能十分惊异，称赞庞统是江南各州读书人中最杰出的人物，从此以后庞统就渐渐地出名了。后来郡守任命庞统为功曹。庞统生性非常重视伦理道德，对于抚育子女、赡养老人一类的事特别尽心。对别人的称赞，常常超过别人的实际才干，当时的人感到奇怪，就问他缘故，庞统回答说："现在天下大乱，雅正的道德衰微，好人少而坏人多。想要振兴良好的风俗，增强人们的道德观念，如果不把值得褒奖的人说得更完美一些，他们的名声就不能为人们所仰慕学习，不能为人们仰慕学习，肯做善行的人就更少了。现在推荐十个人，即使其中有五个人不够格，那还有一半是有用之材，通过这些人可以增进道德教化，让那些有志行善的人自我勉励，不也是可以的吗？"东吴将领周瑜帮助先主刘备夺取荆州以后，因此兼任南郡太守，周瑜死了以后，庞统送周瑜的灵柩回到东吴。东吴很多人久闻庞统的大名。当庞统将要西归时，一齐赶到昌门为他送行，连陆绩、顾劭、全琮都去了。庞统说："陆先生可以说是像驽马而有快步飞奔的才能，顾先生可以说好像驽牛却能负重致远。"又对全琮说："您好施善行，仰慕名节，有点儿像汝南郡的樊子昭。虽然才智能力不突出，也可以算是一时的优秀人才了。"陆绩、顾劭对庞统说："等到天下太平了，我们一定和您一起来品评四海之士。"他们都与庞统诚心结交而回。

先主兼任荆州牧以后，庞统以荆州从事的身份代行耒阳县令的职务，因为政绩不好，他被免除了官职。吴国将领鲁肃写信给先主

骥足耳。”诸葛亮亦言之于先主，先主见与善谭，大器之，以为治中从事。亲待亚于诸葛亮，遂与亮并为军师中郎将。亮留镇荆州。统随从入蜀。

益州牧刘璋与先主会涪，统进策曰：“今因此会，便可执之，则将军无用兵之劳而坐定一州也。”先主曰：“初入他国，恩信未著，此不可也。”璋既还成都，先主当为璋北征汉中，统复说曰：“阴选精兵，昼夜兼道，径袭成都；璋既不武，又素无预备，大军卒至，一举便定，此上计也。杨怀、高沛，璋之名将，各仗强兵，据守关头，闻数有笺谏璋，使发遣将军还荆州。将军未至，遣与相闻，说荆州有急，欲还救之，并使装束，外作归形；此二子既服将军英名，又喜将军之去，计必乘轻骑来见，将军因此执之，进取其兵，乃向成都，此中计也。退还白帝，连引荆州，徐还图之，此下计也。若沉吟不去，将致大困，不可久矣。”先主然其中计，即斩怀、沛，还向成都，所过辄克。于涪大会，置酒作乐，谓统曰：“今日之会，可谓乐矣。”统曰：“伐人之国而以为欢，非仁者之兵也。”先主醉，怒曰：“武王伐纣，前歌后舞，非仁者邪？卿言不当，宜速起出！”于是统逡巡引退。先主寻悔，请还。统复故位，初不顾谢，饮食自若。先主谓曰：“向者之论，阿谁为失？”统对曰：“君臣俱失。”先主大笑，宴乐如初。

说:“庞士元不是一个治理百里小县的人才,您应该让他担任州府治中、别驾之类的重要职务,这样他才会显示出他那如千里马般的才能。”诸葛亮也向先主推荐庞统,于是先主召见了庞统,两人进行了一次深入的谈话,先主发现庞统才华出众,从此就非常器重他,任命他为治中从事。先主给庞统的待遇仅仅在诸葛亮一人之下,庞统从此和诸葛亮一起担任军师中郎将。诸葛亮留守荆州。庞统跟随先主领兵入蜀。

益州牧刘璋和刘备在涪县会面,庞统向刘备建议说:“可趁这个机会,将他拿下,将军就可不费用兵之劳安坐平定益州。”刘备说:“我们刚进入蜀地,恩信未树,不能这样做。”刘璋回到成都后,刘备没有为刘璋北征汉中,庞统献计说:“我们可以暗选精兵,昼夜兼程,直击成都,刘璋既无勇力,又向来没有防备,大军突然攻至,一举就能平定,这是上策;杨怀、高沛都是刘璋手下的名将,他们依仗兵力强大,驻守关头,听说两人曾经几次写信劝说刘璋,让您回荆州。将军到达白水关之前,应先派人去通知他们,就说荆州形势有变,须赶回救援,同时命士兵整理行装,做出要回撤的样子。杨怀、高沛既敬服将军威名,又高兴您回荆州,一定会轻装前来拜见您,我们可以乘机将他们拿下,然后收编其兵马,向成都进军,这是中策。我们退回白帝城,率军回荆州,然后再另做图谋,这是下策。如果犹豫不决,滞留此地,我们就会陷于困境之中,不能再长久拖延了。”刘备接受了庞统的中策,随即杀死杨怀高沛二将转攻成都,沿途郡县均被攻克。刘备在涪城大宴将士,他对庞统说:“今日聚会,真是快乐极了!”庞统说:“把征服别人领土当成欢乐,这恐怕不是仁者之兵吧!”当时刘备已经醉了,怒气冲冲地说:“武王伐纣,军队前歌后舞,难道就不是仁者之师了吗?你说话不对,快点退出宴会吧!”庞统立即退了出去。不一会儿,刘备醒悟而后悔了,又把他请了回去。庞统回到原位,并没有向刘备致歉的意思,自斟自饮好像什么也没发生过。刘备问他:“刚才我们的争论,究竟是谁的失误?”庞统回答说:“君臣都有失误。”刘备大笑,宴席间又恢复了原有的欢乐气氛。

进围雒县，统率众攻城，为流矢所中，卒，时年三十六。先主痛惜，言则流涕。拜统父议郎，迁谏议大夫，诸葛亮亲为之拜。追赐统爵关内侯，谥曰靖侯。统子宏，字巨师，刚简有臧否，轻傲尚书令陈祗，为祗所抑，卒于涪陵太守。统弟林，以荆州治中从事参镇北将军黄权征吴，值军败，随权入魏，魏封列侯，至钜鹿太守。

法正字孝直，扶风郿人也。祖父真，有清节高名。建安初，天下饥荒，正与同郡孟达俱入蜀依刘璋，久之为新都令，后召署军议校尉。既不任用，又为其州邑俱侨客者所谤无行，志意不得。益州别驾张松与正相善，忖璋不足与有为，常窃叹息。松于荆州见曹公还，劝璋绝曹公而自结先主。璋曰："谁可使者？"松乃举正，正辞让，不得已而往。正既还，为松称说先主有雄略，密谋协规，愿共戴奉，而未有缘。后因璋闻曹公欲遣将征张鲁之有惧心也，松遂说璋宜迎先主，使之讨鲁，复令正衔命。正既宣旨，阴献策于先主曰："以明将军之英才，乘刘牧之懦弱；张松，州之股肱，以响应于内；然后资益州之殷富，冯天府之险阻，以此成业，犹反掌也。"先主然之，泝江而西，与璋会涪。北至葭萌，南还取璋。

郑度说璋曰："左将军县军袭我，兵不满万，士众未附，野谷是资，军无辎重。其计莫若尽驱巴西、梓潼民内涪水以西，其仓廪野谷，一皆烧除，高垒深沟，静以待之。彼至，请战，勿许，久无所资，

先主进军围攻雒县，庞统率众攻城，被流箭射中而死，时年三十六岁。先主对此感到非常痛心和惋惜，每次提起庞统都止不住涕泪涟涟。先主拜庞统的父亲为议郎，又升迁为谏议大夫，诸葛亮见到庞统父亲行跪拜大礼。追赐庞统关内侯的爵位，加谥号为靖侯。庞统的儿子庞宏，字巨师，为人刚直，好议论人之优劣。庞宏对尚书令陈祗很轻视，因此受到陈祗的压制，死于涪陵太守任上。庞统的弟弟庞林，凭借荆州治中从事的身份，参谋镇北将军黄权征伐东吴；在与孙吴的军事战役中遭到失败，就随黄权投降了曹魏，被封为列侯，官一直做到了钜鹿太守。

法正，字孝直，是扶风郿县人。他的祖父法真，有清廉和高尚的美名。建安初年，天下发生饥荒，法正与同郡人孟达一同来到蜀地，投靠刘璋。过了很久，法正才被任命为新都县令，后被召回成都，任代理军议校尉一职。他既不受重用，又遭到客居蜀地的同乡的排挤诽谤，说他品行不好，因而很不得志。益州别驾张松和法正交好，考虑到跟随刘璋很难有所作为，常暗自叹息。张松奉命去拜见曹操归来以后，劝说刘璋与曹操断绝关系，和刘备结盟。刘璋问："谁可以充当使者？"张松就举荐了法正。法正推让，最后，不得已才接受命令前往荆州。法正归来，向张松夸赞刘备有雄才大略，两人私下密议，打算一同拥戴刘备，只是一时找不到适当的机会。后来，刘璋听说曹操要派兵进攻汉中的张鲁，就心生恐惧。张松乘机劝说刘璋，迎请刘备入蜀，让刘备来讨伐张鲁。刘璋同意，再次让法正出使荆州。法正向刘备转达了刘璋的意图以后，又暗地里向刘备献计说："以您的英明才干对付刘璋的懦弱，再有张松这样的益州重臣为内应，就可取得益州。以益州的殷富为依靠，以益州险地为屏障，成就大事易如反掌。"刘备认为非常对，便率兵马逆长江西上，与刘璋在涪县相会，后北至葭萌关。但不久以后，刘备与刘璋关系破裂，刘备率兵向南进攻刘璋。

郑度劝刘璋说："左将军刘备孤军来袭击我们，士兵还不到一万人，士民还没有归附他，他们以田野上的谷子做军粮，军队没有辎重物资。绝好的计策莫过于把巴西、梓潼的民众全部迁到涪水西面，仓

不过百日，必将自走。走而击之，则必禽耳。”先主闻而恶之，以问正。正曰：“终不能用，无可忧也。”璋果如正言，谓其群下曰：“吾闻拒敌以安民，未闻动民以避敌也。”于是黜度，不用其计。及军围雒城，正笺与璋曰：“正受性无术，盟好违损，惧左右不明本末，必并归咎，蒙耻没身，辱及执事，是以捐身于外，不敢反命。恐圣听秽恶其声，故中间不有笺敬，顾念宿遇，瞻望悢悢。然惟前后披露腹心，自从始初以至于终，实不藏情，有所不尽，但愚暗策薄，精诚不感，以致于此耳。今国事已危，祸害在速，虽捐放于外，言足憎尤，犹贪极所怀，以尽余忠。明将军本心，正之所知也，实为区区不欲失左将军之意，而卒至于是者，左右不达英雄从事之道，谓可违信黩誓，而以意气相致，日月相迁，趋求顺耳悦目，随阿遂指，不图远虑为国深计故也。事变既成，又不量强弱之势，以为左将军县远之众，粮谷无储，欲得以多击少，旷日相持。而从关至此，所历辄破，离宫别屯，日自零落。雒下虽有万兵，皆坏陈之卒，破军之将，若欲争一旦之战，则兵将势力，实不相当。各欲远期计粮者，今此营守已固，谷米已积，而明将军土地日削，百姓日困，敌对遂多，所供远旷。愚意计之，谓必先竭，将不复以持久也。空尔相守，犹不相堪，今张益德数万之众，已定巴东，入犍为界，分平资中、德阳，三道并侵，将何以御之？本为明将军计者，必谓此军县远无粮，馈运不及，兵少无继。今荆州道通，众数十倍，加孙车骑遣弟及李异、甘宁等为其后继。若争客主之势，以土地相胜者，今此全有巴东，广汉、犍为，过半已定，巴西一郡，复非明将军之有也。计益州所仰惟蜀，蜀亦破坏；三分亡二，吏民疲困，思为乱者十户而八；若敌远则百姓不能堪役，敌近则一旦易主矣。广汉诸县，是明比也。又鱼复与关头实为益州福祸之门，今二门悉开，坚城皆下，诸军并破，兵将俱尽，而敌家数道并进，已入心腹，坐守都、雒，存亡之势，昭然可见。斯乃大略，其外较耳，其余屈曲，难以辞极也。以正下愚，犹知

廪里的粮食和田野上的谷子，统统烧掉，垒高壁垒，加深壕沟，静待刘军。等到刘军来到，挑战，不要管他，他们长时间没有粮食物资，不超过一百日，必定会自己退兵。在他们退兵的时候追击他们，就一定能捉住他们。”先主听说郑度的计谋后心里不高兴，去问法正。法正说：“刘璋最终不会用这计策的，不用忧虑。”刘璋果然像法正说的那样，对下属说：“我听闻过抵御敌人来使民众安定，没有听闻过动扰民众来躲避敌人的。”于是黜退了郑度，不用他的计谋。及至刘军包围洛城，法正写信给刘璋说：“我天生没有什么才术，现在损伤了友好，恐怕您身边的人不知事情本末，必定会归咎于我，使我终生蒙耻，也辱及您的名声，因此我委身在外，不敢回来复命。恐怕您讨厌我污秽的声音，所以期间没有写信向您致敬，回想您以前对我的知遇，心中愁闷，但是前后以来，我对您一直披露心腹，从头到尾，确实没有隐藏半点真情，但我愚昧平庸、谋略浅薄，精诚之情没有感动您，才到了今天这地步。现今国事已经危困，祸害很快就会到来，虽然我身在外面，说话会令人讨厌，但还是想把心事向您说出，来尽最后一点儿忠心。将军您的本心，法正是知道的，实在是不想有失左将军的好意，而终究弄到这种情况，是身边的人不明白英雄的处事之道，认为可以违背信义和誓言，而凭借与您意气相投，天天只求让您耳顺目悦，对您阿谀奉承，不为国做长远考虑的缘故啊。事变既然已经造成，您又不思量强弱的形势，认为左将军刘备孤军远来，没有储备粮食谷物，以多击少，旷日相持。但刘军从白水关到这里，一路打胜仗，行宫和守军，日益零落。洛城虽然有一万士兵，但是都是败军之兵将，如果想争一日之战，则兵将实力，实在不能相当。若想靠粮多打持久战，现今刘军营垒守备已坚固，粮食谷米已经蓄积，而将军您的土地日益减少，百姓日益疲困，敌对的人便会多起来，您的供给会逐渐紧张。按我的计算，将军您的供给一定先枯竭，不能再打持久战了。仅仅像这样的防守，尚且不能应付，现在张益德的数万之众，已平定了巴东，进入了犍为郡的境内，分别拿下了资中、德阳两县，三路并进，您将用什么抵御呢？原本为将军您出计策的人，一定会说，这军队孤军远征，没带粮草，运输也不及，士兵数量少而

此事不可复成，况明将军左右明智用谋之士，岂当不见此数哉？旦夕偷幸，求容取媚，不虑远图，莫肯尽心献良计耳。若事穷势迫，将各索生，求济门户，展转反覆，与今计异，不为明将军尽死难也，而尊门犹当受其忧。正虽获不忠之谤，然心自谓不负圣德，顾惟分义，实窃痛心。左将军从本举来，旧心依依，实无薄意。愚以为可图变化，以保尊门。”

十九年，进围成都，璋蜀郡太守许靖将逾城降，事觉，不果。璋以危亡在近，故不诛靖。璋既稽服，先主以此薄靖不用也。正说曰：“天下有获虚誉而无其实者，许靖是也。然今主公始创大业，天下之人不可户说，靖之浮称，播流四海，若其不礼，天下之人以是谓主公为贱贤也。宜加敬重，以眩远近，追昔燕王之待郭隗。”先主于是乃厚待靖。以正为蜀郡太守、扬武将军，外统都畿，内为谋主。一餐之德，睚眦之怨，无不报复，擅杀毁伤己者数人。或谓诸葛亮曰：“法正于蜀郡太纵横，将军宜启主公，抑其威福。”亮答曰：“主公之在公安也，北畏曹公之强，东惮孙权之逼，近则惧孙夫人

没有后继援军。现今荆州道路已通，兵力增加了十倍，加上孙车骑派弟弟及李异、甘宁等作为刘军的后援。若要比较主客的形势，凭土地多少来分胜负的话，那么刘军现今已经拥有了巴东郡，广汉、犍为也已拿下过半，巴西一郡，也不再属于将军您所有了。考虑到益州所仰仗的只有蜀郡，蜀郡也遭到破坏；整个蜀地三份里已经没有了两份，兵吏民众疲惫困乏，想作乱的人十户中就有八户；如果敌人在远方，那么百姓不堪役苦，敌人在近处，那么一天城池就可以易主了。广汉数县，就是明显的例子。另外，鱼复县与白水关实在是益州的祸福之门，现如今两门全开，坚固的城池都被攻下，数路军队都被打败，兵将都已耗尽，而敌方数路并进，已进入心腹之地，您坐守成都、洛县，存亡的形势，清晰可见。这只是大概形势而已，至于其中的曲折，难以用言辞说尽。以法正我这样愚昧的人，尚且知道这事不可能成功，何况是将军您身边那些那么明智的谋士呢，怎么会预见不到后果呢？只是他们早晚苟且偷幸，献媚以求容身，不考虑长远的利益，不肯尽心献上良计而已。如果事情窘迫，他们将会各自逃生，以求保全门户，反复无常，不会像我今天这样打算，不会为了将军您尽忠效死，而您一家仍然会受到惊扰。法正我虽然得到不忠的诽谤，但是心中自认没有辜负您的大德，只是想起名分节义，私下实在痛心。左将军从一开始举事以来，就不忘旧情，实在是没有寡情薄意。我认为您可以改变想法，以保全您一家。”

建安十九年，刘备围攻成都，刘璋之蜀郡太守许靖打算弃城投降，但是事情被识破了，没有成功。因为这是在生死存亡的时候，刘璋没有杀许靖。等到刘璋投降之后，刘备因为这件事瞧不起许靖，许靖得不到重用。法正劝说刘备道：“天下有很多有虚名但是没什么实际作用的人，许靖就是这样的人。可是现在您是刚开始创建大业，很多事情是不能逐户向天下人解释的。许靖这人在天下还是非常有名声的，如果传出去您对他不能以礼相待的话，天下的人都会说您轻视贤才。您应该对他加以敬重，使天下的人被迷惑住，您应仿照燕王厚待郭隗的做法。”刘备因此对许靖很好。刘备任命法正做蜀郡太守、扬武将军，对外主管京都地区，对内担当重要的谋士。法正对

生变于肘腋之下；当斯之时，进退狼跋，法孝直为之辅翼，令翻然翱翔，不可复制，如何禁止法正使不得行其意邪！”初，孙权以妹妻先主，妹才捷刚猛，有诸兄之风，侍婢百余人，皆亲执刀侍立，先主每入，衷心常凛凛；亮又知先主雅爱信正，故言如此。

二十二年，正说先主曰：“曹操一举而降张鲁，定汉中，不因此势以图巴、蜀，而留夏侯渊、张郃屯守，身遽北还，此非其智不逮而力不足也，必将内有忧逼故耳。今策渊、郃才略，不胜国之将帅，举众往讨，则必可克。克之之日，广农积谷，观衅伺隙，上可以倾覆寇敌，尊奖王室，中可以蚕食雍、凉，广拓境土，下可以固守要害，为持久之计。此盖天以与我，时不可失也。”先主善其策，乃率诸将进兵汉中，正亦从行。二十四年，先主自阳平南渡沔水，缘山稍前，于定军兴势作营。渊将兵来争其地。正曰：“可击矣。”先主命黄忠乘高鼓噪攻之，大破渊军，渊等授首。曹公西征，闻正之策，曰：“吾故知玄德不办有此，必为人所教也。”

先主立为汉中王，以正为尚书令、护军将军。明年卒，时年四十五。先主为之流涕者累日。谥曰翼侯。赐子邈爵关内侯，官至奉

别人给他一顿饭的恩惠和给一瞪眼的仇恨没有不报的，还擅自杀死好几个过去曾经中伤自己的人。有人对诸葛亮说：“法正在蜀郡实在太骄横了，将军您应该禀告主公，打压他的作威作福。”诸葛亮回答说：“主公现在在公安，北面有曹操的强大，东面又担心孙权的逼迫，现在又担心孙夫人在身边发生事变，眼下这个时候，真是进退两难，只有法孝直能为他出谋划策，使他能够翻飞翱翔，使他免于受到别人的牵制，怎么可以禁止法正不让他干自己想干的事情呢！”当初，孙权把自己的妹妹嫁给了刘备，孙权的妹妹为人才思敏捷，刚强英武，集她的各位长兄的特点于一身，身边有奴婢一百多人，都亲自拿着兵器侍立。刘备每次入宫，都是心惊胆战的。诸葛亮很了解刘备喜爱法正才说出这番话。

建安二十二年，法正劝诫先主说：“曹操一举就使张鲁投降，平定了汉中，但是却不乘胜进取巴、蜀，而是留下夏侯渊、张郃屯兵驻守在汉中，自己匆匆忙忙北回洛阳，这不是因为曹操智慧不够力量不足，而一定是曹操内部出现紧急情况而迫使曹操这样做。我想夏侯渊、张郃的才能谋略，比不上我们的将帅，如果我们率众前去讨伐，则一定可以占领汉中。占领汉中之后，扩大农业生产，大力积蓄粮食，观察曹魏的破绽，等待机会，最好的结果是能推翻曹魏，尊崇扶助汉朝，中等的结果是能够一点一点地占据雍州、凉州，扩大疆土，最次的结果也可以固守要害之地，做和曹魏持久相持的打算。这是上天赐给我们的好机会，万万不可失去啊！”先主认为法正所说很对，便率领诸将进军汉中，法正也从军而行。建安二十四年，先主率领军队自阳平关向南渡过沔水，沿着山势渐渐向前推进，在定军山、兴势两地扎下营盘。夏侯渊率兵前来争夺，法正说：“可以出击。”先主便命黄忠率军居高临下擂鼓呐喊猛攻猛打，大破夏侯渊军，并且杀死夏侯渊等人。曹公领兵西来征讨，知道了这是法正的计策，便说：“我就知道玄德不具备这样的才能，一定是有人在给玄德出主意。”

刘备当了汉中王以后，任命法正担任尚书令、护军将军。第二年法正逝世，时年四十五岁。刘备因为法正的死哭了好几天。给法正加

车都尉、汉阳太守。诸葛亮与正，虽好尚不同，以公义相取。亮每奇正智术。先主既即尊号，将东征孙权以复关羽之耻，群臣多谏，一不从。章武二年，大军败绩，还住白帝。亮叹曰："法孝直若在，则能制主上，令不东行；就复东行，必不倾危矣。"

评曰：庞统雅好人流，经学思谋，于时荆、楚谓之高俊。法正著见成败，有奇画策算，然不以德素称也。拟之魏臣，统其荀彧之仲叔，正其程、郭之俦俪邪？

谥号为翼侯。赐爵法正儿子法邈为关内侯，法邈官至奉车都尉、汉阳太守。诸葛亮与法正虽然喜好和追求有所不同，但都能着眼于大局，相处和谐。他经常称赞法正的智谋很奇妙。刘备称帝后，准备东征孙权为关羽报仇，群臣中很多人劝谏，刘备不听。蜀汉章武二年，蜀军东征大败，刘备逃回白帝城。诸葛亮叹息说："如果法孝直还活着，就能够制止皇上，即使东征，也一定不会败得这样惨。"

评论说：庞统本性喜欢品评人品高低，潜心研究学问谋略，在当时荆、楚一带可称得上是高才俊杰。法正能够准确地预见成败，有奇异的计谋，但他的德行却不为人们所称道。把他们同魏国的大臣相比，庞统大概和荀彧不相上下，法正大概是程昱、郭嘉一类的人物吧。

卷三十八　蜀书八

许麋孙简伊秦传第八

许靖字文休，汝南平舆人。少与从弟劭俱知名，并有人伦臧否之称，而私情不协。劭为郡功曹，排摈靖不得齿叙，以马磨自给。颍川刘翊为汝南太守，乃举靖计吏，察孝廉，除尚书郎，典选举。灵帝崩，董卓秉政，以汉阳周毖为吏部尚书，与靖共谋议，进退天下之士，沙汰秽浊，显拔幽滞。进用颍川荀爽、韩融、陈纪等为公、卿、郡守，拜尚书韩馥为冀州牧，侍中刘岱为兖州刺史，颍川张咨为南阳太守，陈留孔伷为豫州刺史，东郡张邈为陈留太守，而迁靖巴郡太守，不就，补御史中丞。馥等到官，各举兵还向京都，欲以诛卓。卓怒毖曰："诸君言当拔用善士，卓从君计，不欲违天下人心。而诸君所用人，至官之日，还来相图。卓何用相负！"叱毖令出，于外斩之。靖从兄陈相玚，又与伷合规，靖惧诛，奔伷。伷卒，依扬州刺史陈祎。祎死，吴郡都尉许贡、会稽太守王朗素与靖有旧，故往保焉。靖收恤亲里，经纪振赡，出于仁厚。

孙策东渡江，皆走交州以避其难，靖身坐岸边，先载附从，疏亲悉发，乃从后去，当时见者莫不叹息。既至交阯，交阯太守士燮厚加敬待。陈国袁徽以寄寓交州，徽与尚书令荀彧书曰："许文休英才伟士，智略足以计事。自流宕已来，与群士相随，每有患急，常先人后己，与九族中外同其饥寒。其纪纲同类，仁恕恻隐，皆有效事，不能复一二陈之耳。"钜鹿张翔衔王命使交部，乘势募靖，欲与誓

许靖，字文休，是汝南平舆县人。年轻的时候与堂弟许劭都很有名望，都有喜评各类人物的名声，但是兄弟间感情却不和。许劭担任本郡功曹，排挤许靖，使他得不到录用，许靖只得用马为别人磨粮来养活自己。颍川人刘翊担任汝南太守，举荐许靖为计吏，后被举孝廉，任尚书郎，掌管官员的选用。汉灵帝死后，董卓掌政，任命汉阳人周毖为吏部尚书，让他和许靖一同商议，举贬天下官员。选取颍川人荀爽、韩融、陈纪等人担任公、卿、郡守，任命尚书韩馥为冀州牧，侍中刘岱为兖州刺史，颍川人张咨为南阳太守，陈留人孔伷为豫州刺史，东郡人张邈为陈留太守。又升迁许靖为巴郡太守，许靖没有赴任，被补为御史中丞。刘馥等人到任以后，就纷纷起兵向京都洛阳进军，以武力讨伐董卓。董卓怒对周毖说："你们劝我提拔贤能，我不想违背人心听从了你们的话。而你们所举荐的这些人，刚上任就回头攻打我，我有哪里对不起你们！"就叱令士兵把周毖扞出斩首。陈国丞相许玚是许靖的从兄，与孔伷合讨董卓，许靖怕因此被杀，便逃出京城投奔孔伷。孔伷死了以后，许靖又投奔扬州刺史陈祎。陈祎死后，因吴郡都尉许贡、会稽太守王朗与许靖有旧交，许靖便到他们那里以求自保。许靖在吴、会以仁慈厚善之心收容抚恤亲戚同乡，对老弱进行供养。

孙策东渡长江的时候，许靖等人逃到交州避难。许靖自己坐在岸边，让跟从他的人先上船，等到这些人全都出发了，自己才离开，当时看到这情景的人没有不赞叹的。到了交阯后，交阯太守士燮对他很敬重。陈国的袁徽当时也客居交州，写信给尚书令荀彧说："许靖是英伟奇才，智和谋略足以谋划大事。但是自他离乡流落以来，一直与士人们相处，每遇危情，常先人后己，与本族内外之人同甘共苦。为人办事，仁厚宽忍，有恻隐之心，都有实事可以验证，恕不再一一

要，靖拒而不许。靖与曹公书曰：

世路戎夷，祸乱遂合，驽怯偷生，自窜蛮貊，成阔十年，吉凶礼废。昔在会稽，得所贻书，辞旨款密，久要不忘。迫于袁术方命圮族，扇动群逆，津涂四塞，虽县心北风，欲行靡由。正礼师退，术兵前进，会稽倾覆，景兴失据，三江五湖，皆为虏庭。临时困厄，无所控告。便与袁沛、邓子孝等浮涉沧海，南至交州。经历东瓯、闽、越之国，行经万里，不见汉地，漂薄风波，绝粮茹草，饥殍荐臻，死者大半。既济南海，与领守兒孝德相见，知足下忠义奋发，整饬元戎，西迎大驾，巡省中岳。承此休问，且悲且憙，即与袁沛及徐元贤复共严装，欲北上荆州。会苍梧诸县夷、越蜂起，州府倾覆，道路阻绝，元贤被害，老弱并杀。靖寻循渚岸五千余里，复遇疾疠，伯母陨命，并及群从，自诸妻子，一时略尽。复相扶侍，前到此郡，计为兵害及病亡者，十遗一二。生民之艰，辛苦之甚，岂可具陈哉！惧卒颠仆，永为亡虏，忧瘁惨惨，忘寝与食。欲附奉朝贡使，自获济通，归死阙庭，而荆州水陆无津，交部驿使断绝。欲上益州，复有峻防，故官长吏，一不得入。前令交阯太守士威彦，深相分托于益州兄弟，又靖亦自与书，辛苦恳恻，而复寂寞，未有报应。虽仰瞻光灵，延颈企踵，何由假翼自致哉？

知圣主允明，显授足下专征之任，凡诸逆节，多所诛讨，想力竞者一心，顺从者同规矣。又张子云昔在京师，志匡王室，今虽临荒域，不得参与本朝，亦国家之藩镇，足下之外援也。若荆、楚平和，王泽南至，足下忽有声命于子云，勤见保属，令得假途由荆州出，不然，当复相绍介于益州兄弟，使相纳受。倘天假其年，人缓其

陈述。”钜鹿人张翔奉王命出使交州，乘机找到许靖，想和他立盟，许靖没有答应。许靖给曹操写信说：

世道衰败，祸乱频仍，我愚鲁怯懦，偷生于蛮夷之地，一别十年，礼节来往断绝。过去在会稽郡，曾经接到您的书信，言辞诚恳亲密，这份情谊我不会忘记。当时，由于袁术抗拒王命，煽动反叛，而使四方道路堵隔，我虽心向北方，却没有办法动身。正义的军队撤退，袁术兵马进入，会稽遭到颠覆，景兴失去凭据，三江五湖，全都落入敌手。面对当时的困厄，无法向上倾诉。便和袁沛、邓子孝等人渡海南下交州。沿途经过东瓯、闽、越各国，万里之行，竟然看不到汉朝国土。漂泊于风浪之中，粮食断绝，只得以草充饥，大半人饿死在途中。渡过南海后，与兼任太守兒孝德相见，得知您统率兵马，尽忠剿贼，西去长安恭迎圣驾，巡视嵩山。听到这个好消息，我又悲又喜，就和袁沛、徐元贤再一次打点行装，想北上荆州。不想，正好遇上苍梧各县夷、越等族纷纷作乱，州府沦陷，道路不通，徐元贤被害，老弱家属被杀。我只好沿着河岸沙洲跋涉了五千多里，又遇上瘟疫，伯母丧命，连随从和妻子儿女，差不多也都死光了。算起来死于兵乱和疾病的，十人中只剩下一两个了。百姓的苦难和凄惨，真是难以尽述啊！我害怕自己突然间倒地不起，永远成为逃亡的罪人，心中忧伤，寝食不安。想跟随进奉朝廷的使节寻路回朝，可是，去荆州的水、陆道路都不通，就连到交州传递公文的驿使也已断绝。想去益州，又有严关防守，原来的官吏，一律不得进入。我曾经让交阯太守士威彦恳请在益州的兄弟帮忙，我也亲自给他们去信，尽管言辞恳切，但还是没有回音。我虽伸长脖子踮起脚跟仰望皇上的神圣光辉，但能借助什么样的翅膀使自己飞到朝廷呢？

知道圣主英明，光荣地授予足下执掌征伐的大任，只要是作乱的逆贼，很多被您诛杀了，想必那些出力者与归附者都和您同心协力。另外，张子云昔日在京师，志在匡扶王室，现今虽然身处蛮荒之地，不能参与本朝之事，但也是国家的藩镇，足下的外援啊。如果荆楚安定，王室的恩泽去到南方，足下只要命令张子云，他也会尽力保全我，令我得以借道从荆州出去，不这样的话，那应当再次转达给我

祸，得归死国家，解逋逃之负，泯躯九泉，将复何恨！若时有险易，事有利钝，人命无常，陨没不达者，则永衔罪责，入于畜土矣。

昔营邱翼周，杖钺专征，博陆佐汉，虎贲警跸。今日足下扶危持倾，为国柱石，秉师望之任，兼霍光之重，五侯九伯，制御在手，自古及今，人臣之尊未有及足下者也。夫爵高者忧深，禄厚者责重。足下据爵高之任，当责重之地，言出于口，即为赏罚，意之所存，便为祸福。行之得道，即社稷用宁；行之失道，即四方散乱。国家安危，在于足下；百姓之命，县于执事。自华及夷，颙颙注望。足下任此，岂可不远览载籍废兴之由，荣辱之机，弃忘旧恶，宽和群司，审量五材，为官择人？苟得其人，虽仇必举；苟非其人，虽亲不授。以宁社稷，以济下民，事立功成，则系音于管，勒勋于金石，愿君勉之！为国自重，为民自爱。

翔恨靖之不自纳，搜索靖所寄书疏，尽投之于水。

后刘璋遂使使招靖，靖来入蜀。璋以靖为巴郡、广汉太守。南阳宋仲子于荆州与蜀郡太守王商书曰："文休倜傥瑰玮，有当世之具，足下当以为指南。"建安十六年，转在蜀郡。十九年，先主克蜀，以靖为左将军长史。先主为汉中王，靖为太傅。及即尊号，策靖

在益州的兄弟，让他们接纳我。倘若上天假我以年，人事也减缓我的灾祸，让我得以回朝效死，解去逃亡的罪名，我就是在九泉之下，又有什么遗憾呢！如果时世有危险，事情有阻滞，人命无常，到我死了也回不了朝廷，那我就永远背负着罪责，埋于这边远之地了。

古时候齐国辅佐周朝，手里握着专征诸侯的权力，霍光辅佐汉朝，能够享有皇帝出行的规格。现在足下挽救朝廷的危机，是国家的柱石，身负着吕望辅佐周朝那样的重任，具有霍光那样的大权，天下诸侯全都在足下的控制和驾驭之下，从古到今，没有哪个臣子的尊贵地位能比得上足下的。爵位高的人忧虑也重，俸禄多的人责任也重。足下身在高爵位的任上，处在责任非常重的位上，一开口说话就是奖赏或惩罚，动一个念头，就变为国家的灾祸或福祉。如果足下运用权力符合正道，国家就会因此安宁，反之，天下就会分裂动乱。国家的安危取决于足下的行为，百姓的命运也系在足下的身上。不管是汉人还是少数民族，都在关注仰慕着足下，对足下寄予殷切的希望。足下处于这样的地位，怎么能不从历代文献典籍记载中认识国家兴废的根源，认识个人荣辱变化的原因，从而抛弃和忘记旧日的恩怨，宽容协调各个办事机构，审查和考量人的优秀品质，为国家选择合适的人才当官呢？如果确实是合适的人才，即使是仇人也一定举荐提拔；如果不是合适的人才，即使是亲人也不会授予官职。用这些经验和态度使国家安宁，使人民脱离苦海，建立如此功业，就会被谱成乐曲广为传唱，就会被铭刻在石碑和金属器具上千古不灭。希望足下努力做到这一切！希望足下为了国家而自我珍重，为了百姓而自我爱护。

张翔对许靖不接纳自己的事心怀怨恨，就搜查出许靖所寄的书信，把它们扔进水中。

后来，刘璋派使者去招纳许靖，许靖来到蜀地。刘璋任命许靖为巴郡和广汉的太守。南阳人宋仲子在荆州写信给蜀郡太守王商说："许文休，卓异不凡，有治世的才能，足下应当把他看作行事指南。"建安十六年，许靖转到蜀郡。建安十九年，先主攻下蜀地，任许靖为左将军长史，先主做了汉中王，任命许靖为太傅。先主即帝位后，

曰："朕获奉洪业，君临万国，夙宵惶惶，惧不能绥。百姓不亲，五品不逊，汝作司徒，其敬敷五教，在宽。君其勖哉！秉德无怠，称朕意焉。"

靖虽年逾七十，爱乐人物，诱纳后进，清谈不倦。丞相诸葛亮皆为之拜。章武二年卒。子钦，先靖夭没。钦子游，景耀中为尚书。始靖兄事颍川陈纪，与陈郡袁涣、平原华歆、东海王朗等亲善，歆、朗及纪子群，魏初为公辅大臣，咸与靖书，申陈旧好，情义款至，文多故不载。

麋竺字子仲，东海朐人也。祖世货殖，僮客万人，赀产钜亿。后徐州牧陶谦辟为别驾从事。谦卒，竺奉谦遗命，迎先主于小沛。建安元年，吕布乘先主之出拒袁术，袭下邳，虏先主妻子。先主转军广陵海西，竺于是进妹于先主为夫人，奴客二千，金银货币以助军资；于时困匮，赖此复振。后曹公表竺领嬴郡太守，竺弟芳为彭城相，皆去官，随先主周旋。先主将适荆州，遣竺先与刘表相闻，以竺为左将军从事中郎。益州既平，拜为安汉将军，班在军师将军之右。竺雍容敦雅，而干翮非所长。是以待之以上宾之礼，未尝有所统御。然赏赐优宠，无与为比。

芳为南郡太守，与关羽共事，而私好携贰，叛迎孙权，羽因覆败。竺面缚请罪，先主慰谕以兄弟罪不相及，崇待如初。竺惭恚发病，岁余卒。子威，官至虎贲中郎将。威子照，虎骑监。自竺至照，皆便弓马，善射御云。

策命许靖说："朕得以继承大统，君临万国，早晚惶恐，害怕不能安邦定国。现在百姓不亲睦，君臣、父子、夫妻、兄弟、朋友这五种关系不和谐，你作为司徒，应该认真施行这五种教化，要宽和处事。你自己要勉励啊！坚持秉承德行操守不要懈怠，以称合朕的心意。"

许靖虽然已经超过七十岁了，但仍然喜欢人才，奖掖后进，清谈不倦。丞相诸葛亮都敬拜他。章武二年，许靖去世。他的儿子许钦，先于他去世。许钦的儿子许游，在景耀年间做了尚书。当初，许靖对待颍川陈纪像对待兄长一样，并与陈郡的袁涣、平原的华歆、东海的王朗等人亲密友善。华歆、王朗及陈纪的儿子陈群，在魏国初年做了公辅大臣，都写信给许靖，陈述旧好，情义真诚，内容太长所以这里不收录了。

麋竺，字子仲，是东海朐县人。他的祖先世代经商垦殖，拥有奴仆上万人，家财殷富，资产千万。后来，徐州牧陶谦聘任麋竺为别驾从事。陶谦死后，麋竺遵照陶谦的遗命，到小沛迎接刘备做徐州牧。建安元年，吕布乘刘备出征抵御袁术的时候，袭击下邳，俘虏了刘备的妻子。刘备率军转驻广陵海西。麋竺将妹妹嫁给刘备做夫人，又送仆众两千人及金银等物品，资助兵马费用。当时，刘备十分困乏，依靠这些得以重新振作。后来曹操推荐麋竺代理嬴郡太守，麋竺的弟弟麋芳为彭城相。他们全都放弃了官职跟随刘备。刘备要去荆州，让麋竺先去知会刘表，并任命麋竺为左将军从事中郎。益州被平定后，刘备拜麋竺为安汉将军，位在军师将军之上。麋竺雍容大度，敦厚文雅，但谋划策略非其所长。因此，刘备虽以上宾之礼待他，却从未让他带过军队。然而，给他的赏赐和宠幸却特别优厚，没人能与他相比。

麋芳任南郡太守，与关羽共守荆州，但是二人关系不和。孙权偷袭荆州，麋芳叛变关羽而投降孙权，关羽因此被东吴杀害。麋竺把自己绑起来向刘备请罪，刘备安慰并告诉他，弟有罪，兄不受牵连，还像以前那样厚待他。麋竺却愧愤交加而得病，一年多后逝世。他的儿子麋威，官至虎贲中郎将。麋威的儿子麋照，任虎骑监。从麋竺到麋照，全都熟习弓骑技艺，擅长在奔驰时射箭。

孙乾字公祐，北海人也。先主领徐州，辟为从事，后随从周旋。先主之背曹公，遣乾自结袁绍，将适荆州，乾又与麋竺俱使刘表，皆如意指。后表与袁尚书，说其兄弟分争之变，曰："每与刘左将军、孙公祐共论此事，未尝不痛心入骨，相为悲伤也。"其见重如此。先主定益州，乾自从事中郎为秉忠将军，见礼次麋竺，与简雍同等。顷之，卒。

简雍字宪和，涿郡人也。少与先主有旧，随从周旋。先主至荆州，雍与麋竺、孙乾同为从事中郎，常为谈客，往来使命。先主入益州，刘璋见雍，甚爱之。后先主围成都，遣雍往说璋，璋遂与雍同舆而载，出城归命。先主拜雍为昭德将军。优游风议，性简傲跌宕，在先主坐席，犹箕踞倾倚，威仪不肃，自纵适；诸葛亮已下则独擅一榻，项枕卧语，无所为屈。时天旱禁酒，酿者有刑。吏于人家索得酿具，论者欲令与作酒者同罚。雍与先主游观，见一男女行道，谓先主曰："彼人欲行淫，何以不缚？"先主曰："卿何以知之？"雍对曰："彼有其具，与欲酿者同。"先主大笑，而原欲酿者。雍之滑稽，皆此类也。

伊籍字机伯，山阳人。少依邑人镇南将军刘表。先主之在荆州，籍常往来自托。表卒，遂随先主南渡江，从入益州。益州既定，以籍为左将军从事中郎，见待亚于简雍、孙乾等。遣东使于吴，孙权闻其才辩，欲逆折以辞，籍适入拜，权曰："劳事无道之君乎？"籍即对曰："一拜一起，未足为劳。"籍之机捷，类皆如此，权甚异之。后迁昭文将军，与诸葛亮、法正、刘巴、李严共造《蜀科》；《蜀

孙乾，字公祐，是北海郡人。刘备任徐州刺史的时候，征召他为从事，跟随刘备转战四方。刘备弃曹操而逃跑，派孙乾去与袁绍结好，刘备要去荆州，孙乾又与麋竺一起出使荆州，都完成了刘备的托付。后来，刘表写信给袁尚，劝他们兄弟之间不要相争，信里说："我每次和左将军刘备、孙公祐谈起你们的事，都痛彻心脾，为之悲伤。"可见，刘表对孙乾的看重。刘备平定益州，孙乾由从事中郎升为秉忠将军，礼遇仅次于麋竺，而与简雍相同。不久，孙乾去世。

简雍，字宪和，是涿郡人。年轻的时候就与刘备有交情，追随刘备不离不弃。刘备到荆州后，简雍与麋竺、孙乾一同任从事中郎，常常作为刘备的说客，往来各处。刘备入益州，刘璋见到简雍，十分喜欢他。后来，刘备围困成都，曾派简雍去劝说刘璋，于是，刘璋便与简雍坐同一辆车，出城投降。刘备任简雍为昭德将军。简雍闲散无羁，讽谏议论，性情高傲，不拘小节，即使在刘备面前，也是伸足而坐，身体歪斜，仪容不整。与诸葛亮以下的人在一起，常独自占一张坐榻，枕着脖子，躺着与人说话，没有谁能使他屈身俯就。后来由于旱灾，粮食缺少，朝廷颁下禁酒令，酿酒的人要受到刑罚。有官吏在一户人家中搜查出酿酒的工具，论罪要把这家户主作为酿酒者进行惩罚。简雍与刘备一起外出，看见路上有男人和女人一块儿行走，简雍便对刘备说："这两个人想进行淫乱，为什么不把他们抓起来？"刘备问："你怎么知道？"简雍说："他们都有进行淫乱的器官，就会行淫乱之事，就像家里藏有酿酒的器具就会进行酿酒一样。"刘备听了以后大笑，从而宽恕了藏有酿酒器具的人。简雍的风趣机智能言善辩，全都像此类事一样。

伊籍，字机伯，是山阳人。年轻的时候依附同乡镇南将军刘表。刘备在荆州时，伊籍常与之来往，并且自托请刘备照顾。刘表死后，伊籍随同刘备渡江南下，进入益州。益州平定后，刘备任伊籍为左将军从事中郎，品位低于简雍、孙乾等人。伊籍曾出使东吴。孙权听说他有才能，擅长言辩，想在言谈中挫败他。伊籍正好来拜见。孙权问："先生侍奉无道的君主不劳累吗？"伊籍马上回答说："拜一下就起来了，谈不上劳累。"伊籍的机智敏捷，大多这样。孙权非常惊奇。

科》之制，由此五人焉。

秦宓字子敕，广汉绵竹人也。少有才学，州郡辟命，辄称疾不往。奏记州牧刘焉，荐儒士任定祖曰："昔百里、蹇叔以耆艾而定策，甘罗、子奇以童冠而立功，故《书》美黄发，而《易》称颜渊，固知选士用能，不拘长幼，明矣。乃者以来，海内察举，率多英隽而遗旧齿，众论不齐，异同相半，此乃承平之翔步，非乱世之急务也。夫欲救危抚乱，修己以安人，则宜卓荦超伦，与时殊趣，震惊邻国，骇动四方，上当天心，下合人意；天人既和，内省不疚，虽遭凶乱，何忧何惧！昔楚叶公好龙，神龙下之，好伪彻天，何况于真？今处士任安，仁义直道，流名四远，如令见察；则一州斯服。昔汤举伊尹，不仁者远，何武贡二龚，双名竹帛，故贪寻常之高而忽万仞之嵩，乐面前之饰而忘天下之誉，斯诚往古之所重慎也。甫欲凿石索玉，剖蚌求珠，今乃随、和炳然，有如皎日，复何疑哉！诚知昼不操烛，日有余光，但愚情区区，贪陈所见。"

刘璋时，宓同郡王商为治中从事，与宓书曰："贫贱困苦，亦何时可以终身！卞和衒玉以耀世，宜一来，与州尊相见。"宓答书曰："昔尧优许由，非不弘也，洗其两耳；楚聘庄周，非不广也，执竿不顾。《易》曰'确乎其不可拔'，夫何衒之有？且以国君之贤，子为良辅，不以是时建萧、张之策，未足为智也。仆得曝背乎陇亩之中，诵颜氏之箪瓢，咏原宪之蓬户，时翱翔于林泽，与沮、溺之等俦，听玄猿之悲吟，察鹤鸣于九皋，安身为乐，无忧为福，处空虚之名，居不灵之龟，知我者希，则我贵矣。斯乃仆得志之秋也，何困苦之戚

后来伊籍改任昭文将军，与诸葛亮、法正、刘巴、李严一起编写《蜀科》。《蜀科》的体制，由这五个人共同制定。

秦宓字子敕，是广汉绵竹县人。年轻的时候就有才华，州郡征召他做官，他总是称病不去。他曾经向益州牧刘焉上书，推荐儒生任定祖，说："从前百里奚、蹇叔虽然已经年迈却仍为国家定计献策，甘罗、子奇十几岁时便建立功业，所以，《尚书》赞美古稀老人，《易经》称誉青年颜渊，因此知道，选拔贤士任用能人，不要局限于年纪长幼，这是很明白的事理。可最近以来，国家考察用人，大都非常看重青年俊彦而忽视年高德劭的人。大家意见参差，各执一词，这是太平盛世按部就班的惯例，不是动乱时期的应急办法。要想挽救危亡，安定战乱，就应当卓绝出众，有不同于世人的志向，上顺天意，下合民心，若天人合一，自己问心无愧，即便遭逢祸乱，又有什么忧愁、恐惧的呢！从前楚国叶公好龙，神龙就真的降临了，喜欢假龙尚且可以感动上天，何况是真的呢？现有儒士任安，仁义正直，美名远扬，如果能选用他，全州士民都会心悦诚服。从前商汤选拔伊尹，使不义的人远远逃避，何武举荐二龚，双双扬名青史。只重视寻常高度而忽略万仞高山，只看到眼前美饰而无视天下人的毁誉，这确实是古往今来需要慎重的事情。您想凿石取玉，剖蚌取珠，像随侯珠、和氏璧一样光彩照人，犹如明亮的太阳，您还犹豫怀疑什么呢！我深知，白昼不须灯烛，太阳自有光辉，但我还是把自己不明智的情感、见解倾吐出来。"

刘璋担任益州刺史的时候，与秦宓同郡的王商做治中从事，写信给秦宓说："贫贱困苦，怎么能让它伴随您终身呢！卞和因为宝玉显名于世，您应该来一次，和州牧大人相见。"秦宓回信说："从前尧优待许由，不是不宽厚诚恳，但是，许由还是去洗自己的双耳；楚国聘请庄周，多方面予以照顾，但是庄周仍执钓竿不予理会。《易经》说：'确实啊，它是不能被拔动的'，我有什么可炫耀的呢？况且，以国君之贤明，有你为良好辅弼，不在此时实行萧何、张良的策略，就不算是有智慧的。我在田垄间承太阳照耀，诵颜回之箪食瓢饮，咏叹原宪之蓬门陋室，时时在森林水泽中漫游，和长沮、桀溺之人为伴，听

焉！”后商为严君平、李弘立祠，宓与书曰：“疾病伏匿，甫知足下为严、李立祠，可谓厚党勤类者也。观严文章，冠冒天下，由、夷逸操，山岳不移，使扬子不叹，固自昭明。如李仲元不遭《法言》，令名必沦，其无虎豹之文故也，可谓攀龙附凤者矣。如扬子云潜心著述，有补于世，泥蟠不滓，行参圣师，于今海内，谈咏厥辞。邦有斯人，以耀四远，怪子替兹，不立祠堂。蜀本无学士，文翁遣相如东受七经，还教吏民，于是蜀学比于齐、鲁。故《地里志》曰：‘文翁倡其教，相如为之师。’汉家得士，盛于其世；仲舒之徒，不达封禅，相如制其礼。夫能制礼造乐，移风易俗，非礼所秩有益于世者乎！虽有王孙之累，犹孔子大齐桓之霸，公羊贤叔术之让。仆亦善长卿之化，宜立祠堂，速定其铭。”

先是，李权从宓借《战国策》，宓曰：“战国纵横，用之何为？”权曰：“仲尼、严平，会聚众书，以成《春秋》《指归》之文，故海以合流为大，君子以博识为弘。”宓报曰：“书非史记周图，仲尼不采；道非虚无自然，严平不演。海以受淤，岁一荡清；君子博识，非礼不视。今《战国》反覆仪、秦之术，杀人自生，亡人自存，经之所疾。故孔子发愤作《春秋》，大乎居正，复制《孝经》，广陈德行。杜渐防萌，预有所抑，是以老氏绝祸于未萌，岂不信邪！成汤大圣，睹野

黑猿之悲鸣，看白鹤于深泽中引颈，以能安居为乐，以无忧愁为福。处于虚誉之中，居无灵龟之地，知我者稀少，就是我的显贵了。这正是我可达自己的志向之时，有什么可困苦悲伤的呢！”后来，王商要为成都人严君平、李弘建立祠堂，秦宓听说后便写信给王商说：“我因病长期居家，得知您要为严、李二人修建祠堂，这可说是厚待同乡、为同类尽心之举。君平文章冠盖天下，有许由、伯夷的情操，如山岳般不可动摇，即使扬雄不写文章称赞他，他自身的形象也非常光辉突出。至于李弘，如果不是扬雄在《法言》中称赞他，他的美名就被埋没了，因为他没有斐然的文采，可谓攀龙附凤，靠有名望的人帮忙。再说，扬雄潜心著述，有益于世，身处浊境也洁身自好，如孔圣人一样，如今国内到处都在谈论诵读他的文章。益州有如此人物，光照四方，您怎么把他给忘掉，不为他建立祠堂呢？还有，蜀郡本无文化人，原郡太守文翁派遣司马相如东出蜀地学习儒家经典，回来后教化士民，才使蜀郡文化与齐、鲁并论。所以，《汉书·地理志》说：‘文翁于蜀倡教，相如为师。’汉朝在那个时候涌现出大量的人才，然而，即使像董仲舒那样的大才，也不知封禅之礼，司马相如却能制定出封禅大典的礼仪。制礼作乐，移风易俗，这难道不是以礼仪使国家有序而于社会有益吗！虽然司马相如和卓文君私奔，但春秋时期的齐桓公好色，孔子却仍然看重他所开创的霸业，叔术虽以嫂子为妻，《公羊传》却依然赞美他的谦让行为。我非常推崇司马相如为蜀郡文化教育所做出的贡献，因此，我认为，您应该为他也建立祠堂，并马上写好他碑上的铭文。”

在此之前，李权曾经向秦宓借《战国策》，秦宓说：“战国时代尽是连横合纵，叛离攻杀，读它有什么用？”李权说：“孔子、严遵搜集众书，才写成了《春秋》与《老子指归》，诚如海汇众流为阔大，君子以博闻强记为宏大。”秦宓答复他说：“除正史和周朝文献，孔子不采纳其他书籍；除崇尚虚无自然的道法，严君平不推演。海因受泥沙淤积，年年都要荡涤，君子虽主张博闻强记，但不符合礼仪的却不看。《战国策》充斥着张仪、苏秦的权谋，宣扬杀害别人以保全自己，这是圣人经典所痛恨的。因而，孔子愤而作《春秋》，推崇正道

鱼而有猎逐之失，定公贤者，见女乐而弃朝事，若此辈类，焉可胜陈。道家法曰：‘不见所欲，使心不乱。’是故天地贞观，日月贞明；其直如矢，君子所履。《洪范》记灾，发于言貌，何《战国》之谲权乎哉！”

或谓宓曰：“足下欲自比于巢、许、四皓，何故扬文藻见瑰颖乎？”宓答曰：“仆文不能尽言，言不能尽意，何文藻之有扬乎！昔孔子三见哀公，言成七卷，事盖有不可嘿嘿也。接舆行且歌，论家以光篇；渔父咏沧浪，贤者以耀章。此二人者，非有欲于时者也。夫虎生而文炳，凤生而五色，岂以五采自饰画哉？天性自然也。盖《河》《洛》由文兴，六经由文起，君子懿文德，采藻其何伤！以仆之愚，犹耻革子成之误，况贤于己者乎！”

先主既定益州，广汉太守夏侯纂请宓为师友祭酒，领五官掾，称曰仲父。宓称疾，卧在第舍，纂将功曹古朴、主簿王普，厨膳即宓第宴谈，宓卧如故。纂问朴曰：“至于贵州养生之具，实绝余州矣，不知士人何如余州也？”朴对曰：“乃自先汉以来，其爵位者或不如余州耳，至于著作为世师式，不负于余州也。严君平见黄、老作《指归》，扬雄见《易》作《太玄》，见《论语》作《法言》，司马相如为武帝制封禅之文，于今天下所共闻也。”纂曰：“仲父何如？”宓以簿击颊，曰：“愿明府勿以仲父之言假于小草，民请为明府陈其本纪。蜀有汶阜之山，江出其腹，帝以会昌，神以建福，故能沃野千里。淮、济四渎，江为其首，此其一也。禹生石纽，今之汶山郡是也。昔

行为，又制定《孝经》，广泛宣扬道德节操，对不好的事情要防微杜渐。所以，老子主张要把祸患消弭于无形，难道不是这样吗！商汤是大圣人，却因为看到郊野之鱼便有了沉溺渔猎的过失，鲁定公是贤主，也因看美人歌舞而荒废朝政，这样的人和事，数不胜数。道法说：‘非见所要，使心怀不惑。’因此，天地居正位以示人，日月正而光明，正像箭矢，此君子所为。《洪范》记异象，往往从人的言谈和外貌着手，哪里用得着战国纵横家那套欺诈权变的手段呢！”

有人对秦宓说：“您既然要做像巢父、许由、四皓那样的隐士，为什么还舞文弄墨、以华丽的辞藻文章来展示您的美德和才智呢？”秦宓回答说：“我写文章的时候没有把要说的话都讲出来，说出来的话也没有把意思都表达出来，哪有华丽辞藻的文章能展示出来呢！从前孔子三见鲁哀公，说的话编成七卷书，可见也有不能不说的。接舆边走边歌，评论的人把他的事写成文章加以宣扬；渔父吟咏‘沧浪’歌谣，贤人写诗篇赞赏。他们两个人，都不是想要在当时求得什么。虎一出生就花纹显现，凤凰生来就有五色羽毛，这难道是用五彩颜色自己画上去的吗？不是，是天生就是这样的。《河图》《洛书》因有文字而兴起，圣人所作的六经因为文采而有盛名，君子有美好的文才和美德，文采辞藻又有什么妨害！我虽愚笨，尚以革子成反对文采的过失为耻，何况比我贤明的人呢！”

刘备平定益州以后，广汉太守夏侯纂邀请秦宓担任师友祭酒，兼任五官掾，并且尊称他为“仲父”。秦宓对外宣称有病，闭门不出，夏侯纂就领着功曹古朴、主簿王普带着酒菜到秦宓家设宴，秦宓仍旧像以前那样躺在床上。夏侯纂问古朴说：“贵州物产之丰富，实在远胜其他州郡，不知贵家乡的学者和其他州相比怎样？”古朴回答说：“自西汉以来，论爵位本州人或许不如其他州，但说到著书立说、为人师表，敝乡绝不比其他州差。严君平读黄、老经典写出《道德真经指归》，扬雄读《周易》而作《太玄》，读《论语》而作《法言》，司马相如替汉武帝制定封禅的礼仪，至今为天下人所共知。”夏侯纂又问：“仲父秦宓怎么样？”秦宓用笏板拍着自己的脸颊说：“请太守公不要将‘仲父’的名号加在小民身上，我当为明公陈述敝

尧遭洪水，鲧所不治，禹疏江决河，东注于海，为民除害，生民已来功莫先者，此其二也。天帝布治房心，决政参伐，参伐则益州分野，三皇乘祗车出谷口，今之斜谷是也。此便鄙州之阡陌，明府以雅意论之，何若于天下乎？”于是纂逡巡无以复答。

益州辟宓为从事祭酒。先主即称尊号，将东征吴，宓陈天时必无其利，坐下狱幽闭，然后贷出。建兴二年，丞相亮领益州牧，选宓迎为别驾，寻拜左中郎将、长水校尉。吴遣使张温来聘，百官皆往饯焉。众人皆集而宓未往，亮累遣使促之，温曰：“彼何人也？”亮曰：“益州学士也。”及至，温问曰：“君学乎？”宓曰：“五尺童子皆学，何必小人！”温复问曰：“天有头乎？”宓曰：“有之。”温曰：“在何方也？”宓曰：“在西方。《诗》曰：‘乃眷西顾。’以此推之，头在西方。”温曰：“天有耳乎？”宓曰：“天处高而听卑，《诗》云：‘鹤鸣于九皋，声闻于天。’若其无耳，何以听之？”温曰：“天有足乎？”宓曰：“有。《诗》云：‘天步艰难，之子不犹。’若其无足，何以步之？”温曰：“天有姓乎？”宓曰：“有。”温曰：“何姓？”宓曰：“姓刘。”温曰：“何以知之？”答曰：“天子姓刘，故以此知之。”温曰：“日生于东乎？”宓曰：“虽生于东而没于西。”答问如响，应声而出，于是温大敬服。宓之文辩，皆此类也。迁大司农，四年卒。初宓见帝系之文，五帝皆同一族，宓辨其不然之本。又论皇帝王霸豢龙之说，甚有通理。谯允南少时数往谘访，纪录其言于《春秋然否论》，文多故不载。

乡的大致情况。蜀郡有名山汶阜，长江由其腹地流出，汇集起天地间昌盛之气，神灵在那里积累福祉，所以，蜀郡有沃野千里。在淮、济等四大河流中，长江位居其首，这是第一。古代著名的贤君夏禹出生地石纽，就是今天的汶山郡，唐尧时曾经遭遇大洪水，鲧不能治，禹便担起治水重任，他疏通长江黄河河道，使水东流大海，为百姓除去了灾害，这是有人类以来最大的功劳，这是第二。天帝在房宿、心宿发布政令，在参、伐两个星座决定举措，而参、伐星座就是益州的分野，燧人氏、伏羲氏、神农氏坐车所出的谷口，就是现在的斜谷口。这就是益州大概的来龙去脉，依您的看法，益州与天下其他州相比怎么样？”夏侯纂无言以对。

益州方面征召秦宓担任从事祭酒。刘备称帝以后，准备领兵讨伐吴国。秦宓上奏说，天时不利于战，因这件事获罪，被关入监中幽禁，后来用金钱赎出来。建兴二年，丞相诸葛亮兼任益州牧，用秦宓为别驾，不久，又任他为左中郎将、长水校尉。吴国遣使张温至蜀，回去时，蜀国官员们给他送行。众人均已到齐，只有秦宓一个人还没有来，诸葛亮几次派人催请。张温问：“那是什么人呢？”诸葛亮说：“益州学士。”等到秦宓来了，张温问他：“您念书吗？”秦宓说：“五尺幼童都念书，何必轻视人！”张温又问道：“天有头吗？”秦宓说：“有头。”张温问：“在什么地方？”秦宓说：“在西方。《诗经》说：‘于是眷恋西望。’由此推之，头在西方。”张温问：“天有耳朵吗？”秦宓说：“天高高在上却能够听到下界的声音，《诗经》说：‘鹤鸣于泽，声闻上天。’如果上天没有耳朵，用什么来听呢？”张温问：“天有脚吗？”秦宓说：“有。《诗经》说：‘上履艰难，斯人不靠。’如果上天没有脚，怎么行走呢？”张温问：“天有姓吗？”秦宓说：“有姓。”张温问：“姓什么？”秦宓说：“姓刘。”张温问：“您怎么知道？”秦宓答道：“当今天子姓刘，因此我知道天姓刘。”张温问：“太阳生于东方吗？”秦宓说：“虽然生于东方，却沉落于西。”一问一答，有如山中回音应声而出，张温因此对秦宓十分敬佩。秦宓的文辩之才，大多像这样。后来秦宓被升为大司农，建兴四年去世。最初秦宓看到记载考证帝王世系的文字，说五帝都是同族，就对五帝的世系

评曰：许靖夙有名誉，既以笃厚为称，又以人物为意，虽行事举动，未悉允当，蒋济以为“大较廊庙器”也。麋竺、孙乾、简雍、伊籍，皆雍容风议，见礼于世。秦宓始慕肥遁之高，而无若愚之实。然专对有余，文藻壮美，可谓一时之才士矣。

加以分辨，说明不是这样。他还论述了皇帝王霸饲养神龙的传说，有理有据。大儒谯周在年轻时曾经多次求教于秦宓，把他的话记录在自己著的《春秋然否论》中，由于文字很多，这里就不再记载了。

评论说：许靖一向名气非常大，为人既以诚实厚道著称，又留心品评人物，虽然秦宓做事以及行为并不完全适当，但蒋济仍然认为秦宓“大抵算得上有资格在朝廷任高官的人”。麋竺、孙乾、简雍、伊籍等人全都仪态雍容放言高论，被世人所礼遇。秦宓开始仰慕隐居者的高洁，却并没有大智若愚的真实品行。然而秦宓具有过人的独立和对方谈判应酬的能力，文章辞藻壮丽华美，也可以算得上是一代才士了。

卷三十九　蜀书九

董刘马陈董吕传第九

董和字幼宰，南郡枝江人也，其先本巴郡江州人。汉末，和率宗族西迁，益州牧刘璋以为牛鞞、江原长、成都令。蜀土富实，时俗奢侈，货殖之家，侯服玉食，婚姻葬送，倾家竭产。和躬率以俭，恶衣蔬食，防遏逾僭，为之轨制，所在皆移风变善，畏而不犯。然县界豪强惮和严法，说璋转和为巴东属国都尉。吏民老弱相携乞留和者数千人。璋听留二年，还迁益州太守，其清约如前。与蛮夷从事，务推诚心，南土爱而信之。

先主定蜀，征和为掌军中郎将，与军师将军诸葛亮并署左将军大司马府事，献可替否，共为欢交。自和居官食禄，外牧殊域，内干机衡，二十余年，死之日家无儋石之财。亮后为丞相，教与群下曰："夫参署者，集众思广忠益也。若远小嫌，难相违覆，旷阙损矣。违覆而得中，犹弃弊跷而获珠玉。然人心苦不能尽，惟徐元直处兹不惑，又董幼宰参署七年，事有不至，至于十反，来相启告。苟能慕元直之十一，幼宰之殷勤，有忠于国，则亮可少过矣。"又曰："昔初交州平，屡闻得失，后交元直，勤见启诲，前参事于幼宰，每言则尽，后从事于伟度，数有谏止；虽姿性鄙暗，不能悉纳，然与此四子终始好合，亦足以明其不疑于直言也。"其追思和如此。

董和，字幼宰，南郡枝江县人。他的祖先原本是巴郡江州人。汉朝末年，董和率领宗族向西迁徙，益州牧刘璋任他为牛鞞、江原长、成都令。蜀地富饶殷实，当时的风俗很奢侈。经商人家，像侯王一样锦衣玉食，婚姻丧葬，往往倾家荡产。董和亲自节俭以身作则，穿粗布衣，吃蔬菜粗粮，防止逾制逾越本分，并为此制定法规，他的辖地移风易俗，人们敬畏他而不敢犯法。然而县内豪强害怕董和的严法，劝刘璋改任董和为巴东属国都尉。当地官民老弱相携请求留下董和的有数千人，刘璋听从了，让董和留任两年，后来升董和任益州太守，董和清廉节约像从前一样。他与蛮夷人办事，务求推诚布公，南方的人对他敬爱而信任。

先主占领益州以后，任命董和为掌军中郎将，和军师将军诸葛亮一起处理左将军、大司马府的事务，进献可行的建议，废除不可行的做法，两个人相处得很愉快，结下了深厚的友谊。自从董和当官领取俸禄以来，在边远地区任郡守，在朝廷内处理机要事务，前后长达二十多年，到董和死的时候，家里没有一石的财产。后来诸葛亮做蜀汉的丞相时，给自己的下属们发指示说："朝廷之所以设置参与处理军机要务的官员，目的就是要集中众人的意见以把事情做得更好。如果为了不和别人发生小的矛盾而不敢提出自己不同的意见，就会造成大的失误和损失。如果有不同意见，而不同意见又因正确而被采纳，这就像丢掉破旧的鞋子而获得珍珠美玉一样。然而人们内心真正的想法很难全部说出来，只有徐元直在这种情况下能做到毫无顾虑，还有董幼宰在参与政务这七年间，事情如果有我考虑不周到的地方，董幼宰就会和我不断探讨，往返达十次之多，来申述自己的看法。如果诸位能够因为仰慕徐元直的品质而效法徐元直精神的十分之一，学习董幼宰办事的勤勤恳恳，忠于国家，我就可以少犯错

刘巴字子初，零陵烝阳人也。少知名，荆州牧刘表连辟，及举茂才，皆不就。表卒，曹公征荆州。先主奔江南，荆、楚群士从之如云，而巴北诣曹公。曹公辟为掾，使招纳长沙、零陵、桂阳。会先主略有三郡，巴不得反使，遂远适交阯，先主深以为恨。

巴复从交阯至蜀。俄而先主定益州，巴辞谢罪负，先主不责。而诸葛孔明数称荐之，先主辟为左将军西曹掾。建安二十四年，先主为汉中王，巴为尚书，后代法正为尚书令。躬履清俭，不治产业，又自以归附非素，惧见猜嫌，恭默守静，退无私交，非公事不言。先主称尊号，昭告于皇天上帝后土神祇，凡诸文诰策命，皆巴所作也。章武二年卒。卒后，魏尚书仆射陈群与丞相诸葛亮书，问巴消息，称曰刘君子初，甚敬重焉。

马良字季常，襄阳宜城人也。兄弟五人，并有才名，乡里为之谚曰："马氏五常，白眉最良。"良眉中有白毛，故以称之。先主领荆州，辟为从事。及先主入蜀，诸葛亮亦从后往，良留荆州，与亮书曰："闻雒城已拔，此天祚也。尊兄应期赞世，配业光国，魄兆见矣。夫变用雅虑，审贵垂明，于以简才，宜适其时。若乃和光悦远，迈德天壤，使时闲于听，世服于道，齐高妙之音，正郑、卫之声，并利于

误了。”诸葛亮还说：“当初我和崔州平交往，多次听到崔州平对我办事得失的肯定与批评，后来我与徐元直交往的时候，又常常得到徐元直的启发和指教。之前我与董幼宰共事时，董幼宰每次提意见时总是毫无保留，后与胡伟度共事时，胡伟度也多次对我进行劝阻。我虽然禀性浅陋愚昧，不能全部采纳这四个人的意见，但是我与这四个人始终保持着友好的关系，这也足以表明这四个人对自己直言不讳的做法没有什么犹豫怀疑了。”诸葛亮就是这样怀念董和。

刘巴，字子初，是零陵烝阳县人，年轻的时候就很有名望。当时荆州牧刘表曾经三番五次召他做官，并荐举他为茂才，刘巴都没有接受。刘表死后，曹操进攻荆州。刘备逃奔江南，荆、楚士人如云般跟随刘备，而刘巴却北投曹操。曹操任他为丞相府属官，派他去招降长沙、零陵、桂阳三郡。恰巧刘备已经占取了这三郡，刘巴无法回去交差，就远走交阯，刘备因此感到很遗憾。

刘巴后来从交阯到蜀郡。不久，刘备占领益州，刘巴向刘备请罪。刘备没有责怪他，而且诸葛亮还多次称赞和推荐他。刘备任刘巴为左将军西曹掾。建安二十四年，刘备自立为汉中王，刘巴任尚书，后又代替法正为尚书令。他清廉俭朴，不治办财物，不买产业，又觉得自己不是开始就跟随刘备的，担心受到猜疑，所以，恭敬沉默，谨守“静”的原则，即使回到家里也不与他人私下交往，非公事不谈。刘备称皇帝尊号，向皇天后土祈祷行礼，把称帝一事告诉诸天神，所有祷文、诏诰、文书命令等，都出自刘巴之手。章武二年，刘巴去世。此后不久，魏国的尚书仆射陈群给蜀丞相诸葛亮写信，打听刘巴的消息，称他为刘君子初，非常敬重他。

马良，字季常，是襄阳宜城人。马氏兄弟五个人，都因为才华出众而闻名于当世，乡里人常常说他们兄弟：“马氏五常，白眉最良。”因为马良的眉毛中有白毛，所以人们用白眉来称呼他。刘备兼任荆州刺史时，请他任州从事。刘备率军入蜀，诸葛亮后来也去了益州。马良留在了荆州，给诸葛亮写信说：“听说洛城已被攻下，这是苍天助佑我们。您顺应天意，辅佐当世明主，重振汉家大业的征兆已经出现了。求变要用正确的思维，审查事务要有深刻的洞察力，用以形成的

事，无相夺伦，此乃管弦之至，牙、旷之调也。虽非钟期，敢不击节！”先主辟良为左将军掾。

后遣使吴，良谓亮曰：“今衔国命，协穆二家，幸为良介于孙将军。”亮曰：“君试自为文。”良即为草曰：“寡君遣掾马良通聘继好，以绍昆吾、豕韦之勋。其人吉士，荆楚之令，鲜于造次之华，而有克终之美，愿降心存纳，以慰将命。”权敬待之。

先主称尊号，以良为侍中。及东征吴，遣良入武陵招纳五溪蛮夷，蛮夷渠帅皆受印号，咸如意指。会先主败绩于夷陵，良亦遇害。先主拜良子秉为骑都尉。

良弟谡，字幼常，以荆州从事随先主入蜀，除绵竹、成都令，越嶲太守。才器过人，好论军计，丞相诸葛亮深加器异。先主临薨谓亮曰：“马谡言过其实，不可大用，君其察之！”亮犹谓不然，以谡为参军，每引见谈论，自昼达夜。

建兴六年，亮出军向祁山，时有夙将魏延、吴壹等，论者皆言以为宜令为先锋，而亮违众拔谡，统大众在前，与魏将张郃战于街亭，为郃所破，士卒离散。亮进无所据，退军还汉中。谡下狱物故，亮为之流涕。良死时年三十六，谡年三十九。

优势来选拔人才，现在正是时候。如果能普施仁政，使远方的人都乐于归顺，尽力施与恩德，使他们恭顺地听从您的教诲，服从正道，建立高尚美好的道德，扭转败坏的风俗，所有事务都顺利实施，不乱次序，就好比是伯牙、师旷等音乐圣人所能奏出的最高级的曲调。我虽然不是钟子期，但又怎么敢不对如此高雅的曲调击打节拍，参与其中呢！”刘备征召马良为左将军掾。

后来，马良出使东吴，他对诸葛亮说：“今天接受君主之命，促使两国关系和睦，希望您能向孙权将军介绍我的情况。”诸葛亮说：“那就请您自己来起草文书吧。”马良写道：“本国君特派官员马良前往贵国，加强两国之间的关系，以发扬昆吾、豕韦的同盟友谊。此人是吉士，曾在荆楚为官，虽没有机敏捷辩的才华，却有善始善终的美德。希望你能屈尊接纳相处，使他完成使命。”孙权见信后非常恭敬地对待他。

刘备称帝后，任马良为侍中。刘备讨伐东吴的时候，派马良到武陵安抚五溪蛮夷，蛮夷首领都得到封号，所有做法都符合刘备的意思。后来，刘备兵败夷陵，马良也遇害身亡。马良的儿子马秉官至骑都尉。

马良的弟弟马谡，字幼常，曾经凭荆州从事的身份跟随先主刘备进入蜀地，授任绵竹、成都令、越嶲太守。马谡才能超凡出众，喜欢谈论军事谋略，丞相诸葛亮很器重他，待他比别人更好。刘备临终前告诫丞相：“马谡言过其实，不能够将重大的职责交付于他，您一定要认清其能力！”但诸葛亮还是认为事实并非如此，他任命马谡为参军，经常招他过来谈论事情，有时从白天一直谈到深夜。

建兴六年，诸葛亮发兵祁山，当时熟悉作战、经验丰富的有老将魏延、吴壹等人，谋臣们都认为应该派他们做先锋。但是诸葛亮却违背了众人的意见，提拔马谡做先锋。马谡率大军在前方征战，与魏国将领张郃激战于街亭，被张郃打败，士兵都四散溃逃。诸葛亮失去了继续前进的凭附力量，将军队撤回汉中。马谡被治罪，关入了监狱，在狱中病死。诸葛亮为他痛哭流涕。马良死的时候才三十六岁，马谡死时年仅三十九岁。

陈震字孝起，南阳人也。先主领荆州牧，辟为从事，部诸郡，随先主入蜀。蜀既定，为蜀郡北部都尉，因易郡名，为汶山太守，转在犍为。建兴三年，入拜尚书，迁尚书令，奉命使吴。七年，孙权称尊号，以震为卫尉，贺权践阼，诸葛亮与兄瑾书曰："孝起忠纯之性，老而益笃，及其赞述东西，欢乐和合，有可贵者。"震入吴界，移关候曰："东之与西，驿使往来，冠盖相望，申盟初好，日新其事。东尊应保圣祚，告燎受符，剖判土宇，天下响应，各有所归。于此时也，以同心讨贼，则何寇不灭哉！西朝君臣，引领欣赖。震以不才，得充下使，奉聘叙好，践界踊跃，入则如归。献子适鲁，犯其山讳，《春秋》讥之。望必启告，使行人睦焉。即日张旍诰众，各自约誓。顺流漂疾，国典异制，惧或有违，幸必斟诲，示其所宜。"震到武昌，孙权与震升坛歃盟，交分天下：以徐、豫、幽、青属吴，并、凉、冀、兖属蜀，其司州之土，以函谷关为界。震还，封城阳亭侯。九年，都护李平坐诬罔废；诸葛亮与长史蒋琬、侍中董允书曰："孝起前临至吴，为吾说正方腹中有鳞甲，乡党以为不可近。吾以为鳞甲者但不当犯之耳，不图复有苏、张之事出于不意。可使孝起知之。"十三年，震卒。子济嗣。

董允字休昭，掌军中郎将和之子也。先主立太子，允以选为舍人，徙洗马。后主袭位，迁黄门侍郎。丞相亮将北征，住汉中，虑后主富于春秋，朱紫难别，以允秉心公亮，欲任以宫省之事。上疏曰："侍中郭攸之、费祎、侍郎董允等，先帝简拔以遗陛下，至于斟

陈震，字孝起，是南阳人。刘备任荆州牧以后，任他为从事，巡察诸郡，后跟随刘备入蜀。蜀地平定以后，任蜀郡北部都尉，因郡改名，又改任汶山太守，转任犍为太守。建兴三年，回成都被任命为尚书，又升为尚书令，曾奉命出使东吴。建兴七年，孙权称帝，蜀国以陈震任卫尉，去东吴祝贺孙权登基为帝。诸葛亮在给哥哥诸葛瑾的信中说："孝起忠义淳朴，老而弥坚，至于他能够赞美两国友好，使蜀、吴和睦，更有可贵的才能。"陈震在进入东吴国界给守关官员的公文中说："吴、蜀两国，互有驿使往来，恢复当初的友好，而且日益加深。尊敬的东吴国君应当保持皇位，焚柴祭祀以告天帝，受符命，辟国土，使天下众望所归。值此之际，大家应协力讨贼，所有的敌人都能消灭！蜀国君臣，十分欣慰。我陈震没有什么才能，有幸充当使节，奉命睦邻邦交，来到贵国我十分高兴，就像到家一样。春秋时晋国范献子到鲁国，冒犯了鲁国具、敖二山的名讳，受到《春秋》的讥讽。所以希望你们一定要告诉我这方面的情况，使我作为使者能与诸位和睦相处。我马上竖起旗帜，告诫随从，相约誓守。由于我乘船顺流而下，来得很快，而每个国家的典制又各不相同，我生怕有所违犯，希望你们不吝赐教，告诉我该如何去做。"陈震到达武昌以后，孙权和他一起登上祭坛，歃血誓盟，同分天下：把徐州、豫州、幽州、青州划归吴国，并州、凉州、冀州、兖州划属蜀国，司州的土地，则以函谷关为界分属两国。陈震回到蜀国后，被封为城阳亭侯。建兴九年，都护李平严因诬陷他人而被罢官，诸葛亮给长史蒋琬、侍中董允写信说："以前，陈震临去吴国的时候，对我说李平肚里有鳞甲，乡里人都认为不可接近。我以为只要不去触动他就是了，没料到，还是有像苏秦、张仪那样信口开河的意外事发生。应该让陈震知道这件事。"建兴十三年，陈震去世，他的儿子陈济承继了爵位。

董允，字休昭，是掌军中郎将董和的儿子。先主刘备立刘禅为太子，董允任太子舍人，又迁做太子洗马。后主刘禅即位以后，董允改任黄门侍郎。丞相诸葛亮要北征魏国，驻扎在汉中，考虑到后主年纪尚小，辨别是非的能力不强，而董允持心公正，明察秋毫，便想委任他处理皇室和府衙政事，即向后主上疏说："侍中郭攸之、费祎、侍郎

酌规益，进尽忠言，则其任也。愚以为宫中之事，事无大小，悉以咨之，必能裨补阙漏，有所广益。若无兴德之言，则戮允等以彰其慢。”亮寻请祎为参军，允迁为侍中，领虎贲中郎将，统宿卫亲兵。攸之性素和顺，备员而已。献纳之任，允皆专之矣。允处事为防制，甚尽匡救之理。后主常欲采择以充后宫，允以为古者天子后妃之数不过十二，今嫔嫱已具，不宜增益，终执不听。后主益严惮之。尚书令蒋琬领益州刺史，上疏以让费祎及允，又表“允内侍历年，翼赞王室，宜赐爵土以褒勋劳”。允固辞不受。后主渐长大，爱宦人黄皓。皓便辟佞慧，欲自容入。允常上则正色匡主，下则数责于皓。皓畏允，不敢为非。终允之世，皓位不过黄门丞。

允尝与尚书令费祎、中典军胡济等共期游宴，严驾已办，而郎中襄阳董恢诣允修敬。恢年少官微，见允停出，逡巡求去，允不许，曰：“本所以出者，欲与同好游谈也，今君已自屈，方展阔积，舍此之谈，就彼之宴，非所谓也。”乃命解骖，祎等罢驾不行。其守正下士，凡此类也。延熙六年，加辅国将军。七年，以侍中守尚书令，为大将军费祎副贰。九年，卒。

陈祗代允为侍中，与黄皓互相表里，皓始预政事。祗死后，皓从黄门令为中常侍、奉车都尉，操弄威柄，终至覆国。蜀人无不追思允。及邓艾至蜀，闻皓奸险，收闭，将杀之，而皓厚赂艾左右，

董允等人，是先帝选拔出留给陛下来辅佐朝政的，商讨国事，规划政务，向您进献忠言，都是他们的责任。我认为，宫中之事，无论大小，都应向他们咨询，一定能有益于陛下所下的决断，把事情办好。如果他们没有向陛下进献有用的言论和建议，就追究董允等人的责任，向大家说明他们的怠慢和不负责任。”不久，诸葛亮又招聘费祎为丞相府参军，董允为侍中，兼任虎贲中郎将，统领禁卫军。因郭攸之性情温和，所以，他当侍中只是充数而已。而进献忠言、采纳正确意见的责任，则由董允来承担。董允在任上，采取了预防和制止奸邪的措施，尽一切努力来匡正和补救后主的过失。后主曾经打算选取美女扩充后宫，董允认为，古代天子后妃的数量不超过十二人，如今嫔妃的数量已经够了，不应该再增加，始终坚持没有妥协。后主对董允越发敬畏。尚书令蒋琬兼任益州刺史时，上疏后主把他的职务让给费祎和董允。后又上表说：“董允多年在宫内侍奉陛下，辅佐朝政，应该赐给他爵位和土地以褒奖他的功劳。”董允坚决推辞不接受。后主刘禅渐渐长大，宠爱宦官黄皓，黄皓又善于逢迎，谄媚而狡诈，想多方取悦后主重用自己。董允经常严肃地纠正后主的过失，又多次指责黄皓的不正当行为。因此，黄皓非常害怕董允，不敢做坏事。董允在世的时候，黄皓的官位只是黄门丞。

一次，董允和尚书令费祎、中典军胡济等人约好游宴，车马都已经准备好了，恰好郎中襄阳人董恢前来拜访董允。董恢年轻并且官小，看见董允准备出门，坐了一会儿便起身告辞。董允不让他走，说：“我只是想出门和朋友们游玩闲谈，现在您屈尊来访，正好叙谈久别后的感受，舍弃这样的谈话，而去喝酒，那就不大像话了。”就下令解开车马，费祎等人也只好停车不去了。他坚持正道、礼贤下士都像上面说的一样。延熙六年，后主加封董充为辅国将军。七年，以侍中任尚书令，辅助大将军费祎。延熙九年董充去世。

陈祇代替董允为侍中，和宦官黄皓内外勾结，于是黄皓开始干预国家的事务。陈祇死后，黄皓从黄门令升为中常侍、奉车都尉，操纵国家大权，最终导致国家灭亡。蜀汉的人没有不怀念董允的。到曹魏大将邓艾攻破蜀汉时，听说黄皓奸诈阴险，便把黄皓收监，准备杀

得免。

祗字奉宗，汝南人，许靖兄之外孙也。少孤，长于靖家。弱冠知名，稍迁至选曹郎，矜历有威容。多技艺，挟数术，费祎甚异之，故超继允内侍。吕乂卒，祗又以侍中守尚书令，加镇军将军，大将军姜维虽班在祗上，常率众在外，希亲朝政。祗上承主指，下接阉竖，深见信爱，权重于维。景耀元年卒，后主痛惜，发言流涕，乃下诏曰："祗统职一纪，柔嘉惟则，干肃有章，和义利物，庶绩允明。命不融远，朕用悼焉。夫存有令问，则亡加美谥，谥曰忠侯。"赐子粲爵关内侯，拔次子裕为黄门侍郎。自祗之有宠，后主追怨允日深，谓为自轻，由祗媚兹一人，皓构间浸润故耳。允孙宏，晋巴西太守。

吕乂字季阳，南阳人也。父常，送故将刘焉入蜀，值王路隔塞遂不得还。乂少孤，好读书鼓琴。初，先主定益州，置盐府校尉，较盐铁之利，后校尉王连请乂及南阳杜祺、南乡刘干等并为典曹都尉。乂迁新都、绵竹令，乃心隐恤，百姓称之，为一州诸城之首。迁巴西太守。丞相诸葛亮连年出军，调发诸郡，多不相救，乂募取兵五千人诣亮，慰喻检制，无逃窜者。徙为汉中太守，兼领督农，供继军粮。亮卒，累迁广汉、蜀郡太守。蜀郡一都之会，户口众多，又亮卒之后，士伍亡命，更相重冒，奸巧非一。乂到官，为之防禁，开喻劝导，数年之中，漏脱自出者万余口。后入为尚书，代董允为尚书令，众事无留，门无停宾。乂历职内外，治身俭约，谦靖少言，为政简而不烦，号为清能；然持法刻深，好用文俗吏，故居大官，名声损于郡县。延熙十四年卒。子辰，景耀中为成都令。辰弟雅，谒者。雅

掉。而黄皓以重金贿赂邓艾身边的人，得以免死。

陈祗，字奉宗，汝南人，是许靖哥哥的外孙。少年的时候丧却父母，在许靖家里长大。二十岁的时候就已经远近知名。后来逐渐升到选曹郎的官职。陈祗为人严肃持重，仪容威严。陈祗掌握多种技艺，尤其擅长卜筮数术之学。费祎对他非常看重，所以，破格提升接继董允为内侍。吕乂死后，陈祗又以侍中代理尚书令，加封镇国将军。大将军姜维虽然官秩品级比陈祗高，但因经常领兵在外，很少亲理朝政。陈祗上顺刘禅旨意，下与宦官结交，因而深得刘禅的宠信，权力比姜维还大。景耀元年，陈祗去世，刘禅十分痛惜，一说起他就流泪，于是下诏说："陈祗总管政事一十二年，以柔和美善为原则，处事干练，颇有章法，调和义理，成绩卓著。可惜命不长久，我为此十分哀痛。陈祗生前有好的名声，死了以后也应加封美好的谥号，谥为忠侯。"赐陈祗的儿子陈粲关内侯的爵位，升迁他的次子陈裕为黄门侍郎。自从陈祗得宠后，刘禅对董允的追怨日甚一日，认为他轻视自己，这是因为陈祗谄媚刘禅，黄皓也不断诬陷进谗的缘故。董允的孙子董宏，后任西晋的巴西太守。

吕乂，字季阳，是南阳人。他的父亲吕常，护送故将军刘焉进入蜀郡，因为通往中原朝廷的道路被隔绝，于是就没有返回。吕乂幼年就失去父母，喜欢读书弹琴。当初，先主刘备平定益州，设置盐府校尉的官职，管理煮盐冶铁。后来，校尉王连推荐吕乂和南阳人杜祺、南乡人刘干等一起为典曹都尉。吕乂又改任新都令和绵竹令。他为官勤勉，心地善良，肯同情助人，老百姓都称赞他是一州里各城长官中最好的。后改任巴西太守。丞相诸葛亮连续多年出兵北伐，从各郡调集兵士，大多都不能派兵。吕乂招募了五千名士兵去拜见诸葛亮，诸葛亮慰问他，检点人数，五千人没有一个逃跑的。吕乂调任汉中太守，兼管督察农业，供应军粮。诸葛亮死了以后，吕乂又先后任广汉、蜀郡太守。蜀郡是一州的中心，人口众多，诸葛亮去世后，许多士兵逃到这里和当地人互相冒名顶替，在户口上搞花样。吕乂到任后，针对这种情况采取了一些有效的措施，并加以晓谕和劝导。几年之内，就

清厉有文才，著《格论》十五篇。

杜祺历郡守监军大将军司马，刘干官至巴西太守，皆与乂亲善，亦有当时之称，而俭素守法，不及于乂。

评曰：董和蹈羔羊之素，刘巴履清尚之节，马良贞实，称为令士，陈震忠恪，老而益笃，董允匡主，义形于色，皆蜀臣之良矣。吕乂临郡则垂称，处朝则被损，亦黄、薛之流亚矣。

有一万多与户口脱离的人员主动出来登记。后来，吕乂入朝担任尚书，代替董允为尚书令，在他手里没有一项滞留和耽搁的公务，门外也没有等待公务处理的人。吕乂历任朝内外官职，始终俭朴谦恭，从不多说话，处理政务简约，以清廉能干著称。然而，由于他执法严厉，喜用熟悉法规但文化素养不高的吏员，所以，他虽身居高位，名声却不如在地方上任职时那样好了。延熙十四年，吕乂逝世。他的儿子吕辰，在景耀年间担任成都县令。吕辰的弟弟吕雅，任谒者。吕雅清廉严整，有文才，著述《格论》十五篇。

杜祺历任郡守、监军大将军司马等职，刘幹官至巴西太守。他们都和吕乂关系很好，在当时也颇有名气，但是，在节俭朴素、遵守法律上不如吕乂。

评论说：董和遵循着羔羊那样洁白的品德。刘巴有清正高尚的节操。马良正直诚实，是有着美好名声的文士。陈震忠心恭敬，年龄越老越率真。董允辅助君主，道义显现在表情上。他们都是蜀国大臣中的优秀臣子。吕乂在郡任职的时候就被人称颂，在朝中为官名声就有所降低，大概是像黄霸、薛宣一类的人物吧。

卷四十　蜀书十

刘彭廖李刘魏杨传第十

刘封者，本罗侯寇氏之子，长沙刘氏之甥也。先主至荆州，以未有继嗣，养封为子。及先主入蜀，自葭萌还攻刘璋，时封年二十余，有武艺，气力过人，将兵俱与诸葛亮、张飞等泝流西上，所在战克。益州既定，以封为副军中郎将。

初，刘璋遣扶风孟达副法正，各将兵二千人，使迎先主，先主因令达并领其众，留屯江陵。蜀平后，以达为宜都太守。建安二十四年，命达从秭归北攻房陵，房陵太守蒯祺为达兵所害。达将进攻上庸，先主阴恐达难独任，乃遣封自汉中乘沔水下统达军，与达会上庸。上庸太守申耽举众降，遣妻子及宗族诣成都。先主加耽征北将军，领上庸太守员乡侯如故，以耽弟仪为建信将军、西城太守，迁封为副军将军。自关羽围樊城、襄阳，连呼封、达，令发兵自助。封、达辞以山郡初附，未可动摇，不承羽命。会羽覆败，先主恨之。又封与达忿争不和，封寻夺达鼓吹。达既惧罪，又忿恚封，遂表辞先主，率所领降魏。魏文帝善达之姿才容观，以为散骑常侍、建武将军，封平阳亭侯。合房陵、上庸、西城三郡为新城郡，以达领新城太守。遣征南将军夏侯尚、右将军徐晃与达共袭封。达与封书曰：

古人有言："疏不间亲，新不加旧。"此谓上明下直，谗慝不行也。若乃权君谲主，贤父慈亲，犹有忠臣蹈功以罹祸，孝子抱仁以陷难，种、商、白起、孝己、伯奇，皆其类也。其所以然，非骨肉好

刘封本来是罗侯寇氏的儿子，长沙郡刘氏的外甥。刘备到荆州以后，因为当时他还没有儿子，就收刘封作为养子。刘备入蜀，从葭萌进攻刘璋。当时刘封二十多岁，有武艺，力气过人，带兵和诸葛亮、张飞等一起沿江西上，攻无不克。益州平定以后，刘备任刘封为副军中郎将。

当初，刘璋派扶风人孟达辅助法正，让他们各带两千士兵迎请刘备，刘备就命令孟达统一率领这些人马，留驻在江陵。蜀地平定以后，任孟达为宜都太守。建安二十四年，刘备命孟达从秭归向北进攻房陵，房陵太守蒯祺被孟达的士兵所杀。孟达想进攻上庸，刘备担心孟达难当此任，就派刘封从汉中顺沔水而下，和孟达在上庸会合。上庸太守申耽率部众投降，并把妻子儿女以及同族人送到成都。刘备加封申耽为征北将军，仍兼任上庸太守和员乡侯，任申耽之弟申仪为建信将军、西城太守，升刘封为副军将军。自关羽围困樊城、襄阳以后，多次让刘封、孟达发兵配合。刘封、孟达以领地中民众刚刚降附不易调动兵马为由，不执行关羽的命令。后来，关羽全军覆没，刘备因此非常怨恨刘封和孟达。此时，刘封与孟达也发生争执，关系出现裂痕，刘封又抢夺了孟达的军乐仪仗。孟达既害怕刘备降罪，又怨恨刘封，就给刘备上表告辞，率所部投降曹魏。魏文帝曹丕认为，孟达的外貌风度和才能都很好，任他为散骑常侍、建武将军，封平阳亭侯。又将房陵、上庸、西城三郡合为一郡为新城郡，让孟达兼任新城郡太守。接着，又派征南将军夏侯尚、右将军徐晃和孟达一起共同进击刘封。孟达给刘封写信说：

古语说："疏不间亲，新不加旧。"意思就是说，关系远的人，不能离间关系亲密的人，刚结交的人，不能超过原来的友人。但我还是要说，上面英明公正，下面就正直无私，谗言也就行不通了。如果

离，亲亲乐患也。或有恩移爱易，亦有谗间其间，虽忠臣不能移之于君，孝子不能变之于父者也。势利所加，改亲为仇，况非亲亲乎！故申生、卫伋、御寇、楚建禀受形之气，当嗣立之正，而犹如此。今足下与汉中王，道路之人耳，亲非骨血而据势权，义非君臣而处上位，征则有偏任之威，居则有副军之号，远近所闻也。自立阿斗为太子已来，有识之人相为寒心。如使申生从子舆之言，必为太伯；卫伋听其弟之谋，无彰父之讥也。且小白出奔，入而为霸；重耳逾垣，卒以克复。自古有之，非独今也。

夫智贵免祸，明尚夙达，仆揆汉中王虑定于内，疑生于外矣；虑定则心固，疑生则心惧，乱祸之兴作，未曾不由废立之间也。私怨人情，不能不见，恐左右必有以间于汉中王矣。然则疑成怨闻，其发若践机耳。今足下在远，尚可假息一时；若大军遂进，足下失据而还，窃相为危之。昔微子去殷，智果别族，违难背祸，犹皆如斯。今足下弃父母而为人后，非礼也；知祸将至而留之，非智也；见正不从而疑之，非义也。自号为丈夫，为此三者，何所贵乎？以足下之才，弃身来东，继嗣罗侯，不为背亲也；北面事君，以正纲纪，不为弃旧也；怒不致乱，以免危亡，不为徒行也。加陛下新受禅命，虚心侧席，以德怀远，若足下翻然内向，非但与仆为伦，受三百户封，继统罗国而已，当更剖符大邦，为始封之君。陛下大军，金鼓以震，当转都宛、邓；若二敌不平，军无还期。足下宜因此时早定良计。《易》有“利见大人”，《诗》有“自求多福”，行矣。今足下勉之，无使狐突闭门不出。

君主玩弄权术搞欺诈，那么，即使是贤父慈母，仍然会发生忠臣建功而遭祸，孝子仁和也要受难的事情，就像文种、商鞅、白起、孝己、伯奇等人那样。之所以这样，并不是骨肉喜欢分离，亲人乐于患难。有的是因为恩爱有所改变，有的是因小人挑拨离间，即使是忠臣孝子也不能改变君王和父亲的主意。这是因为情势和利益在起作用，以至于亲者为仇，更何况那些不是亲人的关系呢！所以，像申生、卫伋、御寇、楚建等人都应承继正位，却还是落得下场悲戚。现在，你和汉中王刘备，只不过是行路相逢罢了，论情，并非骨肉至亲，却让你执握大权，说义，不是君臣关系，却让你处于上位。出征有副官之威严，闲居有副军之号，这是远近的人都知晓的。自从汉中王立阿斗为太子以来，有见识的人都为之寒心。如果当年申生听从了子舆的话，他也一定会像太伯那样成为谋求天下的君主；卫伋如果听信他弟弟的计谋，也不会受到吹嘘父亲的讥讽。齐桓公出奔，而成为五霸之一；晋文公越墙逃跑，终于恢复王位。这类事自古就有，并非只限于今天。

聪慧的人贵在能避免祸灾，英明的人在于能及早通达，我估计汉中王早已经打定了主意，对外面的人也已经起了怀疑；打定了主意心中就固执，产生了怀疑心中就恐惧，祸乱的兴起，就是从废立继承人的时候产生的。私人的恩怨之情也会表现出来，恐怕早就有人向汉中王进谗言了。怀疑已经形成，怨恨已有听闻，灾难的发生就像踏上机关那样一触即发。现在，足下身在远方，尚可暂时得以喘息；如果魏国大军出击，足下一旦失去立足之地而退回，我真的替你感到担忧。从前微子离开殷都，智果另立宗族，逃避灾难。他们尚且如此，而足下却舍弃父母成为别人的继嗣，这不合礼；明知灾祸就要降临而固执不走，这不明智；有正道不行却怀疑它，这不合义。足下自称是大丈夫，却做出这三件事，可贵的地方又在哪里呢？以你的才能，弃蜀东来，继承你罗侯氏的血脉，不算是背叛亲族；北奉君王，维系纲常，也不算抛弃旧主；这样，刘备虽会发怒，却还够不上作乱，又可避免自己的危险和死亡，更不算徒劳之举。魏文帝新登皇位，虚心招贤，施德行感化远方的人，如果你能幡然而醒，不但与我可以平起平坐，接受三百户的封赐，继续统治罗侯国，还可以把统辖大国的

封不从达言。

申仪叛封，封破走还成都。申耽降魏，魏假耽怀集将军，徙居南阳，仪魏兴太守，封员乡侯，屯洵口。封既至，先主责封之侵陵达，又不救羽。诸葛亮虑封刚猛，易世之后终难制御，劝先主因此除之。于是赐封死，使自裁。封叹曰："恨不用孟子度之言！"先主为之流涕。达本字子敬，避先主叔父敬，改之。

彭羕字永年，广汉人。身长八尺，容貌甚伟。姿性骄傲，多所轻忽，惟敬同郡秦子敕，荐之于太守许靖曰："昔高宗梦傅说，周文求吕尚，爰及汉祖，纳食其于布衣，此乃帝王之所以倡业垂统，缉熙厥功也。今明府稽古皇极，允执神灵，体公刘之德，行勿翦之惠，清庙之作于是乎始，褒贬之义于是乎兴，然而六翮未之备也。伏见处士绵竹秦宓，膺山甫之德，履隽生之直，枕石漱流，吟咏缊袍，偃息于仁义之途，恬惔于浩然之域，高概节行，守真不亏，虽古人潜遁，蔑以加旃。若明府能招致此人，必有忠谠落落之誉，丰功厚利，建迹立勋，然后纪功于王府，飞声于来世，不亦美哉！"

羕仕州，不过书佐，后又为众人所谤毁于州牧刘璋，璋髡钳羕为徒隶。会先主入蜀，泝流北行。羕欲纳说先主，乃往见庞统。

符节赐予您，成为首次受封的君王。魏文帝的大军，已经擂响战鼓，要收复宛、邓二地；如果不拿下这二地，永不退军。你当对此早定良策。《易经》上说："利见大人"，《诗经》也说："自求多福"，应当按这些话去做。请你好自为之，不要像狐突虽闭门不出却仍被杀害那样。

刘封没有听从孟达的话。

申仪反叛刘封，刘封战败逃回成都。申耽投降魏国，魏国让申耽代理怀集将军，移居南阳，申仪任魏兴太守，封员乡侯，驻扎在洵口。刘封回到成都以后，刘备责备刘封欺侮孟达，又不援救关羽。诸葛亮担心刘封刚猛，换代之后终究难以控制，劝刘备趁此机会除掉他。于是刘备赐死了刘封，让他自杀。刘封叹息说："我悔恨当初没有听从孟子度的话！"刘备为此流下了眼泪。孟达本来字子敬，避刘备叔父敬讳，改为子度。

彭羕，字永年，是广汉人，身高八尺，英气逼人，体魄雄伟。彭羕性情孤傲，很多人都不放在眼里，只敬重同郡人秦子敕，曾经向太守许靖推荐秦子敕说："从前殷高宗梦见贤人并找到了傅说，周文王梦飞熊而得吕尚，汉高祖也从平民百姓中招纳了郦食其，这就是帝王之所以能够创立功业、传之后世并予以光大的原因。现在，您考察古代帝王的准则，虔诚地秉承神灵的意志，实践公刘的德行，施行召伯的恩惠，《清庙》的赞颂就是从这开始的，褒贬的大义也是这样兴起的，但是，您的羽翼仍没有丰满。我所见到的绵竹县处士秦宓，身具仲山甫一样的品德，行为如隽不疑一样正直，山石为枕，流水漱口，身穿旧絮袍而吟咏，于仁义之道行止，在浩然正气中淡然自如，有高尚的气节品行和淳真的本性，即便古代的隐士也不能超过他。如果太守您能招致此人，必定会获得忠直磊落的美誉、丰厚的功利和建立宏伟的勋绩，功劳被王府载录，名声流传于后世，这不是很好的事吗！"

彭羕在州府任职，只做个书佐的小官。后来，他又被人诋毁，在益州牧刘璋面前说了他不少坏话。刘璋降罪于他，剃掉了彭羕的头发，给他戴上铁钳，惩罚他服刑。正赶上刘备进入蜀地，沿长江逆

统与羕非故人，又适有宾客，羕径上统床卧，谓统曰：“须客罢当与卿善谈。”统客既罢，往就羕坐，羕又先责统食，然后共语，因留信宿，至于经日。统大善之，而法正宿自知羕，遂并致之先主。先主亦以为奇，数令羕宣传军事，指授诸将，奉使称意，识遇日加。成都既定，先主领益州牧，拔羕为治中从事。羕起徒步，一朝处州人之上，形色嚣然，自矜得遇滋甚。诸葛亮虽外接待羕，而内不能善，屡密言先主，羕心大志广，难可保安。先主既敬信亮，加察羕行事，意以稍疏，左迁羕为江阳太守。

羕闻当远出，私情不悦，往诣马超。超问羕曰：“卿才具秀拔，主公相待至重，谓卿当与孔明、孝直诸人齐足并驱，宁当外授小郡，失人本望乎？”羕曰：“老革荒悖，可复道邪！”又谓超曰：“卿为其外，我为其内，天下不足定也。”超羁旅归国，常怀危惧，闻羕言大惊，默然不答。羕退，具表羕辞，于是收羕付有司。

羕于狱中与诸葛亮书曰：“仆昔有事于诸侯，以为曹操暴虐，孙权无道，振威暗弱，其惟主公有霸王之器，可与兴业致治，故乃翻然有轻举之志。会公来西，仆因法孝直自衒鬻，庞统斟酌其间，遂得诣公于葭萌，指掌而谭，论治世之务，讲霸王之义，建取益州之策，公亦宿虑明定，即相然赞，遂举事焉。仆于故州不免凡庸，忧于罪罔，得遭风云激矢之中，求君得君，志行名显，从布衣之中擢为国士，盗窃茂才。分子之厚，谁复过此。羕一朝狂悖，自求菹醢，为不忠不义之鬼乎！先民有言，左手据天下之图，右手刎咽喉，愚夫

流北上。彭羕想让刘备收纳他，就先去拜见庞统。此前庞统与彭羕并不熟识，又正好有宾客在庞统处，彭羕一直走到庞统的床上躺下来，对庞统说："等你的客人走了，我要和你好好谈谈。"客人走了以后，庞统靠近彭羕坐下，彭羕又跟庞统要吃的，然后才和他说话，留在那里过夜，次日又谈了一天。庞统非常喜欢他，法正以前又很了解彭羕，就一起向刘备推荐。刘备也认为他是奇才，多次让彭羕在军中传达命令，还指导诸将兵法。刘备对他非常满意，彭羕的地位也越来越高。成都平定以后，刘备就任益州牧，任彭羕为治中从事。彭羕靠自己的能力在短短时间之内，官位竟在州人之上，不免有些得意忘形，自喜于地位的日益变化。诸葛亮虽然表面上对彭羕很热情，但是内心却不以为然，曾屡次秘密向刘备进言，说彭羕野心较大，很难说他以后会做出什么。刘备敬重信任诸葛亮，加上自己对彭羕的观察，便慢慢地疏远彭羕，改任他为江阳太守。

彭羕听说要把自己远调外任地方官，心里很不高兴，就前去拜访马超。马超问彭羕："你才干英秀出众，主公对你非常器重，说你应当与孔明、孝直等人并驾齐驱，现在怎么能把外地的小郡交给你，使你失去本来的声望呢？"彭羕说："老家伙糊涂，还能再说吗！"彭羕又对马超说："你负责外边，我负责里面，天下就可以轻松平定。"马超羁旅在外，归附蜀国，总有危险不定的感觉，听了彭羕这些话，大吃一惊，默不作声没有回答。彭羕走后，马超把彭羕的话写成表上奏，刘备因此把彭羕逮捕交给官吏治罪。

彭羕在狱中给诸葛亮写信说："我过去在诸侯之间奔走谋求职位，认为曹操凶残暴虐，孙权不讲道义，刘璋愚昧软弱，只有主公有霸王的气度，可以和他创立功业实现大治，所以有奋发向上的志向。碰到主公来西蜀，我通过法孝直主动向主公自我表白，庞统也从中协力相助，因此才得以在葭萌关拜见主公。我们二人抵掌而谈，讨论治理天下的事情，谈说建立王道霸业的大义，提出夺取益州的计策，主公也反复考虑明确做出决定，肯定赞成我的见解，并且见之于行动。我在家乡本不过一个平庸的人，经常忧虑犯罪触及法网，能够在遇上动荡不安的时局、渴求君主时遇到贤明之君，实现抱负、显扬名

不为也。况仆颇别菽麦者哉！所以有怨望意者，不自度量，苟以为首兴事业，而有投江阳之论，不解主公之意，意卒感激，颇以被酒，侻失‘老’语。此仆之下愚薄虑所致，主公实未老也。且夫立业，岂在老少，西伯九十，宁有衰志，负我慈父，罪有百死。至于内外之言，欲使孟起立功北州，戮力主公，共讨曹操耳，宁敢有他志邪？孟起说之是也，但不分别其间，痛人心耳。昔每与庞统共相誓约，庶托足下末踪，尽心于主公之业，追名古人，载勋竹帛。统不幸而死，仆败以取祸。自我堕之，将复谁怨！足下，当世伊、吕也，宜善与主公计事，济其大猷。天明地察，神祇有灵，复何言哉！贵使足下明仆本心耳。行矣努力，自爱，自爱！”羕竟诛死，时年三十七。

廖立字公渊，武陵临沅人。先主领荆州牧，辟为从事，年未三十，擢为长沙太守。先主入蜀，诸葛亮镇荆土，孙权遣使通好于亮，因问士人皆谁相经纬者，亮答曰：“庞统、廖立，楚之良才，当赞兴世业者也。”建安二十年，权遣吕蒙奄袭南三郡，立脱身走，自归先主。先主素识待之，不深责也，以为巴郡太守。二十四年，先主为汉中王，征立为侍中。后主袭位，徙长水校尉。

立本意，自谓才名宜为诸葛亮之贰，而更游散在李严等下，常怀怏怏。后丞相掾李邵、蒋琬至，立计曰：“军当远出，卿诸人好谛其事。昔先帝不取汉中，走与吴人争南三郡，卒以三郡与吴人，徒

声，从一个普通百姓提拔为国家的杰出人才，窃取了秀才的称号。主公把给儿子的深厚恩情分给了我，谁能超过我呢？我彭羕一时狂妄悖理，自己招致了应当砍成肉酱的罪祸，将成为不忠不义的鬼！先人有言，左手拿着天下的图籍，右手却割断自己的咽喉，愚蠢的人都不会这样干，更何况我还是稍微懂得一些道理的人呢！我之所以产生怨恨的情绪，是由于我自不量力，只认为自己建有头功，却即将被发配江阳，自己不理解主公的心意，情绪一时激动，又喝了非常多的酒，脱口失言'老'字。这是我非常愚蠢、考虑浅薄所造成的，主公实际上并没有老。而且创立功业，岂在老少，文王九十岁，哪有衰颓之志！我对不起我慈祥的父亲，罪该万死。至于'为内为外'的话，是想使马孟起在北方立功，与我合力忠于主公，共同讨伐曹操罢了。哪敢有其他的想法呢？马孟起举报我的错误言论是对的，只是不分析区别它的意思，叫人痛心。以前我经常与庞统一起发誓相约，希望托付在您的脚下，对主公的事业尽心尽力，追求古人那样的名望。庞统不幸而死，我败在自己惹祸。而今我自己堕落，又怨谁呢！您是当世的伊尹、吕尚，应该好好与主公谋划事业，成就他的大业。天地明察，神祇有灵，还说什么呢！只不过是请您明白我本心罢了。好了，努力吧！自爱，自爱！"彭羕最终被处死，时年三十七岁。

廖立，字公渊，是武陵临沅人。刘备为荆州牧的时候，任廖立为从事，不到三十岁时，又升为长沙太守。刘备入蜀之后，诸葛亮镇守荆州，孙权派人与诸葛亮建立友好关系，吴使便问诸葛亮，蜀国士人中有谁和他共理政事，诸葛亮回答："庞统、廖立，都是楚地的良好人才，他们是能够辅佐明君创立功业的人。"建安二十年，孙权派吕蒙偷袭南方三郡，廖立逃出，回到刘备那里。刘备平常就很赏识并了解廖立，所以没有过多责备，让他做巴郡太守。建安二十四年，刘备自立为汉中王，任廖立为侍中，刘禅即位后，廖立升为长水校尉。

廖立心中认为，自己的才能名望超过他人，应该做诸葛亮的副手，但是却任闲职，地位还在李严等人之下，心里就经常不满，怏怏不得志。后来，丞相掾李邵、蒋琬到来，廖立和他们商议，说："兵马要远征，各位应注意考虑这件事。以前先帝不占领汉中，却和吴国

劳役吏士，无益而还。既亡汉中，使夏侯渊、张郃深入于巴，几丧一州。后至汉中，使关侯身死无孑遗，上庸覆败，徒失一方。是羽怙恃勇名，作军无法，直以意突耳，故前后数丧师众也。如向朗、文恭，凡俗之人耳。恭作治中无纲纪；朗昔奉马良兄弟，谓为圣人，今作长史，素能合道。中郎郭演长，从人者耳，不足与经大事，而作侍中。今弱世也，欲任此三人，为不然也。王连流俗，苟作掊克，使百姓疲弊，以致今日。”邵、琬具白其言于诸葛亮。亮表立曰：“长水校尉廖立，坐自贵大，臧否群士，公言国家不任贤达而任俗吏，又言万人率者皆小子也；诽谤先帝，疵毁众臣。人有言国家兵众简练，部伍分明者，立举头视屋，愤咤作色曰：‘何足言！’凡如是者不可胜数。羊之乱群，犹能为害，况立托在大位，中人以下识真伪邪？”于是废立为民，徙汶山郡。立躬率妻子耕殖自守，闻诸葛亮卒，垂泣叹曰：“吾终为左衽矣！”后监军姜维率偏军经汶山，诣立，称立意气不衰，言论自若。立遂终徙所。妻子还蜀。

李严字正方，南阳人也。少为郡职吏，以才干称。荆州牧刘表使历诸郡县。曹公入荆州时，严宰秭归，遂西诣蜀，刘璋以为成都令，复有能名。建安十八年，署严为护军，拒先主于绵竹。严率众降先主，先主拜严裨将军。成都既定，为犍为太守、兴业将军。二十三年，盗贼马秦、高胜等起事于郪，合聚部伍数万人，到资中县。时先主在汉中，严不更发兵，但率将郡士五千人讨之，斩秦、胜等首。枝党星散，悉复民籍。又越巂夷率高定遣军围新道县，严驰往赴救，

争夺南方三郡，最后，还是让东吴占领了三郡，官兵徒劳而无功，退回益州。汉中丢失，使得夏侯渊和张郃深入巴郡，全州几乎丧失。后来先帝又进军汉中，使关羽战死，全军覆没，丢失上庸，白白地损失了一片地方。这是因关羽倚恃勇猛之名、征战没有正确的法则率性而为造成的。所以，多次丧失了大批的兵马。若向朗、文恭之人，只是凡夫而已。文恭作为治中，执法没有纲纪；向朗推崇马良兄弟，视为圣人，以长史之职，做事规矩有理。中郎郭演长，只能做别人的随从，难成大事，而他却做了侍中。现在国家尚处于弱小之时任用这样的三个人，是不合适的。王连流于世俗，以苛税盘剥百姓，使百姓疲惫不堪，所以才有今天。”李邵、蒋琬把廖立的话全都告诉了诸葛亮。诸葛亮上表弹劾廖立，说：“长水校尉廖立，坐井观天，自以为是，随意贬低官员，公开诋毁国家不任用贤能，而任用庸才，还说，那些统率千军万马的将领都是小子，诽谤先帝，贬损群臣。有人称赞国家兵马强盛，训练和指挥部署得当，廖立听了，就仰看屋顶，愤然呵斥说：‘这有什么值得说的！’如此狂妄真是说不过来。一只羊搅乱尚且给羊群造成很大的危害，更何况廖立身居高位，中等水平以下的人能够识别他的真伪吗？”因此，后主废黜廖立为普通百姓，流放到汶山郡。廖立在汶山郡和妻子耕田养殖，维持生计。当听说诸葛亮的死讯后，他流泪叹息说：“我恐怕要变成夷人在这里待一辈子了！”后来，监军姜维率偏军经过汶山的时候，还到廖立那里去过，他说廖立依然志气不减，谈论自若。廖立最后死于流徙之地，妻子儿女回到了蜀郡。

李严，字正方，是南阳人。他年轻的时候任郡吏，以有才干著称。荆州牧刘表派李严走遍了州中的郡县。曹公攻入荆州的时候，李严正担任秭归县的行政长官，于是就向西进入了益州，刘璋任李严为成都县令，也以能干而出名。建安十八年，刘璋让李严代理扩军的职务，在绵竹抵御先主。李严带领部众投降了先主，先主任李严为裨将军。先主取得成都以后，任李严为犍为太守、兴业将军。建安二十三年，马秦、高胜等盗贼在郪县起兵造反，纠聚起数万人的军队，打到了资中县。当时先主正在汉中，李严没有让朝廷增加兵力，只是率领

贼皆破走。加辅汉将军，领郡如故。章武二年，先主征严诣永安宫，拜尚书令。三年，先主疾病，严与诸葛亮并受遗诏辅少主；以严为中都护，统内外军事，留镇永安。建兴元年，封都乡侯，假节，加光禄勋。四年，转为前将军。以诸葛亮欲出军汉中，严当知后事，移屯江州，留护军陈到驻永安，皆统属严。严与孟达书曰："吾与孔明俱受寄托，忧深责重，思得良伴。"亮亦与达书曰："部分如流，趋舍罔滞，正方性也。"其见贵重如此。八年，迁骠骑将军。以曹真欲三道向汉川，亮命严将二万人赴汉中。亮表严子丰为江州都督督军，典严后事。亮以明年当出军，命严以中都护署府事。严改名为平。

九年春，亮军祁山，平催督运事。秋夏之际，值天霖雨，运粮不继，平遣参军狐忠、督军成藩喻指，呼亮来还；亮承以退军。平闻军退，乃更阳惊，说"军粮饶足，何以便归"，欲以解己不办之责，显亮不进之愆也。又表后主，说"军伪退，欲以诱贼与战"。亮具出其前后手笔书疏本末，平违错章灼。平辞穷情竭，首谢罪负。于是亮表平曰："自先帝崩后，平所在治家，尚为小惠，安身求名，无忧国之事。臣当北出，欲得平兵以镇汉中，平穷难纵横，无有来意，而求以五郡为巴州刺史。去年臣欲西征，欲令平主督汉中，平说司马懿等开府辟召。臣知平鄙情，欲因行之际逼臣取利也，是以表平子丰督主江州，隆崇其遇，以取一时之务。平至之日，都委诸事，群臣上下皆怪臣待平之厚也。正以大事未定，汉室倾危，伐平之短，莫若褒

郡中士兵五千人前去讨伐，斩杀了马秦、高胜，余下的支党四处离散，全都恢复了民籍。再有越巂郡夷人首领高定派军围困新道县，李严迅速前往救援，敌人全都败阵逃走。朝廷给李严加辅汉将军之号，仍旧兼任犍为郡太守。章武二年，先主征召李严到永安宫，任命李严为尚书令。章武三年，先主病重，李严和诸葛亮一同受先主遗诏辅佐少主刘禅；以李严为中都护，统领朝廷内外的军事，留在永安镇守。建兴元年，李严被封为都乡侯，假节，加光禄勋。建兴四年，转任前将军。因为诸葛亮准备出兵汉中，李严应当处理后方事务，就转移屯驻到江州，留下护军陈到驻扎在永安，全都统属于李严。李严给孟达写信说："我与诸葛孔明一起受先帝委托，忧虑深而责任重，希望得到很好的同伴。"诸葛亮也给孟达写信说："处理公务就像流水那样顺畅，果断地决定取舍，没有滞留，这正是李正方的天生优点。"李严就是这样被人看重的。建兴八年，李严升任骠骑将军。因为曹魏大将曹真要发兵三路进攻汉川，诸葛亮命令李严率两万人赴汉中。诸葛亮又上表推荐李严的儿子李丰为江州都督督军，主持处理李严走后留下的公事。诸葛亮因为第二年就要出兵，又任命李严以中都护的身份处理丞相府的事务。李严改名为李平。

建兴九年春天，诸葛亮出兵祁山，李平监督粮运的事务。秋夏之际，正赶上久雨天气，运粮不继，李平派遣参军狐忠、督军成藩喻示旨意，叫诸葛亮回来；诸葛亮听从了旨意退兵。李平听闻大军撤退，却假装吃惊说"军粮充足，为何就回来了呢"，想以此推卸自己办事不力的责任，来显明诸葛亮不前进的过失。李平又上表后主说"大军诈作撤退，想以此诱贼与他交战"。诸葛亮把李平前后的亲笔书信、奏疏全部拿出来，李平犯错十分明显。李平理屈词穷，低头认罪。于是诸葛亮上表说："自从先帝驾崩之后，李平在任官之处治理家产，这尚且是小事，他安于自身求取名利，没有干出什么骚扰到国家的大事。臣要向北出兵，想得到李平的兵来镇守汉中，李平极尽推搪，没有前来的意思，却请求担任管理五郡的巴州刺史。去年臣想西征，想让李平主管汉中，李平说司马懿等开设府署，征召属吏。臣知道李平的鄙陋想法，想要趁此出兵之际逼臣谋取利益，臣因此上表推荐李

之。然谓平情在于荣利而已，不意平心颠倒乃尔。若事稽留，将致祸败，是臣不敏，言多增咎。”乃废平为民，徙梓潼郡。十二年，平闻亮卒，发病死。平常冀亮当自补复，策后人不能，故以激愤也。丰官至朱提太守。

刘琰字威硕，鲁国人也。先主在豫州，辟为从事，以其宗姓，有风流，善谈论，厚亲待之，遂随从周旋，常为宾客。先主定益州，以琰为固陵太守。后主立，封都乡侯，班位每亚李严，为卫尉中军师后将军，迁车骑将军。然不豫国政，但领兵千余，随丞相亮讽议而已。车服饮食，号为侈靡，侍婢数十，皆能为声乐，又悉教诵读《鲁灵光殿赋》。建兴十年，与前军师魏延不和，言语虚诞，亮责让之。琰与亮笺谢曰：“琰禀性空虚，本薄操行，加有酒荒之病，自先帝以来，纷纭之论，殆将倾覆。颇蒙明公本其一心在国，原其身中秽垢，扶持全济，致其禄位，以至今日。间者迷醉，言有违错，慈恩含忍，不致之于理，使得全完，保育性命。虽必克己责躬，改过投死，以誓神灵；无所用命，则靡寄颜。”于是亮遣琰还成都，官位如故。

琰失志慌惚。十二年正月，琰妻胡氏入贺太后，太后令特留胡氏，经月乃出。胡氏有美色，琰疑其与后主有私，呼五百挞胡，至于以履搏面，而后弃遣。胡具以告言琰，琰坐下狱。有司议曰：“卒非挞妻之人，面非受履之地。”琰竟弃市。自是大臣妻母朝庆遂绝。

平的儿子李丰主管江州，提高他的待遇，以此获得一时事务的办理。李平到来之日，臣把诸事都委托给他，群臣上上下下都责怪臣对待李平如此优厚。正因为大事未定，汉室倾危，指责李平的短处，还不如赞扬他。然而我以为李平只是在乎荣利而已，没想到李平的心竟然颠倒到了这份儿上。如果事情拖延，将导致祸害失败，是臣不灵敏，再多说就会增加我的罪咎。”后主因此废黜李平为民，流放到梓潼郡。建兴十二年，李平听闻诸葛亮去世，就发病死了。李平经常希望诸葛亮会让他复官，估计继任的人不能任用他，所以心情激愤。李丰官至朱提太守。

刘琰，字威硕，是鲁国人。刘备在豫州任刺史的时候，征聘他为从事，因为刘琰与自己同宗，且潇洒倜傥，善于言谈，所以刘备待他很亲热。刘琰便跟在刘备身边应酬交际，成为刘备的宾客。刘备平定益州，任刘琰为固陵太守。后主继位，封刘琰为都乡侯，位次在李严之下，任卫尉中军师、后将军，后升任车骑将军。但他不参预国家政务，只领千余兵，跟随诸葛亮只提些意见而已。他的车马、服饰、饮食很是奢华，服侍的婢女就有数十个人，都能歌奏乐，他还都教她们诵读《鲁灵光殿赋》。建兴十年，刘琰和前军师魏延不和，说话又非常难让人相信，受到诸葛亮的批评。刘琰写信向诸葛亮道歉说：“我禀性华而不实，缺乏道德节操，又加上有酒后失态的毛病，所以，自先帝以来，众人说了许多批评我的话，让我差一点摔倒爬不起来。承蒙您多次念及我本意是为了国家，原谅了我的过错，使我保有现在的地位和俸禄。最近，我又醉酒说了错话，多亏您包涵容忍，没有把我送进监狱，使我没有丢掉性命。我以后对自己的言行要严格要求，并向神灵发誓。但如果我不能继续为官做事，就没有什么脸面了。”于是，诸葛亮把刘琰送回成都，依旧保持官位。

从此刘琰精神恍惚。建兴十二年正月，刘琰的妻子胡氏入宫给太后贺喜，太后让胡氏在宫中多住了几天，结果一个多月之后才回来。胡氏长得很漂亮，刘琰怀疑她在宫中期间与刘禅有私情，就让吏卒责打胡氏，甚至用鞋子抽打她的脸。然后，又将她休弃送回娘家。胡氏便上朝告发刘琰的行为，刘琰被入狱。有司衙门议定说：“士兵

魏延字文长，义阳人也。以部曲随先主入蜀，数有战功，迁牙门将军。先主为汉中王，迁治成都，当得重将以镇汉川，众论以为必在张飞，飞亦以心自许。先主乃拔延为督汉中镇远将军，领汉中太守，一军尽惊。先主大会群臣，问延曰："今委卿以重任，卿居之欲云何？"延对曰："若曹操举天下而来，请为大王拒之；偏将十万之众至，请为大王吞之。"先主称善，众咸壮其言。先主践尊号，进拜镇北将军。建兴元年，封都亭侯。五年，诸葛亮驻汉中，更以延为督前部，领丞相司马、凉州刺史，八年，使延西入羌中，魏后将军费瑶、雍州刺史郭淮与延战于阳谿，延大破淮等，迁为前军师征西大将军，假节，进封南郑侯。

延每随亮出，辄欲请兵万人，与亮异道会于潼关，如韩信故事，亮制而不许。延常谓亮为怯，叹恨己才用之不尽。延既善养士卒，勇猛过人，又性矜高，当时皆避下之，唯杨仪不假借延，延以为至忿，有如水火。十二年，亮出北谷口，延为前锋。出亮营十里，延梦头上生角，以问占梦赵直，直诈延曰："夫麒麟有角而不用，此不战而贼欲自破之象也。"退而告人曰："角之为字，刀下用也；头上用刀，其凶甚矣。"

秋，亮病困，密与长史杨仪、司马费祎、护军姜维等作身殁之后退军节度，令延断后，姜维次之；若延或不从命，军便自发。亮适卒，秘不发丧，仪令祎往揣延意指。延曰："丞相虽亡，吾自见在。府亲官属便可将丧还葬，吾自当率诸军击贼，云何以一人死废天下

不是打老婆的人，脸面不是鞋踏之地。”刘琰竟因此被处死。自此以后，大臣的妻子女儿便不许进宫行贺礼。

魏延，字文长，是义阳人。以部曲身份跟随刘备进入益州，多次立有战功，被升为牙门将军。刘备为汉中王，准备迁回成都的时候，要选用一个重要的将领镇守汉中。众人都以为是张飞，张飞自己也认为是这样。但刘备却提拔魏延为督汉中镇远将军，兼汉中太守，所有的人都感到很是意外。刘备大会群臣，问魏延说：“如今我把镇守汉中的重任交给你，你打算怎么办？”魏延回答说：“如果曹操率领全国的军队来攻，我将为大王挡住他；如果他只派一个偏将率十万大军来，我将替您把他消灭。”刘备连连称好，众人也都认为魏延非常有气魄。刘备称帝后，任魏延为镇北将军。建兴元年，封魏延为都亭侯。建兴五年，诸葛亮率军北伐驻扎在汉中，改任魏延为督前部、兼丞相司马、凉州刺史。建兴八年，诸葛亮派遣魏延率军西征进入羌地。曹魏后将军费瑶、雍州刺史郭淮与魏延在阳谿大战，魏延大破郭淮等军，因功被升为前军师、征西大将军，假节，晋封为南郑侯。

魏延每次跟随诸葛亮出兵，都想自己带一万兵马，与诸葛亮兵分两路，在潼关会师，像楚汉时的韩信那样，诸葛亮总是不允许。魏延以为诸葛亮胆怯，感叹自己的才能不能施展。魏延对士兵很好，自己又勇猛过人，不免心高气傲，当时有很多人都避让他，甘愿居他之下，只有杨仪对他不客气。魏延因此十分恼火，两人关系也势同水火。建兴十二年，诸葛亮出兵北谷口，魏延为先锋。他在离诸葛亮的营地十里处安下营寨，夜里魏延梦见自己的头上长角，就问以占梦闻名的赵直，赵直骗他说：“麒麟有角而不必用它，这是不战而退兵的征兆。”私下里却告诉别人说：“‘角’字，刀下加用，头上有刀，是可怕的凶相。”

秋天，诸葛亮病情加重，私下里与丞相府长史杨仪、司马费祎、护军姜维等筹划死后退军的安排，让魏延断后，姜维次之；如果魏延不服从命令，大军就自行出发。诸葛亮病逝后，秘不发丧，杨仪命费祎前去打探魏延的意思。魏延说：“丞相虽然死了，我魏延还在。府中的家属和官员可回蜀安排丧事安葬丞相，我自然应该率领军队

之事邪？且魏延何人，当为杨仪所部勒，作断后将乎！”因与祎共作行留部分，令祎手书与己连名，告下诸将。祎绐延曰：“当为君还解杨长史，长史文吏，稀更军事，必不违命也。”祎出门驰马而去，延寻悔，追之已不及矣。延遣人觇仪等，遂使欲案亮成规，诸营相次引军还。延大怒，攙、仪未发，率所领径先南归，所过烧绝阁道。延、仪各相表叛逆，一日之中，羽檄交至。后主以问侍中董允、留府长史蒋琬，琬、允咸保仪疑延。仪等槎山通道，昼夜兼行，亦断延后。延先至，据南谷口，遣兵逆击仪等，仪等令何平在前御延。平叱延先登曰：“公亡，身尚未寒，汝辈何敢乃尔！”延士众知曲在延，莫为用命，军皆散。延独与其子数人逃亡，奔汉中。仪遣马岱追斩之，致首于仪，仪起自踏之，曰：“庸奴！复能作恶不？”遂夷延三族。初，蒋琬率宿卫诸营赴难北行，行数十里，延死问至，乃旋。原延意不北降魏而南还者，但欲除杀仪等。平日诸将素不同，冀时论必当以代亮。本指如此。不便背叛。

杨仪字威公，襄阳人也。建安中，为荆州刺史傅群主簿，背群而诣襄阳太守关羽。羽命为功曹，遣奉使西诣先主。先主与语论军国计策，政治得失，大悦之，因辟为左将军兵曹掾。及先主为汉中王，拔仪为尚书。先主称尊号，东征吴，仪与尚书令刘巴不睦，左迁遥署弘农太守。建兴三年，丞相亮以为参军，署府事，将南行。

继续与敌人作战，怎么能因为一个人的死而耽误国家大事呢？况且我魏延是什么人，难道能听从杨仪的指派，充当断后的将军吗！”杨仪马上就和费祎做出哪些士兵留下哪些士兵撤退的安排，让费祎亲自写下来并和自己共同署名，告知下面诸位将领。费祎哄骗魏延说：“我应当回去为您劝解杨长史，他是文官，很少经历战事，肯定不会反对您的意见。”费祎出门后便飞马而去，魏延马上就后悔了，追他已经赶不上了。魏延派人去侦察杨仪的动静，知道杨仪等人就要按照诸葛亮生前定下的部署，各个兵营依次引兵撤退。魏延大怒，在杨仪还没有行动前，抢先率领本部人马径直向南退回。所过之处火烧栈道。魏延、杨仪各自上表朝廷告对方造反，一天之内，紧急文书连连送达朝中。后主就此事询问侍中董允、丞相府留守的长史蒋琬，两人都保证杨仪忠诚而怀疑魏延。杨仪等人伐树木修通栈道，昼夜兼程，跟在魏延后面撤退。魏延先到，占据南谷口，派兵阻击杨仪等人，杨仪等命令何平在前抵御魏延。何平叱责魏延的先锋说：“丞相刚去世，尸骨未寒，你们竟然敢如此作为！”魏延手下的士兵知道不对的一方是魏延，不愿再听从他的命令，军队很快溃散。魏延只带着他的儿子和几名亲信逃往汉中。杨仪派马岱追击，将其斩首，马岱把魏延的脑袋交给了杨仪，杨仪起身用脚踩着魏延的脑袋，骂道：“奴才！还能作恶吗？”于是杀掉魏延的三族。当时，朝廷为了防止变乱，急忙派蒋琬率领京城禁卫军诸营北上，走了数十里，魏延被杀的消息传来，蒋琬又返回成都。推究魏延的本意，他之所以不向北投降魏国而向南撤回，只是为了杀掉杨仪等人。尽管诸将素来与他不和，魏延还是认为人们会推选他接替诸葛亮。他的本意就是这样，并没有想过背叛。

杨仪，字威公，是襄阳人。建安年间，做了荆州刺史傅群的主簿，后来背叛傅群而到襄阳太守关羽处。关羽任命杨仪为郡功曹，派遣杨仪西往益州去见先主。先主与杨仪谈话，讨论军国计策、政治得失，非常喜欢杨仪，因此任命杨仪为左将军兵曹掾。先主为汉中王时，就提拔杨仪为尚书。先主称帝以后，东征孙吴，由于杨仪与尚书令刘巴不和，被降职为遥署弘农太守。建兴三年，丞相诸葛亮任杨仪

五年，随亮汉中。八年，迁长史，加绥军将军。亮数出军，仪常规画分部，筹度粮谷，不稽思虑，斯须便了。军戎节度，取办于仪。亮深惜仪之才干，凭魏延之骁勇，常恨二人之不平，不忍有所偏废也。十二年，随亮出屯谷口。亮卒于敌场。仪既领军还，又诛讨延，自以为功勋至大，宜当代亮秉政，呼都尉赵正以《周易》筮之，卦得《家人》，默然不悦。而亮平生密指，以仪性狷狭，意在蒋琬，琬遂为尚书令、益州刺史。仪至，拜为中军师，无所统领，从容而已。

初，仪为先主尚书，琬为尚书郎，后虽俱为丞相参军长史，仪每从行，当其劳剧，自惟年宦先琬，才能逾之，于是怨愤形于声色，叹咤之音发于五内。时人畏其言语不节，莫敢从也，惟后军师费祎往慰省之。仪对祎恨望，前后云云，又语祎曰："往者丞相亡没之际，吾若举军以就魏氏，处世宁当落度如此邪！令人追悔不可复及。"祎密表其言。十三年，废仪为民，徙汉嘉郡。仪至徙所，复上书诽谤，辞指激切，遂下郡收仪。仪自杀，其妻子还蜀。

评曰：刘封处嫌疑之地，而思防不足以自卫。彭羕、廖立以才拔进，李严以干局达，魏延以勇略任，杨仪以当官显，刘琰旧仕，并咸贵重。览其举措，迹其规矩，招祸取咎，无不自己也。

为丞相府参军，署理丞相府事务，带领杨仪南征南中。建兴五年，杨仪跟随葛亮到了汉中。建兴八年，杨仪升迁为丞相府长史，加绥军将军号。诸葛亮多次出征，杨仪经常为诸葛亮计划部署，筹措计算军粮，不需要花费时间去考虑，一会儿就办好了。军队中的事务安排，全都由杨仪办理。诸葛亮深深爱惜杨仪的才干，又依靠魏延的骁勇，常对两个人的不和感到遗憾，不忍心对两个人有所偏废。建兴十二年，杨仪随诸葛亮出兵屯驻在谷口。诸葛亮病逝于前线。杨仪既带领军队顺利撤回，又诛杀了魏延，自认为功劳最大，应当代替诸葛亮主持朝政，就叫都尉赵正根据《周易》进行占卜，结果却得“家人”之卦，便默然不语，心中不快。诸葛亮生前内心深处的想法，认为杨仪性情急躁狭隘，而看中了蒋琬，因此蒋琬就便被拜为尚书令、益州刺史。杨仪到了以后，被任为中军师，不统领军队，只是个闲置的职务而已。

当初，杨仪担任先主的尚书，蒋琬担任尚书郎，后来虽然都做了丞相参军长史，但杨仪每次随军从行，工作都很劳累，自认为当官在蒋琬前，才能也超过他，于是怨愤的情绪表露于声色，叹咤的声音发自体内。当时的人畏惧他说话不节制，没有敢和他交往的。只有后军师费祎前往慰勉他，杨仪也向费祎说些类似的话，又对费祎说：“当初丞相去世的时候，我如果带着大军投奔魏国，怎么会沦落到现在这地步啊！令人追悔莫及啊。”费祎将他说的话秘密上表。建兴十三年，后主下令贬杨仪为民，流放到汉嘉郡。杨仪到了流放地，又上书诽谤朝廷，言辞激烈，就被下令收捕。杨仪自杀，他的妻儿则回到蜀郡。

评论说：刘封处于招嫌的地位，又没有足够的防范手段。彭羕、廖立凭才能出众被提拔进用，李严以干略气度而著称，魏延靠勇猛与谋略被称许，杨仪因为才干与官职相当而显名，刘琰是刘备的旧部，他们全都身居高位和重职。纵观他们的行为，总揽他们的处世之道，招来祸患和罪责，都是由自己造成的。

卷四十一　蜀书十一

霍王向张杨费传第十一

霍峻字仲邈，南郡枝江人也。兄笃，于乡里合部曲数百人。笃卒，荆州牧刘表令峻摄其众。表卒，峻率众归先主，先主以峻为中郎将。先主自葭萌南还袭刘璋，留峻守葭萌城。张鲁遣将杨帛诱峻，求共守城，峻曰："小人头可得，城不可得。"帛乃退去。后璋将扶禁、向存等帅万余人由阆水上，攻围峻，且一年，不能下。峻城中兵才数百人，伺其怠隙，选精锐出击，大破之，即斩存首。先主定蜀，嘉峻之功，乃分广汉为梓潼郡，以峻为梓潼太守、裨将军。在官三年，年四十卒，还葬成都。先主甚悼惜，乃诏诸葛亮曰："峻既佳士，加有功于国，欲行酹。"遂亲率群僚临会吊祭，因留宿墓上，当时荣之。

子弋，字绍先，先主末年为太子舍人。后主践阼，除谒者。丞相诸葛亮北驻汉中，请为记室，使与子乔共周旋游处。亮卒，为黄门侍郎。后主立太子璿，以弋为中庶子。璿好骑射，出入无度，弋援引古义，尽言规谏，甚得切磋之体。后为参军庲降屯，副贰都督，又转护军，统事如前。时永昌郡夷獠恃险不宾，数为寇害，乃以弋领永昌太守，率偏军讨之，遂斩其豪帅，破坏邑落，郡界宁静。迁监军翊军将军，领建宁太守，还统南郡事。景耀六年，进号安南将军。是岁，蜀并于魏。弋与巴东领军襄阳罗宪各保全一方，举以内附，咸因仍前任，宠待有加。

霍峻字仲邈，是南郡枝江人。他的哥哥名字叫霍笃，曾在乡里召集家族武装数百人。霍笃死后，荆州牧刘表就让霍峻继续率领这支兵马。刘表死后，霍峻带人投奔了刘备，刘备任他为中郎将。刘备从葭萌南返袭击刘璋，留霍峻镇守葭萌城。张鲁派将领杨帛诱霍峻，请求共同守城，霍峻说："你们可以得到我的头，却得不到这座城。"杨帛无奈而退去。后来，刘璋的将领扶禁、向存等人率领一万余人由阆水而上，围攻霍峻，攻了一年，也没有打下。霍峻城中兵力只有几百人，乘敌松懈之机，选精锐勇士出击，大败敌人，砍下向存的脑袋。刘备平定蜀地，嘉奖霍峻的功劳，分广汉为梓潼郡，任命霍峻为梓潼太守、裨将军。霍峻在任三年，四十岁便去世了，还葬于成都。刘备十分哀惜，下诏给诸葛亮说："霍峻是良臣，有功于国，我要亲自祭奠他。"于是，刘备率领众朝臣前去吊丧，还在墓上留宿，当时人都为霍峻感到荣幸。

霍峻的儿子霍弋，字绍先，章武末年任太子舍人。后主即位，霍弋任谒者仆射。丞相诸葛亮北上进驻汉中，请求让霍弋任记室，和自己的儿子诸葛乔在一起游览共处。诸葛亮死后，霍弋任黄门侍郎。后主立太子刘璿，以霍弋为太子中庶子。刘璿喜欢骑射，出入皇宫没有节制。霍弋援引古人讲的道理，规劝太子，事情做得非常得体。后来，他出任降都督驻屯区参军，又转任护军，统管军务不变。当时永昌郡的少数民族仗恃地形险要不服从蜀国，多次侵掠蜀地，朝廷派霍弋率军进击，杀死了他们的首领，摧毁了据点和村落，使郡中又恢复了宁静。霍弋升迁为监军、翊军将军，兼建宁郡太守，依旧负责南中各郡军务。景耀六年，进号安南将军。这一年，蜀汉被曹魏所灭。霍弋和巴东领军襄阳人罗宪各自率众降附曹魏，全都被保留了原来的职务，受到了优待。

王连字文仪，南阳人也。刘璋时入蜀，为梓潼令。先主起事葭萌，进军来南，连闭城不降，先主义之，不强逼也。及成都既平，以连为什邡令，转在广都，所居有绩。迁司盐校尉，较盐铁之利，利入甚多，有裨国用，于是简取良才以为官属，若吕乂、杜祺、刘干等，终皆至大官，自连所拔也。迁蜀郡太守、兴业将军，领盐府如故。建兴元年，拜屯骑校尉，领丞相长史，封平阳亭侯。时南方诸郡不宾，诸葛亮将自征之，连谏以为“此不毛之地，疫疠之乡，不宜以一国之望，冒险而行”。亮虑诸将才不及己，意欲必往，而连言辄恳至，故停留者久之。会连卒。子山嗣，官至江阳太守。

向朗字巨达，襄阳宜城人也。荆州牧刘表以为临沮长。表卒，归先主。先主定江南，使朗督秭归、夷道、巫、夷陵四县军民事。蜀既平，以朗为巴西太守，顷之转任牂牁，又徙房陵。后主践阼，为步兵校尉，代王连领丞相长史。丞相亮南征，朗留统后事。五年，随亮汉中。朗素与马谡善，谡逃亡，朗知情不举，亮恨之，免官还成都。数年，为光禄勋，亮卒后徙左将军，追论旧功，封显明亭侯，位特进。初，朗少时虽涉猎文学，然不治素检，以吏能见称。自去长史，优游无事垂三十年，乃更潜心典籍，孜孜不倦。年逾八十，犹手自校书，刊定谬误，积聚篇卷，于时最多。开门接宾，诱纳后进，但讲论古义，不干时事，以是见称。上自执政，下及童冠，皆敬重焉。延熙十年卒。子条嗣，景耀中为御史中丞。

王连字文仪，是南阳人。刘璋时进入蜀地，担任梓潼县令。先主在葭萌起兵，进军征讨南方，王连紧闭城门，不肯投降。先主认为他是义士，也不强行逼迫。等到成都平定以后，任命王连为什邡县令，转任广都县令，所治之处，都有政绩。升为司盐校尉，王连调查研究盐铁的利润，发现利润收入非常多，有利于补充国家财政需要，于是选拔优秀人才作为属官，如吕乂、杜祺、刘干等人。他们最后都当上大官，都是王连提拔上来的。后来王连升任蜀郡太守、兴业将军，和以前一样兼管盐府的事务。建兴元年，王连被拜为屯骑校尉，兼任丞相长史，封为平阳亭侯。当时南方各郡没有归顺，诸葛亮准备亲自征讨，王连劝谏，认为“那是不毛之地，瘟疫疾病流行的地方，不应当让一个国家所敬仰的人去冒险行动”。诸葛亮考虑到各位将领的才能不如自己，坚持一定要去，而王连每次劝谏总是恳切之至，所以诸葛亮停留了很久。王连去世后。他的儿子王山继承爵位，官至江阳太守。

向朗字巨达，是襄阳郡宜城县人。荆州牧刘表任向朗为临沮县长。刘表死后，向朗归顺了先主。先主平定江南，派向朗都督秭归、夷道、巫县、夷陵四个县的军事和民事。先主占领益州以后，又任向朗为巴西太守，接着又先后转任牂牁、房陵太守。后主即位以后，向朗又任步兵校尉，代王连兼任丞相长史。丞相诸葛亮南征，向朗被留下总管丞相府的公务。建兴五年，又随诸葛亮到汉中。向朗与马谡的关系一向很好，所以当马谡兵败逃亡后，向朗知情而不举报，诸葛亮对此非常愤恨，把向朗免职，送回成都。几年以后，向朗又任光禄勋。诸葛亮去世后被迁为左将军，朝廷追论旧日的功劳，封向朗为显明亭侯，位居特进。当初，向朗年轻的时候，虽然涉猎文字书籍，然而却不注重操行，而是以有行政才能著称。自从被免去长史的职务以后，闲散无事将近三十年，便改为潜心钻研典籍，孜孜不倦。年过八十岁，还亲自校勘书籍，删除错误，确定正确的文字。向朗积聚的书籍，在当时是最多的。向朗还敞开大门接纳宾客，指导和接纳后起的青年，向朗在指导的时候，只讲论古书的道理，从不触及当时的政治，因此受到人们的称赞。上自掌权的大臣，下到幼童青年，全都敬

朗兄子宠，先主时为牙门将。秭归之败，宠营特完。建兴元年封都亭侯，后为中部督，典宿卫兵。诸葛亮当北行，表与后主曰："将军向宠，性行淑均，晓畅军事，试用于昔，先帝称之曰能，是以众论举宠为督。愚以为营中之事，悉以咨之，必能使行陈和睦，优劣得所也。"迁中领军。延熙三年，征汉嘉蛮夷，遇害。宠弟充，历射声校尉、尚书。

张裔字君嗣，蜀郡成都人也。治《公羊春秋》，博涉《史》《汉》。汝南许文休入蜀，谓裔干理敏捷，是中夏钟元常之伦也。刘璋时，举孝廉，为鱼复长，还州署从事，领帐下司马。张飞自荆州由垫江入，璋授裔兵，拒张飞于德阳陌下，军败，还成都。为璋奉使诣先主，先主许以礼其君而安其人也，裔还，城门乃开。先主以裔为巴郡太守，还为司金中郎将，典作农战之器。先是，益州郡杀太守正昂，耆率雍闿恩信著于南土，使命周旋，远通孙权。乃以裔为益州太守，径往至郡。闿遂趑趄不宾，假鬼教曰："张府君如瓠壶，外虽泽而内实粗，不足杀，令缚与吴。"于是遂送裔于权。

会先主薨，诸葛亮遣邓芝使吴，亮令芝言次可从权请裔。裔自至吴数年，流徙伏匿，权未之知也，故许芝遣裔。裔临发，权乃引见，问裔曰："蜀卓氏寡女，亡奔司马相如，贵土风俗何以乃尔乎？"裔对曰："愚以为卓氏之寡女，犹贤于买臣之妻。"权又谓裔曰："君还，必用事西朝，终不作田父于闾里也，将何以报我？"裔对曰："裔负罪而归，将委命有司。若蒙侥幸得全首领，五十八已前父母

重向朗。延熙十年，向朗去世。向朗的儿子向条继承了爵位，在景耀年间任御史中丞。

向朗的侄子向宠，先主在世时任牙门将。刘备向东征讨孙吴，在秭归大败，只有向宠所部没有损失。建兴元年，向宠被封都亭侯，后为中部督，统领宫廷禁卫。诸葛亮北伐曹魏前，上表后主说："将军向宠，性情温和，品行端正，通晓军事，从前被试用的时候，先帝都称他能干。所以，众人都推举他为中部督，统领宫廷禁卫。臣认为，禁卫营中之事，都要向他咨询，这样，一定能使军中将士和睦，各种人才都能各尽其能。"向宠后升迁为中领军。延熙三年，在征伐汉嘉郡少数民族时身亡。向宠弟向允，历任射声校尉、尚书等职。

张裔字君嗣，是蜀郡成都人。他曾经研读《春秋公羊传》，博览《史记》《汉书》。汝南人许文休到蜀地，说张裔办事勤勉，与中原钟元常是同类人。刘璋为益州牧时，张裔被推举为孝廉，任鱼复县长。后回益州府代理从事，兼任帐下司马。张飞从荆州由垫江进入蜀地，刘璋让张裔率领一队人马，在德阳县陌下镇抵御张飞，战败后回到成都。张裔又为刘璋出使去见刘备，刘备答应礼待刘璋，妥善安置他的臣民。张裔返回，成都城门也就开了，刘璋投降。刘备任命张裔为巴郡太守，后来回成都任司金中郎将，督造农具、武器。此前，益州郡人杀了太守正昂，年长的首领雍闿又以德、信著称于南方，于是派人四处联络，和尚远在东方的孙权相互往来。刘备便任命张裔为益州太守，径往郡治所在。雍闿犹豫着不肯归服，又假借鬼教名义传出话来说："张府君就像葫芦做的壶，外表光润里面粗糙，不值得一杀，把他绑起来送给东吴。"于是就把张裔押送到东吴。

刘备去世以后，诸葛亮派遣邓芝出使吴国，命邓芝谈完主要事情后要东吴放还张裔。张裔在吴国几年，被流放隐居，孙权根本不知道这个人，所以，就答应邓芝放还张裔。张裔临走前，孙权召见他说："蜀国卓氏的寡妇，竟然和司马相如私奔，贵国的风俗怎么这样？"张裔回答说："我认为，卓氏的寡妇，仍然比朱买臣的妻子贤惠。"孙权又问他："你回去以后，必然要为蜀国效力，再也不会像农民那样困守在小巷里，你将用什么来报答我呢？"张裔又回答说：

之年也，自此已后大王之赐也。”权言笑欢悦，有器裔之色。裔出阁，深悔不能阳愚，即便就船，倍道兼行。权果追之，裔已入永安界数十里，追者不能及。

既至蜀，丞相亮以为参军，署府事，又领益州治中从事。亮出驻汉中，裔以射声校尉领留府长史，常称曰：“公赏不遗远，罚不阿近，爵不可以无功取，刑不可以贵势免，此贤愚之所以佥忘其身者也。”其明年，北诣亮咨事，送者数百，车乘盈路，裔还书与所亲曰：“近者涉道，昼夜接宾，不得宁息，人自敬丞相长史，男子张君嗣附之，疲倦欲死。”其谈啁流速，皆此类也。少与犍为杨恭友善，恭早死，遗孤未数岁，裔迎留，与分屋而居，事恭母如母。恭之子息长大，为之娶妇，买田宅产业，使立门户。抚恤故旧，振赡衰宗，行义甚至。加辅汉将军，领长史如故。建兴八年卒。子毣嗣，历三郡守监军。毣弟郁，太子中庶子。

杨洪字季休，犍为武阳人也。刘璋时历部诸郡。先主定蜀，太守李严命为功曹。严欲徙郡治舍，洪固谏不听，遂辞功曹，请退。严欲荐洪于州，为蜀部从事。先主争汉中，急书发兵，军师将军诸葛亮以问洪，洪曰：“汉中则益州咽喉，存亡之机会，若无汉中则无蜀矣，此家门之祸也。方今之事，男子当战，女子当运，发兵何疑？”时蜀郡太守法正从先主北行，亮于是表洪领蜀郡太守，众事皆办，遂使即真。顷之，转为益州治中从事。

"我负罪回国，命运由朝廷安排。如果能侥幸保住脑袋，那么，我五十八岁以前是父母给的生命，从今往后是大王您赏赐的生命。"孙权大笑，表示非常器重张裔的才能。张裔一出孙权宫门，就十分后悔自己没能装傻，便迅速上船，加倍快行。果然孙权派人追他，这时，张裔已进入永安界几十里，追的人无法追上。

张裔返回成都，丞相诸葛亮让他做了参军，执掌丞相府公务，又兼任益州治中从事。诸葛亮北上进驻汉中，张裔以射声校尉的身份兼任丞相留府长史。他常称赞诸葛亮说："诸葛公颁奖不会漏掉远处的人，执行惩罚不会袒护身边的人，没有功劳爵位得不到，虽有权势刑罚免不掉，这就是不论贤愚都能够尽心尽力的原因啊！"第二年，张裔北上汉中向诸葛亮请示事情，有几百人前来送行，车辆挤满道路，他给亲近的人写信，说："我近期就要上路，昼夜接待宾客，不得休息，人们尊敬的是丞相府长史这个职位，而我又依附着这个官职，所以累得要死。"他就是这样谈吐诙谐，流畅敏捷。年轻的时候张裔与犍为郡杨恭关系很好，杨恭死得早，留下的孩子才几岁，张裔就把杨恭的家眷接在自己家中，分屋居住，将杨恭的母亲当作自己的母亲一样侍奉。杨恭的儿子长大以后，张裔又为他娶妻，购买田产，让他们自立门户。张裔抚恤老友的亲眷，救济衰落的家族，十分讲义气。后来朝廷加任张裔为辅汉将军，依旧兼任长史。建兴八年张裔去世。儿子张毣继承了他的职位。历任三个郡的郡守和监军。张毣的弟弟张郁，任太子中庶子。

杨洪字季休，是犍为武阳人。刘璋做益州刺史时，杨洪做郡从事，督查各郡。刘备占领益州后，犍为郡太守李严任命杨洪为郡功曹。李严想迁徙郡府，杨洪竭力劝谏而李严不听，于是，杨洪便辞去功曹职务，请求离开。李严又把杨洪推荐给刘备，杨洪又被任命为蜀部从事。刘备与曹操争夺汉中之时，发来紧急文书要求诸葛亮派兵增援。诸葛亮问杨洪该怎么办，杨洪说："汉中是益州的咽喉，是益州存亡的关键所在，如果汉中丢失也就没有了益州，这是发生在家门口的灾祸啊！以今之势，应该动员一切人力，男人上前线打仗，女子在后方运输，发兵援助汉中不必迟疑！"当时，郡太守法正也随从刘备

先主既称尊号，征吴不克，还住永安。汉嘉太守黄元素为诸葛亮所不善，闻先主疾病，惧有后患，举郡反，烧临邛城。时亮东行省疾，成都单虚，是以元益无所惮。洪即启太子，遣其亲兵，使将军陈曶、郑绰讨元。众议以为元若不能围成都，当由越巂据南中。洪曰："元素性凶暴，无他恩信，何能办此？不过乘水东下，冀主上平安，面缚归死；如其有异，奔吴求活耳。敕曶、绰但于南安峡口遮即便得矣。"曶、绰承洪言，果生获元。洪建兴元年赐爵关内侯，复为蜀郡太守、忠节将军，后为越骑校尉，领郡如故。

五年，丞相亮北住汉中，欲用张裔为留府长史，问洪何如？洪对曰："裔天姿明察，长于治剧，才诚堪之，然性不公平，恐不可专任，不如留向朗。朗情伪差少，裔随从目下，效其器能，于是两善。"初，裔少与洪亲善。裔流放在吴，洪临裔郡，裔子郁给郡吏，微过受罚，不特原假。裔后还闻之，深以为恨，与洪情好有损。及洪见亮出，至裔许，具说所言。裔答洪曰："公留我了矣，明府不能止。"时人或疑洪意自欲作长史，或疑洪知裔自嫌，不愿裔处要职，典后事也。后裔与司盐校尉岑述不和，至于忿恨。亮与裔书曰："君昔在陌下，营坏，吾之用心，食不知味；后流迸南海，相为悲叹，寝不安席；及其来还，委付大任，同奖王室，自以为与君古之石交也。石交之道，举仇以相益，割骨肉以相明，犹不相谢也，况吾但委意于元俭，而君不能忍邪？"论者由是明洪无私。

在北边的汉中，诸葛亮就上表让杨洪代理蜀郡太守，汉中的事情结束以后，杨洪被正式任命为蜀郡太守。不久，又转为益州治中从事。

刘备称帝后，讨伐东吴失败，暂时驻军永安行宫。嘉郡太守黄元，诸葛亮对他一直没有好感。黄元听说刘备生病，担心以后遭受祸患，便就地举兵造反，烧毁临邛城。当时，诸葛亮正东下永安去探视刘备的病情，成都兵力不足，所以，黄元更是狂妄。杨洪立即报告太子，并派遣亲兵，让将军陈曶、郑绰统辖去讨伐黄元。朝臣大多认为，如果黄元不包围成都，就会经过越嶲郡去占据南中。杨洪却说："黄元本性凶暴，没有什么德信，他怎么会懂得这么做？他不过是想顺江东下，如果陛下还平安，就会主动绑上自己去向陛下请罪，如果陛下有意外，他就会逃往东吴以求活命。"杨洪随即指示陈曶、郑绰二将说："只要到南安峡口去阻拦，就能抓住黄元。"陈、郑二将按照他的计策，果然生擒了黄元。建兴元年，杨洪被赐爵关内侯，又任蜀郡太守兼忠节将军，后来任越骑校尉，仍兼任蜀郡太守。

建兴五年，丞相诸葛亮北征驻兵汉中，想要张裔为留府长史，问杨洪怎么样。杨洪回答说："张裔聪明敏锐，擅长整治艰难困境，论才能的确可以胜任，但他心胸狭隘，难以独当一面，不如让向朗为留府长史。向朗性格沉稳虚伪少，张裔跟着您显露才能，可说是两全其美。"当初，张裔和杨洪年轻时关系很好。张裔流放在吴，杨洪到张裔家所在郡视察，张裔的儿子张郁在郡中当吏员，因为一点小过失而受处罚，杨洪没有给予特别宽容。张裔回来后听说了这件事，很是恼恨，与杨洪的友情便逐渐冷淡下来。杨洪见诸葛亮出兵以后，便到张裔那里，原原本本地把自己跟诸葛亮说的话全都告诉了张裔。张裔说："丞相留我之意很明白，你阻止不了。"当时有人怀疑杨洪是想自己做长史，也有人说杨洪知道张裔厌恶自己，不想看到张裔身处要职，管理后方事务。后来，张裔和司盐校尉岑述不睦，甚至相互仇恨。诸葛亮在给张裔的信中说："过去你在陌下时，用兵失败，我为你操心，食不甘味；后来，你又流亡到南海，我也为你悲叹，睡不安枕；到你投奔先帝以后，我委你重任，同为王室尽力，我自认为和你可称为古代的'石交'。'石交'，就是推举仇敌使朋友得到好处，割自

洪少不好学问，而忠清款亮，忧公如家，事继母至孝。六年卒官。始洪为李严功曹，严未去犍为而洪已为蜀郡。洪迎门下书佐何祗，有才策功干，举郡吏，数年为广汉太守，时洪亦尚在蜀郡。是以西土咸服诸葛亮能尽时人之器用也。

费诗字公举，犍为南安人也。刘璋时为绵竹令，先主攻绵竹时，诗先举城降。成都既定，先主领益州牧，以诗为督军从事，出为牂牁太守，还为州前部司马。先主为汉中王，遣诗拜关羽为前将军，羽闻黄忠为后将军，羽怒曰："大丈夫终不与老兵同列！"不肯受拜。诗谓羽曰："夫立王业者，所用非一。昔萧、曹与高祖少小亲旧，而陈、韩亡命后至，论其班列，韩最居上，未闻萧、曹以此为怨。今汉王以一时之功，隆崇于汉升，然意之轻重，宁当与君侯齐乎！且王与君侯，譬犹一体，同休等戚，祸福共之，愚为君侯，不宜计官号之高下，爵禄之多少为意也。仆一介之使，衔命之人，君侯不受拜，如是便还，但相为惜此举动，恐有后悔耳！"羽大感悟，遽即受拜。

后群臣议欲推汉中王称尊号，诗上疏曰："殿下以曹操父子逼主篡位，故乃羁旅万里，纠合士众，将以讨贼。今大敌未克，而先自立，恐人心疑惑。昔高祖与楚约，先破秦者王。及屠咸阳，获子婴，犹怀推让，况今殿下未出门庭，便欲自立邪！愚臣诚不为殿下取也。"由是忤指，左迁部永昌从事。建兴三年，随诸葛亮南行，归至汉阳县，降人李鸿来诣亮，亮见鸿，时蒋琬与诗在座。鸿曰："间过孟达许，适见王冲从南来，言往者达之去就，明公切齿，欲诛达妻子，赖先主不听耳。达曰：'诸葛亮见顾有本末，终不尔也。'尽不信

己的肉也在所不辞，何况我只是有意于元俭，难道你就不能忍受吗？”评论的人从这些话看出杨洪是没有私心的。

杨洪年轻时不喜欢学习，但清廉正直，担心国事如同家事一般，侍奉继母极其孝顺。建兴六年，杨洪死在任上。早年，杨洪是李严的功曹，后来，李严还没有去犍为任太守时杨洪已是蜀郡太守了。为杨洪掌管文书的门下书佐何祗，很有谋略才干，被推举为郡吏，几年后，任广汉太守，此时，杨洪也还在蜀郡太守任上，因此，蜀地人士都佩服诸葛亮能让当时人士发挥自己的全部才能。

费诗字公举，是犍为南安人。刘璋为益州牧时他做绵竹县令，刘备进击绵竹，费诗率先带领县中军民投降。成都平定后，刘备兼任益州牧，任费诗为督军从事，出任牂牁太守，回任益州前部司马。先主做汉中王，派费诗去拜关羽为前将军，关羽听说黄忠任后将军，怒说：“大丈夫绝不能与老卒在同一位次上！”不肯接受任命。费诗对关羽说：“大凡建立王业之人，使用的人才怎能为一个？从前萧何、曹参和汉高祖刘邦少年时期就是朋友，而陈平、韩信都是逃亡过来的，但是论朝中排列，韩信位居最上，却未听说萧何、曹参因此而有何怨言。今天汉王因黄忠的功劳，对他施恩，就是把你们二人同等看待吗！况且汉王与您如同一体，休戚与共，福祸同当，我认为，您不应计较官号的高下，爵禄的多少。我只是一个奉命而行的使臣，如果您不肯就任，让我就这样回去，我只能对您感到惋惜，恐怕您将来要后悔！”关羽猛然省悟，接受了这一任命。

之后群臣商议想劝汉中王称帝，费诗却上了一封奏疏说：“主公因曹操父子逼迫天子篡夺帝位，所以，才奔波万里之遥，招集人马，讨伐奸贼。敌未灭，就先自立为帝，恐人心有疑。从前，高祖与项羽约定，先攻破秦都咸阳者为王。后来，高祖先攻入咸阳，俘虏了子婴，尽管这样，还再三推让不愿当王，何况现在主公尚未迈出益州之门，就要自立为皇帝吗！愚臣以为主公不能采取这种意见。”结果，奏疏违逆了刘备的意愿，费诗被贬职为永昌从事。建兴三年，费诗随诸葛亮南征，回军至汉阳的时候，从曹魏投降过来的李鸿来拜见诸葛亮，诸葛亮与李鸿见面时，蒋琬、费诗也在座，李鸿说：“最近，我路

冲言，委仰明公，无复已已。”亮谓琬、诗曰：“还都当有书与子度相闻。”诗进曰：“孟达小子，昔事振威不忠，后又背叛先主，反覆之人，何足与书邪！”亮默然不答。亮欲诱达以为外援，竟与达书曰：“往年南征，岁末乃还，适与李鸿会于汉阳，承知消息，慨然永叹，以存足下平素之志，岂徒空托名荣，贵为乖离乎！呜呼孟子，斯实刘封侵陵足下，以伤先主待士之义。又鸿道王冲造作虚语，云足下量度吾心，不受冲说。寻表明之言，追平生之好，依依东望，故遣有书。”达得亮书，数相交通，辞欲叛魏。魏遣司马宣王征之，即斩灭达。亮亦以达无款诚之心，故不救助也。蒋琬秉政，以诗为谏议大夫，卒于家。

王冲者，广汉人也。为牙门将，统属江州督李严。为严所疾，惧罪降魏。魏以冲为乐陵太守。

评曰：霍峻孤城不倾，王连固节不移，向朗好学不倦，张裔肤敏应机，杨洪乃心忠公，费诗率意而言，皆有可纪焉。以先主之广济，诸葛之准绳，诗吐直言，犹用陵迟，况庸后乎哉！

过孟达那里，正好遇见王冲从南边来，他说丞相您对孟达过去叛蜀降曹之事恨之切齿，要诛杀孟达的妻子儿女，因为先主不允才没这样做。孟达听了说：‘丞相对我的照顾是善始善终的，他绝不会这样做。’孟达对王冲的话全然不信，仍然对您充满信任和仰慕。”诸葛亮对蒋琬、费诗说：“回到成都以后我应当给子度写信。”费诗进言说：“孟达这个人，过去跟从刘璋就没有尽忠心，后来又背叛先帝，这种反复无常的小人，怎么值得给他写信呢！”诸葛亮默然不语，但仍然想引诱孟达为外援，后来，还是给孟达写了信，说：“往年南征，年底才归，不久前与李鸿在汉阳相会，才得知你的消息，怅然感叹，想起你平时的志向，难道只是空求虚荣、喜做背离之事吗！孟达呀，实际是刘封欺压你，他破坏了先帝宽容部下的义气。李鸿说王冲编造谎话欺骗于你，说你能够体谅我的用心，你没有听王冲的挑拨。重温你的明理之言，追忆平生友好，依依向东遥望，所以，给你写这封信。”孟达接到诸葛亮的信以后，几次往来书信，准备背叛魏国。魏国派司马宣王征讨，很快就杀了孟达。诸葛亮也因为孟达没有坦诚之心，而没有去救他。蒋琬执政后，任命费诗为谏议大夫，费诗最后死在家中。

王冲是广汉人，为牙门将，是江州督李严的部下。因被李严忌恨，害怕获罪而投降魏国。魏国任他为乐陵太守。

评论说：霍峻坚守孤城没有被攻下，王连不改变气节，向朗好学不倦，张裔机智灵敏，杨洪忠诚公正，费诗仗义执言，都是非常值得记载下来的。以刘备的宽宏大量，诸葛亮的坚持原则，像费诗这样坦诚直言，尚且还被降职，更何况那些平庸的后人呢！

卷四十二　蜀书十二

杜周杜许孟来尹李谯郤传第十二

杜微字国辅，梓潼涪人也。少受学于广汉任安。刘璋辟为从事，以疾去官。及先主定蜀，微常称聋，闭门不出。建兴二年，丞相亮领益州牧，选迎皆妙简旧德，以秦宓为别驾，五梁为功曹，微为主簿。微固辞，舆而致之。既致，亮引见微，微自陈谢。亮以微不闻人语，于坐上与书曰："服闻德行，饥渴历时，清浊异流，无缘咨觏。王元泰、李伯仁、王文仪、杨季休、丁君干、李永南兄弟、文仲宝等，每叹高志，未见如旧。猥以空虚，统领贵州，德薄任重，惨惨忧虑。朝廷今年始十八，天姿仁敏，爱德下士。天下之人思慕汉室，欲与君因天顺民，辅此明主，以隆季兴之功，著勋于竹帛也。以谓贤愚不相为谋，故自割绝，守劳而已，不图自屈也。"微自乞老病求归，亮又与书答曰："曹丕篡弑，自立为帝，是犹土龙刍狗之有名也。欲与群贤因其邪伪，以正道灭之。怪君未有相诲，便欲求还于山野。丕又大兴劳役，以向吴、楚。今因丕多务，且以闭境勤农，育养民物，并治甲兵，以待其挫，然后伐之，可使兵不战民不劳而天下定也。君但当以德辅时耳，不责君军事，何为汲汲欲求去乎！"其敬微如此。拜为谏议大夫，以从其志。

五梁者，字德山，犍为南安人也，以儒学节操称。从议郎迁谏议大夫、五官中郎将。

杜微字国辅，是梓潼涪县人。年轻时曾经跟广汉人任安学习。刘璋聘他为从事，后因病辞职。刘备平定蜀地，杜微则称双耳失聪，闭门不出。建兴二年，丞相诸葛亮兼任益州牧，所选录的属员都是很有德望的人：秦宓为别驾，五梁为功曹，杜微为主簿，杜微推辞，被诸葛亮用车子硬请去了。来到以后，诸葛亮亲自接见，杜微表示歉意。诸葛亮因杜微听不到人讲话，就在座席上与他笔谈，说："听说了您的德行我很敬佩，盼望着和您相见的心情如饥似渴，只因您我清浊异流，所以，一直无缘向您求教。王元泰、李伯仁、王文仪、杨季休、丁君干、李永南兄弟以及文仲宝等人都常赞叹您志行高洁，虽然没有谋面，却似故友。我徒具虚名，统领贵地，德行浅薄而所负责任重大，心中常常在担忧。皇上今年才十八岁，仁慈聪明，爱德惜才，礼贤下士。天下百姓都思恋汉室，我想请先生与我一同依意顺民，辅助英主，振兴蜀汉大业，功勋永留青史。如果您认为贤愚不能共事，与世隔绝，谨守己功，您这可是委屈了自己啊！"杜微称自己年老多病，请求辞官归家。诸葛亮又给他写信说："曹丕杀君篡位，自立为帝，其实，就像土龙草狗一样，徒有其名。我想和各位贤士以正义之道铲除这个邪恶奸诡之徒，可您却没有给予教诲，就要求回归山野，令人感到不解。现在，曹丕正征召劳役，准备攻打吴蜀。趁着魏国多事之时，我想，暂不出兵而致力于发展农耕，使百姓得以休养生息，积蓄物资。同时，积极备战，待曹军疲惫时，再讨伐他们。这样，就可以让士兵不必打仗，百姓不劳苦而使天下平定。您只要以德行辅助当今国事，不求您过问军事，为什么还要急急忙忙地要求离开呢！"诸葛亮就是这样敬重杜微。杜微被任命为谏议大夫，以尊重他的志向。

五梁，字德山，犍为郡南安县人，因知晓儒学、有节操而闻名于世。他从议郎迁升为谏议大夫、五官中郎将。

周群字仲直，巴西阆中人也。父舒，字叔布，少学术于广汉杨厚，名亚董扶、任安。数被征，终不诣，时人有问："《春秋谶》曰代汉者当涂高，此何谓也？"舒曰："当涂高者，魏也。"乡党学者私传其语。群少受学于舒，专心候业。于庭中作小楼，家富多奴，常令奴更直于楼上视天灾，才见一气，即白群，群自上楼观之，不避晨夜，故凡有气候，无不见之者，是以所言多中。州牧刘璋，辟以为师友从事。先主定蜀，署儒林校尉。先主欲与曹公争汉中，问群，群对曰："当得其地，不得其民也。若出偏军，必不利，当戒慎之！"时州后部司马蜀郡张裕亦晓占候，而天才过群，谏先主曰："不可争汉中，军必不利。"先主竟不用裕言，果得地而不得民也。遣将军吴兰、雷铜等入武都，皆没不还，悉如群言。于是举群茂才。

裕又私语人曰："岁在庚子，天下当易代，刘氏祚尽矣。主公得益州，九年之后，寅卯之间当失之。"人密白其言。初，先主与刘璋会涪时，裕为璋从事，侍坐。其人饶须，先主嘲之曰："昔吾居涿县，特多毛姓，东西南北皆诸毛也，涿令称曰'诸毛绕涿居乎'！"裕即答曰："昔有作上党潞长，迁为涿令者，去官还家，时人与书，欲署潞则失涿，欲署涿则失潞，乃署曰'潞涿君'。"先主无须，故裕以此及之。先主常衔其不逊，加忿其漏言，乃显裕谏争汉中不验，下狱，将诛之。诸葛亮表请其罪，先主答曰："芳兰生门，不得不鉏。"裕遂弃市。后魏氏之立，先主之薨，皆如裕所刻。又晓相术，每举镜视面，自知刑死，未尝不扑之于地也。

周群字仲直，是巴西郡阆中县人。周群的父亲周舒，字叔布，少时跟随广汉郡的杨厚学习技艺，名声仅仅亚于董扶、任安。他多次被官府征召，但始终没去应召。当时有人问他说：“《春秋谶》说取代汉朝的人是当涂高，这是什么意思？”周舒回答说：“当涂高，指的是魏。”当地的读书人在暗中传播着他的话。周群年少时跟随周舒学习，专心致志于观测占验的学问。周舒在庭院中修建了一座小楼，因为家中富有、仆从众多，常常指派奴仆轮流在楼台上值班，观看天象的灾祥变异，奴仆一旦观察到一点细小的变化，就去告诉周群，周群就亲自上楼观察，不论早晚都是这样。所以凡是有天象变异的征兆，周群没有看不到的，因此他所说的也就多半应验了。益州州牧刘璋，征召周群担任从事，但以师友之礼相待。先主刘备平定蜀地后，让周群暂时代理儒林校尉。先主要和曹操争夺汉中郡，征求周群的意见，周群回答说：“您会夺取到那里的土地，但不会得到那里的人民。如果只出一部分军队，一定会不利，一定要警惕、慎重！”时任益州后部司马的蜀郡人张裕也知晓观测天象之术，并且天资才能远在周群之上，他向先主进谏说：“不可争夺汉中郡，出兵一定会不利。”刘备最终没有采纳张裕的建议，果然是占领了该地，而没有得到那里的人民。先主派遣将军吴兰、雷铜等人进攻武都，他们都阵亡了没有回来，全都像周群所说的那样。于是先主就推举周群为茂才。

张裕曾悄悄对人说：“庚子年天下要改朝换代，刘氏气数要尽了。主公攻取益州，九年后又将失去它。”有人暗地里把这些话告诉了刘备。当初，刘备与刘璋在涪县相会时，张裕任刘璋的从事，在旁陪坐。他的胡须很多，刘备曾嘲弄他说：“过去我在涿县时，那里姓毛的人很多，四方都是‘诸毛’，涿县县令说‘诸毛’就围着涿县居住吧！”张裕立即回答说：“从前，上党郡潞县有一位县长，后来调任为涿县县令，他离职回家以后，有人给他写信，想称呼他潞县官职又遗漏了涿县，称呼他涿县的官职则遗漏了潞县，干脆就称呼他‘潞涿君’。”刘备没有胡须，所以，张裕就这样嘲讽他。刘备一直怀恨他不礼貌，这时，又恼怒他泄露天机，因此，就说张裕劝谏争夺汉中不灵验，把他关进监狱要处死。诸葛亮上表问张裕犯了什么罪行，刘

群卒，子巨颇传其术。

杜琼字伯瑜，蜀郡成都人也。少受学于任安，精究安术。刘璋时辟为从事。先主定益州，领牧，以琼为议曹从事。后主践阼，拜谏议大夫，迁左中郎将、大鸿胪、太常。为人静默少言，阖门自守，不与世事。蒋琬、费祎等皆器重之。虽学业入深，初不视天文有所论说。后进通儒谯周常问其意，琼答曰："欲明此术甚难，须当身视，识其形色，不可信人也。晨夜苦剧，然后知之，复忧漏泄，不如不知，是以不复视也。"周因问曰："昔周徵君以为当涂高者魏也，其义何也？"琼答曰："魏，阙名也，当涂而高，圣人取类而言耳。"又问周曰："宁复有所怪邪？"周曰："未达也。"琼又曰："古者名官职不言曹；始自汉已来，名官尽言曹，吏言属曹，卒言侍曹，此殆天意也。"琼年八十余，延熙十三年卒。著《韩诗章句》十余万言，不教诸子，内学无传业者。

周缘琼言，乃触类而长之曰："《春秋传》著晋穆侯名太子曰仇，弟曰成师。师服曰：'异哉君之名子也！嘉耦曰妃，怨耦曰仇，今君名太子曰仇，弟曰成师，始兆乱矣，兄其替乎？'其后果如服言。及汉灵帝名二子曰史侯、董侯，既立为帝，后皆免为诸侯，与师服言相似也。先主讳备，其训具也，后主讳禅，其训授也，如言刘已具矣，当授予人也；意者甚于穆侯、灵帝之名子。"后宦人黄皓弄权于

备回答说："芳草当门而生，不得不锄去。"张裕被处死。后来，曹丕称帝、刘备去世，其年限都与张裕所说时间相符。张裕还通晓相面术，每次拿着镜子看自己的面相，知道将会受刑而死，每次都把镜子摔在地上。

周群死了以后，他的儿子周巨得到他术数真传。

杜琼字伯瑜，是蜀郡成都人，从小随任安学习，精心研习任安的学术。刘璋执掌州郡时杜琼被调任从事。刘备平定益州以后，任杜琼为议曹从事。刘禅登基后，任命他为谏议大夫，后来又提升为左中郎将、大鸿胪和太常。杜琼为人低调，寡言自守，不参与世间的事务。大臣蒋琬、费祎等人都很器重他。杜琼对占卜观象术虽然研究得很深，但从不对天象的变化有所谈论。后辈中通晓儒学的谯周曾问杜琼为什么这样，杜琼回答说："要想把观天象预测吉凶的方法搞明白是很难的，必须亲自去观察，分辨云气的形状和颜色，不能只听信别人的观察结果。经过日夜不间断地辛苦，才能知道天象之意，还怕泄露出去身遭祸患，如果那样还不如不知道，所以，我就不再观测天象了。"谯周就这个话题又问："当初周征君说过，当涂高者魏也，这又是什么意思呢？"杜琼回答说："魏，是阙的名字，它高大并且对着宫前的大道，圣人是用它做比喻。"杜琼又问道："还有什么感到不解的事吗？"谯周说："我还是不明白。"杜琼又说："古代称官职不说曹，从汉代开始，才称官职为曹，官府中的吏员叫属曹，做杂项事务叫作侍曹，这大概是天意呀。"杜琼当时已经八十多岁了，延熙十三年去世。所著《韩诗章句》有十多万字，他的谶纬之学没有教给自己的后人，所以，这门学问没有人传承。

谯周按照杜琼的办法，把类似的情况又进行发展，说："《春秋传》写晋穆侯为太子起名为仇，弟弟的名字叫成师。师服说：'国君为儿子取名真奇怪！夫妻和睦称作妃，不和睦称作仇，现在，国君为太子取名为仇，弟弟叫成师，一开始就预示着悖乱，恐怕哥哥要被废弃吧？'以后发生的事果然如师服所说。还有，汉灵帝为他的两个儿子取名为史侯、董侯，他们被立为皇帝后又都被免为诸侯，这和师服说的话很相似。先主名叫刘备，'备'字解释为'具'，后主名叫刘

内，景耀五年，宫中大树无故自折，周深忧之，无所与言，乃书柱曰："众而大，期之会，具而授，若何复？"言曹者众也。魏者大也，众而大，天下其当会也，具而授，如何复有立者乎？蜀既亡，咸以周言为验。周曰："此虽己所推寻，然有所因，由杜君之辞而广之耳，殊无神思独至之异也。"

许慈字仁笃，南阳人也。师事刘熙，善郑氏学，治《易》《尚书》《三礼》《毛诗》《论语》。建安中，与许靖等俱自交州入蜀。时又有魏郡胡潜，字公兴，不知其所以在益土。潜虽学不沾洽，然卓荦强识，祖宗制度之仪，丧纪五服之数，皆指掌画地，举手可采。先主定蜀，承丧乱历纪，学业衰废，乃鸠合典籍，沙汰众学，慈、潜并为学士，与孟光、来敏等典掌旧文。值庶事草创，动多疑议，慈、潜更相克伐，谤讟忿争，形于声色；书籍有无，不相通借，时寻楚挞，以相震撼。其矜己妒彼，乃至于此。先主愍其若斯，群僚大会，使倡家假为二子之容，效其讼阋之状，酒酣乐作，以为嬉戏，初以辞义相难，终以刀杖相屈，用感切之。潜先没，慈后主世稍迁至大长秋，卒。子勋传其业，复为博士。

孟光字孝裕，河南洛阳人，汉太尉孟郁之族。灵帝末为讲部

禅，‘禅’字的意思为‘授’，就好比说刘氏已经完备的国家，要传授给别人；看来要比穆侯和灵帝为儿子取名的结局更凄惨。”后来，太监黄皓在宫中弄权。景耀五年，宫中的大树无故自断，谯周对此征兆深感忧虑，但是又没有能够对其明说的人，便在柱子上写道：“众而大，期之会，具而授，若何复？”意思是说：曹字有众多的意思，魏字是高大的宫阙的意思，天下当聚于曹魏的统治之下，把准备好的一切再授给别人，怎么还会有再继立的君主呢？蜀汉灭亡以后，人们全都认为谯周的预言应验了。谯周说：“这个结果虽是我自己推演出来的，但这也是有依据的，是根据杜君的话推算的，根本不是我有什么神奇的功能。”

许慈字仁笃，是南阳人。跟随刘熙学习，擅长郑玄学派的古文经学。许慈精心研习《易》《尚书》《三礼》《毛诗》《论语》等儒家经典。建安年间，许慈和许靖等人一起从交州进入蜀地。当时又有魏郡人胡潜，字公兴，不知道是因为什么原因来到益州。胡潜虽然学问并不渊博，然而人品出众，记忆力强，对于体现祖宗制度的礼仪，办理丧事五服制度的规定，都能边讲边示范，信手拈来。先主占据益州的时候，正是益州经历了一二十年战乱的时候，教育事业衰败荒废，于是就收集文献典籍，清理各种学问，许慈、胡潜都被任为博士，与孟光、来敏等人主持管理旧文献。当时什么事都处于草创阶段，创建事务的举动大多遭到人们的质疑。许慈、胡潜更是互相攻击，诽谤争吵，声色俱厉；彼此的书籍也不互通有无。有时还会动用棍棒互相殴打，以对对方进行震慑。这两人各自夸耀自己，嫉妒对方，已经到了这个地步。先主对两人的这种关系感到很忧虑，就在众臣聚集的宴会上，让两个唱戏的演员装扮成两人的模样，仿效二人争执打斗的过程。在众人酒兴正浓音乐大作的时候，作为娱乐两个艺人出场了，开始时用儒家经意互相驳难，到最后发展到用棍棒互相威胁。先主用这种方法感化批评两人。两人中胡潜先死，许慈在后主时期渐渐升迁到大长秋，后来也死了。许慈的儿子许勋传承了许慈的学业，也做了博士。

孟光，字孝裕，是河南洛阳人，和汉太尉孟郁是同族。在汉灵

吏。献帝迁都长安，遂逃入蜀，刘焉父子待以客礼。博物识古，无书不览，尤锐意三史，长于汉家旧典。好《公羊春秋》而讥呵《左氏》，每与来敏争此二义，光常譊譊讙咋。先主定益州，拜为议郎，与许慈等并掌制度。后主践阼，为符节令、屯骑校尉、长乐少府，迁大司农。延熙九年秋，大赦，光于众中责大将军费祎曰："夫赦者，偏枯之物，非明世所宜有也。衰弊穷极，必不得已，然后乃可权而行之耳。今主上仁贤，百僚称职，有何旦夕之危，倒悬之急，而数施非常之恩，以惠奸宄之恶乎？又鹰隼始击，而更原宥有罪，上犯天时，下违人理。老夫耄朽，不达治体，窃谓斯法难以经久，岂具瞻之高美，所望于明德哉。"祎但顾谢踧踖而已。光之指摘痛痒，多如是类，故执政重臣，心不能悦，爵位不登；每直言无所回避，为世所嫌。太常广汉镡承、光禄勋河东裴俊等，年资皆在光后，而登据上列，处光之右，盖以此也。

后进文士秘书郎郤正数从光谘访，光问正太子所习读并其情性好尚，正答曰："奉亲虔恭，夙夜匪懈，有古世子之风；接待群僚，举动出于仁恕。"光曰："如君所道，皆家户所有耳；吾今所问，欲知其权略智调何如也。"正曰："世子之道，在于承志竭欢，既不得妄有所施为，且智调藏于胸怀，权略应时而发，此之有无，焉可豫设也？"光解正慎宜，不为放谈，乃曰："吾好直言，无所回避，每弹射利病，为世人所讥嫌；省君意亦不甚好吾言，然语有次。今天下未定，智意为先，智意虽有自然，然亦可力强致也。此储君读书，宁当效吾等竭力博识以待访问，如博士探策讲试以求爵位邪！当务其急者。"正深谓光言为然。后光坐事免官，年九十余卒。

帝末年孟光任讲部吏。汉献帝把国都迁到长安时，孟光就逃窜到蜀郡。刘焉父子以客礼待他。孟光知识渊博，了解古代文化，各种类别的书他都看，尤其对《史记》《汉书》和《东观汉记》三部书有专门的研究，还精通汉朝过去的典制。孟光喜爱公羊高的《春秋传》，却指责《左氏传》，每当和来敏争论这两部书的时，孟光经常大声地争辩。刘备平定益州后，任孟光为议郎，与许慈等人同管典制。刘禅即位以后，孟光任符节令、屯骑校尉和长乐少府，又升为大司农。延熙九年秋天，后主颁布大赦令，孟光当着众人的面责问大将军费祎说："大赦天下，犹如半边枯萎的物体，不是盛世所应该运用的。只有衰困到万不得已之时，才可以暂且一用。现在，皇上仁惠贤德，百官称职，能有什么旦夕之危，倒悬之急，而非要多次施与殊恩给那些为非作歹的人呢？何况，现在强盗猖獗，却宽恕有罪之人，这样做上冒天时，下违人心。我已经老了，不了解治国的根本。但我认为这种方法很难维持长久。难道你这位处在宰相高位的人，期望以此来显示仁德吗？"费祎只是毕恭毕敬地道歉。孟光的指摘时弊，往往都是这样直言不讳。所以，朝中重臣都很不喜欢他，孟光的爵位也得不到升迁。因为直言极谏无所顾忌，被当时人所怨恨。太常广汉人镡承、光禄勋河东人裴俊等，年岁、资历都不如孟光，却登高位，官位在孟光之上。原因就在于孟光的直言。

晚辈文士秘书郎郤正曾经多次向孟光咨询，孟光便问郤正太子在读什么书以及他的性情爱好怎样，郤正回答说："太子侍奉双亲虔诚恭敬，早晚不怠，有古代文王世子之风，对待朝臣都有仁恕之心。"孟光说："您说的这些，即使是平常人家的儿子也都具有的品行，而我要问的是，他治国的谋略和智慧怎么样。"郤正说："太子的准则，在于顺承父母的意志尽力使他们高兴，不能任意而为。智慧存心，谋略则是根据出现的情况才可显露，其有无怎么能预先假设呢？"孟光知道郤正处事谨慎，不轻易发表意见，就说："我这个人有话就直说，不知回避，常指责事物利弊，所以大家都不喜欢；看情形您也不喜欢我说的话，然而，我所说的是有其道理的。如今，天下未定，所以，智谋就很重要。有的人智谋虽是天生的，但也有经过

来敏字敬达，义阳新野人，来歙之后也。父艳，为汉司空。汉末大乱，敏随姊奔荆州，姊夫黄琬是刘璋祖母之侄，故璋遣迎琬妻，敏遂俱与姊入蜀，常为璋宾客。涉猎书籍，善《左氏春秋》，尤精于《仓》《雅》训诂，好是正文字。先主定益州，署敏典学校尉，及立太子，以为家令。后主践阼，为虎贲中郎将。丞相亮住汉中，请为军祭酒、辅军将军，坐事去职。亮卒后，还成都为大长秋，又免，后累迁为光禄大夫，复坐过黜。前后数贬削，皆以语言不节，举动违常也。时孟光亦以枢机不慎，议论干时，然犹愈于敏，俱以其耆宿学士见礼于世。而敏荆楚名族，东宫旧臣，特加优待，是故废而复起。后以敏为执慎将军，欲令以官重自警戒也。年九十七，景耀中卒。子忠，亦博览经学，有敏风，与尚书向充等并能协赞大将军姜维。维善之，以为参军。

尹默字思潜，梓潼涪人也。益部多贵今文而不崇章句，默知其不博，乃远游荆州，从司马德操、宋仲子等受古学。皆通诸经史，又专精于《左氏春秋》，自刘歆条例，郑众、贾逵父子、陈元、服虔注说，咸略诵述，不复按本。先主定益州，领牧，以为劝学从事。及立太子，以默为仆，以《左氏传》授后主。后主践阼，拜谏议大夫。丞相亮住汉中，请为军祭酒。亮卒，还成都，拜太中大夫，卒。子宗传其业，为博士。

再努力而达到的。太子读书的目的，不应该像我们这样，竭力扩展知识以待他人咨询，像博士那样回答别人提出的问题，以求得爵位！我认为，所以太子应当致力于最重要的事。”郤正承认孟光的话非常对。后来，孟光因事被免官，九十多岁时逝世。

来敏，字敬达，是义阳新野人，是来歙的后裔。父亲来艳，曾任汉朝的司空。汉末，天下大乱，来敏就随姐姐逃难到荆州，姐夫黄琬是刘璋祖母的侄子，所以，刘璋派人迎接黄琬的妻室，于是，来敏就随姐姐一同入蜀，常为刘璋座上的宾客。他博览群书，喜爱《春秋左传》，尤其精通《仓颉》《尔雅》的训诂之学，喜好订正文字。刘备平定益州后，任来敏为典学校尉，册立太子后，又任他为太子家令。后主刘禅登基任他为虎贲中郎将。丞相诸葛亮屯驻汉中的时候，调他去任军祭酒、辅军将军，因事获罪被免职。诸葛亮去世后，来敏回到成都任大长秋，又被免官，后来经多次任职升为光禄大夫，又因过失而被罢黜。他前后几次升升降降，都是因为举止言行违背常理。当时，孟光也因为言语不慎，触犯时忌，但比来敏还好一些，他们都以年老名高的学士身份受到世人的尊敬。因来敏还是楚地的名门望族，又是太子旧臣，所以，特别优待，罢官后能再度起用。后来，后主任命来敏为执慎将军，是希望用这个官号使他自警。来敏在景耀年间去世，享年九十七岁。他的儿子来忠，也博览经学，有来敏的风度。他与尚书向充等人齐心协助大将军姜维，姜维待他很好，任他为参军。

尹默，字思潜，梓潼涪县人。益州多数人只看重经学却不注重章句，尹默知道，自己学识尚浅，就远游到荆州，跟随司马德操、宋仲子等人学习古代经学。尹默完全通晓了经书、史书后，又致力于《左氏春秋》的研究，从刘歆校书的条例到郑众、贾逵父子、陈元和服虔的注释说解，大致都能叙述，不再依照原本。刘备平定益州兼任州牧时，任尹默为劝学从事。太子确立以后，尹默又为仆射，以《左氏传》教授刘禅。刘禅即位以后，任命尹默为谏议大夫。丞相诸葛亮驻扎汉中时，请他出任军祭酒。诸葛亮去世后，尹默回到成都，任太中大夫，不久去世。他的儿子尹宗承继了他的学业，担任博士。

李譔字钦仲，梓潼涪人也。父仁，字德贤，与同县尹默俱游荆州，从司马徽、宋忠等学。譔具传其业，又从默讲论义理，五经、诸子，无不该览，加博好技艺，算术、卜数、医药、弓弩、机械之巧，皆致思焉。始为州书佐、尚书令史。延熙元年，后主立太子，以譔为庶子，迁为仆。转中散大夫、右中郎将，犹侍太子。太子爱其多知，甚悦之。然体轻脱，好戏啁，故世不能重也。著古文《易》《尚书》《毛诗》《三礼》《左氏传》《太玄指归》，皆依准贾、马，异于郑玄。与王氏殊隔，初不见其所述，而意归多同。景耀中卒。时又有汉中陈术，字申伯，亦博学多闻，著《释问》七篇、《益部耆旧传》及《志》，位历三郡太守。

谯周字允南，巴西西充国人也。父𡸫，字荣始，治《尚书》，兼通诸经及图、纬。州郡辟请，皆不应，州就假师友从事。周幼孤，与母兄同居。既长，耽古笃学，家贫未尝问产业，诵读典籍，欣然独笑，以忘寝食。研精六经，尤善书札。颇晓天文，而不以留意；诸子文章非心所存，不悉遍视也。身长八尺，体貌素朴，性推诚不饰，无造次辩论之才，然潜识内敏。

建兴中，丞相亮领益州牧，命周为劝学从事。亮卒于敌庭，周在家闻问，即便奔赴，寻有诏书禁断，惟周以速行得达。大将军蒋琬领刺史，徙为典学从事，总州之学者。

后主立太子，以周为仆，转家令。时后主颇出游观，增广声乐。周上疏谏曰："昔王莽之败，豪杰并起，跨州据郡，欲弄神器，于是贤才智士思望所归，未必以其势之广狭，惟其德之薄厚也。是故于

李譔字钦仲，是梓潼郡涪县人。李譔的父亲李仁，字德贤，与同县人尹默一起去荆州游学，跟从司马徽、宋忠等人学习。李譔传承了父辈所有学业，又与尹默研讨经义名理，五经和诸子百家的文章，没有不通读的，加上广泛爱好各类技艺，算术、占卜、医药乃至弓弩、器械的制作技巧，都进行思考研究。起初李譔担任州中的书佐、尚书令史。延熙元年，刘禅立为太子，任命李譔为太子庶子，升迁为太子仆。继而担任中散大夫、右中郎将，仍旧侍从太子。太子喜爱李譔博学多识，对他非常喜欢。然而李譔为人轻浮，好嘲弄别人，因而当时的人并不敬重他。李譔给古文经的《易》《尚书》《毛诗》《三礼》《左氏传》《太玄》各书著有《指归》，都以贾逵、马融的学说为依据，与郑玄的学说不同。虽然李譔与王肃相隔很远，当初也没有见过王肃的论述，但是二人阐述的意旨大体上相同。李譔于景耀年间去世。当时还有汉中郡人陈术，字申伯，也博学多识，著述有《释问》七篇、《益部耆旧传》以及《志》，前后担任过三个郡的太守。

谯周，字允南，是巴西郡西充县人。谯周的父亲谯㟲，字荣始，研究《尚书》，兼通诸经及图纬之学。州郡征召聘请他，他都不答应，州郡就给他师友从事的虚衔。谯周幼年丧父，与母亲、兄长一起住。谯周长大后，酷爱古学，家中贫困，但他未尝过问产业，诵读典籍，会心处自己欣然微笑，以至废寝忘食。谯周精研六经，尤其擅长书札，也颇晓得天文，但是对此并不太留意；诸子的文章，不是他感兴趣的就不全看。谯周身高八尺，外表朴素，性格坦诚不雕饰。没有即兴辩论的才能，但是内怀学识、内心敏慧。

建兴年间，丞相诸葛亮领任益州牧，任命谯周为劝学从事。诸葛亮在敌境去世，谯周在家听说，立即就奔赴前线，不久有诏书禁止大臣前往，只有谯周因为走得快而到达。大将军蒋琬领任刺史以后，改任谯周为典学从事，总管全州的学者。

刘禅立刘璿为太子，任谯周为仆射，后调任为家令。在那时，刘禅常微服游玩，又增加供养艺人。谯周上疏劝谏，说："从前王莽败亡后，群雄四起，占州郡，谋帝位。这时的贤智之士选择所依附之人，未必看其势力大小，而是看他德行的厚薄。当时的淮阳王刘玄、

时更始、公孙述及诸有大众者多已广大，然莫不快情恣欲，怠于为善，游猎饮食，不恤民物。世祖初入河北，冯异等劝之曰：‘当行人所不能为。’遂务理冤狱，节俭饮食，动遵法度，故北州歌叹，声布四远。于是邓禹自南阳追之，吴汉、寇恂未识世祖，遥闻德行，遂以权计举渔阳、上谷突骑迎于广阿。其余望风慕德者邳肜、耿纯、刘植之徒，至于舆病赍棺，繦负而至者，不可胜数，故能以弱为强，屠王郎，吞铜马，折赤眉而成帝业也。及在洛阳，尝欲小出，车驾已御，铫期谏曰：‘天下未宁，臣诚不愿陛下细行数出。’即时还车。及征隗嚣，颍川盗起，世祖还洛阳，但遣寇恂往，恂曰：‘颍川以陛下远征，故奸猾起叛，未知陛下还，恐不时降；陛下自临，颍川贼必即降。’遂至颍川，竟如恂言。故非急务，欲小出不敢，至于急务，欲自安不为，故帝者之欲善也如此！故传曰‘百姓不徒附’，诚以德先之也。今汉遭厄运，天下三分，雄哲之士思望之时也。陛下天姿至孝，丧逾三年，言及陨涕，虽曾闵不过也。敬贤任才，使之尽力，有逾成康。故国内和一，大小戮力，臣所不能陈。然臣不胜大愿，愿复广人所不能者。夫挽大重者，其用力苦不众，拔大艰者，其善术苦不广，且承事宗庙者，非徒求福祐，所以率民尊上也。至于四时之祀，或有不临，池苑之观，或有仍出，臣之愚滞，私不自安。夫忧责在身者，不暇尽乐，先帝之志，堂构未成，诚非尽乐之时。愿省减乐官、后宫所增造，但奉修先帝所施，下为子孙节俭之教。”徙为中散大夫，犹侍太子。

公孙述以及其他拥有众多人马的人，只知放纵情欲，而不修养德行；只知游猎吃喝，而不怜惜百姓和资财。世祖刘秀刚进入河北，冯异等人便劝他说：‘应实行别人做不到的事。’于是，光武帝致力于审理冤狱，节约饮食和花费，行事遵守法度，所以，北州百姓歌颂他，名声传播四方。这时，邓禹自南阳来归附世祖。吴汉、寇恂没有见过世祖，闻听世祖的德行后，便用计占领了渔阳和上谷，并率领两郡的突骑军马来到广阿县投奔世祖。其他仰慕世祖风范品德的还有邳彤、耿纯、刘植等人。甚至那些有病坐车、虽濒死却抬着棺材、背着婴儿的前来投奔世祖的人，数不胜数。所以，世祖能转弱为强，消灭王朗，吞并铜马军，进而打败赤眉军建立起帝业。世祖在洛阳的时候，曾想暂时外出，车驾都已准备好，铫期劝他说：‘如今天下还没有安定，我真的不同意陛下轻装简从外出。’世祖当即就接受了铫期的劝告。征伐隗嚣之时，颍川郡发生反叛，世祖回到洛阳以后，想只派寇恂前往颍川平定叛乱，寇恂说：‘颍川知陛下远征甘陇，所以，那些奸诈之徒才敢于反叛，他们不知陛下已经回到洛阳，恐怕不会很快投降，若陛下亲征，颍川叛军一定会立即投降。’于是，世祖便亲率兵马到了颍川，结果，正如寇恂所说的那样。如果不是为了紧急之事，想暂时出去一下都不敢；有了紧急情况时，想要安闲都要强迫自己放弃，当帝王的就是想要把事情做好就得像这样。所以，古书上说‘民非无故依附’，想要百姓依附，确实要以施予恩德为先啊。如今汉遭厄运，天下三分，正是英雄智者盼望依附英明帝王的时候。陛下天生孝顺，为父守丧已经过了三年，说到父亲就伤心流泪，就是古代以孝顺著称的曾参、闵损也比不过您。您尊贤任才，让他们尽力发挥才能，比周成王、周康王做得还好。所以，国内和睦，上下一致，这些都是我无法说得完的。然而，我还是有个更大的企盼，愿您再做一些别人做不到的事。牵引巨重的人，担心用力的人不多，解决重大困难，忧虑好办法太少。况且，在宗庙祭祀，不仅仅是求祖宗保佑幸福，更重要的是要给民众做出尊重主上的表率。而一年四季的祭祀，您有不亲临的时候，游玩水榭花园，您却频频前往，即使像我这样愚昧的人也为此感到不安。忧患和责任在身的人，没有时间去尽情享乐，更

于时军旅数出，百姓雕瘁，周与尚书令陈祗论其利害，退而书之，谓之《仇国论》。其辞曰："因余之国小，而肇建之国大，并争于世而为仇敌。因余之国有高贤卿者，问于伏愚子曰：'今国事未定，上下劳心，往古之事，能以弱胜强者，其术何如？'伏愚子曰：'吾闻之，处大无患者恒多慢，处小有忧者恒思善；多慢则生乱，思善则生治，理之常也。故周文养民，以少取多，句践卹众，以弱毙强，此其术也。'贤卿曰：'曩者项强汉弱，相与战争，无日宁息，然项羽与汉约分鸿沟为界，各欲归息民；张良以为民志既定，则难动也，寻帅追羽，终毙项氏，岂必由文王之事乎？肇建之国方有疾疢，我因其隙，陷其边陲，觊增其疾而毙之也。'伏愚子曰：'当殷、周之际，王侯世尊，君臣久固，民习所专；深根者难拔，据固者难迁。当此之时，虽汉祖安能杖剑鞭马而取天下乎？当秦罢侯置守之后，民疲秦役，天下土崩，或岁改主，或月易公，鸟惊兽骇，莫知所从，于是豪强并争，虎裂狼分，疾搏者获多，迟后者见吞。今我与肇建皆传国易世矣，既非秦末鼎沸之时，实有六国并据之势，故可为文王，难为汉祖。夫民疲劳则骚扰之兆生，上慢下暴则瓦解之形起，谚曰："射幸数跌，不如审发。"是故智者不为小利移目，不为意似改步，时可而后动，数合而后举，故汤、武之师不再战而克，诚重民劳而度时审也。如遂极武黩征，土崩势生，不幸遇难，虽有智者将不能谋之矣。若乃奇变纵横，出入无间，冲波截辙，超谷越山，不由舟楫而济盟津者，我愚子也，实所不及。'"

何况先帝的宏愿尚未实现，确实不是尽情享乐的时候。我希望您减少宫廷乐手的数量，减少宫中新建的工程，只保持维修先帝时的规模，用节俭来教育后代。”后来，谯周被改任为中散大夫，仍旧侍奉太子。

当时兵马多有动乱，平民百姓贫困衰微，谯周与尚书令陈祗议论形势的利害，退朝后便写了《仇国论》。文章写道：“因余之国小，而肇建之国大，却一起争雄而成为仇敌。因余国有个名叫高贤卿的人，问伏愚子说：‘如今国家战事未息，朝廷上下忧烦，在古代战争中能以弱胜强的人，他的办法是什么呢？’伏愚子说：‘我听说，处于大国而没有忧患的人常行傲慢，处于小国而存有忧患的人常思善德；疏忽大意就会产生动乱，思慕善德就会天下太平，这是普遍的道理。所以，周文王护养民众，以少胜多来灭掉殷商，越王勾践体恤百姓，以弱而灭强吴，这就是他们的策略。’高贤卿说：‘从前项羽强、刘邦弱，相互征战，不得安宁。然而当项羽与刘邦以鸿沟为约定，打算休养生息的时候，张良却认为，民心若定就难以动摇了，随即，率军追击项羽，终于杀死了他。难道以弱胜强就一定要像周文王那样吗？肇建之国正有灾难，我们应该趁机攻占它的边境，正是希望再加重它的灾难进而消灭它。’伏愚子说：殷周之交时，王侯世代尊贵，君权坚牢，民众已经习惯于他们所从事的事业，根基深厚就难以拔除，立足坚固就难以搬迁。在那个时候，即使汉高祖再世又怎能单凭武力而取得天下呢？秦国废诸侯、置郡县，而民众却疲竭于劳役，天下终至土崩瓦解，有时一年就换一个君主，一月就变更一个王公，民众像受惊的鸟兽一样，不知何去何从，因此，各路有实力的豪强纷纷起兵互相争斗，就像虎狼撕抢猎物一样，速度快的人争抢得就多，迟缓者就被别人吞掉。现在我国与肇建之国都是经过了皇帝的传位换代，形势已经不像秦末时动荡不安了，而与战国时诸强并立相同，所以，只有像周文王那样才能取得天下，却很难像汉高祖那样建立帝业。百姓疲惫不堪，就会出现动乱的征兆，君主轻率，官员暴虐，就会出现瓦解之势。谚语说：‘与其在射箭时多次失误中侥幸射中一次，不如瞄好靶子后一箭中的。’所以，聪明人不为小利而抬眼，也不因

后迁光禄大夫，位亚九列。周虽不与政事，以儒行见礼，时访大议，辄据经以对，而后生好事者亦咨问所疑焉。

景耀六年冬，魏大将军邓艾克江由，长驱而前。而蜀本谓敌不便至，不作城守调度，及闻艾已入平，百姓扰扰，皆迸山野，不可禁制。后主使群臣会议，计无所出。或以为蜀之与吴，本为和国，宜可奔吴；或以为南中七郡，阻险斗绝，易以自守，宜可奔南。惟周以为："自古已来，无寄他国为天子者也，今若入吴，固当臣服。且政理不殊，则大能吞小，此数之自然也。由此言之，则魏能并吴，吴不能并魏明矣。等为小称臣，孰与为大？再辱之耻，何与一辱？且若欲奔南，则当早为之计，然后可果；今大敌以近，祸败将及，群小之心，无一可保，恐发足之日，其变不测，何至南之有乎！"群臣或难周曰："今艾以不远，恐不受降，如之何？"周曰："方今东吴未宾，事势不得不受，受之之后，不得不礼。若陛下降魏，魏不裂土以封陛下者，周请身诣京都，以古义争之。"众人无以易周之理。

后主犹疑于入南，周上疏曰："或说陛下以北兵深入，有欲适南之计，臣愚以为不安。何者？南方远夷之地，平常无所供为，犹数反叛，自丞相亮南征，兵势逼之，穷乃幸从。是后供出官赋，取以给

为似是而非而举步。时机到了再行动，合于天命，然后兴起。因此，成汤和周武王，只一战就取得了胜利，其成功的原因就是关注民众疾苦和审时度势。如果穷兵黩武，就必然遭遇失败。这样下去，倘若不幸遇到危难，虽有智谋之人也无法挽救。至于具有变幻莫测的奇谋，在至微处自如出入，横渡飞奔，超越高山深谷，不用渡船便过黄河至孟津，我是愚蠢的人，的确办不到。’”

谯周后来升任光禄大夫，地位仅次于九卿。谯周虽然不参与政事，但是因儒者的品行而受到礼重。时常有人拜访他议论大事，他就引经据典回答，而后辈好事的人也来向他咨询疑难。

景耀六年冬天，魏国大将军邓艾攻下江由后，以不可阻挡的架势向前推进。这个时候的蜀国本来以为敌军不会马上来到，就没进行城池守备的部署，当听说邓艾已经进入阳平，百姓就都逃散到山野，无法禁止。刘禅与群臣商议，也没能想出好办法。有人说蜀、吴本是友好国家，可以逃往吴国；有人说南中七个郡山势险峻，凭借天险易于防守，可以逃向南方。只有谯周认为：“自古以来，没有寄居别国而仍为天子之人，现在如果到了吴国，肯定要称臣，更何况国家体制没有什么差别，大的必然吞吃小的，道理非常明显。由此来说，魏国能吞并吴国，吴国就不能吞并魏国，这是显而易见的。同是称臣，与其做小国的臣子倒不如为大国的臣子；与其两次受辱，不如一次蒙耻。再说打算逃往南方，早就应该谋划，才能成为现实；如今强敌迫近，灾难和灭亡就要到来，小人们的心没有一个可以担保的，恐怕到起程的时候，又要有意想不到的变化发生，哪还能有到南方去的可能呢！”朝臣中有人质问谯周，说：“现在邓艾已经离我们不远了，如果他不接受投降怎么办？”谯周说：“现在东吴还没有归服魏国，大势所趋，他不能不受降，又不得不以礼相待。如果陛下降魏，魏国不封您土地爵位，我就亲到魏国都城，用古人的道义来替您争得这些。”众人没有能驳倒谯周意见的。

刘禅还在犹豫要不要进入南中，谯周上疏说：“有人劝说陛下南逃，愚臣以为不妥。为什么呢？南方是蛮夷之地，平时对朝廷就没有什么贡献，还多次反叛。自从丞相诸葛亮南征，他们在大军逼迫下

兵，以为愁怨，此患国之人也。今以穷迫，欲往依恃，恐必复反叛，一也。北兵之来，非但取蜀而已，若奔南方，必因人势衰，及时赴追，二也。若至南方，外当拒敌，内供服御，费用张广，他无所取，耗损诸夷必甚，甚必速叛，三也。昔王郎以邯郸僭号，时世祖在信都，畏逼于郎，欲弃还关中。邳彤谏曰：'明公西还，则邯郸城民不肯捐父母，背城王，而千里送公，其亡叛可必也。'世祖从之，遂破邯郸。今北兵至，陛下南行，诚恐邳彤之言复信于今，四也。愿陛下早为之图，可获爵土；若遂适南，势穷乃服，其祸必深。《易》曰：'亢之为言，知得而不知丧，知存而不知亡；知得失存亡而不失其正者，其惟圣人乎！'言圣人知命而不苟必也。故尧、舜以子不善，知天有授，而求授人；子虽不肖，祸尚未萌，而迎授予人，况祸以至乎！故微子以殷王之昆，面缚衔璧而归武王，岂所乐哉，不得已也。"于是遂从周策。刘氏无虞，一邦蒙赖，周之谋也。

时晋文王为魏相国，以周有全国之功，封阳城亭侯。又下书辟周，周发至汉中，困疾不进。咸熙二年夏，巴郡文立从洛阳还蜀，过见周。周语次，因书版示立曰："典午忽兮，月酉没兮。"典午者谓司马也，月酉者谓八月也，至八月而文王果崩。晋室践阼，累下诏所在发遣周。周遂舆疾诣洛，泰始三年至。以疾不起，就拜骑都尉，周乃自陈无功而封，求还爵土，皆不听许。

无路可走，才勉强顺服。此后，让他们交纳赋税以供军用，已是怨气不满，他们是会给国家带来祸患的人。现在，我们因为形势窘迫，要去依靠他们，恐怕他们一定不会接纳，这是其一。魏军此来，不仅仅是为夺取蜀国而已，我们如果逃奔南方，他们一定会趁着我们势力衰弱而马不停蹄地追赶，这是其二。如果到了南方，对外既要抗击敌军，对内又要供给宫廷百官各种用度，费用浩大，在没有其他途径可以获取的情形下，势必增加蛮夷各族更多的负担，负担过重，他们一定会叛乱，这是其三。以前王郎在邯郸称帝，当时光武帝在信都受王郎的逼迫，打算放弃河北退回关中，邳彤进谏说：‘明公若西还，那么，邯郸的百姓绝不肯抛下他们的父母，放弃旧城故主，不远千里随从明公，他们的逃亡叛变是必然的。’光武帝听从了他的意见，于是进兵打败了在邯郸称帝的王郎。如今曹军打来，陛下向南撤退，我真的害怕邳彤的话在今天会变为现实，这是其四。我希望陛下早日定夺，投降曹魏。那样，可以获得爵位和土地，如果跑到南中，到山穷水尽的时候再投降，必然造成深重的祸患。《易经》说：‘亢意是说，知得而不知失，知生而不知亡。知得失存亡而不失正道，唯有圣人！’就是说，圣人知道天命而不会坚持违背天命的做法。所以，尧、舜知道儿子难成大事，知道天命另有所授，就寻求把王位授给别人。儿子不好，尧舜尚且乘祸患未形成便主动将王位授给别人，更何况现在祸患已然临头了呢！所以，商朝微子虽然为殷纣王的兄长，还反绑双手，口衔玉玺投降周武王，难道他是心甘情愿的吗？这是不得已而为之呀！”因此，后主刘禅便听从了谯周的意见。刘氏家族得以保全，蜀国一国的百姓得到安全，都得益于谯周的谋划。

那时候晋文王司马昭担任曹魏相国，由于谯周有保全国家的功劳，封他为阳城亭侯。又下文征召谯周，谯周进入汉中郡后，为疾病所困不能前往。咸熙二年夏天，巴郡人文立从洛阳返回蜀地，拜访谯周。谯周言谈时，顺手在木版上写了几个字给文立看：“典午氏快了啊，月酉之时死亡。”典午指的是司马，月酉指的是八月。到八月份文王司马昭果然死去。司马炎建立晋朝称帝以后，多次下诏书到谯周所住之处的官府要求遣送谯周。谯周于是抱病登车前往洛阳，泰始

五年，予尝为本郡中正，清定事讫，求休还家，往与周别。周语予曰："昔孔子七十二、刘向、扬雄七十一而没，今吾年过七十，庶慕孔子遗风，可与刘、扬同轨，恐不出后岁，必便长逝，不复相见矣。"疑周以术知之，假此而言也。六年秋，为散骑常侍，疾笃不拜，至冬卒。凡所著述，撰定《法训》《五经论》《古史考》之属百余篇。周三子，熙、贤、同。少子同颇好周业，亦以忠笃质素为行，举孝廉，除锡令、东宫洗马，召不就。

郤正字令先，河南偃师人也。祖父俭，灵帝末为益州刺史，为盗贼所杀。会天下大乱，故正父揖因留蜀。揖为将军孟达营都督，随达降魏，为中书令史。正本名纂。少以父死母嫁，单茕只立，而安贫好学，博览坟籍。弱冠能属文，入为秘书吏，转为令史，迁郎，至令。性澹于荣利，而尤耽意文章，自司马、王、扬、班、傅、张、蔡之俦遗文篇赋，及当世美书善论，益部有者，则钻凿推求，略皆寓目。自在内职，与宦人黄皓比屋周旋，经三十年。皓从微至贵，操弄威权，正既不为皓所爱，亦不为皓所憎，是以官不过六百石，而免于忧患。

依则先儒，假文见意，号曰《释讥》，其文继于崔骃《达旨》。其辞曰：

或有讥余者曰："闻之前记，夫事与时并，名与功偕，然则名之与事，前哲之急务也。是故创制作范，匪时不立，流称垂名，匪功不记，名必须功而乃显，事亦俟时以行止，身没名灭，君子所耻。是以达人研道，探赜索微，观天运之符表，考人事之盛衰，辩者驰

三年到达。谯周因病不起，朝廷派人前来任命他为骑都尉，谯周就自我陈述无功而受封，请求回到他的封地，都没有得到允许。

泰始五年，我曾经做了巴西郡中正，入朝将政事交代完毕后，提出要求归家休假，前去与谯周道别。谯周对我说：“从前孔子年七十二，刘向、扬雄年七十一而去世，现在我已年过七十，期望仰慕孔子的遗风，能与刘向、扬雄同途，恐怕过不了后年，一定会去世，我们不能再相见了。”我疑心谯周是用术数推知的，借此而这样说。泰始六年秋天，谯周担任散骑常侍，因病重没有接受，到冬天就去世了。谯周所著述的文章，写定《法训》《五经论》《古史考》之类达一百多篇。谯周的三个儿子，谯熙、谯贤、谯同。他的小儿子谯同十分喜欢谯周的学问，也把忠诚质朴作为行为准则，被推举为孝廉，朝廷任命他担任锡县县令、东宫洗马，但朝廷的征召他都没有赴任。

郤正，字令先，他是河南偃师人。郤正的祖父郤俭，在汉灵帝末年做了益州刺史，被盗贼杀害。时值天下大乱，郤正的父亲郤揖就留在蜀地，任将军孟达的营都督，后随孟达投降魏国，任中书令史。郤正本名纂，年少时因父亲去世、母亲改嫁，就独自一人生活。他安于贫寒，酷爱学习，博览群书。二十岁的时候就很能写文章，入朝任秘书吏，转任秘书令史，升任秘书郎，直到任秘书令。他生性淡泊名利，潜心钻研司马相如、王褒、扬雄、班固、傅毅、张衡、蔡邕等人流传下来的文章诗赋，以及当代人所写的优秀论著，只要益州有的，他都学习研究，大体上都看过。自从在朝廷任职，就和宦官黄皓相交往，经过了三十年。黄皓从出身卑微到显贵弄权，郤正既不被黄皓喜爱，也不为他所憎，因此，官位虽然只六百石，但却得以免遭祸患。

郤正学习先辈儒者，通过文章传达意思，仿崔骃《达旨》体式写成文章，名为《释讥》，文章说：

有人嘲笑我说：“从前代的记载就知道，上天和人间一致，名功不分。然而，名位和人事是先哲首要的事，所以，建立国家制度，没有适当的时机是办不到的，要想声名流传，没有功劳也是达不到的。既然凭功劳才能显赫，那么，事业也要等待时机才能去建立，人死名

说，智者应机，谋夫演略，武士奋威，云合雾集，风激电飞，量时揆宜，用取世资，小屈大申，存公忽私，虽尺枉而寻直，终扬光以发辉也。今三方鼎跱，九有未乂，悠悠四海，婴丁祸败，嗟道义之沈塞，愍生民之颠沛，此诚圣贤拯救之秋，烈士树功之会也。吾子以高朗之才，珪璋之质，兼览博窥，留心道术，无远不致，无幽不悉；挺身取命，干兹奥秘，踌躇紫闼，喉舌是执，九考不移，有入无出，究古今之真伪，计时务之得失。虽时献一策，偶进一言，释彼官责，慰此素飧，固未能输竭忠款，尽沥胸肝，排方入直，惠彼黎元，俾吾徒草鄙并有闻焉也。盍亦绥衡缓辔，回轨易途，舆安驾肆，思马斯徂，审厉揭以投济，要夷庚之赫忼，播秋兰以芳世，副吾徒之披图，不亦盛与！”

余闻而叹曰：“呜呼，有若云乎邪！夫人心不同，实若其面，子虽光丽，既美且艳，管窥筐举，守厥所见，未可以言八纮之形埒，信万事之精练也。”

或人率尔，仰而扬衡曰：“是何言与！是何言与！”

余应之曰：“虞帝以面从为戒，孔圣以悦己为尤，若子之言，良我所思，将为吾子论而释之。昔在鸿荒，曚昧肇初，三皇应箓，五帝承符，爰暨夏、商，前典攸书。姬衰道缺，霸者翼扶，嬴氏惨虐，吞嚼八区，于是从横云起，狙诈如星，奇衺蜂动，智故萌生；或饰真

灭，是君子的耻辱。因此，通达知命的人研究天道，探测深奥的至理，寻求隐微的道术，观察天象垂现的吉凶征兆，考证人间事物的兴衰，善辩者奔走游说，智谋者顺应天时，运筹者推演策略，善战者昂扬声威，他们如云合雾集，电闪风疾，都能观察事宜把握时机，以取得立世之本。小处，他们屈隐，大处，就彰显身手，关注国事，轻视私欲，虽曲折一尺，却能伸展八尺，最终光芒四射，耀彩喷发。如今，魏、蜀、吴三国鼎立，九州还没有太平，宽广的四隅正面临灾祸，令人感叹道德之沦丧，哀怜黎民流离之艰难，此正是圣贤拯救危难之时，有志者建功立业之际遇。您凭高才和宝玉一样的美德，广阅和探求典籍，关注道德学术，无论多远都能够达到，无论多深都能通晓；您挺身受命，主持撰写朝廷密文，在君王左右从容自得，掌重臣之责，经九次政考而所任职务没有变动，入宫奉职后从未调出；您探求古事之真伪，考察当代事务之得失。虽然有时呈献一项计策，偶尔进谏一番诚言，以此应付所承官职之责，以表示无愧于国家俸禄。但您却无法竭尽忠诚，披肝沥胆，发扬仁德，进献直言，惠顾百姓，使我们这些粗野鄙陋之人也有出头之日。既然如此，您为何不停下马车，放松缰绳，另外选一条路，然后，再让车子快马加鞭跑得更稳。渡河首先要弄清水的深浅，走宽阔平坦的路才能顺利向前。只有这样，才能建立功名，像兰香流传，使我们对您的厚望得以实现。这难道不是一件大好的事情！”

我听了叹息道：“唉，话可不能这样说呀！人心不同，如千人千面，你虽然穿得华丽，美艳无比，见识却像竹管窥天，用竹筐装泥，我怎能和您议论八方极远的情形，怎能让您相信万事万物的真谛！”

有人仰面扬眉，不假思索地说：“这话怎讲，这话怎讲？”

我回答说：“虞舜警惕当面称赞自己的人，孔子怨怼取悦自己的人，他们二位说的话，也是我心中所想，我将就你提出的问题给以解释。在鸿荒时代，民智未开，天地初创，三皇顺天之符箓，五帝承天之符命，到了夏、商之际，仍循前人典制。姬周衰亡，大道沦丧，诸侯起而匡扶，嬴政凶暴，想吞并天下。由是，连纵之术涌起，诡诈

以仇伪，或挟邪以干荣，或诡道以要上，或鬻技以自矜；背正崇邪，弃直就佞，忠无定分，义无常经。故鞅法穷而慝作，斯义败而奸成，吕门大而宗灭，韩辩立而身刑。夫何故哉？利回其心，宠耀其目，赫赫龙章，铄铄车服，媮幸苟得，如反如仄，淫邪荒迷，恣睢自极，和鸾未调而身在辕侧，庭宁未践而栋折榱覆。天收其精，地缩其泽，人吊其躬，鬼芟其頟。初升高冈，终陨幽壑，朝含荣润，夕为枯魄。是以贤人君子，深图远虑，畏彼咎戾，超然高举，宁曳尾于涂中，秽浊世之休誉。彼岂轻主慢民，而忽于时务哉？盖《易》著行止之戒，《诗》有靖恭之叹，乃神之听之而道使之然也。

自我大汉，应天顺民，政治之隆，皓若阳春，俯宪坤典，仰式乾文，播皇泽以熙世，扬茂化之酴醇，君臣履度，各守厥真；上垂询纳之弘，下有匡救之责，士无虚华之宠，民有一行之迹，粲乎亹亹，尚此忠益。然而道有隆窳，物有兴废，有声有寂，有光有翳。朱阳否于素秋，玄阴抑于孟春，羲和逝而望舒系，运气匿而耀灵陈。冲、质不永，桓、灵坠败，英雄云布，豪杰盖世，家挟殊议，人怀异计，故从横者欻披其胸，狙诈者暂吐其舌也。

今天纲已缀，德树西邻，丕显祖之宏视，縻好爵于士人，兴五教以训俗，丰九德以济民，肃明祀以礿祭，几皇道以辅真。虽跱者未一，伪者示分，圣人垂戒，盖均无贫；故君臣协美于朝，黎庶欣戴

之士多如繁星，奸邪之道层出不穷，使巧弄诈如杂草萌生；有人掩真相以售假，怀奸邪求荣华，有人用阴险手段要挟君主，有人卖弄技巧自我炫耀；背正道崇尚邪恶，弃正直趋向奸佞，以至忠诚没有固定的名分，道义没有正常的标准。所以，商鞅之法穷尽而邪恶兴起，李斯的主张失败而奸臣出现，吕不韦因权倾朝野而满门遭诛，韩非巧辩虽成却被处死。什么原因呢？此是私利萦绕于心，荣宠照花了眼睛，显赫的龙旗仪仗、闪亮的车马礼服，侥幸得到，就忘乎所以而荒淫无度，毫无忌惮，以至于车马还没有坐几天就身死车边，府邸还没进住就梁柱折断。上天夺去魂魄，大地收回膏血，人们哀悯他的身体，鬼神砍削他的额头。初时虽登高山，最终却跌下深谷，早上还繁茂滋润，晚上就已经枯萎。因此，贤人君子深深忧虑此劫，怕灾祸临身，皆超然远去，如龟一样拖着尾巴生活在泥潭之中，也鄙弃浊世的美誉。难道他们是轻视君主、怠慢百姓、不观时务吗？是因为《周易》已经表明了进退的准则，《诗经》也载有为人要恭谨的感叹，这是天神监听着，道义促使他们这样做的。

自从大汉皇朝刚一建立，就秉承上天的意志，顺民心，朝政兴隆，社会稳定，光明如三月阳春，低头遵人间典籍之理，仰头循预示吉凶的天文，施浩荡皇恩以造福百姓，兴教育以化育民众，君臣遵守国法，保守真诚的内心；君主诚恳地征求意见，表现出宽宏气度，臣僚积极献策，负起匡补之责，为官者不因为华而不实受宠，百姓至少有一项值得称赞的品行，上下都勤勉不倦，忠义之举受到尊崇。然而，社会发展的规律有兴衰之别，事物也有产生与消亡，有声音就有寂静，有光明就有阴暗。夏终为秋，冬去春来，太阳落而月亮升，汉朝的气数衰微，就会出现振兴先祖基业的新帝。冲帝、质帝寿命不长，桓帝、灵帝政治衰败，社会动荡，英雄豪杰如云一样密布到处出现，家家有不同的主张，人人有各自的梦想，所以，合纵连横之人马上敞开心胸，欲用奸诈之计的人立即说出自己的主张。

如今国法已定，德树西蜀，光大先帝宏伟的章法，赐爵位于官吏，倡导五教以整改风俗，丰盛九德以帮助民众。肃审四时祭礼，昭示皇道，辅佐真君。虽然三足鼎立，尚未统一，真假君主难辨，但圣

于野，动若重视，静若叠矩。济济伟彦，元凯之伦也，有过必知，颜子之仁也。侃侃庶政，冉、季之治也，鹰扬鸷腾，伊、望之事也；总群俊之上略，含薛氏之三计，敷张、陈之秘策，故力征以勤世，援华英而不遑，岂暇修枯箨于榛秽哉！

然吾不才，在朝累纪，托身所天，心焉是恃。乐沧海之广深，叹嵩岳之高跱，闻仲尼之赞商，感乡校之益己，彼平仲之和羹，亦进可而替否；故矇冒瞽说，时有攸献，譬遒人之有采于市间，游童之吟咏乎疆畔，庶以增广福祥，输力规谏。若其合也，则以暗协明，进应灵符；如其违也，自我常分，退守己愚。进退任数，不矫不诬，循性乐天，夫何恨诸？此其所以既入不出，有而若无者也。狭屈氏之常醒，浊渔父之必醉，溷柳季之卑辱，褊夷叔之高怼。合不以得，违不以失，得不充诎，失不惨悸；不乐前以顾轩，不就后以虑轾，不鬻誉以干泽，不辞愆以忌绌。何责之释？何飧之卹？何方之排？何直之入？九考不移，固其所执也。

方今朝士山积，髦俊成群，犹鳞介之潜乎巨海，毛羽之集乎邓林，游禽逝不为之尠，浮鲂臻不为之殷。且阳灵幽于唐叶，阴精应于商时，阳盱请而洪灾息，桑林祷而甘泽滋。行止有道，启塞有期。我师遗训，不怨不尤，委命恭己，我又何辞？辞穷路单，将反初节，综

人留下的训诫说：公平才不使人贫穷。因此朝中君臣和谐，百姓乐于拥护，行为符合规范法则。人才济济，如元凯之类；知错必改，如颜回的仁德；理政有序，如冉有、季路的才能；鹰扬鸷腾，如伊尹、吕尚曾创建的事业。总揽群贤之智，取薛公三计，用张良、陈平的密策，奋力前行，为国操劳，皇帝提拔才能尚且不及，哪还有时间顾及污秽之地的残枝败叶呢！

我虽然无才干，在朝供职已有多年，我把自己托付给国家，把国家当成靠山。我喜欢沧海的深广，赞叹嵩山的耸立。我听说过孔子称赞卜商的事，有感于子产不毁乡校的事。当初晏婴辅佐齐君，不外乎建议君主实施或废止什么，因此，我才像瞎子一样乱说，常把粗浅的想法奉于主上以供选择，就像掌管教化的官员在集市闾里采集民意，又像是山野中牧童的吟唱。希望以此为国家增福，完成我尽力规劝的职责。如果我的建议符合圣上的心意，那也是愚昧与圣明的巧合。如果，我的建议不符合圣上的心意，那也是我内心的想法，我会回退下来安守本分，绝不会有埋怨的话语。进退由命运安排，我不会怨天尤人。顺应天命，我能有什么怨恨呢？我一进宫廷就没有出来，有我没我一样，这就是我要告诉您的原因。我认为，常常保有清醒的屈原公未免狭隘，和众人同醉的渔父也不可取，柳季的忍辱受屈难免有苟且之嫌，伯夷、叔齐的清高也无益处。我不认为相合就意味得到，因此，即使分开我也不懊恼。得到好处也不会高兴得说不出话，失去好处，更不会悲伤号啕；我既不会拼命前挤，也不会一味靠后；既不会为一己之利而出卖名誉，也不会用推托错误的手段保有官位。这样，我就没有什么责任要去减轻，还怕被人说白吃饭吗？为什么要排挤同僚去升官？为什么要靠近皇上揽大权呢？我三十年没有升官，但坚持做人的准则却不会改变。

如今朝中人才济济，俊杰贤士排列成行，如鱼儿遨游大海，鸟兽集聚于山林，离去一只飞鸟不算减少，游来一条小鱼算不上增加。况且，太阳在唐尧之世也曾昏暗过，月亮在殷商之时也曾明亮过，大禹在阳盱祭天而使洪水平息，商汤在桑林祈祷而使雨露滋润。事物的行止都有准则，发达窘困也都有期限。先师孔子说：不怨上天，

坟典之流芳，寻孔氏之遗艺，缀微辞以存道，宪先轨而投制，韪叔肸之优游，美疎氏之遐逝，收止足以言归，泛皓然以容裔，欣环堵以恬娱，免咎悔于斯世，顾兹心之未泰，惧末涂之泥滞，仍求激而增愤，肆中怀以告誓。昔九方考精于至贵，秦牙沈思于殊形；薛烛察宝以飞誉，瓠梁托絃以流声；齐隶拊髀以济文，楚客潜寇以保荆；雍门援琴而挟说，韩哀秉辔而驰名；卢敖翱翔乎玄阙，若士竦身于云清。余实不能齐技于数子，故乃静然守己而自宁。”

景耀六年，后主从谯周之计，遣使请降于邓艾，其书，正所造也。明年正月，钟会作乱成都，后主东迁洛阳，时扰攘仓卒，蜀之大臣无翼从者，惟正及殿中督汝南张通，舍妻子单身随侍。后主赖正相导宜适，举动无阙，乃慨然叹息，恨知正之晚。时论嘉之。赐爵关内侯。泰始中，除安阳令，迁巴西太守。泰始八年诏曰：“正昔在成都，颠沛守义，不违忠节，及见受用，尽心干事，有治理之绩，其以正为巴西太守。”咸宁四年卒。凡所著述诗论赋之属，垂百篇。

评曰：杜微修身隐静，不役当世，庶几夷、皓之槩。周群占天有征，杜琼沉默慎密，诸生之纯也。许、孟、来、李，博涉多闻，尹默精于《左氏》，虽不以德业为称，信皆一时之学士。谯周词理渊通，为世硕儒，有董、扬之规，郤正文辞灿烂，有张、蔡之风，加其行止，君子有取焉。二子处晋事少，在蜀事多，故著于篇。

不怪他人，听从命运而端正自身，我又能够说什么呢？话已尽、路已绝，我要回复当初的志向，集典籍之精华，寻孔子之遗训，写小文章以保存大道，效先贤以合法则，羡慕叔肸的悠闲自得，赞美疏广叔侄的归老故乡；收脚步以驻田园，弄扁舟悠然江湖，处方丈之室而自乐，远离浊世的祸乱。但是我心仍未安稳，忧晚年路泥泞难行，仍要激励自己发愤，敞开胸怀发誓。过去，九方考善于观察马的内在，秦牙善于观察马的外形，薛烛因为善鉴宝剑而闻名，瓠梁拨琴弦唱出美妙的歌声，孟尝君的门客虽只有鸡鸣狗盗的本领却救了他，楚将子发手下善偷的人却保卫了国家；雍门周一边拨动琴弦一边游说韩哀因赶车驰名，卢敖翱翔于玄阙，若士飞身而入云。我的确没有他们的本领，只能默奉己志以自宁。”

景耀六年，后主采纳谯周的计策，派遣使者向邓艾请降，请降的文书，是郤正撰写的。第二年农历一月，钟会在成都作乱，后主东迁洛阳，当时由于纷扰喧乱、行程仓促，蜀国朝中大臣没有辅助随从的，只有郤正和殿中督汝南郡人张通，舍弃妻子和儿女单身跟随侍候。后主依赖郤正辅佐适宜，一举一动都没有什么闪失，因此慨然叹息，恨自己对郤正了解太晚了。当时人们都在议论中称赞他，晋国赐予郤正关内侯的爵位。泰始年间，晋国任命郤正担任安阳县令，升迁为巴西太守。泰始八年，皇帝下发诏书说：“郤正以前在成都时，于颠沛流离中坚守道义，没有违背忠君的气节情操，待到被晋国任用以后，尽心办事，有治理的成绩，现任命郤正为巴西太守。”咸宁四年郤正去世。他所著述的诗赋、文论之类，将近有一百篇。

评论说：杜微隐居不仕，不愿意被当世所役使，修身养性，几乎与伯夷、商山四皓等隐居者的节操等同。周群观察天象云气，占卜吉凶，常有应验。杜琼谨慎寡言，严守秘密，是纯正的儒生。许慈、孟光、来敏、李譔等博览群书，见识广博，尹默精专于《左氏》。他们虽都不以德高著称，的确都是一代著名的学者。谯周文理通达渊博，是当时的大儒，有董仲舒、扬雄的风范，郤正文辞灿烂，有张衡、蔡邕的风度，加之他忠义兼备，君子都认为他有可褒扬之处。这两个人的事迹在晋朝少，在蜀汉多，所以也都记载在同一卷里。

卷四十三　蜀书十三

黄李吕马王张传第十三

黄权字公衡，巴西阆中人也。少为郡吏，州牧刘璋召为主簿。时别驾张松建议，宜迎先主，使伐张鲁。权谏曰："左将军有骁名，今请到，欲以部曲遇之，则不满其心，欲以宾客礼待，则一国不容二君。若客有泰山之安，则主有累卵之危。可但闭境，以待河清。"璋不听，竟遣使迎先主，出权为广汉长。及先主袭取益州，将帅分下郡县，郡县望风景附，权闭城坚守，须刘璋稽服，乃诣降先主。先主假权偏将军。及曹公破张鲁，鲁走入巴中，权进曰："若失汉中，则三巴不振，此为割蜀之股臂也。"于是先主以权为护军，率诸将迎鲁。鲁已还南郑，北降曹公，然卒破杜濩、朴胡，杀夏侯渊，据汉中，皆权本谋也。

先主为汉中王，犹领益州牧，以权为治中从事。及称尊号，将东伐吴，权谏曰："吴人悍战，又水军顺流，进易退难，臣请为先驱以尝寇，陛下宜为后镇。"先主不从，以权为镇北将军，督江北军以防魏师；先主自在江南。及吴将军陆议乘流断围，南军败绩，先主引退。而道隔绝，权不得还，故率将所领降于魏。有司执法，白收权妻子。先主曰："孤负黄权，权不负孤也。"待之如初。

魏文帝谓权曰："君舍逆效顺，欲追踪陈、韩邪？"权对曰："臣过受刘主殊遇，降吴不可，还蜀无路，是以归命。且败军之将，免死为幸，何古人之可慕也！"文帝善之，拜为镇南将军，封育阳

黄权，字公衡，他是巴西阆中人。年少时做巴西郡官吏，益州牧刘璋征召他为主簿。别驾张松向刘璋建议，邀请刘备入川，去讨伐张鲁。黄权劝谏说：“左将军刘备骁勇善战，现在请他来，如以部下待他，则不能使他满足，若以宾客之礼待他，那么，一国不容二主。如果客人像泰山一样安稳，主人就有将卵垒起来的危险。现在，只能封闭国境等待黄河水清之日。”刘璋没有听从黄权的劝说，仍然派遣使者迎接刘备，把黄权派往广汉任县长。刘备攻取益州后，各郡县望风归附，只有黄权闭城坚守，直到刘璋投降，才归附刘备。刘备让黄权代理偏将军。曹操打败张鲁，张鲁逃到巴中。黄权对刘备说：“如果汉中失守，巴午、巴西和巴郡就会受到威胁，这是割去蜀国的大腿和胳膊啊。”于是，刘备任命黄权为护军，率领各将领去迎击张鲁。此时，张鲁已经返回南郑，投降了曹操。但是刘备最终打败了杜濩、朴胡，杀了夏侯渊，占据了汉中，这都归功于黄权的计谋。

刘备任汉中王后，还是兼任益州州牧，任黄权为治中从事。刘备称帝后，欲东征讨伐吴国，黄权劝谏说：“吴人勇猛善战，又有水军顺水而动，我们前进容易而后退就难，请允许我任先锋以探敌虚实，陛下在后镇守。”刘备不听，任黄权为镇北将军，统率江北兵马防范魏军；刘备亲到长江以南。等到吴国将军陆议顺水突围以后，江南的蜀军大败，刘备率部撤退。然而，此时归路已断，黄权不能回到蜀国，因此，他就带领所管辖的人马投降了魏国。有关官吏要执行军法，向刘备报告要逮捕黄权的妻子儿女。刘备说：“是我辜负了黄权，不是黄权辜负我。”刘备对待黄权的家属还像以前一样。

魏文帝对黄权说：“你离开了蜀汉归顺大魏，是想学习陈平、韩信吗？”黄权回答说：“臣蒙受玄德公过多殊遇，不能去投降吴国，回蜀又无路可通，因此前来归顺。况且，作为败将，能免一死已经是

侯，加侍中，使之陪乘。蜀降人或云诛权妻子，权知其虚言，未便发丧，后得审问，果如所言。及先主薨问至，魏群臣咸贺而权独否。文帝察权有局量，欲试惊之，遣左右诏权，未至之间，累催相属，马使奔驰，交错于道，官属侍从莫不碎魄，而权举止颜色自若。后领益州刺史，徙占河南。大将军司马宣王深器之，问权曰："蜀中有卿辈几人？"权笑而答曰："不图明公见顾之重也！"宣王与诸葛亮书曰："黄公衡，快士也。每坐起叹述足下，不去口实。"景初三年，蜀延熙二年，权迁车骑将军、仪同三司。明年卒，谥曰景侯。子邕嗣。邕无子，绝。

权留蜀子崇，为尚书郎，随卫将军诸葛瞻拒邓艾。到涪县，瞻盘桓未进，崇屡劝瞻宜速行据险，无令敌得入平地。瞻犹与未纳，崇至于流涕。会艾长驱而前，瞻却战至绵竹，崇帅厉军士，期于必死，临阵见杀。

李恢字德昂，建宁俞元人也。仕郡督邮，姑夫爨习为建伶令，有违犯之事，恢坐习免官。太守董和以习方土大姓，寝而不许。后贡恢于州，涉道未至，闻先主自葭萌还攻刘璋。恢知璋之必败，先主必成，乃托名郡使，北诣先主，遇于绵竹。先主嘉之，从至雒城，遣恢至汉中交好马超，超遂从命。成都既定，先主领益州牧，以恢为功曹书佐主簿。后为亡虏所诬，引恢谋反，有司执送，先主明其不然，更迁恢为别驾从事。章武元年，庲降都督邓方卒，先主问恢："谁可代者？"恢对曰："人之才能，各有长短，故孔子曰'其使人也器之'。且夫明主在上，则臣下尽情，是以先零之役，赵充国曰'莫若老臣'。臣窃不自揆，惟陛下察之。"先主笑曰："孤之本意，亦已

大幸，怎能奢谈追慕古人呢！”文帝认为他说得好，任命他为镇南将军，封育阳侯，兼任侍中之职，做自己同车的陪乘。有从蜀国投降过来的人传言说黄权的妻室子女已经被处死，黄权认为这是谎言，没有马上发丧，后来得到确切的消息，果真如他所想的那样。刘备去世的消息传来，曹魏群臣都兴高采烈，只有黄权不语。魏文帝察觉黄权很有气度，就想试着吓他一下，派身边的人去传唤黄权，在他还没有来到时，又不断地派人去催促。使者的马在路上不断奔驰，往来交错，黄权的属官、侍从无不胆战心惊，而黄权却神色自如，一如平常。后来，黄权兼任益州刺史，官署暂设在河南。大将军司马懿非常器重他，问黄权说：“蜀中像你这样的人有多少？”黄权笑着回答说：“没想到您把我看得这样重！”司马懿在给诸葛亮的信中说：“黄公衡，是个爽快的人，他经常以叹服的口吻讲述您，赞不离口。”景初三年，即蜀汉延熙二年，黄权升迁为车骑将军、仪同三司。第二年去世，加谥号景侯。儿子黄邕承继爵位。黄邕没有儿子，传承断绝。

黄权留在蜀国的儿子黄崇，担任尚书郎，跟随卫将军诸葛瞻抵御邓艾。到达涪县后，诸葛瞻徘徊不前，黄崇多次劝诸葛瞻应火速前行占据险要，不能让敌人进入平川。诸葛瞻没有采纳，黄崇流泪苦劝。此时，邓艾长驱直入，诸葛瞻退到绵竹与魏军交战，黄崇率领并鼓励士卒死战，在阵中被杀。

李恢，字德昂，他是建宁俞元人。李恢曾在郡中任督邮，李恢的姑夫爨习任建伶县令，因违犯法令，李恢受爨习牵连被免官。太守董和认为，爨习是当地大族，就违令不让李恢离职。后来，李恢被推荐到州府任职，上路后还没有到达，就听说刘备从葭萌回师进攻刘璋。李恢知道刘璋必败，刘备一定成功，就假托自己是郡中使者，向北觐见刘备，在绵竹与刘备相遇。刘备非常欣赏李恢，让他跟随到洛城，并且派他到汉中说服马超，于是，马超归服了刘备。成都平定以后，刘备兼任益州牧，任李恢为功曹书佐主簿。后来，李恢被逃犯诬陷，诱引李恢谋反，有关官吏抓住李恢送到刘备那里。刘备知道事情不是那样，就又提拔李恢为别驾从事。章武元年，庲降都督邓方去世，刘备问李恢：“谁可替代邓方？”李恢回答说：“人的才能，各

在卿矣。”遂以恢为庲降都督，使持节领交州刺史，住平夷县。

先主薨，高定恣睢于越嶲，雍闿跋扈于建宁，朱褒反叛于牂牁。丞相亮南征，先由越嶲，而恢案道向建宁。诸县大相纠合，围恢军于昆明。时恢众少敌倍，又未得亮声息，绐谓南人曰：“官军粮尽，欲规退还，吾中间久斥乡里，乃今得旋，不能复北，欲还与汝等同计谋，故以诚相告。”南人信之，故围守怠缓。于是恢出击，大破之，追奔逐北，南至槃江，东接牂牁，与亮声势相连。南土平定，恢军功居多，封汉兴亭侯，加安汉将军。后军还，南夷复叛，杀害守将。恢身往扑讨，鉏尽恶类，徙其豪帅于成都，赋出叟、濮耕牛战马金银犀革，充继军资，于时费用不乏。

建兴七年，以交州属吴，解恢刺史。更领建宁太守，以还居本郡。徙居汉中，九年卒。子遗嗣。恢弟子球，羽林右部督，随诸葛瞻拒邓艾，临阵授命，死于绵竹。

吕凯字季平，永昌不韦人也。仕郡五官掾功曹。时雍闿等闻先主薨于永安，骄黠滋甚。都护李严与闿书六纸，解喻利害，闿但答一纸曰：“盖闻天无二日，土无二王，今天下鼎立，正朔有三，是以远人惶惑，不知所归也。”其桀慢如此。闿又降于吴，吴遥署闿为永昌太守。永昌既在益州郡之西，道路壅塞，与蜀隔绝，而郡太守改易，凯与府丞蜀郡王伉帅厉吏民，闭境拒闿。闿数移檄永昌，称说云云。凯答檄曰：“天降丧乱，奸雄乘衅，天下切齿，万国悲悼，臣妾大小，莫不思竭筋力，肝脑涂地，以除国难。伏惟将军世受汉

有长短，所以，孔子说‘用人量器以用’。君主英明，臣下就敢于充分表达自己的意愿，所以，在准备征伐先零羌的时候，赵充国就说‘没有比我更合适的人了’。臣不自量力，望陛下考察。”刘备笑着说：“我的本意，也认为是您啊。”就任李恢为庲降都督，持节，兼任交州刺史，驻平夷县。

刘备去世后，高定在越嶲不受管制，雍闿在建宁作恶，朱褒在牂牁发动叛乱。丞相诸葛亮南征，首先进军越傿。李恢按照行兵路线向建宁进兵。各个县纠合起来，把李恢包围在昆明。此时李恢兵少而敌众多，又没有听到诸葛亮的消息。所以他派人假意对南人说：“官军的粮草没有了，想要撤退。我们离家乡已经很久，今天才要返回家乡，由于不能回归北面去，所以想要与你们同谋，特以诚相告。”南人相信了，就松懈了包围。李恢乘机派兵出击，大败敌人，追赶败军到了槃江，又向东到了牂牁，和诸葛亮兵马相接应。南方平定后，李恢因多次立功，被封汉兴亭侯，加官安汉将军。兵马返回后，南夷又反叛，杀害了守边的将领。李恢亲去征讨，消灭了叛贼，把他们的首领迁到成都。从叟和濮等民族中征收耕牛、战马、金、银、犀、革等供应军需，当时，这些物品没有缺乏过。

建兴七年，由于交州归属了吴国，就免除了李恢刺史的职务，改做了建宁太守，并回到本郡居住。后来又迁到汉中，建兴九年李恢去世。儿子李遗继嗣。李恢弟弟的儿子李球，任羽林右部督，随从诸葛瞻抵御邓艾，临阵接受命令，在绵竹战死。

吕凯字季平，他是永昌不韦人，做了郡中五官掾功曹。那时候雍闿等人听说刘备在永安去世，更加骄横不法。都护李严给雍闿写了长达六七页纸的信，陈述利害关系，雍闿只回了一张纸的短信，说：“我听说，天上没有两个太阳，地上没有两个君王，而今，天下三分，帝王就有三个，因此，我们边远地方的人惶恐迷惑，不知道该归附谁。”他就是这样凶横傲慢。雍闿又投降了吴国，吴国在遥远的东面任命他暂代永昌太守。永昌在益州西部，且道路阻塞，与蜀郡相隔绝，郡的太守又调换了人。吕凯和府丞、蜀郡人王伉统率并激励吏民，关闭四境，抵抗雍闿。雍闿几次给吕凯发去檄文劝诱吕凯投

恩，以为当躬聚党众，率先启行，上以报国家，下不负先人，书功竹帛，遗名千载。何期臣仆吴越，背本就末乎？昔舜勤民事，陨于苍梧，书籍嘉之，流声无穷。崩于江浦，何足可悲！文、武受命，成王乃平。先帝龙兴，海内望风，宰臣聪睿，自天降康。而将军不睹盛衰之纪，成败之符，譬如野火在原，蹈履河冰，火灭冰泮，将何所依附？曩者将军先君雍侯，造怨而封，窦融知兴，归志世祖，皆流名后叶，世歌其美。今诸葛丞相英才挺出，深睹未萌，受遗托孤，翊赞季兴，与众无忌，录功忘瑕。将军若能翻然改图，易迹更步，古人不难追，鄙土何足宰哉！盖闻楚国不恭，齐桓是责，夫差僭号，晋人不长，况臣于非主，谁肯归之邪？窃惟古义，臣无越境之交，是以前后有来无往。重承告示，发愤忘食，故略陈所怀，惟将军察焉。”凯威恩内著，为郡中所信，故能全其节。

及丞相亮南征讨闿，既发在道，而闿已为高定部曲所杀。亮至南，上表曰：“永昌郡吏吕凯、府丞王伉等，执忠绝域，十有余年，雍闿、高定逼其东北，而凯等守义不与交通。臣不意永昌风俗敦直乃尔！”以凯为云南太守，封阳迁亭侯。会为叛夷所害，子祥嗣。而王伉亦封亭侯，为永昌太守。

马忠字德信，巴西阆中人也。少养外家，姓狐，名笃，后乃复姓，改名忠。为郡吏，建安末举孝廉，除汉昌长。先主东征，败绩猇亭，巴西太守阎芝发诸县兵五千人以补遗阙，遣忠送往。先主已

降。吕凯回答说："天降死亡和混乱，奸雄乘机叛乱，天下人无不切齿痛恨，万国为之悲哀，臣民无论大小，无不想竭尽心力，解除国家灾难。将军您世受汉恩，我认为，您应该聚集人马，率先而动。上可报效国家，下不辜负先人，功劳彪炳史册，千载留名。没想到，您却向东吴称臣，背本就末。从前，舜尽力民事，死在苍梧，史书赞美，千古流芳。即使后来死在江南，又有什么可悲的呢？周文王和武王受命于天，至成王大功告成。先帝建立汉朝，海内的人望风归附，官吏聪慧，这是上天赐予的安康。可是，将军您却不理盛衰记载，成败征兆，就像火在草原上燃烧，人在冰河上行走，一旦火灭冰消，您还依靠什么呢？以前，您的父亲雍侯，虽然和高祖结怨，但仍被赐予爵位和土地。窦融知晓东汉将会兴起而归顺世祖，他们都流名后世，世代歌颂他们的美德。现在，丞相诸葛亮英才出众，明事于未然，受托孤之重任，辅佐蜀汉，和众人相处毫无忌讳，记录他人的功劳而不纠缠其过错。将军如能幡然醒悟重新回归，追及古代圣贤都不难，主理一个郡又算什么呢！我听说，楚国对天子不恭，齐桓公就去责罚他，夫差称王，晋国却不以他为尊长，更何况给僭越的君主当臣子，谁又肯归附您呢？我思考古人的道理，臣子不能有境外的交往，所以，以前一直是您有来信我没有回信。再次承蒙您的告示，我心中愤懑，忘掉吃饭，现在大致陈述我心中的想法，望将军深思。"吕凯在郡中很有恩义威信，被人们所信任，所以能保全节操。

在诸葛亮向南征讨雍闿的时候，兵马尚在路上，雍闿已经被高定的部下杀死。诸葛亮到南方后，上表说："永昌郡吏吕凯、府丞王伉等人，在远地坚守忠贞，十多年来，雍闿和高定一直威胁着他们的东北边境，而吕凯等人坚守道义不和他们往来。我没想到，永昌的风俗竟然如此纯正！"刘禅任命吕凯为云南太守，封阳迁亭侯。正赶上吕凯被反叛的少数民族杀害，他的儿子吕祥承继了爵位。王伉也被封为亭侯，任永昌太守。

马忠字德信，他是巴西郡阆中人。小时候开始被寄养在母亲家，姓狐，名笃，后来才恢复原姓，改名马忠。任郡吏，建安末年被举为孝廉，任汉昌县长。先主东征，在猇亭兵败，巴西太守阎芝征发各县

还永安，见忠与语，谓尚书令刘巴曰："虽亡黄权，复得狐笃，此为世不乏贤也。"建兴元年，丞相亮开府，以忠为门下督。三年，亮入南，拜忠牂牁太守。郡丞朱褒反。叛乱之后，忠抚育卹理，甚有威惠。八年，召为丞相参军，副长史蒋琬署留府事。又领州治中从事。明年，亮出祁山，忠诣亮所，经营戎事。军还，督将军张嶷等讨汶山郡叛羌。十一年，南夷豪帅刘胄反，扰乱诸郡。征庲降都督张翼还，以忠代翼。忠遂斩胄，平南土，加忠监军奋威将军，封博阳亭侯。初，建宁郡杀太守正昂，缚太守张裔于吴，故都督常驻平夷县。至忠，乃移治味县，处民夷之间。又越嶲郡亦久失土地，忠率将太守张嶷开复旧郡，由此就加安南将军，进封彭乡侯。延熙五年还朝，因至汉中，见大司马蒋琬，宣传诏旨，加拜镇南大将军。七年春，大将军费祎北御魏敌，留忠成都，平尚书事。祎还，忠乃归南。十二年卒，子脩嗣。

忠为人宽济有度量，但诙啁大笑，忿怒不形于色。然处事能断，威恩并立，是以蛮夷畏而爱之。及卒，莫不自致丧庭，流涕尽哀，为之立庙祀，迄今犹在。

张表，时名士，清望逾忠。阎宇，宿有功干，于事精勤。继踵在忠后，其威风称绩，皆不及忠。

王平字子均，巴西宕渠人也。本养外家何氏，后复姓王。随杜濩、朴胡诣洛阳，假校尉，从曹公征汉中，因降先主，拜牙门将、裨将军。建兴六年，属参军马谡先锋。谡舍水上山，举措烦扰，平连

兵马五千人为前线补充兵力，派马忠带队前往。先主已经回到永安，见到马忠与他谈话以后，对尚书令刘巴说："我虽然失去黄权，但又得到狐笃，世间真是不缺乏贤才呀。"建兴元年，丞相诸葛亮开府，以马忠为门下督。建兴三年，诸葛亮入南中，任马忠为牂牁郡太守。郡丞朱褒反叛。平定叛乱之后，马忠抚恤治理百姓，特别有威信和恩惠。建兴八年，诸葛亮召马忠为丞相参军，帮助留府长史蒋琬处理丞相府事务。以后又兼任益州治中从事。第二年，诸葛亮出兵祁山，马忠到诸葛亮的驻地管理军务。退兵以后，又指挥将军张嶷等讨伐汶山郡叛羌。建兴十一年，南中夷族首领刘胄反叛，骚扰各郡。朝廷征召，庲降都督张翼回朝，以马忠代替张翼的职务。马忠最后斩杀了刘胄，平定了南中。朝廷加授马忠监军奋威将军，封博阳亭侯。当初，建宁郡叛军杀害太守正昂，把继任的太守张裔捆绑送到吴地，所以都督常驻扎在平夷县。到马忠上任的时候，才把治所移到味县，处在汉族夷族之间。另外，越嶲郡也长期失去土地，马忠率领越嶲郡太守张嶷恢复旧土地，因此就地加授安南将军，晋封彭乡侯。延熙五年马忠还朝，接着到达汉中，见大司马蒋琬，宣布传达朝廷诏旨，升任镇南大将军。延熙七年春天，大将军费祎北上抵御曹魏敌军，把马忠留在成都，总管尚书机要事务。费祎回来，马忠才回南中。延熙十二年马忠去世，他的儿子马修承袭了爵位。

马忠为人宽厚通达有度量，只是诙谐幽默或开怀大笑，愤怒不表现在脸上。然而处事果断，威恩并立，所以南中蛮夷对马忠既畏又爱。到马忠去世的时候，没有人不是自己主动来到举办丧事的地方，流泪致哀，又为马忠立庙祭祀，庙宇至今还在。

张表，当时的名士，清望高于马忠。阎宇素有功劳和才干，处事精细勤勉。他们继承马忠的事业，有威风和可称颂的功劳，然而都比不上马忠。

王平，字子均，他是巴西郡宕渠县人。原本由外祖父何氏抚养，之后恢复王姓。他跟从杜濩、朴胡到洛阳，代理校尉。后跟随曹操出征汉中，因而归降刘备，被任命为牙门将、裨将军。建兴六年，隶属参军马谡为先锋。马谡舍弃水边军营而上山扎营，行动举止冗杂繁乱，

规谏谡，谡不能用，大败于街亭。众尽星散，惟平所领千人，鸣鼓自持，魏将张郃疑其伏兵，不往逼也。于是平徐徐收合诸营遗迸，率将士而还。丞相亮既诛马谡及将军张休、李盛，夺将军黄袭等兵，平特见崇显，加拜参军，统五部兼当营事，进位讨寇将军，封亭侯。九年，亮围祁山，平别守南围。魏大将军司马宣王攻亮，张郃攻平，平坚守不动，郃不能克。十二年，亮卒于武功，军退还，魏延作乱，一战而败，平之功也。迁后典军、安汉将军，副车骑将军吴壹住汉中，又领汉中太守。十五年，进封安汉侯，代壹督汉中。延熙元年，大将军蒋琬住沔阳，平更为前护军，署琬府事。六年，琬还住涪，拜平前监军、镇北大将军，统汉中。

七年春，魏大将军曹爽率步骑十余万向汉川，前锋已在骆谷。时汉中守兵不满三万，诸将大惊。或曰："今力不足以拒敌，听当固守汉、乐二城，遇贼令人，比尔间，涪军足得救关。"平曰："不然。汉中去涪垂千里。贼若得关，便为祸也。今宜先遣刘护军、杜参军据兴势，平为后拒；若贼分向黄金，平率千人下自临之，比尔间，涪军行至，此计之上也。"惟护军刘敏与平意同，即便施行。涪诸军及大将军费祎自成都相继而至，魏军退还，如平本策。是时，邓芝在东，马忠在南，平在北境，咸著名迹。

平生长戎旅，手不能书，其所识不过十字，而口授作书，皆有意理。使人读《史》《汉》诸纪传，听之，备知其大义，往往论说不失其指。遵履法度，言不戏谑，从朝至夕，端坐彻日，无武将之体，然性狭侵疑，为人自轻，以此为损焉。十一年卒，子训嗣。

王平多次规劝，马谡都没有采纳，在街亭被打得大败。部众全部四处逃散，只有王平所统领的一千人，擂击战鼓稳住不动，魏将张郃怀疑他有伏兵，没有前去进攻。于是王平慢慢收罗各营遗散的士兵，率领将士返回。丞相诸葛亮诛杀马谡以及将军张休、李盛，解除了将军黄袭等人的兵权，而王平则特别被推崇，加任参军，统率五部兵众并兼管自己所在的军队，晋升为讨寇将军，封为亭侯。建兴九年，诸葛亮围攻祁山，王平分守包围圈的南面。魏国大将军司马宣王进攻诸葛亮，张郃进攻王平，王平坚守不动，张郃不能攻克。建兴十二年，诸葛亮在武功县去世，蜀军退回，魏延作乱，但是一战就失败了，这又是王平的功劳。其后王平迁升为后典军、安汉将军，协助车骑将军吴壹驻扎汉中，又兼任汉中太守。建兴十五年，王平晋封为安汉侯，代替吴壹督领汉中。延熙元年，大将军蒋琬驻沔阳，王平改任为前护军，代管蒋琬府中事务。延熙六年，蒋琬收兵. 驻扎涪县，任命王平为前监军、镇北大将军，统领汉中。

延熙七年春天，魏国大将军曹爽带领步骑兵十余万向汉川进发，前锋部队已经到了骆谷。那时候汉中的守兵还不够三万人，将士大为震惊。有的说：“现今力量不足以拒敌，应当固守汉、乐二城，遇到敌人就让他们进入，不用很久，涪县的军队就会来到救援阳平关。”王平说：“不是这样的。汉中离涪县近一千里。敌人若得到了阳平关，便是祸患。现今应该先派遣刘护军、杜参军据守兴势山，我做后卫；果敌人分兵前往黄金谷，我就率领一千人下山亲自迎战，不用很久，涪县的援军就会到，这才是上策。”只有护军刘敏与王平意见相同，就立即施行。涪县诸军及大将军费祎从成都相继而至，魏军就撤退了，正如王平本来的计策。当时，邓芝在东境，马忠在南境，王平在北境，都声名远扬。

王平成长在军中，不会写字没有文化，认识的字不超过十个，但是口授起草文书却很有条理。他让人为他诵读《史记》《汉书》中的纪传，听了之后，都能理解它的大意，谈论起来一般都不会弄错其中的意思。王平遵守法纪，说话很严肃，从早到晚端坐不苟，斯文得不像武将的样子。然而，他性情多疑，为人自卑，这是他的欠缺之处。

初，平同郡汉昌句扶忠通宽厚，数有战功，功名爵位亚平，官至左将军，封宕渠侯。

张嶷字伯岐，巴郡南充国人也。弱冠为县功曹。先主定蜀之际，山寇攻县，县长捐家逃亡，嶷冒白刃，携负夫人，夫人得免。由是显名，州召为从事。时郡内士人龚禄、姚伷位二千石，当世有声名，皆与嶷友善。建兴五年，丞相亮北住汉中，广汉绵竹山贼张慕等钞盗军资，劫掠吏民，嶷以都尉将兵讨之。嶷度其鸟散，难以战禽，乃诈与和亲，克期置酒。酒酣，嶷身率左右，因斩慕等五十余级，渠帅悉殄。寻其余类，旬日清泰。后得疾病困笃，家素贫匮，广汉太守蜀郡何祗，名为通厚，嶷宿与疏阔，乃自舆诣祗，托以治疾。祗倾财医疗，数年除愈。其党道信义皆此类也。拜为牙门将，属马忠，北讨汶山叛羌，南平四郡蛮夷，辄有筹画战克之功。十四年，武都氐王苻健请降，遣将军张尉往迎，过期不到，大将军蒋琬深以为念。嶷平之曰："苻健求附款至，必无他变，素闻健弟狡黠，又夷狄不能同功，将有乖离，是以稽留耳。"数日，问至，健弟果将四百户就魏，独健来从。

初，越嶲郡自丞相亮讨高定之后，叟夷数反，杀太守龚禄、焦璜，是后太守不敢之郡，只住安上县，去郡八百余里，其郡徒有名而已。时论欲复旧郡，除嶷为越嶲太守，嶷将所领往之郡，诱以恩信，蛮夷皆服，颇来降附。北徼捉马最骁劲，不承节度，嶷乃往讨，生缚其帅魏狼，又解纵告喻，使招怀余类。表拜狼为邑侯，种落三千余

延熙十一年王平去世，他的儿子王训继承了爵位。

当初，与王平同郡的汉昌人句扶为人忠勇宽厚，屡建战功，功名、爵位次于王平，官至左将军，封爵宕渠侯。

张嶷，字伯岐，他是巴郡南充国人。张嶷二十岁做县功曹。刘备平定益州时，山中强盗攻打南充，县长弃家逃走。张嶷冒着生命危险背着县长夫人逃出，使她免于一死。张嶷因此而出名，州里征召他为从事。那时，郡里士人龚禄、姚伷都是年俸二千石的大官，在当地很有名声，他们都和张嶷友善。建兴五年，丞相诸葛亮北上驻兵汉中，广汉、绵竹一带的山贼张慕等人抢掠军资、劫夺吏民，张嶷以都尉身份领兵讨伐。张嶷估计他们会像鸟兽一样四处逃散，很难与之正面交锋而就地擒获，就假装和他们友好，约定日期设宴款待他们，酒兴正浓的时候，张嶷率亲兵趁机杀了张慕等五十多人，消灭了山贼的全部头领，随后，搜寻其余党，不过十天，就安定了局面。后来，张嶷得了重病，而家中又非常贫困，广汉太守蜀郡人何祗有通达厚道的名声，张嶷一向与他很少交往，然而，他还是让人抬着到何祗处，托他治病。何祗尽己之财为张嶷治病，几年后，张嶷病完全好了。张嶷的诚实道义被人接受，都类似于此，后被任命为牙门将，在马忠手下。去北部汶山讨伐叛乱的羌人，到南部平息四郡蛮夷叛乱，常有出谋划策、摧敌陷阵的功劳。建兴十四年，武都氐王苻健请求归降。蜀国派遣将军张尉去迎接他们，过了约定的日期苻健还没有到。大将军蒋琬为此非常担忧，张嶷估计说：“苻健请降很真诚，不会发生意外，以前经常听说苻健的弟弟狡诈，况且胡人不能有同等功劳，恐怕有叛变情况发生，所以，停留在半路。”过了几日，传来消息，苻健的弟弟果然带四百户人家投奔了魏国，只有苻健来归降。

起初，越巂郡自丞相诸葛亮讨伐高定后，叟族人多次发动叛乱，杀害太守龚禄、焦璜等人，所以，后来的太守不敢到郡中上任，只住在安上县，离郡治八百多里，这个郡已徒有虚名。当时，蜀国朝廷决定要恢复旧时越巂郡的辖地，任命张嶷为越巂郡太守，张嶷便率部下前往，用恩信善导郡民，使那里的少数民族全都服从，很多人都来归

户皆安土供职。诸种闻之，多渐降服，嶷以功赐爵关内侯。

苏祁邑君冬逢、逢弟隗渠等，已降复反。嶷诛逢。逢妻，旄牛王女，嶷以计原之。而渠逃入西徼。渠刚猛捷悍，为诸种深所畏惮，遣所亲二人诈降嶷，实取消息。嶷觉之，许以重赏，使为反间，二人遂合谋杀渠。渠死，诸种皆安。又斯都耆帅李求承，昔手杀龚禄，嶷求募捕得，数其宿恶而诛之。

始嶷以郡郛宇颓坏，更筑小坞。在官三年，徙还故郡，缮治城郭，夷种男女莫不致力。

定莋、台登、卑水三县去郡三百余里，旧出盐铁及漆，而夷徼久自固食。嶷率所领夺取，署长吏焉。嶷之到定莋，定莋率豪狼岑，槃木王舅，甚为蛮夷所信任，忿嶷自侵，不自来诣。嶷使壮士数十直往收致，挞而杀之，持尸还种，厚加赏赐，喻以狼岑之恶，且曰："无得妄动，动即殄矣！"种类咸面缚谢过。嶷杀牛飨宴，重申恩信，遂获盐铁，器用周赡。

汉嘉郡界旄牛夷种类四千余户，其率狼路，欲为姑婿冬逢报怨，遣叔父离将逢众相度形势。嶷逆遣亲近赍牛酒劳赐，又令离逆逢妻宣畅意旨。离既受赐，并见其姊，姊弟欢悦，悉率所领将诣嶷，

附。郡北边界的捉马族非常勇强，不服从管理，张嶷率兵讨伐，活捉了他们的首领魏狼，开导后释放，让他回去招抚其他的人。又上表朝廷封魏狼为邑侯，魏狼部落的三千多户人都在当地安居并承担对朝廷的义务。其他的部落听说以后，大多也渐渐归附，张嶷因功被赐爵关内侯。

苏祁县的首领冬逢与其弟隗渠等人，已经投降，又复起反叛，张嶷杀了冬逢。冬逢的妻子是羌族旄牛部落王的女儿，张嶷用计赦免了她，而隗渠却逃到西部边界。隗渠勇猛强悍，各部落的蛮夷都很怕他，他派遣两名亲信向张嶷假投降，其实，是想刺探消息。张嶷发觉以后，答应给他们重赏，派他们回去为内应，他二人便合谋杀了隗渠。隗渠一死，各部族都安定下来了。另有斯都县老头领李求承，过去，曾经亲手杀了龚禄，张嶷悬赏把他捕获，历数他从前的罪行后，处死了他。

当初，张嶷因郡治的城墙毁了，府署破败，便另修了一座小坞堡。他在职三年后，才迁回原来的郡治，在修缮内外城墙时，蛮夷部族的男男女女都赶来出力。

定莋、台登、卑水三县距郡治三百多里，从前出产盐、铁和漆，当地少数民族很久以来就自己单独享用。张嶷率领所辖兵马把盐、铁和漆业夺取过来，安排由长吏掌管。张嶷来到定莋时，定莋的首领狼岑，槃木王的舅舅，是少数民族人信赖的人，他们怨恨张嶷抢夺了自己的产业，因此，而不亲自来拜见。张嶷派了几十个身强力壮的勇士直接去抓捕狼岑，把他们鞭打至死后，又把他们的尸首送回他们的部落，但是对部族的民众则给予重赏，告诉他们狼岑的罪恶，说："你们不要轻举妄动，动乱者马上杀死！"部族的人都自己捆绑起来以示谢罪。张嶷杀牛大摆酒宴，重申德信，于是，得到盐铁专利，器物和用品全都充足。

汉嘉郡界上的旄牛夷部族有四千多户，头领狼路想替姑夫冬逢报仇，派叔父狼离带着冬逢的部下来窥探形势。张嶷派遣亲信带着牛、酒去迎接慰劳他们，又让狼离接来冬逢的妻子说明和好的意思。狼离受到了赏赐，又见到了姐姐，姐弟俩很高兴，把部下的头领

嶷厚加赏待，遣还。旄牛由是辄不为患。

郡有旧道，经旄牛中至成都，既平且近；自旄牛绝道，已百余年，更由安上，既险且远。嶷遣左右赍货币赐路，重令路姑喻意，路乃率兄弟妻子悉诣嶷，嶷与盟誓，开通旧道，千里肃清，复古亭驿。奏封路为旄牛畇毗王，遣使将路朝贡。后主于是加嶷抚戎将军，领郡如故。

嶷初见费祎为大将军，恣性泛爱，待信新附太过，嶷书戒之曰：“昔岑彭率师，来歙杖咸见害于刺客，今明将军位尊权重，宜鉴前事，少以为警。”后祎果为魏降人郭修所害。

吴太傅诸葛恪以初破魏军，大兴兵众以图攻取。侍中诸葛瞻，丞相亮之子，恪从弟也，嶷与书曰：“东主初崩，帝实幼弱，太傅受寄托之重，亦何容易！亲以周公之才，犹有管、蔡流言之变，霍光受任，亦有燕、盖、上官逆乱之谋，赖成、昭之明，以免斯难耳。昔每闻东主杀生赏罚，不任下人，又今以垂没之命，卒召太傅，属以后事，诚实可虑。加吴、楚剽急，乃昔所记，而太傅离少主，履敌庭，恐非良计长算之术也。虽云东家纲纪肃然，上下辑睦，百有一失，非明者之虑邪？取古则今，今则古也，自非郎君进忠言于太傅，谁复有尽言者也！旋军广农，务行德惠，数年之中，东西并举，实为不晚，愿深采察。”恪竟以此夷族。嶷识见多如是类。

在郡十五年，邦域安穆。屡乞求还，乃征诣成都。民夷恋慕，扶毂泣涕，过旄牛邑，邑君襁负来迎，及追寻至蜀郡界，其督相率

们都带去拜见张嶷，张嶷给他们丰厚的赏赐，送他们回去。从此旄牛夷部族不再为害。

越嶲郡内过去有一条路，经旄牛县到成都，既平坦又近便；自旄牛道断绝已有一百多年，人们到成都都改走安上县，既危险又遥远。张嶷派遣左右带着财物赏赐狼路，又让狼路的姑姑说明心意，狼路便率领兄弟、妻子拜见张嶷，张嶷与他盟誓，从此又开通了以前的道路，路程千里都太平清静，过去的亭驿也得到恢复。张嶷上奏朝廷封狼路为旄牛㽛毗王，遣使者与狼路到朝廷进贡。后主刘禅晋升张嶷为抚戎将军，依旧管理自己的郡县。

张嶷当初见费祎任大将军，率意博爱，对待和信任刚刚归顺的人太过分了，张嶷写信劝诫他说："过去岑彭带领军队，来歙拿着符节，都被刺客所害，现在将军您位尊权重，应该以前事为鉴，稍加警觉。"后来费祎果真被魏国投降过来的郭修杀害。

吴国太傅诸葛恪因为才击破魏国军队，就去大举兴兵图谋攻取蜀国。侍中诸葛瞻，是丞相诸葛亮的儿子，诸葛恪的堂弟，张嶷给他写信说："东吴君主刚刚去世，皇上实在幼弱，太傅接受寄托的重任，多么不容易！周公是亲族，而且有才华，还发生管叔、蔡叔散布流言的变故，霍光接受重任，也有燕王旦、盖长公主、上官桀谋反的阴谋，依赖周成王、汉昭帝的明察，他们才得以免除灾难。以前我常听说东吴君主杀人与赏罚，不任用手下人，如今他在将死之际仓促召见太傅，把后事嘱托给太傅。这实在是值得思索的。加上吴、楚地方的人强悍急躁，这是以前有记载的，而太傅离开少主，脚踏敌人的王廷，恐怕不是良计和长久打算的好策略。虽然说东吴法令制度严格整肃，上下和睦，但做一百件事也会有一件失当，这不是明智的人应该考虑的吗？取法古代，观察当今，当今就是古代，如果不是您向太傅进忠言，哪里还有尽心说话的人呢！吴国回师大兴农业，努力施行恩惠，数年之内，东吴西蜀再共同行动，实在为时不晚，希望深入明察采纳。"诸葛恪后来最终因此而被灭族。张嶷大多像这样具有远见卓识。

张嶷在郡做了十五年官，境内安宁。他多次请求回朝，于是，天子把他召回成都。汉夷百姓依依不舍，扶着他的车子流泪，张嶷路过旄牛邑

随嶷朝贡者百余人。嶷至，拜荡寇将军，慷慨壮烈，士人咸多贵之，然放荡少礼，人亦以此讥焉，是岁延熙十七年也。魏狄道长李简密书请降，卫将军姜维率嶷等因简之资以出陇西。既到狄道，简悉率城中吏民出迎军。军前与魏将徐质交锋，嶷临陈陨身，然其所杀伤亦过倍。既亡，封长子瑛西乡侯，次子护雄袭爵。南土越嶲民夷闻嶷死，无不悲泣，为嶷立庙，四时水旱辄祀之。

评曰：黄权弘雅思量，李恢公亮志业，吕凯守节不回，马忠扰而能毅，王平忠勇而严整，张嶷识断明果，咸以所长，显名发迹，遇其时也。

时，邑长背着婴儿来迎接他，一直追随到蜀郡的边界，他手下的大小头领跟随张嶷去朝贡的有一百多人。张嶷到了成都，被任命为荡寇将军。他为人慷慨，坚持志节，士大夫们都很尊重他，但他也有放荡不羁、不拘小节的毛病，因此，有人也讥讽他。这年即延熙十七年，魏国狄道县长李简写密信请求投降，卫将军姜维率张嶷等人借李简的协助出兵陇西。到达狄道以后，李简率全城官民出城迎接蜀军。蜀军前锋与魏将徐质交战，张嶷战死，但被他杀伤的魏军也超过蜀军伤亡的一倍。朝廷封他的长子张瑛为西乡侯，次子张护雄承继爵位。南边越巂郡的汉夷百姓听说张嶷身亡，没有不悲痛哭泣的，为他建立祠庙，四季及遭受水旱灾害时都去祭祀。

评论说：黄权思虑遐远，气度文雅；李恢公正坦荡，致于事业，吕凯恪守节操，终不改变，马忠温和又刚毅，王平忠诚勇敢，治军严谨，张嶷目光敏锐，判断正确。他们都因为自己的长处而名声显扬，身居高位，也是机遇到了的结果。

卷四十四　蜀书十四

蒋琬费祎姜维传第十四

蒋琬字公琰，零陵湘乡人也。弱冠与外弟泉陵刘敏俱知名。琬以州书佐随先主入蜀，除广都长。先主尝因游观奄至广都，见琬众事不理，时又沈醉，先主大怒，将加罪戮。军师将军诸葛亮请曰："蒋琬，社稷之器，非百里之才也。其为政以安民为本，不以修饰为先，愿主公重加察之。"先主雅敬亮，乃不加罪，仓卒但免官而已。琬见推之后，夜梦有一牛头在门前，流血滂沱，意甚恶之，呼问占梦赵直。直曰："夫见血者，事分明也。牛角及鼻，'公'字之象，君位必当至公，大吉之征也。"顷之，为什邡令。先主为汉中王，琬入为尚书郎。建兴元年，丞相亮开府，辟琬为东曹掾。举茂才，琬固让刘邕、阴化、庞延、廖淳，亮教答曰："思惟背亲舍德，以殄百姓，众人既不隐于心，实又使远近不解其义，是以君宜显其功举，以明此选之清重也。"迁为参军。五年，亮住汉中。琬与长史张裔统留府事。八年，代裔为长史，加抚军将军。亮数外出，琬常足食足兵以相供给。亮每言："公琰托志忠雅，当与吾共赞王业者也。"密表后主曰："臣若不幸，后事宜以付琬。"

亮卒，以琬为尚书令，俄而加行都护，假节，领益州刺史，迁大将军，录尚书事，封安阳亭侯。时新丧元帅，远近危悚。琬出类拔萃，处群僚之右，既无戚容，又无喜色，神守举止，有如平日，由是众望渐服。延熙元年，诏琬曰："寇难未弭，曹叡骄凶，辽东三郡

蒋琬字公琰，他是零陵湘乡人。蒋琬二十岁时与表弟泉陵人刘敏就都很有名气。蒋琬以州书佐身份随刘备入蜀，任广都县长。刘备外出突至广都，发现蒋琬各项政事都没有办理，又喝得烂醉，刘备大怒，准备加罪处罚。军师将军诸葛亮求情说："蒋琬是治国的栋梁之材，不是管理区区百里之地的小才。他为政以安民为本，从不装点门面，希望主公对他重新考察。"刘备向来尊敬诸葛亮，便不给蒋琬加罪，只是免官而已。蒋琬被撤职以后，夜里梦见门前有一头牛，鲜血淋漓，心里很是厌恶，便问占梦的赵直，赵直说："见到鲜血，表示事情已经清楚。由牛的两角到牛鼻子，是个'公'字，您的职位一定会到公卿，这是吉兆啊。"不久，蒋琬担任什邡县令。刘备为汉中王，蒋琬入朝任尚书郎。建兴元年，丞相诸葛亮开设府署，征聘蒋琬为东曹掾。后来又举荐他为茂才，蒋琬坚决辞让给刘邕、阴化、庞延、廖淳，诸葛亮开导他说："您离开家乡，为国家和百姓奔忙，既会使士民心中不安，又会使远近之人不明其理，所以，应该显示您因功被举荐，以表明此次遴选的贵重。"后来，蒋琬升为了参军。建兴五年，诸葛亮进驻汉中，蒋琬与长史张裔主持留守相府事宜。建兴八年，代替张裔任长史，加抚军将军。诸葛亮数次出兵征战，蒋琬总是供以充足的粮饷和足够的兵力。诸葛亮常说："公琰以忠正寄托报国的志向，他是辅助我完成统一大业的人啊！"于是给后主上密表说："臣如果有不幸，后事可托付给蒋琬。"

诸葛亮死后，后主任命蒋琬做了尚书令，没过多久，加授都护，授予符节，并领益州刺史，升为大将军，录尚书事，封为安阳亭侯。当时元帅新丧，远近人人恐惧。蒋琬出类拔萃，处群僚之上，既没有哀戚的样子，也没有欣喜的神色，神情举止，像平日一样，于是众人对他渐渐信服。延熙元年，后主下诏给蒋琬说："敌寇的祸患还没有

苦其暴虐，遂相纠结，与之离隔。叡大兴众役，还相攻伐。曩秦之亡，胜、广首难，今有此变，斯乃天时。君其治严，总帅诸军屯住汉中，须吴举动，东西掎角，以乘其衅。”又命琬开府，明年就加为大司马。

东曹掾杨戏素性简略，琬与言论，时不应答。或欲构戏于琬曰：“公与戏语而不见应，戏之慢上，不亦甚乎！”琬曰：“人心不同，各如其面；面从后言，古人之所诫也。戏欲赞吾是耶，则非其本心，欲反吾言，则显吾之非，是以默然，是戏之快也。”又督农杨敏曾毁琬曰：“作事愦愦，诚非及前人。”或以白琬，主者请推治敏，琬曰：“吾实不如前人，无可推也。”主者重据听不推，则乞问其愦愦之状。琬曰：“苟其不如，则事不当理，事不当理，则愦愦矣。复何问邪？”后敏坐事系狱，众人犹惧其必死，琬心无适莫，得免重罪。其好恶存道，皆此类也。

琬以为昔诸葛亮数窥秦川，道险运艰，竟不能克，不若乘水东下。乃多作舟船，欲由汉、沔袭魏兴、上庸。会旧疾连动，未时得行。而众论咸谓如不克捷，还路甚难，非长策也。于是遣尚书令费祎、中监军姜维等喻指。琬承命上疏曰：“芟秽弭难，臣职是掌。自臣奉辞汉中，已经六年，臣既暗弱，加婴疾疢，规方无成，夙夜忧惨。今魏跨带九州，根蒂滋蔓，平除未易。若东西并力，首尾掎角，虽未能速得如志，且当分裂蚕食，先摧其支党。然吴期二三，连不克果，俯仰惟艰，实忘寝食。辄与费祎等议，以凉州胡塞之要，进退有资，贼之所惜；且羌、胡乃心思汉如渴，又昔偏军入羌，郭淮破走，算其长短，以为事首，宜以姜维为凉州刺史。若维征行，衔持河

消除，曹叡骄横凶暴，辽东三郡苦于他的暴虐，就互相联合，脱离魏国。曹叡大肆兴兵，互相攻伐。从前秦朝的灭亡，是陈胜、吴广首先发难的，现在魏国有此变乱，这是天时。你整治军队，统率各军屯驻汉中，等吴国举兵，东西夹击，乘他叛乱之机。”后主又下令蒋琬开设府署，第二年蒋琬就升为大司马。

东曹掾杨戏一向性情简慢粗疏，蒋琬同他谈话，他经常不回答。有人想在蒋琬面前陷害杨戏，说：“您和杨戏讲话却听不到他应答，杨戏轻忽上司，不也太过分吗！”蒋琬说：“人的想法不相同，就像各自的面孔一样；当面顺从而背后说坏话，这是古人所警戒的。杨戏要是称赞我说的对，那就不是他的本意，他要是反对我说的话，就是凸显了我的错误，因此沉默不语，这正是杨戏的机敏啊。”另外，督农杨敏曾经诋毁蒋琬说：“做事糊涂，实在比不上前人。”有人把这话告诉了蒋琬，主管官员请求追究惩处杨敏，蒋琬说：“我的确不如前人，没有什么可追究的。”主管官员在再一次陈说以后终于同意不予追究，却恳请询问做事糊涂的情况。蒋琬说：“假如我不如前人，那么就是处理事情不合理，处事不当，那就是糊涂，又有什么可问的呢？”后来杨敏因事犯罪被关入监狱，大家担心他一定会被处死，而蒋琬心中待人用情没有偏见，杨敏才得以免除很重的罪罚。蒋琬的爱恨合乎情理大义，都是像这样的。

蒋琬觉得，过去诸葛亮多次进军秦川，最终没能成功，是因为道路险阻、运输很难，不如由水路东下。于是，建造了很多船只，打算由汉、沔袭击魏兴和上庸。正巧赶上蒋琬旧病连续发作，没有及时行动。而众官员议论说，如不能成功，则回路就非常艰险，这不是长远的计策。于是，蒋琬派尚书令费祎、中监军姜维等人向刘禅说明自己的意图。蒋琬接受命令又上疏说：“灭曹魏已经越来越难，而臣的职责正是执掌此事。自臣奉命驻扎汉中以来，已经六年，臣本就愚昧无能，再加上疾病缠身，运筹帷幄却不能实行，臣日夜忧心。现在，魏国占据九州，势力蔓延，想铲平扫除已非易事。如果吴、蜀合力，首尾成掎角之势，即便不能很快如愿，也可以暂且分食魏国领土，毁灭它的部分力量。然而，与吴国相约几次，却接连不能取胜，前退都很困

右，臣当帅军为维镇继。今涪水陆四通，惟急是应，若东北有虞，赴之不难。”由是琬遂还住涪。疾转增剧，至九年卒，谥曰恭。

子斌嗣，为绥武将军、汉城护军。魏大将军钟会至汉城，与斌书曰：“巴蜀贤智文武之士多矣，至于足下、诸葛思远，譬诸草木，吾气类也。桑梓之敬，古今所敦。西到，欲奉瞻尊大君公侯墓，当洒扫坟茔，奉祠致敬。愿告其所在！”斌答书曰：“知惟臭味意眷之隆，雅托通流，未拒来谓也。亡考昔遭疾疢，亡于涪县，卜云其吉，遂安厝之。知君西迈，乃欲屈驾修敬坟墓。视予犹父，颜子之仁也，闻命感怆，以增情思。”会得斌书报，嘉叹意义，及至涪，如其书云。

后主既降邓艾，斌诣会于涪，待以交友之礼。随会至成都，为乱兵所杀。斌弟显，为太子仆，会亦爱其才学，与斌同时死。

刘敏，左护军、扬威将军，与镇北大将军王平俱镇汉中。魏遣大将军曹爽袭蜀时，议者或谓但可守城，不出拒敌，必自引退。敏以为男女布野，农谷栖亩，若听敌入，则大事去矣。遂帅所领与平据兴势，多张旗帜，弥亘百余里。会大将军费祎从成都至，魏军即退，敏以功封云亭侯。

难，实在让人寝食不安。于是，臣与费祎等人商议，凉州胡人边塞的险要，可以作为进军和撤退的据点，这是敌人很重视这个地方的原因。况且，羌、胡人十分思念汉朝，又因为过去偏军进入过羌地，致使郭淮败逃。考虑得失，臣等认为，如今首要之事，应该让姜维为凉州刺史。如果姜维出征，和敌相持于河右，我则率师为姜维镇守做他的后援。现在，涪县水陆四通八达，可以应急，如果东北方有情况，奔赴前去并不难。”蒋琬返回，住在涪县。病情加剧，延熙九年蒋琬去世，谥号为“恭”。

蒋琬的儿子蒋斌承袭爵位，做了绥武将军、汉城护军。曹魏大将军钟会到达汉城，给蒋斌写信，说：“巴蜀之地的贤能智慧文才武略之人真多啊。至于您、诸葛思远等就像草木一样，与我是同类呀。崇敬当地的贤能，是古今所重视的事。我来到此地，想瞻仰您父亲的坟墓，并洒扫祭祀以示敬意，请您告诉我坟墓在什么地方！”蒋斌回信说：“知道您想表示同类人相互推崇的意思，您高雅的托付通达流畅，我不能拒绝您的要求。亡父当初身患疾病，在涪县去世，占卜的人说此地吉利，就安葬在那里。得知您西行，并欲屈驾前往父墓致敬。把我的父亲视为您的父亲，这是颜回具有的仁德。您的要求使我既感动又伤心，增加了我思念的情怀。”钟会看到蒋斌的回信，对其中的意思嘉许赞叹，到涪县以后，果然像他信中所说的那样祭扫了蒋琬墓。

后主刘禅投降邓艾以后，蒋斌到涪县拜会钟会，钟会用朋友之礼接待他。他跟随钟会到成都，被乱兵杀害。蒋斌的弟弟蒋显，任太子仆，钟会也非常喜爱他的才学，他和蒋斌同时遇害。

刘敏，担任左护军、扬威将军，和镇北大将军王平共同镇守汉中。曹魏派遣大将军曹爽攻打蜀国的时候，蜀军商讨对策者中，有的提出只可坚守城池，不必出城迎战，敌军必会自行退却。刘敏认为此时百姓男男女女正遍布田野忙农活，稻谷还堆放田头，如果听任敌军深入，朝廷大局就完了。于是就率领他的部下和王平一起占据兴势山，多插战旗，绵延百余里。正好大将军费祎从成都赶到，曹魏就撤军了，刘敏因功被封为云亭侯。

费祎字文伟，江夏鄳人也。少孤，依族父伯仁。伯仁姑，益州牧刘璋之母也。璋遣使迎仁，仁将祎游学入蜀。会先主定蜀，祎遂留益土，与汝南许叔龙、南郡董允齐名。时许靖丧子，允与祎欲共会其葬所。允白父和请车，和遣开后鹿车给之。允有难载之色，祎便从前先上。及至丧所，诸葛亮及诸贵人悉集，车乘甚鲜，允犹神色未泰，而祎晏然自若。持车人还，和问之，知其如此，乃谓允曰："吾常疑汝于文伟优劣未别也，而今而后，吾意了矣。"

先主立太子，祎与允俱为舍人，迁庶子。后主践位，为黄门侍郎。丞相亮南征还，群寮于数十里逢迎，年位多在祎右，而亮特命祎同载，由是众人莫不易观。亮以初从南归，以祎为昭信校尉使吴。孙权性既滑稽，嘲啁无方，诸葛恪、羊衜等才博果辩，论难锋至，祎辞顺义笃，据理以答，终不能屈。权甚器之，谓祎曰："君天下淑德，必当股肱蜀朝，恐不能数来也。"还，迁为侍中。亮北住汉中，请祎为参军。以奉使称旨，频繁至吴。建兴八年，转为中护军，后又为司马。值军师魏延与长史杨仪相憎恶，每至并坐争论，延或举刃拟仪，仪泣涕横集。祎常入其坐间，谏喻分别，终亮之世，各尽延、仪之用者，祎匡救之力也。亮卒，祎为后军师。顷之，代蒋琬为尚书令。琬自汉中还涪，祎迁大将军，录尚书事。

延熙七年，魏军次于兴势，假祎节，率众往御之。光禄大夫来

费祎字文伟，他是江夏郡鄳县人。小时候失去父亲，凭借父亲的同族兄弟费伯仁生活。伯仁的姑母，是益州牧刘璋的母亲。刘璋派使者去迎接费伯仁，伯仁带着费祎到蜀地从师求学。适逢先主平定了蜀地，费祎便留在益州地区，他和汝南郡的许叔龙、南郡董允同样有名。当时，许靖的儿子死了，董允和费祎准备一起到他的葬地去。董允向父亲董和要车，董和就指派了一辆敞开后面的小车给他们。董允露出为难的神色，不知道如何乘坐是好。费祎便从前面先上去。等到了葬地，诸葛亮以及各位显贵的人物都到了，他们所乘的车子非常华丽美盛，董允神色还是有点儿不大自然，而费祎却泰然自若。驾车子的人回去后，董和向他询问，才知道情况是这样的，他对董允说："我常怀疑你和文伟相比，分不出优劣，从今以后，我心中才明白了。"

刘备册立太子后，费祎与董允都任太子舍人，又晋升他做了庶子。刘禅登上皇位，费祎任黄门侍郎。丞相诸葛亮南征回来时，朝臣都到几十里以外去迎接，他们的年龄、职位大多在费祎之上，而诸葛亮却独叫费祎与他同乘一车，于是，众人对他无不青眼有加。诸葛亮从南方回来不久，就任命费祎为昭信校尉出使东吴。吴主孙权喜欢滑稽，戏谑玩笑没有分寸，再诸如诸葛恪、羊衜等人才识渊博，皆为能言善辩之士，论辩诘难，词锋犀利，而费祎言辞顺畅，语意真诚，据理答辩，而不屈服。孙权非常看重费祎，说："您是天下有美德的人，定能匡辅蜀国，今后恐怕不能多来了。"回蜀汉以后，费祎升为侍中。诸葛亮北上屯驻汉中，任费祎为参军。因奉命出使符合朝廷旨意，所以，频繁到东吴。建兴八年，费祎转任中护军，后又任司马。此时，军师魏延和长史杨仪相互憎恶，每次见面坐在一起都要发生争执，魏延有时还拿着兵器对着杨仪发狠，杨仪则泪流满面。费祎常常坐在他们中间，劝慰化解，将他们分开。诸葛亮在世的时候，能使魏延、杨仪各自为用，正是费祎匡正补救的结果。诸葛亮去世后，费祎任后军师，不久，又代蒋琬为尚书令。蒋琬由汉中回到涪县，费祎升任大将军，录尚书事。

延熙七年，魏军军队驻扎在兴势，刘禅授费祎节钺，命他带领

敏至祎许别，求共围棋。于时羽檄交驰，人马擐甲，严驾已讫，祎与敏留意对戏，色无厌倦。敏曰："向聊观试君耳！君信可人，必能办贼者也。"祎至，敌遂退，封成乡侯。琬固让州职，祎复领益州刺史。祎当国功名，略与琬比。十一年，出住汉中。自琬及祎，虽自身在外，庆赏刑威，皆遥先谘断，然后乃行，其推任如此。后十四年夏，还成都，成都望气者云都邑无宰相位，故冬复北屯汉寿。延熙十五年，命祎开府。十六年岁首大会，魏降人郭循在坐。祎欢饮沈醉，为循手刃所害，谥曰敬侯。子承嗣，为黄门侍郎。承弟恭，尚公主。祎长女配太子璿为妃。

姜维字伯约，天水冀人也。少孤，与母居。好郑氏学。仕郡上计掾，州辟为从事。以父冏昔为郡功曹，值羌、戎叛乱，身卫郡将，没于战场，赐维官中郎，参本郡军事。建兴六年，丞相诸葛亮军向祁山，时天水太守适出案行。维及功曹梁绪、主簿尹赏、主记梁虔等从行。太守闻蜀军垂至，而诸县响应，疑维等皆有异心，于是夜亡保上邽。维等觉太守去，追迟，至城门，城门已闭，不纳。维等相率还冀，冀亦不入维。维等乃俱诣诸葛亮。会马谡败于街亭，亮拔将西县千余家及维等还，故维遂与母相失。亮辟维为仓曹掾，加奉义将军，封当阳亭侯，时年二十七。亮与留府长史张裔、参军蒋琬书曰："姜伯约忠勤时事，思虑精密，考其所有，永南、季常诸人不如也。其人，凉州上士也。"又曰："须先教中虎步兵五六千人。姜伯约甚敏于军事，既有胆义，深解兵意。此人心存汉室，而才兼于人，毕教军事，当遣诣宫，觐见主上。"后迁中监军征西将军。

兵马御敌。光禄大夫来敏到费祎住处送别，要和他一起下棋。这时，情报纷至，人马已做好了出发的准备。费祎和来敏专心下棋，脸上没有一点不安和厌倦的神色。来敏说："我只是想试探您而已。您真让人满意，一定能打退敌人。"费祎到了前线，敌军就撤退了。费祎被封为成乡侯。因蒋琬执意让出州中的官职，费祎又兼任益州刺史。费祎主持国政，其功业和名望与蒋琬差不多。延熙十一年，费祎出京驻守汉中。自蒋琬到费祎，虽身在外，但是对京中的赏罚，都事先咨询明白，然后才施行。他们受刘禅重信到如此程度。延熙十四年夏天，费祎返回成都。成都望云气的人说都城中没有宰相的位置，因此，他驻扎在北部的汉寿。延熙十五年，后主命费祎成立府署。延熙十六年岁首大宴会，魏国投降过来的郭循也在座。费祎酒醉被郭循杀死。谥号敬侯，他的儿子费承继承爵位，为黄门侍郎。费承的弟弟费恭娶公主为妻。费祎的长女嫁给太子刘璿为妃。

姜维字伯约，他是天水郡冀县人。小的时候，父亲就去世了，与母亲一起居住。他喜欢郑玄的学说，出仕做了郡里的上计掾，后来又被州里任命为从事。姜维的父亲姜冏以前担任郡中功曹，正遇上羌、戎族人叛乱，以自己的身体护卫郡太守，死在战场上，因为这个缘故，姜维被赏赐了中郎的官职，参议本郡的军事。建兴六年，丞相诸葛亮挥师进兵祁山，当时天水郡太守正外出巡视，姜维以及功曹梁绪、主簿尹赏、主记梁虔等随从。太守听说蜀军将要来到，而各县都起来响应，怀疑姜维等人都有二心，于是连夜逃跑，退保上邽。姜维发现太守逃离，追赶已经晚了，追到上邽城门时，城门已经关闭，不让进去。姜维等人相继返回冀县，冀县也不让姜维他们进城。姜维等人于是就都去见诸葛亮。当时正好马谡在街亭打了败仗，诸葛亮攻克西县带了西县一千多家以及姜维等人回蜀，因此，姜维就和他的母亲分离了。姜维被诸葛亮任命为仓曹掾，加授奉义将军，封为当阳亭侯，当时他二十七岁。诸葛亮在给留府长史张裔、参军蒋琬的信中说："姜伯约忠于职守，勤于政事，考虑事情精细周密，我考察他的才能，永南、季常等人都比不上他。这个人，是凉州的上等士人。"又说："让他先教中虎步兵士五六千人。姜伯约对于军事很敏锐，有胆

十二年，亮卒，维还成都，为右监军辅汉将军，统诸军，进封平襄侯。延熙元年，随大将军蒋琬住汉中。琬既迁大司马，以维为司马，数率偏军西入。六年，迁镇西大将军，领凉州刺史。十年，迁卫将军，与大将军费祎共录尚书事。是岁，汶山平康夷反，维率众讨定之。又出陇西、南安、金城界，与魏大将军郭淮、夏侯霸等战于洮西。胡王治无戴等举部落降，维将还安处之。十二年，假维节，复出西平，不克而还。维自以练西方风俗，兼负其才武，欲诱诸羌、胡以为羽翼，谓自陇以西可断而有也。每欲兴军大举，费祎常裁制不从，与其兵不过万人。

十六年春，祎卒。夏，维率数万人出石营，经董亭，围南安，魏雍州刺史陈泰解围至洛门，维粮尽退还。明年，加督中外军事。复出陇西，守狄道长李简举城降。进围襄武，与魏将徐质交锋，斩首破敌，魏军败退。维乘胜多所降下，拔河关、狄道、临洮三县民还。后十八年，复与车骑将军夏侯霸等俱出狄道，大破魏雍州刺史王经于洮西，经众死者数万人。经退保狄道城，维围之。魏征西将军陈泰进兵解围，维却住钟题。

十九年春，就迁维为大将军。更整勒戎马，与镇西大将军胡济期会上邽，济失誓不至，故维为魏大将邓艾所破于段谷，星散流离，死者甚众。众庶由是怨讟，而陇已西亦骚动不宁，维谢过引负，求自贬削。为后将军，行大将军事。

二十年，魏征东大将军诸葛诞反于淮南，分关中兵东下。维欲

有义，兵士的心意也为他所了解。这个人一心忠于汉室，而且别人的才识都不如他，等他结束这次军事教练以后，应该让他进谒宫中，朝见主上。”后来姜维升为中监军、征西将军。

建兴十二年，诸葛亮去世，姜维回到成都，任右监军辅汉将军，统领各军，晋封平襄侯。延熙元年，姜维随大将军蒋琬屯驻汉中。蒋琬晋升为大司马，任姜维为司马，多次率偏军西入敌境。延熙六年，姜维晋升为镇西大将军，兼任凉州刺史。延熙十年姜维升迁为卫将军，与大将军费祎同管尚书台事务。这一年，汶山郡平康县的少数民族反叛，姜维率军讨伐平定了他们。又出兵陇西、南安、金城等地，和曹魏大将军郭淮、夏侯霸等人在洮西争战。少数民族首领治无戴等率领部落投降，姜维把他们带回去进行安置。延熙十二年，朝廷授姜维符节，再次出兵西平郡，无功而回。姜维自认为熟悉凉州民情，对自己的文武才能又很自负，想招抚那里的羌、胡人为羽翼，认为可以割断陇西为蜀汉所有，经常想举兵，费祎则限制不同意，给他的兵马不过万人。

延熙十六年春天，费祎去世。夏天，姜维带领数万人马出石营，经过董亭，进围南安郡，曹魏雍州刺史陈泰赶赴洛门解围，姜维因为粮尽退兵。第二年，姜维为都督中外军事，再一次出兵陇西，曹魏署理狄道县长李简献城投降。姜维进围襄武县，与曹魏将领徐质交战，斩杀徐质打败敌军，魏军败退。姜维乘胜攻占了许多地方，迁移河关、狄道、临洮三县百姓回军。以后延熙十八年，又与车骑将军夏侯霸等人一起出兵狄道县，在洮水以西大败曹魏雍州刺史王经，杀死王经的兵众有数万人。王经退保狄道城，姜维将其包围。曹魏征西将军陈泰进兵解围，姜维后退屯驻钟题。

延熙十九年春天，朝廷派人升迁姜维为大将军。姜维又整顿部署兵马，与镇西大将军胡济约好在上邽会师，由于胡济失约没有到，所以姜维在段谷被曹魏大将邓艾打败，士兵失散流离，死亡很多。部下因此而产生怨恨，而陇山以西也骚动不安，姜维引咎自责，自请贬官。降为后将军，代理大将军职务。

延熙二十年，魏国征东大将军诸葛诞在淮南发动叛乱，魏国征

乘虚向秦川，复率数万人出骆谷，径至沈岭。时长城积谷甚多而守兵乃少，闻维方到，众皆惶惧。魏大将军司马望拒之，邓艾亦自陇右，皆军于长城。维前住芒水，皆倚山为营。望、艾傍渭坚围，维数下挑战，望、艾不应。景耀元年，维闻诞破败，乃还成都。复拜大将军。

初，先主留魏延镇汉中，皆实兵诸围以御外敌，敌若来攻，使不得入。及兴势之役，王平捍拒曹爽，皆承此制。维建议，以为错守诸围，虽合《周易》“重门”之义，然适可御敌，不获大利。不若使闻敌至，诸围皆敛兵聚谷，退就汉、乐二城，使敌不得入平，且重关镇守以捍之。有事之日，令游军并进以伺其虚。敌攻关不克，野无散谷，千里县粮，自然疲乏。引退之日，然后诸城并出，与游军并力搏之，此殄敌之术也。于是令督汉中胡济却住汉寿，监军王含守乐城，护军蒋斌守汉城，又于西安、建威、武卫、石门、武城、建昌、临远皆立围守。

五年，维率众出汉、侯和，为邓艾所破，还住沓中。维本羁旅托国，累年攻战，功绩不立，而宦官黄皓等弄权于内，右大将军阎宇与皓协比，而皓阴欲废维树宇。维亦疑之，故自危惧，不复还成都。

六年，维表后主：“闻钟会治兵关中，欲规进取，宜并遣张翼、廖化督诸军分护阳安关口、阴平桥头以防未然。”皓征信鬼巫，谓敌终不自致，启后主寝其事，而群臣不知。及钟会将向骆谷，邓艾将入沓中，然后乃遣右车骑廖化诣沓中为维援，左车骑张翼、辅国大将军董厥等诣阳安关口以为诸围外助。比至阴平，闻魏将诸葛绪向

调关中的军队东下平叛。姜维想乘虚进军秦川，又率数万兵马出兵骆谷，直接到达沈岭。当时长城储存粮食多而守兵少，听说姜维来到，众人都惶恐害怕。魏国大将军司马望迎敌，邓艾也从陇右赶来，都驻扎在长城。姜维前往芒水，蜀军都依傍山势安营。司马望、邓艾在渭水边坚守，姜维多次下山挑战，司马望、邓艾都不应战。景耀元年，姜维听说诸葛诞兵败，就返回成都。朝廷再次任他为大将军。

起初，刘备派魏延留下驻守汉中，蜀军各营都充实兵力来抵御入侵者。如果有敌人进攻，就严防死守，使他们无法攻入。在兴势之战中，王平抵御曹爽，也沿袭了这种做法。姜维建议，认为交错防守各营，虽然合乎《周易》所说的“重门”的道理，即设置多层门、敲梆巡夜防备敌人袭击，但是这只能防御，不能取得大的胜利。不如在听闻敌人将至时，各营都集结军队、聚积粮食，退守到汉、乐二城附近，使敌兵不能进入平原地带，并且在重要关口驻扎军队来抵抗敌兵。出现情况的时候，命令流动作战的部队一同前行探察虚实。敌人攻不下关塞，荒野中没有散落的粮食，军粮又远隔千里，他们自然会疲惫困乏。等到他们撤退的时候，各城一起出兵，与流动部队合力围攻，这就是灭敌的战术。于是刘禅就命令汉中都督胡济退驻汉寿，监军王含守卫乐城，护军蒋斌守卫汉城，又在西安、建威、武卫、石门、武城、建昌、临远这些地方建立营围守备。

景耀五年，姜维带领兵士从汉城、侯和出发，被邓艾打败，退兵驻扎在沓中。姜维本来长年旅居别国他乡，连年征战，功业又都还没有建立，而宦官黄皓之流在朝廷玩弄权柄，右大将军阎宇又与黄皓沆瀣一气。黄皓暗中想要废除姜维而扶植阎宇。姜维对他们也心存疑虑。所以非常担忧害怕，干脆不再返回成都。

景耀六年，姜维向后主上表说：“听说钟会在关中整顿军备，打算对我们发起攻击，陛下应该派遣张翼、廖化统率各路兵马到阳安关口和阴平桥头守护，以防患于未然。”黄皓坚信鬼巫之说，认为敌人始终不会到来，于是禀告刘禅不用派兵防守，而朝中大臣都不知道姜维与黄皓的这件事情。等到钟会即将进入骆谷、邓艾就要步入沓中的时候，刘禅方才派右车骑将军廖化前往沓中救助姜维，派左车

建威，故住待之。月余，维为邓艾所摧，还住阴平。钟会攻围汉、乐二城，遣别将进攻关口，蒋舒开城出降，傅佥格斗而死。会攻乐城，不能克，闻关口已下，长驱而前。翼、厥甫至汉寿，维、化亦舍阴平而退，适与翼、厥合，皆退保剑阁以拒会。会与维书曰："公侯以文武之德，怀迈世之略，功济巴、汉，声畅华夏，远近莫不归名。每惟畴昔，尝同大化，吴札、郑乔，能喻斯好。"维不答书，列营守险。会不能克，粮运县远，将议还归。

而邓艾自阴平由景谷道傍入，遂破诸葛瞻于绵竹。后主请降于艾，艾前据成都。维等初闻瞻破，或闻后主欲固守成都，或闻欲东入吴，或闻欲南入建宁，于是引军由广汉、郪道以审虚实。寻被后主敕令，乃投戈放甲，诣会于涪军前，将士咸怒，拔刀斫石。

会厚待维等，皆权还其印号节盖。会与维出则同舆，坐则同席，谓长史杜预曰："以伯约比中土名士，公休、太初不能胜也。"会既构邓艾，艾槛车征，因将维等诣成都，自称益州牧以叛。欲授维兵五万人，使为前驱。魏将士愤怒，杀会及维，维妻子皆伏诛。

郤正著论论维曰："姜伯约据上将之重，处群臣之右，宅舍弊薄，资财无余，侧室无妾媵之亵，后庭无声乐之娱，衣服取供，舆马取备，饮食节制，不奢不约，官给费用，随手消尽；察其所以然者，非以激贪厉浊，抑情自割也，直谓如是为足，不在多求。凡人之谈，常誉成毁败，扶高抑下，咸以姜维投厝无所，身死宗灭，以是贬削，

骑将军张翼、辅国大将军董厥等人前往阳安关口作为各城的外援。军队到了阴平，听说魏国将领诸葛绪已经向建威进攻，就停下来等待。一个多月后，姜维被邓艾打败，退驻到阴平。钟会围攻汉、乐两座城池，又派将领进攻阳安关口。蒋舒打开城门投降，傅佥拼力死守，后来战死。钟会没有打下乐城，听说阳安关口已被攻破，便长驱而入。张翼、董厥刚到汉寿，姜维、廖化也从阴平撤回，恰好会合，于是一起退到剑阁抵御钟会。钟会写信给姜维说："公侯您拥有文德武功，身怀盖世谋略，在巴蜀、汉中建立了功业，名声在华夏传扬，远近都慕名归附。每次想起往昔，我们曾经一起感受中原的文治教化，就像吴国季札和郑国子乔那样了解时势，如今您反蜀投魏才是正途。"姜维没有回信，仍然列兵驻守险要。钟会攻打不下，军粮运送的路途又很遥远，将领们都商议要撤军返回。

在这个时候邓艾从阴平经由景谷道进入蜀境，在绵竹打败诸葛瞻。后主刘禅向邓艾请求投降，邓艾进驻成都。姜维等人刚开始听说诸葛瞻战败时，有人传说后主刘禅准备坚守成都，又有人传说后主准备东入吴国，还有人传说后主将南往建宁，于是率领军队去广汉、郪道以查明虚实。不久收到后主刘禅的命令，才放下兵器卸下盔甲，往涪县魏军营前见钟会，蜀军将士都很愤怒，拔出刀来乱砍石头。

钟会优待姜维等人，暂时把印鉴、标志、符节、车盖全都归还他们。钟会与姜维出门则同车，坐则同席。钟会对长史杜预说："拿姜伯约与中原的名士相比，就是诸葛诞、夏侯霸也不能超过他。"钟会陷害邓艾之后，邓艾被用囚车装着召回魏都，钟会则带着姜维等人到成都，自称益州牧反叛魏国。他准备交给姜维五万人马，让他做前锋。魏军将士愤怒，杀了钟会和姜维，姜维的妻子儿女都被杀。

郤正写了一篇文章评论姜维，说："姜伯约身处上将之位居于君臣之首，却住宅简陋，没有多余的财产，居住侧室没有侍妾，后庭没有音乐的娱乐，衣服仅求够用，车马仅求具备，饮食节俭且又不过分简朴。朝廷供给的俸禄，随时用尽，不留积蓄。观察他这样做的原因，并不是为了感化、激励贪得无厌的人抑制情欲，只是认为能够这样就满足了，不需多求。人们谈论古今人物，虽然常是赞扬成功而贬低

不复料擿，异乎《春秋》褒贬之义矣。如姜维之乐学不倦，清素节约，自一时之仪表也。”

维昔所俱至蜀，梁绪官至大鸿胪，尹赏执金吾，梁虔大长秋，皆先蜀亡没。

评曰：蒋琬方整有威重，费祎宽济而博爱，咸承诸葛之成规，因循而不革，是以边境无虞，邦家和一，然犹未尽治小之宜，居静之师也。姜维粗有文武，志立功名，而玩众黩旅，明断不周，终致陨毙。《老子》有云：“治大国者犹烹小鲜。”况于区区蕞尔，而可屡扰乎哉？

失败，赞扬高位而损抑处于下位之下。很多人都认为，姜维错投蜀国最后身死，宗族被灭，因此贬抑他，而不去仔细分辨，这和《春秋》褒贬人物的义旨是不相符的。像姜维这样读书不倦、清廉而又朴素的人，应该成为一代楷模。”

起初和姜维一起入蜀的人，梁绪官至大鸿胪，尹赏任执金吾，梁虔任大长秋，他们都在蜀汉灭亡前去世。

评论说：蒋琬方正有威仪，费祎宽厚而博爱，都继承诸葛亮的成规，因循而不变革，因此边境无虞，国家和谐，然而仍然没有能完全懂得治小国的方法，无为居静的道理。姜维粗有文武，志在建立功名，而穷兵黩武，决断却不周密，最终招致殒身毙命的结果。《老子》说：“治理大国就像烹煮小鱼。”何况区区小国，岂能屡次招致烦忧呢？

卷四十五　蜀书十五

邓张宗杨传第十五

邓芝字伯苗，义阳新野人，汉司徒禹之后也。汉末入蜀，未见知待。时益州从事张裕善相，芝往从之，裕谓芝曰："君年过七十，位至大将军，封侯。"芝闻巴西太守庞羲好士，往依焉。先主定益州，芝为郫邸阁督。先主出至郫，与语，大奇之，擢为郫令，迁广汉太守。所在清严有治绩，入为尚书。

先主薨于永安。先是，吴王孙权请和，先主累遣宋玮、费祎等与相报答。丞相诸葛亮深虑权闻先主殂陨，恐有异计，未知所如。芝见亮曰："今主上幼弱，初在位，宜遣大使重申吴好。"亮答之曰："吾思之久矣，未得其人耳，今日始得之。"芝问其人为谁？亮曰："即使君也。"乃遣芝修好于权。权果狐疑，不时见芝，芝乃自表请见权曰："臣今来亦欲为吴，非但为蜀也。"权乃见之，语芝曰："孤诚愿与蜀和亲，然恐蜀主幼弱，国小势逼，为魏所乘，不自保全，以此犹豫耳。"芝对曰："吴、蜀二国四州之地，大王命世之英，诸葛亮亦一时之杰也。蜀有重险之固，吴有三江之阻，合此二长，共为唇齿，进可并兼天下，退可鼎足而立，此理之自然也。大王今若委质于魏，魏必上望大王之入朝，下求太子之内侍，若不从命，则奉辞伐叛，蜀必顺流见可而进，如此，江南之地非复大王之有也。"权默然良久曰："君言是也。"遂自绝魏，与蜀连和，遣张温报聘于蜀。蜀复令芝重往，权谓芝曰："若天下太平，二主分治，不亦乐乎！"芝对曰："夫天无二日，土无二王，如并魏之后，大王未深识天命者也，君各茂其德，臣各尽其忠，将提枹鼓，则战争方始耳。"权大笑曰：

邓芝，字伯苗，他是义阳新野人，东汉时期的司徒邓禹的后代。东汉末年来到益州，但刘璋并不赏识和厚待他。益州从事张裕擅长看面相，邓芝到张裕那里，张裕对他说：“您七十岁时，官位将升到大将军，加封侯爵。”邓芝听说巴西郡太守庞羲喜爱人才，便前去投奔。刘备平定益州后，邓芝被任为郫县邸阁督。刘备出行至郫县，和邓芝谈话，认为他非常突出，便提拔他为郫县令，又升迁为广汉郡太守。邓芝所在任上清明有政绩，后入朝任尚书。

刘备在永安去世。在此之前，孙权要求两家和好，刘备多次派遣宋玮、费祎等人回访。丞相诸葛亮担心孙权听说刘备去世会有别的打算，一时不知如何是好。邓芝拜见了诸葛亮，说：“现在后主年幼，刚刚即位，应派使节出使吴国再次与其修好。”诸葛亮说：“我考虑很长时间了，没有合适的人选，今天才得到合适的人了。”邓芝问是谁，诸葛亮说：“就是使君您哪！”于是，诸葛亮派遣邓芝去东吴与之建立友好关系。果然，孙权心中狐疑不决，没有及时会见邓芝。邓芝上表求见孙权，说：“我此来也是为吴国而来，不仅仅是为我蜀国。”孙权便会见了邓芝，对邓芝说：“我的确想和蜀国和亲，但是恐幼主年幼且国小而外有强敌，一旦被魏国欺凌，不能保全自己，因此，心中犹豫。”邓芝回答孙权说：“吴蜀二国据有四州，大王又是闻名于世的英雄，诸葛亮也是一代豪杰。蜀国有险固的地势，吴国有三江天堑，这两方面的长处合在一起，唇齿相依，进可兼并天下，退也能鼎足而立，这是很自然的道理。大王如果归顺魏国，魏国不仅会要求大王入朝称臣，也会要求太子入宫为人质，如果不依从于他，魏国就会以此为借口来讨伐你，蜀国也会顺长江而下伺机进逼吴国。如果真是这样，江南就不再归您所有了。”孙权沉默了许久，说：“你说的对。”于是，就和魏国断绝了往来，与蜀联合，并派遣张温回访蜀

“君之诚款，乃当尔邪！”权与亮书曰：“丁厷掞张，阴化不尽；和合二国，唯有邓芝。”及亮北住汉中，以芝为中监军、扬武将军。亮卒，迁前军师前将军，领兖州刺史，封阳武亭侯，顷之为督江州。权数与芝相闻，馈遗优渥。延熙六年，就迁为车骑将军，后假节。十一年，涪陵国人杀都尉反叛，芝率军征讨，即枭其渠帅，百姓安堵。十四年卒。

芝为将军二十余年，赏罚明断，善恤卒伍。身之衣食资仰于官，不苟素俭，然终不治私产，妻子不免饥寒，死之日家无余财。性刚简，不饰意气，不得士类之和。于时人少所敬贵，唯器异姜维云。子良，袭爵，景耀中为尚书左选郎，晋朝广汉太守。

张翼字伯恭，犍为武阳人也。高祖父司空浩，曾祖父广陵太守纲，皆有名迹。先主定益州，领牧，翼为书佐。建安末，举孝廉，为江阳长，徙涪陵令，迁梓潼太守，累迁至广汉、蜀郡太守。建兴九年，为庲降都督、绥南中郎将。翼性持法严，不得殊俗之欢心。耆率刘胄背叛作乱，翼举兵讨胄。胄未破，会被征当还，群下咸以为宜便驰骑即罪，翼曰：“不然。吾以蛮夷蠢动，不称职故还耳，然代人未至，吾方临战场，当运粮积谷，为灭贼之资，岂可以黜退之故而废公家之务乎？”于是统摄不懈，代到乃发。马忠因其成基以破殄胄，丞相亮闻而善之。亮出武功，以翼为前军都督，领扶风太守。亮卒，拜前领军，追论讨刘胄功，赐爵关内侯。延熙元年，入为尚书，稍迁督

国。蜀国又派邓芝再次前往东吴，孙权对邓芝说："如果天下太平，你我两国分天下而治，不也很快乐吗！"邓芝回答说："天无二日，国无二主，如果平定了魏国以后，大王仍没有深识上天旨意，那么，君主各扬弘德，大臣各尽忠诚，战鼓就要擂动，双方的战争就开始了。"孙权大笑说："你竟是这样的耿直！"孙权给诸葛亮写信说："蜀国的几位使臣中，丁厷太浮夸，表达不明；能和解联合两国的人，只有邓芝。"诸葛亮北伐驻扎汉中的时候，任邓芝为中监军、扬武将军。诸葛亮去世以后，邓芝任前军师前将军，兼领兖州刺史，封为阳武亭侯，不久，又成为统率江州的将领。孙权多次与邓芝通信，并赠送丰厚的礼品。延熙六年，邓芝又升迁为车骑将军，假节。延熙十一年，涪陵国人杀死都尉反叛，邓芝率军征讨，当即杀死叛军首领，百姓安定。延熙十四年，邓芝逝世。

邓芝做了将军二十多年，赏罚分明，处事果断，友好地对待士卒。自己的衣食所需只靠朝廷供给。他不勉强自己朴素节俭，但却始终不经营家产，所以，妻儿免不了要忍饥受冻，他逝世时，家中没有多余的财物。邓芝性格刚直，高傲自勉，不馈礼与他人，只是联络感情。因此，与士人们的关系不是很亲密。他对当时的人很少敬重，只器重姜维，认为他非同寻常。邓芝的儿子邓良，承继爵位，在景耀年间任尚书左选郎，西晋时任广汉郡太守。

张翼字伯恭，他是犍为郡武阳县人。张翼的高祖父张浩曾任司空，张翼的曾祖父张纲曾任广陵太守，都有声望、政绩。先主刘备平定益州后，兼任州牧，张冀任书佐。东汉建安末年，张翼被举荐为孝廉，任江阳县长，后转调涪陵任县令，张翼为升梓潼郡太守，又接连调任广汉郡、蜀郡太守。建兴九年，刘禅任命庲降都督、绥南中郎将。张翼生性执法严厉，得不到边远地区少数民族的拥戴。当地头领刘胄背叛作乱，张翼领兵征讨刘胄。刘胄还没有打败，张翼就被征召还朝，部下都认为应当快马返回请罪，张翼说："不能这样。我是因为蛮族造反，不称职才被召回的，但是接替我的人未到，我正身临战场，有责任运送积聚粮草，为消灭反贼做好准备，怎么可以因为个人被免职而毁了国家的事业呢？"于是张翼仍旧统领军队，毫不松懈，

建威，假节，进封都亭侯，征西大将军。

十八年，与卫将军姜维俱还成都。维议复出军，唯翼廷争，以为国小民劳，不宜黩武。维不听，将翼等行，进翼位镇南大将军。维至狄道，大破魏雍州刺史王经，经众死于洮水者以万计。翼曰："可止矣，不宜复进，进或毁此大功。"维大怒，曰："为蛇画足。"维竟围经于狄道，城不能克。自翼建异论，维心与翼不善，然常牵率同行，翼亦不得已而往。景耀二年，迁左车骑将军，领冀州刺史。六年，与维咸在剑阁，共诣降钟会于涪，明年正月，随会至成都，为乱兵所杀。

宗预字德艳，南阳安众人也。建安中，随张飞入蜀。建兴初，丞相亮以为主簿，迁参军右中郎将。及亮卒，吴虑魏或承衰取蜀，增巴丘守兵万人，一欲以为救援，二欲以事分割也。蜀闻之，亦益永安之守，以防非常。预将命使吴，孙权问预曰："东之与西，譬犹一家，而闻西更增白帝之守，何也？"预对曰："臣以为东益巴丘之戍，西增白帝之守，皆事势宜然，俱不足以相问也。"权大笑，嘉其抗直，甚爱待之，见敬亚于邓芝、费祎。迁为侍中，徙尚书。延熙十年，为屯骑校尉。时车骑将军邓芝自江州还，来朝，谓预曰："礼，六十不服戎，而卿甫受兵，何也？"预答曰："卿七十不还兵，我六十何为不受邪？"芝性骄傲，自大将军费祎等皆避下之，而预独不为屈。预复东聘吴，孙权捉预手，涕泣而别曰："君每衔命结二国之好。今君年长，孤亦衰老，恐不复相见！"遗预大珠一斛，乃还。

直到接替的人到了，他这才出发。马忠靠他做好充分的准备，击灭了刘胄，丞相诸葛亮得知后对张翼深表赞赏。诸葛亮出兵武功，任命张翼为前军都督，兼扶风太守。诸葛亮去世以后，张翼被任命为前领军，又追论他征讨刘胄的功劳，赐爵关内侯。延熙元年，张翼入朝任尚书，逐步升任建威都督，授予符节，加封都亭侯、征西大将军。

延熙十八年，张翼和卫将军姜维一同回到成都。姜维主张再度出兵，只有张翼在朝廷上向他直言规劝，认为国家小而百姓劳苦，不宜滥用武力。姜维不听，带着张翼等人出征，并提拔张翼为镇南大将军。姜维领兵到达狄道，大败魏国雍州刺史王经，王经的部下死于洮水的有上万人。张翼说："可以止步了，不适宜再向前进兵了，若再进兵有可能会毁掉这次大功。"姜维大怒，说："你这是画蛇添足。"姜维终究在狄道城围攻王经，城池却无法攻下。自从张翼提出异议后，姜维内心并不喜欢张翼，却常常勉强与他一道出征，张翼也不得已而随从。景耀二年，张翼升任左车骑将军，兼冀州刺史。景耀六年，张翼与姜维同守剑阁，后来一道往涪县投降钟会。第二年正月，张翼跟随钟会到成都，被乱兵杀死。

宗预，字德艳，他是南阳安众人。建安年间，宗预随张飞入蜀。建兴初年，丞相诸葛亮任他为主簿，后升为参军、右中郎将。诸葛亮去世后，吴国考虑到魏国可能会趁蜀国衰弱之时攻取蜀国，就于巴丘增加守兵一万，一是想以此救援蜀国，二来想趁机分得蜀国土地。蜀国得知这个消息后，也增加了驻守永安的兵力，以防备突发情况。宗预奉命出使东吴，孙权问宗预说："东吴和西蜀，好比一家人，但我听说西蜀增加了驻守白帝城的兵力，这是为什么？"宗预说："我认为，东吴向巴丘增兵，西蜀增兵白帝，都是和现今形势相适应的，都不值一问。"孙权大笑，很赞赏宗预的坦率，并十分友好地款待他，他受到的敬重仅次于邓芝和费祎。后来，宗预升为侍中，又转任尚书。延熙十年，刘禅任命宗预为屯骑校尉。当时，车骑将军邓芝由江州回朝，对宗预说："依礼的要求，六十岁的人就不再从军，而您却接受了军权，为什么这样呢？"宗预说："您都七十岁了还执掌兵权，我刚六十岁为什么不能接受兵权呢？"邓芝性情高傲，自大将军费祎

迁后将军，督永安，就拜征西大将军，赐爵关内侯。景耀元年，以疾征还成都。后为镇军大将军，领兖州刺史。时都护诸葛瞻初统朝事，廖化过预，欲与预共诣瞻许。预曰："吾等年逾七十，所窃已过，但少一死耳，何求于年少辈而屑屑造门邪？"遂不往。

廖化字元俭，本名淳，襄阳人也。为前将军关羽主簿，羽败，属吴。思归先主，乃诈死，时人谓为信然，因携持老母昼夜西行。会先主东征，遇于秭归。先主大悦，以化为宜都太守。先主薨，为丞相参军，后为督广武，稍迁至右车骑将军，假节，领并州刺史，封中乡侯，以果烈称。官位与张翼齐，而在宗预之右。

咸熙元年春，化、预俱内徙洛阳，道病卒。

杨戏字文然，犍为武阳人也。少与巴西程祁公弘、巴郡杨汰季儒、蜀郡张表伯达并知名。戏每推祁以为冠首，丞相亮深识之。戏年二十余，从州书佐为督军从事，职典刑狱，论法决疑，号为平当，府辟为属主簿。亮卒，为尚书右选部郎，刺史蒋琬请为治中从事史。琬以大将军开府，又辟为东曹掾，迁南中郎参军，副贰庲降都督，领建宁太守。以疾征还成都，拜护军监军，出领梓潼太守，入为射声校尉，所在清约不烦。延熙二十年，随大将军姜维出军至芒水。戏素心不服维，酒后言笑，每有傲弄之辞。维外宽内忌，意不能堪，军还，有司承旨奏戏，免为庶人。后景耀四年卒。

以下，所有人都避让他，只有宗预不屈服。后来宗预再一次出使东吴将要回国的时候，孙权握着他的手，流泪和他告别说：“您经常受命为加强两国友好而奔走，如今，您年事已高，我也衰老了，恐怕不能再见面了！”因此，送他一斛大珍珠，宗预回到了蜀汉。后来，宗预升迁为后将军，负责永安的军事。又升任为征西大将军，赐爵关内侯。景耀元年，宗预因为生病被召回成都。后来，宗预任镇军大将军，兼兖州刺史。当时，都护诸葛瞻刚刚统领朝政，廖化来看望宗预，想和宗预一起去拜见诸葛瞻。宗预说：“我年过七十，所得已多，现在只少一死，还有什么求后辈而劳碌我小心地去登门拜访呢？”他最终没有去。

廖化，字元俭，原名淳。他是襄阳人，是前将军关羽的主簿。关羽失败后，廖化投奔东吴。后来想要重归刘备，便装死，当时人都相信他已经死了，所以他才得以带着老母昼夜西行，正逢刘备东征吴国，在秭归相遇。刘备很高兴，任廖化为宜都太守。刘备死后，廖化任丞相参军。后来，他又任广武都督，逐渐升至右车骑将军，持符节，兼任并州刺史，被封为中乡侯。廖化以果敢、刚烈著称，官位与张翼相等，而在宗预之上。

咸熙元年春天，廖化和宗预都内迁洛阳，于途中病死。

杨戏，字文然，他是犍为武阳人。杨戏年轻时就和巴西人程祁字公弘、巴郡人杨汰字季儒、蜀郡人张表字伯达一同有名。杨戏常推崇程祁为第一，丞相诸葛亮十分赏识他。杨戏二十多岁时，由州书佐改任督军从事，掌管刑狱，他依法断案，公平得当，州府聘用他为副主簿。诸葛亮去世后，杨戏担任尚书右选部郎，益州刺史蒋琬聘他为治中从事史。蒋琬任大将军，建立府署，任杨戏为东曹掾，又升任为南中郎参军，为庲降都督的副手，并兼任建宁郡太守。杨戏后因病被召回成都，任护军、监军，又出朝兼任梓潼郡太守，入朝为射声校尉。所任官上，政简不繁。延熙二十年，杨戏跟随大将军姜维出兵至芒水。杨戏素来心里不服姜维，酒后谈笑时，经常对姜维说出傲慢嘲弄的话。姜维表面宽容，心里却不能忍受，大军退回后，授意有关官员上表弹劾杨戏，朝廷把他削职为民。景耀四年杨戏去世。

戏性虽简惰省略，未尝以甘言加人，过情接物。书符指事，希有盈纸。然笃于旧故，居诚存厚。与巴西韩俨、黎韬童幼相亲厚，后俨痼疾废顿，韬无行见捐，戏经纪振恤，恩好如初。又时人谓谯周无当世才，少归敬者，唯戏重之，尝称曰："吾等后世，终自不如此长儿也。"有识以此贵戏。

张表有威仪风观，始名位与戏齐，后至尚书，督庲降后将军，先戏没。祁、汰各早死。

戏以延熙四年著《季汉辅臣赞》，其所颂述，今多载于《蜀书》，是以记之于左。自此之后卒者，则不追谥，故或有应见称纪而不在乎篇者也。其戏之所赞而今不作传者，余皆注疏本末于其辞下，可以觕知其仿佛云尔。

昔文王歌德，武王歌兴，夫命世之主，树身行道，非唯一时，亦由开基植绪，光于来世者也。自我中汉之末，王纲弃柄，雄豪并起，役殷难结，生人涂地。于是世主感而虑之，初自燕、代则仁声洽著，行自齐、鲁则英风播流，寄业荆、郢则臣主归心，顾援吴、越则贤愚赖风，奋威巴、蜀则万里肃震，厉师庸、汉则元寇敛迹，故能承高祖之始兆，复皇汉之宗祀也。然而奸凶怼险，天征未加，犹孟津之翔师，复须战于鸣条也。天禄有终，奄忽不豫。虽摄归一统，万国合从者，当时俊乂扶携翼戴，明德之所怀致也，盖济济有可观焉。遂乃并述休风，动于后听。其辞曰：

杨戏天性虽然比较粗疏孤傲，但不会拿些虚假语言待人，也不以矫情做作接物，他褒贬是非、评点事理，很少有写满一页纸的，但他对旧交忠厚，以诚相待。杨戏与巴西郡人韩俨、黎韬从小就亲近，后来，韩俨因病重不愈而不用，黎韬由于没有善行被革职。杨戏就替他们料理各种事务，赈济他们的生活，与他们友好如当初一样。另外，当时人认为谯周没有为官的才能，很少有人敬重他，只有杨戏尊重他，经常称赞说："我们这些后辈人，始终比不上这位长者。"有见识的人因此而敬重杨戏。

张表有威仪风度，起初，名声和官位与杨戏相同，后来，官至尚书、督庲降后将军，先于杨戏去世。程祁和杨汰都早逝。

杨戏在延熙四年写成《季汉辅臣赞》，其中所歌颂、记述的人，大部分都载于《蜀书》，因此将赞文记录在下面。延熙四年以后去世的，则不予追记，所以，有些应该加以记述的人却没有在《季汉辅臣赞》中。杨戏有赞而没有作传的人，我（著者陈寿）都在他的赞下面注明这些人的生平，以此可以粗略地了解他们的生平事迹。

古代周文王因有美好的品德而被颂扬，周武王因兴立周王朝而被歌颂，凡是具有治国兴邦杰出才能的君主，不仅仅是在当时树立起自身的权威和形象推行道义，而且还能够开创基业种植起后世发展的根苗，从而使散发出来的光辉能够照耀后来的时代。自从东汉末年以来，王朝就失去了实际统治的权力，各路英雄豪杰同时起兵，战争繁多灾难相继发生，生灵涂炭。先主对此感慨忧虑，先主起初自家乡起兵就以仁爱远近闻名，在青州、豫州的时候则以英雄勇武传名四海，在荆州寄居的时候受到那里上上下下的一致拥戴，与孙吴联合，那里的士人百姓都服膺先主的风范，进军益州则使那里全境敬畏震动，征讨汉中则使曹操闻风而逃，所以先主能继承高祖开创的基业，恢复汉王朝中断了的宗庙祭祀。然而曹氏奸贼狠毒凶险，蜀汉秉承天命的军队还未对曹氏进行毁灭性的征伐，就像周武王在孟津撤军，还必须和曹贼进行像商汤王和夏桀在鸣条一样地决战。可是上天给予的福禄终有完结，先主忽然一病不起与世长辞。如今蜀汉王朝之所以能统一全境，使全国上下一致服从，就是因为当时

皇帝遗植，爰滋八方，别自中山，灵精是钟，顺期挺生，杰起龙骧。始于燕、代，伯豫君荆，吴、越凭赖，望风请盟，挟巴跨蜀，庸汉以并。乾坤复秩，宗祀惟宁，蹑基履迹，播德芳声。华夏思美，西伯其音，开庆来世，历载攸兴。

——赞昭烈皇帝

忠武英高，献策江滨，攀吴连蜀，权我世真。受遗阿衡，整武齐文，敷陈德教，理物移风，贤愚竞心，佥忘其身。诞静邦内，四裔以绥，屡临敌庭，实耀其威，研精大国，恨于未夷。

——赞诸葛丞相

司徒清风，是咨是臧，识爱人伦，孔音锵锵。

——赞许司徒

关、张赳赳，出身匡世，扶翼携上，雄壮虎烈。藩屏左右，翻飞电发，济于艰难，赞主洪业，侔迹韩、耿，齐声双德。交待无礼，并致奸慝，悼惟轻虑，陨身匡国。

——赞关云长、张益德

骠骑奋起，连横合从，首事三秦，保据河、潼。宗计于朝，或异

一批优秀的人物扶助拥戴，使主上的光明大德广泛地施加于万方百姓。这一批优秀人物为数众多而品德美好，非常值得记述供人们观瞻。所以我才将这些人的美好风范一起记述下来，以使后来的人被这些人的事迹感动。文辞如下：

高祖孝景皇帝的后代，在四面八方繁衍，这一支皇族，祖上刘胜封王于中山，天地的灵气精华汇聚在一身，顺天应时诞生在人间，像巨龙腾起飞上九天。先主起初在幽州故乡开创事业，不久又相继做了豫州、荆州的行政长官，被江东的孙吴当作依靠，请求建立同盟以保安全。又曾亲自率雄兵进据益州，又赶走曹操把汉中接管。从此天地间又恢复了秩序，汉朝的祖先可以受祭于宗庙享受安宁。继承前人的基业登上帝位，广施恩德使天下人都知道其美名。美德为中原受苦受难的百姓思念，就像当年以恩德服天下的周文王一样神圣。为后世奏响了福音，从此汉朝从这里走向复兴。

——赞昭烈皇帝（刘备）

忠武侯英明卓绝，在长江之滨就向先主献策，使我蜀汉联合东吴，用权谋助天子与曹魏争霸。您接受遗命辅佐后主，用法度整训军队约束百官，推广德义教化，移风易俗，使得万事井然有序。贤愚竞相效力，勤勉奋不顾身。您让邦国内部和平安宁，周边四境安定。您不断率军北伐，耀国家威名，竭虑拓展国土，但遗憾的是未能兴复汉室。

——赞诸葛丞相（孔明）

司徒您有清明风范，谋议又能褒贬，善识又爱惜人才，清美之声铿锵在耳。

——赞许司徒（许靖）

关羽、张飞英武赳赳，献身拯救当世，辅佐协助先主，雄壮猛厉像虎。保护先主不离左右，行动敏锐就像闪电，战胜艰险危难，辅成先主开创大业，功比韩信、耿弇，共有声名德望。可惜你们待人失礼，遭到奸贼的陷害。可悲思虑轻率，最终捐躯报国。

——赞关云长、张益德（关羽、张飞）

骠骑将军奋起，连横合纵各地英豪抗曹，首先战于三秦，然后

或同，敌以乘衅，家破军亡。乖道反德，托凤攀龙。

——赞马孟起

翼侯良谋，料世兴衰，委质于主，是训是谘，暂思经算，睹事知机。

——赞法孝直

军师美至，雅气晔晔，致命明主，忠情发臆，惟此义宗，亡身报德。

——赞庞士元

将军敦壮，摧锋登难，立功立事，于时之干。

——赞黄汉升

掌军清节，亢然恒常，谠言惟司，民思其纲。

——赞董幼宰

安远强志，允休允烈，轻财果壮，当难不惑，以少御多，殊方保业。

——赞邓孔山

孔山名方，南郡人也。以荆州从事随先主入蜀。蜀既定，为犍为属国都尉，因易郡名，为朱提太守，选为安远将军、庲降都督，住南昌县。章武二年卒。失其行事，故不为传。

扬威才干，欷歔文武，当官理任，衎衎辩举，图殖财施，有义有叙。

——赞费宾伯

宾伯名观，江夏鄳人也。刘璋母，观之族姑，璋又以女妻观。

据守黄河、潼关。和同盟商议保朝廷，但意见、计策各有不同，敌人因此有机可乘，最后竟至家破军亡。最终您背道返德，攀龙附凤事业有了新开端。

——赞马孟起（马超）

翼侯您精于谋略，预知世道的兴衰，投身归附于先主，为先主提供咨询和意见，思维敏捷远虑，考察、把握事情都能知微兆。

——赞法孝直（法正）

军师的才德美善之至，高雅气度不凡，效命圣明君主，忠诚发自内心，奉此仁义之宗，献身报答主上恩德。

——赞庞士元（庞统）

将军忠厚雄壮，冲锋勇于赴难，建立的军功业绩，堪称当世之干将。

——赞黄汉升（黄忠）

掌军中郎将志节清明，为人刚正不阿。尽职敢于直言，百姓都怀念您的德政。

——赞董幼宰（董和）

安远将军意志坚强，品质美善刚烈名扬，轻财果敢勇武，临难毫不犹豫，作战能以少胜多，在偏远地域建功勋。

——赞邓孔山（邓方）

邓方，字孔山，南郡人。以荆州从事史身份随刘备入川。刘备占领益州后，邓方任犍为属国都尉，后来，犍为属国更名为朱提郡，邓方被任为郡太守。后，又被升任为安远将军、庲降都督，驻南昌县。章武二年逝世。因为记载他生平事迹的资料遗失，所以，在《蜀书》中没有为他立传。

扬威将军富有才干，文武双全令人赞叹，在官胜任职守，善言明断，乐于增财施舍，极有仁义。

——赞费宾伯（费观）

费宾伯名观，他是江夏郡鄳县人。他的母亲，是费观的族姑，

观建安十八年参李严军，拒先主于绵竹，与严俱降。先主既定益州，拜为裨将军，后为巴郡太守、江州都督，建兴元年封都亭侯，加振威将军。观为人善于交接。都护李严性自矜高，护军辅匡等年位与严相次，而严不与亲亵；观年少严二十余岁，而与严通狎如时辈云。年三十七卒。失其行事，故不为传。

屯骑主旧，固节不移，既就初命，尽心世规，军资所恃，是辨是裨。

——赞王文仪

尚书清尚，敕行整身，抗志存义，味览典文，倚其高风，好侔古人。

——赞刘子初

安汉雍容，或婚或宾，见礼当时，是谓循臣。

——赞麋子仲

少府修慎，鸿胪明真，谏议隐行，儒林天文，宣班大化，或首或林。

——赞王元泰、何彦英、杜辅国、周仲直

王元泰名谋，汉嘉人也。有容止操行。刘璋时，为巴郡太守，还为州治中从事。先主定益州，领牧，以为别驾。先主为汉中王，用荆楚宿士零陵赖恭为太常，南阳黄柱为光禄勋，谋为少府；建兴初，赐爵关内侯，后代赖恭为太常。恭、柱、谋皆失其行事，故不为传。恭子厷，为丞相西曹令史，随诸葛亮于汉中，早夭，亮甚惜之，与留府长史参军张裔、蒋琬书曰："令史失赖厷，掾属丧杨颙，为朝中损益多矣。"颙亦荆州人也。后大将军蒋琬问张休曰："汉嘉前辈有王元泰，今谁继者？"休对曰："至于元泰，州里无继，况鄙郡乎！"

刘璋的女儿嫁给费观。费观于建安十八年在李严手下任参军，在绵竹县抵御刘备，之后与李严一道投降。刘备平定益州之后，任命费观为裨将军，后任巴郡太守、江州都督，建兴元年被封为都亭侯，加封振威将军。费观为人善于交际。都护李严个性高傲，护军辅匡等人年纪、地位与李严接近，但李严不和他们亲近；费观年龄小李严二十多岁，却与李严交往亲昵如同辈。三十七岁去世。因缺少其生平事迹的资料，因而未给他作传。

屯骑校尉忠于旧主，节操坚贞矢志不渝，自归附刘备受命为官，竭尽臣子之道，使蜀军军资得以依赖，规谏辅佐有功。

——赞王文仪（王连）

尚书清廉高尚，处世立身严谨，恪守志向心存大义，性喜浏览玩味典籍，依凭高风亮节，好与古人媲美。

——赞刘子初（刘巴）

安汉将军儒雅沉稳，既通婚姻，又为宾臣，深受当朝礼遇，奉职守法之臣。

——赞麋子仲（麋竺）

少府美善谨慎，大鸿胪学识明审，谏议大夫向往归隐，儒林校尉通晓天文，宣扬阐发朝廷德义，或位居当朝、或立身士林。

——赞王元泰、何彦英、杜辅国、周仲直

王元泰名谋，他是汉嘉郡人。仪容举止得体、操行出众。刘璋在职的时候，元泰做了巴郡太守，回来后任益州治中从事。刘备平定益州，兼任州牧，任命王谋为别驾。刘备为汉中王，起用荆楚博学之士零陵人赖恭为太常，南阳人黄柱为光禄勋，王谋为少府；建兴初年，王谋被赐爵关内侯，以后接替赖恭任太常。因缺少赖恭、黄柱、王谋生平事迹的资料，未给他们立传。赖恭的儿子赖厷，任丞相西曹令史，跟随诸葛亮在汉中驻守，早逝，诸葛亮非常惋惜，在给留守丞相府的长史参军张裔、蒋琬的信中说："令史中失去赖厷，掾属中死了杨颙，朝廷的损失太大了。"杨颙也是荆州人。后来大将军蒋琬问张

其见重如此。

何彦英名宗，蜀郡郫人也。事广汉任安学，精究安术，与杜琼同师而名问过之。刘璋时，为犍为太守。先主定益州，领牧，辟为从事祭酒。后援引图、谶，劝先主即尊号，践阼之后，迁为大鸿胪。建兴中卒。失其行事，故不为传。子双，字汉偶。滑稽谈笑，有淳于髡、东方朔之风。为双柏长。早卒。

车骑高劲，惟其泛爱，以弱制强，不陷危坠。

——赞吴子远

子远名壹，陈留人也。随刘焉入蜀。刘璋时，为中郎将，将兵拒先主于涪，诣降。先主定益州，以壹为护军讨逆将军，纳壹妹为夫人。章武元年，为关中都督。建兴八年，与魏延入南安界，破魏将费瑶，徙亭侯，进封高阳乡侯，迁左将军。十二年，丞相亮卒，以壹督汉中，车骑将军，假节，领雍州刺史，晋封济阳侯。十五年卒。失其行事，故不为传。壹族弟班，字元雄，大将军何进官属吴匡之子也。以豪侠称，官位常与壹相亚。先主时，为领军。后主世，稍迁至骠骑将军，假节，封绵竹侯。

安汉宰南，奋击旧乡，翦除芜秽，惟刑以张，广迁蛮、濮，国用用强。

——赞李德昂

辅汉惟聪，既机且惠，因言远思，切问近对，赞时休美，和我业世。

——赞张君嗣

休说："汉嘉前辈人物有位王元泰，如今谁能做他的后继者？"张休回答："说到王元泰，益州都没有谁能做他的继承人，何况我们汉嘉郡呢！"他被人推崇到这种程度。

何彦英，名宗，他是蜀郡郫县人。何彦英跟随广汉人任安学习，精研任安的学说，与杜琼同一老师而声名却超过他。刘璋在益州时，他被任为犍为太守，刘备平定益州后，何彦英兼州牧，刘备征召他为从事祭酒。后来，何彦英援引图、谶，劝刘备即位，刘备即位后，升他为大鸿胪。建兴年间何彦英去世。生平失考，所以没有作传。他的儿子何双，字汉偶。言谈滑稽、诙谐，有淳于髡和东方朔的风范。曾任双柏县长，早亡。

车骑将军侍奉旧主，节操坚贞不移，一旦接受先主的委托，尽心效力时政，国家的军费赖其供给。

——赞吴子远（吴壹）

吴子远，名壹，他是陈留人，吴子远随刘焉入蜀。刘璋时又为中郎将，吴子远带兵在涪县抵御刘备、后又投降了刘备。刘备平定益州后，任吴壹作护军讨逆将军。刘备娶吴壹的妹妹为夫人。章武元年吴壹晋升为关中都督。建兴八年吴壹和魏延一起进入南安，战败魏将费瑶，封爵为亭侯，不久又晋封为高阳乡侯，升左将军。建兴十二年诸葛亮去世，以吴壹统领汉中兵马，升职为车骑将军，持符节，兼雍州刺史，封爵为济阳侯。建兴十五年吴壹去世。因生平失考，故不作传。吴壹族弟吴班，字元雄，大将军何进属官吴匡之子。以豪侠著称，官位与吴壹不相上下。刘备时为领军，刘禅即位后，逐渐升至骠骑将军，持符节，封为绵竹侯。

安汉将军治理南疆，奋击安定故乡，除灭邪恶败类，刑威得以伸张，大力拓迁蛮泄，国家财用得到保障。

——赞李德昂（李恢）

辅汉将军聪敏异常，机智且贤惠，依言能预见未来效果，问对贴切严密，辅成当世美德，使我朝太平百姓安宁。

——赞张君嗣（张裔）

镇北敏思，筹画有方，导师禳秽，遂事成章。偏任东隅，末命不祥，哀悲本志，放流殊疆。

——赞黄公衡

越骑惟忠，厉志自祗，职于内外，念公忘私。

——赞杨季休

征南厚重，征西忠克，统时选士，猛将之烈。

——赞赵子龙、陈叔至

叔至名到，汝南人也。自豫州随先主，名位常亚赵云，俱以忠勇称。建兴初，官至永安都督、征西将军，封亭侯。

镇南粗强，监军尚笃，并豫戎任，任自封裔。

——赞辅元弼、刘南和

辅元弼名匡，襄阳人也。随先主入蜀。益州既定，为巴郡太守。建兴中，徙镇南，为右将军，封中乡侯。

刘南和名邕，义阳人也。随先主入蜀。益州既定，为江阳太守。建兴中，稍迁至监军。后将军，赐爵关内侯，卒。子式嗣。少子武，有文才，与樊建齐名，官亦至尚书。

司农性才，敷述允章，藻丽辞理，斐斐有光。

——赞秦子敕

正方受遗，豫闻后纲，不陈不佥，造此异端，斥逐当时，任业以丧。

——赞李正方

文长刚粗，临难受命，折冲外御，镇保国境。不协不和，忘节

镇北将军才思敏锐，筹划大有方略，谏议消除污秽，政事有成效。独自任职东角，晚年命运不吉祥，可悲匡扶汉室志向未伸，竟至流落异域。

——赞黄公衡（黄权）

越骑将军忠诚，磨砺志向自敬，任职朝廷内外，都能公而忘私。

——赞杨季休（杨洪）

征南将军厚道稳重，征西将军非常忠勇，他们都统理时政俊才，终究成就猛将功业。

——赞赵子龙、陈叔至（赵云、陈到）

陈到，字叔至，汝南郡人。刘备任豫州刺史时陈到就跟随他，名位通常仅次于赵云。他和赵云都以忠勇显名。建兴初年，官至永安都督、征西将军，封为亭侯。

镇南将军强勇，监军崇尚忠诚，他们共同担任要职，因功各得自己的封地。

——赞辅元弼、刘南和（辅匡、刘邕）

辅匡，字元弼，襄阳人。随刘备进入益州，任巴郡太守。建兴年间，转任镇南将军，又升为右将军，封中乡侯。

刘邕，字南和，义阳人。随刘备进入益州，任江阳太守。建兴年间，渐升至监军、后将军之职，封关内侯，后逝世。儿子刘式承继爵位。小儿子刘武，有文才，与樊建齐名，官位也升到尚书。

司农天性有才，铺陈叙写华章，辞藻文理俱佳，作品处处闪光芒。

——赞秦子敕（秦宓）

李正方接受先帝遗诏，参预后世的国家大权，但是您隐瞒实情违法乱纪，终酿祸端，最终为当世所斥逐，职任功业俱丧。

——赞李正方（李严）

魏文长刚烈粗猛，临危承受君命，英勇抵御外侮，保卫国家边

言乱，疾终惜始，实惟厥性。

——赞魏文长

威公狷狭，取异众人；闲则及理，逼则伤侵；舍顺入凶，《大易》之云。

——赞杨威公

季常良宝，文经勤类，士元言规，处仁闻计，孔休、文祥，或才或臧，播播述志，楚之兰芳。

——赞马季常、卫文经、韩士元、张处仁、殷孔休、习文祥

文经、士元，皆失其名实、行事、郡县。处仁本名存，南阳人也。以荆州从事随先主入蜀，南次至雒，以为广汉太守。存素不服庞统，统中矢卒，先主发言嘉叹，存曰："统虽尽忠可惜，然违大雅之义。"先主怒曰："统杀身成仁，更为非也？"免存官。顷之，病卒。失其行事，故不为传。

孔休名观，为荆州主簿别驾从事，见《先主传》。失其郡县。文祥名祯，襄阳人也。随先主入蜀，历雒、郫令，广汉太守。子忠，官至尚书郎。

国山休风，永南耽思；盛衡、承伯，言藏言时；孙德果锐，伟南笃常；德绪、义彊，志壮气刚。济济修志，蜀之芬香。

——赞王国山、李永南、马盛衡、马承伯、李孙德、李伟南、龚德绪、王义彊

国山名甫，广汉郪人也。好人流言议。刘璋时，为州书佐。先主定蜀后，为绵竹令，还为荆州议曹从事。随先主征吴，军败于秭归，

境。可惜您不能与别人和睦相处，节操不保终酿祸乱，您的结局可叹可惜，这一切其实都出于您的天性。

——赞魏文长（魏延）

威公心胸偏狭，处事异于众人；平时尚知伦理，急则伤害相侵，取道险境，离开正道，《周易》的教训您已忘却。

——赞杨威公（杨仪）

季常非常诚实，文经热心助友，士元善于劝谏，处仁颇有计谋，孔休以及文祥，各有才干美名。他们都能显扬志向，都是荆州的名流。

——赞马季常、卫文经、韩士元、张处仁、殷孔休、习文祥（马良、卫文经、韩士元、张存、殷观、习祯）

卫文经、韩士元二人，有关他们的声名、生平、籍贯都已无从知晓。张处仁，本名张存，南阳人。以荆州从事身份随刘备进入益州，刘备向南进军成都在洛城停留时，任张存为广汉太守。张存一向对庞统心中不服，庞统中箭去世后，刘备每提起这事就感叹不已，张存却说："庞统为国家尽忠而死，虽然可惜，但他却违背了正道。"刘备听了，怒说："庞统杀身成仁，你还在说他的不是吗？"于是，罢免了张存。不久，张存因病去世了。由于记载他生平的文献散失，所以，《蜀书》中没有为他立传。

殷观，字孔休，他任荆州主簿、别驾从事，《先主传》中有关于他的记载，但已无法知道他的籍贯。习祯，字文祥，襄阳人。殷观随刘备进入益州，历任洛县、郫县等县县令，广汉太守。生平不详。他的儿子习忠，官至尚书郎。

国山风范美好，永南耽于思考；盛衡以及承伯，先隐居，后出山；孙德果敢猛锐，伟南纯笃忠诚；德绪以及义强，志气壮烈气度不凡。这八人都志存高远，皆是蜀汉的中坚力量。

——赞王国山、李永南、马盛衡、马承伯、李孙德、李伟南、龚德绪、王义彊（王甫、李邵、马勋、马齐、李福、李朝、龚禄、王士）

王国山，名甫，广汉郪县人。喜好议论，评品人物。刘璋时为州书佐。刘备平定益州后，任绵竹令，又回州里做荆州议曹从事。王甫

遇害。子祐，有父风，官至尚书右选郎。

永南名邵，广汉郪人也。先主定蜀后，为州书佐部从事。建兴元年，丞相亮辟为西曹掾。亮南征，留邵为治中从事，是岁卒。

盛衡名勋，承伯名齐，皆巴西阆中人也。勋，刘璋时为州书佐，先主定蜀，辟为左将军属，后转州别驾从事，卒。齐为太守张飞功曹。飞贡之先主，为尚书郎。建兴中，从事丞相掾，迁广汉太守，复为参军。亮卒，为尚书。勋、齐皆以才干自显见，归信于州党，不如姚伷。伷字子绪，亦阆中人。先主定益州后，为功曹书佐。建兴元年，为广汉太守。丞相亮北驻汉中，辟为掾。并进文武之士，亮称曰："忠益者莫大于进人，进人者各务其所尚；今姚掾并存刚柔，以广文武之用，可谓博雅矣，愿诸掾各希此事，以属其望。"迁为参军。亮卒，稍迁为尚书仆射。时人服其真诚笃粹。延熙五年卒，在作赞之后。

孙德名福，梓潼涪人也。先主定益州后，为书佐、西充国长、成都令。建兴元年，徙巴西太守，为江州督、扬威将军，入为尚书仆射，封平阳亭侯。延熙初，大将军蒋琬出征汉中，福以前监军领司马，卒。

伟南名朝，永南兄。郡功曹，举孝廉，临邛令，入为别驾从事。随先主东征吴，章武二年卒于永安。

德绪名禄，巴西安汉人也。先主定益州，为郡从事牙门将。建兴三年，为越嶲太守，随丞相亮南征，为蛮夷所害，时年三十一。弟衡，景耀中为领军。义彊名士，广汉郪人，国山从兄也。从先主入蜀后，举孝廉，为符节长，迁牙门将，出为宕渠太守，徙在犍为。会丞

随刘备征讨吴国，秭归战败遇害。其子王祐有父亲风范，官至尚书右选郎。

李永南，名邵，他是广汉郪县人。刘备平定益州后，李永南为州书佐部从事。建兴元年，丞相诸葛亮征他做西曹掾。诸葛亮南征，留李邵任治中从事。就在这一年李邵去世。

马盛衡，名勋，马承伯，名齐，他们都是巴西阆中人。马勋在刘璋时为州书佐，刘备平定益州后，征召马勋为左将军属吏，后调任州别驾从事，马勋在任上去世。马齐原是太守张飞的功曹，张飞把他推荐给刘备，为尚书郎。建兴年中，马齐任丞相掾，升为广汉太守，又回做张飞的参军。诸葛亮去世后，马齐任尚书。马勋和马齐都以才干而令人瞩目，而在州里的威望，却不如姚伷。姚伷，字子绪，也是阆中人。刘备平定益州后，为功曹书佐。建兴元年，任广汉太守。丞相诸葛亮驻守汉中，征召他为掾吏，善于举荐文才武将。诸葛亮称赞他说："忠于国家，为民造福的表现，没有比推荐人才更大的了，荐才之人都专注于自己崇尚的方面；只有姚伷刚柔并济，能满足对文、武的需要，可称博雅，愿各位掾吏能仿效他，方不负国家的希望。"姚伷升为参军。诸葛亮死后，姚伷渐升为尚书仆射。当时人钦佩他真诚、忠厚。延熙五年姚伷去世，这是作《季汉辅臣赞》之后的事。

李孙德，名福，他是梓潼涪县人。刘备平定益州后，李福为书佐、西充国长和成都令。建兴元年李福任巴西太守，为江州督、扬威将军。后李福入朝做尚书仆射，封平阳亭侯。延熙初年，大将军蒋琬出征汉中，李福为前监军兼司马。后去世。

李伟南，名朝。是李永南兄长，开始为郡功曹，李伟南后被举荐为孝廉，任临邛县令，入朝任别驾从事。李朝随刘备东征吴国，章武二年在永安去世。

龚德绪，名禄，巴西安汉人。刘备平定益州，龚禄为郡中从事牙门将。建兴三年任越巂太守，随丞相诸葛亮南征，被蛮夷所害。时年三十一。弟衡，景耀中为领军。王义彊，名士，广汉郪县人，王国山的堂兄。刘备入蜀后，王义疆被举为孝廉，任符节县长，升为牙门将，出

相亮南征，转为益州太守，将南行，为蛮夷所害。

休元轻寇，损时致害，文进奋身，同此颠沛，患生一人，至于弘大。

——赞冯休元、张文进

休元名习，南郡人。随先主入蜀。先主东征吴，习为领军，统诸军，大败于猇亭。

文进名南，亦自荆州随先主入蜀，领兵从先主征吴，与习俱死。时又有义阳傅肜，先主退军，断后拒战，兵人死尽，吴将语肜令降，肜骂曰："吴狗！何有汉将军降者！"遂战死。拜子佥为左中郎，后为关中都督，景耀六年，又临危授命。论者嘉其父子奕世忠义。

江阳刚烈，立节明君，兵合遇寇，不屈其身，单夫只役，陨命于军。

——赞程季然

季然名畿，巴西阆中人也。刘璋时为汉昌长。县有賨人，种类刚猛，昔高祖以定关中。巴西太守庞羲以天下扰乱，郡宜有武卫，颇招合部曲。有谗于璋，说羲欲叛者，璋阴疑之。羲闻，甚惧，将谋自守，遣畿子郁宣旨，索兵自助。畿报曰："郡合部曲，本不为叛，虽有交构，要在尽诚；若必以惧，遂怀异志，非畿之所闻。"并敕郁曰："我受州恩，当为州牧尽节。汝为郡吏，当为太守效力，不得以吾故有异志也。"羲使人告畿曰："尔子在郡，不从太守，家将及祸！"畿曰："昔乐羊为将，饮子之羹，非父子无恩，大义然也。今虽复羹子，吾必饮之。"羲知畿必不为己，厚陈谢于璋以致无咎。璋闻之，迁畿江阳太守。先主领益州牧，辟为从事祭酒。后随先主征吴，遇大军败绩，泝江而还，或告之曰："后追已至，解船轻去，乃可以

任宕渠太守，后转任犍为太守。时逢诸葛亮南征，王义疆转为益州太守，将南行时，被蛮夷所害。

休元作战轻敌，坏了大事也毁了自己，文进奋不顾身，同样献身倒下，因为一人而起的祸患，影响却巨大。

——赞冯休元、张文进（冯习、张南）

冯习，字休元，南郡人。冯习随刘备进入益州。刘备东征孙吴，冯习任领军，统率各部，在猇亭大败。

张南，字文进，由荆州随刘备进入益州，又随从刘备领兵征伐东吴，张南与冯习一同阵亡。当时阵亡的还有义阳人傅彤。蜀军败退，傅彤以后卫抵御追兵，手下的兵众全都战死，东吴将领让傅彤投降，傅彤大骂说：“吴狗！哪里会有投降东吴的汉将！”傅彤最后战死。他的儿子傅佥被拜为左中郎，后为关中都督，景耀六年，于蜀汉危亡时而死。评论的人都称赞傅彤父子世代忠义的行为。

江阳太守刚直勇烈，献身明主显示忠节，交战遭遇敌寇，毫不屈折己身，杀得只剩单枪匹马，最后也丧命军阵。

——赞程季然（程畿）

程畿，字季然，他是巴西阆中人。刘璋时做了汉昌县长。汉昌县，域内有一支賨人部落，刚强勇猛，秦末时，汉高祖曾利用他们平定关中。刘璋的巴西太守庞羲认为，现在天下动乱，郡里应有自己的兵马来保卫，所以，招募了不少士卒。因此，有人在刘璋面前说庞羲招募兵丁想反叛。刘璋暗中也对他产生了怀疑。庞羲听到消息后，心中不安，就想割据自守，派在手下任职的程畿的儿子程郁到程畿那里说明自己的意图。请求他派人帮助自己。程畿回复庞羲说：“在郡中招募兵马，本来不是为了反叛，虽然有人陷害，但重要的是您要竭尽忠诚，陷害就不能成立，如果因怕受到迫害而图谋反叛，这不是我想要听到的。”又对儿子程郁说：“我受州府恩惠，当为刺史尽忠，你身为郡守属吏，应为太守效力，不能因我的缘故而对太守怀有二心。”庞羲派人告诉程畿说：“你的儿子就在我的郡中，你若是不服从我的意愿，你的家人就会遭到灾祸。”程畿说：“过去，乐羊做魏国将军时，

免。”畿曰：“吾在军，未曾为敌走，况从天子而见危哉！”追人遂及畿船，畿身执戟战，敌船有覆者。众大至，共击之，乃死。

公弘后生，卓尔奇精，夭命二十，悼恨未呈。

——赞程公弘

公弘，名祁，季然之子也。

古之奔臣，礼有来逼，怨兴司官，不顾不德，靡有匡救，倍成奔北，自绝于人，作笑二国。

——赞麋芳、士仁、郝普、潘濬

麋芳字子方，东海人也，为南郡太守，士仁字君义，广阳人也，为将军，住公安，统属关羽；与羽有隙，叛迎孙权。郝普字子太，义阳人。先主自荆州入蜀，以普为零陵太守。为吴将吕蒙所谲，开城诣蒙。潘濬字承明，武陵人也。先主入蜀，以为荆州治中，典留州事，亦与关羽不穆。孙权袭羽，遂入吴。普至廷尉，濬至太常，封侯。

评曰：邓芝坚贞简亮，临官忘家，张翼亢姜维之锐，宗预御孙权之严，咸有可称。杨戏商略，意在不群，然智度有短，殆罹世难云。

曾亲口喝下用自己儿子的肉煮成的汤，这并非是他不讲父子之情，而是为了国家大义。如今，即使您也把我儿子煮成肉汤，我也一定会喝下去。”庞羲知道程畿绝不会支持自己，就向刘璋深深谢罪，得到了刘璋的谅解。后来，刘璋听说了程畿在这件事上的态度，就提升他为江阳太守。刘备兼任益州牧时，任程畿为州从事祭酒。后来，程畿随刘备征吴，大军失败，溯江退向益州，有人对程畿说：“后面敌人追兵已至，只有弃船轻装上岸，才可能免除灾祸。”程畿说：“我在军中，从未因害怕敌人而逃跑，更何况，现在是跟随天子而遇到的危险呢！”敌人追上了程畿所乘的船，程畿亲自持戟与敌交战，把敌人的几只船打翻。直到东吴大量战船涌来，一起向程畿进攻，程畿战死。

程祁是位年轻后生，有罕世的才能。可惜二十岁时便夭亡，真是让人感伤动情啊。

——赞程公弘（程祁）

程祁，字公弘，程畿的儿子。

自古叛逃之臣，依礼有所侵逼，他们仅仅因为与主官不和，竟至于不顾臣子应遵循的道德。没有匡辅补益，背信投敌称臣，这是自绝于本国人民，为蜀国和吴国两国人贻笑千秋。

——赞麋芳、士仁、郝普、潘濬

麋芳，字子方，他是东海人，任南郡太守。士仁，字君义，广阳人，任将军，屯驻公安，归关羽统辖。他们都与关羽有矛盾，所以在孙权袭击荆州时，叛蜀降吴。郝普，字子太，义阳人。刘备由荆州入蜀，郝普留下任零陵太守，后被吴将吕蒙用计骗开城门，投降。潘濬，字承明，武陵人。刘备进入益州，任潘濬为荆州治中从事，负责荆州留守府事务，他也与关羽不和。孙权偷袭关羽时，投降了东吴。郝普在吴，官至廷尉，潘濬官至太常，封侯爵。

评论说：邓芝坚贞，清高坦诚，为官不谋私利，张翼敢触姜维的锋芒，宗预不惧孙权的威严，他们都有值得称道的作为。杨戏评价蜀汉人物，其用意卓尔不群，但谋略不足，险些遭遇大难。

卷四十六　吴书一

孙破虏讨逆传第一

孙坚字文台，吴郡富春人，盖孙武之后也。少为县吏。年十七，与父共载船至钱塘，会海贼胡玉等从匏里上掠取贾人财物，方于岸上分之，行旅皆住，船不敢进。坚谓父曰："此贼可击，请讨之。"父曰："非尔所图也。"坚行操刀上岸，以手东西指麾，若分部人兵以罗遮贼状。贼望见，以为官兵捕之，即委财物散走。坚追，斩得一级以还；父大惊。由是显闻，府召署假尉。会稽妖贼许昌起于句章，自称阳明皇帝，与其子韶扇动诸县，众以万数。坚以郡司马募召精勇，得千余人，与州郡合讨破之。是岁，熹平元年也。刺史臧旻列上功状，诏书除坚盐渎丞，数岁徙盱眙丞，又徙下邳丞。

中平元年，黄巾贼帅张角起于魏郡，托有神灵，遣八使以善道教化天下，而潜相连结，自称黄天泰平。三月甲子，三十六方一旦俱发，天下响应，燔烧郡县，杀害长吏。汉遣车骑将军皇甫嵩、中郎将朱儁将兵讨击之。儁表请坚为佐军司马，乡里少年随在下邳者皆愿从。坚又募诸商旅及淮、泗精兵，合千许人，与儁并力奋击，所向无前。汝、颍贼困迫，走保宛城。坚身当一面，登城先入，众乃蚁附，遂大破之。儁具以状闻上，拜坚别部司马。

边章、韩遂作乱凉州，中郎将董卓拒讨无功。中平三年，遣司

孙坚，字文台，他是吴郡富春人，孙坚算是孙武的后代。年轻时曾做过县吏。孙坚十七岁与父亲同船到钱塘，正好碰上海盗胡玉等人上来抢劫商人的财物，正在岸上分赃。此时，来往的行人因害怕都不敢走动，船只也不敢通行。孙坚便对父亲说：“这些强盗完全可以捉拿，请让我去赶跑他们。”父亲说：“这不是你能干得了的。”孙坚没有听父亲的劝告，提着刀就上了岸。他用手东指西指，像是指挥几部分人去包围海盗。海盗见到这种情形，以为是官兵前来捕捉，吓得扔掉抢来的财物，四处逃散。孙坚紧追上去，斩下一个强盗的脑袋回来了，他的父亲对此大为惊奇。自此以后，孙坚声名大振，郡府征召他为代理县尉。会稽郡的叛乱首领许昌在句章起兵，自称阳明皇帝，与他的儿子许韶到各县鼓动百姓造反，聚众数以万计。孙坚以郡司马之名招募勇士一千余人，和州郡兵马合力讨伐，击败了叛军。这一年，是东汉熹平元年。刺史臧旻向朝廷呈报孙坚的功劳，朝廷下诏任命孙坚为盐渎县丞。几年后，孙坚转任盱眙县丞，又转任下邳县丞。

灵帝中平元年，黄巾军首领张角在魏郡起事，他称自己有神灵附身，派遣八位使者向全国传播太平道，暗中联系互相串联，自称黄天泰平。三月初五日，三十六方同时发动起义，天下民众纷纷响应，焚烧郡县衙门，杀害地方官。汉朝派车骑将军皇甫嵩、中郎将朱儁率兵讨伐，朱儁上表请求朝廷让孙坚任他的佐军司马。在下邳追随孙坚的乡里年轻人都愿随孙坚同去。孙坚又招募各地行商及淮、泗的精兵一千多人，与朱儁奋力合击，所向披靡。汝南郡、颍川郡的黄巾军无路可走，逃进宛城自保。孙坚独当一面，首先登上城头，部下就蜂拥而上，大破黄巾军。朱儁将详情奏报朝廷，朝廷任命孙坚为别部司马。

边章、韩遂在凉州叛乱，中郎将董卓讨伐没有成功。汉中平三

空张温行车骑将军，西讨章等。温表请坚与参军事，屯长安。温以诏书召卓，卓良久乃诣温。温责让卓，卓应对不顺。坚时在坐，前耳语谓温曰："卓不怖罪而鸱张大语，宜以召不时至，陈军法斩之。"温曰："卓素著威名于陇蜀之间，今日杀之，西行无依。"坚曰："明公亲率王兵，威震天下，何赖于卓？观卓所言，不假明公，轻上无礼，一罪也。章、遂跋扈经年，当以时进讨，而卓云未可，沮军疑众，二罪也。卓受任无功，应召稽留，而轩昂自高，三罪也。古之名将，仗钺临众，未有不断斩以示威者也，是以穰苴斩庄贾，魏绛戮杨干。今明公垂意于卓，不即加诛，亏损威刑，于是在矣。"温不忍发举，乃曰："君且还，卓将疑人。"坚因起出。章、遂闻大兵向至，党众离散，皆乞降。军还，议者以军未临敌，不断功赏，然闻坚数卓三罪，劝温斩之，无不叹息。拜坚议郎。时长沙贼区星自称将军，众万余人，攻围城邑，乃以坚为长沙太守。到郡亲率将士，施设方略，旬月之间，克破星等。周朝、郭石亦帅徒众起于零、桂，与星相应。遂越境寻讨，三郡肃然。汉朝录前后功，封坚乌程侯。

灵帝崩，卓擅朝政，横恣京城。诸州郡并兴义兵，欲以讨卓。坚亦举兵。荆州刺史王叡素遇坚无礼，坚过杀之。比至南阳，众数万人。南阳太守张咨闻军至，晏然自若。坚以牛酒礼咨，咨明日亦答诣坚。酒酣，长沙主簿入白坚："前移南阳，而道路不治，军资不具，请收主簿推问意故。"咨大惧欲去，兵陈四周不得出。有顷，主簿复入白坚："南阳太守稽停义兵，使贼不时讨，请收出案军法从事。"便牵咨于军门斩之。郡中震栗，无求不获。前到鲁阳，与袁术

年，朝廷派司空张温代理车骑将军西征边章等人。张温奏请孙坚参与军务，屯兵长安。张温发诏书召见董卓，过了很久，董卓才来拜见张温。张温责备董卓，董卓则出言不逊。孙坚当时也在座，他对张温耳语道："董卓狂妄，召见不按时赶到，论罪当处以斩刑。"张温说："董卓在陇西、蜀郡之间一向有威名，现在杀了他，我们西进就没有依靠了。"孙坚说："您亲率朝廷大军，威震天下，怎么还要依靠董卓？我看董卓说话，对您毫无恭敬之意。轻漫无礼于上司，这是第一罪。凉州叛乱长达一年，本当抓住时机讨伐，董卓却不出兵。妨碍军事，蛊惑人心，这是第二罪。董卓居职无功，上司召见，他竟迟迟不来，且态度十分傲慢无理，这是第三罪。古代的名将，手持斧钺执掌兵马，都以处极刑的办法显示威势，这就是穰苴斩庄贾、魏绛羞辱杨干的原因。如果您顾念董卓，不马上处决，那么，严肃的军法就会被这件事破坏了。"张温不忍对董卓采取措施，就说："你先回去，不要让董卓引起怀疑。"孙坚起身离去。边章、韩遂听说大兵正向凉州开进，手下兵众纷纷离散，都请求投降。张温领兵回朝后，议事的大臣们认为兵马并没有与敌交战，不能记功受奖，可当他们听说孙坚曾陈列董卓三条罪状，力劝张温斩他的事后，无不叹息。后任命孙坚为议郎。这时，长沙的贼寇区星自称将军，带兵马一万，攻围城邑。朝廷就任孙坚为长沙太守。孙坚到长沙后亲率将士，按方略施行，不过一月，就攻破了区星等叛贼。周朝、郭石又率徒众在零陵、桂阳起事，与区星呼应。孙坚就又越境讨伐，使三郡全都安定下来。朝廷根据孙坚前后所立下的功绩，封他为乌程侯。

汉灵帝去世后，董卓掌握朝政大权，横行霸道。各州郡一起发动义军，打算讨伐董卓。孙坚也组织起军队向前挺进。荊州刺史王叡一向敌视孙坚，孙坚便顺路杀了他。孙坚率军一路到了南阳，这时部众已有几万人。当时，张咨是南阳太守，他听说孙坚的军队到了，不以为然。孙坚派人送美酒给张咨，第二天张咨也答谢回访孙坚。饮酒酣畅时，长沙主簿进来禀告孙坚说："我军日前进兵到南阳，但这里道路却没有修整，军需物资也没有供给，请拘捕南阳郡守查问原因。"张咨十分惊恐，但这时四周已围上了士兵，他已经无法离开。过了一

相见。术表坚行破虏将军，领豫州刺史。遂治兵于鲁阳城。当进军讨卓，遣长史公仇称将兵从事还州督促军粮。施帐幔于城东门外，祖道送称，官属并会。卓遣步骑数万人逆坚，轻骑数十先到。坚方行酒谈笑，敕部曲整顿行陈，无得妄动。后骑渐益，坚徐罢坐，导引入城，乃谓左右曰："向坚所以不即起者，恐兵相蹈藉，诸君不得入耳。"卓兵见坚士众甚整，不敢攻城，乃引还。坚移屯梁东，大为卓军所攻，坚与数十骑溃围而出。坚常著赤罽帻，乃脱帻令亲近将祖茂著之。卓骑争逐茂，故坚从间道得免。茂困迫，下马，以帻冠冢间烧柱，因伏草中。卓骑望见，围绕数重，定近觉是柱，乃去。坚复相收兵，合战于阳人，大破卓军，枭其都督华雄等。是时，或间坚于术，术怀疑，不运军粮。阳人去鲁阳百余里，坚夜驰见术，画地计校，曰："所以出身不顾，上为国家讨贼，下慰将军家门之私仇。坚与卓非有骨肉之怨也，而将军受谮润之言，还相嫌疑！"术踧踖，即调发军粮。坚还屯。卓惮坚猛壮，乃遣将军李傕等来求和亲，令坚列疏子弟任刺史、郡守者，许表用之。坚曰："卓逆天无道，荡覆王室，今不夷汝三族，县示四海，则吾死不瞑目，岂将与乃和亲邪？"复进军大谷，拒雒九十里。卓寻徙都西入关，焚烧雒邑。坚乃前入至雒，修诸陵，平塞卓所发掘。讫，引军还，住鲁阳。

会儿，长沙主簿又进来禀告孙坚："南阳太守故意阻挡义军的前进，使得我军不能按计划讨伐贼寇，请拘捕他按军法处置。"孙坚立刻命令士兵就把张咨拖到军营辕门斩杀了。此事震惊了整个南阳郡，此后孙坚无论索取什么，没有得不到的。孙坚率军到达鲁阳，在这里见到了袁术。袁术上表奏请朝廷任命孙坚代理破虏将军，兼任豫州刺史。于是孙坚一边在鲁阳城积极操练军队、准备进军讨伐董卓，一边派长史公仇称带领兵士从事回本州岛督察催运军粮。孙坚在鲁阳城外设置酒席，为公仇称饯行，官员部下都到这里畅饮。董卓派步兵骑兵几万人迎击孙坚，几十名轻骑兵先到达鲁阳。孙坚此时正在劝酒说笑，见敌兵来到，他毫不慌乱。孙坚下令部队整顿阵容，不得随意乱动。敌军人马逐渐增多，孙坚这才缓缓离座，率领众人进入城中。他这才对左右的人说："刚才我之所以不马上起身，就是担心士兵混乱自相践踏，大家就不能进城了。"董卓的军队见孙坚人马十分严整，不敢贸然进攻，就撤兵返回了。孙坚带军队走到梁县东边，驻扎下来。董卓的军队对其进行猛烈围攻，孙坚和几十名骑兵突破包围冲出来。那时候，孙坚戴着红色的毛织头巾，他就摘下头巾让亲信将领祖茂戴上它。董卓的骑兵争相追逐祖茂，孙坚这才得以从小路逃脱。祖茂被围追堵截，无路可走，便下了马，把头巾戴到坟墓间烧过的柱子上，自己则藏身在草丛中。董卓的骑兵远远看到，就重重包围，等到近了才发现是柱子，这才离去。孙坚随后重整部队，在阳人与董卓的军队交战，砍了董卓的都督华雄等人的头示众，威名远扬。这时候，有人离间袁术和孙坚。袁术心生怀疑，就停止给孙坚运送军粮。阳人和鲁阳相距一百多里，孙坚连夜飞马奔去拜见袁术，他在地上画书向袁术陈述了形势的紧迫利害，还说："我之所以出生入死，置个人安危于不顾，上是为国家讨伐贼人，下是为慰平将军您家族的私仇。我孙坚与董卓并没有杀害骨肉亲人的仇恨，将军您却听信谗言，反而对我猜忌怀疑。"袁术感到尴尬不安，当即给孙坚调拨运送了军粮。孙坚返回驻地。他的勇猛强壮使得董卓十分害怕，就派将军李傕等人前来请求讲和结亲，说让孙坚列出家族子弟想担任刺史、郡守的名单，自己将亲自上表奏请朝廷任用他们。孙坚凛然回答说："董卓违背天

初平三年，术使坚征荆州，击刘表。表遣黄祖逆于樊、邓之间。坚击破之，追渡汉水，遂围襄阳，单马行岘山，为祖军士所射杀。兄子贲，帅将士众就术，术复表贲为豫州刺史。

坚四子：策、权、翊、匡。权既称尊号，谥坚曰武烈皇帝。

策字伯符。坚初兴义兵，策将母徙居舒，与周瑜相友，收合士大夫，江、淮间人咸向之。坚薨，还葬曲阿。已乃渡江居江都。

徐州牧陶谦深忌策。策舅吴景，时为丹杨太守，策乃载母徙曲阿，与吕范、孙河俱就景，因缘招募得数百人。兴平元年，从袁术。术甚奇之，以坚部曲还策。太傅马日磾杖节安集关东，在寿春以礼辟策，表拜怀义校尉，术大将乔蕤、张勋皆倾心敬焉。术常叹曰："使术有子如孙郎，死复何恨！"策骑士有罪，逃入术营，隐于内厩。策指使人就斩之，讫，诣术谢。术曰："兵人好叛，当共疾之，何为谢也？"由是军中益畏惮之。术初许策为九江太守，已而更用丹杨陈纪。后术欲攻徐州，从庐江太守陆康求米三万斛。康不与，术大怒。策昔曾诣康，康不见，使主簿接之。策尝衔恨。术遣策攻康，谓曰："前错用陈纪，每恨本意不遂。今若得康，庐江真卿有也。"策攻康，拔之，术复用其故吏刘勋为太守，策益失望。先是，刘繇为扬州刺史，州旧治寿春。寿春，术已据之，繇乃渡江治曲阿。时吴景尚在丹杨，策从兄贲又为丹杨都尉，繇至，皆迫逐之。景、贲退

理，颠覆王室，横行无道，不灭你的三族，昭告天下，我孙坚死不瞑目，难道还会和你讲和结亲吗？”于是，孙坚又向距离洛邑九十里的大谷进军。董卓不久就向西迁都进入函谷关，放火焚烧了洛邑。孙坚便率军进入洛邑，修缮各个帝王的陵墓，填堵董卓挖掘开的陵寝。之后，孙坚率军离开，驻扎在鲁阳。

汉献帝刘协初平三年，袁术要孙坚南征荆州，进攻刘表。刘表派遣黄祖在樊城、邓县之间阻击。孙坚打败了黄祖，乘胜追击渡过汉水，包围了襄阳。孙坚一个人骑马向前行进到岘山，被黄祖的军士射死。孙坚兄长孙羌的儿子孙贲，带领孙坚部属的官兵依附袁术，于是袁术上表请求授任孙贲为豫州刺史。

孙坚有四个儿子：孙策、孙权、孙翊、孙匡。孙权称帝以后，追尊孙坚为武烈皇帝。

孙策，字伯符。孙坚初兴义兵时，孙策奉母迁居到舒县。与周瑜结为好友，招纳会聚了许多豪杰，江、淮间的士大夫多投奔于他。孙坚死后，孙策将他葬在曲阿。随后，孙策便渡过长江，移居江都。

徐州牧陶谦非常讨厌孙策。孙策的舅舅吴景，正在这时做了丹杨太守，孙策便带着母亲迁居曲阿，与吕范、孙河等一起投靠吴景，凭借吴景的威望，招募了几百人。兴平元年，孙策追随袁术。袁术认为孙策非比寻常，便将孙坚的旧部交还孙策。太傅马日磾持节安抚关东，在寿春以礼征召孙策，上奏朝廷任命孙策为怀义校尉，袁术的大将乔蕤、张勋对孙策都很敬重。袁术经常感叹说：“我要是有像孙郎那样的儿子，就死而无遗憾了！”孙策部下一名士卒犯了罪，躲逃进袁术兵营的马棚里。孙策派人杀了他，然后，亲自向袁术道歉。袁术说：“士兵常常叛逃，我们都痛恨这种行为，不需要道歉！”因此军中上下更加畏惧孙策了。袁术最初同意孙策任九江太守，没过多久，又改用丹杨人陈纪。后来，袁术想攻打徐州，向庐江太守陆康索要三万斛大米，陆康不给，袁术大怒。从前，孙策曾去拜访过陆康，陆康不肯与他见面，派一名主簿接待，孙策为此常怀恨在心。袁术派孙策去攻打陆康说：“以前，我错用了陈纪，心里常常懊悔原先的想法没有实现。现在，如果抓到了陆康，庐江就真的归您所有了。”于是，孙策率

舍历阳。繇遣樊能、于麋东屯横江津，张英屯当利口，以距术。术自用故吏琅邪惠衢为扬州刺史，更以景为督军中郎将，与贲共将兵击英等，连年不克。策乃说术，乞助景等平定江东。术表策为折冲校尉，行殄寇将军，兵财千余，骑数十匹，宾客愿从者数百人。比至历阳，众五六千。策母先自曲阿徙于历阳，策又徙母阜陵，渡江转斗，所向皆破，莫敢当其锋，而军令整肃，百姓怀之。

策为人，美姿颜，好笑语，性阔达听受，善于用人，是以士民见者，莫不尽心，乐为致死。刘繇弃军遁逃，诸郡守皆捐城郭奔走。吴人严白虎等众各万余人，处处屯聚。吴景等欲先击破虎等，乃至会稽。策曰："虎等群盗，非有大志，此成禽耳。"遂引兵渡浙江，据会稽，屠东冶，乃攻破虎等。尽更置长吏，策自领会稽太守，复以吴景为丹杨太守，以孙贲为豫章太守；分豫章为庐陵郡，以贲弟辅为庐陵太守，丹杨朱治为吴郡太守。彭城张昭、广陵张纮、秦松、陈端等为谋主。时袁术僭号，策以书责而绝之。曹公表策为讨逆将军，封为吴侯。后术死，长史杨弘、大将张勋等将其众欲就策，庐江太守刘勋要击，悉虏之，收其珍宝以归。策闻之，伪与勋好盟。勋新得术众，时豫章上缭宗民万余家在江东，策劝勋攻取之。勋既行，策轻军晨夜袭拔庐江，勋众尽降，勋独与麾下数百人自归曹公。是时袁绍方强，而策并江东，曹公力未能逞，且欲抚之。乃以弟女配策小弟匡，又为子章取贲女，皆礼辟策弟权、翊，又命扬州刺史严象

军攻打陆康，占领了庐江。然而，袁术又任用了他的故吏刘勋为太守，孙策对袁术更加失望。此前，刘繇任扬州刺史，扬州过去的治所在寿春，而寿春已被袁术占据，刘繇就渡江把治所移至曲阿。这时候，吴景尚在丹杨，孙策的堂兄孙贲又是丹杨都尉，刘繇一到，就以武力把他们都赶走了。吴景和孙贲只好退住在历阳。刘繇派樊能、于麋在东面屯兵横江津，张英驻守当利口，以抗拒袁术。袁术任用原来的属官琅琊人惠衢为扬州刺史，又以吴景为督军中郎将，让吴景和孙贲一起率兵攻打张英等人，连续打了几年，也没有打下来。孙策就劝说袁术，要求帮助吴景等人平定江东。袁术就任孙策为军中校尉，代理殄寇将军，但只给他一千多名士兵，战马才几十匹，门下宾客愿随孙策出征的倒有几百人。等到了历阳，孙策的兵马就扩充到五六千人。孙策的母亲事先已从曲阿迁到历阳，随后，孙策又把母亲迁到阜陵，再渡江出击，所向披靡，没人敢抵御他的锋芒。孙策的兵马军令严明，百姓都很拥戴他。

孙策这个人，风度姿态容颜修美，喜欢笑谈，性格豁达开朗，善于听取他人的意见，善于用人，因此，凡是见到了他的士民，没有哪一个人不乐于为他效力，以至于死。刘繇抛弃军队逃走，众郡守也都丢下城池跑散了。吴人严白虎等，各有部众一万多人，他们到处集结。吴景等人想首先打败严白虎这一伙，便到了会稽。孙策说："严白虎这伙贼人，没有远大志向，这次一定会被我们俘获。"他便引兵渡过浙江，占领会稽，血洗东冶城，打败了严白虎等人。全部重新任用高级吏员，孙策自任会稽太守，任吴景为丹杨太守，任孙贲为豫章太守；分豫章郡一部分新建庐陵郡，任孙贲弟孙辅为庐陵太守，任丹杨朱治为吴郡太守。彭城张昭、广陵张纮、秦松、陈端等都是谋士。这时候，袁术妄称帝号，孙策致书谴责，断绝了与他的关系。曹操上书呈请朝廷授孙策为讨逆将军，封吴侯。袁术死了之后，长史杨弘、大将张勋等率领他们的部属想来亲附孙策，庐江太守刘勋截击，将他们全部俘虏，收缴了他们的珍宝，得胜回归。孙策听说以后，假意与刘勋友好结盟。刘勋新近得到了袁术的民众，当时豫章上缭宗族聚居的民众万余家住在江南，孙策劝刘勋攻取他们。刘勋引军出发后，孙

举权茂才。

建安五年，曹公与袁绍相拒于官渡，策阴欲袭许，迎汉帝，密治兵，部署诸将。未发，会为故吴郡太守许贡客所杀。先是，策杀贡，贡小子与客亡匿江边。策单骑出，卒与客遇，客击伤策。创甚，请张昭等谓曰："中国方乱，夫以吴、越之众，三江之固，足以观成败。公等善相吾弟！"呼权佩以印绶，谓曰："举江东之众，决机于两陈之间，与天下争衡，卿不如我；举贤任能，各尽其心，以保江东，我不如卿。"至夜卒，时年二十六。

权称尊号，追谥策曰长沙桓王，封子绍为吴侯，后改封上虞侯。绍卒，子奉嗣。孙晧时，讹言谓奉当立，诛死。

评曰：孙坚勇挚刚毅，孤微发迹，导温戮卓，山陵杜塞，有忠壮之烈。策英气杰济，猛锐冠世，览奇取异，志陵中夏。然皆轻佻果躁，殒身致败。且割据江东，策之基兆也，而权尊崇未至，子止侯爵，于义俭矣。

策率领轻装的军队日夜兼程出其不意地夺取了庐江，刘勋部下全部投降，刘勋与所率领的数百人投奔了曹操。这时候，袁绍势力强大，孙策并吞了江东，曹操的势力还不能对孙策完全施展，只有暂时安抚孙姓家族。便将弟女许配孙策的小弟孙匡，又为儿子曹章娶了孙贲的女儿，同时礼聘策弟孙权、孙翊，又命令扬州刺史严象推举孙权为茂才。

建安五年，曹操和袁绍在官渡相持，孙策想袭击许都，接回献帝。孙策秘密地训练兵马，调遣出征的将领。但是，还没有来得及行动，就被原吴郡太守许贡的门客击伤。此前，孙策先杀了许贡，许贡的小儿子和门客逃到长江岸边的芦苇丛中躲过了劫难。后来，孙策独自骑马出去，与许贡的门客相遇，孙策被击伤。伤势严重，他把张昭等人请来，说："中原混乱，凭吴、越兵马和三江之险，足以坐观成败。希望你们好好辅助我的弟弟。"他又把孙权叫来，给孙权佩上印绶，对他说："率江东兵马于两军对垒间把握战机，争衡天下，你不如我；举贤任能，让他们各尽其心，以保卫江东，我不如你。"等到夜里，孙策就去世了，当时他二十六岁。

孙权称帝后，追谥孙策为长沙桓王，封他的儿子孙绍为吴侯，后来，又改封为上虞侯。孙绍死后，儿子孙奉承继爵位。孙晧做皇帝时，有谣言传说孙奉当立为皇帝，就将孙奉诛杀。

评论说：孙坚勇猛刚毅，以低微的地位起家，劝导张温杀掉董卓，又将被挖开的帝陵全部填平，有忠诚壮烈的节操。孙策英气豪迈，超群绝伦，勇猛盖世，延奇才异能之士，志在攻取华夏。然而这些人都轻佻急躁，以致丧身而事败。更何况吴国割据江东，是孙策奠定的基础，而孙权追谥的时候没有将孙策尊崇为皇帝，孙策儿子的最高封号只是侯爵，从道义上来说，过于俭薄了。

卷四十七　吴书二

吴主传第二

孙权字仲谋。兄策既定诸郡，时权年十五，以为阳羡长。郡察孝廉，州举茂才，行奉义校尉。汉以策远修职贡，遣使者刘琬加锡命。琬语人曰：“吾观孙氏兄弟虽各才秀明达，然皆禄祚不终，惟中弟孝廉，形貌奇伟，骨体不恒，有大贵之表，年又最寿，尔试识之。”

建安四年，从策征庐江太守刘勋。勋破，进讨黄祖于沙羡。

五年，策薨，以事授权，权哭未及息。策长史张昭谓权曰：“孝廉，此宁哭时邪？且周公立法而伯禽不师，非欲违父，时不得行也。况今奸宄竞逐，豺狼满道，乃欲哀亲戚，顾礼制，是犹开门而揖盗，未可以为仁也。”乃改易权服，扶令上马，使出巡军。是时唯有会稽、吴郡、丹杨、豫章、庐陵，然深险之地犹未尽从，而天下英豪布在州郡，宾旅寄寓之士以安危去就为意，未有君臣之固。张昭、周瑜等谓权可与共成大业，故委心而服事焉。曹公表权为讨虏将军，领会稽太守，屯吴，使丞之郡行文书事。待张昭以师傅之礼，而周瑜、程普、吕范等为将率。招延俊秀，聘求名士，鲁肃、诸葛瑾等始为宾客。分部诸将，镇抚山越，讨不从命。

七年，权母吴氏薨。

八年，权西伐黄祖，破其舟军，惟城未克，而山寇复动。还过豫章，使吕范平鄱阳，程普讨乐安，太史慈领海昏，韩当、周泰、吕

孙权，字仲谋，孙权兄长孙策平定江南各郡时，孙权年仅十五岁，做了阳羡县长。郡中推举他为孝廉，州里举荐他为茂才，试用为奉义校尉。朝廷因孙策虽远在江南却仍尽臣节交纳贡物，便派遣使者刘琬赐给他爵位官服。刘琬对人说："我看孙家兄弟虽优秀出众，聪明通达，但寿禄都不长，只有老二孙权，相貌奇特魁伟不凡，有大贵的仪表，寿命又最长，你们不妨记住我的话。"

建安四年，孙权随孙策征讨庐江太守刘勋。刘勋失败以后，又进军沙羡征讨黄祖。

建安五年，孙策去世，把军国大事托付给孙权，孙权痛哭不止。孙策的长史张昭对孙权说："孝廉，这时是哭的时候吗？古时周公立的丧礼他儿子伯禽就没遵守，并非他违逆父训，而是由于当时的形势无法正常办理。况且现在奸徒角逐，豺狼当道，你却只是哀痛死去的兄长，注重丧礼，这好比开门揖盗，这不能算是仁德啊。"于是便让孙权脱下丧服，扶他上马，外出巡视军营。这时候，孙权只占据了会稽、吴郡、丹杨、豫章、庐陵等五郡，而这五郡的边远地方还未完全归服，且有许多英杰散布在各州郡，客居的士人常以个人的安危决定去留，君臣间还没有建立起牢固的关系。然而张昭、周瑜等人认为可以与孙权一起成就大业，所以尽心辅佐他。曹操上表奏封孙权为讨虏将军，兼任会稽太守，驻在吴郡。孙权派使丞到会稽处理日常事务，待张昭以太师太傅之礼，周瑜、程普、吕范等人都被任命为将军。广招贤人，以礼征聘有名望之士，鲁肃、诸葛瑾等人因此才做了他的宾客。孙权又分派众将，镇抚山越族，讨伐那些不归服之人。

建安七年，孙权的母亲吴氏去世。

建安八年，孙权向西进军征讨黄祖，打败了他的水军。但城堡没有攻破，后方的山寇又作乱。孙权撤军归途经过豫章，派吕范平定

蒙等为剧县令长。

九年，权弟丹杨太守翊为左右所害，以从兄瑜代翊。

十年，权使贺齐讨上饶，分为建平县。

十二年，西征黄祖，虏其人民而还。

十三年春，权复征黄祖，祖先遣舟兵拒军，都尉吕蒙破其前锋，而凌统、董袭等尽锐攻之，遂屠其城。祖挺身亡走，骑士冯则追枭其首，虏其男女数万口。是岁，使贺齐讨黟、歙分歙为始新、新定、犁阳、休阳县，以六县为新都郡。荆州牧刘表死，鲁肃乞奉命吊表二子，且以观变。肃未到，而曹公已临其境，表子琮举众以降。刘备欲南济江，肃与相见，因传权旨，为陈成败。备进住夏口，使诸葛亮诣权，权遣周瑜、程普等行。是时曹公新得表众，形势甚盛，诸议者皆望风畏惧，多劝权迎之。惟瑜、肃执拒之议，意与权同。瑜、普为左右督，各领万人，与备俱进，遇于赤壁，大破曹公军。公烧其余船引退，士卒饥疫，死者大半。备、瑜等复追至南郡，曹公遂北还，留曹仁、徐晃于江陵，使乐进守襄阳。时甘宁在夷陵，为仁党所围，用吕蒙计，留凌统以拒仁，以其半救宁，军以胜反。权自率众围合肥，使张昭攻九江之当涂。昭兵不利，权攻城逾月不能下。曹公自荆州还，遣张喜将骑赴合肥。未至，权退。

鄱阳，程普攻讨乐安，太史慈兼管海昏，韩当、周泰、吕蒙任军政任务繁重的县令、县长。

建安九年，孙权弟丹杨太守孙翊被左右随从杀害，孙权派堂兄孙瑜接替孙翊的职位。

建安十年，孙权派贺齐攻打上饶县，分上饶部分地区为建平县。

建安十二年，孙权西征黄祖，俘获了他的民众后撤军。

建安十三年，孙权又讨伐黄祖，黄祖先派遣水兵对抗吴军，吴都尉吕蒙攻破了他的先锋队伍，而凌统、董袭等将领更是率军尽力猛攻，于是屠杀了城内的百姓。黄祖刚要起身逃走，骑士冯则赶上前砍了他的脑袋，吴军俘虏了几万名男女。同年，孙权派齐贺攻打黟县、歙县，把歙县重新进行了划分，新建了始新、新定、犁阳、休阳四个县，以这六个县为新的都郡。荆州牧刘表病死，鲁肃请求孙权派遣他往荆州向刘表的两个儿子表示凭吊，趁机实地考察荆州的变化。鲁肃还没有到达，曹操率领的大军已经临近荆州了，刘表的二儿子刘琮向曹操献出他的全部军民表示投降。刘备想向南渡过长江，鲁肃与他见了面，向他传达了孙权的想法，分析摆在他们面前的失败与成功两种选择。刘备进驻夏口，派诸葛亮与孙权会面，孙权派周瑜、程普率军出发。当时曹操刚刚得到刘表的军民，形势不错，东吴大多数参与讨论的人想到对方的声威而感到恐惧，多数人劝孙权投降曹操。只有周瑜、鲁肃不同意投降的建议，与孙权的主张一样。孙权任命周瑜、鲁肃为左右督军，各自领军八万人，与刘备联合起来同时进军，与曹军在赤壁交战，将曹军打得落花流水。曹操烧掉了那些剩下的船只率军撤退，士兵因为饥饿和疫病，牺牲一大半。刘备、周瑜随后把他们追赶到了南郡，曹操便回到了北方，留下曹仁、徐晃守卫江陵，让乐进守卫襄阳。当时吴将甘宁身在夷陵，被曹仁的部将所包围。孙权采纳吕蒙的计策，留下凌统迎战曹仁，分给凌统一半的军队去援救甘宁，援军胜利完成命令返还。孙权亲自率军围攻合肥，并派张昭进攻九江郡的当涂县。张昭进攻不顺利，孙权的包围超过了一个月，也没有攻占合肥。曹操从荆州返回北方后，派遣张喜率骑兵援助合肥。张

十四年，瑜、仁相守岁余，所杀伤甚众。仁委城走。权以瑜为南郡太守。刘备表权行车骑将军，领徐州牧。备领荆州牧，屯公安。

十五年，分豫章为鄱阳郡；分长沙为汉昌郡，以鲁肃为太守，屯陆口。

十六年，权徙治秣陵。明年，城石头，改秣陵为建业。闻曹公将来侵，作濡须坞。

十八年正月，曹公攻濡须，权与相拒月余。曹公望权军，叹其齐肃，乃退。初，曹公恐江滨郡县为权所略，征令内移。民转相惊，自庐江、九江、蕲春、广陵户十余万皆东渡江，江西遂虚，合肥以南唯有皖城。

十九年五月，权征皖城。闰月，克之，获庐江太守朱光及参军董和，男女数万口。是岁刘备定蜀。权以备已得益州，令诸葛瑾从求荆州诸郡。备不许，曰："吾方图凉州，凉州定，乃尽以荆州与吴耳。"权曰："此假而不反，而欲以虚辞引岁。"遂置南三郡长吏，关羽尽逐之。权大怒，乃遣吕蒙督鲜于丹、徐忠、孙规等兵二万取长沙、零陵、桂阳三郡，使鲁肃以万人屯巴丘以御关羽。权住陆口，为诸军节度。蒙到，二郡皆服，惟零陵太守郝普未下。会备到公安，使关羽将三万兵至益阳，权乃召蒙等使还助肃。蒙使人诱普，普降，尽得三郡将守，因引军还，与孙皎、潘璋并鲁肃兵并进，拒羽于益阳。未战，会曹公入汉中，备惧失益州，使使求和。权令诸葛瑾报，更寻盟好，遂分荆州长沙、江夏、桂阳以东属权，南郡、零陵、武陵以西属备。备归，而曹公已还。权反自陆口，遂征合肥。合肥未下，

喜还没有到达，孙权已经败走。

建安十四年，周瑜和曹仁相持一年多，双方士兵伤亡都很严重。曹仁弃城逃走。孙权任命周瑜为南郡太守。刘备上表朝廷举荐孙权代理车骑将军之职，并兼任徐州牧。刘备则兼任荆州牧，在公安驻扎。

建安十五年，孙权分出豫章郡一部分土地，设置鄱阳郡；分出长沙郡一部分土地，设置汉昌郡，以鲁肃为汉昌郡太守，驻扎陆口。

建安十六年，孙权把治所迁到秣陵县。到了第二年，开始修筑石头城，并把秣陵改名建业。听说曹操有意南侵，又在濡须水的两岸修筑军事壁垒——濡须坞。

建安十八年正月，曹操进攻濡须，孙权与之相持一个多月。曹操望见孙权的军队，感叹其军容严整，于是引退。起初，曹操担心长江西岸郡县的百姓被孙权夺取，命令他们往内地迁徙，没想到这一举动反而惊扰了当地居民，从庐江、九江、蕲春、广陵等郡东渡长江避难到孙吴境内的有十余万户之多，长江西岸因此空虚，合肥以南只有皖城稍微完整一些。

建安十九年五月，孙权进攻皖城。闰月，皖城失守，庐江太守朱光与参军董和以及男女几万人被俘获。当年刘备平定蜀地。孙权因刘备已得益州，就命令诸葛瑾向刘备讨回荆州各郡。刘备不答应，说："我正在谋取凉州，等凉州平定了，就把荆州全部归还给吴国。"孙权说："这是借而不还，却想要拿空话拖延时间。"就这样孙权设置了荆州南部三郡的太守，结果关羽全都赶走了他们。孙权大怒，就派吕蒙督率鲜于丹、徐忠、孙规等人的军队二万人攻取长沙、零陵、桂阳三郡，并派鲁肃率一万人驻扎在巴丘，以防御关羽。孙权进驻陆口，对各路兵马进行总体的调度指挥。吕蒙兵到，长沙、桂阳二郡全都降服。只有零陵太守郝普不投降。这时候，刘备来到公安，派关羽率领三万人马到益阳，孙权就召回吕蒙等人让他们援助鲁肃。吕蒙派人诱降郝普，郝普投降。吕蒙全获三郡太守，率军返回，和孙皎、潘璋以及鲁肃的军队一同前进，在益阳抗击关羽。还没有交战，便赶上曹

撤军还。兵皆就路，权与凌统、甘宁等在津北为魏将张辽所袭，统等以死捍权，权乘骏马越津桥得去。

二十一年冬，曹公次于居巢，遂攻濡须。

二十二年春，权令都尉徐详诣曹公请降，公报使修好，誓重结婚。

二十三年十月，权将如吴，亲乘马射虎于庱亭。马为虎所伤，权投以双戟，虎却废，常从张世击以戈，获之。

二十四年，关羽围曹仁于襄阳，曹公遣左将军于禁救之。会汉水暴起，羽以舟兵尽虏禁等步骑三万送江陵，惟城未拔。权内惮羽，外欲以为己功，笺与曹公，乞以讨羽自效。曹公且欲使羽与权相持以斗之，驿传权书，使曹仁以弩射示羽。羽犹豫不能去。闰月，权征羽，先遣吕蒙袭公安，获将军士仁。蒙到南郡，南郡太守麋芳以城降。蒙据江陵，抚其老弱，释于禁之囚。陆逊别取宜都，获秭归、枝江、夷道，还屯夷陵，守峡口以备蜀。关羽还当阳，西保麦城。权使诱之。羽伪降，立幡旗为象人于城上，因遁走，兵皆解散，尚十余骑。权先使朱然、潘璋断其径路。十二月，璋司马马忠获羽及其子平、都督赵累等于章乡，遂定荆州。是岁大疫，尽除荆州民租税。曹公表权为骠骑将军，假节领荆州牧，封南昌侯。权遣校尉梁寓奉贡于汉，及令王惇市马，又遣朱光等归。

操进兵汉中，刘备害怕失掉益州，派使者去同孙权请求讲和。孙权派诸葛瑾回复，重新结为盟友。就分荆州的长沙、江夏、桂阳三郡以东地区归属孙权，南郡、零陵、武陵三郡以西归属刘备。刘备返回后，曹操已经撤回了。孙权从陆口返回，就讨伐合肥，但没有攻下，于是撤军返回。士兵全踏上了归途，孙权和凌统、甘宁等人在逍遥津北面被魏将张辽袭击，凌统等人拼死保卫孙权，孙权骑着骏马跨过逍遥津桥才得以逃脱。

建安二十一年冬天，曹公驻军于居巢，就下令进攻濡须坞。

建安二十二年春天，孙权派都尉徐详到曹公那里请求归降。曹公派遣使者答报同意和好，二者盟誓，重新结为姻亲。

建安二十三年十月，孙权将到吴郡，亲自骑马在庱亭射虎。孙权的乘马被老虎咬伤，孙权用双戟去刺，老虎受伤后退，身边侍从张世又用戈击打，将老虎擒获。

建安二十四年，关羽在襄阳围攻曹仁，曹公派遣左将军于禁援救曹仁。正赶上汉水暴涨，关羽用水军将于禁等人的步骑兵三万人全部俘虏，押送到江陵，只有襄阳城没有失守。孙权内心畏惧关羽，表面上又想以进攻关羽来作为自己的功劳，就写信给曹公，请求以讨伐关羽来为曹公效力。曹公也正想让关羽和孙权相持争斗自己得利，就把孙权的书信经驿站传递给曹仁，让曹仁用弓箭射给关羽看。关羽得信后犹豫不决，没立即撤兵。建安二十四年闰十月，孙权征讨关羽，派遣吕蒙偷袭公安，俘虏公安守将士仁。吕蒙军至南郡，南郡太守麋芳献城归降。吕蒙占据江陵，抚恤老弱，放出被囚禁的于禁等人。陆逊另外率军攻取宜都，又攻占秭归、枝江、夷道，还军驻扎夷陵，守住峡口以防备蜀国的援军。关羽返回当阳，西保麦城。孙权派人诱降关羽。关羽佯装投降，在麦城城头竖旗帜做假人迷惑孙权，乘机逃跑，士兵都溃散瓦解，只剩下十几个骑兵跟着关羽。孙权先命朱然、潘璋截断关羽必经的小路。十二月，潘璋的司马马忠在章乡擒获关羽和其儿子关平、都督赵累等人，孙权就这样平定了荆州。这一年瘟疫暴发，孙权全部免除了荆州百姓全部的租税。曹公上表朝廷，奏请孙

二十五年春正月，曹公薨，太子丕代为丞相魏王，改年为延康。秋，魏将梅敷使张俭求见抚纳。南阳阴、酂、筑阳、山都、中庐五县民五千家来附。冬，魏嗣王称尊号，改元为黄初。二年四月，刘备称帝于蜀。权自公安都鄂，改名武昌，以武昌、下雉、浔阳、阳新、柴桑、沙羡六县为武昌郡。

五月，建业言甘露降。八月，城武昌，下令诸将曰："夫存不忘亡，安必虑危，古之善教。昔隽不疑汉之名臣，于安平之世而刀剑不离于身，盖君子之于武备，不可以已。况今处身疆畔，豺狼交接，而可轻忽不思变难哉？顷闻诸将出入，各尚谦约，不从人兵，甚非备虑爱身之谓。夫保己遗名，以安君亲，孰与危辱？宜深警戒，务崇其大，副孤意焉。"自魏文帝践阼，权使命称藩，及遣于禁等还。十一月，策命权曰："盖圣王之法，以德设爵，以功制禄；劳大者禄厚，德盛者礼丰。故叔旦有夹辅之勋，太公有鹰扬之功，并启土宇，并受备物，所以表章元功，殊异贤哲也。近汉高祖受命之初，分裂膏腴以王八姓，斯则前世之懿事，后王之元龟也。朕以不德，承运革命，君临万国，秉统天机，思齐先代，坐而待旦。惟君天资忠亮，命世作佐，深睹历数，达见废兴，远遣行人，浮于潜汉。望风影附，抗疏称藩，兼纳纤絺南方之贡，普遣诸将来还本朝，忠肃内发，款诚外昭，信著金石，义盖山河，朕甚嘉焉。今封君为吴王，使使持节太常高平侯贞，授君玺绶策书、金虎符第一至第五、左竹使符第一至第十，以大将军使持节督交州，领荆州牧事，锡君青土，苴以白茅，对扬朕命，以尹东夏。其上故骠骑将军南昌侯印绶符策。今又加君九锡，其敬听后命。以君绥安东南，纲纪江外，民夷安业，无或携贰，是用锡君大辂、戎辂各一，玄牡二驷。君务财劝农，仓库盈积，是用

权为骠骑将军，授予符节，封南昌侯。孙权派遣校尉梁寓向汉室奉献贡物，并令王惇购买马匹，又遣送原来俘虏的朱光等人回去。

建安二十五年春天正月，曹操去世。太子曹丕接替曹操任丞相、魏王，改年号为延康。秋天，魏将梅敷派张俭来见孙权，请求接纳他。魏南阳郡的阴县、酂县、筑阳、山都、中庐五县百姓五千多家前来归附。冬天，魏王曹丕称帝，将年号改为黄初。黄初二年四月，刘备在蜀地称帝。孙权把都城从公安迁至鄂县，改名为武昌，将武昌、下雉、浔阳、阳新、柴桑、沙羡六县设置为武昌郡。

五月，建业宣称，喜降甘露。八月，修筑武昌城，并下令给诸将说："生存不忘消亡，居安而思危，这是古人的教导。此前，隽不疑为汉之名臣，在太平日子里兵刃还不离身，君子认为，武备是不能松懈的。再说，我们正处于国境边沿，与豺狼般凶狠的敌人打交道，又怎能轻率而不考虑到突发事变呢？近些日子，我听说有的将领出入时，都很谦虚，不带随身侍从和兵器，这是考虑欠妥，不爱护自己。保全自己留名后世，使君主和家人安心，与谦虚简约相比，哪一种能使自己处于危险和受辱的境地呢？要深自警惕，重视此事，才符合我的心意。"自魏文帝曹丕即位后，孙权便派使者请求做魏国的藩属，并送于禁等人回去。十一月，曹丕在册封孙权的文书上说："明君之法，以德行立爵，以功劳定禄；功大则俸禄丰厚，德高则礼遇隆重。因此，周公旦辅佐周成王，姜太公统军灭商，都受到裂土分封的待遇和各种礼仪器物的赏赐，这是用来表彰大功，对待非凡贤哲之人的做法。近世，汉高祖称帝之初，也曾分割沃土封给八个异姓王，此前代之美事，后世之借鉴。我以无德之人，承天命变革汉统，执掌国政，想向先代的圣明君主看齐，彻夜思考坐到天亮。您忠诚明达，以济世之才辅佐帝王，明了天命之归宿、王朝之兴废的道理，远遣使者，渡汉水而来，呈奏章称藩，献丝绸等南方贡物，并全部送还流落于江南的将领，忠敬发于内心，恳行显于外表，诚信铸于金石，道义覆盖山河，我非常赞赏。现在，封您为吴王，派遣使者太常高平侯贞持节，授予您印玺和册封文书、金虎符第一到第五枚、左竹使符第一到第十枚，任命您为大将军使、持节、督交州诸军事，兼任荆州牧，赐予

锡君衮冕之服，赤舄副焉。君化民以德，礼教兴行，是用锡君轩县之乐。君宣导休风，怀柔百越，是用锡君朱户以居。君运其才谋，官方任贤，是用锡君纳陛以登。君忠勇并奋，清除奸慝，是用锡君虎贲之士百人。君振威陵迈，宣力荆南，枭灭凶丑，罪人斯得，是用锡君鈇钺各一。君文和于内，武信于外，是用锡君彤弓一、彤矢百、玈弓十、玈矢千。君以忠肃为基，恭俭为德，是用锡君秬鬯一卣，圭瓒副焉。钦哉！敬敷训典，以服朕命，以勖相我国家，永终尔显烈。”是岁，刘备帅军来伐，至巫山、秭归，使使诱导武陵蛮夷，假与印传，许之封赏。于是诸县及五谿民皆反为蜀。权以陆逊为督，督朱然、潘璋等以拒之。遣都尉赵咨使魏。魏帝问曰：“吴王何等主也？”咨对曰：“聪明仁智，雄略之主也。”帝问其状，咨曰：“纳鲁肃于凡品，是其聪也；拔吕蒙于行陈，是其明也；获于禁而不害，是其仁也；取荆州而兵不血刃，是其智也；据三州虎视于天下，是其雄也；屈身于陛下，是其略也。”帝欲封权子登，权以登年幼，上书辞封，重遣西曹掾沈珩陈谢，并献方物。立登为王太子。

黄武元年春正月，陆逊部将军宋谦等攻蜀五屯，皆破之，斩其将。三月，鄱阳言黄龙见。蜀军分据险地，前后五十余营，逊随轻重以兵应拒，自正月至闰月，大破之，临陈所斩及投兵降首数万人。刘备奔走，仅以身免。

您白茅包裹的青土，请答谢宣扬我的命令，以治理东部中国。请您交回原骠骑将军南昌侯印信、册封文书和符节。现再加赐您九锡的全部器物，请敬听我后面的命令。由于您安定、治理江南，汉百姓与夷族安居乐业，没有异心，因此，再赐您大辂车、兵车各一辆，黑公马八匹。您努力理财，鼓励生产，使仓库充盈，再加赐给您王侯服冠，红色礼鞋。您以德政施民，使礼教盛行，赐给您一套三面悬挂的钟磬乐器。您倡导美好的社会风气，恩抚百越，赐给您红漆大门的宫房。您以己之谋略，任用贤正之士为官，赐给您特制的台阶以便于登殿。您以忠勇之为，清除奸恶，赐给您虎贲勇士一百人。您振威于远方，在荆州之南扬威，消灭恶类，使罪人得到惩罚，赐给您大斧、铜钺各一具。在内，您使文臣和睦，在外，使武将信服，赐给您红弓一张、红箭一百支、黑弓十张、黑箭一千支。您以忠诚为基，以恭俭为美德，赐给您美酒一壶，并配以玉柄的酒杓。请谦恭地对待自己的职责吧！要恭敬地传布我的训言，服从我的命令，辅佐我的国家，永保您显赫的功业。”这一年，刘备率军讨伐孙权，蜀军到了巫山、秭归，便派使者诱导武陵的夷民，授予印信，答应给他们封赏。就这样，各县及五谿的百姓都叛吴降蜀。孙权任陆逊为都督，率朱然、潘璋等人抵抗刘备。孙权又另派都尉赵咨出使魏国。曹丕问赵咨：“吴王是什么样的君主呀？”赵咨回答说：“他仁爱有智慧，是个有雄才大略的君主。”曹丕问具体如何，赵咨又回答说：“在平民中起用鲁肃，是他的聪慧；在兵士中提拔吕蒙，是他的明智；俘获于禁而不杀，是他的仁爱；取荆州而兵不血刃，是他的睿智；占三州雄视天下，是他的伟略；屈身向陛下称臣，是他的谋略。”曹丕想封赏孙权的长子孙登，孙权以其年幼为由，上书辞谢，重新派遣西曹掾沈珩前去表示感谢，并献上地方贡物，自己立孙登为吴王太子。

黄武元年春天正月，陆逊部将宋谦等人攻打蜀国五个兵屯，都攻下来了，并杀了守将。三月，鄱阳传说黄龙出现。蜀军分兵据守险要之地，前后五十余营，连营七百余里。陆逊用兵缓急有序，从正月到闰六月，彻底打败了蜀军，蜀军被杀和投降的士兵有几万人。刘备逃走，才幸免于难。

初，权外托事魏，而诚心不款。魏欲遣侍中辛毗、尚书桓阶往与盟誓，并征任子，权辞让不受。秋九月，魏乃命曹休、张辽、臧霸出洞口，曹仁出濡须，曹真、夏侯尚、张郃、徐晃围南郡。权遣吕范等督五军，以舟军拒休等，诸葛瑾、潘璋、杨粲救南郡，朱桓以濡须督拒仁。时扬、越蛮夷多未平集，内难未弭，故权卑辞上书，求自改厉，“若罪在难除，必不见置，当奉还土地民人，乞寄命交州，以终余年。”文帝报曰：“君生于扰攘之际，本有从横之志，降身奉国，以享兹祚。自君策名已来，贡献盈路。讨备之功，国朝仰成。埋而掘之，古人之所耻。朕之与君，大义已定，岂乐劳师远临江汉？廊庙之议，王者所不得专；三公上君过失，皆有本末。朕以不明，虽有曾母投杼之疑，犹冀言者不信，以为国福。故先遣使者犒劳，又遣尚书、侍中践修前言，以定任子。君遂设辞，不欲使进，议者怪之。又前都尉浩周劝君遣子，乃实朝臣交谋，以此卜君，君果有辞，外引隗嚣遣子不终，内喻窦融守忠而已。世殊时异，人各有心。浩周之还，口陈指麾，益令议者发明众嫌，终始之本，无所据仗，故遂俯仰从群臣议。今省上事，款诚深至，心用慨然，凄怆动容。即日下诏，敕诸军但深沟高垒，不得妄进。若君必效忠节，以解疑议，登身朝到，夕召兵还。此言之诚，有如大江！”权遂改年，临江拒守。冬十一月，大风，范等兵溺死者数千，余军还江南。曹休使臧霸以轻船五百、敢死万人袭攻徐陵，烧攻城车，杀略数千人。将军全琮、徐盛追斩魏将尹卢，杀获数百。十二月，权使太中大夫郑泉聘刘备于白帝，始复通也。然犹与魏文帝相往来，至后年乃绝。是岁改夷陵为西陵。

起初，孙权臣服魏国，并非出于真心。魏国准备派遣侍中辛毗、尚书桓阶前往吴国与孙权盟誓，并征召孙权的儿子到朝廷任职。孙权推辞，没有让辛毗、桓阶入境。秋九月，魏国下令，命曹休、张辽、臧霸进军洞口，曹仁进军濡须，曹真、夏侯尚、张郃、徐晃等军包围南郡。孙权派遣吕范等人统五军，以水师抵御曹休等人，诸葛瑾、潘璋、杨粲率军救援南郡，朱桓本就是濡须督，就率军抵御曹仁。当时，扬、越的多数夷族还没有平定，内患未除，所以，孙权用谦恭的言辞上书，请求允许自己改正错误，说："如果我罪难除，实不可赦免，我将奉还土地和民众，请让我寄命于交州，结束我剩下的生命。"曹丕回书说："您生逢乱时，本有纵横天下的大志，却降低自己侍奉魏国，从而享有现在的福祉。自您被册封吴王以来，献贡的使者接连不断。您讨伐刘备有功，魏国朝廷也仰仗您的成功。做人如果像狐狸那样将食物埋好再掘开看看，狐疑不定，那是古人所讥笑的。我与您君臣名分已定，难道还会劳师以远吗？朝廷商议军国大事，帝王个人也不能独断专行；三公上表奏报您的过错，都有根据。我并不贤明，虽有过曾母投杼的疑虑，但还是希望大臣们所说的话都是不真实的，这就是国家之幸。所以，我先派使者慰问您，又派尚书、侍中与您重温前誓，并与您商送太子入朝之事。您却借口推辞，不让太子前来，议臣们都觉得奇怪。又让前都尉浩周劝您送太子，其实，这是大臣们共同的意见，从这里来看您的诚意。您果真借口推辞，还外引隗嚣送子与光武帝为人质最终背叛，内喻窦融虽不送子为质却忠守不渝的事例。世道不同，人们也会各有打算。浩周回来后，亲口陈述了您的意见，这就更加引起了议臣们对您的疑虑，您所谓始终侍奉魏国的保证，没有任何依据。所以，我只得同意了大臣们的意见。现在，看您的上表，诚恳深刻，内心感慨而动容。这一天，我即下诏，命各军只能深挖战壕，高筑壁垒，不可轻动。如果，您一定要表现出忠诚，以消除大家对您的疑虑，就让孙登早至魏都为质，晚上，我就下令撤军。我的诚意，如长江一样不可改变！"孙权遂改年号，沿江布兵防备魏军的进攻。冬十一月，突起大风，吕范等部兵士被淹死了几千人，其余各部都撤回江南。曹休派臧霸率轻便战船五百艘、敢死队

二年春正月，曹真分军据江陵中州。是月，城江夏山。改四分，用乾象历。三月，曹仁遣将军常彫等，以兵五千，乘油船，晨渡濡须中州。仁子泰因引军急攻朱桓，桓兵拒之，遣将军严圭等击破彫等。是月，魏军皆退。夏四月，权群臣劝即尊号，权不许。刘备薨于白帝。五月，曲阿言甘露降。先是戏口守将晋宗杀将王直，以众叛如魏，魏以为蕲春太守，数犯边境。六月，权令将军贺齐督麋芳、刘邵等袭蕲春，邵等生虏宗。冬十一月，蜀使中郎将邓芝来聘。

三年夏，遣辅义中郎将张温聘于蜀。秋八月，赦死罪。九月，魏文帝出广陵，望大江，曰“彼有人焉，未可图也”，乃还。

四年夏五月，丞相孙邵卒。六月，以太常顾雍为丞相。皖口言木连理。冬十二月，鄱阳贼彭绮自称将军，攻没诸县，众数万人。是岁地连震。

五年春，令曰：“军兴日久，民离农畔，父子夫妇，不听相恤，孤甚愍之。今北虏缩窜，方外无事，其下州郡，有以宽息。”是时陆逊以所在少谷，表令诸将增广农亩。权报曰：“甚善。今孤父子亲自受田，车中八牛以为四耦，虽未及古人，亦欲与众均等其劳也。”秋七月，权闻魏文帝崩，征江夏，围石阳，不克而还。苍梧言凤皇见。分

一万人偷袭徐陵，烧攻城堑，杀数千人。最终被东吴击退，臧霸只好撤退。将军全琮、徐盛追杀魏将尹卢，斩俘了几百人。十二月，孙权派太中大夫郑泉至白帝城拜会刘备，吴、蜀两国又恢复了关系。但是，孙权与曹丕仍互通信使，持续到第二年，才正式断绝了关系。这一年，孙权改夷陵为西陵。

黄武二年春天正月，魏将曹真分兵攻占江陵县附近长江中的百里洲。这一月，吴军在江夏郡治所武昌县附近的来山上修筑城堡。孙权下令废止东汉以来沿用的《四分历》，改用《乾象历》。三月，魏将曹仁派将军常彫等人，带兵五千，乘坐有油脂浸涂防护板的战船，在凌晨渡过濡须水中间的洲岛。曹仁的儿子曹泰趁机对朱桓发动猛攻。朱桓出兵迎战曹泰，另派将军严圭击溃常彫的人马。同月，南下进攻的各路魏军撤回。夏四月，东吴群臣劝孙权称帝，孙权不答应。刘备在白帝城去世。五月，曲阿县报告天降甘露。此前，戏口的守将晋宗杀死将军王直，带领部下叛逃到魏国，魏国任命他为蕲春郡太守，晋宗多次侵犯吴国边境。六月，孙权命令将军贺齐指挥麋芳、刘邵等突袭蕲春，刘邵等生擒晋宗。冬十一月，蜀国使臣中郎将邓芝前来访问。

黄武三年夏天，孙权派辅义中郎将张温到蜀国做回访。秋天八月，孙权宣布赦免死刑犯。九月，魏文帝率军南下广陵，眺望长江，说“东吴有人才啊，还不能攻打他们”，于是撤军。

黄武四年夏天五月，丞相孙邵去世。六月，孙权任命太常顾雍为丞相。皖口报告不同根的树木其枝干合长在一起。冬天十二月，鄱阳郡的彭绮自称将军，攻陷各县，拥有人马几万人。这一年，连续发生地震。

黄武五年春天，孙权下令说：“自从起兵以来，已经过去了很长时间，民众脱离了土地，不能好好进行耕种，有的家庭父子夫妻长期别离，不能让他们互相爱护，我很可怜他们。现在北面的敌人退缩、逃窜，国境附近没有战事，要下令州、郡想办法让民众宽心、休养生息。”此时，陆逊因为他所在的地区缺少粮食，奏请孙权命令诸位将军开垦更多的农田。孙权回答说：“你的建议很好，现在我们父子亲

三郡恶地十县置东安郡，以全琮为太守，平讨山越。冬十月，陆逊陈便宜，劝以施德缓刑，宽赋息调。又云："忠谠之言，不能极陈，求容小臣，数以利闻。"权报曰："夫法令之设，欲以遏恶防邪，儆戒未然也，焉得不有刑罚以威小人乎？此为先令后诛，不欲使有犯者耳。君以为太重者，孤亦何利其然，但不得已而为之耳。今承来意，当重谘谋，务从其可。且近臣有尽规之谏，亲戚有补察之箴，所以匡君正主明忠信也。《书》载'予违汝弼，汝无面从'，孤岂不乐忠言以自裨补邪？而云'不敢极陈'，何得为忠谠哉？若小臣之中，有可纳用者，宁得以人废言而不采择乎？但谄媚取容，虽暗亦所明识也。至于发调者，徒以天下未定，事以众济。若徒守江东，修崇宽政，兵自足用，复用多为？顾坐自守可陋耳。若不豫调，恐临时未可便用也。又孤与君分义特异，荣戚实同，来表云不敢随众容身苟免，此实甘心所望于君也。"于是令有司尽写科条，使郎中褚逢赍以就逊及诸葛瑾，意所不安，令损益之。是岁，分交州置广州，俄复旧。

自接受了分配的田亩，车府中的八头牛以分为四队用来耕田，虽然说连古人都不如，但是我们是想与民众一起劳动呢。”秋天七月，孙权听说魏文帝去世，便出征江夏，围攻石阳，没有成功，撤军回来。苍梧传言说有凤凰出现。重新划分吴、丹阳、会稽三郡还没有开垦的山区十县，新建了东安郡，让全琮担任太守，讨伐、平定山越地区。冬十月，陆逊向孙权陈述应该兴办对国家有利的事，劝孙权施行德政，慎用刑法，减少田税，停止征收户税。陆逊还说：“正直的言论，不能尽量述说，但是谄媚求荣的小人，却多次听到他们得逞。”孙权回答说：“制定律令，就是要靠它来制止邪恶，那是犯罪行为发生之前所应有的戒备，怎么能没有严厉的刑罚来威慑坏人呢？这就是先教育后惩罚，目的是不要让犯人再在社会上产生。你指出了刑罚太重的现象，实行这样的严厉刑罚，对我能有什么好处呢，只是因为没有别的更好的办法才这样做啊。现在我接受你的提议，将重新讨论、谋划，一定要使我们的刑罚合理、恰当。而且古代有一个有益的箴言说，经常陪伴在帝王身边的臣子要进献规劝的好话，同族的亲戚要弥补、监督君王的失误，这样做是为了使君主能走正道，同时表明臣子的忠心。《书》中记载‘我没有接受你的辅佐，你不要当面听从’，我难道不喜欢忠言以辅佐我吗？就像你所说的‘不敢尽力陈述’，又怎么能算是忠直呢？如果职位低下的臣子可以提出好的意见，难道就可以因为这个人地位不高就轻视他的言论而不采纳吗？但是那种靠巴结、阿谀奉承来讨好的人，即使像我这样愚昧的人也会识分辨得很清楚的。至于征收户税，只是因为天下还没有平定，这样的大事要依靠众人才能办成功。如果只是固守在江东，可以主要施行仁政，兵自然就够用了，还增加做什么呢？但是，固守会被别人鄙视，如果不早点征求户税，就会担心临时增加的开支不能满足需要。此外，我虽然与你在君臣的身份上有所不同，所经历的荣辱悲欢却是一样的，你所上奏的文书中说，不愿意让随从的众人用不正当的手段来安身免除祸患，这确实是我对你所抱的希望。”于是孙权命令有关主管官员全都写出各自所想出来的法令、律条，派遣郎中褚逢送给陆逊、诸葛瑾，凡是他们认为不恰当的就删除、补充。这一年，东吴划出交州的部分

六年春正月，诸将获彭绮。闰月，韩当子综以其众降魏。

七年春三月，封子虑为建昌侯。罢东安郡。夏五月，鄱阳太守周鲂伪叛，诱魏将曹休。秋八月，权至皖口，使将军陆逊督诸将大破休于石亭。大司马吕范卒。是岁，改合浦为珠官郡。

黄龙元年春，公卿百司皆劝权正尊号。夏四月，夏口、武昌并言黄龙、凤凰见。丙申，南郊即皇帝位，是日大赦，改年。追尊父破虏将军坚为武烈皇帝，母吴氏为武烈皇后，兄讨逆将军策为长沙桓王。吴王太子登为皇太子。将吏皆进爵加赏。初，兴平中，吴中童谣曰："黄金车，班兰耳，闿昌门，出天子。"五月，使校尉张刚、管笃之辽东。六月，蜀遣卫尉陈震庆权践位。权乃参分天下，豫、青、徐、幽属吴，兖、冀、并、凉属蜀。其司州之土，以函谷关为界，造为盟曰："天降丧乱，皇纲失叙，逆臣乘衅，劫夺国柄，始于董卓，终于曹操，穷凶极恶，以覆四海，至令九州幅裂，普天无统，民神痛怨，靡所戾止。及操子丕，桀逆遗丑，荐作奸回，偷取天位。而叡么麽，寻丕凶迹，阻兵盗土，未伏厥诛。昔共工乱象而高辛行师，三苗干度而虞舜征焉。今日灭叡，禽其徒党，非汉与吴，将复谁任？夫讨恶翦暴，必声其罪，宜先分裂，夺其土地，使士民之心，各知所归。是以《春秋》晋侯伐卫，先分其田以畀宋人，斯其义也。且古建大事，必先盟誓，故《周礼》有司盟之官，《尚书》有告誓之文，汉之与吴，虽信由中，然分土裂境，宜有盟约。诸葛丞相德威远著，翼戴本国，典戎在外，信感阴阳，诚动天地，重复结盟，广诚约誓，使东西士民咸共闻知。故立坛杀牲，昭告神明，再歃加书，副之天府。天高听下，灵威棐谌，司慎司盟，群神群祀，莫不临之。自今日汉、吴既盟之后，戮力一心，同讨魏贼，救危恤患，分灾共庆，好恶齐之，无

郡县，新建立广州，不久又恢复原来的交州。

黄武六年春天正月，众将捉获彭绮。闰十二月，韩当的儿子韩综统率的部众投降魏国。

黄武七年春天三月，孙权让儿子孙虑做了建昌侯。撤销东安郡。夏天五月，鄱阳太守周鲂假装叛变，诱骗魏将曹休。秋天八月，孙权到了皖口，让将军陆逊领众将在石亭打败曹休。大司马吕范去世。这年，改称合浦郡为珠官郡。

黄龙元年春天，群臣力劝孙权正式登上皇位。夏天四月，夏口、武昌都称有黄龙、凤凰出现。丙申日，孙权在南郊正式即位，当天全国大赦，改了年号。孙权追尊父亲破虏将军孙坚为武烈皇帝，母亲吴氏为武烈皇后，兄长讨逆将军孙策为长沙桓王。吴王太子孙登为皇太子。文武百官全都晋升爵位、加以赏赐。从前，汉献帝兴平年间，吴郡中有童谣唱道："黄金车，班兰耳，闿昌门，出天子。"五月，孙权派校尉张刚、管笃到辽东。六月，蜀国派卫尉陈震来庆贺孙权登上帝位。孙权就与蜀国使者参酌以分天下，豫、青、徐、幽四州属吴国，兖、冀、并、凉四州属蜀国。司州的土地，以函谷关为边界。有盟书说："天降灾祸，皇统纲纪失去秩序，叛逆贼臣乘机夺取国家政权，这种情况从董卓开始直至曹操，他们穷凶极恶，为害天下，致使中国分裂，普天下失去纲纪，百姓神灵的痛苦怨愤没有停止之时。到曹操的儿子曹丕，是暴虐逆贼留下的败类，作恶多端，窃取了帝位。而曹叡这个小丑，遵蹈曹丕恶迹，倚仗武力盗取国土，却没有受到应有的惩罚。从前共工扰乱天下而帝尧派军征伐，三苗违犯法度而虞舜兴师问罪。现在要消灭曹叡，捉拿他的帮凶同伙，除了蜀汉和吴国，还有谁能承担这样的重任？讨伐恶贼，除灭暴徒，一定要宣布他的罪行，应该先分裂他的领土，夺取他的土地，使百姓和士人的心各自有所归依。因此《春秋》记载晋侯讨伐卫国，首先把它的田地分给宋国，就是这个道理。古代建立伟业，必定要先结盟立誓，因此《周礼》中有主管盟誓礼仪的官员，《尚书》中有诰、誓一类的文章。蜀汉和吴国，虽然相互诚实信任出于本心，但是分割土地的大事也应当立有盟约。诸葛丞相的声名远近皆知，尽心辅佐自己国家的君主，主

或携贰。若有害汉，则吴伐之；若有害吴，则汉伐之。各守分土，无相侵犯。传之后叶，克终若始。凡百之约，皆如载书。信言不艳，实居于好。有渝此盟，创祸先乱，违贰不协，慆慢天命，明神上帝是讨是督，山川百神是纠是殛，俾坠其师，无克祚国。于尔大神，其明鉴之！”秋九月，权迁都建业，因故府不改馆，征上大将军陆逊辅太子登，掌武昌留事。

二年春正月，魏作合肥新城。诏立都讲祭酒，以教学诸子。遣将军卫温、诸葛直将甲士万人浮海求夷洲及亶洲。亶洲在海中，长老传言秦始皇帝遣方士徐福将童男童女数千人入海，求蓬莱神山及仙药，止此洲不还。世相承有数万家，其上人民，时有至会稽货布，会稽东县人海行，亦有遭风流移至亶洲者。所在绝远，卒不可得至，但得夷洲数千人还。

三年春二月，遣太常潘濬率众五万讨武陵蛮夷。卫温、诸葛直皆以违诏无功，下狱诛。夏，有野蚕成茧，大如卵。由拳野稻自生，改为禾兴县。中郎将孙布诈降以诱魏将王凌，凌以军迎布。冬十月，权以大兵潜伏于阜陵俟之，凌觉而走。会稽南始平言嘉禾生。十二月丁卯，大赦，改明年元也。

持军国大事，忠诚信义感动苍天和大地。吴蜀两国又重新缔结盟约，重申诚意，立下誓言，使东、西两国的士人百姓全都知晓。所以设坛杀牲，明确告诉神灵，再歃血立誓写下盟书，把副本交给天府收藏。上天居高而知下情，神灵的威力会保佑诚信的人，掌管盟约的神、掌管盟仪的神，诸天地神灵，无不光临。今日蜀汉、吴国结盟之后，将齐心协力，共同讨伐魏贼，救扶危难，抚慰祸患，分担灾祸，共享喜庆，好恶一致，永无二心。假如有人要危害蜀汉，那吴国就讨伐它；如果有人危害吴国，那蜀汉就征讨它。蜀吴两国将各自保守自己的领土，绝不互相侵犯。盟约传给后代，希望能够始终如一。凡是各项盟约，全都像盟书记载的一样办理。诚实的话语并不华丽，不过是出自两国的诚心。如果有人违背盟约，制造祸端，率先兴乱，怀有二心，不再协力，这就是怠慢天命，神明上帝就会讨伐他、督责他，名山大川的众位神祇就要纠正他、诛杀他，使他丧失民众，国运不能长久昌达。伟大的神灵啊，敬请明察吧！”黄龙元年秋天九月，孙权迁都建业，就住在原来的府第不再另建宫舍，征召上大将军陆逊辅佐太子孙登，掌管武昌的留守事务。

黄龙二年春天正月，魏国修葺合肥新城。孙权下诏书设立都讲祭酒的官职，以教育儿子们学习儒家经典。另派将军卫温、诸葛直带领穿盔甲的战士万人渡海寻找夷洲和亶洲。亶洲在大海当中，老人们传说秦始皇曾派一个叫徐福的方士带着几千名童男童女入海去寻找蓬莱仙山和神药，徐福停留在亶洲不再回来。之后世代定居繁衍，已经有几万户人家，上面的百姓有时会到会稽郡来交换布匹，会稽郡东边县的人出海也有遭遇暴风漂流到亶洲的。亶洲很远，一下子不能到达，所以卫温等只俘虏了夷洲的几千人回来。

黄龙三年春天二月，孙权让太常潘濬率兵五万攻打武陵蛮夷。卫温、诸葛直都因为违背了皇帝的命令，办事没有成效，投入监狱被诛杀。夏天，有野蚕做成的蚕茧，大小如同鸡蛋。由拳县郊外自然生长出禾稻，便改称拳县为禾兴县。中郎将孙布用假降来引诱魏将王凌，王凌派军队迎接孙布。冬天十月，孙权派大军埋伏在阜陵等候，王凌明白自己受骗便领军逃走了。会稽南始平县宣称生长出一茎多穗

嘉禾元年春正月，建昌侯虑卒。三月，遣将军周贺、校尉裴潜乘海之辽东。秋九月，魏将田豫要击，斩贺于成山。冬十月，魏辽东太守公孙渊遣校尉宿舒、阆中令孙综称藩于权，并献貂马。权大悦，加渊爵位。

二年春正月，诏曰："朕以不德，肇受元命，夙夜兢兢，不遑假寝。思平世难，救济黎庶，上答神祇，下慰民望。是以眷眷，勤求俊杰，将与戮力，共定海内。苟在同心，与之偕老。今使持节督幽州领青州牧辽东太守燕王，久胁贼虏，隔在一方，虽乃心于国，其路靡缘。今因天命，远遣二使，款诚显露，章表殷勤，朕之得此，何喜如之！虽汤遇伊尹，周获吕望，世祖未定而得河右，方之今日，岂复是过？普天一统，于是定矣。《书》不云乎，'一人有庆，兆民赖之'。其大赦天下，与之更始，其明下州郡，咸使闻知。特下燕国，奉宣诏恩，令普天率土备闻斯庆。"三月，遣舒、综还，使太常张弥、执金吾许晏、将军贺达等将兵万人，金宝珍货，九锡备物，乘海授渊。举朝大臣，自丞相雍已下皆谏，以为渊未可信，而宠待太厚，但可遣吏兵数百护送舒、综，权终不听。渊果斩弥等，送其首于魏，没其兵资。权大怒，欲自征渊，尚书仆射薛综等切谏乃止。是岁，权向合肥新城，遣将军全琮征六安，皆不克还。

三年春正月，诏曰："兵久不辍，民困于役，岁或不登。其宽诸

的禾。十二月丁卯日，宣布大赦，改称明年的年号。

嘉禾元年春天正月，建昌侯孙虑去世。三月，孙权派遣将军周贺、校尉裴潜乘船过海前往辽东。秋天九月，魏将田豫在中途截击，在成山将周贺斩杀。冬天十月，魏国的辽东太守公孙渊派校尉宿舒、阆中令孙综来吴国，向孙权自称藩属，还贡献了貂、马。孙权极为高兴，晋升了公孙渊的封号、爵位。

嘉禾二年春天正月，孙权下发诏书说："朕本无德行，自从接受天命以来，日夜小心谨慎，没有时间和衣小睡。朕不过是想要平定世上的祸难，救济黎民百姓，上报答天地神灵，下抚慰民众。因此朕念念不忘辛勤地访求贤能的人，将同他们通力协作，共同安定天下。如若志同道合，就与他们共同奋斗到老。如今使持节幽州都督兼青州牧辽东太守燕王公孙渊，长期受到贼寇威逼，远隔一方，尽管他心向国朝，却尽忠无门。现在他顺应天命，不远千里派来两位使者，忠诚的心意完全显露，奏表中也传达出深厚情谊。朕得到这些，还有比这更高兴的事吗！即使是当时商汤遇到伊尹，周文王得到姜尚，汉世祖没有平定天下时得到河西地区，他们跟我今天相比，喜悦之情难道能超过我吗？天下一统，从此就定了。《尚书》不是说'君王一人有吉庆，亿万百姓仰赖得幸福'。朕因此要大赦天下，给予犯错误的人改过自新的机会，要明令各州郡，让他们全都知道。特别下诏令给燕国，一定要恭敬地传扬诏令的恩德，使普天之下的百姓都知道这一喜讯。"三月，孙权下诏送宿舒、孙综返回辽东，派太常张弥、执金吾许晏、将军贺达等人率兵一万人，带着金银珠宝奇珍货物、九锡之礼等礼品，乘船渡海授予公孙渊。满朝大臣，从丞相顾雍到以下官员全都劝谏，认为公孙渊不值得如此相信，现如今对他的恩宠待遇太过优厚，应当只派一般官员和几百名士兵护送宿舒、孙综，孙权始终不听劝谏。公孙渊果然杀了张弥等人，将他们的首级送给魏国，没收了他们的武器物资。孙权大怒，想要亲自去征讨公孙渊，尚书仆射薛综等人极力劝阻，孙权才作罢。这年，孙权率军进攻合肥新城，派将军全琮征伐六安，都未能取胜，撤兵返回。

嘉禾三年春天正月，孙权下发诏书说："战争长久不停止，百姓

逋，勿复督课。”夏五月，权遣陆逊、诸葛瑾等屯江夏、沔口，孙韶、张承等向广陵、淮阳，权率大众围合肥新城。是时蜀相诸葛亮出武功，权谓魏明帝不能远出，而帝遣兵助司马宣王拒亮，自率水军东征。未至寿春，权退还，孙韶亦罢。秋八月，以诸葛恪为丹杨太守，讨山越。九月朔，陨霜伤谷。冬十一月，太常潘濬平武陵蛮夷，事毕，还武昌。诏复曲阿为云阳，丹徒为武进。庐陵贼李桓、罗厉等为乱。

四年夏，遣吕岱讨桓等。秋七月，有雹。魏使以马求易珠玑、翡翠、玳瑁，权曰：“此皆孤所不用，而可得马，何苦而不听其交易？”

五年春，铸大钱，一当五百。诏使吏民输铜，计铜畀直。设盗铸之科。二月，武昌言甘露降于礼宾殿。辅吴将军张昭卒。中郎将吾粲获李桓，将军唐咨获罗厉等。自十月不雨，至于夏。冬十月，彗星见于东方。鄱阳贼彭旦等为乱。

六年春正月，诏曰：“夫三年之丧，天下之达制，人情之极痛也；贤者割哀以从礼，不肖者勉而致之。世治道泰，上下无事，君子不夺人情，故三年不逮孝子之门。至于有事，则杀礼以从宜，要绖而处事。故圣人制法，有礼无时则不行。遭丧不奔非古也，盖随时之宜，以义断恩也。前故设科，长吏在官，当须交代，而故犯之，虽随纠坐，犹已废旷。方事之殷，国家多难，凡在官司，宜各尽节，先公后私，而不恭承，甚非谓也。中外群僚，其更平议，务令得中，详为节度。”顾谭议，以为“奔丧立科，轻则不足以禁孝子之情，重则本非应死之罪，虽严刑益设，违夺必少。若偶有犯者，加其刑则恩所不忍，有减则法废不行。愚以为长吏在远，苟不告语，势不得知。比

苦困于徭役，收成歉收。要宽免租税，不要催收。”夏天五月，孙权派陆逊、诸葛瑾等人屯驻江夏、沔口，孙韶、张承等人向广陵、淮阳出发，孙权率大军包围合肥新城。此时蜀国丞相诸葛亮出兵武功，孙权认为魏明帝不可能远征，但魏明帝派兵去援助司马宣王抵御诸葛亮，自己亲率水军东征吴国。未到寿春，孙权就退兵，孙韶也罢兵返回。秋天八月，孙权任命诸葛恪为丹杨太守，讨伐山越人。九月初一，下霜雪毁坏了谷子。冬天十一月，太常潘濬平定了武陵的蛮夷，战事完毕，返回武昌。孙权下诏恢复曲阿县为云阳县，丹徒县为武进县。庐陵贼寇李桓、罗厉等人作乱。

嘉禾四年夏天，孙权派吕岱讨伐李桓等人。秋天七月，天降冰雹。魏国派使者用马求换珠玑、翡翠、玳瑁。孙权说：“这些都是我所不用的东西，却能换得马匹，为什么不与他们交换呢？”

嘉禾五年春天，孙权下令铸造大钱，一枚大钱抵五百小钱。他下发诏书令让官员百姓交纳铜，按交铜的多少付钱。孙权还制定了对私人铸钱的惩治条令。二月，武昌报说天降甘露于礼宾殿。辅吴将军张昭去世。中郎将吾粲俘获李桓，将军唐咨俘获罗厉等人。嘉禾四年十月没有下雨，这种情况一直持续到嘉禾五年夏天。冬天十月，彗星出现在东方。鄱阳的贼人彭旦等作乱。

嘉禾六年春天正月，孙权下发诏书说：“父母死了儿子要在家服丧三年，这是天下通行的制度，也是人的感情最痛苦的时候；贤德的人在三年居丧期满时会割舍悲哀遵从礼制恢复正常活动，不成器的子孙勉强才能熬满三年。世道清明太平，上下安定无事时，君子不会强迫改变别人的感情，因此在三年居丧期间不会到居丧的孝子家去拜访。但是一旦国家有事，就要削减礼仪以服从权宜的需要，腰间系着拴丧服的麻带也要去承担公务。所以，虽然圣人制定了礼仪法则，没有适当时机时也可以暂不遵行。现在做出的在职官员父母死亡不准离职回家奔丧的规定，虽然不符合古制，却是根据时代的需要，用君臣大义来切断父子恩情的办法。所以之前朝廷做出规定：地方行政长官在任上碰上父母去世，应当等到接替的人到达后才能离

迭代之间，若有传者，必加大辟，则长吏无废职之负，孝子无犯重之刑”。将军胡综议，以为“丧纪之礼，虽有典制，苟无其时，所不得行。方今戎事，军国异容，而长吏遭丧，知有科禁，公敢干突，苟念闻忧不奔之耻，不计为臣犯禁之罪，此由科防本经所致。忠节在国，孝道立家，出身为臣，焉得兼之？故为忠臣不得为孝子。宜定科文，示以大辟，若故违犯，有罪无赦。以杀止杀，行之一人，其后必绝”。丞相雍奏从大辟。其后吴令孟宗丧母奔赴，已而自拘于武昌以听刑。陆逊陈其素行，因为之请，权乃减宗一等，后不得以为比，因此遂绝。二月，陆逊讨彭旦等，其年，皆破之。冬十月，遣卫将军全琮袭六安，不克。诸葛恪平山越事毕，北屯庐江。

赤乌元年春，铸当千大钱。夏，吕岱讨庐陵贼，毕，还陆口。秋

开。然而官员们依旧违犯，虽然违犯者随即受到纠举和惩处，但公家事务却已被荒废耽误。当前事情正繁，国家多难，凡在官府任职的人员，应当各自尽忠，先公后私，但是实际上很多人却不恭敬照办，这很不合理。京城内外的各位官员，现在要再次对此进行衡量议论，务必定出一个适当的处理办法，你们要详细考虑。”顾谭认为“对违犯规定奔丧的在职官员制定惩治法规，惩治轻了不足以禁止孝子的感情，惩治重了这原本又不是该处死的罪恶。要是现在增加严厉惩治的条款，今后违犯者当然会减少，可是如果有人偶然违犯了，到时候依法处以死刑则心中的感情有所不忍，而宣布减刑则法规就会废弛。臣愚见认为，地方行政长官的任所都离家很远，假如没有人去告知本人，势必不会知道父母辞世。在新官员被选去接任之前，如果有人胆敢把父母死亡的消息传给当事官员，传播者要处以死刑，这样一来，地方行政长官就不会有荒废公务的过失，孝子本人也不会犯死罪受刑了”。将军胡综认为“丧事的礼仪，虽然有典章制度规定，如果时机不成熟，也难以实行。当今战争频繁，处理紧急军机与处理国家日常事务的情况不同，然而地方行政长官遇到父母的丧事，明明知道有条令禁止，却公然敢于触犯，只考虑不奔丧的羞耻，全然不顾触犯禁令的罪过，这完全是由于惩治太轻的缘故。尽忠报国，以孝立家，献身为臣，怎么能兼顾忠孝？所以当忠臣就不能当孝子。应当制定条令，违者处以死刑，如有依旧触犯者，惩治不赦。用杀人来制止杀人，只要在一个人的身上先实行，以后就绝对没有人再触犯了”。丞相顾雍上报群臣议论的结果是大家一致赞成对违犯者处以死刑。后来吴县县令孟宗母亲去世，他违令回家奔丧，丧事完毕后他主动到武昌投案等候处死刑。负责处理武昌留守府事务的陆逊向孙权陈述了孟宗纯洁的品行，为他求情，孙权才同意判处孟宗比死刑轻一等的刑罚，但是明确宣布下不为例，从此便没有人敢违犯禁令了。二月，陆逊领兵讨伐彭旦等人，同一年把他们全部击溃。冬十月，孙权派卫将军全琮进攻六安县，没有攻下。诸葛恪完成平定山越的任务，驻扎在长江北岸的庐江郡。

赤乌元年春天，吴国铸造一枚抵一千的大钱。夏天，吕岱征讨

八月，武昌言麒麟见。有司奏言麒麟者太平之应，宜改年号。诏曰：“间者赤乌集于殿前，朕所亲见，若神灵以为嘉祥者，改年宜以赤乌为元。”群臣奏曰：“昔武王伐纣，有赤乌之祥，君臣观之，遂有天下，圣人书策载述最详者，以为近事既嘉，亲见又明也。”于是改年。步夫人卒，追赠皇后。初，权信任校事吕壹，壹性苛惨，用法深刻。太子登数谏，权不纳，大臣由是莫敢言。后壹奸罪发露伏诛，权引咎责躬，乃使中书郎袁礼告谢诸大将，因问时事所当损益。礼还，复有诏责数诸葛瑾、步骘、朱然、吕岱等曰：“袁礼还，云与子瑜、子山、义封、定公相见，并以时事当有所先后，各自以不掌民事，不肯便有所陈，悉推之伯言、承明。伯言、承明见礼，泣涕恳恻，辞旨辛苦，至乃怀执危怖，有不自安之心。闻此怅然，深自刻怪。何者？夫惟圣人能无过行，明者能自见耳。人之举措，何能悉中，独当己有以伤拒众意，忽不自觉，故诸君有嫌难耳；不尔，何缘乃至于此乎？自孤兴军五十年，所役赋凡百皆出于民。天下未定，孽类犹存，士民勤苦，诚所贯知。然劳百姓，事不得已耳。与诸君从事，自少至长，发有二色，以谓表里足以明露，公私分计，足用相保。尽言直谏，所望诸君；拾遗补缺，孤亦望之。昔卫武公年过志壮，勤求辅弼，每独叹责。且布衣韦带，相与交结，分成好合，尚污垢不异。今日诸君与孤从事，虽君臣义存，犹谓骨肉不复是过。荣福喜戚，相与共之。忠不匿情，智无遗计，事统是非，诸君岂得从容而已哉！同船济水，将谁与易？齐桓诸侯之霸者耳，有善管子未尝不叹，有过未尝不谏，谏而不得，终谏不止。今孤自省无桓公之德，而诸君谏诤未出于口，仍执嫌难。以此言之，孤于齐桓良优，未知诸君于管子何如耳？久不相见，因事当笑。共定大业，整齐天下，当复有谁？凡百事要所当损益，乐闻异计，匡所不逮。”

庐陵贼寇，这件事完了，返回陆口。秋天八月，武昌传说麒麟出现。有关官员上奏说麒麟是天下太平的征兆，应改换年号。孙权下诏书说："近来红色乌鸦聚集殿前，我已亲见。如果神灵认为是吉祥的事，就改年号为赤乌元年吧。"群臣奏称："过去，武王伐纣，有红鸦的祥瑞，君臣们都看到了它，这样，就有了天下。圣人于史书中有详尽的记载。最近的事已彰显吉祥，又是您亲眼所见啊。"遂改年号。步夫人去世，追赠为皇后。当初，孙权信任校事吕壹，吕壹性情暴烈，执法严酷。太子孙登多次进谏，孙权都不采纳，大臣们也因此不敢再说。后来，吕壹奸行暴露被处死，孙权深为自责，并派中书郎袁礼向文武众臣表示歉意，又询问有哪些政事应增减改动。袁礼回来后，孙权又下诏书责备诸葛瑾、步骘、朱然、吕岱等人，说："袁礼说，他与你们会见，并征询当前政事轻重缓急的意见，你们却以不掌管民政为由，不肯陈述自己的意见，都推到陆逊、潘濬的身上。陆逊、潘濬见了袁礼，言辞辛酸而落泪，甚至有恐惧的心理，惶恐不安。我听到这些很是失望，也深深自责。为什么呢？因为只有圣人才没有过错，其他再贤明之人也不过能够自己发现过错罢了。任何人的一举一动，怎么能都正确呢？只以为自己正确而拒绝接受大家的意见，自负得没有觉察，因此，诸位产生了疑虑，有口难言；不然，怎么竟会到这种地步呢？从我起兵至今已五十年，役使赋税皆出自百姓。现在，天下未定，敌人尚存，士民非常辛苦，我确实非常清楚。但是，有劳于百姓，这也是不得已呀！与诸位共事，由少到长，头发都花白了，可以说想法与行为相互间都是再清楚不过了，从公私两方面考虑，足以能相互信任。你们能直率地规劝我，这是我有望于你们的；指出我的不足，弥补我的过失，也是我所期望你们的。之前，卫武公超过壮年时，便诚恳地寻求辅佐的大臣，常常独自叹息，责备自己。何况，平民相交，也以情趣相投者为友，并不因处于困苦之中而改变心志。如今，诸君与我共事，虽分君臣名分，但实际上可以说像是骨肉至亲。尊卑荣辱，喜怒哀乐，我们都要共同享受和承担。赤诚相待就不要隐瞒真情，贡献智慧就不要有半点保留，事关是非大事更应该认识统一，你们难道还能袖手旁观、应付了事吗！我们如同舟渡河，还能让谁去换

二年春三月，遣使者羊衜、郑胄、将军孙怡之辽东，击魏守将张持、高虑等，虏得男女。零陵言甘露降。夏五月，城沙羡。冬十月，将军蒋秘南讨夷贼。秘所领都督廖式杀临贺太守严纲等，自称平南将军，与弟潜共攻零陵、桂阳，及摇动交州、苍梧、郁林诸郡，众数万人。遣将军吕岱、唐咨讨之，岁余皆破。

三年春正月，诏曰："盖君非民不立，民非谷不生。顷者以来，民多征役，岁又水旱，年谷有损，而吏或不良，侵夺民时，以致饥困。自今以来，督军郡守，其谨察非法，当农桑时，以役事扰民者，举正以闻。"夏四月，大赦，诏诸郡县治城郭，起谯楼，穿堑发渠，以备盗贼。冬十一月，民饥，诏开仓廪以赈贫穷。

四年春正月，大雪，平地深三尺，鸟兽死者大半。夏四月，遣卫将军全琮略淮南，决芍陂，烧安城邸阁，收其人民。威北将军诸葛恪攻六安。琮与魏将王凌战于芍陂，中郎将秦晃等十余人战死。车骑将军朱然围樊，大将军诸葛瑾取柤中。五月，太子登卒。是月，魏太傅司马宣王救樊。六月，军还。闰月，大将军瑾卒。秋八月，陆逊

一下吗？当年齐桓公为诸侯中的霸主，有善行时管子没有不赞叹的，有过错时管子没有不劝谏的，一次劝谏不准，就始终进谏不止。我自省没有齐桓公的德行，但诸位都怀有为难之心，劝谏的话没有说出。这样来说，我比齐桓公好多了，但不知道你们与管子相比怎么样啊？好久没见面了，想起眼前的事就想笑，我们共建大业，舍诸卿还会有谁呢？凡百事当有所增减改变的，我乐于听取不同意见，以纠正我的过错。”

赤乌二年春天三月，孙权让使臣羊衜、郑胄、将军孙怡前往辽东，征讨魏国守卫辽东的将领张持、高虑等人，俘虏了当地的男人和女人，零陵宣称天上降下甘露。夏天五月，吴国修建沙羡城。冬天十月，将军蒋秘向南进军讨伐夷贼，其所率领的都督廖式杀死了临贺太守严纲等人，自称为平南将军，与其弟弟廖潜一起攻打零陵、桂阳，并且使交州、苍梧、郁林等郡发生了暴动，追随他们的人有几万。孙权派将军吕岱、唐咨讨伐廖式、廖潜等人，一年多后，将他们全部打败。

赤乌三年春天正月，孙权下诏说：“帝王没有民众就不能称王，民众没有粮食就不能生存，近年来，百姓的赋税劳役很繁重，每年水旱成灾，谷物生长受到损害，有的官员还不厚道，侵犯、剥夺农民农忙的时间，所以造成了百姓饥饿、穷困。从今以后，督军、郡守要严查违法事件，在农耕蚕桑季节，凡是以徭役扰乱百姓的，要将查到的情况往上报。”夏四月，全国施行大赦。孙权命令各个郡县修筑城墙、外城，在城墙上修建望楼，开凿护城河、挖凿壕沟，用来御防盗贼。冬天十一月，百姓饥饿无粮，孙权便命令打开官仓发放粮食以救饥饿的穷人。

赤乌四年春天正月，天上下起大雪，平地上的雪有三尺深，鸟兽冻死很多。夏天四月，孙权派卫将军全琮攻取淮南，决开芍陂，焚烧安城官府仓库，收容当地人民。威北将军诸葛恪奉命攻打六安。全琮同魏将王凌在芍陂交战，中郎将秦晃等十多人战死。车骑将军朱然包围樊城，大将军诸葛瑾攻克占领租中。五月，太子孙登去世。这一月，魏太傅司马宣王援救樊城。六月，吴军撤回。闰六月，大将军诸葛瑾去

城郛。

五年春正月，立子和为太子，大赦，改禾兴为嘉兴。百官奏立皇后及四王，诏曰："今天下未定，民物劳瘁，且有功者或未录，饥寒者尚未恤，猥割土壤以丰子弟，崇爵位以宠妃妾，孤甚不取。其释此议。"三月，海盐县言黄龙见。夏四月，禁进献御，减太官膳。秋七月，遣将军聂友、校尉陆凯以兵三万讨珠崖、儋耳。是岁大疫，有司又奏立后及诸王。八月，立子霸为鲁王。

六年春正月，新都言白虎见。诸葛恪征六安，破魏将谢顺营，收其民人。冬十一月，丞相顾雍卒。十二月，扶南王范旃遣使献乐人及方物。是岁，司马宣王率军入舒，诸葛恪自皖迁于柴桑。

七年春正月，以上大将军陆逊为丞相。秋，宛陵言嘉禾生。是岁，步骘、朱然等各上疏云："自蜀还者，咸言欲背盟与魏交通，多作舟船，缮治城郭。又蒋琬守汉中，闻司马懿南向，不出兵乘虚以掎角之，反委汉中，还近成都。事已彰灼，无所复疑，宜为之备。"权揆其不然，曰："吾待蜀不薄，聘享盟誓，无所负之，何以致此？又司马懿前来入舒，旬日便退，蜀在万里，何知缓急而便出兵乎？昔魏欲入汉川，此间始严，亦未举动，会闻魏还而止，蜀宁可复以此有疑邪？又人家治国，舟船城郭，何得不护？今此间治军，宁复欲以御蜀邪？人言苦不可信，朕为诸君破家保之。"蜀竟自无谋，如权所筹。

八年春二月，丞相陆逊卒。夏，雷霆犯宫门柱，又击南津大桥

世。秋天八月，陆逊在邾县修建城池。

赤乌五年春天正月，孙权立子孙和为皇太子，全国下发大赦令，改称禾兴县为嘉兴县。百官上书请求封皇后及四位王子，孙权制定诏书道：“现在天下还没有平定，百姓劳苦，万物灾病，而且有功的人有的还没有封赏，受冻挨饿的人尚没有抚恤，就分封土地使自己的儿子富足，赐予崇高爵位使妃妾尊荣，我认为很不可取。你们要放弃这个建议。”三月，海盐县宣称出现了黄龙。夏天四月，禁止进献贡品，减少皇帝饮食物品供应的数量。秋天七月，孙权派将军聂友、校尉陆凯带领三万兵攻打珠崖、儋耳。这年，疫病流行，主管官员又上书请封皇后及众王子。八月，封子孙霸为鲁王。

赤乌六年春天正月，新都县宣称出现了白虎。诸葛恪进攻六安，攻占魏将谢顺的军营，收取了六安民众。冬天十一月，丞相顾雍去世。十二月，扶南王范旃派遣使臣进献乐师及地方特产。此年，司马懿领军到达舒县，诸葛恪从皖县迁移到柴桑县。

赤乌七年春天正月，孙权让上大将军陆逊做了丞相。秋天，宛陵报告长出了嘉禾。当年，步骘、朱然等人各自上疏说：“从蜀国回来的人，都说蜀国想背弃盟约与魏国交结，建造大批船只，修缮城郭。另外，蒋琬镇守汉中，听说司马懿率兵南下，不乘魏国空虚出兵牵制敌人，反而放弃汉中，返回靠近成都。军情已经十分明显，不用再怀疑了，应当对他们有所防备。”孙权考虑后认为不是这样的，说：“我们对蜀国不薄，聘给赠礼，结盟立誓，没有对不起他们的地方，怎么会这样呢？而且司马懿此前进军舒县，十天左右便退兵了，蜀国远在万里，怎能知道我国形势紧急就出兵呢？以前魏国准备入侵汉中，我们这里才开始整顿军队，也没有马上行动，正好听到魏军撤退就停止了支援，难道蜀国又可以因此而怀疑我们吗？况且人家治理自己的国家，船只城郭怎么能不加以修治维护呢？现在我们这里也训练军队，难道又是想用来对付蜀国吗？来人的话很不可信，我敢用身家性命担保此事。”蜀国最终并没有那样打算，与孙权估计的一样。

赤乌八年二月，丞相陆逊去世。夏天，闪电击中宫殿前面的门

楹。茶陵县鸿水溢出，流漂居民二百余家。秋七月，将军马茂等图逆，夷三族。八月，大赦。遣校尉陈勋将屯田及作士三万人凿句容中道，自小其至云阳西城，通会市，作邸阁。

九年春二月，车骑将军朱然征魏相中，斩获千余。夏四月，武昌言甘露降。秋九月，以骠骑将军步骘为丞相，车骑将军朱然为左大司马，卫将军全琮为右大司马，镇南将军吕岱为上大将军，威北将军诸葛恪为大将军。

十年春正月，右大司马全琮卒。二月，权适南宫。三月，改作太初宫，诸将及州郡皆义作。夏五月，丞相步骘卒。冬十月，赦死罪。

十一年春正月，朱然城江陵。二月，地仍震。三月，宫成。夏四月，雨雹，云阳言黄龙见。五月，鄱阳言白虎仁。诏曰："古者圣王积行累善，修身行道，以有天下，故符瑞应之，所以表德也。朕以不明，何以臻兹？书云'虽休勿休'，公卿百司，其勉修所职，以匡不逮。"

十二年春三月，左大司马朱然卒。四月，有两乌衔鹊堕东馆。丙寅，骠骑将军朱据领丞相，燎鹊以祭。

十三年夏五月，日至，荧惑入南斗，秋七月，犯魁第二星而东。八月，丹杨、句容及故鄣、宁国诸山崩，鸿水溢。诏原逋责，给贷种食。废太子和，处故鄣。鲁王霸赐死。冬十月，魏将文钦伪叛以诱朱异，权遣吕据就异以迎钦。异等持重，钦不敢进。十一月，立子亮为太子。遣军十万，作堂邑涂塘以淹北道。十二月，魏大将军王昶围南郡，荆州刺史王基攻西陵，遣将军戴烈、陆凯往拒之，皆引还。是岁，神人授书，告以改年、立后。

柱，又击中南津大桥的桥柱。茶陵县洪水泛滥，当地二百多家居民被冲走。秋天七月，将军马茂等人图谋反叛，事发，被诛灭三族。八月，大赦天下。孙权派校尉陈勋率领屯田的士兵和工匠三万人开凿句容县中路的运河，从小其通到云阳西城，便利了商旅集会互通贸易，途中还建造了贮存物资的仓库和馆舍。

赤乌九年春天二月，车骑将军朱然征伐魏国的柤中，杀死、俘获一千多人。夏天四月，武昌称天降甘露。秋天九月，孙权任命骠骑将军步骘为丞相，车骑将军朱然担任左大司马，卫将军全琮担任右大司马，镇南将军吕岱为上大将军，威北将军诸葛恪为大将军。

赤乌十年春天正月，右大司马全琮去世。二月，孙权到达南宫。三月，改建太初宫，众将领和各州郡官员都去参加义务劳动。夏天五月，丞相步骘去世。十月，孙权下令赦免判死刑的犯人。

赤乌十一年春天正月，朱然筑江陵城。二月，多次发生地震。到了三月，太初宫修成。夏四月，下了冰雹，云阳传说黄龙出现。五月，鄱阳传说白虎出现却未伤人。孙权下诏说："古代圣王积善，增强自身修养而行仁义之道，遂有天下，所以，天降吉兆以与人事相应，这是以此表明圣王之德行。我资质愚钝，怎能达到这种地步呢？《尚书》说'即使被人赞美，也不要自认为有美德而骄傲'，诸公卿百官，一定要努力尽到职责，纠正我的不足。"

赤乌十二年春天三月，左大司马朱然去世。四月，有两只乌鸦叼着喜鹊掉落在东宫。九日，骠骑将军朱据兼任丞相，烧喜鹊祭神。

赤乌十三年夏天五月，夏至，火星运行到南斗星旁边。至秋七月，又经过北斗七星的第二星向东运行。八月，丹杨、句容和故鄣、宁国的一些山体崩塌，洪水泛滥。孙权下诏免除百姓拖欠的赋税，并借给种子和口粮。废黜太子孙和，安置在故鄣。鲁王孙霸被赐死。冬十月，魏将文钦假装叛变诱骗吴将朱异，孙权派吕据到朱异处迎接文钦。由于朱异等人谨慎防备，文钦未敢轻动。十一月，孙权立孙亮为太子。派兵马十万，修筑堂邑的涂塘水坝，淹没了向北的道路。十二月，魏大将军王昶包围南郡，荆州刺史王基进攻西陵，孙权派将军戴

太元元年夏五月，立皇后潘氏，大赦，改年。初临海罗阳县有神，自称王表。周旋民间，语言饮食，与人无异，然不见其形。又有一婢，名纺绩。是月，遣中书郎李崇赍辅国将军罗阳王印绶迎表。表随崇俱出，与崇及所在郡守令长谈论，崇等无以易。所历山川，辄遣婢与其神相闻。秋七月，崇与表至，权于苍龙门外为立第舍，数使近臣赍酒食往。表说水旱小事，往往有验。秋八月朔，大风，江海涌溢，平地深八尺，吴高陵松柏斯拔，郡城南门飞落。冬十一月，大赦。权祭南郊还，寝疾。十二月，驿征大将军恪，拜为太子太傅。诏省徭役，减征赋，除民所患苦。

二年春正月，立故太子和为南阳王，居长沙；子奋为齐王，居武昌；子休为琅邪王，居虎林。二月，大赦，改元为神凤。皇后潘氏薨。诸将吏数诣王表请福，表亡去。夏四月，权薨，时年七十一，谥曰大皇帝。秋七月，葬蒋陵。

评曰：孙权屈身忍辱，任才尚计，有勾践之奇，英人之杰矣。故能自擅江表，成鼎峙之业。然性多嫌忌，果于杀戮，暨臻末年，弥以滋甚。至于谗说殄行，胤嗣废毙，岂所谓贻厥孙谋以燕翼子者哉？其后叶陵迟，遂致覆国，未必不由此也。

烈、陆凯率军分抵魏军，王昶、王基都撤军返回。这一年，有神人授予天书，告诉孙权改年号，立皇后。

太元元年夏天五月，封潘氏为皇后，全国发布大赦令，改年号。起初的时候，临海郡罗阳县有一个神仙，自称王表。王表在人间经常活动，言语饮食与平常的人没有什么不同，但是人们却看不见他的形体。神仙王表还有一名女仆，叫纺绩。当月，孙权派中郎将李崇带着辅国将军罗阳王印章去迎接王表。王表跟着李崇，与其同时出发，与李崇以及当地的郡守和县令谈论了很长时间，李崇等人没法改变他的看法。他们所经过的山河，一般都是让婢女纺绩告知她的神灵。秋七月，李崇与王表到达建业，孙权在苍龙门外面给王表修建府第，多次派身边的近臣送酒食给他。王表预言下雨天旱等小事，往往非常灵验。秋八月初一，大风，江水、海水暴涨，平地上的水有八尺深，吴国孙坚陵墓的松柏被风拔起，郡城的南门意外坍塌。冬天十一月，全国大赦，孙权到南郊祭祀回来以后就卧病在床。十二月，派人骑驿马召见大将军诸葛恪，任命他为太子太傅。孙权下诏减免徭役，减免征赋，废除令民众感到愁苦的法令。

太元二年春天正月，孙权将原来的太子孙和封为南阳王，让他守备长沙；儿子孙奋为齐王，守备武昌；儿子孙休为琅邪王，守备虎林。二月，大赦天下，将年号改为神凤。皇后潘氏去世。众将士多次到王表那里去祈福，王表逃走。那年夏天四月，孙权驾崩，时年七十一岁，谥号叫大皇帝。秋天七月，安葬在蒋陵。

评论说：孙权委曲求全，忍受称臣之辱，任用贤能的人才，崇尚谋略智计，有勾践那样的雄才大略，是英雄中的豪杰啊。所以他能独霸江东，成就与魏、蜀鼎足三分的大业。然而他生性多疑猜忌，杀人毫不犹豫，到了晚年更加严重。至于他听信谗言，使奸臣小人横行朝野，废弃和杀死亲子，难道是《诗经》所说的“为子孙留下美好的规划，很好地保护后代安宁”吗？他的后代衰微，终于致使国家覆灭，未必不是由于这件事啊。

卷四十八　吴书三

三嗣主传第三

孙亮字子明，权少子也。权春秋高，而亮最少，故尤留意。姊全公主尝谮太子和子母，心不自安，因倚权意，欲豫自结，数称述全尚女，劝为亮纳。赤乌十三年，和废，权遂立亮为太子，以全氏为妃。

太元元年夏，亮母潘氏立为皇后。冬，权寝疾，征大将军诸葛恪为太子太傅，会稽太守滕胤为太常，并受诏辅太子。明年四月，权薨，太子即尊号，大赦，改元。是岁，于魏嘉平四年也。

建兴元年闰月，以恪为帝太傅，胤为卫将军领尚书事，上大将军吕岱为大司马，诸文武在位皆进爵班赏，冗官加等。冬十月，太傅恪率军遏巢湖，城东兴，使将军全端守西城，都尉留略守东城。十二月朔丙申，大风雷电，魏使将军诸葛诞、胡遵等步骑七万围东兴，将军王昶攻南郡，毌丘俭向武昌。甲寅，恪以大兵赴敌。戊午，兵及东兴，交战，大破魏军，杀将军韩综、桓嘉等。是月，雷雨，天灾武昌端门；改作端门，又灾内殿。

二年春正月丙寅，立皇后全氏，大赦。庚午，王昶等皆退。二月，军还自东兴，大行封赏。三月，恪率军伐魏。夏四月，围新城，大疫，兵卒死者大半。秋八月，恪引军还。冬十月，大飨。武卫将军孙峻伏兵杀恪于殿堂。大赦。以峻为丞相，封富春侯。十一月，有大鸟五见于春申，改明年元。

孙亮，字子明，孙权的儿子，年龄最小，孙权年纪大了，因此，对他特别关心。孙亮的姐姐全公主曾在孙权面前说过太子孙和母子的坏话，一直不放心，想迎合孙权的意愿而讨好孙亮，所以，多次称赞丈夫全琮的侄子全尚的女儿，劝孙权为孙亮娶之为妻。赤乌十三年，太子孙和被废，孙权立孙亮为太子，以全尚之女全氏为太子妃。

吴太元元年夏天，孙亮母亲潘氏被立为皇后。冬天，孙权卧病，任大将军诸葛恪为太子太傅，会稽太守滕胤为太常，二人受诏辅佐太子。第二年四月，孙权去世，太子孙亮即帝位，大赦，改换年号。这一年，是魏嘉平四年。

吴建兴元年闰五月，孙亮让诸葛恪做了皇帝太傅，滕胤为卫将军兼尚书事，上大将军吕岱为大司马，在朝的文武官员都晋升了爵位，并发下奖赏，其他闲散的官员也升了等级。冬天十月，太傅诸葛恪率兵截断巢湖水，修筑东兴城，派遣将军全端守卫西城，都尉留略守卫东城。十二月初一日，大风雷电，魏国派将军诸葛诞、胡遵等人率步骑兵七万人围攻东兴，将军王昶攻打南郡，毌丘俭进兵武昌。十二月十九日，诸葛恪派重兵迎击魏军。十二月二十三日，大军到达东兴，与魏军交战，大破魏军，斩杀了魏将韩综、桓嘉等人。这月，雷雨大作，武昌端门因雷电起火，改建端门后，内殿又因雷电起火。

建兴二年春天正月初二日，孙亮立全氏为皇后，大赦天下。初六日，王昶等人都撤回去了。二月，兵马由东兴班师，朝廷对出征将士普遍给予了封赏。三月，诸葛恪率军讨伐魏国。夏天四月，吴军包围了新城，却发生了大瘟疫，士兵多半患病死亡。秋八月，诸葛恪率部返回。冬十月，朝廷祭祀宗庙，武卫将军孙峻用伏兵趁机在殿堂杀了诸葛恪。吴国实行大赦。孙亮任命孙峻为丞相，封富春侯。十一月，有大鸟在春申出现了五次，于是，改换第二年的年号。

五凤元年夏，大水。秋，吴侯英谋杀峻，觉，英自杀。冬十一月，星茀于斗、牛。

二年春正月，魏镇东大将军毌丘俭、前将军文钦以淮南之众西入，战于乐嘉。闰月壬辰，峻及骠骑将军吕据、左将军留赞率兵袭寿春，军及东兴，闻钦等败。壬寅，兵进于橐皋，钦诣峻降，淮南余众数万口来奔。魏诸葛诞入寿春，峻引军还。二月，及魏将军曹珍遇于高亭，交战，珍败绩。留赞为诞别将蒋班所败于菰陂，赞及将军孙楞、蒋修等皆遇害。三月，使镇南将军朱异袭安丰，不克。秋七月，将军孙仪、张怡、林恂等谋杀峻，发觉，仪自杀，恂等伏辜。阳羡离里山大石自立。使卫尉冯朝城广陵，拜将军吴穰为广陵太守，留略为东海太守。是岁大旱。十二月，作太庙。以冯朝为监军使者，督徐州诸军事，民饥，军士怨畔。

太平元年春二月朔，建业火。峻用征北大将军文钦计，将征魏。八月，先遣钦及骠骑将军吕据、车骑将军刘纂、镇南将军朱异、前将军唐咨军自江都入淮、泗。九月丁亥，峻卒，以从弟偏将军綝为侍中、武卫将军，领中外诸军事，召还据等。据闻綝代峻，大怒。己丑，大司马吕岱卒。壬辰，太白犯南斗。据、钦、咨等表荐卫将军滕胤为丞相，綝不听。癸卯，更以胤为大司马，代吕岱驻武昌。据引兵还，欲讨綝。綝遣使以诏书告喻钦、咨等，使取据。冬十月丁未，遣孙宪及丁奉、施宽等以舟兵逆据于江都，遣将军刘丞督步骑攻胤。胤兵败夷灭。己酉，大赦，改年。辛亥，获吕据于新州。十一月，以綝为大将军、假节，封永宁侯。孙宪与将军王惇谋杀綝，事觉，綝杀惇，迫宪令自杀。十二月，使五官中郎将刁玄告乱于蜀。

五凤元年夏天，发大水。秋天，吴侯孙英图谋诛杀孙峻，被孙峻发觉，孙英自杀。冬天十一月，流星直射斗宿、牛宿。

五凤二年春天正月，魏国镇东大将军毌丘俭、前将军文钦率领淮南的亲兵向西进军，与前来阻击他们的魏军在乐嘉交战。闰八月初九日，孙峻与骠骑将军吕据、左将军留赞等率军偷袭寿春，行军到达东兴，得知了文钦等人失败的消息。闰正月十九日，孙峻带领军队进驻橐皋县，文钦来向孙峻投降，淮南地区的民众数万人也投奔吴国。魏将诸葛诞进驻寿春，孙峻撤军返回。二月，与魏将军曹珍在高亭相遇，两方交战，曹珍大败。吴将留赞被诸葛诞部将蒋班在菰陂打败，留赞与部将孙楞、蒋修等都战败而死。三月，吴国派遣镇南将军朱异偷袭安丰，没有成功。秋天七月，吴国将军孙仪、张怡、林恂等人共谋诛杀孙峻，被孙峻发觉，孙仪自杀，林恂等被认为有罪遭到诛杀。阳羡县离里山中的大石自然竖立。吴国派遣卫尉冯朝修筑广陵城，任命将军吴穰为广陵太守，留略为东海太守。这年大旱。十二月，修建太庙。任命冯朝担任监军使臣，总领徐州军事，群众饥荒，兵士不满叛逃。

太平元年春天二月初一日，这时建业发生火灾。孙峻采纳征北大将军文钦的计谋，准备征讨魏国。八月，先派遣文钦和骠骑将军吕据、车骑将军刘纂、镇南将军朱异、前将军唐咨各军自江都进入淮水、泗水一带。九月十四日，孙峻去世，临终前任命堂弟偏将军孙綝为侍中、武卫将军，兼理中外诸军事，召吕据等人还师。吕据听说孙綝接替了孙峻，大怒。十六日，大司马吕岱去世。十九日，太白星侵入斗宿南面。吕据、文钦、唐咨等人上表推荐卫将军滕胤为丞相，孙綝不肯采纳。三十日，孙綝改任滕胤为大司马，接替吕岱驻守武昌。吕据率领军队返回，准备征讨孙綝。孙綝派遣使者用诏书晓谕文钦、唐咨等人，让这些人进攻吕据。冬十月丁未日，孙綝又派遣孙宪及丁奉、施宽等人率水军在江都迎击吕据，派遣将军刘丞率领步骑兵进攻滕胤。滕胤兵败被杀。六日，大赦天下，改换年号。辛亥日，在新州抓获吕据。十一月，朝廷任命孙綝为大将军、假节，封永宁侯。孙宪

二年春二月甲寅，大雨，震电。乙卯，雪，大寒。以长沙东部为湘东郡，西部为衡阳郡，会稽东部为临海郡，豫章东部为临川郡。夏四月，亮临正殿，大赦，始亲政事。綝所表奏，多见难问，又科兵子弟年十八已下十五已上，得三千余人，选大将子弟年少有勇力者为之将帅。亮曰："吾立此军，欲与之俱长。"日于苑中习焉。

五月，魏征东大将军诸葛诞以淮南之众保寿春城，遣将军朱成称臣上疏，又遣子靓、长史吴纲诸牙门子弟为质。六月，使文钦、唐咨、全端等步骑三万救诞。朱异自虎林率众袭夏口，夏口督孙壹奔魏。秋七月，綝率众救寿春，次于镬里，朱异至自夏口，綝使异为前部督，与丁奉等将介士五万解围。八月，会稽南部反，杀都尉。鄱阳、新都民为乱，廷尉丁密、步兵校尉郑胄、将军钟离牧率军讨之。朱异以军士乏食引还，綝大怒，九月朔己巳，杀异于镬里。辛未，綝自镬里还建业。甲申，大赦。十一月，全绪子祎、仪以其母奔魏。十二月，全端、怿等自寿春城诣司马文王。

三年春正月，诸葛诞杀文钦。三月，司马文王克寿春，诞及左右战死，将吏已下皆降。秋七月，封故齐王奋为章安侯。诏州郡伐宫材。自八月沈阴不雨四十余日。亮以綝专恣，与太常全尚，将军刘丞谋诛綝。九月戊午，綝以兵取尚，遣弟恩攻杀丞于苍龙门外，召大臣会宫门，黜亮为会稽王，时年十六。

孙休字子烈，权第六子。年十三，从中书郎射慈、郎中盛冲受学。太元二年正月，封琅玡王，居虎林。四月，权薨，休弟亮承统，

与将军王惇密谋杀掉孙綝，事机泄露，孙綝杀掉了王惇，逼迫孙宪自杀。十二月，派遣五官中郎将刁玄向蜀国通报吴国发生的内乱。

太平二年春天二月十三日，天空下起了大雨，雷电交加。十四日，下雪，十分寒冷。吴国把长沙郡东部划为湘东郡，西部划为衡阳郡，会稽郡东部划为临海郡，豫章郡东部划为临川郡。夏天四月，孙亮在正殿临朝，大赦全国，开始亲自处理政事。孙綝所奏表的事，多次被责难，又征召士兵的子弟中十五岁以上十八岁以下的，征得三千余人，选大将的子弟中年少有勇力的人为这三千人的将帅。孙亮说："我创立这支军队，想与他们一起成长。"每日在御苑中练习。

五月，魏国征东大将军诸葛诞率淮南兵众守卫寿春城，让将军朱成向吴国上疏称臣，又派儿子诸葛靓、长史吴纲和各牙门子弟为人质。同年六月，吴国派文钦、唐咨、全端等率步骑三万救援诸葛诞。朱异从虎林率兵袭击夏口，夏口督孙壹逃奔魏国。秋天七月，孙綝率兵救援寿春，驻扎在镬里。朱异从夏口赶到，孙綝让朱异为前部督，与丁奉等人率兵五万去解围。八月，会稽南部叛乱，杀了都尉。鄱阳郡、新都郡的民众作乱，廷尉丁密、步兵校尉郑胄、将军钟离牧率军讨伐。朱异因士兵没有粮食而领兵返回，孙綝大怒，同年九月一日，在镬里杀了朱异。九月初三日，孙綝从镬里返回建业。九月十六日，大赦全国。十一月，全绪的儿子全祎、全仪带着母亲逃奔魏国。十二月，全端、全怿等人从寿春城去归附司马文王。

太平三年春天正月，诸葛诞杀文钦。三月，司马昭攻克寿春，诸葛诞和他的亲随将士全部战死，其余人等全部投降。秋天七月，孙亮封原齐王孙奋为章安侯。诏令各州郡砍伐修筑宫殿的木材。从八月份开始，天气连阴却无雨四十余天。孙亮因孙綝专权放肆，便与太常全尚、将军刘丞密谋要杀掉孙綝。九月二十六日，孙綝派兵抓住全尚，又派其弟孙恩在苍龙门外袭杀刘丞，召集大臣在宫门集会，废孙亮为会稽王。当时孙亮才十六岁。

孙休，字子烈，他是孙权的第六子。孙休十三岁时，跟从中书郎射慈、郎中盛冲学习。太元二年正月，被封为琅琊王，住在虎林。四月，孙权驾崩，孙休的弟弟孙亮继承大统。诸葛恪秉政，不想诸王留

诸葛恪秉政，不欲诸王在滨江兵马之地，徙休于丹杨郡。太守李衡数以事侵休，休上书乞徙他郡，诏徙会稽。居数岁，梦乘龙上天，顾不见尾，觉而异之。孙亮废，己未，孙綝使宗正孙楷与中书郎董朝迎休。休初闻问，意疑，楷、朝具述綝等所以奉迎本意，留一日二夜，遂发。十月戊寅，行至曲阿，有老公干休叩头曰："事久变生，天下喁喁，愿陛下速行。"休善之，是日进及布塞亭。武卫将军恩行丞相事，率百僚以乘舆法驾迎于永昌亭，筑宫，以武帐为便殿，设御座。己卯，休至，望便殿止住，使孙楷先见恩。楷还，休乘辇进，群臣再拜称臣。休升便殿，谦不即御坐，止东厢。户曹尚书前即阶下赞奏，丞相奉玺符。休三让，群臣三请。休曰："将相诸侯咸推寡人，寡人敢不承受玺符。"群臣以次奉引，休就乘舆，百官陪位，綝以兵千人迎于半野，拜于道侧，休下车答拜。即日，御正殿，大赦，改元。是岁，于魏甘露三年也。

永安元年冬十月壬午，诏曰："夫褒德赏功，古今通义。其以大将军綝为丞相、荆州牧，增食五县。武卫将军恩为御史大夫、卫将军、中军督，封县侯。威远将军据为右将军、县侯。偏将军幹杂号将军、亭侯。长水校尉张布辅导勤劳，以布为辅义将军，封永康侯。董朝亲迎，封为乡侯。"又诏曰："丹杨太守李衡，以往事之嫌，自拘有司。夫射钩斩袪，在君为君，遣衡还郡，勿令自疑。"己丑，封孙晧为乌程侯，晧弟德钱唐侯，谦永安侯。

十一月甲午，风四转五复，蒙雾连日。綝一门五侯皆典禁兵，权倾人主，有所陈述，敬而不违，于是益恣。休恐其有变，数加赏赐。丙申，诏曰："大将军忠款内发，首建大计以安社稷，卿士内外，

在滨江的军事重地，迁徙孙休到丹杨郡。太守李衡数次因事冒犯孙休，孙休上书请求迁徙到别的郡，朝廷下诏把他迁到会稽。住了几年，孙休梦见自己乘着龙飞上天，回头看看不见龙尾，醒来后觉得很奇异。孙亮被废后第二天，孙綝让宗正孙楷与中书郎董朝迎接孙休。孙休最初听说，心中疑虑，孙楷、董朝向他详细叙述了孙綝等人奉迎他的本意。孙休逗留了一天两夜就出发了。十月十七日，到了曲阿，有一老翁对孙休叩头说："事情久了就会生变，天下人都在仰望期待，希望陛下您速行。"孙休表示同意。当日走到布塞亭。武卫将军孙恩处理丞相事务，率领百官带着乘舆御驾在永昌亭恭迎孙休，建筑行宫。把武帐设为便殿，设置了御座。十八日，孙休到了，望见便殿就停住，让孙楷先去见孙恩。孙楷回来后，孙休才乘辇前进，群臣再次叩拜称臣。孙休登上便殿，谦让不坐御座，在东厢休息。户曹尚书上前在阶下诵赞文，丞相捧着玉玺符节。孙休再三谦让，群臣再三请求。孙休说："将相诸侯都推举寡人，寡人不敢不接受玉玺符节。"群臣按顺序觐见行礼，孙休乘舆，百官陪同，孙綝带兵千人在半路迎接，在路边叩拜。孙休下车答拜。当日，孙綝临朝正殿，大赦全国，改年号。这年，是魏国甘露三年。

永安元年冬天十月二十一日，孙休下诏说："褒扬和赏赐有功德之人，是古今之大义。现在任用大将军孙綝为丞相、荆州牧，增加五个县的封地，武卫将军孙恩为御史大夫、卫将军、中军督，封县侯，威远将军孙据为右将军，封县侯。偏将军孙干为杂号将军，封亭侯。长水校尉张布辛勤辅佐，任命张布为辅义将军，封永康侯。董朝亲迎我即位，封乡侯。"又下诏说："丹杨太守李衡，因为往事与我有仇隙，自己绑缚到有司衙门。古人有射钩斩袪的事情，我才为君王，请送李衡返回郡里，不要使他产生疑惧。"二十八日，孙綝封孙晧为乌程侯，孙晧之弟孙德为钱唐侯，孙谦为永安侯。

十一月初三日，旋风吹个不停，一连数天浓雾不散。孙綝一家五人封侯皆统领禁军，权势熏天，只要他们有所提议，皇帝都恭敬地听从不违背，因此，孙綝更加骄纵。孙休担心他会作乱，不断以赏赐安抚。初五，孙休下诏说："大将军孙綝的忠诚发自内心，率先确

咸赞其议，并有勋劳。昔霍光定计，百僚同心，无复是过。亟案前日与议定策告庙人名，依故事应加爵位者，促施行之。”戊戌，诏曰：“大将军掌中外诸军事，事统烦多，其加卫将军御史大夫恩侍中，与大将军分省诸事。”壬子，诏曰：“诸吏家有五人三人兼重为役，父兄在都，子弟给郡县吏，既出限米，军出又从，至于家事无经护者，朕甚愍之。其有五人三人为役，听其父兄所欲留，为留一人，除其米限，军出不从。”又曰：“诸将吏奉迎陪位在永昌亭者，皆加位一级。”顷之，休闻綝逆谋，阴与张布图计。十二月戊辰腊，百僚朝贺，公卿升殿，诏武士缚綝，即日伏诛。己巳，诏以左将军张布讨奸臣，加布为中军督，封布弟惇为都亭侯，给兵三百人，惇弟恂为校尉。

诏曰：“古者建国，教学为先，所以道世治性，为时养器也。自建兴以来，时事多故，吏民颇以目前趋务，去本就末，不循古道。夫所尚不惇，则伤化败俗。其案古置学官，立五经博士，核取应选，加其宠禄；科见吏之中及将吏子弟有志好者，各令就业。一岁课试，差其品第，加以位赏。使见之者乐其荣，闻之者羡其誉。以敦王化，以隆风俗。”

二年春正月，震电。三月，备九卿官，诏曰：“朕以不德，托于王公之上，夙夜战战，忘寝与食。今欲偃武修文，以崇大化。推此之道，当由士民之赡，必须农桑。《管子》有言：‘仓廪实，知礼节；衣食足，知荣辱。’夫一夫不耕，有受其饥，一妇不织，有受其寒；饥寒并至而民不为非者，未之有也。自顷年已来，州郡吏民及诸营兵，多违此业，皆浮船长江，贾作上下，良田渐废，见谷日少，欲求大定，岂可得哉？亦由租入过重，农人利薄，使之然乎！今欲广开田业，轻其赋税，差科强羸，课其田亩，务令优均，官私得所，使家给户赡，

定继位大计来安定国家，朝廷内外都赞同他的主张，建有功勋。从前，霍光确定皇嗣大计，百官同心拥护，他的功勋都超不过孙綝。请立即查实当时参与议定大事禀告宗庙的大臣名单，依例应封爵和晋升职位的，尽快实施。”到了初七，孙休又下诏说：“大将军孙綝执掌内外军务，事情烦多，现加任卫将军、御史大夫孙恩为侍中，与大将军同管各项事务。”二十一日，孙休下诏说：“小吏人家中五人有三人同时服役，父兄在京师，子弟在郡县，既要缴纳赋税，又要随军出征，以至家中事务无人料理，我非常怜悯他们。只要是这些服役的，准许他们父兄中选一个留下，免除他们的赋税，不用随军出征。”又说：“凡在永昌亭奉迎陪位的将吏，都加位一级。”不久，孙休听说孙綝要谋反，便暗中和张布商量对策。十二月初八腊祭，百官朝贺，登上殿堂，孙休命武士捆绑孙綝，当天就将他处死。初九，命左将军张布讨伐奸臣，加官中军督，封张布之弟张惇为都亭侯，予士兵三百人，张惇弟张恂出任校尉。

孙休下发诏书说：“古人建国，以教育为先，为的是治世养性，为社会培养人才。从建兴以来，时事多变，官民大多目光短浅，舍本逐末，不遵循古道。崇尚不淳厚，就会伤风败俗。如今按照古代的做法设置学官，设立五经博士，考核录取人才，增赐宠禄，选拔在职官吏子弟中有志于此的，各令他们学习。一年后考试，评定品第，加官赐赏。让见到的人羡慕他们的荣耀和名誉。以促进王化，敦厚风俗。”

永安二年春天正月，天空中电闪雷鸣。三月，配备九卿官员。孙休下发诏令说：“我因为德行不善，又居于王侯公卿之上，所以昼夜提心吊胆，废寝忘食。现在我想停止战争，涵养文德，以推广伟大的教化。推行这个办法，必然取决于士人百姓的富足，这就必须发展农桑事业。《管子》中有这样的话：‘仓库充实，衣食丰足，人们就知道荣辱。’一个男子不耕地，有人要因此挨饿，一个妇女不织布，有人要因为这受冻；饥寒交迫而百姓不做坏事的情况，是没有的。从近年以来，各军营的士兵，许多人背弃农桑事业，都乘船漂浮长江，在上游下游之间做买卖。良田渐渐地荒芜，库存粮食一天天减少，要想

足相供养，则爱身重命，不犯科法，然后刑罚不用，风俗可整。以群僚之忠贤，若尽心于时，虽太古盛化，未可卒致，汉文升平，庶几可及。及之则臣主俱荣，不及则损削侵辱，何可从容俯仰而已？诸卿尚书，可共咨度，务取便佳。田桑已至，不可后时。事定施行，称朕意焉。”

三年春三月，西陵言赤乌见。秋，用都尉严密议，作浦里塘。会稽郡谣言王亮当还为天子，而亮宫人告亮使巫祷祠，有恶言。有司以闻，黜为候官侯，遣之国。道自杀，卫送者伏罪。以会稽南部为建安郡，分宜都置建平郡。

四年夏五月，大雨，水泉涌溢。秋八月，遣光禄大夫周奕、石伟巡行风俗，察将吏清浊，民所疾苦，为黜陟之诏。九月，布山言白龙见。是岁，安吴民陈焦死，埋之，六日更生，穿土中出。

五年春二月，白虎门北楼灾。秋七月，始新言黄龙见。八月壬午，大雨震电，水泉涌溢。乙酉，立皇后朱氏。戊子，立子𩅦为太子，大赦。冬十月，以卫将军濮阳兴为丞相，廷尉丁密、光禄勋孟宗为左右御史大夫。休以丞相兴及左将军张布有旧恩，委之以事，布典宫省，兴关军国。休锐意于典籍，欲毕览百家之言，尤好射雉，春夏

寻求天下太平，这怎么可能呢？也可能由于租税过重，农民的利益太少，使他们这样的吧！如今我想广泛开拓农业，减轻农民的赋税，劳役和赋税的多少，要考察田地的亩数，务必做到宽缓公平，使国家和私人各得其所。如果家家户户的收入，足以养家糊口，那么人们就会爱惜身体，重视生命，不去违犯法令，这样就不必使用刑罚，风俗就可得到整饬。凭着群臣的忠诚贤能，如果对时政竭尽心力，即使太古盛美的教化不能马上实现，那么汉文帝时期的太平景象，还是有可能达到的。如果达到那种太平景象，那么君臣同时荣耀，如果达不到，国力削弱，国家受到侵犯侮辱，又怎么能够在世上应付裕如呢？各位公卿尚书，可以共同商议谋划，务必选取适宜的好方案。农桑季节已经来临，不能误时。事情决定下来并加以施行，这才符合我的心愿。”

永安三年春天三月，西陵县宣称出现了红色乌鸦。秋天，孙休听从都尉严密的意见，修建浦里塘。会稽郡谣传说，会稽王孙亮将回到建业做皇帝，孙亮的宫人举报孙亮使巫师祈祷，并且还有对朝廷不满的言论。有关主管官员将这些情况上报，孙亮被贬废为候官侯，朝廷遣送他前往封国。孙亮在去候官的路上自杀，护送的人员因罪诛死。吴国划分会稽郡的南部地区新建建安郡，划分宜都郡的部分地区新建建平郡。

永安四年夏天五月，一直下大雨，水泉喷涌泛滥。秋天八月，孙休派光禄大夫周奕、石伟巡视各地风俗，考察文武官员的清正或贪赃枉法，民众的怨恨、痛苦，下达官员升降的诏命。九月，布山县宣称出现了白龙。这年，安吴县民陈焦死，已经埋葬，过了六天又复活了，他自己穿破坟土从中出来。

永安五年春天二月，白虎门北楼被烧。永安五年秋七月，始新传说出现黄龙。永安五年八月三十日，大雨雷电，洪水泛滥。永安五年八月十六日，孙休册立皇后朱氏。十九日，孙休册立儿子孙𩅦为太子，大赦天下。冬十月，孙休任命卫将军濮阳兴为丞相，廷尉丁密、光禄勋孟宗为左右御史大夫。孙休因丞相濮阳兴及左将军张布过去对自己有恩，便将朝政完全委托于他们。张布掌管宫内官署，濮阳兴参

之间常晨出夜还，唯此时舍书，休欲与博士祭酒韦曜、博士盛冲讲论道艺，曜、冲素皆切直，布恐入侍，发其阴失，令己不得专，因妄饰说以拒遏之。休答曰："孤之涉学，群书略遍，所见不少也；其明君暗主，奸臣贼子，古今贤愚成败之事，无不览也。今曜等入，但欲与论讲书耳，不为从曜等始更受学也。纵复如此，亦何所损？君特当以曜等恐道臣下奸变之事，以此不欲令入耳。如此之事，孤已自备之，不须曜等然后乃解也。此都无所损，君意特有所忌故耳。"布得诏陈谢，重自序述，又言惧妨政事。休答曰："书籍之事，患人不好，好之无伤也。此无所为非，而君以为不宜，是以孤有所及耳。政务学业，其流各异，不相妨也。不图君今日在事，更行此于孤也，良所不取。"布拜表叩头，休答曰："聊相开悟耳，何至叩头乎！如君之忠诚，远近所知。往者所以相感，今日之巍巍也。诗云：'靡不有初，鲜克有终。'终之实难，君其终之。"初休为王时，布为左右将督，素见信爱，及至践阼，厚加宠待，专擅国势，多行无礼，自嫌瑕短，惧曜、冲言之，故尤患忌。休虽解此旨，心不能悦，更恐其疑惧，竟如布意，废其讲业，不复使冲等入。是岁使察战到交阯调孔爵、大猪。

六年夏四月，泉陵言黄龙见。五月，交阯郡吏吕兴等反，杀太守孙谞。谞先是科郡上手工千余人送建业，而察战至，恐复见取，故兴等因此扇动兵民，招诱诸夷也。冬十月，蜀以魏见伐来告。癸未，建业石头小城火，烧西南百八十丈。甲申，使大将军丁奉督诸

与军国大事。孙休一心研读典籍，想把百家之言全部读完，他尤其爱好射野鸡，春夏之间经常早出晚归，只有这时才放下书本，孙休想与博士祭酒韦曜、博士盛冲讨论各种学问和技能，韦曜、盛冲向来忠直，张布担心他们成为孙休的近臣，会揭发自己的阴私和过失，使自己失去权力，就胡乱引喻，用一些虚妄的道理想阻止孙休与他们亲近。孙休说："我在学习时，群书大体翻遍，发现很多问题。那些有关明君暗主、奸臣贼子、古今贤愚成败的内容，我没有不看的。如今韦曜等人入宫，我只想与他们研讨书中的内容，而不是重新学习。即便是重新学习，又有什么妨害呢？您却害怕韦曜等人谈论臣下犯乱的事情，而不想让他们入宫。其实，像这样的这种事，我已有防范，不必通过韦曜等人才能知道。这件事总的来看没有什么损害，只是您心里有顾虑。"张布表示谢罪，但他还是重申了自己的看法，说是担心有碍政事。孙休答复说："对书籍而言，担心的，是人们不喜欢它，喜欢它是没有妨害的，而您却认为不适宜，所以，我有看法要说。政务和学业各不相同，互相不会妨碍。可您却对我说这样的话，我实在不能采纳。"张布叩头认罪，孙休说："只不过开导您罢了，何至于请罪呢！您的忠诚，远近皆知。从前，我们相互感悟的原因，就是为了今日的宏伟事业。《诗经》说：'谁都有个好的开头，但很少有人能有个好的结果。'把好的开头坚持到底，确实很难，但您还是可以做到的。"起初，孙休为琅琊王时，张布任左右都督，一直受到孙休的信任和喜爱。孙休登帝位后，对他更加宠信。因此，张布就恃宠专擅，做了许多不合礼制之事，顾忌自己有过错，害怕韦曜、盛冲向孙休讲出来，所以特别忧心。孙休自然明白这一点，尽管心里不高兴，但怕引起张布的疑惧，竟也就顺从了张布的意思，中止了讲学，不再让盛冲他们进宫。这一年，孙休派察战官到交阯郡征调孔雀、大猪。

永安六年夏天四月，泉陵报告说有黄龙现身。五月，交阯的郡吏吕兴等人谋反，杀了太守孙谞。孙谞在此之前把郡里优秀的手工艺人一千多名送到建业，察战官来了以后他担心再次调取人员，所以吕兴等人利用这个机会煽动士兵百姓，并引诱许多少数民族闹事。冬天十月，蜀国由于魏国入侵来告急。二十一日，建业的石头小城失火，烧

军向魏寿春，将军留平别诣施绩于南郡，议兵所向，将军丁封、孙异如沔中，皆救蜀。蜀主刘禅降魏问至，然后罢。吕兴既杀孙谞，使使如魏，请太守及兵。丞相兴建取屯田万人以为兵。分武陵为天门郡。

七年春正月，大赦。二月，镇军将军陆抗、抚军将军步协、征西将军留平、建平太守盛曼，率众围蜀巴东守将罗宪。夏四月，魏将新附督王稚浮海入句章，略长吏赀财及男女二百余口。将军孙越徼得一船，获三十人。秋七月，海贼破海盐，杀司盐校尉骆秀。使中书郎刘川发兵庐陵。豫章民张节等为乱，众万余人。魏使将军胡烈步骑二万侵西陵，以救罗宪，陆抗等引军退。复分交州置广州。壬午，大赦。癸未，休薨，时年三十，谥曰景皇帝。

孙皓字元宗，权孙，和子也，一名彭祖，字皓宗。孙休立，封皓为乌程侯，遣就国。西湖民景养相皓当大贵，皓阴喜而不敢泄。休薨，是时蜀初亡，而交阯携叛，国内震惧，贪得长君。左典军万彧昔为乌程令，与皓相善，称皓才识明断，是长沙桓王之畴也，又加之好学，奉遵法度，屡言之于丞相濮阳兴、左将军张布。兴、布说休妃太后朱，欲以皓为嗣。朱曰："我寡妇人，安知社稷之虑，苟吴国无陨，宗庙有赖可矣。"于是遂迎立皓，时年二十三。改元，大赦。是岁，于魏咸熙元年也。

元兴元年八月，以上大将军施绩、大将军丁奉为左右大司马，张布为骠骑将军，加侍中，诸增位班赏，一皆如旧。九月，贬太后为景皇后，追谥父和曰文皇帝，尊母何为太后。十月，封休太子𩅦为豫

毁西南部分一百八十丈。二十二日，孙休派大将军丁奉督率各部队向魏国的寿春挺进，将军留平另外在南郡拜访施绩，商量部队进军的方向，将军丁封和孙异到沔中，都准备援救蜀国。蜀国君主刘禅投降魏国的消息传来后，他们才收兵。吕兴杀了孙谞以后，派使者到魏国去，请求魏国派遣太守和军队。丞相濮阳兴建议用屯田的一万人组成大军。吴国划分武陵为天门郡。

永安七年春天正月，吴国大赦天下。二月，镇军将军陆抗、抚军将军步协、征西将军留平、建平太守盛曼，率领部队包围蜀郡巴东守将罗宪。夏天四月，魏国将领新附督王稚渡海进入句章，劫掠地方官员的财物和男女二百多人。将军孙越截获一条船，抓到三十个人。秋天七月，海盗攻克海盐，杀了司盐校尉骆秀。吴国朝廷派中书郎刘川向庐陵出兵。豫章百姓张节等人制造骚乱，聚众一万多人。魏国派将军胡烈所属步兵骑兵两万人入侵西陵，以援救罗宪。陆抗等人率军撤退。再次分割交州设置广州。二十四日，大赦天下。二十五日，孙休去世，这一年他三十岁，谥为景皇帝。

孙晧，字元宗，他是孙权的孙子、孙和的儿子，还叫彭祖，字晧宗。孙休被立为皇帝后，封孙晧为乌程侯，派遣他回到封地。西湖平民景养给孙晧看相，说孙晧会大贵，孙晧暗自高兴却不敢泄露出去。孙休驾崩，当时蜀国刚灭亡，而交阯郡又造反，国内震惊恐惧，想要年长的国君。左典军万彧以前任乌程令，与孙晧关系好，称赞孙晧有才识、英明果断，是长沙桓王一类的人物，又加上好学，遵奉法度，屡次对丞相濮阳兴、左将军张布说起。濮阳兴、张布劝说孙休的皇妃、太后朱氏，想立孙晧为嗣君。朱氏说："我是个寡妇，怎懂社稷的忧虑，只要吴国不衰败，宗庙有依赖就行了。"于是吴国群臣就迎立了孙晧为帝，孙晧当时二十三岁。改年号，大赦全国。这年，是魏国咸熙元年。

吴元兴元年八月，孙晧让上大将军施绩、大将军丁奉为左、右大司马，张布为骠骑将军，加侍中，其他官员加官授赏，完全依旧例办理。九月，贬太后为景皇后，追谥生父孙和为文皇帝，遵奉生母何氏为太后。十月，孙晧封孙休的太子孙𩅦为豫章王，二子为汝南王，三子

章王，次子汝南王，次子梁王，次子陈王，立皇后滕氏。晧既得志，粗暴骄盈，多忌讳，好酒色，大小失望。兴、布窃悔之。或以谮晧，十一月，诛兴、布。十二月，孙休葬定陵。封后父滕牧为高密侯，舅何洪等三人皆列侯。是岁，魏置交阯太守之郡。晋文帝为魏相国，遣昔吴寿春城降将徐绍、孙彧衔命赍书，陈事势利害，以申喻晧。

甘露元年三月，晧遣使随绍、彧报书曰："知以高世之才，处宰辅之任，渐导之功，勤亦至矣。孤以不德，阶承统绪，思与贤良共济世道，而以壅隔未有所缘，嘉意允著，深用依依。今遣光禄大夫纪陟、五官中郎将弘璆宣明至怀。"绍行到濡须，召还杀之，徙其家属建安，始有白绍称美中国者故也。夏四月，蒋陵言甘露降，于是改年大赦。秋七月，晧逼杀景后朱氏，亡不在正殿，于苑中小屋治丧，众知其非疾病，莫不痛切。又送休四子于吴小城，寻复追杀大者二人。九月，从西陵督步阐表，徙都武昌，御史大夫丁固、右将军诸葛靓镇建业。陟、璆至洛，遇晋文帝崩，十一月，乃遣还。晧至武昌，又大赦。以零陵南部为始安郡，桂阳南部为始兴郡。十二月，晋受禅。

宝鼎元年正月，遣大鸿胪张俨、五官中郎将丁忠吊祭晋文帝。及还，俨道病死。忠说晧曰："北方守战之具不设，弋阳可袭而取。"晧访群臣，镇西大将军陆凯曰："夫兵不得已而用之耳，且三国鼎立已来，更相侵伐，无岁宁居。今强敌新并巴蜀，有兼土之实，而遣使求亲，欲息兵役，不可谓其求援于我。今敌形势方强，而欲侥幸求胜，未见其利也。"车骑将军刘纂曰："天生五才，谁能去

为梁王，四子为陈王，册立滕氏为皇后。孙晧得志后，渐露出粗暴骄横，嗜酒好色，忌讳很多的劣性，因而，大小官员都很失望，濮阳兴、张布也暗自后悔。有人向孙晧密告。吴兴元年十一月，孙晧处死了濮阳兴和张布。十二月，孙休安葬在定陵。孙晧封皇后的父亲滕牧为高密侯，舅舅何洪等三人均被封列侯。这一年，魏国设置的交阯太守到达治所。司马昭出任魏国相国，派遣从前吴国寿春的降将徐绍、孙彧带着命令和书信出使吴国，向孙晧陈述形势的利害，反复开导他投降。

甘露元年三月，孙晧派使者随徐绍、孙彧去魏国并给司马昭回信说："您以过人的才华，身受相国之任，有影响和引导皇帝的功劳，非常辛苦。我以薄德，顺承皇位，很想与贤士一起救助这纷乱的世道，然而，由于种种阻隔而没有这个缘分。您美意真露，我对您的深情也很依恋。现派遣光禄大夫纪陟、五官中部将弘璆昭明我至诚的心意。"徐绍到濡须，孙晧又把他召回杀了，把他的家属迁徙到建安，原因是有人报告徐绍称赞了中原的缘故。夏四月，蒋陵传说降了甘露，于是，吴国改换年号，大赦天下。秋天七月，孙晧逼杀景皇后朱氏，她的灵柩不设在正殿，只停放在御苑里的小屋中。众人知道景皇后不是死于疾病，所以都万分悲痛。孙晧又把孙休的四个儿子遣至吴郡的内城，没过多久，又派人追杀了其中两个年纪大的。到了九月，孙晧听从西陵督步阐的建议，迁都武昌，命御史大夫丁固、右将军诸葛靓镇守建业。纪陟和弘璆到了洛阳，赶上司马昭去世，到了十一月，才被遣回。孙晧到了武昌，又大赦天下。分出零陵南部设置始安郡，分出桂阳南部设置始兴郡。十二月，晋国接受魏国禅让的帝位。

宝鼎元年正月，孙晧让大鸿胪张俨、五官中郎将丁忠前往祭奠晋文帝。回来时，张俨在路上病死。丁忠劝孙晧，说："北方没有设防守的军备，弋阳可偷袭攻取。"孙晧询问群臣，镇西大将军陆凯说："用兵是不得已才用的，况且三国鼎立以来，互相侵伐，百姓没有一年是安居的。现今强敌刚吞并巴蜀，有兼并国土的实力，却派遣使者来和好，想停息兵战，不能说是他们向我们求援。现今敌人形势正好、实力正强，而想侥幸求胜，我没有看见有什么有利的。"车骑将军

兵？谲诈相雄，有自来矣。若其有阙，庸可弃乎？宜遣间谍，以观其势。”皓阴纳纂言，且以蜀新平，故不行，然遂自绝。八月，所在言得大鼎，于是改年，大赦。以陆凯为左丞相，常侍万彧为右丞相。冬十月，永安山贼施但等聚众数千人，劫皓庶弟永安侯谦出乌程，取孙和陵上鼓吹曲盖。比至建业，众万余人。丁固、诸葛靓逆之于牛屯，大战，但等败走。获谦，谦自杀。分会稽为东阳郡，分吴、丹杨为吴兴郡。以零陵北部为邵陵郡。十二月，皓还都建业，卫将军滕牧留镇武昌。

二年春，大赦。右丞相万彧上镇巴丘。夏六月，起显明宫，冬十二月，皓移居之。是岁，分豫章、庐陵、长沙为安成郡。

三年春二月，以左右御史大夫丁固、孟仁为司徒、司空。秋九月，皓出东关，丁奉至合肥。是岁，遣交州刺史刘俊、前部督修则等人击交阯，为晋将毛炅等所破，皆死，兵散还合浦。

建衡元年春正月，立子瑾为太子，及淮阳、东平王。冬十月，改年，大赦。十一月，左丞相陆凯卒。遣监军虞汜、威南将军薛珝、苍梧太守陶璜由荆州，监军李勖、督军徐存从建安海道，皆就合浦击交阯。

二年春，万彧还建业。李勖以建安道不通利，杀导将冯斐，引军还。三月，天火烧万余家，死者七百人。夏四月，左大司马施绩卒。殿中列将何定白：“少府李勖枉杀冯斐，擅撤军退还。”勖及徐存家属皆伏诛。秋九月，何定将兵五千人上夏口猎。都督孙秀奔晋。是岁大赦。

三年春正月晦，皓举大众出华里，皓母及妃妾皆行，东观令华

刘纂说："天生五才，哪样能离开兵器呢？谲诈互相争雄，以前就是这样的。若敌人有缺失，怎能放弃机会？应派遣间谍前往，观察形势。"孙晧暗中采纳了刘纂的建议，但因蜀国刚被平定，因此没有实行，但自此与晋国断绝。八月，武昌报告说获得一个大鼎，于是改年号，大赦全国。孙晧任陆凯为左丞相，常侍万彧为右丞相。冬天十月，永安山贼施但等聚众数千人，劫了孙晧的庶弟永安侯孙谦离开乌程，偷取了孙和陵上的乐器和仪仗用的曲柄伞。等到到达建业，已经有部众一万余人。丁固、诸葛靓在牛屯迎战，双方大战。施但等人失败逃跑。俘获了孙谦，孙谦便自杀了。吴国划分会稽郡为东阳郡，划分吴郡、丹杨郡为吴兴郡。把零陵北部设为邵陵郡。十二月，孙晧把国都迁回建业，卫将军滕牧留守武昌。

宝鼎二年春天，吴国大赦天下。右丞相万彧西上镇守巴丘。夏天六月，修建显明宫。冬天十二月，孙晧移居显明宫。当年，吴国分出豫章、庐陵、长沙部分地区设置安成郡。

宝鼎三年二月，孙晧任命左右御史大夫丁固、孟仁为司徒、司空。秋天九月，孙晧出兵东关，丁奉进军合肥。当年，孙晧派遣交州刺史刘俊、前部督修则等人进攻交阯，被晋国将领毛炅等人击败，刘俊和修则战死，士兵分散逃回合浦。

建衡元年春天正月，孙晧把儿子孙瑾立为太子，此外又封两个儿子为淮阳王和东平王。冬天十月，改换年号，大赦天下。十一月，左丞相陆凯去世。孙晧派监军虞汜、威南将军薛珝、苍梧太守陶璜从荆州出发，监军李勖、督军徐存从建安走海路，合师合浦，进击交阯。

建衡二年春天，万彧回到建业，李勖因为建安的道路不方便，杀了开路的将领冯斐，率军返回。三月，雷击引起火灾烧了一万多户人家，死了七百人。夏天四月，左大司马施绩去世。殿中列将何定说："少府李勖随便杀了冯斐，擅自撤军退回。"李勖和徐存以及家属都被处死。秋天九月，何定率兵五千人往西到夏口打猎。都督孙秀投奔晋国。这一年孙晧大赦天下。

建衡三年正月三十日，孙晧兴师动众地来到华里，连他的母亲

覈等固争，乃还。是岁，汜、璜破交阯，禽杀晋所置守将，九真、日南皆还属。大赦，分交阯为新昌郡。诸将破扶严，置武平郡。以武昌督范慎为太尉。右大司马丁奉、司空孟仁卒。西苑言凤凰集，改明年元。

凤皇元年秋八月，征西陵督步阐。阐不应，据城降晋。遣乐乡都督陆抗围取阐，阐众悉降。阐及同计数十人皆夷三族。大赦。是岁右丞相万彧被谴忧死，徙其子弟于庐陵。何定奸秽发闻，伏诛。皓以其恶似张布，追改定名为布。

二年春三月，以陆抗为大司马。司徒丁固卒。秋九月，改封淮阳为鲁，东平为齐，又封陈留、章陵等九王，凡十一王，王给三千兵。大赦。皓爱妾或使人至市劫夺百姓财物，司市中郎将陈声，素皓幸臣也，恃皓宠遇，绳之以法。妾以愬皓，皓大怒，假他事烧锯断声头，投其身于四望之下。是岁，太尉范慎卒。

三年，会稽妖言章安侯奋当为天子。临海太守奚熙与会稽太守郭诞书，非论国政。诞但白熙书，不白妖言，送付建安作船。遣三郡督何植收熙，熙发兵自卫，断绝海道。熙部曲杀熙，送首建业，夷三族。秋七月，遣使者二十五人分至州郡，科出亡叛。大司马陆抗卒。自改年及是岁，连大疫。分郁林为桂林郡。

天册元年，吴郡言掘地得银，长一尺，广三分，刻上有年月字，于是大赦，改年。

和妃嫔都一起出行，东观令华覈等人极力谏诤，这才返回。同年，虞汜、陶璜攻克交阯，擒杀了晋国的守将，九真、日南都回归吴国。大赦天下，划分交阯为新昌郡。众将攻克扶严，设置武平郡。孙皓任命武昌督范慎为太尉。右大司马丁奉、司空孟仁去世。西苑报告说有凤凰翔集，因此第二年改换了年号。

凤凰元年秋天八月，孙皓征召西陵督步阐。步阐没有接受命令，占领西陵城向晋投降。孙皓派遣乐乡都督陆抗围攻西陵，逮捕步阐，步阐的部属全部向陆抗投降。步阐与他的同伙几十人都被诛灭三族。全国大赦。这年，右丞相万彧因被谴责，忧虑而死，孙皓将他的子弟迁往庐陵。何定奸邪卑污的罪行被揭发，为孙皓所知，服罪处死。孙皓因何定的罪恶与张布相似，在何定死后将定名改称为布。

凤凰二年春天三月，孙皓让陆抗做了大司马。司徒丁固死。秋天九月，孙皓改封淮阳王为鲁王，东平王为齐王，又封陈留王、章陵王等九王，总共封了十一个王，每王给予士兵三千人。全国大赦。孙皓的爱妾时常派人到市场抢夺百姓的金钱、货物。司市中郎将陈声，是孙皓平时宠爱的臣下，他依靠孙皓对他宠爱，依法处理了到市场抢夺百姓财物的人。孙皓的爱妾向孙皓诽谤陈声，孙皓听了大怒，借口其他的事情将锯条烧红锯断陈声的头颈，将他的身躯抛弃在四望山下。这年，太尉范慎去世。

凤凰三年，会稽郡有谣言说章安侯孙奋应当做皇帝。临海太守奚熙寄信给会稽太守郭诞，评论国政。郭诞只举报奚熙的信，却不提谣言，奚熙因此被押送到建安郡去造船。孙皓派督领会稽、临海、建安三郡军务的三郡督何植去逮捕奚熙，奚熙起兵自卫，截断了海上通道。奚熙的部下杀了奚熙，把他的首级送到建业，被灭三族。秋七月，孙皓派遣二十五名使者分别到各州郡，清查叛逃者。大司马陆抗去世。自改换年号到这一年，吴国连年疫病流行。划出郁林郡部分地区设桂林郡。

天册元年，吴郡报告说掘地得到银子，它长一尺，宽三分，上面刻有年月的字样。于是大赦天下，改换年号。

天玺元年，吴郡言临平湖自汉末草秽壅塞，今更开通。长老相传，此湖塞，天下乱，此湖开，天下平。又于湖边得石函，中有小石，青白色，长四寸，广二寸余，刻上作皇帝字，于是改年，大赦。会稽太守车浚、湘东太守张咏不出算缗，就在所斩之，徇首诸郡。秋八月，京下督孙楷降晋。鄱阳言历阳山石文理成字，凡二十，云“楚九州渚，吴九州都，扬州士，作天子，四世治，太平始”。又吴兴阳羡山有空石，长十余丈，名曰石室，在所表为大瑞。乃遣兼司徒董朝、兼太常周处至阳羡县，封禅国山。改明年元，大赦，以协石文。

天纪元年夏，夏口督孙慎出江夏、汝南，烧略居民。初，驺子张俶多所谮白，累迁为司直中郎将，封侯，甚见宠爱，是岁奸情发闻，伏诛。

二年秋七月，立成纪、宣威等十一王，王给三千兵，大赦。

三年夏，郭马反。马本合浦太守修允部曲督。允转桂林太守，疾病，住广州，先遣马将五百兵至郡安抚诸夷。允死，兵当分给，马等累世旧军，不乐离别。皓时又科实广州户口，马与部曲将何典、王族、吴述、殷兴等因此恐动兵民，合聚人众，攻杀广州督虞授。马自号都督交、广二州诸军事、安南将军，兴广州刺史，述南海太守。典攻苍梧，族攻始兴。八月，以军师张悌为丞相，牛渚都督何植为司徒。执金吾滕循为司空，未拜，转镇南将军，假节领广州牧，率万人从东道讨马，与族遇于始兴，未得前。马杀南海太守刘略，逐广州刺史徐旗。皓又遣徐陵督陶濬将七千人从西道，命交州牧陶璜部伍所领及合浦、郁林诸郡兵，当与东西军共击马。

天玺元年，吴郡报告说临平湖从汉朝末年就被杂草淤塞，现在又通畅了。老年人传说，这个湖淤塞，天下大乱，这个湖开通畅，天下太平。还在湖边得到一个石匣，里面有小石头，青白色，长四寸，宽二寸多，上面刻有皇帝字样。于是改换年号，大赦天下。会稽太守车浚、湘东太守张咏因没有上缴向商人、手工业工人等征收的赋税，在郡治被斩首，把他们的首级送到各郡示众。秋天八月，京下督孙楷投降晋国。鄱阳报告说历阳的山石上纹理成字，共二十个字，说“楚九州渚，吴九州都，扬州士，作天子，四世治，太平始”。另外吴兴阳羡的山上有空心石头，长十几丈，名叫石室，当地上书说是大瑞祥。于是，孙皓派兼任司徒的董朝和兼任太常的周处到阳羡县，在国山进行封禅。第二年改换了年号，大赦天下，来协和石头的文字。

天纪元年夏天，夏口督孙慎进军江夏、汝南，烧毁、劫掠居民。当初，掌管车马的仆役张俶多次向孙皓告密，累次升官到司直中郎将，被封侯，很受孙皓宠爱。这年，张俶的奸情被揭发，服罪被诛。

天纪二年秋天七月，孙皓册立成纪王、宣威王等十一个王，每王给三千兵，大赦全国。

天纪三年夏天，郭马发动叛乱。郭马原本是合浦太守修允的部队将领。修允转任桂林太守，因病留在广州。首先派遣郭马领五百兵到桂林郡安抚各夷族。修允病故，士兵应当分离，郭马等人是几代旧部，不想离别。孙皓当时又在核实广州户口，郭马与部属将领何典、王族、吴述、殷兴等人以此恐吓煽动兵民，聚集兵众，攻杀了广州督虞授。郭马自称都督交、广二州诸军事、安南将军，殷兴自称广州刺史，吴述自称南海太守。何典攻打苍梧，王族攻打始兴。八月，孙皓任军师张悌为丞相，牛渚都督何植为司徒。任执金吾滕循为司空，未就任，就转任他为镇南将军，授予符节，领广州牧，率万人从东路讨伐郭马，与王族在始兴相遇，未能前进。郭马杀了南海太守刘略，驱逐了广州刺史徐旗，孙皓又派遣徐陵领陶濬率兵七千人从西路进兵，命令交州牧陶璜所属将士和合浦、郁林各郡的士兵，应当与东军西军共同攻击郭马。

有鬼目菜生工人黄耇家，依缘枣树，长丈余，茎广四寸，厚三分。又有买菜生工人吴平家，高四尺，厚三分，如枇杷形，上广尺八寸，下茎广五寸，两边生叶绿色。东观案图，名鬼目作芝草，买菜作平虑草，遂以耇为侍芝郎，平为平虑郎，皆银印青绶。

冬，晋命镇东大将军司马伷向涂中，安东将军王浑、扬州刺史周浚向牛渚，建威将军王戎向武昌，平南将军胡奋向夏口，镇南将军杜预向江陵，龙骧将军王濬、广武将军唐彬浮江东下，太尉贾充为大都督，量宜处要，尽军势之中。陶濬至武昌，闻北军大出，停驻不前。

初，皓每宴会群臣，无不咸令沈醉。置黄门郎十人，特不与酒，侍立终日，为司过之吏。宴罢之后，各奏其阙失，迕视之咎，谬言之愆，罔有不举。大者即加威刑，小者辄以为罪。后宫数千，而采择无已。又激水入宫，宫人有不合意者，辄杀流之。或剥人之面，或凿人之眼。岑昏险谀贵幸，致位九列，好兴功役，众所患苦。是以上下离心，莫为皓尽力，盖积恶已极，不复堪命故也。

四年春，立中山、代等十一王，大赦。濬、彬所至，则土崩瓦解，靡有御者。预又斩江陵督伍延，浑复斩丞相张悌、丹杨太守沈莹等，所在战克。

三月丙寅，殿中亲近数百人叩头请皓杀岑昏，皓惶愦从之。

戊辰，陶濬从武昌还，即引见，问水军消息，对曰："蜀船皆小，今得二万兵，乘大船战，自足击之。"于是合众，授濬节钺。明日当发，其夜众悉逃走。而王濬顺流将至，司马伷、王浑皆临近境。皓

有一株鬼目菜在工匠黄耇家中生长出来，缠绕在一棵枣树上，长一丈多，茎宽四寸，厚三分。又有一株买菜在工匠吴平家中生长出来，高四尺，厚三分，形状像枇杷，上宽一尺八寸，下茎宽五寸，两边生出绿色的叶子。东观官员核查图书，鬼目菜叫芝草，买菜叫平虑草。于是，任命黄耇为侍芝郎，吴平为平虑郎，都授予银印青绶。

冬天，晋国命镇东大将军司马伷进兵涂中，安东将军王浑、扬州刺史周浚进兵牛渚，建威将军王戎进兵武昌，平南将军胡奋进兵夏口，镇南将军杜预进兵江陵，龙骧将军王濬、广武将军唐彬沿长江东下，太尉贾充任大都督，总理战事、处置紧急军务，命令各部最大能力地发挥作用。吴将陶濬领兵到达武昌，孙皓听说晋军大举出兵，就停下来不再向广州进军。

起初，孙皓每次宴会群臣，都要强令众人喝醉。他特置黄门郎十人，不让他们喝酒，整日站着侍候，作为检查群臣过失的官员。宴会结束了，每人都要报告大臣们的过失，眼神斜视的，说错了话的，无不一一举报。大的过失立即施以严刑，小的过失也往往给予惩处。后宫本已有女子数千，而孙皓却仍不断地选美，又把急流引入宫内，如有不合意的宫女，就杀死抛入水中冲走。有时剥下人的面皮，有时挖出人的眼睛。岑昬阴险奸诈，却受到宠幸，位居九卿，他喜发劳役，百姓为之所苦。因此，朝廷上下离心离德，没有人愿为孙皓尽力，这恐怕是积恶已达极点，不再任其驱使的缘故。

天纪四年春天，孙皓分封中山王、代王等十一王，大赦天下。王濬、唐彬率晋军所到之处，吴军立刻土崩瓦解，无人抵抗。杜预军又斩杀了吴国江陵督伍延，王浑军也杀了吴丞相张悌、吴丹杨太守沈莹等人，晋军所到之处都取得了胜利。

三月初九日，殿中亲信数百人叩头请求孙皓杀掉岑昬，孙皓惊慌昏聩，准许了他们的要求。

十一日，陶濬从武昌返回，孙皓立即召见就问水军情况。陶濬回答说："蜀地船只都很小，现在若能得到二万士兵，乘大船作战，自然足以击溃敌人。"孙皓于是集合军队，授予陶濬符节、斧钺。次日出发。没料到，当天晚上士兵们全都逃走了。王濬的水师将顺流直达建

用光禄勋薛莹、中书令胡冲等计，分遣使奉书于濬、伷、浑曰：“昔汉室失统，九州分裂，先人因时，略有江南，遂分阻山川，与魏乖隔。今大晋龙兴，德覆四海。暗劣偷安，未喻天命。至于今者，猥烦六军，衡盖路次，远临江渚，举国震惶，假息漏刻。敢缘天朝含弘光大，谨遣私署太常张夔等奉所佩印绶，委质请命，惟垂信纳，以济元元。”

壬申，王濬最先到，于是受皓之降，解缚焚榇，延请相见。伷以皓致印绶于己，遣使送皓。皓举家西迁，以太康元年五月丁亥集于京邑。四月甲申，诏曰：“孙皓穷迫归降，前诏待之以不死，今皓垂至，意犹愍之，其赐号为归命侯。进给衣服车乘，田三十顷，岁给谷五千斛，钱五十万，绢五百匹，绵五百斤。”皓太子瑾拜中郎，诸子为王者，拜郎中。五年，皓死于洛阳。

评曰：孙亮童孺而无贤辅，其替位不终，必然之势也。休以旧爱宿恩，任用兴、布，不能拔进良才，改弦易张，虽志善好学，何益救乱乎？又使既废之亮不得其死，友于之义薄矣。皓之淫刑所滥，陨毙流黜者，盖不可胜数。是以群下人人惴恐，皆日日以冀，朝不谋夕。其荧惑、巫祝，交致祥瑞，以为至急。昔舜、禹躬稼，至圣之德，犹或矢誓众臣，予违女弼，或拜昌言，带若不及。况皓凶顽，肆行残暴，忠谏者诛，谗谀者进，虐用其民，穷淫极侈，宜腰首分离，以谢百姓。既蒙不死之诏，复加归命之宠，岂非旷荡之恩，过厚之泽也哉！

业，司马伷、王浑也已逼近建业。孙晧采用光禄勋薛莹、中书令胡冲等人的意见，分别派出使者向王濬、司马伷、王浑递上降书，说："从前，汉室丧权，天下分崩，我的祖先因势占有了江南，自此山川阻隔，与中原分离。而今，大晋兴起，泽被四海。我昏昧偷安，不知天命所归，一直延迟至今天，以至有劳天朝大军，车塞道路，从远方抵达江边。我东吴震惊，朝不保夕。所以，壮胆仰天朝弘量，谨派我私下任命的太常张夔等人献上我所佩带的印章、绶带，屈膝投降，请求处置，望能下听我归降的诚意，予以接纳，以使百姓免遭战乱之苦。"

壬申日，王濬首先到达建业。王濬接受孙晧的投降，松绑了孙晧，焚烧了他随带的棺材，请孙晧相见。司马伷因为孙晧将印绶奉送给了自己，王濬派遣使臣护送孙晧。孙晧全家向西迁移，在太康元年五月一日会集到京城洛阳。四月二十八日，司马炎在命令中说："孙晧走投无路而投降晋国，先前已有命令，可以赦免他的死罪，如今孙晧将要来到洛阳，我还是怜悯他，赐给他归命侯的封号。赏赐给衣服、车辆，田三十顷，一年给稻谷五千斛，钱五十万，绢五百匹，丝绵五百斤。"孙晧的皇太子孙瑾授官中郎，封为王的众子授官郎中。太康五年，孙晧死在洛阳。

评论说：孙亮年幼却没有贤能的辅佐，他接替皇位不能维持到底，是必然的趋势。孙休凭过去的老交情，任用濮阳兴和张布，不能提拔优秀人才，改弦更张，即使他本性良好，喜欢学习，对于挽救混乱局势有什么用处呢？另外他使已经废黜的孙亮不得好死，兄弟之情淡薄了。孙晧严刑滥用的结果，死亡和流放的人员不可胜数。因此群臣人人惊恐不安，都一天天地数日子，朝不谋夕。那些荧惑、巫祝，同时送来人君的吉兆，以显示最急迫的情势。从前舜、禹亲自耕种，具有最神圣的德行，尚且还向众臣发誓，我违抗了你们的辅弼，你们要能够进献你们的忠言，他们还经常感到自己做得不够。何况孙晧凶暴顽劣，肆无忌惮推行残酷的法令，处死忠心劝谏的人，晋升谗佞献媚的人，以暴虐的手段役使他的百姓，任意地挥霍浪费，应当让他腰首分离，来向百姓谢罪。然而，他既蒙受不处死的诏令，又对他施予归命侯的荣耀，岂不是情谊过于宽大，恩泽过于深厚了吗！

卷四十九　吴书四

刘繇太史慈士燮传第四

刘繇字正礼，东莱牟平人也。齐孝王少子封牟平侯，子孙家焉。繇伯父宠，为汉太尉。繇兄岱，字公山，历位侍中，兖州刺史。

繇年十九，从父韪为贼所劫质，繇篡取以归，由是显名。举孝廉，为郎中，除下邑长。时郡守以贵戚托之，遂弃官去。州辟部济南，济南相中常侍子，贪秽不循，繇奏免之。平原陶丘洪荐繇，欲令举茂才。刺史曰："前年举公山，奈何复举正礼乎？"洪曰："若明使君用公山于前，擢正礼于后，所谓御二龙于长涂，骋骐骥于千里，不亦可乎！"会辟司空掾，除侍御史，不就。避乱淮浦，诏书以为扬州刺史。时袁术在淮南，繇畏惮，不敢之州。欲南渡江，吴景、孙贲迎置曲阿。术图为僭逆，攻没诸郡县。繇遣樊能、张英屯江边以拒之，以景、贲术所授用，乃迫逐使去。于是术乃自置扬州刺史，与景、贲并力攻英、能等，岁余不下。汉命加繇为牧，振武将军，众数万人。孙策东渡，破英、能等。繇奔丹徒，遂泝江南保豫章，驻彭泽。笮融先至，杀太守朱晧，入居郡中。繇进讨融，为融所破，更复招合属县，攻破融。融败走入山，为民所杀。繇寻病卒，时年四十二。

笮融者，丹杨人，初聚众数百，往依徐州牧陶谦。谦使督广陵、彭城运漕，遂放纵擅杀，坐断三郡委输以自入。乃大起浮图祠，以

刘繇，字正礼，他是东莱牟平人。汉齐孝王的小儿子封为牟平侯，从此，子孙后代便住在那里。刘繇的伯父刘宠是汉朝太尉。刘繇兄长刘岱，字公山，历任侍中、兖州刺史。

刘繇十九岁时，叔父刘韪被强盗劫去做人质，刘繇用计把他夺回来，因此出名，被举荐为孝廉，任为郎中，又升任下邑县长。那时，郡守让他对自己的亲戚特殊照顾，刘繇便弃官而去。州里征召刘繇为济南部丞。济南相是中常侍的儿子，行为污秽，不遵法规，刘繇上表免去了他的官职。平原人陶丘洪推崇刘繇，让州里举荐他为茂才。刺史说："前年才推举他兄长公山，怎么又要推举正礼呢？"陶丘洪说："贤使君您先任用了公山，现在再提拔正礼，这好比于千里路上驾驭着两匹如龙的骏马驰骋，不是很好吗！"此时，朝廷征召刘繇为司空掾，又任命他为侍御史，他没有去。刘繇在淮浦避乱时，皇帝下诏任命他为扬州刺史。当时，袁术在淮南，刘繇很畏惧袁术，不敢到扬州上任。就往南渡过长江，吴景、孙贲把他迎到曲阿安置。袁术图谋僭位叛逆，攻陷了许多郡县。刘繇派樊能、张英屯兵江边抵御袁术。由于吴景、孙贲是袁术任命的官员，刘繇便强行使他们离去。袁术又任命了扬州刺史，与吴景、孙贲合力攻打张英、樊能等人，打了一年多，未能取胜。汉朝廷下令升刘繇为扬州牧、振武将军，率领部众几万人。孙策东渡长江，打败张英、樊能等人。刘繇逃向丹徒，逆江而上控制豫章郡，驻守彭泽。笮融先于刘繇到达，杀了豫章太守朱皓，进驻豫章城。刘繇进军讨伐笮融，被笮融打败，他又重新召集所属各县兵马，打败了笮融。笮融逃进山中，被山民所杀。刘繇不久病死，时年四十二岁。

笮融，他是丹杨人。起初，笮融聚众几百人，去依附徐州牧陶谦，陶谦派他督察广陵、彭城的水运事务。没想到，笮融竟然胆大妄

铜为人，黄金涂身，衣以锦采，垂铜槃九重，下为重楼阁道，可容三千余人，悉课读佛经，令界内及旁郡人有好佛者听受道，复其他役以招致之，由此远近前后至者五千余人户。每浴佛，多设酒饭，布席于路，经数十里，民人来观及就食且万人，费以巨亿计。曹公攻陶谦，徐土骚动，融将男女万口，马三千匹，走广陵，广陵太守赵昱待以宾礼。先是，彭城相薛礼为陶谦所逼，屯秣陵。融利广陵之众，因酒酣杀昱，放兵大略，因载而去。过杀礼，然后杀晧。

后策西伐江夏，还过豫章，收载繇丧，善遇其家。王朗遗策书曰："刘正礼昔初临州，未能自达，实赖尊门为之先后，用能济江成治，有所处定。践境之礼，感分结意，情在终始。后以袁氏之嫌，稍更乖剌。更以同盟，还为仇敌，原其本心，实非所乐。康宁之后，常愿渝平更成，复践宿好。一尔分离，款意不昭，奄然殂陨，可为伤恨！知敦以厉薄，德以报怨，收骨育孤，哀亡愍存，捐既往之猜，保六尺之托，诚深恩重分，美名厚实也。昔鲁人虽有齐怨，不废丧纪，《春秋》善之，谓之得礼，诚良史之所宜藉，乡校之所叹闻。正礼元子，致有志操，想必有以殊异。威盛刑行，施之以恩，不亦优哉！"

繇长子基，字敬舆，年十四，居繇丧尽礼，故吏馈饷，皆无所受。姿容美好，孙权爱敬之。权为骠骑将军，辟东曹掾，拜辅义校

为，滥杀无忌，擅自截取三郡运送的粮食归己。然后，笮融又大修佛寺，用铜铸成佛像，涂上黄金，穿上锦缎彩绣，垂挂九层铜盘，下修重楼阁道，可容三千多人，让他们全都诵经礼佛，并让郡内以及邻郡喜好佛教的人都来听经受道，又采用其他方法招人，前后来到这里的民众有五千多家。每到浴佛节，笮融就让人备下许多酒饭，在路边摆上，绵延几十里，百姓来观看和就食的有近万人，所花费用亿万。曹操攻打陶谦时，徐州属县都动荡不安。笮融率男女一万人、马三千匹逃到广陵，广陵太守赵昱以宾客之礼待他。起初，彭城相薛礼被陶谦所迫，驻在秣陵，笮融贪图广陵的兵马，乘酒酣之际杀了赵昱，放纵士兵大肆掠夺，满载而去，经过秣陵时杀了薛礼，其后又杀了朱皓。

之后，孙策率兵向西讨伐江夏黄祖，回来经过豫章时，装殓运送刘繇的遗体，而且妥善地安置他的家属。王朗写信给孙策说："过去，刘繇刚为扬州刺史，自己未能打开局面，实际上还是依赖您的亲族为他前后安排，所以，才能渡江建立州治，有了安身之地。您允许他人进入自己境内的礼遇，使他感激不尽，希望永远与您保持情谊。后来，刘繇因与袁术的仇怨，与您产生了分歧，原来的友好反而有了矛盾。推究刘繇本心，绝非出于他的本意。他本想在身体康复后，捐弃前嫌，与您再修旧好。没想到，一旦分离，诚意还未表示，他就突然去世了，真是遗憾啊！我知道，您以忠厚的美德来激励薄情的人，以恩报怨，收殓骸骨，抚养遗孤，哀悼亡灵，同情生者，捐弃前嫌，保全未成年的孤儿，确实是恩义厚重，名声美好，真情深切啊！从前，鲁人虽对齐国有怨，但齐孝公死了，鲁人仍去吊唁，《春秋》称赞此事，认为合礼。您的行为也是好的史官应该记载、乡校（古代乡间学校，也可聚会议政）应该赞赏的事。刘繇的大儿子，很有志节，想必有不同于常人的地方。您声威隆盛，颁行法典，如果能对他施以恩惠，不也是很好吗！"

刘繇的大儿子刘基，字敬舆，在他十四岁时，为刘繇服丧便竭尽礼仪，对于父亲以前的下属给予的馈赠，他一概不肯接受。刘基仪容美好，很得孙权的喜爱尊重。孙权任骠骑将军，征召他为东曹掾，

尉、建忠中郎将。权为吴王，迁基大农。权尝宴饮，骑都尉虞翻醉酒犯忤，权欲杀之，威怒甚盛，由基谏争，翻以得免。权大暑时，尝于船中宴饮，于船楼上值雷雨，权以盖自覆，又命覆基，余人不得也。其见待如此。徙郎中令。权称尊号，改为光禄勋，分平尚书事。年四十九卒。后权为子霸纳基女，赐第一区，四时宠赐，与全、张比。基二弟，铄、尚，皆骑都尉。

太史慈字子义，东莱黄人也。少好学，仕郡奏曹史。会郡与州有隙，曲直未分，以先闻者为善。时州章已去，郡守恐后之，求可使者。慈年二十一，以选行，晨夜取道，到洛阳，诣公车门，见州吏始欲求通。慈问曰："君欲通章邪？"吏曰："然。"问："章安在？"曰："车上。"慈曰："章题署得无误邪？取来视之。"吏殊不知其东莱人也，因为取章。慈已先怀刀，便截败之。吏踊跃大呼，言"人坏我章"！慈将至车间，与语曰："向使君不以章相与，吾亦无因得败之，是为吉凶祸福等耳，吾不独受此罪。岂若默然俱出去，可以存易亡，无事俱就刑辟。"吏言："君为郡败吾章，已得如意，欲复亡为？"慈答曰："初受郡遣，但来视章通与未耳。吾用意太过，乃相败章。今还，亦恐以此见谴怒，故俱欲去尔。"吏然慈言，即日俱去。慈既与出城，因遁还通郡章。州家闻之，更遣吏通章，有司以格章之故不复见理，州受其短。由是知名，而为州家所疾。恐受其祸，乃避之辽东。

任命他为辅义校尉、建忠中郎将。孙权被封为吴王，升任刘基为大农令。孙权曾有一次设宴饮酒，骑都尉虞翻醉酒犯了不敬之罪，孙权要杀了他，怒火冲天的样子令人胆寒，由于刘基极力劝谏，虞翻得以免死。孙权还有一次为了消除酷暑炎热，曾在船上举行酒宴，在船的楼台上遇上雷雨，孙权用伞遮护自己，又命令侍者遮着刘基，其余的人都得不到这种待遇。刘基受孙权厚待到这种地步。刘基后改任郎中令。孙权称帝后，又改任他为光禄勋，兼职分管尚书事务。刘基四十九岁时去世。后来孙权替儿子孙霸娶了刘基的女儿，赐给宅第一处，一年四季都有恩赐，与全、张家平列。刘基有两个弟弟，即刘铄和刘尚，都任骑都尉。

太史慈，字子义，他是东莱黄县人。太史慈从小喜欢学习，在郡府担任奏曹史。在这段时间里，正赶上州牧和郡守闹矛盾，各执一词，这种情况朝廷一般视先报告的一方是正确的。当时，州牧弹劾郡守的章表已经送出，郡守担心自己弹劾州牧的章表晚到，就选用太史慈来执行这个使命。那时候太史慈二十一岁。他日夜兼程，直奔洛阳，到公车门时，正看见州吏要把州牧的章表递进去。太史慈问道：“你想呈报章表吗？”州吏说：“是。”太史慈又问：“章表在哪儿？”州吏说：“在车上。”太史慈说：“章表的题款该不会有错吧？拿来我看看。”州吏竟不知太史慈是东莱人，便给太史慈取来章表。太史慈接过章表就用事先备好的刀把章表割碎。州吏跳起来大叫“有人毁了我的奏章”！太史慈把他带到车厢说：“如果你不把奏章给我，我也不能砍坏它，如今这样，我们两人的吉凶就一样了，不是我一个人受惩罚。倒不如我们一起悄悄逃跑，死中求生，不要做使我们都受刑罚的蠢事。”州吏说：“你为郡守弄坏了我的奏章，目的已达到，还逃跑干什么？”太史慈说：“当初受郡里派遣，只是看看奏章送上去没有，我过分卖力，才把奏章弄坏了。现在回去，也担心因此被怒责，所以，想和你一起逃走。”州吏认为太史慈的话很对，当天就与他一起逃走了。太史慈与州吏出城后，又悄悄跑回来送上了郡里的奏章。州吏听到后，改派另一个小吏去送奏章，主办官因法令的缘故，不再受理，州牧受到了斥责。太史慈因此出名，却被州牧所痛恨。他害怕

北海相孔融闻而奇之，数遣人讯问其母，并致饷遗。时融以黄巾寇暴，出屯都昌，为贼管亥所围。慈从辽东还，母谓慈曰："汝与孔北海未尝相见，至汝行后，赡恤殷勤，过于故旧，今为贼所围，汝宜赴之。"慈留三日，单步径至都昌。时围尚未密，夜伺间隙，得入见融，因求兵出斫贼。融不听，欲待外救，未有至者，而围日逼。融欲告急平原相刘备，城中人无由得出，慈自请求行。融曰："今贼围甚密，众人皆言不可，卿意虽壮，无乃实难乎？"慈对曰："昔府君倾意于老母，老母感遇，遣慈赴府君之急，固以慈有可取，而来必有益也。今众人言不可，慈亦言不可，岂府君爱顾之义，老母遣慈之意邪？事已急矣，愿府君无疑。"融乃然之。于是严行蓐食，须明，便带鞬摄弓上马，将两骑自随，各作一的持之，开门直出。外围下左右人并惊骇，兵马互出。慈引马至城下堑内，植所持的各一，出射之，射之毕，径入门。明晨复如此，围下人或起或卧，慈复植的，射之毕，复入门。明晨复出如此，无复起者，于是下鞭马直突围中驰去。比贼觉知，慈行已过，又射杀数人，皆应弦而倒，故无敢追者。遂到平原，说备曰："慈，东莱之鄙人也，与孔北海亲非骨肉，比非乡党，特以名志相好，有分灾共患之义。今管亥暴乱，北海被围，孤穷无援，危在旦夕。以君有仁义之名，能救人之急，故北海区区，延颈恃仰，使慈冒白刃，突重围，从万死之中自托于君，惟君所以存之。"备敛容答曰："孔北海知世间有刘备邪！"即遣精兵三千人随慈。贼闻兵至，解围散走。融既得济，益奇贵慈，曰："卿吾之少友也。"事毕，还启其母，母曰："我喜汝有以报孔北海也。"

受害，就躲避到了辽东。

北海相孔融听说这件事，十分惊奇太史慈的才能，几次派人问候太史慈的母亲，并向太史慈母亲赠送礼物。当时孔融因为黄巾军进犯劫掠，驻军都昌，被黄巾军首领管亥包围。太史慈从辽东返回，母亲对太史慈说：“你和孔北海素不相识，在你走了以后，孔融殷勤地赡养体恤我，胜过老朋友，现在孔融被强盗包围，你应当去帮助他。”太史慈在家里住了三天，随后单人步行直接来到都昌。那时候黄巾军的包围还不严密，太史慈乘夜找空隙冲了进去，见到了孔融，便要求率兵出城杀敌。孔融不许，想等待外面的救兵，但没有救兵来，而黄巾军的包围圈一天天地缩小。孔融想向平原相刘备告急，但城里的人没有办法出去，太史慈自己请求出城求救。孔融说：“现在敌人的包围非常严密，众人都说出不去，你的志气虽然雄壮，恐怕实际很难吧？”太史慈回答说：“过去府君尽心尽意照顾我的老母亲，老母亲对府君的厚待十分感动，派我来救助府君的危急，本来是认为我有可取之处，来了以后一定会有用处。如今众人都说不行，我也说不行，这难道是府君厚爱顾怜的情义，老母亲派我来的意思吗？情况已经很危急了，希望府君不要再迟疑了。”孔融这才同意。因此太史慈整理行装，早早地吃完饭，等到天一亮，就带上弓囊持弓上马，请两名骑兵紧随其后，每人做一个靶子拿在手中，打开城门径直冲出去。城外敌军包围圈两侧的人全都又惊又怕，兵马交错而出。太史慈策马到城墙下的堑壕里，把两名骑兵带的靶子竖立起来，然后从壕沟出来用箭射靶子，射完靶子，就直接进城门。第二天早晨又这样做，包围的敌军便有的起身有的睡卧不动。太史慈又把靶子竖立起来，射完靶子，又进入城门。第三天早晨再出去这样做，敌军就再也没有人起来了。这时候，太史慈突然扬鞭策马，直向包围圈奔驰而去。等到敌人察觉时，太史慈已经冲过去了，又用箭射死几个敌军，都是应弦而倒，所以没有人敢再追赶。太史慈到了平原，劝刘备说：“我太史慈是东莱一个粗鄙的人，和孔北海从亲情上讲不是骨肉，从相邻上讲不是同乡，只是因为志同道合，有分灾共祸的情义。现在管亥作乱，孔北海被围困，势单力弱，没有援兵，危在旦夕。由于君

扬州刺史刘繇与慈同郡，慈自辽东还，未与相见，暂渡江到曲阿见繇，未去，会孙策至。或劝繇可以慈为大将军，繇曰：“我若用子义，许子将不当笑我邪？”但使慈侦视轻重。时独与一骑卒遇策。策从骑十三，皆韩当、宋谦、黄盖辈也。慈便前斗，正与策对。策刺慈马，而擥得慈项上手戟，慈亦得策兜鍪。会两家兵骑并各来赴，于是解散。

慈当与繇俱奔豫章，而遁于芜湖，亡入山中，称丹杨太守。是时，策已平定宣城以东，惟泾以西六县未服。慈因进住泾县，立屯府，大为山越所附。策躬自攻讨，遂见囚执。策即解缚，捉其手曰：“宁识神亭时邪？若卿尔时得我云何？”慈曰：“未可量也。”策大笑曰：“今日之事，当与卿共之。”即署门下督，还吴授兵，拜折冲中郎将。后刘繇亡于豫章，士众万余人未有所附，策命慈往抚安焉。左右皆曰：“慈必北去不还。”策曰：“子义舍我，当复与谁？”饯送昌门，把腕别曰：“何时能还？”答曰：“不过六十日。”果如期而反。

有仁义之名，能够救人之急，所以孔北海区区之心，翘首仰望，等待君的救兵，派我冒着敌人的白刃，突出重围，从万死中把自己托付给君，只有君能有办法使孔北海生存下来。”刘备脸色庄重起来，回答说：“孔北海知道世间还有个刘备啊！”刘备立即派遣精兵三千人跟随太史慈去救孔融。黄巾军听说救兵到了，解除包围四散逃走。孔融渡过难关以后，更加欣赏器重太史慈，说：“君是我的年轻朋友啊。”事情结束后，太史慈回家禀告母亲，母亲说：“我很高兴你对孔北海有所报答。”

扬州刺史刘繇与太史慈同是东莱郡人，太史慈从辽东归乡，没有能够见到刘繇，只好渡过长江到曲阿拜见刘繇，他还没有离去，正赶上孙策来到。有人劝说刘繇可以任用太史慈担任大将军，刘繇说：“如果我任用子义为大将军，许劭不将要嘲笑我吗？”刘繇仅仅指派太史慈侦察敌军人数的多少，士卒训练的好、坏等情况。某次太史慈与随行的一名骑兵突然遇见了孙策。孙策随从的骑将有十三人，都是韩当、宋谦、黄盖这样一流的勇将。太史慈便上前搏斗，正好与孙策相对。孙策刺伤了太史慈的坐骑，又随手揽取了太史慈颈项上挂着的小戟，太史慈也抓去了孙策所戴的头盔。适逢两家的兵马都前来救援，因此孙策、太史慈才放开了对手。

太史慈本打算与刘繇一同奔往豫章，但他却逃到了芜湖的深山中，自称丹杨太守。当时，孙策已经将宣城以东的地区完全平定，只有泾县以西的六县还没有降服。太史慈因此领兵前往驻守泾县，建立防守城堡，设置行政机构，周围各县的山越民众都归附于他。孙策亲自领兵攻打，太史慈被俘获囚禁。孙策见到后，立即解下捆绑太史慈的绳索，拉着他的手问道：“还记得我们在神亭遇见时的情况吗？如果您在那时捉住了我，又将会怎样呢？”太史慈回答说：“那很难估计。”孙策放声大笑说：“我现在开创的事业，要与您一道干。”随即任命太史慈为门下督，到吴郡让他领兵，任折冲中郎将。后来刘繇在豫章郡病死，留下一万多人没有归属，孙策派遣太史慈前往安抚、处置。孙策的亲信都说：“太史慈一定会去北方，不会回来了。”孙策说：“子义抛弃了我，还有什么人可以亲近？”孙策在吴郡西门为他设

刘表从子磐，骁勇，数为寇于艾、西安诸县。策于是分海昏、建昌左右六县，以慈为建昌都尉，治海昏，并督诸将拒磐。磐绝迹不复为寇。

慈长七尺七寸，美须髯，猿臂善射，弦不虚发。尝从策讨麻、保贼，贼于屯里缘楼上行詈，以手持楼棼，慈引弓射之，矢贯手著棼，围外万人莫不称善。其妙如此。曹公闻其名，遗慈书，以箧封之，发省无所道，而但贮当归。孙权统事，以慈能制磐，遂委南方之事。年四十一，建安十一年卒。子亨，官至越骑校尉。

士燮字威彦，苍梧广信人也。其先本鲁国汶阳人，至王莽之乱，避地交州。六世至燮父赐，桓帝时为日南太守。燮少游学京师，事颍川刘子奇，治《左氏春秋》。察孝廉，补尚书郎，公事免官。父赐丧阕后，举茂才，除巫令，迁交阯太守。

弟壹，初为郡督邮。刺史丁宫征还京都，壹侍送勤恪，宫感之，临别谓曰："刺史若待罪三事，当相辟也。"后宫为司徒，辟壹。比至，宫已免，黄琬代为司徒，甚礼遇壹。董卓作乱，壹亡归乡里。交州刺史朱符为夷贼所杀，州郡扰乱。燮乃表壹领合浦太守，次弟徐闻令䵋领九真太守，䵋弟武，领南海太守。

燮体器宽厚，谦虚下士，中国士人往依避难者以百数。耽玩《春秋》，为之注解。陈国袁徽与尚书令荀彧书曰："交阯士府君既

宴送行，握手告别，问道："你什么时候能够回来？"太史慈回答说："不超过六十天。"太史慈果然按期回到了吴郡。

刘表的侄子刘磐，骁勇善战，多次在艾县、西安等县为寇。孙策因此分出海昏、建昌等附近六个县，任太史慈为建昌都尉，治理海昏，并督领诸将军抵御刘磐。刘磐从此绝迹，不再为寇。

太史慈身高七尺七寸，胡须修美，臂长有力，擅长射箭，从不虚发。太史慈在跟孙策讨伐麻、保二屯的叛军时，有个叛军在军营里沿着楼台叫骂，手扶着楼台的横梁。太史慈只一箭就射穿了这个人的手，把他的手钉在横梁上。营外上万人齐声喝彩。太史慈的射术就是这样的神妙。曹操听到他的名字，给太史慈写了一封信，用匣子封好，他打开一看，信里一句话都没说，只放着一味名叫"当归"的药材。孙权执掌江东以后，因太史慈能遏制刘磐，便把南方的事务交给他。太史慈四十一岁，建安十一年时去世。他的儿子太史亨，官至越骑校尉。

士燮字威彦，他是苍梧郡广信县人。士燮的先祖本是鲁国汶阳人，到王莽作乱时，避乱来到交州。六代之后到了士燮的父亲士赐，汉桓帝时任日南太守。士燮年轻时到京城求学，拜颍川人刘子奇为师，研究《左氏春秋》。后被举荐为孝廉，补授尚书郎，因公事被免去官职。为父亲服丧期满后，士燮被推举为茂才，担任巫县县令，后又升任交阯太守。

士燮的弟弟士壹，他最初担任郡里的督邮。刺史丁宫被征召返回京都，士壹随行侍候表现得勤勉恭敬，丁宫为之感动，临别时说："我以后如果能有幸位居三公，理当征召你。"后来丁宫担任司徒，就征召士壹。等士壹到达，丁宫已被免职，黄琬接替他为司徒，对士壹更加以礼相待。董卓作乱，士壹逃回故乡。交州刺史朱符被作乱的夷民杀害，州郡动荡不宁。士燮就表奏朝廷请让士壹兼任合浦太守，二弟徐闻县令士䵋兼任九真太守，士䵋的弟弟士武兼任南海太守。

士燮为人宽厚谦恭，中原士人到他那里依附躲避灾难的有百人之多。他精心研究《春秋》，并为其作注解。陈国名儒袁徽给尚书令

学问优博，又达于从政，处大乱之中，保全一郡，二十余年疆场无事，民不失业，羁旅之徒，皆蒙其庆，虽窦融保河西，曷以加之？官事小阕，辄玩习书传，《春秋左氏传》尤简练精微，吾数以咨问传中诸疑，皆有师说，意思甚密。又《尚书》兼通古今，大义详备。闻京师古今之学，是非忿争，今欲条《左氏》《尚书》长义上之。”其见称如此。

燮兄弟并为列郡，雄长一州，偏在万里，威尊无上。出入鸣钟磬，备具威仪，笳箫鼓吹，车骑满道，胡人夹毂焚烧香者常有数十。妻妾乘辎軿，子弟从兵骑，当时贵重，震服百蛮，尉佗不足逾也。武先病没。

朱符死后，汉遣张津为交州刺史，津后又为其将区景所杀，而荆州牧刘表遣零陵赖恭代津。是时苍梧太守史璜死，表又遣吴巨代之，与恭俱至。汉闻张津死，赐燮玺书曰：“交州绝域，南带江海，上恩不宣，下义壅隔，知逆贼刘表又遣赖恭窥看南土，今以燮为绥南中郎将，董督七郡，领交阯太守如故。”后燮遣吏张旻奉贡诣京都，是时天下丧乱，道路断绝，而燮不废贡职，特复下诏拜安远将军，封龙度亭侯。

后巨与恭相失，举兵逐恭，恭走还零陵。建安十五年，孙权遣步骘为交州刺史。骘到，燮率兄弟奉承节度。而吴巨怀异心，骘斩之。权加燮为左将军。建安末年，燮遣子廞入质，权以为武昌太守，燮、壹诸子在南者，皆拜中郎将。燮又诱导益州豪姓雍闿等，率郡人民使遥东附，权益嘉之，迁卫将军，封龙编侯，弟壹偏将军，都乡侯。燮每遣使诣权，致杂香细葛，辄以千数，明珠、大贝、流离、

荀彧的信说："交州士燮学问渊博，善理政务，于大乱中，能保全一郡，二十多年间境内没有战事发生，百姓均能安业，寄居的人都蒙受他的好处。即使是窦融保全河西，也不能超过他。士燮在理政之余，研究书传，尤对《春秋左氏传》已钻研到了简练精微的程度，我曾多次提出'传'中的许多不解之处，他的解答都以大师的学说为依据，很是详细。他也兼通《尚书》的古今文，对其中大义也了解得详细完备。他听说京都古今文学派，各持己见，争执不休，就想分列出他对《左氏春秋》和《尚书》研究的创见，向朝廷报告。"士燮就是这样被人所称赞。

士燮兄弟同任交州各郡郡守，称雄一州之中，偏处于万里之外，尊威显赫。进出有乐队，有全套的仪仗侍从，一路鼓吹，车骑满路，当地土著夹道焚香叩拜的经常有几十人。他们的妻妾外出都乘坐有帷帐、可坐可卧的车子，子弟外出有骑兵扈从，在当时，他们的尊贵威严，震动了南方的蛮族土人，即便是汉初的南越王赵佗也不能超过他。士武因病先去世了。

朱符去世后，汉朝廷派张津任交州刺史。之后，张津又被他的部将区景杀死，荆州牧刘表就派零陵人赖恭接替张津。此时，苍梧太守史璜死了，刘表又派吴巨与赖恭同时到任。汉朝廷听到张津的死讯，赐给士燮加有封印的诏书说："交州偏远，南临大海，圣恩难至，忠义被阻。得知叛贼刘表又派赖恭窥视南土，现在，任命士燮为绥南中郎将，统率七郡，兼任交阯太守不变。"后来，士燮派官吏张旻到京都献贡，当时天下正乱，道路断绝，而士燮却没有废去进贡的职责，皇帝特别再次下诏任他为安远将军，封龙度亭侯。

之后，吴巨和赖恭关系不好，举兵驱逐赖恭，赖恭逃回零陵。建安十五年，孙权派步骘任交州刺史。步骘到州任职后，士燮和兄弟们都听从步骘的调派。吴巨怀有异心，步骘将他杀掉。孙权为士燮加官为左将军。建安末年，士燮派儿子士廞入吴做人质，孙权任命士廞为武昌太守，士燮和士壹所有在南方的儿子都被任命为中郎将。士燮又劝导益州豪族大姓雍闿等人，率郡中百姓归附远在东方的吴国，孙权对此更加赞赏，晋升他为卫将军，封龙编侯，弟士壹被封为偏将

翡翠、瑇瑁、犀、象之珍，奇物异果，蕉、邪、龙眼之属，无岁不至。壹时贡马凡数百匹。权辄为书，厚加宠赐，以答慰之。燮在郡四十余岁，黄武五年，年九十卒。

权以交阯县远，乃分合浦以北为广州，吕岱为刺史；交阯以南为交州，戴良为刺史。又遣陈时代燮为交阯太守。岱留南海，良与时俱前行到合浦，而燮子徽自署交阯太守，发宗兵拒良。良留合浦。交阯桓邻，燮举吏也，叩头谏徽使迎良，徽怒，笞杀邻。邻兄治子发又合宗兵击徽，徽闭门城守，治等攻之数月不能下，乃约和亲，各罢兵还。而吕岱被诏诛徽，自广州将兵昼夜驰入，过合浦，与良俱前。壹子中郎将匡与岱有旧，岱署匡师友从事，先移书交阯，告喻祸福，又遣匡见徽，说令服罪，虽失郡守，保无他忧。岱寻匡后至，徽兄祗，弟干、颂等六人肉袒奉迎。岱谢令复服，前至郡下。明旦早施帐幔，请徽兄弟以次入，宾客满坐。岱起，拥节读诏书，数徽罪过，左右因反缚以出，即皆伏诛，传首诣武昌。壹、䵋、匡后出，权原其罪，及燮质子廞，皆免为庶人。数岁，壹、䵋坐法诛。廞病卒，无子，妻寡居，诏在所月给俸米，赐钱四十万。

评曰：刘繇藻厉名行，好尚臧否，至于扰攘之时，据万里之土，非其长也。太史慈信义笃烈，有古人之分。士燮作守南越，优游终世，至子不慎，自贻凶咎，盖庸才玩富贵而恃阻险，使之然也。

军，都乡侯。士燮每次遣使拜见孙权，都带去各种香料、细葛布，往往数以千计，至于明珠、大贝、琉璃、翡翠、玳瑁、犀角、象牙之类的珍品以及奇异果品，像香蕉、椰子、龙眼之类，没有一年不送到。士壹则经常进贡骏马，总共几百匹。孙权下诏书，厚加恩赏，以回报抚慰他们。士燮在郡四十多年，黄武五年，九十岁时去世。

孙权由于交阯偏远，于是分出合浦以北设置广州，让吕岱做了刺史；交阯以南为交州，戴良担任刺史。又派陈时接替士燮为交阯太守。吕岱留驻南海，戴良与陈时一起前行到达合浦。而士燮的儿子士徽已自任交阯太守，派宗族兵马来抵抗戴良。戴良被阻留在合浦。交阯人桓邻，是士燮推荐的官吏，他叩头劝说士徽派人去迎接戴良，士徽发怒，用鞭刑将桓邻活活打死。桓邻兄长桓治及其儿子桓发又集合宗族人马攻打士徽，士徽闭门守城，桓治等人攻打了几个月没能攻克，于是双方商议讲和，各自退兵回去。吕岱接受诏命诛讨士徽，从广州领兵昼夜兼程而来，经过合浦，与戴良会合往前推进。士壹的儿子中郎将士匡与吕岱以前就有交情，吕岱任命士匡为师友从事，先送信到交阯，向士徽说明祸福关系，又派士匡去见士徽，劝说他归服请罪，虽然会失去郡守之职，但保证他没有别的忧患。吕岱在士匡之后很快到达，士徽以及哥哥士祗、弟弟士干、士颂等六人脱衣露出上身恭迎吕岱。吕岱拒绝接受而命令他们重新穿上衣服，继续前进到郡守所在地。第二天一早就设置好军帐，请士徽兄弟依次进入，宾客满座。吕岱站起来，怀抱符节宣读诏书，历数士徽的罪行，左右随从于是反绑士徽等人推出军帐，当即全部处死，通过驿站把他们的首级传送往武昌。士壹、士䵋、士匡因后来出面参与平叛，孙权宽免了他们的罪过，把他们以及士燮充当人质的儿子士廞，都贬为平民。没过几年，士壹、士䵋违法被处死。士廞病死，他没有儿子，妻子寡居，孙权下诏让她居住地的官府每月供给俸米，赐钱四十万。

评论说：刘繇能够珍惜名誉，磨砺品行，喜褒贬是非，而于世道动荡的情形下，控制万里疆域，则非他所长。太史慈忠诚义气，有古人的风范。士燮保守南越，悠闲无忧，但他的儿子就不够慎重，自取灾祸，这恐怕是庸才弄富、依险狂妄使他得到这样的下场吧。

卷五十　吴书五

妃嫔传第五

孙破虏吴夫人，吴主权母也。本吴人，徙钱唐，早失父母，与弟景居。孙坚闻其才貌，欲娶之。吴氏亲戚嫌坚轻狡，将拒焉，坚甚以惭恨。夫人谓亲戚曰："何爱一女以取祸乎？如有不遇，命也。"于是遂许为婚，生四男一女。

景常随坚征伐有功，拜骑都尉。袁术上景领丹杨太守，讨故太守周昕，遂据其郡。孙策与孙河、吕范依景，合众共讨泾县山贼祖郎，郎败走。会为刘繇所迫，景复北依术，术以为督军中郎将，与孙贲共讨樊能、于麋于横江，又击笮融、薛礼于秣陵。时策被创牛渚，降贼复反，景攻讨，尽禽之。从讨刘繇，繇奔豫章，策遣景、贲到寿春报术。术方与刘备争徐州，以景为广陵太守。术后僭号，策以书喻术，术不纳，便绝江津，不与通，使人告景。景即委郡东归，策复以景为丹杨太守。汉遣议郎王誧衔命南行，表景为扬武将军，领郡如故。

及权少年统业，夫人助治军国，甚有补益。建安七年，临薨，引见张昭等，属以后事，合葬高陵。

八年，景卒官，子奋授兵为将，封新亭侯，卒。子安嗣，安坐党鲁王霸死。奋弟祺嗣，封都亭侯，卒。子纂嗣。纂妻即滕胤女也，胤被诛，并遇害。

吴氏，破虏将军孙坚的夫人，孙权的母亲。她本是吴县人，后来迁居钱塘，从小死了父母，与弟弟吴景生活在一起。孙坚听说她才貌双全，想娶她为妻。吴家人嫌孙坚轻率暴烈。想要拒绝，孙坚感到非常羞怒。吴氏对亲戚们说："何必为舍不得一个女子而招惹灾祸呢？如果两人不合，那是我命中注定。"于是吴氏就答应与孙坚成婚，生有四男一女。

吴景随孙坚征战有功，孙坚任命他做骑都尉。袁术上表朝廷后委派吴景兼任丹杨太守，进攻当时的太守周昕，并占据了丹杨郡。孙策与孙河、吕范去依附吴景，招集人马一同进攻泾县山区的叛军首领祖郎，祖郎大败逃走。之后，受刘繇逼迫，吴景北渡长江去投靠袁术，袁术任他为督军中郎将，与孙贲一起去攻打驻扎横江的刘繇部将樊能、于麋，又到秣陵袭击笮融、薛礼。当时，孙策在牛渚之战中受伤，已投降的敌军又再度反叛，吴景率兵作战，擒获叛军。吴景又随孙策讨伐刘繇，刘繇逃往豫章，孙策派吴景、孙贲到寿春去向袁术报告战况。当时袁术正与刘备争夺徐州，便任吴景为广陵太守。袁术后来僭越称帝，孙策写信劝他，袁术不听，孙策便封锁了长江沿岸的渡口，断绝了与袁术的往来，并派人告诉吴景。吴景立即离开广陵回到江东，孙策又任吴景为丹杨太守。汉朝廷派议郎王誧南下，王誧上表任吴景为扬武将军，依然兼任丹杨郡太守。

孙权少年承继父兄大业，吴夫人辅助他治理军国，对孙权有很大的帮助，建安七年，吴夫人临去世前，召见张昭等人，嘱咐后事，与孙坚合葬高陵。

建安八年，吴景死于任所，儿子吴奋为将，封新亭侯。吴景去世后，他的儿子吴安继承爵位，吴安因鲁王孙霸党案被处死，吴奋弟吴祺承继爵位，封都亭侯。吴祺去世后，儿子吴纂继承爵位，吴纂的

吴主权谢夫人，会稽山阴人也。父煚，汉尚书郎、徐令。权母吴，为权聘以为妃，爱幸有宠。后权纳姑孙徐氏，欲令谢下之，谢不肯，由是失志，早卒。后十余年，弟承拜五官郎中，稍迁长沙东部都尉、武陵太守，撰《后汉书》百余卷。

吴主权徐夫人，吴郡富春人也。祖父真，与权父坚相亲，坚以妹妻真，生琨。琨少仕州郡，汉末扰乱，去吏，随坚征伐有功，拜偏将军。坚薨，随孙策讨樊能、于麋等于横江，击张英于当利口，而船少，欲驻军更求。琨母时在军中，谓琨曰："恐州家多发水军来逆人，则不利矣，如何可驻邪？宜伐芦苇以为泭，佐船渡军。"琨具启策，策即行之，众悉俱济，遂破英，击走笮融、刘繇，事业克定。策表琨领丹杨太守，会吴景委广陵来东，复为丹杨守，琨以督军中郎将领兵，从破庐江太守李术，封广德侯，迁平虏将军。后从讨黄祖，中流矢卒。

琨生夫人，初适同郡陆尚。尚卒，权为讨虏将军在吴，聘以为妃，使母养子登。后权迁移，以夫人妒忌，废处吴。积十余年，权为吴王及即尊号，登为太子，群臣请立夫人为后，权意在步氏，卒不许。后以疾卒。兄矫，嗣父琨侯，讨平山越，拜偏将军，先夫人卒，无子。弟祚袭封，亦以战功至芜湖督、平魏将军。

吴主权步夫人，临淮淮阴人也，与丞相骘同族。汉末，其母携

妻子是滕胤的女儿，滕胤被杀后，吴纂也一起被杀。

孙权的谢夫人，她是会稽山阴人，父亲谢煚，在东汉时任尚书郎、徐县县令。孙权的母亲吴夫人，为孙权娶谢氏为妃，孙权对她很是宠爱。之后，孙权又娶了姑母的孙女徐氏，想让谢夫人居于徐氏之下，谢夫人不肯，所以失宠，很早就死了。十多年以后，谢夫人的弟弟谢承被任为五官郎中，渐升至长沙东部都尉、武陵郡太守，他所撰写的《后汉书》有一百多卷。

孙权的徐夫人，是吴郡富春人。祖父徐真，与孙坚交好，孙坚把妹妹嫁给徐真，生下了徐琨。徐琨自年轻时就在本郡府中做事，汉末，天下大乱，他辞去职务，随舅父孙坚征战有功。被任为偏将军。孙坚去世，徐琨随孙策到横江进攻樊能、于麋，又在当利口袭击张英。当时，军营中船只很少，孙策想停下来收集船只。徐琨的母亲孙氏当时在军营中，就对徐琨说："恐怕扬州州府会派大量水军来阻击我们，这样，形势就不利了，不能停下来。我们应当砍伐江边的芦苇做成筏子，系在船边渡过江去。"徐琨把她的建议报告给孙策，孙策立即施行，大军全部渡过长江，打败了张英，赶走了笮融、刘繇，大获全胜。孙策上表请求任命徐琨兼任丹杨太守，此时，吴景由广陵回到江东，又重新担任了丹杨太守，徐琨便以督军中郎将统领兵马，随孙策打败了庐江太守李术，封为广德侯，升任平虏将军。后来，徐琨在随孙策讨伐黄祖时，被流矢射中而死。

徐琨是徐夫人的生父，她当初嫁给同郡的陆尚。陆尚去世后，孙权担任讨虏将军驻军在吴县，聘徐氏为妃，让她作为养母哺育长子孙登。后来孙权对徐氏的宠爱发生改变，因为她的妒忌，把她送出去安置在吴县居住。过了十多年，孙权当上吴王后来又称帝，孙登被立为太子，群臣都请求立徐氏为皇后，而孙权的意思要立步氏，所以始终不同意。之后徐氏因病去世。徐氏兄长徐矫，继承了父亲徐琨的爵位，领兵讨伐平定山越，被任命为偏将军，徐矫在徐夫人之前去世，没有儿子。徐矫的弟弟徐祚继承了徐琨的爵位，也因立下战功而升到芜湖督、平魏将军。

孙权的步夫人，她是临淮郡淮阴县人，和丞相步骘同宗族。汉

将徙庐江，庐江为孙策所破，皆东渡江，以美丽得幸于权，宠冠后庭。生二女，长曰鲁班，字大虎，前配周瑜子循，后配全琮；少曰鲁育，字小虎，前配朱据，后配刘纂。

夫人性不妒忌，多所推进，故久见爱待。权为王及帝，意欲以为后，而群臣议在徐氏，权依违者十余年，然宫内皆称皇后，亲戚上疏称中宫。及薨，臣下缘权指，请追正名号，乃赠印绶，策命曰："惟赤乌元年闰月戊子，皇帝曰：呜呼皇后，惟后佐命，共承天地。虔恭夙夜，与朕均劳。内教修整，礼义不愆。宽容慈惠，有淑懿之德。民臣县望，远近归心。朕以世难未夷，大统未一，缘后雅志，每怀谦损。是以于时未授名号，亦必谓后降年有永，永与朕躬对扬天休。不寤奄忽，大命近止。朕恨本意不早昭显，伤后殂逝，不终天禄。愍悼之至，痛于厥心。今使使持节丞相醴陵侯雍，奉策授号，配食先后。魂而有灵，嘉其宠荣。呜呼哀哉！"葬于蒋陵。

吴主权王夫人，琅玡人也。夫人以选入宫，黄武中得幸，生和，宠次步氏。步氏薨后，和立为太子，权将立夫人为后，而全公主素憎夫人，稍稍谮毁。及权寝疾，言有喜色，由是权深责怒，以忧死。和子皓立，追尊夫人曰大懿皇后，封三弟皆列侯。

朝末年，孙权步夫人的母亲带她迁居到庐江郡。庐江被孙策攻破，当地人民都被迁到江东，她因为容貌美丽而得以嫁给孙权，在后宫中受到的宠爱无人可比。她生了两个女儿，长女名鲁班，字大虎，前夫是周瑜的儿子周循，后来又嫁给全琮；小女名鲁育，字小虎，前夫是朱据，后来又嫁给刘纂。

步夫人生性没有妒忌之心，多次向孙权推荐带进美貌女子，因此长久受到孙权的宠爱。孙权称王后来称帝，都想封步夫人为皇后，而群臣们的意见全都倾向于徐夫人，所以孙权一直犹豫不决了十多年。但是宫内都称步夫人为皇后，亲戚们上书给步夫人也都按照皇后的规格。等到步夫人去世以后，臣下们顺孙权的意旨，请求为步夫人追正名号，于是孙权便追赠给步夫人皇后的印绶，并下达册封文书说："赤乌元年闰月戊子，皇帝曰：呜呼皇后！朕思念皇后禀受天命来辅佐，一块儿承担起天覆地载的责任，日夜以虔诚恭敬的态度，与朕分担着辛劳。皇后对后宫的教化肃穆严整，让后宫没有违背礼义的现象出现。皇后宽容仁慈，广施恩惠，品德贤淑美好。臣民们对皇后都十分敬仰，远近的人都心向着皇后。朕因为国难未平，天下没有统一，又顺从皇后谦虚自损的高雅志向，所以没及时授给皇后的名号。再说朕也认为上天给皇后的寿命一定长久，将长久地与朕一起显扬上天赐给的荫庇。没想到突然之间，皇后的生命就终止了。朕既后悔自己的本意没有及早地显示，也为皇后永别人世，没有完全享受到上天赐给的福禄而感到悲伤。朕真是怜悯哀悼，痛心到了极点。现在派使持节、丞相、醴陵侯顾雍，带着文书前来授予皇后的名号，并使皇后和已故的皇太后一起享受祭祀。皇后的在天之灵，将会喜欢如此的荣宠。呜呼哀哉！"步夫人被葬在蒋陵。

孙权的王夫人，是琅琊郡人，被选中入宫。黄武年间得到孙权的宠爱，生下儿子孙和，得宠程度仅次于步夫人。步夫人死后，孙和被立为太子。孙权想立王夫人为皇后，而孙权的大女儿，也就是后改嫁给全琮的公主鲁班，历来憎恨王夫人，就不断地对她进行诋毁。孙权病卧在床时，鲁班又说她脸上有喜悦的神色，为此，孙权愤怒地痛斥她，使她在忧恐中很快去世了。孙和的儿子孙晧被立为皇帝后，

吴主权王夫人，南阳人也，以选入宫，嘉禾中得幸，生休。及和为太子，和母贵重，诸姬有宠者，皆出居外。夫人出公安，卒，因葬焉。休即位，遣使追尊曰敬怀皇后，改葬敬陵。王氏无后，封同母弟文雍为亭侯。

吴主权潘夫人，会稽句章人也。父为吏，坐法死。夫人与姊俱输织室，权见而异之，召充后宫。得幸有娠，梦有以龙头授己者，己以蔽膝受之，遂生亮。赤乌十三年，亮立为太子，请出嫁夫人之姊，权听许之。明年，立夫人为皇后。性险妒容媚，自始至卒，谮害袁夫人等甚众。权不豫，夫人使问中书令孙弘吕后专制故事。侍疾疲劳，因以羸疾，诸宫人伺其昏卧，共缢杀之，托言中恶。后事泄，坐死者六七人。权寻薨，合葬蒋陵。孙亮即位，以夫人姊婿谭绍为骑都尉，授兵。亮废，绍与家属送本郡庐陵。

孙亮全夫人，全尚女也。从祖母公主爱之，每进见辄与俱。及潘夫人母子有宠，全主自以与孙和母有隙，乃劝权为潘氏男亮纳夫人，亮遂为嗣。夫人立为皇后，以尚为城门校尉，封都亭侯，代滕胤为太常、卫将军，进封永平侯，录尚书事。时全氏侯有五人，并典兵马，其余为侍郎、骑都尉，宿卫左右，自吴兴，外戚贵盛莫及。及魏大将诸葛诞以寿春来附，而全怿、全端、全祎、全仪等并因此际降魏，全熙谋泄见杀，由是诸全衰弱。会孙綝废亮为会稽王，后又黜为候官侯，夫人随之国，居候官，尚将家属徙零陵，追见杀。

追尊王夫人为大懿皇后，封她的三个弟弟为列侯。

孙权的王夫人，是南阳人，被选中入宫，嘉禾年间怀孕，生下儿子孙休。孙和为太子时，其母王夫人因此显贵，所以孙权其他的姬妾都被迁出宫外。后来，王夫人被迁徙到湖北公安，并死在那里，就地安葬。孙休当了皇帝后，追尊王夫人为敬怀皇后，并将其改葬到敬陵。王家没有后代，孙休封她同母异父的弟弟文雍为亭侯。

孙权的潘夫人，她是会稽句章人。父亲原来是个小官，因罪被处死。潘氏与她的姐姐都被收入为皇家织造绸缎的官署做工，孙权见她容貌出众，便召进后宫。她被宠幸而怀孕，梦中见有人把龙头交给自己，便用蔽膝接下龙头，于是，生下孙亮。赤乌十三年，孙亮被立为太子，潘氏请求将她的姐姐嫁出去，孙权同意了。第二年，孙权立潘夫人为皇后。潘夫人不仅外貌娇媚而且生性忌妒，从进宫到去世，一直诽谤、陷害袁夫人等多人。孙权病重时，她就派人向中书令孙弘询问有关吕后专权的故事。潘夫人因服侍生病的孙权过于疲劳，犯了风痺病，宫女们乘她昏睡之际，用绳子勒死了她，借口说她是中邪而死。后来，事情败露，有宫女六七人为此事被杀。不久，孙权去世，与潘夫人合葬在蒋陵。孙亮即帝位后，以潘夫人的姐夫谭绍为骑都尉，授予兵权。孙亮被废后，谭绍和他的家属也被送回老家庐陵郡。

孙亮全夫人，她是全尚的女儿。孙亮全夫人的堂祖母，也就是孙权的大女儿公主鲁班，对全夫人非常疼爱，每次进宫见孙权都要带着她。潘夫人母子得宠之后，公主鲁班因为自己与孙和的母亲王夫人有矛盾，所以竭力劝孙权为潘夫人的儿子孙亮娶全氏为妻，后来孙亮终于当上继承人。孙亮登上帝位立刻封夫人为皇后，任命全夫人的父亲全尚为城门校尉，封都亭侯，又代替滕胤任太常、卫将军，晋封永平侯，总管尚书台的公务。当时全氏家族有五人封侯，而且都负责统领军队，其余的人也担任侍郎、骑都尉，在皇帝左右充当侍卫，自从吴国兴起，孙氏皇族的后妃之家没有谁家比得上全家的尊贵兴盛。后来魏军大将诸葛诞献上寿春城投降，而全怿、全端、全祎、全仪都在这时投降魏国，全熙在密谋败露后被处死，从此全

孙休朱夫人，朱据女，休姊公主所生也。赤乌末，权为休纳以为妃。休为琅玡王，随居丹杨。建兴中，孙峻专政，公族皆患之。全尚妻即峻姊，故惟全主祐焉。初，孙和为太子时，全主谮害王夫人，欲废太子，立鲁王，朱主不听，由是有隙。五凤中，孙仪谋杀峻，事觉被诛。全主因言朱主与仪同谋，峻枉杀朱主。休惧，遣夫人还建业，执手泣别。既至，峻遣还休。太平中，孙亮知朱主为全主所害，问朱主死意？全主惧曰："我实不知，皆据二子熊、损所白。"亮杀熊、损。损妻是峻妹也，孙綝益忌亮，遂废亮，立休。永安五年，立夫人为皇后。休卒，群臣尊夫人为皇太后。孙晧即位月余，贬为景皇后，称安定宫。甘露元年七月，见逼薨，合葬定陵。

孙和何姬，丹杨句容人也。父遂，本骑士。孙权尝游幸诸营，而姬观于道中，权望见异之，命宦者召入，以赐子和。生男，权喜，名之曰彭祖，即晧也。太子和既废，后为南阳王，居长沙。孙亮即位，孙峻辅政。峻素媚事全主，全主与和母有隙，遂劝峻徙和居新都，遣使赐死，嫡妃张氏亦自杀。何姬曰："若皆从死，谁当养孤？"遂拊育晧，及其三弟。晧即位，尊和为昭献皇帝，何姬为昭献皇后，称升平宫，月余，进为皇太后。封弟洪永平侯，蒋溧阳侯，植宣城侯。洪卒，子邈嗣，为武陵监军，为晋所杀。植官至大司徒。吴末昏乱，何氏骄僭，子弟横放，百姓患之。故民讹言"晧久死，立者何氏

氏势力衰弱。恰逢孙綝废黜孙亮为会稽王。后来孙亮又被贬为候官侯，全夫人跟从他一起前往封地，居住在候官县。而全尚及其家属则被流放到零陵郡，途中他被朝廷追派来的使者杀死。

孙休朱夫人，她是朱据的女儿，孙休的姐姐鲁育公主所生。赤乌末年，孙权为孙休纳朱氏为妃。孙休被封琅琊王，朱夫人随他居住丹杨。建兴年间，孙峻擅权专政，王公家族既畏惧他，又忌恨他。因全尚的妻子是孙峻的姐姐，所以只有全鲁班公主袒护孙峻。当初，孙和为太子时，全鲁班公主陷害王夫人，孙权想废除孙和而立鲁王。朱鲁育公主不赞成，因此，两人有了矛盾。五凤年间，孙仪欲谋杀孙峻，事发后被处死。全鲁班公主便向孙峻说朱鲁育公主与孙仪是同谋，孙峻就枉杀了朱鲁育公主。孙休害怕，让朱夫人回建业，执手泣别。朱夫人到了建业，孙峻又把她送还孙休住地。太平年间，孙亮得知朱鲁育公主是被全鲁班公主加害的，便询问朱鲁育公主的死因。全鲁班公主感到十分恐惧，说："我真的不知道，都是朱据的两个儿子朱熊、朱损说的。"孙亮便杀掉了朱熊、朱损。朱损的妻子是孙峻的妹妹，所以，后来接替孙峻权位的孙綝更加忌恨孙亮，便废掉孙亮另立孙休。永安五年，孙休立朱夫人为皇后。孙休去世后，群臣尊朱夫人为皇太后。孙晧即位一个多月后，朱夫人又被贬为景皇后，所居宫室称安定宫。甘露元年七月，朱夫人被逼而死，与孙休合葬于定陵。

孙和的妃子何姬，是丹杨郡句容县人。孙和的父亲孙遂，原本是一个骑士。孙权巡视各地军营，当时何氏在路旁观看，被孙权看见，孙权认为这个小姑娘不平常，命令随从宦官将她召进宫中，赐给儿子孙和。后来何氏生了个男孩，孙权很喜欢，取名彭祖，这便是孙晧。皇太子孙和被废弃以后，改封为南阳王，在长沙居住。孙亮即帝位，孙峻辅佐朝政。孙峻平时便巴结全鲁班公主，全鲁班公主与孙和的母亲有仇怨，于是劝说孙峻将孙和迁居到新都，派遣使臣命令孙和自杀，孙和的正妻张氏也自杀。何氏对使臣说："如果都随从孙和一道死了，哪个来抚养留下的孤儿呢？"于是何氏活下来抚育孙晧和她的三个弟弟。孙晧即帝位，尊称孙和为昭献皇帝，何氏为昭献

子”云。

孙晧滕夫人，故太常胤之族女也。胤夷灭，夫人父牧，以疏远徙边郡。孙休即位，大赦，得还，以牧为五官中郎。晧既封乌程侯，聘牧女为妃。晧即位，立为皇后，封牧高密侯，拜卫将军，录尚书事。后朝士以牧尊戚，颇推令谏争。而夫人宠渐衰，晧滋不悦，晧母何恒左右之。又太史言，于运历，后不可易，晧信巫觋，故得不废，常供养升平宫。牧见遣居苍梧郡，虽爵位不夺，其实裔也，遂道路忧死。长秋官僚，备员而已，受朝贺表疏如故。而晧内诸宠姬，佩皇后玺绂者多矣。天纪四年，随晧迁于洛阳。

评曰：《易》称“正家而天下定”。《诗》云：“刑于寡妻，至于兄弟，以御于家邦。”诚哉，是言也！远观齐桓，近察孙权，皆有识士之明，杰人之志，而嫡庶不分，闺庭错乱，遗笑古今，殃流后嗣。由是论之，惟以道义为心、平一为主者，然后克免斯累邪！

皇后，宫室称为升平宫，过了一个多月，又被封为皇太后。封她的弟弟何洪为永平侯，何蒋为溧阳侯，何植为宣城侯。何洪死，洪子何邈继承了封爵，授任为武陵监军，后来被晋朝的军队杀死。何植官至大司徒。吴国末年，孙晧昏庸，朝政大乱，何氏家族骄横，超越本分，子弟凶暴放肆，百姓把他们看成是大祸害。百姓谣传说："孙晧已经死了很久，当今的皇帝是何家的人"。

吴主孙晧的滕夫人，是原太常滕胤同族的女儿。滕胤被孙綝诛灭，滕夫人的父亲滕牧，由于与滕胤的关系疏远流迁到边远郡县。孙休即帝位，在全国大赦，滕牧才得以回到建业，孙休任命滕牧担任五官中郎。孙晧封乌程侯以后，娶滕牧女为妃。孙晧即帝位，立腾夫人为皇后，封滕牧为高密侯，授官卫将军，总管朝廷军国大政。后来朝廷官员因为滕牧是尊贵的外戚，大都推他向孙晧劝谏与争议。可是滕夫人受到的宠爱渐渐衰减，孙晧越来越不喜欢夫人，幸亏孙晧的母亲何太后常常帮助她。又因为太史宣称，根据天象测知的运命、气数，皇后不可以改变，孙晧迷信巫师，所以滕后没有被贬废，经常在升平宫奉养何太后。滕牧则被遣送到苍梧郡，虽说封爵官职没有剥夺，实际上是将他放逐到边远地区，滕牧在去苍梧的路上忧愁死去。腾皇后宫中大小的官员，不过是充数罢了，只照例接受臣下朝见、庆贺的呈文。可是在后宫被孙晧宠爱的众多侍妾当中，执掌皇后印章的人却很多。天纪四年，晋朝灭亡了吴国，滕夫人随同孙晧迁往洛阳。

评论说：《周易》有"治理好家庭而后天下安定"的说法，《诗经·思齐》一诗也写道："给嫡妻做示范，然后是兄弟，从而治理国家。"这些话确实说得好啊！远看齐桓公，近看孙权，都有识别人才的明智，英雄豪杰的志向，然而又都不分嫡庶，后宫关系错乱，在古今历史上留下笑柄，使灾祸落到后代的头上。由此说来，只有心中坚持道义，处理事情以公平一致为原则的人，才能免除这方面的问题吧！

卷五十一　吴书六

宗室传第六

孙静字幼台，坚季弟也。坚始举事，静纠合乡曲及宗室五六百人以为保障，众咸附焉。策破刘繇，定诸县，进攻会稽，遣人请静，静将家属与策会于钱唐。是时太守王朗拒策于固陵，策数度水战，不能克。静说策曰："朗负阻城守，难可卒拔。查渎南去此数十里，而道之要径也，宜从彼据其内，所谓攻其无备、出其不意者也。吾当自帅众为军前队，破之必矣。"策曰："善。"乃诈令军中曰："顷连雨水浊，兵饮之多腹痛，令促具罂缶数百口澄水。"至昏暮，罗以然火诳朗，便分军夜投查渎道，袭高迁屯。朗大惊，遣故丹杨太守周昕等帅兵前战。策破昕等，斩之，遂定会稽。表拜静为奋武校尉，欲授之重任，静恋坟墓宗族，不乐出仕，求留镇守。策从之。权统事，就迁昭义中郎将，终于家。有五子，暠、瑜、皎、奂、谦。暠三子：绰、超、恭。超为偏将军。恭生峻。绰生綝。

瑜字仲异，以恭义校尉始领兵众。是时宾客诸将多江西人，瑜虚心绥抚，得其欢心。建安九年，领丹杨太守，为众所附，至万余人。加绥远将军。十一年，与周瑜共讨麻、保二屯，破之。后从权拒曹公于濡须，权欲交战，瑜说权持重，权不从，军果无功。迁奋威将军，领郡如故，自溧阳徙屯牛渚。瑜以永安人饶助为襄安长，无锡人颜连为居巢长，使招纳庐江二郡，各得降附。济阴人马普笃学好古，瑜厚礼之，使二府将吏子弟数百人就受业，遂立学官，临飨讲

孙静，字幼台，他是孙坚的三弟。孙坚开始建义军时，孙静聚集乡亲及同族五六百人护卫地方，大家都很顺服他。孙策打败刘繇、平定各县、进攻会稽时，派人来请孙静，孙静率家人与孙策在钱唐会面。这时，太守王朗在固陵抗拒孙策。孙策几次在水上同王朗交战，都没能取胜。孙静劝孙策说："王朗依险，坚守城池，难以迅速攻下。查渎往南几十里，是道路要冲，应从那里控制他的内部，这就是兵法上攻其无备、出其不意的道理。我亲率我的部属为先锋，一定能打败王朗。"孙策说："好。"就在军队中下假命令说："前不久，连着下雨，饮水混浊，士兵喝了很多人肚子痛，马上备办几百口瓦缸澄清浑水。"到了黄昏，孙策又让士兵在周围燃起火堆迷惑王朗，而于夜半分兵直奔查渎道，袭击高迁屯。王朗很是吃惊，派原丹杨太守周昕等人领兵救援，孙策打败并杀了周昕等人，于是，会稽平定。孙策上表任命孙静为奋武校尉，并准备予他要职，孙静因眷恋家乡宗族，不想出外做官，就请求留在家乡镇守。孙策同意了。孙权接位后，升孙静为昭义中郎将，最后在家乡终老。孙静有五个儿子：孙暠、孙瑜、孙皎、孙奂、孙谦。孙暠有三个儿子：孙绰、孙超、孙恭。孙超任偏将军，孙恭生孙峻，孙绰生孙綝。

孙瑜字仲异，以恭义校尉的身份开始领兵。那时孙瑜的门客和各位将领大多是江淮之间的人，孙瑜诚心地安抚大家，得到众人的信任。建安九年，孙瑜兼任丹杨太守，受到众人拥护，兵力达到一万多人。被加官为绥远将军。建安十一年，孙瑜和周瑜一起讨伐麻屯和保屯，取得大胜。后来孙瑜跟从孙权在濡须抵御曹操，孙权打算交战，孙瑜劝孙权谨慎从事，孙权不听，出击果然没有成功。孙瑜后升为奋威将军，照旧兼任丹杨太守，从溧阳迁到牛渚驻扎。孙瑜任用永安人饶助为襄安县长，无锡人颜连为居巢县长，让他们招纳庐江二

肆。是时诸将皆以军务为事，而瑜好乐坟典，虽在戎旅，诵声不绝。年三十九，建安二十年卒。瑜五子：弥、熙、耀、曼、纮。曼至将军，封侯。

孙皎字叔朗，始拜护军校尉，领众二千余人。是时曹公数出濡须，皎每赴拒，号为精锐。迁都护征虏将军，代程普督夏口。黄盖及兄瑜卒，又并其军。赐沙羡、云杜、南新市、竟陵为奉邑，自置长吏。轻财能施，善于交结，与诸葛瑾至厚，委庐江刘靖以得失，江夏李允以众事，广陵吴硕、河南张梁以军旅，而倾心亲待，莫不自尽。皎尝遣兵候获魏边将吏美女以进皎，皎更其衣服送还之，下令曰："今所诛者曹氏，其百姓何罪？自今以往，不得击其老弱。"由是江淮间多归附者。尝以小故与甘宁忿争，或以谏宁，宁曰："臣子一例，征虏虽公子，何可专行侮人邪！吾值明主，但当输效力命，以报所天，诚不能随俗屈曲矣。"权闻之，以书让皎曰："自吾与北方为敌，中间十年，初时相持年小，今者且三十矣。孔子言'三十而立'，非但谓五经也。授卿以精兵，委卿以大任，都护诸将于千里之外，欲使如楚任昭奚恤，扬威于北境，非徒相使逞私志而已。近闻卿与甘兴霸饮，因酒发作，侵陵其人，其人求属吕蒙督中。此人虽粗豪，有不如人意时，然其较略大丈夫也。吾亲之者，非私之也。我亲爱之，卿疏憎之；卿所为每与吾违，其可久乎？夫居敬而行简，可以临民；爱人多容，可以得众。二者尚不能知，安可董督在远，御寇济难乎？卿行长大，特受重任，上有远方瞻望之视，下有部曲朝夕从事，何可恣意有盛怒邪？人谁无过，贵其能改，宜追前愆，深自咎责。今故烦诸葛子瑜重宣吾意。临书摧怆，心悲泪下。"皎得书，上疏陈谢，遂与宁结厚。后吕蒙当袭南郡，权欲令皎与蒙为左右部大督，蒙说权

郡，这两人各得到投降和归附的人众。济阴人马普专心好学而且喜爱古代事务，孙瑜对他厚礼相待，让军政二府的将士和官吏的子弟几百人跟他学习，还设立了学官，他自己亲临讲堂的开业祭典。当时诸将都专心军事，而孙瑜却嗜好古人典籍，虽然身处军旅，却从不中断读书。孙瑜仅活到三十九岁，建安二十年就去世了。孙瑜有五个儿子，即孙弥、孙熙、孙耀、孙曼和孙纮。孙曼官做到将军，封侯。

孙皎，字叔朗，起初任护军校尉，带领两千多人。那时，曹操多次进犯濡须，孙皎每次都率兵抗击曹魏，号称精锐。孙皎后升都护、征虏将军，接替程普镇守夏口。黄盖和孙瑜去世后，他又将这两处兵马合并过来。朝廷把沙羡、云杜、南新市、竟陵赐他做食邑，可以自主安置地方官员。孙皎轻财施惠，善于交往，与诸葛瑾的交情很深厚，他把决策权托给庐江人刘靖，把一般的事务托给江夏人李允，士兵托给广陵人吴硕、河南人张梁，并倾心抚慰他们，使他们都能尽心竭力。孙皎曾派遣兵士探察魏国动静，士兵把抓获魏国的守将和官吏的美女送给孙皎，孙皎给他们更换衣服，并送他们回去，下令说："现在吴国要讨伐的是曹氏，百姓有什么罪？从今以后，不许攻击魏国的老弱百姓。"所以，江淮一带归附他的人很多。孙皎曾因小事与甘宁斗气，有人劝说甘宁让步，甘宁说："人臣与皇子同例，征虏将军虽是皇族，但也不能专断又侮辱人。我遇到的是贤君明主，自当尽力效劳，却不能随同时俗，委曲求全。"孙权听到这件事后，写信责备孙皎说："自我与曹操为敌以来，已有十年。当初你我都还年轻，现在也快三十岁了。孔子说'三十而立'，并非只熟读五经。我把精兵交付于你，委以重任，于千里之外统将带兵，是想让自己像从前楚宣王委任昭奚恤那样，让你向北敌扬威，绝非只是要使你能满足个人的愿望而已。最近听说你与甘宁饮酒，因酒醉而乱性，欺侮于他，他现在要求归属吕蒙督领。甘宁人虽粗豪，有时不免使人不满意，但总的来看仍是杰出之士。我亲重于他，并非护短偏爱。现在我亲爱他，你却疏远憎恨他，与我常常相反，这怎能长久维持下去呢？为人严谨、办事简明，才可治理百姓；能爱护宽容他人，才能得众人拥护。这两点你都不懂，怎能在远方统兵击敌、解除危难呢？你就要成人

曰："若至尊以征虏能，宜用之；以蒙能，宜用蒙。昔周瑜、程普为左右部督，共攻江陵，虽事决于瑜，普自恃久将，且俱是督，遂共不睦，几败国事，此目前之戒也。"权寤，谢蒙曰："以卿为大督，命皎为后继。"禽关羽，定荆州，皎有力焉。建安二十四年卒。权追录其功，封子胤为丹杨侯。胤卒，无子。弟晞嗣，领兵，有罪自杀，国除。弟咨、弥、仪皆将军，封侯。咨羽林督，仪无难督。咨为滕胤所杀，仪为孙峻所害。

孙奂字季明。兄皎既卒，代统其众，以扬武中郎将领江夏太守。在事一年，遵皎旧迹，礼刘靖、李允、吴硕、张梁及江夏闾举等，并纳其善。奂讷于造次而敏于当官，军民称之。黄武五年，权攻石阳，奂以地主，使所部将军鲜于丹帅五千人先断淮道，自帅吴硕、张梁五千人为军前锋，降高城，得三将。大军引还，权诏使在前住，驾过其军，见奂军陈整齐，权叹曰："初吾忧其迟钝，今治军，诸将少能及者，吾无忧矣。"拜扬威将军，封沙羡侯。吴硕、张梁皆裨将军，赐爵关内侯。奂亦爱乐儒生，复命部曲子弟就业，后仕进朝廷者数十人。年四十，嘉禾三年卒。子承嗣，以昭武中郎将代统兵，领郡。赤乌六年卒，无子，封承庶弟壹奉奂后，袭业为将。孙峻之诛诸葛恪也，壹与全熙、施绩攻恪弟公安督融，融自杀。壹从镇南迁镇军，假节督夏口。及孙綝诛滕胤、吕据，据、胤皆壹之妹夫

了，我特别加以重用。上有君主在关注你，下有兵马在追随你，你怎能意气用事、大动肝火呢？谁都免不了犯错误，贵在知错能改。你应认真追悔所犯错误，对自己严加批评。我特意烦请子瑜把我的意思郑重地转告你。写信时心中难过，不禁泪下。”孙皎看信后，上疏认错，就这样，孙皎与甘宁结为好友。后来，吕蒙要进攻南郡，孙权想让孙皎和吕蒙分任左右都督。吕蒙劝孙权说：“您若认为征虏将军可以胜任，就该任用他；若认为我能胜任，就应任用我。以前周瑜、程普为左右督帅，一起进攻江陵，虽然由周瑜决策，但程普依仗自己是老资格的将领，且又都是统帅，心中不服而失和，险些坏了大事，我们今天应当引以为诫。”孙权猛然醒悟向吕蒙表示歉意，说：“任命您为大都督，孙皎为后续。”后来，擒拿关羽、平定荆州，孙皎都出了力。汉建安二十四年，孙皎去世。孙权追赏他的功劳，封他的儿子孙胤为丹杨侯。孙胤去世后，没有儿子，弟弟孙晞承继爵位，统率兵马，后因有罪自杀，封国被废除。孙胤的弟弟孙咨、孙弥、孙仪都是将军，封为侯爵。孙咨是羽林督，孙仪是无难督。孙咨被滕胤杀害，孙仪被孙峻杀害。

孙奂字季明。孙奂在哥哥孙皎去世后，代替哥哥统领部众，以扬武中郎将的身份兼任江夏太守。任职第一年的时候，处理军政事务完全按照孙皎的办法，对刘靖、李允、吴硕、张梁和江夏人闾举等人以礼相待，一概接受这些人好的意见。孙奂在突然遇到紧急的事时显得很谨慎，但处理政事却很敏捷，当地军民都称赞孙奂。黄武五年，孙权进攻石阳县，孙奂认为这是在自己防区内的行动，派部将鲜于丹率领五千人阻断淮河水道，自己率领吴硕、张梁等五千人作为军队的前锋，攻克高城，俘获曹魏三位将领。大军退还时，孙权命孙奂在前面停住，自己乘车从孙奂的军前经过，见到孙奂的部队军容整齐，赞叹说：“开始我还担心孙奂办事迟钝，现在看来统领军队，众将领中很少有人能赶上孙奂，我不用担心了。”孙权就任命孙奂为扬威将军，封为沙羡侯。吴硕、张梁也都被任命为裨将军，赐关内侯爵。孙奂也喜欢亲近儒家学者，又让部将子弟读书学习，后来有数十人，入朝为官。孙奂时年四十，于嘉禾三年去世。儿子孙承继承了爵

也，壹弟封又知胤、据谋綝，自杀。綝遣朱异潜袭壹。异至武昌，壹知其攻己，率部曲千余口过将胤妻奔魏。魏以壹为车骑将军、仪同三司，封吴侯，以故主芳贵人邢氏妻之。邢美色妒忌，下不堪命，遂共杀壹及邢氏。壹入魏三年死。

孙贲字伯阳。父羌字圣台，坚同产兄也。贲早失二亲，弟辅婴孩，贲自赡育，友爱甚笃。为郡督邮守长。坚于长沙举义兵，贲去吏从征伐。坚薨，贲摄帅余众，扶送灵柩。后袁术徙寿春，贲又依之。术从兄绍用会稽周昂为九江太守，绍与术不协，术遣贲攻破昂于阴陵。术表贲领豫州刺史，转丹杨都尉，行征虏将军，讨平山越。为扬州刺史刘繇所迫逐，因将士众还住历阳。顷之，术复使贲与吴景共击樊能、张英等，未能拔。及策东渡，助贲、景破英、能等，遂进击刘繇。繇走豫章。策遣贲、景还寿春报术，值术僭号，署置百官，除贲九江太守。贲不就，弃妻孥还江南。时策已平吴、会二郡，贲与策征庐江太守刘勋、江夏太守黄祖，军旋，闻繇病死，过定豫章，上贲领太守，后封都亭侯。建安十三年，使者刘隐奉诏拜贲为征虏将军，领郡如故。在官十一年卒。子邻嗣。

位，以昭武中郎将身份接替父亲统领其部下，并兼任江夏太守。孙承在赤乌六年去世，没有儿子，孙承的异母弟孙壹继承了爵位，并作为孙奂一支的传人，承袭父亲的兵马担任将军。孙峻诛杀诸葛恪的时候，孙壹和全熙、施绩进攻诸葛恪的弟弟、公安督诸葛融，诸葛融自杀。孙壹因而从镇南将军晋升为镇军将军，持符节，主持夏口防区防务。当孙綝诛杀滕胤、吕据时，这两人都是孙壹的妹夫，孙壹的弟弟孙封又知道滕胤、吕据二人试图诛除孙綝的计划，因害怕而自杀。孙綝派朱异暗中袭击孙壹。朱异到达武昌后，孙壹知道朱异要攻打自己，便率领部下一千余人，途中带上滕胤的妻子投奔曹魏。曹魏任命孙壹为车骑将军、仪同三司，封为吴侯，又让以前魏帝曹芳的贵人邢氏做孙壹的妻子。邢氏貌美而好妒忌，手下的人忍受不了邢氏的虐待，于是一起杀死了孙壹和邢氏。孙壹是在降附曹魏三年后死的。

孙贲，字伯阳，他父亲孙羌字圣台，他是孙坚的同母兄长。孙贲从小就失去双亲，弟弟孙辅还是个婴儿，孙贲亲自抚养他长大，所以兄弟两人的情谊很深厚。之后孙贲任郡督邮并代理地方主管职务。孙坚在长沙举兵，孙贲弃官跟随孙坚讨伐董卓。孙坚去世后，孙贲代为统领孙坚留下的兵马，护送孙坚的灵柩还乡。袁术迁至寿春，孙贲前去投奔。袁术的堂兄袁绍任用会稽人周昂为九江太守。袁绍与袁术不和，袁术派孙贲在阴陵打败了周昂。袁术上表朝廷请求任孙贲兼任豫州刺史，又改任丹杨都尉，代理征虏将军，讨伐平定了山越人。后来，孙贲受到扬州刺史刘繇的攻击，于是，率兵马退住江北历阳。不久，袁术又叫孙贲与吴景一起进攻樊能、张英等人，没能取胜。一直到孙策东渡长江，援助孙贲、吴景打败了樊能、张英等人后，才并力攻击刘繇，刘繇逃到了豫章。孙策派孙贲、吴景回寿春向袁术报告，正值袁术僭越称帝，设置百官，并且任命孙贲为九江太守。孙贲没有就职，抛弃妻儿返回江南。此时，孙策已平定吴郡、会稽两郡，孙贲与孙策又征讨庐江太守刘勋、江夏太守黄祖。回军时，听说刘繇病死，就顺路平定了豫章。孙策上表请求孙贲兼任太守，后封都亭侯。建安十三年，汉使刘隐奉诏授予孙贲征虏将军的称号，仍兼任豫章太守。孙贲在任十一年去世。儿子孙邻承继爵位。

邻年九岁，代领豫章，进封都乡侯。在郡垂二十年，讨平叛贼，功绩修理。召还武昌，为绕帐督。时太常潘濬掌荆州事，重安长陈留舒燮有罪下狱，濬尝失燮，欲置之于法。论者多为有言，濬犹不释。邻谓濬曰："舒伯膺兄弟争死，海内义之，以为美谭，仲膺又有奉国旧意。今君杀其子弟，若天下一统，青盖北巡，中州士人必问仲膺继嗣，答者云潘承明杀燮，于事何如？"濬意即解，燮用得济。邻迁夏口沔中督、威远将军，所居任职。赤乌十二年卒。子苗嗣。苗弟旅及叔父安、熙、绩，皆历列位。

孙辅字国仪，贲弟也，以扬武校尉佐孙策平三郡。策讨丹杨七县，使辅西屯历阳以拒袁术，并招诱余民，鸠合遗散。又从策讨陵阳，生得祖郎等。策西袭庐江太守刘勋，辅随从，身先士卒，有功。策立辅为庐陵太守，抚定属城，分置长吏。迁平南将军，假节领交州刺史。遣使与曹公相闻，事觉，权幽系之。数岁卒。子兴、昭、伟、昕，皆历列位。

孙翊字叔弼，权弟也，骁悍果烈，有兄策风。太守朱治举孝廉，司空辟。建安八年，以偏将军领丹杨太守，时年二十。后卒为左右边鸿所杀，鸿亦即诛。

子松为射声校尉、都乡侯。黄龙三年卒。蜀丞相诸葛亮与兄瑾书曰："既受东朝厚遇，依依于子弟。又子乔良器，为之恻怆。见其所与亮器物，感用流涕。"其悼松如此，由亮养子乔咨述故云。

孙邻九岁，接替他父亲的职位，兼任豫章太守，自后又晋封为都乡侯。孙邻做郡职将近二十年，讨平反叛盗贼，取得了不错的政绩。后奉命调回武昌，任绕帐督。当时太常卿潘濬主管荆州的军政，重安县长陈留人舒燮因为有罪投入监狱，潘濬对舒燮不满，要对他从严处置。议事的官员有很多人为舒燮说话，潘濬还不能消除疑虑。孙邻对潘濬说："舒伯膺兄弟都争着替死，全国都认为他们有义气，传为佳话。仲膺还有拥戴吴国的旧情。现在您杀了他们的子弟，假如全国统一，皇帝到北方巡视，中原地区的士人一定会询问仲膺的后代，答话的人说潘承明杀了舒燮，对这样的事，您觉得怎样呢？"潘濬的疑虑即时消除，舒燮因此得救。之后孙邻晋升为夏口沔中督、威远将军，凡所担任的职务都很称职。赤乌十二年孙邻病死。儿子孙苗继位。孙苗的弟弟孙旅以及孙苗的叔父孙安、孙熙、孙绩，都官至列卿的高位。

孙辅字国仪，他是孙贲的弟弟，凭借扬武校尉的身份辅佐孙策平定三郡。孙策讨伐丹杨七县的时候，派孙辅西行驻守历阳以阻击袁术，并招集劝诱余下的百姓，聚合失散的士卒。孙辅后又跟随孙策讨伐陵阳，活捉祖郎等人。孙策西进袭击庐江太守刘勋，孙辅跟随参战，身先士卒，立下战功。孙策奏荐孙辅为庐陵太守，安抚平定所属的城镇，分别设置管理长官。升平南将军，假以符节兼任交州刺史。后来孙辅派使者与曹操私下交往，事情被发觉后，孙权幽禁了他。数年后孙辅去世。他的儿子孙兴、孙昭、孙伟、孙昕，都有爵位。

孙翊字叔弼，他是孙权的弟弟，他骁勇强悍，果敢刚烈，有着哥哥孙策的风范。太守朱治推举孙翊为孝廉，他被司空征召。建安八年，孙翊以偏将军的身份兼任丹杨太守，时年二十岁。第二年孙翊却被随从边鸿杀害，边鸿也随即被处死。

孙翊的儿子孙松为射声校尉、都乡侯。黄龙三年去世。蜀国丞相诸葛亮在给哥哥诸葛瑾的信中说："你既受东吴的厚恩，福荫又延及到子弟。再者子乔是很优秀的人才，我为他的不幸悲痛。见到他送给我的器物，便感慨而流泪。"诸葛亮悲悼孙松就像这样，而这是因为诸葛亮的养子诸葛乔向他叹息诉说才有这番话的。

孙匡字季佐，翊弟也。举孝廉茂才，未试用，卒，时年二十余。子泰，曹氏之甥也，为长水校尉。嘉禾三年，从权围新城，中流矢死。泰子秀为前将军、夏口督。秀公室至亲，握兵在外，皓意不能平。建衡二年，皓遣何定将五千人至夏口猎。先是，民间佥言秀当见图，而定远猎，秀遂惊，夜将妻子亲兵数百人奔晋。晋以秀为骠骑将军、仪同三司，封会稽公。

孙韶字公礼。伯父河，字伯海，本姓俞氏，亦吴人也。孙策爱之，赐姓为孙，列之属籍。后为将军，屯京城。

初，孙权杀吴郡太守盛宪，宪故孝廉妫览、戴员亡匿山中，孙翊为丹杨，皆礼致之。览为大都督督兵，员为郡丞。及翊遇害，河驰赴宛陵，责怒览、员，以不能全翊，令使奸变得施。二人议曰："伯海与将军疏远，而责我乃耳。讨虏若来，吾属无遗矣。"遂杀河，使人北迎扬州刺史刘馥，令住历阳，以丹杨应之。会翊帐下徐元、孙高、傅婴等杀览、员。

韶年十七，收河余众，缮治京城，起楼橹，修器备以御敌。权闻乱，从椒丘还，过定丹杨，引军归吴。夜至京城下营，试攻惊之，兵皆乘城传檄备警，声动地，颇射外人，权使晓喻乃止。明日见韶，甚器之，即拜承烈校尉，统河部曲，食曲阿、丹徒二县，自置长吏，一如河旧。后为广陵太守、偏将军。权为吴王，迁扬威将军，封建德侯。权称尊号，为镇北将军。韶为边将数十年，善养士卒，得其死力。常以警疆埸远斥候为务，先知动静而为之备，故鲜有负败。青、徐、汝、沛颇来归附，淮南滨江屯候皆徹兵远徙，徐、泗、江、淮之地，不居者各数百里。自权西征，还都武昌，韶不进见者十余年。权

孙匡，字季佐，他是孙翊的弟弟。被举为孝廉茂才，还没有试用，就生病死了，当时才二十多岁。孙匡的儿子孙泰，是曹氏的外甥，任长水校尉。嘉禾三年，孙泰随孙权围攻新城，被乱箭射死。孙泰的儿子孙秀任前将军、夏口督。孙秀是皇室至亲，执掌兵权驻扎在都城外，孙晧心里很是不安。建衡二年，孙晧派何定领五千人到夏口打猎。此前，民间都传言孙秀必定要被谋害。何定远出打猎，孙秀为此受到惊动，他连夜带着妻子和亲信士兵几百人逃到晋国。晋国任命他为骠骑将军、仪同三司，封他为会稽公。

孙韶，字公礼。他的伯父孙河，字伯海，本来姓俞，他也是吴郡人。因为孙策喜欢他，赐他孙姓，列入孙氏族谱之中。孙韶后来出任将军，驻守京城。

起初，孙权杀了吴郡太守盛宪，盛宪的老朋友孝廉妫览、戴员都逃入山中隐藏。孙翊为丹杨太守的时候，对他们以礼相待，所以他们都来归附。妫览为领兵大都督，戴员为郡丞。孙翊遇害时，孙河飞马疾赴宛陵，愤怒地指责妫览和戴员，认为他们没能尽到职责，致使发生如此恶劣的事件。妫览、戴员两人商议："孙河与孙翊关系并不亲密，尚且如此严厉地谴责我们，若是讨虏将军孙权来了，我们就没有活路了。"于是，他们二人杀了孙河，派人往北迎接扬州刺史刘馥，让他出兵历阳，他们在丹杨来响应。恰逢孙翊的部下徐元、孙高、傅婴等人杀了妫览、戴员。

孙韶十七岁的时候，收聚孙河余部，整修京城的防御设施，建造了瞭望台，修治作战器具以防御敌军。孙权听说发生了叛乱，从椒丘回师时，便顺路平定了丹杨，然后率军返回东吴。晚上到达京城扎营，他试着进攻京城想惊吓孙韶，京城的士兵都登上城墙传令警戒，声势动地，并且迅速发箭迎击进攻者，孙权派人让城内明白真相后守城行动才停止。第二天孙权见到孙韶，对他甚是器重，立即任命他为承烈校尉，统领孙河的部队，以曲阿、丹徒两县作为他的食邑，并自行任命官吏，一切都像从前孙河那样。后来孙韶升为广陵太守、偏将军。孙权被封为吴王后，升孙韶为扬威将军，封爵建德侯。孙权称帝，孙韶为镇北将军。孙韶做边防将领几十年，爱护关怀士

还建业，乃得朝觐。权问青、徐诸屯要害，远近人马众寡，魏将帅姓名，尽具识之，有问咸对。身长八尺，仪貌都雅。权欢悦曰："吾久不见公礼，不图进益乃尔。"加领幽州牧、假节。赤乌四年卒。子越嗣，至右将军。越兄楷武卫大将军、临成侯，代越为京下督。楷弟异至领军将军，奕宗正卿，恢武陵太守。天玺元年，征楷为宫下镇骠骑将军。初永安贼施但等劫皓弟谦，袭建业，或白楷二端不即赴讨者，皓数遣诘楷。楷常惶怖，而卒被召，遂将妻子亲兵数百人归晋，晋以为车骑将军，封丹杨侯。

孙桓字叔武，河之子也。年二十五，拜安东中郎将，与陆逊共拒刘备。备军众甚盛，弥山盈谷，桓投刀奋命，与逊戮力，备遂败走。桓斩上夔道，截其径要。备逾山越险，仅乃得免，忿恚叹曰："吾昔初至京城，桓尚小儿，而今迫孤乃至此也！"桓以功拜建武将军，封丹徒侯，下督牛渚，作横江坞，会卒。

评曰：夫亲亲恩义，古今之常。宗子维城，诗人所称。况此诸孙，或赞兴初基，或镇据边陲，克堪厥任，不忝其荣者乎！故详著云。

兵，得到将士们的拼死效力。他常常把边防警戒和敌后侦察作为自己的重大军务，先摸清情况并提前做好准备，因此很少打败仗。青、徐、汝、沛等地百姓多来归附，魏国在淮南滨江地带屯守窥伺的部队都撤回内线避其锋芒，徐、泗、江、淮一带，没有屯兵驻守者的地方各有几百里。自孙权西征，将都城迁回武昌，孙韶已有十几年没有朝见孙权。孙权把都城重新迁回建业，孙韶这才得以朝见。孙权问起青州、徐州各屯营的要害之处，远近人马的多少，魏国将帅的姓名，孙韶都心里有数，有问必答。孙韶身高八尺，仪态容貌美好闲雅。孙权高兴地说："我很长时间没有见到公礼了，没想到他的进步如此显著。"孙权命他兼任幽州牧、假以符节。赤乌四年孙韶去世。儿子孙越继承爵位，官至右将军。孙越兄长孙楷为武卫大将军、临成侯，代孙越担任京下督。孙楷的弟弟孙异官至领军将军，孙奕官至宗正卿，孙恢官至武陵太守。天玺元年，孙韶征召孙楷入朝为宫下镇骠骑将军。当初永安贼施但等劫持孙晧的二弟孙谦，袭击建安，有的人向孙晧禀报说孙楷首鼠两端而没有立即投入征讨，孙晧为此多次派人责问过孙楷。孙楷常常心怀恐惧，这时突然又有征召，于是带着妻儿和亲兵数百人投奔晋国，晋国任用他为车骑将军，封爵丹杨侯。

孙桓，字叔武，他是孙河的儿子。二十五岁的时候，担任安东中郎将，与陆逊一同抗拒刘备。刘备兵马众多，满山遍野，孙桓奋力拼杀，他与陆逊齐心合力，刘备败逃。孙桓截断通往夔地道路，封锁山谷要冲。刘备翻山越岭，得以幸免，恼怒地叹道："我以前刚到京城，孙桓还是孩童，可如今，竟将我逼迫到了这个程度！"孙桓因功被任命为建武将军，封丹徒侯，孙权让他往东督察牛渚，修建横江坞，恰在这时，孙桓去世了。

评论说：与亲人的恩爱情谊，是古今常理。国君的嫡长子就像拱卫国家的城墙，这是《诗经》所称赞的。这里所载的孙氏各位，有帮助奠定功业基础的，有镇守边境要塞的，都能承担起他们的职责，没有辱没他们的尊荣！因此，把他们的业绩详细记录下来。

卷五十二　吴书七

张顾诸葛步传第七

张昭字子布，彭城人也。少好学，善隶书，从白侯子安受《左氏春秋》，博览众书，与琅玡赵昱、东海王朗俱发名友善。弱冠察孝廉，不就，与朗共论旧君讳事，州里才士陈琳等皆称善之。刺史陶谦举茂才，不应，谦以为轻己，遂见拘执。昱倾身营救，方以得免。汉末大乱，徐方士民多避难扬土，昭皆南渡江。孙策创业，命昭为长史、抚军中郎将，升堂拜母，如比肩之旧，文武之事，一以委昭。昭每得北方士大夫书疏，专归美于昭，昭欲嘿而不宣则惧有私，宣之则恐非宜，进退不安。策闻之，欢笑曰："昔管仲相齐，一则仲父，二则仲父，而桓公为霸者宗。今子布贤，我能用之，其功名独不在我乎！"

策临亡，以弟权托昭，昭率群僚立而辅之。上表汉室，下移属城，中外将校，各令奉职。权悲感未视事，昭谓权曰："夫为人后者，贵能负荷先轨，克昌堂构，以成勋业也。方今天下鼎沸，群盗满山，孝廉何得寝伏哀戚，肆匹夫之情哉？"乃身自扶权上马，陈兵而出，然后众心知有所归。昭复为权长史，授任如前。后刘备表权行车骑将军，昭为军师。权每田猎，常乘马射虎，虎常突前攀持马鞍。昭变色而前曰："将军何有当尔？夫为人君者，谓能驾御英雄，驱使群贤，岂谓驰逐于原野，校勇于猛兽者乎？如有一旦之患，奈天下笑何？"权谢昭曰："年少虑事不远，以此惭君。"然犹不能已，乃

张昭，字子布，他是彭城人，从小就非常喜欢读书，又擅长隶书，跟随白侯子安学习《左氏春秋》，并博览群书，与琅琊人赵昱、东海人王朗同时出名并且互相友好。二十岁时被举荐为孝廉，他没有接受。张昭与王朗讨论以前君主避讳的问题，州里的才士陈琳等人都很赞赏他的见解。刺史陶谦推举张昭为茂才，他不应召，陶谦认为他轻视自己，就把他抓了起来。赵昱尽力营救，陶才放张昭出来。汉末天下大乱，徐州一带的士民大多到扬州避难，张昭等也下江南。孙策创立基业，任张昭为长史、抚军中郎将，并进内堂拜见张昭的母亲，带张昭如多年老友，所有军政大事，都委托给他。张昭经常收到魏国士大夫的信，把吴国所获得的成绩都归功于他，张昭想隐瞒又担心别人说他有见不得人的事，想公开又怕不妥，因此，进退两难，惶恐不安。孙策听说后，高兴地笑着说："从前管仲在齐国为相，齐桓公尊称他为'仲父'，凡有官员请示，齐桓公都让他们去问管仲，齐桓公果成霸主。现在，子布贤德，能为我所用，他的功绩与荣耀难道不是由于我对他使用的结果吗！"

孙策临死前，把弟弟孙权托付给张昭，张昭率领群僚推举立孙权为继承人并且辅佐于他。孙吴群僚向汉朝廷呈表，发布文书给下属各地，要他们各自谨守其职。孙权因为心情悲痛，没有主持政事，张昭对孙权说："主公继承父兄大业，重要的是能够施行前人制定的规范，使先辈的遗业兴旺发达，以完成伟业。当今世道大乱，群雄并起，您怎能卧床哀痛，像平常人那样放纵感情呢？"张昭亲自扶孙权上马，列兵而出，这样，才稳定了人心，使众人感到有了归宿。张昭又担任孙权的长史，他的职责和过去一样。后来，刘备请旨任命孙权兼任车骑将军，张昭为军师。孙权每次围措，经常骑在马上射虎，有一次孙权打猎，老虎冲到他前面扑抓在马鞍上。张昭非常吃惊，上

作射虎车，为方目，间不置盖，一人为御，自于中射之。时有逸群之兽，辄复犯车，而权每手击以为乐。昭虽谏争，常笑而不答。魏黄初二年，遣使者邢贞拜权为吴王。贞入门，不下车。昭谓贞曰："夫礼无不敬，故法无不行。而君敢自尊大，岂以江南寡弱，无方寸之刃故乎！"贞即遽下车。拜昭为绥远将军，封由拳侯。权于武昌，临钓台，饮酒大醉。权使人以水洒群臣曰："今日酣饮，惟醉堕台中，乃当止耳。"昭正色不言，出外车中坐。权遣人呼昭还，谓曰："为共作乐耳，公何为怒乎？"昭对曰："昔纣为糟丘酒池长夜之饮，当时亦以为乐，不以为恶也。"权默然，有惭色，遂罢酒。初，权当置丞相，众议归昭。权曰："方今多事，职统者责重，非所以优之也。"后孙邵卒，百寮复举昭，权曰："孤岂为子布有爱乎？领丞相事烦，而此公性刚，所言不从，怨咎将兴，非所以益之也。"乃用顾雍。

权既称尊号，昭以老病，上还官位及所统领。更拜辅吴将军，班亚三司，改封娄侯，食邑万户。在里宅无事，乃著《春秋左氏传解》及《论语注》。权尝问卫尉严畯："宁念小时所谙书不？"畯因诵《孝经》"仲尼居"。昭曰："严畯鄙生，臣请为陛下诵之。"乃诵"君子之事上"，咸以昭为知所诵。

昭每朝见，辞气壮厉，义形于色，曾以直言逆旨，中不进见。后

前说道："将军怎能这样呢？作为人君，应该驾驭天下英雄，使贤才之士为自己效力，怎能在田野与野兽比勇呢？若发生意外，岂不让天下人耻笑？"孙权向张昭致歉说："我年轻，考虑事情缺乏远见，特向你表示歉意。"但孙权还是没有停止打猎，又造了一辆射虎车，开有方孔，但上面没有车盖，由一人驾车，孙权则从方孔中射猎野兽。常有离群的野兽，来攻击车子，孙权常空手与野兽搏斗，以此取乐。张昭虽极力规劝，孙权常笑而不答。魏黄初二年，魏国派使者邢贞封孙权为吴王。邢贞入宫门时不下车。张昭对邢贞说："没有不恭敬的礼节，也没有不施行的刑法。可是你却妄自尊大，以为江南人少势弱，连一把小刀也没有吗！"刑贞急忙下车。孙权任命张昭为绥远将军，封由拳侯。孙权在武昌钓台饮酒，大醉后，让人用水泼洒群臣，说："今天痛饮，只有醉倒台上，才能停止。"张昭表情严肃，一言不发，起身走到外面，坐到车里。孙权派人把他叫回来，说："大家只是在一起作乐罢了，您为什么生气呢？"张昭回答说："从前殷纣王把酒糟堆成山，美酒盛满池，通宵畅饮，当时也认为是作乐，并不认为是坏事啊！"孙权默然，脸上露出羞愧的表情，马上就结束了酒宴，当初，孙权要设置丞相一职。众人都认为张昭当任此职，孙权说："现在是多事之秋，丞相责任太重，让张昭担任丞相，并不是优待他。"后来，丞相孙邵死了，百官再次推举张昭，孙权说："我难道还有什么舍不得给予子布的吗？做丞相事情十分繁杂，张昭性刚，如果别人进言他不听从，就会造成对他的怨恨，这对他是没有好处的。"便任命顾雍为丞相。

孙权称帝之后，张昭因为年老体病，就交还了自己的官位和所管领的事务。孙权又拜他为辅吴将军，地位仅次于三司，改封他为娄侯，给予万户的食邑。张昭家居无事，于是写了《春秋左氏传解》和《论语注》。孙权曾经问卫尉严畯："还记得小时候所诵读的书吗？"严畯就背诵了《孝经》"仲尼居"这一章。张昭说："严畯是个浅陋书生，让我为陛下背诵。"于是张昭就背诵了"君子之事上"这一章，人们都认为张昭懂得应该背诵什么。

张昭每次朝见，言辞高亢声气雄烈，正气形于颜色，他曾经因为

蜀使来，称蜀德美，而群臣莫拒，权叹曰："使张公在坐，彼不折则废，安复自夸乎？"明日，遣中使劳问，因请见昭。昭避席谢，权跪止之。昭坐定，仰曰："昔太后、桓王不以老臣属陛下，而以陛下属老臣，是以思尽臣节，以报厚恩，使泯没之后，有可称述，而意虑浅短，违逆盛旨，自分幽沦，长弃沟壑，不图复蒙引见，得奉帷幄。然臣愚心所以事国，志在忠益，毕命而已。若乃变心易虑，以偷荣取容，此臣所不能也。"权辞谢焉。

权以公孙渊称藩，遣张弥、许晏至辽东拜渊为燕王，昭谏曰："渊背魏惧讨，远来求援，非本志也。若渊改图，欲自明于魏，两使不反，不亦取笑于天下乎？"权与相反覆，昭意弥切。权不能堪，案刀而怒曰："吴国士人入宫则拜孤，出宫则拜君，孤之敬君，亦为至矣，而数于众中折孤，孤尝恐失计。"昭熟视权曰："臣虽知言不用，每竭愚忠者，诚以太后临崩，呼老臣于床下，遗诏顾命之言故在耳。"因涕泣横流。权掷刀致地，与昭对泣。然卒遣弥、晏往。昭忿言之不用，称疾不朝。权恨之，土塞其门，昭又于内以土封之。渊果杀弥、晏。权数慰谢昭，昭固不起，权因出过其门呼昭，昭辞疾笃。权烧其门，欲以恐之，昭更闭户。权使人灭火，住门良久，昭诸子共扶昭起，权载以还宫，深自克责。昭不得已，然后朝会。

直言而违逆了旨意，一度不去觐见孙权。后来蜀国使者到来，在朝堂上夸耀蜀国德政美好，而群臣中没有谁能与他辩驳，孙权叹气说："如果张公在这里，蜀使不被折服，就会感到丧气，哪里还能自夸呢？"第二天，孙权派了中使去慰问张昭，并请张昭和他会面。见面的时候，张昭离座表示道歉，孙权挺直身子止住了他。张昭坐下，抬起头说："从前太后、桓王不把老臣托付给陛下，却把陛下托付给老臣，因此我总想着竭尽臣节，来报答厚恩，使我辞世之后，有可以为人称道的地方，可是我考虑不够深远，违背了圣上厚意，自以为会受冷落而从此沉沦，被长久弃于沟壑之中，没想到又蒙恩得到陛下接见，能够侍奉陛下。但是我的愚心是想以此服务国家，志在忠心报效，死而后已。假如要改变心念志节，来苟取荣华富贵，这是我所不能做的。"孙权向他表示了歉意。

孙权因为公孙渊向吴国称臣，决定派遣张弥、许晏为特使前往辽东册封公孙渊为燕王。张昭劝告说："公孙渊背叛魏国，害怕遭到讨伐，才远道向我们求援，称臣并不是他的本意。如果公孙渊改变主意，想向魏国表明自己的忠心，我们的两名使者就有去无回了，这不是要被天下人耻笑吗？"孙权与他反复争辩，张昭更加坚持己见，孙权无法忍受，手按佩刀愤怒地说道："吴国的士大夫进宫向我跪拜，出宫则向您跪拜，我对您的尊重，也算是到了极点，可是您却多次在大庭广众之下驳斥我，我常常担心克制不住自己而对您做出出格的事情来。"张昭把孙权看了又看，说："老臣虽然知道我说的话不会被采纳，却每次都要竭尽愚忠直言进谏的原因，只是因为太后临终前，把老臣叫到床边，遗诏命我辅佐陛下的话至今不能忘怀啊！"说着，张昭不禁泪流满面。孙权也把佩刀丢在地上，二人相对而泣。但是孙权最终还是派张弥、许晏去了辽东。张昭气愤孙权不采纳自己的忠言，声称得病，不再上朝。孙权也恼恨他这样做使自己下不来台，下令用土封堵张家大门，不料张昭又在门里用土把门封死。最后公孙渊果然杀了张弥、许晏。孙权多次派人慰问张昭并表示歉意，张昭坚决不出门。孙权外出，路过张昭家门，趁机喊他相见，张昭以病重为由推辞。孙权下令放火烧他家的大门，想吓他出来，没想到张昭反而

昭容貌矜严，有威风，权常曰：“孤与张公言，不敢妄也。”举邦惮之。年八十一，嘉禾五年卒。遗令幅巾素棺，敛以时服。权素服临吊，谥曰文侯。长子承已自封侯，少子休袭爵。

昭弟子奋年二十，造作攻城大攻车，为步骘所荐。昭不愿曰：“汝年尚少，何为自委于军旅乎？”奋对曰：“昔童汪死难，子奇治阿，奋实不才耳，于年不为少也。”遂领兵为将军，连有功效，至半州都督，封乐乡亭侯。

承字仲嗣，少以才学知名，与诸葛瑾、步骘、严畯相友善。权为骠骑将军，辟西曹掾，出为长沙西部都尉。讨平山寇，得精兵万五千人。后为濡须都督、奋威将军，封都乡侯，领部曲五千人。承为人壮毅忠谠，能甄识人物，拔彭城蔡款、南阳谢景于孤微童幼，后并为国士，款至卫尉，景豫章太守。又诸葛恪年少时，众人奇其英才，承言终败诸葛氏者元逊也。勤于长进，笃于物类，凡在庶几之流，无不造门。年六十七，赤乌七年卒，谥曰定侯。子震嗣。初，承丧妻，昭欲为索诸葛瑾女，承以相与有好，难之，权闻而劝焉，遂为婿。生女，权为子和纳之。权数令和修敬于承，执子婿之礼。震诸葛恪诛时亦死。

休字叔嗣，弱冠与诸葛恪、顾谭等俱为太子登僚友，以《汉书》授登。从中庶子转为右弼都尉。权常游猎，迨暮乃归，休上疏谏

把房门都关上。孙权只得让人灭火，在门口站了很久，张昭的儿子们一起把张昭搀扶起来，孙权用车载着他一起回宫，并且深刻地责备了自己。张昭不得已，又恢复了朝见。

张昭外表矜持威严，非常有威风。孙权经常说："我与张公谈话，从来不敢随便乱说。"全国上下都敬畏张昭。嘉禾五年，张昭去世，享年八十一岁。张昭临终前，留下遗嘱，让家人用幅巾束发，用不上色的棺材，用平常衣服装殓。孙权穿上白色丧服亲临吊唁，谥为文侯。张昭的长子张承已经封侯，由小儿子张休继承张昭的爵位。

张昭弟弟的儿子张奋，二十岁的时候就制造了攻城的大攻车，被步骘所推荐。张昭不愿意张奋过早为官，说："你还年纪很小，为什么要自己投身于军队呢？"张奋回答说："从前孩童汪踦为国死难，子奇治理东阿，我实在是没有才能，在年龄上不算年少了。"于是张奋领兵任将军，接连立下功劳，官至半州都督，受封为乐乡亭侯。

张承，字仲嗣，他从小就以才学出名，和诸葛瑾、步骘、严畯互相友善。孙权做骠骑将军的时候，征召他任西曹掾，又出任长沙西部都尉。张承讨伐平定了山贼，获得精兵一万五千人。张承后来任濡须都督、奋威将军，被封为都乡侯，领部众五千人。张承为人豪壮坚毅、忠诚耿直，能够甄别人物，在卑微年少的时候就拔出彭城的蔡款和南阳的谢景，二人后来都成为国士，蔡款官至卫尉，谢景官至豫章太守。此外，诸葛恪年少时，众人惊叹于他的英才。张承却说最终败坏诸葛氏的一定是诸葛恪。张承勤奋长进，笃实厚道，凡是贤士，他没有不登门拜访的。赤乌七年，张承六十七岁时去世，被谥为定侯。儿子张震继承爵位。当初，张承丧妻，张昭想要为他娶诸葛瑾的女儿，张承由于和诸葛瑾是好友，感到为难，孙权听了就劝他，于是张承就做了诸葛瑾的女婿。两人生了一个女儿，孙权为儿子孙和聘娶为妻。孙权数次告诫孙和要尊敬张承，履行作为子婿的礼节。张震在诸葛恪被杀时也一并受害。

张休，字叔嗣，成年以后与诸葛恪、顾谭等人都成为太子孙登的僚属朋友，他为孙登讲解《汉书》，从中庶子改任右弼都尉。孙权经常出游打猎，直到天黑时才返回。张休上书劝谏，孙权认为他的意

戒，权大善之，以示于昭。及登卒后，为侍中，拜羽林都督，平三典军事，迁扬武将军。为鲁王霸友党所谮，与顾谭、承俱以芍陂论功事，休、承与典军陈恂通情，诈增其伐，并徙交州。中书令孙弘佞伪险诐，休素所忿，弘因是谮诉，下诏书赐休死，时年四十一。

顾雍，字元叹，吴郡吴人也。蔡伯喈从朔方还，尝避怨于吴，雍从学琴书。州郡表荐，弱冠为合肥长，后转在娄、曲阿、上虞，皆有治迹。孙权领会稽太守，不之郡，以雍为丞，行太守事，讨除寇贼，郡界宁静，吏民归服。数年，入为左司马。权为吴王，累迁大理奉常，领尚书令，封阳遂乡侯，拜侯还寺，而家人不知，后闻乃惊。

黄武四年，迎母于吴。既至，权临贺之，视拜其母于庭，公卿大臣毕会，后太子又往庆焉。雍为人不饮酒，寡言语，举动时当。权尝叹曰："顾君不言，言必有中。"至饮宴欢乐之际，左右恐有酒失而雍必见之，是以不敢肆情。权亦曰："顾公在坐，使人不乐。"其见惮如此。是岁，改为太常，进封醴陵侯，代孙邵为丞相，平尚书事。其所选用文武将吏各随能所任，心无适莫。时访逮民间，及政职所宜，辄密以闻。若见纳用，则归之于上，不用，终不宣泄。权以此重之。然于公朝有所陈及，辞色虽顺而所执者正。权尝咨问得失，张昭因陈听采闻，颇以法令太稠，刑罚微重，宜有所蠲损。权默然，顾问雍曰："君以为何如？"雍对曰："臣之所闻，亦如昭所陈。"于是权乃议狱轻刑。久之，吕壹、秦博为中书，典校诸官府及州郡文书。壹等因此渐作威福，遂造作榷酤障管之利，举罪纠奸，纤介必闻，重以深案丑诬，毁短大臣，排陷无辜，雍等皆见举白，用被谴让。后壹奸罪发露，收系廷尉。雍往断狱，壹以囚见，雍和颜

见正确，还把他写的奏章拿给张昭看。孙登去世后，张休做侍中，任羽林都督，治理三典军事，升扬武将军，却被鲁王孙霸的同党诬陷，罪名是在芍陂战役论功行赏时，张休、顾承和典军陈恂串通，做假多报功劳，所以，他与顾谭、顾承一起被流放到交州。中书令孙弘为人狡诈阴险，张休一向对他不满，孙弘因此诬陷他，于是，吴主下诏将张休赐死，时年四十一岁。

顾雍，字元叹，是吴郡吴县人。蔡邕从流放的地方朔方郡赦回，曾经在吴县避仇，顾雍跟他学琴和书法。州郡府上表推荐顾雍，二十岁的时候任合肥县长，后调任到娄县、曲阿、上虞等县，所在之地都有政绩。孙权兼任会稽太守时，不到郡府去办事，任命顾雍为郡丞，代太守职，讨伐平定寇贼，郡内安宁，吏民都顺服顾雍。几年后，顾雍入朝任左司马。孙权为吴王时，顾雍连续升官至大理、奉常，兼任尚书令，封为阳遂乡侯。顾雍封侯后回到官衙，家人还不知道，后来听说了，才惊喜不已。

黄武四年，顾雍从吴县迎回他的母亲。母亲到达以后，孙权来庆贺他们，亲自在堂屋向他母亲行拜礼。朝廷大臣全来聚会，后来太子又来向他们庆贺。顾雍为人不喝酒，寡言少语，举止适时又适宜。孙权曾经感叹地说："顾君不开口便罢，一开口必定会有道理。"到了宴饮欢乐的时刻，顾雍左右的人担心酒后失礼，而因为顾雍就在面前，因此不敢放纵情怀。孙权也说："顾公在座，使人不快活。"人们就是这样地怕他。这一年，顾雍改任太常，又加封为醴陵侯，接替孙邵任丞相，总理尚书事务。顾雍所选用的文武官员，每个人都依据他们的才能来安排，他心里没有厚薄之分。顾雍经常到民间征询意见，如有属于政务应当采用的，就秘密地呈报。如果被采纳，就归功于皇帝，假如不被采纳，就永远不泄露出去。孙权因此很看重他。然而顾雍在朝廷上有所陈述和建议，他的言辞态度虽然恭顺，但所坚持的原则正直不屈。孙权曾经询问朝政的得失，张昭趁机把他收集到的意见都说了出来，他认为法令太烦琐，刑罚稍重了些，当有所削减。孙权听了未回答，回过头问顾雍："您认为怎么样？"顾雍回答说："我了解的情况，也同张昭说的一样。"因此孙权便与大家商定狱

色，问其辞状，临出，又谓壹曰："君意得无欲有所道？"壹叩头无言。时尚书郎怀叙面詈辱壹，雍责叙曰："官有正法，何至于此！"

雍为相十九年，年七十六，赤乌六年卒。初疾微时，权令医赵泉视之，拜其少子济为骑都尉。雍闻，悲曰："泉善别死生，吾必不起，故上欲及吾目见济拜也。"权素服临吊，谥曰肃侯。长子邵早卒，次子裕有笃疾，少子济嗣，无后，绝。永安元年，诏曰："故丞相雍，至德忠贤，辅国以礼，而侯统废绝，朕甚愍之。其以雍次子裕袭爵为醴陵侯，以明著旧勋。"

邵字孝则，博览书传，好乐人伦。少与舅陆绩齐名，而陆逊、张敦、卜静等皆亚焉。自州郡庶几及四方人士，往来相见，或言议而去，或结厚而别，风声流闻，远近称之。权妻以策女。年二十七，起家为豫章太守。下车祀先贤徐孺子之墓，优待其后；禁其淫祀非礼之祭者。小吏资质佳者，辄令就学，择其先进，擢置右职，举善以教，风化大行。初，钱唐丁谞出于役伍，阳羡张秉生于庶民，乌程吴粲、云阳殷礼起乎微贱，邵皆拔而友之，为立声誉。秉遭大丧，亲为制服结绖。邵当之豫章，发在近路，值秉疾病，时送者百数，邵辞宾客曰："张仲节有疾，苦不能来别，恨不见之，暂还与诀，诸君少时相待。"其留心下士，惟善所在，皆此类也。谞至典军中郎，秉云阳

讼的法令，并减轻刑罚。过了很久，吕壹、秦博任中书，主管审核各官府以及州郡呈报的文书。吕壹等人因此逐渐地独揽权势，作威作福，专行官府卖酒、关隘征税的专利，他们揭发人的罪恶，一点小事也呈报，再加深案情进行诋毁诬蔑诽谤大臣，排挤陷害无辜，顾雍等人都曾被他们告发，并因此受到谴责。后来吕壹的罪行披露，被收押在廷尉。顾雍前去审理此案，吕壹以犯人的身份来见顾雍，顾雍却和颜悦色，讯问了他的口供，临走时，顾雍又对他说："您心里大概还想说点什么吧？"吕壹只是叩头，无话可说。当时尚书郎怀叙当面咒骂羞辱吕壹，顾雍责备怀叙说："官府有明确的法令，何必这样呢！"

顾雍当丞相十九年，年纪七十六岁，赤乌六年的时候去世。当初顾雍的病症初起还不严重的时候，孙权让医生赵泉为他诊视，又拜他的小儿子顾济为骑都尉。顾雍知道了，悲伤地说："赵泉善于断定病者生死，我一定好不了了，所以皇上想要让我活着亲眼见顾济拜官哪。"顾雍死后孙权穿着白色祭服亲临吊唁，给他谥号为肃侯。顾雍长子顾邵早死，次子顾裕身患重病，小儿子顾济继承了他的爵位，顾济没有后嗣，爵位无人承袭。永安元年，皇帝下诏说："已故丞相顾雍，道德极高而又忠正贤良，按照礼法去辅助国家，但他的侯爵绪统废灭断绝了，朕非常怜悯他。让他的次子顾裕承袭他的爵位为醴陵侯，以此来表彰以前的勋臣。"

顾邵，字孝则，他博览经传，喜欢伦理道德。顾邵年轻的时候，与舅舅陆绩齐名，而且陆逊、张敦、卜静等人都不如他。顾邵在州郡很愿意与四方人士往来，有的议论一番就走了，有的则结下深厚友情惜别，因此，他的名声传播四方，远近的人都称赞他。孙权把孙策的女儿嫁给了顾邵。顾邵二十七岁时，任豫章太守。他一下车，就去祭祀前贤徐孺子墓，并优待他的后人；同时，又禁止当地不合礼规的祭祀。下属小吏凡资质好的，顾邵就让他们去就学，选择成绩突出的，任用到重要的职位上，他推崇有善行的人，因此，良好的风气便流行起来。当初，钱塘人丁谞出身行伍，阳羡人张秉是贫民，乌程人吴粲、云阳人殷礼也都身份低微，顾邵都提拔并亲近他们，给他们树立声誉。张秉父母去世，顾邵亲穿丧服束麻吊唁。顾邵要到豫章去，

太守，礼零陵太守，粲太子少傅。世以邵为知人。在郡五年，卒官，子谭、承云。

谭字子默，弱冠与诸葛恪等为太子四友，从中庶子转辅正都尉。赤乌中，代恪为左节度。每省簿书，未尝下筹，徒屈指心计，尽发疑谬，下吏以此服之。加奉车都尉。薛综为选曹尚书，固让谭曰：“谭心精体密，贯道达微，才照人物，德允众望，诚非愚臣所可越先。”后遂代综。祖父雍卒数月，拜太常，代雍平尚书事。是时鲁王霸有盛宠，与太子和齐衡，谭上疏曰：“臣闻有国有家者，必明嫡庶之端，异尊卑之礼，使高下有差，阶级逾邈，如此则骨肉之恩生，觊觎之望绝。昔贾谊陈治安之计，论诸侯之势，以为势重，虽亲必有逆节之累，势轻，虽疏必有保全之祚。故淮南亲弟，不终飨国，失之于势重也；吴芮疏臣，传祚长沙，得之于势轻也。昔汉文帝使慎夫人与皇后同席，袁盎退夫人之座，帝有怒色，及盎辨上下之仪，陈人彘之戒，帝既悦怿，夫人亦悟。今臣所陈，非有所偏，诚欲以安太子而便鲁王也。”由是霸与谭有隙。时长公主婿卫将军全琮子寄为霸宾客，寄素倾邪，谭所不纳。先是，谭弟承与张休俱北征寿春，全琮时为大都督，与魏将王淩战于芍陂，军不利，魏兵乘胜陷没五营将秦晃军，休、承奋击之，遂驻魏师。时琮群子绪、端亦并为将，因敌既住，乃进击之，淩军用退。时论功行赏，以为驻敌之功大，退敌之功小，休、承并为杂号将军，绪、端偏裨而已。寄父子益恨，共构会谭。谭坐徙交州，幽而发愤，著《新言》二十篇。其《知难篇》盖以自悼伤也。见流二年，年四十二，卒于交阯。

已经快上路了，正值张秉生病，当时，来送行的有几百人，顾邵向宾客辞谢说："张仲节生病，苦于不能来送别，我也很遗憾不能见到他，如今，我要回去和他告别，请各位稍待。"所有下级人士，只要是善良的人，顾邵都是像这样对待的。后来，丁谞官至典军中郎，张秉为云阳太守，殷礼任零陵太守，吴粲做到太子少傅。当时，人们都认为顾邵最能鉴识人才。顾邵在豫章郡做了五年太守，死在任上，他的两个儿子名为顾谭、顾承。

顾谭，字子默，成年以后和诸葛恪等人成为太子的四友，从中庶子调任辅正都尉。赤乌年间，顾谭接替诸葛恪担任左节度。每次批阅文书的时候，遇到数字时他从来没有使用算筹计算过，只是屈指在心里计算一下，就把其中的疑点错误全部找出来，下面的官员为此很佩服他。顾谭后来加官奉车都尉。薛综任选曹尚书，他坚决推让给顾谭，说："顾谭思虑精细，行事周密，贯通道义，晓畅微情，他的才华光可照人，德行深孚众望，实在不是我所能超越领先的。"后来顾谭就接替了薛综的职位。祖父顾雍死后几个月，顾谭就被任命为太常，接替顾雍治理尚书事务。当时，鲁王孙霸恩宠很盛，和太子孙和抗衡。顾谭就上疏说："我听说有国有家的人，必须分清嫡庶的界限，区别尊卑的礼节，使高低有等级，等级的差异要相隔很远，这样才能使骨肉的恩情产生，使非分的企图绝望。从前贾谊陈述治安的方针，评论诸侯的形势，认为诸侯的权势重了，即使亲近也一定有悖逆名节的弊端，权势轻了，即使疏远也有一定有保全自身的福运。所以淮南王是皇帝的亲弟弟，也不能永久享有封国，失之于权势重了；吴芮是外姓臣，却能在长沙降福给后代，得之于权势轻了。从前汉文帝让慎夫人与皇后同席，袁盎把慎夫人的座位撤掉，汉文帝怒色满面，等袁盎向他陈述尊卑的礼仪、人彘的教训之后，汉文帝的怒气全消了，慎夫人也省悟了。现在我说的这些话，并非因为我有什么偏向，实在是想使太子安定，使鲁王便利。"因为这件事孙霸和顾谭有了嫌隙。当时长公主与其丈夫卫将军全琮的儿子全寄是孙霸的宾客，全寄平时为人奸诈，是顾谭不能容纳的人。在此之前，顾谭的弟弟顾承和张休一起往北征讨寿春，全琮当时是大都督，与魏国将领王

承字子直，嘉禾中与舅陆瑁俱以礼征。权赐丞相雍书曰：“贵孙子直，令问休休，至与相见，过于所闻，为君嘉之。”拜骑都尉，领羽林兵。后为吴郡西部都尉，与诸葛恪等共平山越，别得精兵八千人，还屯军章阬，拜昭义中郎将，入为侍中。芍陂之役，拜奋威将军，出领京下督。数年，与兄谭、张休等俱徙交州，年三十七卒。

诸葛瑾字子瑜，琅玡阳都人也。汉末避乱江东。值孙策卒，孙权姊婿曲阿弘咨见而异之，荐之于权，与鲁肃等并见宾待，后为权长史，转中司马。建安二十年，权遣瑾使蜀通好刘备，与其弟亮俱公会相见，退无私面。

与权谈说谏喻，未尝切愕，微见风彩，粗陈指归，如有未合，则舍而及他，徐复托事造端，以物类相求，于是权意往往而释。吴郡太守朱治，权举将也，权曾有以望之，而素加敬，难自诘让，忿忿不解。瑾揣知其故，而不敢显陈，乃乞以意私自问，遂于权前为书，泛论物理，因以己心遥往忖度之。毕，以呈权，权喜，笑曰：“孤意解矣。颜氏之德，使人加亲，岂谓此邪？”权又怪校尉殷模，罪至不

凌在芍陂交战，战事不利，魏国军队乘胜消灭了五营将秦晃的部队。张休、顾承奋力反击，终于使魏国军队停止进攻。其时全琮的庶子全绪、全端也同时任将官，他们趁敌人完全停止进攻的机会，就向前攻击他们，王凌的军队因而败退。当时论功行赏，顾谭认为吴军将领使敌人停止进攻的功劳大，使敌人败退的功劳小，因此张休、顾承同时成为杂号将军，全绪、全端只是偏将罢了。全寄父子更加忌恨，共同设计陷害顾谭，顾谭被判流放交州，他幽居而奋发努力，撰写了《新言》二十篇。其中《知难篇》恐怕就是用来哀叹自己的。顾被流放两年，四十二岁时，在交阯去世。

顾承，字子直，嘉禾年间和舅舅陆瑁一起被朝廷以礼征召为官。孙权给丞相顾雍写信说："您的孙子子直，有宽容乐善的美名，等到和他相见，才知道见面胜似闻名，我为你有这样的孙子而高兴。"于是，孙权任命顾承为骑都尉，统领一支羽林军。后来，顾承任吴郡西部都尉，与诸葛恪一起平定山越，又从俘获的山越人中，挑选出精锐兵士八千人，回师驻扎在章阬，被任为昭义中郎将。顾承后入朝任侍中。芍陂战役后，顾承被授予奋威将军，兼京下督。几年后，顾承和哥哥顾谭、张休等一起被流放到交州，三十七岁时死去。

诸葛瑾，字子瑜，是琅琊阳都人。汉末时到江东避乱。正值孙策去世，孙权的姐夫曲阿人弘咨见到诸葛瑾，认为他很奇特，就把他推荐给孙权，诸葛瑾与鲁肃等人一起被当作贵宾接待，后来，任孙权的长史，又升任中司马。汉建安二十年，为与刘备建立友好关系，孙权派诸葛瑾出使蜀国，诸葛瑾和弟弟诸葛亮都是因公事才相会，私下里没有见过面。

诸葛瑾与孙权谈话或有所劝谏，言辞从不激烈，也不直截了当，只是言辞间稍有表露，略陈意思而已，如果意见与孙权不合，诸葛瑾就不再深谈而另转话题，再借别的事慢慢引出开头的话题，用类比的方法来达到原先的目的，就经常使孙权放弃原来的想法。吴郡太守朱治，是被孙权举为孝廉的将领，孙权也有埋怨他的地方，但由于一直对他很敬重，不好意思亲自责备他，因此，心中郁郁，无法排解。诸葛瑾揣摩了其中的缘故，又不敢公开劝说孙权，就请求用孙权的

测。群下多为之言，权怒益甚，与相反覆，惟瑾默然，权曰："子瑜何独不言？"瑾避席曰："瑾与殷模等遭本州倾覆，生类殄尽。弃坟墓，携老弱，披草莱，归圣化，在流隶之中，蒙生成之福，不能躬相督厉，陈答万一，至令模孤负恩惠，自陷罪戾。臣谢过不暇，诚不敢有言。"权闻之怆然，乃曰："特为君赦之。"

后从讨关羽，封宣城侯，以绥南将军代吕蒙领南郡太守，住公安。刘备东伐吴，吴王求和，瑾与备笺曰："奄闻旗鼓来至白帝，或恐议臣以吴王侵取此州，危害关羽，怨深祸大，不宜答和，此用心于小，未留意于大者也。试为陛下论其轻重，及其大小。陛下若抑威损忿，暂省瑾言者，计可立决，不复咨之于群后也。陛下以关羽之亲何如先帝？荆州大小孰与海内？俱应仇疾，谁当先后？若审此数，易于反掌。"时或言瑾别遣亲人与备相闻，权曰："孤与子瑜有死生不易之誓，子瑜之不负孤，犹孤之不负子瑜也。"黄武元年，迁左将军，督公安，假节，封宛陵侯。

虞翻以狂直流徙，惟瑾屡为之说。翻与所亲书曰："诸葛敦仁，则天活物，比蒙清论，有以保分。恶积罪深，见忌殷重，虽有祁老之救，德无羊舌，解释难冀也。"

瑾为人有容貌思度，于时服其弘雅。权亦重之，大事咨访。又

意思来询问自己。于是，诸葛瑾就在孙权面前写信，广述事物常理，趁机把自己的想法与孙权的心意变换角度地联系起来。写完后呈给孙权，孙权看后很高兴，笑着对诸葛瑾说："我的怒气已消。颜回的仁德是想让人们更加亲和，难道不是这样吗？"孙权又曾怪罪校尉殷模，要处死他。多数大臣为殷模求情，反而使孙权更加生气，与群臣反复争论，只有诸葛瑾不说一句话，孙权对他说："子瑜为何你不说话呢？"诸葛瑾恭恭敬敬地起身说："我与殷模等人在本州遭遇战乱，死伤无数。因此，抛弃了祖坟，扶老携幼，历尽坎坷来投靠您，以贱民之身，蒙您的恩惠得以存活，我未能亲自督促殷模，对您的恩情给以哪怕微小的回报，才让殷模辜负了您的大恩，招致罪责，我乞求您宽恕我的过失尚恐不及，哪还敢说什么呢？"孙权听了他的话很是伤感，便说："为了你这番话我特别赦免他。"

后来，诸葛瑾跟随军队讨伐关羽，获封为宣城侯，以绥南将军的身份代替吕蒙任南郡太守，停驻公安。刘备东伐吴国，吴王求和，诸葛瑾写信给刘备说："我突然间听到您的大军来到白帝城，害怕有人说臣让吴王侵略攻取了荆州，杀害了关羽，怨深祸大，不应答应讲和，这是留心在小方面，未留意大方面呀。我试为陛下分析一下轻重大小。陛下如果能压抑减少一下威怒，暂时想想我的话，主意就可以立即定下来，不用再咨询群臣了。陛下对关羽的亲爱与先帝相比，哪个更亲？荆州的大小与海内的大小相比，哪个更大？两者都要仇恨，哪个在先，哪个在后？如果细想此理，决定就易如反掌了。"当时有人说诸葛瑾另派亲信与刘备相通，孙权说："我与子瑜有生死不变的誓言，子瑜不会辜负我，就像我不会辜负子瑜一样。"黄武元年，诸葛瑾升为左将军，督领公安郡，授予符节，封为宛陵侯。

虞翻因为狂放耿直遭到流放，只有诸葛瑾多次为他说情。虞翻给亲信写信说："诸葛谨敦厚仁慈，效法上天长育万物，近日蒙他说情，对我保全。我恶行积累、罪孽深重，被人忌恨很深，虽然有像祁奚一样的人的救援，但我没有羊舌肸那样的德行，被释放是难以希冀的了。"

诸葛瑾仪表堂堂、有才思气度，那时的人佩服他的宽宏典雅。

别咨瑾曰："近得伯言表，以为曹丕已死，毒乱之民，当望旌瓦解，而更静然。闻皆选用忠良，宽刑罚，布恩惠，薄赋省役，以悦民心，其患更深于操时。孤以为不然。操之所行，其惟杀伐小为过差，及离间人骨肉，以为酷耳。至于御将，自古少有。丕之于操，万不及也。今叡之不如丕，犹丕不如操也。其所以务崇小惠，必以其父新死，自度衰微，恐困苦之民一朝崩沮，故强屈曲以求民心，欲以自安住耳，宁是兴隆之渐邪！闻任陈长文、曹子丹辈，或文人诸生，或宗室戚臣，宁能御雄才虎将以制天下乎？夫威柄不专，则其事乖错，如昔张耳、陈余，非不敦睦，至于秉势，自还相贼，乃事理使然也。又长文之徒，昔所以能守善者，以操笮其头，畏操威严，故竭心尽意，不敢为非耳。逮丕继业，年已长大，承操之后，以恩情加之，用能感义。今叡幼弱，随人东西，此曹等辈，必当因此弄巧行态，阿党比周，各助所附。如此之日，奸谗并起，更相陷怼，转成嫌贰。一尔已往，群下争利，主幼不御，其为败也焉得久乎？所以知其然者，自古至今，安有四五人把持刑柄，而不离刺转相蹄啮者也！强当陵弱，弱当求援，此乱亡之道也。子瑜，卿但侧耳听之，伯言常长于计校，恐此一事小短也。"

权称尊号，拜大将军、左都护，领豫州牧。及吕壹诛，权又有诏切磋瑾等，语在《权传》。瑾辄因事以答，辞顺理正。瑾子恪，名盛

孙权也十分器重他，重大事情都要征询他的意见。孙权还特别征询诸葛瑾说："最近得到伯言的奏表，他认为曹丕已死，中原受尽痛苦灾乱的百姓，应当望见我们的旗帜就土崩瓦解，但他们却更安静。听说魏国全是选用忠诚贤良的人，放宽刑罚，广施恩惠，减轻赋税，减省劳役，以收揽民心，他们的威胁比曹操时更严重。我认为不是这样。曹操行事，如果说他的杀戮攻伐是稍微超过了限度，那么说到他离间他人的骨肉至亲，就算是很残酷的了。但论及他统御将领之道，却是自古以来少有的。曹丕和曹操相比，是绝对比不上的。如今曹叡不如曹丕，就像曹丕不如曹操。他所以要极力推行小恩小惠，必定是由于他的父亲刚死，自己觉得势单力薄，害怕受尽困苦的百姓一下子崩溃，所以勉强委屈自己以取悦民心，想要以此来稳固自己的地位罢了，哪里是兴旺发达的延续呢！听说曹叡任用了陈长文、曹子丹之流，他们有的是文人书生，有的是皇室宗亲，哪里能驾驭英才虎将来制服天下呢？威力权柄不集中，事情就会乖戾错谬，好比从前张耳、陈余，他们并非不想和睦，但一涉及权力，就会自相残杀，这是事物情理使他们这样的。另外像陈长文那样的人，之前之所以能遵守善行，是因为曹操压制在他们头上，他们畏惧曹操的威严，所以才尽心尽力，不敢为非作歹罢了。等到曹丕继承帝业，他已是成人，又紧接在曹操之后，用恩德施予他们，他们因而能感恩戴德。现在曹叡年幼，任人左右摆布，这帮人一定会趁机玩弄奸巧，结党营私，各自培养自己的势力。在这样的时候，奸邪谗佞会一起发生，他们相互仇视，进而互相猜忌势不两立。这样下去，群臣争权夺利，君主年幼不能把持，他们失败的日子哪里还会很长久呢？之所以说他们会是这样，是因为从古到今，哪有四五个人把持权柄而不离心离德进而互相争斗的呢！强者必定欺凌弱者，弱者必定寻找外援，这是国家混乱败亡的规律。子瑜，您可要侧耳倾听，伯言常常是擅长谋划思虑的，但恐怕在这件事上他有小的失误。"

孙权称帝以后，让诸葛瑾做了大将军、左都护，兼任豫州牧。等吕壹被诛杀以后，孙权又下诏告诫诸葛瑾等人，这件事记载在《孙权传》中。诸葛瑾回答孙权的询问总是就事回答，言辞恭顺，道理正直。

当世，权深器异之；然瑾常嫌之，谓非保家之子，每以忧戚。赤乌四年，年六十八卒，遗命令素棺敛以时服，事从省约。恪已自封侯，故弟融袭爵，摄兵业驻公安，部曲吏士亲附之。疆外无事，秋冬则射猎讲武，春夏则延宾高会，休吏假卒，或不远千里而造焉。每会辄历问宾客，各言其能，乃合榻促席，量敌选对，或有博弈，或有摴蒱，投壶弓弹，部别类分，于是甘果继进，清酒徐行，融周流观览，终日不倦。融父兄质素，虽在军旅，身无采饰；而融锦罽文绣，独为奢绮。孙权薨，徙奋威将军。后恪征淮南，假融节，令引军入沔，以击西兵。

恪既诛，遣无难督施宽就将军施绩、孙壹、全熙等取融。融卒闻兵士至，惶惧犹豫，不能决计，兵到围城，饮药而死，三子皆伏诛。

步骘字子山，临淮淮阴人也。世乱，避难江东，单身穷困，与广陵卫旌同年相善，俱以种瓜自给，昼勤四体，夜诵经传。

会稽焦征羌，郡之豪族，人客放纵。骘与旌求食其地，惧为所侵，乃共修刺奉瓜，以献征羌。征羌方在内卧，驻之移时，旌欲委去，骘止之曰："本所以来，畏其强也；而今舍去，欲以为高，只结怨耳。"良久，征羌开牖见之，身隐几坐帐中，设席致地，坐骘、旌于牖外，旌愈耻之，骘辞色自若。征羌作食，身享大案，肴膳重沓，以小盘饭与骘、旌，惟菜茹而已。旌不能食，骘极饭致饱乃辞出。旌

诸葛瑾的儿子诸葛恪，在当时有盛名，孙权十分器重诸葛恪。然而诸葛瑾却时常嫌弃诸葛恪，认为诸葛恪不是能保全家庭的儿子，并常为此忧虑。赤乌四年，诸葛瑾去世，终年六十八岁。遗言棺木不用漆染，只需穿应季的衣服入葬，丧事从简。诸葛恪已经被封侯，因此诸葛恪的弟弟诸葛融承袭爵位，继续统率诸葛瑾的军队驻守公安，兵士与官吏都很拥戴诸葛融。边境太平无事时，诸葛融就在秋冬季节射猎练兵，春夏季节常常邀请宾朋聚会，并让差役吏卒休假，有的人特意从千里之外来拜访诸葛融。每次聚会诸葛融都一一问候宾客，让宾客各自说出自己所长，然后把众人的座位安排在一起，按照各自的擅长选择适合的对象，有人下棋，有人赌博，有人投壶，有人比试弹弓，分别进行娱乐活动，在这个时候，有鲜美的果品不断端上，醇香的美酒供慢慢品尝，诸葛融则往来宾客中间观览，终日不知疲倦。诸葛融的父兄都很朴素，虽然在军队之中，身上也没有华丽的装饰。诸葛融却身穿精美的丝毛织物，上边绣着色彩斑斓的图案，独好奢华。孙权去世后，诸葛融改任奋威将军。后来诸葛恪率大军进攻淮南，诸葛融被授符节，奉命率领军队进入沔水，进击西部的魏军。

诸葛恪被杀之后，朝廷派无难督施宽和将施绩、孙壹、全熙等人前来捉拿诸葛融。刚一听说军队快到了，诸葛融恐慌犹豫，不能决定对策，直至兵临城下，服毒而死，诸葛融的三个儿子都被诛杀。

步骘，字子山，他是临淮淮阴人。天下大乱，他独自一人到江南避难，贫穷无助。广陵人卫旌年纪与步骘相同，两人关系不错，一同靠种瓜维持生计，白天干活，晚上诵读经传。

会稽人焦征羌是郡内豪门贵族，他的门客霸道无礼，任意胡为。步骘和卫旌在此处谋生，担心被他们侵夺，便一同拿着名片带着瓜去拜见焦征羌。这时候，焦征羌正在内寝睡觉，步骘和卫旌等候多时也不见动静，卫旌有些耐不住了，想不见焦征羌而离去，步骘制止他说："我们来的原因，就是因他势力强大怕受伤害，现在弃他而去，以示清高，只能让他怨恨我们。"过了许久，焦征羌开窗看见他们，自己却在帷幕内凭几而坐，他叫人把席子铺在地上，让步骘和卫旌坐

怒骘曰："何能忍此？"骘曰："吾等贫贱，是以主人以贫贱遇之，固其宜也，当何所耻？"

孙权为讨虏将军，召骘为主记，除海盐长，还辟车骑将军东曹掾。建安十五年，出领鄱阳太守。岁中，徙交州刺史、立武中郎将，领武射吏千人，便道南行。明年，追拜使持节、征南中郎将。刘表所置苍梧太守吴巨阴怀异心，外附内违。骘降意怀诱，请与相见，因斩徇之，威声大震。士燮兄弟，相率供命，南土之宾，自此始也。益州大姓雍闿等杀蜀所署太守正昂，与燮相闻，求欲内附。骘因承制遣使宣恩抚纳，由是加拜平戎将军，封广信侯。

延康元年，权遣吕岱代骘，骘将交州义士万人出长沙。会刘备东下，武陵蛮夷蠢动，权遂命骘上益阳。备既败绩，而零、桂诸郡犹相惊扰，处处阻兵，骘周旋征讨，皆平之。黄武二年，迁右将军左护军，改封临湘侯。五年，假节，徙屯沤口。

权称尊号，拜骠骑将军，领冀州牧。是岁，都督西陵，代陆逊抚二境，顷以冀州在蜀分，解牧职。时权太子登驻武昌，爱人好善，与骘书曰："夫贤人君子，所以兴隆大化，佐理时务者也。受性暗蔽，不达道数，虽实区区欲尽心于明德，归分于君子，至于远近士人，先后之宜，犹或缅焉，未之能详。《传》曰：'爱之能勿劳乎？忠焉能勿诲乎？'斯其义也，岂非所望于君子哉！"骘于是条于时事业在荆

在窗外，卫旌更加感到耻辱，步骘言行仍像平常一样，焦征羌招待他们吃饭，他自己坐在一个宽大的几案旁，美味佳肴都摆满了，只用小盘盛米饭香菜给步骘、卫旌吃。卫旌气愤得吃不下，步骘却大口大口地吃，吃饱后，才告辞而出。卫旌生气地对步骘说："你怎么能忍受这样的羞辱呢？"步骘回答说："我们是贫贱之人，焦征羌用对待贫贱人的方式对待我们，是合乎情理的，这不算什么羞辱。"

孙权担当讨虏将军时，征召步骘任主记，提为海盐县长，很快又调任车骑将军、东曹掾。汉建安十五年，步骘外出兼任鄱阳太守。年内又升任交州刺史、立武中郎将，统领武射吏一千人，即刻取路到南方去。第二年，补加任命步骘为使持节、征南中郎将。刘表安置的苍梧太守吴巨内藏异心，对步骘表面上顺服，实际上是阳奉阴违。步骘就降低自己的身份来安抚引诱吴巨，请吴巨和他会面，然后趁机将他斩首示众，由此步骘威名大振。士燮兄弟一个接一个地听从命令，南土的顺服，就是从这时开始的。益州的富豪雍闿等人杀了蜀国设置的太守正昂，与士燮通报，希望归顺吴国。步骘于是奉命派使者宣示圣恩，并安抚接纳了雍闿等人。由此步骘又被晋升为平戎将军，封为广信侯。

汉延康元年，孙权派遣吕岱接替步骘，步骘率领交州将士一万人进军长沙。正赶上刘备向东进军，武陵的少数民族蠢蠢欲动，孙权就命令步骘进军益阳。刘备遭到惨败后，零陵、桂阳各郡还在互相惊扰，处处布兵设卡，步骘辗转追逐征讨，把这些地方全都平定了。吴黄武二年，步骘升任右将军左护军，改封为临湘侯。黄武五年，步骘授予符节，移兵屯守沤口。

孙权称帝后，让步骘做了骠骑将军，兼冀州牧。当年，步骘都督西陵，代替陆逊镇抚荆、冀两州边境。不久，因冀州归属蜀国名下，便解除了冀州牧的职务。当时，孙权的太子孙登驻守武昌，孙登待人仁慈，善于理政，在给步骘的信中说："所谓贤人君子，就是用来使国家教化兴盛，辅佐治理国家大事的人。我天性愚陋，不通晓道理，虽然爱慕并想尽办法追求完美的德行，以成为贤能的君子，然而，说到远近的饱学之士，他们德能的高低，我还是不清楚，不能了解他们的

州界者，诸葛瑾、陆逊、朱然、程普、潘濬、裴玄、夏侯承、卫旌、李肃、周条、石干十一人，甄别行状，因上疏奖劝曰："臣闻人君不亲小事，百官有司各任其职。故舜命九贤，则无所用心，弹五弦之琴，咏《南风》之诗，不下堂庙而天下治也。齐桓用管仲，被发载车，齐国既治，又致匡合。近汉高祖揽三杰以兴帝业，西楚失雄俊以丧成功。汲黯在朝，淮南寝谋；郅都守边，匈奴窜迹。故贤人所在，折冲万里，信国家之利器，崇替之所由也。方今王化未被于汉北，河、洛之滨尚有僭逆之丑，诚揽英雄拔俊任贤之时也。愿明太子重以经意，则天下幸甚。"

后中书吕壹典校文书，多所纠举，骘上疏曰："伏闻诸典校擿抉细微，吹毛求瑕，重案深诬，辄欲陷人以成威福；无罪无辜，横受大刑，是以使民跼天蹐地，谁不战栗？昔之狱官，惟贤是任，故皋陶作士，吕侯赎刑，张、于廷尉，民无冤枉，休泰之祚，实由此兴。今之小臣，动与古异，狱以贿成，轻忽人命，归咎于上，为国速怨。夫一人吁嗟，王道为亏，甚可仇疾。明德慎罚，哲人惟刑，书传所美。自今蔽狱，都下则宜咨顾雍，武昌则陆逊、潘濬，平心专意，务在得情，骘党神明，受罪何恨？"又曰："天子父天母地，故宫室百官，动法列宿。若施政令，钦顺时节，官得其人，则阴阳和平，七曜循度。至于今日，官寮多阙，虽有大臣，复不信任，如此天地焉得无变？故频年枯旱，亢阳之应也。又嘉禾六年五月十四日，赤乌二年正月一日及二十七日，地皆震动。地阴类，臣之象，阴气盛故动，臣下专

详细情况，经传里说：‘爱慕他，能不让他劳苦吗？忠于他，能不对他教诲吗？’这句话说的意思，难道不是我对贤人君子所寄予的希望吗！”因此，步骘把当时在荆州境内任职人名单一一列出给太子，有诸葛瑾、陆逊、朱然、程普、潘濬、裴玄、夏侯承、卫旌、李肃、周条、石干十一人，分别说明他们的事迹并给予评价，并趁机上疏鼓励太子，说：“我听说，帝王不问小事，自有百官及各机构承担职责。因此，舜任用了九位贤人，不再为琐事烦心，可以弹五弦琴，咏《南风》诗，不出朝廷，天下就得到治理。齐桓公任用管仲后，逍遥悠闲，乘车游玩，但是不仅齐国得到大治，而且成为纠合诸侯的天下霸主。近代，汉高祖刘邦依靠张良、萧何、韩信三杰建立帝王大业，项羽则失去英杰辅佐功败垂成。由于汲黯在朝，淮南王不敢生事；郅都守边，匈奴人销声匿迹。所以，凡贤人所在，则必御敌于万里之外。他们才是国家的栋梁，也是国家兴衰的根本。现如今，圣王的教化还没有普及到汉水以北，黄河、洛水两岸还有僭位悖逆之徒，此正是招揽英雄、选拔俊彦、任用贤能的时候，希望英明的太子对此多加留意，若能如此，就是天下人之幸啊！”

之后，中书吕壹掌阅文书，有许多人被他举报。步骘上疏说：“我听说那些掌管检阅的官员专事挑剔，多有诬谤，以陷害他人来显示威风；无罪过之人，却无故受刑。以至于让人束手束脚，战战兢兢，谁人不恐惧战栗？以前的狱官，只有贤人才能充任，所以，皋陶任士，吕侯修订赎刑，张释之、于定国任廷尉，百姓便没有冤情，安宁的福气，就是因此而产生的。而现在的一些小官，办事与古人不同，断案看贿赂，草菅人命，将罪过归于朝廷，给国家招来怨恨。若有一个人叹气，对王道来说便是有所亏损，这是非常让人痛恨的。修明道德、谨慎用刑，圣哲之士只依法办事，这是典籍中所赞美的。自今之后，判罪断狱，属都城内的当征询顾雍，属武昌的就征询陆逊、潘濬。公平公正，务必弄清实情，我把他们三位归于明哲之列，即使受到惩罚，也没什么可遗憾的。”又说：“天子以天为父，以地为母，所以朝廷百官，都要效法天上的星宿。实施政令，如果能够敬顺时节，任用官员得当，那么阴阳就会协调，七星就会遵循正常的轨道运行。可如

政之故也。夫天地见异，所以警悟人主，可不深思其意哉！”又曰：“丞相顾雍、上大将军陆逊、太常潘濬，忧深责重，志在竭诚，夙夜兢兢，寝食不宁，念欲安国利民，建久长之计，可谓心膂股肱，社稷之臣矣。宜各委任，不使他官监其所司，责其成效，课其负殿。此三臣者，思虑不到则已，岂敢专擅威福欺负所天乎？”又曰：“县赏以显善，设刑以威奸，任贤而使能，审明于法术，则何功而不成，何事而不辨，何听而不闻，何视而不睹哉？若今郡守百里，皆各得其人，共相经纬，如是，庶政岂不康哉！窃闻诸县并有备吏，吏多民烦，俗以之弊。但小人因缘衔命，不务奉公而作威福，无益视听，更为民害，愚以为可一切罢省。”权亦觉悟，遂诛吕壹。骘前后荐达屈滞，救解患难，书数十上。权虽不能悉纳，然时采其言，多蒙济赖。

赤乌九年，代陆逊为丞相，犹诲育门生，手不释书，被服居处有如儒生。然门内妻妾服饰奢绮，颇以此见讥。在西陵二十年，邻敌敬其威信。性宽弘得众，喜怒不形于声色，而外内肃然。

十年卒，子协嗣，统骘所领，加抚军将军。协卒，子玑嗣侯。协弟阐，继业为西陵督，加昭武将军，封西亭侯。凤皇元年，召为绕帐

今,官吏才德多有缺陷,即使还有几位大臣可用,却又得不到信任,这怎能不使天地产生异变呢?国内连年干旱,此乃阳气太盛的征兆。嘉禾六年五月十四日,赤乌二年正月一日和二十七日,都发生了地震,地属阴,是臣子的象征。阴气盛所以地震,这是臣子独断朝纲的缘故。凡天地之异,都是用来警惕君主的,我们能不深思其中的意义吗!”又说:“丞相顾雍、上大将军陆逊、太常潘濬等人思虑深沉,自感所担责任重大,所以,他们起早睡晚,兢兢业业,寝食不安,志向在于竭尽忠诚,要使国家安定,百姓富庶,制定长治久安的策略,实是心腹股肱,国之重臣。应当让他们每个人都承以重任,不要让那些监察官员监督他们,敦促效率,考察得失和优劣。如此三大臣,其思虑只有顾及不到之处,怎么能独揽大权欺负天子呢?”又说:“悬赏是为了褒扬好人,设刑是震慑恶徒,任用贤良有才干的人,将法令弄懂,还有什么功业完不成?什么事情做不好?什么意见听不到?什么东西看不清呢?如果现在的郡守县令,都是可任用和合适之人,集众共同治理天下,那整个国家的政事不就兴盛了吗!我私下里听说,各县都有闲散官吏无所事事,官员一多百姓便受骚扰,弊病就会产生。然而,一些小人依靠人情被任为官吏,不知努力反而作威作福,所居官位对朝廷视听毫无益处,反而成为百姓的祸害,我认为,这样的官员可以一律罢免。”孙权听了步骘的劝谏,也醒悟了,最后,处死了吕壹。步骘先后为举荐屈居下位的贤能之士、援救受难的无辜之人,上书几十次,孙权虽然没有都接受,但多数还是采纳了他的意见,很多人都曾得到帮助。

赤乌九年,步骘接替陆逊任丞相,他依旧教诲门生,手不释卷,他的衣着和居处就像读书人一样。然而步骘家里妻妾的服饰则过分华丽,因而颇为此被人讥诮。步骘在西陵的二十年,附近的敌人都敬畏他的威望和信誉。他的性情宽宏,很得人心,内心的喜悦和愤怒从不从脸上表现出来,而且无论对内对外总是表现出十分恭敬的样子。

赤乌十年,步骘去世,他的儿子步协承袭爵位,并统辖步骘率领的部队,加官抚军将军,步协去世,步骘的儿子步玑继承侯爵。步协

督。阐累世在西陵，卒被征命，自以失职，又惧有谗祸，于是据城降晋。遣玑与弟璿诣洛阳为任，晋以阐为都督西陵诸军事、卫将军、仪同三司，加侍中，假节领交州牧，封宜都公；玑监江陵诸军事、左将军，加散骑常侍，领庐陵太守，改封江陵侯；璿给事中、宣威将军，封都乡侯。命车骑将军羊祜、荆州刺史杨肇往赴救阐。孙晧使陆抗西行，祜等遁退。抗陷城，斩阐等，步氏泯灭，惟璿绍祀。

颍川周昭著书称步骘及严畯等曰："古今贤士大夫所以失名丧身倾家害国者，其由非一也，然要其大归，总其常患，四者而已。急论议一也，争名势二也，重朋党三也，务欲速四也。急论议则伤人，争名势则败友，重朋党则蔽主，务欲速则失德，此四者不除，未有能全也。当世君子能不然者，亦比有之，岂独古人乎！然论其绝异，未若顾豫章、诸葛使君、步丞相、严卫尉、张奋威之为美也。《论语》言'夫子恂恂然善诱人'，又曰'成人之美，不成人之恶'，豫章有之矣。'望之俨然，即之也温，听其言也厉'，使君体之矣。'恭而安，威而不猛'，丞相履之矣。学不求禄，心无苟得，卫尉、奋威蹈之矣。此五君者，虽德实有差，轻重不同，至于趣舍大检，不犯四者，俱一揆也。昔丁谞出于孤家，吾粲由于牧竖，豫章扬其善，以并陆、全之列，是以人无幽滞而风俗厚焉。使君、丞相、卫尉三君，昔以布衣俱相友善，诸论者因各叙其优劣。初，先卫尉，次丞相，而后有使君也；其后并事明主，经营世务，出处之才有不同，先后之名须反其初，此世常人所决勤薄也。至于三君分好，卒无亏损，岂非古人交哉！又鲁横江昔杖万兵，屯据陆口，当世之美业也，能与不能，孰不愿焉？而横江既亡，卫尉应其选，自以才非将帅，深辞固让，终于不就。后徙九列，迁典八座，荣不足以自曜，禄不足以

的弟弟步阐继承他的职务任西陵督，加官昭武将军，封为西亭侯。凤凰元年，又调任绕帐督。步阐接连几代人住在西陵，突然间接到征召的命令，他自己认为是要丢掉职务，又担心有谗害，因此就凭借城邑投降晋国，派步玑和弟弟步璿到洛阳去任职。晋国任命步阐为都督西陵诸军事、卫将军、仪同三司，加官侍中，授予符节，兼任交州牧，封为宜都公，步玑监江陵诸军事、左将军，加官散骑常侍，兼任庐陵太守，改封为江陵侯；步璿为给事中、宣威将军，封为都乡侯。晋国还命令车骑将军羊祜、荆州刺史杨肇前去救援步阐。孙晧派陆抗向西进军，羊祜等人退军。陆抗攻克城邑，步阐等人被处以斩首，步氏就被消灭了，只有步璿继承后嗣。

颍川人周昭写书称赞步骘和严畯等人，说："从古至今贤士达官之所以身败名裂、亡家祸国，其原因并不是只有一个，但其中主要的和常发生的，有四点。一是急于议论，二是争名夺利，三是重视朋党，四是力求速决。急于议论，就伤害他人，争名夺利，就破坏交情，重视朋党，就蒙蔽君主，力求速决就丧失道德。这四方面因素不消除，就没有人能保全自己了。当下的君子能够保全自己的人，也随处可见，哪里只限于古人呢！不过要衡量其中杰出的，只有顾豫章、诸葛使君、步丞相、严卫尉、张奋威表现得最完美。《论语》说'孔子很善于有步骤地诱导学生'，又说'成人之美，非促人之恶'，顾豫章就具有这样的美德。'远望庄严，近处可亲，话语严厉'，诸葛使君有这种风格。'庄重安详，威仪而不凶猛'，步丞相的表现正是这样。勤奋学习，不追求利禄，没有贪图钱财的想法，严卫尉、张奋威做到了。这五位君子，德行虽有差别，地位也各不相同，但在进退的大操行上，却从不犯上述四病，可说是意行一致的。以前，丁谞是孤儿而被任用，吾粲是牧童，顾豫章都发挥他们的长处，使他们的地位与陆氏、全氏并列，所以，贤士若没有被禁闭屈才，那么社会风俗就会淳厚。诸葛瑾、步骘、严岭这三人，未做官时就相互友善，因此评价他们的优劣。最初是严卫尉第一，步丞相第二，诸葛使君第三。后来，他们一同侍奉君主，担任官职，处理政务，与隐居时所显露的才能不一样，排列次序也与开始截然相反。然而，这只是寻常之人的评价，

自奉。至于二君，皆位为上将，穷富极贵。卫尉既无求欲，二君又不称荐，各守所志，保其名好。孔子曰：‘君子矜而不争，群而不党。’斯有风矣。又奋威之名，亦三君之次也，当一方之戍，受上将之任，与使君、丞相不异也。然历国事，论功劳，实有先后，故爵位之荣殊焉。而奋威将处此，决能明其部分，心无失道之欲，事无充诎之求，每升朝堂，循礼而动，辞气謇謇，罔不惟忠。叔嗣虽亲贵，言忧其败，蔡文至虽疏贱，谈称其贤。女配太子，受礼若吊，慊忾之趋，惟笃人物，成败得失，皆如所虑，可谓守道见机，好古之士也。若乃经国家，当军旅，于驰骛之际，立霸王之功，此五者未为过人。至其纯粹履道，求不苟得，升降当世，保全名行，邈然绝俗，实有所师。故粗论其事，以示后之君子。”

周昭者字恭远，与韦曜、薛莹、华覈并述《吴书》，后为中书郎，坐事下狱，覈表救之，孙休不听，遂伏法云。

评曰：张昭受遗辅佐，功勋克举，忠謇方直，动不为己；而以严见惮，以高见外，既不处宰相，又不登师保，从容闾巷，养老而已，以此明权之不及策也。顾雍依杖素业，而将之智局，故能究极荣位。诸葛瑾、步骘并以德度规检见器当世，张承、顾邵虚心长者，好尚人物，周昭之论，称之甚美，故详录焉。谭献纳在公，有忠贞之

而他们三人的友情，却始终没有改变，这难道不是古代所称颂的君子之交吗！再有，当年鲁肃率万人兵马屯驻陆口，这是当时谁都羡慕的职位，无论有才能还是没有才能的，谁不愿意担任这个职务呢？可是，鲁肃死后，严卫尉被任命代替鲁肃，但他自认为不是将帅之才，坚决地推让，最终也没有任职。后来严卫尉由九卿退下来，任尚书令，从官职品级上说不足以显扬自己，从所得俸禄上说也不足以供养自己。而诸葛瑾、步骘二人仍居高位，享受荣华。严卫尉既不向他们求助，他二人也不向上推荐，仍按各自的志向处事，保全名节与友谊。孔子说：'君子矜而不争，群而不党。'他们三位都具有这种风范。此外，张奋威的名声，也应该与这三位不相上下。他以上将之责戍卫一方，与诸葛使君、步丞相完全一样。尽管参与国事、比较功劳的大小差别、爵位的尊荣不同，然而，张奋威非常明白自己的身份和职责，没有丝毫的丧失道义的想法，做事也没有自大失节的行为。每次上朝，举止循礼，言辞诚恳。张叔嗣虽然亲贵，言辞中也忧恐失败，蔡文至虽然贫疏，张奋威却赞赏他的贤能。他的女儿许配给了太子，接纳聘礼就像吊唁一样难受，承受君命，又意气昂扬，确实是个忠厚纯一的人。事业的成败得失，往往像他所考虑的那样，可以称得上是既守道又能辨别情况的好古之士。如果说到治理国家、征战沙场、建立王霸大业，这五个算不上出类拔萃。但他们心性纯洁、履行道义、要求正当，在当时，无论升官还是降职，都能保全自己的名声和德行，远超一般世俗之人，这实在有值得人学习的地方。所以，粗略地论述他们的事迹，以给将来的君子们看。"

周昭字恭远，与韦曜、薛莹、华覈一起著述《吴书》，后来，任中书郎，因事入狱，华覈上表求情，孙休不同意，终被处死。

评论说：张昭受孙策遗嘱辅佐孙权，建立功勋，他忠诚正直，从来不会为自己打算；但因对人严厉而被人畏惧，又因位高而被人疏远，既未能出任执政大臣、又没能被尊为太傅、太保，只能闲居养老而已。由此可见，孙权度量不如孙策。顾雍依仗自己素来的业绩，再以智谋为辅，所以，能享有极高的荣誉和地位。诸葛瑾、步骘均以品德好，有度量，行为规矩，而受到人们的器重。张承、顾邵都是谦

节。休、承修志，咸庶为善。爱恶相攻，流播南裔，哀哉！

谦长者，喜荐人才。周昭非常赞美他们，所以详细记录下来。顾谭向朝廷提了很多好的建议，有忠贞的节操。张休、张承修养身志，都长期做好事。但都被人恶意陷害，流放到南方边地，真是可悲啊！

卷五十三　吴书八

张严程阚薛传第八

张纮字子纲，广陵人。游学京都，还本郡，举茂才，公府辟，皆不就，避难江东。孙策创业，遂委质焉。表为正议校尉，从讨丹杨。策身临行陈，纮谏曰："夫主将乃筹谟之所自出，三军之所系命也，不宜轻脱，自敌小寇。愿麾下重天授之姿，副四海之望，无令国内上下危惧。"

建安四年，策遣纮奉章至许宫，留为侍御史。少府孔融等皆与亲善。曹公闻策薨，欲因丧伐吴。纮谏，以为乘人之丧，既非古义，若其不克，成仇弃好，不如因而厚之。曹公从其言，即表权为讨虏将军，领会稽太守。曹公欲令纮辅权内附，出纮为会稽东部都尉。

后权以纮为长史，从征合肥。权率轻骑将往突敌，纮谏曰："夫兵者凶器，战者危事也。今麾下恃盛壮之气，忽强暴之虏，三军之众，莫不寒心，虽斩将搴旗，威震敌场，此乃偏将之任，非主将之宜也。愿抑贲、育之勇，怀霸王之计。"权纳纮言而止。既还，明年将复出军，纮又谏曰："自古帝王受命之君，虽有皇灵佐于上，文德播于下，亦赖武功以昭其勋。然而贵于时动，乃后为威耳。今麾下值四百之厄，有扶危之功，宜且隐息师徒，广开播殖，任贤使能，务崇宽惠，顺天命以行诛，可不劳而定也。"于是遂止不行。纮建计宜出都秣陵，权从之。令还吴迎家，道病卒。临困，授子靖留笺曰："自古有国有家者，咸欲修德政以比隆盛世，至于其治，多不

张纮，字子纲，他是广陵人。曾经在京都求学，张纮回到本郡后，被推荐为茂才，官府征召，他都没有答应，后来到江东避难。孙策创建基业时，张纮就投靠了孙策。孙策任命张纮为正议校尉，参加了讨伐丹杨的战斗。孙策亲临作战，张纮劝谏说："主将乃谋略之重，三军命运的主掌，不应轻率地自己去抵御小寇。望您珍重上天授予的资质，达到四海的期望，不要使国内民众感到不安。"

建安四年，孙策派张纮到许昌给朝廷上奏章，所以被留在许昌任侍御史。少府孔融等人和他关系都很好。曹操得知孙策的死讯，便想利用孙策新死、东吴不安之机进攻江东。张纮加以劝阻，认为趁对方主帅死亡而进攻，不符合古代"礼不伐丧"之义。如果不能成功，反会使邻邦成为仇敌，不如趁机厚待于他。曹操采纳了张纮的建议，随即上表朝廷，任命孙权为讨虏将军，兼会稽太守。曹操想让张纮回东吴去辅佐孙权以便使他归附，便任命张纮为会稽郡东部都尉。

之后，孙权任张纮为长史，跟着军队征讨合肥。孙权带领轻兵准备袭击敌人，张纮劝他说："兵者凶器也，征战是危险的事。现在，您依仗雄壮的勇气，却忽视凶暴的敌人，三军将士，无不寒心，虽然斩杀了敌将，拔了敌方的旗帜，威震了疆场，但这是偏将的责任，不是主将应该做的。希望您抑制孟贲、夏育那样勇猛却鲁莽的行为，胸怀建立霸业的大计。"孙权接受了张纮的意见，停止了行动。回师后的第二年，孙权想再次出兵，张纮又规劝，说："自古以来，承受天命的帝王，虽然上有神灵护佑，下有文德教化的传扬，但也还要靠武功来显示功业。然而，武功贵在视时机而动，才能显出力量。如今，将军您正遭逢汉室四百年来的厄运，承担着匡扶危难的重任，应该暂且按兵不动，休养生息，大力发展农桑，任用贤能之士，实施

馨香。非无忠臣贤佐，暗于治体也，由主不胜其情，弗能用耳。夫人情惮难而趋易，好同而恶异，与治道相反。传曰‘从善如登，从恶如崩’，言善之难也。人君承奕世之基，据自然之势，操八柄之威，甘易同之欢，无假取于人；而忠臣挟难进之术，吐逆耳之言，其不合也，不亦宜乎！离则有衅，巧辩缘间，眩于小忠，恋于恩爱，贤愚杂错，长幼失叙，其所由来，情乱之也。故明君悟之，求贤如饥渴，受谏而不厌，抑情损欲，以义割恩，上无偏谬之授，下无希冀之望。宜加三思，含垢藏疾，以成仁覆之大。”时年六十卒。权省书流涕。

纮著诗赋铭诔十余篇。子玄，官至南郡太守、尚书。玄子尚，孙皓时为侍郎，以言语辩捷见知，擢为侍中、中书令。皓使尚鼓琴，尚对曰：“素不能。”敕使学之。后宴言次说琴之精妙，尚因道“晋平公使师旷作《清角》，旷言吾君德薄，不足以听之。”皓意谓尚以斯喻己，不悦。后积他事下狱，皆追以此为诘，送建安作船。久之，又就加诛。

初，纮同郡秦松字文表，陈端字子正，并与纮见待于孙策，参与谋谟。各早卒。

宽厚仁惠的政策，顺应天命施行法规，这样，就可不必劳师而平定天下。”因此，孙权停止了出兵。张纮建议以秣陵为都城，孙权听从了他的意见，并命他回吴郡去迎取家眷，他在路上病死。病危时，张纮将上奏孙权的遗书交给儿子张靖，奏章中说：“自古以来拥有国家的人，都想施行德政媲美过去的太平盛世，然而，他们的政绩，却大多不太理想。这并非没有忠臣贤士辅佐，也并非不懂治国的道理，而是由于君主不能克制自己的好恶之情，不能很好地任用他们的缘故。怕难趋易乃人之常情，喜欢相同的意见，厌恶不同的意见，这与治国的法则相反。古人说‘从善如登山，从恶如山崩’，是说为善的艰难。君主继承世代相传的基业，凭借自然形成的势力，掌握着爵、禄、予、置、生、奇、废、诛八柄的威严，惯做容易的事，喜听奉承的话，而不有求于人；忠臣虽心怀治国方略却难于进达，劝谏之语逆耳，君臣不能相合，不也是很自然的事吗！不合就有距离，献媚者就会乘虚而入，君主为小人所惑，贪其阿谀。这样就使贤愚混杂，长幼失序，究其原因，是由人君的好恶私情所致。圣明的君主感悟到这一点，因此求贤若渴，不只满足于一般的劝谏，克制情感和私欲，用道义来衡量恩爱。朝廷没有错误的命令，群臣就没有非分的企图。您要三思，广纳建议，以完成仁义普施天下的大业。”张纮去世时六十岁。孙权看了他的遗书流泪不止。

张纮所作的诗、赋、铭、诔有十几篇。儿子叫作张玄，官至南郡太守、尚书。张玄的儿子张尚，孙晧在位时任侍郎，因为说话敏捷善辩得到孙晧的了解和赏识，提拔为侍中、中书令。孙晧让张尚弹琴，张尚回答说：“我从来就不会。”孙晧下令让他学习。后来在宴会言谈之间说到琴音的精妙时，张尚随口说道：“晋平公让师旷弹奏清角，师旷说我们的国君德行浅薄，不足以聆听这种琴音。”孙晧心里认为张尚是用这话来讽喻自己，很不高兴。后来又累计了其他事情把张尚关进监狱，追究起来都用这件事诘问他，又把他遣送到建安去造船。过了很久，又把张尚就地诛杀。

起初，张纮的同郡人秦松字文表，陈端字子正，与张纮一起受到孙策的重视，并参与谋划大事。他们都早年去世。

严畯字曼才，彭城人也。少耽学，善《诗》《书》、三《礼》，又好《说文》。避乱江东，与诸葛瑾、步骘齐名友善。性质直纯厚，其于人物，忠告善道，志存补益。张昭进之于孙权，权以为骑都尉、从事中郎。及横江将军鲁肃卒，权以畯代肃，督兵万人，镇据陆口。众人咸为畯喜，畯前后固辞："朴素书生，不闲军事，非才而据，咎悔必至。"发言慷慨，至于流涕，权乃听焉。世嘉其能以实让。权为吴王，及称尊号，畯尝为卫尉，使至蜀，蜀相诸葛亮深善之。不畜禄赐，皆散之亲戚知故，家常不充。广陵刘颖与畯有旧，颖精学家巷，权闻征之，以疾不就。其弟略为零陵太守，卒官，颖往赴丧，权知其诈病，急驿收录。畯亦驰语颖，使还谢权。权怒废畯，而颖得免罪。久之，以畯为尚书令，后卒。

畯著《孝经传》《潮水论》，又与裴玄、张承论管仲、季路，皆传于世。

玄字彦黄，下邳人也，亦有学行，官至太中大夫。问子钦齐桓、晋文、夷、惠四人优劣，钦答所见，与玄相反覆，各有文理。钦与太子登游处，登称其翰采。

程秉字德枢，汝南南顿人也。逮事郑玄，后避乱交州，与刘熙考论大义，遂博通五经。士燮命为长史。权闻其名儒，以礼征；秉既到，拜太子太傅。黄武四年，权为太子登娉周瑜女，秉守太常，迎妃于吴，权亲幸秉船，深见优礼。既还，秉从容进说登曰："婚姻

严畯字曼才，他是彭城国人。少时酷爱学习，擅长《诗经》《尚书》及三《礼》，又爱好研读《说文解字》。因为逃避战乱到江东，和诸葛瑾、步骘名气相当，相互为友。严畯性格质朴忠厚，与他人相处，总是真诚地加以告诫，善意地加以引导，一心想对他人有所帮助。张昭将严畯推荐给孙权，孙权任命严畯为骑都尉、从事中郎。横江将军鲁肃死后，孙权打算让严畯接替鲁肃的职务，率领军队一万人，驻守陆口。众人都为严畯感到高兴，严畯却一再恳切地推辞说："我本来是一介书生，不熟悉军事，不是将帅之才而占据其位，一定会招来过失和悔恨。"严畯言语慷慨激昂，以至于泪流满面，孙权才答应严畯。当时人们都称赞严畯能根据实际情况进行推让。孙权为吴王，以及之后称帝，严畯都曾任卫尉，奉命出使蜀汉，蜀汉丞相诸葛亮对严畯十分赞赏。严畯不利用俸禄和赏赐积攒家财，而是分散给亲朋好友，所以家境常常没有富余。广陵郡人刘颖和严畯是旧交。刘颖在家精心钻研学问，孙权听到了刘颖的名声召请刘颖前来做官，刘颖以有病为借口不来。刘颖的弟弟刘略当时任零陵郡太守，他死于任上，刘颖前去奔丧，孙权这才知道刘颖是谎称生病，于是派人经由驿道火速前往捉拿。严畯也派人乘快马向刘颖通报情况，让刘颖赶快前来向孙权赔罪。孙权一怒之下罢免了严畯的官职，刘颖却得以免罪。过了很久，严畯又任尚书令，后来死于任上。

严畯写了《孝经传》《潮水论》，又和裴玄、张承论述管仲和季路，都得以传世。

裴玄字彦黄，下邳郡人，学问人品俱佳，官做到太中大夫。裴玄曾问儿子裴钦齐桓公、晋文公、伯夷、柳下惠四人的优劣高下，裴钦回答了自己的见解，并与裴玄相互论辩，两人持论都有充分的依据。裴钦曾和太子孙登交往密切，孙登称赞裴钦的文采。

程秉字德枢，他是汝南郡南顿县人。程秉曾经跟从郑玄学习，之后在交州避乱，与刘熙考证论述古书大义，便博览精通五经。士燮任命他为长史。孙权听说他是一位名儒，以礼征召他；程秉来到以后，官拜太子太傅。黄武四年，孙权为太子孙登聘娶周瑜的女儿，

人伦之始，王教之基，是以圣王重之，所以率先众庶，风化天下，故《诗》《美》《关雎》，以为称首。愿太子尊礼教于闺房，存《周南》之所咏，则道化隆于上，颂声作于下矣。”登笑曰：“将顺其美，匡救其恶，诚所赖于傅君也。”

病卒官。著《周易摘》《尚书驳》《论语弼》，凡三万余言。秉为傅时，率更令河南徵崇亦笃学立行云。

阚泽字德润，会稽山阴人也。家世农夫，至泽好学，居贫无资，常为人佣书，以供纸笔，所写既毕，诵读亦遍。追师论讲，究览群籍，兼通历数，由是显名。察孝廉，除钱唐长，迁郴令。孙权为骠骑将军，辟补西曹掾；及称尊号，以泽为尚书。嘉禾中，为中书令，加侍中。赤乌五年，拜太子太傅，领中书如故。

泽以经传文多，难得尽用，乃斟酌诸家，刊约《礼》文及诸注说以授二宫，为制行出入及见宾仪，又著《乾象历注》以正时日。每朝廷大议，经典所疑，辄咨访之。以儒学勤劳，封都乡侯。性谦恭笃慎，宫府小吏，呼召对问，皆为抗礼。人有非短，口未尝及，容貌似不足者，然所闻少穷。权尝问：“书传篇赋，何者为美？”泽欲讽喻以明治乱，因对贾谊《过秦论》最善，权览读焉。初，以吕壹奸罪发闻，有司穷治，奏以大辟，或以为宜加焚裂，用彰元恶。权以访泽，泽曰：“盛明之世，不宜复有此刑。”权从之。又诸官司有所患疾，欲增重科防，以检御臣下，泽每曰“宜依礼、律”，其和而有正，皆此类也。六年冬卒，权痛惜感悼，食不进者数日。

程秉作为掌管礼仪的太常官，到吴县迎接太子妃，孙权亲自来到程秉的船中，给他很优厚的礼遇。回来后，程秉从容地进言劝说孙登道："婚姻是人伦的开始，王教的基础，因此圣王重视，用它统率百姓，感化天下，所以《诗经》赞美《关雎》，把它列为全书的首篇。希望太子在闺房之中尊崇礼教，保存《周南》所赞咏的美德，那就会使王道教化兴隆于上，歌颂之声兴起于下了。"孙登笑着说："我要顺势助成美德，改正和补救错误，诚心地依赖师傅您。"

后来程秉因病死于任所。著有《周易摘》《尚书驳》《论语弼》，共三万余字。程秉担任太子太傅时，率更令河南徵崇，也是个学问深厚、品行优良的人。

阚泽，字德润，他是会稽山阴人。家里世世代代务农。小时候阚泽就好学，因生活贫困，无法正常就学，常常被别人雇去抄书，雇主供应纸笔，阚泽抄写完毕，所抄内容也全部诵读完了。阚泽追寻老师研习，遍览群书，同时，他还通晓天文历法，由此名声显露。后经朝廷考察被推举为孝廉，任为钱唐县长，又升任郴县县令。孙权任骠骑将军时，召请阚泽为西曹掾。孙权称帝后，任命阚泽为尚书。嘉禾年间，阚泽任中书令，加侍中。赤乌五年，阚泽任太子太傅，仍兼任中书令。

阚泽认为，儒家经典和阐释的著述太多，并非都能用得上。于是吸取各家论著之长，将《礼》经文句及各家注解精简后，教授太子孙和与鲁王孙霸，为他们制定出入宫廷及接见宾客的仪制，还撰著《乾象历注》以纠正历法的混乱。每当朝廷议论大事，遇到经典方面的疑问，都向他咨询。因为阚泽对儒家学问研究的贡献，被封都乡侯。阚泽生性谦逊、厚道谨慎，即使是召宫廷、官府中的小吏来问话，他也都以礼相待。别人的错误缺点，他从不谈起，只是有点不够满意的表情，但听到的事很少去追根问底。孙权曾经问阚泽："书传诗赋，哪一篇是很优秀的？"阚泽想用治乱的道理开导孙权，就趁机推荐贾谊的《过秦论》，孙权便阅读了这篇文章。当初，吕壹的罪恶被揭发出来，有关部门严加追究，并奏请使用极刑。有人认为，应加车裂并焚其尸，以示对罪魁祸首的严惩。孙权征求阚泽的意见，阚泽说：

泽州里先辈丹杨唐固亦修身积学，称为儒者，著《国语》《公羊》《穀梁传》注，讲授常数十人。权为吴王，拜固议郎，自陆逊、张温、骆统等皆拜之。黄武四年为尚书仆射，卒。

薛综字敬文，沛郡竹邑人也。少依族人避地交州，从刘熙学。士燮既附孙权，召综为五官中郎将，除合浦、交阯太守。时交土始开，刺史吕岱率师讨伐，综与俱行，越海南征，及到九真。事毕还都，守谒者仆射。西使张奉于权前列尚书阚泽姓名以嘲泽，泽不能答。综下行酒，因劝酒曰："蜀者何也？有犬为独，无犬为蜀，横目苟身，虫入其腹。"奉曰："不当复列君吴邪？"综应声曰："无口为天，有口为吴，君临万邦，天子之都。"于是众坐喜笑，而奉无以对。其枢机敏捷，皆此类也。

吕岱从交州召出，综惧继岱者非其人，上疏曰："昔帝舜南巡，卒于苍梧。秦置桂林、南海、象郡，然则四国之内属也，有自来矣。赵佗起番禺，怀服百越之君，珠官之南是也。汉武帝诛吕嘉，开九郡，设交阯刺史以镇监之。山川长远，习俗不齐，言语同异，重译乃通，民如禽兽，长幼无别，椎结徒跣，贯头左衽，长吏之设，虽有若无。自斯以来，颇徙中国罪人杂居其间，稍使学书，粗知言语，使驿往来，观见礼化。及后锡光为交阯，任延为九真太守，乃教其耕犁，使之冠履；为设媒官，始知聘娶；建立学校，导之经义。由此已降，四百余年，颇有似类。自臣昔客始至之时，珠崖除州县嫁娶，皆须

“圣明天子在位，不应有这样的酷刑。”孙权采纳了他的意见。孙权对官员中的不良风气不满，打算加重法令防范，阚泽总是说“应依礼制规定和刑律来处理”。阚泽虽处事随和，但在原则面前不让步，就像这类事情一样。赤乌六年冬天，阚泽去世，孙权十分悲痛，一连几天吃不下饭。

阚泽的同州前辈丹杨人唐固也修身积学，被称为儒者，著有《国语》《公羊》《穀梁传》的注，教授的生徒常常有数十人。孙权为吴王时，任唐固为议郎，上至陆逊、张温、骆统等人都拜见他。黄武四年唐固在尚书仆射任上去世。

薛综，字敬文，他是沛郡竹邑人。薛综小时候随同族人到交州避难，跟随刘熙学习。士燮归附孙权后，召薛综任五官中郎将，又升为合浦太守、交阯太守。当时，与交州的往来刚刚开通，刺史吕岱率大军征讨，薛综随军行动，渡海向南，一直攻到九真。征讨完毕，返回都城，兼理谒者仆射。西蜀使者张奉在孙权面前直指尚书阚泽并加以嘲弄，阚泽回答不上来。薛综离座给客人斟酒，趁机说：“蜀是什么？加上犬字旁是獨，没有犬字旁是蜀，横着眼，蜷着身，虫钻入它的肚子。”张奉说：“怎不再拆拆你们的吴字呢？”薛综应声说道：“没有口是天，有口是吴，君临天下，是天子所在之地。”在座的人都开心地大笑，张奉则无话以对。薛综的机敏就像这一类事情。

吕岱从交州被调出，薛综担心吕岱的继承人不是合适的候选人，就上疏说：“从前舜帝南巡，去世在苍梧。秦朝设置了桂林、南海、象郡，这四郡归属中国，由来已久。赵佗于番禺起家，抚降百越的蕃王，也就是珠官以南的地区。汉武帝诛杀吕嘉，开辟九郡，设置交阯刺史以镇抚这里。这地方山高水远，风俗不同，语言各异，要通过多重翻译才能沟通，百姓如同禽兽，长幼没有次序，绾发髻，光脚行走，头扎带子，衣襟左开，官员的设置，即使有也如同没有一样。从那以后，大量流放的罪犯杂居其间，逐渐使他们有了一些知识，粗通语言，又派驿传往来，让他们看到礼仪教化。之后，锡光治理交阯，任延任九真太守，才教会他们耕种，学会戴帽穿鞋。又为他们设立媒官，使他们懂得聘娶的道理；建立读书的学校，用儒家的学问教化他

八月引户，人民集会之时，男女自相可适，乃为夫妻，父母不能止。交阯糜泠、九真都宠二县，皆兄死弟妻其嫂，世以此为俗，长吏恣听，不能禁制。日南郡男女裸体，不以为羞。由此言之，可谓虫豸，有靦面目耳。然而土广人众，阻险毒害，易以为乱，难使从治。县官羁縻，示令威服，田户之租赋，裁取供办，贵致远珍名珠、香药、象牙、犀角、玳瑁、珊瑚、琉璃、鹦鹉、翡翠、孔雀、奇物，充备宝玩，不必仰其赋入，以益中国也。然在九甸之外，长吏之选，类不精核。汉时法宽，多自放恣，故数反违法。珠崖之废，起于长吏睹其好发，髡取为髲。及臣所见，南海黄盖为日南太守，下车以供设不丰，挝杀主簿，仍见驱逐。九真太守儋萌为妻父周京作主人，并请大吏，酒酣作乐，功曹番歆起舞属京，京不肯起，歆犹迫强，萌忿杖歆，亡于郡内。歆弟苗帅众攻府，毒矢射萌，萌至物故。交阯太守士燮遣兵致讨，卒不能克。又故刺史会稽朱符，多以乡人虞褒、刘彦之徒分作长吏，侵虐百姓，强赋于民，黄鱼一枚收稻一斛，百姓怨叛，山贼并出，攻州突郡。符走入海，流离丧亡。次得南阳张津，与荆州牧刘表为隙，兵弱敌强，岁岁兴军，诸将厌患，去留自在。津小检摄，威武不足，为所陵侮，遂至杀没。后得零陵赖恭，先辈仁谨，不晓时事。表又遣长沙吴巨为苍梧太守。巨武夫轻悍，不为恭所服，辄相怨恨，逐出恭，求步骘。是时津故将夷廖、钱博之徒尚多，骘以次鉏治，纲纪适定，会仍召出。吕岱既至，有士氏之变。越军南征，平讨之日，改置长吏，章明王纲，威加万里，大小承风。由此言之，绥边抚裔，实有其人。牧伯之任，既宜清能，荒流之表，祸福尤甚。今日交州虽名粗定，尚有高凉宿贼；其南海、苍梧、郁林、珠官四郡界未绥，依作寇盗，专为亡叛逋逃之薮。若岱不复南，新刺史宜得精密，检摄八郡，方略智计，能稍稍以渐治高凉者，假其威宠，借之形势，责其成效，庶几可补复。如但中人，近守常法，无奇数异术者，则群恶日滋，久远成害。故国之安危，在于所任，不可不察也。窃惧朝廷

们。此后的四百多年，他们才有点像中原地区的人了。我以前刚到这里时，珠崖一带除了州县治所讲究嫁娶以外，其他地方还是要等到八月份自认门户。在庶民聚会时，男女之间只要互相认可，就能成为夫妻，父母不能阻止。交阯的麋泠、九真的都庞这两个县，都是兄死弟娶嫂，世代相袭已为习俗，地方官不能限制。日南郡的男女赤身露体，不以为羞。可以说他们是野兽，只是有张人脸罢了。但是这里土地辽阔，人口众多，地势险要，多毒气害虫，极易发生叛乱，也很难让他们服从官府的管理。朝廷对他们一向加以笼络，炫耀武力使他们服从。向农户征收的租税，只够官吏的需要。朝廷看重的是那里的珍宝，如珍珠、香药、象牙、犀角、玳瑁、珊瑚、琉璃、鹦鹉、翡翠、孔雀等奇物，用来充实皇家府库以备玩赏，不必依靠那里的税收来补益。但是，在距王都极为遥远的地方，任命长官，一般不精审考核。汉代的法令宽松，地方官大多放任，因此，经常有违法的事发生。撤销的起因，是珠崖郡的长官看到当地人的头发很美，就强迫剃下来制作假发。臣曾亲眼看到，南海人黄盖任日南太守，一下车就因供给不丰，把主簿打死，他也因此被驱逐。九真太守儋萌给岳父周京设宴，把官员请来一起饮酒作乐，酒酣奏乐，功曹番歆要同周京一起舞蹈，周京不肯，番歆还是强迫，儋萌一怒之下，用木杖将他打死在郡府内。番歆之弟番苗率众攻打郡府，用毒箭射中儋萌，儋萌中箭而死。交阯太守士燮派兵讨伐，却始终没能取胜。还有前任刺史会稽人朱符，把同乡如虞褒、刘彦等人分任为长官，侵害百姓，强征赋税，捕一条黄鱼就要收一斛稻子，百姓因恨而反，与山越贼一起攻犯州郡。朱符逃往海上，颠沛而死。再比如，南阳人张津，与荆州牧刘表有隙，本来兵力弱小却仍年年出兵，众将领都很厌烦，任意去留。张津想加以约束，但他不够威武，被部下凌辱杀害。还有零陵人赖恭，虽是长辈性情仁厚，但却有些不识时务。刘表又派长沙人吴巨任苍梧太守。吴巨只是一介武夫，轻率蛮横，赖恭瞧不起他，他就怨恨赖恭，把赖恭赶走，赖恭便向步骘求援。当时，张津的原部将像夷廖、钱博这样的还有很多，步骘逐个惩处。秩序刚稳定，这时朝廷把他调走了。吕岱来了之后，发生了士氏变乱。他率大军从远道南征，平定变乱后，

忽轻其选，故敢竭愚情，以广圣思。”

黄龙三年，建昌侯虑为镇军大将军，屯半州，以综为长史，外掌众事，内授书籍。虑卒，入守贼曹尚书，迁尚书仆射。时公孙渊降而复叛，权盛怒，欲自亲征。综上疏谏曰：“夫帝王者，万国之元首，天下之所系命也。是以居则重门击柝以戒不虞，行则清道案节以养威严，盖所以存万安之福，镇四海之心。昔孔子疾时，托乘桴浮海之语，季由斯喜，拒以无所取才。汉元帝欲御楼船，薛广德请刎颈以血染车。何则？水火之险至危，非帝王所宜涉也。谚曰：‘千金之子，坐不垂堂。’况万乘之尊乎？今辽东戎貊小国，无城池之固，备御之术，器械铢钝，犬羊无政，往必禽克，诚如明诏。然其方土寒埆，谷稼不殖，民习鞍马，转徙无常。卒闻大军之至，自度不敌，鸟惊兽骇，长驱奔窜，一人匹马，不可得见，虽获空地，守之无益，此不可一也。加又洪流滉瀁，有成山之难，海行无常，风波难免，倏忽之间，人船异势。虽有尧舜之德，智无所施，贲育之勇，力不得设，此不可二也。加以郁雾冥其上，咸水蒸其下，善生流肿，转相洿染，凡行海者，稀无斯患，此不可三也。天生神圣，显以符瑞，当乘平丧

改任地方官员，宣示天子法令，威震万里，大小地方都接受教化。由此可见，安抚边地，的确需要这种人才。州牧的人选，都应是清廉能干的人，因为王畿千里之外的地方，隐藏着很严重的祸患。如今，表面上交州已大致平定，但还有高凉贼未被平灭。交州的南海、苍梧、郁林、珠官四郡的边界还不安定，依然还有贼寇作乱，成为叛逃分子聚集的地方。如果吕岱不再回到南方，新任刺史应挑选精明谨慎、能约束八郡、智慧能逐渐控制高凉郡的人。授予他威权与尊荣，配给足够的兵力，责令他取得实效，才有望在吕岱之后加强对交州的管理。假如只派个平庸的人，循规蹈矩地来治理交州，没有特别的手段，那么叛乱者就会越加强盛，时间一久，必会造成大乱。所以交州的安危，在于选用的人是否合适，不能不留意啊。我担心朝廷会不重视交州刺史的人选，所以才敢说出我心中的全部想法，您要多考虑啊！”

黄龙三年，建昌侯孙虑任镇军大将军，军队驻扎在半州，让薛综做了长史，对外掌管各种政事，在内讲授经传典籍。孙虑去世后，薛综入朝代理贼曹尚书，晋升为尚书仆射。那时候公孙渊投降后再度反叛，孙权怒不可遏，打算亲自实施征伐。薛综上疏劝谏说：“所谓帝王，是万国的元首，他的一举一动关系到国家命运。所以居所要设置重重门户及打更巡夜以防意外，出行便要清道戒严并按辔徐行以体现威风尊严，目的在于保障万全的福运，镇抚四海的民心。以前孔子痛感时弊，托言要乘筏出游大海，季由为此而兴高采烈，而孔子却告诉他无法获取需要的材料而让他空欢喜了一场。汉元帝想乘楼船，薛广德请求刎颈用自己的血来染红皇帝车驾。为什么呢？水火是最危险的东西，不是帝王所应涉足的。谚语说：‘富贵人家的孩子，不坐在堂屋的檐下。’何况是贵为天子的人物呢？如今辽东这种戎貊小国，没有坚城深壕作为固守的资本，以及相应的防御办法应对进攻，武器落后，部队如犬羊一般没有组织纪律，我大军一到就可攻克，的确像圣明的诏书所说的那样。然而那个地方寒冷贫瘠，谷物不能生长收获，百姓习惯骑马，辗转迁徙不定，突然听说大军到来，自料无法抗衡，便会像鸟兽惊动，驱马远驰四散，届时连一人一马也不能

乱，康此民物；嘉祥日集，海内垂定，逆虏凶虐，灭亡在近。中国一平，辽东自毙，但当拱手以待耳。今乃违必然之图，寻至危之阻，忽九州之固，肆一朝之忿，既非社稷之重计，又开辟以来所未尝有，斯诚群僚所以倾身侧息，食不甘味，寝不安席者也。惟陛下抑雷霆之威，忍赫斯之怒，遵乘桥之安，远履冰之险，则臣子赖祉，天下幸甚。”时群臣多谏，权遂不行。

正月乙未，权敕综祝祖不得用常文，综承诏，卒造文义，信辞粲烂。权曰：“复为两头，使满三也。”综复再祝，辞令皆新，众咸称善。赤乌三年，徙选曹尚书。五年，为太子少傅，领选职如故。六年春，卒。凡所著诗赋难论数万言，名曰《私载》，又定《五宗图述》《二京解》，皆传于世。

子珝，官至威南将军，征交阯还，道病死。珝弟莹，字道言，初为秘府中书郎，孙休即位，为散骑中常侍。数年，以病去官。孙晧初，为左执法，迁选曹尚书，及立太子，又领少傅。建衡三年，晧追叹莹父综遗文，且命莹继作。莹献诗曰：“惟臣之先，昔仕于汉，奕

见到，即便获得那片无人的空地，守住它也毫无益处，这是不可出兵的原因之一。加上大海茫茫惊涛骇浪，又有成山岛构成的危难，海上航行天气变幻无常，狂风恶浪势难避免，可能眨眼之间，人员和船只所面临的形势就会截然不同。那时即使德行直追唐尧和虞舜，也空有智谋而难以施展，即使威猛胜于孟贲和夏育，也徒有勇力而无处发挥，这是不可出兵的原因之二。况且浓雾郁结下落，咸水蒸发上腾，人在其间很容易身患流肿，转而互相传染，大凡航海的人，很少有不得此病的，这是不可出兵的原因之三。上天降生帝王，用吉祥的征兆加以预示，应当趁机扫平祸乱，使人民重获安康；如今美好的征兆与日俱增，国家即将得到平定，叛逆之徒和凶恶残暴之辈，其灭亡的时刻也已临近。中原一旦平定，辽东叛逆将自行败亡，我们只需拱手等待而已。而今陛下却要违背必然的规律，去寻求极度危险的患难，忽视九州的巩固，宣泄一时的愤恨，这既不是国家的重大决策，又是创业以来未曾有过的事情，这正是文武百官之所以侧身叹息、食不甘味、寝不安席的原因。希望陛下克制雷霆般的天威，忍耐赫然喷薄的怒火，遵循乘桥而行的平安之道，远离如履薄冰的危险境地，那么臣子便可仰仗您的福佑，天下百姓也会感到十分幸运。”当时群臣多有劝谏，孙权便没有亲自出征。

正月二十二日，孙权下令薛综有关祭祖的赞辞不得使用通常的文字，薛综接到诏命，最后写出新的文本，情感真实而文采灿烂。孙权说：“再增加首尾两段，使赞辞凑足三个部分。”薛综又写出两段祝辞，文辞都很新颖，众人都称好。赤乌三年，薛综改任选曹尚书。赤乌五年，薛综任太子少傅，依旧兼任选曹尚书。赤乌六年春天，薛综去世。他所撰写的诗赋论文共有几万字，名为《私载》，又考定著述《五宗图述》及《二京解》，都流传于世。

儿子薛珝，官做到威南将军，出征交阯回来的时候，在途中病死。薛珝的弟弟薛莹，字道言，起初担任秘府中书郎，孙休即位以后，担任散骑中常侍。几年之后，因病辞去官职。孙晧即位初年，薛珝担任左执法，升为选曹尚书，到立太子时，又兼任少傅。建衡三年，孙晧追思赞叹薛莹父亲薛综的遗文，并且命令薛莹续写。薛莹写道：“臣

世绵绵，颇涉台观。暨臣父综，遭时之难，卯金失御，邦家毁乱。适兹乐土，庶存孑遗，天启其心，东南是归。厥初流隶，困于蛮垂。大皇开基，恩德远施。特蒙招命，拯擢泥污，释放巾褐，受职剖符。作守合浦，在海之隅，迁入京辇，遂升机枢。枯瘁更荣，绝统复纪，自微而显，非愿之始。亦惟宠遇，心存足止。重值文皇，建号东宫，乃作少傅，光华益隆。明明圣嗣，至德谦崇，礼遇兼加，惟渥惟丰。哀哀先臣，念竭其忠，洪恩未报，委世以终。嗟臣蔑贱，惟昆及弟，幸生幸育，托综遗体。过庭既训，顽蔽难启。堂构弗克，志存耦耕。岂悟圣朝，仁泽流盈。追录先臣，愍其无成，是济是拔，被以殊荣。珝忝千里，受命南征，旌旗备物，金革扬声。及臣斯陋，实暗实微，既显前轨，人物之机；复傅东宫，继世荷辉，才不逮先，是忝是违。乾德博好，文雅是贵，追悼亡臣，冀存遗类。如何愚胤，曾无仿佛！瞻彼旧宠，顾此顽虚，孰能忍愧，臣实与居。夙夜反侧，克心自论，父子兄弟，累世蒙恩，死惟结草，生誓杀身，虽则灰陨，无报万分。”

是岁，何定建议凿圣溪以通江淮，皓令莹督万人往，遂以多盘石难施功，罢还，出为武昌左部督。后定被诛，皓追圣溪事，下莹狱，徙广州。右国史华覈上疏曰：“臣闻五帝三王皆立史官，叙录功美，垂之无穷。汉时司马迁、班固，咸命世大才，所撰精妙，与六经俱传。大吴受命，建国南土。大皇帝末年，命太史令丁孚、郎中项峻始撰《吴书》。孚、峻俱非史才，其所撰作，不足记录。至少帝时，更差韦曜、周昭、薛莹、梁广及臣五人，访求往事，所共撰立，备有本末。昭、广先亡，曜负恩蹈罪，莹出为将，复以过徙，其书遂委滞，

的祖先，在昔日出任于汉，经历了一代代，颇有人登上高官。待到臣父薛综，遭逢时世艰难，刘氏失去控制，国被摧毁家遭祸乱。我家投奔乐土，希望保留劫后余生，上天启示我们，我等归向东南。起初流离失所，困于边远蛮荒之地。大皇开创基业，恩德布施到远方。承蒙下令征召，拯救我们于泥潭，脱下布巾褐衣，领受官职兵符。担任合浦太守，身处东海之隅。后来迁入京都，职位升到中枢。像枯槁的树又开花，快绝的世系又绵延，由微弱而显赫，开始时哪有这种心愿。蒙受恩宠优遇，心感满足幸福。其后再遇文皇，立号太子东宫，臣父就任少傅，更加显耀光荣。皇皇圣人后嗣，道德最谦最崇，以礼待遇臣下，真是沾润丰隆。可哀我父先臣，每念尽其忠诚，大恩未曾报答，遽尔弃世而终。可叹微臣低贱，只有兄弟相携，幸而生育成长，延续薛综骨血。虽受严父训诲，难开顽蔽性情，不能继承遗业，内心只想农耕。岂料圣朝天子，仁义恩泽充盈，追思臣的先辈，怜惜臣的无成，扶助又加提拔，给予特殊光荣。薛珝远行千里，受命随军南征，旌旗高高飘荡，军乐阵阵扬声。像臣这种陋质，实在愚昧低能，既任政治要职，掌握人选枢机，又授东宫少傅，两代荣辉相继。才能不及先辈，做事辱没背违。圣德博大美好，重视文雅礼教，追思悼念亡臣，保存他的后人。为何愚蠢后嗣，一点不像先臣！瞻望那旧日恩宠，看自己顽劣空虚，谁能没有惭愧，臣是愧在心中，昼夜辗转反侧，扪住心窝自问，臣的父子兄弟，累世蒙受圣恩，今后死当结草，生则杀身报恩，即使粉身碎骨，难报万分恩情。”

当年，何定建议开凿圣溪以沟通江、淮，孙晧命薛莹派了一万民夫前去，终因巨石太多，暂停了这项工程。薛莹回来后，任武昌左部督。后来，何定因获罪被处死，孙晧追究开凿圣溪之事，把薛莹关进监狱，后流放到广州。右国史华覈上疏说：“臣听说，三皇五帝都设有史官，记载功业美德，使之流传后世。汉时的司马迁、班固，都是闻名于世的杰出人才，他们所撰写的史书美妙精深，与六经一起流传。我大吴承受天命，在江南建立国家。太上皇晚年时，曾命令太史令丁孚、郎中项峻撰写《吴书》。丁孚、项峻都无史官的才能，所撰写的内容，不足以称为史书。少帝时，改派韦曜、周昭、薛莹、梁广和我五个

迄今未撰奏。臣愚浅才劣，适可为莹等记注而已，若使撰合，必袭孚、峻之迹，惧坠大皇帝之元功，损当世之盛美。莹涉学既博，文章尤妙，同寮之中，莹为冠首。今者见吏，虽多经学，记述之才，如莹者少，是以慺慺为国惜之。实欲使卒垂成之功，编于前史之末。奏上之后，退填沟壑，无所复恨。”皓遂召莹还，为左国史。顷之，选曹尚书同郡缪祎以执意不移，为群小所疾，左迁衡阳太守。既拜，又追以职事见诘责，拜表陈谢。因过诣莹，复为人所白，云祎不惧罪，多将宾客会聚莹许。乃收祎下狱，徙桂阳，莹还广州。未至，召莹还，复职。是时法政多谬，举措烦苛，莹每上便宜，陈缓刑简役，以济育百姓，事或施行。迁光禄勋。天纪四年，晋军征皓，皓奉书于司马伷、王浑、王濬请降，其文，莹所造也。莹既至洛阳，特先见叙，为散骑常侍，答问处当，皆有条理。太康三年卒。著书八篇，名曰《新议》。

评曰：张纮文理意正，为世令器，孙策待之亚于张昭，诚有以也。严、程、阚生，一时儒林也。至畯辞荣济旧，不亦长者乎！薛综学识规纳，为吴良臣。及莹纂蹈，允有先风，然于暴酷之朝，屡登显列，君子殆诸。

人，访寻历史往事。我五人所撰定的材料，已经有了头绪。周昭、梁广早逝，韦曜负皇恩犯了罪，薛莹外出为将，又因为过失被流放，本书的撰写便停止了，至今未能写定呈报。臣才疏学浅，只能为薛莹等人做做笔记罢了。如让我把这些材料编纂成书，必定会走上丁孚、项峻的老路，恐怕要漏失太皇帝的丰功伟绩，减损当今的盛美。薛莹不仅治学渊博，著文更妙，同僚之中，应居冠首。现在任职的官员，虽经学之士不少，但在撰写史书方面却少有薛莹那样有才能的人，所以我真为国家感到惋惜！臣实在是想让他继续撰写即将完成的史书，使《吴书》得以列于《史记》《汉书》之后。若能完成进献，我个人即使葬身于路边的沟渠，也不会感到遗憾。”因此，孙晧召回薛莹，任左国史。没过多久，选曹尚书、薛莹的同乡缪祎因坚持己见，不迎合他人，而遭到小人忌恨，被贬做了衡阳太守。缪祎即将离开的时候，孙晧又对他任选曹尚书期间不合自己心意的所为责问他，缪祎上表陈述并谢罪。由于缪祎到薛莹的府上拜访，又被人告发，说缪祎不仅不思悔改，反而带着很多人到薛莹家中聚会。于是，缪祎被捕入狱，又流放到桂阳，薛莹则被遣送回广州。还未到广州，朝廷便又召薛莹回京复职。当时，政务多有错误，各项法令繁杂且苛刻，薛莹经常上疏进献建议，减轻刑法，减少劳役，以帮助和养育百姓，他的建议有的被接受施行了。薛莹升任光禄勋。天纪四年，晋国大军征伐孙晧，孙晧向司马伷、王浑、王濬奉书请求投降，投降书就是薛莹草拟的。薛莹到了洛阳后，晋帝司马炎特地先召见并奖励他。薛莹任晋国的散骑常侍，回答问题，处理事务都很妥当。西晋太康三年薛莹去世。有著作八篇，合辑为《新议》一书。

评论说：张纮的文章有条理，立意正统，为当时之良才，孙策待他仅次于张昭，确实是有道理的。严畯、程秉、阚泽为当时名儒。严畯为救助旧友而抛弃荣华，是具有美好品德的长者啊！薛综学识渊博，进谏中肯常被采纳，是吴国的良臣。薛莹有父亲的风范并继承发扬，不坠家风。但他立身于暴君之侧，却能屡任高官，君子对此感到迷惑。

卷五十四　吴书九

周瑜鲁肃吕蒙传第九

周瑜字公瑾，庐江舒人也。从祖父景，景子忠，皆为汉太尉。父异，洛阳令。

瑜长壮有姿貌。初，孙坚兴义兵讨董卓，徙家于舒。坚子策与瑜同年，独相友善，瑜推道南大宅以舍策，升堂拜母，有无通共。瑜从父尚为丹杨太守，瑜往省之。会策将东渡，到历阳，驰书报瑜，瑜将兵迎策。策大喜曰："吾得卿，谐也。"遂从攻横江、当利，皆拔之。乃渡江击秣陵，破笮融、薛礼，转下湖孰、江乘，进入曲阿，刘繇奔走，而策之众已数万矣。因谓瑜曰："吾以此众取吴会平山越已足。卿还镇丹杨。"瑜还。顷之，袁术遣从弟胤代尚为太守，而瑜与尚俱还寿春。术欲以瑜为将，瑜观术终无所成，故求为居巢长，欲假途东归，术听之。遂自居巢还吴。是岁，建安三年也。策亲自迎瑜，授建威中郎将，即与兵二千人，骑五十匹。瑜时年二十四，吴中皆呼为周郎。以瑜恩信著于庐江，出备牛渚，后领春谷长。顷之，策欲取荆州，以瑜为中护军，领江夏太守，从攻皖，拔之。时得桥公两女，皆国色也。策自纳大桥，瑜纳小桥。复进浔阳，破刘勋，讨江夏，还定豫章、庐陵，留镇巴丘。

五年，策薨，权统事。瑜将兵赴丧，遂留吴，以中护军与长史

周瑜，字公瑾，他是庐江舒县人。堂祖父叫周景，周景的儿子名字叫周忠，都做过汉朝的太尉。父亲叫周异，曾担任洛阳县令。

周瑜身材修长，体格健美，容貌英俊。当初的时候，孙坚组建军队讨伐董卓，把家迁移到了舒县。孙坚的儿子孙策与周瑜同年，两人非常友好。周瑜将路南的一所大宅院让给孙策居住，还常去后堂拜见孙策的母亲，所有的生活用品也都一块儿享用。当时周瑜的堂叔周尚在丹杨任太守，周瑜去探望他。正好，孙策要东渡长江，到达历阳时，派人送信告知周瑜，周瑜率兵迎接孙策。孙策大喜，说："我有了您，一切都会顺利了。"周瑜就随孙策进攻横江、当利，都攻打了下来。又渡江进攻秣陵，击败笮融、薛礼，继而攻下湖孰、江乘，进入曲阿，刘繇逃走，此时，孙策的兵马已有数万人。孙策便对周瑜说："我有这支兵马攻取吴郡、会稽郡，平定山越族，已经足够了。您还是回去镇守丹杨吧。"周瑜便领本部兵马回去了。不久，袁术派堂弟袁胤取代周尚任丹杨太守，周瑜与周尚都回到寿春。袁术想任用周瑜为将领，周瑜自觉袁术最终不会有什么成就，就只请求做了居巢县长，并想借路回到江东，袁术答应了。于是，周瑜经居巢回到了吴郡。这年是建安三年。孙策亲自去迎接周瑜，任为建威中郎将，调给他两千兵卒及五十匹战马。那年，周瑜二十四岁，吴郡人都称他为"周郎"。因周瑜在庐江以德义显名，孙策便派他驻守牛渚，后来，任春谷县长。不久，孙策准备进攻荆州，周瑜为中护军，兼江夏太守，随孙策攻打并占领了皖县。这时候，得到了桥公的两个女儿，她们都是容貌超群的美女。孙策娶了大桥，周瑜娶了小桥。随后，又进攻浔阳，打败了刘勋，征讨江夏郡，回师平定了豫章、庐陵二郡，周瑜留下来镇守巴丘县。

建安五年，孙策死了，由孙权统领政务。周瑜带兵前来吊唁，便

张昭共掌众事。十一年，督孙瑜等讨麻、保二屯，枭其渠帅，囚俘万余口，还备宫亭。江夏太守黄祖遣将邓龙将兵数千人入柴桑，瑜追讨击，生虏龙送吴。十三年春，权讨江夏，瑜为前部大督。

其年九月，曹公入荆州，刘琮举众降，曹公得其水军，船步兵数十万，将士闻之皆恐。权延见群下，问以计策。议者咸曰："曹公豺虎也，然托名汉相，挟天子以征四方，动以朝廷为辞，今日拒之，事更不顺。且将军大势，可以拒操者，长江也。今操得荆州，奄有其地，刘表治水军，蒙冲斗舰，乃以千数，操悉浮以沿江，兼有步兵，水陆俱下，此为长江之险，已与我共之矣。而势力众寡，又不可论。愚谓大计不如迎之。"瑜曰："不然。操虽托名汉相，其实汉贼也。将军以神武雄才，兼仗父兄之烈，割据江东，地方数千里，兵精足用，英雄乐业，尚当横行天下，为汉家除残去秽。况操自送死，而可迎之邪？请为将军筹之：今使北土已安，操无内忧，能旷日持久，来争疆场，又能与我校胜负于船楫间乎？今北土既未平安，加马超、韩遂尚在关西，为操后患。且舍鞍马，仗舟楫，与吴越争衡，本非中国所长。又今盛寒，马无藁草，驱中国士众远涉江湖之间，不习水土，必生疾病。此数四者，用兵之患也，而操皆冒行之。将军禽操，宜在今日。瑜请得精兵三万人，进住夏口，保为将军破之。"权曰："老贼欲废汉自立久矣，徒忌二袁、吕布、刘表与孤耳。今数雄已灭，惟孤尚存，孤与老贼，势不两立。君言当击，甚与孤合，此天以君授孤也。"

留在了吴郡，以中护军之职与长史张昭一同掌管军政大事。建安十一年，周瑜率孙瑜等人征讨麻、保二屯，将这二屯的首领斩首，俘虏了一万多人，之后，回防宫亭。江夏太守黄祖派部将邓龙带兵马数千进占柴桑，周瑜追击讨伐，活捉了邓龙送到吴郡。建安十三年春天，孙权讨伐江夏，周瑜被任为前部大督。

这一年九月，曹操南下荆州，刘表的小儿子刘琮率众投降，曹操得到刘琮的水军，水军、步兵人数发展到数十万人，东吴将士听到消息后非常害怕。孙权召集部下，商量对策。大家都说："曹操本是凶狠的豺狼虎豹，借着汉朝丞相的名义，挟持天子征伐四方诸侯，动不动就说是朝廷的旨意，如今如果我们发兵抵抗，就是与皇帝作对，事情就更不顺利了。况且将军现在所处的形势，可以抗拒曹操的，不过就是长江天险。如今曹操已完全占有荆州，刘表经营水军，大小战船千余只，曹操把它们沿江摆开，另外还有步兵，要是水陆两军一起沿江东下，所谓的长江天险，曹操已和我们共有了。然而，从实力上分析，敌我强弱不可同日而语。因此，为今之计最好莫过于迎降。"周瑜说："不是这样。曹操虽然假借汉朝丞相的名义，实际上是汉朝的奸贼。将军您神明威武雄才大略，依仗父兄创下的基业，割据江东，占地几千里，兵马精良，物资充足，英雄豪杰乐于效命，这正是您横行天下、为汉朝铲除残暴奸邪的时候。何况现在是曹操前来送死，怎么能投降他呢？请允许我为您分析谋划一下：即便现在北方局势稳定，曹操没有后顾之忧，能跟我们旷日持久地争夺地盘儿，他有能力和我们在水面上较量吗？况且如今北方并不安定，加上马超、韩遂还在函谷关以西威胁曹操后方，这是曹操的后顾之患。而且曹操放弃鞍马，操起舟楫，与孙吴一争高下，这原本就不是中原士兵之所长，如今天气寒冷，马匹又缺少草料。驱使中原士兵千里迢迢来南方打仗，必定会水土不服，疾病丛生。以上几项，正是用兵之大忌，而曹操全然不顾。将军擒获曹操，就在今日。我请求率领精兵三万，进驻夏口，保证为将军打败曹操。"孙权说："老贼曹操早就想废弃汉室自立为帝，只是顾忌袁绍、袁术、吕布、刘表和我而已。如今那几个人都已被他消灭，只有我还在，我和老贼势不两立。你说应当抗击，很合我

时刘备为曹公所破，欲引南渡江，与鲁肃遇于当阳，遂共图计，因进住夏口，遣诸葛亮诣权。权遂遣瑜及程普等与备并力逆曹公，遇于赤壁。时曹公军众已有疾病，初一交战，公军败退，引次江北。瑜等在南岸。瑜部将黄盖曰："今寇众我寡，难与持久。然观操军船舰首尾相接，可烧而走也。"乃取蒙冲斗舰数十艘，实以薪草，膏油灌其中，裹以帷幕，上建牙旗，先书报曹公，欺以欲降。又预备走舸，各系大船后，因引次俱前。曹公军吏士皆延颈观望，指言盖降。盖放诸船，同时发火。时风盛猛，悉延烧岸上营落。顷之，烟炎张天，人马烧溺死者甚众，军遂败退，还保南郡。备与瑜等复共追。曹公留曹仁等守江陵城，径自北归。

瑜与程普又进南郡，与仁相对，各隔大江。兵未交锋，瑜即遣甘宁前据夷陵。仁分兵骑别攻围宁。宁告急于瑜。瑜用吕蒙计，留凌统以守其后，身与蒙上救宁。宁围既解，乃渡屯北岸，克期大战。瑜亲跨马擽陈，会流矢中右胁，疮甚，便还。后仁闻瑜卧未起，勒兵就陈。瑜乃自兴，案行军营，激扬吏士，仁由是遂退。

权拜瑜偏将军，领南郡太守。以下隽、汉昌、刘阳、州陵为奉邑，屯据江陵。刘备以左将军领荆州牧，治公安。备诣京见权，瑜上疏曰："刘备以枭雄之姿，而有关羽、张飞熊虎之将，必非久屈为人用者。愚谓大计宜徙备置吴，盛为筑宫室，多其美女玩好，以娱其耳目，分此二人，各置一方，使如瑜者得挟与攻战，大事可定也。今

意，这是老天把你送给我啊！”

当时刘备被曹操打败，想率领人马南渡长江，在当阳这个地方与鲁肃相遇，就共商抗曹大计。刘备因而进驻夏口，派遣诸葛亮去拜见孙权。孙权便派周瑜及程普等人与刘备合力抗击曹操，与曹操的军队在赤壁相遇。当时曹操军队里已经有人生病了，刚刚交战，曹操的军队便不敌联军，只能后退，屯驻在长江以北。周瑜等人驻扎长江南岸。周瑜的部将黄盖说：“现在敌众我寡，我们难以和他们长久相持，但我看到曹操的水军将船舰全部首尾相连，可以用火攻的办法使他败走。”因此周瑜便命令手下将士集结艨艟、斗舰数十艘，装满柴草，柴草中灌满油脂，外面用帐篷包裹，上面插上牙旗。又让黄盖事先写信告知曹操，欺骗他说自己要率部下投降。又事先准备好走舸等快船，分别系在大船之后，船队依次向江北前进。曹操军中的大小将士都伸长了脖子观望，指着驶来的船队说黄盖来投降了。黄盖放出众船，同时点起火来。这时候风势迅猛，大火全部蔓延到岸上曹军的营寨上。片刻之间，曹营烟火冲天，被烧死或淹死的人马不计其数。曹军兵败撤退，撤至南郡据守。刘备与周瑜等人又共同乘胜追击。曹操留下曹仁等人镇守江陵城，自己径直返回北方去了。

周瑜与程普再次进兵南郡，与曹仁相对峙，各隔大江。军队还没有交锋，周瑜就派甘宁前去占据夷陵。曹仁分派步兵骑兵进攻并包围甘宁，甘宁向周瑜告急。周瑜用吕蒙的计策，留凌统守后方，自己与吕蒙溯江而上援救甘宁。把甘宁的包围解除之后，便渡江驻扎北岸，与曹仁约定日期大战。周瑜亲自跨马冲击敌阵，恰巧被流矢射中右胸，伤势很重，就回营了。后来曹仁听说周瑜卧床未起，部署军队来到阵前。周瑜便亲自起来，巡察军营，激励将士，曹仁因而退兵。

孙权任命周瑜为偏将军，且兼南郡太守，把下隽、汉昌、刘阳、州陵四县作为他的奉邑，驻守在江陵。当时刘备以左将军兼荆州牧，州治设在公安。刘备到京口去见孙权，周瑜上疏孙权说：“刘备是一个骁悍雄杰的人物，而又有关羽、张飞两名猛如熊虎的大将，必定不是长久屈服听人使唤的人。我觉得最好的计策是应当把刘备迁到吴郡安置，替他广筑宫室，多给他美女珍玩，使他享受声色之乐，然后

猥割土地以资业之，聚此三人，俱在疆埸，恐蛟龙得云雨，终非池中物也。”权以曹公在北方，当广揽英雄，又恐备难卒制，故不纳。

是时刘璋为益州牧，外有张鲁寇侵，瑜乃诣京见权曰：“今曹操新折衄，方忧在腹心，未能与将军连兵相事也。乞与奋威俱进取蜀，得蜀而并张鲁，因留奋威固守其地，好与马超结援。瑜还与将军据襄阳以蹙操，北方可图也。”权许之。瑜还江陵，为行装，而道于巴丘病卒，时年三十六。权素服举哀，感动左右。丧当还吴，又迎之芜湖，众事费度，一为供给。后著令曰：“故将军周瑜、程普，其有人客，皆不得问。”初瑜见友于策，太妃又使权以兄奉之。是时权位为将军，诸将宾客为礼尚简，而瑜独先尽敬，便执臣节。性度恢廓，大率为得人，惟与程普不睦。

瑜少精意于音乐，虽三爵之后，其有阙误，瑜必知之，知之必顾，故时人谣曰：“曲有误，周郎顾。”

瑜两男一女。女配太子登。男循尚公主，拜骑都尉，有瑜风，早卒。循弟胤，初拜兴业都尉，妻以宗女，授兵千人，屯公安。黄龙元年，封都乡侯，后以罪徙庐陵郡。赤乌二年，诸葛瑾、步骘连名上疏曰：“故将军周瑜子胤，昔蒙粉饰，受封为将，不能养之以福，思立功效，至纵情欲，招速罪辟。臣窃以瑜昔见宠任，入作心膂，出为爪牙，衔命出征，身当矢石，尽节用命，视死如归，故能摧曹操于乌林，走曹仁于郢都，扬国威德，华夏是震，蠢尔蛮荆，莫不宾服，虽

分开关、张二人，各置一方，让像我这样的将领控制他们并与之攻战，大事就可以稳妥了。假如随便割让土地以资助他们的事业，把这三个人都聚集在疆界上，恐怕蛟龙得到了云雨，终究不是水池中的动物啊！”孙权因为曹操在北方，应当广泛招揽英雄，又恐怕刘备一时难以控制，所以没有采纳周瑜的意见。

当时刘璋担任益州牧，外部受到张鲁的侵扰，周瑜就到京口去拜见孙权说：“现在曹操刚刚受到挫折，正担心他的内部发生变乱，不可能与您对阵作战。请允许我同奋威将军孙瑜一起进军攻取益州，得到益州后再吞并张鲁，然后让奋威将军留在那里固守，以便与马超结盟，互为援助。我再回来与您一起占据襄阳进击曹操，这样攻取北方就有希望了。”孙权同意此论。周瑜回到江陵，准备出征行装，然而路过巴丘时即发病去世，年仅三十六岁。孙权身着丧服为他举哀，痛苦之情感动左右。当周瑜灵柩运还吴郡安葬时，孙权又前往芜湖亲自迎接，举办丧事的所有费用，全部由国家供给。之后孙权又颁布谕令说：“已故将军周瑜、程普，家里所有的人客，都不要去追问。”起初，周瑜被孙策以好友相待，孙策的母亲又让孙权把周瑜当作兄长对待。那时孙权的职位仅是个将军，众将及宾客对孙权的礼节都很简单随便，只有周瑜率先对孙权尽心尊敬，行臣子之礼。周瑜性情开朗，宽宏大量，大体上很得人心，只是与程普不和。

周瑜年轻的时候曾经用心研究过音乐，即使酒过三巡，演奏的乐曲如果有错误，周瑜仍然能听出来，然后也一定要回头看一看奏乐的人，所以当时有一句民谣说：“曲有误，周郎顾。”

周瑜有两儿一女。女儿嫁给太子孙登，儿子周循娶公主为妻，官至骑都尉，有周瑜的风采，但是很早就去世了。周循之弟周胤，起初被任为兴业都尉，娶宗室的女儿为妻，朝廷又拨给他士兵千人，驻扎在公安。黄龙元年，封都乡侯，后因有罪流放到庐陵郡。赤乌二年，诸葛瑾、步骘联名上疏说：“已故将军周瑜之子周胤，过去承蒙褒奖，封为将军，他未能修养惜福、为国立功，却放纵情欲，招致罪罚。臣等私下认为，周瑜过去受到宠信，在朝是心腹重臣，出征是得力大将，受命出征，身当弓石，尽忠效国，视死如归，因此，于乌林打败

周之方叔，汉之信、布，诚无以尚也。夫折冲捍难之臣，自古帝王莫不贵重，故汉高帝封爵之誓曰‘使黄河如带，太山如砺，国以永存，爰及苗裔’；申以丹书，重以盟诅，藏于宗庙，传于无穷，欲使功臣之后，世世相踵，非徒子孙，乃关苗裔，报德明功，勤勤恳恳，如此之至，欲以劝戒后人，用命之臣，死而无悔也。况于瑜身没未久，而其子胤降为匹夫，益可悼伤。窃惟陛下钦明稽古，隆于兴继，为胤归诉，乞匄余罪，还兵复爵，使失旦之鸡，复得一鸣，抱罪之臣，展其后效。”权答曰：“腹心旧勋，与孤协事，公瑾有之，诚所不忘。昔胤年少，初无功劳，横受精兵，爵以侯将，盖念公瑾以及于胤也。而胤恃此，酗淫自恣，前后告喻，曾无悛改。孤于公瑾，义犹二君，乐胤成就，岂有已哉？迫胤罪恶，未宜便还，且欲苦之，使自知耳。今二君勤勤援引汉高河山之誓，孤用恧然。虽德非其畴，犹欲庶几，事亦如尔，故未顺旨。以公瑾之子，而二君在中间，苟使能改，亦何患乎！”瑾、骘表比上，朱然及全琮亦俱陈乞，权乃许之。会胤病死。

瑜兄子峻，亦以瑜元功为偏将军，领吏士千人。峻卒，全琮表峻子护为将。权曰：“昔走曹操，拓有荆州，皆是公瑾，常不忘之。初闻峻亡，仍欲用护，闻护性行危险，用之适为作祸，故便止之。孤念公瑾，岂有已乎？”

曹操，在郢都击退曹仁，显扬国家威力，宣耀主上美德，华夏为之震动，愚昧的荆蛮莫不称臣顺服，即使是周朝的方叔，汉朝的韩信、英布，也不能超过他。能够制敌以救国危难的大臣，自古以来的帝王都敬重他们。所以汉高祖封爵的誓词中说‘即使黄河细如衣带，泰山变成条石，封国的制度也不能改变，一直传到子孙后代’；誓词用丹砂书写，在举行了隆重的盟誓后，将誓词存于宗庙，让它永远流传，要使功臣的后代，不仅仅是子孙，而是更久远的后代，世世继承报答和表彰臣下的功德。这样的真诚目的是要劝诫后人，使为国献身的臣子，死而无憾。如今，周瑜去世不久，其子周胤就被降为平民，这更令人哀痛。我们私下觉得，圣明的陛下遵循并发扬古代道德，因此，我们为周胤求情。请赦免他的罪过，赐还兵权，恢复爵位，使已忘记鸣叫的公鸡，重新鸣叫起来，负罪的臣子，还能有效力的机会。”孙权回答说：“我视为心腹的老功臣，与我协力共事的，其中就有公瑾，这是不能忘记的。过去，周胤年纪小，又没有什么功劳，平白地掌握一支兵马，被封王侯将军，就是因为怀念公瑾才这样做的。然而周胤却依仗父辈功劳，沉湎于酒色不能自制，先后几次劝说，他都没有改正。我与公瑾的情义如同和你们一样，希望周胤有所成就的心情，难道会停止吗？只是由于周胤的罪过，不能马上恢复他的爵位、职务，同时，也想让他经受一些磨难，使他自己能够醒悟。如今，你们二位诚恳地引用汉高祖封爵时的誓词，我感到惭愧。尽管我的德行不敢与汉高祖相比，但还是要和他看齐。事情既然已经这样，所以暂时不听从你们的建议。他是公瑾之子，又有你们二位说情，他若能悔改，还有什么可担心的呢！”诸葛瑾、步骘屡呈奏章，朱然和全琮也都为周胤说情，孙权才答应了他们的请求。恰在这时周胤病死了。

周瑜的侄子周峻，也因为周瑜被任命为偏将军，领兵一千。周峻死了以后，全琮上奏请求孙权任命周峻的儿子周护为将领。孙权说：“打退曹操，夺取荆州，都是周瑜的功劳，我永远忘不了他。当初听到周峻的死讯，我也曾想任用周护，但又听说周护品行不好，任用他反而是给他带来灾祸，所以就打消了这个念头。我怀念公瑾，怎么会停止呢？”

鲁肃字子敬，临淮东城人也。生而失父，与祖母居。家富于财，性好施与。尔时天下已乱，肃不治家事，大散财货，摽卖田地，以赈穷弊结士为务，甚得乡邑欢心。

周瑜为居巢长，将数百人故过候肃，并求资粮。肃家有两囷米，各三千斛，肃乃指一囷与周瑜，瑜益知其奇也，遂相亲结，定侨、札之分。袁术闻其名，就署东城长。肃见术无纲纪，不足与立事，乃携老弱将轻侠少年百余人，南到居巢就瑜。瑜之东渡，因与同行，留家曲阿。会祖母亡，还葬东城。

刘子扬与肃友善，遗肃书曰："方今天下豪杰并起，吾子姿才，尤宜今日。急还迎老母，无事滞于东城。近郑宝者，今在巢湖，拥众万余，处地肥饶，庐江间人多依就之，况吾徒乎？观其形势，又可博集，时不可失，足下速之。"肃答然其计。葬毕还曲阿，欲北行。会瑜已徙肃母到吴，肃具以状语瑜。时孙策已薨，权尚住吴，瑜谓肃曰："昔马援答光武云'当今之世，非但君择臣，臣亦择君'。今主人亲贤贵士，纳奇录异，且吾闻先哲秘论，承运代刘氏者，必兴于东南，推步事势，当其历数，终构帝基，以协天符，是烈士攀龙附凤驰骛之秋。吾方达此，足下不须以子扬之言介意也。"肃从其言。瑜因荐肃才宜佐时，当广求其比，以成功业，不可令去也。

鲁肃，字子敬，是临淮东城人。他刚出生的时候，父亲就去世了。因此，从小就与祖母一起生活。鲁肃的家产很多，可他生性就喜欢救济他人，当时天下已乱，鲁肃不但不置办家业，还拿出家中大量钱财，并出卖田地，全力救济穷人，结交士人，因此，受到家乡人的敬爱。

周瑜做居巢县长的时候，曾经率领数百人特意去拜见鲁肃，并请求资助一些粮食。鲁肃家有两仓米，各约三千斛，鲁肃就将其中的一仓送给他，周瑜更觉得他非同寻常。于是，两人结为好友，建立了如春秋时子产和季札那样的深厚友情。袁术听到鲁肃的名声，任命他为东城县长。鲁肃已知袁术办事不合法度，不值得和他一道建立功业，便携老少及精壮青年一百多人，南下到居巢投奔周瑜。周瑜东渡长江，鲁肃也随他同行，过江后在曲阿县安家。就在这时，鲁肃祖母亡故，他返回东城安葬祖母。

刘子扬与鲁肃交情非常好，给鲁肃写信说："如今天下豪杰纷纷崛起，以你的匡世才能，非常适宜在当今这种形势下发展，你还是赶快回曲阿县去接老母，不要在东城县久留。近来有个叫郑宝的，在巢湖拥兵一万多人，他占据着富饶的地区，庐江郡的很多人都去投奔他，何况我们呢？看他的形势，还会不断壮大。机不可失，你还是赶快去他那里吧！"鲁肃同意了他的计划。安葬完祖母，鲁肃回到曲阿县，然后打算北上投奔郑宝，恰好这时周瑜已把鲁肃的母亲接到吴县。鲁肃便把自己想投奔郑宝的计划告诉了周瑜。当时孙策已经去世，孙权还在吴郡，周瑜对鲁肃说："过去马援回答光武帝说'当今之世，不但君王可以选择臣子，臣子同样可以选择君主'。现在，我的主人孙将军亲近信任贤能有才学的人，接纳录用有奇才异能的人。我听说古代贤人曾经私下透露过，承受天命代替汉朝的，必定兴起于东南方，用历数推算形势，孙将军正好符合上天安排好的帝王传承顺序，最终会建立帝王之业，以配合上天所显示的祥瑞征兆，这正是有志之士跟随他驰骋奔走的大好时机。我正打算把你推荐给此处的孙将军，你不必把刘子扬的话放在心上。"鲁肃听了周瑜的劝导。周瑜就向孙权推荐鲁肃，说他有匡时佐世的才能，应当广泛征求像他

权即见肃，与语甚悦之。众宾罢退，肃亦辞出，乃独引肃还，合榻对饮。因密议曰：“今汉室倾危，四方云扰，孤承父兄余业，思有桓文之功。君既惠顾，何以佐之？”肃对曰：“昔高帝区区欲尊事义帝而不获者，以项羽为害也。今之曹操，犹昔项羽，将军何由得为桓文乎？肃窃料之，汉室不可复兴，曹操不可卒除。为将军计，惟有鼎足江东，以观天下之衅。规模如此，亦自无嫌。何者？北方诚多务也。因其多务，剿除黄祖，进伐刘表，竟长江所极，据而有之，然后建号帝王以图天下，此高帝之业也。”权曰：“今尽力一方，冀以辅汉耳，此言非所及也。”张昭非肃谦下不足，颇訾毁之，云肃年少粗疏，未可用。权不以介意，益贵重之，赐肃母衣服帏帐，居处杂物，富拟其旧。

刘表死，肃进说曰：“夫荆楚与国邻接，水流顺北，外带江汉，内阻山陵，有金城之固，沃野万里，士民殷富，若据而有之，此帝王之资也。今表新亡，二子素不辑睦，军中诸将，各有彼此。加刘备天下枭雄，与操有隙，寄寓于表，表恶其能而不能用也。若备与彼协心，上下齐同，则宜抚安，与结盟好；如有离违，宜别图之，以济大事。肃请得奉命吊表二子，并慰劳其军中用事者，及说备使抚表众，同心一意，共治曹操，备必喜而从命。如其克谐，天下可定也。今不速往，恐为操所先。”权即遣肃行。到夏口，闻曹公已向荆州，晨夜兼道。比至南郡，而表子琮已降曹公，备惶遽奔走，欲南渡江。肃径迎之，到当阳长阪，与备会，宣腾权旨，及陈江东强固，劝备与权并力。备甚欢悦。时诸葛亮与备相随，肃谓亮曰“我子瑜友也”，即共定交。备遂到夏口，遣亮使权，肃亦反命。

这样的人，以建立功业，不要让他投奔别处。

孙权于是就接见鲁肃，和他交谈，很喜欢他。宾客们告退以后，鲁肃也告辞出了门，孙权单独拉鲁肃回来，和他同席对饮，秘密商议道："现在汉王朝处于倾覆的危机之中，四方纷乱如风起云涌，我继承父兄的余业，想建立齐桓、晋文那样的功业。您既然看得起我，将怎么帮助我呢？"鲁肃答道："过去汉高帝忠心耿耿，想要尊奉义帝而没有成功，是因为项羽捣乱。现在的曹操，就好比过去的项羽，将军哪里做得齐桓、晋文呢？我私下推想，汉王朝已经不可能复兴，曹操也不可能一下子除掉。为将军设想，只有立足江东，以注视天下的变化。形势就是这样，也用不着怀疑。为什么呢？北方确实变故很多，趁着它变故多，我们剿除黄祖，进而讨伐刘表，直到把长江流域全境都占有了，然后建帝王之号以谋取天下，这就是高帝那样的事业。"孙权说："我现在在一方尽力，希望辅佐汉室罢了，这话不是我的能力所能及的。"张昭责怪鲁肃不谦虚，多次非难毁谤鲁肃，说他年少粗疏，不可用。孙权不在意这些，反而更加器重他，赐给鲁肃的母亲许多衣服帏帐和日常用品，如同他家过去富有时那样。

刘表死了以后，鲁肃献计说："荆楚地区与我们相接，江水顺流向北，外以长江、汉水为边界，内有山陵的险阻，有坚固城池，沃野万里，百姓富足，如果占据这里，这就是帝王事业的基础。现在刘表刚死，他的两个儿子向来不和，军中将领分别支持一方，加上刘备是当世强悍的英雄，与曹操有怨隙，投依刘表处，刘表嫉妒他的才能而不能重用他。如果刘备现在和他们能同心协力，我们就应安抚，和他们订立友好盟约；假如他们离心离德，我们就应另外谋取，以成就大业。我请求能奉命去向刘表的两个儿子吊丧致哀，并慰劳他们军中主事的人，同时劝说刘备，让他笼络刘表的部众，齐心协力，共同对付曹操。刘备必定很高兴而听从我们的意见。如果这件事办得顺利，天下就能安定。现在如不快速前去，恐怕会被曹操抢了先。"孙权当即派鲁肃前往。鲁肃到达夏口，听说曹操已领兵进入荆州，就连夜兼程赶路。等他到了南郡时，刘表的儿子刘琮已经投降曹操，刘备仓皇逃跑，想要向南渡长江。鲁肃直接赶去迎接他，到了当阳县的长阪，

会权得曹公欲东之问，与诸将议，皆劝权迎之，而肃独不言。权起更衣，肃追于宇下，权知其意，执肃手曰："卿欲何言？"肃对曰："向察众人之议，专欲误将军，不足与图大事。今肃可迎操耳，如将军，不可也。何以言之？今肃迎操，操当以肃还付乡党，品其名位，犹不失下曹从事，乘犊车，从吏卒，交游士林，累官故不失州郡也。将军迎操，欲安所归？愿早定大计，莫用众人之议也。"权叹息曰："此诸人持议，甚失孤望；今卿廓开大计，正与孤同，此天以卿赐我也。"

时周瑜受使至鄱阳，肃劝追召瑜还。遂任瑜以行事，以肃为赞军校尉，助画方略。曹公破走，肃即先还，权大请诸将迎肃。肃将入阁拜，权起礼之，因谓曰："子敬，孤持鞍下马相迎，足以显卿未？"肃趋进曰："未也。"众人闻之，无不愕然。就坐，徐举鞭言曰："愿至尊威德加乎四海，总括九州，克成帝业，更以安车软轮征肃，始当显耳。"权抚掌欢笑。

后备诣京见权，求都督荆州，惟肃劝权借之，共拒曹公。曹公闻权以土地业备，方作书，落笔于地。

周瑜病困，上疏曰："当今天下，方有事役，是瑜乃心夙夜所忧，愿至尊先虑未然，然后康乐。今既与曹操为敌，刘备近在公安，

与刘备相会，传达了孙权的旨意，并陈述江东实力强大、地势坚固，劝说刘备和孙权合力。刘备十分高兴。当时诸葛亮追随刘备也在场，鲁肃对诸葛亮说“我是子瑜的朋友”，当即互相结成友好。刘备就到达夏口，派诸葛亮前去拜见孙权，鲁肃也回去复命。

正好遇上孙权得到曹操想向东进攻的消息，和各位将领商议，他们全都劝孙权去迎接曹操，但是只有鲁肃不说话。孙权起身去厕所，鲁肃追到外面屋檐下，孙权知道他的意思，拉住他的手说：“你想说什么？”鲁肃对孙权说：“我刚才考察了大家的议论，就是想要耽误将军，将军不足以和他们共商大计。现在我可以去迎接曹操，像将军您就不可以了。为什么这样说呢？现在我去迎接曹操，曹操会把我送回乡里，品评我的名位，我还不失为官府的掾曹从事一类小官吏，可以乘坐牛车，带着属吏士兵，和士人们交往游玩，逐渐升迁，还可能做到州、郡一级的官员。将军您去迎接曹操，能在哪里寻求到安全呢？希望您早日确定大计，不要采纳大家的议论。”孙权叹息道：“这些人所持的意见，太让我失望了；现在你说明的重大谋略，正和我想的相同，这是上天把你赐给我的啊！”

当时周瑜受命前往鄱阳，鲁肃劝孙权赶快召回周瑜。因此孙权任命周瑜为行事，让鲁肃出任赞军校尉，协助策划作战方略。曹操败军逃跑了，鲁肃就马上率先回来，孙权召请各位将领一同迎接鲁肃。鲁肃正要进到殿阁内拜见孙权，孙权竟亲自起身以礼待之，然后对鲁肃说：“子敬，我亲自扶鞍下马迎接你，足以使你感到荣耀了吧？”鲁肃快步向前说：“还不够啊！”众人听到后，都感到惊愕。就座后，鲁肃缓缓举起马鞭说：“我希望您将威德广施四海，统一九州，成就帝业，再用安车软轮来召见我，这才算使我荣耀。”孙权拍手大笑。

后来刘备来到京口拜会孙权，请求管辖荆州，只有鲁肃劝孙权把荆州借给刘备，来共同抵御曹操。曹操听闻孙权用土地资助刘备，当时他正在写信，震惊得笔都掉在地上了。

周瑜病危，上奏孙权说：“现在天下战事不断，这是我日夜忧虑的事，希望尊贵的君王能首先考虑到没有出现的祸患，然后再享受安乐。如今东吴既已同曹操为敌，刘备近在公安，边境紧密相连，百姓

边境密迩，百姓未附，宜得良将以镇抚之。鲁肃智略足任，乞以代瑜。瑜殒踣之日，所怀尽矣。”即拜肃奋武校尉，代瑜领兵。瑜士众四千余人，奉邑四县，皆属焉。令程普领南郡太守。肃初住江陵，后下屯陆口，威恩大行，众增万余人，拜汉昌太守、偏将军。十九年，从权破皖城，转横江将军。

先是，益州牧刘璋纲维颓弛，周瑜、甘宁并劝权取蜀，权以咨备，备内欲自规，乃伪报曰：“备与璋托为宗室，冀凭英灵，以匡汉朝。今璋得罪左右，备独竦惧，非所敢闻，愿加宽贷。若不获请，备当放发归于山林。”后备西图璋，留关羽守，权曰：“猾虏乃敢挟诈！”及羽与肃邻界，数生狐疑，疆场纷错，肃常以欢好抚之。备既定益州，权求长沙、零、桂，备不承旨，权遣吕蒙率众进取。备闻，自还公安，遣羽争三郡。肃住益阳，与羽相拒。肃邀羽相见，各驻兵马百步上，但诸将军单刀俱会。肃因责数羽曰：“国家区区本以土地借卿家者，卿家军败远来，无以为资故也。今已得益州，既无奉还之意，但求三郡，又不从命。”语未究竟，坐有一人曰：“夫土地者，惟德所在耳，何常之有！”肃厉声呵之，辞色甚切。羽操刀起谓曰：“此自国家事，是人何知！”目使之去。备遂割湘水为界，于是罢军。

肃年四十六，建安二十二年卒。权为举哀，又临其葬。诸葛亮亦为发哀。权称尊号，临坛，顾谓公卿曰：“昔鲁子敬尝道此，可谓

没有归附，应寻到良将来威慑并安抚刘备。鲁肃的机智谋略足以胜任，请让鲁肃接替我。周瑜我即使丧身，心中也就没有牵挂了。”孙权随即受任鲁肃为奋武校尉，代替周瑜统领军队。周瑜的部属四千多人，有四个县的奉邑，都来归属鲁肃。孙权又让程普兼任南郡太守。鲁肃起初住在江陵，后来下移驻守陆口，威望越来越高，部属增加到一万多人。孙权又任命他做了汉昌太守、偏将军。建安十九年，鲁肃跟随孙权攻克皖城，改任横江将军。

先前，益州牧刘璋法纪废弛。周瑜、甘宁都劝告孙权去攻取蜀地。孙权就这件事询问刘备的意见，刘备想要自己谋取蜀地，就说：“我和刘璋名分上都是汉朝宗室，希望凭借先辈的英灵，扶助汉室。现在刘璋得罪了您，我感到非常惶恐，更不敢参与此事，希望您能宽恕他。假如我的请求得不到您的恩准，我只好放发归隐山林了。”后来刘备西进益州攻打刘璋，留下关羽镇守荆州，孙权骂道：“这个狡猾的家伙，竟敢骗我！”关羽和鲁肃二人的辖境相接，经常发生猜疑，且疆场交错，鲁肃总是以友好的态度安抚关羽。刘备平定益州后，孙权要求刘备交还荆州属下的长沙、零陵、桂阳三郡，刘备不答应，孙权就派吕蒙率军强行攻占。刘备闻讯，亲自返回公安，派遣关羽去夺回三郡。鲁肃此时驻扎益阳，与关羽对峙。鲁肃邀请关羽相见，要求各自将士停留在一百步以外的地方，仅仅主将单刀赴会。见面的时候，鲁肃责备关羽说：“我们主公当初真心实意将土地借给你们，是因为你们军队打了败仗，远道而来，没有立足的地盘。现在你们已经得到益州，也没有归还荆州的意思，我们仅仅要求得到三郡，你们也不同意。”鲁肃的话还没有说完，在座有个人说：“土地应该属于有德行的人，哪里有永远只归属一家的！”鲁肃厉声呵斥他，言辞表情都非常严厉。关羽持刀起身说：“这本是国家大事，这个人懂什么！”就使眼色让那个人离开。刘备最终以湘水为界，划出湘水以东的土地归还，于是双方各自退兵。

鲁肃在建安二十二年去世，时年四十六岁。孙权为他举哀，又亲自参加了他的葬礼。诸葛亮也为鲁肃举行了哀悼仪式。孙权称皇帝的时候，在要登上祭坛之前，回顾公卿大臣们说：“过去鲁子敬曾经说

明于事势矣。”

肃遗腹子淑既壮，濡须督张承谓终当到至。永安中，为昭武将军、都亭侯、武昌督。建衡中，假节，迁夏口督。所在严整，有方干。凤皇三年卒。子睦袭爵，领兵马。

吕蒙字子明，汝南富陂人也。少南渡，依姊夫邓当。当为孙策将，数讨山越。蒙年十五六，窃随当击贼，当顾见大惊，呵叱不能禁止。归以告蒙母，母恚欲罚之，蒙曰：“贫贱难可居，脱误有功，富贵可致。且不探虎穴，安得虎子？”母哀而舍之。时当职吏以蒙年小轻之，曰：“彼竖子何能为？此欲以肉喂虎耳。”他日与蒙会，又蚩辱之。蒙大怒，引刀杀吏，出走，逃邑子郑长家。出因校尉袁雄自首，承间为言，策召见奇之，引置左右。

数岁，邓当死，张昭荐蒙代当，拜别部司马。权统事，料诸小将兵少而用薄者，欲并合之。蒙阴赊贳，为兵作绛衣行縢，及简日，陈列赫然，兵人练习，权见之大悦，增其兵。从讨丹杨，所向有功，拜平北都尉，领广德长。

从征黄祖，祖令都督陈就逆以水军出战。蒙勒前锋，亲枭就首，将士乘胜，进攻其城。祖闻就死，委城走，兵追禽之。权曰：“事之克，由陈就先获也。”以蒙为横野中郎将，赐钱千万。

是岁，又与周瑜、程普等西破曹公于乌林，围曹仁于南郡。益州将袭肃举军来附，瑜表以肃兵益蒙，蒙盛称肃有胆用，且慕化远

过有这一天，他可以说是透彻地了解了天下形势。”

鲁肃的遗腹子鲁淑长大以后，濡须督张承对他说，你还是应该到濡须军中来。永安年间，鲁淑任昭武将军、都亭侯、武昌督。建衡年间，吴国朝廷授予他符节，升任夏口督。鲁淑任职的军队都被他治理得严肃整齐，他非常有方略才干。鲁淑于凤凰三年去世。他的儿子鲁睦继承了爵位，统领他的兵马。

吕蒙字子明，是汝南郡富陂县人。少年的时候南渡长江，依靠姐夫邓当。邓当是孙策的部将，多次征讨山越族。吕蒙十五六岁的时候，私自跟随邓当去进击敌军，邓当回头看见了，大吃一惊，呵斥责骂也不能禁止。回来后邓当告诉吕蒙的母亲，母亲发怒，要惩罚他。吕蒙说：“贫贱的日子不好过，假如我立功，富贵就可以取得。况且不入虎穴，怎能得到虎子？”母亲疼爱他，就宽恕了他。那时邓当的一个下属吏员，因为吕蒙年龄小而轻视他，说：“那小子有什么能耐？这是拿肉去喂老虎罢了。”有一天吏员和吕蒙见面时，又嗤笑侮辱他。吕蒙大怒，抽刀杀了这个吏员，逃到同乡的一个叫郑长的人家里。后来通过校尉袁雄出来自首，袁雄趁机替他说情，孙策召见后认为他不平凡，便把他带在身边。

几年之后，邓当死了，张昭推荐吕蒙接替邓当，被任命为别部司马。孙权主事的时候，考虑到各小将领兵少而费用又不足的情形，要合并他们。吕蒙暗地里借了一笔钱，为士兵置备了大红色军服和绑腿，等到检阅那天，阵列威武，士兵操练，孙权见了很高兴，给他增补了兵员。吕蒙随从孙权征讨丹杨，屡建战功，官拜平北都尉，兼任广德县长。

吕蒙随同孙权征讨黄祖的时候，黄祖命令都督陈就以水军迎战。吕蒙指挥先锋部队，亲自将陈就斩首示众，将士们乘胜前进，进攻敌城。黄祖听说陈就死了，弃城逃跑，士兵将他追获。孙权说：“战事能够胜利，取决于陈就先被斩获。”任命吕蒙为横野中郎将，赐钱一千万。

这一年，吕蒙又和周瑜、程普等在乌林击败了曹操，把曹仁围困在南郡。益州将领袭肃率领全军前来归降，周瑜上表请将袭肃的兵

来，于义宜益不宜夺也。权善其言，还肃兵。瑜使甘宁前据夷陵，曹仁分众攻宁，宁困急，使使请救。诸将以兵少不足分，蒙谓瑜、普曰："留凌公绩，蒙与君行，解围释急，势亦不久，蒙保公绩能十日守也。"又说瑜分遣三百人柴断险道，贼走可得其马。瑜从之。军到夷陵，即日交战，所杀过半。敌夜遁去，行遇柴道，骑皆舍马步走。兵追蹙击，获马三百匹，方船载还。于是将士形势自倍，乃渡江立屯，与相攻击，曹仁退走，遂据南郡，抚定荆州。还，拜偏将军，领浔阳令。

鲁肃代周瑜，当之陆口，过蒙屯下。肃意尚轻蒙，或说肃曰："吕将军功名日显，不可以故意待也，君宜顾之。"遂往诣蒙。酒酣，蒙问肃曰："君受重任，与关羽为邻，将何计略，以备不虞？"肃造次应曰："临时施宜。"蒙曰："今东西虽为一家，而关羽实熊虎也，计安可不豫定？"因为肃画五策。肃于是越席就之，拊其背曰："吕子明，吾不知卿才略所及乃至于此也。"遂拜蒙母，结友而别。

时蒙与成当、宋定、徐顾屯次比近，三将死，子弟幼弱，权悉以兵并蒙。蒙固辞，陈启顾等皆勤劳国事，子弟虽小，不可废也。书三上，权乃听。蒙于是又为择师，使辅导之，其操心率如此。

魏使庐江谢奇为蕲春典农，屯皖田乡，数为边寇。蒙使人诱之，不从，则伺隙袭击，奇遂缩退，其部伍孙子才、宋豪等，皆携负

马增补给吕蒙，吕蒙上表盛赞袭肃有胆识才干，说他仰慕王化远道来附，从道义上讲，应该给他增兵而不该削夺他的兵力。孙权认为吕蒙的话很对，就将兵马归还给袭肃。周瑜派甘宁占据了夷陵。曹仁分兵进攻甘宁，甘宁被困，情况危急，派人来请求周瑜援救。许多将领认为兵力少，不能分散，吕蒙对周瑜和程普说："让凌公绩留下，我和你们去，解围救急，用不了多长时间，我保证公绩可以坚守十天。"还建议周瑜分派三百人用木柴截断险路，就可以得到强盗逃跑时丢弃的战马。周瑜听从了他的意见。大军赶到夷陵，当天就开战，杀伤敌人半数以上。敌人连夜逃走，半路木柴堵塞通道，于是就放弃马匹，徒步逃跑。大军赶上截杀，获得战马三百匹，用方船载回。大胜之下将士斗志倍增，乘势渡过长江，设立营寨，又向敌攻击，曹仁败逃。东吴终于占领南郡，平定荆州。回来后，吕蒙被任为偏将军，兼浔阳县令。

鲁肃代替周瑜要去陆口驻扎，经过吕蒙的军营。鲁肃还有些轻视吕蒙，有人对鲁肃说："吕将军功名日益显赫，可不能用旧眼光看他啊，您应当去拜访他。"于是，鲁肃前去拜访吕蒙。酒喝到兴头上，吕蒙问鲁肃说："您接受重任，与关羽相邻，想用什么策略，预防急事的发生呢？"鲁肃很随便地回答说："依情况临时采取措施。"吕蒙说："现在，东西两方虽结为一家，但是，关羽确实是猛虎一样的人物，怎么能不预先订下计谋呢？"吕蒙当下就为鲁肃谋划了五条策略。鲁肃马上越过座席走到他身边，拍着他的背说："子明，我不知道您的才略竟已达到这种程度，实非吴下阿蒙啊！"鲁肃于是就去拜见吕蒙的母亲，两人结为好友后分别。

当时，吕蒙的军营与成当、宋定、徐顾的军营相邻，这三位将军战死之后，因为子弟幼弱，孙权想把他们的部属都合并给吕蒙，吕蒙坚决推辞。就上疏说，徐顾等将军都为国事操劳，虽然他们的子弟还小，但不能废弃。他连续三次上书，孙权才答应了。于是，吕蒙给这三位将军的子弟选择老师，辅导教育他们。他为他人操心办事，大都是这样。

魏国派庐江人谢奇任蕲春典农，在皖县屯垦田地，多次进犯边境。吕蒙派人诱降谢奇，但是他没有上当。吕蒙就寻找他的破绽

老弱，诣蒙降。后从权拒曹公于濡须，数进奇计，又劝权夹水口立坞，所以备御甚精，曹公不能下而退。

曹公遣朱光为庐江太守，屯皖，大开稻田，又令间人招诱鄱阳贼帅，使作内应。蒙曰："皖田肥美，若一收孰，彼众必增，如是数岁，操态见矣，宜早除之。"乃具陈其状。于是权亲征皖，引见诸将，问以计策。蒙乃荐甘宁为升城督，督攻在前，蒙以精锐继之。侵晨进攻，蒙手执枹鼓，士卒皆腾踊自升，食时破之。既而张辽至夹石，闻城已拔，乃退。权嘉其功，即拜庐江太守，所得人马皆分与之，别赐浔阳屯田六百人，官属三十人。蒙还浔阳，未期而庐陵贼起，诸将讨击不能禽，权曰："鸷鸟累百，不如一鹗。"复令蒙讨之。蒙至，诛其首恶，余皆释放，复为平民。

是时刘备令关羽镇守，专有荆土，权命蒙西取长沙、零、桂三郡。蒙移书二郡，望风归服，惟零陵太守郝普城守不降。而备自蜀亲至公安，遣羽争三郡。权时住陆口，使鲁肃将万人屯益阳拒羽，而飞书召蒙，使舍零陵，急还助肃。初，蒙既定长沙，当之零陵，过酃，载南阳邓玄之，玄之者郝普之旧也，欲令诱普。及被书当还，蒙秘之，夜召诸将，授以方略，晨当攻城，顾请玄之曰："郝子太闻世间有忠义事，亦欲为之，而不知时也。左将军在汉中，为夏侯渊所围。关羽在南郡，今至尊身自临之。近者破樊本屯，救酃，逆为孙规所破。此皆目前之事，君所亲见也。彼方首尾倒悬，救死不给，岂有余力复营此哉？今吾士卒精锐，人思致命，至尊遣兵，相继于

袭击，于是，谢奇退缩回去。谢奇的部下孙子才、宋豪等人都携带老幼，向吕蒙投降。后来吕蒙跟从孙权在濡须抗拒曹操，多次进献奇计，又劝说孙权在夹水口建立船坞，坚固了防范，精密无隙，曹操东进无望，只好退兵。

曹操派朱光担任庐江太守，驻扎在皖县，大量开垦稻田，又指使间谍引诱招降鄱阳反贼的首领，让他做内应。吕蒙说："皖县的田地很肥沃，如果稻子成熟丰收，那里一定会增加兵力，这样几年下来，曹操的进攻态势就会显露出来，应当早点除掉对方。"吕蒙便详细地向孙权陈述情况。于是孙权亲自征讨皖县，召见各位将领，问有什么计策。吕蒙就举荐甘宁任升城督，指挥部下攻城，吕蒙率精锐部队作后援。凌晨的时候进攻，吕蒙亲自击鼓，士兵都奔腾跳跃，奋勇登城，吃早饭的时候，攻下皖城。不久张辽进军到夹石，听说皖县城已经失守，就退回去。孙权嘉奖吕蒙的功劳，任命吕蒙为庐江太守，缴获的人马都分给吕蒙，另外还把浔阳县的六百名屯田客赏赐给吕蒙，还为吕蒙配备了三十名下属官员。吕蒙回到浔阳，不到一年庐陵发生叛乱，众将领率军清剿都不能将庐陵叛乱者消灭，孙权说："鸷鸟累百，不如一鹗。"又命令吕蒙领军讨伐庐陵叛乱者。吕蒙到了庐陵，处死叛乱者的首领，其余的人都释放了，让庐陵叛乱者重新成为平民。

这个时候，刘备占据了并州的全部土地，命令关羽镇守，孙权派吕蒙领兵向西前去索要长沙、零陵、桂阳三郡。吕蒙向长沙、桂阳二郡发出劝降文书，这两郡望风投降，只有零陵郡太守郝普坚守城池，不肯投降。刘备亲自从益州赶到公安，派关羽争夺三郡。孙权这时进驻陆口，派遣鲁肃领兵一万人驻扎在益阳抵挡关羽，同时派人送快信给吕蒙，让他放弃零陵，火速回军支援鲁肃。当初吕蒙平定长沙郡，要去零陵郡时，途经酃县，用车载上南阳人邓玄之同行，邓玄之是郝普的老朋友，吕蒙想让他诱降郝普。接到孙权的急信以后，吕蒙应当立即回军，可是他却秘而不宣，连夜召集将领，一一布置任务，决定次日清晨攻城，这时他回头对邓玄之说："郝普听说世间有忠义的事，自己也想这样做，但他不了解现在的形势。刘备在汉中被魏将夏侯渊团团围住。关羽在南郡，如今我们的主公亲自率兵来到南郡对

道。今子太以旦夕之命，待不可望之救，犹牛蹄中鱼，冀赖江汉，其不可恃亦明矣。若子太必能一士卒之心，保孤城之守，尚能稽延旦夕，以待所归者，可也。今吾计力度虑，而以攻此，曾不移日，而城必破，城破之后，身死何益于事，而令百岁老母，戴白受诛，岂不痛哉？度此家不得外问，谓援可恃，故至于此耳。君可见之，为陈祸福。”玄之见普，具宣蒙意，普惧而听之。玄之先出报蒙，普寻后当至。蒙豫敕四将，各选百人，普出，便入守城门。须臾普出，蒙迎执其手，与俱下船。语毕，出书示之，因拊手大笑。普见书，知备在公安，而羽在益阳，惭恨入地。蒙留孙皎，委以后事，即日引军赴益阳。刘备请盟，权乃归普等，割湘水，以零陵还之。以浔阳、阳新为蒙奉邑。

师还，遂征合肥，既撤兵，为张辽等所袭，蒙与凌统以死捍卫。后曹公又大出濡须，权以蒙为督，据前所立坞，置强弩万张于其上，以拒曹公。曹公前锋屯未就，蒙攻破之，曹公引退。拜蒙左护军、虎威将军。

鲁肃卒，蒙西屯陆口，肃军人马万余尽以属蒙。又拜汉昌太守，食下隽、刘阳、汉昌、州陵。与关羽分土接境，知羽骁雄，有并兼

付他。最近关羽攻破了曹军在樊城的大本营，回军救援鄳县，反而被我方将领孙规击破。这些都是目前发生的事，你也亲眼看到了。他们自己都正处于头脚倒悬的危险境地，解救自己的危亡都来不及，哪里还有余力再来营救零陵呢？现在我的士兵精锐，人人都想为国效命，我们主公调遣的人马也相继上路。如今郝普以危在旦夕的性命，等待毫无希望的救兵，就像在牛蹄那么大的水坑中挣扎的鱼梦想依靠长江、汉水来活命一样，其不可依赖，再明显不过了。如果郝普果真能使将士团结一心，坚守孤城，还能苟延残喘一些时日，以等待援军前来，那他执意坚守也是可以的。现在我计算兵力估量智谋，用不了一天时间，就能把这座城攻破，城破以后，自己死亡又对事情有什么益处，还要连累百岁老母，使她老人家白发苍苍了还要跟着被诛杀，难道不让人痛心吗？我估计这位郝太守是因为被围困，得不到外面的消息，以为救兵尚可指望，所以才不肯投降，你可以去见见他，为他陈述祸福利害。”邓玄之进城见到郝普，把吕蒙的意思告诉了他，郝普感到很害怕，就听从了劝说。邓玄之先出城报告吕蒙，说明郝普随后到。吕蒙预先命令四个将领各选一百精兵，等郝普一出来，立即入城把守城门。不一会儿，郝普出城，吕蒙迎上去握住他的手，和他一块儿下船。寒暄完毕，吕蒙拿出孙权的急信给郝普看，并拍手大笑。郝普看完信，才知道刘备已到公安，关羽近在益阳，羞愧悔恨得只想钻到地下去。吕蒙留下孙皎，委托他还没有完成的事务，当天他就率领部队赶赴益阳。这时刘备请求结盟和好。孙权便放回郝普等人。双方以湘江为界分割荆州，孙权把零陵郡还给刘备。孙权把浔阳、阳新二县赐给吕蒙作为他的奉邑。

吴军回去以后，就去征伐合肥，在撤兵的时候被张辽等人所袭击，吕蒙和凌统拼死捍卫。以后曹操又大举出击濡须，孙权任命吕蒙任都督，占据以前所建立的船坞，在上面设置了一万张强弩，来抵挡曹操。曹操的前锋部队还没有筑好营垒，吕蒙就把他们打败了，曹操领兵退回。孙权拜请吕蒙任左护军、虎威将军。

鲁肃去世，吕蒙到西方去驻守陆口，鲁肃军队的一万多人马全部归属吕蒙，孙权又任命他做汉昌太守，用下隽、刘阳、汉昌、州陵等县

心，且居国上流，其势难久。初，鲁肃等以为曹公尚存，祸难始构，宜相辅协，与之同仇，不可失也，蒙乃密陈计策曰："令征虏守南郡，潘璋住白帝，蒋钦将游兵万人，循江上下，应敌所在，蒙为国家前据襄阳，如此，何忧于操，何赖于羽？且羽君臣，矜其诈力，所在反覆，不可以腹心待也。今羽所以未便东向者，以至尊圣明，蒙等尚存也。今不于强壮时图之，一旦僵仆，欲复陈力，其可得邪？"权深纳其策，又聊复与论取徐州意，蒙对曰："今操远在河北，新破诸袁，抚集幽、冀，未暇东顾。徐土守兵，闻不足言，往自可克。然地势陆通，骁骑所骋，至尊今日得徐州，操后旬必来争，虽以七八万人守之，犹当怀忧。不如取羽，全据长江，形势益张。"权尤以此言为当。及蒙代肃，初至陆口，外倍修恩厚，与羽结好。

后羽讨樊，留兵将备公安、南郡。蒙上疏曰："羽讨樊而多留备兵，必恐蒙图其后故也。蒙常有病，乞分士众还建业，以治疾为名。羽闻之，必撤备兵，尽赴襄阳。大军浮江，昼夜驰上，袭其空虚，则南郡可下，而羽可禽也。"遂称病笃，权乃露檄召蒙还，阴与图计。羽果信之，稍撤兵以赴樊。魏使于禁救樊，羽尽禽禁等，人马数万，托以粮乏，擅取湘关米。权闻之，遂行，先遣蒙在前。蒙至浔阳，尽伏其精兵䑸䑺中，使白衣摇橹，作商贾人服，昼夜兼行，至羽所置江边屯候，尽收缚之，是故羽不闻知。遂到南郡，士仁、麋芳

做他的食邑。吕蒙和关羽分别占领荆州土地，边境邻接，吕蒙知道关羽是骁勇的英雄，有兼并他的心思，而且位居吴国的上游地区，目前的合作形势难以持久。当初，鲁肃等人认为曹操还存在，危险和灾祸刚刚形成，应该互相辅助协作，与蜀汉同仇敌忾，不能失去刘备这个同盟。吕蒙向孙权秘密地提出他的计策，说："命令征虏将军孙皎守卫南郡，潘璋驻守白帝城，蒋钦率领上万名流动部队，沿江上下，守住敌人来进攻的地方，我为国家到前方去占领襄阳，这样的话，曹操还有什么可以担忧的，关羽还有什么可依赖的呢？而且关羽君臣，在所到之处行为都反复无常，不可把他们当成心腹看待。现在关羽所以不便向东进攻的原因，是由于尊贵的君主您圣明，我们这些人还在。现在不趁我们强壮时去图谋战胜他，一旦我们僵死倒下，想要再付诸武力，还能办得到吗？"孙权很赞同吕蒙的计策，又顺便和他谈论了一下夺取徐州的想法。吕蒙回答说："现在曹操在黄河以北，刚打败了袁氏，在安抚和招集幽州和冀州地区的百姓，没有时间顾上东方。徐州地区的守军，我听说不值得一提，去进攻自然可以攻克。然而那里的地势有陆路相通，可以让骁勇的骑兵驰骋。尊贵的君主今天取得徐州，十几天以后曹操就一定来争夺，即使用七八万人去守卫它，也还会让人担忧。不如去攻取关羽的土地，把长江全部占领，我们的形势就会更加有利。"孙权认为这些话说得非常适宜。到了吕蒙代替鲁肃时，他刚到陆口，就对外加倍地施行厚恩，与关羽结成友好关系。

后来关羽讨伐樊城，留下兵将守卫公安、南郡。吕蒙上奏疏说："关羽讨伐樊城而留下很多守卫军队，一定是害怕我谋取他的后方。我经常生病，如今恳请分出一部分士兵返回建业，以治病作为理由。关羽听到这件事，一定会撤走守卫部队，让他们全部赶赴襄阳。我们的大军顺长江日夜兼程急驰而上，袭击他空虚的后方，那么南郡就能攻下，而关羽也能擒获。"于是吕蒙扬言病重，孙权公开下诏书召他返回，暗中和他谋划计策。关羽果然相信了这一消息，逐渐撤走军队赶赴樊城。魏国派于禁援救樊城，关羽俘虏了于禁等人的全部人马共几万，还借口缺乏军粮，擅自夺取湘关的稻米。孙权听到这个消息，

皆降。蒙人据城，尽得羽及将士家属，皆抚慰，约令军中不得干历人家，有所求取。蒙麾下士，是汝南人，取民家一笠，以覆官铠，官铠虽公，蒙犹以为犯军令，不可以乡里故而废法，遂垂涕斩之。于是军中震栗，道不拾遗。蒙旦暮使亲近存恤耆老，问所不足，疾病者给医药，饥寒者赐衣粮。羽府藏财宝，皆封闭以待权至。羽还，在道路，数使人与蒙相闻，蒙辄厚遇其使，周游城中，家家致问，或手书示信。羽人还，私相参讯，咸知家门无恙，见待过于平时，故羽吏士无斗心。会权寻至，羽自知孤穷，乃走麦城，西至漳乡，众皆委羽而降。权使朱然、潘璋断其径路，即父子俱获，荆州遂定。

以蒙为南郡太守，封孱陵侯，赐钱一亿，黄金五百斤。蒙固辞金钱，权不许。封爵未下，会蒙疾发，权时在公安，迎置内殿，所以治护者万方，募封内有能愈蒙疾者，赐千金。时有针加，权为之惨慽，欲数见其颜色，又恐劳动，常穿壁瞻之，见小能下食则喜，顾左右言笑，不然则咄唶，夜不能寐。病中瘳，为下赦令，群臣毕贺。后更增笃，权自临视，命道士于星辰下为之请命。年四十二，遂卒于内殿。时权哀痛甚，为之降损。蒙未死时，所得金宝诸赐尽付府藏，敕主者命绝之日皆上还，丧事务约。权闻之，益以悲感。

就开始行动，先派遣出吕蒙在军队前面。吕蒙到达浔阳以后，将精兵全部埋伏在大船中，让穿着白衣服的士兵摇橹，扮作商人的样子，昼夜急速行驶，到达关羽设置在长江边的哨所，吴军捕获蜀国的全部哨兵，因此关羽没有得到消息。吕蒙便到达南郡，傅士仁、麋芳全部投降，吕蒙占领城池，将关羽和他部下的家属全部抓获，都给予安抚慰问，严令军中不许侵扰百姓民家，不得进行强取索求。吕蒙部下的一个士兵，是他汝南的老乡，拿了民家一个斗笠，来覆盖官府的铠甲。官府铠甲虽然是公物，吕蒙仍然认为他违犯了军令，不能够因为是同乡的缘故就废除法令，就流着泪杀了他。这使得军中上下震惊，路上有丢失的东西也没有人敢捡走。吕蒙从早到晚，亲自去慰问年老人，询问他们有什么不满意的地方，对患病的人提供医药，对饥寒的人赐给衣服和粮食，将关羽府库中藏的财宝全部封存起来，等孙权到来后处置。关羽返回，在路途中多次派人和吕蒙通消息，吕蒙总是厚待使者，让他在城中四处走动，每户人家都向他说明情况，有的人还亲手写了证明信。关羽的使者回去，将士私下相互探听消息，都知道家中平安无事，受到的待遇超过往日，因此他们没有了斗志。正好孙权不久就到了，关羽自知势单力孤，就逃往麦城，向西到达漳乡，他的部下都抛弃他而投降了。孙权派朱然、潘璋截断了关羽的必经道路，随即关羽父子一并被俘获，荆州就被平定了。

孙权任命吕蒙为南郡太守，册封孱陵侯，赐钱一亿，黄金五百斤。吕蒙坚决推辞所赐黄金和钱，孙权没有答应。封爵令还没有下达，正赶上吕蒙旧病发作，孙权当时在公安，就把吕蒙接来，安置在自己住的内殿，用各种药方给他治病，以黄金一千斤悬赏国内能治好吕蒙病的人。有时扎针治病，孙权为吕蒙的疼痛而难过，想常去探望他，又害怕让他惊动烦恼，就经常通过开在墙壁上的小洞看望他，见他能稍微吃点饭，就感到高兴，对身边的人又说又笑；见他吃不下饭便叹息不止，夜里睡不着觉。吕蒙病情稍微好一些，孙权就大赦天下，群臣都来庆贺。后来，吕蒙的病情又加重，孙权亲到病榻前看望，命道士在星空下作法为他祈求延寿。吕蒙四十二岁的时候，就死在孙权所住的内殿。当时孙权非常悲痛，为这事削减了生活享受。吕

蒙少不修书传，每陈大事，常口占为笺疏。常以部曲事为江夏太守蔡遗所白，蒙无恨意。及豫章太守顾邵卒，权问所用，蒙因荐遗奉职佳吏，权笑曰："君欲为祁奚耶？"于是用之。甘宁粗暴好杀，既常失蒙意，又时违权令，权怒之，蒙辄陈请："天下未定，斗将如宁难得，宜容忍之。"权遂厚宁，卒得其用。

蒙子霸袭爵，与守冢三百家，复田五十顷。霸卒，兄琮袭侯。琮卒，弟睦嗣。

孙权与陆逊论周瑜、鲁肃及蒙曰："公瑾雄烈，胆略兼人，遂破孟德，开拓荆州，邈焉难继，君今继之。公瑾昔要子敬来东，致达于孤，孤与宴语，便及大略帝王之业，此一快也。后孟德因获刘琮之势，张言方率数十万众水步俱下。孤普请诸将，咨问所宜，无适先对，至子布、文表，俱言宜遣使修檄迎之，子敬即驳言不可，劝孤急呼公瑾，付任以众，逆而击之，此二快也。且其决计策意，出张苏远矣；后虽劝吾借玄德地，是其一短，不足以损其二长也。周公不求备于一人，故孤忘其短而贵其长，常以比方邓禹也。又子明少时，孤谓不辞剧易，果敢有胆而已；及身长大，学问开益，筹略奇至，可以次于公瑾，但言议英发不及之耳。图取关羽，胜于子敬。子敬答孤书云：'帝王之起，皆有驱除，羽不足忌。'此子敬内不能办，外为大言耳，孤亦恕之，不苟责也。然其作军屯营，不失令行禁止，部界无废负，路无拾遗，其法亦美也。"

蒙死前，就把赏给他的金银珠宝等物品全部上交府库，嘱咐丧事务必从简。孙权听到这些，更加悲伤感动。

吕蒙年轻的时候不学习经传书籍，每当陈述大事时，经常口述让人写成奏章。他曾经因为部曲私兵的事被江夏太守蔡遗上告，但是吕蒙没有埋怨蔡遗的意思。等到豫章太守顾邵去世，孙权问吕蒙该任用谁，吕蒙便趁机推荐蔡遗，说他是称职的好官。孙权笑着说："您想要当祁奚吗？"孙权任用了蔡遗。甘宁粗暴，好杀人，经常不听吕蒙的意见，还时时违背孙权的命令。孙权对他很恼怒，吕蒙就替他讲情，说："天下还没有平定，像甘宁这样能战斗的将领非常难得，应该容忍他。"孙权便厚待甘宁，使他一直能发挥作用。

吕蒙去世之后，儿子吕霸继承了爵位，孙权安排给吕蒙守护坟墓的人家有三百户，免去赋税的田地有五十顷。吕霸去世，他兄长吕琮继承了侯位。吕琮去世，他的弟弟吕睦继承爵位。

孙权和陆逊谈论周瑜、鲁肃和吕蒙的时候说："公瑾英雄壮烈，胆略过人，因而他打败了曹孟德，把势力发展到荆州地区，很长时间很难有人能继承他的才干，您如今继承了。公瑾从前邀请子敬来江东，把他送到我这儿，我和子敬在酒席上谈话，他马上就谈到政事的要点帝王的功业，这是他的第一个让人称心的地方。后来曹孟德利用招降刘琮的形势，扬言就要率领几十万人的水军步兵一起来江东。我普遍召请各位将领，征询他们适宜的对策，没有人的回答令我满意。至于子布、文表，都说应当派使者奉章表迎接曹孟德，子敬当下反驳说不可，劝我火速召呼公瑾，委任公瑾率领大军，迎击敌人。这是子敬第二个让人称心的地方。而且子敬决定计谋策略的思想，远远超过张仪、苏秦。后来他虽然劝我把土地借给刘玄德，这是他的一个短处，但是不足以损害他的两个长处。周公对一个人不求全责备，所以我忘记子敬的短处，重视他的长处，经常把他比作邓禹。至于子明，他小时候，我以为他不辞艰险，只是果敢有胆量罢了，到了长大成人以后，他的学识大有增益，筹划谋略出人意料，可以排在公瑾的后面，只是言谈、才华不如公瑾罢了。他谋取关羽，胜过子敬。子敬回报我的书信说：'帝王的兴起，都有借助他人力量驱除患难的地方，关羽不值得

评曰：曹公乘汉相之资，挟天子而扫群桀，新荡荆城，仗威东夏，于时议者莫不疑贰。周瑜、鲁肃建独断之明，出众人之表，实奇才也。吕蒙勇而有谋，断识军计，谲郝普，禽关羽，最其妙者。初虽轻果妄杀，终于克己，有国士之量，岂徒武将而已乎！孙权之论，优劣允当，故载录焉。

顾虑。'这是子敬心里无法处置、嘴上又说大话罢了，我也宽恕他，不随便责备他。不过他部署部队的屯守营垒，还算得上令行禁止，在他的辖区之内，没有人违法乱纪，东西丢失在路上没人敢据为己有，他的治理方法还是高明的。"

评论说：曹操借着汉朝丞相的资本，挟持天子而扫除各地豪杰，刚荡平了荆州，倚仗威势进攻东方，当时议论的人没有一个不疑惑不定。周瑜、鲁肃独自提出高明的论断，超出众人之上，确实是奇才啊。吕蒙勇敢又有计谋，能了解军中计策，做出决断，欺骗郝普，擒获关羽，是他计谋中最高妙的。当初他虽轻率果断，随便杀人，但是终于能约束自己，有国士的度量，难道只是一个武将而已吗！孙权的评论，优劣恰当公允，所以记录在这里。

卷五十五　吴书十

程黄韩蒋周陈董甘凌徐潘丁传第十

程普字德谋，右北平土垠人也。初为州郡吏，有容貌计略，善于应对。从孙坚征伐，讨黄巾于宛、邓，破董卓于阳人，攻城野战，身被创夷。

坚薨，复随孙策在淮南，从攻庐江，拔之，还俱东渡。策到横江、当利，破张英、于麋等，转下秣陵、湖孰、句容、曲阿，普皆有功，增兵二千，骑五十匹。进破乌程、石木、波门、陵传、余杭，普功为多。策入会稽，以普为吴郡都尉，治钱唐。后徙丹杨都尉，居石城。复讨宣城、泾、安吴、陵阳、春穀诸贼，皆破之。策尝攻祖郎，大为所围，普与一骑共蔽捍策，驱马疾呼，以矛突贼，贼披，策因随出。后拜荡寇中郎将，领零陵太守，从讨刘勋于浔阳，进攻黄祖于沙羡，还镇石城。

策薨，与张昭等共辅孙权，遂周旋三郡，平讨不服。又从征江夏，还过豫章，别讨乐安。乐安平定，代太史慈备海昏，与周瑜为左右督，破曹公于乌林，又进攻南郡，走曹仁。拜裨将军，领江夏太守，治沙羡，食四县。

先出诸将，普最年长，时人皆呼程公。性好施与，喜士大夫。周瑜卒，代领南郡太守。权分荆州与刘备，普复还领江夏，迁荡寇将军，卒。权称尊号，追论普功，封子咨为亭侯。

黄盖字公覆，零陵泉陵人也。初为郡吏，察孝廉，辟公府。孙

程普，字德谋，是右北平土垠人。他原来做州郡的小官，容貌端正，善于辩论。程普跟随孙坚在宛县、邓县讨伐黄巾军，在阳人击败董卓，多次的攻城野战，使他身上伤痕累累。

孙坚去世，程普又随孙策到淮南，进攻庐江，又一同回军东渡长江。孙策到横江、当利，打败张英、于麋等，转而攻下秣陵、湖孰、句容、曲阿，程普都立有战功。孙策给他增加兵士两千人，战马五十匹。孙策进军攻克乌程、石木、波门、陵传、余杭等县，众将中程普功劳最多。孙策进驻会稽，任命程普为吴郡都尉，治所设在钱唐。孙策后调任丹杨都尉，屯驻石城。他又征讨宣城、泾县、安吴、陵阳、春谷各县的山贼，都将他们平定。孙策曾攻打祖郎，被祖郎的兵马包围，程普与一名骑兵保护孙策，他催马高喊，手持长矛冲向敌军，敌军慌退，孙策借此冲出包围。后来孙策任命程普为荡寇中郎将，兼任零陵太守，率部随孙策到浔阳攻打刘勋，又随孙策在沙羡进攻黄祖，退军后，仍回石城镇守。

孙策去世以后，程普和张昭等人共辅孙权，率军奔走于三郡之间，讨伐平定那些不顺服的地方。程普还参与江夏之战，回来时路过豫章，平定了乐安之后，他接替太史慈守卫海昏，和周瑜分任左右都督，在乌林打败曹操，又进攻南郡，曹仁逃走。此后，程普被任命为裨将军，兼江夏太守，治所在沙羡，食邑四个县。

在吴国老一辈将领中，程普年龄最大，当时，人们都称他程公。程普性喜施舍，结交士大夫。周瑜去世后，程普代任南郡太守。孙权把荆州分让给刘备，程普又回来兼任江夏太守，升为荡寇将军，直到去世。孙权称帝后，追念程普的功绩，封他的儿子程咨为亭侯。

黄盖，字公覆，是零陵郡泉陵县人。黄盖最初担任郡吏，被推举

坚举义兵，盖从之。坚南破山贼，北走董卓，拜盖别部司马。坚薨，盖随策及权，擐甲周旋，蹈刃屠城。

诸山越不宾，有寇难之县，辄用盖为守长。石城县吏，特难检御，盖乃署两掾，分主诸曹。教曰："令长不德，徒以武功为官，不以文吏为称。今贼寇未平，有军旅之务，一以文书委付两掾，当检摄诸曹，纠擿谬误。两掾所署，事入诺出，若有奸欺，终不加以鞭杖，宜各尽心，无为众先。"初皆怖威，夙夜恭职；久之，吏以盖不视文书，渐容人事。盖亦嫌外懈怠，时有所省，各得两掾不奉法数事。乃悉请诸掾吏，赐酒食，因出事诘问。两掾辞屈，皆叩头谢罪。盖曰："前已相敕，终不以鞭杖相加，非相欺也。"遂杀之。县中震栗。后转春穀长，浔阳令。凡守九县，所在平定。迁丹杨都尉，抑强扶弱，山越怀附。

盖姿貌严毅，善于养众，每所征讨，士卒皆争为先。建安中，随周瑜拒曹公于赤壁，建策火攻，语在《瑜传》。拜武锋中郎将。武陵蛮夷反乱，攻守城邑，乃以盖领太守。时郡兵才五百人，自以不敌，因开城门，贼半入，乃击之，斩首数百，余皆奔走，尽归邑落。诛讨魁帅，附从者赦之。自春迄夏，寇乱尽平，诸幽邃巴、醴、由、诞邑侯君长，皆改操易节，奉礼请见，郡境遂清。后长沙益阳县为山贼所攻，盖又平讨。加偏将军，病卒于官。

为孝廉，受到公府征召。孙坚发动组织义军，黄盖追随他。孙坚率兵南下打败山贼，向北驱退董卓，任命黄盖为别部司马。孙坚去世，黄盖追随孙策和孙权，他身披铠甲，四处征战，出入沙场，攻取城池。

各山越部族不臣服，凡是有被侵害的县，孙权往往派遣黄盖去做长官。石城县的官吏，特别难以管理，黄盖就设置两个掾吏，分别掌管各部门。黄盖教导他们说："我做县长的德行不够，只凭武功做官，不以文吏的才能被称道。如今贼寇没有平定，还有军旅事务，我把文书都交付给你们两位掾吏，你们应当约束监督各个部门，揭发纠正他们的错误。两名掾吏署理的工作，有事报入一定要给予答复，如果有奸邪欺诈，最终不仅只处以鞭杖，应当各自尽心，不要成为众人受处罚的带头者。"起初大家都很害怕威慑，早晚恭敬尽职。时间长了，官员们因黄盖不查阅文书，逐渐有了徇私枉法的事。黄盖也嫌其怠慢，有所觉察，后来查到两名掾吏不奉守法纪的几件事。就把大小官员全部都请来，赏给他们酒食，趁此机会提出有关的事问责。两名掾吏理屈词穷，都叩头认罪。黄盖说："先前已有戒令，终究不会只是鞭杖这样的惩罚，这不是欺骗你们。"黄盖就杀了两名掾吏。这件事使得县中上下深受震惊。后来黄盖调任春谷县长、浔阳县令。他总共署理九个县，凡是他任职的县都非常安定。后来，黄盖升任丹杨都尉，在当地制服豪强、扶助贫弱，对山越部族采用怀柔策略使其归附。

黄盖姿容体态严厉刚毅，善于教养兵众。每当有征讨的时候，士卒都争先效命。建安年间，黄盖跟随周瑜在赤壁抵抗曹操，建议用火攻，详情记载在《周瑜传》中。后任武锋中郎将。武陵郡的蛮夷造反，攻守城邑，孙权就任黄盖为太守。当时郡兵才五百人，黄盖自知不能挡敌，便开了城门，等敌人进来一半了，就拦腰攻击，斩杀敌人数以百计，剩下的都逃跑到村落去了。黄盖诛杀了贼首，归附顺从的人都得到赦免。从春天到夏天，贼寇的叛乱全部平定，僻远的巴、醴、由、诞各县头目，都改弦易辙，奉上礼物请求接见，郡内于是得以平静。后来，长沙郡益阳县被山贼攻击，黄盖又讨伐平定了那里。黄盖被加封为偏将军，在任上病故。

盖当官决断，事无留滞，国人思之。及权践阼，追论其功，赐子柄爵关内侯。

韩当字义公，辽西令支人也。以便弓马，有膂力，幸于孙坚，从征伐周旋，数犯危难，陷敌擒虏，为别部司马。及孙策东渡从讨三郡，迁先登校尉，授兵二千，骑五十匹。从征刘勋，破黄祖，还讨鄱阳，领乐安长，山越畏服。后以中郎将与周瑜等拒破曹公，又与吕蒙袭取南郡，迁偏将军，领永昌太守。宜都之役，与陆逊、朱然等共攻蜀军于涿乡，大破之，徙威烈将军，封都亭侯。曹真攻南郡，当保东南。在外为帅，厉将士同心固守，又敬望督司，奉遵法令，权善之。黄武二年，封石城侯，迁昭武将军，领冠军太守，后又加都督之号。将敢死及解烦兵万人，讨丹杨贼，破之。会病卒，子综袭侯领兵。

其年，权征石阳，以综有忧，使守武昌，而综淫乱不轨。权虽以父故不问，综内怀惧，载父丧，将母家属部曲男女数千人奔魏。魏以为将军，封广阳侯。数犯边境，杀害人民，权常切齿。东兴之役，综为前锋，军败身死，诸葛恪斩送其首，以白权庙。

蒋钦字公奕，九江寿春人也。孙策之袭袁术，钦随从给事。及策东渡，拜别部司马，授兵。与策周旋，平定三郡，又从定豫章。调授葛阳尉，历三县长，讨平盗贼，迁西部都尉。会稽冶贼吕合、秦狼等为乱，钦将兵讨击，遂禽合、狼，五县平定，徙讨越中郎将，以经拘、昭阳为奉邑。贺齐讨黟贼，钦督万兵，与齐并力，黟贼平定。从

黄盖处事果断，从不拖延，吴国人都想念他。孙权登帝位后，追认评定黄盖的功绩，赐给他儿子黄柄为关内侯。

韩当字义公，是辽西郡令支人。因为他善于骑射，膂力强劲，受到孙坚的宠爱，跟随孙坚转战征伐，多次舍生忘死，冲锋陷阵，擒杀敌人，被任命为别部司马。到了孙策东渡长江之时，韩当跟随他征战于三郡，升为先登校尉，孙策授予他兵员二千，战马五十匹。又随孙策征讨刘勋，打败黄祖，回师讨伐鄱阳，由他兼任乐安县长，山越人都畏惧服从。后来韩当以中郎将的身份与周瑜等人迎击并打败曹操，又与吕蒙偷袭占领了南郡，升为偏将军，兼任永昌太守。宜都战役中，韩当和陆逊、朱然等人在涿乡共同进攻蜀军，大破蜀军，升为威烈将军，封都亭侯。曹真进攻南郡，韩当负责防守南郡的东南面。韩当在外担任将帅，激励官兵同心坚守防地，又敬重督司，遵奉法令，孙权非常赞赏他。黄武二年，封韩当为石城侯，升昭武将军，兼任冠军太守，后又加授都督的名号。韩当率领“敢死”士和“解烦”兵一万人，讨伐丹杨的贼寇，大败他们。恰在此时韩当因病去世。儿子韩综，承袭侯爵并且领兵。

这年，孙权征伐石阳，因为韩综有父亲去世一事，便让他驻守武昌，但韩综淫乱不守法度。孙权虽因他父亲韩当的缘故未予追究，但韩综心怀恐惧，用车载了父亲的棺木，带着母亲、家眷及属下兵士几千人投奔魏国。魏国以他为将军，封广阳侯。韩综多次率军越境侵犯，杀害吴国百姓，孙权常常对他切齿痛恨。东兴战役中，韩综担任魏军前锋，战败身死，诸葛恪斩下他的首级，送到太庙告慰孙权的在天之灵。

蒋钦字公奕，是九江郡寿春县人。孙策袭击袁术的时候，蒋钦随从孙策供职。等到孙策东渡长江，便任命蒋钦担任别部司马，让他带兵。蒋钦与孙策一同转战征讨，平定会稽、丹杨、吴三郡，又随从孙策平定豫章郡。蒋钦被调为葛阳县尉，历任三县县长，讨伐平定盗贼，被提升为西部都尉。会稽郡东冶县山贼吕合、秦狼等人叛乱，蒋钦带兵进讨，终于活捉吕合、秦狼，五县的叛贼得到平定，改授蒋钦

征合肥，魏将张辽袭权于津北，钦力战有功，迁荡寇将军，领濡须督。后召还都，拜右护军，典领辞讼。

权尝入其堂内，母疏帐缥被，妻妾布裙。权叹其在贵守约，即敕御府为母作锦被，改易帷帐，妻妾衣服悉皆锦绣。

初，钦屯宣城，尝讨豫章贼。芜湖令徐盛收钦屯吏，表斩之，权以钦在远不许，盛由是自嫌于钦。曹公出濡须，钦与吕蒙持诸军节度。盛常畏钦因事害己，而钦每称其善。盛既服德，论者美焉。

权讨关羽，钦督水军入沔，还，道病卒。权素服举哀，以芜湖民二百户、田二百顷，给钦妻子。子壹封宣城侯，领兵拒刘备有功，还赴南郡，与魏交战，临陈卒。壹无子，弟休领兵，后有罪失业。

周泰字幼平，九江下蔡人也。与蒋钦随孙策为左右，服事恭敬，数战有功。策入会稽，署别部司马，授兵。权爱其为人，请以自给。策讨六县山贼，权住宣城，使士自卫，不能千人，意尚忽略，不治围落，而山贼数千人卒至。权始得上马，而贼锋刃已交于左右，或斫中马鞍，众莫能自定。惟泰奋激，投身卫权，胆气倍人，左右由泰并能就战。贼既解散，身被十二创，良久乃苏。是日无泰，权几危殆。策深德之，补春穀长。后从攻皖，及讨江夏，还过豫章，复补宜春长，所在皆食其征赋。

为讨越中郎将，并将经拘、昭阳两县的赋税收入作为他的俸禄。贺齐讨伐黟县山贼，蒋钦统率一万兵力，和贺齐并力协作，黟县山贼被平定。跟随孙权出征到合肥，魏将张辽在逍遥津的北面袭击孙权，蒋钦奋力作战立下功劳，被提升为荡寇将军，兼任濡须督。后来蒋钦被召回到京城，担任右护军，掌管法律诉讼。

孙权曾经进入蒋钦家的内室，看见蒋母使用粗布帐子和青白色布被，蒋钦的妻妾都穿布裙。孙权感叹蒋钦地位高贵却生活俭朴，随即命令皇家府库替蒋母缝制锦被，改换帷帐，让蒋钦的妻妾都穿锦绣衣服。

当初，蒋钦驻扎在宣城，曾经讨伐豫章郡的贼寇。芜湖县令徐盛拘捕了蒋钦的一名屯守官，上表请求处死他，孙权认为，蒋钦正在外统兵，就没有同意，徐盛自以为得罪了蒋钦。曹操出兵濡须，蒋钦与吕蒙主持全军的调度。徐盛忧虑蒋钦借机陷害自己，然而，蒋钦却总是赞赏他的优点。徐盛敬佩蒋钦的品德，议论的人也都赞美。

孙权讨伐关羽，蒋钦领水军进入沔水。回来的时候，在路上病故。孙权穿素服为他发丧，把芜湖县的两百户百姓、两百顷田地，给了蒋钦的妻子儿女。蒋钦的儿子蒋壹被封为宣城侯，领兵抵抗刘备有功，回到南郡，与魏军交战，临阵战死。蒋壹没有儿子，弟弟蒋休领兵，后来因罪失官。

周泰字幼平，是九江郡下蔡县人。他与蒋钦一起跟随孙策并且都成为孙策的得力助手，任职虔诚敬肃，在多次战斗中都立有战功。孙策进据会稽，任命周泰为别部司马，授予他士兵。孙权喜欢周泰的为人，请求孙策把周泰调给自己。孙策征讨六县的山贼，孙权驻扎在宣城，让士兵自卫，兵员不足一千，孙权心中还疏忽大意，不设防御工事，而山贼几千人却突然杀到。孙权刚刚来得及上马，贼人锋锐的尖刀已经从左右交叉刺来，有的还刺中了马鞍，众兵士无不惊慌失措。只有周泰激扬振奋，舍命护卫孙权，胆量勇气过人，左右士兵由于周泰的缘故而并力参战。贼人被打散以后，周泰身上受创达十二处之多，很久才苏醒过来。这天如果没有周泰，孙权生命就几乎不保。孙策深深感激周泰，补任他为春谷县长。后来周泰又随孙策进攻皖

从讨黄祖有功。后与周瑜、程普拒曹公于赤壁，攻曹仁于南郡。荆州平定，将兵屯岑。曹公出濡须，泰复赴击，曹公退，留督濡须，拜平虏将军。时朱然、徐盛等皆在所部，并不伏也，权特为案行至濡须坞，因会诸将，大为酣乐，权自行酒到泰前，命泰解衣，权手自指其创痕，问以所起。泰辄记昔战斗处以对，毕，使复服，欢讌极夜。其明日，遣使者授以御盖。于是盛等乃伏。

后权破关羽，欲进图蜀，拜泰汉中太守、奋威将军，封陵阳侯。黄武中卒。

子邵以骑都尉领兵。曹仁出濡须，战有功，又从攻破曹休，进位裨将军，黄龙二年卒。弟承领兵袭侯。

陈武字子烈，庐江松滋人。孙策在寿春，武往修谒，时年十八，长七尺七寸，因从渡江，征讨有功，拜别部司马。策破刘勋，多得庐江人，料其精锐，乃以武为督，所向无前。及权统事，转督五校。仁厚好施，乡里远方客多依托之。尤为权所亲爱，数至其家。累有功劳，进位偏将军。建安二十年，从击合肥，奋命战死。权哀之，自临其葬。

子修有武风，年十九，权召见奖厉，拜别部司马，授兵五百人。时诸新兵多有逃叛，而修抚循得意，不失一人。权奇之，拜为校尉。建安末，追录功臣后，封修都亭侯，为解烦督。黄龙元年卒。

县，以及讨伐江夏，回师经过豫章的时候，又被补任为宜春县长，他任职所在县的一切赋税都特批作为他的俸禄。

周泰跟随孙策讨伐黄祖有功，后来，和周瑜、程普在赤壁抗拒曹操，在南郡进击曹仁。荆州平定以后，周泰率兵屯守岑地。曹操进犯濡须，周泰又先去迎击，曹操退兵后，他留下督理濡须，被任命为平虏将军。当时，朱然、徐盛等人都在周泰的帐下，对他很不服气。为此，孙权专门以巡视为名到濡须坞，借机召见各位将领，设宴欢饮。孙权亲自到周泰面前劝酒，又让周泰解开衣服，孙权用手指着他身上的伤痕，于是问他受伤的经过。周泰便回答以前战斗的情况，答完以后，孙权让他重新穿好衣服，欢宴到深夜。第二天，孙权派人把自己戴的头巾赠予周泰。徐盛等人这才信服周泰。

孙权击败关羽以后，想图谋进取蜀地，任命周泰为汉中太守、奋威将军，封陵阳侯。黄武年间周泰去世。

周泰的儿子周邵以骑都尉之职统领周泰的兵马。曹仁率军攻打濡须坞时，他立有战功，又随军击败曹休，升裨将军。黄龙二年周泰去世。周邵之弟周承承继陵阳侯爵位并继续统领部属。

陈武，字子烈，是庐江松滋人。孙策在寿春的时候，陈武前去追随，那年他十八岁，身高七尺七寸，他跟随孙策渡过长江，因为征战有功，被任为别部司马。孙策击溃刘勋后，得到很多庐江人，他挑选精悍士卒组营并任命陈武为大将。陈武率领这支兵马所向无前。孙权执政，转任督五校。陈武为人宽厚仁慈，好施舍，很多同乡人、远方人都来依附他。陈武特别被孙权亲爱，孙权多次去他家看望。因为陈武多有功劳，晋升为偏将军。建安二十年，陈武随孙权攻打合肥，奋勇征杀，战死沙场。孙权哀痛，亲自参加他的葬礼。

陈武的儿子陈修有其父的风范，十九岁的时候，孙权召见并给予鼓励，任命他为别部司马，调给他五百士兵。当时，新招募的士兵有多人逃跑，陈修对部下加以安抚，深得人心，所以，他的士兵没有一个人逃走。孙权认为陈修不同寻常，升他为校尉。建安末年，孙权任用功臣后代，封陈修为都亭侯，任解烦督。黄龙元年陈修去世。

弟表，字文奥，武庶子也，少知名，与诸葛恪、顾谭、张休等并侍东宫，皆共亲友。尚书暨艳亦与表善，后艳遇罪，时人咸自营护，信厚言薄，表独不然，士以此重之。从太子中庶子，拜翼正都尉。兄修亡后，表母不肯事修母，表谓其母曰："兄不幸早亡，表统家事，当奉嫡母。母若能为表屈情，承顺嫡母者，是至愿也；若母不能，直当出别居耳。"表于大义公正如此。由是二母感寤雍穆。表以父死敌场，求用为将，领兵五百人。表欲得战士之力，倾意接待，士皆爱附，乐为用命。时有盗官物者，疑无难士施明。明素壮悍，收考极毒，惟死无辞，廷尉以闻。权以表能得健儿之心，诏以明付表，使自以意求其情实。表便破械沐浴，易其衣服，厚设酒食，欢以诱之。明乃首服，真列支党。表以状闻。权奇之，欲全其名，特为赦明，诛戮其党。迁表为无难右部督，封都亭侯，以继旧爵。表皆陈让，乞以传修子延，权不许。嘉禾三年，诸葛恪领丹杨太守，讨平山越，以表领新安都尉，与恪参势。初，表所受赐复人得二百家，在会稽新安县。表简视其人，皆堪好兵，乃上疏陈让，乞以还官，充足精锐。诏曰："先将军有功于国，国家以此报之，卿何得辞焉？"表乃称曰："今除国贼，报父之仇，以人为本。空枉此劲锐以为僮仆，非表志也。"皆辄料取以充部伍。所在以闻，权甚嘉之。下郡县，料正户羸民以补其处。表在官三年，广开降纳，得兵万余人。事捷当出，会鄱阳民吴遽等为乱，攻没城郭，属县摇动，表便越界赴讨，遽以破败，遂降。陆逊拜表偏将军，晋封都乡侯，北屯章阬。年三十四卒。家财尽于养士，死之日，妻子露立，太子登为起屋宅。子敖年十七，拜别部司马，授兵四百人。敖卒，修子延复为司马代敖。延弟永，将军，封侯。始施明感表，自变行为善，遂成健将，致位将军。

陈修的弟弟陈表，字文奥，是陈武姬妾所生，年轻的时候就很有名，与诸葛恪、顾谭、张休等共同侍奉东宫太子，彼此也很是友好。尚书暨艳也与陈表亲密，后来，暨艳获罪，许多人都只顾保己，尽管都相信暨艳无罪，却很少有人替他讲好话，唯独陈表不是这样，因此士人很看重他。原先，陈表任太子中庶子，后被任为翼正都尉。兄长陈修死了以后，陈表的生母不肯服侍陈修的母亲，陈表对母亲说："兄长不幸早逝，由我掌管家事，理应侍奉大母亲。母亲若能为我委屈一下自己，顺承大母亲的心意，这是我最大的愿望；如果母亲做不到，就只好请您搬出去另外住了。"陈表在大义面前就是这样公正。从此，两位母亲都感悟和睦了。陈表以父亲战死沙场为理由，请求为统军将领，因此，他得以领兵五百人。陈表想让士兵忠心效力，就倾心善待他们，士兵们也都爱戴依附他，乐于为他效命。当时，军中出现了偷盗公家物品的人，大家都怀疑是"无难士"施明。施明向来粗豪剽悍，被拘捕以后对他的拷打极为惨毒，但他只求一死不说一句话。廷尉向上汇报。孙权认为，陈表能得士兵的信任，便下令把施明交给陈表审理，让陈表设法获得实情。陈表解开了施明的枷锁让他沐浴换了衣服，又摆酒席来诱导施明。于是施明服罪，交代出他的同伙。陈表将案情呈报孙权。孙权对他异乎寻常的做法非常欣赏，为了成全他的名声，特别赦免了施明，而把其他偷盗者处死。孙权又升陈表为无难右部督，封都亭侯，以继承陈修原来的爵位。陈表推让，要求把陈修的爵位传给陈修的儿子陈延，孙权没有同意。嘉禾三年，诸葛恪兼任丹杨太守，讨伐平定了山越，孙权就任命陈表兼任新安都尉，与诸葛恪形成掎角之势。当初，陈表被赏赐的免除徭役的人共二百家，都在会稽新安。陈表查看以后，认为这些人都可充兵，就上书推让赏赐，要求把这些人交还官府，来补充精兵。孙权下诏书说："前将军陈武有功于国，国家以此报答他，您怎能推辞呢？"陈表说："现在，要消灭敌人，报父亲之仇，要有人才行。让这些有勇之人充当奴仆，不是我愿意看到的啊！"就主动挑选士兵充实军营。地方上将此事上报，孙权很欣赏他的做法，下令给会稽郡及新安县，要求在户民中选择体弱者补齐赐给陈表人口的缺额。陈表在

董袭字元代，会稽余姚人，长八尺，武力过人。孙策入郡，袭迎于高迁亭，策见而伟之，到署门下贼曹。时山阴宿贼黄龙罗、周勃聚党数千人，策自出讨，袭身斩罗、勃首，还拜别部司马，授兵数千，迁扬武都尉。从策攻皖，又讨刘勋于浔阳，伐黄祖于江夏。

策薨，权年少，初统事，太妃忧之，引见张昭及袭等，问江东可保安否，袭对曰："江东地势，有山川之固，而讨逆明府，恩德在民。讨虏承基，大小用命，张昭秉众事，袭等为爪牙，此地利人和之时也，万无所忧。"众皆壮其言。

鄱阳贼彭虎等众数万人，袭与凌统、步骘、蒋钦各别分讨。袭所向辄破，虎等望见旌旗，便散走，旬日尽平，拜威越校尉，迁偏将军。

建安十三年，权讨黄祖。祖横两蒙冲挟守沔口，以栟闾大绁系石为矴，上有千人，以弩交射，飞矢雨下，军不得前。袭与凌统俱为前部，各将敢死百人，人被两铠，乘大舸船，突入蒙冲里。袭身以刀断两绁，蒙冲乃横流，大兵遂进。祖便开门走，兵追斩之。明日大

任三年，想办法招来未入籍的山越人，招到兵士一万多人。在陈表即将离开新安的时候，正遇上鄱阳郡吴遽等叛乱，攻陷鄱阳城，其他属县也动荡不安。陈表便率军越过郡界到鄱阳平叛，吴遽被打败投降。陆逊任命陈表为偏将军，又升为都乡侯，驻扎在新安北面的章阬。三十四岁去世。陈表的家财都用于供养士人，死的时候，他妻子儿女连住处都没有，太子孙登为他们建起了屋宅。陈表之子陈敖十七岁的时候，任别部司马，率兵四百人。陈敖去世，陈修的儿子陈延任别部司马替代陈敖。陈延之弟陈永，为将军，封侯。当初，施明感激陈表，自觉改恶向善，终成为一名勇敢的将领，官至将军。

董袭字元代，是会稽郡余姚县人，他身长八尺，武力超过常人。孙策进入会稽郡，董袭在高迁亭迎接，孙策见他身材魁伟，就委派他担任门下贼曹。当时山阴县惯贼黄龙罗、周勃聚集党徒几千人，孙策亲自出讨，董袭亲手砍下黄龙罗、周勃的头，回郡后被任命为别部司马，孙策交给他几千个士兵，又提升他为扬武都尉。董袭跟随孙策进攻皖县，又到浔阳征讨刘勋，到江夏攻打黄祖。

孙策死了以后，孙权年轻，刚刚统理大事，太妃感到很担心，便引见张昭及董袭等人，询问江东能否保持安全，董袭回答说："江东的地理形势有险固的山河，而讨逆将军又是贤明太守，在百姓中广有恩德，讨虏将军继承基业，大小官员都听命效力，张昭执掌各项事务，我等为战将，这正是地利人和都具备的时候，绝对没有值得太妃担心忧虑的事。"大家都认为他说的话实在、有气魄。

贼寇彭虎等人聚集了几万人，董袭和凌统、步骘、蒋钦等将领分别率军征讨。董袭所到的地方即被攻破，彭虎等人望见董袭军队的旌旗，就四散逃走，十天就全部平定，董袭被授予威越校尉，提升为偏将军。

建安十三年，孙权讨伐黄祖，黄祖派遣了两艘艨艟战舰横断河面从左右两旁锁住沔口，并且用棕榈大绳拴住大石墩将船拴住，船上安排箭手千人，用强弩交错发射，利箭如雨，孙权的水军根本无法前进。董袭与凌统都是前锋，他们各带一百敢死士，每人身披双层铠甲，乘坐大船，冲入艨艟战舰构成的封锁线以内。董袭亲手挥刀砍断

会，权举觞属袭曰："今日之会，断绁之功也。"

曹公出濡须，袭从权赴之，使袭督五楼船住濡须口。夜卒暴风，五楼船倾覆，左右散走舸，乞使袭出。袭怒曰："受将军任，在此备贼，何等委去也，敢复言此者斩！"于是莫敢干。其夜船败，袭死。权改服临殡，供给甚厚。

甘宁字兴霸，巴郡临江人也。少有气力，好游侠，招合轻薄少年，为之渠帅；群聚相随，挟持弓弩，负毦带铃，民闻铃声，即知是宁。人与相逢，及属城长吏，接待隆厚者乃与交欢；不尔，即放所将夺其资货，于长吏界中有所贼害，作其发负，至二十余年。止不攻劫，颇读诸子，乃往依刘表，因居南阳，不见进用，后转托黄祖，祖又以凡人蓄之。

于是归吴。周瑜、吕蒙皆共荐达，孙权加异，同于旧臣。宁陈计曰："今汉祚日微，曹操弥憍，终为篡盗。南荆之地，山陵形便，江川流通，诚是国之西势也。宁已观刘表，虑既不远，儿子又劣，非能承业传基者也。至尊当早规之，不可后操。图之之计，宜先取黄祖。祖今年老，昏耄已甚，财谷并乏，左右欺弄，务于货利，侵求吏士，吏士心怨，舟船战具，顿废不修，怠于耕农，军无法伍。至尊今往，其破可必。一破祖军，鼓行而西，西据楚关，大势弥广，即可渐规巴蜀。"权深纳之。张昭时在坐，难曰："吴下业业，若军果行，恐必致乱。"宁谓昭曰："国家以萧何之任付君，君居守而忧乱，奚以希慕古人乎？"权举酒属宁曰："兴霸，今年行讨，如此酒矣，决以付卿。卿但当勉建方略，令必克祖，则卿之功，何嫌张长史之言乎。"权遂

两根大绳，艨艟战舰于是打横漂流，孙权的大军得以向前推进。黄祖打开城门逃走，吴兵追上去斩了他。第二天举行盛大宴会，孙权举杯对董袭说："今日的盛会，是得益于你的断绳之功。"

曹操出兵进击濡须，董袭跟随孙权赶到迎敌，孙权让董袭统领五楼船驻守濡须口。夜里突起暴风。五楼船侧翻，士兵们都四散逃到了小船上，他们请求董袭从战舰里出来。董袭发怒说："我接受将军重任，在这里防备贼军，凭什么理由弃船而去，敢有再劝我离船的人斩首！"于是没有人敢于违令劝说。这一夜战舰沉没，董袭殉职。孙权换上丧服参加董袭的丧礼，供给治丧财物十分丰厚。

甘宁，字兴霸，他是巴郡临江县人。甘宁小时候很有力气，喜欢行侠仗义，聚集轻浮少年，自己当他们的首领。他们成群结队，拿着弓弩，戴着鸟毛，系着铃铛，民众听见铃声，就知道是甘宁。人们与甘宁相逢的，即使是地方官吏，只要接待他热情优厚的，甘宁才和他欢谈；不然，就让伙伴抢夺他的资财，官吏中也有被甘宁等人所害的，令官吏们失职负罪。甘宁这样过了二十多年，才不再抢劫，也开始读点诸子百家的书，便前往依附刘表，因而住在南阳，因为不被任用，后来改为投奔黄祖，黄祖又像对待平常人一样对待他。

就这样，甘宁又投奔东吴。周瑜、吕蒙都举荐甘宁，孙权给予他超出一般的待遇，像对旧臣一样。甘宁献计说："如今，汉运一天天衰微，曹操却越来越骄横，终将篡夺帝位。荆州地势便利，水路通畅，实在是我国西面的好地方。刘表思虑短浅，儿子无能，不是继承基业之人。主公您当及早谋取荆州，不可让曹操占先。谋取荆州，当先攻黄祖。黄祖今已年老，昏聩至极，钱粮都很匮乏，身边之人欺诈弄权，贪财盘剥，吏卒都心怀怨恨，战船武器损坏也不加修整，农耕松散，军兵毫无法纪。主公如果能前去，必能取胜。一旦打败黄祖，便可大张旗鼓向西挺进，占据西面的楚关，我们的声势就更加壮大，就能逐步谋取巴蜀。"孙权深表赞同并采纳了他的计划。当时张昭在座，反驳说："现在，吴县一带人心不稳，如果前去攻打黄祖，我担心会有祸乱发生。"甘宁对张昭说："主公把萧何那样的重任托付给您，留守后方却担心会出乱子，怎么能说是仰慕古人呢？"孙权举杯

西，果禽祖，尽获其士众。遂授宁兵，屯当口。

后随周瑜拒破曹公于乌林。攻曹仁于南郡，未拔，宁建计先径进取夷陵，往即得其城，因入守之。时手下有数百兵，并所新得，仅满千人。曹仁乃令五六千人围宁。宁受攻累日，敌设高楼，雨射城中，士众皆惧，惟宁谈笑自若。遣使报瑜，瑜用吕蒙计，帅诸将解围。后随鲁肃镇益阳，拒关羽。羽号有三万人，自择选锐士五千人，投县上流十余里浅濑，云欲夜涉渡。肃与诸将议。宁时有三百兵，乃曰："可复以五百人益吾，吾往对之，保羽闻吾咳唾，不敢涉水，涉水即是吾禽。"肃便选千兵益宁，宁乃夜往。羽闻之，住不渡，而结柴营，今遂名此处为关羽濑。权嘉宁功，拜西陵太守，领阳新、下雉两县。

后从攻皖，为升城督。宁手持练，身缘城，为吏士先，卒破获朱光。计功，吕蒙为最，宁次之，拜折冲将军。

后曹公出濡须，宁为前部督，受敕出斫敌前营。权特赐米酒众肴，宁乃料赐手下百余人食。食毕，宁先以银碗酌酒，自饮两碗，乃酌与其都督。都督伏，不肯时持。宁引白削置膝上，呵谓之曰："卿见知于至尊，孰与甘宁？甘宁尚不惜死，卿何以独惜死乎？"都督见宁色厉，即起拜持酒，通酌兵各一银碗。至二更时，衔枚出斫敌。敌惊动，遂退。宁益贵重，增兵二千人。

宁虽粗猛好杀，然开爽有计略，轻财敬士，能厚养健儿，健儿

劝甘宁说："兴霸，今年要讨伐黄祖，我以此酒为誓，将讨伐重任委托给你。你只要努力筹划进军谋略，打败黄祖，便是功劳，何必因张长史的话而生气呢？"孙权就率军西进，果然杀了黄祖，俘虏了他的人马。又授予甘宁兵众，屯驻在当口。

之后，甘宁又跟从周瑜在乌林击败曹操，在南郡却没有能够攻克曹仁。甘宁提出建议，先直取夷陵，他率军前往，便拿下了这座城池，入城驻守。此时，甘宁身边只有几百兵士，加上俘获的士卒，也刚满一千人。曹仁则带领五六千人围攻甘宁。甘宁连日受攻，曹军架设高楼，飞箭如雨般射进城中，兵士们都很害怕，唯独甘宁谈笑自如。甘宁派人将情况报告周瑜，周瑜用吕蒙的计谋，率众将给甘宁解了围。以后，甘宁又随鲁肃镇守益阳，抵抗关羽。关羽号称有三万人马，并且亲选精兵五千，在上游投物堵塞河流，造成十几里浅滩，扬言趁夜徒步过河。鲁肃与各将商议对策。当时，甘宁只有三百名士兵，他却说："再给我五百人，我去对付他，保证让关羽听到我的咳嗽声，就不敢过河，过河我就俘虏他。"鲁肃就挑选一千士兵增派给甘宁，甘宁就连夜前往。关羽听到这个消息，就停止了过河的行动，在岸上捆扎柴木为营。现在，这个地方仍然称"关羽濑"。孙权嘉奖甘宁的功劳，任命他为西陵太守，统领阳新、下雉两县。

后来，甘宁随孙权进攻皖城，任升城督。甘宁以白绢为绳索，亲自攀登城墙，身先士卒终于攻下皖城，活捉了曹军守将朱光。评论此战功劳，吕蒙第一，甘宁第二，甘宁被任为折冲将军。

曹操出兵濡须，甘宁为前部督，受命出击杀敌前锋。孙权专门赏赐了酒，由甘宁将这些酒菜分赐手下一百多人吃。吃完以后，甘宁用银碗斟酒，自己先喝了两碗，又斟酒给他的都督。都督伏身，不肯马上接酒。甘宁抽出短刀放在膝上，呵斥都督说："你被主公信任，和我相比怎么样？我尚且不惜生命，你怎么偏偏怕死呢？"都督见甘宁满脸怒气，马上起身端酒拜谢，并给兵士们都斟上一银碗酒。二更时分，众兵口衔竹枚，突袭敌营。敌人惊骇动摇，败退而走。甘宁的地位更加显贵，孙权又给他增加了二千兵马。

甘宁虽然粗鲁凶猛喜欢杀戮，却也豁达爽朗胸藏韬略，轻视钱

亦乐为用命。建安二十年，从攻合肥，会疫疾，军旅皆已引出，唯车下虎士千余人，并吕蒙、蒋钦、凌统及宁，从权逍遥津北。张辽觇望知之，即将步骑奄至。宁引弓射敌，与统等死战。宁厉声问鼓吹何以不作，壮气毅然，权尤嘉之。

宁厨下儿曾有过，走投吕蒙。蒙恐宁杀之，故不即还。后宁赍礼礼蒙母，临当与升堂，乃出厨下儿还宁。宁许蒙不杀。斯须还船，缚置桑树，自挽弓射杀之。毕，敕船人更增舸缆，解衣卧船中。蒙大怒，击鼓会兵，欲就船攻宁。宁闻之，故卧不起。蒙母徒跣出谏蒙曰："至尊待汝如骨肉，属汝以大事，何有以私怒而欲攻杀甘宁？宁死之日，纵至尊不问，汝是为臣下非法。"蒙素至孝，闻母言，即豁然意释，自至宁船，笑呼之曰："兴霸，老母待卿食，急上！"宁涕泣歔欷曰："负卿。"与蒙俱还见母，欢宴竟日。

宁卒，权痛惜之。子瓌，以罪徙会稽，无几死。

凌统字公绩，吴郡余杭人也。父操，轻侠有胆气，孙策初兴，每从征伐，常冠军履锋。守永平长，平治山越，奸猾敛手，迁破贼校尉。及权统事，从讨江夏。入夏口，先登，破其前锋，轻舟独进，中流矢死。

统年十五，左右多称述者，权亦以操死国事，拜统别部司马，

财，敬重士人，能以优厚的待遇供养勇士，勇士们也都愿意为他效命。建安二十年，甘宁跟随孙权进攻合肥，正逢疾病流行，军队都已全面撤离，只剩车下虎士一千多人，还有吕蒙、蒋钦、凌统及甘宁，跟随孙权还在逍遥津的北边。魏将张辽通过侦察得知这一情况，当即率步、骑兵突然杀到。甘宁弯弓射敌，与凌统等人拼死格斗。刀光剑影中甘宁还厉声喝问乐队为何不演奏起来，豪迈雄壮的气概显得极为坚定果断，孙权尤为嘉许。

甘宁厨房中一个童仆曾经犯了错误，走来投奔吕蒙。吕蒙担心甘宁把童仆杀了，所以没有及时送回。后来甘宁带着礼物来拜见吕蒙的母亲，当甘宁按规矩要登上厅堂对吕蒙母亲行拜见之礼的时候，吕蒙才叫出那个童仆还给甘宁。甘宁向吕蒙承诺说不杀。过了一会儿回到船上，甘宁却将那童仆绑在桑树上，亲自挽弓搭箭将他射死。完事以后，甘宁命令船上人再增加几根船缆，自己脱下衣服躺在船上。吕蒙大怒，擂鼓集合士兵，要上船攻杀甘宁。甘宁听说这些后，故意躺着不起身。吕蒙的母亲光着脚出来劝阻吕蒙说："主上待你如同骨肉，把军国大事托付给你，哪里有因为私怨就想攻杀甘宁的道理？甘宁死去的时候，纵然主上不加责问，你作为臣下这么去做也还是违反法律的。"吕蒙一向最是孝顺，听了母亲的话，当即豁然消除了对甘宁的恨意，他亲自来到甘宁船上，笑着招呼甘宁说："兴霸，老母正等您吃饭，快点上来！"甘宁痛哭流涕感叹说："我对不起您。"就跟着吕蒙一起回去见吕蒙的母亲，十分欢畅地宴饮了一整天。

甘宁去世，孙权心痛惋惜他。甘宁的儿子甘瓌，因罪流放会稽，没过多久便死了。

凌统，字公绩，他是吴郡余杭县人。父亲叫作凌操，轻浮任侠，颇有胆量。孙策初兴起时，凌操每跟从征伐，常常冲锋在前，出入刀锋之间。凌操任永平县长，平定治理好了山越人，使奸诈狡猾之人都不敢妄为，升任破贼校尉。等到孙权统领军队，凌操随从孙权去讨伐江夏，进入夏口，率先登岸，打败了敌人的前锋，乘快船独自接近敌军，中飞箭而死。

凌统十五岁时，孙权身边的人很多都称赞他，孙权也由于凌操

行破贼都尉，使摄父兵。后从击山贼，权破保屯先还，余麻屯万人，统与督张异等留攻围之，克日当攻。先期，统与督陈勤会饮酒，勤刚勇任气，因督祭酒，陵轹一坐，举罚不以其道。统疾其侮慢，面折不为用。勤怒詈统，及其父操，统流涕不答，众因罢出。勤乘酒凶悖，又于道路辱统。统不忍，引刀斫勤，数日乃死。及当攻屯，统曰："非死无以谢罪。"乃率厉士卒，身当矢石，所攻一面，应时披坏，诸将乘胜，遂大破之。还，自拘于军正。权壮其果毅，使得以功赎罪。

后权复征江夏，统为前锋，与所厚健儿数十人共乘一船，常去大兵数十里。行入右江，斩黄祖将张硕，尽获船人。还以白权，引军兼道，水陆并集。时吕蒙败其水军，而统先搏其城，于是大获。权以统为承烈都尉，与周瑜等拒破曹公于乌林，遂攻曹仁，迁为校尉。虽在军旅，亲贤接士，轻财重义，有国士之风。

又从破皖，拜荡寇中郎将，领沛相。与吕蒙等西取三郡，反自益阳，从往合肥，为右部督。时权撤军，前部已发，魏将张辽等奄至津北。权使追还前兵，兵去已远，势不相及，统率亲近三百人陷围，扶捍权出。敌已毁桥，桥之属者两版，权策马驱驰，统复还战，左右尽死，身亦被创，所杀数十人，度权已免，乃还。桥败路绝，统被甲潜行。权既御船，见之惊喜。统痛亲近无反者，悲不自胜。权引袂拭之，谓曰："公绩，亡者已矣，苟使卿在，何患无人？"拜偏将军，倍给本兵。

为国牺牲，让凌统做了别部司马、破贼都尉，让他统领凌操的士兵。后来，凌统随孙权攻击山贼，孙权攻破保屯先回军，剩下麻屯一万人。凌统和都督张异等留下围攻，约定日期进攻。之前，凌统与都督陈勤聚会饮酒，陈勤刚强勇猛、纵任意气，趁在飨宴时指挥饮酒的时候，欺压在座的人，罚酒也不按规矩，凌统讨厌他对人轻忽傲慢，当面指责陈勤，不买他的账。陈勤发怒骂凌统和凌统的父亲凌操，凌统流泪不答，众人罢席离开。陈勤乘着酒醉凶暴悖逆，又在道路上辱骂凌统。凌统不能再忍，拔刀砍了陈勤，几天以后陈勤就死了。到了进攻麻屯的日子，凌统说："非死不能赎罪。"于是率领督促士兵，身冒箭石进攻，他所攻打的一面，立时被打败，众将乘胜前进，便大败敌军。回来之后，凌统到军中执法官那里拘囚自己。孙权赞叹他的果敢勇毅，让他得以将功赎罪。

之后，孙权再次讨伐江夏，凌统任前锋，和他平日厚待而善战的士兵几十人共乘一条船，常离开大军几十里。船进入右江，斩杀了黄祖的将领张硕，俘获船上的全部敌人。凌统回来向孙权汇报情况，孙权领军日夜兼行，水陆并发。当时，吕蒙已打败了黄祖的水军，凌统又率先攻占了江夏城，吴军大获全胜。孙权任命凌统为承烈都尉。凌统与周瑜等在乌林击败曹操，又进攻曹仁，升为校尉。凌统虽在军中，但亲近贤士，轻钱财，讲求义气，有国士风范。

凌统又追随孙权攻破皖县，被任为荡寇中郎将，兼沛国相。凌统与吕蒙等向西夺取长沙、零陵、桂阳三郡，由益阳返回后，随孙权出征合肥，任右部督。当时孙权撤军，前部已经出发，魏将张辽等突然来到逍遥津北。孙权派人要追回前部兵马，但是距离已远，赶不及回援。凌统就率领亲信士兵三百人于重围中保护孙权冲了出去。魏军已把桥梁毁坏，只有连接两岸的桥木还有两块木板。孙权策马冲过去，凌统又返身与敌交战。他手下的人全都战死，自己也身受创伤，而他却杀死了几十个曹兵。凌统估计孙权已经脱身，才退了回来。但是桥梁已彻底毁坏，道路断绝，凌统便顶着铠甲在水中潜行。孙权上船后，见到凌统惊喜不已。凌统因亲信部下没一个回来而悲痛得难以自制。孙权举起衣袖为他揩泪，说："公绩啊，死去的人已不能再

时有荐同郡盛暹于权者，以为梗概大节，有过于统，权曰："且令如统足矣。"后召暹夜至，时统已卧，闻之，摄衣出门，执其手以入。其爱善不害如此。

统以山中人尚多壮悍，可以威恩诱也，权令东占且讨之，命敕属城，凡统所求，皆先给后闻。统素爱士，士亦慕焉。得精兵万余人，过本县，步入寺门，见长吏怀三版，恭敬尽礼，亲旧故人，恩意益隆。事毕当出，会病卒，时年四十九。权闻之，拊床起坐，哀不能自止，数日减膳，言及流涕，使张承为作铭诔。

二子烈、封，年各数岁，权内养于宫，爱待与诸子同，宾客进见，呼示之曰："此吾虎子也。"及八九岁，令葛光教之读书，十日一令乘马。追录统功，封烈亭侯，还其故兵。后烈有罪免，封复袭爵领兵。

徐盛字文向，琅玡莒人也。遭乱，客居吴，以勇气闻。孙权统事，以为别部司马，授兵五百人，守柴桑长，拒黄祖。祖子射，尝率数千人下攻盛。盛时吏士不满二百，与相拒击，伤射吏士千余人。已乃开门出战，大破之。射遂绝迹不复为寇。权以为校尉、芜湖令。复讨临城南阿山贼有功，徙中郎将，督校兵。

曹公出濡须，从权御之。魏尝大出横江，盛与诸将俱赴讨。时

活，只要有你在，还担心没有兵士吗？”孙权任命他为偏将军，加倍配给他士兵。

那时有人向孙权推荐凌统的同乡盛暹，说这人慷慨大度，甚至超过凌统。孙权说：“只要他像凌统那样，也就够了。”后来，凌统邀请盛暹，盛暹在夜间到达，此时，凌统已经睡下了，听说盛暹来了，忙提着衣服出门迎接，拉着盛暹的手把他让进室内。凌统就是这样喜欢与有本领的人交往，毫无忌妒之心。

凌统认为山里还有很多强壮剽悍之人，可以用声威与恩泽诱导他们，孙权便命令他到东部各县去招募乃至征讨，又命令各所属城镇官员，凡是凌统所需求的一切，都先供给再上报。凌统向来爱护官兵，官兵也都仰慕他。凌统募得精兵一万多人，经过老家所在县，步行进入官府大门，见了县吏执版三拜，恭恭敬敬，礼节周到，对亲戚朋友，情意更加深厚。凌统事情办完将要离开的时候，不幸因病去世，时年四十九岁。孙权得到噩耗，捶床坐起，哀痛不能自止，几天都很少吃饭，一说到凌统就泪流满面，还让张承写了记述凌统经历和功德的文章。

凌统的两个儿子凌烈、凌封，年龄都才几岁，孙权将他们收养在宫中，爱护相待就如同自己的几个儿子一样，每当宾客进见，便把他两人叫出来给客人看，说：“这是我的两个虎子。”到了他们八九岁的时候，孙权让葛光教他们读书，每十天让他们骑一次马，孙权追记凌统的战功，封凌烈为亭侯，把他父亲的原班人马给他。后来凌烈有罪被免除封爵官职，凌封又继承爵位并统领部队。

徐盛，字文向，他是琅琊莒县人。因为时势动荡，寄居吴郡，以勇气闻名。孙权执掌朝政，任命他为别部司马，授予兵员五百人，属理柴桑县长职务，抗拒黄祖。黄祖的儿子黄射曾率几千人来攻打徐盛。当时，徐盛手下将士不足二百人，与黄射相抗。杀伤黄射兵将一千多人。又打开城门出击，大败黄射，黄射从此匿迹，不敢再犯。孙权任徐盛为校尉和芜湖县令，又讨伐临城南山中的山越贼寇，立下战功，升中郎将，督领校兵。

曹操攻打濡须，徐盛随孙权前往抵御。魏军曾向横江进犯，徐

乘蒙冲，遇迅风，船落敌岸下，诸将恐惧，未有出者，盛独将兵，上突斫敌，敌披退走，有所伤杀，风止便还，权大壮之。

及权为魏称藩，魏使邢贞拜权为吴王。权出都亭候贞，贞有骄色，张昭既怒，而盛忿愤，顾谓同列曰："盛等不能奋身出命，为国家并许洛，吞巴蜀，而令吾君与贞盟，不亦辱乎！"因涕泣横流。贞闻之，谓其旅曰："江东将相如此，非久下人者也。"

后迁建武将军，封都亭侯，领庐江太守，赐临城县为奉邑。刘备次西陵，盛攻取诸屯，所向有功。曹休出洞口，盛与吕范、全琮渡江拒守。遭大风，船人多丧，盛收余兵，与休夹江。休使兵将就船攻盛，盛以少御多，敌不能克，各引军退。迁安东将军，封芜湖侯。

后魏文帝大出，有渡江之志，盛建计从建业筑围，作薄落，围上设假楼，江中浮船。诸将以为无益，盛不听，固立之。文帝到广陵，望围愕然，弥漫数百里，而江水盛长，便引军退。诸将乃伏。

黄武中卒。子楷，袭爵领兵。

潘璋字文珪，东郡发干人也。孙权为阳羡长，始往随权。性博荡嗜酒，居贫，好赊酤，债家至门，辄言后豪富相还。权奇爱之，因使招募，得百余人，遂以为将。讨山贼有功，署别部司马。后为吴大市刺奸，盗贼断绝，由是知名，迁豫章西安长。刘表在荆州，民数被寇，自璋在事，寇不入境。比县建昌起为贼乱，转领建昌，加武猛

盛与众将都率部防御。当时，众将乘坐大型战船，遇到暴风，船只被刮到敌方据守的岸边，众将恐惧，没人敢率兵下船作战，只有徐盛率部登上江岸冲击，敌军抵挡不住而败退，徐盛有所斩获，暴风停止以后，便回到船上。孙权认为，徐盛的行为真是壮举。

孙权向魏称臣，魏国派使者邢贞封孙权为吴王。孙权出城在都亭迎候，邢贞面有骄色，张昭已怒，徐盛也愤愤地回头对同僚说：“我等不能舍身为国兼并许昌、洛阳，吞并巴、蜀，却让我主和邢贞订立盟约，这太耻辱了！”由是徐盛泪流满面。邢贞听说以后，对随行人员说：“江东有这样的将相，是不会久居人下的。”

徐盛之后升任建武将军，加封都亭侯，兼任庐江太守，孙权赏赐给徐盛临城县作为奉邑。刘备率大军前来进攻驻扎在西陵，徐盛攻占蜀军多个军营，所到之处都立有战功。魏将曹休率军进攻洞口浦，徐盛与吕范、全琮率军渡过长江防御。在江中遇到大风，船只与人都有很大损失，徐盛收拢余下的部队，与曹休夹江对峙。曹休让部下乘船向徐盛所部进攻，徐盛以少数兵力抵御曹军多数兵力，曹军不能获胜，各自退军。徐盛升任安东将军，封芜湖侯。

后来魏文帝亲自率军向吴国大举进攻，有渡江的意图，徐盛提出计策，从建业沿江南岸修筑防护墙围，做简单的防御工事，围上建造假楼，在长江上设流动战船。众将领认为这样做没有什么意义，徐盛不顾众将领的阻挠，坚持按自己的计策行事。魏文帝到达广陵，望见对岸的防护墙在迷蒙中绵延数百里，惊愕不已，加上当时江水猛涨，于是撤军而回。众将领这才佩服徐盛的计谋。

黄武年间，徐盛去世。徐盛的儿子徐楷继承了爵位，并统领徐盛的军队。

潘璋，字文珪，他是东郡发干人。孙权担当阳羡县长时，潘璋就追随孙权。潘璋生性桀骜不羁，酷爱喝酒，虽家贫，却仍赊账买酒，讨债的人上门，潘璋就说以后大富了再还。孙权觉得他很奇特而喜欢他，并派他去招募士兵，招到一百多人，于是就让他当将领。潘璋因讨伐山贼有功，代理别部司马。后来任吴县大市场的刺奸，负责纠举违法，从此市中没有了盗贼，潘璋也因此闻名，升任豫章郡西安县长。

校尉，讨治恶民，旬月尽平，召合遗散，得八百人，将还建业。

合肥之役，张辽奄至，诸将不备，陈武斗死，宋谦、徐盛皆披走，璋身次在后，便驰进，横马斩谦、盛兵走者二人，兵皆还战。权甚壮之，拜偏将军，遂领百校，屯半州。

权征关羽，璋与朱然断羽走道，到临沮，住夹石。璋部下司马马忠禽羽，并羽子平、都督赵累等。权即分宜都巫、秭归二县为固陵郡，拜璋为太守、振威将军，封溧阳侯。甘宁卒，又并其军。刘备出夷陵，璋与陆逊并力拒之，璋部下斩备护军冯习等，所杀伤甚众，拜平北将军、襄阳太守。

魏将夏侯尚等围南郡，分前部三万人作浮桥，渡百里洲上，诸葛瑾、杨粲并会兵赴救，未知所出，而魏兵日渡不绝。璋曰："魏势始盛，江水又浅，未可与战。"便将所领，到魏上流五十里，伐苇数百万束，缚作大筏，欲顺流放火，烧败浮桥。作筏适毕，伺水长当下，尚便引退。璋下备陆口。权称尊号，拜右将军。

璋为人粗猛，禁令肃然，好立功业，所领兵马不过数千，而其所在常如万人。征伐止顿，便立军市，他军所无，皆仰取足。然性奢泰，末年弥甚，服物僭拟。吏兵富者，或杀取其财物，数不奉法。监司举奏，权惜其功而辄原不问。嘉禾三年卒。子平，以无行徙会稽。璋妻居建业，赐田宅，复客五十家。

当时，刘表在荆州，多次侵扰东吴边境，自潘璋任县长以后，敌人再不敢进入西安地界。西安邻县建昌有强盗扰乱百姓，潘璋又转任建昌县令，加武猛校尉，征讨那里的恶徒，只十多天就将其平定，他招募逃散的反贼为兵，得到八百人，带领他们回到建业。

合肥之战，魏将张辽突然杀到，众将没有防备，陈武战死，宋谦、徐盛全都战败，潘璋位置本来在后，这时，便驱马前进，横过马头，斩了宋谦、徐盛军中的两个逃跑者，士兵又都回头迎战。孙权称赞他的壮勇，任命他为偏将军，于是，潘璋带领百校部，屯兵半州。

孙权讨伐关羽，潘璋和朱然堵截关羽的去路。他带领兵士到临沮，驻守夹石。部下司马马忠擒获了关羽，同时，又擒获了关羽的儿子关平、都督赵累等人。孙权就划分宜都郡的巫县、秭归两县为固陵郡，任命潘璋为太守、振威将军，封溧阳侯。甘宁去世后，又把甘宁的兵士合并给他。刘备进攻夷陵，潘璋与陆逊合力抗拒，潘璋的部下斩杀了刘备的护军冯习等人，杀敌众多。潘璋又被任命为平北将军、襄阳太守。

魏将夏侯尚等围攻南郡，派出前部三万人架设浮桥，渡江到百里洲上，诸葛瑾、杨粲等汇集人马赶去救援，但不知由哪里出击，而魏兵却仍然每日不停地渡江。潘璋说："魏兵势盛，江水又浅，不可与之交战。"便率部到魏军上游五十里处，砍伐芦苇几百万捆，扎成大筏，计划顺流放火，烧毁浮桥。大筏已扎完，单等江水上涨就放下去，而此时夏侯尚率军撤退了。潘璋顺流而下防守陆口。孙权称帝，任命潘璋为右将军。

潘璋鲁莽勇猛，军令严明，喜欢建功立业，带着的人马不过几千人，但所到之处，常像有一万人马。征战驻扎时，便设立军中市场，其他军营没有的东西，在他的军中市场就能得到补给。但潘璋却挥霍无度，晚年更甚，穿用都与位高者攀比，超越了本分。有钱的将士，有的就被他杀死夺走了财物，多次不遵奉法令。有司弹劾并奏请处理，孙权爱惜他的功劳，总是原谅他，不予追究。嘉禾三年，潘璋去世。儿子潘平因品行恶劣被流放会稽。潘璋的妻子住在建业，孙权赐给她田地住宅和免除赋税的五十家佃户。

丁奉字承渊，庐江安丰人也。少以骁勇为小将，属甘宁、陆逊、潘璋等。数随征伐，战斗常冠军。每斩将搴旗，身被创夷。稍迁偏将军。孙亮即位，为冠军将军，封都亭侯。

魏遣诸葛诞、胡遵等攻东兴，诸葛恪率军拒之。诸将皆曰：“敌闻太傅自来，上岸必遁走。”奉独曰：“不然。彼动其境内，悉许、洛兵大举而来，必有成规，岂虚还哉？无恃敌之不至，恃吾有以胜之。”及恪上岸，奉与将军唐咨、吕据、留赞等，俱从山西上。奉曰：“今诸军行迟，若敌据便地，则难与争锋矣。”乃辟诸军使下道，帅麾下三千人径进。时北风，奉举帆二日至，遂据徐塘。天寒雪，敌诸将置酒高会，奉见其前部兵少，相谓曰：“取封侯爵赏，正在今日！”乃使兵解铠著胄，持短兵。敌人从而笑焉，不为设备。奉纵兵斫之，大破敌前屯。会据等至，魏军遂溃。迁灭寇将军，晋封都乡侯。

魏将文钦来降，以奉为虎威将军，从孙峻至寿春迎之，与敌追军战于高亭。奉跨马持矛，突入其陈中，斩首数百，获其军器。晋封安丰侯。

太平二年，魏大将军诸葛诞据寿春来降，魏人围之。遣朱异、唐咨等往救，复使奉与黎斐解围。奉为先登，屯于黎浆，力战有功，拜左将军。

孙休即位，与张布谋，欲诛孙綝，布曰：“丁奉虽不能吏书，而计略过人，能断大事。”休召奉告曰：“綝秉国威，将行不轨，欲与将军诛之。”奉曰：“丞相兄弟友党甚盛，恐人心不同，不可卒制，可因腊会，有陛下兵以诛之也。”休纳其计，因会请綝，奉与张布目

丁奉，字承渊，他是庐江郡安丰县人。丁奉小时候因骁勇做了小将，隶属于甘宁、陆逊、潘璋等人。丁奉多次随军征伐，作战时常常冲在最前面。每每斩将夺旗，身受创伤。逐渐升为偏将军。孙亮即位后，任命丁奉为冠军将军，封为都亭侯。

魏国派遣诸葛诞、胡遵等人攻击东兴，诸葛恪带领军队抵御。将士们都说："敌人听说太傅亲自前来，我军上岸后他们必定逃走。"只有丁奉说："不对。魏国动员了全国的力量，调集许昌、洛阳的全部军队大举前来，一定有完整成熟的计划，难道肯空手而回吗？不要依赖敌人的不来，而要靠我们有办法战胜他们。"等诸葛恪上了岸，丁奉与将军唐咨、吕据、留赞等人，都从山的西面前进。丁奉说："如今各军行动迟缓，倘若敌人占据有利地势，就难于与他们争胜负了。"丁奉下令让其他各军下船走陆路，他自己则率所部三千人径直前进。当时正刮北风，丁奉扬帆两天就到达了目的地，就占据徐塘。天寒降雪，敌军诸将正摆酒举行盛宴，丁奉发现敌人先头部队人数偏少，就对部下们说："获取封侯爵位和赏赐，正在今日！"就让士兵脱下铠甲，戴上头盔，手持短兵器。敌人因而嘲笑，对此不做防备。丁奉挥兵肆意砍杀，大败敌人的先头部队。正好在此时吕据等人赶到，魏军于是溃败。吴国皇帝提拔丁奉为灭寇将军，晋封为都乡侯。

魏将文钦前来归降，朝廷让丁奉做了虎威将军，随孙峻到寿春迎接，与曹魏追兵在高亭相遇。丁奉骑马持矛，冲进敌阵，杀敌数百人，缴获兵器物品。晋封安丰侯。

太平二年，魏国大将军诸葛诞献寿春城投降，魏国派兵来围攻他。朝廷派朱异、唐咨等人前去救援，又派丁奉和黎斐同去。丁奉为先锋，驻扎在黎浆。由于他奋战有功，被任命为左将军。

孙休登上帝位，与张布密谋，想诛杀孙綝。张布说："丁奉虽不懂文事，但胆识过人，能断大事。"孙休召见丁奉，告诉他说："孙綝把持朝政，图谋不轨，我想与将军一起诛杀他。"丁奉说："丞相的兄弟朋党很多，怕人心不齐，不能立即将他们制伏，可以利用腊祭聚会，由陛下的卫兵杀掉他们。"孙休采纳了他的计策，利用腊会之

左右斩之。迁大将军，加左右都护。永安三年，假节领徐州牧。六年，魏伐蜀，奉率诸军向寿春，为救蜀之势。蜀亡，军还。

休薨，奉与丞相濮阳兴等从万彧之言，共迎立孙晧，迁右大司马左军师。宝鼎三年，晧命奉与诸葛靓攻合肥。奉与晋大将石苞书，构而间之，苞以征还。建衡元年，奉复帅众治徐塘，因攻晋谷阳。谷阳民知之，引去，奉无所获。晧怒，斩奉导军。三年，卒。奉贵而有功，渐以骄矜，或有毁之者，晧追以前出军事，徙奉家于临川。奉弟封，官至后将军，先奉死。

评曰：凡此诸将，皆江表之虎臣，孙氏之所厚待也。以潘璋之不修，权能忘过记功，其保据东南，宜哉！陈表将家支庶，而与胄子名人比翼齐衡，拔萃出类，不亦美乎！

机，请孙綝进宫。丁奉和张布指挥士兵，将孙綝杀死。丁奉因此升任大将军，加左右都护。永安三年，假节，兼任徐州牧。永安六年，曹魏征伐蜀汉，丁奉率军向寿春进发，假装救援蜀汉。蜀汉灭亡，丁奉率军退回。

孙休去世，丁奉和丞相濮阳兴等接受万彧的话，一块儿迎孙晧为帝，丁奉升任右大司马左军师。宝鼎三年，孙晧命丁奉与诸葛靓攻打合肥。丁奉写信给西晋大将石苞，离间并陷害他，石苞因此被召回。建衡元年，丁奉再次统兵修治徐塘，趁机攻打谷阳。谷阳百姓得知以后，全都撤离，丁奉没有收获。孙晧因此恼怒，杀了丁奉军中的向导。建衡三年，丁奉去世。丁奉因显贵有战功，慢慢地也就骄傲起来，有人就说他的坏话，孙晧追究进攻谷阳无获之事，将丁奉家人流放到临川。丁奉弟丁封，官至后将军，死在丁奉之前。

评论说：以上所述各位将领，称得上是江南虎臣，是孙氏所优待的人。就连潘璋那样行为不检点的人，孙权也能不追究他的过失，而追赏他的功劳，使他能够成功地保有东南，是应该啊！陈表以将领的庶子身份，而能与皇室子弟和出身名门的人一样身处高位，成为优秀的人物，难道不是很美的事吗！

卷五十六　吴书十一

朱治朱然吕范朱桓传第十一

朱治字君理，丹杨故鄣人也。初为县吏，后察孝廉，州辟从事，随孙坚征伐。中平五年，拜司马，从讨长沙、零、桂等三郡贼周朝、苏马等，有功，坚表治行都尉。从破董卓于阳人，入洛阳。表治行督军校尉，特将步骑，东助徐州牧陶谦讨黄巾。

会坚薨，治扶翼策，依就袁术。后知术政德不立，乃劝策还平江东。时太傅马日磾在寿春，辟治为掾，迁吴郡都尉。是时吴景已在丹杨，而策为术攻庐江，于是刘繇恐为袁、孙所并，遂构嫌隙。而策家门尽在州下，治乃使人于曲阿迎太妃及权兄弟，所以供奉辅护，甚有恩纪。治从钱唐欲进到吴，吴郡太守许贡拒之于由拳，治与战，大破之。贡南就山贼严白虎，治遂入郡，领太守事。策既走刘繇，东定会稽。

权年十五，治举为孝廉。后策薨，治与张昭等共尊奉权。建安七年，权表治为吴郡太守，行扶义将军，割娄、由拳、无锡、毗陵为奉邑，置长吏。征讨夷越，佐定东南，禽截黄巾余类陈败、万秉等。黄武元年，封毗陵侯，领郡如故。二年，拜安国将军，金印紫绶，徙封故鄣。

权历位上将，及为吴王，治每进见，权常亲迎，执版交拜，飨宴赠赐，恩敬特隆，至从行吏，皆得奉贽私觌，其见异如此。

朱治，字君理，他是丹杨郡故鄣县人。朱治最初当县吏，后来被举荐为孝廉，州里征召他任从事，追随孙坚征战。中平五年，朱治任司马。跟从孙坚讨伐长沙、零陵、桂阳三郡的叛贼周朝、苏马等人，朱治有功，孙坚上表推荐朱治为代理都尉。朱治跟从孙坚在阳人打败了董卓，进入洛阳。孙坚上表推荐朱治任代理督军校尉，特别率领步骑兵，往东面帮助徐州牧陶谦讨伐黄巾军。

遇上孙坚去世，朱治扶助孙策，依靠袁术。后来朱治知道袁术不立政德，就劝孙策返回平定江东。当时太傅马日磾在寿春，征召朱治为掾吏，升为吴郡都尉。这时吴景已经在丹杨，而孙策为袁术攻打庐江，刘繇害怕被袁术和孙策所吞并，就与他们有嫌隙。而孙策的家人都在州内，朱治就派人在曲阿迎接太妃及孙权的兄弟，对他们供养保护，非常有恩德。朱治想从钱唐进入吴郡，吴郡太守许贡在由拳阻止，朱治与他交战，大败许贡。许贡南奔到山贼严白虎那里，朱治便入了郡，署理太守事务。孙策赶跑了刘繇，向东平定了会稽。

孙权十五岁时，朱治举荐他为孝廉。后来孙策死了，朱治和张昭等人共同辅佐孙权。汉建安七年，孙权任命朱治为吴郡太守，兼任扶义将军，分割娄县、由拳、无锡、毗陵作为朱治的食邑，由他自行安排地方官员。朱治出征讨伐山越人，帮助孙权平定了东南，擒拿截获了黄巾的残余陈败、万秉等人。黄武元年，朱治被封为毗陵侯，兼任郡守不变。黄武二年，朱治担任安国将军，被授予金印紫绶，改封地为故鄣。

孙权先做上将，再做了吴王，朱治每次进见，孙权经常亲自迎接，手持笏板，同时参拜，飨宴赠赐，对朱治的恩爱尊敬特别隆重，以至于朱治的随从官员，都能得到奉献礼品并以私事求见的机会。朱治就是如此被孙权特殊优待的。

初，权弟翊，性峭急，喜怒快意，治数责数，谕以道义。权从兄豫章太守贲，女为曹公子妇，及曹公破荆州，威震南土，贲畏惧，欲遣子入质。治闻之，求往见贲，为陈安危，贲由此遂止。

权常叹治忧勤王事。性俭约，虽在富贵，车服惟供事。权优异之，自令督军御史典属城文书，治领四县租税而已。然公族子弟及吴四姓多出仕郡，郡吏常以千数，治率数年一遣诣王府，所遣数百人，每岁时献御，权答报过厚。是时丹杨深地，颇有奸叛，亦以年向老，思恋土风，自表屯故鄣，镇抚山越。诸父老故人，莫不诣门，治皆引进，与共饮宴，乡党以为荣。在故鄣岁余，还吴。黄武三年卒，在郡三十一年，年六十九。

子才，素为校尉领兵，既嗣父爵，迁偏将军。才弟纪，权以策女妻之，亦以校尉领兵。纪弟纬、万岁，皆早夭。才子琬，袭爵为将，至镇西将军。

朱然字义封，治姊子也，本姓施氏。初治未有子，然年十三，乃启策乞以为嗣。策命丹杨郡以羊酒召然，然到吴，策优以礼贺。

然尝与权同学书，结恩爱。至权统事，以然为余姚长，时年十九。后迁山阴令，加折冲校尉，督五县。权奇其能，分丹杨为临川郡，然为太守，授兵二千人。会山贼盛起，然平讨，旬月而定。曹公出濡须，然备大坞及三关屯，拜偏将军。建安二十四年，从讨关羽，别与潘璋到临沮禽羽，迁昭武将军，封西安乡侯。

当初，孙权的弟弟孙翊，性情急躁，不管高兴还是恼怒，都只求心里痛快，朱治多次责备数落他，并用道义开导他。孙权的堂兄豫章太守孙贲，女儿是曹操的儿媳。到曹操攻破荆州、威震南方大地时，孙贲很害怕，打算把儿子送往曹操那里做人质。朱治听到这个消息，要求前去面见孙贲，陈说安危的利害关系。孙贲经朱治劝说，终于打消了这个念头。

孙权经常感叹朱治勤于国事的辛苦精神。朱治生性节俭，即使地位尊贵，车马服饰也只有公事时才使用。孙权对他特殊的优待，他却让督军御史给自己封地所属的城邑下达文书，只领四个县的租税。当时，皇族子弟以及吴郡四大姓在郡府做官的人很多，郡府官员常数以千计，朱治大约每隔几年就要派人到王府去，派遣的人有几百个。朱治每年四时都向孙权进献礼物，而孙权回赏的东西都要超过朱治所送的礼品。那时，丹杨郡的深山中，有很多亡叛之人，朱治也因将近老年，思恋家乡，从而上表请求屯驻故鄣，来镇抚山越。朱治回到故鄣，众乡亲、旧交，都来拜访，朱治一一接见，与他们一起宴饮，乡亲们都以此为荣。朱治回故鄣一年多后，又返回吴郡。黄武三年朱治去世，在吴郡任职三十一年，享年六十九岁。

朱治的儿子名叫朱才，以校尉之职领兵，承继父爵后，升任偏将军。孙权把孙策的女儿嫁给朱才的弟弟朱纪，也以校尉身份领兵。朱纪弟朱纬、朱万岁都早死。朱才的儿子朱琬，承继爵位任军职，官至镇西将军。

朱然，字义封，他是朱治姐姐的儿子，本姓施。起初，朱治没有儿子，朱然十三岁时，朱治向孙策请求过继朱然为嗣子。孙策命丹杨郡用羊和酒招来朱然，朱然到达吴郡，孙策送去厚礼以示祝贺。

朱然曾与孙权同窗，结下友谊。孙权执政，任朱然为余姚县长，那年，他才十九岁。后升任山阴县令，加授折冲校尉，督管五个县。孙权认为朱然有奇才，便分出丹杨郡的一部分设置临川郡，任命他为太守，授兵员两千人。时逢山贼叛乱，朱然率兵讨伐，一个月就平定了。曹操出兵濡须，朱然防守大坞和三关屯，升任偏将军。建安二十四年，朱然跟随大军征讨关羽，又与潘璋在临沮擒获了关羽，升任昭武

虎威将军吕蒙病笃，权问曰："卿如不起，谁可代者？"蒙对曰："朱然胆守有余，愚以为可任。"蒙卒，权假然节，镇江陵。黄武元年，刘备举兵攻宜都，然督五千人与陆逊并力拒备。然别攻破备前锋，断其后道，备遂破走。拜征北将军，封永安侯。

魏遣曹真、夏侯尚、张郃等攻江陵，魏文帝自住宛，为其势援，连屯围城。权遣将军孙盛督万人备州上，立围坞，为然外救。郃渡兵攻盛，盛不能拒，即时却退，郃据州上围守，然中外断绝。权遣潘璋、杨粲等解围而围不解。时然城中兵多肿病，堪战者裁五千人。真等起土山，凿地道，立楼橹临城，弓矢雨注，将士皆失色，然晏如而无恐意，方厉吏士，伺间隙攻破两屯。魏攻围然凡六月日，未退。江陵令姚泰领兵备城北门，见外兵盛，城中人少，谷食欲尽，因与敌交通，谋为内应。垂发，事觉，然治戮泰。尚等不能克，乃彻攻退还。由是然名震于敌国，改封当阳侯。

六年，权自率众攻石阳，及至旋师，潘璋断后。夜出错乱，敌追击璋，璋不能禁。然即还住拒敌，使前船得引极远，徐乃后发。黄龙元年，拜车骑将军、右护军，领兖州牧。顷之，以兖州在蜀分，解牧职。

嘉禾三年，权与蜀克期大举，权自向新城，然与全琮各受斧钺，为左右督。会吏士疾病，故未攻而退。

将军，封西安乡侯。

虎威将军吕蒙病重，孙权问他说：“您如果一病不起，谁可替代？”吕蒙回答说：“朱然的胆识和操守都胜任有余，我认为他可替代。”吕蒙死后，孙权就授朱然符节，镇守江陵。黄武元年，刘备进攻宜都郡。朱然督领五千士兵与陆逊协力抵抗刘备。朱然打败刘备的前锋，并且截断他的退路，刘备失败而撤退。孙权任命朱然为征北将军，封永安侯。

魏国派曹真、夏侯尚、张郃等人进击江陵，魏文帝亲自驻守宛城，成为他们的有力援助。敌人的军营相连，把江陵围困了。孙权派将军孙盛督率一万人在江陵以外防范，并环绕江陵建立堡垒，作为朱然的外部救援。张郃移兵攻打孙盛，孙盛不能抵抗，马上退却了，张郃便占领了环绕江陵的防守阵地，使朱然内外的联系断绝。孙权派潘璋、杨粲等人去解围，但敌人的围困仍没有解开。当时朱然城里的士兵很多人患肿病，能够作战的只有五千人。曹真等人在城外堆起土山，挖凿地道，并靠近城墙建起楼台，箭矢像雨点般地射进城里。将士们全都吓得变了脸色，朱然却非常沉着，毫无惧意。他不断勉励官兵，并瞅准敌人的弱点攻破敌人的两座军营。魏国围困朱然共达六个月的时间，还不退兵。江陵县令姚泰领兵守备城北大门，他看外面敌军很多，城内人太少，粮食快吃完了，就和敌人串通，阴谋作为敌人的内应。就在他的计划就要实施的时候，事情败露了，朱然处死了姚泰。夏侯尚等人不能取胜，就停止进攻，退兵返回。朱然的威名由此震动了敌国，他也因此被改封为当阳侯。

黄武六年，孙权亲自带兵进攻石阳，到收兵回来时，潘璋在后掩护。夜里行军发生混乱，敌军追击潘璋，潘璋抵御不住。朱然就回头堵住敌人，使前面的船队走得好远了，他才在后面慢慢进发。黄龙元年，朱然官拜车骑将军、右护军，担任兖州牧。不久，因为兖州在盟约中分给了蜀国，就解除了州牧职务。

嘉禾三年，孙权和蜀国约定日期大举出兵，孙权自己进军新城，朱然和全琮被授予斧钺，执掌兵权，担任左右督。正碰上将士们患了病，所以没有进攻便退兵了。

赤乌五年，征柤中，魏将蒲忠、胡质各将数千人，忠要遮险隘，图断然后，质为忠继援。时然所督兵将先四出，闻问不暇收合，便将帐下见兵八百人逆掩。忠战不利，质等皆退。九年，复征柤中，魏将李兴等闻然深入，率步骑六千断然后道，然夜出逆之，军以胜反。先是，归义马茂怀奸，觉诛，权深忿之。然临行上疏曰："马茂小子，敢负恩养。臣今奉天威，事蒙克捷，欲令所获，震耀远近，方舟塞江，使足可观，以解上下之忿。惟陛下识臣先言，责臣后效。"权时抑表不出。然既献捷，群臣上贺，权乃举酒作乐，而出然表曰："此家前初有表，孤以为难必，今果如其言，可谓明于见事也。"遣使拜然为左大司马、右军师。

然长不盈七尺，气候分明，内行修洁，其所文采，惟施军器，余皆质素。终日钦钦，常存战场，临急胆定，尤过绝人，虽世无事，每朝夕严鼓，兵在营者，咸行装就队，以此玩敌，使不知所备，故出辄有功。诸葛瑾子融，步骘子协，虽各袭任，权特复使然总为大督。又陆逊亦卒，功臣名将存者惟然，莫与比隆。寝疾二年，后渐增笃，权昼为减膳，夜为不寐，中使医药口食之物，相望于道。然每遣使表疾病消息，权辄召见，口自问讯，入赐酒食，出送布帛。自创业功臣疾病，权意之所钟，吕蒙、凌统最重，然其次矣。年六十八，赤乌十二年卒，权素服举哀，为之感恸。子绩嗣。

赤乌五年，朱然率军进军柤中，魏将蒲忠、胡质各带数千人，蒲忠占领了险要地方，想要切断朱然的后路，胡质做蒲忠的后援。那个时候朱然所率的兵将已经向各路出发，得到消息来不及收回集结，朱然便率领营中现有的士兵八百人迎面突袭。蒲忠战事不利，胡质等人都退兵了。赤乌九年，朱然又出征柤中，魏将李兴等人听说他率军深入，便带领步兵、骑兵六千人切断朱然的后路，朱然夜间出兵迎敌，得胜而回。在此之前，归顺来的马茂心怀奸谋，事情发觉后被处死，孙权对这事极为恼怒。朱然临行时上疏道："马茂小子，胆敢负陛下的恩情和养育。我现在仰仗天威，战事必胜，那时就要让所获的战绩，震动光耀于远近方，并列的舟船塞满长江，使胜利局面大有可观，以解除朝廷上下的愤怒。敬请陛下记住臣的预言，检验臣今后的效果。"孙权当时压下表章没有公开。朱然献上捷报之后，群臣上朝祝贺，孙权才举酒作乐，拿出朱然的表章说道："这一位前些时有表章，我以为胜负难定，现在果然像他说的，他可称得上是精于料事啊！"就派使者去封朱然为左大司马、右军师。

朱然身高不足七尺，但气概不凡，私生活方面很有修养，他喜欢的文饰，只施用在军械器备上，其余方面都很质朴。他整天忧虑的是国家大事，经常出入在战场上。面临危急关头，他胆大沉着，尤其有过人之处。即使世上没有战事，他也每天早晚按严格规定击鼓，士兵在军营的，全要准备好行装站在队伍里。用这种办法戏弄敌人，让敌人不知该如何防备，所以他出兵总是取得胜利。诸葛瑾的儿子诸葛融和步骘的儿子步协，虽然各自继承父亲的职务，孙权还是特地再使朱然总揽军务，担任大督。加上陆逊也去世，功臣名将中幸存的只有朱然，因而没有人能和他一样显贵。朱然卧病两年，后来病情逐渐加重了，孙权因此白天吃不下饭，晚上睡不着觉，宫中的使者给他送医药饮食物品，在路上络绎不绝。朱然每次派使者报告病情，孙权总要召见，亲口询问。使者进宫则赐予酒食，出宫则赠送布帛。自从有创业功勋的大臣生病，孙权心里的关注，要算对吕蒙和凌统最深厚，其次就是朱然。朱然享年六十八岁，赤乌十二年去世，孙权身穿丧服表示哀悼，为他悲伤恸哭。朱然的儿子朱绩继承爵位。

绩字公绪，以父任为郎，后拜建忠都尉。叔父才卒，绩领其兵，随太常潘濬讨五溪，以胆力称。迁偏将军营下督，领盗贼事，持法不倾。鲁王霸注意交绩，尝至其廨，就之坐，欲与结好，绩下地住立，辞而不当。然卒，绩袭业，拜平魏将军，乐乡督。明年，魏征南将军王昶率众攻江陵城，不克而退。绩与奋威将军诸葛融书曰："昶远来疲困，马无所食，力屈而走，此天助也。今追之力少，可引兵相继，吾欲破之于前，足下乘之于后，岂一人之功哉，宜同断金之义。"融答许绩。绩便引兵及昶于纪南，纪南去城三十里，绩先战胜而融不进，绩后失利。权深嘉绩，盛责怒融，融兄大将军恪贵重，故融得不废。初绩与恪、融不平，及此事变，为隙益甚。建兴元年，迁镇东将军。二年春，恪向新城，要绩并力，而留置半州，使融兼其任。冬，恪、融被害，绩复还乐乡，假节。太平二年，拜骠骑将军。孙綝秉政，大臣疑贰，绩恐吴必扰乱，而中国乘衅，乃密书结蜀，使为并兼之虑。蜀遣右将军阎宇将兵五千，增白帝守，以须绩之后命。永安初，迁上大将军、都护督，自巴丘上迄西陵。元兴元年，就拜左大司马。初，然为治行丧竟，乞复本姓，权不许，绩以五凤中表还为施氏，建衡二年卒。

吕范字子衡，汝南细阳人也。少为县吏，有容观姿貌。邑人刘氏，家富女美，范求之。女母嫌，欲勿与，刘氏曰："观吕子衡宁当

朱绩，字公绪，因为父亲的职位做了郎官，他后来任建忠都尉。叔父朱才去世后，由他统领兵马，跟随太常潘濬讨伐五溪，以胆量勇力著称。因而，他被升为偏将军下督，兼管有关盗贼的事务，执法中正。鲁王孙霸很重视与朱绩的交结，曾亲至朱绩的官署，靠近朱绩坐下，想和朱绩结下友善关系。朱绩却下地站立，不敢接受这样的礼遇。朱然去世后，朱绩继承父业，任平魏将军、乐乡督。第二年，魏国征南将军王昶率兵攻打江陵城，没有获胜，就撤兵了。朱绩给奋威将军诸葛融写信说："王昶远道而来，人马必然十分疲惫，因粮草不足斗志不旺而退走，这是上天在助我们啊。现在，追他们的兵力较少，我去追击他们，你可以率军为我后援，我在前面击败他们，你随后乘机而上，这难道只是一人的功劳吗？我二人应同心协力，坚定不移。"诸葛融应允了。朱绩便领兵在纪南追上了王昶，纪南距江陵城有三十里，朱绩首先取胜，但诸葛融却不进兵，朱绩因为无援兵而失利。孙权盛奖朱绩，非常愤怒地谴责诸葛融，因诸葛融之兄大将军诸葛恪位重显贵，诸葛融才未被撤职。当初，朱绩与诸葛恪、诸葛融兄弟不和，这件事发生后，怨恨就更深了。建兴元年，朱绩升任镇东将军。建兴二年春天，诸葛恪进兵新城，要求朱绩去协同作战，途中却让朱绩留在半州，而让诸葛融兼任了朱绩原来的职务。冬天，诸葛恪、诸葛融被害死，朱绩返回乐乡，被授予符节。太平二年，朱绩被任命为骠骑将军。孙綝执政以后，群臣人心不稳，朱绩担心吴国一旦发生动乱，北方的魏国就会趁乱而入，便写密信结交蜀国，让蜀国考虑兼并吴国。蜀国派右将军阎宇率五千士卒增援白帝城的守军，等待朱绩的下一步安排。永安初年，朱绩升任上大将军、都护督，掌管巴丘至西陵的防务。吴元兴元年，朝廷派使臣到朱绩驻地任命他为左大司马。当初，朱然为朱治服丧期满以后，曾请求恢复他本来的姓氏，孙权没有答应。五凤年间，朱绩上表经朝廷批准，恢复了自己的本姓施氏。建衡二年去世。

吕范，字子衡，他是汝南细阳人。年轻的时候曾做过县吏，仪表举止很有气质。城内有户刘姓人家，家中富裕，女儿俊美，吕范前去求婚。刘母却嫌弃吕范，不想把女儿嫁给他，刘父说："我看吕子衡，

久贫者邪？”遂与之婚。后避乱寿春，孙策见而异之，范遂自委昵，将私客百人归策。时太妃在江都，策遣范迎之。徐州牧陶谦谓范为袁氏觇候，讽县掠考范，范亲客健儿篡取以归。时唯范与孙河常从策，跋涉辛苦，危难不避，策亦亲戚待之，每与升堂，饮宴于太妃前。

后从策攻破庐江，还俱东渡，到横江、当利，破张英、于麋，下小丹杨、湖孰，领湖孰相。策定秣陵、曲阿，收笮融、刘繇余众，增范兵二千，骑五十匹。后领宛陵令，讨破丹杨贼，还吴，迁都督。

是时下邳陈瑀自号吴郡太守，住海西，与强族严白虎交通。策自将讨虎，别遣范与徐逸攻瑀于海西，枭其大将陈牧。又从攻祖郎于陵阳，太史慈于勇里。七县平定，拜征虏中郎将，征江夏，还平鄱阳。

策薨，奔丧于吴。后权复征江夏，范与张昭留守。

曹公至赤壁，与周瑜等俱拒破之，拜裨将军，领彭泽太守，以彭泽、柴桑、历阳为奉邑。刘备诣京见权，范密请留备。后迁平南将军，屯柴桑。

权讨关羽，过范馆，谓曰：“昔早从卿言，无此劳也。今当上取之，卿为我守建业。”权破羽还，都武昌，拜范建威将军，封宛陵侯，领丹杨太守，治建业，督扶州以下至海，转以溧阳、怀安、宁国为奉邑。

不会永远贫穷的。”就让女儿和他成亲。吕范后来在寿春避乱，孙策见他不同凡响，吕范也主动亲近孙策，带着门客一百人归附于他。当时，孙坚的遗孀住在江都县，孙策派吕范去迎接。徐州牧陶谦说吕范是袁术的探子，就暗示江都县令拷打吕范。吕范的门客闯进县衙硬是把吕范抢了回来。那时，只有吕范和孙河经常随从孙策四处奔走，不畏艰险，孙策待他们也像亲人一样，常常一同进入内堂，在孙坚夫人面前宴饮。

之后，吕范随孙策攻克庐江，过了不久，又与孙策一同东渡长江至横江、当利，击败张英、于麋，攻占小丹杨、湖孰，孙策命吕范兼任湖孰相。孙策平定了秣陵、曲阿，收编了笮融、刘繇的残部，给吕范增加士兵两千人、战马五十匹。后来，吕范兼任宛陵县令，率兵击败丹杨贼寇，返回吴郡，升任都督。

这时，下邳人陈瑀称自己是吴郡太守，在海西驻扎，与豪门大族严白虎互相勾结。孙策要亲自去讨伐严白虎，另外派吕范和徐逸率部到海西去征剿陈瑀。吕范等人斩杀了陈瑀手下的大将陈牧。吕范还随孙策参加了在陵阳进攻祖郎、在勇里攻击太史慈的战斗。平定了七个县以后，吕范被任命为征虏中郎将，出兵讨伐江夏一带，返回时平定了鄱阳。

孙策去世，吕范到吴都参加葬礼。之后孙权再次出兵征讨江夏，命吕范与张昭留守吴都。

曹操大军到了赤壁，孙权派吕范和周瑜等人一起去抗击，吕范配合周瑜击败曹军，被任命为裨将军，兼任彭泽太守，得到彭泽、柴桑、历阳等地作为食邑。刘备到京口会见孙权，吕范秘密奏请孙权扣留刘备。后来，吕范升任平南将军，在柴桑驻军。

孙权要去讨伐关羽，到吕范的住所去拜访他，对他说：“当初如果听您的话，就不用这样辛苦了。如今我要前去攻打关羽，您留下来为我守卫都城建业就行了。”孙权击败关羽后回师，将武昌定为京都，委任吕范为建威将军，加封宛陵侯，并让他兼任丹杨太守，其治所定在了建业，管辖扶州以下直到大海的广大地区，将溧阳、怀安、宁国三地更改为奉邑。

曹休、张辽、臧霸等来伐，范督徐盛、全琮、孙韶等，以舟师拒休等于洞口，迁前将军，假节，改封南昌侯。时遭大风，船人覆溺，死者数千，还军，拜扬州牧。

性好威仪，州民如陆逊、全琮及贵公子，皆修敬虔肃，不敢轻脱。其居处服饰，于时奢靡，然勤事奉法，故权悦其忠，不怪其侈。

初策使范典主财计，权时年少，私从有求，范必关白，不敢专许，当时以此见望。权守阳羡长，有所私用，策或料覆，功曹周谷辄为傅著簿书，使无谴问。权临时悦之，及后统事，以范忠诚，厚见信任，以谷能欺更簿书，不用也。

黄武七年，范迁大司马，印绶未下，疾卒。权素服举哀，遣使者追赠印绶。及还都建业，权过范墓呼曰："子衡！"言及流涕，祀以太牢。

范长子先卒，次子据嗣。据字世议，以父任为郎，后范寝疾，拜副军校尉，佐领军事。范卒，迁安军中郎将。数讨山贼，诸深恶剧地，所击皆破。随太常潘濬讨五谿，复有功。朱然攻樊，据与朱异破城外围，还拜偏将军，入补马闲右部督，迁越骑校尉。太元元年，大风，江水溢流，渐淹城门，权使视水，独见据使人取大船以备害。权嘉之，拜荡魏将军。权寝疾，以据为太子右部督。太子即位，拜右将军。魏出东兴，据赴讨有功。明年，孙峻杀诸葛恪，迁据为骠骑将军，平西宫事。五凤二年，假节，与峻等袭寿春，还遇魏将曹珍，破之于高亭。太平元年，帅师侵魏，未及淮，闻孙峻死，以从弟綝自代，据大怒，引军还，欲废綝。綝闻之，使中书奉诏，诏文钦、刘纂、唐咨等使取据，又遣从兄宪以都下兵逆据于江都。左右劝据

魏将曹休、张辽、臧霸等人率部前来征讨，吕范督率徐盛、全琮、孙韶等将领，在洞口用水军抗击魏军。吕范升任前将军，并且被赏赐给符节，还被改封为南昌侯。当时他们在水上遇到了狂风，船被掀翻，人马落水，淹死了几千人，回师以后，吕范被任命为扬州牧。

吕范生性喜欢摆威严的仪容，所辖州内的百姓如陆逊、全琮及贵族子弟，都对吕范毕恭毕敬，不敢在吕范面前轻佻随便。吕范的住宅服饰，在当时都是奢侈的，但吕范勤于政事，遵守法纪，所以孙权赏识吕范的忠心，不责怪吕范的奢侈。

起初孙策让吕范主管财物会计，当时孙权还年轻，私下里跟吕范要钱，吕范一定先向孙策报告，不敢擅自答应，当时为这事被孙权怨恨。孙权代理阳羡县长时，曾因私挪用财物，孙策有时来核查账簿，功曹周谷总是为孙权补写进账簿，使孙权不至于被责问。孙权当时非常喜欢周谷，等到自己主持江东大政，却认为吕范为人忠诚，非常信任吕范，由于周谷能做假更改账簿，没有任用周谷。

黄武七年，吕范升职做了大司马，印绶还未授予他，就因病去世了。孙权穿丧服哀悼，派使者追赠他印绶。后来，将京都迁回建业时，孙权专门去吕范墓前祭奠，他大声呼叫：“子衡！”话刚出口，眼泪就掉了下来，并用太牢礼祭祀吕范。

吕范的长子早死，二儿子吕据继承家业。吕据，字世议，由于父亲的缘故被任用为郎官，吕范有病后，他被任命为副军校尉，助理军务。吕范死后，吕据升任安军中郎将。吕据多次率兵讨伐山贼，无论多么偏远险恶的地方，他去攻打都能获胜。吕据后跟随太常潘濬讨伐五谿，又立有战功。朱然攻打樊城时，吕据和朱异攻破了该城的外围，回来后，被任命为偏将军，入朝任马闲右部督，升越骑校尉。太元元年，刮大风，长江洪水泛滥，快要淹到城门了。孙权派人去察看水情，看见吕据正命人准备大船，以防不测。孙权嘉奖他，任命为荡魏将军。孙权卧病，任吕据为太子右部督。太子即位，任命吕据为右将军。魏国出兵东兴，吕据率军御敌立有战功。第二年，孙峻杀诸葛恪，升吕据为骠骑将军，掌管西宫事。五凤二年，吕据假节，和孙峻等率军攻打曹魏占据的寿春，回军时与魏将曹珍相遇，在高亭将其击

降魏，据曰："耻为叛臣。"遂自杀。夷三族。

朱桓字休穆，吴郡吴人也。孙权为将军，桓给事幕府，除余姚长。往遇疫疠，谷食荒贵，桓分部良吏，隐亲医药，飧粥相继，士民感戴之。迁荡寇校尉，授兵二千人，使部伍吴、会二郡，鸠合遗散，期年之间，得万余人。后丹杨、鄱阳山贼蜂起，攻没城郭，杀略长吏，处处屯聚。桓督领诸将，周旋赴讨，应皆平定。稍迁裨将军，封新城亭侯。

后代周泰为濡须督。黄武元年，魏使大司马曹仁步骑数万向濡须，仁欲以兵袭取州上，伪先扬声，欲东攻羡溪。桓分兵将赴羡溪，既发，卒得仁进军拒濡须七十里问。桓遣使追还羡溪兵，兵未到而仁奄至。时桓手下及所部兵，在者五千人，诸将业业，各有惧心，桓喻之曰："凡两军交对，胜负在将，不在众寡。诸君闻曹仁用兵行师，孰与桓邪？兵法所以称客倍而主人半者，谓俱在平原，无城池之守，又谓士众勇怯齐等故耳。今人既非智勇，加其士卒甚怯，又千里步涉，人马罢困，桓与诸军，共据高城，南临大江，北背山陵，以逸待劳，为主制客，此百战百胜之势也。虽曹丕自来，尚不足忧，况仁等邪！"桓因偃旗鼓，外示虚弱，以诱致仁。仁果遣其子泰攻濡须城，分遣将军常雕督诸葛虔、王双等，乘油船别袭中洲。中洲者，部曲妻子所在也。仁自将万人留橐皋，复为泰等后拒。桓部兵将攻取油船，或别击雕等，桓等身自拒泰，烧营而退，遂枭雕，生虏

败。太平元年，吕据领兵进攻曹魏，还没有到达淮河边，得知孙峻死时遗命堂弟孙綝接替他的职务，吕据大怒，率军返回，想废掉孙綝。孙綝闻讯后，命中书带着皇帝的诏书，诏令文钦、刘纂、唐咨等人捉拿吕据，又派堂兄孙宪率京城兵马到江都迎击吕据。吕据身边的人劝他投降魏国，吕据说："我以当国之叛臣为耻。"于是，吕据自杀，又被诛灭三族。

朱桓，字休穆，他是吴郡吴县人。孙权做将军时，朱桓在将军府供职，后来被提升为余姚县长。朱桓去赴任时，碰上瘟疫流行，粮食歉收，价格昂贵。朱桓部属一些能干的官员，用医药抚恤安慰百姓，接着又用粥饭救济百姓，士人百姓都感激拥戴他。朱桓被提升为荡寇校尉后，朝廷授予兵员两千人，让他在吴郡、会稽两郡驻扎部队，他召集散落的士兵，整整一年的时间，就得到一万多人。后来丹杨、鄱阳一带的山越强盗纷纷聚集在一起闹事，攻陷城邑，杀害地方官，处处屯兵设防。朱桓督率众将领往来赴敌讨伐，所到之处都得到平定。朱桓逐渐升为裨将军，封为新城亭侯。

后来朱桓接替周泰任濡须督。黄武元年，魏国大司马曹仁率数万兵马进犯濡须，本想派兵袭取州治，却事先故意放出风声，说魏国向东攻打羡溪。朱桓分兵前往羡溪。兵马已经出发，又得知曹仁距濡须只有七十里。朱桓便派人追回去羡溪的士兵，未到达曹军已突然杀到。这时，朱桓所率士兵只有五千人，众将惊慌，都很害怕。朱桓对他们说："两军交战，胜负取决于将领，不在兵丁多少。诸位已经知道曹仁用兵，与我相比谁更高明？兵法说，客逾主一倍，是说双方都在平地，没有城池可以据守，也是双方士兵的勇敢程度相等。如今，曹仁既不是智勇之士，他的士兵又非常胆怯，且千里跋涉，人困马乏，我与诸位各带所部共守高城，南临大江，北依高山，以逸待劳，以主制客，这是百战百胜的形势啊。即使曹丕亲自来攻，尚且不虑，何况他手下这些人呢！"于是，朱桓偃旗息鼓，故意示弱，以诱曹仁来攻。果然，曹仁派他的儿子曹泰攻打濡须城，又派将军常雕率诸葛虔、王双等部，乘坐涂有油脂的快船偷袭中洲。中洲，是朱桓部下将士和妻子儿女的安置处。曹仁自领兵士一万人留守橐皋，以为曹泰的后援。

双，送武昌，临陈斩溺，死者千余。权嘉桓功，封嘉兴侯，迁奋武将军，领彭城相。

黄武七年，鄱阳太守周鲂谲诱魏大司马曹休，休将步骑十万至皖城以迎鲂。时陆逊为元帅，全琮与桓为左右督，各督三万人击休。休知见欺，当引军还，自负众盛，邀于一战。桓进计曰："休本以亲戚见任，非智勇名将也。今战必败，败必走，走当由夹石、挂车，此两道皆险厄，若以万兵柴路，则彼众可尽，而休可生虏，臣请将所部以断之。若蒙天威，得以休自效，便可乘胜长驱，进取寿春，割有淮南，以规许、洛，此万世一时，不可失也。"权先与陆逊议，逊以为不可，故计不施行。

黄龙元年，拜桓前将军，领青州牧，假节。嘉禾六年，魏庐江主簿吕习请大兵自迎，欲开门为应。桓与卫将军全琮俱以师迎。既至，事露，军当引还。城外有溪水，去城一里所，广三十余丈，深者八九尺，浅者半之，诸军勒兵渡去，桓自断后。时庐江太守李膺整严兵骑，欲须诸军半渡，因迫击之。及见桓节盖在后，卒不敢出，其见惮如此。

是时全琮为督，权又令偏将军胡综宣传诏命，参与军事。琮以军出无获，议欲部分诸将，有所掩袭。桓素气高，耻见部伍，乃往见琮，问行意，感激发怒，与琮校计。琮欲自解，因曰："上自令胡综为督，综意以为宜尔。"桓愈恚恨，还乃使人呼综。综至军门，桓出迎之，顾谓左右曰："我纵手，汝等各自去。"有一人旁出，语综使还。桓出，不见综，知左右所为，因斫杀之。桓佐军进谏，刺杀佐

朱桓分兵攻取敌油船，另派一军攻打常雕等军，自己亲自抵御曹泰，曹泰焚毁军营撤军。吴军大胜，杀死常雕悬首示众，将活捉的王双押送到武昌，魏军被杀以及溺死于江中的有一千多人。孙权嘉奖朱桓的战功，封嘉兴侯，升任他为奋武将军，兼彭城相。

黄武七年，鄱阳太守周鲂用诈降计诱骗魏国大司马曹休，曹休带领步兵、骑兵十万人到皖城来接应周鲂。就在这个时候陆逊为元帅，全琮和朱桓担任左右督，各带领三万人进击曹休，曹休知道被骗了，应当带兵退回，自恃人多势众，半道上企图打一仗。朱桓献计道："曹休本来是因为亲属关系被任用，并不是智勇名将。今日战事他必定失败，失败了必定逃走，逃走时就会经过夹石、挂车，这两处都是非常险要的地方，如果派一万士兵用木柴堵塞道路，就可以全歼敌人而生擒曹休，臣请求带领所部去截击他。如果仰仗天威，能够生擒曹休来报效国家，便可以乘胜长驱直入，进一步夺取寿春，割据淮南，以谋取许昌、洛阳，这是万世一时的机会，不可失去啊。"孙权先和陆逊商议，陆逊认为不可以，所以这计划没有实行。

黄龙元年，让朱桓做了前将军，兼任青州牧，授予符节。嘉禾六年，魏国庐江主簿吕习请求大兵前来接应，想要开城门做内应。朱桓和卫将军全琮共同带兵去接应。到达之后，事情泄露了，部队应当退回。城外有一条溪水，离城一里多路，溪宽三十多丈，水深的地方有八九尺，浅的地方四五尺。各部带兵渡过去，朱桓亲自在后掩护。那时庐江太守李膺严整兵马，想等吴军渡到一半的时候，就乘势袭击他们。待到看见朱桓的旗帜车盖在队伍的后面，终于不敢出击，他竟被敌人畏惧到这种程度。

当时，全琮做了大将，孙权又任命偏将军胡综宣诏，让胡综参与商量军事。全琮因大军出师无获，便和胡综商议想让众将对这次失利找个借口。朱桓一向气节高尚，受全琮的辖制本来就感到羞耻，听到这些就去见全琮，质问他为什么这样做，一时激动，发起了脾气，和全琮争论起来。全琮想为自己开脱，就说："皇上亲命胡综任大将，是胡综认为这样做合适。"朱桓越发愤恨，回去就派人去叫胡综。胡综来到军营外，朱桓出去迎接，回头对手下人说："如果我失手，你们

军，遂托狂发，诣建业治病。权惜其功能，故不罪。使子异摄领部曲，令医视护，数月复遣还中洲。权自出祖送，谓曰："今寇虏尚存，王塗未一，孤当与君共定天下，欲令君督五万人专当一面，以图进取，想君疾未复发也。"桓曰："天授陛下圣姿，当君临四海，猥重任臣，以除奸逆，臣疾当自愈。"

桓性护前，耻为人下，每临敌交战，节度不得自由，辄嗔恚愤激。然轻财贵义，兼以强识，与人一面，数十年不忘，部曲万口，妻子尽识之。爱养吏士，赡护六亲，俸禄产业，皆与共分。及桓疾困，举营忧戚。年六十二，赤乌元年卒。吏士男女，无不号慕。又家无余财，权赐盐五千斛以周丧事。子异嗣。

异字季文，以父任除郎，后拜骑都尉，代桓领兵。赤乌四年，随朱然攻魏樊城，建计破其外围，还拜偏将军。魏庐江太守文钦营住六安，多设屯砦，置诸道要，以招诱亡叛，为边寇害。异乃身率其手下二千人，掩破钦七屯，斩首数百，迁扬武将军。权与论攻战，辞对称意。权谓异从父骠骑将军据曰："本知季文胆定，见之复过所闻。"十三年，文钦诈降，密书与异，欲令自迎。异表呈钦书，因陈其伪，不可便迎。权诏曰："方今北土未一，钦云欲归命，宜且迎之。若嫌其有谲者，但当设计网以罗之，盛重兵以防之耳。"乃遣吕据督二万人，与异并力，至北界，钦果不降。建兴元年，迁镇南将军。是岁魏遣胡遵、诸葛诞等出东兴，异督水军攻浮梁，坏之，魏军大

都要躲开。”他身边有一个人从旁边溜了出去，告诉胡综快点回去。朱桓出来后，不见胡综，知道是手下的人干的，就将他砍死了。朱桓的佐军上前劝谏，他把佐军也杀了。于是，朱桓假托狂疾发作，就到建业治病去了。孙权念惜朱桓的功劳和才干，就没追究他的罪。让朱桓的儿子朱异暂时统领朱桓的部下，又命医生去给朱桓看病，几个月以后，又派朱桓回到中洲防地，孙权亲自出城为朱桓饯行，说：“现在贼寇还未被消灭，统一大业也还没完成，我要与您一起平定天下。现在，让您统率五万人马独当一面，以图进取，想来您的病不会再发作了吧。”朱桓说：“上天授予陛下英明神武，定能统一天下，您委臣以重任，扫除奸逆，臣的病自己就会好的。”

朱桓生性要强，不愿意被处于别人之下，每当和敌人交战，如果不能自己掌握主动，往往会激动发怒。但是，他轻财重义，而且记忆力好，与人见一面，几十年也不会忘，尽管属下部众有上万人，但他连他们的妻子儿女全都认识。他爱护士兵，照顾他们的亲属，俸禄和家产也都和众人分享。朱桓病重的时候，全营的人都忧愁悲伤。朱桓享年六十二，于赤乌元年去世。部属士兵及其家属，无不痛哭怀念。朱桓家中没有多余的财产，孙权就赐给他家五千斛盐，用来办他的丧事。儿子朱异继承了爵位。

朱异，字季文，因为父亲职位升为郎官，之后任骑都尉，接替其父统领兵马。赤乌四年，朱异跟随朱然攻打樊城，他建议先攻破樊城的外围，回军后，被任命为偏将军。魏庐江太守文钦军营设在六安，又在道路要冲设立了许多营垒，来招引叛逃的人，成为边境的一大祸害。朱异便亲率手下两千人，捣毁了文钦的七座营寨，杀死几百人，被升为扬武将军。孙权与朱异谈论攻守战略，朱异的回答很称孙权心意。孙权对其叔父骠骑将军朱据说：“我早就听说季文勇敢且冷静，见了他以后，觉得已经超过我所听到的。”赤乌十三年，魏将文钦诈降，写密信给朱异，让朱异来迎接他。朱异上表又呈上文钦的信，并说文钦的投降是假的，不能去迎接。孙权下诏说：“如今北方尚未统一，文钦要归顺，应当立刻迎接他。倘若怀疑他有诈，就应设计擒住他，并以大队防备他就行了。”于是，孙权派遣吕据统率两万

破。太平二年，假节，为大都督，救寿春围，不解。还军，为孙綝所枉害。

评曰：朱治、吕范以旧臣任用，朱然、朱桓以勇烈著闻，吕据、朱异、施绩咸有将领之才，克绍堂构。若范、桓之越隘，得以吉终，至于据、异无此之尤而反罹殃者，所遇之时殊也。

人马，与朱异合兵一处，待到了吴国北境，文钦果然没来归降。建兴元年，朱异升任镇南将军。这一年，魏国派遣胡遵、诸葛诞等领兵攻打东兴，朱异率水军击敌浮桥，将它毁坏，魏军大败。太平二年，朝廷授予朱异假节的权位，任大都督，率军往寿春解围，没能成功。还师后，被孙綝无故杀害。

评论说：朱治、吕范是因为旧臣的身份而被任用，朱然、朱桓则由于勇敢刚烈而著称，吕据、朱异、施绩都有将领的才干，可以继续成为国家的栋梁。像吕范、朱桓那样迂曲狭隘，却能有个好的结局，而吕据、朱异没有他们的毛病，反倒遭受祸殃，这是因为他们遭遇的时代不同。

卷五十七　吴书十二

虞陆张骆陆吾朱传第十二

虞翻字仲翔，会稽余姚人也，太守王朗命为功曹。孙策征会稽，翻时遭父丧，衰绖诣府门，朗欲就之，翻乃脱衰入见，劝朗避策。朗不能用，拒战败绩，亡走浮海。翻追随营护，到东部候官，候官长闭城不受，翻往说之，然后见纳。朗谓翻曰："卿有老母，可以还矣。"翻既归，策复命为功曹，待以交友之礼，身诣翻第。

策好驰骋游猎，翻谏曰："明府用乌集之众，驱散附之士，皆得其死力，虽汉高帝不及也。至于轻出微行，从官不暇严，吏卒常苦之。夫君人者不重则不威，故白龙鱼服，困于豫且，白蛇自放，刘季害之，愿少留意。"策曰："君言是也。然时有所思，端坐悒悒，有裨谌草创之计，是以行耳。"

翻出为富春长。策薨，诸长吏并欲出赴丧，翻曰："恐邻县山民或有奸变，远委城郭，必致不虞。"因留制服行丧。诸县皆效之，咸以安宁。后翻州举茂才，汉召为侍御史，曹公为司空辟，皆不就。

翻与少府孔融书，并示以所著《易注》。融答书曰："闻延陵之理乐，睹吾子之治易，乃知东南之美者，非徒会稽之竹箭也。又观象云物，察应寒温，原其祸福，与神合契，可谓探赜穷通者也。"会稽东部都尉张纮又与融书曰："虞仲翔前颇为论者所侵，美宝为质，彫摩益光，不足以损。"

虞翻，字仲翔，他是会稽余姚人，年轻时会稽太守王朗任用他为功曹。孙策征伐会稽时，虞翻父亲病故，他戴着孝来到郡府门前，王朗想迎接他，他就脱掉孝服进去拜见王朗，劝说王朗应避开孙策。王朗没有采用他的建议，终被孙策所败，逃亡到海上。虞翻追随王朗，并设法保护他。逃到东部的候官县，县长关闭城门不肯接纳他们，虞翻前往劝说，王朗才被接进城。王朗对虞翻说："您还有老母在家，现在可以回去了。"虞翻回到会稽后，孙策又让他任功曹，用交友的礼节对待他，并亲自到虞翻家中去拜访。

孙策喜欢驰马打猎，虞翻好心劝他说："您能使乌合之众和零散投奔的人拼命出力，即使是汉高祖也比不上您。可您却轻率地便服外出，随从卫士也来不及戒严，使亲兵常感为难。身为将军不庄重就没有威严，所以白龙化鱼游玩，就招来豫且的伤害，白蛇随意游逛，遇刘邦而亡，希望您能稍加注意。"孙策说："你说的对。但有时我考虑些问题，闷坐着感到无聊，便有了春秋时郑国大夫裨谌到野外才能思考国事的想法，所以我才外出走走。"

虞翻出任富春县长。孙策去世，各县令长都打算离任去参加丧礼。虞翻说："恐怕邻县的山民可能会有叛乱，如果远离城邑，定会有意外发生。"因此他留在任所制作丧服行丧。各县令长也都效仿虞翻，从而保持了地方上的安定。后来，虞翻所在州举荐他为茂才。汉朝廷征召他为侍御史，曹操征召他为司空掾，他都没有去上任。

虞翻给少府孔融写信，并且呈示自己所著的《易注》。孔融回信说："听说延陵弟子研习音乐，现又看了您对《易》的研究心得，才知道东南地区的美好事物，并非只是会稽郡的竹箭呀。您的《易注》还观察星云天象，明辨与寒暑变化的对应关系，推究祸福的根源，都与玄妙莫测的事理吻合，可以说是探索奥秘通晓道理的杰作。"会稽东

孙权以为骑都尉。翻数犯颜谏争，权不能悦，又性不协俗，多见谤毁，坐徙丹杨泾县。吕蒙图取关羽，称疾还建业，以翻兼知医术，请以自随，亦欲因此令翻得释也。后蒙举军西上，南郡太守麋芳开城出降。蒙未据郡城而作乐沙上，翻谓蒙曰："今区区一心者麋将军也，城中之人岂可尽信，何不急入城持其管籥乎？"蒙即从之。时城中有伏计，赖翻谋不行。关羽既败，权使翻筮之，得兑下坎上，节，五爻变之临，翻曰："不出二日，必当断头。"果如翻言。权曰："卿不及伏羲，可与东方朔为比矣。"

魏将于禁为羽所获，系在城中，权至释之，请与相见。他日，权乘马出，引禁并行，翻呵禁曰："尔降虏，何敢与吾君齐马首乎！"欲抗鞭击禁，权呵止之。后权于楼船会群臣饮，禁闻乐流涕，翻又曰："汝欲以伪求免邪？"权怅然不平。

权既为吴王，欢宴之末，自起行酒，翻伏地阳醉，不持。权去，翻起坐。权于是大怒，手剑欲击之，侍坐者莫不惶遽，惟大农刘基起抱权谏曰："大王以三爵之后杀善士，虽翻有罪，天下孰知之？且大王以能容贤畜众，故海内望风，今一朝弃之，可乎？"权曰："曹孟德尚杀孔文举，孤于虞翻何有哉？"基曰："孟德轻害士人，天下非之。大王躬行德义，欲与尧、舜比隆，何得自喻于彼乎？"翻由是得免。权因敕左右，自今酒后言杀，皆不得杀。

部都尉张纮又给孔融写信说：“虞仲翔以前多次被评论者所非难，但他资质有如宝玉，越是雕琢磨砺就越是流光溢彩，任何非难都不足以减损其价值。”

孙权任虞翻为骑都尉。虞翻数次犯颜直谏，孙权很烦恼。虞翻生性又不与世俗妥协，因此多次被诋毁诽谤，受牵连治罪被流放到丹杨郡泾县。吕蒙图谋攻打关羽，称病返回建业，因虞翻兼通医术，吕蒙请求让他跟随自己，也想趁此让虞翻得到释放。后来吕蒙率军西上，南郡太守麋芳开城投降。吕蒙未占据郡城，就在城外沙洲上作乐庆祝。虞翻对吕蒙说：“现今与我们同心的，只有麋将军，城中的人怎么能全相信呢？何不赶快入城控制全局？”吕蒙立即听从。当时城中有设埋伏的计划，有赖于虞翻的计谋才未能得逞。关羽失败后，孙权让虞翻占筮命运，占得“兑下坎上”的《节》卦，第五爻变化之后成为《临》卦。虞翻说：“不出两天关羽一定会掉脑袋。”后来果然如虞翻所说。孙权说：“你虽比不上伏羲，但可以与东方朔相比了。”

魏国将领于禁被关羽俘虏，囚禁在城中，孙权到后释放了他，请他相见。有一天，孙权骑马外出，带于禁并马而行，虞翻呵斥于禁说：“你是投降的俘虏，怎么敢与我君上齐头并进呢！”虞翻想扬鞭抽打于禁，孙权喊住了他。后来，孙权在楼船上宴会群臣饮酒，于禁听到乐声流泪，虞翻又说：“你想用虚情假意来求得赦免？”孙权非常不高兴。

孙权担任吴王后，在一次欢宴将要结束的时候，亲自起身巡行斟酒，虞翻趴在地上装醉，不愿起身。孙权离开后，他又坐了起来。孙权非常愤怒，举剑就要杀他，在座的人无不惊慌恐惧，只有大司农刘基起身抱住孙权劝解道：“大王因酒过三巡后要杀有名望的人，即使虞翻有罪，但是天下人又有谁知道是他的罪过呢？况且大王因为能容纳贤士蓄养众人，所以四海之内都仰望您的风采，如今一下子就要把这一切都抛弃了，值得吗？”孙权说：“曹操尚且杀了孔融，我对虞翻又有什么怜惜呢？”刘基说：“曹操轻率地杀了才德之士，天下人都非议他。大王推行仁义恩德，想和尧、舜媲美，怎么能自比曹操呢？”虞翻因此得以脱身。孙权命令手下，从今以后，酒后说

翻尝乘船行，与麋芳相逢，芳船上人多欲令翻自避，先驱曰："避将军船！"翻厉声曰："失忠与信，何以事君？倾人二城，而称将军，可乎？"芳阖户不应而遽避之。后翻乘车行，又经芳营门，吏闭门，车不得过。翻复怒曰："当闭反开，当开反闭，岂得事宜邪？"芳闻之，有惭色。

翻性疏直，数有酒失。权与张昭论及神仙，翻指昭曰："彼皆死人，而语神仙，世岂有仙人邪！"权积怒非一，遂徙翻交州。虽处罪放，而讲学不倦，门徒常数百人。又为《老子》《论语》《国语》训注，皆传于世。

初，山阴丁览，太末徐陵，或在县吏之中，或众所未识，翻一见之，便与友善，终成显名。

在南十余年，年七十卒。归葬旧墓，妻子得还。

翻有十一子，第四子汜最知名，永安初，从选曹郎为散骑中常侍，后为监军使者，讨扶严，病卒。汜弟忠，宜都太守；耸，越骑校尉，累迁廷尉，湘东、河间太守；昺，廷尉尚书，济阴太守。

陆绩字公纪，吴郡吴人也。父康，汉末为庐江太守。绩年六岁，于九江见袁术。术出橘，绩怀三枚，去，拜辞堕地，术谓曰："陆郎作宾客而怀橘乎？"绩跪答曰："欲归遗母。"术大奇之。孙策在吴，张昭、张纮、秦松为上宾，共论四海未泰，须当用武治而平之，绩年少末坐，遥大声言曰："昔管夷吾相齐桓公，九合诸侯，一匡天下，不用兵车。孔子曰：'远人不服，则修文德以来之。'今论者不务道德怀取之术，而惟尚武，绩虽童蒙，窃所未安也。"昭等异焉。

要杀的，都不得杀。

虞翻曾经乘船出行，和糜芳相遇。糜芳船上的人大多想让虞翻让路，前面的人冲虞翻喊：“回避将军的船！”虞翻厉声说：失去诚信，凭什么侍奉君主？委弃了人家两座城池，还要称为将军，可以吗？”糜芳关闭门户不应声，并且迅速避开了虞翻。后来虞翻乘车出行，经过糜芳的军营大门，营中军官关闭营门，虞翻的车没有办法通过，虞翻又愤怒地说：“应该关门时却打开，应该开门时反而关上，难道能这样做事吗？”糜芳听了，面有羞惭之色。

虞翻性情方正耿直，多次酒后失言甚至失礼。一次，孙权与张昭谈及到神仙的事情，虞翻用手指着张昭说：“他们都是死人，而你却说他们是神仙，世上哪有什么仙人！”孙权积压的事太多，就把虞翻流放到交州。虞翻虽在流放之地，但教学却不知疲倦，他的学生多达几百人。他还著有《老子》《论语》《国语》的注释，都流传于世。

起初，山阴人丁览、太末人徐陵，或任县吏，或仍众所未识，虞翻一见到他们，则与他们非常友善。后来，这二人也都声名显赫。

虞翻在南方十多年，七十岁时死去。尸骨运回安葬在祖坟中，妻子儿女得以回来。

虞翻有十一个儿子，第四个儿子虞汜最有威名，永安初年，他从选曹郎当上散骑中常侍，后来做了监军使者，参加讨伐扶严，因病死去。虞汜的弟弟虞忠，做过宜都郡太守；虞耸，做过越骑校尉，经多次升迁为廷尉，以及湘东、河间郡太守；虞昺，做过廷尉尚书，济阴太守。

陆绩，字公纪，吴郡吴县人。父亲陆康，汉末时为庐江太守。陆绩六岁时，在九江谒见袁术。袁术拿出橘子招待他，陆绩则在身上藏了三只，离去前拜辞时橘子掉在地上，袁术对他说：“陆郎做客还偷藏橘子吗？”陆绩跪下说：“想带回去给母亲。”袁术深感惊奇。孙策在吴郡时，张昭、张纮、秦松都是上座宾客，都说当今天下应用武力去平定。陆绩因年轻而坐在末座，他远远地大声道：“从前管夷吾的齐国宰相辅佐齐桓公，九合诸侯，一匡天下，并不用武力。孔子说：

绩容貌雄壮，博学多识，星历算数无不该览。虞翻旧齿名盛，庞统荆州令士，年亦差长，皆与绩友善。孙权统事，辟为奏曹掾，以直道见惮，出为郁林太守，加偏将军，给兵二千人。绩既有躄疾，又意存儒雅，非其志也。虽有军事，著述不废，作《浑天图》，注《易》释《玄》，皆传于世。豫自知亡日，乃为辞曰："有汉志士吴郡陆绩，幼敦《诗》《书》，长玩《礼》《易》，受命南征，遘疾逼厄，遭命不永，呜呼悲隔！"又曰："从今已去，六十年之外，车同轨，书同文，恨不及见也。"年三十二卒。长子宏，会稽南部都尉，次子睿，长水校尉。

张温字惠恕，吴郡吴人也。父允，以轻财重士，名显州郡，为孙权东曹掾，卒。温少修节操，容貌奇伟。权闻之，以问公卿曰："温当今与谁为比？"大农刘基曰："可与全琮为辈。"太常顾雍曰："基未详其为人也。温当今无辈。"权曰："如是，张允不死也。"征到延见，文辞占对，观者倾竦，权改容加礼。罢出，张昭执其手曰："老夫托意，君宜明之。"拜议郎、选曹尚书，徙太子太傅，甚见信重。

时年三十二，以辅义中郎将使蜀。权谓温曰："卿不宜远出，恐诸葛孔明不知吾所以与曹氏通意，故屈卿行。若山越都除，便欲大构于丕。行人之义，受命不受辞也。"温对曰："臣入无腹心之规，出无专对之用，惧无张老延誉之功，又无子产陈事之效。然诸葛亮达见计数，必知神虑屈申之宜，加受朝廷天覆之惠，推亮之心，必

‘远人不服，则修文德以来之。’现在，议论的人不看重通过道德教化安抚民心的办法，一味推崇武力，我陆绩虽是无知幼童，私下里也深感不安。”张昭等人大为惊异。

陆绩外貌伟岸，博学多识，对于天文、历法、算术都很知晓。虞翻年老且负有盛名，庞统是荆州名士，他们和陆绩的年龄相差很大，却都与陆绩交好。孙权执政后，任陆绩为奏曹掾，他因直率而被人忌惮，离开京城任郁林太守，加偏将军，授兵员二千。陆绩因为腿瘸，且又志在治学，统兵打仗不是他的志向。即使在战时，也仍著述不断。他著《浑天图》，注《易经》，解《太玄》，都流传于世。他预知自己要死了，就给自己作了挽辞，说：“汉志士吴郡人陆绩，幼时熟读《诗经》《尚书》，长大后研习《礼》《周易》，奉命南征，遭遇疾病，寿不长永，呜呼！悲叹我将要永绝人世！”又说：“自现在算起，六十年以后，天下将重新归于一统，遗憾的是我看不到了。”陆绩三十二岁去世。长子陆宏，任会稽南部都尉，次子陆睿，任长水校尉。

张温字惠恕，他是吴郡吴县人。父亲张允，因为轻财重士，扬名于所在州郡，曾任孙权的东曹掾，在任去世。张温从小就修养节操，容貌奇异不凡。孙权听说后，因而询问公卿大臣：“张温能与当今的哪一位人物相比？”大司农刘基说：“可以和全琮互为伯仲。”太常顾雍说：“刘基不是非常了解张温的为人。张温在当今无人可比。”孙权说：“如果是这样，那张允就等于没死。”孙权征召张温并延请相见，张温文采飞扬，对答如流，旁观者惊奇万状，孙权也动容待以非常礼仪。见面完毕告辞出来，张昭握着张温的手说：“老夫对你深心相托，你应该明白。”张温官拜议郎、选曹尚书，升为太子太傅，很是得到孙权的信任重用。

张温三十二岁时，以辅义中郎将的身份出使蜀国。孙权对他说：“您本不该远行，但我怕诸葛亮不了解我与曹氏往来的真正用意，所以，委屈您了。待山越全部平定，我便会对曹丕发起进攻。作为使者，就是接受使命而不接受现成的辞令。”张温回答说：“我在内，没有合您心意的谋划，出外没有独立应对的才能，怕建立不了张老播扬国君名誉的功绩，又没有子产陈述大事的效用。然而，诸葛亮智

无疑贰。”温至蜀，诣阙拜章曰：“昔高宗以谅暗昌殷祚于再兴，成主以幼冲隆周德于太平，功冒溥天，声贯罔极。今陛下以聪明之姿，等契往古，总百揆于良佐，参列精之炳耀，遐迩望风，莫不欣赖。吴国勤任旅力，清澄江浒，愿与有道平一宇内，委心协规，有如河水，军事凶烦，使役乏少，是以忍鄙倍之羞，使下臣温通致情好。陛下敦崇礼义，未便耻忽。臣自远境，及即近郊，频蒙劳来，恩诏辄加，以荣自惧，悚怛若惊。谨奉所赍函书一封。”蜀甚贵其才。还，顷之，使入豫章部伍出兵，事业未究。权既阴衔温称美蜀政，又嫌其声名大盛，众庶炫惑，恐终不为己用，思有以中伤之，会暨艳事起，遂因此发举。

艳字子休，亦吴郡人也，温引致之，以为选曹郎，至尚书。艳性狷厉，好为清议，见时郎署混浊淆杂，多非其人，欲臧否区别，贤愚异贯。弹射百僚，核选三署，率皆贬高就下，降损数等，其守故者十未能一，其居位贪鄙、志节污卑者，皆以为军吏，置营府以处之。而怨愤之声积，浸润之谮行矣。竞言艳及选曹郎徐彪，专用私情，爱憎不由公理。艳、彪皆坐自杀。

温宿与艳、彪同意，数交书疏，闻问往还，即罪温。权幽之有司，下令曰：“昔令召张温，虚己待之，既至显授，有过旧臣，何图凶

慧深远，他一定了解您的决策和屈伸的权宜之计，加上蒙受我朝如天降的恩惠，我推知诸葛亮，一定不会因猜忌而生异心。”张温来到蜀国，呈送表章说：“从前殷高宗武丁居丧，而使殷朝复兴，周成王虽幼年继位，却使周朝天下太平，他们的功德、声望永远流传。如今，陛下聪慧圣明可以和古代的圣君贤王相比，把政事委托给贤臣辅佐，如同日月星辰一样璀璨，远近百姓人人仰慕，都乐意归顺。我东吴时刻不忘贡献力量，扫清大江岸边的敌人，与您这样的明君一道平定天下，我们真诚地与您共商大计，让黄河之神作证。战事凶险，吴国兵力贫乏，所以，只好忍受行为浅陋的羞愧，派下臣张温我来表示真诚结好之意。陛下崇尚礼义，没有因此而轻视我。自臣远抵边境，直到进入都城近郊，多次蒙受使节前来慰问，陛下的恩诏不断降临，臣因荣耀加身而诚惶诚恐。谨献上随身带来的书信一封。”蜀国非常看重张温的才华。张温返回吴国。不久，孙权派他到豫章部署兵马出征事宜，没能完成。孙权既对张温称颂蜀国而怀恨在心，又怕张温名声过于显赫，众人都被张温蛊惑，担心张温最终会不为自己所用，便想暗中找个什么机会处置张温。正好暨艳的事情发生，于是借此将张温牵连了出来。

暨艳字子休，也是吴郡人，张温把暨艳推荐给朝廷，孙权任命暨艳为选曹郎，后来官至尚书。暨艳性格急躁严厉，喜欢对别人行为的好坏善恶进行评论。暨艳见当时各郎署中人员混杂，良莠不齐，大部分官职任非其人，就想加以整顿，分出好坏贤愚，区别对待。凡是弹劾朝廷百官，考核选拔三署郎官，他大多都是贬高就低，降下几个等级，维持原位的十个里占不到一个。那些在任内贪鄙、品行卑劣的人，都被贬为军吏，并且设置营府安置这些人。于是怨愤怒骂张温的声音越来越多，而由此积聚起来的诽谤诬陷也就逐渐出现。众人竞相举报暨艳与选曹郎徐彪，说两人选举专用私情，对官员的好恶爱憎不从公家的角度出发。暨艳、徐彪都因此犯罪而自杀。

张温素来与暨艳、徐彪声气相投，相互间书信往来甚密，互相来往问候。朝廷便立即给张温定罪，孙权将张温囚禁在专门部门，下令说：“先前我下令征召张温来，虚心相待，张温来到以后便安排他

丑，专挟异心。昔暨艳父兄，附于恶逆，寡人无忌，故进而任之，欲观艳何如。察其中间，形态果见。而温与之结连死生，艳所进退，皆温所为头角，更相表里，共为腹背，非温之党，即就疵瑕，为之生论。又前任温董督三郡，指吏客及残余兵，时恐有事，欲令速归，故授棨戟，奖以威柄。乃便到豫章，表讨宿恶，寡人信受其言，特以绕帐、帐下、解烦兵五千人付之。后闻曹丕自出淮、泗，故豫敕温有急便出，而温悉内诸将，布于深山，被命不至。赖丕自退，不然，已往岂可深计。又殷礼者，本占候召，而温先后乞将到蜀，扇扬异国，为之谈论。又礼之还，当亲本职，而令守尚书户曹郎，如此署置，在温而已。又温语贾原，当荐卿作御史，语蒋康，当用卿代贾原，专衒贾国恩，为己形势。揆其奸心，无所不为。不忍暴于市朝，今斥还本郡，以给厮吏。呜呼温也，免罪为幸！”

将军骆统表理温曰：“伏惟殿下，天生明德，神启圣心，招髦秀于四方，署俊乂于宫朝。多士既受普笃之恩，张温又蒙最隆之施。而温自招罪谴，孤负荣遇，念其如此，诚可悲疚。然臣周旋之间，为国观听，深知其状，故密陈其理。温实心无他情，事无逆迹，但年纪尚少，镇重尚浅，而戴赫烈之宠，体卓伟之才，亢臧否之谈，效褒贬之议。于是务势者妒其宠，争名者嫉其才，玄默者非其谭，瑕衅者

担任显要职位，对待张温超过了早先跟随我的旧臣，哪里想到张温是个凶徒丑类，专门包藏祸心。从前暨艳的父亲兄长，都曾经依附凶徒叛逆，我对此没有忌讳，仍旧提拔任用暨艳，想观察一下暨艳到底是什么样的人。这一段时间仔细观察暨艳的内心，果然原形毕露。而张温却与暨艳结为生死之交，暨艳的所作所为，都由张温发起。两人相互呼应，狼狈为奸，只要不是张温的同党，就对别人的些许瑕疵大加指责，制造舆论。另外我前次让张温总掌豫章等三郡的军事行动，指挥三郡的武吏及残余士卒，当时担心有事发生，想让张温快些回来，所以授予张温棨戟作为出行仪仗，赐奖给张温威权。但张温到豫章以后，上表要讨伐那里长期未能平息的叛贼。我相信并接受了张温的建议，特地将身边的绕帐、帐下、解烦精锐将士五千人交给张温指挥。后来听说曹丕将亲率大军进犯淮、泗一带，所以预先命令张温，如果有紧急情况即率部出击，然而张温却将众将全部归入麾下，布置于深山之中，接到命令以后也没有及时到达。幸赖曹丕自己退走，否则的话，以往的事情难道可以往深处去想吗？还有殷礼这个人，原本是因为擅长占卜算卦才被征召的，而张温却先后请求带殷礼到蜀国，鼓动异国人说殷礼的好话。还有，殷礼返回吴国以后，本来应当恢复原职，而张温却让殷礼兼任尚书户曹郎，这样的安排，全是张温一个人的主意。又有，张温曾告诉贾原说‘我将举荐卿为御史’，对蒋康说‘我将用卿代替贾原的职务，专门炫耀售卖国家赋予的权力，谋取私人利益。测度张温的奸心，实在是无所不为。我不忍心将张温在街市上当众处死暴尸，现将张温遣还原郡，做一个杂役小吏。哎，张温，免于死罪就很幸运了！”

将军骆统上表为张温辩解，说：“殿下天生就具备英明的品行，神灵开启您的圣心，招揽四方贤良入朝廷为官。众臣都深受您的恩泽，特别是张温，更是蒙受最厚的优待。而张温却自招祸患，辜负了您的恩遇，想到他这样，我实在为他难过。但是，臣与他的来往中，为国家而观察，很了解他，所以详细陈述他出事的情由。张温实在是没有别的企图，也没有叛逆的行为，只因年纪尚轻，资历还浅，就蒙受如此显赫的恩宠，施展出卓越的才能，发表论定善恶的

讳其议，此臣下所当详辨，明朝所当究察也。昔贾谊，至忠之臣也，汉文，大明之君也，然而绛、灌一言，贾谊远退。何者？疾之者深，谮之者巧也。然而误闻于天下，失彰于后世，故孔子曰‘为君难，为臣不易’也。温虽智非从横，武非虓虎，然其弘雅之素，英秀之德，文章之采，论议之辨，卓跞冠群，炜晔曜世，世人未有及之者也。故论温才即可惜，言罪则可恕。若忍威烈之赦盛德，宥贤才以敦大业，固明朝之休光，四方之丽观也。国家之于暨艳，不纳之忌族，犹等之平民，是故先见用于朱治，次见举于众人，中见任于明朝，亦见交于温也。

“君臣之义，义之最重，朋友之交，交之最轻者也。国家不嫌于艳为最重之义，是以温亦不嫌与艳为最轻之交也。时世宠之于上，温窃亲之于下也。夫宿恶之民，放逸山险，则为劲寇，将置平土，则为健兵，故温念在欲取宿恶，以除劲寇之害，而增健兵之锐也。但自错落，功不副言。然计其送兵，以比许晏，数之多少，温不减之，用之强羸，温不下之，至于迟速，温不后之，故得及秋冬之月，赴有警之期，不敢忘恩而遗力也。温之到蜀，共誉殷礼，虽臣无境外之交，亦有可原也。境外之交，谓无君命而私相从，非国事而阴相闻者也；若以命行，既修君好，因叙己情，亦使臣之道也。故孔子使邻国，则有私觌之礼。季子聘诸夏，亦有燕谈之义也。古人有言，欲知其君，观其所使，见其下之明明，知其上之赫赫。温若誉礼，能使彼叹之，诚所以昭我臣之多良，明使之得其人，显国美于异境，扬君命于他邦。是以晋赵文子之盟于宋也，称随会于屈建；楚王孙圉之使于晋也，誉左史于赵鞅。亦向他国之辅，而叹本邦之

评说，提出褒贬是非的议案。于是，攀炎附势者垂涎他的恩宠，争名逐利者嫉妒他的才干，沉默的人非议他的评说，违法劣迹者畏惧他的议案，这是臣子当详尽分辨，朝廷应深究细察的。从前，贾谊是极为忠诚的大臣，汉文帝也是英明非凡的君主，然而，周勃、灌婴的一句话，就使贾谊被疏远放逐。为什么呢？就是因为他们深深地忌恨贾谊，诋毁的方法巧妙。这样，使得谬误在天下传扬，过失在后代显明。所以，孔子说‘做君主难，做臣子也难’。张温的智慧虽然比不上战国的策士，武功比不上咆哮的猛虎，但他那优雅的气质，高尚的德行，文笔的流畅，议论的精彩，卓越超群，光彩照人，现在没有谁能赶得上他。所以，以张温的才华是令人惋惜的，论其罪过则是可以饶恕的。如果陛下暂抑虎威，宽宥贤才，这必定会成为光耀朝廷美德于天下的壮丽景观。朝廷对暨艳，不但未将他纳入禁止任官的家族，还把他视同平民，因此，他先被朱治任用，又被众人推举，这才为朝廷所用，同时，也与张温交好。

“君臣间的道义，是道义中最重要的，朋友间的友情，是交情中最轻的。朝廷没有顾虑对暨艳行最重要的道义，那么，张温也就不忌讳与暨艳有最轻的交往。这是主公宠爱暨艳在前，而张温私下接触他在后。凡作恶之人，放任山险之处，就会成为强寇，放置平原，就能成为勇健的士兵。因此，张温在豫章所为是想收取一贯作恶的歹徒，以消除强寇的祸害，同时，也为兵营增添精锐呀！只是他措施不当，结果和想法并不一致。然而，计算他派出的兵力，以许晏相比，数量上，张温不少于他，兵力的强弱，也不比许晏低，进军的速度，也不比许晏慢。所以，他在秋冬相交之季，按作战需要开赴指定地点，不敢忘恩地全力作战。张温出使蜀国，极力称誉殷礼，虽然臣子不应与国外有私交，但是有些事也还是情有可原的。所谓国外的私交，是说没有君命而自己私下的交往，这种私交不是为了国事，而是暗中传递消息。如果是奉君命出使，既沟通了国君之间的友好关系，同时，也利用这个机会联系个人的友情，这也是使臣的正常之道。所以，孔子出使邻国，便有私人相见的礼节。季子询问中原各国，也有私下里闲谈的事。古人说，要想了解一个国君，就看他所派出的使臣，若

臣，经传美之以光国，而不讥之以外交也。王靖内不忧时，外不趋事，温弹之不私，推之不假，于是与靖遂为大怨，此其尽节之明验也。靖兵众之势，干任之用，皆胜于贾原、蒋康，温尚不容私以安于靖，岂敢卖恩以协原、康邪？又原在职不勤，当事不堪，温数对以丑色，弹以急声；若其诚欲卖恩作乱，则亦不必贪原也。凡此数者，校之于事既不合，参之于众亦不验。臣窃念人君虽有圣哲之姿，非常之智，然以一人之身，御兆民之众，从层宫之内，瞰四国之外，照群下之情，求万机之理，犹未易周也，固当听察群下之言，以广聪明之烈。今者人非温既殷勤，臣是温又契阔，辞则俱巧，意则俱至，各自言欲为国，谁其言欲为私，仓卒之间，犹难即别。然以殿下之聪睿，察讲论之曲直，若潜神留思，纤粗研核，情何嫌而不宣，事何昧而不昭哉？温非亲臣，臣非爱温者也。昔之君子，皆抑私忿，以增君明。彼独行之于前，臣耻废之于后，故遂发宿怀于今日，纳愚言于圣听，实尽心于明朝，非有念于温身也。”权终不纳。

后六年，温病卒。二弟祗、白，亦有才名，与温俱废。

骆统字公绪，会稽乌伤人也。父俊，官至陈相，为袁术所害。统母改适，为华歆小妻，统时八岁，遂与亲客归会稽。其母送之，拜

使臣明智，则君主必英明。张温称誉殷礼，使蜀国也赞赏他。此正可以显示我国有众多的贤臣，派出的使臣也很得当，把东吴的美善显示于邻国，将国君的旨意播扬到他邦。正因为如此，晋国的赵文子去宋国会盟，向楚国屈建称赞本国大臣随会；楚国的王孙围出使晋国，在晋大夫赵鞅前赞扬本国的左史倚相。这也是向他国宰辅赞扬本国大臣、经传中赞美他们为本国增誉而不挑剔他们有国外的私交。前鄱阳太守王靖对内不忧朝政，对外不关心战事，张温弹劾他并不是出于私怨，不是作假，但是，王靖对张温竟有了怨恨，这是张温竭尽节操的证明。王靖拥有重兵，任重臣的才能。已超过贾原、蒋康，张温并没有因私利而向王靖谋求己安，又怎敢出卖国家恩惠去拉拢贾原、蒋康呢？再说，贾原做事不勤勉，居官不称职，张温多次严肃地待他，用严厉的言辞责备他。如果张温真想利用权力卖私恩作乱，也不必一定去贪图一个贾原。上述种种，与事实既不相符，向众人查验也没有实证。因此，臣私下考虑，君主虽神明圣哲，智慧超出常人，但是以一己之力，统御全国，由宫中深处去了解天下情况，详知众臣的想法，以求各项政事的治理，仍然是不易做到周全完备的。应倾听详察众臣的进言，以开明察之门。现在，一些人不遗余力地非议张温，而臣却听说张温也很辛苦，双方言辞都很巧妙，意思又都非常清楚，都说自己是为了国家，没有谁说是为了个人私怨，急切间，还真很难辨别出真伪来。然而，以您的明智，若静心留意细察曲直，那么，事情的真相就不会疑而不明、混而不清了。张温不亲近我，我也不偏爱他。从前的君子，都是克制个人的恩怨，添加君主的英明。他们在前代做出卓越的表率，我在以后也以抛弃这种行为为耻。所以，今天抒发我平素的情怀，向陛下坦诚我鄙陋的见解，实在是想尽心于圣明的朝廷，绝非对张温个人有什么顾念之情。”孙权最终也没有采纳骆统的意见。

过了六年，张温因病去世。张温的两个弟弟张祇、张白，虽然也非常有才干名望，却与张温一同被罢黜。

骆统字公绪，他是会稽郡乌伤县人。骆统的父亲骆俊，官做到陈国相，被袁术杀害。骆统的母亲改嫁，做了华歆的妾，骆统当时八

辞上车，面而不顾，其母泣涕于后。御者曰：“夫人犹在也。”统曰：“不欲增母思，故不顾耳。”事適母甚谨。时饥荒，乡里及远方客多有困乏，统为之饮食衰少。其姊仁爱有行，寡归无子，见统甚哀之，数问其故。统曰：“士大夫糟糠不足，我何心独饱！”姊曰：“诚如是，何不告我，而自苦若此？”乃自以私粟与统，又以告母，母亦贤之，遂使分施，由是显名。

孙权以将军领会稽太守，统年二十，试为乌程相，民户过万，咸叹其惠理。权嘉之，召为功曹，行骑都尉，妻以从兄辅女。统志在补察，苟所闻见，夕不待旦。常劝权以尊贤接士，勤求损益，飨赐之日，可人人别进，问其燥湿，加以密意，诱谕使言，察其志趣，令皆感恩戴义，怀欲报之心。权纳用焉。出为建忠中郎将，领武射吏三千人。及凌统死，复领其兵。

是时征役繁数，重以疫疠，民户损耗，统上疏曰：“臣闻君国者，以据疆土为强富，制威福为尊贵，曜德义为荣显，永世胤为丰祚。然财须民生，强赖民力，威恃民势，福由民殖，德俟民茂，义以民行，六者既备，然后应天受祚，保族宜邦。《书》曰：‘众非后无能胥以宁，后非众无以辟四方。’推是言之，则民以君安，君以民济，不易之道也。今强敌未殄，海内未乂，三军有无已之役，江境有不释之备，征赋调数，由来积纪，加以殃疫死丧之灾，郡县荒虚，田畴芜旷，听闻属城，民户浸寡，又多残老，少有丁夫，闻此之日，心若焚燎。思寻所由，小民无知，既有安土重迁之性，且又前后出为兵者，

岁，就同亲戚、宾客一起回会稽。骆统的母亲送他，他拜别母亲上车，背朝母亲而不回头，他母亲在他身后哭泣。驾车的人说：“夫人还在呢。”骆统说：“我不想让母亲增加思念，所以才不回头呀！”骆统侍奉嫡母非常恭谨。当时正值闹饥荒，同乡和远方的客人很多都生活贫困，骆统为此减少饮食。他的姐姐仁爱有德行，死了丈夫回到娘家，没有儿子，见骆统这样，非常同情他，屡次问他其中的缘故。骆统说：“士大夫连粗劣的食物都不够吃，我有什么心思一个人吃饱饭！”他姐姐说：“果真如此，为什么不告诉我，却这样苦自己？”于是把她私人的粮食给骆统，又把这情况告诉母亲，母亲也认为他有贤德，就让他把粮食分给别人，骆统因此出了名。

孙权以将军的身份兼任会稽太守，那时候骆统二十岁，孙权尝试让他在乌程做了相，乌程民家超过万户，都叹服他仁爱宽厚的治理。孙权称许他，征召他为功曹，兼任骑都尉，把自己堂兄孙辅的女儿嫁给骆统。骆统志在补救、察知君主的过失，只要是自己听到或看到的，都立即进谏，不会等到第二天。他常常劝孙权尊敬、接纳贤士，努力探求利弊，逢到赏赐臣下的日子，可以让群臣一个一个地分别进见，询问他们的生活起居，向他们表示关切，用诱导、晓谕的方式，让他们说出心里话，以此考察他们的志趣，使他们都感恩戴德，满怀报答之心。孙权采纳了他的建议。骆统出任建忠中郎将，统领武射吏三千人。等到凌统死去以后，骆统又负责统领凌统的兵马。

当时吴国的兵役和劳役都很繁重，又遇上瘟疫流行，户口越来越少。骆统上疏说：“臣听说治国之人，以占有国土为富强，以掌握刑赏为尊贵，以彰显德义为荣耀，以后代子孙永保君位为大福。但是，财富须民众生产，强大靠民众的力量，刑罚要依据民心所向，赏赐依赖民众的积累，德行要靠民众不断修养才能深厚，道义也要倚仗民众才能推行，以上这六点都具备了，才能顺应天意，接受君位，兴旺家族，和顺国家。《尚书》说：‘民无君则不得安宁，君无民则不能统治四方。’据此推论，百姓依靠君主得到安宁，君主依靠百姓而成就大业，这是永恒的道理。现在强敌未灭，天下未定，三军战事未完，江边的戒备一刻也没有松懈。而赋税力役不断，这种情况已经

生则困苦无有温饱，死则委弃骸骨不反，是以尤用恋本畏远，同之于死。每有征发，羸谨居家重累者先见输送。小有财货，倾居行赂，不顾穷尽。轻剽者则迸入险阻，党就群恶。百姓虚竭，嗷然愁扰，愁扰则不营业，不营业则致穷困，致穷困则不乐生，故口腹急，则奸心动而携叛多也。又闻民间，非居处小能自供，生产儿子，多不起养；屯田贫兵，亦多弃子。天则生之，而父母杀之，既惧干逆和气，感动阴阳。且惟殿下开基建国，乃无穷之业也，强邻大敌非造次所灭，疆埸常守非期月之戍，而兵民减耗，后生不育，非所以历远年，致成功也。夫国之有民，犹水之有舟，停则以安，扰则以危，愚而不可欺，弱而不可胜，是以圣王重焉，祸福由之，故与民消息观时制政。方今长吏亲民之职，惟以办具为能，取过目前之急，少复以恩惠为治，副称殿下天覆之仁，勤恤之德者。官民政俗，日以凋弊，渐以陵迟，势不可久。夫治疾及其未笃，除患贵其未深，愿殿下少以万机余闲，留神思省，补复荒虚，深图远计，育残余之民，阜人财之用，参曜三光，等崇天地。臣统之大愿，足以死而不朽矣。”权感统言，深加意焉。

以随陆逊破蜀军于宜都，迁偏将军。黄武初，曹仁攻濡须，使别将常雕等袭中洲，统与严圭共拒破之，封新阳亭侯，后为濡须督。数陈便宜，前后书数十上，所言皆善，文多故不悉载。尤以占募

延续十多年了，加上瘟灾带来的死亡，各郡县人口贫乏，田地荒芜。臣听说会稽属下各县，民户已经越来越少，且大多为老弱病残，壮丁寥寥无几。听到这个消息时，臣就寻其原因：主要是，百姓不明事理，他们既安于故土不愿轻迁，又看到先后服役的人，活着得不到温饱，死了尸骸抛弃不能回到家园。所以，他们尤恋故土，畏惧远行，把出门远行看成像死一样可怕。每次征调劳役，贫弱、本分、负担重的人先被输送。而稍微有家产的人，则把全部积蓄用来行贿，不惜倾家荡产。轻率剽悍之人就逃进山险之处，与盗匪同伍。百姓生活困顿，饥饿忧愁，因而不去田间劳作，不劳作就穷困，因为穷困，活着就没有乐趣，所以，一旦饿急了，奸邪之心就会萌发，叛逆的人就会多起来。臣又听说，百姓如果不是生活勉强维持，生下儿子大多不养育；国家屯田上的士卒因贫穷，也大都弃儿不养。上天赐予孩子生命，而他们的父母却将他们杀死。臣既担心此种情形会违逆祥和，使阴阳失衡而生灾祸，又想陛下开基建国是绵延万代的大业，强敌不是一时即灭，疆界防守也非短期之事，何况，现在兵民都在不断减少，后来的青年男丁不能养育成人，这不是长久坚持、取得最后胜利的策略。国家有民众，如水上有船一样，稳定就安全，动荡就危险。民众虽愚，却不可欺，虽然软弱，但是不可战胜，所以，圣明的君主都重视民生，知道国家的祸福均取决于此，因而，对民众时紧时松，审视时势，制定政策。地方官本是亲近百姓的职务，但是他们只以完成征发赋税力役为重，且征取的还要超过所需的数量，很少有对百姓施予恩惠、以体现陛下对百姓天覆地盖般仁慈恩德的人。官员的吏政、百姓的习俗，一天天在衰微，这种局面是不可能支撑很久的。治病要在病情轻微时就下手，消除祸患应当在它萌芽之时。望陛下在日理万机中稍微留神考虑，弥补缺陷，谋划远计，养育残存的百姓，让陛下的圣德与三星同辉，与天地共存。这是臣最大的愿望，也足以使臣死而不朽了。”孙权被深深打动，非常重视他提出的意见。

由于骆统随陆逊在宜都打败蜀军，而晋升为偏将军。黄武初年，曹仁进兵濡须，又派将领常雕等人袭击中洲，骆统与严圭共同抗击魏军并打败了他们，封新阳亭侯，后来，任濡须督。骆统多次上

在民间长恶败俗，生离叛之心，急宜绝置，权与相反覆，终遂行之。年三十六，黄武七年卒。

陆瑁字子璋，丞相逊弟也。少好学笃义。陈国陈融、陈留濮阳逸、沛郡蒋纂、广陵袁迪等，皆单贫有志，就瑁游处，瑁割少分甘，与同丰约。及同郡徐原，爰居会稽，素不相识，临死遗书，托以孤弱，瑁为起立坟墓，收导其子。又瑁从父绩早亡，二男一女，皆数岁以还，瑁迎摄养，至长乃别。州郡辟举，皆不就。

时尚书暨艳盛明臧否，差断三署，颇扬人暗昧之失，以显其谪。瑁与书曰："夫圣人嘉善矜愚，忘过记功，以成美化。加今王业始建，将一大统，此乃汉高弃瑕录用之时也，若令善恶异流，贵汝颍月旦之评，诚可以厉俗明教，然恐未易行也。宜远模仲尼之泛爱，中则郭泰之弘济，近有益于大道也。"艳不能行，卒以致败。

嘉禾元年，公车征瑁，拜议郎、选曹尚书。孙权忿公孙渊之巧诈反覆，欲亲征之，瑁上疏谏曰："臣闻圣王之御远夷，羁縻而已，不常保有，故古者制地，谓之荒服，言慌惚无常，不可保也。今渊东夷小丑，屏在海隅，虽托人面，与禽兽无异。国家所为不爱货宝远以加之者，非嘉其德义也，诚欲诱纳愚弄，以规其马耳。渊之骄黠，恃远负命，此乃荒貊常态，岂足深怪？昔汉诸帝亦尝锐意以事外夷，驰使散货，充满西域，虽时有恭从，然其使人见害，财货并没，

书陈述有利于时政的见解，前后几十次，因为文字太多，不能全部记载。骆统认为，托名隐居以诱君主招募的行为在民间助长了邪恶，败坏了习俗，容易产生叛逆，应马上停止对这种人的任用，孙权和他反复争辩，最后，还是采用了他的办法。三十六岁的时候，骆统于黄武七年去世。

陆瑁，字子璋，他是丞相陆逊的弟弟。小时候好学，重情义。陈国人陈融、陈留人濮阳逸、沛郡人蒋纂、广陵人袁迪等，都是出身平民而志向高远的人，他们都与陆瑁交游相处，陆瑁每每拿出珍品美味，与他们共享。徐原，移居会稽，虽与他素不相识，却于临死前留下书信，将年幼的孤儿托付给他，陆瑁为之安葬并修建坟墓，收养教育他的儿子。又，陆瑁的叔父陆绩早亡，留下两儿一女，都在几岁的时候回到家乡，陆瑁将他们接到家中抚养，待他们都长大后才分开。州郡征召举荐陆瑁，他都没去赴任。

当时，尚书暨艳很是善于褒贬人物，在选择议定三署官员时，常常揭露别人见不得人的短处，公开那些人的错误。陆瑁给他写信说："圣人总是鼓励善良，同情愚昧，不记他人的过失，牢记别人的功绩，因而形成良好的风气。如今，王业刚刚建立，将来还要统一天下，这正是汉高祖弃人缺陷不计而对其加以任用的时候。如果要将谁好谁坏弄清楚，崇尚汝颍喜评人物的风气，确实可以达到整饬风俗，昭明教化的作用，然而，实行起来恐怕不是很容易。现在，应该远效孔子泛爱众人、中学郭泰提携人才的大度，近则从有益于统一大业的角度去谋划。"暨艳没有按照陆瑁说的去做，最终失败。

嘉禾元年，朝廷用公车征召陆瑁，拜为议郎、选曹尚书。孙权讨厌公孙渊的反复无常，预备亲征辽东。陆瑁上书劝谏说："我听说英明的君主统治蛮夷，只是远远的加以控制抚慰而已，并没有长守那里。因此，古时制定地域名称，称为'荒服'，就是说，这些地方没有常规而无法稳定，不能长期占有。公孙渊只能算个东部蛮夷小丑，远隔沿海一隅，虽生的是人面，其实和禽兽一样。陛下，您之所以不惜财宝长途跋涉去赏他，并非嘉奖他有什么仁德，其实，是要借此引诱、招纳他，来取得他们的马匹为用。公孙渊骄横狡猾，倚仗地处偏

不可胜数。今陛下不忍悁悁之忿，欲越巨海，身践其土，群臣愚议，窃谓不安。何者？北寇与国，壤地连接，苟有间隙，应机而至。夫所以越海求马，曲意于渊者，为赴目前之急，除腹心之疾也，而更弃本追末，捐近治远，忿以改规，激以动众，斯乃猾虏所愿闻，非大吴之至计也。又兵家之术，以功役相疲，劳逸相待，得失之间，所觉辄多。且沓渚去渊，道里尚远，今到其岸，兵势三分，使强者进取，次当守船，又次运粮，行人虽多，难得悉用；加以单步负粮，经远深入，贼地多马，邀截无常。若渊狙诈，与北未绝，动众之日，唇齿相济。若实孑然无所凭赖，其畏怖远迸，或难卒灭。使天诛稽于朔野，山虏承间而起，恐非万安之长虑也。”权未许。

瑁重上疏曰：“夫兵革者，固前代所以诛暴乱，威四夷也，然其役皆在奸雄已除，天下无事，从容庙堂之上，以余议议之耳。至于中夏鼎沸，九域盘互之时，率须深根固本，爱力惜费，务自休养，以待邻敌之阙，未有正于此时，舍近治远，以疲军旅者也。昔尉佗叛逆，僭号称帝，于时天下乂安，百姓殷阜，带甲之数，粮食之积，可谓多矣，然汉文犹以远征不易，重兴师旅，告喻而已。今凶桀未殄，疆场犹警，虽蚩尤、鬼方之乱，故当以缓急差之，未宜以渊为先。愿陛下抑威任计，暂宁六师，潜神嘿规，以为后图，天下幸甚。”权再览瑁书，嘉其词理端切，遂不行。

远而反复无常，这是蛮夷常有的情况，不值得过分奇怪。当年，汉代各先皇也曾全力去结交境外的蛮夷，派出的使者和散发的财物，在西域随处可见。虽然有些蛮夷也表示臣服，但是，使臣被杀、财物被抢的事，也常常发生。现在，陛下抑不住怒气，要跨海亲征，亲身踏上蛮夷的土地，群臣议论虽不高明，却都认为不妥。为什么呢？北边的曹魏与我国接壤，如果我方一动，他们定会乘虚而入。我们之所以要远渡大海求取马匹，曲意敷衍公孙渊，就是为了解救目前的急难，去除曹魏这个心腹大患。现在却弃本求末、弃近求远，因愤恨而变更策略动用兵马，这是曹魏所愿意看到的，不是我东吴最好的计划。兵家之策，是疲惫敌方，以逸待劳，而待对方发觉以后，得失已相差很多。况且，沓渚离公孙渊，路程尚远。我大军到达其海岸，就要兵分三路，一要派精兵进取，二要留下兵马守船，三要用人马运送粮草。出征的人虽然很多，也很难全部用上，加上长途背粮，入敌腹地，而贼人马多，随时都可以拦截我们。倘若公孙渊再趁机与曹魏联系，那样，我们出兵的时候他们就会互相援助。如果他确是没有依靠，也会因惧怕而远逃，很难马上消灭。如陛下大军滞留在北方原野，而山越贼寇又乘机叛乱，这就不是完备的长远谋略。”孙权没有同意他的建议。

陆瑁又上书说：“凡武器军备，本是前代用以诛暴伐乱、威慑四夷的工具，然而这种事情都是在奸雄已经消除，天下太平，君臣悠闲地坐在朝堂之上，放在最次要的地位谈谈罢了。至于中原纷扰混乱，九州盘根错节的时候，大抵必须深根固本，爱护兵力并且珍惜费用，致力于自身的休养生息，来等待邻近敌人的疏失，没有正处在这样的时期，反而要舍近求远，使军队疲惫奔驰的做法。从前尉佗叛逆，超越他的本分自称皇帝，当时天下太平，百姓殷实富足，甲兵的数量，粮食的储备，可以说是很多的了，但是汉文帝还是认为远征并非易事，对发动大军十分慎重，结果也只是告诫晓谕尉佗而已。如今凶残的大敌还未消灭，边境尚需警戒防备，因而即使有蚩尤、鬼方那样的原地叛乱，也应当以缓急不同而加以区分，而不应当把公孙渊视为国家的当务之急。希望陛下克制威怒而多多筹谋，暂且稳定六军，

初，瑁同郡闻人敏见待国邑，优于宗修，惟瑁以为不然，后果如其言。

赤乌二年，瑁卒。子喜亦涉文籍，好人伦，孙晧时为选曹尚书。

吾粲字孔休，吴郡乌程人也。孙河为县长，粲为小吏，河深奇之。河后为将军，得自选长吏，表粲为曲阿丞，迁为长史，治有名迹。虽起孤微，与同郡陆逊、卜静等比肩齐声矣。孙权为车骑将军，召为主簿，出为山阴令，还为参军校尉。

黄武元年，与吕范、贺齐等俱以舟师拒魏将曹休于洞口。值天大风，诸船绠绁断绝，漂没著岸，为魏军所获，或覆没沈溺，其大船尚存者，水中生人皆攀缘号呼，他吏士恐船倾没，皆以戈矛撞击不受。粲与黄渊独令船人以承取之，左右以为船重必败，粲曰："船败，当俱死耳！人穷，奈何弃之。"粲、渊所活者百余人。

还，迁会稽太守，召处士谢谭为功曹，谭以疾不诣，粲教曰："夫应龙以屈伸为神，凤皇以嘉鸣为贵，何必隐形于天外，潜鳞于重渊者哉？"粲募合人众，拜昭义中郎将，与吕岱讨平山越，入为屯骑校尉、少府，迁太子太傅。遭二宫之变，抗言执正，明嫡庶之分，欲使鲁王霸出驻夏口，遣杨竺不得令在都邑。又数以消息语陆逊，逊时驻武昌，连表谏争。由此为霸、竺等所谮害，下狱诛。

专心地冷静思量，以制定将来适用的宏图，天下人将因此而非常庆幸。”孙权再度见到陆瑁的上书，称赏他的言辞义理正当切实，就放弃亲征。

当初，陆瑁的同郡人闻人敏在国都很受优待，有人认他强于宗修，只有陆瑁觉得并非那么回事，后来果然印证了他的看法。

赤乌二年，陆瑁去世。儿子陆喜也熟读典章，喜欢品评人物，孙晧执政时任选曹尚书。

吾粲，字孔休，他是吴郡乌程人。孙河任乌程县长时，吾粲是他属下的小吏，孙河很是器重他。之后，孙河升任将军，可以自己选用属下各县的县令长，便奏请朝廷任吾粲为曲阿县丞，后升任将军府长史，很有政绩。吾粲出身虽微，但与同郡的陆逊、卜静等人的名声一样高。孙权任车骑将军时，征召他为主簿，出任山阴县令，回来后在孙权身边任参军校尉。

黄武元年，吾粲和吕范、贺齐等人都率领水军到洞口抵御魏将曹休。正好遇上大风，联结船只的缆绳被刮断，有的船漂到对岸，被魏军所获，有的倾覆沉没，一些未被毁坏的大船边上，落水的士兵都攀着船沿呼救，船上的官兵担心大船倾翻，都用戈矛击打，不让落水者上船。只有吾粲和黄渊命令自己船上的兵士救援落水者，有人以为，船载重过量一定会倾覆。吾粲说：“船翻了，大家就一起死！现在有人有了危难，怎能抛弃他。”被吾粲、黄渊救活的士兵有一百多人。

回来后，晋升吾粲做了会稽太守，他邀请隐士谢谭任功曹，谢谭找了个借口有病不去，吾粲开导他说：“龙因能屈能伸才成为神灵，凤凰因善鸣叫才成为珍奇，为什么一定要在天外隐形，在深渊潜伏鳞甲呢？”吾粲招募了许多人马，被任命为昭义中郎将，随吕岱讨伐平定了山越，又入朝任屯骑校尉、少府，后来，升任太子太傅。正好赶上太子孙和、鲁王孙霸发生变故，吾粲直言申明嫡庶的区别，并建议让鲁王孙霸去驻守夏口，又将杨竺放逐出京。此外，吾粲还多次把消息传递陆逊。当时，陆逊驻守武昌，他也连续上表规劝。因此，吾粲遭

朱据字子范，吴郡吴人也。有姿貌膂力，又能论难。黄武初，征拜五官郎中，补侍御史。是时选曹尚书暨艳，疾贪污在位，欲沙汰之。据以为天下未定，宜以功覆过，弃瑕取用，举清厉浊，足以沮劝，若一时贬黜，惧有后咎。艳不听，卒败。

权咨嗟将率，发愤叹息，追思吕蒙、张温，以为据才兼文武，可以继之，由是拜建义校尉，领兵屯湖孰。黄龙元年，权迁都建业，征据尚公主，拜左将军，封云阳侯。谦虚接士，轻财好施，禄赐虽丰而常不足用。嘉禾中，始铸大钱，一当五百。后据部曲应受三万缗，工王遂诈而受之，典校吕壹疑据实取，考问主者，死于杖下，据哀其无辜，厚棺敛之。壹又表据吏为据隐，故厚其殡。权数责问据，据无以自明，藉草待罪。数月，典军吏刘助觉，言王遂所取，权大感寤，曰："朱据见枉，况吏民乎？"乃穷治壹罪，赏助百万。

赤乌九年，迁骠骑将军。遭二宫构争，据拥护太子，言则恳至，义形于色，守之以死，遂左迁新都郡丞。未到，中书令孙弘谮润据，因权寝疾，弘为诏书追赐死，时年五十七。孙亮时，二子熊、损各复领兵，为全公主所谮，皆死。永安中，追录前功，以熊子宣袭爵云阳侯，尚公主。孙晧时，宣至骠骑将军。

评曰：虞翻古之狂直，固难免乎末世，然权不能容，非旷宇也。陆绩之于扬《玄》，是仲尼之左丘明，老聃之严周矣；以瑚琏之

到孙霸、杨竺等人的陷害，被关进监狱处死。

朱据，字子范，他是吴郡吴县人。相貌英俊、强壮有力，又善于辞辩。黄武初年，朱据被征召为五官郎中，又补任为侍御史。那时候，选曹尚书暨艳痛恨贪官污吏在位，想要罢黜他们。朱据认为，天下尚未平定，应当让这些人将功补过，摒弃缺点而用人之长，选举清廉的人让贪妄的人改过自新，这样就能阻止奸邪，鼓励清廉，如果一上来就将他们罢免，恐怕会引起后患。暨艳不听从，终于失败。

孙权感叹将帅乏人，常烦恼叹息，追思吕蒙、张温，认为朱据文武兼备，可承担重任。因此任命他为建义校尉，统军屯驻湖孰。黄龙元年，孙权迁都建业，召朱据回京，娶公主为妻，任命为左将军，封云阳侯。朱据谦虚待人，轻财好施，俸禄赏赐虽然都非常丰厚，却常入不敷出。嘉禾年间，东吴开始铸造大钱，一个大钱相当于五百小钱。后来，朱据的兵营应该领钱三万缗，都被工匠王遂使诈冒领。典校吕壹怀疑是朱据自己领走，就拷问主管财物的人，此人死在杖刑之下。朱据哀怜他的无辜冤死，就选用质地优良的棺木装殓他。吕壹又上表诬陷这个属官为朱据隐瞒，因为朱据厚葬了这个人。孙权多次责问朱据，朱据没有办法表白自己，就坐在草垫上等待治罪。数月之后，典军吏刘助查明了事情的真相，报告说钱是王遂贪污的，孙权十分感慨地说："朱据尚且被冤枉，何况一般的官员百姓呢？"于是，就彻底追究吕壹的罪责，奖赏刘助一百万钱。

赤乌九年，朱据升为骠骑将军。碰到两宫明争暗斗，朱据拥护太子孙登，说得很诚恳，正义之色现于颜面，下定决心以死捍卫太子的权利，于是被降职出任新都郡丞，还未到任，中书令孙弘进一步谗毁朱据，并趁孙权卧病在床之机，伪造诏书追加赐死命令。这一年朱据五十七岁。孙亮执政时，朱据的两个儿子朱熊、朱损又各自领兵，被全公主谗毁，都遇害而死。永安年间，皇帝追录朱据过去的功绩，让朱熊的儿子朱宣继承云阳侯的爵位，娶公主为妻。孙晧在位期间，朱宣官至骠骑将军。

评论说：虞翻是古代狂放直率型的人，本就难于在乱世中免灾，然而，孙权不能容纳他，可见，孙权也不是心胸宽广之人。陆绩

器，而作守南越，不亦贼夫人欤！张温才藻俊茂，而智防未备，用致艰患。骆统抗明大义，辞切理至，值权方闭不开。陆瑁笃义规谏，君子有称焉。吾粲、朱据遭罹屯蹇，以正丧身，悲夫！

对于扬雄《太玄经》的功绩，诚如左丘明于孔丘之《春秋》、庄周于老聃的《老子》一样。他本为国之栋梁，却外派驻守南越，这是对人才的践踏啊！张温才华横溢，却因为不能自我保护而招来灾祸。骆统虽坚守道义，理正词严，偏偏赶上孙权闭塞视听、言路不开的时候。陆瑁恪守节义，直言劝谏，君子对他很赞赏。吾粲、朱据身遭危厄，都因正直而殒命，实在可悲呀！

卷五十八　吴书十三

陆逊传第十三

陆逊字伯言，吴郡吴人也。本名议，世江东大族。逊少孤，随从祖庐江太守康在官。袁术与康有隙，将攻康，康遣逊及亲戚还吴。逊年长于康子绩数岁，为之纲纪门户。

孙权为将军，逊年二十一，始仕幕府，历东西曹令史，出为海昌屯田都尉，并领县事。县连年亢旱，逊开仓谷以赈贫民，劝督农桑，百姓蒙赖。时吴、会稽、丹杨多有伏匿，逊陈便宜，乞与募焉。会稽山贼大帅潘临，旧为所在毒害，历年不禽。逊以手下召兵，讨治深险，所向皆服，部曲已有二千余人。鄱阳贼帅尤突作乱，复往讨之，拜定威校尉，军屯利浦。

权以兄策女配逊，数访世务，逊建议曰："方今英雄棋跱，豺狼窥望，克敌宁乱，非众不济。而山寇旧恶，依阻深地。夫腹心未平，难以图远，可大部伍，取其精锐。"权纳其策，以为帐下右部督。会丹杨贼帅费栈受曹公印绶，扇动山越，为作内应，权遣逊讨栈。栈支党多而往兵少，逊乃益施牙幢，分布鼓角，夜潜山谷间，鼓噪而前，应时破散。遂部伍东三郡，强者为兵，羸者补户，得精卒数万人，宿恶荡除，所过肃清，还屯芜湖。

陆逊字伯言，他是吴郡吴县人。原来的名字叫议，世代为江东大族。陆逊年少时父亲去世，随堂祖父庐江太守陆康在庐江任所。袁术与陆康有仇，准备攻打陆康，陆康叫陆逊及亲戚回到吴县。陆逊比陆康的儿子陆绩长几岁，便替陆绩管理家务。

孙权做将军时，陆逊二十一岁，开始在将军府中做官，曾经任东西曹令史，后来出任海昌屯田都尉，并兼县令。这个县连年大旱，陆逊开仓放粮以救济贫民，劝勉督促农桑生产，使百姓蒙受利益。当时，吴、会稽、丹杨三郡很多老百姓因逃避赋役而藏匿起来，陆逊向孙权陈述便国利民的事，请求孙权招募他们。会稽郡山越的首领潘临，很久以来成为当地的一大祸害，历年官府都想能够捉住他，多年没能抓获。陆逊率领手下招募的兵，进入深山险地实行讨伐，所到之处山越都被降服，陆逊部队发展到二千多人。鄱阳县贼帅尤突作乱，陆逊又前往讨伐，孙权任命他为定威校尉，驻兵利浦。

孙权把哥哥的女儿许配给陆逊，多次向他询问对当世局势的看法，陆逊提出建议说："当今英雄各据一方相持争霸，像豺狼一般窥测时机，要战胜敌人平定祸乱，没有大量的人马是办不到的。然而山贼是早就存在的祸患，与我们素不相和，倚仗着险要地势藏在深山中。内乱没有平定，就难以图谋远方的敌人，我们应当扩大队伍，从中挑选精锐兵士。"孙权采纳了陆逊的计策，任命他为帐下右部督。正好赶上丹杨贼寇头领费栈接受了曹操的官职，煽动山越人作乱，以此来为曹操进攻做内应，于是孙权派陆逊去讨伐费栈，费栈的党羽众多，而陆逊的兵众很少，陆逊就增设旌旗，分置战鼓和号角，深夜潜伏在山谷间，突然间擂鼓前进，费栈的人马一下子就被打得四散败逃。陆逊整编东部三郡的人马，强壮的人继续留在军营，病弱的人返回地方安户，这样一来得到了数以万计的精锐士卒。长期作乱

会稽太守淳于式表逊枉取民人，愁扰所在。逊后诣都，言次，称式佳吏，权曰："式白君而君荐之，何也？"逊对曰："式意欲养民，是以白逊。若逊复毁式以乱圣听，不可长也。"权曰："此诚长者之事，顾人不能为耳。"

吕蒙称疾诣建业，逊往见之，谓曰："关羽接境，如何远下，后不当可忧也？"蒙曰："诚如来言，然我病笃。"逊曰："羽矜其骁气，陵轹于人。始有大功，意骄志逸，但务北进，未嫌于我，有相闻病，必益无备。今出其不意，自可禽制。下见至尊，宜好为计。"蒙曰："羽素勇猛，既难为敌，且已据荆州，恩信大行，兼始有功，胆势益盛，未易图也。"蒙至都，权问："谁可代卿者？"蒙对曰："陆逊意思深长，才堪负重，观其规虑，终可大任。而未有远名，非羽所忌，无复是过。若用之，当令外自韬隐，内察形便，然后可克。"权乃召逊，拜偏将军右部督代蒙。

逊至陆口，书与羽曰："前承观衅而动，以律行师，小举大克，一何巍巍！敌国败绩，利在同盟，闻庆拊节，想遂席卷，共奖王纲。近以不敏，受任来西，延慕光尘，思禀良规。"又曰："于禁等见获，遐迩欣叹，以为将军之勋足以长世，虽昔晋文城濮之师，淮阴拔赵之略，蔑以尚兹。闻徐晃等少骑驻旌，窥望麾葆。操猾虏也，忿不思难，恐潜增众，以逞其心。虽云师老，犹有骁悍。且战捷之后，常苦轻敌，古人杖术，军胜弥警，愿将军广为方计，以全独克。仆书生疏迟，忝所不堪，喜邻威德，乐自倾尽，虽未合策，犹可怀也。傥明注仰，有以察之。"羽览逊书，有谦下自托之意，意大安，无复所

的贼寇全部剿灭，军队所到之处即得安宁，陆逊返回屯驻在芜湖。

会稽太守淳于式上奏陆逊违法征用劳力，使所辖地百姓愁苦不堪。之后，陆逊到京觐见孙权，还在孙权面前称赞淳于式是个清官。孙权问道："淳于式告你的状而你却赞赏他，这是为什么？"陆逊回答说："淳于式意在养民，所以告发我。如果我再诋毁他就会蒙混您的视听，这种风气不能助长啊。"孙权说："这真是厚道人的做法啊，只是一般人做不到罢了。"

吕蒙有病回到建业，陆逊去探望他时说："关羽和您隔江而望，您远离驻地而回就没有后顾之忧吗？"吕蒙说："确如你所讲，但我的确病得很重。"陆逊说："关羽自恃勇猛，欺压别人，因为立有大功，便目中无人，意定神闲，一味向北进攻魏国，对我不存戒心。如果把您有病的消息传过去，他一定更加没有防备。然后，我们出其不意，一定能捉住他。您见到主公，应当很好地谋划一下。"吕蒙说："关羽勇猛，确实难以和他抗衡，何况他已经占据荆州，当地百姓又归心于他，再加上他刚刚立了大功，胆气更加旺盛，不易谋取啊！"吕蒙见到孙权，孙权问他："谁能接替您？"吕蒙回答说："陆逊思虑深远，我听他的谋划，以后一定能担当大任。再说他没有什么名气，不是关羽所忌惮的人，只有他是最合适的人选。如果用他，应让他深藏不露，暗中寻机，方可消灭关羽。"于是，孙权召见陆逊，任命他为偏将军右部督来代替吕蒙。

陆逊到陆口后，给关羽写了一封信，说："在此之前蒙您细心观察有利时机，带领军队出征曹军，以较小的举动，获得重大的胜利，战绩是多么辉煌啊！敌国惨败，对于身为盟国的我们也是有利的，所以听到喜讯后，我们都击节叫好，并衷心希望您继续进军席卷北方，和我们共同辅助王室大业，维持纲纪。近来，我这个才能微薄的人接受任命来到此地，我十分景仰您的风采，希望受到您善意的教诲。"还说："于禁等人被您擒获，远近都欢欣赞叹，认为将军您的功绩足以流芳百世，即便是当年晋文公城濮之战的军队、淮阴侯韩信攻取赵国的出色战略，都比不上您这次的功勋。我听说徐晃等人又屯聚起少量兵力，窥视您的动向。曹操是个狡猾的敌人，因为失败

嫌。逊具启形状，陈其可禽之要。权乃潜军而上，使逊与吕蒙为前部，至即克公安、南郡。逊径进，领宜都太守，拜抚边将军，封华亭侯。备宜都太守樊友委郡走，诸城长吏及蛮夷君长皆降。逊请金银铜印，以假授初附。是岁建安二十四年十一月也。

逊遣将军李异、谢旌等将三千人，攻蜀将詹晏、陈凤。异将水军，旌将步兵，断绝险要，即破晏等，生降得凤。又攻房陵太守邓辅、南乡太守郭睦，大破之。秭归大姓文布、邓凯等合夷兵数千人，首尾西方。逊复部旌讨破布、凯。布、凯脱走，蜀以为将。逊令人诱之，布帅众还降。前后斩获招纳，凡数万计。权以逊为右护军、镇西将军，晋封娄侯。

时荆州士人新还，仕进或未得所，逊上疏曰："昔汉高受命，招延英异，光武中兴，群俊毕至，苟可以熙隆道教者，未必远近。今荆州始定，人物未达，臣愚，乞普加覆载抽拔之恩，令并获自进，然后四海延颈，思归大化。"权敬纳其言。

而被激怒就更不会考虑危难，恐怕会暗中增兵，以图实现他的野心。虽然说他的军队出征已久，战斗力不强，但还是有一些凶猛强悍的士兵。况且打了胜仗之后，往往会因轻敌而吃大苦头。古人依仗兵法，在军队得胜后会更加警惕，我希望将军多方采取措施，来保全您建树的战功。我是一介书生，才疏智钝，担任了不能胜任的要职，值得高兴的是我能与您这样德行出众威望崇高的将军为邻，我非常乐意向您倾诉内心的想法，虽然未必合乎将军您的谋略，也总算表达了我的心愿。如蒙您关注，您必定会明察出来。”关羽看过陆逊的来信，有表示谦卑和请求庇护的意思，大为放心，不再有什么顾忌。陆逊向孙权详细汇报这里的情况，陈述了关羽可以擒获的关键所在。孙权便暗中率军沿长江西上，任命陆逊和吕蒙为前锋指挥，迅速攻占公安和南郡。陆逊领兵长驱直入，兼任宜都太守，被授为抚边将军，封华亭侯。刘备委派的宜都郡太守樊友弃城逃走，各城邑的长官以及蛮夷头领也都纷纷投降。陆逊请求发给他们金银铜印，代表孙权分别授给这些刚刚归顺的人。这一年是建安二十四年十一月。

陆逊派将军李异、谢旌等人率三千兵，进击蜀将詹晏、陈凤。李异带领水军，谢旌率步兵，截断险要之地，很快就打败詹晏等人，生擒收降了陈凤。又进击房陵太守邓辅、南乡太守郭睦，大败他们。秭归的豪强大族文布、邓凯等人联合蛮夷，有兵众几千人，和西蜀联结。陆逊又部署谢旌打败了他们。文布、邓凯逃脱，蜀国任他们为将领，陆逊派人去诱降，文布率兵回来投降。这次前后斩杀、俘虏、招降了好几万人。孙权任陆逊为右护军，镇西将军，晋封他为娄侯。

那时候荆州流亡的士人刚刚回来不久，有的人还没安排合适的官位，陆逊上疏说：“从前汉高祖登位，招纳延用优异人才，光武中兴，众多杰出人物都来归附，只要可以使政教昌明，用人不一定要考虑关系的远近亲疏。现在荆州刚刚安定，有才德名望的人尚未显达，臣以勤恳恭谨的愚忠，请您普施培养提拔之恩，使他们都得以进用，这样，天下的人都会引颈倾慕，希望归服于您广大深远的教化。”孙权认真地采纳了陆逊的建议。

黄武元年，刘备率大众来向西界，权命逊为大都督、假节，督朱然、潘璋、宋谦、韩当、徐盛、鲜于丹、孙桓等五万人拒之。备从巫峡、建平连围至夷陵界，立数十屯，以金锦爵赏诱动诸夷，使将军冯习为大督，张南为前部，辅匡、赵融、廖淳、傅肜等各为别督，先遣吴班将数千人于平地立营，欲以挑战。诸将皆欲击之，逊曰："此必有谲，且观之。"备知其计不可，乃引伏兵八千，从谷中出。逊曰："所以不听诸君击班者，揣之必有巧故也。"逊上疏曰："夷陵要害，国之关限，虽为易得，亦复易失。失之非徒损一郡之地，荆州可忧。今日争之，当令必谐。备干天常，不守窟穴，而敢自送。臣虽不材，凭奉威灵，以顺讨逆，破坏在近。寻备前后行军，多败少成，推此论之，不足为戚。臣初嫌之，水陆俱进，今反舍船就步，处处结营，察其布置，必无他变。伏愿至尊高枕，不以为念也。"诸将并曰："攻备当在初，今乃令入五六百里，相衔持经七八月，其诸要害皆以固守，击之必无利矣。"逊曰："备是猾虏，更尝事多，其军始集，思虑精专，未可干也。今住已久，不得我便，兵疲意沮，计不复生，掎角此寇，正在今日。"乃先攻一营，不利。诸将皆曰："空杀兵耳。"逊曰："吾已晓破之之术。"乃敕各持一把茅，以火攻拔之。一尔势成，通率诸军同时俱攻，斩张南、冯习及胡王沙摩柯等首，破其四十余营。备将杜路、刘宁等穷逼请降。备升马鞍山，陈兵自绕。逊督促诸军四面蹙之，土崩瓦解，死者万数。备因夜遁，驿人自担烧铙铠断后，仅得入白帝城。其舟船器械，水步军资，一时略尽，尸骸漂流，塞江而下。备大惭恚，曰："吾乃为逊所折辱，岂非天邪！"

黄武元年，刘备带领大军来进击西界，孙权让陆逊做大都督、假节，督率朱然、潘璋、宋谦、韩当、徐盛、鲜于丹、孙桓等五万人抵御。刘备从巫峡、建平连营到夷陵界，建立了几十个营寨，以黄金、蜀锦、爵位和种种赏赐诱动这一带的蛮夷，任用将军冯习为主将，张南为前部统领，辅匡、赵融、廖淳、傅彤等各为别部将领。先遣吴班率领几千人在平地立营，想以此来挑战。诸将都主张攻，陆逊说："这当中必定有诈，我们姑且观察观察。"刘备知道此计不成，就带了八千伏兵，从山谷中出来。陆逊说："之所以不让你们进攻吴班，是揣测他定有诡诈的缘故。"陆逊上疏孙权说："夷陵是个要害之地，是国家的一道关隘，虽然说容易取得，但也容易失掉。失掉了不但损失一郡之地，整个荆州都会忧虑。现在我们争夺此地，一定要保证成功。刘备违背天理，不守巢穴，而敢来送死，臣虽然不才，仰仗您的神威，以顺讨逆，打败敌人，就在近日。查看刘备前后用兵，败多胜少，由此推论，不足为忧。我起初担心他水陆并进，而他现在反而舍船就步，处处结营，看他的布置，必定没有其他变故。伏愿主上高枕无忧，不必挂念。"诸将却说："进攻刘备应在当初，而今竟然让他深入五六百里，双方相持经七八个月，他的各处险要都已固守，此时发动攻击必然得不到好处。"陆逊说："刘备是个狡猾的敌人，他经历的事情多，当他的军队开始集结的时候，思虑专精，不可轻易进犯。现在驻扎已久，没捞到我们的好处，士兵疲敝，意志沮丧，无计可施，夹击此敌，正在今日。"于是陆逊下令先攻一营，不利，诸将都说："白拿士兵去送死罢了。"陆逊说："我已经知道攻破敌人的方法了。"便下令士兵各持一把茅草，以火攻击溃敌营。当取胜之势形成，陆逊就统率诸军同时进攻，斩张南、冯习及胡王沙摩柯等人首级，攻破敌军四十余营。刘备部将杜路、刘宁等走投无路，乞求投降。刘备登上马鞍山，布置军队环卫自己。陆逊督促诸军四面逼攻，敌军土崩瓦解，死者上万。刘备乘夜逃走，驿站的人员将溃兵丢下的铙、铠甲担至隘口焚烧，来阻挡后面的追兵，刘备才得以逃进白帝城。蜀军的舟船器械、水军步兵的物资，一时之间几乎全部损失，尸骸漂流而下，塞满了江面。刘备非常惭愧愤恨，说："我竟被陆逊所侮辱，这

初，孙桓别讨备前锋于夷道，为备所围，求救于逊。逊曰：“未可。”诸将曰：“孙安东公族，见围已困，奈何不救？”逊曰：“安东得士众心，城牢粮足，无可忧也。待吾计展，欲不救安东，安东自解。”及方略大施，备果奔溃。桓后见逊曰：“前实怨不见救，定至今日，乃知调度自有方耳。”

当御备时，诸将军或是孙策时旧将，或公室贵戚，各自矜恃。不相听从。逊案剑曰：“刘备天下知名，曹操所惮，今在境界，此强对也。诸君并荷国恩，当相辑睦，共翦此虏，上报所受，而不相顺，非所谓也。仆虽书生，受命主上。国家所以屈诸君使相承望者，以仆有尺寸可称，能忍辱负重故也。各任其事，岂复得辞！军令有常，不可犯矣。”及至破备，计多出逊，诸将乃服。权闻之，曰：“君何以初不启诸将违节度者邪？”逊对曰：“受恩深重，任过其才。又此诸将或任腹心，或堪爪牙，或是功臣，皆国家所当与共克定大事者。臣虽驽懦，窃慕相如、寇恂相下之义，以济国事。”权大笑称善，加拜逊辅国将军，领荆州牧，即改封江陵侯。

又备既住白帝，徐盛、潘璋、宋谦等各竞表言备必可禽，乞复攻之。权以问逊，逊与朱然、骆统以为曹丕大合士众，外托助国讨备，内实有奸心，谨决计辄还。无几，魏军果出，三方受敌也。

备寻病亡，子禅袭位，诸葛亮秉政，与权连和。时事所宜，权

难道不是天意吗！”

起初，孙桓另外带领一军到夷道攻打刘备的先锋，被蜀军包围，孙桓向陆逊请求支援。陆逊说：“不行。”众将说：“安东将军孙桓是主上同宗，他被围遇险，怎能不去援救呢？”陆逊说：“安东将军深得将士爱戴，夷道城池坚固，粮食充足，不必担忧。待我的计策得以实施，到时候将不救安东其围自解。”果然，陆逊方略施行，蜀军奔逃溃散。后来，孙桓见到陆逊说：“先前我确实怨恨您不肯救我，今大局已定，才知道您调动有方啊！”

当陆逊抵御刘备的时候，属下众将有的是孙策时的原来的将士，有的是吴国的皇亲国戚，都很骄傲自负，互相不服，不听从指挥。陆逊握着宝剑说：“刘备是天下闻名的人，曹操都怕，现在刘备侵入我国境内，这可是强大的对手。各位身受国家的恩惠，应该和睦相处，共同消灭这个敌人，以上报国恩，但是现在互相不服顺，这不是应该做的事。尽管我是一介书生，却受命于主上。国家所以要委屈各位接受我指挥的原因，是认为我还有些许长处值得称道，能够忍辱负重的缘故。各位都应该做好自己的事，哪里能再不服从命令！军令有常法，是不可违犯的。”等到打败刘备，计策大都出自陆逊，众将才佩服。孙权听到这件事，说：“君为什么当初不向我报告众将不服从指挥的事呢？”陆逊回答说：“臣受主上大恩，所担任的职务超过了自己的才能。再说那些将领有的极得主上信任，有的是冲锋陷阵的良将，有的是国家功臣，都是国家所赖以共成大事之人。臣虽然笨拙懦弱，但是私下里倾慕蔺相如、寇恂屈己让人的品德，以救助国事。”孙权大笑，称赞陆逊做得对，加任陆逊为辅国将军，兼任荆州牧，当即改封陆逊为江陵侯。

刘备在白帝城住下之后，徐盛、潘璋、宋谦等人纷纷上疏孙权，说刘备一定可以擒获，请求再次攻打刘备。孙权询问陆逊的意见，陆逊与朱然、骆统等认为曹丕正在大规模集结军队，表面上说是要帮助吴国讨伐刘备，实际上却心怀不轨，应当郑重决断并立即撤军。不久，魏国果然出兵，吴国在三个方向受敌攻击。

过了不久刘备病死，他的儿子刘禅继承王位，诸葛亮掌握大

辄令逊语亮，并刻权印，以置逊所。权每与禅、亮书，常过示逊，轻重可否，有所不安，便令改定，以印封行之。

七年，权使鄱阳太守周鲂谲魏大司马曹休，休果举众入皖，乃召逊假黄钺，为大都督，逆休。休既觉知，耻见欺诱，自恃兵马精多，遂交战。逊自为中部，令朱桓、全琮为左右翼，三道俱进，果冲休伏兵，因驱走之，追亡逐北，径至夹石，斩获万余，牛马骡驴车乘万两，军资器械略尽。休还，疽发背死。诸军振旅过武昌，权令左右以御盖覆逊，入出殿门，凡所赐逊，皆御物上珍，于时莫与为比。遣还西陵。

黄龙元年，拜上大将军、右都护。是岁，权东巡建业，留太子、皇子及尚书九官，征逊辅太子，并掌荆州及豫章三郡事，董督军国。时建昌侯虑于堂前作斗鸭栏，颇施小巧，逊正色曰："君侯宜勤览经典以自新益，用此何为？"虑即时毁彻之。射声校尉松于公子中最亲，戏兵不整，逊对之髡其职吏。南阳谢景善刘廙先刑后礼之论，逊呵景曰："礼之长于刑久矣，廙以细辩而诡先圣之教，皆非也。君今侍东宫，宜遵仁义以彰德音，若彼之谈，不须讲也。"

逊虽身在外，乃心于国，上疏陈时事曰："臣以为科法严峻，下犯者多。顷年以来，将吏罹罪，虽不慎可责，然天下未一，当图进取，小宜恩贷，以安下情。且世务日兴，良能为先，自非奸秽入身，难

权，又与孙权结盟通好。政事当中应当处理的问题，孙权就命陆逊告知诸葛亮，并且刻了孙权的印玺放在陆逊的官署。孙权每次给刘禅和诸葛亮写信，也常在经过荆州送往蜀国时拿给陆逊过目，措辞轻重与否，内容是否恰当，如有欠妥之处，就让陆逊改定，然后盖上孙权的印章加封之后送走。

黄武七年，孙权让鄱阳太守周鲂去骗魏国大司马曹休，曹休果然举车到达皖城，孙权就召来陆逊，赐给他黄钺，任他为大都督，迎击曹休。曹休知道上当后，羞于被欺骗，仗着兵精马多，就与陆逊交战。陆逊自己率中军，令朱桓、全琮为左右两翼，三路并进，果敢地冲击曹休的伏兵，趁机赶走曹军，追击逃亡的敌军，一直追到夹石，斩杀俘虏曹军一万多人，还获得了牛马骡驴拉的车上万辆和几乎全部军用物资。曹休回去，背上发毒疮而死。吴军的凯旋之师从武昌经过，孙权命令左右侍从，用御用的伞盖遮着陆逊进出的殿门，凡是赐给陆逊的，都是御用的上等珍品，当时没有能与他相比的。然后让陆逊回到西陵。

黄龙元年，孙权任命陆逊做了上大将军、右都护。这一年，孙权东巡建业，留下太子、皇子和尚书九卿，征召陆逊辅佐太子，并掌管荆州和豫章三郡的政务，管理监督军政国事。当时建昌侯孙虑在殿堂前建造了一座斗鸭栏，十分工巧，陆逊正色对他说："君侯您应勤奋阅读经典，来增长见识，玩弄这些做什么？"孙虑当时就拆毁了斗鸭栏。射声校尉孙松在公子中最受孙权喜爱，他放纵士兵嬉戏，军纪松弛，陆逊当着他的面对违反军纪的士兵处以剃发的处罚。南阳人谢景对刘廙先刑后礼的论调十分推崇，陆逊斥责谢景说："礼早于刑已经很久了，刘廙用微不足道的诡辩来歪曲先圣的教导，是完全不对的。您如今侍奉太子，应遵守仁义来宣扬善言，像那样的言论，不必讲了。"

陆逊虽然在外做官，但是心中不忘国家大事，上奏陈述时事说："臣认为法律太严、太细，下面违犯的人就很多。近几年来，将领官员犯罪，虽然是因他们自己不谨慎而应该受到责罚，但是如今天下还没有统一，应该图谋进取，小的过错应该宽免，来安定下面的情绪。

忍之过，乞复显用，展其力效。此乃圣王忘过记功，以成王业。昔汉高舍陈平之愆，用其奇略，终建勋祚，功垂千载。夫峻法严刑，非帝王之隆业；有罚无恕，非怀远之弘规也。”

权欲遣偏师取夷州及朱崖，皆以谘逊，逊上疏曰：“臣愚以为四海未定，当须民力，以济时务。今兵兴历年，见众损减，陛下忧劳圣虑，忘寝与食，将远规夷州，以定大事。臣反覆思惟，未见其利，万里袭取，风波难测，民易水土，必致疾疫，今驱见众，经涉不毛，欲益更损，欲利反害。又珠崖绝险，民犹禽兽，得其民不足济事，无其兵不足亏众。今江东见众，自足图事，但当畜力而后动耳。昔桓王创基，兵不一旅，而开大业。陛下承运，拓定江表。臣闻治乱讨逆，须兵为威，农桑衣食，民之本业，而干戈未戢，民有饥寒。臣愚以为宜育养士民，宽其租赋，众克在和，义以劝勇，则河渭可平，九有一统矣。”权遂征夷州，得不补失。

及公孙渊背盟，权欲往征，逊上疏曰：“渊凭险恃固，拘留大使，名马不献，实可仇忿。蛮夷猾夏，未染王化，鸟窜荒裔，拒逆王师，至令陛下爰赫斯怒，欲劳万乘泛轻越海，不虑其危而涉不测。方今天下云扰，群雄虎争，英豪踊跃，张声大视。陛下以神武之姿，诞膺期运，破操乌林，败备西陵，禽羽荆州，斯三虏者当世雄杰，皆摧其锋。圣化所绥，万里草偃，方荡平华夏，总一大猷。今不忍小忿，而发雷霆之怒，违垂堂之戒，轻万乘之重，此臣之所惑也。臣

而且当前要做的事越来越多，注重才能应是首要的，除非是奸邪淫恶，或是无法忍受的罪过，恳请您还是提拔任用，让他们施展才能为陛下效力。这就是圣明的君王忘掉过失、记取功劳，以成就帝王大业的做法。从前汉高祖不计陈平的过失，采用他的奇妙谋略，到最终建立帝王之业，他的功劳流传千载。严酷的刑法，不是创立帝王盛业的做法；有惩罚而没有宽恕，不是能够安抚远方的人的宏图大计。”

孙权想要派部分军队攻取夷州和朱崖，都事先寻求陆逊的意见，陆逊上疏说：“臣愚意认为，天下尚未平定，需要民力来完成当前的大事。如今战事经年，现有士兵减员，陛下忧劳心思，废寝忘食，将要大老远地谋取夷州，以成就大事。臣反复思考，看不出这样做的好处。万里奔袭攻取，风波难以预测；战士改换水土，一定招致疾疫。如果驱遣现有的士兵进入不毛之地，本来想要获益结果却更受损，想要得利反而受害。再说珠崖地势极为险要，百姓像禽兽一样愚昧野蛮，得到那样的百姓不足以成就事业，没有那样的战士不算是减损兵员。如今江东的现有兵力，已经足以图取大事，只是应该积蓄力量然后行动而已。当初桓王草创根基，兵力不到一旅，但是却开创了大业。陛下承受天命，开拓平定了江南。臣听说治乱讨逆，要靠军队作为威慑，农桑衣食，是老百姓的本业。而现在战争尚未止息，百姓还在挨饿受冻。臣愚意认为应该养育士民，宽缓百姓的租赋，使战士们能同心同德，用道义鼓励他们的勇气，那么中原就可以平定，天下就归于统一了。”孙权最终还是出征夷州，结果得不偿失。

当公孙渊背弃盟约之后，孙权想去讨伐，陆逊上疏说：“公孙渊凭借险要的地形和坚固的防守，拘留我国特使，不肯贡献名马，实在令人仇恨愤怒。蛮夷扰乱中原，他们没有受到圣王的教化，像飞鸟一样窜到荒僻边远的地方，对抗我国的军队，让陛下如此震怒，竟然要乘小船，过大海，不考虑危险而轻涉难以意料的风险。现在天下纷乱如云，群雄像猛虎一般争斗，豪杰们都跃跃欲试，呐喊呼号，瞪着眼睛互相敌视。陛下以神勇威武的英姿，秉承天意的安排，在乌林击破曹操，在西陵打败刘备，在荆州捉住关羽，这三个敌人都是当世的

闻志行万里者，不中道而辍足；图四海者，匪怀细以害大。强寇在境，荒服未庭，陛下乘桴远征，必致窥窬，戚至而忧，悔之无及。若使大事时捷，则渊不讨自服；今乃远惜辽东众之与马，奈何独欲捐江东万安之本业而不惜乎？乞息六师，以威大虏，早定中夏，垂耀将来。”权用纳焉。

嘉禾五年，权北征，使逊与诸葛瑾攻襄阳。逊遣亲人韩扁赍表奉报，还，遇敌于沔中，钞逻得扁。瑾闻之甚惧，书与逊云：“大驾已旋，贼得韩扁，具知吾阔狭。且水干，宜当急去。”逊未答，方催人种葑豆，与诸将弈棋射戏如常。瑾曰：“伯言多智略，其当有以。”自来见逊，逊曰：“贼知大驾以旋，无所复戚，得专力于吾。又已守要害之处，兵将意动，且当自定以安之，施设变术，然后出耳。今便示退，贼当谓吾怖，仍来相蹙，必败之势也。”乃密与瑾立计，令瑾督舟船，逊悉上兵马，以向襄阳城。敌素惮逊，遽还赴城。瑾便引船出，逊徐整部伍，张拓声势，步趋船，敌不敢干。军到白围，托言住猎，潜遣将军周峻、张梁等击江夏新市、安陆、石阳，石阳市盛，峻等奄至，人皆捐物入城。城门噎不得关，敌乃自斫杀己民，然后得阖。斩首获生，凡千余人。其所生得，皆加营护，不令兵士干扰侵侮。将家属来者，使就料视。若亡其妻子者，即给衣粮，厚加慰劳，发遣令还，或有感慕相携而归者。邻境怀之，江夏功曹赵濯、弋阳备将裴生及夷王梅颐等，并帅支党来附逊。逊倾财帛，周赡经恤。

英雄豪杰，现在一一挫败了他们的锋芒。万里之内，人民像风吹拂草一样，受到您教化的安抚，这正是平定中原，实现统一大业的时候。如今陛下对小的怨愤不能忍耐，而大发雷霆之怒，违背了古代'千金之子坐不垂堂'的告诫，看轻了帝王的贵重身份，这是我迷惑不解的。我听说有志于行万里路的人，不肯半路上停足；谋划统一天下的人，不能计较小事而妨害大局。强大的敌人在我们境内，边远地区还没有归附朝廷，陛下乘船远征，必然给敌人以可乘之机，祸患到了再忧愁，后悔也来不及了。如果统一大业能够成功，那么公孙渊不用讨伐也会自然降服；现在陛下竟然舍不得遥远的辽东的人民和名马，难道对于抛弃原来江东的基业而不可惜吗？臣请求您停止发兵，以对付主要的敌人，尽早平定中原地区，为后世长留荣光。"孙权因而采纳了他的建议。

嘉禾五年，孙权向北讨伐中原，派陆逊和诸葛瑾进击襄阳。陆逊派遣亲信韩扁带着奏章去向孙权报告，返回时在沔中，被敌巡哨抓到。诸葛瑾听到后非常担心，写信给陆逊说："皇上已经返回，曹军抓获韩扁，必然会知道我们的虚实。而且，现在江水干涸，我军应赶快撤退。"陆逊没有回复，却督促人们去种蔓菁和豆子，并和往常一样与诸将下棋、喝酒猜投。诸葛瑾说："陆伯言足智多谋，他这样做一定有道理。"诸葛瑾就亲自来见陆逊，陆逊说："魏军已知皇上回去了，就没什么顾虑了，所以全力来对付我们。况且，他们已经驻守险地，我方将士不稳，我们自己应镇定以稳将士之心，施予灵活的计策，然后退兵。现在如果猛然退兵，敌人必以为我们害怕，一定会来进逼，这是必然要失败的。"陆逊就和诸葛瑾秘定计谋，让诸葛瑾统领水军，陆逊率领全部兵马，向襄阳进攻。魏军一向畏惧陆逊，立即返回城里。诸葛瑾就带领船只出发，陆逊慢慢整顿队伍，大张声势，步行上船，魏军不敢进犯。兵马到达白围，陆逊宣称住下打猎，暗中派将军周峻、张梁等进攻江夏郡的新市、安陆、石阳县。石阳正是赶集的时候，周峻等领兵突然到来，人们都丢下货物跑进城里。城门被堵塞得无法关闭，魏军就砍杀自己的民众，才关上城门。吴军斩杀、生俘一千多人。那些被生俘的人，都给予救治，不让士兵欺侮。

又魏江夏太守逯式兼领兵马，颇作边害，而与北旧将文聘子休宿不协。逊闻其然，即假作答式书云："得报恳恻，知与休久结嫌隙，势不两存，欲来归附，辄以密呈来书表闻，撰众相迎。宜潜速严，更示定期。"以书置界上，式兵得书以见式，式惶惧，遂自送妻子还洛。由是吏士不复亲附，遂以免罢。

六年，中郎将周祗乞于鄱阳召募，事下问逊。逊以为此郡民易动难安，不可与召，恐致贼寇。而祗固陈取之，郡民吴遽等果作贼杀祗，攻没诸县。豫章、庐陵宿恶民，并应遽为寇。逊自闻，辄讨即破，遽等相率降，逊料得精兵八千余人，三郡平。

时中书典校吕壹，窃弄权柄，擅作威福，逊与太常潘濬同心忧之，言至流涕。后权诛壹，深以自责，语在《权传》。

时谢渊、谢厷等各陈便宜，欲兴利改作，以事下逊。逊议曰："国以民为本，强由民力，财由民出。夫民殷国弱，民瘠国强者，未之有也。故为国者，得民则治，失之则乱，若不受利，而令尽用立效，亦为难也。是以《诗》叹'宜民宜人，受禄于天'。乞垂圣恩，宁济百姓，数年之间，国用少丰，然后更图。"

带着家眷来投奔的，也派人多方照顾。有失去妻子儿女的，就给予他们衣服、粮食，优厚慰劳，并放他们回去，有的人因此被感动，相携前来投奔。邻近的百姓也都前来归附，魏国江夏功曹赵濯、弋阳备将裴生以及夷人首领梅颐等人，都率领部下和部落民众来归降陆逊。陆逊拿出全部财物，给予众人周到的关照。

此外，魏国江夏太守逯式率领兵马，总是危害吴国边境，他和北方的魏国老将文聘的儿子文休一向不和。陆逊闻知此情况后，立即伪造回复逯式的信说："收到来信言辞恳切，知道您和文休早有过节，势不两立，您若想来归附，我会立刻把来信秘密呈报君王，集合人马迎接您。您应暗中整装行动，再告知我准确的时间。"陆逊让人把信放到边境上，逯式的手下拾到信拿给逯式看，逯式惶恐畏惧，就亲自送妻子儿女返回洛阳。结果官兵与他都不再亲近依附，因此他就被免官了。

嘉禾六年，中郎将周祗请求在鄱阳郡招募士兵，孙权就此事问陆逊。陆逊觉得此郡的百姓容易动乱不好抚慰，不可以招募，不然可能会招来贼寇。而周祗坚持自己的观点，结果他被做了贼的郡民吴遽等人给杀了，吴遽等人把各个县全部攻下。豫章、庐陵两郡一贯作恶的人，都响应吴遽做了贼寇。陆逊自己听到这消息，立即征讨并打败他们，吴遽等人相继投降，陆逊获得精兵八千多人，三郡全都被平定。

当时中书典校吕壹窃取权柄，滥用职权，作威作福，陆逊和太常潘濬都非常担心，说到这事就会流泪。后来孙权杀死吕壹，又深深感到自责，这事记录在《孙权传》中。

当时，谢渊、谢厷等人各自陈述有利于国家的建议，想兴办利国事业，改革旧例，孙权把这事委托给陆逊。陆逊议论说："国家以百姓为根本，强大来自民众的力量，财富从民众中产生。民富国弱，或民贫国强的情况从未有过。故而治理国家的，得民心则国治，失民心则国乱，若要民众没有得利，而让他们耗尽力量来报效，也是非常难的。因此《诗经》赞叹'宜民宜人，受禄于天'。乞求陛下垂赐圣恩，安宁百姓，几年内，等国用稍丰，再作打算。"

赤乌七年，代顾雍为丞相，诏曰："朕以不德，应期践运，王涂未一，奸宄充路，夙夜战惧，不遑鉴寐。惟君天资聪睿，明德显融，统任上将，匡国弭难。夫有超世之功者，必应光大之宠；怀文武之才者，必荷社稷之重。昔伊尹隆汤，吕尚翼周，内外之任，君实兼之。今以君为丞相，使使持节守太常傅常授印绶。君其茂昭明德，修乃懿绩，敬服王命，绥靖四方。於乎！总司三事，以训群寮，可不敬与！君其勖之。其州牧都护领武昌事如故。"

先是，二宫并阙，中外职司，多遣子弟给侍。全琮报逊，逊以为子弟苟有才，不忧不用，不宜私出以要荣利；若其不佳，终为取祸。且闻二宫势敌，必有彼此，此古人之厚忌也。琮子寄，果阿附鲁王，轻为交构。逊书与琮曰："卿不师日磾，而宿留阿寄，终为足下门户致祸矣。"琮既不纳，更以致隙。及太子有不安之议，逊上疏陈："太子正统，宜有盘石之固，鲁王藩臣，当使宠秩有差，彼此得所，上下获安。谨叩头流血以闻。"书三四上，及求诣都，欲口论適庶之分，以匡得失。既不听许，而逊外生顾谭、顾承、姚信，并以亲附太子，枉见流徙。太子太傅吾粲坐数与逊交书，下狱死。权累遣中使责让逊，逊愤恚致卒，时年六十三，家无余财。

初，暨艳造营府之论，逊谏戒之，以为必祸。又谓诸葛恪曰：

赤乌七年，陆逊接替顾雍做了丞相，孙权下诏说：“朕以并不高尚的德行，顺天应命登上帝位，未曾促成天下一统，邪恶之人到处都是，朕日夜如履薄冰，顾不上有片刻的安眠。只有您天资聪颖，睿智过人，德高望重，身为上将，辅助国家消除祸患。对待功劳卓绝的人，必定要对其加以无尽的恩宠；对身兼文才武略的人，国家的重任必定要让其担负。过去伊尹使商汤兴隆，吕尚使周朝如虎添翼，如今朝廷内外的职责，您实际都兼任了。现把您任命为丞相，派遣持节守太常傅常授予您印绶。您要把明德发扬光大，建立完满的功业，恭敬地服从王命，安抚四方。呜呼！总管三公职事，训导群臣百官，能不谨慎吗！您要不断自勉，并且还要继续担任之前的州牧都护兼领武昌职事。”

在此之前，太子和鲁王两宫有不少盈缺的官位，朝廷内外各机构的官员，大多派遣子弟到太子宫或鲁王府找个职位去随侍。全琮将这一情况报告陆逊，陆逊认为如果子弟们自己有才能，不用为他们得不到任用而担忧，不应当私人请托以求功名利禄；如果子弟才能不够，这样做最终只能招来祸事。而且听说太子与鲁王势均力敌，必然会互相争斗，这是古人极为忌讳的事情。全琮的儿子全寄，果然归顺鲁王，轻率地为鲁王陷害他人。陆逊写信给全琮说：“您不效法汉代金日磾杀掉惹祸的儿子，反而让阿寄在家里留宿，最终会给您的家族带来祸事。”全琮不肯采纳陆逊的意见，反而和陆逊产生了矛盾。等到听闻太子将被废掉的议论，陆逊上疏说：“太子嫡出正统，应该让他的地位像磐石一样稳固，鲁王是藩王诸侯，在恩宠地位上应当和太子有所差别，二人按照自己的身份各得其所，朝廷上下才能获得安宁。臣谨叩头流血向陛下禀告。”陆逊上书三四次，并要求去京都，准备当面向孙权讨论嫡庶的区别，以匡正得失。孙权没有接受他的意见，而陆逊的外甥顾谭、顾承、姚信，都因为亲近依附太子，无辜地被流徙。太子太傅吾粲因为多次和陆逊进行书信往来而获罪，被抓入监狱杀掉。孙权几次派遣宫里的使者责备陆逊，陆逊于是因怨恨去世，时年六十三岁，他去世后家中没有多余的财物。

起初，暨艳提出设立营府来处置贪官污吏的建议，陆逊规劝、

“在我前者，吾必奉之同升；在我下者，则扶持之。今观君气陵其上，意蔑乎下，非安德之基也。”又广陵杨竺少获声名，而逊谓之终败，劝竺兄穆令与别族。其先睹如此。长子延早夭，次子抗袭爵。孙休时，追谥逊曰昭侯。

抗字幼节，孙策外孙也。逊卒时，年二十，拜建武校尉，领逊众五千人，送葬东还，诣都谢恩。孙权以杨竺所白逊二十事问抗，禁绝宾客，中使临诘，抗无所顾问，事事条答，权意渐解。赤乌九年，迁立节中郎将，与诸葛恪换屯柴桑。抗临去，皆更缮完城围，葺其墙屋，居庐桑果，不得妄败。恪入屯，俨然若新。而恪柴桑故屯，颇有毁坏，深以为惭。太元元年，就都治病。病差当还，权涕泣与别，谓曰：“吾前听用谗言，与汝父大义不笃，以此负汝。前后所问，一焚灭之，莫令人见也。”建兴元年，拜奋威将军。太平二年，魏将诸葛诞举寿春降，拜抗为柴桑督，赴寿春，破魏牙门将偏将军，迁征北将军。永安二年，拜镇军将军，都督西陵，自关羽至白帝。三年，假节。孙皓即位，加镇军大将军，领益州牧。建衡二年，大司马施绩卒，拜抗都督信陵、西陵、夷道、乐乡、公安诸军事，治乐乡。

抗闻都下政令多阙，忧深虑远，乃上疏曰：“臣闻德均则众者胜寡，力侔则安者制危，盖六国所以兼并于强秦，西楚所以北面于汉高也。今敌跨制九服，非徒关右之地；割据九州，岂但鸿沟以西而已。国家外无连国之援，内非西楚之强，庶政陵迟，黎民未乂，而

告诫他，觉得这样必定招致祸患。陆逊又对诸葛恪说："地位比我高的人，我一定要尊奉他，与他一同晋升；地位比我低的人，则要扶持他们。现在我看您盛气侵凌尊长，心中轻视下级，这不是安和福利的根基呀！"广陵人杨竺年轻时被人称誉，但是陆逊认为他最终会招致祸害，劝他哥哥杨穆同他分开，另立门户。陆逊的先见之明就像这样。陆逊的长子陆延早死，次子陆抗继承爵位。孙休当皇帝的时候，追谥陆逊为昭侯。

陆抗，字幼节，他是孙策的外孙。陆逊死时，陆抗二十岁，孙权任命他为建武校尉，带领陆逊的士兵五千人，护送陆逊的灵柩由荆州回吴地安葬，并到京都向孙权谢恩。孙权把杨竺控告陆逊的二十件事拿来责问陆抗，并屏退陆抗的随从，由宫中宦官当面盘问，陆抗不假思索，每件事据理回复，孙权的疑惑才渐渐消除。赤乌九年，陆抗升任立节中郎将，与诸葛恪换防到柴桑驻扎。陆抗临走时，把城墙全都修好，房屋也做了修缮，住宅周围的桑树、果木，不许随意毁坏。诸葛恪进入军营，一切都整齐如新。而诸葛恪在柴桑的旧军营，却破烂不堪，诸葛恪因此深感惭愧。太元元年，陆抗到都城治病，病愈返回的时候，孙权流着泪同他告别，说："我过去听信了谗言，对你父亲有些不公，因此亏待了你。我前后责问你的诏书，已全部烧掉了，不要让别人看见。"建兴元年，陆抗被任命为奋威将军。太平二年，魏国将领诸葛诞献寿春城投降。孙权任命陆抗为柴桑督，前往寿春，战败魏国的牙门将、偏将军，因而升任征北将军。永安二年，孙权任命陆抗为镇军将军，西陵都督，总管自关羽濑到白帝城的军务。永安三年，假节。孙晧即位以后，加授陆抗为镇军大将军，兼益州牧。建衡二年，大司马施绩死，孙晧任命陆抗为总管信陵、西陵、夷道、乐乡、公安等地军务的都督，治所设在乐乡。

陆抗听说朝廷的政令有很多不对的地方，十分担心，就上疏说："我听说，君王德行不相上下则民众多的胜过民众少的，武力相等则安定的国家胜过混乱的国家，这是六国被强秦兼并、西楚霸王被汉高祖打败的原因。现在，敌国占据控制四方边境，不只是关西地区；敌人割据九州，岂只占领鸿沟以西的土地而已。我国外无盟国互

议者所恃，徒以长川峻山，限带封域，此乃守国之末事，非智者之所先也。臣每远惟战国存亡之符，近览刘氏倾覆之衅，考之典籍，验之行事，中夜抚枕，临餐忘食。昔匈奴未灭，去病辞馆；汉道未纯，贾生哀泣。况臣王室之出，世荷光宠，身名否泰，与国同戚，死生契阔，义无苟且，夙夜忧怛，念至情惨。夫事君之义犯而勿欺，人臣之节匪躬是殉，谨陈时宜十七条如左。”十七条失本，故不载。

时何定弄权，阉官预政；抗上疏曰：“臣闻开国承家，小人勿用，靖谮庸回，唐书攸戒，是以雅人所以怨刺，仲尼所以叹息也。春秋已来，爰及秦、汉，倾覆之衅，未有不由斯者也。小人不明理道，所见既浅，虽使竭情尽节，犹不足任，况其奸心素笃，而憎爱移易哉？苟患失之，无所不至。今委以聪明之任，假以专制之威，而冀雍熙之声作，肃清之化立，不可得也。方今见吏，殊才虽少，然或冠冕之胄，少渐道教，或清苦自立，资能足用，自可随才授职，抑黜群小，然后俗化可清，庶政无秽也。”

凤皇元年，西陵督步阐据城以叛，遣使降晋。抗闻之，日部分诸军，令将军左奕、吾彦、蔡贡等径赴西陵，敕军营更筑严围，自赤溪至故市，内以围阐，外以御寇，昼夜催切，如敌以至，众甚苦之。诸将咸谏曰：“今及三军之锐，亟以攻阐，比晋救至，阐必可拔。何

相援救，内部也不像西楚那样强盛，各方面政务不景气，百姓不安定，而议论者所持的理由，只不过是有大江高山阻隔、围绕着我国疆域，这只是守卫国家的下策，聪明人是不把这些放在前面的。我经常追忆战国时各国存亡的原因，近看汉朝灭亡的征兆，用典籍来考证，用行事来检验，半夜里抚着枕头不能入睡，吃饭的时候忘了进餐。过去匈奴没有消灭，霍去病辞去他的府第；汉朝的治国之道有弊病，贾谊为此伤心哭泣。何况我出身于王室，世代蒙受国恩，个人的穷达毁誉，与国家休戚相关，生死离合，遵从道义，绝不苟且偷安，我早晚忧愁，想到这些十分难过。侍奉君主的大义在于犯颜直谏而不能欺骗，做人臣的操守是不顾一切尽忠君王，不惜为之献身。我诚恳地陈述当前应做的十七条如下。”这十七条的原件已失，所以这里没有记载。

那时候，何定弄权，宦官干预朝政，陆抗上疏说：“臣听说创建国家，继承家业，不能安于奸邪小人的谗言，这在尧典里就有告诫。因此，志行高尚的诗人抒发怨恨昏君、讽刺时政的情感，孔子也为之叹息。春秋至秦汉，各代的败亡，几乎都是从这里开始的。那些小人根本不懂治国，见识短浅，即使能尽忠诚报效主上，尚且不能任用，更何况他们的心地邪恶已久，爱憎之情易于变化呢？如果害怕失去他们，那么，也就没有不能任用的人了。现在，委任他们为重臣，授予独断专行的权力，还希望出现和乐的盛世之音，看到清明的社会风气，那是根本不可能的。虽然说现任职务的官员，有特殊才能的不多，但是他们有的是从小就得到道德教化的浸润，有的则由清苦而独立，其资力值得任用，当然可以根据他们的才能授予官职，以抑制、黜退那些小人，这样，风气才能净化，各项政务才不能被污浊。”

凤凰元年，西陵督步阐以所据西陵发动叛乱，派人向晋国要求归降。陆抗听到后，赶忙部署，命将军左奕、吾彦、蔡贡等直接进攻西陵，其他各营重新构筑坚固的围墙，从赤溪到故市，对内用以围困步阐，对外用此防御敌人。陆抗日夜督促，仿佛敌兵已经到来，士兵都叫苦喊累。众将都劝阻说：“现在，应该以三军精锐，迅速进攻步

事于围，而以弊士民之力乎？”抗曰：“此城处势既固，粮谷又足，且所缮修备御之具，皆抗所宿规。今反身攻之，既非可卒克，且北救必至，至而无备，表里受难，何以御之？”诸将咸欲攻阐，抗每不许。宜都太守雷谭言至恳切，抗欲服众，听令一攻。攻果无利，围备始合。晋车骑将军羊祜率师向江陵，诸将咸以抗不宜上，抗曰：“江陵城固兵足，无所忧患。假令敌没江陵，必不能守，所损者小。如使西陵槃结，则南山群夷皆当扰动，则所忧虑，难可竟言也。吾宁弃江陵而赴西陵，况江陵牢固乎？”初，江陵平衍，道路通利，抗敕江陵督张咸作大堰遏水，渐渍平中，以绝寇叛。祜欲因所遏水，浮船运粮，扬声将破堰以通步军。抗闻，使咸亟破之。诸将皆惑，屡谏不听。祜至当阳，闻堰败，乃改船以车运，大费损功力。晋巴东监军徐胤率水军诣建平，荆州刺史杨肇至西陵。抗令张咸固守其城；公安督孙遵巡南岸御祜；水军督留虑、镇西将军朱琬拒胤；身率三军，凭围对肇。将军朱乔、营都督俞赞亡诣肇。抗曰：“赞军中旧吏，知吾虚实者，吾常虑夷兵素不简练，若敌攻围，必先此处。”即夜易夷民，皆以旧将充之。明日，肇果攻故夷兵处，抗命旋军击之，矢石雨下，肇众伤死者相属。肇至经月，计屈夜遁。抗欲追之，而虑阐畜力项领，伺视间隙，兵不足分，于是但鸣鼓戒众，若将追者。肇众凶惧，悉解甲挺走，抗使轻兵蹑之，肇大破败，祜等皆引军还。抗遂陷西陵城，诛夷阐族及其大将吏，自此以下，所请赦者数万口。修治城围，东还乐乡，貌无矜色，谦冲如常，故得将士欢心。

阐，等晋国救兵到时，步阐也已被攻下。何必要筑围墙，让士兵和百姓都疲惫不堪呢？”陆抗说：“西陵城地势险要，城墙坚固，粮食充足，那里修筑的防御工事，是我以前规划的。现在，反过来去进攻它，既不能马上攻下，而且，晋国的救兵也一定会来。敌人来了，我们却没有准备，内外受敌，怎么来抵挡？”众将都想攻打步阐，陆抗不准许。宜都太守雷谭请求出战的言辞非常恳切，陆抗想让大家信服，就准许他进攻。结果没有取胜，这时壁垒才得以合围。晋国车骑将军羊祜率军向江陵而来，众将都认为不宜再西去西陵，陆抗说：“江陵城池坚固，兵力充足，不必担忧。即使敌人攻陷江陵，一定也守不住，我们损失不大。如果江陵被敌人占去，江南山区的夷人就会动乱，那么，令人担忧的事就多了。我宁愿放弃江陵去救西陵，何况江陵是非常牢固的呢！”当初，江陵地势平坦，交通便利，陆抗命江陵督张咸筑起大坝，让江水漫到平地上，用以隔断外敌和叛贼。羊祜想借助水行船运粮，却故意扬言要挖坝让步兵通过。陆抗听说后，让张咸立即破坏大坝。众将都迷惑不解，屡次劝谏，陆抗都不听。羊祜来到当阳，听说大坝已经破坏，就改船运为车运，耗费了大量的人力和物力。晋国的巴东监军徐胤率水军到建平，荆州刺史杨肇到西陵。陆抗命张咸固守江陵；公安督孔遵巡视江南岸以御羊祜；水军督留虑、镇西将军朱琬抗击徐胤；陆抗亲率三军，凭借围墙迎战杨肇。吴将朱乔、营都督俞赞逃降杨肇。陆抗说：“俞赞是军中老官，了解我们的底细。我常常担心夷兵平素未经精练，如果敌军进攻围墙的话，必定先攻打那里。撤换夷兵，用有经验的战将来代替。第二天，杨肇果然进攻以前夷兵的防守处，陆抗下令反击，箭矢石块如雨点射下，杨肇兵士伤亡很多。杨肇在西陵一个多月，计策用尽，再无计可施，就连夜撤退。陆抗想追赶，又担心步阐集中兵力在要害处进攻，分兵不足，于是，只得敲鼓做出要追赶的样子。杨肇的部下惊恐万状，全部都抛下武器逃跑了。陆抗派轻兵随后追赶，肇军大败，羊祜等人也率军退回。陆抗趁机攻占了西陵城，杀了步阐家族和他手下的大将以及重要官员，自将官以下，全部赦免，被赦免的达到几万人。陆抗重新修理了西陵城墙和工事，东归乐乡，他脸上没有了骄傲的神色，谦虚如常，

加拜都护。闻武昌左部督薛莹征下狱，抗上疏曰："夫俊乂者，国家之良宝，社稷之贵资，庶政所以伦叙，四门所以穆清也。故大司农楼玄、散骑中常侍王蕃、少府李勖，皆当世秀颖，一时显器，既蒙初宠，从容列位，而并旋受诛殛，或圮族替祀，或投弃荒裔。盖《周礼》有赦贤之辟，《春秋》有宥善之义。《书》曰：'与其杀不辜，宁失不经。'而蕃等罪名未定，大辟以加，心经忠义，身被极刑，岂不痛哉！且已死之刑，固无所识，至乃焚烁流漂，弃之水滨，惧非先王之正典，或甫侯之所戒也。是以百姓哀耸，士民同戚。蕃、勖永已，悔亦靡及，诚望陛下赦召玄出，而顷闻薛莹卒见逮录。莹父综纳言先帝，傅弼文皇，及莹承基，内厉名行，今之所坐，罪在可宥。臣惧有司未详其事，如复诛戮，益失民望，乞垂天恩，原赦莹罪，哀矜庶狱，清澄刑网，则天下幸甚！"

时师旅仍动，百姓疲弊，抗上疏曰："臣闻《易》贵随时，《传》美观衅，故有夏多罪而殷汤用师，纣作淫虐而周武授钺。苟无其时，玉台有忧伤之虑，孟津有反旆之军。今不务富国强兵，力农畜谷，使文武之才效展其用，百揆之署无旷厥职，明黜陟以厉庶尹，审刑赏以示劝沮，训诸司以德，而抚百姓以仁，然后顺天乘运，席卷宇内，而听诸将徇名，穷兵黩武，动费万计，士卒彫瘁，寇不为衰，而我已大病矣！今争帝王之资，而昧十百之利，此人臣之奸便，非国家之良策也。昔齐鲁三战，鲁人再克而亡不旋踵。何则？大小之势异也。况今师所克获，不补所丧哉？且阻兵无众，古之明鉴，诚宜暂息进取小规，以畜士民之力，观衅伺隙，庶无悔吝。"

所以得到将士的拥戴。

天子加授陆抗做了都护，他听说武昌左部督薛莹被下狱，陆抗上疏说："才德出众的人，是国之瑰宝，社会的财富，各种政务因有他们而有条不紊，四方才得以肃清。以前的大司农楼玄、散骑中常侍王蕃、少府李勖，都是一代英杰，他们当初蒙受荣宠，规矩地在官供职，不久，却都被诛杀，有的被灭族绝嗣，没有后人祭祀，有的被抛弃到荒远之地。《周礼》有赦免贤才小过的法规，《春秋》有宽宥善人的义理，《尚书》说：'与其杀死无辜，宁可不行常法。'而王蕃等人罪名未定，死刑却已临身，本是心存忠义，然而却身遭极刑，怎不令人痛心！而且，对已死之人再加刑戮，典籍本没有记载，竟然把尸体焚毁、漂流，丢在水边，这恐怕不合先王立下的刑典，或者正是《尚书·吕刑》中甫侯所要禁戒的。因此，百姓哀恐，士民悲伤。王蕃、李勖已经死去，后悔也来不及了，恳请陛下赦免并让楼玄复出。最近，臣又听说薛莹也入狱了。薛莹的父亲薛综曾在先帝身边献策，辅佐过文皇帝，薛莹继承其父之业，修养操行，他所犯之罪是可以原谅的。臣担心有关官员不了解事由，如果再处以极刑，更会使百姓失望。请圣上施恩，赦免薛莹之罪，怜悯众犯，使刑法清明，那么天下人就非常幸运了！"

那时候，将士频繁出战，百姓很劳累，陆抗上疏说："臣听说《易经》提倡应时而动，《左传》赞赏寻敌人的破绽和有利战机，所以，夏桀罪恶而商汤用兵，商纣暴虐而周武王征讨。如果没有这样的时机，玉台之战商汤就有失败之忧，孟津之役诸侯会盟的兵马也只能中道而返。我们现在应致力于富国强兵生产蓄粮，使文武百官施才报国，各级官署不废职事，明确升贬条规以激励百官，严肃刑罚让人们知道什么该做，什么不该做，用道德训导官吏，以仁义安抚百姓，然后顺应天意把握时机，席卷天下。可现在，陛下却听任武将舍身为名，穷兵黩武，动辄耗资上万，士兵疲惫，敌人没有被削弱，而我们却已经困乏不堪了。只想去争夺称帝的资格，被小利所蒙蔽，这是佞臣子所玩弄的奸计，而不是为国着想的良策。过去，齐国和鲁国三次交战，鲁国胜了两次，不久却就灭亡了。为什么呢？因为两国强弱不

二年春，就拜大司马、荆州牧。三年夏，疾病，上疏曰："西陵、建平，国之蕃表，既处下流，受敌二境。若敌泛舟顺流，舳舻千里，星奔电迈，俄然行至，非可恃援他部以救倒县也。此乃社稷安危之机，非徒封疆侵陵小害也。臣父逊昔在西垂陈言，以为西陵国之西门，虽云易守，亦复易失。若有不守，非但失一郡，则荆州非吴有也。如其有虞，当倾国争之。臣往在西陵，得涉逊迹，前乞精兵三万，而主者循常，未肯差赴。自步阐以后，益更损耗。今臣所统千里，受敌四处，外御强对，内怀百蛮，而上下见兵财有数万，羸弊日久，难以待变。臣愚以为诸王幼冲，未统国事，可且立傅相，辅导贤姿，无用兵马，以妨要务。又黄门竖宦，开立占募，兵民怨役，逋逃入占。乞特诏简阅，一切料出，以补疆场受敌常处，使臣所部足满八万，省息众务，信其赏罚，虽韩、白复生，无所展巧。若兵不增，此制不改，而欲克谐大事，此臣之所深戚也。若臣死之后，乞以西方为属。愿陛下思览臣言，则臣死且不朽。"

秋遂卒，子晏嗣。晏及弟景、玄、机、云，分领抗兵。晏为裨将军、夷道监。天纪四年，晋军伐吴，龙骧将军王濬顺流东下，所至辄克，终如抗虑。景字士仁，以尚公主拜骑都尉，封毗陵侯，既领抗兵，拜偏将军、中夏督，澡身好学，著书数十篇也。二月壬戌，晏为

同。何况，如今用兵所得战果，还补偿不了损失呢？况且，依靠兵力，没有民众，这在古代就有明鉴，确实应该暂停进击的计划，积蓄军民力量，等待时机，才可能不后悔。”

凤凰二年春天，孙晧派人在驻地授予陆抗大司马与荆州牧。凤凰三年夏天，陆抗生了重病，上疏说：“西陵和建平是国家的边防屏障，地处长江下流，受两个敌国威胁。如果敌方船只顺流而下，船行千里，船速如流星闪电，顷刻就会到达，无法指望别处的救兵来解救危急。这是国家安危的关键，不只是边疆地区受侵害的小事。我父亲陆逊当初在西部边界时上疏陈述，认为西陵是国家的西大门，虽然说容易防守，但也容易丢失。如果这里失守，吴国不只是丢失了一个郡，荆州也不可能再为吴国所有了。假如这里有不测，我们应该出动全国的兵力争夺。我过去驻守西陵，曾看过父亲陆逊的事迹，请求得到三万精兵，但是主持军务的人按照常规，不肯派遣那么多军队前往。自从步阐叛乱之后，军队受到更大的损失。现在我所管辖的千里之地，四处受敌威胁。对外要抵抗强敌，对内要安抚各族，而手下现在有兵员才几万人，年老体弱疲惫的状态已经很久了，很难应付事变。我认为各位皇子年纪尚小，没有管理过国事，应当设立傅相，辅导教育他们，不必动用兵马，以妨害大事。宫中的宦官，开设了私自确定招募名额的制度，兵民怨恨服役，纷纷逃亡投奔宦官门下。臣请求特下诏书，认真检查挑选，一切重新安排应募人员，将多余的遣出王宫，去补充常常受敌侵扰的边防地区的兵员，使我的部下补足八万人，减少繁冗的事务，有功必赏，有罪必罚，即使韩信、白起复活，也无法施展的技巧。如果不增兵员，宫中的制度不改变，而想成就大业，这是我深感忧虑的事。我死以后，请求朝廷以西部边境为重。希望陛下考虑我的话，那么我死后，精神将永不磨灭。”

秋天，陆抗就去世了，儿子陆晏继承爵位。陆晏和弟弟陆景、陆玄、陆机、陆云，分别统领陆抗的部队。陆晏担任裨将军、夷道监。在天纪四年，晋军攻伐吴国，龙骧将军王濬顺长江东下，所到之处一攻即破，终于像陆抗所担忧的那样。陆景字士仁，因娶了公主被任命为骑都尉，封为毗陵侯，统领陆抗的部队后，任命为偏将军、中夏

王濬别军所杀。癸亥，景亦遇害，时年三十一。景妻，孙晧適妹，与景俱张承外孙也。

评曰：刘备天下称雄，一世所惮，陆逊春秋方壮，威名未著，摧而克之，罔不如志。予既奇逊之谋略，又叹权之识才，所以济大事也。及逊忠诚恳至，忧国亡身，庶几社稷之臣矣。抗贞亮筹干，咸有父风，奕世载美，具体而微，可谓克构者哉！

督。陆景修持操行，爱好学问，著书几十篇。二月壬戌，陆晏被王濬的非主力部队杀死。癸亥，陆景也遇害，当时三十一岁。陆景的妻子，是孙晧的嫡母所生的妹妹，和陆景同为张承的外孙。

评论说：刘备被天下人称为英雄，举世畏惧，陆逊年纪正轻，威名还没有显著，但摧折、击败刘备，无不随心所欲。我既惊讶陆逊的谋略，又赞叹孙权善识人才，这是他们能成就大事的原因。至于陆逊忠诚恳切周到，忧劳国事直至献身，算得上是社稷之臣了。陆抗的正直诚信与谋略才干，都具有他父亲的风范，一代接一代获得美名，父辈的功勋德业陆抗都具备而只是规模略小，他可以说是能完成前辈事业的人啊！

卷五十九　吴书十四

吴主五子传第十四

孙登字子高，权长子也。魏黄初二年，以权为吴王，拜登东中郎将，封万户侯，登辞侯不受。是岁，立登为太子，选置师傅，铨简秀士，以为宾友，于是诸葛恪、张休、顾谭、陈表等以选入，侍讲诗书，出从骑射。权欲登读《汉书》，习知近代之事，以张昭有师法，重烦劳之，乃令休从昭受读，还以授登。登待接寮属，略用布衣之礼，与恪、休、谭等或同舆而载，或共帐而寐。太傅张温言于权曰："夫中庶子官最亲密，切问近对，宜用隽德。"于是乃用表等为中庶子。后又以庶子礼拘，复令整巾侍坐。黄龙元年，权称尊号，立为皇太子，以恪为左辅，休右弼，谭为辅正，表为翼正都尉，是为四友，而谢景、范慎、刁玄、羊衜等皆为宾客，于是东宫号为多士。

权迁都建业，征上大将军陆逊辅登镇武昌，领宫府留事。登或射猎，当由径道，常远避良田，不践苗稼，至所顿息，又择空间之地，其不欲烦民如此。尝乘马出，有弹丸过，左右求之。有一人操弹佩丸，咸以为是，辞对不服，从者欲捶之，登不听，使求过丸，比之非类，乃见释。又失盛水金马盂，觉得其主，左右所为，不忍致罚，呼责数之，长遣归家，敕亲近勿言。后弟虑卒，权为之降损，登昼夜兼行，到赖乡，自闻，即时召见。见权悲泣，因谏曰："虑寝疾不起，此乃命也。方今朔土未一，四海喁喁，天戴陛下，而以下流之念，减

孙登，字子高，他是孙权的长子。魏黄初二年，魏文帝册封孙权为吴王，让孙登做了东中郎将，封万户侯，孙登托病没有接受。当年，孙权立孙登为吴王太子，选择老师辅导他，又选取德才出众的人，做他的宾朋。于是，诸葛恪、张休、顾谭、陈表等人被选入太子宫中，既陪侍太子讲解诗书，又跟随太子骑马射箭。孙权想让孙登阅读《汉书》，以熟悉近代的事情。因张昭于《汉书》深得良师传授颇有体会，可是又不忍他过度劳累，所以，孙权便让张休先随其父张昭习读，然后再转授给孙登。孙登与僚属相处，大都使用平民间的礼节，与诸葛恪、张休、顾谭等有时同车出行，有的时候共帐而眠。太傅张温向孙权建议说："中庶子这个官与太子的关系最亲近，他要在太子身边回答太子提出的所有问题，应选用德行杰出的人。"因此，孙权就任命陈表等人为中庶子。后来，又因为中庶子的礼节过于拘谨，孙登就让他们头戴裹巾陪坐。黄龙元年，孙权称帝，立孙登为皇太子，任命诸葛恪为左辅，张休为右弼，顾谭为辅正，陈表为翼正都尉，这就是当时所称的"四友"，谢景、范慎、刁玄、羊衜等人也都是太子的宾客，此时，东宫可谓人才济济。

孙权迁都建业，征召上大将军陆逊辅佐孙登镇守武昌，兼管皇宫及官署的留守事务。孙登有时外出打猎，总是远避良田，从来不践踏庄稼，休息时，也是选择无人空地，他就是这样从不骚扰民众。有一次，孙登骑马外出，有弹丸飞过，左右随从去查找发射弹丸的人，正好有一人手持弹弓佩带着丸囊，大家都认为是这个人，可这人不承认，随从想打他，孙登没有同意，就派人找回那颗弹丸，经比较发现与此人的不同，就放了他。又有一次，丢失了盛水用的金马盂，偷盗者是孙登的亲随。孙登不忍心处罚他，只是责备几句，然后将他遣返回家，并且告诫左右随从不要再提起这件事。后来，孙虑去世，

损大官殽馔，过于礼制，臣窃忧惶。”权纳其言，为之加膳。住十余日，欲遣西还，深自陈乞，以久离定省，子道有阙，又陈陆逊忠勤，无所顾忧，权遂留焉。嘉禾三年，权征新城，使登居守，总知留事。时年谷不丰，颇有盗贼，乃表定科令，所以防御，甚得止奸之要。

初，登所生庶贱，徐夫人少有母养之恩，后徐氏以妒废处吴，而步夫人最宠。步氏有赐，登不敢辞，拜受而已。徐氏使至，所赐衣服，必沐浴服之。登将拜太子，辞曰：“本立而道生，欲立太子，宜先立后。”权曰：“卿母安在？”对曰：“在吴。”权默然。

立凡二十一年，年三十三卒。临终，上疏曰：

“臣以无状，婴抱笃疾，自省微劣，惧卒陨毙。臣不自惜，念当委离供养，埋胔后土，长不复奉望宫省，朝觐日月，生无益于国，死贻陛下重戚，以此为哽结耳。臣闻死生有命，长短自天，周晋、颜回有上智之才，而尚夭折，况臣愚陋，年过其寿，生为国嗣，没享荣祚，于臣已多，亦何悲恨哉！方今大事未定，逋寇未讨，万国喁喁，系命陛下，危者望安，乱者仰治。愿陛下弃忘臣身，割下流之恩，修黄老之术，笃养神光，加羞珍膳，广开神明之虑，以定无穷之业，则率土幸赖，臣死无恨也。皇子和仁孝聪哲，德行清茂，宜早建置，以系民望。诸葛恪才略博达，器任佐时。张休、顾谭、谢景，皆通敏有识

孙权为此吃不下饭，孙登日夜兼程赶到赖乡，请求召见，孙权立即见他，孙登看到孙权在悲伤流泪，就劝解说："孙虑一病不起，这是天命啊。现在，北方还没有统一，四海之内都在翘首以盼，上天授命陛下，陛下却因对晚辈的思念，减少饮食，这已经超越了礼制，臣深感忧虑。"孙权采纳了他的意见，增加了饮食。住了十几天，孙权想让孙登西还武昌，孙登向孙权一再请求，说自己长年在外未能向父亲请安，做儿子的职责有所欠缺，又陈说陆逊忠诚勤劳，武昌那边没有什么可以顾虑的，孙权就让他留在建业。嘉禾三年，孙权率军亲自进攻合肥新城，孙登留守建业，全面掌管留守事务。当年粮食歉收，盗贼猖獗，孙登上表奏请制定有关的法令，这些法令的制定非常符合防范盗贼的要领。

开始的时候，孙登的生母地位低贱，徐夫人对他从小就有养育的恩情，后来徐夫人因为嫉妒被废黜安置到吴郡，而步夫人最受宠幸。步夫人有赏赐，孙登不敢推辞，但只是恭敬接受而已。徐夫人派人来，所赐给的衣服，他一定会先沐浴然后穿在身上。孙登将被册立为太子，他推辞说："根基树立后道义就会生长，要立太子，应该先立皇后。"孙权问："你的母亲在哪里？"孙登回答说："在吴郡。"孙权沉默不语。

孙登为太子二十一年，三十三岁时去世。在去世之前，他上疏说：

"我因不贤，身染重病，我自知品行鄙陋，恐将殒命。我并不可惜自己，只是想到就要离开父母，葬于土中，再不能进望宫禁，再不能朝拜陛下王后，生对国家没有贡献，死却留给陛下沉重的忧伤，因此深感悲哀。我听说死生有命，长短在天，周晋、颜回都是有大智慧的人，尚且夭折，何况我愚陋，且年龄已超过他们的寿命，活着是国家的继嗣，死后仍享有尊位，于我而言，所得已然很多，还有什么可悲叹遗憾的呢！如今统一大业尚未完成，各地的贼寇还没有讨伐，天下人翘首以待，把命运寄托于陛下。危难处希望您赐予平安，动乱中仰仗您使之安定。希望陛下彻底忘弃我，割舍对晚辈的恩爱，修炼黄老之术，专养精神，增加美食，广开圣明的思虑，以奠定传承不绝的帝

断，入宜委腹心，出可为爪牙。范慎、华融矫矫壮节，有国士之风。羊衜辩捷，有专对之材。刁玄优弘，志履道真。裴钦博记，翰采足用。蒋修、虞翻，志节分明。凡此诸臣，或宜廊庙，或任将帅，皆练时事，明习法令，守信固义，有不可夺之志。此皆陛下日月所照，选置臣官，得与从事，备知情素，敢以陈闻。臣重惟当今方外多虞，师旅未休，当厉六军，以图进取。军以人为众，众以财为宝，窃闻郡县颇有荒残，民物凋弊，奸乱萌生，是以法令繁滋，刑辟重切。臣闻为政听民，律令与时推移，诚宜与将相大臣详择时宜，博采众议，宽刑轻赋，均息力役，以顺民望。陆逊忠勤于时，出身忧国，謇謇在公，有匪躬之节。诸葛瑾、步骘、朱然、全琮、朱据、吕岱、吾粲、阚泽、严畯、张承、孙怡忠于为国，通达治体。可令陈上便宜，蠲除苛烦，爱养士马，抚循百姓。五年之外，十年之内，远者归复，近者尽力，兵不血刃，而大事可定也。臣闻'鸟之将死其鸣也哀，人之将死其言也善'，故子囊归终，遗言戒时，君子以为忠，岂况臣登，其能已乎？愿陛下留意听采，臣虽死之日，犹生之年也。"

既绝而后书闻，权益以摧感，言则陨涕。是岁，赤乌四年也。谢景时为豫章太守，不胜哀情，弃官奔赴，拜表自劾。权曰："君与太子从事，异于他吏。"使中使慰劳，听复本职，发遣还郡。谥登曰宣太子。

子璠、希，皆早卒，次子英，封吴侯。五凤元年，英以大将军孙

业。那么，天下百姓就幸运地有所依赖，我也死而无憾了。皇子孙和仁孝、聪慧，品行高洁，应该及早立为太子，以寄托百姓的希望。诸葛恪才略通达，有辅佐时政的才能。张休、顾谭、谢景，都博学敏锐，有见识，能决断，入朝内可为心腹，出征可做得力将领。范慎、华融，高风亮节，有国士风范。羊衜能言善辩，有使节独自应答的才干。刁玄为人优雅大度，志在研习道统的真谛。裴钦博闻强记，文采斐然足堪一用。蒋修、虞翻，志向节操分明。这些臣子，有的可为朝廷大臣，有的适宜出任将帅，他们都熟知时事，明习法令，谨守道义，有不可屈服的志向。这都得益于陛下日月一样的光耀，选其为臣的属官，臣得以与他们共事，了解了他们的真情，才敢陈说于陛下。臣又思虑，现今境外征战不止，应当激励将士，以图进取。兵营以人组成士众，而士众又以财物为宝。臣私下听说各郡县很多地方已经荒芜残破，人口财物缺乏，奸徒趁机作乱，因此，法令不断增多，刑法日益严酷。臣还听说，理政须顺从百姓心愿，法令要因时势而改变，陛下实在该与大臣们详细择取合乎时宜的政策，广泛征求意见，放宽刑罚，减轻赋税，公平并尽量少地征发力役，以顺应百姓的期望。陆逊对于政事忠诚勤奋，献身国事，有公而忘私的气节。诸葛瑾、步骘、朱然、全琮、朱据、吕岱、吾粲、阚泽、严畯、张承、孙怡忠心为国，通晓治国根本。陛下应让他们陈述当时之急务，摒弃烦琐的政策，爱护兵马，慰藉百姓。这样，五年后，十年内，境外的人来归顺，境内的人尽心力，不需武力，则天下可定矣。我曾听说'鸟之将死其鸣也哀，人之将死其言也善'，所以，子囊临终遗言对时政提出告诫，君子认为他忠诚，何况儿臣孙登，能不这样做吗？望陛下留意听取儿臣的意见，那么，我虽然死了，也会像活着的时候一样。"

孙登死后，章表才呈报上去，孙权越发悲伤感动，一说话就流泪，这是赤乌四年。谢景当时担任豫章太守，忍受不住悲伤之情，弃官职前去奔丧，上表自请处分。孙权说："你和太子在一起办事，与其他官员不同。"孙权派宫中使者去慰问他，给他恢复原职，回到豫章郡。孙权赐孙登谥号为宣太子。

孙权的儿子孙璠、孙希，都英年早逝，第二个儿子孙英，被封做

峻擅权，谋诛峻，事觉自杀，国除。

谢景者字叔发，南阳宛人。在郡有治迹，吏民称之，以为前有顾劭，其次即景。数年卒官。

孙虑字子智，登弟也。少敏惠有才艺，权器爱之。黄武七年，封建昌侯。后二年，丞相雍等奏虑性聪体达，所尚日新，比方近汉，宜晋爵称王，权未许。久之，尚书仆射存上疏曰："帝王之兴，莫不褒崇至亲，以光群后，故鲁卫于周，宠冠诸侯，高帝五王，封列于汉，所以藩屏本朝，为国镇卫。建昌侯虑禀性聪敏，才兼文武，于古典制，宜正名号。陛下谦光，未肯如旧，群寮大小，咸用于邑。方今奸寇恣睢，金鼓未弭，腹心爪牙，惟亲与贤。辄与丞相雍等议，咸以虑宜为镇军大将军，授任偏方，以光大业。"权乃许之，于是假节开府，治半州。虑以皇子之尊，富于春秋，远近嫌其不能留意。及至临事，遵奉法度，敬纳师友，过于众望。年二十，嘉禾元年卒。无子，国除。

孙和字子孝，虑弟也。少以母王有宠见爱，年十四，为置宫卫，使中书令阚泽教以书艺。好学下士，甚见称述。赤乌五年，立为太子，时年十九。阚泽为太傅，薛综为少傅，而蔡颖、张纯、封俌、严维等皆从容侍从。

是时有司颇以条书问事，和以为奸妄之人，将因事错意，以生祸心，不可长也，表宜绝之。又都督刘宝白庶子丁晏，晏亦白宝，和谓晏曰："文武在事，当能几人，因隙构薄，图相危害，岂有福哉？"

了吴侯。五凤元年，孙英因为大将军孙峻专权，策划诛杀孙峻，事情败露自杀，封国被取消。

谢景字叔发，南阳郡宛县人。谢景在豫章郡任太守时有政绩，官吏百姓称颂他，认为前面有顾劭，其次就是谢景。几年后死在任上。

孙虑字子智，他是孙登的弟弟。小时候聪颖有才能，孙权器重、喜爱他。黄武七年，孙虑被封为建昌侯。此后两年，丞相顾雍等人向孙权进言说，孙虑性情聪慧，见识通达，崇尚不断自新，向东汉人学习看齐，应该提升爵位册封为王，孙权没有同意。过了些时候，尚书仆射名叫存的上疏说："帝王兴起的时候，没有不推崇自己至亲的，以此对诸侯显示他们的光耀，所以鲁、卫两国在周朝，尊荣高于其他诸侯，汉高祖的五个儿子，都在封王之列，这都是用来保卫朝廷，充当国家镇守护卫的。建昌侯孙虑禀性聪颖敏悟，才能文武双全，按照古代的典章制度，应该端正名号。陛下谦逊礼让，没有同意按古人制度行事，大小百官，都因此忧悒郁结。当今奸雄敌寇肆虐，战事还没有停止，亲信和得力助手，只有亲人和贤才。臣特地同丞相顾雍等人商议，都认为孙虑应该担任镇军大将军，授给他统领一个方面的任务，以振兴伟大的事业。"孙权这才同意这个建议，就授给孙虑假节的称号，开建府署，辟置僚属，治所设在半州。孙虑有着皇子的尊贵身份，年纪又轻，远近的人都怀疑他能否留心公务。等到上任视事，孙虑遵守法规，尊敬师长，结交朋友，超过了众人的期望。孙虑二十岁的时候，在嘉禾元年去世。他没有儿子，封国被撤销。

孙和，字子孝，他是孙虑之弟，少时因母亲王氏被孙权宠爱而受孙权喜爱，十四岁时，为他安排了宫廷侍卫，让中书令阚泽传授经典。孙和喜好学习，礼贤下士，很为人们所称道。赤乌五年，孙和十九岁被立为太子。任阚泽为太傅，薛综为少傅，蔡颖、张纯、封俌、严维等则充当侍从官员从容陪伴。

那时候官吏常用分条书写的方法询问政事，孙和觉得，这种方式会给奸佞之人机会，从而产生作乱害人的念头，不能这样下去，便上表要求禁止这种做法。都督刘宝状告中庶子丁晏，丁晏也状告

遂两释之，使之从厚。常言当世士人宜讲修术学，校习射御，以周世务，而但交游博弈以妨事业，非进取之谓。后群寮侍宴，言及博弈，以为妨事费日而无益于用，劳精损思而终无所成，非所以进德修业，积累功绪者也。且志士爱日惜力，君子慕其大者，高山景行，耻非其次。夫以天地长久，而人居其间，有白驹过隙之喻，年齿一暮，荣华不再。凡所患者，在于人情所不能绝，诚能绝无益之欲以奉德义之涂，弃不急之务以修功业之基，其于名行，岂不善哉？夫人情犹不能无嬉娱，嬉娱之好，亦在于饮宴琴书射御之间，何必博弈，然后为欢。乃命侍坐者八人，各著论以矫之。于是中庶子韦曜退而论奏，和以示宾客。时蔡颖好弈，直事在署者颇学焉，故以此讽之。

是后王夫人与全公主有隙。权尝寝疾，和祠祭于庙，和妃叔父张休居近庙，邀和过所居。全公主使人觇视，因言太子不在庙中，专就妃家计议；又言王夫人见上寝疾，有喜色。权由是发怒，夫人忧死，而和宠稍损，惧于废黜。鲁王霸觊觎滋甚，陆逊、吾粲、顾谭等数陈適庶之义，理不可夺，全寄、杨竺为鲁王霸支党，谮诉日兴。粲遂下狱诛，谭徙交州。权沈吟者历年，后遂幽闭和。于是骠骑将军朱据、尚书仆射屈晃率诸将吏泥头自缚，连日诣阙请和。权登白爵观见，甚恶之，敕据、晃等无事匆匆。权欲废和立亮，无难督陈正、五营督陈象上书，称引晋献公杀申生，立奚齐，晋国扰乱，又据、晃固谏不止。权大怒，族诛正、象，据、晃牵入殿，杖一百，竟徙和于故鄣，群司坐谏诛放者十数。众咸冤之。

刘宝。孙和对丁晏说："文武官员在任上的能有多少人？因为一点矛盾就互相攻击，相互危害，怎么会有福运呢？"于是，孙和两面进行劝解，使他们交往增多。孙和常说，当代的才学之士应当探讨研究学问，操演武功，以济当世，如果只是往来下棋，妨碍了事业，不能算是进取。后来群臣出席孙和的酒宴，谈到下棋的时候，他认为这只能妨碍事务，浪费时光，既没有实际益处，也消耗精力损害思虑，最终会一无所成，这不是用来提高道德、增长学识、积累功绩的东西。有志之士应当爱惜光阴与精力，追求理想，以不能与品德高尚的人为伍为耻辱。虽然天长地久，但人于天地间，却有如白驹过隙，年纪一老，便韶华不再。大凡人之所怕，是心中的七情六欲不能斩断，如果断绝无益的欲望、奉行德义高尚的事业，抛弃闲事修筑建功立业的根基，对于人的名声品行，难道不是好事吗？人的七情六欲中是不能没有娱乐的，但是娱乐的爱好，应在于饮宴、弹琴、读书、骑射之间，不必非得去下棋，才感到欢乐。孙和就命陪坐的几个人，各自写文评论下棋。中庶子韦曜回去就写文上奏，孙和出示给宾客们看。那时候，蔡颖喜欢下棋，在其官署中任职的很多人都跟他学棋，因此，孙和用这个办法来规劝他。

后来王夫人和全公主孙鲁班有了矛盾。孙权也因病卧床不起，孙和到宗庙去为孙权祈祷，孙和妃子的叔父张休住在宗庙附近，邀请孙和顺路到他家坐坐。全公主孙鲁班派人去监视他的行踪就对孙权说太子不在庙里，却专程跑到妃子娘家去商议事情；又说王夫人看见皇上卧病，面露喜色。孙权因此发怒，王夫人忧郁而死。此后，孙权对孙和的恩宠也逐渐减少，孙和开始担心自己会被废黜。鲁王孙霸觊觎太子之位的非分之想更加强烈，陆逊、吾粲、顾谭等人多次陈述嫡庶之别的道理，指出太子之位按情理不能被剥夺。全寄、杨竺是孙霸的党羽，他们对支持孙和的大臣的诬陷也一日甚于一日。终于，吾粲被关进监狱处死，顾谭被流放到交州。孙权犹豫了几年以后，竟把孙和幽禁起来。这时，骠骑将军朱据、尚书仆射屈晃带着许多将官以泥涂面并自缚双手，一连几天到皇宫门前为孙和求情。孙权在白爵观上看到后，非常厌恶，下诏斥责朱据、屈晃等无事生非，孙权

太元二年正月，封和为南阳王，遣之长沙。四月，权薨，诸葛恪秉政。恪即和妃张之舅也。妃使黄门陈迁之建业上疏中宫，并致问于恪。临去，恪谓迁曰："为我达妃，期当使胜他人。"此言颇泄。又恪有徙都意，使治武昌宫，民间或言欲迎和。及恪被诛，孙峻因此夺和玺绶，徙新都，又遣使者赐死。和与妃张辞别，张曰："吉凶当相随，终不独生活也。"亦自杀，举邦伤焉。

孙休立，封和子皓为乌程侯，自新都之本国。休薨，皓即阼，其年追谥父和曰文皇帝，改葬明陵，置园邑二百家，令、丞奉守。后年正月，又分吴郡、丹杨九县为吴兴郡，治乌程，置太守，四时奉祠。有司奏言，宜立庙京邑。宝鼎二年七月，使守大匠薛珝营立寝堂，号曰清庙。十二月，遣守丞相孟仁、太常姚信等备官僚中军步骑二千人，以灵舆法驾，东迎神于明陵。皓引见仁，亲拜送于庭。灵舆当至，使孙相陆凯奉三牲祭于近郊，皓于金城外露宿。明日，望拜于东门之外。其翌日，拜庙荐祭，歔欷悲感。比七日三祭，倡技昼夜娱乐。有司奏言"祭不欲数，数则黩，宜以礼断情"，然后止。

孙霸字子威，和弟也。和为太子，霸为鲁王，宠爱崇特，与和无

要废黜孙和，立孙亮为太子。无难督陈正、五营督陈象上疏，援引春秋时晋献公杀申生立奚齐，导致晋国混乱的事劝谏，朱据、屈晃等人也谏诤不止。孙权大怒，将陈正、陈象灭族，朱据、屈晃于朝堂上，杖责一百，孙权将孙和放逐到故鄣，群臣因为进谏被处死、流放的有十几人。大家都为孙和感到冤屈。

太元二年正月，孙权封孙和为南阳王，派遣他到长沙。四月，孙权驾崩，诸葛恪把持朝政。诸葛恪是孙和妃子张氏的舅舅。张氏派黄门陈迁到京城上疏，并问候诸葛恪。陈迁临走时，诸葛恪对他说："请转告王妃，我一定让她超过其他人。"这话泄露了出去。诸葛恪打算迁都，他派人修整武昌的宫殿，百姓中则有了他想迎立孙和的传言。诸葛恪被杀以后，孙峻便因此事夺了孙和的南阳王印玺，将他迁徙到新都郡，不久，又派使臣去新都赐孙和死。孙和与张妃诀别，张妃说："不管吉凶我都相随，绝不独自偷生。"随后也自杀了，吴国上下都为他们悲伤。

孙休即帝位后，封孙和的儿子孙晧做了乌程侯，让孙晧从新都郡迁居到封国所在的乌程县。孙休去世后，孙晧即帝位，在这一年就追谥父亲孙和为文皇帝，改葬明陵，修置园邑，安排百姓二百户，设置令、丞侍奉管理。第三年正月，又分出吴郡、丹杨郡九个县设置吴兴郡，治所在乌程，设置太守，一年四季按时祭祀明陵。有关官吏上疏，请求在京城为孙和建庙。宝鼎二年七月，孙晧派遣代理将作大匠薛珝修建寝堂，名字叫清庙。十二月，派遣代理丞相孟仁、太常姚信等准备相关官员及中军步骑兵两千人，用灵车和天子仪仗，往东去明陵迎接孙和的神位。临行之前，孙晧接见孟仁，亲自在朝廷大殿前拜送。灵车将回时，又命丞相陆凯用牛羊猪三牲在近郊祭祀，孙晧离开皇宫到金城外露宿等候。第二天，在京城东门外举行祭祀活动。第三天，孙晧到清庙拜谒，奉献供品祭祀，悲泣伤感。七天之内三次祭祀，舞乐杂戏等表演昼夜不停。有关官员上奏说"祭祀不能太频繁，太频繁就会亵渎神灵，应该遵循礼制，抑制个人的情感"，孙晧这才停止祭祀活动。

孙霸，字子威，他是孙和之弟。孙和做太子时，孙霸是鲁王，特

殊。顷之，和、霸不穆之声闻于权耳，权禁断往来，假以精学。督军使者羊衜上疏曰："臣闻古之有天下者，皆先显别適庶，封建子弟，所以尊重祖宗，为国藩表也。二宫拜授，海内称宜，斯乃大吴兴隆之基。顷闻二宫并绝宾客，远近悚然，大小失望。窃从下风，听采众论，咸谓二宫智达英茂，自正名建号，于今三年，德行内著，美称外昭，西北二隅，久所服闻。谓陛下当副顺遐迩所以归德，勤命二宫宾延四远，使异国闻声，思为臣妾。今既未垂意于此，而发明诏，省夺备卫，抑绝宾客，使四方礼敬，不复得通，虽实陛下敦尚古义，欲令二宫专志于学，不复顾虑观听小宜，期于温故博物而已，然非臣下倾企喁喁之至愿也。或谓二宫不遵典式，此臣所以寝息不宁。就如所嫌，犹宜补察，密加斟酌，不使远近得容异言。臣惧积疑成谤，久将宣流，而西北二隅，去国不远，异同之语，易以闻达。闻达之日，声论当兴，将谓二宫有不顺之愆，不审陛下何以解之？若无以解异国，则亦无以释境内。境内守疑，异国兴谤，非所以育巍巍，镇社稷也。愿陛下早发优诏，使二宫周旋礼命如初，则天清地晏，万国幸甚矣。"

时全寄、吴安、孙奇、杨竺等阴共附霸，图危太子。谮毁既行，太子以败，霸亦赐死。流竺尸于江，兄穆以数谏戒竺，得免大辟，犹徙南州。霸赐死后，又诛寄、安、奇等，咸以党霸构和故也。

霸二子，基、壹。五凤中，封基为吴侯，壹宛陵侯。基侍孙亮在内，太平二年，盗乘御马，收付狱。亮问侍中刁玄曰："盗乘御马

别受宠爱，与孙和一样。不久，孙和、孙霸不和的事传到孙权那里，孙权便禁止他们与外界来往，借此集中精力修学。督军使者羊衜上疏说：“我听说，古时据有天下的人，都明确区分嫡庶，赐给子弟爵位和封地，建立邦国，这是为了让他们尊重祖宗，成为国家的保卫。东宫太子与西宫鲁王的授任，可说合乎时宜，这是我国兴盛的基础。近来，听说二宫同被禁止和宾客往来，远近的人都感到不解，群臣也非常失望。下面的议论都认为，两宫智慧通达，英气勃发，自确立名号到现在，已经三年了，他们内含高尚的德行，外扬美好的名声，就连西蜀和魏国，也都敬服他们的名望。众臣都认为，陛下应顺应远近人们归顺德政的愿望，仍然允许两宫接待四方远客，使其他国家听到他们的名声后，都想归附于他们。现在，陛下不但没有留意这方面的事，反倒颁布诏令，减少他们的防卫，阻隔他们的宾客，使四方的礼敬再也不能相通。虽然，这是陛下推崇古义，使两宫专心学习，不再在细小的事上纠缠，期待他们借鉴历史经验，熟知广博事物。但是，这不是臣等企盼的最大愿望。有人说，太子、鲁王不遵守礼法，这使臣坐卧难安。假如真像人们猜疑的那样，也应当加以补救，暗中斟酌解决的办法，不让远近出现其他的说法。臣担心，猜疑多了则成了诽谤，时间长了就会传播出去。蜀、魏离我国不远，很容易传到他们那里。那样，就会产生各种议论，认为太子、鲁王有不顺从陛下的过失，看陛下如何解释。如果无法向邻国解释，也就无法消除国内的疑虑。国内存有疑虑，他国就会传言四起，这不是增加陛下的圣明、镇卫国家的做法。望陛下早下褒奖诏令，允许太子、鲁王宾客往来，同当初一样，这样，就会天地清平，大为幸运了。”

当时全寄、吴安、孙奇、杨竺等人暗中听从孙霸的安排，图谋危害太子。诽谤虽然得逞，太子因此失势，可孙霸也被赐死。孙权杀了杨竺将尸体扔在江中，其兄杨穆因多次劝诫他，得以免刑，但还是被流放到南方的边州。随后，全寄、吴安、孙奇等人也被诛杀，这都是因为他们同孙霸结党诬陷孙和的缘故。

孙霸有孙基和孙壹两个儿子。五凤年间，孙亮封孙基做了吴侯，孙壹为宛陵侯。孙基在宫内侍奉孙亮，太平二年，孙基因偷骑御

罪云何？”玄对曰：“科应死。然鲁王早终，惟陛下哀原之。”亮曰：“法者，天下所共，何得阿以亲亲故邪？当思惟可以释此者，奈何以情相迫乎？”玄曰：“旧赦有大小，或天下，亦有千里、五百里赦，随意所及。”亮曰：“解人不当尔邪！”乃赦宫中，基以得免。孙晧即位，追和、霸旧隙，削基、壹爵土，与祖母谢姬俱徙会稽乌伤县。

孙奋字子扬，霸弟也，母曰仲姬。太元二年，立为齐王，居武昌。权薨，太傅诸葛恪不欲诸王处江滨兵马之地，徙奋于豫章。奋怒，不从命，又数越法度。

恪上笺谏曰：“帝王之尊，与天同位，是以家天下，臣父兄，四海之内，皆为臣妾。仇雠有善，不得不举，亲戚有恶，不得不诛，所以承天理物，先国后身，盖圣人立制，百代不易之道也。昔汉初兴，多王子弟，至于太强，辄为不轨，上则几危社稷，下则骨肉相残，其后惩戒，以为大讳。自光武以来，诸王有制，惟得自娱于宫内，不得临民，干与政事，其与交通，皆有重禁，遂以全安，各保福祚。此则前世得失之验也。近袁绍、刘表各有国土，土地非狭，人众非弱，以適庶不分，遂灭其宗祀。此乃天下愚智，所共嗟痛。大行皇帝览古戒今，防芽遏萌，虑于千载。是以寝疾之日，分遣诸王，各早就国，诏策殷勤，科禁严峻，其所戒敕，无所不至，诚欲上安宗庙，下全诸王，使百世相承，无凶国害家之悔也。大王宜上惟太伯顺父之志，中念河间献王、东海王彊恭敬之节，下当裁抑骄恣荒乱以为警戒。而闻顷至武昌以来，多违诏敕，不拘制度，擅发诸将兵治护宫室。又左右常从有罪过者，当以表闻，公付有司，而擅私杀，事不明白。大司马吕岱亲受先帝诏敕，辅导大王，既不承用其言，令怀忧

马，被抓进监狱。孙亮问侍中刁玄说：“偷骑御马该定什么罪？”刁玄回答说：“按律当死。不过，鲁王死得早，望陛下哀怜、宽恕他。”孙亮说：“法律为天下人所共同遵守，怎么能因疼爱亲人就有所偏袒呢？应当有另外可以使他免罪的方法，为什么用亲情来逼迫我呢？”刁玄说：“以前，赦免罪犯分大赦、小赦，有全国的赦免，也有千里以内、五百里以内的赦免，这随陛下心思而定。”孙亮说：“救人不应当这样做吗！”孙亮便赦免皇宫之内的犯罪者，孙基因此免罪。孙晧即帝位以后，追究父亲孙和与鲁王孙霸之间的旧怨，废去孙基、孙壹的爵位和封国，与他们的祖母谢姬一起流放到会稽郡乌伤县。

孙奋，字子扬，他是孙霸之弟，他的母亲是仲姬。太元二年，孙奋被立为齐王，住在武昌。孙权去世后，太傅诸葛恪不想让各王子居住在长江沿岸的军事要地，就把孙奋迁到豫章。孙奋很气愤，非但不服从命令，还多次超越法规行事。

诸葛恪奉笺书劝说：“帝王尊贵，与上天同位，因此，帝王以天下为家，以父兄为臣，四海之内，都是奴仆。仇人有善行，不能不推举，亲人有劣迹，不得不处罚。这是帝王承受天命，治理万物，先国后己的原因，恐怕也是圣人建立法度，百代不变的道理。汉朝初建的时候，分封众子弟为王，以至于一些王国过于强大，违犯法纪的事时有发生，上几乎危害国家，下导致骨肉相残。此后，便以此为戒，视为国家大忌。自汉光武帝以来，一定有相应的制度，诸王只能在王宫内自娱自乐，不得接近百姓、干预政事，与外界的交往，都有严格的限制。这才使诸王身安，也保住了自己的福祚。这就是前代诸王得失的验证。近世的袁绍、刘表各占地盘，土地并不狭小，人口实力也不弱，但是都因嫡庶不分，终使自己的宗族灭绝。这是天下无论智者愚者都为之叹息的。刚逝去的先帝览古鉴今，防微杜渐，思虑深远。所以，在卧病的时候就分送诸王，及早回到自己的封国去，诏命恳切，禁令严肃，规诫嘱咐，细密周详，实在是想对上安定宗庙，对下保全诸王，让他们百世相传，不会产生害国害家的悔恨啊！大王应该上想周代太伯顺从父志，次念河间献王、东海王刘彊恭敬节操，下要抑制自己的率意而为，以此为己之警戒。大王到武昌以后，常违背诏命，

怖。华锜先帝近臣，忠良正直，其所陈道，当纳用之，而闻怒锜，有收缚之语。又中书杨融，亲受诏敕，所当恭肃，云‘正自不听禁，当如我何’？闻此之日，大小惊怪，莫不寒心。里语曰：‘明镜所以昭形，古事所以知今。’大王宜深以鲁王为戒，改易其行。战战兢兢，尽敬朝廷，如此则无求不得。若弃忘先帝法教，怀轻慢之心，臣下宁负大王，不敢负先帝遗诏，宁为大王所怨疾，岂敢忘尊主之威，而令诏敕不行于藩臣邪？此古今正义，大王所照知也。夫福来有由，祸来有渐，渐生不忧，将不可悔。向使鲁王早纳忠直之言，怀惊惧之虑，享祚无穷，岂有灭亡之祸哉？夫良药苦口，惟疾者能甘之；忠言逆耳，惟达者能受之。今者恪等慺慺欲为大王除危殆于萌芽，广福庆之基原，是以不自知言至，愿蒙三思。”

奋得笺惧，遂移南昌，游猎弥甚，官属不堪命。及恪诛，奋下住芜湖，欲至建业观变。傅相谢慈等谏奋，奋杀之。坐废为庶人，徙章安县。太平三年，封为章安侯。

建衡二年，孙晧左夫人王氏卒。晧哀念过甚，朝夕哭临，数月不出，由是民间或谓晧死，讹言奋与上虞侯奉当有立者。奋母仲姬墓在豫章，豫章太守张俊疑其或然，扫除坟茔。晧闻之，车裂俊，夷三族，诛奋及其五子，国除。

评曰：孙登居心所存，足为茂美之德。虑、和并有好善之姿，

不守制度，擅征将士修治自己的宫室。侍从中有罪过的，本应上报，有司公开处理，而您却擅自杀掉，使事情不清不楚。大司马吕岱亲受先帝诏令，辅导大王，您却不接受他的意见，使他心怀忧恐。华锜是先帝近臣，善良正直，他所陈述的道理，您应当采纳，而您很恼怒，声言要捆缚拘捕他。再有，中书杨融，亲受先帝诏令，您本应恭敬待他，而您却说：'就是不服从禁令，你能把我怎么样？'听到这话的时候，众官员都很吃惊，无人不感到寒心。俗话说：'以明镜可以照出形貌，以古事可以知道今情。'大王应深以鲁王为戒，改变行为，小心谨慎，尽心恭敬朝廷，如能这样，就没有什么办不到的事了。倘若抛弃先帝的法令和教诲，心怀轻慢，那么，臣下宁可辜负大王，也不敢辜负先帝的遗诏，宁肯被大王所怨恨，又怎么敢忘君主之威严，而使诏令在诸侯身上不能实行呢？这是古今正理，也是大王所清楚的。福降有因，祸至有兆，征兆出现而不忧虑，事出将无法追悔。当初鲁王若早纳忠正之言，有警惕之心，就会享有无穷的福祉，怎么会有灭亡的灾祸呢？良药苦口，只有生病之人才乐于服用。忠言逆耳，唯通达之人才能听取。现在，臣诸葛恪等毕恭毕敬，想为大王将危险消除在萌芽之中，巩固大王福庆的根源，所以，不觉间话有些过分，望大王三思。"

孙奋看到诸葛恪的信后非常害怕，就迁去南昌，但出游打猎比以往更甚，连属下都忍受不了。后来，诸葛恪被杀，孙奋东下住到芜湖，并想到建业去观望时局的变化，师傅、国相谢慈等人规劝孙奋，孙奋杀了他们。孙奋因此获罪，废黜为民，被放逐到章安县。太平三年，被封为章安侯。

建衡二年，孙晧的左夫人王氏去世。孙晧哀思，早晚都聚集众人到灵前痛哭，几个月也没有上朝。因此，民间有人以为孙晧死了，谣传孙奋和上虞侯孙奉两人中将有一个被立为皇帝。孙奋母亲仲姬的墓地在豫章，豫章郡太守张俊推测谣言可能是真的，就为仲姬扫墓。孙晧听到这件事，车裂张俊，灭其三族，又处死孙奋和他的五个儿子，孙奋封国也被废除。

评论说：孙登所想所为，可以说是品德美好。孙虑、孙和也都本

规自砥砺，或短命早终，或不得其死，哀哉！霸以庶干适，奋不遵轨度，固取危亡之道也。然奋之诛夷，横遇飞祸矣。

质向善，遵守法令，磨炼品行，但这二人或是早逝，或是非命，令人痛惜啊！孙霸以庶子身份欲谋夺嫡子之位，孙奋不守法度，本就是自取灭亡。不过，孙奋的被杀，却也是飞来的横祸。

卷六十　吴书十五

贺全吕周钟离传第十五

贺齐字公苗，会稽山阴人也。少为郡吏，守剡长。县吏斯从轻侠为奸，齐欲治之，主簿谏曰："从，县大族，山越所附，今日治之，明日寇至。"齐闻大怒，便立斩从。从族党遂相纠合，众千余人，举兵攻县。齐率吏民，开城门突击，大破之，威震山越。后太末、丰浦民反，转守太末长，诛恶养善，期月尽平。

建安元年，孙策临郡，察齐孝廉。时王朗奔东冶，候官长商升为朗起兵。策遣永宁长韩晏领南部都尉，将兵讨升，以齐为永宁长。晏为升所败，齐又代晏领都尉事。升畏齐威名，遣使乞盟。齐因告喻，为陈祸福，升遂送上印绶，出舍求降。贼帅张雅、詹强等不愿升降，反共杀升，雅称无上将军，强称会稽太守。贼盛兵少，未足以讨，齐住军息兵。雅与女婿何雄争势两乖，齐令越人因事交构，遂致疑隙，阻兵相图。齐乃进讨，一战大破雅，强党震惧，率众出降。

候官既平，而建安、汉兴、南平复乱，齐进兵建安，立都尉府，是岁八年也。郡发属县五千兵，各使本县长将之，皆受齐节度。贼洪明、洪进、苑御、吴免、华当等五人，率各万户，连屯汉兴，吴五六千户别屯大潭，邹临六千户，别屯盖竹，同出余汗。军讨汉兴，经余汗。齐以为贼众兵少，深入无继，恐为所断，令松阳长丁蕃留

贺齐字公苗，他是会稽郡山阴县人。年少的时候充当郡里的吏员，兼代剡县县长。县吏斯从轻薄放荡，违法乱纪，贺齐想要惩处他，主簿规劝说："斯从是本县的大族，是山越依附的对象，今天你惩处他，明天盗匪就会到来。"贺齐听了很生气，就立即杀了斯从。斯从的族人和党羽互相纠合，党徒有一千多人，起兵攻打县城。贺齐率领官吏百姓，打开城门突然出击，大败匪军，威震山越。后来太末、丰浦的百姓造反，贺齐被调往太末代任县长，他惩罚奸恶，蓄养良善，一个月后动乱全部平息。

建安元年，孙策占领会稽郡，察举贺齐为孝廉。那时候王朗逃往东冶，候官县长商升为王朗发兵进击孙策。孙策派永宁县长韩晏兼任会稽南部都尉，率军讨伐商升，任贺齐为永宁县长。韩晏被商升打败，贺齐又代替韩晏兼管都尉的职事。商升害怕贺齐的威名，派使者来请求讲和。贺齐趁此机会给商升宣明大义，陈述祸福，商升就送上官印，出营请降。匪首张雅、詹强等人不愿商升投降，反而一起杀了商升，张雅自称无上将军，詹强自称会稽太守。匪盗势众，己方兵少，难以前往征讨，贺齐让部队停止进攻。张雅同女婿何雄争权夺势互相失和，贺齐命令山越人抓住一些事有意扩大事态，最终使他们猜疑生怨，各自都想依仗武力灭掉对方。贺齐便进军征讨，一次战斗就大败张雅，詹强等人震惊畏惧，率领党羽出来投降。

候官平定之后，建安、汉兴、南平又发生叛乱，贺齐出兵建安，设立都尉府，这一年是建安八年。会稽郡征发下属各县士兵五千人，各由本县县令率领，都归贺齐督调。叛贼洪明、洪进、苑御、吴免、华当五人，各有党羽一万户，并且营寨相连屯驻汉兴，吴五拥有六千户另外驻扎在大潭，邹临拥有六千户另驻盖竹，一起从余汗出动。贺齐率军进攻汉兴，途经余汗。贺齐认为，叛军兵多，自己兵少，深入敌

备余汗。蕃本与齐邻城，耻见部伍，辞不肯留。齐乃斩蕃，于是军中震栗，无不用命。遂分兵留备，进讨明等，连大破之。临陈斩明，其免、当、进、御皆降。转击盖竹，军向大潭，二将又降。凡讨治斩首六千级，名帅尽擒，复立县邑，料出兵万人，拜为平东校尉。十年，转讨上饶，分以为建平县。

十三年，迁威武中郎将，讨丹杨黟、歙。时武强、叶乡、东阳、丰浦四乡先降，齐表言以叶乡为始新县。而歙贼帅金奇万户屯安勒山，毛甘万户屯乌聊山，黟帅陈仆、祖山等二万户屯林历山。林历山四面壁立，高数十丈，径路危狭，不容刀楯，贼临高下石，不可得攻。军住经日，将吏患之。齐身出周行，观视形便，阴募轻捷士，为作铁弋，密于隐险贼所不备处，以弋拓堑为缘道，夜令潜上，乃多县布以援下人，得上百数人，四面流布，俱鸣鼓角，齐勒兵待之。贼夜闻鼓声四合，谓大军悉已得上，惊惧惑乱，不知所为，守路备险者，皆走还依众。大军因是得上，大破仆等，其余皆降，凡斩首七千。齐复表分歙为新定、黎阳、休阳、并、黟、歙凡六县，权遂割为新都郡，齐为太守，立府于始新，加偏将军。

十六年，吴郡余杭民郎稚合宗起贼，复数千人，齐出讨之，即复破稚，表言分余杭为临水县。被命诣所在，及当还郡，权出祖道，

境后怕被敌截断后路，就命松阳县长丁蕃留下守备余汗。丁蕃与贺齐是相邻城邑的同级官员，他以受贺齐辖制为耻辱，不肯受令留守。贺齐就杀了丁蕃，于是，军内大震，再没有人敢不服从命令。贺齐分兵留守余汗，进军讨伐洪明等人，接连大败敌人。贺齐于阵上杀了洪明，其他人如吴免、华当、洪进、苑御都投降了。他又转而进击盖竹，向大潭进兵，邹临、吴五也率众投降了。这次征伐共斩杀叛军六千人，所有的著名首领全部被擒，贺齐重新设置县邑，从俘虏中挑选出兵士一万人，他被任命为平东校尉。建安十年，贺齐率兵转而讨伐上饶，分出上饶部分地区设立建平县。

建安十三年，贺齐升任武威中郎将，带领军队讨伐丹杨郡黟县、歙县。那时候武强、叶乡、东阳、丰浦四个乡率先投降，贺齐上表孙权，请求将叶乡改为始新县。歙县叛军首领金奇率部众一万户屯驻于安勒山，毛甘率部众一万户屯驻于乌聊山，黟县叛军首领陈仆、祖山等人率部众二万户屯驻于林历山。林历山四面都是悬崖峭壁，高达数十丈，通往山上的小路又窄又险，连剑和盾牌都难以携带，叛军居高临下投掷石块，贺齐的将士无法向上进攻。军队在当地驻守了很多天，将士们都非常发愁。贺齐亲自出营四处巡视，察看有利的地形，暗中招募身体轻巧矫健的兵士，给这些兵士制作铁弋，让这些兵士暗中隐蔽在险要、敌人没有防备的地方，用铁弋开凿可供人攀缘的小道，乘黑夜让将士们偷偷登山，再将布带垂放下来拽引山崖下的人，他用这个办法使一百余人登上山崖，四面出动骚扰，一齐擂起战鼓吹响号角，贺齐整顿好部队等待机会进攻。叛军夜间突然听到鼓角声四起，以为大军已经全部攻了上来，惊恐慌乱，不知所措，扼守道路和险要的叛军也全都逃走与大队人马靠拢。贺齐大军因此得以攻上山头，大败陈仆等军，剩下的叛军全部投降，一共斩杀七千多人。贺齐又上表请求分出歙县部分地区增设新定、黎阳、休阳，加上黟县、歙县和始新共六县。孙权就将此六县设置为新都郡，任命贺齐为新都太守，治所设在始新县，给贺齐加官偏将军。

建安十六年，吴郡余杭县的百姓郎稚纠合族人为非作歹，随即又有数千人加入其中。贺齐出兵讨伐他们，当下就打败郎稚，他宣布

作乐舞象。赐齐軿车骏马，罢坐住驾，使齐就车。齐辞不敢，权使左右扶齐上车，令导吏卒兵骑，如在郡仪。权望之笑曰：“人当努力，非积行累勤，此不可得。”去百余步乃旋。

十八年，豫章东部民彭材、李玉、王海等起为贼乱，众万余人。齐讨平之，诛其首恶，余皆降服。拣其精健为兵，次为县户。迁奋武将军。

二十年，从权征合肥。时城中出战，徐盛被创失矛，齐引兵拒击，得盛所失。

二十一年，鄱阳民尤突受曹公印绶，化民为贼，陵阳、始安、泾县皆与突相应。齐与陆逊讨破突，斩首数千，余党震服，丹杨三县皆降，料得精兵八千人。拜安东将军，封山阴侯，出镇江上，督扶州以上至皖。

黄武初，魏使曹休来伐，齐以道远后至，因住新市为拒。会洞口诸军遭风流溺，所亡中分，将士失色，赖齐未济，偏军独全，诸将倚以为势。

齐性奢绮，尤好军事，兵甲器械极为精好，所乘船雕刻丹镂，青盖绛襜，干橹戈矛，葩瓜文画，弓弩矢箭，咸取上材，蒙冲斗舰之属，望之若山。休等惮之，遂引军还。迁后将军，假节领徐州牧。

初，晋宗为戏口将，以众叛如魏，还为蕲春太守，图袭安乐，取其保质。权以为耻忿，因军初罢，六月盛夏，出其不意，诏齐督麋

分出余杭的一部分另置临水县。贺齐受命到孙权的驻地，到了应当返回新都郡的时候，孙权出来为他饯行，并且演奏鼓乐，跳起象舞。孙权赏赐贺齐车驾骏马，他离开坐席，止住车马，让贺齐上车，贺齐推辞不敢，孙权让手下的人扶贺齐上车，命令开路的官员以及步兵骑兵，完全采用在郡里的仪式。孙权看着贺齐笑着说：“人应当努力，如果不是积德累功，这个待遇是不可能得到的。”贺齐的车离开了一百多步，孙权才返回去了。

建安十八年，豫章东部百姓彭材、李玉、王海等人起兵制造骚乱，聚众一万多人。贺齐讨伐平定了他们，诛杀了其中的首恶，其余的人都降服了。他从中选择精壮强健的人做士兵，身体差的作为县里的民户。贺齐又升任奋武将军。

建安二十年，贺齐跟随孙权出征合肥。当时城里的守敌出城迎战，徐盛因为受伤丢失了长矛，贺齐率兵抗击敌人，夺回徐盛丢失的长矛。

建安二十一年，鄱阳的百姓尤突接受曹操的印绶，化百姓为强盗，陵阳、始安、泾县等地都和尤突相呼应。贺齐和陆逊讨伐击败了尤突，斩首几千人，剩余的党徒被镇服，丹杨的三个县都投降了，计得精兵八千人。贺齐被任命为安东将军，封为山阴侯，外出镇守长江沿岸，督察扶州以西直到皖县的地区。

黄武初年，魏国派遣曹休进兵侵犯，贺齐因路远来迟了，就驻扎在新市抗敌。正碰上洞口各路兵马遭遇狂风，流散沉溺，死伤过半，将士们惊慌失措，幸亏贺齐没有渡江，全军只有他的兵马得以保全，各将领都依赖他为靠山。

贺齐性喜奢华，特别爱好军事，他的武器、铠甲和各种器械极为精美，所乘的船也经过雕刻涂上彩色，并配上青色的顶盖和深红的帷帐，矛戈盾牌都绘上花果的纹饰，弓弩箭矢采用上等材料，大小战舰组成的船队，远望如山岳一样。曹休等人见了很是害怕，就撤军回去了。贺齐被升为后将军、假节，兼任徐州牧。

起初，晋宗担任戏口守将，带领众人叛变归降了魏国，又被派回任蕲春太守，企图袭击安乐，夺取他留下做人质的妻子儿女。孙权感到耻

芳、鲜于丹等袭蕲春，遂生虏宗。后四年卒，子达及弟景皆有令名，为佳将。

全琮字子璜，吴郡钱唐人也。父柔，汉灵帝时举孝廉，补尚书郎右丞，董卓之乱，弃官归，州辟别驾从事，诏书就拜会稽东部都尉。孙策到吴，柔举兵先附，策表柔为丹杨都尉。孙权为车骑将军，以柔为长史，徙桂阳太守。柔尝使琮赍米数千斛到吴，有所市易。琮至，皆散用，空船而还。柔大怒，琮顿首曰："愚以所市非急，而士大夫方有倒县之患，故便振赡，不及启报。"柔更以奇之。是时中州士人避乱而南，依琮居者以百数，琮倾家给济，与共有无，遂显名远近。后权以为奋威校尉，授兵数千人，使讨山越。因开募召，得精兵万余人，出屯牛渚，稍迁偏将军。

建安二十四年，刘备将关羽围樊、襄阳，琮上疏陈羽可讨之计，权时已与吕蒙阴议袭之，恐事泄，故寝琮表不答。及禽羽，权置酒公安，顾谓琮曰："君前陈此，孤虽不相答，今日之捷，抑亦君之功也。"于是封阳华亭侯。

黄武元年，魏以舟军大出洞口，权使吕范督诸将拒之，军营相望。敌数以轻船钞击，琮常带甲仗兵，伺候不休。顷之，敌数千人出江中，琮击破之，枭其将军尹卢。迁琮绥南将军，晋封钱唐侯。四年，假节领九江太守。

七年，权到皖，使琮与辅国将军陆逊击曹休，破之于石亭。是时丹杨、吴、会山民复为寇贼，攻没属县，权分三郡险地为东安郡，琮领太守。至，明赏罚，招诱降附，数年中，得万余人。权召琮还牛

辱和愤恨，此时，兵马正在休战，孙权便于六月盛夏时，突然命贺齐率糜芳、鲜于丹等部攻击蕲春，活捉了晋宗。四年后，贺齐去世，儿子贺达和弟弟贺景都有好的名声，也是出色的将领。

全琮，字子璜，他是吴郡钱唐人。父亲名字叫全柔，汉灵帝时举荐为孝廉，补任尚书郎右丞。董卓之乱中，全柔弃官回家，州府征召他为别驾从事，皇帝下诏，就地任命他为会稽东部都尉。孙策到吴郡后，全柔率兵归附，孙策上表任他为丹杨都尉。孙权任车骑将军时，任命全柔为长史，又调任桂阳太守。全柔曾派全琮送几千斛米到吴郡，换一些其他物品。全琮到吴郡后，将米全部散发给当地的士大夫，空船而回。全柔大怒，全琮叩头说："我自以为要买的东西并非急用，而当地士大夫的生活都很困难，所以，就自作主张地救济他们，没来得及向您禀报。"全柔据此认为全琮非同一般。当时许多中原士人南下避乱，依附全琮的百姓数以百计，全琮倾尽家财去救济他们，与之同甘共苦，因此远近扬名。后来，孙权任命全琮为奋威校尉，给他几千士兵，让他去讨伐山越。全琮又招募精兵一万多人，驻守牛渚，渐升为偏将军。

建安二十四年，关羽率兵围攻樊城、襄阳，全琮向孙权上疏陈述剿灭关羽的策略，此时孙权正和吕蒙暗中商议这事，因为担心泄露，所以，压下全琮的奏章不作答复。关羽被擒后，孙权在公安举行宴会，回头对全琮说："您前次上疏陈述此事，我虽然没有答复，但今天这个胜利，或许也是您的功劳啊！"于是，孙权封全琮为阳华亭侯。

黄武元年，魏水军从洞口大规模出兵，孙权派遣吕范率众将抵御，两军隔江遥对。魏军多次以轻型小船攻击骚扰，全琮经常披甲执兵刃，巡视防范。不久，魏军集数千人在江面上，全琮进击战败他们，砍下魏将尹卢的首级。全琮升为绥南将军，晋封钱唐侯。黄武四年，全琮假节，兼任九江太守。

黄武七年，孙权来到皖县，派遣全琮和辅国将军陆逊攻击曹休，在石亭打败了他。在这个时候丹杨、吴郡、会稽郡的山越人再次叛乱，攻陷所属县城。孙权把三郡的险要之处划分为东安郡，让全琮兼任太守。全琮赴任后，赏罚分明，招引诱导降服的人，几年内，就

渚，罢东安郡。黄龙元年，迁卫将军、左护军、徐州牧，尚公主。

嘉禾二年，督步骑五万征六安，六安民皆散走，诸将欲分兵捕之。琮曰：“夫乘危徼幸，举不百全者，非国家大体也。今分兵捕民，得失相半，岂可谓全哉？纵有所获，犹不足以弱敌而副国望也。如或邂逅，亏损非小，与其获罪，琮宁以身受之，不敢徼功以负国也。”

赤乌九年，迁右大司马、左军师。为人恭顺，善于承颜纳规，言辞未尝切迕。初，权将围珠崖及夷州，皆先问琮，琮曰：“以圣朝之威，何向而不克？然殊方异域，隔绝障海，水土气毒，自古有之，兵入民出，必生疾病，转相污染，往者惧不能反，所获何可多致？猥亏江岸之兵，以冀万一之利，愚臣犹所不安。”权不听。军行经岁，士众疾疫死者十有八九，权深悔之。后言次及之，琮对曰：“当是时，群臣有不谏者，臣以为不忠。”

琮既亲重，宗族子弟并蒙宠贵，赐累千金，然犹谦虚接士，貌无骄色。十二年卒，子怿嗣。后袭业领兵，救诸葛诞于寿春，出城先降，魏以为平东将军，封临湘侯。怿兄子祎、仪、静等亦降魏，皆历郡守列侯。

吕岱字定公，广陵海陵人也，为郡县吏，避乱南渡。孙权统事，岱诣幕府，出守吴丞。权亲断诸县仓库及囚系，长丞皆见，岱处法应问，甚称权意，召署录事，出补余姚长，召募精健，得千余人。会稽东冶五县贼吕合、秦狼等为乱，权以岱为督军校尉，与将军蒋钦等将兵讨之，遂禽合、狼，五县平定，拜昭信中郎将。

得到一万多人。孙权调全琮返回牛渚，撤销东安郡。黄龙元年，全琮升为卫将军、左护军、徐州牧，并娶公主孙鲁班为妻。

嘉禾二年，全琮带领步兵骑兵五万人进击六安，六安的百姓都四散逃跑，许多将领打算分兵追捕他们。全琮说："趁着别人的危急得到侥幸的成功，采取行动不考虑周全，这不符合国家的大政方针。如果分兵追捕，得失各半，怎么可以说是周全呢？即使有些收获，也还是不足以削弱敌人，实现国家的希望。倘若和敌人不期而遇，损失不会小的。如果因为不追捕而招致罪过，我宁肯自己来承担，也不敢用侥幸的成功来辜负国家的期望。"

赤乌九年，全琮升任右大司马、左军师。全琮为人性情温和，善于察言观色进言规劝，言辞从不严厉。开始的时候，孙权准备攻取珠崖和夷州，先征询全琮的意见。全琮说："以我国强盛的声威，进攻哪里都能取胜。然而，珠崖和夷州被大海隔开，瘴气毒雾，自古就有，将士出入那里，定会生病而相互传染，去的人恐怕很难再回来，哪里会有大的收获呢？再说抽调大批江岸的兵力，去谋求那一点点小利，臣虽愚笨也觉得不妥。"孙权没有听从，兵马出征一年多，士兵因瘟疫而死的十之八九，孙权非常后悔。后来，谈及此事，全琮说："在那时，群臣中有不进谏的，臣以为那是不忠。"

全琮位高权重，成为王室至亲之后，他的宗族子弟也同时蒙受恩宠，赏赐累次为千金，但他还是谦虚待人，脸上也没有傲慢得意之色。吴赤乌十二年全琮去世，儿子全怿承继爵位。后来，又统领兵马，在寿春援救诸葛诞时，他首先出城投降，魏国任命他为平东将军，封临湘侯。全怿的侄子全祎、全仪、全静等人也投降魏国，均位居郡守列侯。

吕岱，字定公，他是广陵海陵人，曾经任郡县吏，因避战乱来到江南。孙权执掌江东后，吕岱投奔孙权，出任代理吴县县丞。孙权亲自审察各县仓库及在押囚犯，各县长、县丞都来拜见，吕岱据法令应对孙权的提问，很合孙权之意。于是，孙权任吕岱代理录事参军，出京补任余姚县长，他在当地招募一千多精兵。会稽郡的东冶等五个县有盗贼吕合、秦狼等人作乱，孙权任吕岱为督军校尉，和将军蒋

建安二十年，督孙茂等十将从取长沙三郡。又安成、攸、永新、茶陵四县吏共入阴山城，合众拒岱，岱攻围，即降，三郡克定。权留岱镇长沙。安成长吴砀及中郎将袁龙等首尾关羽，复为反乱。砀据攸县，龙在醴陵。权遣横江将军鲁肃攻攸，砀得突走。岱攻醴陵，遂禽斩龙，迁庐陵太守。

延康元年，代步骘为交州刺史。到州，高凉贼帅钱博乞降，岱因承制，以博为高凉西部都尉。又鬱林夷贼攻围郡县，岱讨破之。是时桂阳浈阳贼王金合众于南海界上，首乱为害，权又诏岱讨之，生缚金，传送诣都，斩首获生凡万余人。迁安南将军，假节，封都乡侯。

交阯太守士燮卒，权以燮子徽为安远将军，领九真太守，以校尉陈时代燮。岱表分海南三郡为交州，以将军戴良为刺史，海东四郡为广州，岱自为刺史。遣良与时南入，而徽不承命，举兵戍海口以拒良等。岱于是上疏请讨徽罪，督兵三千人晨夜浮海。或谓岱曰："徽藉累世之恩，为一州所附，未易轻也。"岱曰："今徽虽怀逆计，未虞吾之卒至，若我潜军轻举，掩其无备，破之必也。稽留不速，使得生心，婴城固守，七郡百蛮，云合响应，虽有智者，谁能图之？"遂行，过合浦，与良俱进。徽闻岱至，果大震怖，不知所出，即率兄弟六人肉袒迎岱。岱皆斩送其首。徽大将甘醴、桓治等率吏民攻岱，岱奋击大破之，晋封番禺侯。于是除广州，复为交州如故。岱既定交州，复进讨九真，斩获以万数。又遣从事南宣国化，暨徼外扶南、林邑、堂明诸王，各遣使奉贡。权嘉其功，进拜镇南将军。

钦等人带兵同去讨伐，最终捕获了吕合和秦狼，五县都得以平定，被任命为昭信中郎将。

建安二十年，吕岱带领孙茂等十个将领参与攻取长沙三郡的战争。在这个时候，安成、攸县、永新、茶陵四个县的官员却一同进入阴山城，聚兵抗击吕岱。吕岱进攻并包围了他们，很快就迫使他们投降了，三郡得以平定。孙权留下吕岱镇守长沙。安成县长吴砀以及中郎将袁龙等人暗中与关羽勾结，再次反叛。吴砀占据攸县，袁龙占据醴陵。孙权派横江将军鲁肃进攻攸县，吴砀突围逃走。吕岱进攻醴陵，擒杀了袁龙，升任庐陵太守。

延康元年，吕岱代步骘做了交州刺史。吕岱到达上任以后，高凉匪首钱博请求投降，吕岱就秉承孙权的旨意，任命钱博为高凉西部都尉。又有鬱林夷贼围攻郡县，吕岱征讨、击败了他们。这时桂阳郡浈阳县叛匪王金在南海郡界纠合部众，带头作乱为害，孙权又命令吕岱征讨他，活捉王金，传递解送到首都，斩杀、活捉匪徒共一万多人。后吕岱调升安南将军，加以假节称号，封为都乡侯。

交阯太守士燮去世，孙权让士燮的儿子士徽做了安远将军，兼任九真太守，让校尉陈时代替士燮。吕岱上表建议分海南三郡为交州，任将军戴良为刺史，海东四郡为广州，吕岱自己任刺史。派戴良和陈时向南进入交州，但士徽不接受命令，起兵防守海口来阻拦戴良等人。吕岱就上疏孙权请求讨伐士徽的罪行，率领士兵三千人日夜不停地渡海前往交阯。有人对吕岱说："士徽凭借历代的恩荣，被一州的人所依附，不可轻视啊！"吕岱说："眼下士徽虽有谋逆的打算，但没有料到我们会突然来到，如果我军秘密行军，轻装疾进，乘他没有防备而突然袭击，是一定可以打败他的。如果延滞而不速决，使他得以产生异心，环城死守，那么七个郡的各部蛮夷，都会迅速成群聚结，即使有十分聪明有才的人，谁能对付那种局面？"吕岱就带兵前进，经过合浦，同戴良一起进发。士徽听说吕岱来到，果然很震惊恐怖，束手无策，就带着六个兄弟脱去上衣，裸露上身，迎候吕岱。吕岱把他们全都杀了，并且传首示众。士徽的大将甘醴、桓治等人率领官吏百姓攻打吕岱，吕岱奋力反击，大败他们，孙权封他为番禺侯。

黄龙三年，以南土清定，召岱还屯长沙沤口。会武陵蛮夷蠢动，岱与太常潘濬共讨定之。嘉禾三年，权令岱领潘璋士众，屯陆口，后徙蒲圻。四年，庐陵贼李桓、路合、会稽东冶贼随春、南海贼罗厉等一时并起。权复诏岱督刘纂、唐咨等分部讨击，春即时首降，岱拜春偏将军，使领其众，遂为列将，桓、厉等皆见斩获，传首诣都。权诏岱曰："厉负险作乱，自致枭首；桓凶狡反覆，已降复叛。前后讨伐，历年不禽，非君规略，谁能枭之？忠武之节，于是益著。元恶既除，大小震慑，其余细类，扫地族矣。自今已去，国家永无南顾之虞，三郡晏然，无怵惕之惊，又得恶民以供赋役，重用叹息。赏不逾月，国之常典，制度所宜，君其裁之。"

潘濬卒，岱代濬领荆州文书，与陆逊并在武昌，故督蒲圻。顷之，廖式作乱，攻围城邑，零陵、苍梧、郁林诸郡骚扰，岱自表辄行，星夜兼路。权遣使追拜岱交州牧，及遣诸将唐咨等骆驿相继，攻讨一年破之，斩式及遣诸所伪署临贺太守费杨等，并其支党，郡县悉平，复还武昌。时年已八十，然体素精勤，躬亲王事。奋威将军张承与岱书曰："昔旦奭翼周，《二南》作歌，今则足下与陆子也。忠勤相先，劳谦相让，功以权成，化与道合，君子叹其德，小人悦其美。加以文书鞅掌，宾客终日，罢不舍事，劳不言倦，又知上马辄自超乘，不由跨蹑，如此足下过廉颇也，何其事事快也。《周易》有之，

因此吴国撤销广州，仍然像原来那样设置交州。吕岱平定交州之后又进军征讨九真郡，斩首、擒获贼兵数以万计。又派官员到南方去宣扬国家的教化，直到境外的扶南、林邑、堂明各国，这些国家的君主都各自派遣使者前来进贡。孙权赞许吕岱的功劳，升任他为镇南将军。

黄龙三年，由于南部清静无事，孙权命吕岱回师驻军在长沙沤口。那时候正赶上武陵蛮夷骚乱，吕岱与太常潘濬共同出兵平定了骚乱。嘉禾三年，孙权命吕岱率领潘璋的兵马，屯驻陆口，又转驻蒲圻。嘉禾四年，庐陵贼寇李桓、路合，会稽郡东冶贼寇随春，南海贼寇罗厉等人同时作乱。孙权又命吕岱督率刘纂、唐咨等人分别讨伐，很快随春便自首投降，吕岱任他为偏将军，让他继续带领自己原来的人马，成为将领之一。而李桓、罗厉等人都被斩杀或生擒，首级送到京城。孙权下诏书给吕岱说："罗厉依山险聚众作乱，自取灭亡；李桓凶残狡猾，反复无常，投降又再次反叛。前后讨伐多年未能抓获，如不是你智略高超，谁能诛杀他们？你忠勇的气节，更加显著。首恶已被铲除，其余大小贼寇不是被慑服，就是被消灭。自此以后，国家将永远没有被南方牵制的后顾之忧。三郡安宁，不但没有了令人忧心的惊扰，还得到那里顽民的归顺，并且供给赋税输送劳役，您的功绩深深地为人叹服。奖赏不超过当月，这是国家通常的规定。如何制定适宜当地的法令，您可以自己裁决。"

潘濬去世，吕岱接替他处理荆州公务，和陆逊一同在武昌，仍然督管蒲圻。过了不久，廖式作乱，进攻围困城镇，零陵、苍梧、郁林等各郡都骚乱不安，吕岱上表，主动请战，即率兵出发，昼夜兼程。孙权派人追授吕岱为交州牧，又派唐咨等将领不断给予增援。一年时间，吕岱击败并斩杀了廖式，将他非法任命的临贺太守费杨等人放逐，收编了他们的党羽，各郡县全都平定以后，吕岱又回到武昌。这时，吕岱已八十岁，但身体还很健旺，依旧亲自处理政事。奋威将军张承写信给吕岱说："过去，周公、召公辅佐周天子，《周南》《召南》中有诗赞颂他们，当今的周公、召公就是阁下和陆逊。尽忠勤奋，谦逊礼让。功绩因谋略而成，教化与大道相合，君子赞叹你们的德行，

礼言恭，德言盛，足下何有尽此美耶！”及陆逊卒，诸葛恪代逊，权乃分武昌为两部，岱督右部，自武昌上至蒲圻。迁上大将军，拜子凯副军校尉，监兵蒲圻。孙亮即位，拜大司马。

岱清身奉公，所在可述。初在交州，历年不饷家，妻子饥乏。权闻之叹息，以让群臣曰：“吕岱出身万里，为国勤事，家门内困，而孤不早知。股肱、耳目，其责安在？”于是加赐钱米布绢，岁有常限。

始，岱亲近吴郡徐原，慷慨有才志，岱知其可成，赐巾褠，与共言论，后遂荐拔，官至侍御史。原性忠壮，好直言，岱时有得失，原辄谏诤，又公论之，人或以告岱，岱叹曰：“是我所以贵德渊者也。”及原死，岱哭之甚哀，曰：“德渊，吕岱之益友，今不幸，岱复于何闻过？”谈者美之。

太平元年，年九十六卒，子凯嗣。遗令殡以素棺，疏巾布褠，葬送之制，务从约俭，凯皆奉行之。

周鲂字子鱼，吴郡阳羡人也。少好学，举孝廉，为宁国长，转在怀安。钱唐大帅彭式等蚁聚为寇，以鲂为钱唐侯相，旬月之间，斩式首及其支党，迁丹杨西部都尉。黄武中，鄱阳大帅彭绮作乱，攻没属城，乃以鲂为鄱阳太守，与胡综戮力攻讨，遂生禽绮，送诣武昌，加昭义校尉。被命密求山中旧族名帅为北敌所闻知者，令谲挑魏大司马扬州牧曹休。鲂答，恐民帅小丑不足仗任，事或漏泄，

小人喜爱你们的美政。尽管文案操劳，宾客不断，虽然疲累却仍不放下公事，不说困倦。又听说，您上马总一跃而上，不踩马蹬，看来，你已超过廉颇了，因此，所有的事情都办得那么痛快啊！《周易》说，礼尚恭敬，德贵盛新。您怎么就能将这些美德都占全了呢！”陆逊去世，诸葛恪接替其职，孙权就把武昌分为两部分，吕岱掌管右部，辖区自武昌往上至蒲圻。吕岱升任上大将军，他的儿子吕凯被任命为副军校尉，监管蒲圻的驻军。孙亮即帝位后，任命吕岱为大司马。

吕岱立身清正，奉公守法，他所在之处都交口称道。吕岱在交州的时候，因多年未给家里钱，妻儿饥饿贫困。孙权听说后叹息不已，为此责备众臣说：“吕岱身在万里，为国勤苦办事，不想家中竟如此困难，而我却没能及早了解。你们这些辅佐我的人，怎么也不负责任呢？”于是，孙权给吕岱加赏钱米、布绢，每年都以固定数目送去。

开始的时候，吕岱和吴郡人徐原关系好，徐原意气勃发，很有才华和大志，吕岱知他将来必有成就，就送他头巾和单衣，与他一起谈论古今，后来就推荐他，徐原官至侍御史。徐原生性忠烈，直言不讳，吕岱有时出现过失，徐原总是直言规劝，还在众人面前议论这些过失。有人把这些告诉吕岱，吕岱感叹说：“这正是我器重德渊的缘故啊！”徐原去世，吕岱哀伤痛哭，说：“德渊，我之良友，不幸亡故，我还能从哪里听到我的过错呢？”谈论的人都赞美吕岱。

太平元年，吕岱九十六岁时去世，儿子吕凯继承爵位。吕岱遗嘱命家人用原色棺材装殓，穿戴粗布与单衣头巾，丧事务必从俭，吕凯全都遵奉照办。

周鲂，字子鱼，他是吴郡阳羡人。周鲂从小好学，被举为孝廉，任宁国县长，又调任怀安县长。钱唐大帅彭式等人聚众叛乱，周鲂被任命为钱唐侯相，只一个月，就斩杀了彭式和他的党羽，升任丹杨西部都尉。黄武年间，鄱阳大帅彭绮反叛，攻陷鄱阳属县，朝廷任命周鲂为鄱阳太守，与胡综合力讨伐，终于活捉了彭绮，押送到武昌，孙权晋升周鲂为昭义校尉。周鲂受命暗中寻找山中一向有声望的家族的领头人物，因为这些人物已为魏国人所熟知，因而想让他们诈诱

不能致休，乞遣亲人赍笺七条以诱休：

其一曰："鲂以千载徽幸，得备州民，远隔江川，敬恪未显，瞻望云景，天实为之。精诚微薄，名位不昭，虽怀焦渴，曷缘见明？狐死首丘，人情恋本，而逼所制，奉觌礼违。每独矫首西顾，未尝不寤寐劳叹，展转反侧也。今因隙穴之际，得陈宿昔之志，非神启之，岂能致此！不胜翘企，万里托命。谨遣亲人董岑、邵南等托叛奉笺。时事变故，列于别纸，惟明公君侯垂日月之光，照远民之趣，永令归命者有所戴赖。"

其二曰："鲂远在边隅，江汜分绝，恩泽教化，未蒙抚及，而于山谷之间，遥陈所怀，惧以大义，未见信纳。夫物有感激，计因变生，古今同揆。鲂仕东典郡，始愿已获，铭心立报，永矣无贰。岂图顷者中被横谴，祸在漏刻，危于投卵，进有离合去就之宜，退有诬罔枉死之咎，虽志行轻微，存没一节，顾非其所，能不怅然！敢缘古人，因知所归，拳拳输情，陈露肝膈。乞降春天之润，哀拯其急，不复猜疑，绝其委命。事之宣泄，受罪不测，一则伤慈损计，二则杜绝向化者心，惟明使君远览前世，矜而愍之，留神所质，速赐秘报。鲂当候望举动，俟须向应。"

其三曰："鲂所代故太守广陵王靖，往者亦以郡民为变，以见谴责，靖勤自陈释，而终不解，因立密计，欲北归命，不幸事露，诛

魏国大司马扬州州牧曹休。周鲂在回复孙权命令时说，恐怕这样的领头人物是些没见过大世面的小人，不能委以重任，事情有败露的可能，不能让曹休上当，要求派自己的亲信送笺书七条来引诱曹休。

第一条说："我因为百年难遇的机会，有幸成为您州里的百姓，但远隔江河，我的敬意无法显示，只能远望您的祥瑞风采，这实是上天所成。我心怀真诚，但是身份低微，身名不显，即使怀有如饥似渴的仰慕之情，又有什么机会被您明察呢？狐狸死时头朝向它曾生活过的山岭，人的感情也是眷恋本土，而我因受制于人，有失拜见之礼。每当我独自举首西盼，总是日夜劳神哀叹，辗转难眠。现在趁着这个难得的机会，得以陈述我埋藏已久的心意，如果不是神明赐予的契机，是不能做到这一点的。我无限企盼，在万里之外把命运托付给您，恭谨地派亲信之人董岑、邵南等以叛逃为名呈上书信。时局的种种变故，另外写在纸上，希望您投下日月般明亮的光辉，照察我这远方臣民的心志，永远让归顺者有所遵奉和依托。"

第二条说："我远处一隅，被大江隔绝，还没有蒙受您恩泽的抚慰，因此，我在山谷之间，向您遥陈我的情怀。虽然如此，也担心我的行为违背君臣大义，您不肯信任和接受。其实人都是心有所感，计谋因变化而变化，古今同理。我在吴国为官，主管一郡，当初的志向已经实现，本来应当报效吴国，忠贞不贰。不想，却横遭谴责，眼看灾祸就要来临，危在旦夕。前走，则还有离合去就的选择；后退，就只有被诬陷屈死。我志向虽微，生死也应持同一节操，但眼看自己将不明不白地死去，能不感到惆怅吗！我冒昧地因循古人，才明白自己的归宿，恳切地献出自己真情的肺腑之言。请求您降下春天般的恩泽，哀怜我的处境，拯救我的危难，不再因为猜疑而拒绝我以身相托的请求。此事一旦泄露，我将受到无法想象的惩罚，一则，伤害了您仁慈的名声，使我的计划遭到破坏；二来，会杜绝人们想要归顺的心愿。希望您鉴察前代类似的事例，关注我所陈述的一切，快些给我秘密的答复。我会关注您的行动，等候时机的到来。"

第三条说："我所接替的原太守广陵人王靖，先前也因为郡内百姓变乱而遭到指责，王靖极力地自我辩解，但是始终也没得到宽恕。

及婴孩。鲂既目见靖事，且观东主一所非薄，婳不复厚，虽或暂舍，终见翦除。今又令鲂领郡者，是欲责后效，必杀鲂之趣也。虽尚视息，忧惕焦灼，未知躯命，竟在何时。人居世间，犹白驹过隙，而常抱危怖，其可言乎！惟当陈愚，重自披尽，惧以卑贱，未能采纳。愿明使君少垂详察，忖度其言。今此郡民，虽外名降首，而故在山草，看伺空隙，欲复为乱，为乱之日，鲂命讫矣。东主顷者潜部分诸将，图欲北进。吕范、孙韶等入淮，全琮、朱桓趋合肥，诸葛瑾、步骘、朱然到襄阳，陆议、潘璋等讨梅敷。东主中营自掩石阳，别遣从弟孙奂治安陆城，修立邸阁，辇赀运粮，以为军储，又命诸葛亮进指关西，江边诸将无复在者，才留三千所兵守武昌耳。若明使君以万兵从皖南首江渚，鲂便从此率厉吏民，以为内应。此方诸郡，前后举事，垂成而败者，由无外援使其然耳；若北军临境，传檄属城，思咏之民，谁不企踵？愿明使君上观天时，下察人事，中参蓍龟，则足昭往言之不虚也。”

其四曰：“所遣董岑、邵南少长家门，亲之信之，有如儿子，是以特令赍笺，托叛为辞，目语心计，不宣唇齿，骨肉至亲，无有知者。又已敕之，到州当言往降，欲北叛来者得传之也。鲂建此计，任之于天，若其济也，则有生全之福；邂逅泄漏，则受夷灭之祸。常中夜仰天，告誓星辰。精诚之微，岂能上感，然事急孤穷，惟天是诉耳。遣使之日，载生载死，形存气亡，魄爽恍惚。私恐使君未深保明，岑、南二人可留其一，以为后信。一赍教还，教还故当言悔叛还首。东主有常科，悔叛还者，皆自原罪。如是彼此俱塞，永无端原。县命西望，涕笔俱下。”

王靖便秘密地计划，打算投靠北方，不幸事情败露，对他的惩治连婴儿也没有放过。我既目睹了王靖事件，又看到吴主一旦看不起谁，就不会再厚待他，虽然暂时有可能留用，但终究还是要被灭掉。现在，之所以让我还统理郡务，是想在以后责备我的缓计，是一定要杀我的表现。我虽然还能苟活，但忧恐如焚，不知道自己的性命会在何时结束。人生在世，如白驹过隙，却还要常常提心吊胆，这种境况是言语所能表达的吗！只能向您尽情陈述心迹，担心的是我人微言轻，不能被您信任而采纳。希望您稍加审察，想想我所说的话。现在我郡的百姓，名义上虽然已经顺服，但仍旧栖身于草莽之中，等候时机，再次作乱，动乱发生那天，就是我的性命完结之时。近来吴主暗中部署将领，图谋向北进犯。吕范、孙韶等进兵淮北，全琮、朱桓开往合肥，诸葛瑾、步骘、朱然前去襄阳，陆议、潘璋等也去讨伐魏将梅敷。吴主自率精兵进攻到石阳，又派堂弟孙奂管理安陆城，修建粮仓，运送物资，以为储备，又联络蜀国诸葛亮进军关西，长江沿岸众将都离开原地，只留下三千士兵驻扎武昌。倘若您率领一万兵马由皖南进军江岸，我便从这里率领官民为内应。这一带的各州郡，前后起事，都是在接近成功时遭到失败，其原因是由于没有外援才导致的。如果，北军至边境向各属县传布檄文，那些思念北方的民众，谁不盼望呢？望您上观天时，下察人事，中参卜筮，就能够明白我前面说的都不是虚假之词。”

第四条说：“我派去的董岑、邵南从小生活在我家，我喜爱并且信任他们如自己的儿子一样，因此，特地让他们送去信函。向他们交代这种事时，看我的眼色，他们就心领神会，不用明言，就连我的至亲中也没有人知道这件事。我还让他们到了州府一定扬言去投降，让北方叛逃过来的人能够传递这个消息。我使用这种方法，全由上天安排。如果我成功了，就有保全生命的福运；如果失败了，就必然要承受灭族的灾祸。我常在夜里仰望天空，向星辰祷告。尽管我这一点诚意无法感动上天，然而，事情紧急，在孤立无助时，只有向上天倾诉了。派出使者这天，我既像活着，又像已死去，神魂恍惚。如果您不能完全相信我，那么董岑、邵南这两个人里您可以留下一个作为凭

其五曰："鄱阳之民，实多愚劲，帅之赴役，未即应人，倡之为变，闻声响抃。今虽降首，盘节未解，山栖草藏，乱心犹存，而今东主图兴大众，举国悉出，江边空旷，屯坞虚损，唯有诸刺奸耳。若因是际而骚动此民，一旦可得便会，然要恃外援，表里机互，不尔以往，无所成也。今使君若从皖道进住江上，鲂当从南对岸历口为应。若未径到江岸，可住百里上，令此间民知北军在彼，即自善也。此间民非苦饥寒而甘兵寇，苦于征讨，乐得北属，但穷困举事，不时见应，寻受其祸耳。如使石阳及青、徐诸军首尾相衔，牵缀往兵，使不得速退者，则善之善也。鲂生在江、淮，长于时事，见其便利，百举百捷，时不再来，敢布腹心。"

其六曰："东主致恨前者不拔石阳，今此后举，大合新兵，并使潘濬发夷民，人数甚多，闻豫设科条，当以新羸兵置前，好兵在后，攻城之日，云欲以羸兵填堑，使即时破，虽未能然，是事大趣也。私恐石阳城小，不能久留往兵，明使君速垂救济，诚宜疾密。王靖之变，其鉴不远。今鲂归命，非复在天，正在明使君耳。若见救以往，则功可必成，如见救不时，则与靖等同祸。前彭绮时，闻旌麾在逢龙，此郡民大小欢喜，并思立效。若留一月日间，事当大成，恨去电速，东得增众专力讨绮，绮始败耳。愿使君深察此言。"

信，另一个让他带着您的教令回来。回来时当然要说是因对叛逃感到后悔而回来自首了。吴主有规定，后悔叛逃回来的人一律免罪。这样，我们就可以掩人耳目，不会有把柄被人抓住。我性命危在旦夕，翘首西望，泪和笔一同落在纸上。”

第五条说：“鄱阳的百姓，实在很多是愚昧而勇猛的，率领他们去服役，不见得就合人心意，发动他们制造变乱，却会立即响应欢迎。现在他们虽然已经降服，但是他们内部盘根错节的关系并没有解除，栖藏在山林草野，叛乱的心思依然存在，现在吴主谋划兴师动众，所有兵力全部出动，长江沿岸空旷无备，军营城堡空虚减损，只有负责督察军营的众刺奸还在而已。如果趁这个机会使这些百姓骚动不安，很快就可得到有利时机，但这需要依靠外援，内外协调配合，如果不是这样去做，是不会成功的。现在您要是取道皖县进驻长江边，我将从南岸的历口充当接应。如果您没有一直到达江岸，可以驻扎在百里上，让这里的百姓知道魏军在那里，就会好自为之的。当地百姓并不是被饥饿寒冷所苦而情愿蒙受战乱或强盗的危害，而是苦于吴主的征讨，因此才乐于归属魏国。只是在窘迫艰难中起来造反，不能及时得到接应，接着就受到镇压罢了。假使石阳和青州徐州的各支部队首尾互相衔接，牵制住吴主派往魏国的部队，使它不能迅速退回，那就再好不过了。我生在长江、淮河一带，善于观察时事，看到这样做方便有利，有十足的胜利把握，这种时机不会重来，我冒昧地陈述自己内心的想法。”

第六条说：“吴主对上次没能攻下石阳，一直耿耿于怀。现在再一次大举兴兵，又招募了许多士卒，并且命令潘濬征发少数民族百姓，人数众多。听说已经制订计划，将新、弱之兵布置在前，精锐士兵布置在后，攻城时，故意将弱兵填充沟堑，以尽快攻破城池。此事虽然不能确定，但大致不差。我担心石阳城小，不能长时间牵制进攻的吴军，您要赶快派军援助，且要机密。王靖之变，借鉴不远。现在我能否归顺成功，不在天意，而在于您啊。我如蒙救助，事情定会成功，如果不能及时得到救助，我就会遭到王靖那样的灾难。此前彭绮起事时，听说您驻扎逢龙，郡里的百姓很高兴，都想前来效力。那

其七曰："今举大事，自非爵号无以劝之，乞请将军、侯印各五十纽，郎将印百纽，校尉、都尉印各二百纽，得以假授诸魁帅，奖励其志，并乞请幢麾数十，以为表帜，使山兵吏民，目瞻见之，知去就之分已决，承引所救画定。又彼此降叛，日月有人，阔狭之间，辄得闻知。今之大事，事宜神密，若省鲂笺，乞加隐秘。伏知智度有常，防虑必深，鲂怀忧震灼，启事蒸仍，乞未罪怪。"

鲂因别为密表曰："方北有逋寇，固阻河洛，久稽王诛，自擅朔土，臣曾不能吐奇举善，上以光赞洪化，下以输展万一，忧心如捣，假寐忘寝。圣朝天覆，含臣无效，猥发优命，敕臣以前诱致贼休，恨不如计。令于郡界求山谷魁帅为北贼所闻知者，令与北通。臣伏思惟，喜怖交集，窃恐此人不可卒得，假使得之，惧不可信，不如令臣谲休，于计为便。此臣得以经年之冀愿，逢值千载之一会，辄自督竭，竭尽顽蔽，撰立笺草以诳诱休者，如别纸。臣知无古人单复之术，加卒奉大略，伀矇狼狈，惧以轻愚，忝负特施，豫怀忧灼。臣闻唐尧先天而天弗违，博询刍荛，以成盛勋。朝廷神谟，欲必致休于步度之中，灵赞圣规，休必自送，使六军囊括，虏无孑遗，威风电迈，天下幸甚。谨拜表以闻，并呈笺草，惧于浅局，追用悚息。"被报施行。休果信鲂，帅步骑十万，辎重满道，径来入皖。鲂亦合众，随陆逊横截休，休幅裂瓦解，斩获万计。

时如果您能够等待一个月，事情就能成功，可惜，你们去得太快，东吴集中兵力讨伐，彭绮才遭到失败。希望您能深深地考虑我的话。”

第七条说：“现在要发动大事，如果没有爵位称号就无法号令民众，我请求您赐予将军和侯爵的印玺各五十纽，郎将的印百纽，校尉、都尉的印各二百纽，我将这些东西授予各头领，以激励他们的士气。同时，还请求几十面贵军的旗帜，作为标志赐给我，让山越的官兵百姓看见，知道归向的选择已经决定，接应的兵马已布置妥当。另外，我们双方叛逃的人常有，这件事情多少都能传出一些的。现在，我们要进行的这个行动，却要严格保密，您看到我的信函，请给予保密。我知道，您的智谋有定数，防范的思虑也非常深远，我由于忧虑、焦灼，所以禀报事情啰唆重复，请您不要怪罪。”

周鲂还因为这件事另外给孙权呈报秘密的章表，上边写道：“现在北方有逃窜的寇贼，顽固地拒守着黄河、洛水，长期没有行使汉王朝的讨伐大权，独自垄断北方的国土，对于这种情况，我居然不能拿出奇计，提出妙策，上以推广佐助宏伟的教化，下以奉献施展微薄的力量，因而忧虑的心像被什么撞击似的，使我夜里也不脱衣冠，忘记睡觉。神圣的朝廷像上天一样覆盖大地，它所包容的臣子竟然没有什么功绩。朝廷屈尊颁发优厚的命令，让我在前线把强盗曹休引诱进来，遗憾的是我没有完成任务。现在又让我在本郡的范围内寻找为北方强盗所熟知的山谷中的领头人物，使他和北方沟通。我虔诚地考虑，又高兴又不安，私下担心这种人物不可能马上找到，即使找到了，只怕也不可轻信，不如让我来诱骗曹休，在方法上更为妥善。这样我也可以把多年的抱负，正好用在千载难逢的一次机会上，因而我擅自做出决断，竭尽愚顽的见识，撰写了笺函来诱骗曹休，全部内容就像另纸誊录的一样。我知道自己没有古人那样复杂的计谋，加上仓促间献出大致的方略，我也感到惶恐不安，力不从心，担心由于自己的轻率鲁莽，辱没辜负了朝廷的特别安排，因而我预先就感到忧愁焦虑。我听说唐尧总是先请示上天，上天没有反对他的想法，他还要广泛征询下层百姓的意见，所以他能够建立伟大的功勋。如今朝廷英明地策划，想务必使曹休进入设下的圈套内，有神灵的帮

鲂初建密计时，频有郎官奉诏诘问诸事，鲂乃诣部郡门下，因下发谢，故休闻之，不复疑虑。事捷军旋，权大会诸将欢宴，酒酣，谓鲂曰：“君下发载义，成孤大事，君之功名，当书之竹帛。”加裨将军，赐爵关内侯。

贼帅董嗣负阻劫钞，豫章、临川并受其害。吾粲、唐咨尝以三千兵攻守，连月不能拔。鲂表乞罢兵，得以便宜从事。鲂遣间谍，授以方策，诱狙杀嗣。嗣弟怖惧，诣武昌降于陆逊，乞出平地，自改为善，由是数郡无复忧惕。

鲂在郡十三年卒，赏善罚恶，威恩并行。子处，亦有文武材干，天纪中为东观令、无难督。

钟离牧字子干，会稽山阴人，汉鲁相意七世孙也。少爰居永兴，躬自垦田，种稻二十余亩。临熟，县民有识认之，牧曰：“本以田荒，故垦之耳。”遂以稻与县人。县长闻之，召民系狱，欲绳以法，牧为之请。长曰：“君慕承宫，自行义事，仆为民主，当以法率下，何得寝公宪而从君邪？”牧曰：“此是郡界，缘君意顾，故来暂住。今以少稻而杀此民，何心复留？”遂出，装，还山阴，长自往止之，为释系民。民惭惧，率妻子舂所取稻得六十斛米，送还牧，牧闭门不受。民输置道旁，莫有取者。牧由此发名。

助圣人的规范，曹休一定自己送上门，使六军可以一网打尽，大体上不会有漏网的。假如我们的威势像闪电一样运行，天下人会感到非常幸运，谨此呈上章表以报告，并且呈上笺函的草稿。我非常担心自己的浅陋，从而又惶恐不安地喘息。”周鲂的章表被答复准予实施。曹休果然相信周鲂，率领步兵骑兵十万人马，辎重车辆挤满路上，直接进入皖县。周鲂也集合部队，跟随陆逊拦截曹休，曹休的军队像布帛被撕裂，像瓦片被砸碎，被斩首俘获的人数以万计。

周鲂开始的时候提出这个秘密计谋时，孙权不断派郎官来询问各项细节，周鲂就趁势到州郡府门外，放下头发表示认罪，所以当曹休听到这个消息时，对周鲂不再有疑虑。事成后，大军凯旋，孙权招集众将举行盛大的欢宴，酒兴正浓的时候，对周鲂说：“您放下头发，担负道义，成全了我的大事，您的功名，当写进史册。”周鲂被加官裨将军，赐关内侯。

山越首领董嗣凭借险要之地兴兵抄略豫章和临川郡。吾粲、唐咨曾率领三千人进攻董嗣据守的地方，几个月都没有攻下来。周鲂上疏，请求暂时休兵，让自己随机处置。周鲂派遣间谍，诱骗董嗣出来，暗地里埋伏人将他杀掉。董嗣弟恐惧，到武昌向陆逊投降，请求由山里迁出到平原居住，改恶向善。从此，这几郡平静如常。

周鲂任鄱阳太守十三年后去世，他为政赏善罚恶，恩威并用。周鲂的儿子周处，也有文武才干，天纪年间出任东观令、无难督。

钟离牧，字子干，他是会稽山阴人，是汉朝鲁相钟离意的第七代孙。少时迁居永兴，亲自垦田，有二十多亩水稻，快要成熟时，县中有人说这田是他的，钟离牧说：“我本以为土地荒芜，所以才开垦。”于是，钟离牧就把水田给了那人。县长听说后，把那人关进监狱，要依法制裁。钟离牧为他求情。县长说：“您仰慕承宫的为人，可以去做仁义的事，我是一县主事的人，当以法令约束百姓，怎么能违犯国法来顺从您呢？”钟离牧说：“这里是郡界，因您的照顾，我才暂时住下来。现在，因这一点点稻谷要杀人，我还有什么心情再留在这里呢？”于是出门，收拾好行装，要回山阴。县长亲自去挽留，并释放了

赤乌五年，从郎中补太子辅义都尉，迁南海太守。还为丞相长史，转司直，迁中书令。会建安、鄱阳、新都三郡山民作乱，出牧为监军使者，讨平之。贼帅黄乱、常俱等出其部伍，以充兵役。封秦亭侯，拜越骑校尉。

永安六年，蜀并于魏，武陵五谿夷与蜀接界，时论惧其叛乱，乃以牧为平魏将军，领武陵太守，往之郡。魏遣汉葭县长郭纯试守武陵太守，率涪陵民入蜀迁陵界，屯于赤沙，诱致诸夷邑君，或起应纯，又进攻酉阳县，郡中震惧。牧问朝吏曰："西蜀倾覆，边境见侵，何以御之？"皆对曰："今二县山险，诸夷阻兵，不可以军惊扰，惊扰则诸夷盘结。宜以渐安，可遣恩信吏宣教慰劳。"牧曰："不然。外境内侵，诳诱人民，当及其根柢未深而扑取之，此救火贵速之势也。"敕外趣严，掾史沮议者便行军法。抚夷将军高尚说牧曰："昔潘太常督兵五万，然后以讨五谿夷耳。是时刘氏连和，诸夷率化，今既无往日之援，而郭纯已据迁陵，而明府以三千兵深入，尚未见其利也。"牧曰："非常之事，何得循旧？"即率所领，晨夜进道，缘山险行，垂二千里，从塞上，斩恶民怀异心者魁帅百余人及其支党凡千余级，纯等散，五谿平。迁公安督、扬武将军，封都乡侯，徙濡须督。复以前将军假节，领武陵太守。卒官。家无余财，士民思之。子祎嗣，代领兵。

被囚押的那个人。那人又愧又怕，带着妻子儿女把割去的稻谷舂出的六十斛大米，送还给钟离牧，钟离牧关门不接受。那人把米放在路边，没有别人去拿。钟离牧从此出了名。

赤乌五年，钟离牧由郎中补任太子辅义都尉，做了南海太守。又回京任丞相长史，转任司直，升为中书令。正赶上建安、鄱阳、新都三郡山民作乱，被派出任监军，讨伐平定叛乱。钟离牧将山民首领黄乱、常俱等人的部众补充到兵营。封秦亭侯，任命为越骑校尉。

吴永安六年，蜀国被魏国吞并。由于武陵五谿的少数民族与蜀国交界，因此，当时人都担心会发生叛乱。就这样朝廷就任命钟离牧为平魏将军，兼任武陵太守，前往郡治赴任。魏国派汉葭县长郭纯试任武陵太守，率涪陵百姓进入蜀国迁陵的边界，驻守赤沙，招诱各少数民族首领，这些首领中有人响应，郭纯还进攻酉阳县，震动郡府。钟离牧问府中官员：“西蜀被吞并，边境受到侵犯，用什么方法来抵御？”郡吏都回答说：“迁陵、酉阳二县山林险要，各蛮夷据守顽抗，不能用兵马去惊动他们，一受惊动，各蛮夷就会互相勾结。应当慢慢地给予抚慰，派遣恩信吏去宣明教令，以示慰劳。”钟离牧说：“不对。外敌入侵，诱骗我们的百姓，应当趁他们根基未深之时进行攻取，这同救火贵在迅速的道理是一样的。”因此，钟离牧命在外的人马立即整装，郡吏有违反和非议者以军法处置。抚夷将军高尚劝钟离牧说：“从前，太常卿潘濬统兵五万，才去讨伐五谿夷。那时，西蜀与我们连和，蛮夷各族都服从教化。如今，既没有当初的外援，郭纯又已经占据了迁陵，而太守您却只用三千士兵去深入险境，我看不出这样做有什么好处。”钟离牧说：“应付突然发生的事变，怎么能用老办法呢？”钟离牧就率兵日夜兼程，沿山间险路行军近两千里，直追赶到边境发起进攻，斩杀怀有异心的恶首百余人及其党羽共一千余人，郭纯等人逃散，五谿平定。钟离牧升任公安督、扬武将军，封都乡侯，调任濡须督。后来，他又任前将军，假节，兼任武陵太守。钟离牧在任上去世。家中没有多余的财物，士民都很怀念他。儿子钟离祎承继爵位，接替父亲统领兵马。

评曰：山越好为叛乱，难安易动，是以孙权不遑外御，卑词魏氏。凡此诸臣，皆克宁内难，绥静邦域者也。吕岱清恪在公；周鲂谲略多奇；钟离牧蹈长者之规；全琮有当世之才，贵重于时，然不检奸子，获讥毁名云。

评论说：山越人喜欢叛乱，他们很难安定并且容易起事，致使孙权无暇抵御外敌，对魏国只能用谦卑的言辞。以上几位臣子，都是扫平内乱，安定国家的人。吕岱清廉忠诚，一心为国；周鲂聪明多智，善用奇谋；钟离牧能够效仿长者的风范；全琮是当世人杰，位高权重，但他没有管教好自己的儿子而受到讥讽，败坏了自己的名声。

卷六十一　吴书十六

潘濬陆凯传第十六

潘濬字承明，武陵汉寿人也。弱冠从宋仲子受学。年未三十，荆州牧刘表辟为部江夏从事。时沙羡长赃秽不修，濬按杀之，一郡震竦。后为湘乡令，治甚有名。刘备领荆州，以濬为治中从事。备人蜀，留典州事。

孙权杀关羽，并荆土，拜濬辅军中郎将，授以兵。迁奋威将军，封常迁亭侯。权称尊号，拜为少府，晋封刘阳侯，迁太常。五谿蛮夷叛乱盘结，权假濬节，督诸军讨之。信赏必行，法不可干，斩首获生，盖以万数，自是群蛮衰弱，一方宁静。

先是，濬与陆逊俱驻武昌，共掌留事，还复故。时校事吕壹操弄威柄，奏按丞相顾雍、左将军朱据等，皆见禁止。黄门侍郎谢厷语次问壹：“顾公事何如？”壹答：“不能佳。”厷又问：“若此公免退，谁当代之？”壹未答厷，厷曰：“得无潘太常得之乎？”壹良久曰：“君语近之也。”厷谓曰：“潘太常常切齿于君，但道远无因耳。今日代顾公，恐明日便击君矣。”壹大惧，遂解散雍事。濬求朝，诣建业，欲尽辞极谏。至，闻太子登已数言之而不见从，濬乃大请百僚，欲因会手刃杀壹，以身当之，为国除患。壹密闻知，称疾不行。濬每进见，无不陈壹之奸险也。由此壹宠渐衰，后遂诛戮。权引咎责躬，因诮让大臣，语在《权传》。

潘濬，字承明，他是武陵汉寿人，二十岁时随宋仲子学习。年龄不到三十岁时，荆州牧刘表征召他为江夏郡从事。那时候，沙羡县长贪赃枉法，品行不端，潘濬查清后杀了他，全郡为之震恐。后来，潘濬任湘乡县令，治理有法很有名声。刘备兼管荆州时，任命潘濬为治中从事。刘备入蜀后，留下潘濬掌管州中事务。

孙权杀了关羽，吞并了荆州，任命潘濬为辅军中郎将，授予兵权。又晋升为奋威将军，封常迁亭侯。孙权称帝后，任命他为少府，晋封为刘阳侯，又升为太常。五谿的少数民族发动叛乱，相互勾结，孙权授潘濬符节，命他督率各部进行讨伐。潘濬对有功者必定奖赏，不允许有人冒犯法令。在征讨中，斩获敌人，数以万计。从那以后，各部族都衰弱了，五谿之地平静安定。

在此之前，潘濬与陆逊同驻武昌，一块儿掌管留守事务，平叛后仍回到武昌。当时，校事吕壹弄权，上奏审查丞相顾雍、左将军朱据等人，并将他们软禁起来。黄门侍郎谢厷谈论间问吕壹说："顾公的事怎样了？"吕壹说："不会好的。"谢厷又问："如果顾公被罢免，谁能替代他？"吕壹没有回答，谢厷又问："该不是潘太常吧？"吕壹沉吟很久，说："您说的很接近了。"谢厷对他说："潘太常很痛恨您，只是路远没有机会办到罢了。今天他如果代替顾公，明日恐怕就会来打击您了。"吕壹十分恐惧，于是，解除了对顾雍的审查和软禁。潘濬请求到建业朝见，想劝说孙权。他到达建业后，听说太子孙登已多次劝说却没被接受。潘濬便大请百官，想趁聚会时亲手杀掉吕壹，自己来承担这一罪责，以达到为国除患的目的。吕壹暗中得到这个信息，就称病不去赴宴。潘濬每次觐见孙权，总是陈述吕壹的奸诈阴险。因此，渐渐地吕壹受到的恩宠就减弱了，后来，吕壹终于被杀。孙权把过失归到自己身上，同时，也责备了朝廷大臣。这件事记载在

赤乌二年，濬卒，子翥嗣。濬女配建昌侯孙虑。

陆凯字敬风，吴郡吴人，丞相逊族子也。黄武初为永兴、诸暨长，所在有治迹，拜建武都尉，领兵。虽统军众，手不释书。好《太玄》，论演其意，以筮辄验。赤乌中，除儋耳太守，讨朱崖，斩获有功，迁为建武校尉。五凤二年，讨山贼陈毖于零陵，斩毖克捷，拜巴丘督、偏将军，封都乡侯，转为武昌右部督。与诸将共赴寿春，还，累迁荡魏、绥远将军。孙休即位，拜征北将军，假节领豫州牧。孙晧立，迁镇西大将军，都督巴丘，领荆州牧，晋封嘉兴侯。孙晧与晋平，使者丁忠自北还，说晧弋阳可袭，凯谏止，语在《晧传》。宝鼎元年，迁左丞相。

晧性不好人视已，群臣侍见，皆莫敢迕。凯说晧曰：“夫君臣无不相识之道，若卒有不虞，不知所赴。”晧听凯自视。

晧徙都武昌，扬土百姓泝流供给，以为患苦，又政事多谬，黎元穷匮。凯上疏曰：

臣闻有道之君，以乐乐民；无道之君，以乐乐身。乐民者，其乐弥长；乐身者，不乐而亡。夫民者，国之根也，诚宜重其食，爱其命。民安则君安，民乐则君乐。自顷年以来，君威伤于桀纣，君明暗于奸雄，君惠闭于群孽。无灾而民命尽，无为而国财空，辜无罪，赏无功，使君有谬误之愆，天为作妖。而诸公卿媚上以求爱，困民以求饶，导君于不义，败政于淫俗，臣窃为痛心。今邻国交好，四边无事，当务息役养士，实其廪库，以待天时。而更倾动天心，骚扰万姓，使民不安，大小呼嗟，此非保国养民之术也。

《孙权传》中。

赤乌二年，潘濬去世，他的儿子潘翥承继爵位。潘濬的女儿许配给建昌侯孙虑为妻。

陆凯，字敬风，他是吴郡吴县人，丞相陆逊的族侄。黄武初年，陆凯做了永兴、诸暨县长，所任之处都有好的名声，被任命为建武都尉，统领兵马。陆凯虽然身在军营，但仍然手不离书，尤爱好《太玄经》，论述推演其旨意，占卜总能应验。赤乌年间，陆凯被任命为儋耳太守，征讨朱崖有功，升为建武校尉。五凤二年，陆凯在零陵郡讨伐并且斩杀了山贼陈毖，被任为巴丘督、偏将军，封都乡侯，又调任为武昌右部督，与众将一起参加寿春之战，回来后，连续升为荡魏、绥远将军。孙休即帝位以后，任命陆凯为征北将军，授符节，兼任豫州牧。孙皓为皇帝后，陆凯又升任为镇西大将军，统领巴丘军事，兼任荆州牧，晋封为嘉兴侯。孙皓与晋朝讲和，使者丁忠自北方返回以后，劝说孙皓袭击弋阳郡，陆凯劝阻。这件事记载在《孙皓传》中。宝鼎元年，陆凯升任为左丞相。

孙皓生性不喜欢别人直视自己，群臣觐见，都不敢面对面看他。陆凯劝孙皓说："没有君臣互不认识的道理，倘若突发意外，臣子将不知去保护谁。"孙皓就同意陆凯正面看自己。

孙皓迁都武昌，扬州的百姓就得逆水给朝廷输送供养，这成为一件苦差，再加上政事多有失误，百姓都很贫困。陆凯就上疏说：

臣听说有德的君主，用快乐的事使百姓幸福；无德的君主，以欢乐的事使自己快乐。使百姓高兴的，那欢乐便会时间长；只想自己高兴的，非但得不到快乐，而且只能加速灭亡。百姓为国家之根本，确实应该重视他们的衣食住行，爱惜其生命。百姓平安，君主才能平安，百姓快乐，君主就会快乐。近年来，君主的威严被桀纣般的暴行所伤害，君主的圣明被奸诈的小人玩弄得暗昧无光，国君的恩惠被众多的奸恶之人所阻塞。这样，虽然没有天灾而民众却不能活命，致使国库空虚，无罪的人受惩罚，无功的人却得到奖赏，使国君出现失误，因此，上天显现怪异之象。有些公卿大臣谄媚皇上以求宠爱，将民

臣闻吉凶在天，犹影之在形，响之在声也，形动则影动，形止则影止，此分数乃有所系，非在口之所进退也。昔秦所以亡天下者，但坐赏轻而罚重，政刑错乱，民力尽于奢侈，目眩于美色，志浊于财宝，邪臣在位，贤哲隐藏，百姓业业，天下苦之，是以遂有覆巢破卵之忧。汉所以强者，躬行诚信，听谏纳贤，惠及负薪，躬请岩穴，广采博察，以成其谋。此往事之明证也。

近者汉之衰末，三家鼎立，曹失纲纪，晋有其政。又益州危险，兵多精强，闭门固守，可保万世，而刘氏与夺乖错，赏罚失所，君恣意于奢移，民力竭于不急，是以为晋所伐，君臣见虏。此目前之明验也。

臣暗于大理，文不及义，智慧浅劣，无复冀望，窃为陛下惜天下耳。臣谨奏耳目所闻见，百姓所为烦苛，刑政所为错乱，愿陛下息大功，损百役，务宽荡，忽苛政。

又武昌土地，实危险而塉确，非王都安国养民之处，船泊则沈漂，陵居则峻危，且童谣言："宁饮建业水，不食武昌鱼；宁还建业

众推向穷困以求财富，陷国君于不义，用淫乱败坏朝政，使为臣深感痛心。当今，邻国和我交好，四境无战事，我国正应该致力于停止劳役，使兵士得到休养，国库得以充实，等待统一天下的时机。然而，陛下非但不如此，反而违逆上天之意，使民众不得安宁，老幼妇孺悲呼哀叹，这不是安定国家、养息百姓的办法啊！

我听说吉凶取决于上天，就像影子追随形体，回音追随响声，形体移动则影子移动，形体静止则影子就静止，这种天命源自于它所关联的内在，而不是经由言语来损益变化的。以前秦王朝之所以失去天下，就因为奖赏轻微而惩治严峻，政令和刑罚杂乱无序，民众的人力、物力、财力都被君主的奢侈耗尽，君主的视线被女人的美色迷惑，其宏图大志受制于财富的贪念而污秽不堪，奸臣在位执掌大权，贤明睿智的人匿迹隐身，百姓都心怀危惧，天下为之困苦，因此就出现了覆巢灭国的祸殃。汉朝之所以能走向强盛，是因为君王亲身履行诚信，听取劝谏接纳贤人，恩惠一直施加到樵夫农民之身，不惜亲赴山林延请隐士高人，广开言路多所采摘，以此形成利国利民的大政方针。这些都是前代事情的明确验证。

说到距今时日尚近的事例即如汉朝衰败以来，三家鼎足而立的局面形成以后，曹魏朝廷法度失常，晋国就夺走了它的政权。再者益州地势险要，士兵众多而且精锐强悍。只要关闭国门牢固防守，可以保国运承传万世，可是刘禅的赐予和剥夺荒谬悖乱，赏罚失当，君主肆意挥霍浪费以追求过分的享受，民众的人力、财力、物力在无关紧要的事情上耗竭，因此遭到晋国讨伐，君臣都成为后者的俘虏。这些都是近在眼前的事情的明证。

臣于大道理愚昧不明，文辞也没有正理，才智浅陋，不再有其他奢望，只是私下为陛下的天下感到可惜罢了。恭谨地奏上臣亲见、亲闻百姓感到烦琐、苛刻的原因，以及刑罚、政事产生错乱的根由，希望陛下停止大型工程，减少众多的劳役，致力于使政策宽缓，减轻残暴的政令。

再说，武昌一带险要、瘠薄且又多石，不是建立国都、养育百姓的地方，船泊在这里会漂流沉没，居住于山丘又高峻危险。童谣说：

死，不止武昌居。”臣闻翼星为变，荧惑作妖，童谣之言，生于天心，乃以安居而比死，足明天意，知民所苦也。

臣闻国无三年之储，谓之非国，而今无一年之畜，此臣下之责也。而诸公卿位处人上，禄延子孙，曾无致命之节，匡救之术，苟进小利于君，以求容媚，荼毒百姓，不为君计也。自从孙弘造义兵以来，耕种既废，所在无复输入，而分一家父子异役，廪食日张，畜积日耗，民有离散之怨，国有露根之渐，而莫之恤也。民力困穷，鬻卖儿子，调赋相仍，日以疲极，所在长吏，不加隐括，加有监官，既不爱民，务行威势，所在骚扰，更为烦苛，民苦二端，财力再耗，此为无益而有损也。愿陛下一息此辈，矜哀孤弱，以镇抚百姓之心。此犹鱼鳖得免毒螫之渊，鸟兽得离罗网之纲，四方之民襁负而至矣。如此，民可得保，先王之国存焉。

臣闻五音令人耳不聪，五色令人目不明，此无益于政，有损于事者也。自昔先帝时，后宫列女，及诸织络，数不满百，米有畜积，货财有余。先帝崩后，幼、景在位，更改奢侈，不蹈先迹。伏闻织络及诸徒坐，乃有千数，计其所长，不足为国财，然坐食官廪，岁岁相承，此为无益，愿陛下料出赋嫁，给与无妻者。如此，上应天心，下合地意，天下幸甚。

“宁饮建业水，不食武昌鱼；宁还建业死，不止武昌居。”臣还听说翼、宿星出现异象，荧惑星运行不正常，童谣里的话，往往表达了天意。以安居比作死亡，足可证明上天是了解百姓痛苦的。

为臣听说国家没有三年的储备，就不能称为国家，但是现在我国连一年的储备都没有，这是臣下的错误啊！然而众多王公大臣身居高位，俸禄的好处都可以传给子孙，却没有为国家效命献身的气节、匡正补救国家的方略，只是随便向国君进献一点小利，以此来奉承谄媚，求得国君的宠爱。一些王公大臣残害百姓，不为国君着想。自从孙弘组织义兵以来，农田耕种已经荒废，到处都不再有赋税输入，而将一家父子分开到不同的地方服役，使得官府供给粮食的数量一天天增多，国家积蓄的财物一天天消耗，百姓有分离的怨恨，国家根基有动摇的迹象，但是却没有人为此担忧。百姓的财力窘迫，只得卖儿卖女，而官府征收田租赋役仍接连不断，百姓的生活一天比一天贫困，所在的郡县长官对这种状况不设法纠正改变。加之朝廷派的监察官员，既不爱护百姓，一味倚仗权势作威作福，所到之处对百姓的骚扰，更为烦琐苛酷。百姓苦于中央和地方这两头官吏的侵害，财力一再地消耗，这对国家没有好处只有损害呀！希望陛下将这些官员一律撤职，怜悯孤苦贫弱的人，以此安抚百姓的心。这样做就像使鱼鳖逃脱有毒虫侵害的深渊，使鸟兽脱离罗网的笼罩，四方的百姓都会背负着小孩前来投奔。如能这样，民众可以得到安定，先王创建的国家就可以永存了！

臣听说沉溺于音乐会使人的听觉不灵敏，迷恋于色彩会使人的视觉不明，这些东西对朝政没有益处，只能有害呀！先帝在世时，后宫妃嫔及纺织女仆，不满一百，那时，粮食有积蓄，财货有盈余。先帝去世后，幼主、景帝做了皇帝，却一改节俭美德，奢侈无度，抛弃了先帝的成规。臣听说宫中的织造女和闲坐的宫女，就有千人之多，计算她们所生产的，不足以给国家增加财富，却只能坐吃官府的供给，年年不断，这会有什么好处呢？望陛下选出一些宫女把她们嫁给没有妻子的人，这样，对上顺应天心，对下迎合地意，天下百姓就非常幸运了。

臣闻殷汤取士于商贾，齐桓取士于车辕，周武取士于负薪，大汉取士于奴仆。明王圣主取士以贤，不拘卑贱，故其功德洋溢，名流竹素，非求颜色而取好服、捷口、容悦者也。臣伏见当今内宠之臣，位非其人，任非其量，不能辅国匡时，群党相扶，害忠隐贤。愿陛下简文武之臣，各勤其官，州牧督将，藩镇方外，公卿尚书，务修仁化，上助陛下，下拯黎民，各尽其忠，拾遗万一，则康哉之歌作，刑错之理清。愿陛下留神思臣愚言。

时殿上列将何定佞巧便辟，贵幸任事，凯面责定曰："卿见前后事主不忠，倾乱国政，宁有得以寿终者邪！何以专为佞邪，秽尘天听？宜自改厉。不然，方见卿有不测之祸矣。"定大恨凯，思中伤之，凯终不以为意，乃心公家，义形于色，表疏皆指事不饰，忠恳内发。

建衡元年，疾病，晧遣中书令董朝问所欲言，凯陈："何定不可任用，宜授外任，不宜委以国事。奚熙小吏，建起浦里田，欲复严密故迹，亦不可听。姚信、楼玄、贺邵、张悌、郭逴、薛莹、滕修及族弟喜、抗，或清白忠勤，或姿才卓茂，皆社稷之桢干，国家之良辅，愿陛下重留神思，访以时务，各尽其忠，拾遗万一。"遂卒，时年七十二。

子祎，初为黄门侍郎，出领部曲，拜偏将军。凯亡后，入为太子中庶子。右国史华覈表荐祎曰："祎体质之刚，器干强固，董率之

臣听说各朝代选取人才不拘一格，殷汤王从商人中选拔，齐桓公由驭手中选拔，周武王自贱役中选取，汉朝从奴仆中选取。明君圣主选取人才都是以贤能为标准，而不为身世贵贱所限，所以，能够功德满天下，英明铭刻史册。他们都不因外貌顺眼就选取那些服饰华丽、善于逢迎的人。臣发现，现在内宫得到宠爱的臣子，都不是合适的人选，所任职务都不相当。他们不但不能辅助国家，匡扶时政，却只能结党营私，陷害忠臣，阻塞贤路。望陛下选取那些勤于职守的文武大臣，州、牧、督、将，镇守边关，公卿、尚书，致力于道德教化，对上辅助陛下，对下拯救百姓，各尽忠心，弥补朝政的微小失误，若能那样，歌颂安定时世的童谣就会出现，刑狱之治也会清明。希望陛下注意考虑臣愚陋的意见。

当时吴国大殿上列将何定谄佞巧诈而谄媚逢迎，受宠显贵且担当要职，陆凯当面指责何定说："你看自古至今那些侍奉君主既不忠诚，并且扰乱国家的政事的人，难道有寿终正寝的吗！为什么你要专做奸邪的勾当，从而污染皇上的视听呢？你应该改正勉励自己。不这样的话，会看见你有难以预料的灾祸的。"何定因此非常痛恨陆凯，想要中伤他，而陆凯始终不把这件事放在心上，照样心系国事，正义之色现于颜面，上表上疏都直指其事而不肯为谁文过饰非，忠诚恳切发自内心。

建衡元年，陆凯重病不起，孙晧派中书令董朝询问他有什么要说的话，陆凯陈述说："何定不可重用，应该让他出外任职，不应把国家大事托付给他。奚熙是个小官，却倡议重开浦里田，打算恢复严密以前的规模，也不可听信。姚信、楼玄、贺邵、张悌、郭逴、薛莹、滕修以及我的族弟陆喜、陆抗，他们或者是清正纯洁忠诚勤勉，或者资质禀赋卓越丰茂，都是国家的栋梁之材，朝廷的优异助手，希望陛下对他们着重关注，征求他们关于时务的意见，让他们各自竭尽忠诚，以补正陛下万一出现的过失。"不久陆凯去世，时年七十二岁。

陆凯的儿子陆祎，开始时做了黄门侍郎，之后离开京城统领军队，被授任为偏将军。陆凯死后，调回京城任太子中庶子。右国史华覈上表举荐陆祎说："陆祎气质胸怀方正刚烈，才干强实可靠，督察

才，鲁肃不过。及被召当下，径还赴都，道由武昌，曾不回顾，器械军资，一无所取，在戎果毅，临财有节。夫夏口，贼之冲要，宜选名将以镇戍之，臣窃思惟，莫善于袆。”

初，皓常衔凯数犯颜忤旨，加何定谮构非一，既以重臣，难绳以法，又陆抗时为大将在疆场，故以计容忍。抗卒后，竟徙凯家于建安。

或曰宝鼎元年十二月，凯与大司马丁奉、御史大夫丁固谋，因皓谒庙，欲废皓立孙休子。时左将军留平领兵先驱，故密语平，平拒而不许，誓以不泄，是以所图不果。太史郎陈苗奏皓久阴不雨，风气回逆，将有阴谋，皓深警惧云。

余连从荆、扬来者得凯所谏皓二十事，博问吴人，多云不闻凯有此表。又按其文殊甚切直，恐非皓之所能容忍也。或以为凯藏之箧笥，未敢宣行，病困，皓遣董朝省问欲言，因以付之。虚实难明，故不著于篇，然爱其指擿皓事，足为后戒，故钞列于凯传左云。

皓遣亲近赵钦口诏报凯前表曰：“孤动必遵先帝，有何不平？君所谏非也。又建业宫不利，故避之，而西宫室宇摧朽，须谋移都，何以不可徙乎？”凯上疏曰：

臣窃见陛下执政以来，阴阳不调，五星失晷，职司不忠，奸党相扶，是陛下不遵先帝之所致。夫王者之兴，受之于天，修之由德，岂在宫乎？而陛下不谘之公辅，便盛意驱驰，六军流离悲惧，逆犯

统领的才能，鲁肃也不会比他强。等到接受朝廷召唤前往京城时，他径直迅速赶赴京都，途中经过武昌，竟然不作停留，军用器械物资，一样也不拿取，担任军职果断坚忍，面对财物具有节操。夏口，是敌人进攻我国的交通要地，应该挑选名将去镇守，我私下思量，没有人比陆祎更好的了。”

起初，孙晧常常怨恨陆凯多次冒犯尊严违抗旨意，加上何定屡次诬陷，但既因为陆凯是身居要职的大臣，难以用法制裁，又加之陆抗当时担任大将驻守边界，所以出于心计加以容忍。陆抗死后，终于把陆凯全家放逐到建安。

有人说，宝鼎元年十二月，陆凯曾经和大司马丁奉、御史大夫丁固密谋，趁孙晧拜祭宗庙之机，废黜孙晧，拥立孙休的儿子。当时，因左将军留平领兵在前为孙晧开路，陆凯就把谋划密告留平，留平拒绝了，但也发誓不把这件事泄露出去，所以他们的图谋没有成功。太史郎陈苗上奏孙晧说，天气久阴不雨，风气回旋不畅，预示着将有人暗中策划阴谋，孙晧因此非常警觉害怕。

我(陈寿)从荆州、扬州来的人那里接连得到陆凯劝谏孙晧二十件事的奏折，并广泛询问吴郡人，很多人都说没有听到陆凯有这些奏折。再审看奏章文辞十分率直急切，恐非孙晧所能容忍。有人认为，陆凯把奏章藏在箱子里，未敢上奏，病倒时，孙晧派董朝来探问他想要说的话，陆凯这才把奏章交给了董朝。因事虚实难明，所以，不著录在书中。但是，我欣赏他指责孙晧的过失，能成为后世的借鉴，故抄录在陆凯传的后面。

孙晧派赵钦口头传达诏令，答复陆凯先前呈报的表章，说：“我所有的言行都遵循先帝的制度，有什么不对？您的劝谏没道理。另外，建业的宫殿不吉利，所以避开它，况且西宫的房屋已经朽坏，必须计划迁都之事，为什么不能迁移呢？”陆凯上疏说：

臣看到，陛下执政以来，阴阳不合，五星失常，执事官员不忠于职守，奸佞之辈狼狈为奸，这是陛下不遵奉先帝造成的后果。大凡帝王的兴起，上承天命，下以德行培植，哪能取决于宫殿呢？然而陛下未征询公卿的意见，就任性劳师动众，兵马迁移，使悲恐之意流布，

天地，天地以灾，童歌其谣。纵令陛下一身得安，百姓愁劳，何以用治？此不遵先帝一也。

臣闻有国以贤为本，夏杀龙逄，殷获伊挚，斯前世之明效，今日之师表也。中常侍王蕃黄中通理，处朝忠謇，斯社稷之重镇，大吴之龙逄也，而陛下忿其苦辞，恶其直对，枭之殿堂，尸骸暴弃。邦内伤心，有识悲悼，咸以吴国夫差复存。先帝亲贤，陛下反之，是陛下不遵先帝二也。

臣闻宰相国之柱也，不可不强，是故汉有萧、曹之佐，先帝有顾、步之相。而万彧琐才凡庸之质，昔从家隶，超步紫闼，于彧已丰，于器已溢，而陛下爱其细介，不访大趣，荣以尊辅，越尚旧臣。贤良愤惋，智士赫咤，是不遵先帝三也。

先帝爱民过于婴孩，民无妻者以妾妻之，见单衣者以帛给之，枯骨不收而取埋之。而陛下反之，是不遵先帝四也。

昔桀、纣灭由妖妇，幽、厉乱在嬖妾，先帝鉴之，以为身戒，故左右不置淫邪之色，后房无旷积之女。今中宫万数，不备嫔嫱，外多鳏夫，女吟于中。风雨逆度，正由此起，是不遵先帝五也。

先帝忧劳万机，犹惧有失。陛下临阼以来，游戏后宫，眩惑妇女，乃令庶事多旷，下吏容奸，是不遵先帝六也。

先帝笃尚朴素，服不纯丽，宫无高台，物不雕饰，故国富民充，奸盗不作。而陛下征调州郡，竭民财力，土被玄黄，宫有朱紫，是不遵先帝七也。

冒犯了天地，天地就降下灾祸，儿童就唱出那首歌谣。即使陛下一人得到安宁，而百姓却愁苦不休，又怎么能来治理天下呢？这是陛下不遵奉先帝遗训的第一点。

臣听说，治国以贤士为本，夏桀杀了直言敢谏的龙逢，商汤却获得了伊尹的帮助，灭亡了暴夏，这是前代的经验教训，今天的借鉴。中常侍王蕃品德美好，通晓事理，处事忠直，国之栋梁，是吴之龙逄啊！但陛下却恨他直言逆耳，便在殿堂上杀了他，暴尸于野外。百姓为之痛心，智士都为之哀悼，都说吴国的夫差复活了。先帝亲近贤人，陛下却正与之相反，这是不遵奉先帝遗训的第二点。

臣听说宰相是国家的支柱，应用强有力的人担任，因此，汉朝有萧何、曹参，先帝有顾雍、步骘。而万彧才能微小，品质平庸，由私家奴仆升为宫廷侍从，已够多了，但陛下却爱他的细小之才，不问他是否有大志向，即以尊贵的宰辅之位使他荣耀，超过了对旧臣的待遇。贤士悲惜，智士叹息。这是陛下不遵守先帝遗训的第三点。

以前的皇帝爱民胜过自己的儿子，百姓中没有妻子的，就把自己的妾嫁给他们，没有衣穿的就送布帛给他，骨骸没有收殓的就帮助掩埋。但陛下所为却与此相反，这是不遵守先帝遗训的第四点。

以前夏桀、商纣的灭亡是源于迷恋妖妇，幽王、厉王的动乱是起于宠爱妻妾，先帝以此为鉴戒，因此，身边从不置女色，后宫也没有多余的宫女。但是现在，后宫女子数以万计，不能全都担任女官，而宫外尚有很多男人没有妻子，宫内的女子也哀怨叹息。天气反常，正是由此引起的，这是陛下不遵从先帝遗训的第五点。

先帝为繁政担忧劳累，任何时刻都警惕怕有失误之处。但是陛下自登基以来，在后宫游乐嬉戏，迷恋女色，以致使政事多有荒废，而下面的官吏趁机从中捣鬼，任意胡为，这是陛下不遵奉从先帝遗训的第六点。

先帝崇尚朴素，服饰不华美，宫中没有高台，器物不加雕饰，所以国富民强，奸盗不生。而陛下却向州郡滥加征调，耗尽百姓的人力物力，不顾土地有无收成，宫中仍旧穿朱着紫，这是陛下不遵奉先帝遗训的第七点。

先帝外仗顾、陆、步、张，内近胡综、薛综，是以庶绩雍熙，邦内清肃。今者外非其任，内非其人，陈声、曹辅，斗筲小吏，先帝之所弃，而陛下幸之，是不遵先帝八也。

先帝每宴见群臣，抑损醇醲，臣下终日无失慢之尤，百僚庶尹，并展所陈。而陛下拘以视瞻之敬，惧以不尽之酒。夫酒以成礼，过则败德，此无异商辛长夜之饮也，是不遵先帝九也。

昔汉之桓、灵，亲近宦竖，大失民心。今高通、詹廉、羊度，黄门小人，而陛下赏以重爵，权以战兵。若江渚有难，烽燧互起，则度等之武不能御侮明也，是不遵先帝十也。

今宫女旷积，而黄门复走州郡，条牒民女，有钱则舍，无钱则取，怨呼道路，母子死诀，是不遵先帝十一也。

先帝在时，亦养诸王太子，若取乳母，其夫复役，赐予钱财，给其资粮，时遣归来，视其弱息。今则不然，夫妇生离，夫故作役，儿从后死，家为空户，是不遵先帝十二也。

先帝叹曰："国以民为本，民以食为天，衣其次也，三者，孤存之于心。"今则不然，农桑并废，是不遵先帝十三也。

先帝简士，不拘卑贱，任之乡闾，效之于事，举者不虚，受者不妄。今则不然，浮华者登，朋党者进，是不遵先帝十四也。

先帝战士，不给他役，使春惟知农，秋惟收稻，江渚有事，责其死效。今之战士，供给众役，廪赐不赡，是不遵先帝十五也。

以前的皇帝对外依靠顾雍、陆逊、朱然、张昭等重臣，在内亲近胡综、薛综等内侍，因此，百事和谐，国内清平。而现在则是外将不胜职，内官不适人，陈声、曹辅都是浅陋小吏，为先帝抛弃的人，而陛下却宠信任用他们，这是不遵奉先帝遗训的第八点。

先帝每次宴会群臣，都是限量饮酒，臣下整日都没有失礼轻慢的过失，百官众吏，都能说出自己的心里话。但陛下却用所谓的恭肃拘束群臣，用无节制的饮酒使其惧怕。酒，是用来成就礼仪的，滥用就会败坏德行，这与纣王长夜饮酒是完全一样的，这是陛下不遵奉先帝遗训的第九点。

汉朝的桓、灵二帝，亲近宦官小人，却失掉了民心。现在的高通、詹廉、羊度都是小人，可陛下却赏赐尊爵并让他们执掌兵权。倘若长江两岸危急，烽火燃起，凭羊度等人怎能抵御敌寇呢，这是陛下不遵奉先帝遗训的第十点。

现在，宫女本已大量闲置，但是宦官们却仍奔走于州郡，挑选民间女子，有钱贿赂的就舍弃，没钱送官的就抢走，使得百姓怨声载道，母女永别，这是陛下不遵奉先帝遗训的第十一点。

以前的皇帝在位时养育诸王太子，也给他们选取乳母，如果乳母之夫在服劳役，就赐给钱财粮食，并按时送乳母回家，探视子女。可现在却不是这样，奶妈夫妇被拆散，丈夫服役，子女无人照料而死，成为空户，这是陛下不遵守先帝遗训的第十二点。

先帝常感叹说："国家以民为本，民以食为天，然后才是穿衣。这三件事理，我都牢记在心。"可如今却不是这样，农桑已然荒废，这是陛下不遵从先帝遗训的第十三点。

选帝选取人才，不分卑贱，由乡里举荐，并通过检验其可用与否。推举的人不弄虚作假，被推举的也没有虚妄不实。然而如今，却不是这样，浮华之人被擢升，结党营私者得到进用。这是陛下不遵奉先帝遗训的第十四点。

先帝对于作战的士兵，不负责供给其他的劳役，让他们春天只从事农耕，秋天只收获稻谷，一旦长江防守有战事，就命他们拼死效力。可是如今，作战的士兵，却要服各种各样的劳役，粮饷给养也不

夫赏以劝功，罚以禁邪，赏罚不中，则士民散失。今江边将士，死不见哀，劳不见赏，是不遵先帝十六也。

今在所监司，已为烦猥，兼有内使，扰乱其中，一民十吏，何以堪命？昔景帝时，交阯反乱，实由兹起，是为遵景帝之阙，不遵先帝十七也。

夫校事，吏民之仇也。先帝末年，虽有吕壹、钱钦，寻皆诛夷，以谢百姓。今复张立校曹，纵吏言事，是不遵先帝十八也。

先帝时，居官者咸久于其位，然后考绩黜陟。今州县职司，或莅政无几，便征召迁转，迎新送旧，纷纭道路，伤财害民，于是为甚，是不遵先帝十九也。

先帝每察竟解之奏，常留心推按，是以狱无冤囚，死者吞声。今则违之，是不遵先帝二十也。

若臣言可录，藏之盟府；如其虚妄，治臣之罪。愿陛下留意。

胤字敬宗，凯弟也。始为御史、尚书选曹郎，太子和闻其名，待以殊礼。会全寄、杨竺等阿附鲁王霸，与和分争，阴相谮构，胤坐收下狱，楚毒备至，终无他辞。

后为衡阳督军都尉。赤乌十一年，交阯九真夷贼攻没城邑，交部骚动。以胤为交州刺史、安南校尉。胤入南界，喻以恩信，务崇招纳，高凉渠帅黄吴等支党三千余家皆出降。引军而南，重宣至诚，

充足，这是陛下不遵从先帝遗训的第十五点。

奖赏，是鼓励人们立功，惩罚，是禁止人们作恶，赏罚不当，士民就会离散逃亡。可如今，守卫江岸的将士，死了得不到哀悼和抚恤，辛劳也得不到奖赏，这是陛下不遵从先帝遗训的第十六点。

如今，在各州县治所的监察官员，已经数量繁多，再者加上宫内使者，在当中扰乱公务，一个百姓十个官员，百姓不堪负担。从前，景帝时的交阯叛乱，就是由这种情况引起的，陛下这是没有遵从先帝遗训的第十七点。

刺探官民言行的校事官，是官吏百姓所忌恨的。先帝晚年时，即使有吕壹、钱钦专擅，但不久都被诛杀，并以此向官员百姓谢罪。现在，朝廷又大肆设置校事机构，放任其进谗诬告，这是陛下不遵奉先帝遗训的第十八点。

先帝在位时，为官的人要长时间担任某一职务，以考察政绩，决定升降。可如今，各州县官员，有的到职没有多久，就被征召转任，迎新送旧，官员们纷纷来往于路上，不仅使财物损失，而且严重危害民众，这是陛下不遵先帝遗训的第十九点。

先帝每次审察请求核准的判书，总是仔细考究，没有疏忽，所以，监狱里没有蒙受冤屈的囚犯，被判死刑的人也没有怨恨，而如今，却违背了这种做法，这是陛下不遵从先帝遗训的第二十点。

以上，臣所说的如果可以采纳，就请收藏到保存文书典册的府署中去；如果认为臣的陈述虚妄不实，就请惩治臣的罪。望陛下重视。

陆胤，字敬宗，他是陆凯之弟。初任御史、尚书选曹郎，太子孙和听到他的名声，用特殊礼节待他。正遇上全寄、杨竺等人攀附鲁王孙霸，与孙和争宠，暗中诬陷。陆胤也因此被下狱，受尽酷刑，但他始终没有改变口供。

之后，陆胤任衡阳督军都尉。赤乌十一年，交阯、九真二郡的蛮夷攻陷城镇，交州也受到震动。朝廷任陆胤为交州刺史、安南校尉。陆胤进入南方，用恩信开导当地人，并抚慰招纳，就这样，高凉匪首黄吴等三千多家都出来投降。陆胤率军继续南进，又宣示朝廷招降的

遗以财币。贼帅百余人，民五万余家，深幽不羁，莫不稽颡，交域清泰。就加安南将军。复讨苍梧建陵贼，破之，前后出兵八千余人，以充军用。

永安元年，征为西陵督，封都亭侯，后转在虎林。中书丞华覈表荐胤曰："胤天姿聪朗，才通行洁，昔历选曹，遗迹可纪。还在交州，奉宣朝恩，流民归附，海隅肃清。苍梧、南海，岁有暴风瘴气之害，风则折木，飞砂转石，气则雾郁，飞鸟不经。自胤至州，风气绝息，商旅平行，民无疾疫，田稼丰稔。州治临海，海流秋咸，胤又蓄水，民得甘食。惠风横被，化感人神，遂凭天威，招合遗散。至被诏书当出，民感其恩，以忘恋土，负老携幼，甘心景从，众无携贰，不烦兵卫。自诸将合众，皆胁之以威，未有如胤结以恩信者也。衔命在州，十有余年，宾带殊俗，宝玩所生，而内无粉黛附珠之妾，家无文甲犀象之珍，方之今臣，实难多得。宜在辇毂，股肱王室，以赞唐虞康哉之颂。江边任轻，不尽其才，虎林选督，堪之者众。若召还都，宠以上司，则天工毕修，庶绩咸熙矣。"

胤卒，子式嗣，为柴桑督、扬武将军。天策元年，与从兄祎俱徙建安。天纪二年，召还建业，复将军、侯。

评曰：潘濬公清割断，陆凯忠壮质直，皆节概梗梗，有大丈夫格业。胤身洁事济，著称南土，可谓良牧矣。

诚意，并赠给当地人钱财。匪首一百多人，民众五万多家，以及偏僻而不服管辖的地方，都请罪投降，交州从此清平安宁。朝廷派使者到军前加授陆胤为安南将军。陆胤又统兵讨伐苍梧郡建陵的盗贼，将他们打败。陆胤从当地前后送出八千多人补充到吴国军营。

永安元年，陆胤被调任西陵督，封都亭侯，后又调至虎林。中书丞华覈上表推荐陆胤说："陆胤天资聪颖，才能全面，品行端正，从前，他任选曹职务时，留下的事迹仍有记载。后在交州时，奉行宣示朝廷恩德，使流散的百姓都来归顺，沿海一带整肃清静。苍梧、南海，每年都有暴风、瘴气的灾害，每当暴风来时树木折断，飞沙走石；瘴气起时弥漫天空，飞鸟不过。自陆胤到交州后，暴风和瘴气就再没有起过，商人和旅客可以平安往来，百姓不染疾病瘟疫，庄稼也获丰收。交州州治临海，海水苦咸，陆胤又组织百姓积蓄淡水，使他们能够吃上甘甜的食物。陆胤的仁爱恩惠遍及全州，教化感动了人神，终于凭借陛下神威，召回了失散的百姓。在陆胤受诏要离任时，百姓感激他的恩德，竟背井离乡，扶老携幼、心甘情愿地跟着他而毫无异心，而且不烦劳士兵护卫。以前，众将领招民聚众，大多用武力胁迫，从没有像陆胤那样用恩信吸引。陆胤受命交州十几年间，那个风俗特异的地方，出产宝货珍玩，但他的内室，没有用珠黛修饰的妻妾，家中没有玳瑁、犀角、象牙一类的奇珍，在当今臣子中，实在难能可贵。陆胤应在京都拱卫朝廷，这样，就可以唱起尧舜时安宁的颂歌了。驻守江岸的责任不足以充分发挥他的才能，虎林都督一职，能胜任的人又非常多。倘若召陆胤回京予他高位，那么，国家大业便会得到完美的修治，各项政务也会兴盛起来。"

陆胤去世，他的儿子陆式承继爵位，任柴桑都督、扬武将军。天策元年，陆式和堂兄陆祎一道被流放到建安。天纪二年，被召回建业，恢复将军职务和侯爵。

评论说：潘濬公正清廉而有决断，陆凯忠诚壮烈而质朴正直，都是志节气概正直坚强的人，有大丈夫的品格功业。陆胤立身纯洁，事业成功，著称于南方地区，可以称得上是好州牧了。

卷六十二　吴书十七

是仪胡综传第十七

是仪字子羽，北海营陵人也。本姓氏，初为县吏，后仕郡，郡相孔融嘲仪，言“氏”字“民”无上，可改为“是”，乃遂改焉。后依刘繇，避乱江东。繇军败，仪徙会稽。

孙权承摄大业，优文征仪。到见亲任，专典机密，拜骑都尉。

吕蒙图袭关羽，权以问仪，仪善其计，劝权听之。从讨羽，拜忠义校尉。仪陈谢，权令曰：“孤虽非赵简子，卿安得不自屈为周舍邪？”

既定荆州，都武昌，拜裨将军，后封都亭侯，守侍中。欲复授兵，仪自以非材，固辞不受。黄武中，遣仪之皖就将军刘邵，欲诱致曹休。休到，大破之，迁偏将军，入阙省尚书事，外总平诸官，兼领辞讼，又令教诸公子书学。

大驾东迁，太子登留镇武昌，使仪辅太子。太子敬之，事先咨询，然后施行。晋封都乡侯。后从太子还建业，复拜侍中、中执法，平诸官事、领辞讼如旧。典校郎吕壹诬白故江夏太守刁嘉谤讪国政，权怒，收嘉系狱，悉验问。时同坐人皆怖畏壹，并言闻之，仪独云无闻。于是见穷诘累日，诏旨转厉，群臣为之屏息。仪对曰：“今刀锯已在臣颈，臣何敢为嘉隐讳，自取夷灭，为不忠之鬼！顾以闻知当有本末。”据实答问，辞不倾移。权遂舍之，嘉亦得免。

是仪，字子羽，他是北海营陵人。是仪本来姓“氏”，最初任县吏，后来在郡府任职，北海相孔融笑他，说“氏”字是“民”字没有上面的部分，应该改为“是”，于是，他就将“氏”姓改为“是”姓。后来，是仪投靠刘繇，到江东避乱。刘繇被打败后，是仪就迁移到了会稽。

孙权执政后，用优厚对待征召是仪，并受到孙权的喜爱和信赖，让是仪专职机要，任命为骑都尉。

吕蒙策划偷袭关羽，孙权征询是仪的意见，是仪很是赞同，劝孙权允许这个计划。是仪跟随讨孙权伐关羽，被任为忠义校尉。是仪上表推辞，孙权下令说：“我虽然不是赵简子，难道你就不能委屈一下做个随时直谏的周舍吗？”

荆州平定后，孙权迁都武昌，任是仪为裨将军，后又封为都亭侯，兼理侍中。孙权还想授兵权给是仪，是仪认为自己不是将才，坚决推辞不受。黄武年间，孙权派是仪去皖口协同将军刘邵在军中任职，计诱曹休来战。曹休率军前来，吴军打败了他，是仪升为偏将军，入朝总管尚书事，总领众官，兼管诉讼事务，孙权又让他教众公子读书。

孙权都城迁回建业，太子孙登留守武昌，孙权让是仪辅佐太子。太子十分敬重他，凡事先征询他的意见，然后才实施。是仪晋封都乡侯。后来，是仪随太子返回建业，又被任命为侍中、中执法，仍然管理百官、兼理狱讼事务。典校郎吕壹诬告原江夏太守刁嘉诽谤国政，孙权大怒，将刁嘉关进监狱，彻查审问。当时，在场的人都害怕吕壹，都说听到过刁嘉的诽谤，唯独是仪说没有听到。就这样，接连几天是仪被追查，孙权的诏令也变得严厉起来，群臣都为是仪担心。是仪回答说：“如今，刀锯已架在臣的颈上，臣怎么敢替刁嘉隐瞒，而自取其

蜀相诸葛亮卒，权垂心西州，遣仪使蜀申固盟好。奉使称意，后拜尚书仆射。

南、鲁二宫初立，仪以本职领鲁王傅。仪嫌二宫相近切，乃上疏曰："臣窃以鲁王天挺懿德，兼资文武，当今之宜，宜镇四方，为国藩辅。宣扬德美，广耀威灵，乃国家之良规，海内所瞻望。但臣言辞鄙野，不能究尽其意。愚以二宫宜有降杀，正上下之序，明教化之本。"书三四上。为傅尽忠，动辄规谏；事上勤，与人恭。

不治产业，不受施惠，为屋舍财足自容。邻家有起大宅者，权出望见，问起大室者谁，左右对曰："似是仪家也。"权曰："仪俭，必非也。"问果他家。其见知信如此。

服不精细，食不重膳，拯赡贫困，家无储蓄。权闻之，幸仪舍，求视蔬饭，亲尝之，对之叹息，即增俸赐，益田宅。仪累辞让，以恩为戚。

时时有所进达，未尝言人之短。权常责仪以不言者，无所是非，仪对曰："圣主在上，臣下守职，惧于不称，实不敢以愚管之言，上干天听。"

事国数十年，未尝有过。吕壹历白将相大臣，或一人以罪闻者数四，独无以白仪。权叹曰："使人尽如是仪，当安用科法为？"

及寝疾，遗令素棺，敛以时服，务从省约，年八十一卒。

祸，成为不忠之鬼呢！我只是认为，既然听到了刁嘉诽谤国政的话，就应当知道事情的起因。”是仪仍是据实回答，没有改变。孙权终于不再追究，刁嘉得以免罪。

蜀国丞相诸葛亮去世，孙权非常关注益州，就派遣是仪出使蜀国，重申两国的友好关系。对是仪完成使命孙权感到很满意。后任命他为尚书仆射。

太子孙和与鲁王孙霸刚刚册立，是仪以本职兼任鲁王傅。是仪见两处宫室太近，就上疏说：“臣认为，鲁王美德天成，文武兼备，应当让他去镇守边疆，以为国之屏障。宣扬美好德行，广泛显耀威名，这是国家的好传统，也是天下人所期盼的。因为臣言辞粗疏，不能完全表达自己的心意。臣还以为，南、鲁二宫应有所区别，以端正尊卑次序，显示教化的原则。”是仪连续三四次上奏书。是仪作为鲁王傅竭尽忠诚，经常劝谏，事上勤奋，与人谦恭。

是仪不置办家产，不接受别人的施舍，所建屋舍仅能容身。邻人修建大宅，孙权外出看见了，就询问修建大住宅者是谁家，左右侍从回答说：“好像是仪家。”孙权说：“是仪节俭，必不是他。”询问以后，果然是他人。是仪就是这样被孙权所深知和信任。

是仪的服饰不求精细，饮食不求重样，经常救济贫困的人，家中没有积蓄。孙权听说后，光临是仪家，想要看看他家的饭菜，并亲口品尝，不由得对此叹息，马上增加是仪的俸禄赏赐，扩充是仪的田地住宅。是仪屡次推辞，把恩典作为忧虑。

是仪时常向孙权进献建议，但不曾谈别人的短处。孙权曾经怪罪他，说他不涉及具体事务，没有是非观念。是仪回答说：“英明的君主在上面，臣下坚守职责，只担心不称职，实在不敢用愚陋的管见，向上干扰天子的视听。”

是仪为国家服务几十年，不曾有过失。吕壹逐一诬陷文武大臣，有的一个人就被告发罪行多达四次，唯独无法诬陷是仪。孙权赞叹地说：“假如人人都像是仪那样，哪里还用得着科律法令呢？”

到是仪因病卧床不起时，他留下遗言让家里人给他用原色棺木，用普通的衣服装殓，务必按节约的原则办事。他八十一岁去世。

胡综字伟则，汝南固始人也。少孤，母将避难江东。孙策领会稽太守，综年十四，为门下循行，留吴与孙权共读书。策薨，权为讨虏将军，以综为金曹从事，从讨黄祖，拜鄂长。权为车骑将军，都京，召综还，为书部，与是仪、徐详俱典军国密事。刘备下白帝，权以见兵少，使综料诸县，得六千人，立解烦两部，详领左部、综领右部督。吴将晋宗叛归魏，魏以宗为蕲春太守，去江数百里，数为寇害。权使综与贺齐轻行掩袭，生虏得宗，加建武中郎将。魏拜权为吴王，封综、仪、详皆为亭侯。

黄武八年夏，黄龙见夏口，于是权称尊号，因瑞改元。又作黄龙大牙，常在中军，诸军进退，视其所向，命综作赋曰：

乾坤肇立，三才是生。狼弧垂象，实惟兵精。圣人观法，是效是营，始作器械，爰求厥成。黄、农创代，拓定皇基，上顺天心，下息民灾。高辛诛共，舜征有苗，启有甘师，汤有鸣条。周之牧野，汉之垓下，靡不由兵，克定厥绪。明明大吴，实天生德，神武是经，惟皇之极。乃自在昔，黄、虞是祖，越历五代，继世在下。应期受命，发迹南土，将恢大繇，革我区夏。乃律天时，制为神军，取象太一，五将三门；疾则如电，迟则如云，进止有度，约而不烦。四灵既布，黄龙处中，周制日月，实曰太常，桀然特立，六军所望。仙人在上，鉴观四方，神实使之，为国休祥。军欲转向，黄龙先移，金鼓不鸣，寂然变施，暗谟若神，可谓秘奇。在昔周室，赤乌衔书，今也大吴，黄龙吐符。合契河洛，动与道俱，天赞人和，佥曰惟休。

胡综，字伟则，他是汝南郡固始县人。胡综从小就没有了父亲，母亲带着他逃难来到江东。孙策兼任会稽太守时，胡综十四岁，在府中当贴身使唤，留在苏州和孙权一同读书。孙策死后，孙权担任讨虏将军，任命胡综担任金曹从事，跟随孙权讨伐黄祖，任命他为鄂县县长。孙权任车骑将军，在镇江建都，召令胡综返回，担任文书工作，与是仪、徐详一同掌管军政机密事务。刘备进驻白帝城，孙权因现有的兵员缺乏，指派胡综统计所属县的壮丁，征到六千人，设立“解烦”军，并分为左、右两部分，徐详任左部督，胡综任右部督。吴将晋宗叛变归降魏国，魏国任命晋宗做蕲春太守，驻地离长江数百里，常常侵扰吴国。孙权派遣胡综与贺齐轻装偷袭，活捉了晋宗。胡综受封，获建武中郎将的称号。魏国封孙权为吴王，胡综、是仪、徐详都被封为亭侯。

黄武八年夏天，黄龙在夏口显现，孙权登基做皇帝，因为此兆改换年号。又制作了一面绣有黄龙图案的大牙旗，竖在中军帐前，各路兵马的行动，都要看牙旗的指挥。孙权又命胡综作赋，赋曰：

乾坤初创，天地人因此产生。天狼星显示征兆，实是表示军队强盛。圣人观察自然法则，借此效仿经营，开始制作兵器，以此求得功成。黄帝、神农开创人类朝代，奠定皇家基业，对上顺应天意，对下消除百姓灾孽。高辛诛杀共工，虞舜征讨有苗，夏启讨伐有扈氏于甘，商汤击败夏桀于鸣条。周武王在牧野击败商纣，汉高祖在垓下击溃项羽，这些都无不是用兵行事，依靠战争才建起帝业。光辉煌煌大吴，这番基业实在是上天降德，神圣威武治天下，一切惟取皇天法则。从远古开始，黄帝、虞舜是开创皇业的祖先，经历五朝，一直传到今天。应时承受天命，帝业发迹于南国土地，将恢复圣贤大道，改变华夏分裂的局面。于是遵循天时，建制神武大军，取象太一运行，设置五将三门，行动快速有如电闪一般，举止徐缓就像彩云，进退均有法度，摒弃繁杂惟求精练简明。四灵旗布列四方，黄龙牙旗矗立中央，旗上绘图取形于日月，称作“太常”，卓然矗立，六军所望。仙人在上，观照四方，神灵挥运，为国吉祥。军队行进打算转向，黄龙旗率先转移，金鼓不必鸣响，一切变化处于静寂，隐蔽朦胧如神灵

蜀闻权践阼，遣使重申前好。综为盟文，文义甚美，语在《权传》。

权下都建业，详、综并为侍中，晋封乡侯，兼左右领军。时魏降人或云魏都督河北振威将军吴质，颇见猜疑，综乃伪为质作降文三条：

其一曰："天纲弛绝，四海分崩，群生憔悴，士人播越，兵寇所加，邑无居民，风尘烟火，往往而处，自三代以来，大乱之极，未有若今时者也。臣质志薄，处时无方，系于土壤，不能翻飞，遂为曹氏执事戎役，远处河朔，天衢隔绝，虽望风慕义，思托大命，愧无因缘，得展其志。每往来者，窃听风化，伏知陛下齐德乾坤，同明日月，神武之姿，受之自然，敷演皇极，流化万里，自江以南，户受覆焘。英雄俊杰，上达之士，莫不心歌腹咏，乐在归附者也。今年六月末，奉闻吉日，龙兴践阼，恢弘大繇，整理天纲，将使遗民，睹见定主。昔武王伐殷，殷民倒戈；高祖诛项，四面楚歌。方之今日，未足以喻。臣质不胜昊天至愿，谨遣所亲同郡黄定恭行奉表，及托降叛，间关求达，其欲所陈，载列于左。"

其二曰："昔伊尹去夏入商，陈平委楚归汉，书功竹帛，遗名后世，世主不谓之背诞者，以为知天命也。臣昔为曹氏所见交接，外托君臣，内如骨肉，恩义绸缪，有合无离，遂受偏方之任，总河北之

所在，所有行动可谓奇妙神秘。从前武王伐纣，有赤乌衔书显灵，如今在我大吴国，也有黄龙吐符之征。这都契合《河图》《洛书》的卦辞，与天意相应，天意人事两相赞和，都说孙吴国祚长久。

蜀国听说孙权登上帝位，派遣使者重申原先建立的友好关系。胡综起草盟约文稿，文辞和内容都很优美，全文记载在《孙权传》中。

孙权东迁定都于建业，徐详、胡综同时担任侍中，两人晋封为乡侯，兼任左领、右领军。那时候魏国来投降的人中有的说，魏国的都督河北振威将军吴质颇受朝廷的猜疑，胡综就冒充吴质写了三条降吴的文告：

第一条说："汉朝法纪败坏废弃，天下分崩离析，百姓痛苦不堪，士人四处流亡，兵匪所到之处，城镇空无居民。风尘战火交加，处处都能看见，自从夏、商、周三代以来，大乱到达极点的，没有能比得上如今这个时代。臣吴质才志薄浅，处世无方，心中眷恋故土，不能远走高飞，便为曹氏做事，当兵打仗。投身军旅在遥远的黄河以北，通向天衢的道路被隔绝，虽然仰望风范，思慕大义，一心想要归顺天命，惭愧的是没有机缘能够施展志向。每当遇到去过吴国的人，臣私下打听吴国的风情教化，敬知陛下与天地齐德，和日月共明。神圣威仪，承受天命，颁布并反复申明政教法令，使教化传播于万里之外，长江以南，家家户户都蒙受恩泽。英雄豪杰以及得道的人士，没有不发自内心地歌颂，并且以归顺陛下为乐事。今年六月底，敬闻在一个良辰吉日，黄龙腾起，陛下登基，准备扩展宏图大略，整饬治理国法，将要使幸存的百姓，看到真正的君主。从前周武王讨伐商纣，商民临阵倒戈；汉高祖诛杀项羽，四面都是楚地的歌声。和今日的形势相比，还不足以比喻得恰当。臣吴质无法抑制自己如同昊天般的宏博大愿，谨派遣亲信同郡人黄定前来恭敬地奉上章表，并请求叛魏降吴，趁机求得通达。臣所想要陈述的内容，载列如后。"

第二条说："从前，伊尹弃夏归附商，陈平弃楚归附汉，他们的功绩载入史册，美名流传后世。明君从不认为他们是背叛者，而欣赏他们懂得天命。我从前被曹氏所接纳，对外为君臣关系，在内实同至亲。所以，镇守一方，统领河北兵马。当时，我志向远大，誓与曹氏同

军。当此之时，志望高大，永与曹氏同死俱生，唯恐功之不建，事之不成耳。及曹氏之亡，后嗣继立，幼冲统政，谗言弥兴。同侪者以势相害，异趣者得间其言，而臣受性简略，素不下人，视彼数子，意实迫之，此亦臣之过也。遂为邪议所见构会，招致猜疑，诬臣欲叛。虽识真者保明其心，世乱谗胜，余嫌犹在，常惧一旦横受无辜，忧心孔疚，如履冰炭。昔乐毅为燕昭王立功于齐，惠王即位，疑夺其任，遂去燕之赵，休烈不亏。彼岂欲二三其德，盖畏功名不建，而惧祸之将及也。昔遣魏郡周光以贾贩为名，托叛南诣，宣达密计。时以仓卒，未敢便有章表，使光口传而已。以为天下大归可见，天意所在，非吴复谁？此方之民，思为臣妾，延颈举踵，唯恐兵来之迟耳。若使圣恩少加信纳，当以河北承望王师，款心赤实，天日是鉴。而光去经年，不闻咳唾，未审此意竟得达不？瞻望长叹，日月以几，鲁望高子，何足以喻！又臣今日见待稍薄，苍蝇之声，绵绵不绝，必受此祸，迟速事耳。臣私度陛下未垂明慰者，必以臣质贯穿仁义之道，不行若此之事，谓光所传，多虚少实，或谓此中有他消息，不知臣质构谗见疑，恐受大害也。且臣质若有罪之日，自当奔赴鼎镬，束身待罪，此盖人臣之宜也。今日无罪，横见谮毁，将有商鞅、白起之祸。寻惟事势，去亦宜也。死而弗义，不去何为！乐毅之出，吴起之走，君子伤其不遇，未有非之者也。愿陛下推古况今，不疑怪于臣质也。又念人臣获罪，当如伍员奉己自效，不当徼幸因事为利。然今与古，厥势不同，南北悠远，江湖隔绝，自不举事，何得济免！是以忘志士之节，而思立功之义也。且臣质又以曹氏之嗣，非天命所在，政弱刑乱，柄夺于臣，诸将专威于外，各自为政，莫或同心，士卒衰耗，帑藏空虚，纲纪毁废，上下并昏，想前后数得降叛，具闻此问。兼弱攻昧，宜应天时，此实陛下进取之秋，是以区区敢献其计。今若内兵淮、泗，据有下邳，荆、扬二州，闻声响应，臣从河北席卷而南，形势一连，根牙永固。关西之兵系于所卫，青、徐二州不敢徹

生死，只怕自己不能建立功勋，事业无成。然而曹丕亡后，幼主执政，此时，便谗言四起。朝臣们各依权势相互侵害，志不相同之人趁机离间。而我生性简疏，从不讨好他人，所以，那些进谗之人，就想陷害于我。当然，我也有错。终于，被邪论所害，招致猜疑，诬我反叛。尽管了解真相的人担保我的清白，但是谗言盛行，幼主对我还是有了猜疑。我担心一旦遭受横祸，其愁苦必如行于薄冰炭火之上。从前，乐毅为燕昭王伐齐立下大功，燕惠王即位后，因猜疑而罢去他的职务。虽然乐毅离开燕国到了赵国，但是他的功业并未因此减损。乐毅不是想真心离开燕国，而是担心功名不再有建树，灾祸即将来临。先前，我曾派魏郡人周光以做生意为名，托付叛降南方的心思，明确表达我的秘密计策。由于时间仓促，不敢马上呈上奏章，只好传递口信。我认为，如今天下大势已明，天意所在，不由吴国来统一又是谁呢？曹魏的百姓都想做陛下的臣民，他们引颈、踮脚企望，唯恐吴国大军来得太迟。若陛下略微降恩给他们以信任和接纳，臣一定以河北的土地来迎候您。臣心赤诚，太阳可证。然而，周光前往已经有一年，却没有音信传回，不知臣的这番心意转达到没有？臣望南天而叹，有多少这样的日日夜夜呀！即使是鲁国人盼望高子的迫切心情，又怎么能与臣相比呢！另外，臣如今所受的待遇一天比一天差，各种谗言像苍蝇似的嗡嗡不绝，迟早会遭受谗言的祸害。臣猜测，陛下没有下达明确旨意的原因，一定认为吴质我贯行仁道，不会去做反叛这类事情，一定以为周光转达的话，虚假成分大，真实性小，甚至会以为其中必有其他因由。却不知道我被谗言所害，正担心受到更大的灾难！更可能认为，倘若有罪，一定会奔向鼎镬，捆束自己，等待处治，这才是臣子当做之事。可眼下我没有犯罪，而是意外地受到谗言毁谤，就要出现商鞅、白起那样的悲剧。权衡利弊，离开魏国也是理所当然的。人因为毁谤而死，不能体现出道义，为什么不离开呢！乐毅出奔，吴起逃走，君子同情他们的遭遇，没有人讥笑他们的行为。望陛下以古比今，不要猜疑或责怪于我。或许陛下认为，身为臣子，既然有罪于君主，就应像伍员那样奉献效力，不应侥幸地利用事态谋取利益。然而，古今不同，况南北相距遥远，江湖阻隔，若不发

守，许、洛余兵众不满万，谁能来东与陛下争者？此诚千载一会之期，可不深思而熟计乎！及臣所在，既自多马，加以羌胡常以三四月中美草时，驱马来出，隐度今者，可得三千余匹。陛下出军，当投此时，多将骑士来就马耳。此皆先定所一二知。凡两军不能相究虚实，今此间实羸，易可克定，陛下举动，应者必多。上定洪业，使普天一统，下令臣质建非常之功，此乃天也。若不见纳，此亦天也。愿陛下思之，不复多陈。”

其三曰：“昔许子远舍袁就曹，规画计较，应见纳受，遂破袁军，以定曹业。向使曹氏不信子远，怀疑犹豫，不决于心，则今天下袁氏有也。愿陛下思之。间闻界上将阎浮、赵楫欲归大化，唱和不速，以取破亡。今臣款款，远授其命，若复怀疑，不时举动，令臣孤绝，受此厚祸，即恐天下雄夫烈士欲立功者，不敢复托命陛下矣。愿陛下思之。皇天后土，实闻其言。”此文既流行，而质已入为侍中矣。

二年，青州人隐蕃归吴，上书曰：“臣闻纣为无道，微子先出；高祖宽明，陈平先入。臣年二十二，委弃封域，归命有道，赖蒙天

动兵变，又怎能脱身呢！因此，我只能忘掉志节，而考虑建立功业的道义。况且我又认为，曹氏的传人，并非天命所托，政法混乱，朝权被臣子所执，众将在外专权为政，众人离心离德，士卒减少，库存空虚，君臣昏聩。我想，陛下前后多次收留叛魏之人，这些总应该都听说了吧。兼并弱小，攻击昏聩，此正是陛下进取的有利时机。因此，臣冒昧奉献我的计划。现在，如果将兵马聚集淮、泗一带，占领下邳，荆州、扬州必闻风而动，群起响应，我从河北席卷南下，几方面势力汇到一处，得胜的基础就奠定了。关西的兵马被束缚在当地，青州、徐州军不敢擅离，许昌、洛阳所剩兵力不足一万，谁又能至此与陛下争锋呢？这实在是千载难逢的好机会，能不深思熟虑、细致谋划吗！至于我驻守的地方，本来就产马，加之羌人、胡人常在三四月间水草茂盛时，赶马放牧，粗略计算，可获得马三千多匹。陛下出兵，应趁这个时候，多带骑兵来配上战马。以上所谈均是据所知情况预先制订。两军对垒，必知己知彼，如今，这里的兵力确实虚弱，很容易就能战胜，陛下兴兵，响应的人一定非常多。上可定帝业使天下统一，下可让我吴质建立非同寻常的功业，这是天意。如果建议不被采纳，我也认命了，望陛下考虑，臣不再多说了。”

第三条说：“从前许子远背叛袁氏，投靠曹氏，他为曹氏出谋划策，分析利害关系，都被采纳接受，终于打败袁氏军队，从而奠定了曹氏的事业。假如曹氏不相信许子远，怀有疑心，犹豫不决，不能在心里拿定主意，那么现在的天下就会归袁氏所有了。希望陛下考虑一下。我暗中听说边境上的将领阎浮、赵楫想归顺伟大的教化，但是倡导和响应的配合不够迅速，以致失败灭亡。现在我一片忠心，从远方献身陛下，如果再怀有疑点，不及时采取行动，就会使我孤立无援，陷于绝望，遭受那种惨重的祸患，只怕天下的英雄壮士想要立功的人，不敢再归顺陛下了。希望陛下考虑一下。天帝地神，他们肯定也听到了我的话。”这篇文章传布以后，吴质却在魏国已经入朝任侍中了。

黄龙二年，青州人隐蕃归顺吴国，隐蕃上书说：“我听说，殷纣暴虐无道，微子预先逃出；汉高祖仁德英明，陈平率先投靠。我二十二岁，放弃封邑，归降德义之君，赖上天神灵，幸得平安到达。

灵，得自全致。臣至止有日，而主者同之降人，未见精别，使臣微言妙旨，不得上达。于邑三叹，曷惟其已。谨诣阙拜章，乞蒙引见。”权即召入。蕃谢答问，及陈时务，甚有辞观。综时侍坐，权问何如，综对曰：“蕃上书，大语有似东方朔，巧捷诡辩有似祢衡，而才皆不及。”权又问可堪何官，综对曰：“未可以治民，且试以都辇小职。”权以蕃盛论刑狱，用为廷尉监。左将军朱据、廷尉郝普称蕃有王佐之才，普尤与之亲善，常怨叹其屈。后蕃谋叛，事觉伏诛，普见责自杀。据禁止，历时乃解。拜综偏将军，兼左执法，领辞讼。辽东之事，辅吴将军张昭以谏权言辞切至，权亦大怒，其和协彼此，使之无隙，综有力焉。

性嗜酒，酒后欢呼极意，或推引杯觞，搏击左右。权爱其才，弗之责也。

凡自权统事，诸文诰策命，邻国书符，略皆综之所造也。初以内外多事，特立科，长吏遭丧，皆不得去，而数有犯者。权患之，使朝臣下议。综议以为宜定科文，示以大辟，行之一人，其后必绝。遂用综言，由是奔丧乃断。

赤乌六年卒，子冲嗣。冲平和有文干，天纪中为中书令。

徐详者字子明，吴郡乌程人也，先综死。

评曰：是仪、徐详、胡综，皆孙权之时干兴事业者也。仪清恪贞素，详数通使命，综文采才用，各见信任，辟之广夏，其榱椽之佐乎！

我来此已有一段时日了，因主事者把我等同为一般投降的人，没有被挑选区别，使我之微言妙论不能上达陛下，所以，深感郁闷，叹息何时是尽头。谨至宫阙，跪拜上奏，望能蒙受陛下召见。”孙权立即召隐蕃入宫，隐蕃回答问题，以及陈述对时政的看法，非常有见地。胡综当时陪坐，孙权问他隐蕃的议论如何，胡综回答说：“隐蕃的章表，言语夸张如东方朔，巧言诡辩似祢衡，而才能却比不上那两位。”孙权又问隐蕃可任什么官职，胡综回答说：“他不能治理百姓，暂用京都的小职务试试。”孙权因为隐蕃大谈刑狱问题，就让他出任廷尉监。左将军朱据、廷尉郝普都称赞隐蕃有佐君之才，郝普和他尤为亲近，常叹惜隐蕃屈才了。后来，隐蕃阴谋叛乱，事败被处死。郝普因为受到谴责而自杀。朱据也被软禁起来，过了好长时间才赦免。孙权任命胡综为偏将军，兼任左执法，统理诉讼事务。辽东事件的时候，辅吴将军张昭因劝谏孙权言辞过于急切，孙权很生气，在那些调解他们君臣关系、使之没有产生嫌隙的人中，胡综起的作用是很大的。

胡综生性嗜酒，酒后尽兴欢乐，有的时候，持酒杯劝酒，甚至击打左右的人。孙权爱惜其才干，没有责备他。

自从孙权执政以来，各种文诰诏令，和邻国来往文书，大多出于胡综之手。当初因事务繁忙，孙权特订律条，各县主官家有丧事，一律不准离开职守，然而，还是没有止住犯禁奔丧的。孙权为此忧虑，让朝臣商议。胡综认为，应制定律法，宣告违者处死，只要在一人身上施行，必然会杜绝此类违法之事。孙权采纳了他的意见，从此，奔丧的现象就杜绝了。

赤乌六年，胡综去世，其子胡冲承继爵位。胡冲性情温和，有文才，天纪年间任中书令。

徐详，字子明，吴郡乌程人，先于胡综去世。

评论说：是仪、徐详、胡综，都是孙权执政时参与朝政、发展事业的人。是仪忠诚朴素；徐详数次出使，沟通君命；胡综有文采和才干。他们都得到了孙权的信任，用宏伟的大厦做比喻，他们的辅助作用就像屋顶的椽子那样！

卷六十三　吴书十八

吴范刘惇赵达传第十八

吴范字文则，会稽上虞人也。以治历数，知风气，闻于郡中。举有道，诣京都，世乱不行。会孙权起于东南，范委身服事，每有灾祥，辄推数言状，其术多效，遂以显名。

初，权在吴，欲讨黄祖，范曰："今兹少利，不如明年。明年戊子，荆州刘表亦身死国亡。"权遂征祖，卒不能克。明年，军出，行及浔阳，范见风气，因诣船贺，催兵急行，至即破祖，祖得夜亡。权恐失之，范曰："未远，必生禽祖。"至五更中，果得之。刘表竟死，荆州分割。

及壬辰岁，范又白言："岁在甲午，刘备当得益州。"后吕岱从蜀还，遇之白帝，说备部众离落，死亡且半，事必不克。权以难范，范曰："臣所言者天道也，而岱所见者人事耳。"备卒得蜀。

权与吕蒙谋袭关羽，议之近臣，多曰不可。权以问范，范曰："得之。"后羽在麦城，使使请降。权问范曰："竟当降否？"范曰："彼有走气，言降诈耳。"权使潘璋邀其径路，觇候者还，白羽已去。范曰："虽去不免。"问其期，曰："明日日中。"权立表下漏以待之。及中不至，权问其故，范曰："时尚未正中也。"顷之，有风动帷，范拊手曰："羽至矣。"须臾，外称万岁，传言得羽。

吴范，字文则，他是会稽上虞人，因为研究天文历数和占候闻名于郡中。被举荐为有道术之人，想去京都，因为世道混乱没有去成。后来，孙权起于东南，吴范就去投奔，每有灾异发生，他就推演术数，说出灾变情况，他的方术大多应验，因此显名。

当初，孙权在吴郡时，想征讨黄祖，吴范说："现在讨伐不利，不如明年进行。明年戊子（献帝建安十三年），荆州刘表将身死国亡。"孙权不听，发兵征讨黄祖，结果没能取胜。第二年，又出兵攻打，士兵行至浔阳，吴范观看天象祝贺说这次征讨必能获胜，孙权催促兵马加速前行，只一仗就打败了黄祖，黄祖趁夜潜逃。孙权担心黄祖逃脱，吴范说："他逃不远，一定能活捉他。"五更拂晓时分，果然擒获黄祖。刘表也死了，荆州被瓜分。

壬辰年（建安十七年），吴范又报告孙权说："甲午这年（建安十九年），刘备必能得到益州。"后来，吕岱由蜀郡返回，在白帝城遇到吴范，对他说刘备的部众已然离散，死亡将近半数，攻打益州肯定不会取胜。孙权用吕岱的话责问吴范，吴范说："臣的预言是通过占候推出的天意，而吕岱所见，只是人事方面的事情而已。"后来，刘备果然得到了蜀地。

孙权、吕蒙策划袭击关羽，和亲近大臣商议，大都说不行。孙权就这件事询问吴范，吴范说："能够抓到他。"后来，关羽困在麦城，派使者请求投降。孙权问吴范说："关羽是否真的投降？"吴范说："他有逃跑的征兆，投降是假。"孙权就派潘璋截断关羽的退路。探马报告说关羽已经离去。吴范说："虽然离去，但是不能脱身。"孙权问关羽被擒获的时间，吴范回答说："明天中午。"孙权便设立漏表等待，中午时没有消息传来，孙权问是什么原因，吴范说："时间还没到正午。"不久，有风吹动帷帐，吴范拍手道："关羽到了。"不一会儿，

后权与魏为好，范曰："以风气言之，彼以貌来，其实有谋，宜为之备。"刘备盛兵西陵，范曰："后当和亲。"终皆如言。其占验明审如此。

权以范为骑都尉，领太史令，数从访问，欲知其决。范秘惜其术，不以至要语权。权由是恨之。

初，权为将军时，范尝白言江南有王气，亥子之间有大福庆。权曰："若终如言，以君为侯。"及立为吴王，范时侍宴，曰："昔在吴中，尝言此事，大王识之邪？"权曰："有之。"因呼左右，以侯绶带范。范知权欲以厌当前言，辄手推不受。及后论功行封，以范为都亭侯。诏临当出，权恚其爱道于己也，削除其名。

范为人刚直，颇好自称，然与亲故交接有终始。素与魏滕同邑相善。滕尝有罪，权责怒甚严，敢有谏者死，范谓滕曰："与汝偕死。"滕曰："死而无益，何用死为？"范曰："安能虑此，坐观汝邪？"乃髡头自缚诣门下，使铃下以闻。铃下不敢，曰："必死，不敢白。"范曰："汝有子邪？"曰："有。"曰："使汝为吴范死，子以属我。"铃下曰："诺。"乃排阁入。

言未卒，权大怒，欲便投以戟。逡巡走出，范因突入，叩头流血，言与涕并。良久，权意释，乃免滕。滕见范谢曰："父母能生长我，不能免我于死。丈夫相知，如汝足矣，何用多为！"

黄武五年，范病卒。长子先死，少子尚幼，于是业绝。权追思

外面欢呼万岁，说关羽被捉到了。

以后，孙权与曹魏交好，吴范说：“依天象来看，魏国是表面上与我和好，实际是另有图谋，应该加以防备。”刘备大军驻扎西陵，吴范又说：“以后定会和睦相亲。”事情都如他所说。他占卜的效验如此明白。

孙权任命吴范为骑都尉，兼任太史令，又多次向他屈身请教，想知道他的秘诀。吴范珍惜自己的占卜术，对孙权保密，不把最关键的东西说给他。孙权由此忿恨吴范。

起初，孙权任讨虏将军时，吴范曾告诉孙权说：“江南有帝王之气，己亥年至庚子年间将有重大吉庆之事。”孙权说：“若果真如你所说，就封你为侯。”后来孙权被封为吴王，吴范在旁侍宴，他说：“以前在吴郡时，曾预言过这件事，大王还记得吗？”孙权说：“有这回事。”就叫左右侍从把侯爵的印绶佩戴在吴范身上。吴范知道孙权不过是用这来搪塞从前的诺言，就推辞不接受。后来，论功行赏的时候，孙权本要封吴范为都亭侯，诏令快要下达时，孙权恨吴范不肯教自己道术，便在诏令中除去了他的名字。

吴范为人刚直，却喜自夸，然而，与亲戚和朋友交往始终如一。吴范与同乡魏滕一向友好。魏滕曾经犯罪，孙权对他严加怒斥，并说，谁敢劝说便处死。吴范对魏滕说：“我与你一起死。”魏滕说：“你死了有什么好处，干吗去死？”吴范说：“我难道还能顾虑这些，坐着看你去死吗？”吴范便剃光了头，自己绑缚着来到官门前，让侍从禀报。侍从不敢，说：“说了必死，我不敢报告。”吴范说：“你有孩子吗？”侍从说：“有。”吴范说：“假如你为我死了，你的孩子就交给我。”侍从说：“好吧。”就推门进去了。

没等他的话说完，孙权大怒，想用戟投刺他，吓得他倒退着逃了出来。吴范乘机冲进去，跪下叩头，流出血来，他一边说话，一边流着泪。过了许久，孙权才消了气，赦免了魏滕。魏滕见到吴范感激地说：“父母生我养我，却不能使我逃脱死亡。大丈夫的知己，有一人足够了，还用得着很多吗！”

黄武五年，吴范因病去世。吴范的长子已先死，而幼子年龄尚

之，募三州有能举知术数如吴范、赵达者，封千户侯，卒无所得。

刘惇字子仁，平原人也。遭乱避地，客游庐陵，事孙辅。以明天官达占数显于南土。每有水旱寇贼，皆先时处期，无不中者。辅异焉，以为军师，军中咸敬事之，号曰神明。

建安中，孙权在豫章，时有星变，以问惇，惇曰："灾在丹杨。"权曰："何如？"曰："客胜主人，到某日当得问。"是时边鸿作乱，卒如惇言。

惇于诸术皆善，尤明太乙，皆能推演其事，穷尽要妙，著书百余篇，名儒刁玄称以为奇。惇亦宝爱其术，不以告人，故世莫得而明也。

赵达，河南人也。少从汉侍中单甫受学，用思精密，谓东南有王者气，可以避难，故脱身渡江。治九宫一算之术，究其微旨，是以能应机立成，对问若神，至计飞蝗，射隐伏，无不中效。或难达曰："飞者固不可校，谁知其然，此殆妄耳。"达使其人取小豆数斗，播之席上，立处其数，验覆果信。尝过知故，知故为之具食。食毕，谓曰："仓卒乏酒，又无嘉肴，无以叙意，如何？"达因取盘中只箸，再三从横之，乃言："卿东壁下有美酒一斛，又有鹿肉三斤，何以辞无？"时坐有他宾，内得主人情，主人惭曰："以卿善射有无，欲相试耳，竟效如此。"遂出酒酣饮。又有书简上作千万数，著空仓中封之，令达算之。达处如数，云："但有名无实。"其精微若是。

小，所以，吴范的占候术就失传了。孙权追思他，招募荆、扬、交三州中有像吴范、赵达那样精通占候之术的人，并许封为千户侯，但最终还是没有找到。

刘惇字子仁，他是平原郡人。遭遇战乱逃到外地避祸，旅居庐陵，为孙辅办事。因懂得天文通晓占卜而显名南方。每有水旱天灾及兵匪灾变，刘惇都能预先指明灾变发生的时间和地点，没有哪次不能应验。孙辅对此表示惊异，以刘惇为军师，军队里的人全尊敬侍奉他，号称为神明。

建安年间，孙权正在豫章郡，当时有星象变化，拿它询问刘惇，刘惇说："灾难在丹杨。"孙权又问："结果如何？"刘惇说："客兵战胜主人，到某一天就会得到消息。"当时边鸿作乱，最终像刘惇所说的一样。

刘惇对各种方术都很精通，尤其精通太乙，有关这方面的事都能够推论演绎，极度透彻地发现个中奥妙，著书一百余篇，名儒刁玄称道这些著述的奇妙。刘惇也十分珍视自己的方术，不把它们告诉别人，所以世人没有谁能够明白其间奥妙究竟何在。

赵达，河南郡人，他从小随汉朝侍中单甫学习，用心专一细密，认为东南方有帝王之气，可以避难，就离家渡江南下。赵达研习九宫一算之术，探究其中精妙之理，并能立即算出，对答如神，甚至计算飞蝗数目，猜出藏匿的物品，没有不应验的。有人难为赵达说："天上飞物本来就无法计算，谁知道数目是多少，恐怕你只是随口一说吧。"赵达便让人取来几斗小豆，倾倒在席子上，当即算出小豆的粒数，经过查验，果然不错。赵达曾去拜访老友，老友为他备办饭菜。吃完后，老友对赵达说："仓促之间没有备酒，又没有好菜，无法畅叙情怀，怎么办呢？"赵达便拿过盘中的一只筷子，反复横竖摆弄后说："您的东墙角下有美酒一斛，鹿肉三斤，怎么说没有呢？"当时，在座的还有别的客人，知道主人的底细，主人惭愧地说："因为您善猜东西的有无，想试探一下，果然灵验。"老友就取酒畅饮。还有一次，有人在竹简上写上很大的数目，放在空仓里封起来，让赵达算仓库里有多少粮食，赵达算出了准确的数目，又说："只不过有名无实。"

达宝惜其术，自阚泽、殷礼皆名儒善士，亲屈节就学，达秘而不告。太史丞公孙滕少师事达，勤苦累年，达许教之者有年数矣，临当喻语而辄复止。滕他日赍酒具，候颜色，拜跪而请，达曰：“吾先人得此术，欲图为帝王师，至仕来三世，不过太史郎，诚不欲复传之。且此术微妙，头乘尾除，一算之法，父子不相语。然以子笃好不倦，今真以相授矣。”饮酒数行，达起取素书两卷，大如手指，达曰：“当写读此，则自解也。吾久废，不复省之，今欲思论一过，数日当以相与。”滕如期往，至乃阳求索书，惊言失之，云：“女婿昨来，必是渠所窃。”遂从此绝。

初，孙权行师征伐，每令达有所推步，皆如其言。权问其法，达终不语，由此见薄，禄位不至。

达常笑谓诸星气风术者曰：“当回算帷幕，不出户牖以知天道，而反昼夜暴露以望气祥，不亦难乎！”闲居无为，引算自校，乃叹曰：“吾算讫尽某年月日，其终矣。”达妻数见达效，闻而哭泣。达欲弭妻意，乃更步算，言：“向者谬误耳，尚未也。”后如期死。权闻达有书，求之不得，乃录问其女，及发棺无所得，法术绝焉。

评曰：三子各于其术精矣，其用思妙矣，然君子等役心神，宜

赵达计算的精深微妙都像这样。

赵达看重、珍惜自己的数术，就算是阚泽、殷礼那样有名望的贤良儒士，都亲自谦恭地前来求学，赵达也深守秘密而不教他们。太史丞公孙滕年少时拜赵达为师，多年来勤劳刻苦，赵达答应教给他术数已经有多年了，每到准备讲出时，总是又止住了。有一天，公孙滕送来了好酒佳肴，察言观色，跪地叩拜求教，赵达说：“我的祖先获得这套数术，是要谋求担当帝王之师的，做官以来经历了三代人，才不过是太史郎一类的小官，的确是不愿意再传授下去了。而且这套数术精微深奥，需要首尾相乘除，是独一无二的算法，父子之间都是不相传的。然而因为你真诚好学，孜孜不倦，现在诚心传授给你吧。”饮酒数杯之后，赵达起身取来两卷写在白绢上的书文，每卷有手指头一般粗，赵达说：“这些需要抄写，通读，就自然会理解了。我长时间没有研究它了，一时不能解说清楚，现在需要思考推理一遍，几天后一定传授给你。”公孙滕按时前来，他来后赵达假装找书，接着吃惊地说书丢失了，说：“女婿昨天来过，一定是他偷去了。”于是赵达的数术从此失传。

开始，孙权出兵讨伐，常常叫赵达推算，结果均如他所说。孙权问他方法，赵达始终不肯言明，因此遭到冷遇，没有得到更高的俸禄爵位。

赵达经常笑着对那些观星望气的术士说：“应当在屋里测算，足不出户便可知天命，你们却白天黑夜地在野外观星望气，真是太难为你们了！”赵达闲来无事时，就推算自己，算后叹息说：“我的术数在某年某月某日将完结，我大概要死了吧。”其妻屡次见他测算灵验，听他说这番话就哭了。赵达想止住妻子的悲伤，就重新推算说：“算错了，死期还没有到呢。”后来，他如期死去。孙权听说赵达有书留下，就派人去索求，没有得到，就把他女儿抓来追问，直到发掘他的棺木，都一无所获，赵达的九宫一算术就此失传了。

评论说：此三人对占卜之法都非常精通，用心也很玄妙。但君

于大者远者，是以有识之士，舍彼而取此也。

子同是用心思考，则应着眼于大处和远处，因此，有识之士都舍弃其术，而选择有实际作用的东西。

卷六十四　吴书十九

诸葛滕二孙濮阳传第十九

诸葛恪字元逊，瑾长子也。少知名。弱冠拜骑都尉，与顾谭、张休等侍太子登讲论道艺，并为宾友。从中庶子转为左辅都尉。

恪父瑾面长似驴，孙权大会群臣，使人牵一驴入，长检其面，题曰诸葛子瑜。恪跪曰："乞请笔益两字。"因听与笔。恪续其下曰"之驴"。举座欢笑，乃以驴赐恪。他日复见，权问恪曰："卿父与叔父孰贤？"对曰："臣父为优。"权问其故，对曰："臣父知所事，叔父不知，以是为优。"权又大噱。命恪行酒，至张昭前，昭先有酒色，不肯饮，曰："此非养老之礼也。"权曰："卿其能令张公辞屈，乃当饮之耳。"恪难昭曰："昔师尚父九十，秉旄仗钺，犹未告老也。今军旅之事，将军在后，酒食之事，将军在先，何谓不养老也？"昭卒无辞，遂为尽爵。后蜀使至，群臣并会，权谓使曰："此诸葛恪雅好骑乘，还告丞相，为致好马。"恪因下谢，权曰："马未至而谢何也？"恪对曰："夫蜀者陛下之外厩，今有恩诏，马必至也，安敢不谢？"恪之才捷，皆此类也。权甚异之，欲试以事，令守节度。节度掌军粮谷，文书繁猥，非其好也。

恪以丹杨山险，民多果劲，虽前发兵，徒得外县平民而已，其余深远，莫能禽尽，屡自求乞为官出之，三年可得甲士四万。众议

诸葛恪，字元逊，他是诸葛瑾的大儿子，从小就有名。二十岁时做了骑都尉，和顾谭、张休等随侍太子孙登讲习六艺，为太子的宾友。从中庶子转升为左辅都尉。

诸葛恪父亲诸葛瑾面长似驴，有一次，孙权在大会群臣时，让人牵来一头驴，在驴脸上贴了一条标签，上面写道“诸葛子瑜”四字。诸葛恪跪下说：“请赐笔增写两字。”孙权给他一支笔。诸葛恪在下面续写了“之驴”两字。众人都哈哈大笑，孙权就把驴赏给诸葛恪。有一天，诸葛恪去谒见孙权，孙权问他说：“你父亲与叔父哪个更高明些？”诸葛恪回答说：“父亲高明。”孙权问为什么。诸葛恪回答说：“父亲知道该为谁做事，叔父却不知道，因此算起来是父亲贤明些。”孙权又大笑起来。让诸葛恪负责斟酒劝饮，斟到张昭面前，此时，张昭已有些醉意，不肯再饮，并对诸葛恪说：“这不是敬老的礼节。”孙权对诸葛恪说：“你若能让张公理屈词穷，他才能喝下这杯酒。”于是，诸葛恪就反驳张昭说：“从前，姜尚九十岁时，仍执旗持钺，没有告老。如今，行兵征战，将军在后，饮酒吃饭，将军在前，怎么能说不敬老呢？”张昭无言以对，就喝干了杯里的酒。后来，蜀国使者来到，群臣都参与会见，孙权对来使说：“这位诸葛恪喜欢骑马，请回去告诉你家丞相，为他弄些好马来。”诸葛恪为此向孙权拜谢，孙权说：“马还没有到手怎么就道谢呢？”诸葛恪回答说：“蜀国就是陛下在外养马的马圈，今诏命下达，好马一定会送来，怎么敢不拜谢？”诸葛恪的才思敏捷，都像以上所举这类。孙权觉得他非常不平常，便以政事来检验，命他代理节度一职。节度掌管军营粮草，文书烦琐，诸葛恪不喜欢。

诸葛恪觉得丹杨郡山地形势险峻，民众大多性格刚直而强悍，即使以前发兵征服，只不过俘获了一些散居在边缘县中的普通百姓

咸以丹杨地势险阻，与吴郡、会稽、新都、鄱阳四郡邻接，周旋数千里，山谷万重，其幽邃民人，未尝入城邑，对长吏，皆仗兵野逸，白首于林莽。逋亡宿恶，咸共逃窜。山出铜铁，自铸甲兵。俗好武习战，高尚气力，其升山赴险，抵突丛棘，若鱼之走渊，猨狖之腾木也。时观间隙，出为寇盗，每致兵征伐，寻其窟藏。其战则蜂至，败则鸟窜，自前世以来，不能羁也。皆以为难。恪父瑾闻之，亦以事终不逮，叹曰："恪不大兴吾家，将大赤吾族也。"恪盛陈其必捷。权拜恪抚越将军，领丹杨太守，授棨戟武骑三百。拜毕，命恪备威仪，作鼓吹，导引归家，时年三十二。

恪到府，乃移书四郡属城长吏，令各保其疆界，明立部伍，其从化平民，悉令屯居。乃分内诸将，罗兵幽阻，但缮藩篱，不与交锋，候其谷稼将熟，辄纵兵芟刈，使无遗种。旧谷既尽，新田不收，平民屯居，略无所入，于是山民饥穷，渐出降首。恪乃复敕下曰："山民去恶从化，皆当抚慰，徙出外县，不得嫌疑，有所执拘。"臼阳长胡伉得降民周遗，遗旧恶民，困迫暂出，内图叛逆，伉缚送诸府。恪以伉违教，遂斩以徇，以状表上。民闻伉坐执人被戮，知官惟欲出之而已，于是老幼相携而出，岁期，人数皆如本规。恪自领万人，余分给诸将。

而已，其余居住在深远山野的，没有能够全部捕捉，便多次自己请求替朝廷把他们迁徙出来，三年之内可以获得兵员四万。大家议论都认为丹杨地势险恶阻塞不通，与吴郡、会稽、新都、鄱阳四郡相邻接壤，方圆数千里，山谷重叠，那些居住深远山野中的民众，从来没有进过城镇，没有面见过政府官吏，他们个个都手执武器、粗野放肆，一直到老都生活在深山野林中。那些逃犯惯恶，都一齐逃窜到那里。山中出产铜铁，可以自己铸造盔甲兵器。民俗爱好武功熟悉打仗，崇尚勇武和力量，他们登山历险，穿越于丛林荆棘之中，好比鱼游于深渊，猿猴跳跃于树枝一般轻捷自如。常常瞅准空隙，出来侵扰掠夺，每次招致官兵征伐，寻找他们藏身的洞穴。他们打仗时就蜂拥而上，战败了就像鸟一样四散逃窜，自从前代以来，就管束不住他们。都认为难以制服。诸葛恪的父亲诸葛瑾知道这件事，也认为此事终将做不到，叹气说："诸葛恪不仅不能使我们家族兴盛，反而还将要使我们家族招来灭门之祸啊！"诸葛恪极力陈述说这事肯定成功。孙权封诸葛恪为抚越将军，兼任丹杨太守，授给他棨戟仪仗，以及骑兵三百名。授官仪式之后，让诸葛恪备起仪仗，奏起鼓吹乐曲，前呼后拥回到家来，这年诸葛恪三十二岁。

诸葛恪到达郡太守府后，就给相邻四郡及所属各县长官下发公文，让他们各自保卫自己所管辖的疆界，明确划分建立军事化组织，对听从教化的平民百姓，要聚集一起居住。又分别安排众将领，布置士兵在深山险阻要地驻扎，只管修筑防御工事，不和山民交战，等到庄稼将要成熟的时候，就出动军队进行收割，连种子都不留下来。山里居民原有的粮谷已经吃完，新种的田地又没有收成，山外的平民百姓都被军事化管理起来，得不到丝毫收入，于是山民们饥饿穷困，渐渐地出山投降自首。诸葛恪又告诫下属说："山里的民众去掉恶习服从教化，都应当进行安抚慰问，把这些人从深山老林里迁徙到山外各县，不得怀疑，捆绑拘禁。"臼阳县长胡伉收得投降的山民周遗，周遗过去作恶多端，因为生活所迫暂时出山，内心仍图谋叛逆，胡伉便将周遗捆绑送到郡府。诸葛恪认为胡伉违反了教令，将胡伉斩首示众，并陈述事由上奏皇帝。百姓听说胡伉因为捆绑拘禁山民而

权嘉其功，遣尚书仆射薛综劳军。综先移恪等曰："山越恃阻，不宾历世，缓则首鼠，急则狼顾。皇帝赫然，命将西征，神策内授，武师外震。兵不染锷，甲不沾汗。元恶既枭，种党归义，荡涤山薮，献戎十万。野无遗寇，邑罔残奸。既埽凶慝，又充军用。藜蓧稂莠，化为善草。魑魅魍魉，更成虎士。虽实国家威灵之所加，亦信元帅临履之所致也。虽《诗》美执讯，《易》嘉折首，周之方、召，汉之卫、霍，岂足以谈？功轶古人，勋超前世。主上欢然，遥用叹息。感《四牡》之遗典，思饮至之旧章。故遣中台近官，迎致犒赐，以旌茂功，以慰劬劳。"拜恪威北将军，封都乡侯。恪乞率众佃庐江皖口，因轻兵袭舒，掩得其民而还。复远遣斥候，观相径要，欲图寿春，权以为不可。

赤乌中，魏司马宣王谋欲攻恪，权方发兵应之，望气者以为不利，于是徙恪屯于柴桑。与丞相陆逊书曰："杨敬叔传述清论，以为方今人物凋尽，守德业者不能复几，宜相左右，更为辅车，上熙国事，下相珍惜。又疾世俗好相谤毁，使已成之器，中有损累；将进之徒，意不欢笑。闻此喟然，诚独击节。愚以为君子不求备于一人，自孔氏门徒大数三千，其见异者七十二人，至于子张、子路、子贡等七十之徒，亚圣之德，然犹各有所短，师辟由喭，赐不受命，岂况

犯罪被杀，知道官府只是想让山民出山而已，就扶老携幼出山。一年过后，得到兵员的人数和原来预计的完全一样。诸葛恪自己统领一万人，其余的分给众将统领。

孙权赞扬诸葛瑾的功劳，派遣尚书仆射薛综前去慰劳他的军队。薛综先写文书给诸葛恪等人说："山越人依仗险要地势，几代以来都不臣服，对他们放松一点儿，他们就蠢蠢欲动，情况紧急时就回头逃跑。皇帝发怒，命令将军向西征讨，在朝廷内授予神奇的计策，军队的威名震动四野。兵不血刃，铠甲上还没有沾上汗水，就斩杀了敌首，党徒随之归附，扫荡涤除深山密林里的凶寇，进献了十万人。野外没有留下匪寇，城邑中也没有了残余的奸人。既扫除了凶敌，又充实了兵员。使杂草稗莠，都变成对人有益的良草，使各种恶势力，都变成了勇敢之士。虽然有朝廷的声威加于他们的缘故，也确实是元帅您亲自率兵征讨的结果。即使《诗经》赞美俘获敌人、审讯祸首。《易经》庆贺杀掉罪魁，周朝的方叔、召穆公，汉朝的卫青、霍去病，怎么能够和将军您的功劳相提并论呢？您的功绩超过古人，勋劳超过前代。皇帝欣喜高兴，遥远地赞叹您的功劳。他感念《四牡》所表达的慰劳使者归来的旧制，思慕凯旋告庙庆贺的旧礼，所以派尚书台近侍官员来迎接将军，犒劳赏赐军队，以表彰您的伟大功绩，慰问辛勤的将士。"孙权拜诸葛恪为威北将军，封都乡侯。诸葛恪请求率军在庐江、皖口屯田，并且趁机偷袭舒县，乘其不备掠得百姓而还。又往远处派遣侦察人员，查看必经之路，打算图谋寿春，孙权认为不可。

赤乌年间，魏国司马懿谋划攻打诸葛恪，孙权准备发兵接应他，观星望气的人认为出兵不利，因此孙权让诸葛恪移兵到柴桑驻扎。诸葛恪给丞相陆逊写信，说："杨敬叔转述了您公正的议论，认为现在有为之人死亡殆尽，坚守道德和事业的人也已经不多了，应当相互帮助，这样，才能既可兴盛国事，又可珍惜友情。您又厌恶当今喜欢互相诽谤的风俗，使已有成就之人，中途受损；将要进用之人，心中郁闷。听到您的议论，我喟然长叹，击节赞同。我认为，君子对人不能求全责备，孔子门徒三千，贤人不过七十二，虽然子张、子路、

下此而无所阙？且仲尼不以数子之不备而引以为友，不以人所短弃其所长也。加以当今取士，宜宽于往古，何者？时务从横，而善人单少，国家职司，常苦不充。苟令性不邪恶，志在陈力，便可奖就，骋其所任。若于小小宜适，私行不足，皆宜阔略，不足缕责。且士诚不可纤论苛克，苛克则彼贤圣犹将不全，况其出入者邪？故曰以道望人则难，以人望人则易，贤愚可知。自汉末以来，中国士大夫如许子将辈，所以更相谤讪，或至于祸，原其本起，非为大仇，惟坐克己不能尽如礼，而责人专以正义。夫己不如礼，则人不服。责人以正义，则人不堪。内不服其行，外不堪其责，则不得不相怨。相怨一生，则小人得容其间。得容其间，则三至之言，浸润之谮，纷错交至，虽使至明至亲者处之，犹难以自定，况已为隙，且未能明者乎？是故张、陈至于血刃，萧、朱不终其好，本由于此而已。夫不舍小过，纤微相责，久乃至于家户为怨，一国无复全行之士也。”恪知逊以此嫌己，故遂广其理而赞其旨也。会逊卒，恪迁大将军，假节，驻武昌，代逊领荆州事。

久之，权不豫，而太子少，乃征恪以大将军领太子太傅，中书令孙弘领少傅。权疾困，召恪、弘及太常滕胤、将军吕据、侍中孙峻，属以后事。

翌日，权薨。弘素与恪不平，惧为恪所治，秘权死问，欲矫诏除恪。峻以告恪，恪请弘咨事，于坐中诛之，乃发丧制服。与弟公安

子贡等也在七十二人之列，称为有仅次于圣人的德行，但是还是各有短处，子张偏激，子路鲁莽，子贡不接受孔子的教命，他们尚且如此，何况其下之人怎会没有缺点呢？而孔子并不因这几个门徒有缺点就不把他们当作朋友来看待，这是不因他人短处就弃其长处啊。当前选用人才，应宽于古代，为什么呢？现在局势复杂，又缺乏德才兼备的人，朝廷各部官员，常常苦于无人担任。如果本质尚称厚道，有志贡献才能的人，就应奖励任用，让他们在职位上尽量发挥才能。至于细小不足之处，都应宽容，不应当苛求完美。对有才能的人不能一味从细小处苛求，如果这样，那么古之圣贤也并非完美无缺，何况与他们相去甚远的人呢？所以说，用道德完善的标准来衡量人就困难，用普通的标准衡量人就容易，贤愚一看就清楚。自汉末以来，中原士大夫如许子将之辈，之所以互相诽谤，甚至引发祸端，究其原因，并非深仇，只因没有用礼教的标准来要求自己，而专以公正的道理来责备别人。自己的行为不合礼数，别人必然不服，以公正的标准要求别人，别人就不会听。内心不佩服别人的行为，更没有办法接受别人的指责，这就不能不产生怨恨。怨恨的情绪一长，小人就有机可乘，所以，多次传播的谣言，日积月累的谗言，就会纷至沓来，即使让非常了解和亲近的人听到这些，也难断真假，何况是已经有了隔阂，本来就不明事理的人呢？因此，张耳、陈余相互杀害，萧育、朱博不能友好到底，其原因就在这里。不放他人小过，在细小的事情上互相责备，久而久之，家家户户就会互相埋怨，国中也就不会有品行完美的人了。”诸葛恪知道陆逊因为听信谗言而猜疑自己，所以，就发挥陆逊所讲的道理并称赞他的用意。正赶上陆逊去世，诸葛恪升为大将军，假节，驻守武昌，接替陆逊统管荆州军务。

过了一段时间，孙权生病了，而太子的年龄还很小，孙权就征召诸葛恪以大将军的身份兼太子太傅，中书令孙弘兼太子少傅。孙权病重，召见诸葛恪、孙弘及太常滕胤、将军吕据、侍中孙峻，把后事托付给他们。

第二天，孙权就病死了。孙弘平时与诸葛恪不和，害怕被诸葛恪惩处，就封锁孙权死去的消息，想假传皇帝的诏书除掉诸葛恪。孙峻

督融书曰："今月十六日乙未，大行皇帝委弃万国，群下大小，莫不伤悼。至吾父子兄弟，并受殊恩，非徒凡庸之隶，是以悲恸，肝心圮裂。皇太子以丁酉践尊号，哀喜交并，不知所措。吾身受顾命，辅相幼主，窃自揆度，才非博陆而受姬公负图之托，惧忝丞相辅汉之效，恐损先帝委付之明，是以忧惭惶惶，所虑万端。且民恶其上，动见瞻观，何时易哉？今以顽钝之姿，处保傅之位，艰多智寡，任重谋浅，谁为唇齿？近汉之世，燕、盖交遘，有上官之变，以身值此，何敢怡豫邪？又弟所在，与贼犬牙相错，当于今时整顿军具，率厉将士，警备过常，念出万死，无顾一生，以报朝廷，无忝尔先。又诸将备守各有境界，犹恐贼虏闻讳，恣睢寇窃。边邑诸曹，已别下约敕，所部督将，不得妄委所戍，径来奔赴。虽怀怆怛不忍之心，公义夺私，伯禽服戎，若苟违戾，非徒小故。以亲正疏，古人明戒也。"恪更拜太傅。于是罢视听，息校官，原逋责，除关税，事崇恩泽，众莫不悦。恪每出入，百姓延颈，思见其状。

初，权黄龙元年迁都建业，二年筑东兴堤遏湖水。后征淮南，败以内船，由是废不复修。恪以建兴元年十月会众于东兴，更作大堤，左右结山侠筑两城，各留千人，使全端、留略守之，引军而还。魏以吴军入其疆土，耻于受侮，命大将胡遵、诸葛诞等率众七万，

把这个情况告诉了诸葛恪，诸葛恪请孙弘来商量事情，在座席上杀了他，于是发布孙权的死讯，穿上丧服。给弟弟公安督诸葛融写信说：“本月十六日乙未的时候，大行皇帝抛下万国，所有大小臣民，莫不悲伤悼念。至于我们父子兄弟，都受到特殊的恩典，不只是平庸的下属，所以悲恸非常，肝心都已破碎分裂。皇太子在丁酉日即皇帝位，我的悲哀和喜悦交错在一起，不知所措。我身受临终遗命，辅助幼主，自己私下估量，才能不及博陆而受姬公负图的托付，害怕达不到霍光辅佐汉昭帝的成效，唯恐损伤了先帝托付重任的英明，所以忧虑惭愧，惶惶不安，想了很多很多事。况且老百姓厌恶当权者，一有行动，就受到注视，什么时候才能够改变这种状况呢？现在我以愚笨的资质，处在保傅高官的位置上，困难多而智谋不足，任务重而谋略短浅，谁可以做我互相依靠的帮手呢？近汉之世，燕王和盖长公主互相勾结，造成上官桀等人图谋杀害霍光的祸乱。现在我处于和那时差不多的境地，怎么敢安适犹豫呀！弟弟所驻扎的地方，和贼人的地界犬牙交错，现在应当整顿军需器械，鼓励将士，比平时要更加警戒防备，要想到不辞万死，不顾惜自己的生命，以报效朝廷，不辱没我们的先人。另外诸将防守各自的地界，要担心贼人听到皇帝死去的消息，任意入侵。边境各官署，已经另下约束的文书，所属各领兵将官，不得任意放弃自己的防守任务，直接赶来奔丧。虽然都怀有悲伤不已的心情，但是公义胜过私情，伯禽丧服未除就领兵出征，如果违背了公义，就不只是小过错了。以亲近的人做样子，去纠正疏远的人，这是古人明确告诫的。”诸葛恪被改授太傅。因此他裁除多余的军政官员，取消设置耳目之事，免除拖欠的赋税，取消关税，各项政事都注重给百姓以恩惠，百姓没有不高兴的。诸葛恪每次外出，百姓引颈相望，都想看看他的相貌。

当初，黄龙元年孙权迁都建业，二年修筑东兴堤来阻挡湖水。后来，吴军征伐淮南郡，破坏堤坝以便让船只进入，因此废堤不再修治。诸葛恪于建兴元年十月在东兴征调役力，再次修筑大堤，左右依山各筑城一座，每城留一千兵卒，命全端、留略分别守卫，诸葛恪回军建业。魏国因吴军进入疆界，以为受到了侮辱，命大将胡遵、

欲攻围两坞，图坏堤遏。恪兴军四万，晨夜赴救。遵等敕其诸军作浮桥度，陈于堤上，分兵攻两城。城在高峻，不可卒拔。恪遣将军留赞、吕据、唐咨、丁奉为前部。时天寒雪，魏诸将会饮，见赞等兵少，而解置铠甲，不持矛戟。但兜鍪刀楯，倮身缘遏，大笑之，不即严兵。兵得上，便鼓噪乱斫。魏军惊扰散走，争渡浮桥，桥坏绝，自投于水，更相蹈藉。乐安太守桓嘉等同时并没，死者数万。故叛将韩综为魏前军督，亦斩之。获车乘牛马驴骡各数千，资器山积，振旅而归。晋封恪阳都侯，加荆扬州牧，督中外诸军事，赐金一百斤，马二百匹，缯布各万匹。

恪遂有轻敌之心，以十二月战克，明年春，复欲出军。诸大臣以为数出罢劳，同辞谏恪，恪不听。中散大夫蒋延或以固争，扶出。

恪乃著论谕众意曰："夫天无二日，土无二王，王者不务兼并天下而欲垂祚后世，古今未之有也。昔战国之时，诸侯自恃兵强地广，互有救援，谓此足以传世，人莫能危。恣情从怀，惮于劳苦，使秦渐得自大，遂以并之，此既然矣。近者刘景升在荆州，有众十万，财谷如山，不及曹操尚微，与之力竞，坐观其强大，吞灭诸袁。北方都定之后，操率三十万众来向荆州，当时虽有智者，不能复为画计，于是景升儿子，交臂请降，遂为囚虏。凡敌国欲相吞，即仇雠欲相除也。有仇而长之，祸不在己，则在后人，不可不为远虑也。昔伍子胥曰：'越十年生聚，十年教训，二十年之外，吴其为沼乎！'夫差自恃强大，闻此邈然，是以诛子胥而无备越之心，至于临败悔之，岂有及乎？越小于吴，尚为吴祸，况其强大者邪？昔秦但得关西耳，尚以并吞六国，今贼皆得秦、赵、韩、魏、燕、齐九州之地。

诸葛诞等率军七万，围攻两坞，图谋毁坏堤坝。诸葛恪发兵四万，日夜兼程前往救援。胡遵等又命各部造浮桥过湖，将兵马摆在堤上，分攻两城。因为城高而地势险峻，仓促间急攻不下。诸葛恪派将军留赞、吕据、唐咨、丁奉任前锋。当时，天寒下雪，魏军众将聚集喝酒，见留赞所带兵士非常少，而且脱下铠甲，不拿矛戟，只戴头盔，短刀盾牌，赤膊攀登大堤，都大声嘲笑吴军，不及时整兵迎击。吴军攀上大堤，高声呐喊，挥刀乱砍。魏军惊乱，四散奔逃，争挤着浮桥跑回去，浮桥不堪拥挤断裂，魏军纷纷落水，互相践踏。魏国乐安太守桓嘉等也落水溺死，魏军死了几万人。原先叛降魏国的韩综充任魏军的前部督，也被斩杀。俘获车辆、牛马驴骡各数千，军资器械堆积如山，整队凯旋。朝廷晋封诸葛恪为阳都侯，升荆州、扬州牧，督领内外诸军事，赐金一百斤，马二百匹，缯、布各一万匹。

诸葛恪由此有了轻敌之心，倚恃去年冬天的胜利，第二年春天，又想出兵攻魏。众大臣认为，连续出兵非常疲劳，都同声劝谏，诸葛恪不听。中散大夫蒋延因为坚决谏争，被诸葛恪命人架了出去。

于是，诸葛恪就撰文晓谕大家，说："天无二日，地无二主。当皇帝的不从事兼并天下之事而想把帝位传给后世子孙的，古今未曾有过。从前，战国时代，各诸侯恃地广兵强，可以互相援助，认为这样，政权就可以代代相传了，就放纵享乐，畏惧劳苦，致使秦国渐渐强大，终于吞并了他们，这都是过去的事实。近代，刘景升据有荆州，拥兵十万，财积如山，但是他不趁曹操力量微弱时及时与之拼争，反坐观其强大，吞灭了诸袁。北方平定后，曹操率三十万人马进攻荆州，当时，虽然有聪明之人，但却不能谋划，以至景升之子，缚臂求降，成为俘虏。凡敌对之国都想互相吞并，就像仇人都想除掉对方一样。坐视仇敌日益强大，祸患即使不在自己，也一定在后代身上，这是应该做长远考虑的呀。伍子胥曾说：'越国十年生养人口，十年教育训练，二十年之后，吴国也许会因战败而变成沼泽！'夫差倚仗国势强大，对这些话充耳不闻，所以，杀了伍子胥而没有防备越国，以至于战败的时候才后悔，还来得及吗？越国比吴国弱小，尚且是吴国掘墓人，何况比越国强大的呢？过去，秦国只有函谷关以西之地，

“地悉戎马之乡，士林之薮。今以魏比古之秦，土地数倍；以吴与蜀比古六国，不能半之。然今所以能敌之，但以操时兵众，于今适尽，而后生者未悉长大，正是贼衰少未盛之时。加司马懿先诛王淩，续自陨毙，其子幼弱，而专彼大任，虽有智计之士，未得施用。当今伐之，是其厄会。圣人急于趋时，诚谓今日。若顺众人之情，怀偷安之计，以为长江之险可以传世，不论魏之终始，而以今日遂轻其后，此吾所以长叹息者也。自古以来，务在产育，今者贼民岁月繁滋，但以尚小，未可得用耳。若复十数年后，其众必倍于今，而国家劲兵之地，皆已空尽，唯有此见众可以定事。若不早用之，端坐使老，复十数年，略当损半，而见子弟数不足言。若贼众一倍，而我兵损半，虽复使伊、管图之，未可如何。今不达远虑者，必以此言为迂。夫祸难未至而豫忧虑，此固众人之所迂也。及于难至，然后顿颡，虽有智者，又不能图。此乃古今所病，非独一时。昔吴始以伍员为迂，故难至而不可救。刘景升不能虑十年之后，故无以诒其子孙。今恪无具臣之才，而受大吴萧、霍之任，智与众同，思不经远，若不及今日为国斥境，俯仰年老，而仇敌更强，欲刎颈谢责，宁有补邪？今闻众人或以百姓尚贫，欲务闲息，此不知虑其大危，而爱其小勤者也。昔汉祖幸已自有三秦之地，何不闭关守险，以自娱乐，空出攻楚，身被创痍，介胄生虮蝨，将士厌困苦，岂甘锋刃而忘安宁哉？虑于长久不得两存者耳！每览荆邯说公孙述以进取之图，近见家叔父表陈与贼争竞之计，未尝不喟然叹息也。夙夜反侧，所虑如此，故聊疏愚言，以达二三君子之末。若一朝殒殁，志画不立，贵令来世知我所忧，可思于后。”众皆以恪此论欲必为之辞，然莫敢复难。

而就是以此为基地吞并了六国，何况现在贼人已全部得到了秦、赵、韩、魏、燕、齐六国九州之地呢。

“这些地方都是出产战马的，又是人才汇聚的地方。把今天的魏国与古代秦国相比，土地多出数倍；以吴蜀与古代六国相比，还不足一半。然而，我们之所以能与魏国相抗，是因为曹操时期的众多兵将，到现在已损耗殆尽，后出生的还未全部长大，此正是魏衰未强之时。再加上司马懿之前杀了王淩，而他自己也死了，其子年幼独担重任，虽也有智谋之士，却不能得到任用。现在，征伐魏国，正是他们的困难时期。圣人迫切寻找时机，说的正是现在。如果顺众人心愿，苟且偷安，以为凭长江天险就可以使吴国世代传承，不考虑魏国的过去和现在，只见到它现在的衰弱而忽视它以后的发展，这是我叹息不已的缘故啊。自古以来，历代国家都重视人口的繁殖，如今敌国人口日益衍生，只因为人丁尚幼暂时用不上而已。若十几年后，它的兵力一定比现在多一倍，而我国专出精兵之地，已经空虚殆尽，只有现在的兵马可定大事。如不早些使用，坐观士兵老去，十几年以后，大概要减少一半兵力，而现在子弟的人数，到那时也很难一提。如果贼人增加一倍，而我方损失一半，即使让伊尹、管仲来谋划，也不可能有所挽救。没有远虑之人，一定会认为我的话近于迂腐又不切实际。未雨绸缪，本就是众人所认为可笑的事。待到大难临头，然后屈膝下拜，即使智谋如天的人，也毫无办法了。这是古今通病，不只存在于某一时。以前吴国以为伍子胥迂腐，所以大难到来却没办法解救。刘景升不虑十年以后之事，所以没有留下什么给子孙。今天，我虽然没有一般臣子的才能，却受大吴委给萧何、霍光那样的重任，我智慧平庸，思虑不远，但是，如果不在现在为国家开疆拓土，瞬间就会年老，那时，仇敌就更强大了，再想刎颈谢罪，又能有什么补益呢？听说有人以为百姓还贫穷，想尽量让他们休养生息，其实，这是不知大忧虑的危难，是在小事上勤勉。过去，汉高祖已经拥有三秦之地，但他为什么不闭关守险，自己享受，却还要出关攻打西楚呢？身受创伤，铠甲生满虱子，将士受尽艰苦，难道是以身迎锋刃为乐而忘记安宁了吗？而是因为他考虑到敌我不能互生、楚汉不能两存！我每当看

丹杨太守聂友素与恪善，书谏恪曰："大行皇帝本有遏东关之计，计未施行。今公辅赞大业，成先帝之志，寇远自送，将士凭赖威德，出身用命，一旦有非常之功，岂非宗庙神灵社稷之福邪！宜且案兵养锐，观衅而动。今乘此势，欲复大出，天时未可。而苟任盛意，私心以为不安。"恪题论后，为书答友曰："足下虽有自然之理，然未见大数。熟省此论，可以开悟矣。"于是违众出军，大发州郡二十万众，百姓骚动，始失人心。

恪意欲曜威淮南，驱略民人，而诸将或难之曰："今引军深入，疆埸之民，必相率远遁，恐兵劳而功少，不如止围新城。新城困，救必至，至而图之，乃可大获。"恪从其计，回军还围新城。攻守连月，城不拔。士卒疲劳，因暑饮水，泄下流肿，病者大半，死伤涂地。诸营吏日白病者多，恪以为诈，欲斩之，自是莫敢言。恪内惟失计，而耻城不下，忿形于色。将军朱异有所是非，恪怒，立夺其兵。都尉蔡林数陈军计，恪不能用，策马奔魏。魏知战士罢病，乃进救兵。恪引军而去。士卒伤病，流曳道路，或顿仆坑壑，或见略获，存亡忿痛，大小呼嗟。而恪晏然自若。出住江渚一月，图起田于浔阳，诏召相衔，徐乃旋师。由此众庶失望，而怨黩兴矣。

到荆邯劝公孙述出兵进取的谋划和看到我叔父诸葛亮上表陈述与敌争锋的打算，都感慨长叹。我辗转难眠，所忧虑就是这些。所以，陈述愚见，让众君子知晓。如果我一旦死去，而我的心志也没有实现，谨望后人了解我之所忧，以引发他们的思考。”众臣都认为诸葛恪是表明他坚持出征的决心，所以，没人敢再反驳。

丹杨太守聂友与诸葛恪一向关系友好，写信劝谏诸葛恪说：“大行皇帝本来就有遏制东关的计划，但是没有施行。现在您辅佐大业，想完成先帝的遗志，假如是贼寇远道来自己送死，我方将士们依赖皇朝威德，献身效力，一旦建立非同寻常的功绩，这难道不是宗庙神灵和国家的福运吗！因此，目前应当暂且按兵不动，养精蓄锐，观察到可乘之机后再开始行动。如今乘着打了胜仗的形势，又想大举出兵，于天时不可，假如勉强行事的话，我觉得不妥。”诸葛恪写了前一篇文章之后，又写信答复聂友说：“您虽然讲了顺其自然的道理，但是却没有看到胜败存亡的大局。仔细读一读我那篇文章，就能明白了。”因此诸葛恪违背众人意愿出兵，大规模在各州郡征兵，共得人马二十万，百姓骚动扰乱，诸葛恪开始失去民心。

诸葛恪想要进军淮南并驱兵掠取人口，众将中有人问道：“如今，兵入敌境，边境上的百姓一定会四散远逃，恐怕兵马疲劳而收效很少。不如只围攻新城，新城被困，敌方的救援人马必来，那时，再设法消灭它，定可大胜。”诸葛恪听从了他的谋划，回军围攻新城。双方攻守几个月，新城没有攻下。吴军疲惫，又因为天热大量喝生水，许多人患腹泻和浮肿病，生病的人占了一大半，死伤遍地。各营每天上报的病员增多，诸葛恪认为是虚假的，要处斩那些军吏，从此，没有人敢禀告了。诸葛恪知道，攻新城是失策，又耻于攻城不下，愤怒的表情流露出来。将军朱异有一些不同看法，诸葛恪怒夺他的兵权。都尉蔡林屡次陈述用兵之计，诸葛恪都不采纳，他就骑马投奔魏国去了。魏国得知吴军疲劳多病，就援兵速进。诸葛恪率军离去。士卒伤病，有的倒毙于沟渠之中，有的被敌人俘虏，活着的愤恨不已，死去的更是令人痛心，呼天抢地。只有诸葛恪安然自如。外出在中洲上住了一个月，想到浔阳县去开垦田地，因朝廷召他回去的诏

秋八月军还，陈兵导从，归入府馆。即召中书令孙嘿，厉声谓曰："卿等何敢妄数作诏？"嘿惶惧辞出，因病还家。恪征行之后，曹所奏署令长职司，一罢更选，愈治威严，多所罪责，当进见者，无不竦息。又改易宿卫，用其亲近，复敕兵严，欲向青、徐。

孙峻因民之多怨，众之所嫌，构恪欲为变，与亮谋，置酒请恪。恪将见之夜，精爽扰动，通夕不寐。明将盥漱，闻水腥臭，侍者授衣，衣服亦臭。恪怪其故，易衣易水，其臭如初，意惆怅不悦。严毕趋出，犬衔引其衣，恪曰："犬不欲我行乎？"还坐，顷刻乃复起，犬又衔其衣，恪令从者逐犬，遂升车。

初，恪将征淮南，有孝子著缞衣入其阁中，从者白之，令外诘问，孝子曰："不自觉入。"时中外守备，亦悉不见，众皆异之。出行之后，所坐厅事屋栋中折。自新城出住东兴，有白虹见其船；还拜蒋陵，白虹复绕其车。

及将见，驻车宫门，峻已伏兵于帷中，恐恪不时入，事泄，自出见恪曰："使君若尊体不安，自可须后，峻当具白主上。"欲以尝知恪。恪答曰："当自力入。"散骑常侍张约、朱恩等密书与恪曰："今日张设非常，疑有他故。"恪省书而去。未出路门，逢太常滕胤，恪曰："卒腹痛，不任入。"胤不知峻阴计，谓恪曰："君自行旋未见，

书接连不断，才慢慢领兵回来。从此，民众对诸葛恪失望，怨恨的情绪也产生了。

秋天八月诸葛恪率兵军队返回，陈设兵卒开道导引，归入官府。立即召见中书令孙嘿，严厉地指责说："你们怎敢妄自多次假作诏书？"孙嘿惶恐告辞而出，托病归家。诸葛恪出征以后，各部门上报安排的负责官员，一概罢免重新挑选，越发讲究威严，对下属多有怪罪责备，应当要觐见诸葛恪的人，没有不惶恐屏息的。诸葛恪又改换官署的警卫人员，任用他的亲信，又命令军队整治装备，想要谋取青州、徐州。

孙峻趁着百姓积怨很多、众人愤怒不满的时候，捏造说诸葛恪要叛乱，与孙亮策划，摆酒宴请诸葛恪。诸葛恪将要朝见的头天夜里，精神烦扰，通宵睡不着觉。天亮后将洗漱的时候，嗅到水中有血腥气，侍从帮着穿衣，衣服穿在身上也有气味。诸葛恪感到事情奇怪，更换衣服和水，那腥臭气味还和当初一样，心中惆怅不高兴。穿戴整齐后出门，狗衔着拖住他的衣服，诸葛恪说："狗不想让我走吗？"他返回来坐下，一会儿又起身，狗又衔住他的衣服，诸葛恪让随从赶开狗，于是上车。

当初，诸葛恪将要往淮南出征的时候，有一个孝子穿着孝服进入他的官府中，随从告诉诸葛恪，诸葛恪命令把他赶到外面责问，孝子回答说："不由自主地就进来了。"当时诸葛恪的府中里里外外都有守备人员，也都没有看见孝子是怎么进来的，众人都感到非常奇怪。出征之后，他所坐办事厅堂的屋梁从中折断。从新城去东兴的途中，有白虹出现在他的船周围；返回京城去拜祭蒋陵时，又有白虹环绕着他的车。

诸葛恪进宫拜见孙亮，把车停在宫门外，孙峻已经布下伏兵在帷帐中，但他担心诸葛恪不能按时前来，事情泄露，就亲自出门来见诸葛恪，说："你如果身体有恙，就等以后再说，我去向皇上解释。"想用话试探诸葛恪。诸葛恪回答说："我当勉力觐见的。"散骑常侍张约、朱恩等人将密信递给诸葛恪说："今天的布置不同以往，怀疑别有企图。"诸葛恪看了信就离去，还没有走出宫门，遇到太常滕胤，

今上置酒请君，君已至门，宜当力进。”恪踌躇而还，剑履上殿，谢亮，还坐。设酒，恪疑未饮，峻因曰：“使君病未善平，当有常服药酒，自可取之。”恪意乃安，别饮所赍酒。酒数行，亮还内。峻起如厕，解长衣，著短服，出曰：“有诏收诸葛恪！”恪惊起，拔剑未得，而峻刀交下。张约从旁斫峻，裁伤左手，峻应手斫约，断右臂。武卫之士皆趋上殿，峻云：“所取者恪也，今已死。”悉令复刃，乃除地更饮。

先是，童谣曰：“诸葛恪，芦苇单衣篾钩落，于何相求成子阁。”成子阁者，反语石子冈也。建业南有长陵，名曰石子冈，葬者依焉。钩落者，校饰革带，世谓之钩络带。恪果以苇席裹其身而篾束其腰，投之于此冈。

恪长子绰，骑都尉，以交关鲁王事，权遣付恪，令更教诲，恪鸩杀之。中子竦，长水校尉。少子建，步兵校尉。闻恪诛，车载其母而走。峻遣骑督刘承追斩竦于白都。建得渡江，欲北走魏，行数十里，为追兵所逮。恪外甥都乡侯张震及常侍朱恩等，皆夷三族。

初，竦数谏恪，恪不从，常忧惧祸。及亡，临淮臧均表乞收葬恪曰：“臣闻震雷电激，不崇一朝，大风冲发，希有极日，然犹继以云雨，因以润物，是则天地之威，不可经日浃辰，帝王之怒，不宜讫情尽意。臣以狂愚，不知忌讳，敢冒破灭之罪，以邀风雨之会。伏念故太傅诸葛恪得承祖考风流之烈，伯叔诸父遭汉祚尽，九州鼎立，分托三方，并履忠勤，熙隆世业。爰及于恪，生长王国，陶育圣化，

诸葛恪说："突然感到腹痛，不能强忍着进去了。"滕胤不知孙峻的阴谋，就对诸葛恪说："您自出征归来还没有拜见皇上，今天皇上设宴请您，您已经到了门口，应该进去。"诸葛恪犹豫着又返回去，佩剑穿鞋登上大殿，拜谢孙亮后，回到座位上。侍者斟酒，诸葛恪怀疑没有喝，孙峻便说："使君有病还没有痊愈，应当带药酒，您可以自行来取。"诸葛恪这才安定心神，另喝自己所带来的酒。酒喝了好几遍，孙亮回到内殿。孙峻起身假装上厕所，脱掉长衣，穿着短服，出来说："有诏拘捕诸葛恪！"诸葛恪吃惊站起，佩剑还没有拔出，孙峻的刀就接连砍来。张约从旁边挥刀砍孙峻，却只砍伤他的左手，孙峻随手砍断了张约的右臂。武士都跑上殿来，孙峻说："要抓的是诸葛恪，现在已经死了。"命士兵刀剑入鞘，于是打扫干净后又继续饮酒。

在此之前，有童谣说："诸葛恪，芦苇单衣篾钩落，于何相求成子阁。"成子阁反切读时为石子岗。建业城南有长长的丘陵，名叫石子岗，是埋葬死人的地方。钩落，就是装饰皮带的东西，民间叫它钩络带。诸葛恪果然被苇席裹了身体用竹篾束在腰上，抛到石子岗上。

诸葛恪的长子诸葛绰，任骑都尉，因为和鲁王的事有牵连，孙权把他交给诸葛恪，让诸葛恪教育他，诸葛恪用药酒毒死了他。第二个儿子诸葛竦，任长水校尉。他的小儿子诸葛建，任步兵校尉。听到诸葛恪被杀的消息，用车子载着他们的母亲逃跑，孙峻派骑督刘承于白都山追上，杀死了诸葛竦。诸葛建得以渡过长江，想往北逃奔魏国，走了几十里路，被追兵捉住了。诸葛恪的外甥都乡侯张震和常侍朱恩等人，都被灭绝了三族。

当初，诸葛竦多次规劝诸葛恪，但诸葛恪不听，诸葛竦就暗暗地忧心恐惧，恐怕大祸临头。诸葛恪死了以后，临淮人臧均上表章请求埋葬诸葛恪，说："臣听说雷电震荡，不持续一整天，大风猛刮，很少有终日不停的，还要布云降雨，滋润万物。这样看来，天地发威不能整日整旬，连续不断，帝王发怒，也不应太过任意。臣愚昧，不知忌讳，斗胆冒破家灭身之罪，求君王降下恩泽。念已经死去的太傅诸葛

致名英伟，服事累纪，祸心未萌，先帝委以伊、周之任，属以万机之事。恪素性刚愎，矜己陵人，不能敬守神器，穆静邦内，兴功暴师，未期三出，虚耗士民，空竭府藏，专擅国宪，废易由意，假刑劫众，大小屏息。侍中武卫将军都乡侯俱受先帝嘱寄之诏，见其奸虐，日月滋甚，将恐荡摇宇宙，倾危社稷，奋其威怒，精贯昊天，计虑先于神明，智勇百于荆、聂，躬持白刃，枭恪殿堂，勋超朱虚，功越东牟。国之元害，一朝大除，驰首徇示，六军喜踊，日月增光，风尘不动，斯实宗庙之神灵，天人之同验也。今恪父子三首，县市积日，观者数万，詈声成风。国之大刑，无所不震，长老孩幼，无不毕见。人情之于品物，乐极则哀生，见恪贵盛，世莫与贰，身处台辅，中间历年，今之诛夷，无异禽兽，观讫情反，能不憯然！且已死之人，与土壤同域，凿掘斫刺，无所复加。愿圣朝稽则乾坤，怒不极旬，使其乡邑若故吏民，收以士伍之服，惠以三寸之棺。昔项籍受殡葬之施，韩信获收敛之恩，斯则汉高发神明之誉也。惟陛下敦三皇之仁，垂哀矜之心，使国泽加于辜戮之骸，复受不已之恩，于以扬声遐方，沮劝天下，岂不弘哉！昔栾布矫命彭越，臣窃恨之，不先请主上，而专名以肆情，其得不诛，实为幸耳。今臣不敢章宣愚情，以露天恩，谨伏手书，冒昧陈闻，乞圣朝哀察。”于是亮、峻听恪故吏敛葬，遂求之于石子冈。

恪继承祖先所遗留的卓越功业，他的几位伯叔父在汉运衰尽、九州分裂时，分别依附魏、蜀、吴三方，都能忠诚勤勉，兴隆王业。诸葛恪生长在吴国，沐浴皇恩，蒙受教化，获得英伟名声，为吴国尽忠几十年，没有萌发祸乱之心，因此，先帝把伊尹、周公一样的重任托付给他。然而，诸葛恪刚愎自用，骄矜自负并且盛气凌人，不能谨慎地维护国家，使之和睦安宁，急于建功立业，使士兵辛劳在外，不到一年就出兵三次，使百姓、兵士白白损耗，使府库物资空竭；又独揽大权，随意罢免和任用官吏，以刑法威吓，大小官员都不敢出声。侍中武卫将军都乡侯孙峻和他一起接受先帝诏命，看到他凶残暴虐，一天甚于一天，担心天下会动荡不安。于是，奋起神威，精诚通于上天，思虑胜于神明，智勇百倍于荆轲、聂政，亲执刀剑，将诸葛恪诛杀于殿堂之上，功勋超过了汉代的朱虚侯和东牟侯。国家首害被除，快马驮着他的头颅传首示众，全军欢跃，日月增辉，风尘已然飘落，这实在是祖先的神灵在天上和人间的显示啊！现在，诸葛恪父子三人的头颅，悬挂市中已有几天了，观看的有几万人，骂声一片汇集如风。国家使用重刑，人人受到震动，男女老少，都看到了这种景象。人们观察万物，多是乐极生悲。诸葛恪生前显贵，世上没有人比得上他，身居台辅之位多年，今天遭诛杀灭族，与禽兽没什么两样，看到这个情景，感情波动，能不感到悲伤吗！况且，人已经死去，归于土壤，凿、挖、砍、刺的刑罚，就不必再施加了。望圣上效法天地，发怒不超过十天，让他的乡亲或过去的部下，用士兵的标准收殓他，赐给他三寸厚的薄棺。从前项籍，还得到周公礼葬的恩典，韩信也获得了收殓的恩惠，汉高祖显现了神明般的声誉。臣希望陛下发扬三皇的仁德，以怜悯之心，让国家的恩泽也体现在罪犯的尸骸上，受到永久的恩惠，以此，显名于远方，使天下人受到警示和劝勉，这样的气度不是非常宏大吗！过去，栾布违犯汉高祖的诏令哭祭彭越，臣曾经私下憎恨这样的作为。栾布不事先禀报皇上，放纵情感独享美名，他未被诛杀，实在是幸运啊！今日，臣不敢宣扬自己愚昧的心情，以显露皇恩，谨跪拜呈上亲手写的这份表章，冒昧陈述，祈求圣明的朝廷哀怜体察。”因此，孙亮、孙峻允许诸葛恪过去的下属收殓他，这些人就在

始恪退军还，聂友知其将败，书与滕胤曰："当人强盛，河山可拔，一朝羸缩，人情万端，言之悲叹。"恪诛后，孙峻忌友，欲以为郁林太守，友发病忧死。友字文悌，豫章人也。

滕胤字承嗣，北海剧人也。伯父耽，父胄，与刘繇州里通家，以世扰乱，渡江依繇。孙权为车骑将军，拜耽右司马，以宽厚称，早卒，无嗣。胄善属文，权待以宾礼，军国书疏，常令损益润色之，亦不幸短命。权为吴王，追录旧恩，封胤都亭侯。少有节操，美容仪。弱冠尚公主。年三十，起家为丹杨太守，徙吴郡、会稽，所在见称。

太元元年，权寝疾，诣都，留为太常，与诸葛恪等俱受遗诏辅政。孙亮即位，加卫将军。

恪将悉众伐魏，胤谏恪曰："君以丧代之际，受伊、霍之托，入安本朝，出摧强敌，名声振于海内，天下莫不震动，万姓之心，冀得蒙君而息。今猥以劳役之后，兴师出征，民疲力屈，远主有备。若攻城不克，野略无获，是丧前劳而招后责也。不如案甲息师，观隙而动。且兵者大事，事以众济，众苟不悦，君独安之？"恪曰："诸云不可者，皆不见计算，怀居苟安者也，而子复以为然，吾何望焉？夫以曹芳暗劣，而政在私门，彼之臣民，固有离心。今吾因国家之资，藉战胜之威，则何往而不克哉！"以胤为都下督，掌统留事。胤白日接宾客，夜省文书，或通晓不寐。

孙峻字子远，孙坚弟静之曾孙也。静生暠。暠生恭，为散骑侍郎。恭生峻。少便弓马，精果胆决。孙权末，徙武卫都尉，为侍中。

石子冈找到了他的尸体。

当初，诸葛恪退兵回来，聂友知道他一定败亡，就写信给滕胤说："当一个人强大兴盛时，山河都可以撼动，而一旦失势，人情便变化万状，令人悲哀。"诸葛恪被杀以后，孙峻忌恨聂友，想让他去郁林为太守，聂友忧郁病死。聂友，字文悌，豫章郡人。

滕胤，字承嗣，他是北海剧县人。滕胤的伯父叫滕耽、父亲叫滕胄。滕胤与刘繇是州里世交，因世道混乱，渡江依附刘繇。孙权任车骑将军时，任命滕耽为右司马，他为人宽厚，去世早，没有后代。滕胄善写文章，孙权以宾礼待他，军事和朝政文书，常让他修改润色，也不幸短命。孙权为吴王后，追忆过去的情义，封滕胤为都亭侯。滕胤从小就有志节，仪态端庄。后娶公主为妻。三十岁的时候，出任丹杨太守，又调任吴郡、会稽郡太守，所在之处都被人赞赏。

太元元年，孙权卧病在床，滕胤到京，任太常，与诸葛恪等一同接受孙权遗诏，辅佐国政。孙亮即位，滕胤加任卫将军。

诸葛恪要率全部兵马去攻打魏国，滕胤劝诸葛恪说："你于先帝去世、新君即位的时候，接受伊尹、霍光那样的重托，在内安定朝野，对外击败强敌，名声显赫，四海之人无不震动，百姓希望靠你而得到安宁。现在，却轻率地大兴劳役，又出兵征战，百姓疲惫，国力损耗，而远方敌国已经有了准备。若攻城不下，野外攫取也无收获，就会丧失前功而招致后责。不如息兵休战，待机而动。况且，用兵是大事，大事要靠大众来完成，大众如果不乐意，您能够独自完成吗？"诸葛恪说："那些说不可出征的人，是不懂形势的，是苟安的想法，而您又认为他们是对的，我还能指望谁呢？曹芳昏聩，魏国大权掌控于臣子手中，那里的臣民本来就有叛离之心。现在，我利用国家资财，依战胜者的威势，又何往而不胜呢！"诸葛恪就任命滕胤为都下督，总管留守事务。滕胤白天接待宾客，夜间批阅文书，经常通宵不眠。

孙峻，字子远，他是孙坚的弟弟孙静的曾孙。孙静生下孙暠，孙暠生了孙恭。孙恭任散骑侍郎。孙恭生下孙峻。孙峻从小就擅长射

权临薨，受遗辅政，领武卫将军，故典宿卫，封都乡侯。既诛诸葛恪，迁丞相大将军，督中外诸军事，假节，晋封富春侯。滕胤以恪子竦妻父辞位，峻曰："鲧禹罪不相及，滕侯何为？"峻、胤虽内不沾洽，而外相包容，进胤爵高密侯，共事如前。

峻素无重名，骄矜险害，多所刑杀，百姓嚣然。又奸乱宫人，与公主鲁班私通。五凤元年，吴侯英谋杀峻，英事泄死。

二年，魏将毌丘俭、文钦以众叛，与魏人战于乐嘉，峻帅骠骑将军吕据、左将军留赞袭寿春，会钦败降，军还。是岁，蜀使来聘，将军孙仪、张怡、林恂等欲因会杀峻。事泄，仪等自杀，死者数十人，并及公主鲁育。

峻欲城广陵，朝臣知其不可城，而畏之莫敢言。唯滕胤谏止，不从，而功竟不就。

其明年，文钦说峻征魏，峻使钦与吕据、车骑将军刘纂、镇南将军朱异、前将军唐咨自江都入淮、泗，以图青、徐。峻与胤至石头，因饯之，领从者百许人入据营。据御军齐整，峻恶之，称心痛去，遂梦为诸葛恪所击，恐惧发病死，时年三十八，以后事付綝。

孙綝字子通，与峻同祖。綝父绰为安民都尉。綝始为偏将军，及峻死，为侍中武卫将军，领中外诸军事，代知朝政。吕据闻之大恐，与诸督将连名，共表荐滕胤为丞相，綝更以胤为大司马，代吕岱驻武昌。据引兵还，使人报胤，欲共废綝。綝闻之，遣从兄虑将兵逆据于江都，使中使敕文钦、刘纂、唐咨等合众击据，遣侍中左将

箭骑马，精明勇敢，胆大果断。孙权末年，他升为武卫都尉，任侍中。孙权驾崩前，孙峻接受遗诏辅佐朝政，兼任武卫将军，按惯例主管宿卫，封为都乡侯。诸葛恪被诛杀之后，孙峻升任丞相大将军，督理朝廷内外所有军务，授予符节，进而封为富春侯。滕胤让诸葛恪的儿子诸葛竦的岳父辞去官职，孙峻说："鲧和禹罪过不相连累，滕侯要干什么？"孙峻和滕胤虽然内里没有什么恩惠，对外却互相包容。孙峻提升滕胤的爵位为高密侯，两个人像以往一样地共事。

孙峻一向没有显赫的名声，他骄横阴险，被他杀害的人非常多，百姓怨声载道。孙峻还奸淫宫女，和公主鲁班私通。五凤元年，吴侯孙英企图谋杀孙峻，孙英因事情败露被处死。

五凤二年，魏将毌丘俭、文钦率部众叛乱，和魏军在乐嘉厮杀，孙峻率骠骑将军吕据、左将军留赞袭击寿春，正赶上文钦战败投降吴国，吴军返回。当年，蜀国使者来访，将军孙仪、张怡、林恂等人都想借会见蜀国使者之机杀死孙峻，事情泄露，孙仪等人自杀，被处死的有几十个人，并牵连到公主鲁育。

孙峻想修筑广陵城墙，朝廷大臣知道那里无法筑城，只是因惧怕孙峻而没人敢说。只有滕胤劝谏，孙峻不听，最终筑城之事也没有完成。

到了第二年，文钦劝孙峻去攻打魏国，孙峻派文钦和吕据、车骑将军刘纂、镇南将军朱异、前将军唐咨由江都进入淮、泗一带，以便占领青、徐二州。孙峻和滕胤来到石头城，在这里为将领们饯行，孙峻带随从百人进入吕据的军营。吕据所率领的兵马阵容整齐，孙峻看了厌恶他，就推说心痛离开了。孙峻又梦见自己被诸葛恪所击，因为恐惧发病而死，时年三十八岁，他将后事托付给孙綝。

孙綝字子通，和孙峻同祖父。孙綝的父亲孙绰，曾担任安民都尉。孙綝起先担任偏将军，待孙峻死后，晋升做了侍中武卫将军，掌管内外一切军务，代管朝廷政务。吕据知道此事后大怒，与各个郡督和将领联名上表，共同举荐滕胤为丞相，孙綝改任滕胤为大司马，代替吕岱领兵驻守武昌。吕据领兵回来，派人报知滕胤，准备联合起来，废除孙綝。孙綝得知这件事，派遣堂兄孙虑领兵到江都迎击

军华融、中书丞丁晏告胤取据，并喻胤宜速去意。胤自以祸及，因留融、晏，勒兵自卫，召典军杨崇、将军孙咨，告以綝为乱，迫融等使有书难綝。綝不听，表言胤反，许将军刘丞以封爵，使率兵骑急攻围胤。胤又劫融等，使诈诏发兵。融等不从，胤皆杀之。胤颜色不变，谈笑若常。或劝胤引兵至苍龙门，将士见公出，必皆委綝就公。时夜已半，胤恃与据期，又难举兵向宫，乃约令部曲，说吕侯以在近道，故皆为胤尽死，无离散者。时大风，比晓，据不至。綝兵大会，遂杀胤及将士数十人，夷胤三族。

綝迁大将军，假节，封永宁侯，负贵倨傲，多行无礼。初，峻从弟虑与诛诸葛恪之谋，峻厚之，至右将军、无难督，授节盖，平九官事。綝遇虑薄于峻时，虑怒，与将军王惇谋杀綝。綝杀惇，虑服药死。

魏大将军诸葛诞举寿春叛，保城请降。吴遣文钦、唐咨、全端、全怿等帅三万人救之。魏镇南将军王基围诞，钦等突围入城。魏悉中外军二十余万增诞之围。朱异帅三万人屯安丰城，为文钦势。魏兖州刺史州泰拒异于阳渊，异败退，为泰所追，死伤二千人。綝于是大发卒出屯镬里，复遣异率将军丁奉、黎斐等五万人攻魏，留辎重于都陆。异屯黎浆，遣将军任度、张震等募勇敢六千人，于屯西六里为浮桥夜渡，筑偃月垒。为魏监军石苞及州泰所破，军却退就高。异复作车箱围趣五木城。苞、泰攻异，异败归，而魏太山太守胡烈以奇兵五千诡道袭都陆，尽焚异资粮。綝授兵三万人使异死战，异不从，綝斩之于镬里，而遣弟恩救，会诞败引还。綝既不能

吕据，同时又派朝廷使者发布诏书命令文钦、刘纂、唐咨等人各率自己的军队一同进攻吕据，派遣侍中左将军华融、中书丞丁晏告知滕胤围剿吕据的消息，并且宣喻滕胤应该赶快到武昌去赴任。滕胤感到大祸临头，于是扣留华融、丁晏，统率军队自卫，召集典军杨崇、将军孙咨，告诉他们说孙綝作乱，强迫华融等人写信驳斥孙綝。孙綝不接受，上奏章告滕胤谋反，又允诺将军刘丞晋封爵位，指令他率领兵马火速围攻滕胤。滕胤又威逼华融等人，要他们假造皇帝的诏令调遣军队。华融等人不依从，滕胤把他们全都杀了。滕胤脸色不变，谈笑如平常。有人劝滕胤领兵去苍龙门，将士们看到滕胤来了，一定都会离开孙綝而归于滕胤。当时已经过了半夜，滕胤自恃和吕据有所约定，又没有办法发兵围攻皇宫，就整顿军队发出命令，说吕据已经快到了，因此士兵们都愿意为滕胤拼命，没有离散的人。当时刮大风，到拂晓的时候，吕据没有到。孙綝的军队一齐围攻，终于杀了滕胤及将士数十人，诛灭了滕胤三族。

孙綝升为大将军，授予符节，封永宁侯。孙綝倚仗尊贵，非常傲慢，常干无礼之事。当初，孙峻的堂弟孙虑参与诛杀诸葛恪的阴谋，孙峻厚待他，他官至右将军、无难督，授符节和伞盖，总理朝中九官事务。孙綝给孙虑的待遇比孙峻的少，孙虑非常生气，他和将军王惇企图谋杀孙綝。结果，孙綝杀了王惇，孙虑服毒自杀。

魏国大将军诸葛诞占据寿春反叛，发文请求投降吴国。吴国派文钦、唐咨、全端、全怿等人率领三万人马去迎接他。魏国镇南将军王基包围了诸葛诞，文钦等人突围进入寿春。魏国出动全部朝廷和州郡兵马二十多万去增援围攻诸葛诞。吴将朱异率三万士兵驻守安丰，为文钦声援。魏国兖州刺史州泰在阳渊拦截朱异，朱异败退，被州泰追击，死伤了两千人。孙綝因此又大量征调士兵进驻镬里，再派遣朱异率领将军丁奉、黎斐等五万人去攻打魏军，辎重留在都陆。朱异在黎浆扎营，派将军任度、张震等招募敢死队员六千人，在黎浆西六里处架设浮桥于夜里过河，筑起半月形的营垒。但是很快就被魏国监军石苞和州泰攻破，撤退到高处。朱异又以车箱式的包围阵形奔赴五木城。石苞、州泰攻打朱异，朱异又战败。魏国太山太守胡烈

拔出诞，而丧败士众，自戮名将，莫不怨之。

綝以孙亮始亲政事，多所难问，甚惧。还建业，称疾不朝，筑室于朱雀桥南，使弟威远将军据入苍龙宿卫，弟武卫将军恩、偏将军干、长水校尉闿分屯诸营，欲以专朝自固。亮内嫌綝，乃推鲁育见杀本末，责怒虎林督朱熊、熊弟外部督朱损不匡正孙峻，乃令丁奉杀熊于虎林，杀损于建业。綝入谏不从，亮遂与公主鲁班、太常全尚、将军刘承议诛綝。亮妃，綝从姊女也，以其谋告綝。率众夜袭全尚，遣弟恩杀刘承于苍龙门外，遂围宫。綝使光禄勋孟宗告庙废亮，召群司议曰："少帝荒病昏乱，不可以处大位，承宗庙，以告先帝废之。诸君若有不同者，下异议。"皆震怖，曰："唯将军令。"綝遣中书郎李崇夺亮玺绶，以亮罪状班告远近。尚书桓彝不肯署名，綝怒杀之。

典军施正劝綝征立琅玡王休，綝从之，遣宗正楷奉书于休曰："綝以薄才，见授大任，不能辅导陛下。顷月以来，多所造立，亲近刘承，悦于美色，发吏民妇女，料其好者，留于宫内，取兵子弟十八已下三千余人，习之苑中，连日续夜，大小呼嗟，败坏藏中矛戟五千余枚，以作戏具。朱据先帝旧臣，子男熊、损皆承父之基，以忠义自立，昔杀小主，自是大主所创，帝不复精其本末，便杀熊、损，谏不见用，诸下莫不侧息。帝于宫中作小船三百余艘，成以金银，师工昼夜不息。太常全尚，累世受恩，不能督诸宗亲，而全端等委城就

用五千奇兵由秘路偷袭都陆，把朱异的军备粮草全部烧光。孙綝又授予朱异三万兵马命其死战，朱异不从，孙綝在镬里杀了他，又派自己的弟弟孙恩去援救，正碰上诸葛诞战败，就率军回来了。孙綝没能救出诸葛诞，反而又损失士兵，还亲自杀了著名将领，因此，无人不怨恨他。

孙綝因孙亮开始亲主朝政，又对自己提出很多疑难，感到十分害怕。他回到建业后，就谎称有病不去朝拜孙亮，却在朱雀桥南修建居室，指派他弟弟威远将军孙据入苍龙门任宫廷警卫，以及他弟弟武卫将军孙恩、偏将军孙干、长水校尉孙闿分别驻守各个军营，想以此把持朝政，巩固自己的势力。孙亮疑忌孙綝，就追究鲁育公主被杀之事，怒责虎林督朱熊和朱熊的弟弟外部督朱损没有阻止孙峻当时的行为，就命丁奉在虎林杀死朱熊，在建业杀掉朱损。孙綝进宫劝谏，孙亮不听，而且与鲁班公主、太常全尚、将军刘承商议诛杀孙綝。孙亮的妃子是孙綝堂姐的女儿，她把这个密谋告诉了孙綝。孙綝率部众连夜袭击全尚，派其弟孙恩在苍龙门外杀了刘承，于是包围了皇宫。孙綝派光禄勋孟宗到宗庙祭告废黜孙亮，又召集群臣商议说："皇帝年轻并且荒淫昏聩，不能继续留在皇位，已经奉祀宗庙，祭告先帝把他废黜了。各位若不同意，提出异议吧。"众人很震惊，都说："我们完全听将军的命令。"孙綝派中书郎李崇夺取孙亮的印玺绶带，把孙亮的罪状向各地颁布。尚书桓彝不肯署名，孙綝非常恼怒，就杀了他。

典军施正劝孙綝征立琅琊王孙休，孙綝听从了他的意见，派宗王孙楷向孙休奉献章表说："我由于才能薄弱，被授以重任，却不能够辅佐引导陛下。近几个月来，发生了很多事情。陛下的亲信刘承喜欢女色，征调官民家中的女子，挑选其中漂亮的，留在宫廷里面。选取部队中的年轻人十八岁以下的三千多人，在御花园中训练他们，日夜不停，大呼小叫，破坏仓库里的矛戟五千多枝，用来作娱乐器具。朱据是先帝的老臣，他的儿子朱熊和朱损都继承了父亲本性，以忠诚道义自立于世。从前杀害小公主的，本来是被大公主中伤，天子不重新查清事末，就诛杀了朱熊、朱损。我对陛下劝谏，不被采纳，所

魏。尚位过重，曾无一言以谏陛下，而与敌往来，使传国消息，惧必倾危社稷。推案旧典，运集大王，辄以今月二十七日擒尚斩承。以帝为会稽王，遣楷奉迎。百僚喁喁，立住道侧。”

綝遣将军孙耽送亮之国，徙尚于零陵，迁公主于豫章。綝意弥溢，侮慢民神，遂烧大桥头伍子胥庙，又坏浮屠祠，斩道人。休即位，称草莽臣，诣阙上书曰：“臣伏自省，才非干国，因缘肺腑，位极人臣，伤锦败驾，罪负彰露，寻愆惟阙，夙夜忧惧。臣闻天命棐谌，必就有德，是以幽厉失度，周宣中兴，陛下圣德，纂承大统，宜得良辅，以协雍熙，虽尧之盛，犹求稷契之佐，以协明圣之德。古人有言：‘陈力就列，不能者止。’臣虽自展竭，无益度政，谨上印绶节钺，退还田里，以避贤路。”休引见慰喻。又下诏曰：“朕以不德，守藩于外，值兹际会，群公卿士，暨于朕躬，以奉宗庙。朕用怃然，若涉渊水。大将军忠计内发，扶危定倾，安康社稷，功勋赫然。昔汉孝宣践阼，霍光尊显，褒德赏功，古今之通义也。其以大将军为丞相、荆州牧，食五县。”恩为御史大夫、卫将军，据右将军，皆县侯。干杂号将军、亭侯。闿亦封亭侯。綝一门五侯，皆典禁兵，权倾人主，自吴国朝臣未尝有也。

綝奉牛酒诣休，休不受，赍诣左将军张布；酒酣，出怨言曰：“初废少主时，多劝吾自为之者。吾以陛下贤明，故迎之。帝非我不立，今上礼见拒，是与凡臣无异，当复改图耳。”布以言闻休，休衔

有的臣下没有不暗中叹息的。天子在宫中制作小船三百多艘，用金银做成，技工昼夜不得休息。太常全尚，几代蒙受恩泽，却不能督察各亲属，因而全端等人弃城投奔了魏国。全尚的地位过于贵重，竟然没有一句话劝谏陛下，却与敌人有往来，泄露国家的消息，恐怕一定要危害国家。推究过去的典制，气运集中在大王身上，所以我们就在本月二十七日捉拿全尚，斩杀刘承。让天子为会稽王，派遣孙楷前去迎接。百官翘首盼望，站在道路两侧。”

孙綝派将军孙耽遣送孙亮回到封国，将全尚流放到零陵郡，把公主鲁班迁徙到豫章郡。孙綝更觉得意，侮辱百姓信奉的神灵，烧毁大桥头的伍子胥庙，毁坏寺院，斩杀道人。孙綝休即位，孙自称草莽臣，上表说：“臣自知不是国家栋梁，只因是皇帝近亲，才位居于朝臣之上，这损害了国家形象，败坏了皇帝名声，也使臣的罪行彰显，思考臣的过错，日夜忧恐。臣听说，上天所辅助的诚信之人，一定是有德之君，因此，周幽王和周厉王丧失了君主的准则，周宣王则使国家由衰落转为兴盛。陛下圣明，继承帝位，应该得到贤良的辅助，使国家得以兴盛。像唐尧盛世，后稷和契的辅佐，以协和圣主的美德。古人说：‘有能力就承担官职，没能力就该辞职。’臣虽然竭力施展自己的能力，但是对政事却毫无补益，谨此呈上印玺、绶带、符节、斧钺，隐退归乡，给贤人让路。”孙休召见并安慰他，又下诏书说：“朕以薄德，在朝外驻守藩国，因时机，众卿齐聚在朕身边，奉守祖宗大业。朕心中茫然，如临深渊、薄冰。大将军心怀忠诚，定下大计，使国家康宁，功勋显赫。从前，汉宣帝即位，霍光尊贵，褒奖有德，赏赐有功，这是古今一致的原则。任命大将军为丞相、荆州牧，食邑五个县。”孙恩被任为御史大夫、卫将军，孙据为右将军，都封为县侯。孙干为杂号将军、亭侯，孙闿也封亭侯。孙綝一家有五人封侯，都统领禁卫，权势已经超过皇帝，自吴建国以来的所有大臣都不曾有过。

孙綝进献牛、酒给孙休，孙休没有接受。孙綝就将牛、酒送给左将军张布，酒兴正浓时，孙綝口出怨言说：“当初废黜幼主时，很多人劝我做皇帝。我认为，陛下贤明，所以迎他回来。如果没有我，他就不能即位。今天我奉献礼品被拒绝，这是把我和其他大臣同样看

之，恐其有变，数加赏赐，又复加恩侍中，与綝分省文书。或有告綝怀怨侮上欲图反者，休执以付綝，綝杀之，由是愈惧，因孟宗求出屯武昌，休许焉，尽敕所督中营精兵万余人，皆令装载，所取武库兵器，咸令给与。将军魏邈说休曰“綝居外必有变”，武卫士施朔又告“綝欲反有征”。休密问张布，布与丁奉谋于会杀綝。

永安元年十二月丁卯，建业中谣言明会有变，綝闻之，不悦。夜大风发木扬沙，綝益恐。戊辰腊会，綝称疾。休强起之，使者十余辈，綝不得已，将入，众止焉。綝曰：“国家屡有命，不可辞。可豫整兵，令府内起火，因是可得速还。”遂入，寻而火起，綝求出，休曰：“外兵自多，不足烦丞相也。”綝起离席，奉、布目左右缚之。綝叩首曰：“愿徙交州。”休曰：“卿何以不徙滕胤、吕据？”綝复曰：“愿没为官奴。”休曰：“何不以胤、据为奴乎！”遂斩之。以綝首令其众曰：“诸与綝同谋皆赦。”放仗者五千人。闿乘船欲北降，追杀之。夷三族。发孙峻棺，取其印绶，斲其木而埋之，以杀鲁育等故也。

綝死时年二十八。休耻与峻、綝同族，特除其属籍，称之曰故峻、故綝云。休又下诏曰：“诸葛恪、滕胤、吕据盖以无罪为峻、綝兄弟所见残害，可为痛心，促皆改葬，各为祭奠。其罹恪等事见远徙者，一切召还。”

濮阳兴字子元，陈留人也。父逸，汉末避乱江东，官至长沙太

待，我必须重新谋划。”张布把这话告诉孙休，孙休就记在心中，因害怕孙綝作乱，就多次给予孙綝赏赐，又再给孙恩加官侍中，让他和孙綝分任批阅文书的职务。有人告发孙綝心怀怨恨，欺侮皇上，阴谋造反，孙休便把这个人抓起来交给孙綝，孙綝把这人杀了。此后孙綝仍然惶恐，他通过孟宗请求外出屯守武昌，孙休答应了，竟然让孙綝统领的中军精兵一万多人，随船同往，孙綝又要求取走武库兵器，孙休也全都给予。将军魏邈劝孙休说“孙綝驻外，必会变乱”，武卫士施朔也禀告说“孙綝已经有准备造反的迹象”。孙休秘密询问张布，张布和丁奉商议在腊日聚会时杀掉孙綝。

永安元年十二月初七日，建业城中有谣言说明天腊日祭祀马上就有事故发生，孙綝听到后，非常不高兴。当夜大风刮起，拔树扬沙，孙綝更加恐惧。初八日举行腊祭，孙綝借口有病不去。孙休硬要他来赴会，连续派出十几批使者去催促，孙綝迫不得已，便要进宫，手下人阻止。孙綝说：“皇上多次下令，没办法再推辞了，可以预先部署士兵，让府中故意失火，趁此便可立即回府。”于是孙綝进宫，不久他家里失火了，他请求回去。孙休说：“外面士兵有很多，不必劳烦丞相。”孙綝起身离开席位，丁奉与张布暗示手下人把他捆了起来。孙綝跪下磕头说：“我愿意流放到交州。”孙休说：“你为什么不流放滕胤、吕据？”孙綝又说：“我愿意为官家之奴。”孙休问道：“为什么不让滕胤、吕据做奴才？”于是，孙休命人杀了孙綝，拿着孙綝的人头命令其部众说：“所有与孙綝同谋者全部赦免。”顿时，部众五千人放下兵器。孙闿乘船想投降北方，被追兵赶上杀了。灭了孙綝三族。掘出孙峻的棺木，拿走他的印玺绶带，把棺木砍碎，才裸尸掩埋，这是因为他杀害鲁育公主等人的缘故。

孙綝去世时二十八岁。孙休以与孙峻、孙同族为耻，特地把他们的名字从宗谱名册上删掉，称他们为故峻、故綝。孙休又下诏说：“诸葛恪、滕胤、吕据都是无罪而为孙峻、孙綝兄弟所残害，令人十分痛心，现在将他们全部改葬，分别为他们举行祭奠。所有受诸葛恪等人之事牵连而被流放远地之人，全部召回。”

濮阳兴，字子元，是陈留人。濮阳兴的父亲濮阳逸在东汉末年

守。兴少有士名，孙权时除上虞令，稍迁至尚书左曹，以五官中郎将使蜀，还为会稽太守。时琅玡王休居会稽，兴深与相结。及休即位，征兴为太常卫将军、平军国事，封外黄侯。

永安三年，都尉严密建丹杨湖田，作浦里塘。诏百官会议，咸以为用功多而田不保成，唯兴以为可成。遂会诸兵民就作，功佣之费不可胜数，士卒死亡，或自贼杀，百姓大怨之。

兴迁为丞相，与休宠臣左将军张布共相表里，邦内失望。

七年七月，休薨。左典军万彧素与乌程侯孙晧善，乃劝兴、布，于是兴、布废休適子而迎立晧。晧既践阼，加兴侍中，领青州牧。俄彧谮兴、布追悔前事。十一月朔入朝，晧因收兴、布，徙广州，道追杀之，夷三族。

评曰：诸葛恪才气干略，邦人所称，然骄且吝，周公无观，况在于恪？矜己陵人，能无败乎！若躬行所与陆逊及弟融之书，则悔吝不至，何尤祸之有哉？滕胤厉修士操，遵蹈规矩，而孙峻之时犹保其贵，必危之理也。峻、綝凶竖盈溢，固无足论者。濮阳兴身居宰辅，虑不经国，协张布之邪，纳万彧之说，诛夷其宜矣。

避乱到了江东，官做到长沙太守。濮阳兴年轻时有才子的名气，孙权时提拔他任上虞县令，逐渐升至尚书左曹，以五官中郎将的身份出使蜀国，回来后任会稽太守。当时琅琊王孙休住在会稽，濮阳兴和他交情深厚，密切往来。到孙休即位的时候，就征召濮阳兴任太常卫将军，治理军队和国家的要事，封为外黄侯。

永安三年，都尉严密在丹杨修建湖田，筑起浦里塘。孙休下令百官聚集在一起商讨此事，大家都认为费工非常多而湖田不能保证成功，只有濮阳兴认为能够成功。于是濮阳兴就召集许多士兵和百姓前去施工，工程的费用不可胜数，士兵死的死，逃的逃，有的人干脆自杀，百姓非常怨恨濮阳兴。

濮阳兴升为丞相，与宠臣左将军张布互相勾结，国人大失所望。

永安七年七月，孙休去世。左典军万彧本来就与乌程侯孙皓友善，便劝说濮阳兴、张布立孙皓为帝，于是，濮阳兴、张布废黜了孙休的嫡子而迎立孙皓为帝。孙皓即帝位以后，加封濮阳兴为侍郎，兼青州牧。不久，万彧诬陷濮阳兴、张布后悔立孙皓为帝的事。十一月初一日入宫朝拜时，孙皓乘机拘捕了濮阳兴、张布，将他们流放到广州，在中途又派人将他们杀死，并诛三族。

评论说：诸葛恪的才华谋略，为国人所赞，然而，他骄傲并且吝啬，其实，即使像周公那样的人，除才能外其他方面不看也罢，何况诸葛恪呢？他自我夸耀，欺凌他人，能不失败吗！假如他真能像写给陆逊及其弟诸葛融书信中所说的那样，就不会有悔恨，又怎么能有灾祸呢？滕胤勉励自己，循规蹈矩，然而，在孙峻时期他还坚持自己的尊贵，这是他必遭灭亡的原因。孙峻、孙綝是凶恶小子且骄傲自满，本就不值得一谈。濮阳兴身居宰辅地位，不思治国，却协助张布行奸作恶，采纳万彧迎立孙皓的劝说，最后，遭到诛灭也是应该的。

卷六十五　吴书二十

王楼贺韦华传第二十

王蕃字永元，庐江人也。博览多闻，兼通术艺。始为尚书郎，去官。孙休即位，与贺邵、薛莹、虞汜俱为散骑中常侍，皆加驸马都尉。时论清之。遣使至蜀，蜀人称焉，还为夏口监军。

孙皓初，复入为常侍，与万彧同官。彧与皓有旧，俗士挟侵，谓蕃自轻。又中书丞陈声，皓之嬖臣，数谮毁蕃。蕃体气高亮，不能承颜顺指，时或迕意，积以见责。

甘露二年，丁忠使晋还，皓大会群臣，蕃沈醉顿伏，皓疑而不悦，舆蕃出外。顷之请还，酒亦不解。蕃性有威严，行止自若，皓大怒，呵左右于殿下斩之。卫将军滕牧、征西将军留平请，不能得。

丞相陆凯上疏曰："常侍王番黄中通理，知天知物，处朝忠謇，斯社稷之重镇，大吴之龙逢也。昔事景皇，纳言左右，景皇钦嘉，叹为异伦。而陛下忿其苦辞，恶其直对，枭之殿堂，尸骸暴弃，郡内伤心，有识悲悼。"其痛蕃如此。蕃死时年三十九，皓徙蕃家属广州。二弟著、延皆作佳器，郭马起事，不为马用，见害。

楼玄字承先，沛郡蕲人也。孙休时为监农御史。孙皓即位，与王蕃、郭逴、万彧俱为散骑中常侍，出为会稽太守，入为大司农。

王蕃字永元，他是庐江郡人。王蕃博学多闻，兼通方伎卜筮技艺。当初担任尚书郎，后又解除官职。孙休即位，王蕃和贺邵、薛莹、虞汜同任散骑中常侍，都加官驸马都尉。当时舆论对他做出了为人清雅的评议。朝廷派王蕃出使蜀国，蜀国人也称赞他，回来后担任夏口监军。

孙晧刚刚在位时，王蕃又入朝担任常侍，与万彧官职相同。万彧跟孙晧有老交情，这人鄙陋庸俗，凭着他跟皇上的特殊关系挟制欺侮王蕃，说王蕃自轻自贱。另有中书丞陈声，是孙晧的宠臣，多次诋毁王蕃。王蕃禀性高尚忠正，不愿察言观色见风使舵，有时还会违背孙晧的意愿，日积月累就因此遭受皇上的责备。

甘露二年，丁忠出使晋地回来，孙晧为此大宴群臣，王蕃酒醉倒伏在地，孙晧认为他是假醉，就不高兴，让人把他抬了出去。过了一会儿，王蕃请求回座，但是他醉意未消，不过，因他性格注意形象与威严，所以，竭力稳住举止，保持正常。孙晧见了勃然大怒，喝令侍卫把王蕃拉到殿堂下斩首。在场的卫将军滕牧、征西将军留平为他求情，没有能获准。

丞相陆凯上疏说："常侍王蕃德高达理，通晓天文历法，对朝廷忠心耿耿，实在是国家柱石、大吴的关龙逄啊。以前侍奉景皇帝，进言劝谏，深得景皇帝喜爱，称赞他是超卓的人才。而陛下却恼恨他出言逆耳，厌恶他直言对答，在殿堂上将他斩首，尸身抛露，使郡内士民伤心，为之哀悼。"陆凯就是如此痛惜他。王蕃死的时候三十九岁，孙晧把他的家属流放到广州。王蕃的两个弟弟王著、王延都是有才能的人，郭马反叛时，因为不替郭马做事，都被杀害。

楼玄字承先，他是沛郡蕲县人。孙休在位时担任监农御史。孙晧继位后，和王蕃、郭逴、万彧一起任散骑中常侍，离开京城担任会

旧禁中主者自用亲近人作之，彧陈亲密近职，宜用好人，皓因敕有司，求忠清之士，以应其选，遂用玄为宫下镇禁中候，主殿中事。玄从九卿持刀侍卫，正身率众，奉法而行，应对切直，数迕皓意，渐见责怒。后人诬白玄与贺邵相逢，驻共耳语大笑，谤讪政事，遂被诏诘责，送付广州。

东观令华覈上疏曰："臣窃以治国之体，其犹治家。主田野者，皆宜良信。又宜得一人总其条目，为作维纲，众事乃理。《论语》曰：'无为而治者其舜也与！恭己正南面而已。'言所任得其人，故优游而自逸也。今海内未定，天下多事，事无大小，皆当关闻，动经御坐，劳损圣虑。陛下既垂意博古，综极艺文，加勤心好道，随节致气，宜得闲静以展神思，呼翕清淳，与天同极。臣夙夜思惟，诸吏之中，任干之事，足委仗者，无胜于楼玄。玄清忠奉公，冠冕当世，众服其操，无与争先。夫清者则心平而意直，忠者惟正道而履之，如玄之性，终始可保，乞陛下赦玄前愆，使得自新，擢之宰司，责其后效，使为官择人，随才授任，则舜之恭己，近亦可得。"皓疾玄名声，复徙玄及子据，付交阯将张奕，使以战自效，阴别敕奕令杀之。据到交阯，病死。玄一身随奕讨贼，持刀步涉，见奕辄拜，奕未忍杀。会奕暴卒，玄殡敛奕，于器中见敕书，还便自杀。

稽太守，又调入朝廷担任大司农。按惯例，皇宫中执掌事务的人从来是由亲近人担任的，万彧陈说皇帝身边的亲近心腹，应当选用忠顺的人，孙皓就命令有关官吏，寻求忠诚纯正的人，以供皇帝选择，便选中楼玄为宫下镇禁中候，执掌殿中防卫。楼玄由九卿的高官改任持刀侍卫的武官，亲身做出榜样，带领众人，按照法度行事。但是楼玄因应对深切而直率，多次违逆了孙皓的心意，逐渐被孙皓斥责怒骂。后来有人诬告楼玄与贺邵某次相遇，停住车马彼此低声耳语又转而大笑，诽谤国家政务，因此招致孙皓下令追查，被流放到广州。

东观令华覈呈递奏疏，说："臣认为治理国家的基本方法，就犹如管理家庭一样。管理田间农作的人，都应该贤良忠实。还应当有一人总揽各项事务，统一布置，各项事务才能够料理好。《论语》说：'不必事事亲自所为而使天下大治的人，也就是虞舜吧！以恭敬严肃的态度约束自己、端坐在帝王宝座上面向南方就是了。'讲的是所任用的人非常得当，因此自己优游安逸啊。如今四方还没有安定，天下多事，事情无论大小，都须过问，凡事都要经过皇帝的话，一定会劳苦损伤圣上的精力。陛下既然关注博古，遍览群书，加上心意勤勉而笃好道家养生术，随着时节变化而运气练功，应该处身闲静，养怡思维，呼吸清纯之气，身与天地共长久。臣日夜思考，众官吏中，能担负事务，足可信任依靠而又具有才干的，没有人能胜过楼玄了。楼玄清正廉洁，忠贞不渝，奉公守法，是当代的楷模，众人都钦服他的品德，没有人与他争先。清廉的人就必定心境平和而意念耿直，忠诚的人就只遵循正路行事，像楼玄这种性格的人，是始终可以保证做到的。请求陛下赦免楼玄以前的过失，让他能改过自新，提拔他主管朝廷事务，观察他今后的表现，使他替国家选择人才，按才干授予职位，那么像舜一样恭肃地端坐帝王宝座，陛下也会办到的。"孙皓妒忌楼玄的名声，再次将楼玄和他的儿子楼据流放充军，交付给交阯郡的将领张奕，让楼玄父子在战争中自行效力，又暗中下诏令，让张奕杀死他们。楼据到交阯以后，生病死去。楼玄独身一人跟随张奕到处征战，持续奔走，每当看到张奕就恭敬地行礼，张奕不忍心杀死他。遇上张奕突然死去，楼玄为张奕办理丧事，在他的遗物中发现了

贺邵字兴伯，会稽山阴人也。孙休即位，从中郎为散骑中常侍，出为吴郡太守。孙晧时，入为左典军，迁中书令，领太子太傅。

晧凶暴骄矜，政事日弊。邵上疏谏曰：

古之圣王，所以潜处重闱之内而知万里之情，垂拱衽席之上，明照八极之际者，任贤之功也。陛下以至德淑姿，统承皇业，宜率身履道，恭奉神器，旌贤表善，以康庶政。自顷年以来，朝列纷错，真伪相贸，上下空任，文武旷位，外无山岳之镇，内无拾遗之臣；佞谀之徒拊翼天飞，干弄朝威，盗窃荣利，而忠良排坠，信臣被害。是以正士摧方，而庸臣苟媚，先意承旨，各希时趣，人执反理之评，士吐诡道之论，遂使清流变浊，忠臣结舌。陛下处九天之上，隐百重之室，言出风靡，令行景从，亲洽宠媚之臣，日闻顺意之辞，将谓此辈实贤，而天下已平也。臣心所不安，敢不以闻。

臣闻兴国之君乐闻其过，荒乱之主乐闻其誉；闻其过者过日消而福臻，闻其誉者誉日损而祸至。是以古之人君，揖让以进贤，虚己以求过，譬天位于乘奔，以虎尾为警戒。至于陛下，严刑法以禁直辞，黜善士以逆谏臣，眩耀毁誉之实，沈沦近习之言。昔高宗思佐，梦寐得贤，而陛下求之如忘，忽之如遗。故常侍王蕃忠恪在公，才任辅弼，以醉酒之间加之大戮。近鸿胪葛奚，先帝旧臣，偶有逆迕，昏醉之言耳，三爵之后，礼所不讳，陛下猥发雷霆，谓之轻慢，饮之醇酒，中毒殒命。自是之后，海内悼心，朝臣失图，仕者以退为幸，居者以出为福，诚非所以保光洪绪，熙隆道化也。

诏令，楼玄回到军营后就自杀了。

贺邵，字兴伯，他是会稽山阴人。孙休登上皇位，他由中郎升任散骑中常侍，又出外任吴郡太守。孙皓当政时，入朝任左典军，升中书令，兼任太子太傅。

孙皓残暴骄横，朝政日益败坏。贺邵上疏劝谏他说：

古代圣明帝王，于深宫之中而知万里之情，坐于内室，却能洞察八方，此为任用贤人之结果啊。陛下高德，继承帝业，应该亲为表率，遵行正道，恭敬地保有皇权，表彰贤德之人，以安定朝政。近年来，任职官员真假混杂，上下职位多有空缺，文武官员配置不齐，外无有力官员镇守，内无补政事缺失之臣僚；谄媚之人腾达，干预朝政，窃据权柄，使忠良之士遭受排挤，诚实臣子反被伤害。以至于正直之人被磨掉锐气，平庸臣子苟合献媚。他们揣摩陛下之心曲意奉承，人人执违反常理的品评，个个口吐欺骗诡诈的言说。于是，清水变浊，直臣不敢说话。陛下身处九天高位，居于深宫，话一出口，百姓就顺风而从；命令颁布，人们如影相随。陛下身边都是受宠谄媚之人，听到的是顺合心意的言语，陛下恐怕会认为这批侍臣才真是贤士，而天下也真是太平了。臣心不安，怎么敢不据实禀报呢。

我听说，兴国之君喜听别人指出自己的过失，昏庸君主则爱听对自己的赞美；喜听自己过失的君主过失会日益减少而幸福到来，爱听颂扬的君主声誉会日益受损而灾难临头。所以，古之圣君，用谦恭之礼进用贤人，虚心以求批评，把所在高位看作如飞奔的马背，像踩着虎尾一样地警觉。而陛下，却用严刑酷法来禁止正直的言论，用黜退贤士来警告谏臣，不明毁誉实情，沉浸在宠臣的花言巧语中。从前，殷高宗思慕辅臣，求贤明之士如饥似渴，而陛下对贤士不置可否，视贤才如同弃物。原常侍王蕃忠敬奉国，才能胜任辅佐之职，却在他酒醉的时候被施予极刑。最近，先帝的老臣鸿胪葛奚，只是酒醉之后讲了几句直言，本是酒过三巡，礼仪上也不再有忌讳，可是陛下却大发雷霆之怒，说他轻侮君王，赐他醇酒使他中毒身亡。从此以后，国士感到伤心，朝臣失去希望，为官之人把贬退看作幸运，朝内之人把外放视作福分。这确实不是发扬先帝大业、兴隆道德教化的

又何定本趋走小人，仆隶之下，身无锱铢之行，能无鹰犬之用，而陛下爱其佞媚，假其威柄，使定恃宠放恣，自擅威福，口正国议，手弄天机，上亏日月之明，下塞君子之路。夫小人求入，必进奸利，定间妄兴事役，发江边戍兵以驱麋鹿，结罝山陵，芟夷林莽，殚其九野之兽，聚于重围之内，上无益时之分，下有损耗之费。而兵士罢于运送，人力竭于驱逐，老弱饥冻，大小怨叹。臣窃观天变，自比年以来阴阳错谬，四时逆节，日食地震，中夏陨霜，参之典籍，皆阴气陵阳，小人弄势之所致也。臣尝览书传，验诸行事，灾祥之应，所为寒栗。昔高宗修己以消鼎雉之异，宋景崇德以退荧惑之变，愿陛下上惧皇天谴告之诮，下追二君攘灾之道，远览前代任贤之功，近寤今日谬授之失，清澄朝位，旌叙俊乂，放退佞邪，抑夺奸势，如是之辈，一勿复用，广延淹滞，容受直辞，祗承乾指，敬奉先业，则大化光敷，天人望塞也。

《传》曰："国之兴也，视民如赤子；其亡也，以民为草芥。"陛下昔韬神光，潜德东夏，以圣哲茂姿，龙飞应天，四海延颈，八方拭目，以成康之化必隆于旦夕也。自登位以来，法禁转苛，赋调益繁；中宫内竖，分布州郡，横兴事役，竞造奸利；百姓罹杼轴之困，黎民罢无已之求，老幼饥寒，家户菜色，而所在长吏，迫畏罪负，严法峻刑，苦民求办。是以人力不堪，家户离散，呼嗟之声，感伤和气。又江边戍兵，远当以拓土广境，近当以守界备难，宜特优育，以待有事，而征发赋调，烟至云集，衣不全裋褐，食不赡朝夕，出当锋镝之难，入抱无聊之戚。是以父子相弃，叛者成行。愿陛下宽赋除烦，振

做法啊！

还有，何定本是个跑腿的卑贱小人，地位低于奴仆，自身又没有丝毫的品行，才能也不能当鹰犬使用，而陛下却喜他谄媚逢迎，给他权力，使他恃陛下之宠而放任胡为，竟敢擅自改变国家计议，将国家权柄玩弄于掌中。上损皇帝的日月之明，下塞君子被任用之路。凡小人得宠，一定要谋取不正当的利益。近来，何定妄兴劳役，征调守卫长江的士兵去驱赶麋鹿，设置绳网，砍伐林木，把四方野兽赶出山林，进行捕猎，这样做无益于动物四季的适时繁殖，又损耗了人力财力。况且，士兵疲于来往运送，因为驱赶野兽而耗尽精力，老弱妇孺挨饥受冻，哀怨叹息。臣观察天象，近年来阴阳错乱，四时反常，日食地震，五月降霜，参照典籍，这些都是以阴犯阳，小人弄权所造成的。臣曾翻阅经册典籍，验证现行政事，均预示着将要发生灾祸，不禁胆战心惊。从前，殷高宗以修养品德来消除野雉飞入鼎镬所预示的灾祸，宋景公崇尚德行来消除灾星所示之不祥。希望陛下上畏上天的警告，下追殷高宗、宋景公祛祸消灾的做法，远察前代帝王任用贤能的成功，醒悟当今乱授官职的失误，清理朝官，表彰并分等级任用贤才，放逐斥退奸佞小人，剥夺他们窃据的权势，诸如此类人等，一律不再使用，广泛招纳在仕途上受阻滞的英才，虚心接受正直的劝谏，恭敬承受上天的旨意，好好保有先辈传下的基业，那么，圣明的教化就会遍布天下，上天和民众的不满就能够消除了。

《传》说："国家兴旺，是因为把民众视为自己的婴儿；国家灭亡，是因为把百姓当作草芥。"陛下以前隐藏神异的灵光，在东方潜修德行，凭着至高无上的道德和美好的资质，比如飞龙腾空以顺应天命，四海民众延颈期待，八方百姓拭目盼望，认为周成王、周康王那样的美好教化一定会在近日兴隆了。但是自陛下即位以来，刑法和禁令变得苛刻，赋税名目日益繁多；宫里的小人，分布到各州各郡，他们肆意兴发劳役，竞相营求不正当利益；百姓家中的财物被搜刮一空，民众疲于无休无止的索求，不分老幼都忍饥受冻，家家户户面有菜色，而各处地方长官，迫于畏惧承担罪责，各自推行严刑峻法，不惜让民众陷于痛苦也要把任务完成。这使得民众的力量难以承受，

恤穷乏，省诸不急，荡禁约法，则海内乐业，大化普洽。夫民者国之本，食者民之命也，今国无一年之储，家无经月之畜，而后宫之中坐食者万有余人。内有离旷之怨，外有损耗之费，使库廪空于无用，士民饥于糟糠。

又北敌注目，伺国盛衰，陛下不恃己之威德，而怙敌之不来，忽四海之困穷，而轻虏之不为难，诚非长策庙胜之要也。昔大皇帝勤身苦体，创基南夏，割据江山，拓土万里，虽承天赞，实由人力也。余庆遗祚，至于陛下，陛下宜勉崇德器，以光前烈，爱民养士，保全先轨，何可忽显祖之功勤，轻难得之大业，忘天下之不振，替兴衰之巨变哉？臣闻否泰无常，吉凶由人，长江之限不可久恃，苟我不守，一苇可航也。昔秦建皇帝之号，据殽函之阻，德化不修，法政苛酷，毒流生民，忠臣杜口，是以一夫大呼，社稷倾覆。近刘氏据三关之险，守重山之固，可谓金城石室，万世之业，任授失贤，一朝丧没，君臣系颈，共为羁仆。此当世之明鉴，目前之炯戒也。愿陛下远考前事，近鉴世变，丰基强本，割情从道，则成康之治兴，而圣祖之祚隆矣。

于是家庭分离，哀怨之声伤了和气。另外，长江沿岸的守卫部队，从远处考虑应该用来开拓国土扩大疆域，从近处着眼应该用来驻守边境防备战乱，给予优厚的生活待遇，以待战事来临时发挥他们的作用，而现在陛下却要征收他们的赋税，频繁得就如烟云一般密集，使得这些人穿不上一袭粗布衣服，饮食则朝不保夕，出征要担当战争的生死考验，归来又要面对贫穷无依的忧伤愁苦。因此父子之间相互离弃，叛变投敌者成群结队。希望陛下放宽赋税去除繁苛，赈济贫困之人，减省各项不急需的劳役，放宽禁条简省法令，那么，国内百姓就将安居乐业，广远深入的教化就会普施四方。大凡民众是国家的根本，粮食是百姓的命脉，如今国库没有一年的储备，民家没有整月的积蓄，而后宫之中不劳而食的人却多达一万余人。宫里有妇人离家独处空守的怨气，宫外有无端损耗的浪费，致使国库被无用的支出耗尽，而让广大人民因糟糠的不足而备受饥饿。

另外，北边的敌人正注视着我国，观察我国的盛衰情况，陛下不去依仗自己的威力和德行，而依赖敌人不来入侵；忽略国家的贫穷困乏，而轻视敌人，认为敌人不敢来造成祸难，这实在不是朝廷谋求长期稳操胜券的政策。从前大皇帝亲自劳苦，在长江以南创立基业，割据江山，开拓万里疆土，虽然蒙受上天的帮助，实际上也有个人的努力。大皇帝传下了帝位，到了陛下，陛下应当努力崇尚德行操守，来光耀前人的功德，爱护百姓，养育士兵，保全先帝制定的法则，怎么能忽视先祖的功劳，轻视难以得到的帝业，忘却天下的不兴盛，不顾国家更替兴衰的剧变呢？听说盛衰没有常规，吉凶都是由人自己决定的，长江天险不可能长久依赖，如果我军不去守卫，那么，只需要一只小船就可渡过来。从前秦王嬴政创建皇帝称号，据有殽山、函谷关的险阻，但不施行仁德教化，法律政令苛刻残酷，祸害民众，逼得忠臣不敢说话，因此陈胜一人大呼一声，国家便灭亡了。近前的蜀国刘禅，据有三关的险要、重山的坚固，可以说是铁打的城墙，石头砌造的房屋，坚固得足以使基业流传万世，但由于任授没有贤才的官员，结果国家一下子就丧灭，君臣颈脖上系上绳索，一起成为被拴的奴仆。这是当代的一面明镜，眼前醒目的告诫。希望陛下远考前

书奏，晧深恨之。邵奉公贞正，亲近所惮。乃共谮邵与楼玄谤毁国事，俱被诘责。玄见送南州，邵原复职。后邵中恶风，口不能言，去职数月，晧疑其托疾，收付酒藏，掠考千所，邵卒无一语，竟见杀害，家属徙临海。并下诏诛玄子孙，是岁天册元年也，邵年四十九。

韦曜字弘嗣，吴郡云阳人也。少好学，能属文，从丞相掾，除西安令，还为尚书郎，迁太子中庶子。

时蔡颖亦在东宫，性好博弈，太子和以为无益，命曜论之。其辞曰：

盖闻君子耻当年而功不立，疾没世而名不称，故曰学如不及，犹恐失之。是以古之志士，悼年齿之流迈而惧名称之不立也，故勉精厉操，晨兴夜寐，不遑宁息，经之以岁月，累之以日力，若宁越之勤，董生之笃，渐渍德义之渊，栖迟道艺之域。且以西伯之圣，姬公之才，犹有日昃待旦之劳，故能隆兴周道，垂名亿载，况在臣庶，而可以已乎？历观古今立功名之士，皆有累积殊异之迹，劳身苦体，契阔勤思，平居不堕其业，穷困不易其素，是以卜式立志于耕牧，而黄霸受道于囹圄，终有荣显之福，以成不朽之名。故山甫勤于夙夜，而吴汉不离公门，岂有游惰哉？

今世之人多不务经术，好玩博弈，废事弃业，忘寝与食，穷日尽明，继以脂烛。当其临局交争，雌雄未决，专精锐意，心劳体倦，人事旷而不修，宾旅阙而不接，虽有太牢之馔，《韶》《夏》之乐，不暇存也。至或赌及衣物，徙棋易行，廉耻之意弛，而忿戾之色发，

代的事迹，近以当代的变故为借鉴，扩大帝王基业，加强根本，割舍感情，顺从遵义，那么，周成王、周康王那样的治世就会兴起，圣祖开辟的帝王大业就会隆盛。

奏书呈上以后，孙晧非常憎恨贺邵。贺邵奉行公事，坚贞正直，孙晧的亲信宠臣都很害怕贺邵。就共同诬告贺邵和楼玄诽谤国家政事，贺邵和楼玄都因此受到追问和斥责。楼玄被南送到广州，贺邵赦罪复职。后来贺邵患了中风，口不能说话，离职几个月，孙晧怀疑他是假托生病，将贺邵拘捕交付管理酒务的官署，拷打上千次，贺邵始终没有说出一句话，最终被杀害，贺邵的家属被流放到临海。孙晧同时下诏令诛杀楼玄的子孙，这年是天册元年，贺邵四十九岁。

韦曜，字弘嗣，他是吴郡云阳人。从小爱学习，善写文章，由丞相掾出任西安令，回京任尚书郎，又升为太子中庶子。

当时蔡颖也在东宫，他喜好博局和围棋，太子孙和认为，下棋没有益处，就命韦曜论证这个问题。韦曜写道：

我听说，君子愧于年富力强而没有建立功业，痛恨离开人世而名声不显。所以学习就像生怕来不及，又怕失去。因此，古来有志之士，叹岁月流逝，担心功名没有建立，遂振奋精神，磨砺操守，五更不眠，闻鸡而起，长年不辍，像春秋时宁越那样勤学，像西汉时董仲舒那样笃实，于道德仁义的潭水中浸润，在学问技艺的领域里畅游。诚如文王之圣明、周公之才智，尚且夜以继日地辛劳，所以，周朝兴隆，美名流传千古，何况一般的臣民，怎么能止步不前呢？遍看古今建功立名之人，都有日积月累、超乎常人的经历，身经辛苦，努力思考，平时不荒废学业，贫困不改变志向，因此，卜式于耕牧时就立下志向，黄霸在牢狱中从师受学，最终都得到显贵的福禄和不朽的美名。仲山甫日夜辛勤，吴汉忠于职守，他们哪一个是整天游戏懒散的呢？

现在世上之人大多不去致力于研究经学儒术，但是喜玩下棋，废寝忘食，由白天到黑天，点上蜡烛又继续玩，从而废弃了事业。每当棋局胜负不分时，就专注精神，弄得身心劳累，应做的事不去办理，搁置来访的客人不去接待，虽有太牢之饮食，《韶》《夏》之音乐，也

然其所志不出一枰之上，所务不过方罫之间，胜敌无封爵之赏，获地无兼土之实。技非六艺，用非经国；立身者不阶其术，征选者不由其道。求之于战陈，则非孙、吴之伦也；考之于道艺，则非孔氏之门也；以变诈为务，则非忠信之事也；以劫杀为名，则非仁者之意也；而空妨日废业，终无补益。是何异设木而击之，置石而投之哉！且君子之居室也勤身以致养，其在朝也竭命以纳忠，临事且犹旰食，而何博弈之足耽？夫然，故孝友之行立，贞纯之名彰也。

方今大吴受命，海内未平，圣朝乾乾，务在得人，勇略之士则受熊虎之任，儒雅之徒则处龙凤之署，百行兼苞，文武并骛，博选良才，旌简髦俊，设程试之科，垂金爵之赏，诚千载之嘉会，百世之良遇也。当世之士，宜勉思至道，爱功惜力，以佐明时，使名书史籍，勋在盟府，乃君子之上务，当今之先急也。

夫一木之枰孰与方国之封？枯棋三百孰与万人之将？衮龙之服，金石之乐，足以兼棋局而贸博弈矣。假令世士移博弈之力而用之于诗书，是有颜、闵之志也；用之于智计，是有良、平之思也；用之于资货，是有猗顿之富也；用之于射御，是有将帅之备也。如此则功名立而鄙贱远矣。

和废后，为黄门侍郎。孙亮即位，诸葛恪辅政，表曜为太史令，撰《吴书》，华覈、薛莹等皆与参同。孙休践阼，为中书郎、博士

无暇顾及。甚至有人还以衣物为赌注，偷移棋子，落棋悔棋，淡薄了廉耻之心，怒色显出。但是，无论怎样他们的志向没有超出棋盘，所追求的目标也是在棋盘之上。胜的一方得不到封爵的奖赏，也没有得到土地的实惠。这种技艺不是圣人所授的六艺，功用也不能用来治理国家；立身之人不能凭借它高升，想被提拔之人不能靠它被征用。向它寻求战术阵法，它与孙武、吴起不是同一类型；由它考究学问，又不是孔子所传儒家经典。专门讲究机变欺诈，这不是忠义的事业；追求拦劫搏杀，也不是仁人的思想；只能是耗费时光、荒废正业，最终毫无补益。这种游戏同立木击打、放石投掷没有两样。况且，君子在家要不辞辛劳奉养父母，在朝要竭尽忠诚效力君王，遇到事务繁忙还要推迟吃饭，又怎么能沉迷于下棋之中呢？只有这样，才能培养出孝顺友爱的品，彰显坚贞纯洁的名声。

现在大吴承受天命，海内尚未平定，圣朝自强不息，致力于获得人才，具备勇敢和谋略的人就接受武将的任命，学问渊博气度雍容的人就进入文职机构，多方面的人才兼容并蓄，文臣武将并驾齐驱，广泛选拔优秀人才，表彰录用杰出的才士，设立铨叙考试的科目，出具金印紫绶的赏赐，这的确是个千载一遇的昌盛际会、百年难逢的美好机遇。当代的士人，应该努力寻思最好的学说和道德，爱惜功业而珍重精力，从而辅佐政治清明的时代，使自己的名字载入史册，授勋的策书也在掌管盟约文书的盟府得以长存，这才是君子的首要任务，当前时期的紧迫大事。

一方木头棋盘哪里比得上一个方国的封疆呢？三百颗枯槁的棋子哪里比得上率领一万兵马的大将呢？绣有飞龙的礼服，金石钟磬的音乐，足以兼容棋局的乐趣并换取局戏和围棋的游戏了。假使世间士人肯将局戏围棋的精力转向于攻读诗书，就会有颜回、闵损的志向了；改为用于智谋，就会有张良、陈平的谋划了；改用在生财上，就会有猗顿的财富；用到射箭骑马上，就会有将帅的才能了。能够做到这一步，那么功名就可建立，而卑微下贱就将远离了。

孙和被废黜后，韦曜任黄门侍郎。孙亮登上皇位，诸葛恪辅佐朝政，上疏任韦曜为太史令，撰写《吴书》，华覈、薛莹等人也都参

祭酒。命曜依刘向故事，校定众书。又欲延曜侍讲，而左将军张布近习宠幸，事行多玷，惮曜侍讲儒士，又性精确，惧以古今警戒休意，固争不可。休深恨布，语在《休传》。然曜竟止不入。

孙晧即位，封高陵亭侯，迁中书仆射，职省，为侍中，常领左国史。时所在承指数言瑞应。晧以问曜，曜答曰："此人家筐箧中物耳。"又晧欲为父和作纪，曜执以和不登帝位，宜名为传。如是者非一，渐见责怒。曜益忧惧，自陈衰老，求去侍、史二官，乞欲成所造书，以从业别有所付，晧终不听。时有疾病，医药监护，持之愈急。

晧每飨宴，无不竟日，坐席无能否率以七升为限，虽不悉入口，皆浇灌取尽。曜素饮酒不过二升，初见礼异时，常为裁减，或密赐茶荈以当酒，至于宠衰，更见逼强，辄以为罪。又于酒后使侍臣难折公卿，以嘲弄侵克，发摘私短以为欢。时有愆过，或误犯晧讳，辄见收缚，至于诛戮。曜以为外相毁伤，内长尤恨，使不济济，非佳事也，故但示难问经义言论而已。晧以为不承用诏命，意不忠尽，遂积前后嫌忿，收曜付狱，是岁凤凰二年也。

曜因狱吏上辞曰："囚荷恩见哀，无与为比，曾无芒氂有以上报，孤辱恩宠，自陷极罪。念当灰灭，长弃黄泉，愚情惓惓，窃有所怀，贪令上闻。囚昔见世间有古历注，其所纪载既多虚无，在书籍者

与。孙休继位后，韦曜任中书郎、博士祭酒。孙休命韦曜依照刘向的旧例，校对核定各种典籍。他又想请韦曜给自己讲授各类经典，左将军张布是孙休的宠臣，做事和品行多有过失，他害怕韦曜任侍讲儒士，加上韦曜个性清明、意志坚定，怕韦曜用古今事例警戒孙休，就一再劝阻。孙休非常恼恨张布，此记事载在《孙休传》里。然而，韦曜还是被阻止，没有入宫为皇帝侍讲。

孙晧登上皇位，让韦曜做了高陵亭侯，升任中书仆射，之后，这一职务被撤销，转任侍中，兼左国史。当时，各地府衙为迎合孙晧心意多次报告有祥瑞出现。孙晧就此事询问韦曜，他回答说："这只能算是平民家筐和箱子里装的东西罢了。"孙晧想在《吴书》中为自己的生父孙和作一篇本纪，韦曜认为，孙和不是皇帝，只能为列传。类似的事情不止一件，他逐渐受到孙晧的斥责和疏远。韦曜非常忧惧，就上表章以自己年老，请求辞去侍中、左国史两个职务，要求完成自己所写的书，把他所做之事交付他人，孙晧始终不答应。时值韦曜身患重病，服药护理，所以更急切地要求辞职。

孙晧每次设宴，都是持续一整天，座席中不管能否饮酒都以七升酒为最低标准，即使自己不全部饮用，也都要被强行灌下。韦曜向来饮酒不超过两升，最初，他被特殊礼遇时，孙晧常为他减少数量，有时还暗中赐给他茶水代酒，及至宠幸衰减之时，反而受到更加明显的逼迫强制，动不动就以饮酒违例给予责罚。孙晧又在酒后让侍臣诘难公卿大臣，以侵害打击揭发隐私缺点作为乐趣。此时要是谁有过失，或者在无意中冒犯了孙晧的忌讳，就要被收系，甚至遭到诛杀。韦曜认为朝臣在公共场合相互毁伤，内心会滋长怨恨，致使群臣不能和洽，这并不是好事，因此他只是提出些经书义理方面的疑问加以谈论而已。孙晧认为韦曜不接受诏命，无意于尽献忠心，就把前后对他的嫌隙恼恨累积到一起，收押韦曜投入了监狱，这一年是凤凰二年。

韦曜通过狱官向孙晧上疏说："罪臣受陛下的恩典和哀怜，无人能比，没有一丝一毫的报答，反而辜负了恩宠，使自己陷入大罪的深渊。罪臣知道应当粉身碎骨，永弃黄泉，但是心中情意上很想上报于

亦复错谬。因寻按传记，考合异同，采摭耳目所及，以作《洞纪》，起自庖牺，至于秦、汉，凡为三卷，当起黄武以来，别作一卷，事尚未成。又见刘熙所作《释名》，信多佳者，然物类众多，难得详究，故时有得失，而爵位之事，又有非是。愚以官爵，今之所急，不宜乖误。囚自忘至微，又作《官职训》及《辩释名》各一卷，欲表上之。新写始毕，会以无状，幽囚待命，泯没之日，恨不上闻，谨以先死列状，乞上言秘府，于外料取，呈内以闻。追惧浅蔽，不合天听，抱怖雀息，乞垂哀省。”

曜冀以此求免，而皓更怪其书之垢故，又以诘曜。曜对曰：“囚撰此书，实欲表上，惧有误谬，数数省读，不觉点污。被问寒战，形气呐吃。谨追辞叩头五百下，两手自搏。”而华覈连上疏救曜曰：“曜运值千载，特蒙哀识，以其儒学，得与史官，貂蝉内侍，承合天问，圣朝仁笃，慎终追远，迎神之际，垂涕敕曜。曜愚惑不达，不能敷宣陛下大舜之美，而拘系史官，使圣趣不叙，至行不彰，实曜愚蔽当死之罪。然臣慺慺，见曜自少勤学，虽老不倦，探综坟典，温故知新，及意所经识古今行事，外吏之中少过曜者。昔李陵为汉将，军败不还而降匈奴，司马迁不加疾恶，为陵游说，汉武帝以迁有良史之才，欲使毕成所撰，忍不加诛，书卒成立，垂之无穷。今曜在吴，亦汉之史迁也。伏见前后符瑞彰著，神指天应，继出累见，一统之期，庶不复久。事平之后，当观时设制，三王不相因礼，五帝不相沿乐，质文殊涂，损益异体，宜得曜辈依准古义，有所改立。汉氏承秦，则有叔孙通定一代之仪，曜之才学亦汉通之次也。又《吴书》虽已有头角，叙赞未述。昔班固作《汉书》，文辞典雅，后刘珍、刘毅等作《汉记》，远不及固，叙传尤劣。今《吴书》当垂千载，编次诸史，后之才士论次善恶，非得良才如曜者，实不可使阙不朽之

陛下。罪臣从前看到世间流传的一种古历注，所载不仅多有虚妄不实之处，就是其他史籍中有叙述的部分也错误不少。所以，罪臣才查阅史传，考证史料，采集所见所闻，撰写《洞纪》一书，自伏羲氏，到秦汉时期，共分三卷，还拟从黄武开始，另写一卷，没有撰写完成。又看到刘熙所撰《释名》，确有许多佳妙之处。但是，类别众多，难以详考，因而，常有失误之处，对爵位的解释，也有不确切的地方。弄清官爵问题是当务之急，不应出错。罪臣不顾自己卑微的身份，又撰写了《官职训》和《辩释名》各一卷，想奏呈陛下御览。因为自己无礼而获罪，等待发落，怕在死后无法上呈陛下，谨在死前陈述，请求陛下传旨秘府，让他们到外面选取，呈送朝廷。罪臣恐怕所写的书浅薄有污圣听，恐惧得像鸟雀一样轻声呼吸，请求垂下哀怜、省察。”

韦曜希望通过这免罪，但是孙皓却嗔怪他写的书又脏又旧，所以，又责问韦曜。韦曜回答说：“罪臣撰写这些书，实在是想呈陛下御览，又担心有误，故反复阅读多遍，不觉间就弄脏了。罪臣受到责问，心惊胆战，结巴着说不出话来。谨此补说，叩头五百，双手抽打自己面颊。”华覈接连上疏营救韦曜说：“韦曜幸遇千载难逢之机，殊蒙陛下的爱怜和赏识，因为他儒雅有学问，得任史官和内宫侍从，承应陛下垂询。圣君仁爱宽厚，恭谨地悼祭先人，在迎神时，流泪命韦曜为文皇帝作本纪。韦曜愚昧，没有能宣扬陛下大舜那样的美德，拘泥于史官的陈规，使陛下的旨意不能体现、美德不能彰显，这实在是韦曜无知犯下的死罪。然而，臣恭谨进言，韦曜自年轻时便勤学苦研，虽然已经年老却仍孜孜不倦地深讨、归纳古代典籍，温故而知新，以至于他所熟知的古今大事，内外官员，很少有人能超过他。从前李陵身为汉将，兵败而投降匈奴，司马迁对此不加痛恨，反而替李陵感叹。汉武帝认为司马迁有优秀史官的才能，想让他完成所撰之书，不忍诛杀，书终于完成，永传后世，如今，韦曜于吴，就是汉代的司马迁啊！臣先后见到祥瑞的征兆，神的旨意和上天的感应接连显示，统一天下之日，大概不会太远。统一大业完成以后，应根据需要，建立典制。三王互不因循礼制，五帝互不沿袭乐制，内容与形式的选取途径不同，具体条文的增、减体例有别。应当需要韦曜这样的人依据古代

书。如臣顽蔽，诚非其人。曜每已七十，余数无几，乞赦其一等之罪，为终身徒，使成书业，永足传示，垂之百世。谨通进表，叩头百下。”皓不许，遂诛曜，徙其家零陵。子隆，亦有文学也。

华覈字永先，吴郡武进人也。始为上虞尉、典农都尉，以文学入为秘府郎，迁中书丞。

蜀为魏所并，覈诣宫门发表曰：“间闻贼众蚁聚向西境，西境艰险，谓当无虞。定闻陆抗表至，成都不守，臣主播越，社稷倾覆。昔卫为翟所灭而桓公存之，今道里长远，不可救振，失委附之土，弃贡献之国，臣以草芥，窃怀不宁。陛下圣仁，恩泽远抚，卒闻如此，必垂哀悼。臣不胜忡怅之情，谨拜表以闻。”

孙皓即位，封徐陵亭侯。宝鼎二年，皓更营新宫，制度弘广，饰以珠玉，所费甚多。是时盛夏兴工，农守并废，覈上疏谏曰：

臣闻汉文之世，九州晏然，秦民喜去惨毒之苛政，归刘氏之宽仁，省役约法，与之更始，分王子弟以藩汉室，当此之时，皆以为泰山之安，无穷之基也。至于贾谊，独以为可痛哭及流涕者三，可为长太息者六，乃曰当今之势何异抱火于积薪之下而寝其上，火未及然而谓之安。其后变乱，皆如其言。臣虽下愚，不识大伦，窃以曩时之事，揆今之势。

法则，对前代制度有所改定和建立。汉朝承续秦朝之后，就有叔孙通制定新朝的礼制，韦曜之才可与叔孙通相比。另外，《吴书》虽已有了框架，但前言、赞评还未撰写。从前，班固撰写《汉书》文辞典雅，后来，刘珍、刘毅等人写的《汉记》，远不如班固，叙传部分尤其拙劣。如今，《吴书》欲流传千古，按顺序编进前代各史中去，后代学者必有所评，所以除非像韦曜那样的良史之才，否则确实不能让其插手这部不朽之书。像臣这样愚陋浅薄之人，实在难以胜任。韦曜年已七十，所剩日子无多，恳请陛下赦免他的死罪，改为终身囚禁，以让他完成史书，流传百世。谨此奉上奏章，叩头百次。”孙晧不准，就杀了韦曜，把他的家属流放到零陵郡。其子韦隆，也通晓文献典籍。

华覈，字永先，他是吴郡武进人。先前任上虞县尉、典农都尉，因有才学，被调进京任秘府郎，升任中书丞。

蜀国被曹魏吞并后，华覈至宫门呈上表章，说：“最近，听说魏军像蚂蚁般聚向西蜀边境，蜀国边境地势险要，防守应没有忧虑。直到陆抗的表章送到，才知成都沦陷，君臣被迁徙，蜀国灭亡了。从前，卫国被狄人所灭，而齐桓公又使其复国，如今蜀国山高路远，我们不可能去挽救兴复，我们失去了依附于我国的土地，丢失了贡献物产的国家。臣虽如草芥，却也内心不安。陛下圣贤仁德，恩泽抚慰远方，突然听到这个消息，也一定有哀悼之情。臣不胜惆怅，谨此叩拜，呈表禀报。”

孙晧登上皇位后，华覈被封为徐陵亭侯。宝鼎二年，孙晧又营建规模宏大的宫殿，用珠玉装饰，花费钱财很多。此时，正值盛夏时节施工，农业生产和边防守备同时荒废，华覈上疏劝谏说：

我听说汉文帝时，天下安定，经历过秦朝统治的百姓，为苛政被去除而欣喜，承受归附于宽厚仁慈的汉王朝，汉朝减省劳役，精简法律，与百姓开启了一个新的时代，同时，又分封子弟为王以屏卫皇室。那时候，大家都认为汉朝已安稳如山，基业将永久相传。独有贾谊认为当时有三项政治问题严重得足以令人痛哭流涕，有六项令人叹息不已，并且总结说，当前之势如在一堆干柴上睡觉，大火未燃就

谊曰：复数年间，诸王方刚，汉之傅相称疾罢归，欲以此为治，虽尧舜不能安。今大敌据九州之地，有大半之众，习攻战之余术，乘戎马之旧势，欲与中国争相吞之计，其犹楚汉势不两立，非徒汉之诸王淮南、济北而已。谊之所欲痛哭，比今为缓，抱火卧薪之喻，于今而急。大皇帝览前代之如彼，察今势之如此，故广开农桑之业，积不訾之储，恤民重役，务养战士，是以大小感恩，各思竭命。期运未至，早弃万国。自是之后，强臣专政，上诡天时，下违众议，亡安存之本，邀一时之利，数兴军旅，倾竭府藏，兵劳民困，无时获安。今之存者乃创夷之遗众，哀苦之余民耳。遂使军资空匮，仓廪不实，布帛之赐，寒暑不周，重以失业，家户不赡。而北积谷养民，专心向东，无复他警。蜀为西藩，土地险固，加承先主统御之术，谓其守御足以长久，不图一朝，奄至倾覆。唇亡齿寒，古人所惧。交州诸郡，国之南土，交阯、九真二郡已没，日南孤危，存亡难保，合浦以北，民皆摇动，因连避役，多有离叛，而备戍减少，威镇转轻，常恐呼吸复有变故。昔海虏窥窬东县，多得离民，地习海行，狃于往年，钞盗无日，今胸背有嫌，首尾多难，乃国朝之厄会也。诚宜住建立之役，先备豫之计，勉垦殖之业，为饥乏之救。唯恐农时将过，东作向晚，有事之日，整严未办。若舍此急，尽力功作，卒有风尘不虞之变，当委版筑之役，应烽燧之急，驱怨苦之众，赴白刃之难，此乃大敌所因为资也。如但固守，旷日持久，则军粮必乏，不待接刃，而战士已困矣。

以为是平安。以后发生的一切，都如他先前所说的，臣虽愚昧，不懂大道理，只是私下用历史事实来推考今天的局势罢了。

贾谊说：几年之后，各王侯正值盛年，但是朝廷派去辅助诸侯王的傅、相就会以有病为由被免职退回，要想对此加以治理，就是尧、舜也无法使天下安定。如今，强敌已占据九个州的土地，拥有一大半的民众，熟悉魏军留下的各种战法，习惯于马战，我们要想在中原吞并敌方，就如楚汉相争不能同时并存，也不仅仅像汉朝对付淮南王和济北王那样了。贾谊想为之痛哭的隐患，比起当今我国的危机要缓和得多，而他说睡在点了火的柴堆上的比喻，却比现在我国群臣的心情更加急切。大皇帝有鉴于前代的教训，又考察了当今这种局面，所以，致力于农桑，积蓄大量的物资，抚恤百姓，慎重使用劳役，养护士兵，因此，人人感恩，都愿为国出力。不想统一大业还没有完成，大皇帝就过早地辞世而去。自这以后，强臣先后专权，对上违背天时，对下不听朝臣的意见，不顾安定的根本，只谋求短暂的利益，频繁地出兵，用尽了国库中的储存，士兵疲惫百姓贫困，一直没有安宁。现今还幸存的，都是曾受过创伤的士兵和遭受苦难的民众啊！军资匮乏，仓廪空虚，朝廷对将士们的布帛赏赐，不论冬夏都无法兑现，再加上百姓不能正常生产，民众的生活越发困难。而北方的强敌却在积蓄粮食，抚养百姓，一心要对付我们，毫无顾虑。本来蜀国地势险要，又继承了刘备的治法，他们的守备应该长久，却没有想到突然灭国。唇亡齿寒，这是古人也担忧的事。交州各郡，为国家南部，交阯、九真两郡已经被侵占，日南郡孤立危险，合浦以北民心已动摇，由于连续躲避劳役，很多人都已背叛，而防守士兵减少，威慑作用越来越弱，常常担心喘息之间发生变故。从前，海盗侵扰东部郡县，掳掠了许多百姓，熟悉地形，又在海上活动。现在，比往年更加贪婪，几乎每天都出来抢掠，使国家首尾多难，遭遇困境。值此之时，实在应当停止兴建宫殿的劳役，首先制定防卫策略，勉励垦殖业，以救济穷困的民众。臣担心春耕将过，一旦敌人入侵，各项准备还没有办好。放弃当务之急，却去修建宫殿，若风云突变，再放弃兴建的劳役，应付烽火危急，驱使怨恨的百姓征战沙场，恐怕将给

昔太戊之时，桑榖生庭，惧而修德，怪消殷兴。荧惑守心，宋以为灾，景公下从瞽史之言，而荧惑退舍，景公延年。夫修德于身而感异类，言发于口而通神明，臣以愚蔽，误忝近署，不能翼宣仁泽以感灵祇，仰惭俯愧，无所投处。退伏思惟，荧惑桑榖之异，天示二主，至如他余锱介之妖，近是门庭小神所为，验之天地，无有他变，而征祥符瑞前后屡臻，明珠既觌，白雀继见，万亿之祚，实灵所挺，以九域为宅，天下为家，不与编户之民转徙同也。又今之宫室，先帝所营，卜土立基，非为不祥。又杨市土地与宫连接，若大功毕竟，舆驾迁住，门行之神，皆当转移，犹恐长久未必胜旧。屡迁不可，留则有嫌，此乃愚臣所以夙夜为忧灼也。臣省《月令》，季夏之月，不可以兴土功，不可以会诸侯，不可以起兵动众，举大事必有大殃。今虽诸侯不会，诸侯之军与会无异。六月戊己，土行正王，既不可犯，加又农月，时不可失。昔鲁隐公夏城中丘，《春秋》书之，垂为后戒。今筑宫为长世之洪基，而犯天地之大禁，袭《春秋》之所书，废敬授之上务，臣以愚管，窃所未安。

又恐所召离民，或有不至，讨之则废役兴事，不讨则日月滋蔓。若悉并到，大众聚会，希无疾病。且人心安则念善，苦则怨叛。江南精兵，北土所难，欲以十卒当东一人。天下未定，深可忧惜

敌人提供可利用的资本。如果只是长期固守，军粮必然匮乏，不待交战，士兵早已经疲困了。

昔日殷帝太戊时代，在宫廷的院里长出了桑树榖树，太戊警觉而修明君王之德，结果这种不好的征兆消失而殷朝兴盛起来。宋景公时火星占住心星的位置，宋国认为将有灾祸，景公屈身听从史官的劝告崇尚德义，火星退避，景公长寿。修明自身的道德就能够感动异类，忠言出口就能通达神明。臣资质愚钝蒙蔽而充数作为近官，没有能够帮助宣扬皇上的仁泽来感动天地神灵，俯仰惭愧，无地自容。退身而低头思考，火星桑树榖树之类的怪异现象，是上天警示二位帝王的，至于其他细小的异常现象，大概就是百姓家中供奉的小神兴起的，放到天地中验证，没什么大变化。然而吉凶征兆前后多次发生，比如明珠显露于世，白雀相继出现，则说明亿万年的国运，确实是由神灵主宰的。帝王以国土为房屋，以天下为家业，他迁移的行为与普通百姓轻易地流转迁移是不相同的。加上现在的宫室，是先帝时营建的，经过占卜才奠定屋基，并不是不吉祥。同时，杨市的土地与宫殿相连，如果新的宫殿建成，皇帝大驾迁往居住，那么众多的在门内巡游的神灵，都应该转移过去，恐怕想要长久保存，就未必胜过故旧的处所。多次迁移不合适，留在原来的地方就会产生疑忌，这是愚臣日夜忧虑焦灼的原因啊！我省察《月令》，农历六月不可以大兴建筑，不可以大会诸侯，不可以兴师动众，举大事一定会遭受大灾祸。如今虽说并没有大会诸侯，但是集合诸侯的军队都来建宫殿与大会诸侯也就没有两样了。农历六月间，土德正旺，本已经不可侵犯，加上又是农事繁忙月份，农时不可错过。昔日鲁隐公于夏天在中丘筑城，《春秋》记载下来，传示后人引以为戒。今日建筑宫殿为的是万世大业，但却冒犯天地的大禁，沿袭《春秋》上所批评的事情，废弃了恭敬地劝勉人民致力于耕作的头等大事，以我个人愚昧狭小的见解，私下实在心怀不安。

还有，征召流散的百姓，有些人不会来，征讨他们，又会因废弃营建劳役而兴起其他事情，不征讨，这种情况就会越发蔓延滋长。如果他们全都来到，聚集在一起，难免没有疾病发生。人心安定，

之。如此宫成，死叛五千，则北军之众更增五万，若到万人，则倍益十万，病者有死亡之损，叛者传不善之语，此乃大敌所以欢喜也。今当角力中原，以定强弱，正于际会，彼益我损，加以劳困，此乃雄夫智士所以深忧。

臣闻先王治国无三年之储，曰国非其国，安宁之世戒备如此，况敌强大而忽农忘畜。今虽颇种殖，间者大水沈没，其余存者当须耘获，而长吏怖期，上方诸郡，身涉山林，尽力伐材，废农弃务，士民妻孥羸小，垦殖又薄，若有水旱则永无所获。州郡见米，当待有事，冗食之众，仰官供济。若上下空乏，运漕不供，而北敌犯疆，使周、召更生，良、平复出，不能为陛下计明矣。臣闻君明者臣忠，主圣者臣直，是以悽悽，昧犯天威，乞垂哀省。

书奏，晧不纳。后迁东观令，领右国史，覈上疏辞让，晧答曰：“得表，以东观儒林之府，常讲校文艺，处定疑难，汉时皆名学硕儒乃任其职，乞更选英贤。闻之。以卿研精坟典，博览多闻，可谓悦礼乐敦诗书者也。当飞翰骋藻，光赞时事，以越杨、班、张、蔡之畴，怪乃谦光，厚自菲薄，宜勉修所职，以迈先贤，勿复纷纷。”

时仓廪无储，世俗滋侈，覈上疏曰：“今寇虏充斥，征伐未已，居无积年之储，出无应敌之畜，此乃有国者所宜深忧也。夫财谷所生，皆出于民，趋时务农，国之上急。而都下诸官，所掌别异，各自

善念就会产生，遭受苦难，叛逆之心必起。长江南岸的精兵，是北敌的劲敌，都能以一当十。天下还没有安定，若以精兵修建宫殿甚至致使他们死亡或叛逃，这实在是令人担忧和惋惜。如若新宫建成，而死亡叛逃达到五千人，这就相当于北军又增加了五万，若死亡叛逃了一万人，对方的兵力就增加到十万。生病必有死亡的损耗，叛逃有损我们的声威，这是强敌欢喜之事。如今，我们要进入中原与敌争雄，值此关键时刻，敌人力量增加，我方则力量受损，再加上疲乏，如果这样，恐怕英雄和智士也会感到担忧的。

我听说，古代的君王治国，如果没有三年的物资储备，便觉得不像国家。太平年间尚且如此警惕，何况现在敌强而我们又轻视农业、忽略储备呢！如今，百姓虽有些种植，但有些田地已被大水淹没，其余的田地本应去耕种，而地方官员害怕延误为修建宫室而征调的期限，东部各郡的官员，亲自到山林中去督促，用全部劳力砍伐树木，废弃了农时。士民的妻儿弱小，土地又少，如果遇上水旱灾害将无以所获。州郡现存的粮食，应留待急情时动用，在官府的吏员靠国家供给。如果官民都匮乏，供应不及时，一旦强敌侵犯，即使有周公、召公重生，张良、陈平再世，也难为陛下谋划了。臣听说，君主英明臣就尽忠，君主圣明臣就正直。因此，臣恭敬陈述，冒昧触犯天威，祈求陛下哀怜省察。

奏表呈上后，孙晧不采纳。之后，华覈升任东观令、兼任右国史。华覈上表推辞，孙晧批复说：“奏章收到，你认为东观是儒士集中的地方，要讨论核校文献典籍，解决疑难，在汉代，都是由饱学名儒来担任这个职务的，请求另选英才。我知道，你精通经典，见多识广，称得上是喜欢礼乐、笃好诗书的人。你应当发挥文采，颂扬时政，以超越扬雄、班固、张衡、蔡邕这些人。我奇怪，你为什么一味谦虚，妄自菲薄？你要努力做好本职工作，以超过前代贤人，不要再啰唆了。”

那时仓库储备枯竭，民间风俗习惯却日趋奢侈，华覈上疏皇帝说：“当今敌寇众多，征伐不止，平时没有多年的储备，出战没有应敌的积蓄，这是统治国家的人所应深加忧虑的事情。大凡财富粮食的

下调，不计民力，辄与近期。长吏畏罪，昼夜催民，委舍佃事，遑赴会日，定送到都，或蕴积不用，而徒使百姓消力失时。到秋收月，督其限入，夺其播殖之时，而责其今年之税，如有逋悬，则籍没财物，故家户贫困，衣食不足。宜暂息众役，专心农桑。古人称一夫不耕，或受其饥，一女不织，或受其寒，是以先王治国，惟农是务。军兴以来，已向百载，农人废南亩之务，女工停机杼之业。推此揆之，则蔬食而长饥，薄衣而履冰者，固不少矣。臣闻主之所求于民者二，民之所望于主者三。二谓求其为己劳也，求其为己死也。三谓饥者能食之，劳者能息之，有功者能赏之。民以致其二事而主失其三望者，则怨心生而功不建。今帑藏不实，民劳役猥，主之二求已备，民之三望未报。且饥者不待美馔而后饱，寒者不俟狐貉而后温，为味者口之奇，文绣者身之饰也。今事多而役繁，民贫而俗奢，百工作无用之器，妇人为绮靡之饰，不勤麻枲，并绣文黼黻，转相仿效，耻独无有。兵民之家，犹复逐俗，内无儋石之储，而出有绫绮之服，至于富贾商贩之家，重以金银，奢恣尤甚。天下未平，百姓不赡，宜一生民之原，丰谷帛之业，而弃功于浮华之巧，妨日于侈靡之事，上无尊卑等级之差，下有耗财物力之损。今吏士之家，少无子女，多者三四，少者一二，通令户有一女，十万家则十万人，人织绩一岁一束，则十万束矣。使四疆之内同心戮力，数年之间，布帛必积。恣民五色，惟所服用，但禁绮绣无益之饰。且美貌者不待华采以崇好，艳姿者不待文绮以致爱，五采之饰，足以丽矣。若极粉黛，穷盛服，未必无丑妇；废华采，去文绣，未必无美人也。若实如论，有之无益废之无损者，何爱而不暂禁以充府藏之急乎？此救乏之上务，富国之本业也，使管、晏复生，无以易此。汉之文、景，承平继统，天下已定，四方无虞，犹以雕文之伤农事，锦绣之害女红，开富国之利，杜饥寒之本。况今六合分乖，豺狼充路，兵不离疆，甲不解带，而可以不广生财之原，充府藏之积哉？”

来源，都出自百姓，抓紧农时致力农耕，是国家最急迫的大事。而京城众多官员，掌管的部门各不相同，而都各自向下面委派徭役，不考虑民众的承受能力，总是规定近前的期限。地方长官畏惧罪刑，日以继夜催逼百姓，弃置农田事务不管，匆匆按期奔赴集合之处，限期发送到京，有的虽然已经征调前来却闲置不用，徒然导致百姓消耗精力耽误农时。到秋收月份，又督责百姓限期交纳，剥夺他们播种的农时在先，而后又向他们索取当年的租税，如有拖欠，就登记没收他们家中的财物，所以家家户户陷于贫困，人人缺衣少食，应当暂停各种徭役，专心从事农桑耕织。古人说一个男子不耕种，有人就要因此忍饥挨饿，一个女子不纺织，有人就要因此受寒受冻，所以前代君王治理国家，无不致力于农业生产。汉末战乱爆发以来，已将近百年，农夫荒废了农田的事务，女工停止了纺织的本业。以此来推测当前的局势，那么粗食果腹还要长期挨饿，身穿单衣却要踏冰履霜的人，必定是不在少数的了。我听说君主所要求于民众的有两件事，民众所企望于君主的有三件事。君主要求的两件事是一要民众为自己尽心效力，二要民众为自己舍命献身。民众企望的三件事包括饥饿者能给口饭吃，辛劳者能给予休息，有功者能得到赏赐。民众如果实践了君主的两个要求而君主却使民众的三个愿望都落空，那么民众对君主的怨心恨意就会产生而建功立业也成为空话。如今国库空虚，民众辛劳但是徭役繁多，君主对民众的两个要求已经完备，而民众的三个愿望却无不落空。况且饥饿者并不盼望美味佳肴才感到满足，寒冷者并不期待狐裘貉皮才觉得暖和，因为美味只不过是口腹的猎奇，刺绣华美的衣服只不过能做身体的装饰。如今事务众多而徭役繁杂，民众贫困而风俗奢侈，各种工匠制作没有用处的器皿，妇女制作格调浮华的饰品，不能勤力于麻布的纺织，而是并力刺绣花纹华美的礼服，人们互相仿效，把独独没有这些华服看成是自己的耻辱。士兵和民众之家，也在跟着追逐时俗，家里没有一担粮食的储备，而出外却穿着绫罗绸缎制作的衣服，至于富贾商贩家庭，再加上穿金戴银，任意挥霍浪费更为厉害。天下还没有平定，百姓衣食不足，应当规范养民的根本，大力发展农耕纺织这一本业，然而眼下却是在

皓以覈年老，敕令草表，覈不敢。又敕作草文，停立待之。覈为文曰："咨覈小臣，草芥凡庸。遭眷值圣，受恩特隆。越从朽壤，蝉蜕朝中。熙光紫闼，青璅是凭。毖挹清露，沐浴凯风。效无丝氂，负阙山崇。滋润含垢，恩贷累重。秽质被荣，局命得融。欲报罔极，委之皇穹。圣恩雨注，哀弃其尤。猥命草对，润被下愚。不敢达敕，惧速罪诛。冒承诏命，魂逝形留。"

覈前后陈便宜，及贡荐良能，解释罪过，书百余上，皆有补益，文多不悉载。天册元年以微谴免，数岁卒。曜、覈所论事章疏，咸传于世也。

浮华的雕虫小技上浪费功力，在奢侈浪费的事情上荒废时日，上无尊卑等级的差别，下有耗财费力的损害。现在的官宦之家，很少没有子女的，多的三四个，少的一两人，全都只按一家仅有一个女人的方式计算，十万家就有十万个女子，每人每年只要纺织一匹布帛，十万人也就可达十万匹的总量。假如四境之内尽力，几年之内，布帛必定堆积起来。可以听凭民众采用五色，做他们穿用的衣服，只需禁止彩色丝织品之类无益的服饰。况且拥有美貌的人不需要华美的色彩来增添美色，本身风姿艳美的人不必靠富丽的丝织物来招人喜爱，五色的装饰，已经足以衬托主人的美丽了。即使用尽粉黛，穿尽华丽的服饰，也未必没有丑妇；废弃华丽的色彩，去掉刺绣华美的服饰，也未必没有美人。倘若确实如我所论，有它无益去之无损的话，为什么舍不得放弃而不暂行禁止以充实府库的急需呢？这是救匮乏的首要任务，富强国家的根本事业，就算管仲、晏婴再生，也无法改变这种治国措施。汉代的文帝和景帝，都是在天下太平的环境中继承皇位的，当时天下已经平定，四方没有变故，二帝尚且还认为彩绘花纹的制作会妨害农事，华丽夺目的丝织品纺织将会损害女工，因而拓展富强国家的有利事业，杜绝带来饥寒的根源。何况如今的天下正当分崩离析之时，豺狼当道，士兵时刻不离疆场，甲胄从不解带离身，在这种情况下，还可以不在广开生财渠道及充实仓库积蓄的方面狠下功夫吗？”

孙皓由于华覈年老，就命令他草拟章表，华覈不敢受命。孙皓又命他写篇文章，并立等写完。华覈写的文章说：“可叹华覈小臣，如同草芥。遇到明君，受恩盛隆。由卑微一跃位于朝廷辉煌的宫室，人人依托，舀取清凉的甘露，沐浴和煦的南风。没有丝毫的报效，辜负了朝廷。身受滋容，恩赐厚重。蒙受荣耀，微命得存。想要报效无穷恩德，只有向皇天求请。圣恩如雨露，洗涤臣的过失。草拟应对辱没诏命，润泽浸及臣的一生。不敢违背诏令，唯恐招来诛刑。冒昧承受诏命，魂飞魄散，只有形体留存。”

华覈前后陈述有益的意见和举荐贤士，解脱他人罪过的奏疏上呈百余次，都对朝政有所补益，因为文章太多，不能一一记载。天册元年，华覈因小过失被免职，几年后去世。韦曜、华覈议论时政的表

评曰：薛莹称王蕃器量绰异，弘博多通；楼玄清白节操，才理条畅；贺邵厉志高洁，机理清要；韦曜笃学好古，博见群籍，有记述之才。胡冲以为玄、邵、蕃一时清妙，略无优劣。必不得已，玄宜在先，邵当次之。华覈文赋之才，有过于曜，而典诰不及也。予观覈数献良规，期于自尽，庶几忠臣矣。然此数子，处无妄之世而有名位，强死其理，得免为幸耳。

章奏疏，都在世上流传。

评论说：薛莹称赞王蕃气宇不凡，博学多才；楼玄节操高尚，通达事理；贺邵意志高洁，为政清廉，善于把握事物的关键；韦曜专心学问，爱好古文，博览群书，有记述历史事件的才能。胡冲认为楼玄、贺邵、王蕃都是当时清雅卓越的人才，很难分出高下。如果一定要区别的话，楼玄当在先，贺邵次之。华覈文辞超过韦曜，但是撰写典册诰令则不及韦曜。我看过华覈多次进献极好建议的奏章，其目的是竭尽己能和责任，称得上是忠臣。然而，这几个人，身处政治昏乱之世，获得了名声和地位，但都死于非命是理所必然，能够免于一死已算是大幸了。